I0316383

ENCYCLOPÉDIE METHODIQUE,

OU

PAR ORDRE DE MATIERES;

PAR UNE SOCIÉTÉ DE GENS DE LETTRES, DE SAVANS ET D'ARTISTES;

Précédée d'un Vocabulaire universel, *servant de Table pour tout l'Ouvrage, ornée des Portraits de MM.* DIDEROT & D'ALEMBERT, *premiers Éditeurs de l'*Encyclopédie.

ENCYCLOPÉDIE
MÉTHODIQUE.

ARCHITECTURE,

PAR M. QUATREMERE DE QUINCY.

TOME TROISIÈME.

A PARIS,

Chez Mme veuve AGASSE, Imprimeur-Libraire, rue des Poitevins, n° 6.

M. DCCCXXV.

ENCYCLOPÉDIE MÉTHODIQUE.

ARCHITECTURE.

TOME TROISIÈME.

A PARIS,

Chez Mme veuve AGASSE, Imprimeur-Libraire, rue des Poitevins, n

M. DCCCXXV.

AVIS.

Un recueil de planches auroit pu être un appendice agréable de ce Dictionnaire. Deux considérations ont empêché d'y joindre ce supplément.

D'abord, il est certain que le grand nombre d'ouvrages gravés, et aujourd'hui connus de tout le monde, sur cette matière, en a rendu la répétition beaucoup moins nécessaire aux lecteurs.

Nous dirons ensuite, que le moindre choix de planches, correspondantes à tous les objets qu'embrasse ce Dictionnaire, nécessiteroit un volume considérable, par trop disproportionné avec l'ouvrage si on donnoit aux gravures les dimensions convenables; et aussi hors de mesure par leur prix avec les conditions de la souscription, et les intentions des souscripteurs.

NACELLE, s. f. On appelle ainsi, dans les profils, un membre quel qu'il soit, creux et taillé en demi-ovale. C'est ce que les ouvriers appellent *gorge* (*voyez* ce mot). On donne encore le nom de *nacelle* à ce que l'on entend par *scotie*. Voy. Scotie.

NAISSANCE, s. f. On désigne dans les membres de l'architecture, par ce mot général, le lieu d'où semble sortir, et par conséquent naître en quelque sorte, la forme de tout corps, de toute saillie qui se compose d'une partie protubérante et d'une partie rentrante. Tels sont ce qu'on appelle les corbeaux, les trompes, les consoles et les congés.

Le mot *congé* est plus usité aujourd'hui que celui de *naissance*.

Vitruve (*liv. IV, ch.* 7) donne à ce que nous appelons de l'un ou de l'autre de ces termes, le nom d'*apophyges*, qui en grec signifie *fuite*. Scaliger a proposé de lire, au lieu d'*apophygis*, *apophysis*, ce qui revient au mot *naissance*, et signifie une éminence qui semble naître et sortir d'un corps. C'est ainsi que les anatomistes grecs ont appelé les parties les plus éminentes des os.

Naissance se dit de plus d'un objet en architecture, pour indiquer le point d'où part la courbe qui le constitue. On dit :

Naissance de colonne. C'est, dans la colonne, cette légère courbure en creux qui aboutit au petit membre carré en forme de listel, servant, si l'on peut dire, de pied à la colonne, et qui fait le commencement du fût. On la nomme aussi *congé*. Voyez ce mot.

Naissance de voute. C'est le commencement de la courbure d'une voûte, et qui se forme par les retombées ou premières assises, lesquelles peuvent être élevées sans le secours d'un cintre, et peuvent subsister encore après que la voûte est tombée.

Naissances d'enduit. Ce sont, dans les enduits, certaines plates-bandes au circuit des croisées et ailleurs, qui ne sont ordinairement distinguées que par du badigeon, par des panneaux de crépi, ou d'enduit qu'elles entourent.

NANNI di Baccio Bigio, architecte et sculpteur florentin. On ignore l'époque de sa naissance et celle de sa mort. Il vivoit encore au temps où Vasari, qui lui a consacré dans son ouvrage une courte notice, écrivoit les Vies des peintres. *Voy.* Vasari, tom. VII, pag. 96 et 97.

Nanni n'a pas laissé d'ouvrages capables de lui assurer une place distinguée parmi les architectes de son époque, et peut-être auroit-il peu mérité d'en obtenir une dans l'histoire de l'architecture, si l'homme dont il osa devenir le rival, et sur lequel il réussit par intrigue à l'emporter deux fois, ne lui eût donné une certaine célébrité.

Nanni fut, en sculpture, élève de Raphaël de Monte-Lupo. Il fit dans sa jeunesse de petits ouvrages qui donnèrent de lui d'assez grandes espérances. A Rome, il travailla sous le sculpteur Lorenzetto, exécuta quelques copies sous Michel Ange, et enfin il entra dans l'école d'architecture d'Antoine San Gallo, qui l'occupa aux travaux de l'église de Saint-Pierre, dont il avoit alors la direction.

Après la mort de San Gallo, Michel Ange, qui lui succéda, se mit, comme l'on sait, à détruire l'ouvrage de son prédécesseur. Il fit plus, il en renvoya tous les agens. *Nanni* fut de ce nombre. Michel Ange dès-lors eut en lui un ennemi déclaré, qui se fit le chef de tous ses détracteurs, et qui n'aspiroit à rien moins qu'à le supplanter dans la place d'architecte de Saint-Pierre.

Il réussit d'abord à se faire adjuger au préjudice de Michel Ange, mais surtout de la chose publique, la restauration du pont antique de Sainte-Marie.

Michel Ange avoit commencé cette opération sous le pontificat de Paul III. Il avoit déjà procédé aux moyens de réparer les piles et d'en refaire les fondations par encaissemens. A cet effet, il avoit amassé beaucoup de grands bois de charpente et de pierre travertine, dans la vue de donner à toute cette construction la plus grande solidité. A force d'intrigues, *Nanni* parvint à capter la confiance d'une commission que le pape avoit chargée de la surveillance de ces travaux. Il alléguoit que Michel Ange étoit trop âgé pour s'y livrer. Il obtint enfin l'adjudication de l'ouvrage.

Son premier soin fut de vendre à son profit les matériaux qu'avoit amassés Michel Ange. Au lieu de renforcer les piles, il s'étudia à en alléger la construction en y employant une foible maçonnerie. Michel Ange avoit prédit ce qui ne tarda pas à arriver. Passant un jour à cheval avec Vasari sur le pont terminé, *passons vîte*, lui dit-il, *ce pont tremble sous nous*. Effectivement, il fut renversé à la première forte inondation qui survint. *Voyez* Vasari, tom. VI, pag. 274.

Arrivé à un âge qui ne lui permettoit plus de porter dans la conduite des travaux de Saint-Pierre l'active surveillance dont ils avoient besoin, Michel Ange prévoyoit que ses détracteurs pourroient bien profiter de son absence, soit pour lui prêter des erreurs, soit pour lui en faire commettre. Il avoit déjà présenté un successeur, qui fut trouvé trop jeune; enfin il proposa Daniel de Volterre. *Nanni* avoit si bien fait, qu'il étoit parvenu à s'insinuer auprès des commissaires de la fabrique. L'ancienne cabale de San Gallo le soutenoit, et elle vint à bout de lui faire donner la préférence sur Daniel de Volterre.

Déjà il étoit à l'œuvre, et il avoit commencé de faire un pont de charpente, inutile pour le service des matériaux. Michel Ange l'apprend; l'indignation lui rend toute la vivacité de la jeunesse. Il va sur-le-champ trouver le pape, et lui dénonce le choix que vient de faire la fabrique. On m'a donné, dit-il, un successeur; je ne sais quel homme c'est; mais si les commissaires de votre Sainteté le connoissent, et s'ils me trouvent de trop, je demande à retourner à Florence. Le pape appaisa Michel Ange, manda les commissaires de la fabrique, pour qu'ils eussent à rendre compte de leur conduite. Ceux-ci alléguèrent des erreurs et des mal-façons dans la construction, qui, disoient-ils, menaçoit ruine. Soupçonnant bien que ces allégations pouvoient n'être que les échos de l'envie et de l'intrigue, le pape envoya vérifier par un homme de confiance, les faits avancés par les commissaires, avec injonction à *Nanni* d'administrer les preuves des erreurs dont on parloit. Cet éclaircissement justifia Michel Ange et dévoila les menées secrètes de *Nanni*, qui fut ignominieusement congédié. On se rappela alors les bévues qu'il avoit commises quelques années auparavant dans la restauration du pont de Sainte-Marie; on se souvint que, s'étant fait fort de nettoyer à peu de frais le port d'Ancône, il l'avoit plus encombré en quelques jours, que la mer ne l'avoit fait en dix ans.

Nanni fut un de ces hommes, comme il y en aura toujours, qui doivent précisément à leur médiocrité ce fonds de confiance en eux-mêmes, qui en impose à ce grand nombre d'hommes, dont le besoin est de croire au mérite sur parole, n'importe de qui, même de ceux qui se vantent eux-mêmes. Il auroit pu être bon en seconde ligne. Pour avoir voulu aspirer au premier rang, on ne sauroit lui en donner aucun.

Si l'on juge de son goût et de son talent par quelques-uns des édifices qu'il a laissés, il fut très-certainement inférieur à tous les architectes de son époque. On ne sauroit trouver de qualité remarquable dans le palais de Ricci, situé rue Giulia. On est d'accord que la partie du palais Mattei, construite sur ses dessins, est inférieure à l'autre. Le palais Salviati, qu'il a élevé à la Longara, est sans doute un édifice important par sa masse, mais d'une disposition peu remarquable, d'un goût assez maussade; les bossages employés dans sa façade n'y produisent que l'effet de la lourdeur, au lieu de l'impression de force et de sévérité qui doit résulter de leur emploi. Les détails de toute cette architecture ne sont d'accord avec son ensemble, que par le mauvais genre d'exécution qui est commun à toute cette ordonnance.

NAPPE D'EAU, s. f. (*Arch. hydr.*) On entend ordinairement par *nappe d'eau*, une espèce de cascade dont l'eau tombe en forme de *nappe* mince sur une ligne droite, et telle est celle qu'on voit en tête de l'allée d'eau à Versailles, ou bien sur une ligne courbe ou circulaire, comme sur les bords d'un bassin ou d'une vasque ronde. Les plus belles *nappes* sont les plus garnies, c'est-à-dire, celles dont la lame d'eau est continue et sans interruption ni brisure; elles ne doivent pas tomber d'une grande hauteur, parce qu'elles se déchirent. Pour éviter ce déchirement, on ne donne aux grandes *nappes* que deux pouces d'eau par pied courant, et un aux petites *nappes* des buffets et pyramides. Lorsqu'on n'a pas assez d'eau pour suivre ces proportions, on déchire la *nappe*, ce qui se fait en pratiquant des ressauts sur les bords de la coupe de marbre ou de plomb, découpée en forme de coquille; de manière que l'eau ne tombe que par lames interrompues, il est vrai, mais qui n'ont guère moins d'agrément qu'une belle *nappe*, quand elles sont bien ménagées. Quelquefois on fait courir les eaux dans un canal ondulé qui leur donne plus d'effet et de brillant. Dans les vasques de la place de Saint-Pierre, l'eau tombe en *nappe* lisse de la première coupe creuse sur une seconde coquille bombée et sculptée en écailles, sur lesquelles l'eau ruisselle, se brise et acquiert un effet brillanté qui contraste avec le luisant uniforme de la *nappe* supérieure. Quelques fontaines de Paris nous offrent d'assez belles *nappes d'eau* tombante, telles qu'au Château-d'eau du boulevard Bondi, et surtout à la fontaine des Innocens, où l'on a tiré un si heureux parti des façades sculptées par le célèbre Jean Goujon. On regrette que la fontaine de Grenelle ne soit pas entourée de belles *nappes d'eau*, qui par leur éclat et leur mouvement, ajouteroient un nouveau prix aux sculptures de Bouchardon. L'habile statuaire en sentoit bien la nécessité dans la composition de son monument dont il a fait lui-même la critique, en indiquant la place que les eaux devoient occuper, par des bouillons de marbre sculpté.

L'habile architecte à qui nous devons l'un des plus beaux monumens de Paris, l'École de médecine, avoit eu l'idée de nous faire apercevoir une vaste *nappe d'eau* à travers les colonnes du péristyle d'un temple qu'on auroit pu nommer celui de *Neptune*, et dont cette *nappe* argentée auroit voilé le sanctuaire. Il n'a pas entièrement réalisé son projet, contrarié par des vues d'une étroite économie dans les eaux et dans la disposition pittoresque de l'édifice, qui, au moyen de jours adroitement ménagés, auroit produit un bel effet de clair-obscur. Nous devons à la mémoire de Jacques Gondoin, ainsi qu'à l'honneur de notre goût, de ne pas laisser imparfaite une fontaine qu'il seroit aisé de rendre l'une des plus belles de la capitale.

Nous devons déplorer notre pauvreté en eaux jaillissantes et tombantes, malgré les efforts de l'autorité et les promesses qu'on nous fait depuis si long-temps, lorsqu'on la compare avec la surabondance des eaux que Rome doit à la munificence des souverains pontifes, encore plus qu'à la puissance romaine. Ce luxe est porté à un tel point, qu'une grande reine, qui admiroit les jets d'eau si abondans de la place de Saint-Pierre, crut qu'on en faisoit les frais pour elle, et pria qu'on mît un terme à ce jeu ruineux. Mais quelle ne fut pas sa surprise, lorsqu'après avoir vu les fleuves qui couloient des fontaines de Trevi, Navone et Pauline, etc., on lui affirma, comme cela étoit vrai, que toutes ces eaux étoient pérennes. C'est donc à Rome et dans les nombreuses *villa* de ses environs, que l'on peut prendre une idée des plus belles et des plus vastes *nappes d'eau;* comme c'est là qu'on apprendra l'art de donner aux eaux les formes, la variété de dessin des corps sur lesquels elles ruissèlent, et par des combinaisons ingénieuses de multiplier leur étendue et leur volume.

Mais que sont ces effets de l'art, comparés aux magnifiques *nappes d'eau* que la nature déploie avec autant de grandeur que de prodigalité dans les diverses parties du monde, et où l'on admire des effets toujours beaux, quoiqu'opposés entr'eux, et toujours variés suivant l'effet du soleil à différentes hauteurs, et le plus ou moins d'abondance des eaux qui les alimentent? Nous ne décrirons pas la celebre cataracte de *Niagara*, qui frappe de surprise, d'admiration et presque d'effroi les voyageurs; nous nous contenterons de rappeler les cascatelles de Tivoli, célèbres à tant de titres, et par leur propre beauté et par les souvenirs qu'elles retracent. Ces fleuves semblent s'échapper des nuages qui couvrent souvent les hauteurs d'où ils se précipitent en *nappes* argentées, se détachant sur le fond brun et verdâtre des rochers, et sont transformés, avant d'avoir atteint le fond de la vallée, en un brouillard humide, qui se teint de toutes les nuances du prisme, ou étincèle du feu des diamans.

L'effet le plus magique des eaux tombant en *nappes*, est celui dont on jouit lorsqu'on peut pénétrer dans le fond d'une caverne dont l'ouverture est entièrement fermée par une *nappe d'eau;* rien de plus étonnant alors que le contraste de l'obscurité de la grotte avec le riche tableau qu'offrent les rayons du soleil se jouant à travers le voile éclatant qui remplit l'espace vide, ou éclairant la campagne, qu'on aperçoit par intervalles, comme au travers d'une glace ondulée.

Les Anciens, auxquels les grandes idées sembloient familières, avoient eu celle de faire tomber la grande cascade de l'Anio du haut de constructions soutenues par des arcades où l'on pouvoit circuler, et d'où l'on voyoit le fleuve tout entier grondant sur sa tête, se précipiter devant ses yeux en une *nappe* immense. La beauté de ce spectacle étoit digne d'exalter l'imagination poétique des Virgile et des Horace, et Stace qui le décrit, inspiré par la sublimité du sujet, élève sa versification à la hauteur de ses modeles.

On peut encore étendre l'acception de *nappe d'eau* à plusieurs autres combinaisons qui sont du ressort du paysage, et dont l'architecte compositeur de jardins fait une étude particulière.

Lorsqu'on creuse un puits et qu'on arrive à la couche de glaise qui retient les eaux, on dit qu'on est parvenu à la *nappe d'eau;* aussi donne-t-on ce nom à toute espèce d'eau non seulement tombante, mais encore qui s'étend horizontalement dans un espace circonscrit, où elle repose tranquille, pure, transparente, et qui réfléchit comme une glace l'azur des cieux, la verdure des arbres, ou les édifices qui ornent ses bords. La rivière de Seine, par exemple, entre le Pont-Royal et le Pont-Neuf, offroit une belle *nappe d'eau*, qu'on a eu le regret de voir interrompre par un nouveau pont qui n'admet d'excuse que dans son utilité.

Si cette étendue d'eau est renfermée d'une manière régulière par une construction en marbre ou en pierre, et presqu'à fleur de terre, cette *nappe* d'eau devient un bassin auquel on donne parfois le nom de *miroir*, comme celui de Marly, qui s'étendoit en face de ce château de féerie, étoit entouré de douze pavillons isolés, et qui doubloit cette brillante image dont le génie flatteur de Charles Lebrun avoit voulu faire le palais et les douze stations du dieu du soleil.

Le lac de Nemi étoit aussi nommé par les Anciens *le miroir de Diane*. L'on trouve cette dénomination aussi juste que pittoresque, lorsqu'on voit le croissant de cette déesse entouré du cortége scintillant des étoiles, ou plutôt de ses nymphes, se mirer avec une netteté remarquable dans cette belle et tranquille *nappe d'eau*.

(A. L. C.)

NARNI, l'ancienne NARNIA. Petite ville à cinquante-cinq milles de Rome. Ses rues sont étroites; elle offre peu d'édifices intéressans, ayant été saccagée et détruite par les troupes des Vénitiens qui alloient joindre Charles V, assiégeant Clément VII dans le château Saint-Ange.

La ville est en pente et assez désagréable. Au bas on voit un très-beau pont antique sur la Nera; on l'appelle *le pont d'Auguste*. De quatre grandes arches dont il étoit composé, une seule subsiste en son entier; des trois autres, il ne reste que les piles avec la naissance de leurs arcs. L'arche qui reste, quoique la moins considérable, est d'une grandeur et surtout d'une hauteur imposante.

Ce pont étant destiné à établir la communication entre deux montagnes fort élevées, il falloit donner aux arches cette grande élévation, et l'architecte y est parvenu, en mettant sous les piles ou pieds-droits de ses arches un grand piédestal couronné d'une cimaise, composée d'un fort talon et d'un filet.

A en juger par la situation de ce pont, par l'irrégularité et par la différence de hauteur dans les deux montagnes, on peut croire que la corniche n'étoit point horizontale, mais qu'elle étoit rampante en suivant l'inclinaison du pavé, afin d'arriver insensiblement de la montagne la moins élevée à la plus élevée, qui se trouvoit de l'autre côté du fleuve.

La pile a sur la face trente pieds de large, et d'épaisseur vingt-quatre pieds; l'arche a de haut quatre-vingt-sept pieds, et de large soixante pieds.

Cet édifice est bâti d'une pierre blanche, argileuse, qu'on trouve dans le pays; elle est fort dure, serrée, compacte et d'un grain fin. Au premier coup d'œil, elle ressemble un peu au marbre; elle est employée par blocs formant des assises de 54 centim. (1 pied 8 pouces) environ de hauteur. Les blocs paroissent posés à sec, sans aucun ciment, et ils sont liés par des crampons ou agraffes de fer fixées avec du plomb.

Sur l'imposte des arches, dans la largeur du pont, et aux faces intérieures et extérieures du piédestal, on observe plusieurs corbeaux de pierre, dont la queue fait parpaing dans la bâtisse : ils ont la hauteur d'une assise, et environ 33 centim. (1 pouce de saillie). Ils sont placés sans ordre, ce qui peut faire croire qu'ils ne sont point là comme décoration, mais qu'ils ont été faits pour servir à échafauder lors de la construction, et qu'on les a laissé subsister en cas de réparation.

Les assises des piles sont taillées en bossages; autour de l'arc règne un archivolte, orné d'un gros filet seulement; l'arc plein-cintre est formé de cinquante-sept voussoires, qui ont de hauteur la largeur de l'archivolte.

La position de ce pont est une des plus agréables; il traverse une vallée arrosée par la Néra, qui, en donnant la fertilité, offre de toutes parts un riche spectacle. Des peupliers, des mûriers, des figuiers et des arbres à fruits de toute espèce font que ces belles rivières sont encore l'objet de l'étude des architectes, comme celle des peintres de paysages. *Narni* est à neuf milles de Terni.

Il n'y a plus dans la ville de *Narni* aucun vestige d'édifices antiques, si ce n'est un fragment d'aqueducs souterrains, qui offre peu d'intérêt.

Pour le pont d'Auguste, consultez l'ouvrage de Antonio Martinelli.

Descrizione di diversi ponti. Roma, 1676, in-4°.

Latium vetus, du P. Volpi.

Leandro Alberti Descrizione dell Italia.

(Huyot.)

NAUMACHIE. Edifice destiné chez les Romains à des espèces de combats, qui étoient une sorte de représentation d'un combat naval.

La forme de la *naumachie* étoit celle d'un cirque ou d'un amphithéâtre, à cela près que l'*area* y étoit creusée plus profondément, pour y recevoir le volume d'eau nécessaire aux vaisseaux qui devoient y voguer.

Les *naumachies* ne furent point, dans l'origine, des édifices. Il en fut des combats sur l'eau, comme de ceux qui entroient dans tous les jeux du cirque. Avant qu'on eût construit pour ces spectacles de vastes monumens, le creux d'un vallon et des terrains façonnés par l'art pour recevoir les spectateurs, suffirent au but qu'on se proposoit.

De même pour les combats sur l'eau. On commença par creuser des bassins où l'on faisoit entrer l'eau de la rivière, et les spectateurs se rassembloient autour et sur les bords de ces lacs factices.

Entr'autres jeux que César donna au peuple romain, il lui procura le spectacle d'un combat naval, et il fit à cet effet creuser un grand bassin dans le champ de Mars. Auguste fit aussi creuser une *naumachie* près du Tibre, à l'endroit où, suivant Suétone, se trouva par la suite le parc ou le bois des Césars. L'empereur Claude fit servir à de semblables jeux le lac Fucin. Selon Dion Cassius, il fit entourer en partie le lac d'un amphithéâtre dont les gradins étoient en bois; le reste de l'espace environnant se composoit de collines sur lesquelles se tenoient les spectateurs. D'autres fois on se servoit probablement de la terre qu'on avoit enlevée pour creuser le bassin, et ces déblaiemens formoient à l'entour l'élévation nécessaire pour y placer des gradins ou des siéges.

Il paroît certain que les cirques mêmes et les amphithéâtres se convertissoient en *naumachies*, et l'on en a acquis la preuve à l'amphithéâtre de Vespasien, par les fouilles qui depuis quelques années y ont été faites dans le terrain de son *area*.

Domitien est le premier qui ait construit exprès et en pierres une véritable *naumachie*. Elle étoit établie près du Tibre. Toutefois cet édifice ne subsista pas long-temps; et Suétone nous apprend (Vie de Domitien, §. 5) qu'on en employa les pierres à rebâtir les murs du grand cirque qui tomboient de vétusté. Il faut donc regarder comme à peu près imaginaires les dessins de *naumachies* qu'on trouve dans certains recueils d'antiquités : il ne reste à Rome aucun vestige de cette sorte d'édifice.

On auroit également de la peine à trouver quelque reste authentique de *naumachie* dans la plupart des villes antiques dont il subsiste des débris, quoique des traditions apocryphes y fassent souvent mention de ces monumens. Il suffit de quelques vestiges, soit de citernes, soit de bâtimens circulaires, pour faire donner le nom de *nauma-*

chie à des constructions qui n'eurent aucun rapport à cette destination.

On ne peut s'en former une idée approximative, que d'après les représentations qui s'en sont conservées aux revers de quelques médailles impériales, et c'est sur ces indications qu'on a restitué des dessins de ce genre de monument, qui tenoit pour le plan de la forme des amphithéâtres, qui étoit de même environné de portiques, mais qui ne paroît point en avoir eu plusieurs rangs l'un au-dessus de l'autre.

NEF, s. f. La *nef* est, dans une église, la partie intérieure qui s'étend depuis la porte principale jusqu'au chœur. Le mot grec ναῦς exprime à peu près la même idée, et nous donne l'étymologie de *nef*. C'est la *navata* ou *nave* des Italiens. Cependant, le plus ancien de nos historiens, Grégoire de Tours, nomme la nef *capsum*, pris ici pour coffre ou charriot couvert, peut-être pour ne pas confondre un édifice sacré avec le temple de l'idole de l'Auvergne, que les Gaulois nommoient, dit-il, *vasso*, nom qu'on retrouve avec la même signification dans vaisseau appliqué à un édifice. Un autre écrivain de la même époque, Sidoine Apollinaire, désigne la *nef* par *campum medium*; enfin, l'auteur des *Constitutions apostoliques* veut que l'église offre un parallélogramme dont l'extrémité tournée vers l'orient soit faite en poupe de navire. Est-ce par allusion à la *nef* de Saint-Pierre, qu'on a voulu donner la forme et quelquefois l'apparence extérieure d'un vaisseau à nos plus anciennes églises du genre gothique? En effet, ces arcs-boutans multipliés, et qui s'appuient et semblent se lier avec le faîte de l'édifice, ces aiguilles élancées, évidées et terminées en pointe très-aiguë, surmontées de girouettes, la forme pyramidale et surhaussée du clocher; enfin, cette multitude d'objets qui ressemblent plus à un ouvrage d'orfévrerie qu'à une bâtisse, pouvoient de loin produire une certaine illusion qui ait fait nommer cet édifice un vaisseau.

Quoi qu'il en soit, on dit de la capacité d'une église, d'une galerie et d'une salle de spectacle, c'est un vaste, un magnifique vaisseau.

C'est aussi par analogie qu'on nomme, en français, *vaisseau* tout vase qui se distingue par sa grandeur, son élégance ou la richesse de sa matière.

On donnoit le nom de *nef* à un grand vase qui ornoit la table de nos premiers rois. Cet usage subsistoit encore il y a moins d'un siècle; c'est, suivant le Dictionnaire de l'Académie, un vase de vermeil fait en forme de vaisseau, et où l'on met les serviettes qui doivent servir à table aux rois et aux reines. Le même usage existoit en Italie au seizième siècle; des artistes célèbres donnèrent le dessin de ces sortes de pièces d'apparat. En 1512, les magistrats de Pérouse firent exécuter une *nef* d'argent du poids de 35 livres, de la composition de Pierre Perugin, maître de Raphaël. On trouva seulement étrange qu'au lieu d'un vaisseau, l'artiste représentât un char, sans doute celui de Neptune, traîné par des chevaux marins.

Revenons à la *nef* des églises, qui est la portion la plus vaste de l'édifice, dans laquelle le peuple se rassemble pour assister aux cérémonies du culte, c'est-à-dire, en considérant la forme du temple comme celle d'une croix latine, c'est le prolongement de la grande branche; aussi un temple à croix grecque n'a point de *nef* proprement dite, chacune de ses travées étant semblable, à moins qu'on n'affecte la dénomination de *nef* à la partie qui fait face au grand autel.

Indépendamment de la beauté du coup d'œil et de l'effet perspectif, l'église en forme de basilique semble convenir mieux que toute autre aux usages religieux, et à la libre disposition des cérémonies du culte.

On distingue la forme des églises par le nombre de leurs *nefs*. On dit une église simple ou à une seule *nef*, une église à trois et à cinq *nefs*. La partie du milieu, plus large, est la *nef* proprement dite; les bas côtés se nomment aussi des *nefs*; mais ces dernières, qui longent les murs, se nomment plus particulièrement les *bas côtés*. On ne trouve que peu d'exemples de la première, qui est la plus simple forme des églises, c'est-à-dire, offrant un carré long sans autres bas côtés, que des chapelles d'une petite dimension; car, dès que l'intérieur s'élargit au-delà de la portée des bois de charpente, on fut forcé de diviser l'espace en plusieurs *nefs* qui sont nécessaires pour supporter les plafonds ou la retombée des cintres, et obvier à leur poussée. Cependant, Rome nous fournit quelques églises de ce premier caractère, telles que celle de Sainte-Marie *in Capella* du onzième siècle; celle de *San Sisto Vecchio* du treizième, et une chapelle maintenant ruinée, qui se voit près du mausolée de Cecilia Metella, et qui offre cette simplicité qui caractérisoit l'architecture gothique dans son premier âge. Nous pouvons en voir un exemple à Paris, dans la Sainte-Chapelle, et un autre dans l'église de Vincennes.

Quant au second genre de ces édifices, c'est-à-dire, à trois *nefs*, nous ne serions embarrassés que du choix, même en ne citant que les plus remarquables, surtout par leur ancienneté, et la beauté ou la singularité de leurs plans.

Parfois la *nef* se prolonge jusqu'à l'autel principal, qui se trouve absolument à l'extrémité de l'édifice et au fond de l'abside en hémicycle; c'est la forme des anciennes basiliques, qu'on retrouve dans l'église de Sainte-Agathe-Majeure, à Ravenne, bâtie à la fin du quatrième siècle. Ici, l'application de cette forme aux temples chrétiens est d'autant plus remarquable, qu'elle s'est conservée sans altération jusqu'à nos jours. L'église du Saint-Esprit, dans la même ville, paroît encore plus ancienne que la précédente, mais la proportion en est moins simple et moins élégante.

Le premier exemple d'une église offrant la forme de la croix, forme qui est devenue par la suite caractéristique dans nos temples, nous semble être celui que nous fournit l'église de Saint-Michel *in Foro*, à Rimini, bâtie au cinquième siècle.

A Rome, dans l'église de Saint-Clément, modèle le mieux conservé de la disposition des églises primitives, on remarque une singulière inégalité de largeur dans les *nefs* latérales; celle de droite, destinée à recevoir les femmes, est beaucoup plus étroite que l'autre *nef*, où se plaçoient les hommes, les catéchumènes et les nouveaux convertis. On observe aussi dans la même église, et dans la portion de la grande *nef* du milieu qui se rapproche du chœur ou sanctuaire, une enceinte fermée d'un petit mur en marbre à hauteur d'appui, dans laquelle se plaçoient les exorcistes et autres fonctionnaires des ordres mineurs; le peuple pouvoit tourner autour de cet espace jusqu'au devant du *presbyterium*, où étoient placés la table de communion et le jubé.

On trouvoit une semblable disposition dans l'ancienne cathédrale de Ravenne, qui a été démolie en 1734 et rebâtie sur un nouveau dessin. Fondée avant le quatrième siècle, elle offroit le plus bel exemple des monumens de l'antiquité sacrée, et elle conservoit en même temps le plus de vestiges de l'antiquité profane. L'hémicycle situé au fond de l'édifice rappeloit le tribunal des Basiliques, et dans une enceinte formée par de petites colonnes, que l'on voyoit au milieu de la grande *nef*, on reconnoissoit l'espèce de chœur isolé qui, suivant les rites de la primitive église, occupoit cette partie que nous avons déjà signalée dans Saint-Clément.

Il nous reste à parler du troisième et plus magnifique genre de *nef*, c'est-à-dire, des églises à cinq *nefs*, ou à doubles bas côtés, formés de deux rangs de galeries ou de portiques. Telles sont la plupart des cathédrales gothiques; mais telle étoit long-temps avant, et dès l'origine du christianisme, la fameuse église du Saint-Sépulcre, construite sous le règne de Constantin par Eusthathius. La description qu'en fait Eusèbe, nous donne la plus grande idée de ce temple, et nous indique peut-être la meilleure manière de disposer les églises. Un double portique entouroit la *nef* et le sanctuaire; il supportoit une double galerie, soutenue aussi par de grandes colonnes, au-dessus desquelles s'élevoit une magnifique voûte en plein cintre qui couvroit la *nef*, et, prenant la forme d'une coupole sur le sanctuaire, étoit supportée par douze colonnes dont les chapiteaux étoient d'argent et d'un travail merveilleux.

Ce plan, d'une extrême simplicité, ne diffère de celui de l'ancienne église de Saint-Pierre, construite à Rome aussi du temps de Constantin, que par la petite *nef* transversale qu'on avoit adaptée à la forme de la basilique, pour donner à l'édifice sacré l'apparence de la croix; forme que l'on retrouve dans les plus anciennes églises, telles que Saint-Paul-hors-des-murs et Saint-Jean-de-Latran à Rome, et les cathédrales de Ravenne, de Pise, de Milan, de Séville, enfin dans celle de Notre-Dame à Paris.

On peut aussi diviser les *nefs* en trois sortes, relativement à l'élévation ou à la coupe de l'édifice et à la manière dont elles sont couvertes.

Les premières sont dans la forme primitive des basiliques, c'est-à-dire, un espace circonscrit par des murs en parallélogramme, et divisé dans le sens de sa largeur par deux ou quatre rangs de colonnes qui supportent la charpente à découvert, comme dans Saint-Paul-hors-les-murs, ou cachée par un plafond horizontal divisé en caissons ou encadremens motivés par la croisure des sablières et des solives, comme à Sainte-Marie-Majeure.

Dans la seconde espèce de *nefs*, les colonnes reçoivent la retombée d'arcs qui supportent des murs également percés d'arcades, sur lesquels reposent des petites voûtes en arête, en arc de cloître ou en tiers-point, dit ogive. Ces constructions sont variées à l'infini dans le jeu des voûtes, leur pénétration, leurs évidemens, et surtout dans leur décoration.

Enfin, la troisième manière de couvrir les *nefs* consiste en une voûte en berceau à plein cintre et continue, ou divisée par de simples bandeaux qui marquent l'espacement des supports, et plus ou moins ornée de caissons, comme à Saint-Pierre de Rome.

Au reste, les constructions modernes, qui sont presque toutes dans ce système, vont motiver quelques réflexions sur la meilleure ordonnance des *nefs*.

C'est en effet en grande partie de leur bonne disposition, c'est-à-dire, du juste rapport entre la largeur, la hauteur et l'espacement des bas côtés, en un mot, de l'harmonie des proportions de la *nef*, que dépend l'effet qu'un tel édifice doit produire au premier abord.

Pour que l'impression soit favorable, il faut que le coup d'œil puisse embrasser à la fois la presque totalité de l'édifice, ou au moins que ce qu'on en voit fasse deviner le reste.

En entrant, par exemple, dans une église à trois *nefs* séparées par deux files de colonnes, les yeux se portent en avant et découvrent la grande *nef* toute entière jusqu'à son extrémité, mais ils devinent en même temps le prolongement des *nefs* latérales, parce qu'ils l'entrevoient à travers les colonnes. L'espace semble même s'agrandir à mesure qu'on avance; car, s'il perd quelque chose en profondeur, il le gagne en largeur: il y a compensation, et la même idée de grandeur subsiste. Mais cette idée de grandeur est relative, et souvent elle n'est qu'apparente; un vaste vaisseau peut paroître exigu, comme celui qui n'a qu'une petite capacité paroître avoir de la grandeur. Prenons pour point de comparaison les deux extrêmes, la basilique de Saint-Pierre, et la petite église de *San Pietro in Vincoli*.

Certes, tout le monde s'accorde à dire que la basilique vaticane est réellement plus vaste qu'elle ne le paroît au premier coup d'œil, tandis qu'en entrant dans Saint-Pierre-aux-liens on éprouve un sentiment contraire et qui tient, sans aucun doute, à la bonne disposition de son ensemble et à la juste répartition de ses parties; et quoique cette église soit l'une des moindres de Rome, quant à la superficie, il en est peu qui aient un aspect aussi majestueux et aussi grandiose.

Ne pourroit-on pas expliquer cette impression, en la rapprochant du principe que nous avons déjà émis, qu'il faut autant que possible embrasser un ensemble d'un seul coup d'œil, pour que l'esprit en conçoive une grande idée?

Les regards aiment moins à s'égarer qu'à glisser, pour ainsi dire, sans fatigue, en parcourant un long espace subdivisé par des objets tous réguliers et à une petite distance l'un de l'autre. C'est l'effet que produit la *nef* de Saint-Pierre-aux-liens, formée par deux rangs de colonnes sans ornemens étrangers, toutes semblables et dans une juste proportion, quant à leur espacement et à leur hauteur; aussi découvre-t-on, dès l'abord et sans obstacle, tout l'intérieur de l'édifice.

Partagez cet espace seulement en trois ou quatre parties, ne vous sembleroit-il pas raccourci? C'est ce qui arrive à la grande basilique de Saint-Pierre. L'énorme épaisseur des piliers qui supportent les voûtes, dissimule entièrement aux regards l'étendue des bas côtés, empêche même de juger de la grande largeur de l'église.

Supposons maintenant, qu'au lieu de quatre énormes massifs dont est flanquée la principale *nef*, on ait subdivisé le même espace au moyen de colonnes d'un module convenable et relatif à la hauteur de l'architrave; certes cet espace auroit paru immense, sans cesser d'être en rapport avec les proportions de l'édifice. Cette disposition (en en supposant toutefois la possibilité) auroit eu de plus l'avantage de laisser pénétrer les regards dans le vaste enfoncement des bas côtés, et l'esprit auroit été surpris autant que charmé d'un spectacle unique au monde, et qui auroit surpassé tout ce que les Anciens avoient imaginé dans ce genre.

Depuis l'érection de l'église de Saint-Pierre, la plupart de celles qu'on a construites, sont faites sur le même modèle, c'est-à-dire, composées d'arcades fort massives, dont les pieds-droits, aussi lourds, servent d'arrière-corps à des pilastres. Il y auroit eu bien moins d'inconvénient à conserver du gothique, ou plutôt du style qui l'a précédé, ce qu'il avoit de bon: je veux parler de la légèreté des supports et du dégagement qui en résultoit. Que l'on compare les églises construites suivant le nouveau système, avec celles de Royaumont, de Long-Pont et de Sainte-Croix d'Orléans, et l'on sera forcé d'avouer qu'on ne peut entrer dans ces temples, tout gothiques qu'ils soient, sans être saisi d'admiration, par la beauté du coup d'œil qu'offre cette multitude de colonnes assises immédiatement sur le pavé, et si bien disposées en plan, qu'elles laissent voir sans embarras et d'un seul regard, toute la grandeur et toute la magnificence de ces édifices.

Des architectes modernes ont fait une application nouvelle de ces principes, pour restituer à l'ancienne galerie du Louvre une dignité et une ampleur qu'elle n'avoit pas auparavant. On s'attache pour l'ordinaire à augmenter l'effet de la longueur; ici, où elle étoit démesurée, il s'agissoit de la diminuer en apparence; c'est ce qu'on a cherché à obtenir avec assez d'adresse, en divisant ce long espace en travées qui, indépendamment du mérite du décor architectonique et propre au classement d'objets d'art, ont eu celui de dissimuler l'étroit du vaisseau, comparé à sa longueur démesurée.

La preuve que c'est de l'effet de la bonne proportion de la *nef* d'un temple, que résulte le plus ou moins d'impression qu'il produit, et que la proportion la plus anciennement adoptée est la meilleure, comme toutes les premières idées, c'est que, lorsqu'on a voulu abandonner la forme simple des basiliques et des croix latines, pour adopter la croix grecque, ce n'a été qu'au détriment de l'art. En effet, qu'on compare le plan de l'ancienne basilique de Saint-Pierre et de la nouvelle, ou des antiques temples grecs avec celui de Sainte-Sophie, bâtie lors de la décadence, certes l'avantage sera du côté de la forme longue sur la forme carrée. On l'a si bien senti lors de la construction de Saint-Pierre à Rome, qu'après l'avoir commencé sur le plan de la croix grecque, on a été forcé d'alonger l'un des bras de cette croix; et quoique ce raccordement n'ait pas été exécuté avec toute l'adresse possible par Carlo Maderno, pour sauver le point de suture, le résultat en est ostensiblement meilleur.

C'est le défaut qu'on remarque dans l'église de Sainte-Geneviève de Paris, et ses proportions colossales à l'extérieur sont amoindries lorsqu'on entre dans cet édifice, à un point qui ne peut se comprendre, qu'en réfléchissant que cet effet mesquin est produit par le rapprochement du sanctuaire, qu'on est habitué dans les autres temples à voir à une distance pour ainsi dire respectueuse, et dans un lointain qui permet de se pénétrer du recueillement nécessaire avant de s'approcher des mystères sacrés.

Il résulte de ce que nous venons de dire sur les *nefs* et leur disposition si diverse, que malgré cette immense variété de combinaisons imaginées depuis seize siècles, l'on seroit tenté de croire qu'on n'a pas fait un seul pas vers la perfection depuis le commencement de l'ère chrétienne, et que, mettant à part le genre dit gothique, qui a pourtant son avantage, on peut citer encore comme le modèle des *nefs*, et peut-être dirons-nous des temples chrétiens, les basiliques de Sainte-Marie-Majeure et celle de Saint-Paul hors les murs à Rome; bien que l'un et l'autre de ces édifices aient été construits au quatrième siècle, époque qu'on est habitué à considérer comme un temps de barbarie, et qui cependant conservoit, si ce n'est le génie, au moins la tradition des arts antiques.

(A. L. C.)

Comme il n'y a rien de plus facile que les théories abstraites ou générales, dans lesquelles l'esprit se saisit, et l'imagination s'empare d'un point de vue, qui ne permet pas de mettre en compte les besoins, les convenances, les sujétions qu'une multitude de causes locales imposent surtout à l'architecte, nous devons prévenir que c'est abstraction faite de toute considération pratique ou exécutive, qu'on a rédigé les précédentes notions.

Nul doute que l'aspect intérieur d'une *nef* à colonnes, entourée de bas côtés supportés sur des colonnes, n'offre à la vue bien plus de dégagement, et ne présente à l'esprit plus de moyens de mesurer tout l'espace.

A cet égard, le *naos* des grands temples grecs étoit ainsi disposé, du moins le plus souvent. Mais à quelques exceptions près, cet intérieur des temples grecs, où le peuple n'entroit point, où aucune cérémonie ne réunissoit la multitude, ne sauroit se comparer même à nos petites églises. A peine le *naos* du temple de Minerve, à Athènes, avoit-il cent pieds de long. Et puis, qui ne sait que ces temples, selon les uns n'avoient point de couvertures, selon les autres n'étoient couverts qu'en charpente et en plafonds de bois?

Veut-on parler des premières basiliques chrétiennes, faites sans doute à l'instar des édifices de ce nom, chez les Anciens (*voyez* Basilique), les *nefs* toutes en colonnes, sur de très-vastes plans, sont d'un très-bel effet pour les yeux. Mais on oublie que pour leur donner cette élévation que l'étendue de l'espace exige, on a été contraint d'élever sur les colonnes un mur très-exhaussé, dans lequel les fenêtres sont percées, et qu'un pareil parti deviendroit fort difficile avec la construction en pierre de taille. Ajoutons que ces basiliques n'étoient couvertes qu'en bois et par des plafonds de menuiserie. Or, l'incendie de la superbe basilique de Saint-Paul à Rome qui vient d'avoir lieu, nous a expliqué la fréquence des incendies des temples antiques.

Ce seroit pour la construction en pierre, un assez beau problème à résoudre, que l'union des voûtes plein cintre en pierre de taille, sur de vastes *nefs* supportées par des colonnes. Il faut dire qu'il ne l'a point encore été.

Les églises gothiques ne peuvent servir à cette solution. D'abord elles n'ont point de colonnes, mais des piliers énormes; ensuite elles n'emploient que l'arc aigu; enfin, l'élévation très-grande des intérieurs et l'impression qui en résulte, sont achetées bien chèrement par l'aspect hideux des extérieurs, qui ne vous donne d'autre idée, que celle d'un édifice ruineux, étayé de toute part. Tel est l'effet des arcs-boutans, sans lesquels les *nefs* ne pourroient se soutenir.

Un temple de six cents pieds de longueur, des *nefs* de cent soixante pieds de hauteur, une coupole de quatre cents pieds d'élévation; voilà Saint-Pierre. On peut ne pas vouloir de ces grandeurs-là; mais si on en veut, il faut les faire reposer sur des massifs proportionnels.

Nul parallèle à faire entre nos temples et ceux des Anciens.

NERFS, s. m. pl. On appelle assez généralement de ce nom, dans l'architecture gothique, les moulures des arcs doubleaux des croisées d'ogives, et formerets, qui séparent les pendentifs des voûtes.

On se sert plus volontiers, dans l'architecture, du mot *nervure*. Voyez ce mot.

NERVURE, s. f. La *nervure* s'entend plus particulièrement des arêtes des voûtes ornées d'un ou de plusieurs filets. Dans les voûtes d'arête, ces ornemens sont quelquefois nécessaires pour indiquer la pénétration des portions de cercle dont elles se composent, afin d'éviter l'effet de la mollesse.

Comme le mot *nervure* vient de *nerf*, on doit entendre par *nervure* en général, toute espèce de moulure placée sur des parties lisses ou sur des angles, et qui semblent être comme les nerfs de l'objet. Ainsi, dans les voûtes, les nerfs ou *nervures* seront les parties saillantes et continues qui de fait sont les nerfs de la construction; dans l'architecture gothique, on voit souvent des moulures qui servent à consolider les voûtes d'arêtes, en fortifiant les angles par des *nervures*. Les Anciens n'ont point employé ce genre de *nervure*. Cependant, dans les voûtes des Thermes, on voit qu'ils ont été obligés, pour en accuser les arêtes, de pincer un peu les angles, afin de rendre sensible la pénétration, et de rectifier en même temps le défaut de la construction, qui, sans cette précaution, auroit produit un effet peu régulier et désagréable.

Dans les colonnes, on appelle *nervure* les côtes qu'on ajoute quelquefois aux cannelures de l'ordre corinthien, comme on le voit à celles des colonnes de la grande niche du Panthéon à Rome.

Dans les volutes du chapiteau ionique, on appelle *nervure* le filet qu'on met quelquefois sur l'arête de la volute, comme on le voit dans les chapiteaux ioniques grecs du temple de Minerve Poliade à Athènes.

En

En construction, la *nervure* est généralement l'arête qu'on laisse pour fortifier une partie de la pierre, particulièrement aux angles, afin d'en faciliter la pose.

On voit des exemples de ces espèces de *nervures* aux architraves de quelques édifices antiques. La partie de l'architrave qui pose sur le chapiteau étant plus susceptible de s'éclater aux arêtes, les Anciens laissoient quelquefois une *nervure* qui avoit la forme d'un petit boudin ou baguette, afin de fortifier les angles. On voit encore de ces *nervures* à l'arc de Septime-Sévère, au-dessus des chapiteaux; dans ce cas, elles n'étoient point placées comme ornement, et on les supprimoit lorsque l'édifice étoit terminé.

On se sert encore du mot *nervure* pour désigner, dans les feuillages des rinceaux d'ornemens sculptés, les côtes élevées de chaque feuille, et qui représentent les tiges ou les especes de ramifications des plantes naturelles. (HUYOT.)

NEUDS. *Voyez* NŒUDS.

NICHE, s. f. On appelle ainsi un renfoncement pratiqué par la construction dans l'épaisseur des murs d'un édifice, et destiné à recevoir différens objets, tels que bustes, vases, trépieds, mais particulièrement des statues.

Vitruve n'a parlé de *niches* dans aucun endroit de son Traité, et nous n'aurions que des conjectures très-vagues à former sur le nom qu'on leur donna jadis, si une inscription publiée dans les *Monumenti Gabini*, par Visconti, ne nous apprenoit qu'on désignoit en latin les *niches* par le mot de *Zothecœ*, formé des deux mots grecs *zoon*, figure, et *theca*, *repositorium*, en français *etui*, *réduit* où l'on conserve.

Le mot *niche* est le mot italien *nichia*, venu sans doute de *nichio*, qui signifie *coquille*, *conque marine*. On donne pour raison de cette étymologie, l'idée de la ressemblance d'une statue dans sa *niche*, avec le poisson dans sa coquille. D'autres ont expliqué cette étymologie, par l'usage assez fréquent d'orner avec une coquille la partie demi-sphérique qui termine souvent le haut d'une *niche*.

La pratique des *niches* considérées sous le rapport de la forme simple et primitive indiquée par la définition qu'on a donnée de ce mot, paroît avoir existé à peu près partout, et plus ou moins dans toutes les architectures.

On doit ainsi reconnoître comme ayant été des *niches*, dans les monumens de l'antique Egypte, ces renfoncemens qu'offrent les murs, et où l'on plaçoit quelquefois les gaines des momies; et comme quelques-uns ont prétendu voir dans ces gaines l'origine des statues (ce qui ne peut s'entendre que de l'Egypte), d'autres ont imaginé fort gratuitement, à ce qu'il paroît, d'aller puiser aussi là l'usage des *niches*.

Cet usage toutefois semble être du nombre de ceux qui n'ont besoin d'aucun exemple étranger, pour se produire en tout pays et s'y perpétuer.

Si l'on ne trouve à citer aucun exemple de *niches* dans les ruines des édifices de la Grèce, les plus anciens de ceux qui existent encore, c'est que ces édifices sont presque tous des temples, qui n'admettoient ni au dedans ni au dehors l'usage des statues placées dans des *niches*. Il s'en trouve toutefois de quadrangulaires au monument choragique de Thrasyllus, c'est-à-dire dans la partie de la construction qui s'adosse au rocher de la citadelle. On croit que cet édifice date de la 94ᵉ. olympiade. Le monument de Philopapus, d'une époque il est vrai postérieure, a aussi trois *niches*, une circulaire et deux quadrangulaires, encore aujourd'hui ornées de statues. Quand nous n'aurions pas ces exemples, il faudroit dire que tous les édifices de la Grèce, tels que *Gymnases*, *Agora*, *Stades*, etc., et tous les ouvrages du luxe des particuliers, ayant péri, on ne peut tirer contre l'usage des *niches*, dans l'architecture des meilleurs temps, aucun argument valide, de cela seul, qu'il ne s'en trouve point dans le petit nombre des monumens d'une certaine époque, dont il existe des restes.

Mais les différentes formes des tombeaux et les pratiques diverses de sépulture avoient dû rendre très-anciennement l'usage des *niches* familier aux Grecs et aux Romains, dans les sépulcres construits surtout pour les familles. Ces sépulcres, qu'on appela *Columbaria*, avoient leurs murs intérieurs ornés de petites *niches* destinées à recevoir les urnes où étoient déposées les cendres des morts. Très-souvent une *niche* beaucoup plus grande occupoit la place principale de ces chambres, et c'est là qu'étoit l'urne ou le sarcophage du chef de la famille.

On trouve des *niches* pratiquées dans des intérieurs de temples ou ædicules des Romains, ouvrages qui passent pour devoir être d'une construction assez ancienne.

Sur les bords du lac d'*Albano*, on admire un petit édifice construit en *reticulatum*, et qu'on croit avoir été un *Nympheum*. Chaque côté de son intérieur est orné de six *niches*, dont l'élévation annonce qu'elles furent destinées à recevoir des statues.

Le nom de ce monument en rappelle un autre situé à Nîmes, près de la fontaine, et qu'on croit aussi avoir été un temple consacré aux nymphes, bien qu'on lui donne assez ordinairement le nom de *temple de Diane*. Le dedans de l'édifice a les deux côtés décorés de six colonnes corinthiennes adossées aux murs. Chaque entre-colonnement est occupé par une *niche* du genre de celles que les Modernes appellent *à tabernacle*. Chacune repose sur un stylobate; chacune est ornée d'un chambranle formé par deux pilastres soutenant un fronton alternativement angulaire et circulaire. Dans une de ces *niches* où il devoit y avoir encore des fragmens de statues.

Cette sorte de *niche*, des plus belles qu'il y ait dans l'antiquité, nous conduit naturellement à faire mention de l'espèce de *niches* encore plus magnifiques qui ornent l'intérieur du Panthéon, à Rome : elles sont aussi du genre de celles qu'on désigne par le nom de *tabernacle* (selon Chambray). Leur renfoncement est orné d'un bandeau et accompagné de deux colonnes corinthiennes qui supportent des frontons alternativement circulaires et angulaires. Les colonnes posent sur un stylobate, quoique Desgodets leur donne des piédestaux isolés.

On ne sauroit quitter le Panthéon sans y faire observer les deux grandes *niches* circulaires en plan et dans leur fermeture, qui sont sous le péristyle, une de chaque côté de la porte, et qui, sans doute, comme leur dimension l'indique, furent destinées à recevoir des statues colossales.

Il seroit aussi long qu'inutile de faire mention de tous les édifices antiques romains où l'on trouve des *niches*. Plus les statues se seront multipliées à Rome et dans les diverses parties de l'Empire, plus, comme cela est probable, l'usage des *niches* sera devenu fréquent et général. Ainsi, un des hémicycles du monument appelé *le temple de la Paix*, à Rome, conserve encore dans sa circonférence intérieure une rangée circulaire de douze *niches*.

Lorsque l'architecture eut à sa disposition une grande quantité de statues, on en fit un objet de décoration universelle. Les théâtres, les forum, les gymnases, les thermes, les tombeaux et beaucoup d'autres édifices furent ornés d'un nombre de *niches* proportionné au nombre des statues que le luxe public et celui des particuliers, mais surtout les spoliations de la guerre, avoient singulièrement multipliées.

Le grand usage des statues dut rendre ainsi l'emploi des *niches* si commun, qu'il arriva sans doute qu'au lieu de faire des *niches* pour les statues qu'on possédoit, on en sera venu à faire des *niches* pour les statues à venir. Ainsi, il en aura été de la *niche*, surtout dans les édifices des derniers siècles de l'Empire, comme nous voyons qu'il en est dans les édifices modernes : elle sera devenue une sorte d'ornement banal, un lieu commun de l'architecture, et les architectes en auront fait sans aucune intention d'y placer des statues.

On est fort porté à le croire en parcourant les ruines des édifices de Palmyre, de Baalbeck et de Spalatro. C'est là qu'on voit des *niches* de tout genre et de toute forme, placées les unes au-dessus des autres, et, à ce qu'il paroît, plutôt pour la décoration des masses et des superficies, que pour recevoir des statues.

Ainsi, un édifice de Rome, appelé l'*Arc de Janus*, a tous ses massifs quadrangulaires occupés par deux étages de *niches* ornées de coquilles dans la partie circulaire d'en haut. Quelques-unes de ces *niches*, c'est-à-dire celles des angles, ne sont que figurées ou feintes, parce qu'effectivement l'épaisseur en cet endroit n'eût pas permis de leur donner la profondeur nécessaire pour recevoir des statues.

On retrouve l'ornement en coquilles dont on vient de parler, au plus grand nombre des *niches* qui décorent les monumens de Palmyre et de Baalbeck : c'est là aussi, comme à Spalatro, qu'on verra toutes les sortes de variétés que l'abus du luxe commença à introduire dans cette partie de l'architecture. Parmi un grand nombre de *niches* ornées de colonnes et de frontons avec beaucoup de régularité, il en est aussi dont les frontons n'ont plus de base ; il en est d'autres où les frontons éprouvent des ressauts ; d'autres où le fronton est contourné d'une manière capricieuse. Enfin, il semble que là auroit pris naissance l'usage d'employer arbitrairement et à tout propos les *niches*, et sans aucun autre but que celui de garnir les superficies, ou de remplir des espaces qui, sans cela, seroient demeurés lisses.

Les divers monumens qu'on vient de citer, en suivant l'ordre des temps, peuvent fournir à l'architecture les exemples et les modèles de toutes les espèces de *niches* ; et sans doute ils suffiront pour faire connoître à quel genre de convenance elles doivent être assujetties, selon la nature des édifices, et selon le caractère des ordonnances qui les reçoivent. Ces convenances nous paroissent devoir être assimilées à celles d'après lesquelles se règlent la forme et la décoration des portes et des fenêtres, à quoi les *niches* peuvent et doivent être comparées, sous toutes sortes de rapports, destinées qu'elles sont à servir souvent de pendans, comme objets décoratifs, aux différentes ouvertures des édifices.

En effet on peut, avec toute raison, considérer la *niche* comme une ouverture ou un percé pratiqué dans un mur, dans un massif ; et il en est qui le sont effectivement, c'est-à-dire, où l'objet qu'on y place peut être vu de l'un et de l'autre côté. C'est ainsi qu'on prend pour de véritables *niches*, et ils le sont en réalité, ces percés dans l'arc appelé de *Claudius Drusus*, aujourd'hui *Porta Maggiore*, et où étoient placés jadis les trophées dits de *Marius*. De même, dans bien des cas, des arcades sont des *niches* percées, comme les *niches* sont des arcades fermées.

Il fut donc, et il est fort naturel encore de donner aux *niches*, dans la décoration de l'architecture, les mêmes variétés de caractère, de forme, d'ornemens et d'accompagnemens que l'usage a affectés aux ouvertures des fenêtres et des portes.

Ainsi, il y a des *niches* quadrangulaires dans leur plan et leur fermeture, qui ne reçoivent ni chambranle, ni aucune espèce d'accompagnement, et qui forment le genre le plus simple, en y joignant aussi celles qui sont circulaires en plan et cintrées par en haut, mais sans couronnement et sans encadrement.

On peut ranger dans la classe suivante les *niches* quadrangulaires dans leur renfoncement et leur fermeture, mais ornées de chambranles ou couronnées d'une plate-bande supportée par deux consoles, ainsi que celles dont les chambranles ornés de pilastres sont surmontés d'un fronton.

Dans la troisième classe on comprendra les *niches* demi-circulaires en plan, et arrondies dans leur fermeture, ornées de bandeaux, accompagnées de colonnes, et couronnées par des frontons angulaires ou circulaires.

Cette sorte de classification de *niches*, empruntée de la pratique reçue à l'égard des ornemens des fenêtres, comporte naturellement, comme toutes les parties de l'architecture, trois caractères qui, correspondant aux trois ordres, seront facilement mis en rapport avec les qualités qu'exigent le genre simple ou fort, le genre moyen ou élégant, le genre riche ou varié.

Les trois classes de *niches* qu'on vient de décrire devront donc trouver place dans les édifices, selon que le caractère de chacun de ceux-ci sera désigné par l'un ou l'autre des trois ordres dorique, ionique ou corinthien.

Dans tout ouvrage d'architecture, ou faisant partie de l'ensemble des édifices, la proportion est un élément principal du caractère qu'on doit lui donner. Ainsi il va sans le dire, que chacune des trois classes de *niches* déjà désignées, doit avoir une proportion, qui soit moralement en rapport avec la forme qu'on lui donne et la mesure d'ornement qui lui est affectée : on dit *moralement*, parce qu'au fond il appartient surtout au sentiment des convenances et au goût, de déterminer de semblables rapports.

Quelques architectes ont essayé en vain de les fixer dans leurs théories par des règles invariables. Selon eux, la règle générale seroit de donner à la hauteur des *niches* deux fois et demie leur largeur; la règle particulière seroit de donner à la *niche* de la première classe vingt-huit parties; à celle de la seconde, trente; à celle de la troisième, trente-une, en prenant douze de ces parties pour la largeur de chaque *niche*. C'est ainsi qu'ils approprient aux proportions respectives des différentes *niches*, le système des proportions qu'ils appliquent aux ordres dans leurs traités d'architecture.

Toutes ces fixations de proportions n'étant, à l'égard même des colonnes et des membres d'une ordonnance, que des espèces de termes moyens, établis dans les méthodes, pour servir de mesure approximative aux combinaisons de l'architecte, on comprend combien il seroit ridicule de prétendre assujettir les dimensions des *niches* à une échelle de proportions invariablement déterminées.

En effet, il n'y a peut-être point d'objets de décoration en architecture qui doive être, plus que les *niches*, soumis aux conditions essentiellement variables, soit de l'emploi qu'on en fait lorsqu'on y place des statues, soit du lieu qu'elles doivent occuper, soit de la distance où elles se trouvent de la vue, soit des accessoires qui les environnent.

Beaucoup d'observations plus ou moins judicieuses ont été faites relativement à la proportion des *niches* et à leur emploi dans l'architecture; et il faut dire qu'ici, comme sur d'autres points, des critiques beaucoup trop sévères se sont prévalus des abus que quelques-uns ont fait des *niches* pour en proscrire tout usage. On a soutenu que c'étoit une invention vicieuse, par cela que les *niches* ne devant être destinées qu'à recevoir des statues, ces statues enchâssées, si l'on peut dire, dans des renfoncemens, ne faisoient plus d'effet, et que l'œil ne pouvoit plus en embrasser les divers aspects. La chose est vraie, sans doute, et la critique auroit raison sur ce point, si toutes les statues étoient de nature à devoir être considérées de tous les côtés, et si on n'en faisoit pas tout exprès pour être enfermées dans des *niches*. Or, tout le monde sait que la sculpture a plus d'une manière de travailler les ouvrages, selon qu'ils figurent isolément, ou qu'ils sont destinés à servir d'ornement dans l'architecture. Condamner, pour une aussi futile raison, l'emploi des statues dans les *niches*, ce seroit condamner l'architecture à se priver d'un de ses moyens de décoration les plus agréables et les plus utiles en même temps.

J. F. Blondel a pensé qu'on ne devoit pas pratiquer deux rangs de *niches* l'un sur l'autre, à moins qu'ils ne fussent séparés par la ligne d'un entablement qui annonce l'existence d'un plancher; autrement, dit-il, la statue de la *niche* supérieure sembleroit avoir ses pieds posés sur la tête de la statue placée dans la *niche* inférieure. Il faut craindre, en architecture, autant l'absence que l'abus du raisonnement. Or, nous croyons que si la raison nous dit qu'il peut y avoir de l'inconvénient à trop multiplier les *niches* dans les murs ou les élévations d'un édifice, ce ne sera jamais par la considération de la position de la statue d'en haut, à l'égard de l'inférieure, que cette multiplicité blessera les yeux du spectateur.

On sera plus volontiers de l'avis de Blondel, dans les préceptes qu'il donne sur les rapports des statues avec les *niches*. Il s'oppose, avec raison, à ce que l'on fasse porter les pieds d'une statue sans plinthe sur la base de la *niche*. La plinthe effectivement est nécessaire au bon effet de toute figure en statue; c'est sortir des conventions de la sculpture, et de l'art en général, que de prétendre à la vaine illusion qui sembleroit résulter de la privation des caractères matériels qui entrent dans les conditions de l'imitation. C'est faute de faire cette réflexion que des critiques se sont prononcés contre l'emploi des statues placées par l'architecture dans des lieux, disent-ils, où il n'est ni possible ni probable qu'un homme vivant puisse parvenir ou rester. Mais, dans la décoration architecturale, il ne sauroit jamais être question de considérer les figures comme êtres naturels et vivans; il ne faut les voir que sous le rapport d'imitation, c'est-à-dire, comme statues.

C'est d'après cela qu'on blâmera, et avec raison, l'artiste de donner aux statues que doivent renfermer les *niches*, des compositions trop pittoresques, des attitudes et des mouvemens qui amoindrissent l'illusion, et qui, faisant sortir la figure des lignes de la *niche*, la mettent trop en saillie hors des murs ou des paremens.

Il resteroit à parler du judicieux emploi que l'architecte peut faire des *niches* sous le rapport de la décoration. La *niche* ainsi considérée, devient sans doute trop souvent (comme on l'a déjà dit) une sorte de lieu commun, un objet parasite dont on remplit le vide des superficies qu'on ne sait point occuper autrement : de-là, dans beaucoup de monumens modernes, ces *niches* multipliées qui sont restées sans statues, parce qu'effectivement ce n'étoit pas le besoin de statues qui les avoit fait imaginer. Aussi a-t-on déjà remarqué qu'une des meilleures destinations qu'on pût aujourd'hui donner à la sculpture, seroit de remplir toutes les *niches* vides que présentent nos édifices.

Au nombre des raisons qui plaident en faveur des *niches* dans l'architecture, il faut compter non-seulement l'heureux effet des statues comme objets décoratifs, mais l'effet plus heureux encore de leur signification, et cet effet résulte de l'analogie des sujets exprimés dans les statues avec la destination de l'édifice que ces sujets désignent et caractérisent. On dénoncera donc comme un abus trop commun dans les projets et dans leur exécution, cette habitude de faire des *niches* qui n'auront pas de statues, ou de les remplir par des statues qui sont sans rapport avec la destination du monument.

Si cet effet des statues, qui devroit être la vraie raison de l'emploi des *niches*, étoit toujours présent à l'esprit de ceux qui font des projets d'architecture, il est probable qu'ils seroient plus économes de *niches;* celles-ci, moins prodiguées, acquerroient plus de valeur, surtout si elles ne se présentoient jamais sans les statues pour lesquelles elles sont faites.

On donne aux *niches* différens noms, selon leur forme, leurs accompagnemens, et aussi selon les parties d'édifices ou les emplacemens qu'elles y occupent. Ainsi l'on appelle :

Niche carrée, celle qui forme dans un mur un renfoncement dont le plan et la fermeture sont quadrangulaires.

Niche ronde, celle qui est cintrée dans sa fermeture et circulaire dans son plan.

Niche rustique, celle dont le bandeau est orné de refends ou de bossages.

Niche à cru, celle qui, ne portant sur aucun corps ni massif, prend naissance du *rez-de-chaussée*, comme sont les deux grandes *niches* du portique du Panthéon, ou qui repose sans plinthe sur l'appui continu d'une façade.

Niche angulaire, celle qui est prise dans un encoignement, qui, dans l'angle, est fermée par une trompe.

Niche de buste, celle qui consiste ordinairement en un petit renfoncement circulaire.

Niche d'autel, celle qui occupe la place d'un tableau dans un retable d'autel.

Niches en tabernacle, celles qui sont décorées de chambranles, de colonnes avec frontons, et reposent sur un stylobate.

Niche en tour ronde, celle qui est prise dans le dehors d'un mur circulaire, et dont la fermeture est en saillie. On appelle *niche en tour creuse*, celle qui fait l'effet contraire de la *niche en tour ronde*.

NICHE, *ædicula, zotheca, loculamentum.*

Les plus anciennes sont évidemment celles qui sont taillées dans la montagne même, et celles qui leur ont succédé et qu'on voit dans les excavations de la Nubie. La nécessité de faire des figures de ronde bosse fit creuser autour de ces figures en creux qui servit à les détacher plus ou moins. On fit ces entailles carrées autour de la figure, ainsi qu'on en voit dans les excavations d'Eysenboule, de Gerche-Assan, de Déry, etc. On creusoit aussi de petites *niches* à l'entrée des fontaines ou des temples, et dans les tombeaux, pour y placer des lampes. Il est si naturel, lorsqu'on a un objet quelconque à placer dans un mur ou sur un rocher, d'y faire une entaille ou ronde ou carrée, que la *niche* en général est de la plus haute antiquité : mais l'usage d'en faire un ornement propre à l'architecture est bien moins ancien; car on ne peut donner le nom de *niches* à ces excavations égyptiennes faites pour réserver les figures plus saillantes que celles qu'on voit sur les obélisques, par exemple, qu'on ne peut appeler *niches.* Ce sont les Grecs, je crois, qui donnèrent les premiers une proportion aux *niches*, selon la place qu'elles occupoient, soit à l'extérieur, soit à l'intérieur des édifices. Comme ce sont eux qui firent le plus de statues ronde bosse pour faire partie des édifices, il devint naturel de leur donner une place dans la construction, ce qui donna l'origine de la *niche* proprement dite; la proportion de la statue lui donna naturellement une véritable proportion, qui fut cependant assujettie à l'ordre et aux ornemens dont étoient enrichis les édifices.

Les Romains, qui ont beaucoup emprunté des Grecs dans les arts, ont souvent fait un abus de ce genre d'ornement. C'est effectivement dans l'architecture romaine que les *niches* donnent un caractère à cette architecture; mais nous distinguerons deux espèces de *niches*, celles qui ne servent qu'à y placer des statues, et celles qui servent à différens usages, comme les exèdres, les renfoncemens plus ou moins grands, de forme carrée ou circulaire, qui se trouvent dans les murs d'une grande longueur. Les premières sont dans les temples, dans les salles, dans les basiliques, dans les entre-colonnemens des portiques, sur des murs lisses, mais doivent être généralement de la grandeur de six à sept pieds, afin d'y placer une statue grande comme nature. Elles sont prises dans les épaisseurs des murs, sont terminées par une plate-bande ou par une partie circulaire, quelquefois décorées de chambranles, de colonnes, de frontons et d'ornemens, selon leur place ou le rapport qu'elles ont avec l'architecture. Les autres *niches* sont vastes et descendent jusqu'au sol : elles servent à y placer des bancs, des siéges pour y réunir beaucoup de monde, comme on en voit dans les extrémités des basiliques, des églises, des tribunaux; elles étoient appelées *calcidiques*, selon plusieurs commentateurs de Vitruve : les autres, placées dans les thermes, les salles de réunion, avoient la même forme, quoique moins grandes, et servoient à y placer des siéges pour les bains ou pour converser : on les appeloit *exèdres*. On peut encore appeler indistinctement *calcidique*, *exèdre* ou *niche*, selon l'emploi, la forme et la décoration qu'on leur donne, ces renfoncemens qu'on voit plus particulièrement dans les édifices romains, et qui souvent sont répétés dans les enceintes de vastes édifices. Ces *niches* sont nécessaires à la construction et à la solidité de ces longs murs; car, malgré la grande épaisseur qu'on leur donne ordinairement, ils ont besoin, de distance en distance, de certains points d'appui : souvent on y met des contre-forts; mais lorsque la localité le permet, il est mieux de les remplacer par des ressauts agréablement disposés, qui servent à soutenir toute la volée du mur, qui, par son élévation et son étendue, sortiroit facilement de son à-plomb. C'est cette nécessité de former des ressauts pour la solidité des murs d'une grande étendue, qui est cause que tous les aqueducs romains ne sont jamais en ligne droite, ce qui a donné lieu à bien des conjectures. On a prétendu que c'étoit pour éviter certains courans qui se trouvoient sur son passage, ou que c'étoit afin de diminuer la rapidité de l'eau, ou pour chercher les lieux les plus élevés afin d'éviter la trop grande dépense. Il est vrai que cette dernière est souvent une des raisons; mais la plus forte, et celle qu'on doit admettre avec le plus de probabilité, c'est qu'un mur d'une aussi grande étendue, et souvent très-élevé, auroit été facilement renversé, soit par le tassement, soit par des tremblemens de terre, et que si une partie venoit à tomber, elle entraîneroit bientôt, par son poids, celle qui se trouve sur la même ligne. C'est donc pourquoi on a pris cette longue distance, en profitant effectivement des hauteurs qui pouvoient être favorables à la construction, dans les lieux où il falloit moins de fondation. Mais les [illegible] et [illegible] des longs aqueducs romains sont nécessaires pour maintenir et fortifier le mur. Il n'est point jusqu'au plus simple des particuliers qui ne suive cette règle pour le paravent qui se trouve dans sa chambre pour le garantir du froid. C'est donc ce principe de solidité qui fit que les murs des Romains particulièrement, qui n'avoient souvent que des briques, avoient une infinité de renfoncemens, comme on le voit dans les enceintes des thermes.

Les *niches* servent encore dans la construction à ménager les matériaux, soit la pierre, soit les briques qu'on y emploie; c'est encore une des raisons pour lesquelles les Romains en firent un si grand usage dans les énormes massifs de leurs constructions en brique. Elles servent encore, dans certains cas, comme de décharge pour lier les murs et les différentes parties de muraille; car, lorsque les murs ont une grande hauteur, il est essentiel de faire quelquefois sur la hauteur ce qu'on fait sur la largeur, c'est-à-dire, de former des arcades pour lier les murs, en rompant les assises régulières horizontales. On n'y met ordinairement que des plates-bandes ou des arcs; mais lorsque le mur a une grande épaisseur, on peut y mettre des *niches*. Les *niches* servent encore de décharge dans les fondations, et buttent les terres. On fait pour les murs de terrasse des contre-murs, ou on y place une suite de *niches* circulaires qui isolent les terres et empêchent leur poussée et leur humidité, comme on le voit au camp de la ville Adrienne.

Maintenant que nous avons donné une idée des *niches* en général, voyons comment les Anciens et les Modernes les ont employées. Il nous reste peu de *niches* des Grecs. Dans les temples, les statues étoient colossales et placées au fond de la *cella*, isolées comme au temple de Jupiter olympien et à celui de Minerve à Athènes. On voit cependant quelques *niches* à quelques édifices; elles sont ordinairement carrées. Je n'en saurois citer de circulaires, les Romains en ont peu employé dans l'architecture qu'ils ont empruntée des Grecs, comme dans les temples, par exemple, construits en marbre; mais dans les grandes constructions en pierre, on peut citer celles de l'enceinte du temple de Mars vengeur : elles n'ont de grandeur que les dimensions suffisantes pour recevoir des statues grandes comme nature. Cette dimension est celle qui convient le plus aux édifices; elle sert d'échelle de comparaison pour établir les justes dimensions de l'édifice. Les *niches* de cette dimension ont été souvent, et avec profusion, répétées dans l'intérieur même des temples lorsqu'ils étoient en brique, comme on le voit encore au temple du Forum d'Antonin, appelé *basilique d'Antonin ;* à celui de Vénus et de Rome, construit par Adrien, en face du colisée. On voit de ces *niches* dans une infinité de constructions en brique, soit à Rome, dans les thermes, soit à Tivoli, dans les constructions privées de la ville Adrienne. Il est certain qu'à Rome il devoit y en avoir eu une grande quantité pour placer ce peuple de statues qu'on y voyoit. Les portiques, les basiliques, les bains, les édifices publics et privés étoient remplis de statues, qui, généralement, n'étoient pas plus grandes que nature, et qui rendoient encore plus immense la grande dimension des édifices, tels que les thermes, les théâtres, les amphithéâtres, les cirques, etc. Ces *niches* étoient ou rondes ou carrées; lorsqu'elles étoient carrées en plan, elles l'étoient en élévation, et lorsqu'elles présentoient un plan circulaire, elles étoient terminées par une élévation circulaire. Quelquefois elles étoient sans ornemens, souvent ornées de chambranles, comme on en voit encore un exemple à l'arc de Janus : elles avoient aussi des colonnes et des frontons, comme on le voit au Panthéon, aux Thermes. Souvent ces colonnes posoient sur un piédestal, et avoient alternativement un fronton rond et un fronton circulaire, comme celles du Panthéon. Quelquefois placées sur une hauteur trop élevée pour avoir un piédestal, les colonnes posoient sur des consoles, comme on le voit aux thermes de Dioclétien, dans la décoration de la façade et de l'édifice appelé *le temple de la Paix,* dans la *niche* circulaire qu'on y a ajoutée. Les Romains ont fait des *niches* plus grandes pour recevoir, soit des groupes, soit des statues colossales; alors elles posoient directement sur le sol, comme on le voit dans le portique du Panthéon, où étoit la statue d'Agrippa.

Les *niches* d'une plus grande dimension encore servoient dans l'extrémité des temples, des basiliques ou des salles, à recevoir, ou des statues colossales, ou des siéges pour les juges, comme on le voit dans les deux *cella* du temple de Vénus et de Rome, qui étoient vraisemblablement pour des statues colossales ou des groupes, dans le monument appelé *le temple de la Paix*, qui étoit la basilique de Constantin; le temple de Mars vengeur; dans les basiliques des Thermes; dans plusieurs salles de la ville Adrienne; dans la basilique qui est à Pompeïa : elles servoient alors pour recevoir ou les siéges des bains, ou des siéges pour les juges. Enfin, des *niches* plus grandes encore, étoient dans les enceintes pour servir de point d'appui aux murs, comme nous l'avons déjà dit : elles étoient ou rondes ou carrées, quelquefois alternées. Lorsqu'elles étoient d'une grande dimension, elles n'étoient point couvertes, on y mettoit des siéges et des gradins; elles servoient alors pour les entretiens, ou comme d'amphithéâtres pour certains jeux. On les appelle plus communément *exèdres.* On en voit aux thermes de Caracalla et à ceux de Dioclétien. Les Grecs faisoient usage de ces sortes de *niches.* On en voit dans plusieurs enceintes et aux portes de ville, où le voyageur pouvoit se reposer, afin de se préparer à entrer dans la ville, comme à Pompeïa, etc. Ces exèdres étoient encore dans les portiques qui servoient d'enceinte aux grands temples. Dans l'enceinte qui reste à Athènes, et qui est peut-être celle du temple de Jupiter olympien, restauré par Adrien, on voit de ces exèdres alternativement carrés et circulaires : ils étoient décorés de colonnes et couverts de peintures. Comme ils n'étoient point d'une grandeur démesurée, ils avoient une couverture en bois, richement décorée de peintures et de compartimens. Les *niches*, comme nous l'avons déjà dit, essentielles à la construction, sont faites pour économiser les matériaux, ou pour isoler et butter les murs de terrasses; c'est pourquoi on en voit dans les thermes et les grottes que nous conservons des Anciens, comme à la ville Adrienne et au tombeau d'Auguste, etc.

On emploie les *niches* avec succès dans les fontaines et châteaux d'eau : on en voit un bel exemple à la fontaine de Trévi, dans laquelle est une statue colossale de Neptune; elle est décorée de colonnes, de caissons, de statues, d'inscriptions, etc., et bien que le goût n'y soit point d'une grande pureté, on peut dire qu'elle est d'un grand effet.

(HUYOT.)

NICOLAS DE PISE, architecte et sculpteur florentin du treizième siècle. Il paroît qu'il naquit au commencement de ce siècle, car Vasari rapporte à l'an 1225 sa première entreprise en sculpture, qui fut à Bologne le tombeau de S. Domenico Calagora.

Nicolas de Pise s'étoit d'abord adonné particulièrement à la sculpture, qu'il avoit apprise de certains ouvriers grecs employés aux ornemens de la cathédrale et du baptistère de Pise. C'étoit l'époque où les Pisans, dans leurs expéditions maritimes ou commerciales, rapportoient du Levant, et chargeoient sur leurs vaisseaux d'assez beaux restes et des fragmens plus ou moins précieux de sculpture et d'architecture antique. Parmi ces ouvrages, *Nicolas de Pise* remarqua un beau sarcophage, sur lequel étoient sculptées la chasse du sanglier et l'histoire de Méléagre. Ce monument et quelques autres objets d'antique sculpture lui inspirèrent un meilleur goût, et bientôt il surpassa tous ceux qui, de son temps, manioient le ciseau. C'est ce dont on s'aperçut dans l'exécution du tombeau dont on a parlé, et qu'il termina, en 1231, dans la ville de Bologne, où il bâtit le couvent et l'église des Dominicains.

De retour à Pise, il se livra aux travaux de l'architecture et de la construction : on lui dut d'heureux changemens dans la manière de faire les fondations. Le sol humide et inconsistant de cette ville exigeoit des précautions qui étoient tombées en désuétude. Il remit en usage la méthode d'établir les massifs des fondemens sur pilotis, et d'unir ces massifs par des arcs.

C'est de cette manière qu'il éleva l'église de *S. Michele in Borgo* et différens palais.

Un des plus ingénieux monumens fut le *Campanile* des Augustins à Pise. Cet édifice est extérieurement octogone et circulaire en dedans. L'intérieur renferme un escalier en limaçon, formant un vide circulaire aussi qui ressemble à un puits. De quatre marches en quatre marches s'élèvent des colonnes qui supportent des arcs rampans, et vont ainsi en spirale jusqu'au sommet; de sorte que ceux qui sont, soit en haut, soit en bas, soit au milieu, se voient tous monter ou descendre. Cet escalier, comme on l'a dit à l'article BRAMANTE (*voyez* LAZARI dit BRAMANTE), servit de modèle à cet architecte pour celui qu'il exécuta au Belvédère du Vatican, et fut encore imité en d'autres lieux.

Nicolas de Pise donna, en 1240, les dessins de l'église de Saint-Jacques à Pistoia, et il y revêtit la grande niche du fond en mosaïques exécutées par des artistes toscans.

A Padoue, il éleva la grande église de Saint-Antoine, patron de cette ville, et qu'on nomme par excellence *il Santo*. A Venise, il bâtit l'église des Frères-Mineurs. Celle de Saint-Jean, à Sienne, fut construite sur ses dessins.

De retour à Florence, il donna les dessins de l'église de la Trinité, ceux du monastère des Dames de Faenza et ceux du couvent de Saint-Dominique à Arezzo, et de Saint-Laurent à Naples, où un de ses élèves, nommé *Maglione*, fut chargé de les exécuter.

Nicolas de Pise, après avoir fait de grandes augmentations à la cathédrale de Volterre, qu'il décora à neuf, ainsi que le couvent des Dominicains de Viterbe, fut appelé à Naples, où il éleva une église et une magnifique abbaye en mémoire de la victoire remportée sur Conradin par Charles d'Anjou. Il bâtit encore l'église de Sainte-Marie d'Orviette, et enfin il se retira dans sa patrie où il mourut. La date de sa mort est inconnue.

NICOTEAUX. *Voyez* PIÈCES DE TUILE.

NIGETTI (MATTEO), architecte florentin, mort en 1649.

Elève de Boutalenti, il eut une grande part dans la construction du palais Strozzi à Florence. Il bâtit, dans la même ville, le cloître des religieux (*degli Angeli*), la nouvelle église de Saint-Michel des P. Théatins, qui fut achevée par Silvani, et il fit le dessin et le modèle de l'église de Tous-les-Saints des moines de l'Observance.

Cosme, premier grand-duc de Toscane, eut l'intention de donner à l'église de Saint-Laurent une troisième sacristie, de la même grandeur que celle qu'y fit Michel Ange, mais toute revêtue de marbres et de mosaïques, pour en faire le tombeau des grands-ducs de Toscane et y rassembler leurs mausolées. Vasari en fit le dessin. Lui mort, ainsi que Cosme Ier., le grand-duc Ferdinand Ier. voulut agrandir le projet de son prédécesseur. Il communiqua son idée à Jean de Médicis, aussi habile dans l'art de la guerre que dans les arts du dessin, et lui demanda un dessin et un nouveau modèle du monument par lui projeté. Jean de Médicis répondit à son desir. Ce ne fut plus une sacristie, mais une vaste et magnifique coupole qui termine l'église de Saint-Laurent.

Ce fut *Nigetti* qui exécuta le dessin de Jean de Médicis. Il en commença la construction l'an 1604; il en ordonna, composa et acheva la magnifique décoration, toute formée de l'assemblage des marbres les plus précieux, et toujours sous la direction du prince qui en avoit donné le projet.

Nigetti fut aussi sculpteur. Il s'adonna particulièrement aux travaux de pierres précieuses et de marbres rares, qui ont illustré les ateliers de Florence, et on lui doit les embellissemens du merveilleux *Ciborium* de la susdite chapelle de Saint-Laurent. (*Article traduit de Milizia.*)

NILLES, s. f. pl. Petits pitons carrés de fer, qui, étant rivés aux croisillons et traverses, aussi de fer, des vitraux d'église, retiennent avec des clavettes, ou petits coins, les panneaux de leurs fermes.

NILS. *Voyez* EURIPES.

NISMES, l'une des plus anciennes villes de France, particulièrement recommandable par ses monumens antiques.

Lorsque nous offrons, dans cet ouvrage, des modèles à ceux qui cultivent l'architecture, nous allons presque toujours les chercher dans la Grèce et l'Italie, nous abandonnant à la pente naturelle de l'esprit humain qui le porte à ne puiser que les choses rares et lointaines. En effet, on dédaigne celles dont l'abord est facile, et l'on aime à porter ses regards sur un obscur lointain, espérant y faire de nouvelles découvertes, souvent bien futiles, il est vrai, et qui ne doivent leur importance qu'à leur *étrangeté*. Il en résulte que ceux qui ne voyagent que dans les livres, n'estiment un pays qu'à raison du plus ou moins de soin qu'on a mis à le décrire, et qu'un étranger, en traversant la France avec rapidité, la connoît et l'apprécie beaucoup mieux que nous-mêmes. Néanmoins le goût des antiquités a fait de nos jours quelques progrès parmi les gens qui se piquent d'instruction; mais pourquoi perdent-elles presque tout leur prix lorsque nous les retrouvons chez nous, et par quelle fatalité avons-nous laissé détruire peu à peu la plupart de nos antiques monumens, tandis qu'en Italie on a tant pris de soin à les exhumer, à les rétablir et à les illustrer par de savantes restaurations! Nimes, Orange, Arles, Bordeaux et tant d'autres villes contenoient des précieux vestiges d'architecture romaine; ils ont été presque tous mutilés ou convertis à des usages étrangers à leur destination primitive; pendant que nous avions sous les yeux l'exemple d'une longue série de papes et de souverains d'Italie qui tous s'illustrèrent par leur amour pour les arts, et la restitution des chefs-d'œuvre de l'antiquité. Quelques-uns de nos rois, il est vrai, essayèrent de soulever le voile de barbarie qui nous déroboit nos propres richesses; mais ce n'est que de nos jours, et seulement depuis quelques années, qu'on s'occupe avec succès de la recherche des antiques sur le sol de la France. La ville de *Nimes* possédoit déjà un bel héritage en antiquités, mais elle vient de s'enrichir de monumens inconnus jusqu'à ce jour, et qui font de la Maison carrée un temple de la plus magnifique ordonnance. Nous profitons d'une Notice publiée à ce sujet pour donner une légère idée des découvertes faites en 1820 et 1821, renvoyant d'ailleurs nos lecteurs aux grands ouvrages déjà publiés sur les antiquités de cette ville.

Ce fut environ vers le milieu du dix-huitième siècle que l'on commença les travaux nécessaires pour rendre les eaux de la fontaine de *Nimes* plus abondantes, et qu'on fit la recherche et la collection des monumens antiques provenant des fouilles; mais ce ne fut que long-temps après qu'on fit prendre une direction plus uniforme aux recherches.

Le temple qu'on appelle la *Maison carrée* nous offre, dans sa restauration actuelle, l'un des monumens antiques les plus complets que l'on connoisse, et qui, par ses accessoires, est devenu un modèle curieux de la disposition générale des temples antiques: car on ne met plus en question maintenant la destination primitive de cet édifice, dont on avoit fait, tantôt une basilique, tantôt un prétoire; enfin, un temple faisant partie d'un forum. Cette dernière supposition est changée en certitude.

La Maison carrée offre en plan un parallélogramme rectangle de 25 mètres 65 centimètres de longueur, sur 13 mètres 45 centimètres de largeur.

Trente colonnes cannelées décorent son extérieur; le pérystile en présente six de front: on en voit onze sur les faces latérales, mais c'est à la quatrième seulement que commence l'enceinte proprement dite ou la *cella;* à partir de ce point, elles sont à demi engagées dans le mur d'enceinte du corps de l'édifice. La hauteur des colonnes est de 8 mètres 95 centimètres, base et chapiteau compris. Ceux-ci, taillés en feuilles d'olivier, sont sculptés avec une rare précision. Les feuilles ont un grand relief, et leur proportion, leur galbe et leurs détails ne laissent rien à desirer, ainsi que les profils et le choix des ornemens de l'architecture. La frise et la corniche qui composent l'entablement ont 2 mètres 24 centimètres de hauteur.

L'intérieur de la cella n'offre maintenant que des murs nus, mais il est probable que sa décoration correspondoit à la magnificence du dehors. De nombreux fragmens de marbres précieux, trouvés dans les dernières fouilles, pourroient aider à en faire une restauration.

Au reste, les différentes révolutions que cet édifice a éprouvées, et les usages auxquels il a été successivement consacré, ont contribué à cette dévastation.

Ces vicissitudes datent de fort loin; on pourroit les faire remonter au siècle d'Auguste. En effet, sans parler de l'établissement de la colonie, fait par cet Empereur, et de la médaille frappée en son honneur, le témoignage d'anciennes inscriptions et la découverte de lettres de métal attachées sur la frise de l'architrave de la Maison carrée, nous apprenent que cet édifice fut consacré, l'an de Rome 754, en l'honneur de Caius et de Lucius César, enfans adoptifs d'Auguste et princes de la jeunesse; d'où il suit que la richesse de la ville remontoit beaucoup plus haut, puisque les Nimois étoient alors en état d'ériger un tel monument. Il paroît même démontré aujourd'hui que ce temple, avant d'être consacré aux enfans adoptifs d'Auguste, l'avoit été primitivement à une divinité ou à quelqu'autre prince: c'est ce qui résulte de la composition de l'inscription elle-même. Elle offre deux lignes, dont la seconde est coupée par l'un des bords de l'encadrement; or, peut-on supposer que les habiles constructeurs de cet édifice aient ainsi violé les règles de la plus simple symétrie? Il est plus naturel de penser que la flatterie a fait disparoître la première inscription pour y substituer une nouvelle dédicace: c'est ainsi que sur les épaules des statues impériales, on substituoit de nouvelles têtes à chaque changement de règne.

Vers le milieu du onzième siècle, on convertit la Maison carrée en hôtel-de-ville; l'intérieur fut divisé en plusieurs pièces, et des fenêtres furent percées dans l'épaisseur des murs. Au commencement du seizième siècle, elle fut vendue à un particulier qui y adossa une maison; quelque temps après, un nouvel acquéreur plus barbare convertit le sanctuaire en écurie; enfin, en 1670, par un contraste singulier, les religieux Augustins l'achetèrent pour en faire une église, dont l'administration centrale s'empara ensuite pour y tenir ses séances publiques.

Cependant la Maison carrée, débarrassée successivement des bâtisses et des remparts qui en déroboient la vue, attira l'attention, et l'on s'indigna d'avoir laissé dépérir un si bel édifice. Un projet

projet général de restauration fut dressé, en 1809, par M. Grangent, ingénieur en chef du département. Néanmoins, les travaux ne furent commencés que long-temps après, c'est-à-dire, en 1820.

On entreprit sérieusement alors la restauration à peine commencée de l'édifice qui étoit encore enterré jusqu'aux trois quarts de sa base : on enleva les terres dans le pourtour du monument, de manière à pouvoir rétablir le stylobate et à le montrer assis sur le sol primitif. Des marbres de différentes couleurs, des tronçons de colonnes, des fragmens d'une grande frise sculptés avec goût, et plusieurs autres fragmens d'architecture antique, firent d'abord soupçonner l'existence d'un monument plus vaste; bientôt une construction rectangle en avant et sur l'angle nord-ouest de la face principale confirma les conjectures.

La forme de cette construction trouvée à dix centimètres au-dessous de la base du stylobate, un grand conduit en pierre de taille du côté de l'ouest, un aqueduc de 44 centimètres de largeur, construit au-dessous de ce conduit, dont le fond, ainsi que les parois du mur, étoient encore revêtus de stalactites sanguines, et contenoient des touffes de poils de taureaux, donnèrent lieu de croire que c'étoit dans ce bassin qu'on égorgeoit les victimes destinées aux sacrifices.

Aucun auteur connu n'avoit fait mention d'une enceinte qui eût existé autour de cet édifice; néanmoins on n'ignoroit pas que les temples antiques offroient quelquefois de pareilles constructions, destinées à mettre le peuple à l'abri des injures du temps pendant les cérémonies religieuses : on conjectura qu'elles devoient exister ici; mais rien n'en déterminoit la forme ni la disposition.

Cependant il fut décidé que les fouilles seroient poussées aussi loin que possible, et qu'on isoleroit le monument des maisons voisines, au moyen d'un mur d'enceinte, couronné d'une grille; ce qui amena enfin à la découverte d'une nouvelle colonnade d'enceinte, qui confirma tous les indices précédens.

Une chose digne de remarque et qui prouveroit qu'avant la construction de la Maison carrée, il existoit d'autres monumens qui annonçoient une haute civilisation et de grands progrès dans les arts, c'est la découverte d'un fragment d'un beau pavé en mosaïque, à 1 mètre 70 centimètres au-dessous de la base du stylobate et de la plate-forme de l'enceinte extérieure, ou à 60 centimètres au-dessous du sol antique.

Ces intéressantes découvertes, en faisant paroître cet édifice sous un aspect entièrement nouveau, ont donné lieu aux amateurs de l'antiquité de rechercher à quelle sorte de monument se rattachent ces magnifiques débris. Différentes opinions se sont formées à cet égard, et ont successivement partagé les suffrages et exercé la critique. M. Grangent qui a suivi avec attention les fouilles qu'il a dirigées, pense que la Maison carrée étoit un temple périptère, entouré d'une galerie couverte, destinée à servir d'abri au peuple. Cette galerie étoit elle-même enfermée dans un mur extérieur entièrement bâti en pierres de taille, et couronné d'une corniche formée seulement d'un quart de rond, d'un filet et d'une large cymaise. Cette dernière enceinte, d'environ 100 mètres, avoit, suivant M. Grangent, la forme d'un carré; ce qui servoit à justifier l'ancien nom de *Maison carrée* que de vieilles chartes et les traditions lui donnoient, et qui paroissoit mal se rapporter à un édifice rectangulaire, dont la longueur étoit double de sa largeur.

Le monument qu'on nomme le *Temple de Diane* s'éloigne du style des constructions des autres temples de l'antiquité : les uns l'ont cru dédié à Vesta; d'autres à Diane, à Isis et Osiris, ou aux héros némauses, et Palladio, aux dieux infernaux. On a aussi pensé que cela pouvoit être une basilique, par la conformité qu'on a cru apercevoir entre son plan et celui de la basilique d'Otricoli. Quoi qu'il en soit, l'exposition de cet édifice est tout-à-fait contraire à celle des temples, la porte d'entrée étant placée à l'orient. Aucune décoration extérieure ne semble avoir embelli ce monument. Sa distribution intérieure, sa voûte en berceau, les niches et les ornemens qui décorent les murs et le plafond, les corridors qui l'entourent, les tuyaux de descente et l'aqueduc dont il est environné, tout annonce une belle salle de thermes ou un Nymphée, opinion qui est encore confirmée par l'ornement des voûtes, où l'on voit des dauphins placés dans les rosaces et entourés de feuillages.

Ce monument devint une église, puis il fut converti en grange et en chantier; un incendie en ruina la partie antérieure, et pendant les guerres de religion, il fut en grande partie détruit.

Le monument nommé la *Tour magne*, et placé au sommet d'un coteau qui domine la ville du côté du nord, étoit engagé dans les antiques murailles, mais n'avoit aucune saillie en dehors; ce qui montre que cette tour ne faisoit point partie des fortifications. D'ailleurs, sa forme pyramidale et à pans lui donneroit plutôt l'air d'un septizone ou encore d'un tombeau.

Le corps de la tour a huit pans réguliers, orientés vers les quatre points cardinaux et leurs divisions intermédiaires, s'élevoit sur un soubassement, où l'on montoit par une pente douce du côté du couchant; un escalier à rampes droites, avec pallier en retraite, pratiqué dans l'épaisseur du massif, mène ainsi, après avoir monté 132 marches, au sommet de l'édifice. Il avoit trois étages : le second étoit décoré, à l'extérieur, de pilastres très-serrés, avec le chapiteau & la base toscane. L'intérieur de cet étage étoit évidé par huit niches demi-circulaires, distribuées à sa circonférence. L'étage supérieur étoit à jour, orné de colonnes isolées, vraisemblablement couronnées d'une petite coupole, pour abriter la figure ou le sarcophage placé à cet étage.

On n'alongera point cet article de la mention ou description des autres monumens antiques d'architecture qui existent dans *Nîmes*, ou qui se rapportent à cette ville. A l'article AQUEDUC (*voyez ce mot*), on a parlé de celui qu'on appelle vulgairement le *Pont du Gard*, grande et magnifique construction qui unit deux montagnes, et porte encore le canal qui conduisoit les eaux à *Nîmes*. Au mot AMPHITHÉATRE, on a aussi donné les mesures de ce qu'on appelle les *Arènes de Nîmes*, et nous avons renvoyé, comme nous renvoyons encore le lecteur au bel ouvrage de M. Clérisseau sur les antiquités de la France. (A. L. C.)

NIVEAU, s. m. Instrument qui sert à tracer une ligne parallèle à l'horizon, à poser horizontalement les assises de maçonnerie, à dresser un terrain, à régler les pentes et à conduire les eaux.

Il y a plusieurs sortes de *niveaux*. Il y a des *niveaux d'air*, *à pendule*, *à lunette*, *à pinnules*, etc.; mais tous ces instrumens sont purement mathématiques, et on en trouve la description, la figure et la théorie dans les Dictionnaires de mathématiques; c'est pourquoi nous nous dispenserons d'en faire connoître ici les formes et les particularités.

Ce qui est le principe de tous les *niveaux*, c'est la ligne parallèle à l'horizon. Dans l'art de bâtir, on dit *poser de niveau*, *arraser de niveau*, etc. On dit encore qu'un parterre ou qu'une allée est de *niveau*, quand elle est d'une égale hauteur dans toute son étendue.

On nomme *niveau de pente* un terrain qui, sans ressauts, a une pente réglée dans sa longueur.

On disoit autrefois *liveau*, de l'italien *livello* ou *libello*, diminutif de *libra*, parce qu'un *niveau* se pose horizontalement comme une balance, et qu'anciennement il en avoit la figure.

NIVEAU DE PAVEUR. Longue règle, au milieu et sur l'épaisseur de laquelle est assemblée, à angle droit, une autre règle où est attaché en haut un cordeau avec un plomb qui pend sur une ligne de foi, tracée d'équerre à la grande règle, et qui marque, en couvrant exactement cette ligne, que la base est de *niveau*.

NIVEAU DE POSEUR. *Niveau* composé de trois règles assemblées, qui forment un triangle isocèle et rectangle comme la lettre A. A l'angle de son sommet est attachée une corde où pend un plomb qui passe sur une ligne de foi, tracée d'équerre à la grande règle, et qui marque, en couvrant exactement cette ligne, que la ligne est de *niveau*.

NIVELER, verb. act. C'est, avec un *niveau*, chercher une ligne parallèle à l'horizon, en une ou plusieurs stations, pour connoître et régler les pentes, dresser de *niveau* un terrain et conduire les eaux.

NIVELEUR. C'est le nom qu'on donne à celui qui nivèle.

NIVELLEMENT, s. m. C'est l'opération qu'on fait avec un *niveau* pour connoître la hauteur d'un lieu à l'égard d'un autre.

NOBLE, NOBLESSE. L'idée de *noble* ou de *noblesse*, transportée dans le langage et dans la théorie de l'art, est un emprunt fait à l'idée que l'opinion générale attache, dans l'ordre social, soit aux familles, soit aux hommes qu'une honorable perpétuité, que de grands services ou de belles actions marquent d'un caractère particulier entre les autres familles, entre les autres hommes.

Le mot *noblesse*, si on l'explique par son étymologie, ou si on le prend dans le sens de son acception usuelle, exprime et signifie cette espèce de qualité dont l'effet est de faire remarquer et distinguer les personnes auxquelles on applique cette dénomination.

Il fut donc naturel de l'appliquer aussi aux choses, aux travaux des hommes, et particulièrement aux ouvrages des beaux-arts, où l'on remarque des propriétés qui leur assurent une prééminence sur les autres ouvrages; et la *noblesse* fut mise au nombre des qualités morales de l'imitation.

Quand on s'est ainsi rendu compte de l'idée de *noblesse* et de la qualité générale que le mot signifie, on éprouve, comme à l'égard de toutes les qualités dont l'expression véritable dépend du génie de l'artiste, quelque difficulté à développer par le discours, surtout dans les œuvres de l'architecture, et à faire sensiblement comprendre ce à quoi tient la manifestation de cette qualité.

S'il s'agit de la peinture ou de la sculpture, on peut plus aisément faire saisir par des exemples, et fixer par des analogies le caractère de la *noblesse*. Naturellement ces arts trouvent dans les signes extérieurs, dans l'apparence, c'est-à-dire, dans les formes, les mouvemens, la contenance, les accessoires des personnes, le modèle de certaines qualités physiques ou sociales auxquelles on est convenu d'attacher l'idée de la *noblesse* du corps, de la physionomie, et celle même de l'action. Quant à la *noblesse* moralement entendue, c'est-à-dire celle de l'ame ou des sentimens, il est encore reconnu que ces arts n'en peuvent rendre l'idée sensible que par la *noblesse* extérieure des formes du corps.

L'architecture n'a pas dans la nature de modèle aussi sensible, et ainsi le type de certaines qualités y est plus abstrait, échappe plus facilement à la théorie, et peut donner lieu à plus de controverses. Il faut donc chercher les élémens de la *noblesse* dans un composé de quelques autres qualités propres à produire, à l'égard d'un édifice, ce même effet général dont on a parlé, savoir, celui de le faire remarquer et distinguer entre d'autres édifices.

Il nous semble que ce qu'on appelle *noblesse* dans un monument, ainsi que dans son effet, ne sauroit résulter d'un caractère un, absolu et exclusif; il doit y avoir une certaine combinaison de grandeur, de simplicité, d'élégance et de richesse.

La grandeur de dimension est déjà, comme on sait, un puissant moyen, pour l'artiste, d'attirer l'attention sur un édifice, de le faire briller entre les autres, de le recommander à l'admiration. Cependant un édifice pourroit offrir de la grandeur dans les mesures, et de la petitesse dans les proportions : la grandeur proportionnelle, qui tient à l'harmonie de l'ensemble, doit donc entrer dans le caractère de la *noblesse*. Combien de portails d'églises plus étendus en tous sens que le portique du Panthéon à Rome, ou du Parthenon d'Athènes, ont cependant beaucoup moins de *noblesse* !

L'usage associe l'idée de *noble* à celle de simple, si fréquemment (comme lorsqu'on dit une *noble simplicité*), qu'il doit y avoir réciprocité, c'est-à-dire qu'on peut croire que la simplicité se mêle au caractère de la *noblesse*. On ne sauroit en douter quand on pense que le simple est aussi un des élémens de la grandeur moralement entendue. Très-certainement, la petitesse dans les rapports, la multiplicité des parties, la mesquinerie des détails, détruiront le caractère auquel s'attache l'idée de *noble*. Trop de simple y seroit aussi contraire; ce qui signifie que la *noblesse* veut de l'élégance et de la richesse.

L'élégance nous paroit être une qualité qui tient le milieu entre le simple et le riche, et qui participe des deux. L'élégance dans les manières, dans l'habillement, dans l'ornement, à quelque genre qu'on l'applique, a toujours quelque chose qui distingue et fait remarquer les personnes, les actions et les choses, ainsi que toutes les productions des arts. C'est pourquoi cette qualité paroit devoir être un des attributs de la *noblesse* en architecture.

On ne sauroit se refuser à mettre aussi de ce nombre la richesse, à laquelle l'instinct seul attache tant de moyens de considération et de distinction, soit dans les choses de la vie, soit dans les travaux de l'homme.

Si l'on admet cette combinaison de qualités, comme formant l'ensemble des effets qu'on exprime par le mot *noblesse*, il faut dire que c'est ensuite à l'architecte à user des moyens de son art, pour en rendre le caractère sensible par la construction, l'ordonnance et la décoration, c'est-à-dire dans la disposition des massifs, dans l'emploi des ordres, dans l'économie des ornemens.

Il dépend souvent du parti pris relativement à ce qu'on appelle la disposition générale de l'ensemble et des parties constituantes d'un édifice, de lui imprimer ou de lui enlever le caractère de *noblesse* que sa destination réclame : on s'en convaincra en se rappelant ces frontispices d'églises auxquelles des étages et des percés multipliés de fenêtres et d'autres ouvertures, donnent une apparence qui les rapproche trop de l'extérieur des habitations ordinaires.

Un des moyens les plus propres à donner aux édifices, selon la nature de leur destination, le caractère de *noblesse*, est certainement l'emploi des ordres, soit en colonnes isolées dans les parties qui en comportent l'application, soit en colonnes engagées ou en pilastres dans les portiques et autres espaces des élévations. Cet emploi proportionnel fournit à l'artiste des degrés divers de *noblesse*, et cette graduation résultera de la combinaison variée des qualités de grandeur, de simplicité, d'élégance et de richesse. Or, chacun des trois ordres donne des moyens de multiplier encore les nuances du caractère qu'on veut exprimer.

Chaque ordre, par les modifications des proportions et des ornemens qu'il comporte, peut rendre plus ou moins, et produire à différens degrés l'idée de *noblesse*. Si toutefois les qualités d'élégance et de richesse devoient être dominantes dans l'effet du genre *noble* en architecture, l'ordre corinthien, par le développement de ses proportions, par la magnificence de son chapiteau, par l'abondance de ses ornemens, réclameroit peut-être la première place en fait de *noblesse*, comme le dorique occupe le premier rang pour la force et la gravité, comme l'ionique l'emporte sur les autres par le caractère moyen, si conforme à ce qui demande de la grâce et de la délicatesse.

Ce qui n'exclut toutefois aucun de ces ordres du droit de partage dans une qualité qui doit être propre à chacun d'eux.

Il est sans doute encore d'autres moyens de donner de la *noblesse* à un édifice. Ils consisteront soit dans l'exposition, soit dans les corps de bâtimens qui l'annoncent ou qui l'accompagnent; mais on comprend que de tels moyens sont en quelque sorte hors de l'art, et surtout des ressources dont l'architecte peut ordinairement disposer.

NŒUDS, s. m. pl. Ce qu'on appelle ainsi dans le bois, selon l'emploi qu'on en fait et la nature de la matière, est tantôt un défaut et tantôt un mérite ou un agrément.

S'il s'agit de bois de charpente ou d'assemblage, un *nœud* peut quelquefois en vicier la pièce et la couper, ou contribuer à sa ruine; s'il s'agit de certains bois qu'on emploie en placage, ce qu'on appelle *nœud* y produit une variété et quelque une des caprices de dessin que les amateurs recherchent, au point qu'on en est venu à contrefaire ces jeux de la nature dans des bois qui n'en avoient aucune trace.

NŒUDS DE MARBRE. Ce sont ou des corps étrangers à cette matière, ou des duretés par veines ou taches provenant des hasards, qui sont entrés dans la construction de ses élémens. Les *nœuds* de couleur de cendre, dans le marbre blanc, s'appellent *émeril*. Les ouvriers donnent le nom de *clous* aux *nœuds* des autres marbres.

NŒUDS DE SERRURERIE. Ce sont les différentes divisions qui se font dans les charnières de fiches ou couplets, de portes ou fenêtres, par où le clou ou la rivure passe. Il y a des fiches à deux, à trois et à quatre *nœuds*.

NOIR, sub. m. ou adj. Le *noir* peut être pris comme couleur, ou comme privation de lumière, et dans ces deux acceptions il s'applique à l'architecture, soit comme effet de clair-obscur, soit comme motif d'ornement.

L'absence de la lumière produisant le *noir*, en ce sens les ombres portées par la saillie des membres d'architecture, et les *noirs* qui résultent du refoulement des objets sculptés ou des vides des portes, fenêtres et autres ouvertures dans les édifices, doivent être pris en considération par l'architecte dans l'ordonnance des élévations géométrales.

Il en est de même des décorations architectoniques, où l'on doit tenir compte des ombres portées par le soleil dans l'effet d'un édifice; plus il sera chargé de ressauts et de reliefs multipliés sur le nu du mur, et qui portent chacun leur ombre, et moins son aspect sera simple et grandiose. C'est pour cela que les architectes ne doivent pas se contenter d'exécuter leurs dessins au simple trait, mais doivent les ombrer à 45 degrés d'une manière exacte. Ces dessins, à l'effet, leur feront souvent apercevoir des défauts d'ensemble que l'exécution leur auroit révélés trop tard.

En général, plus une façade sera percée de croisées et de renfoncemens où le *noir* ira se loger, et moins elle aura de simplicité et d'unité d'aspect. Ce n'est pas à dire cependant qu'un mur tout lisse soit préférable à celui qui est décoré de reliefs d'architecture et de sculpture, creusé par des refends, relevé de moulures et interrompu par des percés; car tous les objets mis en opposition avec des lisses ou surfaces plates feront un très-bon effet s'ils sont distribués avec intelligence. D'ailleurs, on sait qu'en architecture les pleins doivent l'emporter sur les vides, sans cela il y auroit maigreur, et, en apparence, défaut de solidité: c'est ce qui a fait dire et adopter comme axiome, qu'il ne faut pas seulement qu'un édifice soit solide, mais qu'il faut encore qu'il le paroisse.

Le *noir*, considéré comme ornement, s'emploie de deux manières, soit qu'on fasse usage, dans la construction, de matériaux solides de cette couleur, tels que des marbres et des ardoises, soit qu'on leur donne cette apparence au moyen de la peinture.

Nous voyons en effet, que la plupart des mosquées de l'Egypte, de Constantinople, ainsi que les monumens moresques de l'Espagne, sont construits par assises alternées blanches et noires, ou d'autres couleurs tranchantes.

Lors de la renaissance de l'architecture, en Italie, on remarque l'influence du même goût pour les assises alternativement blanches et noires aux cathédrales de Sienne, de Milan, de Florence, etc., non-seulement dans les murs extérieurs, mais dans la construction des pilastres et des colonnes, comme au Campo-Santo de Pise et au dôme d'Orvietta.

Ce goût des tons opposés en architecture s'est conservé long-temps, et on en voit un exemple du temps de François Ier, dans la décoration du château de Chambord, où l'ardoise, adroitement appliquée sur la pierre blanche, forme des ornemens qui imitent ceux qu'on exécute dans les mosaïques et dans les pavés, avec le marbre noir et la pierre de liais.

Le marbre *noir* est aussi employé dans la construction des monumens funéraires, et cette couleur, considérée comme celle du deuil, remonte à une haute antiquité.

On a été jusqu'à trouver par analogie des rapports du *noir* avec plus d'une sorte d'idées.

On a conservé dans notre religion l'emploi du *noir* comme emblème de deuil, et l'on tend les églises de draperies de cette couleur en certains cas, dans les jours d'affliction et d'abstinence, mais plus particulièrement en commémoration des morts.

L'architecture s'empare quelquefois de cette lugubre décoration des temples, surtout lorsqu'il est question de faire la pompe funèbre d'un grand personnage, ou son cénotaphe: alors de vastes draperies noires, semées de larmes d'argent ou d'autres attributs funéraires, couvrent les murs et jusqu'aux plafonds. Le corps est placé sur une estrade élevée, et quelquefois recouvert d'un monument temporaire orné de toute la pompe de la sculpture, et converti en chapelle ardente au moyen d'une multitude de torches, de lustres et de cierges allumés. *Voyez* le mot CATAFALQUE.

(A. L. C.)

NOTRE (LE) (André), né en 1613, mort en 1700.

Le Nôtre naquit à Paris. Son père, qui étoit surintendant du jardin des Tuileries, lui destina la survivance de sa charge. Pour le mettre en état d'en remplir les fonctions d'une manière distinguée, il ne négligea rien de ce qui pouvoit seconder et accroître ses heureuses dispositions. Il lui fit étudier l'architecture, cet art auquel, alors surtout, se lioit étroitement celui de la composition des jardins, vers lequel il dirigeoit son goût.

Le Nôtre voyagea en Italie, seul pays qui offrit alors à l'architecture des jardins ces grands modèles dont le goût s'est propagé dans le reste de l'Europe. Les architectes de ce temps, et dans ce pays, étoient aussi les ordonnateurs des jardins et des plantations, dont ils savoient si bien mettre l'ensemble d'accord avec l'ordonnance des palais et des maisons de plaisance. Florence, Rome, Frascati, Tivoli et d'autres villes, ont conservé jusqu'à nos jours de ces grands plans de jardins et de parcs où *Le Nôtre* alla former son goût. Il passe même pour avoir donné à Rome les dessins des jardins de la *villa Pamphili* et de la *villa Ludovisi*.

Indépendamment des goûts qui dominent dans chaque siècle, il faut dire que celui des grands jardins d'Italie est peut-être soumis à l'influence de quelques causes naturelles et locales qui l'ont fait naître et qui l'y perpétuent. Le pays fournit à l'ordonnance des plantations un certain nombre d'arbres toujours verts, qui empêchent les jardins d'éprouver la tristesse des hivers; mais ces arbres, tels que les pins, cyprès, mélèzes, orangers, lauriers, etc., sont moins favorables aux variétés que l'artiste, en d'autres climats, peut tirer des nombreux arbustes, de leurs floraisons, des différences de verdure des arbres sujets à perdre leurs feuilles. Le climat plus chaud, un soleil plus brûlant, permettent aussi beaucoup moins que dans le Nord, l'emploi des prés, des gazons, qui deviennent le fond le plus agréable, et si l'on peut dire, le tapis naturel du terrain.

Le Nôtre semble avoir bien compris ce que la différence de pays et de climats lui permettoit d'emprunter à l'Italie, et ce qu'elle repoussoit aussi en France. Il n'imita des jardins italiens que la grandeur de disposition, les vastes parties de plantations, et cette magnificence de percés, de distributions soumises à un plan uniforme et symétrique, mais avec toutes les variétés de détail que l'unité comporte. Du reste, il sut assortir les compositions à ce qu'on peut appeler les matériaux de son pays. Il pratiqua de vastes ombrages, des taillis et des fourrés d'arbustes à fleurs, formant des plants irréguliers, inscrits dans de vastes espaces de lignes régulières.

Il sut éviter aussi l'abus des ornemens factices et puériles des rocailles, des jeux hydrauliques multipliés, des labyrinthes, des imitations artificielles de portiques ou de colonnades par les arbres et les massifs de verdure découpés; du moins s'il se trouve encore de tels caprices dans ses jardins, ce sont des détails si insignifians qu'ils n'empêchent point d'y admirer la grandeur, l'unité de conception, les beaux partis de décoration, les heureux mouvemens de terrain et l'art de mettre à profit les hasards, et même les obstacles de la nature.

Ce fut à Vaux-le-Vicomte que *Le Nôtre* fit, en France, les premiers essais de son talent. Il sut, par des inventions nouvelles, seconder la magnificence du surintendant Fouquet. Il est certain qu'il surpassa, dans ce délicieux séjour, tout ce qui avoit été fait jusqu'alors.

Au mot Jardinage, nous avons montré que des deux genres régulier et irrégulier qui aujourd'hui divisent les amateurs de jardins, aucun des deux ne pouvoit réclamer l'exclusion de l'autre, et que ce seroit par un abus de mots et d'idées, que le jardinage irrégulier se prétendroit avoir seul les avantages de l'imitation; qu'au contraire, par sa prétention à paroître la réalité même, il s'éloignoit d'autant plus du caractère imitatif, qu'il tomboit dans le vice de l'identité.

Ce qu'il faut dire du jardinage considéré en grand, c'est que les vastes jardins étant ordinairement des dépendances des plus grands palais, l'art de les distribuer sera toujours de la compétence de l'architecte, et que la nature n'ayant point fait de jardins qui puissent servir de points d'imitation à l'art, la disposition et la création d'un jardin est laissée au libre arbitre de l'architecte, qui, selon le caractère du palais, les besoins et les convenances des lieux et des personnes, peut employer plus ou moins de régularité, de symétrie dans l'ordonnance des plantations, plus ou moins de luxe et de magnificence dans les accessoires de leur décoration.

C'est ce qu'a fait *Le Nôtre*, et l'on s'en convaincroit si quelques-uns de ses plus célèbres jardins existoient encore. Ainsi le parc de Sceaux, aujourd'hui détruit, offroit, quoique dans un vaste ensemble de lignes assujetties à un plan symétrique, beaucoup plus de variétés, de détails agrestes, que le parc de Versailles, où il dut coordonner ses conceptions à la magnificence du caractère royal.

Le Nôtre sentit qu'il travailloit pour un grand roi, pour un grand siècle; il fit preuve, dans la composition de ce jardin, d'un génie fécond en ressources. Ses inventions, nombreuses et variées, offrent des partis imposans qui furent profondément médités, sous le rapport de l'effet qu'ils devoient produire. On peut ranger dans ce nombre la création du grand canal. Le site où il a été pratiqué étoit un vaste marais: déjà, par des essais infructueux, on avoit tenté un desséchement qui devoit coûter des sommes énormes, et dont le succès étoit douteux. *Le Nôtre*, au lieu de chercher à détourner les eaux de ces terres basses, où elles n'avoient aucune issue naturelle, sut les réunir, et forma le vaste canal, qui est un des plus beaux ornemens de ces jardins célèbres, dans lesquels le génie de la magnificence eut à lutter contre l'ingratitude de la position du sol et de ses aspects.

Nous avons déjà dit, à l'article de Jules-Hardouin Mansart (*Voy.* MANSART), qu'une opinion assez répandue attribue à *Le Nôtre* l'idée générale de la composition de l'édifice appelé l'*Orangerie* (*voyez* ce mot), qui, sans contredit, est ce qu'il y a de plus remarquable dans le jardin de Versailles, et sous le rapport de l'architecture et sous celui de l'effet pittoresque. La seule chose peut-être qu'on puisse reprocher à cet ouvrage, est de se trouver placé dans un site étranger au coup d'œil général de l'ensemble, de manière que ce qu'il y a de plus admirable, c'est-à-dire la perspective de ces deux grandes montées, n'a son effet que du côté de la route qui borde le jardin en cet endroit. Tel est l'inconvénient de ces dessins trop immenses, dans lesquels il n'y a d'ensemble que sur le plan, lorsqu'en élévation les parties s'offusquent les unes les autres.

Le Nôtre créa successivement les jardins de Marly, de Trianon, de Chantilly, et donna les dessins de cette admirable disposition que présente à Paris le jardin des Tuileries, depuis le château jusqu'aux Champs-Elysées. L'étendue moyenne de ce jardin offre peut-être à l'art du jardinier la mesure la plus convenable pour faire jouir les yeux et l'esprit de l'harmonie d'un véritable ensemble, dans lequel l'esprit a conçu les détails avant que l'œil les ait parcourus, et où rien ne dérobe à la vue la liaison des parties.

Louis XIV, toujours attentif à encourager, à récompenser les hommes de mérite qui pouvoient concourir à l'illustration de son règne, donna à *Le Nôtre* une charge de conseiller : il le nomma contrôleur-général des maisons royales et des manufactures, et le fit chevalier de Saint-Lazare. Lorsqu'en 1693 le Roi eut fait quelque réforme dans cet Ordre, la décoration lui en fut retirée, mais il reçut en échange, ainsi que Mansart, le cordon de Saint-Michel.

Si *Le Nôtre* fut recommandable par son talent, il le fut encore par son caractère franc et par son désintéressement. Simple dans ses mœurs, modeste dans sa fortune, homme de bien autant qu'habile homme, il porta son art à un point de perfection auquel, depuis lui, aucune circonstance favorable n'a mis personne en France à même d'atteindre.

NOUE, s. f. C'est l'endroit où deux combles se joignent en angle rentrant, et qui fait l'effet contraire de l'arestier. On appelle *noue cornière* celle où les couvertures de deux corps-de-logis se joignent.

Noue est aussi le nom d'une espèce de tuile en demi-canal, pour égoutter les eaux. Quelquefois les couvreurs emploient, au lieu de *noues*, des tuiles hachées qu'ils taillent exprès à coups de martelet.

Noue de plomb. C'est une table de plomb au droit du tranchis, et de toute la longueur de la *noue* d'un comble d'ardoise.

NOULETS, s. m. pl. Ce sont les petits chevrons qui forment les chevalets et les *noues*, ou angles rentrans par lesquels une lucarne se joint au comble, et qui forment la fourchette.

NOYAU, sub. m. Ce mot a été emprunté par quelques arts à la structure de certains fruits, qui renferment la substance dure et ligneuse qu'on appelle de ce nom, pour exprimer certains massifs de maçonnerie ou de pierre qui forment soit le milieu, soit le point central d'appui de diverses constructions.

Ainsi, dans l'art de fondre les statues de métal et d'en composer le moule, on forme de diverses matières ce qu'on appelle le *noyau*, qui n'est autre chose que la masse, laquelle formera le vide de la statue après qu'elle aura été fondue.

Dans la construction, il y a des édifices dont les murs auront double parement soit en pierre, soit en marbre, et dont l'intérieur sera rempli d'une maçonnerie de blocage ou à la crasse, qui forme dans la réalité un véritable *noyau*.

Les Romains donnoient, dans le même sens, le nom de *nucleus*, *noyau*, à ce massif qui, dans le pavage de leurs grands chemins, étoit établi entre ce qu'ils appeloient *statumen* ou le fondement, et la *summa crusta*, qui étoit l'assemblage de dales ou de pierres irrégulières formant ce que nous appelons *le pavé*.

Le *nucleus* ou *noyau* étoit un mélange de gravier, de sables divers et de chaux, et c'étoit sur et dans cette couche que s'enfonçoient les pavés. *Voyez* à l'article CHEMIN.

On appeloit encore *noyau*, et les Italiens appellent *anima*, la saillie brute, soit en moilons, soit en briques, destinée à recevoir, soit en plâtre, soit en stuc, le revêtement qui doit la cacher, et recevoir à cet effet des moulures ou des profils qu'on y traîne avec des calibres, ou qu'on y sculpte sur l'enduit comme on le feroit sur de la pierre.

On appelle

NOYAU DE BOIS, une pièce de bois qui, posée à-plomb, reçoit dans ses mortaises le tenon des marches d'un escalier de bois, et dans laquelle sont assemblés les limons et appuis des escaliers. *Voyez* ci-après NOYAU D'ESCALIER.

NOYAU DE FOND. Celui qui porte depuis le rez-de-chaussée jusqu'au dernier étage.

NOYAU SUSPENDU. Celui qui est coupé au-dessous des paliers et rampes de chaque étage.

NOYAU À CORDE. Celui qui est taillé d'une grosse

moulure, en manière de corde, pour conduire la main. C'est ainsi qu'on les faisoit autrefois.

NOYAU D'ESCALIER. C'est un cylindre de pierre qui porte de fond, et qui est formé par le bout des marches gironnées d'un escalier à vis. On appelle *noyau creux* celui qui, étant d'un diamètre suffisant, a un puisard dans le milieu, et qui retient par encastrement les collets des marches. Tel est le *noyau* des escaliers de l'église de Saint-Louis, aux Invalides.

On donne aussi le nom de *noyau creux* à un *noyau* fait en manière de mur circulaire, et percé d'arcades et de croisées pour donner du jour. Tel est celui qu'on a pratiqué aux escaliers en limace de l'église de Saint-Pierre de Rome, et à l'escalier du château de Chambord.

Il y a encore de ces *noyaux* qui sont carrés, et qui servent aux escaliers en arc de cloître, à lunettes et à repos. Tel est le *noyau* du bout de l'aile du château de Versailles, appelé *l'aile des Princes*, du côté de l'orangerie.

NU. Se dit, dans la construction, d'une surface à laquelle on doit avoir égard pour déterminer les saillies. On dit ainsi le *nu d'un mur*, pour dire la surface d'un mur qui sert de champ aux saillies.

NU. Se prend dans le langage de la décoration comme synonyme de *pauvre*, comme l'opposé de *riche*, d'*orné*. Cette façade est trop *nue*; il y a trop de *nu* dans cette ordonnance.

NYMPHÉE (*Nymphæum*). C'est le nom qu'on donnoit dans l'antiquité à des lieux, à des grottes et à des édifices consacrés aux nymphes.

Il y a sur l'espèce de monumens qu'on appeloit ainsi, deux sortes d'opinions, dit Fabricius : les uns veulent que c'ait été des édifices publics où se faisoient les noces de ceux qui n'avoient point de local assez grand pour cette fête; les autres prétendent que c'étoit des lieux publics et d'agrément où l'on amenoit des eaux abondantes, non point pour l'usage des bains, comme dans les thermes, mais seulement pour l'embellissement et le plaisir de la fraîcheur, et que le nom de *nymphée* leur vint des statues des nymphes dont ils étoient décorés. Il ajoute qu'on ne connoît ni la forme ni la nature de ces monumens.

On s'accorde aujourd'hui à reconnoître pour avoir été des *nymphées*, un assez grand nombre de petits édifices que le temps nous a conservés, et qui, sans aucun doute, ont succédé aux *nymphées* primitifs, qui furent des grottes naturelles ou modifiées par l'art.

Les récits de Pausanias nous apprennent que rien n'étoit plus commun en Grèce que ces sortes de *nymphées*, ou grottes consacrées aux nymphes. Près de Samicon on voyoit le *nymphæum* ou la grotte des nymphes *Anigrides*. Dans le territoire de Thèbes, il y en avoit une consacrée aux nymphes *Cythéronides*. Une des grottes les plus remarquables étoit celle de la nymphe *Corycia* sur le Parnasse. On ne finiroit pas si l'on vouloit recueillir toutes les citations de ce genre.

Le même usage régna en Italie, et le culte des nymphes n'y manqua ni de grottes, ni d'édifices construits à l'instar des grottes, dans tous les lieux qui recéloient quelque source d'eau vive.

L'usage des lustrations dans la religion des Anciens rendoit si nécessaire l'emploi de l'eau, tant de superstitions religieuses ou médicinales s'attachoient aux différentes qualités des eaux de source, que les lieux qui en recéloient quelqu'une devenoient presque toujours le centre de quelque culte. De-là les édifices qui renfermerent quelque source et remplacèrent les grottes naturelles.

L'art effectivement dut bientôt s'emparer de ces grottes; on les orna des statues de leurs divinités : on embellit, on tailla, on sculpta leurs parois rustiques. Il y a dans l'Attique un *nymphæum* ainsi orné de beaucoup de bas-reliefs et d'inscriptions. *Archidamas* de *Theræ*, dont l'image se trouve parmi ces bas-reliefs, y est désigné comme étant celui qui dédia cette grotte aux nymphes.

Ce qu'on appelle près de Rome la grotte de la nymphe *Egérie*, paroît de même avoir été un *nymphæum* donné par la nature, agrandi peut-être et décoré par l'art, comme le témoigne le fragment de statue qu'on y voit encore.

Il est certain que si la nature fit d'abord les frais de cette sorte de monument, l'architecture s'empara bientôt des occasions de rivaliser avec elle, par des édifices construits dans les mêmes intentions, et pour les mêmes besoins.

Tels paroissent être les deux petits monumens situés sur le bord du lac d'Albano, près de Rome; l'un, du côté de Castel-Gandolphe, l'autre du côté de Marino, et dont Piranesi a donné les plans, les détails et la description. En les appelant des *nymphées*, il semble leur avoir, avec beaucoup de raison, rendu leur ancienne dénomination. On ne sauroit les voir sans leur appliquer ces vers de Virgile :

Fronte sub adversâ scopulis pendentibus antrum
Intùs aquæ dulces vivoque sedilia saxo.

On voit que le *nymphæum* de Virgile avoit reçu de l'art qui les avoit taillés dans le roc, des bancs ou des siéges pour ceux qui venoient y prendre le frais.

Cet usage étoit devenu si commun, qu'Ovide, dans des vers où il décrit un semblable monument, a soin de dire que, bien qu'il parût travaillé artificiellement, l'art n'y avoit point touché.

Vallis in extremo est antrum nemorale recessu,
Arte laboratum nullâ, simulaverat artem
Ingenio natura suo, nam pumice vivo
Et levibus tophis nativum duxerat arcum.

Une peinture antique du palais Barberini représente un de ces *nymphées* rustiques. On y voit une grotte percée dans le tuf, dont l'espèce de voûte est formée par des pierres brutes : d'abondantes eaux y coulent de toutes parts, et sont reçues dans des bassins. Le terrain en paroît inondé et rempli d'herbages. A l'entrée de la grotte est une petite chapelle dont l'entablement est supporté par des colonnes et orné de vases.

On voit donc que les *nymphées*, comme on l'a dit, furent originairement des espèces de monumens naturels ou rustiques, consacrés aux nymphes, qui d'abord n'y figuroient que sous l'emblême des eaux, dont elles étoient les divinités. Leurs statues y furent ensuite placées lorsque les embellissemens de l'art vinrent, suivant l'expression de Juvénal, profaner la nature; car c'étoit de semblables lieux que ce poëte parloit dans ces vers :

In vallem Egeriæ descendimus atque speluncas
Dissimiles veris quanto præstantius esset
Numen aquæ viridi si margine clauderet umbras
Herba, nec ingenuum violarent marmora tophum.

Martial fréquentoit de semblables grottes sur le rivage de Bayes. Ces lieux, consacrés d'abord par la religion, servoient aussi de refuge contre les ardeurs du soleil ou les intempéries de l'air; mais ensuite ils devinrent des rendez-vous de débauche et de libertinage, et, dans les temps de corruption, on y rechercha toutes sortes de genres d'agrémens. Enfin, la sainteté du lieu ne fut plus qu'un voile sous lequel le plaisir se cachoit plus hardiment.

Tout ce que les poëtes et les écrivains disent des *nymphées*, convient si bien aux deux grottes du lac d'Albano, dont on a parlé plus haut, que nous ne pouvons nous dispenser d'y ramener le lecteur.

La première de ces grottes, celle qui est située sous *Castel-Gandolpho*, est taillée irrégulièrement dans la montagne, et l'on y remarque une certaine réunion de l'art et de la nature : celle-ci paroît en avoir seule donné le plan irrégulier, et l'art fut obligé, dans la décoration des murs, de s'y conformer. On n'y observe aucune symétrie ni correspondance entre les niches. Trois autres grottes plus petites, percées de même, sont pratiquées dans l'intérieur de la grande. Des conduits taillés dans le roc indiquent qu'il y eut jadis des eaux abondantes, qui sont aujourd'hui réduites à un filet.

La voûte est encore ornée de rocailles, faites de tuf ou de pierre-ponce. La montagne est taillée à pic en avant et autour de la grotte, pour en rendre l'entrée plus ouverte et plus dégagée. Les murailles, qui sont de briques, sont encore revêtues par endroit, ainsi que les niches, des mêmes rocailles que la voûte : mais, dit Piranesi, on est porté à croire que c'est plutôt à l'art qu'à la destruction qu'il faut attribuer ces manques de continuité dans le revêtissement. C'est qu'on auroit cherché à imiter en tout les caprices que la nature offre dans ces sortes de lieux.

Le second *nymphæum*, situé à la partie septentrionale du lac d'Albano, du côté de Marino, doit avoir été au nombre de ceux dont se plaignoit Juvénal, dans les vers rapportés plus haut, et où l'art avoit caché la nature, qui, selon le poëte, devoit seule faire le charme de ces endroits. Quoi qu'il en soit du goût de Juvénal, on ne sauroit s'empêcher de reconnoître, dans cet édifice, le caractère d'architecture convenable au lieu, et ce monument pourroit servir de modèle aux grottes ornées dont on embellit les jardins.

Ce *nymphée* eut, beaucoup plus que le précédent, la forme d'un temple consacré aux nymphes. Son plan est régulier; il forme un carré long. Les murs sont, de chaque côté, ornés de sept niches de forme quadrangulaire : les niches du bout sont circulaires par leur plan. On descendoit dans ce lieu par un escalier composé de onze marches, et précédé d'un vestibule. Au-delà de ce qui étoit le *sacrarium*, on trouve encore quelques chambres, qui ne recevoient de jour que par un puits pratiqué et percé à-plomb dans le cœur de la montagne.

La construction de ce *nymphée* est en *reticulatum* qui étoit recouvert de rocailles. Son architecture a des particularités qui méritent d'être remarquées. Les pilastres des angles ont des chapiteaux dont les volutes sont ioniques; mais elles offrent cette singularité, qu'elles prennent leur naissance ainsi que les cannelures, et s'élèvent de bas en haut, comme les feuilles et les caulicoles du chapiteau corinthien. L'architecte imagina peut-être ce chapiteau, pour le raccorder avec les consoles, qui portent l'entablement et se terminent aussi en volutes, et qui, par leur saillie, semblent être l'extrémité de poutres enfoncées dans le mur sur lequel portent les plates-bandes. Ces consoles et les quatre pilastres du bout, quoique de figure ionique, ont un entablement orné de triglyphes. Ce n'est pas le seul exemple de cette réunion qu'on puisse citer dans l'antique. Un petit tombeau à Agrigente offre des colonnes ioniques à ses quatre angles, et l'entablement est dorique, avec des triglyphes.

Il paroît que l'intérieur de Rome avoit plusieurs de ces *nymphées* construits et décorés par l'art, où l'on trouvoit des fontaines qui, sans doute, servoient aux besoins publics.

A Nîmes, près de l'endroit qu'on appelle encore aujourd'hui *la Fontaine*, et d'où partent des distributions d'eaux dans toute la ville, on voit un beau reste d'un autre petit temple qu'on dit, sans aucune raison, avoir été un temple de Diane. On croit, et avec assez de vraisemblance, que ce fut autrefois un *nymphæum*. Voyez NISMES.

OBÉLISQUE, s. m. C'est le nom qu'on donne et que donnèrent les Romains (d'après les Grecs) à de très-hautes pierres taillées le plus souvent à quatre faces, quelquefois davantage, dans une forme légèrement pyramidale, qui se termine en pointe, ce qui les fit appeler *obelos* (broches) par les Grecs, *guglie* (aiguilles) par les Italiens modernes.

On croit aussi que le mot *stelè* (stele, en français), qui vient du verbe στάω, *stare* (être debout), mot qu'on donna, dans l'antiquité, à beaucoup de monumens historiographiques ou commémoratifs, signifia, chez les Grecs, la même chose qu'*obélisque*; et une inscription grecque, trouvée récemment à Philæ, dans la haute Egypte, sur le piédestal d'un *obélisque* renversé tout auprès, et transporté depuis peu en Angleterre, fait mention de cet *obélisque* sous le nom de *stelè*.

Les Grecs se servoient en général de ce nom, pour désigner tout monument monolythe, sur lequel on traçoit des caractères (*voyez* PIERRE STELE). Hérodote appelle ainsi ceux qu'il dit avoir été élevés par Sésostris dans les pays et chez les peuples qu'il avoit subjugués. Ces monumens étoient-ils des *obélisques*?

Cet usage de pierres debout et de pierres écrites, est trop général pour exiger qu'on en apporte ici des preuves. Or, dans ce genre de monumens, chaque peuple dut se laisser conduire par le genre des matériaux qui étoient à sa disposition, et par l'instinct primitif, qui, dès l'origine, devint le régulateur de son goût. On a vu, à l'article ARCHITECTURE ÉGYPTIENNE, quelles causes portèrent les Egyptiens à la simplicité dans les édifices, à la solidité et à la grandeur dans leurs masses. Ce fut là leur principal luxe. Les énormes rochers de granit que la haute Egypte présentoit à leur exploitation, durent leur suggérer de porter au plus haut point d'élévation les masses de leurs *stèles* ou *obélisques*. Ils en firent le principal ornement de l'entrée de leurs temples ou de leurs palais, s'il est vrai, comme quelques-uns le pensent, que ces grands assemblages de bâtimens, auxquels on donne toujours le nom de *temple*, aient pu servir aussi de demeures aux rois, ainsi qu'aux prêtres.

Il ne sauroit entrer ici dans notre objet de dire quel put être l'emploi des *obélisques*. N'ayant à les considérer que sous le rapport qu'ils ont eu à toutes les époques avec l'architecture, nous avons toutefois besoin de dire à quoi il est plus que probable qu'ils ne servirent point en Egypte.

Nous ne nous arrêterons pas à combattre les conjectures de Kircher, de Goguet et de Bruce, qui ont cru que les *obélisques* avoient pu être des gnomons chez les Egyptiens. Il suffit, pour détruire cette opinion, de considérer la place que les *obélisques* occupèrent dans leurs monumens. Or, il s'en trouve encore deux d'une grande hauteur à Thèbes, qui sont placés des deux côtés de l'entrée d'un grand pylone, et à une assez petite distance des massifs de cette porte. Celui qui exécuta, du temps de Sylla, la mosaïque de Palestrine, qui est une image abrégée de l'Egypte, y a fait voir deux *obélisques* placés de même à l'entrée d'un temple.

Une opinion aussi peu vraisemblable est celle de Pierius et de Bellon, qui tend à faire regarder les *obélisques* comme des monumens funéraires. Cette idée n'a pu naître que de l'abus qu'on dira dans la suite avoir été fait de cette forme par les Modernes.

De telles erreurs procèdent, en grande partie, de l'ignorance où l'on est de l'écriture hiéroglyphique, et par conséquent de ce qui est gravé sur les *obélisques*, qui, presque tous, sont couverts des caractères de cette sorte d'écriture. Le voile qu'on a déjà soulevé à cet égard, et quelques secrets surpris à cette mystérieuse écriture, font croire qu'on s'est formé de trop hautes idées des matières que renferment les inscriptions hiéroglyphiques; et le peu qu'on a découvert porte à présumer que les sciences naturelles, l'astronomie et la philosophie, auroient peu de choses à y trouver.

Il est plus naturel, à l'égard des *obélisques*, de s'en tenir au témoignage des anciens écrivains, et de croire que les Egyptiens, ayant coutume d'inscrire sur des *stèles* plus ou moins grandes, les faits dont ils vouloient conserver le souvenir, élevoient de ces pierres d'une dimension colossale, lorsqu'il s'agissoit de consacrer la mémoire des bienfaits des rois, de leurs conquêtes, des monumens de leur piété envers les dieux, des constructions dues à leur munificence; et les cartouches qu'on voit sur les hiéroglyphes où l'on est parvenu à lire les noms de plusieurs rois de l'Egypte, mettent déjà sur la voie de ces explications aussi simples que naturelles.

Il paroît qu'il y eut en Egypte un fort grand nombre d'*obélisques*. On l'infère, soit de ceux qu'on voit à Rome, ou en d'autres lieux, et qui, étant de granit rose, ne purent être taillés, n'importe en quel temps, que dans les carrières de Sienne, soit de ceux qui sont encore sur pied en Egypte, au nombre de six, soit d'une infinité de fragmens qu'on y observe dans les ruines des temples.

Les *obélisques*, si on les considère sous le point de vue général de leur emploi originaire, ne durent pas être placés tous en avant des temples. Il est probable que ceux, par exemple, qui furent d'une petite dimension et taillés dans des blocs de grès, eurent des emplois moins importans, du moins comme monumens de décoration. Ils pouvoient quelquefois s'élever au milieu des lacs ou des bassins, et indiquer les différentes crues du Nil. Placés encore dans les péristyles intérieurs des édifices, que l'on prend peut-être trop exclusivement pour des temples, ils pouvoient n'être que relatifs à l'histoire des rois, comme on soupçonne que cela fut dans une des enceintes du grand édifice de Carnack, où se trouve une série de huit rois, qui semble être une généalogie. Il paroît que les *obélisques* du port d'Alexandrie, qui y furent transportés au temps des Ptolémées, pouvoient indiquer l'entrée de la ville.

Ce qui étonne le plus, après le travail de la taille des *obelisques* et de la sculpture de leurs signes hiéroglyphiques, c'est la difficulté du transport et de l'érection de masses aussi considérables. Plusieurs de ceux qui existent aujourd'hui ont 80 pieds de haut. Hérodote parle d'*obélisques* hauts de 120 pieds. Tel étoit encore celui du roi Nectabis, que Ptolémée Philadelphe fit transporter à Alexandrie. Pline nous donne, à cette occasion, quelques notions sur les moyens de transport qu'on dut souvent employer en Egypte.

On creusa d'abord un canal qui, partant du Nil, alloit passer sous l'*obélisque* couché à terre, qu'il s'agissoit d'enlever. On remplit ensuite deux grandes barques de pierres, jusqu'à ce que leur poids fût double de celui de l'*obélisque*. Ainsi chargées, ces barques enfoncèrent dans l'eau du canal, pour pouvoir passer sous l'*obélisque*, dont les deux extrémités portoient sur les rives du canal. On vida ensuite les barques, jusqu'à ce que déchargées de leur poids, et forcées de remonter, elles soulevèrent l'*obélisque* qu'il fut alors facile de conduire sur les eaux du Nil.

Le Nil traversant toute l'Egypte, les carrières étant peu éloignées de ce fleuve, et la plupart des villes, ainsi que leurs temples, étant situées sur ses bords, il est probable que l'eau fut le conducteur ordinaire de presque toutes les masses, dont le transport par terre eût coûté des peines et des dépenses incalculables.

Mais les masses des *obélisques* une fois arrivées aux lieux où il falloit les ériger, quels moyens employoit-on à cet effet? C'est là-dessus qu'on n'a aucune notion. Y avoit-il de puissans moyens mécaniques alors connus et oubliés depuis? D'ingénieux procédés suppléoient-ils aux ressources de la science, ou bien la force des bras, le temps et la patience venoient-ils au secours des architectes d'alors? Chacun peut faire là-dessus des conjectures. Le peu d'occasions qu'ont eu les Modernes de s'exercer à de pareils tours de force, fournit encore peu de lumières à la divination en ce genre.

Quelles qu'aient été les raisons ou les causes qui portèrent ou engagèrent les Egyptiens à faire et à multiplier chez eux les *obélisques*, on est à peu près certain que le plus grand nombre de ces raisons n'influèrent point sur le goût de ceux qui, dans la suite, firent sortir ces monumens de leur pays natal. On entend ici parler de la signification religieuse, politique ou morale que leur avoit donnée le peuple qui se livra à de tels travaux : car il faut reconnoître qu'il ne se fait jamais rien de grand sans une grande raison. Or, il nous paroît que c'est cette raison sur laquelle on n'a que des conjectures, qui fut particulière aux Egyptiens, et qui ne sortit pas de l'Egypte.

Nous ne voyons point, par exemple, que cette sorte de monumens ait fait partie de ceux auxquels le génie des Grecs donna naissance, ou qu'il put naturaliser chez lui. On ne croit pas que, parmi les ruines nombreuses de la Grèce, on ait jamais découvert des fragmens d'*obélisques*. Il est certain que ce pays ne fut en aucun temps vis-à-vis de l'Egypte, non-seulement dans le cas de lui enlever ses monumens, mais même de lui en emprunter le goût. Les petits Etats qui se partageoient le territoire déjà peu étendu de la Grèce, n'eurent jamais les moyens de faire les dépenses d'un luxe qui auroit été pour eux sans plaisir, comme sans objet. La principale valeur des *obélisques*, du moins pour les yeux et pour l'opinion, consistant à être des masses énormes d'un seul morceau, tous les pays n'ont pas de ces carrières qui permettent d'y tailler à volonté des pierres d'une grandeur démesurée. Si les Grecs inscrivirent sur des stèles leurs lois, les actes de leurs gouvernemens, ils se contentèrent de pierres d'une dimension médiocre. Il est vrai de dire aussi que le genre d'écriture littérale n'exigeoit pas, chez eux, d'aussi grands espaces ; les caractères alphabétiques pouvant dire les mêmes choses que les signes hiéroglyphiques, avec vingt fois moins d'étendue en surperficie.

Le mot *obelos*, qu'on trouve chez Pausanias, employé à décrire l'espèce de balustrade de l'antre de Trophonius, a pu exprimer quelques formes d'ornemens semblables à celles des *obélisques*, mais il ne prouve rien en faveur de l'emploi que les Grecs en auroient fait, comme monumens publics. Les colonnes, chez eux, ont dû souvent jouer le même rôle.

Il n'y a aucune autorité contraire à tirer de l'*obélisque* de granit octogone porté dans la ville de Catane, sur un éléphant de lave, qui paroît lui-même être un ouvrage antique. Cet *obélisque* ne fut pas le seul que posséda cette ville, et le Muséum du prince de Biscari renferme les fragmens d'un autre, qui paroît lui avoir servi de pendant. Rien autre chose à conclure de-là, sinon que les Romains y auront, n'importe dans quel temps, transporté ces deux morceaux, pour en orner le cirque de cette ville.

Ce sera pour le même objet qu'aura été transporté et érigé, dans la ville d'Arles en Provence, l'*obélisque* placé aujourd'hui sur sa place publique.

Lorsque les Romains furent maîtres de l'Egypte, ils durent voir avec envie des monumens dont la proportion leur parut conforme à la grandeur de leur Empire et de leur ambition. Il paroît qu'ils ne tardèrent pas à user de leur droit de conquête, c'est-à-dire, de rapine, sur le pays qu'ils avoient enfin subjugué. Nous lisons sur la base de l'*obélisque* du cirque Flaminien (aujourd'hui de la *Piazza del popolo* à Rome) qu'Auguste, dans la douzième année de son règne, après avoir réduit l'Egypte sous la puissance du peuple romain, consacra ce monument au Soleil. Au bas de l'*obélisque* érigé aujourd'hui au milieu de la place de Saint Pierre, on lit une inscription qui porte que Tibère l'avoit consacré à Auguste. L'histoire de ces monumens, à Rome, nous montre que les empereurs ne cessèrent point d'embellir leur ville de ces ouvrages, soit qu'ils aient enlevé d'Egypte ceux qui en décoroient les édifices, soit, comme cela n'est pas invraisemblable, qu'ils y en aient fait tailler de nouveaux dans les carrières de Sienne, ce qu'on a soupçonné particulièrement à l'égard de ceux de ces monumens qui sont lisses ou sans hiéroglyphes.

Il ne paroît pas que, chez les Romains, l'*obélisque* soit entré dans les projets de l'architecture comme partie accessoire des monumens, c'est-à-dire, liée plus ou moins à leur décoration. En Egypte, il participoit au système général des masses des édifices; il s'associoit à leurs proportions; il étoit en tout d'accord avec leur style et leur goût. A Rome, ces masses étrangères par leur forme et leur matière à l'architecture et au genre de bâtir en usage, ne présentoient encore dans leurs signes hiéroglyphiques, inintelligibles au peuple, rien qui pût en rendre l'emploi nécessaire. Ils ne furent donc regardés que comme les productions curieuses d'une industrie gigantesque; et ce qu'on dut y priser, après les avoir considérés comme des trophées de victoire, dut s'appliquer à la grandeur de la masse, à la dureté de la matière.

L'emploi le plus ordinaire que les *obélisques* reçurent à Rome, fut d'orner les cirques. Ces monumens (*voy.* CIRQUE) offroient entre les gradins dont ils étoient bordés dans leur longueur, une arène ou un grand espace, divisé en deux allées par un massif relevé qu'on appeloit *spina*, parce qu'il régnoit sur toute cette longueur comme l'épine dans le corps d'un poisson. Cette *spina* recevoit toutes sortes de monumens en trépieds, en statues, en autels, et c'étoit à une de ses extrémités qu'étoit placée la borne.

Les *obélisques* de l'Egypte trouvèrent sur ce massif une place très-favorable à leur effet, et contribuèrent singulièrement à l'embellissement des cirques. On y en plaçoit ordinairement deux, un grand et un petit. Le grand étoit terminé au-dessus de son *pyramidium* par un globe de bronze doré, parce qu'il étoit consacré au soleil. Le petit avoit à son sommet un disque d'argent, et il étoit consacré à la lune.

Indépendamment de l'espèce de soubassement formé par la *spina*, les *obélisques* qu'on y dressoit posoient encore sur des piédestaux ornés de moulures, et presque toujours d'un seul bloc de granit rouge, taillé dans les carrières de Sienne. C'est là un des motifs qu'on a de croire que les Romains auroient bien pu y exploiter aussi des *obélisques*.

Nous trouvons qu'un autre genre d'emploi fut affecté par Auguste à un *obélisque* égyptien qu'il fit dresser dans le champ de Mars, et auquel il donna pour destination d'être un gnomon ou cadran solaire. Pline, qui en parle assez en détail, nous apprend qu'il étoit placé sur un vaste plateau dressé et nivelé. A son sommet il avoit un globe de bronze doré, qu'on appeloit *pyropum*: le plateau étoit en marbre blanc. On y avoit tracé des lignes incrustées en bronze; elles indiquoient les différentes projections que devoit parcourir l'ombre du gnomon. Il paroît qu'on avoit joint à l'usage de cadran dans ce monument, la propriété de calendrier: on voyoit effectivement tracées sur le plateau les indications des jours, des mois, des saisons et des équinoxes. Si l'on en croit Nardini, les différentes positions du ciel et l'étoile des vents s'y seroient aussi trouvées figurées. Cet antiquaire rapporte (*Lib.* 6.) que de son temps, sur l'emplacement de l'ancien champ de Mars (près *san Lorenzo in Lucina*), on trouva des règles de bronze doré incrustées dans de grandes pierres carrées, avec une inscription en mosaïque où on lisoit: BOREAS SPIRAT.

Tous les *obélisques* que les Romains transportèrent d'Egypte sont de granit, et furent tous d'un seul bloc; la seule exception qu'on connoisse à cet égard est à Constantinople. Un de ceux qu'on y voit encore, et qui étoit placé dans l'hippodrome, fut construit de plusieurs assises régulières, et revêtu en bronze.

Il n'entre point dans notre sujet de dire ni de quelle manière les *obélisques* furent transportés d'Egypte à Rome, ni de quels procédés on usa pour les mouvoir et les ériger. Il est fort à présumer qu'on dut se servir des moyens certainement fort anciens, des poulies de renvoi, des cabestans dont usa Fontana (*voyez* ce nom) pour élever l'*obélisque* de Saint-Pierre. Sur le piédestal de l'*obélisque* de Constantinople, le seul resté debout de tous les *obélisques* transférés par les Romains dans leur empire, on voit un bas-relief sur lequel sont représentés des hommes occupés à mouvoir des cabestans pour ériger un *obélisque* armé de pièces de bois. C'est très-probablement à l'érection de cet *obélisque* même que s'applique la représentation du bas-relief. Malheureusement l'exécution en est si barbare, qu'on ne peut guère en tirer de notions détaillées et précises sur les procédés mécaniques suivis par l'architecte.

Presque tous les *obélisques* dressés par les Romains subirent le sort du plus grand nombre des édifices et des monumens de ce peuple ; ils furent renversés et brisés dans les différentes invasions des Barbares, et ils restèrent dans cet état, recouverts en grande partie de terre et de décombres jusqu'au temps du pape Sixte-Quint, qui entreprit de rendre à la Rome chrétienne la grandeur et la magnificence qu'on lui voit aujourd'hui, grace au zèle soutenu pour les beaux arts de tous les pontifes ses successeurs. Sixte-Quint fit transporter devant l'église, et au milieu de la place de Saint-Pierre, l'*obélisque* du Vatican, le seul qui étoit demeuré debout à Rome sur son piédestal, dans le cirque où Caius César l'avoit placé. Il fit retirer à très-grands frais, des ruines du grand cirque, les morceaux du plus grand *obélisque* qu'il y ait eu à Rome, et les fit replacer l'un sur l'autre de manière à lui rendre, pour l'œil, son ancienne intégrité, et il l'érigea sur la place et en face de Saint-Jean-de-Latran. On lui doit encore la restauration et l'érection de celui qui orne la place *del Popolo*, ainsi que de celui qui s'élève en face de Sainte-Marie-Majeure.

Depuis Sixte-Quint on vit successivement reparoître et s'élever dans les différentes places de Rome les autres *obélisques*, soit ceux que le temps avoit épargnés en entier, soit ceux qui eurent besoin de restauration : tels furent ceux de la place Navone, par le pape Urbain VIII ; de la place de la Minerve, par Alexandre VII. Le pape Benoît XIV fit transporter les morceaux de l'*obélisque* horaire devant le palais de Monte-Citorio. Ces morceaux ont été depuis rassemblés et restaurés par les soins du pape Pie VI, qui a rendu à cet *obélisque* son ancienne destination, en le faisant dresser sur la place et vis-à-vis du palais de Monte-Citorio, où un nouveau globe de bronze, surmonté du style d'un gnomon, doit encore servir de méridien. Le même pape a relevé les derniers *obélisques* qui restoient encore, ou inconnus, ou négligés dans Rome, et il en a fait dresser un sur la place de *Monte-Cavallo*, un autre en face de l'église de *Trinita-del Monte*.

On voit donc que les *obélisques* égyptiens, encore plus étrangers aux usages, aux croyances des modernes et aux pratiques de leur architecture, ne devinrent, dans Rome chrétienne, que des monumens décoratifs pour les yeux, et des objets de recherches ou de curiosité pour les antiquaires.

Cependant ces prodigieux ouvrages de l'art égyptien ne durent pas manquer d'étonner les artistes. Tout ce qui est grand a droit à l'admiration des hommes. En fait de monumens, les *obélisques* et les pyramides de l'Egypte sont restés dans l'imagination, et sont, par le fait, les ouvrages les plus durables de l'industrie humaine, ceux dont la masse bravera le plus victorieusement les efforts du temps et de la destruction.

Il ne faut donc pas s'étonner du goût qui en a perpétué la forme et l'usage dans les productions de l'art moderne, bien qu'aucune opinion religieuse ou politique ne s'y trouve mêlée. La forme obéliscale et la forme pyramidale ont entre elles quelques points de ressemblance qui ont contribué à les faire confondre, dans les emplois purement allégoriques qu'on en a souvent faits, en les appliquant à certaines compositions de la sculpture. Il est indubitable que les pyramides, en Egypte, furent des tombeaux ; les Romains firent aussi des tombeaux dans cette forme, témoin la pyramide de C. Cestius, à Rome. Si l'on ne peut pas connoître encore avec certitude l'emploi moral de l'*obélisque*, on peut toujours certifier que ce monument ne fut aucunement en rapport avec les usages des sépultures.

Lorsque des signes sont consacrés de toute ancienneté à l'expression de quelqu'idée, le goût enseigne à ne point les dénaturer par un mélange indiscret. Ainsi, l'on ne sauroit désapprouver qu'on ait fait entrer dans la composition des mausolées modernes la forme de pyramide, comme servant de fond aux objets représentés par la sculpture. La forme pyramidale est devenue en quelque sorte, dans l'écriture allégorique de cet art, l'hiéroglyphe de tombeau. Mais on a vu la forme obéliscale employée à la même fin dans plus d'une composition funéraire : or, on sent que ce ne peut être là qu'une méprise.

Un autre abus en ce genre, a consisté à mêler ensemble les deux types, de manière que l'objet n'est plus ni pyramide ni *obélisque*.

On doit dire que c'est là le reproche qu'on peut faire à l'architecte Blondel dans la décoration de son arc triomphal de la porte Saint-Denis. Sont-ce des *obélisques* ou des pyramides manquées, qu'il a couvert d'ailleurs fort habilement de trophées ? C'est surtout dans les ouvrages qui se recommandent par de grandes beautés, et par la célébrité du nom de leur auteur, qu'il faut faire remarquer ces défauts de convenance, tant est contagieuse l'influence d'un mauvais exemple donné par un habile homme ; tant il est vrai que ce qu'on imite le plus facilement des grands hommes, c'est leurs défauts. Rien de plus important, en architecture surtout, que de respecter les significations de chaque forme.

Nous n'appliquerons point cette observation à l'usage assez répandu d'élever de petits *obélisques* comme monumens, ou de parade ou de reconnoissance dans les parcs, dans les points des forêts qui servent de réunion à plusieurs routes. La forme obéliscale a l'avantage de produire des monumens que leur procérité même rend propres à remplacer les colonnes isolées, qui deviennent souvent nécessaires à certains points de vue.

Il importe peu que l'*obélisque*, ainsi considéré

dans ces petits emplois, soit monolythe ou composé de plusieurs assises. Mais de vaines singeries ont quelquefois fait imaginer de reproduire au milieu de nos places des *obélisques* de la hauteur de ceux de l'Egypte, et qui n'arriveroient à de telles dimensions qu'au moyen de beaucoup d'assises. L'insignifiance d'un pareil monument dans nos mœurs doit assez avertir, que si l'on n'y compense pas ce défaut, par le mérite ou d'une grande difficulté vaincue, ou du prix que la rareté d'un seul bloc de pierre de cent pieds de haut peut donner à une chose inutile, on ne feroit, avec une telle dépense, que la parodie ridicule d'une grande chose.

OBSERVATOIRE, s. m. On donne ce nom à un édifice fait ordinairement en forme de tour, sur un terrain élevé, autant que les localités le permettent, et se terminant en terrasse propre à faire les observations astronomiques, et d'autres expériences physiques.

Le plus grand et le plus bel *observatoire* qu'on puisse citer comme monument d'architecture, est sans aucun doute celui de Paris, qui fut élevé par Claude Perrault, à l'extrémité du faubourg Saint-Jacques et au haut de la rue d'Enfer. Cet édifice remarquable à beaucoup d'égards, mais situé à une des extrémités les moins fréquentées de la ville, étoit en quelque sorte inconnu au plus grand nombre des habitans, ou du moins ne leur étoit guère connu que de nom. Le percement d'une grande et belle avenue tracée sur les terrains qui séparent cet édifice du palais du Luxembourg, a, depuis quelques années, produit une ouverture qui les met aujourd'hui en regard, et, en faisant de l'*Observatoire* une des perspectives du jardin, l'a, si l'on peut dire, rapproché de la ville, en donnant au public l'occasion de s'en approcher tous les jours.

L'édifice de l'*Observatoire* est, avec la colonnade du Louvre, le monument sur lequel Claude Perrault a fondé sa réputation. Nous en traiterons à l'article de ce célèbre architecte (*voy.* PERRAULT), sous le rapport du goût, du style et du caractère. Ici on se contentera d'abréger la description qu'en a donnée J.-F. Blondel, tom. II de l'*Architecture françaíse*.

La forme de cet édifice est un rectangle d'environ 16 toises sur 14, flanqué de deux tours pentagonales du côté du midi. A la face opposée (celle du nord), et au milieu de cette façade, est un pavillon extérieurement carré, qui donne entrée, au rez-de-chaussée, dans un vestibule à pans dont la voûte est percée. Le plan du premier étage se compose de différentes pièces, qui ont chacune leur destination scientifique. Originairement l'espace octogone d'une des deux tours étoit sans voûte; il formoit une sorte de puits destiné à mesurer la quantité d'eau qui tombe annuellement. Cet espace a, depuis, été couvert en voûte d'arête; et la communication établie par les arêtes de cette voûte, fait que deux personnes parlant bas, l'une d'un côté, l'autre de l'autre, s'entendent entr'elles, lorsque ceux qui sont au milieu n'entendent rien. On appelle cette pièce le *cabinet des secrets*. La pièce du milieu est nommée *méridienne*, parce que c'est là que M. Cassini a tracé la ligne méridienne qui traverse l'axe de l'édifice. On y a pratiqué une petite ouverture circulaire faite pour observer les degrés d'accélération de la chute des corps: cette ouverture perce également tous les plafonds des étages, depuis les souterrains jusqu'à la terrasse supérieure qui couvre tout l'édifice.

Il faut observer que dans la construction de cet *observatoire* on n'a employé ni fer ni bois; toutes les pièces sont voûtées avec la plus grande solidité, et l'appareil de chacune peut passer pour un chef-d'œuvre dans l'art du trait.

L'utilité ayant été le principal objet d'un semblable édifice, l'architecte n'en a voulu devoir la beauté qu'à la simplicité des formes, à la justesse de l'appareil, à la régularité des masses: il a compris que le lieu des observations devant être au premier étage, il y falloit de vastes ouvertures et des fenêtres fort exhaussées; c'est pour cela qu'il a élevé cet étage sur une espèce de soubassement dont la destination particulière n'exigeoit que des fenêtres d'une modique hauteur. Toutes les croisées des façades sont à plein cintre, sans aucun ornement.

OCRE, s. f. Les *ocres* ou les bols sont des substances d'apparence argileuse, qui sont colorées en jaune ou en rouge par une certaine quantité de fer qui devient sensible à l'aimant, quand on calcine ces terres, de manière à les faire passer au rouge-brun, et même au noir.

Les *ocres* se dissolvent dans l'eau, pour laquelle elles ont une grande avidité. Pour obtenir une couleur plus pure, et dégagée de toute matière étrangère, on les broie, on les lave à grande eau, et on les décante jusqu'à ce que le lavage ne fournisse plus de couleur; alors on jette le sédiment. *Voyez* le *Dictionnaire des Beaux-Arts*, article OCRE.

Les *ocres* rouges naturelles sont plus rares que les jaunes; la plupart de celles qu'on répand dans le commerce sont des préparations artificielles, ou des *ocres* jaunes calcinées.

Voici les plus connues des *ocres* rouges: *Ocre* ou bol rouge d'Arménie; il est d'un rouge pâle, et est plus employé en médecine qu'en peinture. — *Ocre* rouge de Bucaros en Portugal, d'un rouge orangé; on en fait des poteries. — *Ocre* rouge d'Afrique; les Caffres s'en servent pour se peindre le corps. Les *ocres* jaunes de bonne qualité sont assez rares, et les couches en sont peu abondantes. Nous les tirons de la Bourgogne et du Berry. — L'*ocre* de rhue, d'un jaune-foncé, vient d'Angleterre et d'Italie. La terre jaune d'Italie, dont la nuance approche du souci, est peu employée dans le bâtiment, sans doute à cause de sa rareté. — La terre de Sienne est une *ocre* d'un assez beau jaune, dont la finesse est extrême; cette même terre grillée prend une teinte d'un beau rouge transparent. — La terre d'ombre est encore une espèce d'*ocre*; c'est un brun très-foncé, mais d'un ton faux; elle est très-avide d'eau. La terre d'ombre calcinée devient d'un brun-noirâtre, et acquiert de la transparence.

De toutes les couleurs employées dans le bâtiment, les *ocres* sont les plus solides et les moins coûteuses. Ces matières colorantes, avons-nous déjà dit, varient de nuances depuis le jaune-clair jusqu'au brun le plus foncé, en passant par presque tous les tons de rouge intermédiaires: elles sont employées dans la peinture en détrempe, à fresque, à l'huile et à la cire, dont on encaustique les pavés et parquets. On se sert aussi des *ocres* pour colorer le plâtre dont on fait des revêtemens, et cette manière de l'employer, connue des Anciens, ressemble assez au stuc. La couleur en est bien plus solide, n'étant pas superficielle, mais inhérente à l'enduit et en pénétrant la masse entière. Néanmoins les *ocres* entrent dans les badigeons, à l'intérieur comme à l'extérieur des édifices. Les *ocres* jaunes, broyées à l'eau ou à l'huile, servent surtout à donner les premières couches sur les boiseries qui doivent recevoir des couleurs plus chères et plus fines, ou sur celles que l'on peint seulement pour les garantir de l'action des pluies, tels que poteaux, barrières, portes, treillages, ponts de charpente, etc., et cette couleur, employée à l'huile, conserve les bois mieux que toute autre.

Le rouge de Prusse et celui d'Allemagne sont ceux qu'on emploie dans l'encaustique du pavé des appartemens. On donne maintenant la préférence à l'*ocre* jaune, ou bien à la terre de Sienne, ou à la terre d'ombre, qui imite la couleur des parquets en bois de chêne. Cette teinte est plus douce et plus amie de l'œil, qu'affecte désagréablement le rouge cru ou le jaune, rendu encore plus vif par son mélange avec la cire lustrée par un frottement réitéré. (A. L. C.)

OCTOGONE, *adj. des deux genres*. Figure qui a huit pans et huit angles.

OCTOSTYLE, *adj. des deux genres*. Se dit de l'ordonnance d'une façade d'édifice ou de temple, qui a huit colonnes à son rang antérieur.

Tel est le temple de Minerve, à Athènes; tel est le Panthéon d'Agrippa, à Rome. Les ordonnances du diptère et du pseudodiptère, chez les Anciens, étoient *octostyles*.

ODÆUM. On laisse à ce mot sa terminaison latine, selon l'usage reçu pour tous les ouvrages d'antiquité, quoique l'on eût pu d'autant mieux lui laisser sa terminaison grecque, que cette terminaison est devenue celle du mot *odéon* en français. C'est pourquoi on en usera dans le cours de cet article.

On donnoit le nom d'*odéon*, chez les Grecs, à une espèce d'édifice dans lequel les poëtes et les musiciens disputoient les prix de musique, de chant et d'exécution instrumentale; cela devoit répondre, relativement aux théâtres, à ce qu'est, chez les Modernes, la salle de concert.

Périclès, qui fit bâtir le premier *odéon* à Athènes, avoit eu l'intention qu'il servît aux choréges des différentes tribus, pour s'y exercer et pour y instruire les chœurs. L'*odéon* devoit aussi servir de magasin pour les objets employés dans les pompes solennelles et religieuses. Il eut encore une autre destination; il offrit, comme portique, un refuge aux spectateurs assemblés dans le théâtre de Bacchus, qui lui étoit contigu, lorsque le mauvais temps obligeoit de se mettre à couvert. Quelquefois même il servit aux Athéniens pour y tenir des assemblées politiques.

L'*odéon* ressembloit par sa forme au théâtre, à cela près qu'il avoit beaucoup moins d'étendue, et qu'il recevoit une couverture. Aucun auteur ancien ne nous a laissé, toutefois, une description de cette sorte d'édifice, ni donné aucune mention de sa disposition intérieure. Vitruve ne parle qu'en passant de celui d'Athènes; et quant aux ruines que plus d'un voyageur appelle des *ruines d'odéon*, rien de moins authentique que leurs notions, qui peuvent toujours s'appliquer à des restes de théâtre. Il est probable qu'il ne devoit y avoir ni scène, ni précisément ce qu'on appelle le *proscenium*.

La disposition des couvertures ou des toits des *odéons* ne nous est pas beaucoup mieux connue. Vitruve nous dit, à la vérité, que la toiture de l'*odéon* de Périclès avoit été faite avec les mâts et les antennes, ou vergues des vaisseaux pris sur les Perses par les Grecs à la bataille de Salamine. Pausanias nous apprend qu'on avoit donné à cette toiture la forme de la tente de Xerxès. Cette ressemblance extérieure, qui étoit toute seule un monument de victoire, porte à croire que le toit dont étoit couronné l'*odéon* devoit se terminer en angle fort aigu ou en cône. Les mâts auront tenu, dans cet assemblage de charpente, la place, et joué le rôle des chevrons dans les toits ordinaires. Les antennes, pièces de bois plus légères, auront fait l'office des pannes placées transversalement pour recevoir les tuiles. Dans l'intérieur, s'il n'y eut pas de plafond, la charpente du toit aura été recouverte et façonnée en manière de voûte.

Il est probable que l'*odéon* construit à Athènes par Périclès, aura été le premier édifice de ce genre en Grèce: il n'y fut pas le seul, comme on va le dire, et plusieurs croient que cette ville vit successivement élever jusqu'à trois *odéons*. Un reste, les villes de la Grèce en construisirent à l'envi. C'est après avoir fait mention de celui de Patras, que Pausanias parle du nouvel *odéon* d'Athènes, qui n'existoit pas encore, lorsqu'il passa dans cette ville, et qui, depuis son départ, avoit été construit par Hérodes Atticus.

Cet *odéon* étoit situé au pied de l'Acropolis, et du côté du sud-ouest. Quelques antiquaires croient qu'on en voit aujourd'hui les restes dans les ruines de l'édifice que presque tous les voyageurs ont pris pour le théâtre de Bacchus. C'étoit, selon Pausanias, un des plus beaux édifices de la Grèce, et il surpassoit en magnificence tous les autres *odéons*. Il en subsiste aujourd'hui assez pour faire connoître sa forme générale, c'est-à-dire qu'on en voit encore l'excavation faite dans le rocher, où l'on avoit taillé les siéges demi-circulaires; une partie assez considérable du mur qui devoit occuper la place de la scène, et quelques arcades ouvertes faisant corps aujourd'hui avec les fortifications de la citadelle.

L'exemple des Athéniens fut suivi par d'autres villes de la Grèce, qui firent aussi construire des *odéons*. Pausanias, toutefois, ne fait mention que de deux *odéons* bâtis, l'un à Corinthe, l'autre à Patras. Il est vrai qu'en parlant de celui de cette dernière ville, il donne assez à comprendre qu'il y en avoit aussi dans beaucoup d'autres villes. Peut-être faut-il inférer de-là que l'*odéon* n'étoit pas, comme le théâtre, le gymnase, etc., un édifice obligé pour chaque ville: peut-être aussi sa destination principale n'exigeoit-elle pas autant de dépense et d'étendue que celle du théâtre; et Pausanias, dans ce cas, n'aura fait mention des *odéons*, qu'en raison de leur grandeur et de leur magnificence.

Plusieurs villes de l'Asie mineure eurent aussi des *odéons*. Celui de Smyrne étoit renommé, selon Pausanias, à cause d'un tableau d'Apelles qui représentoit les Grâces. Les voyageurs Pococke et Chandler ont pris pour des *odéons* plus d'un édifice en forme de théâtre dans les villes d'Ephèse et de Laodicée; mais Chandler, aux débris nombreux de la sculpture qui enrichissoit l'édifice de Laodicée, a présumé qu'il devoit être d'architecture romaine.

Rome, plus tard, eut aussi des *odéons*. Fabricius, dans sa description de Rome, y en compte quatre. Mais de plus modernes critiques ont prouvé qu'il n'y en eut jamais que deux: le premier fut construit par Domitien, qui, entr'autres jeux publics célébrés en l'honneur de Jupiter Capitolin, institua des combats de musique pour lesquels on érigea l'*odéon*; le second, bâti sous Trajan, avoit été l'ouvrage de l'architecte Apollodore.

On trouveroit encore à citer, d'après les récits des historiens, d'autres *odéons* construits sous les Romains, dans différentes villes des pays qu'ils avoient conquis.

Le mot *odéon* est devenu, depuis quelque temps, un mot français, et on en a affecté le nom à un des théâtres de Paris, non par aucune similitude d'usage ou de forme, mais par ce besoin qu'on a de chercher dans l'antiquité des dénominations nouvelles, à beaucoup de choses qui n'ont toutefois rien de nouveau.

ŒIL, s. m. Ce mot, en architecture, s'emploie par métaphore, pour signifier certaines ouvertures ou fenêtres circulaires que l'on pratique le plus souvent dans les combles, dans les attiques ou dans les reins d'une voûte.

Les Grecs (on l'a déjà dit au mot FENÊTRE) se servoient du terme *opaion*, formé d'*opé*, signifiant *trou*, *ouverture*, et par une métaphore en sens inverse de la nôtre, ils donnoient quelquefois ce nom à l'*œil*, parce que l'*œil* est regardé comme l'ouverture, et en quelque sorte la fenêtre, par où nous recevons l'impression visuelle des objets.

Les Anciens firent donc fréquemment de ces fenêtres que nous appelons du mot *œil*, au sommet de leurs édifices, et nous avons déjà cité celui que l'architecte Xénoclès pratiqua dans le comble du temple d'Eleusis.

C'est bien du mot *œil* qu'on doit appeler l'ouverture circulaire qui, percée au sommet de la voûte du Panthéon d'Agrippa, introduit la lumière dans son intérieur, et c'est de cette sorte qu'étoient éclairées, comme leurs ruines le témoignent encore aujourd'hui, beaucoup de salles circulaires qu'on voit à Pouzzol et à Rome, soit que ces édifices aient été des temples, soit qu'ils n'aient été que des parties de l'ensemble des thermes, discussion indifférente et étrangère à l'objet de ces ouvertures.

ŒIL-DE-BŒUF. Petit jour pris dans une couverture pour éclairer un grenier, un faux-comble. On appelle de même les petites lucarnes d'un dôme, telles que celles du dôme de Saint-Pierre à Rome; on y en compte quarante-huit en trois rangs.

ŒIL DE DÔME. C'est l'ouverture qui est au haut de la coupe d'un dôme, et que l'on couvre le plus souvent d'une lanterne.

ŒIL DE VOLUTE. C'est le petit cercle du milieu de la volute ionique, où l'on marque les treize centres pour en décrire les circonvolutions.

ŒIL DE PONT. (*Terme d'architecture hydraulique.*) Nom que l'on donne à certaines ouvertures rondes au-dessus des piles, et dans les reins des arches d'un pont; ce qu'on fait autant pour rendre l'ouvrage léger, que pour faciliter le passage des grosses eaux. Il y a de ces ouvertures, par exemple, au pont neuf de la ville de Toulouse, et à quelques ponts sur l'Arno, à Florence.

ŒUVRE, s. m. Ce terme s'emploie diversement, dans plus d'une location, en architecture.

On dit *mettre en œuvre*. — C'est employer une matière quelconque, lui donner, par le travail, la forme et la place qu'elle doit avoir.

Dans œuvre et *hors d'œuvre*. — Le mot *œuvre*, synonyme d'*ouvrage*, se prenoit autrefois d'une manière plus générale dans la bâtisse, pour le bâtiment ou la *fabrique* (*voyez* plus bas). Les deux mots *dans œuvre* et *hors d'œuvre* s'appliquent donc aux mesures prises de l'intérieur ou de l'extérieur d'un bâtiment. Par suite de cet usage, le mot *hors d'œuvre* se dit de tout corps de bâtisse, de tout objet, de tout travail accessoire et étranger à l'ensemble, quel qu'il soit, du corps de l'objet ou du travail principal.

Sous œuvre (Reprise en). — Se dit, en bâtisse, de l'opération par laquelle on rebâtit sous la partie supérieure d'une construction, une construction nouvelle, soit qu'on veuille changer la disposition d'un *rez-de-chaussée*, soit que la partie inférieure de l'édifice dans ses fondations, et de même au-dessus du sol, menace ruine par l'effet d'un vice de construction ou de la mauvaise qualité des matériaux. C'est ainsi qu'on vient de reprendre en *sous œuvre* et de reconstruire dans l'église de l'Abbaye, à Paris, tous les piliers de sa nef, dont les pierres, prêtes à s'écraser, menaçoient d'une ruine prochaine.

Toute opération de reprise en *sous œuvre* a lieu par le moyen de forts étais qu'on place, de manière à supporter la construction supérieure, sans qu'elle puisse éprouver ni tassement ni dérangement. On démolit alors la construction vicieuse qu'il s'agit de remplacer, et on rebâtit jusqu'à ce qu'on arrive à la rejoindre à celle d'en haut; ce qui exige des soins, une exactitude et une précision particulières.

ŒUVRE D'ÉGLISE. On appelle de ce nom, dans nos églises, l'espèce d'enceinte et de place distinguée, qu'occupent les marguilliers ou fabriciens, & ce dernier mot, qui signifie *préposés à la fabrique*, nous explique l'étymologie du mot *œuvre* dans nos églises.

Il suffit d'ouvrir les histoires des anciennes constructions des églises, surtout en Italie, pour voir que ces grands ouvrages furent entrepris et exécutés par des corporations ou compagnies qu'on appeloit *magistri dell' opera*, les maîtres de l'ouvrage ou de l'*œuvre*. Ces grands édifices terminés avoient besoin d'être continuellement surveillés, réparés, entretenus. Des fonds plus ou moins considérables étoient affectés à cet entretien. L'administration de ces fonds, leur emploi, la police du lieu saint et toutes les dépenses relatives au culte extérieur, continuèrent d'être dans les attributions des *maîtres de l'œuvre*, appelés depuis *fabriciens*. On leur donna une place d'honneur dans l'église, et cet usage subsiste encore. Il paroit que le langage aura abrégé la dénomination dont il s'agit. On aura dit le *banc des maîtres de l'œuvre*, le *banc de l'œuvre*, et enfin, par ellipse, l'*œuvre*.

Ce banc d'honneur, où se placent les intendans de la fabrique, qu'on nomme aujourd'hui *marguilliers*, est devenu l'objet d'une décoration particulière dans certaines églises. On a souvent adossé ce banc ou cette enceinte en menuiserie, à une cloison en bois, plus ou moins ornée; on l'a décorée d'une espèce de dais ou d'impériale. Enfin, on y a élevé des colonnes, et ce banc primitif est devenu quelquefois une construction plus importante, qu'il ne conviendroit d'en faire dans des intérieurs, qui seroient soumis à une architecture régulière.

L'*œuvre* de la paroisse de Saint-Germain-l'Auxerrois, à Paris, passe avec raison pour le travail en bois le plus considérable et encore le plus remarquable en ce genre. C'est aussi à son importance que s'adresseroit la critique qu'on vient de faire, si ces sortes de *hors-d'œuvres* ne sembloient trouver leur excuse dans le genre des intérieurs gothiques.

OFFICE, s. m. Dans les palais et les grands hôtels, on comprend sous ce nom l'ensemble de toutes les pièces qui forment ce qu'on appelle le *département de la bouche*, comme les cuisines, garde-mangers, dépenses, sommelleries, salles du commun, etc.

On appelle aussi particulièrement *office* une pièce, près de la salle à manger, où l'on renferme tout ce qui dépend du service de la table et du dessert.

La meilleure situation des *offices*, considérés en grand, est à l'extrémité des ailes du bâtiment, supposé que le terrain ne soit pas très-étendu, c'est-à-dire, que l'aile ne soit pas trop longue; car alors il faudroit faire une cour pour les cuisines, et on y disposeroit à volonté les *offices*.

Ce qu'il faut surtout éviter dans leur disposition, c'est de les placer sous le corps principal de logis, à moins qu'on n'ait pas d'autre emplacement à leur donner.

OGYVE, s. m. Il n'est pas facile de s'accorder sur l'origine de ce mot. Il n'y a, sur son étymologie, que des conjectures et des notions douteuses qui le composent de deux anciens mots français.

Quoi qu'il en soit, ce nom a été donné et se donne encore, et généralement au pluriel, dans dans l'architecture gothique, à ces courbures saillantes que nous appelons *nervures*, qui, dans les travées ou croisées des voûtes (comme on le voit à toutes les églises gothiques), se croisent diagonalement au sommet, en allant d'un angle à l'autre, et produisent, dans les voûtes, ces compartimens angulaires qu'on y remarque.

Les

Les *ogyves* ou les nervures des voûtes, qu'on appelle ainsi, sont quelquefois méplates, quelquefois arrondies avec filets, quelquefois elles se composent de plusieurs moulures.

Les *ogyves* ainsi définies forment toujours, dans les voûtes où elles se croisent, ce qu'on peut appeler l'*ossature de la construction*. Elles sont ordinairement de pierres dures et d'une plus grande dimension que celles qui forment les remplissages, et ne sont guère autre chose que de petits moellons qui, comme les briques, servent de revêtement à une maçonnerie de blocage.

Les *ogyves*, dans les constructions gothiques, ne sont donc rien autre chose que les arêtes saillantes, au lieu d'être les arêtes sans saillie des voûtes *lunelatæ*, à lunettes, ou ployées (du verbe *luno*, qui signifie *courber*), que les Anciens ont appliquées à leurs grands intérieurs voûtés, tels que furent ceux des vastes salles des thermes.

Le besoin d'établir dans les églises catholiques (*voyez* GOTHIQUE (Architecture) des voûtes à de très-grandes hauteurs, dans de vastes dimensions et sur des supports isolés, fit adopter aux architectes d'alors le système de construction, qui tend le plus possible à diviser la pesanteur des voûtes, à en répartir la poussée, et à en décharger le plus possible leurs supports.

L'angle aigu produit par le croisement des *ogyves* ou arêtes saillantes dans les voûtes, occasionne encore le ploiement des arcs tiers-point ou arcs doubleaux formant le remplissage entre les *ogyves*, et de-là naturellement l'usage des arcs aigus, soit dans les arcades des nefs d'église, soit dans celles des fenêtres des bas côtés ou des nefs qui correspondent aux arcs doubleaux.

Toutefois on ne sauroit s'empêcher de remarquer que les *ogyves* des voûtes gothiques nous prouvent, non-seulement que l'arc aigu ne fut pas une invention de leurs architectes, puisqu'on en trouve des exemples dans toutes les architectures antérieures, mais que ces architectes ne méconnurent pas, comme on le répète trop souvent, l'arc plein cintre. En effet, l'arc plein cintre, outre qu'on le trouve employé souvent dans les arcades des édifices gothiques, existe de fait dans toutes les voûtes à *ogyves*. Les angles produits dans le dessin des voûtes par le croisement des *ogyves*, empêchent souvent de remarquer que ces quatre compartimens angulaires ne sont dus qu'aux deux arcs en plein cintre qui forment les nervures de l'*ogyve*. Ces arcs sont plus ou moins exhaussés ou surbaissés, selon l'élévation ou la largeur que doivent avoir les voûtes. *Voy.* GOTHIQUE (Architecture).

OLIVE, sub. f. Le fruit de l'olivier a fourni à l'ornement, dans l'architecture, une imitation qui trouve sa place en grains oblongs, enfilés comme des chapelets, et qu'on taille sur les astragales et sur les baguettes.

OLIVE (FEUILLE D'). On l'emploie dans l'ornement, et nous avons vu qu'on distingue dans les chapiteaux corinthiens ceux dont les feuillages sont taillés d'après l'imitation de l'acanthe, ou d'après celle des feuilles de l'olivier. *Voyez* CHAPITEAU CORINTHIEN.

ONGLET. *Voyez* ASSEMBLAGE EN ONGLET.

OPA. Mot latin qui est le même qu'ὀπὰ ou ὀπὴ, lequel, en grec, signifie *trou*, *ouverture*.

Les Romains usèrent du mot *opa*, *ope*, dans l'architecture, pour désigner, comme Vitruve le dit, ces trous que nous appelons *trous de boulin*, lesquels sont formés dans la construction par l'intervalle qu'occupent les solives, intervalles qui restent vides et produisent des ouvertures carrées lorsque les solives disparoissent.

Les Grecs, et Vitruve après eux, ont donné le nom d'*opa*, *trou*, à ces intervalles qui, dans la charpente des plafonds, séparent les solives dont les bouts extérieurs furent décorés du triglyphe (*voyez* TRIGLYPHE), et de-là le nom de *métope*, composé de μετὰ et de ὀπὴ, trou intermédiaire entre les solives ou les triglyphes. *Voyez*, sur cet objet, la discussion qui a lieu à l'article MÉTOPE.

OPAION. Du mot ὀπὰ, les Grecs ont fait le mot ὀπαῖον, qui signifie ouverture d'en haut dans les bâtimens.

OPISTHODOME. Ce mot est grec (ὀπισθόδομος), et se compose en grec de deux mots, ὄπισθε et δόμος, qui signifient *derrière* et *maison*, et dans leur composition veulent dire la partie de derrière d'une maison.

Le mot *domos* s'applique aux temples, comme les Italiens disent encore *il duomo* pour église; c'est la maison par excellence. Ainsi *opisthodome* signifie, appliqué aux temples grecs, cette partie de leur ordonnance qui correspondoit au *pronaos*, et que les Romains appelèrent *posticum*.

Cependant *opisthodome* a, dans le sens que nous lui donnons, la propriété de signifier dans le temple grec deux parties distinctes, quoique toutes deux situées au côté opposé de celui qui forme le devant de l'édifice; et nous verrons encore que, par suite de l'emploi qui fut donné à une de ces parties postérieures du temple, on peut appeler *opisthodome* un édifice distinct et séparé du temple.

Nous allons parcourir les trois manières d'entendre ce mot.

L'*opisthodome*, selon la première manière d'être appliqué à l'ensemble et à l'ordonnance générale du temple, est cette partie qui, dans le parallélogramme dont est formé le *naos*, répète symétriquement à l'extrémité postérieure la partie antérieure qu'on appelle *pronaos* ou *avant-temple*. L'avant-temple se compose, dans les temples *am-*

prostyles, d'un rang de colonnes formant le porche et soutenant le fronton, et dans les temples périptères ou diptères, de plusieurs rangs de colonnes en renfoncement (*voy.* Pronaos); l'*opisthodome* en est presque toujours une répétition exacte à l'autre extrémité du temple : en sorte que l'on peut dire que, d'un côté, est l'*avant temple*, et de l'autre le *post-temple*. Il suffit de consulter les plans de tous les temples périptères pour se convaincre de l'entière similitude de ces deux parties de l'ordonnance, similitude telle que l'œil ne pouvoit pas distinguer au dehors dans la masse générale du temple, quel en étoit le côté antérieur et quel en étoit le côté extérieur. Plusieurs temples avoient également deux portes ou deux entrées semblables dans le naos.

Mais les grands temples périptères ou diptères, outre cette partie de l'ordonnance extérieure, qui étoit le *post-temple*, en tout conforme à l'*avant-temple*, avoient encore un autre genre d'*opisthodome*.

Tous les grammairiens anciens, Hesychius, Harpocrates, etc., s'accordent sur ce point, que l'*opisthodome* étoit le lieu où l'on conservoit les richesses des temples et les finances même de l'État. On sait que c'est dans l'*opisthodome* du temple de Minerve, à Athènes, qu'Aristophane place Plutus, le dieu des richesses. Or, le temple de Minerve, ou le Parthenon qui subsiste encore, et dont les voyageurs nous ont donné les plus fidèles dessins, avoit l'intérieur de son *naos* partagé en deux pièces, l'une d'à peu près cent pieds de long, qui étoit le vrai temple, où l'on voyoit la statue colossale de la déesse, l'autre d'environ quarante pieds en longueur, ayant sa porte extérieure dégageant sur le *post-temple*. Que cette pièce ait été, et de fait et de nom, l'*opisthodome* servant de trésor, c'est ce qu'ont démontré encore les débris d'inscriptions trouvées par Chandler dans l'intérieur du Parthenon : quelques-unes de ces inscriptions contiennent un inventaire des offrandes consacrées à Minerve, et une entr'autres fait expressément mention de l'*opisthodome*. Le temple de Jupiter, à Olympie, d'après la description extrêmement détaillée que nous a donnée Pausanias, avoit une parfaite ressemblance avec le Parthenon d'Athènes, sauf quelques variétés dans la distribution des sculptures autour du naos. Pausanias donne clairement à entendre qu'il y avoit un bas-relief au-dessus de la porte du naos, [illegible], et un semblable au-dessus de la porte de l'*opisthodome*, [illegible]. S'il n'avoit été question que de désigner la porte de derrière du temple, Pausanias auroit dit, [illegible]. Dès qu'il spécifie la porte du naos et la porte de l'*opisthodome*, il faut conclure que le temple avoit, comme celui de Minerve, une pièce servant de trésor, placée aussi dans la partie postérieure du temple.

Ces deux autorités paroissent suffisantes pour prouver que l'on appela *opisthodome* une pièce située, comme on vient de le dire, dans les grands temples périptères, et qui dut recevoir de sa position le nom de *post-temple* ou *arrière-temple*.

Cette pièce ainsi dénommée servoit de *trésor*. Sera-t-il arrivé jadis, comme on le voit souvent, que l'usage auquel un édifice est destiné, ait fait conserver à cet édifice un nom démenti par son étymologie ? C'est ce que quelques-uns ont pensé de l'*opisthodome*; et comme ce mot peut vouloir dire aussi, *maison* ou *bâtiment* situé par-derrière (sous-entendu le temple), on a cru qu'il y avoit des édifices distincts et séparés du temple servant de trésor, et cette opinion a été avancée et répétée sur l'*opisthodome* de la citadelle d'Athènes.

Nous croyons toutefois que cette opinion est due au vague du sens auquel peut prêter la composition du mot en grec, et à l'ambiguité qu'il comporte comme presque tous les mots composés. Il suffit de penser à la composition toute semblable du mot *pronaos*, pour voir que ce mot ne signifiant pas *temple en avant*, mais *partie en avant du temple*, *opisthodome* ne doit vouloir dire aussi que *partie en arrière du temple*, *naos* et *domus* étant ici synonymes.

OPPENORD, né à Paris en 1672, mort dans la même ville en 1742.

Son père, qui étoit ébéniste du Roi, lui mit de bonne heure le crayon à la main, uniquement dans l'intention d'en faire son successeur, en lui transmettant un état, où il faut du goût et quelques connoissances qui ne sont pas sans liaison avec celles de l'architecture. Il s'aperçut bientôt de cette liaison par les dispositions que l'étude du dessin développoit chez son jeune élève; il s'empressa de les seconder, en lui faisant apprendre les mathématiques, et il le plaça chez Jules-Hardouin Mansart, surintendant et ordonnateur des bâtimens du Roi.

Les progrès d'*Oppenord* lui valurent bientôt d'aller étudier à Rome, comme pensionnaire du Roi, à l'Académie de France. Il passa huit années, tant à Rome qu'en Lombardie, et s'y forma sur le goût et la manière de l'école dominante alors. Cette école avoit pour chef Boromini, dont la méthode étoit de sacrifier la forme principale aux détails décoratifs, puisés eux-mêmes dans les inventions du caprice.

L'ouvrage par lequel *Oppenord* débuta lors de son retour à Paris, fut le principal autel de l'église de l'abbaye Saint-Germain-des-Prés. Il le composa dans le goût alors régnant, celui des baldaquins, dont Bernin avoit le premier réalisé l'idée, au-dessus du maître-autel de Saint-Pierre (*voy.* Baldaquin). Bernin, comme on l'a dit à cet article, n'avoit dans sa composition fait autre chose qu'enchérir sur la forme, le goût et la magnificence de l'ancien *ciborium* (*voy.* ce mot). Les successeurs de Bernin, et *Oppenord* fut de ce nombre, se mirent à enchérir à l'envi sur l'idée de ce grand modèle. Ainsi le baldaquin dont *Oppenord* donna le dessin pour l'autel de Saint-Germain-des-Prés se composoit de six colonnes de marbre *cipolino*, portant un entablement architravé sur lequel s'élevoit l'impériale, dont les courbes étoient liées par une couronne ovale. Des consoles donnoient naissance à des palmes qui se terminoient en pyramide, et portoient un globe surmonté d'une croix. Un ange, accompagné de deux autres plus petits, tenoient l'ostensoir. On ne rapporte ici cette description que parce que l'ouvrage n'existe plus. Il a été détruit aux temps de la révolution, et les colonnes de ce baldaquin sont aujourd'hui dans le Musée royal des antiques.

Oppenord eut une assez grande part dans les travaux de la construction de la grande église de Saint-Sulpice à Paris. C'est de lui qu'est le portail de la croisée qui est du côté de la rue Palatine: il y employa les ordres dorique et ionique couronnés d'un fronton. Le portail correspondant de la même croisée a été rachevé par lui, depuis l'entablement de l'ordre inférieur. Il contribua à l'achèvement des bas côtés de la nef, et il donna les dessins du maître-autel, qui n'existe plus.

On auroit quelque peine à citer aujourd'hui les palais ou hôtels qu'il contribua à décorer, tant les changemens de propriétaires tendent à dénaturer promptement de semblables travaux.

Oppenord passa, de son temps, pour être un grand décorateur; mais comme le goût dans lequel il exerça son talent est l'opposé du goût simple, vrai et naturel, nous finirons ce qui concerne cet architecte, en disant qu'on l'appelle le Borromini de la France.

OPPOSITION, sub. fém. On a déjà fait sentir (*voyez* CONTRASTE) la différence que la langue des beaux-arts et la théorie du goût ont établie entre ce qu'on entend par *contraste*, et ce qu'on exprime en général par le mot *opposition*. Quoique ces deux mots paroissent être synonymes, et se prennent quelquefois l'un pour l'autre, et quoique leur composition étymologique semble leur affecter une même signification, cependant il ne se peut pas que le langage ne distingue point, dans l'emploi raisonné de l'un ou de l'autre, une variété correspondante à celle de deux nuances d'idées faciles à saisir.

C'est pourquoi il nous paroît que, selon l'usage qu'on en fait, le mot *contraste* emporte avec soi l'idée d'un changement brusque ou violent, qui a lieu dans le rapprochement des choses, des objets, et qui produit aussi dans l'ame un changement inattendu de situation: et il nous semble que le mot *opposition* indique entre les choses, les images ou les idées des objets, une position qui est à la vérité diverse et contraire, mais sans produire toutefois le choc du contraste, et sans opérer sur les sens et sur l'ame les effets frappans de la surprise et d'autres sensations violentes.

Si, d'après cette distinction, on applique l'idée de contraste, telle qu'on vient de la définir, aux œuvres et aux moyens propres de l'architecture, il est permis de croire que cet art n'est guère en état de produire les effets du genre de ceux qu'on peut appeler *contrastans*, c'est-à-dire qui surprennent vivement, et qui, par une impulsion rapide, font passer l'ame d'une situation extrême à une autre.

L'architecte qui voudroit produire pour les sens de véritables contrastes, ne le pourroit faire effectivement qu'en mettant en présence ou en contact, par exemple, les extrêmes de la grandeur et de la petitesse, ceux de la richesse et de la pauvreté; ou bien, dans les proportions, ceux de l'élévation démesurée d'un intérieur, avec la largeur la plus rétrécie; mais on comprend qu'assujettie par la nature des choses à des devoirs qui l'empêchent de se permettre ces sortes de jeux, l'artiste qui se livreroit à de tels caprices ne feroit que du ridicule: or, un semblable ridicule ne sauroit se supposer.

Il n'est guère possible d'admettre l'idée de contraste telle qu'on l'entend, c'est-à-dire, comme passage brusque et sans transition d'un effet à un autre, d'une impression donnée à une autre impression, ailleurs que dans les changemens subits de décorations sur les théâtres. C'est là, comme on le sait, que le décorateur peut nous faire passer de la manière la plus inattendue, la plus soudaine, du palais de l'Olympe à celui de Pluton, de la salle d'un bal à une prison, etc. Mais on voit que, bien que les objets qui contrastent ainsi à nos yeux, sur la scène, soient des images d'architecture, ils sont cependant beaucoup plus l'ouvrage de la peinture. Or, ce qu'on prétend, c'est que l'architecture, dans les monumens réels, ne sauroit guère avoir ni l'occasion, ni les motifs, ni les moyens d'opérer l'effet de semblables contrastes, qui, dans le fait, résultent de la privation de lumière, ou d'un passage subit des ténèbres à la clarté, moyens dès-lors plus ou moins factices, et indépendans du pouvoir de l'art de bâtir proprement dit.

Si le mot *opposition* indique entre les objets, les images et les idées, un rapport de contrariété moins frappant, et qui corresponde davantage à ce qu'on appelle *variété* ou *diversité*, et si l'idée d'*opposition* est à celle de *contraste* ce que la nuance est à la couleur entière, sans aucun doute il entrera dans la nature, dans la fin et dans les moyens de l'architecture, de produire des *oppositions*.

Effectivement, la combinaison des élémens matériels de l'architecture, et des effets moraux que l'intelligence sait en tirer, procure à l'artiste plus d'une sorte de procédés et de moyens pour opérer, selon le but qu'il se propose, divers genres d'*oppositions ;* et il les emploie, soit pour éviter une certaine monotonie dans l'aspect général d'un édifice, soit pour faire valoir et mieux apprécier certaines qualités, certains rapports, et produire sur les sens, comme sur l'esprit, une impression plus déterminée.

On peut, ce semble, réduire à deux espèces les moyens matériels de produire quelques *oppositions* dans les édifices. Les premiers pourront dépendre de la diversité des matériaux eux-mêmes, et de la variété qu'on mettra dans leur emploi; les seconds procéderont d'un certain art de disposer et de ménager des objets d'une dimension subordonnée, pour faire d'autant briller la grandeur de l'objet qu'on veut rendre dominant.

Parmi les matières employées par l'architecture, il faut reconnoître qu'il en est dont les substances, les couleurs, la manière de les entremêler, les variétés que le travail leur donne, procurent dans l'aspect, soit d'un seul corps de bâtiment, soit des corps séparés d'un grand ensemble, certains effets d'*opposition* propres à indiquer les degrés différens de simplicité, de variété ou de richesse que l'architecte veut faire ressortir.

Ainsi, des blocs laissés bruts, des pierres de taille rustiquées, donneront aux soubassemens d'un monument une apparence de massivité dont l'*opposition* fera paroître plus élégantes les parties et les ordonnances supérieures. L'emploi de ce genre d'*opposition* entre les matériaux a quelquefois été porté plus loin. Il y a des exemples de plus d'un édifice, où l'architecture a fait entrer dans son appareil, des pierres tellement taillées et façonnées en forme de rochers, que leur *opposition* avec le reste de la construction semble avoir eu pour but, de donner l'idée d'un monument pratiqué et comme fondé sur des masses de rocs naturels. Tel est à Rome (peut-être dans un sens allégorique) le palais de justice à Monte-Citorio.

On sait que souvent, pour varier et rendre plus piquant l'aspect des façades d'un édifice, l'architecte met en *opposition* des superficies taillées en refend ou de bossage, avec les pilastres, les colonnes et d'autres objets qui, en se détachant sur un semblable fond, en reçoivent un effet plus vif. Ainsi, à Rome, le temple de Mars vengeur se détachoit autrefois sur le fond de ce grand mur composé de bossages très-saillans, dont il subsiste encore un beau reste au Campo-Vaccino, à l'arc de Pantano.

Les mélanges de matériaux divers par leurs couleurs, comme le sont souvent la brique et la pierre, employés soit aux paremens, soit dans des détails de la construction, fournissent encore quelques *oppositions* propres à faire mieux distinguer, au milieu d'un grand assemblage de bâtimens, le corps principal, de ses membres ou parties accessoires.

Enfin, si l'artiste met en œuvre dans quelque intérieur, ou la beauté des marbres de couleur, ou l'éclat des métaux précieux, ou les charmes de la peinture, le goût approuvera qu'il en fasse ressortir l'effet, en ménageant, dans la simplicité de ce qui précède ou accompagne ce local, une juste *opposition*. C'est aussi ce que l'on pratique volontiers dans les suites de pièces qui forment les appartemens d'un palais, en y graduant les ornemens et la richesse, de façon à faire mieux briller la décoration des pièces d'honneur ou de cérémonie.

On a mis au nombre des moyens matériels ou mécaniques d'*opposition*, en architecture, les effets de comparaison qui peuvent résulter de certaines diversités de mesure entre les objets ou les masses d'un édifice. Quoiqu'on ait avancé qu'il ne sauroit entrer dans les procédés réguliers de l'art, de faire contraster, comme par une sorte de jeu, les extrêmes de la grandeur et de la petitesse, et d'autres contraires semblables, on ne disconvient pas toutefois, que certaines *oppositions* concertées à dessein, dans les dimensions des parties d'un grand tout, pourront y produire l'effet qu'on en attend, surtout s'il ne paroît rien d'affecté dans ces rapprochemens, et si leur motif sort naturellement du sujet de la composition. C'est ainsi, et à ces conditions, que dans un vaste et colossal ensemble, des masses accessoires subordonnées, et déjà d'une assez grande dimension, feront mieux juger de la grandeur relative du corps principal. Ainsi, les petites coupoles qui, au dedans comme au dehors, servent d'accompagnement au dôme de Saint-Pierre, font, à son égard, l'effet d'une échelle de proportion, et le font paroître plus vaste qu'il ne paroîtroit, sans ces points d'*opposition*.

Mais les vrais moyens d'*opposition* qui appartiennent moins au matériel qu'au moral de l'art, dans l'architecture, sont ceux qui naissent des combinaisons du génie de l'artiste. A cet égard, loin qu'on puisse méconnoître l'existence des *oppositions* dans cet art, on pourroit plutôt affirmer que ses effets et ses impressions dépendent du secret même d'y opposer, tant en général dans l'ensemble, qu'en détail dans chaque partie, les différentes qualités qui se font valoir l'une par l'autre.

Les seuls détails de la modénature ou de l'art de profiler, nous offrent les plus évidentes applications de l'art des *oppositions*. C'est là qu'on apprend que l'unité de caractère ne consiste pas à faire tout également fort, également délicat, également léger, également riche. Comme dans la musique, le fort et le doux, les mouvemens vifs ou lents doivent se succéder, sous peine de monotonie; de même, quant à l'harmonie des lignes et des formes, le goût consiste à entremêler dans leur action, sur nos sens, de légères *oppositions* qui en corrigent l'uniformité. Ainsi les Grecs, dans leurs profils du caractère le plus mâle et le plus prononcé, ne manquèrent jamais d'introduire, après un membre fort et très-saillant, un membre lisse et léger, qui lui fait *opposition*.

Généralement, si tout est fort, si tout est riche, si tout est simple, rien ne paroîtra ni fort, ni riche, ni simple. Il faut opposer quelques légeretés à ce qu'on veut faire massif, sous peine de ne produire que de la lourdeur. La richesse des décorations ne sera plus qu'une confusion indigeste, si quelques parties lisses n'y opposent certains espaces qui reposent l'œil. La simplicité dénuée de tout ornement, se réduira à n'être que de la pauvreté.

Ce manque d'un sentiment juste, eu égard à l'emploi des moyens d'*opposition*, a souvent égaré les architectes, jusque dans l'accord des proportions entre les parties constituantes et les accessoires des édifices. On s'est quelquefois persuadé qu'il falloit tout agrandir dans un grand ensemble: sans doute, et c'est une vérité incontestable, qu'un grand tout doit avoir de grandes parties. Aussi n'entendra-t-on pas blâmer cette correspondance naturelle, qui soumet toutes les parties d'une ordonnance à des dimensions proportionnelles. On veut seulement parler de l'abus où un système d'harmonie exagérée, fait quelquefois tomber le décorateur de grands édifices, en lui persuadant d'outrer les mesures de certaines parties d'ornemens, et de porter jusqu'au gigantesque la proportion de certaines figures adhérentes à l'architecture. Il paroît que, dans l'intérêt qu'on pourroit avoir d'aider à l'impression du sentiment de la grandeur dans un édifice, il conviendroit au contraire d'y laisser beaucoup de ces accessoires dans leurs proportions, soit naturelles, soit commandées par la place qui leur est assignée, et que ces simples *oppositions* feroient valoir d'autant la grandeur de l'ensemble. Ainsi, dans la nef de Saint-Pierre, on a orné quelques archivoltes des arcades, avec des figures d'une saillie et d'une proportion si hors de toute mesure, que ces grandes arcades s'en trouvent rapetissées. Telle ne fut pas cependant l'intention du décorateur; il voulut faire conclure de l'énormité de ces accessoires à l'immensité du principal. Mais son erreur, en ce genre, fut semblable à celle dont on a parlé plus haut, et qui consiste à faire tout fort, tout riche, ou tout simple. De même, faire tout colossal, c'est empêcher tout de le paroître. Les *oppositions* modérées, puisées dans des objets de dimension diverse, aident l'œil à juger: car, l'œil ne juge que par comparaison.

OPTIQUE, s. m. Science physico-mathématique, qui enseigne de quelle manière se fait la vision dans l'œil. Les principes de cette science sont la base de la délinéation et de la peinture. Ils ne sont pas moins utiles à l'architecte.

Les règles de l'*optique* (dit Perrault, *Ordonnance des colonnes*), appliquées à l'architecture, tendent à remédier aux erreurs des sens. Comme les images des choses, dans notre œil, sont plus petites et moins distinctes lorsque les objets sont éloignés, que quand ils sont proches, et que les vues droites font paroître les objets autrement que quand elles sont obliques, on s'est imaginé qu'il falloit suppléer à cela, comme étant un défaut auquel l'art doit remédier. De-là certains systêmes, tendant à changer les proportions et la situation des objets, des membres de l'architecture et de leurs accessoires, et l'on s'est même fondé sur l'autorité de Vitruve. Perrault a montré que toute cette théorie étoit fausse, parce que l'esprit avoit la propriété de redresser les manières de voir les choses et sait les replacer dans leur état naturel. Nous avons rendu compte de toute cette critique au mot CHANGEMENT DE PROPORTION. *Voy.* cet article.

OR, s. m. L'*or*, en tant que métal solide, ne sauroit se considérer comme étant au nombre des matériaux que l'architecture ait jamais pu employer, autrement que sous le rapport de dorure (*voyez* ce mot), dans l'ensemble et les détails des édifices. Rien n'empêche qu'il n'ait été mis en œuvre dans de petits modèles, de la manière dont on a vu des reliquaires précieux et autres objets qui sont du ressort de l'orfèvrerie, consacrés dans les lieux saints.

Nous ne trouvons dans l'histoire ancienne qu'une exception à ce qu'on vient d'avancer.

On peut, en effet, regarder comme un monument réel d'architecture, la chambre sépulcrale qui renferma le corps d'Alexandre, et quoiqu'elle ait été établie sur un chariot qui la conduisit de Babylone en Egypte, ses dimensions et son ordonnance furent telles, qu'on doit y voir une espèce de petit temple périptère, qui, sans pouvoir aller de pair, pour la grandeur, avec les édifices ordinaires, construits en pierre, auroit pu toutefois passer pour une *ædicula*. Sa longueur étoit d'environ vingt pieds, sa largeur de douze. Or, on ne sauroit révoquer en doute, que toute cette construction fut d'*or* solide, et non de métal doré: non que, par les mots *or solide*, il faille entendre que le tout étoit massif. Sans doute une armature fut nécessaire pour donner de la consistance à tout l'ensemble, et il faut entendre qu'une carcasse, ou, si l'on veut, une charpente en fer aura été disposée sur le plateau, fixé au chariot de manière à offrir un appui solide à tous les membres, à toutes les parties de l'ordonnance, aux colonnes, à l'entablement, au cintre de la voûte: l'*or* solide, dont on a parlé, aura fourni le revêtement de cette armature.

On est porté à croire qu'il faut entendre par *or*, et non par *dorure*, les termes dont se sert Diodore de Sicile dans la description de ce monument, description qu'il a abrégée, en la tirant de l'ouvrage qu'avoit publié, sur cette merveille de l'art, Hiéronyme de Cardie. On sait, en effet, combien l'*or* étoit abondant en Asie, combien il en fut alors envoyé en Grèce, et il est probable que les généraux et héritiers d'Alexandre n'épargnèrent rien dans le monument qui devoit devenir, sur toute la route, le catafalque du héros.

Nous renverrons, pour l'analyse et la restitution de cet ouvrage, au tome IV des Mémoires de la classe d'histoire et littérature ancienne de l'Institut, où nous avons ajouté, à une discussion détaillée du texte de Diodore de Sicile, un dessin qui représente l'image fidèle de l'objet décrit par l'historien.

Nous allons nous contenter d'en rapporter ici le texte traduit.

« D'abord on avoit préparé et fait au marteau, sur la mesure du corps (d'Alexandre), un cercueil d'*or*, qu'on avoit rempli jusqu'à moitié d'aromates destinés à répandre une bonne odeur, et à préserver le corps de la corruption.

» Sur le cercueil on plaça un cénotaphe également d'*or*, qui en embrassoit exactement toute la surface supérieure.

» Par-dessus, on avoit étendu un tapis de pourpre, magnifiquement brodé en *or*, autour duquel on avoit étalé les armes du roi mort, pour que tout, dans cette composition, servît à rappeler ses exploits.

» On fit ensuite approcher le chariot destiné au transport. On avoit établi, sur ce chariot, une chambre d'*or* voûtée, dont la couverture circulaire étoit ornée d'écailles formées par des pierres précieuses. Sa largeur étoit de huit coudées; sa longueur, de douze.

» Au-dessous du comble (entre le plafond et le toit) tout l'espace étoit occupé (en avant) par un trône d'*or* carré, orné de figures en relief de tragelaphes, d'où pendoient des anneaux d'*or* de la grandeur de deux palmes, et à ces anneaux s'attachoient des festons formés de fleurs de toutes sortes de couleurs.

» En haut régnoit une frange en réseau, avec de fortes sonnettes, pour annoncer au loin l'approche du char.

» Aux angles de la voûte s'élevoit, de chaque côté, une victoire d'*or*, portant un trophée.

» La voûte étoit supportée par un péristyle d'*or*, dont les colonnes avoient des chapiteaux ioniques.

» En dedans du péristyle (ou de la colonnade environnante) régnoit un réseau d'*or*, dont les fils étoient de l'épaisseur d'un doigt, et quatre tableaux parallèles, remplis de figures: ces tableaux étoient égaux aux murs (formés par le réseau ou grillage d'*or*).

» Dans le premier tableau, on voyoit un char richement travaillé en métal. Alexandre y étoit assis, tenant en main un sceptre magnifique. Autour de lui marchoient la garde macédonienne, armée de toutes pièces, et le bataillon des Perses, appelé les *Mélophores*. En avant étoient les Oplites.

» Le second tableau se composoit du train des éléphans équipés en guerre, ayant en avant leurs Indiens, et par-derrière les Macédoniens, avec leurs armures ordinaires.

» On avoit figuré, dans le troisième tableau, des corps de cavalerie imitant les manœuvres et les évolutions d'un combat.

» Le quatrième représentoit des vaisseaux en ordre de bataille.

» A l'*esodos* de la chambre (ou sous le vestibule en avant) il y avoit des lions d'*or*, placés de manière qu'ils regardoient les entrans.

» Du milieu de chaque colonne s'élevoit un rinceau en acanthe d'*or*, qui alloit jusqu'au chapiteau.

» Au-dessus du faîte et au milieu du comble s'étendoit en plein air un tapis de pourpre, sur lequel posoit une couronne d'olivier d'une grande dimension. Elle étoit d'*or*, et lorsque les rayons du soleil frappoient dessus, l'éclat s'en trouvoit répercuté de manière que, de loin, il produisoit l'effet des éclairs.

» Le train du chariot sur lequel reposoit cet ensemble, avoit deux essieux, autour desquels tournoient quatre roues à la persanne, dont les rayons & les jantes étoient dorés; les bandes seules étoient de fer. Des têtes de lions d'*or*, dont les gueules mordoient un fer de lance, faisoient l'ornement des moyeux.

» Au milieu de la longueur du chariot et au point central de la chambre, étoit adapté, avec beaucoup d'art, un pivot sur lequel l'édifice maintenu en équilibre conservoit son niveau, et se trouvoit aussi garanti contre les secousses et préservé de l'inconvénient des inégalités du terrain.

» Il y avoit quatre timons, à chacun desquels étoit attaché un quadruple rang de jougs, quatre mulets à chaque joug. Le nombre des mulets étoit de soixante-quatre. On avoit choisi les plus forts et les plus hauts. Chacun d'eux avoit sur la tête une couronne dorée, des sonnettes d'*or* aux deux côtés de la mâchoire, et autour du cou, des colliers chargés de pierres précieuses. »

Cette description, à laquelle nous n'ajouterons aucune des explications qui alongeroient outre mesure cet article, nous a paru devoir trouver sa place dans le *Dictionnaire d'Architecture*, comme présentant l'idée d'un des monumens les plus riches de l'art, et en même temps un ouvrage de mécanique des plus particuliers. Nous avons cru devoir le placer à l'article OR, comme exemple du plus prodigieux emploi qu'on ait jamais fait de ce métal précieux à aucun travail, et appliqué en même temps à un objet qui fut véritablement un objet d'architecture.

On l'a dit au commencement de cet article: si

l'*or* fut employé jadis avec profusion dans la sculpture surtout, et dans les colosses d'*or* et d'ivoire (*voyez* l'article Ivoire), ce ne fut que comme appliqué, soit au bronze, soit à la pierre et au stuc, que nous le voyons figurer dans les monumens de l'architecture proprement dite. Mais tous ces emplois ne font supposer autre chose que l'application de l'*or* en feuilles, c'est-à-dire, la dorure. Ainsi nous renvoyons le lecteur à ce mot. *Voyez* Dorure.

ORANGE. Le nom moderne de cette ville de Provence, est une corruption du mot *Arausio*, ancienne ville du pays des *Cavares*. Il auroit fallu, si l'usage l'eût permis, écrire *Aurange*.

Cette ville a conservé plusieurs restes très-remarquables d'antiquités romaines. Le mieux conservé est, dans une plaine à quatre cents pas des dernières maisons de la ville, un arc de triomphe de soixante-six pieds de large sur soixante de hauteur. Il est percé de trois arcades : celle du milieu est plus large et plus haute que ses collatérales. Quatre colonnes corinthiennes ornent la masse inférieure de l'arc. Elles séparent les trois arcades, une à chaque angle, les deux autres accompagnent la grande arcade. Elles supportent un entablement qui est surmonté d'un premier attique; un fronton situé au-dessus de l'arc du milieu interrompt cet attique. Un second attique, beaucoup plus élevé, couronne la masse, et des restes de piédestaux font voir qu'il devoit y avoir des statues.

Les parties latérales du monument sont ornées aussi de quatre colonnes corinthiennes, et dans leurs entre-colonnemens s'élèvent des trophées, au bas desquels on voit encore les figures des villes ou des provinces captives.

Cet arc de triomphe, dont on ignore la date, est resté jusqu'à présent un objet de controverse entre les antiquaires. Aucune inscription suffisante ne donne de lumières à cet égard. Quelques noms écrits sur les armes, les boucliers et autres espaces, sont des indications trop vagues pour qu'on puisse y fonder autre chose que des conjectures. Maffei, d'après le style de l'architecture et de la sculpture, a pensé que cet arc fut élevé au temps d'Adrien. D'autres en remontent l'époque jusqu'à Auguste et César. Il nous semble qu'à défaut de toute autorité positive, on peut s'aider du goût de l'ouvrage pour en conjecturer aussi l'époque.

Si l'on s'en rapporte à cette mesure de critique, on est obligé de convenir que tout décèle dans la composition, le style et la décoration du monument, un âge fort éloigné de celui qui vit naître les ouvrages les plus renommés de l'architecture des Romains.

La composition de l'arc est la moins simple et, si l'on peut dire, la plus chargée, de toutes celles dont les monumens de ce genre nous donnent l'idée, soit ceux qui furent exécutés à Rome, soit ceux dont les médailles nous ont conservé les types et les formes. Cette surcharge de formes est sensible dans cette combinaison du fronton élevé au-dessus du grand arc, et coupant l'espace du premier attique, dans la superposition du second attique beaucoup plus élevé que le premier, et qui indique, par les saillies du massif du milieu, et des deux piédestaux accompagnans, qu'un char de triomphe et des statues devoient en porter l'élévation à une plus grande hauteur.

La profusion des ornemens n'y est pas moins remarquable dans les bordures des parties cintrées des arcades, dans les trophées de bas-reliefs répandus sur toutes les superficies, tant de face que des côtés latéraux. On ne sauroit nier que cet ensemble, dont l'exécution est assez bien soignée, n'a dû offrir un aspect fort magnifique et fort riche. Mais on sait que l'abus du luxe décoratif est un des caractères de ces siècles, où la richesse remplaça le goût, et en suivant cette analogie, on est conduit à croire que l'arc d'*Orange* devroit s'attribuer à un siecle encore postérieur à celui d'Adrien.

Les trophées de victoires navales, composés de tous les attributs maritimes, tels que proues de navires, ancres, rames, acrostoles, aplustres, etc., qui partagent la décoration de cet arc, avec les trophées composés d'armes des guerres de terre, ont rendu plus difficile encore à expliquer, l'érection d'un tel monument, dans un lieu aussi éloigné du théâtre des batailles navales. On a donc soupçonné de cela même, et des noms gravés sur les armures, qui indiquent des époques fort différentes, que cet arc fut exécuté pour rappeler à la fois toutes les victoires des Romains, non-seulement dans la Provence, mais dans toute la Gaule Narbonnaise.

Après l'arc d'*Orange*, le monument le plus remarquable de cette ville est celui qu'on appelle improprement aujourd'hui le *Cirque*. Ce prétendu Cirque est un théâtre dont beaucoup de parties se sont conservées.

La partie circulaire, où se trouvoient établis les siéges des spectateurs, est pratiquée dans la montagne : les deux extrémités du demi-cercle étoient liées par des constructions, à la scène, où elles se terminoient. C'est ainsi que sont bâtis la plupart des théâtres qui existent encore. *Voyez* Theatre.

Le mur qui coupoit le demi-cercle, et qui formoit le fond de la scène, existe encore en entier, et produit un fort bel effet, vu de la grande place. On reconnoît du premier coup d'œil, à la manière dont il a été bâti, qu'il est de construction romaine. Il a cent huit pieds de haut et trois cents de large. Il est tout en belles pierres carrées, égales, jointes avec la plus grande exactitude son élévation se compose de deux rangées d'arcades séparées par un grand intervalle, et elle se termine par une sorte d'attique. Au milieu du rang des portiques inférieurs, s'ouvre une grande porte, qui devoit être l'entrée principale des acteurs et des personnages scéniques employés dans les chœurs.

Des deux côtés de ce mur, formant la scène, on trouve une entrée dans deux salles contiguës, qui sans doute servirent à contenir les personnages qui devoient arriver latéralement sur le théâtre, peut-être à d'autres usages encore.

Le haut du mur de la scène a, dans sa façade, plusieurs rangées de pierres saillantes (ou corbeaux) espacées également et trouées perpendiculairement pour recevoir ces mâts, à l'extrémité desquels on attachoit les voiles qui servoient à préserver les spectateurs de l'ardeur du soleil.

On ne peut se défendre d'un sentiment d'admiration, en voyant ce beau reste du théâtre d'*Orange*, sa belle construction, la régularité et la solidité de son appareil composé de pierres énormes, jointes sans aucun ciment, et dont quelques-unes sont longues de quinze pieds sur une épaisseur proportionnée.

Orange possédoit encore d'autres édifices antiques, un amphithéâtre, des thermes, un aqueduc. Il n'existe plus que quelques arcades qui sont enclavées dans les murs des maisons. Tout le sol de cette ville et de ses environs est une mine, qui rendroit certainement, si on la fouilloit avec soin, beaucoup de matériaux plus ou moins précieux pour l'histoire et pour les arts.

On y a déjà recueilli des mosaïques, des inscriptions, des fragmens de tombeaux, de statues, etc.

ORANGERIE, s. f. Bâtiment destiné à serrer les orangers pendant l'hiver, et dans lequel, au moyen de poêles, on leur procure une atmosphère artificielle, portée à la température des climats d'où viennent ces arbres. *Voyez* le mot SERRE CHAUDE.

Les orangers et les citroniers sont en effet des arbres exotiques, et qui ne se sont acclimatés que difficilement en Grèce, et surtout en Italie.

Que ce soit les oranges ou les citrons que les Latins ont nommé *mala aurantia*, pommes d'or des Hespérides, apportées en Grèce par Hercule, on n'en peut fixer exactement la transplantation dans ce pays, qu'à une époque bien postérieure et indiquée par une comédie d'Aristophane, où un jeune homme présente des citrons à sa maîtresse, en lui disant que l'espèce en a été apportée tout récemment des Etats du grand roi à Athènes. Ils se répandirent bientôt dans toute la Grèce, mais il n'y en avoit pas encore en Italie du temps de Pline. Il dit qu'on en avoit apporté de la Grèce plusieurs fois, mais qu'ils n'avoient pu s'acclimater : ce ne fut qu'environ cinquante ans après, et du temps d'Adrien, qu'on trouva le moyen de les faire venir de semence, et depuis lors l'Italie en fut remplie. Enfin, ils ne tardèrent pas à pénétrer en Provence et en Languedoc.

A l'égard des autres lieux où l'on élève des citroniers et des orangers, l'art supplée à la nature; on les plante dans des caisses remplies de bonne terre amendée de certains terreaux, propres à y entretenir une chaleur proportionnée à celle du terroir, où ces arbres viennent naturellement. Ces caisses sont mises à l'air dans la belle saison, et ordinairement depuis la mi-mai jusqu'au mois d'octobre; mais en hiver on les renferme dans des serres chaudes, auxquelles on donne le nom d'*orangeries*. Voyez la Quintinie, *Traité de la culture des orangers*.

Ces édifices, en forme de galerie voûtée et garnie de croisées et doubles chassis, sont bâtis à l'exposition du midi et à proximité du parterre où l'on range les caisses d'orangers dans la belle saison. Le parterre où ces arbres sont disposés d'une manière régulière, et qui n'est guère orné que de carrés de gazon, de vases et de statues, prend aussi le nom d'*orangerie*.

Quoique les *orangeries* ne soient absolument nécessaires que dans les pays du Nord, où les orangers ne peuvent résister en plein air aux rigueurs du climat, et ont besoin, pour exister, d'une atmosphère factice, on est forcé, même en Italie, d'employer des précautions pour garantir ces arbres de l'atteinte du froid; les citroniers surtout sont très-délicats, et l'espoir de la récolte est perdu s'ils sont frappés de la plus petite gelée. On en forme, à l'exposition du midi, des espaliers disposés de manière qu'à l'arrière-saison on peut les garantir; pour cela, on dispose des pierres d'attente saillantes du mur, ou enfoncées en terre à une certaine distance, et creusées pour recevoir des morceaux de charpente verticaux qui supportent un toit incliné, couvert en tuiles creuses : les parois sont garnies de paillassons, et cette légère bâtisse, qu'on fait disparoître au printemps, suffit pour garantir les arbres de toute influence nuisible.

En France et dans le Nord, les *orangeries* sont devenues des monumens d'une grande importance, et on les a décorés de tout le luxe de l'architecture, et même de peinture à l'intérieur; mais comme composition architectonique, l'*orangerie* de Versailles est, sans contredit, le plus beau monument de ce genre : il offre une masse et un développement qui lui donnent l'aspect d'un immense édifice. On a converti à cet usage ce qu'en Italie on nomme *grottes*, c'est-à-dire, les appartemens de rez-de-chaussée voûtés qui supportent des terrasses, et que, dans ce pays, on habite pendant les grandes chaleurs; c'est surtout dans les sites où le terrain est inégal et escarpé, qu'on peut aisément se procurer ces sortes d'édifices, qui ont alors la propriété de se tenir à une température modérée et égale, comme les caves,

sans

sans en avoir l'humidité. On a profité à Versailles d'une pareille configuration de terrain, et l'*orangerie* construite contre l'escarpement de la grande terrasse, au niveau de laquelle on arrive par deux immenses rampes, offre une disposition admirable pour une *orangerie*. En effet, ces deux escaliers disposés de chaque côté et en avant du bâtiment principal, le garantissent de l'impulsion de tous les vents froids, et n'empêchent pas le soleil à son midi de frapper sur la façade: l'espace resté vide entre les rampes est disposé en parterre à six compartimens de gazon, avec un grand bassin au milieu. L'*orangerie* consiste donc en trois galeries; celle du fond est de quatre-vingts toises de longueur; au milieu s'élève la statue en marbre de Louis XIV: les deux autres galeries en retour ont soixante toises, et communiquent à la grande par deux tours rondes qui ont leur saillie en dehors. Ces galeries sont décorées d'un ordre toscan, et dans le vestibule on remarque une statue de Cérès en pierre de touche.

Parfois une vaste *orangerie* devient un jardin d'hiver où l'on peut se procurer le plaisir de la promenade, à l'abri du froid et au milieu de la verdure, des fleurs et d'une atmosphère embaumée; aussi a-t-on cherché à embellir ces sortes de lieux par des ornemens d'architecture, et même de peinture, comme à l'*orangerie* de Saint-Cloud. Dans les contrées septentrionales on a poussé ce genre de luxe fort loin, surtout en Angleterre et en Russie. (A. L. C.)

ORATOIRE, sub. m. Lieu destiné à la prière. On connoissoit les *oratoires* chez les Anciens; ceux qui ne pouvoient aller aux temples, suppléoient à ce devoir dans leurs *oratoires* ou chapelles domestiques: les riches y faisoient des sacrifices ou d'autres offrandes, pendant que les pauvres s'acquittoient par de simples salutations ou de courtes prières. On gardoit dans ces chapelles, avec les dieux lares, les images des personnes pour qui on avoit une estime particulière. Lampridius, dans sa Vie de Sévère, dit qu'il avoit placé la statue d'Alexandre avec celles des autres dieux dans cette espèce d'*oratoire*, qu'il nomme *lararium majus*. On appeloit ces statues *cubiculares imagines*, comme nous l'apprend Suétone. Le monument que Cicéron se proposoit de faire bâtir en mémoire de sa fille n'étoit pas un tombeau, mais un temple, ou plutôt un *oratoire*.

Le *lararium* ou *oratoire* domestique étoit ordinairement placé dans la partie la plus reculée de la maison; c'étoit une petite pièce avec des bancs sur les deux côtés, un autel au milieu, devant une niche décorée d'une image ou des statues des Lares, faites en cire et couvertes d'une peau de chien, ce qui, dit-on, signifioit qu'ils étoient les gardiens de la maison. On entretenoit toujours du feu ou de la lumière devant les figures, auxquelles on donnoit parfois le nom d'*atria*, lorsqu'elles occupoient l'*atrium* ou *cavædium*, cour ouverte qui se trouvoit à l'entrée des maisons. On voit encore à Pompéi, dans un atrium à l'angle gauche, l'autel des dieux lares: on trouve aussi fréquemment au coin des rues, dans la même ville ruinée, des *oratoires* ornés de peintures, ou des autels consacrés aux dieux populaires, dont le culte commode n'exigeoit point de dispendieux sacrifices; on les nommoit *dii patellarii*, parce qu'une simple *patella* (écuelle) suffisoit pour leurs sacrifices. *Voyez* le *Dictionnaire d'Antiquités*.

Chez les Modernes, un *oratoire* est une pièce située dans l'endroit le plus retiré de la maison, et où l'on peut, à l'abri de toute distraction, se livrer à la méditation et à la prière. Ce lieu doit être sobre d'ornemens, peu éclairé, sans autre meuble qu'un prie-dieu, surmonté d'un crucifix ou d'un tableau représentant quelque sujet pieux. On voit aussi dans des *oratoires* une table en forme d'autel, mais elle n'est point consacrée, et on n'y célèbre pas le sacrifice de la messe. Les chapelles particulières des églises ne sont pas des *oratoires*, quoique parfois on les nomme ainsi, et qu'elles deviennent, dans certains cas, le motif d'oraisons adressées successivement aux divers saints auxquels elles sont dédiées. En Italie, on nomme *oratoire* toute chapelle isolée et qui n'est pas desservie habituellement par le clergé: néanmoins plusieurs petites églises de Rome portent le nom d'*oratoires*, comme l'*oratoire* de la *Via Crucis* au *Campo Vaccino*; ceux de Saint-Marcel, de Sainte-Marie-du-Carmel, des Cinq-Plaies, etc. Les grands artistes n'ont pas dédaigné de décorer la façade de certains *oratoires*. Vignole et Palladio ont attaché leurs noms à quelques-uns, et l'*oratoire* de Saint-Roch, à Venise, est célèbre par les peintures dont le Tintoret l'a décoré. On voit dans les jardins des couvens, des édicules qu'on prendroit pour des chapelles, et qui ne sont que des *oratoires* situés au milieu de la verdure, tapissés de coquillages formant une sorte de mosaïque; on y amenoit une source dont le murmure entretenoit la rêverie et portoit l'esprit à la méditation. C'est surtout dans les lieux écartés, et sur le bord des routes ou de sentiers suspendus sur l'escarpement des montagnes, et qui conduisent à quelqu'ermitage, qu'on aime à retrouver des *oratoires*, qui sont des lieux de repos et de refuge en cas de mauvais temps. Les petites chapelles servant de station pour arriver à un calvaire, sont autant d'*oratoires*. On trouve dans les catacombes de Rome une foule de tombeaux convertis en *oratoires*, et puis en chapelles, par les premiers chrétiens persécutés; plusieurs de ces catacombes sont même devenues ce qu'on appelle dans plusieurs églises *la confession*, ou temple souterrain, comme à Sainte-Praxède, près de Sainte-Marie-Majeure, et à Sainte-Prisca, sur le mont Aventin, où l'on a conservé la chambre souterraine de la sainte, et au centre son tombeau, qui sert d'autel. On peut voir aussi, dans l'ouvrage de M. Daginсourt, les plans de Saint-Martin-aux-Monts, exemple d'une église élevée au-dessus d'un *oratoire* souterrain.

En France, on appelle *oratoire* (par syncope) l'église qui appartient à la congrégation qui porte ce nom, et dont les membres s'appellent *Oratoriens*. Il y en a une église à Paris, rue Saint-Honoré.

En Italie, l'*oratorio* est une dépendance de l'église qui appartient à la congrégation de Saint-Philippe de Neri : tel est, à Rome, l'*oratorio della Chiesa nuova*, bâti par Boromini. (A. L. C.)

ORCAGNA. *Voyez* André de Cione.

ORCHESTRE, s. m. C'est le même mot que le mot grec *orchestra ;* mais il signifie, dans l'usage des théâtres modernes, toute autre chose que sur le théâtre antique.

Chez les Grecs et les Romains, ce mot signifioit le lieu où l'on dansoit ; c'étoit la place comprise entre le *proscenium* destiné aux acteurs, et l'amphithéâtre composé des gradins où étoient assis les spectateurs : là s'exécutoient les chœurs de danse.

Dans les théâtres modernes, l'*orchestre* se dit de l'espace qui vient après la rampe de la scène, et où se tiennent ceux qui jouent des instrumens. Par extension on a encore donné ce nom à une enceinte qui environne celle de l'*orchestre* proprement dit, et qui renferme des bancs ou des siéges pour un certain nombre de spectateurs.

On doit porter en général une attention particulière à la fabrication de l'*orchestre*, c'est-à-dire de cette enceinte où se tiennent les exécutans : on doit lui donner des proportions convenables pour que les symphonistes y soient le plus rassemblés et le mieux distribués qu'il est possible. Il est important qu'il ne soit situé ni trop haut, de peur d'intercepter au spectateur la vue de la scène, ni trop bas, dans la crainte que l'effet des corps sonores s'en trouve diminué.

Le système de la construction d'un *orchestre* veut qu'on regarde l'enceinte destinée à renfermer les symphonistes et leurs instrumens, comme une sorte de grand instrument lui-même, auquel on doit procurer toutes les propriétés qui tendent à faire vibrer les sons. C'est pourquoi cette enceinte doit être d'un bois léger comme celui du sapin, et on l'établit sur un vide avec des arcs-boutans, en sorte que le corps même de l'*orchestre* portant pour ainsi dire en l'air, et ne touchant à rien, acquière, par le seul fait de cet isolément, une plus grande résonnance.

Pour ce qui regarde avec plus de détail l'*orchestre* du théâtre grec et romain, *voyez* le mot Théatre.

ORDONNANCE, s. f. Ce mot est un synonyme de *disposition*, de *distribution* (*voyez* ces mots) ; mais, dans l'application qu'on en fait, soit à l'architecture en général, soit à un édifice en particulier, on lui donne des significations qui diffèrent entr'elles, comme l'espèce diffère du genre.

Lorsqu'on se sert de ce mot, en théorie générale, on fait de ce qu'on appelle *ordonnance*, comme une des parties élémentaires de la science de bâtir. C'est ainsi que Vitruve a cherché à distinguer, entre toutes les choses qui constituent l'architecture, *ex quibus architectura constat* (liv. Ier, ch. 2), l'*ordinatio* de la *dispositio* et de la *distributio*. Mais ces distinctions sont fort arbitraires ; et si jadis l'usage des mots y fixa quelque variété sensible, il seroit aujourd'hui assez difficile de l'apercevoir, et de faire passer ces nuances dans les acceptions des mots français qui leur correspondent.

Nous nous contenterons de dire qu'*ordonnance*, lorsqu'on l'emploie, comme lorsqu'on dit l'*ordonnance* dans l'art de bâtir, nous paroît exprimer cet art de disposer convenablement et selon l'objet pour lequel l'édifice est fait, dans l'*élévation*, les masses, les parties de la construction, les colonnes, les pleins et les vides ; dans le plan, les entrées, les dégagemens, les communications, la correspondance des différentes pièces, seulement en grand : les détails en cette partie dépendant de ce qu'on appelle *distribution*. Voy. ce mot.

Ordonnance, lorsqu'on fait l'application de ce mot, non à l'architecture, mais à un de ses ouvrages, à un édifice en particulier, signifie la manière dont l'architecte en a ordonné les masses, les parties, les détails, considérés dans leur ensemble, dans leur effet, dans l'impression que leur aspect produit, et aussi dans le caractère qui doit être propre de l'édifice. Ainsi on dira que l'*ordonnance* de tel bâtiment est noble, grande, simple ou commune, mesquine et découpée. Sous ce rapport, l'*ordonnance* d'un édifice doit être en accord, non-seulement avec sa dimension, mais encore avec son emploi. Il y a tel vaste palais dont l'*ordonnance* est trop peu conforme à son étendue ; il y a telle *ordonnance* qui a trop d'importance pour la petitesse de son bâtiment.

Ordonnance est ainsi à l'*ordre* considéré comme qualité dans l'architecture, ce que l'effet est à la cause ; c'est, si l'on peut dire, l'*ordre* mis en application.

Quant à l'*ordre* entendu dans le langage de l'art, comme assemblage de rapports, de formes et de proportions, dont chaque genre de colonne est l'indicateur et le type, on dira qu'il y a autant d'*ordonnances* que d'ordres de colonnes. On donnera le nom d'*ordonnance* à une disposition quelconque des colonnes de chacun des ordres, et chacune de ces *ordonnances* prendra le nom de chaque ordre. Il y a ainsi des *ordonnances* doriques, ioniques, corinthiennes.

Non-seulement on appelle ainsi chacune d...

manières dont chacun des trois ordres est mis en œuvre par l'architecte, dans le plan et l'élévation d'un édifice, mais on donne encore ce nom à la masse de l'édifice qui, dans son élévation, n'aura point de colonnes, pourvu que les parties de cette élévation présentent des espaces proportionnés aux règles de tel ou tel ordre, et des détails de moulures ou de profils qui rappellent le goût et le caractère des détails affectés à ces ordres.

On reconnoit aussi cinq sortes d'*ordonnances*, qui se fondent, pour la disposition des colonnes, dans les péristyles antérieurs des temples, sur le nombre de colonnes formant le front de ces péristyles, depuis le temple, qui n'a que deux colonnes aux angles, et progressivement, jusqu'au temple, qui en a dix, ou le décastyle.

ORDRE, sub. m. Ce mot a, en architecture, une acception générale qui n'a besoin d'aucune définition, puisque tous les synonymes, tels qu'*arrangement*, *disposition*, etc., n'en donneroient pas une idée plus claire.

L'idée d'*ordre* est une de ces idées primaires qui portent leur explication avec elles, et servent à en expliquer d'autres, plutôt que les autres ne peuvent servir à l'expliquer : aussi y a-t-il peu de mots qui aient de plus nombreux emplois.

Appliqué à l'architecture, ce mot signifie donc généralement, comme dans les œuvres de la nature, et dans celles de toutes les productions de l'homme, un certain système de disposition des parties d'un tout, et de leur rapport entr'elles et avec ce tout, qui montre qu'une intention intelligente y a présidé. Le hasard ne produit aucun *ordre*, c'est-à-dire aucun état de choses qui dénote la nécessité d'une existence de rapports prévus et constans. Aussi rien, par l'effet du hasard, ne peut arriver ou se succéder d'une manière semblable; et c'est l'effet contraire, c'est-à-dire la continuité, la perpétuité et le retour toujours le même des mêmes causes, des mêmes résultats et des mêmes phénomènes qui, de tout temps, a attesté à la raison humaine l'existence d'une Providence, source et principe immuable de l'*ordre* par excellence, qui régit l'Univers.

Les ouvrages de l'homme approchent plus ou moins de ceux de l'auteur de la nature, selon qu'on y découvre le plus d'application du principe intelligent, que l'homme seul, entre tous les êtres créés, a reçu de la Divinité. C'est par l'*ordre* que se manifeste ce principe d'intelligence : c'est aussi ce que nous admirons dans l'organisation des sociétés, dans la législation des peuples, dans les productions du génie, dans tous les ouvrages de l'industrie. C'est vers la perfection de l'*ordre* que tendent sans cesse les méditations des philosophes, les recherches des savans, les travaux des artistes.

Entre tous les arts, il n'en est point où l'existence et l'application de l'*ordre* se fassent mieux sentir que dans l'architecture, considérée, non pas seulement sous les rapports physiques qu'elle a avec les besoins des hommes, mais plus particulièrement encore dans ces combinaisons intellectuelles que l'art, comme production de l'esprit, se plait à manifester et à rendre sensibles aux yeux, pour satisfaire la raison et le goût.

Comme le principe d'*ordre*, naturel à l'homme en tant qu'être intelligent, ne se développe point au même degré dans l'organisation des peuples, dans leurs lois et dans leurs institutions, parce que différentes causes empêchent ou retardent diversement chez les hommes vus en général, comme chez l'homme individuellement considéré, le perfectionnement des facultés morales, de même les ouvrages, ou de chaque peuple, ou de chaque homme, participent à différens degrés de la qualité qu'on appelle l'*ordre*.

En vain se refuseroit-on à reconnoître la réalité d'un meilleur *ordre* dans l'art de tel peuple, en argumentant de la diversité qui se rencontre chez d'autres peuples dans le même art, pour prétendre qu'il n'y a point de vérité absolue en ce genre; la réponse à cette objection, on la trouve en comparant homme à homme. Qui est-ce qui ne sait pas que l'intelligence, d'où émane le principe de l'*ordre*, est diverse entre les individus, selon le degré de culture ou d'organisation de chacun? et toutefois le défaut d'intelligence chez l'un n'est pas une raison de la méconnoître chez l'autre. Le désordre d'idées chez l'aliéné ou le sauvage n'empêche pas qu'on soit d'accord sur ce qu'on appelle raison, bon sens, jugement, chez l'homme qui possède ces qualités : on est donc d'accord, sinon sur le principe de ces qualités, au moins sur l'effet, qui est l'*ordre*.

Ce qu'on appelle *ordre* est donc une chose sur laquelle s'accorde un sentiment général chez tous les hommes. On peut affirmer qu'il est dans leur nature d'y tendre; mais en ce genre, comme en beaucoup d'autres, tous n'y parviennent point; et ceux-là en approchent le plus qui en ont le plus et le mieux étudié les lois dans le livre de la nature, lequel, bien qu'ouvert à tous, n'est compris que par le petit nombre. Cette étude n'arrive à son plus haut degré que chez les peuples et chez les hommes où la plus grande et la plus parfaite civilisation aura développé les facultés propres à saisir dans leurs causes et dans leurs effets, les propriétés des rapports qui unissent entr'eux les objets physiques et les choses de l'intelligence.

Lorsqu'on observe quels sont les peuples qui se sont le plus livrés à cette étude, on remarque aussi que c'est chez eux que les arts de l'imitation sont parvenus à ce degré éminent de justesse, d'harmonie, de vérité, de proportion, toutes qualités qui émanent du principe général de l'*ordre*.

Entre ces arts, on l'a déjà dit, l'architecture, qui ne consiste qu'en rapports, est l'art dont la perfection peut le plus facilement se mesurer par l'*ordre* qu'on y verra dominer, et par l'évidence avec laquelle il s'y montrera.

Nul doute que dans toutes les architectures les plus étrangères entr'elles, il ne règne quelqu'élément d'*ordre*. Une négation absolue d'*ordre* ne sauroit peut-être exister dans aucun ouvrage des hommes, et l'on en retrouvera toujours quelque idée, jusque dans la hutte ou dans la cabane la plus informe du sauvage. Mais il est sensible qu'en fait de théorie, on n'appliquera la notion d'*ordre* qu'à l'ouvrage qui en portera le caractère au plus haut degré. Il en sera de l'*ordre*, considéré en tant que qualité, comme de toutes les autres qualités : on ne reconnoit celle du génie, de l'invention, du raisonnement, et bien d'autres, dans les ouvrages des arts, qu'autant qu'elles s'annoncent par un degré de supériorité remarquable; et ceux qu'on juge comme en étant privés, ne laissent pourtant point d'en avoir souvent, mais dans un degré inférieur. C'est sur la différence de cette mesure qu'ont lieu les controverses, lorsqu'un esprit de critique, rétréci ou sophistique, se plait à nier ce qui ne sauroit avoir d'évidence mathématique.

En un mot, la notion d'*ordre*, en théorie d'art et de goût, emporte avec soi l'idée d'*ordre* par excellence.

Or, l'*ordre* par excellence, dans l'architecture, sera celui qui reposera sur le système le plus complet, c'est-à-dire celui où se montrera le plus à découvert le principe de l'intelligence, qui aura coordonné de la manière la plus juste, la plus constante, les rapports de chaque partie avec le tout, et du tout avec chaque partie, par l'harmonie des proportions.

Mais c'est, comme on le dira ailleurs (*voyez* PROPORTION), sur l'idée de proportion que le plus grand nombre prend le change. On donne très-improprement ce nom aux principaux rapports d'un objet quelconque : chaque objet a sans doute des rapports de hauteur, de largeur, etc.; mais ces simples rapports de mesure ne font pas la proportion. La nature produit fort diversement les corps ou les êtres qu'elle a créés; tous et chacun d'eux, ont leurs rapports, mais tous n'ont pas des proportions générales et fixes. Chaque montagne, chaque rocher, chaque arbre, a ses rapports à soi particuliers; mais de cela seul qu'ils lui sont particuliers, ils n'entrent pas dans le système des lois des proportions. Il n'y a réellement que les corps appelés *organisés* qui aient des proportions; cela s'entend d'un seul mot. Ainsi, de la grosseur de la branche de chaque arbre, on ne conclura ni la grandeur, ni la grosseur de l'arbre; car l'on sait combien de hasards rendroient cette règle fautive et trompeuse en en généralisant l'application. Au contraire, chaque animal est organisé d'une manière tellement constante dans son espèce, et les rapports d'un de ses membres avec son corps sont tellement uniformes, qu'une seule partie vous fait connoître la mesure du tout (*ex ungue leonem*), et réciproquement on peut le dire du tout.

Voilà ce qu'on appelle proportion; voilà l'image de l'*ordre*. S'il est impossible de nier que ce ne soit là l'*ordre* par excellence, appliqué aux œuvres de l'architecture, il ne sera pas difficile de discerner entre les diverses architectures connues, quelle sera celle qui méritera la préférence sur les autres. Il est clair que ceci nous offre une mesure qui ne dépend ni du caprice ni de la prévention.

Nous ne prétendrons pas ici parcourir tous les pays de la terre, pour soumettre à ce parallèle les différentes manières de bâtir (que les articles de ce Dictionnaire ont déjà fait connoître); un court exposé suffira au résultat de cette théorie.

Deux seules architectures peuvent être soumises à cette recherche; celle de l'Egypte, et celle qu'on nomme *gothique*.

Y eut-il en Egypte un principe d'*ordre* tellement régulier, tellement généralisé et constant, qu'on puisse en déduire un véritable système de proportions? Quelque prévention que les monumens aujourd'hui bien connus de cette architecture aient pu faire naître en sa faveur, nous croyons qu'on s'est trompé en cherchant à lui appliquer les mêmes propriétés que celle des Grecs. D'abord, l'extraordinaire simplicité des masses des bâtimens égyptiens, leur perpétuelle monotonie, l'esprit tout-à-fait routinier de la nation dans tous ses ouvrages, nous font regarder comme aussi invraisemblable qu'elle eût été inutile, une étude de rapports destinés à plaire beaucoup plus encore à l'esprit qu'aux yeux. On sait qu'un temple, dans son ensemble et dans ses parties, étoit nécessairement assujetti aux types qu'une religion ennemie de toute nouveauté avoit une fois consacrés. On se persuade donc aisément qu'un pareil édifice ne réclama ni le génie particulier de l'artiste, ni ces essais multipliés dont il a besoin pour découvrir les causes des impressions de l'art sur notre esprit. En Egypte, *grandeur* et *solidité* furent les qualités que la religion avoit permis à l'architecte d'exprimer; mais la grandeur et la solidité peuvent exister sans aucun système de proportions. Des colonnes massives, des plates-bandes massives, des murs massifs, voilà toute l'architecture égyptienne.

On y trouve, il est vrai, des colonnes diversement fuselées, et des chapiteaux variés, et même très-diversifiés dans leurs formes; mais on n'a jamais remarqué qu'il se soit établi un rapport nécessaire entre les formes ou les ornemens de tel chapiteau, et la conformation comme la décoration de telle colonne. On n'a jamais pu établir qu'il y ait eu un rapport constant entre la hauteur de tel chapiteau, et celle de telle colonne, et l'on voit un chapiteau à feuillages (par exemple) et à plusieurs étages, sur la même colonne, tantôt plus basse, tantôt plus élevée ou plus grêle, tantôt plus épaisse ou plus svelte. Une certaine uniformité de mesure règne, il est vrai, entre la hauteur et la grosseur de quelques colonnes, mais ces choses là se rencontrent partout, et les procédés les plus simples de la construction servent à établir ce rapport. Il y eut certainement en Egypte des mesures fixées pour tout, et l'on faisoit un temple, une colonne, comme on faisoit une statue, avec le compas : voilà tout; mais le compas ou l'emploi simple et mécanique de cet instrument, ne donnent point ces rapports d'harmonie, de goût et de beauté, sur lesquels repose l'*ordre* par excellence.

Le trop d'uniformité et de servilité s'opposa, en Egypte, à ce qu'il s'y établît un système de proportions, résultat de l'*ordre*, résultat dont la propriété est de manifester l'intelligence qui le produit. Il y avoit des mesures générales, c'est-à-dire, celles que le besoin et l'habitude fixent dans les produits routiniers de l'industrie, entre leurs parties principales; mais on n'y connut pas ce module régulateur, qui peut devenir la mesure de tous les édifices, et qu'on peut trouver dans chacune de leurs plus petites parties.

Si l'excès de simplicité et d'uniformité routinière s'opposa, dans l'architecture égyptienne, à la découverte d'un système de rapports à la fois fixes dans leurs principes, et variables dans leurs applications, selon les différences de caractère et d'idées que l'art veut exprimer, nous avons vu à l'article Gothique (*voyez* ce mot) que le genre de bâtisse auquel on donne ce nom, naquit, par un sort contraire, de tant d'élémens hétérogènes, et prit naissance dans des temps d'une telle confusion, d'une telle ignorance, que l'extrême diversité de formes, inspirées par le seul caprice, empêcha tout vrai système de proportion de s'introduire dans une architecture qui n'exprime réellement à l'esprit, par le mélange d'élémens qui le constituent, que l'idée du désordre.

Il faut ici s'entendre sur les vraies notions que comporte cette matière; car beaucoup de personnes se trompent dans les idées qu'elles se forment de l'*ordre* et de la proportion en architecture. Lorsqu'on entre dans un intérieur d'église gothique, on est frappé de la disposition régulière des piliers et des arcades dont elle se compose; on y admire l'élancement de ses voûtes, la légèreté, et ce qu'on appelle la hardiesse de ses masses; mais tous ces mérites, quelle que soit leur valeur, ne tiennent en rien au principe de l'espèce d'*ordre* que nous disons être celui du système d'une architecture. Beaucoup de choses dictées par le seul instinct peuvent produire des beautés dans cet art, et n'avoir point de proportions, dans le sens qu'il faut attacher à ce mot. Ainsi, interrogez l'architecture gothique, demandez-lui si ses piliers ont des rapports fixes entr'eux et entre leurs parties. Elle vous répondra par les faits, que le même pilier pourra avoir en hauteur trois fois, ou six fois, et encore plus sa grosseur; que rien de tout cela n'y est déterminé, de manière à être constant ni dans les édifices, ni même dans un seul bâtiment, quelle que soit sa dimension. Demandez-lui si le chapiteau a un rapport de grandeur, de forme et d'ornement avec son pilier. Elle vous répondra par les faits, que le seul caprice ou le hasard en décide. Demandez-lui si elle a des membres, des saillies, des détails correspondans à telle ou à telle disposition. Elle vous dira que jamais elle ne s'est inquiétée d'autres rapports, que de ceux de la bâtisse et de l'exécution; elle vous montrera les supports les plus écrasés à côté des fuseaux les plus élancés; elle vous fera voir des agroupemens de petites colonnes qui ne supportent rien, et tantôt une multitude de ces supports inutiles, tantôt des masses en porte-à-faux ou sans supports. Si vous lui demandez raison de ses extérieurs d'églises, elle ne vous répondra que par une confusion indigeste de parties et de détails incohérens, découpés par le caprice le plus ignorant. Si elle fait des élévations, elle ne leur proportionne jamais leur soutien, et elle tire vanité d'une procérité qui n'aspire qu'à paroître un tour de force.

Il n'y a donc point un système de proportion dans le gothique; il n'y règne point un principe d'*ordre*, qui permette de demander à chaque partie, à chaque détail, à chaque ornement, la raison qui les coordonne au tout, et avec d'autres parties, d'autres détails, d'autres ornemens.

On croit qu'il est fort inutile de montrer qu'un pareil esprit n'entra jamais dans l'architecture indienne (*voyez* ce mot), produit d'un instinct encore plus borné, et où le luxe d'ornemens les plus désordonnés, prend la place des formes qui pourroient constituer une manière quelconque de bâtir. Encore plus, sans doute, sera-t-on dispensé de chercher la moindre indication du principe d'*ordre* dont il s'agit ici, dans les légèretés des structures de la Chine, et chez un peuple où tout a été, de tout temps, réduit en routine. Faisons donc voir maintenant que le principe d'*ordre* que nous n'avons pu trouver dans aucune des architectures connues, non-seulement est lisiblement écrit dans l'architecture grecque, mais ne peut pas ne point y être, puisque cette architecture lui a dû, en quelque sorte, sa naissance.

En effet, il faut se souvenir (nous n'en donnerons pas ici les preuves (*voyez* les mots Architecture, Bois, Charpente, Dorique, etc.) que l'architecture grecque, telle que les monumens nous la présentent, avec les développemens et les modifications qui l'ont fixée, et l'ont rendue applicable à tous les peuples, n'eut pas pour créateur unique cet instinct qui partout apprit à tailler et assembler des pierres. Elle seule eut, pendant les siècles qui l'ont formée, une espèce de modèle, et ce modèle étoit lui-même une combinaison de parties assorties et mises en rapport constant, par la nécessité et le raisonnement. Elle naquit donc d'une combinaison préexistante, dont elle adopta les principales données. De là son principe d'*ordre*. Le bois qui forma, en Grèce, les premiers édifices, y produisit un composé par assemblage de pièces, qui se trouvèrent subordonnées à des rapports naturellement uniformes partout. Voilà ce qui porta dans l'assimilation qu'en fit la construction en pierre, cette régularité de disposition, dont toutefois l'esprit de l'imitation sut écarter ce qui auroit pu y introduire l'immuable fixité de la routine. On ne prit du modèle que l'esprit d'*ordre* et de proportion, et la variété y fit entrer une dose de liberté suffisante, pour que l'art pût se ployer à l'expression de plus d'une sorte de qualité.

Mais en se donnant un système de proportions dans les premières combinaisons de la construction en bois, l'art avoit encore besoin d'étudier l'esprit des proportions dans un plus grand modele, celui de la nature. Il arriva donc en Grèce ce qui n'est arrivé nulle part; c'est qu'à mesure que l'imitation de la nature se perfectionnoit dans les images que l'art du dessin faisoit du corps humain, cet esprit d'imitation dut nécessairement avoir son influence sur l'architecture.

Or, c'est ici qu'en réfléchissant au lien commun qui réunit tous les arts, on aperçoit tout à la fois, comment et pourquoi l'ignorance des proportions de la nature dans le corps humain, dut réagir sur l'art de bâtir des Egyptiens, des Gothiques, des Indiens et des autres peuples, et aussi, comment et pourquoi l'architecture qui a le plus d'*ordre*, de proportions fixes, fut celle du peuple qui porta le plus loin l'étude et la science des proportions, dans la peinture, la délinéation et la sculpture des corps.

Ce fut par-là que l'architecte, comparant son ouvrage à celui de la nature, dans les êtres organisés, se donna un nouveau modèle par analogie, et ce nouveau modèle consista (comme on l'a dit aux articles ci-dessus cités) non dans la forme positive d'aucun être, mais dans le système des lois qui régissent l'organisation de tous les êtres vivans. Comme chacun de ces êtres est un composé de membres et d'organes, dont toutes les dimensions, dans chaque espèce, sont telles, qu'une de ces parties indique la mesure et des autres parties et du tout, l'architecte s'imposa de même la condition de régler les parties constitutives de l'édifice, dans une telle correspondance entr'elles, que la grandeur du tout pût déterminer celle de la colonne, par exemple, et *vice versâ*. Il en fut de même des parties secondaires. Ainsi, chaque division d'un entablement fut douée de la faculté de faire connoître la mesure de l'entablement. Un simple triglyphe détermina la largeur de chaque entre-colonnement. L'entre-colonnement put indiquer le diamètre de la colonne; le diamètre de la colonne put devenir, dans l'édifice, le régulateur de tous les espacemens, et toutes ces proportions se trouvèrent, comme elles le sont dans la nature, non des données géométriques, qui auroient aussi réduit l'art à une servile monotonie, mais seulement un principe général d'*ordre*, susceptible de nombreuses modifications, comportant, en un mot, les mêmes variétés que celles dont la nature nous donne et le précepte et l'exemple.

Mais cette imitation du système proportionnel des êtres organisés, transporté dans l'architecture, ne devoit pas se réduire à être un simple principe d'*ordre* abstrait, et propre uniquement à satisfaire la raison.

Les arts qui imitent le corps humain, ne bornent pas l'étude des proportions naturelles à la simple régularité qu'elle porte dans la méthode imitative. Le résultat de cette étude fut de fixer l'attention de l'imitateur sur les effets qui en dérivent, et ces effets sont les diverses impressions de plaisir que procure la variété même des proportions que la nature modifie dans les êtres, selon les sexes, selon les qualités différentes qui leur conviennent, selon les propriétés qu'elle distribue à divers degrés entre les créatures.

L'imitation du corps humain ne put pas être fort long-temps, sans discerner ces variétés dans ses modèles, sans qu'on s'aperçût que chaque sorte de qualité physique, ou même morale, se faisoit distinguer dans la conformation extérieure des corps, par des variétés de proportion, qui devenoient l'indicateur fidèle d'une propriété caractéristique. Ainsi, la force ou la légèreté, l'agilité, l'adresse, la grâce, la noblesse, la beauté, se trouvèrent représentées à l'esprit, par un certain accord entre les formes et les proportions, accord où l'œil ne dut point se tromper. Les proportions furent une sorte de langage, qui exprima d'abord les qualités les plus sensibles, les plus saillantes, ensuite celles qui en sont les nuances. Il n'y a personne qui ne connoisse cette échelle graduée de tous les caractères physiques ou moraux, dont tous les genres de nature, dans les statues antiques, offrent le recueil.

Il en dut arriver de même à l'architecture, dès qu'elle eut reçu une organisation qui l'assimila aux œuvres de l'imitation de la nature.

L'architecture eut le besoin d'exprimer aux yeux et à l'esprit, le caractère des qualités physiques ou morales, qui peuvent être rendues sensibles par l'accord des formes qui la constituent, par les rapports de ces formes entr'elles, par la diversité des masses, par les variations des mesures, par la signification des détails et des ornemens, toutes choses qui manifestent telle ou telle qualité, et produisent sur le spectateur, telle ou telle impression déterminable.

Ce fut là un des résultats du principe d'*ordre*, non plus entendu dans un sens matériel ou phynique, mais dans l'acception morale que l'esprit et le goût lui donnent.

Il est, en effet, dans la nature de l'*ordre*, que chaque ouvrage de l'art, comme chaque ouvrage de la nature, porte le caractère extérieur des qualités qui le constituent. On comprend bien qu'il ne s'agit ici que de l'*ordre* moral et intellectuel. Tout édifice peut, sans doute, suffire aux besoins matériels de son emploi, sans que l'art en façonne les formes extérieures dans la vue de plaire; mais le plaisir est aussi un besoin pour l'homme cultivé par la société, et c'est ce besoin qui est le père des beaux-arts. Dès que ce besoin se fit sentir, il demanda à l'architecture d'exprimer aux yeux, et par des signes constans, les principaux caractères que les formes, les proportions et les détails accessoires d'un édifice peuvent rendre sensibles.

Ces principaux caractères sont ceux auxquels s'attachent les idées de puissance ou de force, de grâce et d'élégance, de légèreté et de richesse. Or, comme ces idées qui doivent ressortir de la combinaison des lignes, des formes et des mesures, se manifestent de la manière la plus claire, par la lourdeur ou la légèreté, il dut s'établir une progression de ces deux qualités, dans la proportion relative des masses de chaque édifice, et par conséquent des supports ou des colonnes.

De-là cette graduation de lourdeur ou de légèreté qui, dans l'architecture grecque, distingue et caractérise chacun des modes applicables aux édifices, ce que les Grecs appeloient *ergasia*, les Romains *ratio columnarum*, et ce que nous nommons un *ordre de colonnes*.

L'*ordre*, en effet, et le caractère de la qualité qu'il exprime, n'existent pas seulement dans chaque espèce de colonnes, ils sont répandus dans toutes les parties de l'édifice; mais la colonne en est l'indicateur et le régulateur. C'est pour cela que l'on a donné le nom d'*ordre* aux supports de proportion différente, de style et de forme diverse, et diversement ornés, qu'on appelle *colonne dorique*, *ionique* ou *corinthienne*.

A ces différens mots (voyez-les), on a traité du genre de chacun des *ordres*, de leur formation, de leur caractère, de leur propriété et de leurs diversités, et nous n'entrerons pas ici dans de nouveaux détails à leur égard.

Le but de cet article a été, en analysant les notions générales de l'*ordre* appliqué à l'architecture, de montrer comment et par quelle raison l'*ordre* entendu, non comme disposition quelconque, mais comme emploi systématique des proportions, étoit le privilége de l'architecture grecque, et comment chaque genre de colonnes, appelé *ordre*, étoit le type des proportions, soit matérielles pour l'œil, soit morales pour l'esprit, que l'art sait mettre en œuvre et à différens degrés.

Il est, en effet, constant que chaque *ordre* de colonnes, et par la nature des proportions qui le constituent, et par l'effet du caractère que ses proportions lui ont imprimé, sert à rendre une espèce de qualité principale, à laquelle correspondent sa mesure, sa forme, son ornement. Mais il ne faut pas croire que chacun de ces trois modes se trouve borné à ce qu'il y a d'absolu dans chacune de ces qualités.

Ainsi, l'*ordre* dorique, qui signifie la force, peut exprimer beaucoup de degrés et de nuances diverses de cette qualité, par des degrés nombreux de pesanteur et de massivité. La moindre connoissance des monumens doriques de l'antiquité nous apprend, qu'on peut y compter un assez grand nombre de nuances. De fait, il en est de cette sorte d'imitation des qualités abstraites, comme de celle des propriétés du corps humain, où l'on peut, dans l'expression de la forme corporelle, discerner aussi un assez grand nombre de degrés, depuis la pesanteur jusqu'à un commencement de légèreté. Cela se trouve ainsi chez les Grecs, depuis le dorique, qui a moins de quatre diamètres de hauteur, jusqu'à celui qui approche de six en hauteur.

Si l'*ordre* dorique est celui qui préside à l'imitation ou à l'expression de la force, de la simplicité et de toutes les variétés qui sont comme les demi-tons de ce mode, l'*ordre* ionique, qui vient après, fait entendre par l'exhaussement de son fût, par la forme plus svelte de sa masse, par l'élégance de son chapiteau, par la suppression des détails commémoratifs de la construction primitive, qu'il est le représentant de ce caractère, qui, dans la conformation du corps humain, appartient à tel sexe ou à tel âge, et qui, dans l'échelle morale des sensations et des idées, est le propre de certaines formes du discours, de certains modes d'éloquence ou de poésie.

Comme on ne peut point faire plus fort que ce qui est déjà fort dans le sens absolu, sans devenir lourd, ni plus léger que ce qui est élégant, sans tomber dans le maigre, on ne sauroit aller aussi au-delà de ce qui est riche, sans en venir à l'excès du luxe, et l'*ordre* corinthien, en tant que type et image d'élégance à la fois, et de richesse, trouve, dans l'emploi varié de ses proportions, de ses formes, de ses ornemens, de quoi satisfaire à tous les degrés que peut comporter l'expression de la qualité qui lui est affectée. Aussi l'expérience a-t-elle prouvé qu'on s'est trompé en voulant enchérir sur cet *ordre*, par la formation du prétendu composite.

Chacun de ces *ordres* est donc, dans les édifices, l'indicateur des formes, du goût et du caractère sur lesquels se fonde le système de l'*ordre* moral, qui se rencontre dans l'architecture grecque, et qu'elle seule a su réunir à l'*ordre* physique des proportions ou des rapports positifs du tout avec chaque partie : de sorte que ce qui est agrément, ornement et richesse, se trouve aussi réparti dans chaque partie, comme dans le tout, et avec la même économie.

Ce qu'on vient de dire sur la propriété caractéristique des trois *ordres* grecs, et sur l'espèce de qualité dont chacun offre l'expression, doit démontrer quelle fut et quelle sera toujours l'erreur de ceux, qui ont tenté ou qui tenteront encore l'invention de nouveaux *ordres*. Cette erreur provient du faux point de vue sous lequel on est porté à considérer les genres de colonnes qu'on appelle *ordres*, et les genres d'ordonnances qui en résultent.

Il a déjà été observé qu'il y a trois choses fort distinctes dans les trois *ordres* grecs : leur forme, leur ornement et leur proportion. Chacun des trois se distingue des deux autres dans chacun de ces trois objets : or, il y a déjà une grande méprise à prétendre inventer un *ordre* nouveau, par le changement d'une seule de ces trois choses ; car si l'on ne fait que changer la forme, sans changer l'ornement, ou l'ornement sans la forme, ou l'un et l'autre, sans la proportion, on n'aura rien fait de nouveau ; on n'aura produit que de l'inconséquence et du disparate, puisque ces trois choses se sont nécessaires l'une à l'autre, et dépendent d'une raison commune qui les a unies, non pas arbitrairement, mais en vertu du principe général de l'harmonie.

Car l'invention des *ordres* grecs tient moins qu'on ne pense, aux types de leurs formes apparentes. Les Grecs, dans le fait, n'ont point inventé d'*ordre*, ils ont seulement reconnu qu'en architecture, comme dans tout le reste, il y avoit le *plus*, le *moins* et le point milieu entre les deux; puisque les édifices, qu'on le sache ou qu'on ne le sache pas, qu'on le veuille ou non, exprimeront toujours, dans leurs apparences, le plus ou le moins de solidité, de gravité, de simplicité ou de légèreté, d'agrément ou de variété.

Comme, entre ce plus et ce moins, il ne peut pas ne point y avoir un terme moyen qui réunisse dans un degré quelconque ces qualités opposées, les Grecs n'ont fait autre chose que fixer ces trois termes; dans le dorique, par les caractères qui donnent la plus juste idée de supports solides, d'ornemens graves, de proportions courtes; dans le corinthien, par les formes les plus élégantes, la décoration la plus riche, la proportion la plus svelte; dans l'ordre moyen ou ionique, par l'emploi moyen de formes, d'ornemens et de proportions également éloignées de la simplicité de l'un et de la richesse de l'autre.

Dès-lors il ne dépend pas du caprice, de transposer les propriétés de chaque *ordre*, sans désassortir ce que le simple bon sens réunit : car chacune de ces trois choses, *forme, ornement* et *proportion*, étant au jugement seul des yeux, et de l'instinct le plus ordinaire, dans une corrélation nécessaire avec les deux autres, ce seroit contrarier la nature même des choses, que mettre ce qu'il y a de plus riche, sur ce qu'il y a de plus pauvre, et réciproquement.

Voilà le principe élémentaire des *ordres*. Ce qui ne signifie pas qu'il soit et doive être contre nature, de donner à l'*ordre* solide un autre chapiteau que le dorique, ou à l'*ordre* élégant un autre chapiteau que le corinthien. Rien, sans doute, en théorie générale, ne s'y opposera, pourvu que, dans chacun de ces *ordres*, le chapiteau nouveau corresponde au caractère le plus simple dans l'un, et le plus riche dans l'autre. De fait plus d'une variété a eu lieu en ce genre, surtout à l'égard du corinthien, et si elles ont rarement obtenu du succès, c'est que ces nouveautés ne se sont fait remarquer, que par un excès qui n'ajoutoit rien à l'expression du caractère donné, soit parce qu'elles restoient en deçà, soit parce qu'elles alloient au-delà.

Tel a été ordinairement le sort d'inventions prétendues, dont les auteurs n'inventoient rien, et ne pouvoient rien inventer : car on ne trouve rien hors de la loi de nature, et cette loi ayant été une fois découverte par le génie de l'art dans les trois combinaisons qu'on a développées, il ne reste plus d'autre conquête à l'esprit d'innovation, que par la bizarrerie, c'est-à-dire, le désordre.

Mais la plus ignorante de toutes les prétentions a été celle de croire inventer un *ordre* nouveau, par quelque changement de feuilles ou de symboles dans un chapiteau. Qu'on substitue à l'acanthe ou au laurier, la feuille du chêne, la fleur du lys, tel ou tel autre symbole, rien ne l'empêche, et une multitude de ces variantes se voient dans l'antique. Eh bien! on aura fait, non pas un chapiteau nouveau, mais un nouvel ornement de chapiteau, encore moins un *ordre* nouveau : car l'*ordre* ne tient pas plus à cela, que la proportion de la figure humaine ou de sa tête ne tient à l'habit ou à la coiffure.

Nous avons déjà énoncé plusieurs de ces considérations aux mots sous lesquels se trouvent décrits les trois *ordres* grecs, et nous n'alongerons pas cet article de nouvelles notions à leur égard. Pour se conformer à l'usage des dictionnaires, qui d'après les nomenclatures reçues ont multiplié sans aucune raison les noms des *ordres*, nous nous contenterons de placer ici leurs simples désignations.

ORDRE ATTIQUE. *Voyez* au mot ATTIQUE ce qu'il faut entendre par-là.

ORDRE CARYATIDE. *Voyez* au mot CARYATIDE ce que fut ce prétendu ordre.

ORDRE COMPOSÉ. *Voyez* à ce mot ce qu'on a dit de cette variété de l'*ordre* corinthien.

ORDRE CORINTHIEN. *Voyez* CORINTHIEN.

ORDRE IONIQUE. *Voyez* IONIQUE.

ORDRE TOSCAN. *Voyez* au mot TOSCAN ce qu'il faut penser d'un *ordre* qui ne fut que la dégénération du dorique.

ORDRE RUSTIQUE. On appelle ainsi la colonne dont le fût est découpé en refend ou par des bossages.

OREILLER. *Voyez* COUSSINET DE CHAPITEAU.

OREILLON. *Voyez* CROSSETTE.

ORGUE, s. m. Instrument de musique à vent, composé d'un grand nombre de tuyaux qui se partagent en plusieurs jeux, et dont on joue au moyen d'un clavier. Il est particulièrement consacré à l'office divin, et c'est dans les églises qu'on en voit les plus grands modèles.

L'*orgue* n'a de rapport avec les édifices, qu'à raison de l'emploi qu'on y en fait, et de l'ajustement que sa situation, sa composition extérieure et sa décoration exigent de l'architecte, lorsque ce qu'on appelle le *buffet d'orgue*, au lieu d'être portatif, est rendu fixe et adhérent. Sa place la plus ordinaire dans ce cas est au-dessus de la porte d'entrée de l'église. On en forme la composition de différentes matières le plus souvent en bois, et on le fait supporter par une sorte de tribune que soutiennent quelquefois des consoles, quelquefois des colonnes. Quant à la décoration des *orgues*, on y a employé beaucoup de motifs que la nature irrégulière de l'objet principal rend très-souvent arbitraires et bizarres. Il y a peu de règles à prescrire sur ce sujet. Ici, comme dans bien d'autres cas, on risquera fort peu de pécher par la simplicité.

ORGUE HYDRAULIQUE. Instrument en manière de buffet d'*orgue*, qui joue par le moyen de l'eau, et dont on fait usage dans les jardins ou dans les grottes qu'on y pratique. *Voy.* HYDRAULIQUE.

ORGUEIL, s. m. Mot d'usage parmi les ouvriers, pour désigner une grosse cale de pierre, ou un coin de bois que l'on met sous l'extrémité d'un levier ou d'une pince, pour servir de point d'appui, ou de centre de mouvement, quand on fait une pesée ou un abatage.

ORIENTER, v. act. C'est marquer sur le terrain avec la boussole, ou sur le dessin, avec une rose des vents, la disposition d'un bâtiment par rapport aux points cardinaux de l'horizon. On dit d'un édifice qu'il est *orienté*, quand les quatre côtés correspondent à ces quatre points, bien qu'on puisse le dire tel aussi, lorsque la face principale est tournée du côté du soleil levant.

Orienté se dit encore dans une acception plus générale, comme synonyme d'*exposé*. Une *maison est bien ou mal orientée*.

On dit *s'orienter*, pour se reconnoître dans un lieu, d'après quelqu'objet ou endroit remarquable pour lever un plan.

ORLE, s. m. Mot traduit de l'italien *orlo*, *ourlet*. C'est un filet sous l'ove ou l'échine d'un chapiteau. Lorsqu'il est dans le bas ou dans le haut du fût d'une colonne, on l'appelle aussi *ceinture*.

ORNEMENT, s. m. Nous avons, à l'article DÉCORATION (*voyez* ce mot), renvoyé ici tout ce qui regarde l'*ornement* proprement dit, ou autrement ce qu'on désigne spécialement par ce terme, dans le langage de l'architecture.

L'*ornement* ainsi entendu, et tel que cet article le présentera, forme certainement une partie de la décoration; mais par cela même qu'il en est une partie, le mot qui le désigne ne sauroit être un vrai synonyme de celui auquel nous avons consacré un très-long article. La décoration, ainsi qu'on peut l'y voir, embrasse, selon l'usage, une idée générale de l'art d'embellir les monumens de tous les genres, dans toutes leurs parties, et de les embellir avec toutes les sortes de moyens qui appartiennent à la réunion des arts du dessin. On y a vu que si toutes les ressources de la peinture forment la plus grande partie des moyens de décoration dans les intérieurs des édifices surtout, la sculpture a particulièrement dans son lot ce qui regarde leur extérieur.

On ne comprendra point dans cet article ce que l'art de sculpter sait produire en colosses, en statues, en bas-reliefs, soit dans les places, soit dans les niches, soit dans les frontons, soit dans ces compositions historiques ou allégoriques, qui, appliquées aux murs des constructions, rivalisent avec celles de la peinture. Tout cela se trouve compris d'une façon plus particulière dans l'idée de décoration.

L'*ornement*, sous le rapport de sa dénomination technique, comprend cette partie secondaire d'embellissement, que nous avons déja fait connoître au mot ARABESQUE (*voyez* ce mot). Dans le fait, il n'est aucun de ces objets que la peinture aussi ne puisse rendre, car rien n'est hors des moyens de la peinture. Aussi dit-on la peinture d'*ornement*, et l'on a vu que le genre de l'arabesque peut reproduire dans ses compartimens, tous les détails d'*ornemens*, dont la sculpture dispose pour l'embellissement des membres de l'architecture. Cependant le mot *ornement*, sans autre désignation, convient plus particulièrement à cet art dont l'architecture est forcée d'emprunter le secours, et cet art est la sculpture.

C'est pourquoi nous ne considérons ici l'*ornement* que sous ce seul point de vue, et dans sa liaison intime avec l'exécution de l'architecture.

L'architecture (on a déjà eu l'occasion de le dire) n'est en quelque sorte, sous le rapport de l'exécution matérielle, que de la sculpture. C'est au travail mécanique du ciseau, qu'elle est redevable des formes qui lui donnent l'existence. Mais outre ce qu'il y a de purement mécanique dans ce qui regarde, soit la taille des pierres, soit l'élaboration des autres matières, c'est encore à l'art de la sculpture qu'il faut rapporter les travaux plus ou moins difficiles, plus ou moins délicats, qui rachèvent, si l'on peut dire, l'impression des signes variés, qui deviennent le complément d'une écriture, et la rendent de plus en plus intelligible aux yeux et à l'esprit. Ces nuances plus ou moins légères, c'est l'*ornement* qui les rend sensibles.

Ainsi chaque genre d'ordre a ses *ornemens*, dont le caractère correspond au caractère de ses formes. Tout le monde sait que l'ordre qui exprime la force et la simplicité, le dorique, admet dans les cannelures des colonnes, dans les contours du chapiteau, dans les triglyphes et les métopes de la frise, dans les mutules et les profils de la corniche, des parties d'*ornemens* qui participent du type général, et des proportions graves et sévères de l'ordre.

L'ionique, ordre moyen par ses proportions, ses formes et le genre de sa modénature, entre le dorique et le corinthien, admet dans ses cannelures, dans sa base, dans son chapiteau, dans les profils de son entablement, plus d'*ornemens*, de plus légers et de plus variés. Le corinthien, par l'emploi le plus abondant, le plus diversifié de tous les détails d'*ornemens*, sur sa base, son fût, son chapiteau et toutes les parties de son ordonnance, sait établir entre ses proportions et ses formes, cet accord qui lui donne la propriété d'exprimer les qualités de magnificence, de richesse, de légèreté, etc. On sait que ceux qui ont voulu porter encore plus loin cette expression, ne l'ont fait dans le prétendu ordre appelé *composite*, qu'en chargeant davantage de détails d'*ornemens*, tous les membres de l'ordre corinthien qui peuvent les admettre, en faisant enfin qu'il n'y ait plus une seule partie lisse.

Tout le monde connoît, au moins d'une manière générale, les principaux *ornemens*, dont la sculpture décore les membres de l'architecture. Il suffira de citer ici les noms des denticules, des oves, des feuilles d'eau, des chapelets, des perles, des palmettes, des rinceaux, des tigettes, des caulicoles, des volutes, des acanthes, des enroulemens, que le goût de l'architecte distribue diversement, dans chaque mode d'ordonnance. Nous ne décrirons pas ici ces détails, dont les noms forment tous la matière de quelqu'article particulier, auquel nous renvoyons le lecteur. Nous n'avons rappelé cette nomenclature, que pour bien fixer l'idée de ce qu'on appelle spécialement *ornement*, dans l'exécution de l'architecture.

Nous ne nous arrêterons pas non plus sur l'origine ou l'espèce d'étymologie de chacune de ces sortes de caractères. Nous l'avons indiquée plus d'une fois, et nous en avons montré la source, tantôt dans les analogies que le hasard a fournies à l'artiste, des plantes naturelles adhérentes aux édifices, tantôt dans les pratiques empruntées aux parures des femmes, tantôt dans l'emploi des offrandes faites aux lieux saints, tantôt dans les usages de l'allégorie, tantôt encore dans cette habitude d'orner, qui est un des instincts de l'homme.

Nous nous bornerons ici à parler de l'*ornement*, comme étant simplement, dans les mains de l'artiste, un moyen d'ajouter une signification plus claire, à celle du caractère déjà établi dans un édifice, par son style, ses formes et ses proportions.

Le premier point à observer, est leur *distribution*. Ce mot renferme avant tout l'idée qu'on doit se faire de la mesure d'*ornement* qui convient ou à chaque ordre, ou dans les édifices du même ordre, au caractère qu'il s'agit d'y exprimer, car (ainsi qu'on l'a vu à l'article Ordre) chaque ordre est dans l'échelle des variétés de l'architecture, une couleur principale, qui peut fournir, selon l'emploi qu'on en fait, des nuances et des tons variés.

Ainsi le dorique, dont le caractère est la force et la simplicité, pouvant, par les variétés de proportion qu'il comporte, manifester plus ou moins ces deux qualités, l'architecte pourra, selon l'un et l'autre cas, distribuer dans quelques membres de cette ordonnance, un certain nombre d'*ornemens* qui la fera participer au caractère de l'ionique. On peut citer des chapiteaux de l'ancien dorique grec, où de pareilles légèretés sont introduites dans les filets de son collarin. Des *ornemens* plus significatifs encore trouvent place dans les espaces des métopes, et des palmettes sont taillées aux acrotères du temple dorique de Minerve à Athènes. Remarquons aussi que la proportion de ce dorique a quelque chose de plus élégant que celle du plus grand nombre d'édifices de cet ordre considéré selon l'ancien système grec. Depuis, le dorique alongé par les modernes, a reçu même des oves dans l'échine découpée de son chapiteau, et des profils ou des filets dans son tailloir.

Le second objet d'observation par rapport à l'emploi des *ornemens*, est le choix de leurs différentes espèces. Comme le plus ou le moins dans leur distribution, contribue à l'expression du degré de simplicité, d'élégance et de richesse, le mode de chaque espèce d'*ornement* a aussi la propriété de se prêter à cette expression, de la renforcer, de la rendre sensible aux yeux et à l'esprit.

Dans ce grand nombre d'objets que la sculpture sait approprier aux formes et aux membres de l'architecture, il en est dont l'imitation produit des effets sérieux ou gais, simples ou variés, gracieux ou sévères, et déjà, comme on le voit, chaque ordre, selon son caractère, s'est approprié les formes des profils les plus graves ou les plus légers, les motifs des *ornemens* les plus articulés ou les plus ondoyans. Tel enroulement se compose selon le genre de cette sorte d'harmonie, ou de contours sévères, ou de feuillages qui, sous le ciseau, s'arrondissent avec plus ou moins de flexibilité. Il n'y a point de feston ou de guirlande, qui par le choix judicieux de telles ou telles fleurs, de telles ou telles feuilles de chênes, de roses, de lauriers, ou de cyprès, par exemple, ne présente une idée ou une autre, ne fasse un effet plus ou moins analogue au style du monument qui en reçoit l'application.

L'*ornement* ainsi considéré, devient donc dans l'emploi plus ou moins modéré qu'en fait l'architecte, l'expression du degré de la richesse que chaque édifice doit recevoir de son caractère, c'est-à-dire de l'usage auquel il est consacré. Entre celui qui exclut toute idée d'*ornement* (comme seroit une prison) et celui qui, comme un temple, un palais, un théâtre, en admet la plus grande abondance, les degrés sont très-nombreux : or, chacun de ces degrés doit être également marqué, par le choix du genre d'objets qui y devient le motif de l'*ornement*.

Après la distribution et le choix des *ornemens*, nous indiquerons comme le troisième point d'observation, l'exécution même des objets que l'architecte confie au ciseau du sculpteur.

L'*ornement*, dans le sens spécial que nous lui avons donné ici, se compose particulièrement des objets qui se taillent sur les moulures et les profils, et qui s'appliquent sur les superficies des principales formes de l'architecture. L'exécution de ces sortes d'*ornemens* est donc ce qui peut en modifier le plus activement l'effet. Ce sont des espèces de caractères dont la sculpture sait rendre l'impression plus ou moins sensible. Il dépend de l'art qui les façonne, de leur donner plus ou moins de saillie, de les tracer avec plus ou moins de profondeur, de leur donner des contours plus ou moins tranchans, et par conséquent de les détacher avec plus ou moins de vivacité. Or, tout ce qui met de la différence entre leurs effets, contribue aussi, dans une mesure quelconque, à l'expression du caractère de l'édifice.

Il semble inutile de faire observer que dans l'exécution de l'*ornement*, on doit également avoir en vue la dimension des édifices, et l'éloignement où sont des yeux les objets que l'on veut orner. Il y a une manière douce et légère de traiter les feuillages, une manière sévère et fouillée, une manière heurtée, une manière finie et précieuse : car, ainsi qu'on l'a dit au commencement de cet article, l'architecture, dans son exécution, s'approprie et les qualités et les procédés de la sculpture pratique. Ainsi il doit en être des procédés d'exécution des *ornemens*, par rapport à leur effet, dans un édifice, comme de ceux que l'on suit, dans la manière de traiter les statues, selon leur proportion, ou selon la distance d'où l'on est forcé de les voir.

On n'auroit toutefois qu'une idée incomplète de ce qu'il faut comprendre sous le nom d'*ornement*, dans l'application que la sculpture en fait aux édifices, si on se bornoit aux seuls détails que reçoivent les profils et les membres des colonnes, ou des parties qui constituent les ordonnances.

Les édifices ne se composent pas seulement de colonnes et d'entablemens. Les superficies formées par les murs et les élévations, selon toutes les formes que l'architecte leur donne, sont propres à recevoir aussi beaucoup de ces motifs courans d'*ornemens*, qui tantôt interrompent l'uniformité des espaces lisses, tantôt contribuent, par les signes allégoriques qu'on y mêle, à expliquer l'emploi de l'édifice.

Ainsi l'on verra souvent des espèces de bandeaux continus, ornés d'entrelas ou de postes, régner autour des murs d'un intérieur ou d'un extérieur : ailleurs, les rinceaux dont on a déjà parlé se trouveront composés, selon le caractère du lieu, ou de victoires, ou de génies, ou de symboles divers.

Sous ce rapport, l'emploi de l'*ornement* devient pour l'architecte l'objet des compositions les plus ingénieuses ; car il est peu d'édifices auxquels on ne puisse donner, par les symboles ou les attributs qui correspondent à sa destination, une valeur de signification particulière.

Ayant restreint, dans cet article, l'idée et le mot d'*ornement* à ce que l'on entend le plus généralement en architecture par l'imitation et l'emploi de tous les objets que désigne, au pluriel, le mot *ornement*, nous avons déjà renvoyé le lecteur aux articles séparés, où chacun de ces objets est traité sous sa dénomination particulière ; il ne reste plus qu'à indiquer ici certaines manières de les désigner selon leur emploi ou selon leur exécution.

Ainsi l'on dit :

Ornemens courans. On appelle de ce nom ceux qui se sculptent sur ces parties des édifices qu'on nomme *frises, bandeaux, plinthes, baguettes*, etc., et qui, régnant avec plus ou moins de continuité, obligent d'y répéter le même objet, comme les oves, les chapelets, les entrelas, les rinceaux.

Ornemens de coins. *Ornemens* qu'on met aux angles des chambranles, autour des portes ou des fenêtres, dans le retour des cadres ou des corniches. On distingue ces *ornemens* en simples et en doubles.

Ornemens de relief. *Ornemens* taillés ou en saillie sur les superficies lisses qui leur servent de fond, comme les frises, les bandeaux, ou pris à même des membres qui s'en trouvent découpés ; telles sont les moulures qui reçoivent des feuilles d'eau et de refend, des perles, des chapelets, des oves, des coquilles, des rais de cœur, etc.

ORNEMENS EN CREUX. Ce sont ceux ou qui consistent dans de simples traits gravés et ne présentent que des contours, ou qui sont, quoique de relief, pratiqués dans l'épaisseur de la matière sans la déborder, comme le sont beaucoup des signes hiéroglyphiques de l'Egypte.

ORNEMENS MARINS. On peut appeler ainsi ceux qu'on applique à certains édifices hydrauliques, tels que grottes, fontaines, réservoirs d'eau, etc. Ils représentent ordinairement tous objets qui se rapportent à l'eau, comme coquillages, poissons, joncs marins, roseaux, glaçons ou lapidifications, etc.

ORTHOGRAPHIE, sub. f. C'est le mot grec devenu latin, puis français, quoiqu'on ne l'emploie plus dans la langue de l'art, pour exprimer ce que l'on entend aujourd'hui par *élévation géométrale*. Ce mot signifie *dessin, droit*. Vitruve lui oppose le mot *scénographie*, qui veut dire élévation en perspective.

ORTHOSTATA. Mot grec employé par Vitruve, et qui signifie chez cet auteur, au sens simple, *qui se tient droit* ou *debout*. L'architecte romain donne ce nom, dans la construction des murs formés par du remplissage, aux paremens extérieurement dressés d'à-plomb, ou à des chaînes de muraille. On peut le dire encore d'un piédroit.

OTRICOLI. Les fouilles de l'ancienne ville d'*Ocriculum*, commencées l'an 1775, furent continuées avec activité par ordre de Pie VI. On y découvrit une infinité d'édifices encore assez bien conservés.

Cette ville étoit ornée de temples, de palais publics et particuliers, de thermes, de bains, de conserves d'eau; il y avoit des places avec des portiques, des camps pour les soldats, des places entourées de murs, un théâtre, un amphithéâtre, des aqueducs, des puits, et une infinité d'habitations. Les routes étoient ornées de sépulcres et de mausolées, particulièrement la voie Flaminienne, qui conduisoit à Rome en passant le Tibre sur le pont d'Auguste.

Les thermes sont construits en briques; l'entrée principale correspondoit à un grand espace qui s'étendoit jusqu'au Tibre, et pouvoit être orné d'arbres, de statues et de fontaines. L'atrium est voûté; il a la forme d'un carré long, et conduit à une grande salle octogone de cinquante-trois palmes de diamètre. Il y a quatre niches dans les angles: dans une de ces niches il y avoit un bain revêtu de marbre cipolin; dans le fond étoit une mosaïque et un conduit de plomb qui servoit à vider l'eau; au milieu de la niche étoit un autre conduit par lequel venoit l'eau pour remplir le bain.

Dans le pavé de la salle étoit une belle mosaïque formée de pierres naturelles de diverses couleurs, divisée par compartimens ornés de méandres de diverses formes, avec des festons de fruits et de fleurs, des masques, des vases, et dans les grands compartimens, des figures grandes comme nature, représentant des divinités, avec des monstres marins qui sembloient se jouer dans l'eau; dans d'autres compartimens on voyoit encore d'autres figures représentant divers combats de soldats avec des centaures. Au milieu est un sujet entouré de méandres et de rinceaux.

Le pape Pie VI ordonna à Giuseppe Panini de faire lever cette belle mosaïque, et au mois de juin 1780 elle fut transportée à Rome pour être restaurée et placée dans le pavé de la nouvelle rotonde que le pape venoit de faire ériger à son musée du Vatican, où on la voit maintenant. Panini, pendant son séjour à *Otricoli*, dessina et mesura les antiquités de cette ville, qu'il se proposoit de publier. On trouve plusieurs de ses plans dans l'ouvrage de Guattani.

Dans deux des niches dont nous avons parlé, et qui étoient dans la grande salle octogone, on a trouvé deux piédestaux en travertin, avec ces inscriptions:

Sur l'un:	Sur l'autre:
I. L. F. PAL. IVLIANO PATRONO. MVNICIPI IRAENEVS. LIB.	L. IVLIO. L. F. PALAT LVCILIANO PATRONO. MVNICI PI. IRAENEVS LIB.

Dans le bourg du territoire d'*Otricoli*, sur la voie Romaine, il y avoit un cippe qui a été transporté depuis au musée du Vatican. Il y a une inscription qui indique celui qui fit construire ces thermes:

IVLIAE. LVCILLAE
L. IVLII IVLIANI FIL.
PATRONO MVNICIPI
CVIVS PATER
THERMAS OCRICOLA
NAS A SOLO EXTRVCTAS
SVA PECVNIA DONAVIT
DECVR. AVG. P-I. FEC
L.D. D. D.

Les mosaïques des niches, en arabesques et feuillages, furent transportées à Rome, ainsi que divers fragmens de statues.

Après cette grande salle octogone, il y en avoit une autre qui servoit pour les bains. Les murs étoient recouverts en marbre attaché avec des crampons de bronze; autour étoient des bassins pour l'usage des bains: cette salle étoit vraisemblablement l'étuve.

Près de cette salle étoit une grande cour entourée de portiques, ayant des bancs des quatre côtés, et un pavé de mosaïque en marbre blanc et noir, représentant l'histoire d'Ulysse attaché au mât du vaisseau, les syrènes et autres monstres marins : ces mosaïques sont dans la grande salle ronde du Vatican, autour de la mosaïque dont nous avons parlé plus haut.

On a retrouvé aussi le *calidarium*, avec les fourneaux, les conduits pour l'eau et la fumée. Enfin, une infinité de pièces, de portiques ornés de mosaïques, de marbres et de statues, composoient ces magnifiques thermes. Près des thermes on a trouvé une fabrique entourée de murs, et isolée dans les jardins : au milieu étoit une tête de Méduse en mosaïque ; dans les angles étoient quatre têtes représentant les quatre vents principaux, avec leurs noms, Eurus, Boreas, Zephyrus, Oriens. La tête de Méduse est celle qu'on a placée au milieu de la mosaïque du Vatican.

Sur un des côtés de ces thermes est une voie qui prend une direction en ligne droite vers la voie Flaminienne qui conduit à Rome.

On trouve encore une conserve d'eau de forme ovale, de laquelle se distribuoient les eaux par des conduits de plomb coulé, du diamètre de quatre *onces*, sur lesquels on lisoit de distance en distance cette inscription :

L. ATTIVS. PRIMITIVVS. FE.

Près des thermes est un haut mur formé de grandes pierres carrées, qui s'élève au-dessus du sol des thermes, et semble avoir servi de substruction à un magnifique palais découvert en partie l'an 1783. On a trouvé plusieurs pièces peintes, avec des tableaux et des pavés de marbre consumés par le feu.

Dans la partie la plus élevée d'*Otricoli* on a retrouvé le Forum, soutenu par des murs et des voûtes souterraines. Ce Forum avoit quatre portiques autour de la place, couverts d'un toit soutenu par des colonnes, avec des barres et des chapiteaux de travertin d'ordre ionique. Sous les portiques étoit une mosaïque blanche et noire ; le pavé de la cour étoit recouvert en brèche.

Près des thermes on trouve encore une grande fabrique qui étoit vraisemblablement un camp ou logement pour les soldats : il étoit divisé dans le milieu de la hauteur par des planchers, et formoit vingt-deux divisions séparées par des murs et couvertes par des voûtes. Au rez-de-chaussée devoient être les écuries pour les chevaux : à chaque division sont autant de chambres séparées à la partie postérieure, et communiquant par une porte attenante. On a trouvé un bain qui sembleroit avoir été destiné pour l'usage des soldats.

Près du camp on trouve le théâtre tourné vers le midi, construit en pierre, entouré de portiques. La scène avoit un portique, et paroit avoir été richement décorée. On a retrouvé diverses colonnes de marbre jaune antique et de *cipolino*, des corniches très-bien sculptées, des frises avec des bas-reliefs, et divers fragmens de statues, dont trois colossales, des bas-reliefs, des ornemens, etc. Il y avoit un escalier de travertin qui conduisoit du plan inférieur au plan supérieur des portiques et au camp des soldats.

On retrouve encore des restes d'une grande fabrique, qui étoit le collége où l'on élevoit la jeunesse, ainsi que l'indique une inscription qui est sur un cippe de travertin retrouvé dans ces ruines :

L. IVLIO. FAENAT.
CVRINO. PATRONO
CIVITATIS. ET. COLLEGI.
IVVENVM. M. E. FL. CO
LLEGI. DENDROFORVM
OMNIBVS. HONORIBVS
CIVITATIS. SVÆ
FVNCTO. IVVENES. SVI
AMANTISSIMO
L. D. D. D.

Dans cet endroit on a trouvé beaucoup de bas-reliefs et de statues qui ont été portés à Rome, l'année 1776, dans le musée du Vatican.

On a retrouvé les restes d'un temple à quatre colonnes, du diamètre de cinq palmes, avec bases et chapiteaux d'ordre corinthien. Le piédestal de la statue et des fragmens indiquent qu'elle étoit de bronze. Le pavé étoit en mosaïque. Tout annonce que ce temple a été endommagé par le feu.

Dans un autre temple périptère on a trouvé, dans les années 1780 et 1781, vingt-quatre statues qui étoient vraisemblablement placées sur un piédestal dans la niche circulaire qui étoit dans le fond. La quantité de charbon, de cendres et de clous de fer, indiquent que ce temple étoit couvert en bois.

L'amphithéâtre, de forme ovale, est encore assez bien conservé ; il est adossé à une petite montagne, et la moitié est taillée dans le tuf.

On a retrouvé une infinité de fragmens et de statues dans la ville d'*Otricoli* ; ils ont été transportés à Rome. Parmi les statues qui étoient dans le théâtre, il y en a une d'une femme assise, qu'on peut croire être Lucia-Lucilia, fille de Lucius-Julianus, qui jouissoit des dignités municipales, ayant été décurion d'Auguste, et ayant fait construire les thermes d'Ocriculum à ses frais. Le peuple, par reconnoissance, lui dédia cette statue, en la plaçant dans le lieu le plus apparent du théâtre. (HUYOT.)

OURLET, s. m. On a vu au mot OALE, le même qu'*ourlet*, que c'est le nom d'un filet sous l'ove du chapiteau.

Ourlet se dit, dans le bâtiment, de plus d'un objet. On appelle ainsi :

1°. La jonction de deux tables de plomb sur leur longueur, laquelle se fait en recouvrement par le bord de l'une repliée, en forme de crochet, sur l'autre;

2°. La lèvre repliée en rond d'un chéneau à bord, d'une cuvette de plomb;

3°. Le petit rebord qui est sur l'aile du plomb des panneaux de vitre.

OUTIL, s. m. Félibien fait venir le mot *outil* du latin *utile*, à cause de l'utilité dont est aux ouvriers tout instrument appelé de ce nom.

Chaque art, de quelque genre qu'il soit, dès que son exécution dépend d'un travail matériel, emploie nécessairement des *outils* analogues à son exécution. Cependant on ne donne ordinairement le nom d'*outil* qu'aux instrumens des arts purement mécaniques, ou à ceux chez lesquels la partie matérielle ou mécanique a le plus d'apparence.

On appelle *outil*, dans l'architecture, les marteaux, ciseaux, scies, truelles, etc., qui servent à ce qu'il y a de plus pratique dans cet art. On donnera le nom d'*instrument* (on l'a déjà dit à ce mot, *voyez* INSTRUMENT) aux objets dont se sert l'architecte pour dessiner et tracer ses plans.

Ainsi, on ne donne pas le nom d'*outil* au pinceau du peintre, mais on le donne au ciseau du sculpteur, parce qu'il entre dans les procédés de celui-ci un travail et une action plus mécanique, en apparence, sur la matière qu'il met en œuvre.

OUVERTURE, s. f. Terme générique par lequel on exprime le plus souvent, en architecture et dans les bâtimens, le vide ou la baie qu'on pratique ou qu'on laisse dans un mur, dans une façade de maison ou de palais, dans un frontispice quelconque d'édifice, pour les divers usages qu'ils comportent. C'est dire assez que les *ouvertures* sont ou des portes ou des fenêtres, ou quelquefois des arcades pour servir de passage.

Les *ouvertures* servent, avant tout, à la commodité et aux besoins des édifices. Il est des bâtimens qui, construits uniquement dans la vue de certains besoins, de certains intérêts, tout-à-fait étrangers à ceux de l'art et du goût, n'ont à recevoir, sur ce point, d'autres règles que celles de la nécessité. A leur égard, il importe peu dans quel nombre et de quelle manière on y pratique des *ouvertures*.

Mais les *ouvertures*, à l'extérieur des grands édifices surtout, étant propres à frapper la vue d'une manière particulière, et présentant des parties dont le nombre, la position, la grandeur, la forme et la décoration influent considérablement sur la bonne ou la mauvaise apparence de l'ensemble, on comprend que leur disposition, et tout ce qui s'y rapporte, exige de l'architecte autant de goût que de discernement.

A l'article CROISÉE (*voyez* ce mot), on a déjà traité de tout ce qui se rapporte au bon emploi des *ouvertures* qu'on appelle ainsi, et sous tous les rapports. Nous ne répéterons donc ici que ce qu'il y a de plus général dans cette notion; c'est-à-dire que, moins on multiplie les *ouvertures*, et meilleur est l'effet des bâtimens;

Que l'*ouverture* étant le vide, il convient, ou que le plein l'emporte sur le vide, ce qui est d'accord avec la solidité, ou qu'au moins le vide et le plein se trouvent en proportion à peu près égale;

Que la distribution des *ouvertures* doit toujours avoir lieu d'une manière symétrique; que la plus grande, comme celle d'une porte, doit occuper le milieu de la façade;

Que les *ouvertures* placées les unes au-dessus des autres, comme dans les ordonnances ou étages, se correspondent exactement; qu'elles soient, dans chaque étage, disposées sur une même ligne; que leur hauteur et leur grandeur soient égales entr'elles;

Que les *ouvertures*, soit fenêtres, soit portes, soit arcades, reçoivent des ornemens en proportion du genre et de la richesse de l'ordonnance, les *ouvertures* comportant ou des encadremens simples, ou des bandeaux ornés, ou des chambranles plus ou moins riches. A cet égard, l'ornement des croisées peut avoir les mêmes variétés que celui des niches. *Voyez* NICHE.

OUVERTURE se dit aussi, dans les édifices et ouvrages de l'art de bâtir, comme dans ceux de la nature, d'une fracture ou fissure provenue soit de malfaçon, soit de caducité. On dit, dans ce cas, l'*ouverture* d'une voûte, d'un mur, d'un parement.

On appelle encore ainsi le commencement de la fouille d'un terrain, pour pratiquer une tranchée, une rigole, une fondation.

OUVERTURE se dit de l'espace qui fait la largeur d'un angle d'un hémicycle. On dit l'*ouverture* du compas.

OUVERTURE PLATE OU SUR LE PLAT. Nous trouvons, dans les lexiques, qu'on donne ce nom à un trou circulaire au haut d'une coupole, pour faire venir le jour d'en haut. *Voyez* FENÊTRE, ŒIL, OPAION.

OUVRAGE (*Construction*), s. m. On appelle ainsi ce qui est produit par l'ouvrier et qui reste après son travail, comme dans la construction des bâtimens, la maçonnerie, la charpenterie, la serrurerie, etc.

Il y a deux sortes d'*ouvrages* dans la maçonnerie; on les appelle *gros ouvrages* et *menus ouvrages*.

Les *gros ouvrages* sont les murs de face et de refend, les murs avec crépi, enduits et ravalemens, et toutes les espèces de voûtes [illegible] exécutées. Ce sont aussi les contre-murs, les marches, les vis potoyers, les bouchemens et percemens de portes et croisées à mur plein, les corniches et moulures de pierres de taille, quand on n'a point fait de marché à part, les éviers, lavoirs et lucarnes; ce qui est de différens prix, suivant la différence des marchés.

Les *légers et menus ouvrages* sont les plâtres de différentes espèces, comme tuyaux, souches et manteaux de cheminée, lambris, plafonds, panneaux de cloison, et toutes saillies d'architecture, les escaliers, les lucarnes avec leurs jouées de charpenterie revêtue, les exhaussemens des greniers, les crépis et renformis contre les vieux murs, les scellemens de bois dans les murs ou cloisons, les fours, potagers, carrelages, quand il n'y a point de marché fait; les contre-caves, âtres de cheminées, aires, mangeoires, scellemens de portes, de croisées, de lambris, de chevilles, de corbeaux de bois ou de fer, de grilles, etc.

On appelle *ouvrages de sujétion*, ceux qui sont cintrés, rampans, ou cerchés par leur plan ou leur élévation, et dont les prix augmentent à proportion du déchet notable de la matière, et de la difficulté qu'il y a de les exécuter.

OUVRIER, s. m. C'est le nom qu'on donne à tous ceux qui sont occupés dans les travaux mécaniques, dans les ouvrages de bâtiment, de maçonnerie, et qu'on emploie, en les payant, soit à la tâche, soit à la journée.

OUVROIR, s. m. C'est dans un arsenal, ou une manufacture, un lieu séparé où les ouvriers sont employés à une même espèce de travail. On appelle aussi de ce nom, dans les communautés, la salle où, à des heures réglées, on s'occupe de différens travaux.

OVALE, *adj. des deux genres.* Se dit, en général, de ce qui a une figure ronde et oblongue, à peu près semblable à celle d'un œuf.

En architecture et dans la construction surtout, on ajoute au mot *ovale* les mots *ralongés* ou *rampans.* Dans le premier cas, c'est la cerche ralongée de la coquille d'un escalier *ovale ;* dans le second, c'est une *ovale* biaise ou irrégulière, qu'on trace pour trouver des arcs rampans dans les murs d'échiffre d'un escalier.

OVALE, s. m. L'*ovale* est une forme employée fréquemment en architecture, surtout lorsque cet *ovale* est parfait, c'est-à-dire qu'il est produit par la section diagonale d'un cylindre. Il est plus rarement en usage lorsqu'il offre un ovoïde, ou qu'il affecte la forme d'un œuf, et ce n'est guère que dans l'ornement appelé *ove* (*voyez* ce mot) qu'il se trouve. Nous considérons l'*ovale* comme une figure curviligne, oblongue, dont les deux diamètres sont inégaux, mais dont les extrémités sont semblables; c'est ce que les géomètres nomment *l'ellipse*, qui peut se tracer de diverses manières. Serlio, dans sa *Géométrie* appliquée à l'architecture, en indique plusieurs qui sont aussi claires que faciles à exécuter: chacune de ces opérations fournit un *ovale* d'une forme différente, et plus ou moins agréable; la plus ordinaire est de former l'ellipse au moyen de deux cercles d'un diamètre égal, dont l'un a son centre à la circonférence de l'autre, et qu'on termine avec des arcs tracés du point où ces deux cercles se coupent.

L'*ovale* dit du jardinier se trace par le moyen d'un cordeau, dont la longueur est égale au plus grand diamètre de l'*ovale*, et qui est attaché à deux piquets aussi plantés sur ce grand diamètre pour former cet *ovale*, d'autant plus alongé que les deux piquets sont plus éloignés.

Les Anciens n'ont guère donné la forme *ovale* en plan qu'à leurs amphithéâtres, et cet *ovale*, plus ou moins alongé, affecte toujours la forme de l'ellipse. Ils n'ont pas employé la forme *ovale* en élévation, et leurs voûtes ou leurs arcades étoient toujours formées par un demi-cercle ou plein cintre, ou bien par une portion de cercle. C'est aux Modernes qu'on doit l'invention des arcs surbaissés en anse de panier, et des voûtes en cul-de-four et dans la forme d'un ovoïde, qu'on retrouve dans la plupart des coupoles modernes faites à l'imitation des mosquées des Arabes, qui imitoient eux-mêmes la forme d'une pomme de pin creusée.

Dans les temps de dégénération du goût en architecture, on a fort abusé de la forme *ovale*, et on l'a adaptée aux ouvertures de fenêtres, de niches, comme celles qu'on voit dans la décoration intérieure de la cour du palais Farnèse, etc. Enfin on a été jusqu'à faire des colonnes *ovales*, sous prétexte qu'avec moins de saillie on pouvoit produire autant d'effet.

Quelquefois l'architecte, resserré dans un local long et étroit, ou pour procurer plus de développement à un escalier, lui donne la forme *ovale*. c'est ce qu'on nomme *ovale* ralongé, ou cerche ralongée de la coquille d'un escalier *ovale*, faite de la section oblique d'un cylindre. On appelle aussi *ovale rampante*, celle qui biaise ou qui est irrégulière par quelque sujétion, comme celle qu'on trace pour trouver des arcs rampans dans les murs d'échiffre d'un escalier. Le Bernin a adopté la forme *ovale* pour la place de la colonnade de Saint-Pierre : il n'a sans doute agi ainsi que par la nécessité de se restreindre dans un sens, en tâchant de donner le plus de développement possible à l'autre côté ; c'est sans doute par la même raison que les bas côtés de la grande nef de la basilique de Saint-Pierre sont éclairés par six petits dômes *ovales*, motivés par le plan oblong des intervalles laissés entre les piliers. M[illegible] nous ne devinons pas la raison qui a fait donner la forme *ovale* en plan au dôme des Quatre-Nations. Le plan inférieur de la coupole de la cathédrale de Pise est aussi elliptique et percé de quatre grands arcs surmontés de huit autres plus petits, qui supportent un tambour très-peu apparent, et sur lequel s'appuie la coupole de forme elliptique comme le plan inférieur : celui de Sainte-Marie *in castello*, à Cornetto, est aussi *ovale* et percé de six arcs. Nous ne concevons pas ce qui a pu porter à s'imposer volontairement des difficultés assez grandes dans l'appareil des pierres et dans toutes les parties de ces constructions; nous n'y voyons aucun avantage, et bien certainement cette forme bâtarde doit produire un effet désagréable de perspective, dont l'œil ne peut se rendre compte, mais dont il doit être affecté comme il l'est de toutes les figures irrégulières, lorsqu'il s'attend à ne trouver dans un édifice que des formes simples et d'une régularité parfaite.

Depuis que nous avons renoncé, avec raison, pour nos salles de spectacle, à la forme de parallélogramme des jeux de paume, qui paroissent avoir servi de premier modèle à nos théâtres, on a cherché à se rapprocher, autant que nos mœurs pouvoient le permettre, de la forme de ceux des Anciens, et le célèbre Palladio en a donné un bel exemple dans la salle olympique de Vicence; exemple que MM. Legrand et Molinos ont imité au théâtre Feydeau. On a aussi employé la forme circulaire comme au Théâtre-Français, construit par Peyre et de Wailly; mais le plus souvent on a alongé le cercle pour obtenir un plus vaste développement, et on a donné à nos salles de spectacle la forme elliptique des anciens amphithéâtres.

L'*ovale* est aussi employé dans les compartimens des jardins réguliers, où l'on trouve des bassins et des corbeilles de cette forme, et c'est de la fréquence des *ovales* dans les parterres, qu'on a donné à la manière de les tracer avec le cordeau, le nom d'*ovale du jardinier*. Le plus communément les puits mitoyens sont *ovales*, à raison du mur de séparation qui doit exister dans leur milieu. — La forme *ovale* convient aussi à des tableaux, à des écussons et à d'autres objets de décoration des édifices : cependant cette figure exige des proportions régulières pour être agréable, c'est-à-dire, un juste rapport entre la largeur et la hauteur; autrement elle est bizarre et de mauvais goût. En effet, plus une figure se complique, se contourne, s'éloigne en un mot de la simplicité, et moins elle est de bon goût; car, si du contraste des formes composées d'élémens simples naît la variété, dès qu'elle dépasse la limite de l'unité, autre qualité bien plus essentielle de l'architecture, elle tombe dans l'extravagance.

(A. L. C.)

OVE, s. m. C'est le nom d'un ornement ainsi appelé par la ressemblance de sa forme avec celle d'un œuf. On s'en sert ordinairement au pluriel. *Voyez* OVES.

On donne, au singulier, le même nom à la moulure arrondie, dont le profil est ordinairement fait d'un quart de cercle. C'est pourquoi les ouvriers l'appellent *quart de rond*. Son nom, chez les Anciens et les Modernes, qui l'ont aussi adopté, est *échine*. On l'applique ordinairement au membre arrondi du chapiteau dorique. Sa courbe varie dans l'antique selon le caractère de l'ordre. Dans le dorique moderne, on a assez généralement adopté la mesure du quart de rond.

OVES, s. m. pl. Ainsi désigne-t-on, dans les profils des entablemens et d'autres objets analogues, cet ornement qu'on découpe en forme d'œuf renfermé, à la manière de certains fruits, dans une espèce de coque. Cette sorte d'ornement se taille sur la moulure à laquelle nous avons vu, dans l'article précédent, qu'on donne le nom d'*ove*.

On appelle *oves fleuronnés* ceux qui sont comme enveloppés par quelques feuilles de sculpture. Quelquefois aussi cet ornement se taille en forme de cœur, et on y place d'un côté et de l'autre des pointes en manière de dard.

OVICULE, s. m. Diminutif d'ove. Quelques auteurs appellent *ovicule* l'ove ou la moulure ronde des chapiteaux ionique et composite, laquelle est ordinairement taillée de sculpture.

PÆSTUM,

PÆSTUM, ville antique de l'ancienne Lucanie, dont les ruines célèbres se voient et sont situées dans le golfe de Salerne, à dix lieues de Naples, au milieu d'une plaine vaste et montueuse.

L'enceinte de la ville, de forme oblongue, angulaire et rétrécie dans la partie de l'ouest, est formée par de grosses murailles en partie ruinées, qui ont encore de douze à vingt-un pieds de hauteur, et presque partout environ neuf pieds d'épaisseur. De grosses tours carrées flanquent chaque angle des murs de la ville, avec plusieurs autres intermédiaires entre celles-là et les portes. Il existe encore une porte toute entière à l'est, et une autre dont le cintre est entièrement ruiné.

L'enceinte de la ville renferme encore un grand nombre de ruines, au milieu desquelles on voit s'élever le grand temple périptère dorique, dont le naos intérieur se divise en trois nefs formées par deux rangs de colonnes à deux étages, le petit temple, périptère aussi et d'ordre dorique, enfin un autre grand édifice formé d'une colonnade de même ordre, mais dont l'intérieur fut divisé dans sa longueur par un seul rang de colonnes qui le partageoient en deux nefs. On lui donne ordinairement le nom de *basilique*. Nous ne dirons rien ici de ces monumens dont il a déjà été fait mention à l'article DORIQUE (*voyez* ce mot), et dont l'article TEMPLE nous donnera occasion de parler encore.

On trouve, dans l'enceinte de la ville, les vestiges de quelques autres monumens. On croit y reconnoitre les débris d'un cirque, d'un amphithéâtre, de deux portes, de tours, de murs d'aqueducs, etc.

M. de Lagardette, dans son ouvrage sur *Pæstum*, a donné la description des matériaux dont les édifices de cette ville sont composés, et il y a joint des conjectures sur la manière dont ils ont été construits.

Cet auteur pense que les pierres qui ont servi à leur construction, ont été tirées des carrières de Viétri. Dans leurs excavations, il a trouvé des tambours de colonnes tout taillés, qui sont d'un diamètre égal à ceux des temples encore debout; mais ils ne sont point cannelés.

Tout l'intérieur de ces vastes souterrains offre la même espèce de pierre qu'on a employée aux édifices dont on a parlé. Le mortier qui sert de liaison à leurs matériaux, est mêlé de beaucoup de cailloutages pilés, et agglutinés par la chaux éteinte. Tel est du moins celui qu'on a observé aux murs, aux aqueducs et aux tours d'enceinte. Quant à l'enduit qui recouvre les édifices, c'est un mortier fait avec une espèce de sable très-fin, agglutiné par la chaux, mortier sur lequel on passa plusieurs couches de chaux éteinte, et qu'ensuite on a poli par le frottement. Plusieurs parties de cet enduit ont conservé des restes de couleurs.

PAGODE, s. f. On donne, en Europe, ce nom à des édifices qui, dans l'architecture d'une grande partie de l'Asie, servent de temples aux dieux de ces contrées.

Dans la Chine, plusieurs de ces temples sont très-petits et consistent en une seule pièce. Quelques autres ont une cour environnée de galeries, au bout desquelles se trouve le lieu où les idoles sont placées. Il y en a aussi un petit nombre qui sont composées de plusieurs cours entourées de galeries.

Chambers, dans ses *Edifices des Chinois*, pl. 1, a donné le plan d'une de ces dernières *pagodes*, qui est celle de *Houang*. Elle offre une grande étendue de terrain. Outre les temples des idoles, elle renferme des appartemens pour deux cents bonzes, des hôpitaux, un potager, un cimetière, etc.

Les édifices que les Chinois consacrent à leur culte, n'ont point, comme ceux des anciens Grecs, Romains et autres, des formes qui leur soient propres et puissent les faire distinguer des différentes sortes de bâtimens dont se composent les villes. L'espèce de construction qu'ils nomment *ting* ou *tong*, entre indifféremment dans la forme de toutes les sortes d'édifices. On la retrouve aux temples comme aux palais, aux portes des villes, enfin à tous les bâtimens où l'on met du luxe. Chambers a observé dans divers quartiers de Canton quatre espèces de *ting*. Les trois premières se voient à des temples, la quatrième dans plusieurs jardins. Il a figuré, à la planche 9 de son ouvrage, la forme qu'ont le plus communément les *pagodes*. C'est une répétition à peu près exacte du *ting* de la *pagode* de Cochinchine.

Tous ces édifices sont élevés sur un soubassement : on y monte par trois escaliers. C'est un carré, environné d'une colonnade de vingt colonnes qui soutiennent un toit surmonté d'une balustrade de bois, qui renferme une galerie régnante au second étage. Cet étage a la même disposition et les mêmes dimensions que l'inférieur. Il est couvert d'un toit d'une construction particulière aux Chinois. Les angles sont enrichis d'ornemens de sculpture qui représentent des dragons. La largeur de l'édifice est égale à la hauteur, et le diamètre du corps de bâtiment a les deux tiers de la largeur. *Voyez* CHINOISE (Architecture).

Le mot *pagode* s'applique de même aux temples du plus grand nombre des peuples de l'Asie.

On a décrit les plus célèbres *pagodes* de l'Inde à l'article de l'Architecture indienne (*voyez* ces deux mots). Ce sont des espèces de tours à plusieurs étages, et qui vont en se rétrécissant de bas en haut.

On donne aussi le nom de *pagode* aux idoles mêmes que renferment les édifices de ce nom.

PALAIS, s. m. Ce mot vient de *palatium*, qui désigna, à Rome, l'habitation d'Auguste et ensuite des empereurs romains, laquelle étoit située sur le mont *Palatin*, qui lui donna son nom.

Palais signifie, dans l'usage moderne et selon le langage de l'architecture, tout bâtiment consacré, soit à l'habitation des princes, des grands, des riches, soit à l'établissement de certains services publics, de certaines institutions qui exigent de la grandeur, de l'étendue, de la solidité, et une dignité extérieure, caractère sensible de leur importance.

Un *palais* est ainsi un édifice qui doit s'élever au-dessus des maisons ordinaires et se distinguer au-dessus d'elles par les divers moyens que l'architecture peut employer, pour affecter à chacun le degré de richesse et de magnificence qui lui convient.

Dès qu'il y eut des sociétés, il y eut des gouvernemens, c'est-à-dire, des chefs qui, sous un titre ou sous un autre, furent chargés de soins et d'emplois pour lesquels il fut nécessaire d'avoir des bâtimens plus spacieux. L'inégalité des fortunes, suite nécessaire de l'inégalité que la nature a mise entre les hommes, dut se manifester par la différence de grandeur et de richesse des habitations. A peine trouve-t-on quelques exceptions à cet usage dans quelques petits Etats, où certaines formes de gouvernement populaires excitant l'envie chez les pauvres, commandèrent aux riches de déguiser la supériorité de leurs fortunes, sous les apparences d'une hypocrite égalité dans leurs habitations.

Mais le gouvernement d'un seul, né partout avec la société, dut produire partout des *palais* pour les chefs des Etats, et comme nous voyons aujourd'hui dans le monde entier, sous toutes les formes des architectures connues, s'élever de vastes édifices pour l'habitation des rois et des princes, de même les notions les plus anciennes de l'histoire nous font voir des *palais* bâtis à grands frais, dès les temps les plus reculés, pour les souverains dont la mémoire s'est conservée.

Les ruines nombreuses de l'Egypte, aujourd'hui parfaitement connues, laissent encore douter si, parmi tant de restes considérables d'édifices, il en existe qu'on puisse croire avoir été jadis des *palais*.

Le goût monotone et routinier de l'architecture égyptienne qui, généralement parlant, n'eut qu'un seul type, et n'eut pour ainsi dire qu'un seul plan, est peut-être une des causes qui empêchent de discerner et de constater, au milieu de ses nombreux débris, certaines variétés qui pourroient y faire distinguer un *palais* d'un temple. Il est vrai que dans les ruines de Karnac, les plus anciennes de l'Egypte, on a remarqué, sur certaines parties d'édifices, des tableaux hiéroglyphiques, qui représentent des guerres, des batailles, des cérémonies de victoire, des captifs, etc. Ces sortes de sujets ont porté à croire, que ce pourroit être là les restes de quelqu'édifice qui auroit servi de *palais* aux rois de Thèbes. Cependant ces sujets se trouvent sculptés sur des massifs entièrement semblables à ceux dont se composent les temples. Et puis, qui est-ce qui prouve que de pareilles représentations n'auroient pas pu trouver place sur quelques-unes de ces parties toujours les mêmes, dont se composoient les suites ou enfilades de pièces et de corps de bâtisse, qu'on paroit avoir ajoutés l'un après l'autre aux temples?

Il y a, sur cet objet, une autre opinion, que la critique pourra confirmer un jour, si l'intelligence des signes hiéroglyphiques, en s'augmentant, parvient à jeter quelques lumières sur les usages de l'Egypte. C'est que ces grandes réunions de corps de bâtimens, appelés *temples*, auroient pu servir aussi d'habitation aux rois, dans un pays, surtout, où le pouvoir religieux se trouva, sur tant de points, confondu avec le pouvoir politique. Mais nous ne pousserons pas cette hypothèse plus loin.

Ne seroit-il pas permis cependant de s'appuyer d'une autre vraisemblance, qui repose sur ce que Diodore de Sicile nous apprend? Tout en avançant (liv. I, sect. II, §. 51) que le roi Uchoris avoit bâti à Memphis des *palais* aussi beaux qu'aucun de ceux qu'on voyoit ailleurs, il ajoute que ces édifices étoient fort au-dessous de la magnificence et du goût de ses prédécesseurs, en d'*autres ouvrages*. Quels étoient ces *autres ouvrages*? C'étoient leurs tombeaux. « Car (dit-il) » c'étoit à se construire de magnifiques sépultures qu'ils employoient ces sommes immenses, » qu'en d'autres pays les princes consacrent à se » bâtir des *palais*. Ils ne pensoient pas que la » fragilité du corps, pendant sa vie, méritât de » solides habitations. Ils ne regardoient le *palais* » des rois que comme une hôtellerie qui, appartenant successivement à tous, n'étoit à personne. Mais leurs tombeaux, ils les envisageoient comme leurs véritables *palais*, comme » leur domicile propre, fixe et perpétuel. Aussi » n'épargnoient-ils rien pour rendre indestructibles des monumens, qui devoient être les dépositaires de leur corps et de leur mémoire. »

Ce renseignement sur les opinions égyptiennes nous paroit devoir entrer dans la balance des raisons qui expliqueroient, comment et pourquoi, dans un pays qui a conservé tant de restes d'édifices, et d'aussi durables encore, on ne découvre rien qui porte évidemment le caractère de *palais*, ou du moins d'habitations conformes à ce qu'on voit ailleurs.

Les temps les plus anciens de la Grèce sont ceux où ce pays fut, dans tous ses petits États, gouverné par des rois. Les poëmes d'Homère en font foi, et c'est encore là que nous trouvons les premières indications ou descriptions de *palais*. Quand on voudroit supposer que le poëte eût été lui-même l'architecte des *palais* qu'il décrit, il n'en seroit pas moins vrai qu'il en auroit puisé l'idée dans les modèles qu'il avoit sous les yeux. Le *palais* de Priam est décrit dans le sixième chant de l'*Iliade*, comme un édifice vaste, dont la partie inférieure étoit composée de portiques en pierres et de galeries couvertes, au-dessus desquelles il y avoit cinquante chambres richement décorées, habitées par les cinquante fils de Priam. En face de cet édifice, dit le poëte, et dans l'intérieur de la cour, il y en avoit un autre bâti en pierres, et où l'on comptoit douze belles chambres pour les filles du Roi. Pâris, qui est représenté comme ayant des connoissances en architecture, avoit fait venir à Troye plusieurs architectes, pour lui bâtir un *palais*. Cet édifice fut construit entre le *palais* de Priam et celui d'Hector.

La description du *palais* d'Alcinoüs par Homère, toute fabuleuse qu'on puisse la supposer, quant aux détails de décoration, n'en est pas moins un témoignage irrécusable du goût régnant au temps du poëte, et de l'usage reçu de porter le plus grand luxe dans les habitations des princes.

Il est bien vraisemblable, et l'on doit croire que, lorsque le régime démocratique se fut établi dans les différentes parties de la Grèce, le luxe de chacune de ces républiques fut plutôt appliqué à l'architecture des temples et des établissemens publics, que dirigé vers la construction des *palais* ou des maisons particulières. L'état républicain ne convenant qu'à de petits territoires, n'a ordinairement que des revenus bornés, et sans quelque cause extraordinaire, on ne sauroit s'y livrer à ces grandes entreprises qui, en fait de *palais*, ne peuvent appartenir qu'aux gouvernemens monarchiques ou aristocratiques.

C'est ce que Démosthènes nous fait bien entendre dans sa harangue contre Aristocrate, en comparant l'état ancien des mœurs d'Athènes, à celui de son temps : « Jadis (dit-il) la république » étoit riche et florissante, lorsque nul particu- » lier ne s'élevoit au-dessus du peuple. Ceux qui » connoissent la maison de Thémistocle, celle » de Miltiade et des autres grands-hommes de » ce temps-là, voient que rien ne les distingue » des maisons ordinaires (alors aussi les édifices » publics étoient si beaux, qu'il n'y a point de » moyen d'enchérir sur leur magnificence). De » nos jours, au contraire, l'opulence des parti- » culiers qui se mêlent des affaires de l'État est » portée à un point, qu'ils se sont bâti des mai- » sons qui surpassent en beauté nos grands édi- » fices. Quant aux ouvrages que la ville fait cons- » truire, ils sont si modiques et si misérables, » que j'aurois honte d'en parler. »

On ne sauroit mieux montrer combien le gouvernement démocratique s'oppose à la construction des *palais*. Athènes touchoit alors aux derniers jours de la république.

Rome républicaine ne connut point le luxe des *palais* : nous ne le concluons point de ce que les Romains n'employèrent d'autre mot que le mot *domus*, maison, à exprimer toutes les sortes d'habitations ; car ils le donnoient aussi à de véritables *palais*, comme on le verra. Avant les conquêtes qui introduisirent dans la république la richesse et le goût de l'ostentation, une grande simplicité de mœurs, une sorte de rusticité produite par la vie agricole, d'une part, et les habitudes militaires de l'autre, s'accommodèrent d'habitations où il eût été, non-seulement inconvenant, mais dangereux d'affecter une certaine supériorité.

Mais Rome en vint bientôt à ce point de réunir les deux conditions les plus favorables au luxe des palais ; savoir, celles de l'aristocratie et celles de la monarchie. Dès que la guerre, les conquêtes et l'esprit de rapine, effet et cause à son tour de la manie de conquérir, eurent fait passer dans les mains des généraux d'armée, et des gouverneurs de provinces, la fortune des peuples et les trésors des princes, on vit des citoyens égaler leurs habitations à celles des rois. L'élément aristocratique, d'ailleurs, qui forme le fond du gouvernement de Rome, avoit habitué les esprits à reconnoître dans les familles des supériorités et des droits aux honneurs et aux dignités, qui veulent se manifester par des signes extérieurs, et l'histoire nous fournit de nombreuses preuves de l'inégalité des habitations, avant l'époque qui vit expirer la république.

On trouve chez Cicéron des notions assez instructives à cet égard, soit dans les mentions qu'il fait des habitations de quelques-uns de ses contemporains, soit dans ce qu'il rapporte de ses propres maisons, où nous voyons que l'emploi des colonnes et tout le luxe des statues, des galeries et des ornemens avoient déjà cours d'une manière remarquable ; et il s'en falloit que Cicéron, d'une famille nouvelle et d'une fortune médiocre, pour son temps, pût entrer en comparaison avec les Pompée, les Sylla, les Crassus et les Lucullus, dont la magnificence, en fait de *palais*, devoit l'emporter sur celle d'un parvenu.

Cependant il paroît que ce n'étoit encore que le prélude de ce que le règne des empereurs devoit opérer. Auguste disoit qu'il avoit trouvé Rome bâtie d'argile (c'est-à-dire en briques) et qu'il la laissoit toute de marbre. Ce fut effectivement à partir de cette époque, qu'on voit les carrières de tous les pays s'épuiser pour satisfaire le luxe des *palais*.

De la même époque date aussi cette habitation de l'Empereur, qui, bâtie sur le mont Palatin, donna par la suite le nom de *palatium* (*palais*) aux demeures des rois et des grands. On continua toutefois d'appeler *domus* les plus magnifiques constructions de ce genre; témoin la maison d'or (*domus aurea*) de Néron, dont il reste encore des vestiges dans quelques ruines, mais tellement incohérentes entr'elles, qu'on ne sauroit y retrouver l'idée de leur ensemble.

Les constructions destinées aux habitations, de quelque genre qu'elles aient été, sont au milieu de toutes les ruines antiques, celles dont il s'est conservé le moins de vestiges reconnoisables. La raison en est que, d'une part, elles reçurent moins de solidité que les monumens publics, et d'autre part, elles dûrent subir de bien plus grands et plus faciles changemens. Les révolutions qui amènent après elles et de nouveaux besoins et de nouveaux usages chez les peuples qui se succèdent, font éprouver aux habitations une action bien plus destructive. Les matériaux des maisons et des *palais* deviennent des carrières où d'autres habitans trouvent à s'approvisionner. Aussi voit-on, soit dans les sociétés croissantes, soit dans celles qui décroissent, les anciennes bâtisses servir à la construction ou de plus vastes demeures ou de plus chétives. Ainsi disparoissent aujourd'hui tous ces châteaux qui furent l'orgueil de leur temps, et leurs matériaux paient le prix des bâtimens qui leur succèdent.

Combien de fois, dans l'espace de tant de siècles, le même agent de destruction n'a-t-il pas dû s'exercer sur les *palais* des Grecs et des Romains! A peine reste-t-il le souvenir de la place jadis occupée par ce célèbre *palais* de Mausole, à Halicarnasse, dont Vitruve s'est plu à faire une mention expresse. Il seroit, comme on l'a dit, impossible de faire sortir des nombreuses ruines de Rome, l'idée tant soit peu vraisemblable du plan d'un seul de ses *palais*, encore moins de leur élévation. L'ensemble de ruines le plus considérable et tout à la fois le plus authentique d'une de ces grandes constructions, est certainement celui qu'on appelle à Tivoli la *villa Adriana*. Nonobstant le nom, qui sembleroit n'avoir dû convenir qu'à une maison de campagne, ce fut un des plus grands *palais* qu'il y ait eu. Cependant ce vaste champ de ruines n'offre aussi qu'un vaste champ aux conjectures de l'architecte, qui essaie d'en coordonner les parties. Et puis ce qui manque à ce *palais*, comme à tant d'autres, c'est la forme et le système de son élévation, sans laquelle l'imagination ne peut rien saisir de positif, et ne peut embrasser l'aspect des masses constituantes, du caractère général, de l'effet et de l'harmonie d'un *palais*.

Deux circonstances ont contribué à sauver de la loi générale de destruction dont on vient de parcourir les effets, un seul et vaste *palais* antique, celui de Dioclétien à Spalatro, jadis *Spalatum*, nom qu'on croit formé de *palatium* (palais). Il fut bâti dans cette ville vers le commencement du quatrième siècle, par cet Empereur, qui en avoit un autre à une lieue de là, c'est-à-dire, à Salone, où il s'étoit retiré. On voit d'abord, par la date de cette construction, qu'elle est une des dernières de ce qu'on peut appeler l'*architecture antique*. Mais il n'est pas moins sensible que cette énorme masse de bâtimens ne trouva point, dans cette petite péninsule de la Dalmatie, où elle resta long-temps cachée, ce mouvement d'une grande population qui, en bâtissant ou rebâtissant d'immenses cités, doit finir, surtout dans des siècles d'indifférence pour les arts, par mettre à contribution tous les matériaux des bâtisses que de nouvelles mœurs ont rendus inutiles.

Encore l'état même de ces restes de *palais* est-il une preuve de ce qu'on vient d'annoncer. Si nous écoutons les plaintes des voyageurs à cet égard, elles ne nous confirment que trop l'effet du principe destructeur dont on parle. Quoiqu'il subsiste encore à Spalatro (dit le dernier de ceux qui l'ont visité) un nombre prodigieux de vestiges de ce magnifique *palais* de Dioclétien, l'un des plus grands fragmens d'antiquité qui nous soient parvenus, il est impossible de ne pas regretter que l'on se soit permis de construire des bâtimens modernes dans l'intérieur de ce *palais*. Outre que cela nuit infiniment aux recherches qui conduiroient à déterminer d'une manière exacte son ancienne et première distribution, il faut dire encore que de superbes matériaux ont été dénaturés pour servir à des bâtimens modernes. L'avarice, l'ignorance et des intérêts particuliers ont hâté la ruine de monumens qui auroient pu, pendant bien des siècles encore, captiver l'admiration, et servir à l'étude de l'histoire des arts. Les habitans de Spalatro ne se sont pas contentés de dépouiller le *palais* de Dioclétien, ils ont encore été ravir ce que les ruines de Salone possédoient de plus beau, bien moins pour décorer que pour bâtir des clochers, des maisons, et même de simples murs de clôture.

Ce qui reste toutefois de cette grande construction a cela de particulier et qui en fait le prix, qu'il existe de chaque partie de l'ensemble assez, non-seulement pour en relever le plan, mais pour en figurer encore l'élévation. On peut en jouir à peu près dans son entier, en considérant sa façade principale, c'est-à-dire, celle qui regarde la mer, et que décoroit une colonnade à peu près toute conservée, puisque, de cinquante colonnes qui la composoient, il en reste encore quarante-deux, formant un long portique en arcades, dans la longueur desquelles s'étendoit une galerie qui donnoit entrée dans cet intérieur.

Beaucoup de parties et de masses de l'élévation permettent de se faire une juste idée des proportions et du tout, des fenêtres, des ouvertures et des couvertures, et il n'y manque aucun des détails propres à en restituer l'ensemble. Mais on en réserve la description à l'article SPALATRO. *Voy.* ce mot.

Il seroit maintenant difficile de suivre par quelqu'indication formelle des monumens, l'histoire abrégée du goût et de la disposition des *palais* dans cette nuit des arts, qu'on appelle du nom de *moyen âge*, sans avoir recours aux notions du genre gothique et des châteaux, dont à peine il reste des fragmens ou des traditions confuses.

On seroit obligé de franchir un assez grand nombre de siècles pour arriver en Italie, par exemple, au *palais* ducal de Venise, dont toutefois le goût diffère encore sensiblement de celui de nos châteaux construits sous le régne du régime féodal. L'Italie n'eut pas à beaucoup près, dans ce temps, le même système que le reste de l'Europe; la féodalité n'y poussa point des racines aussi profondes et ne s'y étendit pas sous les mêmes formes. On ne vit pas ce pays hérissé de châteaux forts, dont les seigneurs, en guerre avec leurs voisins et leurs souverains, habitoient des bastions au lieu de *palais*, et retranchés derrière leurs fossés et leurs ponts-levis, n'avoient guère à s'occuper de la beauté intérieure ou extérieure de leurs habitations. Il paroît certain qu'en Italie, le goût de l'antique architecture ne cessa jamais entièrement, sinon de dominer, au moins d'influer dans les édifices de tous les âges. Trop de modeles s'en étoient conservés, pour que le genre gothique pût en faire disparoître la trace. Aussi le voyons-nous reparoître dès les douzième et treizième siècles. Le quatorzième et le quinzième surtout virent élever à Florence des *palais* dont les masses et les détails rappellent les formes et les élévations colossales des Romains. Il suffit de nommer Bruneleschi et le célèbre *palais* Pitti, pour se convaincre qu'aucune tradition, aucun mélange de la bâtisse gothique n'existoit à cette époque.

Cette époque étoit encore celle où l'on ne trouvoit en France que des châteaux qui, construits dans le système de défense militaire alors en usage, n'avoient aucun rapport avec l'architecture greco-romaine, aucune ressemblance avec ce qu'on est convenu d'appeler un *palais*. Ce qu'on appela même ainsi par la suite, et jusqu'au renouvellement du bon goût, ne fut, dans les demeures des rois, des princes et des grands, que des assemblages de tours rondes ou carrées, réunies dans de grandes cours, par des corps de bâtimens surmontés de toits fort exhaussés, ne présentant au dedans et au dehors que des masses de pierres, percées d'ouvertures sans ornemens. Tel étoit le plan et telles étoient les élevations des *palais* du Louvre et des Tuileries avant le seizième siècle. Tel avoit été ce qu'on nomme aujourd'hui le *Palais*, dont il ne reste plus de trace de son ancienne structure que dans la grande tour qu'on appelle la *tour de l'horloge*, et dans quelques constructions circulaires du même genre. On peut encore voir des restes de cette ancienne disposition des *palais* de ce temps au château de Vincennes, malgré les modifications nombreuses que cet ensemble a subies.

Ce type des châteaux forts étoit tellement devenu celui des *palais* les plus magnifiques, que le *palais* de Chambord, qui fut la merveille de son temps, et qui fut commencé à bâtir sous François Ier., en 1523, est encore une répétition de la même disposition. Toujours des tours rondes, interrompues par des corps de bâtimens flanqués d'autres tours; et cependant, à l'époque où s'élevoit ce célèbre château, l'Italie étoit déjà couverte de *palais* où l'on voyoit revivre, dans toute la régularité des formes et des ordonnances antiques, les masses, les détails, les proportions de la plus belle architecture. Déjà Bruneleschi, Léon-Batista Alberti, Ammanati, Bramante, San-Gallo, Scamozzi, avoient élevé ces *palais* sur lesquels les architectes continuèrent d'aller former leur goût. Il suffit de citer les *palais* du Vatican, de la Chancellerie, à Rome, le *palais* Farnèse, le *palais* Strozzi, à Florence, le *palais* de Caprarole, par Vignole. Enfin, c'est de cette époque ou à peu près que date cette longue suite de *palais*, peut-être plus élégans, dont Palladio a donné les modèles, et qui ont si puissamment contribué à répandre le bon goût de l'architecture et à le naturaliser dans toute l'Europe. *Voyez* PALLADIO.

Ce goût ne tarda point à entrer en France : Primatice, Serlio et plusieurs autres y furent appelés, et bientôt on vit le Louvre changer tout-à-fait de forme sous le crayon de Pierre Lescot. Enfin, disparurent ces restes de gothicité qui s'opposoient à ce qu'un *palais* soumis à une ordonnance régulière reçût les formes, les colonnes, les profils de l'architecture grecque. D'essais en essais, de changemens en changemens, le Louvre est enfin devenu un des plus grands et des plus magnifiques ensembles de *palais* que l'on puisse citer, surtout depuis que, dans le siècle suivant, Perrault eut décoré sa façade d'entrée, de cette superbe colonnade qui lui a donné un extérieur de magnificence, dont on ne sauroit trouver l'égal dans aucun autre *palais*.

Le dix-septième siècle fut celui peut-être qui vit s'élever, dans la plupart des Etats, le plus de *palais*, et les plus riches et les plus somptueux. Malheureusement le goût de l'architecture avoit déjà perdu de sa noblesse et de sa simplicité, et l'amour de la variété en avoit corrompu les formes.

Il faut excepter cependant l'Angleterre, où l'école de Palladio s'étoit naturalisée. On doit regretter que des circonstances funestes aient interrompu, à Londres, l'exécution du magnifique *palais* qu'Inigo Jones avoit commencé pour les rois d'Angleterre. Un seul fragment qui subsiste de son élévation (le palais de Withall), nous assure qu'elle auroit répondu dans toutes les parties, et sous tous les rapports, à la grandeur du plan le plus vaste et le plus beau qui ait jamais été conçu. Mais, comme on l'a dit au commencement, le sort de l'architecture, en fait de *palais*, dépend beaucoup de la nature et de la forme du gouvernement. Rien de grand, en ce genre, ne fut plus conçu dans ce pays, depuis la catastrophe de Charles Ier., et le roi d'Angleterre est aujourd'hui le souverain le plus mal logé de toute l'Europe. La réforme d'une part, et la révolution de Cromwel, de l'autre, ont enlevé à l'art de bâtir les seules grandes occasions où il puisse briller, celles d'élever de grands temples et de grands *palais*.

En Italie, il suffit de nommer Bernin et Borromini, pour annoncer le changement de goût que l'architecture des *palais* fut forcée de subir. Quoiqu'il y ait loin, sous tous les rapports, du premier de ces architectes au second, qui dénatura tout, cependant il faut convenir que le génie de Bernin devoit produire celui de Borromini. Nous avons assez fait connoître à leurs articles, quelle fut sur l'architecture l'influence du goût de ces deux maîtres. La décoration prit le dessus; l'ornement corrompit la forme : l'on ne connut plus les grandes masses, les grandes lignes, les grandes proportions.

D'autres mœurs amenèrent aussi avec elles d'autres genres de dispositions. Le luxe changeant de forme et d'objet, la plus grande dépense des *palais* fut celle des intérieurs, des meubles et d'une multitude de superfluités indépendantes de l'architecture. Tout se rapetissa en dehors des édifices. Si l'on en veut une preuve, on la trouvera dans le vaste *palais* de Versailles, qui en dehors n'a de grand que la longueur de la ligne sur laquelle il est bâti, et l'étendue de sa superficie, et dont l'élévation mesquine, sans forme, sans caractère, sans idée, sans aucun mérite d'exécution, est restée, pour l'architecture, et ce qui en fait la valeur, au-dessous de tous les *palais* qui l'avoient précédé depuis deux siècles.

Le goût du grand disparut enfin tout-à-fait, et le dix-huitième siècle n'auroit pas un grand *palais* à citer, si Van-Vitelli n'eût bâti, à Caserte, celui du roi de Naples, seule entreprise de ce siècle qui, pour la simplicité du plan, l'immensité de la superficie, la grandeur de sa masse et de son élévation, rappelle les travaux des siècles passés.

On a dû voir par les édifices dont on a parcouru si rapidement la série dans cet article, qu'on n'a entendu traiter que des *palais* des souverains ou de ceux des grands. Nous n'ignorons pas qu'on pourroit faire mention de beaucoup d'autres monumens remarquables auxquels on donne aussi le nom de *palais*.

Ainsi, l'on appelle *palais* tout grand édifice qui renferme quelqu'établissement public. On appelle *palais* celui où siègent les tribunaux; celui où les grands corps politiques tiennent leurs séances; celui où sont placées les administrations; celui où des institutions quelconques et des compagnies qui ont un rang dans l'Etat, se trouvent réunies.

Beaucoup de ces édifices, chez les différentes nations, ont occupé le génie des architectes, et on en trouve les mentions et les descriptions aux articles biographiques des artistes. Nous y renvoyons le lecteur.

PALANÇONS, s. m. pl. Morceaux de bois qui retiennent les torchis. *Voyez* Torchis.

PAL-A-PLANCHE, s. f. (*Terme d'architecture hydraulique.*) C'est une dosse affûtée par un bout, pour être pilotée, à l'effet d'entretenir une fondation, un batardeau, etc. Cet affûtement a lieu, tantôt dans la moitié de la planche, tantôt en écharpe, et toujours d'un même sens, afin qu'il soit plus solide. On coupe les dosses en onglet et à chanfrein, pour qu'elles puissent mieux couler dans la rainure qui doit les recevoir.

On appelle *vannes* les *pal-à-planches* quand on les couche en long du batardeau.

PALASTRE, s. f. (*Terme de serrurerie.*) C'est la pièce de fer qui couvre toutes les garnitures d'une serrure, et contre laquelle sont montés tous les ressorts nécessaires à une fermeture.

PALE, s. f. (*Terme d'architecture hydraulique.*) Espèce de petite vanne, qui sert à ouvrir et à fermer la chaussée d'un étang.

PALÉE, s. f. (*Terme d'architecture hydraulique.*) C'est un rang de pieux employés de leur grosseur, espacés assez près les uns des autres, liernés, moisés et boulonnés d'une cheville de fer, qui, étant plantés suivant le fil de l'eau, servent de piles pour porter les travées d'un pont de bois.

PALESTRE ou PALÆSTRE. Ce mot vient du latin *palæstra*, qui lui-même est grec, et chez les Grecs signifioit à la fois *lutte* et l'endroit, l'édifice où l'on s'exerçoit aux combats gymnastiques. Aussi Vitruve, liv. V, ch. 11, le décrit-il comme appartenant aux usages, non de l'Italie, mais de la Grèce.

Dans les *palæstres* (dit-il) on fait les portiques sur un plan carré-long, de manière que l'espace à parcourir dans leur circuit comprenne deux stades, ce que les Grecs appellent *diaulon*. Trois de ces portiques sont simples; le quatrième, qui est tourné vers le midi, est double, afin que les grandes pluies, accompagnées de vent, ne puissent point pénétrer dans l'intérieur. Dans les trois portiques simples, on place des écoles ou exèdres, avec des siéges, où les philosophes, les rhéteurs et autres gens studieux puissent s'asseoir pour discuter entr'eux.

Le portique double est disposé de façon à recevoir ces trois sortes d'emplacemens. Dans le milieu est l'*ephebeum*, grande école ou exèdre, avec des siéges, qui doit avoir en longueur un tiers de plus que sa largeur. A droite est le *coriceum*, ensuite le *conisterium*, puis, et dans l'angle du portique, le bain froid, appelé *lutron*. A gauche de l'*ephebeum* est l'*elaotesium*, suivi du *frigidarium*, ensuite, dans l'autre angle du portique, est le passage au *propnigeum*. A côté, mais dans l'intérieur, et en face du *frigidarium*, est située la *concamerata sudatio*, etc.

En dehors de cet ensemble de bâtimens, il y a trois portiques, l'un au sortir de la *palæstre*, les deux autres à droite et à gauche, etc.

On peut consulter, sur le reste des détails que donne Vitruve, les dessins de Galiani, sans lesquels il est difficile de se faire une juste idée de cette description.

Ce qu'on vient de rapporter suffit pour faire comprendre que la *palæstre* des Grecs étoit un ensemble de locaux divers, servant aux exercices du corps et à ceux de l'esprit, qui comprenoit plus d'une sorte d'institution, où l'on trouvoit des salles de jeu, des bains chauds et froids, etc. Il nous semble que les Romains, qui, au dire de Vitruve, n'avoient point de *palæstre* proprement dite, en eurent l'équivalent avec plus de grandeur et de somptuosité, dans ce qu'ils appelerent des *thermes*, genre d'édifices où il est assez facile de reconnoître à peu près les mêmes usages.

PALESTRINE. *Voyez* PRENESTE.

PALIER ou REPOS, s. m. On donne ce nom à un espace qui, dans toute montée composée de marches ou de gradins, offre à celui qui monte l'occasion d'un repos, et divise ainsi, pour la commodité, en plusieurs séries, la succession des degrés.

Ce qu'on appeloit *præcinctiones* dans les suites de gradins dont se composoit l'intérieur des théâtres et des amphithéâtres antiques, étoit de véritables *paliers* servant de repos à ceux qui montoient, et offrant un couloir de circulation pour ne point déranger les personnes assises.

Dans les escaliers des maisons, les *paliers* sont ordinairement déterminés par les étages. Il est quelquefois dangereux de les multiplier ou de les faire trop courts, parce que l'action de monter ou de descendre dépendant d'un mouvement souvent instinctif, tout ce qui arrête mal-à-propos, ou contrarie ce mouvement, produit des faux pas dangereux.

Les *paliers* doivent avoir au moins la largeur de deux marches dans les grands perrons, et ils doivent être aussi longs que larges, quand ils sont dans le retour des rampes des escaliers.

On appelle *demi-palier* un *palier* qui est carré sur la longueur des marches. *Philibert Delorme* nomme *double marche* un *palier* triangulaire dans un escalier à vis.

PALIER DE COMMUNICATION. *Palier* qui sépare deux appartemens de plain-pied, et communique à chacun.

PALIER CIRCULAIRE. C'est le *palier* de la cage ronde ou ovale d'un escalier en limaçon.

PALIFICATION, s. f. (*Terme d'architecture hydraulique.*) C'est l'opération par laquelle on fortifie un sol avec des pilots. *Voyez* MOUTON et PILOTS.

PALISSADE, s. f. Espèce de barrière de pieux fichés en terre, à claire voie, qu'on fait, au lieu d'un petit fossé, au bout d'une avenue nouvellement plantée (par exemple), pour empêcher que les charois n'endommagent les jeunes arbres. Il y a, sans qu'il soit besoin de le dire, bien d'autres emplois de la pratique des *palissades*.

PALISSADE (*Jardinage*). On appelle ainsi, dans les jardins, ces rangées plus ou moins serrées d'arbres feuillus par le pied, qu'on taille en manière de mur, contre les murailles des jardins, pour en cacher la clôture, ou qu'on établit des deux côtés d'une allée, entre les arbres qui la forment.

Les *palissades* faites avec l'arbre qu'on appelle *charme*, sont celles qui remplissent le mieux ce double objet, tant cet arbre a la propriété de se laisser émonder et conduire à toute hauteur, et au gré de l'usage auquel on veut l'appliquer.

On fait des *palissades* avec plus d'une sorte d'arbres, selon les différens pays et les productions naturelles qui s'y prêtent.

En Italie, on voit les murs des jardins palissés avec des lauriers, des citroniers, des orangers, qui ont l'avantage d'offrir une verdure perpétuelle.

Dans le Nord, on fait de petites *palissades* avec de la charmille, de l'if et du buis pour les allées. Les *palissades* à hauteur d'appui se font avec des jasmins, des lilas, des rosiers, etc.

On fait, dans les jardins réguliers, des *palissades* qu'on appelle *à banquettes*, qui n'excèdent jamais trois pieds et demi de haut. Elles servent à borner seulement les allées par en bas, et le reste de l'espace est libre entre les arbres.

La hauteur de semblables *palissades* doit être les deux tiers de la largeur de l'allée. Si on les fait plus hautes, elles font paroître les allées étroites et les rendent tristes : leur mérite consiste à être bien garnies par en bas.

L'utilité des *palissades* consiste : 1°. à cacher les murs de clôture, à boucher par endroits des trouées qui produiroient des aspects désagréables, et à procurer des ouvertures aux points de vue qu'on veut ménager; 2°. à corriger et à racheter les biais qui souvent se trouvent dans un terrain, et les coudes que forment certains murs; 3°. à servir de clôture aux bosquets, cloitres et autres compartimens qui doivent être séparés, et où l'on pratique d'espace en espace des renfoncemens le long des allées; 4°. à revêtir le mur d'appui d'une terrasse; 5°. à former des niches qui décorent des jets d'eau, des figures ou des vases; 6°. enfin, à dresser des portiques et à former des galeries et des arcades.

On appelle *palissades crénelées* les *palissades* qui sont couvertes d'espace en espace, en manière de créneaux, au-dessus d'une hauteur d'appui, comme il y en a, par exemple, autour de la pièce d'eau appelée *l'Ile royale*, à Versailles.

Tondre une palissade, c'est la dresser avec le croissant, qui est une espèce de faux.

PALISSER (*Jardinage*), v. act. C'est disposer les branches des arbres d'une palissade à un treillage, ou contre un mur de clôture ou de terrasse, en sorte qu'il en soit couvert partout le plus qu'il est possible.

PALLADIO (André), architecte, né à Vicence, en 1518, mort en 1580. On voit par la date de la naissance de *Palladio*, et conséquemment par celle de l'époque où il put commencer à exercer l'architecture, que déjà cet art, retiré depuis un siècle de la barbarie du moyen âge, rappelé à ses anciens principes, à ses véritables types, aux pratiques du goût des Anciens, par les études d'un très-grand nombre d'artistes célèbres du quinzième siècle, et porté au plus haut point peut-être de la perfection moderne, dans les ouvrages de Brunelleschi, de Léon-Baptiste Alberti, de Bramante, de Balthasar Peruzzi, des San-Gallo, devoit offrir à leurs successeurs une carrière déjà parcourue avec tant d'éclat, que de nouveaux succès y devenoient plus difficiles. Lorsque les premières places semblent toutes occupées, il est assez naturel à ceux qui surviennent, ou de se faire les suivans de leurs prédécesseurs, ou de se créer une fausse célébrité, par la nouveauté qu'on cherche dans le caprice et la bizarrerie.

André Palladio eut le bonheur et le mérite d'échapper à ce double écueil. Après tant d'architectes originaux, il sut encore, non-seulement être original, mais devenir le modèle sur lequel se sont réglés la plupart de ceux qui, dans plus d'un pays, ont fait briller l'art de l'architecture. Son goût devint dominant, et il a donné son nom à une école, c'est-à-dire, à une manière qui n'a pas, depuis lui, eu de rivale; tant il est vrai qu'il y a toujours une place nouvelle dans tous les arts, pour l'homme à qui la nature a donné le secret de voir, de sentir et de penser par lui-même.

Il faut avouer cependant, qu'en architecture surtout, il faut encore une autre condition. Cet art dépend, bien plus que tout autre, d'une rencontre de circonstances sans lesquelles, comme dans certains terrains, les meilleurs germes peuvent rester inféconds. Pour qu'il se donne d'habiles architectes dans un temps ou dans un pays, il faut qu'il s'y donne le besoin d'avoir de l'architecture. Or l'architecture, pour être ce que son nom signifie, demande ce qu'elle ne sauroit obtenir, ni de toute sorte de société, ni dans chaque siècle. Une multitude de causes physiques et morales en développent ou en compriment la naissance ou l'essor; une multitude de circonstances en font naître le besoin, mais sous des formes diverses, et à des degrés fort différens.

Les seuls noms des premiers architectes que nous venons de nommer, nous font connoître, dans les monumens qui les ont illustrés, c'est-à-dire, par la magnificence, la richesse et la grandeur des temples, des palais, des édifices civils et religieux, une époque où l'architecture étoit comme le premier besoin de la société, où le luxe des grandes familles rivalisoit avec celui des gouvernemens. Ce fut alors que se créa cette suite mémorable des grands ouvrages qui, en Italie, ont marqué l'époque de la grande architecture, c'est-à-dire, de l'art appliqué dans les plus grandes proportions, avec la plus grande solidité et le plus de richesse, à tous les ouvrages commandés par les grands intérêts de la société.

Palladio ne trouva ni dans l'Etat vénitien, ni à l'époque où il parut, c'est-à-dire, vers le milieu du seizième siècle, d'occasions aussi propices à la conception et à l'exécution de ces grandes entreprises. L'Etat de Venise, encore brillant alors par le commerce et par les armes, avoit dû à quelques monumens de l'antiquité, conservés dans ses provinces, à ses anciennes communications avec la Grèce, les traditions du bon goût; et les premiers ouvrages de son architecture en font foi. Son gouvernement aristocratique avoit favorisé le luxe des édifices particuliers. La démocratie l'étouffe sous le niveau de l'égalité; mais le régime de l'aristocratie ne présente d'autre idée, que celle d'une royauté répartie entre plusieurs. Il est dans les intérêts de cet ordre de choses, que la classe privilégiée qui gouverne, fasse sentir au dehors son importance. Elle ne sauroit mieux le faire pour la multitude, que par la distinction et la supériorité des demeures. De-là l'espèce d'étiquette imposé à chaque membre du Gouvernement, de proportionner à son rang l'extérieur de son habitation, et

de-là

de-là des causes favorables à l'architecture des palais, soumis toutefois à de moindres dimensions que ceux des princes et des monarques.

Telle fut la carrière qui s'ouvrit à *Palladio* : il n'eut à créer ni de vastes églises, ni de ces palais de souverains, ni de ces grands monumens d'utilité publique, dont l'inconvénient ordinaire fut d'user les talens successifs et divers de plusieurs architectes. L'état politique de son pays lui présenta une classe nombreuse de citoyens enrichis et distingués, jaloux de laisser un souvenir de leur existence, dans des demeures auxquelles ils attachoient leur nom. L'époque dont on parle fut aussi pour Venise, comme il arrive surtout dans les pays dont le commerce augmente les fortunes, une époque de renouvellement pour l'art de bâtir. Alors, une sorte de courant de mode porte chacun, de proche en proche, à suivre le ton dominant. *Palladio* contribua beaucoup à augmenter ce mouvement. C'étoit à qui auroit un projet de lui : les campagnes des environs et les rives de la Brenta s'embellirent d'une suite de palais ou de maisons de plaisance, qui sont devenues l'école de l'architecture civile.

La supériorité du goût de *Palladio*, ou ce qui a donné à son école une plus grande autorité, tient à ce qu'il a plus soigné ses plans qu'on ne l'avoit fait avant lui, qu'il les a rendus plus accommodés aux besoins des temps modernes, et aux facultés des fortunes moyennes; qu'il a su faire du grand sans de grandes dimensions, et de la richesse sans beaucoup de dépense; qu'il a eu le secret d'approprier les ordres aux façades des palais avec une élégance toute nouvelle; d'employer les ressources des matériaux divers, et d'en faire servir la variété à la décoration des bâtimens; qu'enfin, il a mieux qu'aucun autre trouvé, dans l'imitation de l'antique, cet heureux milieu de correction sans pédanterie, de sévérité sans affectation, de liberté sans licence, qui a rendu l'architecture et les ordonnances des Grecs propres à tout pays, applicables à tous les usages, à tous les genres de matériaux, dans toutes les sortes de bâtimens, en petit comme en grand, et selon tous les degrés de fortune de ceux qui bâtissent.

De fait, après que l'architecte a formé son style sur les grands modèles de l'antiquité, et y a puisé les raisons fondamentales et les principes de proportion, sur lesquels repose tout le système de l'architecture, lorsqu'il a étudié dans les grands ouvrages de Rome moderne et de Florence, les applications faites de ces lois aux mœurs et aux convenances d'un ordre de choses tout-à-fait différentes, il semble qu'il ne peut pas se dispenser d'aller chercher dans les œuvres de *Palladio* le secret d'un genre d'applications encore plus usuelles aux travaux que notre état social exigera de lui, d'y étudier l'art de faire plier tour à tour et nos besoins aux plaisirs d'une belle architecture, et l'ajustement de celle-ci, aux nécessités et aux sujétions sociales actuelles.

C'est ainsi que le goût de l'école de *Palladio* a trouvé comme une seconde patrie en Angleterre, où Inigo Jones, Wreen, Gibb, Chambers et plusieurs autres ont naturalisé ses plans, ses façades de bâtiment, l'ajustement heureux de ses formes, de ses profils, de ses ordonnances, et le style de ses détails.

Le style de *Palladio* a une propriété qui devoit le propager; c'est (comme on l'a dit) une espèce de moyen terme entre cette austérité de système, dont quelques esprits exclusifs abusent dans l'imitation de l'antique, et les doctrines anarchiques et licencieuses de ceux qui se refusent à tout système, parce qu'aucun ne peut recevoir d'application universelle, et qui soit sans exception. Il y a dans les édifices de *Palladio*, une raison toujours claire, une marche simple, un accord satisfaisant entre les lois du besoin et celles du plaisir; une telle harmonie enfin, qu'on ne sauroit dire lequel a commandé à l'autre. Sa manière présente à tous les pays une imitation facile; son mérite est bien ce qui a produit cette facilité, mais cette facilité même d'être adaptée à tout, est ce qui proclame son mérite. Aussi est-il vrai de dire que *Palladio* est devenu le maître le plus universellement suivi dans toute l'Europe, et, si l'on peut dire, le législateur des Modernes.

L'homme qui eut tant d'élèves paroît ne l'avoir été lui-même de personne. On ne cite aucun architecte de son temps dont *Palladio* ait suivi les leçons. Si on l'en croit, et ce qu'il dit de lui dans la préface et l'épître dédicatoire du premier livre de son *Traité d'Architecture*, entraîné dès son jeune âge, par un goût naturel, vers l'étude de cet art, il n'eut pour guide et pour maître que Vitruve. Ses études faites ainsi dans sa jeunesse, démentent l'opinion fondée sur une simple tradition, qu'il auroit perdu ce temps si précieux dans des travaux mécaniques et subalternes. La seule intelligence de Vitruve suppose un sujet déjà versé dans plus d'un genre d'études. Aussi Temanza assure-t-il que, dès l'âge de vingt-trois ans, *Palladio* avoit déjà acquis des notions de géométrie et de littérature, premiers degrés nécessaires pour arriver au savoir qu'exige l'architecture.

Quelques-uns ont cru toutefois que le célèbre littérateur Trissino auroit pu contribuer à son instruction dans cet art, et influer sur la direction de son goût. On l'a encore conclu de la mention honorable que *Palladio*, dans son Traité déjà cité, a fait de Trissino; mais de cela même qu'il n'en parle point, comme ayant été son maître, on doit conclure que cela ne fut point, tant l'intérêt même se seroit uni à la reconnoissance, pour engager l'artiste à se vanter d'avoir reçu les leçons d'un homme aussi célèbre.

Quoi qu'il en soit, il dut, sans doute, à son

savoir et à son amitié, les encouragemens qui lui facilitèrent les moyens de faire de rapides progrès; et, par exemple, on voit qu'il fit, avec son zélé protecteur, trois fois le voyage de Rome.

Palladio ne tarda point à s'apercevoir de l'insuffisance des études restreintes aux écrits de Vitruve, de Léon-Baptiste Alberti et des autres maîtres, ses devanciers. Il se livra en entier à l'exploration des monumens antiques, mais non point superficiellement, comme ceux qui ne veulent qu'en copier les œuvres. Lui, il voulut les imiter dans leurs raisons et leurs principes, dans leurs détails et leur ensemble. Non content de relever les parties des édifices ruinés que le temps a épargnées, il interrogea leurs fondations, et recomposant, d'après leurs fragmens, ces restes mutilés, il fut des premiers à redonner, dans de savantes restaurations, l'idée complète de leur état primitif.

Une lettre de Trissino, en date de 1547, nous apprend que cette même année *Palladio*, âgé de vingt-neuf ans, revint se fixer dans sa patrie, qu'il devoit enrichir des dépouilles de Rome. On est assez d'accord qu'il eut quelque part dans la construction du palais ou hôtel-de-ville d'Udine, commencé par Jean Fontana: du moins Temanza, bon juge en cette matière, assure que le goût de *Palladio* y est écrit sur plus d'un endroit en caractères fort lisibles.

Mais une plus grande entreprise devoit bientôt donner l'essor à son talent: nous voulons parler de ce qu'on appelle la *Basilique de Vicence*, ancienne construction, dans le goût qu'on nomme *tudesque* ou *gothique* en Italie. C'est une vaste salle, jadis aussi environnée de portiques, où il paroît qu'on rendoit la justice, et qui fut, sans doute, une tradition des anciennes basiliques chez les Romains. Le laps des siècles et divers accidens l'avoient réduite à un état ruineux, et dès le quinzième siècle, on avoit fait, surtout aux portiques extérieurs, de graves réparations qui n'aboutirent qu'à retarder les progrès du mal. Il devint si menaçant, que plusieurs architectes furent consultés pour trouver le meilleur moyen de conserver au moins le corps de bâtiment ou la grande salle, en lui donnant pour contre-forts de nouveaux portiques extérieurs. Jules Romain, alors fixé à Mantoue, donna un projet de cette restauration, mais celui de *Palladio* obtint un plus grand nombre de suffrages; il eut la préférence.

Rien de plus difficile en architecture, que de raccorder à un reste de bâtiment obligé, un ensemble nouveau, qui ne paroisse point un hors-d'œuvre disparate, et où rien ne fasse sentir la gêne imposée à l'artiste. Ce fut certainement un coup de maître de la part de *Palladio*, d'avoir appliqué au support de cette ancienne construction, une ordonnance de portiques si bien en rapport avec elle, que personne ne soupçonneroit que ce fût un édifice dû à des temps si divers et à des styles si étrangers l'un à l'autre. L'architecte imagina d'élever tout à l'entour deux rangs de galeries, dont l'inférieur a un ordre dorique, et le supérieur est orné d'un ionique. Ces colonnes, tant celles d'en haut que celles d'en bas, sont adossées à des piédroits, et séparées par des arcades, dont la retombée porte sur de petites colonnes isolées. L'entablement dorique est orné de triglyphes et de métopes. L'ionique supporte une balustrade servant d'appui à une terrasse qui règne dans tout le pourtour, et au-dessus de laquelle s'élève comme une espèce d'attique orné de pilastres, percé de jours circulaires, qui sont de l'ancienne construction, et répandent la lumière dans l'intérieur de la salle. Il faut examiner le plan et les coupes de tout le monument dans son état actuel, pour pouvoir se rendre compte de l'intelligence avec laquelle *Palladio* a su établir la plus exacte correspondance, entre les colonnes de sa nouvelle ordonnance extérieure, et les piliers gothiques de l'intérieur. La beauté de la pierre, la pureté de l'exécution, la finesse et la correction des détails ajoutèrent un prix nouveau à cette entreprise. *Voyez* au mot Basilique moderne, une plus ample description de ce monument.

La réputation qu'elle lui acquit lui valut l'honneur d'être appelé à Rome, où il retourna pour la quatrième fois. Il s'agissoit de concourir aux projets de la nouvelle basilique de Saint-Pierre, mais le pape Paul III mourut avant son arrivée. Trissino l'avoit recommandé au pontife pour succéder à San-Gallo, et Trissino mourut aussi bientôt après. Cependant *Palladio* sut mettre à profit ce nouveau séjour à Rome. Il se mit à mesurer encore, à revoir et à redessiner le plus grand nombre des édifices antiques, tels que théâtres, amphithéâtres, arcs de triomphe, temples, tombeaux, thermes, etc. Il est à croire que ce fut aussi alors qu'il eut l'occasion de faire exécuter, à Rome, quelques projets de son invention, à moins qu'on ne les rapporte à un autre voyage; car Rome le vit cinq fois, et toujours occupé de ses antiquités.

C'est à ces études réitérées qu'il dut de publier, en 1554, un petit ouvrage sur les monumens antiques, qui, bien qu'assez abrégé, fut reçu avec applaudissement, et réimprimé, tant à Rome qu'à Venise.

De retour, et définitivement fixé dans sa patrie, *Palladio* commença à y jouir d'une réputation exclusive. C'étoit à qui auroit un palais de ville ou de campagne exécuté sur ses dessins; et ici commenceroit, si l'étendue de cet article le permettoit, la description de cette nombreuse série d'édifices si variés dans leurs plans et leurs élévations, si ingénieux dans leur composition, si élégans et d'un goût si exquis, dont les villes et les campagnes de l'État vénitien nous offrent le recueil.

Mais comment faire connoître par le discours, des beautés sur lesquelles le discours n'a aucune prise? Une nouvelle difficulté est venue se joindre à celles que de semblables descriptions font éprouver à l'écrivain. En effet, le plus grand nombre des ouvrages de *Palladio*, comme on l'a dit, fut exécuté pour les demeures de riches particuliers, de familles opulentes et illustres, dans leur pays. Or, par quel nom désigner aujourd'hui la plupart de ces élégans palais, de ces charmantes maisons de campagne, qui, par l'effet des révolutions et du temps, ont changé de propriétaires? Il en faudroit aujourd'hui une description nouvelle, ou pour mieux dire, il faudroit faire une nouvelle œuvre de *Palladio*, où chacun de ses ouvrages seroit désigné par le nom de la ville, de la rue, de la campagne, où il existe. L'ancienne nomenclature ne peut presque plus nous servir.

Au lieu donc d'en suivre les notions, telles que les donnent les biographies, sous leurs anciens noms, nous allons nous contenter de classer les palais de ville et de campagne de *Palladio*, sous le seul rapport des variétés de leur architecture.

On peut affirmer qu'il y a épuisé presque toutes les combinaisons que les diversités des ordres grecs, leurs nombreuses applications aux formes et aux besoins de la construction, les procédés de l'art de bâtir, l'emploi de tous les types, de tous les matériaux, peuvent fournir au génie inventif de l'architecte.

Dans les palais de ville, *Palladio* sut réunir avec beaucoup de propriété l'usage des portiques et l'emploi des ordres de colonnes. Volontiers le rez-de-chaussée de ses édifices se compose d'arcades, quelquefois simples et sans bandeau, comme on le voit au palais qu'on croit avoir été construit par lui pour Trissino, où des niches carrées sont percées dans le massif des piédroits, lorsqu'au-dessus d'autres petites niches circulaires renferment des bustes. D'autres fois ses portiques servent de soubassement rustique à l'étage supérieur ou à l'ordonnance qui le décore. Personne n'a employé avec plus de réserve et d'élégance à la fois, le genre rustique. Les bossages sont dans l'heureux emploi que l'architecte sait en faire, ce que, dans la peinture, sont les ombres et les moyens d'opposition, qui résultent de la diversité des tons et des couleurs. Tel est l'effet des matériaux rustiques, dans l'ensemble des devantures ou des façades des palais; en même temps qu'ils servent à fixer par le plus ou le moins de force et de saillant qu'on leur donne, le caractère plus ou moins grave de l'ordonnance, ils forment un contraste plus ou moins sensible avec ce qui les environne. Mais ils ont surtout l'avantage de donner un grand air de solidité à la bâtisse. *Palladio* ne porta point, comme on l'avoit fait avant lui à Florence, l'abus du bossage à cet excès qui semble ne devoir convenir qu'à des murs de forteresses ou de prisons. Il sut en varier avec goût les compartimens, il sut en tempérer l'austérité par des nuances légères, et par un accord si bien raisonné entre les vides et les pleins, entre la masse générale et ses détails, que l'œil trouve dans ces variétés un agrément d'autant plus vif, que le genre sembloit le moins devoir s'y prêter.

Telle est l'impression que produit le magnifique palais, connu sous le nom de *Tiene*. *Palladio* lui-même, en nous apprenant qu'il avoit disposé le côté de ce palais regardant la place, de manière à admettre des boutiques, qui ont dans le cintre des arcades, un entre-sol, nous fait peut-être entendre que ce motif put le porter à donner un caractère massif à ce soubassement. L'étage principal ayant onze croisées de face dans chacun de ses quatre côtés, est orné de pilastres corinthiens, accouplés aux angles ou sur quelques trumeaux plus larges, isolés sur tous les autres, et se détachant sur un mur découpé de simples refends. Les fenêtres sont à frontons alternativement angulaires et circulaires, portées par de petites colonnes entrecoupées de bossages, lesquels, avec les claveaux également en saillie de la plate-bande des croisées, rappellent le style du soubassement.

Il est, sans doute, à regretter qu'un aussi bel ensemble n'ait pas reçu son entière exécution. On ne s'en forme l'idée générale que dans le grand Recueil des Œuvres de *Palladio*, publié à Vicence, en 1786.

Palladio, dans son *Traité d'Architecture*, où il traite également des édifices de l'antiquité, s'est souvent permis de produire les dessins des siens propres, comme exemples d'autant mieux faits pour expliquer Vitruve, que nourri de tous les modèles des ruines de Rome et d'autres pays, ce fut souvent à l'instar des fabriques antiques, qu'il imagina, composa et distribua les palais dont il étoit chargé.

Ainsi le voyons nous dans le palais qu'il bâtit à Vicence, pour un seigneur de cette ville, qu'il nomme *Joseph de' Porti*, en établir le plan de la manière la plus symétrique, sur un terrain qui, faisant face à deux rues, lui donna lieu de répéter, d'un côté comme de l'autre, et la même distribution intérieure, et la même élévation extérieure. Ce sont comme deux maisons semblables, réunies par une seule et même cour. *Celle de devant*, dit-il, *est à l'usage du maître, celle de derrière sera pour les étrangers, selon la pratique des maisons grecques, qui avoient ainsi deux corps-de-logis distincts.* Ce double palais se compose d'un rez-de-chaussée à arcades et en bossages peu ressentis, formant le soubassement d'une ordonnance de colonnes ioniques, qui séparent les sept fenêtres de la façade. Au-dessus s'élève un attique, percé d'autant de petites fenêtres carrées, dont les trumeaux sont occupés par des statues, à l'à-plomb des colonnes. Les fenêtres du premier étage sont à chambranles, ornés de frontons alternativement angulaires et circulaires. La cour est environnée d'une galerie formée par de belles colonnes à chapiteau composite, et coupées par la balustrade de la galerie supérieure, qui répond aux fenêtres du premier étage.

Palladio ne s'est presque jamais répété dans une seule de ses nombreuses compositions. Il dispose de tous les moyens de l'architecture avec pleine liberté. Ici il établit deux ordres de colonnes adossées; là il use de pilastres, dont la hauteur embrasse l'étage d'en bas et l'étage supérieur; tantôt il place les colonnes de ses devantures sur de très-hauts piédestaux, qui sont exhaussés eux-mêmes sur des socles; tantôt il accouple les ordres, et donne aux colonnes une base commune; tantôt il fait le contraire. Ici, comme au palais Valmarana, un soubassement d'arcades toutes lisses supporte un péristyle de colonnes doriques, dont les entre-colonnemens sont inégaux, et partout on sent l'action d'un génie rempli de toutes les richesses de l'art, toujours conduit par les principes du beau, mais jamais esclave d'aucune méthode exclusive. Tout ce qu'une sévérité de principes absolue pourroit regarder comme abus ou comme licence, reçoit de l'harmonie de sa composition et de l'élégance de ses formes, un tel charme, qu'on est toujours porté à croire que le mieux y auroit été l'ennemi du bien.

Il y a en architecture, comme en tout genre, des esprits portés à n'admettre que des règles inflexibles, et qui semblent croire que c'est aux hommes, aux temps, aux besoins, à se faire aux règles, comme si la règle du convenable n'étoit pas l'effet de toutes les causes préexistantes. *Palladio* semble avoir eu pour objet de montrer que tout ce qu'il y a de beau et de bon dans l'architecture des Anciens, peut convenir à tous les temps, à tous les pays, avec les modifications que les Anciens ont admises eux-mêmes dans leurs ouvrages. D'après sa manière d'imiter les Anciens, il paroîtroit n'avoir eu d'autre système que de faire, comme feroient les mêmes Anciens, s'ils revenoient exercer leur art chez les Modernes. De-là cette application libre, facile et spirituelle, des masses, des lignes, des plans, des ornemens de l'antique, à toute construction.

On ne sauroit parcourir la suite nombreuse des charmantes maisons de campagne, dont il a embelli le Vicentin et les États de Venise, sans se croire transporté dans l'ancienne Grèce, ou sur le territoire, si riche en ce genre, de Rome et de ses environs.

C'est là que *Palladio* a donné l'essor à son imagination: disposant à volonté de terrains bien moins circonscrits que ne le sont ceux des villes, il s'est plu à embrasser dans l'ensemble de ses plans, toutes les sortes d'accompagnemens, qui servent, si l'on peut dire, de cadre au corps principal du bâtiment.

Faute de pouvoir nous livrer, dans cet article, à la description détaillée de toutes ces inventions, c'est au *Traité d'Architecture* de *Palladio* que nous renvoyons le lecteur. Il y verra avec plaisir l'auteur lui-même énumérer et décrire, soit par le discours, soit par le dessin, cette multitude de maisons bâties par lui, et dont chacune semble un de ces projets composés de fantaisie, dont l'imagination de l'architecte aime à fixer sur le papier l'exécution peu dispendieuse. Ici, il verra la maison de campagne s'élever au fond d'une spacieuse avant-cour fermée de portiques circulaires; là, elle se trouve flanquée de bâtimens, dont les ordonnances viennent se réunir au corps principal. Ailleurs, le bâtiment d'habitation se compose de quatre corps chacun, avec son péristyle, et réunis dans le milieu par une coupole. De grands portiques conduisent ordinairement à la maison, et l'architecte s'est étudié à varier les plans de tous ces accessoires, autant que les façades et les élévations de son édifice. La plus grande symétrie règne dans les plans, et toujours on trouve dans l'aspect du bâtiment, un motif ingénieux qui naturellement y produit un effet pittoresque. Ajoutons qu'à toutes ces inventions préside un goût sage, une exécution pure, un choix de formes et de matériaux heureusement combinés, sans que jamais la bizarrerie s'y montre. On n'y voit ni frontons rompus, ni ressauts inutiles, ni formes contournées, ni détails découpés; toujours la ligne droite ou la courbe régulière; rien de mixtiligne dans les plans; point d'ondulation dans l'élévation, point d'entablemens brisés ou chantournés.

Disons-le enfin, telle fut l'abondance des inventions de *Palladio*, en ce genre, et telle la multitude des entreprises offertes à son génie, ou auxquelles son génie donna lieu, qu'on peut affirmer qu'il est peu de bâtimens exécutés depuis lui en divers pays, qui ne lui aient payé un tribut d'imitation. Une opinion généralement répandue le confirme. C'est du *Palladio*, dit-on, quand on veut louer, en fait de maison de ville ou de campagne, l'ouvrage d'un architecte moderne.

Le nom de *Palladio*, déjà connu dans toute l'Italie, avoit aussi, depuis quelque temps, retenti à Venise. Il venoit de construire près de cette capitale, sur les rives de la Brenta, le beau palais Foscari, si remarquable par la simplicité de sa masse, la belle proportion et la noblesse de son péristyle en colonnes ioniques. Sansovino, âgé de quatre-vingts ans, touchoit au terme de sa longue vie: il fut des premiers à proclamer *Palladio* pour son successeur, et il lui céda le sceptre de l'art.

Le premier ouvrage de celui-ci, à Venise, fut le monastère des chanoines de Saint-Jean-de-Latran de la Charité. Nourri de toutes les idées de l'antiquité, *Palladio* forma le projet de réaliser, dans la conception de son édifice, le plan donné par Vitruve de la Maison des Romains. Sur ce programme, il construisit, à l'entrée, un bel *atrium* corinthien, conduisant à une cour environnée de portiques, qui, par toutes ses dépendances, se rattachoit aux bâtimens d'habitation, à l'église et aux salles de services nécessaires. Déjà beaucoup de ces constructions étoient achevées, lorsqu'un incendie vint en détruire la plus grande partie. De tout cet ensemble, il n'est resté qu'un côté de la grande cour, une des salles et l'escalier en limaçon.

Dans le même temps on construisoit, sur ses dessins, le beau réfectoire de Saint-George-Majeur. Les religieux, enchantés du style pur et gracieux de *Palladio*, résolurent d'abattre leur ancienne église, en le chargeant d'en construire une nouvelle. C'est un des principaux ouvrages de notre architecte, et il y fit preuve d'autant de goût que de jugement, dans la manière d'adapter les maximes, les formes et les proportions de l'architecture antique, aux données, aux besoins et aux habitudes des Modernes, dans les églises chrétiennes, si différentes en tout des temples payens.

C'est ici que se montre bien à découvert cet esprit dans lequel nous avons déjà dit que *Palladio* sut imiter les Anciens, non pas en se plaçant dans leur siècle, mais en supposant ce qu'ils feroient eux-mêmes si, revenant au monde, ils se trouvoient dans le sien. Le système des Anciens dans la composition de leurs monumens, et, pour mieux dire, dans le développement qu'ils donnèrent à leur architecture, fut d'asseoir la forme extérieure de chaque genre d'édifice sur une raison élémentaire, puisée dans la nature des choses, c'est-à-dire, la nature des usages consacrés par le besoin. Ce fut ainsi qu'à partir des premiers types qui servirent de rudimens aux parties constituantes de leurs ordonnances, ils se réglèrent progressivement dans le caractère de chaque monument, sur la forme primitive que la nécessité et les convenances qui en procèdent, lui avoient imprimée.

Palladio fit de même. Il ne trouva plus de rapport naturel entre la forme du temple payen et celle de l'église chrétienne. Au lieu de faire violence aux usages, aux dimensions, aux constructions, aux opinions reçues, il partit du type des basiliques chrétiennes, comme d'une donnée à laquelle l'art de la disposition et de la décoration se devoit conformer. L'usage étant d'élever très-haut la nef principale de l'église en lui subordonnant les nefs collatérales des bas côtés, il conserva cette division dans le frontispice de Saint-George-Majeur. Son portail se compose donc d'un grand ordre, exhaussé sur des piédestaux, et portant un fronton qui arrive au sommet du toit de la grande nef. Il suppose ensuite que les bas côtés auroient reçu un fronton commun, qui se trouve coupé par le grand ordre, et dont l'architecture a conservé seulement les parties rampantes avec l'entablement, que soutient un ordre de pilastres, de la moitié moins hauts que les colonnes du milieu. Ainsi se trouve accusée et laissée à découvert la disposition du corps de la construction de l'église; et ce parti, qui n'est pas sans objection si l'on veut y appliquer la mesure d'une critique absolue, paroîtra toujours plus raisonnable, que ces devantures de portail qui, ne tenant en aucune manière au système de la bâtisse, ne semblent être que des placages et des hors-d'œuvre postiches.

L'intérieur de l'église de Saint-George-Majeur forme une croix latine, dont les quatre nefs sont réunies par une coupole. On y trouve partout un caractère sage, une exécution précieuse, et un style de détails simples, nobles et bien ordonnés. Le chœur, qui semble avoir été une addition au plan primitif, offre une imitation si exacte de l'antique dans l'ordonnance des fenêtres, qu'on croit y reconnoître la disposition des niches du temple vulgairement appelé *temple de Diane*, à Nîmes, que *Palladio* avoit vu, dessiné et mesuré avec les autres antiquités de cette ville.

Il suivit le même système de façade dans le frontispice qu'il fut chargé de faire à l'église de *San-Francesco della Vigna*, ouvrage de Sansovino, qui lui avoit dessiné un autre portail. Mais le projet de *Palladio* eut la préférence. C'est encore un grand ordre corinthien, placé en avant et jusqu'à la hauteur de la grande nef, et coupant l'entablement d'un petit ordre adapté aux bas côtés, qui sont indiqués par une portion de la pente de leur toit.

Le Sénat chargea *Palladio* de la construction de l'église du Rédempteur, monument élevé en actions de grâce de la cessation de la peste, qui fit les plus grands ravages en 1576. On admire la simplicité du plan intérieur, la noblesse de son ordonnance corinthienne, et l'heureuse disposition des chapelles latérales qui occupent la place des bas côtés et en tiennent lieu, jusqu'à un certain point, par l'effet d'un passage qui conduit d'une chapelle à l'autre. *Palladio* fut encore fidèle au parti de décoration qu'il avoit adopté dans les frontispices d'église. Toujours portions rampantes de fronton pour les bas côtés; toujours un grand ordre, avec fronton, pour la nef : ici toutefois le fronton s'élève moins haut. Il y a au-dessus un attique qui va chercher la croupe du toit de l'église.

On attribue encore à *Palladio* d'autres églises d'une moindre dimension, mais qui, quand même elles seroient son ouvrage, ajouteroient peu de chose à la gloire de leur auteur.

Ces grands travaux n'empêchoient pas le célèbre artiste vicentin de travailler pour sa ville, où l'on se faisoit un devoir de le charger de tous les ouvrages importans. Ainsi, en 1561, on lui demanda les plans d'un théâtre qu'on vouloit construire dans la grande salle de la Maison de ville, pour y représenter la tragédie d'Œdipe. A Venise, il éleva un théâtre que décora Frédéric Zuccaro : on le conserva long-temps comme modele en son genre, jusqu'à ce qu'un incendie eut consumé la plus grande partie des bâtimens du monastère où il étoit situé.

Palladio eut encore d'assez fréquentes occasions de déployer les richesses de son imagination, dans les fêtes publiques auxquelles divers événemens donnèrent lieu de son temps. C'est alors qu'on le voyoit reproduire en monumens temporaires, toutes les magnificences de l'architecture antique : arcs de triomphe, colonnes triomphales, obélisques, fontaines, groupes de figures, colosses de tout genre. Le passage de Henri III par Venise, lorsqu'il quitta la Pologne pour monter sur le trône de France, donna aussi lieu à des réjouissances, dont le génie de *Palladio* fit les frais. La représentation de cette entrée triomphale s'est conservée dans un tableau d'André Vicentino, et fut décrite par Marsilio della Croce.

Un événement désastreux, arrivé en 1567, le mit dans le cas de montrer son talent dans un autre genre. La Brenta débordée ayant renversé le pont de Bassano, *Palladio* composa le dessin d'un nouveau pont en pierres, dont on voit la figure au chapitre IV du 3e. livre de son *Traité d'Architecture*. L'énormité de la dépense effraya les habitans : on se réduisit à lui demander un pont de bois, qui fut exécuté en 1570, et dont on voit la figure au chapitre IX du livre susdit. Ce pont de cent quatre-vingts pieds de long sur vingt-six de large, est d'une simplicité remarquable. Il est couvert d'une galerie à jour, supportée par des colonnes qui servent aussi à l'agrément du coup d'œil.

Palladio étoit aussi instruit dans l'art de l'antique architecture, que dans la science de la construction des Anciens et de leurs procédés mécaniques de charpente. Ayant lu, dans les *Commentaires de César*, la description du pont de bois que ce grand capitaine avoit fait jeter sur le Rhône, il essaya d'en réaliser, par le dessin, les savantes combinaisons, dans un pont, dont on peut voir, au livre déjà cité, les intéressans détails. On y admire encore le projet d'un pont de magnificence, pour une grande capitale. *Palladio* pensoit à Venise, et ce pont auroit dû être celui de *Rialto*, qu'on projetoit depuis long-temps de construire en pierres sur le grand canal. Déjà Michel Ange et Fra-Giocondo avoient présenté des dessins pour ce projet toujours resté sans exécution. D'autres concurrens se mirent sur les rangs, et on compte dans le nombre Sansovino, Scamozzi, Vignole, *Palladio* et Ant. Delponte. Le modèle de ce dernier fut préféré ; ce qui prouve que le résultat de la concurrence n'est pas toujours, en pratique, ce qu'on se le figure en spéculation.

Nous avons cru devoir supprimer, dans cet article, l'énumération très-inutile, si elle n'est accompagnée de descriptions, et la description toujours insuffisante sans le dessin qui parle aux yeux, des innombrables projets de palais ou de maisons de campagne, exécutés par *Palladio*, dans tout le territoire de Venise, et dans toutes les villes voisines. Le choix de quelques-uns de ces édifices n'eût pas été moins embarrassant, et chacun auroit pu se plaindre de la préférence qu'on auroit donnée à l'un au préjudice de l'autre. Il nous a semblé plus convenable de faire ressortir le goût de l'artiste, et d'indiquer l'influence qu'il a exercée sur toute l'Europe, par la manière ingénieuse, facile et agréable, dont il a su appliquer les formes de l'art antique aux besoins et aux sujétions des usages modernes.

Nous nous sommes donc bornés à parcourir ses nombreux travaux, sous le rapport qui peut le mieux en faire sentir le mérite. Nous n'avons point omis toutefois de faire une mention particulière des principaux monumens sur lesquels sa réputation se fonde avec plus d'éclat. Il nous reste à parler de celui qui occupa les dernières années de sa vie, et dans lequel il s'est montré le digne émule et continuateur des architectes grecs et romains.

Nous voulons parler du théâtre olympique de Vicence.

L'académie olympienne de cette ville venoit de remettre en honneur le théâtre des Anciens, dans des imitations faites en italien, des œuvres des poëtes grecs et romains. C'étoit pour de semblables représentations, comme pour la Sophonisbe de Trissino, que *Palladio* avoit élevé, en plus d'un endroit, des théâtres temporaires. L'académie, fatiguée d'avoir à changer sans cesse de lieu, résolut d'établir, dans son emplacement, un théâtre fixe et durable. Comme tout étoit à l'antique alors, pièces, sujets, mœurs et facture des poëmes ; l'idée d'imiter aussi l'antique dans la construction, la forme et la décoration, tant de la scène pour les acteurs, que du théâtre pour les spectateurs, fut une idée toute simple et toute naturelle. Vicence possédoit encore l'artiste le plus versé dans l'intelligence de l'antiquité, sur ce point, et qui avoit déjà fourni à Daniel Barbaro, pour son Commentaire sur Vitruve, les lumières que la pratique et l'étude de cette partie lui avoient fait acquérir.

Palladio fut donc chargé de cette entreprise, où il montra autant de savoir que d'intelligence ; mais surtout il y fit preuve, comme dans tout le reste, de ce bon esprit qui sait accommoder aux lieux, aux terrains, aux sujétions données, les types et les formes des modèles antiques. Géné par le terrain, *Palladio* s'écarta des règles de Vitruve, dans la formation de son théâtre, auquel il donna la forme elliptique, au lieu de celle d'un demi-cercle. Au-dessus des gradins du théâtre, il éleva une belle colonnade corinthienne, supportant un entablement avec des statues, et procurant une galerie supérieure et inférieure, à laquelle toutefois il ne put donner une entière continuité, gêné qu'il fut par l'espace de la rue qui lui est contiguë. Mais l'aspect et la symétrie y perdent fort peu.

Il disposa la scène selon la méthode antique, c'est-à-dire, qu'il construisit, en face des gradins du théâtre, une magnifique devanture, formée de deux ordonnances de colonnes, l'une au-dessus de l'autre, et couronnées par un attique. Rien n'est plus propre à nous donner une juste idée de la décoration de la scène, dans les théâtres des Anciens, où, comme l'on sait, l'architecture se permettoit des libertés, qu'on doit appeler quelquefois excessives. C'est là, et les notions de Pline, sur ce sujet, nous le confirment, que le luxe décoratif et l'abus de la richesse ne connoissent point de terme. *Palladio*, à cet égard, nous paroît être resté dans des bornes très-raisonnables. Il y a une grande sagesse dans la disposition des ordonnances, et beaucoup plus de sobriété d'ornemens qu'on ne pourroit le croire. Les statues étoient jadis prodiguées par centaines à l'embellissement des théâtres. Il semble que *Palladio* se soit aussi étudié à les multiplier. Si cependant on excepte celles qui s'adossent aux colonnes du second ordre, on avouera que toutes les autres y sont placées avec autant de convenance que d'économie.

Quant aux détails, ils sont parfaitement conformes aux pratiques de l'antiquité. Ce sont les mêmes percées, laissant voir par les ouvertures des portes les décorations peintes sur des prismes mobiles. *Palladio* n'eut pas l'avantage de terminer ce monument. Il fut achevé par son fils, sur ses dessins. Comme ce fut son dernier ouvrage, nous terminons aussi par lui la mention de ses travaux.

Les études, les voyages, les fatigues de son état, paroissent avoir altéré sa santé et abrégé ses jours, à un âge où il auroit pu produire encore beaucoup d'ouvrages, et donner la dernière main à ceux qu'il avoit commencés. Il mourut à Vicence, le 19 août 1580, âgé de soixante-deux ans, vivement regretté des habitans d'une ville qu'il avoit illustrée et embellie par les œuvres de son génie.

Les académiciens de la Société olympique lui rendirent les derniers devoirs, et composèrent, en son honneur, un grand nombre de pièces de vers.

Palladio avoit eu trois fils, Léonidas, Horace et Scilla. Un sonnet d'Horace, qui s'est conservé, prouve que ce jeune homme avoit profité de l'éducation qu'il avoit reçue. Scilla fut celui qui succéda à son père dans les entreprises d'architecture. Léonidas l'aida dans quelques-uns de ses travaux littéraires, comme les notes sur les Commentaires de César.

En effet, *Palladio* réunissoit à la science de l'architecture, une érudition peu commune. Son *Traité d'Architecture* est un monument qui dépose à la fois de son talent comme artiste, et de son savoir comme érudit et antiquaire. Le succès de ce traité fut tel, que dans l'espace de soixante-douze ans, on en fit, à Venise, trois éditions. Depuis, il a été publié et traduit dans toutes les langues.

C'est surtout en Angleterre que le style de *Palladio* s'est propagé et reproduit avec le plus de succès : il y est devenu classique. On y a construit un nombre infini de maisons et de palais qui semblent des répétitions exactes des masses, des formes, des ordonnances et des proportions de *Palladio*. L'habile architecte Inigo Jones, qui fut son élève, contribua surtout à cette transplantation. *Voyez* INIGO JONES.

PALME, s. m. Terme par lequel on désigne en Italie une mesure de longueur. Elle est nécessaire à connoître avec ses variétés, parce qu'elle est employée dans beaucoup d'ouvrages d'architecture et de monumens d'antiquité.

Le *palme* fut aussi une mesure linéaire chez les anciens Romains. L'usage s'en est perpétué jusqu'à nos jours. La nature en a donné le modèle, dans la dimension de la paume de la main, prise depuis la flexion du métacarpe jusqu'au bout du doigt, qui est celui du milieu et le plus long. C'est encore avec cela qu'on mesure approximativement beaucoup de choses en Italie, à défaut de l'instrument métrique.

Les anciens Romains avoient deux sortes de *palme*, le grand *palme* qui contenoit douze doigts, ou neuf pouces du pied de roi. Le petit *palme*, pris sur la largeur de la main, étoit de quatre doigts, ou trois pouces. Selon Maggi, le *palme* antique romain n'étoit que de huit pouces six lignes et demie. Les Grecs distinguoient un *palme* grand et un *palme* petit; le premier de cinq doigts, le second de quatre doigts.

Le *palme* diffère aujourd'hui de mesure, selon les lieux où on l'emploie. Le *palme* de Gênes porte neuf pouces neuf lignes; celui de Naples, huit pouces sept lignes; celui de Palerme, huit pouces cinq lignes. Le *palme* romain moderne est de huit pouces trois lignes et demie.

PALME, s. f. C'est la branche du palmier. Rien de plus fréquent que la représentation de la *palme* sur les monumens de l'antiquité.

La *palme* étoit portée par le triomphateur. La *palme* faisoit les couronnes des vainqueurs aux combats gymnastiques. On la voit sur la table des jeux athlétiques figurer avec d'autres objets comme devant être le prix de la victoire.

Cette propriété d'exprimer l'idée de victoire lui a été conservée dans les langues modernes, et dans les pays qui n'ont ni palmier, ni *palme*. Ce n'est plus qu'une métaphore. Ce n'est plus aussi que sous le rapport de symbole qu'on voit aujourd'hui la *palme* figurer dans les ornemens de l'architecture.

Inutile de dire que sa place la plus naturelle est sur les monumens que l'on destine encore sous le nom d'*arcs de triomphe* ou de *porte triomphale*, à célébrer les exploits guerriers. La *palme* décorera donc plus d'un espace des édifices, tantôt dans les angles formés par le cintre de l'arc, tantôt dans des frises en se croisant, tantôt mêlée à la branche d'olivier ou à la couronne. La *palme* peut entrer aussi dans les ornemens du chapiteau à *campane* ou corinthien.

Dans les monumens des premiers temps du christianisme on trouve la *palme* employée (à ce que l'on croit) comme l'attribut des martyrs, et plus d'un sarcophage a accrédité cette opinion. Ce fut encore une allégorie fort naturelle. On regardoit le chrétien comme l'athlète de la foi, comme le soldat de J. C., et lorsqu'il avoit subi le martyre, on regardoit sa mort comme une victoire remportée sur l'idolâtrie.

Aussi, dans toutes les représentations de semblables sujets pour la peinture et la sculpture, voit-on la *palme* donnée comme attribut au saint glorifié, et le langage a consacré le même symbole dans le récit des Actes des martyrs. On dit que tel ou tel a remporté la *palme* du martyre.

PALMETTE, s. m. On nomme ainsi un petit ornement fort usité, et qui est du nombre des ornemens qu'on appelle *courans*. Il semble être effectivement un diminutif de la *palme*, qu'il imite par la composition symétrique de ses feuilles, que l'on sculpte dans une forme un peu conventionnelle, sur toutes sortes de couleurs ou d'espaces, soit des édifices, soit des meubles, soit des vases.

La *palmette* fut avec le *méandre*, et ce que nous appelons *postes*, l'ornement le plus fréquemment employé sur les vases grecs peints. On l'y voit ou formant la ligne sur laquelle s'élèvent les figures, ou ornant les bords et les franges des tuniques et des étoffes. Ordinairement l'extrémité des feuilles qui le composent est roulée et se termine en cercle, comme cela se voit à certaines gousses.

La *palmette* est devenue un ornement très-commun depuis quelques années. On diroit même trop, comme il arrive à tout ce que l'esprit de mode se plaît à multiplier; car le propre de la mode est d'exclure la raison de tout ce dont elle s'empare.

PALMYRE, ville autrefois très-célèbre dans l'ancienne Syrie. Elle étoit la capitale de la province à laquelle son nom donna celui de *Palmyrénne*. Par la suite elle devint la capitale d'un royaume particulier. Anciennement elle fut appelée *Thamar* ou *Tadmor*, c'est-à-dire, *ville des palmiers*, d'où lui est venu le nom de *Palmyre*.

Le désert qui environne *Palmyre*, et qui depuis long-temps en a isolé les restes, et les a séparés des pays habités, a sans doute contribué à la conservation de ce nombre prodigieux de ruines qu'on y admire encore. Nul autre lieu n'en renferme une aussi grande quantité et d'une aussi belle conservation.

En 1753, MM. Wood et Davkins ont fait connoître dans leur bel ouvrage ces restes importans. C'est d'après eux, et en renvoyant toutefois à leurs beaux dessins, que nous donnerons une courte notice des principaux monumens qu'ils ont détaillés dans de nombreuses planches.

Le reste le plus important des édifices de *Palmyre*, et en même temps le plus instructif pour la connoissance des grands temples de l'antiquité, est celui auquel les voyageurs ont donné le nom de *temple du soleil*. Il paroît d'après le plan de son ensemble, qu'il se composoit d'une vaste enceinte carrée, ayant huit cents pieds anglais dans chacune de ses faces. Cette enceinte est formée par un péribole, ou mur orné extérieurement et intérieurement de pilastres, auxquels correspondent en dedans deux rangs de colonnes, qui présentent deux galeries ou promenoirs circulant ainsi tout à l'entour de la place immense, où est situé le temple périptère dont on parlera.

L'enceinte du côté occidental offre une magnifique entrée. C'est un très-grand portique formé de dix colonnes corinthiennes, supportant un fronton. On y observe une irrégularité d'entre-colonnement aux colonnes du milieu qui, pour dégager la porte et élargir l'entrée, se trouvent rapprochées de chacune de leur voisine, de manière à produire de chaque côté deux colonnes accouplées et réunies sur un seul socle. Il y a dans l'aspect de ce péristyle quelque chose qui rappelle celui de la colonnade du Louvre, et qui sembleroit en avoir inspiré le caractère et l'idée. Du reste, ce péristyle est en saillie sur le mur d'enceinte, et les colonnes se raccordent avec les pilastres de ce mur.

Le temple périptère dont on a déjà fait mention n'occupe point le milieu de la grande *area*, et c'est sur sa longueur qu'il se présente en entrant par le péristyle qui donne entrée dans cette *area*. Est-ce par suite de cette disposition que l'entrée du temple même est placée aussi dans sa partie latérale, et à quoi faut-il attribuer que cette entrée n'occupe point le milieu de cette face du temple? Il y a, au reste, beaucoup de particularités dans toute cette architecture, sur lesquelles on desireroit des détails et des observations d'une bien plus grande étendue.

Il faut, par exemple, remarquer que le mur de

la *cella* ou du *naos* de ce temple est percé dans chacun de ses flancs, de quatre fenêtres; mais la critique auroit besoin, avant de raisonner sur tous ces objets, que de nouveaux voyageurs ajoutassent aux dessins des Anglais, beaucoup de notions propres à éclairer sur les divers changemens que les siècles ont pu faire subir à ces monumens.

Ce qu'on peut dire de leur architecture, où l'on ne trouve d'autre ordre que le corinthien, c'est que plus d'un détail dans les formes, plus d'une licence dans le style, plus d'un abus de disposition ou de décoration, indiquent un âge où la richesse avoit pris la place de la noble simplicité des temps antérieurs.

Cela se prouve par les chapiteaux de l'ordre qui forme l'élévation du temple. Il ne reste de ce chapiteau que ce qu'on peut en appeler la *cloche* ou le *tambour;* mais on y remarque des trous de scellement qui montrent que les feuilles du chapiteau y avoient été rapportées et attachées. Or cela ne peut s'expliquer qu'en les supposant de métal, et cette explication rend compte aussi du dépouillement qu'ont éprouvé les chapiteaux, et de l'état dans lequel se trouve cette partie de la colonne.

La description gravée des ruines de *Palmyre* nous présente, au milieu de ses débris, les restes de ce que les dessinateurs ont appelé un *arc*, mais qui ne paroit avoir eu rien de commun avec un monument triomphal, quoiqu'il se compose d'une grande arcade, accompagnée de deux plus petites. Il paroit, d'après les rangées de colonnes qui viennent s'y raccorder, que c'étoit une porte à trois entrées, donnant accès dans un monument dont il est difficile, sur le vu des dessins, de se rendre compte. Quoi qu'il en soit, toute cette architecture étoit richement décorée. Des pilastres remplis de rinceaux s'élèvent aux deux côtés du grand arc. Beaucoup de détails de l'entablement ruiné qui subsistent dans les ruines accumulées au bas du monument, ont permis d'en restituer les parties, et l'on y voit que la sculpture ne fut épargnée à aucun membre.

Un des édifices les mieux conservés dans ce vaste champ de ruines, est celui qu'on appelle le *petit temple*. Il ne lui manque que le fronton et la couverture. Il se compose d'un péristyle corinthien de quatre colonnes en avant sur deux en retour, en comptant deux fois celles des angles. Le corps du temple, ou la *cella*, a son mur orné de pilastres du même ordre. Ce qu'elle offre de particulier, c'est, dans l'entre-pilastre du milieu de chaque partie latérale, une fenêtre ornée de son chambranle, qui introduisoit la lumière dans l'intérieur du temple. Cet exemple, joint à celui du grand temple périptère de la même ville, et dont le mur étoit percé de quatre fenêtres de chaque côté, doit être ajouté à ceux que nous avons déjà donnés au mot Fenêtre (*voyez* ce mot), pour rendre très-probable que l'intérieur des temples antiques dut souvent recevoir le jour autrement que par la porte d'entrée.

L'ordonnance de ce temple est corinthienne, ainsi que dans tous les monumens de *Palmyre*. Ses colonnes offrent aussi, comme dans quelques autres édifices, une espèce de petite console taillée en saillie, au tiers de la hauteur du fût, sans doute pour supporter ou des bustes, ou de petites statues.

Un monument curieux, et seul de son genre dans l'antiquité, est celui qu'on prend pour un sépulcre. C'est un bâtiment carré, précédé d'un péristyle formé d'un seul rang de colonnes corinthiennes. L'intérieur offre, de chaque côté, neuf renfoncemens divisés par des cloisons ou murs dont les fronts sont ornés d'une colonne engagée; le côté qui fait face à la porte n'a que sept de ces renfoncemens. On croit qu'ils étoient destinés à recevoir des sarcophages. Rien de plus riche et de plus varié en caissons et compartimens de tout genre, que les soffites ou plafonds de toutes ces petites chambres sépulcrales. On y trouve les dessins les plus élégans, les idées les plus gracieuses. Il y avoit, dans l'espace du milieu de ce tombeau, une place pour l'urne ou le sarcophage du chef de famille, et elle est indiquée dans le plan par quatre colonnes.

Qu'étoit-ce qu'un monument d'un plan particulier, offrant une nef divisée en deux parties, un péristyle corinthien de quatre colonnes, flanqué en retraite de deux colonnes de chaque côté, ayant cinq colonnes de face sur quatre de profondeur? C'est ce que nous ne pourrions dire. Les auteurs des *Monumens de Palmyre* n'ont malheureusement point accompagné leur ouvrage de descriptions et de renseignemens suffisans.

Les ruines de cette ville attendent encore quelque voyageur qui, profitant des dessins qu'on possède, portera dans l'explication et la restitution de tant de débris curieux, l'esprit de critique de l'antiquaire, joint à la science du dessinateur et de l'architecte.

PAMPRE, s. f. On donne ce nom à des festons composés de feuilles de vigne et de grappes de raisin.

C'étoit, dans l'antique, un des attributs de Bacchus. Les têtes de ses statues étoient couronnées de *pampre*, et on en voit aussi souvent aux troncs d'arbres qui leur servent de tenon. Il y a plus d'un reste de pilastres ou de montans arabesques dont les *pampres* remplissent les fonds. On a encore introduit les *pampres* dans la décoration des colonnes torses.

PAN, s. m. C'est le côté d'une figure rectiligne, régulière ou irrégulière. C'est aussi, dans certains pays, le nom d'une mesure.

Pan coupé. On donne ce nom principalement

dans les maisons qui sont aux angles d'une rue, à l'encoignure rabattue d'un pilier ou piédroit, pour faciliter le tournant des charois. C'est encore ainsi qu'on appelle, dans une église dont les quatre nefs sont réunies par un dôme, la face de chaque pilier de sa croisée, d'où prennent naissance les pendentifs.

PAN DE BOIS. Assemblage de charpente, qui sert de mur de face à un bâtiment. On le fait de plusieurs manières, parmi lesquelles la plus ordinaire est de sablières, de poteaux à plomb, et d'autres inclinés et posés en décharge.

Il y a deux assemblages qu'on appelle *pans de bois* : l'un qu'on nomme *assemblage à brins de fougère*, est une disposition de petits potelets assemblés diagonalement à tenons et à mortaises, dans les intervalles de plusieurs poteaux à plomb, laquelle ressemble à des branches de fougère, qui dans la réalité font cet effet. L'autre assemblage est dit *à lozanges entrelacées*. C'est une disposition des pièces d'un *pan de bois* ou d'une cloison, posées en diagonale, entaillées de leur demi-épaisseur et chevillées. Les panneaux, dans l'une et l'autre manière, sont remplis ou de briques, ou de maçonnerie enduite d'après les poteaux, ou recouverte et lambrissée sur un lattis.

On arrête les *pans de bois* des médiocres bâtimens, avec des tirans, ancres, équerres et liens de fer à chaque étage. On appeloit autrefois les pans de bois *closonnages* & *colombages*.

PAN DE COMBLE. C'est l'un des côtés de la couverture d'un comble. On appelle *long pan* le plus long côté.

PAN DE MUR. C'est une partie de la continuité d'un mur. Ainsi on dit, quand quelque partie est tombée, qu'il n'y a qu'un *pan de mur* de tant de longueur à construire ou à réparer.

PANACHE, s. m. C'est ainsi qu'on appelle cette portion triangulaire de voûte qui aide à porter la tour d'un dôme. *Voyez* PENDENTIF.

PANACHE DE SCULPTURE. Ornement de plumes d'autruche, qu'on a quelquefois imaginé de substituer aux feuilles d'acanthe, dans ces prétendues inventions de chapiteau, destinées à composer ce qu'on a voulu faire passer pour un ordre français.

PANETERIE, s. f. C'est, dans de grands palais, un lieu qui sert à la distribution du pain.

PANIER, s. m. (ou CORBEILLE). On se sert du premier de ces mots, comme exprimant en sculpture une sorte de récipient rempli et surmonté de fleurs et de fruits, qu'on place quelquefois comme amortissement sur des colonnes ou des piliers de clôture des jardins.

On voit des figures de satyres, en forme de thermes ou de caryatides, porter sur leurs têtes de ces sortes de *paniers*.

PANNE, s. f. (*Terme de charpenterie.*) Pièce de bois qui, portée sur les tasseaux et chantignolles des forces d'un comble, sert à en soutenir les chevrons. Il y a des *pannes* qui s'assemblent dans les forces, lorsque les fermes sont doubles.

On nomme *panne de brisis* celle qui est au droit du *brisis* d'un comble à la mansarde.

PANNEAU, s. m. Ce mot vient certainement de *pan* (*voyez* ce mot). Il signifie l'une des faces d'une pierre taillée, ou toute superficie plus ou moins enbordurée, qui, comme on le dira, figure dans une multitude d'espaces des bâtimens, soit extérieurement, soit intérieurement.

En construction et dans la coupe des pierres on distingue plusieurs sortes de *panneaux*. On appelle *panneau de douelle*, celui qui forme en dedans et en dehors la cavité d'un voussoir, *panneau de tête* celui qui est en avant, *panneau de lit* celui qui est caché dans les joints.

On appelle encore *panneau* ou *moule*, un morceau de fer-blanc ou de carton, levé ou coupé sur l'épure, pour tracer une pierre.

PANNEAU DE FER. Morceau d'ornement de fer forgé ou fondu, et renfermé dans un châssis, pour une rampe, un balcon, une porte, etc. Il se fait aussi de ces *panneaux* par simples compartimens.

PANNEAU DE GLACE. C'est, dans un placard, un compartiment de miroirs, pour réfléchir la lumière et les objets, et pour faire paroître un local plus étendu.

PANNEAU DE MAÇONNERIE. Table d'ais minces, réunis ensemble, et qui, dans un nombre plus ou moins grand, remplissent le bâti d'un lambris ou d'une porte d'assemblage de menuiserie. On appelle *panneau recouvert* le *panneau* qui excède le bâti, et qui est ordinairement moulé d'un quart de rond, comme on en voit à quelques portes cochères.

On nomme encore, dans la menuiserie, *panneaux*, des bois de chêne fendus et débités en planches de différentes grandeurs, de six à huit lignes d'épaisseur, dont on fait les moindres *panneaux* de menuiserie.

PANNEAU DE SCULPTURE. On donne ce nom à un ouvrage d'ornement, travaillé en bas-relief, où sont représentés divers sujets qui se composent en manière de trophées, de symboles ou d'attributs allégoriques, et dont on enrichit les lambris ou les placards de menuiserie. On fait quelquefois de ces *panneaux* à jour, pour des clôtures de chœurs, des balustrades, des jalousies de tribunes.

PANNEAU DE VITRE. C'est un compartiment de pièces de verre, dont les unes sont carrées, les autres sont en tranchoirs ou octogones, en tringlettes, chaînons, etc. On fait aussi de ces compartimens de pièces de verre, distingués par des plates-bandes de verre blanc.

En architecture le *panneau* est ou une table renfoncée, ou une table en saillie, ou une table encadrée par une bordure.

Dans la vérité ce doit toujours être un espace qui ait une destination : on doit les employer soit à contenir des inscriptions, soit à recevoir des ornemens symboliques, soit à être sculptés en bas-reliefs, et c'est ainsi qu'on les voit mis en œuvre dans tous les bons ouvrages. Cependant il n'y a que trop d'exemples de l'emploi des *panneaux* en manière de lieux communs, auxquels a recours l'architecte, qui ne sait comment remplir les superficies de certains édifices. Souvent il arrive qu'on dispose ainsi certaines tables renfoncées ou en saillie, sans savoir ce qu'on leur fera dire, et l'édifice s'achève avant qu'on ait pensé à ce qu'on fera de ces espaces. De-là, dans tant de monumens, des *panneaux* ou des tables qui n'y ont d'autre objet que celui d'occuper ou de diviser les parties lisses, et qui restent aussi insignifians pour les yeux que pour l'esprit.

PANNONCEAU. *Voyez* GIROUETTE.

PANORAMA, s. m. Ce mot semble devoir appartenir uniquement à la langue de la peinture, car il signifie, dans sa composition de deux mots grecs, une *vue totale* ou *générale*, qu'on obtient par le moyen d'un fond circulaire, sur lequel on trace une suite d'aspects qui ne pourroient être rendus que par une série de tableaux séparés.

Or, c'est précisément cette condition indispensable à ce genre de représentations, qui fait du champ sur lequel le peintre doit s'exercer, un ouvrage d'architecture. On donne, en effet, le nom de *panorama* à l'édifice qui reçoit la peinture, comme à la peinture même.

Cet édifice doit être une rotonde, puisque c'est sur la circonférence intérieure du mur que doit s'appliquer et se dérouler, on peut le dire au sens simple, la toile sur laquelle le peintre opère. Il faut que le jour y soit introduit par en haut, de manière à porter exclusivement sur la peinture. Le reste du local doit être obscur. On observe encore que le spectateur soit conduit au point de centre de la rotonde par des corridors prolongés et obscurs, pour déshabituer les yeux de la clarté du jour, et lui faire trouver plus naturelle la lumière de la peinture; car il s'agit de produire ici, autant qu'il est possible, l'apparence de la réalité. Le spectateur ainsi conduit sur une galerie circulaire, élevée au milieu de la rotonde, ne sauroit voir d'où vient le jour; il n'aperçoit ni le haut ni le bas de la peinture, qui, circulant autour de la circonférence du local, n'offre aucun point de commencement ni de fin, aucune limite, de sorte qu'il se trouve comme sur une montagne où sa vue n'est bornée que par l'horizon, et d'où, en se tournant de chaque côté, il embrasse la totalité d'une contrée.

Il n'entre point dans l'objet de ce Dictionnaire d'en dire davantage sur l'invention de ce procédé pittoresque qui vient d'Angleterre, sur les hommes habiles qui s'y sont adonnés, sur les ouvrages remarquables qui ont été produits en ce genre, sur le talent qu'il exige, sur l'espèce d'illusion fort légitime qui en fait le charme, sur les limites qu'il convient de lui donner, et sur l'utilité que les arts peuvent en retirer.

On a cru devoir en faire mention, parce qu'il entre dans les attributions de cette espèce de peinture, de faire connoître avec une rare perfection les différentes villes, les aspects des plus beaux sites et les ruines de l'antiquité. Ainsi, diverses peintures de *panorama* nous ont reproduit les vues de Naples, de Rome, de Londres, de Jérusalem et d'Athènes. Dans ce dernier, les précieux restes d'antiquité de cette ville ont été rendus avec cette vérité qui sembleroit pouvoir dispenser de la vue même des originaux.

PANSTÉRÉORAMA. Ce mot est, comme le précédent, un composé des deux mêmes mots, avec l'addition du mot *stereos*, *solide*, qui indique que la *vue totale* ou *générale* se compose d'objets non plus simplement apparens, mais *solides* ou de relief.

On désigne donc par ce mot des ouvrages en relief, qui représentent, dans une proportion réduite, des contrées, des villes, des monumens, avec tout leur ensemble et toutes leurs parties. Ces ouvrages s'exécutent ordinairement en bois, en liége, en carton ou en plâtre, c'est-à-dire, en matières légères et faciles à travailler.

On a vu ainsi, à Paris, le *panstéréorama*, ou la représentation en relief des villes de Paris, de Londres, de Lyon, de Marseille. On voit à la bibliothèque de Sainte-Geneviève, celui de la ville de Rome.

Il faut placer sous cette dénomination la collection de représentations semblables, en relief, à l'hôtel royal des Invalides, où l'on voit la plupart des forteresses et des ports de mer de la France.

PANTHÉON. Ce mot signifioit, dans l'architecture des Anciens, un temple consacré à tous les dieux.

Il y en avoit un à Athènes, bâti par Adrien, et dont on voit encore quelques restes, sur lesquel règne toutefois une certaine confusion entre les antiquaires. Quelques-uns prennent pour tel ce que d'autres appellent *temple de Jupiter olympien*, et réciproquement. Quoi qu'il en soit, on peut conclure, soit de l'un, soit de l'autre édifice, que la forme circulaire n'étoit pas le caractère indispensable d'un *panthéon*, comme on se l'est imaginé d'après les antiquités de Rome ; car on met au nombre des édifices qui eurent le nom de *panthéon*, ce qu'on appelle le *temple de Minerva medica*, couvert par une coupole.

Le plus fameux de tous ces monumens est le *panthéon* d'Agrippa à Rome, conservé presqu'en entier, moins quelques restaurations et modifications qu'il a dû subir par le laps des années, et en raison de sa destination nouvelle.

Nous ne dirons ici rien de plus d'un ouvrage dont on trouvera les notions à beaucoup d'articles, tels que COUPOLE, CAISSONS, PÉRISTYLE, TEMPLE, etc.

PAPETERIE, s. f. C'est un grand bâtiment établi ordinairement auprès d'une chute ou d'un courant d'eau rapide, où l'on fabrique le papier.

Ce bâtiment est distribué en différentes pièces qui ont chacune un usage et un nom particulier, comme le *pourrissoir*, lieu où l'on fait dissoudre les vieux linges dont on fait le papier. D'autres pièces s'appellent la *batterie*, dont l'eau fait agir les maillets armés de tranchans, pour hacher et réduire en bouillie les vieux linges (ce qui forme le moulin à papier) ; la *cuve* est le lieu où l'on fige les papiers dans les châssis ; l'*étendoir* est celui où on les fait sécher ; et il y a le *magasin*, où on plie et où l'on emballe les papiers, sans compter les hangars, les fourneaux pour le bois et le charbon, les logemens pour les ouvriers.

PARALLÈLE, adject., dont on fait aussi un substantif. Comme adjectif, *parallèle* est l'épithète qu'on donne à des lignes, à des figures, qui, dans toute leur étendue, sont à une distance égale.

Parallèle, comme substantif, est un synonyme de comparaison. Ainsi, quelques écrivains ont fait des ouvrages dans lesquels ils comparent les différens systèmes des architectes sur les proportions des ordres, les différentes architectures entr'elles, et leurs monumens, et ils ont donné à ces ouvrages le titre de *parallèle*. *Voyez* à l'article CHAMBRAY, la mention que l'on a faite du *parallèle de l'architecture antique et moderne* de cet auteur.

PARAPET, s. m. Ce mot est le même que le mot italien *parapetto*, lequel signifie un corps élevé, qui va jusqu'à la poitrine, et qui garantit les passans du danger d'un précipice. C'est donc un petit mur d'appui qu'on appelle aussi *garde-fou*, et qu'on établit sur un pont, sur une terrasse, sur un quai.

PARAPETASMA. Nom que les Grecs donnèrent, en général, à ce que nous appellerions rideau de tenture, tapis.

Pausanias a fait plus d'une mention du *parapetasma* et de son emploi dans les temples. C'étoit un très-grand tapis qui se plaçoit dans l'intérieur du naos, en avant de la statue de la divinité. Il se relevoit et s'abaissoit par le moyen de cordes et de poulies. Au temple de Jupiter, à Olympie, le *parapetasma* étoit de pourpre et avoit été donné par le roi Antiochus ; il se relevoit jusqu'au haut du temple. Pausanias nous apprend qu'au contraire celui du temple de Diane, à Ephèse, s'abaissoit jusque sur le pavé.

PARATONNERRE, s. m. On appelle ainsi une barre ou verge de fer, terminée en pointe, qu'on place sur le point le plus élevé d'un édifice, pour le garantir de la foudre. A la base de cette barre, on attache un cordon composé de fils de fer ou de laiton tressés. Ce cordon, qui sert de conducteur, doit se prolonger jusque dans un puits, ou du moins dans un souterrain constamment humide.

PARC, s. m. (*Jardinage.*) Ce mot, à quelqu'objet qu'on l'applique, signifie *enclos*, *enceinte*. C'est le *septum* du latin. Cette signification est donc ce qui indique avec le plus de clarté la différence qui sépare le *parc* du jardin, surtout dans les usages des grandes maisons de plaisance, des palais de campagne des princes et des souverains.

Le *parc* y est un vaste espace de terrain boisé, fermé par des murailles, des fossés, des palissades, des haies, pour que les arbres y soient garantis de la dévastation, et que le gibier puisse y être élevé pour les plaisirs de la chasse.

Les anciens Romains eurent aussi de la même manière et pour les mêmes objets, dans leurs maisons de campagne, des *parcs* distincts de leurs jardins. Parfois on consacroit à ces *parcs* un petit district où l'on ne renfermoit que des lièvres. De-là le nom de *leporaria* qu'on donnoit à ces enclos. Ailleurs on entretenoit des sangliers, des cerfs, des chevreuils, des chèvres sauvages, et ces enceintes avoient l'étendue de plusieurs milles. Fulvius Lupinus fut un des premiers qui agrandirent les *parcs*. Le *parc* de Pompée avoit une circonférence d'environ quarante mille pas. Hortensius suivit cet exemple, et il établit, pour la nourriture du gibier, un *parc* de cinquante acres de terrain, qu'il appeloit *theriotropheion*. Ce *parc* étoit disposé en forme de théâtre : dans l'endroit le plus élevé, il donnoit des festins à tous ses amis. Alors un esclave, habillé en Orphée, donnoit du cor, et rassembloit une quantité de cerfs, de sangliers et d'autres gibiers. Ce coup d'œil, selon Varron, valoit celui d'un combat d'animaux dans le grand cirque.

Chez les Romains, un *parc* devoit contenir beaucoup de bois, être agréablement entrecoupé de prairies et arrosé de rivières ou de ruisseaux,

Lorsque l'eau courante y manquoit, on construisoit un canal, pour y conduire les sources voisines, ou bien on y creusoit un étang qui recevoit les eaux de pluie et de source.

L'enclos du *parc* étoit formé par un mur de pierre ou de terre. Lorsqu'il avoit trop d'étendue, on l'entouroit d'une palissade faite de bois enfoncés en terre à huit pieds de distance l'un de l'autre, et ces intervalles étoient fermés par des perches liées ensemble, de manière qu'aucun animal ne pût forcer cette barrière; ce qui faisoit donner à cet enclos le nom de *roboraria*.

Toutefois Varron veut que le mur d'un *parc* soit haut et lisse, pour que les loups et autres animaux nuisibles ne puissent ni sauter par-dessus, ni les passer en grimpant.

Selon Columelle, il y avoit deux espèces de *parcs*. Tantôt ils étoient situés dans la plaine, tout près de la maison de campagne, et ils ne devoient servir qu'à l'amusement du propriétaire qui se plaisoit à y nourrir le gibier; tantôt, si le gibier étoit un objet de commerce, on plaçoit le *parc* dans une forêt, mais à peu de distance de la *villa*, afin que le propriétaire fût à portée d'y veiller convenablement.

On voit que la plupart de ces usages antiques ne diffèrent point de ce qui se pratique aujourd'hui pour les *parcs* qui sont les dépendances des châteaux et des maisons royales.

Ainsi, pour ne parler que de ces derniers, un grand nombre de vastes terrains plantés de bois et enclos de murs se sont perpétués jusqu'à nos jours, comme autant d'exemples de l'usage des *parcs* aux environs des demeures et des palais de nos anciens rois. Qui ne voit, par exemple, que ce qu'on appelle, aux environs de Paris, le *bois de Vincennes* et le *bois de Boulogne*, formoit jadis les *parcs* du château de Vincennes, dont il subsiste encore des constructions, et du château de Madrid, qui a été démoli il y a une trentaine d'années? Ces *parcs* étoient, comme nous le voyons encore aujourd'hui à des palais plus modernes, les annexes ou supplémens des jardins. Ainsi le grand *parc* de Versailles fait suite à ses magnifiques jardins et en est distinct. Autant doit-on en dire du *parc* de Saint-Cloud, de celui de Fontainebleau, et, dans de moindres proportions, de beaucoup de *parcs* appartenant à de moindres palais.

Dans le système des jardins irréguliers on distingue à peine, surtout quand on en lit la description, l'enceinte du *parc* de l'enceinte du jardin. Ce sont les mêmes dispositions pittoresques, les mêmes plantations, les mêmes fabriques.

Selon le système des jardins réguliers, le *parc* se distingue du jardin, d'abord parce qu'il en est séparé soit par des murs, soit par des fossés, soit par des grilles, pour empêcher le gibier ou la bête fauve de s'introduire dans les terrains destinés à la promenade.

Le *parc* surtout, dans la dépendance des châteaux royaux, forme un enclos de plusieurs lieues de circonférence. Il est destiné principalement à la chasse: on y pratique de grandes allées bien percées, qui coupent directement l'espace, soit en étoile, soit en patte d'oie. On y bâtit des pavillons qui servent ou de rendez-vous de chasse, ou de but à la promenade.

PARC D'ARTILLERIE. C'est un emplacement choisi dans un camp, hors la portée du canon de la place, et qu'on entoure de lignes pour y placer les pièces d'artillerie, les magasins à poudre, et généralement toutes les munitions de guerre nécessaires pour faire le siége d'une place.

PARC DE MARINE. C'est, dans une ville maritime, une enceinte qui renferme les magasins généraux et particuliers de tout ce qui est nécessaire pour la construction des vaisseaux.

PARCLOSE, s. f. On donne ce nom à cette enceinte d'une stale d'église qui renferme le siége.

PAREMENT, s. m. Ce mot porte avec soi son étymologie, et avec celle-ci son explication. Il est certainement formé ou du mot *paroître*, ou du mot *parer*. Dans l'un ou l'autre sens, il rend l'idée ou de la partie *apparente* d'une pierre, ou de toute autre matière employée dans les édifices, ou de la *parure* qu'on donne aux surfaces des matériaux, pour l'ornement et pour le plaisir des yeux.

Ainsi, le *parement* se définit la surface visible et par conséquent extérieure de toute matière employée, soit dans la construction, soit dans les revêtemens. On peut, pour conserver les arêtes des pierres, les poser à *paremens bruts*, et on les retaille sur le tas: les Anciens en usoient souvent ainsi.

Les *paremens* sont rendus unis, soit avec l'outil seul, soit avec le grès et d'autres procédés. L'art de travailler les *paremens* dépend de la variété des matières. On polit diversement le bois, le plâtre, la pierre et le marbre.

Dans la menuiserie, on appelle *ouvrages à deux paremens* ceux qui, comme les portes à placard des appartemens, sont travaillés, unis et décorés des deux côtés.

PAREMENT BRUT. C'est la face d'une pierre, telle qu'elle est sortie de la carrière, et avant qu'elle soit taillée.

PAREMENT D'APPUI. On nomme ainsi les pierres à deux *paremens* qui sont entre les allèges, et qui forment l'appui d'une croisée, particulièrement quand elle est vide dans l'embrasure.

PAREMENT DE COUVERTURE. Nom qu'on donne aux plâtres qu'on met contre les gouttières, pour soutenir le battellement des tuiles d'une couverture.

Parement de menuiserie. C'est ce qui paroît extérieurement d'un ouvrage de menuiserie, avec cadres et panneaux, comme d'un lambris, d'une embrasure, d'un revêtement, etc.

Parement de pavé. C'est l'assiette uniforme du pavé, sans bornes ni flaches.

PARERGA. Ce mot est grec et signifie *hors-d'œuvre* : on s'en sert quelquefois dans le langage des arts ; en architecture, par exemple, pour signifier des additions ou supplémens faits à l'ouvrage principal, et qui lui servent d'ornement ; en peinture, pour désigner de petites cartelles placées sur le fond ou dans quelqu'angle, et qui semblent des objets étrangers au sujet. On use encore de ce mot, en parlant des vignettes, des fleurons, des culs-de-lampe, dont on enrichit les pages d'un livre.

PARIGI (Jules), architecte florentin, mort en 1590.

Il paroît qu'il y eut à Florence trois architectes de ce nom. Celui-ci, Alphonse *Parigi* son père, dont on ne parle que comme d'un simple bâtisseur qui, après la mort de Vasari, poussa en avant la construction des *Uffizi nuovi*, et un autre Alphonse, fils de Jules, dont la mention suivra celle-ci.

Jules Parigi eut pour maître le célèbre Buontalenti, et devint habile architecte civil et militaire ; il fut versé dans le dessin, dans la mécanique et dans les mathématiques. Sa réputation s'accrut au point qu'il fut choisi pour enseigner ces sciences aux princes de Toscane. Il se fit beaucoup d'honneur par les décorations qu'il exécuta dans différentes fêtes. Divers monumens le mirent au nombre des habiles maîtres de son temps. On doit citer dans ce nombre la *villa* ou maison de campagne de *Poggio imperiale*, le couvent de la *Pace*, pour les pères de Saint-Bernard, hors la porte romaine. Le palais Marucelli, qu'il bâtit à Florence, passe encore pour être un assez bon ouvrage d'architecture. (*Traduit de Milizia*.)

Parigi (Alphonse), architecte florentin, mort en 1656.

Il fut fils de Jules, dont il termina un bon nombre d'ouvrages à son retour d'Allemagne, où il servit dans les armées, en qualité d'ingénieur. On admire l'habileté avec laquelle cet architecte remit sur son à-plomb le second étage du palais Pitti, qui débordoit sur la place d'environ huit pouces la ligne perpendiculaire. Il perça de plusieurs trous le mur de la façade, et y fit passer de grosses chaînes de fer, qu'il fixa en dehors avec de fortes pièces de bois. Il mit ensuite au bout de ces chaînes, du côté des appartemens, des espèces de vis avec de forts écrous, et par le moyen de leviers agissant sur ces écrous, il parvint à remettre d'à-plomb les pierres qui surplomboient.

Alphonse Parigi voulut ensuite ajouter deux ailes au palais Pitti ; il commença même l'aile gauche ; mais, après l'élévation des principaux murs, on abandonna l'ouvrage, peut-être parce que ces ailes, placées sur un terrain en pente, n'auroient pu faire un bon effet. L'œil effectivement auroit vu des fenêtres plus hautes les unes que les autres, résultat du plan incliné. Ces ailes d'ailleurs auroient toujours paru mesquines et basses, comparées à la grande hauteur de cette masse colossale de la façade construite par Brunelleschi.

Alphonse Parigi bâtit encore, à Florence, le palais Scarlatti à trois étages, qui offrent une belle division, mais dont les fenêtres auroient pu être d'un meilleur goût. Employé à réparer les digues de l'Arno, qui venoit, par ses inondations, faire beaucoup de dégât dans les campagnes, il éprouva, dans ce travail, tant de contradictions et de dégoûts de la part de ses envieux, que le chagrin qu'il en conçut abrégea ses jours. (*Traduit de Milizia*.)

PARLOIR, s. m. C'est, dans un couvent de religieuses, une salle, un cabinet, où les personnes qui viennent les voir, peuvent leur parler à travers un grillage.

Ce nom se donne encore, dans quelques pays, à une pièce située au rez-de-chaussée d'une maison, et qui sert à recevoir les visites.

PAROI. *Voyez* Mur.

PAROS. *Voyez* Marbre de Paros.

PARPAIN, adj. On dit une *pierre parpaigne*, pour dire une pierre de taille qui tient toute l'épaisseur d'un mur.

On dit d'une pierre qu'elle fait *parpain*, pour dire qu'elle fait face, dans une construction, des deux côtés.

Un mur fait *parpain* lorsque les pierres dont il est construit, le traversent et en font les deux paremens.

Ces pierres à deux paremens étoient appelées *diatonous* chez les Grecs.

PARQUET, s. m. Ce mot vient du mot *parc*, et exprime toujours l'idée d'enclos ou d'enceinte. Cela est évident par l'usage qui l'a affecté dans les tribunaux, à l'espace renfermé par ce qu'on appelle la *barre d'audience*.

Parquet. (*Ouvrage de menuiserie*.) L'analogie a fait appeler ainsi ces compartimens en bois qui sont comme une espèce de cadre renfermant d'autres morceaux plus petits, et dont on couvre le plancher des appartemens.

Ce mot devenu usuel a été aussi appliqué à désigner des compartimens fort divers dans leur assemblage.

Le plus souvent ce qu'on appelle *parquet* est un assemblage de trois pieds ou à peu près, de figure carrée, et qui se compose d'un châssis, et de plusieurs traverses croisées carrément ou diagonalement, dont les intervalles sont remplis de petits carreaux à rainures ou languettes, le tout à parement arrasé.

Ces assemblages particuliers, destinés à se réunir à d'autres semblables, s'appellent *feuilles de parquet*, et on les arrête sur les lambourdes (*voy.* ce mot) avec des clous à tête perdue.

PARQUETER, v. act. C'est couvrir un plancher de parquet.

PARQUETERIE, s. f. On trouve dans quelques Dictionnaires ce mot employé à désigner l'art de faire des parquets. Cet art a effectivement beaucoup de rapports avec celui qu'on appelle *marqueterie* ou *ébénisterie*. Un parquet étant un assemblage de petits morceaux de bois réunis, de manière à produire des formes variées par leurs lignes, et aussi par la couleur des substances, le goût peut intervenir dans le dessin de ces compartimens. Il y a effectivement des parquets formés de bois rares et précieux, dont les couleurs diverses produisent des effets de teintes et de figures aussi diversifiés qu'en marbre. Une multitude d'ornemens, tels que méandres, postes, entrelas, étoiles, etc., peuvent s'exécuter avec des bois différens dans leurs teintes, comme avec des marbres bigarrés.

PARTAGE, s. m. (*Terme d'architecture hydraulique.*) C'est le lieu le plus élevé, d'où l'on puisse faire couler les eaux, et d'où on les distribue, par le moyen de canaux, de conduits, etc., en différens endroits. (*Voyez* BASSIN DE PARTAGE.) On appelle point de partage le repaire où la jonction des eaux se fait.

PARTERRE, s. m. C'est dans les salles de spectacle l'espace compris entre l'orchestre, et les loges ou l'amphithéâtre, lorsqu'il y en a un au fond de la salle. Cet espace est occupé par les bancs qui reçoivent les spectateurs.

PARTERRE. (*Jardinage.*) Ce mot vient du latin *partiri*, diviser. C'est le nom qu'on donne surtout dans les jardins du genre régulier, à la partie découverte d'un jardin qui occupe le devant de la maison, et en général toute sa largeur, dans une longueur indéterminée, et qui reçoit des compartimens de gazons, de fleurs et de dessins variés, dont le goût varie selon les temps.

Jadis, et nous trouvons cet usage décrit par Pline le jeune, dans sa maison de campagne de *Tusculum*, on employoit le buis nain à former toutes sortes de broderies, dont l'effet étoit plus ou moins agréable à l'œil, et qui étoient surtout destinées à être vues d'en haut, ou des appartemens de la maison. Pline nous apprend qu'on faisoit aussi, à l'aide du buis, des caractères qui écrivoient le nom du maître.

Nous avons vu le même procédé employé dans les temps modernes, [illegible] du lieu. Ce [illegible] le dessin. Le [illegible] qui sont comme le fond du dessin.

Ces [illegible] de parterres [illegible] de toutes sortes de figures, par le moyen du buis, [illegible] d'art [illegible] dessinateurs en ce genre nous parlent de [illegible], de [illegible], de becs de refend, de palmettes, de fleurons, de rinceaux, de volutes, de traits, de nœuds doubles, de nœuds simples, d'agrafes, de chapelets, de cartouches, de culots, de massifs, d'attaches, de guillochis ou entrelas, de dents-de-loup, de trèfles, d'enroulemens, de coquilles, de gazons, de sentiers, de plates-bandes et autres figures. Enfin il s'est fait des traités sur cette matière, avec des planches qui enseignent l'art de tracer toutes ces configurations.

Le goût des *parterres* s'est fort simplifié dans les grands jardins, et il consiste presqu'uniquement aujourd'hui dans de grandes plates-bandes fort larges, tracées en ligne droite, et qu'on destine à recevoir les arbustes fleuris de toute espèce, les fleurs plus ou moins vivaces, et toutes celles qu'on est obligé ou de semer tous les ans, ou de planter lorsqu'elles ont été déjà cultivées dans les serres chaudes. Ces plates-bandes n'ont guère plus d'autres bordures, que des bordures de gazon, et elles servent elles-mêmes de cadre aux grandes pièces de gazon, dont la verdure se marie très-agréablement à la variété des fleurs auxquelles elles servent de fond.

Généralement la disposition d'un *parterre* consiste en deux longues pièces de gazon ainsi enbordurées, avec une allée dans le milieu, lorsque l'étendue du jardin est moyenne, ou bien avec des allées collatérales et un seul tapis. Si l'on a un grand terrain, comme au jardin des Tuileries et à celui du Luxembourg, le *parterre* se compose en deux grands tapis de verdure, avec des allées collatérales, et une allée dans le milieu ; il se trouve encore partagé en quatre portions égales, par une allée qui le coupe en croix.

C'est dans les grands espaces de ces allées qu'on place les caisses des orangers. *Voyez* ORANGERIE.

On dispose aussi dans le milieu de ces grands *parterres* un bassin ou une pièce d'eau, non-seulement pour l'agrément de la vue, mais aussi pour la facilité des arrosages, car les *parterres*, leurs tapis, leurs fleurs, veulent être fréquemment arrosés. Aussi voit-on que ce qui fait le charme des *parterres* appartient de préférence aux climats pluvieux et moins chauds.

Nous avons dit que le *parterre*, tel qu'on vient de le décrire, étoit surtout le propre des jardins du genre régulier. Ce n'est pas que le jardinage irrégulier n'admette des tapis de gazon devant les maisons, et des fleurs aussi dans les massifs; mais on voit que le genre des plantations pittoresques, c'est-à-dire d'arbres disposés sans aucun art apparent, qui semblent venus comme au hasard, et comme la nature les produit, demandant le même goût de disposition dans les contours des tapis verts, les fleurs dont on plante des massifs subordonnés à un dessin irrégulier ne sauroient donner le même agrément à la vue. Effectivement, d'après le système d'imitation identique de ce qu'on appelle le naturel, dans le jardin irrégulier, les fleurs, telles que le *parterre* les demande, ne devroient pas y trouver place. La nature ne nous présente guère les fleurs qu'éparses, et les réunions qu'on en fait, pour plaire par leurs masses et par leurs contrastes, sont quelque chose d'artificiel, qui ne s'accorde point avec un système de singerie absolue du paysage naturel.

Ce qui plaît dans le *parterre* est précisément ce que le genre irrégulier ne sauroit admettre : c'est cet alignement de fleurs, c'est cette disposition alternative, c'est cette succession de floraison, c'est ce goût d'opposition dans les couleurs, et mille autres agrémens qui ne peuvent être que le résultat de la combinaison symétrique d'un art apparent. Ajoutons qu'un des agrémens du *parterre* consiste encore dans l'emploi qu'on y peut faire, et qu'on y fait habituellement, de beaucoup de plantes exotiques, d'arbustes rares, qui ne sauroient se cultiver ni réussir en pleine terre. Il faut donc les entretenir dans des vases, dans des caisses qu'on remplit d'un terreau préparé et artificiel. Rien de plus agréable que ces dispositions de vases, de formes et de natures différentes qui accompagnent les bordures des plates-bandes, et y deviennent, selon toutes sortes de compartimens, une décoration nouvelle et accessoire.

On comprend que rien de tout cela ne peut avoir raisonnablement lieu autour des lignes sinueuses d'un tapis de gazon; on dit raisonnablement; ce qui signifie, sans contrarier la raison d'après laquelle a lieu le genre irrégulier de plantations : car, sitôt qu'un procédé factice ou artificiel se joint à la manière dite sans art, il n'y a plus contraste, il y a contradiction.

Répétons donc que le *parterre*, avec tous ses agrémens, est uniquement applicable aux jardins du genre régulier, parce qu'ainsi que le potager, il veut des lignes droites; et bien que dans les jardins de particulier, qui réunissent sur un espace peu étendu et l'agrément de l'un, et l'utile de l'autre, on ait vu la manie des lignes sinueuses assujettir les massifs de fleurs et les plans de légumes au système de l'*anti-symétrie*, ces caprices n'ont fait que mieux sentir le ridicule de la singerie, et l'ignorance du vrai principe de l'imitation appliquée aux arts, et à chacune de leurs dépendances.

On trouve dans les Dictionnaires des noms différens affectés aux diverses sortes de *parterres*. Quoique plusieurs de ces notions appartiennent à des goûts qui ne sont plus de mode, on a cru devoir en conserver ici les indications.

PARTERRE DE BRODERIE. *Parterre* composé de rinceaux, de fleurons et autres figures formées par des traits de buis nain, qui imitent la broderie, et entourent les plates-bandes. On mêle quelquefois parmi la broderie, des massifs de gazon, pour remplir davantage, et on la détache avec des sables de diverses couleurs. Cette décoration est assez agréable, mais il faut avoir soin de renouveler les sables de temps en temps, parce que les couleurs passent et perdent de leur éclat.

Il n'y a point de règles à prescrire aux formes de la broderie : on observe seulement que les naissances des pièces qui en dessinent l'ensemble, sortent d'un endroit bien choisi et sans se confondre. On tire souvent, et avec succès, ces naissances, soit d'un enroulement, soit d'un culot ou d'une volute.

PARTERRE DE COMPARTIMENT. C'est un *parterre* qui ne diffère du *parterre de broderie*, qu'en ce que le dessin se répète symétriquement en haut, en bas et dans les côtés. On forme ce *parterre* de massifs et de pièces de gazon, d'enroulemens et de plates-bandes de fleurs, mêlées avec quelque broderie bien placée : on en laboure le fond, on sable le dedans des feuilles, et l'on met du ciment et de la brique pilée dans le petit sentier qui sépare les compartimens.

PARTERRE DE GAZON. *Parterre* fait de pièces de gazon en compartimens de diverses figures.

PARTERRE DÉCOUPÉ. C'est un *parterre* qui est en compartimens de figures régulières, séparées par des sentiers, et dans lequel on met des fleurs.

PARTERRE D'EAU. On donne aussi ce nom à un compartiment formé de plusieurs bassins de diverses figures, avec jets et bouillons d'eau.

PARTI, s. m. Ce mot, qui reçoit beaucoup d'acceptions

d'acceptions dans le langage ordinaire, est un de ceux que la langue des arts s'est aussi appropriés pour exprimer certains effets, ou résultats de la pensée de l'artiste dans l'invention, la composition et l'exécution de son ouvrage.

Dans tout ouvrage l'artiste est obligé de se décider entre des idées, des points de vue, des caractères, des effets divers qui s'offrent à son choix. Ce choix qu'il fait est ce qu'on appelle le *parti* qu'il prend. De-là on dit en peinture, un bon ou un mauvais *parti* de couleur, de composition, de clair-obscur. On dit un bon ou un mauvais *parti* de draperies, d'ajustemens.

Ceci s'applique également à l'architecture. Ainsi en considérant le plan d'un édifice, son élévation, et tout ce qui dépend, soit de la disposition du local, soit du choix de l'ordonnance, soit du système de l'ornement, on dira que l'architecte a pris un bon *parti* dans l'agencement des distributions, un beau *parti* dans l'ensemble des masses, un heureux *parti* de décoration.

On se sert encore du mot *parti* pour exprimer l'emploi plus ou moins agréable, plus ou moins convenable, que l'architecte sait faire, ou de certaines sujétions, ou de certains corps de bâtiment, auxquels il est tenu de se raccorder. Ainsi Balthazar Peruzzi a tiré le *parti* le plus ingénieux du site et de l'emplacement ingrat où il fut obligé de bâtir le palais Massimi. *Voyez* PERUZZI.

PARVIS, s. m. On a donné de la signification de ce mot, ainsi que de sa formation, des raisons peu satisfaisantes.

On a prétendu que c'étoit, dans le temple de Salomon, un espace quelconque qui environnoit ou précédoit le tabernacle. Mais il est clair que l'usage d'une place en avant de ce monument, fut commun à beaucoup d'autres, et ensuite rien ne nous assure que le mot français ne soit pas une traduction fort arbitraire, et ce qu'on appelle un équivalent du mot hébreu.

Il y a sur l'étymologie du mot *parvis* une opinion plus difficile encore à admettre : on le fait dériver du mot *paradis* en supprimant l'*a*, et en changeant le *d* contre un *v*. Cela vient, dit-on, de ce qu'on regardoit les places en avant d'une église, comme un symbole du *paradis terrestre*, par lequel il faut passer pour arriver au *paradis céleste*, qui est l'église.

Il nous semble que s'il falloit une étymologie grammaticale au mot *parvis*, on la trouveroit avec plus de vraisemblance dans le mot latin *pervium*, qui signifie l'accès ou le passage qui donne entrée dans un lieu quelconque.

Quoi qu'il en soit, le mot *parvis* s'est donné et se donne en France, à la place qui est devant la principale façade d'une église; l'on dit toujours à Paris, le *parvis* de Notre-Dame, pour signifier la place qui précède cette cathédrale.

PAS, s. m. On donne ce nom à une mesure naturelle ou conventionelle : c'est l'espace qui, lorsqu'on marche, sépare le pied qui reste en arrière de celui qu'on a porté en avant. On voit que cette sorte de mesure, comme toutes celles dont les hommes ont pris le type dans le pied, le palme, le bras, la coudée, doit être variable selon les individus; c'est pourquoi on a été obligé de lui donner une dimension de convention : ainsi on a établi que le *pas* géométrique est de cinq pieds.

PAS. Se prend pour le seuil de la porte : il signifie aussi la marche dans une suite de degrés, comme lorsqu'on dit, *il y a quatre pas à monter*. Les *pas* diffèrent cependant du seuil, en ce qu'ils avancent au-delà du nu du mur, en manière de marches.

PAS, pl. Petites entailles, par embrèvement, faites sur les plates-formes d'un comble, pour recevoir les pieds des chevrons.

PASSAGE, s. m. Ce mot indique dans les villes, dans les maisons, dans toute espèce d'édifice, un conduit qui diffère de ce qu'on appelle *rue*, *allée*, *corridor*.

PASSAGE DE SERVITUDE. C'est un passage dont on jouit sur le terrain d'autrui, par convention ou par prescription.

PASSAGE DE SOUFFRANCE. C'est celui qu'on est obligé de souffrir chez soi, ou sur son terrain, en vertu d'un titre.

PATENOTRES, s. m. pl. Ce mot est emprunté de l'usage pieux de réciter le *Pater noster*, selon l'indication qu'en porte le chapelet. Ce sont donc tout simplement, dans l'ornement, de petits grains ronds qu'on taille sur les baguettes : ce terme est synonyme de perle dans le langage de l'ornement.

PATÈRE, s. f. On appeloit ainsi *patera* dans les pratiques religieuses des anciens, un vase propre aux sacrifices, servant sans doute ou aux libations, ou à recevoir le sang des victimes. Il y en avoit de plus d'une forme, et elles différoient encore dans leur grandeur et leurs ornemens; quelques-unes avoient un manche, d'autres, et de ce genre sont celles qu'on voit fréquemment dans la main des divinités, ne consistoient qu'en une forme circulaire à peu près semblable à celle de ce que nous appelons une soucoupe. Il s'en fit en terre, en bronze, en argent et en or. Leur intérieur surtout recevoit des ornemens. Beaucoup de *patères*, parmi celles qui sont venues jusqu'à nous, ne furent que des vases votifs, et comme elles n'étoient réellement destinées à aucun emploi, l'art se plaisoit à les orner de toutes sortes de figures.

C'est sans doute de l'usage de ces *patères* votives, suspendues dans les temples et dans leurs opisthodomes, comme objets purement décoratifs, que sera venue l'idée d'en imiter les formes dans l'architecture, et d'en faire un ornement que la sculpture s'est plue depuis à multiplier sur les cippes, les autels, dans les frises et en beaucoup d'autres monumens.

Ainsi trouve-t-on souvent la *patère* sculptée dans les métopes de l'ordre dorique, où sa forme circulaire s'adapte agréablement à l'espace carré qui la reçoit.

Cet ornement, quoique moins en rapport avec les usages et la religion des modernes, a continué de trouver place dans les ornemens même des édifices religieux. Il est devenu comme une sorte de symbole consacré au culte, et certaine analogie de forme avec ce qu'on appelle la *patène* dans les cérémonies de l'Église, a contribué encore à le naturaliser dans l'architecture chrétienne.

PATIN, s. m. Pièce de bois posée de niveau sur le parpain de chiffre d'un escalier, et dans laquelle sont assemblés à-plomb les noyaux et les potelets.

Patins. (*Terme d'architecture hydraulique.*) Pièces de bois que l'on couche sur un pilotage, et sur lesquelles on pose les plates-formes pour fonder dans l'eau.

PATTE, s. f. Petit morceau de fer plat, droit ou coudé, fendu ou pointu par un bout, et à queue d'aronde par l'autre, qui sert pour soutenir les placards et chambranles des portes, les châssis dormans des croisées, et les lambris de menuiserie.

Patte en plâtre. C'est une patte dont la queue est refendue en crochet.

Patte-d'oie, s. f. (*Charpenterie.*) C'est une enrayure formée de l'assemblage des demi-tirans qui retiennent les chevets d'une vieille église.

On se sert aussi du mot *patte-d'oie* pour exprimer la marque à trois hoches qu'on fait sur les pièces de bois avec le traceret.

Patte-d'oie de jardin. Division de trois allées qui viennent aboutir à un même endroit.

Patte-d'oie de pavé. C'est l'extrémité d'une chaussée de pavé, qui s'étend en glacis rond pour se raccorder aux ruisseaux d'en bas.

PAVÉ, s. m. Ce mot, dans la langue ordinaire, a deux significations, et dans le langage de l'art il exprime aussi deux choses assez différentes.

Selon l'usage le plus commun, on appelle *pavé* l'aire d'un chemin, d'une cour, d'un espace quelconque, qui pour l'avantage de la marche et le service des charois est recouverte ou formée d'un assemblage de petites pierres, de cailloux, de grès ou de toute autre matière solide. C'est ainsi qu'on dit qu'il y a un bon ou un mauvais *pavé* d'un lieu à un autre ; on dit le *pavé* d'une rue, d'une cour, etc. Dans ce sens on parle de l'assemblage des matériaux qui affermissent le terrain.

Selon le même usage on appelle *pavé* le corps solide pris séparément, qui sert à faire l'assemblage dont on vient de parler ; et l'on dit un *pavé* de grès, de cailloux, etc. On dit remplacer un *pavé* par un autre, etc.

Le mot *pavé* s'applique aussi diversement aux ouvrages de l'art. Il signifie d'abord non plus le travail grossier des chemins, des rues, etc., mais dans les intérieurs des monumens, des appartemens, les compartimens des matières dont on recouvre leur sol. On donne ensuite ce nom à de certains ouvrages de goût, où le dessin et l'art des ornemens produisent des compositions plus ou moins agréables : c'est ainsi qu'on dira, un *pavé* de stuc, de marbre, de mosaïque.

Nous ne dirons que peu de chose dans cet article, des *pavés* anciens ou modernes qui entrent dans la formation des routes. On trouvera sur ce point des notions fort étendues aux mots Aire et Chemin (*voyez* ces mots). Nous avons aussi, au mot Mosaïque, parlé des plus riches *pavés* en ce genre, qui comprend, comme on l'a vu, l'emploi des marbres de toutes couleurs.

Il ne nous reste donc ici qu'un petit nombre d'observations à faire sur les *pavés*, qui par l'emploi des compartimens, deviennent des objets dépendans de l'art du dessinateur et de l'architecte.

Ces *pavés*, soit qu'ils se composent de cimens, de pierres ou de marbres, sont susceptibles de recevoir des dessins de toute espèce, et de produire par la réunion des couleurs un très-grand nombre d'effets, qui peuvent se trouver plus ou moins en harmonie avec le local qui les reçoit.

S'il s'agit de cet effet des couleurs dans leur rapport au caractère des lieux, tout le monde sentira que des marbres noirs, par exemple, auxquels on opposera dans une juste mesure le contraste du marbre blanc, devront former le *pavé* d'une chambre ou d'une chapelle sépulcrale. Les couleurs gaies et fleuries y seroient aussi déplacées, qu'elles seront convenablement appliquées à des galeries, à des lieux de plaisir. Il faut avouer que l'architecte n'est pas toujours le maître d'employer au *pavé* de ses intérieurs les marbres qui seroient assortis à leur caractère, et il doit souvent se contenter de mettre en œuvre ceux que le pays lui fournit.

Mais l'artiste peut ordonner plus à son gré le plan et le dessin des compartimens dont il forme son *pavé*. Certaines sujétions d'économie lui prescrivent souvent de mettre en œuvre de petits morceaux, ou des fragmens de marbres divers : c'est là qu'il fera preuve d'intelligence et de goût. L'art de la marbrerie, sous ce rapport, a beaucoup de ressemblance avec celui de la marquetterie ou de l'ébénisterie, qui n'a guère que de fort petits morceaux de bois dont il puisse opérer la réunion. Le génie de l'ornement leur offre une multitude de détails légers qui ne demandent, pour produire les plus agréables effets, que ce que l'on peut appeler des échantillons, soit en bois, soit en marbre. Tels sont les méandres, les portes, les palmettes et tous les genres d'enroulemens qui forment tantôt les cadres, tantôt les divisions des objets, que le dessinateur imagine de faire entrer dans ces sortes de tableaux.

Il est peu de configurations qui ne se prêtent, soit en grand, soit en petit, à l'assemblage des marbres de différentes couleurs, au moyen desquels on peut produire dans les *pavés* un semblant de peinture, ou tout au moins l'imitation du travail de la tapisserie.

Nous ne pouvons passer ici sous silence, comme exemple unique et mémorable de ce que l'art peut faire en ce genre, le magnifique *pavé* du dôme de la cathédrale de Sienne, commencé par *Ducio*, et terminé par *Dominique Beccafumi*. On avoit cru, et Vasari lui-même avoit avancé que dans cette sorte de peinture, Beccafumi s'étoit étudié à produire les ombres des figures par des marbres gris ou noirs, opposés au marbre blanc, pour faire les clairs. Mais M. Mariette s'est convaincu et a prouvé, que tout le travail consistoit en traits tracés avec des couleurs, dont la propriété étoit de pénétrer le marbre jusqu'à une certaine profondeur.

Du reste, on ne sauroit trop admirer, dans les compartimens de ce *pavé*, la suite des sujets d'histoire qui y sont tracés en figures de grandeur naturelle, et même au-dessus. Mais leur description ne pourroit regarder que le *Dictionnaire de Peinture*.

Tout ce qui regarde les opérations pratiques du pavement moderne des rues ou des chemins, ayant été traité au mot CHEMIN, et ce qui se rapporte au goût des *pavés* de luxe, rentrant dans l'ordre des notions de la décoration par le dessin et la peinture, nous nous contenterons d'indiquer dans la nomenclature suivante, les différentes manières de faire les *pavés*.

PAVÉ DE BRIQUES. *Pavé* dont la masse se compose de briques posées de champ, quelquefois en *épi*, ou ce qu'on appelle *point de Hongrie* (tel est le *pavé* de la ville de Venise), quelquefois posées à plat, d'autres fois faites en forme barlongue et à six pans, etc.

PAVÉ DE CAILLOUX. *Pavé* qui est fait par un assemblage ou de petits cailloux cimentés, ou de gros cailloux de rivière, posés de champ les uns près des autres. On appelle *galets* les cailloux que la mer rejette sur ses rivages, et on les emploie aussi au pavement dans les villes maritimes.

PAVÉ DE GRÈS. C'est un *pavé* qu'on fait de quartiers de grès de huit à neuf pouces, presque de figure cubique. On s'en sert à Paris pour paver les rues, les cours, et, dans une partie de la France, pour paver les grands chemins.

On appelle *pavé refendu* le *pavé* qui est de la demi-épaisseur du précédent, et dont on pave les petites cours, les cuisines, les écuries, etc.

On appelle *pavé d'échantillon* celui qui est de grandeur ordinaire, selon la coutume de Paris.

Le *pavé* de grès est le meilleur. L'usage en a été introduit à Paris et aux environs, par le roi Philippe-Auguste, l'an 1184.

PAVÉ DE LAVE. *Pavé* fait avec les pierres produites par les volcans. Ces substances sont de natures différentes. Il en est de plus dures, et qui ne se travaillent guère qu'en se cassant. On les emploie à paver, tantôt en très-grands morceaux unis à joints irréguliers, comme les Romains le pratiquèrent dans le pavement de leurs routes, comme on le pratique encore à Florence dans le pavement de ses rues, et tantôt en petits blocs carrés, comme on le fait aujourd'hui à Rome. Il est une pierre de lave qui se taille en dalles quadrangulaires, et qu'on pique. C'est ainsi qu'est pavée la ville de Naples.

PAVÉ DE MARBRE. C'est celui qu'on fait, soit en dalles de marbre, soit en carreaux d'égale dimension, ordinairement de deux couleurs, soit en grands compartimens que l'architecte dispose en plan, de manière à ce que les lignes et les configurations de ces compartimens correspondent aux corps principaux, aux dispositions des voûtes, des plafonds, et aussi de leurs ornemens.

Le plus bel exemple qu'on puisse citer, à Paris, de ces sortes de *pavés*, dans de grands monumens, est celui du *pavé* de la coupole des Invalides.

PAVÉ DE MOILON. *Pavé* fait de moilons de meulière posés de champ, pour affermir le fond de quelque grand bassin ou pièce d'eau.

PAVÉ DE PIERRE. On appelle de ce nom, pour les distinguer de ceux qu'on fait en marbre, les *pavés de pierre* commune mais dure, et qu'on taille en dalles de toute grandeur ou en carreaux quadrilatères. On peut se dispenser de citer les exemples de ce genre de *pavés*, tant ils sont multipliés.

Pavé de terrasse. *Pavé* qui sert de couverture en plate-forme, soit sur une voûte, soit sur un plancher en bois.

Pavé poli. Nom général qu'on donne à tout *pavé* bien assis, bien dressé de niveau, cimenté, mastiqué et poli avec le grès.

PAVEMENT. On se sert de ce terme pour exprimer l'action de paver, et aussi l'espace pavé en compartiment de carreaux, de quelque genre qu'ils soient.

Le mot *pavement* répondant au mot *pavimentum* du latin, si généralement employé à désigner des ouvrages de luxe, d'art et de goût, devroit être d'autant plus convenablement affecté aussi en français à cet emploi, qu'on a quelque peine à nommer du même nom *pavé*, et les ouvrages les plus grossiers du besoin, et les travaux les plus élégans, les plus variés du luxe et de la magnificence des intérieurs.

PAVER, v. act. Ce verbe appliqué à l'opération toute ordinaire du pavé des rues et des chemins, signifie asseoir le quartier ou le dé de grès ou de pierre, le dresser au marteau, le battre avec la demoiselle.

On dit *paver à sec* lorsqu'on asseoit le pavé sur une forme de sable de rivière, comme cela se pratique à Paris, dans les rues et sur les grands chemins.

On dit *paver à bain de mortier*, lorsqu'on se sert de mortier de chaux et de ciment, pour asseoir et maçonner le pavé, de la manière dont on le fait dans les cours, les cuisines, les écuries, terrasses, aqueducs, pierrées, cloaques, etc.

On dit *repaver*: c'est manier à bout le vieux pavé sur une forme neuve, et en mettre de neuf à la place de celui qui est cassé.

PAVEUR, s. m. C'est le nom de la profession de ceux qui entreprennent, taillent et assoyent les pavés.

PAVILLON, s. m. Ce mot vient de l'italien *padiglione*, où il signifie, comme aussi en français, une tente ou un de ces logemens que, dans les camps, on établit légérement et ordinairement avec un comble incliné pour les eaux. Nous ne voyons pas qu'en Italie le mot *padiglione* et l'objet qu'il exprime au propre, soient fort usités dans le langage, comme dans les formes de l'architecture.

L'application très-usuelle et fort ancienne qu'on a faite en France du mot *pavillon* à certains corps de bâtiment, nous paroît provenir des usages des châteaux et des toitures gothiques. Les tours et les tourelles si multipliées dans la disposition des châteaux, les corps de bâtimens isolés que nous voyons encore dans ce qui nous en reste, les combles fort élevés qui les couronnoient, tout cela ne laisse pas d'offrir, au moins pour la vue, quelque ressemblance avec les tentes et leurs *pavillons*. Pourquoi ne chercheroit-on pas là, l'étymologie de cette dénomination dans l'architecture française?

Il y a ainsi de certaines traditions qui se perpétuent dans les édifices, même après que l'architecture y a changé de forme et de style. Ainsi, le château des Tuileries a conservé dans sa façade renouvelée sous Louis XIV, l'usage de ces corps de bâtimens carrés et isolés, réunis autrefois par des murs dans les enceintes des châteaux, et l'on y appelle encore ces trois principaux corps du nom de *pavillon*. On dit le *pavillon de Flore*, le *pavillon de l'horloge*; même chose au Louvre, où les restaurations et les reconstructions successives ont supprimé quelques-uns de ces *pavillons*, et ont toutefois conservé celui qu'on appelle le *pavillon des caryatides*.

Le nom de *pavillon* se donne toutefois aujourd'hui à tout petit bâtiment isolé et couvert d'un seul comble.

Tels sont, dans les jardins, les petits édifices qu'on y construit, pour servir de retraite et de lieu de repos.

PAYSAGE, s. m. (*Jardinage.*) On donne ce nom, soit à un ouvrage de la peinture, dont l'imitation représente la vue d'un pays, d'une scène quelconque de la nature, ou d'un point de vue plus ou moins étendu de cette scène, soit aussi à la chose elle-même en réalité, c'est-à-dire, à l'objet de l'imitation. C'est au *Dictionnaire de Peinture* qu'il faut renvoyer le mot Paysage, sous le premier rapport. A l'égard du second, il ne peut trouver place ici que comme article de jardinage.

Il est encore entendu que l'idée de *paysage*, dans l'art de composer et de faire des jardins, ne convient qu'au genre du jardinage irrégulier. Ce n'est pas que dans le système opposé on ne doive avoir aussi en vue, en composant un jardin régulier, d'y ménager des percés, d'où l'on découvre le pays d'alentour, et qui font jouir de l'aspect de *paysages* et de sites plus ou moins heureux, selon les pays et les cantons: mais on doit dire que le jardin régulier, assujetti à un plan et à des lignes symétriques, ne sauroit offrir en lui-même et dans sa seule enceinte, l'idée d'un *paysage*, comme ouvrage seul de la nature; et si, comme on l'a dit, il peut donner ouverture aux aspects naturels du dehors, leur contraste avec les formes régulières que l'art a données au jardin, produiroit dans l'imitation un effet peu agréable.

L'esprit et le système du genre de jardinage irrégulier consiste au contraire, d'abord à façonner le jardin dans des contours, des formes et avec des masses susceptibles de se lier sans disparate aucune, avec le pays d'alentour, en sorte que les parties des jardins ne semblent être que les premiers plans du *paysage*, mais ensuite à disposer, surtout dans de grands espaces, et les plantations, et le terrain même, de manière à produire ces inégalités, ces variétés d'aspect, qu'on trouve dans la nature agreste et non travaillée par la main des hommes.

Il y a de ces jardins, qui, occupant plusieurs lieues de superficie, et pratiqués sur des terrains inégaux, avec des sols divers, des rochers, des étangs, des cascades, prêtent à l'artiste qui sait en profiter, tous les moyens de produire des *paysages* de plus d'un genre. Lorsque de tels terrains, sur de vastes superficies, reçoivent différentes sortes de culture, des bâtimens rustiques, des ponts, des fabriques d'utilité ou d'agrément, et que tout cela se trouve tout simplement mis en accord avec les points de vue ou des campagnes environnantes, ou des montagnes lointaines, l'illusion du *paysage* en réalité y devient telle, que l'idée d'imitation disparoît. Nous avons déjà fait sentir à l'article JARDINAGE (*voyez* ce mot) qu'alors l'idée d'image étant remplacée par celle de réalité, l'art s'est trompé lui-même, puisqu'on croit voir le modèle au lieu de son imitation. Ce qui fait que cet art du jardinage cesse d'être un art, selon les élémens d'une saine théorie.

PEINTURE, s. m. Il ne peut appartenir à ce Dictionnaire de traiter de la *peinture* que sous les deux rapports généraux qui mettent l'emploi soit des ouvrages de cet art, soit des substances colorantes, en contact avec l'architecture et avec les édifices.

L'un de ces rapports embrasse l'usage ou l'abus qu'on peut faire des inventions ou des compositions du peintre, dans leur application à l'ensemble comme aux parties constituantes de l'architecture et de la construction.

L'autre rapport est celui des substances colorantes, des procédés pratiques et de leur emploi, tant au dedans qu'au dehors des bâtimens.

Si l'on considère l'emploi de la *peinture*, c'est-à-dire des sujets d'imitation propres de cet art, comme contribuant à la décoration de l'architecture, il y auroit lieu de développer sur ce point une théorie fort étendue, et qui seroit seule l'objet d'un ouvrage. D'abord il faut commencer par poser en principe, que lorsque la *peinture* est appelée à décorer un édifice, cet art ne peut pas s'y exercer avec toute l'indépendance du génie de la composition. L'architecte ne sauroit jamais cesser d'être l'ordonnateur et le régulateur de tout ce qui, n'étant qu'accessoire, doit se conformer au goût et aux convenances de l'objet principal.

Il y a donc nécessité, que l'architecte décide du genre de sujets que le caractère de son édifice doit admettre.

Or, sur ce point, la *peinture* décorative comporteroit plus d'une division, relativement à la nature, à la proportion, à l'exécution des sujets.

Quant à leur nature, il seroit superflu de s'arrêter à prouver, que la destination de chaque édifice demande des sujets qui lui soient analogues, qu'on les puise, soit dans la classe des compositions historiques, soit dans celle des idées allégoriques ou des motifs symboliques, soit dans la région capricieuse de l'arabesque.

La proportion des sujets que le peintre aura à traiter est une des choses que l'architecture doit fixer avec le plus de soin. Il est inutile de faire observer que de ce rapport de proportion entre les détails de la décoration et les masses de la construction, résulte l'harmonie générale de l'ensemble. Rien n'est plus ridicule que de voir, comme on l'a fait trop souvent, les petits objets et les légères inventions de l'arabesque appliquées à de grands espaces et à des édifices d'un caractère grave et sérieux. Bien souvent encore de trop fortes dimensions dans les figures des compositions, tendent ou à rapetisser l'effet de l'architecture, ou à lui donner un excès de pesanteur.

Le genre de l'exécution contribue aussi à l'accord ou au désaccord de la décoration avec le local qu'elle occupe. Une exécution libre, facile, heurtée, pourra convenir dans de grands espaces, et aux sujets vus de loin, comme dans des plafonds ou des coupoles. Une exécution fine, légère et précieuse, propre aux petits endroits, doit accompagner les membres d'une architecture délicate, et son fini contribuera à relever encore celui de l'exécution matérielle des profils et des ornemens, que le ciseau du sculpteur y aura taillés.

Mais une convenance indispensable dans l'emploi des compositions de la *peinture* appliquée à la décoration de l'architecture, c'est que le peintre soit tenu de les renfermer dans les espaces que l'architecte, ou pour mieux dire l'architecture même lui prescrit.

On ne citeroit que trop d'exemples, en Italie surtout, de cette sorte d'extravasion de la *peinture*, de cet empiétement du domaine d'un art sur le terrain d'un autre. On a vu des peintres disposer de tous les espaces d'un édifice, et regardant toutes ses superficies comme une grande toile préparée pour le pinceau, détruire par les illusions de la couleur tous les membres, toutes les saillies de l'architecture, les couper par des figures, faire descendre des groupes et des nuages jusque sur ses parties essentielles de la modénature. On a vu enfin la forme de l'édifice disparoître par les usurpations de la *peinture*. *Voyez* PLAFOND.

Le simple bon sens nous dit cependant, que la *peinture* n'est admise dans tout édifice, que comme un ornement auxiliaire. L'architecte lui ménage des champs ou des espaces sous de certaines conditions. S'il lui livre la superficie entière d'une voûte ou d'un plafond privé de tout membre indicatif de la construction, il lui donne la liberté de supposer que cet espace est un vide, au travers duquel on peut apercevoir ou le ciel, ou toute composition d'objets et de figures présumées en l'air et supportées sur des nuages.

Il est d'autres superficies que l'architecte abandonne au pinceau du décorateur, comme étant des percées, dont l'apparence n'affecte en rien, pour les yeux, le sentiment ou l'effet de la solidité; mais c'est que des membres d'architecture ou des massifs de construction rassurent la vue, et servent d'encadrement aux compositions du peintre. Celui-ci est donc tenu de se renfermer fidèlement dans les limites qu'on lui prescrit, sinon il détruit pour l'œil l'ordonnance du bâtiment, et en altère le principe essentiel qui est la solidité, si non réelle, du moins apparente.

Nous ne dirons rien ici de la *peinture*, soit qu'elle consiste en tableaux isolés, qui ont un cadre, soit que de semblables objets soient peints sur mur à fresque ou autrement, mais avec des encadremens peints et figurant des tableaux. Ces sortes de *peintures* trouvent place sur une multitude de superficies, et se considérant comme des objets mobiles, ils donnent beaucoup moins de prise à la critique dont on vient de toucher les principaux points; savoir, que la *peinture* ne doit jamais faire invasion sur les parties constitutives des ordonnances, et que jamais, lorsqu'elle est appliquée à ce qu'on appelle les pleins ou les masses de la construction, elle ne doit y traiter de ces sujets qui exigent des lointains et des perspectives, produisent l'effet du vide, là où l'apparence du plein est nécessaire. La théorie sur ce point est la même pour l'emploi de la *peinture* que pour celui du bas-relief, qui régnant sur les entablemens d'un édifice, sur le fût d'une colonne, ne doit se permettre que le moindre nombre de plans possible, de peur d'altérer l'intégrité du fûtement, et de fausser tout le système de l'architecture.

Le second rapport qui unit la *peinture* à l'architecture, est, avons-nous dit, celui de l'emploi des couleurs, comme enduits sur les surfaces variées des bâtimens.

Les emplois de ce genre ne laissent pas que d'être nombreux, et ils ont lieu soit dans les extérieurs, soit dans les intérieurs.

Il est assez reconnu et avéré aujourd'hui, par les ruines de beaucoup de temples d'une assez haute antiquité (*voyez* PÆSTUM), que leurs colonnes et toutes les parties de leurs constructions, lorsque la pierre étoit surtout d'une qualité rebelle à un beau poli, se revêtissoient d'une couche légère de stuc, qui recevoit des couleurs probablement imitant celles des marbres. Ainsi ont été colorés tous les temples doriques de la Sicile, et la *peinture* qu'on y introduisoit, s'appliquoit avec des teintes diverses aux fonds des métopes, aux mutules et aux détails de leur modénature.

Le luxe des marbres fut si commun dans l'antiquité, qu'un édifice qui n'eût offert qu'une pierre commune, auroit semblé être d'une pauvreté peu convenable, surtout à un temple. Les Anciens savoient aussi faire changer de couleur aux marbres. Pline nous apprend que d'un marbre blanc on faisoit un marbre numidien, en y insérant les veines et les teintes qui le falsifioient; à plus forte raison dut-on employer la *peinture* à colorer les enduits des colonnes qui n'étoient que de briques: telles sont toutes celles qu'on trouve en très-grand nombre, restées debout dans les ruines de Pompéïa. On voit encore sur toutes, et la couche de stuc dont la brique étoit revêtue, et les teintes bien conservées des couleurs dont ce stuc étoit peint.

Nous ne pouvons guère douter que la *peinture* ait été employée comme enduit au dehors de beaucoup de maisons anciennes. L'usage s'en est conservé plus ou moins dans un grand nombre de villes d'Italie. Celle de Gênes, entr'autres, a porté ce luxe extérieur des bâtimens, au point de faire entrer jusqu'à la dorure, dans les couleurs dont plus d'un palais a reçu la décoration.

En général il faut dire que le goût pour ce genre d'orner l'extérieur des bâtimens, ainsi que l'usage qu'on en fait, tiennent à la nature ou à la qualité des matériaux dont on dispose. Les plus favorables à cette pratique sont les revêtissemens qui ont lieu avec des mortiers où il entre de la chaux, et ce qu'on appelle des *stucs*. La chaux elle-même devient la préparation sur laquelle s'enduisent les couleurs.

Mais les pays où l'on construit beaucoup en bois, où cette matière forme non-seulement les charpentes, mais les panneaux de revêtissement, ces pays, disons-nous, doivent employer moins par goût encore, que par nécessité, la *peinture* à l'extérieur des maisons. Ainsi voit-on à la Chine et à Constantinople toutes les façades des habitations particulières peintes de toutes couleurs: ce qui ne laisse pas de produire un coup d'œil fort agréable, au dire des voyageurs.

Il semble assez inutile de répéter ici, que la *peinture* forme la plus grande partie des ornemens, dans l'intérieur des maisons et des appartemens, soit qu'on l'emploie en teinte plate et unie sur les lambris, les portes, les boiseries, les chambranles, les murs, les cloisons, les plafonds et les planchers, soit que ces enduits reçoivent des compartimens de toute sorte de dessin, en rinceaux, en arabesques, en détails décoratifs. *Voyez* DÉCORATION.

On auroit plutôt fait de dire ce qui, dans les édifices, ne requiert pas le concours des couleurs et de leur application, que ce qui en réclame nécessairement l'emploi, tant sont nombreux les besoins que les matériaux en ont pour leur propre conservation, tant la propreté et l'agrément des intérieurs dépendent des préparations du peintre en bâtiment.

Tous les détails de cette partie pratique de la *peinture* se trouvent aux articles DÉCORATION, ENDUIT, etc., et aux mots qui expriment les divers objets auxquels l'application des couleurs est nécessaire, tels que LAMBRIS, PLAFONDS, etc.

Nous ne dirons plus que deux mots, sur les différens genres de *peinture* qui, sous le rapport seul de leur nature, ou de leur procédé technique, entrent dans les besoins de l'art de bâtir, et les plaisirs de la décoration. Ces genres de peinture se distinguent par les noms suivans.

PEINTURE. — *en camaïeu* est celle où l'on n'emploie qu'une ou deux couleurs sur un fond d'une autre couleur, et quelquefois doré. On l'appelle *grisaille* lorsqu'elle consiste en une seule couleur grise.

— *en clair-obscur* — est celle où l'on ne met en œuvre que du noir et du blanc. On en use ordinairement pour peindre dans la décoration, des figures ou des bas-reliefs, en manière de marbre blanc ou de pierre.

— *à détrempe*. On donne ce nom à la *peinture* qui emploie les couleurs détrempées avec de l'eau et un peu de gomme ou de colle : on s'en sert sur le plâtre, le bois, les peaux, la toile et le papier. C'est de cette manière qu'on peint les décorations de théâtre, des fêtes publiques, et ces tentures de papier qui ont remplacé depuis plusieurs années le travail du pinceau, dans la décoration des intérieurs de maison.

— *à fresque*. On appelle ainsi celle qu'on exécute sur des murs fraîchement enduits d'un mortier fait de chaux et de sable, avec des couleurs détrempées à l'eau et préparées exprès. Cette sorte de *peinture* est des plus solides, et elle peut être employée dans les endroits exposés à l'air.

— *à l'huile* — est celle où les couleurs qu'on emploie, ont été broyées et mêlées avec des huiles plus ou moins siccatives. La *peinture à l'huile* est celle dont on use le plus souvent dans les intérieurs des maisons, sur les bois, les lambris, etc.

On comprend que nous n'avons dû faire ici aucune mention de bien d'autres genres de *peintures*, comme celles qu'on nomme en *émail*, au *pastel*, en *miniature*, etc., qui sont tout-à-fait étrangères à l'architecture.

PELLEGRINO (TIBALDI), né en 1522, mort en 1592. Il fut surnommé Tibaldi, parce que son père, qui étoit un maçon, s'appeloit communément maître *Tibaldo*. Il fut d'abord peintre, et fit dans la peinture de tels progrès, que les Carraches l'appeloient un *Michel Angelo riformato* : ce qui signifie que *Pellegrino* avoit dans sa manière adouci la fierté du dessin *Michel Angesque*, et avoit su y joindre une couleur plus naturelle, et un ton de chair plus vrai. Mais ce ne fut pas sans de grands efforts qu'il parvint à cette supériorité : il paroit avoir eu long-temps à lutter contre l'adverse fortune. On raconte qu'Octavien Mascherino le rencontra un jour dans les environs de Rome, près de la *Porta Portese*, en proie à un tel désespoir de son peu de succès dans la peinture, qu'il étoit résolu de se laisser mourir de faim. Mascherino l'en dissuada (peut être sans beaucoup de peine), et lui conseilla de s'adonner à l'architecture.

Ainsi *Pellegrino* embrassa ce nouvel art, où il devint en peu de temps si habile, et s'acquit une telle réputation, qu'il fut chargé de la grande construction de la grande cathédrale de Milan, et ingénieur en chef du duché de ce nom.

L'église cathédrale de Milan fut commencée en 1387, sous le duc Jean-Galéas Visconti. Ce fut un certain Henri *Zamodia* ou *Gamodia*, architecte allemand, qui en donna le plan. D'autres veulent que le premier auteur de ce vaste édifice ait été *Caporale*, commentateur des cinq premiers livres de Vitruve, le même qui a fait la Chartreuse de Pavie. Si on ne fait attention qu'à l'étendue de cette *église*, à la beauté des marbres qui la décorent, à la quantité des sculptures de tout genre, on peut la comparer aux plus célèbres monumens de l'Europe moderne. Mais si on examine le tout dans le sens de l'art, et avec les yeux de l'artiste, on trouve que ce grand ensemble manque du génie de l'invention. On n'y voit ni forme décidée, ni correspondance entre les parties, ni une véritable connexion de celles-ci avec le tout. Les membres de ce vaste corps sont foibles, les détails en sont des découpures : ce n'est au fait qu'une montagne de marbres évidée, un amas de matières transportées à grands frais, et placées les unes à côté des autres, sans goût et sans aucun ordre.

On ne nous apprend point que *Pellegrino* y ait fait d'autre chose, que le dessin de son pavé, qui passe pour un fort bel ouvrage, et le projet de sa façade qui fut approuvé par S. Charles Borromée. Elle est d'un goût qui tient une sorte de milieu entre ce qu'on appelle le gothique, et ce qu'il faut appeler le style antique.

Pellegrino eut pour associé et pour rival dans la construction de l'église de Milan, Martin Bassi, qui le combattit sur plusieurs points, entr'autres sur la disposition d'un certain bas-relief qui devoit être placé au-dessus de la porte du nord, sur le baptistère de l'église, etc. Ces controverses ont donné lieu à plus d'une consultation, où intervinrent Palladio, Vignola, Vasari et Bertani. Martin Bassi, qui paroit avoir eu l'avantage, publia à cette occasion un écrit intitulé *Dispareri in materia d'architettura e di prospettiva*, c'est-à-dire, dispute sur différens sujets d'architecture et de perspective.

On ne doit pas négliger de rapporter, à l'occasion de ces démêlés, la réponse de Vignole au sujet de la construction du baptistère dont on a fait mention. *Pellegrino*, très-prévenu en faveur de son plan, proposoit d'avoir recours dans les entre-colonnemens à des armatures de fer, qui devoient en prévenir l'écartement. Vignole lui répondit que les édifices ne devoient point être *soutenus par des lisières.*

Lorsque *Pellegrino* étoit occupé de ces débats, Philippe II, roi d'Espagne, l'appela pour peindre à l'Escurial, pour restaurer le vieux palais, et encore pour d'autres travaux. Notre artiste se rendit aux invitations du Roi, dont il remplit les intentions, avec un succès qui contribua à sa réputation autant qu'à sa fortune. Après un séjour assez long en Espagne, il retourna en Italie, où il rapporta plus de cent mille écus. Le Roi lui donna de plus la terre de Valsoda, où il étoit né, et érigea, pour le récompenser encore, ce fief en marquisat.

Pellegrino est l'auteur de beaucoup de monumens : on cite de lui à Milan l'église de Saint-Laurent, où l'on voit une coupole octogone, dont les côtés sont égaux, sur un soubassement octogone aussi, mais à côtés inégaux ; l'église des Jésuites offre dans sa nef une décoration peu ingénieuse : sa façade, qui a deux ordres l'un au-dessus de l'autre, participe des défauts de ce genre de composition. Ancône vante le beau portique dont *Pellegrino* fut l'architecte. Bologne cite parmi les monumens qu'elle lui doit, le palais et la chapelle bâtie pour la famille Poggi ; l'église de la Madone, près Saint-Celse, une autre dédiée à la Sainte-Vierge, et le *cortile* de l'Institut, d'ordre dorique, avec des métopes barlongs entre les pilastres accouplés.

On doit citer comme preuve du talent et de la rare intelligence de *Pellegrino Tibaldi*, la maison professe des Jésuites à Gênes. L'architecte eut à tirer parti d'un terrain des plus irréguliers, et bordé de rues étroites. Il ne paroissoit pas possible qu'un semblable espace pût suffire à tout ce qu'exigeoient les besoins et les convenances du programme proposé pour l'établissement. Toutefois *Pellegrino* mit tant d'art dans son plan, qu'après avoir trouvé à y faire entrer une fort belle église au lieu le plus apparent, il sut profiter de tout le reste du terrain, de façon que rien n'y fut oublié ; et l'on y admire comment il avoit pu y disposer, avec aisance, les parties si nombreuses d'un local, où il falloit réunir d'amples et spacieux réfectoires, de beaux corridors, des salles de récréation, une magnifique bibliothèque, une grande cour, et tant d'autres pièces d'usage, de nécessité et d'agrément.

Ce monument est encore aujourd'hui un des plus remarquables de la ville de Gênes, et par sa masse, et par sa richesse, et par la noblesse de son architecture. On ne citera point comme un mérite rare, dans une ville où abondent les plus beaux marbres, le luxe des matières. L'éloge qu'on doit ici à *Pellegrino*, c'est d'avoir su faire que l'admiration de la matière n'arrive qu'après celle de l'art.

Pellegrino eut pour élève son fils, qu'on appella *Domenico Tibaldi*, qui fut comme son pere, peintre à la fois, et architecte également renommé dans l'un et l'autre art, et qui sut y ajouter encore le talent du graveur.

Il exécuta, dans la cathédrale de Bologne, une chapelle que Clément VIII, dit-on, déclara supérieure même aux plus belle de Rome.

Bologne compte de cet artiste plus d'un ouvrage et des plus recommandables. Tels sont celui de la douane, qui, dans son genre, n'a point son pareil ; celui de la Madona *del Borgo su le mura*, celui de la grande porte de l'hôtel-de-ville, où l'on plaça la statue de Grégoire XIII.

Mais ce qui mérite encore plus d'éloges, c'est le palais Magnani. Sa façade est décorée de deux ordres d'architecture, sans entablement qui les sépare : de-là un mérite d'unité harmonieuse. Ce palais est d'une dimension médiocre, mais la grande manière qui y domine, le fait paroître beaucoup plus étendu qu'il n'est. Il en est de même de sa cour qui, malgré sa petitesse, paroît très-spacieuse.

Cet habile architecte, né en 1541, mourut en 1588, et comme l'on voit, jeune encore, dans toute la force de son talent, et laissa beaucoup d'enfans. Il fut enterré dans l'église de l'Annonciade, à Bologne.

PELOUSE, s. f. Nom qu'on donne à un terrain couvert d'une herbe fine et menue : tels sont les tapis de gazon qu'on pratique dans les jardins et les parcs.

PENDANT. Ce mot se prend substantivement et adjectivement. On dit, en fait d'ouvrages d'art, faire un *pendant*, donner un *pendant* à un tableau, à une statue ; et l'on dit aussi qu'un objet fait *pendant* à un autre. Dans ce sens, un corps de bâtiment fait *pendant* à un autre corps de bâtiment, lorsqu'il est placé dans un rapport de distance, et composé dans un système de symétrie qui, soit en plan, soit en élévation, le répètent exactement.

PENDENTIF, s. m. C'est une portion de voûte entre les arcs d'un dôme, qu'on nomme aussi *fourche* ou *panache*, et dont l'espace se remplit par des figures sculptées, comme on le voit à l'église du Val-de-Grâce et à celle des Invalides à Paris. Dans d'autres coupoles, les *pendentifs* sont ornés de figures peintes, et tels sont, à Rome, ceux des églises de Saint-André *della Valle* et de Saint-Charles *degli Catenari*, ouvrage du du Dominiquin. Les *pendentifs* du dôme de Saint-Pierre sont en mosaïque.

PENDENTIF DE MODERNE. C'est la portion d'une voûte gothique, entre les formerets, arcs doubleaux, ogives, liernes et tiercerons.

PENDENTIF DE VALENCE. Espèce de voûte en manière de cul-de-four, rachetée par fourche. On les appelle *de Valence*, parce qu'on croit que le premier a été exécuté à Valence en Dauphiné.

PENDULE, s. f. On a donné ce nom à la boite ou au cartel qui renferme le mouvement et le cadran d'une horloge à *pendule*. Parmi les formes sans nombre que le caprice de la mode a données aux *pendules*, il n'est pas rare d'en trouver qui ont pris modèle sur le type des autels, des cippes, que les Anciens ornoient de profils, de moulures et d'accessoires divers. Cette forme, qui a l'avantage de se prêter commodément au mouvement du *pendule*, est encore susceptible de recevoir des allégories de tout genre, et comme elle présente aussi l'idée d'un piédestal, elle est très-propre à servir de support à tous les couronnemens qu'on peut imaginer.

PÊNE, s. m. (*Terme de serrurerie.*) C'est le morceau de fer qui, dans une serrure, ferme la porte, et que la clef fait aller et venir en tournant.

On dit *pêne à ressort* ou *à demi-tour*. C'est celui qui se lâche sans le secours de la clef.

Pêne dormant, celui qui ne se meut qu'avec le secours de la clef.

Pêne en bord, celui dont le bout est coudé en équerre ou en rond, pour faciliter la place des ressorts et des mouvemens de la serrure.

Pêne à pignon. *Pêne* qui se meut par le moyen d'un pignon fixé et tourné sur le palastre.

PENSÉE, s. f. Ce mot se dit, en architecture comme dans les autres arts, soit de la conception que fait l'artiste d'un plan ou d'une élévation d'édifice, et qui n'est encore que dans son imagination, soit du trait léger qu'il en trace sur le papier, pour en fixer les masses principales et l'ensemble, avant de mettre au net et de soigner, par un dessin plus formé, chacune des parties.

On dit, ouvrage qui manque de *pensée*, celui dans lequel l'auteur n'a reproduit que des réminiscences d'autres ouvrages, ou un parti commun et vulgaire.

On dit, ce fut une grande *pensée* à Bramante de placer sur les reins des voûtes du temple de la paix, la coupole du Panthéon.

PENTAGONE, s. m. Figure qui a cinq côtés et cinq angles. Le mot devient aussi adjectif, et l'on dit un bâtiment *pentagone*.

PENTE, s. f. Inclinaison peu sensible qu'on pratique sur divers genres de superficies, comme terrains, terrasses, pavés, pour faciliter l'écoulement des eaux, ou pour tout autre objet. Ainsi, on a vu plus haut que l'espace des théâtres que l'on nomme *parterre* (*voyez* ce mot) étoit disposé en *pente*, pour que les spectateurs placés les uns devant les autres ne se cachent point la vue de la scène.

Il y a des degrés de *pente* différemment fixés pour chaque genre de superficie, selon les besoins et les usages. La *pente* se règle à tant de lignes par toise courante, pour le pavé et les terres, pour les canaux des aqueducs, pour les conduits des égouts, pour les chéneaux et gouttières des combles.

On appelle *contre-pente* dans le canal d'un aqueduc ou du ruisseau d'une rue, l'interruption d'un niveau de *pente* causée par mal-façon ou par l'affoiblissement du terrain, en sorte que les eaux n'ayant pas leur libre cours, s'épandent ou restent dormantes.

PENTE DE CHÉNEAU. Plâtre de couverture, conduit en glacis, sous la longueur d'un chéneau, de part et d'autre, depuis son heurt.

PENTE DE COMBLE. C'est l'inclinaison des côtés d'un comble, qui le rend plus ou moins roide sur la hauteur, par rapport à sa base.

PENTELIQUE (MARBRE). Le marbre appelé ainsi a tiré son nom du mont *Pentelés* près d'Athènes. *Voyez* MARBRE.

PENTURE, s. f. (*Terme de serrurerie.*) Morceau de fer plat, replié en rond par un bout et creusé de manière à recevoir le mamelon d'un gond. On l'attache sur une porte ou sur un contrevent, avec clous rivés, pour les soutenir et les faire mouvoir sur leurs gonds, soit quand on veut les ouvrir, soit quand on les ferme.

PENTURE FLAMANDE. C'est une *penture* faite de deux barres de fer, soudées l'une contre l'autre, et repliées en rond, pour faire passer le gond. Après qu'elles sont soudées, on les ouvre, on les sépare l'une de l'autre, autant que la porte a d'épaisseur, et on les courbe ensuite carrément, pour les faire joindre des deux côtés de la porte.

On ornoit jadis les *pentures* de feuillages en tôle découpée ou ciselée; aujourd'hui cela n'a guère lieu que pour les bâtimens communs.

PEONIUS, architecte grec qui eut l'honneur de terminer la construction du grand temple de Diane à Ephèse, et qui, avec Daphnis de Milet, construisit, dans la ville de ce nom, le temple d'Apollon Milésien, d'ordre ionique, et tout en marbre. Ce fut un des plus considérables ouvrages de l'architecture antique. *Voyez* MILET.

PEPERIN (PEPERINO). C'est le nom d'une pierre qu'on exploite dans les environs de Rome, et qui, de tout temps, a été employée dans les édifices anciens ou modernes de ce pays. Elle est d'un gris-noirâtre, et on la tire particulièrement des environs d'Albe (aujourd'hui *Albano*).

PÉPINIÈRE, s. f. (*Jardinage.*) Selon Ménage, ce mot vient de *pepin*. Cette étymologie paroît d'autant mieux fondée, que c'est souvent du pepin de certains fruits qu'on tire les jeunes plants qu'on élève.

Mais beaucoup d'arbres se plantent de plus d'une autre manière. Du reste la *pépinière* est un lieu ordinairement clos ou de murs, ou de haies, qui sert à élever des plants d'arbres, d'arbrisseaux et de fleurs, sur plusieurs lignes, et on les sépare, selon leurs espèces, par des sentiers ou des rigoles.

Les grands jardins ont ordinairement des *pépinières* qui servent à l'éducation des jeunes plants dont on a toujours besoin pour remplacer les anciens. Ces *pépinières* forment des espèces de petits bois qui contribuent à l'agrément des jardins, en même temps qu'ils servent aux besoins de la culture.

PERCÉ, adj. et subst. masc. On applique, ou du moins on peut appliquer ce mot à toute ouverture qu'on pratique dans un mur, dans une devanture d'édifice. On dira d'un bâtiment, qu'il est bien ou mal *percé*, qu'il est trop ou trop peu *percé*, qu'il est *percé* régulièrement ou non. Cela ne signifie ordinairement rien autre chose, sinon qu'il y a une juste proportion, ou non, entre les pleins et les vides.

Percé devient aussi un substantif, et on emploie ainsi ce mot dans une multitude de cas. On dit, par exemple, dans la disposition d'un jardin, d'un paysage, qu'il faut y ménager ou pratiquer des *percés*.

Un *percé*, dans l'architecture, est une ouverture qui, pratiquée au bout d'une pièce, d'une galerie, d'une nef d'église, conduit les yeux au-delà du lieu où l'on est, fait découvrir un nouveau point de vue, et semble agrandir le local.

PERCEMENT, s. m. Nom général qu'on donne à toute ouverture faite après coup, pour la baie d'une porte ou d'une croisée, ou pour tout autre objet.

Les *percemens* ne doivent pas se faire dans un mur mitoyen, sans appeler les voisins intéressés à donner leur consentement. *Voy.* MUR MITOYEN.

PERCHE, s. f., signifie, dans son acception la plus ordinaire, un brin de bois long, de la grosseur à peu près du bras, et qui sert à toutes sortes d'usages.

PERCHE est une mesure qui, sans doute, aura reçu ce nom, dans l'arpentage des terrains, du morceau de bois primitivement employé pour arpenter.

PERCHES. On appelle de ce nom, au pluriel, dans l'architecture gothique, certains petits piliers ronds, menus et fort hauts, qui, joints ou rapprochés par trois ou cinq ensemble, portent de fond, et se courbent dans leur sommité, pour former les arcs et nerfs d'ogives, qui retiennent les pendentifs.

PERIBOLOS (Péribole). Enceinte bâtie autour des temples dans l'antiquité, et qui comprenoit la totalité du terrain sacré.

Les premiers temples consistèrent dans un espace de terrain consacré, qu'on appeloit *hiéron*. Ce terrain étoit plus ou moins étendu : il paroit qu'on dut souvent se contenter, à la naissance des sociétés, d'environner d'un mur l'espace au milieu duquel étoit placé l'autel où se faisoient les sacrifices. *Voyez* TEMPLE.

La construction des édifices sacrés suivit bientôt ; et qui sait si ce qu'on appelle *temple* ou *naos* ne fut pas originairement la même chose que le *peribolos*, c'est-à-dire, l'enceinte plus ou moins étendue du lieu sacré où étoit l'autel.

Dans cette hypothèse, la grandeur et l'étendue des temples, auroient pu dépendre de la grandeur de l'espace originaire de terrain consacré, formant, à proprement parler, le *lieu saint* ou l'*hiéron*, qui ne signifie pas autre chose.

Ce qu'on doit croire, et ce qu'il est même permis d'affirmer, c'est que rien n'a jamais pu déterminer une mesure précise à l'étendue du lieu saint primitif. Une multitude de causes locales et morales dut établir et établit réellement, en ce genre, les plus grandes et les plus nombreuses différences. Tous les temples antiques témoignent de ces variétés, et elles dûrent avoir lieu particulièrement dans l'intérieur des villes.

On pourroit donc classer tous les temples de l'antiquité, d'après les données de cette théorie.

Dans la première classe auroient été ceux qui ne consistoient qu'en un espace de terrain vide, sans construction. C'étoit le terrain sacré, sur lequel on ne pouvoit empiéter sans sacrilège.

Bientôt l'on sentit la nécessité d'entourer de murs ces espaces, pour les défendre de toute violation, et l'on bâtit des murs à l'entour. Ce fut là l'origine du *peribolos*, architecturalement parlant, qui constitua dans la suite la plus grande et la plus magnifique espèce de temple.

Mais le *peribolos* proprement dit, fut lui-même

quelque chose de très-variable, à entendre le mot et l'idée dans le sens simple.

Ainsi, lorsque l'espace sacré ou l'*hiéron* étoit fort circonscrit et qu'on eut bâti à l'entour un mur, on eut non plus un champ muré, mais un bâtiment qu'il fut naturel de couvrir, et de-là la troisième classe de temple formant un naos, qui n'étoit lui-même que la clôture de l'hiéron. Ce sont là les temples qu'on a pu comparer à une maison, avec une porte d'entrée, et si l'on veut avec un *pronaos* ou vestibule, et qui renfermoit le terrain sacré.

Si l'on veut supposer ce terrain sacré ou cet *hiéron* plus étendu, on aura une quatrième espèce de temple, celle des édifices qu'on peut diviser en plusieurs classes d'ordonnances, qu'on connoît sous les noms de *temples prostyles*, *amphiprostyles*, *pseudopériptères*, *périptères*, *diptères* (*voyez* tous ces mots), où le *peribolos* est composé de murs soit lisses, soit avec des colonnes engagées, ou bien orné de colonnes isolées, c'est-à-dire, avec un ou deux rangs de galeries ambiantes.

Dans les données de ce système, et en supposant la terre sacrée, ou l'hiéron, d'une plus vaste étendue, on aura une cinquième espèce de temples, celle où l'édifice, tel qu'on vient de le décrire, se trouve au milieu de l'espace, entouré lui-même d'un mur orné de colonnes, faisant un promenoir tout à l'entour, et qu'on appela proprement *peribolus*.

Nous savons que beaucoup de temples antiques, mais surtout les plus grands, furent ainsi environnés d'un *péribole* formant une très-vaste place.

Cette place étoit ordinairement ornée de statues, d'autels et de monumens de tout genre : quelquefois elle comprenoit de plus petits temples, et elle renfermoit encore des plantations et des bois sacrés.

Le *péribole* du temple de Jupiter Olympien à Athènes, qui fut terminé sous le règne d'Hadrien, avoit quatre stades de circonférence. On y comptoit un grand nombre de statues consacrées à cet Empereur, par les villes de la Grèce qui avoient été l'objet de ses libéralités. Là se trouvoient d'anciennes statues, telles qu'un Jupiter en bronze, un petit temple de Saturne et de Rhéa, un emplacement particulier qui portoit le nom d'*Olympia*, et qui probablement étoit planté d'arbres.

Il y avoit un semblable *péribole* autour des temples suivans; savoir, le temple de Bacchus à Athènes, celui de Palæmon sur l'isthme de Corinthe, les temples d'Hercule et d'Esculape à Sicyone, celui de Cérès sur l'acropole à Phlius, celui de Despoina à Acacesium en Arcadie, celui d'Esculape à Titane : il étoit environné de vieux cyprès.

Le temple d'Apollon Didyméen, près de Milet, avoit un *péribole* et un bois sacré.

Les temples circulaires avoient aussi quelquefois leur *péribole*, et tel se montre encore le temple qu'on appelle de *Jupiter Sérapis* à Pouzzol.

Pausanias cite beaucoup de temples avec des bois sacrés. Il est à croire que ces bois avoient un mur d'enceinte ou *péribole*. Peut-être aussi l'usage n'en étoit pas rigoureusement prescrit.

On voit encore aujourd'hui en son entier un *péribole* au temple d'Isis à Pompéïa. La seule différence entre ce *péribole*, et ceux qu'on vient de citer, c'est que le petit *naos*, au lieu d'être dans le milieu de l'enceinte, est à une extrémité, c'est-à-dire, attenant à une des parties du carré formé par elle. On trouve de même dans cette enceinte des autels, et une *ædicules* parfaitement conservée.

Mais le plus notable exemple de *péribole*, est à Palmyre, où le grand temple périptère est environné d'une enceinte formée d'un mur avec deux rangs de colonnes intérieures. Chaque face de ce vaste carré a de 7 à 800 pieds de longueur. *Voyez* PALMYRE.

PÉRIDROME, s. m. C'est le nom qu'on donne, dans un temple périptère, à l'espace ou à la galerie, et si on l'aime mieux, à l'allée qui règne entre le mur du *naos* et les colonnes qui en forment ce que les Grecs appeloient les ailes. Le mot *péridrome* peut également, d'après sa formation, s'appliquer à toute galerie servant de promenoir autour d'un édifice.

PÉRIPHÉRIE, s. f., signifie contour.

PÉRIPTÈRE (*adj. des deux genres*). Ce mot se compose de deux mots grecs, *pteron*, qui veut dire *aile*, et *peri*, qui signifie *autour*.

Périptère signifie donc qui a des ailes à l'entour, qui est entouré d'ailes. C'est que, comme on a eu déjà l'occasion de le dire, et comme on le redira au mot PTERON, le dessin d'un temple *périptère* grec, considéré soit en plan, soit en élévation, donnoit l'idée d'un *corps ailé*. Les galeries ou colonnes qui l'entouroient, sembloient en être les ailes.

Le mot *périptère* caractérise une des espèces de temples grecs, dont le *naos* ou la *cella* étoit environné d'un seul rang de colonnes, pour le distinguer de celui qui en avoit deux, et qu'on appeloit *diptère* (*voyez* ce mot), ou de celui qui n'avoit que des colonnes engagées dans le mur, qu'on appeloit *faux-périptère*, *pseudo-périptère*, ou de celui qui avoit des colonnes engagées dans le mur, et un rang de colonnes engagées : c'étoit le *pseudo-diptère*. Voyez ces mots.

Rien de plus commun parmi les restes des temples grecs, que le temple *périptère*. Il suffira de citer ici ou de rappeler à la mémoire les temples de Minerve et de Thésée à Athènes, tous les temples de la Sicile et de la grande Grèce, qui sont d'ordre dorique. On voit, à Palmyre, un temple *périptère* d'ordre corinthien.

Les usages des temples chrétiens ayant fait adopter, comme on l'a dit plus d'une fois, la forme de la basilique antique, où les colonnes se trouvoient plus naturellement appliquées aux intérieurs, il n'a guère pu venir dans l'idée des architectes modernes d'imiter les temples des Anciens, où tout le luxe de l'architecture sembloit réservé pour l'extérieur. Aussi à peine trouveroit-on à citer jusqu'à cette époque un monument *périptère* moderne.

Cependant Paris voit en ce moment sur le point d'être terminés, dans cette configuration, deux édifices fort remarquables, et qui sont réellement *périptères*. L'un est l'église de la Madelaine, qui offre dans de très-grandes proportions un magnifique *peripteron* d'ordre corinthien; l'autre est l'édifice de la Bourse, monument également *périptère*, et qui ne diffère du temple que par l'absence de frontons. Son ordre est aussi corinthien.

Quelques critiques pourront trouver à redire que le même type d'architecture et d'ordonnance soit employé à deux édifices si divers dans leur destination, et qui sembleroient avoir dû exiger un caractère spécial. Ces critiques pourront avoir raison; mais là où aucun système régulier et protégé par un pouvoir capable de le maintenir, ne préside à la construction des édifices, l'architecte indépendant ne voit dans la conception d'un monument, que l'occasion de faire montre de son talent, et les ordonnateurs ne considérant dans une forme ou l'autre à donner aux édifices, qu'un degré de luxe ou de richesse plus ou moins en rapport avec les sommes qu'on peut y employer, on ne doit guère s'étonner qu'il n'y ait pas de règle, là où il n'y a point de régulateur moral.

On peut dire encore, pour excuser ou faire approuver cette confusion de caractère, résultat de la confusion des types en architecture, que les raisons qui font de telle ou telle disposition une application spéciale à tel ou tel édifice, n'ont jamais le pouvoir de soumettre le goût d'une manière absolue, et de le forcer à reconnoître des limites. Ainsi pourra-t-on prétendre que tout édifice qui est destiné à recevoir beaucoup de personnes, ayant le besoin de converser ensemble, exige naturellement de ces espaces, qui leur procurent la facilité de circuler à couvert, et que de ce genre est l'édifice de la Bourse.

PÉRISTYLE, s. m. Mot composé, comme le précédent, de deux mots grecs, *peri* (autour) et *stulos* (colonne). Ainsi il désigne aussi l'édifice qui a un entourage de colonnes.

La distinction que quelques-uns ont cherché à établir entre la signification du mot *périptère* et celle du mot *péristyle*, ne paroît pas trop fondée. Selon cette opinion, le *péristyle* ne se diroit que de l'édifice qui auroit des colonnes isolées dans son pourtour intérieur. De tout temps, ceux qui ont décrit des monumens ont plutôt suivi les usages du langage ordinaire, que les raisons d'une analyse systématique, à laquelle les mots eux-mêmes ne se sont jamais soumis.

Il nous paroît donc assez inutile de rechercher si les écrivains anciens ont réellement, ou non, observé la distinction dont on parle. Il suffit qu'aujourd'hui il soit certain qu'on applique le mot *péristyle* à des compositions, à des ensembles de colonnes placées tantôt au dehors, et tantôt au dedans d'un édifice.

Il y a plus: en prenant à la rigueur l'étymologie du mot qui signifie *colonnes à l'entour*, il seroit encore faux que beaucoup de ces réunions de colonnes qu'on appelle *péristyles*, selon l'usage, puissent se prendre pour des colonnes qui environnent un édifice.

On se sert effectivement du mot *péristyle*, et l'on appelle de ce nom, ce qu'on devroit appeler un *prostyle*. Tel seroit (si la grammaire et l'étymologie avoient le pouvoir de disposer de la formation des mots) le nom qu'il faudroit donner à cette partie des temples que les Grecs nommoient *temples prostyles*, qui n'avoient qu'un seul frontispice orné de colonnes. Cependant on dit le *péristyle* du Panthéon à Rome, le *péristyle* de Sainte-Geneviève à Paris. On dit aussi le *péristyle* du Louvre, en parlant du célèbre frontispice que Perrault a élevé à la façade antérieure de la cour et du palais du Louvre. On a déjà parlé de cet ouvrage au mot ACCOUPLEMENT, et on en trouvera une nouvelle mention au mot PERRAULT.

Rien, comme on voit, ne conviendroit moins que cette dénomination à la colonnade qui sert de promenoir extérieur ou de galerie couverte à cette façade, s'il falloit la restreindre à toute disposition d'ordonnance intérieure de colonnes.

Nous devons dire toutefois que le mot *péristyle*, tel qu'on le trouve employé dans les descriptions faites par les anciens historiens, des monumens de l'antique Egypte, convient fort bien, d'après la formation du mot, à ces grandes cours qui se succèdent dans les temples égyptiens, et dont les murs intérieurs offrent en avant des files de colonnes faisant galeries ou promenades tout à l'entour. C'est que par le mot *peri*, autour, il ne faut pas seulement entendre le circuit extérieur d'un bâtiment. Des colonnes peuvent régner tout autour de l'intérieur d'une cour, ou d'un grand espace fermé par un mur.

Ainsi avons-nous vu les péribolés des grands temples grecs (*voyez* PÉRIBOLE) recevoir dans leur périphérie des rangées de colonnes, qu'on doit véritablement appeler *péristyles*; et de ce nom, sans doute, nous pouvons aussi appeler dans les palais ou autres édifices publics, ces cours autour desquelles circulent des galeries couvertes, formées de colonnes isolées.

Comme l'usage qui fait les langues et assigne à chaque chose son nom, précède toujours l'analyse raisonnée de la signification que chaque mot devroit avoir, nous devons dire qu'il en a été ainsi à l'égard du mot *péristyle*. Certainement si l'on considère cette partie de la colonnade régnante autour d'un temple, et qui se trouve placée au frontispice antérieur et postérieur de ce temple, cette partie, disons-nous, appartenant à la colonnade appelée *peristylium*, dut aussi naturellement porter le nom du tout : de-là sera venu l'usage de lui continuer ce nom, même lorsque l'édifice n'aura plus eu de colonnes dans tout son pourtour.

Ainsi, il est établi qu'on peut appeler *péristyle* le frontispice en colonnes d'un temple, et peut-être ce mot vaut-il encore mieux que celui de portique dont on se sert assez souvent, quoique la composition du mot indique, ou simplement une entrée par une *porte*, ou ces arcades qui ont la forme de *portes*, et qui se composent de piédroits ornés de colonnes adossées ou engagées. *Voyez* PORTIQUE.

PERLE, s. f. On donne ce nom à de petits grains ronds qui ressemblent à des *perles*, et qui forment, sur les petits membres d'architecture où on les taille, ce qu'on appelle aussi des *chapelets*. Voyez ce mot.

PERPENDICULAIRE (*adj. des deux genres*), se dit de ce qui pend à-plomb, de ce qui tombe à-plomb.

PERRAULT (CLAUDE), né en 1613, et mort en 1688.

Il naquit à Paris; son père, avocat au Parlement, l'avoit destiné à la médecine: il l'étudia, et reçut le titre de docteur de la Faculté de Paris. Faut-il attribuer ou à son peu de goût, ou au manque de science et de succès, l'abandon qu'il fit de cette profession ? Il semble que ce fut une cause de ce genre qui donna lieu à l'épigramme de Boileau : on sait que ce poëte l'eut en vue, dans la peinture de celui qui d'*ignorant médecin devint bon architecte*. N'ayant ici à considérer *Claude Perrault* que sous le rapport de l'architecture, nous n'entrerons dans aucun des détails de sa vie et des controverses qui le mirent en rapport avec Boileau.

Il est certain qu'il eut des connoissances fort variées dans plus d'un genre, et ce fut comme littérateur qu'il s'initia aux études de l'art de bâtir.

La France ne faisoit que commencer à recevoir l'impulsion des grands ouvrages et des écoles de l'Italie. Déjà, sans doute, Pierre Lescot, Philibert Delorme, Ducerceau et plusieurs autres avoient fait revivre dans quelques édifices les méthodes et le goût de l'art des Anciens. Mais le goût ne pouvoit pas changer aussi promptement et aussi généralement en architecture, que dans les autres arts, et surtout ceux de la littérature. D'innombrables châteaux empreints à différens degrés de ce style du moyen âge, qu'on appelle *gothique*, et formés par et pour les mœurs du temps, opposoient une puissante résistance à l'introduction d'une manière inconciliable avec leurs plans, leurs dispositions et leurs élévations. Tous ces châteaux étoient une réunion de tours, de massifs, de tourelles, de parties sans liaison, découpées par des murs, couronnées par des combles d'une hauteur démesurée; toutes choses qui ne pouvoient s'allier avec le système des ordres et des ordonnances régulières des colonnes.

Tel avoit été le château des Tuileries, déjà fort modifié par Ducerceau et Delorme; tel étoit le château du Louvre, auquel Pierre Lescot avoit aussi fait subir un changement de plan et d'élévation, du moins dans la quatrième partie du carré actuel de sa cour. Pour le dire en un mot, la connoissance de l'architecture antique étoit celle de quelques architectes, qui en avoient fait pour eux, en Italie, des études particulières, mais elle n'avoit pu agir encore sur les usages et sur l'opinion générale.

Colbert, occupé du soin d'éveiller sur tous les genres de connoissances et de recherches, la curiosité des Français, chargeoit les Académies qui venoient d'être créées, de l'exploration des sources antiques, d'où devoient se répandre de toutes parts de nouvelles lumières. *Perrault* fut chargé de traduire en français Vitruve, dont il n'existoit encore que des commentaires incomplets. L'entreprise étoit alors des plus ardues, surtout pour un homme qui n'étoit pas sorti de France, et qui n'avoit pu confronter aux monumens même de l'antique architecture, les notions souvent obscures de l'architecte romain. Sans aucun doute la traduction de *Perrault* a été surpassée en bien des points, et ce n'est plus aujourd'hui chez lui, qu'on ira chercher les interprétations des passages les plus difficiles, et surtout les notions les plus précises sur l'esprit et les détails d'une multitude d'objets relatifs soit aux usages, soit aux matériaux, soit à la construction, soit au style et à la composition de beaucoup de monumens. Pour bien traduire Vitruve, il faut être en même temps capable de le bien commenter. Il faudroit donc réunir les talens pratiques de l'artiste aux connoissances du philologue et aux recherches positives de l'antiquaire. Depuis lui, et en profitant même de ses erreurs, plusieurs traducteurs de différens pays ont de beaucoup surpassé son travail, sans qu'on puisse dire qu'il ne reste pas encore à faire mieux et à faire plus.

Ce seroit à la France, qui a ouvert en quelque sorte la route, que sembleroit devoir être réservé l'honneur de poser le but. Mais il y faudra toujours une condition assez difficile à obtenir; celle d'une alliance bien rare de deux sciences, de deux talens chez le même homme, ou la réunion plus rare encore de deux hommes, l'un savant, érudit et versé dans les connoissances archéologiques; l'autre artiste et dessinateur habile: car c'est autant par des dessins que par des notes, qu'il faut interpréter et commenter Vitruve.

C'est là ce que *Perrault* avoit fait, et quoiqu'on doive dire des planches et des dessins exécutés à grands frais, dont il accompagna sa traduction, qu'ils laissent beaucoup à desirer, il faut toutefois beaucoup plus admirer ce qu'ils offrent de vrai, de judicieux et d'applicable au texte, que s'étonner de ce qui leur manque, surtout quant au caractère, à la physionomie, au style précis des monumens décrits, et que *Perrault* n'avoit pu connoître par lui-même.

Il falloit, sans doute, être déjà architecte, pour faire, sur Vitruve, le travail auquel il se livra: on peut croire cependant que ce grand ouvrage, qui dut être le fruit de beaucoup d'années, aura été ce qui fit de *Perrault* un architecte.

Naturellement de telles études dûrent le porter à voir l'architecture en grand, à concevoir des idées élevées, à s'occuper de cet art, sous les rapports qu'il doit avoir avec les monumens, avec la magnificence de la décoration, avec les qualités qui constituent le caractère de chaque édifice. *Perrault* n'étoit pas, dans le fait, architecte de profession; il devoit passer plutôt pour théoricien que pour artiste.

A cette époque Louis XIV, voulant éveiller dans sa nation le génie de tous les arts, songeoit à s'illustrer par les plus hautes entreprises dans l'art qui amène tous les autres à sa suite, l'architecture; il forma le projet, dirons-nous, de continuer, de terminer, et ne dirons-nous pas plutôt de refaire le Louvre, projeté trop en petit sous Henri III, qui n'avoit conçu, par le plan de Pierre Lescot, que le quart du projet actuel. C'étoit, comme on l'a fait entendre, un amas de masses discordantes dans leur proportion, leur forme, leur disposition, résultat d'entreprises partielles, et qui ne pouvoient être subordonnées à un raccordement régulier.

Il falloit prendre un grand parti, il falloit refondre dans un plan nouveau et soumettre à un dessin général, tout ce qui pouvoit se conserver; et il ne s'agissoit pas seulement d'établir cette uniformité dans l'intérieur de la cour, il convenoit encore qu'une même ordonnance régnât à l'extérieur. Rien n'a mieux prouvé que ce monument, combien les grandes entreprises d'architecture ont de peine à parvenir à se compléter. Après trois siècles de travaux successifs, de projets, de reprises, etc., le palais du Louvre, qu'il faut regarder aujourd'hui comme terminé, a encore un des côtés intérieurs de sa cour différent des trois autres, et de ses quatre faces extérieures, il n'en est pas deux qui se ressemblent.

Il n'y avoit point alors d'architecte en crédit à Paris, et il y avoit à Rome un artiste d'un talent universel, dont la renommée avoit porté le nom dans toute l'Europe, le célèbre Bernin (*voyez* à l'article BERNIN); le Roi le demanda, le reçut avec beaucoup de distinction: on connoît le succès qu'eut cette démarche.

Il n'est pas vrai, comme on l'a prouvé à l'article BERNIN, que le péristyle du Louvre par Perrault eût existé en réalité, quand Bernin vint à Paris. A peine peut-on supposer que le projet eût été connu de l'artiste italien; mais ce qui paroît constant, c'est que toutes les circonstances contribuèrent à exciter l'ambition et le génie de *Perrault*. Sollicité par son frère, il ne put résister au desir d'essayer ses forces sur un sujet dans lequel, libre des sujétions d'un programme donné, il put n'écouter que les inspirations de son goût.

Si *Perrault* eût été plus architecte de profession qu'il ne l'étoit, s'il eût rapporté ses conceptions aux besoins de son temps, aux sujétions de son pays, aux calculs pécuniaires, aux convenances locales, et aux usages d'un palais d'habitation, il est probable qu'il n'eût jamais projeté son péristyle; mais il vit son sujet en homme habitué à saisir ce qu'on peut appeler le côté poétique d'un édifice. Le palais du grand Roi d'un grand empire lui parut demander, comme un temple, ce luxe extérieur de colonnes, de frontispices, qui saisit l'admiration du spectateur, et le porte à se former une grande idée du maître qui l'occupe.

Le péristyle du Louvre, tel surtout qu'il sortit des mains de *Perrault* (et avant qu'on y eût ouvert les fenêtres qui aujourd'hui sont percées sous la colonnade), n'est réellement qu'un modèle idéal de portail, de devanture sans emploi usuel, propre uniquement à annoncer la majesté du prince et de sa cour.

Après le départ de Bernin, l'attention se reporta sur le projet de *Perrault*. Pour mettre plus de maturité dans cet examen, on forma un conseil des bâtimens, composé du premier architecte, de Lebrun et de *Perrault*; Charles Perrault son frère en fut nommé secrétaire; Colbert présidoit les séances, qui avoient lieu deux fois la semaine. C'étoit une nouveauté que des colonnes unies par des plates-bandes composées de claveaux, et l'on craignoit la poussée des plafonds sur les colonnes. Pour se rendre compte des moyens d'exécution, il fut résolu de construire en petit un modèle du péristyle, avec autant de petites pierres qu'il devoit en entrer de grandes dans l'édifice, et de les retenir avec des barres de fer proportionnées à la mesure qu'elles auroient en grand. L'exécution de ce modèle rassura sur les difficultés qui avoient été le sujet de l'objection principale. On se convainquit que le fer employé à retenir la poussée des architraves, n'avoit pas, dans cet emploi, les inconvéniens qu'il a lorsqu'on lui donne celui de soutenir.

L'ouvrage enfin fut entrepris, et malgré ce qu'on peut y reprocher, c'est toujours, il faut le dire, une grande et magnifique conception.

Ajoutons qu'en le considérant sous le simple rapport d'architecture, on doit à *Perrault* la justice d'y avoir fait revivre avec une grande habileté, la justesse et la beauté des proportions antiques, d'y avoir porté la pureté des profils, l'élégance des formes et des ornemens, la correction des détails, le fini de l'exécution, à ce point auquel on ne sauroit dire qu'aucun grand édifice soit arrivé depuis.

Nous avons traité ailleurs (*voyez* ACCOUPLEMENT) des autres considérations, sous lesquelles on peut ou louer, ou blâmer, ou excuser plus d'un objet de cette composition, et nous renvoyons le lecteur à cet article. Du reste, il seroit à souhaiter que tout l'extérieur du Louvre ait été achevé dans la disposition et selon l'ordonnance de la façade de ce grand palais du côté de la rivière. Il y régneroit entre toutes les parties un accord qu'il faut aujourd'hui désespérer d'obtenir jamais.

Perrault, auquel ses connoissances variées avoient ouvert l'Académie des sciences, devoit naturellement devenir l'architecte d'un monument que le Roi vouloit consacrer aux études astronomiques. Il dut en faire les plans, et en régler les dispositions sous la dictée de l'Académie. Nous voulons parler de l'Observatoire, dont on a déjà donné la description. *Voyez* OBSERVATOIRE.

Il ne nous reste ici à en parler que sous le rapport du talent de l'architecte, et du style ou du caractère de l'architecture. Quant à ce qui regarde la construction, on en a déjà vanté la solidité, le bel appareil, et le soin apporté dans toute les parties qui peuvent en assurer la durée. Mais nous trouvons (à l'article PERRAULT de la *Biographie universelle*) une censure de ce monument qui nous paroît injuste. On l'accuse d'avoir un style lourd, et on parle de défauts qui frappent tous les yeux. Cette critique étant une critique de goût, nous croyons pouvoir en juger autrement.

Si *Perrault*, comme on l'a dit, eut en architecture un mérite, ce fut certainement de saisir dans la conception de ses ouvrages, cette qualité qui repose sur l'idée poétique ou morale, que l'imagination donne à chaque édifice, et qui en doit manifester la destination. C'est ce qu'on appelle *donner le caractère*. C'est ce qui fait qu'un genre d'édifice ne doit pas ressembler à un autre genre d'édifice; de telle sorte que ce qui sera propre à l'un, deviendra impropre dans un autre, et que ce qui seroit ici lourdeur, là doit passer seulement pour simplicité et sévérité. Qu'est-ce que *Perrault* se proposa dans le caractere donné à son Observatoire? de bien prononcer son emploi, en faisant d'abord qu'on ne puisse pas le prendre pour un bâtiment d'habitation, en faisant ensuite que l'on comprît, qu'il avoit pour objet d'offrir aux observateurs une grande plate-forme dans son sommet. Toute apparence de comble ou de toit eût donné le démenti à cet objet. Or, sans aucun doute, tout manque de couronnement qui fait pyramider un édifice, doit lui donner une apparence qui est l'opposé de celle de la légèreté. Si, comme on n'en peut douter, cela contribue à donner à la masse de l'Observatoire, une apparence de lourdeur, ce prétendu défaut nous paroît y être un mérite.

Nous avons déjà remarqué que les très-grandes ouvertures dont l'édifice est percé, conviennent au moins pour l'apparence, seule chose dont il s'agit ici, à la destination positive d'un observatoire. Nous ne pouvons qu'y louer encore la simplicité de son extérieur, et il nous semble que tout luxe de colonnes ou d'ordonnances y eût été déplacé.

La gloire de *Perrault*, comme architecte, se fonde encore sur un autre monument, où certainement il eût fait preuve de beaucoup d'imagination, s'il lui eût été donné d'en suivre et d'en régulariser l'exécution. On veut parler du grand arc de triomphe élevé à Louis XIV, dont il nous a conservé le dessin, et dont il ne fit que jeter les fondemens. Ce monument qui devoit orner l'entrée de la grande rue du faubourg Saint-Antoine, fut comme par manière d'essai, et apparemment pour en faire mieux juger, ébauché en plâtre. Il arriva en cette occasion, ce qu'on a vu arriver plus d'une fois. La curiosité satisfaite éteignit le zèle des ordonnateurs. D'autres projets attirèrent ailleurs les ressources de l'Etat; on travailla avec moins d'ardeur, et bientôt on finit par abandonner cette entreprise, par détruire même ce qui avoit été déjà exécuté.

Ce fut sur les dessins de *Perrault* qu'on exécuta la grotte de Versailles, l'allée d'eau, et plusieurs ornemens des jardins. Il fit même un projet pour substituer un nouveau bâtiment, au petit château bâti par Louis XIII, que Louis XIV voulut absolument conserver.

Perrault composa plusieurs ouvrages qui attestent la variété de ses connoissances. Il publia quatre volumes d'essais de physique, qui ont aujourd'hui peu d'intérêt, et plusieurs mémoires pour servir à l'histoire naturelle. Outre sa traduction de Vitruve, on a de lui un abrégé du même auteur, pour l'instruction des jeunes architectes, ainsi qu'un traité de l'ordonnance des colonnes. Enfin on trouva après sa mort, parmi ses manuscrits, un recueil de machines imprimé depuis, et qu'on peut consulter avec fruit.

On prétend que *Perrault* mourut des effets de la putridité occasionnée par un chameau, à la dissection duquel il assistoit.

Indépendamment des hommages que l'Académie des sciences rendit à sa mémoire, la Faculté de médecine fit placer son portrait dans le lieu de ses séances, à la suite de ceux des médecins célèbres de tous les temps, qui avoient le mieux mérité de la science et de l'humanité. Non moins juste que les contemporains, la postérité a conservé à l'auteur de la colonnade du Louvre, au savant traducteur de Vitruve, un rang distingué parmi les hommes qui ont illustré le siècle de Louis XIV.

PERRON, s. m. Lieu élevé, à découvert, et en dehors d'une maison, d'un édifice quelconque, lequel est composé d'un petit nombre de marches, soit construit par encorbellement, de manière à former une sorte de voûte, soit établi sur un massif pour conduire à un étage exhaussé au-dessus du sol, ou pour communiquer à quelque terrasse dans un jardin.

On donne aux *perrons* différens noms, selon la forme de leur construction.

Perron a pans est celui dont les encoignures sont coupées.

Perron ceintré. *Perron* dont les marches sont rondes ou ovales. Il y a de ces *perrons* qui ont une partie de leurs marches convexes, et l'autre partie est concave. Cela forme dans le milieu un palier circulaire.

Perron double. On appelle ainsi celui qui a deux rampes égales, qui tendent à un même palier, comme celui de la cour du Capitole à Rome; ou celui qui a deux rampes opposées pour arriver à deux paliers, comme celui de la Cour des fontaines à Fontainebleau. Il y a des *perrons doubles* qui ont ces deux dispositions de rampes; en sorte que par un *perron* carré, on monte sur un palier, d'où partent deux rampes opposées, qui conduisent chacune à un palier rectangulaire: de ce palier on monte par deux autres rampes à un palier commun. On voit de ces *perrons* au jardin des Tuileries, et ils sont du dessin de le Nôtre.

Perron carré. *Perron* qui est d'équerre, comme est celui qui est en avant du péristyle de l'église de la Sorbonne, dans la cour, à Paris, ou celui qui est établi au-devant du portail de Sainte-Geneviève. Tel est encore celui de l'église du Val-de-Grâce.

PERSE-PERSANNE (Architecture). On peut traiter de l'architecture d'un peuple, faire l'analyse de ses principes, de ses pratiques, de ses formes, et de ce qui constitua ou ses usages, ou les habitudes que diverses sortes de besoin lui firent prendre, lorsqu'un nombre de monumens élevés en différens temps, qui se sont succédé pendant des siècles, ou qui furent consacrés à plus d'une sorte d'emplois, mettent à portée d'y établir l'espèce de critique dont l'art de bâtir est susceptible.

Comment essayeroit-on de faire et de communiquer aux autres une idée de *l'architecture persanne* d'après le peu qu'on en connoît? Qu'est-ce qu'un reste d'édifice unique, lorsqu'on ignore même l'époque précise à laquelle il fut construit, s'il ne le fut point par des artistes étrangers au pays, quelle fut sa destination, si son goût fut le goût natif du pays, ou ne fut pas un mélange d'idées, de styles, de manières étrangères à ce pays?

« Ce qui nous reste de l'architecture des Persans » (a dit Winckelmann dans son *Histoire de l'art*), » prouve qu'ils étoient grands amateurs d'orne- » mens. Il les prodiguoient outre mesure, défaut » qui faisoit perdre beaucoup de la majestueuse » grandeur de leurs bâtimens. Les grandes co- » lonnes de Persepolis ont jusqu'à quarante can- » nelures, mais larges seulement de trois pouces. » Les colonnes grecques au contraire n'en avoient » que vingt-quatre, mais fort larges, et qui » excédoient quelquefois la largeur d'un palme. » Ce n'étoit pas assez au goût des Perses de mul- » tiplier ainsi les cannelures sur leurs colonnes. » Cet ornement ne leur suffisoit pas; ils y joi- » gnoient encore des figures en relief, dont ils » ornoient le haut de ces colonnes. »

Ces détails, Winckelmann les tenoit des dessins faits d'après le fragment d'édifice de Tchelminar, l'antique Persepolis. C'est peut-être assez pour des conjectures générales sur le goût des Persans, qui très-sûrement durent porter dans leur art et dans l'architecture surtout cet instinct de caprice, cet amour du merveilleux commun à toute l'Asie, et que nous avons déjà caractérisé à l'article Asiatique (Architecture).

Mais s'il y en a assez des ruines de Persepolis pour montrer que les Perses, comme tous les autres peuples de l'Asie, furent dominés plutôt par cet instinct de l'imagination qui ne connoît point de règles, ou par celui de la routine qui obéit en esclave à ce qui a déjà été, que par l'esprit d'imitation qui cherche dans les œuvres de la nature ou des modèles, ou des principes, ou des raisons, on conviendra qu'il faut s'en tenir à une théorie générale à leur égard. Des applications plus particulières ne sauroient former qu'un système sans point d'appui.

On a pu raisonner sur l'architecture de l'Égypte, sur celle de l'Inde, sur celle de la Chine. On a pu de leurs nombreux ouvrages déduire pour conséquence, que telle fut leur manière de construire, de disposer, d'orner les édifices; que telles ou telles formes, tels ou tels plans, tels ou tels détails, s'appliquoient d'une manière constante à un genre ou à un autre de monumens. On a pu chercher et peut-être indiquer avec quelque vraisemblance le principe originaire de leur manière de bâtir, c'est-à-dire, la cause première qui, selon le besoin

besoin du climat, d'après les habitudes sociales, en vertu des matériaux, et eu égard soit aux mœurs, soit aux constitutions politiques ou religieuses, aura donné aux travaux cette direction, d'où résulte ce qu'on peut appeler le caractère ou la physionomie d'une architecture.

Il n'en sauroit être ainsi par rapport à la Perse. On doit avouer qu'on manque des élémens nécessaires, pour généraliser une semblable théorie à son égard. Réduits à la connoissance d'un seul reste échappé à la destruction d'un seul de ses monumens, nous nous contenterons de faire connoître ce fragment curieux d'après les descriptions des voyageurs, et nous laisserons à chacun le soin d'en déduire les conséquences relatives à ce qui put former le style habituel de ce pays dans l'art de bâtir. *Voyez* PERSEPOLIS.

PERSEPOLIS. Corneille Bruyn avoit déjà publié quelques détails sur les ruines célèbres de cette ville, auxquelles on donne le nom de *Tchel-Minar,* ainsi que Nieburg nous l'apprend. Or, ce nom signifie les quarante minarets ou colonnes.

Ces colonnes, continue Corneille Bruyn, sont toutes cannelées de la même manière. Le fût des unes est de trois, et celui des autres est de quatre pièces, sans compter le chapiteau qui est de cinq morceaux et d'un ordre qui diffère de tous les ordres d'architecture connus. Il y a des écrivains qui prétendent que quelques-uns de ces chapiteaux sont formés de figures de chevaux ailés d'une grandeur extraordinaire, et qu'ils couronnent les deux colonnes qui sont auprès des deux portiques, à côté de l'escalier de la façade de l'édifice. Il y en a même un qui soutient l'avoir vu de ses propres yeux, sans marquer en quelle année; il ne fait cependant aucune mention des chameaux qui sont sur d'autres colonnes. C'est pourtant une chose que je puis affirmer, puisqu'on en voit un à genoux sur une des neuf colonnes sans chapiteau, qui sont à côté les unes des autres. A la vérité, ce chameau est fort endommagé; mais on ne laisse pas de voir une partie de son corps et les pieds de devant, avec plusieurs ornemens semblables à ceux des animaux qui sont dans les premiers portiques. On n'en sauroit douter en examinant les morceaux qui sont tombés du haut des colonnes. Un de ces chapiteaux semble avoir été ébranlé par un tremblement de terre, et être sorti de sa place; il ne laisse pas toutefois de tenir son équilibre, quoiqu'il penche un peu d'un côté.

Nous avons aussi pris soin de marquer sur deux ou trois de ces colonnes, qui ont conservé leur chapiteau, un morceau de pierre informe, qui représentoit aussi quelqu'animal, sans qu'on en puisse distinguer l'espèce.

L'écrivain dont on vient de parler, dit qu'il a trouvé seize colonnes qui, avec les deux de l'escalier de la façade, en font dix-huit; c'est ce que je ne saurois comprendre, puisque j'en ai trouvé dix-neuf. Au reste, je ne trouve aucune différence entre ces colonnes, si ce n'est que les unes ont des chapiteaux, et que les autres n'en ont pas. Quant à leur élévation, elles ont toutes 70 à 72 pieds, et 17 pieds 7 pouces de circonférence. Les bases en sont rondes et ont 24 pieds 8 pouces de tour et 4 pieds 5 pouces de haut, et la moulure de dessous a 1 pied 8 pouces d'épaisseur. Elles ont trois sortes d'ornement; mais les corniches des portes et des fenêtres ne diffèrent aucunement entr'elles.

Corneille Bruyn ajoute que rien n'étoit si solide que l'architecture de ce palais. Il admire la grosseur des pierres qui forment l'escalier et les colonnes, et il ne peut pas comprendre comment on avoit pu lever si haut d'aussi lourdes masses: on s'étonne encore, dit-il, de voir des chambres entières, dont le plancher, les murailles, le plafond, sont d'une seule pierre très-noire et très-dure, sans pourtant être taillées dans le roc.

Citons maintenant, sur les monumens de *Persepolis,* un voyageur plus moderne et plus instruit, le célèbre Nieburg, dont nous abrégeons les récits.

Cette ville (dit l'écrivain voyageur) détruite depuis deux mille ans, n'offriroit, comme Memphis, que des doutes sur le lieu de son existence, sans les ruines célèbres de Tchel-Minar, qu'on croit être les restes de l'ancien palais des maîtres de l'Asie, auquel Alexandre fit mettre le feu dans un instant d'ivresse et de débauche.

Ces ruines, dont le nom moderne signifie *quarante colonnes,* sont adossées à une montagne; leur nom toutefois ne leur convient plus aujourd'hui, que le nombre de colonnes se trouve réduit à vingt selon quelques voyageurs, à vingt-cinq selon d'autres. Le terrain qui forme l'immense esplanade couverte de ces ruines a des inégalités considérables dans sa superficie horizontale (que Nieburg a indiquées dans son plan). Il paroît dès-lors que ces constructions étant établies sur des plans d'une hauteur inégale, elles indiquent plutôt un palais qu'un temple.

Les murs qui forment cette esplanade sont encore debout, et paroissent faits pour braver éternellement les injures du temps et celles de la barbarie. Ces murs suivent les inégalités de la superficie du terrain, et leurs contours extérieurs offrent des saillies qui ressemblent assez aux corps avancés et aux parties rentrantes des fortifications. Tout le terrain a été visiblement taillé dans la montagne de marbre, d'où l'on a tiré les pierres qui ont servi à la construction de l'édifice; par conséquent le pavé se trouvoit être un massif de marbre, et comme le dit Nieburg, l'imagination auroit peine à s'en figurer un plus beau et plus durable. On n'observe dans toute cette construction ni chaux ni ciment, mais en certains endroits on a remarqué les places de crampons, dont l'enlèvement n'a pourtant apporté aucun dérangement aux assises de pierre, ni altéré leur jonction. Elles sont si bien unies entr'elles, qu'on a quelque peine à en apercevoir les joints, et l'on ne pourroit pas y introduire la lame la plus mince.

La place occidentale, qui s'offre aux yeux la première, s'élève de vingt-deux pieds au-dessus de la plaine, où étoit bâtie la ville; elle a près de 600 pas communs (c'est-à-dire, de 22 à 23 pouces) de longueur. Celles qui regardent le midi et le nord, et qui sont inégales, ont à peu près 390 pas. Toutes les pierres ont 8, 9 et 10 pas de longueur, sur 6 de largeur. Un seul escalier, formé de deux rampes et placé vers une des extrémités de l'esplanade, conduisoit en haut. Ces marches ont 27 pieds de longueur, sur 14 pouces de profondeur et 4 de hauteur. Les pierres dont ces degrés sont formés, sont d'une telle épaisseur, que souvent dans une seule on a taillé un nombre de marches équivalent à la hauteur totale de l'escalier. Les chevaux et les chameaux chargés y montent facilement.

Lorsqu'on est arrivé sur l'esplanade par le grand escalier, on aperçoit, à 42 pieds de distance du bord, deux grandes portes séparées par deux colonnes debout. Ces portes ont 22 pieds de profondeur, 13 de largeur, et la première a d'élévation 39 pieds, la seconde 29.

À la hauteur de 4 pieds 8 pouces du sol, sont sculptés, sur les montans des portes, des animaux dont les uns ressemblent à des chevaux caparaçonnés; les deux autres sont ailés, et leur tête humaine et barbue est couverte de la coiffure persanne. Leurs corps sont taillés du bas-relief dans le mur; mais leurs têtes et leurs pieds de devant sont détachés du fond, et sont entièrement de ronde bosse. Les deux colonnes dont on a parlé, sont les mieux conservées de toutes celles qu'on voit à *Persepolis*.

Quand on a passé ce premier assemblage de ruines, on arrive au second, qui est placé à la droite de ces portes, à 172 pieds de distance, et sur un terrain plus élevé d'une toise et demie. On juge que ce local a formé autrefois une des plus nobles parties de tout le palais. Le mur qui en soutient le sol est de marbre sculpté dans une très-grande partie. On y monte par un escalier semblable à celui dont a parlé, mais plus petit. Les murs d'appui de cet escalier sont ornés d'inscriptions et de bas-reliefs représentant une longue suite de figures humaines. Les bases de trente-six colonnes occupent, avec quelques débris d'un autre édifice, ce vaste emplacement pavé en pierres de 28 pieds de longueur. Du grand nombre de colonnes qui existoient en cet endroit, dix-sept seulement sont debout, et quelques-unes de celles-ci, en très-petit nombre, ont conservé leurs chapiteaux. Les restes de ces chapiteaux offrent des figures de chameaux accroupis. Ces colonnes ont toutes de 70 à 72 pieds de hauteur. Elles sont composées les unes de trois, les autres de quatre assises; plusieurs assises entrent aussi dans la formation du chapiteau.

Non loin de là, se voient les débris de trois portes, et les bases de quelques colonnes. Ces portes ont 24 pieds d'élévation. Elles sont chargées de bas-reliefs, dont les figures de 8 pieds de haut, ont toutes les bras élevés, comme pour supporter les bas-reliefs sculptés au-dessus.

Entre les colonnes et la montagne, on trouve un espace carré de 85 pas de largeur, renfermé par des débris de portes, de murailles et de fenêtres. Quelques bases restées dans le milieu ont servi à porter des colonnes, sur lesquelles étoient des plafonds. Les portes ont 5 toises de hauteur et sont formées de huit pierres seulement, et quelquefois d'un moindre nombre: les jambages sont chargés de bas-reliefs très-riches.

Au-dessus et à côté de la colonnade s'élève un édifice, que sa position fait reconnoitre pour le bâtiment principal. Il est divisé en plusieurs parties, et l'on n'en voit plus que les portes et les fenêtres. Celles-ci sont toutes taillées d'une seule pierre, et sont ornées d'inscriptions et de diverses matières. On y voit des restes d'aqueducs et des canaux souterrains qui, suivant Corneille Bruyn, n'ont pu servir qu'à la conduite des eaux. La partie méridionale de l'esplanade présente deux autres édifices absolument semblables pour la construction et la décoration, à ceux qu'on vient de décrire; mais ils sont plus endommagés.

La montagne elle-même offre au spectateur des restes de tombeaux et des bas-reliefs semblables à ceux de Naxi-Rustan, autre montagne située à deux lieues de *Persepolis*, et où il paroit qu'étoient situés les hypogées de cette grande ville.

Tous ces rochers sont taillés et offrent un grand nombre de salles remplies, les unes de tombes et d'urnes sépulcrales, les autres, de niches. Un de ces tombeaux a sa façade ornée de quatre colonnes qui soutiennent un vaste entablement, sur lequel est sculpté une espèce d'autel, orné de deux rangs de figures, dont les bras élevés supportent les profils. Une porte feinte est placée entre les colonnes. On en a ouvert une partie qui donne entrée dans les tombeaux, à ceux qui s'y laissent descendre avec des cordes.

On trouve à Naxi-Rustan des bas-reliefs qui indiquent un goût différent de celui des Perses, et qu'on croit être celui des Parthes, auxquels la Perse fut soumise du temps des premiers Césars. Ces bas-reliefs représentent des combats singuliers, et les héros sont montés sur des chevaux. Cet animal ne se trouve point sur les bas-reliefs de *Persepolis*, ni sur les monumens de l'Egypte.

Si l'on considère attentivement les ruines de *Persepolis*, on ne sauroit leur refuser une admiration que les restes de l'Egypte ne diminuent point. Elles offrent encore les débris de plus de deux cents colonnes et de plus de douze cents figures d'hommes et d'animaux.

PERSIENNE, s. f. Nom qu'on donne à des sortes de jalousies faites de châssis, qui se composent d'un assemblage de lattes ou tringles de bois plates et minces, qui font abat-jour. Probablement cette manière de se garantir du soleil et de se procurer, sans être vu, la facilité de voir en dehors, sera une invention de la Perse, et aura pris le nom du pays qui la mit en usage.

PERSIQUE (Statue). On donne cette épithète à des statues viriles que l'on emploie, ainsi que les statues féminines, appelées *caryatides*, à supporter, en place de colonnes, les plates-bandes ou les entablemens des édifices.

Cependant les mots d'*atlantes* et de *télamons*, d'après leur étymologie seule, conviennent mieux à toute figure employée dans la décoration, soit à soutenir réellement, soit à paroître porter toutes les sortes d'objets, de formes ou de fardeaux que l'imagination de l'architecte et le goût de l'ornement lui imposent. Le nom de *caryatide* étant reçu, à cet égard, dans le langage ordinaire, et s'appliquant aussi plus volontiers aux statues ou figures féminines, il nous semble que celui d'atlantes ou de télamons devroit appartenir, pour les distinguer, aux statues ou figures viriles.

Nous avons, à l'article Caryatides (*voyez* ce mot), embrassé l'universalité des notions, des exemples, des usages et des documens applicables à ce genre de supports, et nous y avons rapporté l'histoire des *statues persiques* (*voyez* Caryatide). Nous n'en redirons rien ici, et nous ne releverons pas de nouveau les erreurs auxquelles ont donné lieu, à cet égard, plusieurs statues antiques mal observées.

Persique (Ordre). On trouve dans plus d'un dictionnaire ces deux mots joints ensemble, comme nous avons fait voir que l'on avoit aussi imaginé un *ordre caryatide*. Toutes ces vaines dénominations proviennent de la méprise de ceux qui font consister l'*ordre*, non pas seulement dans la fonction matérielle de la colonne comme support, mais encore dans une de ses parties isolées, telle que le chapiteau, ou telle que son fût, au lieu d'entendre par *ordre*, un système complet de formes, de proportions et d'ornemens mis en rapport dans un édifice, avec telle ou telle qualité, telle ou telle expression. Nous dirons donc qu'il n'y pas plus d'*ordre persique* que d'*ordre caryatide*.

PERSPECTIVE, s. f. La *perspective linéaire*, qu'on distingue de la *perspective aérienne*, est la seule qui soit du ressort de l'architecture.

Comme science, la *perspective linéaire* fait partie des mathématiques, et comme telle elle est soumise à des principes rigoureusement démontrés. Elle enseigne de quelle manière les lignes qui circonscrivent les objets, se présentent à l'œil du spectateur, suivant le point où l'œil est placé, et selon la distance de ces objets.

C'est fort injustement qu'on a prétendu que la science de la *perspective* avoit manqué aux Anciens. Ce qui a particulièrement accrédité cette erreur, est l'évidente violation des règles et des plus simples élémens, non pas même de la science, mais de toute apparence de la *perspective*, dans une multitude de bas-reliefs, et surtout dans ceux de la colonne Trajane, où il eût été impossible, et même déraisonnable de la mettre en pratique, quand la nature des choses ne s'y seroit pas opposée. (*Voy.* ce qui a été développé sur ce point à l'article Bas-reliefs.) On s'est fondé encore sur l'ignorance de la plupart des décorateurs qui ont peint des arabesques à Herculanum et à Pompéi, où toutefois il se trouve certains sujets d'architecture qui pourroient déposer du contraire. Ce qu'on doit dire, à cet égard, c'est que beaucoup de peintres aujourd'hui même ignorent les procédés de la *perspective* linéaire, et qu'il y a un certain art d'en tracer les lignes par sentiment, à vue d'œil, plutôt que par principe et d'après les règles. Or, nous pensons que beaucoup de peintres dans l'antiquité se sont contentés de cet à peu près. Et c'est bien ce qu'il faut croire de tous ces peintres de *décors* qui, sur les enduits des murs et des intérieurs de maisons à Pompéii, tracèrent et colorèrent toutes les fantaisies du genre arabesque. Ces exemples d'ignorance pratique ne prouvent point que les Anciens aient méconnu les règles de la *perspective* et aient omis de s'y soumettre, dans les ouvrages plus importans, surtout dans les décorations de leurs théâtres, qui en exigeoient une sévère observance.

La vérité est que les Anciens pratiquoient avec beaucoup de succès l'art de peindre sur les murs des *perspectives* d'architecture, comme les Modernes l'ont fait, et qu'il est impossible de supposer que dans des emplacemens tels que ceux des théâtres où ces *perspectives* avoient pour juges les yeux de la multitude, on y eût commis de ces erreurs qui auroient frappé les plus ignorans : car s'il faut du savoir pour tracer avec justesse les lignes de l'architecture feinte, il suffit de l'instinct pour être révolté de ses erreurs. Au théâtre de Claudius Pulcher, on vit une décoration peinte et exécutée avec tant de vérité et une telle illusion, que, selon Pline, les corbeaux, trompés par l'imitation des toitures et des tuiles, venoient s'y abatre pour s'y reposer. On sait ce qu'il faut penser de ces effets d'illusion sur les animaux. Quels qu'ils puissent être, il ne faut voir dans de tels récits, que l'expression, peut-être figurée, de la perfection du moyen imitateur.

Mais à quoi servent ces autorités, et d'autres exemples semblables rapportés par les écrivains, lorsque Vitruve lui-même nous raconte expressément, quand et par qui cet art de la *perspective* linéaire fut inventé? Selon cet architecte, nécessairement instruit en cette partie, la pratique de la *perspective* remontoit au siècle d'Eschyle, et dès cette époque Agatarchus en avoit fait admirer les effets sur le théâtre d'Athènes. Vinrent ensuite Anaxagoras et Démocrite, ses deux élèves, qui rédigèrent ses exemples en préceptes et en publièrent la théorie. Ainsi il arriva à cet art ce qu'on a vu arriver à tous les autres : la pratique y devança la théorie. Le peintre, observateur attentif de la nature, imita d'abord les objets tels que leur position les présentoit à son œil. La géométrie vint ensuite démontrer la nécessité de ces effets, et la méthode à suivre pour les rendre sans avoir besoin du modele.

La pratique et la science raisonnée de la *perspective*, ont donc une date antérieure à l'époque de Périclès, et elles étoient dès ce temps réduites en règles. Ce passage de Vitruve mérite d'être cité en entier.

Namque primùm Agatarchus Athenis, Eschylo docente tragœdiam scenam fecit, et de eâ commentarium reliquit. Ex eo moniti Democritus et Anaxagoras de eâdem re scripserunt, quemadmodùm opporteat ad aciem oculorum radiorumque extensionem, certo loco centro constituto, ad lineas ratione naturali respondere, uti de incertâ re certæ imagines ædificiorum, in scenarum picturis redderent speciem, et quæ in directis planisque frontibus sint figurata alia abscedentia, alia prominentia esse videantur. Vitr., in Præfat., lib. 7.

« Agatarchus fut le premier qui, lorsqu'Eschyle enseignoit à Athènes l'art de la tragédie, fit un scène, et en rédigea un Traité. D'après ses leçons, Démocrite et Anaxagoras écrivirent sur le même sujet, et ils démontrèrent de quelle manière on doit, selon le point de vue et de distance, faire, à l'instar de la nature, correspondre toutes les lignes à un point de centre terminé, en sorte que, d'après un modèle incertain, on puisse tracer avec certitude sur les scènes les ressemblances exactes des édifices, lesquels, quoique peints sur des surfaces planes et droites, présentent des parties qui paroissent s'éloigner, et d'autres qui semblent saillir en avant. »

La pratique raisonnée de la *perspective* ne resta point, chez les Grecs, confinée dans l'enceinte des théâtres, elle s'introduisit dans les écoles de peinture, comme aussi nécessaire aux tableaux qu'aux décorations. Le peintre Pamphile, qui ouvrit à Sicyone la plus célèbre école de dessin, enseignoit publiquement la *perspective*. Il prétendoit que sans la géometrie, la peinture ne pouvoit rien faire de parfait. *Omnibus litteris eruditus præcipuè arithmeticæ et geometriæ, sine quibus negabat artem perfici posse.*

Ainsi avant Apelles qui fut élève de Pamphile, avant Protogenes, avant les peintres les plus renommés de la Grèce, la *perspective* étoit déjà enseignée et pratiquée; comme dans les temps modernes, on la voit déjà connue et mise en œuvre, avant le seizième siècle, dans les compositions du cimetière de Pise, dans les tableaux de Perugin, de Masaccio, de Jean Bellin et autres.

Les documens relatifs à l'étude de la *perspective* ne sauroient trouver place dans cet article : ils dépendent de certaines démonstrations par figures, qu'il faut aller chercher dans les ouvrages qui traitent uniquement de cette méthode.

PERSPECTIVE FEINTE. On donne ce nom à des peintures sur mur, qui représentent des décorations d'architecture, de monumens, de points de vue et de paysages, qu'on place quelquefois sur des pignons de mur ou de clôture, pour en cacher la difformité, pour y produire des aspects lointains.

Ce qu'on nomme ainsi rentre, comme on le voit, dans le domaine de ce que l'on appelle *architecture feinte*. Nous avons retracé sous cette dénomination, à laquelle nous renvoyons le lecteur, d'assez nombreux exemples de ce que la peinture en ce genre peut opérer d'ouvrages recommandables sous plus d'un rapport. C'est surtout à Bologne que ce goût de peinture, encouragé pendant un certain temps, et pratiqué par les hommes les plus habiles, a produit des modèles d'une perfection remarquable, autant pour l'excellence de la composition, que pour le charme de l'exécution et de l'illusion. On peut consulter, à cet égard, Algarotti, qui, sur ce genre d'ouvrages, a recueilli les notions les plus curieuses.

PERTUIS, s. m. (*Terme d'architecture hydraulique.*) On appelle ainsi un passage étroit, pratiqué dans une rivière, aux endroits où elle est basse, pour en augmenter l'eau de quelques pieds, afin de faciliter ainsi la navigation des bateaux qui montent et qui descendent. Cela se fait en laissant entre deux batardeaux une ouverture qu'on ferme avec des ailes ou avec des planches en travers, ou enfin avec des portes à vannes.

PERTUIS DE BASSIN. C'est un trou par lequel se perd l'eau d'un bassin de fontaine ou d'un réservoir, lorsque le plomb, le ciment ou le corroi se trouve fendu en quelqu'endroit. Si l'on veut connoître la dépense d'un *pertuis* carré, circulaire, rectangulaire, vertical ou horizontal, il faut lire les sections IX et X de l'*Architecture hydraulique* de Bélidor, tome I, part. 1.

PERTUIS DE CLEF. (*Terme de serrurerie.*) C'est l'ouverture qui est au panneau d'une clef. On la fait de différentes figures, en rond, en cœur, etc.

PERUZZI (Balthazar), né en 1481, mort en 1536.

Trois villes d'Italie se sont disputé l'honneur d'avoir produit ce célèbre architecte. Chacune des trois a en effet quelque droit de le revendiquer: Florence, pour avoir été la patrie de sa famille, Volterre, pour l'avoir vu naître, et Sienne, pour l'avoir fait artiste.

Antoine *Peruzzi*, noble florentin, voulant fuir les troubles des guerres civiles dont Florence étoit alors le foyer, s'étoit réfugié à Volterre. Il s'y maria et y eut une fille nommée Virginie, et un fils qu'il nomma Balthazar. Il étoit venu dans cette ville pour chercher la paix, mais la guerre sembloit le poursuivre. Volterre fut prise et saccagée. Il y perdit toute sa fortune, heureux d'avoir pu sauver sa famille, qu'il transporta à Sienne. Antoine y mourut peu de temps après, laissant son fils encore en bas âge et sans aucune ressource pour son éducation; mais la nature et la nécessité sont deux grands maîtres: *Balthazar Peruzzi* sut profiter de leurs leçons.

La connoissance de quelques artistes avoit fait naître de bonne heure en lui le goût du dessin; le dénuement dans lequel le laissoit la mort de son père, ne lui permettoit plus de le cultiver comme un goût. Il en fit une étude sérieuse. Il vit les peintures des meilleurs maîtres, les copia, fut bientôt maître lui-même et assez habile, non-seulement pour vivre du produit de ses tableaux, mais pour soutenir sa mère et sa sœur, et pouvoir encore se livrer à des études infructueuses. Ses premiers ouvrages se trouvent à Sienne et à Volterre. Là, il se lia d'amitié avec un peintre de cette ville, nommé Pierre, que le pape Alexandre VI employoit à peindre dans le Vatican. Ce peintre le conduisit à Rome dans l'intention de lui faire partager ses travaux. La mort du Pape rompit ce projet de société, et *Balthazar* se livra à divers ouvrages de fresque, tels que ceux qu'on voit à Saint-Roch, et qui commencèrent sa réputation dans Rome. Cet heureux début lui procura des travaux plus considérables à Ostia, où il peignit en clair-obscur une bataille dans le style antique. Le costume y fut observé avec soin; les armures, les instrumens de guerre, les boucliers, les cuirasses, tout y est une répétition fidèle des bas-reliefs et des monumens de l'antiquité. Cesare da Sesto l'aida dans cette entreprise, qui acheva de le faire connoître pour ce qu'il valoit.

De retour à Rome, *Balthazar Peruzzi* contracta une étroite amitié avec le célèbre amateur Augustin Chigi de Sienne, qui croyant trouver en lui un compatriote à produire, vit aussi un grand talent à encourager. Cette liaison fut d'une grande utilité aux arts: on lui dut les beaux ouvrages que le goût de l'amateur commanda à l'artiste; mais *Peruzzi* lui dut le loisir et les ressources qui lui permirent de se livrer à l'étude de l'architecture. Il en embrassa toutes les parties, et en devenant grand architecte, il voulut encore faire profiter l'art de bâtir, des rares connoissances qu'il avoit dans l'art de peindre. L'architecture feinte, qui exige un double talent, lui fut redevable en quelque sorte de son origine, et peut-être de sa perfection.

Jusqu'alors la science de la perspective n'étoit guère sortie des livres assez obscurs de quelques savans. Les peintres du quinzième siècle la mettoient en pratique dans les fonds de leurs tableaux. Mais les compositions du temps, pour la plupart, étoient si simples, que leurs fonds n'exigeoient aussi que les procédés élémentaires de la perspective linéaire. A l'époque de *Peruzzi*, les grands ouvrages de Raphaël, en étendant la sphère de la peinture, avoient à la vérité rendu indispensable l'union de la théorie et de la pratique en ce genre.

Toutefois pour que cette science produisît, comme on l'a vu depuis, un genre d'art particulier, celui qu'on connoît sous le nom d'*architecture feinte*, il falloit qu'elle reçût une nouvelle sorte d'application à un genre de peintures plus grandes encore, et qui en ont un plus grand besoin, je veux parler des décorations scéniques. Mais l'art dramatique étoit alors dans l'enfance, et restreint aux pieuses conceptions des solennités religieuses; il n'exigeoit guère plus de savoir chez les décorateurs que chez les auteurs. En se livrant, comme il le fit, à la théorie ainsi qu'à la pratique de la perspective, *Balthazar Peruzzi* sembloit pressentir qu'il étoit destiné à renouveler dans tout son éclat l'art de la décoration de théâtre.

La perfection où il porta du premier coup les ouvrages de cet art peut paroître difficile à croire, quand on sait combien de degrés l'esprit de l'homme parcourt ordinairement pour atteindre le but de l'imitation. Mais il y a tel genre d'imitation qui n'est autre chose qu'une combinaison nouvelle des élémens et des moyens de genres déjà formés et perfectionnés. Il ne faut alors qu'un homme exercé dans leurs procédés, et capable de les réunir en les dirigeant vers un objet nouveau. On voit alors paroître, comme par enchantement, un art dont on ne soupçonnoit pas l'existence.

Ces observations sont nécessaires pour s'expliquer comment *Balthazar Peruzzi*, le premier des Modernes qui, selon l'histoire, ait peint des décorations de théâtre, a peut-être été le plus habile peintre de ce genre. Il étoit peintre, architecte, grand perspectiviste, dessinateur et peintre d'architecture. Que falloit-il de plus pour faire de lui un grand décorateur scénique? Une occasion. Elle se présenta bientôt dans les fêtes qui furent données à Julien de Médicis.

Vasari parle en deux endroits des décorations de *Peruzzi*, d'abord à l'occasion des fêtes en question, et ensuite au sujet de la comédie du cardinal Bibiena, appelée *la Calandra*, et que Léon X fit représenter devant lui; ce qui fait croire que cet artiste eut plus d'une occasion de s'exercer dans ce genre; mais partout il en parle avec cet enthousiasme que l'art porté à sa perfection pouvoit seul exciter chez un aussi bon juge.

« *Balthazar* (dit Vasari) s'acquit d'autant plus » d'honneur, que ce genre de décoration n'étoit » pas encore connu, vu la désuétude dans la- » quelle étoient tombés l'art de la poésie et celui » de la représentation dramatique. Mais les dé- » corations dont il s'agit, pour avoir été les pre- » mières, n'en furent pas moins la regle et le » modèle de celles qu'on fit depuis. On a peine à » concevoir avec quelle habileté notre décora- » teur, dans un espace si resserré, sut représen- » ter un si grand nombre d'édifices, de palais, » de loges, de profils et d'entablemens; tout cela » d'une telle vérité, qu'on croyoit voir des ob- » jets réels, et que le spectateur devant une toile » peinte, se croyoit transporté au milieu d'une » place véritable et matérielle, tant l'illusion » étoit portée loin. *Balthazar* sut aussi disposer » pour son effet, avec une admirable intelli- » gence, les lumières, l'éclairage des châssis, » ainsi que toutes les machines qui ont rapport au » jeu de la scène. »

A part, si l'on veut, un peu d'excès d'admiration pour ce qui est nouveau, l'éloge de Vasari renfermoit l'idée de tous les genres de mérite que peut réunir l'art de la décoration de théâtre. Il en est un cependant dont il n'a pas fait mention, sans doute parce que ce fut celui qui, dans le temps, dut produire le moins d'étonnement, je veux dire le beau style de l'architecture, la correction et la pureté des formes que, pendant long-temps, certains préjugés avoient fait croire inconciliables avec les charmes de la composition et l'effet de la peinture scénique. En faisant dans les décorations de l'architecture antique, *Peruzzi* ne fit que ce qu'il n'auroit pu s'empêcher de faire. Si ce fut chez lui un mérite de plus, ce mérite est celui de l'architecte, plus encore que du décorateur. Il est malheureux qu'il ne nous reste de tout cela que de vains souvenirs. Tel est le sort de ce genre d'ouvrages, sort commun à beaucoup de choses qui durent d'autant moins, qu'elles brillent plus. Pour se former une idée de ce que l'exécution de ces peintures pouvoit être, c'est à la Farnesine qu'il est encore possible de se le figurer.

La décoration considérée sous le rapport d'architecture feinte ou d'imitation en grand des œuvres de l'art de bâtir par l'art de peindre, compte *Balthazar Peruzzi* au rang de ses plus grands maîtres, si elle ne le met à la tête de tous. Il ne paroît pas qu'on ait jamais porté plus loin l'illusion de cette sorte d'imitation, que dans la *loggia de la Farnesina*, qui donne sur le jardin, et où est peinte l'histoire de Méduse. On raconte dans l'histoire de ce genre de peinture, plusieurs traits d'animaux, d'oiseaux surtout, trompés par les prestiges de la perspective linéaire, et ceux de la couleur dans des vues d'architecture. L'ouvrage de *Balthazar* fit plus, il trompa non-seulement des hommes, mais les plus habiles peintres. Titien, conduit un jour par Vasari dans cette salle, fut tellement induit en erreur par le relief des ornemens et des profils peints, que déjà détrompé par son guide, il eut besoin encore que le tact désenchantât ses yeux. Telle est effectivement la perfection de ces détails, qu'encore aujourd'hui l'œil ne cesse pas d'être dupe, après que l'expérience en a rectifié le jugement.

Ce qu'on appelle actuellement *la Farnesina* ou le petit palais Farnèse, étoit celui d'Augustin Chigi. Son architecture est de *Balthazar Peruzzi;* quoique l'extérieur ait perdu la plupart des agrémens de détail qui l'embellissoient, ce ne laisse pas que d'être encore un des plus charmans édifices de Rome. Sa façade principale, c'est-à-dire, celle d'entrée du côté de la cour, offre au rez-de-chaussée une belle *loggia* ou un portique qui se compose de cinq arcades. C'est dans ce portique que Raphaël a peint la fable de Psyché. Cette *loggia* est en retraite, ainsi que le corps principal du bâtiment, de deux ailes qui lui font avant-corps. Une ordonnance de pilastres doriques règne dans tout l'étage du rez-de-chaussée et dans sa circonférence, avec la plus grande régularité. Cette uniformité n'est interrompue que par les arcades dont on a parlé. Mais c'est toujours le même ordre de pilastres, et sans aucune inégalité d'entre-colonnemens, l'ouverture des arcs étant de la même mesure que l'entre-deux des pilastres, ce petit portique donne de la variété à la masse, sans rompre l'unité de la composition. L'étage qui s'élève au-dessus du rez-de-chaussée présente la même distribution et la même ordonnance de pilastres doriques, appliqués aux trumeaux des fenêtres dans tout le pourtour. On peut trouver quelque monotonie dans cette répétition du même ordre. Une chose y frappe encore, c'est que l'ordre inférieur est plus svelte que le supérieur. Quel que soit le défaut que la critique puisse remarquer en cela, il est toujours certain qu'il n'ôte rien à l'accord, à la grâce et à la symétrie de l'ensemble. La frise qui surmonte l'étage dont on vient de parler, est ornée de festons soutenus par des génies et des candélabres, qui font assez heureusement diversion au rang de petites fenêtres pratiquées entr'eux, dans cette espèce de *mezzanino*. Tous les détails des profils sont purs, de cette sorte de pureté, qu'on pourroit appeler *attique*, et qui donne à cette architecture un genre d'élégance qu'on ne peut bien définir, qu'en le comparant à celui d'une statue grecque.

Ce petit palais dut être, dans son temps, une merveille, par la réunion de la peinture et de l'architecture de *Peruzzi*. Tous les dehors en étoient ornés de sujets en grisaille, aujourd'hui effacés. On ne peut plus appeler que l'imagination à s'en figurer l'image. Quand on pense, en effet, au double talent de l'artiste qui en dirigea l'exécution et comme architecte et comme peintre, on peut comprendre tout ce que dut offrir d'harmonie, un ensemble né d'une telle conjonction de circonstances. Dès-lors s'explique facilement l'éloge que Vasari en a fait par ces deux mots : *Si vede non murato, ma veramente nato*. C'est ce qu'on peut dire de tout ouvrage produit par le sentiment qui crée, et non par le savoir qui façonne.

Balthazar Peruzzi excelloit dans ce genre d'ornemens que les Italiens nomment *a terretta*, et que nous appelons *grisaille*. On en usoit beaucoup alors dans l'embellissement extérieur des maisons. On se servoit, pour cela, d'une combinaison de terre argileuse, de charbon pilé et de poussière de travertin ou de pierre calcaire. Le dessin se faisoit en creux sur l'enduit, et les hachures se remplissoient ou de blanc ou de noir, pour produire les grands clairs ou les ombres. Rien ne jouoit mieux la sculpture, et c'étoit une manière économique de faire ou des bas-reliefs, ou des ornemens. Malheureusement pour les productions de quelques habiles maîtres en ce genre, le temps ne les a pas épargnés plus que d'autres, et l'on chercheroit en vain aujourd'hui celles de *Balthazar* à Rome; il n'en existe plus que des souvenirs.

Etant allé à Bologne, il y fit deux dessins en grand avec leurs coupes, pour la façade de S. Petronio, dont l'un étoit dans le goût moderne et l'autre dans le style gothique. Il les accompagna de projets fort ingénieux pour approprier la nouvelle construction à l'ancienne, sans endommager celle-ci. Ces dessins furent admirés, mais restèrent sans exécution. On cite comme son ouvrage la porte de l'église de San-Michel in Bosco, beau couvent situé hors de Bologne, la cathédrale de Carpi, exécutée sur ses dessins, et l'église de Saint-Nicolas, dans la même ville, dont il commença les travaux et qu'il abandonna, forcé qu'il fut de se livrer à ceux des fortifications de la ville de Sienne.

De retour à Rome, il fut employé par Léon X à la construction de l'église de Saint-Pierre. Bramante en avoit jeté les fondemens avec cette précipitation qu'il mettoit, ou si l'on veut, que Jules II lui faisoit mettre dans la plupart de ses ouvrages. Après la mort de l'un et de l'autre, on fut effrayé de la grandeur des masses et de la foiblesse des points d'appui. On n'avisa plus qu'aux moyens de diminuer les uns et d'augmenter les autres.

Balthazar Peruzzi fut chargé de faire un nouveau modèle; Serlio nous l'a conservé. C'est une croix grecque, dont les quatre branches se terminent en hémicycle. Extérieurement et entre chacune des parties circulaires formées par les hémicycles, s'élève, sur un plan carré, une sacristie. Ces quatre masses devoient servir de soubassement à autant de campaniles. A l'extrémité de chaque hémicycle est une porte ouvrant sur un portique demi-circulaire qui donne entrée dans l'église, par trois ouvertures, ou si l'on veut, trois entrecolonnemens. Le grand autel est entre les quatre grands piliers, sur lesquels s'élève une coupole de 188 palmes de diamètre. Celle-ci est accompagnée de quatre petites coupoles de 65 palmes de diamètre, qui s'élèvent au point central du croisement des bas côtés entr'eux. Tout ce plan est conçu avec la plus grande intelligence. Quoiqu'il n'ait pas eu d'exécution, il n'a pas été inutile aux architectes qui ont remplacé *Balthazar Peruzzi*.

Cet artiste fit bien voir par la belle composition de ce plan, que son génie étoit de niveau avec les plus hautes idées de l'architecture, et que celui qui savoit ainsi rectifier Bramante, pouvoit bien lui succéder. Cependant, soit que la fortune des grands talens en architecture dépende d'un certain concours de circonstances, soit que les grands talens aient aussi besoin d'un certain art de faire fortune, art que le caractère timide et réservé de *Peruzzi* ne lui permit pas de pratiquer, la construction de Saint-Pierre ne fit que languir sous sa direction indécise. Malgré la protection de plusieurs grands personnages qui savoient apprécier son mérite, il continua d'être employé à de plus petits ouvrages, c'est-à-dire, à la construction de palais qui n'ont de petit que l'étendue de leur masse ou de leur superficie.

Mais il est, en architecture, une grandeur qui échappe aux mesures du compas. Produite par le génie de l'artiste, elle n'est appréciable que par l'homme de goût. Celui-ci passera sans en recevoir aucune impression devant beaucoup de ces immenses palais qui renferment dans leur enceinte plusieurs arpens de terrain. Il se trouvera involontairement arrêté à l'aspect des charmantes façades dont *Balthazar Peruzzi* a orné divers palais plus modestes. Ces masses élégantes, vrais modèles du genre qui convient au plus grand nombre des propriétaires, seront toujours l'objet des études de celui qui desire mettre le goût de la bonne architecture, à la portée des classes moins opulentes de la société. C'est de semblables édifices que Poussin faisoit un recueil pour les fonds de ses tableaux, et l'on peut croire que les édifices bâtis par *Peruzzi* étoient le type de ceux dont ce grand peintre composoit les belles perspectives de villes antiques, qui, dans plus d'un de ses ouvrages, partagent avec leurs figures l'admiration du spectateur.

Du nombre de ces maisons sont celle que l'on voit près la place de Saint-Pierre, rue Borgo-Nuovo, et celle qui est à l'entrée de la rue qui aboutit en face du palais Farnèse. Toutes deux sont gravées dans le *Recueil des palais de Rome*, par Falda. C'est là que ceux qui ne les ont pas vues peuvent s'en former l'idée. Toute description orale est insuffisante à l'égard d'ouvrages, dont le principal mérite tient à une certaine grâce d'harmonie, que le sentiment seul peut comprendre, et qui n'offrent rien d'extraordinaire ou de saillant à quoi les sens puissent se prendre. Que dire, en effet, de ces maisons, si ce n'est qu'on y trouve un choix exquis des plus belles formes de croisées et de chambranles, qu'on y voit les profils les plus purs, que les rapports entre les pleins et les vides y sont d'un accord parfait, qu'il y règne un aspect de solidité sans lourdeur, de richesse sans luxe et de caractère sans affectation?

Disons seulement que les ouvrages de ce genre ne sauroient être trop étudiés par les jeunes architectes, qui trop souvent frappés des grandeurs de tous les édifices de l'ancienne Rome, oublient que les villes se composent de maisons, et que la beauté des villes dépend plus du bon goût répandu par l'art dans les simples ordonnances des maisons de particuliers, que de l'érection de quelques grands monumens que plusieurs siècles parviennent à peine à terminer. Les fabriques de *Peruzzi*, comme celles de Palladio, sont une sorte d'école pratique du genre d'architecture qui peut convenir aux besoins même des villes commerçantes. Il y a de *Peruzzi* telle maison avec boutiques et entresols, qui n'en est pas moins un chef-d'œuvre de bon goût en architecture.

Il est fort à regretter que ce beau style qui commençoit à devenir, dans Rome, le style dominant, et comme il arrive toujours, une sorte de mode, n'ait pas régné plus long-temps. Le projet de Léon X se seroit réalisé, et Rome antique auroit reparu dans les monumens de la Rome moderne. Mais lorsque tous les arts, d'un pas égal et rapide, sembloient devoir remonter à leur ancienne hauteur, trois événemens successifs en arrêtèrent la marche.

Le premier fut la mort si prématurée de Raphaël. La grande école dont il étoit l'ame perdit tout son ressort et commença à se dissoudre. Les hommes habiles qui la composoient, répandirent si l'on veut, en se dispersant sur plusieurs points, les lumières du bon goût. Mais ces rayons épars et divergens ne produisirent plus que de foibles clartés.

Le second fut la mort de Léon X, qui arriva peu de temps après, et produisit, pour les arts, une sorte d'éclipse totale pendant le pontificat d'Adrien VI, jusqu'à ce qu'un nouveau Médicis, Clément VII, élu en 1724, fit rentrer avec lui, dans Rome, le génie des beaux arts.

Mais le dernier et le plus fatal des événemens fut la prise et le sac de Rome par le connétable de Bourbon, en 1727. Alors disparut toute espérance de rassembler de nouveau les élémens de cette célèbre génération d'artistes qu'avoit réunis Léon X. Un très-grand nombre périt dans cette catastrophe, le reste fut réduit à chercher son salut dans la fuite.

Balthazar Peruzzi courut, dans cette crise, les plus grands dangers. Sa physionomie, tout à la fois noble, aimable et sérieuse, le fit prendre pour quelque prélat déguisé ou pour un homme bon à mettre à contribution. On le fit prisonnier, et il eut à essuyer toutes sortes d'outrages et de mauvais traitemens. Parvenu enfin à prouver qu'il n'étoit qu'un pauvre peintre, il fut forcé par les soldats de faire le portrait du connétable de Bourbon, qui avoit été tué à son entrée dans Rome. Il lui fallut acheter la liberté à ce prix. Échappé de leurs mains, il s'embarqua pour Porto Ercole, d'où il gagnoit Sienne, lorsque sur la route il fut pris de nouveau et dépouillé de tout. C'est dans cet état qu'il arriva dans la ville qui étoit sa patrie de prédilection.

Peruzzi y trouva des amis qui s'empressèrent de le secourir et lui procurèrent des travaux. Il y construisit plusieurs maisons particulières. Il donna le dessin de la décoration de l'orgue dans l'église *del Camine*, et fut employé à rachever les fortifications précédemment commencées sur ses dessins.

Ce fut à peu près vers ce temps que Clément VII, qui connoissoit sa capacité en ce genre et son talent d'ingénieur, voulut l'occuper comme tel au siége de Florence, qu'il faisoit avec l'armée impériale. Mais *Peruzzi*, sacrifiant les bonnes grâces du Pape à l'amour de sa première patrie, refusa la commission. Le Pape en conserva quelque ressentiment, et l'artiste, après la paix générale, eut besoin de faire aussi la sienne avec le pontife. Les cardinaux Salviati, Trivulzi et Césarino s'employèrent à cette petite négociation.

Balthazar Peruzzi reprit ses travaux ordinaires à Rome. Il donna aux princes Orsini différens dessins de palais qui furent bâtis, les uns près de Viterbe, les autres dans la Pouille. La cour du palais Altemps, à Rome, passe aussi pour être son ouvrage. On le croiroit assez au goût sage qui y règne. En tout cas, ce ne fut qu'une espèce de restauration.

Mais un édifice vraiment original, sous tous les rapports, qu'on peut appeler le chef-d'œuvre de *Balthazar Peruzzi*, et un des chefs-d'œuvre de l'architecture des palais à Rome, est le palais Massimi. L'art n'a rien produit de mieux conçu, de plus élégamment disposé pour l'emplacement, de plus sage et de plus neuf à la fois dans l'élévation.

Le premier mérite de l'architecte est d'avoir su tirer un parti aussi heureux d'un site ingrat, étroit et irrégulier. Ce parti est tel qu'on le croiroit inventé à plaisir, plutôt que dicté par le besoin. La façade circulaire du palais est ornée de refends dans toute son étendue. Une ordonnance dorique en pilastres et en colonnes, embrasse le contour du rez-de-chaussée, dont le milieu est un vestibule formé de colonnes isolées, et qu'on ne sauroit dire précisément accouplées, quoiqu'elles soient, ainsi que les pilastres du reste de l'ordonnance,

nance, disposées deux par deux. L'entre-colonnement de l'entrée est plus large que les autres. Le petit portique ou vestibule dont on a parlé, donne réellement l'idée d'un *atrium* antique. On y monte par quelques degrés. Son plafond est décoré de compartimens en stuc très-élégans. A chacune des extrémités est une grande niche. La porte fait face à l'entre-colonnement de l'entrée, et l'ordonnance de l'extérieur règne dans tout cet intérieur.

Il n'y a pas de plus belle exécution que celle de toute cette architecture. Le même goût, la même pureté, brillent dans les deux portiques de la cour. Ce qui plaît surtout dans l'ensemble et dans les parties de ce charmant ouvrage, est précisément ce qui auroit pu être un désagrément pour tout autre. En effet, tout y est subordonné aux sujétions les plus gênantes; cependant on diroit qu'au lieu d'obéir à l'emplacement, l'architecte l'auroit commandé lui-même. L'espace est étroit et petit; tout ce qui le remplit est grand et y paroît à l'aise. Malheureusement il n'a pas été au pouvoir de l'architecte d'élargir la rue sur laquelle donne la façade du palais : aussi n'y jouit-on qu'imparfaitement des beaux chambranles des fenêtres du premier étage, et du riche entablement qui couronne toute la masse de l'édifice.

Ce fut le dernier ouvrage de *Balthazar Peruzzi*. Il n'eut pas même l'avantage d'en voir la fin. La mort le surprit avant qu'il eût pu le terminer entièrement, et lorsqu'il étoit encore dans la force de son talent. On a eu quelques soupçons que cette mort prématurée avoit pu être l'effet du poison, et les soupçons tombèrent sur un de ses envieux, qui ambitionnoit sa place d'architecte de Saint-Pierre. Cependant les médecins n'eurent des indices de cette cause que quand il n'y avoit plus de remède. Il mourut âgé de cinquante-six ans, regretté de ses amis et de sa famille, à laquelle il ne laissoit pour héritage, qu'un nom qui devoit devenir encore plus célèbre après lui. Les artistes lui firent d'honorables funérailles, et sa sépulture fut placée dans le Panthéon, à côté de celle de Raphaël.

Balthazar Peruzzi vécut et mourut pauvre. Son seul revenu consistoit en 250 écus que lui valoit la place d'architecte de Saint-Pierre. C'étoit sa seule ressource pour l'entretien de sa famille. Le pape Paul III n'eut connoissance du mauvais état de ses affaires que dans sa dernière maladie, et ce fut à la veille de le perdre qu'il parut sentir toute la perte que les arts alloient faire. Il lui fit compter cent écus, accompagnés d'offres de service et des témoignages flatteurs d'une tardive obligeance.

Le caractère timide de cet artiste avoit toujours nui à sa fortune. Une sorte de délicatesse qu'il portoit à l'excès, l'empêcha de se prévaloir autant qu'il auroit pu le faire, des occasions de mettre son talent à profit, et il arriva que ceux auxquels il avoit affaire, se prévaloient trop souvent de sa modestie et de sa réserve. Occupé pour des hommes riches et par de grands personnages, il ne put ni sortir de la détresse, ni se décider à en révéler le secret. Son amour pour l'étude conspiroit encore à l'y retenir. Tous les momens que lui laissoit la pratique de son art, il les donnoit à leur théorie et à des recherches savantes.

Sébastien Serlio fut héritier en partie de ses écrits et des dessins d'antiquités qu'il laissa. Il en a enrichi son *Traité d'architecture*, principalement ses troisième et quatrième livres, qui contiennent les monumens antiques de Rome.

PESÉE. *Voyez* Levier.

PEUPLER, v. act. C'est, en charpenterie, garnir un vide de pièces de bois, espacées à égale distance.

Ainsi on dit, *peupler* de poteaux une cloison, *peupler* de solives un plancher, *peupler* de chevrons un comble.

PHARE, s. m. On appelle ainsi une tour fort élevée, construite en pierres, en maçonnerie ou en bois, à l'entrée d'un port de mer, ou sur le bord d'une côte dangereuse, et au haut de laquelle on entretient un fanal ou foyer de lumières, pour éclairer pendant la nuit les navigateurs, et servir de signal aux vaisseaux.

Ces tours furent en usage dès les temps les plus anciens, et plus d'un passage d'écrivain en dépose. Les feux allumés sur des montagnes furent les premiers fanaux de ce genre. Depuis on fit, pour le même objet, des constructions d'un genre fort simple. Enfin, l'art de l'architecture s'en empara et en fit des monumens remarquables.

Le plus fameux de tous dans l'antiquité, et qui passa pour une des sept merveilles du monde, fut celui que Ptolémée Philadelphe fit construire de pierres blanches dans l'île de *Pharos*, lieu qui depuis a donné son nom aux monumens de ce genre. Il étoit à plusieurs étages qui, allant chacun en se rétrécissant, donnoient à l'ensemble la forme pyramidale. Chaque étage avoit une galerie extérieure. Si on en croit les écrivains arabes, ce monument auroit eu dans l'origine mille coudées de hauteur. Les tremblemens de terre le réduisirent à moins de quatre cents. On le répara dans la suite, et on ne lui laissa que deux cent trente-trois coudées. Son intérieur renfermoit plusieurs centaines de pièces et un grand nombre d'escaliers, ce qui formoit une espèce de labyrinthe. Les escaliers étoient faits de manière que les bêtes de somme pouvoient les monter facilement. Sur la fin du huitième siècle, le *phare* se trouva singulièrement dégradé. Dès avant le neuvième, il fut réparé par un gouverneur d'Egypte. Dans le siècle suivant, un tremblement de terre fit crouler une portion du sommet, dans une hauteur d'environ trente coudées. Vers 1182, la hauteur totale de l'édifice étoit encore de cinquante coudées. Il existoit alors une mosquée à son sommet. Une nouvelle secousse de tremblement de terre arriva en 1303, endommagea et détruisit ce qui restoit encore du *phare*. Depuis cette époque il n'en reste que d'assez légers vestiges. Le *phare* d'Alexandrie est figuré sur plusieurs médailles, mais de la manière abréviative, dont les monétaires représentoient les monumens d'architecture sur les monnoies. Cependant quelques monnoies d'Alexandrie nous le font voir surmonté d'une figure colossale tenant une haste. Aux quatre coins sont des tritons sonnant de la conque. Sur quelques revers on voit Isis, surnommée *Pharia*, que porte un vaisseau qui entre à pleines voiles dans le port. Sostrate Cnidien avoit été l'architecte du *phare* d'Alexandrie. *Voyez* SOSTRATE.

Les Romains ont construit un grand nombre de *phares*, et quelques-uns à l'imitation de celui d'Alexandrie. Tel auroit été, selon Suétone, celui que l'empereur Claude fit bâtir à Ostie. Le même historien parle du *phare* de l'île de Caprée, qu'un tremblement de terre fit écrouler peu de jours avant la mort de Tibère. Pline parle des *phares* de Ravennes et de Pouzzol. Denis de Byzance a décrit un *phare* célèbre, situé à l'embouchure du fleuve Chrysorrhoas, qui débouchoit dans le Bosphore de Thrace.

Un *phare* célèbre, bâti par les Romains, subsistoit encore en France vers l'an 1643. C'est celui de Boulogne-sur-Mer, *Bononia*. On a toujours cru qu'il étoit le même que celui dont parle Suétone dans la vie de Caligula qui le fit bâtir. Cette tour élevée sur le promontoire, ou sur la falaise qui commandoit au port de la ville, étoit octogone. Chacun des côtés avoit, selon Bocherius, vingt-quatre ou vingt-cinq pieds. Son circuit étoit d'environ deux cents pieds, et son diamètre de soixante-six. Elle avoit douze entablemens, ou espèces de galeries l'une sur l'autre. Chaque entablement porté sur l'épaisseur du mur de dessous, formoit un petit promenoir d'un pied et demi, et le tout alloit en se rétrécissant de manière à produire, comme on l'a déjà dit, une forme pyramidale.

Suivant ce qu'en a recueilli Montfaucon, les rangs de pierres et de briques y étoient diversifiés en vue de l'effet agréable de ce mélange. On voyoit d'abord trois lits d'une pierre d'un gris de fer, tirée de la côte; ensuite deux autres d'une pierre jaune plus molle, et par-dessus deux rangs de brique très-rouge et très-ferme, épaisse de deux doigts, longue d'un peu plus d'un pied. Telle étoit la construction dans toute la hauteur.

Ce *phare* étoit appelé depuis plusieurs siècles *Turris ordens* ou *Turris ordensis*. Les Boulonois le nommoient *Tour d'ordre*. Mais on croit, et avec beaucoup de fondement, que *Turris ordens* n'étoit que la corruption de *Turris ardens*, la *Tour ardente*, épithète qui convenoit parfaitement à une tour où le feu paroissoit toutes les nuits. Au reste, la tour et le fort qu'on y avoit adossé s'écroulèrent en 1644. Un Boulonois en a heureusement conservé le dessin qu'on peut voir dans Montfaucon, *Suppl. à l'Antiq. expl.*, tom. IV, pl. 50.

Plusieurs ont pensé qu'il y avoit un autre *phare* sur la côte opposée, et que la vieille tour qui subsiste au milieu du château de Douvres étoit le *phare* des Romains. D'autres, au contraire, en ont vu les ruines dans ce grand amas de pierres calcaires qu'on trouve au pied du château.

Des fouilles faites par ordre de l'archevêque de Cantorbery, ont fait découvrir un *phare* à peu près semblable à celui de Boulogne, ce qui a fait penser que celui qui est debout a été construit sur les ruines de l'ancien. L'archevêque en avoit envoyé à Montfaucon le plan, le profil et la coupe, que celui-ci fit graver, tom. IV, pl. 51, *Suppl. à l'Antiq. expl.* Cette tour octogone, comme celle de Boulogne, étoit bâtie de pierres plus grosses, l'intérieur en étoit carré, et les dimensions de cet intérieur étoient égales de haut en bas, quoique l'extérieur allât toujours en diminuant de bas en haut.

Le même antiquaire a publié une médaille d'Apamée, sur laquelle on voit un *phare*; il donne aussi le dessin d'un autre *phare* tiré d'un médaillon antique.

PHENGYTES, étoit le nom d'une sorte d'albâtre gypseux, transparent, et que les Anciens mettoient au nombre des pierres spéculaires, dont chez eux l'usage remplaçoit dans bien des cas celui du verre.

Au temps de Néron, dit Pline, on trouva en Cappadoce une qualité de pierre qu'on appela *phengytes* à cause de son éclat et de sa transparence. *Lapis duritia marmoris, candidus, atque translucens.... ex argumento* phengytes *appellatus.*

La qualité diaphane de cette pierre devoit être extraordinaire, puisqu'elle n'avoit pas même besoin d'être réduite en dalles plus ou moins minces, pour transmettre la lumière. Néron en avoit fait bâtir un temple à la Fortune dans l'enceinte de sa maison d'or, et même les portes fermées, *foribus opertis*, il y régnoit de la clarté. *Interdiù claritas ibi diurna erat.* Toutefois, ajoute-t-il, il n'y avoit point de spéculaires, *alio quam specularium modo*. La lumière paroissoit y être renfermée, et ne point y arriver du dehors, *tanquàm inclusâ luce non transmissâ*. Ainsi sans le secours des pierres spéculaires, le temple se trouvoit éclairé par le seul effet de la transparence des pierres dont il étoit bâti.

Il est fait encore d'autres mentions de cette pierre, et elles prouvent toutes que sa propriété étoit parfaitement égale à celle du verre. Par exemple, dit Pline, on en fabriquoit des ruches, afin de pouvoir observer le travail des abeilles. C'est pour le même objet qu'on fait aujourd'hui des ruches de verre.

Nous renvoyons le lecteur au mot SPÉCULAIRE, où l'on traite de toutes les matières qui furent jadis les équivalens du verre. *Voyez* SPÉCULAIRE.

PHIGALIE, ville antique de l'Arcadie, située à peu de distance du mont Cotylus, sur lequel étoit construit un des plus beaux temples du Péloponèse. Pausanias s'exprime ainsi, lib. VIII, cap. 41.

« *Phigalie* est environnée de montagnes.....
» Le mont Cotylus est à quarante stades de la
» ville. Il y a un temple d'Apollon Epicurius (li-
» bérateur), bâti en marbre, et dont la voûte est
» de la même matière. Il est, à l'exception de
» celui de Tégée, le plus beau du Péloponèse,
» et pour la matière et pour l'art..... L'architecte
» de ce temple fut Ictinus, qui vécut au temps
» de Péricles, et qui avoit bâti le Parthénon à
» Athènes. »

En 1812, la compagnie anglaise et allemande, occupée de recherches dans la Grèce, découvrit les restes encore bien conservés de ce temple, et y trouva une suite de bas-reliefs, qui avoient composé une frise dans son intérieur. Ces bas-reliefs, dont on ne donnera ici qu'une légère mention, font aujourd'hui partie du Muséum des antiquités de Londres.

Le temple que nous appellerons de *Phigalie*, comme ayant été une dépendance de cette ville, n'est pas encore bien connu dans toutes ses particularités. Les dessins que nous en connoissons suffisent pour en donner une idée générale; mais ils laissent à desirer les détails instructifs de ses mesures partielles, et les autorités positives, sur lesquelles doivent se fonder plusieurs notions relatives à ce que sa disposition intérieure offre de nouveau.

Quant à l'extérieur, nous dirons en peu de mots, qu'il est formé, comme presque tous les temples grecs qui nous sont parvenus, d'un ordre dorique sans base, que son ordonnance est exastyle, et que le rang de colonnes qui règne tout à l'entour, le place dans la classe des périptères. Il a deux portiques parfaitement semblables, l'un en devant, l'autre en arrière.

La partie la plus curieuse de ce temple, la plus neuve et la plus instructive pour l'histoire des temples antiques, est celle de son intérieur, et de la disposition de son naos. Il se divisoit en deux espaces: l'un plus étendu et orné de colonnes, l'autre formant une pièce carrée, séparée de la précédente par une colonne d'ordre corinthien, lorsque les colonnes de la grande nef sont ioniques. Celles-ci, au lieu d'être isolées, comme elles l'étoient dans l'intérieur des temples de Minerve à Athènes, et de Jupiter à Olympie, se trouvoient adossées à un piédroit, lié au mur de la *cella*. Chaque entre-colonnement devoit ainsi former un renfoncement assez semblable à celui qui, dans nos églises, constitue ce que nous appelons des *chapelles particulières*.

Nous ne nous étendrons pas davantage sur les détails de cette architecture qui, ainsi qu'on l'a déjà dit, attendent des dessins plus développés. Ceux que nous avons sous les yeux font partie de la collection des bas-reliefs de ce temple, collection publiée à Rome, en 1814. Ils font toutefois assez bien connoitre la distribution du naos intérieur dont on vient de parler, pour qu'il soit permis de s'en autoriser dans la manière d'entendre un certain passage de la mention faite par Pausanias.

C'est assez l'usage des critiques et des antiquaires (et on ne sauroit trop les en blâmer) de n'admettre, à l'égard des pratiques de l'art des Anciens, que ce dont on trouve des témoignages irrécusables dans les restes ou les ruines des monumens. Cependant, quand on pense au déluge de destruction qui a englouti les ouvrages de vingt siècles, et à ce peu de fragmens qui nous en reste, si l'on doit être sobre de conjectures pour restituer et pour affirmer, il faut aussi se défier de l'esprit absolu qui nie ce dont on n'a pu encore retrouver la preuve.

Lorsque surtout une multitude de vraisemblances et de considérations puisées dans la nature des choses, nous montre comme nécessaire tel ou tel usage, tel ou tel procédé d'une part, et que de l'autre toutes sortes d'invraisemblances se réunissent pour prouver, par une épreuve inverse, que l'usage en question ne put point ne pas être; que d'ailleurs rien, dans les monumens, ne s'oppose à ce que l'on admette l'hypothèse donnée, et que même beaucoup d'inductions et d'analogies la renforcent, alors il nous semble qu'il est permis d'avancer certaines opinions, en appelant toutefois à de plus amples renseignemens.

C'est ce que nous fîmes il y a une quinzaine d'années, dans une dissertation qui fait partie des Mémoires de la classe de littérature ancienne de l'Institut, et où nous prétendîmes établir, contre l'opinion généralement reçue, que le naos intérieur des temples anciens, et surtout des grands temples périptères, devoit être éclairé, et ensuite que le temple appelé *hypætre* ne devoit pas avoir son naos intérieurement découvert. Nous avons inséré une partie de ces notions au mot FENÊTRE de ce Dictionnaire. *Voyez* FENÊTRE.

En essayant de prouver ces diverses thèses, nous dûmes rechercher et dans les monumens existans, et dans les notions des écrivains anciens, des exemples propres à confirmer, non-seulement que plusieurs des temples périptères avoient des couvertures, en toitures et en plafonds, mais que quelques-uns même avoient été voûtés en pierre. La notion de Pausanias sur le temple de *Phigalie* nous paroît renfermer sur ce dernier point un exemple irrécusable, et nous combattîmes l'opinion de Winckelmann qui, en expliquant les mots *λίθου καὶ αὐτὸς ὄροφος*, avoit pensé qu'il ne s'agissoit là que de tuiles de marbre. Il nous sembla qu'en disant que le temple étoit bâti *en pierres ainsi que son comble*, cela devoit signifier une *voûte* de pierre.

On ne doit pas se dissimuler, lorsqu'on connoît la disposition intérieure de la plupart des temples grecs, qu'il y eût eu beaucoup de difficulté, qu'il y eût eu même quelqu'impossibilité à les voûter, et à faire reposer une voûte en berceau sur les murs de leur *cella*, avec le peu d'épaisseur qu'on leur connoît et leur peu de contrefort; qu'il eût été encore moins possible de l'établir sur les colonnes isolées des temples, dont l'intérieur avoit trois nefs et deux rangs de colonnes. Nous ignorions alors quelle étoit la disposition interne du temple de *Phigalie*, et quelles étoient ses dimensions. Pour accorder qu'il avoit une voûte en pierre, il suffisoit de supposer une nef étroite et des murs fort épais.

Le plan bien connu maintenant de cet intérieur, vient lever toutes les difficultés, confirme la notion de Pausanias, et l'interprétation que nous en avions faite.

On y voit en effet: 1°. que la nef rétrécie par les deux rangées de colonnes adossées aux piédroits ne devoit guère avoir, ainsi que sa voûte, plus de quinze à vingt pieds de largeur; 2°. que les colonnes avec les piédroits adossés aux murs présentoient un appui des plus solides; 3°. que les murs, tels que le plan les présente, devoient avoir plus de trois pieds d'épaisseur.

Le temple de *Phigalie* ou d'Apollon épicurien renferme plusieurs autres particularités, qui deviendront d'un fort grand intérêt pour la critique de l'art et l'histoire de l'architecture, lorsque de nouveaux dessins mettront à portée d'en discuter les détails avec plus de précision.

La suite des bas-reliefs qu'on en a enlevés et qui sont aujourd'hui à Londres, se compose de tous sujets relatifs à la guerre des Centaures et à celle des Amazones. La composition et l'invention de la plupart de ces bas-reliefs offrent beaucoup d'action, une grande énergie de mouvemens, de la grandeur dans le style, et souvent de la chaleur d'exécution. Le relief en est beaucoup plus saillant que celui de la frise du Parthénon, et l'on doit dire encore qu'il y règne moins de pureté, de correction et de fini. Plus d'un ciseau y a été employé, et à tout prendre, l'invention en est supérieure à l'exécution.

PHILÆ. C'est le nom d'une petite île située au milieu du Nil, ou dans un coude que fait ce fleuve, qui, dans cet endroit, a près d'une lieue de large. L'île a 192 toises de long, 68 dans sa plus grande largeur, et 450 de circonférence. Le nom de *Philæ*, qui lui fut donné par les Grecs et les Romains, est tout-à-fait ignoré aujourd'hui dans le pays, où on lui donne un nom qui signifie l'*île du Temple*.

On y voit effectivement des restes assez considérables d'un grand temple, d'un autre plus petit, et de quelque autres constructions qui, sans doute, en dépendoient.

L'île étoit entourée jadis d'un mur de quai, dont on retrouve partout des vestiges, et dont plusieurs parties sont même encore bien conservées. Ce mur est en talus, bâti en grès. Les pierres en sont taillées avec soin, et en général il est d'une belle construction.

Plusieurs édifices servent d'avenue au grand temple. L'on peut consulter, sur leurs détails, la description de l'Egypte. Nous n'avons ici d'autre objet que d'indiquer les sources où l'on pourra puiser, sur ces ruines, des connoissances précises.

On sait assez que presque tous les temples de l'Egypte offrent une très-grande uniformité d'aspect, d'ordonnance extérieure et de ce qu'on appelle, en architecture, style et caractère. L'observateur y trouve toutefois dans leur disposition intérieure un assez grand nombre de variétés.

Ainsi le grand temple de *Philæ* présente dans la disposition de son portique une particularité remarquable, et qui ne se remarque une autre fois que dans un seul monument à Thèbes. Ce portique qui, comme tous les autres, est fermé latéralement, l'est encore antérieurement par un pylone, en sorte que la façade du temple n'est autre que celle de ce même pylone. Comme, par cette disposition, le portique se trouveroit privé de lumière, on a laissé une grande ouverture dans le plafond, de manière que ce portique forme une espèce de cour environnée de colonnes de trois côtés.

Ce temple du reste est, comme tous les autres, une succession de pylones, de péristyles ou de cours formées par des colonnes.

Le portique dont on vient de parler a conservé assez fidèlement un exemple de la manière, dont la plupart des figures hiéroglyphiques étoient peintes. On y voit l'union de la peinture, de la sculpture et de l'architecture. Ce système de décoration fut beaucoup plus général qu'on ne pense dans toute l'antiquité.

L'île de *Philæ* renferme les restes d'un plus petit temple. La longueur totale de cet édifice est de treize toises. Les colonnes sous l'architrave n'ont que dix-sept pieds de haut. Les chapiteaux sont de formes et de décorations très-variées. Ils sont distribués avec si peu de symétrie, qu'on seroit tenté de croire que l'architecte n'a pas été libre de faire autrement. Il y a de ces chapiteaux qui paroissent représenter des faisceaux de joncs ou de lotus ployés. Quant à la forme, il est difficile d'en trouver l'origine, et plus difficile encore de ne pas la trouver bizarre, et très-différente de celle de tous les autres chapiteaux.

Sur chaque face du dé qui surmonte ces chapiteaux, est sculptée en relief fort saillant une tête d'Isis, et au-dessus de cette tête, l'image de la façade d'un petit temple égyptien. Dans un petit renfoncement, qui figure la porte du temple, on voit un serpent portant un disque sur sa tête.

On remarque que le temple a deux façades : la première ou celle d'entrée offre deux colonnes; la façade postérieure en a trois. Cette disposition, dit la description que nous abrégeons, semble manquer à toutes les règles, puisqu'elle présente une colonne dans son milieu. Mais si l'on réfléchit qu'il n'y a point d'entrée sur cette face, alors l'inconvenance disparoit. Nous renvoyous, pour tous les détails de ces monumens, à la description de l'Ouvrage sur l'Egypte.

PHOCICUM. C'est le nom (en grec Φωκικόν) que Pausanias, *Lib.* 10, *cap.* 5, donne à un grand édifice qui renfermoit la salle d'assemblée des députés des villes de la Phocide.

Voici le passage littéral de l'auteur grec....
« On trouve un grand édifice appelé *Phocicon*, » où se réunissent les Phocéens de chaque ville. » Dans l'intérieur de l'édifice et sur sa longueur » s'élèvent des colonnes. Des gradins contre (ou » à partir de) ces colonnes vont s'adosser à cha- » que mur. C'est sur ces gradins que s'asseyent les » députés des Phocéens. En face du passage ou » au bout, il n'y a ni colonnes ni gradins, mais » bien les statues de Jupiter, de Minerve et de » Junon. La statue de Jupiter est sur un trône. » Junon et Minerve sont debout de chaque côté, » l'une à sa droite, l'autre à sa gauche. »

La traduction peut donner une idée de la disposition de cet intérieur, de laquelle il faudroit conclure, soit que l'édifice eût eu dans sa longueur un seul rang de colonnes, soit qu'il en eût eu deux, que les gradins partant par en bas, ou du seul rang, ou de chacun des deux rangs de colonnes, alloient dans la longueur même de l'édifice, s'appuyant sur chaque mur. Ainsi dans cette manière d'entendre les mots du texte, il y auroit eu dans la longueur de la salle deux amphithéâtres, occupant l'espace entre les colonnes et le mur, de façon que les députés assis sur les gradins, de chaque côté, auroient été séparés soit par un rang, soit par deux rangs de colonnes.

L'hypothèse d'un seul rang de colonnes dans le milieu, séparant les deux amphithéâtres, nous paroit la moins soutenable.

L'hypothèse de deux rangs de colonnes divisant le local dans sa longueur, donneroit l'idée d'un intérieur semblable a celui des temples à trois nefs; alors il est facile de s'en former une image, en admettant que chacune des nefs, que nous appellerions bas côtés, auroit été occupée dans sa longueur, par plusieurs rangs de gradins, commençant en bas à partir des colonnes, et allant s'appuyer sur chaque mur latéral en longueur. Les idées qu'on se forme d'une réunion d'hommes délibérant ensemble, pourroient faire naître quelque difficulté sur cette disposition des deux amphithéâtres.

Il resteroit une troisième hypothèse; c'est que l'édifice auroit eu deux rangs de colonnes dans sa longueur, mais que les amphithéâtres se seroient trouvés établis, non dans cette longueur, mais sur la largeur ou le petit côté de la salle, en face l'un de l'autre. Chaque amphithéâtre partant aussi des colonnes, mais d'une autre manière, auroit été entre leurs deux rangs, et se seroit de même appuyé contre chaque mur du petit côté de la salle. Dans cette supposition, l'entrée, ou la porte, au lieu d'être percée, comme celle d'un temple, sur la face étroite de l'édifice, l'auroit été dans le milieu de sa longueur. Il y auroit eu un entre-colonnement plus large dans le milieu de chaque rangée de colonnes, et en face de l'entrée auroit été placé le trône de Jupiter, avec les deux statues collatérales de Junon et de Minerve.

PICNOSTYLE. *Voyez* PYCNOSTYLE.

PIÈCE, s. f. Ce mot nous paroit venir de l'italien *pezzo*, morceau. Il a dans les deux langues une multitude d'emplois.

Dans l'architecture proprement dite, et dans la distribution ou la disposition d'un intérieur de maison surtout, *pièce* signifie des parties constituantes d'un appartement, comme chambre, antichambre, cabinet, salon, etc. Ainsi l'on dit qu'un local, qu'un appartement est composé de tant de *pièces*.

Ce mot s'applique encore dans les arts à beaucoup d'autres choses; on indiquera ici les principales. — On dit :

PIÈCE D'APPUI. C'est à un châssis de menuiserie, une grosse moulure en saillie, qui pose en recouvrement sur l'appui ou la tablette de pierre d'une fenêtre, pour empêcher l'eau d'entrer dans la feuillure.

PIÈCE DE BOIS. C'est, selon l'usage, un bois dont la mesure est de 6 pieds de long, sur 72 pouces d'équarrissage. Ainsi une *pièce de bois* méplat de 12 pouces de largeur, sur 6 pouces de grosseur, et 6 pieds de long, ou une solive de 6 pouces de gros, sur 12 pieds de long, fera ce qu'on appelle une *pièce*, à quoi on réduit toutes les *pièces de bois* de différentes grosseurs et longueurs, qui entrent dans la construction des bâtimens, pour les estimer par cent.

PIÈCE DE CHARPENTE. C'est tout morceau de bois taillé, qui entre dans un assemblage de charpente, et qui, dans les bâtimens, s'applique à toutes sortes d'emplois. On appelle *maîtresses pièces* les plus grosses, comme les poutres, tirans, entraits, jambes de force, etc.

PIÈCES DE RAPPORT. Ce mot peut s'entendre de plus d'une manière.

D'abord on appelle ainsi les corps étrangers, appliqués, incrustés, ou enchassés comme les pierres fines, les pierres fausses, les cailloux, porcelaines, etc., sur un meuble ou un bijou. (*Voyez* MARQUETERIE, MOSAIQUE.) C'est dans ce sens qu'on dit d'un ouvrage quelconque, qui est composé de plusieurs morceaux, et qui n'ont pas été faits pour être rassemblés, qu'il est de *pièces de rapport*.

La même dénomination se donne ensuite à toutes les *pièces* de même métal qui sont ou appliquées ou soudées à un ouvrage d'orfèvrerie, de bijouterie, et comme ornemens de bas-reliefs, etc.

Enfin on peut appeler ainsi tout ouvrage métallique, statue ou autre, qui, au lieu d'être d'un seul morceau, en tant que résultat d'une *seule* fonte, se compose de beaucoup de *pièces* réunies les unes aux autres, soudées et rivées entr'elles. Les chevaux de bronze doré de Venise sont composés de plusieurs *pièces de rapport*.

PIÈCES DE TUILE. Ce sont tous les morceaux de tuile employés à différens endroits sur les couvertures. On nomme *tiercines*, les morceaux d'une tuile fendue en longueur, employée aux battellemens, et *nigoteaux*, ceux d'une tuile fendue en quatre, pour servir aux solins et ruillées. Pour l'intelligence de ceci, *voyez* SOLIN et RUILLÉE.

PIÈCE DE VERRE. On appelle ainsi tous les petits carreaux ou morceaux de verre de différentes figures et grandeurs, qui entrent dans les compartimens des formes et panneaux de vitre.

Dans le jardinage on donne le nom de *pièce* à beaucoup d'objets; nous en citerons seulement deux.

PIÈCE D'EAU. C'est, dans un jardin, un grand bassin de figure conforme à sa situation, comme, par exemple, la *pièce d'eau* appelée *des Suisses*, devant l'orangerie, à Versailles; celle de l'Ile royale, dans le petit parc; celle de Neptune, devant la Fontaine du Dragon. *Voyez* BASSIN.

PIÈCES COUPÉES. On donne ce nom, dans le jardinage, à un compartiment de plusieurs petites *pièces* figurées, ou formées de lignes parallèles et d'enroulemens, et séparées par des sentiers, pour faire un parterre de fleurs ou de gazon.

PIED (*Considéré comme mesure linéaire*). Son type originaire a dû être, comme celui de toutes les autres mesures, tiré d'une des parties du corps humain; telles que *brasse*, *palme*, *pouce*, *doigt*.

Le *pied* de l'homme variant de dimension, selon les individus et les âges, ce modèle ne put jamais donner une dimension invariable. Suffisante dans les premiers temps des sociétés pour l'évaluation approximative des transactions bornées aux plus simples rapports, il fallut bientôt en fixer l'étalon pour obvier aux fraudes, et en conservant son nom originaire, le *pied* varia de mesure selon les pays.

On appelle donc *pied* un instrument en forme de petite règle, qui a une longueur déterminée, laquelle se divise en plus ou moins de parties, telles que pouces ou lignes, qui y sont gravées.

Nous allons rapporter ici le tableau de ces principales variétés, telles que les lexiques les présentent. Cette connoissance est indispensable à l'architecte, dans les rapprochemens qu'il a souvent occasion de faire des descriptions de monumens élevés en divers pays, avec la mesure usitée dans le sien.

On considère les *pieds* comme antiques ou comme modernes, et c'est cette division que nous allons suivre, en rapportant les mesures des *pieds* les plus usités, selon qu'elles ont été déterminées par *Snellius*, *Riccioli*, *Scamozzi*, *Petit*, *Picard*, et autres géomètres et architectes. Les uns et les autres sont réduits au *pied de roi*. Ce *pied* est divisé en 12 pouces, le pouce en 12 lignes, et la ligne en 12 points. Ainsi il est divisible en 1728 parties. Six de ces *pieds* forment la toise.

PIEDS ANTIQUES PAR RAPPORT AU PIED DE ROI.

Pied d'Alexandrie, 13 pouces 2 lignes 2 points.

Pied d'Antioche, 14 pouces 12 lignes 2 points.

Pied arabique, 12 pouces 4 lignes.

Pied babylonien, 12 pouces 1 ligne 6 points; selon Capellus, 14 pouces 8 lignes $\frac{1}{2}$; selon Petit, 12 pouces 10 lignes 6 points.

Pied grec, 11 pouces 5 lignes 6 points; selon Perrault, 11 pouces 3 lignes.

Pied hébreu, 13 pouces 3 lignes.

Pied romain. Selon Villapande et Riccioli, ce *pied* a 11 pouces 1 ligne 8 points; selon Lucas Pætus (au rapport de Perrault) et selon Picard, 10 pouces 10 lignes 6 points, qui est la longueur qu'on voit au Capitole, et qui apparemment est la mesure la plus certaine de ce *pied*. Malgré ce témoignage, M. Petit, qui, pour des raisons à lui connues, prend le milieu des différentes mesures qu'on a sur cet objet, persiste à soutenir que le *pied romain* doit être de 11 pouces.

PIEDS MODERNES PAR RAPPORT AU PIED DE ROI.

Pied d'Amsterdam, 10 pouces 5 lignes 3 points.

Pied d'Anvers, 10 pouces 5 lignes.

Pied d'Ausbourg en Allemagne, 10 pouces 11 lignes 3 points.

Pied de Bavière en Allemagne, 10 pouces 8 lignes.

Pied ou brasse de Bologne en Italie, 14 pouces selon Scamozzi, et 14 pouces 1 ligne selon Picard.

Pied de Cologne, 10 pouces 2 lignes.

Pied ou p... de Constantinople, 24 pouces 5 lignes.

Pied de Copenhague en Danemarck, 10 pouces 9 lignes 6 points.

Pied de Cracovie en Pologne, 13 pouces 2 lignes.

Pied de Dantzick, 10 pouces 4 lignes 6 points selon Petit, et 10 pouces 7 lignes selon Picard.

Pied de Genève, 18 pouces 4 points.

Pied de Heidelberg en Allemagne, 10 pouces 2 lignes.

Pied de Leyde en Hollande, 11 pouces 7 lignes.

Pied de Liège, 11 pouces 7 lignes 6 points.

Pied de Lisbonne en Portugal, 11 pouces 7 lignes 7 points.

Pied de Londres et de toute l'Angleterre, 11 pouces 2 lignes 6 points selon Picard, et 11 pouces 4 lignes 6 points suivant une mesure originale. Le pouce d'Angleterre se divise en dix parties ou lignes.

Pied de Manheim dans le Palatinat du Rhin, 10 pouces 8 lignes 7 points.

Pied de Mayence en Allemagne, 11 pouces 1 ligne 6 points.

Pied de Middelbourg en Zélande, 11 pouces 1 ligne.

Pied de Prague en Bohême, 11 pouces 1 ligne 8 points.

Pied du Rhin, 11 pouces 5 lignes 3 points.

Pied de Savoie, 10 pouces.

Pied de Stockholm en Suède, 12 pouces 1 ligne.

Pied de Tolède, 11 pouces 2 lignes 2 points.

Pied de Turin ou de Piémont, 16 pouces selon Scamozzi.

Pied de Venise, 12 pouces 10 lignes.

Pied de Vienne en Autriche, 11 pouces 8 lignes.

Pied selon ses dimensions.

Pied courant. C'est le *pied* qui est mesuré suivant sa longueur.

Pied carré. C'est un *pied* qui est composé de la multiplication de deux *pieds*. Ainsi un *pied* étant de 12 pouces, le *pied carré* est de 144 pouces, nombre qui provient de 12 multiplié par 12.

Pied cube. C'est un *pied* qui contient 1728 pouces cubes, nombre qui est formé du produit du *pied* carré par le *pied* simple.

Pied *considéré dans les divers emplois qu'on fait de ce mot*.

Le mot *pied* s'emploie dans une multitude de cas, et s'applique à un très-grand nombre de choses dans l'architecture. Il suffit d'en faire simplement une courte mention. Tout le monde sait, en effet, qu'on dit *le pied* d'un mur, d'une colonne, d'une tour, etc. : *pied* alors ne signifie que l'extrémité inférieure, c'est-à-dire, cette partie de l'objet qui lui est ce que le *pied* est au corps de l'homme.

On donne le nom de *pied* à plus d'un genre de supports, que l'art de l'ornement sait embellir, et qui ajoutent un fort grand prix aux objets dont ils font partie. Ainsi les Anciens avoient appelé *tripodes* à trois *pieds*, *trépieds*, ces autels portatifs en bronze, qu'on imita depuis en marbre, et qui consistoient en un brasier soutenu par trois supports ou *pieds*, qu'on auroit pu appeler également *jambes*. Les *pieds* dont on parle formoient le principal mérite de ces ouvrages, parmi lesquels on peut citer de véritables chefs-d'œuvre d'invention, de composition, de goût et d'exécution. Ce fut jadis pour la sculpture d'ornement un sujet inépuisable, et où l'art des meubles modernes trouve à copier les plus agréables modèles pour la forme et les détails. Mais nous renvoyons, pour en traiter plus amplement, au mot Trépied.

Les Anciens portèrent aussi le goût du même genre de luxe dans les *pieds* des lits sur lesquels les convives se plaçoient pour leurs repas. Le plus souvent on les faisoit d'ivoire. C'étoit un grand objet de commerce que la fabrication des *pieds* de tout genre, dont on ornoit les siéges, les tables, les buffets. On y employoit les métaux et les matières les plus précieuses, et l'art de l'ornement y ajoutoit un prix infiniment plus grand.

Il suffira, pour en donner l'idée, de rappeler au lecteur les diversités de formes que l'artiste a su leur donner. Tantôt ce sont des pattes d'animaux, tantôt des figures de griffon, de sphinx, d'animaux symboliques; tantôt des enroulemens capricieux, des contours en volutes, etc.; tantôt des balustres, des colonnes, des pilastres, des montans d'arabesques.

La plupart de ces formes s'étant naturalisées aussi dans l'exécution et l'ornement des meubles, et des objets d'embellissemens que l'architecture des modernes s'est appropriés, nous n'alongerons pas cet article de la notion de tous les emplois qu'on fait du mot *pied*. On sait qu'il y a des *pieds* de siéges, de trônes, de tables, de consoles, de guéridons, et qu'on les adapte à ces usages, tantôt au nombre de quatre et même plus, tantôt au nombre de trois, tantôt en n'y en employant qu'un, comme dans ce qu'on appelle *guéridon*.

Cette dernière manière trouve une application assez fréquente dans certains bassins de fontaines jaillissantes, qu'on fait en marbre. La coupe du milieu de laquelle sort le jet ou le bouillon d'eau, est portée sur un balustre, ou rond ou à pans, qu'on orne de feuillages sculptés. Il y a ainsi, dans ce qu'on appelle la *colonnade* des jardins de Versailles, trente-un *pieds* de marbre qui soutiennent autant de bassins en marbre blanc.

En construction, on appelle :

Pied-de-biche, une barre de fer, dont un bout est attaché par un crampon dans un mur, et dont l'autre, en forme de crochet, s'avance ou recule dans les dents d'une crémillière, sur un guichet de porte cochère, pour empêcher qu'il ne soit forcé.

Pied-de-chèvre. C'est une troisième pièce de bois qu'on ajoute à une chèvre, pour lui servir de jambe, lorsqu'on ne peut l'appuyer contre un mur, pour enlever quelque fardeau de peu de hauteur, comme une poutre sur des tréteaux pour la débiter.

Pied de mur. C'est la partie inférieure d'un mur, laquelle (selon le langage de la construction) est comprise depuis l'empatement de la fondation, jusqu'au-dessus, ou à la hauteur de retraite.

PIÉDESTAL, s. m., est le mot français par lequel nous traduisons le mot grec et latin *stylobata*, que nous employons aussi dans la langue de l'architecture. Mais *stylobate*, par sa composition, signifie *porte-colonne*. Quelle que soit la composition du mot *piédestal*, *piedestallo* et *piedistylo* en italien, et quand on en concluroit qu'il est l'équivalent du mot grec, toujours seroit-il vrai qu'il a une signification plus générale, c'est-à-dire, qu'on applique ce mot à désigner le support de beaucoup de corps et d'objets différens d'une colonne.

Piédestal *considéré dans ses rapports avec les statues et autres objets.*

Ce qu'on appelle *piédestal*, défini dans son acception générale, est un corps de matières, de formes et de proportions différentes, et diversement orné, qu'on donne pour support à des statues, à des bustes, à des vases, à des candélabres, à des cadrans solaires, à des tombeaux ou cénotaphes, etc.

Quant à la matière, on fait des *piédestaux* en pierre, en marbre, en métal, en maçonnerie, en plâtre, en stuc, en bois, selon l'importance, la richesse ou la rareté des objets qu'on y impose.

Quant à la forme, on fait des *piédestaux* carrés, circulaires, ovales, et même quelquefois triangulaires.

La proportion des *piédestaux*, dans la diversité des emplois qu'on vient d'indiquer, ne sauroit avoir de règles déterminées, comme on l'a fait à l'égard de ceux qu'on emploie sous chaque ordre de colonnes. Il semble qu'en général il ne convient guère de donner au *piédestal*, en hauteur, plus du double de son épaisseur. Mais ces rapports varient beaucoup, selon la dimension de l'objet qu'il est destiné à supporter, selon le point de distance d'où on doit le considérer, selon l'effet qu'on veut faire produire à tout l'ensemble.

Le point de goût le plus important en cette matière, est celui qui regarde les *piédestaux* qu'on destine aux statues, en raison de leur nature, de leur objet, de leur dimension et de leur position.

Mais sous combien de rapports une statue ne peut-elle pas être considérée ? Si c'est un ouvrage d'art, objet d'étude pour les artistes, il conviendra que la figure soit le plus qu'il est possible rapprochée de l'œil, pour qu'on puisse en parcourir avec facilité les moindres détails.

Une statue assise, par exemple, ou couchée, comportera un *piédestal* plus élevé qu'une figure en pied.

Si la statue doit être placée dans une niche à *cru*, c'est-à-dire, qui prend naissance du sol, il conviendra de donner au *piédestal* une mesure combinée de la hauteur de la statue et de celle de la niche.

Quand une statue est destinée à figurer en plein air, dans un local spacieux, et comme point de décoration pour la vue, le *piédestal*, alors partie importante du monument, exige une proportion un peu plus indépendante de la statue.

On avoit peut-être un peu trop abusé de cette liberté dans les *piédestaux* des statues équestres des rois en France. Il y en eut dont la hauteur portoit la figure du héros à une telle distance de la vue, que l'œil en discernoit avec peine les traits. Tel fut le *piédestal* de la statue équestre de Louis XV, par Bouchardon. Il semble que dans de pareils monumens, la mesure de la hauteur du *piédestal* ne devroit guère excéder la moitié de celle de la statue.

L'on a fait de toutes sortes de formes les *piédestaux* des statues équestres. On en a fait selon les goûts régnans dans chaque siècle, de quadrangulaires, de circulaires ou ovales ; on en a fait avec des ressauts, avec des angles arrondis ou chantournés. Mais après toutes sortes de variations, le bon goût qui, en architecture, n'est guère autre chose, que le bon sens appliqué à la manière d'être de toutes les compositions, a fait revenir à la forme naturelle, qui est la quadrangulaire. Un *piédestal* du genre de ceux dont on parle, doit d'abord offrir une idée de solidité dans

dans sa masse, qui ne sauroit bien s'accorder qu'avec une certaine simplicité quant à la forme générale et à celle des détails. Des profils sages et suffisamment prononcés en font l'ornement nécessaire. A l'égard de sa décoration, la plus naturelle est celle des bas-reliefs dont ses faces seront ornées, et des inscriptions qu'on y gravera.

Piédestal *considéré dans son rapport avec les colonnes.*

Le *piédestal* considéré architectoniquement, tel qu'on l'emploie dans beaucoup de cas, comme partie d'un ordre de colonnes, est un corps carré, avec base et corniche, qui porte la colonne et lui sert de soubassement.

Généralement parlant, et en stricte théorie, le *piédestal* est une chose tout-à-fait indépendante de la colonne, surtout isolée : aussi ne cite-t-on pas beaucoup d'exemples d'ordonnances isolées dont les colonnes posent sur cette sorte de supplément de base, qui doit passer pour une superfétation. On ne sauroit nier que le besoin d'employer des colonnes de marbre trop courtes pour l'élévation à laquelle on les destine, n'ait pu faire excuser, et ne puisse justifier encore, dans quelques occasions, l'addition du *piédestal* sous des colonnes ainsi données.

La même sévérité ne sauroit avoir lieu lorsqu'il s'agit de ces ordonnances, dont les colonnes sont engagées dans les piédroits, ou adossées à des murs, surtout lorsqu'un soubassement continu, ou en manière d'appui, comme dans certaines galeries, rend nécessaire de le profiler en saillie sous les colonnes. D'autres convenances ont encore engagé à pratiquer des *piédestaux* sous les colonnes qui servent d'ornemens aux arcs de triomphe. Ces monumens, comme on le sait, participent plus ou moins de la forme et du caractère des portiques en arcades et en piédroits. Les colonnes y sont plus de décoration que de nécessité, et les champs des *piédestaux* offroient à la sculpture des champs très-favorables aux figures qu'on y représentoit.

Une multitude de monumens et de grandes constructions à plusieurs étages de portiques, de piédroits et de colonnes engagées, tels que les théâtres, les cirques, les amphithéâtres, rendirent très-commun l'usage des *piédestaux* sous les colonnes, et les Modernes en ont usé dans presque tous leurs édifices, dans l'intérieur des églises, dans leurs frontispices, dans les façades des palais, dans les galeries de leurs cours, etc.

En subordonnant ainsi à chaque ordre de colonnes un *piédestal*, il fut naturel d'en coordonner la proportion et les profils au caractère de l'ordre. Les Anciens l'avoient fait. Les Modernes, dans leurs traités, ont constamment réuni la règle des mesures et des profils propres de chaque ordre, à celle des mesures et des profils qui conviennent à son *piédestal*. Le *piédestal*, dans leurs théories, est devenu sinon une partie nécessaire, du moins l'accessoire obligé de l'ordre; et comme presque toutes ces théories font partie des exemples de l'architecture des Romains, qui semblent avoir admis plus de variétés d'ordres que les Grecs, on s'est étudié à établir entre ce qu'on a appelé les cinq ordres, une progression de proportions et d'ornemens, qu'on a dû naturellement appliquer aux cinq genres de *piédestaux*, toscan, dorique, ionique, corinthien et composite. C'est pour nous conformer à l'usage des méthodes reçues dans les écoles, que nous allons rapporter les règles sur lesquelles elles s'accordent à cet égard.

Piédestal toscan. Ce *piédestal* est le plus simple de tous; il n'a qu'une plinthe et un astragale, ou un talon couronné pour sa corniche. Le cavet de cette corniche a un cinquième et demi du petit module, et le cavet de la base en a deux, à prendre du *piédestal* même. La base et la corniche ont l'une et l'autre les moulures du *piédestal* corinthien dans la colonne Trajane. Le *piédestal* de Palladio n'a qu'une espèce de socle carré, sans base et sans corniche. Celui qu'on a le plus souvent adopté en France, d'après Scamozzi, tient un milieu entre les deux excès.

Piédestal dorique. Ce *piédestal* a des moulures, un cavet et un larmier dans sa corniche. Il est un peu plus haut que le *piédestal* toscan. Telle est sa proportion. On partage le tiers de toute sa base en sept parties, dont on donne quatre au tore qui est sur le socle, et trois au cavet. La saillie du tore est celle de toute la base, et celle du cavet a deux cinquièmes du petit module au-delà du nu du dé. A l'égard de la corniche, elle a un cavet avec son filet au-dessus, et ce filet soutient un larmier couronné d'un filet. Pour proportionner ces membres, on les partage en six parties, dont cinq sont pour le larmier, et la sixième pour son filet. Un cinquième et demi du petit module au-delà du nu du dé, forme la saillie du cavet avec son filet. On en donne trois cinquièmes au larmier, et trois et demi à son filet. Selon Vignole, Serlio et Perrault, ces membres forment le caractère du *piédestal* dorique. Scamozzi y met un filet entre le tore et le filet du cavet, et Palladio y ajoute une doucine.

Piédestal ionique. On donne à ce *piédestal* orné de moulures presqu'en tout semblables à celles du *piédestal* dorique, deux diamètres de haut et deux tiers ou environ. Sa base a le quart de toute la hauteur; la corniche a le demi-quart, & les moulures de la base ont le tiers de toute la base. La proportion de ces moulures se règle, en divisant le tiers de la base en huit parties, qu'on divise ainsi : quatre à la doucine et une à son filet, deux au cavet et une à son filet. La saillie de ce dernier membre est du cinquième du petit module, celle du filet de la doucine de trois; reste la corniche dont les parties sont un cavet avec son filet au-dessous, et un larmier couronné d'un talon, avec son filet. Ces profils ou membres, étant partagés en dix parties, deux sont pour le cavet, une pour le filet, quatre pour le larmier, deux pour le talon et une pour son filet. Enfin, la saillie de ces membres de la corniche est la même que celle de la doucine et du cavet dont on vient de parler.

Piédestal corinthien. La quatrième partie de la hauteur de la colonne forme la hauteur de ce *piédestal.* On le divise en neuf parties, dont une est pour la cymaise, deux pour la base, et les autres pour le dé. Cette base est composée de cinq membres; savoir, un tore, une doucine avec son filet, et un talon avec son filet au-dessus. De neuf parties dont un tiers de la base est formé (les deux autres tiers sont pour le socle), le tore en a deux et demie, la doucine trois, une demie pour son filet, le talon deux et demie, et son filet une demie. Ce premier membre a la saillie de toute la base, la doucine a la sienne égale aux deux cinquièmes trois quarts du petit module, et la saillie du talon avec son filet est d'un cinquième.

Six membres composent la corniche du *piédestal corinthien :* un talon avec son filet, une doucine, un larmier et un talon avec son filet. On divise toute la hauteur de ces membres en onze parties, dont une et demie est pour le talon, une demie pour le filet, trois pour la doucine, trois pour le larmier, deux pour le talon, et une pour le filet. Pour les saillies, on donne au talon avec son filet, un cinquième du petit module, deux cinquièmes et demi-tiers de la doucine, trois au larmier, et un cinquième au talon supérieur avec son filet.

Piédestal composite. Ce *piédestal* est semblable, pour la proportion, au *piédestal* corinthien; mais les profils de sa base et de sa corniche sont différens. Sa base est composée d'un tore, d'un petit astragale, d'une doucine avec son filet, d'un gros astragale et d'un filet. De dix parties de cette base, le tore en a trois, le petit astragale une, le filet de la doucine une demie, la doucine trois et demie, le gros astragale une et demie, et le filet qui fait le congé, une demie. Les saillies de ces membres sont égales à peu près à celles de ceux du *piédestal* corinthien.

Un filet avec son congé, un gros astragale, une doucine avec son filet, forment la corniche qui occupe la huitième partie du *piédestal.* Le filet a une douzième partie et demie de toute la corniche, l'astragale une demie, la doucine trois et demie, le filet une demie, le larmier trois, le talon deux et le filet une. Les saillies de ces membres sont à peu près les mêmes que celles de la corniche du *piédestal* corinthien.

Le *piédestal composite* a de hauteur la troisième partie de la colonne.

On donne différens noms aux *piédestaux,* selon leurs formes et leurs emplois. On dit :

Piédestal composé. C'est un *piédestal* d'une forme extraordinaire, comme ronde, carrée-longue, arrondie ou avec plusieurs retours. Il sert pour porter les groupes de figures, les statues, vases, etc.

Piédestal continu. *Piédestal* qui, sans ressaut, porte un rang de colonnes. Tel est celui qui soutient les colonnes ioniques cannelées du palais des Tuileries, du côté du jardin.

Piédestal double. C'est le nom qu'on donne à celui qui porte deux colonnes et qui a plus de largeur que de hauteur. On trouve de ces *piédestaux* à plusieurs des portails d'église qui ont des colonnes adossées aux murs et accouplées.

Piédestal en adoucissement. Ainsi appelle-t-on le *piédestal* dont le corps ou le milieu est bombé. C'est là un de ces caprices que le bon sens et le bon goût réprouvent.

Piédestal en balustre. On en fait de cette façon pour supporter, en manière de guéridon, une coupe. *Voyez* plus haut.

Piédestal flanqué. *Piédestal* dont les encoignures sont flanquées ou cantonnées de quelques corps, comme de pilastres attiques ou en consoles, etc.

Piédestal irrégulier. Celui dont les angles ne sont pas droits dans le plan, ni les faces égales ou parallèles, mais quelquefois cintrées, par la sujétion de quelque plan, comme d'une tour ronde ou creuse.

Piédestal orné. C'est celui qui, non-seulement a ses moulures taillées d'ornemens, mais qui encore a ses tables fouillées ou en saillies, ornées de bas-reliefs, de chiffres, d'armoiries, etc., soit que ces ornemens soient pris dans la matière même du *piédestal*, soit qu'ils y soient rapportés en bronze, comme on le pratique à l'égard des *piédestaux* qui supportent les statues équestres, et d'autres monumens honorifiques.

Piédestal carré. On appelle ainsi celui qui est égal en hauteur et en largeur. Tels sont les *piédestaux* de l'Arc des lions, à Vérone, d'ordre corinthien, et que quelques-uns, comme Serlio et Philander, ont affecté à leur ordre toscan.

Piédestal triangulaire. On n'use guère de ce *piédestal* en architecture. On l'a quelquefois placé sous des groupes, et d'autres fois on le voit, en manière d'autel, servant de support à des candélabres.

PIÉDOUCHE, s. m. Ce mot est le même que le mot italien *pieduccio*, petit pied.

On applique ce nom à un très-petit piédestal qu'on donne pour support à de petits objets, à de petites figures, et, le plus ordinairement, à des têtes ou à des bustes. Sa forme la plus ordinaire, chez les Modernes, est celle d'un grand cavet avec des moulures en haut et en bas.

On fait le plus souvent les *piédouches* circulaires, mais il y en a aussi de carrés, avec le même adoucissement et les mêmes moulures. Du reste, la proportion de ces sortes de bases n'est déterminée que par la mesure du buste et par la masse qu'elles doivent supporter.

Il y a des personnes qui condamnent la forme habituelle du *piédouche*, comme étant molle, sans caractère, et semblant être, ainsi que le balustre, l'ouvrage du tourneur plutôt que celui de l'architecte. Nous ne trouvons point effectivement cette forme employée par les Anciens, qui nous ont transmis et de petites figures, et aussi des bustes sur des *piédouches;* mais ils sont le plus souvent carrés : ils portent un petit cartel pour recevoir une inscription. Nous avouerons que cette forme carrée, sous un buste, a peu d'agrément, qu'elle est lourde et fait peu valoir ce qu'on y impose. On a trouvé dans l'antique, surtout pour de petites figures en bronze, des *piédouches* d'une forme plus agréable (on peut les voir dans le *Recueil des bronzes du Muséum d'Herculanum*). Ces *piédouches* circulaires ont une forme alongée et pyramidale; au lieu de la gorge trop rentrée ou du cavet très-creusé du *piédouche* moderne, leur fût ne décrit qu'une courbe très-légère, et est susceptible de recevoir des ornemens.

PIÉDROIT, s. m. C'est le nom qu'on donne à cette partie de la construction d'une arcade, d'une porte ou d'une fenêtre, qu'on appelle aussi *jambage* ou *trumeau*, et qui comprend le bandeau ou chambranle, le tableau, la feuillure et l'écoinçon.

Dans l'architecture des grands édifices où l'on emploie les ordres des colonnes avec des arcades, le *piédroit* reçoit ou des pilastres, ou des colonnes tantôt engagées, tantôt simplement adossées. Il participe alors au genre et à la nature d'ornemens propres à chaque ordre.

Si l'ordre y est appliqué sans piédestal, le *piédroit* ne reçoit aussi alors qu'un socle avec une simple moulure; si l'on donne un piédestal à l'ordre, comme dans les arcs de triomphe, quelquefois la corniche de ce piédestal ou une partie de ses moulures se profile sur le *piédroit*. L'ornement principal de ce dernier consiste dans le bandeau qui le couronne, et sur lequel viennent reposer les bandes de l'archivolte.

Comme chaque archivolte reçoit, selon le caractère plus ou moins simple, plus ou moins riche de l'ordonnance générale, plus ou moins de profils dans ses bandes, et aussi plus ou moins d'ornemens, de même l'espèce de chapiteau ou ce qui sert de couronnement au *piédroit*, aura ou peu de profils et des profils tout lisses s'il s'agit d'un ordre sévère, ou des profils multipliés et taillés d'ornemens, dans l'ordre qui exprime la variété et la richesse.

Du reste, le *piédroit* fait une partie si essentielle de la plupart des constructions, que sa manière d'être taillé, façonné ou appareillé, contribue beaucoup au caractère général de l'édifice. On fait des *piédroits* rustiques, on en fait de taillés en bossages et en refends. En un mot, le *piédroit* entre dans le système d'appareil que l'architecte a cru devoir affecter à son monument.

PIERRE, s. f. Matière plus ou moins dure, plus ou moins solide, qu'on emploie le plus généralement à bâtir, et qu'on trouve soit en terre, à une plus ou moins grande profondeur, et par couches ou lits, soit en plein air, sur les sommets des montagnes, soit dans ces masses qu'on appelle des *rochers*.

Les diversités de *pierres* sont telles et si nombreuses, selon les pays et les contrées où il s'en rencontre, que l'énumération et de leurs variétés, et des noms qu'elles reçoivent, seroit la matière d'un ouvrage qu'il ne sera très-probablement jamais possible de rendre complet.

Comme il ne sauroit être ici question de considérer les *pierres* d'après les connoissances géologiques de l'histoire naturelle, et d'après l'analyse de leur substance ou de leur formation, nous ne nous assujettirons, dans leurs nomenclatures, qu'aux variétés des qualités qui les distinguent dans l'art de bâtir, aux différences des noms qui leur sont imposés par les emplois qu'on en fait, par les pays qui les produisent.

A l'égard de cette dernière nomenclature, nous n'avons pas besoin de prévenir le lecteur, qu'il eût été impossible de lui donner l'étendue qu'elle comporte. Déjà dans quelques articles particuliers, on a fait mention de certaines espèces de *pierres* et de marbres, qui, employées par les Anciens, ont acquis une certaine célébrité. On se contentera ici de relater la plus grande partie des qualités de *pierres* qu'on emploie à Paris dans les constructions.

DES DIFFÉRENS NOMS DES PIERRES, SUIVANT LEURS ESPÈCES.

Pierre d'Arcueil près Paris. Cette *pierre* porte de hauteur du banc, nette et taillée, depuis 14 pouces jusqu'à 24. Il y en a une espèce qu'on appelle de *bas appareil*, qui ne porte que 9 à 10 pouces.

Pierre de belle Lache. On la tire vers Arcueil, d'un endroit appelé la *Carrière royale*. Elle porte de hauteur 18 à 19 pouces. C'est une des *pierres* les plus dures, mais il s'y rencontre des cailloux.

Pierre de bon banc. Cette *pierre*, qui se tire

près de Vaugirard, porte depuis 13 jusqu'à 24 pouces de hauteur.

Pierre de Caen en Normandie. Espèce de *pierre* noire qui tient de l'ardoise (*voyez* ARDOISE), mais qui est beaucoup plus dure. Elle reçoit le poli et sert dans les compartimens des carre-ages.

Pierre de la Chaussée, près Bougival, à côté de Saint-Germain-en-Laye. Cette *pierre* porte 15 à 16 pouces.

Pierre de Cliquart près d'Arcueil. On l'appelle aussi de *bas appareil*. Elle porte 6 à 7 pouces.

Pierre de Saint-Cloud. Pierre qu'on tire au lieu du même nom, près Paris, et qu'on trouve nette et taillée, depuis 18 jusqu'à 24 pouces de hauteur.

Pierre de Fécamp. On trouve cette *pierre* dans la vallée de ce nom, près Paris. Elle a 15 à 18 pouces de hauteur.

Pierre de lambourde. Cette *pierre* se trouve près d'Arcueil. Elle porte depuis 20 pouces jusqu'à 60 de hauteur, mais on la délite. On trouve aussi de la *lambourde* hors du faubourg Saint-Jacques à Paris, qui a depuis 18 jusqu'à 24 pouces.

Pierre dure de Saint-Leu. On la tire aux côtes de la montagne d'Arcueil.

Pierre de liais. On en distingue deux espèces qu'on appelle : l'une *franc liais*, l'autre *liais férant*, qui est plus dur que le *franc*. On les tire tous deux de la même carrière, hors la porte Saint-Jacques près Paris. Il y a aussi le *liais* [illegible] qu'on tire près de Saint-Cloud. Il est plus [illegible] et reçoit un beau poli au grès. Le banc de ces différentes espèces porte de 6 à 8 pouces de hauteur.

Pierre de Meudon près Paris. Cette *pierre* porte depuis 14 jusqu'à 18 pouces. Il y en a une sorte qu'on appelle *rustique de Meudon*, qui est plus dure et plus trouée, mais qui a la même hauteur.

Pierre de Montesson près Nanterre, à deux lieues de Paris. Elle porte de 9 à 10 pouces.

Pierre de Saint-Nom, au bout du parc de Versailles. Cette *pierre* a depuis 18 jusqu'à 22 pouces de hauteur.

Pierre de Senlis. On prend cette *pierre* à Saint-Nicolas-lès-Senlis, à dix lieues de Paris. Elle porte depuis 12 jusqu'à 16 pouces.

Pierre de Souchet. Se trouve hors du faubourg Saint-Jacques, près Paris. Elle porte depuis 12 jusqu'à 16 pouces.

Pierre de Tonnerre, en Bourgogne. Elle a depuis 16 jusqu'à 18 pouces.

Pierre de Vaugirard, près Paris. Elle est dure et grise, et a 18 à 19 pouces.

Pierre de Vergelé. On tire cette *pierre* de Saint-Leu, à dix lieues de Paris. Elle porte 18 à 20 pouces.

Pierre de Vernon, à douze lieues de Paris. Son banc porte depuis 2 jusqu'à 3 pieds de hauteur.

On désigne par les noms suivans quelques espèces de *pierres* plus tendres.

Pierre d'ardoise. Voyez ARDOISE.

Pierre de craie. Voyez CRAIE.

Pierre de Saint-Leu, à dix lieues de Paris. Elle porte depuis 2 pieds jusqu'à 4.

Pierre de Maillet et de Trocy. On tire cette *pierre* de Saint-Leu. Celle de Trocy a cela de particulier, que son lit est fort difficile à connoître. On ne le découvre que par de petits trous.

Pierre de tuf. Voyez TUF.

DIFFÉRENS NOMS QU'ON DONNE A LA PIERRE, SELON SES QUALITÉS.

Pierre à chaux. Sorte de *pierre* grasse qu'on tire ordinairement des côtes des montagnes, et qu'on calcine pour faire de la chaux.

Pierre à plâtre. C'est une espèce de *pierre* de la nature des talcs et des albâtres, qu'on cuit dans des fours, et qu'on pulvérise ensuite pour faire du plâtre. *Voyez* PLATRE.

Pierre de couleur. On donne ce nom généralement à toute *pierre* qui n'est pas blanche. Il y en a ainsi de grisâtres, de noirâtres, de rougeâtres, de jaunâtres. L'emploi de ces *pierres* produit souvent des variétés agréables dans les bâtimens.

Pierre de taille. On appelle ainsi toute *pierre* dure ou tendre, qui peut être équarrie et taillée avec paremens, ou même avec détails d'architecture, pour la solidité ou la décoration des édifices.

Pierre fine, se dit de toute *pierre* qui est difficile à travailler, à cause de sa dureté et de sa sécheresse.

Pierre franche. C'est ainsi qu'on appelle toute *pierre* qui est parfaite en son espèce, qui n'a ni la dureté de ce qu'on appelle *ciel* dans les carrières, ni le tendre de ce qu'on nomme *moellon*.

Pierre fusilière. Espèce de *pierre* dure et sèche, qui tient de la nature du caillou. Elle est ordinairement grise et noirâtre.

Pierre gélisse ou *verte*. C'est celle qui, étant nouvellement tirée de la carrière, n'a point encore jeté son humidité.

Pierre pleine, se dit de toute *pierre* dans laquelle il ne se trouve ni coquillages, ni cailloux, ni moyes, ni trous.

Pierre poreuse ou *trouée*. *Pierre* qui a des trous, comme le rustique de Meudon, le tuf et toutes les *pierres* meulières. On l'appelle aussi *choqueuse*.

DIFFÉRENS NOMS QU'ON DONNE A LA PIERRE, SELON SES FAÇONS.

Pierre bien faite, se dit d'une *pierre* qui approche de la figure cubique, et que l'on équarrit presque sans déchet.

Pierre de haut appareil, est celle dont le banc porte une grande hauteur, comme celles de Vernon, de Saint-Cloud, de Saint-Nom, de Vaugirard, de Saint-Leu.

Pierre de bas appareil, est celle dont le banc

porte peu de hauteur, par exemple moins d'un pied.

Pierre débitée. C'est une *pierre* qui est sciée. La *pierre* dure se débite à la scie sans dents, avec l'eau et le grès pilé; la *pierre* tendre, comme le Saint-Leu, le tuf, la craie, etc., avec la scie à dents.

Pierre d'échantillon. C'est un bloc de *pierre* d'une mesure déterminée, commandée exprès aux carriers.

Pierre d'encoignure. Pierre qui a deux faces ou paremens, et qui forme l'angle saillant ou rentrant d'un bâtiment.

Pierre ébousinée. Pierre dont on a enlevé le bousin ou le tendre.

Pierre en chantier, est celle qui est callée par le tailleur de *pierre*, et qui est disposée pour être taillée.

Pierre en débord, se dit des *pierres* que les carriers font voiturer sur les ateliers, sans ordre, et dont on n'a pas besoin.

Pierre esmillée. Pierre qui est équarrie et taillée grossièrement avec la pointe du marteau, pour être employée seulement dans les garnis des gros murs et dans le remplissage des piles et culées de pont.

Pierre faite, celle qui est entièrement taillée et prête à être enlevée pour être posée à sa place.

Pierre fusible, celle qui, par l'opération du feu, change de nature et devient transparente.

Pierre hachée. Pierre dont les paremens sont dressés avec la hache du marteau bretelé, pour être ensuite layée ou rustiquée.

Pierre layée, est celle qui est travaillée à la laye, ou marteau avec bretelures.

Pierre louvée, est celle où l'on fait un trou pour recevoir la louve. *Voyez* LOUVE.

Pierre nette. Ainsi appelle-t-on celle qui est équarrie et atteinte jusqu'au vif.

Pierre parpaigne. C'est le nom qu'on donne à une *pierre* qui traverse toute l'épaisseur d'un mur, et qui en fait les deux paremens.

Pierre piquée. Pierre dont les paremens sont piqués à la pointe, et dont les ciselures sont relevées.

Pierre polie, est celle qu'on frotte avec le grès pour effacer les coups de ciseau et de marteau, et qui, par sa dureté, est susceptible de recevoir le poli.

Pierre ragréée au fer. Pierre qui est passée au rifllard, espèce de ciseau large et dentelé.

Pierre retaillée. On appelle ainsi non-seulement une *pierre* qui, ayant été déjà taillée, l'est une seconde fois avec déchet, mais encore toute *pierre* tirée d'une démolition, et qu'on retaille pour être derechef mise en œuvre.

Pierre retournée, celle dont les paremens, opposés les uns aux autres, sont d'équerre et parallèles.

Pierre rustique, est celle dont le parement, après avoir été dressé, est piqué grossièrement à la pointe.

Pierre statuaire, se dit de tout bloc d'échantillon destiné à faire une statue.

Pierre tranchée, est celle où l'on fait une tranchée avec le marteau pour la débiter.

Pierre traversée, celle où les traits des bretelures sont croisés.

Pierre velue. Nom qu'on donne à toute *pierre* brute, telle qu'on l'amène de la carrière.

Pierres à bossage ou *de refend. Pierres* qui, étant mises en œuvre, sont séparées par des canaux, à égale distance, et qui représentent les assises des *pierres*. Les joints de lit doivent être cachés dans le haut des refends. Lorsque ces *pierres* sont en liaison, les joints montans sont dans l'un des angles du refend.

Pierres artificielles. Ce sont les matériaux propres à la bâtisse qui sont formés par l'art, comme sont les briques, le béton, etc.

Pierres feintes, se dit de tous ornemens des murs de face, dont les crépis et enduits de plâtre, stuc ou mortier, sont façonnés de manière à imiter, au moyen de refends et de bossages, les murs de *pierre*.

Pierres fichées, sont celles dont les joints sont remplis de coulis ou de mortier clair.

Pierres jointoyées. Ce sont des *pierres* qui ont le dehors de leurs joints bouché, et ragréé de mortier serré, de plâtre ou de ciment.

DIFFÉRENS NOMS QU'ON DONNE A LA PIERRE, SELON SES USAGES.

Pierre à laver. Pierre plate, dont la surface supérieure est creusée d'environ deux pouces, en conservant un rebord tout autour, et qui sert dans une cuisine à laver la vaisselle.

Pierre d'attente. Ainsi se nomme toute *pierre* à laquelle on laisse une saillie hors du mur, soit pour tailler quelqu'ornement de sculpture, soit pour faire liaison avec un autre bâtiment qui sera construit auprès dans la suite. *Voyez* HARPES.

Pierre de touche. Espèce de marbre noir que les Italiens appellent *pietra di paragone*, *pierre* de comparaison, parce qu'elle sert à éprouver les métaux.

Pierre incertaine, est celle qu'on emploie en lui laissant dans tous les pans et angles qu'elle offre, sa forme irrégulière.

Pierre levée. Voyez LEVÉE.

Pierre lithographique. Pierre dont on use pour y dessiner avec un crayon gras, et qui, soumise à la pression, produit une imitation de la gravure sur cuivre ou sur bois.

Pierre noire. Espèce de *pierre* tendre dont on se sert pour dessiner, et que les ouvriers emploient pour tracer les ouvrages.

Pierre percée. Dalle de *pierre* dans laquelle on

fait des trous, et qu'on place dans un châssis de *pierre* à feuillure, soit sur une voûte, pour donner de l'air ou du jour à un souterrain, soit pour l'écoulement des eaux dans un puisard, soit dans un mur devant l'avant-bout d'une pièce de bois pour lui donner de l'air. De ce genre est à peu près ce qu'on appelle la *pierre à châssis*, qui sert à fermer un regard ou une fosse d'aisance.

Pierres précieuses. Nom général qu'on donne aux *gemmes*, telles que topaze, sardoine, agathe, etc., et aussi à de certaines matières rares, comme le *lapis lazuli*, à des matières dures, telles que les porphyres, dont on fait des ouvrages précieux, des revêtissemens dispendieux, etc., à des devants d'autels, des tabernacles.

On appelle *pierre* de rapport, toutes ces *pierres* rares et précieuses qu'on emploie en compartimens pour former des pavés en mosaïque.

Pierre milliaire. Pierre qui, sur les chemins, indique un nombre de mille pas géométriques.

Chez les Romains, toute route avoit son espace ainsi divisé de mille en mille pas, par des bornes sur lesquelles on inscrivoit le nombre de chaque division, à partir du *milliaire doré* placé dans le *Forum*. On trouve encore aujourd'hui beaucoup de ces pierres avec leur chiffre indicateur. C'est aussi ce que nous apprennent ces mots des historiens latins, *primus*, *secundus*, *tertius*, etc., *ab urbe lapis*. Voyez Milliaire.

L'usage des *pierres* milliaires est devenu très-commun aujourd'hui chez la plupart des nations modernes.

Pierre perdue ou *pierres perdues*. On appelle ainsi les *pierres* qu'on jette soit dans la mer, soit dans un lac, pour servir de fondement à une jetée, ou à quelqu'autre ouvrage qui doit avoir sa base dans l'eau.

On donne le même nom aux *pierres* dites aussi de *blocage*, qu'on jette dans une fondation à bain de mortier.

On nomme *pierres jectiles*, celles qui peuvent être jetées avec la main, commes les gros et menus cailloux qui servent à affermir les aires des grands chemins, et parer les grottes, fontaines et bassins.

Pierre-ponce, est une *pierre* qui est si légère qu'elle nage sur l'eau. On place dans cette catégorie certaines scories volcaniques qui sont perforées comme des éponges, et dont on fait des voûtes de la plus grande solidité.

Pierre sépulcrale, se dit de ces dalles de *pierre* ou de marbre, portant une épitaphe, et que, dans les cimetières, on place sur les lieux où les corps sont déposés.

Pierre spéculaire, est une *pierre* transparente qui se débite par *feuilles* plus ou moins épaisses, qui jadis servoit de carreaux de vitre. *Voyez* Fenêtre et Spéculaire.

Pierre de sanguine, est une *pierre* tendre, d'un rouge brun, pesante, compacte, unie et douce au toucher, dont on se sert pour dessiner. A cet effet on la taille en crayons.

Il est une multitude d'autres dénominations de *pierres*, comme *pierre* à aiguiser, *pierre* à broyer, dont l'énumération seroit trop longue. Les usages de la *pierre* sont innombrables, et chaque jour en doit produire de nouveaux.

Différens noms qu'on donne a la pierre, selon ses défauts.

Pierre coquillière ou *coquilleuse*. *Pierre* dans laquelle il se rencontre de petites coquilles qui forment des trous dans ses paremens. Telle est pour Paris, la *pierre* de Saint-Cloud et celle de Saint-Nom.

Pierre coupée, est celle qui, ayant été mal taillée, ne peut servir à la place où elle étoit destinée.

Pierre délitée, celle qui est fendue à l'endroit d'un fil de lit, et qui, taillée avec déchet, ne peut servir qu'à faire des arrases.

Pierre de soupré. C'est, dans les carrières de Saint-Leu, la *pierre* du banc le plus bas, et dont on ne se sert point, parce qu'elle est trouée et défectueuse.

Pierre de souchet. On nomme ainsi, en quelques endroits, la *pierre* du banc le plus bas, qui, n'étant pas plus formée que le bousin, est de nulle valeur.

Pierre en délit, est celle qui, dans un cours d'assises, n'est pas posée sur son lit de carrière.

Pierre fêlée. Pierre qui est traversée par un fil ou veine courante. On dit *pierre entière* celle qui est le contraire. Le son que rend la *pierre* lorsqu'on la frappe avec le marteau, fait connoître l'un et l'autre état de la matière.

Pierre feuilletée. Pierre qui se délite en feuillets ou écailles par l'effet de la gelée. La *lambourde*, entr'autres *pierres*, est sujette à cet inconvénient.

Pierre gauche, est celle dont les paremens et les côtés opposés ne se bornoyent pas, parce qu'ils ne sont point parallèles.

Pierre grasse, est celle qui est humide, et par conséquent sujette à se geler. Telle est, par exemple, la *pierre* appelée *cliquart*.

Pierre moyée. Pierre dont la moye, ou le tendre, est abattu avec perte, parce que son lit n'est pas également dur. Cela arrive très-souvent à la *pierre* de la Chaussée.

Pierre moulinée. Pierre qui est graveleuse et qui s'égraine à l'humidité. C'est un défaut particulier à la lambourde.

PIERRÉE, s. f. Canal souterrain, souvent construit à pierres sèches, et glaisé dans le fond, qui sert à conduire les eaux des fontaines, des cours et des combles.

PIEU, s. m. Grosse pièce de bois, qu'on aiguise par un bout, ou par les deux bouts, pour faire des barrières ou des palissades.

PIEUX, s. m. pl. (*Terme d'architecture hydraulique.*) Pièces de bois de chêne, qu'on emploie de leur grosseur, pour faire les palées des ponts de bois, ou qu'on équarrit pour former ce qu'on appelle les *files de pieux*, qui retiennent les berges de terre, les digues, etc., pour aider à construire les batardeaux. Les *pieux* sont pointus et ferrés comme les pilots. Ce qui en fait la différence, c'est qu'ils ne sont jamais enfoncés tout-à-fait dans la terre, et que ce qui en paroît au dehors est souvent équarri. *Voyez* PILOTS.

PIEUX DE GARDE. (*Terme d'architecture hydraulique.*) Ce sont des *pieux* qui sont au-devant d'un pilot, plus peuplés et plus hauts que les autres, et recouverts d'un chapeau. On en met ordinairement devant la pile d'un pont, et au pied d'un mur de quai ou de rempart, pour le garantir du heurt des bateaux et des glaçons, et pour empêcher le dégravoiement.

PIGEON. *Voyez* EPIGEONNER.

PIGNON, s. m., se dit de la partie supérieure du mur de face d'un bâtiment ou d'une maison, qui se termine en pointe, et où aboutit la couverture d'un comble à deux égouts.

Telle étoit la forme de la devanture des anciennes maisons. Ce comble avoit ordinairement une assez grande saillie sur le mur de face, et formoit une sorte d'auvent qui mettoit à l'abri de la pluie. Cette forme est encore fort en usage dans les pays du Nord. De là vint le proverbe, *avoir pignon sur rue*, pour dire, être propriétaire d'une maison.

Ces sortes de *pignons* recevoient souvent des ornemens, soit en consoles faites en bois, soit en découpures chantournées.

PIGNON A REDENTS. On appeloit ainsi, dans les anciennes constructions en pierre, certains murs se terminant en pointe à la tête d'un comble à deux égouts, et dont les côtés sont par retraites en manière de degrés. On les pratiquoit ainsi, pour qu'ils pussent servir d'escaliers propres à conduire sur le faîtage lorsqu'il falloit réparer la couverture.

Cette pratique a lieu encore dans les pays du Nord, où les combles sont fort pointus. De ce qui étoit un besoin, on a fait une espèce d'ornement.

PIGNON ENTRAPETÉ. C'est celui qui, au lieu de former un triangle, est pentagonal, comme le *pignon* qui termine un comble brisé, dit *à la mansarde*, ou qui a la forme d'un trapèze, comme celui qui termine un comble brisé dont la partie supérieure est en croupe.

PILASTRE, s. m., est le même mot que l'italien *pilastro*, lequel est formé du mot *pila*, pile, pilier, et signifie espèce de *pile*.

L'idée générale de ce qu'il faut entendre par *pilastre*, en architecture, s'exprimoit chez les Romains, selon les cas, ou par le mot *anta*, (*voyez* ce terme), ou par le mot *parastata*, qui est grec, et qui, par sa composition, nous indique un objet adossé à un autre; et ce mot est, comme l'on voit, une fort bonne définition du *pilastre*, qui, dans le plus grand nombre de ses emplois, se trouve ou engagé, ou adossé à un mur.

DE L'ORIGINE DU PILASTRE, DES VARIÉTÉS DE SA FORME ET DE SA DISPOSITION.

L'origine du *pilastre* nous est suffisamment révélée par sa forme primitive, qui fut carrée, forme qu'il a toujours plus ou moins conservée dans les diverses modifications que l'usage lui a fait subir. Quelle qu'ait été l'origine de la colonne, qu'on la cherche dans les troncs des arbres, qui naturellement dûrent s'offrir comme supports des édifices, qu'on prétende qu'en d'autres pays ce fut la pierre qui fournit à la construction les soutiens des élévations, il est également vraisemblable qu'on dut, dès les premiers temps, faire des colonnes quadrangulaires aussi bien que des circulaires.

On a fait assez souvent remarquer qu'en supposant le bois, comme la matière première, sur laquelle se forma et se régularisa l'architecture grecque, il falloit se garder de croire que l'art eût eu en vue d'imiter les arbres dans leur état naturel. Nous avons plus d'une fois montré que dans cette imitation, il ne falloit considérer l'arbre que déjà façonné par la charpente, soit dans les poutres perpendiculaires, soit dans les sommiers horizontaux. Or, dès que c'est l'arbre façonné en état de poutres ou de solives, qu'il faut se figurer, comme élément de l'imitation dans les essais de l'art de bâtir, il doit passer pour constant, qu'on dut alors tout aussi naturellement employer pour supports, des bois équarris que des bois arrondis.

Voilà pourquoi il se fit aussi par la suite dans les édifices en pierre, des colonnes carrées.

Il faut appeler colonnes carrées, piliers ou *pilastres*, ce que l'on désigne dans les ordonnances des temples par le mot *antes*. C'est au front du mur de la *cella* du temple qui n'a point de colonnades en avant ou à l'entour, comme du temple prostyle ou du périptère, ce montant quadrangulaire dont le chapiteau diffère de celui de l'ordonnance générale. *Voyez* ANTE.

A plus forte raison doit-on appeler colonnes carrées, ces mêmes montans en façon de pilier lorsqu'ils sont isolés, comme nous montrerons qu'il y en eut jadis plus d'un exemple. Ce fut par suite de cette forme qu'on regarda encore comme colonnes carrées, ce que l'on nomme aujourd'hui spécialement *pilastres*. Ce n'est effectivement autre chose qu'une colonne quadrangulaire, supposée engagée à une plus ou moins grande épaisseur dans un mur, ce qui fait que la superficie apparente du *pilastre* est toujours plane.

On voit enfin que, comme il y eut des colonnes circulaires, dont la circonférence est censée plus ou moins engagée dans la construction d'un mur, il y eut de même des colonnes carrées, qui, engagées de la même façon, produisirent ces ordonnances moins saillantes, qu'on désigne aujourd'hui par le nom général de *pilastres*. Voilà, sans aucun doute, l'origine du *pilastre* actuel, qu'on pourroit appeler *colonne de bas-relief*, et dont l'usage est devenu très-commun sous cette forme, et pour ainsi dire universel chez les Modernes.

Il y a, en effet, bien peu d'exemples que ceux-ci l'aient employé isolé, comme la colonne. Sans doute, on pourra le trouver à plus d'une ordonnance de portail ou de frontispice de portes, figurant dans toute son épaisseur, mais adossé au mur avec des colonnes également en appliquage. On auroit cru manquer d'autorité dans l'antique pour toute autre disposition. Aussi Perrault dit-il, que les *pilastres* carrés et isolés sont rares dans l'architecture antique. Selon lui, on n'en voit un exemple qu'au temple de Trévi (ou de Spolette), petit monument qui ne paroît point dater des beaux siècles de l'art.

Toutefois on s'est trop hâté de prononcer des arrêts absolus d'après ce qu'on trouve, et surtout d'après ce qu'on ne trouve point dans les restes de l'antiquité. On seroit plus réservé dans de tels jugemens, si l'on vouloit penser qu'il ne nous reste pas la millième partie de ses ouvrages. Aussi, chaque jour voit-il de nouvelles découvertes infirmer les opinions les plus accréditées, mais uniquement sur la foi des autorités négatives qu'on avoit tirées de l'absence des exemples.

Ainsi, la description du grand temple de Jupiter Olympien à Agrigente, par Diodore de Sicile, nous avoit appris que ce temple pseudo-périptère avoit ses colonnes engagées dans le mur à l'extérieur, et que, dans l'intérieur, elles étoient carrées; ce qui rendoit certain que le mur de la *cella* étoit intérieurement orné de *pilastres* adossés ou engagés. Mais les découvertes qui sont résultées des fouilles faites sur l'emplacement de ce temple détruit, nous ont appris que l'espace intérieur de la *cella* étoit divisé en trois nefs formées par deux rangs non de colonnes circulaires, mais de *pilastres* isolés, quadrangulaires, au-dessus desquels s'élevoit un rang de colosses en manière de télamons ou d'atlantes, soutenant la corniche supérieure de la nef.

Voilà les principales diversités qu'on rencontre sur ce qui constitue la forme générale du *pilastre*.

Quant aux variétés de détail, il y a quatre choses principales à y observer : leur saillie sur le mur, leur diminution, la manière dont l'entablement doit poser dessus lorsqu'en même temps il pose sur une colonne, leurs cannelures et leurs chapiteaux.

A l'égard de la saillie du *pilastre*, Perrault observe que celui qui n'a qu'une face hors du mur, doit avoir sa saillie de toute la moitié, ou ne sortir tout au plus que de la sixième partie, comme au frontispice de Néron, lorsque rien n'oblige de lui donner plus d'épaisseur. Les *pilastres* extérieurs du Panthéon n'ont de saillie que la dixième partie de leur surface, et quelquefois on n'y donne au *pilastre* que la quatorzième partie, ainsi que cela est pratiqué au Forum de Nerva. Mais quand les *pilastres* doivent recevoir des impostes, qui viennent se profiler contre leurs côtés, on leur donne de saillie le quart de leur diamètre. Cette proportion est commode, en ce qu'elle n'oblige point à tronquer irrégulièrement le chapiteau corinthien; car il arrive alors que la feuille inférieure et la tigette même du chapiteau se trouvent justement coupées par leur milieu. Par cette même raison de symétrie, lorsque les demi-*pilastres* sont à des angles rentrans, il leur faut donner plus que la moitié de leur diamètre.

La théorie de la diminution du *pilastre* tient essentiellement à celle de la forme. Il y a, sur ce point, quelques diversités d'opinions. Voici ce que Perrault prescrit à cet égard.

« On ne diminue point ordinairement les *pi-*
» *lastres* lorsqu'ils n'ont qu'une face hors du mur.
» Ceux du dehors du portique du Panthéon sont
» ainsi sans diminution. Mais quand ces *pilastres*
» étant sur une même ligne que des colonnes, on
» veut faire passer l'entablement sur les uns et
» sur les autres (sans faire un ressaut), ainsi
» qu'il y en a aux côtés du dehors du Panthéon,
» il faut alors donner au *pilastre* la même dimi-
» nution qu'à la colonne (cela s'entend de la face
» de devant), le laissant par les côtés, sans di-
» minution, ainsi qu'il se voit pratiqué au tem-
» ple d'Antonin et Faustine. Quand le *pilastre* a
» deux faces hors du mur, étant à une encoi-
» gnure, et qu'il a une de ses faces qui regarde
» une colonne, cette face est diminuée de même
» que la colonne, ainsi qu'on le voit au portique
» de Septimius, où la face qui ne regarde point
» la colonne n'est pas diminuée. Il y a pourtant
» des exemples dans l'antique, où les *pilastres*
» n'ont point de diminution, comme on le voit
» dans l'intérieur du Panthéon, ou n'en ont que
» fort peu, et moins que la colonne, comme au
» temple de Mars Vengeur, et à l'arc de Cons-
» tantin. Dans ces cas, la pratique des Anciens
» est quelquefois de mettre l'architrave sur le
» nu des colonnes; ce qui le fait retirer au de-
» dans du nu du pilastre. Ainsi le voit-on au
» temple de Mars Vengeur, au dedans du Pan-
» théon et au portique de Septimius. Quelque-
» fois

» fois ils partagent la chose par la moitié, en » faisant saillir et porter à faux l'architrave par-» delà le nu de la colonne, d'une moitié, et de » le retirer de l'autre moitié sur le nu du *pilas-* » *tre*, ainsi que cela se voit au Marché de » Nerva. »

Le *pilastre*, lorsqu'il entre dans les ordonnances des colonnes, est, comme on le voit, soumis, pour sa forme et sa proportion, aux mêmes conditions que la colonne. Quant aux cannelures, il règne plus de liberté dans l'application qu'on peut en faire aux *pilastres*. Plus d'une diversité chez les Anciens a lieu à cet égard. Quelquefois des *pilastres* cannelés se trouvent associés à des colonnes sans cannelures. Cela se voit au portique du Panthéon, et cela s'y explique, sans doute, par la différence des matières. Les *pilastres* y sont de marbre blanc, lorsque les colonnes y sont de granit, matière qui ne comporte point le travail de la cannelure, et dont le principal mérite tient au lisse comme au poli, qui en fait ressortir le prix. Il y a quelquefois aussi des colonnes cannelées qu'accompagnent des *pilastres* non cannelés. L'exemple s'en trouve au temple de Mars Vengeur et au portique de Septimius. Disons encore que, lorsque les *pilastres* ont en saillie moins de la moitié de leur diamètre, on ne pratique point de cannelures à cette partie qu'on appelle *en retour*.

Le nombre des cannelures n'a rien de fixe dans les *pilastres*, si l'on consulte l'autorité de l'antique. Par exemple, il n'y en a que sept aux *pilastres* du portique du Panthéon, à l'Arc de Septime Sévère et à celui de Constantin. Les *pilastres* de l'intérieur du Panthéon ont neuf cannelures, bien que, selon l'usage ordinaire, les colonnes n'en aient que vingt-quatre. Les cannelures, dans le *pilastre*, se pratiquent toujours en nombre impair, si ce n'est qu'aux *demi-pilastres*, qui font un angle rentrant, on met quatre cannelures au lieu de trois et demie, et cinq au lieu de quatre et demie, lorsque, dans la même ordonnance, les *pilastres* entiers en ont sept ou neuf. Cela se fait ainsi pour éviter le mauvais effet du chapiteau, qui, étant replié dans l'angle, seroit trop rétréci par en haut, et particulièrement eu égard au chapiteau orné de feuilles, qui, sans cet élargissement, n'y seroient pas suffisamment développées.

Les proportions des chapiteaux sont les mêmes aux *pilastres* qu'aux colonnes pour ce qui est des hauteurs; mais les largeurs sont différentes. Le développement de la forme du *pilastre* donnant un plus grand espace à chacune de ses faces, si on le suppose quadrangulaire; on observe toutefois de ne lui donner que le même nombre de feuilles, qui doit être huit pour la circonférence. Il y a cependant aux thermes de Dioclétien et au frontispice de Néron, des exemples de douze feuilles au lieu de huit. La disposition ordinaire des feuilles au chapiteau du *pilastre* corinthien est telle, qu'au rang d'en bas on en place deux, au rang d'en haut une au milieu, et deux et demie aux côtés, qui sont la moitié des grandes feuilles, placées sur l'angle. Ce qu'il faut encore remarquer, c'est que le haut du tambour n'a point sa superficie plane comme le bas, mais qu'il est relevé dans son milieu, c'est-à-dire, bombé. Il l'est ainsi de la huitième partie du diamètre inférieur de la colonne à la basilique d'Antonin; mais il ne l'est que de la dixième au portique de Septimius, et de la douzième au portique du Panthéon. (La plus grande partie de ces observations sont tirées du *Traité de l'ordonnance des colonnes*, par Perrault.)

De l'emploi et de l'abus du pilastre.

Ce qu'on vient de dire sur l'origine du *pilastre*, a dû prouver que, selon la manière la plus ordinaire de l'employer aujourd'hui, il n'est autre chose qu'une colonne carrée, qu'on suppose engagée dans un mur, et qui par conséquent peut être, dans cet état, appliquée à l'ordonnance des édifices, avec autant de raison et de vraisemblance que la colonne circulaire, lorsqu'on l'adosse à un massif ou qu'on l'y engage.

Voilà pour celui qui veut n'admettre dans l'architecture, que ce dont on peut rendre raison en en constatant l'origine.

Maintenant nous dirons que le *pilastre* peut être aussi considéré comme une représentation fictive de la colonne, et la remplacer avec convenance dans beaucoup de cas. Quelques-uns, je le sais, voudroient exclure l'emploi du *pilastre* des pratiques usuelles de l'architecture, fondés sur ce que les monumens qui nous restent de l'art des Grecs, ne nous montrent point cette sorte d'ordonnance, comme ayant eu cours généralement dans leurs édifices. Mais nous ferons, à ce sujet, une observation que nous avons déjà répétée plus d'une fois; c'est que, d'une part, il ne nous est guère parvenu de l'architecture originale des Grecs, qu'un fort petit nombre d'ouvrages, et qu'il n'y a rien à en conclure de général ni d'absolu. D'autre part, nous dirons que les ouvrages d'où l'on voudroit tirer des conséquences péremptoires contre l'emploi des *pilastres*, étant presque tous des temples assez uniformes dans leurs plans et leurs élévations, il n'y a rien à en conclure, sinon que l'usage général de leurs ordonnances n'admettoit le plus souvent que des colonnades isolées, et toutefois l'on a vu que le grand temple de Jupiter à Agrigente avoit, dans son intérieur, des *pilastres* engagés dans le mur et des *pilastres* isolés ou des colonnes carrées.

Cela suffit pour rendre vraisemblable que dans beaucoup d'autres genres d'édifices et de constructions, que nous ne pouvons plus connoître, les Grecs, aux meilleurs temps de l'art, ont pu appliquer le *pilastre* à la décoration de plus d'une sorte de monumens, avec plus de simplicité, de régularité et de réserve, si l'on veut, qu'on ne l'a fait depuis.

Nous ne nous arrêterons pas à prouver que l'architecture romaine a fait un très-grand usage du *pilastre* dans les bâtisses. Il nous est, en effet, resté non-seulement plus de monumens de cette architecture, mais une bien plus grande diversité de ses ouvrages. Aussi en pourroit-on citer un grand nombre où le *pilastre* figure soit en ordonnance décorative sans aucune correspondance avec des colonnes, soit mis en rapport avec les colonnes isolées. Il est, en effet, une multitude de cas où les colonnes d'un portique, d'un avant-corps, se trouvent convenablement rappelées par des *pilastres* qui leur répondent, et lorsqu'une plate-bande d'architrave doit aboutir à un mur, qui est-ce qui n'approuveroit pas qu'on la fasse reposer sur le chapiteau d'un *pilastre* du même ordre, au lieu de reposer à cru sur le mur?

Il seroit difficile d'énumérer toutes les circonstances locales qui déterminent à employer des *pilastres*, plutôt que des colonnes isolées ou engagées. Dans des intérieurs étroits et d'une petite dimension, la colonne ou occuperoit trop d'espace, ou seroit d'un effet trop lourd, et rapetisseroit physiquement et moralement l'étendue du local. La nature différente des matériaux d'une construction induit encore souvent à l'emploi du *pilastre*, qui exige beaucoup moins de saillie dans les entablemens. Le *pilastre* peut se pratiquer avec toute espèce de bâtisse. Il est véritablement, comme on l'a déjà dit, une colonne de bas-relief ou sans saillie, et c'est cette grande diminution de matière, de travail et de saillie, qui en rend l'emploi facile et économique.

Mais c'est surtout aux devantures des maisons et des palais du second degré, que semble convenir la décoration des *pilastres*. L'architecture doit avoir et a réellement des degrés de richesse, qui suivent ceux des fortunes particulières et des rangs divers de la société. Les ordonnances de *pilastres* appliquées aux façades des bâtimens d'habitation, soit que chaque étage reçoive un ordre, soit que le même ordre occupe la hauteur de deux étages, forment un aspect élégant, et contribuent à donner au tout ensemble ce charme de proportions qui, sans cela, ou seroit bien moins exprimé, ou seroit plus difficilement saisi.

Nous n'alléguerons en faveur de ces considérations d'autres exemples, que ceux des palais construits par les Bramante, San-Gallo, Palladio et tant d'autres qui ont su tirer de l'emploi des *pilastres* aux façades de leurs édifices, des effets tour-à-tour simples, élégans, riches et variés. Ces édifices, sans aucun doute, plairoient moins, quoiqu'avec les mêmes masses et les mêmes proportions, si on leur enlevoit cette décoration.

De tout ceci, il résulte que le *pilastre* est quelquefois objet de nécessité, quelquefois de convenance, d'autres fois de décoration et de richesse proportionnée au caractère des édifices de la seconde classe.

Sans aucun doute, il n'est qu'un remplacement de la colonne, et cela seul, en indiquant l'emploi qu'on en peut faire, suffit pour montrer l'abus qu'on en fait, si on l'applique aux monumens dont la grandeur, la haute destination et le caractère spécial demandent à l'architecture l'emploi de ses plus riches moyens. L'inconvénient des ordonnances de *pilastres* mises en œuvre dans de semblables monumens est d'en diminuer l'effet, d'en rapetisser l'idée. Certainement l'effet produit par les masses de l'architecture est une des choses qui contribuent le plus à l'expression de son caractère, et l'on ne sauroit disconvenir que le jeu de la lumière et des ombres dans les colonnades isolées, est une des principales causes de cet effet. Nous ne pouvons mieux faire que d'emprunter à M. Leroi (*Monumens de la Grèce*, tome II, pages 6 et 7) les observations que ce sujet lui a donné lieu de développer.

« Supposons (dit-il) que toute la surface du » Panthéon fût un mur lisse: la vue de cette surface ne nous affecteroit certainement d'aucune » manière.... Considérons deux façades, l'une » composée de colonnes qui touchent un mur, » l'autre formée par des colonnes qui en sont assez éloignées, pour qu'elles fassent péristyle, » et supposons encore que les entre-colonnes, » dans l'un et l'autre cas, soient égaux et décorés » de même; on observera, dans la dernière façade, une beauté réelle dont l'autre sera privée, et qui résultera uniquement des différens » aspects, ou des tableaux variés et frappans, » que les colonnes présenteront au spectateur en » se projetant sur le fond du péristyle qu'elles » forment. Cette propriété de multiplier, sans » les affoiblir, les sensations que nous éprouvons à l'aspect d'un édifice, est encore un » avantage très-considérable, et qui se fait sentir » bien plus fortement dans les péristyles, que » dans aucune autre espèce de décoration. Une » comparaison qui nous paroît frappante va le » faire voir.

» Si vous vous promenez dans un jardin, à » quelque distance et le long d'une rangée d'arbres plantés régulièrement, dont tous les troncs » touchent un mur percé d'arcades, la situation » respective des arbres avec ces arcades ne » vous paroîtra changer que d'une manière très-insensible, et vous n'éprouverez aucune sensation nouvelle, quoique vous ayiez eu toujours » les yeux fixés sur les arbres et sur les ouvertures du mur, et qu'en marchant vous ayiez parcouru assez vite un espace considérable. Mais » si cette rangée d'arbres est éloignée du mur, » en vous promenant de même, vous jouirez d'un » spectacle toujours nouveau, par les différens

» espaces du mur que les arbres paroîtront, à » chaque pas que vous ferez, couvrir successivement. Tantôt vous verrez les arbres diviser » les arcades en deux parties égales, un instant » après les couper inégalement, ou les laisser entièrement à découvert, et ne cacher que leurs » intervalles. Enfin, si vous vous approchez ou » que vous vous éloigniez de ces arbres, le mur » vous paroîtra monter jusqu'à la naissance de » leurs branches, ou couper leurs troncs à des » hauteurs très-différentes. Ainsi, quoique nous » ayions supposé le mur décoré régulièrement, » et les arbres également éloignés, la première » des décorations semblera immobile, pendant » que l'autre, au contraire, s'animant en quelque » sorte par le mouvement du spectateur, lui » présentera une succession de vues très-variées, » qui résulteront de la combinaison infinie des » objets simples qu'il aperçoit.

» Ces effets opposés qui résultent uniquement » des différentes positions d'une rangée d'arbres, » par rapport à un mur percé d'arcades, nous représentent le contraste frappant que nous avons » voulu faire sentir, et qui seroit entre la décoration monotone produite par ces colonnes qui » toucheroient à un mur décoré, et la riche variété qui résulteroit de celles qui formeroient » péristyle. Qu'on suppose, en effet, dans le premier cas, les entre-colonnes ornés de niches, » de figures, de bas-reliefs; toute la richesse » qu'on aura prodiguée dans cette décoration, ne » changeant que très-peu à notre vue, malgré » les efforts que nous ferons pour la considérer » sous différens aspects, nous abandonnerons » bientôt un spectacle où l'œil ayant tout vu dans » un instant, cherche en vain de nouveaux objets » qui satisfassent son activité. Dans le second, » au contraire, la magnificence des plafonds, » ajoutée à celle du fond du péristyle, se reproduira en quelque sorte à chaque instant : elle » se présentera sous mille faces diverses aux yeux » du spectateur, et lui offrira des points de vue » toujours différens. »

Rien, ce semble, ne sauroit rendre un compte plus sensible de la supériorité de l'emploi des colonnes isolées, sur celui des *pilastres*, et mieux faire connoître l'abus qu'on en a fait, dans la plupart des frontispices d'églises, dont la théorie précédente explique l'insignifiance et la monotonie.

Des différens noms qu'on donne au *pilastre*.

Pilastre attique. C'est un petit *pilastre* d'une proportion particulière et plus courte qu'aucun de ceux des cinq ordres. Il y a deux sortes de *pilastres attiques*; il y en a de simples et de ravalés.

Pilastre bandé. *Pilastre* qui, à l'imitation des colonnes bandées ou à bossages, a des bandes sur son fût. Tels sont les *pilastres* toscans de la galerie du Louvre, du côté de la rivière.

Pilastre cannelé. Celui dont le fût est orné de cannelures.

Pilastre cintré. C'est celui dont le plan est curviligne, parce qu'il suit le contour d'un mur circulaire, convexe ou concave. Tels sont les *pilastres* d'un dôme ou du rond-point d'une église.

Pilastre cornier ou *angulaire*. *Pilastre* qui cantonne l'angle ou l'encoignure d'un bâtiment, comme au frontispice du Louvre.

Pilastre coupé, se dit de celui qui est traversé par une imposte qui passe par-dessus, ce qui fait un mauvais effet. On en peut juger par les *pilastres* ioniques des portiques du château des Tuileries.

Pilastre dans l'angle. *Pilastre* qui ne présente qu'une encoignure, et qui n'a de saillie de chaque côté que le sixième ou le septième de son diamètre.

Pilastre de rampe. On appelle ainsi tous les *pilastres* à hauteur d'appui, qui ont quelquefois des bases et des chapiteaux, et qui servent à retenir les travées des balustres, des rampes d'escaliers et des balcons.

Pilastre diminué. C'est un *pilastre* qui, étant derrière une colonne ou à côté d'elle, en répète le même contour et est diminué par le haut, pour empêcher qu'il n'excède l'à-plomb de l'entablement. On le voit ainsi au portail de Saint-Gervais à Paris, et à celui du Collége Mazarin.

Pilastre doublé. *Pilastre* formé de deux *pilastres* entiers, qui se joignent à angle droit et rentrant ou à angle obtus, et qui ont leurs bases et leurs chapiteaux confondus.

Pilastre ébrasé. *Pilastre* plié en angle obtus, par sujétion d'un pan coupé, comme on le pratique aux églises qui ont un dôme sur leur croisée.

Pilastre engagé. On donne ce nom au *pilastre* qui, bien que placé derrière une colonne qui lui est adossée, n'en suit cependant pas le contour, mais qui est continu entre deux lignes parallèles, et dont la base et le chapiteau se confondent avec la base et le chapiteau de la colonne. Tels sont, par exemple, les *pilastres* des quatre chapelles d'encoignures de l'église des Invalides.

Pilastre en gaîne de terme. *Pilastre* qui est plus étroit par le bas que par le haut. Ce genre de *pilastre* s'emploie uniquement dans ce qu'on appelle *décoration*, comme au support d'une corniche de terrasse, de balcon, etc.

Pilastre flanqué. *Pilastre* accompagné de deux demi-*pilastres*, avec une médiocre saillie. Tels sont les *pilastres* corinthiens de l'église de Saint-André *della Valle* à Rome.

Pilastre grêle. *Pilastre* placé derrière une colonne, et qui est plus étroit qu'il ne devroit l'être, s'il étoit porportionné à cette colonne, parce qu'il n'a de largeur parallèle que le diamètre de la diminution de la colonne, pour éviter un ressaut dans l'entablement. Il y a des *pilastres grêles* au grand portail de l'église de Saint-Louis, aux Invalides.

On nomme aussi *pilastre grêle* un *pilastre* qui a en hauteur plus de diametres que n'en comporte la proportion ordinaire de son ordre. On voit ainsi à quelques portails des *pilastres* corinthiens ayant douze diamètres, au lieu qu'ils n'en devroient avoir que dix.

Pilastre lié. On peut appeler ainsi, non-seulement un *pilastre* qui est joint à une colonne par une languette, comme Bernin l'a pratiqué à la colonnade de Saint-Pierre, mais encore les *pilastres* qui ont quelques parties de leurs bases et de leurs chapiteaux jointes ensemble.

Pilastre plié. Celui qui est partagé en deux moitiés dans un angle rentrant. Il y a de ces *pilastres* dans un grand nombre d'edifices.

Pilastre rampant. Il y a deux sortes de *pilastres* qu'on nomme ainsi : le premier est celui qui, quoiqu'à-plomb, suit la rampe d'un escalier, se trouve d'équerre sur les paliers et sert à la décoration des murs de sa cage, ou de ce qu'on appelle l'*échiffre*. La seconde sorte de *pilastre* est assujettie à une autre espèce de pente. Tels sont ceux des ailes qui établissent la communication de la colonnade avec le portail de l'église de Saint-Pierre à Rome.

Pilastre ravalé. C'est un *pilastre* dont le parement est refouillé et incrusté d'une table de marbre bordée d'une moulure, ou avec des ornemens (comme on en voit, par exemple, aux *pilastres* de l'arc des orfévres), ou avec des compartimens en relief, ou de marbres de diverses couleurs. Il y a aux chapelles Sixte et Pauline de Sainte-Marie-Majeure, à Rome, des *pilastres ravalés* de cette seconde espèce.

Pilastre rudenté. Pilastre dont les cannelures sont remplies jusqu'au tiers, d'une rudenture ronde, comme les *pilastres* de la grande galerie du Louvre, ou d'une rudenture plate, telle qu'on la voit à l'église du Val-de-Grâce, à Paris, ou enfin d'ornemens semblables à ceux des colonnes rudentées.

Pilastres accouplés. Pilastres qui sont deux à deux, comme ceux qui, sous le péristyle du Louvre, correspondent aux colonnes accouplées de ce monument.

On applique encore le nom de *pilastre* à plus d'une sorte d'ouvrages plus ou moins étrangers à l'architecture. Ainsi l'on dit :

PILASTRE DE FER. (*Terme de serrurerie.*) C'est le nom qu'on donne à certains montans à jour qu'on établit d'espace en espace, pour entretenir les travées des grilles. On y introduit des ornemens analogues. Tels sont les *pilastres* des grilles du château de Versailles et de ses écuries.

PILASTRE DE LAMBRIS. (*Terme de menuiserie.*) Espèce de montant ordinairement ravalé entre les panneaux de lambris, d'appui et de revêtement.

PILASTRE DE TREILLAGE. (*Terme de jardinage.*) Corps d'architecture long et étroit, fait d'échalas en compartimens, dont on décore les portiques et cabinets de treillage dans les jardins.

PILASTRE DE VITRE. (*Terme de vitrerie.*) Espèce de montant de verre, qui a base et chapiteau, avec des ornemens peints, et qui termine les côtés de la forme d'un vitrail d'église.

PILE, s. f. Ce mot vient de *pila*, qui signifie en latin la même chose, c'est-à-dire, un amas, ou un montant de matériaux destinés, dans l'art de bâtir, à supporter une masse quelconque. Au fond, le mot *pile* et le mot *pilier* sont synonymes, mais l'usage a spécialement affecté le premier à l'architecture hydraulique, et l'on s'en sert à l'égard des montans qui servent de supports aux arches des ponts.

Une *pile* de pont est donc un massif de forte maçonnerie et de pierres, dont le plan est le plus souvent un exagone alongé, qui sépare et porte les arches d'un pont de pierre, ou les travées d'un pont de bois.

On construit ce massif avec beaucoup de précaution. Le fondement qu'on lui donne est élevé en talus, par recoupemens, retraites et degrés, jusqu'au niveau de la terre, au fond de l'eau. La première assise d'une semblable construction est toute en pierres de taille, et se compose de carreaux et de boutisses. Les carreaux ont deux pieds de lit, les boutisses ont au moins trois pieds de queue. Ces pierres sont coulées, fichées, jointoyées, et mêlées de chaux et ciment. On cramponne celles qu'on appelle *pierres de parement*, les unes aux autres, avec des crampons de fer scellés en plomb. Outre cela, on met à chaque pierre de parement un crampon pour la lier avec des libages dont on entoure la première assise. Ces libages, de même hauteur que les pierres de parement, sont posées à bain de mortier, de chaux et de ciment, et on remplit les joints d'éclats de pierre dure. On bâtit de même les autres assises de pierres.

La construction d'une *pile* de pont, et les procédés qu'on y emploie, ne sont pas encore ce qu'il y a de plus difficile à régler. Un point, peut-être plus important, est de déterminer par la théorie la proportion qu'il convient de donner à sa masse.

Les Anciens, selon Bergier, donnoient aux *piles* de leurs ponts la troisième partie et même la moitié de la grandeur des arches. Aujourd'hui on pense qu'elles doivent avoir moins, c'est-à-dire, un quart ou un cinquième. Mais on ne sauroit dire sur quoi se fondent ces règles, et l'on est porté à penser que l'expérience seule doit fixer les dimensions des *piles*. Or, le résultat de cette expérience est nécessairement variable. Il dépend, en effet, de la force et de la consistance des matériaux que l'architecte emploie à supporter la pesanteur du fardeau des arches.

Il y en a qui prétendent que la *pile* ne doit supporter que la moitié du poids de la maçonnerie des arches, à supputer cette moitié depuis le milieu de la clef de l'arcade. Cela étant, en connoissant la solidité de cette masse, on doit savoir quelle sera celle qu'il faudra donner à son support, et l'on trouvera là une base d'après laquelle on pourra déterminer la dimension de ce support.

Mais n'y a-t-il pas d'autre condition à examiner? Ceci, comme on voit, est le sujet d'une discussion qui doit être traitée dans un autre ouvrage, et nous renvoyons le lecteur au *Dictionnaire des ponts et chaussées*.

PILE PERCÉE. C'est encore un terme dont la notion appartient à l'architecture hydraulique. On se bornera à dire ici que c'est une *pile* qui, au lieu d'avant-bec d'amont et d'aval, est ouverte par une petite arcade, au-dessus de la crèche, pour faciliter le courant rapide des grosses eaux d'une rivière ou d'un torrent. Il y a de ces *piles* à ce qu'on appelle le *pont de César* près d'Apt, et à celui du pont du Saint-Esprit sur le Rhône.

PILIER, s. m. Ce mot désigne tout corps élevé, debout, massif et sans ornement, qui sert à soutenir ou à supporter, dans la construction des édifices, une charge quelconque de maçonnerie.

Les voûtes, les arcades, les plafonds des grandes salles, quelquefois aussi les toits de certains édifices, sont supportés par des *piliers*.

Avant que l'art en fût venu à embellir les formes des premiers supports, on se contenta d'employer pour le simple besoin, soit les bois, soit les pierres plus ou moins bien taillées, et assemblées, à supporter les masses, soutenues depuis par des colonnes agréablement arrondies, ou par des *piliers* équarris avec art, et soumis au caractère de chaque ordonnance. Le *pilier* grossièrement formé, fut donc la colonne primitive d'une architecture encore dans l'enfance. Aussi, comme lorsqu'on le considère isolément, il n'entre guère dans ce qu'on appelle la partie décorative de l'architecture, les architectes ne lui ont assigné dans leurs méthodes, ni forme, ni proportion, ni ornemens déterminés. On trouvera des *piliers* ronds, carrés et polygones.

On doit pourtant excepter ce qu'on appelle le *piédroit* (*voyez* ce mot) dans la formation des portiques en arcades, et auquel le nom de *pilier* semble véritablement convenir. Le piédroit entre dans le système de chacune des ordonnances de colonnes, auxquelles il se trouve associé par l'application très-ordinaire que l'on fait de la colonne qui s'y adosse. Alors cette sorte de *pilier* reçoit un couronnement et un socle qui participent dans leurs profils, et quelquefois dans leurs ornemens, au caractère des profils et des ornemens de l'ordre lui-même. Quoiqu'en général on ne lui donne aucune diminution, Scamozzi cependant lui en fait éprouver une, à la vérité fort légère.

Si l'on n'exige pas qu'un *pilier* soit élégant, néanmoins le goût veut qu'il puisse aussi plaire aux yeux, comme tout ce qui entre dans l'architecture. C'est pourquoi il peut emprunter aux différens ordres quelques parties de leurs ornemens, mais surtout du système de leurs proportions. Il ne doit être ni trop mince ni trop épais; son diamètre doit être subordonné à la masse qu'on lui impose; et bien que souvent (la solidité du support pouvant résulter de la dureté et de la consistance de la pierre) une masse considérable par son volume, puisse être portée sans danger sur un *pilier* fort mince, ce qu'ont quelquefois pratiqué les constructeurs gothiques, cependant il convient que l'œil soit toujours rassuré, par un rapport sensible entre la masse qui porte et celle qui est portée.

On donne généralement le nom de *pilier* aux supports des édifices gothiques. Effectivement, ce nom seul leur convient, depuis que celui de *colonne*, appliqué aux supports, dans l'architecture grecque devenue celle de toute l'Europe, donne l'idée d'un corps soumis à une forme déterminée, à des proportions raisonnées, à des ornemens analogues, soit aux formes, soit aux proportions de chaque ordre. Or, il n'est rien de tout cela dans le gothique. L'énorme diamètre de ses supports, tous destinés à soutenir des arcades à angle aigu, ou les retombées des ogyves des voûtes, l'absence d'un rapport déterminé entre leur diamètre et leur élévation, le manque de système et de régularité dans leurs ornemens, tout cela devoit empêcher qu'on les appelât d'un nom qui eût exprimé tout autre chose que ce qu'ils sont. Que pourroient avoir de commun avec la colonne, des masses qui sont quelquefois des agrouppemens de légers fuseaux, qui quelquefois ressemblent à des tours par leur circonférence, et d'autres fois ne paroissent être que des perches élancées? Le *pilier*, ou pour mieux dire, le nom de *pilier* appartient donc en propre à l'architecture gothique, et l'usage est ici d'accord avec le fait.

Autant doit-on en dire de l'architecture indienne (*voyez* ces mots), où l'on trouve encore, en guise de colonne, des masses plus écrasées, plus fantastiques, et plus éloignées de tout système raisonné ou raisonnable.

Le corps de bâtisse appelé *pilier*, trouve place, comme on l'a vu, dans les constructions où l'on emploie les portiques. Mais il a encore, considéré simplement comme masse, plus d'un emploi dans l'architecture, où il figure sous différens noms, ainsi qu'on va le dire.

PILIER BUTTANT. C'est un corps de maçonnerie ou de construction, qu'on élève en dehors d'une église, par exemple, ou contre un mur de terrasse, pour contenir la poussée des voûtes ou des terrains. Il y a des *piliers buttans* que l'on raccorde par leurs profils, avec l'ordonnance extérieure de l'édifice. Quelquefois on les termine en adoucissemens ou en enroulemens (ce qui est d'assez mauvais goût), quelquefois on les pratique en arcades.

PILIER BUTTANT *en console*. C'est une espèce de pilastre attique, dont la partie inférieure se termine en enroulement, dans la forme d'une console renversée. On s'est servi de ce genre de *pilier buttant* à l'extérieur du dôme des Invalides et dans son attique, comme d'un moyen de butter contre la poussée de la voûte de la coupole, et aussi pour raccorder par la retraite que fait l'enroulement en console, le plan circulaire du diamètre supérieur avec le plan plus large du diamètre inférieur de la coupole.

PILIER DE DÔME. On appelle ainsi, dans une église dont la croisée est couronnée par un dôme, chacun des quatre corps de maçonnerie ou de construction isolés, qui ont un pan coupé à une de leurs encoignures, et servent de supports à la coupole.

PILIER DE MOULIN A VENT. C'est un massif de maçonnerie qui se termine en cône, et qui porte la cage d'un moulin à vent, laquelle tourne verticalement sur un pivot, pour qu'on ait la facilité d'en exposer à l'action variable du vent les ailes ou volets.

PILIER CARRÉ. C'est le nom du massif dont on a parlé plus haut, qu'on peut appeler aussi *jambage*, et qui sert à porter les arcades, les plates-bandes et les retombées des voûtes.

PILIER DE CARRIÈRE. Ce nom convient parfaitement à ces masses de pierres, qu'on laisse d'espace en espace, pour soutenir le ciel d'une carrière. Quelquefois, et selon les dangers d'éboulement qu'on peut y craindre, selon la nature de la pierre, on construit exprès des *piliers* pour retenir les gerçures qui se forment dans le lit du ciel de la carrière.

PILOTAGE, s. m. (*Terme d'architecture hydraulique.*) C'est dans l'eau, ou dans un terrain de mauvaise consistance, un espace peuplé de pilots, sur lequel on fonde. *Voyez* PILOT.

PILOTER, v. act. (*Terme d'architecture hydraulique.*) C'est enfoncer des pieux ou des pilots, pour supporter et pour affermir les fondemens d'un édifice qu'on bâtit dans l'eau, ou sur un terrain de mauvaise consistance. On ferre ordinairement le bout des pilots, ou on le brûle, pour empêcher qu'il ne pourrisse, et on l'enfonce avec la sonnette ou l'engin, jusqu'au refus du mouton ou de la hie.

PILOTS ou PILOTIS, s. m. (*Terme d'architecture hydraulique.*) Pièce de bois de chêne, ronde, employée de sa grosseur, affilée par un bout, quelquefois armée d'un fer pointu, et à quatre branches, et dont l'autre extrémité est frettée d'une couronne de fer, pour recevoir les coups du mouton, qui doit l'enfoncer en terre.

On se sert, pour enfoncer les *pilots*, d'une machine appelée *sonnette*. (*Voyez* ce mot.) Voici comme on estime le temps et la dépense de l'enfoncement.

On commence à sonder le fond où l'on veut travailler. Cette opération fait connoître la densité du terrain dans lequel le *pilot* doit être enfoncé. Si cette densité est uniforme, l'enfoncement croît à proportion du nombre des coups égaux que le *pilot* reçoit. Est-elle variable? c'est par le nombre différent des coups, qu'on juge de la différence de densité. Si, par exemple, la densité d'une seconde couche est plus grande, il faudra un plus grand nombre de coups pour produire un enfoncement égal à celui de la première couche. Ce sera le contraire si la densité de cette couche est moindre que celle de l'autre.

Cela posé, on estime une minute vingt secondes pour chaque volée de trente percussions, et autant pour reprendre haleine. Ainsi, en ajoutant vingt secondes pour le temps qu'on perd, on aura trois minutes pour chaque volée.

On appelle

PILOTS DE BORDAGE, ceux qui environnent le pilotage, et qui portent les patins et les racinaux.

PILOTS DE REMPLAGE, ceux qui garnissent l'espace piloté. Il en entre dix-huit à vingt dans une toise superficielle.

PILOTS DE RETENUE, ceux qui sont en dehors d'une fondation, et qui soutiennent le terrain de mauvaise consistance sur lequel une pile de pont est fondée.

PILOTS DE SUPPORT, ceux sur la tête desquels la pile est supportée, comme ceux, par exemple, qu'on plante dans les chambres d'un grillage. *Voyez* GRILLAGE.

PINTELLI (BACCIO). Nous trouvons chez Vasari une courte notice sur les travaux de cet architecte, qui vécut dans la dernière moitié du quinzième siècle, et fut employé par le pape Sixte IV aux plus grands ouvrages de son règne.

Pintelli est donc honorablement cité pour avoir construit à Rome le couvent de *Santa Maria del Popolo*, l'église qui en dépend, et dans cette église, plusieurs chapelles remarquables, entr'autres celle de Dominique de la Rovere, cardinal et neveu du pape de ce nom.

Pour avoir bâti dans *Borgo vechio*, un fort grand palais qui fut fort estimé dans son temps.

Pour avoir établi au Vatican les salles de la grande bibliothèque.

Pour avoir été l'architecte de la célèbre chapelle du Vatican, appelée la *chapelle Sixtine*, du nom du pape Sixte IV, qui la fit bâtir.

Pour avoir fondé et terminé avec la plus grande solidité, sous le pape Sixte IV, le pont qui porte son nom.

Pour avoir élevé l'église des Saints-Apôtres, remplacée depuis par une autre.

Mais l'ouvrage aujourd'hui le plus célèbre de *Baccio Pintelli*, est encore à Rome l'église de *S. Pietro in Vincoli*, dont la nef est formée par deux rangs de colonnes en cipolino d'ordre dorique, sans base, reste d'un monument de l'antique Rome, où ces colonnes, taillées en Grèce, avoient été faites dans le système de l'ancien dorique.

PIPI (Giulio), *Jules Romain*. Le surnom de *Romano* qu'il porta de son vivant, nous apprend qu'il étoit né à Rome. C'est tout ce que nous savons sur ce qui le concerne personnellement. La date de sa mort, qui est 1546, et l'âge de 54 ans auquel Vasari nous apprend qu'il mourut, font connoître qu'il naquit en 1492.

Jules Romain est plus particulièrement connu comme peintre, comme ayant été élève de Raphaël, le plus habile de ses collaborateurs, son héritier et son successeur dans l'exécution de la bataille de Constantin et les autres peintures de cette salle du Vatican, à laquelle le premier empereur chrétien a donné son nom.

Raphaël ayant été lui-même habile architecte (*voyez* Sanzio), ayant été placé par Léon X à la tête de la construction de Saint-Pierre, ayant bâti plus d'un palais à Florence et à Rome, ayant montré, par la beauté des fonds d'édifices dont il orna ses tableaux, à quel point il possédoit le génie de l'architecture, il est fort naturel de penser que le plus habile de ses élèves, celui qui l'imita le mieux, dut recevoir aussi de lui le goût et les connoissances qui devoient en faire un grand architecte.

Vasari nous l'apprend d'une manière plus positive. « Après avoir appris de son maître, dit-il, » les choses les plus difficiles dans l'art de peindre, il arriva bientôt à savoir mettre les édifices en perspective, à les mesurer, à en faire les plans. Quelquefois Raphaël, après avoir simplement donné l'esquisse de ses inventions, les faisoit rédiger en grand par *Jules Romain*, pour s'en servir dans les compositions d'architecture. Ainsi, peu à peu, *Jules Romain* y prenant goût, devint habile, et parvint à être un excellent architecte. »

Ceci nous explique comment il dut arriver alors, et encore plus depuis, que certains édifices aient passé pour avoir été l'ouvrage également de Raphaël et de *Jules Romain*. De ce nombre dut être la charmante *villa* qui s'appelle encore aujourd'hui *Villa Madama*, mais que fit construire le cardinal Jules de Médicis, qui fut depuis pape sous le nom de Clément VII. Vasari, dans la vie de Raphaël, lui en attribue l'architecture, et dans la vie de *Jules Romain*, il donne également au maître la première idée de ce beau demi-cercle qui sert d'entrée au palais, mais il avoue que l'exécution en fut conduite par *Jules Romain*.

La *Villa Madama*, qui paroît n'avoir point été terminée entièrement, est devenue une de ces ruines modernes, où les architectes et les décorateurs vont chercher des leçons et des exemples, comme dans les ruines antiques. Rien ne fut ni plus élégamment pensé, ni décoré avec plus de charme. C'est un de ces édifices conçus, comme il n'est plus permis d'espérer qu'il s'en reproduira, sous le charme des idées et des formes antiques, et dans lesquels le propriétaire mit avant tout, le plaisir de l'art, plaçant le luxe et la dépense dans ce qui doit être l'objet durable de l'admiration des gens de goût.

Le cardinal de Médicis avoit choisi sur le penchant de *Monte Mario*, un site en très-belle vue, dont le terrain boisé, avec des eaux vives, s'étendoit le long du Tibre, depuis *Ponte Mole*, jusqu'à la *Porta Angelica*. Ce fut là que Raphaël et *Jules Romain* établirent le charmant *casino* dont on admire, malgré sa dégradation, et l'aspect et la composition pittoresque.

La façade, on l'a déjà dit, se présente par une grande partie demi-circulaire en forme de théâtre, divisée par des niches et des fenêtres, avec une ordonnance ionique : de-là on passe dans un vestibule qui conduit à une magnifique galerie ouverte sur le jardin, que Vasari appelle une *Loggia bellissima*, ornée de deux grandes niches, et de niches plus petites, qui toutes, dans l'origine, étoient occupées par des statues antiques. C'est dans les voûtes de ce local que *Jules Romain* a peint cette suite charmante de compositions représentant les divinités de la Fable, et qui fort heureusement ont été gravées, avant qu'elles aient totalement disparu. La *Villa Madama* est, après les loges du Vatican, ce qu'on peut citer de plus élégant pour la décoration. Ce fut le même goût de stucs, d'arabesques; ce furent très-certainement les mêmes artistes qui y travaillèrent. Malheureusement les événemens qui survinrent, empêchèrent que l'ouvrage parvînt à sa fin, et ce casin, depuis fort long-temps abandonné, n'a pu retrouver un propriétaire qui en connût la valeur, et qui fût en état de faire les frais de sa restauration.

Vasari nous dit encore qu'un charmant ouvrage attribué à *Jules Romain*, passoit auprès de quelques-uns, pour être de la composition de Raphaël. Il s'agit du petit palais Alberini (*il Baracchi*), dont on voit la façade, n° 40 de la collection des palais de Rome. Rien de plus inutile à discuter que le choix de l'un ou de l'autre des deux auteurs de ce palais; d'abord, parce que tout renseignement historique manque à cet égard, ensuite parce que *Jules Romain* et Raphaël ayant eu le même style, il y a encore bien plus de difficultés à discerner des différences de manière en architecture qu'en peinture. Ce qu'il faut dire, c'est qu'on peut donner en ce genre, indistinctement à l'un ou à l'autre, l'exécution de ces charmantes maisons, qui, comme on l'a vu à l'article de PERUZZI, semblent être des ouvrages échappés à la destruction de l'antique Rome.

Tel est le petit palais Cenci (*alla Dogana*), n° 34 de la même collection, qui joint à l'habitation de luxe dans son ordonnance supérieure, l'utilité d'une maison de commerce, par les quatre boutiques qui s'ouvrent dans le soubassement rustique, et accompagnent, au nombre de deux de chaque côté, la grande porte d'entrée, que couronne un fronton avec bossages. Les cinq croisées dont se compose la façade, sont séparées par de larges trumeaux ornés de pilastres doriques accouplés, et les fenêtres ont des chambranles surmontés de frontons alternativement angulaires et circulaires. La même distribution règne dans l'étage supérieur, et de simples montans sans base et sans chapiteau, encadrent les fenêtres de cet étage.

Avec plus de goût et d'élégance encore, se présente, dans le même genre d'ordonnance, le palais Alberini, dont on a parlé plus haut. Ici cinq arcades, dont celle du milieu forme la porte d'entrée, composent le soubassement, où l'on voit des compartimens de refends et de bossages distribués et exécutés avec tout l'art qu'il est possible d'y appliquer; les cintres des quatre autres arcades dessinent l'emplacement de quatre boutiques, chacune avec l'espèce d'entresol qui lui appartient. Au-dessus d'une corniche ornée s'élève l'étage principal avec cinq fenêtres, dont les chambranles reçoivent un encadrement; un ordre de pilastres isolés remplit les trumeaux. L'étage attique qui règne au-dessus, offre les mêmes compartimens et encadremens, et le tout est couronné par un fort bel entablement.

On voit encore à la Lungara et sur le Janicule un joli casin bâti par *Jules Romain*, pour monseigneur Balthazar Turini da Pescia, qu'on appela depuis la *Villa Lante*, possédée par le marquis de ce nom. On peut encore y voir les restes de toutes les inventions que le génie de *Jules Romain* y prodigua. Il paroît que ces diverses constructions l'occupèrent pendant les années qu'il passa à Rome, après la mort de Raphaël, lorsque, devenu l'héritier d'une partie de la fortune de son maître, et de ses entreprises, il achevoit au Vatican la décoration de la grande salle de Constantin, et la célèbre bataille dont Raphaël n'avoit laissé que la composition.

Jules Romain, placé au second rang du vivant de son maître, devint, sans aucune contestation, après lui, le premier de l'école, autant dans l'art de la peinture, que par l'espèce d'universalité de talens et de connoissances qu'il possédoit. Il avoit hérité aussi de l'amitié de quelques-uns de ces littérateurs célèbres, que Raphaël avoit eu pour amis plus que pour protecteurs. De ce nombre étoit Balthazar Castiglione, chargé alors auprès du pape Clément VII, des affaires du duc de Mantoue Frédéric Gonzaga, amateur éclairé des arts, et qui cherchoit depuis long-temps à réaliser les grands projets d'embellissemens par lesquels il devoit illustrer son nom et sa ville. Castiglione ne pouvoit mieux servir sa louable ambition, qu'en lui procurant un génie qui fût à son niveau. Rappelé à Mantoue pour aller de-là, en qualité de nonce apostolique, en Espagne, il engagea *Jules Romain* à le suivre: il le présenta au marquis Gonzaga, qui, par des bienfaits, et par tout ce qui peut flatter un artiste célèbre, parvint à se l'attacher, et le détermina à se fixer près de sa personne.

Après lui avoir donné son entière confiance, avec le titre de préfet des eaux et surintendant des bâtimens, il le chargea de la direction de tous les ouvrages d'art qui devoient embellir sa ville. Ce fut alors que *Jules Romain*, secondé par deux de ses élèves, qu'il avoit amenés de Rome, l'un desquels étoit *Benedetto Pagni da Pescia*, rétablit et changea presqu'entièrement la ville de Mantoue, la défendit par des digues et par des dispositions savantes, contre les fréquentes inondations du Pô et du Mincio. Il assainit les quartiers bas, en desséchant les marais et en donnant de l'écoulement aux eaux stagnantes. Il rétablit et décora plusieurs édifices anciens; il en éleva de nouveaux, et faisant preuve d'habileté dans tous les genres, il sut, par des fêtes et des divertissemens ingénieux et de bon goût, mériter les éloges de l'empereur Charles-Quint, lorsqu'en 1530 ce souverain vint à Mantoue, et que, pour reconnoître les honneurs signalés que lui rendit Gonzaga, il érigea en duché le marquisat de Mantoue.

Il est probable qu'à l'époque de ce passage de Charles-Quint dans cette ville, *Jules Romain* avoit déjà fort avancé le palais qu'on appelle du *TE*, et qui fut l'ouvrage le plus mémorable de cet artiste, en fait d'architecture.

Le nom de *TE*, que l'on a donné à ce palais, ne vint pas, comme plusieurs l'ont dit et répété, de la forme de son plan qui, selon eux, seroit celle de la lettre *T*. Le plan de l'édifice dément

déjà

déjà cette opinion. Il paroît, et c'est l'opinion d'historiens dignes de confiance, que le mot *TE* fut une abréviation, ou, si l'on veut, une mutilation de *tajetto* ou *tejetto*, qui signifie coupure ou passage fait pour l'écoulement des eaux, et que cette dénomination locale, appliquée au terrain sur lequel le palais fut bâti, lui aura, dans le langage vulgaire, communiqué son nom.

Il y avoit autrefois sur ce terrain, et au milieu d'une vaste prairie, un bâtiment assez rustique, servant d'écurie pour les chevaux du prince. L'agrément de la position lui avoit fait desirer d'y avoir une habitation de peu d'importance, et *Jules Romain*, en peu de mois, y éleva à peu de frais et en briques, une construction agréable et légère. Cela donna naissance au grand palais, dont nous allons faire une description abrégée.

Le corps principal du palais forme en plan un carré parfait, dont chaque face a près de 180 pieds de longueur en dehors. L'intérieur de la cour est de même un grand quadrangle de 120 pieds environ. Il y a deux entrées : la principale est une grande porte cintrée en bossages, qui donne accès dans un vestibule orné de colonnes. L'autre entrée latérale se compose de trois arcades également formées de bossages.

L'élévation de ce palais, tant au dehors qu'au dedans de la cour, consiste dans un ordre dorique qui, élevé sur un stylobate, décore, avec une fort grande régularité, les trumeaux d'un rang de croisées à rez-de-chaussée et d'un rang supérieur de fenêtres plus petites. Seulement aux angles, les pilastres sont accouplés. Les bossages ont été employés, dans cette construction, avec beaucoup d'intelligence et de goût ; ils passent derrière les pilastres et vont d'une croisée à l'autre formant leurs bandeaux. Ces croisées (du moins celles de l'étage inférieur) sont surmontées par des claveaux saillans en bossages. Cet étage est séparé du supérieur par un bandeau orné de postes. Toute la masse est, dans son étendue, couronnée d'un bel entablement dorique, avec triglyphes et métopes, avec ornemens et mutules. Rien de plus sage et de plus régulier.

Du grand *Cortile*, dont l'ordonnance est la même, excepté qu'au lieu de pilastres, ce sont des colonnes engagées, on passe dans un superbe vestibule (que les Italiens appellent *loggia*) qui s'ouvre sur le jardin. La façade de cette loge, de ce côté, offre un péristyle de douze colonnes, dont huit, celles du milieu, font deux groupes de quatre. Là aboutit un pont qui sépare deux pièces d'eau. Au-delà est le parterre, bordé d'un côté et de l'autre par des bâtimens d'utilité, et terminé par une grande partie circulaire en forme de théâtre divisé par des espaces qui figurent des niches. Le tout a 550 pieds de longueur.

L'intérieur du palais du TE seroit l'objet d'une immense description, dans tout ouvrage qui auroit pour but, de faire connoître quel parti un grand peintre peut tirer de son art, pour l'embellissement des édifices. Celui-ci doit être cité comme un modèle unique dans l'architecture moderne. Aucun autre n'a reçu en aucun temps l'avantage d'avoir été construit et peint par le même artiste, en sorte qu'il eut ce mérite, que la construction et la décoration étant l'émanation d'un même génie, on ne sauroit dire si ce fut l'architecture qui commanda à la peinture, ou la peinture à l'architecture, tant il semble que le tout est né simultanément.

Nous ne ferons que parcourir rapidement cette suite d'inventions décoratives dont *Jules Romain* fut l'auteur.

La grande loge dont on a parlé, fait admirer sa voûte peinte à fresque par compartimens de cinq lunettes, où est représentée l'histoire de David.

On passe, à main droite, dans une salle dont le principal ornement se compose d'une frise à deux rangs l'un sur l'autre, travaillée en stuc sur les dessins de *Jules Romain*, par le Primatice et par Jean-Baptiste Mantouan. C'est une suite de figures qui présentent une imitation de celles de la colonne Trajane. On seroit tenté de croire qu'on ne s'y est proposé aucun sujet déterminé, ni surtout applicable aux temps modernes, quoique quelques-uns prétendent que l'intention fut de représenter avec le style de l'antique, le triomphe de l'empereur Sigismond. On y voit effectivement le personnage qui paroît être l'empereur, suivi d'un écuyer portant un bouclier sur lequel est un aigle à deux têtes couronnées. Ce sont toutes scènes de batailles, de marches, de campemens, avec toute la vérité des costumes romains. Rien toutefois n'offre de copie formelle d'après l'antique. On voit que *Jules Romain* savoit son antiquité par cœur, et son crayon s'est plu à improviser d'imagination et à redire à sa manière ce que les monumens de Rome lui avoient appris. Qui ne le sauroit, croiroit que cette grande composition est un ouvrage de l'ancienne Rome, tant y est grande la fidélité des costumes, tant l'art du sculpteur a su aussi se modeler sur le goût d'exécution qui caractérise le bas-relief antique. Les stucs qui ornent la voûte de cette salle participent de la même habileté et du même goût.

La pièce d'après est celle dont la voûte est ornée d'un grand tableau peint par Primatice, sur les dessins de *Jules Romain*, qui l'a décorée encore dans six autres compartimens de figures peintes par lui-même.

La dernière pièce de ce côté est la plus célèbre de toutes, par l'invention extraordinaire de sa décoration. De quelle forme est cette pièce, c'est ce que l'œil ne sauroit apprendre, tant la peinture, en s'emparant de toutes les superficies, a réussi à faire disparoître les lignes qui en déterminoient la figure. Aussi quelques-uns ont-ils cru qu'elle formoit un cercle, quand elle n'est qu'un carré-long dont les angles sont légèrement arrondis. Cette salle est celle qu'on appelle la *salle des géans*, conception prodigieuse par la hardiesse de pensée comme d'exécution, et dont la description a trop peu de rapport à l'architecture, pour que nous nous y arrêtions. La peinture, en effet, comme on l'a dit, a fait de cette pièce, moins encore un tableau qu'un spectacle magique d'épouvante et d'illusion. Tout a été mis en œuvre pour la rendre complète : une fois entré, le spectateur ne voit plus d'issue ; il n'est environné que de rochers qui se précipitent sur les géans ou écrasés, ou se défendant en vain. Le sol même de la pièce est composé de débris ; le plafond, c'est l'Olympe, d'où Jupiter lance la foudre.

En revenant sur ses pas, et en repassant par le beau vestibule dont on a parlé, une autre suite d'appartemens offre au spectateur une sorte de poëme mythologique en peinture, dont chaque pièce est en quelque sorte un chant, où la muse de *Jules Romain* a retracé les aventures de Phaéton, celles de Psyché, son mariage avec l'Amour, son banquet nuptial, riche et vaste composition, où sont mises à contribution toutes les richesses de l'antiquité.

Nulle part la poésie de la peinture ne s'est développée avec autant de charme et de grandeur. Tout paroît s'être assujetti aux heureuses fantaisies du peintre. S'il se trouve une cheminée, vous voyez Vulcain occupé sur sa forge enflammée à fabriquer les foudres de Jupiter. Ailleurs, c'est Polyphème assis sur un rocher. L'artiste a pris à tâche d'approprier à l'usage de chaque pièce les sujets qui lui sont analogues.

On ne sauroit se dispenser d'indiquer encore dans l'ensemble de ce palais, comme ouvrage classique, pour le goût de l'ornement, le charmant corps-de-logis qu'on appelle de *la Grotte*, parce qu'effectivement il s'y en trouve une pratiquée pour l'usage du bain. C'est un ensemble de salles, les unes plus, les autres moins grandes, où l'on voit briller dans toute sa pureté le style d'arabesques et d'ornemens antiques, remis en honneur par Raphaël, au Vatican, propagé depuis par quelques-uns de ses élèves, dans divers endroits de l'Italie, qu'on a malheureusement vu disparoître avec son école, et dont personne encore n'a fait revivre ni l'exécution, ni surtout le génie.

La ville de Mantoue est pleine de *Jules Romain*. Elle fut sa seconde patrie, et, par tous les travaux qu'il y fit, il passa pour en avoir été le second fondateur. Il y rebâtit des quartiers et des rues entières, lui redonna une forme nouvelle, et l'orna d'édifices qui en font encore aujourd'hui la gloire. Il rebâtit à neuf le palais ou le château ducal, qu'il décora des plus excellentes peintures représentant la guerre de Troye. Nous manquons de renseignemens sur un autre palais qu'il bâtit pour le duc à Marmiruolo, lieu situé à cinq milles de Mantoue ; mais Vasari nous apprend que cet édifice reçut aussi de la main de *Jules Romain* de grandes peintures qui ne le cèdent ni à celles du château ducal, ni à celles du palais du T.

On voit encore à Mantoue la maison qu'il avoit construite pour son habitation. Sa façade, jadis toute ornée de stucs colorés, est remarquable au dehors par une petite statue antique de Mercure. L'intérieur formoit autrefois une sorte de Muséum plein des richesses de l'antiquité et de celles que son génie s'étoit plu à y prodiguer.

Plusieurs églises furent redevables à *Jules Romain* ou de leur restauration, ou de leur embellissement. De ce nombre fut celle de Saint-Benoit, qui reçut de lui une forme nouvelle, et qu'il décora comme peintre, après l'avoir rétablie comme architecte.

Mais le plus grand de ses ouvrages, en ce genre, fut la cathédrale de Mantoue, que le cardinal de Gonzaga, après la mort du duc, confia à ses soins, pour être refaite en entier. Ce monument, dans lequel *Jules Romain* fit revivre le style de l'antiquité, par la belle proportion des colonnes, le style noble et pur de tous les détails, doit se mettre au rang des plus beaux temples de l'Italie ; et il ne manque à sa renommée, comme à celle des principaux édifices de Mantoue, que d'être plus connu des artistes et des voyageurs qui visitent l'Italie. Malheureusement cette ville ne se trouve pas sur la route la plus battue par les curieux. Il faut aller exprès à Mantoue. Aussi manquons-nous d'une description fidèle des beautés qu'elle renferme, et une multitude de dessinateurs qui s'en vont répétant chaque année, ce que tant d'autres ont répété avant eux, reviennent sans s'être douté que Mantoue leur eût présenté la matière la plus riche d'un ouvrage aussi précieux pour l'histoire, que pour l'étude des arts.

Le dessin que *Jules Romain* donna pour la façade de la grande église de Saint-Pétrone à Boulogne, passa, dans son temps, pour le plus beau de ceux que présentèrent les plus célèbres de ses contemporains. Il n'a qu'un seul ordre, mais colossal. On y admire le terme moyen tenu par l'artiste, entre le goût de l'architecture grecque et celui de l'édifice qui participe du goût gothique. Ce fut une preuve de jugement de la part de *Jules Romain*. Rien n'en manque plus que ces frontispices faits après coup qu'on applique à des monumens d'un autre âge, et qui n'y produisent d'autre effet que celui d'une dissonance.

Le duc Frédéric Gonzaga mourut en 1540. Il laissa *Jules Romain* comblé de biens et d'honneurs, mais tellement affligé de la perte d'un prince qui avoit honoré ses talens, et dont il étoit devenu l'ami, que le Cardinal, frère de son protecteur, eut beaucoup de peine à le détourner du projet qu'il avoit formé de revoir Rome. Ce fut en le comblant de bienfaits et en le chargeant d'ouvrages nouveaux, qu'il parvint à le retenir, et c'est à cette généreuse contrainte que Mantoue fut redevable de l'érection de sa cathédrale, qui ne fut toutefois terminée qu'après lui par Bertano son élève.

Une circonstance nouvelle vint bientôt réveiller chez *Jules Romain* le desir de se retrouver à Rome. En vain le bel établissement qu'il avoit à Mantoue, celui de sa famille, les honneurs dont il y jouissoit, la reconnoissance même, sembloient l'y devoir attacher pour la vie; la mort de San-gallo, architecte de Saint-Pierre, ayant appelé tous les regards sur lui, il ne put résister à cet honorable appel : il se disposoit à partir; mais la Providence en avoit ordonné autrement. Une maladie fort courte l'enleva à l'âge de 54 ans.

Ainsi *Jules Romain* fut enlevé, on peut le dire, au milieu de sa carrière, et la chose seroit encore plus vraie, s'il falloit, sur la foi d'une date rapportée dans une courte Notice de sa vie, qui fait partie d'une petite description du palais du TE, imprimée à Mantoue en 1783, admettre qu'il mourut à 47 ans. L'autorité sur laquelle cette opinion se fonde, est, dit-on, que dans les archives de la *Sanita*, à Mantoue, on trouve sur le registre des morts du 1er. novembre 1546, cette note : *Il sior Julio Romano di Pipi superior de le fabriche ducale, de febra infirmo giorni 15, morto d'anni 47.*

On doit remarquer d'abord que cette note n'étant que ce que nous appellerions un *extrait mortuaire*, a beaucoup moins de valeur que n'en auroit ce que nous appelons l'*extrait de baptême* ou *de naissance*, ce que jamais l'acte mortuaire n'est tenu de rappeler, tant il arrive souvent qu'on n'a aucun moyen de le constater, à l'égard surtout du grand nombre d'hommes qui meurent hors de leur pays. Qui nous dira ensuite quel est le degré de fidélité à laquelle la note dont il s'agit étoit obligée, et si une simple méprise de la mémoire ou de la plume n'a pas pu changer un chiffre pour un autre.

Vasari dit positivement, dans la Vie de *Jules Romain*, qu'il mourut à 54 ans, et il est d'accord sur la date de sa mort, c'est-à-dire, sur l'an 1546. Or, Vasari connoissoit particulièrement *Jules Romain*; et en nous racontant qu'il alla le visiter à Mantoue, il indique la date de cette visite comme postérieure à la mort du duc Frédéric, qui mourut en 1540, puisqu'il ne parle que du cardinal Gonzaga, et qu'à cette époque déjà *Jules Romain* avoit élevé la cathédrale de Mantoue, qui ne fut commencée qu'après la mort de Frédéric, c'est-à-dire, que Vasari vit *Jules Romain* deux ans avant qu'il mourût. Il n'est guère probable qu'il se soit trompé autant sur son âge.

Mais voici une dernière raison qui me paroît sans réplique. Si *Jules Romain*, comme l'a prétendu la note de la *Sanita*, ne vécut que 47 ans, et mourut en 1546, il sera né en 1599. Or, Raphaël mourut en 1520, et dès, depuis long-temps, *Jules Romain* étoit parvenu à ce degré de talent qui, non-seulement lui avoit gagné toute la confiance de son maître, mais l'avoit rendu son principal collaborateur, au point qu'on distinguoit souvent à peine ce qui étoit du maître et ce qui étoit de l'élève, et cela fort long-temps avant 1520. Ainsi en connoît l'histoire de la copie du portrait de Léon X, par Raphaël, envoyée à Mantoue, et la surprise de *Jules Romain*, qui, ayant, comme il le dit lui-même à Vasari, travaillé à l'original, ne s'étoit point aperçu de l'échange fait de cet original contre la copie d'André del Sarto. On citeroit bien d'autres ouvrages de Raphaël, où *Jules Romain* fut associé, plusieurs années avant 1520. Comment peut-on supposer qu'un jeune homme de 15 à 16 ans seroit arrivé à un degré de capacité si éminent?

Si, au contraire, on suppose, d'après l'âge où il mourut, que *Jules Romain* étoit né en 1491 ou 1492, il avoit 29 ans à la mort de Raphaël, et l'on trouvera fort naturel qu'il ait pu, depuis 20 ans jusqu'à 29, avoir acquis le talent dont il dut faire preuve pour avoir été ainsi adopté par son maître.

J'ajouterai que l'on trouve le portrait de *Jules Romain*, jeune à la vérité, mais avec un peu de barbe, faisant pendant avec celui de Marc-Antoine, dans le tableau d'Héliodore, dont on a la date. *Jules Romain* pouvoit alors avoir 22 ans.

PIQUER, v. act. On use de ce mot, dans la construction, pour désigner une opération qui consiste à donner aux pierres une apparence rustique, en piquant avec une pointe de fer leurs paremens. On le pratique ainsi dans les bâtisses en petites pierres ou moellons, et on appelle cette construction *moellons piqués*. S'il s'agit de pierres plus grandes et plus dures, dont on se sert dans les appareils en bossages, on ne taille au ciseau que les bords de la pierre; on laisse le reste relevé en bosse plus moins saillante, et avec le marteau pointu, on donne à la partie saillante, en la piquant au hasard, l'air d'avoir été laissée brute.

En charpenterie, *piquer*, c'est marquer une pièce de bois avec le traceret, pour la tailler et la façonner.

PIQUETS, s. m. pl. On donne ce nom à de petits morceaux de bois pointus, qu'on enfonce en terre, pour tendre des cordeaux qui servent à marquer le plan d'un bâtiment, et la surface de terrain qu'il faudra fouiller pour y planter les fondations.

On se sert de *piquets* pour tracer les lignes et les contours des jardins qu'il s'agit de planter. C'est surtout dans l'exécution des plans du jardinage irrégulier que cette méthode est usuelle. On les multiplie à volonté, et en les rapprochant, on forme d'une manière très-sensible le trait des massifs ou des allées, et cette manière de les tracer, offre la plus grande facilité pour en changer ou corriger les contours particuliers, ou le dessin général.

On nomme *taquets* les *piquets* qu'on enfonce à tête perdue dans la terre, afin qu'on ne les arrache point, et pour qu'au besoin ils puissent servir de repaires.

PIQUEUR, s. m. On appelle ainsi, dans un atelier, l'homme préposé par l'entrepreneur pour recevoir par compte les matériaux, en garder les tailles, veiller à l'emploi du temps, marquer les journées des ouvriers, et piquer sur son rôle ceux qui s'absentent pendant les heures du travail, afin de retrancher leur salaire. C'est de-là que vient le nom de *piqueur*.

On appelle *chassavans* les *piqueurs* subalternes dont l'emploi se borne à hâter les ouvriers.

PIRAMIDE. *Voyez* PYRAMIDE.

PIRRO LIGORIO. *Voyez* LIGORIO.

PISCINE, s. f., du mot latin *piscina*. Ce mot, formé de *piscis*, poisson, indique assez quel fut l'usage de la *piscine*. Quoique le mot, comme on le dira, ait été, dans le langage ordinaire, appliqué à exprimer d'autres emplois, il n'est pas douteux qu'on ne doive, avant tout, le donner à ces réservoirs d'eau que nous nommons *vivier*, et où les Romains nourrissoient et entretenoient avec beaucoup de dépense des poissons de toute espèce.

Les riches établissoient des *piscines* dans leurs maisons de campagne. C'étoit de vastes bassins d'eau vive, où, soit pour leur consommation, soit pour en tirer un revenu, ils se plaisoient à rassembler les poissons les plus chers et les plus rares. On cite, par-dessus tous les autres, l'établissement que Lucullus avoit fait en ce genre.

La *piscine* étant, comme on voit, un amas d'eau artificiel, on donna le même nom, dans les bains publics, à de grands bassins où l'on s'exerçoit à la nage. Il y en eut même une publique, destinée à cet usage, entre le *Celius* et le *Celiolus* à Rome. Elle n'existoit plus du temps de Festus, mais ce qu'il en dit prouve que jadis le peuple l'avoit fréquentée, et le nom de *piscine publique* étoit resté au lieu qu'elle avoit jadis occupé.

Dans les aqueducs on désignoit par le mot *piscine*, un réservoir par lequel la continuité des canaux de maçonnerie ou des tuyaux se trouvoit interrompue. On établissoit ces *piscines* ou réservoirs, pour que l'eau pût y déposer les parties terreuses et la vase qu'elle charrie. Par cette raison, on l'appeloit quelquefois *piscina limaria*. Aux aqueducs dont les tuyaux étoient de terre cuite, ces réservoirs ou *piscines* étoient encore nécessaires, pour qu'on pût trouver plus facilement les endroits qui avoient besoin de réparation. Quelquefois ces *piscines* étoient couvertes d'une voûte, mais le plus souvent elles étoient à découvert.

On peut donner aussi le nom de *piscine* à de vastes citernes que l'on bâtissoit dans certains endroits, et à ce qu'il paroît, pour l'usage des armées qui étoient cantonnées. Telle est du moins l'opinion la plus probable, sur l'usage de ce qu'on appelle encore à Pouzzol la *piscina mirabile*, construction véritablement admirable et par sa disposition, et par les détails de son exécution, et par sa belle conservation.

On y descend de deux côtés par deux escaliers de quarante marches. L'intérieur de ce local est soutenu par quarante-huit piliers qui, en plan, forment chacun une croix. Ils sont sur quatre rangs également espacés, et divisent l'espace en cinq espèces d'allées, les murs d'enceinte compris. La longueur totale est de 56 pas ordinaires, la largeur de 25, et la hauteur a 31 pieds. On remarque, dans le milieu de tout l'espace, une sorte de cavité destinée à recevoir les ordures. Les piliers dont on a parlé, supportent de petites voûtes, au-dessus desquelles est établie une plate-forme régnant sur toute la bâtisse, et qui est percée de treize trous carrés, par lesquels on puisoit l'eau. Cette construction très-solide étoit revêtue d'un enduit de mortier auquel s'est attaché le dépôt de l'eau, qui a contribué à donner encore à ce revêtissement une dureté qui le dispute aux pierres les plus compactes.

PISÉ ou PISAY, s. m. On donne ce nom à une sorte de construction de murs faits avec une terre qu'on rend compacte. Dans plus d'un pays, on forme ainsi avec un mélange de terre et d'argile principalement, des constructions rurales, et cette méthode n'étoit pas inconnue aux Romains. Pour élever ainsi un mur, on plaçoit deux cloisons en planches, éloignées l'une de l'autre d'une distance égale à l'épaisseur de la construction qu'on vouloit faire. On remplissoit ensuite cet intervalle de terre ou d'argile, qu'on battoit et piloit fortement pour lui donner la consistance nécessaire, et on continuoit ainsi, jusqu'à ce que le mur fût arrivé à la hauteur déterminée. L'opération finie, et les planches formant l'espèce de moule qu'on a décrit, étant retirées, on avoit un mur qui, en solidité, ne le cédoit point à beaucoup d'autres, et qui opposoit une résistance convenable aux rigueurs des saisons, aux dangers des incendies.

Les Romains avoient appris, dit-on, ce genre de construction des Carthaginois, et ils l'employoient particulièrement dans leurs campagnes, à des bâtisses rustiques.

Cette sorte d'architecture a été, depuis un certain nombre d'années, renouvelée en France, sous le nom de *pisé*, par M. Cointereau, qui en a propagé l'usage, et par la pratique et par les écrits qu'il a multipliés sur les procédés, dont il faut lire les descriptions. *Voyez*, à ce sujet, l'ouvrage intitulé : *Ecole d'architecture rurale*.

PITTORESQUE, adj. des deux genres. Ce mot, dans son acception littérale et la plus générale, devroit signifier simplement ce qui regarde la peinture, ce qui est du ressort de l'art du peintre. Les Italiens, dont ce mot est emprunté, ont deux expressions pour rendre les rapports de la peinture avec les idées diverses qu'on y attache. Ils disent *pittoresco* et *pittorico*. Le premier de ces mots exprime, comme en français, un certain effet propre de la peinture; le second s'entend de ce qui appartient au matériel ou à l'historique de l'art.

Pittoresque, en français, signifie, selon l'usage, tout ce qui, soit dans la nature, soit dans l'imitation, présente un aspect, des formes, des effets ou une disposition capables de surprendre et de plaire à l'esprit et aux yeux, par une combinaison accidentelle peu commune, et qui semble offrir de la singularité.

Il y auroit beaucoup à dire sur le *pittoresque*, dans les arts d'imitation, et cette théorie contiendroit des observations de goût fort utiles, pour préserver les artistes d'une recherche souvent périlleuse en ce genre, car lorsque l'art s'y montre trop, le bizarre vient à sa suite.

Le *pittoresque* entendu et défini, comme on vient de le faire, appartient donc ou peut appartenir à tout. Il n'est point d'objet, grand ou petit, production de la nature ou de l'art, qui n'offre ou ne puisse offrir l'impression de ce qu'on appelle *pittoresque*. On en trouve dans la formation d'une montagne, dans le spectacle des cieux, comme dans l'ajustement d'une coiffure ou d'une draperie.

Il y a donc aussi, ou il peut y avoir un *pittoresque* en architecture. Et d'abord on en trouvera dans le site occupé par un monument, dans la manière dont il se présente aux yeux, avec les oppositions d'objets accessoires qui ajoutent à son effet. Il y avoit un grand effet *pittoresque* dans la manière dont Vitruve nous dit que le roi Mausole avoit, au fond du port d'Halicarnasse, disposé son palais, la citadelle et les principaux monumens de la ville, comme en amphithéâtre.

Il y a ou il peut y avoir du *pittoresque* dans la composition d'un monument : beaucoup d'édifices comprennent des masses partielles, qui toutefois doivent se réduire à un tout ensemble. C'est dans ce genre de monumens que l'architecte peut surtout produire un effet que la peinture aimeroit à s'approprier, dans les tableaux qu'on désigne par le nom de *vues*. Elle préférera le bâtiment dont les lignes sont variées, dont les masses produiront des ombres, à l'édifice, du reste supérieur par l'art, qui ne présenteroit qu'une seule ligne. Mais l'œil aussi donnera la préférence, dans les monumens qui en comportent l'emploi, à ces partis heureux de composition, dont les élévations naturelles, ou des variétés de plans font pyramider les masses et l'architecture. Ainsi, un très-grand nombre de palais à Gênes, d'un goût sage et pur, donnent une juste idée du *pittoresque* permis à l'art de bâtir, dans ces escaliers à plusieurs rampes, dans ces ouvertures de galeries en colonnes, qui se détachent sur le ciel. Ainsi, le nouvel escalier qui conduit au grand salon du Louvre est un modèle de *pittoresque*, et plus d'un dessinateur s'est plu à en rendre l'effet.

Il peut y avoir aussi du *pittoresque* en architecture, par l'emploi des matériaux divers dont l'artiste peut user, pour opérer des oppositions agréables, entre les murs et les pilastres qui les décorent, entre les trumeaux et les chambranles des croisées. Les plus habiles architectes ont employé avec beaucoup de goût ces moyens de diversifier l'aspect des élévations, et des masses de leurs édifices.

PITHEUS, architecte grec, qui paroît avoir réuni à une grande habileté en architecture, beaucoup d'autres connoissances, et la pratique de plus d'un art.

Selon Vitruve (*lib. VII. Præfat.*), *Pitheus* auroit, conjointement avec Satyrus, bâti le célèbre tombeau de Mausole à Halicarnasse. On ne doit pas le révoquer en doute, parce qu'il ne parle de ces artistes, que dans le passage où il fait mention des architectes, qui ont écrit sur leur art, ou qui ont laissé des ouvrages de description des plus célèbres monumens. Nous voyons en effet, par les autres exemples qu'il cite, que ces descriptions de monumens furent faites par ceux mêmes qui les avoient bâtis. De ce nombre sont Théodore, Ctésiphon et Ictinus. Lors donc que Vitruve dit que *Pitheus* et Satyrus écrivirent sur le *mausolée*, il faut admettre qu'ils décrivirent leur propre ouvrage. La suite du passage le prouve. « Ils jouirent (continue l'écrivain) d'un très- » grand bonheur; leurs travaux, qu'accompagnera » l'admiration de tous les siècles, eurent encore » l'avantage de procurer d'importans ouvrages à » leurs contemporains. (Je lis *coætaneis* au lieu » de *cogitatis*.) Car chacun des quatre sculp- » teurs, Leochares, Briaxis, Scopas et Praxiteles, » eut l'entreprise d'une des quatre faces du mo- » nument. » Quelques-uns y joignent Timothée. Pline, en parlant de la partie pyramidale ajoutée, avec un quadrige, au sommet du monument, nomme pour sculpteur de cet ouvrage Pythis. Il est probable qu'il faut lire *Pytheus*.

C'est encore le nom de *Pytheus* qu'il faut substituer dans cette même préface du septième livre de Vitruve, au nom de *Fileus* que porte ordinairement le texte, et c'est Vitruve lui-même (*lib. I. cap.* 1.) qui autorise cette correction. En effet, au livre VII, il cite *Fileus*, comme celui qui auroit donné la description du temple de Minerve à

Prienne, et au livre I, chap. 1, on lit : « *Pitheus*, » celui qui, parmi les anciens architectes, cons» truisit avec un grand succès à Prienne le tem» ple de Minerve. » Indubitablement, dans les deux endroits, il est question du même architecte, puisque, outre la ressemblance de nom, c'est du même monument qu'il s'agit. De plus, les deux passages font mention de cet architecte, comme ayant été aussi écrivain. Vitruve, en effet, le cite encore ici, pour avoir dit dans ses *Commentaires*, que l'architecte devoit en savoir faire plus dans chaque art, et dans chaque partie des connoissances relatives à l'architecture, que les plus habiles en chacune de ces parties. Quelques lignes plus bas, Vitruve réfute l'opinion de *Pitheus*. Il s'est trompé, dit-il, faute d'avoir réfléchi que tout art se compose de deux choses, de la pratique et de la théorie. L'une de ces choses appartient à ceux qui exercent l'art, et c'est la pratique; l'autre, savoir, la théorie, est le propre de tous les savans. C'est à la suite de cette discussion que Vitruve prétend que l'architecte doit avoir quelque connoissance de toutes les sciences qui ont du rapport avec l'architecture, sans être obligé d'en savoir autant que celui qui fait profession d'une seule de ces sciences.

Il résulte de ces notions, que *Pitheus* fut un fort habile architecte, et extrêmement instruit; qu'il bâtit le tombeau de Mausole, le grand temple de Minerve à Prienne; qu'il laissa des descriptions de ses propres monumens, et qu'écrivain également instruit, il composa des traités d'architecture, et de savantes théories sur cet art.

PIVOT, s. m. Morceau de fer ou de bronze, qui, étant arrondi à son extrémité, et attaché au ventail d'une porte, entre par le bas dans une crapaudine, et en haut de la porte, dans ce qu'on appelle une *semelle*, et fait tourner la porte verticalement.

On ne parle ici de l'usage du *pivot* que par rapport à l'architecture, car on s'en sert dans beaucoup de machines pour les faire tourner.

A l'égard des portes, et de la manière de les suspendre, l'emploi du *pivot* est certainement ce qu'il y a tout à la fois de plus simple et de plus solide. On peut s'en convaincre aux portes du Panthéon à Rome, qui sont de bronze, et dont les ventaux, chacun de vingt-trois pieds de haut sur sept de large, n'ont pas encore surplombé depuis le long espace de temps qu'ils subsistent. Ils s'ouvrent et se ferment encore avec la plus grande facilité.

PLACAGE, s. m. On appelle de ce nom tout ouvrage de menuiserie ou d'ébénisterie, qui consiste en morceaux de bois plaqués sur d'autres, soit pour y produire des moulures, soit pour leur servir de revêtissement.

Souvent on forme des lambris, des portes, ou leurs ventaux, et beaucoup d'autres ouvrages en bois, dont les panneaux, au lieu de moulures poussées à même la pièce, ou taillées dans son épaisseur, reçoivent tous ces détails, au moyen de morceaux rapportés, qu'on y plaque, et qu'on y arrête de différentes manières.

Dans la fabrication des meubles en bois rares et précieux, on emploie le procédé du *placage* d'une façon encore plus générale. On scie ou l'on débite le bois qu'on veut plaquer, en lames extrêmement minces, par conséquent assez flexibles pour pouvoir s'adapter aux formes et aux contours du meuble, ou de l'objet d'un bois plus commun, qu'on veut en revêtir, et au moyen d'une colle très-forte, on attache la feuille de *placage* au corps solide dont elle épouse la figure. Ainsi se font aujourd'hui, c'est-à-dire, en *placage*, presque tous les meubles qu'on appelle *d'acajou*. Ce bois n'est, si l'on peut dire, que l'épiderme de l'ouvrage, et l'on prétend que plus cette espèce d'épiderme est mince, plus l'ouvrage est durable.

PLACARD, s. m. C'est une dénomination qu'on donne, dans le bâtiment, à une décoration de porte d'appartement, en bois, en pierre ou en marbre, laquelle se compose d'un chambranle couronné de sa frise ou gorge, et de sa corniche portée quelquefois sur des consoles.

On donne encore le nom de *placard* au revêtement d'une porte de menuiserie, garnie de ses ventaux.

Ce mot, comme le précédent, vient de *plaque* ou *plaquer*, et il est évident par cette étymologie, que l'on considère ces objets comme des travaux d'appliquage qu'on fait à part, et qu'on ne met en place, qu'après que le travail de la bâtisse est terminé.

PLACARD CINTRÉ. C'est ainsi qu'on nomme un *placard* dont le plan est curviligne, comme une arcade, une porte arrondie, dont on use par conséquent dans toute pièce circulaire par son plan.

PLACARD DOUBLE. *Placard* qui, dans un baie de porte, est répété des deux côtés du dedans et du dehors, avec embrasure entre-deux, sur l'épaisseur d'un mur ou bien d'une cloison.

PLACARD FEINT. *Placard* qui n'est autre chose qu'un lambris, et qui ne sert qu'à la symétrie, en répétant une porte, soit parallèle, soit opposée.

PLACE, s. m. Ce mot, dans son rapport avec l'architecture et les édifices, exprime plusieurs choses : 1°. le lieu même, le terrain obligé ou choisi sur lequel on élève un bâtiment; 2°. l'espace qu'on ménage à son aspect; 3°. celui qu'on laisse vide ou qu'on pratique au milieu d'une ville pour l'agrément ou les besoins de ses habitans; 4°. celui qui doit servir d'accompagnement à certains objets de décoration.

Selon la première de ces acceptions, *place* est synonyme d'*emplacement*, et à cet égard on ne sauroit dire combien le choix d'une *place* ou d'un emplacement convenable contribue à l'effet d'un monument et à la beauté des aspects d'une ville. Il faut remarquer cependant, que le choix de l'emplacement, en bien des cas, doit être déterminé par la nature même de l'édifice, c'est-à-dire, de sa destination usuelle. Il y a des monumens dont la *place* doit être au centre d'une ville : tels sont ceux qui correspondent aux affaires ou aux besoins journaliers du plus grand nombre. C'est ainsi que le *Forum*, qui étoit la *place* publique, dans les villes antiques, en occupoit toujours le centre. C'étoit le point qu'on établissoit en premier dans la fondation d'une ville, parce que ce *Forum* comprenoit le marché, les juridictions, les comptoirs d'échange, etc., enfin tout ce qui se rapportoit aux besoins de la vie, aux affaires de commerce. C'étoit le rendez-vous universel, le lieu de réunion où, pour toutes sortes de motifs, le plus grand nombre passoit la journée entière. Lorsque les villes s'agrandissent, elles deviennent nécessairement des réunions de plusieurs villes; dès-lors il faut que chaque quartier ait sa place publique. Ainsi Rome antique vit se former dans les diverses parties de ses nouvelles enceintes, de nouveaux *Forums*; et nous voyons de même dans les grandes villes modernes, établir au centre de chacun de leurs quartiers, les bâtimens dont l'usage correspond à celui du *Forum* des Anciens.

Après l'utilité commune, qui décide, avant tout, de la *place* que doivent occuper les monumens, il faut prendre en considération la beauté que procure, soit aux villes, soit aux édifices, le choix d'une *place* qui mette en vue l'ouvrage de l'architecture. Rien ne contribue plus à la magnificence des aspects extérieurs d'une ville, que la position élevée de certains monumens, dont les masses pyramidales dominent le reste des constructions ordinaires. Partout où le terrain occupé par les villes renfermoit quelques hauteurs, les Anciens ne manquèrent jamais de choisir une semblable *place*, pour y situer le temple principal ou tout autre édifice important.

Il n'est pas toujours donné de placer ainsi les monumens. Là où le terrain tout uni ne sauroit leur offrir de semblables expositions, il y a encore plus d'un moyen de leur ménager une *place* qui ajoute à leur effet, comme, par exemple, en face d'une grande rue, ou de quelque percée qui leur permette de s'annoncer de loin. Mais ceci nous conduit à l'autre acception du mot *place*, signifiant l'espace qu'on laisse ou qu'on pratique devant ou à l'entour d'un édifice.

Les villes, surtout dans les temps et chez les peuples modernes, ont fort rarement été construites et fondées sur des plans déterminés d'avance. Cet avantage fut plus fréquent chez les Anciens, qui eurent l'habitude de former des colonies, de transporter des populations entières, sur des terrains inhabités. Dès-lors rien ne mettoit d'obstacles à la distribution, aux alignemens des maisons et des rues, au choix des emplacemens que devoient occuper les édifices principaux, et par suite à la disposition des *places* qu'on devoit pratiquer pour embellir leur aspect. Presque toutes les villes modernes, au contraire, nées, si l'on peut dire, d'elles-mêmes, formées par une agrégation successive de maisons, de rues, de quartiers, n'ont reçu que du hasard, et leur agrandissement et leur disposition. Il devient donc par la suite fort difficile, ou de donner des *places* aux monumens déjà faits, ou d'en faire de nouveaux, auxquels on puisse procurer des emplacemens extérieurs proportionnés à leur mesure ou à leur caractère.

Quelques villes ont dû à des causes particulières, l'avantage de pouvoir former autour et en face de leurs monumens des *places* dignes d'eux. Rome moderne peut être citée à cet égard. Mais on voit qu'elle eut un rare privilége, celui de s'élever sur les ruines de la plus immense ville qui ait existé, et de trouver dans ses restes, les modèles des plus vastes emplacemens, et les traditions d'une grandeur à laquelle nulle cité n'étoit parvenue. Rome moderne, capitale nouvelle du monde nouveau, le monde chrétien, eut aussi le besoin d'une grandeur inconnue avant elle. Siége de la religion de presque toute l'Europe, elle éleva dans sa basilique de Saint-Pierre un temple qui, pour l'immensité, n'eut jamais d'égal. Ce monument, élevé sur les débris d'un cirque antique, devoit encore proclamer sa supériorité sur les conceptions du paganisme, par une *place* qui répondit à ses élévations colossales, et la *place* environnée de colonnes, que Bernin sut avec tant d'habileté réunir au frontispice du temple, est devenue la plus belle de l'Europe.

Les mêmes causes ont procuré à beaucoup d'églises de Rome, et à plusieurs autres monumens, des *places* dont on admire le rapport avec l'édifice qu'elles annoncent ou qu'elles environnent. Peu de villes lui sauroient disputer la supériorité en ce genre, et beaucoup, au contraire, nous montrent de grands monumens qui manquent d'une *place* convenable.

On cite ordinairement l'église de Saint-Paul à Londres, comme celle qui, par son étendue et sa hauteur, tient le second rang après Saint-Pierre à Rome. Mais ce vaste édifice n'a d'aucun de ses côtés, ni même en avant de son frontispice, une *place* qui permette d'en embrasser les aspects, au point de distance nécessaire pour juger de l'effet du tout ensemble. La raison de ce défaut est dans le lieu même où le monument est situé, c'est-à-dire, au milieu de la cité, quartier étroit, serré, et où la *place* pour bâtir coûte plus cher que la bâtisse.

C'est un autre défaut à un édifice, d'être accompagné ou précédé par de trop vastes emplacemens. Une étendue démesurée d'espace, rapetisse et pour l'esprit et pour l'œil, la dimension et l'effet de l'architecture. Cet art ne consiste qu'en rapports. Nul ne demande plus d'être secondé par le parallèle des objets environnans. Deux très-grands frontispices d'église, celui de Saint-Jean-de-Latran à Rome, et celui des Invalides à Paris, situés en quelque sorte hors de l'enceinte de ces villes, ont devant eux des espaces illimités, et leur valeur, sous le rapport de l'effet, s'en trouve singulièrement diminuée. Certainement le péristyle du Panthéon de Rome paroîtroit moins grand, et seroit moins imposant, si la *place* qui le précède se trouvoit agrandie.

Fixer des mesures en ce genre, seroit quelque chose de très-difficile, et l'on sent bien qu'une fort grande incertitude régneroit à cet égard, tant il y a de considérations diverses, relatives non-seulement à la dimension, mais au caractère même et au style de l'édifice, qui pourroient rendre la règle variable. On peut dire toutefois, qu'en prenant pour base la hauteur de l'édifice, il n'y auroit jamais d'inconvénient à donner en reculée à la *place* qui le précède, au moins deux fois cette mesure.

La troisième manière d'entendre le mot *place*, en architecture, s'applique à ces grands espaces qu'on laisse ou qu'on pratique au milieu des villes, avons-nous dit, pour l'agrément ou les besoins de leurs habitans.

Un de ces premiers besoins est la salubrité, et rien n'y contribue davantage, dans les villes populeuses, que ces vastes emplacemens qui donnent au vent les moyens de renouveler l'air, et où les hommes long-temps entassés dans l'intérieur des maisons, peuvent venir respirer. Aucune ville n'a porté le luxe, si l'on peut dire, de ces sortes de *places* aussi loin que la ville de Londres. Ayant eu l'avantage d'être rebâtie toute entière à neuf (la cité exceptée), tous les quartiers ont été construits sur de grands alignemens, et on y a ménagé, d'espace en espace, de ces vastes *places* carrées, qu'on appelle *squares*. Leur milieu en est assez souvent occupé par de petites plantations, ordinairement enceintes d'une grille. Il s'en pratique toujours de semblables dans les quartiers nouveaux, dont cette ville ne cesse point de s'agrandir, et ils en forment le principal embellissement.

Rome moderne a hérité de l'ancienne, plusieurs des *places* qu'on y admire. Telle est entr'autres la *place* Navone, qui a succédé à un grand cirque, et qui sert tout à la fois de marché, de promenade, et où les belles fontaines qui la décorent, procurent, dans les chaleurs de l'été, le moyen de la convertir en une espèce de grand lac.

Il est peu de villes qui n'aient ainsi, selon leur étendue, une ou plusieurs *places* publiques, qui se convertissent tantôt en marché, tantôt en foires, tantôt en lieux de spectacles, de divertissement ou de promenade.

Une des plus belles *places* en ce genre, et qu'on ne doit pas oublier dans un *Dictionnaire d'Architecture*, est, sans contredit, la *place* de Saint-Marc à Venise, *place* d'autant plus remarquable par son étendue, qui est de 180 toises (en y comprenant la petite *place* en retour), que la ville, bâtie au milieu des eaux, n'a pu avoir que des terrains conquis par l'art sur l'élément liquide. Cette *place*, qui forme un grand carré-long, est environnée de magnifiques galeries dans tout son pourtour, et son architecture uniforme dans l'ensemble, quoique variée dans ses détails, offre les plus beaux modèles de la disposition, et du caractère qui conviennent aux monumens publics, et à ceux particulièrement que l'on comprend sous la dénomination de *place de décoration*.

C'est la quatrième acception qu'on donne au mot *place*. Dans ce sens, une *place* est elle-même un monument, en tant qu'on la construit sur un seul plan, avec une ordonnance régulière et symétrique, pour recevoir une statue, une colonne, une fontaine, etc.

Nous ne saurions dire, et il est peut-être douteux que les Anciens aient bâti exprès des *places* aussi étendues, que le sont les *places* modernes dont on veut parler, pour être l'encadrement, si l'on peut ainsi s'exprimer, d'une statue honorifique. Dans l'antiquité, d'après les usages, et vu l'extraordinaire multiplicité des statues, considérées comme témoignages d'honneur, de reconnoissance ou d'adulation, il est indubitable qu'il n'y auroit jamais eu assez de terrain dans aucune ville, s'il eût fallu faire des *places*, n'importe de quelle mesure, aux statues de tous ceux à qui on en élevoit. L'histoire grecque et romaine nous prouvent à chaque page, qu'on plaçoit les statues dans certains lieux, où elles se pressoient en quelque sorte. Les théâtres, les forum, les gymnases, les rues et les carrefours en étoient remplis. La différence des gouvernemens et des mœurs a rendu les statues honorifiques extrêmement rares. On en a fait, sous certaines formes colossales, le privilége des rois et des princes. Je veux parler des statues équestres en bronze, qui, depuis la renaissance des arts, se sont multipliées dans presque toutes les grandes villes de l'Europe. Il s'en trouve à Venise, à Florence, à Modène, à Vienne, à Stockholm, à Pétersbourg, à Copenhague, à Londres.

Mais la France, surtout à partir du règne de Henri IV, a vu s'élever, tant à Paris que dans la plupart de ses plus grandes villes, les statues équestres en bronze de ses rois. Renversées par les

les fureurs de la révolution, ces monumens avoient péri. D'autres aujourd'hui leur succèdent, et avant peu, toutes les *places* qui leur furent jadis destinées, auront retrouvé dans les statues déjà restituées ou en train de l'être, les objets qui les firent construire.

C'est, en effet, à ces statues, comme on l'a déjà dit, que Paris doit les *places* qui font un de ses principaux ornemens. Ainsi fut construite, pour recevoir la statue équestre de Louis XIII, la *place* qu'on appelle *Royale*. Elle forme un vaste carré de bâtimens uniformes, dont le rez-de-chaussée en portiques présente tout à l'entour une galerie couverte. Ainsi s'éleva, sous Louis XIV, la *place* Vendôme, au milieu de laquelle étoit placée la statue équestre en bronze du Roi. Le plan et le dessin de cette *place* ont une parfaite régularité. Une ordonnance de pilastres corinthiens orne la devanture des bâtimens qui l'entourent, et l'on n'y entre que par deux côtés.

Quelques-uns veulent que les *places* de ce genre, situées dans l'intérieur des villes, aient un peu moins de cet isolement qui semble en faire une cour; ils desirent qu'on y ménage des percés plus nombreux, qui mettent le monument plus en communication avec les rues environnantes. Telle est, en effet, à Paris, la *place* qu'on appelle *des Victoires*, au milieu de laquelle vient d'être érigée la nouvelle statue équestre de Louis XIV. Cette *place*, circulaire dans son plan, et dont les bâtimens uniformes ont une ordonnance symétrique, est percée par plusieurs rues, qui, sans nuire à l'unité décorative de l'architecture, donnent à l'ensemble plus de mouvement et de variété.

Si l'on doit éviter de faire d'une semblable *place* une sorte d'enceinte trop particulière, il faut se garder encore plus de choisir, pour y élever les monumens honorifiques dont on parle, de ces emplacemens vagues et trop étendus, qui, d'une part, offrent à la décoration architecturale trop de difficultés, et de l'autre, manquent de ce juste rapport de proportion nécessaire à l'effet de la statue sur le spectateur; car tout ouvrage d'art a besoin d'être présenté à la vue dans de certaines limites, et avec un certain accord d'accompagnemens qui lui conviennent. Ainsi, l'emplacement jadis choisi pour la statue de Louis XV, à Paris, eut le double désavantage de n'avoir rien de circonscrit, qui en déterminât la mesure, et de ne donner à la statue équestre aucun point de parallèle qui fît juger de sa grandeur.

La *place* considérée comme étant elle-même un monument, c'est-à-dire, un ensemble d'architecture, peut servir aussi d'enceinte à quelqu'autre ouvrage d'art qu'une statue. Ce qu'on appelle, à Rome, la *place Colonne*, a, dans son milieu, la colonne triomphale de Marc-Aurèle. Un obélisque sert de point de centre à plusieurs autres *places* de cette ville. Autant peut-on en dire de quelques fontaines.

Il est aussi bien des villes qui ont de grandes et magnifiques *places* dont l'enceinte est formée uniquement de bâtimens particuliers, seulement soumis à l'alignement. Mais ces sortes de *places*, qui contribuent, sans doute, à l'agrément et à la beauté des villes, ne devant rien à l'art en général, et surtout à celui de l'architecture, n'ont aucun droit d'être décrites ou citées dans ce Dictionnaire.

PLAFOND, s. m. C'est le nom général qu'on donne, en architecture et dans les édifices, à la surface de dessous, soit des plates-bandes et autres parties de la construction, soit des planchers dans les intérieurs des bâtimens, soit des couvertures dont sont couronnés les monumens, et qui sont tantôt horisontales, tantôt cintrées à différens degrés, en voûtes plus ou moins exhaussées.

Il y a là, comme on le voit, plus d'une manière d'envisager le *plafond*.

Et d'abord, nous dirons qu'en architecture, on donne encore le nom de *soffitte*, de l'italien *soffitto*, à cette partie du dessous des plates-bandes, larmiers, etc., qui, selon le caractère de chacun des ordres, reçoivent plus ou moins d'ornemens, ou des ornemens plus ou moins simples. Nous renverrons, à cet égard, le lecteur au mot SOFFITE. *Voyez* ce mot.

Considérant ensuite le *plafond*, ou pour mieux dire, ses notions principales, dans leur premier rapport avec l'art de l'architecture, nous sommes encore obligés d'en attribuer l'origine aux procédés primitifs de l'art de bâtir, selon les besoins et les ressources locales des différens pays.

Si nous consultons ces causes premières en Egypte, nous voyons que la pierre, qui fut, pour l'architecture de ce pays, le seul principe générateur de ses conceptions, fut aussi, dans la mesure des matériaux, le seul module des *plafonds*. Ce qui nous reste de l'architecture égyptienne nous montre dans ses nombreux édifices, que la mesure des pierres, dont l'art pouvoit disposer, devint le régulateur uniforme et universel de la disposition des monumens. On ne sauroit se dissimuler que tout lui fut subordonné. Comment se fait-il qu'au milieu de tant de restes d'édifices et de temples, on ne découvre ni un plan, ni une élévation d'où résulte un intérieur de quelqu'étendue? Tout espace qu'on peut y appeler intérieur, n'est autre chose qu'une réunion de colonnes qui supportent une terrasse, et cette terrasse n'est autre chose qu'une réunion de dalles de pierres, qui s'étendent horizontalement d'une colonne à l'autre. Il n'y a rien dans toute l'Egypte, qui donne l'idée de ce que nous appelons une salle, une nef, un intérieur enfin, ayant une couverture, et dès-lors un dessous de couverture, ou un *plafond* d'une dimension tant soit peu remarquable.

Le *plafond*, en Egypte, ne fut donc que la surface de dessous des grandes pierres, qui formèrent les couvertures des péristyles, des *pronaos*, des vestibules, et qui s'étendoient, dans une mesure constamment la même, ou du mur à la colonne, ou d'une colonne à une colonne.

On peut se former une juste idée des *plafonds* égyptiens, par l'ouvrage qu'on voit aujourd'hui au Cabinet des antiques de la bibliothèque du Roi, de ce célèbre zodiaque de Denderah, sur l'antiquité duquel on avoit hasardé tant de fausses conjectures. Il formoit le *plafond* d'une très-petite pièce carrée du temple, laquelle pouvoit avoir 22 plus vingt pieds. Deux pierres, l'une plus grande, l'autre plus petite, firent son *plafond*, sur lequel on sculpta une image quelconque du ciel, avec les signes du zodiaque, et les constellations; le tout sculpté de bas-relief.

Le dessin général de ce *plafond*, formant un cercle, supporté par de grandes figures debout, et d'autres agenouillés, offre une composition décorative, qui seule auroit suffi, pour faire penser que l'ouvrage appartenoit à un autre génie que celui des Egyptiens, lesquels n'employèrent jamais leurs signes hiéroglyphiques, que sous le rapport et dans l'esprit de l'écriture.

C'étoit, en effet, avec ces sortes de caractères, que l'Egypte décoroit ses *plafonds*, y employant aussi les couleurs. On y en voit encore qui sont enduits de teintes diverses, et Diodore de Sicile nous parle d'un de ces *plafonds* qui étoit peint en bleu, et parsemé d'étoiles d'or. *Voyez* EGYPTIENNE (Architecture).

Le *plafond*, partie si brillante de l'architecture, dut véritablement son origine à cet autre principe de l'art de bâtir, qui fut celui de l'art des Grecs, et ce principe fut la construction en bois. Comme on le trouve écrit en dehors des édifices (ainsi qu'on l'a développé tant de fois), sur toutes les parties constitutives des ordres, il n'est pas moins visible dans l'ensemble et les détails des *plafonds*. Ce fut des solives dont se composent les planchers, et du croisement de ces solives, que naquit cette heureuse décoration des *plafonds*, que l'on nommoit *lacunar* ou *laquear* (*voyez* ces deux mots). Ainsi, ce qui n'étoit qu'un effet nécessaire du besoin, devint, par les additions de l'ornement, une des plus riches parties de l'architecture.

Comme, en Egypte, la pierre qui forme les *plafonds* des galeries ou autres intérieurs, n'avoit subi, dans aucune sorte de système imitatif, la moindre transformation d'idée ou de fait, on la voit rester ce qu'elle est, simple surface lisse, simple dalle jointe étroitement à la dalle qui l'avoisine, et ne produisant ainsi ni élévation, ni renfoncement, ni aucune espèce de variété. Il n'en fut pas de même dans l'architecture grecque. On peut se convaincre déjà de cette différence, sous le seul rapport du procédé de construction, dans le *plafond* de la galerie péripière du temple de Thésée à Athènes.

M. Leroi, dans ses *Ruines des monumens de la Grèce*, est celui qui a le mieux fixé sur ce genre de construction, l'attention de ceux qui étudient, dans les œuvres de l'architecture, le principe originaire de cet art en Grèce.

« Le *plafond* du temple de Thésée (dit-il) » est bien simple et bien conservé; les solives » de marbre que l'on y voit, répondent par leur » direction horizontale, à chaque triglyphe, à » quelques différences près, qui ne résultent vrai» semblablement que de petites erreurs dans » l'exécution. Ce rapport très-remarquable qu'el» les ont avec les triglyphes, prouve qu'elles » tirent leur origine des pièces de bois, qui les » formoient par leurs extrémités...... Les solives » de marbre du *plafond* du temple de Thésée » portent des tables, percées chacune de quatre » trous.... Chacun de ces trous étoit bouché par» dessus le temple, au moyen d'une petite pièce » de marbre carrée, qui pouvoit se lever et se » remettre. »

Rien ne montre mieux, comment l'art de bâtir en pierre, s'appropria les combinaisons et les procédés de l'art de bâtir en bois, qui régna longtemps en Grèce, et dont les ouvrages devinrent, plus positivement qu'on ne pense, les modèles des édifices plus solides qui les remplacèrent.

Qui est-ce, en effet, qui ne voit pas que les *plafonds* qui continuèrent d'être faits en bois, même dans les édifices en pierre, donnèrent lieu à des compartimens, que l'usage des dalles de pierres égyptiennes ne put jamais suggérer? Lorsque les solives, en se croisant, eurent formé des vides quadrangulaires, il fallut, comme dans les petites tables des *plafonds* du temple de Thésée, fermer par-dessus ces sortes de trous, et voilà l'ornement des rosaces qui se présenta pour les remplir.

Le mot *plafond*, comme beaucoup d'autres, n'exprime qu'imparfaitement ce que l'usage lui a fait signifier. D'après sa composition, le mot sembleroit ne devoir s'appliquer qu'à des couvertures plates, et d'une surface plane. Cependant on en use également pour les couvertures cintrées, qu'on appelle *voûtes*. Par une conséquence fort naturelle, ces couvertures concaves empruntèrent aux couvertures plates, et leurs compartimens & leurs détails décoratifs, et l'on dit un *plafond cintré*.

Dès que l'on eut employé le bois et les solives, dans une direction horizontale, l'art de la charpente ne dut pas tarder à faire des voûtes en bois, et l'on ne seroit pas embarrassé d'en citer des exemples dans l'antiquité. Ainsi, le même procédé des caissons, *lacunaria*, fut appliqué à l'ornement des *plafonds* cintrés, et il suffit à cette simple excursion de notions historiques sur les *plafonds*, de rappeler au lecteur, ce grand nombre de voûtes antiques, décorées de caissons, qui, bien que différens de forme, n'en sont pas moins l'intervalle quadrangulaire, supposé formé par le croisement des solives, et rempli par la nécessité d'établir le plancher, qui n'est autre chose que la surface supérieure, opposée à la surface intérieure du *plafond*.

En architecture, tout procéda par analogie du simple au composé, du nécessaire à l'agréable. Ce fut ainsi que le caisson, forme simple et nécessaire des *plafonds* horizontaux, ayant été transporté, par la force de l'usage, dans les voûtes et les coupoles sphériques, comme ornement et décoration, le même esprit décoratif en varia les configurations, et de-là ces riches *plafonds* à compartimens de caissons octogones, et ornés de toutes sortes d'objets et de couleurs, dans leurs bandes, comme dans les renfoncemens à retraites ou à degrés.

Mais il dut arriver aussi que plusieurs convenances ayant porté à cacher les solives des *plafonds*, soit par des revêtemens en bois, soit par des enduits en superficie, offrirent à la peinture des champs favorables à l'ornement. Il en fut de même des voûtes construites en maçonnerie, c'est-à-dire, de matériaux propres à recevoir des couches plus ou moins épaisses de stuc, de plâtre, etc. Les *plafonds*, quelque forme qu'ils eussent, composés comme les murs de surface lisse, invitèrent le peintre à en faire les fonds habituels de ses dessins et des jeux de son pinceau.

Les *plafonds* furent donc décorés de peintures. Il n'entre point dans le sujet de cet article, de faire connoître en détail les diversités de compositions, que les restes de l'antiquité nous ont conservées. On trouve ces détails aux mots Décoration, Arabesque, etc. Ce qu'il importe seulement ici de faire observer, c'est le genre de décoration auquel la peinture des Anciens paroît s'être bornée dans les *plafonds*. On ne voit pas qu'elle soit sortie, à cet égard, des termes du genre que nous appelons *arabesque*. Une multitude de chambres sépulcrales, les grandes salles qu'on appelle des *thermes de Titus*, et beaucoup d'autres, ont conservé des *plafonds* élégamment compartis en stucs, en petits ornemens de bas-relief, en teintes plates, rehaussées de détails et de rinceaux d'autres couleurs, en figures légères, se détachant sur des fonds lisses. L'art de la peinture en grand, si nous en croyons les espèces de tableaux sur mur, retrouvés sous les cendres du Vésuve, ne paroît pas s'être occupé des embellissemens des *plafonds*. Cet art, d'après le dire de Pline, et nous entendons l'art qu'exerçoient et professoient les grands peintres, dédaignoit, en Grèce, l'emploi de décorateur en bâtimens. Le peintre habile ne faisoit que des tableaux portatifs. [illegible]

changé à Rome. On peut donc croire, sans crainte de se tromper, que l'antiquité ne connut point l'emploi de la peinture appliquée en grand, comme l'ont pratiquée les Modernes, à la décoration des voûtes et des *plafonds*.

La peinture de *plafond*, comme ornement de l'architecture, n'importe par quelle raison, s'agrandit dans les temps modernes. L'usage de la fresque, genre de peinture extrêmement approprié à la construction en briques, ou à la maçonnerie recouverte d'enduits composés de sable et de chaux, se prêta merveilleusement au nouveau genre de décoration.

Pour réduire ces notions, qui seroient le sujet d'un long ouvrage, mais plus particulier à la peinture qu'à l'architecture, nous ne remonterons pas ici au-delà du seizième siècle. Avant cette époque, au reste, on ne pourroit citer d'autres décorations de *plafond*, que celles qui se combinoient avec les données de l'architecture.

Telle fut celle qu'adopta Michel Ange, dans la répartition des peintures dont il orna les voûtes et le *plafond* de la chapelle Sixtine. Adaptant ses compositions aux lunettes déja pratiquées dans la voûte, il divisa toute sa superficie en grands espaces, qui chacun ne donne d'autre idée, que celle de tableaux qui y seroient attachés.

Les *plafonds* des salles de Raphaël, au Vatican, n'ont pas d'autre système de décoration. Ce sont toujours des compartimens dont les espaces sont supposés renfermer des tableaux.

Nous voyons de même la vaste coupole de Saint-Pierre se diviser en un nombre quelconque de compartimens, dont les montans rappellent à l'œil et à l'esprit l'idée de l'architecture, et dont les vides reçoivent par étage des figures peintes en mosaïque, et qui semblent dire une image de la hiérarchie céleste.

Les *plafonds*, dans les palais, furent alors exécutés selon le même esprit. Lorsque Raphaël, dans la *loggia* de la Farnésine, voulut orner de grandes compositions en figures le *plafond* de ce local, il le divisa en deux compartimens, où se trouvent représentés, comme on sait, d'un côté, l'assemblée; de l'autre, le banquet des dieux pour les noces de l'Amour et Psyché. Le peintre, pour indiquer, de manière à ce que l'on ne pût pas s'y tromper, que c'étoit des peintures faites pour être vues verticalement, simula autour d'elles, en guise de cadres, des bordures de tapisserie, qui semblent tirées au *plafond* par des clous.

Jules Romain fit de même dans les décorations de ses *plafonds* du palais du TE à Mantoue, qu'il orna de peintures figurant des tableaux dans des compartimens, à l'exception de la salle des géans foudroyés, qui fut, de sa part, une sorte de caprice et un jeu hardi de son pinceau.

Annibal Carrache ne s'est point encore écarté de ce système, dans les décorations de la galerie du palais Farnèse ; les peintures de son *plafond* sont toutes en compartimens encadrés. Cependant Annibal Carrache a cru souvent devoir mettre des raccourcis dans ces sujets, par cela qu'ainsi devroient être vus, dans la nature, les objets réels, qui, de ce point de distance, se présenteroient au spectateur. Ainsi, peu à peu on perdit de vue la convention qui doit faire regarder de pareilles compositions, non comme faisant voir les objets eux-mêmes, mais uniquement comme des tableaux placés là par le décorateur.

A mesure que le génie de la peinture, aidé de la science de la perspective, des procédés de la décoration, de la pratique des raccourcis, ambitionna de plus vastes champs, le système des *plafonds* changea ; l'architecture ne présida plus ni au choix du genre de sujets analogues au local, ni à la disposition des espaces que le peintre devoit remplir ; le *plafond* ne fut plus même un espace réel pour la vue. La peinture en annula jusqu'à l'idée, en supposant une vaste ouverture, au travers de laquelle l'imagination du peintre fit voir dans les cieux et sur les nuages, tels spectacles, telles apparitions qu'il lui plut d'inventer.

Le premier grand modèle de ce genre de *plafond* fut, au palais Barberini, la composition de Pietro da Cortona, et au dire de tous les connoisseurs, elle n'a été égalée depuis par personne. Le peintre conserva toutefois dans les espaces de sa composition, des parties montantes d'une architecture feinte.

L'usage des coupoles d'église qui, à cette époque, commençoient à se multiplier dans toutes les parties de l'Europe, ouvrit bientôt à la peinture des *plafonds*, des espaces encore plus indéfinis. Comme, par une sorte de réciprocité, chaque genre d'ouvrage produit les talens qui lui conviennent, et se reproduit aussi par eux ; on vit, pendant plus d'un siècle, la peinture désertant les anciennes routes du simple, du naturel, du vrai, enfin de l'art des tableaux, se précipiter dans le genre de l'effet, de la magie, de la facilité ambitieuse du décorateur de théâtre, pour remplir ces cadres immenses où il ne s'agissoit plus que de masses, de groupes, de repoussoirs, destinés à heurter les yeux, à la distance de quelques centaines de pieds.

Les *plafonds* n'appartinrent donc plus à l'architecture ; le peintre en disposa à son gré, et bientôt ces espaces ne suffirent plus à l'immensité des scènes sans bornes que son esprit concevoit. Après avoir détruit la voûte de la coupole, pour nous introduire dans les cieux, il en vint à introduire les cieux eux-mêmes dans le local de l'église, et s'emparant de tous les espaces de l'architecture, les nuages et leurs groupes vinrent masquer jusqu'aux supports de la coupole, et toute une église devint bientôt une composition de peinture.

On voit de quel excès je veux parler, et à quels édifices cet abus s'applique. Ce n'est point à cet ouvrage qu'appartient la critique de ces abus, considérés dans leur rapport avec la peinture, qui gagne beaucoup moins qu'on ne pense à cette extension de cadre, de champ, de ressources et d'effets. Sans prétendre donc disputer à l'art de peindre les grandes compositions de *plafonds* et de coupoles, nous nous contenterons de répéter ici ce qui a déjà été dit dans un autre article (*voyez* PEINTURE), que l'architecte doit non-seulement présider au choix, au genre, et à la mesure des conceptions pittoresques du peintre, mais lui déterminer les emplacemens, et s'opposer à tout envahissement des effets de la couleur, sur les membres et les parties constituantes de l'édifice.

Il y a beaucoup de convenances dont on ne parle point ici, à observer par le peintre, dans le choix des objets que traite un *plafond*, lorsque ce *plafond* est censé être une ouverture par laquelle, comme dans un dôme, le spectateur ne peut, vu l'élévation, s'attendre à voir autre chose que le ciel, et par conséquent des objets aériens. Cependant quelques peintres de *plafond*, perdant de vue la convention, non-seulement morale, mais même, si l'on peut dire, matérielle de leur composition, ont regardé l'espace livré à leur pinceau, comme un champ libre et tout-à-fait indépendant du local, et ont placé à ces hauteurs des arbres, des montagnes, et des sujets purement terrestres. Ce sont là de ces contradictions auxquelles l'architecte doit s'opposer, autant pour l'intérêt de la peinture, que pour celui de l'architecture.

On donne différens noms aux *plafonds*, soit à raison du genre de leur décoration, soit à raison de la matière dont ils sont composés, ou de leur forme.

Ainsi on dit :

PLAFOND CINTRÉ. *Plafond* fait en voûte plus ou moins exhaussée, plus ou moins surbaissée, par opposition au *plafond* proprement dit, ou horizontal.

PLAFOND DE CORNICHE. C'est le dessous du larmier d'une corniche. Il est ou simple, ou orné de sculpture. On l'appelle aussi *soffite*. Voyez ce mot.

PLAFOND EN COMPARTIMENS, est celui qui est divisé par l'architecte en espaces réservés à la peinture ou à d'autres ornemens, mais de manière que les séparations de ces espaces soient ou des encadremens ou des parties, soit feintes, soit réelles, qui fassent que la disposition entière du *plafond* appartienne ou semble appartenir à l'architecture du local.

PLAFOND EN PERSPECTIVE. Ce nom se donne à

certains plafonds, dont l'ornement consiste en une composition d'architecture feinte.

Plafond en pierre. C'est le dessous d'un plancher fait, ou de dalles de pierre dure, ou de pierres de haut appareil. Ces *plafonds* peuvent être simples et sans ornemens, ou avec compartimens et sculpture, comme ceux de la colonnade du Louvre.

PLAFONNER, v. act. C'est revêtir le dessous d'un plancher, ou d'un cintre de charpente, avec des ais, ou de petites planches, etc.

PLAIN-PIED, s. m. Ce mot porte avec soi son explication par les deux mots dont il se compose. *Plain* vient du latin *planus*, uni, plat, et réuni au mot *pied*, il indique que l'action du pied, en marchant sur le terrain qu'on appelle ainsi, ne rencontre aucune inégalité, ou autrement que le pied reste à plat.

Plain-pied signifie par conséquent, dans les édifices et les maisons, ou les terrains, soit un niveau parfait, soit un niveau de pente, sans pas, sans aucun ressaut.

On appelle chambres de *plain-pied*, des chambres d'un même étage, et toutes établies sur un même niveau.

On dit qu'il y a beaucoup de *plain-pied* dans une maison, pour dire que cette maison offre beaucoup d'étendue en longueur, et qu'on peut y parcourir de niveau une grande suite de pièces.

On dit dans ce sens un beau *plain-pied*.

PLAN, s. m. Ce qu'on appelle *plan* en architecture, ou plutôt dans l'art d'en dessiner les projets ou les ouvrages, les Anciens l'appeloient *ichnographie*. Or, le mot *ichnos* signifie l'empreinte de la plante du pied. Cette empreinte est véritablement à l'homme, ce que le *plan* est à un bâtiment.

Le *plan* dans le dessin de l'architecture, est la représentation de tous les corps solides qui composent les supports d'un bâtiment, qu'on suppose coupé horizontalement au-dessus du niveau du terrain qu'il occupe. Si l'on veut se figurer un édifice ainsi coupé, son *plan* est réellement l'empreinte qu'il laisseroit sur le terrain.

Il y a deux choses à considérer dans l'art de faire les *plans*.

L'une est purement technique, lorsqu'il ne s'agit que de lever le *plan* d'un édifice existant, et l'on y procède en relevant exactement les mesures des vides et des pleins. Si l'on entend encore par cet art, celui de réaliser la représentation des solides et de leur espace, par le moyen des lignes et des couleurs, cette sorte de procédé fort simple mérite à peine qu'on s'occupe de le décrire.

L'autre manière d'entendre et de considérer l'art de faire un *plan*, est beaucoup plus importante, car elle comprend la conception fondamentale d'un édifice, et ce qui, de la part de l'architecte, doit s'appeler la pensée, l'invention et le principe de la beauté des monumens.

C'est d'abord de la composition du *plan* que dépend le mérite, qui doit être, dans un édifice, le premier de tous, celui de l'utilité; savoir: qu'il soit disposé en raison des besoins et des convenances qu'exige son usage. A cet égard, l'architecte habile est celui qui sait le mieux unir la commodité des services intérieurs, des dégagemens nécessaires, à une régularité toujours desirable; cependant il y a un plaisir de symétrie, de correspondance uniforme entre toutes les parties d'un *plan*, auquel on doit se garder de tout sacrifier. Très-souvent cette symétrie, qui est un agrément pour l'œil, quand on regarde un *plan*, sera de nul effet dans l'élévation. Autant on doit y rester fidèle quand rien ne s'y oppose, autant il est du devoir d'y renoncer, pour satisfaire à l'obligation première de toute composition, celle d'être en rapport avec les besoins et l'emploi de l'édifice.

Il y a dans la composition du *plan* d'un monument, un mérite d'un autre genre, et qui s'adresse surtout à l'esprit et au goût, c'est celui du parti général, d'où dépendront la forme de l'édifice, son caractère, et ce qu'on doit appeler sa physionomie particulière.

Ce mérite dépendra, avant tout, de la forme que l'architecte adoptera dans son *plan*. Une figure circulaire donnera une toute autre idée d'un édifice, que ne le fera la figure quadrangulaire. Il y a quelque chose de contradictoire dans certains *plans* qui présentent pour l'entrée principale d'un monument, et en avant de la façade, une partie convexe. Cette forme repousse au lieu d'inviter. Il dépend encore des données principales du *plan*, de l'emploi plus ou moins multiplié des colonnes, des masses plus ou moins solides, de caractériser l'édifice, en faisant connoître que de semblables dispositions sont en rapport avec tels ou tels usages.

Le *plan* d'un édifice est ce qui détermine son élévation, et lorsque ce *plan* a été bien conçu, il doit en résulter aussi dans les masses qui s'élèveront dessus, un aspect agréable, par la seule corrélation que l'esprit y aperçoit.

Généralement, c'est la simplicité du *plan* qui donne de la simplicité à l'élévation, et du simple naît toujours le grand. Un *plan* découpé, contourné, produit une multiplicité de ressauts, de formes fausses, de lignes interrompues, qui rapetissent par trop de détails l'effet de l'architecture.

Le grand effet des temples des Grecs, provient de l'extrême simplicité de leurs *plans*.

Dans la partie didactique de l'architecture,

on donne aux *plans* différens noms, selon les diverses manières de les tracer.

On appelle *plan géométral*, celui qui représente dans leurs proportions naturelles, tous les corps et tous les vides; tels que les murs principaux et de refend, la largeur des portes et des fenêtres, la distribution des escaliers, enfin de toutes les parties dont se compose un édifice.

On appelle *plan relevé*, celui où l'élévation est dessinée sur le géométral, en sorte que la distribution en reste cachée.

On appelle *plan perspectif*, un *plan* qui est levé par des gradations, selon les règles de la perspective.

Lorsqu'on dessine ces *plans*, on marque les massifs d'un lavis noir. Les objets qui posent à terre se tracent avec des lignes ponctuées. On distingue les augmentations ou les réparations à faire, d'une couleur différente de ce qui est construit, et les teintes ou lavis de chaque *plan* se font plus claires, selon la hauteur des étages qu'on représente.

On appelle *plan en grand*, celui qu'on trace dans la grandeur même de l'ouvrage, soit sur le terrain, avec des lignes ou cordeaux attachés par des piquets, pour marquer les encoignures, les retours, les centres, à dessein de faire l'ouverture des fondations, soit sur une aire, pour servir d'épure aux appareilleurs, et planter le bâtiment avec exactitude.

On appelle *plan régulier*, le *plan* qui se compose de figures régulières, c'est-à-dire, dont les côtés et les angles sont égaux; et on appelle *plan irrégulier*, celui qui est biais ou de travers, en tout ou en partie, à cause de quelque sujétion.

PLAN. (*Jardinage.*) On dira du *plan* d'un jardin, ce qu'on a dit de celui d'un bâtiment. On entend ce mot de deux manières, et il exprime deux choses.

L'une, la conception générale de l'ensemble d'un jardin, du genre régulier comme du genre irrégulier. Sous ce rapport, le *plan* est une chose qui dépend de l'imagination ou de l'intelligence de l'artiste. La carrière en ce genre est immense et indéfinie, tant sont variés les élémens et les matériaux de l'art du jardinage. Les exemples sont aussi innombrables, et les règles qu'on en peut déduire ont trop de vague, pour qu'aucune théorie puisse les fixer.

La seconde manière d'entendre le mot *plan*, quant au jardinage, s'applique au procédé graphique du dessinateur. Sous ce point de vue, un *plan* de jardin est ordinairement relevé sur le *plan* géométral. Les arbres, les treillages et massifs y sont colorés en vert; les eaux y sont teintes en bleu; la terre est figurée de couleur grise ou rougeâtre.

PLANCHE, s. m., se dit de toute pièce de bois refendue de peu d'épaisseur, de toute longueur et largeur, dont on se sert dans les ouvrages de menuiserie, et qui a de tres-nombreux emplois dans les bâtimens. *Voyez* AIS.

PLANCHE. (*Jardinage.*) C'est un espace de terre plus long que large, en manière de platebande isolée, où l'on cultive des fleurs, et qu'on occupe encore par des arbustes fleuris. Ces *planches*, qui regnent ordinairement le long des parterres (*voyez* ce mot), sont ordinairement accompagnées par des sentiers, et ont des bordures formées de gazon, de buis ou d'autres plantes. *Voyez* PLATE-BANDE.

PLANCHÉÏER, v. act. C'est couvrir une aire quelconque de planches jointes à rainures ou languettes, arrêtées et clouées sur des lambourdes. C'est aussi revêtir un plafond d'ais minces, ou panneaux de menuiserie, que l'on cloue aux solives.

PLANCHER, s. m. Ce mot vient de *planche*, comme sa formation l'annonce, et comme la composition même des *planchers* va le montrer encore mieux.

Un *plancher* est un bâtis ou un assemblage de solives, qui sépare les étages d'une maison. Cependant l'usage, qui se joue de l'étymologie et de la formation des mots, emploie le mot *plancher* à signifier l'aire d'un rez-de-chaussée, aussi bien que celle d'un étage voûté ou porté sur des solives. Il y a plus, on emploie indistinctement aussi le mot *plancher* pour synonyme de plafond; et l'on dit d'un lustre, qu'il est suspendu au *plancher* d'une pièce, etc. Pour éviter cette confusion, il auroit été convenable de se servir du mot *aire*, *area*, qui désigne tout sol de niveau, soit à rez-de-chaussée, soit sur voûtes, soit sur solives. C'est aussi à ce mot (*voyez* AIRE) que nous renvoyons le lecteur, pour toutes les notions relatives surtout à l'antiquité.

Le mot *plancher*, nous l'avons déjà dit, nous apprend qu'originairement les *aires* que l'on appeloit ainsi, étoient formées et recouvertes de planches, et le mot latin *tabulatum*, qui dit la même chose que le mot français, est une nouvelle preuve de l'ancien usage des planches employées à former les superficies des *planchers* ou des plafonds. Cet usage est encore général dans bien des pays, où le bois seul fait les frais de cette partie de la construction des maisons.

Cependant les étages dont les *planchers* ne sont formés que de solives et de planches, s'ils ont l'avantage de l'économie et de la légèreté, ont aussi l'inconvénient d'être incommodes à ceux qui habitent les logemens inférieurs, à cause du bruit que font les habitans du logement supérieur. Aussi, là où est établi l'usage de ces planchers (comme en Angleterre), est-on obligé d'étendre des tapis qui amortissent le bruit.

Les *planchers* se construisent de diverses manières, selon que les maisons elles-mêmes sont destinées à recevoir dans leur hauteur, et le nombre de leurs étages, plus ou moins de solidité.

Il y a des pays (comme à Naples), où les maisons, formées d'un grand nombre d'étages, ont des *planchers* dont les solives reçoivent une couche fort épaisse de maçonnerie revêtue d'un enduit susceptible d'un beau poli. On en dira autant des *planchers* de Venise, où l'on emploie encore dans le massif de l'*aire* qui recouvre les solives, une composition de mortier mêlé d'éclats de marbre, qui donne à toute la superficie l'apparence d'être entièrement de marbre.

Les *planchers*, dans le plus grand nombre des pays, se composent d'un massif, soit de mortier, soit de plâtre, qu'on recouvre, soit avec des briques, soit avec des carreaux de terre cuite.

Tel est à Paris l'usage le plus général dans les maisons et pour les logemens ordinaires. On y emploie aussi le bois, soit en planches, dans beaucoup de rez-de-chaussée, de salles basses et de boutiques, soit dans les appartemens plus importans, en compartimens de parquet ou de marqueterie. (*Voyez* ces deux mots.) On a parlé aussi au mot Pavé, de toutes les matières plus précieuses dont on réserve l'emploi aux édifices publics ou particuliers, qui comportent et plus de luxe et une plus grande solidité. *Voyez* Pavé.

A l'égard du *plancher* considéré, ainsi que l'a voulu l'usage, comme synonyme de plafond, nous avons montré à son article, qu'il se composa originairement des solives et des intervalles qu'elles laissent entr'elles, lorsqu'elles se croisent; de-là la forme des caissons. Dans quelques pays, à Rome surtout, c'est encore des compartimens des solives que résultent les ornemens des *planchers*. L'art ensuite, ajoutant des compartimens plus variés à ceux de la construction naturelle, se plut à revêtir en bois de menuiserie sculptée, peinte ou dorée, les solives auxquelles ces ornemens furent cloués.

Mais à Paris, dans le plus grand nombre des bâtimens et des maisons, les *planchers* se font en plâtre qui s'attache aux lattes clouées sur les solives, et qui forme des enduits superficiels fort unis et assez durables.

On donne aux *planchers* différens noms, selon la diversité de leurs formes ou de leur construction. L'on dit:

Plancher *affaissé* ou *arqué*. C'est un *plancher* qui, n'étant plus de niveau, penche d'un côté ou d'un autre, ou qui se courbe vers le milieu, parce que sa charge est trop pesante, ou que ses bois sont trop foibles.

Plancher *creux*, est celui dont la charpente est lattée par-dessous à lattes jointives, recouvertes d'une fausse aire de deux ou trois pouces d'épaisseur, sur laquelle on pose le carreau, et qui est lattée de même par-dessous, et enduite en plâtre ou mortier de bourre, pour former le plafond de l'étage inférieur.

Plancher *enfoncé*. *Plancher* dont les entrevoux sont couverts d'ais, ou d'un enduit sur lattis, par en haut, et dont les bois restent apparens en bas ou par-dessous.

Plancher *hourdé*, est celui dont les bois de charpente ont leurs entrevoux couverts par-dessus avec ais ou lattes, et maçonnés grossièrement pour recevoir la charge et le carreau, ou les lambourdes d'un parquet.

Plancher *plein*, celui dont les entrevoux sont remplis de maçonnerie et enduits à fleur de solive, dont les bois de solives restent apparens ou sont recouverts de plâtre, comme cela se pratiquoit autrefois. Cette sorte de *planchers* n'est plus en usage, à cause de leur trop grande pesanteur.

Plancher *ruiné* et *tamponné*. *Plancher* dont les entrevoux sont remplis de plâtre et de plâtras, retenus par des tampons ou fentons de bois, avec des rainures (*voyez* ce mot) hachées aux côtés des solives.

Plancher *de plate-forme*. (*Architecture hydraulique*.) C'est, sur un espace peuplé de pilots, une aire faite de plates-formes, ou madriers posés en chevauchure sur des patins et racineaux, pour recevoir les premières assises de pierre de la culée ou de la pile d'un pont, d'un môle, d'une digue, etc.

PLANT, s. m. (*Jardinage*.) Ce mot s'applique dans le jardinage, et s'entend de deux manières.

On appelle *plant* d'arbres, ce qu'on désigne aussi par le nom de *pépinière*, c'est-à-dire, un lieu où l'on élève de jeunes arbres, où l'on a planté des arbrisseaux. Les grands jardins ont ordinairement de ces *plants*, où l'on prend les sujets qui doivent remplacer ceux qui manquent par vétusté, ou pour toute autre cause. Ces *plants* utiles, ne laissent pas d'être encore un agrément dans les jardins, surtout ceux qui sont d'une grande étendue.

On appelle *plant* d'arbres, un espace planté d'arbres avec symétrie ou dans un ordre quelconque, comme sont les avenues qui conduisent à un château, les quinconces d'un jardin régulier, les bosquets, et assez généralement toutes les dispositions d'arbres, qu'on destine à servir de promenade publique.

PLANTER, v. act. (*Jardinage*.) Ce mot se

dit généralement de l'action de mettre en terre une plante, soit en germe, soit déjà levée, pour qu'elle prenne racine et qu'elle croisse. Ceci regarde la science du jardinage, et est étranger à l'art des jardins d'agrément, ou du moins à la théorie, qui ne les considère que sous le rapport du goût.

On ne dira donc ici que deux mots sur l'action de *planter* les arbres dans les jardins. Ordinairement on y *plante* l'arbre déjà grand et élevé dans la pépinière, on en *rafraîchit* les racines, en les raccourcissant, on l'enterre ensuite dans le trou préparé pour le recevoir, et on comble ce trou au niveau du terrain. Une autre méthode de *planter* les arbres déjà grands, est de les enlever en motte du terrain qu'ils occupoient, c'est-à-dire, en cernant l'arbre tout à l'entour, avec la terre à une certaine distance, et de l'enlever avec la terre environnante, pour le transporter ainsi dans le trou qu'on lui a préparé. Cette méthode à l'avantage de ne déranger en rien les racines de l'arbre, qui, en changeant de place, ne change point de terre.

On dit, *planter un parterre*. C'est former avec du bois nain ou de petites fleurs, des compartimens de broderie, sur un terrain bien dressé, en suivant exactement le tracé du dessin. *Voyez* PARTERRE.

PLANTER. On emploie métaphoriquement ce mot en architecture, pour exprimer les premiers travaux de la construction d'un édifice, comme, par exemple, le tracé de toutes les parties dont il doit se composer, sur le terrain qu'il occupera, pour faire les fouilles des fondations; comme la bâtisse et la maçonnerie des fondemens; comme encore la disposition des premières assises de pierre dure qu'on établit sur ces fondemens.

On dit *planter*, pour dire, dans l'architecture hydraulique, enfoncer des pieux avec la sonnette, au refus du mouton ou de la hie.

On dit *planter* les piquets qui servent à prendre des alignemens.

On dit de même au figuré, *planter* une croix, *planter* des bornes, *planter* des piliers, *planter* des jallons, etc.

On dit d'une maison qu'elle est bien *plantée*, pour dire qu'elle est bien située, qu'elle est bâtie dans une situation agréable.

PLAQUE, s. f. Ce nom s'applique de préférence aux travaux de métal. On dit une planche de bois, une table de marbre, une *plaque* de bronze.

On se sert du mot *plaque* surtout, pour désigner ces garnitures du fond des cheminées, qu'on fait en fer fondu. On dit *plaque* de fonte. *Voyez* ATRE et CONTRE-COEUR.

PLAQUER, v. act. En terme d'art, *plaquer* signifie généralement, appliquer un corps plat sur un autre, une feuille de bois, de métal, sur un autre bois, un autre métal, et surtout un bois plus précieux, un métal plus rare, sur ce qui est moins rare ou moins précieux. *Voyez* PLACAGE.

On dit *plaquer* du mortier, du plâtre. C'est l'employer avec la main, ce qu'on appelle en *gobetage*.

Plaquer du gazon, c'est étendre sur une terre préparée, des planches de gazon enlevé avec sa terre, et qu'on bat pour l'incorporer au terrain nouveau.

PLASTRON, s. m. Ornement de sculpture, en manière d'anse de panier, avec deux enroulemens.

PLATEAU, s. m., vient du mot *plat*, et signifie une sorte de meuble plat sur lequel on pose, soit des vases, soit d'autres objets. L'idée de *plateau* se joint toujours à celle de support plat. C'est pourquoi on appelle

Plateau, une butte, une élévation dont le terrain est uni, et dont la surface supérieure est assez plate, pour qu'on puisse y bâtir ou y élever quelque monument.

PLATE-BANDE, s. f. Ce terme, composé des deux mots *plat* et *bande*, exprime, dans l'architecture, certains membres qui réunissent ces deux idées.

On donne ordinairement le nom de *plate-bande* aux pierres dont se compose l'architrave, dans la construction des ordonnances, des péristyles, des colonnades.

Les Anciens eurent l'usage de faire d'un seul bloc les *plates-bandes* qui posoient sur les axes de deux colonnes, et formoient l'entre-colonnement; mais ils y employoient ou des marbres, ou des pierres d'une dureté équivalente, et l'on ne voit pas dans les restes nombreux de leurs temples, que jamais ces espèces de poutres en pierre se soient fendues dans leur milieu. Cependant il faut dire qu'en général, leurs *plates-bandes* en pierres, surtout dans leurs temples encore si nombreux aujourd'hui, d'ordre dorique, n'avoient pas une portée extraordinaire. L'ordre dorique tel qu'ils le pratiquoient, ne comportoit guère d'autre largeur dans son entre-colonnement, que celle du diamètre inférieur de la colonne, ou d'un diamètre et demi de sa partie supérieure au-dessous du chapiteau. Cette largeur étoit encore diminuée par la très-grande saillie de l'échine et de l'abaque du chapiteau.

La nature des pierres que l'architecte trouve à employer, doit entrer dans les calculs qui commandent au choix de son ordonnance, à ses proportions, à la mesure de l'ensemble et au parti de sa composition.

Nous en voyons un exemple remarquable dans la

la disposition et la construction du grand temple de Jupiter Olympien à Agrigente. Plusieurs temples encore existans dans les ruines de cette ville, ont leurs *plates-bandes* d'entre-colonnement faites d'un seul morceau. Cependant la pierre dont étoient bâtis tous ces temples, ne donnant ni des blocs d'une dimension indéfinie, ni une consistance suffisante pour une grande étendue de *plates-bandes*, l'architecte qui eut à élever dans une dimension double des autres monumens de cette ville, le temple colossal de Jupiter, prit le parti de supprimer les colonnades isolées du genre des périptères, et eut recours au pseudopériptère, c'est-à-dire, à une ordonnance de colonnes engagées dans le mur, parce que la pierre du pays n'auroit pu supporter l'étendue des *plates-bandes* que le périptère auroit exigée. Par la même raison, il ne fit point de péristyle ou de pronaos saillant en avant, et porté sur des colonnes isolées. Dès-lors les *plates-bandes* de l'architrave se trouvant également engagées dans le mur, il put les composer dans chaque entre-colonnement d'un nombre de pièces plus ou moins grand.

Les Anciens n'ont point connu, du moins en grand, la méthode des *plates-bandes* d'entre-colonnemens à claveaux, c'est-à-dire, taillées de façon à former une voûte plate. (*Voyez* CLAVEAU.) Là où l'on veut introduire les colonnes isolées dans les péristyles, et où la nature ne fournit pas de pierres assez étendues et assez consistantes pour faire l'architrave ou la *plate-bande* de l'entre-colonnement d'un seul bloc, on use de *plates-bandes* à claveaux. Ainsi sont construites, à Paris, les colonnades du frontispice du Louvre, celles de la place Louis XV. Ainsi sont formées les architraves du grand péristyle de l'église de Sainte-Geneviève. Le plus grand inconvénient de ce genre de construction, est l'emploi du fer qu'on est obligé de mettre en œuvre pour retenir les claveaux de la *plate-bande* dans son niveau, et empêcher la poussée de cette voûte plate.

PLATE-BANDE. C'est le nom d'une moulure carrée, plus haute que saillante.

Dans l'ordre dorique, on appelle ainsi la face qui passe immédiatement sous le triglyphe. Elle est à cet ordre ce que la cymaise est aux autres ordres.

On dit :

Plate-bande arrasée. C'est une *plate-bande* dont les claveaux sont d'une hauteur égale et ne font pas liaison avec les assises supérieures.

Plate-bande bouchée. On appelle ainsi la fermeture ou le linteau d'une porte ou d'une croisée, qui est bombée dans l'embrasure ou dans le tableau, et qui est droite par son profil.

Plate-bande circulaire, est celle qui forme l'architrave d'un édifice circulaire, comme sont les temples dits *de Vesta* et *de la Sibylle*, ou comme sont les porches de quelques monumens. Tel est celui de l'église de Saint-André, faite par Bernin, sur le mont Quirinal, dont la *plate-bande*, quoiqu'avec beaucoup de portée, a été rendue solide par l'artifice de son appareil.

Plate-bande de baie. C'est la pierre qui sert de linteau à une porte et à une fenêtre, ou bien l'assemblage de claveaux qui tiennent lieu d'un bloc unique. Dans ce dernier cas, leur nombre doit être impair, afin qu'il y en ait un qui serve de clef. Ces claveaux sont ordinairement traversés par des barres de fer, quand la *plate-bande* a une grande portée; mais il vaut mieux les soulager par des arcs de charge, bâtis en dessus.

Plate-bande de compartiment, se dit de toute face plate, qui occupe l'intervalle entre deux moulures, dans les compartimens des lambris et des plafonds.

Plate-bande de fer. Barre de fer encastrée sous les claveaux d'une *plate-bande* de pierres, dont elle soulage la portée.

— se dit aussi de toute barre de fer plat, ornée de moulures aux deux bords, dont on garnit les barres d'appui des balcons et des rampes d'escalier.

Plate-bande de parquet. C'est un assemblage long et étroit, avec compartiment en losange, qui sert de bordure au parquet d'une pièce d'appartement.

Plate-bande de pavé. Nom général qu'on donne à toute dalle de pierre, ou tranche de marbre, qui, dans les compartimens d'un pavé, sert d'encadrement à un dessin de figures ou d'ornemens quelconques. On nomme de même, dans les pavemens intérieurs d'un édifice, ces larges bandes qui répondent par terre à la surface des arcs doubleaux des voûtes.

PLATE-BANDE. (*Terme de jardinage.*) Espèce de planche garnie d'arbrisseaux, de fleurs, et bordée de buis nain ou d'autres plantes, qui forme un des principaux ornemens des parterres dans les jardins du genre régulier.

Ceux qui ont écrit sur la théorie et sur la pratique de ce genre de jardinage, distinguent quatre sortes de *plates-bandes*.

Les premières renferment une espèce de broderie dans un parterre. On les laboure en dos-d'âne, et on les garnit de fleurs, d'arbrisseaux et d'ifs.

La seconde espèce de *plate-bande* est coupée en compartimens, d'espace en espace, par de petits passages, et elle est en dôme; on l'orne de fleurs et d'arbrisseaux.

Les *plates-bandes* de la troisième espèce sont unies et plates, sans fleurs, avec un simple massif de gazon au milieu, bordé de deux petits sentiers ratissés et sablés. On les orne quelquefois d'ifs et d'arbrisseaux, ou bien de vases, de pots de fleurs, posés sur des dés de pierre, et placés par symétrie au milieu du massif du gazon.

Enfin les *plates-bandes* de la quatrième classe sont toutes nues, et simplement sablées; telles sont celles des parterres d'orangers. On les pratique aussi le long des murs et des palissades de jardins.

La proportion ordinaire des *plates-bandes* est de quatre pieds de large pour les petites, et de cinq ou six pour les grandes. Celles-ci sont toujours tenues bombées ou en dos-d'âne.

PLATÉE, *s. f.*, se dit d'un massif de maçonnerie qu'on établit dans toute l'étendue des fondemens d'une maison quelconque. Lorsque ce massif est arrasé de niveau, à une hauteur convenable, on trace sur sa surface les différentes parties de l'édifice qu'il s'agit d'élever.

PLATE-FORME, *s. f.* Ce mot, dans les ouvrages de la nature, comme dans ceux de l'art, signifie tout terrain élevé, offrant une superficie plane et unie.

Ainsi, on dit qu'une montagne se termine par une *plate-forme;* qu'une maison, une terrasse, occupent une *plate-forme;* qu'un édifice est couronné par une *plate-forme*, d'où l'on a une belle vue.

Dans l'*architecture*, on donne le nom de *plate-forme* à la couverture d'une maison, d'un édifice, qui n'ont point de comble, et qui ont pour couverture une terrasse, soit voûtée, soit pavée en dalles de pierres, soit formée de ciment, soit revêtue en plomb. *Voyez* TERRASSE.

Dans le Levant, tous les édifices sont surmontés de *plates-formes*. Toutes les maisons de la ville de Naples ont de semblables couvertures, formant, au haut des maisons, une terrasse avec un petit mur d'appui sur la rue.

Le bâtiment de l'Observatoire, à Paris, se termine par une très-grande *plate-forme*, destinée à porter les instrumens astronomiques, et à faire des observations dans le ciel. *Voyez* OBSERVATOIRE.

PLATE-FORME, dans l'*art de la charpente*, se dit de pièces de bois plates, assemblées par des entretoises, en sorte qu'elles forment deux cours ou deux rangs, dont celui de devant reçoit, dans des ouns entaillés par un embrèvement, les chevrons d'un mur, et qui portent sur l'épaisseur des murs. Quand ces *plates-formes* sont étroites, comme pour de foibles murs, on les nomme *sablières*.

PLATES-FORMES. (*Terme d'architecture hydraulique.*) On les appelle *plates-formes de fondation*. C'est un assemblage de pièces de bois plates, arrêtées avec des chevilles de fer sur un pilotage, pour asseoir dessus la maçonnerie, ou bien en pièces de bois posées sur des racineaux, dans le fond d'un réservoir, pour y élever un mur de douve.

Voici comme on construit une *plate-forme* sur pilotage :

On enfonce, le plus qu'il est possible, des pieux de bon bois de chêne rond, ou d'aulne, ou d'orme; on remplit tout le vide avec des charbons; par-dessus les pierres, on place, d'espace en espace, des poutres de huit à neuf pouces, que l'on cloue sur la tête des pieux coupés d'égale hauteur. On attache ensuite sur ces poutres de grosses planches de cinq pouces d'épaisseur, et l'on a une espèce de plancher, qui est ce qu'on appelle la *plate-forme*.

PLATINE, *s. f.* C'est une petite plaque de fer sur laquelle est attaché un verrou ou une targette. On appelle *platine à panaches* celle qui est chantournée en manière de feuillages, et *platine ciselée*, celle qui est amboutie ou relevée de ciselures.

PLATINE DE LOQUET. Sorte de plaque de fer plate et déliée, qu'on attache à la porte, au-dessus de la serrure. On l'appelle aussi *entrée*.

PLATRAS, *s. m. pl.* Morceaux de plâtre qu'on tire des démolitions, et dont les plus gros servent pour faire les hauts des murs de pignon, les panneaux des pans de bois et cloisons, les jambages de cheminée, etc.

PLATRE, *s. m.* Pierre qu'on tire des entrailles de la terre, qu'on fait cuire dans un four, à feu égal et modéré, qu'on réduit ensuite en poudre, et qui, étant gâché avec de l'eau, sert de liaison aux ouvrages de maçonnerie.

On distingue plusieurs sortes de *plâtres :* celui qu'on trouve aux environs de Paris, en forme de pierre, et celui qui se trouve sous la forme de feuilles de talc, que les Anciens appeloient *gypsum*, et qu'on appelle encore de même. On s'en sert pour les ouvrages plus précieux, et pour faire ce qu'on nomme du *stuc*.

Le *plâtre* peut être considéré comme une espèce de chaux, mais il n'a besoin d'aucun autre mélange que celui de l'eau, pour former un corps solide, d'une dureté moyenne. Par cette seule raison, il seroit préférable au mortier, s'il pouvoit résister plus long-temps aux intempéries de l'air et à l'humidité. Malgré cet inconvénient, le *plâtre* est une matière fort commode pour la construction des maisons ordinaires, surtout à Paris, où il est de bonne qualité, et lorsqu'il est employé convenablement. Comme cette matière s'attache également aux pierres et aux bois, on s'en sert avec avantage pour la construction des murs, des voûtes, et pour les enduits. Le *plâtre* résiste encore à l'action du feu dans les âtres et les cheminées. Ses emplois sont très-nombreux.

On en recouvre les cloisons de tout genre, les pans de bois, les planchers, etc.; en sorte que depuis le rez-de-chaussée jusqu'au toit, une maison peut être toute revêtue en *plâtre*, et paroître non-seulement d'une seule matière, mais, on peut le dire, d'une seule pièce.

Il y a une différence essentielle à connoître entre le *plâtre* et le mortier, c'est que le *plâtre* gâché augmente de volume en faisant corps, au lieu que le mortier diminue, surtout lorsqu'il n'a pas été massivé. C'est pourquoi il y a des précautions à prendre lorqu'on se sert du *plâtre* pour certains ouvrages, tels que les voûtes, les cheminées qu'on adosse aux murs isolés, les plafonds et autres objets.

Les Anciens firent peu d'usage du *plâtre* dans leurs constructions; il paroît qu'ils ne s'en sont servis que pour les enduits intérieurs, encore ne l'employoient-ils pas pur. Vitruve en blâme l'usage, parce que le *plâtre* faisant corps plus promptement que le mortier avec lequel on le mêle, l'enduit est sujet à gercer. Peut-être, là où il étoit abondant, l'employoient-ils, comme nous, dans la construction des maisons ordinaires. Comme cette matière dure peu, en comparaison du mortier, il peut se faire que ses enduits soient détruits depuis long-temps.

Le meilleur procédé pour cuire la pierre à *plâtre*, consiste à lui communiquer d'abord une chaleur modérée, pour dessécher l'humidité qu'elle contient. On augmente ensuite graduellement le feu, pour lui donner le degré de cuisson convenable, ce qui exige environ vingt-quatre heures. Lorsque le *plâtre* n'est pas assez cuit, il est aride et ne forme pas un corps assez solide. Lorsqu'il a été trop cuit, il perd, quand on le gâche, ce que les maçons appellent *amour*, c'est-à-dire, qu'il n'est pas assez gras. Si le *plâtre* est cuit à propos, l'ouvrier sent, en le maniant, qu'il a de la douceur sous les doigts, et qu'il s'y attache. C'est à cette propriété qu'il distingue la bonne qualité du *plâtre*.

Aussitôt qu'il est cuit, il doit être réduit en poudre, ce qu'on fait, soit en le battant, soit en l'écrasant avec des meules ou des cylindres de pierre. Pour peu qu'il soit exposé à l'air, il perd de sa qualité. Le soleil, en l'échauffant; le fait fermenter, l'humidité diminue sa force, et l'air emporte la plus grande partie de ses sels. C'est ce qui lui fait perdre son onctuosité, et la faculté de durcir promptement, comme de former un corps solide. Dans cet état, le *plâtre* ne s'unit que foiblement aux matières qu'il doit lier, et l'on voit bientôt gercer les enduits auxquels il a été employé.

Lorsqu'on ne peut pas employer le *plâtre* aussitôt qu'il est cuit ou battu, ce qui arrive dans les pays où il est rare, et où l'on est obligé de le tirer de loin, il faut le faire venir en pierre avant qu'il soit cuit, ou bien il faut le renfermer dans des tonneaux, et le placer dans des endroits, où il soit également à l'abri et de l'humidité et de l'ardeur du soleil.

Quand on a des ouvrages précieux à faire, on choisit les pierres les mieux cuites, et on les fait écraser à part, avant que ceux qui préparent le *plâtre* aient fait le mélange des unes et des autres.

Pour gâcher le *plâtre*, à Paris, il faut autant d'eau que de *plâtre*, ou environ. On commence par mettre l'eau dans l'auge; on ajoute ensuite le *plâtre*, en le semant avec la main ou avec la pelle, jusqu'à ce qu'il atteigne, ou à peu près, la surface de l'eau. Alors, on le remue avec une truelle, jusqu'à ce qu'il forme une pâte d'une consistance égale. Plus le *plâtre* est fort, plus il faut que cette opération se fasse vite, afin que le maçon ait le temps de l'employer avant qu'il commence à se durcir.

On met plus ou moins d'eau pour gâcher le *plâtre*, en raison des ouvrages qu'on a à faire. Si l'on a besoin que le *plâtre* ait toute sa force, on n'y met que la quantité d'eau nécessaire pour l'employer tout de suite. C'est ce que les maçons appellent *gâcher serré*. Lorsqu'on y met plus d'eau, ils disent *gâcher clair;* dans ce dernier cas, le *plâtre* donne plus de temps pour l'employer.

Il y a des ouvrages pour lesquels on est forcé de gâcher encore plus clair, comme, par exemple, lorsqu'il s'agit de l'étendre sur de grandes surfaces, pour faire des enduits.

Enfin, lorsqu'on doit remplir des vides, où la truelle et la main ne peuvent pas atteindre, comme pour sceller quelques dalles de revêtement, ou des marches, on emploie le *plâtre*, ce qu'on appelle *par coulis*. Ce *plâtre* extrêmement clair se verse par des godets placés de manière à ce qu'il puisse, en coulant, s'introduire dans toutes les cavités. On ne doit pas s'attendre qu'ainsi délayé, le *plâtre* puisse former un corps bien solide. Aussi ne l'emploie-t-on le plus souvent ainsi, que lorsque les corps qu'il faut sceller n'ont pas besoin d'une forte liaison, et tels sont les joints verticaux ou d'à-plomb. Il ne faut point user de ce procédé pour les lits horizontaux.

Les emplois du *plâtre* dans les bâtimens sont innombrables, on l'a déjà dit. Un des plus usuels, et pour lequel cette matière est très-propre, est l'emploi des scellemens de gonds et de serrures.

Depuis quelques années, on a imaginé d'employer encore le *plâtre* à former des murs de cloison d'une nouvelle manière. On en fait de grands carreaux d'un pied et demi de long, sur un pied de large et deux pouces d'épaisseur. On les pose de champ, les joints se scellent en creusant dans l'épaisseur un espace qu'on remplit de *plâtre* gâché. Il ne faut employer ces carreaux que quand ils sont bien secs. Généralement on n'en use que pour faire très-promptement des cloisons de petite distribution, dans les appartemens qu'on veut habiter de suite, et afin d'éviter les effets dangereux, qui résultent de l'évaporation de l'humidité dans les *plâtres* frais.

Quoiqu'on puisse employer le *plâtre* pour bâtir dans toutes les saisons, il est cependant d'une bonne économie de ne le faire, surtout à l'extérieur, que dans les saisons où il peut avoir le temps de sécher, ou, comme le disent les ouvriers, de se ressuyer. Les ouvrages en *plâtre*, faits à la fin de l'automne et dans l'hiver, sont de peu de durée, et sujets à se fendre ou à tomber par éclats. Le froid condensant l'humidité de l'eau avec laquelle il a *été gâché*, amortit les sels du *plâtre*, qui reste alors sans liaison.

On donne au *plâtre* différens noms, suivant la nature de ses qualités ou celle de ses emplois.

Ainsi l'on dit :

Plâtre blanc. C'est celui qui a *été* ce qu'on appelle *tablé*. Cela veut dire qu'on l'a purgé du charbon en le tirant du four.

Plâtre clair, est le *plâtre* au sas, qui est gâché avec beaucoup d'eau, et dont les maçons se servent pour ragréer les moulures traînées.

Plâtre cru. C'est la pierre à *plâtre*, qui est propre à cuire. On s'en sert aussi quelquefois, au lieu de moellons, dans les fondations. Le meilleur est celui qu'on laisse à l'air avant de l'employer.

Plâtre éventé. On appelle ainsi le *plâtre* qui, après avoir été cuit et réduit en poudre, a *été* quelque temps exposé au grand air, au soleil ou à l'humidité, qui dès-lors a perdu ses bonnes qualités, et ne peut produire que de mauvais ouvrages.

Plâtre gras. *Plâtre* qui, ayant été bien cuit, est le plus aisé à manier, est onctueux entre les doigts, et le meilleur à l'emploi, parce qu'il se prend aisément, se durcit de même et fait bonne liaison.

Plâtre gris. C'est la deuxième qualité de la pierre à *plâtre*. Elle est plus tendre et plus facile à cuire.

Plâtre gros, ou *gros plâtre*. C'est le *plâtre* qu'on emploie tel qu'il est sorti du four, sans avoir été battu ni passé. On s'en sert aussi pour épigeonner. — On appelle encore *gros plâtre* les gravois qui restent dans le panier, après qu'on l'a passé ou criblé; on s'en sert pour les renformis et hourdis.

Plâtre mouillé, est celui qui a *été* exposé à l'humidité ou à la pluie, et n'est plus bon à être employé.

Plâtre noyé, celui qui est gâché avec une grande quantité d'eau, pour le rendre coulant. On l'emploie pour ficher les joints de pierre.

Plâtre au panier, est celui qu'on a criblé à travers un panier, et dont on se sert pour faire les crépis.

Plâtre au sas, est celui qu'on a passé à travers un tamis, et dont on se sert pour les enduits et moulures, et pour les ornemens de sculpture.

Plâtre serré. *Plâtre* qui est gâché avec peu d'eau, et qu'on emploie ainsi pour remplir des crevasses, et former les soudures des enduits.

Plâtre tablé. Voyez *Plâtre blanc*.

PLATRES, s. m. pl. On nomme ainsi généralement tous les légers ouvrages en *plâtre* d'un bâtiment, comme les enduits, ravalemens, lambris, corniches, languettes de cheminée, plinthes, scellemens, etc.

On marchande ces ouvrages séparément des autres, à des compagnons maçons.

On appelle encore au pluriel, *plâtres de couvertures*, les mêmes ouvrages faits en *plâtre* par les couvreurs, pour arrêter les tuiles ou les ardoises sur les entablemens, ou le long des murs et des lucarnes. Tels sont les arêtiers, crossettes, cueillies, filets, paremens, ruellées, solins, etc.

Plâtres, au pluriel, se dit encore des ouvrages de sculpture, moulés et coulés en *plâtre*, dans des creux, comme frises, rosaces de plafond, coins de corniches, masques, festons, bas-reliefs, etc.

PLATRER, v. act. Employer du plâtre à quelque ouvrage.

PLATRIER, s. m. C'est le nom de celui ou qui tire du plâtre de la terre, ou le fait cuire, le bat, et le vend aux maçons.

PLATRIÈRE, s. f. Nom qui est commun et à la carrière d'où on tire la pierre à plâtre, et au lieu où on la cuit dans les fours.

Les meilleures *plâtrières* sont celles de Montmartre près Paris.

PLEIN, adj. m. Ce mot, en architecture, exprime les parties construites et massives, dans l'élévation d'un édifice, comme piédroits, trumeaux, murs, colonnes, piliers, etc., par opposition aux parties vides, comme fenêtres, arcades, ouvertures de portes, entre-piliers, entre-colonnemens, etc.

L'accord entre les vides et les *pleins* est un des mérites de l'architecture, et une des qualités que l'artiste doit s'étudier à rendre sensibles. *Le plein*, comme on l'a vu, étant tout ce qu'on appelle *massif* dans un bâtiment, est ce qui, non-seulement en produit la solidité, mais en produit aussi et l'idée et la conviction, à l'œil du spectateur. Or, cette idée est aussi nécessaire au plaisir, que la réalité l'est au besoin. Les trop grandes légèretés peuvent étonner l'œil, mais elles importunent bientôt l'esprit; et comme jamais l'architecture ne peut, dans ses ouvrages, se séparer du principe qui les commande, savoir, un besoin quelconque, le premier de tous les besoins étant la sécurité de ceux pour qui l'édifice est fait, c'est une nécessité, pour nous plaire, que cet édifice ne nous donne aucune inquiétude.

C'est là une des raisons de l'accord du vide et du *plein* dans toute construction. La nature seule des moyens de bâtir et des matériaux, met des bornes à l'abus du merveilleux, qu'on peut chercher à produire, par l'économie des *pleins*. Cependant on a vu quelquefois l'art de bâtir avoir recours à des moyens artificiels, pour se procurer le plus de vides possibles. Mais ces tours de force, lors même qu'on est rassuré sur l'effet de la solidité, ont toujours l'inconvénient de laisser dans l'esprit un sentiment d'inquiétude.

On peut se convaincre de la réalité de ce sentiment dans certaines constructions, telles que celles des ponts, où plus d'une sorte de raison, soit celle des crues d'eau, soit celle du peu de hauteur des berges, obligent ou de donner plus d'évasure aux arches, ou d'en surbaisser le cintre, par conséquent d'y augmenter le vide et d'y diminuer le *plein*, autant qu'il est possible. Comme, soit dans la réalité, soit surtout pour les yeux, la ligne des arcs surbaissés offre une moindre idée de durée et de solidité, il est certain que l'on préfère la forme de voûte plein-cintre, où le *plein* et le vide sont dans un meilleur accord.

Dans les façades de maison, il faut également observer un rapport entre le vide des fenêtres, et le *plein* de leurs trumeaux. On ne parle ici que des maisons qui permettent de s'occuper du bon goût. Rien à prescrire pour toutes celles que des projets de location, de commerce, de convenances locatives, font élever, partout où on ne s'occupe d'autre intérêt que de celui de l'argent. Les maisons dont on parle n'appartiennent plus à l'architecture. Ce sont des espèces de cages, où l'on voudroit que les *pleins* n'eussent d'épaisseur que celle des grilles. En général, la moindre largeur des *pleins* qui forment les trumeaux, devroit être égale à celle des vides qui forment les fenêtres. En Italie, les *pleins*, dans les façades des palais, ont ordinairement beaucoup plus, et rien ne donne un plus bel aspect à la masse générale. Il est toutefois quelques palais, où les trumeaux ont tant de largeur, que l'idée de tristesse pour l'intérieur, et de pesanteur à l'extérieur, vient dénoncer à l'œil et à l'esprit cette sorte d'excès, et en fait sentir ainsi l'abus.

C'est dans les intérieurs d'églises, que l'harmonie entre le *plein* et le vide, contribue particulièrement au bon effet que l'œil en attend. Généralement, et on doit le dire, l'excès du vide dans ces intérieurs, a l'avantage de les faire paroître plus spacieux qu'ils ne sont; et comme la grandeur est une des qualités que nous desirons trouver aux œuvres de l'architecture, nous sommes portés à pardonner le vice même, auquel nous devons le sentiment de l'admiration, ou plutôt de l'étonnement.

Dans plus d'un article de ce Dictionnaire, mais surtout au mot NEF (*voyez* ce mot), l'on a fait sentir la supériorité des intérieurs formés de colonnes, sur ceux qui se composent d'arcades, de piédroits et de portiques. Ce dernier genre de construction ou de disposition nécessite des massifs, qui empêchent l'œil de parcourir toute l'étendue de l'espace, lorsque les percés, bien plus multipliés par les vides nombreux des entre-colonnemens, donnent à la vue la liberté de parcourir sans obstacle, toutes les superficies du terrain. Ajoutons que cette multiplicité même de supports légers, que l'on ne sauroit en quelque sorte dénombrer, donne l'idée et fait naître la sensation de l'indéfini, lorsqu'au contraire, le petit nombre des piédroits des arcades, dans une nef, et dont on fait l'addition en un clin d'œil, produit une impression bornée. Ceci est une affaire d'instinct, mais l'instinct qui est le premier juge de ces sortes d'impressions, doit être aussi consulté, par celui qui recherche les principes de la théorie du beau dans les arts.

A l'article NEF, nous avons toutefois rendu compte aussi des raisons qui s'opposent, dans le système des grandes églises voûtées, soit à l'emploi des colonnes, à la manière des Anciens, qui ne voûtèrent point les intérieurs des grands temples, soit à la pratique des piliers, selon la manière des Gothiques, qui ne se permirent de grands vides, dans les intérieurs de leurs églises, que par le moyen des voûtes d'arête et des arcs-boutans extérieurs.

Lorsque dans une église, comme celle de Saint-Pierre à Rome, en se plaignant que le *plein* dans les supports semble l'emporter sur le vide, on regrette le système des colonnes, on ne fait pas attention, que si l'on y perd l'espèce de grandeur qui résulte d'un dégagement des entre-colonnemens, on a, en remplacement, une autre sorte de grandeur, qu'il faut seulement évaluer, non en détail, mais en masse. Effectivement, l'accord du *plein* avec le vide n'y est pas moins sensible; mais il existe entre les masses des piédroits des arcades, et l'extraordinaire ouverture de ces arcades, entre les massifs énormes, si l'on veut, des piliers de la coupole, et le vide immense de cette coupole.

PLI, s. m. On appelle ainsi, dans la construction, l'angle rentrant, comme on appelle *coude*, ce qui produit un angle saillant dans la continuité, par exemple, d'un mur.

PLINTHE, s. f. Ce mot est dérivé du grec *plinthos*, qui signifie une brique, soit qu'on ait ainsi appelé une *plinthe* par simple analogie de ressemblance, soit parce qu'anciennement on auroit placé sous les colonnes, peut-être lorsqu'on les faisoit en bois, ou des briques ou de grandes dalles de terre cuite.

Il est assez reçu que tout corps qu'on place

perpendiculairement, doit avoir un empatement, un corps qui le reçoit, et qui en forme le pied. Les monumens, les maisons, ont des soubassemens qui leur servent en quelque sorte de *plinthe*. Les colonnes ont des bases et des piédestaux, les piédestaux et les bases ont des *plinthes*.

La *plinthe*, dans le langage technique ou didactique de l'architecture, est aussi ce que les Italiens appelent *zocc o*, et qu'on nomme en français *socle*; elle représente en quelque sorte la *semelle* de l'ensemble qui s'élève dessus. C'est sur elle que posent les moulures dont se compose la base.

On appelle :

Plinthe arrondie, celle dont le plan est circulaire, ainsi que le tore. Telle est celle que Vitruve donne au Toscan. Il y a plus d'un exemple de *plinthe* circulaire, et on comprend qu'il peut y avoir aussi plus d'une raison de la faire ainsi, selon les endroits où il peut être expédient de supprimer les angles quelquefois incommodes d'un plateau quadrangulaire.

Plinthe de figure. *Plinthe* qui n'est qu'une base plate, ronde ou carrée, pour porter une statue.

Plinthe de mur. Moulure plate et haute, qui, dans les murs de face, marque les planchers, et sert à porter l'égout d'un chaperon de mur de clôture, et le larmier d'une souche de cheminée.

Plinthe ravalée, celle qui a une petite table refouillée, quelquefois avec des ornemens, comme postes, guillochis, entrelas, etc. Il y a de ces *plinthes* à beaucoup de palais de Rome, entr'autres au palais Farnèse.

PLOMB, s. m. Métal d'un blanc bleuâtre, mou de sa nature, et le plus pesant après l'or.

Le *plomb* est brillant lorsqu'il est fraîchement coupé, mais il devient d'un gris mat lorsqu'il a été quelque temps exposé à l'air. Il se fond aisément; il est ductile, malléable, flexible, et dèslors susceptible de se prêter à toutes sortes de formes.

Le *plomb* a dans les bâtimens un très-grand nombre d'emplois. Il sert sous toutes sortes d'épaisseurs, pour les enfaîtemens des combles et des lucarnes, pour les noquets, les revêtemens des lucarnes et œils-de-bœuf, et de beaucoup d'autres ouvrages de charpente. On en fait les chênaux, bavettes, descentes, canons ou gouttières, arêtiers, amortissemens. Il forme, par la facilité des soudures, les superficies les plus étendues, et on en couvre les terrasses.

Le *plomb* sert, dans l'hydraulique, à faire les conduits et les tuyaux, à revêtir l'intérieur des réservoirs et conserves d'eau.

On façonne le *plomb* de deux manières. La première consiste à le couler sur le sable, mais avec ce procédé on ne peut jamais être certain de donner à ces tables une épaisseur parfaitement égale. L'autre manière est de le laminer; le *plomb* ainsi réduit en table, acquiert la plus grande égalité d'épaisseur.

Les plus grandes tables de *plomb* laminé, ont 4 pieds 8 pouces de large, sur 30 pieds de long, ce qui, dans l'emploi qu'on en fait, épargne beaucoup de soudures.

Les différentes manières de façonner le *plomb*, et les nombreux usages auxquels on l'emploie, lui ont fait donner diverses dénominations.

On dit :

Plomb blanchi. C'est celui qui est étamé ou coloré avec de l'étain, comme le fer-blanc.

Plomb d'enfaîtement, est un bout de table de *plomb*, qui surmonte le faîte d'un comble couvert d'ardoise. Il doit avoir une ligne d'épaisseur au moins, et une ligne et demie au plus, sur 18 à 24 pouces de large.

Plomb coulé sur toile, est celui qui est coulé en table très-mince sur une toile de coutil.

Plomb en culot, est le vieux *plomb* refondu, qu'on laisse refroidir dans la cuillère, d'où lui vient cette dénomination.

Plomb en saumon ou navette. C'est le *plomb* neuf tel qu'il vient des mines, en masses d'environ 2 pieds de long, qui pèsent depuis 120 jusqu'à 200 livres.

Plomb de revêtement, celui qui est façonné en table d'une ligne d'épaisseur, et dont on couvre la charpente des dômes, des lanternes, des lucarnes, des œils-de-bœuf.

Plomb de vitres. On nomme ainsi le *plomb* qui est façonné par petites bandes, dans une lingotière, et qu'on fait ensuite passer par le tire-*plomb*, d'où il sort en verge à deux rainures. Il sert aux vitriers, pour contenir les vitres de différentes formes, qui, principalement dans les grands vitraux des anciennes églises, composent les panneaux de leurs compartimens.

PLOMB-D'OUVRIER. C'est le nom qu'on donne à un petit cylindre, d'un métal quelconque, percé suivant son axe, à travers lequel on passe une ficelle, ou cordelette, pour le tenir suspendu. On y joint une petite plaque, que l'on appelle *chas*, du même métal, et de même diamètre que le cylindre, et percé dans son centre, par où passe aussi cette ficelle. Tous les ouvriers qui sont obligés de poser leur ouvrage perpendiculairement à l'horizon, se servent à cet effet du *plomb* qu'on vient de décrire. Toutefois le *plomb* des charpentiers n'a point de *chas*. Il est plat et en forme de rose à jour.

On nomme *plomb* cet instrument, parce qu'il est fait ordinairement de ce métal, plutôt que de tout autre.

PLOMBÉE, s. f. On donne quelquefois ce nom à une ligne qui est *à-plomb*.

PLOMBER, v. act. C'est poser le plomb sur la face d'un mur, ou d'un lambris, pour juger de sa position, soit verticale, soit inclinée.

PLOMBER. (*Jardinage.*) On dit *plomber* un arbre. C'est, après qu'il est planté d'alignement, et comblé jusqu'au niveau du terrain, peser du pied sur la terre qu'on a jetée autour de sa souche, pour l'affermir dans sa position.

PLOMBERIE, s. f., est, ou l'art d'employer le plomb, de le fondre, de le travailler, ou le lieu dans lequel ce métal se travaille.

PLOMBIER, s. m. Nom qu'on donne à celui qui emploie le plomb, le coule, le façonne et le met en œuvre.

PLUMÉE, s. f., est l'action de dresser les bords du parement d'une pierre, avec la règle et le marteau, pour la dégauchir. On dit *faire une plumée*.

PLUTEUS. Vitruve appelle ainsi une espèce de petit mur d'appui, ou de balustrade, qu'on plaçoit en avant des portiques des temples et entre les colonnes. Ces petites défenses d'enceinte se faisoient, à ce qu'il paroît, en bois ou en menuiserie, si on peut le conjecturer d'après une des peintures d'architecture arabesque, pl. 41 des *Peintures d'Herculanum*, où il semble que le *pluteus* qu'on y voit, offre une porte d'entrée mobile.

PNIX. On appeloit ainsi, à Athènes, le lieu où les citoyens s'assembloient pour choisir leurs magistrats. Il étoit situé près de l'Acropole, sur la pente d'une colline, presqu'en face de l'Aréopage. Sa disposition étoit fort simple. Le devant consistoit en un mur qui formoit la courbe d'un ovale, et du côté opposé, le *pnix* étoit taillé dans le roc, de sorte que les trois côtés, ou murs naturels, s'unissoient en angle obtus. Dans les plus anciens temps, le *pnix* étoit sans ornemens. Par la suite on le décora de statues, et l'on s'en servit en place d'Odéon.

PODIUM. Ce mot signifie généralement un piédestal continu, et en particulier, la saillie du petit mur qui entouroit l'arène de l'amphithéâtre, qui formoit une espèce de galerie ou d'aile, et qui, à partir de l'orchestre, ressembloit à un piédestal continu, à cause de la plinthe, et de l'espèce de corniche dont il étoit orné.

Dans l'amphithéâtre et dans le cirque, on donnoit le nom de *podium* à une certaine place qui avoit assez de largeur pour contenir plusieurs rangées de siéges placés les uns derrière les autres. C'étoit là que se plaçoient les premiers sénateurs, et les principaux magistrats, sur leurs chaises curules.

PŒCILE, du mot grec *poikilos*. Ce fut, à Athènes, le nom d'un portique célèbre, qui ne fut ainsi appelé, que depuis qu'il eut été orné des peintures de Polygnote et de Micon; car le mot grec exprime l'idée de varié de couleurs et d'ornemens. A ce portique on avoit suspendu les boucliers que les Athéniens avoient pris à ceux de Scio et à leurs auxiliaires. On y voyoit aussi ceux qu'on avoit enlevés aux Spartiates.

Le *pœcile* d'Athènes ne fut pas le seul portique ainsi nommé. A Sparte il y en avoit un décoré de même; et un portique ainsi orné et appelé du même nom, étoit à Olympie, dans le bois sacré de l'Altis.

POÊLE, s. m. Les Romains connoissoient des sortes de *poêles* pour échauffer leurs chambres et les autres appartemens de leurs maisons. C'étoient des fourneaux bâtis sous terre, dans la longueur des gros murs, ayant des tuyaux qui répondoient à chaque étage, et aux chambres qu'on vouloit échauffer. *Voyez* HYPOCAUSTE et CHEMINÉE.

C'est encore ainsi que, dans les pays du Nord, se pratiquent les *poêles* des grandes maisons. Un seul foyer souterrain distribue la chaleur dans toutes les parties du bâtiment. De pareils *poêles* doivent être bâtis et distribués, en vue des communications des tuyaux de chaleur.

Plus ordinairement, dans les pays moins froids, le *poêle* est un fourneau de terre cuite ou de métal, monté à demeure dans une pièce, ou placé de manière à être mobile, sur des pieds de fer, qui l'isolent, par en bas, du plancher ou du sol au-dessus duquel il s'élève, ayant vers sa partie supérieure, un tuyau par lequel s'échappe la fumée du feu qu'on y fait.

Il y a des *poêles* construits de façon que la bouche par laquelle on introduit le bois, est dans la pièce voisine, c'est-à-dire, que le *poêle* peut échauffer les deux pièces à la fois. Cela a lieu en bâtissant le *poêle* contre une cloison que l'on perce. Du reste, toutes sortes de diversités de construction ont lieu à cet égard, soit pour la distribution des bouches de chaleur, soit pour la conduite de la fumée, ou, pour mieux dire, du tuyau par où elle s'échappe.

On peut en dire autant des formes et de la décoration des *poêles*. Il s'en fait en forme de piédestaux, surmontés de colonnes qui renferment le tuyau; d'autres s'élèvent sous la forme d'obélisques. Le fer fondu, ou la terre cuite ou émaillée qu'on emploie en carreaux à leur fabrication, reçoivent aussi des ornemens de tout genre, qu'il est inutile de décrire.

POINÇON, s. m., ou **AIGUILLE**, s. f. On

appelle de l'un ou de l'autre de ces noms, la pièce de bois debout, assemblée avec les arbalêtriers ou les jambes de force, dans une ferme de comble. C'est aussi, dans les vieilles églises, qui ne sont pas voûtées, une pièce de bois à-plomb, de la hauteur de la montée du cintre, qui étant retenue avec des étriers et des boulons, sert à lier l'entrait avec le tirant.

On nomme encore *poinçon* l'arbre d'une machine, sur lequel elle tourne verticalement, comme dans une grue, un gruau, etc.

Poinçon est aussi un outil fait d'un morceau de fer carré, de vingt-quatre à trente pouces de longueur, diminué en pointe carrée, par une extrémité qui est acérée, et dont se servent les tailleurs de pierre ou les maçons, pour faire des trous.

POINT, s. m. Est et se définit mathématiquement, ce qui n'a ni longueur, ni largeur, ni épaisseur.

Comme la science mathématique ne trouve de place ici, qu'autant qu'elle est liée à l'architecture, nous ne parlerons du *point*, que relativement à cet art.

Dans les dessins d'architecture, le *point* est ou un petit trou qu'on fait avec la pointe du compas, sur le papier, ou l'impression qu'y laisse la pointe d'un crayon ou d'une plume.

On se sert de *points*, dans les plans, pour marquer les alignemens, les objets qui ne sont pas dans le même niveau, comme les corniches d'appartement, etc.

On appelle *points longs* ou *courans* les petites lignes, en manière de hachures, qui, sur les plans, servent à marquer les plans, les sillons des terres labourées, et les couches de potager.

POINT D'ASPECT. C'est le lieu d'où l'on voit avec le plus d'avantage un édifice, une ville, un site quelconque. Toutes ces choses se présentent autrement à l'œil, lorsqu'on les voit d'un côté ou d'un autre, de bas ou d'en haut, en rapport avec un objet ou avec un autre, de près ou de loin.

Un édifice ne sauroit, dans son ensemble et dans ses détails, correspondre à un seul *point d'aspect*, qui leur soit également favorable. Là est l'erreur de ceux qui se plaignent souvent de certains détails, qui ne sauroient faire leur effet du *point* de distance où il faut se placer pour jouir de l'effet du tout.

Par exemple, on vous donnera pour règle assez générale, de prendre le *point d'aspect* d'un monument, ou de vous placer à une distance qui soit égale à la hauteur de ce monument.

Ainsi, si l'on veut juger de l'ensemble de l'église des Invalides, comme sa hauteur est de trente-cinq toises, il conviendra d'abord de se placer à un *point* distant de la même étendue. Venant ensuite à l'ordonnance de sa façade et de son portail, on restera à une distance de cette partie de l'édifice qui sera égale à sa hauteur, laquelle est d'environ seize toises. Enfin, si l'on veut examiner les profils et le goût de sculpture de cette ordonnance, on ne doit plus s'éloigner que d'une distance dont la mesure soit égale à l'élévation de l'ordre dorique, laquelle est de sept toises et demie. Si l'on s'approchoit davantage, on ne verroit plus le développement naturel des objets qui se montreroient en raccourci.

Le *point d'aspect*, dont on parle ici, n'a rien de commun avec ce qu'on appelle, dans la perspective des objets peints d'un tableau, le *point de vue*, qui doit y être déterminé d'après des principes et par des procédés qui sont étrangers à l'architecture. On appelle ici *point d'aspect* celui qu'on oppose au *point vague*, d'où regardant un bâtiment dans une distance indéterminée, on ne peut que se former une idée relative de la grandeur de sa masse, par comparaison aux autres édifices qui lui sont contigus.

POINT DE VUE. Ce n'est autre chose, par rapport à l'architecture, qu'un *point* fixe dans la ligne horizontale d'un bâtiment, où se termine le principal rayon visuel, et auquel tous les autres qui lui sont parallèles, vont aboutir.

Le mot *point* s'applique encore à beaucoup de notions plus ou moins dépendantes de l'architecture. On appelle, par exemple, *points perdus* trois *points* qui, n'étant pas donnés sur une même ligne, peuvent être compris dans une portion de cercle, dont le centre se trouve par une opération géométrique; ce qui sert pour les cherches ralongées.

On dit encore *points perdus*, des centres de cercle, par lesquels on trace des portions d'arc de cercle, qui, étant recroisées, forment des losanges curvilignes, qu'on distingue dans les compartimens de pavés, par les couleurs des marbres et par la variété des ornemens. Le pavé qui est sous la coupole, et dans les chapelles du Val-de-Grâce, à Paris, est fait de cette manière.

Le mot *point* entre dans beaucoup de locutions, comme lorsqu'on dit *point de centre*, qui porte sa définition, *point d'appui*, *point d'équilibre*, qui signifient le lieu précis où un corps trouve à être supporté, à se tenir sans tomber, et hors duquel il tomberoit.

POINTAL, s. m. Ce mot vient de l'italien *puntale*, poinçon. C'est toute pièce de bois qui, posée debout, sert d'étai pour soutenir une poutre, ou quelqu'autre partie d'un bâtiment.

C'est aussi particulièrement une pièce de bois, posée verticalement sur des verreins, pour relever quelque ferme de charpente, ou une travée de plancher.

POINTE, s. f., se dit, en général, de l'extrémité

trémité aiguë d'un corps quelconque; c'est l'angle ou l'encoignure d'un bâtiment, d'une île, d'un môle, d'un quai.

C'est le sommet de l'angle d'un fronton; c'est l'extrémité supérieure d'un comble, d'un clocher, d'une pyramide, d'un obélisque, etc.

On appelle *pointe de pavé* la jonction, en manière de fourche, des deux ruisseaux d'une chaussée, en un ruisseau, entre deux revers de pavé.

Pointe, est un outil de fer aigu, dont on se sert dans beaucoup d'ouvrages en pierre, marbre, etc.

Pointe de compas. C'est la partie inférieure des jambes d'un compas, et il y en a de plus d'une sorte. La *pointe simple* est celle qui est ordinairement d'acier. La *pointe au crayon* est celle qui doit, à son extrémité, recevoir un bout de crayon. La *pointe à l'encre* est faite en manière de plume. La *pointe courbe* est celle qui forme une portion de cercle dans les compas des appareilleurs et des ouvriers, pour prendre des épaisseurs et mesurer des diamètres.

Pointe de diamant, se dit des pierres qui, dans les paremens à bossage, sont taillées à facettes, comme des diamans.

POINTER, v. act. On dit *pointer une pièce de trait*. C'est, sur un dessin de coupe de pierre, rapporter avec le compas, le plan ou le profil au développement des panneaux. C'est aussi faire la même opération en grand, avec la fausse équerre, sur des cartons séparés, pour en tracer les pierres.

POINTES, s. f. pl. Ce sont des clous longs et déliés, avec une petite tête ronde, qui servent à attacher les targettes, les verroux, etc., et dont on ferre les grandes fiches.

POITRAIL, s. m. Grosse pièce de bois, comme une poutre, destinée à porter, sur des piédroits, ou jambes étrières, un mur de face, les trumeaux d'une maison, ou un pan de bois.

POLA, ville antique, et autrefois une des plus considérables de l'Istrie, a conservé beaucoup de vestiges de son ancienne splendeur. Elle fut jadis le centre d'une république, comme l'atteste l'inscription RESPUBLICA POLENSIS, gravée sur la base d'une statue élevée à l'empereur Septime-Sévère, inscription que l'on voit encore à l'entrée de l'église de *Pola*.

Le monument qu'on aperçoit de plus loin en arrivant par la mer, sur le bord de laquelle il paroît situé, est l'amphithéâtre, dont les murailles extérieures sont encore entières. Sa forme est semblable à celle de tous les monumens de ce genre. Il a trois étages, dont chacun est percé de soixante-douze arcades, en tout deux cent seize. Il ne reste que la cage de l'édifice. Il est flanqué de quatre contre-forts, c'est-à-dire, de quatre montans en saillie et de la même ordonnance, dont nous avons rendu compte à l'article AMPHITHÉATRE, et que nous avons expliqués par la supposition qu'ils étoient la cage de quatre escaliers de bois qui conduisoient par-dehors aux divers étages des gradins, qu'on croit aussi avoir été faits en bois. On pense généralement que les pierres dont ce monument est bâti, ont été tirées des carrières de l'Istrie; quoiqu'elles soient fort belles, et encore très-saines, elles ne paroissent pas être du genre de celles qu'on nomme *pierres d'Istrie*, espèce de marbre assez rare, et dont on fait des colonnes précieuses.

La ville de *Pola* a conservé l'ensemble de deux temples qui étoient placés parallèlement et en pendant l'un avec l'autre. De ces deux temples, l'un a perdu les colonnes de son péristyle; l'autre est encore entier, et son inscription apprend qu'il étoit dédié à Rome et à Auguste. Il a douze pieds de large, sur à peu près vingt-quatre de longueur. L'intérieur de la *cella* fait la moitié de la longueur; l'autre moitié est pour le *pronaos* et le péristyle, lequel se compose de quatre colonnes en avant, de deux en retour, en comptant deux fois celles des angles, sans compter les pilastres des autres. C'est précisément ce que Vitruve appelle un *temple prostyle*.

L'ordre est corinthien; les chapiteaux sont ornés de feuilles d'olivier, et leurs caulicoles sont recouvertes de feuilles de chêne. Les faces de l'architrave vont en diminuant de largeur du bas en haut; elles ne sont point d'à-plomb, mais elles vont par retraite en montant. On voit, dans le fronton de devant, une sorte de médaillon, et le fronton de derrière en a un semblable. Cette dernière face est beaucoup plus simple que celle de devant. Dans le pourtour de l'édifice règne une frise très-belle, sculptée en enroulemens de feuillages, et l'on pense que cette architecture est digne du siècle d'Auguste. Les colonnes de cet édifice sont, autant qu'on en peut juger, d'une espèce de brocatelle, qui ressemble à la brèche d'Égypte. Le reste du temple est de marbre blanc. Au frontispice, et de chaque côté de l'inscription, est sculptée une Victoire ailée, tenant une colonne.

Quelques ruines, auxquelles l'opinion populaire donne le nom de *palais de Julie*, présenteroient une obscurité difficile à percer, s'il falloit deviner à quelle Julie cet édifice auroit appartenu. Quoi qu'il en soit, il n'en reste plus que quelques pierres éparses, auxquelles on auroit fait peu d'attention, sans la tradition qu'on a rapportée sur l'ancienne destination de ces ruines; l'architecture d'ailleurs en est tellement effacée, que l'on ne sauroit tirer de son style la moindre conjecture sur l'âge qui la vit élever.

Il y avoit encore à *Pola* un théâtre dont il

reste peu de vestiges. On le détruisit presqu'entièrement pour en construire la forteresse actuelle, dont les murailles sont formées de ses matériaux, et d'où Serlio a tiré les détails qu'il a donnés de ce monument. Il fut, comme la plupart des théâtres antiques, construit sur le penchant d'une montagne.

Mais un reste d'une belle conservation, est l'arc de triomphe qu'on appelle *Porta aurea*, et que l'on met aujourd'hui au nombre des portes d'entrée de la moderne *Pola*.

Ce beau monument a une seule arcade en plein cintre, accompagnée, de chaque côté, par deux colonnes corinthiennes, portant un entablement qui fait ressaut. C'est dans l'espace compris en retraite au-dessus du cintre, qu'est placée l'inscription qui annonce que c'est une *Salvia Posthuma*, qui, à ses frais, fit ériger cet arc à Sergius Lépidus, édile et tribun militaire de la vingtunième légion.

Nous avons appelé, selon l'usage, ce monument *arc de triomphe*; tout cependant porteroit à croire qu'il ne fut, comme plusieurs autres, qu'une sorte de monument honorifique, sous une forme déjà consacrée; mais cette discussion alongeroit par trop cet article.

Au-dessus de l'entablement s'élève un attique, avec trois socles, qui ont dû servir à porter des statues. A en juger par les inscriptions, sur celui du milieu devoit être la figure du Romain pour qui le monument fut fait. A droite, étoit celle de son père Lucius Sergius, édile et décemvir; à gauche, celle de son oncle Cneius, également édile et décemvir pour cinq ans. C'est sur la face qui regarde la ville qu'on lit ces inscriptions: de ce côté, l'architecture est entièrement à découvert, et l'on en jouit parfaitement. La façade extérieure, celle du côté de la campagne, étoit semblable; mais elle est obstruée par les vieilles murailles de l'enceinte moderne, en sorte que l'on n'aperçoit que les chapiteaux des colonnes et une partie du cintre de l'arcade.

Généralement le style de cette architecture est pur, noble et de bon goût; les ornemens, au lieu d'y être prodigués, comme on l'a remarqué à l'arc d'Orange, y sont au contraire ménagés avec beaucoup de goût. L'entablement est d'un fort beau profil, et la sculpture est répartie dans la frise avec discrétion. Le dessous du cintre de l'arc est orné de caissons en losanges, et les montans des piédroits offrent une disposition très-élégante d'ornemens en rinceaux.

On a déjà fait observer, à l'article ARC DE TRIOMPHE, qu'il falloit se garder de croire, comme quelques-uns l'ont fait, que les colonnes adossées de l'arc de *Pola* soient accouplées. Le dessin de Serlio a pu, sur ce point, induire en erreur; mais les dessins des nouveaux voyageurs démontrent que les colonnes de face sont séparées entr'elles par un espace de près d'un entre-colonnement. Leurs bases sont également éloignées, au lieu d'être contiguës. Quant aux colonnes latérales, il ne peut y avoir lieu, sur ce point, à aucune incertitude.

POLI, POLIMENT, s. m. Le *poli*, dans les matières, est le résultat du *poliment* qu'on leur fait subir, lequel donne le lustre et l'éclat aux marbres, aux pierres rares et dures qu'emploient la sculpture et l'architecture.

POLIR, v. act. En général, c'est enlever, par le frottement, les inégalités que le travail de l'outil laisse nécessairement sur les matières.

Chaque sorte de matière se *polit* avec des substances différentes. Le fer se *polit* avec l'émeril, le bois se *polit* avec la peau de chien, la pierre ponce; la pierre se *polit* avec le grès pulvérisé et le sablon. On *polit* les marbres et les pierres dures avec la pierre ponce, la peau de chien, l'émeril, la cire, et d'autres procédés plus ou moins lents.

Le poli, qui ajoute aux belles matières une beauté nouvelle, contribue encore à leur conservation. Il est certain qu'un marbre qui a reçu le poli, non-seulement garde plus long-temps l'agrément de ses couleurs, mais oppose à l'humidité, à la poussière et à d'autres causes de destruction, beaucoup plus d'obstacles. L'effet naturel du poli est de resserrer les pores de la matière, et si, pour opérer ce poli, ou pour l'achever, on a mis en œuvre le frottement de cire, par exemple, alors l'action des causes atmosphériques a moins de prise sur elle, l'eau et la poussière y glissent, et sa superficie se trouve préservée de tous les inconvéniens qu'éprouve la pierre mal polie. On sait que ce qu'on prend souvent pour de simples ordures sur les marbres noircis et exposés aux intempéries de l'air, n'est autre chose que la germination d'un lichen très-fin, qui prend racine dans les pores de la matière, que l'humidité y entretient, qui s'y propage, et finit par l'altérer de plus d'une manière.

Les Anciens, dans les ouvrages de tous leurs arts, furent très-exacts à leur donner tout le poli dont ils sont susceptibles. Lorsque la pierre, par sa nature, ne comportoit pas un poli qui lui fût propre, ils y passoient des couleurs, ou ils la revêtoient d'enduits fort minces de stuc, qu'ils *polissoient* avec le plus grand soin, et qu'ils coloroient ensuite.

On ne sauroit dire aussi combien le poli qu'on donne aux pierres, dans les édifices, ajoute de précieux à l'architecture, de pureté à tous les détails, et contribue à en rendre l'aspect agréable.

POLLAIOLO (Simon), surnommé le *Cronaca*, architecte florentin, né en 1454, mort en 1509.

Obligé fort jeune encore de quitter Florence, il alla à Rome, où un goût naturel, qu'il avoit pour l'architecture, lui fit embrasser les études de cet art. Il y eut pour maître l'antiquité qui, à cette époque, se montroit encore dans une multitude de restes et de fragmens d'édifices bien conservés. Il se mit à les mesurer, les dessiner, et devint, par ses recherches et par des travaux continus en ce genre, un digne imitateur des Anciens.

De retour à Florence, il ne s'entretenoit que de monumens antiques, il en faisoit l'objet de toutes ses conversations. De là lui vint le sobriquet de *Cronaca*, sous lequel il est beaucoup plus connu.

Sa réputation le fit bientôt choisir par Philippe Strozzi pour continuer le magnifique palais commencé par Benedetto da Mayano, qui avoit quitté Florence lorsque le *Cronaca* y arrivoit. C'est à lui qu'on doit la façade de ce palais, une des plus grandioses de toute la ville, et particulièrement le superbe entablement qui le couronne, le plus beau qu'on eût vu jusqu'alors, et qui peut être n'a encore été surpassé par aucun autre. Aussi passe-t-il pour être un ouvrage classique en son genre, et on ne lui oppose guère que celui du palais Farnèse, à Rome, par Michel Ange. Ce ne fut pas une chose facile que d'imposer à une masse colossale, comme celle du palais Strozzi, un entablement qui joignît, à un juste accord dans les proportions, la noblesse des formes et la pureté des détails. *Cronaca*, il est vrai, en avoit emprunté le dessin et l'idée à un des plus beaux fragmens d'entablemens antiques, dont Rome lui avoit offert le modèle. Mais, comme le remarque judicieusement Vasari, si rien n'est plus facile, en architecture, que de copier l'antique, rien n'est plus difficile que de s'imiter. Or, il ne se trouve presque jamais que l'ordonnance et la composition d'une partie d'édifice puissent se transporter identiquement sur un autre. Mille raisons, mille circonstances rendent donc toute copie moralement impossible.

Pour le prouver, le même Vasari cite l'exemple de Baccio d'Agnolo, qui voulut, à l'instar de *Cronaca*, placer, sur une façade de palais, le bel entablement antique, qu'on appelle, à Rome, du frontispice de Néron; mais le palais étoit petit, et l'entablement se trouva colossal; ce qui fit l'effet d'une énorme coiffure sur une petite tête: *sopra un capo piccino una gran beretta*. Il ne sert de rien, continue l'écrivain florentin, de s'excuser en disant qu'on a copié l'antique, parce qu'il y a dans toutes ces choses des rapports qu'on ne sauit point avec le compas, et dont l'œil, conduit par le goût, est le seul juge.

Cronaca travailloit à Florence dans un temps où l'ambition des Grands étoit de faire vivre leur nom par des constructions capables de braver les siècles. Plus de trois siècles ont effectivement passé sur le palais Strozzi, et cet espace de temps semble avoir déjà prouvé que le temps n'a presque point de prise sur de semblables masses. Les faces extérieures de ce palais sont en bossages énormes et de la pierre la plus dure; sur un soubassement de trente-quatre pieds de haut, percé de huit petites fenêtres, quatre de chaque côté de la porte, s'élèvent deux étages séparés par un bandeau orné de denticules, ayant chacun de vingt-huit à vingt neuf pieds de hauteur, et percés de neuf grandes arcades, formant les fenêtres dont le vide, occupé par une colonne, sépare chaque fenêtre en deux. Pour mieux laisser briller son entre-colonnement, *Cronaca* eut l'attention de ménager entre lui et les rangs de bossages, deux assises lisses, qui offrent à l'œil un repos, et aux ornemens des profils une opposition. L'entablement a six pieds dix pouces de hauteur.

Vasari se plaît à vanter le soin que l'architecte apporta dans sa construction, pour en lier les pierres, en pondérer les masses et en rendre l'assemblage indestructible. Le même soin, dit-il, régna dans l'appareil et l'exécution de toutes les pierres. Tout y fut traité avec une telle perfection d'assises et de joints, qu'on croiroit que le palais est d'un seul bloc.

La cour et l'intérieur de ce palais ne paroissent pas répondre à la grandeur de la masse extérieure; mais ce manque d'accord ne doit point s'attribuer à *Cronaca*. Quoiqu'il puisse passer pour avoir été l'architecte de toute l'élévation, cependant il fut forcé de s'accommoder aux premières dispositions de Benedetto da Mayano. S'il en fut ainsi, comme Vasari nous l'apprend, ce ne sera peut-être point à *Cronaca* que s'adressera le reproche d'avoir introduit dans les trois rangs de portiques qui environnent le *cortile*, un ordre dorique entre deux corinthiens. Du reste, pour être peu spacieuse, cette cour est bien dégagée, et l'on y admire surtout la loggia en colonnes qui forment la galerie d'en haut, et soutiennent l'espèce d'*impluvium*, au-dessus duquel règne en retraite un attique de petites fenêtres quadrangulaires. D'autres critiques ont encore été faites, tant des escaliers qu'on trouva trop roides, que des appartemens qui, pour le temps, parurent au-dessous de ce qu'annonçoit et devoit promettre la masse imposante de l'extérieur. Nonobstant cela, ajoute Vasari, le palais Strozzi n'en sera pas moins réputé une des plus magnifiques constructions particulières qu'on ait vues jusqu'à nos jours en Italie. Il est encore plus certain (pouvons-nous le dire) que depuis il ne s'en est fait, ni en Italie, ni ailleurs, qui puisse seulement en approcher.

Cronaca bâtit, à Florence, la sacristie de l'église du Saint-Esprit sur un plan octogone. L'ouvrage fut exécuté avec une extrême élégance, et l'on y admire la sculpture des chapiteaux, due au ciseau d'André Contucci. Dans le même temps il éleva, sur la hauteur de San Miniato, l'église de Saint-François de l'Observance, charmant édifice que Michel Ange appeloit, dit-on, sa *belle Villagroise*. Le couvent des Servites, bâti tout à côté, fut encore de son architecture, et fut très-vanté. Il n'en reste presque plus rien aujourd'hui, par l'effet des changemens et augmentations qui survinrent dans la suite.

Il s'agissoit alors de faire la grande salle du Conseil dans le palais de la Seigneurie de Florence. Les plus habiles architectes du temps, Michel Ange, Julien de San Gallo, Baccio d'Agnolo, furent admis avec *Cronaca*, pour en donner les plans, et décider des moyens de sa construction. Savonarole, alors en crédit, favorisa *Cronaca*, qui fut chargé de l'exécution. Cette salle passe pour être la plus grande de l'Italie. Il fallut y employer, pour sa couverture, des moyens de charpente extraordinaires. Depuis, elle a été restaurée et changée dans sa disposition, comme dans ses ornemens, par Vasari, qui a décrit fort en détail les améliorations qu'il y fit.

Cronaca, dans ses dernières années, s'étoit fort attaché au parti de Savonarole, et il avoit embrassé toutes les opinions de ce fanatique prédicateur. Il n'eut bientôt plus d'autres pensées ni d'autres entretiens : la mort vint l'enlever dans cet état, après une maladie assez longue.

POLLION. *Voyez* VITRUVE.

POLYCLÈTE. Le célèbre statuaire de ce nom, auquel l'antiquité, pour sa Junon colossale d'Argos, en or et ivoire, avoit donné le premier rang après Phidias, fut aussi un très-habile architecte.

Pausanias le cite comme auteur de deux monumens fort remarquables ; l'un à Epidaure, étoit un édifice circulaire qu'on appeloit *Tholos*, comme nous dirions aujourd'hui la *coupole* ou le *dôme*. Il étoit construit en marbre blanc, et dans son intérieur on voyoit des peintures de Pausias. En rapprochant les détails qu'en donne Pausanias, il étoit environné d'un péribole, où s'élevoient autrefois un grand nombre de *stèles* (cippes ou petites colonnes), sur lesquelles étoient écrits les noms de ceux que le dieu avoit guéris, la maladie que chacun d'eux avoit eue, et la manière dont il avoit été guéri. Au temps de Pausanias, il ne restoit plus que six de ces *stèles*.

Mais un édifice encore plus renommé de *Polyclète*, dans la même ville d'Epidaure, étoit le théâtre bâti sur la grande enceinte qui environnoit le temple d'Esculape. Ce théâtre, dit Pausanias, est d'une beauté très-particulière. Les théâtres des Romains (continue-t-il) surpassent véritablement tous les autres pour la magnificence des ornemens, et même pour la grandeur, sans en excepter celui de Mégalopolis, chez les Arcadiens. Mais, pour l'harmonie des parties et pour l'élégance, aucun n'approche de celui de *Polyclète*, qui fut aussi l'architecte de la rotonde dont on vient de parler.

POLYGONE (*adj. des deux genres*) ; qui a plusieurs angles et plusieurs côtés. Ce mot est plus particulièrement appliqué à la fortification des places, et est un terme d'architecture militaire.

On l'applique aussi aux figures de dessins à compartimens, et l'on dit *polygone* régulier ou *polygone* irrégulier.

Quant à l'architecture, on a, surtout depuis quelques années, employé le mot *polygone* irrégulier pour définir la taille de pierres employées dans des constructions d'une plus ou moins grande antiquité, à former des murs d'enceinte, de fortifications et autres, à paver les grandes routes, à faire des ponts, etc.

On trouve dans Vitruve l'emploi des pierres *polygones* irrégulières, sous le nom d'*opus incertum*. Cet écrivain le décrit comme un genre de maçonnerie, dans lequel de petits moellons de formes irrégulières se rapportoient à joints irréguliers, par le mortier, et formoient les paremens des massifs de maçonnerie bâtis en blocage ou à la *rinfusa*. Cet appareil de maçonnerie, Vitruve le compare à un autre qu'on appeloit *reticulatum*, ou *à réseau*, formé de petits cubes, faisant des compartimens beaucoup plus agréables à la vue, mais moins solides que les paremens de l'*opus incertum*, qui, dans le fait, n'avoit, contre lui, qu'un aspect de désordre et d'irrégularité.

Il en fut de même de l'*opus incertum*, ou appareil en grand de blocs de pierres *polygones* irrégulières. Cette sorte de construction avoit, comme celle qu'on vient de décrire, certains avantages sur l'appareil en pierres de taille régulières (*saxum quadratum*).

Le premier étoit l'économie de matière, de temps et de travail. Les pierres qu'on employoit ainsi pouvoient servir, quelles que fussent leur forme et leur dimension, rien n'obligeant à une mesure égale dans la disposition qu'on leur donnoit et dans leur liaison à d'autres pierres. Ces pierres, formées ordinairement du délitement des montagnes, avoient leurs paremens tout dressés. Il ne s'agissoit que d'ajuster leurs côtés aux angles déjà donnés par les pierres auxquelles on vouloit les associer ; et comme, dans cette sorte de bâtisse, il n'y avoit ni lits, ni assises, il suffisoit de prendre, avec la règle de plomb, les angles rentrans des pierres déjà posées, et d'en porter les lignes ou les traits sur la pierre qu'on devoit leur joindre. Ainsi toute pierre étant bonne, toute forme étant indifférente, ainsi que toute mesure, de semblables appareils ne demandoient aucun art.

Le second avantage de ce genre de construction, surtout dans les murs de fortification des villes, fut que, n'y ayant ni lits ni assises, toute brèche qu'on y pouvoit faire, en enlevant quelques pierres, ne devoit pas produire un éboulement considérable ; les pierres s'accrochant les unes aux autres dans toutes sortes de directions, formoient des espèces de voûtes irrégulières elles-mêmes, et dont les points d'appui étoient divers et multipliés.

Mais cette sorte de construction en *polygones* irréguliers, étoit d'un aspect désagréable à l'œil, qui, dans l'architecture, aime précisément qu'on lui montre une certaine régularité, compagne de l'art.

On a essayé de faire, d'une telle façon de bâtisse, le caractère diagnostique d'un peuple, d'une époque de l'art, ou d'une classe de monumens en particulier. Mais tout système, à cet égard, est aussi difficile à soutenir qu'à recevoir. S'il s'agit de peuple, on voit une pareille méthode indiquée souvent par la nature même des matériaux et par l'instinct le plus vulgaire, se produire presque par toute la terre, avec quelques différences sans doute, mais telles que toute méthode, même la plus uniforme, en comporte. Si l'on prétend que la construction en *polygones* irréguliers fut presqu'uniquement d'un certain âge, et des siècles reculés de l'art de bâtir en Grèce et ailleurs, la chose ne peut guère être douteuse, tant il entre, dans cette méthode, de cet art sans art, que l'instinct dut inspirer de tout temps aux peuples à qui la nature en fournit les moyens et les matériaux. Mais que jamais depuis, et dans des temps postérieurs, on n'ait employé cette construction; c'est ce qui, d'une part, ne sauroit être prouvé, et de l'autre, ne paroîtra point probable, surtout si l'on réfléchit que cette manière d'assembler les pierres fut constamment celle que l'on pratiqua pour la confection des voies romaines. Quelle raison auroit donc empêché de s'en servir dans des constructions verticales? En accordant que la construction par assises régulières est plus belle et plus convenable aux édifices dans lesquels on doit rechercher la beauté de l'appareil, n'y auroit-il pas eu toujours un grand nombre de cas où la recherche de cette beauté eût été inutile?

On ne sauroit encore prétendre que la construction par blocs *polygones* irréguliers n'aura été affectée qu'à un certain genre de bâtisses vulgaires, ou simplement de solidité, comme des murs de ville ou de citadelle. Un temple dit *de Thémis*, à Rhamnus, près Athènes (Voy. *Unedited Atiquities of Attica*, chap. 7, pl. II) a son *pronaos* formé d'un ordre dorique du même style que celui du Parthenon, et ses murs sont construits en blocs *polygones* irréguliers.

POLYSPASTOS. Nom d'une machine employée par les Anciens, et qui ne consistoit qu'en un seul mât incliné. C'est ce qui lui donnoit l'avantage de pouvoir être dirigée du côté où l'on vouloit porter le fardeau. L'extrémité inférieure du mât étoit fixée en terre. Pour maintenir l'extrémité supérieure, on y attachoit quatre câbles, qu'on fixoit à autant de forts pieux enfoncés dans la terre. A la partie supérieure du mât, au-dessous de l'endroit où étoient attachés les câbles, on plaçoit un moufle; un second moufle étoit lié au fardeau qu'on se proposoit d'élever, et un troisième se trouvoit au pied du mât. Les deux premiers de ces moufles avoient trois rangées, chacune de trois poulies, et celui qui étoit fixé au pied du mât avoit encore trois poulies. C'est ce grand nombre de poulies qui a fait donner à cette machine le nom de *polyspastos*.

POLYSTYLE, mot grec, composé de *polus*, plusieurs, et de *stulos*, colonne. Cet adjectif, donné à une pièce quelconque, ou à un édifice, signifie, non pas que cette pièce ou cet édifice a plusieurs colonnes, ce qui seroit commun à presque toutes les pièces, à presque tous les édifices, tant il est rare qu'il ne s'y trouve qu'une seule colonne, mais que les colonnes y sont extraordinairement multipliées.

Ainsi trouvons-nous le nom de *polystyle* donné par les anciens écrivains à ces parties des temples égyptiens, qui étoient toutes remplies de colonnes. Il eût, dans le fait, été difficile aux architectes de l'Egypte de ne pas multiplier les colonnes, dans un local sur lequel ils vouloient établir une plate-forme. N'usant, pour leurs intérieurs, ni de voûtes, ni de plafonds de charpente (*voyez* PLAFOND), et n'ayant d'autre ressource de couverture, que celle des dalles de pierre, que leurs carrières ne pouvoient leur donner que dans une dimension bornée, ils devoient, quant aux intérieurs, en remplir l'espace par des colonnes, dont les intervalles se mesuroient sur la longueur et la largeur des dalles de pierre.

Nous retrouvons encore dans les ruines de l'Egypte, ces salles *polystyles*, qui offrent comme une plantation d'arbres également espacés.

C'est aussi aux édifices arabes, à leurs plans, et surtout à celui de la mosquée de Cordoue, qu'on peut donner le nom de *polystyle* (*voyez* MORESQUE (Architecture)). Là, il se trouve, non des espèces de plantations, mais de véritables forêts de colonnes, dont l'œil ne peut apprécier le nombre.

POMME DE PIN, s. f. Fruit de l'arbre qu'on nomme *pin*. La sculpture antique fit des imitations nombreuses de ce fruit, qu'on voit sur un nombre infini de bas-reliefs, orner l'extrémité des thyrses, dont la représentation forme souvent l'ornement des frises.

La *pomme de pin* toute seule fut employée comme ornement, dans les angles de plafond des corniches dorique et ionique.

La *pomme de pin* servit à couronner les couvercles des vases, et on en fit aussi l'amortissement des édifices circulaires, qui se terminoient par une couverture voûtée.

Le plus notable exemple de l'emploi de la *pomme de pin*, comme ornement et couronnement des édifices, est celui du mausolée de l'empereur Adrien. On peut voir la restitution entière de ce monument dans l'ouvrage des *Sepolcri antichi*, par Pietro Sante Bartoli. D'après les meilleurs témoignages, et de sa masse qui est encore entière, et des restes nombreux de ses colonnes transportées dans la basilique de Saint-Paul, ce mausolée devoit se terminer par une coupole applatie que surmontoit la *pomme de pin* colossale en bronze, qui est placée au bout d'une cour du Vatican, sur le haut de la double rampe, qui est au bas de la grande niche du belvédere.

POMPE, s. f. Machine composée de tuyaux cylindriques de bois ou de métal, d'un piston et d'une soupape. On s'en sert pour puiser l'eau et l'élever.

La construction de ces machines n'est point du ressort de ce Dictionnaire. Quel que soit leur moteur, cet article ne peut faire partie que du *Dictionnaire de Mécanique*. Il n'en est question ici, que parce que les *pompes*, considérées et employées en grand, pour fournir de l'eau avec abondance, dans les grandes villes où il y a une rivière, exigent des bâtimens, où s'établit le mécanisme qui amène l'eau, et le bassin qui doit la recevoir.

Paris avoit ainsi, sur deux de ses ponts, un édifice construit pour recevoir le jeu d'une *pompe*, dont le moteur se trouvoit naturellement dans l'action du courant de la rivière, sur une roue à aubes, qui faisoit agir le piston de la *pompe*. De ces deux *pompes*, celle qui étoit à la seconde arcade du Pont-Neuf, dans le grand bras de la rivière, a disparu. Il ne reste plus que la *pompe* du pont Notre-Dame.

On a, depuis quelques années, remplacé ce genre de *pompes*, qui embarrassoit la rivière, par les *pompes* à feu, et dont le moteur est la vapeur d'eau. Plusieurs *pompes* semblables sont établies sur les bords de la rivière, dont l'eau, par un canal, est introduite dans un grand bassin, où elle s'épure, et d'où le jeu de la *pompe* l'élève dans un autre bassin. De là elle est répartie en divers tuyaux qu'on dirige selon les besoins des différens quartiers.

Ces nouvelles machines hydrauliques ont donné lieu à quelques édifices de peu d'étendue, mais d'une construction simple et de bon goût. Tel est celui qu'on apelle la *pompe* à feu de Chaillot, situé sur le quai de ce nom. Le style de ces bâtimens, qui n'exige ni fenêtres, ni ouvertures, doit tenir de celui qu'on affecte aux réservoirs, ou à ce qu'on appelle des *châteaux d'eau*.

POMPEIA. Ville antique de la Campanie, voisine d'Herculanum, et qui fut ensevelie sous les cendres du Vésuve.

A l'article HERCULANUM, nous avons déjà dit que l'éruption de l'an 79 ne fut pas la seule cause de la destruction de *Pompeia*. Un tremblement de terre avoit précédemment renversé ses édifices, et il paroît qu'entre cet événement et celui de la grande éruption, il s'étoit écoulé un espace de temps pendant lequel les habitans, rentrés dans leur ville, avoient pu en restaurer plusieurs édifices. Il est également prouvé que *Pompeia* ne fut pas entièrement couverte, en 79, par les cendres du volcan, et que dans la suite de nouvelles éruptions la dérobèrent entièrement. Mais beaucoup de ses édifices, restés plus ou moins enterrés, eurent à subir, dans tous ces intervalles, plus d'un genre de destruction, indépendant des causes naturelles.

On a besoin de quelques-unes de ces considérations pour s'expliquer les différens états de conservation ou de ruine dans lesquels se retrouvent aujourd'hui les restes de cette ville antique, restes toutefois des plus curieux et des plus instructifs. Nulle autre ville de l'antiquité ne nous a été conservée dans un tel état d'intégrité, et tel surtout quant aux plans, que l'architecte n'a souvent autre chose à faire que de relever ou de rachever ses élévations, sur les témoignages incontestables des parties inférieures qui en subsistent.

Les monumens de *Pompeia* appartiennent à l'architecture grecque; cependant on est forcé de convenir qu'elle ne s'y montre point dans toute sa pureté primitive, quoique d'ailleurs les édifices de cette ville ne manquent ni de simplicité, ni de noblesse, ni de grâce. Les peuples divers qui l'ont habitée tour à tour, ont dû y laisser des traces de leur passage. Mais on y sent particulièrement l'influence que dut y exercer la longue domination des Romains, chez lesquels le goût de l'architecture grecque avoit reçu plus d'une altération. Ajoutons encore que *Pompeia* ne dut être qu'une ville du troisième ordre. Or, on comprend que jadis, comme cela a lieu de nos jours, les plus célèbres artistes ne devoient travailler que pour les grandes villes. *Pompeia* n'auroit eu ni les moyens, ni les occasions d'élever de ces grands monumens où l'art peut déployer ses ressources. On y trouve bien à peu près tous les établissemens dont se composoient les grandes cités; mais on les y voit, si l'on peut dire, en diminutif, et réduits, soit pour l'étendue, soit pour la composition, soit même pour le genre ou la mesure des matériaux.

En examinant les ruines de *Pompeia* sous le point de vue de la construction, on y trouve cependant l'emploi des différens modes de bâtir, dont parle Vitruve; mais le plus ordinaire est l'*opus incertum* et la maçonnerie en briques.

Les pierres sont celles qu'on appelle la pierre de lave dure, les scories volcaniques, le tuf plus ou moins blanc, la pierre ponce blanche, la *pi-*

perno, pierre grise d'un grain rude, et quelques pierres calcaires, le travertin.

Le mortier qui lie les matériaux, quoiqu'assez abondant dans certains endroits, est cependant loin d'avoir la solidité qu'on lui trouve ailleurs; il paroît qu'il ne faut en accuser que la négligence des ouvriers.

Le cuivre, le fer et le plomb sont mis en œuvre dans les constructions, à peu près comme on le fait aujourd'hui; mais, contre la pratique la plus ordinaire chez les Anciens, l'emploi du fer est plus commun que celui du cuivre.

Le bois, outre d'autres usages, servit à faire, ainsi qu'on le pratique encore à Naples, des terrasses fort solides, quoique supportées par des pièces d'un foible diamètre et d'une grande portée. La charpente y étoit d'une grande simplicité, les bois y étoient quelquefois à peine équarris. C'étoit le plus souvent du sapin; on l'employoit de préférence, et particulièrement pour les toits qui recouvroient les cours des maisons.

Les édifices sont décorés à peu de frais, et, à l'exception de quelques pavés et des mosaiques, on ne trouve guère de marbre qu'aux théâtres.

Le stuc est employé, ou pour les ornemens, ou comme revêtement sur les enduits, et fait conformément aux procédés indiqués par Vitruve, de plusieurs couches de mortier avec de la chaux et de la pouzzolane. Le stuc, qui étoit appelé, par les Anciens, *opus albarium*, à cause de sa blancheur, ou *marmoratum*, parce qu'il imitoit le marbre, et qu'il en entroit dans sa préparation, se mettoit sur la dernière couche d'enduit. Tous les stucs n'étoient pas de la même finesse. Dans les endroits les moins apparens, et chez les particuliers pauvres, ils étoient d'une espèce inférieure.

On faisoit encore usage, à *Pompeia*, d'une composition à peu près semblable, pour former des aires sur les terrasses, dans les cours et les appartemens. Avant qu'elle fût sèche, on y incrustoit de petits morceaux de marbre de couleur, pour l'embellir; d'autres fois on méloit seulement à cet enduit, du tuileau pilé, ce qui lui donnoit l'apparence d'une espèce de granit rouge. C'est ce qu'on appeloit *opus signinum*.

Les édifices sont aussi presque tous ornés, même avec profusion, de ces pavés de mosaique, nommés *lithostrotos* par les Grecs, qui en furent les inventeurs, et que les Romains paroissent n'avoir connus que vers la fin de la république, puisque Sylla, dit Pline, fut le premier qui en introduisit l'usage.

Les peintures étoient d'un usage si général dans cette ville, qu'on peut dire qu'elle est entièrement peinte. Elles sont dans le goût de ces arabesques qui commencèrent à devenir de mode sous Auguste, et contre lesquelles Vitruve s'est élevé avec peut-être plus de raison que de goût.

Les murailles de la ville de *Pompeia* n'ont été découvertes qu'en quelques endroits, cependant on en voit assez pour prendre une idée juste de leur construction; elles sont bâties de grosses pierres taillées et posées avec beaucoup de soin. Près de la porte, on aperçoit des contre-forts intérieurs, qui soutiennent la poussée du terreplein du rempart, auquel on monte par dix marches rapides et peu commodes. Dans quelques endroits on aperçoit que ces murailles ont été réparées par des constructions en briques et de blocage.

De toutes les portes, il n'en reste plus que trois visibles, dont une seule est assez conservée. Elle consiste en trois ouvertures; savoir, une grande et deux petites latérales, qui se répètent aux deux bouts d'un long passage. Les petites portes se fermoient avec des ventaux; celle du milieu, du côté de la ville, étoit close de même, ainsi que le témoignent les trous dans lesquels tournoient les pivots; mais, du côté extérieur, elle étoit fermée par une herse. Elle est construite en briques et moellons posés par assises alternatives, et revêtue d'un beau stuc blanc.

Cette porte donne entrée sur une rue dont le pavé est formé, comme celui des voies romaines, de gros blocs polygones irréguliers, avec un petit trotoir de chaque côté; elle a, entre les trotoirs, de douze à quatorze pieds, ce qui suffisoit au passage de deux voitures, dont les roues ont laissé dans la pierre une trace assez profonde.

On trouve, avant l'entrée de cette rue, divers tombeaux, une petite *ædicula;* de chaque côté, intérieurement et extérieurement, sont placés de petits bancs de pierre. Après est un banc demi-circulaire, dont les deux extrémités sont terminées par une griffe de lion ailé. Au milieu de son cintre est placé, sur l'appui du banc, un encadrement qui contenoit autrefois une inscription. Ce banc est suivi d'un reste de tombeau, dont le soubassement est construit en grosses pierres. Plus loin s'élève le tombeau de la prêtresse Mammia. Cet édifice est décoré de colonnes engagées; il est entouré d'un appui formé de petites arcades. L'intérieur est orné de niches et de peintures. Au milieu est un massif qui sans doute portoit l'urne où étoient renfermées les cendres de Mammia. Ce tombeau est construit en moellons, les colonnes sont en briques, le tout revêtu d'un stuc assez épais.

De nouvelles fouilles ont fait découvrir, sur la voie qui conduit à la ville, de nouveaux tombeaux, mieux conservés encore que celui de Mammia. La description détaillée de ces monumens seroit la matière d'un ouvrage. Nous nous contenterons, dans cet article, d'en donner la simple énumération. On voit ainsi se succéder, sur le bord de la voie, deux tombeaux, dont aucune inscription ne désigne les personnages auxquels ils appartenoient. Le tombeau de Lucius Libella et de son fils; un tombeau sans nom; un triclinium funèbre; le tombeau de Nevolia Tychè et de Numatius; le *sepulcretum* de la famille Nistacidia; le tombeau de Calventius Quietus; un tombeau circulaire, sans nom; le tombeau de Scaurus.

S'il s'agissoit maintenant de rendre compte, en entrant dans la ville et en parcourant les rues qu'on y a déblayées, de chaque maison, dont les plans, les rez-de-chaussée, et les élévations plus ou moins conservées, permettent de retrouver les distributions et les formes, nous entrerions dans un détail auquel le discours seul ne sauroit suffire. Nous renvoyons donc le lecteur à l'ouvrage des Ruines de *Pompei*, par M. Mazois.

Quelques idées générales sur les maisons de cette ville suffiront à la courte notice que comporte cet article.

On remarque à *Pompeia*, comme dans toutes les villes, trois ordres de maisons, les unes petites, les autres moyennes, d'autres grandes et étendues.

Les maisons, à quelque classe qu'elles aient appartenu, ne paroissent avoir eu presque toutes qu'un étage à rez-de-chaussée, du moins sur la rue. Dans quelques-unes on voit, ou des restes d'escaliers, ou dans les murs, les trous qui indiquent les pièces de charpente, ou les marches de certaines montées conduisant à un petit étage, dont les fenêtres donnent sur le *cavædium*. Cette disposition des maisons, et leur manque d'élévation, pourroit s'expliquer ici par la situation d'une ville bâtie sur un terrain qui, de temps immémorial, fut sujet aux tremblemens de terre, occasionnés par le voisinage du Vésuve. Mais on voit qu'elle correspond assez bien à celle que Vitruve nous a donnée de la maison des Grecs, en général, car, d'après sa description, on ne remarque point qu'il y ait eu des étages les uns sur les autres. Cela tenoit jadis aux mœurs. Chaque famille avoit sa maison, et cette maison avoit en étendue de place, ce que, dans les usages modernes, on met en hauteur.

Cependant on remarque que beaucoup de grandes maisons, à *Pompeia*, avoient sur la rue des boutiques qui souvent ne communiquoient pas à la maison dont elles dépendoient. Ces boutiques fournissoient un revenu de location fort important.

On a facilement reconnu dans les moyennes et dans les grandes maisons de *Pompeia*, dont les rez-de-chaussée, quoiqu'à demi détruits en élévation, sont encore tout-à-fait entiers quant au plan, la plus grande similitude avec les parties qui, d'après Vitruve, composoient les maisons grecques. On y retrouve le *protyron*, le *vestibulum*, l'*atrium*, le *tablinum*, les différentes sortes de *cavædium*, dont Vitruve nous a laissé les descriptions.

Quelques-unes des principales maisons de *Pompeia* offrent encore, lorsqu'on en considère les plans, la preuve d'une fort grande intelligence dans leurs distributions, et dans l'art de faire accorder une disposition de bâtimens réguliers avec les élémens discordans d'un terrain irrégulier.

Les maisons particulières de *Pompeia* ont donné lieu, dans leurs plans, et par les restes de leur élévation, à des rapprochemens faciles à faire de leur disposition intérieure, avec les descriptions que Vitruve nous a laissées des maisons de son temps. Le texte de cet auteur, privé des figures ou dessins qui en rendoient l'intelligence facile, est demeuré en quelques endroits d'une telle obscurité, qu'on seroit parvenu difficilement à l'éclaircir, sans les découvertes de la ville de *Pompeia*.

Vitruve, par exemple, a distingué, dans la construction intérieure des maisons, cinq espèces de *cavædia* ou d'*atria*; savoir : le toscan, le tétrastyle, le corinthien, le *displuviatum* et le testudiné. En rétablissant, d'après leurs plans et des vestiges de murs ou de colonnes, le plus grand nombre des maisons de *Pompeia*, on retrouve toutes les variétés que Vitruve a établies dans cette partie de l'art des distributions intérieures.

Presque toutes les pièces d'usage, décrites ou mentionnées par les auteurs dans les maisons d'habitation, ont été retrouvées et restituées en dessin et en théorie par l'auteur des Ruines de *Pompei*. On y voit le *tablinum*, qui étoit une pièce attenante au *cavædium*. Cette pièce, à *Pompeia*, est ouverte du côté du *cavædium*, et on y trouve encore des portraits peints.

Les *ailes* étoient des pièces semblables, mais plus petites, placées à droite et à gauche de l'*atrium*. Elles étoient aussi ornées de portraits. On en voit dans presque toutes les maisons.

Dans les maisons de peu d'étendue, on logeoit les étrangers autour de l'*atrium*; mais les grandes maisons avoient un local qu'on appeloit *hospitium*.

Le péristyle, ainsi qu'on le voit à beaucoup de maisons de *Pompeia*, étoit un portique qui entouroit une cour plus grande que le *cavædium*, et entièrement découverte. On ornoit quelquefois l'intérieur de cette cour avec des fleurs et des arbustes.

Les chambres à coucher ou *cubicula* étoient presque toujours précédées d'une antichambre, appelée *procœton*. Elles n'étoient point aussi spacieuses que les nôtres, parce qu'elles ne servoient que pour dormir. On y ménageoit quelquefois une alcove pour y placer le lit.

Le *triclinium* étoit la salle à manger, qu'on appela d'abord *dieta* ou *cænaculum*. Parmi les *triclinia* qu'on voit à *Pompeia*, il en est qui n'ont jamais pu recevoir la lumière du jour nécessaire pour les éclairer suffisamment; ce qui ne doit pas étonner, puisque le principal repas se faisoit le soir, et par conséquent à la lumière des lampes.

Les

Les *œci* correspondoient à nos salons. Il y en avoit de plusieurs sortes : les corinthiens, voûtés et environnés de colonnes; les tétrastyles, qui avoient deux ordres, et un balcon ou terrasse extérieure; enfin, les cyzicènes, ordinairement situés sur le jardin, et dont les fenêtres s'ouvroient du haut en bas.

On trouvoit encore dans les maisons l'exèdre, lieu de conversation, la pinacotheca, ou galerie de tableaux; les bains, l'*ergastulum*, ou logement des esclaves, et dans le lieu le plus secret de la maison, une petite pièce que nous dirions la chapelle, et qu'on nommoit *sacrarium*

Nous avons rapporté ici cette énumération, uniquement dans la vue d'engager le lecteur à en vérifier les élémens, sur les monumens mêmes de *Pompeia* dans l'ouvrage déjà cité.

Avant de passer à la mention des monumens plus considérables que renferment les ruines de *Pompeia*, nous dirons encore un mot d'une habitation plus étendue; c'est celle que l'on connoît et qu'on désigne ordinairement sous le nom de *maison de campagne*, comme étant située à quelque distance de la ville. Elle avoit deux divisions, l'une plus élevée que l'autre. Des colonnes, ou plutôt des piliers carrés, formoient une galerie couverte autour de la cour, qui avoit quatre-vingt-quatorze pieds en carré. En y entrant on apercevoit un portique ouvert, soutenu par six colonnes. Des deux côtés il étoit entouré d'arbres, dont on a découvert encore des troncs et beaucoup de branches. L'autre division de la maison étoit la plus élégante. Les peintures dont elle étoit décorée étoient faites avec beaucoup de soin; celles surtout de la pièce principale étoient très-bien exécutées.

Le temple d'Isis est un des monumens tout à la fois les plus remarquables et les mieux conservés entre les ruines de *Pompeia*. C'est, en petit, une image assez ressemblante de ces grands temples de l'antiquité qu'entouroit une grande enceinte. Celui d'Isis étoit formé par un péribole en colonnes, presque toutes bien conservées. Au milieu de l'*area*, entourée par ce péribole, étoient des autels, et il y existe encore une petite ædicula ornée de bas-reliefs en stuc. A l'extrémité de cette *area* s'élevoit le temple, construction d'une petite étendue, à laquelle conduisoient plusieurs marches : c'étoit là sans doute le sanctuaire obscur de la déesse.

Près de là s'est conservé un édifice spacieux, qui, selon toute apparence, a servi de logement et de place d'armes aux soldats romains; c'est pourquoi on l'a appelé *le quartier des soldats*. Les colonnes de la galerie qui forme cet édifice sont d'ordre dorique sans base : elles sont hautes de onze pieds, et leur diamètre est de dix-huit pouces. Cette galerie donne entrée dans un grand nombre de chambres.

De nouvelles fouilles, exécutées dans ces dernières années, ont fait reparoître un fort grand nombre de monumens, dont la plus courte description excéderoit de beaucoup l'étendue d'un simple article de Dictionnaire. Nous terminerons celui-ci par une mention fort abrégée sur l'ensemble du *forum de Pompeia*.

Il étoit conforme, par sa disposition et dans ses détails, à la description qu'a faite Vitruve de cette partie des villes antiques.

On croit y reconnoître, 1°. les restes d'un temple de Jupiter; quelques fragmens de sa statue justifient cette hypothèse.

2°. Un temple qu'on appelle *de Vénus*, dont l'ensemble est complet et se compose d'une enceinte, d'un portique, d'un naos, etc. Quoique ce monument touche au forum par un de ses côtés, sa disposition toutefois ne s'y rattache pas.

3°. Une curie : ainsi interprète-t-on, d'après les restes de cet édifice, la destination qu'on lui suppose, et de là le nom qu'on lui donne.

4°. Un *hospitium* public. Il paroît que ce nom convient mieux au monument dont il s'agit, que celui de *panthéon* qu'on lui donne actuellement. Sa disposition, son plan et ses détails semblent indiquer un lieu de réunion pour les étrangers.

5°. Un *chalcidicum*. Selon Vitruve, ce qu'on appelle ainsi devoit être placé aux deux bouts de la basilique, lorsque le terrain le permettoit. Une inscription apprend que ce *chalcidicum* fut construit par une certaine *Eutychia*.

6°. La basilique. Sa construction est en blocage lié par un ciment de chaux et de pouzzolane recouvert de stuc. Les colonnes du grand ordre et de l'ordre engagé étoient de briques de différentes grandeurs, taillées en angle. Il ne reste que la base du grand ordre; elle est en *peperino*. Le petit ordre corinthien est tout entier de la même pierre. Tous les ordres sont couverts de stuc, et ce stuc étoit peint de diverses couleurs.

POMPEION. Edifice d'Athènes, dans lequel les ustensiles sacrés, et les choses nécessaires pour la célébration des fêtes, étoient en dépôt. On l'avoit construit à l'entrée de l'ancienne cité, du côté du port de Phalère, et il étoit embelli par un grand nombre de statues de héros. Ce bâtiment avoit été ainsi appelé, parce qu'on y conservoit ce qui se rapportoit aux pompes ou processions solennelles.

PONCE (Pierre de). Lave vitreuse qu'on emploie à unir et à polir différentes matières. Les Anciens en usèrent, soit pour polir le parchemin et le papyrus sur lequel ils écrivoient, soit pour aiguiser les roseaux qui leur tenoient lieu de plumes.

On polit encore aujourd'hui avec la *pierre de ponce* le parchemin et beaucoup d'autres substances molles; mais elle sert surtout à polir les bois et les marbres. Les sculpteurs n'emploient guère autre chose pour donner à leurs statues ce dernier poli, qui fait disparoître toutes les traces de l'outil, et souvent aussi les aspérités de la matière.

PONCEAU, sub. mas. Nom qu'on donne à un petit pont d'une seule arche, pour passer un ruisseau ou un petit canal.

PONCER, v. act. C'est employer la pierre de ponce à polir les matières sur lesquelles elle a prise.

Poncer se dit encore d'une pratique de l'art du dessin, dans laquelle probablement on emploie d'abord la poussière de la pierre-ponce. Cette pratique consiste dans l'opération de piquer le contour d'un dessin avec la pointe d'une aiguille, et de faire passer une poussière très-fine et colorée par ces trous, qui marquent ainsi les traits et les contours du dessin qu'on veut calquer. On se sert de cette pratique très-volontiers pour la broderie.

PONCIS, s. m. On appelle ainsi le dessin ou l'estampe dont les traits et les contours sont piqués à jour avec l'aiguille, et qui sert de patron pour en faire de semblables.

PONCTUER, v. act. C'est marquer ou exprimer par des points, dans la délinéation de l'architecture, certaines parties saillantes, comme les voûtes, les saillies des corniches, et beaucoup d'autres choses, que l'on veut tout à la fois faire concevoir, ou faire supposer, sans en donner le détail.

PONT, sub. m. Si on définit un *pont* sous le rapport de son emploi, c'est un chemin suspendu, porté sur divers genres de supports, et élevé par l'art pour faire traverser une rivière, un canal, un fossé, un intervalle quelconque entre des terres ou des montagnes, etc.

Si on définit un *pont* sous le point de vue de son exécution, c'est un ouvrage de construction fait de différentes matières, par des procédés divers, dont l'objet est d'offrir un chemin sûr, solide et approprié aux convenances et aux besoins des temps, des lieux et des peuples.

Cette double définition fait déjà connoître quelle multiplicité de notions un pareil sujet pourroit embrasser, si l'on prétendoit réunir sous ce titre les travaux en ce genre de tous les peuples et de tous les temps, tracer l'esquisse de l'origine et des progrès de l'industrie appliquée à cette sorte d'ouvrages, faire connoître en détail les moyens que la nature et l'art ont suggérés aux hommes pour construire de tels édifices, donner une idée des variétés de formes appliquées par l'architecture à leur embellissement, décrire les ouvrages les plus remarquables par leur étendue ou leur masse, et entrer dans les procédés de leur construction.

Nous nous croyons dispensés de donner à cet article un semblable degré d'importance. D'abord, le *Dictionnaire des Ponts et Chaussées* ayant pour objet d'embrasser tout ce qui a rapport à la science de la construction, et le *Dictionnaire d'antiquités*, ce qui concerne les plus anciennes notions en cette matière, nous ne pourrions qu'offrir ici le tableau raccourci et par trop incomplet d'un sujet si étendu. Ensuite, un grand nombre d'articles de notre Dictionnaire a déjà parcouru plus d'une de ces notions, qui, appartenant à la construction en général, sont communes à celle des *ponts*, et d'autres simplement descriptives, qui font partie de la biographie des plus célèbres architectes. C'est pourquoi cet article se bornera à un résumé succinct de l'historique des *ponts* dans les temps anciens et modernes, et des principaux systèmes ou moyens de construction employés jusqu'à nos jours dans ces ouvrages.

NOTIONS HISTORIQUES ET CHRONOLOGIQUES SUR LES PONTS.

Ceux qui se plaisent à remonter, en chaque genre d'inventions, aux premiers essais que le besoin des sociétés naissantes dut inspirer à l'instinct de l'art de bâtir, trouvent avec beaucoup de vraisemblance l'origine des *ponts* dans les radeaux. On abattoit, disent-ils, des arbres au bord des rivières qu'on vouloit traverser, et on les couchoit en travers sur leur courant. Ces arbres couverts de fascines, de terre et de gazon, ont pu former un chemin sur lequel il fut possible de passer des ruisseaux ou de petites rivières.

En effet, dans tous les temps, l'art de se créer des passages sur des courans d'eau, a dû être proportionné à la largeur, à la rapidité de ces courans. Ce que des peuplades à demi sauvages ont pu essayer de la manière qu'on vient de décrire, n'a pu avoir lieu sur des rivières plus larges et plus profondes.

Si l'on recherche en spéculation l'espèce de *pont* qui, dans l'ordre des premières inventions, a dû succéder aux radeaux, il paroîtra vraisemblable que la seconde sorte d'essais dut consister à assembler des bateaux liés entr'eux dans le travers du courant d'une rivière. Cette manière de traverser les fleuves, usitée dans les opérations militaires, s'est perpétuée jusqu'à nos jours au milieu de quelques villes.

Les *ponts* de charpente nous offrent ensuite le premier système de ce qu'il faut appeler *construction* en ce genre, et on peut encore, selon l'ordre naturel des inventions humaines, diviser en deux temps ces sortes d'ouvrages. D'abord, on se contenta de planter des pieux dans le terrain recouvert par l'eau, et d'établir dessus, les travées de bois qui doivent constituer le chemin. Par la suite, et lorsqu'on eut trouvé l'art de construire sous le courant même, au moyen des batardeaux, on bâtit des piles de maçonnerie qui servirent de support au chemin formé en bois de charpente, et élevé quelquefois sur des arcades également de bois.

Cette construction économique, mais sujette aussi à de fréquentes réparations, dut être bientôt suivie de la construction toute de maçonnerie ou de pierres, qui présente à la fois le plus de solidité et de durée.

Dans l'histoire qu'on pourroit faire de la construction des *ponts* chez les différens peuples, il faut avoir égard aussi aux causes locales qui durent y favoriser plus ou moins un genre de construction ou un autre.

Ainsi, tel peuple peut avoir élevé ou construit avec beaucoup d'industrie de grands édifices, et n'avoir rien produit dans l'architecture des *ponts*, si la nature ne lui en imposa point le besoin. Il semble que le degré d'habileté, de hardiesse et d'exercice en ce genre de construction, a toujours dû se mesurer sur le nombre et la grandeur des rivières ou des fleuves qui traversent chaque pays. En Egypte, par exemple, qu'un seul fleuve traverse avec une largeur si considérable, et où le débordement périodique des eaux inonde tous les ans les terrains qui l'environnent, la construction des *ponts* eût été aussi difficile qu'inutile. Les communications que le commerce rendoit nécessaires d'une rive du fleuve à l'autre, quand le débordement le faisoit rentrer dans son lit, ne pouvoient avoir lieu que par le secours des barques; et quant aux nombreux canaux dont étoit coupé tout le pays, on sait que, vu leur peu de largeur et de profondeur, ils ne devoient exiger, pour être facilement et sûrement traversés, que les moyens les plus simples, savoir, des piles de pierre sans fondation et des dales de même matière, d'une pile à l'autre, ce qui n'exigeoit ni art ni science. Ce fut peut-être cette simplicité de moyens qui contribua encore à rendre inutile dans ce pays, sur des eaux dormantes, la pratique des voûtes et des arcades, qu'exigent en d'autres lieux la traversée des eaux courantes, sur les plus petites rivières et les torrens, dans des terrains inégaux et montueux.

On n'a cité aucun exemple, et l'on ne rencontre aujourd'hui aucun reste de *pont* remarquable dans la Grèce. Par une raison contraire à celle que nous venons de faire observer en Egypte, les Grecs n'auroient pu avoir de grandes constructions à exécuter en ce genre : la Grèce proprement dite n'a que de fort petits fleuves, et plusieurs de ceux qu'on appelle ainsi, ressemblent plutôt à des torrens, grossis par intervalles, qu'à ces grandes masses d'eau qui, parcourant d'immenses étendues de terrain, s'augmentent dans leur cours, du tribut d'un grand nombre de ruisseaux et de rivières, et dès-lors exigent, pour être traversées, d'énormes et dispendieuses constructions. Il dut suffire le plus souvent, dans ce pays, d'une seule arche de *pont*, dont les points d'appui se trouvoient d'un côté et de l'autre d'une berge ordinairement fort élevée.

Si nous suivons, avec l'histoire des autres arts celle des *ponts* en Italie sous l'empire des Romains, nous voyons un pays coupé par de beaucoup plus grands fleuves, offrir à l'architecture de bien plus nombreuses occasions de construire des *ponts* dans de bien autres dimensions, autant pour le service intérieur des villes, que pour celui des expéditions militaires dans des pays lointains.

Rome, dès ses premiers temps, fut obligée de se livrer à d'assez grands travaux en ce genre sur le Tibre, fleuve dont le volume d'eaux et les crues subites exigèrent dans la suite de fortes constructions. Il paroît toutefois que les premiers *ponts* furent en bois; tel étoit celui qui servoit à joindre le Janicule au Mont-Aventin. On l'appela *Sublicius*, parce qu'il reposoit sur des pieux et des poutres, et sa charpente étoit assemblée sans fer ni chevilles, pour qu'on pût aisément la démonter en cas de besoin.

Rome compta jusqu'à huit *ponts*. Celui dont on vient de parler, qui dans la suite prit le nom d'*Æmilius*, pour avoir été rebâti en pierre par *Æmilius Lepidus*; ruiné de nouveau, il fut reconstruit par Antonin-le-Pieux, en marbre, d'où on l'appela *Pons marmoratus*. On n'en voit aujourd'hui presque plus rien. Le *pont* triomphal, près du Vatican, ce qui le fit nommer aussi *Pons Vaticanus*, conduisoit du Champ-de-Mars au Vatican. On croit en reconnoître encore les vestiges auprès de l'hôpital du Saint-Esprit. Le *pont* Palatin ou Sénatorius, étoit placé entre le Forum et le Janicule. Marcus Fulvius en fit faire les piles; les arches en furent achevées et cintrées par Lucius Mummius. En 1598, un débordement du Tibre en emporta plusieurs arches; il n'a point été rétabli depuis. C'est celui qu'on appelle aujourd'hui *Ponte Rotto*. Deux *ponts* établissoient jadis la communication entre la ville et l'île dite du *Tibre*. L'un, appelé du nom de *Fabricius*, qui le fit construire étant *curator viarum*, intendant des chemins. On l'appelle aujourd'hui *Ponte di quatro Capi*, à cause d'une figure à quatre têtes placée à l'issue du *pont* dans l'île. L'autre *pont*, qui faisoit communiquer l'île avec le Janicule, fut nommé *Pons Cestinus*, parce qu'il fut bâti par *Cestius Gallus* du temps de Tibère. Il fut réparé par les empereurs Valentinien, Valens et Gratien, ainsi que le prouve une longue inscription. Aujourd'hui il porte le nom de *pont Saint-Barthélemi*, de l'église de ce nom qui se trouve près de là dans l'île. Le *pont Janiculensis* ou *Aurelius*, conduisoit du Champ-de-Mars au Janicule : il fut rebâti sous le règne d'Antonin-le-Pieux. Rétabli par le pape Sixte-Quint, il en retint le nom qu'on lui donne aujourd'hui de *Ponte Sisto*. Le *pont Ælius* ou *Adrianus*, ainsi appelé du nom de l'empereur qui le fit construire, subsiste encore dans son entier. C'étoit, en suivant le cours du fleuve, le second dans la ville; il y réunissoit le mausolée superbe qui porte encore aujourd'hui le nom de *Mole Adrienne*. Les papes Nicolas V et Clément IX l'ont fait restaurer et l'ont orné de statues; c'est celui qu'on désigne par le nom de *ponte Sant Angelo*. On appelle à présent *Ponte Mole* celui que l'on appeloit *Pons Milvius*. Il est à un mille de Rome. Ce fut près de ce *pont* que Constantin défit le tyran Maxence, qui se noya dans le Tibre. Nicolas V l'a fait rétablir, mais il ne conserve presque plus rien de son antique structure. On peut joindre encore aux *ponts* antiques de Rome, quelques petits ouvrages qui sont sur l'*Anio* ou le *Teverone*, tout près de la ville; le *pont Salarius*, *ponte Salaro*, parce qu'il étoit sur la *Via Salara*; le *pont Lucanus*, *ponte Lugano*, construit probablement sous l'empereur Claude; le *pont Mammeus* ou *Mammolus*, bâti par Alexandre Sévère, et le *pont Nomentanus*, qui conduisoit sur la voie *Nomentana*, et qu'on appelle aujourd'hui *ponte della Montana*.

Il existe encore en Italie d'autres restes de *ponts* bâtis par les anciens Romains, quelques-uns restaurés et rétablis dans les temps modernes, comme celui de Capoue sur le Vulturne; comme celui de Narni sur la Néra, qui dut établir la communication entre deux montagnes fort élevées, ce qui obligea de donner une très-grande hauteur aux arches. Une seule des quatre arches subsiste encore (*voyez* la description de cet ouvrage au mot NARNI). A Rimini on admire encore un très-beau *pont* qu'Auguste fit bâtir pour joindre la voie Flaminienne à la voie Emilienne. Il a deux cents pieds de longueur, et est porté sur cinq arches.

L'art de bâtir les *ponts* prit de l'accroissement avec l'Empire romain, et aussi à mesure que les conquêtes dans les régions lointaines, et les opérations militaires s'étendirent sur des pays traversés par des fleuves considérables, tels que le Rhône, le Rhin, le Danube. Ainsi les écrivains nous ont conservé des notions sur le *pont* que Trajan avoit bâti sur le Danube pour faciliter les irruptions dans la Dacie. Selon Dion Cassius, ce *pont* avoit vingt piles en pierre de taille, qui, sans compter les fondations, avoient cent cinquante pieds de haut, soixante de largeur, et qui étoient jointes par des arches de cent soixante-dix pieds d'ouverture. Hadrien le fit détruire depuis, parce qu'après avoir servi les projets d'invasion des Romains dans la Dacie, il favorisa réciproquement les excursions des Daces hors de leur pays.

Trajan fut encore celui sous le règne duquel l'Espagne vit s'élever le célèbre *pont* de la *Norba Cesarea*, appelé depuis par les Maures, et encore aujourd'hui, *Alcantara*. Nous en avons déjà parlé à ce mot (*voyez* ALCANTARA). Ce *pont* a six cent soixante-dix pieds de longueur: il se compose de six arches, dont chacune a quatre-vingts pieds d'une pile à l'autre; les piles sont carrées, et ont de vingt-sept à vingt-huit pieds de face de chaque côté. La hauteur du *pont*, depuis la surface de l'eau, est de deux cents pieds. *Voyez* encore, au mot LACER, ce qu'on a dit de l'architecte ainsi nommé, qui fut l'auteur de cet ouvrage.

C'est par erreur que la plupart des lexiques mettent au nombre des grands travaux antiques, en fait de *pont*, ce qu'on appelle improprement le *pont du Gard*. Le nom d'*aqueduc* est celui qui lui convient. (*Voyez* AQUEDUC.) Il est bien vrai que le rang inférieur d'arcades sur lequel s'élèvent les deux autres rangs beaucoup plus nombreux, donne passage, dans une ou deux arcades, à la petite rivière du *Gardon*; mais cela seul ne constitue pas un *pont*, ouvrage qui, d'après sa définition, doit offrir un chemin au-dessus de ses arches: or, les arcades inférieures de l'aqueduc antique du Gard n'offroient point de passage au voyageur. C'est dans les temps modernes qu'on a ajouté, et si l'on peut dire accolé, une nouvelle construction en saillie au rang des arcades d'en bas; cette addition en a fait un *pont* dans toute l'étendue du terme, mais ce supplément ne doit pas se mettre sur le compte de l'antiquité.

Si l'on faisoit une histoire générale des *ponts* et de l'art de les construire, il faudroit sans doute rechercher ce qui doit ou peut avoir été exécuté dans ce genre, après la chute de l'Empire romain, et chez les peuples modernes au milieu des siècles d'ignorance; mais de telles recherches n'appartiennent point et conviendroient mal à cet essai. Il est fort à croire qu'avant que les nations modernes eussent acquis, par des gouvernemens réguliers et le perfectionnement de la civilisation, la puissance et les ressources nécessaires à l'exécution des grands travaux de l'art de bâtir, les parties isolées et incohérentes de ces états furent réduites à l'économie des *ponts* de bois. Ainsi voyons-nous, et par l'histoire, et par des ouvrages parvenus jusqu'à nos jours, que l'on en usa dans les plus grandes villes; et il n'y a pas long-temps qu'on a vu disparoître, à Paris et dans ses environs, les derniers *ponts* bâtis en charpente, et à Rouen, le *pont* de bateaux qui servoit encore naguère de communication aux habitans de cette grande ville.

Nous passerons donc tout de suite, selon l'ordre des temps, à un très-grand ouvrage qui date du treizième siècle, et qui est encore de nos jours un objet d'admiration; je parle du *pont* du Saint-Esprit, qui a donné son nom à la ville qu'on appelle ainsi. Ce *pont*, construit sur le Rhône, fut commencé en 1265, et fut achevé environ l'an 1309. Il a quatre cent vingt toises de long, sur deux toises quatre pieds quatre pouces de large; cette seule disproportion montre assez quel étoit, à cette époque, l'état du commerce et des moyens de voiturage. Il n'y a pas aujourd'hui si petit *pont* sur si petite route que ce soit, qui n'offre une voie beaucoup plus large. Le *pont* Saint-Esprit, au reste, a dû beaucoup de sa célébrité au temps reculé qui le vit construire, à la largeur, à la profondeur et à la rapidité du fleuve qu'il traverse, et, il faut le dire aussi, à sa solidité. Il est soutenu par vingt-six arches, dix-neuf grandes et sept petites, qui sont aux extrémités et forment les rampes; ces petites arches sont souvent à sec, et ne servent au passage de l'eau que dans les débordemens. Sans doute il dut passer pour une merveille, dans un temps où l'on ne construisoit les *ponts* qu'en bois.

Ce fut également au commencement du seizième siècle que fut bâti le *pont* en pierres qu'on appelle à Londres le *pont de Londres*. Il remplaça le *pont* de bois qui avoit été construit sur la Tamise, au même endroit, dans les premières années du onzième siècle. Le *pont* de Londres a neuf cent quinze pieds de long et soixante-treize de large. Excepté l'arche du milieu, toutes les autres sont beaucoup trop étroites; mais cet ouvrage devoit être prodigieusement surpassé dans la suite.

Paris, nous l'avons déjà dit, n'eut dans ses commencemens que des *ponts* de bois. L'histoire des temps anciens de cette ville nous apprend que deux *ponts* de bois, appelés l'un, *Pont-aux-Changeurs*, l'autre, *Pont-aux-Meûniers*, construits dans le voisinage de la tour de l'horloge du palais, ayant été brûlés en 1621, le roi Louis XIII ordonna qu'à leur lieu et place on établiroit un seul *pont*, sous le nom de *Pont-au-Change*, et ce *pont* fut bâti en pierres. Il est composé de cinq arches.

Toutefois, plus d'un siècle auparavant, Louis XII avoit appelé d'Italie à Paris Fra Giocondo (*voy.* ce nom) pour la construction en pierres du *pont* Notre-Dame, qui fut commencé en 1500, et terminé en 1507.

Le seizième siècle vit élever aussi en Italie plus d'un ouvrage de construction remarquable en fait de *ponts*. Florence a conservé, sous le nom de *Ponte-Vechio*, un ouvrage dont la date est 1345; mais, en 1557, Ammanati bâtit, dans le système des arcs surbaissés, le *pont* de la Trinité, dont nous aurons occasion de reparler (*voyez* Ammanati). Nous avons aussi, à l'article de Palladio, cité plusieurs de ses entreprises et de ses projets en ce genre.

L'état actuel des principaux États de l'Europe nous montre, comment et pourquoi la hardiesse et l'étendue des travaux que demande l'art des *ponts*, dut aller en croissant. L'augmentation du commerce dut contribuer à les multiplier; la grandeur, la largeur et la profondeur des rivières exigèrent la plus grande solidité. Les changemens survenus dans les voitures, dans le transport des marchandises et des personnes, firent chercher encore les moyens de donner à la voie publique des *ponts* beaucoup moins de pente, ce qui obligea de surbaisser leurs arcs lorsque les berges du fleuve ont peu d'élévation.

Les entreprises modernes, en fait de *pont*, sont donc devenues beaucoup plus considérables, et bien autrement nombreuses que dans les temps anciens.

Ainsi Paris, en moins de deux siècles, a vu s'élever sur la rivière qui le traverse, dix *ponts* en pierre de taille. De plus grands ouvrages ont encore été exécutés hors de la capitale; tels sont les *ponts* de Neuilly, de Sainte-Maxence, de Mantes, d'Orléans, de Bordeaux, etc.

La vaste étendue en largeur de la Tamise, dans la ville de Londres, a donné lieu à des travaux qui surpassent en grandeur et en magnificence de construction ce qui avoit été fait. On ne citera ici que les noms des *ponts* de Westminster, de Black-Friars et de Waterloo; ce dernier bâti en granit. Nous reviendrons sur ces travaux dans la seconde partie de cet article, ainsi que sur les *ponts* de fer, dont on trouve à Londres les plus prodigieux modèles, et dont la ville de Paris a tiré l'imitation de deux de ses *ponts*.

NOTIONS ABRÉGÉES SUR LES DIVERS SYSTÈMES ET PROCÉDÉS DE CONSTRUCTION DES PONTS.

L'art de bâtir, comme tous les travaux de l'homme, procéda toujours du simple au composé. Des besoins plus variés et plus multipliés appelèrent des moyens plus compliqués. Ce que le simple instinct de la solidité fit d'abord imaginer, ne suffit plus lorsque la science vient le remplacer. Alors naissent de nouvelles combinaisons appropriées aux services qu'exigent tantôt les localités différentes, tantôt la diversité des matériaux, tantôt les progrès du commerce et de la civilisation; c'est ce qui est arrivé à l'art de construire les *ponts*. Peu de constructions présentent un plus grand nombre de variétés dans leurs élémens, dans leurs matériaux et dans le système de leur emploi.

Après les constructions toutes en charpente, on a fait voir que bientôt on dut établir les bois dont se composèrent les arches, sur des piles en pierre: de là il n'y eut qu'un pas aux constructions des voûtes ou des arches, soit en briques, soit en pierres.

Lorsqu'on voulut établir en matériaux solides de semblables *ponts*, le premier et le plus naturel de tous les systèmes de construction fut celui des arcs en voûte plein-cintre, ou en demi-cercle régulier. Nul système de construction n'a plus de solidité et n'offre plus de garantie de la durée des édifices. Il existe encore des restes de monumens romains, où des arcades de plein cintre, détachées de la suite des portiques dont elles faisoient partie, sont restées, depuis des siècles, isolées et sans autre appui que celui de leurs piédroits. On a vu qu'au *pont* antique de Narni (*voyez* NARNI) il ne subsiste plus depuis fort long-temps qu'une seule arche, des quatre dont l'ensemble se composoit jadis, et cette arche est assise encore sur ses deux piles de plus de quatre-vingts pieds de haut, et de soixante de large.

Mais ce *pont* sous lequel coule la Néra est construit entre deux montagnes dont il falloit établir la communication, et la rivière qui coule au fond de ce ravin n'eût pas exigé une telle élévation.

Cependant, selon la nature des terrains, la grandeur des rivières, et l'exhaussement des eaux qui en produit le renflement et l'impétuosité, mais surtout lorsqu'il s'agit de construire des *ponts* au milieu des villes, dont on ne sauroit à volonté exhausser les terrains, et lorsque les rivières encaissées par des quais, par des levées et des constructions, sont sujettes à s'élever prodigieusement, le système des arches plein-cintre a dû offrir plus d'un inconvénient.

1°. Si un fleuve ainsi encaissé est sujet à de grandes crues d'eau, la hauteur des berges prescrivant celle qu'on doit donner aux arches, et la voûte plein-cintre prescrivant aussi la largeur qu'elles doivent avoir, on comprend que l'architecte ne pourra s'empêcher de multiplier le nombre des arches, et par suite le nombre des piles, et par conséquent le nombre ou la quantité des obstacles qui s'opposeront au cours de l'eau.

2°. Si on suppose les berges du fleuve peu élevées, l'architecte, qui n'est pas le maître, selon les localités, d'élever son terrain à volonté et au gré de la hauteur que demanderoient les voûtes en plein-cintre de ses arches, ne pourroit le faire qu'en pratiquant de l'un et de l'autre côté du *pont*, des montées qui en rendroient l'accès très-difficile aux voitures.

De-là dut naître le système des voûtes à cintre surbaissé, dont il paroît que les Modernes ont usé les premiers.

Les premiers exemples de ce genre de construction des *ponts* nous paroissent être ceux de Florence, pratiqués sur l'Arno, par suite de la nécessité d'ouvrir de plus grandes issues aux débordemens de ce fleuve. On y voit deux *ponts* composés chacun de trois arches à cintre surbaissé; mais le plus beau des deux, et sans aucun doute un des plus remarquables ouvrages dans ce nouveau système, est celui de la Trinité, que Côme Ier. fit construire par Ammanati, lorsque la grande inondation de 1557 eut renversé celui qui étoit à la même place. Ce *pont*, dans une longueur de trois cent dix-neuf pieds, n'a que trois arches; celle du milieu a quatre-vingt-dix pieds d'ouverture. Les arcs fort surbaissés offrent une construction des plus légères, et la voie de ce *pont* n'éprouve ni montée ni descente d'aucun côté.

Cet exemple n'eut point d'imitation en Europe pendant un siècle et demi; mais vers le milieu du dix-huitième siècle, le système de construction d'Ammanati fut remis en vigueur dans plus d'une contrée de la France par M. Perronnet. Dès 1751, fut commencé par cet architecte, ingénieur des ponts et chaussées, le vaste *pont* d'Orléans, composé de neuf arches à cintre surbaissé, sur la Loire. La largeur de chaque arche est de quatre-vingt-seize pieds.

En 1765, fut achevé par le même, sur un bras de la Seine, à Mantes, et toujours en cintre surbaissé, un *pont* à trois arches, dont celle du milieu a cent vingt pieds d'ouverture; les deux autres n'ont que cent huit pieds.

En 1774, fut commencé par le même M. Perronnet, le *pont* bâti à Pont-Sainte-Maxence, sur la rivière d'Oise. Il a trois arches surbaissées; chacune a soixante-douze pieds d'ouverture, et trente-neuf pieds de largeur d'une tête à l'autre.

Ce fut en 1768 que fut commencé, par M. Perronnet, le grand *pont* de Neuilly, près Paris; il fut achevé en 1774. Il est formé par cinq arches surbaissées, dont celle du milieu a cent vingt pieds d'ouverture; les quatre autres ont quelque chose de moins.

On doit au même ingénieur les plans et les projets du *pont* de Louis XVI, à Paris, lequel est composé de cinq arches, dont celle du milieu a quatre-vingt-huit pieds; les autres en ont soixante-douze.

Ce système de construction est devenu général en France. L'on peut citer encore le *pont* du Champ-de-Mars, en face de l'Ecole militaire, à Paris, composé aussi de cinq arcades surbaissées, et, pour parler du dernier ouvrage fait dans ces dernières années en France, le *pont* de Bordeaux, composé de dix-sept arches à cintre surbaissé, qui a été terminé en 1822.

De grands ouvrages, en fait de *ponts*, s'élevèrent aussi dans le cours du dix-huitième siècle, à Londres; tels furent les *ponts* de *Westminster* et de *Black-Friars*, sur la Tamise.

Le premier fut commencé en 1739, et achevé en 1750. Il a douze cent vingt-trois pieds de long, quarante-quatre de large; il se compose de quinze arches, dont celle du milieu a soixante-seize pieds d'ouverture. Ce *pont* est bâti dans le système des arcs plein-cintre.

Le *pont* de *Black-Friars* est composé de neuf arches; celle du milieu a cent pieds d'ouverture; les autres ont quatre-vingt-dix-huit, quatre-vingt-treize, quatre-vingt-trois et soixante-dix pieds: la longueur totale est de neuf cent quatre-vingt-quinze pieds; la largeur de quarante-deux. Commencé en 1760, il fut terminé en 1770. Le système de construction des arches de ce *pont* tient le milieu entre celui des voûtes surbaissées, ou plus ou moins plates, et le système des voûtes en plein-cintre. Ici la courbe des arches est elliptique.

Nous ne voyons pas que, jusqu'ici, la construction en cintres surbaissés ait été pratiquée en Angleterre. Le dernier *pont*, appelé *de Waterloo*, qui vient d'être construit à Londres, tout en granit, et qui est certainement le plus grand et le plus remarquable monument de l'Europe en ce genre, participe, pour la courbe de ses voûtes, du *pont* de *Black-Friars*.

On ne sauroit douter que le système des voûtes aplaties, système commandé, ainsi qu'on l'a dit, par certaines localités et pour certaines convenances, ne porte en soi-même, dans l'exécution en pierres, cet inconvénient que toute la solidité des claveaux dépend uniquement de la résistance des culées, en sorte que l'écartement dans une seule arche, si le contrefort venoit à céder, produiroit la chute de toutes les voûtes. Les *ponts* de Londres, bâtis sur la Tamise, ayant exigé pour la navigation et le passage des vaisseaux marchands une grande élévation dans les arches, le système des voûtes surbaissées ne dut point y être applicable, et c'est probablement la raison pour laquelle les architectes anglais n'ont point adopté cette nouveauté.

Mais on doit à l'Angleterre l'introduction d'un nouveau système dans l'art de construire les *ponts*; et il faut faire observer avant tout, que c'est encore ici la nature qui dut en suggérer l'emploi, dans un pays où les pierres propres à la construction sont rares, ou d'un transport dispendieux, et où les métaux rendus usuels par l'abondance du combustible qu'on appelle *charbon de terre*, vinrent, avec les ressources de la mécanique, suppléer au défaut des autres matériaux.

On veut parler des *ponts* construits en fer. Les premiers essais de ce genre de bâtir ne datent guère que du commencement du dix-huitième siècle. En 1722, il fut proposé d'en faire un à Lyon sur la Saône. Il devoit se composer de trois arches, chacune de soixante-dix-huit pieds d'ouverture; il y eut même un commencement d'exécution, mais l'économie fit préférer un *pont* en charpente.

En 1779 fut construit, en Angleterre, le *pont* en fer fondu de Coolbroockdale, sur la rivière de Saverne, à 180 milles de Londres. Il est formé d'une seule arche, dont le diamètre est de cent pieds six pouces anglais.

Le *pont* de Sunderland, situé dans le comté de Durham, est composé aussi d'une seule arche, dont la largeur est de deux cent trente-six pieds anglais. Il a été commencé en 1793, et terminé en 1796; il est situé entre deux rochers escarpés, et élevés de quatre-vingt-quatorze pieds au dessus de la rivière de Wear. Les vaisseaux passent dessous à pleines voiles.

Le *pont* de Stains, sur la Tamise, à 17 milles de Londres, a été construit en 1802, également en fer fondu; il a une seule arche de cent quatre-vingts pieds d'ouverture. Jusqu'ici ces sortes de *ponts* consistent en une seule et unique arcade d'une plus ou moins grande ouverture.

Vers la même époque furent construits sur la Seine, à Paris, deux *ponts* en fer fondu, l'un vis-à-vis le Louvre, l'autre vis-à-vis le Jardin royal des Plantes.

Le premier, qu'on nomme le *Pont-des-Arts*, destiné uniquement au passage des gens de pied, est composé de neuf arches, chacune de cinquante-neuf pieds six pouces d'ouverture, en sorte que sa longueur entre les culées est de cinq cent trente-cinq pieds. Chacune des arches est formée de cinq armatures semblables, en fer fondu, qui offrent une combinaison de courbes en arc de cercle, dont les unes forment le cintre des arches, et les autres servent à le contre-butter vers le milieu des reins de cette sorte de voûte. Au-dessus de chacune de ces armatures sont fixées, à des distances égales, des espèces de potelets aussi en fer, qui soutiennent les pieux de bois de charpente sur lesquels pose le plancher du *pont* recouvert en madriers.

Le second *pont* dont on a parlé est composé de cinq arches, chacune de cent pieds d'ouverture. On peut en voir les détails dans le texte et les figures du tome IV, 2e. partie, du *Traité de l'art de bâtir*, par M. Rondelet.

Cette méthode et ce procédé acquirent donc une plus grande étendue, et un plus hardi développement, depuis qu'on eut osé multiplier les arches en les faisant supporter par des piles. Deux *ponts* de ce genre ont été construits depuis à Londres même, sur la Tamise, et le dernier qu'on vient d'y élever semble avoir porté cette pratique au plus haut degré de force, de hardiesse et de grandeur qu'elle puisse atteindre.

Il resteroit à faire encore mention des *ponts* suspendus par des chaînes de fer, si ces sortes d'ouvrages n'étoient, dans le fond, beaucoup plutôt des travaux de mécanique que des monumens d'architecture. Les modèles de *ponts* ainsi suspendus se trouvent en Chine; on cite surtout celui qui est situé près la ville de Kingtung, et dont la charpente est attachée à vingt chaînes de fer qui joignent les extrémités de deux montagnes. Il y a déjà en Angleterre quelques imitations de ces sortes de *ponts*, et on est en train d'en établir un semblable à Paris, vis-à-vis les Invalides.

Il y auroit peu d'articles plus fécond en notions de tout genre que celui-ci : toutefois, comme beaucoup de ces notions correspondent à un grand nombre d'articles de ce Dictionnaire qui traitent de la taille des pierres, de la formation des voûtes, des travaux hydrauliques, nous avons dû encore devoir ici nous restreindre, d'autant plus que les connoissances spéciales et pratiques de l'art des *ponts* font le sujet d'un Dictionnaire à part.

Nous terminerons cet article en donnant une simple nomenclature des variétés, par lesquelles on désigne les divers ouvrages de l'art de bâtir en ce genre.

Ainsi l'on dit :

Pont a bascule. C'est un *pont* fait en charpente, qui se lève d'un côté et se baisse de l'autre, étant porté et arrêté dans son milieu par un essieu.

Pont a coulisse. Petit *pont* qui se glisse dans œuvre pour traverser un fossé. Il y a des *ponts* ainsi pratiqués dans d'anciens châteaux.

Pont a flèche. C'est un *pont* qui n'a qu'une flèche avec une anse de fer, qui porte deux chaînes pour élever un petit *pont* au-devant d'un guichet.

Pont a quatre branches. *Pont* d'invention moderne, formé par quatre culées ou branches assujetties au plan d'un cercle sur lequel s'élève une voûte qui est pénétrée par quatre lunettes pour le passage des bateaux. On doit l'idée de ce *pont* à M. Barbier, ingénieur des ponts et chaussées, et il a été exécuté en 1750 par M. Beffara, aussi ingénieur dans le même corps. Ce *pont* est situé à la section que font les canaux de Calais et d'Ardres, sur la nouvelle route de la première de ces villes à Saint-Omer. Il réunit dans un seul point la navigation de quatre canaux, le passage d'une grande route et la communication des quatre principales parties du pays, qui étoient séparées avant sa construction, et qu'on n'auroit pu joindre sans faire plusieurs *ponts* auxquels celui-ci seul supplée. M. Belidor a donné la figure et la construction de ce *pont* dans son *Architecture hydraulique*, tome IV, section 2.

Pont-aqueduc. *Pont* qui porte un conduit d'eau, ou qui est accolé à un aqueduc, comme à celui du Gard.

Pont de bois ou *de charpente*. Voy. ci-dessus.

Pont de pierre ou *de maçonnerie*. Voyez ci-dessus.

Pont flottant. *Voyez* Pont volant.

Pont-levis. C'est un *pont* fait en manière de plancher, qui se hausse et qui se baisse devant la porte d'une ville, par le moyen de flèches, de chaînes et d'une bascule.

Pont tournant. *Pont* qui tourne sur un pivot pour laisser passer les bateaux. La mécanique de ce genre de *pont* est quelquefois assez ingénieuse, mais il est difficile de la faire comprendre sans le secours des figures. Nous renvoyons à l'*Architecture hydraulique* de Belidor.

Pont volant. C'est un *pont* fait de bateaux joints ensemble par un plancher entouré d'une balustrade ou garde-fous, avec un ou plusieurs mâts, où est attaché, par un bout, un long câble porté de distance en distance sur des petits bateaux, jusqu'à une anse, où l'autre bout est arrêté au milieu de l'eau, en sorte que ce *pont* se meut comme une pendule d'un côté de la rivière à l'autre, au moyen d'un gouvernail, seulement.

On appelle encore *pont volant* un *pont* fait avec des pontons de cuivre, des bateaux de cuir, des tonneaux ou des poutres creuses, qu'on jette sur une rivière, et qu'on couvre de planches, pour faire passer promptement une armée.

Pont de bateau. Est celui qui est formé de plusieurs bateaux placés les uns près des autres, dans toute la largeur d'une rivière, liés ensemble par des cordages, et fixés dans leur place par plusieurs ancres. On pose ensuite sur ces bateaux des poutrelles qu'on y arrête, et qu'on couvre de grosses planches ou madriers.

Pont de vaisseau. Se dit du plancher qui, dans la carcasse d'un vaisseau, forme les différens étages. Il y a des vaisseaux à deux et à trois *ponts*.

PONTE (Giovanni da Ponte), Vénitien, né en 1512, mort en 1597.

Cet architecte fut beaucoup occupé de la restauration et du rétablissement d'édifices publics à Venise.

Ce fut lui qui rebâtit, après un incendie dans le palais ducal, ce qu'on appeloit *il Collegio* et l'*Anticollegio*. Un nouvel incendie ayant consumé dans le même palais d'autres salles, il répara encore ces dommages avec beaucoup d'art, et cela contre l'avis de Palladio, qui, ayant jugé le dommage irréparable, croyoit qu'il étoit nécessaire de faire un bâtiment tout-à-fait nouveau : toutefois, la restauration de *Giovanni da Ponte* fut si bien exécutée, que le tout s'est conservé jusqu'à présent en très-bon état.

Cet artiste paroît avoir eu un talent particulier pour la restauration des édifices. C'est de lui cependant, dans l'arsenal de Venise, cette grande salle de 910 pieds de longueur, qu'il orna de deux rangs de colonnes qui ne sont, à proprement parler, d'aucun ordre. On ne trouve guère aussi d'autre mérite que celui de la solidité, dans l'architecture de l'église qu'il construisit pour les religieuses de Sainte-Croix, sur le grand canal. Même caractère dans la porte qu'il fit à l'église de l'hôpital des Incurables, qu'il termina.

Mais l'ouvrage qui a rendu son nom plus célèbre, est celui du *pont* de Rialto, à Venise, et où il il eut l'avantage de l'emporter et sur Palladio et sur Scamozzi, qui en avoient donné déjà les plus magnifiques projets. L'avantage paroît s'être réduit, dans le choix qu'on en fit, au mérite de l'économie, qui ne laisse pas d'en être un, quand on y joint, dans un pareil projet, la beauté, la commodité, et surtout la solidité.

Cette qualité étoit la principale chose dans un *pont* qui, jeté sur le grand canal, ne devoit offrir qu'une seule arche; aussi l'ouvrage resta-t-il pendant quelque temps suspendu. Il s'étoit élevé des soupçons sur sa solidité; mais l'examen qu'on fit du projet de l'architecte et des moyens de sa construction, rassura bientôt. Le tout fut terminé avec succès, et cette masse est restée jusqu'ici inébranlable, sans que la moindre désunion s'y soit jamais manifestée.

L'ouverture de ce *pont* est de soixante-six pieds, l'épaisseur de l'arc est de quatre pieds, et sa hauteur au-dessus du niveau de l'eau est de vingt-un pieds. Sa largeur est égale à son ouverture. Cette largeur se divise en cinq parties, c'est-à-dire en trois rues, avec deux rangs de boutiques sur chaque rue. La rue du milieu a vingt pieds de large; les deux latérales ont chacune dix pieds. On y compte vingt-quatre boutiques. Au milieu du *pont* sont deux arcades qui joignent les boutiques, avec des frontispices ornés de colonnes doriques. Une corniche avec balustrade règne tout à l'entour du *pont*, dont toute la masse est construite en pierre d'Istrie.

Le dernier ouvrage de *Giovanni da Ponte* fut la construction des prisons qu'on transféra hors du palais ducal. L'édifice est un quadrilatère avec un portique en avant de sept arcades. Au-dessus s'élève un étage percé de sept grandes fenêtres avec frontons, et entremêlées de colonnes doriques. Une arcade joint la prison au palais, et cette arcade s'appelle *il ponte de Sospiri*. Toute cette construction offre une masse des plus solides, et qui, en ce genre, n'a peut-être point d'égale. Elle fut terminée après la mort de cet artiste par *Contino* son neveu.

On croit que ce nom *da Ponte* est un sobriquet qui lui resta pour avoir construit le célèbre *pont* de Rialto. Du reste, quoiqu'il ait vécu quatre-vingt-huit ans, et qu'il eût beaucoup travaillé, sa fortune fut loin d'égaler ses travaux. Il paroît avoir été toujours pauvre et nécessiteux.

(*Extrait de Milizia.*)

PONZIO (Flaminio). Cet architecte étoit de la Lombardie.

Il construisit pour la famille Borghèse; dans l'église de Sainte-Marie-Majeure, la chapelle Pauline, en pendant avec la chapelle Sixtine qui est vis-à-vis; l'on trouve que si l'ouvrage nouveau l'emporte sur l'ancien, c'est en richesse de matières, en magnificence d'ornemens plutôt qu'en beauté réelle. La même église lui doit sa sacristie actuelle.

Au palais Quirinal (ou de *Monte Cavallo*), *Ponzio* construisit le grand escalier à deux rampes, qu'on y admire, quoiqu'on les trouve trop longues. L'une conduit à la salle royale et à la chapelle, l'autre aux appartemens. On ne sauroit encore y approuver le rétrécissement que leur font éprouver, dans leur milieu, les deux pilastres qui soutiennent des arcades, et l'effet de ces pilastres sur les marches.

Ponzio commença la reconstruction de la basilique de Saint-Sébastien hors des murs, et la conduisit jusqu'à la corniche.

Mais le plus bel ouvrage de cet architecte, et celui qui mérite le plus d'éloges, sous le rapport spécial de bon goût et de pureté de style en fait d'architecture, est le palais *Sciarra Colonna*, dans la rue du Cours à Rome. On y admire la belle division des étages d'appartemens, le judicieux et noble espacement des fenêtres, l'emploi raisonné des ornemens et leur distribution simple à la fois et majestueuse. Nul abus dans les détails, partout unité et correction. *Ponzio* n'a employé ni corniche ni séparation entre les étages, un seul bel entablement couronne cette masse. La grande porte est la seule chose qui s'y détache. Elle se compose de colonnes doriques cannelées, auxquelles on ne peut reprocher que d'avoir des piédestaux très-élevés.

Ponzio mourut sous le pontificat de Paul V, âgé de quarante-cinq ans.

(*Article extrait de Milizia.*)

PORCELAINE, s. f. Nous avons réservé de parler, dans cet article, de l'usage que l'on a fait, et que l'on peut faire encore en architecture, c'est-à-dire, dans la décoration des édifices, de la matière artificielle qu'on appelle *faïence*, et de celle à laquelle on a donné le nom de *porcelaine*.

La faïence n'est autre chose que de la terre cuite, recouverte d'une couche de vernis vitrifié, ou couverte ordinairement blanche, et parfois teinte de diverses couleurs.

La *porcelaine* se fait avec une terre beaucoup plus fine, et réduite, au moyen du feu, à un état mitoyen entre le verre et la poterie, et dont la cassure est blanche.

L'origine de la faïence, qui a dû conduire à la découverte de la *porcelaine*, remonte à une très-haute antiquité. Les Egyptiens connoissoient l'art de recouvrir la terre cuite d'émaux colorés. On trouve beaucoup de petites idoles égyptiennes couvertes d'un émail souvent d'un beau bleu plus ou moins foncé, quelquefois d'un vert-clair, mais dont la pâte est intérieurement blanche comme celle de la plus belle *porcelaine*.

Il n'y a aucun doute que dès les temps les plus anciens, les procédés de la faïence et de la *porcelaine* furent connus et très-perfectionnés dans l'Asie. L'Inde, le Japon et la Chine en firent usage dans une multitude d'objets.

La Chine appliqua surtout la *porcelaine* à la décoration des monumens de son architecture. On se contentera de citer ici le plus célèbre de tous, la tour de *porcelaine* élevée dans une vaste plaine voisine de la ville de Nanking. Elle est octogone, a neuf étages voûtés, et son revêtissement extérieur est tout en carreaux de *porcelaine*. Chaque étage a son espèce de toit recourbé, coloré en vert et soutenu par des bouts de soliveaux dorés, d'où pendent des clochettes de cuivre. La fleche est surmontée d'une pomme de pin qu'on dit être d'or massif. *Voyez* CHINOISE (Architecture).

Tous les peuples de l'Asie employèrent de même la *porcelaine* ou la faïence. On en trouve les preuves les plus anciennes dans un grand nombre d'édifices, qui remontent au temps des califes et des premiers sultans, c'est-à-dire, long-temps avant la prise de Constantinople. En effet, les kiosques, les bains, les mosquées et les tombeaux que les Turcs ont fait construire en Asie mineure, et dans l'ancienne capitale de l'Empire Ottoman, sont presque tous décorés, et avec profusion, de carreaux de *majolica* ou faïence peinte et vernissée au feu. A l'exception des figures humaines, dont la représentation est proscrite par le Koran, cette faïence offre en fruits, en fleurs et autres objets, les dessins les plus variés, et tous remarquables par la vivacité de leurs couleurs.

Dès le quatorzième siècle, et peut-être fort antérieurement à cette époque, la Perse avoit des fabriques de faïence que Chardin compare à la *porcelaine* de la Chine : « Les potiers persans, » dit le même voyageur, réussissent particulière- » ment à fabriquer des carreaux d'émail peints et » *taillés de moresques*. Il ne peut se rien voir de » plus vif et de plus éclatant, en cette sorte d'ou- » vrage, ni d'un dessin plus égal et plus fini. » Chardin entend par ces mots *taillés de moresques*, des dessins découpés à jour, ou bien sculptés en relief, et revêtus ensuite de couleurs émaillées. Ce seroit encore un trait de ressemblance avec les coupes, les vases, les corbeilles de faïence, qu'on fabriqua bien plus tard en Italie, dans les manufactures d'Urbin, de Gubbio et de Faënza.

La faïence moderne, comme l'on sait, tire son nom de celui de la ville de Faënza, où étoit, au quatorzième siècle, la principale fabrique de cette matière qu'on appelle aussi *majolica* ou *terra invetriata*. C'est à un artiste de Florence, *Luca della Robbia*, qu'on dut, vers le milieu du quatorzième siècle, bien moins l'invention, que la rénovation d'un art jadis perfectionné, et dont on avoit presqu'oublié les élémens. Son procédé consistoit à revêtir la terre d'un vernis ou couverte, sorte d'émail blanc qui bientôt prit en effet, sous ses mains intelligentes, l'apparence du marbre, du bronze et d'autres métaux.

Luca della Robbia réussit au-delà de ses espérances, dans un cabinet de Cosme de Médicis, qu'il orna d'un pavé et d'une voûte offrant des dessins arabesques, où les couleurs les plus vives brilloient d'un éclat bien plus durable, que ne peut être celui de la peinture. Ce revêtement étoit formé d'un grand nombre de pièces de rapport, si bien jointes, que le pavé, la voûte et les murs sembloient être d'une seule pièce. Parmi les églises qui sont ornées des ouvrages de Luca della Robbia, on doit citer *San-Miniato al Monte* à Florence, où l'on admire encore, dans la chapelle de Saint-Jacques, les quatre pendentifs avec les figures des Evangélistes, au centre le Saint-Esprit resplendissant de lumière. Le reste de l'espace est rempli par des écailles qui suivent la courbe de la voûte, et dont la grandeur va en diminuant jusqu'au centre.

La célèbre chapelle des Pazzi à Sainte-Croix, dans la même ville, est aussi ornée d'une grande quantité de figures et autres objets en faïence, et sur le tabernacle d'Or Saint-Michele, autre église de Florence, on voit un grand médaillon de la même matière.

Les frères de Luca della Robbia, *Ottaviano* et *Agostino*, travaillèrent par le même procédé. *Andrea* son neveu, bon sculpteur, exécuta une infinité d'ouvrages en terre émaillée pendant sa longue carrière qu'il termina en 1528. C'est à l'un de ses enfans, nommé *Giovane*, qu'on attribue le pavé de faïence des loges du Vatican, dont il existe encore quelques parties intactes.

Un autre de ses fils, *Jeronimo della Robbia*, fut appelé en France par François Ier.; il y apporta le secret de son aïeul, et orna de terres cuites colorées, le château de Madrid dans le bois de Boulogne. On se rappelle encore d'avoir vu les pavés et jusqu'aux murs extérieurs de cet édifice, revêtus de carreaux de faïence, qui offroient des dessins d'arabesques d'un fort bon goût. Plusieurs cheminées étoient ornées de figures, de bas-reliefs, d'accessoires et de devises en terre cuite émaillée. D'autres ornemens de la même matière étoient employés à la décoration architectonique de ce château, l'un des plus curieux monumens dont on ait à se reprocher la destruction.

Le secret de l'invetriatura, quant aux figures de ronde bosse, concentré dans la famille de la Robbia, ne fut entièrement perdu qu'en 1565, à la mort du dernier rejeton de cette famille.

Cent ans après, Antoine Novelli essaya de faire revivre cette branche de l'art, mais n'ayant pas complètement réussi, il renonça à son entreprise, et depuis personne n'a tenté d'en renouveler les procédés, et le goût de ce genre de décoration est tombé en désuétude.

Il ne reste plus qu'à examiner si l'on doit beaucoup de regrets à l'abandon de ce genre. Sans doute on ne proposeroit point d'employer cette matière en statues ni même en bas-reliefs d'une certaine étendue; l'addition d'une épaisseur quelémaque d'émail sur les œuvres de la sculpture, n'est propre qu'à en altérer le travail et en corrompre les formes; mais on ne sauroit nier que l'emploi de la terre cuite émaillée, dans une multitude d'objets de décoration, ne joigne à l'agrément des couleurs et à la variété des figures, l'avantage d'un éclat supérieur à celui de la peinture, et d'une durée, qu'aucune autre matière ne sauroit égaler.

Cet art, intimement lié à celui de la plastique, fourniroit des élémens d'une autre nature pour la décoration des édifices, et multiplieroit les occasions, aujourd'hui trop rares, d'y introduire de la sculpture, dont on considère l'emploi comme un luxe dispendieux. Les ouvrages de la plastique, que l'usage des moules reproduit avec beaucoup d'économie, seroient à la portée des fortunes médiocres.

Ils remplaceroient surtout, avec un immense avantage, ces décorations fragiles qu'on exécute en plâtre, matière qui a aussi peu de valeur que de durée. Les princes et les riches peuvent seuls se procurer, soit en originaux, soit en copie, les productions de la sculpture en marbre, pour décorer leurs habitations au dedans et au dehors. Les ouvrages en *terra invetriata* se conserveroient encore dans beaucoup d'endroits, où toutes les autres matières se détériorent. C'est surtout dans les lieux bas et humides, que leur emploi en revêtement auroit un grand avantage.

Quoique l'art et le goût d'ornement qui firent jadis le grand mérite des travaux dont on parle, n'entrent plus aujourd'hui dans les pratiques et les habitudes de nos décorateurs, on ne laisse pas cependant d'employer encore les carreaux de faïence, soit en pavement ou en carrelage, dans des pièces basses, dans les cuisines, offices ou rez-de-chaussée, soit en lambris et revêtemens, et rien n'offre mieux cet aspect de propreté et même d'élégance, que la boiserie et les enduits ne sauroient ni donner, ni surtout conserver longtemps. (A. L. C.)

PORCHE, s. m. Ce mot paroît dérivé et formé du latin *porticus*, portique.

Le plus habituellement, *porche* se dit de ce local servant de vestibule ou de pièce d'entrée aux églises, et que l'on retrouve encore à la plupart des premières basiliques chrétiennes. On sait que, dans les premiers temps du Christianisme, un espace particulier, et qui précédoit le lieu d'assemblée des fidèles, étoit réservé pour séparer les nouveaux convertis ou les catéchumènes. Cet usage religieux ayant cessé d'avoir son objet, le *porche* ne fut plus, dans les églises, une pièce d'obligation, mais on le retrouve encore, sous la simple forme de portique, à un grand nombre d'églises plus ou moins anciennes.

L'idée de *porche* ainsi que sa signification, ont fini, dans l'architecture moderne, par se confondre avec celles de portique, de vestibule, et même de ces frontispices en colonnes qu'on élève en avant des édifices, soit civils, soit religieux.

Ainsi, l'on peut donner le nom de *porche*, dans l'église de Saint-Pierre de Rome, à ce beau vestibule sous lequel sont les portes d'entrée du temple, comme on le donnera, si l'on veut, à ce portique circulaire qui sert de vestibule au palais Massimi. On appellera *porche*, à Paris, l'espace clos qui précède l'église gothique de Saint-Germain-l'Auxerrois, et cet espace formé en avant de l'église de Saint-Sulpice, par les colonnes doriques de l'ordre inférieur, qui entre dans la composition du frontispice de ce monument.

On donne aux *porches* différens noms, comme aux péristyles, selon le nombre de colonnes qu'on y emploie, et on les appelle *tétrastyle*, *exastyle*, *octostyle*, etc.

On dit aussi :

PORCHE CINTRÉ, celui dont le plan est sur une ligne courbe. Tel est celui du palais Massimi à Rome, qu'on a cité plus haut.

PORCHE CIRCULAIRE. *Porche* dont le plan forme un cercle ou une partie d'un cercle régulier. Tel est celui que Pierre de Cortone a construit en avant du portail de l'église de Notre-Dame de la Paix, à Rome.

PORCHE FERMÉ. Espèce de vestibule fermé au devant d'une église par des grilles.

PORCHE EN TAMBOUR. C'est en dedans de la porte d'une église, un bâtis de menuiserie avec plafond, qui sert à garantir l'intérieur de la nef, soit de la vue des passans, soit des inconvéniens de l'air extérieur.

PORINUS. C'est le nom d'un des quatre architectes qui, selon Vitruve, jetèrent, au temps de Pisistrate, les fondemens de ce grand temple de Jupiter Olympien à Athènes, qui ne fut terminé que sous le règne de l'empereur Adrien, et dont les restes subsistent encore.

Les associés de *Porinus* furent *Antistates*, *Calleschros* et *Antimachides*.

PORINUS ou PORUS. Nom qu'on donnoit à une pierre qui paroît avoir servi à l'architecture comme à la sculpture : *lapis porinus*.

Selon Théophraste et Pline, c'étoit une sorte de marbre. Le *porinus*, soit par sa belle couleur blanche, soit par sa densité, ressembloit beaucoup au marbre de Paros, avec lequel quelques interprètes l'ont mal-à-propos confondu.

Le *porus*, dit Théophraste, a la légèreté du *tophus*. Cette pierre qu'on ne connoît plus aujourd'hui, se trouvoit dans l'Elide, et Pausanias nous apprend que le temple de Jupiter d'Olympie en étoit bâti. Le bois sacré de l'Altis étoit environné d'une enceinte, en manière de balustrade ou mur d'appui bâti de *porinus*.

Quelques auteurs ont parlé de statues exécutées avec cette pierre, et entr'autres d'un Silène, vis-à-vis duquel Andocides plaça le trépied qu'il avoit gagné au concours du Dithyrambe.

PORPHYRE, s. m. Sorte de pierre extrêmement dure, dont le fond est communément rouge ou brun, quelquefois vert et marqué de petits points blancs. La finesse de son grain permet de lui donner le plus beau poli. Cette substance comporte toutefois des variétés de nuances assez nombreuses. On les distingue en noires, grises, vertes, rouges, brunes et violettes. Il faut mettre au rang des *porphyres* le serpentin, appelé jadis *ophytes*, à cause de la couleur de ses taches qui le font ressembler à la peau de certains serpens.

Le plus beau *porphyre*, celui qu'employèrent de préférence les anciens Romains, venoit d'Egypte. On ignore aujourd'hui de quelles carrières on le tiroit. On croit en avoir depuis peu retrouvé quelques indications, dans les déserts qui sont entre la Mer-Rouge et le Nil, comme aussi dans ceux qui avoisinent le mont Sinaï.

On ne sauroit dire ni à quelle époque les Egyptiens exploitèrent les carrières de *porphyre*, ni précisément à quels ouvrages ils l'employèrent. Très-certainement il n'entra jamais dans leurs constructions. D'abord on n'en trouve aucun vestige parmi les ruines si nombreuses de leurs monumens, et ensuite la dureté de la matière seroit devenue le plus grand obstacle à un emploi de ce genre. C'est uniquement en sarcophages qu'on suppose assez généralement, que cette matière fut travaillée en Egypte. Beaucoup de ces monumens sont effectivement passés d'Egypte en Italie, et l'on en peut citer plusieurs d'un travail assez peu fini, qu'on a cru, à cause de cela, pouvoir attribuer à la sculpture égyptienne. Tel est, au Musée royal, ce sarcophage de *porphyre* qui appartint jadis à M. de Caylus, et qu'on a jugé depuis ne pouvoir être qu'un ouvrage de temps fort postérieurs à ceux de l'antique Egypte. Il est constant d'ailleurs par la nature même de ce monument, ainsi que de quelques autres sarcophages (de ce nombre est celui du mausolée de la chapelle Corsini à Saint-Jean de Latran), que les anciens Egyptiens n'admirent point dans leurs inhumations et dans leurs usages de conserver les corps morts, la forme de sarcophage dont il s'agit ici. Ce fut sous la figure de momie qu'ils firent en matières dures les enveloppes des corps embaumés, à la ressemblance des caisses en bois peints dont l'usage étoit général.

Si l'on en croyoit cependant un passage de Pline (liv. 36, chap. 13), il y auroit eu dans le le célèbre labyrinthe de l'Egypte des colonnes de *porphyre*, *intus columnæ de porphyrite lapide*. Malheureusement cette autorité a fort peu de poids, si l'on considère, que d'abord tout ce qui regarde la description de ce monument repose sur les notions les plus incertaines, qu'ensuite beaucoup de colonnes jadis, comme il arrive encore aujourd'hui, purent passer pour être de *porphyre*, uniquement à cause de leur couleur rouge. Beaucoup de matières, telles que le granit rouge, les marbres de même couleur, ont induit en erreur un très-grand nombre de voyageurs.

On ne sauroit nier cependant que l'architecture ait exploité, surtout au temps des Romains, le *porphyre* en Egypte, et qu'on en ait fait des colonnes, qui furent, à des âges divers, transportées en Italie surtout, et d'Italie probablement dans d'autres pays, comme à Constantinople, qui s'embellit aux dépens de Rome et de beaucoup de villes de l'Asie mineure.

A en croire les relations des voyageurs, il y auroit dans Sainte-Sophie dix colonnes de *porphyre*, dont on porte la dimension à quarante pieds en hauteur. On croit être de la même matière la colonne triomphale de cette ville, qu'on appelle la *colonne brûlée*, et l'on estime que ce seroit le plus grand morceau de ce genre, s'il fut jadis d'une seule pièce. Mais il est permis d'en douter, parce que cette colonne est reliée à différentes hauteurs par des cercles de bronze.

L'église de Saint-Marc à Venise est ornée de beaucoup de colonnes de *porphyre*, et on en voit un grand nombre dans les églises de Rome, entr'autres celles qui supportent le baldaquin de Sainte-Marie-Majeure. Des tronçons de colonnes en *porphyre* servent de bornes dans plus d'un endroit de la ville.

A en juger par d'autres grands ouvrages de cette matière, c'est-à-dire par le goût de leur sculpture et par la nature des sujets, on auroit exploité le *porphyre* en Egypte plus particulièrement dans les bas siècles de l'Empire romain. Ainsi un des plus grands ouvrages de ce genre, ce qu'on appelle le *tombeau de Bacchus* à Saint-Etienne-le-Rond, et qui représente des Amours faisant vendange, ne semble pouvoir s'attribuer qu'aux temps d'un art fort dégénéré. On en doit dire autant du tombeau encore plus considérable qu'on admire au Muséum du Vatican, et qui fut restauré à très-grands frais par le Pape Pie VI.

C'est aux travaux de cette restauration, à la longueur du temps qu'elle exigea, qu'on fut à même de se convaincre, que les Anciens dûrent avoir, pour travailler le *porphyre*, ou une trempe d'outils, ou des procédés qui se sont perdus.

Dès que le *porphyre* fut connu à Rome, la dureté de la matière, son beau poli, et sans doute aussi sa rareté et la cherté qui s'ensuit, le firent rechercher par cette classe de gens riches, qui n'aiment à posséder que ce que les autres ne sauroient se procurer. Pline nous apprend que ce fut sous le règne de Claude, qu'un certain Vitrasius Pollio, gouverneur de l'Egypte, fit voir pour la première fois, à Rome, des statues de *porphyre* rouge, de celui qu'on appeloit *leptopsephos* (marqué de petits points blancs). Cette nouveauté, ajoute l'historien, n'eut point de succès, et *sans doute personne depuis n'a imité cet exemple.*

Pline eut raison pour son siècle, et il est possible que jusqu'à son temps, ce genre de matière, à la vérité peu favorable à la sculpture, n'ait plus été employé; mais il est certain que depuis lui, le *porphyre* rouge fut mis en œuvre pour les portraits et les statues. Plus d'une figure des bas siècles le prouve.

Au reste, il est également démontré par un grand nombre de restes et de fragmens de statues de *porphyre*, que l'habileté dans le travail de cette matière, fut porté à un point qu'on a de la peine à concevoir aujourd'hui. Le seul fragment de statue drapée en *porphyre* rouge, qu'on voit sur la montée du Capitole, à Rome, présente des parties fouillées, et ce qu'on appelle en sculpture des *noirs*, qui eussent été déjà des difficultés dans l'exécution des marbres ordinaires. Il fallut donc pour les vaincre sur une matière aussi réfractaire que le *porphyre*, des procédés mécaniques dont les ressources nous sont inconnues.

Aujourd'hui, en effet, nos outils coupans et la trempe du ciseau ne sauroient parvenir à l'entamer. On n'y parvient qu'en employant le martelet, qui n'agit qu'en piquant. Aussi a-t-on renoncé à en faire autre chose que des ouvrages de simple curiosité, comme vases, soucoupes, etc.

Nous croyons devoir consigner ici, sur le travail du *porphyre*, la particularité suivante.

Au temps des Médicis, époque à laquelle se rapportent tant d'inventions modernes, on trouva le secret de tremper l'acier, et de lui donner une telle dureté, qu'on parvint à fabriquer des outils qui tailloient avec facilité le *porphyre*. Cette découverte, qui date de 1555, parut si importante, qu'on l'attribua au grand-duc de Toscane Côme Ier, qui aimoit à se délasser de ses grandes occupations, par des expériences de physique et de chimie. Ne pouvant opérer lui-même en sculpture, il communiqua le secret de la trempe de l'acier à François *del Tadda Ferrucci*, sculpteur de Fiesole, pour le mettre en œuvre, et il fit exécuter d'abord sous ses yeux de petits bas-reliefs sur *porphyre*, dont il se plaisoit à faire des cadeaux.

Cependant, si on s'en rapporte aux expressions de quelques actes publics, et de l'épitaphe de Ferrucci, dans lesquels on le nomme inventeur ou rénovateur de l'art de tailler le *porphyre*, on seroit tenté de croire qu'il auroit été lui-même auteur de la découverte du secret, qui s'est longtemps encore conservé dans sa famille.

Quoi qu'il en soit, François *del Tadda* tira d'un bloc énorme de *porphyre* la grande Vasque avec son piédouche, qu'on admire au palais Pitti. Il fit aussi le buste de Côme Ier. et celui de la grande-duchesse son épouse.

En 1565, le Pape avoit envoyé au grand-duc une belle colonne de granit, qu'on érigea sur la place de la Sainte-Trinité, dans le lieu même où Côme avoit reçu la nouvelle d'une victoire. Ce prince voulut y faire élever une figure de la justice. Il chargea Ferrucci de la sculpter dans un bloc de *porphyre* : ce que le statuaire exécuta. Le peu d'épaisseur de la matière l'obligea d'y faire par-derrière une draperie de rapport en bronze, accessoire mis en rapport avec certains détails d'attributs aussi de métal.

Après avoir fait beaucoup d'autres ouvrages de *porphyre*, ce qui prouve, par la célérité de l'exécution, la facilité même du travail, il transmit son secret à son fils, qui ne se distingua que par l'imitation fidèle de figures d'animaux.

Le secret passa à plusieurs autres artistes, du nombre desquels fut Raphael Curradi, qui fit en *porphyre* le buste de Côme II, qu'on voit dans la galerie à Florence.

Baldinucci cite encore Cosimo Salvestrini connu par d'autres ouvrages, comme ayant possédé l'art de tailler le *porphyre*.

C'est le dernier dont il soit fait mention, et nous croyons que si l'on visoit à retrouver ce secret, ce seroit à Florence qu'il faudroit aller suivre sur les traces des ouvrages cités, les notions qui pourroient indiquer la route à prendre dans cette recherche. (A. L. C.)

PORT, s. m. C'est, pour la mer, un espace en forme d'anse, un petit golfe, un bassin donné par la nature des terrains et des rivages, ou creusé par l'art, et disposé de manière à y recevoir les vaisseaux, à les mettre en sûreté, et à pouvoir les charger et les décharger avec facilité.

C'est, pour une rivière, un espace choisi sur la rive, qui soit commode à l'approche des bateaux, et d'un accès facile pour le transport des marchandises qu'on doit charger ou décharger.

Le *Dictionnaire d'Architecture* n'a guère à s'occuper des *ports* que sous le point de vue des travaux de construction que leur situation peut exiger, ou des embellissemens dont les villes peuvent environner leur enceinte.

En général les *ports* de mer sont fermés par des môles, des digues ou des jetées à l'entrée desquelles on élève un fanal. (*Voyez* ce mot.) On construit aussi sur leurs bords, des quais, ou des plates-formes exhaussées, d'où l'on communique plus facilement avec les vaisseaux qui s'en approchent. Les grandes enceintes ordinairement circulaires des *ports* se trouvent bordées d'édifices, et peuvent recevoir des monumens qui contribuent à leur célébrité, comme à la beauté de leur aspect. Rien, en effet, ne leur donne plus de magnificence que la perspective de la ville qui, selon la diversité des terrains, s'élève au-dessus d'eux par amphithéâtre, ou des grandes constructions auxquelles les seuls magasins, bâtimens d'usine ou ateliers peuvent donner lieu.

Ainsi le *port* de Phalère à Athènes ne se trouvant ni assez grand, ni assez commode pour la splendeur de la ville, on fit, d'après l'avis de Thémistocle, un triple *port* qu'on entoura de murailles. Suivant Cornelius Nepos, il égaloit la ville en beauté et la surpassoit en dignité. C'étoit là qu'avoit été construit par Philon, ce célèbre *armamentarium* ou arsenal de marine, qu'on a vanté comme un des grands ouvrages d'Athènes. On y avoit bâti cinq portiques superbes et trois magnifiques temples consacrés à Jupiter, à Minerve et à Vénus. C'étoit là que se trouvoit la fameuse bibliothèque d'Apellicon, dont Diogène Laerce a donné le dénombrement. Plus d'un débris d'antique construction atteste encore aujourd'hui, les grands travaux qui embellirent jadis le *port* du Pirée, et c'est de là que furent enlevés par les Vénitiens, les lions de marbre qui décorent l'entrée de l'arsenal de Venise.

Vitruve nous a laissé sur la ville d'Halicarnasse en Carie quelques notions, qui peuvent nous donner une idée de ce que l'aspect de son *port* devoit offrir de pittoresque. Sa configuration étoit circulaire, et le terrain qui le surmontoit se déployoit en forme de théâtre. Dans la partie basse qui se rapprochoit du *port*, Mausole avoit établi le *forum* ou la place publique. Des rues circulaires, comme les gradins d'un théâtre, divisoient, à ce qu'il paroît, toute la montée sur laquelle la ville étoit bâtie, et au milieu étoit pratiquée une rue semblable, mais beaucoup plus large; et au centre de la vaste place qui s'y trouvoit, fut bâti le célèbre tombeau qu'on appela *Mausolée*. A la droite du château de la citadelle s'élevoit le temple de Vénus, auquel correspondoit de l'autre côté le palais du Roi. Ce peu de détails peut donner à entendre quelle fut la richesse et la variété d'aspects que présentoit le *port* d'Halicarnasse.

Les *ports* les plus célèbres de l'antiquité grecque furent ceux d'Alexandrie, de Rhodes, de Messine, et nous voyons par l'histoire que les arts se plurent à les embellir des plus dispendieux monumens, témoin le phare célèbre qui immortalisa le nom de Sostrate à Alexandrie, et le fameux colosse de bronze planté à l'entrée du *port* de Rhodes.

Les Romains, beaucoup moins navigateurs et commerçans que les Grecs, dûrent mettre, d'après leur politique, d'autant moins d'importance à la construction et à l'embellissement des *ports*, que d'une part le commerce ne constitua jamais leur richesse, et que, d'autre part, ce fut à leurs armées de terre qu'ils dûrent l'agrandissement et la continuité de leur Empire.

Rome d'ailleurs située à quatre ou cinq lieues de la mer, ne connut long-temps d'autres *ports*, que ceux que son approvisionnement lui avoit rendus nécessaires sur les bords du Tibre. Si l'on en croit Suétone, ce fut sous Claude que le *port* d'Ostie vint en quelque sorte faire de Rome une ville maritime. Cet Empereur y fit deux levées à droite & à gauche, et un môle à l'entrée. Il étoit situé à l'embouchure du Tibre et avoit deux entrées, au milieu desquelles s'élevoit une tour à l'instar du célèbre phare d'Alexandrie, pour éclairer la marche et l'entrée des vaisseaux. L'empereur Trajan restaura ce *port*, l'agrandit, le doubla même, en y ajoutant un pareil espace qui se trouva renfermé dans les pans d'un hexagone. Cet ensemble, qui offroit aux bâtimens un abri sûr et commode, présentoit encore aux yeux toute la grandeur, tout le luxe de l'architecture, dans la décoration des édifices dont il étoit environné, lesquels avoient des destinations différentes, et toutefois communiquoient entr'eux par de larges galeries. Ainsi, on y voyoit des greniers, des magasins, de vastes fabriques et dépôts, des hôtelleries pour les étrangers de toutes classes, et jusqu'à des palais pour y recevoir des ambassadeurs qui y abordoient pour se rendre à Rome. Les médailles de Néron représentent ce *port* presque rond. Il est hexagone sur une médaille de Trajan, avec l'inscription : PORT. OST.

La grande extension de la navigation chez les peuples et dans les temps modernes, l'accroissement en nombre et en dimension des vaisseaux, surtout des bâtimens de guerre, n'ont pu que multiplier les *ports* de mer, en augmenter l'étendue, et sans aucun doute, la marine des Anciens ne fut qu'un foible essai de celle des Modernes. On alongeroit donc considérablement cet article, quand on se borneroit à ne faire qu'une courte mention des célèbres *ports* de mer, qui existent chez toutes les nations de l'Europe.

D'ailleurs nous l'avons dit au commencement, nous n'avons à considérer les *ports* de mer, que sous le rapport de l'art de la construction et de l'architecture. Ce qui regarde la construction est commun à beaucoup d'autres travaux, dont les notions se trouvent à un grand nombre d'articles. Quant à l'art proprement dit de l'architecture qui embellit les *ports*, peut-être l'esprit de commerce qui a fait creuser tant de *ports* et construire tant de vaisseaux chez les peuples modernes, s'est-il trouvé moins favorable à ces entreprises de magnificence et de luxe, qui furent un des caractères du génie de l'antiquité.

Plus d'un *port* moderne offre sans doute des aspects intéressans, mais peut-être le trouveroit-on à citer comme entreprise de magnificence en fait de bâtimens, que le *port* de Messine, avant le dernier tremblement de terre. Son contour étoit formé, dans la longueur d'un mille, par une façade fort riche de bâtimens uniformes et symétriques, percés d'autant d'arcades qu'il y a de rues aboutissant à la mer.

PORTAIL, s. m. Nous trouvons dans quelques lexiques, que le mot *portail* signifie la *principale porte d'une église avec les ornemens qui l'accompagnent.* On trouve dans d'autres, que le nom de *portail* se donne à l'*entrée des palais et d'autres édifices.*

Sans aucun doute, ce mot qui n'est qu'un augmentatif du mot *porte*, dut être employé fort anciennement à signifier les entrées principales des églises, des palais et des monumens publics. Comme la *porte* de tout édifice se présente ordinairement à sa façade principale, il a toujours été naturel d'y appliquer des accessoires qui la distinguent des portes ordinaires, dans les maisons des particuliers. Ainsi, la *porte* donna, chez les Anciens, son nom à l'ensemble dans lequel elle se trouva comprise. De-là le mot *portique*. De même dans les édifices sacrés ou profanes du moyen âge, qu'on connoît sous le nom de *gothiques*, les entrées des monumens firent partie de ces grands arcs aigus qui en composoient les frontispices, et qui recevoient cette multitude de sculptures, de petites colonnes et d'emblèmes divers que chacun connoît. Il arriva donc que la porte donna aussi son nom à cet ensemble, et de proche en proche à la totalité de la composition architecturale et décorative du monument.

Depuis lors le mot *portail*, dans l'usage ordinaire, est resté affecté aux frontispices des églises. Quoiqu'il soit possible de l'appliquer encore aux façades des palais et des monumens civils, dont l'architecture se plaît à décorer les entrées avec plus de luxe et de magnificence, nous renverrons les notions de ce genre au mot PORTE (*voyez* ce mot). Nous ne prendrons ici le mot *portail* que sous l'acception de frontispice d'église.

On a déjà, en plus d'un endroit, fait remarquer la très-grande différence que la religion dut mettre entre les temples du paganisme, et les églises du christianisme. Le mot *église* seul l'indique et en donne la raison. *Ecclesia*, *église*, veut dire *assemblée*. Le culte payen ne réunissoit point ses adorateurs dans l'intérieur des temples, par des pratiques et des cérémonies obligatoires. Le temple intérieur n'étoit que la demeure du dieu, c'est-à-dire, de sa statue; le plus grand nombre des cérémonies et des sacrifices se pratiquoit en dehors. La société chrétienne demanda, dès l'origine, de grands espaces clos et intérieurs. La basilique fut l'édifice antique qui convint le mieux à ses usages. Ce fut à l'instar des basiliques que les premières églises furent construites, soit pour la forme, soit pour l'étendue.

Mais la basilique, ainsi qu'on peut s'en convaincre, et par les monumens et par les notions de Vitruve, exigeoit un intérieur très-spacieux et une fort grande élévation, puisqu'il y avoit deux rangs de colonnes l'un au-dessus de l'autre, et ce que nous appellerions des travées tout à l'entour. La basilique d'ailleurs, faisant partie du *forum*, entroit dans un ensemble de bâtimens, qui ne permettoit pas d'en faire toujours un édifice entièrement isolé. L'ordonnance extérieure des temples, surtout des temples périptères, ne pouvoit point s'y appliquer, et leur hauteur comparée à leur largeur, n'eût pas permis de donner à leur entrée ces portiques, ou péristyles en colonnes, qui portoient le fronton à la hauteur du comble de l'édifice.

Telles se montrent à nous ces premières basiliques chrétiennes, formées à l'instar des basiliques profanes, d'une nef très-élevée, et de bas côtés, ce qui au dehors repoussa le système d'unité d'ordonnance des temples antiques.

Aussi voyons-nous que l'architecture ne pouvant appliquer à de telles élévations une ordonnance simple et régulière, laissa subsister en dehors les masses de la construction sans les orner. On se contenta de placer en avant de l'entrée, un petit portique qui ne tient en rien à la masse générale. Cette disposition se trouve être assez uniformément la même à toutes les anciennes basiliques chrétiennes de Rome. Quelquefois la peinture ou la mosaïque furent employées à orner la façade antérieure du corps de bâtiment, lequel, formant la nef, s'élève au-dessus de la masse subordonnée des bas côtés.

En un mot, nous ne voyons point que l'architecture ait alors tenté d'appliquer à l'incohérence des masses d'un tel ensemble, aucune composition, soit en se raccordant à chacune des parties, soit en les masquant par ces devantures qu'on appelle aujourd'hui *portails*.

Ce qu'il importe de faire remarquer dans l'historique de cette partie de l'architecture moderne, c'est que les premiers monumens religieux du christianisme à Rome, se composent tous d'une nef extrêmement élevée, et des bas côtés qui furent ainsi appelés, comme étant toujours de moitié moins hauts que la nef.

Ce fut donc là le modèle des temples chrétiens; et nous ne saurions douter qu'on l'ait imité, dans toutes les églises, auxquelles succédèrent, vers le douzième siècle, en Europe, ces grands monumens de l'architecture qu'on nomma *gothique*. (*Voyez* ce mot.) A cela près du goût de construction et de décoration, qui donna à ces édifices, au dehors surtout, un caractère si différent de celui des premières basiliques, et en général de celui qui s'étoit perpétué en Italie dans les ouvrages contemporains, l'aspect, l'ensemble et l'ordonnance des intérieurs de presque toutes les grandes églises gothiques, ne nous présentent autre chose, que l'imitation des plans et des élévations des primitives églises; c'est-à-dire une très-grande et très-haute nef, accompagnée d'un ou deux rangs de bas côtés, de beaucoup inférieurs. Ce sont les plans et les élévations des basiliques de l'ancien Saint-Pierre et de Saint-Paul à Rome, ainsi que de Sainte-Marie-Majeure. La seule différence est dans l'emploi des piliers au lieu de colonnes.

Les gothiques n'ayant point ce qu'on doit appeler un *système d'architecture*, ou, ce qu'on voudroit appeler ainsi, n'étant, quant à la décoration et à l'ordonnance des parties, qu'un mélange arbitraire de formes nées de toutes sortes de débris, sans convenances imitatives, sans aucun principe de ce goût qui demande que chaque chose ait sa raison, que chaque détail explique le motif de son emploi, les constructeurs des églises n'éprouverent aucun embarras pour en décorer les frontispices. Avec les tours qu'ils élevoient à l'entrée des églises, avec les arcades aiguës, avec les grandes roses, les clochetons, les pyramides, et à l'aide d'une quantité innombrable de figures, de reliefs, de sculptures, d'ornemens mille fois répétés, ils firent de leurs *portails*, des recueils indigestes de tout ce que l'art peut créer de plus difforme.

Quelques-uns cependant présentent des masses et des lignes qui, vues de très-loin, offrent quelque chose d'assez imposant. C'est tout ce qu'on doit dire des frontispices d'églises gothiques. Ils perdent à mesure qu'on en approche, et qu'on en voit les détails. La multiplicité, l'incohérence, le goût maussade de l'ornement, l'ignorance de toute imitation, la barbarie du dessin, révoltent les yeux et rebutent l'esprit.

En Italie toutefois, ce qu'on appelle le *goût gothique*, appliqué aux *portails* des églises, fut préservé de cette barbarie, par certaines traditions de l'antiquité qui ne manquèrent, en aucun temps, de réfléchir quelques lueurs sur tous les ouvrages de l'art. Mais telle étoit la disposition, telle étoit la conformation extérieure de ces grandes bâtisses, toujours composées de deux parties, savoir, d'une nef très-exhaussée et de bas côtés, que jamais il ne fut possible d'adapter une ordonnance unique, selon le principe des anciens temples, à des constructions qui, au lieu d'offrir un seul corps, en présentoient deux, et de mesures si différentes.

La décoration des frontispices d'églises fut donc, dès l'origine, tout-à-fait arbitraire, parce que le fond de la construction ne lui présentoit ni un tout simple, ni des parties concordantes. Il ne fut plus question d'y pratiquer des colonnades isolées, ni de ces péristyles à l'antique, dont les frontons s'élevant jusqu'à la toiture, en étoient la continuation, et s'adaptoient avec autant d'harmonie que de symétrie, au corps principal de l'édifice. On a vu que la hauteur des nefs fut un obstacle invincible à l'imitation de l'architecture antique. Le frontispice de l'église se présentoit comme un mur, dont il falloit se contenter d'orner la surface, en la revêtissant de marbres, de matières précieuses et d'ornemens de sculpture, auxquels nul type donné ne pouvoit servir de régulateur.

A quelques-unes des plus anciennes cathédrales de l'Italie, telles que celle de Pise et celle de Milan, l'architecture semble s'être occupée du soin de conserver dans ses compositions décoratives de frontispices, l'idée et la forme de la masse donnée par la construction.

La grande église de Milan nous offre, entre les deux tours qui flanquent son frontispice, une masse dont l'ensemble rappelant, par sa forme pyramidale, l'idée de fronton ou de toiture, paroît être revenu à l'unité du type de la construction. On n'y voit point la masse subordonnée des bas côtés. Toutefois la hauteur de la grande nef n'auroit pu permettre d'appliquer à sa façade une ordonnance de colonnes isolées, en manière de péristyle. Cette grande superficie devint donc, comme on l'a vu depuis à tant d'autres églises, la matière d'une décoration tout-à-fait arbitraire, et consistant en appliquages de toutes sortes de parties d'ornemens. C'est ce qu'on a depuis appelé *portail de bas-relief*. Celui de l'église de Milan ne sauroit être décrit par le simple discours; et cela seul y découvre le vice produit par la multiplicité d'objets, qui furent l'ouvrage de plus d'un siècle et l'amalgame de styles fort divers.

La cathédrale de Pise, dont la construction date du onzième siècle, est remarquable dans son frontispice, par l'absence des pratiques gothiques, et le retour aux détails d'architecture antique, dont plus d'un reste s'étoit conservé dans cette ville, ou y avoit été apporté du dehors. La façade de cette église se trouva aussi subordonnée aux deux masses inégales de la nef du milieu et des nefs collatérales ou inférieures. L'architecte divisa son frontispice en deux parties, l'une qui, composée dans le bas d'un portique en colonnes adossées, et de deux rangs supérieurs de petites colonnes appliquées à la construction, s'élève jusqu'à la hauteur des bas côtés; l'autre qui se rétrécit dans le haut selon la largeur de la nef, et offre une rangée de petites colonnes surmontées d'un fronton, lequel arrive jusqu'à la hauteur du pignon de la nef, et s'y coordonne exactement.

Les grandes églises d'Italie qui furent élevées dans les deux siècles suivans, selon le système d'une grande nef et de bas côtés, ne semblent avoir offert à tous les architectes qui tentèrent d'en décorer les frontispices, qu'une sorte de problème décoratif, dont aucun talent ne donna de solution. Aussi voyons-nous que la plupart de ces grands vaisseaux sont restés, sans avoir été terminés dans leurs *portails*.

On ne sauroit lire l'histoire des architectes de ce temps, sans y remarquer que le plus grand nombre d'entr'eux, soit volontairement, soit sur les demandes qui leur furent faites, proposèrent des projets de décoration pour les *portails*, par exemple, de Saint-Laurent et de Sainte-Marie-des-Fleurs à Florence, de Saint-Pétrone à Bologne, et de diverses basiliques du même genre. Ce qu'il faut remarquer encore, c'est qu'aucun de ces projets ne fut ni adopté, ni réalisé, et ces vastes bâtimens sont restés jusqu'à nos jours incomplets dans

dans leur état extérieur. A Florence, la marbrerie en revêtissement, par bandes de marbre de deux couleurs alternatives, a fait seule les frais de décoration de quelques *portails*.

Il n'est pas étonnant que l'architecture n'ait pu réussir à faire adopter, même par les plus habiles artistes, aucun projet pour ces vastes frontispices d'église. Quand cet art manque d'un type régulateur de ses compositions pour opérer, on manque aussi, pour en juger, d'un principe fixe. Les idées des plus célèbres architectes ne pouvoient consister qu'en placages d'ordonnances à plusieurs étages, de niches, de sculptures, de bas-reliefs et d'objets tout-à-fait arbitraires, c'est-à-dire, qu'aucune raison, aucun emploi nécessaire, ne commandoient. De là l'incertitude dans les jugemens. Enfin, il est probable que la dépense de pareils revêtissemens en fit de plus en plus ajourner l'exécution.

Palladio, dans le seizième siècle, eut l'occasion de construire à neuf quelques églises, toujours dans le système d'une nef double en hauteur de ses bas côtés, et il eut aussi l'avantage de pouvoir élever tout ensemble, et le corps de l'église et le *portail* qui devoit en annoncer l'entrée, en décorer le frontispice. Ce savant et judicieux architecte (comme on l'a dit à son article, *voyez* PALLADIO) eut, mieux que tout autre, le secret d'accommoder les formes de l'art antique aux besoins des Modernes. Il est encore celui qui sut le mieux suivre les Anciens, non pas en copiste, en faisant ou refaisant ce qu'ils avoient fait, mais en imitateur, homme de génie, c'est-à-dire en faisant comme auroient fait ces mêmes Anciens, si, revenant au monde, ils avoient eu à travailler pour d'autres convenances. Prenant donc, comme type voulu par le besoin du culte chrétien, la forme de construction extérieure des églises, au lieu de ces frontispices, où l'extérieur se trouve sans aucun rapport avec l'intérieur, il voulut que le dehors accusât le dedans, et qu'on pût apprendre par le *portail*, ce qu'étoient les parties du local interne. En cela consistent beaucoup le mérite et le plaisir de l'unité dans les monumens.

Palladio, dans presque toutes les églises qu'il projeta, et dans celles qu'il construisit à Venise, telles que les églises du Rédempteur et de Saint-Georges-Majeur, imagina, en se conformant aux deux masses extérieures, l'une de la nef, l'autre des bas côtés, d'orner la première d'un grand ordre couronné d'un fronton qui se raccordât avec le comble de la toiture. Figurant ensuite les masses rampantes de chaque bas côté, par une partie de fronton, qu'interrompt le grand ordre, il fit régner en arrière de cet ordre, la base des deux frontons interrompus par le grand ordre, et il fit volontiers supporter ce fronton, par un ordre plus petit de colonnes adossées ou de pilastres.

Le système des *portails* de Palladio, outre l'avantage qu'il a de se conformer à la disposition élémentaire des élévations, a encore pour la vraisemblance et la raison, celui de ne pas tromper sur l'intérieur du local. Tout ordre d'architecture indique un étage, et rien de plus contradictoire avec la réalité d'un intérieur sans étage, que cette apparence d'une pluralité d'étages, que donnent à l'extérieur, les *portails* composés de plusieurs ordres, l'un au-dessus de l'autre.

Cependant il ne paroît point que l'exemple de Palladio ait été suivi par ses successeurs.

Le dix-septième siècle vit élever un très-grand nombre d'églises en Italie, et dans le reste de l'Europe catholique. Presque toutes, à l'exception de quelques-unes, construites en rotonde, furent bâties, selon l'usage devenu général, d'une nef exhaussée avec des bas côtés. Alors devint aussi générale la mode des *portails*, ou devantures à plusieurs ordres l'un au-dessus de l'autre, pour masquer, autant qu'il seroit possible, le comble des toitures de la grande nef. Le siècle qui vit bâtir ces églises, fut aussi celui où l'esprit d'innovation acquit son plus haut degré, dans l'architecture. Alors disparut entièrement de la décoration des édifices, le principe qui tend à fonder l'agréable sur l'utile. Alors on ne visa plus (ainsi que l'a dit Fénélon) à tourner au profit de l'ornement les parties nécessaires de la construction, mais à mêler les détails de la construction avec les détails inutiles d'une décoration arbitraire. L'accessoire devint principal, et l'on regarda tout ce qui constitue un édifice, comme la matière sur laquelle l'imagination pouvoit improviser, en se jouant, toutes les formes que le crayon savoit produire. Il n'y eut plus lieu de demander à aucune forme sa raison, à aucune ordonnance le principe de sa disposition. Les *portails* ne tenant plus au type de la conformation intérieure des églises, ne furent plus que des espèces de cadres, où l'architecte étoit libre de renfermer tous les genres de caprices.

Dans les pays où se répandit le goût dominant alors en Italie, on eut moins d'occasions de bâtir des églises nouvelles, mais beaucoup plus de substituer aux frontispices des églises gothiques des *portails* dans le goût moderne. Au défaut inhérent à ce manque si révoltant d'unité, se joignit celui de ne pouvoir appliquer les nouveaux frontispices, aux corps tout-à-fait disparates de la construction précédente, sans multiplier les ordres de colonnes l'un au-dessus de l'autre, sans faire d'un *portail* une masse en quelque sorte isolée, destinée plutôt à cacher qu'à orner l'édifice du côté de son entrée, c'est-à-dire, d'un seul point de vue.

Les églises modernes qui furent construites à Paris dans le cours de ce siècle, virent se reproduire le genre des *portails* à placard ou de bas-reliefs, dont l'Italie avoit multiplié les exemples. On doit dire cependant qu'en héritant de ce goût, les architectes français surent se garantir de l'excès de la bizarrerie de Borromini, et de ses imitateurs. Ces sortes de devantures se prêtant, on ne peut pas moins, à la grandeur des inventions, et l'art s'y trouvant comme resserré dans une espèce de protocole de formes et de lignes stériles pour la composition et pour l'effet, l'artiste dut se borner à une sage exécution des parties de la modénature de chaque ordre. Quelques-uns de ces *portails* ont acquis de la célébrité, comme offrant de bonnes proportions, de la pureté dans les détails, de la sagesse, et le caractère classique affecté à chaque mode de colonnes. De ce nombre fut, et par-dessus tous, le *portail* de l'église de Saint-Gervais par Jacques Debrosse.

Cependant la froideur de ces frontispices d'églises, la monotonie de leur composition, le peu d'effet des pilastres, des colonnes engagées ou adossées, qu'on est tenu d'y employer, finirent par en amener le discrédit.

Vers le milieu du dernier siècle, les deux anciennes basiliques de Saint-Jean de Latran et de Sainte-Marie-Majeure, à Rome, ayant été restaurées, la première par Clément XII et la seconde par Benoit XIV, les architectes Alexandro Galilei et Ferdinando Fuga composèrent leurs frontispices dans un tout autre système. Le besoin de ménager à ces *portails* une loge pour la bénédiction pontificale, leur suggérerent des masses nouvelles, qui se composèrent de deux portiques à arcades l'un au-dessus de l'autre, et ils y déployèrent plus de richesse d'architecture. Quel que soit le genre du *portail* de Saint-Jean de Latran, et bien qu'on puisse le regarder comme tenant d'un goût plus théâtral que religieux, on ne sauroit nier que ce soit une masse des plus imposantes et des plus riches, et supérieure encore dans son ensemble à celle de Sainte-Marie-Majeure.

On seroit tenté de croire que ces exemples ont pu influer sur l'idée et la composition du *portail* de la grande église de Saint-Sulpice à Paris, également formé de deux étages de portiques l'un au-dessus de l'autre; mais celui-ci a l'avantage d'une ordonnance plus sage et d'un meilleur goût dans son portique inférieur.

Plus le goût et le style de l'antiquité reprirent d'autorité dans le dernier siècle, plus on vit, en France surtout, les architectes viser à se rapprocher des ordonnances des temples antiques, dans les péristyles à colonnes de leurs frontispices.

Ce n'est pas qu'il manque, antérieurement à cette époque, d'exemples de péristyles en colonnes isolées au-devant de quelques églises. Ainsi à Rome, l'église de Sainte-Marie des Miracles (architecture de Rainaldi) et celle qui lui fait pendant, sur la place du Peuple, offrent chacune un portique de quatre colonnes corinthiennes. A Paris, l'église de la Sorbonne, dans l'intérieur de la cour, et celle de l'Assomption ont aussi un péristyle formé de colonnes isolées; mais ces sortes de *portails* s'adossent non à des nefs, mais à des coupoles, imitations plus ou moins heureuses du Panthéon de Rome. A la même époque, plus d'une église fut bâtie à Londres avec des péristyles saillans en colonnes isolées, et d'une heureuse proportion. Toutefois on doit dire que ces frontispices d'un fort bon style, ne présentèrent aucune difficulté pour se raccorder à leurs églises, presque toutes d'une assez petite dimension, d'un plan fort simple et d'une modique élévation.

C'est vers le milieu du dix-huitième siècle qu'on vit en France l'architecture, après avoir renoncé aux placages des *portails* d'église à plusieurs ordres, s'efforcer de se rapprocher des types et des élévations des temples de l'antiquité. L'église de Saint-Philippe du Roule à Paris, en est un des premiers exemples. L'architecte (Chalgrin) visa à réunir la disposition des basiliques dans l'intérieur, à l'ordonnance des péristyles au dehors. A cette époque plusieurs autres églises, dont les événemens arrêterent l'exécution, avoient été projetées dans le même système et avec le même goût.

Mais alors deux monumens des plus remarquables dans la même ville, l'église de Sainte-Geneviève et celle de la Madeleine, sembloient avoir rivalisé à qui résoudroit le mieux le problème d'unité entre une grande nef fort élevée et un péristyle à l'antique en colonnes isolées. L'église de la Madeleine, après avoir subi trois changemens successifs, n'est pas encore terminée; mais celle de Sainte-Geneviève, achevée depuis long-temps, permet d'y considérer les difficultés attachées à cette sorte de solution.

Son péristyle en colonnes corinthiennes, le plus élevé qu'on connoisse, fait déjà voir par l'adjonction des colonnes latérales placées comme contrefort à la poussée de cette construction, la difficulté que les matériaux dans certains pays peuvent apporter à l'imitation des pratiques les plus usuelles chez les Anciens. On connoît ensuite l'artifice employé dans la construction des plates-bandes, ou des architraves formées de claveaux enchaînés par des armatures de fer, ressource difficultueuse déjà pratiquée et avec moins de danger dans la colonnade du Louvre, et dont la pratique n'a point encore été légitimée par la durée d'un espace de temps assez long pour en rendre l'emploi usuel. Enfin, les voûtes en pierre de cette église sont loin d'offrir dans leur construction cette simplicité toujours compagne de la solidité, et il est encore notoire qu'elles sont arc-boutées par des contre-forts, que cachent les murs extérieurs.

De tout ceci, il semble que l'on peut conclure que le système des péristyles (comme frontispices des temples) antiques, n'a pu encore être adapté de la même manière, avec la même solidité, avec le même degré de simplicité, aux façades des églises chrétiennes, de celles surtout dont la vaste étendue intérieure exige dans ses nefs une hauteur proportionnée.

Ce qu'on dit, au reste, des grandes églises, objet de la difficulté qu'on vient de faire remarquer, ne s'applique point aux églises d'une plus petite dimension. Si quelques exemples modernes ont déjà reproduit une imitation assez satisfaisante des formes de l'antiquité dans les frontispices de ses temples, il y a lieu de croire que les nouveaux édifices qui se projettent dans de modiques dimensions, enhardiront les architectes à se rapprocher encore plus du système d'unité, qui peut seul mettre l'élévation extérieure d'une église, d'accord avec l'ensemble de sa construction intérieure.

PORTE, s. f. Ce mot, en architecture et dans l'emploi que le langage en fait, exprime deux idées, deux objets qui toutefois se rapportent le plus souvent au même usage, celui d'entrée dans un lieu quelconque.

Sous un de ces rapports, la *porte*, de quelque forme qu'elle soit, est une ouverture pratiquée, n'importe dans quelle sorte de construction, pour servir d'entrée quelque part et aussi pour en sortir.

Sous l'autre rapport, la *porte* est un ouvrage mobile diversement établi, formé de toutes sortes de matières, et qui sert à fermer plus ou moins l'ouverture dont on vient de parler, soit par raison de sureté, soit pour tout autre motif.

Considérée suivant la première acception, la *porte* appartient, selon le degré de son importance, ou à la simple bâtisse, ou à l'art de l'architecture.

Considérée selon la seconde acception, la *porte* est, en raison de la matière dont elle est formée, du travail qu'on y applique, des détails qu'elle reçoit, un ouvrage qui appartient à divers procédés mécaniques, et aussi au goût de l'ornement et de la décoration.

DE LA PORTE CONSIDÉRÉE COMME OUVRAGE D'ARCHITECTURE.

La *porte*, comme simple objet de nécessité, soit au dehors, soit dans l'intérieur des constructions, ne sauroit comporter ni beaucoup de variétés, ni d'autres formes que celles dont la nature des choses donne l'indication. Naturellement la configuration et la stature de l'homme dûrent être les élémens primitifs, qui décidèrent de ce qui regarde la forme et les proportions des ouvertures pratiquées dans les habitations. Ainsi la forme carrée en hauteur, fut généralement celle que l'on adopta partout. Si quelques dessins des maisons chinoises nous présentent des *portes* dont les ouvertures consistent en un cercle parfait, nous ne regarderons cela que comme une de ces exceptions qui, loin de rien prouver contre la règle, prouvent seulement qu'en architecture il n'y a rien de fondé sur le principe du bon sens, qui ne puisse être contredit quelquefois par des faits contraires à la raison des convenances.

La forme quadrangulaire en hauteur fut encore un résultat naturel de l'emploi des matériaux dans les premières constructions, soit en bois, soit en pierre. L'emploi d'une pièce de bois posée horizontalement sur ce qu'on appelle les *jambages d'une porte*, fut le procédé le plus naturel de tous, et l'on voit encore dans de fort antiques constructions de murs en pierre, un bloc unique former, en manière de poutre, le linteau des *portes*.

Cependant, dès que la pratique des voûtes eut lieu, il fut également très-naturel de faire les *portes* cintrées dans le haut, et c'est entre les *portes à linteaux* et les *portes en cintre* qu'a dû se partager l'usage ou la pratique de l'architecture, selon la nature des édifices et des matériaux.

Les premières *portes* où l'art de bâtir dut être employé avec le luxe de la solidité, furent sans doute les *portes* de ville. Nous n'en trouvons guère de vestiges remarquables que dans l'Italie, et dans les restes de l'architecture romaine; et nous voyons qu'elles faisoient partie des murailles et participoient au genre de leur fortification.

Sans doute, une des plus anciennes de ces *portes* est celle de Volterra, ville d'Etrurie. On la trouve figurée sur un bas-relief étrusque dont elle fait le fond. Le bas-relief représente un combat, et un guerrier est vu précipité et tombant du haut de cette *porte*, qu'on reconnoit aux trois têtes, qui existent encore en relief conservées sur la *porte* elle-même. Une de ces têtes fait la clef de la voûte, les deux autres ornent les deux jambages. La construction est en très-belle pierre de taille, et son cintre est formé de claveaux parfaitement joints. Le bas-relief nous apprend qu'elle étoit couronnée par une plate forme avec des créneaux. La profondeur actuelle de la *porte* peut donner la mesure de l'épaisseur du mur dans lequel elle se trouvoit enclavée.

Les enceintes de quelques villes romaines ont conservé des *portes* du même genre, mais plus riches d'architecture. Ce que nous avons peut-être à citer de mieux, comme exemple de ces compositions, est la *porte* qu'on appelle d'*Arroux*, à Autun. (*Voyez* AUTUN, *Augustodunum*.) Elle se compose de deux grandes arcades que deux plus petites accompagnoient. Au-dessus de ces arcades règne encore une galerie formée par huit ou dix petites arcades dont les piédroits ont de petits pilastres corinthiens. Nous avons déjà remarqué que cette *porte* ressemble beaucoup à celle de Vérone, et que la preuve qu'elle n'étoit point un arc de triomphe, résulte des rainures ou coulisses pratiquées du haut en bas, dans lesquelles se haussoient et se baissoient les ventaux de la *porte*.

Ce qui distingue, en général, dans les restes de

l'antiquité, les *portes* de ville, des arcs de triomphe avec lesquels leur masse a de la ressemblance, c'est le nombre de deux ouvertures ou arcades égales. Les monumens triomphaux nous présentent ou une seule arcade destinée au passage du triomphateur et de son cortège, ou une arcade plus grande, avec deux plus petites collatérales. Les entrées des villes dûrent exiger deux passages égaux, l'un destiné à l'entrée, l'autre à la sortie, et c'est là une de ces dispositions dictées par le besoin, qui établissent une distinction certaine entre des monumens qui, du reste, dûrent se ressembler. La *porte* qui subsiste encore à l'entrée de la ville de Pompeia ne fait point exception à cette règle, quoi qu'en disent quelques descriptions. Cette *porte* n'a, dans le fait, rien de monumental, et les deux ouvertures qui l'accompagnent, ne sont que de petites issues qui aboutissent à deux couloirs.

La distinction que l'on vient d'établir entre les *portes* de ville et les arcs de triomphe, n'empêche pas, sans doute, de croire que jadis aussi deux monumens aussi semblables, n'aient pu se confondre dans les emplois variés qu'une multitude de circonstances locales leur auront assignés. La cause la plus probable de cette confusion, aura été l'usage d'affecter la forme des arcs de triomphe, à certains monumens honorifiques érigés pour toute autre chose que des victoires. C'est ce que nous a prouvé l'arc de Pola (*voyez* Pola), servant aujourd'hui, et peut-être aussi jadis, de *porte* à cette ville.

L'idée d'arc, monument triomphal servant de *porte*, et de *porte* pouvant recevoir le même emploi honorifique, dut prêter encore plus à cette réciprocité d'usage chez les Modernes, où le mot *triomphe* n'exprime plus que le résultat de la victoire, sans emporter l'idée d'aucune des pratiques usitées chez les Romains. Des monumens en forme d'arcs de triomphe se sont donc élevés dans presque toutes les contrées, et en l'honneur des princes ou des événemens les plus pacifiques. On citeroit ainsi beaucoup de *portes* de ville en divers pays, construites, disposées et ornées en manière d'arc de triomphe. Une des plus magnifiques est celle qu'on appelle, à Berlin, la *porte de Brandebourg*. A Florence, la *porta a San Gallo* est un très-bel arc de triomphe tout-à-fait dans le goût des Anciens, élevé au grand-duc François Ier., à l'occasion de son entrée dans sa capitale en 1739.

Paris eut pendant long-temps quelques-unes de ses *portes* formées en arcs de triomphe : telles étoient celles qu'on appeloit de *Saint-Antoine* et de *Saint-Bernard*, qui ont été détruites depuis quelques années. (*Voyez* Arc de triomphe.) On appelle encore *portes*, comme ayant été situées à l'extrémité des rues Saint-Denis et Saint-Martin, et à la rencontre des boulevards, autrefois limites de la ville, des monumens dont nous avons donné la description à l'article qu'on vient de citer.

En général, toute *porte* de ville suppose une ville environnée de murs, et la plupart des villes murées l'ayant été en vue de la défense militaire, le plus grand nombre des *portes* dut être assujetti à des besoins qui s'accordèrent rarement avec ceux de l'art de l'architecture. Aussi, parmi les *portes* de villes antiques qui nous sont parvenues, citeroit-on peu d'ouvrages qu'on puisse proposer pour modèles. Des trente-sept *portes* que l'on comptoit à Rome, au temps de Pline, le plus grand nombre a disparu, et parmi celles que présente la Rome moderne, il y en a peu d'antiques, et peu encore de celles-ci, se font remarquer pour l'architecture.

On exceptera cependant celle qu'on appelle aujourd'hui *porta maggiore*, jadis *porta Nævia* et *Labicana*. Cette *porte* étoit le point où aboutissoient jadis et aboutissent encore aujourd'hui les aqueducs qui conduisoient à Rome l'eau *Curtia* et l'eau *Cærulea*. Aussi se compose-t-elle d'un attique extrêmement haut, divisé en trois bandes, qui portent chacune l'inscription de chacun des Empereurs qui concoururent à ce grand travail. Deux grandes arcades supportent cet attique; leur construction est en bossages, et leurs massifs ou piédroits sont occupés par des niches accompagnées de deux colonnes qui soutiennent un fronton.

Les *portes* des villes modernes dans le moyen âge et jusqu'au renouvellement des arts, soumises aux différens systèmes de fortification, ne nous présentent d'ailleurs d'autres formes que celles dont l'architecture appelée *gothique* avoit accrédité l'emploi, celle de l'arc aigu.

Lorsque le goût de l'architecture antique reparut, il n'y eut guère dans l'embellissement des *portes* de ville, d'autre style et d'autre système que ceux des *portes* appliquées jadis aux monumens publics. Telle fut cette *porte* qui sert d'entrée à Rome, sous le nom de *porta del Popolo*. Ornée de colonnes et de statues en dehors, sa façade intérieure a reçu une décoration nouvelle au temps de Bernin, et de son dessin à ce qu'on croit, pour l'entrée de la reine Christine à Rome. L'inscription qui pourroit se placer sur beaucoup d'autres entrées de ville est : Felici faustoq. ingressui.

Le genre de décoration, la proportion et le goût des *portes* qui donnent entrée dans les monumens publics, les temples, les palais, se coordonnent naturellement au goût, à la proportion et au style de décoration des divers ordres d'architecture.

Vitruve n'a eu en vue, en fixant la forme et l'ordonnance des *portes*, que celles des temples. Il en reconnoît trois genres : la *porte dorique*, la *porte ionique* et la *porte* qu'il nomme *atticurge*, et par ce mot, selon les commentateurs, on doit entendre un synonyme de *corinthienne*. (*Voyez* Atticurge.) Ces trois genres de *portes* sont toutes ce qu'on appelle à *linteau*. Leurs différences consi-tent dans quelques variétés de mesures et de détails qu'il faut lire dans cet auteur, et qui sont aujourd'hui de peu d'importance, parce que ces *portes* il les considère dans leurs rapports avec les colonnes des péristyles des temples. Mais ce qui tient à une théorie plus générale et plus usuelle, c'est qu'il prescrit de se conformer dans les profils, les encadremens et les couronnemens des *portes*, au caractère plus ou moins simple, plus ou moins élégant de chacun des ordres.

Ainsi la *porte* dorique a ses montans et son linteau formés d'un bandeau fort simple. La *porte* ionique a ces deux parties plus nombreuses en moulures, et elle a un couronnement. La *porte* attique ou atticurge participe presqu'en tout de la précédente; seulement les jambages sont un peu inclinés et tendent à la figure pyramidale. Il y en a plus d'un exemple dans les restes de l'antiquité.

Ces règles de Vitruve, comme on l'a déjà dit, étoient spéciales pour les temples, mais le principe de ces règles étoit fondé sur l'harmonie que chaque mode ou type d'architecture, rendu sensible dans chaque ordre, doit prescrire aux parties qui entrent dans l'ensemble, dont l'ordre est le régulateur.

Aussi les architectes modernes ont-ils presque tous, dans leurs Traités d'architecture, cherché à fixer d'après les proportions et le goût de chacun des ordres, ce que doivent être et la forme, et les dimensions des *portes*, dans les monumens qu'on élève selon les principes de l'architecture.

Admettant, comme on l'a fait, dans les premiers temps du renouvellement de cet art, cinq ordres, que la saine critique a réduits à trois, presque tous les architectes sont convenus d'un moyen terme de mesure pour les *portes*.

D'après le résultat de leurs observations, on est convenu :

Que dans l'ordre qu'on appelle *toscan*, les *portes* en plein cintre devoient avoir de hauteur deux fois leur largeur;

Que les *portes* en plein cintre, dans l'ordre dorique, doivent avoir en hauteur deux fois et un sixième de leur largeur;

Que les *portes* de la même forme, dans l'ordre ionique, auront en hauteur deux fois et un quart leur largeur;

Que, dans le corinthien, elles auront deux fois et demie, et dans ce qu'on appelle le *composite*, deux fois et un tiers la mesure de leur largeur en hauteur.

A l'égard des *portes* à plate-bande, leur proportion a été déterminée, en divisant leur largeur en douze parties, dont on a donné vingt-trois à la hauteur de la *porte* appelée *toscane*, vingt-quatre à la *porte dorique*, vingt-cinq à la *porte ionique*, vingt-six à la *porte corinthienne*, et vingt-cinq et demie à la *porte* appelée *composite*.

On voit donc que toute cette théorie relative aux dimensions des *portes*, n'a d'autre point de vue, que de faire participer les ouvertures des édifices à la graduation des mesures affectées au caractère propre de chaque ordre. D'où il résulte que de pareilles mesures n'ont rien de géométriquement fixe. Aussi est-ce au goût à en faire les applications convenables aux différens rapports des *portes* avec le local où elles se trouvent.

Ce que nous connoissons de plus remarquable en fait de *portes* dans l'architecture antique, appartient aux entrées des temples. Plus d'un édifice sacré nous est parvenu avec sa *porte* principale.

Nous pouvons citer comme une des plus belles et des mieux conservées, celle du temple de Nîmes, appelé vulgairement la *maison carrée*. Cette *porte* est à plate-bande; elle a en hauteur plus de deux fois sa largeur; son chambranle et les consoles qui supportent la corniche de la plate-bande sont d'une exécution fort pure. (*Voyez* l'ouvrage des *Antiquités de la France*, par Clérisseau.) Le dessus de la *porte* est occupé par une inscription.

La *porte* du Panthéon, à Rome, s'est conservée intègre dans tous ses détails et jusque dans ses venteaux de bronze, dont on fera mention plus bas. Cette *porte*, surmontée d'un grillage en bronze, destiné peut-être à diminuer sa hauteur, au lieu des jambages ordinaires du chambranle, est accompagnée de deux pilastres cannelés dont on ne sauroit définir l'ordonnance, d'après l'espèce de chapiteau qui les surmonte, lequel se raccorde à la cymaise dont est couronnée la plate-bande intermédiaire entre la *porte* et le grillage dont on a parlé.

On voit ici un exemple de ces *portes*, qui depuis furent si souvent accompagnées d'ordres en pilastres ou en colonnes. Presque tous les monumens civils et les palais des Anciens ayant disparu, il seroit difficile de dire jusqu'à quel point ils appliquèrent aux *portes* de ces édifices les richesses accessoires des colonnes.

Dans les temples anciens, la *porte* paroît avoir été généralement quadrangulaire, c'est-à-dire, terminée dans le haut par ce qu'on appelle *linteau* ou *plate-bande*. On conclut cette forme de la description même de quelques temples célèbres, tels que ceux de Minerve à Athènes, et de Jupiter à Olympie. Mais outre les *portes* encore existantes du Panthéon à Rome, et du temple de Nîmes, on peut citer celles des temples de Pola, des monumens de Spalatro, de Palmyre, de Baalbeck, et beaucoup d'autres. Il est sensible que cette terminaison de la *porte* en ligne horizontale, devoit être commandée par le local, et par l'espèce d'accord que suggéroit naturellement la ligne horizontale des péristyles en colonnes, sous lesquels ces *portes* étoient abritées.

Chez les Modernes, la différence de construction dans les églises, et la hauteur considérable de leurs nefs, n'ayant guère permis de placer à leurs frontispices des péristyles en colonnes (*voyez* Portail), et l'usage des devantures de décoration en appliquage ayant prévalu dans les portails à plusieurs ordres, l'un au-dessus de l'autre, les *portes* cintrées, dont la forme exige plus de hauteur, y furent plus généralement employées. Dans certains pays, la nature des matériaux en favorisa l'emploi. Là où l'on ne trouve point à faire les linteaux d'un seul bloc de pierre, on doit avoir volontiers recours à la forme cintrée, c'est-à-dire, à la forme d'arcade.

Cette forme d'arcade rappelle naturellement celle des portiques, composés de piédroits, dont les massifs reçoivent des colonnes ou des pilastres, qui supportent ou un entablement courant ou des frontons. Et tel fut l'ajustement d'un très-grand nombre de *portes* dans les grands bâtimens modernes.

Les plus grands et les plus magnifiques palais en Italie nous offrent peu de luxe et de variété dans leurs *portes*. Le style simple et sévère de leur disposition extérieure, et l'habitude de faire dominer dans leurs façades les pleins sur les vides, nous expliquent pourquoi les entrées de ces édifices ne consistent le plus souvent que dans une arcade, dont quelquefois les refends ou les bossages viennent interrompre le chambranle, et dont le sommet n'a d'autre ornement qu'une clef très-saillante, tantôt fort simple, et tantôt taillée en console. Ainsi voyons-nous encore à Paris trois des *portes* du Louvre consister en une arcade ornée de fort peu de profils. Celle qui fait partie de la face antérieure où règne la colonnade, offre une *porte* à plate-bande inscrite dans un grand arc. *Les portes* du palais du Luxembourg, imitation du palais Pitti, à Florence, ne sont aussi que des arcades, dont les piédroits sont taillés en bossage.

Cependant le luxe des colonnes, des plates-bandes sculptées et des frontons, devint assez général dans la composition des *portes* de palais.

On en compte quelques-unes à Rome, qu'on cite en ce genre comme modèles de bon goût et de belle proportion.

A Paris, l'on doit dire que le plus grand nombre des *portes* d'hôtels un peu remarquables, a sa *porte* ornée de colonnes et quelquefois accouplées. Le luxe des *portes* de palais en est venu, dans le dernier siècle, au point qu'elles pourroient passer avec leurs accompagnemens pour être des monumens. On en a fait dont les piédroits reçoivent des trophées, dont le dessus est orné de bas-reliefs. Quelques-unes, avec les colonnades qui les accompagnent, sembleroient être des portiques plutôt que des *portes* d'entrée.

Ce qui a contribué surtout à donner aux *portes* des palais, une ampleur d'ornement et d'architecture inusités auparavant, ce fut l'usage de placer les corps d'habitation au fond d'une cour. Les *portes* ne firent plus dès-lors partie intégrante du palais proprement dit, et n'eurent plus le besoin de se soumettre à l'ordonnance générale de sa façade. L'architecte dut chercher par la composition de la *porte*, devenue celle de la cour, à donner une idée de l'importance de l'édifice placé en reculée et hors de la vue du public.

Il est assez inutile de dire que les *portes*, dans les intérieurs, offrent et les mêmes formes et les mêmes degrés de décoration.

Dans les maisons ordinaires, les *portes* qui donnent entrée aux différentes pièces de leur distribution, ont une simple baie, ouverture quadrangulaire, percée dans les murs ou les cloisons, sans ornemens, chambranles, profils ou accompagnemens.

Les maisons d'un degré plus élevé, ont les *portes* de leurs appartemens revêtues de chambranles ou de bordures, avec plus ou moins de moulures faites soit en plâtre, soit le plus souvent en menuiserie, qui reçoit volontiers des couleurs ou simples ou en manière de marbres. L'usage est assez volontiers de pratiquer au-dessus un panneau avec ornemens, ou un tableau appelé *dessus de porte*.

Les palais, selon leur grandeur ou leur importance, présentent dans leurs vastes intérieurs, des *portes* qui peuvent égaler en richesses d'architecture, celles des extérieurs. La hauteur des étages et les grandes dimensions des pièces permettent d'y pratiquer des *portes* cintrées, et de leur appliquer le style et les proportions des *portes* attiques, ioniques ou doriques. Dans les grands palais, on voit les *portes*, surtout des grandes pièces, des salles de réception ou des galeries, accompagnées ou de pilastres ou de colonnes, recevoir soit des frontons, soit des plates-bandes soutenues par des consoles; et dans leurs couronnemens, des figures, des allégories, et des symboles divers en sculpture de bas-reliefs ou de ronde-bosse.

Les revêtemens de marbre de toutes sortes de couleurs, contribuent souvent à la décoration de ces *portes*. Leurs jambages, leurs linteaux sont surtout les membres que la marbrerie est appelée à décorer, et ces espaces reçoivent encore sur leurs champs des accessoires en bronze doré, comme entrelas, enroulemens, *etc.*

On comprend que la décoration des baies, ou ouvertures de *portes*, dans les édifices, doit se trouver en accord avec celle des battans ou venteaux, destinés à ouvrir ou à clore ces ouvertures, et par conséquent à figurer ainsi dans cet ensemble composé de deux parties, dont nous avons séparé les notions dans cet article, mais qui, selon l'usage de les considérer, forment un tout dont l'harmonie doit entrer dans les combinaisons de l'architecture. Les battans, comme on va le voir, reçoivent quelquefois une telle richesse de décoration, que le chambranle, qui en devient, si l'on peut dire, le cadre, ne sauroit sans inconvenance n'y point participer.

DE LA PORTE CONSIDÉRÉE DANS SES BATTANS ET COMME OBJET D'ORNEMENT ET DE DÉCORATION.

Les Romains avoient plus d'un mot pour exprimer ce que nous n'exprimons que par un seul, puisque nous usons du mot *porte* pour signifier l'ouverture d'un local et ce qui sert à la fermer.

Le mot *porta*, dans le latin, si l'on en croit l'étymologie que lui donne un passage de Caton, se seroit appliqué surtout aux *portes* de ville. Lorsqu'on bâtissoit une ville, on en traçoit l'enceinte avec la charrue, et dans l'endroit où devoit être une entrée, on soulevoit la charrue et on la portoit. De-là le mot *porta*. *Qui urbem novam condit..... ubi portam vult esse aratrum sustollat, et portam vocet.*

Est-ce là une de ces étymologies souvent fort arbitraires, qu'on trouve chez les grammairiens anciens? C'est ce que nous ne déciderons point. Il est mieux démontré que le mot *janua*, comme synonyme de *porte*, tire son nom du dieu *Janus*, qui présidoit aux entrées des maisons. Le mot *limen* exprimoit ce que nous entendons dans les maisons par seuil de la *porte*. Il est à remarquer que ces différens mots se prennent au singulier, ce qui semble bien indiquer, qu'ils ne s'appliquoient qu'à la *porte* considérée comme ouverture et comme ouvrage de construction. Quant à celle que nous désignons par les mots *battans de porte* ou *ventaux*, nous trouvons dans le latin deux mots qui n'ont point de singulier, *valvæ* et *fores*. Il nous semble que ces mots qui ne pouvoient pas convenir au pluriel à la *porte* (ouvrage de construction), dûrent signifier exclusivement la *porte*, ouvrage mobile, composé fort souvent de deux parties ou de deux ventaux.

C'est sous ce dernier rapport que nous allons considérer la *porte*.

Les battans de *porte*, que la clôture se compose soit d'un, soit de deux ventaux, se sont faits et se font encore de plus d'une matière. Il paroit assez constant qu'il y eut dans l'antiquité de ces *portes* mobiles faites en marbre. Je trouve dans le *Dictionnaire d'Antiquités*, qu'on a trouvé dans quelques bâtisses d'Herculanum des *portes* dont les battans étoient tout entiers de marbre. On se figure difficilement que de semblables *portes* aient pu être usuelles, c'est-à-dire, employées dans les maisons, et qu'elles aient été d'une grande dimension. Mais nous en trouvons un exemple dans un des plus beaux tombeaux antiques que Pausanias ait vus, et qu'il compare à celui de Mausole. « On voit, dit-il (*Arcadiq.*, lib. 10, cap. 16), » dans le pays des Hébreux, à Jérusalem, ville » que l'empereur Adrien a détruite de fond en » comble, le tombeau d'Hélène, femme du pays; » il est tout en marbre. On y a pratiqué une » *porte* aussi de marbre, qui s'ouvre tous les » ans, à pareil jour et à pareille heure. Elle » s'ouvre par le seul effet d'une mécanique, et, » après être restée peu de temps ouverte, elle » se referme. Dans tout autre temps, on tenteroit vainement de l'ouvrir, on la briseroit » plutôt. »

Mais le bois et le métal furent et seront toujours les deux matières propres à faire les *portes* mobiles.

On y emploie le bois par assemblage, et les montans sont ou arrasés, ou par compartimens. Rien à dire sur les *portes* arrasées, sinon qu'il faut y prendre encore plus de soin d'en bien assembler les joints, dont les désunions sur une surface lisse, seroient plus apparentes.

Les *portes* à compartimens en bois, sont susceptibles de tous les degrés et de tous les genres d'ornemens. Quelquefois ces ornemens ne consistent qu'en placages de bois précieux, appliqués sur les bois plus communs que la menuiserie emploie. Mais ces ornemens en bois de couleurs variées, comme l'acajou, le citronier, etc., ne peuvent guère être d'usage que dans les intérieurs des maisons et des appartemens.

Dans les *portes* de grande dimension, telles que celles qu'on appelle *portes cochères*, à l'extérieur des maisons, ou celles qui servent de clôture aux églises, les battans sont formés par de forts assemblages de bois de charpente, et l'on y pratique le plus souvent des panneaux de diverses figures, quelquefois avec de simples moulures, et quelquefois avec des listels taillés d'oves, de perles, de feuilles d'eau. Autant pour la propreté que pour la conservation même des bois, on les enduit de couleurs à l'huile, et dans toutes sortes de nuances.

Les *portes* en bois ont souvent offert à la sculpture, des champs propres à recevoir un plus grand luxe décoratif de bas-reliefs. Les exemples de semblables *portes* sont nombreux. On citera, en ce genre, au Vatican, certaines *portes* en bois à la galerie des Loges de Raphaël, et sculptées sur ses dessins, ou ceux de son école, par *Jean Barile*. Le goût et le mérite d'exécution n'ont jamais été plus loin. Le Louvre, à Paris, a conservé des *portes* du même genre, sculptées en ornemens sur les dessins de Lebrun. Les battans de la *porte* principale de la cathédrale, dans la même ville, ont été refaits en bois il y a un demi-siècle, sous la direction de M. Soufflot. Sur chacun de ces battans sont sculptées, dans la proportion de six pieds, en bas-relief, les figures du Sauveur et de la Sainte-Vierge.

Les *portes* en bois ont si souvent besoin de l'enduit des couleurs, comme on l'a déjà dit, pour leur conservation, que la peinture dut aussi s'emparer des champs de ces compartimens, pour en faire l'objet des inventions décoratives qui peuvent leur convenir. Les idées légères et les sujets de l'arabesque, ont donc trouvé d'agréables places sur les panneaux des *portes*, et l'on ne seroit embarrassé que du choix des exemples de ce goût de décorer, dans tous les pays où la peinture s'est occupée de l'embellissement des intérieurs des maisons.

On comprend aisément pourquoi nous ne pouvons citer sur les *portes* en bois et leurs ornemens, aucune autorité dans l'antique. Généralement les *portes* qui appartiennent à l'antiquité ont dû périr; les unes, telles que les ouvrages en bois, vu le peu de durée de la matière, et les autres en métal, dont on fera mention plus bas, à cause de la valeur et du prix, qui finissent par causer la perte de ces sortes d'ouvrages.

Nous sommes portés à croire que le bois devoit faire jadis le fond de ces *portes* célèbres des temples que l'on revêtissoit d'ornemens plaqués et incrustés. Si, comme nous l'avons démontré en traitant de la statuaire en or et ivoire, et des colosses de ce genre (*voyez* le Jupiter olympien), le fond de ces grands simulacres sur lesquels s'appliquoient l'ivoire et l'or étoit de bois, le même genre de travail de l'or et de l'ivoire, en bas-relief, sur les surfaces des compartimens de *portes*, doit faire supposer que le bois fut la matière qu'on y employa.

Cicéron nous a appris quel cas on faisoit des *portes* d'or et d'ivoire du temple de Minerve à Syracuse : « Nulle part (dit-il), je puis l'affirmer, » aucun temple n'eut, en or et en ivoire, des » *portes* d'une plus grande magnificence ni d'une » perfection plus grande. » *Valvas magnificentiores ex auro atque ebore perfectiores nullas unquam ulli templo fuisse.* « On ne sauroit » dire combien les Grecs ont laissé d'écrits sur » la beauté de ces *portes*. Il y avoit dessus, les sujets les plus habilement sculptés en or et ivoire. » Verrès les fit tous enlever; il en arracha une » superbe tête de Gorgone avec sa chevelure » en serpens, et pour montrer que le prix et » la valeur de la matière le touchoient autant » que le mérite de l'art, il n'hésita point à dépouiller ces *portes* de tous les clous d'or d'un » grand poids qui s'y trouvoient en grand nombre. » *Incredibile dictu est quam multi Græci de harum valvarum pulchritudine scriptum reliquerint..... Ex ebore diligentissimè perfecto argumenta erant in valvis. Ea detrahenda curavit omnia. Gorgonis os pulcherrimum crinitum anguibus revellit atque abstulit, et tamen indicavit se non solùm artificio, sed etiam pretio quæstuque duci. Nam bullas omnes aureas ex his valvis quæ erant multæ et graves, non dubitavit auferre, quarum iste non opere delectabatur sed pondere.*

En lisant, dans Pausanias, la description des détails du temple de Jupiter à Olympie, on ne sait si l'on doit, d'après les mots ὑπὲρ τῶν θυρῶν, placer au-dessus des *portes* du naos et de l'opisthodome, dans le mur même, ou sur les battans des *portes*, les bas-reliefs dont parle l'écrivain. Le doute résulte de la préposition ὑπὲρ, qui veut dire aussi bien *sur la porte*, qu'*au-dessus* de la *porte*. Le dernier traducteur, par l'emploi en français de la préposition *sur*, donne à entendre qu'il croit ces sujets sculptés sur les battans même (qui au reste étoient de bronze, ainsi que le dit Pausanias, τὰς θύρας τὰς χαλκᾶς). Tous ces sujets représentoient les travaux d'Hercule.

L'usage des battans de *portes* ornés de sculptures en bas-reliefs, dut être fréquent dans l'antiquité. La description purement imaginaire que fait Virgile des *portes* sculptées par Dédale, comme beaucoup de descriptions d'ouvrages d'art, dont les poëtes enrichissent leurs récits, est la preuve que la pratique de ces travaux n'étoit pas rare, et l'on peut conclure encore des détails du poëte, que l'or entroit souvent dans l'exécution de ces sculptures. Dédale avoit aussi essayé de sculpter en or la chute de son fils Icare : *Bis conatus erat casus effingere in auro.*

C'est aussi en or et en ivoire qu'il figure, dans une autre description idéale, les bas-reliefs (*ex auro solidoque elephanto*) qu'il place sur les *portes* (*in foribus*) du temple de marbre qu'il veut élever à Auguste, sur les bords du Mincius.

Beaucoup de battans de *portes* ont été appelés *de bronze*, qui ne furent aussi qu'en métal plaqué sur un fond ou sur une ame de bois. Telle est celle qui est parvenue jusqu'à nous, et qui sert encore aujourd'hui de fermeture au Panthéon de Rome. L'usage des clous qui sont devenus depuis un simple motif d'ornement dans beaucoup de *portes*, indiqueroit peut-être la pratique originaire de ces revêtemens de métal, qu'on devoit fixer avec des rivés qui les identifioient au fond de bois.

Les *portes* de bronze du Panthéon sont dans toute la longueur de leurs montans, et dans la largeur de leurs traverses, remplies d'un très-grand nombre de têtes de clous, artistement travaillées en forme de culots, ou ce que l'on appelleroit *culs de lampe*, variés de trois manières différentes, et ornés de feuilles à un ou deux rangs. Du reste, chaque battant se compose de deux seuls panneaux lisses, et rien ne semble indiquer qu'autrefois on y ait appliqué aucun objet de décoration.

Nous n'aurions plus à citer d'ouvrages antiques de ce genre que d'après de simples mentions des écrivains, mentions dont le recueil ne serviroit qu'à confirmer ce qu'on a déjà dit du grand nombre de ces travaux, et à mieux faire sentir l'étendue des pertes que l'art a éprouvées.

Il nous faut, en fait de *portes en bronze*, arriver chez les Modernes aux onzième et douzième siècles.

Constantinople avoit conservé dans l'art de la fonte les traditions pratiques qui, à ce qu'il paroît, s'étoient perdues en Italie. Ce fut dans cette ville que Pantaléon, consul romain vers le milieu du onzième siècle, alla lui-même faire fondre les *portes* de la basilique de Saint-Paul à Rome. L'inscription qu'on y lit, apprend qu'elles furent l'ouvrage l'ouvrage de *Staurakios Tuchitos*, de l'île de Chio. Ces *portes* ont quinze pieds de haut et dix pieds de large. Le fond en est de bois recouvert de métal. On y compte cinquante-quatre compartimens qui renferment les figures isolées des Apôtres, des Evangélistes, des prophètes, et divers traits de la vie de Jésus-Christ, de la Sainte-Vierge et des premiers Martyrs. Le bronze étoit revêtu ou orné de *niello*, et de filets d'argent qui ont disparu en grande partie.

C'est de Constantinople aussi que furent apportées, vers le milieu du treizième siècle, les *portes* de bronze de Saint-Marc à Venise.

Cependant nous voyons à la fin du douzième siècle (1180) Bonano, artiste de Pise, fondre, pour la cathédrale de cette ville, des *portes* de bronze, qui furent en partie endommagées par le feu, mais dont il reste encore une portion considérable de douze compartimens.

C'est dans le même style que sont travaillées les *portes* de bronze de la cathédrale de Novogorod, et plus d'un motif tiré des bas-reliefs de ces *portes* engage à croire que ce fut un ouvrage contemporain de celui de Pise (1192). Chacun de ses deux battans offre quatorze compartimens où se trouvent représentés des sujets de la Bible, du Nouveau-Testament, etc., avec des légendes et des inscriptions en caractères russes. Cet ouvrage a été savamment commenté à Berlin par M. Friederich Adelung.

Comme nous comptions placer à la fin de cet article, d'après le savant que nous venons de nommer, la nomenclature de toutes les *portes* de bronze qui existent aujourd'hui en Europe, nous allons nous contenter de donner ici les notices abrégées des trois plus célèbres de ces ouvrages, et dans l'ordre de leurs dates.

Les deux premiers sont au baptistère de Florence.

L'an 1330, comme en fait foi l'inscription qu'on y lit, gravée sur le bronze, André Ugolino exécuta les *portes* de ce monument qu'on voit à droite en entrant dans cette rotonde; on prétend que ce fut sur les dessins donnés par Giotto. Ces *portes* se composent de vingt-huit champs ou compartimens; vingt de ces espaces sont remplis par des traits de l'histoire de Jean-Baptiste, les huit autres contiennent des figures de Vertus. Ce travail, beaucoup moins sec que celui des ouvrages précédens, se fait distinguer par une certaine délicatesse d'expression et d'exécution.

Mais les plus célèbres *portes* de ce monument, et de beaucoup les plus belles de toutes celles que l'on connoît, sont celles qui s'ouvrent en face de la cathédrale, et qui ont rendu à jamais fameux le nom de Laurent Ghiberti. On sait que ce qu'il y eut alors de plus habiles artistes, et de ce nombre étoient Bruneleschi et Donatello, se disputèrent, dans un concours ouvert par le grand Conseil de Florence, l'honneur de ce bel ouvrage, et que les concurrens eux-mêmes proclamèrent Ghiberti leur vainqueur. On compte sur ces *portes* vingt compartimens qui renferment l'histoire du Nouveau-Testament; les espaces inférieurs sont occupés par les Evangélistes et les Pères de l'Eglise. Nous ne dirons rien ici de ces beaux bas-reliefs, dans le travail et le goût desquels Ghiberti devança tous ses successeurs, et n'a été égalé par aucun. C'est de ces *portes* que Michel Ange avoit coutume de dire, qu'elles seroient dignes d'être celles du Paradis.

Elles furent terminées en 1424.

C'est en 1445 que furent exécutées, sous le pape Eugène IV, les *portes* en bronze de l'ancienne basilique de Saint-Pierre, transportées depuis à l'entrée principale de la nouvelle église. Celles qu'elles remplacèrent à cette époque avoient été revêtues en argent; on disoit qu'elles étoient venues de Jérusalem. La vétusté et les différens pillages que Rome avoit essuyés, en avoient opéré la dégradation. Antoine Filarète, fort habile architecte, et Simon, frère du célèbre Donatello, furent chargés de ce grand ouvrage qui, postérieur, comme on le voit, de vingt années à celui de Ghiberti, lui resta prodigieusement inférieur sous tous les rapports. Les bas-reliefs représentent les martyres de saint Pierre et de saint Paul, et quelques particularités de la vie d'Eugène IV. On y a souvent remarqué comme une assez grave inconvenance, les petits sujets mythologiques, qui entrent dans les enroulemens et encadremens des bas-reliefs. Ceci ne doit s'expliquer que par l'habitude de considérer ces sujets comme de simples objets de décor, devenus tout-à-fait insignifians pour l'esprit.

Nous avons vu l'argent entrer comme incrustation, dans certains détails des *portes* de bronze modernes, et l'or mêlé à l'ivoire nous a paru être entré dans quelques-uns de ces ouvrages antiques.

On trouve cependant plus d'une mention faite de *portes* appelées d'or, *porta aurea*. Loin qu'on puisse se permettre de croire que ce métal précieux soit jamais entré en masse, ou en revêtement massif, sur des *portes* semblables à celles qu'on vient de citer, il faut croire, au contraire, ou qu'on aura donné le nom de *porte d'or* à des *portes* de métal simplement doré, ou peut-être ornées de clous dorés.

On appeloit et on nomme encore *porta aurea*, à Pola en Dalmatie, cet arc dont nous avons parlé à l'article de cette ville, et qui ne fut point un arc de triomphe. On appeloit de même, à Constantinople, l'arc élevé par Théodose-le-Grand, en mémoire de la défaite de Maxime. Dans plus d'une ville moderne, on a donné le nom de *porte d'or* à plus d'un ouvrage de ce genre, sur lequel on ne découvre pas la moindre trace d'or.

Nos temps modernes n'ont guère vu se reconveler le luxe des grandes *portes* de bronze, et Paris auroit à peine un ouvrage de ce genre à citer, sans l'emploi très-remarquable qui a été fait du bronze à la nouvelle *porte* d'entrée du Louvre, par le côté de la colonnade. Il est vrai qu'on pourroit donner aussi le nom de *grille* à cette magnifique clôture, parce que le bronze y est employé en ornemens dans trois compartimens à jour, et que la partie inférieure est en bois. Cependant il faut dire qu'il entre certainement dans ces ornemens de ronde bosse, plus de métal qu'il n'en auroit fallu pour revêtir le fond d'une *porte* en bois, et si ces ornemens, au lieu d'être de plein relief, eussent été placés ou appliqués de bas-relief sur des compartimens de bois, on eût appelé très-certainement ces *portes*, *portes de bronze*.

ÉNUMÉRATION ET DÉSIGNATION DES PORTES DE BRONZE QUI EXISTENT EN EUROPE.

Portes de bronze en Italie.

A Venise. *Dans l'église de Saint-Marc.* — Les *portes* du milieu de l'édifice. Elles sont fondues de bronze massif et de travail grec. Après la prise de Constantinople, on les enleva de l'église de Sainte-Sophie pour les transporter à Venise.

Dans la même église. — *Porte* du côté droit toute de bronze, enrichie de figures en manière de *Niello*, avec filets d'argent. On la croit du treizième siècle.

Dans la même église. — *Portes* de la troisième entrée, avec inscription latine contenant le nom de l'artiste vénitien.

Dans la sacristie de la même église. — Très-belle *porte*, ouvrage de Sansovino, terminée en 1556, composée de deux compartimens, représentant, celui d'en bas, la déposition au tombeau, celui d'en haut, la résurrection de Jésus-Christ.

Dans l'église de Saint-Dominique — La maîtresse *porte*, par Jacobello et Pietro Paolo (vénitiens). On y voit trois figures: Dieu le père, saint Jean-Baptiste et saint Marc.

A Padoue. *Dans l'église de Saint-Antoine.* — *Portes* de bronze, en face du cercueil du saint, faites en 1594. — Autres *portes* en pendant, faites, comme les précédentes, par *Tiziano Aspetti.*

A Vérone. *Dans la basilique de Saint-Zénon.* — *Portes* recouvertes de bronze, où sont représentés des traits de l'Ancien-Testament et des miracles du saint. On les croit du onzième siècle.

A Bologne. *Dans l'église de Saint-Pierre.* — Un battant de *porte*, ouvrage de *Marchione*, au commencement du treizième siècle.

Dans l'église de Saint-Petronio. — La *porte* d'entrée, ornée de quinze bas-reliefs, de rinceaux et d'autres détails, par *Jacobo della Quercia*, au commencement du quinzième siècle.

A Florence. *Dans la cathédrale.* — Une *porte* de sacristie, par *Luca della Robbia*, avec bas-reliefs représentant les Evangélistes, les Pères de l'Eglise, etc. C'est un des plus beaux ouvrages en ce genre. Il date du commencement du quinzième siècle.

Au baptistère de Saint-Jean. — *Portes* de bronze, faites par *Andrea Ugolino* (voyez plus haut ce qui en a été dit), en 1330.

Au même baptistère. — *Portes* célèbres, faites par *Lorenzo Ghiberti* (voyez plus haut ce qu'on en a dit), en 1424.

Dans l'église de Saint-Laurent. — Petite *porte* en bronze, par *Donatello.*

A Pise. *Dans la cathédrale.* — Un battant de *porte*, par *Bonnano* (voyez plus haut la mention qu'on en a faite), en 1180.

Dans la même cathédrale. — Les maîtresses *portes* d'entrée, ouvrage de Jean de Bologne, où sont représentés en bas-relief les traits de l'histoire de la Passion, fait dans le cours du seizième siècle.

Au baptistère de Saint-Jean. — *Portes* fort remarquables, faites par *Andrea Ugolino* (dit) *Pisano*, vers l'an 1300.

A Lucques. *Dans l'église de Saint-Martin.* — *Portes* avec bas-reliefs, par *Nicolas de Pise*, en 1233.

A Lorette. *Dans la basilique de cette ville.* — Au chevet de l'église, trois belles *portes* de bronze, dont celle du milieu est plus grande; les deux autres ont quelque chose de moins. Elles furent exécutées sous Sixte IV, ou sous Jules II.

A la même église. — La *porte* d'entrée, composée de deux battans de bronze fort riches en compartimens, les uns plus grands, les autres plus petits. Les grands contiennent les traits de l'Ancien-Testament; les petits, ceux du Nouveau, et particulièrement ceux qui se rapportent à la Sainte-Vierge. Les encadremens sont des enroulemens arabesques où l'on voit (comme aux *portes* de Saint-Pierre à Rome) plus d'un objet de la Mythologie payenne. Ce grand ouvrage est dû à *Jacques* et *Antoine Lombardo*, fils et élèves du célèbre *Girolamo Lombardo.*

A la même église. — Du côté droit, *porte* à deux battans, chacun contenant cinq sujets de l'Ancien-Testament, par *Antonio Bernardini.*

A la même église. — Du côté gauche, *porte* semblable à la précédente pour les sujets, avec des détails d'ornemens fort riches, par *Tiburzio Verzelli.*

A Ancône. *Dans l'église de Saint-Augustin.* — *Portes* en bronze, exécutées par *Moccio*, vers 1348.

A Rome. *Au Panthéon.* — *Portes* de bronze antiques. *Voyez* ci-dessus ce qu'on en a dit.

A Saint-Pierre. — *Portes* du milieu et d'entrée de la basilique, ouvrage d'*Antonio Filarete* et de *Simon Donatello* (voyez ci-dessus), en 1445.

A Saint-Paul hors des murs. — *Portes* d'entrée de la basilique. *Voyez* ci-dessus.

A Saint-Jean de Latran. — *Porte* de la chapelle orientale de Saint-Jean, ouvrage des frères *Uberto* et *Pietro* de Plaisance, exécuté par l'ordre du pape Célestin III, en 1195.

Dans la même église. — A la chapelle de Saint-Jean-Baptiste, en face de la précédente. *Porte* de bronze dont l'inscription parle du pape Hilarius.

Dans la même église. — A la chapelle du pape Corsini, Clément XII, des *portes* de bronze toutes lisses, qui, vers 1655, avoient été enlevées par Alexandre VII, à l'église de Saint-Adrien du Capitole, et qui autrefois doivent avoir appartenu au temple de Saturne.

Dans l'église de Saint-Côme et Saint-Damien (au *Campo-Vaccino*). — La *porte* de bronze qu'on y voit, doit y avoir été donnée, vers l'an 780, par le pape Hadrien Ier.

A Bénévent. *Dans la cathédrale.* — *Portes* en bois, recouvertes de plaques de bronze, où se voient soixante-douze sujets tirés de la Bible et du Nouveau-Testament, et plusieurs portraits des évêques de Bénévent, jusqu'à l'année 1151.

A Naples. — Dans le *Castello nuovo* se trouvent des *portes* de bronze qui, d'après l'inscription qu'on y lit, furent fondues à la fin du quinzième siècle par *Guglielmo Monaco*. La sculpture fort mauvaise des bas-reliefs y a représenté les exploits de Ferdinand d'Arragon.

A Amalfi. — Dans l'église épiscopale, sont des *portes*, dont le style sec annonce un âge fort ancien. Le fond en est de bois et est revêtu de bronze : tout, jusqu'à l'inscription, semble annoncer un travail tout-à-fait semblable à celui des *portes* de Saint-Paul à Rome.

A Montréal (près Palerme). — Dans la cathédrale sont de grandes *portes* en bronze, avec un nombre infini de figures d'un travail assez grossier, qui appartient au douzième siècle. On le croit du célèbre *Bonnano* de Pise.

Portes de bronze en Allemagne.

A Hildesheim. *Dans la cathédrale.* — A une chapelle qu'on appelle le *paradis*, de grandes *portes* en bronze fondues d'un seul jet, avec un grand nombre de figures prises dans l'histoire de l'Ancien-Testament.

A Mayence. *Dans l'église collégiale.* — Grandes et solides *portes* de bronze exécutées vers le commencement du onzième siècle.

A Augsbourg. — Dans la principale église, à gauche du grand portail et au côté droit de la tour, une grande *porte* revêtue de bronze, exécutée en 1088 par les artistes Augsbourgeois de la communauté des orfèvres. Ces *portes* représentoient des sujets du Nouveau-Testament. Elles sont aujourd'hui fort endommagées.

A Aix-la-Chapelle. — Dans l'église bâtie par Charlemagne, l'entrée occidentale a une *porte* fondue en bronze.

Portes de bronze en Russie.

A Moscou. — Très-anciennes *portes* de métal, dont on ne connoît avec certitude ni l'âge ni le pays où elles furent faites, mais qu'on croit, sans aucun fondement, avoir été apportées de Grèce par Wladimir-le-Grand.

Une *porte* de bronze, avec inscription latine, exécutée par l'artiste italien Aristoteles, sous Wassili Iwanowitsch.

A Nowogorod. — Dans l'église cathédrale de Sainte-Sophie, les *portes* de bronze appelées vulgairement *portes chersonèses*. Voyez plus haut la mention qu'on en a faite.

Dans la même église. — Les *portes* de bronze appelées *portes suédoises*, sans figures, avec des compartimens d'ornemens.

A Susdal. *Dans l'église cathédrale.* — Trois belles *portes* de bronze. Les figures n'y sont point en relief, mais elles sont gravées avec incrustation en or, seul ouvrage que l'on connoisse de ce genre. L'opinion est que ces *portes* ont été apportées de Grèce par Wladimir-le-Grand, avec beaucoup d'autres objets précieux, vers l'an 997.

A Alexandrowa Sloboda. — Dans l'église de la Trinité on trouve des *portes* de bronze, où sont représentées les figures de plusieurs saints. Elles offrent deux inscriptions en langue russe. Une de ces portes fut exécutée en 1335 par les ordres de l'archevêque de Nowogorod, Wassili. Il paroît qu'elles furent faites pour cette ville, et depuis transportées à Alexandrowa Sloboda.

Portes de bronze en Espagne.

Cinq *portes* de la mosquée de Cordoue, revêtues de plaques de bronze. Il y en avoit jadis vingt-une semblables. Il n'en reste plus que cinq.

Portes de bronze en France.

A l'église de Saint-Denis. — *Porte* de métal, à l'entrée principale de l'église. — Dans l'église souterraine, *porte* en bronze qui ferme le caveau de la sépulture des Rois.

A Strasbourg. — Un battant de porte en bronze, avec bas-reliefs, dans la cathédrale; exécuté vers le milieu du quatorzième siècle.

Si, à toutes les *portes* de bronze dont on vient de faire l'énumération, on ajoute celles qui se trouvent à Sainte Sophie de Constantinople, et sans doute quelques autres encore dont les notions ne nous sont point parvenues, on trouvera qu'il existe encore en Europe une soixantaine de ces grands ouvrages, tous produits du moyen âge, genre de monument qui ne s'est plus reproduit dans les temps modernes.

Il y auroit à recueillir beaucoup de détails relatifs à la manière dont les *portes* furent gondées chez les Anciens, aux différens procédés employés pour leur clôture, aux usages divers de les faire ouvrir en dedans ou en dehors, à tous les services intérieurs, domestiques ou publics qu'elles comportent. Mais de ces détails, les uns sont plus particulièrement du ressort du *Dictionnaire d'Antiquités*, où on les trouvera; quelques autres sont la matière de plus d'un article de ce Dictionnaire (*voyez* Gond, Serrure). Le reste va trouver des notions suffisantes, dans les articles suivans.

On divisera aussi cette énumération par ordre alphabétique, selon les deux sortes d'acception affectées au mot *porte*, comme ouvrage de construction, ou comme ouvrage mobile.

Selon la première acception, on appelle :

Porte a pans, une *porte* dont la fermeture, au lieu d'être en ligne droite ou en arcade, se forme de trois parties, dont l'une est de niveau, et dont les deux autres sont rampantes. Telle est, à Rome, la *porta pia*, par Michel Ange.

Porte attique ou atticurge, est celle dont le seuil, selon Vitruve, est plus long que le linteau, ses piédroits étant inclinés. *Voyez* plus haut.

Porte avec ordre. *Porte* qui, étant ornée de colonnes ou de pilastres, prend son nom de l'ordre de ces colonnes ou de ces pilastres. *Voyez* ce qui en a été dit plus haut.

Porte batarde. *Porte* qui n'est guère que la moitié en dimension de ce que l'on appelle *porte cochère*. On lui donne cinq à six pieds de large.

Porte biaise. *Porte* dont les tableaux ne sont pas d'équerre avec le mur.

Porte bombée. *Porte* dont la fermeture est en portion de cercle.

Porte bourgeoise. Ainsi appelle-t-on les petites *portes* d'allée des maisons, pour les distinguer des *portes* bâtardes et des *portes* cochères. Elles n'ont ordinairement que quatre pieds de large.

Porte charretière. Simple *porte* qui n'est autre chose, qu'une ouverture dans un mur pour le passage des charrois.

Porte cochère. C'est, dans les grandes maisons, une *porte* par laquelle les carrosses peuvent passer. Sa largeur doit être d'au moins sept à huit pieds, et elle doit avoir au moins en hauteur deux fois sa largeur.

Porte crénelée. *Porte* de ville ou d'ancienne forteresse, qui a des créneaux comme les murs dont elle est la continuité.

Porte-croisée. On appelle ainsi une ouverture qui est à la fois une fenêtre et une *porte*. C'est, si l'on veut, une fenêtre sans appui, qui conduit à une terrasse ou à un balcon.

Porte dans l'angle. *Porte* qui est à pan coupé dans l'angle rentrant d'un bâtiment.

Porte de clôture. Moyenne *porte* dans un mur de clôture.

Porte de croisée. C'est la *porte* à droite ou à gauche de la croisée d'une grande église.

Porte de dégagement. Petite *porte* qui sert pour sortir des appartemens, sans passer par les principales pièces.

Porte d'enfilade. On nomme ainsi toutes les *portes* qui se rencontrent d'alignement dans les appartemens.

Porte de faubourg ou fausse porte. *Porte* qui est à l'entrée d'un faubourg.

Porte de ville. C'est une *porte* publique, à l'entrée d'une grande rue, et qui prend son nom, ou de la ville, soit la plus voisine, soit la plus célèbre, à laquelle conduit la voie sur laquelle elle s'ouvre, ou bien de quelque fait, de quelque monument, de quelque usage particulier. *Voyez* ci-dessus ce qui a été dit sur cet article.

Porte ébrasée. *Porte* dont les tableaux sont à pans coupés en dehors. Telles sont les *portes* de la plupart des églises gothiques.

Porte en niche. *Porte* dont le plan est circulaire, et dont l'élévation a l'apparence d'une niche.

Porte en tour ronde. On appelle ainsi celle qui est percée dans la partie convexe d'un mur circulaire, et l'on dit *porte en tour creuse*, de celle qui est pratiquée dans la partie concave d'un mur circulaire.

Porte rampante. C'est celle dont la partie cintrée ou la plate-bande est rampante, comme dans un mur d'échiffre.

Porte rustique. *Porte* dont les jambages ou paremens et la fermeture sont de pierres taillées en bossages rustiques.

Porte secrète. C'est une petite *porte* pratiquée dans une partie peu apparente d'un bâtiment, pour pouvoir y entrer et en sortir sans être vu.

Porte surbaissée. Ainsi nomme-t-on la *porte* dont la fermeture, au lieu d'être en arc plein cintre, est en arc surbaissé ou elliptique.

Porte sur le coin. *Porte* qui, ayant une trompe au dessus, est un pan coupé sous l'encoignure d'un bâtiment.

Porte mobile. On appelle *mobile* toute clôture de bois ou de bronze qui remplit la baie d'une *porte*, et qui s'ouvre à un ou deux ventaux.

Porte a deux ventaux. *Porte* qui se compose de deux parties mobiles ou battans attachés aux deux piédroits de la baie.

Porte a jour. C'est une *porte* faite de grilles de fer ou de barreaux de bois. On la nomme aussi *porte à claire voie*. Le plus bel ouvrage que l'on connoisse en ce genre, se voit au Louvre dans une *porte-grille*, faite en acier poli, d'un goût exquis d'ornement et d'une rare perfection de travail. Elle est au Muséum, au bout de la galerie d'Apollon.

Porte a placard. *Porte* qui est d'assemblage de menuiserie, avec cadres, chambranle, corniche, et quelquefois un fronton.

Porte arrasée : est une *porte* de menuiserie, dont l'assemblage n'a point de saillie, et est tout uni.

Porte brisée : se dit d'une *porte* dont la moitié se double sur l'autre. On donne aussi quelquefois ce nom à une *porte* qui a deux ventaux.

Porte cochère. C'est un grand assemblage de menuiserie, qui sert à fermer la baie d'une *porte* où peuvent passer les voitures. Il se compose de deux ventaux, dont deux montans et trois traverses forment le bâtis, et où se trouvent renfermés des cadres et des panneaux, avec un guichet dans l'un des deux ventaux. Les plus belles *portes cochères*, à Paris, sont ornées de corniches, de consoles, de bas-reliefs, d'armoiries, de chiffres et d'autres objets de sculpture, avec ferrures en fer poli ou revêtu de bronze doré. Quelquefois ces ornemens sont appliqués sur le bois en placage. La forme générale de la *porte cochère* est soumise à la forme de la baie. Si celle-ci est à linteau, la forme de la *porte cochère* sera quadrangulaire; elle sera circulaire par en haut si la baie est cintrée. Souvent encore, dans ce dernier cas, on pratique dans le cintre de la baie un dormant d'assemblages, qui remet la *porte* en ligne horizontale par en haut, et reçoit des ventaux de forme quadrangulaire.

Porte collée et emboitée. C'est une *porte* faite d'ais debout, collés et chevillés, avec emboitures qui les traversent par le haut et par le bas.

Porte coupée. *Porte* à deux ou à quatre ventaux, attachés à un ou à deux piédroits de la baie. Ces ventaux sont, ou coupés à hauteur d'appui, comme aux boutiques, ou à hauteur de passage, comme aux *portes-croisées*, dont quelquefois la partie supérieure reste dormante.

Porte d'assemblage. C'est tout ventail de *porte*, dont le bâtis renferme des cadres et des panneaux à un ou à deux paremens.

Porte de bronze. On donne ce nom à des ventaux de *portes* qui, au lieu d'être en bois, sont fondus en bronze, soit solide, soit appliqué sur un fond de bois. Ces sortes de *portes* sont tantôt en surfaces unies, seulement avec moulures et ornemens de clous, tantôt enrichies d'encadremens en rinceaux, et de compartimens arabesques, tantôt distribuées en champs plus ou moins nombreux, qui re[illegible]vent des bas-reliefs, des figures et des compositions de tout genre. *Voyez* ci-dessus l'énumération qu'on a donnée, de toutes les *portes de bronze* qui existent aujourd'hui en Europe.

Porte de fer. *Porte* composée d'un châssis de fer, qui retient des barreaux et des traverses, ou des panneaux avec des enroulemens de fer plat et de tôle ciselée. Il y a à Versailles une semblable *porte* d'un très-beau travail.

On appelle encore *porte de fer*, une *porte* dont les châssis et les barreaux sont recouverts de plaques de tôle, et qui sert aux lieux qui renferment des choses précieuses, et où l'on craint le feu. C'est ainsi que sont les *portes* des trésors et des archives.

Porte double. *Porte* opposée à une autre, dans une même baie, soit pour la sûreté ou le secret du lieu, soit pour mieux préserver la pièce du froid ou de l'air extérieur.

Porte en décharge. *Porte* composée d'un bâtis de grosses membrures, dont les unes sont de niveau, et les autres inclinées en décharge, toutes assemblées par entailles de leur demi-épaisseur, et chevillées; en sorte qu'elles forment une grille recouverte par dehors de gros ais en rainures et languettes, clouées dessus, avec ornemens de bronze ou de fer fondu. Telles sont les *portes* de l'église de Notre-Dame de Paris.

PORTE FEINTE. On appelle ainsi toute imitation plus ou moins factice d'une *porte* réelle, soit qu'on se contente de la peinture pour en figurer l'apparence, soit qu'on y emploie la pierre pour en faire des chambranles qui n'auront que des ventaux simulés, soit qu'on fasse en bois plaqué sur le mur, les mêmes compartimens qu'aux *portes* ouvrantes. Les *portes feintes* n'ont ordinairement d'autre objet que le plaisir de la symétrie, dans les intérieurs des appartemens ou à l'extérieur des édifices.

PORTE TRAVERSÉE. *Porte* qui, étant sans emboîture, est faite d'ais debout, croisés carrément par d'autres ais retenus avec des clous disposés en compartimens losangés. Les *portes traversées* les plus propres ont, près du cadre, une moulure rapportée, pour former une feuillure sur l'arête de la baie qu'elles forment. Dans les lieux où le bois de chêne est rare, ces *portes* se font de bois tendres, tels que le sapin, l'aube, le tilleul, etc.

PORTE VITRÉE. On appelle ainsi celle qui est partagée, soit en tout, soit en partie, avec des croisillons de petits bois, dont les vides sont remplis de carreaux de verre ou de glaces.

PORTE-À-FAUX. On appelle de ce terme, dans la construction, tout corps de bâtisse qui est hors d'à-plomb, et en général toute partie qui artificiellement suspendue ne permet pas de voir quels sont ses supports. Beaucoup de balcons, qui ne reposent point sur des consoles, et dont les pierres n'ont de consistance, que parce que leurs queues sont engagées et liées dans l'appareil, ou dans la maçonnerie, sont des *porte-à-faux*. On en peut dire autant dans nos théâtres, du plus grand nombre des rangs de loges qui les environnent. Ces loges ne sont portées que par les extrémités des solives engagées dans la construction. Elles sont pour l'œil de véritables *porte-à-faux*.

PORTE-CRAYON, s. m. Est un petit cylindre creux, de métal, refendu par ses deux extrémités, jusqu'au tiers de sa longueur, et qui a deux petits anneaux ou coulans pour serrer le crayon qu'on y insère. Les architectes s'en servent pour faire leurs dessins.

PORTE-FEUILLE. On donne ce nom à un assemblage de deux feuilles plus ou moins grandes de carton réunies par un dos, et qui servent à renfermer les dessins. On appelle aussi de ce nom ce qui est contenu dans le *porte-feuille*, soit les études faites par l'architecte, soit les dessins qu'il aura faits d'après les monumens : on dit, dans ce sens, qu'il a un beau ou un grand *porte-feuille*.

PORTÉE, s. m. Se dit en général, dans la construction, de l'étendue qu'on peut donner à l'espace vide, que doit occuper un corps solide, en dehors du point ou des points, où il est supporté horizontalement par des soutiens perpendiculaires.

Ainsi, dans les plates-bandes des architraves, certaines pierres ont plus de *portée* que d'autres, c'est-à-dire, qu'on peut, avec ces pierres, faire des entre-colonnemens plus larges. Certains bois fournissent des poutres ou des solives susceptibles d'une plus grande *portée* que d'autres. On appelle du nom de *portée* la longueur d'un poitrail entre les jambages, d'une poutre entre deux murs, d'une travée entre deux poutres.

Les corbeaux soulagent la *portée* des poutres. Les solives n'ont pas cet avantage, aussi doit-on les proportionner à leurs *portées* dans les travées.

On appelle aussi *portée* le sommier d'une plate-bande, d'un arrachement de retombée, ou du bout d'une pièce de bois qui entre dans un mur, ou qui porte sur une sablière (*voyez* ce mot). C'est pourquoi on dit qu'une poutre doit avoir sa *portée* dans un mur mitoyen, jusqu'à deux pouces près du parpain de ce mur. *Portée* signifie alors, dans cette poutre, la partie de son étendue qui est *portée*.

Portée signifie aussi toute saillie d'un corps au-delà d'un mur de face, comme seroit celle d'une gouttière, d'un auvent, d'un balcon, d'une cage de croisée, etc.

PORTER, v. act. Ce verbe a plusieurs significations dans l'art de bâtir.

On dit qu'une pièce de bois *porte tant de long et de gros*, pour dire qu'elle a tant de longueur et de grosseur. Par exemple, les deux pierres servant de cymaise au fronton de la colonnade du Louvre, portent chacune cinquante-deux pieds de long, sur huit de large, et sur dix-huit pouces d'épaisseur.

On dit *porter de fond*: c'est *porter à-plomb*, et par empattement, dès le rez-de-chaussée.

Porter à cru, se dit d'un corps qui est sans empattement ou retraite, comme est la colonne de l'ordre dorique grec.

Porter à faux, se dit d'un corps qui porte en saillie, et par encorbellement, comme certains balcons, comme le retour d'angle d'un entablement. On dit qu'une colonne ou un pilastre *portent à faux*, lorsqu'ils sont hors de leur à-plomb.

PORTEREAU, s. m. (*Terme d'architecture*

hydraulique.) C'est une construction de bois, qu'on fait sur de certaines rivières, pour les rendre plus hautes, en retenant l'eau, ce qui facilite la navigation. Cette construction forme une espèce de bonde d'étang. Elle consiste en une grande pale de bois qui barre la rivière, et qui se lève par le moyen d'un grand manche tourné en vis, quand quelque bateau arrive. Ce manche est dans un écrou et placé au milieu d'un fort chevalet.

On appelle encore *portereau*, en charpenterie, un bâton court de brin, qui sert pour porter des pièces au chantier, et de-là au bâtiment.

PORTIÈRE, s. f. On appelle *portière*, tantôt une sorte de porte double, composée d'une étoffe quelconque, fixée par des clous sur un châssis mobile, qui ordinairement ne se ferme qu'avec un verrou ou un loquet, tantôt un simple rideau avec tringle et anneaux, qu'on met au-devant d'une porte, et qu'on tire à volonté. L'objet de la *portière* est le plus souvent de garantir une pièce du vent ou du froid. Quelquefois ce n'est qu'un ornement. Chez les Anciens, les *portières* étoient souvent les seules clôtures des portes dans les intérieurs, et cet usage est encore général dans l'Orient.

PORTIQUE, s. m. Ce mot, comme *porticus*, en latin, vient de *porta*, *porte*, d'où, comme nous l'avons dit à son article, s'est formé *portail*, mot qui exprime toute construction et décoration qui précède ou embellit les portes des édifices.

Le *portique*, sans doute, dut la formation de son nom à une semblable destination. Il commença, chez les Anciens, par être, comme ce que nous appelons *porche* (*voyez* ce mot), une construction plus ou moins étendue, placée en avant des maisons, pour mettre leurs portes ou leur entrée à l'abri des diverses incommodités des saisons.

On doit croire que ces constructions eurent plus ou moins d'importance, selon celle des bâtimens eux-mêmes. Plus la richesse et le luxe augmentèrent l'étendue des maisons, plus leurs *portiques* acquirent de grandeur et d'élévation. L'objet principal, celui de la commodité, une fois obtenu, on passa bientôt à la recherche de la superfluité, et le *portique*, partie d'abord nécessaire des maisons, y sera devenu, dans les palais des riches, un accessoire de pur agrément, destiné à la promenade et à d'autres convenances.

Ainsi le *portique*, en conservant seulement dans son nom l'origine de ce qu'il avoit été, devint un bâtiment sans rapport avec une porte, et les Romains continuèrent d'en donner le nom à ces édifices ou lieux de réunion, que les Grecs appeloient *stoa*.

Nous ne considérerons donc plus le *portique* comme borné uniquement à la devanture des maisons; nous le définirons selon la variété de ses emplois, soit qu'il se lie à la disposition des édifices, soit qu'il fasse un édifice soit lui-même, comme un composé plus ou moins étendu, plus ou moins nombreux, tantôt de piliers, pilastres ou arcades, tantôt de colonnes, formant un lieu couvert spacieux, propre au dégagement des cours intérieures, ou des façades extérieures des palais, ainsi qu'à une multitude d'autres usages de nécessité ou de décoration.

Nous ne pourrions faire connoître avec beaucoup de précision en quoi consistoit bien particulièrement, et à quoi se restreignoit, chez les Grecs, l'idée de *portique* désignée par le mot *stoa*. Ils avoient plus d'une expression pour désigner les galeries et les colonnades, tant celles qui s'élevoient au front des temples, que celles qui accompagnoient leurs flancs, et généralement le mot *stulos, colonne*, entroit dans la composition des mots qui désignoient ces ordonnances. Nous trouvons toutefois le mot *stoa* appliqué à la désignation d'ordonnances en colonnes, et Pausanias s'en sert à l'égard des colonnes de l'ordre supérieur qui régnoit dans le naos du temple de Jupiter à Olympie. Si le nom qui correspond, en grec, au mot *portique*, se donnoit aussi aux galeries en colonnes, il doit être permis de croire qu'on aura appelé de même, ce que nous nommons *portiques*, ces grandes galeries qui formoient, par une ou deux rangées de colonnes, les périboles ou enceintes élevées autour de l'*area* des grands temples. C'étoit, dans le fait, ce que nous appellerions de vastes cours, de très-grands cloîtres, offrant une continuité de galeries couvertes.

Il semble qu'on peut se figurer à peu près sous la même forme, et dans le même plan, ces célèbres *stoa* (*porticus*), où, chez les Grecs, se tenoient les diverses écoles, soit de gymnastique, soit de philosophie. Les gymnases, tels que quelques descriptions nous les font concevoir (*voyez* GYMNASE), étoient environnés de galeries couvertes qui donnoient entrée dans des chambres. Tel étoit celui d'Olympie. Tels durent être ceux qu'on appela l'*Académie*, le *Lycée*, le *Cynosarges*. C'est du mot *stoa, portique*, que tirèrent leur nom les célèbres sectateurs de Zénon, qu'on appela *stoïciens*.

Les mêmes usages doivent produire à peu près les mêmes résultats. Lorsqu'à la chute du paganisme, l'enseignement religieux eut succédé à celui des gymnases, il est fort probable que les communautés qui se formèrent, et qui construisirent ces grands monastères que nous voyons encore de nos jours, imitèrent dans les spacieuses galeries de leurs cloîtres les *portiques* du paganisme : et seroit-il improbable que le célèbre *pœcile* ou *portique*, décoré de peintures, auroit ressemblé à ces cloîtres, dont tous les murs d'enceinte occupèrent pendant long-temps le pinceau des artistes modernes?

Au reste, les *portiques*, comme constructions de galeries couvertes, purent s'appliquer à une multitude d'usages, et dûrent faire partie d'un très-grand nombre d'édifices. Ainsi les *agora* ou marchés publics, eurent des *portiques* autour de leurs enceintes. Les théâtres et les stades ne furent autre chose que des composés de *portiques*.

A Rome, il paroît que le *portique*, tel qu'on l'a fait voir, comme lieu de promenade couverte, non-seulement trouva place dans les bâtimens des particuliers, mais devint, en suivant les progrès du luxe, une partie nécessaire de l'habitation des grands et des riches.

Un peu avant Caton, les particuliers n'avoient point encore de *portiques* qui regardassent le septentrion, pour prendre le frais en été; mais bientôt on ne vit plus, à Rome, de maison qui n'eût un promenoir en *portiques*. On en fit de diverses façons et dans toutes sortes d'expositions, pour changer de température. Ainsi nous avons vu au mot CRYPTO PORTIQUE (*voyez* ce mot), qu'il y avoit de ces promenoirs pratiqués originairement sous terre, puis en forme de ce que nous appellerions *grottes*, et qu'enfin on donnoit simplement ce nom, comme Pline-le-Jeune le fait entendre, à un *portique* voûté et percé de fenêtres aux deux expositions contraires.

Vitruve et Columelle prescrivent la manière dont il falloit tourner les *portiques*, afin qu'ils pussent être fréquentés dans toutes les saisons. *Voyez* la description du *Laurentum* de Pline-le-Jeune, au mot MAISON DE CAMPAGNE.

Il se construisit à Rome un nombre considérable de *portiques*, non plus comme objet d'agrément particulier, mais comme monumens publics, comme lieux de rendez-vous, ouverts à tous, comme dépôts d'ouvrages d'art, de livres, de curiosités, etc. On donne encore aujourd'hui à quelques ruines, à quelques restes de constructions et de colonnes, les noms de quelques-uns de ces édifices. Ainsi l'on croit que ce qui est maintenant à Rome le marché au poisson, est un débris du *portique* de Mercure. On voit encore quelques restes des colonnes corinthiennes du célèbre *portique* d'Octavius, et l'on a employé dans la nef de l'église de Sainte-Marie, plusieurs belles colonnes de l'ancien *portique* d'Octavia, dont il existe quelques restes, entre l'église qu'on vient de nommer et celle de Saint-Nicolas. Sur l'emplacement du *portique* d'Antonin-le-Pieux, est à présent une maison d'orphelins. Il reste de l'ancien ouvrage onze belles colonnes cannelées. Le *portique* de Faustine, femme d'Antonin-le-Pieux, en face du Mont-Palatin, présente encore dix colonnes et une inscription sur son architrave.

On peut parcourir dans les Dictionnaires d'antiquité, les notions nombreuses qui constatent quel fut le nombre des *portiques* à Rome. Malheureusement ces notions, et il faut le dire aussi, les restes de constructions ou de colonnes qu'on croit avoir appartenu aux *portiques*, ne sauroient nous instruire ni de la disposition et du plan de ces édifices, ni de l'ensemble de leur élévation, ni du caractère qui en constituoit le genre. Il paroît en effet qu'on y employoit indifféremment les piédroits et les colonnes, et tous les ordres de colonnes.

Le mot *portique*, chez les Modernes, n'exprime pas aussi spécialement qu'il semble l'avoir fait souvent chez les Anciens, un genre d'édifice ou de monument à part, détaché de toute autre construction, ayant ses usages, ses propriétés et une destination particulière.

Il nous semble aussi que dans la langue actuelle de l'architecture, le mot *portique* représente à l'esprit une composition architecturale, plus particulièrement en arcades et en piédroits. On dira d'un bâtiment ayant au dehors ou dans l'intérieur de sa cour de semblables arcades, qu'il est en *portiques*, et on opposera volontiers à ce mot, le mot *colonnade*, lorsque les galeries intérieures ou extérieures sont en colonnes. Ainsi, pour citer à Paris un exemple qui rende compte de l'emploi de ces deux mots, dans leur rapport avec les choses qu'ils expriment, on appelle *colonnades*, à la place Louis XV, les galeries supérieures des deux édifices qui décorent cette place, et l'on dit que ces colonnades s'élèvent sur un rang de *portiques* inférieurs, formant à rez-de-chaussée une galerie percée en arcades.

Considérant donc sous ce rapport le *portique* dans l'architecture moderne, nous dirons qu'on lui a affecté les mêmes variétés de proportion et d'ornement qu'aux portes (*voyez* ci-dessus PORTE). En le composant d'une arcade de piédroits ornés de pilastres ou de colonnes, soit adossées, soit engagées, on distingue le *portique dorique*, le *portique ionique* et le *portique corinthien*.

L'usage du *portique*, dans l'architecture moderne, a dû devenir fréquent selon les pays, en raison de la nature des matériaux. La difficulté de trouver des architraves d'un seul morceau de colonne à colonne, ou d'y suppléer par l'artifice des claveaux ou plates-bandes, avoit déjà, dans les bas temps de l'architecture antique, suggéré l'idée d'élever en briques des cintres sur les colonnes isolées. De là sans doute l'emploi des arcades, devenu depuis si général dans tous les édifices, et surtout dans les constructions des vastes églises chrétiennes, qui exigent des supports solides pour les masses des voûtes en matériaux destinées à leur servir de couverture.

Le plus grand nombre des églises modernes est ainsi construit en *portiques*, c'est-à-dire en arcades formées par des piédroits ornés de pilastres.

L'emploi des *portiques*, considérés comme galeries ou promenoirs, devint presque général dans les cours des grands palais. Rome moderne nous fait voir de ces *portiques*, tantôt en arcades supportées par une ou deux colonnes en place de piédroits, pi-droits, tantôt en arcades reposant sur des piédroits, et formant autour des *cortiles* un promenoir abrité. Les exemples en sont trop nombreux et trop connus, pour qu'on se permette d'en citer. Tel est, si l'on peut dire, le type de l'intérieur de tous les grands palais d'Italie.

C'est uniquement sous le rapport de la belle architecture, que nous ferons mention ici de quelques-uns de ces monumens à deux rangs de *portiques* l'un sur l'autre. Telle avoit été originairement la vaste enceinte de la cour du Vatican, par Bramante, et dont on a été, depuis lui, obligé de remplir les arcades, pour remédier à la légèreté de la construction. Telle est, du même architecte, la belle cour du palais de la Chancellerie à deux rangs de *portiques* en arcades plus élégantes, portées sur des colonnes de marbre. En tête de ces exemples, il ne faut point oublier la cour des Loges au Vatican, architecture de Raphaël, à trois rangs de galeries ouvertes les unes au-dessus des autres.

On met au rang des ouvrages classiques en ce genre, l'intérieur de la cour du palais Farnèse, où la beauté des proportions, des formes et de la construction, rivalise avec ce qu'on connoît de plus achevé en ce genre dans l'antiquité.

A Rome, les beaux restes du théâtre de Marcellus, dont une assez belle suite de *portiques* existe encore, servirent sans doute de modèle aux architectes du seizième siècle; et c'est sur ce style et dans ces proportions, que le plus grand nombre des palais fut construit tant au dehors qu'au dedans. Il faudroit citer presque tous ces édifices, connus d'ailleurs de tous les architectes, et dont on trouve les dessins dans plus d'un recueil.

L'usage des *portiques* fut moins commun à Paris dans les habitations particulières. Les habitudes du climat, et aussi la cherté du terrain, ne permirent pas de mettre autant de dépense, et d'employer autant d'espace, soit pour le plaisir de prendre l'air, soit pour la magnificence des intérieurs.

Cependant quelques monumens et certains édifices qui exigent des promenoirs publics furent construits dans ce système. Telle est la grande et magnifique cour de l'hôtel des Invalides, à deux rangs de *portiques* l'un sur l'autre, qui dégagent toutes les parties du corps de bâtiment.

L'usage des *portiques* dans beaucoup de places d'Italie, comme celle de Saint-Marc à Venise, ouvrage des plus célèbres architectes, et même à toutes les maisons d'une ville, comme à Bologne, s'introduisit aussi en France, et la place Louis XIII, dite la place Royale, en est une imitation fort remarquable.

La ville de Turin, comme l'on sait, est construite d'une manière uniforme, en maisons dont le rez-de-chaussée consiste sur la rue en *portiques* continus, qui forment pour les gens de pied un marcher toujours couvert.

Les nouvelles constructions de la rue de Rivoli à Paris, nous en donnent l'idée, et formeront une promenade très-commode, surtout dans les mauvais temps. L'aspect, quoique simple, de cette bâtisse, ne laisse pas d'offrir un coup d'œil fort agréable.

On multiplieroit inutilement les notions et les exemples sur ce qu'on appelle *portique*, considéré soit dans son élément, soit dans les emplois que l'architecture en fait. Ces notions et ces exemples se retrouvent d'ailleurs à une multitude d'articles de ce Dictionnaire. On peut dire en effet que le *portique*, non pas étendu jusqu'aux péristyles et aux colonnades, mais seulement restreint aux arcades sur piliers, fait une partie si considérable des édifices, qu'il en est fort peu où on ne le retrouve.

On a appliqué ce mot à quelques objets même qui sont étrangers à l'architecture, ou qui n'en sont que des imitations fictives.

Ainsi l'on appelle :

PORTIQUE DE TREILLAGE, un ouvrage composé d'échalas maillés, dans la forme que l'architecture donne aux constructions solides.

PORTIQUE D'ARBRES. (*Jardinage.*) C'est un jeu dans l'art de dresser et de conformer les arbres, au moyen duquel on parvient à leur faire prendre les contours des arcades dont se composent les *portiques*.

PORTOR (marbre *portor*). *Voyez* MARBRE.

POSE, s. f. Se dit ou de l'action de poser une pierre au lieu qu'elle doit occuper, ou de l'endroit même dans lequel on la place à demeure. On dit la *pose* de la première pierre d'un monument, pour exprimer la cérémonie qui a lieu à cette occasion. Tel roi a fait en telle année la *pose* de la première pierre de tel édifice. *Voyez* POSER.

POSER, v. act. C'est, dans la construction de l'édifice, mettre une pierre en place et à demeure.

Déposer. C'est ôter une pierre de sa place, soit parce qu'elle la remplit mal, étant trop forte, trop maigre ou défectueuse, soit parce qu'elle est en délit.

Poser à sec. C'est construire sans mortier. On *pose à sec*, en frottant la pierre supérieure sur l'inférieure avec du grès pilé et de l'eau, par leurs joints de lit bien dressés, jusqu'à ce qu'on s'aperçoive qu'il ne reste plus entr'elles le moindre vide. De cette manière ont été appareillés le plus grand nombre des édifices antiques, et plusieurs aussi chez les Modernes.

Poser à cru. C'est dresser sans fondation toute

bâtisse légère, qui consiste seulement en un bâtis de charpente. On *pose à cru* un pilier, une étaie ou un pointal, pour soutenir quelque chose.

Poser de champ. C'est mettre, par exemple, une brique sur son côté le plus mince, une pièce de bois sur son front, c'est-à-dire, sur sa face la plus étroite.

Poser de plat. C'est faire le contraire.

Poser en décharge. C'est *poser* obliquement une pièce de bois, pour empêcher la charge, pour arc-bouter et pour contreventer.

POSEUR, s. m. C'est le nom qu'on donne à l'ouvrier qui reçoit la pierre de la grue, ou élevée par elle, et qui la met en place de niveau, d'alignement et à demeure.

Le *contre-poseur* est celui qui aide le *poseur*.

POSITION, s. f. Se dit de la situation dans laquelle se trouve une maison, un édifice. *Voyez* EXPOSITION.

POSTES, s. f. pl. On donne ce nom à un ornement qu'on trouve très-fréquemment employé par la sculpture dans les édifices, sur les piédestaux, les cippes, etc., et par la peinture sur les vases grecs (vulgairement appelés *étrusques*). C'est une sorte d'enroulement courant, c'est-à-dire, qui se répète et qui donne l'idée d'un objet qui court après un autre. Voilà ce qui lui a fait donner le nom de *postes*.

D'après une sorte d'analogie imitative, on a cru que cet ornement représentoit des flots qui se succèdent. Ce qui est certain, c'est que sur la plinthe d'un groupe du soleil, sortant avec les chevaux de son char, des eaux de la mer figurée sur la surface de la plinthe par des traits ondulés, groupe qui occupoit un des angles du fronton oriental du temple de Minerve à Athènes, on voit derrière les épaules d'Apollon, s'élevant au-dessus des flots, plusieurs figures de *postes* très-nettement figurées.

Quelle que soit l'origine de cet ornement, elle est d'une légère importance dans l'emploi qu'on peut en faire. On le place volontiers sur des plinthes et dans des bandeaux, et on le traite avec plus ou moins de simplicité, selon le caractère général de l'édifice. Tantôt on le laisse tout uni, tantôt on le fleuronne avec des rosettes.

Cet ornement est du nombre de ceux qui entrent volontiers, et fort naturellement dans les ouvrages de serrurerie, et on le trouve à beaucoup de grilles.

POSTICHE, *adjectif des deux genres*. Ce mot vient de l'italien *posticio*, qui signifie *ajouté*, ou *fait après coup*.

Au sens simple, on donne cette épithète, dans beaucoup d'ouvrages, à un morceau rapporté, soit pour compléter, soit pour alonger l'ensemble; comme, par exemple, à une table de marbre ou de toute autre matière, que l'on incrustera dans une décoration d'architecture. On appellera aussi de ce nom toute addition faite dans un monument, d'un corps de bâtisse qui lui est étranger. On ne sauroit en donner un meilleur exemple, qu'en citant, dans beaucoup de nos églises, ces compositions décoratives qu'on y introduit après coup, pour supporter des buffets d'orgue. Telle est, dans l'église de Saint-Sulpice, la tribune en colonnes au-dessus de la porte d'entrée, composition faite pour les orgues, et qui, ne tenant en rien au système d'ordonnance du reste de l'église, sembleroit y avoir été amenée plutôt que bâtie, et introduite postérieurement à son entier achèvement.

Au sens figuré, le mot *postiche* a un grand nombre d'applications, et il n'y a point d'art où l'abus du *postiche* ne puisse se faire sentir. Combien n'en trouve-t-on pas dans les ouvrages de la poésie, et non-seulement dans les grandes compositions, mais jusque dans la facture des vers! Combien d'idées superflues ne viennent-elles point remplir les hémistiches, pour amener au poëte la rime dont il a besoin! Dans le fond, ce qu'on appelle *remplissage*, n'est autre chose que du *postiche*. Combien de morceaux épisodiques sans liaison avec le sujet du poëme, qui n'y figurent que pour grossir le volume d'un chant! Combien même de chants *postiches* qu'on enleveroit sans nuire à l'effet principal! Combien, dans les drames, de scènes intercalées, de rôles parasites, de morceaux ajoutés pour un intérêt tout-à-fait étranger à celui de l'action!

Il y a, dans les tableaux, tant de figures inutiles et *postiches*, qu'on auroit bien plutôt fait de citer ceux qui sont exempts de ce vice, que ceux où il se fait remarquer avec plus ou moins d'évidence.

En architecture, on l'a déjà dit, il se trouve bien des parties de bâtimens qui y sont surajoutées, et que diverses sujétions introduisent après coup dans les plans et les élévations. Mais c'est surtout la décoration ou l'ornement qui donne lieu à une multitude d'inventions *postiches*, de formes parasites, qui sont comme autant de lieux communs ou de remplissages, auxquels l'architecte a recours, soit lorsqu'il manque de génie, soit lorsqu'il se laisse, par routine, entraîner à l'esprit de mode. Nous ne citerons ici aucun de ces détails particuliers, qu'on a déjà passés en revue à plusieurs des articles de ce Dictionnaire. Nous nous contenterons de dire que ces vices de détail procèdent du faux esprit qui prend le luxe pour la richesse, et la superfluité pour l'abondance, excès dans lequel on tombe, dès qu'on perd de vue que l'agréable, en architecture, doit toujours être soumis à l'utile, qui lui a donné naissance.

POSTICUM : est le mot latin qui traduisoit le mot grec *opistodome* ou *opistion*, dont il paroît formé, et c'est le mot que Vitruve emploie pour désigner cette partie postérieure des temples amphiprostyles, qui répondoit à la partie de la face antérieure qu'on appeloit *pronaos*. Voyez Pronaos et Opistodome.

POTAGER, s. m. (*Jardinage.*) C'est, ou un enclos séparé par des murs, dans un grand jardin, et destiné à la culture des légumes, ou, dans les jardins de moindre étendue, une partie de terrain divisée seulement par des plates-bandes, où l'on trace les carrés qu'on garnit de légumes.

Potager. C'est, dans une cuisine, une table de maçonnerie, à hauteur d'appui, où il y a des réchauds scellés. Les fourneaux ou *potagers* sont faits par arcades de deux pieds de large, posées sur de petits murs de huit à neuf pouces d'épaisseur, et dont l'aire est retenue par les bords, avec une bande de fer sur le champ, recourbée d'équerre, et scellée dans le mur.

POTEAU, s. m. Est toute pièce de bois posée debout, de quelque grosseur ou longueur qu'elle soit.

Poteau cornier. Maîtresse pièce qui forme le côté d'un pan de bois, ou l'encoignure de deux pans de bois, dans lequel sont assemblés les sablières de chaque étage. Ce *poteau* est quelquefois d'une seule pièce, quelquefois de plusieurs, entées solidement l'une à l'extrémité de l'autre.

Poteau de cloison. On appelle ainsi celui qui est posé à-plomb, retenu à tenons et mortaises dans les sablières d'une cloison. Ces *poteaux* sont de quatre à six pouces, dans les étages de dix à douze pieds; de cinq à sept, dans ceux de quatorze à seize; de six à huit, dans ceux de dix-huit à vingt. Les sablières sur lesquelles ils posent doivent avoir en plus un pouce de gros.

Poteau de décharge. *Poteau* incliné en manière de guette, pour soulager la charge dans une cloison ou pan de bois.

Poteau de membrure. Pièce de bois de douze à quinze pouces de gros, réduite à sept ou huit pouces d'épaisseur, jusqu'à la console ou corbeau qui la couronne, et qui est pris dans la pièce même, laquelle sert à porter de fond les poutres dans les cloisons et pans de bois.

Poteau de remplage. *Poteau* qui sert à garnir un pan de bois, et qui est de la hauteur de l'étage.

Poteau d'huisserie ou de croisée. *Poteau* qui fait le côté d'une porte ou d'une fenêtre. Ces *poteaux* doivent avoir six à huit pouces de gros. Quand on veut qu'ils soient apparens dans une cloison recouverte des deux côtés, il faut qu'ils aient au moins deux pouces de gros plus que les autres.

Poteau montant. C'est, dans la construction d'un pont de bois, une pièce retenue à-plomb par deux contre-fiches, au-dessous du lit, et par deux décharges au-dessus du pavé, pour en entretenir les lices ou garde-fous.

Poteaux d'écurie, s. m. Morceaux de bois tournés, enfoncés et scellés dans le sol, au-dessus duquel ils s'élèvent d'environ quatre pieds, et qui ont quatre pouces de gros. Ils servent, dans les écuries, à séparer, par des barrières qui s'étendent jusqu'au mur, les chevaux entr'eux.

Poteaux de lucarne. Ce sont des *poteaux* placés à côté d'une lucarne, pour en porter le chapeau.

POTELETS, s. m. pl. Petits poteaux qui garnissent les pans de bois sous les appuis des croisées, sous les décharges, dans les fermes des combles et les échiffres des escaliers.

POTENCE, s. f. Pièce de bois debout, comme un pointal, couverte d'un chapeau ou semelle par-dessus, et assemblée avec un ou deux liens, ou contre-fiches, qui sert pour soulager une poutre d'une trop longue portée, ou pour en soutenir une qui est éclatée.

POTENCE DE FER. Sorte de grande console en saillie, ornée d'enroulemens, ou de feuillages en tôle, pour porter des balcons, des enseignes de marchands, des poulies à puits, des lanternes, etc.

POTERIE, s. f. C'est le nom général que l'on donne aux ouvrages de plastique qui, sous toutes les formes de vases, ou de *pots*, entrent dans une multitude de besoins domestiques et autres.

On a reconnu depuis quelques années, que les *poteries* avoient été souvent employées par les Romains dans les massifs de leurs constructions.

Lorsqu'on avoit à faire soit de grandes masses de maçonnerie, soit même des voûtes d'une certaine épaisseur, selon le système de *blocages*, qu'on appelle aujourd'hui *alla rinfusa*, où de petits fragmens de pierre sont employés pêle-mêle avec le mortier de chaux et de pouzzolane, les constructeurs, pour économiser autant la matière que le temps, la charge et la dépense, plaçoient d'espace en espace dans le massif, des pots de terre du genre de nos cruches, c'est-à-dire, ayant ce qu'on appelle beaucoup de ventre. Chacun de ces pots, environné de la maçonnerie, formoit naturellement et sans art une petite voûte qui devenoit comme une voûte de décharge. Ainsi s'allégissoit la construction, et s'économisoient les frais de matériaux et de main-d'œuvre.

C'est particulièrement au cirque de Caracalla à Rome, qu'on voit de nombreux vestiges de cette méthode économique de construction, et l'on a retiré de ces massifs de maçonnerie, plus d'une *Hydria* entièrement conservée.

Il y a déjà trente ou quarante ans, que d'après cet exemple, l'idée est venue à un architecte des hôpitaux (M. de Saint-Fart), d'employer ce qu'on a appelé des *briques creuses*, pour en former des voûtes et des planchers. Il existe un rapport de l'Académie des sciences sur l'application des *poteries* à la construction des plafonds, et ce rapport, d'après les expériences faites sur la résistance de ces pots contre la pression, et sur la consistance des planchers ainsi construits, a rendu un compte avantageux de ce procédé.

Précédemment, l'Académie d'architecture avoit, dans un rapport daté de 1786, parlé ainsi de cette application moderne de la *poterie* à nos constructions.

« Tels sont les divers essais que nous avons vus, » sans parler de différentes briques (creuses) d'échantillons plus ou moins considérables, destinés à des ouvrages de même nature.

» M. de Saint-Fart convient lui-même, comme » l'Académie le savoit d'ailleurs, que les monumens des Anciens lui ont donné la première » idée de ces sortes de constructions : on ne lui » en sera pas moins redevable d'avoir renouvelé » parmi nous ces procédés ingénieux, et d'autant » plus intéressans aujourd'hui, que l'on commence à s'apercevoir de la disette de bois.

» Nous ne doutons pas que ces moyens de bâtir, employés par des constructeurs habiles et » éclairés, ne présentent des avantages nombreux, » soit à raison de l'incombustibilité de ces sortes » de voûtes, soit à raison de leur plus grande légèreté. On peut même espérer de diminuer » l'emploi du fer, si l'on construit avec un excellent mortier, au lieu de plâtre, dont le gonflement produit des effets souvent nuisibles à la » solidité. »

Il existe au Palais-Royal quelques galeries dont les plafonds, fort étendus, sont ainsi construits depuis une trentaine d'années, et n'ont fait aucun effet qui puisse prédire la moindre désunion.

POUCE, s. m. Est la douzième partie du pied de roi, et se divise en douze parties qu'on appelle *lignes*.

Pouce superficiel ou *carré*. Est une étendue d'un *pouce* en longueur et largeur, qui contient 144 lignes carrées, et qui est la 144e partie d'un pied carré.

Pouce cube. Est un solide d'un *pouce* en longueur, largeur et hauteur, qui est la 1728e partie d'un pied cube, et qui contient 1728 lignes cubes.

Pouce d'eau. C'est une quantité d'eau courante, qui passe continuellement par une ouverture ronde d'un *pouce* de diamètre (en sorte que la superficie de l'eau demeure toujours dans le réservoir, plus haute que la partie supérieure de cette ouverture), et qui fournit dans une minute 13 pintes d'eau, et dans une heure 800 pintes, ou 2 muids 224 pintes de Paris.

POUF. Terme indéclinable dont on se sert pour indiquer le vice d'une pierre dont les élémens n'ont point de concrétion, et qui, sous les coups de l'outil, se dissout et tombe en poussière. Tel est le grès, par exemple; tels sont certains marbres, qu'on appelle *pouf*, que le ciseau ne sauroit tailler, et qui s'engrènent au moindre coup.

POULAILLER, s. m. Est un petit appentis servant de retraite aux poules dans une basse-cour ou dans une ferme.

Nous trouvons que les Anciens avoient porté beaucoup de soins à cette petite construction. Dans leurs *villa* ou maisons de campagne, on exposoit le *gallinarium* vers le sud-est, et on le plaçoit à côté de la cuisine, pour qu'il en reçût la chaleur. Lorsqu'on ne pouvoit point lui donner cette disposition, on y pratiquoit trois divisions. L'entrée se trouvoit dans celle du milieu, qui étoit la plus petite, et qui avoit sept pieds en hauteur, en longueur et en largeur. De cette division on passoit dans les deux autres, situées à gauche et à droite, où se trouvoient les loges des poules. Dans la division du milieu, il y avoit en face de l'entrée, contre le mur de fond, un foyer sur lequel on entretenoit du feu, dont la fumée, salutaire aux poules, se répandoit dans les divisions latérales. Chacune de celles-ci avoit sept pieds de largeur, douze pieds de longueur et autant d'élévation. Chaque division étoit séparée en trois étages, et du côté de l'est, il y avoit à chaque étage des petites ouvertures, par lesquelles les poules pouvoient sortir le matin et rentrer le soir. En bas on y pratiquoit des ouvertures plus grandes, afin d'y faire pénétrer la clarté, et pour observer si les poules avoient pondu. Devant ces dernières on plaçoit une grille, pour empêcher les animaux malfaisans d'y pénétrer. On donnoit aux murs assez d'épaisseur pour y pratiquer des niches dans lesquelles on pouvoit placer les nids des poules. On préféroit cette méthode à celle d'enfoncer des pieux dans le mur pour y suspendre les paniers. Les murs étoient revêtus d'un enduit bien lisse en dehors et en dedans, afin d'empêcher d'y grimper tous les insectes ou animaux malfaisans.

POULIE, s. f. Petite roue massive, de bois dur

ou de métal, avec un canal pratiqué dans son épaisseur, et dont la largeur comme la cavité sont proportionnées à l'épaisseur de la corde qui doit y jouer. Cette roue tourne sur un goujon qui la traverse, c'est-à-dire, qu'au centre est encastré carrément un axe dont les extrémités sont arrondies et tournent dans les yeux d'une chape ou écharpe.

On se sert aussi de *poulie* sans chape, en l'appliquant aux chèvres, engins, grues, machines à battre les pilotis et autres, pour empêcher que les cordages ne s'usent par le frottement.

POULIE DOUBLE. Est celle où il y a deux roues sur un essieu, l'une à côté de l'autre.

POULIE DE PALAN. Est celle où il y a deux *poulies* l'une sur l'autre, quelquefois trois et même quatre. *Voyez* MOUFLE.

POURTOUR, s. m. Mot dont on use vulgairement, pour exprimer ce qu'on entend dans toute surface par circuit. C'est donc l'étendue du *contour* d'un espace quelconque.

On dit dans le toisé des bâtimens, qu'une souche, par exemple, une corniche de chambre, un lambris, etc., ont tant de *pourtour*, c'est-à-dire, tant de longueur ou d'étendue, dedans ou dehors œuvre.

POUSSÉE, s. f. On appelle ainsi l'effort que fait une masse quelconque, contre la masse destinée à lui servir de résistance.

On dit que les terres d'un quai, d'une terrasse, font *poussée* contre les murs qui les retiennent.

Mais cela se dit beaucoup plus souvent de l'effort que fait le poids d'une voûte, ou d'une arche de pont, contre les murs, piédroits, piliers ou massifs des culées sur lesquels, ou contre lesquels leurs cintres s'appuient. *Voyez* au mot CULÉE les notions relatives à la *poussée* des arches de pont.

Dans les voûtes, l'action de la *poussée* est celle que font les voussoirs à droite et à gauche de la clef contre les piédroits.

Il est de la dernière importance de connoître et de savoir apprécier le degré de cette *poussée*, afin d'y ménager une résistance convenable qui prévienne l'écartement des claveaux. Les mathématiques donnent, en théorie, des règles générales pour déterminer le degré des deux sortes de puissances qui doivent se balancer, selon la nature des cintres et la courbure qu'on donne aux arcs. Mais la pratique doit entrer aussi dans une détermination qui repose sur des élémens fort variables.

La *poussée*, dans un cintre d'arcades, ou dans une plate-bande à claveaux, dépend beaucoup de la direction des voussoirs, c'est-à-dire, du plus ou moins de tendance au centre des joints qui les séparent.

Dans une arcade, il est sensible encore que plus elle aura de convexité, plus les voussoirs des deux côtés du demi-cercle approcheront par leurs lits de la ligne horizontale, moins l'action latérale de la *poussée* aura de force. Au contraire, plus l'arc sera surbaissé, plus il y aura de voussoirs dont les joints approcheront de la ligne perpendiculaire, et auront besoin, par conséquent, pour être retenus en place (abstraction faite des armatures artificielles), d'une résistance latérale plus forte.

Il faut encore mettre en compte plusieurs autres considérations.

1°. Dans une voûte où l'on suppose que les voussoirs ne sont entretenus par aucun ciment, on doit faire observer que plus la tête des voussoirs sera petite, plus la voûte aura de *poussée*.

2°. Il est constant que plus la voûte aura d'épaisseur, plus grand sera l'effort de la *poussée*.

3°. Plus les piédroits qui soutiennent une voûte seront élevés, plus il leur faudra d'épaisseur pour résister à la portée de la *poussée*. Voyez le mot VOUTE.

On dit *faire le trait des poussées des voûtes*. C'est chercher et marquer les épaisseurs que doivent avoir les murs et les piliers battans, qui sont des corps saillans, lesquels portent et appuient les voûtes.

POUSSER, v. act. Se dit d'un mur qui fait ventre, ou est ce qu'on appelle *bouclé*. On dit qu'il *pousse* au vide.

POUSSER. Se dit encore de quelques opérations de la sculpture dans l'ornement, comme de tailler des moulures dans la pierre, de couper les ouvrages de plâtre faits à la main, et qui ne sont pas traînés.

POUSSER. Est, dans la menuiserie, former des moulures, avec des rabots à moulures, ou les faire à la main dans les parties cintrées.

POUSSIER, s. m. On appelle ainsi la poudre des recoupes de pierres passées à la claie, qu'on mêle avec du plâtre pour l'empêcher de bouffer, c'est-à-dire, pour en amortir la force, dans plus d'un emploi, comme, par exemple, dans le carrelage.

On emploie aussi le *poussier* pour faire du badigeon.

On met du *poussier* de charbon entre les lambourdes d'un parquet, pour intercepter l'humidité.

POUTRE, s. m. On nomme de ce nom, dans la charpente et le bâtiment, la plus grosse des pièces de bois que la construction met en œuvre, et qu'on emploie ordinairement à supporter les travées des planchers, et aussi dans un grand nombre de boutiques, la charge des trumeaux de la façade des maisons.

On emploie des *poutres* de différentes longueurs et grosseurs. Celles qui sont en mur mitoyen, selon les règles des bâtimens, doivent porter plutôt sur toute l'épaisseur du mur, à deux ou trois pouces près, qu'à moitié, à moins qu'elles ne partagent cette épaisseur par moitié avec celles du voisin : en ce cas, elles ne peuvent porter que sur la moitié. Alors on soulage leur portée, de chaque côté, par des corbeaux de pierre, et l'on met une table de plomb entre les bouts des deux *poutres* qui se rencontrent, pour empêcher qu'elles ne s'échauffent et se pourrissent. Dans les planchers, on ne se sert guère de ces *poutres*, mais de solives passantes qui se posent sur les murs.

Les connoissances les plus importantes dans l'emploi des *poutres*, sont celles qui concernent l'effort dont elles sont capables, selon leurs différentes longueurs.

Il a été avéré par les physiciens qui se sont occupés de ces recherches, que,

1°. La résistance totale de chaque *poutre* est le produit de sa base par la hauteur.

2°. Si les bases des deux *poutres* sont égales en longueur, quoique les longueurs et les largeurs en soient inégales, leur résistance sera comme leur hauteur; d'où il suit, qu'une *poutre* posée de champ ou sur le plus petit côté de sa base, résistera plus que sur le plat, et cela en raison de l'excès de hauteur que cette première situation lui donnera sur la seconde. On sera sans doute surpris, d'après cela, qu'on pose si souvent les *poutres* sur le plat dans les bâtimens; c'est que l'on préfère cette situation, comme offrant à la bâtisse une assiette plus large.

3°. Si la somme des côtés des bases des deux *poutres* est égale, que ces côtés aient, par exemple, 12 et 12, ou 11 et 13, ou 10 et 14, et que les *poutres* soient toujours posées de champ, on trouve, selon cette espèce de série, que dans la première *poutre*, qui auroit 12 et 12, la résistance est 1728 et la solidité 144, ce qui donne le rapport de la résistance à la solidité ou pesanteur, comme 12 à 1. Ainsi, en se servant de la dernière *poutre*, qui auroit 1 et 23, la résistance seroit 529 et la solidité 23. Par conséquent, la première *poutre*, qui seroit carrée, auroit, par rapport à sa pesanteur, près de deux fois moins de force, c'est-à-dire, de résistance que la dernière. Dans les *poutres* moyennes, cette résistance, comparée à la pesanteur, iroit toujours en augmentant depuis la première jusqu'à la dernière. C'est ce qu'on va voir dans la table suivante.

TABLE du rapport de la force des poutres à leur solidité.

DIMENSION DES POUTRES.		EXPRESSION DE LA FORCE OU RÉSISTANCE.	EXPRESSION DE LA SOLIDITÉ.
LARGEUR.	HAUTEUR.		
12 pouces.	12 pouces.	1728	144
12	13	1852	143
10	14	1960	140
9	15	2025	135
8	16	2048	128
7	17	2023	119
6	18	1944	108
5	19	1805	95
4	20	1600	80
3	21	1323	63
2	22	968	44
1	23	529	23

POUTRE ARMÉE. C'est une *poutre* sur laquelle sont assemblées deux décharges en abouts, avec un chef, retenues par des liens de fer. Cela se pratique quand on veut porter à faux un mur de refend, ou lorsqu'un plancher est d'une si grande étendue, qu'on est obligé de se servir de cet expédient, pour soulager la portée de la *poutre*, en faisant un faux-plancher par-dessus l'armature.

POUTRE FEUILLÉE. *Poutre* qui a des feuillures ou des entailles, pour porter dans cet encastrement le bout des solives.

POUTRE QUARDERONNÉE. *Poutre* sur les arêtes de laquelle on a poussé un quart de rond, une doucine, ou quelqu'autre moulure entre deux filets, ce qui se fait quelquefois pour l'orner, plus souvent pour faire disparoître ce qu'on appelle la *flasche*, c'est-à-dire, l'empreinte de l'écorce, ou tout autre défaut.

POUTRELLE, s. f. Petite poutre de d à douze pouces d'équarrissage, qui sert à porter un plancher d'une médiocre étendue.

POUZZOL, en latin *Putroli*, ville voisine de Naples, située sur le golfe de Baies, en face de cette ville, et qui se réunissant à elle dans le vaste contour de ce golfe, contribua à former ce magnifique ensemble d'aspects et de monumens, qui fit croire jadis à un ambassadeur étranger, qu'il étoit entré dans la capitale du Monde.

Quoique la mer ait gagné sur la plage de *Pouzzol*, et submergé quelques terrains de la partie basse, malgré tous les ravages du temps et aussi les catastrophes de la nature, si fréquentes en cette contrée, cette ville a conservé encore beaucoup de témoignages de sa grandeur et de sa richesse passée.

Presqu'attenant à l'église de Saint-Jacques, on trouve les ruines d'un amphithéâtre bâti en pierres de taille, dont l'arène avoit 172 pieds de long, sur 88 de large. Cet amphithéâtre, que l'on appelle aussi *Colisée*, à l'instar de celui de Rome, étoit au milieu de l'ancienne ville. Les portiques qui servoient d'entrée, et qui régnoient sous les gradins, existent presqu'en entier, ainsi que les caveaux destinés à renfermer les bêtes destinées aux combats de l'arène. Cet édifice avoit deux étages ou deux ordres de portiques, dont l'inférieur étoit bâti en grosses pierres de lave, et le supérieur en briques. Les massifs de ces constructions étoient formés de scories de volcan, revêtues d'enduits en stuc. Il y a encore quelques caissons dans des vousures, et qui sont d'un très-bon goût. La forme de cet amphithéâtre est un ovale alongé. Il y avoit quatre entrées principales. Toutes les voûtes rampantes qui soutenoient les gradins dans une direction oblique et tendante au centre, existent encore, mais on ne distingue plus les gradins, qui sont entièrement détruits.

Près de là sont des ruines presque toutes enterrées, qu'on vous dit être les restes d'un labyrinthe, mais qui paroissent, avec beaucoup de vraisemblance, avoir appartenu à une conserve d'eau.

La cathédrale est bâtie sur les ruines d'un temple qu'on dit de Jupiter, et en partie des matériaux de ce temple, au nombre desquels se trouve une inscription qui prouve que le temple avoit été bâti par Calphurnius, chevalier romain, en l'honneur d'Auguste.

Vers la fin de l'année 1698, en creusant sous la maison de la famille Migliaresi, on trouva un bloc de marbre très-fin, plus long que large, et dont la largeur est égale à la hauteur. On a supposé qu'il avoit pu être le piédestal d'une statue équestre de Tibère, auquel le monument est consacré. Sur une des faces étroites est l'inscription, accompagnée d'une figure de femme de chaque côté, qui indique que ce fut un collége des *Augustales*, ou prêtres consacrés à Auguste, qui fit élever ce monument à Tibère, et qu'ayant été endommagé, la ville de *Pouzzol* le fit rétablir. On sait que du temps de Tibère, il y eut dans l'Asie mineure un tremblement de terre considérable, qui renversa et détruisit beaucoup de villes, que Tibère fit rétablir à ses frais. Ce fut probablement en reconnoissance de ce bienfait, que les villes qu'on voit personnifiées en bas-relief sur les faces de ce piédestal, érigèrent à l'empereur le monument dont ce piédestal est le seul reste. Elles y sont figurées au nombre de quatorze, chacune avec leurs symboles. On lit le nom de chacune au bas. Quelques-uns de ces noms offrent des lacunes qui en rendent l'interprétation douteuse. Mais on y lit clairement les noms de *Cyme*, *Tmolus*, *Philadelphia*, *Magnesia*, *Hiero Cæsarea*, *Hircania*, *Apollonidea*, *Ephesos*, *Myrina*, *Cibyra*, *Temnos*. La sculpture de cet ouvrage, quoique *fruste* en beaucoup d'endroits, annonce une fort belle manière et une bonne exécution.

Lorsqu'on a passé l'amphithéâtre, on trouve, proche du lieu appelé *Campana*, une multitude de ruines d'anciens sépulcres ou hypogées. C'étoit là, à ce qu'il paroît, ce que nous appellerions le *cimetière de la ville*. Beaucoup de ces sépulcres, aujourd'hui ouverts, montrent encore des niches ornées de stucs et de peintures, d'un travail assez précieux. Il y a de ces intérieurs faits en forme de *columbarium*. C'étoit des tombeaux de famille, et on y voit toujours la niche principale, et richement décorée pour le propriétaire du tombeau. Plusieurs de ces monumens ont été recueillis par plus d'un dessinateur, et on en trouvera quelques vues dans l'ouvrage des *Sepolcri antichi* de *Pietro Santi Bartoli*.

Au bas de *Pouzzol*, dans la mer, on voit les restes d'une grande construction, qu'on appelle vulgairement le *pont de Caligula*. Mais cette dénomination n'est due qu'à sa forme, qui présente des piliers jadis joints par des arcades. Ces piliers sont au nombre de quatorze, et leur construction, liée par le mortier fait avec la pouzzolane, que l'eau de la mer durcit, s'est conservée jusqu'à ce jour, de manière à faire croire qu'elle se conservera encore long-temps.

L'objet de cette construction avoit été d'être un môle, un rempart contre l'impétuosité des flots pour mettre les vaisseaux à l'abri dans le port de *Pouzzol*. Ce môle, il est vrai, étoit fait en arcades, ce qui ne fait aucune difficulté contre l'opinion de cette destination. Une semblable construction devoit d'abord être plus solide, ensuite plus économique ; enfin il est certain qu'elle devoit suffire pour rompre l'impétuosité des vagues et abattre les grands coups de mer.

Outre la ressemblance de cette construction avec la figure d'un pont, on doit ajouter encore, pour rendre compte de la dénomination qu'on lui a donnée jusqu'à ce jour, que dans le fait elle fit une fois l'office de pont pour la traversée du golfe. Il ne faut pas croire cependant que le projet de Caligula ait jamais été de continuer cette levée dans la mer, pendant l'espace de quatre milles qui séparent en ligne droite la ville de *Pouzzol*, de celle de Baies. Suétone a si positivement raconté l'histoire du pont de Caligula, qui étoit un pont de vaisseaux, et non de matériaux solides en pierres, briques ou maçonnerie, qu'il n'est point permis de s'en faire une autre idée. Cet écrivain dit très-positivement que Caligula, dans une cérémonie, voulut traverser le golfe, un jour à cheval, et le lendemain dans un char; qu'à cet effet, avec des vaisseaux chargés, arrêtés par des ancres et rapprochés les uns des autres, il fit établir une route sur le golfe dans la longueur de trois mille six cents pas environ, depuis Baies jusqu'au môle de *Pouzzol*. (*Puteolanas ad moles.*)

Ces derniers mots indiquent bien que cette construction, indépendante du pont de vaisseaux, existoit auparavant et étoit un môle. Qui dira que ce môle ainsi avancé dans la mer, n'aura pas suggéré à Caligula l'idée de sa folle traversée? Mais en même temps, qui ne voit que ce pont de vaisseaux très-constant, et qui n'eut rien que de fort praticable, s'alignant au môle en forme d'arcades de *Pouzzol*, le fit réellement, dans cette marche de Caligula, servir de pont, et que le nom de *pont de Caligula* lui en sera resté?

Le monument de *Pouzzol* le plus curieux pour l'architecture, est certainement le temple qu'on appelle, on ne sait pas pourquoi, *de Serapis*. Malheureusement ce temple fut, par l'effet de quelques-unes des catastrophes volcaniques qui se sont multipliées sur ces parages, presqu'entièrement comblé sous des cendres et des scories. Il ne fut découvert que vers la moitié du dernier siècle, et les colonnes et les débris qu'on en fit alors enlever, l'ont encore dénaturé de manière à en rendre la restitution difficile.

Au milieu d'une *area* quadrangulaire entourée de colonnes dont on retrouve encore les bases en place, et qui formoient un promenoir également carré, s'élevoit une partie circulaire ou colonnade à jour, formée par seize colonnes de marbre africain, au-devant de chacune desquelles il y avoit une statue. Les piédestaux de ces statues existent et sont encore à leur place. Au milieu du pavement de cette rotonde, on aperçoit un trou, sur lequel il y a une rosette de marbre à jour, par où vraisemblablement s'écouloit le sang des victimes. Vis-à-vis l'entrée, et à la partie postérieure du quadrangle, sur lequel est inscrit le cercle du temple rond, s'élevoient quatre grandes colonnes, qui peut-être formèrent un péristyle en avant du sanctuaire. Il en reste encore trois sur pied.

On découvre sur ces trois grandes colonnes, et vers le milieu de leur fût, une particularité qu'on a quelque peine à expliquer. A la distance de dix pieds au-dessus de leur base, leur fût se trouve rongé dans une hauteur de quelques pouces par des *pholades* et *dactylites*, espèces de coquillages qu'on trouve encore dans les petits trous que l'animal a pratiqués. Au-dessus et au-dessous on n'en découvre plus le moindre vestige, dans toute la circonférence des trois colonnes. Comme les pholades se tiennent à la surface de la mer, qu'ils ne demeurent ni dans le fond ni dans les pierres au-dessus du niveau de l'eau, il s'ensuit que les parties corrodées et trouées de ces colonnes, ont dû se trouver pendant du temps au niveau de l'eau de la mer, qui aujourd'hui est de dix pieds plus basse que l'endroit de ces colonnes. Il faut donc supposer que ces colonnes, avant d'être employées et dressées dans ce temple, auront pu être enfouies à cette hauteur, et les nombreuses convulsions qui ont tant de fois bouleversé cette plage, si elles s'opposent à la recherche d'une explication positive, permettent toutes les conjectures qu'on voudra hasarder.

Autour de la colonnade quadrangulaire dont on a parlé, se voient encore un fort grand nombre de chambres carrées, qui étoient revêtues de marbre. Dans un des angles, il y en a une plus grande que les autres. Des bancs de marbre sont disposés alentour de chaque chambre: ils sont percés d'espace en espace, et ont une seconde ouverture dans la partie du devant et sous chacun des siéges. Tout porte à croire que ce temple (faussement dit de *Serapis*) aura été comme les temples d'Esculape, un de ces lieux mis sous la protection du dieu de la médecine, où des bains sulfureux, des eaux purgatives, réunissoient un grand nombre de malades.

Il seroit à desirer que des recherches faites avec soin dans toutes les parties du local de ce temple, si curieux à tant d'égards, nous missent à même d'en former, par une restitution bien autorisée, une idée complète.

POUZZOLANE, s. f. C'est du nom de la ville de Pouzzol qu'a pris son nom une terre volcanique rougeâtre, dont on se sert dans une grande partie de l'Italie, et qu'on mêle, au lieu de sable, avec la chaux, pour en faire un mortier supérieur à tous ceux qu'on connoît, et qui a surtout la propriété de se durcir dans l'eau.

Quoiqu'on trouve de cette terre volcanique dans beaucoup d'autres parties de l'Italie, et surtout auprès de Rome, cependant nous voyons que Vitruve lui donnoit déjà le nom qu'elle porte aujourd'hui; ce qui pourroit faire croire, ou qu'on l'employa d'abord dans les environs de Naples, ou qu'on avoit trouvé quelque supériorité à celle de Pouzzol.

La carrière d'où on la tire encore aujourd'hui à Pouzzol, est une des plus abondantes qu'il y ait aux environs de Naples; et quant au débit qu'on peut en faire, elle a l'avantage de pouvoir être facilement

facilement exportée, se trouvant sur le bord de la mer.

Elle a été produite par une lave d'une étendue considérable, que quelques personnes croient être sortie du volcan de la *Solfatara* dans des temps inconnus. Cette lave a, dans quelques parties, quatre-vingts pieds de hauteur sur un quart de mille d'étendue. Dans le fond ou à sa base, on voit plusieurs lits de cendres, de pierres ponces, de terres volcanisées et un amas de toutes les pierres jetées avant l'écoulement de la lave; vient ensuite cette énorme lave dont on a parlé, recouverte de nouveau d'une cendre rouge, semblable au ciment pilé et calciné, qui est la *pouzzolane* par excellence, laquelle a donné le nom à toutes les terres volcanisées, dont on se sert avec tant d'avantage pour construire à l'air et dans l'eau.

Ce ciment, aux yeux du naturaliste, n'est autre chose qu'un mélange de scories volcaniques plus ou moins friables, poreuses ou calcinées, et passant à un état terreux par l'intermède des vapeurs acides sulfureuses. *Est genus pulveris*, écrivoit Vitruve du temps d'Auguste, *quod efficit naturaliter res admirandas*. La qualité de ce ciment étoit tellement reconnue par les Romains, que Sénèque ne craignoit pas de dire, *puteolanus pulvis, si aquam attigit saxum fit*.

Vitruve, dont on vient de citer l'opinion, croit que les vapeurs brûlantes et sulfureuses qui s'exhalent au travers des terres, eurent un effet sur cette cendre appelée *pouzzolane*. Pour justifier cette opinion, il faudroit imaginer sous tous les terrains où elle se trouve, dans une très-grande étendue de pays, des gouffres immenses, d'où se seroient exhalées des vapeurs assez fortes, pour décomposer les terres et les pierres de tous ces pays. Il paroît que Vitruve ne connoissoit que par des traditions vagues, les effets des volcans et la propriété qu'ils ont de porter à des distances considérables, par l'action du vent qui les enlève, des flots de cendre et de poussière, qui finissent par s'accumuler en de certains endroits; et il attribuoit, dans les environs de Pouzzol, la vertu de la *pouzzolane* à une sorte de coction opérée sur les terres, par les feux souterrains, dont tout ce pays offroit de son temps les symptômes les plus incontestables. Cependant on trouve, et il auroit pu remarquer dans les environs même de Rome, qui furent jadis volcanisés, sous des couches de *pouzzolane*, d'autres couches de matières, qui ne paroissent avoir jamais éprouvé l'action du feu.

Il y a plusieurs espèces de *pouzzolane* dans les environs de Naples. On en trouve de grise, de jaune, de brune et de noire. Elles forment une poussière très-fine, mêlée de parties graveleuses qui s'écrasent facilement, et produisent, quand on les écrase, un petit bruit comme la pierre ponce. Ces parties paroissent être un mélange de débris de laves poreuses, de tuf et de pierre ponce. Ce mélange fait un peu effervescence avec les acides.

La *pouzzolane* de Rome est d'un rouge brun, mêlé de particules brillantes d'un jaune métallique. Elle ne fait aucune effervescence avec les acides; elle peut être employée seule avec la chaux, et elle fait aussi un excellent mortier, tandis que celle de Naples a besoin d'être mêlée avec du sable et des pierrailles, surtout la jaune, qui est douce au toucher comme le sable argileux.

On fait encore un excellent mortier, en mêlant plusieurs espèces de *pouzzolane* ensemble, les plus terreuses avec les plus graveleuses.

Mais lorsqu'il s'agit de bâtir dans l'eau, si l'on mêle de la *pouzzolane* grise de Naples avec du sable, du *rapillo* et des recoupes de pierre, le mélange de ces différentes matières, broyé à plusieurs reprises avec de la chaux de bonne qualité et fraîchement éteinte, forme une excellente maçonnerie, qui durcit dans l'eau de la mer, où elle acquiert une plus grande consistance que la pierre. On rencontre des masses énormes de cette espèce de construction le long des côtes de la mer, entre Naples et Gaëte. Les flots de la mer ont poli ces masses à force de rouler dessus, sans avoir pu les décomposer.

Généralement on découvre de la *pouzzolane* dans presque tous les pays où il y a eu des volcans. On en a trouvé en France, dans les départemens de l'Ardèche, de la Haute-Loire, du Puy-de-Dôme, de la Haute-Vienne. Il y en a dans l'Isle-de-France, à la Guadeloupe, en Ecosse, etc.

POZZO (André, dit *le Père Pozzo*), né en 1642, et mort en 1690. Ce seroit plutôt dans un ouvrage sur la peinture que devroit trouver place l'article biographique du P. *Pozzo*. L'extraordinaire habileté dont il a fait preuve comme peintre de décoration, à l'aide de la profonde science qu'il avoit de la perspective, a rendu son nom célèbre, dans l'art des plafonds surtout. Cependant, comme de son temps il étoit établi que tout peintre devoit être, ou devoit pouvoir être architecte, il est aussi juste de mettre *Pozzo* au nombre des architectes, qu'il est curieux et peut-être utile de remarquer, à quel point ces deux arts se sont trouvés toujours réunis dans une ressemblance de goût, de manière et de principe. C'est sous ce point de vue que nous avons donné ici une place au peintre, qui sut encore mettre à l'enchère dans la composition de l'architecture, sur la bizarrerie de Boromini.

André *Pozzo* naquit à Trente, et entra chez les Jésuites à l'âge de vingt-trois ans. On rapporte que n'étant encore que simple novice, il étoit employé aux détails de la cuisine, lorsque quelques jeunes seigneurs allemands, qui faisoient leurs études au collége des Jésuites, aperçurent chez lui des dispositions merveilleuses pour la peinture, qui avoient échappé aux supérieurs du collége : chose difficile à croire, tant on sait qu'étoit particulier aux membres de cet Ordre célèbre le talent de démêler les dispositions de leurs élèves, et de les diriger vers ce qui s'annonçoit pour être leur véritable vocation.

Quoi qu'il en soit, on ne sauroit nier qu'ils n'aient su faire tourner les rares dispositions d'André *Pozzo* à la décoration de leur église. Jamais aucun peintre n'a étendu avec autant d'audace les limites de l'art des plafonds. Dans les voûtes de l'église de Jésus, non-seulement l'architecture, ses formes et ses membres ont disparu, sous la vaste composition imaginée par le peintre, mais on y voit encore une nouvelle architecture feinte s'élever sur la réelle, et d'énormes groupes de colonnes semblent de toutes parts, excepté d'un seul point de vue, prêts à s'écrouler sur la tête du spectateur. On cite (*voyez* Plafond) l'ouvrage de *Pozzo* au Jésus comme le plus notable exemple des abus où peut tomber, dans les édifices, le génie de la peinture décorative, quand il n'est ni comprimé ni réglé par les lois sévères de l'harmonie architecturale.

Mais à l'époque de *Pozzo*, l'anarchie régnoit, et s'étoit incorporée dans toutes les parties de l'architecture.

L'autel de Saint-Ignace, dans la même église, fut élevé sur ses dessins. C'est le plus riche de tous ceux qui sont à Rome, et on peut le dire, dans toute l'Europe. Mais cette prodigieuse richesse, flatteuse, si l'on veut, pour les yeux qui ne voient dans l'architecture que la matière, ne fait que mieux ressortir les vices qui en altèrent le plan, l'élévation, les formes et tous les détails; et l'on en doit dire autant de l'autel de Saint-Louis de Gonzague, qui lui sert de pendant.

Si l'on veut prendre l'idée du goût et de la manière de *Pozzo*, et de tous les caprices qu'il dut à cette pratique de la perspective, dont il semble avoir plutôt fait un jeu qu'un art, il suffit de feuilleter les deux gros volumes de sa Perspective à l'usage des peintres et des architectes (*Perspettiva de pittori ed architetti*). C'est là qu'on voit porté au dernier point, ce qu'on pourroit appeler *la caricature de la bizarrerie*. C'est une *congeries* de piédestaux sur piédestaux, de colonnes portées sur des consoles, de formes en ondulations, de frontons écrasés, de figures baroques, de colonnes torses transformées en serpens, de colonnes supposées assises, etc.

Le même ouvrage renferme, du même auteur, deux dessins pour la façade de Saint-Jean de Latran, dont l'un est orné de pilastres corinthiens repliés et faisant des ressauts désagréables. Au milieu est une partie concave, terminée par deux demi-frontons contournés, qui ressemblent à des cornes. L'autre dessin n'est qu'une sorte de zigzag des plus bizarres, avec un portique ondulé dans toute son étendue.

Le P. *Pozzo* mourut à Vienne, où il avoit été appelé par l'empereur, pour peindre quelques plafonds. Il y répara quelques églises, entr'autres celle de la Maison professe des Jésuites, l'église de la Miséricorde, celles de la Rédemption et de la Merci.

POZZO (del). Le comte Jérôme *del Pozzo* fut un des plus distingués dans cette classe d'architectes, qu'on pourroit appeler *amateurs*, si l'on considère que sa position et sa naissance ne lui avoient imposé ni le besoin de pratiquer l'architecture, ni la nécessité de ces études qu'exige la profession expresse de cet art.

Il faut dire que l'on a toujours compté dans les Etats vénitiens, parmi les plus hauts rangs de la société, de ces architectes par goût, qui se firent un plaisir et un devoir de propager, en construisant eux-mêmes, les bons principes de l'art, les traditions de l'antiquité, et ce goût classique qu'une suite de grands artistes semble avoir rendu héréditaire dans ce pays.

De ce nombre on doit mettre le comte Pompéi de Vérone, chez lequel une éducation soignée avoit développé le goût des sciences et des arts qui occupèrent sa vie toute entière. En 1731, ayant été obligé de faire rebâtir entièrement le palais qu'il avoit dans sa terre d'Illagi, et ne trouvant à Vérone aucun architecte digne de sa confiance, il se mit à étudier l'architecture. Vérone et l'Italie eurent acquis en peu de temps un architecte également versé dans la théorie et la pratique de l'art. En 1735, il publia un ouvrage intitulé : *Les cinq ordres d'architecture civile selon Michel San Micheli*. On cite de lui deux palais très-bien entendus, où l'on voit des arcades ornées de bossages et de refends, l'un pour le marquis Piedémonti, dans sa terre, l'autre dans la terre de Pessino, pour le comte Giuliari. De lui est encore l'église qu'on voit hors du village de Sanguinetto, qui est circulaire en dehors et octogone en dedans. Le comte Pompéi a travaillé de prédilection à Vérone. Il avoit bâti la Douane, vaste édifice, dont la cour a deux cent vingt palmes de long sur une longueur proportionnée, avec deux rangs de galeries en colonnes. C'est encore lui qui est l'auteur du portique dans lequel Scipion Maffei voulut recueillir les monumens et les inscriptions antiques dont il avoit fait la collection. Beaucoup d'autres édifices furent construits à Vérone de son vivant, et sur ses dessins après sa mort.

Nous devions cette notice, omise en son lieu, et nous n'avons pu la mieux placer qu'en tête de celle qui a pour sujet un homme également distingué par sa naissance, son rang et sa passion pour l'architecture.

Jérôme *del Pozzo* naquit à Vérone en 1718. Comme son célèbre concitoyen dont nous venons de parler, il n'eut d'autre maître que Vitruve, Palladio, Scamozzi et les anciens monumens, dont il étudia particulièrement les principes et le goût.

Ennemi déclaré du mauvais goût qui depuis un demi-siècle avoit fait invasion dans tous les ouvrages modernes, il se donna pour tâche de le combattre, et de faire revivre les doctrines de l'antiquité. Mais ce fut surtout par ses exemples qu'il prétendit en propager les principes.

On doit dire que chacun des édifices qu'il se plut à construire, est une leçon pratique de la manière dont l'imitation de ces principes, anciens sans doute, mais anciens comme la vérité, peut être appliquée aux usages de nos sociétés modernes.

La charmante maison de campagne des comtes Trissino, dans le territoire de Vicence, a été bâtie sur les dessins du comte *del Pozzo*. Elle est située au sommet d'une colline que l'on a aplanie pour y tracer les jardins. L'irrégularité du sol n'a servi qu'à faire mieux briller l'intelligence de l'architecte, et l'harmonieuse symétrie qu'il sut établir dans toutes les parties, comme dans l'ensemble de son bâtiment.

Le comte *del Pozzo* construisit dans le marquisat de Castellaro, une grande et belle église, qui parut être quelque chose de tout-à-fait nouveau, par cela seul qu'elle ressembloit à de l'antique.

Une réunion d'amateurs, qui avoit pour objet de jouer la comédie, lui donna l'occasion de projeter une salle de spectacle conforme au système des théâtres antiques. Le dessin et le plan de ce monument reçurent une approbation universelle. Le comte *del Pozzo* profita des études et des recherches que ce travail avoit exigées de lui, pour réduire en théorie l'application de la méthode des Anciens aux usages modernes, ce qu'il fit dans un ouvrage ayant pour titre : *Degli teatri degli antichi, e sulla idea d'un teatro adattato all' uso moderno.*

Un autre ouvrage de lui est un Traité intitulé : *Degli ornamenti dell' architettura civile, secondo gli antichi;* c'est-à-dire, des ornemens de l'architecture civile selon les Anciens. L'auteur explique en premier lieu tous les noms des différens ornemens de l'architecture, et il rapporte leur étymologie. Il passe ensuite aux ornemens mêmes; il fait connoître leur origine et l'usage qu'en faisoient les Anciens. Enfin il parle des abus qui se sont introduits dans cette partie de l'architecture moderne.

POZZOLANE. *Voyez* Pouzzolane.

PRÆNESTE. Ville antique, située à vingt-trois milles de Rome, dont il subsiste encore des débris assez considérables, dans la ville moderne de *Palestrina*, bâtie sur une partie de son ancien emplacement.

Præneste, ville grecque d'origine, selon Strabon, avoit été située sur des hauteurs qui durent lui donner l'aspect d'un amphithéâtre et en faire aussi une place très forte. Aussi joua-t-elle un assez grand rôle dans l'histoire des guerres de Rome.

Lorsqu'elle fut soumise à la république, elle dut sa célébrité à son temple de la Fortune. Ce temple, nous trouvons qu'il est appelé par les écrivains, tantôt *Fanum*, tantôt *Delubrum*, tantôt *Ædes*, tantôt *Templum*. Ceci nous prouve, ou que tous ces noms se donnoient indistinctement aux temples, ou qu'il y avoit de ces grands temples, réunion d'un grand nombre de parties, qui peut-être avoient eu, ou pouvoient avoir chacun une dénomination particulière, dans la langue de la religion, et qu'un pareil ensemble recevoit quelquefois un nom général, de l'une ou de l'autre de ses divisions particulières.

Il paroît que le temple de *Præneste* fut de ce genre. D'après les restes de constructions qui existent encore et très-reconnoissables aujourd'hui, il y auroit eu sur la montagne, et disposés en amphithéâtre, un grand nombre d'édifices distincts, consacrés à divers usages religieux. Cette enceinte inférieure auroit renfermé quelques ædicules, des péribolcs, des logemens destinés ou à ceux qui desservoient le temple, ou à ceux qui venoient consulter l'oracle de la fortune.

C'est sur la terrasse supérieure qu'étoit établi, à ce qu'il paroît, ce qui constituoit plus particulièrement le véritable temple, dont on croit reconnoître l'*adytum* dans une partie circulaire, où se trouve aujourd'hui la célèbre mosaïque appelée *de Palestrine*. On voit encore en avant un demi-cercle, sur lequel a été construit le palais Barberini. Cet espace forme une vaste terrasse, où des restes de fondations et de constructions donnent lieu de restituer l'ensemble d'une grande esplanade environnée de portiques, qui devoit servir aux cérémonies religieuses.

Toute cette montagne, sur laquelle étoit bâtie l'ancienne *Præneste*, est couverte encore d'indications de bâtimens, dans lesquels l'on peut imaginer qu'étoit jadis le *forum*, une basilique, des piscines, etc. Des eaux abondantes y étoient conduites et provenoient des sources qui se trouvent dans la partie de la montagne qui domine la ville.

Le morceau d'antiquité le plus curieux qu'ait conservé l'ancienne *Præneste*, est cette mosaïque dont on a parlé plus haut, et dont on a donné une notion plus étendue à l'article Mosaïque. *Voyez* ce mot.

PRAIRIE. (*Terme de jardinage.*) Le système du jardinage irrégulier, étant une imitation (on peut le dire) identique du modèle dont il prétend donner, non l'image, mais la réalité, les noms de *gazon*, de *tapis vert*, qui supposent une étendue quelconque de terrain en forme régulière, placé sous les yeux de ceux qui habitent la maison de campagne, ne pouvoient plus convenir au plan, aux dispositions et aux idées que ce système adopte.

Le mot *prairie* est, dans le fait, celui que réclame l'esprit de l'art nouveau, qui prétend à l'illusion complète de ce qu'on y appelle la *nature agreste*.

Il entre, comme on l'a dit au mot JARDINAGE (*voyez* cet article), dans le système du jardin irrégulier, en grand surtout, que l'agréable y soit de l'utile, c'est-à-dire, que tout puisse tourner, par la culture, au profit d'une exploitation rurale. C'est pourquoi on veut que les espaces de verdure en tapis soient en toute réalité des prés, où l'on mène paître des troupeaux, et dont on récolte la fenaison, etc. Ainsi, il fallut substituer aux mots qui n'expriment qu'un détail d'agrément dans un jardin, un mot qui signifie la chose même, au lieu d'en être une légère représentation, et le gazon s'est appelé *prairie*.

PRATIQUE, s. f. Dans le cercle des idées didactiques de l'enseignement des arts, le mot de *pratique* exprime ou la connoissance ou l'emploi usuel des moyens, des instrumens, des procédés que l'artiste met en œuvre dans les opérations de son art, et qui sont du ressort de l'exécution.

C'est dans ce sens que l'on oppose le mot et l'idée de *pratique* au mot et à l'idée de *théorie*. Ce dernier mot exprime, en effet, la connoissance des raisons des principes sur lesquels se fondent les règles qui doivent diriger la *pratique*.

Tout art a donc une *pratique* qui lui est particulière, puisque chacun produit ses inventions, par des moyens qui doivent être aussi distincts ou aussi divers entr'eux, que le sont les élémens de leur nature, c'est-à-dire, du modèle qu'ils imitent, les propriétés des organes et des sens auxquels s'adresse leur imitation, et les procédés par lesquels cette imitation rend ses effets sensibles.

Ainsi aux mots ART, ARCHITECTURE (*voyez* ces mots), on a cherché à définir et à rendre clair le principe tout à la fois abstrait et matériel sur lequel repose l'architecture. Là est la théorie de cet art.

Quant à sa *pratique*, nous devons dire avant tout, que ce mot et son idée comprennent deux notions, c'est-à-dire, qu'en architecture, comme dans tout art, il y a deux degrés de *pratique*, ou deux sortes de *pratiques* faciles à distinguer, par la division toute naturelle des objets auxquels chacune s'applique.

En effet, toute théorie considérée, en tant qu'enseignement et connoissance spéculative, comporte plus d'un degré et embrasse deux classes de notions, dont les unes se rapportent au moral de chaque art, ou à ce que désignent les mots *génie*, *invention*, *goût*, *raisonnement*, etc., et les autres s'attachent particulièrement au matériel de l'art, à ses instrumens, à ses moyens mécaniques, à son exécution.

Il en est de même de la *pratique* : on la divise aussi en deux, et surtout à l'égard de l'architecture. Une de ces parties est du domaine de la science; l'autre se peut classer dans la région purement ouvrière.

Ce que j'appellerai la *pratique savante* de l'architecture, Vitruve nous l'a fort bien défini, comme on peut le voir à l'article ARCHITECTE (*voyez* ce mot). Selon lui, « la *pratique* consiste dans une application continuelle à l'exécution des dessins qu'on s'est proposés, et suivant lesquels on donne la forme convenable à la matière dont on fait toutes sortes d'ouvrages. » Ainsi la mise en œuvre des materiaux qui donneront un corps à l'invention de l'architecte, exige de profondes connoissances *pratiques*, résultat d'une science très-étendue.

Par exemple, il s'agira d'abord de bien connoître, en chaque pays, la nature des matières qui s'offrent à l'art de bâtir, les variétés toujours très-nombreuses qu'une multitude de causes locales leur impriment, les rapports que chaque matière doit avoir avec la solidité requise, avec les positions où elle se trouvera placée, avec la charge qu'elle aura à supporter, avec le genre de travail qui devra la façonner, et la dépense que ce travail comportera.

Ensuite, à ce savoir fondamental doit se joindre la *pratique* plus savante encore de l'emploi des matières, qui doivent *obéir* en quelque sorte, et se plier aux formes, aux configurations sans nombre de toutes les parties des bâtimens, dans les voûtes surtout, dans les cintres, dans les escaliers, et qui doivent se prêter à une multitude de sujétions locales, de besoins particuliers. C'est la connoissance de cette sorte de *pratique*, qui forme la science qu'on appelle *du trait*, ou de la coupe des pierres. Cette science, comme l'on sait, lorsque l'architecture appliquée à des usages fort divers, sort des élémens des lignes droites, des plans, des élévations simples, des formes rectilignes, appelle nécessairement à son secours la géométrie, la science des calculs, soit pour s'assurer des forces respectives de la poussée et de la résistance, soit pour évaluer les pesanteurs, les effets des diverses tendances des corps solides, selon les coupes des traits ou des joints qui les unissent, etc., soit pour la composition ou l'emploi des machines.

On ne fait ici qu'indiquer les sommaires de cette *science pratique*, dont on trouve les développemens à tous les articles de construction dans ce Dictionnaire.

Vitruve, ainsi qu'on l'a pu voir au mot ARCHITECTE, comprend encore au nombre des connoissances *pratiques* de son artiste, plus d'une science dont nous ne rappellerons pas ici les titres, parce qu'elles n'ont qu'un rapport très-détourné avec ce qui fait le fond de l'architecture. Il ne faut pas croire, en effet, que l'architecte, lorsqu'il conduit un bâtiment pour les divers usages des professions sociales, doive être même initié dans leurs connoissances. Le seul bon sens avec le secours des hommes de chacune de ces professions, lui indiquera les convenances auxquelles il doit assujettir ses conceptions, et nous ne croirons pas qu'il ait besoin d'étudier la médecine, pour connoître les différences d'expositions et de situations saines ou malsaines des bâtimens.

Nous pensons toutefois que la connoissance *pratique* de la perspective, est encore une de celles que l'architecte ne sauroit se dispenser de faire entrer, dans le cercle des objets qui peuvent donner à comprendre ce qu'est la *pratique savante* de l'architecture.

La seconde partie de la *pratique* en architecture qui tient à une *exécution manuelle* ou mécanique, peut s'appeler la *pratique ouvrière*. Une telle dénomination porte avec soi sa définition. Cette *pratique* est sans doute fort importante, et comme de la connoissance intime de ce qui constitue, dans l'emploi des matériaux, la bonne façon ou la malfaçon, dépendent la durée de l'édifice, l'économie des dépenses, il est nécessaire que l'architecte ait, dans sa jeunesse, opéré par lui-même, assez, pour savoir les causes des abus, et les moyens de les prévenir ou de les réprimer.

Pratique : se prend souvent dans le discours, moins comme opposé à *théorie*, que comme indiquant, dans l'exercice des arts, une habitude de les considérer, de les étudier, de les professer uniquement par ce côté que chacun présente à l'artiste, et qui est celui de l'exécution.

C'est ainsi qu'on dit de beaucoup d'ouvrages, qu'ils ne sont faits que de *pratique*. Par-là, on exprime un défaut fort ordinaire, et qu'on peut définir de plus d'une manière.

Il y a, en effet, dans toute imitation, des procédés d'exécution qu'une certaine routine fait assez promptement apprendre; le maître et l'habitude de le voir opérer, les transmettent beaucoup plus facilement, que cet esprit qui doit diriger les opérations de la main. Il y a une tendance trop commune à suivre quelques maîtres, quelques modèles, à copier leurs œuvres, à calquer leur manière et à emprunter leurs défauts. Il y a enfin une confusion d'idées trop ordinaire, qui fait confondre l'opération de copiste avec l'action libre de l'originalité. De-là résulte, que le maître, ou le modèle de l'art qu'on prend pour maître, fait oublier de prendre les leçons du véritable maître qui est la nature, ou le premier principe de l'imitation. Insensiblement les ouvrages dégénèrent, faute par l'artiste d'aller puiser à la source de la vérité. La partie exécutive de l'art devient l'esprit de l'ouvrage, dont elle devroit n'être que le corps. C'est alors qu'on voit en tout genre, de ces ouvrages que l'on appelle faits de *pratique*, parce qu'on n'y découvre plus une transmission immédiate des vérités, des beautés, des qualités émanées du grand modèle, mais une simple réminiscence de la manière des ouvrages d'autrui, et la trace d'une opération que la routine seule a guidée.

Le mot *pratique* change donc d'acception sans changer précisément de sens. Il signifie toujours *exécution* plus ou moins mécanique, plus ou moins dépendante du sens extérieur, et du secours de la main, et toujours on en recommandera l'exercice à l'artiste; car celui qui manqueroit de *pratique*, manqueroit aussi, dans chaque art, de ce qui est le moyen d'en exprimer les idées, de leur donner un corps, et d'en rendre l'impression sensible. Il faut donc que l'artiste ait de la *pratique*, c'est-à-dire, il faut qu'il s'exerce à toutes les parties plus ou moins mécaniques et matérielles, sur lesquelles repose l'exécution des images, des formes, des compositions que son génie lui fait concevoir.

Mais de cette nécessité de la *pratique*, résulte aussi bien souvent une fâcheuse méprise et dans les études de l'artiste et dans le goût du public. Au fond, ce qu'on appelle *exécution* dans les beaux arts, est la seule chose qui puisse s'enseigner d'une manière positive, parce qu'elle participe à la nature et aux propriétés des procédés des arts mécaniques, dont la transmission s'opère par le seul secours des exemples, et de la répétition des copies qu'on en fait. Hors de cette partie, qu'on nomme *exécutive*, rien ne peut être soumis à une méthode régulière d'enseignement. Tout ce qui procède du sentiment, tout ce qui tient à la faculté d'imaginer, ne sauroit se communiquer. Aussi voyons-nous généralement dans toutes les écoles des maîtres les plus célèbres, leurs élèves habiles à recueillir ce qu'on appelle leurs manières, ou les qualités extérieures de leur talent, devenir copistes plutôt qu'imitateurs.

Dans les écoles publiques d'enseignement des beaux-arts, il est encore plus naturel, que ce soit la partie pratique ou exécutive qui l'emporte sur la partie morale, de goût, de sentiment ou de génie. Ce qui a besoin de l'action concurrente de l'esprit et de la main, nous dit assez que s'il est facile de diriger la main par le secours des yeux, il ne l'est pas autant de cultiver les qualités morales, d'où doit dépendre le succès de l'imitation.

Ajoutons à cela que l'effet naturel de ce grand nombre d'ouvrages et de chefs-d'œuvre proposés pour modèles aux étudians, est d'opposer à l'action libre du génie de chacun, autrement dit à l'originalité, une sorte d'obligation de suivre des routes déjà tracées, et de se régler, pour réussir, sur des exemples qui sont devenus des lois. De là l'habitude de ne plus penser que par les pensées d'autrui, de ne plus voir par ses propres yeux, et de subordonner la sphère de ses mouvemens à l'étendue des espaces déjà parcourus. La *pratique* devient dès-lors, comme une sorte de grande route où tous se rencontrent, et dans laquelle toutes les générations se suivent l'une après l'autre.

Pratique, *adjectif des deux genres.* Ce mot s'emploie encore adjectivement. On en use souvent en l'associant au mot de science. On distingue la science *pratique* de la science spéculative. On dit traité de géométrie *pratique*. On dit d'un artiste ou de son ouvrage, qu'il n'a de l'art que les qualités *pratiques*. On dit également d'une théorie, qu'elle est une *théorie pratique*, pour dire qu'elle n'enseigne que cette partie qui se rapporte au mécanisme ou à l'exécution. Ainsi en architecture, on appellera *traité pratique* de l'art de bâtir, celui qui s'occupera uniquement de ce qui se rapporte à la construction, considérée sous le rapport des matériaux et de leur emploi, de la science du trait et des lois de la mécanique, etc.

PRATIQUER, v. actif. Signifie généralement mettre en pratique. Plus particulièrement il signifie exercer une profession, une fonction, un art, une science.

Pratiquer. Ce mot a, en architecture, une signification plus spéciale. On s'en sert pour exprimer l'art de ménager soit dans la disposition générale d'un plan, soit après coup, dans quelques-unes de ses parties, certains détails accessoires, certains dégagemens, certaines pièces d'utilité ou d'agrément.

On sait gré à l'architecte de *pratiquer* dans ses distributions, des couloirs, des issues, qui permettent d'entrer dans les différentes pièces, ou d'en sortir sans être obligé de les traverser toutes. *Voyez* Dégagement.

Il se fait peu de grands édifices où l'on ne soit obligé de *pratiquer*, lorsqu'ils sont terminés, des changemens pour des besoins, ou qui n'ont pas été prévus, ou qui n'ont pas pu l'être. On prétend que ce fut après coup que furent *pratiqués* dans les quatre piliers de la coupole de Saint-Pierre, les escaliers qui conduisent aux quatre tribunes *pratiquées* dans les mêmes piliers.

PRÉAU, s. m. Ce mot signifie *petit pré*. On a appelé ainsi dans plus d'un lieu, cet espace enclos et couvert de gazon qui, à cause de cela, est dans la réalité un petit pré. C'est particulièrement aux grandes cours des couvens, lorsqu'elles sont gazonnées et environnées de portiques faisant cloître, qu'on a donné ce nom. On l'a donné aussi à de semblables espaces dans les prisons.

PRÉCIEUX, adj. Généralement, dans l'exécution des ouvrages de l'art, on appelle *précieux* tout travail extrêmement terminé, et où l'artiste a apporté tous ses soins à rendre les dernières finesses de l'objet imité.

L'épithète de *précieux* convient particulièrement à la peinture et à la sculpture, et surtout au rendu de leurs ouvrages. On applique beaucoup moins ce mot à l'architecture, quoique, sous quelques rapports, on puisse dire aussi du goût d'un architecte qu'il est *précieux*, lorsque surtout on voudra l'opposer au goût libre, incorrect d'un autre. Mais comme l'exécution des œuvres de l'architecture dépend en grande partie du travail des matières qu'emploie l'architecte, il est sensible que chacune de ces matières peut être soumise à une élaboration plus ou moins précise, à un fini plus ou moins exact, et l'on comprend dès-lors que les formes, les contours, les traits rendus par chaque sorte de matière, peuvent acquérir, pour les yeux, plus ou moins de cette qualité qu'exprime le mot *précieux*.

Si ensuite on considère que la partie de décoration et d'ornement, si importante à l'effet des détails dont se composent les édifices, est due nécessairement au ciseau du sculpteur, on conviendra que le fini plus ou moins *précieux* des objets sculptés, doit aussi communiquer sa valeur et son impression à l'ensemble architectural.

De tout ceci on doit conclure, qu'il peut également y avoir en architecture un mérite, auquel l'épithète de *précieux* est applicable.

PRÉCINCTION, s. f. On appeloit ainsi un espace entre les gradins d'un amphithéâtre, plus large que celui des gradins. *Voyez* Balteus.

PRÉCISION, s. f. Ce mot, dans le travail de l'imitation et des matières que l'art emploie, indique une grande exactitude à se conformer au modèle, à en rendre avec fidélité les proportions, les formes, les moindres mesures et les plus légers détails.

PRESBYTÈRE, s. m. C'est le nom qu'on donne au bâtiment qui sert à loger le curé d'une paroisse.

Ce bâtiment est situé ordinairement tout près de l'église paroissiale. Dans les campagnes, le *presbytère*, moins spacieux, quant au local, a le plus souvent un jardin potager, et doit réunir quelques-unes de ces constructions qui font partie des habitations rurales.

Dans les villes, le *presbytère* est un bâtiment plus considérable. Originairement, il servoit à loger tous les prêtres desservans ou habitués de l'église. Il y avoit pour les registres de baptême, un local affecté à leur conservation. Il entre encore dans les convenances et les besoins du *presbytère*, que le vicaire puisse y être logé, qu'il y ait des salles pour les assemblées de la communauté des prêtres. Souvent même l'école, qui n'a pas d'autre maître que le curé, ne trouve point aussi de local ailleurs que dans le *presbytère*.

PRÉSENTER, v. actif. C'est, dans le langage des ouvriers, poser une pièce de bois, une bande de fer ou toute autre chose, pour connoître si elle conviendra à la place qu'elle doit occuper, afin de la réformer et de la rendre juste, avant de la poser à demeure.

PRÉTOIRE (*prætorium*). Ce mot désigna, chez les Romains, plus d'une sorte de bâtimens destinés à divers usages.

Dans les camps, le *prétoire* étoit la tente du général, parce que tout général s'appeloit *préteur*.

Prétoire étoit, dans les villes, le palais où demeuroit le préteur de la province. C'étoit aussi le lieu où les magistrats rendoient la justice.

Prétoire étoit encore, à Rome, une place où étoient logées les gardes prétoriennes.

On donnoit aussi, à ce qu'il paroît, le nom de *prétoire* aux maisons de campagne somptueuses des grands de Rome.

PRIÈNE. Ville antique de l'Asie mineure, dont il reste encore d'assez vastes ruines, qui confirment ce que l'histoire nous apprend de sa richesse ancienne et de son étendue.

On reconnoît parfaitement l'enceinte de ses murailles. Trois de ses portes existent encore, ainsi qu'une partie de la citadelle. On y distingue les vestiges d'un théâtre, ceux d'un stade, et surtout les ruines magnifiques du temple de Minerve Polias, déesse tutélaire de *Priène*.

On lit encore sur une des antes du temple, une inscription qui porte qu'Alexandre a consacré ce monument à Minerve.

Chandler seul l'a décrit, et l'a représenté comme étant un monceau de tronçons de colonnes et de pierres, dont l'accumulation semble prouver qu'un grand tremblement de terre fut seul capable de le réduire à un tel état de ruine. La façade du temple, lorsqu'il étoit entier, regardoit la ville, qui, assise par degrés sur les flancs de la montagne, s'étendoit comme par étages jusqu'au bord de la plaine.

Au-dessous du temple sont des colonnes brisées et des fragmens de marbre, tristes débris d'édifices d'ordre ionique et d'ordre dorique.

Plus bas encore, et près de la muraille de la ville, est le terrain qu'occupoit le stade. Il étoit assez étroit, et il n'avoit qu'un rang de siéges placés sur le côté qui faisoit face à la plaine.

Dans la montagne à gauche, en partant du temple, on voit un enfoncement avec quelques vestiges de théâtre.

Les murailles de la ville subsistent encore dans leur pourtour, ainsi que plusieurs parties de murs dans l'enceinte de la cité. Toutes ces murailles sont dignes d'admiration, tant par leur solidité que par la beauté de leur construction.

Priène, sans y comprendre la citadelle, avoit trois portes. L'entrée d'une de ces portes avoit peu de largeur, comme on en peut juger par une portion de l'arcade qui subsiste encore, et qui se compose d'un seul rang de pierres massives. Mais (ajoute Chandler), le tems a tellement miné les pierres sur lesquelles cette arcade est appuyée, elles sont tellement brisées et dérangées de leurs places, qu'elles semblent à chaque instant être sur le point de laisser s'écrouler le fardeau, dont on diroit qu'elles veulent se débarrasser.

Un chemin inégal conduit à la seconde porte pratiquée dans la partie de la muraille opposée à la première. La distance qui les sépare semble être celle d'un mille. On trouve en dehors de celle-ci des voûtes de sépulcres.

Entre les deux portes, il y en avoit une autre qui donnoit sur la plaine.

Il n'est guère résulté des recherches de Chandler dans les ruines de *Priène*, que quelques dessins de chapiteaux ioniques, de fragmens de frises avec leurs ornemens; et les voyageurs qui ont visité depuis l'Asie mineure, n'y ont rien recueilli de plus instructif sur le célèbre temple dont les énormes débris ne peuvent servir qu'à attester son existence. Il faudroit qu'on pût parvenir à remuer et à déblayer ces masses, jusqu'à ce qu'on retrouvât l'aire et le plan de ce grand édifice. De curieuses découvertes indemniseroient sans doute de la dépense et de la peine d'un semblable travail.

PRINCIPAL, adj. m. Ce mot se prend aussi substantivement; comme lorsqu'on dit, le *principal* dans tout ouvrage est d'en connoître le but. Il est clair qu'alors et dans toutes les locutions semblables, on sous-entend l'*objet*, le *point*.

L'idée de *principal* dans la théorie des beaux-arts, et surtout de l'architecture, se laisse facilement définir et comprendre par l'idée opposée, celle d'*accessoire*.

Tout au physique, ainsi qu'au moral, dans quelque région, dans quelque sphère d'objets que ce soit, se compose de parties. Ces parties ont toujours un lien qui les rassemble, un centre auquel elles aboutissent. Ces parties ne sauroient jamais avoir entr'elles une égalité parfaite. C'est au contraire de leur inégalité que naît leur harmonie, et cette harmonie, principe du plaisir que nos yeux ou notre esprit y trouvent, procède de la loi générale qui subordonne les uns aux autres tous les détails de ce qui forme un ensemble.

Oui, telle est une des causes du plaisir que nous trouvons à voir les objets sensibles, à comprendre les choses de l'intelligence. C'est qu'effectivement ce que nos yeux et notre esprit veulent avant tout, c'est d'apercevoir sans fatigue et de comprendre facilement. Or, rien ne donne plus de facilité à l'une et à l'autre opération, soit des sens dans les choses matérielles, soit de l'esprit dans les matières intellectuelles, que ce qu'on appelle l'*ordre*; et l'ordre par excellence se rencontre dans cette disposition que la nature a partout établie, de ce classement des parties d'un tout, qui, par une subordination constante (qu'on pourroit appeler une sorte d'hiérarchie), conduit facilement à discerner ce qui, sans cela, demeureroit confus.

Dans l'ordre politique, nous concevons d'un seul aperçu, et du premier coup, toute organisation sociale, où les rangs sont disposés de manière, à ce que notre esprit monte aisément du dernier au premier, et en redescende de même. Supprimez cet ordre, vous ne trouvez plus que confusion. C'est la différence d'une multitude rangée en amphithéâtre, ou d'une foule où tous les individus se cachent et se confondent.

Qu'on parcoure tous les domaines de la nature et de l'intelligence, on verra que dans tous, l'*ordre* est fondé sur cette progression, et les rapports gradués de la plus petite partie avec son tout. Comme l'arbre a son tronc, d'où partent les maîtresses branches, qui donnent naissance à de plus petites en se ramifiant jusqu'aux moindres, en sorte que chacune est dépendante du tronc qui est le *principal*, vous trouverez de même dans la conformation des montagnes, ainsi que des pierres, des plantes, ainsi que des animaux, un point de centre, lien de l'organisation générale, d'où de proche en proche dépend chaque partie. Or, ce point de centre, ce *principal*, est ce qu'en tout genre il faut d'abord saisir, soit qu'on veuille se rendre compte de l'objet à connoître, soit qu'on veuille l'imiter.

Il y a de même dans tout ouvrage de l'esprit, une idée primaire, une pensée capitale, un raisonnement *principal* qui sert de base aux idées, aux pensées, aux raisons, qu'on appelle *accessoires*, par cela, qu'elles semblent ne faire que s'ajouter à ce qui est comme le noyau autour duquel elles se groupent.

Si l'on reconnoît cette loi générale de la nature physique dans la production de tous les êtres, et si l'on est forcé d'avouer qu'il est aussi dans la nature morale ou dans la constitution de notre esprit, de procéder en vertu de la même loi, nous ne pouvons nous empêcher de la regarder comme formant un des principes fondamentaux de l'architecture.

Plus d'une fois nous avons fait voir que l'imitation de la nature par cet art, étoit beaucoup moins positive et matérielle que dans les autres, et qu'elle consistoit particulièrement en ce que l'architecture imite moins les ouvrages de la nature, extérieurement considérés, que l'esprit de ces ouvrages, que la manière dont la nature a procédé en les formant.

Si c'est à faire dans ses ouvrages, comme la nature fait dans les siens, que l'architecture doit tendre, l'artiste doit donc s'étudier à appliquer aux productions de son génie cette loi fondamentale, que nous venons de voir être celle de la nature, et d'où résulte le mérite de l'*unité*, mérite essentiellement lié à cette disposition, qui admet un point *principal* auquel se coordonnent les parties.

Quand on cherche à s'expliquer les nombreuses variations du goût chez les Modernes, en fait d'architecture, on ne tarde point à voir qu'elles sont provenues d'une confusion produite par plus d'une cause, entre ce qui, dans la composition d'un édifice, ou dans le système général de l'art, est le *principal* et ce qui est l'*accessoire*. Les Grecs, inventeurs de leur système architectural, avoient dû à cela même que ce système étoit né chez eux de quelques causes qu'on peut appeler naturelles, puis à l'étude des arts imitateurs plus directs de la nature, enfin à l'influence des lois de la proportion, de pouvoir fixer dans leur art de bâtir un type constant, qui ne fut autre chose que l'établissement et la mise en action de la loi d'unité, laquelle subordonne au *principal* toutes les parties accessoires. La puissance de cette loi empêcha la *variété* d'outrepasser les limites que le goût lui assigne, c'est-à-dire, empêcha ce qui n'est qu'*accessoire*, d'envahir et d'usurper la place et le rang de ce qui fait le *principal*.

D'autres climats, d'autres besoins, d'autres usages chez les peuples modernes, lorsque les arts de l'antiquité y reparurent, rendirent nécessaires plus d'une modification à la *sévérité* du système antique. Les quinzième et seizième siècles produisirent de célèbres architectes, qui surent encore rester fidèles aux lois fondamentales de la nature, tout en se permettant de sacrifier aux besoins nouveaux, ou par quelques suppressions, ou par quelques additions dans les parties accessoires.

Mais bientôt ces variétés amenèrent des nouveautés, et d'innovations en innovations, on vit l'architecture, secouant le joug de toute espèce de raison, prétendre qu'elle n'étoit faite que pour parler aux yeux, et les amuser par une sorte de spectacle de lignes, de formes, de contours, d'ornemens tout-à-fait arbitraires. On prétendit que tout ce qui pouvoit s'exécuter sans compromettre la solidité effective, étoit admissible. Dès-lors aucune ligne ne fut tracée en vertu d'une raison, aucune forme ne représenta aucune origine, aucun contour dans un plan ne fut l'expression d'aucun usage, aucun ornement n'émana d'aucun caractère significatif, il n'y eut plus rien de *principal* dans aucune ordonnance. Tout accessoire put en usurper le semblant. Nul système régulateur de l'emploi et de la place de chaque détail, n'eut le pouvoir d'y établir ni rang ni accord, et l'on eut l'entière confusion : l'on n'eut ni tout ni parties.

En tout et dans tout ouvrage, il doit donc y avoir un point *principal*, qui domine et s'assujettit les parties dont il se compose. Si ce qui de sa nature est accessoire tend à devenir *principal*, l'ordre naturel des choses est violé, la raison fondamentale

damentale disparoît, et il ne reste plus que le caprice.

Dans l'art de l'architecture, considéré abstractivement, il faut bien se demander quelle est la qualité *principale* qui doit dominer toutes les autres. Le simple bon sens répondra partout que c'est l'*utile*. Sans aucun doute, l'art qui a pour objet de satisfaire aux besoins de l'homme en société, doit mettre en tête de ses obligations, celle de l'utilité. Cette utilité ne doit pas cependant se réduire au pur matériel. Les besoins de l'homme en société ne reposent pas uniquement sur ce qui se rapporte au corps; il y a aussi le besoin de satisfaire la raison, l'esprit et le goût; ce qui établit plus d'une sorte d'*utile*. Ainsi la solidité, condition première de toute construction et inséparable de l'utile, doit être le *principal*. Mais cette même solidité sera encore la source la plus féconde d'une autre qualité, l'*agréable*, qui cesseroit de l'être, s'il cessoit d'émaner de l'*utile*, et de s'y subordonner. C'est précisément de cette subordination que résulte l'effet qu'il produit. Si l'agréable (et par-là j'entends les ornemens accessoires) n'étoit soumis à aucune loi, qui ne voit que ce seroit chose si facile, et dès-lors si vulgaire, que l'on n'en seroit plus affecté? Ce qui nous plait en ce genre, nous plait précisément parce qu'il nous semble qu'il y a quelque chose de rare et de difficile, à faire sortir l'agrément d'un principe qui paroît lui être opposé. Supprimez cette condition de la suprématie de la qualité *principale* de l'*utile* ou de la *solidité*, et vous dissolvez le lien d'unité morale, dans ce qui compose l'essence de l'architecture comme art.

Si l'on considère l'architecture sous un rapport moins abstrait, c'est-à-dire, dans l'ouvrage positif de l'artiste, ou dans chaque genre d'édifice, on trouvera de même que le mérite de chacun résultera, quant à sa composition et à son exécution, de ce même principe d'unité, d'où nait l'obligation de bien reconnoître, et de faire bien distinguer ce qui doit être le point *principal*, auquel se coordonnent les accessoires.

Ainsi il y aura, pour chaque genre d'édifice, une forme générale, indiquée par la nature de sa destination, qui en est, si l'on peut dire, la forme typique. Là résidera, pour la conception de l'ensemble, le *principal* point auquel devront correspondre et s'assortir tous les détails.

Tout édifice a, selon la nature de son emploi, une manière d'être, condition première imposée par le besoin qui le fait être. C'est ce qui devient le régulateur, et de la masse générale et des accessoires qu'elle comportera.

Pour descendre aux notions plus pratiques de la disposition des édifices, on dira que dans chacun, il doit se trouver un corps *principal* qui en indique le véritable emploi. Dans le plan d'un palais, ce sera une cour d'honneur, et dans son élévation, la partie occupée par le propriétaire.

Il y a dans toute maison, dans toute devanture, ou un étage *principal*, qui se distingue par plus de grandeur, ou une ordonnance qui le caractérise d'une manière particulière.

L'idée de *principal* et les notions qui en dérivent, se liant, comme on l'a vu, au principe d'*unité* dans tous les arts, et surtout dans l'architecture, elles pourroient donner lieu à des développemens qui en contiendroient la théorie, tout à la fois la plus abstraite et la plus pratique. Mais ces notions trouvant leur place séparée à un très-grand nombre d'articles de ce Dictionnaire, nous nous contenterons dans celui-ci, d'avoir fait sentir et toute son importance, et tout ce qu'il renferme d'applications.

PRINCIPE, s. m. On lit dans la plupart des lexiques que l'on appelle ainsi, les règles ou les lois qu'on doit observer dans chaque art.

Il nous semble que le mot *principe* comporte une autre définition, qui ne permet pas, ni grammaticalement ni théoriquement parlant, d'en faire un pur synonyme de *règle* ou *loi*.

Principe (en latin *principium*) indique, par la formation même du mot, quelque chose ou qui est, ou qui doit être mis en tête, et selon une de ses acceptions, on le prend comme signifiant *origine*, *cause primaire*.

Nous croyons donc que dans toute théorie, et surtout dans celle des beaux-arts, il faut appeler *principe*, non toute règle et toute loi, mais toute vérité générale et fondamentale, d'où découlent d'autres vérités secondaires, toute notion primaire et élémentaire, de laquelle on déduit des notions d'un ordre inférieur, qui lui doivent leur force, leur évidence, et deviennent les règles.

Ainsi, *Ne pas faire à autrui ce que l'on ne voudroit pas qu'on nous fît* (en morale), *Rien n'est venu de rien, rien ne retourne à rien* (en physique), ne sont point des règles, mais des *principes* féconds en conséquences, d'où l'on fait sortir les règles qui régissent la jurisprudence, les notions par lesquelles s'expliquent les opérations de la nature.

Chaque art a sa théorie particulière, laquelle est l'ensemble de ses règles. Or ces règles, pour avoir de l'autorité, ont besoin de reposer sur quelques vérités qui, reconnues de tout le monde, et devenues incontestables, forcent le bon sens de se soumettre aux conséquences qu'une saine logique en tire.

L'architecture, plus que tout autre art, a besoin d'appuyer ses règles sur des *principes* tels qu'on vient de les définir. Cet art manquant d'un modèle réel et sensible qui force les yeux à faire le rapprochement de l'objet imité avec l'objet imitant, il est tenu d'opérer dans ses œuvres par analogie, plutôt que par action imitative; c'est-à-dire, comme on l'a répété bien des fois, qu'il imite la nature, non dans son ouvrage, mais dans les raisons de son ouvrage, et en s'appliquant les *principes* d'après lesquels la nature semble s'être dirigée.

Il résulte de là, que la vertu imitative de l'architecture repose sur le sentiment, en vertu duquel l'artiste interrogeant les ouvrages de la nature, et scrutant les raisons et les causes de ses effets sur notre ame, tâche de reproduire les mêmes effets, dans les combinaisons par lesquelles il veut nous affecter.

Par exemple, on aperçoit que la nature ne fait rien d'inutile, rien qui n'ait sa fin et des moyens nécessaires à l'accomplissement de la fin qu'elle se propose. Dès-lors on en a déduit ce *principe*, que dans l'architecture, tout *doit tendre à une fin utile*.

Mais en étudiant les œuvres de la nature, on s'est aperçu que cet *utile* auquel tout doit tendre, a pour accompagnement ou pour véhicule l'*agréable* ou le *plaisir*, de telle sorte qu'ils ne sont souvent séparables que par la pensée, tant il semble qu'elle ait pris soin de les unir et de les identifier.

De là ce *principe*, que l'*utile et l'agréable doivent s'unir, mais de manière que le dernier dérive du premier*.

Nous avons, à un grand nombre d'articles, fait connoître les divers *principes* des effets, des beautés, et des impressions de l'architecture, et nous y renvoyons le lecteur. L'article *Principe* n'aura donc pas pour objet de faire l'énumération, ou de donner l'analyse de toutes les notions primaires, dont la théorie a fait la base de ses règles. Cet article n'a d'autre objet que de faire comprendre ce que c'est qu'un *principe* en architecture.

De ce qu'on vient de dire, on peut inférer déjà, qu'il doit y avoir aussi plus d'un ordre de *principes* : ce qui signifie, qu'en ce genre aussi, il y a des vérités plus simples, qui donnent naissance à des vérités plus composées.

Par exemple, l'*unité* (*sit quod vis simplex duntaxat et unum*) est un *principe* élémentaire de tous les arts, et surtout de l'architecture. Mais de ce *principe* en dériveront d'autres, tel que celui-ci :

Le tout doit être en rapport avec chacune de ses parties, et chaque partie doit être en harmonie avec le tout.

On voit effectivement que ce rapport réciproque de forme, de disposition et de goût, est la condition de l'effet que doit produire l'unité.

De ce *principe* secondaire qui prescrit l'accord réciproque du tout et des parties, on déduira encore un autre *principe*, dans une sphère d'idées ou de rapports plus particuliers, tel que celui-ci :

Un grand tout doit avoir de grandes parties.

Il est facile de voir, que ce qu'on appelle *principe*, de quelque degré qu'il soit, est comme l'énoncé d'un fait reconnu et avoué par l'expérience, ou, si l'on veut, d'une vérité rationnelle, intellectuelle ou sensible, sur laquelle on ne controverse point, parce qu'elle a l'assentiment universel.

Maintenant les règles qu'on dérive de ces *principes*, étant applicables à beaucoup de détails et de circonstances, elles n'ont plus sur la raison et sur le sentiment cette même autorité. Les *principes* sont incontestables, les règles sont soumises à beaucoup d'exceptions. Il y a même une multitude de causes locales, qui empêchent qu'on en fasse l'application rigoureuse. Le goût, cet agent du sentiment, a aussi, dans une région toute différente, et ses *principes*, et son tribunal et ses jugemens, qui tendent à modifier les arrêts de la raison. De là cette partie d'arbitraire qui se mêle dans beaucoup de règles (*voyez* Gout), soit pour en atténuer la sévérité, soit pour en interpréter l'esprit. Or, c'est à la faveur des exceptions, que les abus et les licences s'introduisent dans le système de l'architecture. Ces abus consistent ordinairement à confondre les exceptions avec les règles, et à tirer une conséquence absolue, non plus des *principes*, non plus des règles qui en dérivent, mais de ces déviations conventionnelles, que l'esprit de la règle admet dans de certains détails.

Un grand *principe* en architecture, veut que chaque chose porte écrite la raison de sa manière d'être, et que le raisonnement qui dispose tout, soit partout évident.

De là cette maxime qui prescrit, non pas seulement la solidité, condition première, mais que cette solidité soit apparente, et que l'œil n'en puisse point douter. Rien ne contribue ni plus efficacement, ni plus évidemment à l'effet et à l'apparence de la solidité que la forme pyramidale : c'est que nulle part ne se trouve réalisée avec plus de clarté, l'application de la règle qui veut, que *le fort porte le foible*.

Cependant on trouve, dans certaines formes adoptées par l'architecture, une exception à cette règle. Ainsi la forme des *consoles* et la forme des *termes* suivent une direction contraire. Mais les consoles, considérées soit dans leur type originaire, soit dans leur emploi, ne servent de support qu'à des parties légères, et il faut les voir plutôt sous le rapport d'ornement, que comme membre de la construction, et comme tel encore, on peut dire qu'elle tient au système de l'encorbellement. C'est sous cet aspect aussi que le *terme* (qu'on appelle *gaîne*) se présente à nous ; il n'a guère d'autre emploi positif que celui de porter des bustes, et s'il trouve place dans les édifices, ce ne sera qu'en décoration et de bas-relief. L'œil et la raison n'éprouvent donc aucune contradiction, d'un emploi où l'idée comme la réalité de la solidité ne sont pas compromises. Toutefois on a vu tirer de ces légères exceptions, la conséquence qu'on pouvoit employer des termes à supporter, en place de colonnes isolées, le poids des entablemens et des frontons. Or, rien de plus contraire au *principe* de la solidité réelle, et à la maxime, qui veut qu'elle soit apparente.

Comme on le voit, l'architecture, de même

que chaque art, repose sur un petit nombre de *principes*, qui sont des vérités évidentes et incontestables. Toutes les règles doivent dériver de ces *principes*, et plus elles en émanent directement, plus elles sont obligatoires. Nous dirons encore que plusieurs de ces *principes* trouvent leur application dans toutes les architectures. Ce sont ceux qu'on peut appeler *principes sensibles*, c'est-à-dire, renfermant de ces vérités qui frappent les sens, et dont la démonstration est tout-à-fait matérielle.

C'est sur les *principes* que j'appellerai *moraux*, comme étant l'expression de vérités qui s'adressent au sens moral, que règne le plus grand nombre des variations dans l'art, et des controverses entre les artistes. A cet égard, on doit dire qu'il n'y a là, rien de particulier à l'art de l'architecture. Les vérités qui appartiennent au règne de l'intelligence, et celles qui dépendent du goût, cet organe du sentiment, n'ont pas la propriété de pouvoir forcer la conviction par l'évidence physique.

Toutes sortes de causes empêchent ces *principes* d'être toujours et partout suivis, et de régner sans opposition. L'ignorance, la prévention, le joug de la routine, l'esprit paradoxal, l'amour des nouveautés, tendent sans cesse à mettre en question, ce qui tant de fois a été jugé. Que conclure de là? Rien, si ce n'est qu'il en est ainsi dans tout ce qui est du domaine moral. C'est la guerre entre le *principe* du bien et celui du mal, entre l'ordre et le désordre, entre la vérité et l'erreur. Cette guerre existe dans toutes les sociétés politiques, dans toutes les conditions, dans toutes les productions de l'esprit, du goût et du génie. Ce n'est pas toutefois qu'on nie les *principes*. Il en est de la vérité comme de la lumière. On la reconnoît, mais toutes sortes de passions, d'intérêts et de travers concourent à l'obscurcir. Qu'importe au fond, l'obscurité elle-même témoigne en faveur de la lumière, et les erreurs ne servent qu'à faire mieux briller la vérité.

PRINTANIER, adject. m. (*Jardinage.*) On donne ce nom, ou à un jardin particulier, ou à une des parties d'un grand jardin qu'on dispose, et qu'on plante exprès, pour être fréquenté dans la saison du printemps.

Comme on fait des jardins d'hiver qu'on abrite contre les influences du nord, et où l'on rassemble les arbres toujours verts, les arbustes qui conservent leurs feuilles, et certaines plantes qui ne redoutent point la froidure, on fait aussi des jardins *printaniers*, qui réunissent les arbres, les plantes et les fleurs qui ont l'avantage de la précocité.

Dans le jardinage irrégulier, le *jardin printanier* se forme d'une portion de terrain, que son exposition met à même de profiter des premiers rayons du soleil, et qu'on garnit de plantes dont la verdure ou la floraison sont hâtives.

PRISON, s. f. Lieu clos et muré, bâtiment solidement construit, où l'on renferme ceux qui, par différentes raisons, et pour plus ou moins de temps, sont privés de leur liberté.

Dès qu'il y eut des sociétés, il y eut aussi des hommes ennemis de la société et des lois. La conservation de la société exigea des lois répressives de tout ce qui peut troubler l'ordre. La répression la plus active fut la crainte des peines. Leur application exigea des jugemens, et il fut nécessaire de s'assurer de la personne du prévenu. De-là, le besoin des *prisons* pour y enfermer les prévenus de délits, et encore pour y retenir ceux contre qui la peine de détention est portée.

Chez les Anciens, il y eut des *prisons* publiques, *carceres*, et des *prisons* privées, *ergastula*. Un état de société différent de celui de nos siècles modernes rendit, sans doute, les établissemens des *prisons* publiques moins nombreux et moins considérables. Deux causes, à Rome surtout, rendent compte de cette différence : la première fut le pouvoir absolu des pères; la seconde, l'état d'esclavage.

Une grande partie de la société se trouvoit ainsi comme placée en dehors, de ce que nous appelons la *vindicte publique*. Chaque maison avoit en quelque sorte sa juridiction, et l'esclave, selon la volonté du maître, subissoit des peines correctionnelles, au nombre desquelles on comptoit la *prison*. L'*ergastulum* n'étoit autre chose que la prison des esclaves, et l'origine grecque de ce mot semble désigner que c'étoit un lieu destiné à un travail pénible, sans doute, auquel le prisonnier étoit condamné.

Il ne nous est resté aucun vestige de construction antique auquel on puisse, avec connoissance de cause, donner le nom de *prison*. Le seul monument encore existant, si toutefois on peut lui donner ce nom, est la grande excavation des Latomies, à Syracuse, *prison* célèbre dans l'antiquité, et qui, par la nature des choses, est aujourd'hui la même que ce qu'elle fut autrefois. Sa vaste étendue avoit permis d'y renfermer tous les prisonniers, que la défaite complète des Athéniens avoit livrés aux Syracusains. Il n'y a aucun doute que ces vastes intérieurs, percés dans la montagne de pierre, qui servit de carrière à cette grande ville, dûrent fournir plus d'un genre de clôture, et appropriée aux différens degré de détenus. Probablement aussi les condamnés l'étoient aux travaux forcés de l'extraction des pierres, sorte de peine qui correspondoit à celle de ce qu'on appelle aujourd'hui des *galériens de terre*.

Des mœurs différentes, les changemens survenus dans l'état des personnes, dans la police des villes, la jurisprudence et les lois, ont introduit chez les Modernes, avec la nécessité d'un plus grand nombre de *prisons*, des régimes fort divers pour leur disposition et pour leur construction.

Cette partie d'ordre, de bonne police et de

distribution intérieure des *prisons*, seroit la matière d'un ouvrage, où l'architecte trouveroit des notions propres à le diriger dans les ouvrages de ce genre qu'on lui demanderoit.

Il suffira à cet article d'indiquer par quelques notions générales, les diverses manières de pratiquer les *prisons*, selon la variété de leur destination. Nous dirons ensuite ce que doit être à l'extérieur une *prison*, considérée architectoniquement, sous le rapport du caractère qui doit la distinguer.

Jusqu'ici, généralement il a été construit fort peu d'édifices, destinés à être spécialement et exclusivement des *prisons*. Tant qu'on ne vit dans une *prison* qu'un local propre à séquestrer les individus, sans distinction des causes de détention, du genre de délit, et de la nature des reclus, beaucoup de bâtimens tout faits, quoique pour d'autres usages, dûrent paroître propres à leur nouvelle destination. Ainsi, une multitude de constructions élevées dans le moyen âge, beaucoup de vieux châteaux, de forteresses désormais inutiles à la guerre, furent et devinrent des *prisons* toutes faites. Ainsi nous avons vu Paris jusqu'à un demi-siècle en arrière, n'avoir guère d'autres *prisons* que d'anciens *castels*, qu'on appeloit *châtelets*, quelques forts placés jadis comme défenses, et faisant partie de la circonvallation de ses murs.

De ce genre furent surtout, et sont encore, dans beaucoup de pays, les *prisons* qu'on appelle *prisons d'état*. Aucune n'exige plus de sûreté, plus de facilité pour empêcher toute communication ou correspondance avec les prisonniers. Les délits dont ils sont prévenus, le caractère de ceux qui le plus souvent sont sous le poids d'une accusation politique, et qui tiennent à quelque parti, veulent qu'ils soient entièrement isolés et mis au secret, dans l'intérieur, et que rien du dehors ne leur parvienne. Les forteresses du moyen âge, devenues des défenses aujourd'hui inutiles, par les changemens survenus dans l'attaque des places, ont tout ce qu'exige une *prison* d'état; des murs fort épais, peu de fenêtres et de petites ouvertures, des fossés pleins d'eau qui les isolent, des ponts-levis, des guichets, etc. On citeroit, je pense, peu de *prisons* d'état en Europe, qui ne soient placées dans de semblables constructions, et s'il en falloit faire exprès, il seroit peut-être difficile d'y réunir plus de convenances.

Mais les *prisons*, dans leur rapport avec la saine police des villes et les institutions sociales, doivent être, soit pour leur distribution intérieure, soit pour leur emplacement et leur construction, l'objet d'une classification spéciale qui déterminera le genre de chacune.

On a déjà fait observer combien sont diverses entr'elles, les causes qui décident de l'arrestation et de la détention des individus. Le pire de tous les régimes en ce genre, est celui qui tend à confondre et à réunir entr'eux, dans le même local, non-seulement les prévenus avec les condamnés, mais les prévenus d'un certain genre de délit, avec ceux d'un autre genre.

Il semble donc qu'il devroit y avoir une *prison* particulière, ou si l'on veut, dans la même enceinte, un espace séparé, pour tous ceux qui sont détenus par simple prévention, par mesure de prévoyance, comme impliqués dans une affaire criminelle, et qu'il importe d'isoler de l'accusé principal. Or, rien ne seroit plus facile à réaliser dans le plan bien entendu d'une *prison*. Jusqu'ici, l'économie de gardiens et la facilité des soins de la surveillance, ont porté à réunir le plus possible de prisonniers dans un même local. Il est certain que cette réunion tend à diminuer le nombre des surveillans. Mais il est peut-être vrai aussi, que des divisions bien faites seroient un grand moyen d'ordre et de tranquillité.

Sans aucun doute il faut une *prison* particulière pour ceux qui sont condamnés à la peine de détention. C'est ici que doit avoir lieu une distribution intérieure, qui permette de classer les détenus selon la gravité du délit et la durée de la peine, selon les âges, et aussi selon l'état des personnes. On ne sait que trop, combien la fréquentation d'hommes très-diversement coupables, peut être dangereuse, et combien une peine faite pour corriger des inclinations vicieuses, loin de produire cet effet, enhardira, par de funestes leçons, à s'enfoncer dans le vice.

On est parvenu depuis du temps, d'après l'exemple de quelques pays, à introduire dans les *prisons* de correction, un régime de travail proportionné à l'âge, aux facultés, à l'industrie des prisonniers. Cet établissement, outre l'avantage d'obvier aux dangers de l'oisiveté, mère de tous les vices, a pour objet d'offrir des ressources utiles à ceux qui, après le temps de leur reclusion, sont rendus à la société. La vente des objets fabriqués tourne à la fois au profit de l'établissement et des prisonniers, auxquels on rend, lorsqu'ils sortent, les épargnes qu'on a faites pour eux.

Une semblable *prison* demandera de grandes et belles dispositions, pour les différentes salles de travail, pour les magasins et dépôts d'objets fabriqués, pour les logemens des inspecteurs, gardiens, concierges, etc.

Il est une sorte de *prison* qui semble demander dans son intérieur des dispositions toutes particulières, et qui s'éloigneront de la sévérité du régime que les autres nécessitent. On veut parler des *prisons* pour dettes. La reclusion est moins ici l'effet d'une peine prononcée par la loi, qu'un moyen de contrainte légale, exercée par le créancier contre son débiteur, pour en obtenir le paiement. S'il y a des débiteurs qui frustrent leurs créanciers par fraude, il s'en trouve aussi que des accidens imprévus, rendent insolvables. La loi, pour l'intérêt du commerce, permet la contrainte, mais l'équité veut qu'on ne confonde pas de semblables détenus, avec les criminels ou les prévenus de crime. Une *prison* pour dettes n'aura donc ni à l'extérieur, ni dans son intérieur, l'aspect d'une maison de force, où tout doit annoncer ou inspirer une sorte de terreur. Cette *prison* tiendra plutôt du caractère des hospices ; elle offrira des logemens sans luxe, mais pourtant commodes, des lieux de réunion, des cours, des promenoirs, etc. Le détenu pour dettes est souvent obligé, pour l'arrangement de ses affaires, de recevoir du monde, et rien n'oblige de le priver des communications du dehors.

Nous en avons dit assez, pour faire sentir les variétés que l'architecte est tenu d'apporter, dans les dispositions intérieures des *prisons*.

Quant à l'extérieur, on voit qu'à peu d'exceptions près, une *prison* étant un lieu de sûreté et de force, doit, autant qu'il sera possible, être isolée, environnée même d'un mur, pour rendre la garde du bâtiment principal plus facile. Sa construction doit être de matériaux les plus solides, de pierres les plus dures. Les étages seront voûtés, pour qu'il ne puisse y avoir de moyen d'intelligence entre ceux qui les habitent ; des terrasses occuperont le comble, et seront encore, par les sentinelles qu'on y placera, un point de surveillance important.

Quant au style et au caractère de l'édifice, on doit dire que toute application d'ordres et de colonnes, si elle n'y est un défaut, y passeroit pour une inconvenance. Quoique l'on puisse trouver dans la gravité et la sévérité de l'ordre dorique, plus d'une nuance propre à exprimer l'idée de force, qui appartient au caractère d'une *prison*, il nous semble cependant qu'un semblable édifice doit se considérer, comme en dehors de l'échelle des tons architectoniques. L'idée seule de la destination du local, doit commander à l'extérieur l'absence de tout luxe et de tout ornement. Or, toute ordonnance de colonnes comporte, pour sévère qu'elle soit, des détails, des profils, des accords de ligne, d'intervalles, de proportions, d'où naît pour les yeux un agrément, dont il semble que l'esprit préfère l'absence, dans le frontispice d'un lieu de peine et de correction.

L'harmonie qui doit unir entr'eux le dedans d'un édifice, avec son dehors, nous semble encore une raison qui doit tendre à priver l'extérieur de tout agrément, que l'on trouveroit en contradiction avec l'aspect de l'intérieur. Toutes les parties de cet intérieur devant être massives, simples et sans détails, le style de l'extérieur devra s'y conformer.

Nous avons indiqué, dans l'emploi qu'on fit en beaucoup de lieux, des châteaux-forts et donjons du moyen âge, pour servir de *prisons*, la cause qui dispensa pendant long-temps de construire des édifices exprès pour cette destination. Cependant il ne manque pas d'exemples modernes à citer, qui peuvent guider l'architecte soit dans la disposition intérieure, soit dans le caractère extérieur des *prisons*.

Pour ce qui est de la distribution et du plan d'une *prison* de correction, on ne connoît pas d'ensemble mieux combiné, que celui de la maison correctionnelle de Gand. Il seroit difficile d'imaginer un plan qui, dans un espace donné, contienne autant de corps de bâtimens, séparés entr'eux, tous isolés, suffisamment aérés, et liés plus heureusement à un centre commun. Ces avantages sont dus à la forme octogone du plan. Chacun des rayons qui répondent aux angles, est un corps-de-logis, ce qui donne entre chacun d'eux l'espace d'une cour. Une grande cour, octogone elle-même, occupe le centre, auquel aboutit chacun des corps de bâtiment, en se rattachant au bâtiment qui forme cette cour. C'est une sorte de réseau, dont les fils correspondent au centre. L'on comprend comment cette grande division de bâtimens séparés, est favorable à l'ordre et à la tranquillité, et combien la surveillance y devient facile.

Palladio, liv. 3, ch. 16 de son *Traité d'architecture*, a donné en peu de mots les idées les plus justes sur l'établissement des *prisons*. « Elles doi-
» vent être (dit-il) placées dans un lieu sûr, et
» entourées de hautes murailles qui les garantis-
» sent de l'attaque des séditieux. Il faut les faire
» saines et commodes, parce que leur objet est
» non de punir, mais seulement de retenir ceux
» qu'on y enferme. On devra donc construire les
» murailles de grandes pierres, cramponnées avec
» du fer ou du bronze, et ensuite on les revêtira,
» tant en dedans qu'en dehors, de briques. Par ce
» moyen on préservera leur intérieur de l'humi-
» dité, sans diminuer la solidité de la construc-
» tion. On placera les logemens des gardiens à
» portée des chambres des prisonniers, pour qu'on
» puisse facilement les surveiller. »

On trouveroit à citer, en Italie, plus d'une *prison* ou maison de correction conçue et disposée avec beaucoup d'intelligence. Telles sont à Rome les *carcere nuove*. Telle est à Milan la maison de correction, dont le plan offre une distribution intérieure conçue avec beaucoup de symétrie et d'intelligence.

Mais s'il nous faut citer quelque *prison* qui, par sa masse extérieure, pour le style et le caractère de son architecture, réponde à l'idée que le goût et l'esprit des convenances se font d'un semblable édifice, nous sommes obligés de prendre nos exemples dans les ouvrages en ce genre les plus récens.

En France, nous ferons mention de la *prison* de la ville d'Aix, construite sur les dessins de Ledoux. Sa masse offre un grand caractère de simplicité. C'est un quadrangle dont les quatre façades sont pareilles ; chacune se compose d'une grande ligne que terminent deux espèces d'avant-corps, qui toutefois sont sans saillie, mais que distinguent leurs couronnemens formés non par des frontons, mais par des massifs triangulaires sans aucune moulure. Tel est aussi celui qui tient la place de fronton sur le péristyle de colonnes très-courtes, qui occupe le milieu de chaque face et en désigne l'entrée. Les quatre façades sont toutes lisses, et ne sont percées que par des ouvertures rares et fort petites; l'entablement le plus simple règne tout alentour.

L'Angleterre nous paroît avoir en ce genre le monument le mieux caractérisé, le plus solide, le mieux construit et le plus propre à servir de modèle quant au goût. On veut parler de la *prison* de Newgate, bâtie à Londres par M. Dance, il y a une cinquantaine d'années. L'architecte a fort judicieusement appliqué à la façade de son édifice le style de certains palais de Florence, bâtis vers les quinzième et seizième siècles, et dont l'extérieur, comme on l'a dit (*voyez* Bossage), offre l'emploi le plus colossal des énormes matériaux que la Toscane fournit à l'art de bâtir.

La *prison* de Newgate est un édifice ainsi bâti avec la pierre de Portland. Sa longueur est de trois cents pieds, sa hauteur de quarante-six pieds, mais les fondations ont encore en terre trente pieds de profondeur.

La façade, des plus régulières, offre une grande ligne, mais ingénieusement interrompue par quelques masses de hauteur différente, qui, sans rompre l'unité, y offrent une variété qui plaît d'autant plus, que l'on en aperçoit sans peine la raison.

Ainsi le corps du milieu, qui est l'habitation du concierge, comporte deux étages, sans comprendre le rez-de-chaussée, et chacun de ces étages est percé de six fenêtres en arcades, formées, ainsi que les trumeaux, de bossages moins prononcés que ceux du reste de la masse. Cette nuance contribue à faire valoir le caractère de tout le reste. Le fronton qui couronne ce corps du milieu, est propre encore à le distinguer, et à le faire reconnoître pour ce qu'il est.

De chaque côté de ce corps de bâtiment, est une autre masse subordonnée et beaucoup plus petite. Ce sont deux portes qui conduisent à chacune des deux divisions de la *prison*. Leur masse, toute en bossages, se termine par une arcade grillée, et occupe le renfoncement produit par le corps du milieu.

Deux grands corps de bâtiment, entièrement taillés en bossages, forment le principal de cette masse. Ils n'ont ni portes, ni fenêtres, ni ouverture quelconque. Seulement des niches rustiques, incluses dans des parties cintrées, qu'on a pratiquées sur les deux avant-corps de bâtiment dont on a parlé, reçoivent des statues dont les sujets sont en rapport avec l'édifice.

L'un de ces deux corps de bâtiment fait retour avec une rue. L'autre retourne sur une cour, qui est celle du Tribunal criminel, lequel fait suite de ce côté avec la *prison*, dont il est une prolongation. Il y a un conduit par lequel les prisonniers arrivent de la *prison* au Tribunal.

Il faut dire, en définitif, de ce monument, sous le rapport de l'architecture, que c'est un des plus remarquables qu'il y ait à Londres, et qu'aucun autre de ce genre ne sauroit, dans toute l'Europe, lui être comparé.

PRIVÉ ou Cabinet d'aisances. *Voyez* Latrines.

PROFESSEUR, s. m. On appelle ainsi celui qui, versé dans une science ou dans un art, en enseigne les élémens et les règles dans les écoles publiques.

PROFIL, s. m. L'acception simple et la plus ordinaire de ce mot, est celle qui, dans la peinture, se rapporte à la délinéation du visage. On en use, par opposition au dessin qu'on appelle *vu de face* ou *de trois quarts*. *Le profil*, dans un portrait, est ce qui fait connoître avec le plus de précision, la conformation des parties principales, leur saillie, leur renfoncement, et ce qui en forme le caractère essentiel, résultat de la charpente osseuse dont on juge mieux les formes lorsqu'on la considère de côté.

En architecture, on a donné, par analogie, le nom de *profil* à ce qu'on appelle aussi *la coupe d'un bâtiment*. On suppose qu'une section perpendiculaire en représente et en découvre les dedans. L'on use de cette convention graphique pour faire connoître les hauteurs et largeurs, les épaisseurs des voûtes, murs et planchers. Cette opération donne très-véritablement les *profils* de chaque partie, comme le dessin de côté d'un visage en montre les contours.

On a donné, par la même raison le nom de *profils* aux membres et moulures, dont se composent les corniches, les entablemens, les bases et les socles des soubassemens. Effectivement, si l'on considère en face un entablement, il sera très-difficile et peut-être impossible d'assigner à chaque partie saillante ou rentrante, sa mesure exacte en rondeur ou en profondeur. Ce sera au contraire, comme chacun en peut juger, à l'angle d'une corniche, ou au retour qu'elle fait dans un piédestal isolé, par exemple, qu'il est facile de compter, d'apprécier non-seulement le nombre et les formes de ses moulures, mais particulièrement la mesure de leur saillie les unes sur les autres.

Les saillies des parties de la modénature et les renfoncemens qu'on y produit, sont la cause principale de l'effet qu'on peut attendre d'un entablement. Aussi l'architecte, pour s'en rendre compte, ne manque-t-il jamais, dans ses dessins, de tracer le *profil* de l'ensemble de moulures qui doit couronner son édifice.

Par suite de cet usage, après avoir donné le

nom de *profil* au dessin pris ainsi d'angle, d'un ensemble de moulures, on l'a donné aussi aux détails ainsi représentés, et l'on a appelé *profils* les objets séparés qu'on trace de *profil*.

Nous ne croyons pas nécessaire de donner ici la nomenclature de tous les objets auxquels on donne habituellement le nom de *profils*, tels qu'*astragale*, *quart-de-rond*, *doucine*, *congé*, etc. Chacun de ces mots a son article à part, auquel nous renvoyons le lecteur.

PROFILER, v. act. Défini sous son rapport purement technique, ce mot signifie tracer de côté et vus d'angle les membres, les parties et les moulures qui entrent dans la composition d'un entablement, d'une corniche, d'un socle, d'un soubassement, etc.

Mais *profiler*, en théorie, comporte une idée plus étendue. Ce mot signifie non pas seulement le petit artifice de délinéation, dont l'article précédent a défini la notion, non pas uniquement l'art de tracer de profil ou d'angle, les membres de l'architecture, mais bien l'art de les composer, de les distribuer, de les ménager, de les faire exécuter selon les convenances générales du bon goût, selon le caractère exigé par la destination des édifices, selon la grandeur de leur masse, selon la distance d'où ils doivent être vus, et par conséquent selon l'effet qu'ils doivent produire.

Il y a, sous le rapport le plus général, et à part de toutes les convenances, un art de *profiler* qui puise ses règles dans un certain sentiment qu'on appelle le *goût* en fait de décoration. Or, les profils d'un édifice sont une partie essentielle de la décoration. Les monumens antiques, et surtout ceux des Grecs, présentent des modèles de goût en ce genre. Ce goût tient au choix des membres qu'on emploie; il tient à leur disposition et à leur proportion. Les profils des chapiteaux, des bases de colonnes, des entablemens dans les monumens grecs, sont remarquables par une justesse de rapports, par une précision d'exécution, par une délicatesse qui communique au tout, un je ne sais quoi qui ressemble à ce qu'on appelle *esprit* et *expression* dans les statues. On ne voit point que les Grecs aient surchargé leur architecture de membres multipliés, comme trop souvent cela fut pratiqué dans les derniers âges de l'architecture romaine. Généralement ils n'employoient qu'un petit nombre de moulures, et chacune avoit son intention particulière. Ils les disposoient conformément à leur destination, car il n'est aucun membre, qui, mis à sa place, n'ait un office particulier. Il y a surtout, quant à leur proportion, quelques principes régulateurs qu'il faut connoître. Ainsi les entablemens se composent, non de détails arbitraires, mais de parties qui, superposées les unes au-dessus des autres, sont tour à tour destinées à être soutenues et à soutenir. Il est à remarquer que, dans l'esprit de ces différentes fonctions, toujours on trouve un membre principal, auquel les autres sont subordonnés, et qui en est ou soutenu ou renforcé. Si la forme du principal membre est rectangulaire, la forme de ceux qui le soutiennent ou l'appuient, sera tracée par une ligne courbe. La bonne apparence de l'ensemble dépendra beaucoup de la saillie de chaque membre. Si cette saillie est trop petite, l'effet en sera froid et maigre; si elle est trop forte, l'impression de lourdeur s'ensuivra. Les Anciens ont su éviter fort heureusement ces deux excès. Leur méthode, selon Vitruve, consistoit en cela, qu'ils donnoient volontiers à chaque membre, autant de saillie que de hauteur. Les meilleurs édifices qui nous sont restés de l'antiquité, confirment, à cet égard, la doctrine de Vitruve. Quelquefois aussi l'on prenoit l'ensemble de la hauteur de plusieurs membres, pour en faire la mesure de la saillie du membre le plus élevé, et qui devoit couvrir les autres membres plus petits, qui lui étoient subordonnés.

De ce peu de notions sur les principes de l'art de *profiler*, et le goût qui le dirige, on peut facilement conclure que les variétés dont cet art est susceptible, sont autant de moyens qui contribuent à donner à chaque genre d'édifice, le caractère que réclame sa destination. Les profils d'un édifice en constituent, si l'on peut dire, la physionomie. Il est, en effet, impossible que ce qui exprime aux yeux et par suite à l'esprit, les idées opposées ou différentes de pesanteur ou de légèreté, de force ou de délicatesse, de simplicité ou de richesse, de grandeur, de puissance, de plaisir, de finesse, de précision, de correction ou de négligence, n'influe pas sur l'opinion qu'on se formera, en général, du genre de l'édifice, c'est-à-dire, de son emploi ou des usages auxquels il est consacré. Comme on voit, dans l'ordre de la société, que la manière d'être vêtu, logé, accompagné, désigne fort clairement aux yeux, le rang, l'état, la profession, les fonctions des personnes, comme le luxe, les formes et le plus ou le moins de richesse des costumes fait juger de l'importance ou de la dignité de ceux qui les portent, de même il est impossible que la mesure, le degré ou le genre des accompagnemens ne soient pas pour un édifice une manière de le caractériser, du moins aux yeux de ceux qui ont le sentiment, sinon la connoissance des causes d'où procède en grande partie, sur nous, l'action des beaux arts. Or, le moindre sentiment de ce principe force de reconnoître que la décoration en architecture est une partie considérable du langage de cet art, et l'on a cru que l'art et le goût de *profiler* entroient pour beaucoup dans le domaine de la décoration.

Le moindre sentiment de l'harmonie enseigne à l'architecte et fait comprendre à tout le monde, combien il importe, que ce qu'on appelle l'*ensemble des profils*, dans un édifice, réponde à la grandeur de sa masse. Un grand tout doit avoir de grandes parties. C'est, comme on l'a dit au mot PRINCIPE, un axiôme en architecture; et l'inverse de cette proposition n'est pas une vérité moins évidente. L'entablement, dans toute masse d'architecture, est nécessairement ce qui forme l'ensemble de *profils* le plus nombreux. Or, cette partie peut être considérée, par rapport au corps de l'édifice, comme la tête par rapport au corps de l'homme : rien de plus choquant qu'une tête exiguë sur une stature colossale, et *vice versâ*. Si l'entablement, ainsi que la tête d'une statue, doit se conformer à la proportion du bâtiment, il faut aussi que les détails, comme les parties du visage dans une tête, participent aux données de l'ensemble, et cela non-seulement pour ce qui est des mesures, mais pour ce qui regarde l'effet. L'effet des profils dépendant non-seulement de leurs rapports entr'eux, de l'accord comme de l'opposition de leurs formes et de leurs contours, mais aussi de leurs saillies et de leurs renfoncemens, il importe que l'architecte proportionne à l'effet de la masse générale l'effet des profils. Or, cet effet peut se varier infiniment. Le plus ou le moins de fouillé, l'âpreté plus ou moins grande, le plus ou le moins de douceur dans le prononcé des moulures, contribueront à produire ce plaisir qui résulte du bon accord des parties avec l'ensemble de chaque monument.

Ce qu'on vient de dire de l'effet des profils, relativement à la dimension des édifices, on le dira également de la manière de *profiler*, eu égard à la distance de laquelle les profils doivent être vus. La diversité des distances entre dans les considérations les plus importantes sur la composition et l'exécution de toute architecture. Entre les monumens, il en est qui, n'ayant point d'intérieur, doivent figurer seulement par leur effet extérieur, comme les arcs de triomphe, les colonnes monumentales, etc. Ces sortes d'édifices ne sauroient prescrire aux spectateurs le point précis d'où ils doivent être vus. Nous avons dit ailleurs (*voyez* POINT D'ASPECT) qu'il est, à cet égard, une mesure de distance, indiquée par la grandeur du monument même, au-delà de laquelle on ne sauroit exiger des détails ou des profils, de faire le même effet que si on les voyoit de près. C'est donc pour leur vrai point d'aspect, que doit être calculé l'effet des profils, dans ces sortes d'ouvrages.

Mais les édifices qui se composent d'un local intérieur, présentent, à l'art de *profiler* les entablemens et autres objets, des points beaucoup plus fixes. Généralement on peut dire qu'il importe à l'effet de la grandeur, dans les intérieurs, que les profils soient tracés avec moins de sévérité, et traités avec moins de saillie. Ces détails d'exécution, qui tendent à rapprocher des yeux l'objet sculpté, tendent aussi à atténuer l'effet général de l'espace, c'est-à-dire, l'idée qu'on se fait de la dimension d'un local.

Il résulte de toutes ces considérations, que l'art de *profiler* est en quelque sorte, pour l'architecture, ce qu'est l'art de moduler, pour la musique; ce que sont les genres de style, pour l'art d'écrire; c'est un moyen de rendre sensible le caractère plus ou moins grave, plus ou moins léger, qui appartient à l'édifice, considéré sous le rapport de son emploi.

Les différens ordres sont, en quelque sorte, un résumé sensible et de la doctrine générale et des moyens de l'art de *profiler*. On sait assez que chaque ordre est l'expression aussi claire, qu'il soit possible que des lignes et des contours la donnent, des principales qualités morales et des propriétés qui appartiennent à chaque genre d'édifice. Or, chaque ordre diffère d'un autre, et par le nombre et par le goût des profils qui entrent dans ses combinaisons. L'ordre qui exprime la force et la solidité, a un petit nombre de profils, et chacune de ses moulures se distingue par la plus grande saillie possible, par les formes les plus prononcées, par des passages brusques, et par l'absence de presque toutes les découpures, ou des ornemens dont la sculpture se plaît, dans les autres ordres, à entailler les parties de la modénature. Qu'on oppose à l'aspect de cet ordre, celui de l'ordre qui exprime la légèreté et la richesse. Qu'y voit-on? Des membres multipliés, des transitions plus douces d'une forme à l'autre, des saillies plus ménagées, des moulures, dont l'ornement qu'on y taille atténue la sévérité. Il n'y a personne qui, en recevant de chacun de ces deux ordres, une impression tout-à-fait contraire, ou au moins différente, selon le degré d'évidence que l'artiste aura donné à l'expression de chacun, ne puisse se rendre compte du pouvoir qui appartient à l'art de *profiler*.

L'ordre doit bien une partie de son effet sur nos sens, dans l'emploi qui lui est donné, à la nature de sa forme générale, à sa constitution spéciale et à ses proportions; mais si on le dénuoit de la parure, en quelque sorte accessoire de ses profils, qui en sont comme le développement et l'explication, il perdroit une grande partie de sa valeur. Chaque ordre, si l'on veut, s'est approprié les profils qui lui conviennent, et semble, en se les associant, leur avoir donné une signification incontestable. Mais il n'en est pas moins vrai qu'il y a ici réciprocité, et que les profils contribuent aussi à fixer l'expression et le sens propre de chacun des ordres.

Tout ceci, au reste, a eu pour but de faire bien comprendre quelle est, dans le langage de l'architecture, la vertu des profils et l'importance de l'art de *profiler*. C'est à cela surtout que se reconnoît l'habileté de l'architecte. Cet art est en quelque sorte pour lui, ce qu'est la diction pour l'écrivain, et, comme il est rare que ce qui fait le mérite du style, ne se trouve pas chez les auteurs, que recommande aussi celui de l'invention

tion et du génie, de même on verra rarement les ouvrages d'architecture les plus célèbres ne pas briller également par l'art de *profiler*.

PROJECTION, s. f. On appelle ainsi, dans le dessin, la représentation d'un objet quelconque en perspective, c'est-à-dire, tel qu'il paroîtroit si on le regardoit d'un certain point.

PROJECTURE, s. f. Se dit de toute avance qu'ont les membres d'une architecture, ses moulures ou ses ornemens, soit avec encorbellement, comme les corniches, les balcons, les trompes, les galeries de charpente, soit sans encorbellement, comme les pilastres, les tables, les chambranles, les cadres, les architraves, etc.

PROJET, s. m. On donne ce nom, dans l'architecture, au dessin plus ou moins rendu, par lequel on représente en plan, en coupe et en élévation, soit le bâtiment qu'il s'agira d'exécuter conformément aux intentions de celui qui fait bâtir, soit l'ensemble d'un édifice non commandé, mais dont les élèves principalement doivent, pour s'exercer, figurer à leur gré tous les détails d'après un programme donné.

On appelle aussi *projet*, le mémoire en gros de la dépense à laquelle peut monter la construction du bâtiment projeté.

Depuis que les grands ouvrages d'architecture sont devenus rares, par l'effet d'une nouvelle direction des mœurs, et par les diverses causes qui changent l'esprit et le goût des nations, les *projets* de grands monumens se sont singulièrement multipliés. Beaucoup d'architectes habiles ont à peine, dans le cours d'une longue carrière, pu réaliser l'exécution d'un monument durable, mais ils ont cru devoir faire part aux âges suivans des *projets* qu'ils avoient conçus, et les ouvrages qu'ils ont publiés par le secours de la gravure, ne sont guère remplis que des monumens qu'ils avoient projetés.

A mesure aussi que s'est fait sentir la disette d'occasions propres à exercer le talent des architectes par de grandes constructions, on diroit que le génie des vastes entreprises auroit pris un singulier accroissement sur le papier : à peine reste-t-il des plus célèbres architectes, qui ont le plus construit dans les quinzième, seizième et dix-septième siècles, et le plus en grand, quelques légers dessins de leurs conceptions; et ces dessins sont fort loin d'avoir l'étendue, le fini d'exécution et l'importance qu'on voit mettre aujourd'hui dans les écoles, aux études des moindres élèves. Ainsi, toujours et dans tous les arts, il y a un mécanisme de travail, qui semble s'accroître et se perfectionner à mesure que l'art et son génie décroissent.

C'est particulièrement dans les écoles, que l'on exerce les jeunes gens sur ce qu'on appelle des *projets*. Ces sortes d'ouvrages, ou pour mieux dire leurs sujets, n'ont aucune destination. Ils sont, dans leur genre, ce que sont dans les colléges les sujets oratoires, qu'on appelle *amplifications*, et sur lesquels on exerce l'imagination des écoliers.

Il en est ainsi de la plupart des programmes de monumens qu'on propose à ceux qui veulent courir la carrière de l'architecture. La manière dont chacun rend ces sortes de *projets*, fait connoître le degré d'intelligence et d'imagination qu'il portera par la suite, dans les édifices qui pourront lui être confiés; et l'on pense que la grandeur des compositions exigeant une plus grande difficulté, celui qui se sera montré habile dans des sujets vastes et compliqués, saura se jouer des *projets* plus simples et plus assortis aux besoins ordinaires.

D'autre part, on a quelquefois pensé que le talent de l'architecte devant, selon les temps, se conformer aux besoins et aux proportions que les mœurs demandent à l'architecture, il pourroit convenir de proposer plus souvent aux élèves, de ces *projets* usuels, et qui forcent à se soumettre aux sujétions si variées que les localités imposent, et dont le talent doit apprendre à triompher.

PROJETTER, v. act. C'est ou concevoir l'idée générale d'un monument, d'un édifice quelconque, ou en fixer l'idée par le dessin.

PROMENADE, s. f. Ce mot, comme l'on sait, exprime et l'action de se promener, et le lieu où l'on se promène. C'est sous cette dernière acception que le mot *promenade* peut trouver sa place dans ce Dictionnaire; encore doit-il être entendu, que c'est, en tant qu'une *promenade*, par sa disposition, par la distribution de son ensemble, et par ses accessoires, demande l'intelligence ou le goût d'un architecte, et ce genre de combinaisons qui entrent naturellement dans les attributions de l'art.

La nature toute seule peut offrir, et elle offre le plus souvent aux plaisirs de la *promenade*, tout ce que desire celui qui veut mêler à ce que l'exercice a de salutaire, les douces impressions du spectacle de la vie champêtre. Ainsi les habitans des villes qui vont chercher à la campagne les images de la simple nature, trouvent dans les champs des *promenades* illimitées, des points de vue toujours changeans, et toutes les variétés que donnent les bois, les prairies, les champs cultivés, et même les sites agrestes. Les *promenades* faites par art, ne sauroient réunir au même degré ces sortes d'agrémens; car il ne faut pas mettre au nombre de ces *promenades*, celles des jardins du genre irrégulier, qui, faits dans de vastes espaces, et avec l'intention de paroître la nature elle-même, rentrent dans l'ordre des *promenades* sans art, ou ce qu'on appelle *promenades dans les champs*.

C'est donc dans des espaces limités, sur un terrain donné, et avec des dispositions combinées pour l'usage auquel on la destine, que doit se faire reconnoître une *promenade*.

Il résulte de là, que l'idée ainsi définie de *promenade* se lie à celle de *jardin*, considéré en grand. Effectivement, nous voyons que les plus célèbres *promenades* devenues publiques, ont dû leur origine aux jardins des plus grands palais; aussi les désigne-t-on sous le nom de *promenade*, et sous celui de *jardin public*.

Ces lieux de réunion qu'on appelle ainsi, sont devenus, dans les temps modernes, et surtout chez les habitans des zônes tempérées, une espèce de besoin. Il seroit aujourd'hui assez difficile de citer une ville de quelqu'importance, qui n'eût pas dans son enceinte, ou dans son voisinage, une place destinée aux *promenades* du public, ne fût-ce que, ou de simples avenues ordinairement plantées d'arbres, ou d'anciens remparts devenus inutiles.

Plus les villes se sont étendues et peuplées, plus le besoin de respirer un air pur, et de jouir de la vue du ciel ou de la verdure, s'est fait sentir. L'esprit de société, le goût des divertissemens qui peuvent avoir lieu en plein air, ont suggéré de pratiquer de grandes enceintes où la multitude pût se rassembler.

Naturellement les grands jardins qui accompagnoient les anciens châteaux, devinrent des *promenades* publiques. Le goût selon lequel ces jardins avoient été disposés et plantés, se trouva si conforme à ce nouvel objet, que c'est encore sur leur modèle, qu'on peut le mieux tracer les règles à suivre dans la disposition d'une *promenade* publique.

Sans doute, si l'on pouvoit toujours disposer à son gré de l'emplacement qu'on destine à devenir une *promenade publique*, on choisiroit un site entouré de lointains rians, et offrant des aspects variés; mais on ne peut faire de cet agrément extérieur qu'un conseil, et non un précepte.

Ce qu'exige sa disposition, c'est un emplacement étendu, qui réunisse pour les saisons différentes, pour les diverses températures, des positions où les promeneurs puissent se mettre à l'abri des influences nuisibles. Il est essentiel encore qu'un lieu qui rassemblera en grand nombre toutes les sortes d'âges, de professions, de goûts et d'inclinations, présente dans la variété de ses localités, tantôt de vastes parties découvertes, de grandes allées où la multitude circulera sans embarras, tantôt des endroits plus retirés, des ombrages solitaires propices à l'étude ou à la méditation.

La bonne distribution d'une *promenade* publique demande un grand plan, composé lui-même de grandes parties. Ce plan doit être régulièrement planté d'arbres dont le feuillage produise un ombrage que le soleil ne perce point. On y pratique des allées droites, larges, commodes et assez multipliées pour que l'on ait la liberté de choisir celles où l'on aime à se retrouver, et celles où l'on peut s'éviter. Les allées en ligne droite sont le caractère essentiel d'une *promenade* publique. On conçoit combien, indépendamment des autres raisons, il importe au bon ordre qui doit régner en de pareils lieux, que des sentiers tortueux, des massifs sinueux ne viennent point prêter leurs détours à des rendez-vous ou à des rencontres, dont la décence doit éloigner la possibilité.

La distribution d'une *promenade* publique, bien qu'elle demande de grandes ouvertures, des partis largement tracés, des plantations symétriques, n'exclut point une multitude d'idées ingénieuses dans tous les accessoires qu'admet un pareil ensemble. Les gazons et les tapis verts, les parterres et les plates-bandes de fleurs peuvent interrompre l'uniformité des lignes droites, et se mêler agréablement aux massifs des plantations. Des bassins, des fontaines et des pièces d'eau en font une sorte d'ornement nécessaire. Il n'y a point d'objet de décoration qui ne puisse trouver place dans une telle *promenade*. On y admettra des statues, pourvu qu'on ne les y multiplie pas trop, et qu'on les dispose dans un ordre qui indique un projet arrêté et combiné avec les mœurs générales.

Une *promenade* publique, ainsi qu'on le voit, demande un terrain uni. Les inégalités d'un sol montueux et pittoresque s'accorderoient mal avec des allées droites et symétriques. Cependant on y peut pratiquer des élévations artificielles, telles que des terrasses, où l'on monte par des pentes ménagées avec art, ou par des rampes construites, et ces terrasses, plantées d'arbres et décorées de vases de fleurs ou de statues, forment un coup d'œil qui paroît agrandir l'espace en multipliant ses plans.

Il est facile de voir qu'en parcourant quelques-unes des règles à suivre pour la formation d'une *promenade* publique à l'usage d'une grande ville, cet essai de théorie n'a rien de nouveau ni d'imaginaire; et sans doute on s'est aperçu, que le précepte ici, n'iroit pas loin pour trouver l'exemple qui l'autoriseroit. La ville de Paris, qui réunit plus qu'aucune autre ville de célèbres *promenades* publiques, les doit aux grands jardins qui accompagnent les plus grands de ses palais. Ces jardins ne furent pas, dans l'origine, destinés à la réunion du public; mais ils se sont trouvés tellement propres à cet usage, qu'on les doit citer comme les vrais modèles de ce genre.

Ce n'est pas qu'une *promenade* publique demande absolument le luxe des statues, des ornemens, et de tous les embellissemens que présentent les jardins devenus publics, dont on vient de faire mention. Ce fut sans doute comme faisant partie de maisons royales, qu'ils furent autrefois ornés avec cette somptuosité. Sans aucun doute, une *promenade* publique peut remplir son objet, et peut plaire à moins de frais. Le plus grand nombre de ceux qu'elle rassemble, ou est indifférent à ce luxe, ou peut-être même y desireroit un aspect, sinon tout-à-fait champêtre, du moins propre à faire oublier les idées ou les impressions de la ville.

La ville de Paris offre encore, sous ce rapport, un autre genre de *promenade* publique, celle qu'on nomme des *Champs-Elysées*, où, sur de plus vastes espaces, la multitude trouve des ombrages frais, des allées spacieuses, de grandes places découvertes pour toutes les sortes de jeux et d'exercices, des routes où les chevaux et les voitures circulent, et toutes sortes de lieux de retraite ou de divertissement.

Aucune ville, plus que Paris, ne nous semble avoir multiplié les *promenades* publiques, ou les lieux qui invitent à se distraire du bruit et de l'embarras des affaires. On pourroit en effet joindre aux *promenades* déja citées, ces avenues et ces allées d'arbres continus qui conduisent aux deux bois de Boulogne d'un côté et de Vincennes de l'autre. Mais ce qui est dans Paris, une *promenade* encore plus publique et toujours fréquentée, c'est ce qu'on appelle les *Boulevards*, qui jadis, terminant l'enceinte de la ville par une ligne de plantations continues, sont devenus pour la plus grande partie, et par l'extension de plusieurs quartiers au-delà de cette ligne, des *promenades* intérieures, en même temps qu'ils sont des rues très-fréquentées.

Beaucoup de villes ont des *promenades* publiques, formées de plantations faites à dessein d'y réunir les différentes sortes d'agrément qu'on peut y chercher. Le détail en seroit trop nombreux, et leur description n'ajouteroit rien ni aux notions de cet article, ni aux exemples qu'on a produits.

PROMENOIR, s. m. Lieu où l'on se promène.

Le mot *promenoir* auroit dû être le mot propre, pour signifier, ce que nous avons vu qu'on exprime en français par le mot *promenade*, au moyen du double emploi qu'on lui donne. L'usage, ce tyran des langues, ayant affecté au lieu où l'on se promène, le mot qui exprime l'action de se promener, le mot *promenoir* seroit entièrement déplacé aujourd'hui, et tout-à-fait impropre pour caractériser les endroits publics, surtout, qui sont destinés à la promenade du grand nombre. On l'emploieroit encore fort improprement à désigner un jardin.

Il nous semble dès-lors que *promenoir* sera resté dans la langue, comme un synonyme, qui exprime une espèce de lieu propre à se promener, mais différent dans sa situation, et par son emploi beaucoup plus restreint, de ceux dont il a été question dans l'article précédent.

Le goût et l'exercice de la promenade ne sauroient être les mêmes, sous tous les climats. Les mœurs et les usages des peuples doivent encore apporter beaucoup de différences en ce genre. Par exemple, le plaisir que les hommes ont à se réunir, à se rassembler en grand nombre, doit être plus ou moins vif, selon, par exemple, que le sexe fait ou ne fait pas partie de ces rassemblemens. Mais chez les peuples anciens, et j'entends ne parler que des Grecs et des Romains, une autre cause encore rendit moins nécessaires les promenades publiques, considérées sous le rapport de réunions. C'est que les réunions de citoyens, soit pour affaires, soit par désœuvrement, avoient lieu tous les jours dans le *forum* ou la place publique, et l'on sait assez que, soit pour une raison, soit pour une autre, l'usage étoit d'y passer la plus grande partie de la journée.

Cependant la promenade, comme exercice utile à la santé, n'y étoit ni méconnue, ni négligée. Mais des institutions particulières, telles que celles des gymnases, des xistes, des portiques, des thermes, offroient des *promenoirs* couverts a ceux qui n'avoient pas de maisons assez spacieuses pour s'y procurer de pareils locaux.

Le mot *péripatéticiens*, qui, en grec, signifie *promeneurs*, nous prouve qu'il y avoit dans les gymnases de ces espaces fort étendus, disposés pour la promenade, soit en plein air (voyez *Vitruve*, *liv.* 5, *ch.* 9), soit sous des galeries. C'étoit en se promenant avec ses disciples, que *Zénon* leur donnoit ses leçons.

L'usage des galeries couvertes, tantôt en portiques, tantôt en colonnes, étoit général dans tous les édifices, et dans toutes les constructions publiques et particulières des villes et des maisons de campagne.

La description que Pline-le-Jeune nous a faite de ses maisons de campagne, *voyez* CAMPAGNE (maison de), contient celle de plusieurs galeries destinées à servir de *promenoirs*. Il est à remarquer qu'en latin le mot *ambulatio* signifie tout à la fois, comme en français, l'action de se promener et le lieu où l'on se promène; mais le mot *ambulacrum* nous paroit tout-à-fait répondre au mot *promenoir*, et il indiquoit de préférence un lieu couvert.

S'il est donc reconnu qu'il seroit contraire à l'usage d'appeler *promenoir* un de ces grands espaces ou jardins publics, destinés à la promenade de tout le monde, il faut convenir qu'il seroit impropre d'appeler *promenade* les galeries qui forment les dehors d'un bâtiment, les intérieurs d'une cour, ou le cloître d'un couvent, parce qu'elles servent aussi à s'y promener à couvert.

Les grands portiques de la cour des Invalides, à Paris, servent de *promenoir* aux soldats, que leurs infirmités empêchent d'aller chercher de l'exercice, dans les promenades plantées en avant de ce grand édifice.

La nouvelle Bourse, qui est en train de se terminer, dans la même ville, offrira un *promenoir* aussi commode que magnifique aux gens d'affaires, qui ont le besoin de se réunir et de discuter leurs intérêts.

On admire, à Paris, cette vaste pièce intérieure, divisée en deux nefs, qui est un des principaux ornemens du Palais de Justice, et dont on a parlé à l'article De Brosses, qui en fut l'architecte. Le nom de *salle des pas perdus*, qu'on lui donne, ne signifie rien autre chose que *promenoir*. C'est là, en effet, que se réunissent tous ceux que leurs affaires y appellent, et c'est encore pour beaucoup de désœuvrés, un local favorable à la promenade dans les mauvais temps.

Nous croyons donc que *promenoir* doit se dire de tout local construit et abrité plus ou moins, où l'on peut se promener à couvert. Il est indispensable d'en pratiquer ainsi dans un grand nombre d'édifices, tels que colléges, hospices, couvens, séminaires, etc.

PRONAOS : signifie, par la composition des deux mots *pro* et *naos*, qui est en avant du *naos*.

Naos est un de ces mots synonymes, en grec, de ce que nous appelons généralement *temple*. Nous n'avons consacré d'article, dans ce Dictionnaire, ni au mot *naos*, ni au mot *hieron*, ni à quelques autres des noms que l'on donnoit aux temples. Nous avons réservé la critique des notions que ces mots comportent, au mot Temple, mot générique chez les Modernes.

Toutefois, pour l'explication grammaticale du mot *pronaos*, nous dirons, en deux mots, que *naos*, *navis*, *nef*, expriment, dans les trois langues, le corps principal ou la bâtisse du temple, autrement dit le temple, considéré moins dans toutes les parties qui pouvoient former son ensemble, que dans la masse de son architecture.

Pour remonter à la notion élémentaire du *pronaos*, il faut considérer le temple, chez les Anciens, dans sa disposition la plus simple, qui est celle du temple *à Antes* ou *in Antis* (comme l'appelle Vitruve, liv. 3, ch. 1). Ce temple n'avoit point de colonnes autour de sa *cella*. Ses murs, prolongés au-delà de la porte, se terminoient par les *antes* ou pilastres, qui, de chaque côté, n'étoient rien autre chose que la tête de chaque mur. Entre ces deux têtes de murs, s'élevoient deux colonnes : c'étoit là évidemment ce qui constituoit l'*avant-temple* ou le *pronaos*.

Lorsqu'en agrandissant les temples, on voulut augmenter la magnificence extérieure de leur disposition ou de leur ordonnance, on le fit, en environnant le *naos*, autrement le mur de la *cella*, y compris le *pronaos*, par un ou deux rangs de colonnes. De-là les temples *périptères*, *diptères*, etc.; mais cela ne dérangea rien à la disposition comme à l'emploi du *pronaos*; il ne changea ni de forme, ni de destination, ni de dénomination.

Vitruve, dans son chapitre *de interiore cellarum et pronai distributione*, nous montre avec beaucoup d'évidence ce qu'étoit le *pronaos*. Après avoir établi la division proportionnelle de tout l'espace occupé par le temple : *Reliquæ tres partes* (dit-il) *pronai ad antas parietum procurrant. Quæ antæ crassitudinem columnarum habere debent.* « Les trois parties restantes seront pour l'espace qui s'étend jusqu'aux restes des murs du *pronaos*. Les antes doivent avoir en grosseur celle des colonnes; si (continue-t-il) le temple, c'est-à-dire la *cella*, a plus de vingt pieds de large, on élevera, entre les deux antes, deux colonnes qui sépareront l'espace du *pronaos*, de l'espace du *pteroma*. » *Si ædes erit latitudine major quam pedes viginti, duæ columnæ inter duas antas interponantur, quæ disjungant pteromatos et pronai spatium.*

Dans les temples environnés de colonnes, en dehors, le *pronaos* étoit un espace qui, formé par les colonnes placées entre les antes, et en retraite du *pteroma*, c'est-à-dire, des colonnes extérieures, en étoit séparé par l'intervalle qui formoit le promenoir circulant tout autour de la *cella*. C'étoit un espace circonscrit entre les antes ou murs avancés de la *cella*, les colonnes qui alloient d'une ante à l'autre, et le mur où étoit la porte du temple (*qui paries valvatum habeant collocationem*).

Tous les plans des temples périptères nous montrent cet espace si conforme à la description de Vitruve, qu'il est impossible de s'y méprendre. Il est bien vrai que dans plusieurs de ces édifices amphiprostyles, on voit le même local ou espace répété, avec une parfaite symétrie, à chacune des deux façades; de sorte qu'on pourroit, s'il n'y avoit pas eu un côté principal, celui de l'entrée du temple, lui supposer un double *pronaos*. Cependant, comme tout le monde reconnoissoit à chaque temple, un côté antérieur et un côté postérieur, l'espace semblable à celui du *pronaos*, qui se trouvoit au côté postérieur, étoit, et s'appeloit l'*opisthodome* (*opisthodomos*), mot tout-à-fait correspondant à celui de *pronaos*, qui avoit pour synonyme le mot *prodomos*. Voy. Opisthodome.

Une particularité à laquelle on a fait peu d'attention, et que Vitruve nous a conservée, fait croire que le *pronaos* pouvoit encore être distingué par une sorte de clôture qui lui étoit propre. Les trois entre-colonnemens produits par les colonnes placées entre les antes, devoient être fermées par une cloison, ou un petit mur d'appui (*pluteum*), soit de marbre, soit de menuiserie, de manière toutefois que des portes y étoient pratiquées pour donner entrée dans le *pronaos*. *Item intercolumnia tria quæ erunt inter antas et columnas pluteis marmoreis, sive ex intestino opere factis intercludantur, ita uti fores habeant, per quas itinera pronao fiant.*

Le *pronaos* du temple de Minerve, à Athènes, avoit toutefois une disposition différente de celle qu'on suivoit ordinairement. Il est assez précieux que Vitruve nous ait transmis la mention expresse et positive de cette exception. Effectivement on voit dans le plan encore subsistant de ce temple, que l'espace du *pronaos* ne se trouve pas, comme à tous les autres temples connus, renfermé entre le mur de la porte, les antes et les colonnes placées entre les antes. Celles-ci n'y forment point l'avance ordinaire. Elles ont en tête une colonne : *columnis adjectis dexterâ ac sinistrâ ad humeros pronai*. C'est de cette manière (continue Vitruve) qu'a été fait, pour la première fois, à Rome, le temple de Castor, dans le Cirque : *Hoc autem genere prima facta ædes uti est Castoris in Circo;* et il ajoute : « tels sont le temple de Minerve, » dans la citadelle d'Athènes, et celui de la même » déesse, à Sunium dans l'Attique » : *Athenis in arce Minervæ, et in Attica Sunio Palladis.*

Stuart, d'après le rapprochement de ce texte avec les restes du Parthenon d'Athènes, a proposé de remplacer, dans la phrase suivante de Vitruve, les mots jusqu'à présent inintelligibles, *et uti reliqua exziona* par ceux-ci : *et uti reliquet unedò quæ solent esse in frontibus ad latera sunt translata*. Ce changement, suggéré par la notion précédente, sur la clôture et les entrées du *pronaos*, reçoit la plus grande autorité, de l'application qu'on est forcé d'en faire, à la disposition du temple de Minerve.

D'où il paroit certain, que l'usage étoit de fermer par en bas, les entre-colonnemens du *pronaos* avec un *pluteum*, ou, comme nous le dirions, un petit mur d'appui, dans lequel on pratiquoit de petites portes d'entrée : *Fores per quas itinera* ou *iteuis*. Alors il est sensible que deux entrées semblables ont pu être pratiquées au temple de Minerve, de manière qu'au lieu de se trouver à la face antérieure de cette sorte de *pronaos*, elles occupoient l'entre-colonnement latéral en retour, entre l'ante raccourcie et la colonne d'angle : *Quæ solent esse in frontibus ad latera sunt translata*.

On avoit emprunté (dit encore Vitruve) aux usages toscans, une disposition semblable à la précédente, et on l'avoit transportée aux *pronaos* des temples formés de colonnes ioniques et corinthiennes. Elle consistoit à substituer des colonnes aux pilastres que donne l'avance des antes sur le *pronaos* : *Quibus enim locis pronao procurrunt antæ, in iisdem, è regione cellæ parietum columnas binas collocantes.*

PRONONCER, v. act. On se sert de ce mot dans les arts du dessin et aussi en architecture, pour exprimer, surtout, ce qui a rapport au caractère, soit d'un ordre, soit d'un édifice.

Ainsi l'ordre dorique des Grecs a un caractère beaucoup plus prononcé que celui dont les Romains ont fait usage, et dont les Modernes ont hérité. Tout le monde sait qu'en architecture, le caractère de force ne peut se *prononcer* aux yeux que par des formes, qui annoncent une grande solidité mêlée à beaucoup de simplicité. Tel est le caractère, et de la proportion, et de la forme de l'ordre dorique, et ce caractère se *prononce* surtout dans son chapiteau, et dans la mâle saillie soit de son tailloir, soit de toutes les parties de son entablement.

L'élégance, la légèreté et la variété compagne de la richesse, se trouvent *prononcées* aussi clairement qu'il soit possible, dans les ordres ionique et corinthien, c'est-à-dire, que l'ensemble et les détails de ces ordres, expriment un caractère en tout opposé à celui de l'ordre dorique, des proportions plus sveltes, des membres plus multipliés, moins saillans, des détails beaucoup plus variés, des profils découpés par toutes sortes d'ornemens : voilà ce qui *prononce* les qualités qui sont propres de ces deux modes.

Il appartient à l'architecte, par le choix qu'il fait dans son édifice, d'un ordre ou d'un autre, par le plus ou le moins de détails ou d'ornemens, et par leur emploi judicieux, de *prononcer* le caractère, autrement dit, de rendre sensible la destination de cet édifice.

Lorsque l'on considère les masses imposantes et colossales des palais de Florence, on ne sauroit s'empêcher de reconnoître, que l'architecture de ce temps leur donna un caractère trop *prononcé*. L'emploi exorbitant qu'on fit alors des bossages dans leurs façades, produit une impression sur les sens, qui tend à en dénaturer la destination. A moins de raisons particulières, un palais ne doit avoir l'apparence ni d'une forteresse, ni d'un lieu qu'on veut faire paroître inexpugnable. Or, rien ne porte plus naturellement l'esprit à de telles idées, que ces masses de pierres rustiquement taillées qu'on appelle *bossages*. Nous avons vu que cet emploi, dans la prison de Newgate, à Londres, en a *prononcé* le caractère avec beaucoup de raison et de goût. Le bossage se trouvera également bien placé dans le soubassement, parce qu'il *prononce* avec énergie le caractère de solidité qui doit avoir cette partie des édifices.

On se sert aussi du mot *prononcer* dans l'exécution des détails ou des ornemens d'un édifice. On demandera que telle ou telle moulure soit plus clairement, plus énergiquement *prononcée*. L'art de *prononcer* les ornemens consiste, soit dans le fouillé qu'on leur donne, et qui les fait mieux ressortir, soit dans la vivacité des arêtes que le ciseau y ménage.

PROPNIGEUM. Ce mot, grec d'origine, doit, par sa composition, signifier *four en avant*. C'étoit un local, dans les bains des Anciens, qui paroit, comme l'*hypocauste*, avoir servi de brasier, d'où la chaleur sortoit, pour être distribuée dans différentes pièces.

PROPORTION, s. f. On entend généralement par ce mot, le rapport des grandeurs ou des poids, des quantités ou des nombres entr'eux, etc.

Le mot que les Grecs employoient pour exprimer le plus souvent cette idée, étoit le mot *Summetria*, qui désigne très-bien la vertu de la *proportion*, laquelle est pour chaque chose, dans son ensemble, une correspondance de rapports qui fixe à chaque partie sa mesure.

De l'idée positive de *proportion* dans les œuvres de la nature, résulte, pour les ouvrages des arts, une idée de *proportion* morale, si l'on peut dire, plutôt que physique. Cette idée emporte avec soi celle de *beauté* de *convenance*, etc.; ce qui signifie que dans ces ouvrages, *proportion* exprime, non un simple rapport de grandeurs ou de quantités, mais le rapport le plus parfait, le plus agréable de ces grandeurs et de leurs mesures entr'elles.

En effet, on se trompe fort souvent sur la véritable acception du mot *proportion*, dans les œuvres de l'architecture, mais surtout à l'égard des architectures étrangères au système de l'art des Grecs.

Si l'on se borne à entendre la *proportion* dans les ouvrages de l'homme, comme un simple rapport arithmétique de grandeurs, de distances, de quantités, il se trouvera toujours de cette *proportion*-là, même dans les objets, que l'idée ou la notion morale de *proportion*, nous fera estimer être les plus disproportionnés.

Toute chose, quelle qu'elle soit, tout objet produit par le hasard, toute délinéation, même fortuite, a ses rapports, et il nous est impossible de concevoir quoi que ce soit de matériel, qui n'existe avec des rapports entre ses parties, rapports que le calcul ou le compas pourra déterminer. Chacun de ces objets, tels, par exemple, que des rochers, des montagnes, des excrescences produites par des causes inconnues, a certainement des rapports, mais ce sont plutôt des rapports de dimension, que des rapports de *proportion*.

L'idée de *proportion* renferme l'idée de rapports fixes, nécessaires, constamment les mêmes entre des parties qui ont une fin déterminée.

C'est particulièrement dans les êtres organisés, que nous découvrons la véritable *proportion*, celle dont nous venons de définir l'idée; et la *proportion* ou son principe acquiert de l'évidence dans chaque classe d'êtres, à mesure que chacune s'élève, selon l'ordre où la nature l'a placée, jusqu'à l'organisation du corps humain.

Aussi est-ce dans le corps de l'homme, que tous les arts vont puiser les leçons et les exemples, qui peuvent constituer, à des degrés différens, les lois de leurs *proportions*.

Il ne se pouvoit pas, en effet, que l'homme, chef-d'œuvre de la création, ne se servît pas de modèle à lui-même, dans les ouvrages qu'il veut assimiler à ceux du créateur. Cette vérité, ou si on l'aime mieux, ce fait, a été de tout temps la base de toutes les théories de l'architecture, partout où l'esprit de l'homme, arrivé par l'étude de la nature, au degré de culture qu'il comporte, a tenté de donner à ses productions l'empreinte de la raison universelle, et de l'ordre dont le créateur a placé le type dans ses œuvres.

On trouve chez tous les philosophes de l'antiquité, d'innombrables répétitions de cette vérité, et Vitruve, en la développant dans son Traité, n'a fait que reproduire une notion devenue déjà banale. Après avoir donné le détail de tous les rapports proportionnels qui existent entre toutes les parties du corps humain (lib. 3, cap. 1): « De même, dit-il, dans un édifice sacré, les » membres dont se compose son architecture, » doivent avoir leurs mesures en rapport avec la » mesure de la totalité et avec celle de chacune » des parties..... Si la nature a composé le corps » de l'homme, de manière que par leur *proportion* les membres correspondent à l'ensemble, » les Anciens ont donc eu raison d'établir dans » la confection de leurs ouvrages, la même correspondance, entre chaque partie et le tout. » C'est pourquoi, comme dans tous leurs bâtimens ils employoient les ordres, ce fut principalement dans les temples des dieux qu'ils s'attachèrent à l'application de ce principe d'imitation. C'est encore du corps humain, qu'ils » tirèrent les divisions et les noms des mesures, » comme doigt, palme, coudée, etc. »

Vitruve, ainsi qu'on le voit par ce passage, n'est point l'auteur d'un système qui étoit bien antérieur à lui; il n'a fait que le remarquer et en constater l'existence, comme un fait reconnu de tout le monde, et dont le principe étoit écrit dans tous les ouvrages de l'architecture grecque.

C'est encore ce fait, c'est le principe dont il se déduit, c'est l'application de ses conséquences, qui font la théorie, non pas seulement des *proportions* dans l'architecture grecque, mais de ce qu'est la *proportion* en elle-même, relativement à cet art. Nous n'avons pas dessein, en effet, d'exposer ici minutieusement les rapports proportionnels de chacun des membres de chaque ordre, ni de chaque ordre dans son emploi, avec tout ce qui en dépend. Ces rapports sont l'objet particulier de tous les traités d'architecture, et bien qu'il se trouve plus d'une variété de mesure dans les règles partielles, dont chacun a pu former sa théorie, ces variétés n'infirment en rien la valeur du principe.

On sait que, même à l'égard de l'imitation du corps humain, les peintres et les sculpteurs, tant anciens que modernes, n'ont jamais regardé la règle des *proportions*, comme soumise à une exactitude rigoureuse et géométrique. La nature elle-même ne s'y est pas soumise dans le détail des créatures. Beaucoup de modifications tendent à produire, en ce genre, des exceptions à la loi générale, et cette loi, on ne la découvre que par l'étude des parallèles, qui nous font connoître dans les individus, quelle fut la volonté de la nature, quant à l'espèce.

Si les individus nous présentent tout à la fois, dans leur conformation considérée en général, un système constant de *proportions*, et dans leur conformation particulière, des variétés qui empêchent de les considérer comme jetés dans un moule uniforme, il en sera de même pour l'art qui, empruntant à la nature son système de rapports entre le tout et les parties d'un corps, doit aussi le modifier, selon une multitude de cas particuliers.

Ceci s'adresse à ceux qui, refusant tout principe régulateur à l'architecture, se prévalent, pour y nier l'existence de la *proportion*, des petites irrégularités et des diversités qui s'y rencontrent. On voit, au contraire, qu'en s'appropriant l'esprit et les lois de la nature, dans l'imitation des *proportions* du corps humain, cet art y est encore fidèle, par le défaut même d'uniformité géométrique.

Ce qu'il nous faut maintenant faire voir, c'est que la *proportion* n'y est pas un simple rapport de dimensions, mais bien un système lié et combiné de mesures réciproques, entre le tout et ses parties.

Je dis *système lié et combiné*. Or, c'est à cet égard que beaucoup de personnes se font une fausse idée de la science des *proportions*. En effet, il ne suffit pas à une architecture, pour être douée de la vertu proportionnelle, de produire des édifices dont les parties se trouvent dans un rapport quelconque avec le tout, et dont le tout, réciproquement, ait une corrélation quelconque avec les parties. L'architecture n'offre un *système de proportions*, qu'autant que chacune des ses parties constitutives, est dans une dépendance nécessaire de mesure avec son tout, dépendance telle, que chaque partie ayant sa mesure constamment ordonnée par la mesure générale de l'ensemble, auquel elle est coordonnée, puisse faire connoître la dimension réelle de cet ensemble, comme celui-ci fait connoître la mesure positive de chacun des détails qui lui sont subordonnés. Or, nous avons déjà fait voir dans plus d'un article, que c'est là la propriété de l'architecture grecque; et nous voulons encore montrer ici, que l'architecture grecque est la seule qui soit douée de cette propriété.

On confond ordinairement, dans les productions de l'art de bâtir, certaines qualités abstraites ou générales, qui peuvent être propres de tous les ouvrages des hommes, en tout genre et dans tous pays. Nous portons en nous-mêmes une sorte d'instinct, qui nous fait juger dans bien des cas, de la juste correspondance que certaines choses doivent avoir entre elles, particulièrement des rapports de grandeur, de grosseur, de hauteur ou d'étendue. Ainsi tout le monde sait juger de la *proportion* générale, qui veut que la grosseur d'un corps réponde à son élévation, et l'on sera frappé d'une disproportion de ce genre, dans la statue d'un homme, comme dans le fût d'une colonne. On sera d'accord sur la nécessité que la largeur d'une salle, d'une nef d'église, réponde à sa hauteur. On ne sauroit approuver d'énormes supports sous une charge légère, ni une grande pesanteur de voûte, qui semble écraser de frêles soutiens. Dans les plus grandes, comme dans les moindres choses, dans la composition d'un palais, comme dans la fabrication d'un meuble ou d'un vase, il y a de ces rapports que chacun saisit, et ces rapports appartiennent à un accord de *proportions simples* qui ne forment point un *système*.

Or, dans tous les ouvrages de toutes les architectures, il peut se donner de ces *proportions*-là.

Pour en citer un exemple, les intérieurs des églises gothiques ont quelquefois, non pas seulement de ces rapports de dimension qui, comme on l'a dit plus haut, existent dans tous les objets, et qui, dus au hasard, n'ont rien de fixe, et ne sauroient s'appeler *proportions*. Mais il faut y reconnoître de ces rapports de grandeur, de largeur, de hauteur, qui ont été déterminés par un sentiment assez juste, des impressions agréables que font sur nous les dimensions relatives des objets, considérés dans leur généralité. C'est là ce que j'appelle des *proportions* simples.

La nature, sans doute, en fournit aussi les exemples, et les leçons, soit dans ses ouvrages, pour celui qui sait y lire, soit dans la constitution de nos sens, et notre faculté de percevoir, pour ceux qui savent ou suivre l'impulsion des uns, ou analyser les lois et les moyens de l'autre.

Il est certain encore qu'on trouve de ces rapports heureux, dans certaines des masses de l'architecture égyptienne, telles que ses frontispices de temples, ses pylones, ses propylées, ses pyramides, et dans plusieurs de celles-ci, on admire de justes *proportions* entre l'étendue de la base et la hauteur totale du monument. Il est même permis de croire, quand on a bien scruté l'esprit des arts de l'Egypte, et la méthode de confection de ses monumens, que tout s'y faisoit en vertu de mesures fixées par l'usage, et par la routine religieuse; et toutefois nous avons vu que des mesures fixes et uniformes, peuvent n'être rien moins qu'un système vrai de *proportions*, fondé sur une imitation raisonnée de la nature, dans la conformation des corps organisés, et surtout du corps humain. C'est que ce système repose, non pas seulement sur des rapports de mesures générales, comme seroient ceux de la hauteur du corps avec son diamètre, mais sur une liaison réciproque des parties principales, des parties subordonnées, et des moindres parties, qui, chacune consultée en particulier, soit propre à enseigner par sa mesure, quelle est la mesure de chacune des autres, quelle est celle du tout, et de faire connoître, par la mesure du tout, quelle doit être celle de chaque partie.

Or, voilà ce qu'on ne trouve ni dans l'architecture égyptienne, ni dans celle qu'on appelle *gothique*, et inutilement le chercheroit-on dans toutes les autres.

Nous avons déjà montré, à l'article général de l'Architecture (*voyez* ARCHITECTURE), comment et par quel concours de causes, l'art des Grecs, devenu depuis l'art universel, étoit parvenu à se donner un tel système. Nous ne retraçons ici en peu de mots, quelques-unes de ces notions, que pour bien faire comprendre et saisir l'idée de la vraie *proportion*, dans les œuvres de l'architecture, et comment d'un principe fécond, durent sortir des résultats toujours susceptibles d'applications nouvelles, et de développemens indéfinis.

Le principe matériel d'où sortit, comme tout concourt à le prouver, l'architecture grecque, fut la construction en bois, et un ensemble de construction simple à la fois et solide, dont toutes les parties se trouvèrent liées et combinées entr'elles, de la manière la plus propre à réunir l'unité avec la variété. Nous ne voulons pas nier que le bois ne put être employé dans les constructions primitives des sociétés naissantes, de beaucoup d'autres façons, et nous sommes loin de prétendre que ce qu'on appelle la nature, ait prescrit aux hommes un seul assemblage de charpente, et qu'il n'y en ait eu qu'un seul, qu'on puisse nommer l'*ouvrage de la nature*. La nature ne prescrit rien en détail sur ce point. Elle inspire seulement, selon les différentes causes physiques des divers pays, des formes plus ou moins propices aux combinaisons, d'où les arts peuvent faire sortir, dans la suite, les impressions du plaisir que produit un ensemble harmonieux. La nature, qui n'eut jamais en vue de donner des modèles aux arts, se borne, dans les temps dont on parle, à conduire l'instinct de l'homme vers ce qui lui est utile. Si ensuite cet utile, dans les formes d'habitation, suggérées par l'instinct du besoin, s'accommode aux formes que plus tard l'instinct du plaisir y voudra associer, nous ne dirons point que cela soit venu par l'effet de la volonté de la nature, nous nous contenterons de reconnoître ce fait, comme un accident du hasard si l'on veut; mais nous reconnoitrons que ce hasard a eu lieu en Grèce, dans les constructions primitives en bois. Nous avons établi déjà cette preuve dans plus d'un article (*voy.* ARCHITECTURE, BOIS, CABANE), et on y a vu que l'emploi de la pierre, par exemple, comme élément primitif de construction, n'auroit pu suggérer, ni les combinaisons diverses, ni les formes variées du bois, ni surtout ces rapports nombreux et nécessaires des parties constituantes d'un ensemble, qui forcent chacune à se coordonner à un principe régulateur, d'où naît un commencement de *proportion*, dans le sens où nous entendons ici ce mot.

Il y a une sorte de synonymie entre cette idée de *proportion* et l'idée d'harmonie. Or, harmonie signifie *liaison*, et l'idée de *liaison* emporte avec soi, dans quelque genre que ce soit, celle de rapports nécessaires. Mais dans la construction, les rapports les plus nécessaires sont ceux qui sont ordonnés par la nature des choses, qui est ici la matière. Or, il n'y a point de matière qui exige plus de ces rapports que le bois, où ils soient plus multipliés à la fois et plus évidens, et où la connexion des parties produise un enchaînement plus sensible avec le tout.

Voilà la cause première du système de *proportions*, qui, naissant en Grèce avec l'art de bâtir, s'y développa peu à peu, sous l'influence d'un mode de construction soumis à des rapports nécessaires, s'y modifia avec les progrès de cet art encore simple, et en vint jusqu'à fournir à la construction en pierre, lorsque la richesse et le luxe en eurent amené l'emploi, un modèle déjà si bien fixé, que le génie de l'architecture n'eut plus besoin que d'y appliquer, en le perfectionnant au gré du plaisir et de la raison, les lois des *proportions*, que l'étude des arts avoit rendues familières, par l'imitation du corps humain.

Cette étude, et l'habitude d'en voir et d'en saisir les résultats, dans les images de la sculpture surtout, ne pouvoit pas ne point exercer son influence sur les œuvres de l'architecture. Remarquons, en effet, que si tous les arts ont entr'eux un lien commun, c'est bien surtout dans cette imitation dont la nature fournit à chacun le modèle, selon le point de vue dont chacun la considère. Mais, quant à l'architecture, cette faculté imitative qui lui est propre, elle ne sauroit l'acquérir, qu'autant que les autres arts, en lui en montrant l'exemple, lui en font un devoir. Aussi observe-t-on que, dans tous les pays et dans tous les temps, où l'imitation vraie du corps humain, de ses formes et de ses *proportions* fut inconnue, l'architecture fut privée de tout système de *proportions*.

Dès que cette imitation fut perfectionnée en Grèce, il fut sensible à tous, que sa perfection consistoit dans l'observation de tous les rapports nécessaires des membres, et de chacune de leurs parties avec le tout. Dès-lors il se forma une science, en vertu de laquelle, tous les rapports étant fixés dans l'art, comme ils le sont dans la nature, on put déterminer par un ongle, la grandeur d'un doigt, par un doigt, celle de la main, et ainsi de suite, par la main, le visage ou la tête, par celle-ci le corps, et réciproquement. La mesure totale du corps fit connoître la mesure de la plus petite partie. On sut combien chacune devoit se trouver de fois dans le tout. Un module général

général put servir, par ses divisions et ses subdivisions, à établir dans l'imitation le même principe d'harmonie, que la nature a établi dans l'organisation des corps.

Comment l'art de l'architecture ne se seroit-il pas approprié cette science, et ne l'auroit-il pas appliquée à des constructions déjà si propres par la nature de leur matière, à recevoir cette perfection? Comment, associé dans les édifices aux œuvres de la sculpture, auroit-il pu rester étranger au principe si évident de la beauté de ces ouvrages?

Mais pourquoi mettroit-on cela en doute? La chose n'est-elle pas aussi certaine, aussi évidente dans la formation des ordonnances des Grecs, qu'elle l'est dans la conformation de leurs statues? Un édifice construit selon le principe de cette architecture, n'est-il pas doué de la même vertu d'organisation que celle des corps créés par la nature?

Qu'on interroge toutes les autres architectures, on n'y trouvera point ce que nous donne celle des Grecs. Hors ces grands rapports de *proportion* simple, dont nous avons parlé, dans les masses générales des édifices, vous demanderez en vain à l'architecture de l'Egypte, qui nous est aujourd'hui bien connue, de nous prouver que les parties qui constituent ses colonnes et ses entablemens, sont dans un rapport constant de mesures réciproques. Ainsi la même colonne égale en diamètre, soit dans le même édifice, soit dans deux édifices, aura un chapiteau tantôt plus haut, tantôt plus bas. Ce chapiteau, sur le même genre de colonne, sera tantôt simple, tantôt composé de deux, tantôt de trois chapiteaux l'un sur l'autre; et les rapports du même chapiteau avec la même colonne, seront si arbitraires, que ni la colonne seule ne pourroit nous faire deviner quel fut son chapiteau, ni le chapiteau à quelle colonne il appartint. La même colonne aura, selon les hasards de la construction, plus ou moins de ses diamètres en hauteur; la distance des entre-colonnemens n'y est réglée par aucune autre mesure, que celle des dalles de pierres destinées à servir de plafonds. Du reste, à peine y a-t-il lieu à rapports des parties entr'elles, dans une architecture qui se compose d'aussi peu de parties, dont l'uniformité semble être le principe élémentaire et constitutif, dont tous les couronnemens ne consistent que dans un seul et unique membre, toujours le même, à tous les édifices, de quelque dimension qu'ils soient, et quel qu'ait été leur emploi.

Plus inutilement encore chercheroit-on un système de *proportion* dans l'architecture gothique, qui n'eût rien en propre à elle, qui, quant à ce qu'on peut appeler formes, ordonnances, détails, ornemens, ne fit qu'une compilation sans cohérence aucune, de tous les débris de l'architecture que lui transmit le Bas-Empire. Sa construction d'ailleurs, ou le genre de bâtir, en quoi consistent surtout et le caractère de ses conceptions, et le genre de sa décoration, semblent avoir rendu impossible cette liaison des membres et des parties, d'où résulte la *proportion*. Le gothique, placé par son goût, à l'extrême opposé de l'architecture de l'Egypte, eut une telle multiplicité de détails répartis sur une telle étendue, et à de telles distances les uns des autres, que la diversité, qui fait son caractère, dut empêcher l'esprit d'y chercher de ces combinaisons de rapports réciproques, qu'on peut réduire en système. En vain, par conséquent, voudroit-on conclure d'une des parties d'un chapiteau à la mesure du chapiteau, de celui-ci à la hauteur d'une colonne, et du diamètre de la colonne à la distance de l'entre-colonnement. Un assez petit édifice vous offrira de très-gros piliers, et un beaucoup plus grand en aura de beaucoup plus petits.

Il faut dire encore que la *proportion*, dans le sens où on doit l'entendre, c'est-à-dire, comme imitation de celle des corps organisés, n'est pas une chose qui doive résulter nécessairement de l'art de bâtir en tout pays. L'esprit de l'homme ne s'y trouve pas conduit nécessairement. C'est que la *proportion* dans les corps organisés, n'est pas un simple objet de plaisir pour les yeux; elle est liée au contraire au besoin. Tous ces rapports si justes et si bien combinés que nous y admirons, le sont ainsi, pour remplir une fonction nécessaire.

N'en doutons pas, si l'architecture n'avoit dû avoir des rapports proportionnels, entre toutes ses parties, que pour plaire aux yeux, de la manière dont nous plaisent certains jeux, il est fort probable que jamais on ne les eût inventés; et ce qui est plus que probable, c'est que nous aurions su peu de gré à l'inventeur d'un badinage inutile.

Or, tel est le privilége du système proportionnel de l'architecture grecque, que ce ne fut ni le hasard, ni le caprice, qui en furent les auteurs, mais, ainsi qu'on l'a dit bien des fois, une raison fondée sur la nature même des choses, et qui donna naissance à cet art. Sitôt, en effet, que toutes les parties d'assemblage, dont la charpente composa les premières constructions, furent devenues le modèle de la construction en pierre, l'architecte trouva dans chacune de ces parties, une raison sensible d'être ce qu'elle étoit, quant à la forme, et une autre raison tout aussi évidente dans les mesures de ces formes, et dans leurs rapports entr'elles. L'art se donnant pour règle, d'imiter ces premiers types, eut d'abord un point fixe qui le garantit du vague indéfini de la fantaisie. Il trouva dans l'emploi des soutiens primitifs, formés par les tiges d'arbres façonnées en poutres, une sorte de modèle, qui fixa naturellement les rapports de hauteur et d'épaisseur pour le fût de la colonne. Les chapiteaux, les tores, les tailloirs, les architraves, les triglyphes, les métopes, les mutules, les modillons, les frontons représentant les rapports nécessaires de toutes les parties, et de tous les membres de la charpente, perpétuèrent les raisons de toutes ces formes. De cette imitation naquit l'avantage qu'aucune autre architecture ne put avoir, celui d'asseoir l'ensemble, les détails et les rapports de tous les objets entr'eux, sur quelque chose qui rappeloit ou indiquoit un besoin, une nécessité d'être ainsi. Pareille chose peut se dire du plus grand nombre des ornemens, où l'on trouve, comme dans les œuvres de la nature, le plaisir produit par le besoin.

L'art donc trouvant à s'emparer d'un tout constitué à l'instar des corps organisés, n'eut plus qu'à régulariser, par un système proportionnel, ce que l'instinct imitatif avoit déjà produit ; et rien alors ne fut ni plus simple ni plus naturel, que d'y appliquer un module, dont les divisions et les subdivisions devinrent, ainsi que le sont dans le corps humain, soit le pied, soit la tête, le régulateur de toutes les parties, et de leurs mesures respectives.

L'effet d'un tel système, fut de produire dans les ordonnances des édifices, le même résultat que dans la nature. Chaque membre, chaque fraction de membre d'une statue bien proportionnée, nous permet de déterminer avec la plus grande précision la hauteur, la grosseur, non-seulement de toute la statue, mais encore de tous les membres, de toutes les parties même les plus petites de cette statue, dont l'ensemble nous seroit inconnu. De même, si l'ensemble nous est connu par le seul récit, nous serons en état de dire ce que doit être chacun de ces fragmens. Or, il en est ainsi d'une ordonnance d'architecture grecque. Le simple triglyphe du temple dit *des Géans* à Agrigente, nous a fait retrouver aussi certainement sa masse générale, que sa masse nous eût enseigné la dimension du triglyphe. Un seul denticule d'une corniche, va nous dire la grandeur de l'entablement, l'entablement nous dira le genre de l'ordre, et par conséquent la dimension des colonnes, et ainsi de suite.

La voilà cette véritable imitation de la nature, qu'il faut reconnoître dans le système de l'architecture grecque, et qu'on ne sauroit reconnoître dans aucune autre architecture. C'est cette assimilation à la constitution des corps organisés, qui lui a donné une supériorité incontestable sur toutes les autres méthodes de bâtir.

Tel est en effet le pouvoir d'un principe d'harmonie, une fois introduit dans l'art de bâtir, que tout dut en éprouver l'influence. Ce système d'imitation de la *proportion* des corps, porta de plus en plus les hommes, à puiser à la même source de nouvelles analogies. De ce nombre furent celles des trois modes appelés *ordres*, qui représentent les trois termes, dans lesquels se renferme ordinairement l'action de la nature, savoir, le plus et le moins, et le moyen terme. Lorsque Vitruve a voulu voir dans l'imitation du corps de l'homme et de celui de la femme, le type de l'ordre dorique et celui de l'ionique, il faut prendre cette idée comme l'abus métaphorique d'une vérité abstraite. Il seroit plus probable, si l'on vouloit réduire cette notion à une explication naturelle, que la science des *proportions* du corps humain auroit pu enseigner à l'architecture, l'art de varier les caractères et la physionomie des ordonnances, dans la mesure, et de la même manière, que le fait la nature, selon les degrés de force et de légèreté, qu'on distingue dans la stature du corps humain.

Ceci, au reste, nous feroit par trop sortir de l'objet qui a été celui de cet article.

Nous ne nous sommes point proposé, comme on l'a dit au commencement, de donner ici les nombreux détails des *proportions* de chacune des parties de l'architecture. Notre seul but a été de traiter de la *proportion* en général, d'en définir l'idée élémentaire, d'en développer la notion théorique pour l'artiste, de montrer qu'on confond trop souvent les rapports de dimension avec les rapports de *proportion* ; que certaines *proportions* simples, comme celles de grandeur, de hauteur dans les masses, peuvent appartenir aux édifices de toutes les architectures ; mais que la *proportion*, en tant que système de rapports nécessaires et réciproques entre le tout et les parties, n'appartient et n'a pu appartenir qu'à l'architecture grecque ; qu'elle a dû ce privilège au principe originaire de sa construction en bois, et à l'étude du corps humain, développée et perfectionnée par les arts, qui ont pour but son imitation.

PROPYLÉES : est le mot grec au pluriel (*propulaia*), et il signifie *avant-portes*, ou *portes en avant*. On l'a employé au pluriel, en l'appliquant à certains vestibules somptueux, composés en effet de plusieurs portes.

Le plus célèbre de ces vestibules fut celui qui, construit au haut de l'Acropole d'Athènes, en étoit l'entrée, et faisoit un de ses principaux ornemens. Il fut exécuté, sous le gouvernement de Périclès, d'après les dessins de Mnesicles, un des plus habiles architectes de cette époque. Commencé sous l'archontat d'Euthymènes, l'an 437 avant notre ère, il ne fut achevé que cinq ans après, sous l'archonte Pythodore. Il coûta (dit-on) 2012 talens, somme considérable pour le temps, car elle s'élève à celle de 10,864,800 liv. Pausanias vante surtout la beauté de sa couverture ou de ses plafonds, tous formés de vastes dalles de marbre blanc, qui, pour la grandeur des morceaux et la richesse de leurs ornemens, surpassoient tout ce qu'il avoit vu ailleurs de plus magnifique.

Ce monument, aujourd'hui fort dégradé, a pourtant conservé, tant dans son plan, dont on retrouve toute la disposition, que dans de très-grands fragmens de son élévation, des témoignages propres à justifier l'opinion de Pausanias.

Placé, comme on l'a dit, au haut de la seule montée qui conduisoit à l'Acropole, il s'élevoit sur deux étages de degrés. Le premier, composé de huit marches et flanqué de chaque côté par un massif, qui paroît avoir été le piédestal d'une statue équestre, conduisoit à une petite place, d'où, par une autre montée de cinq degrés, on arrivoit au corps principal de bâtiment, décoré à l'extérieur par une rangée de six colonnes de l'ordre dorique, dont l'entre-colonnement du milieu étoit sensiblement plus large que les autres.

La largeur de cet entre-colonnement étoit égale à celle qui séparoit les deux lignes de trois colonnes, lesquelles divisoient comme en trois allées l'espace du vestibule, et cette largeur étoit aussi la même que celle de la porte du milieu, au-delà de laquelle on trouvoit un autre péristyle, formé aussi de six colonnes en tout semblables à celles du péristyle extérieur déjà décrit.

L'espace interne du vestibule divisé en trois, comme on l'a dit, avoit ses plafonds soutenus par des colonnes doriques, d'une proportion moindre que celle des colonnes du dehors. Ces colonnes non-seulement ont des bases, mais elles reposent sur des piédestaux. De grandes dalles de marbre, posant d'une colonne à l'autre, et de celle-ci sur les murs, constituoient le plafond de cet intérieur.

Du sol de ce vestibule, on montoit encore cinq degrés jusqu'aux portes dont on a déjà fait mention. Elles étoient au nombre de cinq. La plus grande étoit celle du milieu, qui, comme on l'a dit, avoit la largeur de l'entre-colonnement du milieu tant des deux péristyles, que de l'allée principale, dans l'intérieur du vestibule. Cette porte étoit également plus haute que ses portes collatérales, lesquelles alloient de chaque côté en diminuant tant de hauteur que de largeur. Quelle fut la raison et de ce nombre de portes, et de leur décroissance? C'est ce que rien, je pense, ne sauroit aujourd'hui nous apprendre. Toutefois il faut croire que ce ne fut pas une disposition arbitraire, car nous allons voir, dans la description des *propylées* d'Eleusis, la répétition exacte de cette particularité.

A l'entrée des *propylées* de l'Acropole d'Athènes, et du côté qui regardoit la ville, se trouvoient deux édifices plus petits, qui se raccordoient avec l'ensemble du plan et la masse de l'élévation. A gauche, c'étoit un petit temple consacré à la Victoire; à droite, un bâtiment semblable, dont les murs étoient décorés de peintures, la plupart de la main de Polygnote.

Nous avons tiré ces détails sur les *propylées* d'Athènes, de l'ouvrage des Antiquités de cette ville, par Stuart, tome II, ch. 5. L'ouvrage des Antiquités inédites de l'Attique, par la Société des *Dilettanti*, à Londres, va nous fournir en parallèle, un monument tout semblable, celui des *propylées* d'Eleusis.

Lorsque l'on compare ces deux monumens, soit dans la disposition de leurs plans, soit dans celle de leur élévation et de leurs détails, on seroit tenté de croire que l'un des deux a été une imitation de l'autre, à moins qu'on ne doive penser que ce genre d'édifice, ainsi que presque tous ceux des Anciens, avoit reçu de certains usages une sorte de type consacré par le temps, sur lequel devoient se régler les compositions de l'architecture.

Les *propylées* d'Eleusis présentent le même plan que ceux d'Athènes, et ce qu'il faut appeler la même *masse*. C'est un péristyle dorique de chaque côté, formé de six colonnes, dont l'entre-colonnement du milieu plus large que les autres, est déterminé par la largeur qui sépare les deux rangs des trois colonnes intérieures du vestibule.

Ce vestibule interne est également divisé par ses deux rangs de colonnes en trois allées, qui conduisent aux portes.

Les portes aussi sont au nombre de cinq. Celle du milieu est de beaucoup la plus large et la plus haute. Ses quatre portes collatérales vont de la même manière qu'à Athènes, diminuant progressivement de largeur et de hauteur. On voit ici que les portes sont toutes les cinq ornées d'un chambranle.

Une variété remarquable existe toutefois dans l'intérieur du vestibule. C'est celle des colonnes qui en soutiennent les plafonds. Elles sont d'ordre ionique, et au lieu de s'élever comme les colonnes doriques du même local, à Athènes, sur un piédestal, elles posent à terre avec leur simple base. Le chapiteau de cet ordre est le même que celui du temple d'Erechtée à Athènes, quant à la spirale qui forme les volutes.

Généralement il se trouve plus d'unité dans l'élévation des *propylées* d'Eleusis. Probablement la disposition montueuse du terrain à l'Acropole d'Athènes, disposition que nous ont prouvée les trois plans, et par conséquent les trois rangs de degrés successifs, sur lesquels l'édifice s'élève, ont empêché de soumettre la hauteur des constructions à une même ligne de niveau. A Eleusis, au contraire, les trois corps dont les *propylées* se composent, assis sur un terrain plus égal, sont tous de la même hauteur, et leurs trois plafonds se raccordent sous un seul niveau.

Ces plafonds sont distribués avec la plus grande élégance. Ils figurent des rangs de solives en marbre, entre lesquelles se trouvent sculptés des caissons à deux rangs d'ornemens en renfoncement, et dont le fond est occupé uniformément par une étoile. Tout cet édifice, si l'on en croit les dessins qu'on en a, avoit une toiture formée de grandes dalles de marbre en manière de tuiles, encastrées avec un art extrême, et produisant au dehors un effet des plus agréables.

PROPYLON: est un mot qui signifie *avant-*

porte. C'est par le mot *vestibule* qu'on le traduit ordinairement, et cette traduction donne à entendre un espace qui précède la porte. Cependant, par sa composition, le mot *propylon* peut aussi signifier *porte en avant*, ce qui produit une toute autre idée. Dirons-nous, en effet, que dans les monumens appelés *propylées*, qui ont fait le sujet de l'article précédent, la préposition *pro*, avant, se rapporte à l'espace du bâtiment qui précède les portes, ou aux portes mêmes, comme placées en avant de l'Acropole? Il est probable qu'il y eut autrefois, dans le langage, certaines ambiguités de sens, produites par le double emploi des mots. L'usage, tant qu'une langue est vivante, est un correctif à la confusion. Mais lorsqu'aujourd'hui nous rencontrons de ces mots à double entente, dans les descriptions des écrivains grecs, il est difficile d'en fixer toujours le sens, selon les applications diverses que l'on en fit autrefois.

La chose est encore plus douteuse, lorsque des Grecs, décrivant des monumens étrangers à leur architecture et à leurs usages, ont été forcés d'employer les mots de leur langue, à des objets qui pouvoient n'avoir que des rapports de similitude assez éloignés.

Ainsi Strabon, décrivant la disposition des temples égyptiens de la ville d'Héliopolis, se sert du mot *propylon*, pour désigner très-probablement ces grandes portes (*voyez* PYLONE) qui se succédoient, dans un nombre à ce qu'il paroît indéterminé, et formoient, par des additions qu'on multiplioit plus ou moins, ces grands ensembles de construction, dont les restes subsistent encore au milieu des débris de l'antique Egypte.

Mais ces portes (comme nous le voyons par les plans nombreux que nous avons des temples égyptiens) étoient toujours accompagnées de galeries en colonnes, qui formoient des cours ou des vestibules allant d'une porte à l'autre. Hérodote et Diodore de Sicile, dans les mentions qu'ils ont faites des temples de l'Egypte, nous parlent des divers *propylons* ajoutés à des époques différentes au corps principal d'un temple. Ainsi, au temple dit *de Vulcain*, à Memphis, Mœris avoit bâti les propylées du nord. Plusieurs siècles après, Psammitique ajouta au même temple les propylées du midi et ceux de l'orient. C'étoit, disoit-on, Dédale qui avoit élevé les plus beaux propylées du même temple de Vulcain.

De tout cela on peut conjecturer que le *propylon* de ces temples doit être entendu de cet ensemble de bâtimens qui réunissoit et les portes dont on a parlé, et les galeries en colonnes qui s'y appuyoient, et en faisoient l'accompagnement plus ou moins somptueux.

Peu importe donc l'explication ambiguë du mot *propylon*, qui par sa composition peut signifier ce qui précède la porte, ou la porte comme précédant le temple.

De cette interprétation du *propylon* égyptien, d'après les notions des écrivains grecs, et d'après les restes bien conservés des monumens de l'Egypte, nous pouvons tirer la conséquence que ce mot, en grec, pouvoit et devoit tout aussi bien signifier ce que nous nommons aujourd'hui *portique*, mot dérivé et jusqu'à un certain point synonyme de *porte*. Si l'on veut maintenant appeler *avant-portique* ce que les Grecs appeloient *propylon* ou *propylaion*, *propylaia*, nous trouverons la traduction de ces mots parfaitement conforme aux propylées d'Athènes ou d'Eleusis et à ceux des temples égyptiens, qui furent très-véritablement des *portiques* en avant des lieux pour lesquels on les fit.

PROSCENIUM. Ce mot se trouve très-fidèlement traduit en français par le mot *avant-scène*.

Toutefois comme le mot *scène*, dans les usages modernes, n'exprime pas ce qu'il exprimoit dans l'usage, au théâtre des Anciens, cette traduction est plutôt celle du mot, que celle de l'idée, ou de la chose que le mot signifioit.

Dans l'usage du théâtre moderne, on appelle *scène* tout l'espace compris entre ce qu'on nomme la rampe et la toile de fond, d'une part, et de l'autre les coulisses de droite et de gauche. L'on nomme *avant-scène*, la partie de cet espace, la plus voisine de la rampe, et où se tiennent le plus souvent les acteurs, comme étant celle qui les rapproche le plus des auditeurs.

Scène (*scena*), comme on le dira avec plus d'étendue au mot THÉATRE (*voyez* ce mot), répondoit, quant à son apparence, à ce que nous appelons, dans nos usages, la toile du fond. C'étoit une construction solide, d'une riche architecture, avec plusieurs ordres de colonnes, et décorée de niches, de statues, etc.

Le *proscenium* ou l'avant-scène étoit l'espace compris entre cette grande devanture et ce qu'on appeloit l'*orchestre*. Cet espace, au contraire de celui où se passe l'action, sur les théâtres modernes, et qui est en profondeur, s'étendoit dans toute la largeur du théâtre, et avoit fort peu d'enfoncement. Il faut excepter toutefois ce que les yeux apercevoient au travers des trois grandes ouvertures pratiquées dans la scène.

C'étoit donc sur cet espace ainsi rapproché des spectateurs, que se tenoient les acteurs, et que se passoit l'action.

On donnoit aussi le nom de *pulpitum* au *proscenium*, c'est-à-dire, que l'on considéroit alors cet espace, non plus dans son rapport avec la *scène* qu'il précédoit, mais sous le rapport de l'échafaudage en bois, qui formoit le sol sur lequel les acteurs récitoient.

Ainsi Vitruve se sert de l'expression *proscenii pulpitum*.

Le nom de *logeion*, formé de *logos*, parole, fut donné aussi, par les Grecs, à cette partie du théâtre, probablement parce que c'étoit l'endroit où l'on parloit.

Le nom latin de *pulpitum* fut affecté, par les Romains, à cette partie de leur théâtre appelée *proscenium*, parce que c'étoit un lieu élevé, construit en bois. Cela se prouve par les ruines d'un fort grand nombre de théâtres antiques. Il en est beaucoup où la construction, et même des parties de décoration de la scène se sont conservées, on ne trouve plus la moindre trace du *proscenium*.

Vitruve nous apprend que les Romains ne donnoient au *proscenium* que cinq pieds d'élévation, tandis que, chez les Grecs, on lui en donnoit le double. Sur le devant, du côté de l'orchestre, le *proscenium* se terminoit ordinairement en une ligne droite, déterminée par le diamètre du cercle qui composoit l'amphithéâtre, ou ces rangs de gradins circulaires qui étoient le théâtre proprement dit.

PROSTYLE (*prostylon*). Ce nom se donnoit, dans l'architecture des temples chez les Anciens, grecs ou romains, à ceux de ces édifices qui n'avoient de colonnes qu'à une de leurs faces, c'est-dire, à la principale ou celle d'entrée.

« Le *prostyle* (dit Vitruve) est dans toutes ses » parties, comme le temple *in antis*; seulement » il a en face et en avant des pilastres ou des an» tes de l'angle, deux colonnes, couronnées du » même entablement que le temple *in antis*, mais » cet entablement fait retour à droite et à gau» che. »

Nous avons vu au mot AMPHIPROSTYLE (*voyez* ce mot) que le temple de ce nom étoit celui qui, à ses deux faces antérieure et postérieure, avoit un *prostylon*.

De la notion de Vitruve et selon son système de progression, depuis le temple *in antis*, jusqu'à l'*hypæthros*, le temple *prostyle* occupoit le second rang. Il différoit du premier en deux points; premièrement, parce qu'il avoit à sa façade des colonnes d'angle, au lieu de pilastres carrés; secondement, en ce qu'il offroit deux ouvertures, ou, si l'on veut, deux entre-colonnemens latéraux, et en retour, lorsque le premier avoit les flancs de son porche totalement murés.

Quoique le mot *prostylon* désigne, comme on le voit d'après Vitruve, un porche composé de quatre colonnes, à la face antérieure d'un temple, il est évident toutefois, que le mot entendu à part de toute théorie classique en fait d'architecture, signifioit simplement, à l'égard d'un temple, qu'il avoit des colonnes en avant, ou bien, qu'il n'avoit des colonnes en avant que d'un seul côté. Il ne faudroit donc pas conclure des paroles de Vitruve, qu'on n'eût pas pu user de ce mot à l'égard de tout autre temple, que celui dont le porche se seroit composé uniquement de quatre colonnes.

Rien n'auroit empêché, dans le langage ordinaire, d'appeler *temple prostyle* celui qui auroit présenté sur une seule de ses faces, sur un seul de ses frontispices, une rangée composée d'un plus grand nombre de colonnes. Vitruve lui-même nous en fournit la preuve (*lib.* 7, *præfat.*) dans le passage où il parle de l'augmentation faite au temple d'Eleusis par l'architecte Philon. Ictinus (dit-il) avoit fait d'une grandeur immense la *cella* du temple de Cérès et Proserpine, à Eleusis. Elle étoit d'ordre dorique, mais sans colonnes extérieures, propres à donner une plus grande étendue pour l'usage des sacrifices. Mais dans la suite, sous Démétrius de Phalère, l'architecte Philon ayant établi des colonnes au front de l'édifice, *ante templum in fronte columnis constitutis*, il en fit un prostyle: *prostylon fecit*.

On ne sauroit supposer que Philon se seroit contenté d'un porche à quatre colonnes. Il est évident que ce petit nombre de colonnes au front d'un temple, ne pouvoit convenir qu'à un édifice d'une fort modique dimension. Celui d'Eleusis, au contraire, fut une des plus grandes constructions de l'antiquité. Strabon nous le représente comme capable de contenir une multitude égale à celle que contenoient les théâtres: *ὄχλον θεάτρου δέξασθαι δυνάμενον*; et Vitruve, en parlant de sa dimension, se sert des mots *immani magnitudine*. Cela se conçoit quand on sait que les temples ordinaires n'avoient point de cérémonies dans leur intérieur, qui fussent de nature à y appeler la multitude. Au contraire, dans les temples à initiation, comme celui d'Eleusis, il falloit un vaste espace capable de contenir la foule des initiés.

Si l'on vouloit ajouter foi au projet de restitution du plan de cet édifice qu'on trouve dans les *Unedited antiquities of Attica*, il auroit formé un vaste carré de 180 pieds à peu près en tout sens, et son *prostylon* n'auroit pas eu moins de douze colonnes sur une seule ligne. *Voyez* TEMPLE.

PROSTYBIDE. Nom que Vignole a donné à la clef d'une arcade, faite d'un rouleau de feuilles d'eau, entre deux règles et deux filets, et couronnée d'une cymaise dorique. C'est ainsi qu'il l'a adaptée à son arcade dans l'ordre ionique. Sa figure est presque pareille à celle des modillons.

PROTHYRUM, du grec *prothyron*. Vitruve nous apprend qu'on appeloit ainsi les vestibules qui étoient en avant des portes dans les maisons des Grecs. A Rome, on appeloit ainsi, c'est-à-dire, *protyhra*, ce que les Grecs exprimoient par le mot *diathyra*. Ce dernier mot en grec, et le premier en latin (dit Galiani), signifiant ce qu'on appelle *cancello*, ou balustrade placée devant une porte. Il se pourroit que ce ne fût autre chose qu'une double porte, ou ce qu'on appelle en français *porte battante*.

PRYTANÉE. C'étoit, dans beaucoup de villes de la Grèce, un fort grand bâtiment destiné aux assemblées des prytanes, aux repas publics et à d'autres usages. Le *prytanée* de Cyzique passoit, après celui d'Athènes, pour être le plus magnifique de la Grèce. Il renfermoit dans son enceinte quantité de portiques, dans lesquels étoient placées les tables des festins publics. On y élevoit des statues aux hommes célèbres. Spon a rapporté un décret du sénat et du peuple de Cyzique, lequel ordonnoit que la statue d'Apollodore de Paros seroit placée près des tables du premier portique dorique.

PSEUDODIPTÈRE, c'est-à-dire, faux diptère. Nous avons vu au mot DIPTÈRE (*voyez* ce mot), que le temple auquel on donnoit cette dénomination, étoit celui qui à chacun de ses deux flancs, et dans toute leur longueur, avoit deux rangs de colonnes isolées formant double galerie, allée ou promenoir tout alentour.

Le faux diptère étoit celui dans la disposition duquel on conservoit l'espace propre à recevoir les deux files de colonnes des ailes, en en supprimant toutefois une. La condition du *pseudodiptère*, comme celle du diptère, étoit d'avoir à ses deux fronts antérieur et postérieur, une rangée de huit colonnes : les flancs en comprenoient quinze, en y comptant celles des angles. On ne sauroit décrire cette disposition d'une manière plus précise que l'a fait Vitruve. Les murs de la *cella* (dit-il) s'aligneront de chaque côté à la quatrième colonne du milieu du frontispice ; de sorte que du mur de la *cella* à la rangée des colonnes extérieures sur les flancs, il y ait l'espace de deux entre-colonnemens, plus celui du diamètre de la colonne dans la rangée supprimée.

A Rome, ajoute Vitruve, il n'y a point d'exemple de *pseudodiptère ;* mais on en voit à Magnésie, dans le temple de Diane, construit par Hermogènes d'Alabande, et dans le temple d'Apollon, ouvrage de Mnestes.

Selon le même auteur, Hermogènes fut l'inventeur de la disposition du *pseudodiptère*. L'effet de cette innovation (dit-il encore) fut de supprimer tant dans les flancs que sur les fronts du temple, trente-huit colonnes formant le second rang intérieur, ce qui d'abord fut une grande économie de dépense, ce qui ensuite laissa autour de la *cella* un promenoir beaucoup plus large, et n'enleva rien à la beauté de l'aspect, parce que du dehors on n'apercoit point le manque des colonnes supprimées.

PSEUDOISODOME. Ce mot, composé en grec de *pseudo* (faux) et *isodome* (régulier ou égal), est opposé par Vitruve à la construction en pierre qu'il appelle *isodome*, laquelle, comme il l'explique, se composoit d'assises régulièrement dressées, et dont les pierres étoient toutes d'une égale grosseur.

La construction *pseudoisodome*, au contraire, se composoit d'assises alternativement inégales en hauteur, parce que les pierres dont ces assises étoient formées, avoient une épaisseur différente. Vitruve assure que l'un et l'autre genre d'appareil donnoit une construction également solide.

PSEUDOPÉRIPTÈRE ou FAUX PÉRIPTÈRE. On a vu à ce dernier mot, que c'étoit le nom d'un temple ayant un *pteron* ou une allée de colonnes tout alentour. Le faux périptère étoit celui qui, au lieu d'avoir sur ses flancs une rangée de colonnes isolées, présentoit ces colonnes engagées dans les murs latéraux de la *cella*. On usoit (dit Vitruve) de la disposition du *pseudopériptère*, pour donner plus de largeur à l'intérieur de la *cella*, qui s'agrandissoit ainsi aux dépens du promenoir formé dans le périptère, par l'espace qui existoit entre les murs latéraux et les colonnes.

Le grand temple de Jupiter Olympien à Agrigente, étoit un *pseudopériptère*. Le temple de Nîmes est aussi de ce genre.

PTEROMA. Mot grec formé de *pteron* (aile). Vitruve appelle ainsi (*lib.* 3, *cap.* 2) les files ou rangées de colonnes, qui régnoient autour des temples dans l'antiquité.

La disposition du *pteroma* (dit-il), et l'ordonnance des colonnes autour du temple, ont été inventées, *pteromatos enim ratio et columnarum circa ædem dispositio ideò est inventa*, pour donnerà l'aspect de l'édifice plus de majesté ; par l'effet des entre-colonnemens multipliés, ensuite pour présenter dans la galerie du *pteroma* un abri à la multitude, etc.

PTERON. Mot grec qui signifie *aile*, employé aussi en latin, comme Pline va nous le prouver, pour exprimer les rangées de colonnes qui semblent former les ailes d'un bâtiment. Tous les mots *périptère*, *monoptère*, *diptère*, etc., expriment par leur composition, l'idée empruntée des ailes de l'oiseau, pour désigner les files de colonnes qui se trouvoient placées sur les flancs des temples.

Pline a employé le même mot à la description de la colonnade quadrangulaire, dont étoit environné le tombeau de Mausole. C'est (dit-il) au-dessus que fut érigée une masse pyramidale formée de vingt-quatre gradins, dont la hauteur égaloit la partie inférieure du monument. *Namque suprà pteron, pyramis altitudine inferiorem æquavit.*

PUGET (Pierre), né à Marseille en 1622, mort en 1694.

Cet artiste célèbre, surtout en France, fut, comme c'étoit encore assez l'usage dans le siècle où il vécut, à la fois peintre, sculpteur et architecte.

A cette époque, les établissemens d'instruction ou d'enseignement méthodique pour les arts du dessin n'existoient point. L'instinct seul, ou ce qu'on appelle autrement la vocation naturelle, produisoit dans les jeunes gens certains signes d'aptitude à l'imitation, et lorsqu'ils rencontroient un œil assez exercé pour faire augurer de ces pronostics, la volonté de la nature, le jeune homme étoit placé chez un maître dont il suivoit la manière, ou dont son génie l'apprenoit à s'affranchir.

Ainsi *Puget*, ayant donné de très-bonne heure à reconnoître, que la nature vouloit faire de lui un artiste, il fut placé dès l'âge de quatorze ans auprès d'un constructeur de galères, qui étoit aussi sculpteur en bois. L'usage d'orner les vaisseaux de figures et d'emblêmes divers, commença donc à initier le jeune *Puget* aux arts du dessin. Mais le maître sous lequel il travailloit, n'ayant plus rien à lui apprendre, et le travail borné du sculpteur de marine ne suffisant plus à son habileté, il partit pour l'Italie, s'arrêta quelque temps à Florence, où, recueilli par un sculpteur de cette ville, et recommandé ensuite par lui au célèbre peintre Pierre de Cortone, à Rome, il ne tarda point à changer le travail du ciseau contre celui du pinceau.

Pierre de Cortone avoit découvert dans *Puget* des dispositions extraordinaires, un goût de dessin qui avoit beaucoup d'analogie avec sa manière. Il l'employa dans plus d'une de ses entreprises, et notamment (dit-on) dans quelques parties d'exécution de son fameux plafond du palais Barberini. On y remarque en effet deux figures de tritons, qu'on prétend être de la main de *Puget*.

Ainsi le hasard des circonstances sembloit avoir pris à tâche de le détourner de l'art, sur lequel devoit se fonder sa plus grande célébrité. L'on doit observer toutefois que le goût d'école de Pierre de Cortone, influa sur cette manière hardie, facile et incorrecte qu'il porta dans la sculpture; et sous ce rapport, on ne sauroit dire s'il faut, ou non, regretter l'effet de cette influence; car, qui oseroit dire que les beautés de la sculpture de *Puget*, ne tiennent pas à ses défauts?

Pierre de Cortone cherchoit à se l'attacher de plus en plus; mais l'amour de la patrie l'emporta: *Puget* étoit de retour à Marseille en 1643. Il passa encore quelques années de sa vie, ou pour mieux dire, il les perdit à des travaux pour la marine de Toulon. Une nouvelle rencontre le conduisit une seconde fois en Italie. Un religieux de l'ordre des Feuillans, chargé par Anne d'Autriche d'aller faire exécuter à Rome, une suite de dessins d'après les monumens antiques les plus renommés, le prit avec lui pour l'aider dans ce travail.

L'observation attentive des édifices de l'antiquité, développa chez *Puget* un goût et une disposition, dont il ne s'étoit pas encore rendu compte. Sa passion pour l'architecture devint si vive, qu'il voulut en faire son art favori.

Voilà donc *Puget* devenu sculpteur, peintre et architecte, sans avoir eu véritablement ce qu'on appelle un maître dans chacun des trois arts. C'est avec cette triple vocation qu'il retourna se fixer à Marseille en 1653.

N'ayant à montrer ici *Puget* que comme architecte, nous ne ferons point mention des ouvrages de peinture et de sculpture, qui depuis cette époque ont occupé la plus grande partie de son temps.

Son premier ouvrage d'architecture fut toutefois aussi, celui qui lui donna l'occasion de se montrer comme sculpteur, dans un monument public. Je veux parler de la porte et du balcon de l'hôtel-de-ville de Toulon. Il en fut l'architecte et le sculpteur. Le balcon qui sert de couronnement à la porte, est soutenu par deux termes en forme d'atlantes, dans lesquels l'artiste se plut à exprimer, par la contraction de la musculature, l'effort d'un corps résistant à la charge qui lui est imposée.

A peine arrivé à Marseille, *Puget* dessina, pour l'hôtel-de-ville qu'on se proposoit de rebâtir, un projet de façade sans comparaison plus beau que celui qui a été exécuté. Il n'y a de lui, dans tout l'édifice, que l'écusson aux armes de France placé au-dessus de la porte.

Dans le temps qu'on bâtissoit à Marseille l'hôtel-de-ville, on s'occupoit aussi de l'établissement de la rue d'Aix, du Cours et de la rue de Rome, sur des terrains qui se trouvoient auparavant hors de la ville. *Puget* fut consulté. Il dessina des projets de façade pour les maisons du milieu, et pour celles des angles de chacune des façades du Cours, et quelques-uns de ces projets reçurent leur exécution. Du côté gauche du Cours, en allant du nord au midi, à partir de la rue dite *de l'Arbre*, les maisons qui portent les numéros 1, 3, 5, 7, 9, sont regardées comme son ouvrage: ces façades de maison offrent une décoration grandiose. Les cinq maisons particulièrement qui viennent après la rue de Noailles, du n°. 1 au n°. 9, forment une continuité d'ordonnance et d'architecture qui semble ne faire qu'un seul édifice. L'élévation de cette façade se compose, aux extrémités latérales, de deux ordres de pilastres ioniques et corinthiens, l'un au-dessus de l'autre. Un balcon en saillie, soutenu par des tritons ou des syrènes, couronne la porte principale, et une belle corniche règne dans toute l'étendue de cette masse.

Dans la rue de Rome, à l'angle de cette rue et de celle qu'on appelle *de la Palun*, on montre une maison que *Puget* avoit bâtie pour lui-même. Sa façade est décorée par deux pilastres composites, surmontés d'un fronton qui forme le faîte de l'édifice.

Un ouvrage d'architecture plus important occoupoit *Puget* à la même époque. On veut parler de la Halle au poisson, qu'on appelle aujourd'hui de son nom. Cet édifice se compose de vingt colonnes isolées d'ordre ionique, disposées sur un carré long, au nombre de cinq sur deux côtés, et de sept sur chacun des deux autres. Les colonnes sont élevées sur des piédestaux, entre lesquels règnent trois rangs de marches. Elles supportent des arcades, au-dessus desquelles la saillie du toit tient lieu de corniche.

Sur des terrains à cette époque hors de Marseille, et formant aujourd'hui une rue de la ville, *Puget* se bâtit une maison de campagne, ou plutôt un casin, dont un pavillon subsiste encore, et qu'on montre comme une sorte de débris d'antiquité, au milieu de constructions modernes. C'est dans cette habitation qu'il passa les dernières années d'une vie très-agitée, et c'est là, qu'oubliant toutes les traverses qui accompagnent trop souvent la réputation et le talent, il se livroit à des travaux qui n'étoient pour lui que des délassemens.

C'est de 1689 à 1694 qu'il construisit l'église de l'hospice de la Charité. Une nef ovale, environnée de douze colonnes d'ordre corinthien qui soutiennent un tambour et une coupole également ovale, un vestibule et trois chapelles disposés autour de cette nef et se faisant pendant, telles sont les parties principales dont se compose l'intérieur de cet édifice. Le dehors, isolé de toutes parts, est décoré dans tout son pourtour de pilastres corinthiens. Le tambour et la coupole qui s'élèvent au-dessus, offrent une masse parfaitement en rapport avec le style de cette architecture. *Puget* ne vit point terminer ce monument. Son fils, après lui, en dirigea l'exécution, et ne parvint point cependant à le compléter. Le portique extérieur, qui devoit être orné de quatre colonnes, n'a point été achevé.

PUISARD, s. m. En général, on entend par ce mot toute issue ou tout réceptacle, soit par où les eaux s'écoulent, soit où elles vont se perdre.

Ainsi, sous la première acception, le *puisard* sera un conduit pratiqué ou dans le corps d'un mur, ou dans le noyau d'un escalier à vis, ou partout ailleurs, et aboutissant dans un chéneau, à un orifice ordinairement grillé, auquel viennent se rendre des différentes pentes des combles, les eaux pluviales. Ces tuyaux ou conduits sont ou de plomb ou de fonte. Il vaut mieux toutefois les pratiquer en dehors des constructions, pour la facilité des réparations qu'ils peuvent exiger.

Le *puisard*, dans la seconde acception du mot, est au milieu d'une cour, d'un espace quelconque, une sorte de puits bâti à pierres sèches, qu'on recouvre d'une pierre trouée, où se rendent les eaux pluviales qui, n'ayant point d'autre direction, finissent par se perdre dans les terres, ou peut-être répondront à quelque aqueduc souterrain.

Puisards d'aqueduc (*terme d'architecture hydraulique*). Ce sont des trous qu'on pratique dans certains endroits des aqueducs, et qu'on ouvre pour pouvoir vider l'eau du canal, lorsqu'il y a des réparations à y faire.

Puisards de sources. Ce sont certains puits qu'on creuse d'espace en espace, pour la recherche des sources, et qui se communiquent par des pierrées, qui portent toutes leurs eaux dans un regard ou réceptacle, d'où elles entreront dans un aqueduc.

PUITS, s. m. On donne ce nom à toute excavation profondément fouillée en terre, le plus souvent pour se procurer de l'eau, quelquefois pour pénétrer jusqu'à une couche de pierres, de charbon de terre, etc.; d'autres fois pour conduire aux travaux souterrains, nécessaires à l'extraction des métaux.

Mais, comme on l'a dit, l'usage le plus habituel des *puits* a lieu dans tous les endroits habités des villes et des campagnes, et l'objet qui les fait creuser, est le besoin d'eau, là surtout où elle ne sauroit arriver par des aqueducs.

Le *puits* creusé à cet effet, est un trou plus ou moins profond, qu'on fouille au-dessous de la surface de l'eau; on le pratique le plus souvent en forme circulaire, et on le revêt de maçonnerie.

Voici comme se fait cette construction. Lorsqu'en creusant on est parvenu à l'eau, et qu'on en a cinq ou six pieds de profondeur, on place dans le fond un rouet de bois de chêne (*voyez* Rouet) d'un diamètre proportionné à la grandeur du *puits*, et formé de fortes plates-bandes. Sur ce rouet on pose un plus ou moins grand nombre d'assises en pierres de taille, maçonnées avec mortier de ciment, et liées entr'elles par des crampons de fer coulés en plomb. Sur cette sorte de soubassement on élève le reste de la hauteur du *puits* en maçonnerie de briques ou de moellons, jusqu'à quelques pouces au-dessous du rez-de-chaussée. Au-dessus on place la mardelle, qui peut n'être que d'une seule pierre, creusée à la mesure du diamètre donné au *puits*; mais le plus souvent on la construit d'un assemblage de pierres dures, cramponnées comme celles du fond. On équipe ensuite le *puits* de tout ce qui est nécessaire pour en tirer l'eau.

On doit observer, dans la manière de placer les *puits*, pour les maisons de ville et de campagne, qu'ils soient éloignés des fumiers, des étables, des fosses d'aisance, et d'autres lieux qui peuvent communiquer à l'eau un goût désagréable. La meilleure situation est ordinairement dans les cours. On doit, autant qu'il est possible, les laisser

laisser à découvert, nonobstant quelques inconvéniens qui peuvent en résulter, parce que l'eau en est meilleure, les vapeurs de l'intérieur s'échappent plus facilement, et il est avantageux que l'air y puisse circuler.

Un *puits*, adapté aux besoins des particuliers, est une construction de pure utilité, qui ne demande que du soin, de l'intelligence, et ne réclame qu'une habileté ordinaire. Il s'en construit pourtant quelquefois, et il en existe, qu'on peut regarder et citer comme des espèces de monumens, et qui méritent d'être décrits.

Tel est, par exemple, celui qu'on voit dans le château du Caire, et que l'on nomme vulgairement le *puits de Joseph*, non pas, comme l'ont cru certains voyageurs, et le répètent encore les naturels du pays, parce que cet ouvrage, ainsi que le château où il se trouve, sont des monumens du patriarche Joseph. Ce nom leur vient d'un monarque qui les fit exécuter, et qui étoit fils d'un prince appelé *Joseph*.

Ce *puits*, taillé dans le roc, a 280 pieds de profondeur, sur 42 de circonférence; il se compose de deux coupes qui ne sont point perpendiculaires l'une à l'autre. On y descend par un escalier circulaire de 300 marches, dont la pente est extrêmement douce. La cloison qui le sépare du mur du *puits* est formée d'une portion de rocher, à laquelle on n'a laissé que six pouces d'épaisseur. De petites fenêtres, qui y sont pratiquées de distance en distance, éclairent cette rampe.

Quand on est arrivé au bas de la première coupe, on trouve une esplanade avec un bassin. C'est là que des bœufs tournent la roue qui fait monter l'eau de la partie inférieure du *puits*. D'autres bœufs placés en haut, l'y élèvent de ce réservoir par le même mécanisme.

Nous ne pouvons encore nous empêcher de citer et de faire connoître avec quelques détails, l'ouvrage moderne le plus remarquable que l'on ait fait en ce genre, savoir, le *puits* de l'hospice de Bicêtre, près Paris, commencé en 1733 et achevé en 1735, sur les dessins de Boffrand, et qui depuis a servi de modèle à quelques autres dans les pays étrangers.

Ce *puits*, qui a vingt-huit toises et demie de profondeur (cent soixante-onze pieds), fut creusé dans quinze toises de différentes terres et roches, dix toises de masses de pierre par banc, et plus bas trois toises de hauteur de glaise. Au-dessous de cette glaise, est un sable gras, très-fin, mêlé de marcassites.

Il y a neuf pieds de hauteur d'eau intarissable. A douze pieds au-dessus du niveau de l'eau, on a pratiqué, dans la masse, une retraite pour la circulation des ouvriers qui auroient occasion de travailler à quelque réparation.

Le diamètre du *puits*, dans œuvre, est de quinze pieds, la circonférence est d'environ quarante-sept pieds.

Un manége de forme octogone de trente-six pieds de diamètre dans œuvre, renferme une charpente tournante, adaptée à un gros arbre servant de pivot. Huit chevaux en deux relais sont occupés à faire mouvoir cette charpente tournante.

A deux cables attachés au pivot et qui filent en sens contraire, sont suspendus deux seaux, contenant trois muids d'eau. Chaque seau, armé de fer dans sa hauteur et sa circonférence, pèse 1200 livres. De ces deux seaux, l'un monte et l'autre descend. Il y a, au fond de chaque seau, quatre soupapes de cuivre, par le moyen desquelles l'eau entre par le fond du seau, qui n'a point besoin d'être incliné pour recevoir l'eau, et cela évite ce mouvement de vibration dans les cordes, et d'oscillation des seaux eux-mêmes contre les parois des murs du *puits*.

Les seaux arrivés en haut versent d'eux-mêmes, dans une espèce de cuve, au moyen d'un crochet qui y est attaché, et qui, prenant le rebord du seau, le fait incliner, son anse mobile étant attachée vers le milieu de sa hauteur.

Chaque seau monte et descend en cinq minutes. Les chevaux allant au pas, on tire environ cinq cents muids par jour, le travail de chaque jour étant de douze à quinze heures. En cas de besoins extraordinaires, on peut atteler huit chevaux à la machine, pour en accélérer le mouvement, et augmenter dès-lors la quantité d'eau.

La machine ayant été faite avant le *puits*, elle a servi à épuiser les eaux de source, à monter les terres, et à descendre les pierres avec autant de sûreté que de promptitude.

On a vu que chaque seau plein se vide dans une espèce de cuve. De-là elle est conduite à un grand réservoir, bâtiment construit derrière celui du *puits*, et qui a plus de soixante pieds en carré. Un trotoir règne tout à l'entour. Il a huit pieds huit pouces de profondeur, et contient environ quatre mille muids d'eau, ce qui peut suffire à la maison pendant sept à huit jours. Il faut à peu près le même espace de temps pour le remplir. Ce local est couvert par plusieurs voûtes faites avec beaucoup d'art.

On met ce réservoir à sec tous les trois ans pour le curer à fond.

Puits commun. C'est un *puits* qui, destiné dans un lieu public, comme une rue, une place, à l'usage de chacun, doit être construit dans une plus grande circonférence et avec un orifice plus large.

Puits de carrière. Ouverture ordinairement circulaire, de douze à quinze pieds de diamètre, creusée perpendiculairement, qui permet de descendre dans une carrière, au moyen d'un ecalier ou ranchet, et par laquelle on tire avec une roue les pierres détachées de la carrière.

Puits décoré. C'est celui dont la mardelle sera contournée en forme de vase ou de cuve, et dont la traverse qui porte la poulie, posera sur des montans ornés et façonnés en forme de colonnes ou de termes. On cite comme étant du dessin de Michel Ange un *puits* de ce genre dans la cour de Saint-Pierre-aux-liens, à Rome.

Puits de mine. C'est l'ouverture par laquelle les ouvriers mineurs descendent dans les souterrains d'une mine.

Puits foré. On nomme ainsi une espèce de *puits* où l'eau monte d'elle-même jusqu'à une certaine hauteur, de sorte qu'on n'a d'autre peine, que celle de puiser l'eau dans un bassin où elle se rend, sans qu'on soit obligé de la tirer.

Puits perdu. *Puits* dont le fond est d'un sable si mouvant, qu'il ne retient pas son eau, et n'en a pas deux pieds en été, qui est la moindre hauteur nécessaire pour puiser.

PULPITUM. *Voyez* Proscenium.

PULVINUS. C'est le nom que Vitruve donne à cette partie du chapiteau ionique, que nous nommons *balustre*, à cause de sa ressemblance avec la forme d'un balustre. En latin, on l'appeloit *pulvinus*, à raison de la ressemblance qu'on lui trouvoit avec un *oreiller*; car c'est ce que le mot latin, au sens simple, signifie.

PUR, PURETÉ, adj. f. La qualité qu'on désigne, en architecture, par les mots *pur* et *pureté*, est une qualité commune à tous les arts, à tous les ouvrages de l'esprit et du dessin.

Quand on cherche à se définir cette qualité par les caractères qui la rendent sensible, on est obligé d'en diviser la notion en deux; l'une générale qui se rapporte à l'effet de la *pureté* considérée en elle-même, l'autre plus restreinte, qui se rapporte à l'absence ou à la privation d'un défaut qui fut plus particulièrement propre de l'architecture moderne, et que la langue ne permet pas d'exprimer par le privatif du mot *pureté*.

A considérer en elle-même l'idée morale qu'on attache au mot *pureté*, dans les ouvrages de l'architecture, il semble qu'on peut se l'expliquer avec plus de précision, en se rendant compte de ce qui la produit et de ce qui la fait reconnoître, par exemple, dans les œuvres de l'esprit ou dans l'art d'écrire, et dans ce qu'on appelle le *style*.

Ainsi, il nous semble que le talent de bien exprimer ses idées par le discours, de développer avec netteté tous les rapports d'un sujet, d'en exposer les parties dans l'ordre le plus naturel, de les présenter avec les formes et les expressions les plus propres, est précisément ce qui produit la *pureté* de la composition. Or, cette *pureté*, jointe à celle du langage ou du style, nous fait reconnoître en elle le principe même du plaisir que nous en recevons, parce que ce plaisir résulte en grande partie de la facilité que nous avons à saisir et l'ensemble, et chacune de ses parties.

La qualité qu'on appelle *pureté*, dans l'art de composer, de dessiner et de colorer chez le peintre, présente, ce nous semble, les mêmes effets. Qui ne sait que, selon le génie, le goût et le style de chaque peintre, l'ouvrage acquiert une clarté de composition, une justesse de forme, une vérité de coloris, qui font que l'esprit et les yeux se trouvent comme forcés à bien concevoir le sujet du tableau, à en bien saisir les rapports, et à bien apprécier la justesse de toutes les parties de l'imitation?

Mais l'idée générale de *pureté* n'est pas moins sensible dans les œuvres de l'architecture, et l'effet de cette qualité n'est pas moins nécessaire aux impressions que nous devons recevoir de cet art.

On peut y reconnoître la *pureté* sous trois rapports, sous le rapport de conception dans l'ordonnance du plan, sous le rapport de disposition dans l'ensemble de l'élévation, sous le rapport d'exécution dans le choix et le rendu des parties et des détails.

La *pureté* de conception ou d'ordonnance d'un plan, consiste dans une combinaison ingénieuse, et qui paroît n'être que toute simple, des différentes parties d'un local, grandes ou petites, nécessaires ou agréables, naturellement liées entre elles, et assorties aux besoins comme aux agrémens de l'édifice. Cette qualité se fait reconnoître par une distribution facile à concevoir, variée sans confusion, où tout est si bien coordonné, que chaque besoin, chaque emploi trouve avec convenance la place qui lui est propre, sans qu'il semble que cet arrangement ait coûté le moindre travail, tellement que chacun s'imaginera qu'il en auroit sur-le-champ fait autant.

C'est ainsi (pour revenir à la comparaison déjà employée) que les bons écrivains donnent à la marche de leurs idées, et à leur liaison, quelque chose de si facile et de si clair, que beaucoup se persuadent qu'il n'y avoit pas manière de procéder autrement. Cependant le don de cette sorte de *pureté* de composition est ce qu'il y a de plus rare dans l'art d'écrire. Rien ne l'est plus aussi en architecture, que cette *pureté* d'idée qui donne tant d'aisance à la marche d'un plan, et d'où dépend aussi, beaucoup plus qu'on ne sauroit le dire, le bon effet de l'élévation dont chacun est plus facilement juge.

Ce qu'on peut appeler *pureté*, sous le rapport de disposition dans l'ensemble extérieur d'un édifice, tient beaucoup à ce qu'on appelle *pureté de goût*.

Une *élévation* d'un goût *pur* consistera dans une distribution sage et régulière des différens ordres, dans l'application judicieuse de chacun, au caractère propre de l'édifice, dans un juste accord entre les pleins et les vides, dans un heureux équilibre entre les parties lisses et les parties ornées, dans une succession bien graduée des richesses de la décoration, proportionnées aux convenances de chaque local. On juge volontiers de la *pureté* du goût de l'architecte en ce genre, par ce qu'on appelle l'*art des profils* (*voyez* Profils, Profiler), par cette distribution judicieuse et élégante des membres qui les composent, et qui est à l'architecture, en quelque sorte, ce que sont la prosodie à la poésie, la diction à l'éloquence, ou ce qu'on appelle le *style* à l'art d'écrire.

Nous avons dit qu'il y avoit aussi, pour l'architecture, une *pureté* d'exécution. C'est celle qui consiste, après le choix fait des détails et des ornemens, dans la manière de les exécuter, d'en rendre l'effet clair, harmonieux et élégant. La *pureté* d'exécution en ce genre, quoiqu'elle doive résulter en grande partie d'un travail plus ou moins mécanique, indépendant de l'architecte, n'en est pas moins due à son goût et à sa direction. C'est d'abord sur ses dessins et d'après les modèles qu'il donne, que les ouvriers travaillent. Il lui appartient ensuite d'en surveiller la copie et d'exiger ce fini précieux, qui doit rendre toute sa pensée. Rien de plus important que cette *pureté* d'exécution, et toutefois rien de plus difficile que de l'obtenir, tant sont nombreuses les causes et les circonstances qui s'y opposent. Ainsi, il suffit d'une matière ingrate, d'une pierre molle ou réfractaire, pour ôter aux arêtes des profils, aux contours des ornemens, leur finesse et la justesse de leur galbe. De mauvaises pratiques chez les ouvriers, l'économie du temps, et par conséquent de la dépense, amènent des procédés expéditifs, d'où résulte un travail grossier et imparfait, soit dans la manière de dresser les paremens, d'aviver les arêtes, soit dans l'art de fouiller les dessous des ornemens, des feuillages, des rinceaux. Ce manque de soin est seul capable, en dépit du projet et des dessins de l'architecte, d'enlever à son édifice, avec la *pureté* d'exécution, le charme qui devoit appeler les yeux à jouir de son effet. On ne sauroit trop faire observer, combien généralement le poli des matières, soit pierres, soit briques, soit enduits, contribue, par l'espèce de *pureté* matérielle ou mécanique qu'il produit, à augmenter l'impression de la *pureté* d'exécution, qui dépend du goût de l'architecte.

Nous avons dit, au commencement de cet article, que le mot *pureté* comportoit, dans le langage des arts modernes surtout, et spécialement de l'architecture, une acception particulière qui méritoit d'être développée à part.

De tout temps, sans doute, dans l'architecture grecque, et chez tous les peuples qui l'ont professée, il y a eu, en opposition avec la qualité qu'on vient de définir, un défaut qui s'est fait plus ou moins reconnoître par des effets contraires à ceux que produit la *pureté*. Cependant il paroît qu'il en fut de cet art comme de tous les autres. Plus près de son origine, mieux approprié aux besoins moins multipliés des sociétés, soumis à des traditions plus constantes, à des lois nées des usages mêmes, expression plus simple à la fois et plus claire des convenances et des causes qui avoient su y réunir, sous un lien commun, l'utile au plaisir, la raison et le goût; cette alliance y conserva long-temps une certaine uniformité de rapports, une régularité de proportions, une continuité des mêmes types, une sobriété d'ornemens et de détails, tour à tour effet et principe de cette qualité, à laquelle nous avons donné le nom de *pureté*.

Ce nom, dans le sens que nous lui appliquons ici, signifie à peu près au moral, ce qu'au physique on exprime, en parlant d'une eau prise à sa source ou près d'elle. Tout tend à se corrompre plus ou moins dans les productions des arts, par un mélange d'idées, de formes, de besoins, mais surtout par l'oubli des principes, c'est-à-dire, des raisons premières qui ont servi de base aux inventions. Une lassitude de ce qui est ancien, une manie d'innovations, s'emparent des sociétés comme des individus. On oublie que ce qui existoit, étoit le produit d'une création lente et successive, et on croit le remplacer par une création subite. Mais l'avantage de la durée n'a point été donné, à tout ce qui manque de la longue élaboration du temps. Une nouveauté fait bientôt place à d'autres, et le goût des arts, ainsi que leurs ouvrages, n'offrent qu'une succession rapide de modes, qui se détruisent l'une par l'autre.

Cependant cette triste facilité d'innovations n'a lieu, qu'au moyen de la malheureuse faculté de mélanger sans cesse, d'une façon toujours nouvelle, des élémens incohérens qui ne sauroient s'allier, qui rassemblés un moment pour récréer les yeux par leur diversité, appellent continuellement de nouveaux mélanges.

Telle a été, à quelques degrés près, la destinée de l'architecture grecque, en se propageant à travers les siècles et chez tant de peuples. Sans doute la progression de ce mélange corrupteur de la *pureté*, n'a été ni toujours continu, ni sans quelques retours aux principes, qui toujours peuvent lui rendre sa vertu première.

Suivre l'histoire de cette progression et de ses vicissitudes, ce seroit faire l'histoire du goût de cette architecture; et comme cette histoire se trouve dans le plus grand nombre des articles de ce Dictionnaire, nous nous bornerons ici à faire connoître, que c'est particulièrement par la confusion des types principaux de cet art, et par la profusion des ornemens, par l'ignorance de leur propriété, par leur mélange indiscret, que s'est trouvée altérée la *pureté* de l'architecture.

On voit dès-lors, comment le mot *pureté*, exprimant, dans le système de cette architecture, l'observation du caractère primordial de ses formes, de ses proportions et de ses ornemens, on appelle *pur* le goût qui tend à bannir des plans, des élévations et de la décoration d'un édifice, tout ce qui est caprice, irrégularité, superfluité, tout ce qui ne repose sur aucune raison.

Ainsi, un plan sans *pureté*, est celui qui se composera de contours inutilement mixtilignes, de lignes brisées ou ondulées, pour le seul plaisir de la difficulté.

Ainsi, une élévation sans *pureté*, est celle dont les masses n'ont aucune relation entr'elles, dont les formes contournées ou brisées sans motif, n'offrent aux yeux que l'effet d'une diversité sans principes et sans but.

Ainsi, une décoration sans *pureté*, est celle où les membres de l'architecture, les profils, les ornemens mêlés, combinés, prodigués, transposés sans discernement d'aucune origine, d'aucune signification, d'aucune convenance, paroissent n'être qu'un jeu de hasard fait pour amuser des yeux ignorans.

Pour bien faire comprendre par deux exemples placés, si l'on peut dire, comme deux contraires, aux deux extrémités de cette théorie, ce qu'est la *pureté* et ce qu'est son opposé, dans l'architecture, il suffit de se représenter un temple dorique grec périptère, et une église de Borromini ou de son école.

PUREAU ou ECHANTILLON, s. m. C'est ce qui paroît à découvert d'une ardoise, ou d'une tuile mise en œuvre. Ainsi, quoiqu'une ardoise ait quinze ou seize pouces de longueur, elle ne doit avoir que quatre ou cinq pouces de *pureau*, et la tuile trois ou quatre, ce qui est égal aux intervalles des lattes.

PURGEOIRS, s. m. pl. On donne ce nom à des espèces de bassins avec sable et gravois, où l'eau des sources passe pour s'y purifier avant d'entrer dans ses tuyaux. Il doit y avoir de ces *purgeoirs* à certaine distance l'un de l'autre, et il faut, de temps à autre, en changer les gravois et les sables.

PUTÉAL, s. m. Ce mot n'est reçu que dans la langue de l'antiquité et des arts du dessin. Il vient de *putealis*, mot latin qui signifioit, ou la converture d'un puits, ou ce qu'on appelle *mardelle* ou *margelle*, de *margo* (*rebord*), c'est-à-dire, ce petit mur d'appui ordinairement circulaire, qui borde l'orifice du puits.

Les Romains appelèrent donc *putealis* (*putéal*) cette mardelle, et un assez grand nombre de restes d'antiquité nous prouvent, qu'ils faisoient ces *putéals* en marbre, et les décoroient de sculptures.

On avoit long-temps pris pour des autels ces morceaux d'antiquité. De ce nombre est celui qui sert de piédestal circulaire à un grand vase, dans le *Museum* du Capitole, à Rome, et autour duquel sont sculptées, dans un style archaïque, les figures des douze grands dieux. Cependant il est certain que, dans sa partie intérieure, on voit son rebord sillonné par les cordes qui enlevoient les seaux où l'on puisoit l'eau.

On voit encore aujourd'hui à Corinthe, un pareil *putéal*, employé au même usage. M. Dodwel, qui nous en a donné le dessin avec les détails de ses figures, nous apprend qu'il est maintenant posé dans son sens inverse, de sorte que les figures ayant la tête en bas, les têtes sont continuellement altérées par le contact des seaux. M. Dodwel présume que ce *putéal* provient d'un temple de Corinthe. Il y avoit peu de temples qui n'eût, dans son enceinte, quelque puits sacré dont les eaux servoient aux ablutions et lustrations. Naturellement on dut orner leur orifice d'une mardelle plus riche. De-là ces *putéals* plus ou moins grands, plus ou moins décorés, qu'on rencontre dans les collections d'antiquités. Le P. Paciaudi en a illustré plusieurs dans son ouvrage intitulé *Puteus sacer*.

PUTEOLANUS LAPIS. *Voyez* POUZZOLANE.

PYCNOSTYLE. Mot composé de deux mots grecs *puknos*, dense, épais, et *stulos*, colonne.

C'étoit une des cinq ordonnances ou dispositions des colonnes, selon Vitruve (*lib. III, c.* 2), c'est-à-dire, une des cinq manières de les séparer, et de régler la mesure de leurs entre-colonnemens.

Vitruve, en indiquant la progression de largeur des entre-colonnemens, depuis le *pycnostyle* jusqu'à l'aræostyle, nous a donné un système de mesures de ces cinq espèces de dispositions, qui du reste dans sa théorie, comme on va le voir, ne se rapportent qu'aux frontispices des temples.

« Il y a (dit-il) cinq sortes de temples, et voici les noms qu'on leur donne (d'après l'ordonnance de leurs frontispices). La première espèce s'appelle *pycnostyle*, c'est-à-dire, à colonnes serrées. Viennent après le systyle, dont les colonnes sont un peu plus espacées; le diastyle, plus large encore; au quatrième rang est l'aræostyle à entre-colonnemens plus larges qu'il ne convient; enfin l'eustyle, qui a la plus juste proportion en ce genre.

» Le *pycnostyle* est donc celui dont l'entre-colonnement a une fois et demie le diamètre de la colonne. Tels sont les temples de Jules-César, et dans son Forum, celui de Vénus.

» Le systyle est celui qui a, dans ses entre-colonnemens, deux diametres de la colonne, et dont les bases ont leur plinthe égale à l'espace qui est entre deux plinthes. On en voit un exemple au temple de la Fortune équestre, près du théâtre de pierre, ainsi qu'à plusieurs autres.

» Ces deux modes de disposition, dans les colonnes des frontispices des temples, ont cet inconvénient, que lorsque les matrones montent les degrés du temple, pour aller faire les supplications, elles ne peuvent, à raison du peu d'espace des entre-colonnemens, y passer en se tenant embrassées l'une l'autre, mais sont obligées d'aller à la file. Ensuite l'entre-colonnement serré du milieu, masque l'aspect de la porte et celui des statues; enfin, il résulte de cette disposition, que les promenoirs autour du temple s'en trouvent trop rétrécis.

» Dans le diastyle, l'entre-colonnement a de largeur trois diamètres de colonnes. Tel est le temple d'Apollon et Diane. Le mal de cette sorte d'ordonnance est que les architraves ayant trop de portée, se rompent.

» A l'égard de l'aræostyle, il faut dire que telle est sa largeur d'entre-colonnement, qu'on ne peut y mettre en œuvre des architraves de pierre ou de marbre, mais seulement de longues plates-bandes en bois. L'aspect de ces sortes de frontispices devient écrasé, lourd et bas. Les frontons de ces sortes de constructions doivent, selon l'usage toscan, être ornés de figures de terre cuite ou en bronze doré. Tels sont, près du grand Cirque, le temple de Cérès, et celui d'Hercule, élevé par Pompée. Tel est encore un autre temple au Capitole.

» Reste à faire mention de la disposition de l'eustyle, laquelle est la meilleure, la plus conforme à ce qu'exigent la commodité, la beauté et la solidité. »

J'ai rapporté à dessin le passage de Vitruve, qui contient toute sa théorie, sur cette partie importante de la disposition des colonnes des temples, dans son rapport avec les mesures des entre-colonnemens, et j'ai eu en vue, dans ce rapprochement des différens mots, qui expriment cette théorie, et qu'on trouve déjà à leurs articles respectifs, d'en tirer quelques considérations qui ne sont pas sans quelqu'importance.

Premièrement, il faut observer, que presque tous les commentateurs de Vitruve, et les Traités modernes d'architecture, ont pris une théorie particulièrement applicable aux colonnes des frontispices des temples, comme étant un système général, destiné à régler pour tous les cas, et d'une manière absolue, la mesure des entre-colonnemens. Toutefois il paroît certain que cette théorie est simplement relative aux temples, et aux colonnades antérieures de leur entrée.

Secondement, on a pu remarquer qu'en fixant comme le *minimum* de la largeur des entre-colonnemens, leur mesure à deux diamètres de la colonne, Vitruve annonce par-là, comme on peut s'en convaincre ailleurs, qu'il n'a point connu, ou n'a point voulu faire connoître l'ordonnance et les proportions de l'ordre dorique des Grecs, dont l'entre-colonnement, dans les temples, n'a souvent qu'un diamètre de largeur, et n'arrive jamais à deux.

Troisièmement, on peut conclure de la théorie de Vitruve, que l'architecture est tenue de se conformer, selon les temps et les pays, aux usages pour lesquels elle est faite, qui lui font impérieusement la loi, et auxquels l'architecte habile sait se soumettre, sans qu'on doive d'une exception, s'autoriser contre la règle. Cependant on a vu, dans plus d'un ouvrage moderne, l'artiste se prévaloir de l'autorité du passage de Vitruve qu'on vient de rapporter.

PYLONE : du mot πυλών, grande porte.

On trouve ce mot employé chez les anciens historiens, qui ont décrit les monumens de l'Egypte, et appliqué à ces grandes portes, que nous avons déjà vu précéder les vestibules en colonnes qui se succèdent, dans les plans des temples égyptiens.

Les nouveaux voyageurs et les auteurs du grand ouvrage de la Description de l'Egypte, ont donc francisé le mot grec, et ont appelé *pylones* ces grandes masses qu'on pourroit en quelque sorte appeler des *portails*, en les considérant, soit sous le rapport de leur masse, soit comme servant, ainsi que les portails modernes, de frontispices à l'ensemble des temples. Nous en avons déjà rendu compte à l'article de l'architecture égyptienne, dans l'analyse que nous avons donnée de tous les détails des temples, et de toutes les parties des édifices égyptiens. *Voyez* EGYPTIENNE (Architecture).

Nous nous bornerons à dire ici en deux mots, que presque tous les *pylones* forment des masses plus ou moins pyramidales, et qu'elles sont de deux genres : les unes simples, c'est-à-dire, offrant une porte sans accompagnement; les autres composées d'une porte qui s'ouvre entre deux massifs, en forme de tour carrée, dans lesquels se trouvent des escaliers, qui conduisent aux plates-formes pratiquées au sommet de chacune des deux tours.

PYRA. Ce mot est grec et latin, et on le traduit en français par le mot *bûcher*.

Son étymologie est πῦρ, qui signifie *feu*, et quelques-uns croient que le mot *pyramide* en dérive, soit parce que la pyramide, par sa forme, ressemble à la flamme qui se termine en pointe, soit peut-être parce qu'une certaine analogie, dans la destination funéraire, auroit rapproché l'idée de pyramide, de celle des monumens que les Grecs appeloient *pyra*.

Ce furent effectivement de véritables monumens, que ces *bûchers*, dont l'histoire et les médailles nous ont conservé le souvenir et la forme, tant chez les Grecs que chez les Romains. Au mot MAUSOLÉE, nous avons fait voir que la *pyra* ou le bûcher, édifice temporaire, mais décoré de toutes les pompes de l'architecture, avoit dû servir de modèle à ces tombeaux somptueux, où toute la solidité de la construction et la richesse de la décoration, rivalisèrent de dépense en Grèce et à Rome. *Voyez* MAUSOLÉE.

C'est ainsi qu'en tout genre, chez les Anciens, nous voyons l'ouvrage de tous les arts naître, comme d'un germe fécond, du principe élémentaire d'un premier besoin, d'un premier usage. Et comme, en Egypte, le petit monticule, élevé sur le corps mort, devint le type de la plus grande pyramide, de même la *pyra*, assemblage de bois, disposé pour la combustion du mort, se trouva converti insensiblement en un bûcher décoratif, à plusieurs étages, qui devoit bientôt devenir, par une conversion nouvelle en matière solide, un des plus magnifiques ouvrages de l'architecture.

Mais ce fut, comme il arrive toujours, progressivement et à l'aide du temps, que le simple bûcher se modifia, s'augmenta et s'embellit au point d'inspirer à l'art les transformations dont on a parlé. A défaut de notions relatives à cet objet, en Grèce, Pline nous a montré la progression dont on parle, dans quelques faits qui déposent du luxe, que les riches particuliers de Rome apportoient dans la construction de la *pyra* qui devoit consumer leurs corps. Il devoit appartenir ensuite aux empereurs de franchir toutes les bornes de la vanité des particuliers en ce genre.

Ce ne fut pas non plus dans les républiques de la Grèce, qu'ils trouvèrent les exemples et les modèles de ce genre de somptuosité. Là, où la dépense des funérailles et celle des tombeaux étoient limitées par les mœurs, autant que par les lois, il ne put y avoir lieu à ces excès de magnificence. Aussi voyons-nous que la pompe des bûchers et le luxe des grands tombeaux, qui en furent les dispendieuses copies, ne se rencontrent que dans les Etats monarchiques. Pausanias, en effet, ne cite aucun grand monument de sépulture en Grèce; les deux plus considérables qu'il eût vus étoient hors de la Grèce, celui d'Hélène à Jérusalem, et le tombeau de Mausole, d'où les Romains, ajoute-t-il, donnèrent à leurs tombeaux le nom de *mausolée*.

En fait de *pyra* ou de bûcher décoratif, ce que l'histoire fait connoître de plus considérable, avant l'imitation qu'on en fit à Rome, pour les apothéoses des empereurs, c'est celui de Denis l'Ancien, tyran de Syracuse, qui avoit été décrit par l'historien Timée, et celui d'Héphastion, le favori d'Alexandre, prodige de grandeur et de richesse, dont Diodore de Sicile nous a transmis un assez long détail, que nous avons rapporté au mot MAUSOLÉE. *Voyez* cet article.

PYRAMIDAL, adj. m. On appelle ainsi, en général, tout objet, et, dans l'architecture, tout édifice, tout monument qui se termine comme une *pyramide*, c'est-à-dire, en forme décroissante de bas en haut.

La forme *pyramidale*, ainsi définie, est extrêmement commune dans les constructions de tous les peuples. Cette forme, dictée par l'instinct comme par la raison, repose sur le principe évident de toute solidité, qui veut que le fort porte le foible. Or, la conséquence toute naturelle de ce principe est que, dans toute masse de construction, la forme diminue de volume et de circonférence, à mesure de son élévation. J'ai dit que l'instinct seul inspiroit cette disposition. Et en effet, la nature elle-même s'oppose à la disposition contraire, pour peu qu'on porte un ouvrage quelconque à une certaine hauteur. On peut faire en petit des porte-à-faux; on peut, comme dans des trompes, dissimuler le point d'appui, parce que l'ouvrage, au lieu d'être isolé, se trouve lié à la masse qui lui sert de soutien. Mais tout ouvrage de bâtisse isolé ne sauroit subsister dans la disposition inverse de la forme *pyramidale*, c'est-à-dire, ayant pour sommet ce qui devroit être sa base. De quelque façon qu'on parvint à réaliser ce tour de force, l'œil et le sentiment n'en seroient pas moins offensés, parce qu'avant tout, on veut de la solidité, et on la veut non-seulement réelle, mais apparente.

Il ne faut pas aller chercher ailleurs la raison du plaisir que nous font les formes *pyramidales*, dans les conceptions et les compositions des édifices. Tout ce qui est conforme à la nature des choses, l'est aussi à la nature de nos sensations. Ainsi, tout ce qui est fondé en raison nous plaît, précisément parce que nous sommes doués de la raison; et parce que ce qu'on appelle *instinct*, chez le plus grand nombre, n'est autre chose qu'une raison non développée, comme la raison n'est, en beaucoup de choses, que l'instinct perfectionné.

L'instinct et la raison ont donc inspiré, dans les ouvrages de l'art de bâtir chez tous les peuples, cette disposition qui produit la décroissance de bas en haut des formes et des masses, et la produit d'autant plus sensible, que ces masses auront plus d'élévation.

C'est, comme nous le dirons dans l'article suivant, à l'effet d'obtenir la plus grande durée dans les monumens funéraires ou les tombeaux, que les Egyptiens firent de leurs masses ce qu'on a appelé des *pyramides*. La même raison de solidité et de durée, a fait donner la même forme, dans la Chine et dans l'Inde, aux tours, aux kiosques, aux minarets, aux pagodes; chez les Grecs et les

Romains, aux mausolées, aux phares, aux septizones; dans le moyen âge, aux clochers des églises, aux campaniles, aux donjons des châteaux; chez les Modernes, aux dômes, aux coupoles, aux frontispices de tous les monumens.

Mais comme, ainsi qu'on l'a dit, tout besoin étant, pour les arts, le principe d'un plaisir, la forme *pyramidale* devoit devenir un des moyens de plaire aux yeux, dans les compositions architecturales, il fut très-naturel d'en rechercher l'agrément, alors même que le besoin n'en faisoit point un devoir: et de-là ces nombreuses compositions où des accessoires se trouvent rapprochés et combinés, uniquement dans la vue d'augmenter le pittoresque, et l'accord de l'ensemble *pyramidal*.

C'est ainsi que la grande coupole de Saint-Pierre, à Rome, a été accompagnée de coupoles plus petites, qui lui sont subordonnées et complètent l'effet *pyramidal* de cette masse.

PYRAMIDE, s. f. Ce mot a, dans le langage ordinaire, deux acceptions, dont l'une provient de l'autre; celle qui exprime, en géométrie, un corps solide ou une figure triangulaire, a été empruntée aux monumens célèbres auxquels les Grecs donnèrent le nom de *pyramide*.

C'est uniquement sous le rapport de monumens que nous traiterons ici de la *pyramide*.

L'étymologie de ce nom nous occupera peu. Les savans ne sont pas encore entièrement d'accord sur ce point. Les uns en cherchent la racine dans la langue copte, d'autres paroissent l'avoir trouvée dans l'arabe. Pourquoi le mot grec *pyra*, dérivé de *pur*, flamme, n'auroit-il pas, comme on l'a déjà dit (voyez PYRA), induit les Grecs à donner à ces grandes masses qui se terminent en pointe chez les Egyptiens, un nom semblable à celui qui, chez eux, exprimoit peut-être, par analogie avec la flamme, ces grands bûchers décoratifs, en forme décroissante de bas en haut, qui, sous ce rapport, se rapprochoient des *pyramides*?

De l'origine et de l'emploi des pyramides.

Nous croyons devoir réunir sous un seul point de critique ces deux notions, parce que l'origine des *pyramides*, en Egypte, est nécessairement liée à l'emploi qu'on en fit. Cependant cet emploi doit être constaté avant qu'on s'occupe d'en montrer l'origine. Ce n'est pas qu'ici l'origine ne dût être un grand argument en faveur de l'emploi; mais malheureusement ce qu'il faut appeler la cause originaire de ces constructions ne sauroit être démontrée, parce que, cachée dans la nuit des sociétés naissantes, et hors de la portée de l'histoire, on ne peut dans la suite y remonter, que par voie d'induction et de comparaison avec les autres principes des inventions humaines.

L'opinion la plus généralement reçue depuis les temps anciens jusqu'à nos jours, sur l'emploi des *pyramides* en Egypte, est qu'elles furent des tombeaux. Mais une des maladies de l'esprit humain est de dédaigner toute opinion, et même toute vérité, dès qu'elle devient vulgaire. Malgré les témoignages des plus anciens écrivains grecs et romains, bien plus voisins que nous des sources de la tradition en ce genre, on a imaginé des explications de l'emploi de ces monumens, qui pourtant ne peuvent supporter un instant d'examen.

L'auteur de l'*Etymologicum magnum*, dérivant le mot *pyramide* du mot grec *pyros*, qui veut dire *froment*, prétend qu'on les nomme ainsi parce qu'elles avoient été des greniers à blé. Sans doute, il ignoroit que ces monumens n'ont presque point de vide intérieur.

Plus tard, des savans ne pouvant croire qu'on eût créé de si prodigieuses masses, avec autant de peines et de dépense, dans la seule vue de conserver une caisse de momie, et considérant que les *pyramides* sont exactement orientées, en sorte que les quatre côtés répondent aux quatre points cardinaux, ont avancé, à ce sujet, deux opinions.

L'une, que c'étoit des monumens astronomiques, qui servirent de gnomons, de méridiennes ou d'observatoires; l'autre, que c'étoit des monumens allégoriques consacrés au soleil.

La première de ces opinions se réfute d'elle-même, par l'impropriété physique de l'édifice aux usages supposés. Quant à l'autre, ce n'est qu'une hypothèse d'imagination, qui, comme telle, n'est susceptible ni d'être prouvée, ni d'être combattue.

On l'a déjà dit, la véritable raison de ces conjectures scientifiques, est la propension qu'ont les savans, plus volontiers que les autres hommes, à juger des choses et des opinions passées, par les mœurs et les idées de leur siècle. Tout, et dans les usages connus de l'Egypte, et dans les témoignages encore subsistans et en si grand nombre de leurs monumens, et dans ce que nous ont transmis des écrivains qui avoient puisé leurs notions dans le pays même; tout, dis-je, s'accorde à prouver qu'une croyance religieuse des plus puissantes, avoit établi de temps immémorial, certains dogmes sur la résurrection des corps, qui firent de leur conservation un devoir et une obligation impérieuse. Ce soin de la sépulture étoit général et commun à tous. Les nombreuses caisses de momies qu'on découvre journellement, et que déjà plus d'une inscription nous a fait connoître, pour avoir été celles de simples particuliers, la très-grande dépense de ces sortes de cercueils peints, sculptés et vernissés, quand ils étoient en bois, le grand nombre de ceux qu'on trouve en pierre et en marbre, l'extraordinaire conservation des corps, les précautions prises pour soustraire à la violation les lieux où on les cachoit, ne démontrent-elles pas l'universalité d'une croyance profondément enracinée ?

Si cela fut, il n'y a plus rien d'étonnant pour l'esprit, dans la grandeur et l'énormité de dépense des sépultures royales, en forme de *pyramides*. L'immense disproportion, qui partout existe entre les vastes et dispendieuses demeures des princes de la terre, et les chétives maisons des particuliers, suffit pour nous expliquer la même différence dans un ordre d'idées et d'usages, dont nous retrouvons encore, chez les peuples modernes, le même effet, quoique dans un degré inférieur. Mais on ne sauroit mieux donner à entendre le principe de ces prodigieux monumens, que ne l'a fait Diodore de Sicile, lorsqu'il dit, pourquoi les rois d'Egypte employoient à leurs tombeaux ces sommes immenses, qu'en d'autres pays les princes consacrent à la construction de leurs palais. « C'est que » (ajoute-t-il) ils ne pensoient pas que la fragilité du corps, pendant sa vie, méritât de solides habitations. Aussi ne regardoient-ils le » palais des rois que comme une hôtellerie, qui » appartenoit successivement à tous, et où chacun ne faisoit qu'un instant de séjour. Mais » leurs tombeaux, ils les considéroient comme » leur véritable et particulière habitation, comme » leur domicile fixe et perpétuel, et ils n'épargnoient rien pour rendre indestructibles des » monumens, qui devoient être les dépositaires » éternels de leur corps et de leur mémoire. »

Les soins que prenoient les auteurs de ces tombeaux pour rendre la retraite de leurs corps introuvable, ne se peuvent bien concevoir, qu'en voyant tout ce que l'art employoit de secrets et de détours pour en dérober l'accès, soit dans les hypogées de Thèbes, soit dans les masses pyramidales de pierre à Memphis. On ignoroit dans quelle chambre de son tombeau reposoit le roi Osymanduas, et l'inscription qu'on y lisoit, portoit : *Si quelqu'un veut savoir où je repose, il faut qu'il détruise quelqu'un de ces ouvrages.*

De-là certains critiques ont été jusqu'à soupçonner que les *pyramides* n'étoient que d'immenses cénotaphes, et que les corps des rois étoient déposés dans quelque lieu voisin et souterrain ; enfin que ces grandes masses de pierres n'auroient été élevées, que pour donner le change sur l'endroit positif qu'occupoient les corps, et pour faire de cet endroit une énigme impénétrable, hypothèse fort inutile à combattre.

En effet, quand bien même on l'admettroit, quand on accorderoit, d'après les raisons, qu'on en donne, que les corps des rois n'auroient pas été renfermés dans l'espace précis des *pyramides*, on n'en devroit pas moins les regarder comme des monumens sépulcraux. Leur destination, pour n'avoir pas reçu l'application matérielle de tombeau, n'en auroit pas moins eu l'application morale de la chose, c'est-à-dire, que ces monumens n'en seroient que plus certainement encore la preuve et le résultat d'une opinion religieuse secondée par la vanité humaine, ressorts les plus actifs, principes les plus féconds des ouvrages des arts et de l'architecture.

Et pourquoi contesteroit-on en Egypte le but et la destination de tombeau aux *pyramides*, lorsqu'on est obligé de reconnoître partout le reste du monde, le même emploi à des monumens qui, moins remarquables et moins dispendieux, si l'on veut, pour le matériel de leur masse, exigèrent d'un autre côté bien d'autres dépenses ? je veux parler des mausolées célèbres des Grecs et des empereurs romains. En Egypte, la *pyramide* ne demandoit que des pierres équarries. Qui voudroit faire le calcul de la dépense de main-d'œuvre du tombeau de l'empereur Adrien et de quelques autres, avec leurs nombreuses colonnes de marbre, leurs chapiteaux, leurs riches entablemens, leurs statues, leurs bronzes, indépendamment encore de leur somptueuse construction en marbre, pourroit finir par trouver de l'économie dans la plus grande *pyramide*, ouvrage sans art, et qui ne demanda que du temps, la main-d'œuvre la plus vulgaire, et par conséquent la moins dispendieuse.

Pourquoi un roi d'Egypte n'auroit il pas pu faire pour son tombeau un monument quatre ou cinq fois plus grand que celui qu'on voit encore à Rome, construit pour sa sépulture par un simple épulon, Caïus Cestius, qui éleva une *pyramide* de cent quatorze pieds de haut, toute revêtue en marbre blanc ? Enfin doit-il paroître surprenant, que dans un pays où tout prouve, plus que partout ailleurs, les soins extraordinaires apportés à la conservation des morts, les princes aient choisi, pour assurer la durée de leur repos après leur vie, la forme d'édifice qui, de toutes celles de l'art de bâtir, nous est parvenue la plus intègre, et dès-lors la plus convenable à la fin pour laquelle on l'employa ?

Des observations locales, faites dans ces derniers temps, par des voyageurs qui ont eu le loisir d'examiner les choses avec plus d'attention, suffiroient seules pour empêcher d'imaginer d'autre emploi aux *pyramides* que celui de sépulture. On a remarqué, en effet, que toutes les sépultures des anciens Egyptiens sont situées du côté gauche du Nil. Les excavations de Thèbes, et celles de la Nubie, qui toutes ont été des cimetières, sont de ce côté, qui étoit celui de l'Afrique. Maintenant les Chrétiens et les Musulmans ont l'usage opposé, et leurs cimetières sont du côté droit du Nil, celui qui regarde l'Asie, à cause de Jérusalem pour les uns, et de la Mecque pour les autres. Une idée semblable auroit-elle guidé les Egyptiens, et le célèbre temple d'Ammon dans l'Oasis, n'auroit-il pas été le motif de cette prédilection pour la rive gauche du Nil, ou peut-être les Egyptiens regar-

doient-ils

doient-ils l'Afrique comme leur pays originaire?

Quoi qu'il en soit, il est certain que les *pyramides* de la Basse-Egypte, situées aussi de ce côté, firent partie d'un vaste ensemble de sépultures, qui dut être le cimetière de Memphis, et peut-être même de tout le Nôme. La situation de ces *pyramides*, si multipliées dans un espace d'à peu près trois lieues, ne permet de leur donner aucune de ces destinations scientifiques que certains écrivains ont imaginées. Elles occupent une grande partie de la chaîne Lybique, et les seules élévations de ce terrain nous suffisent, soit pour nous expliquer une partie de leur construction, comme on le dira plus bas, soit pour nous indiquer la cause matérielle de leur origine.

L'emploi des *pyramides* une fois constaté par tous les témoignages qui peuvent et doivent le rendre indubitable, on craindra moins de se livrer, sur leur origine, à des conjectures que certains faits, et plus d'une preuve tirée de leur construction même, tendent à élever au plus haut degré de probabilité.

Lorsqu'en fait d'origine des monumens de l'art, on peut remonter à une cause simple, élémentaire et incontestable, la critique raisonnable ne sauroit demander rien de plus. Ainsi, quoiqu'il y ait fort loin, sans doute, d'une *pyramide* de 450 pieds de haut, à la petite élévation que produit à la surface du sol, la terre qui se relève au-dessus du corps inhumé, on est conduit de proche en proche à voir là, le premier type de tous les monumens funéraires, et surtout des *pyramides*.

Cependant, entre ces deux points extrêmes, l'intervalle ne fut pas franchi sans quelques intermédiaires. Il faut regarder comme tels ces élévations factices de terres qu'on accumuloit sur le lieu de l'inhumation, pour faire durer plus longtemps le souvenir du mort. Bientôt la nature fournit elle-même des monumens tout faits et plus durables; c'étoit de ces petits monticules qu'on trouve plus ou moins multipliés dans un très-grand nombre de pays. Il ne fut plus besoin que de creuser dans leur intérieur un conduit, et un espace propre à recevoir les corps: et voilà ces *tumuli*, dont les mentions sont si fréquentes dans l'antiquité, et dont les vestiges frappent encore les yeux des voyageurs. *Voyez* TUMULUS.

En parcourant les bords de la Méditerranée, et particulièrement les contrées célèbres de l'Afrique et de l'Asie, jadis couvertes de villes florissantes, il est facile d'y observer combien y fut commun l'usage d'ensevelir les morts sous des buttes de terre. On ne sauroit dire combien il s'y trouve de tombeaux, qui ne consistent que dans une chambre sépulcrale, recouverte de terre en forme conique. On plaçoit à leur sommet une colonne ou tout autre signe d'honneur, et le reste étoit recouvert de gazon.

On peut croire, d'après la grande quantité qui existe encore de ces tombeaux, que c'étoit un usage fort ancien chez tous les peuples du littoral de la mer. Comment ne pas voir là le modèle et le prototype des montagnes de pierre que les Egyptiens élevèrent en forme de *pyramide*?

Quand on examine l'extrémité de la chaîne Lybique, à gauche du Nil, à une petite distance de la mer, on voit que cette crête est occupée par des *pyramides* de toute grandeur, mais on y découvre aussi une infinité de buttes, sous lesquelles on ne sauroit s'empêcher de croire qu'il y a véritablement des *sépultures*. On ne sauroit douter non plus que ç'ait été là, comme on l'a dit, le cimetière ou la ville des morts de Memphis. Or, cette multitude de monumens ou détruits en partie, ou qui restèrent peut-être inachevés, démontre avec la plus grande évidence l'origine de leur structure. Les *tumuli* de Memphis ne diffèrent de ceux de l'Asie, que parce que ceux-ci sont de terre, lorsque ceux-là sont composés de sable, et de débris de pierres fournis par la chaîne des montagnes arides de la Lybie.

Rien de plus simple et de plus facile maintenant, que de suivre dans sa progression la marche de l'art qui éleva les *pyramides*. Les buttes naturelles une fois converties ou amplifiées en buttes factices ou artificielles, on dut imaginer, pour les rendre plus durables, de les couvrir grossièrement d'abord des pierres détachées de la montagne. Il paroît fort vraisemblable qu'ensuite, autour de cet amas de pierrailles, on aura élevé des murs qui, pour les maintenir, allèrent en retraite les uns au-dessus des autres, en formant comme de grands degrés, jusqu'au sommet du *tumulus*. Peut-être aussi, sans qu'il soit besoin de supposer tant d'essais successifs, forma-t-on sur le *tumulus* qu'on voulut rendre plus durable et plus distingué, une vraie *pyramide* quadrilatère, c'est-à-dire, un monument décroissant de largeur par des paremens inclinés.

Il ne faut pas oublier, en effet, que l'art de bâtir, comme on l'a dit ailleurs (*voyez* ARCHITECTURE ÉGYPTIENNE), dut naître et naquit en effet du travail de la pierre en Egypte, tant la nature y fut prodigue de cette matière, aux dépens du bois, dont l'emploi, vu sa rareté, ne put jamais entrer dans les premières données de ses constructions. En admettant donc la pierre comme matière originaire et générale de toute bâtisse en Egypte, on est porté à croire que la forme de la *pyramide*, et sa construction ou son revêtement en pierre, durent remonter aux temps les plus anciens, et jusqu'aux commencemens de la civilisation, ou de la formation des villes. D'où il est permis de conclure, qu'avant l'érection des grandes *pyramides* de la Basse-Egypte, et avant que les rois eussent fixé leur résidence à Memphis, déjà il existoit dans les environs de cette ville des *tumuli* façonnés en *pyramide*, types et modèles de ceux que la magnificence royale devoit surpasser prodigieusement en masse, en dépense et en ostentation, comme les sépultures royales des hypogées de Thèbes l'avoient emporté, sous les mêmes rapports de luxe et de grandeur, sur les souterrains destinés aux sépultures communes qu'on voit dans la Thébaïde.

Des pyramides de la Basse-Egypte ou de Memphis.

Nous donnons ce nom à ce qu'on appelle ordinairement les *pyramides d'Egypte*, quoiqu'il ne s'en trouve point dans la Haute-Egypte (celles qu'on a trouvées depuis peu près de Maroé, appartenant à l'Ethiopie), et nous indiquerons encore sous cette dénomination générale, toutes celles que les voyageurs modernes distinguent par les noms de *pyramides* de Gizée, d'Aboukir, de Saccara et d'Achour. Nous l'avons déjà dit, tous ces monumens paroissent avoir formé, dans un espace d'à peu près trois lieues, la Nécropolis, ou la ville des morts de Memphis, cette ville qui ne subsiste plus aujourd'hui que dans les restes de ce que nous appellerions *son cimetière*. On n'est pas même trop d'accord sur l'emplacement qu'elle occupa.

Il ne sauroit entrer dans le plan de cet article de donner des notions sur les cinquante *pyramides* plus ou moins conservées que l'on compte encore dans la Basse-Egypte, ni de rechercher la date de leur construction. L'incertitude qui règne à cet égard chez les écrivains, même de l'antiquité, semble être une preuve de plus de leur ancienneté. Quelle que soit l'époque de leur construction, on peut croire qu'il n'existe point de monumens plus antiques. De ce qu'Homère n'a point parlé des *pyramides*, quelques-uns ont voulu conclure de-là qu'elles n'existoient point encore de son temps. Mais cette conséquence, qui ne reposeroit que sur un fait négatif, a même contr'elle beaucoup d'autres considérations : car il est à peu près certain qu'au temps d'Homère il y avoit eu très-peu de communications entre la Grèce et l'Egypte, et il paroît que ce qu'on peut trouver de fort anciens rapprochemens entre les deux pays, avoit eu lieu par l'intermédiaire des Phéniciens. Le siècle d'Homère n'étoit pas encore celui où la curiosité des voyageurs, enhardie par les progrès d'une civilisation réciproque entre les peuples, devoit apporter à l'histoire les matériaux dont elle se compose.

On ne retrouve plus aujourd'hui la totalité des *pyramides* dont les anciens auteurs ont fait mention. Celles qui, suivant Hérodote, étoient dans le lac Mœris, n'existent plus; il n'y a plus de traces de celles qui, selon Hérodote, Diodore, Pline et d'autres, avoient appartenu au labyrinthe, fameuse construction dont il n'est resté que le nom. D'autre part, les voyageurs modernes ont vu et décrit les vestiges d'un grand nombre de *pyramides*, qui n'ont pas même été indiquées par les Anciens.

Il paroît qu'une certaine période vit élever la plupart de ces monumens. Du moins est-il certain que tous les rois auxquels on en attribue la construction, ont régné immédiatement l'un après l'autre, dans un espace de cent cinquante à deux cents ans. Mais on ne sauroit déterminer avec exactitude par quel roi et à quelle époque chaque *pyramide* a été bâtie, les anciens auteurs s'accordant très-peu sur ce point. Il n'est donc point possible d'établir en ce genre ce que l'on aimeroit à y étudier, c'est-à-dire, les pas et les progrès de l'art de bâtir, et une sorte de chronologie qui indiquât soit les degrés de l'industrie, soit ceux de l'ambition des princes qui la mirent en œuvre.

Faute de cette échelle de proportion, on est contraint de citer, comme les premiers ouvrages, ceux qui l'emportent sur tous les autres par la masse, par la grandeur linéaire et le luxe des matériaux. Ainsi, en tête de toutes ces constructions, cite-t-on ordinairement les trois *pyramides* de Ghizé, qu'on distingue par les noms des rois *Chéops*, *Chephren* et *Mycerinus*.

La plus grande et la plus célèbre, celle de Cheops, fut élevée sur le plateau d'un rocher, auquel Hérodote a donné cent pieds d'élévation, quoique Norden depuis ne lui en ait donné que soixante; mais les changemens qui arrivent dans le niveau de ces terrains, suffisent pour expliquer ces différences de mesures. On ne sauroit, dit un voyageur moderne, choisir un emplacement plus avantageux pour un monument de cette nature. La montagne libyque, plus élevée, au nord, à une lieue de distance, s'abaisse ici tout-à-coup. Le plateau du rocher s'avance comme un isthme vers la plaine, et procure à la *pyramide* un exhaussement, qui ajoute beaucoup à l'idée que, de loin, on se forme de sa hauteur.

Selon Hérodote, les pierres qui avoient servi à la construction de cette *pyramide*, avoient été tirées des carrières des montagnes orientales, aux frontières de l'Arabie. Cela est absolument contraire aux observations des voyageurs modernes. On aperçoit (dit le général Grobert) à l'endroit où les saillies de la montagne sont plus prononcées, de grandes carrières taillées verticalement, et dont on a évidemment extrait la pierre qui a servi à la construction de toutes les *pyramides* de Ghizé. La qualité blanche et friable de la pierre de ces carrières, est certainement semblable à celle de la *pyramide* de Cheops. Peut-être, pour accorder la notion d'Hérodote avec celle des modernes observateurs, faut-il supposer que l'historien grec a jugé des pierres de l'intérieur de la masse, par celles du revêtissement, qui effectivement sont une espèce de marbre blanc mat, qu'on trouve dans les carrières de l'Arabie.

On a donné des mesures fort différentes soit de

la largeur de la base de cette *pyramide*, soit de sa hauteur réelle, soit des rapports de la base avec l'élévation totale. Les dernières découvertes ont fixé toutes les incertitudes à cet égard. Il falloit, en effet, avant tout, déblayer la ligne inférieure de cette base, des amas de sable et de décombres, qui ont élevé autour d'elle le terrain de plusieurs pieds. Cette opération a fait découvrir trois assises enterrées de la *pyramide*, au-dessous desquelles on a reconnu le rocher caché en cet endroit plutôt par les décombres, que par l'agglomération du sable. La mesure prise alors, d'angle en angle, a donné 728 pieds de largeur à sa base. Pour avoir la hauteur perpendiculaire de toute la *pyramide*, le voyageur déjà cité, a eu recours au procédé le plus pénible si l'on veut, mais le plus simple et le plus infaillible. Il a mesuré la hauteur partielle de chaque assise, ou de chacun des degrés par lesquels on peut arriver à son sommet, et il a formé une table dont le détail a encore l'avantage de faire connoître les variétés en hauteur, des pierres de chaque assise: l'addition totale de toutes ces mesures a donné, pour hauteur de la *pyramide* dans l'état où elle se trouve aujourd'hui, 447 pieds. Cependant il est bon d'observer que le sommet, d'après des observations qui ont été faites sur la dégradation progressive qu'il a éprouvée, devant toujours aller en diminuant, on doit lui ajouter deux ou trois assises, qui portent la hauteur totale au moins à 450 pieds.

Nous aurons à parler encore de cette *pyramide*, de ses matériaux, de sa construction et du revêtement dont elle a été dépouillée.

La *pyramide de Chephren*, la plus grande après celle de Cheops, a encore son sommet garni du revêtement dont tout le reste a été dépouillé. Les pierres avec lesquelles elle est construite, sont énormes: il en est qui ont vingt pieds de longueur. La partie inférieure jusqu'à la première assise, au dire d'Hérodote, étoit en pierres d'Ethiopie de diverses couleurs. Il paroît effectivement qu'on y avoit pratiqué, vers la base, quelques assises carrées, en guise de socle. La conservation de la portion de revêtement qui est au sommet, fait voir qu'à l'exception de ces gradins du socle, le tout étoit lisse, et avoit reçu un enduit sur lequel on avoit appliqué les dalles de marbre. On voit encore des restes de cet enduit. Il est formé de gypse, d'un peu de sable et de quelques menus cailloux. Il se conserve assez blanc; on l'aperçoit de loin, et lorsque le soleil l'éclaire, il réfléchit tant soit peu la lumière. Cette illusion a fait dire à quelques auteurs, que le haut de cette *pyramide* étoit d'un granit très-fin. Il est certain que la pierre dont est bâtie la *pyramide* de Chephren, est la même que celle du noyau des autres *pyramides* de Ghizé.

La *pyramide* de Chephren a 605 pieds de large à sa base, et sa hauteur est de 398.

La troisième *pyramide*, celle qu'on appelle de *Nycerinus*, a 280 pieds de base apparente, et 162 d'élévation. On ne pense pas qu'elle soit de beaucoup enterrée. Cette mesure ne s'éloigne pas de celle des trois plèthres qu'Hérodote lui a donnés, et la mesure de Pococke en diffère très-peu. L'enlèvement de son revêtement date de temps assez modernes. On trouve encore dispersés ou entassés près de sa base de beaux morceaux de granit d'Eléphantine, et dans les environs du monument, d'autres débris, à la vérité plus rares, de marbre noirâtre.

Tous les auteurs attestent que cette *pyramide*, construite par un roi qui, dans la durée de son règne, chercha par sa justice et sa modération, à faire oublier la tyrannie de ses prédécesseurs, étoit moindre dans ses dimensions, mais qu'elle étoit remarquable par la beauté des pierres d'Ethiopie, qui en formoient le revêtement. Pline en a dit: *Tertia minor prædictis, sed multo spectatior æthiopicis lapidibus assurgit.*

Nous ne nous proposons point d'entrer dans l'énumération des autres *pyramides* de la Haute-Egypte, encore moins d'en faire connoître les variétés de forme ou de construction, et les mesures. C'est la matière d'un grand ouvrage qui n'a point encore été entrepris. Depuis le temps où a paru, dans ce Dictionnaire, l'article de l'Architecture égyptienne, où nous avons recueilli déjà quelques notions sur les *pyramides*, il n'a guère paru que des détails incohérens à cet égard. Nous sommes donc toujours obligés de nous restreindre à ce qu'on doit appeler des *connoissances générales*.

Il suffira aux notions annoncées par le titre de ce paragraphe, de dire, qu'il en fut des *pyramides* comme de tous les autres genres d'édifices. Si leur forme suivit constamment le type donné par la raison de la solidité et par l'usage, il régna beaucoup de variétés dans leurs mesures et dans leur bâtisse. On n'y employa point toujours la pierre. Hérodote nous parle d'une *pyramide* bâtie par Asychis, successeur de Mycerinus. Ce prince, dit-il, voulant surpasser tous les rois qui avoient régné en Egypte avant lui, laissa pour monument une *pyramide* de briques, avec cette inscription gravée sur une pierre: *Ne me méprise pas en me comparant aux pyramides de pierres. Je suis autant au-dessus d'elles, que Jupiter est au-dessus des autres dieux; car j'ai été bâtie des briques faites du limon tiré du fond du lac.*

Quelques-uns ont pensé que la grande *pyramide* de Sakara, qui est construite en grandes briques, peut bien être celle d'Asychis.

Du reste, il est constant par plus d'un de ces monumens encore aujourd'hui existans, qu'on construisit des *pyramides*, c'est-à-dire, au moins leurs paremens extérieurs, par plusieurs rangs de briques crues.

Il seroit curieux d'avérer si, dans ce grand nombre de *pyramides* plus ou moins ruinées, il s'en est trouvé qui, sans sortir de la forme *pyramidale*, auroient été construites, par exemple, dans la figure de cône.

Les anciens voyageurs font naître, à cet égard, des soupçons auxquels il est assez prudent de ne donner aucune consistance.

Y eut-il encore des *pyramides* du genre de celles que ces voyageurs ont appelées *pyramides à degrés* ou *à étages?* Ils ont cru en reconnoître plusieurs dans cette forme. Elle consiste en ce que la ligne de l'angle est interrompue par des ressauts, et que la masse totale se compose de parties en retraite les unes au-dessus des autres. Pococke a compté cinq retraites ou étages à un de ces monumens, sans compter son soubassement. Ces étages auroient vingt-deux pieds de hauteur perpendiculaire.

Que faut-il croire de cette particularité? Seroit-elle l'effet d'une dégradation opérée, soit par le temps, soit par quelque démolition systématique, ou bien y verroit-on une manière de faire servir pour la construction ces sortes d'étages, à être un échafaudage naturel, et auroit-on fini par remplir ces intervalles en procédant du haut en bas?

Cette conjecture est devenue une certitude, comme on le verra, grâce à ceux qui ont pu, sur les lieux, recueillir de ces renseignemens qu'on ne peut trouver que là, et auxquels aucune divination ne sauroit suppléer.

De la construction des pyramides.

On ne répétera point ici ce qui a déjà été dit, sur cet objet, à l'article de l'Architecture égyptienne. Nous bornerons celui-ci à quelques notions générales, qui, en faisant connoître les moyens de construction mis en œuvre par les Egyptiens, diminuent un peu le merveilleux que, de tout temps, on s'est exagéré, à la vue ou sur l'idée de ces énormes masses de matériaux.

Et d'abord il paroît bien prouvé, comme on l'a déjà fait voir, qu'il faut décompter trois points fort importans dans l'évaluation des matériaux de construction, dont se composent ces masses.

Premièrement ce que l'on doit en appeler la base, qui fut l'ouvrage de la seule nature. On sait que tous les grands édifices exigent, pour la solidité de leur élévation, de très-grands travaux, et une dépense considérable de matières, qu'on enfouit dans la terre, sous le nom de *fondations*. Les grandes *pyramides* de Gyzée n'eurent point besoin de cette dépense. Elevées sur un plateau formé de la même pierre que celle qui servit à leur bâtisse, elles trouvèrent, sans peine et sans frais, un fondement inébranlable; ce qui a plus qu'on ne pense, contribué à leur conservation. Tous les voyageurs conviennent que le plateau qui semble leur servir de piédestal, fut aplani par l'art.

Secondement, en parlant de l'origine probable des *pyramides*, que nous avons cru voir dans l'usage des *tumuli*, ou l'emploi des buttes de terre naturelles, creusées pour recevoir les corps, nous aurions pu nous appuyer de l'autorité même de leurs imitateurs, c'est-à-dire, des *pyramides* bâties, qui toutes nous offrent, plus ou moins, l'idée et la réalité même d'une montagne revêtue. Certainement la *pyramide*, ainsi considérée, perd beaucoup du merveilleux de sa dépense et de sa difficulté; mais on est obligé de convenir qu'il eût été insensé de créer à grands frais une masse énorme de construction perdue pour les yeux, et qui n'eût offert qu'un noyau moins solide, et une vaine dépense. Il paroît donc constant, que le premier soin des constructeurs fut de se procurer ce noyau naturel, d'y pratiquer les conduits, les puits, les galeries, les chambres auxquelles elles conduisoient, et dont les issues devoient disparoître par les revêtissemens successifs de la masse. Voilà donc deux économies de matière et de main-d'œuvre, celle des fondations et du noyau.

Troisièmement, la dégradation de plusieurs de ces monumens a mis à découvert un autre moyen économique dans leur construction. On a vu que les *pyramides* de Gyzée furent construites tout près des carrières, ou des montagnes d'où furent extraites les pierres qu'on employa dans leur bâtisse. La taille de ces pierres apportées sur le chantier, où on les travailla, dut procurer une énorme quantité de recoupes. Ce sont ces mêmes recoupes qui servirent à former, avec le mortier qu'on y mêla, le second noyau, ou pour mieux dire l'enveloppe du premier noyau dont on vient de parler. Ce moyen de construction fort économique, devint en même temps fort commode au constructeur, pour régulariser définitivement la forme de la masse générale. Il put dès-lors procéder à mettre dans la pente de ses quatre faces, une précision géométrique. Il put donner à cette masse de blocage toute l'épaisseur qu'il jugea nécessaire, et il n'y a dans tout cela, comme on va le voir, qu'une simple maçonnerie, qui n'exigea ni art, ni difficulté d'échafaudage, ni main-d'œuvre fort recherchée, ni la moindre dépense de matérieux. Du temps et des manœuvres, voilà tout.

Quelques-unes des *pyramides* de Saccara ont mis à découvert le procédé fort naturel par lequel on put parvenir, sans aucun autre échafaudage que la masse elle-même de maçonnerie, à la porter au degré d'élévation et d'épaisseur qu'on voulut lui donner.

Les *pyramides* dont on parle sont effectivement, ou du moins semblent être composées d'étages, et plus d'un voyageur les avoit crues conformées ainsi, pour rester telles qu'on les voit. Pococke les appeloit *pyramides à degrés*. Cependant les observations des nouveaux voyageurs, rendent de cette conformation une bien meilleure raison. Selon eux, ces *pyramides* ne furent point terminées, et elles nous sont parvenues dans l'état d'une construction incomplète. Mais cette imperfection donne l'explication du procédé employé par les constructeurs.

Lorsque le premier noyau dont on a parlé, formé d'un monticule réel, ou plus ou moins artificiel, étoit terminé, il s'agissoit de l'envelopper d'une maçonnerie de blocage. On y procédoit en établissant, à partir d'en bas, et selon l'épaisseur convenue, des espèces de terre-pleins, allant en spirale, et formant, tantôt d'un côté, tantôt de l'autre, des terrasses qui tenoient lieu d'échafaudage, et présentoient aux ouvriers des chemins par lesquels ils pouvoient aller et venir dans des sens divers. En répétant, ou pour mieux dire en continuant d'élever ainsi ces sortes de chemins ou terrasses, toujours diminuant d'épaisseur, selon la pente des angles, la maçonnerie, sans embarras et sans aucune difficulté, arrivoit jusqu'au sommet.

Lorsque cette construction étoit parvenue à ce point, on voit combien il fut facile, par une opération rétrograde, de procéder à remplir, avec la même maçonnerie de blocage, les intervalles d'une terrasse à l'autre, en partant de l'angle de la terrasse supérieure, jusqu'à l'angle de celle qui lui *étoit* subordonnée.

En suivant ce même procédé du haut jusqu'en bas, la *pyramide* se trouvoit très-régulièrement conformée en talus, dans ses quatre faces, sans qu'il ait été besoin d'employer le moindre échafaudage; car c'est là le point de vue qui devoit guider les constructeurs, dans un pays qui manquoit généralement de bois. Ajoutons que, pour une telle construction, l'échafaudage eût exigé de fort grandes difficultés, et des dépenses considérables.

Maintenant, comme on voit, s'expliquent les *pyramides* de Saccara, qui offrent de ces étages, ou terrasses en retraite les unes au-dessus des autres, et rien ne peut rendre un meilleur compte du procédé de bâtir, simple à la fois, commode et peu dispendieux, qui servit à élever, dans la proportion déterminée, la masse générale de la *pyramide*.

Nous voici donc arrivés au point où commence l'opération de l'enveloppe en pierres de taille, qui va cacher la masse de maçonnerie en blocage, dont on vient d'indiquer la construction. Nous parlons surtout des *pyramides* de Gyzée.

Loin qu'on doive les considérer comme des masses toutes d'une seule matière, il faut les regarder comme ces fruits que la nature a revêtus d'un grand nombre d'enveloppes. Nous en avons déjà distingué deux, nous arrivons à la troisième.

Elle se composoit d'assises faites d'une pierre de taille peu dure à la vérité, si on en croit les voyageurs, mais d'une consistance assez grande pour se laisser tailler en blocs de toute étendue. Il est difficile d'évaluer avec certitude la dépense et le temps que demanda cette enveloppe de pierres. Nous ignorons effectivement jusqu'à quelle profondeur de la masse totale elle s'étend, c'est-à-dire, s'il y a plusieurs de ces rangs ou assises de pierres disposées les unes en avant des autres. Mais les indications dont on parlera dans la suite, doivent faire croire que le parement en pierres ne se composa que d'une seule couche de pierres. Quoi qu'il en soit, nous savons, et par les notions d'Hérodote, et par le fait de l'ascension facile jusqu'au sommet de la grande *pyramide*, que ces assises formoient des degrés en retraite l'un sur l'autre. C'est en montant, comme on l'a vu plus haut, tous ces degrés, que l'on est parvenu, par la mesure de chacun en hauteur, à connoître très-précisément celle de la masse totale, en ligne perpendiculaire.

Le nombre des assises existantes au temps de l'expédition d'Egypte, étoit de 205; il est probable qu'il devoit en manquer au moins deux dans le haut. Sur ces 205 assises on en trouve 90 dont la mesure en hauteur varie depuis 1 pied 11 pouces, jusqu'à 1 pied 8 pouces; le plus grand nombre est de 1 pied 10 pouces. On compte 101 assises dont la hauteur varie depuis 2 pieds 11 pouces, jusqu'à 2 pieds; 13 assises dont la hauteur varie depuis 3 pieds 10 pouces, jusqu'à 3 pieds. Enfin deux seules assises, l'une de 4 pieds de hauteur, l'autre de 4 pieds 6 pouces.

Il ne paroît pas, d'après le tableau arithmétique de toutes ces assises, qu'il y ait eu un ordre établi dans l'emploi qui fut fait de ces différentes mesures de pierres. On remarque seulement que les six premières assises d'en bas sont composées de pierres dont la hauteur varie de 3 pieds 10 pouces 6 lignes, jusqu'à 3 pieds. Du reste, le hasard paroît avoir contribué seul à entremêler ces différens ordres d'assises.

Hérodote nous avoit déjà appris que la grande *pyramide* avoit été ainsi formée d'assises de pierres disposées en degrés, qui depuis ont servi d'escalier aux curieux pour monter au sommet, mais qui, dans l'intention des constructeurs, devoient servir de moyen fort naturel pour l'ascension des pierres. « Elle fut bâtie (dit cet historien) en » forme de degrés..... Après qu'on l'eut ainsi fa» çonnée, on éleva le reste des pierres, à l'aide » de machines faites de pièces de bois courtes; » on les monta d'abord sur le premier rang d'as» sises. La pierre, arrivée sur ce premier degré, » étoit reçue par une seconde machine placée » elle-même sur le second degré. De-là, et de » machines en machines, on la faisoit monter de » degré en degré; car il y avoit autant de ma» chines que d'assises. Ou bien l'on transportoit » au degré qu'on vouloit, la machine, qui étoit

» uniforme et facile à déplacer, après qu'on en » avoit enlevé la pierre. Je rapporte la chose des » deux façons, comme je l'ai ouï dire. On com- » mença donc à poser ainsi les parties du som- » met, puis les suivantes, et l'on finit par les » parties inférieures et celles qui touchent le sol. »

On peut donc se former une idée fort juste de tout ce système et de tous ces procédés de construction. Sans doute, et surtout si l'on multiplie indéfiniment les rangs d'assises dans l'épaisseur de la *pyramide*, il y a lieu de s'étonner de la longueur du travail. Mais si l'on suppose qu'il n'y eut par-dessus la manœuvre du blocage, qu'un seul et unique rang d'assises de pierres en épaisseur, et lorsqu'on voit que chaque assise n'étoit formée que de pierres de deux à trois pieds d'épaisseur, de longueurs diverses et simplement équarries, on voit que tout ce travail pourroit s'évaluer par un simple toisé, et que pour en connoître la dépense, il ne s'agiroit que de connoître le prix de la journée des ouvriers que l'on y employa.

Nous avons appliqué à la construction même des assises par degrés, le procédé d'ascension des pierres que le texte d'Hérodote n'applique, dans le fait, qu'aux pierres du revêtement dont il nous reste à parler. Il faut remarquer effectivement, que, selon ses paroles, on les avoit posées à partir du sommet, ce qui ne peut avoir lieu ainsi, que pour la dernière enveloppe. Les assises par degrés ne purent être établies, au contraire, qu'en procédant de bas en haut, et les mêmes machines furent nécessaires à l'érection de ces degrés.

La *pyramide* reçut donc, pour son achèvement, un dernier mode de construction, qui en devint le parement. Ce parement dut faire de ces quatre côtés quatre surfaces unies, et présenter autant de talus lisses et glissans. Ainsi fut-elle vue par Hérodote, comme le prouvent les derniers mots du passage qu'on a cité, desquels il résulte que le revêtement ne formoit plus de degrés, puisqu'il falloit le commencer par en haut. Pline nous le donne également à entendre, lorsqu'il dit que, de son temps, il y avoit des gens assez adroits pour monter jusqu'au sommet de la grande *pyramide*, ce qui n'auroit eu rien d'extraordinaire, si le revêtement n'eût pas été lisse, et ce qui devenoit toutefois possible, vu la grande inclinaison des angles.

Hérodote, les récits tant des anciens que des nouveaux voyageurs, et les débris qu'on recueille encore au bas de la grande *pyramide*, attestent qu'elle fut revêtue d'une pierre plus précieuse qu'on donne pour du marbre blanc. Cette matière, rare en Egypte, se trouvoit, à ce qu'il paroît, assez abondamment sur les bords de la Mer-Rouge, et pouvoit en trois jours être transportée en Egypte. Cette pierre qu'on appeloit *arabique*, quoique moins blanche que les marbres blancs qu'on exploite aujourd'hui, donnoit un fort beau poli et des blocs d'une assez grande étendue; ceux qu'on employa au revêtement de la grande *pyramide*, avoient trente pieds de longueur, au dire d'Hérodote.

Si maintenant on se figure la *pyramide* bâtie en degrés de pierre ordinaire, avant le revêtement qui devoit donner à ses quatre faces une superficie toute lisse, on ne peut s'expliquer que de deux façons la manière dont on procéda à cette dernière construction. Ou ce fut en pierres taillées carrément sur chaque assise des degrés, ou ce fut par des pierres taillées en forme de prismes, remplissant l'angle rentrant, formé par deux de ces degrés. Dans le premier cas, il est facile de voir que ces pierres taillées carrément et posées de haut en bas sur chaque degré, auroient produit un degré de plus en saillie dans toute la longueur de la ligne inclinée des quatre faces rampantes.

On n'auroit pu, dans cette hypothèse, se procurer la superficie lisse des quatre faces rampantes, qu'en retranchant après coup, c'est-à-dire, après la pose, l'excédant de matière formé par la saillie de chaque degré, ce qui eût occasionné une perte considérable de temps et de matière, en exigeant un travail difficultueux à faire en place ou ce qu'on appelle *sur le tas*. Il paroît donc certain que le revêtissement de marbre fut formé de morceaux taillés en triangle à la mesure des degrés différens de hauteur, dont il falloit remplir l'intervalle d'angle en angle. Il suffisoit alors de tailler des blocs quadrangulaires et de les scier en deux, d'angle en angle. De-là économie de matière, de main-d'œuvre, de temps et de peine. C'est à monter de tels morceaux, que le texte d'Hérodote nous apprend que servoient les machines dont il parle.

L'économie dont nous venons de parler, fut encore plus nécessaire pour la construction du revêtement de la troisième *pyramide* de Gyzée, appelée de *Mycerinus*, qui beaucoup moins importante par la grandeur de sa masse, le fut bien davantage par le travail de son revêtement qu'on fit en granit.

La recherche des différens genres de travail, de matériaux et de main-d'œuvre des *pyramides* de la Basse-Egypte, seroit le sujet d'un ouvrage qui n'existe pas encore, et il suffira à cet article d'indiquer en peu de mots les notions principales qu'on trouve chez les voyageurs.

Il se pourroit que le plus ancien mode de construction eût consisté à envelopper une butte naturelle ou artificielle d'un parement de briques crues. Telles se présentent plusieurs des *pyramides* du Fayoum. Dans quelques-unes, l'éboulement de ces briques est arrivé à un tel point, que de loin on croit voir de simples monticules. Resteroit à savoir si cette enveloppe de briques crues recevoit un revêtissement qui en garantît la durée.

L'état de dégradation dans lequel nous sont

parvenues le plus grand nombre des *pyramides*, a mis à découvert, dans beaucoup de ces monumens, le mode de construction de leur massif. Il paroît avoir consisté généralement dans une maçonnerie en blocage, de pierrailles de toute nature, employées, ce qu'on appelle à bain de mortier. Quelques chaînes de pierre auroient servi de liaison à cette maçonnerie. Si l'on en croit Pococke, il y a de ces *pyramides* qui ont leurs angles et le milieu de leurs faces garnis et renforcés par de semblables chaînes de pierre, et ces pierres sont des blocs d'une assez grande étendue.

Très-probablement la maçonnerie rustique et vulgaire, dont on a parlé, aura été recouverte d'un enduit de stuc. Sur ce point, en effet, on ne sauroit douter que l'usage des enduits n'ait été pratiqué. Nous avons vu que la *pyramide* de Chephren porte des vestiges d'un stuc brillant, et plusieurs ont cru que le haut de son revêtement, au lieu d'être en marbre blanc, n'étoit qu'un stuc qui en jouoit les apparences.

Le grand nombre de *pyramides* récemment découvertes par M. Cailliaud, dans son voyage à Meroé, et dont il nous reste à parler, donne des lumières nouvelles sur le genre de construction des *pyramides* de la Basse-Égypte. Quoique ces monumens paroissent être d'une date beaucoup plus récente, et bien que leurs masses, fort inférieures en étendue, annoncent une construction moins dispendieuse, cependant tout, dans le pays où elles se trouvent, temples, hiéroglyphes, statues, etc., est conforme aux mêmes ouvrages en Egypte. On ne sauroit, par conséquent, se dispenser de reconnoître ces monumens comme entièrement égyptiens, quel que soit l'âge qui les vit élever. Dès-lors on ne peut se refuser à croire que les mêmes procédés de construction se seront transmis avec les mêmes usages, les mêmes opinions, le même goût et le même style de dessin et de composition.

Des pyramides de Meroé ou d'Assour en Ethiopie.

Plus d'une raison, tirée des mœurs, de la religion, de l'état politique de l'Egypte, et surtout de sa position géographique, nous explique pourquoi cette nation, resserrée en quelque sorte dans certaines limites naturelles, étendit beaucoup moins qu'on ne pourroit le croire, ses rapports avec les autres peuples. L'aversion que l'Egyptien avoit pour la navigation, rendit inutiles, pour lui, les mers qui l'avoisinoient. Elles furent, au contraire, une des causes de son isolement. Borné ainsi, de toutes parts, par la mer, les montagnes et les déserts environnans, et comme renfermé dans la vallée du Nil, on conçoit aisément que, soit pour une cause, soit pour une autre, l'influence de ce peuple ne put guère exercer son action qu'en remontant le Nil, et en pénétrant, dans la même direction, chez les nations placées au-dessus de lui, sur les rives du même fleuve.

Ce n'est pas ici le lieu de rechercher l'origine de la civilisation égyptienne, le point de son départ, et les routes qu'elle a suivies. En prenant aujourd'hui pour guides, dans cette matière, les autorités de l'histoire et celles des monumens, on est assez d'accord que Thèbes devança Memphis, c'est-à-dire, que la Haute-Egypte fut primitivement le siége du Gouvernement. Il est reconnu que quelques-unes des ruines de la Thébaïde annoncent encore une plus grande antiquité que celle des autres monumens répandus dans le reste de l'Egypte. En prenant Thèbes comme point de centre, il seroit donc probable que les arts de l'Egypte auroient suivi soit en descendant, soit en remontant le Nil, le mouvement naturel qui devoit porter l'influence de ce peuple au-delà peut-être des limites de sa puissance politique; car il est impossible que le peuple civilisé ne finisse point par conquérir d'une manière ou d'une autre, des voisins moins avancés que lui dans la civilisation.

Nous présumons donc que l'Egypte ne pouvant étendre la conquête dont on parle, qu'en remontant toujours le Nil, aura nécessairement porté son langage, son culte, et l'écriture par signes figuratifs qui constitua ses arts, d'abord dans la Nubie, qui lui étoit limitrophe, et où l'on trouve des monumens qui se recommandent aussi par une assez grande antiquité.

Nos connoissances sur les monumens de l'Egypte s'étoient aussi arrêtées à ce point, lorsque le voyage entrepris par M. Cailliaud, et dont le point de départ est l'extrémité de la Nubie, nous a révélé une nouvelle extension des arts égyptiens en Ethiopie. La découverte de Meroé et de ses monumens, ainsi que de diverses autres ruines qu'on trouve à mesure qu'on remonte le Nil, nous apprennent, par la plus parfaite ressemblance de leurs ouvrages, avec ceux de l'Egypte, qu'il y eut, n'importe à quelle époque, identité d'usages, de croyance, d'opinions religieuses, et que les mêmes idées s'y exprimèrent par les mêmes signes. Mêmes plans et configurations de temples, mêmes élévations, mêmes frontispices ou pylones, même emploi, sur ces parties, des mêmes caractères hiéroglyphiques, même genre de dessin, de sculpture, de composition décorative, même forme de statues, etc.

Ce que cette nouvelle conquête a de plus important, pour l'article qui nous occupe, c'est-à-dire, quant aux *pyramides*, c'est qu'on y voit des monumens de ce genre presqu'aussi nombreux aux environs de Meroé, que le furent ceux de la Basse-Egypte, aux environs de Memphis.

Sur divers emplacemens, les *pyramides* de Meroé sont élevées sans aucun ordre ni symétrie, par groupes de douze ou quinze. Si l'on en croit les indications de toutes celles qui, étant entièrement ruinées, ne présentent plus que les vestiges de la place qu'elles occupèrent, il paroît que, sans crainte de se tromper, on peut en compter plus d'une centaine.

L'ouvrage de M. Caillaud n'étant pas encore terminé, et le texte ou les explications qui doivent l'accompagner, n'ayant point encore paru, nous nous bornerons à un léger aperçu de cette partie curieuse de l'histoire des *pyramides*, et nous serons encore plus courts sur les résultats, que ce parallèle mettra un jour la critique à même d'en tirer, pour l'appréciation des arts de l'Egypte.

Ce qu'il faut dire d'abord des *pyramides* de Meroé, c'est qu'elles sont toutes d'une fort petite dimension, comparée à celle des *pyramides* de la Basse-Egypte. D'après l'échelle donnée, les plus grandes n'auroient guère eu plus de cinquante pieds de hauteur. On y trouve des variétés assez nombreuses, surtout quant à la forme pyramidale. Quelques-unes forment un angle assez aigu, et leur base n'a guère, en largeur, plus des deux tiers de leur hauteur totale. Leur construction est très-propre à confirmer ce que nous avons dit du système de bâtisse des grandes *pyramides* de Memphis. A Meroé, un grand nombre de *pyramides* plus ou moins dégradées fait voir, qu'elles ne sont autre chose, qu'une masse de maçonnerie composée de pierrailles unies par le mortier. La petitesse de ces masses ne rend point nécessaire de croire, qu'on auroit profité, pour en former le premier noyau, d'un monticule donné par la nature. On pratiqua dans la maçonnerie la chambre sépulcrale, et cet espace auquel pouvoit conduire le temple adossé à la *pyramide*, une fois bouché, on revêtissoit les quatre faces de paremens de pierre taillée carrément, qui paroissent toutefois avoir formé des degrés. A une de ces *pyramides*, selon l'observation de notre voyageur, on abattit les arêtes de ces degrés, pour faire un talus lisse et glissant.

La plupart des *pyramides* avoient les arêtes de leurs quatre faces renforcées dans toute la hauteur, d'une chaine de pierres saillantes, qui y formoit comme une sorte d'encadrement. Il se trouve de ces cadres ou bordures qui sont en forme arrondie.

Le sommet des *pyramides* paroît s'être terminé tantôt en pointe fort aiguë, tantôt en plate-forme plus ou moins large. Il y a de ces plates-formes où l'on voit pratiqué un trou qui servit à recevoir, sans aucun doute, le tenon ou le crampon de quelqu'objet, qui faisoit amortissement à la masse totale. La base de quelques-unes se termine par un listel, et repose sur une espèce de socle ou de plinthe.

Généralement, on doit dire de la construction de ces nombreux monumens, qu'elle fut peu dispendieuse, qu'il n'y eut ni difficulté dans leur exécution, ni embarras pour leur échafaudage, ni habileté dans leur main-d'œuvre, ni grande dépense de temps, ni rareté dans leurs matériaux. Il ne paroît point que la pierre du pays y ait été recouverte par une matière plus précieuse, et rien n'indique des restes d'enduits propres à conserver tout à la fois, et à orner les surfaces de l'appareil en pierre.

Quel que soit, comme on le voit, l'intervalle qui, pour la dimension, la difficulté, la dépense et la valeur qu'on attache, en construction, à tout ce qui est grand, doive séparer, dans l'opinion, ces monumens, de ceux de la Basse-Egypte, toutefois on en pourra tirer les conséquences les plus curieuses et les plus utiles, pour fixer enfin toutes les incertitudes, soit sur l'ensemble qui compléta jadis les *pyramides* de Memphis, soit sur leur emploi, resté jusqu'à nos jours objet de contestation entre les savans.

1°. Entre les particularités dont les *pyramides* de Meroé nous permettent de faire l'application aux *pyramides* en général, et qui tendent à vérifier les notions des anciens historiens, on a pu remarquer celles qui se rapportent à leur amortissement. Il paroît qu'elles pouvoient se terminer dans leur sommet, ou par une pointe aiguë, ou par une petite plate-forme, ou par quelqu'objet sur-imposé, ce qui constate la manière dont l'histoire nous dit qu'étoient terminées ces *pyramides* du lac Mœris, au sommet desquelles s'élevoient des colosses.

2°. La méthode universelle de la construction des *pyramides* de Meroé, nous les montre toutes comme un simple massif de la maçonnerie la plus ordinaire, revêtu d'un seul parement de pierre de taille, c'est-à-dire, d'un seul rang d'assises en profondeur. Si on doit appliquer cette méthode aux grandes *pyramides* de Memphis, on verra diminuer beaucoup l'idée que l'imagination s'est toujours exagérée d'un semblable travail, dont on peut évaluer la dépense par le plus simple de tous les calculs, le toisé d'une superficie de pierres taillées carrément sans aucun art. Celui qui prendra la peine de faire ce calcul, et d'en additionner la masse en pieds cubes, puis de faire la même opération sur la masse de pierres de certains édifices, tels, par exemple, que le colisée de Rome, indépendamment de tout le travail d'architecture, qui, dans ce monument, peut être évalué au décuple de celui de l'équarrissage de la pierre, celui-là, dis-je, ne s'étonnera pas qu'on ait pu dire à la vue de l'amphithéâtre de Vespasien : *Barbara pyramidum sileant miracula Memphis*.

3°. On trouve plus d'une *pyramide* environnée d'une enceinte qui comprend et renferme la masse de la *pyramide* et celle du petit temple ou sanctuaire qui s'adossoit à la face antérieure. On aperçoit à un très-grand nombre de ces *pyramides* des restes plus ou moins conservés de petits temples, entièrement conformes par leur plan,

leur

leur élévation, et les détails de leur décoration, à tout ce qu'on connoît des temples égyptiens. Ces petits temples sont précédés d'un pylone, et on y reconnoît tous les accessoires et hiéroglyphes sculptés de relief en creux, qui appartiennent à tous les monumens de l'Egypte. En rapprochant de la disposition accessoire des *pyramides* de Meroë, et les notions de l'histoire sur les *pyramides* de Memphis, et les restes de constructions semblables à celles de tous les temples, restes que les voyageurs nous représentent comme existans dans le voisinage de quelques *pyramides*, on sera, je pense, très-porté à présumer qu'il dut y avoir comme adhérent et attaché à chaque *pyramide*, un édifice religieux, où se pratiquoient certaines cérémonies, qui ne pouvoient avoir lieu dans des tombeaux dont l'entrée [illegible] inaccessible [illegible]. Si, comme cela [illegible] [illegible] à chaque *pyramide* un temple, dont la grandeur et l'étendue [illegible] plus [illegible] proportionnée [illegible] *pyramidale* [illegible] *pyramides* [illegible]

[illegible]

Diction. d'Archit. Tome III.

fut aussi celle qui fut la plus générale dans la construction des tombeaux.

Des pyramides hors de l'Egypte.

Pyramides en Asie. — Les renseignemens relatifs aux monumens de l'Asie, doivent, quant à l'architecture, se diviser en deux classes, ceux dont nous avons connoissance par les relations des voyageurs modernes, et qui appartiennent très-probablement aux temps postérieurs à la haute antiquité, et ceux que les anciens écrivains nous ont fait connoître, dans les détails de leurs histoires, qui se rapportent à cette vaste contrée.

En suivant cette distinction, par rapport aux notions qu'on peut avoir sur les *pyramides* en Asie, nous [illegible] dans cette recherche, sur les opinions des voyageurs ou des critiques, à l'égard de ce qu'ils ont appelé des *pyramides* dans l'Inde. Déjà, à l'article de l'Architecture de ce pays (*voyez* [illegible] (Architecture), nous croyons avoir suffisamment fait entendre, quelle avoit été l'exagération des voyageurs, qui pour la grandeur de la construction et l'élévation des [illegible], [illegible] à comparer [illegible] pagodes pyramidales de l'Inde aux *pyramides* de l'Egypte. Mais nous répéterons ici, que c'est confondre toutes les idées, que de donner le nom de *pyramides* à tout édifice qui se termine en pointe. Le mot *pyramidal* (voyez ci-dessus) [illegible] que la forme qu'on appelle [illegible] [illegible] et [illegible] [illegible] rien de commun avec la *pyramide* proprement dite.

[illegible] les deux caractères, l'un relatif à l'emploi de l'édifice, l'autre relatif à la construction, caractères qui constituent la *pyramide* dans le sens que l'usage a donné à ce mot, [illegible] tombeaux et d'être massifs.

Premièrement, quant à l'emploi, [illegible] ne nous apprend que les pagodes pyramidales de l'Inde, que les tours ou minarets de la Chine et d'autres pays, aient été des sépultures. Tout porte à y voir des monumens religieux, quelques-uns composés d'un assez grand nombre de salles, de galeries, d'autres s'élevant à une fort grande hauteur, par étages, auxquels on parvient au moyen d'escaliers intérieurs, et à la manière des tours de nos églises. Secondement, la construction de ces édifices n'offre rien de semblable aux *pyramides*, ni par l'étendue de leurs bases, ni par la nature de leur appareil, ni par ce caractère de masse, dont l'objet principal fut de procurer au tombeau une durée éternelle.

C'est pourquoi nous pensons, qu'aucune communication réelle ne s'étant établie entre l'Egypte, et des contrées aussi éloignées d'elle, l'espèce de rapport qu'on trouve, quant à la forme pyramidale, entre quelques pagodes et les monumens sépulcraux des Egyptiens, n'est dû qu'à cette partie de l'intelligence humaine, qu'on appelle *instinct*, et qui, commune à tous les hommes, ne peut point ne pas rapprocher quelques-uns de leurs ouvrages, et leur imprimer certaines ressemblances, quoiqu'il n'ait existé ni communication, ni rapprochement entr'eux.

Nous ne dirons pas la même chose de quelques peuples de l'Asie, où les notions des historiens grecs, nous apprennent qu'il exista de véritables et réelles *pyramides*. On dit *véritables et réelles*, parce que les unes, par leur forme et par leurs dimensions, les autres par leur destination, nous paroissent avoir dû être des imitations des pratiques égyptiennes ; et puis les pays où ces monumens ont été vus et décrits, non-seulement ne furent point étrangers à tout contact avec l'Egypte, mais on sait, au contraire, qu'il avoit dû s'établir entr'eux, et d'assez bonne heure, de ces rapports plus ou moins directs, qui conduisent naturellement à une communauté d'idées et d'usages.

Près d'une ancienne ville de Médie, nommée *Larissa*, Xénophon (*Retraite des dix mille*, liv. 3, chap. 4) fait mention d'une *pyramide*, construite en pierres, hors des murs de cette ville. Elle avoit un plèthre de largeur et deux plèthres de hauteur, c'est-à-dire, à peu près, quatre-vingts pieds à sa base, et cent soixante pieds à son sommet.

Rien ne se rapproche plus des *pyramides* de l'Egypte, rien n'en indique mieux l'origine, et ne confirme davantage ce que nous avons avancé sur les élémens de leur construction, que le tombeau d'Alyates, roi de Lydie, dont Hérodote (liv. I, §. 93) nous a laissé la description. C'est un ouvrage (dit-il) supérieur à tous ceux qu'on admire ailleurs, excepté toutefois les monumens des Egyptiens et des Babyloniens. Son soubassement se compose de grandes pierres, le reste consiste dans une montagne de terre ; au sommet, s'élèvent cinq espèces de cippes avec des inscriptions. Ce monument a 6 stades 2 plèthres de circuit et 13 plèthres de largeur (c'est-à-dire, 598 toises 2 pieds 10 pouces de tour, sur 204 toises 3 pieds 9 pouces de largeur). Ainsi la largeur des deux faces latérales devoit être de 94 toises 3 pieds 8 pouces.

Selon les mots propres du récit d'Hérodote, le tombeau d'Alyates, père de Crésus, est construit au-dessus de la masse de son soubassement, dans une montagne de terre. Quelques-uns supposent que le mot *terre*, γῆς [illegible], peut aussi bien signifier de la *terre cuite*, c'est-à-dire, de la brique, ou bien que l'ame du monument, ayant été une élévation naturelle en terre, l'écrivain, en énonçant ce fait, n'a pas exclu la possibilité d'un revêtement quelconque. Sans entrer dans cette discussion, nous nous contenterons de faire observer que le tombeau d'Alyates, tel qu'il est décrit, rentre parfaitement dans les idées et les termes de ces *tumuli* dont nous avons parlé, qu'on environnoit d'un mur, au sommet desquels on élevoit une colonne, et qui furent le type primitif des *pyramides*.

L'historien Josephe, en décrivant (*liv.* 13, *ch.* 6) les grands ouvrages faits par Hérode, ou sous son règne, dans la Judée et autres pays, cite comme un monument des plus magnifiques, le tombeau que Simon fit élever en marbre blanc, pour sa famille, avec des portiques, dont les colonnes, aussi de marbre, étoient d'une seule pierre. On y comptoit sept *pyramides*, ouvrage d'un travail excellent, et si élevées, qu'on les apercevoit en mer, et que les navires s'en servoient, comme d'un signal, pour diriger leur course. Elles existoient au temps de Josephe, et encore deux cents ans après lui, comme Eusèbe en fait foi.

Pyramides en Grèce. — On ne doit pas s'étonner que les Grecs aient fait peu d'usage de la *pyramide* dans la construction de leurs tombeaux. D'une part, des règlemens somptuaires avoient pu mettre quelques limites aux dépenses des sépultures ; de l'autre, dans les beaux temps de la Grèce, si on trouve peu de fortunes particulières en état de payer de tels ouvrages, seules la fortune publique de ces petits Etats auroit eu encore moins de moyens de subvenir à ces dépenses. Nous ne trouvons donc, dans les descriptions de Pausanias, qu'une seule mention d'édifice qui paroisse donner l'idée d'une *pyramide*. En allant d'Argos à Epidaure (dit ce voyageur), on trouve, à droite du chemin, un édifice qui ressemble beaucoup à une *pyramide*. Ce qu'il faut observer, c'est que cet édifice étoit véritablement un tombeau où furent ensevelis conjointement ceux des deux partis, qui avoient combattu dans la querelle de Proetus et d'Acrisius, au sujet de la couronne.

Quoique le monument sépulcral de Mausole ait appartenu à une ville de l'Asie mineure, comme il est l'ouvrage d'artistes grecs, et fait dans le plus bel âge des arts de la Grèce, nous ne pouvons pas nous empêcher de le mettre au nombre des imitations, que ce pays auroit fait de la pratique égyptienne en fait de tombeaux.

Au mot Mausolée (voyez cet article), nous avons rapporté la description que les écrivains nous ont laissée de ce monument. Nous n'en reparlerons ici, que pour y faire observer la *pyramide*, composée de vingt-quatre degrés, qui s'élevoit au-dessus de la masse quadrangulaire et périptère, qui formoit le corps principal de l'ouvrage. Le sommet de cette *pyramide* recevoit un quadrige en bronze.

Pyramides en Italie. — Ce que Pline, sur l'autorité de Varron, a rapporté du labyrinthe d'Etrurie, qui fut le tombeau de Porsenna, renferme la mention d'un assez grand nombre de *pyramides*, dont la disposition seroit fort difficile à expliquer, si l'on ne devoit conclure des paroles mêmes de l'écrivain, que ce récit est entremêlé de détails fabuleux. S'il falloit toutefois trouver à l'emplacement des quatorze *pyramides*, une explication raisonnable, ce seroit dans les notions de tous les monumens déjà cités qu'on la trouveroit.

Et d'abord, si l'on doit partir d'un point certain, savoir, qu'une *pyramide* fut toujours un tombeau, il faudra se garder de croire que les *pyramides* de Porsenna ne furent que des objets construits pour le plaisir des yeux ou de la symétrie. Ce fut pour sa famille que Simon, selon le récit de Josephe, avoit fait construire les sept *pyramides* de son tombeau. Pourquoi les quatorze *pyramides* du monument de Porsenna n'auroient-elles pas eu une semblable destination ?

Si ensuite on se rappelle combien furent multipliées sur un même espace de terrain toutes les espèces de *pyramides* égyptiennes, soit près de Memphis, soit près de Meroé, seroit-il improbable qu'un roi d'Etrurie ait consacré aux sépultures royales un espace particulier, avec des souterrains auxquels on donna le nom de *labyrinthe*, et que les diverses *pyramides*, dont la description fait mention, aient été des ouvrages successifs?

Enfin, si on se rappelle que les *pyramides*, dont la masse intérieure nous est connue, furent plus ou moins des buttes ou des monticules de terre, pourquoi ne supposeroit-on pas qu'il en fut de même en Etrurie, et que le terrain du labyrinthe ou de la sépulture royale de Porsenna, ayant été naturellement formé de semblables monticules, disposés par la nature les uns au-dessus des autres, ce terrain auroit offert une sorte d'amphithéâtre, qui eût donné lieu aux *pyramides* qu'on y érigea, de paroître s'élever les unes au-dessus des autres? Dès-lors disparoîtroit, en expliquant ainsi les *supra* du texte de Pline, la ridicule *superposition* de *pyramides*, dont on chercheroit vainement la possibilité.

On est trop souvent porté à juger, d'après peu de restes que le temps a épargnés dans les villes antiques, soit du genre, soit de la quantité d'ouvrages et de monumens que le goût ou l'usage avoit pu y multiplier. Rien cependant de plus hasardé que de telles décisions. Comment pouvoir affirmer qu'une sorte de construction n'existe point ou ne fut pas connue dans tel pays, dans telle ville, où à peine trouve-t-on la centième partie des débris de la centième partie de ses monumens?

Si la *pyramide* de C. Cestius ne s'étoit point conservée dans le petit nombre des monumens de l'antique Rome, ne seroit-on pas porté à croire que cette forme de tombeau y fut inusitée? De ce qu'il ne subsiste aujourd'hui que celle-là, nous devons donc nous garder de penser qu'elle fut la seule.

Il nous semble toutefois que, si la simplicité des *pyramides* massives fut très-conforme à la simplicité de l'art de bâtir, d'une nation qui, dans tous ses autres édifices, et dans tous les ouvrages de ses arts, resta stationnaire, et invariablement attachée aux procédés primitifs de l'instinct, le même goût ne dut pas avoir la même faveur à Rome. Quand l'architecture peut développer les formes les plus variées, dans des compositions qui réunissent à une égale solidité, le plaisir de l'effet et de la magnificence, on ne revient guère que par fantaisie, aux idées et aux formes monotones de la construction sans art. Et il se pourroit que la *pyramide* de Cestius eût été dans son temps, pour les Romains, un simple caprice imitatif de l'Egypte, comme nous voyons qu'une sculpture perfectionnée s'étoit plu aussi à reproduire, sous de meilleures formes, les simulacres sans art des divinités égyptiennes.

Quoi qu'il en soit, la *pyramide* de Cestius, aujourd'hui tout-à-fait intègre, grâce à la restauration qui en fut faite en 1663, fut construite tout en maçonnerie qui lui sert de noyau, et revêtue d'assises régulières en marbre blanc, formant une superficie entièrement lisse. Un conduit pratiqué dans une de ses faces, à vingt pieds au-dessus du sol, donnoit entrée dans la chambre sépulcrale. Un conduit moderne y a été pratiqué au niveau du sol, pour faciliter aux curieux la visite de ce petit intérieur, qui consiste dans une chambre de quinze à seize pieds de large, sur à peu près vingt de longueur, et où l'on a trouvé quelques peintures sur enduit. La largeur de cette *pyramide*, à sa base, est d'environ quatre-vingt-dix pieds; sa hauteur est de cent quatorze.

La *pyramide* repose sur un plateau formé de deux marches. A chacun de ses angles étoient des piédestaux surmontés d'une colonne, et en avant de ces piédestaux, il y en avoit de plus petits, destinés à porter des statues en bronze. Le pied d'une de ces statues s'est trouvé encore inhérent à sa base, avec un bras de même métal.

L'inscription antique, qu'on lit sur une des faces de la *pyramide*, nous apprend que le monument a été élevé dans l'espace de 330 jours : OPUS ABSOLUTUM EX TESTAMENTO DIEBUS CCCXXX.

Ainsi, moins d'une année suffit à un simple particulier de Rome pour élever tout en maçonnerie revêtue de blocs de marbre blanc poli, une *pyramide* de 114 pieds de hauteur. Qu'on évalue ce matériel comparé à celui de la plus grande *pyramide*, qui est de 450 pieds; que l'on augmente encore, si l'on veut, le travail et la dépense, en raison des difficultés que la grandeur de la masse peut occasionner, on verra, ce me semble, diminuer de beaucoup le merveilleux qu'on s'est plu, dans tous les temps, à s'exagérer sur le compte de ces monumens.

Ce qu'il faut reconnoître en fait d'architecture, c'est que c'est le travail plus que la matière qui en fait la dépense. Or, nulle comparaison à faire entre la façon des paremens d'une *pyramide*, qui ne sont que des murs en maçonnerie et pierres simplement équarries, et les frais de la taille variée sous des formes sans nombre, de tous les matériaux qui entrent dans la composition de l'extérieur, comme de l'intérieur d'un de nos grands édifices, avec toutes les saillies des entablemens, toutes les courbes des voussoirs, tous les ornemens des membres divers d'une ordonnance, toutes les difficultés causées par les poussées et les résistances. Si l'on veut mettre ces considérations dans la balance, il n'y a personne qui ne puisse placer bien des édifices, tant anciens que modernes, au-dessus des *pyramides*, je ne dis pas sous les rapports d'art, de goût, de savoir et de beauté, mais seulement sous celui de la dépense de temps, de travail et d'argent.

Nous avons vu (*voyez* MAUSOLÉE) que les Romains paroissent pu comparer aux tombeaux des rois d'Egypte plusieurs de ceux de leurs empereurs, qui n'eurent de commun avec les *pyramides*, que ce qu'il faut appeler la *forme pyramidale*. Il nous est parvenu toutefois quelques-uns de leurs tombeaux d'une beaucoup plus petite dimension, auxquels on peut donner le nom de *pyramides*.

Ce qu'on croit avoir été, au Pausilippe, près de Naples, le tombeau de Virgile, est formé d'un soubassement carré, fort élevé, en pierres de taille, couronné par deux rangs de plus grosses pierres, servant de socle à une masse circulaire aujourd'hui tronquée, mais qui n'a pas pu être autre chose qu'une *pyramide* ronde.

Le tombeau voisin d'Albano, qu'on appelle, fort improprement sans doute, le *tombeau des Horaces et des Curiaces*, consiste aussi dans un grand soubassement quadrangulaire de vingt à trente pieds de haut, ayant une base profilée, et qui se termine par un large bandeau de pierre, sur lequel s'élèvent cinq *pyramides* circulaires, tronquées dans leur sommet, dont celle du milieu surpassoit les quatre autres en élévation. Ces deux monumens permettent de croire que les Romains, en employant les *pyramides* dans leurs tombeaux, ont pu souvent leur donner des variétés de formes qu'on chercheroit vainement en Egypte. Il a été effectivement déjà remarqué ailleurs que, si l'on excepte les tambours des colonnes, on ne trouve dans ce pays aucune forme circulaire. Cependant on ne sauroit nier qu'une *pyramide*, ainsi configurée, n'offre encore pour sa durée, une plus grande garantie, et, contre les efforts du temps, et contre ceux des hommes.

Pyramides chez les Modernes.

Nous avons déjà fait voir à l'article MAUSOLÉE (*voyez* ce mot) qu'une religion, en tant de points contraire aux opinions, aux passions, aux doctrines du paganisme, avoit dû produire, et dans l'usage des sépultures, et dans les soins de la conservation des corps, et dans les sentimens que fait naître l'idée de la mort, des pratiques fort diverses de celles auxquelles l'architecture antique fut redevable de ses plus solides et de ses plus magnifiques monumens. Les inhumations bornées dans les enceintes ou des édifices religieux, ou des terrains consacrés, ne donnèrent plus lieu à ces constructions plus ou moins étendues, que chacun étoit le maître de faire élever où il lui plaisoit. Les églises surtout, en recevant les dépouilles mortelles des chrétiens, ne purent donner place qu'à un petit nombre de mausolées, et ce fut la sculpture qui fut chargée d'élever aux personnages les plus distingués, des monumens funéraires.

On comprend dès-lors qu'il n'y eut plus d'occasion d'élever des *pyramides*, ni aucun autre édifice destiné à la sépulture.

Cependant la forme de *pyramide*, consacrée de tout temps aux demeures de la mort, resta dans l'imagination des hommes, et dans le langage par signes des arts, affectée à l'idée de tombeau et aux images qui la rappellent. Mais ce fut plutôt un hiéroglyphe, semblable à beaucoup d'autres, que les arts modernes ont empruntés à l'antiquité. Aussi la forme de *pyramide* ne s'emploie-t-elle, dans la configuration de beaucoup de mausolées, qu'en bas-relief proprement dit, et comme faisant, appliquée qu'elle est à un mur, le fond sur lequel se détachent les figures, les allégories, les statues des personnages qui forment l'ensemble de la composition.

On citera, entre beaucoup d'autres exemples de cet emploi de la *pyramide*, le mausolée de l'archiduchesse Christine, exécuté à Vienne par le célèbre sculpteur Canova. Jamais, dans aucun autre mausolée, cet emploi n'a eu lieu avec plus de vraisemblance et de convenance. L'artiste a supposé, avec une sorte de réalité, une *pyramide* ouverte par une de ses faces, s'élevant sur plusieurs degrés, et offrant une entrée ouverte, vers laquelle s'acheminent plusieurs figures allégoriques représentant des vertus; une d'elles tient l'urne funéraire, et incline la tête, comme pour entrer dans la *pyramide*, et y déposer les restes de la princesse. Le génie de la famille est représenté assis sur les degrés, et dans le haut de la *pyramide*, une Renommée de bas-relief se détache sur le fond, où elle attachera le portrait de l'archiduchesse. Ainsi, dans cette invention, la *pyramide* n'est pas un simple placage de marbre, elle joue réellement un rôle, et non-seulement elle fait partie de la composition, mais elle en est le motif principal.

On est obligé de convenir que, dans un grand nombre de ces compositions de mausolées, les décorateurs modernes ont eu le défaut de confondre l'idée ou la forme de *pyramide*, avec la forme et l'idée d'obélisque, qui est étrangère au caractère sépulcral. Tantôt ils ont appliqué au fond de leurs compositions une figure obéliscale, tantôt ils ont mêlé les deux formes, de manière à n'en faire qu'un monument bâtard qui n'est ni *pyramide*, ni obélisque.

C'est ainsi qu'on a, pendant un temps, nommé *pyramides d'amortissement* certains objets de forme pyramidale, si l'on veut, mais encore plus ressemblans à de petits obélisques. On les voit à quelques portails d'église, surmonter des parties de leur architecture. Mais ce ne sont là que de ces lieux communs, et qui furent trop communs à une certaine époque de l'art, où l'on plaçoit en guise de statues sur des piédroits, des vases, des cassolettes, des lions, etc., sans aucune autre intention que celle de finir par quelque chose quelle qu'elle fût.

Quelques-uns appellent encore *pyramides*, ces parties d'amortissement qui s'élèvent du haut de la lanterne d'une coupole, et se terminent par la croix. Il est sensible que, dans ce cas, le mot *pyramide* ne signifie autre chose que forme pyramidale, ce que nous avons vu être fort différent. *Voyez* PYRAMIDAL.

De tout ceci, il résulte que la *pyramide* proprement dite est un édifice entièrement étranger aux usages des peuples modernes, et aux pratiques religieuses des sépultures; que, hors cette destination, il n'y a aucun emploi à faire d'une masse qui ne présente d'intérêt que par une grandeur sans motif, et par une dépense qui seroit sans fruit.

PYRAMIDER, v. act. On dit, dans le langage des arts du dessin, qu'une composition, qu'un groupe, qu'un édifice, *pyramident*. On dit faire *pyramider* ces différens objets, c'est-à-dire, donner à l'ensemble des lignes dans lesquelles leur masse peut être renfermée, une forme qui aille se terminant en pointe, du haut en bas. Nous avons, au mot PYRAMIDAL, donné quelques raisons du plaisir que généralement nos yeux trouvent dans cette forme. On abuseroit cependant de cette règle de goût dans la peinture, si l'on prétendoit y soumettre indistinctement toutes les compositions. De fort beaux ouvrages prouvent que beaucoup de sujets ne sauroient s'y prêter, et ne laissent pas encore de charmer les yeux, et l'esprit surtout, qui demande à l'art d'agir souvent, par plus d'une considération indépendante du plaisir des sens.

En architecture, il est certain que les édifices qui *pyramident* plaisent d'autant plus aux yeux, que ce plaisir, d'accord avec la raison, repose sur l'instinct qui nous fait aimer, dans toute construction, la solidité dont la forme de *pyramide* est l'expression sensible. Mais on peut encore ajouter à cette considération, que la figure *pyramidale* a la propriété d'élever et de faire paroître grandes les masses variées des monumens, qu'on dispose de manière à prendre cette forme. Or, il est certain que l'impression de la grandeur est une de celles que notre ame recherche dans l'architecture; et il n'y a personne qui, en considérant, de loin ou d'en haut, les aspects d'une ville, ne reçoive une sensation flatteuse, de toutes ces sommités d'édifices, qui semblent porter jusqu'aux nues l'orgueil des travaux de l'homme et la gloire de ses arts.

PYRAMIDIUM. On appelle ainsi, dans les obélisques égyptiens, cette petite partie qui en forme l'amortissement et qui se termine en pointe. Effectivement, si l'on tronquoit un obélisque en cet endroit, et qu'on enlevât la partie dont on parle, cette partie formeroit une petite pyramide.

PYTHIUS. Nous réunissons sous ce nom les noms de *Pitheus* et même de *Phyleus*, qu'on trouve ainsi écrits dans Vitruve, mais qu'on croit avoir appartenu à un seul et même architecte, qui, d'après les diverses mentions que l'histoire en a conservées, auroit élevé sur la masse quadrangulaire du tombeau de Mausole, la pyramide formée de vingt-quatre degrés, au haut de laquelle on avoit placé un quadrige en bronze, et auroit été aussi l'auteur du célèbre temple de Minerve à Priène.

QUA

QUADRE. *Voyez* CADRE.

QUADRIGE, s. m., du mot *quadriga*, en latin. Char à quatre chevaux. Nous ne faisons mention de ce mot, que parce que l'objet qu'il exprime a souvent servi, dans l'antiquité, d'ornement ou de couronnement à un fort grand nombre de monumens.

Il n'y a rien de plus fréquent dans les ouvrages de l'art antique, que les représentations des chars, soit à deux chevaux, *biges*, soit à quatre chevaux, *quadriges*. Les exercices du cirque et les victoires à la course des chars, durent les multiplier sur les médailles et sur les bas-reliefs. L'art de la guerre en orna ses triomphes chez les Romains. Aussi voyons-nous sur les revers des monnoies, que les plates-formes des antiques, dans les arcs de triomphe, avoient fréquemment leur milieu occupé par un *quadrige*.

Les *quadriges* étoient faits le plus souvent en bronze, et il n'y a aucun doute que les quatre chevaux de bronze doré, que les Vénitiens rapportèrent de Constantinople, furent jadis attelés à un char de même métal. Toutefois le beau char en marbre blanc, qu'on voit au Muséum du Vatican, et que la matière désigne assez comme n'ayant pu avoir d'autre emploi qu'un emploi décoratif, indique aussi qu'il put y avoir des *quadriges* formés de deux matières.

Y avoit-il toujours, dans l'emploi du *quadrige* sur les monumens, un rapport nécessaire avec l'idée de victoire athlétique et celle de triomphe guerrier ; ou autrement dit, le *quadrige* signifioit-il, même sur les tombeaux, que le mort avoit été illustré par l'un ou l'autre de ces honneurs ? Il est permis de faire cette question quand on voit que la pyramide du tombeau du roi Mausole étoit couronnée par un *quadrige* en bronze. L'habitude qu'on a aujourd'hui de considérer le plus grand nombre des objets décoratifs des monumens, comme des accessoires destinés uniquement à l'effet et au plaisir des yeux, nous a fait élever ce doute. Mais nous croirons que le *quadrige* qui renfermoit ou la figure du Roi, ou celle d'une victoire, devoit rappeler les exploits guerriers de Mausole, et peut-être aussi ceux qu'il avoit obtenus dans les combats du cirque, jadis école et pronostics des succès militaires, et que, pour cette raison, les Grecs s'étoient habitués à payer du même signe d'honneur.

QUAI, s. m. Levée ordinairement revêtue de maçonnerie ou de pierre de taille, soit pour retenir les terres de la berge d'une rivière, soit pour en contenir les eaux dans leur lit ou dans leur bassin, et qui procure, le long de cette rivière, une promenade aussi sûre que commode et agréable.

L'agrément des *quais* manque à plusieurs grandes villes, telles que Rome et Londres. Lorsque le hasard a placé la situation d'une rivière trop en dehors de la ville, ou que la ville s'est formée par ses développemens successifs, trop loin des rives du fleuve, il devient par la suite inutile d'y construire des *quais*. D'autres fois, quand les bords d'une rivière se trouvent occupés par des maisons et des habitations considérables, il devient trop dispendieux de les remplacer par les constructions, qu'exigent les levées de terre destinées à maintenir les eaux dans un canal régulier.

Deux villes d'Italie, Pise et Florence, construites chacune sur l'une et l'autre rive de l'Arno, jouissent de l'agrément des *quais*, qui font aussi une de leurs principales beautés. Les *quais* de Florence surtout se font remarquer par leur uniformité, par les édifices qui les décorent, par les ponts qui réunissent les deux côtés du fleuve.

Mais aucune ville n'approche, et probablement ne pourra jamais approcher, en ce genre, de l'étendue, de la grandeur et de l'agrément que Paris reçoit de ses constructions de *quais*, ouvrages commencés depuis long-temps, continués à différens intervalles, et qui, dans l'extension qu'ils ont obtenue récemment, portent à plus d'une lieue la longueur de l'espace que parcourt la rivière dans un canal de pierres de taille, entrecoupé, de distance en distance, par des ports pour l'arrivage des bateaux et des marchandises.

Il y a déjà long-temps qu'en décrivant les monumens de Paris, on opposoit à la construction des pyramides d'Egypte, sous le simple rapport de la bâtisse et de la quantité de matériaux taillés, le travail des *quais* dont la Seine est environnée. Depuis ce temps, la masse de ces constructions s'est accrue de plus d'un tiers. Depuis ce temps, la mesure exacte de la grande pyramide a été mathématiquement constatée dans toutes les dimensions de son revêtement en pierres. Il ne faudroit donc plus qu'une simple opération de toisé, et le calcul le plus simple, pour arriver au résultat de ce parallèle. Nous l'abandonnons à qui, par curiosité, voudra prendre cette peine. Mais il ne seroit pas impossible, à notre avis, que deux lieues en longueur de construction en revêtement de pierres de taille, sur une hauteur moyenne de trente pieds, donnassent cinq ou six fois la mesure du revêtement en pierre de la grande pyramide.

QUARANTE COLONNES, appelées *Tchelminar* en persan. *Voyez* PERSEPOLIS.

QUARDERONNER, v. act. Ce mot, formé de *quart de rond*, ne signifie réellement que faire un quart de rond. On l'emploie toutefois à exprimer l'opération préparatoire par laquelle on abat les arêtes d'une pièce de bois de charpente, d'une poutre, d'un poteau, d'une solive, ou d'un battant de porte de menuiserie, avant d'y pousser le quart de rond qui se trouvera entre deux filets.

QUARRÉ, adj. et subst. On donne ce nom à toute figure qui a quatre côtés, et a quatre angles droits.

On fait un substantif de ce mot, en l'appliquant à plus d'une sorte d'objets.

On appelle un *quarré*, en architecture, un petit membre qu'on désigne le plus souvent par le mot *listel*. Voyez ce mot.

On donne vulgairement le nom de *quarré*, dans les étages des escaliers, à ce petit espace qui sépare un étage de l'autre.

En parlant de jardinage, on appelle *quarré*, un espace de terre quadrangulaire, dans lequel on plante des fleurs ou des légumes.

QUARRÉES-LES-TOMBES. C'est le nom d'un village de l'Auxois en Bourgogne, qui s'appelle, dans le latin moderne, *Parochia de quadratis*, en sous-entendant très-probablement *lapidibus*.

De temps immémorial, on découvre dans ce village des tombeaux en pierre. Ces tombes sont d'une pierre grisâtre, et ont environ cinq à six pieds de longueur. On en a brisé un grand nombre, pour bâtir et pour paver l'église de ce lieu. On s'en est servi quelquefois pour faire de la chaux, et on en a réservé quelques-unes qu'on a laissées dans le cimetière, pour satisfaire la curiosité.

Il n'y a qu'une seule carrière dont on ait pu tirer les pierres, qui ont servi à faire ces cercueils; elle est dans un endroit nommé *Champ-Rotard*, à six lieues de *Quarrées-les-Tombes*. Or, la qualité et la couleur de la pierre de cette carrière, est parfaitement ressemblante à celle de ces tombeaux.

On a épuisé toutes les sortes de conjectures, pour trouver la raison de ce grand nombre de tombes, et la cause qui les auroit à tel point multipliées dans un lieu si peu célèbre. On a vainement cherché sur ce terrain et dans ses environs, des restes ou des souvenirs de quelque ville considérable. Tout aussi inutilement a-t-on demandé à l'histoire des mentions de quelques grandes batailles, qui auroient nécessité l'emploi d'un grand nombre de cercueils. Mais, outre beaucoup d'autres objections, les tombes, dont il s'agit, ont presque toutes été trouvées dans un état, qui prouve qu'elles n'ont jamais servi à la sépulture.

Il paroît en définitive, que l'amas de tombes, qui a donné le nom au lieu, n'est autre chose qu'un reste de dépôt ou magasin de cercueils, destiné à approvisionner les endroits voisins, dont la pierre eût été d'une trop mauvaise qualité pour cet emploi, et que l'usage des sépultures de pierre ayant cessé peu à peu, le magasin sera devenu inutile. *Voyez* sur cet article le *Dictionnaire d'Antiquités*.

QUART DE ROND, s. m. Nom qu'on donne généralement à une moulure dont le contour décrit une ligne circulaire. On la nomme quelquefois *ove*.

QUARTIER, s. m. L'emploi le plus ordinaire de ce mot, est de désigner, dans l'ensemble d'une ville, des parties de maisons et de rues, qui reçoivent des noms divers, tirés le plus souvent, ou de l'ancienne dénomination des terrains sur lesquels se sont élevées successivement des maisons nouvelles, sur des percés nouveaux, ou de quelque monument qui précéda ces augmentations, ou de toute autre particularité.

Les *quartiers* d'une ville se forment ainsi, par l'effet de l'accroissement de la population, ou par les spéculations d'entrepreneurs qui calculent, d'après les progrès du luxe et de l'opulence, le besoin que de nouveaux riches auront d'occuper des habitations plus agréables et plus commodes. Ainsi, dans beaucoup de villes, on peut compter ces progrès et les changemens de mœurs, par la suite des *quartiers*, qui, les uns après les autres, ont agrandi l'enceinte primitive, laquelle ne forme plus que le cœur de ce qu'on appelle, par exemple, à Paris et à Londres, *la cité*.

Cependant il se forme aussi, par mesure de police et de bonne administration, des divisions de *quartiers*, qui peuvent être indépendantes des époques de leur formation. Ainsi, au temps de Henri IV, la ville de Paris se divisoit en seize *quartiers*. Depuis, et par suite des augmentations de cette ville, de semblables divisions se sont multipliées sous des noms différens.

Les topographies d'Aurelius-Victor, de Panvinius et d'autres, nous apprennent que la ville de Rome fut plusieurs fois divisée différemment, selon ses accroissemens, en *quartiers* qu'on appeloit *régions*. Aujourd'hui on donne le nom de *rioni* aux *quartiers* de Rome moderne.

QUARTIER DE VIS SUSPENDUE. C'est, dans une cage ronde, une portion d'escalier à vis suspendue, pour raccorder deux appartemens qui ne sont pas de plain-pied.

QUARTIER DE VOIE. On appelle ainsi les grosses pierres, dont une ou deux font la charge d'une charrette attelée de quatre chevaux, et qui servent ordinairement pour les jambes d'encoignure et pour les jambes étrières, à la tête des murs mitoyens.

QUARTIER TOURNANT. C'est, dans un escalier, un nombre de marches d'angles qui, par leur collet, tiennent au noyau.

QUEUE, s. m. Ce mot, dans la construction et dans les détails des bâtimens, s'applique à plus d'un genre d'objets.

On appelle *queue*, dans une marche tournante, la partie la plus large du giron, comme cela se pratique aux escaliers à noyau ou à vis, et aux escaliers à limons rampans ou ayant un noyau circulaire.

On appelle *queue d'hironde* une manière de tailler l'extrémité d'une pierre, d'une pièce de bois ou de fer, pour l'assembler avec une autre, en faisant l'assemblage plus large à l'extrémité qu'au collet.

On appelle *queues en cul-de-lampe*, des clefs de voûte, prolongées en contre-bas, et qu'on taillent de différentes formes, comme on en voit aux voûtes des églises gothiques.

Ce mot se dit aussi des pièces de bois qui, dans les assemblages de cintres en charpente, se prolongent en contre-bas. Cela se pratique aux cintres retroussés, dont on se sert pour la construction des grandes arches des ponts de pierre, etc.

Cet usage des *queues en cul-de-lampe*, dans le gothique, usage que jamais les exigences de la construction en pierre n'auroit pu faire imaginer, nous a paru être un argument fort plausible en faveur de l'opinion que nous avons avancée ailleurs (voyez Gothique), savoir, que tout le système de formes, de constructions et d'accessoires, dans cette architecture, dérive des formes, des assemblages et des détails de la méthode de construire en bois les églises, auxquelles ont succédé celles qu'on voit aujourd'hui.

On appelle *queue de paon* les compartimens, de quelque grandeur et de quelque forme qu'ils soient, qui, dans les figures circulaires, vont en s'élargissant depuis le centre jusqu'à la circonférence, et imitent en quelque manière le développement des plumes de la *queue* d'un paon.

On appelle *queue perdue* un assemblage de menuiserie à *queue* d'hironde, en équerre et à mi-bois, dont les joints sont recouverts.

On appelle *queue percée* un assemblage de menuiserie, à *queue* d'hironde et en équerre, dont les joints sont apparens.

QUINCONCE, s. m. (*Terme de jardinage.*) C'est un plant d'arbres qui a été disposé, dans son origine, en quatre arbres formant un quarré régulier, avec un cinquième dans le milieu. Cette disposition, toujours répétée, compose une sorte de bois planté avec symétrie, lequel présente, de quelque côté qu'on se place, des allées toujours égales et parallèles. C'est de cette sorte de *quinconce* que parlent Cicéron dans son *Cato major*, et Quintilien, liv. VIII, chap. 3.

Aujourd'hui on forme un *quinconce* par un plant d'arbres en plusieurs rangs parallèles, tant en long qu'en large. Le premier du second rang commence au centre du quarré, qui se forme par les deux premiers arbres du premier rang et les deux premiers du troisième. Ceci n'est qu'une autre manière de procéder ou de faire entendre de quelle façon on forme l'échiquier. C'est dans cette ordonnance que doivent être plantés les jardins qui servent de promenade publique.

La beauté d'un *quinconce* consiste en ce que les allées d'alignement de toute part, s'enfilent l'une dans l'autre, et toujours dans les mêmes rapports. On ne met dans ce bois ni palissades ni broussailles, mais on y sème quelquefois, sous les arbres, des [illegible] gazons, dans des places découvertes.

RABIRIUS,

RABIRIUS, architecte romain, qu'une épigramme de Martial fait connoître comme ayant travaillé sous Domitien.

Il passa pour un des plus habiles architectes de son temps et fut employé à beaucoup d'édifices par Domitien, qui avoit la passion de bâtir. Il construisit pour cet Empereur, sur le mont Palatin, un palais dont on voit encore quelques ruines. Ceux qui desireroient avoir une idée de ce vaste édifice, pourront consulter les conjectures de Bianchini, à cet égard, dans son ouvrage posthume intitulé : *Palazzo de' Cesari*.

Rabirius construisit encore des temples, éleva des arcs de triomphe, acheva plusieurs édifices publics sur le mont Capitolin et dans plusieurs autres quartiers de Rome. S'il falloit lui attribuer tous les grands travaux ordonnés par Domitien, dans diverses contrées de l'Italie, peu d'architectes auroient eu d'aussi nombreuses occasions d'exercer leur talent. Mais on n'auroit, sur ce point, à produire que de vaines conjectures.

RABOT, s. m. On donne le plus souvent ce nom à un outil de fer acéré, en forme de ciseau, ajusté dans un fût de bois, dont on se sert, en menuiserie, pour dresser et polir le bois.

Mais, dans la construction, on appelle *rabot* une espèce de pierre de liais rustique, dont on se sert pour paver certains lieux, pour faire les bordures des chaussées, pour paver les églises, les jeux de paume et d'autres lieux publics.

C'est ce que les Latins appeloient *rudus novum* quand il étoit neuf, et *rudus redivivum* lorsqu'on le faisoit resservir.

RABOTEUR, s. m. Ainsi appelle-t-on un compagnon de chantier, qui pousse les moulures sur les bois apparens, comme les huisseries des portes, les noyaux, limons, sabots, marches d'escalier.

RACCORDEMENT, s. m. Se dit de l'opération qui consiste, soit à réunir, dans un bâtiment fait de plusieurs morceaux ou à diverses reprises, des parties inégalement placées ou terminées, à remettre le vieux d'accord avec le neuf ou *vice versâ*, soit à joindre, dans un jardin, des terrains d'inégale hauteur. *Voyez* RACCORDER.

RACCORDER, v. act. Ce mot porte son explication. Il signifie remettre d'accord ce qui est en désaccord, soit par les proportions, soit par l'ordonnance, soit par la décoration, dans les parties d'un édifice, ou faites à des temps différens, ou exécutées selon le hasard des circonstances, sur des dessins ou dans des intentions diverses ou contraires.

Les grands édifices sont ceux qui finissent par donner le plus souvent lieu à l'art de *raccorder*. De tout temps, sans doute, les vastes entreprises en architecture, soumises à l'action d'une multitude de causes politiques, ont éprouvé des interruptions plus ou moins considérables. Nous aurions à citer, dans l'antiquité, plus d'un exemple d'édifices terminés quelques siècles après celui qui les avoit vu commencer. Qui pourroit assurer qu'après ces intervalles, de nouveaux besoins, des vues nouvelles, n'auront pas obligé les derniers architectes de changer quelque chose aux projets des premiers, d'en modifier l'ensemble (comme cela arriva pour le temple d'Eleusis à l'architecte Philon), et par conséquent de se *raccorder* dans ses additions, à l'ouvrage de ses prédécesseurs ? Cependant on peut affirmer, d'après la connoissance qu'on a de la fixité des principes généraux du goût et des pratiques de l'architecture, pendant une durée de sept à huit siècles, que jamais, dans l'antiquité, on ne connut ces variations fréquentes, ces innovations sans cause et sans raison, qui en peu d'années, chez les Modernes, changeant toutes les manières de voir, ne sauroient garantir à aucun bâtiment d'être terminé selon le goût dans lequel son premier auteur l'a projeté.

Telle a été cependant la destinée du plus grand nombre des monumens élevés depuis le renouvellement des arts. A chaque reprise des travaux, on a vu le nouvel architecte prétendant, à tort ou à droit, substituer un meilleur projet, un meilleur style à l'ouvrage du prédécesseur, élever une autre aile, un autre corps de bâtiment en pendant de celui qui existoit, et cela dans la vue de le remplacer. Mais bientôt interrompu lui-même dans son entreprise, il n'a fait autre chose que léguer à un nouveau successeur, le besoin d'un raccordement souvent fort difficile.

On ne sauroit citer un exemple plus connu en ce genre, plus propre à faire comprendre l'abus dont on a parlé, et l'espèce de correctif dont il est susceptible, que la grande façade du palais des Tuileries, surtout du côté du jardin. Il y a dans cette façade, au moins trois projets de palais, trois goûts d'architecture, trois sortes de masses, qui annoncent une succession de plusieurs règnes. On peut toujours affirmer qu'il y a, dans ces masses diverses, de l'architecture de Jean Bullant, de Philibert Delorme, de Ducerceau, et enfin de Leveau et de Dorbay, son élève, que Louis XIV chargea de *raccorder* définitivement tant de parties incohérentes.

On a quelquefois jugé avec trop de *sévérité ce raccordement*, comme si ceux qui sont chargés de semblables travaux, pouvoient être responsables de toutes les sujétions auxquelles on les condamne. Or, il paroît que la condition à laquelle furent soumis les nouveaux architectes, avoit été de conserver le plus qu'il seroit possible des anciennes constructions.

Des moyens qui leur étoient confiés s'étant trouvés ainsi limités, il faut se garder de soumettre leur ouvrage à une censure trop absolue. On voit qu'ils visèrent, tout d'abord, à ramener autant qu'il fut possible, toutes les masses discordantes de cet ensemble, à une ligne d'entablement générale et à peu près uniforme, moyen principal de redonner une apparence d'unité à des parties détachées, et sans accord réel entre elles. Ils y parvinrent encore en assujettissant les croisées et les trumeaux, les pleins et les vides de toute la façade, à un certain niveau qui semble être le résultat d'une disposition primordiale.

On ne sauroit dire que la partie du milieu, c'est-à-dire, le pavillon central, avec ses deux accompagnemens de galeries en arcades, formant terrasse, ne soit la partie la plus heureuse de toute cette grande ligne. Il y règne assez d'unité et beaucoup de variété, et cette diversité de masses, de retraites et de saillies qu'on y observe, semble y être moins l'effet d'un raccordement opéré après coup, que celui d'une combinaison originelle.

Voilà le plus grand éloge qu'on puisse donner à l'art de *raccorder* les détails d'un grand édifice, soit qu'il s'agisse de prendre un parti nouveau en profitant de tout ce qui contraint, et en faisant subir à des masses détachées, souvent sans rapport entr'elles, le moins de changement qu'il est possible; soit qu'on ait à adapter quelque composition nouvelle à un édifice déjà terminé, comme l'a fait Bernin en *raccordant*, avec autant d'adresse que d'intelligence et de goût, sa grande colonnade, et en la rattachant au frontispice de Saint-Pierre, de manière qu'on ne soupçonne point que c'est ici une addition postérieure.

Plus les [illegible] de modifier dans les emplois, que de nouveaux besoins peuvent donner à d'anciens édifices, plus l'art des raccordemens devient nécessaire. A cet égard, il ne paroîtroit point inutile d'appliquer les jeunes architectes à trouver les moyens de vaincre les difficultés que ce genre de travail présente. Cet exercice a toujours l'avantage d'aiguiser l'esprit, d'apprendre à surmonter des vices de disposition, des défauts de construction, et à faire quelquefois résulter des beautés, de l'inconvénient même qui sembloit fait pour y mettre obstacle.

L'habileté de l'architecte chargé de pareils travaux consistera, en redonnant un corps à des membres désunis, ou en rajoutant quelques parties nouvelles aux parties déjà existantes, à se conformer soit au genre d'architecture, soit au style et au goût du premier auteur, de façon qu'on puisse croire que le tout est du même temps et d'une même main. Trop souvent en croyant faire et en faisant réellement mieux, on défigure le monument par une bigarrure de style. Ce n'est plus *raccorder*, c'est désaccorder l'ouvrage.

On ne sauroit dire autre chose de ces églises gothiques dont on a, dans le dernier siècle surtout, prétendu embellir soit les frontispices, soit des parties intérieures, en y substituant les ordonnances, les ornemens et les détails de l'architecture grecque. La simple raison veut qu'on n'allie point ensemble des objets, et des goûts aussi étrangers entr'eux.

Il doit en être de l'art de *raccorder* les œuvres de l'architecture, comme de celui qu'on emploie à *raccorder*, dans les tableaux et les peintures, ce que le temps ou quelqu'accident y a endommagé. Qui ne sait que le premier soin à prendre, est de contrefaire, autant qu'il est possible, les couleurs, les teintes, les formes et jusqu'aux défauts de l'ouvrage? La perfection consiste, en ce genre, à ce que personne ne puisse s'apercevoir du raccordement. Pareil soin doit avoir lieu dans les édifices, pareil esprit doit guider celui qui est chargé ou de compléter, ou de restaurer un monument.

RACHETER, v. act. Ce mot s'emploie, en architecture, et surtout dans la construction, pour signifier, corriger, redresser une irrégularité, joindre une forme à une autre.

C'est, par exemple, corriger un biais par une figure régulière, comme une plate-bande, qui, n'étant pas parallèle, raccorde un angle hors d'équerre avec un angle droit, dans un compartiment.

Racheter s'emploie encore dans la coupe des pierres, pour dire joindre par raccordement deux voûtes de courbe différente.

Ainsi, on dit qu'un cul-de-lampe *rachète* un berceau, lorsque le berceau y vient faire lunette.

On dit que quatre pendentifs *rachètent* une voûte sphérique, ou la tour ronde d'un dôme, parce qu'ils se raccordent avec leur plan circulaire.

RACINAL, s. m. (*Terme d'architecture hydraulique.*) Pièce de bois dans laquelle est encastrée la crapaudine du seuil d'une porte d'écluse.

RACINAUX, s. f. pl. (*Terme d'architecture hydraulique.*) Pièces de bois, comme des bouts de solives, arrêtées sur des pilots, et sur lesquelles on pose les madriers et les plates-formes, pour porter les murs de douve des réservoirs. On appelle aussi *racinaux*, des pièces de bois plus larges qu'épaisses, qui s'attachent sur la tête des pilots, et sur lesquelles on pose la plate-forme.

Ainsi, lorsqu'on a enfoncé les pilots (*voyez* ce mot), on remplit tout le vide avec des charbons, et par-dessous les pieux, d'espace en espace, on met les *racinaux*, qu'on cloue sur la tête des pieux. C'est sur ces *racinaux* qu'on attache de grosses planches de cinq pouces d'épaisseur, qui forment la plate-forme. *Voy.* ce mot.

Racinaux de comble. Espèces de corbeaux de bois, qui portent en encorbellement sur des consoles, le pied d'une forme ronde, laquelle porte en saillie le pignon d'une vieille maison.

Racinaux d'écurie. Petits poteaux qui, arrêtés debout dans une écurie, servent à porter la mangeoire des chevaux.

Racinaux de grue. Pièces de bois croisées, qui forment l'empatement d'une grue, et dans lesquelles sont assemblées l'arbre et les arcs-boutans. Lorsqu'elles sont plates, on les nomme *solles*.

RADIER, s. m. (*Terme d'architecture hydraulique.*) C'est l'ouverture et l'espace entre les piles et les culées d'un pont, qu'on nomme aussi *kraye* ou *bas-radier*.

On appelle aussi *radier* le plancher d'une écluse. On établit ce plancher sur les premières traversines qui posent sur les pilots, et on le renferme dans l'intervalle des longrines. Les planches qu'on y emploie, ont au moins vingt pieds de long. On les serre bien près les unes des autres, et on les attache aux traversines, avec des clous ébarbés, de sept à huit pouces de long, et de six lignes de face, entortillés, dans le milieu, d'un peu d'étoupes, afin de ne laisser aucun passage à l'eau. On calfate, on braye, et on goudronne ensuite le tout.

Ce plancher sert à en supporter un autre, qui doit soutenir les jointures des planches. La largeur de celui-ci aboutit au parement des ailes, sans passer dessous, afin qu'on puisse le renouveler, quand il est hors de service, sans rien dégrader, et il aboutit sur les ventrières des extrémités du *radier*, qui l'excède un peu, pour porter les eaux au-delà. On calfate et on goudronne ce plancher comme le précédent. On nomme ce second plancher le *recouvrement du radier*, qui est, à proprement parler, le premier plancher.

RAGRÉEMENT, s. m. Se dit, dans le travail des bâtimens, de l'opération de ragréer, ou du résultat de cette opération. Ainsi, l'on dit faire un ragréement à une maison. On dit qu'un bâtiment a été fort embelli par le *ragréement* qu'on lui a fait subir. *Voyez* Ragréer.

RAGRÉER, v. act. Ce mot se prend ordinairement de deux façons, et exprime à peu près la même opération, mais faite dans un édifice à des temps fort différens.

Premièrement, on entend par le mot *ragréer*, cette dernière façon qu'on donne particulièrement à un bâtiment construit en pierres de taille, en repassant le marteau et le fer aux paremens de ses murs, pour les rendre unis, ôter les balèvres, et cacher les joints des assises. On peut faire plus ou moins dans cette opération, car après que l'outil tranchant a passé sur les pierres, il en reste encore des traces qui produisent, selon que le jour frappe obliquement dessus, des petites ondulations désagréables à la vue. Le fini du ragréement consiste donc à passer sur toutes les surfaces des pierres, un frottement soit de grès pulvérisé, soit de sable fin, qui enlève les dernières traces de l'outil.

Secondement, on se sert du mot *ragréer*, lorsqu'on veut exprimer l'opération par laquelle on redonne à un bâtiment vieilli, et à ses matériaux noircis par le temps, un air de nouveauté et de propreté. Cela se pratique souvent à l'égard de la pierre, en lui faisant subir une retaille superficielle, semblable à celle qu'on vient de définir, ou en la regrattant. *Voyez* Regratter.

Souvent aussi, dans le discours, on se sert du mot *ragréer*, pour exprimer toutes les manières qui tendent à rajeunir les édifices ou du moins leur physionomie, selon les diversités des matériaux dont ils se composent. Or, on peut dire que, dans ce sens, les ravalemens, les enduits, les couleurs, les remaniemens de plâtre, les regrattemens, sont autant de moyens divers dont on use pour *ragréer*.

RAINALDI (Jérôme), né en 1570, mort en 1655. Le nom de *Rainaldi* est celui d'une famille nombreuse, qui s'est illustrée par l'art et le talent de l'architecture.

Adrien *Rainaldi*, peintre et architecte, eut trois fils qui furent architectes et peintres. Un d'entr'eux, nommé *Ptolémée*, qui, à ce qu'on croit, avoit étudié dans l'école de Michel Ange, fut architecte civil et militaire. Versé tout à la fois dans la science de la philosophie et celle de la jurisprudence, il alla s'établir à Milan, où il remplit les fonctions d'ingénieur en chef, et d'architecte de la Chambre royale.

Ptolémée *Rainaldi* eut deux fils, nommés *Domisio* et *Giovanni Leo*, qui, ayant suivi la profession de leur père, succédèrent à ses emplois. On les appeloit les *Ptolémées*. Ils construisirent divers édifices, et des forteresses dans le Milanais et la Valteline.

Jean-Baptiste *Rainaldi*, un des trois fils d'Adrien, s'appliqua aussi à l'architecture. Il fut employé aux fortifications de Ferrare, aux ouvrages de *Bonisfelice* à *Borghetto*, et aux travaux de la fontaine et des conduits publics à Velletri. Il construisit plus d'un édifice à Rome, où il se maria et eut un fils, nommé *Dominique*, qui fut aussi architecte et peintre.

Enfin, le troisième fils d'Adrien fut *Jérôme Rainaldi*.

Il apprit l'architecture sous Fontana. Celui-ci, ayant reçu de Sixte-Quint l'ordre de lui faire le projet d'une église pour Montalto, qui étoit la patrie du Pontife, et empêché par ses nombreuses occupations de se livrer à ce travail, en chargea *Rainaldi*, son élève. Dès qu'il eut ce projet, il le porta au Pape, en lui avouant que l'ouvrage n'étoit pas de lui, mais d'un élève plein de talent, que Sa Sainteté auroit du plaisir à connoître. Le jeune *Rainaldi* fut agréé par le Pape, et sa fortune fut faite.

Il construisit l'église de Montalto. Bientôt il fut chargé d'achever les constructions du Capitole.

Sous Paul V, il eut à bâtir le port de Fano, la maison professe des Jésuites à Rome, et leur collége de Sainte-Lucie à Bologne.

Employé au service du duc de Parme, il lui construisit un palais dans cette ville, et deux autres à Plaisance et à Modène.

Pour la famille Borghèse, il bâtit à Frascati le casin de Villa Taverna, d'une disposition fort heureuse, et fit à Sainte-Marie-Majeure le dessin du maître-autel de la chapelle qu'on appelle *Pauline*.

Il fut l'architecte du pont de Terni sur la Nera. Ce pont n'a qu'une seule arche d'une largeur considérable, et d'une bonne proportion.

Le palais Pamphili, à la place Navone, est de l'architecture de *Jérôme Rainaldi*. C'est un des grands palais de Rome. Sa masse a quelque chose d'imposant, et son effet le seroit bien davantage, si déjà n'eût commencé à prévaloir le goût des détails multipliés et capricieux, dans lesquels on cherchoit, sans le trouver, le mérite de grandeur et de richesse, que les architectes de l'époque précédente avoient trouvé sans l'avoir cherché. La façade de ce palais offre des divisions d'ordonnance, qui déjà contribuent à en rapetisser l'aspect. Le corps du milieu présente trois ordres l'un sur l'autre, d'un style fort insignifiant, et qui sont surmontés par un attique formant une *loggia*, qui s'élève au-dessus de la toiture des ailes. Chacune des deux ailes a une porte triangulaire portant une *ringhiera*, semblable à celle qui règne au-dessus de la porte principale, dans toute la largeur du corps du milieu dont on a parlé.

Les ordres de ce corps de milieu se trouvent rappelés aux deux angles du palais par des pilastres moins riches. Ce qu'il faut dire de l'ordonnance générale, c'est que, si l'on en supprimoit des détails capricieux dans les chambranles de quelques fenêtres, et certaines recherches de variétés fort inutiles, la masse entière du palais rappelleroit assez heureusement la disposition à laquelle les ouvrages du seizième siècle durent leur grandeur et leur beauté. Enfin, l'édifice est grand, mais l'architecture est petite.

Jérôme Rainaldi avoit été chargé de construire l'église de Sainte-Agnès qui est contiguë au palais Pamphili. On prétend qu'ayant cru devoir déférer aux ordres du prince Pamphili, neveu du Pape, plutôt qu'à ceux du pape, Innocent X retira à *Rainaldi* la direction de ce monument.

En 1610 eut lieu la canonisation de saint Charles-Borromée. Ce fut sur les dessins de *Jérôme Rainaldi*, que fut exécutée toute la décoration intérieure et extérieure, pour la cérémonie qui eut lieu dans la basilique de Saint-Pierre.

On cite encore comme son ouvrage la belle église des Carmes déchaussés à Caprarole.

Deux fois il fut employé en Toscane pour les différens qui eurent lieu, au sujet des eaux, entre le Grand-Duc et la Cour de Rome.

Il mourut à l'âge de 85 ans et fut enterré à Sainte-Martine.

RAINALDI (Charles), né en 1611, mort en 1641.

Fils et élève de Jérôme Rainaldi, dont on vient de parler, il eut l'avantage de faire de très-bonnes études, tant dans les sciences exactes, que dans les belles-lettres, et devenu architecte, il soutint dignement l'honneur de son nom et de sa famille.

Le pape Innocent X, qui connoissoit les talens de *Charles Rainaldi*, et par ses dessins, et par quelques-uns des édifices qu'il avoit déjà construits, lui confia l'entière exécution de l'église de Sainte-Agnès, entreprise dont la direction avoit été retirée à Jérôme son père. On ne sauroit refuser des éloges au plan en croix grecque de ce temple, qui consiste particulièrement dans une coupole de belle proportion, et qui offre, dans toutes les parties de sa disposition, symétrie, élégance et variété sans confusion. On y regrette que l'architecte y ait toutefois multiplié, selon le goût d'alors, ces pilastres pliés dans les angles et ces ressauts inutiles qui déparent son ordonnance. La façade de cette église offre encore une des compositions les moins incorrectes qu'on ait faites, et un portail des plus raisonnables dans son rapport avec la coupole. Il est malheureux qu'il n'ait pas conduit lui seul jusqu'à la fin cette construction. Il ne la porta que jusqu'à l'entablement. Son successeur fut Borromini, qui, tout en suivant le projet de *Rainaldi*, ne put s'empêcher d'imprimer aux détails de la décoration, le cachet de son goût bizarre. Cependant le monument, avec son dôme et ses deux campaniles, présente, pour le goût du temps, un des ensembles les plus agréables qu'il y ait.

Innocent X plaça *Rainaldi* à la tête de la commission chargée d'examiner s'il falloit démolir, ou laisser subsister le campanile élevé par Bernin, sur la façade de l'église de Saint-Pierre. Malgré les efforts de *Rainaldi*, pour prouver que le prétendu danger n'avoit d'autre fondement que la jalousie des ennemis de Bernin, le campanile fut détruit. De nouveaux dessins furent alors proposés par lui. Cependant la façade est restée sans campanile, et il n'y a point d'apparence qu'elle en ait jamais.

Il étoit alors question de faire à la basilique de Saint-Pierre une place digne du monument. *Rainaldi* en proposa quatre projets, et en fit autant de modèles. Un de ces projets étoit de forme carrée dans son plan, l'autre étoit circulaire, le troisième elliptique ou ovale, et le quatrième hexagone. Dans tous ces projets, l'architecte avoit su joindre à la décoration une destination utile. Au-dessus de ses portiques, il plaçoit des corps de bâtiment et d'habitation pour le conclave, pour la maison du Pape. Mais Innocent X mourut, et tous ces projets restèrent sans exécution.

Le mausolée du cardinal Bonelli, dans l'église de la Minerve, près la petite porte par où l'on va au collège romain, est de l'architecture de *Rainaldi*. Cet artiste répara, par ordre du cardinal Lancia, l'église des Saints-Apôtres; mais il eut l'imprudence d'élever le portique sur les fondemens d'anciennes murailles qui portoient à faux. On fut obligé de le faire reconstruire par Dominique Fontana.

Quelques autres portails d'église dans le goût régnant alors occupèrent *Rainaldi*, et il ne résulta pour lui de ces compositions insipides, d'autre honneur dans la postérité, que d'avoir fait moins mal que d'autres. Mais que peut-on dire du goût de ces devantures d'église, dont l'architecture, si l'on peut dire de bas-relief, n'offre ni motif original, ni pensée pour l'esprit, ni effet pour l'œil; où la simplicité reste de la froideur, et la variété devient bizarrerie? Voilà tout ce qu'on peut dire du portail de l'église de Jésus-Marie-au-Course, par *Rainaldi*, ainsi que de celui qu'il exécuta au frontispice de Santa-Maria in Campitelli, église qu'il construisit sous le pontificat d'Alexandre VII.

Rainaldi fut un des architectes du dix-septième siècle qui contribuèrent le plus à propager le goût bâtard de ces frontispices d'église dont nous avons parlé au mot PORTAIL. *Voyez* ce mot.

On lui doit cependant d'être revenu à un meilleur système dans la composition des deux églises qui se font pendant sur la place del Popolo, et en sont devenues le principal ornement.

Le cardinal Gastaldi avoit voulu donner enfin un frontispice ou portail à la grande cathédrale de Bologne, San-Petronio. Quelques difficultés s'opposèrent à cette entreprise. Il résolut alors d'employer *Rainaldi* à construire les deux églises dont on vient de parler, l'une qu'on appelle la *Madonna de Campo santo*, et l'autre *Santa Maria de Miracoli*.

Ces deux petits temples se composent chacun d'une coupole hexagone surmontée d'une lanterne; leur intérieur n'est pas tout à fait semblable : l'un est ovale, et l'autre entièrement circulaire; mais à l'extérieur il n'y a aucune différence. Pareille symétrie règne dans les péristyles en colonnes corinthiennes qui supportent un fronton, et sous lesquels s'ouvre la porte principale, accompagnée de deux autres dans le retour : chacun des pans circulaires se termine par une colonne de la même ordonnance. On y a quelquefois blâmé la grande largeur de l'entre-colonnement du milieu, qui dégage entièrement la porte. On sait toutefois par Vitruve, que les Anciens usèrent de la même pratique dans certains cas. A tout prendre, cette architecture, relativement au goût du temps où elle fut faite, peut passer pour être pure et régulière. Aucun détail capricieux n'en gâte l'ensemble; on n'y trouve ni forme brisée, ni ornement bizarre.

Rainaldi ne paroît pas avoir eu l'avantage de terminer ces deux monumens; on croit que Bernin et Charles Fontana y mirent la dernière main; mais on lui attribue la façade de la basilique de Sainte-Marie-Majeure, qui est du côté de l'obélisque. Le tout ensemble, et particulièrement cet avant-corps qui forme une partie circulaire, accompagnée des deux parties en ligne droite, posant sur le grand escalier, ne manque ni de noblesse ni d'un bon effet. On desireroit un meilleur goût dans les chambranles des fenêtres, et surtout des niches, trop petites pour le volume des statues. Plus de repos auroit encore singulièrement amélioré toute cette ordonnance. Dans l'intérieur de la basilique, on cite comme élevé sur les dessins de *Rainaldi*, le mausolée du pape Clément IX.

La cathédrale de Ronciglione, la jolie église de Monteporzio, et la plus grande partie des jardins de la villa de Mondragone et de la villa Pinciana, sont des ouvrages plus ou moins remarquables de cet architecte. Mais on doit citer comme un des principaux, à Rome, ce palais situé sur la rue *del Corso*, qui appartint dans l'origine au duc de Nevers, et fut depuis, pendant long-temps, celui de l'Académie de France. Il y a dans ce palais, comme dans tous les autres travaux de *Charles Rainaldi*, une tradition du bon goût du seizième siècle, avec un mélange des innovations qui devoient tendre à l'altération complète de l'art. Contemporain de Bernin, il peut lui être comparé pour le style et le caractère. S'il eût vécu plus long-temps, il est probable qu'il se seroit trouvé souvent en rivalité avec lui. Bernin paroît avoir eu beaucoup plus de génie, et les grandes choses qu'il a exécutées, entr'autres la place de Saint-Pierre, ont compensé, dans l'opinion de la postérité, les défauts de pureté qu'on reproche à son goût et à sa manière. *Charles Rainaldi* n'eut pas d'aussi favorables occasions de déployer son talent en grand, et ses ouvrages sont restés dans l'histoire du goût de l'architecture, comme faisant précisément la nuance ou le passage du bon au mauvais genre qui, pendant près d'un siècle, régna dans les monumens de toute l'Europe.

Sous le rapport des qualités morales et de celles qui sont un pur don de la nature, on ne trouve, dans les biographes, que des éloges de *Charles Rainaldi*. Il étoit d'une belle figure et d'une humeur agréable. Homme du meilleur ton, il vivoit noblement; il fréquentoit les personnes du plus haut rang, qui recherchoient sa conversation, et, par des présens flatteurs, se plaisoient à lui témoigner leur estime. Religieux et charitable, il faisoit d'abondantes aumônes. Les diamans qu'il possédoit, il les employa à l'ornement d'un ostensoir dont il fit don à l'église des Stigmates. Aimé de tous les artistes, dont il étoit l'ami, il usoit envers eux d'une franchise toujours bienveillante; versé dans presque tous les arts, il cultivoit la musique, dessinoit comme un peintre, inventoit facilement et exécutoit de même. Il eut enfin toutes les qualités qui lui auroient assuré, dans l'architecture, une réputation plus solide, s'il eût pu résister davantage au courant du goût de son siècle.

RAINALDO, architecte du onzième siècle, qui, continuateur de Buschetto, dans les travaux de la cathédrale de *Pise*, fut l'auteur du frontispice ou portail de cette grande église.

Sur la foi de tous les écrivains qui avoient parlé de ce monument, nous avions avancé, à l'article de BUSCHETTO, qu'il *étoit* Grec d'origine, et né à *Dulichium*. M. Cicognara, dans son *Histoire de la Sculpture en Italie*, a lumineusement discuté cette opinion. Il a prouvé que, dans le vers de l'épitaphe où se trouve le mot *Dulichio*, ce mot étant en rapport nécessaire avec le mot *dux*, ne pouvoit s'appliquer qu'à Ulysse, que l'on désignoit ainsi, d'une des îles qui formoient son domaine. Tout le reste de l'épitaphe en vers démontre effectivement qu'elle contient un parallèle, qui est tout-à-fait dans l'esprit du temps, entre le génie fécond d'Ulysse, et le talent inventif de Buschetto.

M. Cicognara se propose donc, dans cette discussion, de prouver, sinon que Buschetto n'étoit pas Grec d'origine, du moins qu'il n'y a aucune raison de le croire, et que cette opinion n'a reposé jusqu'ici que sur un mal-entendu causé par une lacune de l'épitaphe, et il en conclut qu'on a eu tort d'enlever à l'Italie l'honneur du premier monument qui annonce le rétablissement de la bonne architecture dans cette contrée. Il prétend que l'Italie ne devoit pas alors avoir besoin de secours étranger dans cet art, et qu'il y avoit chez elle des architectes distingués.

On ne sauroit mieux le démontrer qu'en faisant voir, qu'en même temps un autre architecte italien, comme le prouve son nom de *Rainaldo*, avoit partagé avec Buschetto les travaux de la construction du *duomo de Pise*, ou du moins avoit été son successeur, dans l'érection du portail.

Rainaldo fut donc celui qui termina cette grande entreprise, en élevant le portail dont nous avons donné une description au mot PORTAIL (voyez ce mot). N'ayant point d'autre détail sur cet architecte, nous bornerons cet article, consacré aussi à réparer l'erreur qui est relative à Buschetto, en disant que le nom de *Rainaldo* est très-distinctement gravé au haut de la porte d'entrée, dans l'inscription en vers que nous rapportons:

HOC OPUS EXIMIUM, TAM MIRUM, TAM PRETIOSUM
RAINALDUS PRUDENS OPERATOR ET IPSE MAGISTER
CONSTITUIT MIRE SOLLERTER ET INGENIOSE.

RAINCEAU. *Voyez* RINCEAU.

RAINURE, s. f. C'est un petit canal fait sur l'épaisseur d'une planche, pour recevoir une languette, ou pour servir de coulisse.

Quoique ce mot soit plus particulièrement, ou plus souvent employé dans les ouvrages de menuiserie, on en use pourtant aussi, pour désigner quelque chose de semblable dans la construction en pierres. Ainsi, nous savons que les métopes en marbre du temple de Minerve, à Athènes, sur lesquelles sont sculptées des figures de combattans contre des centaures, ayant été sculptées hors de la place qu'elles occupent, y furent arrêtées au moyen de rainures pratiquées dans les blocs où sont taillés les triglyphes: la table de marbre de chaque métope entra ainsi dans les rainures qui lui étoient préparées; et ce fut aussi à la faveur de ces mêmes rainures, qu'on est parvenu à les enlever de leur place sans les endommager.

Nous avons vu encore dans les pierres des soubassemens des temples d'Agrigente en Sicile, des rainures pratiquées en forme de fer à cheval, sur les côtés de ces pierres qui devoient faire joints. Ces rainures servoient à y introduire, de l'un et de l'autre côté, des cordes pour soulever la pierre, la conduire à sa place et en son joint. La pierre étant ainsi placée, la corde s'enlevoit à volonté en coulant dans la rainure.

RAIS DE CŒUR, s. m. Nom d'un ornement fort usité dans l'architecture. Il se compose de fleurons et de feuilles d'eau qu'on taille propre d'épaulement sur cette sorte de moulure qu'on appelle *talon*.

RALONGEMENT d'arêtier. *Voyez* RALLONGEMENT.

RAMPANT, adj. Épithète qu'on donne, dans l'architecture et la construction, à tout corps qui n'est pas de niveau et qui va en pente, comme, par exemple, aux deux parties inclinées d'un fronton, comme à un mur de terrasse en descente, comme à un arc qui suit une semblable pente. On dit un *arc rampant*.

RAMPE D'ESCALIER, s. f. Nom qu'on donne à une suite de degrés en ligne droite ou circulaire par son plan, laquelle est établie et s'élève entre deux paliers.

RAMPE COURBE. C'est une portion d'escalier à vis suspendue, ou à noyau, et qu'on trace par une cherche ralongée. Les marches de cette *rampe* portent leur délardement pour former une coquille, ou sont posées sur une voûte rampante, comme ce qu'on appelle la *vis Saint-Gilles ronde*.

RAMPE DE CHEVRONS. C'est l'inclinaison des chevrons d'un comble. Ainsi, on dit: faire un exhaussement au-dessus d'un dernier plancher, jusque sous la *rampe des chevrons*.

RAMPE DE MENUISERIE. C'est une *rampe* qui est droite, et sans sujétion, comme on en fait pour de petits escaliers de dégagement. C'est aussi une *rampe* courbe qui suit le contour d'un pilier. On en voit de semblables à plusieurs chaires de prédicateurs. Cet ouvrage est un des plus difficiles qu'on puisse faire en menuiserie.

RAMPE PAR RESSAUT : *rampe* dont le contour est interrompu par des paliers ou quartiers tournans.

RAMPE qu'on peut appeler *d'appui*. Ce mot, affecté à la construction et à la forme des escaliers, comme y exprimant un corps qui va en pente, a également, et pour la même raison, été appliqué à ces balustrades d'appui, qui règnent dans toute l'étendue des escaliers. Ces *rampes* se font tantôt en balustres de pierre, de marbre, de bronze ou de bois, tantôt en enroulemens de fer, tantôt en entrelas ou tringles de métal, et elles sont couronnées ou par des plates-bandes plus ou moins ornées, ou par un corps arrondi et continu sur lequel la main s'appuie. Cette sorte de *rampe* occupe le côté des marches qui donne sur le vide. Au côté opposé, qui est celui du mur, on fait des *rampes* beaucoup plus légères, qui consistent en perches de bois arrondies par le tour, qu'on pose, à la hauteur de la main, sur des crampons de fer, le long des murs de l'escalier, et parallèlement à la pente des limons. On appelle cette sorte de *rampe*, *écuyer*, comme tenant lieu de l'écuyer, dont la charge est de donner la main.

RAMPER, v. act. C'est pencher suivant une pente donnée.

RANCHER. *Voyez* ÉCHELIER.

RANGÉE DE PAVÉS, s. f. C'est un rang de pavés d'une même grandeur, le long d'un ruisseau, sans caniveaux ni contre-jumelles, ainsi qu'on en établit dans les petites cours.

RAPHAEL SANZIO, né à Urbin, en 1483, mort à Rome le 7 avril 1520.

Telle est la célébrité de *Raphael* dans l'art de la peinture; tel est le nombre, et telle la renommée des œuvres du pinceau, qui ont rendu immortel le nom de ce prince des peintres modernes, que beaucoup ignorent, même parmi ses plus grands admirateurs, jusqu'à quel point l'architecture a droit de le compter au nombre de ceux qui ont illustré cet art. Sans doute, si on se rappelle tous les exemples que nous avons déjà rapportés dans cet ouvrage, de peintres et de sculpteurs célèbres, qui ont réuni dans les trois premiers siècles de la renaissance, la triple couronne des arts du dessin, il n'y a pas lieu de s'étonner que le plus beau génie du seizième siècle, ait dû aux études des écoles de son temps une capacité qui étoit générale, alors que le dessin étoit le lien commun de tous les arts auxquels il donne son nom.

Or, que l'étude de l'architecture se soit, dès le quinzième siècle, mêlée à toutes celles que le jeune peintre faisoit chez son maître, c'est ce que nous démontrent avec évidence toutes les peintures du Campo santo à Pise. Il en est peu même, dans les siècles suivans, qui renferment d'aussi beaux fonds d'architecture, des édifices plus variés, des ordonnances aussi régulières, et d'une aussi juste perspective.

C'est encore ce que l'histoire de *Raphael*, sous le seul rapport de son savoir en architecture, va nous montrer.

Un de ses premiers tableaux, qu'il paroît avoir fait vers l'âge de vingt ans, et qui représente le mariage de la Vierge, se fait remarquer par un fonds d'architecture, où on est obligé de reconnoître un talent déjà consommé dans la délinéation de cet art, et dans la science de la perspective. Ce fonds est occupé presqu'en entier par un fort beau temple circulaire, environné de colonnes. Le style en est si pur, les profils et les détails réunissent à la justesse des proportions un tel fini d'exécution, que Vasari n'a pu s'empêcher d'admirer et de vanter le talent qui avait su es jouer de ces difficultés ! *Cosa mirabile a vedere le difficoltà che andava cercando.*

Il ne faut pas supposer ici que *Raphael* auroit pu avoir recours, ainsi qu'on l'a souvent pratiqué dans les temps modernes, à un perspectiviste habile, pour lui tracer les lignes de son architecture. L'histoire que nous avons écrite et publiée de sa vie et de ses ouvrages, nous le montre dès cette époque, c'est-à-dire, essayant encore ses forces à Florence, avant d'aller à Rome, faisant échange de talens et de connoissances avec Fra Bartholomeo, et lui enseignant la pratique de la perspective, dont ce religieux avoit jusqu'alors négligé l'étude.

Le second tableau que *Raphael* fit à Rome, dans les salles du Vatican, je veux parler de l'École d'Athènes, présente, dans son fonds, une composition architectonique aussi noble d'invention, que pure d'exécution pour son ensemble, comme par ses détails. Si quelque chose a pu accréditer l'opinion avancée par Vasari, que Bramante avoit tracé à *Raphael* le dessin de cette perspective, c'est qu'effectivement le parti général de cet ensemble, a plus d'un rapport avec le plan et avec l'élévation intérieure de l'église de Saint-Pierre. Il est certain qu'à cela près de quelques différences commandées par la convenance du sujet, on y voit qu'une coupole avec pendentifs y est le centre de quatre nefs, idée alors assez nouvelle, et dont le projet de Bramante put suggérer l'imitation à *Raphael*.

Mais jamais peintre n'eut moins besoin d'emprunter à autrui ces inventions que la peinture d'histoire doit à l'imitation de l'architecture; témoins les fonds de toutes ses fresques au Vatican, et ceux de ses célèbres cartons, où la riche invention des édifices et leur variété, le disputent à la noble et ingénieuse composition des figures. Aucun peintre, en exceptant peut-être Nicolas Poussin, n'a su varier avec autant de génie et de goût ces accessoires des tableaux. Il suffira de citer les sujets d'Héliodore, du Miracle de Bolsène, de l'Incendie de Borgo, des Apôtres guérissant un boiteux, de Paul et Barnabé dans la ville de Lystres, pour se convaincre que de semblables fonds n'ont pu être ni pensés, ni tracés, qu'avec les connoissances les plus précises de l'architecture, des ordres grecs, et des principes de la modénature.

Nous ne sommes donc point étonnés de voir *Raphael* remplacer Bramante, dans les travaux du Vatican, et devenir enfin, ainsi qu'on le dira dans la suite, son successeur, comme ordonnateur en chef de la construction de Saint-Pierre.

Bramante n'avoit posé que les fondemens de la cour du Vatican, qu'on appelle la *cour des loges*. *Raphael*, chargé d'en continuer l'élévation, en fit un modèle en bois, sur lequel la construction fut achevée. Il la porta à trois étages ou rangs de galeries, l'une sur l'autre, et qui circulent tout alentour. Les deux premiers rangs sont en arcades et en piédroits, avec pilastres; le dernier, ou celui d'en haut, est tout en colonnes. C'est dans un des côtés de la galerie du second étage, distribuée en autant de petites voûtes qu'on y compte d'arcades, que sont exécutées les célèbres peintures d'arabesques, dont *Raphael* reconquit sur l'antiquité le goût et le style depuis long-temps oubliés. C'est encore là qu'est peinte cette suite de cinquante-deux sujets de l'ancien et du nouveau Testament, qu'on appele *la Bible de Raphael*.

On ne sauroit dire si *Raphael* a, dans l'architecture de cette cour, profité des idées ou des inspirations de Bramante. On croit voir toutefois dans son exécution avec la même pureté de manière qui distingue son prédécesseur, moins de cette maigreur qu'on lui a aussi reprochée.

En 1515, Léon X, allant à Florence, où il fit une entrée solennelle, conduisit avec lui Michel Ange et *Raphael*, pour avoir de chacun d'eux un projet du grand frontispice, dont il avoit dessein d'orner l'église de Saint-Laurent, bâtie jadis par les Médicis. Cette résolution n'eut pas de suite; mais il paroît constant que *Raphael* avoit conçu et dessiné une fort belle composition, qu'Algarotti déclare avoir vue dans la Collection du baron de Stosch, et dont il avoit obtenu de tirer une copie.

Ce fut indubitablement pendant le séjour qu'il fit alors à Florence, que *Raphael* eut l'occasion de donner les plans et les dessins des deux charmans palais que Florence compte parmi ses plus rares monumens d'architecture.

Le palais *degl' Ugaccioni*, qu'on voit sur la place du Grand-Duc, a été attribué par quelques-uns à Michel Ange. Il ne faut pas des yeux fort exercés à discerner les manières de chaque maître, pour reconnoître premièrement, que le goût ou le style du dessin de ce palais, est bien celui des autres palais reconnus, sans contestation aucune, pour être de *Raphael*; secondement, que cette sorte de cachet qui fait si bien distinguer l'architecture de Michel Ange, ne se montre point ici. Or, chacun connoît les détails capricieux d'ornement qui lui furent particuliers, et qui servent encore à désigner les ouvrages de son école.

La façade du palais dont il s'agit, offre, dans un petit espace, un ensemble à la fois grand et riche, simple et varié. Sur un soubassement rustique, composé de trois arcades, s'élèvent deux étages, avec deux ordonnances de colonnes engagées. L'étage principal a une *ringhiera*, ou un balcon continu, dont les balustres à double renflement sont sculptés et ornés de feuillages. L'ordre du premier étage est ionique, celui du second est corinthien. Bramante et *Raphael* eurent assez l'usage d'accoupler les colonnes et les pilastres contre les trumeaux des entre-croisées. La largeur qu'on qu'on donne encore aujourd'hui à ces trumeaux dans les palais d'Italie, fut favorable à la pratique de l'accouplement. Il ne manque pas de quelques autres raisons pour la justifier. Certainement l'inconvénient qui en résulte à l'égard des colonnes, cesse en grande partie d'en être un, lorsque les ordres ne se trouvent employés que comme décoration de bas-relief; et voilà à quoi se réduit à peu près leur emploi, dans l'application qu'on en fait le plus souvent aux façades des maisons.

Quoi qu'il en soit, celle de ce palais est encore remarquable par un goût de *modénature* ou de profils fort corrects, par la belle exécution des détails, par la noblesse et la pureté des chambranles, qui servent d'encadrement aux fenêtres.

On admire cependant encore plus, à Florence, le palais Pandolphini, élevé sur les dessins de *Raphael*, dans la rue San-Gallo. Il n'y a certainement, d'aucun architecte, un dessin de palais plus noble, d'un style plus pur, d'une plus belle ni d'une plus sage ordonnance. Ni Balthazar Peruzzi, ni les San-Gallo, ni Palladio, n'ont produit un meilleur ensemble, avec de plus beaux détails et dans de plus justes proportions. Nulle part l'architecture ne présente de fenêtres ornées de plus beaux chambranles, ni d'étages espacés avec une plus judicieuse symétrie. L'entablement de ce palais se trouve cité au rang des modèles vraiment classiques, dans le Recueil des plus beaux détails des monumens de Florence, par Ruggieri.

Si *Raphael* eût vécu plus long-temps, Rome, sans doute, auroit eu à montrer beaucoup plus de monumens de son génie en architecture, qu'elle n'en possède. Il faut cependant s'étonner qu'au milieu de tant et de si nombreux travaux, il ait encore eu assez de loisir pour écrire son nom sur des ouvrages peu importans, si l'on veut, mais cependant toujours propres à le placer au premier rang des maîtres de l'architecture.

Vasari ne nous apprend pas d'une manière très-claire, si le palais que *Raphael* occupa dans *Borgo nuovo*, et qui fut détruit pour faire place aux colonnades de Saint-Pierre, fut de son dessin, ou de celui de Bramante, son parent. Ce fut, dit-il, pour laisser un souvenir de lui, *per lasciar memoria di se*, que *Raphael* fit bâtir le palais dont le dessin nous est parvenu. Les paroles de Vasari, dans les deux endroits où il en fait mention, ne semblent indiquer Bramante que comme constructeur de l'édifice, et comme y ayant employé un procédé nouveau, qui consistoit à couler dans des moules les parties saillantes du revêtement extérieur. Bramante, chargé alors des plus vastes constructions, devoit avoir à sa disposition tous les moyens mécaniques de bâtisse, qui ne pouvoient pas encore être à la portée de *Raphael*. Celui-ci put donc donner le plan, les élévations et tous les détails de son palais, et se reposer sur l'amitié de Bramante, des soins qu'exigea la construction.

Ce qui le persuaderoit encore, c'est que, d'une part, en voyant le dessin de cette architecture, on n'y distingue ni la maniere de profiler un peu maigre, ni l'espèce de sécheresse habituelle des compositions de Bramante, et que, de l'autre, on croit retrouver, dans cette jolie façade, les chambranles du palais Pandolfini. Du reste, les armes de Léon X, dont l'écusson surmonte le chambranle de la croisée du milieu, annonceroient que ce palais n'auroit été terminé que sous le pontificat de Léon X, élu pape en 1513, et Bramante mourut en 1514.

L'identité de goût et de manière qui s'étoit établie dans la peinture, entre *Raphael* et Jules Romain, empêcha souvent, comme on le sait, de discerner la part du maître et celle qu'eut l'élève à l'exécution d'un tableau. Il en fut ainsi, et la même cause a produit entr'eux la même incertitude, à l'égard des ouvrages d'architecture. Elle existoit déjà de leur temps. Déjà la critique des contemporains attribuoit indistinctement à l'un et à l'autre, certains monumens, qui de fait doivent passer pour être le produit d'un seul et même génie. Si l'on en croit Vasari, le charmant édifice, appelé d'abord à Rome *villa del Papa*, puis, et encore aujourd'hui, *villa Madama*, seroit du dessin de *Raphael*. C'est aussi l'opinion de Pincenza, qui croit toutefois que Jules Romain y eut part; ce qui est indubitable quant à l'exécution des ornemens et des peintures.

Il n'y a pas moins de doute sur quelques autres petits palais, chefs-d'œuvre de grâce et de goût, édifices vraiment classiques, qu'on prendroit, dans Rome, pour être de ces habitations d'anciens Romains, que le temps auroit oublié de détruire. Il suffit de les désigner ainsi aux connoisseurs; car ils ont passé par tant de propriétaires, qu'on ne sait plus sous quel nom les faire connoître. Rien, au reste, n'empêche de les attribuer à Jules Romain, et on le peut sans faire de tort à *Raphael*, puisque l'élève, en ce genre, est encore l'ouvrage du maître. *Voy.* PIPPI GIULIO.

Mais un petit bâtiment, qu'on s'accorde à regarder comme ayant *été* une production de *Raphael*, est celui des écuries d'Augustin Chigi, à la *Longara*. Ce qui fait l'éloge du goût et du style de cette fabrique, et ce qui probablement auroit jeté de la défaveur sur toute autre, c'est qu'elle fait face et sert de pendant à un des édifices les plus élégans de Balthazar Peruzzi (*voy.* ce mot), je veux dire *la Farnesine*, et que les deux architectures semblent être du même auteur.

On cite ordinairement à Rome, comme l'ouvrage tout à la fois le plus authentique, et dans ce genre le plus considérable de *Raphael*, un assez grand palais, qu'il nous seroit difficile de désigner aujourd'hui par le nom de son propriétaire, mais que tout le monde connoît pour être dans le voisinage de *Sant-Andrea della Valle*. Sa façade des mieux ordonnées, se compose de douze fenêtres, dont les trumeaux sont ornés d'un ordre de colonnes doriques accouplées, formant l'étage principal, et couronnées d'un fort bel entablement, avec des triglyphes. On ne sauroit voir un soubassement mieux entendu et d'un meilleur effet, que celui qui forme le rez-de-chaussée de ce palais. Les bossages y sont employés avec beaucoup de variété, et de manière à leur faire produire le caractère de la force sans le défaut de la pesanteur. Dans toute cette élévation, les pleins et les vides alternent entr'eux avec un accord qui sembleroit n'avoir été dicté que par l'esprit de la décoration, lorsqu'il est permis de supposer que ce seroit le besoin seul qui l'auroit inspiré.

Il y a dans l'église de *Santa-Maria del Popolo*, à Rome, une belle chapelle en coupole, qui appartint à Augustin Chigi, et qu'on s'accorde à reconnoître pour une œuvre d'architecture de *Raphael*. Les écrivains vont plus loin. Ils veulent qu'il soit l'auteur des cartons d'après lesquels Sébastien del Piombo auroit exécuté les fresques dont la voûte de la chapelle est décorée, et ils lui donnent encore une part dans quelques-unes de ses sculptures, en lui en attribuant soit l'invention, soit la direction. Ce dont tout le monde convient, au reste, en voyant cette chapelle, c'est que si la main de *Raphael* ne s'y montre nulle part avec une évidence qui permette d'affirmer les allégations précédentes, il y a assez de son goût, pour qu'il soit difficile de les contester entièrement.

D'après tout ce qu'on vient de rapporter, il n'y a point lieu de s'étonner que, Bramante mort, Léon X ait, selon le vœu de cet architecte, nommé *Raphael* pour lui succéder, comme ordonnateur en chef de la construction de Saint-Pierre. Le bref du Pape, qui lui conféra cette place, se fonde non-seulement sur le suffrage de Bramante, mais encore sur ce que *Raphael* l'avoit justifié dans les nouveaux projets déjà donnés par lui de l'édifice.

On y apprend de plus, qu'il avoit enfin réduit à un plan définitif l'ensemble de Saint-Pierre, sur lequel il paroît que Bramante n'avoit point laissé de documens bien arrêtés. Effectivement, *Raphael* en fixa les données ; mais ce que nous avons nommé *plan*, d'une manière trop générale, consista dans un véritable modèle en relief. C'est ce qu'indique bien, dans le texte latin du bref, le mot *forma*, et c'est ce que confirme encore plus positivement la lettre de *Raphael* à Balthazar Castiglione. « Notre Saint-Père, dit-il, m'a » mis un grand fardeau sur les épaules, en me » chargeant de la construction de Saint-Pierre. » J'espère ne pas y succomber. Ce qui me rassure, c'est que le modèle que j'ai fait, plaît à » Sa Sainteté, et a le suffrage de beaucoup d'habiles gens. Mais je porte mes vues plus haut. » Je voudrois trouver les belles formes des édifices antiques. Mon vol sera-t-il celui d'Icare ? » Vitruve me donne, sans doute, de grandes » lumières, mais pas autant qu'il m'en faudroit. »

Raphael s'étudioit donc à se rapprocher plus qu'on ne l'avoit fait encore, du goût et des formes de l'architecture antique. Vitruve ne lui offroit pas de quoi remplir complétement l'idée qu'il s'étoit formée du beau en architecture. Il visoit plus haut.

Rien ne prouve mieux, ce semble, et la délicatesse de son goût, et sa pénétration, que ce jugement qu'il porte de Vitruve, alors l'oracle et le guide de tous les architectes. Instruit qu'il devoit être, et comme on l'étoit de son temps, par tous les réfugiés de Constantinople, que la Grèce avoit conservé plus d'un monument du beau siècle des arts, il sembloit pressentir la supériorité de ces originaux sur les copies que l'antique Rome en avoit faites ; il aspiroit à s'en procurer la connoissance par de nouvelles recherches. A cet effet, il entretenoit des dessinateurs dans l'Italie méridionale, et il en envoyoit, dit Vasari, jusqu'en Grèce.

Quand on sait quelle connexion de principes fait nécessairement participer tous les arts, à une sorte de communauté de style et de goût, et quand on considère combien cet effet doit être plus sensible, lorsque les ouvrages de ces arts procèdent du génie d'un même homme, on voit ce que l'architecture auroit pu devenir dans le temple de Saint-Pierre, sous la direction de *Raphael*. Ce monument, par son plan, et dans ses élévations, ne pouvoit, sans doute, avoir rien de commun avec les temples de la Grèce. Mais qui peut dire ce qu'auroient gagné ses proportions, ses détails, l'économie et le choix de ses ornemens ? Qui sait quelle pureté de profils, quel caractère d'élégance et de noblesse il eût acquis, par un système d'imitation de l'antique, tel que *Raphael* l'auroit conçu ? On ne sauroit s'empêcher de regretter qu'un édifice, qui devoit servir de modèle au goût de toute l'Europe, n'ait point été élevé sur les dessins de celui qui, dans un autre genre, n'a pu encore être ni égalé, ni remplacé.

Regrets superflus ! Non-seulement le modèle de Saint-Pierre, fait en relief par *Raphael*, a disparu, mais il n'en est resté qu'un seul dessin, celui du plan. C'est Serlio qui nous l'a conservé dans son *Traité d'Architecture*. Selon lui, et cette notion s'accorde avec les précédentes, Bramante étant mort sans laisser un projet complétement rédigé, ce fut *Raphael* qui ramena le vaste ensemble de sa disposition, à la forme qu'en présente le dessin qu'on vient de citer.

Ce plan est sans contredit le plus beau qu'on ait jamais imaginé, selon le système des églises modernes. On sait que Bramante, dans sa conception première, s'étoit inspiré, pour ses nefs, de la disposition des grandes voûtes de l'édifice antique, appelé le *temple de la Paix*, et de la construction, comme de la forme du Panthéon, pour la réunion des quatre nefs. Obligé de remplacer la vieille basilique de Saint-Pierre, dont les nefs en colonnes étoient surmontées d'un plafond de bois, par une immense construction en voûtes, il lui fallut substituer des piédroits aux colonnes, et de vastes cintres aux plates-bandes.

Ce genre admis, et *Raphael* n'avoit plus à délibérer sur le choix, il faut convenir qu'on n'a jamais, en ce genre, tracé un plan plus simple, plus grandiose, mieux dégagé, et d'une harmonie plus parfaite. La disposition de ce qu'on appelle une *croix latine* est elle-même une tradition des anciennes basiliques. Qui voudra examiner chaque détail de ce plan, verra qu'il n'y a aucune forme des parties circulaires, soit de l'apside, soit des deux croisillons, qui ne soit une imitation de l'intérieur du Panthéon ou de quelqu'autre monument antique.

N'ayant point à examiner ici quelles furent les raisons qui, dans la suite, firent renforcer et augmenter de volume les supports de la coupole, ce qui obligea d'en faire autant à la masse des piédroits de la nef, mais considérant en elle-même la disposition de l'ensemble, arrêté dans le plan de *Raphael*, on est forcé d'accorder que cette disposition, très-supérieure à celle d'aujourd'hui, fera toujours regretter l'abandon de son projet.

Raphael avoit été nommé architecte de la nouvelle église de Saint-Pierre par Léon X, au mois d'août 1515. Un bref du même Pape, daté du même mois de l'année suivante, lui conféra la surintendance générale de tous les restes d'antiquité, tant des ouvrages dont les matériaux pourroient servir à la décoration de la basilique nouvelle, que des fragmens qui présentoient des inscriptions dignes d'être conservées.

« Sachant (porte le bref) que de toute part, » soit ceux qui bâtissent à Rome et dans les environs, soit ceux qui font des fouilles, trouvent abondamment, dans les ruines antiques, » des marbres de tout genre, je vous donne, en » tant qu'architecte en chef de Saint-Pierre, » l'inspection générale de toutes les fouilles et » découvertes de pierres et de marbres qui se » feront dorénavant à Rome et dans une circonférence de dix milles, afin que vous achetiez ce qui pourra convenir à la construction » du nouveau temple.

» A cet effet, j'ordonne à toute personne, de » quelqu'état ou rang qu'elle soit, noble ou non, » constituée en dignité, ou de basse condition, » de venir donner à vous, comme surintendant » en cette partie, connoissance de toute pierre, » de tout marbre, qu'on découvrira dans l'étendue de pays par moi désignée, voulant que » quiconque y manquera, soit par vous jugé et » mulcté d'une amende de cent à trois cents écus » d'or.

» Comme, en outre, il m'a été rapporté que » les marbriers emploient inconsidérément et » taillent des marbres antiques, sans égard aux » inscriptions qui y sont gravées, et qui contiennent des monumens importans à conserver » pour l'étude de l'érudition et de la langue latine, je fais défense à tous ceux de cette profession de scier ou de tailler aucune pierre » écrite, sans votre ordre ou votre permission; » voulant, s'ils ne s'y conforment, qu'ils encourent la peine susdite. »

Paul Jove, contemporain de *Raphael*, dans l'éloge latin par lui consacré à sa mémoire, dit en propres termes, qu'il avoit étudié et mesuré les restes de l'antique Rome, de manière à en reintégrer l'ensemble, et à pouvoir le mettre sous les yeux des architectes, *ut integram urbem architectorum oculis considerandam proponeret*.

Calcagnini, écrivant du vivant même de *Raphael*, rapporte la même chose, mais en termes beaucoup plus emphatiques. « Je ne parlerai pas, » (dit-il), de la basilique du Vatican, dont » *Raphael* dirigea l'architecture, mais bien de la » ville entière de Rome, rappelée par lui à son » ancien état, et rendue par lui à sa première » beauté, avec le secours des écrivains, de leurs » descriptions et de leurs récits. Aussi excita-t-il » à tel point l'admiration du pape Léon X, et de » tous les Romains, que chacun le regarda comme » une sorte de Dieu descendu du ciel pour faire » revoir dans son antique splendeur la ville éternelle... *Ut quasi cœlitus demissum numen,* » *ad æternam urbem in pristinam majestatem* » *reparandam omnes homines suspiciant.* »

En admettant que le genre de l'éloge ait pu induire ces écrivains à vanter avec quelqu'hyperbole une entreprise, que sa nouveauté toutefois devoit rendre très-remarquable, il n'en reste pas moins prouvé que *Raphael*, qui, comme on l'a vu plus haut, envoyoit des dessinateurs jusqu'en Grèce, avoit embrassé dans un travail général, la restitution de tous les édifices antiques de Rome. Cela même doit paroître d'autant plus vraisemblable, qu'il étoit dès-lors obligé de se livrer à des études plus spéciales d'architecture, et qu'il trouvoit dans sa nombreuse école, tous les secours nécessaires pour réaliser un semblable ouvrage.

Dès-lors doit acquérir plus de probabilité l'opinion avancée par M. Francesconi, savoir, qu'une lettre, ou plutôt, comme nous dirions aujourd'hui, un rapport ou mémoire adressé à Léon X, et attribué à Balthazar Castiglione, parce qu'il fut trouvé dans ses papiers après sa mort, est, du moins pour la plus grande et la plus importante partie, l'ouvrage même de *Raphael*.

On ne sauroit se refuser à le croire, lorsqu'on

lis dans ce rapport, qui étoit accompagné de dessins, un exposé de considérations, de projets, de travaux graphiques, qui ne peuvent être que le fait de l'artiste, et ne sauroient convenir à l'auteur du *Cortigiano*. Tout ami des arts et de *Raphael* qu'on puisse le supposer, certes il ne devoit ni ne pouvoit se livrer au travail de mesurer des ruines, de tracer des plans, et d'y faire entrer jusqu'aux indications des voies romaines.

Comment se persuader ensuite que le pape Léon X auroit commandé un pareil travail à Balthazar Castiglione, mêlé alors dans toutes les affaires d'intérêt entre le Saint-Siége et le duché d'Urbin, et non à *Raphael*, son architecte, surintendant et conservateur des antiquités? Comment pouvoir se prêter à cette idée, lorsque l'auteur de la lettre ou du rapport dont il s'agit, dit en propres termes, que le Pape lui a commandé de dessiner Rome antique, autant que cela se pourroit, par la connoissance des restes qui en subsistoient? *Essendo mi adunque commandato da Vostra Santita che io ponga in disegno Roma antica, quanto conoscer si puo per quello che oggidi si vede*, etc.

Certainement Castiglione ne sauroit avoir été celui qui, dans un rapport au Pape, auroit décrit le procédé particulier employé pour lever les plans, et tracer les élévations géométriques des édifices antiques. *Resta, che io dica il modo che ho tenuto in misurar gli.*

Nous ne saurions quitter cette partie, jusqu'ici peu remarquée, des travaux de *Raphael* sur les monumens antiques de Rome, sans faire mention d'un passage de la préface d'*Andrea Fulvio*, dans son ouvrage des antiquités romaines, publié sept ans après la mort de *Raphael*. « J'ai pris soin, » (dit-il), de sauver de la destruction, et de » rétablir, avec les autorités des écrivains, les » restes antiques de Rome, & j'ai étudié dans » chaque quartier les anciens monumens, que, » sur mon indication, *Raphael* d'Urbin, peu de » jours avant sa mort, avoit peints au pinceau, » *penicillo pinxerat*. »

Il résulte de ce passage, que non-seulement *Raphael* avoit mesuré, dessiné et restitué les édifices ruinés de l'ancienne Rome, mais qu'il avoit déjà commencé à en faire, ce qu'on appelle, des *tableaux de ruines ou d'architecture*.

RAPPORT, s. m. L'emploi le plus ordinaire de ce mot, en architecture, est d'exprimer dans la combinaison des parties d'un édifice, la relation ou la correspondance des masses essentielles, de leurs mesures, de leurs détails, de leurs ornemens.

Il n'y a presque rien dans les ouvrages des arts, et peut-être dans ceux de la nature, qui ait une valeur absolue, et telle qu'on puisse la considérer, abstraction faite de toute relation. Comme il n'y a rien qui ne se compose de parties, ce sera toujours par les *rapports* des parties entr'elles et avec leur tout, que nous jugerons des qualités de chaque objet.

Ainsi les idées les plus simples, celles de grandeur, par exemple, sont plus qu'on ne pense soumises à l'action de *rapport*. Une masse plus petite qu'une autre paroîtra plus grande, en raison des parties ou des objets qu'on met en *rapport* avec elle, et qui lui servent d'échelle. Un édifice paroîtra grand dans une petite place; le même, si la place est vaste, va nous sembler petit.

Quelquefois le manque absolu de divisions dans une grande masse, ne présentant à l'œil aucun *rapport* facile de mesures, empêche d'en évaluer la grandeur. Quelquefois des divisions beaucoup trop multipliées, décomposant la masse par des détails trop difficiles à additionner, s'opposent à l'effet de la grandeur, en ne nous frappant que par la petitesse des parties. Dans le premier cas, des *rapports* trop étendus échappent à la mesure de la vue; dans le second, c'est l'œil même qui s'y refuse.

L'architecture, comme les autres arts, consiste donc en *rapports*. Mais ce qui fait sa difficulté, c'est qu'elle n'a point dans la nature, de modèle qui lui en fournisse des exemples tout faits et des règles particulières. L'architecte ne peut presque jamais s'assurer du bon effet des *rapports* dans l'ensemble qu'il imagine, par la comparaison avec un modèle effectif. Il ne peut avoir recours à l'épreuve de la réalité, que dans quelques parties de détail, comme quelques profils d'entablemens, quelques contours de chapiteaux, encore ne sauroit-il les voir en *rapport* avec la masse totale de l'édifice, qui n'existe point. Il n'y a véritablement qu'une grande expérience, l'habitude des parallèles et le tact d'un sentiment très-délicat, qui peuvent lui faire deviner, dans les dessins qu'il compose, ce que deviendra l'ouvrage réalisé en grand.

Après ce qu'on peut appeler les *rapports* linéaires, et, si l'on peut dire, matériels, dont on vient de parler, il y a pour l'art de l'architecture une multitude d'autres *rapports* intellectuels ou moraux, de la justesse desquels dépendent le mérite, la propriété, le caractère de chaque édifice. Ainsi, du choix de telles ou telles proportions, de l'emploi de telles ou telles formes, de l'application de tels ou tels ornemens, procéderont, pour l'esprit du spectateur, tels ou tels effets, qui mettront l'édifice en *rapport* avec sa destination, et produiront les impressions qui lui sont analogues. Mais, comme on voit, la théorie de ces sortes de *rapports*, étant la théorie même du goût et du génie de l'architecture, elle se retrouve en détail à tous les articles de ce Dictionnaire, dont elle est le principal objet. C'est pourquoi nous n'alongerons pas davantage celui-ci.

RAPPORT. Dans la partie administrative des bâtimens, on nomme ainsi le jugement par écrit que font des gens experts en l'art de bâtir, et nommés d'office ou par convention, soit sur la qualité et la quantité, soit sur le prix des ouvrages; quelquefois aussi sur quelque point douteux ou controversé d'un projet de construction ou d'un procédé nouveau.

RAPPORT, se dit aussi des ouvrages qui se font de différens morceaux de matière, et sur un fond d'une autre matière, comme, par exemple, de différens bois colorés et précieux, sur un fond de bois commun, de différens marbres sur un fond en pierre, d'or et d'argent sur le cuivre. *Voyez* sur cet objet, les articles MARQUETERIE, MOSAIQUE.

RAPPORTEUR, s. m. Plaque de métal ou de corne transparente, en forme de demi-cercle, dont le limbe est divisé en 180 degrés, et les degrés en minutes, suivant sa grandeur. On s'en sert pour rapporter sur le papier les angles qu'on a mesurés sur le terrain en levant un plan.

RATELIER, s. m. C'est, dans une écurie, une espèce de balustrade faite de roulons tournés, où l'on met le foin pour les chevaux, au-dessus de la mangeoire. Le râtelier doit être à une hauteur de la mangeoire, telle que les chevaux, tirant de haut leur foin ou leur paille, s'accoutument à lever la tête.

RAVALEMENT, s. m. On donne ce nom dans les pilastres et corps de maçonnerie ou de menuiserie, à un petit enfoncement simple, ou bordé d'une baguette ou d'un talon.

RAVALER, v. act. C'est faire un enduit sur un mur de moellons, et y observer des champs, des naissances et des tables de plâtre ou de crépi. C'est aussi repasser avec la laye ou la ripe une façade de pierre, ce qui s'appelle encore *faire un ravalement*, parceque l'on commence cette façon par en haut, et qu'on finit par en bas, en *ravalant*.

RAVENNE, est une des plus anciennes villes de l'Italie. Aucune n'auroit ni plus de restes à montrer, ni de plus variés de son antique existence, si, en passant sous tant de dominations diverses, elle n'eût éprouvé les plus nombreuses vicissitudes. Enfin, ce qu'elle a conservé de célébrité, sous le rapport des monumens, est dû à la domination des Goths, dont elle fut quelque temps la capitale en Italie; et le tombeau de Théodoric, qu'on y voit encore, atteste un des derniers efforts de l'ancien art de bâtir.

Cependant on trouve dans *Ravenne*, de plus antiques témoins de sa grandeur et de sa richesse passée.

Le Musée des antiquités de Paris possède un bas-relief qui vient originairement de *Ravenne*, où l'on voit encore son pendant, entre toutes les raretés qui décorent l'église de Saint-Vital. La gravure a fait connoître ce dernier, qui représente le trône de Neptune avec trois génies, dont l'un porte son trident, et les deux autres une grande coquille de buccin. Un de ces génies est à droite du trône, les deux autres sont à la gauche. Au-dessous du trône est un monstre marin qui semble être là pour le garder. Le bas-relief du Musée de Paris offre la même composition, mais le trône est consacré à Saturne. Il existe des morceaux tout semblables pour la dimension et la composition, à Rome, à Venise et à Florence: d'où l'on doit conclure que ce sont tous morceaux détachés de l'ensemble d'une frise appartenant à un temple de *Ravenne*, consacré à tous les dieux, et où chaque divinité étoit représentée, comme l'usage en est très-fréquent dans l'antique, sous l'image d'un trône accompagné des symboles et attributs que la religion avoit affectés à chaque dieu.

Il reste encore quelques débris de l'ancien pont de *Ravenne*. On y reconnoît la situation du phare destiné à éclairer la route des vaisseaux; des vestiges de la belle porte de marbre, *porta aurea*, qui fut bâtie par Claude ou par Tibère, et aussi d'autres constructions qu'on donne pour les restes de l'ancien palais de Théodose.

Ravenne est extrêmement remarquable par la grande quantité de fragmens antiques de marbre, surtout noir et blanc, qui attestent le grand emploi qu'on en fit aux temps de sa magnificence.

La cathédrale est ornée de quatre rangs de belles colonnes de marbre grec. L'église de Sainte-Apollinaire a vingt-quatre colonnes de marbre gris-veiné, qui furent, dit-on, apportées de Constantinople. L'église de Saint-Vital, sur un plan octogone, est soutenue par des colonnes de marbre grec, qu'on croit avoir été apportées à *Ravenne*, sous les exarques qui en étoient les souverains, sortis la plupart de Constantinople, source principale d'où alors émanoient les richesses des arts et de l'architecture.

Dans une cour du couvent de Saint-Vital, on voit une chapelle revêtue de marbre gris de lin, qui fut bâtie par l'impératrice Galla Placidia, fille de Théodose-le-Grand, pour servir de sépulture à sa famille. Il y a en effet trois grands tombeaux en marbre, celui de cette impératrice, ceux des empereurs Honorius, son frère, et Valentinien III, son fils.

Mais ce qu'on appelle *la Rotonda*, ou l'église de Sainte-Marie de la Rotonde, qui est maintenant hors de la ville, tout près des murs, est le monument le plus remarquable de ses antiquités. Il fut érigé à la mémoire de Théodoric, par la célèbre Amalasonte, sa fille.

Ce monument sépulcral se compose de deux étages. L'inférieur est aujourd'hui à moitié comblé et rempli d'eau. L'étage supérieur forme une salle circulaire qui se termine en voûte d'un seul morceau. Ce couronnement monolythe est ce qui a fait la célébrité du monument. Il consiste en un bloc de pierre d'Istrie, taillé en forme de coupe, et dont le diamètre est de trente-quatre pieds. Il a une corniche et des moulures qui en exhaussent la masse d'une hauteur de neuf pieds dix pouces.

M. de Caylus, qui a parlé de ce bloc de pierre transporté de l'Istrie, et qu'on plaça à quarante pieds de hauteur, l'a comparé, sous le rapport de moyen et de puissance mécanique, dans l'emploi des matériaux, aux grands efforts des Anciens en ce genre, et l'a cité comme un dernier exemple de leur goût, pour tout ce qui offroit, dans la construction, l'idée d'une éternelle solidité. Le savant antiquaire a supputé ce qu'avoit dû comporter le poids de ce bloc colossal, et il a trouvé que ce poids devoit s'élever à 940,000 livres.

Au-dessus de cette coupole monolythe, étoit placé le sarcophage de porphyre qui contenoit le corps de Théodoric. On le voit actuellement appliqué à la muraille du couvent de Sainte-Apollinaire, qui est dans l'intérieur de la ville. Il a huit pieds de long sur quatre de hauteur, et c'est probablement une de ces cuves qui avoient dû servir autrefois dans les thermes, comme beaucoup d'autres semblables, converties depuis en tombeaux. Il paroît qu'en 1512, lorsque les Français, sous Louis XII, attaquèrent *Ravenne*, ce précieux monument fut violé et mutilé pour en retirer les bronzes qui le décoroient.

RÉCEPTACLE, s. m. (*Terme d'architecture hydraulique.*) On appelle ainsi un bassin où, soit par des canaux d'aqueduc, soit par des tuyaux de conduite, des eaux viennent se rendre, pour être ensuite distribuées en d'autres conduites.

On nomme aussi *conserve* cette sorte de réservoir. Il s'en est fait de toute espèce de grandeur. On peut voir, sur la butte de Montboron près Versailles, le grand bassin rond qui sert de *réceptacle* aux eaux qui, de-là, sont conduites dans les jardins du grand palais de cette ville.

RÉCHAFAUDER, v. act. C'est faire de nouveaux échafauds pour réparer ou ravaler quelqu'endroit oublié, ou pour remplacer quelque pierre cassée, ou pour tout autre besoin.

RÉCHAMPIR, v. act. : se dit, dans la peinture de décoration des bâtimens, d'une opération qui consiste à rehausser ou à varier par des teintes diverses, soit des moulures, soit des compartimens.

Les doreurs disent aussi *réchampir*, pour dire réparer avec du blanc les taches qu'on a pu faire sur un fond qu'on veut dorer.

RÉCHAUFFOIR, s. m. Petit potager qu'on pratique près d'une salle à manger, pour réchauffer les plats qu'on apporte d'une cuisine éloignée.

RECHAUSSER, v. act. C'est rétablir le pied d'un mur, et y rapporter de nouvelles pierres.

RECHERCHE, s. f. Ce mot ne s'emploie guère dans le langage des beaux-arts, que pour exprimer, non pas seulement le fini qu'on donne à leurs ouvrages, mais les soins extrêmes que l'on porte dans ce fini.

Aussi dit-on : il y a dans l'exécution de tous les détails, une grande *recherche*, ce qui veut dire que l'artiste a recherché jusqu'au scrupule, ces dernières finesses qui empêchent de croire qu'on puisse aller plus loin.

L'idée de *recherche*, telle qu'on vient de la présenter, s'applique donc également à l'exécution de l'architecture. Elle comporte l'idée de précision rigoureuse dans le tracé, comme dans le fouillé des ornemens et des rinceaux, celle de pureté dans les profils, et jusqu'à celle de netteté dans les assemblages et les joints, de poli dans les surfaces et les paremens, et de régularité précieuse dans l'appareil.

Du reste, on se sert encore quelquefois du mot *recherche*, pour louer dans un ameublement, et dans toutes les parties dont il se compose, un certain goût pour les ornemens peu communs, un choix délicat d'objets rares et curieux, et un soin d'ajustement appliqué à chaque chose, qui dénote le desir de se distinguer moins par la richesse, que par la grâce et par l'élégance.

RECHERCHE se dit, en terme de construction, de la réparation d'une couverture, où l'on met quelques tuiles ou ardoises, à la place de celles qui manquent. C'est aussi la réfection des tuilées, solins, arêtiers et autres plâtres.

RECHERCHE DE PAVÉ. On appelle ainsi l'opération qui consiste, dans l'entretien des rues et des chemins pavés, à raccommoder les flaques, à mettre des pavés neufs à la place de ceux qui sont brisés.

RECHERCHER, v. act. : signifie, ainsi qu'on l'a dit au mot RECHERCHE, employer les derniers soins à l'achèvement d'un ouvrage, lui donner le dernier fini, et ne laisser rien à desirer dans l'exécution.

Sous ce point de vue, ce mot se prend en bonne part. Cependant, comme il n'est rien dont on n'abuse, point de vertu qui, poussée à l'excès, ne puisse devenir un vice, il arrive aussi que le soin excessif du fini devient de la minutie, que la recherche devient de l'affectation, et qu'une correction trop scrupuleuse donne à l'ouvrage ou de la froideur, ou de la roideur.

C'est ainsi que le mot *recherché*, dans la langue du goût, peut être quelquefois une critique. On dira d'une décoration, que le style en est *recherché*, lorsqu'il s'y montre trop de prétention, trop d'apprêt dans les détails, et une exécution minutieuse.

Il y a enfin dans les ouvrages de tous les arts, un certain point, au delà duquel, tout ce qui montre par trop l'envie de plaire, déplait. C'est, comme dans un autre genre, l'affectation de la grâce : plus on la cherche, et moins elle se laisse trouver.

Rechercher se prend aussi dans un sens technique, et se dit, dans le travail de l'ornement, de l'action de réparer avec divers outils, les ornemens de l'architecture, de sorte que tous les détails et les moindres parties en soient entièrement terminées.

RÉCIPIANGLE. *Voyez* Sauterelle.

RECOUPEMENT, s. m. : se dit des retraites larges qu'on laisse à chaque assise de pierre dure, dans les ouvrages construits sur un terrain dont la pente est escarpée, ou à ceux qui sont fondés sous l'eau, comme les piles de pont, les digues, pour donner à ces constructions plus d'empattement.

Recoupement est aussi la diminution d'épaisseur qui se pratique dans l'élévation d'un mur de face.

RECOUPES, s. f. pl. On appelle ainsi les menus morceaux qu'on abat des pierres, lorsqu'on les taille pour les équarrir ou les mettre en œuvre.

On se sert des *recoupes* pour former et affermir le sol des caves et les aires des allées de jardin, en les aplanissant avec la batte.

On s'en sert après les avoir écrasées, réduites en poudre et passées au tamis, pour faire du badigeon.

On s'en sert enfin dans cet état, après les avoir mêlées avec du sable et de la chaux, pour faire un mortier couleur de pierre.

RECOUVERT, adj. : se dit, en maçonnerie, en charpente et menuiserie, des joints qui ne sont pas apparens, et qui excèdent l'assemblage, parce qu'ils sont recouverts par quelque saillie.

RECOUVREMENT, s. m. : se dit de la saillie d'une pierre, sur le joint de celle qui lui est contiguë, et aussi de la partie saillante d'une pièce de bois qui couvre un tenon, ou une queue d'hironde.

RECUEILLIR, v. act. C'est raccorder une reprise, par sous-œuvre, d'un mur de face ou mitoyen, avec ce qui est au-dessus.

Ainsi, on dit *se recueillir*, lorsqu'on érige à plomb la partie d'un mur à rebâtir, et qu'elle est conduite de telle sorte, qu'elle se raccorde avec la partie supérieure du mur, estimée bonne à conserver, ou du moins avec un petit porte-à-faux en encorbellement, qui ne doit avoir au plus que le sixième de l'épaisseur du mur.

RECULEMENT ou RALONGEMENT D'ARESTIER, s. m. Se dit en charpenterie, de la différence qu'il y a entre la ligne d'équerre du poinçon d'une croupe, au milieu du mur, et la ligne tirée du même poinçon à l'angle de cette croupe.

REDANS ou REDENS, s. m. pl. On donne ce nom aux ressauts qu'on pratique de distance en distance, à la retraite d'un mur que l'on construit sur un terrain en pente, pour le mettre de niveau dans chacune de ses distances, ou dans une fondation, à cause de l'inégalité de la consistance du terrain, ou d'une pente escarpée.

On donne le même nom, dans l'architecture militaire, aux angles saillans vers la campagne, qu'on pratique de distance en distance, dans les circonvallations et autres, afin que toutes les parties de leur enceinte se flanquent réciproquement.

REDOUTE, s. f. Est un petit fort, ordinairement carré, construit, soit pour prolonger la défense d'une place, soit pour arrêter l'ennemi, soit pour protéger un poste.

RÉDUIRE, v. act. On se sert de ce mot, dans tous les arts du dessin, pour exprimer les diverses opérations, par le moyen desquelles on diminue la dimension de l'objet que l'on copie, mais en conservant les proportions relatives du tout et de chaque partie.

On *réduit* un dessin d'architecture, au moyen d'une échelle plus petite que celle de l'original.

On *réduit* un carton ou un tableau, par le moyen des carreaux, ou ce qu'on appelle en italien *graticola*, c'est-à-dire, une sorte de gril, dont les divisions, égales en nombre, sur l'original à copier, et sur la copie qu'on veut en faire, diffèrent en grandeur, de manière que les carreaux seront de moitié plus petits pour la copie, que ne sont ceux de l'original, s'il s'agit de *réduire* celui-ci de moitié, et de même pour toute autre dimension au quart, au tiers, &c.

On *réduit* encore un dessin par le moyen de l'instrument appelé *pantographe* ou *singe*. Voyez Singe.

On *réduit* les statues et autres ouvrages de sculpture, par le moyen des châssis sur lesquels sont marquées des divisions graduées, selon la mesure de la réduction qu'on veut opérer.

RÉDUIT, s. m. C'est, dans les distributions des appartemens, un petit local souvent retranché d'un plus grand, tantôt pour donner à ce dernier une plus grande régularité, tantôt pour procurer aux grandes pièces les commodités qu'exige le service : tels sont, par exemple, les petits cabinets qu'on réserve volontiers auprès des alcoves.

Réduit exprime toujours l'idée d'un local retiré, et placé hors de la circulation ordinaire des habitations.

REFAIT, adj. Se dit du bois de charpente qui est bien équarri, et dressé sur toutes ses faces.

RÉFECTION, s. f. On emploie ce terme au lieu du mot *refaçon*, qui a un autre sens, pour signifier la grosse réparation, que la caducité ou un accident ont obligé de faire à un édifice.

RÉFECTOIRE, s. m. C'est, ou dans un hospice, ou dans une maison d'éducation, ou dans une communauté religieuse, un grand local servant de salle à manger.

Un pareil local doit avoir, en grand, tout ce qui accompagne les salles à manger ordinaires. Il doit être à une proximité suffisante des cuisines. Il doit avoir de l'eau pour tous les besoins qui en dépendent. On y pratique des armoires spacieuses, des buffets, des offices, des tables fixes, et des bancs qui le sont aussi. Il faut donner à ces pièces beaucoup d'élévation, et si on leur prépare des moyens d'être échauffées l'hiver, il est encore plus important d'y ménager de grandes ou de nombreuses ouvertures, pour y renouveler l'air.

Les *réfectoires*, dans les grandes maisons religieuses, ont donné plus d'une occasion à l'architecture d'y bâtir de vastes et magnifiques salles, remarquables par leur construction, par leur ordonnance et par leur décoration. Tel est le *réfectoire* des pères Bénédictins de Saint-Georges Majeur à Venise, au fond duquel Paul Véronèse avoit peint son beau tableau des *Noces de Cana*, sujet, comme on le voit, bien choisi pour le lieu qu'il ornoit.

On peut citer encore comme un des plus beaux ouvrages en ce genre, et des plus hardis pour la construction, le *réfectoire* de l'abbaye de Saint-Denis en France.

REFEND, s. m., ENDS. C'est ordinairement au pluriel que l'on se sert de ce mot, pour exprimer ces canaux de séparation qu'on taille entre les pierres, pour empêcher qu'on n'aperçoive leurs joints, procédé dont on use quelquefois seulement dans des chaînes de pierre, aux encoignures des bâtimens ; d'autres fois encore sur toute la surface des murs d'un édifice.

Il est probable que la pratique des *refends* aura dû son origine à l'usage de rabattre les angles des pierres, dans la crainte qu'ils ne se brisent par la pose, ou peut-être, comme on l'a déjà dit, au desir de cacher les joints, et surtout le ciment qui leur sert de liaison. Nous avons donné une origine à peu près semblable aux bossages (*voyez* ce mot), et il nous semble qu'il dut arriver aux murs à *refends*, comme aux murs en bossages, que par la suite on fit un agrément dans l'appareil, de ce qui, dans l'origine, avoit pu n'être autre chose qu'un procédé du besoin.

Dans la vérité, chaque compartiment de *refends*, comme celui du bossage, sembleroit devoir représenter la surface de chaque pierre équarrie, et il est probable que les premiers appareils en pierres régulièrement taillées, devoient figurer par les *refends* horizontaux et perpendiculaires, l'étendue réelle du parement de chaque pierre.

Mais bientôt il dut arriver qu'on employât les *refends* à produire un appareil factice. Les murs bien dressés, et composés de pierres fort inégales en longueur et en hauteur, devinrent un champ, sur lequel il fut facile de tracer des lignes de *refends*, tout-à-fait indépendantes des lits et des joints véritables dont se composent les assises ; et c'est ainsi que nous voyons le plus grand nombre des édifices nous offrir, dans les canaux que forment les *refends*, une apparence de pierres dont les mesures n'ont aucun rapport avec les dimensions effectives des matériaux qui forment la construction.

Dans l'usage actuel des bâtimens, les *refends* ne doivent être considérés que comme un moyen de variété, propre à corriger l'aspect de froideur et d'uniformité d'une superficie continuellement lisse, ou bien à introduire dans les parties de la construction, comme des teintes différentes, qui deviennent l'indication de la différente destination de ces parties.

Ainsi nous avons vu au mot Bossage, qu'un des plus fréquens emplois de cette manière de laisser aux pierres une apparence brute ou rustique, étoit celui qu'on en fait, s'il s'agit surtout d'une grande masse d'édifice, dans la partie de son soubassement, partie dont la solidité apparente et réelle est le principal mérite. Les *refends* sont employés dans le même esprit, à indiquer, bien qu'avec moins de force, les assises inférieures d'un édifice, et à détacher du reste de l'élévation, la base sur laquelle elle porte.

Les *refends* servent encore à imprimer un caractère de force et de solidité aux angles d'un bâtiment, aux encoignures d'un mur. Comme leur emploi a le plus souvent lieu dans ces cas, sur des bâtimens dont les superficies, soit en pierre, soit revêtues d'un enduit, sont entièrement lisses, ils présentent alors l'image de chaînes de pierre saillantes, et contribuent à donner au spectateur l'idée d'un renfort, ou supplément de résistance porté aux endroits qui en ont le plus besoin.

Mais, qu'on l'a déjà dit, les *refends* ne sont très-souvent, sous le crayon de l'architecte, qu'une sorte d'ornement qui donne quelque chose de plus piquant à une façade. On voit des palais à Rome, dont

dont tous les pleins sont taillés en *refends* sur la pierre, ou sur l'enduit de stuc. Rien n'est plus commun à Paris, que des façades de bâtiment en plâtre, où l'on emploie la pratique des *refends*, à feindre ou à contrefaire l'apparence d'une construction en pierres.

Dès qu'on eut considéré les *refends* comme produisant, pour le plaisir des yeux, un ensemble de compartimens plus ou moins variés, il fut naturel d'y chercher quelques raffinemens nouveaux. On a quelquefois rabattu les angles formés dans la pierre par le *refend*, et on les a taillés en biseau. Cette recherche toutefois diminue un peu de l'effet produit par les vives arêtes du *refend*.

On ne citera ici aucun exemple d'édifices à *refends*. Cette pratique comporte peu de variétés, et elle donne lieu à fort peu d'abus. Il suffit de dire qu'elle est de toute ancienneté. On la trouve sur les monumens de la Grèce et de Rome. Elle s'est renouvelée chez les Modernes avec l'imitation de l'architecture antique; et son emploi journalier, d'une exécution fort facile, n'a de préceptes à recevoir que du goût de l'artiste, et d'un petit nombre de convenances relatives à son art, et dont il est le seul juge.

REFENDRE, v. act. C'est, en charpenterie, débiter de grosses pièces de bois avec la scie, pour en faire des solives, des chevrons, des membrures, des planchers, &c.; ce qui s'appelle encore *scier de long*. Cela se pratique aussi dans la menuiserie : ainsi les menuisiers nomment *refend*, un morceau de bois ou une tringle ôtée d'un ais trop large.

C'est, en serrurerie, couper le fer chaud sur sa longueur, avec la tranche et la masse.

C'est, dans l'art du couvreur, diviser l'ardoise par feuillets avant de l'équarrir.

C'est, en terme de paveur, partager de gros pavés en deux, pour en faire du pavé *fendu*, qu'on emploie à paver les cours, les écuries, etc.

REFEUILLER, v. act. C'est faire deux feuillures en recouvrement, pour loger un dormant, ou pour recevoir les venteaux d'une porte ou les volets d'une croisée.

REFICHER, v. act. C'est refaire les joints des assises d'un mur, d'un piédroit, etc., lorsqu'on fait un ravalement ou une réparation.

REFUITE, s. f. On appelle ainsi un excès de profondeur d'un trou qu'on fait, pour placer une pièce de bois ou de fer, comme un linteau entre les tableaux d'une porte, afin de pouvoir la revêtir. C'est aussi l'excès de profondeur d'une mortaise.

REFUS, s. m. (*Terme d'architecture hydraulique.*) On dit qu'un pieu ou un pilot est enfoncé jusqu'au *refus* du mouton, lorsqu'il ne peut pas entrer plus avant, et qu'on est obligé de couper la couronne.

REGAIN, s. m. Les ouvriers disent qu'il y a du *regain* à une pierre, à une poutre de bois, etc., lorsqu'elle est plus longue qu'il ne faut, pour la place à laquelle elle est destinée, et qu'on en peut couper.

RÉGALEMENT, s. m. : est l'aplanissement ou le dressement de la surface d'un terrain, soit de niveau, soit suivant une pente arrêtée.

RÉGALER ou APLANIR, v. act. C'est après qu'on a enlevé les terres massives, mettre à niveau, ou selon une pente réglée, le terrain qu'on veut dresser. On appelle *régaleurs* ceux qui étendent la terre avec la pelle, à mesure qu'on la décharge, ou qui la foulent avec des battes.

REGARD, s. m. (*Terme d'architecture hydraulique.*) Tel est le nom qu'on donne à un petit bâtiment où sont enfermés les robinets de plusieurs conduites d'eau, avec un bassin pour en faire la distribution.

On appelle encore *regards*, des ouvertures pratiquées de distance en distance, pour inspecter l'état des aqueducs ou conduites d'eau, et y faire les réparations qui peuvent y être nécessaires.

RÈGLE, s. f. De l'instrument dont on se sert pour tracer, dans une multitude d'ouvrages, des lignes droites, le discours a emprunté le mot et l'idée de *règle*, pour expliquer métaphoriquement les préceptes dictés par l'expérience, et confirmés par l'exemple, qui servent, dans les beaux-arts, à guider ceux qui les pratiquent, et à les diriger par une route plus droite vers la perfection.

Les *règles* sont donc, dans les opérations morales, ce qu'elles sont, et y font le même office qu'elles font dans les opérations physiques. Elles dirigent sûrement l'artiste, et elles abrègent le travail.

Nous avons dit ailleurs (*voyez* PRINCIPE) qu'il y avoit une distinction à faire entre les principes et les *règles*.

Ce qu'on appelle *principe*, avons-nous dit, ainsi que l'étymologie du mot l'indique, exprime l'idée d'*origine*, de *source*, d'où découlent des conséquences, et ces conséquences sont les *règles*.

Les principes en tout genre, sont, selon l'ordre de choses auquel ils s'appliquent, soit des conventions primordiales, soit des vérités générales, dont on ne sauroit contester l'existence, la légitimité, l'évidence, et qui servent de fondement aux lois qu'on en déduit.

Les principes sont des vérités générales, les *règles* en sont des applications particulières.

Les principes sont simples de leur nature, sans

quoi ils ne seroient pas principes. Les *règles* sont nécessairement plus composées; premièrement, en tant qu'elles sont dérivées; secondement, en tant qu'elles se rapportent à plus de variétés.

En tant que simples, les principes qui reposent sur l'unité ou sur l'universalité, sont immuables, ils ne peuvent ni se modifier ni s'accommoder à aucune considération. C'est à eux que tout doit tendre à se coordonner. Les *règles*, en tant que d'une nature composée, sont souvent variables dans leurs détails. Les besoins et les convenances exigent, selon les temps, les lieux, les circonstances, beaucoup de ces modifications que l'on appelle ou licences, ou exceptions.

Enfin, les principes sont en petit nombre, et l'on n'en sauroit découvrir de nouveaux. Les *règles*, au contraire, sont nombreuses; et comme il se trouve des principes extrêmement féconds en applications, et comme il en est qui sont l'expression souvent très-concise d'une multitude d'aperçus et de rapports très-déliés, et qu'en ce genre, comme dans tout ce qui est de l'esprit et de l'intelligence, il n'y a point d'espace qui ne soit illimité, il se peut toujours qu'un aperçu nouveau, contenu dans une vérité fondamentale, donne lieu à quelque *règle* nouvelle.

Il résulte de ceci, qu'il doit y avoir diverses classes de *règles*, lesquelles seront plus ou moins impérieuses, selon qu'elles émaneront d'un principe plus ou moins important, ou qu'elles en seront les conséquences plus ou moins directes; car il arrive souvent qu'on prend pour *règle* obligatoire, celle qui n'est que la dérivation d'une autre *règle*: et l'on a vu encore que la confusion des idées en ce genre, a transformé en *règle*, ce qui n'étoit que l'exception à la *règle*. De-là les abus (*voyez* Abus). Enfin, des abus même on a fait dériver de nouvelles *règles*.

En appliquant les élémens de cette théorie à l'architecture, il nous semble qu'on peut classer en quatre catégories, ce qu'on appelle les *règles* de cet art.

Il y a des *règles* qui reposent sur les principes de la raison et de la nature même des choses.

Il y a des *règles* qui reposent sur les principes de nos sensations et de la nature de notre ame.

Il y a des *règles* qui n'ont pour base que le principe de l'usage et l'autorité des exemples.

Il y a des *règles* qui ne dérivent que de la routine et des préjugés.

A la première classe correspondent ces sortes de *règles*, qu'on trouve établies partout. Telles sont celles, par exemple, de la solidité, de l'unité, de la simplicité, et qui ont pour base le besoin et l'utilité. La raison seule et la nature des choses empêchent de méconnoître ces *règles*. Ce sont elles qui forment le code pratique de la construction, qui apprennent à proportionner les masses d'un édifice, et la pesanteur de ces masses à leurs points d'appui; qui apprennent à mettre en proportion les pleins et les vides, qui enseignent, dans l'emploi des matériaux, la manière de les conformer au dessin général, qui enseignent les rapports de distance, de hauteur et d'étendue des objets entr'eux; qui fixent, par des calculs certains, le point jusqu'où la hardiesse peut aller, sans offenser la solidité; qui déterminent les proportions dépendantes de l'équilibre et de la pondération, de la résistance des corps, des forces et des poussées. Toutes ces *règles* sont des résultats, tantôt de l'expérience, qui supplée au calcul, tantôt du calcul fondé sur les lois de la physique et de la mécanique, et qui dispensent des leçons de l'expérience.

Tel est, en effet, l'avantage de ces *règles*, qu'elles vous font jouir des fruits accumulés de la science des siècles, qu'elles abrègent le travail de l'artiste, et le mettent à même d'opérer à coup sûr par des procédés infaillibles. Aussi ces sortes de *règles* trouvent peu de contradicteurs en elles-mêmes, personne n'en conteste l'utilité. Comme elles peuvent toujours se ramener à des démonstrations mathématiques, il n'y a, à leur égard, de controverse, que sur le plus ou le moins, parce que les objets auxquels on les applique, n'étant pas toujours les mêmes, peuvent empêcher les applications d'être d'une rigoureuse uniformité.

Il est dans la nature de la seconde classe de *règles*, d'éprouver beaucoup plus de contradictions. Ce sont celles, avons-nous dit, qui reposent sur les principes de nos sensations et de la nature de notre ame.

Or, ce sont les *règles* de sentiment et de goût. On voit tout de suite comment et pourquoi ces *règles* sont exposées à plus de controverse. Ce n'est pas qu'elles reposent sur une base moins certaine; mais c'est que cette certitude est morale, et, comme telle, n'a point le genre d'évidence matérielle qui frappe les sens.

Cependant les vérités morales ne sont pas moins vraies que les vérités physiques. Elles veulent seulement être jugées par les organes auxquels elles sont forcées de s'adresser. S'il y a, dans les rapports matériels des *règles* de solidité, une vérité qui frappe les sens de tous les hommes, parce qu'elles reposent sur la nécessité des choses sensibles, il y a, dans les rapports intellectuels des *règles* de sentiment, une sorte de vérité, dont tous les hommes sont également frappés, puisque les hommes sont forcés par une organisation morale commune à tous, d'éprouver les mêmes sensations et de recevoir les mêmes impressions, des qualités dont l'esprit est juge.

Aussi voyons-nous les ouvrages qui sont doués de ces qualités, en possession de produire en tout temps et en tout pays, les mêmes impressions. Et dans le fait, les lois morales de l'intelligence sont aussi immuables que les lois physiques de l'équilibre; les facultés de notre ame pour apprécier le beau et le vrai moral, n'ont rien de moins fixe que les propriétés des organes physiques, pour juger des mesures et des nombres. Mais s'il arrive que, par une erreur de jugement, on porte au discernement des *règles* de sentiment et de goût, le genre et la mesure de critique purement rationnelle, qui ne reconnoît pour constant que ce qu'on a pesé, mesuré ou calculé, il résultera de cette méprise, ce que nous voyons en résulter souvent, savoir, que l'on niera l'existence de toute vérité qui ne sera point une vérité physique.

Toutefois cela n'empêchera pas cette vérité d'exister. L'aveugle qui nie la lumière, prouve seulement qu'il n'a pas d'yeux. Il y a de même des hommes qui n'ont point la propriété de reconnoître les vérités morales. Mais il y a toujours eu un commun consentement des hommes, qui se sont accordés à reconnoître pour vrai et pour beau, ce que quelques aveugles méconnoissent.

Il y a donc toujours eu, il y aura toujours des *règles* certaines et invariables de sentiment et de goût, fondées sur la nature de notre ame. Ce sont celles qui enseignent à observer ces justes rapports de symétrie et d'eurythmie, dont l'effet est de produire un tout harmonieux à l'œil, comme les *règles* des accords en musique, produisent un ensemble de sons agréables à l'oreille. Ce sont celles qui enseignent à faire d'un édifice, un ouvrage, dont toutes les parties, à l'instar des membres d'un corps organisé, correspondent au tout, dans un tel ordre, et avec une telle mesure, que le tout puisse indiquer la dimension de sa partie, et la plus petite partie la dimension de son ensemble. Ces *règles* qu'on appelle *règles de proportion*, ayant leur base dans l'imitation même des œuvres de la nature, ne peuvent pas être contestées, puisque celui qui les contesteroit, méconnoîtroit le principe même du plaisir que nous recevons des harmonies de la nature.

On en doit dire autant de toutes les *règles* de l'architecture, qui, puisées à la source des impressions que nous recevons des productions naturelles, ne sont autre chose qu'une transposition des mêmes effets, appliquée aux productions de l'art. Telles sont les *règles* de l'unité, que la nature a observées constamment dans ses œuvres. La nature a constitué notre esprit, ou du moins les facultés qu'elle nous a données de percevoir, de sentir et de juger, d'une telle manière, que nous avons besoin, pour recevoir d'un objet des impressions agréables, que cet objet se présente à nous sous des rapports simples, qui en rendent la perception facile. Il est clair dès-lors que toute *règle* qui tendra au principe de l'unité, c'est-à-dire, à faire qu'un lien commun unisse toutes les parties, et les ramène à un centre, sera une *règle* aussi certaine dans son genre, que celles dont le sens physique est juge. Il n'y a personne qui ne soit forcé d'avouer que la multiplicité qui produit la confusion, est un obstacle au plaisir que les rapports des objets peuvent nous causer. Ainsi, les *règles* d'unité dans la composition d'un plan, les *règles* d'unité dans l'ordonnance de son élévation, les *règles* d'unité dans les détails de sa décoration, n'ont rien d'arbitraire. La nature ayant tracé ces *règles* dans tout l'ensemble, et dans chacune des parties de ses ouvrages, ce n'est point l'homme qui les a faites, ce n'est point l'artiste qui les a imaginées; il les a reconnues, et les a transportées dans les productions de son génie.

Il en est de même des *règles* de caractère. Qui ne sait que la nature a imprimé à chaque sorte d'objet, à chaque espèce de production, une manière d'être, une physionomie constamment la même, qui les fait reconnoître sans incertitude, et qui est elle-même une indication évidente de ses qualités ou de ses propriétés? L'homme ne peut guère s'empêcher d'obéir à cette sorte de loi instinctive, dans la conformation d'une multitude d'ouvrages qui, commandés par un besoin, en reçoivent aussi l'obligation, de faire connoître le genre de besoin auquel ils sont destinés. Inutile de rappeler ici l'observance de cette loi, dans tous les ustensiles, dans tous les meubles formés pour les besoins de la vie, à moins qu'un caprice ne vienne détourner leur configuration du type qui est leur *règle*.

Nécessairement donc il y a une *règle* de sentiment et de goût, dictée par la nature, qui prescrit à chaque genre d'édifice le caractère qu'il doit porter, pour répondre au besoin qui fait sa destination. En s'imposant cette *règle*, l'art n'a fait qu'imiter la nature dans ses œuvres, et imiter aussi les autres ouvrages, que l'industrie journalière façonne d'après les inspirations de l'instinct. Or, cet instinct universel est une loi de la nature. On ne sauroit donc regarder comme arbitraires des *règles*, qui ont leur base dans l'instinct, c'est-à-dire, dans la nature même de l'homme; et c'est ne rien objecter contre elles, que d'y opposer l'autorité des infractions qu'elles peuvent recevoir; car il n'y auroit aucune loi de morale, de justice ou de sagesse qu'on ne pût ainsi détruire, sous prétexte qu'il y a des hommes ou des actes immoraux, injustes ou insensés.

Il y a une autre loi de la nature, que l'architecture s'est appropriée, et dont elle a fait une *règle*, c'est celle qui veut que dans ses œuvres, comme dans celles du grand modèle dont elle imite l'esprit, l'agréable procède toujours de l'utile. Si la nature, dans sa sagesse, a joint un plaisir à la satisfaction de chaque besoin, l'architecture s'est fait également la loi, de faire servir les détails de la construction ou des parties nécessaires, à devenir tout à la fois des objets d'agrément. Ainsi elle veut que tous les ornemens, procédant plus ou moins directement d'un principe d'utilité, indiquent leur origine, et puissent satisfaire par-là l'imagination et la raison.

C'est, à la vérité, dans cet ordre de *règles*, que se rencontrent le plus de contradictions. Il n'y a aucun doute que la partie décorative de l'architecture, est soumise à un assez grand nombre de conventions, qui ouvrent un trop vaste champ à l'arbitraire. Cependant on ne sauroit nier que, lorsqu'on remonte à l'origine de tous les ornemens, on n'en trouve le plus grand nombre fondé sur des raisons d'utilité, ou susceptibles de se subordonner à un système raisonné. C'est donc à ceux-ci de faire la loi aux autres, et le bon sens veut, s'il doit y avoir des exceptions à la *règle*, que ce ne soit point à la *règle* de céder aux exceptions.

Nous venons de parcourir, dans une théorie fort générale, les deux classes de *règles*, qu'il faut reconnoître en architecture, comme reposant sur des faits évidens, sur des autorités physiques ou morales, dont les sens et l'esprit ne peuvent nier l'existence.

Il n'en sera pas tout-à-fait ainsi des deux autres classes de *règles* dont il nous reste à parler.

Il est, avons-nous dit, une troisième catégorie de *règles*, qui ne reconnoissent guère d'autre principe que l'usage et les exemples, et ces *règles* ne sont pas celles qui, dans l'architecture, ont le moins d'observateurs. Lorsque les précédentes sont écrites dans ce grand livre de la nature, où très-peu sont en état de lire, celles-ci forment l'objet et la matière de presque tous les traités didactiques. Ces traités, en effet, ne nous offrent que l'analyse des parties de l'architecture, décomposée selon les ordres de colonnes, leurs bases, leurs chapiteaux, les profils et les membres des entablemens des piédestaux, des piédroits, des arcades ou des portes. Le résultat de ces *règles* est d'enseigner les mesures relatives de chacune de ces parties, d'après une certaine concordance d'exemples puisés dans les ouvrages, soit de l'antiquité, soit des Modernes. Comme l'architecture cesseroit d'être un art, si l'on pouvoit fixer d'une manière géométrique les mesures d'où dépend sa beauté, il ne faut regarder ce qu'en prescrivent ces traités, que comme une sorte de moyen terme entre le plus et le moins, ou simplement comme ces grammaires qui vous disent beaucoup mieux ce qu'il faut faire, pour éviter les erreurs grossières, qu'elles ne peuvent vous apprendre ce qui produit les beautés.

Il est visible que ces sortes de *règles*, qui s'occupent des détails, sont fort loin d'embrasser l'ensemble de l'art. Aussi sont-elles celles que, d'une part, observent le plus scrupuleusement ceux qui ne font de l'architecture qu'un métier, et que de l'autre, se permettent le plus de contrarier, les esprits systématiques, impatiens de toute espèce de joug, et qui se refusent à reconnoître toutes les *règles* de théorie, parce que celles de la pratique ne peuvent recevoir une fixité positive et mathématique.

C'est peut-être là que conduit le respect aveugle de quelques artistes, pour cette dernière classe de *règles*, que nous avons appelées *règles* de routine ou de préjugé. Si, en effet, on a vu l'architecture livrée, par le mépris de tous les genres de *règles*, à la folie des innovations les plus ridicules, n'être plus qu'un jeu désordonné de formes sans cause, de lignes sans suite, de contours sans objet, d'ornemens sans motifs, on peut attribuer cette manie, jusqu'à un certain point, à l'insipide monotonie où quelques esprits serviles réduisent cet art, en se traînant sans idée et sans vue, sur les traces d'ouvrages, froides répétitions eux-mêmes de tout ce qui les a précédés. Le [illegible] des copistes provoque à la fin une indépendance présomptueuse, qui attribue aux *règles* ce qui n'est dû qu'à la fausse manière de les interpréter, de les concevoir et de les enseigner.

C'est alors qu'on entendra dire que les *règles* n'ont été faites que d'après les chefs-d'œuvre; que ceux-ci, par conséquent, ayant précédé les *règles*, elles sont inutiles.

Mais ce raisonnement, qu'on répète si souvent, n'est souvent qu'un manque de raison. Il y a effectivement méprise dans l'emploi qu'on fait du mot *règle*. Entend-on par ce mot, *règle* écrite et rédigée en système? D'accord. Mais est-ce que la *règle* n'existoit pas avant d'avoir été mise par écrit? Est-ce que ceux qui ont produit les chefs-d'œuvre ne les avoient pas connues? Est-ce que toutes les lois de la morale et de la justice n'existoient pas dans le cœur de l'homme, avant d'être devenues les articles d'un code? Est-ce que les préceptes de la sagesse n'ont pas produit des sages, dirigeant d'après elle leurs mœurs et leur conduite, avant d'avoir été recueillis dans les traités de quelques philosophes? Est-ce que les rapports de beauté, de justesse et de vérité, qui sont le résultat des recherches de l'intelligence, et du génie imitateur des œuvres de la nature, n'étoient pas devenus des *règles* de proportion, d'harmonie et de régularité, avant d'avoir trouvé place dans les méthodes et les analyses?

Ce n'est donc point aux *règles* qu'on s'en prend, mais seulement aux *règles* écrites. Maintenant, pourquoi ce qui étoit, ou découverte individuelle, ou tradition orale, perdroit-il de sa vertu, pour être contenu dans un livre? Les *règles*, les véritables *règles* des arts et de l'architecture, rédigées par écrit, ne sont autre chose que la collection et le développement de certaines vérités morales, que nous avons vu être aussi incontestables, dans leur genre, que les vérités physiques. Ces vérités avoient été aperçues et connues par les auteurs des ouvrages qui ont précédé les écrivains. Mais est-il vrai que les rédac-

tems des [illegible] connues que par les ouvrages, où elles ont trouvé les exemples? Les ouvrages qui, comme on l'a dit, prouvent la préexistence des règles, ont pu servir à mieux fixer la théorie. On en convient. Toutefois les auteurs des théories ont pu en puiser aussi les notions, aux sources mêmes d'où les artistes les avoient tirées. On ne sauroit donc comprendre comment les raisons qui expliquent les causes des impressions du beau et du vrai sur notre ame, et les moyens par lesquels nous recevons ces impressions, indépendamment pour cela de l'exemple des chefs-d'œuvre, peuvent être inutiles, selon les uns, et selon d'autres, obstacle à la production des chefs-d'œuvre.

Disons-le, c'est que l'on confond, sous le nom commun de *règles*, les développemens des grands principes régulateurs du génie, et les sèches analyses grammaticales, qui ne touchent pas plus à la vraie science de l'architecture, que les rudimens de collége à l'art de l'éloquence ou de la poésie. Non, comme on l'a dit, que ces *règles* scholastiques soient méprisables, mais leur autorité, variable comme les détails auxquels elle s'attache, ne constitue point la théorie de l'art. Elles ne deviendroient nuisibles qu'autant qu'on leur donneroit plus de pouvoir qu'elles n'en comportent, et qu'on renfermeroit dans leur cercle étroit toutes les notions propres à guider l'artiste.

Mais, dit-on, les *règles*, quelles qu'elles soient, ne donnent pas le génie. Sans doute : si elles le donnoient, le génie ne seroit plus que l'affaire des *règles*. Et dès-lors, il n'y auroit plus de génie ; il n'y auroit qu'un procédé mécanique, et l'on feroit des chefs-d'œuvre comme l'on tire des lignes droites.

Non, les *règles* écrites ne donnent pas le génie ; mais pourquoi nieroit-on qu'elles peuvent abréger l'étude de l'observation des lois de la nature, des propriétés, des qualités qui constituent le beau et le vrai? Les *règles* ne donnent pas le génie, parce que la nature seule le donne ; mais celui qui l'a reçu, n'en peut-il pas recevoir des lumières qui le guident plus sûrement?

Non, les *règles* ne donnent pas le génie, mais il ne se donne pas de génie sans ces *règles*, puisque c'est dans les œuvres des hommes de génie, qu'on en trouve les exemples.

Non, les *règles* toutes seules ne créent pas les chefs-d'œuvre, mais elles épargnent au talent beaucoup d'épreuves et de tâtonnemens ; elles préviennent bien des erreurs, et préservent des défauts où l'imagination fait tomber.

Les *règles*, celles même qui n'émanant point des grands principes d'une théorie élevée, résident dans la sphère inférieure d'une pratique subalterne, doivent se considérer comme des indications qui guident la vue de l'artiste dans les régions de l'invention, sans l'empêcher de marcher à son gré, et de se tracer à lui-même d'autres routes, pourvu qu'elles arrivent au but par une direction plus sûre et plus courte.

Règle, s. f. Dans le sens simple, on donne ce nom à un morceau de bois ou de métal long, mince et étroit, dont on se sert pour tracer des lignes droites.

Les ouvriers en métal se servent de *règles* en fer ou en cuivre.

Les architectes et ingénieurs emploient des *règles* en bois de différentes longueurs, d'un pouce et demi à cinq pouces de largeur, et de quatre, cinq ou six lignes d'épaisseur, dont un côté, taillé en biseau, sert pour tirer la ligne à l'encre, et l'autre côté carré pour tracer les lignes au crayon.

On distingue plus d'une sorte de *règle*.

La *règle* d'appareilleur est celle qui a ordinairement quatre pieds, et qui est divisée en pieds et en pouces.

La *règle* de charpentier est une *règle* piétée, de six pieds de long, c'est-à-dire qui est divisée en autant de pieds.

La *règle* de poseur est une *règle* qui a douze ou quinze pieds de long, qui sert sous le niveau pour régler un cours d'assises, et pour égaler les piédroits et les premières retombées.

La *règle* à-plomb est une *règle* qui, dans toute sa longueur, a la même largeur, et au milieu de laquelle est tracée une ligne droite, qui reçoit le fil d'un plomb attaché à son extrémité supérieure, et dont l'extrémité inférieure est taillée en portion de cercle pour laisser le plomb en liberté : elle sert à mettre d'à-plomb les ouvrages de maçonnerie ou de menuiserie, en appliquant un de ses côtés sur le parement de l'ouvrage.

La *règle* de vitrier est une *règle* de bois très-mince, de différentes longueurs, au milieu de laquelle sont attachés deux petits taquets qui servent à la manier et à l'assujettir en place, lorsqu'on veut couper le verre avec le diamant.

Les Anciens nous parlent d'une sorte de *règle* qu'ils appeloient *règle lesbienne*. Elle étoit de plomb, par conséquent flexible, et elle formoit autant d'angles que l'on vouloit. On se servoit de cette *règle* pour un genre de construction dont il subsiste un nombre considérable de restes de murs antiques. Selon cette méthode d'appareil, on employoit les pierres sans les équarrir, et en leur laissant la forme irrégulière qu'elles se trouvoient avoir, en sorte qu'elles décrivoient des polygones de toute figure. De semblables pierres une fois mises en pose, pour leur en joindre d'autres, et les ajuster aux contours ou aux lignes de leurs angles, on relevoit tous ces angles avec la *règle* de plomb qu'Aristote appelle *lesbienne*, et l'on reportoit cette *règle* sur la pierre qui devoit se concerter avec tous ces joints. On sait que cette construction ne formoit ni assises ni lits horizontaux : elle avoit quelques avantages, et surtout celui d'employer toutes formes de pierres, sans grande perte de matière. C'est dans ce système qu'étoient pavées les voies romaines; c'est encore selon cette méthode que le sont plusieurs villes de la Toscane, entr'autres Florence.

RÉGLÉ, adj. On dit qu'une pièce de trait est *réglée*, quand elle est droite par son profil, comme le sont quelquefois les larmiers, les arrière-voussures, etc.

RÉGLER, v. act. Se dit de l'action de soumettre à la règle, la façon d'un grand nombre d'ouvrages.

En architecture, on se sert le plus souvent de ce mot pour exprimer l'opération, par laquelle les experts vérifient les prix des ouvrages portés dans les mémoires des entrepreneurs, et les réduisent, quand il y a lieu, à leur juste taux. On dit un *mémoire réglé; faire régler un mémoire*. On paie des à-comptes, sauf *réglement de mémoire*.

RÉGLET, s. m., ou BANDELETTE. Petite moulure plate et droite, qui, dans les compartimens et les panneaux, sert à en séparer les parties et à former des guillochis et entrelas.

Le *réglet* est différent du filet ou listel, en ce qu'il ne reçoit aucune variété de forme et ressemble uniquement à une règle.

RÉGNER, v. act. On se sert volontiers de ce mot pour exprimer, dans l'effet produit par l'architecture d'un monument, le goût de composition, de construction, d'ordonnance, de décoration, qui, répandu dans son ensemble et ses détails, fait sur le spectateur telle ou telle autre impression. On dira qu'il *règne* dans un édifice un goût de pesanteur ou de légèreté; qu'il y *règne* un style de simplicité ou de bizarrerie; qu'il y *règne* un air de grandeur, un aspect de richesse, etc.

Régner se dit encore dans un sens plus technique: ce mot exprime alors l'emploi continu que l'architecte a fait, dans un bâtiment, d'un ordre, d'un profil, d'un entablement, d'une frise.

Ainsi l'on dit que l'ordre dorique ou corinthien *règne* à l'intérieur comme à l'extérieur d'un temple. Le bon goût veut qu'un seul profil, un seul entablement, *règne* uniformément dans la masse générale d'un édifice. Quelquefois on emploie un enroulement dans le frontispice d'un péristyle de temple, mais l'architecte ne le fait pas *régner* dans le reste de l'entablement. La frise en bas-relief qui représentoit la marche et la cérémonie des Panathénées, régnoit tout alentour de la *cella* du temple de Minerve à Athènes.

On dit de même qu'il *règne* de la confusion dans la composition d'un tableau, d'une décoration, d'un plafond. Il n'y a pas de locution plus ordinaire.

REGRATTER, v. act. On emploie ce terme à exprimer l'opération de ragrément qui a lieu sur la pierre noircie ou salie par la vétusté, pour lui redonner la blancheur qu'elle avoit étant neuve.

On se sert pour ce regrattage, soit de ripes, soit de fers à retondre, soit de tout autre instrument tranchant, qui n'enlève que la superficie de la pierre. En général, on est fort économe de cette opération, et on ne doit y avoir recours qu'avec une grande précaution, à l'égard d'édifices dont l'architecture a reçu de son auteur, avec de belles proportions, cette exécution précieuse et recherchée, qui en rehausse le prix et la beauté.

L'opération de *regratter* ne se faisant que par l'enlèvement d'une superficie quelconque de la matière, il est un grand nombre de bâtimens qui en supportent la façon sans aucun détriment, et qui, au contraire, y gagnent l'avantage d'une espèce de rajeunissement dans la teinte de leurs matériaux. Tout bâtiment qui n'offre que des surfaces de pierre lisse, sans ornement et sans ordonnance, peut être impunément regratté ou blanchi par le badigeonnage.

Il faut se former une idée contraire de la même opération, appliquée à ce qu'on doit appeler un véritable ouvrage d'architecture.

D'abord, ce ton de vétusté qu'on se plaît à faire disparoître d'une bâtisse ou d'une maison ordinaire, est ce qu'on aime à voir subsister sur un monument; c'est une sorte de titre de noblesse, et ici encore les plus anciens sont ceux qu'on prise le plus. Un certain accord s'est formé pour l'esprit comme pour les yeux, entre l'aspect rembruni de l'architecture, et le respect qu'on porte à ce qui est ancien. On n'efface point ces traces vénérables de l'âge, par un apprêt de nouveauté, sans que ce travestissement ne blesse les yeux habitués à l'harmonie, dont le temps avoit fait les frais.

Il faut dire ensuite que lorsqu'il s'agit d'un ouvrage d'architecture, on doit comprendre un ensemble de parties, où l'on compte des colonnes, des chapiteaux, des profils, des ornemens et des détails souvent fort légers et très-délicats: lors donc que par le regrattage, on enlève sans risque une superficie de matière à des murs lisses, à des corps épais qui entrent dans l'ensemble de l'édifice, il n'en est pas de même des autres parties qu'on a énumérées. On n'enlèvera point, sans quelque dommage pour l'accord des proportions, une surface quelconque aux diamètres des colonnes; encore moins pourra-t-on, sans en altérer le galbe et la finesse, enlever de la matière aux volutes, aux caulicoles, aux feuillages des chapiteaux. Mais le besoin de l'uniformité voulant qu'un nouvel outil repasse aussi, sur tous les détails les plus légers, pour les accorder avec la teinte nouvelle de l'ensemble, il y aura nécessairement de ces profils minces et déliés qu'on ne pourra *regratter*, qu'en détruisant leur légèreté et en atténuant leur effet.

On dira que, dans un sens contraire, l'opération du blanchissage ne nuit pas moins à la pureté d'une belle architecture, que celle du regrattage : celle-ci altère en enlevant, l'autre altère en ajoutant : elle obstrue beaucoup de ces fouillés et de ces *noirs*, qui font l'effet des ornemens surtout ; enfin, elle tend à grossir les corps que l'autre atténue.

Lorsqu'une nécessité quelconque oblige de donner à un ancien monument une façon nouvelle, qu'on peut appeler *de propreté*, il doit suffire de nettoyer les pierres, en les frottant dans les détails avec des brosses, dans les parties lisses avec du sablon ou de la poudre de grès.

RÉGULIER, adj. On appelle *régulier*, dans le sens le plus simple, ce qui est fait conformément aux règles établies. Une ordonnance *régulière* sera celle où l'architecte se sera conformé aux proportions reçues, aura observé les rapports entre les diamètres des colonnes et leurs entre-colonnemens, que les exemples des bons ouvrages et des auteurs accrédités prescrivent.

On appelle aussi *régulier*, sous une autre acception, mais qui toutefois est une suite de la première, tout ensemble, tout édifice qui se compose de parties semblables, égales entr'elles ou symétriques. C'est pourquoi on dit d'un bâtiment qu'il est *régulier*, d'une façade, qu'elle est *régulière*; d'un plan, qu'il est *régulier*, lorsque toutes les parties se correspondent avec exactitude, et forment ce qu'on appelle un tout complet ; c'est que cette correspondance et cette symétrie forment une des premières règles de l'architecture, et de tous les ouvrages qui aspirent à nous plaire, comme nous plaisent ceux de la nature, tant la nature a mis elle-même de cette sorte de régularité dans ses œuvres.

REHAUSSER, v. act. Signifie hausser davantage, rendre plus haut ce qui étoit déjà haut.

On dit, ce plancher s'est affaissé, il faut le *rehausser*; les planchers de cette maison sont trop bas, il faut les *rehausser*; ce bâtiment aura besoin d'être *rehaussé* pour s'accorder avec un autre.

Rehausser se dit aussi, dans la peinture de décoration surtout, de certains traits ou coups de pinceau qui, par des teintes brillantes, donnent un effet plus saillant aux objets. On *rehausse* des grisailles par des hachures d'un blanc fort clair ; on *rehausse* des ornemens en or.

REHAUTS, s. m. pl. Ce sont, dans le sens de l'article précédent, les traits qui, par des teintes plus vives, font mieux ressortir la rondeur des figures peintes. Dans les dessins lavés, c'est ordinairement le blanc du papier qui forme les *rehauts*.

REINS DE VOUTE, sub. m. pl. On appelle ainsi les parties triangulaires des voûtes, qui sont comprises entre la ligne de leur extrados, celle du prolongement de leurs piédroits, et la ligne de niveau qui passe par leur sommet.

On remplit ordinairement les *reins des voûtes* de maçonnerie ; quelquefois aussi on les laisse vides pour diminuer la charge : ainsi sont construites les voûtes dans les édifices gothiques.

REJOINTOYER, verb. act. C'est remplir les joints des pierres d'un vieux bâtiment, lorsque ce qui en faisoit la liaison a été rongé, ou par succession de temps, ou par l'effet des eaux pluviales, ou par toute autre cause. On ragrée alors ces joints avec le meilleur mortier fait de chaux et de ciment : pareille opération a lieu dans les joints des voûtes lorsqu'ils se sont ouverts, soit lorsque le bâtiment, étant neuf, aura tassé inégalement, soit parce qu'étant vieux, il aura été mal étayé, lorsqu'on y fait quelque reprise sous-œuvre.

RELEVER, v. act. C'est, dans la maçonnerie, tailler les bords d'un parement de pierre pour le dresser, ce qu'on appelle aussi relever les *ciselures*.

C'est aussi exhausser une maison d'un étage, ou un mur trop bas, de quelques pieds.

C'est replacer en son lieu une colonne tombée, un monument renversé, n'importe par quelle cause.

C'est déplacer un parquet, ou du carreau pour les raccommoder, ou pour y remettre des lambourdes neuves, ou pour y faire une nouvelle aire.

C'est, dans la décoration en peinture, donner plus de saillie à certains objets. *Voy.* REHAUSSER.

RELIEF, sub. m. Nom général qu'on donne à tout ouvrage qui a de la saillie, ce qui suppose qu'il se détache sur un fond.

Ce mot s'applique particulièrement aux travaux de la sculpture. Il est assez impropre quand on s'en sert pour les statues. Une statue étant un objet isolé autour duquel on peut tourner, le mot *relief* ne lui convient pas plus qu'il ne convient à tous les autres objets isolés. Le terme propre pour distinguer, en sculpture, l'ouvrage isolé d'avec celui qui tient à un fond, est le mot *ronde-bosse*.

Les ouvrages sculptés, qui sont plus ou moins relevés sur un fond, se distinguent ou se divisent dans le discours, par l'épithète qui accompagne le mot *relief*. Ce mot signifiant *saillie*, il est clair que les ouvrages qu'on détache sur un fond, peuvent s'y détacher par une saillie plus ou moins grande, par plus ou moins de *relief*.

Aussi appelle-t-on *plein relief* ou *haut relief*, les objets sculptés sur un fond, et qui s'y détachent avec une telle saillie, que l'ouvrage paroît de *ronde-bosse*. Il y a dans l'antique, soit sur des frises, soit sur des devantures de sarcophages, un très-grand nombre de ces sculptures en *haut relief*.

On doit appeler *demi-relief* l'ouvrage de sculpture qui n'annonce, hors du fond qui le reçoit, que la moitié de la rondeur ou de la saillie des corps. C'est de ce genre que sont le plus grand nombre des ouvrages dans les frises des édifices, autour des vases, et sur une multitude d'autres monumens.

Enfin, le mot *bas-relief* doit s'appliquer à ces figures, à ces objets sculptés sur un fond, et qui semblent être aplatis, soit que la matière ait manqué pour leur donner une saillie plus forte, soit que beaucoup d'autres considérations aient porté l'artiste à préférer un effet plus doux.

On voit donc qu'il peut convenir à l'architecture, lorsqu'elle fait entrer, soit les ornemens, soit les figures et leurs compositions dans les édifices, d'employer l'un ou l'autre de ces trois degrés de *relief*, qui, comme la chose s'entend d'elle-même, peuvent compter encore d'autres subdivisions de degrés.

Comme l'usage, qu'on a nommé le *tyran des langues*, ne se soumet pas toujours aux dénominations que donne la raison, nous devons dire qu'il a prévalu, dans le langage ordinaire, d'appeler les trois degrés de *relief* du nom de *bas-relief*, en sorte qu'on est souvent obligé, par une contradiction bizarre, de dire qu'un *bas-relief* est fort saillant et presque de ronde-bosse.

C'est en adoptant la manière ordinaire de parler, que nous avons, au mot Bas-relief (*voyez* ce terme), développé avec beaucoup d'étendue les notions théoriques de cette partie importante de l'art de la sculpture, et les rapports qui l'unissent avec celui de l'architecture.

RELIQUAIRE, sub. m. Nous avons parlé, au mot Chasse (*voyez* ce terme), des ouvrages d'architecture et d'ornemens que l'on voit dans beaucoup d'églises, et qui renferment quelque saint. Les *reliquaires*, comme le mot l'indique, ont le même usage : ainsi que les *châsses*, ils sont des ouvrages d'orfévrerie, et l'art a emprunté pour leurs formes la plupart de celles qui conviennent aux tombeaux et aux sarcophages ; tel est du moins le genre qui leur convient le mieux. On y observe toutefois d'y ménager un vide qu'on remplit avec une glace, et au travers de laquelle on voit les restes du saint que la religion expose aux hommages des fidèles.

REMANIER, v. act. C'est retoucher, refaire, raccommoder ou perfectionner un ouvrage.

REMANIER A BOUT. *Voyez* Manier a bout.

REMBLAI, sub. m. C'est un travail de terres rapportées et battues, soit pour faire une levée, soit pour aplanir ou régaler un terrain, ou pour garnir le derrière d'un revêtement de terrasse, qu'on aura déblayée pour la construction d'une muraille.

REMENÉE, sub. f. Espèce de petite voûte en manière d'arrière-voussure, au-dessus de l'embrasure d'une porte ou d'une croisée.

REMISE, s. f. Nous avons fait connoître au mot Carceres (*voyez* ce terme) ce qu'étoient pour la forme, la disposition et la décoration, les *remises* qui, dans les cirques antiques, servoient à diviser les chars qui devoient disputer le prix de la course.

Dans les usages modernes, la *remise* est un renfoncement pratiqué sous un corps-de-logis, ou formant un hangar dans une cour, pour y placer un ou deux carosses.

Pour un seul carosse, une *remise* doit avoir huit pieds de large ; pour plusieurs, sept pieds suffisent à l'espace qu'on donne à chacun.

La profondeur d'une *remise*, lorsqu'on veut mettre le timon d'un carosse à couvert, est de vingt pieds. Lorsqu'on relève le timon, on ne donne à la *remise* que quatorze pieds sur neuf de hauteur.

Afin de ranger aisément les carosses, on pratique dans les *remises* des barrières ou coursières ; au-dessus on pratique ordinairement des chambres de domestiques, qu'on dégage par des corridors.

Remise de galères. On nomme aussi de ce nom, dans un arsenal de marine, un grand hangar séparé par des rangs de piliers, qui en supportent la couverture, et l'on y tient à flot, séparément, les galères désarmées.

REMONTER, v. act. Elever un mur, un plancher, etc., plus haut qu'il n'étoit.

Remonter se dit aussi de l'action d'assembler toutes les pièces d'une machine, comme d'une grue, d'un engin, d'une chèvre, qu'on apporte d'un magasin d'atelier.

REMPART, s. m. Ce qu'on appelle ainsi est une élévation de terre ayant un parapet, un talus intérieur et extérieur, et un mur de maçonnerie si le rempart est revêtu, ou une berme s'il ne l'est pas.

Cette élévation est formée aux dépens des terres tirées du fossé qu'on pratique autour d'une ville, ou d'une pièce de fortification, et sert à mettre à couvert du canon de l'ennemi, à élever ceux qui la défendent, et à y mettre en batterie des pièces de canon et des mortiers.

Les anciens *remparts*, devenus inutiles autour de beaucoup de villes, par l'effet des changemens survenus dans le système de l'attaque et de la défense des places, ont fini par être plantés d'arbres,

bres, et procurent aujourd'hui à ces villes d'agréables promenades. C'est à cela que Paris doit, dans ce qu'on appelle *les boulevards* (mot synonyme de *remparts*), un des agrémens qui le distinguent.

REMPLAGE, sub. m. Dans la maçonnerie on donne ce nom au blocage en moellons ou briques, dont on remplit, avec du mortier, le vide ou l'entre-deux des paremens d'un mur construit en pierre de taille, ou de toute autre matière. On donne le même nom aux cailloux qu'on emploie à sec derrière des murs de revêtement, tant pour les préserver de l'humidité, que pour rompre la poussée des terres et faciliter l'écoulement des eaux. Le *remplage* s'appelle aussi *garni*, parce qu'il sert comme à meubler ou *garnir* des intervalles.

Remplage se dit aussi, dans la charpenterie, de tous les bois qu'on place dans un pan de bois ou dans une cloison, ou dans une ferme, pour remplir les vides, et qui ne servent en rien ni à l'assemblage, ni à la solidité.

REMPLISSAGE. *Voyez* GARNI.

RENARD, s. m. Ce terme a plusieurs significations.

Les maçons appellent ainsi les petits moellons qui pendent au bout de deux lignes attachées à deux lattes, et bandées, pour marquer l'épaisseur, que le mur qu'ils construisent, doit avoir dans toute sa longueur. Ils donnent le même nom à un mur orbe qui est décoré, mais seulement pour la symétrie, d'une architecture plus ou moins feinte, mais semblable à celle du corps de bâtiment qui lui est opposé.

Les fontainiers appellent encore *renard*, un petit pertuis ou une petite fente, par où l'eau d'un bassin ou d'un réservoir se perd; et il paroît qu'ils l'appellent ainsi, parce qu'ils ont de la peine à la découvrir pour la réparer.

Enfin, *renard* est un mot de signal, entre des hommes qui battent ensemble des pieux ou des pilotis, à la sonnette, de sorte qu'un d'entr'eux criant *au renard*, ils s'arrêtent tous en même temps, ou pour se reposer, après un certain nombre de coups, ou pour cesser tout-à-fait, au refus du mouton.

RENCONTRE, sub. f. Se dit de l'endroit où deux traits de scie, commencés chacun par un des bouts d'une pièce de bois, se rencontrent vers le milieu.

RENDRE, v. act. On se sert de ce mot, dans le dessin, pour exprimer la précision et le fini de l'exécution.

RENDU, adj., est, dans la délinéation des ouvrages ou des projets d'architecture, un synonyme de *fini, terminé*. Le fini ou le *rendu* des dessins ne fait pas sans doute le mérite intrinsèque de l'ouvrage, mais il est l'indication d'un talent exercé, et du soin que l'artiste a porté dans toutes les parties de son travail.

RENFLEMENT *de colonne*, sub. m. Ce qu'on appelle ainsi, Vitruve nous apprend que les Grecs le nommoient *entasis*, et cela semble prouver suffisamment que ceux qui lui donnèrent ce nom, l'employoient dans leur architecture.

Ce qu'on appelle *renflement* est une augmentation en diamètre, qu'on pratique au tiers de la hauteur du fût de la colonne. Cette augmentation provient de la diminution qu'on lui donne vers le bas et vers le chapiteau, ce qui y produit l'effet d'une espèce de ventre.

Vitruve, comme on vient de le dire, a parlé de ce *renflement*. « Comment il se pratique (dit-» il) au milieu de la colonne, pour qu'il soit doux » et convenable, c'est ce que fera voir notre » dessin à la fin de ce livre. » Mais malheureusement cette figure s'est perdue avec toutes celles qui accompagnoient son Traité, et les Modernes ont cherché à réparer cette perte; mais les opinions ont assez varié sur ce point.

Il semble d'abord qu'on pourroit, en théorie, se demander sur quel principe, soit de besoin, soit d'agrément, repose la pratique du *renflement*.

Si l'on en cherche l'origine dans quelque nécessité, il sera difficile de faire voir qu'il y ait eu une seule raison de solidité, propre à justifier cette pratique. L'usage de la diminution du fût, par en haut, tient indirectement du moins, au principe de la solidité, qui induit à faire porter le foible par le fort. De-là, comme nous l'avons vu au mot PYRAMIDAL, l'emploi si général de cette forme dans une multitude d'ouvrages, en sorte que, lors même qu'elle n'est pas matériellement nécessaire, elle ne laisse pas de plaire, comme conforme à l'instinct. Cela est tellement vrai, que la forme contraire, même avec la solidité la plus réelle, nous déplait, parce qu'elle contrarie le sens et la raison. C'est pourquoi nous devons mettre, en architecture, au nombre des règles qui se fondent sur le besoin, celles qui satisfont la raison et le sentiment.

Ne trouvant, sur ce point, rien qui ait pu inspirer ni motiver la pratique du *renflement*, ni aucune raison puisée dans le matériel de la construction, reste à savoir, si quelqu'analogie imitative ne lui auroit point pu donner naissance.

Ne pourroit-on pas soupçonner que l'idée abusive d'une imitation trop formellement entendue, auroit engendré l'espèce de similitude que quelques-uns, et Vitruve lui-même, ont accréditée entre la configuration du corps de l'homme, et celle de la colonne? Nous avons déjà plus d'une fois combattu les opinions de Vitruve à cet égard; et nous croyons avoir montré que l'imitation du corps humain, dans l'architecture, n'étoit que l'imitation abstraite des principes d'ordre, de symétrie, de proportion, dont la nature fournit à cet art un modèle spéculatif, dans l'organisation corporelle. Vitruve n'est peut-être pas l'inventeur de ce système d'imitation formelle, qui fait procéder la forme de l'ordre dorique du corps de l'homme, celle de l'ionique du corps féminin, et jusqu'au chapiteau à volutes, de la coiffure des femmes. Qui empêcheroit de croire que de pareilles idées ayant cours, quelques esprits systématiques auroient imaginé de donner aussi aux colonnes, un ventre, comme un trait de plus de ressemblance avec leur modèle fantastique?

Quelques autres aussi, s'exagérant l'influence que les arbres employés originairement à faire des supports, purent avoir sur les colonnes régulières qui les remplacèrent, ont tenté de trouver dans les protubérances, que des tiges d'arbres ou de plantes reçoivent quelquefois du hasard, l'idée du *renflement* des colonnes. Opinion tout aussi futile que la première.

Si, en effet, on admet que de semblables rapprochemens ont pu, de tout temps, trouver des approbateurs, tant l'esprit de l'homme a besoin de rapporter tout à une cause, il n'en est pas moins certain, qu'admettre de telles origines, c'est admettre des fictions qui peuvent avoir eu cours, mais qui se détruisent d'elles-mêmes dès qu'on les fait connoître.

Dès qu'on ne trouve au *renflement* des colonnes, aucune raison qui repose sur un principe de nécessité, dès qu'on ne sauroit lui trouver une origine fondée sur la moindre vraisemblance, reste à se demander si la seule raison de l'agrément ne lui auroit pas donné l'être. Voilà peut-être la véritable origine de cette modification apportée à la forme naturelle de la colonne. Il y a ainsi, dans beaucoup d'objets, et dans plus d'un membre de l'architecture, une part à faire à cet instinct de la variété, qui tend sans cesse à embellir les formes du besoin, et va quelquefois jusqu'à en dénaturer le principe. Il est donc permis de supposer que le galbe d'une colonne, aura pu devenir insensiblement l'objet de quelques recherches d'agrément, et qu'on se sera plu à le façonner comme beaucoup d'autres objets, dans la seule vue d'en rendre la forme plus élégante, en rompant la continuité de la ligne perpendiculaire.

Et déjà nous avons vu qu'une diminution de la colonne par en haut avoit trouvé faveur dans les meilleurs ouvrages. Cette diminution, dont Vitruve nous a transmis les règles, ne fut toutefois qu'un agrément, dont l'œil est forcé de reconnoître la réalité, et qui est devenu une règle de goût. N'est-il pas naturel de penser que les diverses opérations prescrites pour régler la mesure de cette diminution, sur les différences de hauteur des colonnes (*voyez* le mot DIMINUTION), auront pu suggérer de pratiquer le même resserrement dans le bas de la colonne? Voilà, ce nous semble, ce qu'on peut conjecturer de plus vraisemblable à cet égard.

Le modèle, dont Vitruve avoit accompagné son article sur la diminution et le *renflement* des colonnes, ne nous étant pas parvenu, les architectes modernes ont proposé diverses règles sur cet objet.

Vignole a enseigné une manière ingénieuse de régler ce *renflement*. Il trace la ligne de son profil, en telle sorte, que les deux lignes qui font le profil de la colonne, se courbent vers les extrémités, en une même proportion, et se courbent deux fois plus vers le haut que vers le bas, parce que la partie supérieure est du double plus longue que l'inférieure.

Blondel, dans son *Traité des quatre principaux problèmes d'architecture*, a enseigné comment cette ligne peut être décrite d'un seul trait, avec l'instrument que Nicomède a trouvé, pour tracer la ligne appelée la première *conchoïde* des Anciens.

Perrault pense que cette pratique ne peut servir qu'à tracer la ligne de diminution, qui part du bas de la colonne sans s'y courber, mais qui, au contraire, y aboutit perpendiculairement, à moins qu'on ne veuille faire commencer la courbure au-dessus du tiers inférieur qui, dans ce cas, doit décrire deux lignes parallèles. Du reste, il ne croit pas qu'on doive diminuer la colonne par en bas, puisque (dit-il) ni les architectes antiques, ni la plupart des modernes, ne l'ont pratiqué.

Perrault semble avoir, sur ce point, une autre opinion, dans sa traduction de Vitruve, où l'on trouve, en note, une méthode nouvelle pour tracer le *renflement*. Probablement il a voulu dire, dans son *Traité de l'ordonnance des colonnes*, qu'il ne nous restoit, dans les monumens des Anciens encore subsistans, aucun exemple de colonnes renflées.

Cette opinion étoit assez générale, lorsqu'un des trois édifices de l'antique Pæstum, celui qu'on croit avoir été un *atrium*, est venu dissuader les commentateurs. Le Père Paoli, dans sa Dissertation sur ce monument de Pæstum, qu'il appelle un *atrium*, nous apprend que les premiers qui le virent et le dessinèrent, ne s'étoient pas aperçus de cette particularité dans ses colonnes, ou qu'ils avoient négligé de la rendre sensible dans leurs dessins. Effectivement, les dessinateurs employés par le comte Gazzola, ne semblent avoir mis dans leurs planches, aucune différence sur le fait dont il s'agit, entre les colonnes de l'*atrium* et celles des deux temples de Pæstum.

Il est pourtant certain que les colonnes de l'*atrium* ont un renflement très-sensible à la vue, et le Père Paoli a remédié à l'omission des premiers dessinateurs, dans une planche où la colonne dessinée plus en grand, non-seulement rend ce *renflement* visible, mais démontre la nature du système dans lequel il a été exécuté. La règle que le commentateur, d'après l'exemple de Pastum, proscrit à l'*entasis* et à l'accord du *renflement* avec la diminution, pour que ce *renflement* trop sensible ne donne point à la colonne l'apparence d'un ventre, sa règle, dis-je, est qu'après avoir tracé la ligne de la diminution, à partir d'un peu au-dessus du bas de la colonne, on trace, à partir du même point, une ligne perpendiculaire, et que le *renflement* n'excède point cette dernière ligne.

RENFONCEMENT, s. m. : est, dans l'architecture, une profondeur de quelques pouces, pratiquée dans l'épaisseur d'un mur, comme sont des tables fouillées, des arcades, des niches, ou des croisées feintes.

RENFONCEMENT DE SOFFITE. C'est cette profondeur qui, dans un plafond, se trouve produite par les intervalles des travées et des solives, soit que ces intervalles résultent naturellement des solives qui peuvent se croiser, soit que cette disposition soit fictive, et due aux conventions de l'ornement.

Ces *renfoncemens* sont ce qu'on appelle *caissons*, parce qu'ils ont l'apparence d'une caisse (*voyez* CAISSON). Les Anciens les appeloient *lacus*, bassin creux, ou *lacunaria*, qui vient de *lacus*. Voyez LACUNAR.

RENFONCEMENT DE THÉATRE : se dit de la profondeur apparente qu'on donne aux décorations d'un théâtre, par le moyen de la perspective, pour y représenter des objets fort éloignés.

RENFORCER, v. act. C'est, en construction, donner une solidité plus grande à toute bâtisse, c'est procurer à des piliers qui portent, à des murs qui doivent butter, ou plus de force pour soutenir, ou plus de puissance pour résister, par le moyen, soit d'une addition, soit d'un remplacement de matériaux, ou par des expédiens mécaniques, comme boulons, armatures de fer, etc.

RENFORMIR ou RENFORMER, v. act. C'est réparer un vieux mur, en mettant des pierres, ou des moellons aux endroits où il en manque, et en boucher les trous de boulins.

C'est encore, lorsqu'un mur est trop épais en un endroit, et foible en un autre, le hacher, le charger, et l'enduire sur le tout.

RENFORMIS, s. m. C'est la réparation qu'on fait à un vieux mur en proportion de sa dégradation. Les plus forts *renformis* sont évalués pour le tiers d'un mur.

RÉPARATION, s. f. Se dit, en général, de tous les travaux d'entretien que nécessitent les bâtimens.

Selon le code des bâtimens, on distingue les *réparations* d'entretien d'une maison, en grosses et en menues.

Les grosses *réparations* sont à la charge des propriétaires : telles sont celles des murs, des planchers, des couvertures, etc.

Le locataire est tenu à faire les menues *réparations*, comme celles des vitres, des carreaux, des dégradations d'âtres, etc.

RÉPARER, v. act. C'est, dans la construction, rétablir un bâtiment, une partie dégradée, et la remettre en bon état.

Dans la sculpture, surtout en plâtre et en métal, on se sert du mot *réparer*, pour dire enlever aux objets moulés et coulés, les barbes, bavures ou coutures formées par les joints du moule, et par quelques autres accidens.

REPÈRE, s. m. On appelle ainsi une marque que l'on fait sur un mur, pour donner un alignement, et arrêter une mesure d'une certaine distance, ou pour marquer des traits de niveau sur un jalon et sur un endroit fixe. Ce mot vient du mot latin *reperire*, retrouver, parce qu'il faut retrouver cette marque pour être assuré d'une hauteur ou d'une distance.

On se sert aussi de *repères*, pour connoître les différentes hauteurs des fondations qu'on est obligé de couvrir. Celui qui est chargé de ce travail doit en rapporter le profil, les ressauts et les retraites, s'il y en a, et y laisser même des sondes, s'il le faut, lors d'une vérification.

Les menuisiers nomment encore *repères*, les traits de pierre noire ou blanche dont ils marquent les pièces d'assemblage, pour les monter en œuvre.

Les paveurs donnent également ce nom à certains pavés qu'ils placent d'espace en espace, pour conserver leur niveau de pente.

RÉPÉTER, v. act. Se dit particulièrement dans certains ouvrages d'ornement sur les frises, les bandeaux ou les listels, des objets qui en font la décoration, et qui s'y reproduisent sans discontinuation, sous la même forme. C'est ainsi qu'on voit se *répéter* le même contour de rinceau ou d'enroulement, le même griffon, le même entrelas, et ainsi de suite. Cette répétition, loin d'être un défaut, est une chose obligée par l'esprit même de l'architecture, qui consiste, comme l'on sait, en répétitions des mêmes colonnes, des mêmes membres et des parties nécessairement semblables.

REPOS, s. m. Synonyme de palier; il s'appelle ainsi, parce que c'est dans la suite de la montée des degrés d'un escalier, l'endroit où l'on se repose. *Voyez* Escalier.

Repos. Ce mot exprime, en peinture, soit dans la composition des figures, soit dans la distribution des couleurs, des clairs et des ombres, et l'entente des effets, une certaine succession de plein et de vide, de tons forts et légers, de parties saillantes et plus ou moins dégradées, qui se font valoir par des oppositions suffisantes, et y produisent comme des intervalles où l'esprit et la vue se reposent. Une composition tellement pleine de figures, qu'elles sembleroient toutes se presser, deviendroit difficile à comprendre, et seroit une fatigue pour l'esprit. Autant en arriveroit pour le plaisir des yeux, d'une peinture, où aucune nuance, aucune dégradation de tons, aucune variété d'effets ne se feroit sentir. Ce qu'on appelle, en ce genre, *repos*, consiste donc en oppositions qui, passant du fort au foible, du composé au simple, du lumineux au clair-obscur, font mieux jouir, et plus facilement, du mérite de chaque partie. Ajoutons que chacun de ces mérites obtient aussi une plus grande valeur.

Il en est de même en architecture, dans la composition de ses masses, dans la distribution de ses parties, mais surtout dans la répartition et le travail de ses ornemens.

Les ornemens ne constituent pas l'architecture, mais ils ajoutent à son effet (*voyez* Ornement): dès-lors ils sont accessoires. Le plus grand défaut, en ce genre, est de les identifier avec les formes et les profils, au point de faire disparoître le principal. C'est ce qui arrive, lorsqu'un luxe excessif de broderie et de sculpture vient à s'emparer de toutes les places, de tous les champs et des moindres moulures. Les Romains, aux derniers siècles de l'art antique, tombèrent dans cet excès. Il nous est resté des parties de leurs entablemens, de leurs colonnes, de leurs bases, où tout, jusqu'au plus petit listel, est découpé, façonné, ciselé, de manière qu'aucun ornement ne trouve à se détacher sur aucune partie lisse. Cependant les lisses, en fait d'ornement, sont les principales oppositions qui peuvent faire briller et valoir le travail de la sculpture. Les parties lisses sont les *repos* ou les intervalles qui reposent l'œil.

L'esprit de l'homme est ainsi fait, que toute continuité des mêmes objets, des mêmes sons, des mêmes aspects, enfin de la même position, le fatigue par la monotonie; et comme il est dans sa nature d'avoir besoin de changement, la peine même lui deviendroit un délassement du plaisir prolongé outre mesure. Condamné à tourner sans cesse dans les ouvrages de l'art, et d'aller d'un extrême à l'autre, le milieu où se trouve le point qui devroit le fixer, ne l'arrêtera point. Il a le besoin de changer de sensation. Voilà ce qui nous explique les vicissitudes de l'opinion. Mais cela aussi nous fait comprendre le besoin qu'a l'artiste d'entremêler, dans ses ouvrages, des qualités diverses, de varier les effets par une succession de *repos* et de richesses. Le goût est l'assaisonnement du plaisir; en architecture comme dans les autres arts, et ce sera toujours au style, à la distribution et à l'exécution des ornemens de l'architecture grecque, que le goût devra ses plus sûrs modèles.

REPOSITORIUM: étoit un endroit secret, dans les temples, où l'on gardoit les choses précieuses.

On croit aussi que ce pouvoit être, dans les laraires ou chapelles domestiques, de petites armoires où l'on plaçoit les vases votifs: on l'a conjecturé de ce grand nombre de vases peints, vulgairement appelés *étrusques*, et qui généralement ont une de leurs deux faces, ou sans peinture, ou d'une peinture fort négligée, parce qu'ils auroient été, en les supposant placés dans une armoire ou *repositorium*, vus d'un seul côté, du côté le plus soigné.

REPOSOIR, s. m. Ainsi appelle-t-on une construction temporaire, qu'on élève en différens endroits, pour les processions de la Fête-Dieu, et on leur donne ce nom, parce qu'effectivement ils offrent des endroits de repos, dans le trajet que parcourt la procession. Les *reposoirs* se composent ordinairement d'une architecture feinte, plus ou moins riche, selon la dépense qu'on y applique. Ils renferment un autel, avec des gradins chargés de vases, de fleurs, de chandeliers et autres ouvrages de goût ou de dévotion, le tout accompagné de tapisseries, de tableaux, de guirlandes, de figures, et de tous les objets qui peuvent trouver place dans la décoration des églises.

Reposoir de bain. C'étoit, chez les Anciens, une partie du bâtiment des bains faite en manière de portique, où l'on se reposoit, soit avant de se baigner, soit après s'être baigné. Vitruve appelle cette partie du bain *schola*, du mot σχολη, qui signifie *loisir*, *repos*.

REPOUS, s. m. Sorte de mortier fait de petits plâtras qui proviennent de la vieille maçonnerie, qu'on bat et qu'on mêle avec du tuileau ou de la brique concassée. On s'en sert pour affermir les aires des chemins, et sécher le sol des lieux humides.

REPRENDRE, v. act. On se sert de ce mot pour dire réparer les fissures d'un mur lézardé.

Reprendre en sous-œuvre. On appelle ainsi,

dans l'art de bâtir, une opération qui consiste à reconstruire, dans un édifice, les parties inférieures des murs, des piliers, des piédroits, dont les matériaux sont ou écrasés, ou dégradés, et menacent ruine, en conservant dans leur intégrité toutes les parties supérieures du même édifice qui sont en bon état.

Cette opération se fait, en soutenant les parties supérieures par des étais et des chevalemens, et en prenant toutes les précautions qui garantissent la masse de tout effet, écartement, tassement ou désunion. Cet édifice, ainsi mis en l'air, porté sur les étais, et contre-butté, s'il le faut, on procède à la démolition des parties de construction inférieures qu'il faut remplacer, dès les fondemens, s'il est besoin, par des matériaux nouveaux et solides.

L'art est ensuite, lorsqu'on a élevé la construction nouvelle au point où elle va se rapprocher de l'ancienne, d'en opérer la réunion par la plus grande précision dans la taille des matériaux qui doivent faire joint avec les anciens, et l'on y réussit en introduisant par force, dans le joint, des cales minces de la matière la moins compressible. Nous ne saurions entrer ici dans le détail de tous les moyens d'adresse et de combinaison, que l'architecte intelligent emploie à de telles opérations, moyens qui varient selon la diversité des obstacles qu'il faut vaincre.

Paris a vu dernièrement cette habileté portée au plus haut degré par M. Godde, architecte des bâtimens publics, dans la reprise, en sous-ordre, de tous les piliers de l'église de Saint-Germain-des-Prés. Tous ces piliers, par suite d'une construction médiocre, et par l'effet du salpêtre qui avoit été emmagasiné alentour, dans le temps de la clôture de cette église, menacèrent un jour, presque tous ensemble, de s'écrouler, la pierre, dissoute par le sel, s'écrasant et se fendant partout. On jugea la destruction de ce monument infaillible, et il n'étoit question que de prévenir les accidens, en la démolissant de fond en comble. L'architecte dont on a parlé, proposa de *reprendre en sous-œuvre* toutes les arcades qui reposoient sur les piliers. Son projet fut adopté; il fit étayer toutes les parties supérieures de l'église, et procéda à la reconstruction des piliers selon leur ancienne forme. L'opération eut un plein succès, et l'église, entièrement replacée sur de nouveaux supports, est une de celles qui promettent la plus longue durée.

REPRISE, s. f. Se dit de toute sorte de réfection de mur, pilier, etc., soit dans la hauteur de leur surface, s'il s'agit de parties dégradées, soit en sous-œuvre. *Voyez* l'article précédent.

RESEPER ou RECEPER, verb. act. (*Terme d'architecture hydraulique.*) C'est couper, avec la cognée ou la scie, la tête d'un pieu ou d'un pilot qui refuse le mouton, parce qu'il a trouvé la roche. On le coupe ainsi pour le mettre de niveau avec le reste du pilotage.

RÉSERVOIR, sub. m. Défini en général, un *réservoir* est un récipient qui contient une quantité d'eau quelconque, où on la conserve, et d'où on la distribue pour différens usages.

Si le *réservoir* est pratiqué dans un corps de bâtiment, il consiste ordinairement en un bassin revêtu de plomb.

Le *réservoir* est aussi, en plein air, un grand bassin de forte maçonnerie, avec un double mur, appelé *mur de douve*, et glaisé ou pavé dans le fond, où l'on tient l'eau pour les fontaines jaillissantes des jardins.

On cite parmi les plus grands *réservoirs*, celui du château-d'eau de Versailles, lequel est revêtu de lames de cuivre étamé, et est soutenu sur trente piliers de pierre. Il a 15 toises 4 pieds de long, sur 10 toises 5 pouces de large, et 7 pieds de profondeur. Il contient 472 muids d'eau.

Le *réservoir* du château-d'eau qui est vis-à-vis le Palais-Royal, se divise en deux bassins, dont le plus grand a 12 toises de long sur 5 de large, et 11 pieds 3 pouces de profondeur. *Voyez* CITERNE, CHATEAU-D'EAU, PISCINE.

RESSAUT, s. m. Se dit, en architecture, de toute partie, de tout corps qui, au lieu d'être continu sur une même ligne horizontale, se projette en dehors de cette ligne et fait une saillie.

Ressaut ne doit pas s'entendre de la projection que font dans les édifices, dans les masses générales et particulières des ordonnances, les entablemens, les corniches, les impostes, les bandeaux, les tailloirs des chapiteaux, etc. Ainsi, un entablement faisant, comme l'on sait, saillie sur la ligne perpendiculaire de l'édifice, ne fait pas ce qu'on appelle un *ressaut*. Le *ressaut* aura lieu si la ligne de cet entablement se trouve interrompue dans sa direction horizontale, par des saillies de cette ligne sur elle-même, de telle sorte que ces saillies produisent, dans leur continuité, des angles rentrans et sortans.

Ainsi, des avant-corps dans la longueur de la façade d'un grand bâtiment, y produisent des *ressauts*, commandés quelquefois par les besoins même de l'édifice, ou de sa destination, quelquefois par le seul motif d'interrompre l'uniformité d'une ligne trop étendue.

Les *ressauts* sont donc quelquefois un moyen de variété; mais les graves abus qui ont eu lieu en ce genre, obligent à faire voir qu'on s'est par trop prévalu de quelques exceptions, comme il s'en trouve à toutes les règles.

Or, il faut toujours remonter au principe même des règles, pour bien connoître la valeur de ce qu'elles prescrivent, et le point où doit s'arrêter l'indulgence pour ce qu'elles permettent.

Comme c'est particulièrement dans les entablemens que le vice des *ressauts*, motivés par un plan capricieux, se fait le mieux sentir, c'est aussi à l'usage et à la forme originaire de l'entablement qu'il faut recourir, si l'on veut se faire une idée juste des licences que l'art et le goût peuvent autoriser.

Nous avons montré trop de fois, pour avoir besoin de le répéter ici (*voyez* ARCHITRAVE, CORNICHE, ENTABLEMENT), d'où procède la forme de ces couronnemens des édifices. Or, il est sensible que la continuité est la première condition de leur existence; tout ce qui tend par trop à dénaturer l'idée de cette continuité, tend à mettre l'objet en contradiction avec les yeux, avec ce que l'esprit nous apprend qu'il est et qu'il doit paroître. Si un édifice n'étoit orné d'aucun ordre de colonnes, s'il n'avoit aucun couronnement dépendant de ces ordres, et qu'il se bornât à n'être qu'un simple mur lisse, sans aucune terminaison, rien n'empêcheroit sans doute de pratiquer dans ses superficies, autant d'angles rentrans et sortans qu'on voudroit : il n'y auroit de ridicule alors que cette manie de tourmenter sans raison des surfaces, que le simple bon sens conseilleroit de laisser tout unies.

Mais de quel nom appeler cette autre manie qui fait de l'architecture un jeu aussi puéril que dispendieux, par lequel on vit les architectes imaginer des plans dans lesquels les colonnes employées sans nécessité, viennent se placer en avant des murs, uniquement pour faire d'un entablement une découpure; dans lesquels on s'est étudié à rompre toute idée de continuité, toute espèce d'analogie entre les objets qu'on emploie, et les raisons qui en doivent motiver l'emploi?

Les *ressauts*, dans les entablemens, ne sont donc admissibles, que lorsque de bonnes raisons ont fait adopter des avant-corps plus ou moins saillans, dans une élévation ornée de colonnes ou de pilastres : autrement on les doit condamner, comme un de ces abus qui tendent à dénaturer tout le système de l'architecture.

RESSENTI, adj. Ce mot s'emploie plus volontiers dans le dessin ou la délinéation des formes du corps humain, pour exprimer des contours énergiquement prononcés et articulés avec force.

On use aussi de ce mot, en architecture, à l'égard de quelques objets, qui peuvent offrir des contours plus renflés ou plus bombés qu'ils ne doivent l'être. On dira du renflement d'une colonne, qu'il est trop *ressenti* : peut-être encore se servira-t-on du verbe ressentir, en parlant de certains détails d'ornement, qui seront traités avec trop de douceur ou trop d'âpreté, et l'on dira que la sculpture en est trop ou trop peu *ressentie*.

RESTAURATION, s. f. C'est, au sens propre, le rétablissement qu'on fait de toutes les parties d'un bâtiment dégradé pour le remettre en bon état.

Restauration se dit, en architecture, dans un sens plus relevé, du travail que fait l'artiste d'après les restes d'un édifice antique, pour en retrouver l'ensemble, l'ordonnance, le plan et les élévations. Il suffit souvent, comme l'on sait, de quelques parties d'une fondation pour retrouver tous les élémens d'un plan. Il suffit de quelques fragmens de colonnes, de chapiteaux, d'entablemens, pour reproduire par ce secours la totalité d'une ordonnance, avec ses formes, ses rapports et ses proportions.

RESTAURER, v. act. On use plus fréquemment de ce mot en sculpture qu'en architecture. Il est devenu fort usuel depuis que les arts, ayant refleuri vers les quinzième et seizième siècles, en Italie, on se fut mis à rechercher, dans les ruines de Rome antique, et de quelques autres villes, où la domination romaine s'étoit étendue, les restes des statues mutilées, que des bouleversemens successifs avoient enfouies, sous les décombres des édifices dont elles firent autrefois l'ornement. Presque tous ces ouvrages étant de marbre, on s'occupa de leur rendre l'intégrité qu'ils avoient perdue, en refaisant, avec la même matière, les parties dégradées et les membres qui leur manquoient. C'est ce qu'on appelle *restaurer*. Dans le nombre infini de statues antiques, reconquises sur la barbarie et la destruction, il s'en est trouvé très-peu qui n'aient eu besoin d'être *restaurées* en quelqu'endroit. L'art de ces restaurations demande beaucoup de talent : aussi est-il peu de statues qui soient *restaurées* de manière à dédommager complétement de la perte du travail original. On ne parle pas ici des erreurs où les restaurations ont souvent fait tomber les antiquaires et les érudits, qui, sur la foi des parties rapportées, dans une intention souvent toute contraire à celle de la figure, et avec des accessoires ou des symboles de nouvelle invention, en ont suggéré des explications les plus trompeuses. Trop souvent aussi l'on a abusé de l'art de *restaurer*. Lorsque la plus grande partie d'une statue antique subsiste, et qu'il ne s'agit, pour la compléter, que de terminer quelques extrémités, selon le mouvement indiqué, on a véritablement, au travail du restaurateur, l'obligation de nous faire jouir d'un ensemble que la mutilation avoit détruit ; mais on a vu porter la manie de la restauration au point de refaire, non plus un membre à une statue, mais une statue entière à un membre de statue, ou à un fragment de torse. Combien de fois encore, pour raccorder le nouveau à l'antique, n'a-t-on pas altéré et fait disparoître le travail original ?

On a de même appliqué l'opération de *restaurer*, à un assez grand nombre d'édifices antiques. A cet égard, on doit dire que les inconvéniens qu'on vient de noter, quant à la sculpture, sont d'une bien moindre conséquence, lorsqu'il s'agit d'architecture. Peut-être même faut-il dire qu'un excès de respect, pour certains restes de monumens, a hâté leur ruine. Sans doute il en est de condamnés à rester dans l'état de démolition où ils sont; rien ne pourroit plus faire retrouver leur ensemble, et trop de dépense seroit nécessaire pour les rétablir. Il faut toutefois s'élever ici contre la fausse application qu'on a faite aux édifices, des dangers de la restauration pour les œuvres de la sculpture.

L'architecture, en effet, se composant ordinairement de parties similaires, qui peuvent, au moyen des mesures, être identiquement reproduites ou copiées, et le talent n'étant pour rien dans cette opération, on ne conçoit pas quel danger pourroit courir l'édifice mutilé, si on complétoit, par exemple, son péristyle avec une ou plusieurs colonnes faites de la même matière et dans les mêmes dimensions : telle est encore la nature de l'art de bâtir, que ces adjonctions ou supplémens peuvent se faire à un bâtiment en partie ruiné, sans que la partie conservée en reçoive la moindre altération. Ainsi a-t-on vu le Panthéon de Rome *restauré* dans son péristyle, par le remplacement d'une colonne de granit à l'angle, et la réfection de l'entablement en cette partie, sans que le reste de l'ordonnance ait souffert de cette refaçon la moindre altération. Qui est-ce qui préféreroit voir ce péristyle dégradé par cette mutilation? Qui est-ce qui n'aime pas mieux jouir de la plénitude de son ensemble, quand on pense surtout, qu'une telle restauration ne sauroit induire personne en erreur? Que de monumens antiques se seroient conservés, si l'on avoit pris seulement le soin de remettre en leur place leurs matériaux tombés, ou seulement de remplacer une pierre par une autre pierre!

Il règne sur cet objet une prévention outrée, et on la doit à ce que nous appellerons plutôt une manie, qu'un goût pour les ruines, et dont il sera parlé encore au mot RUINES (*voyez* ce terme); contentons-nous de dire ici qu'il y a un certain milieu à tenir dans la restauration des édifices antiques. Premièrement, on ne doit *restaurer* ce qui existe de leurs débris, que dans la vue d'en conserver la tradition et les modèles, et la mesure de ces restaurations doit dépendre du plus ou du moins d'intérêt qui y est attaché, ou du degré de délabrement où le monument est parvenu. Il ne s'agit souvent que d'un étai pour lui assurer encore plusieurs siècles d'existence. Secondement, s'il s'agit d'un édifice composé de colonnes, avec des entablemens ornés de frises sculptées en rinceaux ou autres objets, avec des profils taillés et découpés par le ciseau antique, qu'il suffise d'en rapporter les parties qui manquent, en laissant leurs détails dans la masse, pour que le spectateur puisse discerner l'ancien d'avec le nouveau. C'est ce que nous apprenons qui vient d'avoir lieu à Rome, à l'égard de l'arc de Titus, qu'on a fort heureusement dégagé de tout ce qui en obstruoit l'ensemble, et fort sagement encore *restauré* dans ses parties mutilées, de la manière qu'on vient de dire.

RESTITUTION, sub. fém. Dans la langue de l'archéologie numismatique, on appelle *monnoies de restitution*, ou *monnoies restituées*, des monnoies ou médailles qui ont été frappées à une époque postérieure au règne du prince dont elles portent l'empreinte, et on les appelle ainsi, d'après le sens du mot, comme ayant été *restituées* à la circulation.

Le mot *restitution* indique donc l'action ou l'idée de rendre, ce que le temps ou toute autre cause avoit enlevé et fait perdre.

On n'a point trouvé de mot qui exprimât mieux dans un autre genre, l'action ou l'idée de faire revivre certains ouvrages entièrement perdus et ravis par le temps, mais dont les mentions ou les descriptions des écrivains, jointes aux analogies qu'en fournissent d'autres ouvrages semblables, peuvent reproduire des images plus ou moins fidèles, et on a appelé ces ouvrages des *monumens restitués*, parce que le travail de la critique et de l'art, les rend en quelque sorte à l'existence.

Restitution, comme on le voit, diffère de *restauration*. On *restaure* l'ouvrage ou le monument en partie détruit, d'après les restes qui en subsistent. On *restitue* l'ouvrage ou le monument qui a entièrement disparu, d'après les autorités qui s'en retrouvent dans les descriptions.

Nous étant livrés à une suite de travaux semblables, qui sont d'un intérêt tout particulier pour l'architecture, nous croyons devoir retracer ici sommairement quelques-unes des considérations qui peuvent faire connoître la valeur de cette sorte d'entreprise, et nous renverrons le lecteur à quelques-uns des ouvrages, où nous avons rassemblé un assez grand nombre de ces *restitutions*.

En se livrant à ce genre de recherches, que sa nature, mêlée d'un peu de divination, rend tout à la fois attrayant et périlleux, il ne faut pas se dissimuler tout ce qu'on doit y apporter de réserve et de précaution, pour échapper aux écueils dont il est entouré. Avant tout, la théorie générale de l'imitation doit nous apprendre à distinguer, parmi les ouvrages d'art décrits par les écrivains, quels sont ceux dont le discours a pu transmettre une image sensiblement perceptible, une forme certaine, de ceux dont le langage ne peut jamais faire soupçonner ni l'ensemble ni les détails.

A cet égard donc, autant la description même la plus minutieuse d'un tableau, est inhabile à nous en faire retrouver la véritable composition, autant il est facile aux paroles, surtout si aux formes qu'elles décrivent, l'écrivain a joint les mesures, de nous mettre sur la voie de la composition d'un édifice, et de nous en faire retrouver le plan et l'élévation.

Dans l'architecture, l'ensemble est un composé de parties identiquement semblables. Il n'y a souvent qu'une colonne dans l'édifice le plus nombreux en colonnes. Il n'y a qu'un chapiteau dans une colonnade, et ainsi de suite, de tous les détails d'ornement. La description d'un ouvrage d'architecture grecque, quand elle indique le genre, l'ordonnance et les mesures, le peint avec beaucoup de précision, dans l'imagination de celui-là surtout, qui a la connoissance des ouvrages analogues. On avouera qu'il y a aussi de ces beautés qu'aucune narration, disons-le même, aucune copie ne peut transmettre. Il seroit injuste d'exiger d'une *restitution* ce qu'on ne demanderoit pas à un dessin fait d'après l'original.

Au reste, quand de telles *restitutions* n'accroîtroient pas, pour les artistes et les étudians, le nombre des modèles originaux de l'architecture, elles auroient toujours l'avantage d'étendre nos connoissances dans cet art, d'en fortifier le goût par un plus grand nombre de parallèles, de faciliter l'intelligence des textes, et de fournir à l'histoire de l'art, des dates importantes et des faits authentiques, qui, sans ce genre de travail, seroient pour ainsi dire perdus ou méconnus.

Ce ne seroit donc pas une conquête inutile, ni une acquisition de simple curiosité, que la *restitution* des monumens d'après les descriptions des auteurs anciens, lors même que ces descriptions ne permettroient point d'embrasser avec une fidélité complète, la totalité des objets ou des parties dont se composa jadis le mérite absolu des ouvrages originaux.

De tout temps il s'est trouvé des hommes jaloux de réparer les pertes des ouvrages que le temps nous a enviés. Raphael lui-même a puisé, dans deux descriptions de Lucien, les sujets de deux de ses plus ingénieux dessins, qui représentent le mariage d'Alexandre et Roxane, et la belle allégorie qu'Apelles avoit imaginée de la délation.

Vers le milieu du dernier siècle, c'est-à-dire à une époque où l'on connoissoit encore peu les ruines de la Grèce, le marquis Poleni a tenté assez heureusement la *restitution* du temple d'Ephèse, d'après les documens imparfaits qu'en a donnés Pline, et sur les renseignemens de divers passages épars dans les auteurs.

Le monument de Mausole, d'après sa description, a exercé la critique de plus d'un architecte, et ce genre de critique acquiert plus de sûreté, à mesure que s'augmentent les connoissances que les voyageurs multiplient sur les restes nombreux de l'antiquité.

Il manqua sans doute à M. de Caylus la ressource de ces connoissances positives, dans les *restitutions* qu'il essaya de faire de deux monumens fort curieux, décrits par Diodore, le bucher d'Héphæstion, et le char funéraire qui transporta le corps d'Alexandre, de Babylone à Alexandrie : peut-être aussi l'intelligence personnelle des textes ne lui étoit-elle pas assez familière.

Il importe en effet, pour réussir en de tels ouvrages, que le même homme puisse être à la fois dessinateur et traducteur. Lorsque la double opération de dessiner et de traduire, est le résultat d'un seul et même entendement, la traduction et le dessin se communiquent des lumières réciproques : l'intuition claire et précise des formes de l'objet décrit, est d'un merveilleux secours pour l'intelligence des mots qui le désignent, et, à son tour, la forme de l'objet qu'il s'agit de retrouver, naîtra plus facilement sous le crayon du dessinateur, qui se sera rendu propre le sens de la description.

C'est pour avoir manqué de ce double moyen, que M. de Caylus n'avoit donné qu'une idée tout-à-fait informe et insignifiante des deux monumens que nous avons cités ; et c'est en procédant ainsi que nous venons de le dire, que nous essayâmes de les reproduire dans des dessins tout-à-fait nouveaux, que l'on trouve, tome IV des Mémoires de la classe d'histoire et littérature ancienne de l'Institut.

Nous ne nous sommes étendus sur l'objet de cet article, que pour faire comprendre quelle pourroit être l'utilité des *restitutions* des monumens antiques, d'après les descriptions, et de quelle manière il importe d'y procéder, pour donner à ce genre de travail l'intérêt dont il est susceptible.

RETABLE, s. m. Ouvrage d'architecture, fait de marbre, de pierre ou de bois, qui forme la décoration d'un autel. On appelle *contre-retable* le fond du *retable*, c'est-à-dire, le lambris dans lequel on enchâsse un tableau ou un bas-relief, et contre lequel sont adossés le tabernacle et ses gradins.

RETICULATUM, étoit une des deux maçonneries le plus souvent employées chez les Romains.

« Ces maçonneries (dit Vitruve) sont le *reticulatum*, dont tout le monde use aujourd'hui, » et l'*incertum*, qui est plus ancienne. Le *reticulatum* est plus agréable à voir, mais il est sujet à se lézarder, parce que les pierres qui » le composent ne forment aucune liaison dans » leurs lits. »

Ce genre de maçonnerie forme effectivement l'ouvrage le plus agréable qu'on puisse faire en petites pierres. Il étoit fort en usage dans les derniers temps de la république romaine. Une grande partie des ruines qui sont aux environs de Rome, est construite en maçonnerie réticulée pour les paremens extérieurs, et le milieu des massifs est en blocage.

L'ouvrage

L'ouvrage appelé *reticulatum*, est ordinairement formé de petites pierres ou tufs, dont la face présente un carré d'environ trois pouces en tout sens, disposés en losanges ou échiquier. Ces pierres ont une queue de cinq à six pouces de longueur, qui va en diminuant de grosseur, et qui s'enfonce plus ou moins dans l'épaisseur du mur, afin de se lier avec la maçonnerie en blocage du milieu.

Cet ouvrage se trouve toujours encadré par des montans ou des rangs de maçonnerie formée de petits moellons équarris et de la même pierre, de sept à huit pouces de long, sur trois pouces d'épaisseur environ, et de quatre à six pouces de largeur, afin de former liaison dans l'épaisseur du mur. Souvent, en place de petits moellons, ces encadremens sont faits de briques.

On a vu par le texte de Vitruve, rapporté plus haut, qu'il approuvoit moins cette façon de maçonnerie, parce que les petites pierres dont ses paremens sont formés, n'ont ni assiette, ni liaison, et que des murailles construites ainsi, sont sujettes à se lézarder. Il est vrai que ces petits matériaux ne doivent la durée de leur assemblage, qu'aux encadremens dont on a parlé, qui les retiennent en place, et sans lesquels leur éboulement arriveroit tôt ou tard. On doit dire aussi, et beaucoup de bâtimens en déposent, qu'avec la précaution de maintenir ces paremens par des montans latéraux, comme on le voit encore aujourd'hui, un très-grand nombre de ces ouvrages ont traversé les siècles, sans avoir éprouvé la moindre désunion.

On peut citer comme exemple, et de ce genre de construction, et de sa durée, la masse encore très-solide qui fait partie des murs de Rome, entre la *villa Pinciana* et la *porta del Popolo*. Cette masse, sortie de son à-plomb par la poussée des murs qu'elle soutient, a plus de quatre-vingts pieds de long, sur trente-six pieds de hauteur; son épaisseur moyenne est de vingt pieds.

Les vastes ruines de la *villa Adriana* à Tivoli sont en *reticulatum* exécuté avec beaucoup d'art. On y en voit des parties si bien conservées, qu'elles paroissent plutôt des constructions modernes interrompues, que des ruines d'édifices qui ont plus de seize siècles d'antiquité.

Mais l'ouvrage le plus remarquable en ce genre, est le mur d'un édifice qu'Adrien avoit fait construire dans sa *villa*, à l'imitation du Pœcile d'Athènes. Sa longueur est de six cent treize pieds, sur vingt-cinq de haut, et deux pieds trois pouces d'épaisseur. Ce mur, qui est isolé dans toute sa longueur, est encore en très-bon état et bien d'à-plomb. On a percé dans la masse de grandes portes charretières, pour y faire passer des voitures de foin, sans que ces percemens aient endommagé la construction. Ces trouées n'ont point de linteau qui supporte la maçonnerie, et celle-ci se soutient en l'air par la force du mortier.

Quel qu'ait été l'agrément de la maçonnerie *réticulaire*, il paroit bien prouvé par les restes qu'on en trouve à la *villa Adriana*, que dans les palais et les édifices d'importance, elle étoit revêtue en marbre. On trouve partout les trous des crampons ou agraffes qui retenoient les revêtemens.

RETOMBÉE, s. f. Se dit dans la courbe d'une voûte ou d'une arcade, de cette partie qui forme leur naissance, et qui, si l'on suppose que cette voûte ou cette arcade soit détruite, ou non achevée, pourroit subsister sans cintre. On l'appelle ainsi, parce qu'elle semble retomber sur ses supports.

RETONDRE, v. act. C'est couper de la sommité d'un mur, ou de la hauteur d'une souche de cheminée, ce qui est dégradé ou ruiné, pour le refaire.

C'est aussi abattre ou retrancher les saillies d'une construction, les ornemens inutiles ou de mauvais goût de la façade d'un bâtiment qu'on ragrée, et qu'on veut remettre à neuf.

On se sert encore du mot *retondre*, pour dire repasser sur le travail d'une architecture avec ce qu'on appelle des fers à *retondre*, pour la mieux terminer, et en rendre les arêtes plus vives.

RETOUR, s. m. Se dit du profil que fait un entablement, ou toute autre partie d'architecture, lorsqu'elle se trouve en avant-corps, ou qu'elle forme un ressaut.

On appelle donc *retour* tout corps qui, dans le fait, semble *retourner*. Aussi le dit-on de l'encoignure d'un bâtiment.

On dit *retour d'équerre*, tout ce qui; en se ployant ou en retournant, forme un angle droit.

On dit, dans le dessin, *se retourner d'équerre*, pour dire mener une perpendiculaire sur une ligne effective ou supposée.

RETRAITE, s. f. Signifie un lieu où l'on se retire. Ainsi, on pratique, dans les distributions des bâtimens et des jardins, les cabinets de *retraite*, soit pour y être seul, soit pour y trouver asyle en cas de mauvais temps.

RETRAITE se dit, dans plus d'un art, de la réduction qu'éprouve un ouvrage en se refroidissant, comme un ouvrage de fonte, en se séchant, comme un ouvrage de terre ou d'argile.

Mais on appelle encore *retraite* toute position d'un corps d'architecture qui, s'élève en arrière du corps qui le porte. Ainsi un mur fera souvent *retraite* sur son empattement. Le corps d'un piédestal est en *retraite* sur sa base, etc.

RETRANCHEMENT, s. m. Dans la distribution des intérieurs, on appelle ainsi tout ce qu'on a retranché, d'une chambre ou de toute autre pièce, soit pour lui donner une meilleure proportion, soit pour lui procurer quelque commodité.

Retranchement se dit aussi de la suppression qu'on fait de certaines avances ou saillies, dans les rues et sur les chemins publics, pour les rendre plus praticables ou pour les aligner.

Retranchement est, dans l'architecture militaire, tout ouvrage fait pour fortifier un poste ou pour en augmenter la défense.

REVERS DE PAVÉ, s. m. C'est l'un des côtés en pente du pavé d'une rue, depuis le ruisseau jusqu'au pied du mur.

REVERSEAU, s. m. Mot composé de deux mots, *reverser* et *eau*. C'est une pièce de bois, attachée au bas d'un châssis, d'une porte-croisée, qui, en recouvrement sur son seuil, empêche que l'eau n'entre dans la feuillure.

Quand cette pièce est sur l'appui d'une fenêtre, on la nomme *pièce d'appui*.

REVÊTEMENT, s. m. Ce mot exprime de la manière la plus simple et la plus claire, son rapport avec l'architecture et les bâtimens. Un édifice est une espèce de corps qui se compose de matériaux fort divers. Entre ces matériaux il en est de plus ou moins agréables à la vue. Il y a aussi différens genres de constructions : celles qui se font de pierres de taille ou de briques choisies, présentent des paremens réguliers, unis, et d'un appareil qui plaît aux yeux. Mais les constructions qu'on appelle *maçonneries*, formées de petits matériaux, de pierrailles ou de moellons liés par le mortier, n'offrent qu'un aspect brut et désagréable. Leur solidité même exige qu'on garantisse leur superficie des injures du temps, et des causes de dégradation qui n'agiroient que trop sur elles.

Le *revêtement* est donc, selon le sens propre du mot, une sorte d'habit qui cache la nudité des constructions, et souvent la pauvreté de leur matière.

Les *revêtemens* sont de bien des genres, et ils dépendent tantôt de la nature même des matériaux qu'on veut cacher, tantôt des moyens particuliers à chaque pays.

Le mode de *revêtement* le plus commun, et l'on peut dire presqu'universel dans la construction de maçonnerie à Paris, est l'enduit en plâtre (*voy.* ENDUIT), parce que cette matière y est extrêmement commune.

Dans les pays qui n'ont point de plâtre, on revêt les murs d'une composition faite de terre, mêlée avec de la paille coupée. *Voyez* TORCHIS.

Ailleurs, en Italie surtout, les *revêtemens* sur la maçonnerie se font avec un mortier formé de chaux et de sable. On y en fait aussi de plus précieux avec un mélange de chaux et de poussière de marbre. *Voyez* STUC.

Les variétés de ces sortes de *revêtement* au dehors des bâtimens sont nombreuses. On doit aussi avoir égard, dans le choix qu'on en fait, aux emplacemens qui les recevront. Ainsi il est reconnu que, dans les lieux bas et humides, les *revêtemens* en plâtre n'ont point de durée.

Dans l'intérieur des habitations, on use très-ordinairement du bois pour faire les lambris, qui sont les *revêtemens* les plus usuels des murailles, jusqu'à hauteur d'appui. La menuiserie procure aussi des *revêtemens* intérieurs aux murs des appartemens.

Après le bois, c'est le marbre qui donne les *revêtemens* les plus usuels, les plus beaux, mais les plus dispendieux. On trouve peu de restes de monumens antiques où le marbre n'ait été employé dans les intérieurs à former les *revêtemens*, et une multitude de constructions, aujourd'hui dépouillées de leur *revêtement* de marbre, nous apprennent, par les crampons ou agraffes qu'on y voit encore, qu'ils furent jadis ainsi revêtus.

On voit, en Italie et en Sicile, de grandes églises dont toutes les superficies, jusqu'à une certaine hauteur, ont reçu un *revêtement*, non-seulement de marbre, mais de compartimens de pierres précieuses, formant toutes sortes de dessins et de compositions de figures.

La mosaïque a aussi servi à faire des *revêtemens*, et la grande église de Montréal, près de Palerme en Sicile, est revêtue de mosaïque dans toutes ses superficies et du haut en bas.

Le mot *revêtement* et l'action de revêtir s'appliquent aussi, dans un autre sens que celui d'ornement, à des travaux de grosse construction. Ainsi, on appelle *revêtement* un mur de pierre ou de moellons, qui sert à fortifier l'escarpe ou la contrescarpe d'un fossé.

On appelle *faire un revêtement*, bâtir un mur à une terrasse pour en soutenir les terres.

Nous nous sommes servis du mot *revêtement* en décrivant la construction des pyramides, dont la masse, formée d'une maçonnerie de blocage, reçut d'abord l'enveloppe en pierres de taille, formée de gradins, qui fut elle-même revêtue de blocs de marbre.

REVÊTIR, v. act. Faire un revêtement. *Voy.* le mot précédent.

En charpenterie, *revêtir* signifie peupler de poteaux une cloison, ou un pan de bois.

En jardinage, c'est garnir de gazon un glacis droit ou circulaire, ou bien palisser de charmilles, pour le couvrir, un mur de clôture ou de terrasse.

REZ-DE-CHAUSSÉE, s. m. Ce mot, composé de *rez*, ancienne préposition qui veut dire *tout contre*, *joignant*, et de *chaussée*, signifie chambre, pièce, appartement au niveau d'une chaussée, d'une rue, d'un jardin. On dit improprement *rez-de-chaussée* des caves d'une maison.

REZ-MUR, s. m. Nu d'un mur dans œuvre. On dit qu'une poutre, qu'une solive de brin, etc., a tant de portée de *rez-mur*, pour dire, depuis un mur jusqu'à l'autre.

REZ-TERRE, s. m. C'est une superficie de terre, sans ressauts ni degrés.

RICHE, adj. des deux genres. On donne cette épithète, en architecture, à un édifice où l'on a employé les ornemens, les matières précieuses, les métaux, la dorure, etc.

RICHESSE, s. f. En tant qu'opposé de pauvreté, qui, en architecture, est un défaut, la *richesse* passera pour être une qualité louable, à condition toutefois qu'elle soit ou convenablement placée, ou employée dans une juste mesure, et qu'elle ne repose pas uniquement sur ce qu'on peut appeler l'effet matériel.

Comme la pauvreté est l'excès, et par conséquent l'abus de la simplicité, en architecture, la *richesse* a pour excès, et par conséquent pour abus, le luxe, qui consiste ou dans un emploi désordonné des objets de décoration, ou dans une profusion sans goût des matières précieuses. Il y a, sur ce point, deux préjugés également condamnables.

Un instinct irraisonné porte naturellement les hommes à faire cas de tout ce qui est rare et de tout ce qui est cher. De-là ce penchant qui a porté aussi tant d'architectes et de décorateurs, à prodiguer dans quelques édifices la dorure, les métaux précieux, les marbres les plus bigarrés, de telle sorte qu'en y comprenant encore le brillant des peintures, l'œil n'y trouve nulle part à se reposer de tout ce fracas, dont toutefois, après la surprise du premier coup d'œil, l'effet est de ne plus faire d'effet.

Mais c'est un autre préjugé, de blâmer, dans l'architecture, l'emploi des belles matières et de la dorure, par cela que la beauté fondamentale de l'art ne tient point à l'emploi d'une matière ou d'une autre, par cela que de justes proportions, un bel accord des parties avec le tout, la bonne disposition d'un plan, et son rapport harmonieux avec l'élévation, enfin beaucoup d'autres mérites, peuvent appartenir à l'édifice qui seroit construit des matières les plus communes. En effet, si l'on convient de ceci, il faut nécessairement avouer aussi que des matériaux plus précieux que la pierre, d'un plus beau poli, d'une couleur plus rare, ne sauroient empêcher les mêmes mérites d'exister et d'être rendus sensibles dans l'édifice où on les aura employés. Ce n'est donc pas l'emploi des matières précieuses qui peut préjudicier à la beauté fondamentale de l'art, ce ne sera que l'abus qui en sera fait par un goût *déréglé*, ou encore l'opinion que cette beauté matérielle, peut suppléer à la beauté morale.

Oui, et nous avons déjà eu plus d'une occasion de le dire, l'architecture ne sauroit négliger, dans ses ouvrages, tout ce qui tend à joindre aux impressions morales l'effet des sensations physiques. Comme il est impossible que l'effet de la sensation matérielle de la grandeur linéaire, n'ajoute point à celui du plaisir raisonné qui résulte de la grandeur proportionnelle; comme tout ce qui est haut, vaste, puissant, solide, massif, nous affecte involontairement, en éveillant en nous le sentiment naturel d'admiration pour tout ce qui est difficile, et qui a dû coûter de grands efforts, il est de même impossible, que l'idée de *richesse* ne nous fasse point éprouver le même sentiment. Or, le sentiment de l'admiration est un de ceux qui entrent plus particulièrement dans les attributions d'un art qui n'a point, comme les autres arts d'imitation, de moyen direct d'agir sur notre ame, par la peinture des objets capables d'y exciter tous les genres de passions.

La *richesse* de l'architecture peut cependant se manifester, et produire la meilleure partie de ses effets, avec toutes les matières que la nature, en chaque pays, présente à l'artiste. Sans parler de celle qui résultera de l'abondance des colonnes, de la variété d'aspects que produit leur emploi, des percés ingénieux, du mouvement des masses, etc., il suffit des ressources de l'ornement et de la décoration, qui, par le moyen de la sculpture, peuvent s'appliquer à toutes les matières, pour faire naître, dans tout édifice, l'impression de la *richesse*.

Les ornemens sont, en effet, les principales *richesses* de l'architecture. Nous entendons ici ce mot dans le sens, vulgaire si l'on veut, sous lequel l'usage ou la mode l'emploie, soit en ameublemens, soit en vêtemens. Oui, l'ornement, techniquement défini (*voyez* ce mot), est à un édifice ce que les broderies, les galons, les festons, les brocards, sont aux étoffes. Là aussi on a vu plus d'une fois le luxe, ou pour dire encore mieux, la vanité du luxe ne garder aucune mesure, dans l'application des ornemens aux parures, et cacher une étoffe déjà riche de sa nature, sous un amas de galons et de broderies. Ce qu'on appelle *goût*, en fait de modes, ne reconnoît point de règles. Ce n'est pas le beau qui fait la mode, c'est la mode qui fait le beau. Aussi n'avons-nous pris cet exemple, que pour mieux faire entendre ce qu'est l'abus des ornemens en architecture. Mais heureusement cet art, quoique très-souvent tributaire des caprices de l'usage, est forcé, comme tous les autres arts, de reconnoître des principes fondés sur la nature de notre ame, et, en ce genre, l'usage ne fait pas loi. C'est une tyrannie passagère, une violation de l'ordre, qui ne manque jamais de reprendre ses droits.

Ainsi avons-nous fait voir, au mot Repos (*voyez* ce mot), que les *richesses*, en architecture, n'ont de valeur que par l'opposition des parties lisses; que tout ce qui est trop continu fatigue l'esprit et les sens; que tout plaisir sans interruption deviendroit une peine; que, par conséquent, les *richesses* des ornemens ont besoin d'être distribuées, sur les fonds qui les reçoivent, selon un système, ou de progression, qui suppose le doux opposé au fort, ou de succession alternative, qui donne à l'œil le repos nécessaire, et lui épargne la peine de la confusion.

RIDEAU, s. m. Est, dans l'intérieur d'un appartement, une pièce d'étoffe, qui par le moyen d'anneaux glissant sur une tringle de métal poli, se ferme ou s'ouvre devant les fenêtres, pour préserver du soleil, pour modérer la lumière pendant le jour, interdire du dehors la vue dans les intérieurs, et garantir aussi des influences de l'air extérieur.

Les *rideaux* sont tout à la fois, dans les grands appartemens, des objets de nécessité ou de commodité, et des objets de luxe et d'ornement. Cela dépend, ou de la nature des étoffes dont ils sont faits, ou de l'ajustement que l'art du tapissier leur donne.

Rideau chez les Anciens. Dans l'intérieur des maisons et des palais, l'entrée des chambres n'étoit quelquefois fermée qu'au moyen d'un *rideau* ou tapis, appelé *velum cubiculare* ou *aulæum*. C'est derrière un semblable *rideau* que, selon Lampride, Elagabale se cacha, lorsque les soldats entrèrent dans sa chambre pour l'assassiner. Selon Suétone, Claude se cachoit aussi par peur derrière de semblables *rideaux*, lorsqu'il fut découvert par un soldat et proclamé empereur. Quand le prince donnoit audience, on levoit le tapis ou *rideau* tendu devant sa porte. Les juges, dans les causes criminelles, et qui demandoient un examen réfléchi, avoient coutume de laisser tomber un voile ou *rideau* devant leur tribunal, pour se dérober aux regards des accusés, et à ceux du peuple: c'étoit une marque de la difficulté qu'ils trouvoient dans la discussion de l'affaire. Cette coutume donna lieu à l'expression *ad vela sisti*, pour dire, comparoître devant les juges. Au contraire, dans les affaires de peu d'importance, on levoit le voile, et elles se jugeoient *levato velo*, à *rideau* ouvert, c'est-à-dire, en présence de tout le monde.

Dans les temples, on suspendoit souvent un *rideau* devant les statues des divinités. Nous avons déjà parlé des différentes manières dont il pouvoit se lever ou se baisser (*voyez* le mot Parapetasma). Nous remarquerons à ce sujet, que Stuart, dans ses *Antiquités d'Athènes*, tom. II, pag. 7 et 8, a avancé, contre toute autorité, que ce tapis pouvois être destiné à couvrir la partie du milieu du naos, qui étoit percée à jour.

Les *rideaux* dont on vient de parler, différoient de ceux qu'on appeloit *velaria* dans les théâtres et les amphithéâtres.

Chez les Romains, au théâtre, c'étoit l'usage de fermer la scène, avant le commencement du spectacle, par un *rideau* appelé *aulæum* et *siparium*. Lorsque le spectacle commençoit, on ne levoit pas la toile ou le *rideau*, comme cela se pratique aujourd'hui, mais on le baissoit. Il devoit alors rester, pendant la représentation, ployé sur la partie antérieure du *proscenium*, ou se baisser devant l'*hyposcenium*, ou bien il descendoit par une trappe sous le *proscenium*. Lorsque le spectacle étoit fini, le *rideau* se relevoit lentement pour refermer la scène.

Un passage remarquable d'Ovide, dans le troisième livre de ses *Métamorphoses*, vers III et suivans, nous donne de ceci une preuve évidente.

« Lorsque le *rideau* se lève (dit-il), les figures » montent en haut; on en voit d'abord le visage, » et successivement les autres parties de leur » corps, jusqu'à ce qu'elles paroissent entières, » et que leurs pieds semblent placés sur le plan- » cher de la scène. »

Sic ubi tolluntur festis aulæa theatris
Surgere signa solent, primumque ostendere vultum
Cætera paulatim, placidoque educta tenore
Tota patent, imoque pedes in margine ponunt.

Ce passage démontre que le *rideau* se levoit insensiblement, comme en sortant de terre, puisque les différentes parties inférieures du corps ne paroissoient, qu'après que la tête s'étoit montrée. Donc le *rideau* descendoit sous le sol de la scène. On voit encore par-là, qu'on ornoit communément ce *rideau* de figures historiques, qui y étoient ou peintes ou brodées.

Le *rideau*, dans nos théâtres, s'élève toujours et va se perdre dans les sommités de la scène, invisibles aux spectateurs. On lui donne le plus souvent aujourd'hui le nom de *toile*. Voyez Théatre, Toile de théatre.

Rideau se dit, par métaphore, d'une berge élevée au-dessus du sol d'un chemin escarpé, sur le penchant d'une montagne, et qui fait en contre-haut ce que l'épaulement fait en contre-bas.

Rideaux (*terme de jardinage*). On donne ce nom à des palissades de charmille, qu'on pratique dans les jardins pour arrêter la vue, ou pour cacher quelqu'aspect peu agréable. On appelle encore *rideaux*, et dans un sens très-rapproché du sens usuel de ce mot, des plantations d'arbres fort serrés l'un près de l'autre; disposition qui convient surtout aux peupliers, lesquels semblent former réellement des *rideaux* pour garantir des ardeurs du soleil.

RIGOLE, s. f. Ouverture longue et étroite, fouillée en terre pour conduire l'eau. On en pratique ainsi quand on veut faire l'essai d'un canal, pour juger de son effet de pente. C'est ce qu'on nomme *canal de dérivation*.

On appelle *rigoles*, de petites fondations peu profondes, et certains petits fossés qui bordent un cours, une avenue, et on les creuse dans le dessein de conserver les tiges des arbres.

On distingue la *rigole* de la tranchée, par cela que la première n'est pas ordinairement creusée carrément.

Le mot *rigole* vient du latin *rigare*, arroser. Ainsi le procédé d'arrosement par irrigation, a lieu au moyen de petites *rigoles* pratiquées de distance en distance dans les potagers.

RIGOLE DE JARDIN. Espèce de tranchée, fouillée presque toujours carrément, de six pieds en largeur, sur deux et demi de profondeur, pour établir une plate-bande de fleurs ou des arbrisseaux qui doivent faire l'ornement d'un parterre.

RIMINI, ville très-antique d'Italie, appelée autrefois *Ariminum*, du nom du fleuve qui la traverse, en latin *Ariminus*.

Cette ville a conservé jusqu'à nos jours de fort beaux restes de son ancienne magnificence. Neuf arcades de briques indiquent encore l'emplacement de son amphithéâtre, bâti par le consul Publius Sempronius.

Mais c'est à l'empereur Auguste qu'elle est redevable de deux de ses plus beaux ouvrages, et que le temps a respectés.

Le premier est un arc de triomphe, sous lequel on passe en entrant dans la ville. Il est construit de la pierre blanche des Apennins, pierre tout-à-fait semblable à celle d'Istrie, et qui est une sorte de marbre blanc. La masse générale devoit être grandiose, surtout lorsque le monument avoit l'intégrité de son couronnement. Toutefois cette masse semble un peu trop se rapprocher du carré. Elle n'a qu'une seule ouverture, qui consiste en une arcade fort large, dont le bandeau repose sur un commencement d'imposte. De chaque côté de l'arcade s'élève une colonne corinthienne, engagée dans le piédroit et posant sur un stylobate profilé. Les deux colonnes supportent l'entablement, que surmonte un fronton plus court que la corniche totale qui auroit pu lui servir de base. Un attique règne au-dessus, et il étoit formé latéralement de degrés. Sur l'assise, ou sur le degré supérieur qui subsiste, on lit encore beaucoup de mots de l'antique inscription, qui apprend que le monument fut élevé à Auguste, en reconnoissance de la restauration qu'il avoit fait faire des voies qui aboutissoient à *Rimini*. La voie Flaminienne étoit de ce nombre.

De chaque côté de l'arc, est sculptée, sur l'architrave et perpendiculairement à la pierre qui fait la clef de l'arcade, une tête de taureau, et de chaque côté aussi, dans chacun des écoinçons formés par le bandeau de l'archivolte, par l'entablement et la colonne, sont sculptés, sur des parties circulaires qu'on peut prendre, ou pour des patères, ou pour des boucliers, les bustes en haut-relief de Jupiter avec la foudre, de Vénus avec la colombe, de Neptune avec le trident, de Pallas avec la cuirasse et l'épée. Quelques-uns prétendent que c'est Mars. Il nous semble cependant qu'une sorte d'esprit de symétrie auroit voulu qu'en pendant de la tête barbue de Neptune, on vît une tête de femme, comme est celle de Vénus en correspondance avec Jupiter. La tête qu'on voudroit convertir en tête de Mars, a l'indication de la devanture d'un casque, qui convient également à Pallas, et la physionomie juvenile paroît devoir mieux appartenir à cette déesse. Il a encore été observé à l'égard de ces bustes, que, vu la situation de l'arc, les têtes de Neptune et de Vénus, divinités marines, se trouvoient placées du côté de la mer.

La masse totale de l'architecture de cet arc, ou du moins celle qui en subsiste encore aujourd'hui, a environ quarante-trois pieds de hauteur, sur quarante pieds de largeur, ce qui lui donne, comme on l'a déjà observé, une proportion presque carrée. Mais il faut ajouter à son élévation ce que la destruction lui a fait perdre, savoir, quelques assises de l'attique qui en faisoit le couronnement; et encore, ainsi que des médailles en font foi, et comme le prouvent des témoignages écrits, et quelques restes de sculpture, il conviendroit d'y replacer, au moins en idée, soit un quadrige, soit des statues colossales qui exhaussoient et faisoient pyramider l'ensemble de la composition.

Outre la tradition populaire qui règne à cet égard, il existe dans le Muséum Bianchi, à *Rimini*, un pied colossal de marbre blanc, qui fut trouvé sur la sommité de l'arc. Nous lisons encore dans l'ouvrage de Louis Nardi sur les antiquités de *Rimini*, que l'on conserve dans le mur d'une cour voisine du palais Cima, une tête de cheval en bronze, d'un bon travail antique, bien que fort endommagé, et qu'on prétend que cette tête fut trouvée tout près de l'arc.

Fabretti, dans son ouvrage (*De Aquis et Aqueductis*), cherche à prouver que Vitruve (Pollion) fut l'architecte de ce monument, élevé vers l'an 727 de Rome, sous le septième consulat d'Auguste, et au commencement du huitième. Temanza a été aussi de cet avis. Ce qu'il y a de particulier contre cette opinion, c'est que précisément l'arc de *Ri*-

mini nous offre dans son entablement des denticules sous les modillons, pratique désapprouvée par Vitruve. En sorte que Temanza, pour appuyer sa conjecture, est forcé d'interpréter le passage dans un sens contraire à la doctrine de l'auteur. *Voyez* VITRUVE (POLLION).

Le second monument antique de *Rimini*, est le superbe pont bâti en marbre par Auguste, ainsi que nous l'apprennent les deux inscriptions toutes semblables, placées chacune à une des extrémités du pont. On y lit qu'il fut construit sous le treizième consulat d'Auguste, qui fut le dernier de sa vie, et sous le quatrième consulat de Tibère, qui marque la sixième année de son règne depuis la mort d'Auguste : d'où l'on voit qu'Auguste, avant de mourir, avoit fort avancé cet ouvrage.

Une autre raison persuade que Tibère avoit trouvé les arches du pont finies ; on la tire de la couronne sculptée sur une clef de l'une des voûtes ; si toutefois cette couronne fut la couronne civique, comme on le pense. En effet, Tibère, selon Suétone, ayant empêché qu'on en fît la représentation dans son propre vestibule, ne l'auroit pas permise sur ce pont, s'il en eût terminé les cintres. Si donc ce symbole y fut placé sous Auguste, cela prouve, que lorsqu'il mourut, l'entreprise étoit fort près d'arriver à son terme.

Ce pont se compose de cinq arches ; quatre sont intègres et d'une belle conservation ; la cinquième, celle qui est du côté du couchant, fut deux fois détruite par la guerre, et fut rebâtie avec peu de soin ; aujourd'hui son ouverture se trouve presque comblée par les amas de sable et de galets dont le fleuve (*la Marchia*) élève continuellement son lit. Les arches sont en plein cintre ; on pourroit dire qu'ils sont en demi-cercle, si leur ligne ne se redressoit pas un peu, près du soubassement. L'arche du milieu est plus large que les quatre autres ; les deux dernières sont les plus étroites. On compte trente-trois pieds à l'ouverture de la grande arche, vingt-sept pieds à chacune des deux arches qui l'accompagnent, et vingt-six aux deux de chaque extrémité. La longueur totale du pont est à peu près de cent quarante pieds ; sa largeur de vingt-six.

Toute la masse se compose de grands blocs de marbre ou de pierre d'Istrie, qu'on sait être une espèce de marbre. Les claveaux des trois arches du milieu n'ont pas moins de trois pieds de hauteur ; les paremens et l'intrados des voûtes sont si parfaitement unis, qu'il seroit impossible d'introduire l'épaisseur d'un cheveu dans leurs joints. On s'aperçoit que c'est surtout à cette partie de la construction que fut porté le plus grand soin. On trouve à ce monument, comme à un grand nombre d'édifices antiques, de ces trous qui paroissent avoir été faits dans les joints des pierres, pour en extraire les crampons de métal.

L'ensemble de ce pont présente l'aspect d'une disposition à la fois belle par la forme, la proportion, la richesse qui naît d'un bon caractère de construction, et d'une heureuse disposition d'ornemens. Les bandeaux des arches sont sans profils, mais ils se détachent sur toute la masse par une assez grande saillie. Chacun de ces bandeaux a sur la clef de sa voûte un ornement sculpté : malgré quelques dégradations qu'ils ont éprouvées, on y reconnoît une couronne, un *præfericulum*, un *lituus*, une patère.

Entre chacune des arches est une niche en forme de tabernacle, avec plinthe, deux pilastres et un fronton, qui sans doute furent destinés à recevoir des statues. Un fort bel entablement s'élève au-dessus des bandeaux des cinq arches et règne dans toute sa longueur. On remarque, que du côté de la ville, la ligne de l'entablement de la dernière arche, suit une pente apparemment commandée par le terrain.

La voie publique sur le pont étoit pavée en marbre, et de chaque côté il y avoit un petit trotoir pour les gens de pied. On observe que le petit mur du parapet, au lieu de se terminer, comme c'est assez l'usage, par des pierres taillées carrément, et par conséquent formant des angles, avoit sa sommité arrondie, pour la commodité de ceux qui, en s'y appuyant, voudroient jouir de la vue de la rivière.

RINCEAU, s. m. C'est le nom qu'on donne, dans l'architecture, et la sculpture ou peinture d'ornement, à certaines compositions dont l'idée et le motif sont pris, soit de branchages recourbés, soit de certaines plantes qui se roulent sur elles-mêmes si elles trouvent quelqu'obstacle.

Le *rinceau* n'est toutefois, comme le sont presque tous les ornemens, qu'une imitation conventionnelle des productions naturelles. Ordinairement on le fait sortir de ce qu'on appelle un *culot*, espèce de touffe imaginaire de larges feuilles, qu'on suppose donner naissance à la plante, ou à la branche que l'art façonne à son gré, qu'il prolonge par des circonvolutions qu'on répète, avec quelques variétés dans les détails.

Le *rinceau*, quelquefois se forme d'une branche que l'on courbe et recourbe à volonté, et qui semble porter des fruits, des fleurs, des grappes de raisin, des feuilles de lierre ou de pampre. Quelquefois il est censé être une plante flexible du genre de l'acanthe ; il se forme alors des feuilles naturelles de cette plante, refendues et dentelées comme la nature les produit. On y ajoute des fleurons, des roses, des boutons, des graines, etc.

Les *rinceaux* s'emploient ordinairement en sculpture, à faire l'ornement courant des frises dans les édifices, à décorer des vases, des candélabres et autres objets de ce genre. Il n'est pas rare non plus de les voir appliqués perpendiculairement, à remplir les champs des pilastres ou des panneaux. Quelquefois ils circulent autour des fûts des colonnes, et c'étoient de véritables *rinceaux* que ces acanthes en or qui, selon la description de Diodore de Sicile, du milieu environ des colonnes, s'élevoient insensiblement jusqu'aux chapiteaux, dans la décoration du char funéraire d'Alexandre. *Voyez* à l'article Or.

Les Anciens nous ont laissé, en fait de *rinceaux*, les plus parfaits modèles pour la composition, le goût et l'exécution de la sculpture.

La peinture décorative emploie aussi les *rinceaux*, dans cette partie que les Modernes ont appelée du nom d'*arabesques* (*voyez* ce mot). Les exemples en sont trop nombreux, pour qu'il soit nécessaire d'en citer. Mais un des plus remarquables ouvrages de ce genre en mosaïque, qui est aussi une branche de la peinture, se voit aux pilastres du grand salon de la villa Albani à Rome.

En fait d'ouvrages modernes, nous rappellerons plusieurs des montans des arabesques de Raphael, dans la galerie des Loges, au Vatican, où les *rinceaux* peints, entremêlés de stucs, ont été exécutés avec une perfection à laquelle nul travail de ce genre n'est arrivé depuis.

Enfin on appelle *rinceaux de parterre*, certains desins par enroulement qu'on fait pour l'ornement des parterres, avec du buis et des fonds sablés. *Voyez* Parterre.

ROCAILLE, s. f. Dans la nature, on appelle ainsi certain assemblage de divers coquillages, mêlés avec des pierres inégales et mal polies, qu'on trouve autour des rochers.

Dans l'architecture qu'on appelle *rustique*, on donne aussi ce nom à une composition où l'on fait entrer des matières, soit naturelles, soit artificielles, qui semblent être un produit de la nature. Ce goût convient aux grottes que l'on pratique dans les jardins, aux fontaines auxquelles on veut donner l'apparence d'un ouvrage sans art. Il y a des matières plus propres les unes que les autres à contrefaire ces jeux de la nature. A Paris, la pierre qu'on appelle *meulière*, soit par sa couleur, soit par sa formation irrégulière et remplie de trous, convient assez à ces ornemens rustiques. On la brise en petits morceaux, et on y joint avec le mortier quelques éclats de marbre de couleur, des pétrifications, des coquillages, etc.

On appelle *rocailleur*, l'ouvrier qui a la pratique de ce genre de travail, qui met en œuvre les *rocailles*, qui fait les gouttes d'eau, les congélations lapidifiques, et autres imitations dont on orne les grottes et les fontaines.

Dans le discours familier, on donne, par métaphore, le nom de *rocailleux* à un goût baroque, qui se plaît, en quelque genre que ce soit, à produire certaines aspérités de langage ou de style dans le discours, certains contrastes choquans de ton, de couleur et de lignes dans la peinture, certaines formes heurtées dans la sculpture, certaines combinaisons disparates et repoussantes, dans les contours ou les détails de l'architecture.

ROCHE, s. f. Se dit, dans l'art de bâtir, de la pierre la plus dure, et la moins propre à être taillée. Il y a des *roches* qui tiennent de la nature du caillou, et il y en a qui se délitent par écailles.

On n'emploie guere la pierre de *roche* que dans les fondations. Rien de mieux encore, quand on peut asseoir les fondemens d'un édifice sur la *roche* : aussi dit-on, pour exprimer la solidité en tout genre, *bâtir sur le roc*.

ROCHER, s. m. Est une espèce de synonyme de *roc* et de *roche*. Mais dans le langage ordinaire, les deux premiers mots semblent exprimer plus particulièrement la nature de la matiere. *Rocher* se dit plus volontiers de la masse isolée d'une roche. C'est au moins sous ce rapport qu'on l'emploie ordinairement dans les ouvrages d'art.

On voit quelques constructions dans les montagnes s'élever sur des *rochers* isolés, ou sur des pointes de *rochers* qui se détachent de leur chaîne. Beaucoup de châteaux-forts, de citadelles, furent ainsi plantés dans les temps du moyen âge. Dans les siècles antiques, on choisissoit aussi ces sortes d'emplacemens pour y établir les forteresses qui défendoient les villes, et plusieurs villes trouvèrent sur des *rochers* leur premier site. Tel fut le *rocher* de l'Acro-Corinthe. Athènes eut son Acropolis sur le plateau d'un *rocher*, où s'élèvent encore aujourd'hui les ruines de son ancien temple de Minerve, et ce *rocher* sert encore de citadelle à la ville moderne.

On a quelquefois pratiqué des *rochers* factices, pour servir de soubassement à des bâtimens d'un tout autre genre. Tel est à Rome le Palais de Justice, bâti à Monte-Citorio; tel l'édifice auquel s'adosse la célèbre fontaine de Trevi, dans la même ville. Un *rocher* de granit, à Pétersbourg, sert de piédestal à la statue équestre en bronze de Pierre-le-Grand.

Mais c'est particulièrement aux fontaines, que s'applique l'emploi des *rochers* factices : tantôt, selon le volume d'eau dont on peut disposer, on fait sortir quelques filets d'eau, de *rochers* adossés à un mur ou formant le fond d'une grotte, d'une niche en rocailles; tantôt on creuse un bassin irrégulier, formé de pierres de roche, et qui reçoit l'eau d'une fontaine; tantôt, si l'on a un plus grand volume d'eau, et des inégalités de terrain, qui se prêtent à des effets plus pittoresques, on bâtit des masses de *rochers*, d'où l'on fait tomber une nappe d'eau. *Voyez* Cascade.

L'emploi le plus ingénieux et le plus connu des *rochers*, dans leur rapport avec les fontaines, est celui que Bernin en fit à la place Navone, en faisant de ces *rochers* le support d'un obélisque, et les piédestaux des quatre figures de marbre, qui représentent les quatre plus grands fleuves de la terre. *Voyez* l'article Bernin.

On appelle aussi *rocher d'eau*, une espèce d'écueil massif, d'où sort de l'eau par différens endroits. Il y a de ces *rochers* à la *villa* d'Est, à Tivoli, près de Rome.

ROMAINE (Architecture). Au mot Architecture, on a renvoyé à cet article, pour ce qui concerne cet art dans ses rapports avec les Romains. Nous avons renvoyé de même à son article, ce qui regarde spécialement l'architecture grecque. En cela, nous voulûmes rester fidèles au plan de ce Dictionnaire, où nous avions promis de consacrer un article général à chacune des architectures connues, antiques ou modernes, auxquelles l'usage a donné le nom du peuple qui les inventa ou les pratiqua.

Cependant, comme on le voit au mot Architecture grecque, nous avons cru que cet art, devenu aujourd'hui en quelque sorte universel, étant celui qui est la matière expresse et spéciale de ce Dictionnaire, et trouvant à chacun de ses articles les définitions, les notions, les développemens, enfin l'ensemble et les détails historiques, théoriques et pratiques de son origine et de sa formation, de ses principes et de ses règles, de ses applications et de ses exemples, il seroit inutile de redire en abrégé, dans un article, ce qu'on trouve avec étendue à presque tous les articles de l'ouvrage.

Mais l'*architecture romaine* n'est autre chose elle-même que l'architecture grecque, qui, par les raisons qu'on a développées ailleurs, se propagea partout où les Grecs pénétrèrent, partout où leur génie, plus conquérant que leurs armes, étendit son influence. Des communications bien plus anciennes qu'on ne pense, avoient, dès la plus haute antiquité, porté dans l'Italie les semences de la langue, de la religion, du culte, des usages, des arts et des opinions de la Grèce. De nombreuses colonies grecques s'étoient établies sur les rivages de la péninsule italique, y avoient bâti des villes dans l'intérieur des terres, long-temps avant la naissance du fondateur de Rome. Quelle que soit l'origine de cette ville, à quelque siècle que les historiens la rapportent, loin qu'ils y découvrent les premiers pas d'une civilisation dans l'enfance; on y voit, au contraire, un peuple déjà enrichi des connoissances et des arts de ses voisins : or, tous ces voisins, quels qu'ils aient été, soit originaires du pays même, soit issus de colonies étrangères, et venues de la Grèce, nous voyons, qu'à quelques nuances près, leur langue, leurs usages, leurs arts et leur architecture ont eu des rapports intimes avec les mêmes choses en Grèce.

Ainsi Rome, dès son origine, non-seulement n'eut point une architecture originaire de l'Italie, mais elle ne put rien trouver autour d'elle qui, de près ou de loin, sous une forme ou sous une autre, ne vint de Grèce, ne se trouvât dans la Grèce. Les développemens de ses arts ne firent que tendre de plus en plus à rapprocher son art de bâtir, ses monumens, ses plans, ses ordonnances, des modèles de la Grèce.

Rome, de tout temps, eut donc la même architecture que les Grecs. Il n'y a donc pas, à proprement parler, d'*architecture romaine*, si, par cette épithète, on entend une architecture originale.

Cependant lorsqu'on parle d'un art, on ne le considère pas toujours dans le rapport qu'il eut avec un peuple, sous le point de vue de sa création. Chaque peuple s'approprie en quelque sorte les arts qu'il cultive, lorsqu'il leur imprime un caractère particulier, qu'il leur fait subir de ces différences qui, devenant le cachet de son génie et de son goût, permettent de les désigner par son nom. Ainsi, par *architecture romaine*, nous n'entendrons parler que du caractère particulier que prit l'architecture grecque sous l'empire des Romains; nous ne désignerons rien autre chose que des variétés de goût, soit dans l'espèce des monumens, soit dans la grandeur et la richesse qu'ils reçurent aux diverses époques de cet Empire.

Nous avons déjà fait voir à l'article de l'Architecture étrusque (*voyez* ces mots), que les communications les plus anciennes, ayant eu lieu entre l'Etrurie et la Grèce, il y avoit eu, dès les temps reculés, une filtration de la langue, de l'écriture, de la religion, de la mythologie et des images de la Grèce, dans les régions supérieures de l'Italie. Nous avons montré que tout ce qui nous est parvenu de notions sur l'architecture étrusque, dépose d'une identité de système, sur tous les points, avec l'art des Grecs. L'histoire nous apprend ensuite que Rome, dès son origine, et dans la construction de ses premiers monumens, emprunta de l'Etrurie, et le goût pour les grands ouvrages, et les artistes pour les exécuter. Nous verrons plus bas que, dans la suite, on compta à Rome un grand nombre d'architectes romains, avantage que n'eurent pas les autres arts. L'architecture tient plus à la politique, aux mœurs et à la religion, que l'on ne le pense. Il n'est pas étonnant que, sous ce triple point de vue, Rome l'ait cultivée avec prédilection dès son premier âge. Plus d'un reste des monumens de cet âge, plus d'un témoignage des historiens, nous démontrent l'injustice qu'il y auroit, à regarder les premiers Romains comme barbares et ignorans dans tous les arts, et surtout dans l'architecture.

Tite-Live fait mention du Cirque tracé par Tarquin-l'Ancien, entre le mont Palatin et le mont Aventin, pour y célébrer, avec plus de pompe qu'auparavant, les fêtes et les jeux publics en mémoire de la victoire qu'il avoit remportée sur les Latins. Les commencemens de ce Cirque furent, à la vérité, peu de chose; mais bientôt

(selon

(selon Denis d'Halicarnasse), Tarquin-le-Superbe l'environna de portiques couverts. Dans le même temps, on travailla au grand égout. Tite-Live joint ensemble ces deux entreprises, moindres en apparence (ajoute-t-il), que celles du temple de Jupiter; elles exigèrent cependant bien plus de peines et de fatigues. Il s'agissoit de construire des portiques autour du Cirque, et de conduire, sous terre, toutes les immondices de la ville dans le grand égout. Ces deux ouvrages (continue-il) sont tels, que toutes nos magnificences modernes en approchent à peine.

Le même Tarquin (selon Denis d'Halicarnasse) avoit décoré le *Forum*, et y avoit réuni tout ce qui pouvoit contribuer à l'utilité, comme à l'embellissement. Tarquin-l'Ancien étoit de la ville de Tarquinium en Etrurie. Il connoissoit les arts des Etrusques, et il dut apporter à Rome ce goût de grandeur et de solidité qui distinguèrent alors les ouvrages de sa patrie. Ce fut donc à leur imitation qu'il résolut de rebâtir les murs de Rome, faits jadis à la hâte. Il les fit reconstruire en pierres de taille si grandes, qu'une seule faisoit la charge d'un chariot. Ce fut encore lui qui jeta les fondemens du temple de Jupiter Capitolin. La colline sur laquelle il avoit résolu d'élever ce monument, étant d'un accès difficile, et n'offrant point, à son sommet, de plate-forme commode pour y bâtir, il lui fallut égaliser le terrain, soutenir et remparer tous les flancs de la montagne, par des constructions et des contre-forts, avec des travaux et des moyens qui font supposer des connoissances déjà fort avancées dans l'art de bâtir. Le temple de Jupiter, commencé par Tarquin-l'Ancien, fut continué (selon Tacite) par Servius Tullius et par Tarquin-le-Superbe. Ce dernier fit venir des ouvriers de l'Etrurie; mais l'édifice ne fut achevé qu'après l'expulsion des rois. Sa magnificence fut telle, que toutes les conquêtes des Romains ajoutèrent depuis à sa richesse, plutôt qu'à sa beauté (ce sont les expressions de Tacite).

Les dimensions de ce temple, et la disposition de son plan, telles que les décrit Denis d'Halicarnasse, rappellent, à quelques variétés près, le système architectural de la Grèce. Il avoit trois nefs dans son intérieur, et son péristyle couronné par un fronton, ainsi que Cicéron nous l'apprend, avoit trois rangs de colonnes. Détruit deux fois dans la suite des siècles, il fut deux fois reconstruit, mais sur le même plan et sur les mêmes fondemens. Il n'y eut de changement que dans le choix des pierres, à la vérité plus belles, mais toujours de la même forme.

Ces documens, sur lesquels tous les historiens sont d'accord, suffisent pour nous donner une idée du goût des Romains, dans l'architecture de leur premier âge, et nous montrer qu'aucun peuple ne les égala peut-être dans cette partie importante, qui comprend ce qui regarde l'utilité et les besoins publics.

Strabon avoit la même opinion. S'il semble, dit-il, que les Grecs soient arrivés au plus haut point, dans l'art de bâtir les villes, pour avoir toujours eu en vue leur embellissement, leur défense et leur bonheur, les Romains ont porté leurs soins et leur attention sur d'autres objets négligés par les Grecs; comme, par exemple, de paver les grands chemins, de construire des aqueducs et des égouts souterrains, pour porter dans le Tibre toutes les immondices de la ville, etc.

Telle paroit donc avoir été l'*architecture romaine*, et sous les rois qui fondèrent la puissance de Rome, et sous la république qui l'étendit de plus en plus par la guerre et la conquête. Utilité dans les entreprises, grandeur et solidité dans les constructions : tel fut le luxe de cet art, à une époque où toute magnificence inconnue aux particuliers, étoit réservée pour les temples.

Si l'architecture, selon Vitruve, doit avoir en vue, dans ses ouvrages, l'utilité, la solidité et la beauté, l'*architecture romaine* aura, dans les monumens de cette première époque, rempli les deux premières conditions. Quant à la troisième, il ne nous reste rien qui puisse nous en instruire; car, bien que l'idée de beauté puisse aussi s'appliquer à ce qu'il y a de plus simple en construction, et bien que la grandeur et la solidité fassent aussi partie de ce qui constitue la beauté en architecture, nous devons avouer que Vitruve a dû entendre, dans cette notion, ce que nous y comprenons aussi, c'est-à-dire, ce genre de beau qui tient au goût délicat des formes, à l'harmonie des proportions, à l'élégance des membres, et à tout ce qu'on appelle *ornement* ou *décoration*.

Ce genre de beauté ainsi entendu, comme le seul sentiment du besoin et de l'utilité ne le produit pas, et comme il tient au perfectionnement d'un sentiment moral qui, pour se développer dans l'architecture, a besoin du secours et de l'inspiration des autres arts, tout porte à présumer que ce complément des trois qualités principales de l'art de bâtir, fut réservé à une époque postérieure.

Nous manquons, sans doute, des matériaux nécessaires pour pouvoir suivre historiquement les progrès du goût dans l'architecture, pendant les siècles de la république. A peine reste-t-il quelque vestige de quelque monument isolé, qui appartienne à cette époque. Mais, à ce défaut, il est facile de trouver, soit dans l'état politique de ces siècles, soit dans les parallèles que peuvent nous fournir les ouvrages des autres arts, et particulièrement la littérature, soit dans les aveux mêmes des écrivains, plus d'une présomption qui porte à croire que le génie du beau, dont on vient de parler, et qui est à proprement parler la perfection de l'art, ou l'art lui-même, attendit à Rome des temps plus favorables.

Nul doute que le goût de l'Etrurie étant celui qui initia les Romains, dans la connoissance et la pratique des arts, et ce goût étant resté stationnaire chez les Etrusques, il en seroit arrivé de même à Rome, si le goût des arts perfectionnés en Grèce, ne fût venu, aidé de la richesse et du luxe des Romains, donner une impulsion nouvelle à leur architecture. Mais cette influence n'arriva point par une irruption subite. Rome, avant la conquête de la Grèce, avoit eu déjà trop de rapports avec elle, pour qu'on puisse se permettre, ainsi qu'on l'a fait trop souvent, de la regarder comme inculte en fait d'arts. On s'appuie à tort des vers de Virgile : *Excudent alii spirantia mollius æra, etc.*, pour le prétendre. Il ne faut pas faire dire au poëte plus qu'il ne dit. Ces vers, loin de faire présumer l'ignorance totale des Romains dans les arts, établissent seulement une comparaison entr'eux et les Grecs, et cette comparaison, sans doute à l'avantage de ceux-ci, est déterminée par les mots *mollius et melius*. Virgile, en mettant les Grecs au-dessus des Romains, dans certains arts, n'a donc pas entendu que ces arts fussent étrangers à Rome.

A l'égard de l'architecture, il falloit, sans doute, que les modèles de la sculpture et de la peinture, lui communiquassent le besoin de se mettre en harmonie avec eux, et par le sentiment des proportions, et par l'élégance des ornemens. Or, c'est ce que produisit la conquête de la Grèce, en faisant refluer dans Rome, et les ouvrages de l'art grec, et aussi les habiles artistes de cette contrée. Il est évident que ce que la Grèce perdoit par l'appauvrissement, Rome le gagnoit en s'enrichissant de toutes les manières. Or, les artistes vont toujours où l'opulence les appelle.

Déjà l'art de bâtir, chez les Romains, avoit, si l'on peut dire, taillé les monumens sur de bien plus grandes dimensions, que ne l'avoient pu faire les petits Etats séparés de la Grèce. L'architecture, secondée par la richesse publique et particulière, trouva donc de plus vastes champs à ses conceptions, des sujets plus variés, et un emploi plus illimité de ses richesses.

C'est ce qu'on vit déjà (et la preuve en est encore sous nos yeux) dès le règne d'Auguste. Plus d'un reste de monument de cette époque, nous montre la prédilection donnée à l'ordre corinthien, expression de la plus grande richesse en architecture. De cette époque est le temple célèbre appelé le *Panthéon*, reste d'un bien plus grand ensemble qui, sous le nom de *Thermes d'Agrippa*, fut l'ouvrage d'un simple particulier. Pour apprécier le goût de l'architecture à cette époque, il faut rendre à ce temple, encore aujourd'hui la merveille de Rome moderne, sous le rapport de l'art, tout ce que le temps et tous les genres de barbarie ancienne ou nouvelle lui ont enlevé de richesse, dans les bronzes de son fronton, de son péristyle, des caissons dorés de sa voûte, des sculptures qui l'ornoient, etc. Qui peut douter qu'un semblable monument, épargné par le hasard, entre tant d'autres, n'eût fait la célébrité d'une des plus grandes villes de la Grèce?

Auguste se vantoit d'avoir trouvé Rome de terre, et de la laisser de marbre. Cette ville, devenue non-seulement la capitale du monde d'alors, mais, si l'on peut dire, le monde entier, par les causes qui y portèrent toutes ses richesses, offrit alors à l'architecture un théâtre immense, où non-seulement tous les monumens alors connus dans les autres pays, trouvèrent à se reproduire sous des formes plus brillantes et avec des dimensions plus considérables, mais où des genres d'édifices nouveaux vinrent exercer le génie des artistes. Rome alors renfermoit en elle-même toutes les causes réunies qui peuvent donner de l'aliment à cet art. La richesse de quelques particuliers y égaloit et y surpassoit la fortune ordinaire des rois. On y retrouvoit le zèle de la religion dans l'érection des temples; aux restes des institutions politiques de la république, s'unissoit le luxe et la puissance de la monarchie; la gloire militaire et les succès de la guerre créoient des monumens, et les jeux du théâtre, les combats du cirque ou de l'amphithéâtre, exigeoient pour la foule immense des spectateurs, que l'architecture agrandit tous ses moyens et toutes ses conceptions.

Rome vit donc élever des monumens que la Grèce n'avoit point connus, des arcs de triomphe, des colonnes triomphales, des thermes qui furent des villes, des septizones et des mausolées, des portiques immenses, des amphithéâtres, des naumachies, etc. Les marbres de toutes les carrières connues furent exploités, on en découvrit de nouvelles. L'Afrique et l'Asie lui taillèrent des colonnes, l'Egypte lui livra ses obélisques, la Grèce devint son atelier et son magasin de marbres, de statues et de bronzes.

Avec de tels moyens, *l'architecture romaine* devoit s'élever et s'éleva réellement à un point de splendeur, où jamais aucune nation ne l'avoit portée, où il est bien probable que jamais elle ne parvienne dans la durée des siècles futurs : témoins, les prodigieux restes qui en subsistent (*voyez* ROME); car ce qu'il faut dire de ses ruines, c'est que, par le retour des choses humaines, jamais aussi autant de causes de destruction ne se réunirent contre aucun autre empire; jamais autant de siéges, de saccages, d'irruptions, jamais autant de révolutions politiques ou religieuses ne se succédèrent sur aucune autre ville; en sorte, qu'après la merveille de la puissance qui éleva ses monumens, on ne sauroit en trouver une plus étonnante, que celle de la force de conservation qui en a empêché l'entier anéantissement.

Ainsi, survivant encore à elle-même, dans ses débris, *l'architecture romaine* devoit devenir l'école nouvelle, où toute l'Europe, interrogeant ses ruines, viendroit chercher les leçons qui l'ont renouvelée, et qui ont propagé dans le monde entier, le système dont les Grecs furent les inventeurs.

Il ne se pouvoit donc point que l'architecture grecque, s'éloignant de sa source, appliquée dans de nouveaux genres d'édifices, à des combinaisons plus variées, disposant d'immenses richesses, ayant à servir toutes les passions de gloire et d'ambition, forcée de satisfaire une vanité qui ne connoissoit point de mesure, et la prétention de Rome à surpasser par les arts, ceux qu'elle avoit vaincus par les armes; que cette architecture, dis-je, ait cherché à frapper les yeux, plus par l'éclat que par la pureté, plus par la richesse que par l'harmonie, plus par la grandeur des lignes que par celle des formes.

Cependant il faut dire en faveur des Romains, que l'architecture avoit été de tout temps leur art favori. On ne connoît les noms d'aucun statuaire romain, et l'on connoît à peine ceux de deux ou trois peintres cités par Pline; mais Vitruve nous apprend qu'avant lui, Rome avoit compté plus d'un architecte célèbre. Lui-même nous a transmis les noms de Fussitius, de Terentius Varron, de Publius Septimius, de Cossutius, de C. Mutius, qui avant lui avoient écrit sur leur art. Sans cette digression de Vitruve, dans sa préface, nous aurions ignoré qu'avant le siècle d'Auguste, d'où l'on a coutume de dater l'époque de la culture des beaux-arts à Rome, plus d'un Traité d'architecture y avoit été composé; que Terentius Varro en avoit fait un, que P. Septimius en avoit fait deux, que Fussitius avoit écrit sur son art avec le plus grand succès. Vitruve regrette encore beaucoup les écrits de Cossutius sur l'architecture, et plus encore ceux de C. Mutius, homme d'un grand savoir, et qui avoit achevé le temple de l'Honneur et de la Vertu. On sait assez, qu'en aucun genre, les écrits théoriques ne précèdent les œuvres de la pratique. Il faut qu'on ait déjà beaucoup opéré dans un art, pour qu'on en vienne à sentir le besoin d'en fixer les règles, ou d'en décrire les productions. Ainsi le même Vitruve nous apprend-il que, dans les siècles qui l'avoient précédé, Rome avoit eu de grands architectes, et que de son temps il s'en trouvoit encore un grand nombre.

Lors donc que la conquête de la Grèce, et le règne d'Auguste eurent conduit et attiré à Rome des architectes grecs, ces artistes ne se trouvèrent point en pays étranger. Ils y trouvèrent le même art qu'ils avoient exercé chez eux, les mêmes pratiques, le même système d'ordonnance et de proportion. Mais déjà en Grèce même, le temps avoit pu introduire quelques changemens dans certains modes de colonnes. L'ordre dorique avoit pu perdre quelque chose de son caractère primitif et de l'austérité de ses principes. Les besoins variés de beaucoup d'édifices moins simples dans leur plan, le goût d'élégance et de richesse qui avoit fait prévaloir l'emploi des deux autres ordres, contribuèrent aussi à alonger l'ordre dorique, à diminuer la sévérité de ses formes et de ses profils. Ainsi voyons-nous le portique d'Auguste à Athènes, déjà assez éloigné de la proportion massive et raccourcie de l'ancien dorique. Cet ordre acquit encore à Rome des proportions plus sveltes, un aspect moins sévère.

Mais le luxe, l'ostentation et la magnificence, mobiles principaux des grandes entreprises sous les empereurs, trouvèrent beaucoup mieux leur compte dans les formes, les proportions et les ornemens de l'ordre corinthien. On trouve peu de notions de monumens corinthiens chez les écrivains grecs, et fort peu de monumens de cet ordre dans les ruines de la Grèce. Le dorique fut l'ordre par excellence de son architecture, et en quelque sorte l'ordre privilégié pour les temples. On peut dire le contraire à Rome; c'est le corinthien qui domine partout : aussi est-ce encore parmi les édifices romains qu'il faut aller chercher les modèles de ce que l'art a créé de plus parfait dans la disposition, le goût et le travail du chapiteau de cet ordre.

Plus favorable au luxe de la sculpture, il fournit encore à cet art les motifs des modifications les plus nombreuses, dans l'ajustement varié de son chapiteau. On l'orna de toutes sortes d'emblêmes et de symboles, du mélange de toutes sortes de types, et c'est dans ces modifications, que l'architecture moderne a cru trouver l'exemple de son ordre composite, qui n'est qu'une méprise, puisque, comme on l'a dit et prouvé ailleurs (*voyez* COMPOSITE), le chapiteau n'est pas ce qui constitue l'ordre, encore moins un ornement ou un autre, introduit dans le chapiteau.

Il en est du goût de la richesse, dans l'architecture, comme de la passion du luxe dans les mœurs privées ou publiques. Lorsque le principe du goût d'une part, comme de l'autre celui de la raison, ne peuvent plus mettre un frein à l'ambition des nouveautés, ou à l'orgueil des distinctions, il faut tomber dans cet excès qui amène la ruine.

Ainsi voit-on l'*architecture romaine*, après avoir épuisé toutes les ressources de la richesse guidée par le goût dans l'emploi des ornemens, mettre de côté toute modération, sacrifier le fond et le principal aux détails et aux accessoires, couvrir sans distinction aucune toutes les parties, tous les membres, d'ornemens et de sculptures, à peu près comme feroit celui qui, pour embellir une étoffe, la cacheroit sous les broderies. Nous ne porterons pas plus loin, sur le goût de l'*architecture romaine*, des notions qui ont déjà trouvé leur place ailleurs. *Voyez* ARCHITECTURE.

Nous ferons remarquer toutefois, en terminant cet article, que l'art de l'architecture ayant été, dès l'origine de Rome, l'art de prédilection des

Romains, et celui dont la culture privilégiée avoit exercé leur génie, de préférence à celle des autres arts, dès avant le siècle d'Auguste, il en fut de même depuis. Nous voyons l'architecture toujours en honneur sous l'empire, flatter l'ambition de ce qu'il y avoit de plus grand, et cette ambition, si l'on en croit l'histoire, portée chez l'empereur Adrien, jusqu'à l'excès d'une cruelle et détestable envie contre l'architecte Apollodore. Enfin, un dernier trait en faveur des succès de l'architecture à Rome, c'est qu'on la voit se soutenir et briller encore d'un certain éclat, après l'extinction des autres arts. *Voyez* ARCHITECTURE.

ROME. C'est pour être fidèle au plan de ce Dictionnaire, que, sous le titre de cet article, nous placerons la notice la plus abrégée des monumens de l'architecture antique que *Rome* moderne a conservés.

Voulant embrasser dans cet ouvrage l'universalité des notions historiques de l'architecture, nous n'avons rien imaginé de plus conforme au génie et à l'esprit d'un Lexique, où l'ordre alphabétique divise et morcèle toutes les matières, que de répartir les descriptions des monumens si nombreux de l'antiquité, en articles portans le nom de la ville où on les admire encore. C'est pour cela que le nom de *Rome*, cette métropole de l'antiquité, devoit aussi trouver son article dans ce Dictionnaire.

Nous l'avons dit à l'article précédent, aucune ville, dans les temps anciens, ne put jamais approcher de la grandeur et de la magnificence de *Rome*. On juge toujours de la grandeur des Etats par celle de leur capitale, et réciproquement, l'étendue, la somptuosité de chaque capitale, se trouvent nécessairement en proportion de la population, de la richesse, de la puissance d'une nation. Or, quelle capitale, même des plus grands Etats, put approcher de celle qui eut pour provinces les plus grands royaumes, et pour royaume le monde alors connu? *Rome*, phénomène unique dans l'histoire du monde, réunit toutes les sources de richesse, tous les moyens de puissance qui devoient en faire le centre des plus vastes entreprises, des plus dispendieux monumens, et de tous les efforts qui peuvent donner de la durée aux ouvrages de l'homme.

Aussi, l'avons-nous déjà observé, le plus éclatant témoignage de la puissance de l'ancienne *Rome* se trouve encore dans ses restes. Par l'effet de ce principe, qui veut que toute réaction soit égale à l'action, autant de causes avoient contribué à l'élévation de *Rome*, autant, et plus peut-être, contribuèrent depuis à son anéantissement. Ajoutons que les moyens qui détruisent ont bien plus d'activité que ceux qui édifient. Un grand nombre des plus considérables villes de l'antiquité ont disparu, pour ainsi dire, de la surface de leur sol, où l'antiquaire seul en retrouve des indications. *Rome* a conservé des monumens qui s'élèvent encore fièrement au-dessus de tous les monumens modernes. Enfin, de nouvelles causes de conservation sont venues procurer et promettre à ses débris une sorte de nouvelle vie. *Rome*, par sa position, étant devenue le chef-lieu du Christianisme, devoit être, en effet, le point de réunion de l'Europe et de la civilisation moderne. Elle devint aussi, dans les restes de ses monumens, le point de centre des arts, et surtout de l'architecture. C'est de ce foyer non encore éteint, et rallumé par le zèle des souverains Pontifes, que partirent les lumières qui firent renaître les connoissances de l'architecture grecque; et telle est la solidité de ces restes d'édifices, tel en est le nombre, telle est la diversité de leurs genres, qu'ils ont continué et continueront d'être la grande école de l'art, de la science et du goût de bâtir, chez tous les peuples et dans tous les âges.

Ce n'est pas que certains monumens des beaux temps de la Grèce, échappés à la barbarie, n'aient, surtout dans l'ordre dorique, un caractère plus original, une plus grande pureté de goût, et un mérite supérieur de simplicité et d'harmonie. Il s'est aussi conservé un plus grand nombre de temples en Grèce; mais, en général, on doit dire que ces admirables monumens sont plutôt pour nous des modèles abstraits du beau en architecture, que des exemples usuels, et d'une application facile à des convenances différentes. *Rome* antique, au contraire renferme dans ses débris des restes de presque tous les monumens possibles. On y trouve l'emploi de toutes les sortes de matériaux, mis en œuvre de toutes les manières, pour tous les genres de constructions, dans toutes les formes qui peuvent satisfaire à tous les besoins. *Rome* mit à contribution toutes les nations qui lui étoient soumises, en sorte qu'elle est encore aujourd'hui, dans ses ruines, un répertoire et une collection des ouvrages, des talens et de l'industrie, des matières et des ornemens de tous les peuples qui, avant elle, avoient exercé les arts et pratiqué l'architecture.

Mais plus ce peu de mots donne à entendre quel est le nombre, quelle est la diversité des antiquités, que *Rome* étale encore, et présente à l'étude et aux recherches de l'architecte et de l'antiquaire, plus il est facile de comprendre, qu'une simple mention de tous ces monumens excéderoit les bornes de cet article. J'ajoute qu'il en est fort peu, de ceux surtout qui ont de l'importance, dont on ne trouve les notions ou les descriptions, aux articles de ce Dictionnaire, qui, selon le sujet dont on y traite, donnent l'occasion, soit d'en décrire l'ensemble, soit d'en citer les détails, soit d'en proposer les exemples, ou d'en recommander l'imitation.

Nous nous contenterons donc ici de la seule énumération, non pas même de tous les restes d'antiquité que l'on compteroit difficilement à

Rome, tant sont nombreuses les ruines éparses, les parties isolées de construction, dont il n'est plus possible de découvrir l'emploi; non pas même de tous les monumens d'un même genre, dont il reste des vestiges qui les font reconnoître pour ce qu'ils ont été, mais seulement des différens genres de monumens qui subsistent avec plus ou moins d'intégrité, nous contentant de citer les plus remarquables de chaque genre. Encore bornerons-nous cette notion à l'enceinte seule de *Rome*.

En tête des restes d'antiquités auxquels l'architecture des Modernes n'a cessé, depuis quatre siècles, de demander des leçons ou des exemples, nous placerons :

Les *temples*, et en première ligne, comme le plus entier et le plus magnifique, le Panthéon, bâti, sous le règne d'Auguste, par Agrippa, restauré depuis sous les règnes de Sévère, Marc-Aurèle et Antonin.

Viennent ensuite, comme étant encore à peu près intègres, les temples qu'on appelle de Bacchus, de Faune, de Vesta, de la Fortune virile.

Comme restes de frontispices ou de péristyles de temples construits en marbre, il faut citer ceux des temples appelés d'Antonin et Faustine, de la Concorde, de Jupiter-Stator, de Jupiter-Tonnant, de Mars-le-Vengeur.

Basiliques. — On croit en voir un reste dans ce qu'on nomme la *Basilique d'Antonin*. Mais plusieurs églises, telles que l'intérieur de Sainte-Marie-Majeure, de Sainte-Agnès hors des murs, de Saint-Clément, sont des traditions de basiliques antiques.

Amphithéâtres. — Des restes de constructions fort considérables de l'*amphitheatrum castrense*, le plan général, la masse qui soutenoit les gradins, et près d'une moitié de l'élévation extérieure de celui qu'on appelle le *Colisée*. Voyez Amphithéatre.

Théâtres. — Un beau fragment du théâtre de Marcellus. *Voyez* Théatre.

Cirques. — Le plan général, l'enceinte et de fort beaux restes de construction du Cirque appelé de Caracalla. Quelques vestiges du grand Cirque. *Voyez* Cirque.

Aqueducs. — Quoique ces grandes et nombreuses constructions que les écrivains ont mises au rang des merveilles de l'Univers, soient (comme la nature des choses le veut) hors de *Rome*, cependant elles en firent tellement partie, et lui tiennent si nécessairement, que nous avons dû leur donner ici une mention. Du reste, *voyez* l'article Aqueduc.

Egout (*Cloaca maxima*). — Cet ouvrage dont la grandeur, la solidité et l'étonnante durée font encore aujourd'hui la gloire des rois de *Rome*, existe dans toute son intégrité, et sert toujours au même emploi. *Voyez* Cloaques de Rome.

Ponts. — Le pont *Ælius*, appelé aujourd'hui *Ponte San-Angelo*, subsiste encore dans son entier. Il existe des restes du pont *Senatorius*, sous le nom de *Ponte rotto*, du pont *Fabricius*, sous le nom de *Ponte quatro capi*, et des vestiges peu reconnoissables de quelques autres.

Murs de ville. — L'enceinte actuelle des murailles de *Rome* passe pour être du temps de Bélisaire. Quoique restaurées à différentes époques, ces constructions ont conservé les témoignages nombreux, des différentes manières de bâtir les murailles et les fortifications.

Portes de ville. — Il ne subsiste plus de portes qui puissent passer pour avoir appartenu aux plus anciens temps de *Rome*. Parmi celles qui passent pour antiques et qui sont de peu d'importance, il faut distinguer, comme ouvrage remarquable d'architecture, la porte appelée aujourd'hui *Porta maggiore*, et qui s'appeloit autrefois *Porta Nevia et Labicana*. Cette porte, formée de deux arcades, étoit, dans son attique bien conservé, un réservoir où aboutissoit l'eau de plusieurs aqueducs. On pourroit aussi l'appeler un *château d'eau*.

Arcs de triomphe. — L'arc de Titus, jadis engagé dans des constructions qui le déparoient, vient d'être dégagé et restauré. L'arc de Septime-Sévère, entier dans toutes ses parties, mais autrefois enterré dans son soubassement, maintenant mis à découvert. L'arc de Constantin, formé jadis aux dépens de l'arc de Trajan, est conservé dans son entier. L'arc des orfèvres, curieux par ses ornemens. D'autres arcs, tels que celui de L. Verus et de Marc-Aurèle, n'ont conservé que leurs beaux bas-reliefs qu'on voit au Capitole. *Voyez* Arc de triomphe.

Janus. — C'est le nom qu'on donnoit à des portiques percés de quatre côtés, offrant une arcade à chacune de leurs quatre faces. Il y en avoit dans les différentes rues de *Rome*. Il s'en est conservé un qu'on a appelé improprement, ou *temple*, ou *arc*.

Portiques. — Sous ce nom général et fort vague, on comprend d'autant plus de monumens, que la destruction ayant isolé beaucoup de colonnes et de fragmens d'édifices, des ensembles dont ils faisoient partie, on leur donne volontiers un nom qui ne semble désigner ni forme, ni destination particulière. Tels sont ces restes qu'on appelle *Portique de Septimius*, *Portique d'Octavie*, etc.

Forum. — On appelle *Forum de Nerva*, un très-beau reste d'architecture, qu'on admire au *Campo Vaccino*. On voit depuis peu les vestiges du *Forum* de Trajan.

Colonnes triomphales. — *Rome* possède, en ce genre, les deux plus beaux restes d'antiquité. La colonne de Trajan, toute en marbre, conservée dans la plus grande intégrité, présente une des principales merveilles de la construction, de l'architecture et de la sculpture. La colonne Antonine, ou de Marc-Aurèle, également intègre, moins belle dans ses sculptures, construite aussi en marbre, et rivale du monument de Trajan, pour la hardiesse et l'élévation. La colonne rostrale, qui n'est qu'une imitation, mais exacte de l'antique, et qu'on voit au Capitole.

Colonne milliaire. — Sur la balustrade du perron du Capitole, s'élève encore l'ancienne colonne surmontée d'un globe doré, d'où l'on comptoit les milles sur toutes les voies romaines. *Voyez* COLONNE.

Nous ne parlerons pas du nombre infini de colonnes antiques de toutes les sortes de matières, de formes, de proportions, sculptées, cannelées, lisses, etc., où l'architecture trouve des modèles de tout genre. *Voyez* COLONNE.

Mausolées. — Au nombre des tombeaux qu'on appela ainsi, et dont les restes subsistent, nous nous bornerons à compter le mausolée d'Adrien, appelé aujourd'hui le *château Saint-Ange*, et le mausolée d'Auguste, dont la partie inférieure existe encore. L'intérieur de *Rome* n'a presque plus conservé de restes de tombeaux; on en sait la raison. Ils étoient tous construits hors de la ville et sur les routes, et nous nous sommes interdit de parler des antiquités que l'on trouve dans ses environs. *Voyez* MAUSOLÉE.

Pyramide. — C'est dans l'intérieur des murs actuels, et attenant à ces murs, que s'élève encore, dans toute son intégrité, la pyramide de C. Cestius, que nous avons décrite ailleurs. *Voy.* PYRAMIDE.

Obélisques. — Ces monumens de l'art égyptien, avoient été transportés autrefois par les empereurs romains, de l'Egypte à *Rome*, pour y devenir l'ornement des cirques, et de quelques autres monumens, puisqu'on sait qu'il en existoit deux à l'entrée du mausolée d'Auguste, et qu'un autre, dressé au Champ-de-Mars, servit de gnomon. Tous ces obélisques ont été replacés pour servir de décoration aux places de Rome moderne, et tous ont été rétablis et restaurés par les soins successifs des différens pontifes.

Thermes. — Ces immenses édifices, qui réunissoient à l'usage plus particulier des bains, beaucoup d'autres destinations communes aux lycées, aux portiques, aux gymnases, ont conservé au des premiers rangs au milieu des ruines de l'antique *Rome*. — Quelques-uns subsistent encore dans quelques vastes salles, comme celle des thermes de Dioclétien, convertie en église, dans quelques rotondes consacrées au culte chrétien. — On admire encore à *Rome* la vaste enceinte des thermes de Caracalla. — De grandes salles souterraines, qu'on croit avoir fait partie des thermes de Tite. On montre encore des fragmens des thermes d'Agrippa, auxquels se lioit le temple du Panthéon.

Il est probable que beaucoup de grandes constructions, auxquelles on donne des noms fort arbitraires, sont des démembremens de thermes, et cette opinion n'est pas invraisemblable à l'égard de ce qu'on appelle le *temple de la Paix*.

Nous ne parlerons ici, ni des routes, ni des hypogées, ni des catacombes, ni de beaucoup d'autres ruines, mal désignées par une critique vulgaire, et auxquelles les recherches nouvelles assignent d'autres dénominations.

L'objet de cet article n'étant point d'instruire celui qui étudie les monumens, sous le rapport de l'antiquité, mais seulement d'en rappeler l'existence aux architectes, nous avons cru devoir, en les indiquant, conserver les dénominations sous lesquelles ils sont généralement connus.

ROND, adj. Synonyme de circulaire. On donne quelquefois ce nom à ce qu'on appelle *tore*. Voyez ce mot.

ROND-CREUX. *Voyez* NACELLE.

ROND-D'EAU. On appelle de ce nom un grand bassin d'eau de figure circulaire, comme on en voit dans les jardins.

ROND-POINT. C'est ainsi qu'on appelle quelquefois en architecture, cette partie demi-circulaire que l'on pratique à l'extrémité d'une église en forme de basilique, et qui ressemble à une grande niche : c'est ce que les Anciens appeloient *apside*, et qu'on nomme aujourd'hui *cul-de-four*.

ROSACE, s. f. C'est le nom qu'on donne, dans le langage de l'ornement en architecture, à de grandes roses qui occupent le milieu des caissons dont les compartimens décorent les voûtes ou les plafonds.

Les *rosaces* sont susceptibles de différentes configurations. Comme elles sont des imitations libres et conventionnelles de fleurs ou de plantes diverses, leur caractère et leur forme varient, selon le besoin qu'a l'architecte de faire produire à cet ornement plus ou moins d'effet, en raison de la distance d'où il doit être vu, ou de l'accord qu'il doit avoir avec les autres objets de décoration.

Ainsi, il y a des *rosaces* qui n'ont qu'un seul rang de feuilles, d'autres en ont deux, quelques-unes en ont trois. Ces feuilles se trouvent disposées de façon à aller par étages; elles sont taillées avec plus ou moins de fermeté, selon l'effet qu'on veut leur donner. Quelquefois les feuilles sont supposées dures et aiguës, quelquefois elles sont dentelées, quelquefois arrondies, et elles vont en se superposant les unes sur les autres. Le milieu de la *rosace* est toujours indiqué par une espèce de bouton ou de culot, qui est, comme dans la nature, le point de départ de toutes les feuilles,

ROSE, s. f. Comme on donne le nom de *rosace*, à cause de la grandeur de leur dimension, aux ornemens qui occupent le milieu des caissons (*voyez* l'article précédent), on donne le nom de *rose*, à raison de leur moindre dimension, aux ornemens du même genre, qu'on place et qu'on taille, par exemple, sous les plafonds des corniches, dans les intervalles qui séparent les modillons, comme encore dans le milieu de chaque face de l'abaque du chapiteau corinthien.

ROSE DE COMPARTIMENT. On appelle ainsi, tout compartiment formé en rayons par des plates-bandes, guillochis, entrelas, étoiles, etc., et renfermé dans une figure circulaire. On voit de ces *roses de compartiment* dans les plafonds, dans les dessins des pavés de marbre circulaires ou ovales.

Le même nom se donne encore à ce qu'il faut appeler des espèces de petits bouquets ronds, triangulaires ou en losanges, qui remplissent des renfoncemens de soffite, de voûte, etc.

ROSE DE MODERNE. C'est le nom qu'on donne, dans les intérieurs des églises gothiques, à ces grands vitraux circulaires, formés de nervures en pierre, dont les intervalles sont remplis de panneaux de vitres, d'où résultent des compartimens de toutes sortes de couleurs, dont l'effet est d'un extrême agrément. Ces sortes de *roses* sont peut-être l'objet de la décoration gothique, à la fois la plus remarquable par le bon goût des compartimens, la diversité des couleurs et l'effet mystérieux qu'il répand dans les intérieurs. On les y voit ordinairement pratiquées aux deux branches de la croisée, et à l'extrémité de la nef, du côté de l'entrée.

ROSE DE PAVÉ. C'est, dans un dessin circulaire, un compartiment formé de diverses rangées de pavés, soit de grès, soit de cailloux, soit de pierres noires ou de pierres à fusil, mêlées alternativement, dont on orne certaines cours, des grottes, des fontaines, etc.

Le même nom se donne au même genre de compartimens, faits aussi en pierres ou carreaux de marbre de différentes couleurs, dans les parties circulaires et intérieures des édifices.

ROSE DE SERRURERIE. Ornement rond, ovale, ou à pans, que l'on fait ou de tôle relevée par feuilles, ou de fer contourné par compartimens à jour. On l'emploie dans les dormans des portes cintrées, et dans les panneaux de serrurerie.

ROSEAUX, s. m. pl. On donne ce nom à de certains ornemens en forme de cannes ou de bâtons, dont on remplit par en bas et jusqu'au tiers, les cannelures des colonnes rudentées.

ROSETTE, s. f. (*Terme de serrurerie.*) Ornement de tôle ciselée, en manière de rose, au milieu de laquelle passe la tige d'un bouton de porte.

ROSSELLINO (Bernard), architecte florentin, qui vécut dans le quatorzième siècle.

Dans tous les genres, on a remarqué que les grands hommes et les grands ouvrages, qui ont fait la gloire de quelques siècles privilégiés, eurent toujours des précurseurs qui leur préparèrent les voies. Il est des momens marqués, où se rencontrent, par un concours particulier des hommes et des circonstances, toutes les conditions propres à la production des merveilles de l'art. C'est alors que naissent des personnages célèbres, qui effacent par leur éclat celui des ancêtres auxquels ils doivent toutefois l'existence de leur talent. Le travail fut pour les prédécesseurs, la gloire appartiendra aux successeurs. C'est ainsi que cette terre, que nous voyons parée de riches moissons, qui semblent la production subite de l'été, ne les doit pourtant qu'aux travaux de l'hiver, dont la pénible trace a disparu.

Cette réflexion est surtout applicable à *Bernard Rossellino*, dont très-peu d'architectes ont entendu parler, dont la vie fut occupée par beaucoup de travaux qui, pour la plupart, n'étoient pas de nature à procurer une longue renommée, et auquel le sort envia le bonheur d'exécuter et de rachever les plus grandes entreprises qu'ait conçues le génie de l'architecture moderne. C'est sous ce dernier rapport, que *Bernard Rossellino* mérite une mention des plus distinguées dans l'histoire de cet art.

Il y eut effectivement, dans le quinzième siècle, plusieurs hommes de génie, dont on peut dire que les occasions seules leur ont manqué. De ce nombre furent Léon Batista Alberti (*voyez* ALBERTI) et *Bernard Rossellino*. Tous deux associés, par la confiance du pape Nicolas V, aux grands travaux qui devoient illustrer son règne, ils devancèrent Bramante dans la conception de la basilique de Saint-Pierre : et qui sait s'ils ne l'eussent pas surpassé, à juger de semblables entreprises par l'ambition et le goût des souverains qui les commandent? Rome, en effet, n'a point eu de pontife, sans excepter Jules II, aussi ardent amateur des arts et des monumens que Nicolas V. Il conçut par lui-même les plus vastes projets, et ses connoissances étoient au niveau de son goût; car, ainsi que l'observe Vasari, si les artistes pouvoient diriger son goût, il n'étoit pas moins propre à les diriger dans leurs travaux. *Et*, continue-t-il, *ce qui contribue puissamment au succès des grandes entreprises, c'est que celui qui les commande, connoisseur par lui-même, soit capable d'une décision prompte; car s'il est irrésolu, et si, au milieu de divers projets, il reste flottant entre le oui et le non, il perd souvent sans fruit, et laisse passer le temps d'exécuter.*

Léon Batista Alberti, dont Nicolas V sut apprécier le génie, ne paroit cependant avoir eu d'autre part, que celle du conseil dans les vastes inventions que ce Pape méditoit. *Bernard Rossellino* fut son architecte favori. Ce fut lui, en effet, qui donna les premiers plans de la basilique de Saint-Pierre. Déjà même la partie du chevet de l'église étoit hors de terre, lorsque Nicolas V mourut, et le seizième siècle hérita, non-seulement de l'entreprise, mais encore de l'honneur de l'avoir conçue.

Giannozo Manetti, dans la Vie du pape Nicolas V, nous a transmis une description du projet de *Rossellino*. Quoique la description d'un édifice qui ne fut point exécuté, et dont il ne reste aucun vestige, ne soit guère propre à offrir une idée bien claire de sa composition, nous avons cru cependant qu'une notion aussi curieuse pour l'histoire de l'architecture, auroit plus d'une sorte d'intérêt. Quand on n'y verroit que le germe de l'église de Saint-Pierre, ce germe mériteroit d'être recueilli. Mais peut-être y verra-t-on encore quelques détails dont la tradition a pu influer sur la destinée du plus grand édifice qui soit au monde.

Rossellino, encouragé par le génie de Nicolas V, conçut son projet avec ses accessoires, dans des dimensions qui paroissent fort rapprochées de celles qu'offre l'ensemble du monument actuel. La basilique qu'il projeta, devoit s'étendre fort au-delà de l'ancienne. Son chevet, la seule partie qui fût commencée, s'élevoit à l'endroit occupé par le petit temple ou tombeau de Probus, lequel étoit situé en dehors et au bout de l'hémicycle de l'ancien Saint-Pierre, et qui fut démoli pour faire place à la nouvelle construction. Le plan général du temple étoit imité de celui des basiliques antiques : une vaste nef formée par des colonnes de quarante coudées, et accompagnées, de chaque côté, par deux nefs collatérales, se trouvoit coupée par une croisée de cent quatre-vingts coudées de longueur. La largeur générale du temple, sans y comprendre la croisée, étoit de cent vingt coudées, et sa longueur, depuis le premier vestibule, étoit de cinq cents. L'hémicycle, ou ce qu'on appelle en Italie la *tribune*, avoit quarante coudées de large, et soixante-quinze de longueur. Elle étoit environnée de gradins en amphithéâtre, et éclairée par des fenêtres en œil-de-bœuf. L'autel étoit situé en avant de la croisée. Au centre de celle-ci s'élevoit une coupole de cent coudées de haut. L'œil de la voûte servoit en même temps de fenêtre, par où la lumière se répandoit dans l'intérieur.

On n'arrivoit à l'église qu'après avoir traversé trois vestibules. Entre celui qui tenoit à l'église, et le second, étoit une cour environnée de portiques, et qui renfermoit les logemens des chanoines. Au milieu étoit une grande fontaine, couronnée par une pomme de pin (probablement celle du mausolée d'Adrien, aujourd'hui au belvédère du Vatican). Le premier vestibule ou celui d'entrée, avoit cinq portes, et à ses extrémités s'élevoient deux tours ou campaniles, desquels partoit, de chaque côté, un grand mur qui environnoit le temple, jusqu'aux branches de la croisée. En avant de ce vestibule, élevé sur une grande esplanade à degrés, s'étendoit une vaste place de cinq cents pas de long sur cent de large, environnée de colonnes. A cette place venoient aboutir trois rues formant patte d'oie, et faisant partie du projet général qu'avoit conçu Nicolas V, de rebâtir à neuf tout le quartier de *Borgo nuovo*.

Bernard Rossellino fut encore l'auteur de cet immense et magnifique plan, dont celui qu'on vient de décrire n'eût été qu'une petite partie. Selon ce plan, tout le quartier qu'on vient de nommer, devoit devenir une ville nouvelle, qu'on auroit appelée la ville du Vatican. Trois grandes rues, avec des portiques couverts, auroient conduit à Saint-Pierre et au palais pontifical. Ce palais devoit être reconstruit à neuf, et renfermer tous les bureaux, offices, tribunaux administratifs, civils et ecclésiastiques. On y établissoit des demeures pour tous les princes de la chrétienté, un théâtre pour le couronnement des Papes, un local pour le conclave, des bibliothèques, des jardins, des fontaines, des portiques de tout genre. Enfin, c'eût été moins un palais, qu'une espèce d'abrégé du monde chrétien, au milieu duquel auroit habité le chef de la chrétienté. Il paroît que ces travaux eurent un commencement d'exécution, et une tour qu'on voit encore, s'appelle la *tour de Nicolas V*.

Ce Pape employa *Bernard Rossellino* à la réparation et à la reconstruction de ce qu'on appelle, à Rome, les quarante églises, ou les églises à station. Cet architecte restaura Santa-Maria *in Transtevere*, Saint-Praxède, Saint-Théodore, Saint-Pierre-aux-liens et beaucoup d'autres d'une moindre importance. Mais il se distingua surtout dans les travaux des six plus grandes églises; telles que Saint-Jean de Latran, Sainte-Marie-Majeure, Saint-Etienne-du-Mont, les Saints-Apôtres. Quant à Saint-Pierre, on a vu de quelle manière il comptoit en renouveler la totalité.

Le zèle du Pape et la capacité de *Rossellino* s'étendirent à tous les objets d'amélioration, de salubrité et d'embellissement de la ville de Rome. Ses murs furent réparés, et fortifiés par des tours construites de distance en distance. Le château Saint-Ange fut mis en état de défense au dehors, et embelli dans son intérieur. Depuis l'empereur Adrien, Rome n'avoit pas vu de prince possédé de la passion de bâtir, comme le fut Nicolas V.

Il ne la renferma pas seulement dans Rome.

Rossellino

Rossellino la servit encore dans beaucoup d'autres villes. Par ses ordres, nous dit Gianozzo Manetti, il refit la place de la ville de Fabriano, selon un dessin régulier, et l'environna de boutiques commodes et agréables. Il renouvela plutôt qu'il ne restaura l'église de Saint-François, qui tomboit en ruines. A Gualdo, il remit à neuf et augmenta de nouveaux bâtimens l'église de Saint-Benoît. A Assise, il refit les fondations et la couverture de l'église de Saint-François, et renforça sa construction qui menaçoit d'une ruine prochaine.

Civita-Vecchia fut embellie par lui d'édifices magnifiques, et Civita-Castellana lui dut la construction de ses murailles.

Narni, Orvietto et Spoleta furent fortifiées par ses soins, avec autant d'intelligence que de solidité.

Bernard Rossellino ne fut pas seulement à la tête des architectes de son siècle, il prit aussi rang parmi les premiers sculpteurs de cette époque. Son frère *Antonio*, livré plus particulièrement à la sculpture, paroît avoir été son maître dans cet art. Il mourut jeune, et *Bernard* succéda à son talent et à ses entreprises.

Les mausolées, dont nous avons fait connoître le goût et la composition, à l'article MAUSOLÉE (*voyez* ce mot), étoient alors une source assez féconde d'ouvrages pour la sculpture. Le genre d'idées et de sujets que l'usage avoit accrédité dans les églises, exigeoit assez volontiers, par les travaux d'ornement architectural répandus sur les soubassemens, et beaucoup d'autres accessoires, le concours du sculpteur et de l'architecte; *Bernard Rossellino* réunissant les deux talens, se montra, pour son siècle, supérieur dans l'un et dans l'autre. Il porta la finesse du ciseau, la grâce des ornemens et le bon goût des détails de l'architecture, à un point qui a fait mettre un de ses ouvrages, sous le nom du sculpteur le plus célèbre alors en ce genre (Desiderio da Settignano), je parle du tombeau de la bienheureuse Villana, dans l'église de Santa-Maria-Novella. M. Cicognara a réfuté l'erreur où étoient tombés tous les biographes, en découvrant le marché fait avec *Bernard* pour ce monument, avec le procureur du couvent de Santa-Maria-Novella, en 1451.

Mais le plus bel ouvrage de *Bernard Rossellino* est le mausolée du célèbre historien de Florence, Leonardo Bruni d'Arezzo, qu'on voit dans l'église de Sainte-Croix, en face de celui de Michel Ange, chef-d'œuvre de sagesse, de bon goût et de délicatesse d'exécution. Les anges qui, sur le soubassement, supportent et accompagnent la table de l'épitaphe, sont, dit M. Cicognara, d'une sculpture égale, pour l'élégance, à celle de Laurent Ghiberti. Les deux aigles semblent être l'ouvrage d'un ciseau antique. En voyant cet ensemble, que l'on prendroit aussi, quant à la masse, aux détails des profils, au bon goût des ornemens, pour une émanation de l'antiquité, on peut affirmer que depuis cette époque, l'art n'a rien produit en ce genre de plus parfait.

ROSSI (DE) *Jean-Antoine*, né en 1616, mort en 1695.

Antoine de Rossi naquit près de Bergame, dans une terre appelée *Brembato*. Il reçut quelques principes d'architecture d'un maître obscur. Sans avoir appris à dessiner, il devint bon architecte. Il le dut à l'examen et à l'étude des beaux monumens de Rome; aussi fut-il obligé d'avoir souvent recours, pour rendre ses idées, à une main étrangère. Mais l'art de l'architecture consiste beaucoup moins dans l'exécution graphique, souvent fort étrangère au don de la pensée et de l'invention, que dans les combinaisons de l'esprit, auxquelles rien ne supplée.

Un des ouvrages d'*Antoine de Rossi*, qu'on se plaît davantage à vanter, est à Rome le palais Renuccini, construit dans le Cours. Certainement sa façade, qu'on voit dans la seconde partie du Recueil des palais de Rome, par Ferrerio, présente une masse, dont la proportion, la disposition et le bel accord rappellent le genre et le caractère des plus beaux ouvrages du seizième siècle. Belle division des étages, justes rapports entre les pleins et les vides, heureuse répétition des fenêtres, bon emploi des chaînes de bossages, tout y est louable; on n'y peut trouver à redire que les formes lourdes des frontons qui couronnent les chambranles des fenêtres, et quelques détails capricieux qui les déparent. Mais c'étoit là une de ces modes auxquelles se font reconnoître les édifices de ce siècle: du reste, on fait moins de cas de la partie en retour de ce palais, ainsi que de son entrée, qui est sombre, défaut qu'on croit dû à celui de l'emplacement.

Mais il faut citer, comme l'ouvrage le plus remarquable d'*Antoine de Rossi*, le grand palais Altieri, un des plus magnifiques de Rome, et qui joint la beauté de l'intérieur à celle de l'extérieur. La division de ses étages est des mieux entendue; l'espacement des fenêtres ne l'est pas moins. Les frontons qui en couronnent les chambranles, sont purs et exempts de tout détail inutile ou bizarre. L'ensemble de toute cette masse est grandiose et du plus bel effet; l'entablement, sans être des plus purs, a, par sa combinaison avec les consoles qui le supportent, et les petites fenêtres du *Mezzanino*, intercalées de distance en distance entre les consoles, l'avantage d'offrir à toute la masse un couronnement riche sans lourdeur, et varié sans confusion. On trouve un peu grêles les deux colonnes qui accompagnent la porte d'entrée.

La cour de ce palais forme un grand carré, environné de portiques ou d'arcades, dont les piédroits sont ornés de pilastres. L'architecture en est belle et gracieuse, et par cela même, répond moins bien qu'on ne le desireroit, au caractère magnifique, en même temps que grave de l'extérieur. L'escalier est vaste et bien éclairé : on regrette que les pilastres qui en soutiennent la voûte, le rétrécissent par intervalles. Les balustres d'appui sont inclinés pour suivre la pente de la rampe : on trouve une apparence un peu mesquine, aux portes des appartemens sur les paliers.

Ce magnifique palais, comme la plupart des grandes entreprises, que toutes sortes de circonstances contrarient, a l'inconvénient de manquer d'unité dans les parties dont il est composé. Ainsi sa partie la plus étendue, a plus de hauteur que celle qui donne sur la place de l'église du Jésus, et sembleroit former un palais distinct de l'autre, sur la place de Venise. On y voit une grande porte qui conduit à un grand *cortile* rectangulaire, mis en communication avec l'autre cour dont on a parlé. On doit regretter, sans doute, qu'un si grand édifice, isolé de toute part, et qui compte parmi les plus magnifiques palais de Rome, manque de cette régularité qui auroit dû en faire un tout complet.

Antoine de Rossi éleva encore les palais Astalli et Muti, au pied du Capitole. Il construisit l'hôpital des femmes à Saint-Jean de Latran, l'église de Saint-Pantaléon, la chapelle du Mont-de-Piété, joli ouvrage, mais un peu incorrect, l'église de la Madeleine, qu'il laissa imparfaite. Après lui elle fut terminée par divers artistes qui ne lui épargnèrent ni défauts, ni ridicules, tant en dedans qu'au dehors.

Le grand nombre d'édifices construits par *Antoine de Rossi*, soit à Rome, soit dans les pays étrangers, lui procurèrent une fortune considérable pour le temps : on l'évalue à plus de 80 mille écus romains, ou 40,000 livres de France. N'ayant point d'enfans, il disposa de sa fortune en bonnes œuvres. Il en fit trois parts; une qu'il laissa à l'hôpital de la Consolation, l'autre à l'église appelée *Sancta Sanctorum*, et il consacra la troisième à doter de pauvres filles.

Antoine de Rossi fut très-désintéressé, et la générosité étoit en lui comme une qualité naturelle. Il en donna une preuve au peintre Baccicio, qui desiroit ardemment d'acquérir de lui une maison qu'il n'avoit aucun besoin de vendre; *de Rossi* y consentit, mais il ne voulut jamais accepter rien au-delà du prix qu'il en avoit autrefois donné, quelqu'offres avantageuses que Baccicio l'eût pressé d'accepter.

Antoine de Rossi avoit le parler résolu, l'air un peu altier et dédaigneux. Quant à l'architecture, l'on doit dire que sa manière fut grande et large. Nul n'eut plus d'habileté pour trouver les moyens d'éclairer les intérieurs. Son goût d'orner fut assez sage. Il possédoit particulièrement l'art de s'accommoder aux emplacemens, d'en tirer un parti avantageux, et de donner de la grandeur, même aux plus petits espaces.

Rossi (de) *Mathias*, né en 1637, mort en 1695.

Cet architecte ne fut point fils d'Antoine de Rossi dont on vient de parler, mais bien d'un certain Marc-Antoine de Rossi, architecte médiocre, auquel il dut une bonne éducation.

Après s'être livré à l'étude des belles-lettres et de la géométrie, il entra dans l'école de Bernin, qui l'affectionna plus que tous ses autres élèves, qui le conduisit avec lui en France, et l'employa toujours de préférence dans ses plus grands ouvrages.

Mathias de Rossi eut à diriger la construction d'un palais que Clément IX fit bâtir à Lamporechio, et celle d'une église à Monterano. Par ordre du Pape, il publia un rapport étendu sur l'état de la coupole de Saint-Pierre, dans lequel il prouva d'abord, que toutes les craintes qu'on avoit de sa ruine étoient chimériques, et ensuite que Bernin n'avoit fait que suivre le projet des fondateurs de la coupole, en pratiquant une niche et un balcon dans les énormes piliers qui la supportent.

Bernin mort, *de Rossi* succéda à la plupart de ses emplois, et le remplaça comme architecte de Saint-Pierre.

— Le tombeau de Clément X, dans le temple du Vatican, la façade de Santa-Galla, la grande porte à bossages, et qui donne sur les derrières du palais Altieri, ainsi que les écuries, le bâtiment de la Douane à *Ripa grande*, furent l'ouvrage de *Mathias de Rossi*.

Il fit pour l'oratoire du Père Caravita un projet, dont la trop grande dépense empêcha l'exécution. Il eut une très-grande part dans la construction du palais de Monte-Citorio : de lui sont le grand escalier, le portique et le dernier étage. Le pape Innocent XII, juste appréciateur des talens, faisoit un grand cas de son mérite, et l'honora de la croix de l'Ordre du Christ.

Mathias de Rossi avoit été appelé en France pour prendre part aux travaux de Bernin. Il mérita les bonnes grâces de Louis XIV, et exécuta, entr'autres choses, un modèle du palais du Louvre. La guerre ayant suspendu les projets, il quitta la France, comblé d'honneurs et de présens.

De retour en Italie, il construisit pour le prince Pamphile, à Valmontone, une charmante église en rotonde, de forme elliptique, et surmontée d'une coupole de bon goût. On admire l'architecture de ce monument, et en particulier son campanile.

Innocent XII chargea notre architecte d'aller examiner les marais appelés *Chiane*, et de lui faire un rapport exact sur les dommages que les eaux avoient pu occasionner dans le voisinage. De retour de cette mission, il fut attaqué à Rome d'une violente rétention d'urine, dont il mourut à l'âge de cinquante-huit ans.

Mathias de Rossi fut universellement regretté, et autant pour ses qualités personnelles que pour son talent. Il avoit d'agréables manières, des mœurs distinguées et de la gaieté dans le caractère. Quant à son art, on doit dire qu'il y avoit de profondes connoissances; il dessinoit bien, composoit avec facilité, et son style, pour l'âge où il vécut, ne manque pas d'une certaine correction.

ROSSIGNOL, sub. m. Coin de bois qu'on met dans les mortaises qui sont trop longues, lorsqu'on veut serrer quelque pièce de bois, comme jambes de bois ou autres.

ROSTRALE (colonne). *Voyez* COLONNE.

ROSTRES, s. m. pl. On doit se représenter les *rostres* à Rome comme une espèce d'estrade, ou formée en manière de tribune par la figure même d'une proue de vaisseau, ou posée sur un soubassement orné de ces becs de navires, que les Romains appeloient *rostra*.

Nous avons déjà vu à l'article MAUSOLÉE (*voyez* ce mot), la grande composition du bûcher d'Ephæstion s'élever sur un soubassement orné de proues de vaisseaux. Ainsi les Romains avoient orné leur *Forum*, c'est-à-dire leur grande place, des becs des navires enlevés sur les Carthaginois, dans le premier combat naval qu'ils soutinrent contre eux. Il est permis de croire que cette sorte de trophée temporaire fut converti par la suite en matière plus durable, et que les proues de vaisseau purent devenir un ornement courant dans l'architecture, comme nous les voyons employées dans la colonne rostrale.

Cet ornement, qui n'étoit qu'une partie de la décoration de la place, lui donna à la fin son nom, et encore à une autre place; car il y avoit deux *rostres* à Rome, *vetera* et *nova*.

Les *rostra nova* furent aussi appelés *Julia*, soit parce qu'ils étoient situés auprès du temple d'Auguste, soit comme ayant été l'ouvrage de Jules-César, soit enfin qu'Auguste en eût ordonné la restauration.

ROTIE, s. f. On donne ce nom, dans le bâtiment, à un exhaussement qu'on pratique sur un mur de clôture mitoyen, et de la demi-épaisseur de ce mur, c'est-à-dire d'environ neuf pouces, avec de petits contre-forts d'espace en espace, qui portent sur le reste du mur. Cet exhaussement a pour objet, soit de se couvrir de la vue d'un voisin, soit d'offrir un supplément d'espace pour palisser les branches d'un espalier.

Suivant la coutume des bâtimens, ce supplément ne doit pas excéder dix pieds sous le chaperon (y compris la hauteur du mur), à moins de payer les charges.

ROTONDE, s. f. Nom général qu'on donne à un édifice circulaire, mais particulièrement à celui qui l'est à l'intérieur comme à l'extérieur, et qui se termine en coupole ou couverture également circulaire ou sphérique.

Nous avons déjà fait observer qu'on ne trouve dans tous les monumens de l'Egypte aucune trace de *rotonde* ou de bâtiment circulaire. Ce n'est pas qu'il eût été plus difficile aux Egyptiens qu'aux autres peuples de tracer un plan circulaire, et de façonner les matériaux au gré de la légère portion de courbure qu'eût exigée l'élévation pour répondre à la forme du plan. La véritable raison qui nous paroît expliquer cette absence de *rotonde* chez eux, c'est le manque des moyens de couverture.

Il faut, en effet, toujours poser dans les inventions comme dans les travaux de l'architecture, la préexistence de quelque pratique fondée sur les causes naturelles. Les arcs et les voûtes n'ont rien d'assez difficile à imaginer, pour qu'on puisse supposer qu'une nation ait long-temps construit en pierres, sans avoir eu l'idée de les tailler en claveaux; mais cette idée exigera, pour se produire, que l'usage ait amené et rendu nécessaires de grandes ouvertures, et le besoin de les couvrir. En Egypte, les premiers erremens de la construction en pierre avoient suffi au besoin d'unir les colonnes et d'en couvrir les galeries par de grandes dales d'un seul morceau. Cela une fois pratiqué, le fut toujours. Les temples, à ce qu'il paroît, n'eurent jamais besoin de ces salles intérieures qui veulent d'immenses couvertures, et la pénurie de bois en Egypte dut concourir, avec les pratiques déjà consacrées, à repousser l'idée d'employer la charpente dans les édifices.

C'est pourtant, beaucoup plus qu'on ne pense, l'emploi du bois et la facilité de couvrir les intérieurs en charpente, qui durent faire naître et propager la pratique des arcades et celle des voûtes et des coupoles bâties en matériaux solides. La charpente donnant des moyens simples et économiques, de réunir sous une vaste toiture les plus grands espaces, les salles les plus étendues, et cet usage une fois devenu un besoin, le progrès naturel des idées dut porter à remplacer les ouvrages de la charpente, par des constructions plus solides et plus durables. On banda en pierre les cintres des arcades: de proche en proche, on en vint à voûter des intérieurs de portiques et des espaces plus larges, et enfin on éleva en matériaux solides les couvertures des *rotondes*.

L'usage du bois étant entré comme élément dans tous les essais de l'architecture en Grèce, devoit conduire à ces résultats, et on pourroit l'affirmer, quand l'histoire des monumens ne le prouveroit pas.

D'abord, que les Grecs aient construit ce que nous appelons des *rotondes*, c'est ce qu'on ne peut révoquer en doute, ensuite qu'ils aient employé la charpente à couvrir en forme cintrée de somblables intérieurs, c'est encore plus certainement prouvé. Nous avons vu au mot Odéon, que ce monument avoit sa couverture faite avec les antennes des vaisseaux des Perses, et que sa forme pyramidale rappeloit l'idée de la tente de Xerxès.

Mais les Grecs appeloient précisément ce que nous appelons *rotonde*, de deux mots qui ont la même signification : *oikêma periphérès*. C'est sous ce titre que Pausanias, *lib. V, ch.* 20, nous décrit l'édifice nommé *Philippeum*. C'étoit un monument élevé en l'honneur de Philippe, roi de Macédoine. Il étoit voûté en bois, et au sommet se trouvoit un pivot en bronze (probablement fait en forme de fleuron), qui servoit de lien aux poutres dont se composoit la couverture.

Les Grecs appeloient encore *tholos* ce que nous nommons *rotonde*. Pausanias, liv. II, chap. 27, parle d'un monument qu'on voyoit à Epidaure. C'étoit une *rotonde, oikêma periphérès*, construite en marbre blanc : on l'appelle, dit-il, *tholos*; c'est un ouvrage digne d'admiration. Il donne également le nom de *tholos* à un édifice d'Athènes (liv. I, chap. 5), où les prytanes avoient coutume de sacrifier. Mais un édifice plus ancien, étoit à Orchomènes, le Trésor des Minyas, merveille, dit Pausanias, non moins étonnante que celles qu'on peut voir dans la Grèce et ailleurs. Il étoit en *rotonde* (*periphérès*),[a] construit de marbre; il se terminoit par un comble qui n'étoit pas trop aigu. Cette couverture (que nous appellerions une *coupole*) étoit en pierres, auxquelles une clef de même matière servoit de résistance.

Ainsi, l'on voit que dès la plus haute antiquité, il y eut en Grèce des coupoles, non-seulement en bois, mais construites en voûtes de pierre; et nous avons dû placer ici des notions qui tendront à modifier, sur ce point, ou à étendre celles que l'on trouve au mot Coupole. *Voyez* cet article.

Nous avons, à cet article, embrassé trop au long les notions et les descriptions des coupoles chez les Romains, et jusqu'aux siècles du moyen âge, pour que nous nous permettions de les reproduire ici sous le mot de *rotonde*, qui, d'après l'usage, est devenu *synonyme* de coupole. Nous nous contenterons donc de dire que sous le nom de *rotonde*, on désigne, même vulgairement à Rome, le grand monument connu par tout le monde sous le nom de *Panthéon*; que Rome compte encore beaucoup d'autres *rotondes* antiques, telles que celle que l'on appelle de *Minerva medica*, quoique son plan soit polygone; celle d'un temple antique, actuellement Saint-Côme et Saint-Damien; celle d'un temple de Bacchus, aujourd'hui Sainte-Constance; telles que plusieurs salles des thermes de Caracalla et de Dioclétien, et qui existent encore ragréées et restaurées, l'une sous le nom d'église de Saint-Bernard, l'autre comme formant le vestibule de l'église des Chartreux. Dans la baie de Pouzzol, on admire aussi deux grandes constructions antiques, voûtées en forme de *rotonde*, qu'on dit être, l'une un ancien temple de Diane, l'autre un temple de Vénus. *Voyez* Coupole.

Le mot de *rotonde*, quoique synonyme, ainsi qu'on l'a dit, du mot coupole, ne nous paroît cependant point applicable, d'après l'usage, à ces grandes constructions modernes, que l'on appelle le plus souvent *dômes* ou *coupoles sur pendantifs*. Sans doute si, décomposant l'ensemble des églises qui en sont ornées, on veut examiner et juger ces dômes en eux-mêmes, et abstraction faite de l'ensemble dont ils font partie, ils seront des *rotondes*; mais il semble qu'on nomme plus volontiers de ce nom, ces coupoles isolées qui portent de fond, et forment à elles toutes seules le monument. Rome moderne compte beaucoup de ces édifices, construits surtout dans le dix-septième siècle. On citera dans le nombre, l'église de Saint-André, à Montecavallo, ou le noviciat des Jésuites, architecture de Bernin (*voyez* Bernin), et les deux églises de la place del Popolo, construites par Charles Rainaldi. *Voyez* son article.

Il est peu de grandes villes qui n'ait quelques églises en *rotonde*. La chapelle de l'Escurial, qui est la sépulture des rois d'Espagne, est appelée *le Panthéon*, parce qu'à l'imitation de celui de Rome, elle est bâtie en *rotonde*.

La grande chapelle des Médicis, et qui est aussi leur sépulture, à Florence, est une vaste et magnifique *rotonde*, dont nous avons parlé à l'article Nigetti.

La chapelle des Valois étoit jadis une *rotonde*, dont on doit regretter la destruction. Paris a aussi quelques *rotondes* : telle est (rue Saint-Antoine) l'église de la Visitation de Sainte-Marie, bâtie par François Mansart, et dont on a fait une mention expresse à l'article de cet architecte. Telle est, dans une beaucoup plus grande proportion, l'église de l'Assomption, dite aujourd'hui *de la Madelaine*.

Nous devons dire qu'on peut encore appeler, et qu'on appelle effectivement *rotonde*, certaines constructions sur un plan circulaire, qui se composent d'un seul rang de colonnes. Plusieurs temples antiques, entr'autres celui qu'on nomme *de Sérapis*, à Pouzzol, consistoient en une colonnade de ce genre, et on les appeloit *monoptères*, c'est-à-dire, n'ayant que des colonnes sans mur. Dans les jardins de Versailles, on voit une semblable *rotonde*, formée de colonnes de marbre.

ROUET, s. m. Assemblage circulaire, à queue d'aronde, de quatre ou plusieurs plates-formes de bois de chêne, sur lequel on pose en retraite la première assise de pierres ou de moellons à sec, pour fonder, soit un puits, soit un bassin de fontaine.

On donne encore le nom de *rouet*, par exemple :

A l'enrayure de charpente, ronde ou à pans,

d'une flèche de clocher, ou d'une lanterne de dôme;

A une roue garnie de dents, placée sur l'arbre d'un moulin à vent ou à eau, laquelle engrène avec les fuseaux de la lanterne;

A une petite roue de bois dur, ou de métal, cannelée sur son épaisseur, au centre de laquelle est un axe, et qui, étant placée dans une chappe, forme une poulie;

En serrurerie, à un morceau de tôle arrondie en élévation, pour servir de gardes. Il y en a un très-grand nombre qu'on distingue par des noms différens.

ROUGE-BRUN. *Rouge* auquel on mêle du noir. *Voyez* COULEURS.

ROULEAU, s. m. plur. Espèce de cylindre, le plus souvent en bois, qui sert à mouvoir les plus pesans fardeaux, pour les conduire d'un lieu à un autre.

Il y a de ces *rouleaux* qu'on nomme *sans fin*, ou *tours terriers*, parce qu'on les fait tourner au moyen de leviers. Ils sont assemblés sous une poulie, avec des entretoises ou des moises.

ROULEAUX, s. m. plur. Les ouvriers appellent ainsi vulgairement, au lieu du mot enroulement, les parties qui terminent en rond les modillons ou les consoles, et encore les parties contournées des panneaux et ornemens qui se répètent, en serrurerie.

On donne encore le nom de *rouleaux* aux enroulemens des parterres. *Voyez* ENROULEMENT.

ROULONS, s. m. plur. On appelle ainsi les petits barreaux ou échelons d'un râtelier d'écurie, quand ils sont faits au tour, en manière de balustres ralongés, comme cela se pratique dans les belles écuries.

On nomme de même *roulons* les petits balustres des bancs d'église.

ROUTE, s. f. Est un synonyme de *chemin*, de *voie*. Ce mot a peut-être, en français, une plus grande extension d'idée, dans l'acception des distances à parcourir. Ainsi, on dira plutôt la *route*, que le *chemin* de Paris à Marseille.

Le mot *route* n'est guère d'usage dans le jardinage. On fait des allées dans un jardin, mais on pratique des *routes* dans un grand parc. L'idée de *route* semble devoir comporter celle d'une voie pratiquée, pour pouvoir y aller et y rouler en voiture. Cela même, en donnant clairement la définition du mot, en indiqueroit peut-être aussi l'étymologie, qui seroit le mot *rota*, *roue*. Les Anciens personnifioient les voies publiques sous la figure d'une femme appuyée sur une *roue*. La roue étoit le symbole de la *route*.

ROUTIER, ERE, adj. On appelle *carte routière*, un ouvrage qui contient la collection des cartes de toutes les routes de la France, avec toutes leurs mesures et distances d'un lieu à un autre, et avec tous les renseignemens dont les voyageurs et l'administration peuvent avoir besoin.

RUBAN, s. m. C'est, sur les profils de l'architecture, un ornement composé et exécuté par la sculpture, à l'imitation d'un *ruban* qui s'enrouleroit sans fin sur une baguette. Cet ornement se taille avec plus ou moins de relief, ou plus ou moins d'évidure.

RUDENTURE, s. m. C'est le nom qu'on donne à une sorte de bâton, ou simple, ou taillé en manière de corde ou de roseau, dont on remplit fort souvent jusqu'au tiers, à partir d'en bas, les cannelures d'une colonne. On appelle alors ces cannelures *rudentées*.

Nous avons déjà, au mot CANNELURE, fait assez connoître l'origine des *rudentures*, en montrant la raison qui les fit inventer, et le genre d'utilité qui en fut la raison. Nous ne dirons rien de plus ici sur cet objet. *Voyez* CANNELURES.

A cet article nous avons rendu compte de quelques motifs qui ont pu engager l'architecte du péristyle de Sainte-Genevieve à laisser, ou a pratiquer des *rudentures*, dans toute la hauteur des cannelures de ses colonnes corinthiennes. Mais nous devons faire observer ici que cette pratique a pour soi peu d'exemples et peu de bonnes raisons.

L'objet principal de la *rudenture*, à consulter son origine et son utilité, étant d'affecter plus de solidité dans les parties inférieures de la colonne, et aussi de fortifier les arêtes de la cannelure, et de les garantir des accidens qui menacent les colonnes posées à terre ou à rez-de-chaussée, la raison semble vouloir que la *rudenture* ne se pratique, ni dans les parties supérieures de la colonne, ni dans les colonnes qui sont, ou élevées sur des piédestaux, ou placées hors des atteintes des passans.

Le besoin de la *rudenture* n'existant plus dans ces deux cas, ceux qui ne laissent pas de les employer, font seulement voir qu'ils emploient des choses dont ils ne comprennent ni l'origine ni la raison.

Nous nous bornerons encore à remarquer que quelquefois on emploie la *rudenture* de relief sur certains objets, c'est-à-dire, sans qu'elle remplisse le creux d'une cannelure. Ce n'est alors qu'un simple ornement sans motif; ce qui est arrivé fréquemment dans l'architecture, de la part d'hommes habitués à ne reconnoître, pour l'esprit, aucune raison aux ornemens, de quelque genre qu'ils soient, et à les employer pour le simple amusement des yeux. Du reste, ces *rudentures* en relief n'ont guère été appliquées qu'à certains pilastres en gaine, objets eux-mêmes de caprice et de mauvais goût.

RUDÉRATION, s. f. Vitruve appelle de ce nom, une maçonnerie assez grossière, qu'on nomme aujourd'hui *hourdage*. On l'employoit jadis particulièrement aux aires des planchers et de pavemens. *Voyez* le mot AIRE.

Rudération, en latin *ruderatio*, vient du mot *rudus*.

RUDUS est le mot latin employé par Vitruve, pour exprimer les sortes de matériaux, plâtras ou pierrailles, avec quoi se faisoit le second massif des *aires antiques*.

RUE, s. f. Nom qu'on donne, dans les villes, à l'espace de terrain, qui reste libre pour la voie publique, entre les maisons ou les bâtimens qui les bordent des deux côtés.

Une ville est un composé de bâtimens, de *rues*, et de places publiques. Au mot PLACE, nous avons déjà eu l'occasion de faire observer, que la beauté des places et des *rues* est ce qui contribue le plus à celle des villes, mais que malheureusement, chez les Modernes surtout, il s'est donné peu d'occasions de les établir *sur* des plans réguliers, fixés d'avance, et propres à leur procurer des percés réguliers et des *rues* symétriques. Nous voyons, dans l'antiquité, beaucoup de villes se former par des fondations nouvelles de colonies, qui s'établissant par choix, ou par force, sur des terrains libres, procédoient à leur distribution, avec ordre et intelligence. On commençoit par tracer le plan de l'enceinte et des murs qui devoient la borner; on determinoit ses expositions, on fixoit le nombre et la position de ses portes. De-là pouvoient résulter de ces directions générales, qui, mises en rapport avec les principaux monumens, commandés par le besoin et par l'usage, étoient de nature à faciliter des communications heureuses entre les *rues*, et à leur procurer la régularité qu'on cherche souvent en vain à y introduire après coup.

Peu de villes modernes ont eu de semblables commencemens. On peut dire que presques toutes, grandes, moyennes ou petites, sont nées d'un certain ordre de causes qu'on ne peut pas toujours appeler fortuites, parce que, presque partout, la nature a destiné certaines positions à recevoir des rassemblemens de maisons. Mais ce qu'on peut affirmer, c'est que le hasard seul a présidé aux premières directions des masses de bâtimens ou de maisons, et aux espaces laissés entr'elles, pour y former la voie publique. C'est surtout quand on étudie, dans la topographie d'une grande ville, l'histoire de ses agrandissemens successifs, qu'on aperçoit bien clairement ces effets du hasard. Dès qu'une position heureuse a commencé à former un agrégat de maisons et de *rues* déjà plantées ou alignées sans ordre, mais auquel on peut donner le nom de *ville*, on voit se bâtir et s'établir à l'entour, de toutes parts, des habitations isolées ou des groupes de maisons qui deviendront un jour des appendices de la ville, et puis ses fauxbourgs. En effet, de ces villages à la ville, se forment peu à peu, par des bâtisses intermédiaires, des espèces de liaisons qui finissent par être des *rues*, et enfin des *rues* centrales, à mesure que la ville augmente sa circonférence. Dès-lors, comme on voit, le hasard seul des localités, a dirigé avec plus ou moins de rectitude ou de circuit, les lignes qui donnent aux *rues* leur configuration.

Ce n'est que bien long-temps après, et lorsqu'un véritable redressement, un élargissement général ne peut plus avoir lieu, qu'on procède par degrés à ces améliorations. Mais il arrive aussi que l'accroissement de population et de richesse, sollicitant de nouveaux agrandissemens, de nouveaux quartiers se construisent sur des plans arrêtés d'avance, et alors les *rues* qui s'y pratiquent, soumises aux conditions imposées aux constructeurs, deviennent les plus belles de la ville.

On fait consister ordinairement la beauté des *rues* dans leur largeur et dans leur alignement. Sous ce rapport, il n'y a point de villes qui aient de plus belles *rues* que Turin et Londres. La première, parce qu'elle est de nouvelle construction; la seconde, parce qu'après le grand incendie de 1689, elle fut toute rebâtie sur des alignemens donnés. On voit, dans cette ville, des *rues* de plusieurs milles de long, telle que la *rue* d'Oxford, et d'une largeur proportionnée. Berlin et Saint-Pétersbourg sont des villes récentes, et qui, par cette raison, n'ont point eu à réparer les fautes du hasard, et les irrégularités d'une formation successive à travers les siècles: aussi admire-t-on la grandeur et l'alignement de leurs *rues*.

L'antique Rome étoit fort loin de jouir de cet avantage. Ses *rues*, percées par des causes spontanées, étoient généralement tortueuses. Probablement l'incendie de Néron aura donné lieu d'en redresser et d'en régulariser plus d'un quartier. La Rome moderne est, sans doute, redevable à l'ancienne de quelques grandes et belles ouvertures de *rues*, dont on aura suivi les directions dans les nouvelles constructions. On doit citer les trois grandes *rues* formant ce qu'on appelle *patte d'oie*, et qui aboutissent à la porte *del Popolo*, les quatre grandes *rues* qui se traversent en croix aux *quatro fontane*, la *rue Giulia*, la *rue* de la *Lungara*, etc.

Une ville très-remarquable, et peut-être la plus remarquable de toutes celles qu'on connoît, est la capitale de la Sicile, Palerme, dont le plan général consiste de même en quatre *rues*, faisant une croix à quatre croisillons égaux, et qui, conpant ainsi la ville dans son centre, vont aboutir à quatre grandes portes bâties en arcs de triomphe. De belles places, des monumens, des fontaines, se rencontrent le long de ces vastes *rues*, et en diversifient l'aspect. Ajoutons que généralement ces *rues* présentent, dans leur alignement, toutes belles masses de constructions et de palais.

Si, en effet, la beauté des *rues* tient, selon l'opinion commune, à l'uniformité et à la régularité topographique, ce n'est là, si l'on peut dire, qu'une beauté géométrique. Dans une très-grande ville, surtout (et Londres en donne la preuve), lorsqu'une multitude de *rues*, bien symétriquement dressées et alignées, ne vous offre partout que ce mérite uniforme, l'effet en est bientôt usé, et la monotonie vous fait bientôt regretter la variété des plans moins réguliers, si de belles masses d'édifices, si les créations de l'architecture, avec les aspects toujours variés de ses ordonnances, de ses contrastes, ne viennent récréer la vue et intéresser l'esprit.

Ainsi, la ville de Gênes, bâtie par la nécessité locale, en amphithéâtre sur un terrain fort élevé, superbe à voir de dehors, mais resserrée au dedans, de façon à ne pouvoir offrir, dans sa pente, que des *rues* étroites, a trouvé le moyen d'aplanir, au bas de ses collines, un assez grand espace, où deux nouvelles et larges *rues* ont été pratiquées, la *rue* Neuve et la *rue Balbi*. Ces deux *rues* mériteroient à peine d'être citées pour leur étendue, comparées à toutes celles dont presque toutes les grandes villes offrent des exemples. Cependant telle est la magnificence, telle est la richesse, la variété des masses d'édifices qui bordent ces deux *rues*, telle est la hauteur de leurs palais, telles sont les diversités d'aspects qu'on y découvre, que par leurs effets à la fois grandioses et pittoresques, on se croit transporté devant ces décorations de théâtre, où le pinceau s'exerce librement, à produire sans dépense les plus dispendieuses merveilles. On oublieroit promptement l'effet de la simple grandeur linéaire des plus vastes *rues* des autres villes. Les deux *rues* de Gênes restent gravées dans la mémoire, comme modèle idéal de la plus grande beauté d'une ville.

C'est qu'effectivement il n'appartient qu'à l'architecture de produire la véritable beauté des *rues*; je parle de cette beauté qui ne repousse pas l'uniformité, mais qui souvent n'en a pas besoin; je parle de cette beauté que procurent les lignes harmonieuses et cadencées des édifices, qui se succèdent sous des niveaux différens; je parle de celle qui résulte des compositions variées, des ordonnances plus ou moins riches, des portiques multipliés, de l'emploi des colonnes, des vestibules de palais, des formes pyramidales, des travaux divers de la construction, et de l'effet même de la mise en œuvre des matériaux.

Mais ce sont là de ces beautés qui ne sauroient se commander dans l'embellissement des villes. Il y faut l'accord des mœurs, du goût, des circonstances politiques, et surtout des causes physiques qui, en refusant à certains pays l'usage habituel des matériaux nécessaires à l'architecture, forcent de se rabattre sur les soins de propreté, d'uniformité, de régularité, qu'une bonne police peut inspirer, et même ordonner aux particuliers, qui sont, en définitive, les seuls constructeurs des villes.

Cela étant, il n'y a rien à prescrire sur les moyens d'obtenir, dans les *rues* des villes, cette beauté dont on a parlé. On doit se contenter de la décrire ou de la faire remarquer; mais toute théorie est vaine lorsque la nature ne vient point à son aide. Lorsque les causes morales ou physiques se refusent à favoriser l'art et le goût, il faut se borner à recommander dans les redressemens d'anciennes *rues*, ou dans l'établissement des nouvelles, ce qui peut encore contribuer au bon ordre, à la commodité et à l'agrément des habitans.

Entre les choses qui procurent ces avantages, il faut compter le pavement et le nivellement des *rues*. Là où leur largeur ne permet pas l'usage des trottoirs pour les gens de pied, le pavé doit être encore plus soigné; il doit être dressé, battu et consolidé selon le genre de matière fourni par la nature des lieux (*voyez* Pavé), de façon à ce qu'il ne se forme ni affaissement ni trouée, et que les eaux y suivent les directions qu'on leur donne, pour se rendre aux égouts. Les *rues* les plus remarquables par leur pavement sont celles des villes de la Toscane, pavées par de grands blocs d'une pierre siliceuse, mais à joints incertains, et qui forment le marcher le plus égal qu'on puisse desirer. On doit citer après, la ville de Naples, dont les *rues* sont plutôt carrelées que pavées par des dales de pierre volcanique; on en pique la superficie, pour que le pied des chevaux y ait plus de prise.

Il paroît, d'après la nature du pavé des voies romaines, et d'après des restes de cet ancien pavement dans la Rome moderne, que les *rues* de l'ancienne étoient pavées comme ses chemins, c'est-à-dire, ainsi qu'à Florence, en gros blocs polygones à joints incertains. On a renoncé aujourd'hui à cette pratique, qui ne laisse pas d'être longue et difficultueuse, et qui a encore l'inconvénient d'offrir aux chevaux une aire glissante, et Rome moderne est aujourd'hui pavée de petits cubes de la même pierre.

Paris a, dans les grandes carrières de grès dont elle dispose, la facilité de tailler en pavés, de gros morceaux cubiques réunis avec le sable, et qui forment un marcher très-solide et assez égal.

Londres n'a, pour paver ses *rues*, que de gros cailloux ronds qui donnent une aire inégale, dure et raboteuse. Mais dans cette ville, le milieu des *rues* n'est que pour les chevaux et les voitures; de larges et commodes trottoirs, établis le long des maisons, procurent aux gens de pied la circulation la plus sûre et le marcher le plus uni.

Les trottoirs, là où la largeur des *rues* permet d'en établir, sont, sans aucun doute, dans une ville populeuse, ce qui contribue le plus au bon ordre et à la commodité. *Voyez* TROTTOIRS.

Nous ne recommanderons pas ici une autre disposition beaucoup plus commode encore pour les gens de pied, celle des portiques continus le long des *rues*. La ville de Bologne et celle de Turin, en Italie, jouissent de cet agrément, et Paris a encore d'anciens souvenirs de cette disposition, surtout à la Place Royale. Un nouvel exemple vient d'en être donné dans les *rues* de Rivoli et de Castiglione. Cependant, ce qui convient à des villes spacieuses et tranquilles, ne sauroit s'adopter, avec un peu d'uniformité, dans celles qui sont déjà trop étroites pour leur population. Les portiques sont un terrain perdu pour les intérieurs des maisons. D'ailleurs, peut-on prescrire à tant de convenances diverses, une méthode uniforme de bâtir?

Ce que la police peut prescrire pour le bon ordre, c'est une largeur suffisante dans les *rues* nouvelles, qui se construisent ou qui se redressent; c'est une hauteur dans les maisons, qui soit proportionnée à la largeur des *rues*, et à la solidité des matériaux et des constructions; c'est qu'aucun empêchement ne gêne la circulation, et que la propreté y soit exactement entretenue par le concours des soins de chaque maison, par des hommes payés pour l'enlèvement des immondices, ou pour le balaiement des terrains vagues, des places publiques, etc.

Mais tout ce qui entre dans les détails de l'administration publique, à cet égard, ne sauroit être l'objet de cet article. *Voyez* VOIE, VOIRIE.

On prétend que le mot *rue* vient du bas latin *rua*, qui y signifie la même chose. D'autres le font venir de *rudus*, qui exprime le massif formé de petites pierres et de mortier qui, chez les Romains, formoit l'aire sur laquelle on établissoit les pavemens et les pavés de la voie publique.

RUES DE CARRIÈRE. De quelque genre que soient les carrières, soit qu'on les exploite à ciel découvert, dans les montagnes et le long de leurs côtes, soit qu'elles soient souterraines, il faut y pratiquer des chemins, des issues, une excavation pour l'extraction, le transport ou le charroi des matériaux. Les carrières deviennent ainsi, à la longue, des espèces de villes, du moins en prennent-elles l'apparence par les *rues* qu'on y perce.

Les carrières de Pouzzolane, à Rome, converties pendant quelque temps en asyles souterrains appelés catacombes, où le christianisme naissant déroboit à la persécution ses sectateurs, étoient dans la réalité une ville souterraine. On les parcourt aujourd'hui et l'on y circule dans de véritables *rues*, qui ont leurs noms, et dont on a donné les plans et la topographie.

On en peut dire autant des carrières dont est excavé tout le sol qui environne Paris. Naples en a de semblables. Les latomies de Syracuse sont un ensemble de *rues* percées dans la carrière, d'où l'on enleva les pierres pour les constructions de cette grande ville.

RUELLE, s. f. Petite *rue* où les charrois ne peuvent point passer, et qui sert pour dégager les grandes.

RUELLE. On appelle encore ainsi, dans les chambres à coucher, et surtout dans celles qui ont des alcoves, l'espace qui, soit d'un côté, soit des deux côtés, se trouve libre entre le lit et le mur.

RUILÉE, s. f. Enduit de plâtre ou mortier, que les couvreurs mettent sur les tuiles ou l'ardoise, pour les raccorder avec les murs ou les jouées de lucarne.

RUINE, RUINES, s. f. Ce mot, au singulier et dans son sens ordinaire, exprime l'état de dépérissement et de destruction dans lequel se trouve, ou dont est menacé un bâtiment. On dit qu'un édifice menace *ruine*. On prévoit la *ruine* prochaine d'une maison. Ce n'est pas qu'on use aussi de ce mot au singulier, pour exprimer l'état de destruction consommée. Mais dans ce cas, il est plus ordinaire de l'employer au pluriel, et la raison en est, que cet état de destruction présentant la dissolution de toutes les parties, de tous les matériaux d'un édifice, offre mieux au pluriel l'image de la réalité.

Ainsi on dira que tel accident a opéré la *ruine* d'un édifice, et on dira qu'on voit en tel lieu les *ruines* de cet édifice.

S'il s'agit surtout des restes nombreux de monumens, si l'on parle de ces grands débris de villes anciennes, dont le temps n'a pu encore effacer les vestiges, on dira les *ruines* de Palmyre, de Spalatro, etc.

De même, s'il s'agit d'un vaste édifice ruiné, dont il reste ou des fragmens considérables, ou des matériaux épars. Ainsi dit-on, *interroger les ruines* du Colisée à Rome, visiter les *ruines* du Parthénon à Athènes.

Le mot *ruine* ou *ruines*, comme on le voit, s'applique donc presque toujours à d'anciens monumens. Quoiqu'il se donne ou puisse se donner à des *ruines* modernes, et cela par plus d'une cause, cependant il est certain que ces *ruines* n'ont et ne peuvent avoir pour les arts, et en général pour l'esprit, le même degré de mérite et d'intérêt. Mille idées, mille souvenirs, mille sentimens s'attachent aux *ruines* des monumens antiques, que ne sauroient produire celles d'une

fraîche

fraîche date. C'est pourquoi les *ruines*, à mesure qu'elles vieillissent, semblent acquérir plus de droit à nos respects, et par conséquent à leur conservation.

Les *ruines* des monumens antiques sont devenues un objet d'études, de recherches et d'imitation de la part des artistes, sous deux points de vue : l'un de ces points regarde l'architecture, l'autre la peinture.

L'architecture grecque a survécu à elle-même et à ses auteurs, beaucoup moins par les traditions, qui furent long-temps interrompues, que par les *ruines* de ses monumens, où l'on retrouva, lors de la renaissance des arts, les exemples qui firent revivre et les règles du goût et les notions primitives de l'art, et les procédés de la construction. L'architecture grecque ne s'est donc introduite chez presque tous les peuples modernes, que par l'effet des documens positifs qui s'étoient conservés dans les *ruines* de l'antiquité. C'est de ces *ruines* que sont nés tous ces traités élémentaires, dans lesquels chacun des plus célèbres architectes modernes, s'est efforcé de renouer le fil des traditions oubliées, de retrouver et les règles et l'esprit des proportions. C'est à l'aide de ces *ruines*, que se sont établis les parallèles des fragmens divers des ordres, de leurs chapiteaux, de leurs entablemens, de leurs bases et de tous leurs profils. C'est au moyen de ces parallèles que le goût est parvenu à fixer ce juste milieu entre toutes les variétés, qui devient pour l'artiste, non une mesure inflexible à laquelle il soit tenu de se soumettre en tout et toujours, mais une garantie contre les écarts d'une invention désordonnée.

Au reste, il faut dire que la critique de l'art antique, étudié dans ses *ruines*, fut d'abord très-incomplète, tant qu'elle n'eut pour matière ou pour objet, que les seuls vestiges jusqu'alors découverts des ouvrages de Rome, et les restes de ses monumens. Le hasard seul avoit décidé de leur perte ou de leur conservation, et il étoit à croire que ceux des derniers âges, avoient eu quelques raisons de plus pour échapper à une entière destruction. Cependant l'art antique, et en particulier celui de l'architecture, devoient compter huit ou dix siècles de durée, et s'étoient propagés dans toute l'étendue des parties de l'ancien Monde alors connu.

Enfin de plus vastes champs de *ruines* à explorer et à comparer, s'ouvrirent aux recherches de l'histoire et de la théorie des arts; bientôt le flambeau de la chronologie devoit éclairer des objets jusqu'alors confondus sous une dénomination commune à tous, et l'on devoit en venir à classer méthodiquement par siècles, par nations et par écoles, des travaux innombrables qui, de toutes parts, ressortirent de leurs *ruines*.

Il arriva, en effet, que tous les pays de l'ancien Monde furent visités et parcourus par les voyageurs. L'Italie méridionale vit rendre à la lumière les *ruines* de l'ancienne architecture grecque. La Sicile, dans plusieurs de ses temples, donna au style suivi par les Grecs, dans l'ordre dorique, des dates certaines. La Grèce vit reproduire plusieurs de ses plus beaux monumens; la position de presque toutes ses villes fut constatée par les *ruines* qui en subsistent encore. L'Asie mineure, traversée dans tous les sens, a fait reconnoître des vestiges de ses plus célèbres cités, et les monumens les plus nombreux de l'ordre ionique.

L'Egypte encore debout, si l'on peut dire, dans ses *ruines* éternelles, a livré à la critique historique les moyens de faire remonter à trois mille ans, la connoissance de son goût immuable et de ses œuvres uniformes. Le zèle des voyageurs a conquis encore au-delà de l'Egypte, des pays reculés, soumis aussi, plus tard, ou à son empire ou à celui de ses arts; et on a poussé en dernier lieu la reconnoissance de ses *ruines* jusqu'à Méroé, c'est-à-dire à plusieurs centaines de lieues au-dessus des Cataractes.

Dans le nord de l'Italie et de l'Europe, la recherche des *ruines* antiques n'a été ni moins active ni moins féconde. La langue et l'écriture de l'ancienne Etrurie devenues lisibles, nous ont montré ce pays plus ou moins affilié aux arts primitifs de la Grèce, propageant leurs semences et leur culture dans Rome naissante. Il n'est aucune ville de l'Italie qui ne se soit occupée de retrouver dans ses antiques *ruines* ses titres généalogiques. La France a exploité dans les provinces méridionales, un sol encore plein des restes de la magnificence romaine; et un zèle commun aux autres nations de l'Europe s'est plu à faire sortir de l'oubli, les témoignages encore visibles de l'ancienne domination de Rome, et de celle de ses arts.

Chaque jour voit accroître, dans des collections nouvelles, le trésor des *ruines* antiques, et bientôt au milieu de cette immensité de matériaux, peut-être ne manquera-t-il (et je parle ici de la seule architecture) qu'un homme capable d'en embrasser l'ensemble et d'en faire sortir, dans un ordre à la fois chronologique, historique, théorique et didactique, l'ouvrage qui puisse devenir le traité universel de cet art.

Nous avons dit que les *ruines* de l'architecture antique avoient aussi un rapport particulier avec la peinture.

Très-anciennement les restes des édifices antiques ont exercé le pinceau. Nous avons vu, à la vie de Raphaël (*voyez* Raphael), que pour répondre aux desirs de Léon X, ce grand artiste, non-seulement s'étoit occupé du soin de les restituer par le dessin, mais que très-probablement aussi il les avoit peints, c'est-à-dire qu'il auroit fait ce qu'on appelle des tableaux de *ruines*.

A mesure que l'art du paysage, en se développant, devint un genre séparé, il fut difficile, qu'à Rome surtout, cette ville dont les aspects doivent à ses célèbres *ruines* un caractère que nul autre pays ne peut avoir, les *ruines* ne viennent pas prêter aux inventions du paysagiste un intérêt tout particulier. Aussi ne sauroit-on dire combien de paysages se sont enrichis de la représentation plus ou moins libre de quelques *ruines* antiques.

Mais il est arrivé en ce genre, ce qu'on a vu arriver à chacune des parties nombreuses qu'embrasse l'art du paysage, primitivement confondu lui-même sous la dénomination générale de la peinture d'histoire, qui, dans le fait, renferme tout. Cependant, chaque partie de cet art contient aussi la possibilité d'une perfection de détail, d'une recherche de pratique et d'exécution, de soins et de fini, qui parvinrent à l'isoler; et le paysage eut des peintres qui ne furent que paysagistes.

Bientôt le paysage semblant embrasser la nature entière, de nouvelles divisions s'y introduisirent, et exercèrent isolément le talent spécial de quelques artistes. Ainsi la peinture des eaux et de la marine, la peinture des animaux, la peinture des fleurs, la peinture des édifices et des *ruines*, devinrent des genres séparés.

Quant au genre des *ruines*, il faut reconnoître effectivement, qu'outre le talent d'imitation qu'il exige de l'artiste, considéré comme peintre, il veut encore des connoissances précises, qui sont du domaine de l'architecture. Il faut qu'en représentant les débris d'un édifice, il puisse se rendre compte de son plan lorsqu'il étoit intègre, des proportions de ses ordonnances, de l'effet de ses masses, du genre de ses profils, des détails de ses ornemens. Quelques peintres ont réussi, en ce genre, à produire des images si fidèles des monumens, que ces images peuvent être consultées avec fruit par les architectes eux-mêmes : de ce nombre fut le célèbre *Paanini*, qui certainement eût été un bon architecte.

Il y a, du reste, un art de composer les tableaux de *ruines* quant à ce qu'on appelle le *pittoresque*, d'imiter avec justesse les effets de la lumière sur les matériaux, d'en reproduire les teintes, les dégradations, etc. Mais cet art est uniquement du ressort de la peinture.

Nous ne quitterons pas l'article RUINES, sans dire encore un mot sur l'emploi qu'on en fait dans le jardinage irrégulier.

Comme la prétention de ce genre de jardinage (ainsi que nous l'avons montré à l'article JARDINAGE (*voyez* ce mot) est de simuler la réalité de la chose même qu'il croit imiter, et est aussi de se croire rival de l'imitation, qui est celle du peintre de paysage, ceux qui composent de ces sortes de jardins, imaginent quelquefois de placer comme points de vue, des simulacres de *ruines* antiques, qui consisteront sur quelque tertre élevé, en colonnes brisées, en pierres éparses, en pans de murs dégradés, ou tout autre fragment de construction.

Le goût pour ces sortes d'imitations, quoique assez frivole, et l'on peut le dire, innocent en lui-même, n'a pas laissé de contribuer à en répandre un autre plus dangereux; je parle de celui qui, au lieu de faire regarder les *ruines* des monumens comme des accidens, par rapport à l'état social, et aussi des hasards, pour la peinture, tend à les faire considérer comme des objets indispensables à l'imitation. En conséquence, il se trouve de ces amateurs qui, non-seulement s'opposeroient à ce qu'on rétablit les édifices qui peuvent être restaurés, mais qui provoqueroient même ou accéléreroient leur destruction, pour y trouver des modèles de *ruines*.

C'est surtout à Rome que s'élèvent ces sortes de prétentions. Toutefois si l'on doit conserver avec soin des édifices ruinés, précieux par les fragmens de leur architecture, ou par les souvenirs qui s'y attachent, il ne suit pas de-là qu'on doive, ou les laisser s'écrouler de plus en plus, ou ne pas remettre, autant qu'il est possible, dans leur intégrité ceux qu'on peut relever, soit en y replaçant leurs propres matériaux, soit en y en substituant de semblables, soit en les désobstruant des décombres qui en dégradent l'aspect, soit en déblayant les terres sous lesquelles leurs soubassemens sont cachés, ou les broussailles qui les dégradent.

Dussent quelques genres d'imitation y perdre du pittoresque, il est bien plus important, et pour l'histoire, et pour les arts en général, de prolonger l'existence des monumens d'architecture, d'arrêter leur dégradation, et de les compléter quand il en est encore temps, en rétablissant ce qui leur manque sur le modèle des parties qui subsistent : et c'est ce que nous apprenons qu'on vient de faire à Rome, pour l'arc de Titus, monument qu'une multitude de raisons devoient rendre précieux à conserver. *Voyez* RESTAURER.

RUINÉ, adj. Se dit, dans la charpenterie, en y joignant le terme *tamponné*, des solives d'un plancher, ou des poteaux d'un pan de bois, ou d'une cloison, dans les côtés desquelles on fait des trous et des entailles, en forme de rainures, pour y ficher des tampons ou chevilles de bois, qui retiennent la maçonnerie, dont on remplit les entrevoux.

RUINER, v. act. Est synonyme de détruire. On *ruine* les parties d'un édifice qu'on veut abattre. Le temps (dit-on) *ruine* les édifices et les ouvrages de l'homme, sans se servir d'instrument ou d'outils.

RUINEUX, adj. Qui menace ruine. On dit un édifice *ruineux*, une construction *ruineuse*.

RUINURE, s. f. Est l'entaille que font les charpentiers avec le ciseau ou la coignée, dans le côté des solives ou poteaux, pour retenir la maçonnerie des entrevoux.

RUISSEAU, s. m. Est, dans le pavement des rues, l'endroit où deux revers de pavé se joignent, et qui, selon la pente de la rue, sert à l'écoulement des eaux. Les *ruisseaux* des pointes sont fourchus.

On appelle *ruisseau en biseau* celui qui n'a ni canniveaux, ni contre-jumelles, pour faire liaison avec les revers, comme on le pratique dans les ruelles où il ne passe point de charrois.

Ruisseau est, dans le jardinage, ou un petit canal qu'on pratique pour l'arrosage, ou quelquefois un conduit d'eau qui provient d'une source, et qui fait l'agrément d'un jardin.

RUSTIQUE, adj. Cette épithète, qu'on donne, dans l'architecture, à plus d'un ouvrage, peut se prendre et s'entendre de deux manières.

Rustique peut signifier, comme terme de mépris, un ouvrage dénué de goût, d'agrément et de grâce, et qui est, par comparaison aux productions où brillent ces qualités, ce que sont les manières, les habitudes et l'extérieur grossier des habitans de la campagne, mis en parallèle avec les dehors polis des habitans des villes. Ainsi appelle-t-on *rusticité* le manque de politesse, une certaine rudesse dans le parler et les manières d'agir. Sous ce rapport, le mot *rustique* peut s'appliquer, en architecture, à quelques ouvrages mal faits, grossièrement terminés, ou dont les formes n'ont reçu ni élégance, ni propreté.

Cependant le mot *rustique*, conformément encore à la définition qu'on en a donnée, se dit, sans aucune intention de critique, de certains ouvrages, de certaines parties des édifices, de certaines manières de travailler les matériaux, qui, loin d'être des défauts, sont, ou des convenances, ou des agrémens dans la construction.

Effectivement, ce qu'on appelle *rustique*, dans l'emploi des matériaux, signifie réellement une manière brute de les mettre en œuvre, soit qu'on les laisse dans leur état naturel, sans les façonner par l'art, soit que l'art lui-même s'étudie à leur imprimer l'apparence de n'avoir point été travaillés, et à leur donner une rusticité simulée ou factice.

C'est ainsi, comme on l'a vu à l'article Bossage (*voyez* ce mot), que l'architecture se plaît, jusque dans les plus beaux édifices, à feindre, surtout quelques-unes de leurs parties, telles que des soubassemens, des chaînes de pierre ou des assises courantes, et à les figurer comme composées de pierres laissées brutes et dans leur état naturel. Par naturel, j'entends, à l'égard de quelques-unes, l'état raboteux dans lequel la nature les produit, et à l'égard de celles dont les lits offrent des paremens lisses, une imitation qui les rend raboteux. *Voyez* Rustiques.

Nous ne répéterons point ici ce que nous avons développé avec beaucoup d'étendue au mot Bossage, sur les exemples nombreux que l'antique nous a laissés du genre *rustique*, employé, soit en grandes parties, soit en détail dans les édifices, ni des heureuses imitations qu'en ont faites les Modernes. Il ne nous reste qu'à indiquer ici les différentes manières de *rustique* qu'on peut mettre en œuvre, selon les différentes natures de matériaux, et les diverses sortes d'édifices ou de parties d'édifices, auxquelles le genre *rustique* peut être convenablement ou agréablement appliqué.

Le bossage, avons-nous dit, se place à la tête de tous les genres de *rustique*; mais lui-même peut comporter plus d'un degré. On en voit dont les pierres n'ont de *rustique* que leur saillie dans les superficies des paremens, et qui sont dressées avec soin, polies et arrondies sans aucune aspérité. On en voit qui sont taillées de façon à exprimer toutes les scabrosités d'une pierre brute. Il y en a qui sont piquées, à dessein de produire à peu près le même effet. Il y en a où l'on s'est plu à travailler les bossages d'une manière qu'on appelle *vermiculée*, sorte de procédé, par lequel on imite les corrosions, que le temps produit naturellement dans de certaines qualités de pierre. On en voit de cette sorte à la galerie du Louvre, du côté de la rivière.

Il y a un genre de *rustique* qu'on peut employer dans certaines parties, surtout dans les soubassemens des bâtimens, et qui consiste à mettre en œuvre, ou à feindre ce genre d'appareil qu'on appelle *incertum*, soit en petit, soit en grand, c'est-à-dire, de pierres plus ou moins grandes, taillées à joints irréguliers, qui ne forment point de lits, et qui rassemblent comme au hasard. Ainsi voit-on beaucoup de murailles antiques; ainsi étoient formées les voies romaines; ainsi étoit établie la maçonnerie en petits moellons, que Vitruve oppose au *reticulatum*.

Il y a un genre de *rustique*, qui a lieu au moyen de certaines incrustations de matières diverses, soit par la couleur, soit par la forme, et qu'on réunit par les enduits de mortier, dont on couvre des murs, des piédroits, des arcades, des colonnes ou des pilastres. On emploie à ces incrustations, soit des cailloux, soit des éclats de marbre de teintes variées, soit des coquillages naturels, soit des morceaux de stalactites et de pétrifications, soit des scories de volcan, etc.

On fait encore, en maçonnerie, une sorte de *rustique*, et on en produit l'apparence, par la seule manière d'employer le mortier brut, ou le plâtre jeté au balai, en observant de mêler, dans ces enduits raboteux, des couleurs qui en détachent les parties du reste des ravalemens.

Généralement, l'objet principal du genre *rustique*, dans tous les édifices où on l'emploie, est d'y produire des diversités, qui rompent l'uniformité d'une matière unique, ou d'une seule couleur. On peut regarder les variétés dont on vient de parler, comme des espèces de teintes et de nuances qui contribuent, tantôt par l'apparence d'une solidité excessive, à donner un caractère plus grave ou plus imposant à la masse totale d'un monument, tantôt, par l'effet que produit naturellement la variété, à donner ou plus de légèreté, ou plus de gaieté à ses aspects; tantôt enfin, par un emploi bien raisonné, à indiquer aux yeux les destinations différentes des édifices ou de leurs parties.

Quelques architectes ont su faire du genre *rustique* l'emploi le plus heureux et le mieux entendu, comme quelques autres en ont fait un emploi immodéré, et en ont, par cet excès, rendu l'application insignifiante. Au nombre de ces derniers, il faut mettre les grands architectes florentins des quinzième et seizième siècles (*voy.* BOSSAGE). Mais, à la tête des premiers, on doit citer Palladio, qu'on ne sauroit trop consulter et imiter, pour le goût sage, intelligent et gracieux avec lequel il a su mêler, combiner et répartir adroitement, dans les façades de ses palais, toutes les sortes de *rustiques*, avec des inventions toujours nouvelles, toujours diverses, et jamais capricieuses. *Voyez* PALLADIO.

Quoique le genre *rustique*, à bossage, ou de toute autre manière, puisse, ainsi que les plus nombreux exemples en font foi, s'appliquer dans une mesure quelconque à tous les édifices ou à leurs parties, le goût enseigne toutefois qu'il y en a auxquels il convient mieux qu'à d'autres, et qu'il en est auxquels il convient exclusivement. Tels sont, pour en citer quelques-uns, ceux qui, de leur nature, repoussent toute idée de noblesse, de richesse, d'élégance, d'agrément, et qui veulent emprunter à l'apparence d'une solidité énergique, le caractère de force, de sérieux, de sévère, qui appartient à leur destination. De ce nombre seront des prisons, des casernes, des hospices, des portes de villes de guerre, des greniers, des halles, des marchés, etc.

Il est d'autres monumens, dont le genre *rustique* fera, au contraire, l'agrément, parce qu'employé avec goût et intelligence, il s'assortit merveilleusement à leur emploi et au caractère pittoresque qu'ils comportent. Il nous suffira de nommer ici les châteaux d'eaux, les réservoirs, les fontaines, les grottes, etc., tous édifices qu'un genre de construction simple, et de matériaux dressés et bien polis, ne distingueroit pas suffisamment des autres. Dans les jardins surtout, et là où l'effet de l'architecture doit s'unir à l'effet des eaux tombantes ou jaillissantes, on aime que quelque chose d'irrégulier, et qui semble moins sentir la main de l'art, s'accorde avec ce que la nature fait elle-même, dans les lieux qu'elle a destinés à servir de réceptacle ou de théâtre aux eaux.

C'est là que des pierres rustiquement taillées, des colonnes qui semblent avoir été enveloppées par des stalactites naturels, des ordonnances entremêlées de rocailles, des imitations de plantes aquatiques, et tous les accessoires du genre rustique, trouveront leur emploi, et pourront produire des compositions ingénieuses.

RUSTIQUER, v. act. Ce verbe exprime l'action par laquelle on donne aux matériaux l'apparence *rustique*, dont on a parlé dans l'article précédent.

On se sert aussi de ce terme, dans les ouvrages de la sculpture. Ainsi, on *rustique* beaucoup d'accessoires des statues ou des bas-reliefs, et on le fait, pour les détacher des parties où le marbre reçoit un plus ou moins grand poli. C'est une sorte de couleur qui produit, dans la même matière, de légères oppositions, et fait mieux ressortir l'effet des chairs ou des draperies. Ainsi, lorsqu'on veut qu'une partie d'étoffe serve de contraste à une autre, on lui donne, au moyen d'une gradine plus ou moins dentelée, une apparence de rudesse. On *rustique* plus fortement les rochers, les terrains, les troncs d'arbres. Pour ces différens effets on se sert, ou de la pointe, ou d'un outil dentelé.

Dans le bâtiment, c'est ordinairement avec la pointe qu'on pique la pierre qu'on veut *rustiquer*. Il y a aussi des marteaux dentelés qui effectuent sur la matière un travail plus ou moins sensible.

SAB

SABLE, s. m. Sorte de gravier fort mince, qui consiste en un nombre infini de petits cailloux de différentes formes et de diverses couleurs, comme blanches, jaunes, rouges et noires. On en distingue de plusieurs qualités.

Le *sable de mer* ou *de rivière*. Il est regardé comme le meilleur pour faire du bon mortier, et pour sabler les allées des jardins.

Le *sable de terrain* ou *de sablonnière*, ou *de cave*, ou *fossile*. C'est celui qu'on trouve dans certains cantons, au milieu des champs. On s'en sert pour faire du mortier, pour sabler les allées des jardins, pour poser le pavé des rues. Le meilleur de cette sorte est celui qui est sans mélange de terre, et qui ne salit point les mains lorsqu'on le manie.

Le *sable gras* est celui qu'on trouve dans les prairies, dans les marais et dans les lieux voisins des rivières. Il est quelquefois noir.

Le *sable vasard*. On donne ce nom au *sable* qui est mêlé de vase, et qu'on trouve à la sonde dans différens terrains, à une grande profondeur.

Le *sable bouillant*. On appelle ainsi un *sable* fin, à travers lequel l'eau bouillonne. On trouve ordinairement des terrains de cette consistance dans la Flandre. Un pareil terrain n'est pas moins sûr pour fonder, en bloquant les fondemens à bain de mortier et avec célérité.

Nous apprenons de Vitruve, et nous voyons par les restes des constructions antiques, que les Anciens employèrent, comme nous, le *sable* à faire du mortier, en le mêlant à la chaux éteinte. Sur une partie de chaux on prenoit trois parties de *sable* de terrain ou de sablonnière, ou bien deux parties de *sable* de rivière ou de mer. Pour donner au mortier plus de consistance, on mêloit le *sable* de rivière d'un tiers de tuileaux, ou tuiles pilées et passées au crible.

Les Anciens regardoient le *sable* de terrain comme meilleur que le *sable* de mer ou de rivière, parce que le *sable* de rivière sèche difficilement, et que celui de mer contient beaucoup de parties salines, qui pénètrent le mur et font écailler l'enduit ou la crépissure.

Les Anciens employoient trois sortes de *sable* de terrain, du noir, du blanc et du rouge; ce dernier étoit préféré. On avoit de plus un *sable* volcanique que Vitruve appelle *carbunculus*, et que les Romains tiroient de l'Etrurie; mais ils avoient soin de choisir parmi les *sables* de terrain, celui qui n'étoit mêlé d'aucune partie terreuse.

Les ouvriers appellent *sable mâle* celui qui, dans un même lit, est d'une couleur plus foncée que l'autre, qu'on nomme *sable femelle*.

Le gros *sable* s'appelle *gravier*, et on en tire un *sable* fin et délié, en le passant à la claie serré. On s'en sert pour sabler les aires battues des allées dans les jardins.

SABLER, v. act. C'est étendre du sable sur l'aire d'une allée de jardin, d'une cave, ou de tout autre endroit.

SABLIÈRE, sub. f. On donne ce nom au lieu d'où on tire le sable; mais on dit plus volontiers *sablonnière*.

SABLIÈRE, s. f. (*Terme de charpenterie.*) C'est une pièce de bois couchée horizontalement à chaque étage d'un pan de bois, dans laquelle sont assemblés les poteaux, et qui porte les solives de chaque plancher.

C'est aussi une pièce de bois soutenue par des corbeaux de pierre ou de bois le long d'un mur, servant à porter l'about des solives d'un plancher.

C'est encore une pièce de bois, ou une espèce de membrure appliquée aux deux côtés en longueur d'une poutre, et soutenue par des étriers de fer, servant à recevoir dans des entailles l'about des solives, pour ne point altérer la force de la poutre par des entailles, comme on avoit le défaut de le pratiquer autrefois.

On donne aussi quelquefois le nom de *sablières* aux plates-formes qui reçoivent le pied des chevrons d'un comble. *Voyez* PLATE-FORME.

SABLON, s. m. Sable extrêmement fin, ordinairement blanc, et qu'on emploie à différens usages, et, par exemple, dans les sortes d'horloges qu'on nomme *sabliers*.

SABLONNIÈRE, sub. fém. C'est le nom qu'on donne le plus souvent aux espèces d'excavations d'où l'on tire le sable.

SABOT, s. m. Masse de fer d'une forme conique, ayant au pourtour de sa base trois ou quatre bandes de fer d'environ deux pieds de long, dont on arme la pointe d'un pilot avant de l'enfoncer en terre, pour qu'il perce plus facilement les terrains durs qui peuvent se rencontrer à son passage.

SAC, s. m. On se sert de *sacs* remplis de terre ou d'autres matières à plus d'un usage, surtout dans les travaux des siéges et des fortifications.

Nous citerons ici l'emploi que fit de *sacs* remplis de sable l'architecte Chersiphron, pour la construction des plates-bandes du temple d'Ephèse. « Une chose (dit Pline, qui raconte ce fait) tient du prodige : c'est qu'il ait pu élever

» à une telle hauteur, des masses aussi volumineuses que les pierres des plates-bandes de l'architrave. Voici le moyen dont il usa : avec des *sacs* remplis de sable, il pratiqua une montée douce, dont le sommet surmontoit les chapiteaux des colonnes. Sur ces *sacs* vinrent se reposer les plates-bandes; puis, vidant peu à peu les *sacs* inférieurs, tout l'assemblage s'assit en sa place... Le procédé réussit d'abord moins bien pour la pierre de l'entre-colonnement du milieu...; mais elle se rectifia et se remit d'à-plomb par sa propre pesanteur. »

SACCHETTI (Jean-Baptiste), élève d'Ivara, et son successeur dans la reconstruction du palais du roi, à Madrid.

L'ancien palais commencé par Charles-Quint, continué par ses successeurs, sous la direction de Louis et Gaspard de Vega, de Jean-Baptiste de Tolède, de Jean de Herrera, de François et de Jean de Mora, fut réduit en cendres l'an 1734. Ivara avoit présenté, pour le rebâtir, un nouveau plan, et même un grand modèle en relief, qui s'est conservé. Ce devoit être un vaste quadrangle de 1700 pieds de long sur chacune de ses quatre faces. La grande cour devoit avoir 700 pieds de long sur 400 de largeur. Sa hauteur auroit été de cent pieds. On y auroit compté 2000 colonnes. Un grand ordre corinthien devoit régner dans toute l'élévation; mais il auroit fallu faire choix d'un autre emplacement. Le roi voulut qu'on relevât le nouveau palais sur le terrain de l'ancien, et *Sacchetti* fut chargé de l'entreprise, après la mort d'Ivara.

Il nous manque, pour apprécier ce grand ouvrage, de pouvoir le faire d'après des plans et des dessins fidèles; nous nous contenterons de la notice succincte que nous trouvons sur ce palais dans la *Descrizzione odeporica della Spagna*, par *Dom Antonio Conca*.

Sacchetti nommé architecte du roi, chercha à se rapprocher, autant qu'il fut possible, dans un emplacement plus resserré, du goût de son maître, et à se conformer en même temps aux intentions du roi quant à l'étendue, et à l'obligation de n'employer de bois dans la construction, que pour les portes et les fenêtres; tout le reste de l'édifice devant être mis, par le choix des matières et les procédés de la construction, à l'abri de toute possibilité d'incendie.

Antonio Conca met, avec raison, au nombre des magnificences de cet édifice son extraordinaire solidité. L'on ne peut nier effectivement que la solidité, quand elle est portée fort loin, n'ait aussi sa magnificence. Quelques critiques, à ce qu'il paroît, ont cru que l'épaisseur des murs y avoit été poussée à l'excès: cependant, lorsqu'on réfléchit à la poussée de toutes les voûtes, auxquelles la masse des murs doit faire résistance, on est fort éloigné de trouver du trop dans le système de toute cette construction, où l'on a encore été obligé d'employer des armatures de fer.

Le palais forme un carré de 470 pieds de long dans chacune des lignes de ses quatre façades. Sa hauteur jusqu'à la corniche est de cent pieds.

Six portes donnent entrée dans ce palais; une seule est ouverte dans la face orientale, et elle conduit à un petit vestibule où les voitures ne sauroient entrer. Les cinq autres portes sont à la façade principale, trois dans le milieu, les deux autres à une distance suffisante. Par ces portes et par celle du centre, les voitures entrent dans une vaste cour de 140 pieds en carré. Les trois portes du milieu donnent entrée dans un vestibule spacieux; un moindre correspond aux deux autres portes collatérales.

La cour est environnée de portiques formant une façade de chaque côté, avec piédroits ornés de pilastres; au-dessus est une galerie vitrée par où l'on entre dans les appartemens du roi.

L'escalier et sa rampe en balustres sont d'un marbre blanc et noir, et offrent un assemblage de sculpture et d'architecture, dont on doit admirer plutôt la richesse que le goût.

SACELLUM. Diminutif de *sacrum*. Il paroît que le *sacellum* répondoit à ce que nous appelons *petites chapelles*, non celles qu'on voit dans les églises, mais celles qui sont isolées et bâties sur les routes, dans les campagnes, etc.

SACOME, s. m. Ce terme est emprunté à l'italien. C'est le profil exact de tout membre, de toute moulure, dans les ordonnances d'architecture.

SACRARIUM. Les Romains appeloient ainsi, dans les maisons, une espèce de chapelle domestique.

On appeloit aussi de ce nom, dans les temples, le lieu où l'on serroit les choses sacrées, et à peu près ce que nous appelons *sacristie*.

SACRISTIE, s. f. On appelle de ce nom, dans les églises, une pièce ordinairement de plain-pied avec elle, où l'on dépose et où l'on conserve les choses sacrées, les ornemens, et tout ce qui a rapport au service divin: c'est là aussi que les prêtres se préparent et s'habillent pour officier.

Les *sacristies* sont, en conséquence, revêtues de lambris, et garnies d'armoires et de tables; on y pratique aussi souvent un autel.

La grandeur d'une *sacristie* doit être proportionnée à celle de l'église et aux besoins du culte, besoins qui varient selon la population, selon le nombre des desservans, selon la fréquentation des fidèles, et beaucoup d'autres causes.

On pourroit citer des *sacristies*, qui sont elles seules des monumens remarquables; mais aucune certainement n'approche, pour l'importance et l'étendue, de la nouvelle *sacristie* de Saint-Pierre à Rome. Jadis une des chapelles de cette vaste basilique servoit de *sacristie*; mais, étant devenue beaucoup trop petite, le pape Pie VI a fait construire en dehors de l'église, et attenant à elle, la nouvelle *sacristie*, qui est un bâtiment considérable, dont malheureusement le goût n'a pas répondu à la dépense qui y fut affectée. Mais si l'architecture au dehors s'est trouvée fort loin de répondre à ce qu'un édifice tel que Saint-Pierre devoit exiger, on ne peut s'empêcher d'y admirer dans l'intérieur la grandeur de la salle principale, l'ordre et la distribution de toutes les parties destinées au service.

Nous citerons, sous un autre rapport, la nouvelle *sacristie* de l'église de Saint-Denis près Paris. C'est une pièce d'une belle proportion, décorée avec goût, et ornée d'une suite de tableaux représentant l'histoire de saint Louis, ouvrages des meilleurs peintres de ce temps, et qui, exécutés pour le lieu qu'ils décorent, offrent un ensemble de décoration aussi remarquable par son harmonie et sa convenance, que par le mérite de la peinture.

SAGE, adj. *Voyez* SAGESSE.

SAGESSE, sub. fém. Ce mot exprime une des plus importantes qualités, dans les mœurs et la conduite des hommes entr'eux : on s'en sert aussi pour exprimer, dans les beaux-arts, ce mérite également important, et par lequel leurs ouvrages sont doués de la faculté de satisfaire la raison, l'intelligence et le goût.

La *sagesse*, dans les actions humaines, est toujours accompagnée de l'ordre. Le principe d'ordre ne sauroit se séparer de la *sagesse*. Il suffit, pour le prouver, de dire que désordre et folie vont toujours ensemble.

Mais les ouvrages de l'homme ne sont autre chose que la manifestation de l'homme lui-même, qui s'y représente et s'y peint, c'est-à-dire, qui y retrace et y développe, soit ses vertus, soit ses vices, soit ses qualités, soit ses défauts.

Il est donc fort naturel d'appliquer à ses ouvrages les noms des qualités, bonnes ou mauvaises, qui le caractérisent. C'est pourquoi la théorie des beaux-arts a transporté dans son vocabulaire presque tous les noms qui composent celui de la morale. Aussi trouve-t-on, dans l'analyse qu'on fait de la valeur des ouvrages, qu'il y a de la hardiesse ou de la timidité, de la force ou de la foiblesse, de l'orgueil et de l'ambition, de la richesse et de la pauvreté, de la sobriété et de la modération, etc. etc.

Le mot *sagesse*, appliqué aux ouvrages de l'art, y exprime l'apparence des rapports, des principes et des effets que l'on découvre dans les actions et la conduite de l'homme sage, qui ne fait rien sans un but déterminé, sans s'appuyer sur des moyens certains, sans en prévoir les résultats. Or, voilà ce que fait aussi l'artiste auquel on reconnoît de la *sagesse*. Qu'on examine les œuvres de tous ceux qu'on renomme pour cette qualité dans la peinture; qu'y remarque-t-on? un esprit juste, qui n'invente rien d'inutile, rien qui ne tende à expliquer le sujet qu'il représente. De là la clarté de sa composition. On y remarque une imagination vive à la fois et bien réglée, qui a fait prévoir à l'artiste, entre toutes les manières de présenter son sujet, celle qui doit produire le plus d'impression. De là le charme de l'expression.

Le talent qu'on appelle sage, et l'ouvrage qui se recommande par la *sagesse*, offrent donc un juste tempérament de diverses qualités, savoir, du jugement et du goût, de la raison et de l'imagination, si bien équilibrées entr'elles, qu'aucune ne prédomine sur l'autre.

Qu'on fasse l'épreuve inverse de cette théorie, et qu'on suppose un esprit dont le jugement, non guidé par le goût, soit la qualité exclusive, au lieu de la *sagesse*, on aura de la froideur. Si l'imagination seule s'empare de toutes les places, et bannit toutes les autres qualités, au lieu de la *sagesse*, on aura de l'emportement, de l'irrégulier, de la bizarrerie.

Mais s'il est un art, entre tous, où la *sagesse* doive être la qualité principale, c'est l'architecture, dont l'ordre est le principe, dont le jugement est le moyen, et dont le but est, avant tout, de satisfaire la raison.

C'est particulièrement chez les Modernes, que cette qualité a dû se faire d'autant plus remarquer, et d'autant plus devenir l'objet des préceptes de la théorie, que l'on a vu prévaloir le principe opposé avec un excès inconnu aux siècles de l'antiquité. Ce n'est pas qu'en comparant entr'eux, les ouvrages et les monumens qui furent autrefois élevés à de si grandes distances de temps et de pays, il n'y ait lieu d'y reconnoître des degrés différens de *sagesse*. Plus d'une cause ayant introduit dans l'architecture de nouveaux besoins, et par conséquent de nouveaux principes de variété, on peut sans doute classer aussi les ouvrages, à raison de ce qu'ils s'approchent plus ou moins de ce type primitif de l'ordre, père de la *sagesse*. Cependant on doit dire que s'il s'en trouve qu'on ne puisse pas recommander, comme modèles à suivre d'un goût pur et sage, il ne s'en trouve point qu'on puisse noter, comme exemples à fuir d'un goût opposé, c'est-à-dire, déréglé et désordonné.

On peut dire qu'il en fut à peu près de même dans les deux premiers siècles du renouvellement des arts et du goût antique dans l'architecture. Il est assez probable que ce n'étoit guère alors l'usage, ni de recommander, ni de vanter la *sagesse* dans les compositions de cet art. Des plans ordinairement simples, des moyens de construction naturels et sans recherche scientifique, des élévations régulières dans les masses et l'emploi des ordres, de la solidité dans la décoration, voilà ce qu'on remarque, comme général, dans presque tous les édifices jusqu'au dix-septième siècle.

Ce fut à cette époque, ainsi qu'on l'a montré bien des fois, qu'un goût d'innovation désordonnée porta les esprits à tourmenter toutes les parties de l'architecture. Un système de déraison remplaça partout le bon sens des Anciens. On ne vit plus dans toutes les formes de l'art de bâtir, que de l'arbitraire, et on en fit un jeu, où chacun crut inventer, en se jetant dans les champs infinis du caprice. On traça des plans, non en vue des besoins de l'édifice, mais uniquement dans l'intention de créer des configurations inusitées. De pareils plans exigèrent des procédés plus subtils, pour la construction des masses contournées et irrégulières. Les sciences mathématiques vinrent prêter leur secours à ces exécutions difficultueuses. Les façades des monumens n'eurent plus de lignes droites; les ordres de colonnes devinrent des objets de badinage, et toutes les sortes d'ornemens, compilés sans raison, mutilés sans goût, mêlés et déplacés arbitrairement, n'eurent plus de signification pour l'esprit, et devinrent le jouet de toutes les fantaisies.

Il nous semble que ce portrait fidèle de l'architecture de Borromini, de ses successeurs, et des imitateurs qui prirent à tâche encore d'exagérer ses vices, doit présenter à tout esprit droit, l'image de la folie introduite dans l'art de bâtir.

Dès-lors l'idée de *sagesse* a dû à son idée contraire, de s'accréditer dans la théorie de l'architecture, et l'on a fait un mérite principal, une qualité distinctive, de ce qui sembloit ne devoir être qu'une condition *sine quâ non*, imposée à l'architecte par la nature de son art.

Il a donc fallu établir, qu'avant tout, il doit y avoir de la *sagesse* dans un plan, c'est-à-dire, qu'il faut le composer de lignes simples, régulières, formant entre toutes les parties de l'édifice, des communications naturelles, et des rapports commandés par le besoin d'y coordonner une élévation, qui ait elle-même de la *sagesse*.

Les écarts et les abus d'une fausse application des sciences mathématiques à la construction, ont appris que les édifices ne sont pas faits pour donner à l'architecte l'occasion d'imaginer des tours de force; que la solidité, qui est un des principes de la *beauté* en architecture, doit être obtenue par des moyens simples, et que la vraie solidité est toujours compagne de la *sagesse*.

Les yeux désabusés des prestiges d'une variété ennemie du grand principe de l'*unité*, ont fait rejeter des élévations, tous ces contournemens mixtilignes, tous ces ressauts multipliés, toutes ces découpures qui, en rompant la continuité dans les lignes, ne présentent plus les surfaces et les façades des édifices, que comme un composé bizarre de formes étrangères à toute espèce de type, créations désordonnées d'un esprit ennemi de tout ordre: enfin, l'esprit d'ordre rentré dans les élévations, y a ramené la *sagesse*.

Il en a été de même du faux goût de l'ornement et de la décoration, qui, usé aussi par ses propres excès, par son insignifiance, par la confusion de tous ses détails, devoit ramener à l'emploi sage et raisonné de tous ces signes qui, s'ils sont muets pour la raison, cessent bientôt aussi de parler aux yeux.

SAGUNTE. Très-ancienne ville de l'antique Espagne, dont le terrain est occupé aujourd'hui par la ville de *Murviedro*, où l'on conserve plus d'un reste très-remarquable d'architecture romaine, entr'autres ceux d'un cirque, fort dégradé à la vérité, mais dont on mesure encore l'étendue. On lui trouve mille vingt-six palmes de longueur, sur trois cent vingt-six de largeur. Sa construction, dit Antonio Conca, de qui nous tirons ces notions, est un ouvrage rustique. Il ne reste que les fondations du mur qui étoit du côté du fleuve; l'autre mur, du côté de la ville moderne, a encore de beaux vestiges de sa construction, qui en quelques endroits, s'élèvent à la hauteur de trente palmes. Elle se compose de grosses pierres bleues, qui ont six palmes d'épaisseur dans le bas du mur, jusqu'à la hauteur de huit à neuf palmes, et elles vont en diminuant de volume à mesure de l'élévation. Le demi-cercle du cirque, du côté de l'orient, subsiste en entier. Tout contre, et sur une ligne parallèle au site qu'occupent les *meta*, existe un édifice formé de grandes pierres bleues, avec une porte quadrangulaire, haute de dix palmes et large de six. C'étoit l'entrée d'un petit temple où étoient les statues des divinités auxquelles les jeux étoient consacrés. On distingue encore avec beaucoup d'évidence, les restes de la *spina*, ainsi que les vestiges d'un petit mur ou parapet de douze palmes d'élévation, qui régnoit alentour des gradins, pour garantir les spectateurs du danger des combats d'animaux qui se donnoient dans ce cirque; car on y voit encore les loges et caveaux où on les renfermoit. Une de ces loges, bien conservée, a quinze palmes de long sur dix de large.

On a recueilli beaucoup de fragmens d'antiquités fort curieux dans l'antique *Sagunte*; des inscriptions en caractères inconnus, sur des briques longues de trois palmes et d'un demi-palme d'épaisseur; des restes de ces machines de guerre, appelées *balistes*, et une infinité de poteries et de fragmens de vases d'une terre rouge de la plus grande dureté.

Mais le monument le plus considérable de *Sagunte*, et un des plus entiers, entre tous ceux du même genre, qui se sont plus ou moins conservés dans les ruines des villes antiques, est le théâtre, dont nous ne pourrons donner ici qu'une notice fort abrégée.

Il est pratiqué dans la partie orientale de la montagne, et on a profité d'une de ses cavités pour

pour son emplacement, circonstance qui, réunie à l'art de la construction, fit que la voix des acteurs s'entendoit aussi distinctement des degrés les plus éloignés de la scène, que de ceux qui en étoient rapprochés. Sa largeur totale est de quatre cent soixante-quatorze palmes, dont soixante-quatorze forment le diamètre de l'orchestre, en comptant d'un angle à l'autre du gradin inférieur; chacun des deux côtés, à partir du même angle jusqu'au mur intérieur, est de cent quatre-vingt-quinze palmes; la scène, d'un angle à l'autre, a deux cent quarante-quatre palmes de longueur, et quarante-quatre de largeur.

On distingue encore les trois divisions de la scène, c'est-à-dire, les trois entrées en arcades. Le *proscenium* a cent douze palmes de longueur, et trente de large. On ne voit plus que les restes du *pulpitum*. L'orchestre contenu dans la périphérie du premier gradin d'en bas, a soixante-quatorze palmes de diamètre.

Le théâtre, ou ce que nous appellerions l'*amphithéâtre*, se compose de trente-trois gradins, en y comprenant deux précinctions (ou paliers). On y compte neuf petits escaliers qui divisoient les *cunei*, un dans le centre, et quatre de chaque côté.

Au-dessus du gradin supérieur, s'élève le portique, circulant tout à l'entour du théâtre : on lui trouve seize palmes et un quart de large et quatorze de hauteur. Il avoit six portes donnant sur l'amphithéâtre, et six autres dégageoient du côté de la montagne.

On trouve dans l'*Antiquité expliquée* de Montfaucon, tom. II, pag. 244, un plan fort incomplet de ce théâtre, accompagné d'une description faite dans le temps, par Dom Manuel Marti, doyen de la collégiale d'Alicante, mais qui contient un grand nombre d'inexactitudes. Depuis, a paru sur ce monument, une Dissertation beaucoup plus et beaucoup mieux détaillée, par Dom Henrico Palos, citoyen de *Sagunte*. Elle a servi à la description qu'en a donnée Antonio Conca, et d'où nous avons extrait ce peu de détails.

Ce fut le même Dom Henrico Palos, qui, après avoir déblayé les ruines de ce théâtre, le fit disposer avec des décorations convenables, et le mit en état de servir de nouveau aux représentations scéniques; ce qui eut lieu le 31 août, les 1, 2 et 3 septembre 1785, pour les fêtes qui furent données dans cette ville. L'expérience qui fut faite alors de sa capacité, prouve qu'il dut contenir jadis dix mille spectateurs.

SAIGNÉE, s. f. Petite rigole qu'on fait pour étancher l'eau d'une fondation ou d'un fossé, lorsque le fond est plus haut que le terrain qui en est voisin, et que par conséquent il y a de la pente.

SAILLANT, adj. Se dit de tout ce qui avance ou qui sort en dehors de la surface d'un bâtiment, ou de toute partie du bâtiment même qui lui fait avant-corps, ou de la projecture d'un bastion, d'un angle de fortification. Ainsi *saillant* est opposé à rentrant. On dit *angle saillant*, *angle rentrant*.

SAILLIE, sub. f., ou PROJECTURE. C'est l'avance que font, dans l'architecture, les membres, profils, moulures ou ornemens au-delà du nu des murs, soit sans encorbellement, comme les pilastres, les tables, les chambranles, les cadres, les plinthes, les archivoltes, les architraves, etc., soit avec encorbellement, comme les corniches, les balcons, les trompes, les galeries de charpente, les fermes de pignon, etc.

La *saillie* ou la projecture des parties et des membres de l'architecture, est pour cet art comme l'ombre dans la peinture, ce qui contribue à l'effet de ses ouvrages. Rien ne paroît plus froid qu'un édifice qui n'offre aucune *saillie*. On éprouve singulièrement cette impression lorsque, quittant la ville de Rome, où tous les édifices, tant publics que particuliers, ont des couronnemens d'une grande *saillie*, on arrive à Naples, où toutes les maisons, qui sont en terrasse, n'ont à leur sommet aucune projecture. Il semble des bâtimens non terminés, ou de simples murs percés de fenêtres.

En plus grand, on peut faire la même comparaison, et on éprouve la même impression lorsqu'on considère tous les édifices de l'Egypte en parallèle avec ceux de l'architecture grecque. En Egypte, le plus grand nombre des temples ne présentent dans leur couronnement, d'autre *saillie* que celle d'une grande scotie, et plusieurs même se terminent par de simples filets d'ornemens qui excèdent à peine le nu du mur. Cela dut être la conséquence, ainsi qu'on l'a dit ailleurs, du principe originaire de l'art de bâtir dans ce pays, où très-certainement l'usage des terrasses fut général, et où celui des toitures et de l'emploi du bois en charpente, ne put jamais influer sur les pratiques imitatives de l'architecture. De-là, pour le goût, la froideur et la monotonie d'aspect des édifices égyptiens.

C'est à l'emploi du bois, c'est aux pratiques de la charpente, que l'architecture grecque, au contraire, fut redevable de ces grandes projectures, effets naturels de la construction en bois, et que l'art de bâtir en pierre sut s'approprier : de-là (et nous ne le répéterons pas ici) la richesse de détails et la variété d'effets, que cette imitation introduisit dans les édifices. Aussi voyons-nous que l'ordre où se sont conservés avec le plus de fidélité, les formes et les types de la construction en bois, je veux dire l'ordre dorique, est celui qui, dans ses frontons, dans ses profils, dans ses chapiteaux et son abaque, offre les plus grandes *saillies*.

Maintenant on peut faire, sur les monumens comparés de l'ordre dorique, l'expérience de l'impression que produit le plus ou le moins de *saillie* dans les œuvres de l'architecture. Si l'on rapproche l'ordre dorique ancien de la Grèce, de l'ordre dorique postérieur, et tel qu'on le voit à Rome, on reste convaincu que le premier doit à ses grandes *saillies*, le caractère de force et l'effet mâle et vigoureux, qu'on ne sauroit atteindre du second. Il y a de cela plus d'une raison : d'abord, il est certain que dans toute architecture, de grandes projectures dans les masses et leurs détails, produisant nécessairement de grandes masses d'ombre et de lumière, et par conséquent des oppositions, qui donnent à ses aspects du mouvement, de la variété, et en multiplient les effets. C'est ce que nous avons eu occasion d'observer à l'article PILASTRE (*voyez* ce mot), en comparant l'effet toujours le même d'une ordonnance en bas-relief, à celui des colonnes isolées, dont les aspects varient toujours, selon les effets de la lumière ou la position du spectateur. Dans la surface unie d'un édifice, il n'y a rien pour les effets de la perspective, et ce qui est monotone en dessin, reste également uniforme pour l'œil et insipide pour l'esprit. Disons ensuite que de grandes *saillies* dans les masses des édifices, comme celles des ordonnances doriques grecques, comme celles des grands entablemens qui servent de couronnement à tous les genres de monumens, ne peuvent avoir lieu qu'à l'aide de matériaux d'une dimension et d'un volume proportionné à cet emploi : or, toute construction qui s'annonce ainsi, porte en soi l'idée de force, de puissance et de solidité, et dès-lors en impose par l'union de qualités qui forcent à l'admiration. C'est par ce caractère énergique de *saillie* très-prononcée que les monumens de Florence, à part des autres mérites qu'ils peuvent avoir, occupent un des premiers rangs dans les œuvres de l'art de bâtir moderne.

SAILLIR, v. act. Avancer, paroître en dehors, déborder. Il signifie aussi sortir avec impétuosité, comme l'eau qui sort d'un ajutage et qui s'élève en l'air.

SAINT-CHAMAS, village de Provence à quelque distance de la petite rivière de Touloubre, sur laquelle subsiste encore en son entier un pont antique d'une construction romaine, appelé par les gens du pays le *Pont Surian*. Il est bâti en plein cintre entre deux rochers, et de niveau avec le chemin qui va d'Arles à Aix. Ce pont n'a qu'une seule arche de six toises de diamètre, construite de gros quartiers de pierres de trois pieds. Sa longueur est de onze toises.

A chacune des extrémités du pont, s'élève un arc. Celui qui se présente du côté d'Aix, a une frise dont les ornemens occupent les deux tiers ; l'espace qui reste est rempli par une inscription, portant les noms de ceux qui firent les frais du monument. La face intérieure de la frise est couverte d'ornemens sans inscription.

Plusieurs antiquaires ont qualifié d'arcs de triomphe les deux arcs de ce pont ; mais c'est là une de ces opinions dénuées de critique, qu'il est même inutile aujourd'hui de réfuter. L'usage de ces arcs aux deux extrémités des ponts, fut assez commun dans les ouvrages des Romains : probablement il naquit de la nécessité de fermer l'entrée des ponts, comme leur sortie, par des portes. Ce fut ensuite un motif d'élever des monumens honorifiques aux bienfaiteurs des villes, et peut-être à ceux qui avoient fait construire les ponts, ou d'autres monumens utiles. Enfin, on peut croire aussi qu'on fit de ces arcs uniquement dans des vues d'embellissement, et pour compléter l'ensemble du pont. Nous allons voir un nouvel exemple de cet usage à l'article suivant.

SAINTES, ville de France, anciennement capitale de la Saintonge. Son nom latin est *Mediolanum Santonum*. On croit aussi qu'elle s'appela *Santona et urbs Santonica*.

Du temps d'Ammien Marcellin, elle étoit une des plus florissantes de l'*Aquitaine*. Entr'autres restes d'antiquités qu'elle a conservés, on compte un fort beau pont bâti sur la Charente, et qui se termine par un fort bel arc, qu'on croit avoir été élevé sous Tibère. Il y a sur ce monument une inscription latine, mais si effacée qu'on ne sauroit la lire.

Près de l'église de Saint-Eutrope sont les restes d'un amphithéâtre antique, bâti de petites pierres, et encore assez bien conservé, pour qu'on puisse juger de sa configuration ovale, de son élévation et de l'ordonnance de ses étages. On appelle ces restes *les Arcs*.

SALLE, s. f. C'est le nom qu'on donne à toute pièce qui est réputée la plus grande, soit dans les édifices publics, soit dans les palais, soit dans les maisons particulières. Nous indiquerons dans la suite, par les noms divers qu'on leur donne, les différens emplois des *salles*, selon la nature des édifices où elles se trouvent.

Nous avons dit que le mot *salle* exprime toujours, relativement à chaque espèce de bâtiment, une très-grande pièce. Les Anciens confirment cette définition, et Vitruve va nous le prouver par la description qu'il nous a donnée des *salles* des palais, que l'on nommoit *Œci*.

Généralement, dit-il (*lib. VI, cap.* 5), ces différentes *salles*, sous les noms de *Triclinia, Œci, Exedræ*, devoient avoir en longueur le double de leur largeur. Quant à leur élévation, elle devoit être égale à la somme de leur longueur ajoutée à la largeur.

Les *salles* appelées *Œci*, continue Vitruve, sont de deux genres : il y a celles qu'on nomme *corinthiennes*, et il y a les tétrastyles, qu'on nomme égyptiennes. On leur donne en longueur et en largeur les mêmes dimensions qu'aux *Triclinia* (*salles* à manger); mais à cause des colonnes dont on les orne, il faut nécessairement leur donner plus d'étendue. Voici donc en quoi consiste la différence entre ces deux sortes de *salles*. La *salle* corinthienne n'a qu'un seul ordre de colonnes, placées, ou sur un socle, ou simplement à terre; elles sont surmontées d'un architrave et d'une corniche soit en bois, soit revêtus de stuc, d'où part et s'élève une couverture en voûte circulaire. Dans la *salle* égyptienne, au contraire de l'architrave du premier rang de colonnes, partent des plates-bandes qui vont reposer sur le mur d'enceinte, et reçoivent un assemblage de plancher, et un pavement découvert formant promenoir tout à l'entour. Sur l'architrave, et à-plomb des colonnes dont on a parlé, s'élève un second ordre plus petit d'un quart que l'ordre inférieur, dont la corniche reçoit la couverture et les ornemens. Entre les colonnes d'en haut sont placées les fenêtres; ce qui fait que cette sorte de *salle* ressemble à une basilique, plutôt qu'à la *salle* corinthienne.

Les Grecs, ajoute Vitruve, ont des *salles* qu'ils appellent *cizicènes*. On les tourne ordinairement vers le nord, de manière qu'on y ait la vue des jardins, et leur porte s'ouvre dans le milieu. Elles doivent avoir en longueur et en largeur assez d'espace pour qu'on puisse y placer commodément deux tables l'une en regard de l'autre. A droite et à gauche, elles ont des fenêtres en guise de portes, pour que l'on puisse de dessus les lits jouir de l'aspect des jardins. On leur donne en hauteur une fois et demie leur largeur.

On ne sauroit assigner, dans l'architecture moderne, aux *salles* les plus étendues et les plus remarquables, de formes particulières ni un caractère général, qui puissent devenir l'objet d'une théorie ou d'une description.

Dans les édifices publics il se trouve de très-grandes et de fort belles *salles* destinées à toutes sortes d'usages, mais dont les formes et les proportions ne sont ni fixées par des règles, ni même déterminées par leur emploi. Le mot *salle* est aujourd'hui celui d'une infinité de pièces, qu'on ne sauroit ni classer dans un ordre méthodique, ni décrire en particulier dans cet article, sans être obligé de répéter ce qui se trouve décrit dans beaucoup d'autres.

Un genre de monumens publics fut toutefois, pendant long-temps, celui qui offrit l'usage le plus constant de très-grandes *salles*, destinées à des réunions nombreuses et à des banquets publics, je parle des *hôtels* ou *maisons* de ville. Dans les temps anciens, et sous le régime municipal de ces temps, la maison de ville, ou comme on l'appelle encore, la *maison commune*, étoit une sorte de rendez-vous des corps et communautés, et l'usage y avoit établi des festins publics auxquels il falloit destiner une très-grande *salle*. Cette *salle* étoit, dans le plan de ces édifices, la partie principale, et l'on voit aujourd'hui, par l'hôtel-de-ville de Paris, qu'elle en occupoit la presque totalité: aussi peut-on encore citer la grande *salle* de cet édifice, comme une des plus grandes qu'il y ait dans cette ville. On doit en dire autant de l'hôtel-de-ville d'Amsterdam, dont nous avons décrit l'architecture extérieure à l'article de son architecte (*voyez* CAMPEN). Cet extérieur en est effectivement, pour l'art, ce qu'il y a de plus remarquable, et aucun autre monument de ce genre ne peut, sous ce rapport, lui être comparé. Cependant sa grande *salle*, qui occupe presque toute la capacité du bâtiment, est, à quelques égards, digne d'être citée, moins par la pureté des formes et son goût de décoration, que pour la grandeur de sa dimension et la richesse de ses ornemens et de ses matériaux. C'est là, en effet, que les Hollandais, qui n'ont ni pierres ni marbres, se sont plus à mettre en œuvre les plus beaux matériaux, dont ils avoient l'usage de lester leurs vaisseaux, usage auquel cette ville doit d'avoir peut-être plus de marbres qu'aucune autre.

Si les hôtels-de-ville, dont nous avons fait mention à leur article (*voyez* HÔTEL), avoient été construits à des époques, où l'art antique avoit remplacé l'art appelé *gothique*, nous aurions eu, sans doute, à faire mention de *salles* où les architectes auroient cherché à faire revivre les descriptions que Vitruve nous a données des *salles* de banquet des Grecs et des Romains.

C'est à ce renouvellement de la bonne architecture, que Paris doit, dans le Palais-de-Justice, la vaste *salle* à deux nefs collatérales, qu'on appelle la *Salle des pas perdus*, ouvrage de Jacques Debrosses, et que nous avons décrite à l'article biographique de cet architecte. C'est certainement le plus grand vaisseau, en fait de *salle*, qui soit à Paris, et peut-être ailleurs.

La grande *salle* qu'on appeloit de *la Seigneurie*, au palais vieux, à Florence, est encore un de ces monumens dus aux causes politiques qui ne se sont plus renouvelées depuis. Là où le Gouvernement exige de nombreuses réunions, et repose sur des assemblées de corps, de peuple, ou de sénat, il faut leur construire de vastes *salles*. Ainsi, au mot PROCIUCM, nous avons rapporté la description de la belle et grande *salle*, où se réunissoient tous les députés de ce qu'on pouvoit appeler les Etats-Généraux de la Phocide.

L'aristocratie, gouvernement où le pouvoir est entre les mains d'un fort grand nombre de familles nobles, demande aussi de fort grands lieux de réunion. La *salle* du palais vieux, à Florence, fut de ce nombre; Venise en a de semblables, et la grande *salle* du Sénat, à Gênes, restaurée dans ces derniers temps, offre, pour l'architecture, un des plus beaux et des plus riches ouvrages modernes.

On voit que jusqu'ici nous n'avons parlé que de *salles* faisant partie des monumens publics, et construites pour des usages politiques.

S'il étoit maintenant question de considérer les *salles*, comme entrant dans la composition des palais, ce point de vue nous offriroit un si grand nombre d'objets, que leur description, ou même leur énumération, deviendroit impossible. Qui ne voit, d'ailleurs, que ces objets rentrent tout naturellement dans la description des palais? Un grand palais, en effet, peut avoir quelque *salle* principale pour l'étendue ou la richesse; mais son ensemble n'est, si l'on peut dire, et selon l'usage des distributions, et selon la manière de parler, qu'une suite de *salles*. Ainsi, comme l'on sait, toutes les pièces d'un grand palais reçoivent chacune un nom particulier, ou de son emploi, ou de l'objet principal de la décoration, et l'on dit: *salle des Gardes*, *salle du Conseil*, *salle du Trône*, *salle des Maréchaux*, *salle de l'horloge*, *salle d'Apollon*, *salle de Diane*. En décrivant les intérieurs du palais du T. à Mantoue, nous avons parcouru une suite de *salles*, qu'on appelle: *salle de Phaéton*, *salle de Psyché*, *salle des Géants*, etc.

Ces *salles* ne sont donc point des ouvrages particuliers d'architecture, qui soient dans le cas de recevoir des règles, ou d'être soumis à des préceptes applicables à eux seuls. Leurs dimensions, leurs proportions, leur décoration et leur richesse, sont subordonnées à une multitude de convenances, qui rentrent dans celles des préceptes généraux.

Il faut d'ailleurs excepter du nombre des pièces dont se composent les appartemens, celles qui, ayant des destinations spéciales, obligées et caractéristiques, comme *chambre à coucher*, *cabinet*, *bibliothèque*, *galerie*, trouvent, à leurs articles, les notions qui les concernent, ainsi qu'au mot Distribution.

Si, des palais, on passe aux maisons particulières, le mot *salle*, beaucoup plus restreint, ne se donne guère qu'à deux sortes de pièces, c'est-à-dire, à celle où l'on mange, et à celle où l'on reçoit, sous les noms de *salle à manger* et *salle de compagnie*, qu'on appelle plus communément *salon*.

Nous nous contenterons donc de faire, à cet article, une courte énumération des pièces auxquelles l'usage, d'après leur emploi, a affecté des noms particuliers.

Ainsi l'on dit:

Salle à manger. C'est, dans les maisons de quelqu'importance, une pièce séparée de l'appartement, et placée volontiers à rez-de-chaussée. Elle doit être bien éclairée, et ses fenêtres, autant que cela est possible, doivent donner sur le jardin, et procurer quelqu'aspect agréable. La *salle à manger* doit être pavée en carreaux de marbre ou de toute autre matière, qui permette d'en laver l'aire. Sa décoration admet volontiers des peintures agréables, des vues de paysage, etc. Elle doit avoir des buffets et des fontaines.

Salle d'assemblée. Dans les palais et les maisons particulières, c'est une pièce où l'on reçoit compagnie. *Voyez* Salon.

Salle d'audience. C'est, dans les appartemens des fonctionnaires publics, une pièce où ils donnent audience. Elle précède ordinairement le cabinet. Elle doit être garnie de siéges, meublée simplement, et décorée avec plus de gravité que de magnificence.

Salle de bain. Ainsi appelle-t-on, dans l'ensemble des grands appartemens, une petite pièce où sont disposés le bassin et la cuve pour se baigner.

Salle de bal. C'est une *salle* qui ne se pratique guère que dans les grands palais. Elle doit être décorée avec élégance, et recevoir une tribune élevée, pour y placer les symphonistes. Telle est la *salle de bal* du grand appartement du Roi, à Versailles.

Salle de ballets, de comédie, de machines. Voyez Théatre.

Salle de billard. Est, dans toute maison, soit de ville, soit de campagne, une *salle* où est placé un jeu de billard. Cette sorte de *salle* est ordinairement boisée et garnie d'armoires, contenant les choses et les instrumens nécessaires pour le service de ce jeu. On doit y supprimer les glaces et tous autres ornemens fragiles.

Salle des gardes. Première pièce de l'appartement d'un prince, où se tiennent les officiers de sa garde.

Salle du commun. Pièce près des cuisines et des offices, dans les grandes maisons, où mangent les domestiques.

Salle d'armes, s. f. On donne ce nom à une espèce de galerie, qui sert de magasin d'armes rangées dans un bel ordre et bien entretenues. On affecte dans ce rangement une ordonnance symétrique et décorative. On fait servir les différentes sortes d'armes selon leurs dimensions et leurs formes, à composer, soit des trophées, soit des pilastres, des colonnes, des pyramides, des frises, etc., et à simuler tous les ornemens de l'architecture. Ces collections d'armes deviennent aussi un répertoire instructif en ce genre, où l'on voit rassemblé ce que les temps anciens avoient imaginé, et ce que les temps modernes ont perfectionné, dans l'art de fabriquer pour les hommes des moyens de se détruire. Il y a à Paris une des plus belles collections d'armes, à partir des siècles reculés. Ce qu'elle renferme de curieux, sous tous les rapports, lui a fait donner le nom assez impropre de *Muséum d'artillerie*.

Les *salles d'armes* font ordinairement partie des arsenaux. Il y en avoit une jadis d'une grande étendue et d'un fort bel arrangement, dans l'arsenal de Venise.

Le nom de *salle d'armes* se donne aussi au lieu où l'on apprend à tirer des armes. Le nom de *salle d'escrime* lui conviendroit mieux.

SALLE DE JARDIN OU CHAMPÊTRE. Dans l'art du jardinage régulier, on emprunte souvent à l'architecture ses plans, les motifs de ses compositions, les dessins de ses élévations, les formes de sa décoration. De-là plus d'un nom de bâtiment donné à des plantations, à des espaces, où l'on se plaît à forcer la nature d'imiter à son tour les ouvrages de l'art.

Comme les arbres font aisément l'effet des colonnes, comme des charmilles se prêtent volontiers à remplacer les murs, et comme, avec une multitude d'arbustes qu'on taille à volonté dans toutes les formes, de plantes qu'on fait circuler et qu'on façonne en guirlandes, on peut contrefaire un grand nombre de parties d'édifices, il a été fort naturel de ménager, dans les jardins, des lieux de réunion, qu'on appelte *salles champêtres*.

Les marroniers, les tilleuls de Hollande, les ormes, lorsqu'ils sont bien choisis, sont les arbres dont on se sert volontiers pour faire des *salles champêtres*. Lorsqu'on veut que leur enceinte soit close, on établit à l'entour des treillages qu'on garnit de fleurs et de verdures, ou on les entoure de charmilles. Ces *salles* servent volontiers pour les bals, et si l'on veut prolonger la fête dans la nuit, on les illumine par des lanternes de toutes couleurs, qu'on suspend en guirlandes d'un arbre à l'autre.

La *salle* du bal du petit parc de Versailles, est une *salle champêtre* disposée pour la danse : elle est entourée d'un amphithéâtre formé de siéges ou de degrés en gazon. Le milieu, un peu relevé et sur un plan ovale, est comme l'arène de cette espèce de cirque, où l'on exécute les danses.

SALLE D'EAU, s. f. C'est une fontaine pratiquée dans un espace plus bas que le rez-de-chaussée, où on descend par quelques marches, et dont l'aire est pavée de compartimens en marbre. C'est aussi, dans un jardin, une *salle* de verdure, décorée de bassins, de figures, de groupes qui jettent de l'eau, et de fontaines jaillissantes.

SALLE DE SPECTACLE. Est un synonyme de théâtre, dans nos usages. Les théâtres ayant été, dans le renouvellement des arts, des sortes de dépendances des palais de souverains ou de ceux des princes, on leur donna le nom de *salle*. Depuis qu'ils sont devenus des monumens isolés et publics, on ne laisse pas de les appeler encore du même nom, surtout quand on parle de leur intérieur; et l'on dit que la *salle* est remplie, que la *salle* étoit vide, etc.

SALON, s. m. Ce mot est le même que le mot italien *salone*, qui est un augmentatif de *sala*, et signifie une grande *salle*.

Quoique *salon* en français, selon l'usage actuel, ou ne signifie pas toujours une grande salle, ou exprime encore une autre idée, toujours est-il vrai, que selon les erremens de la distribution ordinaire des appartemens, ce mot s'applique à la pièce qui, entre toutes celles dont se compose l'appartement, est souvent la plus grande et toujours la plus richement ornée.

Le *salon* est ce qu'on appeloit, et ce qu'on appelle encore la *salle de compagnie*. C'est la pièce de réunion, où l'on reçoit le monde, et où, par conséquent, selon la grandeur des maisons, on rassemble le plus d'objets de commodité, d'agrément, de goût et de luxe.

On ne sauroit prescrire rien de déterminé en ce genre, ni pour la grandeur, ni pour la forme, ni pour la décoration. Il est sensible, qu'à cet égard, il se donnera autant de mesures qu'il s'en trouve dans les différens états de la société.

Quant à la grandeur, c'est la dimension de la maison qui règle celle de toutes les pièces de l'appartement, et par conséquent du *salon*. Dans les palais, le *salon* doit occuper une grande étendue; cette étendue est déterminée, non-seulement par la nécessité des réunions nombreuses qu'on y reçoit, mais encore par une sorte d'étiquette, qui veut que l'importance du maître s'annonce par celle de son habitation, tant à l'extérieur qu'à l'intérieur. Dans les palais, on donnera souvent au *salon* la hauteur de deux étages, de manière qu'il puisse recevoir des jours d'en haut. Du reste, il est assez reçu que le *salon*, à quelqu'espèce de maison qu'il appartienne, doit, dans la proportion de son appartement, en être la pièce la plus spacieuse. Les palais dont les maîtres sont condamnés à la magnificence, ont souvent aussi ce qu'on appelle de doubles appartemens, c'est-à-dire, où chacune des pièces est *répétée*, une fois en grand, une fois en petit: les premières servent pour les jours de grande compagnie, les secondes pour les jours de petite société. Ainsi, près de la grande salle à manger, on en pratique une plus petite. Il y a de même grand et petit cabinet, grand et petit *salon*.

Pour ce qui est de la forme des *salons*, rien ne fait la loi de leur en donner une plutôt qu'une autre. Il est certain que la forme quadrangulaire est tout à la fois la plus naturelle et la plus ordinaire. On peut même dire, que dans les habitations moyennes, d'où l'art proprement dit de l'architecture est généralement exclus, il est fort rare qu'il se trouve une raison de donner au *salon* d'autre configuration que celle du carré, ou d'un carré long, dont la longueur est à la largeur, comme 4 à 3, ou tout au plus comme 2 à 1. Il n'est question, pour le *salon* des maisons des particuliers, que de régularité, de symétrie dans les pièces, et l'ameublement en fait la seule décoration. A l'égard des palais, on y voit des *salons* pratiqués dans toutes les sortes de formes. La plus ordinaire est, à la vérité, la forme quadrangulaire; mais on citeroit beaucoup d'appartemens dont le *salon* est tout-à-fait circulaire. L'on obtient volontiers cette forme, en construisant la façade de l'édifice de manière à ce qu'elle produise une partie demi-circulaire en saillie; à l'intérieur, le reste du cercle est formé par des cloisons. Il y a aussi des *salons* ovales, et il s'en fait d'octogones. Reste à savoir si ces variétés, qui produisent des embarras et des difficultés dans l'ensemble des plans et dans l'ajustement des élévations, offrent autant de commodités pour l'usage, et beaucoup plus d'agrément pour l'emploi de l'architecture et de la décoration.

La décoration des *salons*, dans les palais, ne sauroit être l'objet d'une théorie particulière. C'est ici le domaine de l'architecture, et l'on ne sauroit rien dire sur ce point, qu'on ne l'ait dit dans une multitude d'autres articles.

Ce qu'il faut toutefois remarquer, à l'égard de la décoration des *salons*, c'est qu'il entre dans l'harmonie générale des palais et de leurs appartemens, que la richesse des ordonnances, des ornemens et des matières, qui font aussi partie de la décoration, y soit tellement graduée, qu'il y ait une progression sensible d'une pièce à une autre, et que le *salon* soit, en fait de magnificence, le point culminant de l'ensemble. L'emploi des ordres, soit en colonnes, soit en pilastres, et surtout de l'ordre corinthien, avec ses détails accessoires, étant, quant au fond de l'art, le *maximum* de la décoration, il importe de le réserver pour la décoration du *salon*. Trop souvent on a vu la richesse de l'architecture employée jusque dans les escaliers, ne laisser aucun moyen d'enchérir à l'égard des intérieurs.

Quand on prétend que le *salon* réclame le plus haut degré de la décoration, c'est toujours, bien entendu, relativement au genre et au caractère du palais, et relativement encore à sa destination, comme à la dignité du propriétaire. Il y a de grands palais, ainsi qu'il y a de grands personnages, qui se refusent à un luxe trop marqué, à une profusion de ces richesses qui ne sont que du faste. Plus d'une convenance commande à l'architecte de se conformer à ces considérations, et l'architecture a, dans le genre et l'emploi de ses richesses, des degrés pour tous les rangs. Il y a aussi une richesse modeste qui, sans mêler à l'or l'éclat des marbres précieux, sait allier le goût à la bienséance, sait briller par la simplicité, et s'adapter à tous les caractères. *Voyez* APPARTEMENT.

On appelle *salon à l'italienne*, celui qui comprend deux étages dans sa hauteur, et qui, ordinairement, n'est éclairé que par les fenêtres de l'étage supérieur.

On appelle *salon de treillage*, un grand espace qu'on ménage dans les bosquets d'un jardin, qu'on entoure et qu'on couvre de treillages en fer et en bois, et qu'on garnit de verdures.

SALONIQUE. C'est le nom qu'on donne aujourd'hui à l'antique ville de Thessalonique.

Nous trouvons dans le troisième tome des *Antiquités d'Athènes*, par Stuart, le dessin d'un reste de monument fort curieux, qui est situé dans le quartier des Juifs de *Salonique*.

Cinq colonnes corinthiennes, élevées chacune sur son piédestal, supportent un entablement, au-dessus duquel règne un attique formé de pilastres quadrangulaires isolés. Sur les deux faces les plus larges de ces pilastres, sont sculptées des figures d'un très-fort relief, dont la hauteur est presque égale à celle du pilastre; les têtes de quelques-unes de ces figures anticipent sur les profils du chapiteau.

D'un côté, les figures représentent une Victoire, un Télèphe, un Ganymède et une femme drappée, à laquelle on ne sauroit donner un nom. De l'autre côté, on voit Léda, une Bacchante couronnée de pampres, un Bacchus et une Bacchante jouant de la flûte.

L'attique, ainsi décoré, supporte un entablement. Il est assez difficile aujourd'hui de déterminer le genre d'édifice dont cette ruine faisoit partie. Quoique les figures qu'on vient de désigner sembleroient avoir pu convenir à la décoration d'un théâtre, on n'a cependant rien trouvé sur les lieux qui tendît à motiver une semblable supposition. Quant aux traditions populaires qui règnent à *Salonique* sur ce monument, elles reposent sur des contes merveilleux, dont l'imagination a fait seule les frais.

Ce qui seul pourroit tendre à quelques suppositions vraisemblables sur l'édifice de *Salonique*, c'est le rapprochement que la critique des monumens antiques en feroit, avec d'autres où se trouvent les mêmes particularités. Plus on découvrira dans le champ de l'antiquité, plus on trouvera de points de comparaison entre des ouvrages qui, considérés jusqu'alors isolément, ne pouvoient guère donner pour l'interprétation de leur emploi, que des présomptions arbitraires.

Nous ne saurions donc nous empêcher de rapprocher du monument de *Salonique*, celui qui existoit jadis à Bordeaux, et qu'on appeloit les *tutèles*. On en voit la gravure dans la traduction de Vitruve, par Perrault (pag. 227, édition de 1684), qui a pris soin d'en conserver le souvenir, avant qu'on procédât à sa démolition. Le lecteur qui rapprochera ces deux monumens, y trouvera une conformité frappante. Tous deux présentent une ordonnance corinthienne; tous deux, au-dessus de l'entablement, ont un attique formé de piédroits, sur les deux faces principales desquelles sont sculptées des figures de bas-relief. La seule différence est, qu'à *Salonique* cet attique porte un entablement, lorsqu'à Bordeaux il porte un rang d'arcades couronné par une corniche.

On ne sauroit, ni dans l'un ni dans l'autre édifice, donner le nom de *caryatides* à ces figures qui s'adossent aux montans des piédroits des deux attiques, bien qu'elles en aient l'apparence. Toutefois le grand temple de Jupiter olympien, à Agrigente, nous a appris, d'après les recherches qui y ont été faites dans ces dernières années, que l'intérieur de sa nef étoit formée de grands piliers quadrangulaires, au-dessus desquels s'élevoient des figures colossales d'atlantes, dans l'attitude de supporter les plates-bandes de l'entablement.

On vient encore tout récemment de découvrir à Pompéia, un intérieur, où des figures de caryatides font l'office de colonnes. Il est donc permis de croire, que l'usage des atlantes ou caryatides étoit beaucoup plus commun qu'on ne pense, dans l'architecture des Anciens. On peut dès-lors supposer que les figures adossées des piédroits aux monumens de *Salonique* et de Bordeaux, étoient en quelque sorte des caryatides de bas-relief, ou du moins tenoient à ce système de décoration et de pratiques assez usuelles.

Si donc il est constant qu'on le mit en œuvre dans un des plus grands temples de l'antiquité, on voit qu'il faut être très-réservé à tirer de cet emploi, des conséquences positives ou négatives, pour expliquer la destination des édifices. Nous ne dirons point ce que peut être le monument de *Salonique*, mais nous dirons que des figures, en semblant de caryatides ou d'atlantes, ne doivent pas faire exclure du rang d'édifices sacrés, ceux où il s'en trouve ainsi, puisque de véritables atlantes de ronde bosse, formoient le second ordre de la nef intérieure d'un temple à Agrigente.

SALPÊTRIÈRE, s. f. C'est ordinairement, dans un arsenal, le lieu où l'on fait le salpêtre, et où sont, à cet effet, plusieurs rangs de caves placées sur des fourneaux souterrains.

SALVI (Nicolas), né en 1699, mort en 1751. *Nicolas Salvi* fut un homme des plus instruits de son temps. A d'heureuses dispositions, s'étoit jointe une éducation qui l'eût mis à même de choisir le genre de connoissances auquel il auroit voulu se consacrer. Mais dans ses premières années il ne fit point de choix. Il cultiva d'abord les belles-lettres, et fut reçu comme poëte dans les différentes Académies de Rome. Il s'appliqua bientôt à la philosophie et aux sciences mathématiques. Il étudia la médecine. Enfin, il semble qu'il auroit eu en vue de réaliser dans sa personne, le portrait un peu imaginaire, que Vitruve nous a laissé d'un parfait architecte. Le goût de l'architecture finit par l'emporter chez lui. Il reçut des leçons d'Antoine Cannevari, et mieux encore de Vitruve, dont il avoit acquis personnellement l'intelligence dans l'original même.

Cannevari ayant été appelé en Portugal, pour le service du roi Jean V, *Salvi* resta chargé de toutes les entreprises que son maître avoit à Rome. Il rebâtit le Baptistère de Saint-Paul hors des murs, éleva le grand autel de l'église de Saint-Eustache, et celui de Saint-Laurent et Damase; construisit la petite église de la *villa Bolognetti*, hors de la porte Pie. Il donna encore le dessin du grand autel de Saint-Pantaléon, qui ne fut pas exécuté; mais il exécuta ceux de la superbe église de Mont-Cassin, et de *Santa-Maria de Gradi*, pour les Dominicains de Viterbe.

Mais l'ouvrage le plus considérable et le plus célèbre de *Nicolas Salvi*, est la grande fontaine de Trévi à Rome, qui seule feroit la réputation d'une ville. Elle tient sans doute, en ce genre de monumens, le premier rang, et il ne lui manque qu'une place proportionnée au spectacle qu'elle présente. Sous le rapport de magnificence, aucune autre fontaine ne peut lui être comparée, et l'on n'en peut trouver d'équivalente ailleurs, que dans les décorations hydrauliques des jardins de Versailles; mais la supériorité de la fontaine de Trévi tient encore à ce que ses eaux sont perpétuelles (*aquæ perennes*), tandis qu'à Versailles elles proviennent d'un réservoir qui se tarit en peu de temps. La fontaine de Trévi est, au contraire, le réceptacle de l'aqueduc de l'*acqua vergine*. L'architecte eut dès-lors à sa disposition une masse d'eau toujours courante, qu'il put diriger à son gré, et dont il put obtenir toutes les sortes d'effets.

Ce grand ouvrage ne s'acheva point sans de graves contradictions. *Salvi* eut un grand nombre d'envieux et de critiques, et l'on conçoit qu'en ce genre il y avoit matière à bien des rivalités. Un semblable projet éveille toutes les ambitions, et comme l'imagination en fait facilement les frais, chacun se figure aisément avoir trouvé des motifs plus heureux.

Pour ce qui regarde la partie hydraulique, c'est-à-dire l'emploi des eaux dans ce monument, on ne sauroit nier que ce ne soit une très-grande scène; mais peut-être a-t-on reproché avec raison à *Nicolas Salvi* de lui avoir donné une trop grande étendue, d'avoir, dès-lors, un peu trop divisé ses eaux, d'avoir plus visé à la multiplicité d'effets qu'à l'unité.

La position de cette vaste fontaine, adossée à un palais, ne fut peut-être pas du choix de l'architecte. Selon l'idée décorative de sa composition, qui représente Neptune sur son char, dont les tritons attèlent les chevaux marins, il eût sans doute convenu que le dieu des eaux parût sortir d'une demeure, dont le style et le caractère eussent été assortis à ce que la poésie de ce sujet devoit suggérer. Sans doute le palais de Neptune n'auroit dû avoir ni étages ni fenêtres; mais peut-être l'architecte ne fut-il pas le maître de son emplacement.

Le personnage principal, comme on l'a dit, est Neptune représenté dans une dimension très-colossale, debout, prêt à monter sur un char formé par une coquille; il semble sortir d'une niche que décorent des colonnes ioniques. Les chevaux et les tritons se trouvent au milieu d'un amas considérable de rochers, au travers desquels les eaux jaillissent ou tombent de différentes manières, et forment toutes sortes de chutes.

Quelques critiques pensent que ces rochers, ainsi disposés, ressemblent trop à un amas de ruines, et qu'on n'aperçoit pas assez dans tous les échappemens d'eau, la source de la cascade qui pourroit les produire; mais, en ce genre, la critique est facile, et peut-être la hauteur des conduits qui amènent l'eau à cette fontaine n'a-t-elle pas permis de leur donner une disposition plus pittoresque.

Quant à l'architecture du palais auquel s'adosse la composition de cette fontaine, nous croyons aussi qu'elle supporteroit beaucoup d'observations. Le temps qui vit élever ce monument n'étoit plus celui de la bizarrerie ni des formes, ni des ornemens contournés et bigarrés de l'âge précédent, mais ce n'étoit pas encore celui où le goût de l'antiquité devoit reprendre l'empire. Obligé d'assortir la composition de tout cet ensemble à une devanture de palais, l'architecte pouvoit se dispenser sans doute d'élever sur un soubassement rustique, tout en rochers, un ordre aussi élégant et aussi riche que le corinthien. Le style qui eût convenu à cette façade auroit dû être celui des bossages. Une multitude de monumens des plus grands maîtres de l'Italie, auroient pu offrir des modèles applicables au genre de cette composition, soit dans l'emploi des ordres, soit dans les détails des fenêtres et le caractère des ornemens.

Salvi avoit fait encore quatre dessins pour la même fontaine, à peu près du même goût, mais d'un mérite inférieur à celui qui fut exécuté.

La fontaine de Trévi fut treize ans à terminer: non que le travail ait rempli tout cet espace de temps, mais toutes sortes de tracasseries le faisoient interrompre, et on le reprenoit lorsque les clameurs de la critique avoient cessé. *Salvi* avoit trop à cœur d'achever son ouvrage, pour se laisser décourager et l'abandonner: aussi refusa-t-il les offres de la cour de Turin, qui desiroit l'avoir à son service après la mort d'Ivara. Il refusa encore les propositions qui lui furent faites, pour élever la façade de la cathédrale de Milan. Il ne voulut pas non plus aller à Naples, où on vouloit le charger de bâtir le palais de Caserte et l'hôpital général, qui depuis ont été construits sur les dessins du célèbre Van-Vitelli.

Salvi fut chargé par Auguste II, roi de Pologne, de lui faire le plan d'un théâtre dans le goût antique, avec un ensemble de salles et de dépendances, non-seulement pour le spectacle, mais encore pour le jeu, les concerts et les bals.

Salvi donna trois projets pour la façade de Saint-Jean-de-Latran à Rome. Les compositions de ces frontispices présentent toujours deux ordres d'architecture avec portiques; mais on préféra le dessin de Galilei.

Les travaux de la fontaine de Trévi, les contrariétés plus pénibles encore que ces travaux, les fréquentes visites qu'il étoit obligé de faire dans les conduits de l'*aqua vergine*, affoiblirent, dit-on, sa santé et affectèrent son tempérament, d'ailleurs fo.. délicat. Il tomba en paralysie; mais il vécut encore cinq ans dans cet état de langueur, sans renoncer à son art. Ne pouvant plus se servir de ses mains, il fit encore dessiner par un de ses élèves trois projets, pour la façade de l'église des Saints-Apôtres. L'un de ces projets n'avoit qu'un seul ordre de colonnes; les autres étoient à deux ordres, selon l'usage des portails de cette époque.

On a vanté l'honnêteté de *Nicolas Salvi*, ses mœurs et sa sincérité. Quoique naturellement réfléchi, il avoit la répartie vive et spirituelle. Le caractère de son architecture, malgré les incorrections qu'on y remarque, ne manque pas de simplicité, et a un certain agrément qui lui est propre.

SANESE (Georgio). On est souvent en peine de savoir sous quel nom placer, par ordre alphabétique, les artistes italiens du quinzième siècle. L'usage des prénoms et celui des sobriquets, ou encore des noms de pays, a fait, dans la suite, oublier les noms de famille. Ainsi, nous ne saurions dire quel nom fut véritablement celui de *Francesco di Georgio Sanese*. Tant est que cet architecte ayant été omis sous les deux premiers noms, nous avons dû lui donner place sous le dernier.

Georgio Sanese (c'est ainsi qu'on l'appelle le plus souvent) naquit en 1423, et mourut en 1470. Il étoit, dit-on, de la famille Martini de Sienne; et, selon l'usage de son temps, réunissant des talens divers, il fut sculpteur fort habile, amateur en peinture, bon ingénieur, et savant architecte.

C'est sous ce dernier titre qu'il est le plus connu, et il le doit au célèbre palais qu'il construisit, vers le milieu du quinzième siècle, à Urbin, pour le duc Frédéric de Feltre. C'est un de ces monumens qui confirment l'opinion que le quinzième siècle, moins renommé aujourd'hui que le suivant qui recueillit toutes les gloires, doit, non-seulement les partager avec lui, mais peut encore lui disputer plus d'une sorte de prééminence. N'y eût-il que l'avantage d'avoir fait renaître, dans tous les arts, les grands principes de l'antiquité, d'avoir produit des modèles dont plusieurs n'ont point été égalés depuis, d'avoir aplani toutes les voies au retour du bon goût, le quinzième siècle peut encore se vanter d'avoir donné

donné naissance à tous les maîtres qui ont formé les grands hommes du seizième.

L'architecture surtout, lui fut redevable d'un grand nombre de monumens et d'édifices, qui ne furent point surpassés pour la grandeur de la masse, la simplicité des plans, la justesse des proportions et la noblesse de l'ordonnance. Tels furent ceux de Brunelleschi, à Florence, de Leon-Batista Alberti, à Rimini et à Mantoue; tel fut le palais de *Georgio Sanese* à Urbin, dans lequel on s'accorde à vanter, et le mérite de la décoration, et même celui de la distribution. On y trouve encore certaines parties d'escaliers d'une invention particulière, et d'une exécution ingénieuse.

Ce palais est bâti en briques, et d'une extrême solidité. La façade se recommande plutôt par le grand caractère, que par un style élégant, soit dans les portes, soit dans la forme des fenêtres qui manquent d'une proportion agréable.

La principale cour est un rectangle, ou carré long, environné de portiques en arcades, soutenues par des colonnes isolées, de travertin d'une seule pièce. L'ordre est du genre de celui que les Modernes ont appelé *composite*, et la base en est attique. Au-dessus des arcades règne un entablement, qui porte un second ordre de pilastres corinthiens, entre lesquels sont disposées les fenêtres, de manière que leur ouverture correspond à celle des arcades du rez-de-chaussée. La masse est couronnée par un entablement, dans la division duquel on a pratiqué les fenêtres d'un petit appartement, et en retraite est encore un autre petit étage de service.

Le grand escalier est commode et spacieux. La salle principale a cent pieds de long et cinquante de hauteur. Elle est couverte par une voûte à lunettes. Toutes les pièces de ce palais sont également voûtées.

Georgio Sanese fit les dessins et les modèles que lui demanda le pape Pie II, pour le palais de l'évêché de Corsignano, sa patrie, à laquelle il donna et le titre de ville, et le nom de *Pienza*, qui étoit le sien propre.

SANGALLO (DA) GIULIANO et ANTONIO, architectes florentins. Le premier naquit en 1443 et mourut en 1517. Le second mourut en 1534.

Si l'on a associé dans un même article ces deux architectes, c'est moins parce qu'ils furent frères, et qu'un même talent ainsi qu'un même goût dut les réunir dans les mêmes travaux, que pour éviter la confusion qui auroit pu naître entr'eux, ou du moins entre l'un d'eux, et un autre Antoine Sangallo, leur neveu, qui, devenu plus célèbre, occupe un des premiers rangs dans l'histoire des architectes.

Le père de *Julien* et d'*Antoine Sangallo* s'appeloit *François Giamberti*, architecte de quelque mérite, qui vivoit sous Côme de Médicis, surnommé le *Père de la patrie*, et grand-père de Laurent-le-Magnifique. Il fut employé par lui dans tous les travaux de ce temps. Quant à ses deux fils, il leur fit apprendre l'art de la sculpture en bois, et la perspective, à l'école de Francione, artiste fort recommandable alors. *Julien* avoit les dispositions les plus heureuses pour réussir dans tout ce qu'on lui donnoit à entreprendre. On avoit voulu faire de lui un sculpteur. Il fit voir en peu de temps qu'il l'étoit, et les belles sculptures du chœur de Pise déposent encore aujourd'hui de sa précocité, comme de l'excellence de son talent. Il lui survint bientôt une nouvelle occasion de montrer sa capacité, dans un genre fort différent. Laurent de Médicis eut besoin d'un ingénieur pour un siége qu'il avoit à soutenir. *Julien de Sangallo* devint ingénieur, et, qui plus est, excellent artilleur. Il perfectionna l'art de manœuvrer le canon, et servit les projets de Laurent au-delà de son attente. Aussi en reçut-il des témoignages de bienveillance, qui ne se bornèrent point à de vaines paroles.

L'architecture fixa enfin son goût et sa vocation: son premier ouvrage fut, à Florence, le cloître des Carmelites de *Santa-Madalena de Pazzi*. La partie qu'il en exécuta est celle où règne un ordre ionique. Il y copia un chapiteau antique, trouvé dans les ruines de *Fiesole*, et qui passoit alors pour être unique en son genre. Ce qui le distingue du chapiteau ionique ordinaire, c'est cette espèce de gorgerin ou de frise, qui se trouve entre le collarin et l'astragale; c'est encore la forme de la volute, qui descend jusqu'au collarin. Or, ces deux variétés sont précisément celles qui distinguent le chapiteau ionique du temple d'Erechtée à Athènes. *Julien de Sangallo* avoit donné une preuve de son goût, en faisant revivre ce mode élégant de chapiteau. Malheureusement le manque de fonds ne permit pas d'achever ce cloître.

Laurent de Médicis avoit appris à distinguer le mérite de *Julien de Sangallo*. Il n'hésita point de le préférer à ses anciens et à son maître, en voyant le modèle qu'il lui avoit commandé, en concurrence avec eux, pour le palais qu'il projetoit de faire bâtir, entre Florence et Pistoia, dans le lieu qu'on appelle *Poggio a Cajano*. *Julien* eut ordre de mettre sur-le-champ la main à l'œuvre. L'édifice qu'il exécuta, fit voir des choses alors nouvelles en architecture. Telle fut la voûte en berceau qui couronne la vaste salle de ce palais. On n'avoit, jusqu'à ce moment, osé en entreprendre de cette hardiesse. Laurent de Médicis n'en croyoit pas l'exécution possible, attendu la grande largeur du local. *Julien*, pour le rassurer, se mit à en construire une selon le même système de courbe, dans une maison qu'il bâtissoit pour lui-même à Florence. Enfin, l'ouvrage eut un succès complet, et procura à son auteur une grande réputation.

Le duc de Calabre lui demanda un modèle de palais pour Naples. *Julien* s'occupoit de ce travail, lorsque l'évêque d'Ostie, qui depuis fut pape sous le nom de *Jules II*, le chargea de restaurer les fortifications de cette ville. *Julien* perdit à ce travail deux années, et il chargea pendant ce temps, Antoine son frère, de terminer le modèle du palais de Naples; mais Laurent de Médicis conseilla à *Julien* d'aller en personne le présenter.

Julien partit donc pour Naples avec son modèle. L'ouvrage eut un grand succès, et l'ordre fut donné d'en entreprendre sur-le-champ l'exécution. On en jeta les fondemens près de Castel-Nuovo. Cela fait, l'architecte demanda et obtint la permission de retourner à Florence. Le roi lui fit de riches présens en chevaux, en étoffes précieuses, avec un vase d'argent contenant plusieurs centaines de ducats. *Julien* pria le roi de lui permettre de n'accepter ni l'or ni l'argent, dont son protecteur Laurent-le-Magnifique l'empêchoit d'avoir besoin; que s'il plaisoit au roi de lui témoigner sa satisfaction d'une autre manière, il oseroit le prier de lui concéder quelques morceaux d'antiquité, à son choix. *Julien* eut alors la liberté de choisir une belle tête de l'empereur Adrien, une statue de femme nue, plus grande que nature, et un Cupidon endormi, tous morceaux de ronde bosse, dont il fit hommage à Laurent-le-Magnifique, aussi charmé de la nature du présent, que frappé du rare désintéressement de celui, qui avoit préféré les richesses de l'art à celles de la fortune.

Julien, de retour à Florence, fut chargé, par Laurent, de construire un vaste couvent pour cent religieux de l'ordre des frères ermites de Saint-Augustin. L'ouvrage de *Julien* obtint la préférence sur les projets de plusieurs autres. Il mit la main à l'œuvre, et l'édifice fut élevé hors de la porte *Santo-Gallo*. Ce fut là l'origine du nom sous lequel *Julien* fut connu depuis, et ce fut Laurent de Médicis qui, ayant pris l'habitude de lui donner ce surnom, le fit contracter à tout le monde. *Julien* se plaignit un jour à lui, en plaisantant, de ce que lui ayant fait perdre le nom ancien de sa famille, il reculeroit au lieu d'avancer dans le chemin de la noblesse. Il vaut mieux, lui répondit Laurent, qu'au lieu de recevoir un nom de ton ancienne famille, tu en donnes un nouveau, par ton mérite, à une famille nouvelle.

Malheureusement le nom de *Sangallo* n'a pu faire subsister ni même achever les entreprises qu'interrompit la mort de Laurent de Médicis. Le siége de Florence, en 1530, détruisit tout ce qui avoit été commencé du grand couvent, et au temps de Vasari, il ne restoit vestige ni de maison, ni d'église.

Un grand palais pour *Giuliano Gondi*, riche marchand florentin, eut encore le sort de ne pouvoir être terminé dans son entier. La mort du propriétaire força *Sangallo* de le laisser inachevé. Pareille mésaventure arriva à plusieurs de ses ouvrages, que les troubles et les guerres de cette époque firent abandonner.

Après la mort de Laurent de Médicis, il se retira à Prato, où il construisit l'église de Notre-Dame-des-Prisons. De-là il fut mandé à Lorette, pour terminer la coupole de l'église, dont on croyoit les piliers trop foibles pour supporter le poids d'une voûte. *Sangallo* prétendit que les craintes étoient mal fondées, et on le chargea de cette construction. Il fit venir de la pouzzolane de Rome, pour faire, avec de la chaux, le mortier propre à opérer la liaison des matériaux. L'ouvrage réussit en tout point, et la coupole, en moins de trois ans, fut terminée.

A Rome, *Sangallo* fut chargé, par le pape Alexandre VI, de restaurer le plafond de Sainte-Marie-Majeure. On dit que sa dorure fut faite avec le premier or qu'on transporta d'Amérique en Europe.

Le cardinal de la Rovère, le même qui, comme évêque d'Ostie, avoit autrefois employé les talens de *Sangallo*, lui fit faire le modèle du palais de *San-Pietro in vincoli*; bientôt après, un autre modèle de palais pour *Savone*, sa patrie, où il vouloit que l'architecte allât lui-même entreprendre l'ouvrage. Mais *Sangallo* étoit retenu à Rome par Alexandre VI. Antoine, son frère, le suppléa dans ses travaux, et lorsque l'édifice tiroit à sa fin, *Julien*, d'après les instances du cardinal, se rendit à Savone, et mit la dernière main à la construction.

En retournant à Florence, qui étoit en guerre avec Pise, malgré le sauf-conduit qu'on lui avoit donné à Lucques, il fut fait prisonnier par les Pisans, et retenu pendant six mois, jusqu'à ce qu'il eût payé 300 ducats.

Alexandre VI mort, et Paul II, qui lui succéda, ayant survécu de fort peu, le cardinal de la Rovère fut créé pape, sous le nom de *Jules II*. *Julien de Sangallo* conçut les plus grandes espérances. Le Pape, en effet, le reçut avec toutes sortes de caresses, et le chargea tout d'abord des premiers ouvrages qui se présentèrent. Dès-lors, il étoit question entre Jules II et Michel Ange, de l'entreprise du célèbre mausolée, dont on a parlé ailleurs (*voyez* BUONAROTI). *Sangallo* la favorisoit aussi de ses vœux, et engageoit le Pape à construire une chapelle exprès pour un si vaste ouvrage, dont la vieille basilique de Saint-Pierre n'étoit plus digne (*voyez*, sur cet objet, les articles de *Lazare Bramante* et de *Rossellino*). Divers projets furent présentés pour cette chapelle, et enfin l'idée vint de faire un nouveau Saint-Pierre. Bramante étoit, sur ces entrefaites, arrivé à Rome. Il sut si bien s'introduire à la cour du Pape, et se faire si bien venir de lui, qu'il l'emporta sur tous les concurrens, et fut chargé de la construction de la nouvelle basilique.

Sangallo, blessé de cette préférence, quoique le Pape l'eût associé à Bramante pour tous les autres travaux, retourna à Florence, non sans y rapporter un grand nombre de présens, dont le pontife avoit honoré son talent. Le gonfalonier Pierre Soderini, charmé de l'incident qui rendoit à Florence son habile concitoyen, se hâta de lui confier des travaux, qui l'occupèrent pendant six mois. Bientôt une lettre du Pape redemanda *Sangallo*. Il fut obligé de revenir à Rome; mais le Pape, qui croyoit l'employer comme architecte, l'obligea de le servir comme ingénieur, dans les guerres qu'il avoit à soutenir. Nouvelle demande de congé de la part de *Sangallo*. Enfin, le Pape lui rendit sa liberté, et accompagna la permission qu'il lui donnoit d'en user, d'une bourse de cinq cents écus, l'assurant qu'il pouvoit toujours compter sur sa bienveillance.

Sangallo espéroit se reposer enfin dans sa patrie; mais les circonstances du temps ne permettoient le repos à personne. A peine arrivé, il fut employé par le gonfalonier Soderini, au siége de Pise, à construire, sur l'Arno, un pont fort ingénieux, qui se levoit et s'abaissoit selon la hauteur des eaux, et offroit, dans ses assemblages, la construction la plus solide. Cet ouvrage contribua à la prompte reddition de Pise. Bientôt après, il fut chargé de bâtir avec la plus grande célérité la forteresse de cette ville, où se trouve aujourd'hui la porte d'ordre dorique, qu'on appelle la *porte Saint-Marc*.

Après Jules II, Léon X, son successeur, pensa à remplacer Bramante, que la mort venoit d'enlever, dans la place d'architecte de Saint-Pierre. Il jeta les yeux sur *Sangallo*, qui revit encore une fois Rome. Mais, affoibli déjà par son grand âge, et tourmenté de la pierre, il obtint aisément du pontife la dispense de se charger d'un tel fardeau. Il passa encore deux années à Florence. Il mourut à l'âge de soixante-quatorze ans; mais il se survécut encore pendant plusieurs années dans la personne de son frère.

Antoine Sangallo commença aussi par la sculpture en bois, y acquit un rare talent, et se fit beaucoup d'honneur, surtout par ses grands crucifix, tels que celui du maître-autel de l'Annonciade, à Florence, celui des religieux de *San-Gallo*, à Saint-Jacques-des-Fossés, et plusieurs autres qu'on renomme.

Julien, son frère, ne tarda point à lui inspirer le goût de l'architecture, et à lui en communiquer le savoir. La grande pratique qu'Antoine avoit acquise dans le travail du bois, le rendoit surtout extrêmement propre au travail des modèles d'édifices, qu'à cette époque on faisoit en bois. Il fut d'un grand secours à son frère dans cette sorte d'ouvrage, et le suppléa encore en beaucoup de ses entreprises. *Julien* étant engagé dans les travaux du palais de Savone, se fit remplacer quelque temps auprès du Pape par *Antoine*, qui sut en gagner les bonnes grâces. On lui confia les ouvrages de fortification qui ont fait du mausolée d'Adrien, une citadelle, puis la construction du château-fort de Civita-Castellana.

Les deux frères se succédoient et se remplaçoient mutuellement dans les mêmes travaux, et auprès de leurs ordonnateurs. Ainsi quand *Julien* quitta Florence pour aller à Rome, il chargea *Antoine* de faire le modèle de la nouvelle forteresse d'Arezzo. Cela le mit en rapport plus intime avec le gouvernement florentin, qui lui confia la surintendance de toutes les fortifications. Il coopéra, avec son frère, à la construction du pont mécanique sur l'Arno, dont nous avons parlé dans l'article précédent.

L'ouvrage d'architecture le plus remarquable d'Antoine *Sangallo*, fut l'église de Monte-Pulciano, qui est hors de la porte San-Biaggio, monument aussi remarquable par la beauté de sa construction en pierre blanche, que par la conception de son ensemble, et une rare perfection d'exécution dans toutes ses parties. De lui furent encore deux palais : l'un qu'il commença dans la même ville pour le cardinal Antonio del Monte; l'autre, pour le même cardinal, à Monte San-Savino.

Il seroit trop long de rendre compte de tous les édifices dont il fit et donna les modèles, de toutes les villes dont il fit ou dont il augmenta les fortifications. Sur la fin de sa vie, il chercha le repos dans les douces occupations de l'agriculture, genre d'art plus sédentaire, et où il avoit acquis beaucoup de connoissances.

SANGALLO (Antonio), architecte florentin, mort en 1546. La date de sa naissance est incertaine.

Le talent dans les beaux-arts est rarement héréditaire : le génie n'est pas un bien de famille. Il y a cependant des exceptions en ce genre. La famille des *Sangallo* en est une. Quatre de ses membres ont successivement illustré leur nom dans l'architecture; car aux deux dont on a donné déjà l'histoire, il faudroit joindre Giamberti, leur père, qui eut aussi, dans son temps, sa réputation.

Antoine Sangallo, celui auquel est consacré cet article, ne tenoit que par sa mère à la famille des *Sangallo*, dont il prit le nom. C'étoit contracter l'engagement de devenir habile, car un grand nom impose de grandes obligations. Son père l'avoit destiné à la profession de menuisier; mais le jeune *Antoine* avoit entendu parler de ses oncles maternels *Giuliano* et *Antonio di Sangallo*, et du grand crédit dont ils jouissoient dans l'architecture, à Rome. Il se rendit dans cette ville, n'étant encore architecte que par le desir de le devenir, et l'espérance d'y trouver les leçons et les exemples de ses parens. L'appui qu'il en attendoit lui manqua bientôt. Ses protecteurs naturels quittèrent Rome, et il fut obligé d'en chercher d'autres, qui ne manquent jamais, le travail et l'étude.

C'est par leur moyen qu'il se recommanda auprès de Bramante. Ce célèbre architecte étoit devenu paralytique ; cependant son esprit avoit conservé toute son activité. Il ne lui falloit qu'un autre corps, mais docile aux ordres de sa pensée, capable de recevoir et de transmettre toutes ses idées. Il trouva dans le jeune *Sangallo*, ce ministre fidèle, intelligent et zélé. Après beaucoup d'épreuves de son exactitude et de la rare facilité avec laquelle il savoit s'identifier à ses conceptions, il en fit son véritable substitut. Bramante continua ainsi jusqu'à sa mort à bâtir par les mains d'*Antoine Sangallo*.

L'occasion étoit belle à un jeune homme, pour se produire ; Bramante étoit le plus célèbre architecte, et le plus en vogue, qu'il y eût alors. Être ainsi son suppléant, c'étoit se préparer à devenir un jour son successeur. Aussi eut-il bientôt une réputation qui fit présager ses succès futurs.

Ce qui lui fait réellement honneur, c'est qu'à l'école de Bramante, il devint très-habile constructeur, et l'on sait que la construction ne fut pas le mérite principal de cet architecte. Les élèves sont si portés à imiter les défauts de leurs maîtres, qu'on sait déjà gré à ceux qui ne les montrent pas. Mais savoir en profiter pour les fuir, et se distinguer par les qualités contraires, est un effort assez remarquable. C'est ce que fit *Antoine Sangallo*, qu'on renomme à bon droit pour un des meilleurs constructeurs qu'ait eu l'architecture.

Telle étoit déjà l'opinion établie sur son compte, que le cardinal Alexandre Farnèse (depuis pape sous le nom de *Paul III*), voulant restaurer son vieux palais de *Campo di Fiore*, s'adressa à lui pour avoir quelques projets. L'intention du cardinal alors n'étoit pas de faire un palais à neuf, encore moins de faire ce fameux palais Farnèse qui, à tout prendre, pour sa masse, sa régularité et la pureté de l'architecture, a tenu jusqu'ici le premier rang entre tous les grands palais. Heureusement le génie de *Sangallo* fut prophétique. Parmi les divers projets qu'il présenta au cardinal, il s'en trouva un, que celui-ci adopta. Ce projet, commencé d'abord sur une moindre échelle, eut cela de particulier, qu'il fut susceptible, comme nous le verrons dans la suite, de s'agrandir et de pouvoir se prêter, sans qu'on détruisît l'ouvrage déjà fait, aux grandes dimensions qu'exigea bientôt la haute fortune des Farnèse.

Un des premiers ouvrages de *Sangallo*, à Rome, et que l'on ne compte point parmi les meilleurs, est l'église de la Madone de Lorette, place de la colonne Trajane. Il ne fut pas, au reste, l'auteur des plans ; l'édifice fut commencé en 1507, lorsqu'il n'étoit encore qu'élève. Aussi ne lui en attribue que l'achèvement et la décoration. Sur une masse carrée, et ornée de pilastres composites accouplés, s'élève une coupole à double voûte, dont le tambour est octogone, et paroît généralement trop élevé. L'intérieur du dôme, qui seul forme toute l'église, est également à huit pans. Le principal mérite qui recommande cette coupole, c'est d'avoir été la première construite à Rome, dans le système de double voûte. Elle a 45 pieds 6 pouces de diamètre intérieur, et 86 pieds 8 pouces de hauteur, jusqu'au-dessous de la lanterne. Le style général de cette architecture, ses formes et ses détails, ont de la lourdeur, et l'architecte Giacomo del Duca a enchéri encore sur ce caractère, par l'énorme et vicieuse lanterne dont il a couronné le monument.

Vers le même temps, *Sangallo* éleva un palais, que nous désignerons par le lieu qu'il occupe, faute de pouvoir indiquer le nom du propriétaire actuel, savoir, en face du palais de Venise. Il est peu considérable par sa masse, mais il l'est beaucoup par tout ce qui fait le mérite d'un semblable édifice. Dès l'origine, il fut réputé être le plus commode, le mieux distribué, le plus élégant dans ses intérieurs, de tous les palais de Rome. Quoique depuis cette époque, ce qu'on a le plus perfectionné, soit précisément cette partie de dispositions et d'agrémens intérieurs, le petit palais dont il s'agit, ne semble point avoir vieilli. On n'entend parler que de ce qui peut avoir rapport avec l'usage. Du reste, il est rempli de ces sortes de beautés, qui, non-seulement ne vieillissent point, mais qui sont faites pour rajeunir le goût de tous les siècles. Tel est le charme de ces beaux intérieurs, où Perrin del Vaga a laissé des modèles de son talent inimitable pour la décoration. Il faudroit citer l'élégance des escaliers et des portiques de la cour de ce palais, et celle de sa façade, simple, mais de cette simplicité qui est la vraie richesse de l'architecture, s'il est vrai qu'en ce genre, comme en bien d'autres, le faste de la parure ne soit trop souvent que le déguisement de la pauvreté.

Ce petit palais est un ouvrage classique pour les architectes. Chambranles de portes et de croisées, profils d'entablement, détails d'exécution, tout y est du plus beau style du siècle d'or de l'architecture moderne. On trouve cependant, et avec raison, les colonnes de la porte dorique d'entrée, montées sur des piédestaux trop élevés, et l'on fait aussi le même reproche aux colonnes des portiques de la cour.

Divers autres palais plus ou moins importans, qu'il seroit difficile d'indiquer aujourd'hui, de manière à les faire reconnoître, occupèrent *Sangallo* à Rome et dans les environs, et augmentèrent à la fois sa fortune et sa réputation.

Bramante mort, le pape Léon X lui avoit donné, pour successeur dans la construction de Saint-Pierre, Raphaël, auquel fut bientôt adjoint Jocondo. Julien de Sangallo vint ensuite. Jocondo quitta Rome, et Julien de Sangallo se trouva forcé par ses infirmités de regagner Florence. Personne alors n'avoit plus de droit qu'Antoine Sangallo de remplir une place qui le faisoit succéder à son oncle et à son premier maître. Aussi le cardinal Alexandre Farnèse n'eut point de peine à obtenir ce choix de Léon X. Cependant la construction de Saint-Pierre ne fit pas de grands progrès sous sa direction. Il fortifia les fondations et les piliers de Bramante, mais toute la dépense s'engloutit en terre. La succession des architectes, produite par les circonstances, multiplioit les projets. Chacun faisoit un nouveau modèle, qui détruisoit ou ne faisoit qu'augmenter. Nous parlerons plus bas du modèle exécuté par *Antoine Sangallo*. Tout magnifique qu'il étoit, il ne put fixer les opinions, et on verra que, malgré, et peut-être à cause de sa magnificence, il n'y a point de sujet de le regretter.

Du reste, sous le rapport de ses moyens de solidité, le monument n'auroit pu tomber dans des mains plus sûres et plus expérimentées. *Antoine Sangallo* eut plus d'une fois à réparer les erreurs de ses contemporains. Il rendit cet important service au bâtiment des Loges du Vatican. Par trop d'égards et de complaisances pour des locataires du palais, Raphaël avoit ménagé dans les soubassemens de sa construction, beaucoup de caveaux et de celliers, qui devoient en affoiblir les points d'appui. Aussi, peu de temps après sa mort, ces belles galeries menaçoient ruine. *Antoine Sangallo* les reprit en sous-œuvre; il remplit les vides, renforça les fondations, et redonna à tout cet ensemble une solidité qui, depuis lors, ne s'est point démentie. Beaucoup de parties du Vatican lui ont la même obligation. Il restaura un des côtés de la chapelle Sixtine. Il agrandit la pièce qui la précède, y ouvrit ces deux vastes fenêtres qui l'éclairent, et en fit une des plus grandes salles que l'on connoisse. La chapelle Pauline lui doit aussi sa magnificence, et par ses soins, toutes les parties du Vatican, au moyen d'escaliers ingénieusement pratiqués, se trouvèrent mises en communication avec l'église de Saint-Pierre.

En général, ces sortes de travaux ne sont guère propres à indemniser, par beaucoup de gloire, l'architecte qui s'y livre. Cependant *Sangallo* se fit, et très-justement, un grand honneur dans la restauration de l'église de Lorette, la même dont *Julien de Sangallo*, son oncle, avoit très-habilement exécuté la coupole, mais en présumant trop bien de la solidité de ses piliers, construits par *Julien de Majano* (voyez l'article précédent). Cependant, l'an 1526, la bâtisse, qui jusqu'alors n'avoit pas manifesté le moindre effet, vint à se lézarder et à s'ouvrir, non-seulement dans les grands arcs du dôme, mais dans tout le reste de l'église, au point de menacer d'une ruine inévitable et prochaine. Le mal provenoit des fondations qui n'étoient ni assez fortes, ni assez profondes. *Antoine Sangallo*, chargé par le pape Clément VII de remédier à ce mal, se mit à étayer toute la construction et à soutenir toutes les arcades avec [illegible] tures. Il y refit des fondations, renforça les murs et les piliers en dedans et en dehors. Après leur avoir redonné une solidité à toute épreuve, il profita de cette [illegible], pour changer et améliorer l'ordonnance générale, et refaire d'autres profils, un autre entablement, et il parvint, en lui redonnant une forme nouvelle, à rendre cette église, devenue son ouvrage, une des plus belles de l'Italie.

Nous dirons donc ici, avec Vasari, que restaurer ainsi, c'est créer, et même faire quelque chose de plus difficile. En effet, créer un édifice est chose naturelle, mais le ressusciter (ajoute-t-il), cela tient du miracle.

Antoine Sangallo étoit trop habile constructeur, pour n'être pas un grand ingénieur. Presque toute sa vie fut partagée entre les travaux d'architecture civile et ceux de l'architecture militaire. En fait de fortifications, son coup d'essai fut l'exécution de celles de Civita-Vecchia. Son projet eut l'avantage d'être préféré aux dessins des plus habiles ingénieurs, que le Pape avoit réunis. La citadelle d'Ancône, celle qui est à Florence, près de la porte à *Prato*, celle de Népi, pour le duc de Castro, sont des monumens de son savoir, auxquels on pourroit en ajouter beaucoup d'autres, qui suffiroient chacun à la réputation des plus habiles constructeurs; cependant nous n'en dirons rien, non plus que des fortifications de Pérouse, d'Ascoli, etc. Ces travaux d'architecture militaire font sans doute honneur à l'artiste; mais ils n'annoncent que trop des époques ordinairement funestes à l'art.

Il en est peu qui aient été aussi désastreuses, et pour les arts, et pour les artistes, que celle de l'an 1527, où Rome fut prise, pillée et saccagée par les troupes allemandes. Les plus beaux monumens furent violés, beaucoup d'artistes périrent, et presque tous se dispersèrent. Clément VII se retira à Orviette avec la Cour pontificale.

Le manque d'eau se faisoit éprouver dans la ville. *Sangallo* y construisit un puits, qu'on doit mettre en tête des plus beaux ouvrages de ce genre. Il est construit tout en pierres de taille, dans un diamètre de vingt-cinq brasses. Deux escaliers en spirale, pratiqués l'un au-dessus de l'autre, dans le tuf, conduisent jusqu'au fond les bêtes de somme qui vont y chercher de l'eau. Par l'une de ces rampes, elles arrivent jusqu'au pont, où on les charge, et remontant par l'autre, sans être obligées de retourner en arrière, elles trouvent, pour sortir, une porte différente et opposée à la première. L'ouverture du puits est si spacieuse, que la lumière du jour s'y répand jusqu'au fond, de manière que les pentes ou escaliers adossés au mur, bâti circulairement, reçoivent un jour suffisant des fenêtres pratiquées dans toute sa hauteur. Ce grand et bel ouvrage ne fut pas complétement achevé sous Clément VII. Il restoit à terminer ce que nous appelons la *mardelle*, et les Italiens la *bocca*. Elle le fut sous Paul III, mais par un autre architecte, et d'après un autre dessin que celui de *Sangallo*.

Boffrand fait mention d'un puits semblable au château de Chambord. Ce sera probablement une imitation de celui d'Orvietto; car Chambord ne fut construit que long-temps après cette époque. Il y en a un du même genre à Turin.

Si la variété des talens d'*Antoine Sangallo* se prêtoit aux inventions les plus diverses, son activité, égale à son génie, lui donnoit les moyens de suffire à toutes. On a remarqué qu'il conduisoit à la fois des travaux dans cinq villes, savoir, les ouvrages de fortification à Ancône, de semblables à Florence, l'entreprise de la restauration dont on a parlé à Lorette; à Rome, les travaux du Vatican et la construction du puits d'Orvietto.

L'an 1536, cet enchaînement, inconnu aux hommes, de causes et d'effets qui leur semblent extraordinaires, et qu'ils appellent les jeux de la fortune, ramena l'empereur Charles-Quint triomphant de Tunis, et comme protecteur de la chrétienté, dans cette métropole du monde chrétien, que ses armées, neuf ans auparavant, avoient traitée plus cruellement que n'auroient pu le faire les infidèles. Rome célébra son entrée par des fêtes magnifiques, et ce fut *Antoine Sangallo* qui fut chargé d'en faire et d'en diriger les décorations.

Il éleva sur la place de Venise, vis-à-vis le palais de Saint-Marc, un arc de triomphe, décoré, sur chacune de ses deux grandes faces, par quatre colonnes corinthiennes, qui supportoient un entablement faisant ressaut sur chacune d'elles. Entre les colonnes étoient peints des bas-reliefs, représentant les plus belles actions de l'Empereur. Dans le haut, s'élevoient les statues des princes de la maison d'Autriche. Aux quatre angles étoient des figures de captifs. D'après les descriptions qui s'en sont conservées, ce monument temporaire offroit tous les détails et tous les ornemens réunis des plus beaux arcs antiques; et le décorateur, libre d'employer les couleurs, pour donner, avec peu de frais, à chaque partie, l'apparence des plus beaux marbres et des métaux les plus précieux, en avoit fait un spectacle de variétés, de richesses et de luxe, auquel la réalité de l'architecture ne sauroit jamais atteindre. Nonobstant cet avantage, qui est le privilége de l'architecture feinte, on jugea que si le monument eût pu être exécuté avec les matériaux et les moyens ordinaires de l'art, on l'eût compté parmi ses chefs-d'œuvre. Mais il eut le sort des ouvrages de ce genre. Destiné à briller un moment, sa durée ne fut que de quelques jours, et il disparut avec les circonstances qui l'avoient fait naître.

Il n'appartient qu'à l'art de la gravure de perpétuer les ouvrages de décoration, auxquels donnent lieu les fêtes publiques, et les arts pourroient gagner plus qu'on ne pense à la conservation de ces productions éphémères de leur nature. D'abord, ce seroit un moyen de conserver de beaux exemples et d'utiles leçons, à ceux qui se trouvent chargés de semblables travaux; mais on doit dire ensuite que l'histoire du goût et du génie des architectes, y trouveroit les meilleurs renseignemens. C'est, en effet, dans ces sortes d'inventions, que, libre de toutes les entraves de l'économie, qui restreint et tronque si souvent les plus beaux projets, l'imagination de l'artiste prend sans crainte tout son essor, et développe toutes ses richesses. Mais alors la gravure n'avoit pas encore pris son extension, et ne pouvoit point suppléer à l'insuffisance de l'histoire.

Un reproche qu'on est en droit de faire aux siècles qui ont suivi *Sangallo*, c'est d'avoir laissé à Rome, sans le terminer, un monument à peu près du même genre, mais réel, et de la construction la plus solide. Je parle de la porte dite *di Santo Spirito*, qui termine la grande et belle rue de la *Longara*. Elle est construite en superbe pierre travertine, et avec une solidité qui ajoute au caractère énergique de son architecture. Vasari nous apprend qu'après la mort d'*Antoine Sangallo*, qui ne termina point cet ouvrage, l'envie, non-seulement s'opposa à son achèvement, mais essaya même d'en obtenir la démolition. Heureusement ces tentatives n'eurent aucun succès; mais il est resté, jusqu'à nos jours, dans le même état d'imperfection. Une dépense légère suffiroit pour en compléter l'ensemble, et donner à l'architecture un des plus beaux modèles de porte qu'il y ait.

Antoine Sangallo construisit pour lui-même, dans la rue Giulia, un très-beau palais, qui depuis appartint au cardinal Riccio, et fut ensuite acquis et agrandi par la famille Sachetti, dont il a porté le nom jusqu'à nos jours. Sa façade se compose de deux étages, entre lesquels est pratiqué un plus petit (ou mezzanino). Chaque étage a sept fenêtres de face; au rez-de-chaussée, la porte occupe la place de la fenêtre du milieu. Les chambranles des fenêtres de ce rez-de-chaussée ont leur encadrement un peu trop chargé de profils, les consoles en sont lourdes et ont trop de saillie. Même observation relativement à sa porte. L'ouverture des fenêtres du premier étage est un peu pyramidale. L'antiquité en offre des exemples, et *Antoine Sangallo* l'a encore pratiqué dans le rez-de-chaussée du palais Farnèse. Du reste, l'ordonnance générale et la disposition de la façade du palais Sachetti, sont d'un goût sage et régulier, et portent un grand caractère de solidité. Cet ouvrage se trouve dans le Recueil de Falda, mis au rang des plus remarquables palais de Rome.

Paul III. (Farnèse) venoit de monter sur le siége pontifical. Jusqu'alors la construction de l'église de Saint-Pierre avoit été traversée par tous les genres de contre-temps imaginables. Disons-le même, cette entreprise, conçue si en grand par Bramante, avoit été mal commencée par lui. Je ne veux point parler de la foiblesse de ses moyens de construction, à laquelle il fallut depuis remédier ; je parle de la manière incohérente et décousue, dont (peut-être par nécessité) on avoit procédé, dès l'origine, à la formation de l'édifice. Un monument d'une aussi grande étendue, composé de tant de parties faites pour se communiquer de la force et des appuis respectifs, auroit dû s'élever tout ensemble sur une fondation générale, et sur un plateau ou massif commun à toute la superficie. C'est le seul moyen d'éviter les inégalités de tassement dans les matériaux. Alors, toutes les parties montant ensemble, font ensemble leur effet. Tous les arcs se bandant à la fois, s'arc-boutent l'un par l'autre. Il y a, dans la pratique matérielle de la bâtisse, une certaine unité de temps et d'action, aussi nécessaire que le sont, dans leur genre, les autres unités. Construire un édifice par morceaux détachés, est un inconvénient moins apparent, mais plus réel, que seroit celui de le projeter par fragmens séparés.

Tel fut cependant celui dans lequel tomba la construction de Bramante. Cet architecte se trouva en quelque sorte forcé de commencer, par la partie du monument qu'il auroit dû élever la dernière. Gêné par la vieille église de Saint-Pierre, qu'on ne voulut point abattre en entier, avant que la nouvelle fût en quelque sorte prête à la remplacer, il se mit à construire les grands arcs du dôme, sur des piliers isolés, au lieu qu'il n'auroit dû y procéder qu'après l'achèvement des arcs des nefs qui devoient servir à les contre-butter. Probablement si l'on eût pris ce parti, il ne s'y seroit manifesté aucun effet, et il eût peut-être été suffisant de renforcer les fondations. Peut-être aussi, faute d'avoir fait cette observation, s'effraya-t-on, plus qu'on n'auroit dû, des lézardes survenues dans les piliers du dôme.

Sous Léon X, successeur de Jules II, Raphael, Joconde et Julien de Sangallo ne s'occupèrent que du soin de fortifier les fondations des piliers. Ce soin étoit utile et même indispensable, vu le manque de plateau dont on a parlé. Il fut résolu aussi de les grossir, quoiqu'ils eussent quarante-deux pieds de large à chacune de leurs deux grandes faces, et vingt-un d'épaisseur à l'ouverture des arcs. Mais, comme on l'a dit des trois premiers successeurs de Bramante, l'un mourut, et les deux autres se retirèrent sans avoir rien fait de décisif.

Balthazar Peruzzi et *Antoine Sangallo* leur succédèrent, et entreprirent, chacun dans leurs projets particuliers, de réduire à une croix grecque, ou à quatre croisillons égaux, le projet en croix latine de Bramante. Celui des deux qui, du reste, en conservoit le plus les dispositions de détail, étoit Balthazar Peruzzi. Léon X avoit adopté son plan.

Mais Léon X mourut en 1521, et avec lui les arts semblèrent aussi près de s'éteindre. Le règne d'Adrien VI fut un interrègne de dix-neuf mois pour les artistes. La construction de Saint-Pierre éprouva une pareille suspension de travaux. Clément VII parut. C'étoit un Médicis : son nom seul devoit ressusciter les arts. Ils brilloient effectivement de nouveau, lorsque les catastrophes de son pontificat les replongèrent encore dans l'oubli, avec les travaux de Saint-Pierre, qui restèrent, non sans un notable préjudice, suspendus pendant près de douze années. Durant cet espace de temps, Peruzzi ne fit autre chose qu'achever la tribune, ou l'hémicycle du fond de l'église. Il mourut en 1536, et laissa *Antoine Sangallo* seul chef des travaux.

Tout présageoit à cet artiste l'honneur de terminer les indécisions, dont cette grande entreprise avoit enfin besoin de sortir. Celui qui pouvoit les résoudre (Paul III) le vouloit aussi. Il étoit le protecteur déclaré de *Sangallo*. Aussi lui commanda-t-il un modèle en relief, dont la grandeur et la dépense, annoncent que le Pape n'entendoit plus, qu'on marchât sans un but définitivement fixé.

Ce modèle qui nous est parvenu, et qu'on voit aujourd'hui dans une des pièces du Belvédère, fut exécuté en bois, sous la direction de *Sangallo*, par Antoine Labaco, son élève, et son travail coûta la somme de 5184 écus d'or. Il a 35 palmes de long, 26 de large et 20 $\frac{1}{2}$ de hauteur. Considéré comme travail de modèle, c'est un objet digne d'admiration. Quant au projet en lui-même, c'est-à-dire, sous le rapport de l'invention et du goût, il faut être d'accord avec Michel Ange, et avouer qu'il y a eu beaucoup à gagner de toute manière, à ne point l'exécuter.

De tous les projets de la basilique de Saint-Pierre, il n'y en eut pas de plus compliqué dans le plan, de moins simple dans l'élévation, et d'une décoration plus chargée, que celui de *Sangallo*. Tout en réduisant, comme l'avoit projeté Balthazar Peruzzi, comme le fit depuis Michel Ange, la croix latine du plan de Bramante, à la forme de croix grecque, il prolongeoit son édifice par un vestibule démesuré, qui n'étoit rien moins qu'un temple mis en avant d'un temple. L'intérieur de ce dernier auroit été rempli de petites parties en renfoncement, de chapelles détournées, qui n'auroient fait qu'accroître la dépense, sans ajouter à la grandeur réelle ou apparente du vaisseau. Quant à l'élévation extérieure, c'est un composé de tout ce qu'on peut accumuler de membres, de détails, de ressauts, les uns à côté des autres. Ce n'est qu'ordres sur ordres, portiques sur portiques, arcades sur arcades, masses sur masses, etc.; toutefois chaque chose belle en soi. On croit voir que *Sangallo* auroit eu l'ambition de réunir le Panthéon, le Mausolée d'Adrien, le Colisée, etc. Enfin, c'est une compilation de tout ce que l'architecture pouvoit dire de grand et de beau. Cependant, au milieu de toute la pompe architecturale de ce modèle, ce que tout le monde observe du premier coup d'œil, c'est que le monument devient petit, que la coupole perd, avec sa forme, l'idée de sa grandeur réelle, et que le frontispice du temple n'est autre chose qu'un château de cartes. On ne sauroit dire, en outre, à quel point cette complication de parties, en augmentant le travail de la main-d'œuvre, auroit aussi augmenté la dépense.

Michel Ange s'opposoit à l'exécution de ce projet, avec toute la liberté d'un homme qui ne prétendoit ni supplanter *Sangallo*, ni devenir en rien son rival. Forcé dans la suite de le devenir, il fit de son dispendieux modèle la critique à la fois la plus juste et la plus péremptoire; ce fut un nouveau modèle qui ne coûta que 25 écus, et d'après lequel Saint-Pierre fut construit. Ce n'est pas la seule démonstration, mais c'est une des plus remarquables, qu'en fait de bâtiment, le bon goût est presque toujours compagnon de l'économie. On a de Michel Ange une lettre, dans laquelle il développe tous les inconvéniens du projet de *Sangallo*, et Vasari nous apprend qu'il traitoit de gothique cet amas de clochers, de pyramides, et de pointes dont il est hérissé.

Malgré toutes ces critiques trop bien fondées, on ne peut refuser, ainsi qu'on l'a déjà dit, au modèle de *Sangallo*, un très-grand mérite dans les détails. Chaque partie, prise séparément, dénote un excellent architecte. Tout y est empreint du meilleur style d'ajustement. Ce sont les formes de l'antique, chacune prise et imitée séparément avec beaucoup de talent. Pour ce qui est de la construction, *Sangallo*, dans ce modèle, s'y est montré homme supérieur, et il falloit l'être en ce genre, seulement pour imaginer un plan aussi compliqué.

Du reste, *Antoine Sangallo* a singulièrement et puissamment contribué à raffermir et à consolider la construction de Bramante, et à préparer une solide assiette aux constructions postérieures. Tout en travaillant ainsi dans la vue de son projet, il n'a pas été inutile à celui de Michel Ange. La quantité de matériaux qu'il fit enfouir dans les fondations de l'édifice, fut prodigieuse. Si on en voyoit l'étendue en dehors, dit Vasari, [illegible] Ces [illegible] effectivement la fortune de [illegible], qui [illegible] entreprise à tant la *canne*, [illegible] à tant la *toise*. Voilà ce qu'on dit de *Sangallo* pour l'histoire de la construction de Saint-Pierre. Sa mort, survenue en 1546, contribua encore à faire abandonner son projet. Michel Ange alors eut à avoir l'honneur de triompher de toutes les contradictions, et d'être le véritable auteur du plus grand temple du Monde.

Mais *Sangallo* le fut d'un des plus grands palais de Rome, et du plus beau peut-être de l'architecture moderne.

Nous voulons parler du palais Farnèse, dont on a déjà vu qu'il avoit jeté les fondemens, comme s'il en eût prévu le futur agrandissement. Le pape Paul III ne pouvoit plus donner suite au projet qu'il avoit agréé, n'étant que cardinal. Il n'y avoit encore d'élevé que la façade du côté de la place, jusqu'au premier étage, et un seul côté de la cour. *Antoine Sangallo* n'eut besoin, sans changer ce qui étoit fait, que d'agrandir son plan dans tous les sens. A l'intérieur, il augmenta la dimension des appartemens, des salles, de l'escalier, et il porta cet ensemble à la plus haute proportion qu'aient reçue les palais de Rome. Soit quelque point de vue qu'on embrasse l'ensemble de cette ville, du haut des collines et des monumens qui permettent à l'œil de parcourir les grandes masses de tous ses édifices, celle du palais Farnèse domine, et se détache toujours, comme une des plus imposantes. On trouve des palais de souverains d'une beaucoup plus grande étendue. On voit, dans divers autres édifices, des parties d'architecture plus riches, plus magnifiques et plus variées; mais on ne citeroit peut-être point un corps complet de bâtiment, plus régulier dans son plan, plus uniforme dans ses quatre faces, d'une construction plus soignée, d'une distribution mieux entendue, une cour environnée de plus beaux portiques, un tout mieux achevé, et plus d'accord, tant dans l'intérieur qu'à l'extérieur.

Sangallo n'eut pas, à la vérité, l'avantage de terminer en entier ce grand ouvrage. On sait que le bel entablement qui couronne le palais est de Michel Ange, qui acheva aussi, comme on l'a dit à son article (*voyez* BUONAROTI), le troisième ordre et l'étage supérieur de la cour. La grande *Loggia*, qui donne sur la rue Giulia, passe encore pour être l'ouvrage de Vignole. Mais avoir donné le plan général de ce grand corps d'architecture, le dessin de toutes les parties, l'idée première de tous les détails qu'on y admire, c'est avoir acquis, et au-delà, le droit d'en être réputé l'architecte, sans frustrer tous les continuateurs de cette entreprise, d'une part d'honneur qui leur appartient. C'étoit à l'article d'*Antoine Sangallo* qu'il convenoit d'en placer la description générale.

Le palais Farnèse forme un grand quadrangle de cent quatre-vingts pieds dans son petit côté, de deux cent quarante dans son côté le plus long.

Sa construction à l'extérieur est en briques, excepté les portes, les chambranles des croisées, l'entablement et la *loggia* sur la rue Giulia, qui sont en pierre travertine. Quant à l'intérieur de la cour, il est construit tout en entier de la même pierre, et dans aucun édifice on n'a porté plus loin la précision et la beauté de l'appareil, le choix et le travail de cette pierre. Vasari, dans son Traité préliminaire, a vanté l'excellence de cette construction, ainsi que la manière dont tous les détails y sont traités. Il est certain que, depuis les ouvrages des anciens Romains, rien n'a paru de plus parfait en ce genre. On doit dire même que la construction, sous le rapport de soin et de pureté, est supérieure dans le palais Farnèse, à celle de plus d'un édifice antique, tel, par exemple, que le Colisée, et elle peut entrer en parallèle avec celle du théâtre de Marcellus.

L'élévation extérieure est formée de trois étages ou rangs de fenêtres, en comptant celui du rez-de-chaussée, qui règnent de la manière la plus uniforme dans les quatre faces du palais. Cette symétrie n'est interrompue que par la *loggia* dont on a parlé, et sur une seule face. Quant à la face qui regarde la place, et qui est celle de la principale entrée, il n'y a d'exception à cette uniformité au premier étage, que pour la fenêtre du milieu qui est couronnée d'un écusson.

Les chambranles du rez-de-chaussée sont d'un caractère qui convient à cet étage, c'est-à-dire, d'un genre plus simple et d'une proportion plus courte que ceux de l'étage principal.

Ceux-ci sont du mode le plus riche que comporte l'architecture, c'est-à-dire, du genre des niches qu'on appelle à tabernacle. Ils se composent d'un encadrement accompagné de deux colonnes, dont les piédestaux ont en hauteur celle de l'appui des fenêtres. Ces colonnes d'ordre corinthien sont surmontées de frontons alternativement circulaires et angulaires. On a déjà parlé de la fenêtre du milieu de cette façade, et de sa différence; elle n'est remarquable que par les quatre petites colonnes de marbre qui l'accompagnent, & par la suppression du fronton que remplace un écusson. Du reste, on ne citeroit nulle part une plus belle ordonnance d'étage, un plus bel accord et un ensemble plus régulier, dans toute la circonférence de cette grande masse.

Ce qu'on n'admire pas moins, c'est l'heureux espacement des étages, et des parties lisses sur lesquelles se détachent les bandeaux élégamment ornés, qui séparent et distinguent ces étages. L'architecte n'a pas négligé d'observer dans ces bandeaux, une progression de richesses qui vont toujours en croissant jusqu'à l'entablement.

Le troisième rang de fenêtres présente la même régularité d'ordonnance, et toutefois, dans leurs chambranles, un choix de formes moins pures et de proportions moins sévères. Tout porte à croire que cet étage supérieur au dehors, comme on le sait de celui de l'intérieur de la cour, ne fut pas exécuté par *Sangallo*, et probablement ne le fut pas sur ses dessins. C'est précisément le goût sage, régnant dans tout ce qu'on sait avoir été son ouvrage, qui fait présumer qu'un goût différent du sien, aura imaginé ces fenêtres cintrées par le haut, sous un fronton dont la base est supprimée, et ces doubles consoles servant de support aux colonnes ioniques qui accompagnent les chambranles. Une recherche de variété sans motif, annonce déjà le style de l'école de Michel Ange.

On doit toutefois à ce dernier le grand et bel entablement qui couronne, avec autant de goût que de richesse, toute cette masse. On en a parlé à l'article de Michel Ange. *Voyez* BUONAROTI.

Tout ce qu'on vient de décrire appartient à la façade du palais qui donne sur la place, ainsi qu'aux deux faces latérales, qui participent, sans aucune exception, au même dessin, soit d'ensemble, soit de détail. La façade qui donne sur la rue Giulia, diffère des trois autres, seulement dans le corps du milieu, qui se forme d'un triple rang en hauteur d'arcades en pierres. L'ordre inférieur est dorique. Celui du premier étage est ionique, et la *loggia* de l'étage supérieur est une galerie ouverte par trois grandes arcades, dont les piédroits sont ornés de colonnes corinthiennes. C'est une répétition des trois ordres de la cour pour le goût, la forme et la dimension.

On ignore si cette *loggia* étoit entrée dans les projets de *Sangallo*, ou si elle fut la suite de ceux de Michel Ange ou de Vignole, qui rachevèrent le troisième étage de la cour, ainsi que des vues d'agrandissement qu'avoit conçues le pape Paul III. Il est certain que, selon les intentions de ce Pontife, la façade principale du palais devoit être celle qui donne aujourd'hui sur la rue Giulia. La seule décoration dont on vient de parler, l'annonce assez. Une seconde cour devoit, de ce côté, occuper l'emplacement où jadis étoit le bâtiment qui renfermoit le groupe (aujourd'hui à Naples) que l'on appeloit le *Taureau Farnèse*. Un pont devoit être construit dans cette direction, sur le Tibre, et établir une communication entre ce grand palais et celui qu'on appelle encore aujourd'hui la *Farnesina*, ouvrage de Balthazar Peruzzi.

Autant l'extérieur du palais Farnèse présente de sagesse et de simplicité dans l'ensemble de sa masse, et la disposition générale de ses parties, autant, lorsqu'on entre dans sa cour, les portiques qui y conduisent et ceux qui l'environnent, et l'architecture de tout cet intérieur, offrent de richesse et de magnificence. Le porche d'entrée du côté de la place est du genre le plus noble. Deux rangées de colonnes en marbre, isolées, au nombre chacune de six, élevées sur des piédestaux, soutiennent une voûte en plein cintre, richement ornée de caissons. Les deux rangs de colonnes forment, de chaque côté de l'allée principale, deux allées collatérales plus petites. Des colonnes engagées dans le mur, répondent aux colonnes isolées, et leurs entre-colonnemens ont des niches.

Le quadrangle de la cour a, entre les colonnes des portiques, quatre-vingt-trois pieds d'étendue dans chacun de ses côtés. Son élévation se compose des trois ordonnances dont nous avons vu la répétition, dans le corps du milieu de la façade du palais, sur la rue Giulia. Deux rangs d'arcades en portiques ouverts, avec galerie circulant à l'entour, forment le rez-de-chaussée et le premier étage. Le rang inférieur des portiques est en piédroits avec colonnes doriques, dont la frise est ornée de triglyphes et de métopes, où sont sculptés des symboles divers. Il n'y a guère d'architecture mieux traitée, plus correcte et plus classique. On remarque cependant que les piédroits de ces portiques ont comme une double imposte l'une au-dessus de l'autre, particularité dont il y a peu d'exemples. Quand on en cherche la raison, on voit que cette imposte se compose, non-seulement des profils des chapiteaux de la colonnade d'entrée, mais encore de ceux qui en forment l'entablement et la corniche.

Le second rang de portiques est aussi en arcades et piédroits occupés par un ordre ionique. La frise est ornée de festons continus. C'est pour la beauté de la construction, la correction des formes et la pureté d'exécution, le même goût et la même manière. Vasari a prétendu que cet étage fut construit par Michel Ange. Rien cependant ne décèle une autre main; rien surtout n'y indique le moindre changement de direction. S'il faut admettre la notion de Vasari, ce sera en reconnoissant que le dessin de cet étage, étant arrêté, et peut-être aussi sa construction étant déjà avancée, Michel Ange, en le terminant, ne put que continuer le projet de *Sangallo*.

Il n'en est pas de même du troisième ordre formant le second étage au-dessus de celui du rez-de-chaussée. Cet étage n'est plus en portiques et galeries ouvertes. Il présente la devanture d'une façade percée de croisées, dont les trumeaux sont décorés de pilastres corinthiens. Il y a, dans cet étage, toutes sortes de caractères indicatifs du style de Michel Ange et de son goût d'ajustement. On ne sauroit y méconnoître le genre maigre et alongé de ses chambranles, les petits détails capricieux des ornemens de leurs frontons, et cette pratique de ressauts ou de pilastres doublés, dont on trouveroit difficilement des exemples avant Michel Ange.

On feroit un article beaucoup trop long, si, après avoir parcouru les détails de l'architecture extérieure du palais Farnèse, on prétendoit entrer dans ceux de sa distribution intérieure. Elle présente partout l'intelligence d'un architecte consommé, qui sait réunir, à la régularité des lignes, la commodité des dégagemens dont, selon les mœurs de chaque siècle, les habitations ont besoin. Tout, au palais Farnèse, est taillé en grand; c'est un palais toujours digne d'être habité par un prince. Quoique, depuis long-temps, il soit resté inoccupé, par le hasard qui a transporté au roi de Naples tous les biens de la famille Farnèse, et quoiqu'une grande partie de ses richesses intérieures en ait été enlevée, on y admire toutefois encore la magnifique galerie peinte et décorée par Annibal Carache, et qui a servi de type et de modèle, à toutes celles qui ont été faites depuis dans le même genre.

Mais, comme on l'a déjà dit, l'architecture de la cour du palais Farnèse est restée aussi, dans son genre, la plus parfaite imitation du style antique de construction, qui résulte de l'alliance des colonnes avec les arcades. Ce style plus lourd, sans doute, et moins élégant, mais beaucoup plus solide, que celui des colonnades, est, par cette raison-là même, préférable, lorsqu'il s'agit d'élever plusieurs étages les uns sur les autres. Le bel effet et la durée de cette méthode de construire, sont prouvés par les restes encore aujourd'hui si durables des théâtres et des amphithéâtres antiques. La cour du palais Farnèse rivalisera toujours avec ces monumens de l'art et du génie de l'ancienne Rome.

De temps immémorial, il a régné des différends entre les habitans de Terni et ceux de Narni, au sujet du lac de la Marmora, et du débouché qu'il falloit donner à ses eaux, les uns s'opposant aux opérations que les autres sollicitoient, et réciproquement. Cette contestation, qui remonte aux temps les plus anciens, se reproduisoit de temps en temps, et on n'avoit pu réussir à en empêcher le renouvellement. Paul III chargea *Sangallo* de cette commission difficile. Il l'accepta, quoique infirme et âgé. C'étoit au milieu des plus grandes chaleurs, qu'il se livroit aux travaux de cette opération difficultueuse. Il fut surpris d'une fièvre qui, en peu de jours, termina sa vie.

Son corps fut transporté de Terni à Rome, et après de pompeuses obsèques, auxquelles assistèrent tous les artistes et un grand nombre d'autres personnes, il fut déposé près de la chapelle du pape Sixte, dans l'ancien Saint-Pierre, et cette épitaphe fut placée sur son tombeau.

Antonio Sancti Galli Florentino, urbe muniendâ ac publ. operibus præcipuèque D. Petri templo ornan. Architectorum facilè principi, dùm Velini lacûs emissionem parat, Paulo Pont. Max. auctore, Interamne intempestivè extincto, Isabella Deta uxor, mæstiss. posuit 1546. III. Kalend. octobris.

SANMICHELI, né à Vérone en 1484, mort en 1549.

L'Italie dut à plus d'une cause, dont on ne parlera point ici, cette primauté, mais surtout cette priorité, qu'elle a obtenue sur toutes les nations de l'Europe, dans un grand nombre de travaux d'art et de science. Il est certain que jamais elle ne cessa de voir luire quelque rayon de cette ancienne lumière, dont elle avoit été jadis le foyer, et dont le reste de l'Europe n'avoit reçu que des lueurs fugitives, bientôt obscurcies dans la nuit du moyen âge. Partout, le sol de l'Italie moderne avoit conservé des débris de la magnificence de l'ancienne. Sa langue même, dialecte dégénéré du latin, avoit continué de mettre ses nouveaux habitans, en rapport avec les traditions et les connoissances de l'antiquité; et lorsque la chute de l'empire d'Orient eut fait refluer chez elle les savans de Byzance, les Italiens se trouvèrent initiés à la culture des lettres grecques, lorsque partout ailleurs on en ignoroit les élémens.

La division de l'Italie moderne, morcelée en petits états rivaux et jaloux les uns des autres, y produisit encore une émulation qui y multiplia les efforts en tout genre. Plusieurs de ces petits états florissoient par le commerce, quand le commerce étoit ou inconnu ou dédaigné dans les plus grands royaumes. Il n'y eut point jusqu'à l'art de la guerre, qui ne dût alors une sorte de perfectionnement aux querelles sans cesse renaissantes de ce grand nombre de villes limitrophes. Il est avoué depuis long-temps que l'Italie eut même l'honneur de changer et d'améliorer, dans le seizième siècle, tout le système de la fortification des places; et *Sanmicheli* fut l'auteur de cette révolution.

Si son talent s'étoit borné à cette science, si l'on n'avoit à remplir son article que de l'énumération des bastions qu'il éleva, des citadelles ou des remparts dont il changea le système, et de ces travaux dont la solidité doit faire le principal mérite, nous aurions laissé aux traités du génie militaire, le soin de faire valoir, avec l'étendue nécessaire, les services qu'il a rendus à l'art de la défense des places.

Mais *Sanmicheli* sut, comme beaucoup d'architectes de son temps, et même beaucoup mieux qu'aucun d'eux, réunir aux profondes connoissances de l'ingénieur militaire, à la science la plus consommée dans la construction, le talent, le goût et le génie de l'architecture civile. Il a donc le droit de figurer dans la première classe des grands architectes du seizième siècle, dont il fut peut-être le plus habile comme constructeur; et il a de plus le droit d'être encore vanté dans les travaux de simple construction, pour avoir su y porter, avec un succès très-rare et une habileté particulière, le génie de l'architecte.

Il y auroit, dans la réalité, deux notices historiques à faire sur lui, comme il y avoit en lui deux artistes, dont un seul eût pu prétendre à la plus grande célébrité.

Nous ne nous proposons toutefois que de retracer, d'une manière fort abrégée, l'ensemble des mérites et des travaux de *Sanmicheli*, et, pour ne point établir trop de confusion dans leur description, nous traiterons d'abord succinctement des ouvrages d'architecture militaire, qui occupèrent une si grande partie de sa vie, réservant le reste de cet article aux ouvrages qui sont plus spécialement l'objet de ce Dictionnaire.

Sanmicheli eut pour premiers maîtres son père et son oncle, très-bons architectes, mais dont il devoit, par la suite, surpasser le mérite, et dès-lors éteindre la réputation. Il apprit d'eux les élémens de l'architecture; bientôt son génie lui fit pressentir qu'il y avoit une école supérieure à celle des maîtres de son temps, et que les maîtres de cette école étoient les monumens de l'antiquité, dont l'amphithéâtre de Vérone lui avoit déjà révélé l'existence et la vertu. A l'âge de seize ans il quitta sa ville natale, pour aller apprendre son art dans les édifices de l'ancienne Rome. Il en étudia les principes, les formes et le goût, et il se les appropria, non-seulement par les dessins qu'il en fit, par les mesures qu'il en prit, mais par cette étude raisonnée qui en approfondit la théorie, et cherche dans l'effet de chaque ouvrage, la cause qui le lui fait produire. Ainsi parvint-il en fort peu de temps à acquérir, tant dans Rome, que dans les pays voisins, la réputation d'un architecte consommé.

Il l'augmenta par les travaux, dont nous parlerons plus bas, à la cathédrale d'Orvietto, par la construction de l'église de Monte-Fiascone, et par d'autres ouvrages pour des particuliers, qui attirèrent sur lui l'attention de Clément VII. Ce Pape, au milieu des guerres, dont toute l'Italie étoit troublée, sentoit le besoin de fortifier le plus grand nombre des villes de l'Etat ecclésiastique, et surtout Parme et Plaisance, plus exposées que les autres, et par leur éloignement de Rome, et par leur proximité avec les puissances belligérantes. Il chargea de ces soins importans *Sanmicheli*, et il l'associa à Antoine Sangallo. Tous deux s'acquittèrent de cette pénible mission à l'entière satisfaction du Pontife. Ainsi, *Sanmicheli* se trouva porté dans un genre de travaux qui devoient un jour immortaliser son nom.

Il eut, après plusieurs années qu'exigea de lui cette commission, le desir de retourner dans sa patrie pour revoir sa famille, et aussi dans l'intention d'examiner les forteresses de la république de Venise. Il visita Trévise et Padoue, sans autre vue que d'en étudier, sous le rapport de l'art, les constructions militaires. Le gouvernement vénitien lui soupçonna d'autres projets, et le fit arrêter comme espion. L'examen de sa conduite et de sa personne ne tarda pas à démontrer qu'on s'étoit mépris. Non-seulement on lui rendit la liberté, mais on le pria de s'attacher au service de la république. Il s'en excusa, alléguant qu'il étoit pour l'instant retenu par ses obligations envers le Pape; mais il promit qu'avant peu, il chercheroit à se dégager pour venir servir sa patrie. Il tint parole, et obtint du Pape son congé, autant par ses prières que par les pressantes sollicitations de Venise.

Sanmicheli, dès-lors, se voua avec une grande ardeur à la science et aux travaux de l'architecture militaire.

C'est, dans le fait, à lui qu'est due l'invention du nouveau système de la fortification des places. L'honneur cependant ne lui en a point été attribué pendant long-temps. Cela s'explique par le changement survenu dans l'importance politique des nations, qui devinrent le théâtre des plus grandes guerres, lorsque l'Italie cessa de peser dans la balance des puissances belligérantes de l'Europe.

Avant *Sanmicheli*, tous les boulevards se bâtissoient en forme circulaire ou carrée. Le premier, il abandonna cette méthode; il en introduisit une nouvelle, en changeant la forme des bastions, qu'il fit triangulaires ou pentagones. Deux angles sont formés par la rencontre des flancs avec les courtines, deux autres par les flancs et les faces, et le cinquième enfin, par la rencontre des deux faces. Il imagina les chambres basses des flancs, qui non-seulement doublent le feu des défenses, mais qui flanquent ou défendent toute la courtine et la face du bastion voisin, nettoient le fossé, le chemin couvert et le glacis. Le secret de cette construction consistoit à trouver le moyen que toutes les parties de l'enceinte de la place fussent défendues par les flancs des bastions. Dans la méthode opposée, celle des bastions circulaires ou quadrangulaires, tels qu'on les faisoit, leur front, c'est-à-dire, l'espace qui reste dans le triangle formé par les tirs des bastions latéraux, se trouvoit sans défense.

C'est là la découverte de *Sanmicheli*. Vauban, dans la suite, et beaucoup d'autres ingénieurs, n'ont fait autre chose que la modifier.

Sanmicheli construisit à Vérone cinq ou six bastions, dans le système qu'on vient d'exposer, et depuis près de trois cents ans, ils subsistent avec la même solidité. Ce fut en 1527 qu'il éleva le premier de tous, celui qu'on appelle *le bastion de la Magdeleine*. C'est de cet ouvrage que datent la fin de l'ancienne manière de fortifier les places, et le commencement de la nouvelle. Encouragé depuis par sa propre expérience, il s'enhardit par de nouveaux efforts, et marcha de plus en plus vers la perfection. On le vit, d'après ses principes, fortifier Legnago, Orzi-Nuovo et Castello. Ces travaux reçurent une approbation universelle de la part des hommes instruits, et surtout du duc d'Urbin, capitaine général des troupes de la république de Venise. C'étoit à qui emploieroit *Sanmicheli*. François Sforce, duc de Milan, eut quelque peine à obtenir des Vénitiens trois mois de son temps, qu'il sut payer libéralement, et par des présens et par des honneurs.

Sanmicheli visita une seconde fois toutes les places fortes, et tous les châteaux des États de Venise. Il en répara les anciennes fortifications, et en améliora partout le système. Ce fut sur ses plans que furent exécutés les ouvrages de Zara en Dalmatie, par son neveu, le même qui éleva la superbe forteresse de Saint-Nicolas, à l'embouchure du port de Sebenico. Comme la république de Venise étoit alors en guerre avec les Turcs, *Sanmicheli* fortifia avec le plus grand soin Chypre, Candie, la Canée, Retimo et Napoli de Romanie. Tous ces ouvrages furent, pendant long-temps, l'écueil où vint se briser la puissance Ottomane.

Mais le monument le plus remarquable du savoir de *Sanmicheli*, est la forteresse de Lido, qui est à l'entrée du port de Venise. On jugeoit impossible de fonder solidement une masse aussi énorme dans un terrain marécageux, battu continuellement par les vagues de la mer et par le flux et reflux. Toutefois, il en vint à bout avec un rare succès; il y employa la pierre d'Istrie, si propre à résister aux intempéries des saisons. Cette masse est si bien construite, qu'on la prendroit pour un rocher taillé par l'art. Son appareil au dehors est en bossage. Son intérieur devoit présenter une très-belle place, qui n'a point été terminée.

Sanmicheli avoit trop de mérite, et trop d'admirateurs, pour n'avoir pas aussi des envieux. Ceux-ci publièrent alors que la grosse artillerie, dont cette forteresse devoit être garnie, en auroit infailliblement causé la ruine si l'on s'en fût servi. *Sanmicheli* demanda, avec instance, que l'on y conduisît des plus fortes pièces de l'arsenal de Venise, pour en garnir les embrasures, et qu'on en fît tout à la fois une décharge générale. On résolut de faire l'expérience. Ces terribles décharges ne produisirent d'autre effet que de publier la gloire de l'architecte, et la honte de ses détracteurs. Aucun indice de lézarde ou de désunion ne se manifesta dans la moindre partie de la construction. De pareilles critiques, lorsqu'elles manquent de fondement, ne servent qu'à accroître la réputation de ceux qui en triomphent. Celle de *Sanmicheli* ne fit que s'augmenter et s'étendre, au point que l'empereur Charles-Quint, et François Ier, désirèrent se l'attacher, ainsi que Jean, son neveu; mais tous deux préférèrent de servir leur patrie.

L'histoire de l'architecture, dans les beaux siècles de l'Italie, nous montre, ainsi que le fait voir la vie de ces plus célèbres artistes, qu'alors le même homme réunissoit, dans une théorie et une pratique communes, toutes les parties de l'art de bâtir, qui depuis se sont isolées, et que nous voyons aujourd'hui divisées entre plusieurs professions, sans contact les unes avec les autres. Ce qu'on appelle le génie militaire, le savoir de l'ingénieur civil, celui des routes et des ponts, l'art même de tracer des jardins, semblent être aujourd'hui des arts qu'il seroit interdit de pratiquer ensemble, avec celui de l'architecture proprement dite. Nous n'entrerons point dans les raisons qui ont pu faire aux gouvernemens modernes la loi de séparer, par des institutions distinctes, l'exercice de toutes ces parties d'un même art; mais nous ne pouvons nous empêcher de faire remarquer le résultat de cette distinction, dans l'exercice et la pratique de chacune de ces branches.

Il devoit en arriver ce que nous voyons qui arrive effectivement, au grand détriment de l'architecture. C'est que les uns, livrés uniquement à la construction, à ses procédés pratiques, et au matériel de l'art, ne portent plus, dans ce qu'ils bâtissent, ni goût, ni sentiment des belles proportions, ni aucune idée de richesse décorative, tandis que les autres, bornés trop souvent aux spéculations de l'architecture, en dessins et en projets, restent presqu'étrangers à ces notions positives de la construction, que la pratique seule fait acquérir.

L'exemple de *Sanmicheli*, à la fois ingénieur civil et militaire, en même temps qu'architecte, va nous montrer l'accord de toutes les parties de la science et de l'art, dans ses ouvrages, et l'appui qu'elles se prêtoient. Nul ne fut plus grand constructeur dans ses monumens de pure architecture; nul ne sut mieux faire entrer le charme de l'architecture dans des travaux de pure construction.

C'est ce qu'il pratiqua avec un rare succès, dans les portes d'entrée des bastions et fortifications des murs de ville. Le maréchal de Vauban enseigne, avec tous les ingénieurs modernes, que les portes doivent être placées dans le milieu des courtines, entre deux bastions, et qu'elles doivent servir en même temps de cavalier. Long-temps auparavant, *Sanmicheli* avoit établi ce principe, et l'on en trouve les résultats dans tous ses ouvrages. Témoins les portes de Vérone, aussi recommandables aux yeux de l'ingénieur, qu'à ceux de l'architecte.

La porta nuova, la première qu'il fit construire, est un édifice carré, dont l'intérieur est soutenu par plusieurs rangs de gros piliers de pierre de taille. Il y a des corps-de-garde, des pièces pour l'artillerie et tous les engins militaires, le tout disposé avec autant de goût que de noblesse. Les deux faces sont ornées d'un ordre dorique, dans les plus belles proportions. Tout y a un caractère grave et robuste, tel que le comporte un semblable monument. La façade extérieure a son mur embelli de deux pyramides de marbre rougeâtre, et qui s'élèvent du fond du fossé. Les deux extrémités de la façade intérieure communiquent à deux galeries voûtées, par où l'on descend dans les souterrains. Deux escaliers fort ingénieux sont pratiqués aux angles du bâtiment, qui est couvert de dalles de pierre, en recouvrement l'une sur l'autre. Le tout est surmonté d'une sorte de *loggia*, soutenue par de petits piliers de pierre, pour couvrir les soldats et les munitions de guerre.

On jugea dans le temps, qu'il ne se pouvoit rien imaginer de plus parfait que l'ensemble architectural de cette porte. *Sanmicheli* prouva, peu de temps après, le contraire, dans la construction de la porta del Palio. Elle est en marbre blanc, et décorée d'un ordre dorique. On y compte en dehors huit colonnes cannelées, d'une hauteur considérable et d'un seul bloc. Cet édifice renferme de vastes chambres pour les soldats, et de grandes pièces pour contenir les munitions nécessaires. Du côté de la ville, s'élève une grande galerie, dont les murs sont intérieurement en bossages avec pilastres, au dehors en colonnes d'ordre dorique, sans base, engagées dans la façade de la moitié de leur diamètre. Un bel entablement dorique règne tout alentour, et couronne l'ensemble de la construction. Cette porte plaisoit tellement à Sforce Pallavicini, général des troupes vénitiennes, qu'il prétendoit qu'en Europe on ne citeroit pas un plus bel édifice.

On doit aussi faire mention de la porte de Saint-Zénon, composée par *Sanmicheli*, dans un style sévère et riche tout à la fois. C'est encore un monument quadrangulaire, orné de colonnes doriques, réparties sur des montans en bossages. Quoique belle et d'un très-beau genre, elle est inférieure aux deux dont on vient de parler.

Nous renverrons, au reste, le lecteur qui voudroit avoir plus de détails sur ces beaux ouvrages de *Sanmicheli*, à la *Verona illustrata* de Maffei, qui s'est plu à en donner des descriptions très-étendues. Nous n'avons cité quelques-uns de ces travaux de l'art de la fortification des places, embellis par le goût des plus nobles compositions, que pour faire voir comment, aux beaux siècles de l'architecture, toutes les parties de la science et de l'art de bâtir se trouvoient réunies dans la théorie comme dans la pratique, et pour montrer que *Sanmicheli*, modèle des constructeurs et des ingénieurs, le fut aussi des plus habiles architectes vénitiens, dont il eut la gloire d'être le prédécesseur, ce que va nous prouver la notice abrégée de ses ouvrages d'architecture civile.

Ses premiers travaux, comme on l'a dit plus haut, en ce genre, furent à Orvietto, dont les habitans l'appelèrent pour le faire architecte de leur célèbre cathédrale, qui a occupé les talens d'une foule d'artistes renommés. Ceux de Monte-Fiascone le chargèrent de la construction de leur principale église. C'est un dôme à huit pans, d'une très-belle proportion. Ce dôme ou cette coupole constitue toute l'église, et forme un ensemble des plus élégans. Monte-Fiascone renferme encore plusieurs petits palais d'un excellent goût d'architecture, dont les portes et les fenêtres sont du meilleur style, et qu'on croit avoir été bâtis sur les dessins de *Sanmicheli*.

Mais c'est surtout à Vérone, sa patrie, qu'il paroît avoir consacré avec prédilection son talent. Un des premiers et des plus agréables ouvrages qu'il y fit, fut, dans San-Bernardino, la chapelle Guareschi. C'est un petit temple circulaire, orné d'un ordre corinthien. On y voit quatre renfoncemens; trois sont pour des autels, la porte occupe le quatrième. Quatre niches avec statues ornent les intervalles de ces renfoncemens. Les autels, les piédestaux, les frontons, leurs corniches, tout se conforme à la courbe du cercle parfait que décrit cet intérieur. Le jour y entre par quatre ouvertures flanquées de deux colonnes. De ces huit colonnes, quatre ont des cannelures perpendiculaires, et quatre en spirale, seulement dans les deux tiers supérieurs de leur fût. Rien de plus parfait que l'exécution des sculptures et ornement de ce petit temple. C'est là surtout qu'il faut admirer la beauté de cette pierre particulière aux environs de Vérone, la plus précieuse que l'on connoisse après le marbre blanc, pour la couleur, la finesse, et la plus propre au travail du ciseau par sa fermeté. On la nomme *bronzine*, parce que, lorsqu'on la travaille, elle résonne comme le métal. Cette belle chapelle ne fut point terminée sous les yeux de *Sanmicheli*, que d'autres occupations appelèrent ailleurs, et l'absence de sa surveillance se fait remarquer, dans plusieurs abus, et défauts, qui causèrent à son auteur de vifs regrets. On l'entendit plusieurs fois se plaindre avec ses amis, de ce qu'il n'étoit pas assez riche, pour acheter ce monument, et le soustraire à l'avarice du propriétaire, qui, par une vile épargne, gâtoit ses idées et altéroit son invention.

Il faut citer de *Sanmicheli*, divers autres ouvrages, tels que :

La façade de Sainte-Marie *in Organo*, qui appartient aux Olivetains de Vérone, dont il n'a fait que donner le dessin : l'exécution n'eut lieu qu'après sa mort;

La belle église de Notre-Dame, dite *in Campagna* : c'est une rotonde périptère, ou environnée extérieurement de colonnes; le plan en est des plus heureux; l'exécution livrée à d'autres mains, ne répondit point à la beauté de la composition;

Le projet d'un lazaret, dont l'économie gâta encore l'ordonnance et le bel ensemble;

Le campanile de l'église du couvent de Saint-Georges, dont on confia la bâtisse à un constructeur ignorant, et qu'il fallut ensuite reconstruire à nouveaux frais;

Les travaux qu'il entreprit pour renforcer les murs de l'église de Saint-Georges, et sur lesquels il parvint à élever, avec la plus grande solidité, la coupole qu'on y admire aujourd'hui;

La chapelle des Conti della Torre, dans leur maison de campagne, édifice en forme de temple circulaire.

Le mausolée du procurateur de Saint-Marc, Contarini, dans l'église de Saint-Antoine à Padoue, est un ouvrage où *Sanmicheli*, sortant des pratiques ordinaires des sépultures de son temps, conçut l'idée, moins d'un tombeau, que d'un monument honorifique, dans lequel l'architecture et la sculpture, unissant leurs moyens, se plurent à retracer, par des trophées, des statues, des symboles et emblêmes divers, les exploits militaires du général vénitien.

Vérone a conservé plusieurs palais dont l'architecture est de *Sanmicheli*, et dont Maffei, dans sa *Verona illustrata*, a fait dessiner les façades, d'une dimension suffisante pour démontrer que, si cet architecte sut profiter des exemples que lui offrirent ses prédécesseurs à Rome et à Florence, il peut et doit passer pour avoir servi lui-même de modèle, aux maîtres de la grande école vénitienne, qui l'ont suivi.

On ne sauroit douter que *Sanmicheli* ait étudié dans les belles et nobles ordonnances de palais exécutés avant lui, par les Bramante, Balthazar Peruzzi, Jules Romain, Sangallo, etc., ce grand genre de masses simples et imposantes, cette heureuse application des ordres et des détails de l'architecture antique, aux formes et aux besoins des habitations. On retrouve, en effet, dans les compositions de ses façades, la même richesse de style, la même variété d'ornemens, le même emploi des refends et des bossages, les mêmes dispositions et les mêmes espacemens de fenêtres, les mêmes couronnemens, enfin la même régularité de profils. On diroit de même que ce sont des restes d'édifices antiques. D'autres architectes, et surtout Palladio, ont pu se distinguer par des plans plus variés et plus nombreux, par des compositions plus ingénieuses et plus élégantes, mais *Sanmicheli* aura toujours, dans sa patrie, l'avantage d'y avoir le premier introduit le beau style de l'architecture civile.

Le palais Canossa est vanté par Maffei, pour la commodité de ses distributions intérieures. Sa façade offre peut-être le défaut d'une division trop égale dans sa hauteur, entre l'étage du rez-de-chaussée, orné de bossages, qui sert de soubassement, et l'étage où est l'ordonnance principale. Disons même que ce soubassement est plus élevé que ce qu'il supporte. Un ordre de pilastres corinthiens accouplés règne entre les fenêtres cintrées de l'étage principal, et divise aussi celles du mezzanino qui est au-dessus. On prétend que plus d'un changement moderne a gâté certaines dispositions de l'intérieur, et en a altéré les belles proportions.

Une disposition de façade plus harmonieuse est celle du palais Bevilaqua ; l'étage à rez-de-chaussée est d'une proportion mieux adaptée à un soubassement. Il se compose d'un portique en arcades, dont les piédroits sont ornés de pilastres doriques. Le tout est taillé en bossage ; l'entablement supporte un balcon continu. L'étage supérieur est percé de trois grandes fenêtres en arcades, entremêlées de quatre plus petites cintrées, et au-dessus desquelles sont les petites fenêtres d'un mezzanino. Une ordonnance de colonnes corinthiennes, très-également espacées, décore et divise avec beaucoup de régularité cet étage. On observe que de ces colonnes, les unes ont des cannelures perpendiculaires, les autres les ont en spirales. Cette particularité a déjà été remarquée à la chapelle Guareschi. Etoit-ce de la part de *Sanmicheli*, une recherche inspirée par le goût de la variété ? L'entablement de ce palais est lourd, et s'éloigne de la pureté ordinaire du style de l'architecte. Aussi croit-on que cet ouvrage, comme beaucoup de ceux qu'il fit, ne fut pas terminé par lui.

Mais il nous semble qu'entre toutes les façades de palais dont Maffei a publié les dessins, celle du palais Pompei se recommande singulièrement par l'ensemble simple et harmonieux de son ordonnance, par l'unité de sa composition, et le beau rapport de toutes les parties entr'elles. Un fort bel ordre de portiques ou d'arcades, formant les fenêtres de l'étage principal, à ses piédroits ornés de colonnes doriques, ayant chacune un socle qui repose sur les piédestaux placés entre les balcons de chacune des ouvertures. Au sommet du bandeau de chaque arcade, est sculpté un mascaron. L'entablement a une frise avec triglyphes et métopes, et une corniche d'un caractère conforme au style dorique. De petites ouvertures sont pratiquées au-dessus de l'entablement, et en retraite, de manière à ne faire aucunement partie de cette façade. L'ordre de portiques servant de fenêtres, avec les colonnes dont on vient de parler, repose sur un soubassement très-simple, d'un goût fort mâle. Il est percé de même par un rang égal d'arcades à bossages. Six de ces arcades sont des fenêtres, la septième ou celle du milieu est l'ouverture de la porte.

Sanmicheli ne se répète dans aucune de ses compositions de palais. Il sait en diversifier les aspects, les formes, les ordonnances et les détails, sans sacrifier à aucun caprice. C'est toujours son style et sa manière, mais aucune de ses inventions ne ressemble à l'autre ; on croit voir même qu'il y chercha plus de variété que ne l'avoient fait ses prédécesseurs. Il paroît encore avoir affectionné l'emploi des arcades, soit dans les soubassemens, soit pour les ouvertures des fenêtres. Dans le palais Maffei, il se plut cependant à réunir les deux formes, et sa façade est peut-être l'assemblage le plus complet des divers genres de richesses, que peuvent recevoir de pareils édifices.

L'étage inférieur, servant de soubassement, est en arcades à bossages très-saillans, et les colonnes qui viennent en avant des piédroits, sont également traversées par des bandeaux de bossages, dans le goût de ceux du palais Pitti. Il est visible qu'ici *Sanmicheli* a pris modèle sur les palais de Florence. Le premier étage de ce palais est du genre le plus noble qui puisse être appliqué à un palais. Un ordre de colonnes corinthiennes se détache sur les trumeaux à bossages des fenêtres, dont les chambranles sont surmontés de frontons, alternativement angulaires et circulaires. L'entablement qui couronne cet étage porte une *ringhiera*, ou balcon continu, lequel règne au-dessous d'un étage attique extrêmement orné. Les fenêtres de ce petit étage ont un encadrement fort simple, mais les trumeaux qui les divisent reçoivent des cartels, et au milieu de chaque trumeau s'élève, en manière de terme, un atlante, qui supporte un entablement, lequel profile sur le chapiteau de chacun de ces atlantes. On desireroit, sans doute, dans le couronnement de ce palais, la suppression d'une frise enrichie de sculpture, au-dessus de l'entablement dont on a parlé ; car, si l'on compte encore la balustrade ornée de statues, qui fait l'amortissement définitif de cette masse, on est obligé d'y reconnoître une cumulation de parties, qui ajoute à la hauteur, sans augmenter la grandeur morale, et une redondance d'ornemens qui augmente le luxe, sans ajouter à la vraie richesse.

Cette critique, que nous croyons fondée, pourroit bien, au reste, ne pas tomber sur *Sanmicheli*. Nous avons en effet observé déjà, d'après les renseignemens conservés par l'histoire, que les grands et nombreux travaux qui, en des genres si divers, occupèrent sa longue et laborieuse vie, l'empêchèrent souvent de mettre la dernière main à plus d'une sorte d'entreprise.

La seule énumération de ses ouvrages seroit la matière d'un long article. Obligés de choisir dans celui-ci, entre tant de palais et d'édifices, quelques-uns des plus notables, nous ne pouvons encore nous empêcher de citer, avec Vasari, le célèbre palais Soranzo, construit à Castel-Franco, entre Padoue et Trévise, sur le territoire de Venise, et qu'on répute une des plus grandes, des plus belles et des plus commodes habitations de campagne qu'il y ait dans un pays peuplé de demeures, qui rappellent le luxe et la richesse des anciens patriciens de Rome.

L'aristocratie n'est peut-être pas le gouvernement le plus favorable à ces vastes entreprises de l'art de bâtir, que la puissance seule des monarques peut concevoir et exécuter ; mais il n'en est pas qui fournisse à l'architecture des palais de ville et de campagne de plus nombreuses occasions, des motifs mieux en rapport avec ce degré de grandeur sans ostentation, de richesse sans trop de pompe, qui convient aux familles patriciennes. C'est encore dans le gouvernement aristocratique, que ces familles distinguées ont le plus d'intérêt à perpétuer leur existence; et les palais auxquels s'attache leur nom, deviennent tout naturellement les monumens les plus conformes à cette honorable ambition. On ne sauroit dire ce que, dans toute l'Italie, l'architecture moderne a dû au principe politique dont on vient de retracer l'influence; et peut-être les changemens survenus dans les idées et les mœurs des temps modernes, suffiroient-ils pour nous rendre compte de l'état de pénurie et de mesquinerie où l'architecture se trouve aujourd'hui partout réduite.

Venise, entre tous les Etats de l'Italie, est peut-être celui où se montrent avec le plus d'évidence les effets du principe politique de l'aristocratie, dans leur rapport avec l'architecture. *Sanmicheli* y a laissé, dans plus d'un palais, des monumens de son talent, et de ce goût d'architecture appliqué aux habitations, dont il semble y avoir donné les premiers modèles, si bien imités depuis, et peut-être surpassés par Palladio. (*Voyez* ce nom.) Tels sont les deux palais qu'il fit pour la famille des Cornaro, l'un [illegible], l'autre dans Venise même, près l'église de Saint-Paul; [illegible]

Mais on s'accorde à mettre au premier rang de [illegible]

[illegible]

comme ayant, non-seulement pris part aux grands travaux militaires de *Sanmicheli*, mais comme seul auteur, lui-même, de plusieurs de ceux qu'on lui attribue. Son mérite personnel fut tellement reconnu, que le gouvernement vénitien lui assigna un traitement égal à celui de son oncle, et sa réputation s'étoit accrue au point qu'on le jugeoit même supérieur à lui, dans certaines parties de la construction militaire. Nul alors ne l'égaloit dans l'art de lever les terrains, de dresser les plans, de faire les modèles en relief, non-seulement des constructions, mais des sites même où l'on devoit bâtir.

Sanmicheli jouissoit, avec une extrême satisfaction, des succès d'un neveu dont la réputation rejaillissoit sur celui qui l'avoit formé, et dont la rare activité lui permettoit le repos dont sa vieillesse avoit besoin; cependant il eut le malheur de le perdre. Jean-Jérôme avoit été envoyé dans l'île de Chypre, pour en visiter les fortifications. Les fatigues qu'il eut à essuyer, et les grandes chaleurs de l'été, lui causèrent une fièvre pernicieuse, qui l'enleva en huit jours, à l'âge de quarante-cinq ans.

Cette perte fut très-sensible à Sanmicheli. [illegible]

SANZIO

SANSIO. — SANZIO. Nom patronimique de Raphaël. *Voyez* Raphael.

SANSOVINO. *Voyez* Tatti.

SANTI DI TITO de *Borgo San Sepolcro*, né en 1538, mort en 1603, fut un des bons architectes de son époque.

Venu fort jeune à Florence, où il étudia la peinture, dans l'école principalement d'Agnolo Bronzino, il se fit une grande réputation, par un nombre considérable d'ouvrages répandus en diverses villes, et dont on peut voir le détail dans la notice assez étendue qu'en a donnée Baldinucci.

Selon l'usage presqu'universel de son temps, *Santi di Tito* réunit le savoir et la pratique de l'architecture, à ses autres talens. Le biographe dont on vient de parler, se contente de citer, sans en donner de description, un certain nombre d'édifices qu'il construisit, mais qui ne paroissent point avoir acquis ce degré de célébrité qui, dans un siècle fécond en grands talens, fait briller d'un éclat particulier un petit nombre de noms, au détriment de beaucoup d'autres. Il y a aussi pour les œuvres de l'architecture, je veux dire pour leur célébrité, et pour celle de leurs auteurs, un certain bonheur attaché, soit à la destination des ouvrages, soit à la position des lieux qu'ils occupent, soit à l'illustration des personnages pour lesquels ils sont exécutés.

Le plus grand nombre des travaux d'architecture de *Santi di Tito* ne paroît pas avoir joui de ces avantages, si l'on en juge par la courte énumération qu'en fait Baldinucci. Ce fut, dit-il, sur son modèle que fut construite, pour les Spini, à Peretola, une *villa* dans un plan octogone. Il travailla pour Augustin Dini à Cigoli, pour les Corsini, à Casciano, à Monte Oliveto, dans la *villa* des Strozzi, appelée *il Boschetto*, à Monte Venturini, au grand autel de la paroisse. Dans Florence il construisit diverses habitations, du nombre desquelles fut sa propre maison, rue *delle Ruote*, où il mourut.

Selon Baldinucci, l'architecture de *Santi di Tito*, quoiqu'en général, dans plusieurs de ses ouvrages, on puisse la recommander sous le rapport d'une bonne proportion, passoit pour offrir une manière où l'on ne trouvoit ni grande invention, ni magnificence : *che non tiene gran cosa del nuovo e del magnifico*.

Il nous semble qu'on en portera le même jugement, en jetant les yeux sur la façade du palais *Dardinelli* à Florence, que Ruggieri a fait entrer dans sa *Scelta di Architetture civile*, tom. 3, pl. 59 et 60. On voit dans cette ordonnance un genre grave et simple, des fenêtres d'une bonne proportion, avec des détails fort corrects; mais tout cet ensemble, n'importe par quelle raison, et peut-être aussi, par le manque d'un couronnement, par une distribution ingrate de pleins et de vides, ne présente à l'œil aucune harmonie qui soit propre à le fixer et à lui plaire.

SAPINES, s. f. pl. Solives de bois de sapin, qu'on scelle de niveau sur des tasseaux, quand on veut tendre des corbeaux pour ouvrir les terres et dresser les murs.

On fait des planchers de longues *sapines*, et on s'en sert aussi dans les échafaudages.

SAPPER, v. act. C'est abattre par sous-œuvre, et par le pied, soit un mur avec des marteaux, des masses et pinces, soit une butte, en l'achevelant et l'étrésillonnant par-dessous, avec des étais et des dosses, qu'on brûle ensuite par le pied, pour faire ébouler le tout.

Sapper se dit aussi de l'action de faire sauter une masse quelconque par le moyen d'une mine, c'est-à-dire de la poudre à canon.

On appelle *sappe*, soit l'ouverture que l'on pratique pour faire écrouler une masse quelconque, soit l'action même de *sapper*.

SARCOPHAGE, s. m. Ce mot composé de deux mots grecs, *sarcos*, chair, et *fagein*, manger, indique la consomption des corps qui a lieu dans les caisses où l'on renferme les morts.

Le *sarcophage*, quant à sa forme, est une caisse le plus ordinairement parallélipipède, comme le sont les cercueils modernes, et comme le furent bien certainement ceux qu'originairement on fit en bois. Chez les peuples où la conservation des corps se lioit étroitement à certains dogmes religieux, le premier luxe des tombeaux fut celui de la solidité. On y chercha le moyen de les mettre, autant que possible, à l'abri de la violation et de la destruction (*voyez* Sépulcre, Sepulcretum, Tombeau, Pyramide); la vanité et l'orgueil vinrent ensuite ajouter à ce luxe celui de la richesse et de la magnificence.

Aux cercueils en bois succédèrent donc les caisses d'une matière plus solide. On en fit en terre cuite, en pierre, en marbre, en porphyre, et l'antiquité nous en a transmis de toutes ces sortes. Leur forme est en général la même, parce qu'elle leur étoit commandée par un type invariable. Leurs diversités les plus ordinaires consistent dans leur dimension et dans leurs couvercles. On trouve des *sarcophages* d'une telle largeur, qu'évidemment ils furent destinés à renfermer deux corps l'un à côté de l'autre. Les différences de hauteur sont moins sensibles; cependant il y en a d'une assez grande élévation, mais proportionnée à leurs autres dimensions. Les couvercles qui fermoient les *sarcophages* de marbre, consistoient quelquefois dans une seule dalle de la même matière; quelquefois ces couvercles prennent la forme d'une sorte de toiture, qui se termine par des frontons; d'autres fois aussi on les trouve surmontés des figures mêmes des personnages, représentés vivans et couchés sur des sortes de matelas.

Il n'entre point dans le sujet d'un Dictionnaire d'architecture de parcourir et de décrire, même en abrégé, toutes les variétés d'ornemens, de figures, de bas-reliefs historiques, mythologiques ou allégoriques, qui furent, sur les surfaces des *sarcophages*, une source inépuisable pour la sculpture, de travaux, d'inventions, de compositions plus ou moins remarquables. L'usage des *sarcophages* en marbre étant devenu, à ce qu'il paroit, extrêmement commun pour les gens riches, il dut arriver, ce qu'un grand usage amène naturellement, que le commerce s'en empara, et que les ouvriers en ce genre tinrent des approvisionnemens de caisses plus ou moins dispendieuses, pour satisfaire à tous les degrés de fortune. On voit encore sur plus d'une de ces caisses, l'espace du milieu de leur devanture, rempli par un médaillon représentant un personnage, dont la tête est restée en masse, destinée à être terminée d'après le portrait de celui pour qui on en feroit l'acquisition. Le nombre infini de sujets de composition qui se trouvent répétés sur les faces des *sarcophages*, semble bien aussi donner à entendre qu'il n'y avoit souvent aucun rapport entre les sujets de ces bas-reliefs et le personnage qui y fut renfermé. Au reste, les nombreuses considérations auxquelles les sculptures des *sarcophages* antiques peuvent donner lieu, sont, comme on l'a déjà dit, étrangères à l'architecture.

Ce qui peut regarder cet art en fait de *sarcophages*, doit se réduire à certaines imitations, qui s'y trouvent fréquemment répétées, des formes, des détails et de la décoration des édifices. Tantôt on voit leurs surfaces ornées de cannelures en spirale; tantôt elles offrent les profils, les moulures des piédestaux et des corniches, et l'on en voit qui sont couronnées par des frises remplies de figures. Le beau *sarcophage* en pierre travertine, trouvé au tombeau de Scipion, a le haut de sa surface antérieure orné des triglyphes et des métopes de l'ordre dorique. Souvent des colonnes placées aux angles donnent l'idée d'une ordonnance architecturale. Quelquefois le champ antérieur se trouve distribué en portiques formés par des colonnes, entre lesquelles s'élèvent des statues. Les couvercles, on l'a déjà dit, ne sont parfois autre chose que des frontons, soit triangulaires, soit arrondis, et se terminant à leurs angles par ce qu'on appelle les cornes, qu'on voit à un grand nombre de cippes et d'autels. Il se trouve encore de ces couvercles, qui non-seulement sont des imitations de frontons, mais dont la sommité est taillée dans toutes ses faces, de manière à figurer les tuiles des toitures.

Il y a enfin sur les *sarcophages*, et parmi les sujets que la sculpture y a représentés, beaucoup de monumens d'architecture figurés avec plus ou moins d'exactitude. Ce n'est pas là, sans doute, que l'architecte trouvera des modèles pour l'art, mais toujours y peut-on rencontrer des renseignemens qui, comme ceux des édifices gravés sur les monnoies, peuvent fournir, pour l'histoire des variétés de l'architecture, quelques autorités plus ou moins plausibles, et servir de documens propres à suppléer les ouvrages et les exemples que le temps a détruits.

SAS, s. m. Sorte de tamis, de figure cylindrique, formé d'une toile ou *réseau* de crin, par les trous de laquelle passe la poussière des corps. Plus le tissu de ce *réseau* est serré, plus est fine la poussière des corps que l'on tamise.

Ainsi, lorsque le plâtre a été concassé et battu, on le passe d'abord à la claie, ce qui donne une poussière composée de très-gros grains. Quand on veut avoir du plâtre plus fin pour les enduits, ou les ouvrages délicats, on le passe dans des *sas* ou tamis dont le réseau est plus ou moins serré.

SAS. (*Terme d'architecture hydraulique.*) C'est un bassin placé sur la longueur d'une rivière, ou d'un canal, bordé de quais, et terminé par deux écluses situées à l'endroit d'une chute qu'on suppose naître de la pente du terrain, et appropriées de manière qu'on peut se rendre maître de la dépense des eaux, et de la hauteur où l'on veut les élever dans le *sas*. Ces écluses servent à faire passer les bateaux de la partie d'amont dans celle d'aval, et réciproquement de la partie d'aval dans celle d'amont.

Si l'on veut faire passer un bateau d'une rivière basse dans une rivière haute, on l'introduit dans le *sas*, après quoi on ferme les portes de l'écluse. Aussitôt on ouvre les portes de l'écluse opposée, afin que l'eau qui passe par les guichets remplisse le *sas* jusqu'au niveau de la rivière du côté d'amont. Alors le bateau monte au-dessus de la chute, et les portes de l'écluse étant ouvertes, il passe dans la rivière dont les eaux étoient plus élevées. On recommence ce jeu des écluses autant qu'il y a de bateaux à faire passer. C'est ainsi que les bâtimens de mer passent, à Ostende, du port dans le canal de Bruges, et de ce canal au port, à quelque hauteur que soient les marées. Ce *sas* est un des beaux ouvrages d'architecture hydraulique qu'il y ait.

SATYRUS. On associe ordinairement le nom de cet architecte avec celui de Pytheus, et on leur attribue la construction du célèbre tombeau de Mausole. (*Voy.* PYTHEUS.) Cependant, comme il paroit que ce dernier n'a fait que terminer par une pyramide de vingt-quatre degrés surmontés d'un char de victoire, la masse de ce grand tombeau, on doit croire que *Satyrus* fut le seul auteur de l'ouvrage, qui ne reçut qu'après coup le couronnement pyramidal de Pytheus. (*Voyez la description de ce monument au mot* MAUSOLÉE.)

SAVONIÈRE, s. f. Grand bâtiment en forme de galerie, où l'on fait le savon. Il contient des réservoirs à huile et soude, des caves et fourneaux à rez-de-chaussée. Aux étages supérieurs sont les mises pour figer le savon et les séchoirs pour le sécher.

SAUTERELLE, s. f. Instrument composé de deux règles de bois, de même longueur, et assemblées par un de leurs bouts, en charnière, comme un compas, de sorte que les jambes étant mobiles, il sert à prendre et à tracer toutes sortes d'angles. On l'appelle aussi *fausse équerre* ou *équerre mobile*.

Sauterelle graduée. C'est une *sauterelle* qui a autour du centre d'un de ses bras un demi-cercle divisé en cent quatre-vingts degrés, dont le diamètre est d'équerre avec les côtés de ce bras; en sorte que le bout de l'autre bras étant coupé en angle droit jusqu'auprès du centre, marque, à mesure qu'il se meut, la quantité de degrés qu'a l'ouverture de l'angle que l'on prend. On la nomme aussi *récipiangle*.

SCABELON, s. m. Vient du latin *scabellum*, qu'on traduit en français par le mot *escabeau*. D'après son étymologie, le *scabelon* seroit un marche-pied, meuble aujourd'hui de commodité, qui fut jadis un signe d'honneur, et qui, comme tel, étoit réservé aux siéges qu'on appelle *trônes*. Ainsi en trouve-t-on à toutes les divinités antiques représentées sur des trônes.

On donne aussi ce nom à des espèces de socles, de quelque forme qu'on les fasse, et qu'on destine à être des supports de bustes, de candélabres, etc.

SCAGLIOLA (*scaiole*). Ce mot désigne, en italien, la pierre spéculaire ou sélénite, dont on forme des panneaux ou des tables, auxquels on donne, par le moyen de pâtes coloriées qu'on y incruste, l'apparence des marbres les plus précieux.

Ce procédé est devenu le rival de celui de la mosaïque, et de celui qu'on appelle *comesso*. Il peut même arriver à rendre l'effet de certains tableaux d'ornement, d'architecture, de paysage, etc. Mais il ne faut pas confondre ces diverses sortes de procédés.

L'art de la *scagliola*, qui se nomme aussi *mischia*, du mélange des couleurs qu'on y emploie, a pour but d'imiter jusqu'à un certain point la peinture. On prépare à cet effet une table de stuc blanc, composé de gypse ou de sélénite calcinée et réduite en poussière très-fine, mêlée avec une forte colle. On trace sur cette table le dessin des ornemens ou des figures qu'on veut rendre sensibles. Ensuite on enlève la matière avec un outil tranchant, et l'on remplit le vide de ces traits ainsi creusés, avec des pâtes du même stuc, mais diversement colorées, selon la nature des sujets à exprimer.

La table qui reçoit cette peinture par incrustation, étant de la même matière que celle qu'on y incruste, le tout forme un massif solide, qu'on peut polir dans la dernière perfection, sans que l'œil puisse apercevoir la plus légère trace d'assemblage.

Ce genre d'art paroît avoir été pratiqué très-anciennement, bien que peut-être on en ait, dans les temps modernes, perfectionné les procédés et multiplié les applications. Quoique les Florentins réclament l'invention de la *scagliola*, on en trouve cependant l'usage à une époque antérieure en Lombardie. C'est à Carpi, dans les états de Modène, que, selon Lanzi, un certain Guido Sassi, né en 1584, mort en 1649, paroît l'avoir mise en honneur le premier. Il commença par exécuter des corniches et d'autres membres d'architecture, qui ont l'apparence des plus beaux marbres. Un de ses élèves, dans la même ville, surpassa les travaux précédens, à l'autel d'une église où les colonnes semblent être de porphyre. Tous les ornemens de diverses couleurs y sont entremêlés de médaillons avec figures.

Jusqu'alors l'art de la *scagliola* avoit surtout imité les marbres et les pierres de toute espèce. On en revêtissoit les baldaquins, les devants d'autel; on en faisoit des compartimens d'arabesques, des tables de tout genre.

Mais vers le milieu du dix-huitième siècle, cet art fut porté à Florence au point de rivaliser avec la peinture, par l'entente du clair-obscur et du coloris, par le mélange adouci des teintes et leur dégradation. On exécuta surtout, par ce procédé, des tableaux de paysage et d'architecture, qui paroissent ne le céder en rien au fini et à l'effet de la peinture à l'huile.

Florence a conservé encore et perfectionné un autre procédé d'imitation de la peinture. Nous n'en avons dit qu'un mot à l'article Mosaïque, dont il est toutefois une branche fort curieuse; c'est ce qu'on appelle *lavoro a commesso*, ou travail en pièces de rapport, qui sont des pierres dures rares et précieuses.

Vitruve semble en avoir fait une mention assez claire, lorsqu'il parle de ce travail à compartimens de marbres de rapport qu'il appelle *sectile*, distinct de celui à *tessere*, c'est-à-dire la mosaïque proprement dite, qui se compose de petits cubes ou dés de forme régulière et de couleurs diverses, dont on faisoit de si beaux pavemens.

Le *commesso* n'a jamais été porté nulle part à un plus haut point de perfection qu'à Florence, soit sous le règne des Médicis, soit encore dans ces derniers temps. On a effectivement entrepris de lutter contre la mosaïque dans certains tableaux, surtout ceux qui offrent des imitations d'architecture, de ruines, de fleurs, de coquillages, de vases, et en général d'objets qu'on appelle de *nature morte*.

L'infériorité de ce genre à l'égard de la mosaïque, tient à la nécessité d'employer en compartimens, des matières d'une plus grande étendue, qui dès-lors ne se prêtent point à ces dégradations insensibles des couleurs d'où résulte l'illusion. Ce qui en fait le mérite d'ailleurs, c'est précisément cette difficulté; c'est ensuite la rareté des matières, c'est leur dureté, et la cherté d'un tel genre de travail.

Ce genre de luxe a été porté au plus haut degré, dans plusieurs des églises de Palerme en Sicile, où l'on voit non-seulement des tables et des devants d'autel de ce travail, mais où l'on admire les piédroits, les arcades et les détails de la construction, entièrement revêtus de compartimens arabesques les plus composés et les plus diversifiés, et formés avec la plus étonnante précision et le plus grand éclat, de toutes les pierres précieuses qui entrent dans le *lavoro a commesso*.

SCAMOZZI (Vincenzo), né en 1552, mort en 1616.

D'après les notions que Temanza nous a données sur cet architecte célèbre, il auroit eu pour premier maître Dominique *Scamozzi* son père, connu à Vicence, sa patrie, comme bon constructeur, employé encore comme ingénieur habile à lever les plans des villes et des terrains, et qui s'étoit acquis par ces diverses ressources, avec une existence honorable, assez d'aisance pour bien élever sa famille. Cela suffit pour nous indiquer comment *Vincent Scamozzi* se trouva naturellement porté à étudier l'architecture.

Mais la date de sa naissance, et le pays où il vit le jour, nous disent tout aussi bien comment il devint un des plus grands architectes de son temps. L'architecture étoit en effet alors singulièrement en honneur dans sa patrie. C'étoit l'époque où une impulsion générale portoit tous les riches, tous les personnages, tous les hommes en dignité à se distinguer par des habitations, qui devoient témoigner après eux de leur goût et de leur amour pour les beaux arts. L'Etat de Venise étoit devenu alors le chef-lieu de l'architecture civile. San Micheli, Sansovino, Palladio, y avoient transporté, si l'on peut dire, l'école de cet art. Ce fut là que devoit se former *Vincent Scamozzi*.

Déjà quelques projets, fruits de ses premières années, avoient annoncé un continuateur du goût de ces grands maîtres, et un sujet qui leur promettoit un digne successeur. A l'âge de dix-sept ans, il avoit fait pour les comtes Alexandre et Camille Godi, le projet d'un palais de son invention, qui à la vérité ne fut pas exécuté, mais qui méritoit de l'être. On y remarqua surtout, l'intelligence avec laquelle il avoit su faire sortir d'un terrain fort irrégulier, un plan, dont toutes les parties se trouvoient comme redressées, et ramenées à une régularité parfaite. *Scamozzi* nous a lui-même transmis, dans son *Idea dell' architettura* (*parte prima, lib.* 3, *ch.* 16), le plan et l'élévation d'une assez grande maison de campagne, qu'il construisit à *Villa Verla*, pour le comte Leonard Verlato, et il nous apprend que ce fut un des ouvrages de sa première jeunesse (*secondo i nostri giovanili disegni*). C'est un fort beau corps de bâtiment, dont l'étage principal se trouve élevé sur un très-haut soubassement rustique. Huit colonnes ioniques y forment comme une sorte d'avant-corps peu saillant, et du côté de la cour, la même ordonnance se trouve répétée à une *loggia*, dont la saillie comprend les escaliers. Symétrie dans le plan, élégance dans l'élévation, tout y annonce le beau style de l'école vénitienne.

Mais le jeune *Scamozzi* comprit bientôt qu'il y avoit à recevoir de cette école d'autres leçons, je parle de ces leçons pratiques, sans lesquelles l'architecte, simple théoricien, court risque, ou de faire des projets inexécutables, ou d'être obligé de faire exécuter ses idées par ceux qui, ne les ayant point conçues, n'en sauroient saisir l'esprit. C'est pourquoi il se rendit à Venise, où se trouvoient en construction beaucoup de monumens des premiers maîtres d'alors. Lui-même, il nous apprend, qu'il s'étudia à saisir sur le chantier les procédés qu'ils mettoient en œuvre. On ne sauroit douter qu'il n'ait dû beaucoup apprendre dans les ouvrages de Palladio, et que le goût, le style et la science de ce grand-homme, n'aient exercé sur lui une très-active influence. Rien, au reste, ne le prouve mieux, quoiqu'il ait pris à tâche de dissimuler cette sorte d'obligation, que ses propres travaux, où on doit lui savoir gré d'avoir suivi les traces de ses illustres prédécesseurs.

Dans tout art il se donne une époque, où le génie étant arrivé à une certaine hauteur, une sorte de point d'arrêt semble interdire à ceux qui surviennent, les moyens d'aller plus loin. C'est le moment où l'orgueil de l'esprit se révolte de plus d'une manière. Les uns se persuadent que c'est en faisant du nouveau, qu'ils s'éleveront au-dessus de leurs anciens, et voilà le principe habituel du mauvais goût et de la bizarrerie. D'autres arrivés sans effort, grâce aux efforts faits avant eux, à une hauteur dont ils ont trouvé tous les chemins frayés et aplanis, s'approprient le mérite d'un talent dont ils doivent une grande partie aux ouvrages qui les ont précédés; l'amour-propre leur conseille alors de paroître dédaigner ce qui s'est fait, et tout en restant imitateurs, ils ambitionnent de passer pour originaux, enfin de ne paroître les obligés de personne.

Ce dernier genre de travers fut celui de *Scamozzi*. L'histoire, qui nous l'a révélé, nous apprend, que tout en étudiant le génie de Palladio dans ses œuvres, il avoit affecté de n'avoir aucun rapport avec lui, ni avec les autres maîtres habiles de ce temps, dans la crainte, nous dit-on, de donner à soupçonner qu'il eût appris d'eux quelque chose. Le même sentiment domine dans ses écrits sur l'architecture, où il se montre en général mal intentionné contre Palladio, et porté à dépriser sa manière. Quel qu'ait été, chez lui, le motif intime de cette façon d'agir et de penser, n'ayant à traiter ici que de l'artiste, et de ses œuvres, nous dirons, que quand un principe d'émulation portée trop loin auroit aveuglé *Scamozzi* dans ses opinions, ses ouvrages ont heureusement contredit et ses sentimens, et ses discours, et qu'aucun architecte n'a mieux montré comment on peut marcher à la suite des plus habiles maîtres, sans se faire leur copiste : car aucun n'a approché plus près que lui de Palladio.

Il ne tarda point à se faire une réputation, par quelques travaux qui dénotèrent en lui l'homme ingénieux, et le constructeur intelligent. Ainsi l'église du Sauveur, à Venise, venoit d'être terminée par Tullio Lombardo, lorsqu'on s'aperçut après coup qu'elle manquoit d'une lumière suffisante. *Scamozzi*, appelé pour remédier à ce défaut, y réussit heureusement, sans rien ôter à la majestueuse simplicité de son intérieur. Il se contenta d'ouvrir par en haut, en les surmontant d'une lanterne, les trois coupoles de l'église, et le vaisseau reçut de ces ouvertures le jour qui lui manquoit.

A ces premiers travaux il joignit plus d'un genre d'études, qui devoient l'initier à toutes les sciences de l'architecture et de l'antiquité. Il se livra à l'interprétation de Vitruve, à la lecture des meilleurs auteurs, et de l'histoire grecque et romaine, à la pratique de la perspective, en sorte qu'à l'âge où l'on est encore élève, il auroit pu enseigner plus que son art. Le palais du comte Francesco Trissini, qui s'éleva alors sur ses dessins à Vicence, pendant qu'il étoit à Rome, montra le talent d'un artiste qui sembloit n'avoir plus rien à apprendre.

Mais *Scamozzi* en savoit déjà trop, pour ne pas croire qu'il ne lui restât encore beaucoup à savoir. Il lui restoit dans le fait, pour un homme qui ambitionnoit l'originalité, à finir de se former, non plus sur les ouvrages des maîtres de son époque, mais sur ces grands modèles de l'antiquité qui avoient formé ces maîtres, et qui sont devenus pour l'architecture, ce que la nature [illegible] pour les autres arts, l'exemplaire le plus parfait des règles du beau et du vrai. Il alla à Rome, et y mesura tous les restes des monumens antiques, leva le plan général des thermes de Dioclétien et du Colisée, dont il fit, en dessin, l'entière restauration, et de beaucoup d'autres ruines. Il passa six mois à Naples et dans ses environs, se livrant aux mêmes recherches. Lui-même nous apprend que dans les deux années qu'il y employa, il profita plus qu'il n'avoit fait dans les dix années de ses premières études.

Il revint en 1580 à Vicence sa ville natale, mais Vicence ne lui offroit point cette perspective de grands travaux, auxquels il se sentoit appelé par ses études et par les connoissances dont il avoit fait une si ample provision. La riche et puissante Venise étoit le seul théâtre alors digne de son talent. Palladio étoit mort depuis peu. Il y avoit un grand héritage à recueillir. Un ouvrage important vint bientôt mettre au grand jour, et faire connoître celui à qui il devoit échoir. Il étoit question d'ériger au doge Nicolas del Ponte, un magnifique mausolée dans l'église de la Charité, en face des mausolées des doges Barbarighi. *Scamozzi* en fut chargé. C'est dire assez, que l'architecture étoit appelée à en faire particulièrement les frais. Aussi se compose-t-il d'une ordonnance de quatre colonnes composites, qui s'élèvent sur un très-beau soubassement. Le milieu est une arcade, au-dessus de laquelle sont une urne à l'antique, et le buste du doge; les deux entre-colonnemens latéraux sont occupés par des niches avec statues. Un attique orné de figures, et de la meilleure sculpture, couronne cette masse construite en pierre d'Istrie, et cet ensemble a toujours passé pour une des plus belles compositions en ce genre.

Scamozzi dut au crédit que lui donna cet ouvrage, d'être heureusement préféré à deux très-médiocres artistes, pour construire le muséum des statues antiques, qui sert d'avant-salle à la bibliothèque de Saint-Marc, et en même temps le vaste édifice des nouvelles Procuraties, destiné à terminer la seconde aile de la grande place qui fait face à la basilique. Ces deux monumens ne furent achevés qu'après un laps de plusieurs années, et nous aurons lieu de revenir sur le second. Plus d'un incident vint faire diversion à ces travaux.

Ainsi Grégoire XIII, ayant été remplacé sur le siége de Saint-Pierre par Sixte V, la république envoya féliciter le nouveau pontife, par quatre personnages qui desirèrent emmener avec eux *Scamozzi*. Ce fut pour lui une bonne fortune, d'être mis à même de revoir Rome, et d'y vérifier quelques résultats de ses premières études. Sixte V s'occupoit alors du choix des moyens propres à dresser le grand obélisque, qui décore aujourd'hui la place de Saint-Pierre. *Scamozzi* s'intéressa à cette entreprise, en homme fait pour bien juger du projet de Fontana, et l'opération terminée, il retourna avec les ambassadeurs à Venise.

Palladio étoit mort avant d'avoir terminé dans l'intérieur de son théâtre olympique, à Vicence, cette partie qu'on appelle la *scène*, et il n'en avoit laissé aucuns dessins. Sylla son fils, appelé à continuer ses entreprises, n'avoit pas les connoissances du genre de celles qu'exigeoit ce travail. On jeta les yeux sur *Scamozzi*, et les fêtes auxquelles donna lieu le passage de l'impératrice Marie d'Autriche, devinrent pour lui l'occasion de terminer l'ouvrage de Palladio : ce qu'il fit avec beaucoup de succès, ayant étudié dans les restes de l'antiquité la disposition de la *scena* selon les usages du théâtre antique.

Une grande construction étoit alors en projet à Venise, et occupoit tous les esprits. Il s'agissoit de remplacer en pierre, le pont de bois qui unissoit les deux parties de la ville que divise le grand canal. Les plus habiles architectes avoient, depuis long-temps, exercé leur talent sur un projet, dans lequel il convenoit qu'un ouvrage d'utilité publique, devînt un monument du goût de la ville qui en faisoit les frais. Mais les circonstances politiques avoient épuisé les ressources de la république, et la construction du pont de Rialto avoit été renvoyée à des temps plus tranquilles. *Scamozzi* fut enfin invité à présenter ses idées. Il fit deux dessins, l'un d'une seule arche, l'autre de trois. Il paroît que l'économie donna la préférence au projet d'*Antonio del Ponte*. Quoi qu'il en soit, *Scamozzi* dans son *Traité d'architecture*, et encore ailleurs, réclama l'honneur d'avoir donné le projet du pont actuel. Plus d'une sorte d'autorités rapportées par Temanza détruisent cette prétention.

Scamozzi éprouva un plus grand désagrément dans l'entreprise du monastère et de l'église de *Santa Maria della Celestia*, que l'explosion et l'incendie de l'arsenal, en 1569, avoient obligé de rebâtir. Un très-beau projet avoit été adopté par les religieuses. *Scamozzi* s'y étoit proposé une imitation du Panthéon de Rome. On ne sauroit dire quelles difficultés et quelles intrigues en arrêtèrent l'exécution. L'édifice en étoit arrivé à l'entablement du second ordre. Il fut interrompu, et après plusieurs années de débats et de contradictions, le tout fut détruit.

Notre architecte fut plus heureux auprès de Vespasien Gonzague, duc de Sabionetta, qui lui fit construire un théâtre dans le genre de celui de Vicence, c'est-à-dire dans le système des théâtres antiques. C'est là qu'il sut se montrer digne successeur de Palladio. Mais son ouvrage n'eut pas l'avantage de se conserver, et l'on n'en a l'idée que par les dessins qu'il a laissés.

Le sénateur Pierre Duodo, personnage aussi recommandable par ses grands services, que distingué par ses connoissances et son goût, avoit une amitié particulière pour *Scamozzi*. Envoyé en Pologne pour présenter au nouveau roi Sigismond les hommages de la république, il invita notre architecte à l'accompagner dans ce voyage. C'étoit une heureuse occasion pour lui d'étendre ses idées, de multiplier les connoissances, dont il avoit besoin pour le grand ouvrage, dans lequel il s'étoit proposé de faire une sorte de traité général, et en même temps d'histoire complète de l'architecture et des monumens de tous les pays. *Scamozzi* accepta donc avec empressement la proposition de ce voyage, dans lequel il visita un grand nombre des principales villes de l'Allemagne.

De retour à Venise, il bâtit pour son illustre protecteur un palais, près de *Santa Maria Giubonico*, où il prouva qu'on peut exprimer, dans le style le plus simple, le caractère de majesté et de grandeur qui convient à l'habitation d'un grand. Ce fut encore là qu'il fit montre de ce talent qui avoit distingué ses premiers essais, en tirant d'un site ingrat un parti heureux, et faisant sortir d'un espace étroit, l'aspect d'une grande masse. On ne sait ce qui empêcha qu'il ait exécuté sur le grand canal le projet d'un palais pour le cardinal Frédéric Cornaro. Ce palais devoit faire pendant à celui du même nom, que Sansovino avoit construit pour la même famille. Le dessin qu'il nous en a conservé, dans son *Traité d'architecture*, part. 1, pag. 245, ajoute aux regrets des amateurs de la belle architecture. Mais il est dans la destinée de cet art, que les plus grandes choses éprouvent les plus grandes contradictions. Trop heureux sont les talens qui peuvent arriver à se produire dans des monumens dignes d'eux, c'est-à-dire dont la grandeur et l'importance promettent une longue durée à leurs ouvrages et à leur renommée.

Scamozzi eut enfin ce bonheur; car lorsqu'il s'occupoit à bâtir, sur la terre ferme, de charmantes habitations, près de Castel-Franco, pour les frères Jean et Georges Cornaro, à Loregia pour Jérôme Contarini, Venise le réclama tout entier pour achever les salles du Muséum, et les nouvelles Procuraties de la place de Saint-Marc.

Dans le premier de ces ouvrages il fit preuve d'une rare intelligence; car il avoit à lutter contre des irrégularités produites par des dispositions antécédentes, qui avoient fait négliger d'établir entre les ouvertures de ce local une correspondance symétrique. Toutefois il parvint à y faire régner avec beaucoup d'accord, une ordonnance en pilastres corinthiens, et l'inégalité d'espace en certaines parties y est dissimulée avec tant d'adresse, qu'il faut, pour s'en apercevoir, une attention dont le commun des spectateurs est incapable. Quant à la disposition interne du local, dans son rapport avec les objets de sculpture qu'il devoit mettre en évidence, on convient qu'il étoit difficile d'en imaginer une mieux appropriée à son objet. L'espace partagé en trois allées dans la longueur de la salle, par des massifs dont la hauteur répond à celle du soubassement de l'ordre, a donné lieu de multiplier les objets d'art, et de les exposer commodément à la vue des amateurs.

Dès l'année 1582, *Scamozzi* avoit été choisi pour la continuation des travaux commencés par Sansovino, sur la place qui regarde le palais ducal. Bientôt il embrassa un plan beaucoup plus vaste. La place Saint-Marc n'avoit alors de construit qu'un des grands côtés actuels. C'est celui qu'on appelle le bâtiment des *Procuratie vechie*, élevé depuis déjà quelque temps par l'architecte Buono: car il en fut de cette belle place, comme de presque toutes les grandes choses en architecture; rarement sont-elles le résultat d'un projet conçu tout ensemble, et par un seul. *Scamozzi* proposa et fit agréer un nouveau projet qui embrassoit la totalité de la place Saint-Marc, raccordée au bâtiment de la bibliothèque, sur la place du palais, et à l'église de San Geminiano, enfin mise en accord par les lignes avec la façade de Saint-Marc. Il fit un modele en bois de tous ces corps de bâtimens, et eut l'art de le faire approuver par le doge Grimani et les procurateurs. Alors prit naissance le grand édifice des *Procuratie nuove*, en face et en pendant de celui dont on a parlé.

Il arriva toutefois dans cette occasion, ce qui survient aux entreprises conçues et exécutées en des temps et par des artistes divers. La régularité et la symétrie de la place Saint-Marc auroient exigé que l'aile de bâtiment destinée à être mise en regard de celle qui existoit déjà, lui fût tout-à-fait semblable. Cependant déjà Sansovino, dans l'architecture de l'édifice de la Bibliothèque, sur la place du palais, avoit adopté une élévation, d'une toute autre ordonnance que celle des *Procuratie vechie*. Dans l'intention de rachever selon le même goût la place Saint-Marc, il s'étoit contenté de se raccorder avec l'édifice de Buono et de Lombardi seulement par la hauteur. Au lieu de trois étages, il n'en faisoit que deux, et c'étoit par la hauteur du couronnement de son second ordre, qu'il regagnoit la dimension nécessaire à la symétrie de l'ensemble.

Sansovino mort, *Scamozzi* ne tint aucun compte des intentions de son prédécesseur. Il prétendit que deux étages ne suffiroient pas au besoin de faire dans ce bâtiment, neuf habitations pour les procurateurs qui devoient y être logés, et il prit le parti de l'élever d'un troisieme ordre. On a fait de cela un grand sujet de reproche à *Scamozzi*. Il est très-vrai que cette grande aile, qui est l'aile gauche de la place Saint-Marc, n'a d'autre rapport avec celle qui lui fait face, que les portiques ouverts du rez-de-chaussée, et d'avoir comme elle trois étages. Mais elle en diffère par un surcroit d'élévation et par le genre de ses ordonnances. Elle a encore l'inconvénient d'être plus haute que le corps de bâtiment qui lui fait suite, sur la place du palais, et celui où se trouve San Geminiano. Que résulte-t-il de cela? qu'il arriva à *Scamozzi* de faire ce qu'avoit déjà fait Sansovino, c'est-à-dire de faire du nouveau.

Du reste, il nous semble que la place de Saint-Marc auroit été beaucoup plus belle si elle eût pu être entièrement selon le projet de *Scamozzi*. Maintenant si l'on considère en lui-même, et en lui seul, le vaste édifice des *Procuratie nuove*, on doit avouer que c'est un des plus grands et des plus beaux monumens qu'il y ait d'architecture civile. *Scamozzi* y a employé les trois ordres d'architecture dans les meilleures proportions, avec le plus de régularité, de justesse, de goût et de richesse, que puisse comporter leur disposition adaptée à des piédroits, à des arcades et aux ouvertures des fenêtres.

Le premier rang de portiques formant rez-de-chaussée, est orné de colonnes d'ordre dorique. Les archivoltes ont des figures sculptées; la clef de chaque arcade est un mascaron en relief. La frise a ses métopes remplies de symboles variés. Au-dessus de sa corniche s'élève un stylobate coupé par les balcons en balustres à double renflement des fenêtres de l'étage du milieu, lesquelles consistent aussi en arcades, mais d'une moindre ouverture que celles d'en bas. L'ordonnance de cet étage est ionique, et offre une progression sensible de richesse et d'élégance. Indépendamment de l'orde ionique adossé aux piédroits des arcades, avec archivoltes remplies de figures sculptées de bas-relief, des colonnes du même ordre, mais plus petites, soutiennent l'imposte des arcades. La frise du grand ordre est ornée d'un enroulement continu. Le troisième étage se compose d'un ordre corinthien qui orne les trumeaux des fenêtres, lesquelles sont surmontées de frontons alternativement angulaires et circulaires, et accompagnées de petites colonnes également corinthiennes; le grand ordre supporte le riche entablement qui règne sur toute l'étendue de cette masse.

Le troisième étage, dont on vient d'abréger la description, est celui dont on fait, avons-nous déjà dit, un reproche à *Scamozzi*, comme établissant une irrégularité de mesure en hauteur, avec celui du corps de bâtiment qui lui est opposé dans la place Saint-Marc. Toutefois il n'est aucun critique qui ne convienne, que cet étage est le plus beau de tous, et on peut le dire aujourd'hui, le plus riche, le plus noble, le mieux ordonné qu'on puisse citer dans quelque édifice que ce soit. On a déjà vu que la place Saint-Marc, résultat de travaux et d'artistes successifs, ne fut jamais projetée dans un ensemble uniforme. L'irrégularité seule de son plan, dont aucunes lignes ne se correspondent, montre qu'il ne faut pas juger de cet ensemble, comme d'une création dont l'unité seroit la première obligation. Qui sait même s'il n'étoit pas entré dans les intentions de *Scamozzi*, et de ceux qui approuvèrent son projet, de remplacer l'architecture des *Procuraties vieilles* par celle des nouvelles? Quoi qu'il en soit, en se bornant à la critique partielle de l'ouvrage de *Scamozzi*, on peut affirmer qu'il a élevé là un des plus parfaits modèles d'architecture; qu'il n'existoit avant, et qu'il n'a été produit depuis aucun corps d'édifice plus complet dans ses ordonnances, plus classique dans ses détails, mieux terminé dans toutes ses parties, plus simple et plus varié tout à la fois; ajoutons que c'est un des plus étendus que l'on connoisse. Il a été donné à peu d'architectes de construire un palais à trois ordres l'un sur l'autre, et dont la devanture se compose de trente-neuf arcades ou trente-neuf ouvertures de face, sur une longueur de quatre cents pieds.

Combien il eût été à desirer que moins distrait par des soins multipliés, par des travaux qui le forçoient d'être, si l'on peut dire, en plusieurs lieux à la fois, il eût pu suivre par lui-même et jusqu'à la fin cette vaste entreprise! Les connoisseurs y distinguent les parties dont il dirigea personnellement l'exécution, et qui sont les treize premières arcades, dont encore on croit qu'il faut soustraire les trois qui forment le commencement de la bibliothèque, et qu'on attribue à Sansovino. Depuis on sait que le bâtiment fut dirigé par des constructeurs, hommes de métier plutôt qu'artistes, tels que François Bernardino, Marco della Carita et Balthazar Longhena. Aussi un œil attentif saisit-il, en suivant cette continuité d'arcades, des variations sensibles de goût dans les détails, et enfin une progression de négligence, qui annonce un déclin survenu dans la manière de faire les ornemens et de traiter les profils, bien qu'on ait fidèlement suivi les proportions et l'eurythmie du dessin général. Ces observations critiques, comme l'on voit, s'adressent à des circonstances indépendantes de l'auteur du monument, et ne sauroient altérer ni diminuer l'honneur qui lui est dû.

Après un aussi grand ouvrage, qui sans doute est le chef-d'œuvre de *Scamozzi*, il semble qu'il seroit assez inutile, du moins pour sa gloire, d'énumérer les nombreux édifices qu'il construisit dans le Vicentin, sur la Brenta et à Venise. On peut voir sinon des dessins rendus, au moins des esquisses de la plupart de ces constructions, telles que les palais Ferretti, Priuli et Godi, dans son ouvrage sur l'architecture. Partout ce sont des plans fort réguliers, des élévations sages, des ensembles élégans et variés, dans lesquels il s'est montré digne successeur de Palladio, mais sans qu'on puisse dire qu'il ait égalé ce grand maître, pour la pureté du goût, pour l'invention des plans, et la fécondité d'idées ingénieuses appropriées à chaque entreprise.

Scamozzi nourrissoit d'ailleurs plus d'une sorte d'ambition, et il est arrivé à beaucoup de ses projets d'être privés, dans leur exécution, de la surveillance de leur auteur. Avide de gloire et infatigable, il eût mieux aimé succomber sous le poids des commandes de travaux, qu'il recevoit de toute part, que d'en refuser une seule. A tant de soins et d'occupations, se joignoit le desir de publier son grand ouvrage de l'*Architettura universale*. C'étoit ou ce devoit être une sorte d'encyclopédie de l'art, où se seroient trouvés réunis, aux préceptes et aux règles, les exemples de tout ce que l'Europe d'alors renfermoit de monumens remarquables en tout genre. Une semblable entreprise seroit encore fort difficile aujourd'hui, que les rapports de communication entre les différens Etats sont devenus plus nombreux, et les moyens de multiplier les dessins plus faciles. *Scamozzi* ne pouvoit donc réaliser son projet, qu'en visitant personnellement les pays dont il vouloit faire connoître les édifices.

Dans cette vue, il cultivoit avec soin l'amitié des principaux sénateurs de Venise, que le Gouvernement choisissoit pour les ambassades qu'il envoyoit chez les différentes puissances. Ce fut à ces liaisons qu'il dut plus d'une fois de faire, sans que ce fût à ses frais, de longs voyages dont la dépense eût été au-dessus de ses moyens. Plus d'un ambassadeur se plut à l'avoir pour compagnon de voyage, et à lui procurer ainsi, dans chaque pays, une sorte d'appui et de patronage utile aux recherches dont il avoit besoin. Il fit quatre voyages à Rome, deux à Naples, visita deux fois l'Allemagne, en revint la dernière fois par la Lorraine, vit la capitale de la France et retourna à Venise en tenant minutieusement, et jour par jour, registre de tout ce qu'il voyoit. Ce journal n'étoit pas seulement en descriptions; il renfermoit les dessins à la plume de tout ce qui entroit dans le projet de son vaste recueil, n'oubliant rien de ce qui a rapport à la diversité des matériaux, des procédés et des manières de bâtir.

Ses voyages contribuèrent encore à répandre de plus en plus la renommée de son talent hors de sa patrie. On lui demandoit de toute part des projets et des modèles de palais. Il nous en a laissé lui-même des dessins dans ses traités d'architecture. Mais il paroît que l'on ne fut pas toujours fidèle aux plans qu'il envoyoit; et l'on en trouve la preuve dans le palais de Robert Strozzi à Florence, où l'on se permit des changemens qui n'altérèrent pas médiocrement sa composition. On devroit retrouver à Gênes, mais on n'y reconnoît plus le beau modèle du palais Ravaschieri, dont il envoya de Venise tous les dessins, et qui eût été un de ses plus beaux ouvrages, à en juger par l'esquisse qu'il nous en a conservée. Il nous apprend lui-même qu'il eut fort à se plaindre de la manière dont on reconnut la peine qu'il s'étoit donnée.

Plus heureux à Bergame, il réussit, pendant le temps qu'il y séjourna, à faire élever, par l'ordre du podestat Jules Contarini, un des plus beaux palais qu'il ait composés, et qui est celui du gouvernement de cette ville. Il a 163 pieds, sur 111. Il se compose dans sa façade d'un ordre dorique à rez-de-chaussée, surmonté d'un ionique, et le tout se termine par un attique. Le chevalier Fino, un des principaux et des plus riches personnages de Bergame, profita du séjour de *Scamozzi* dans cette ville, pour avoir de lui le projet d'un palais qui devoit occuper un très-bel emplacement. L'édifice, d'après le dessin que son auteur nous en a transmis, a 188 pieds de face sur 93 de côté. Le plan en est grandement conçu, et avec autant de régularité que le site le permit. La façade a seize fenêtres de face. L'élévation consiste en un sou-

bassement

bassement à bossages, qui comprend l'étage du rez-de-chaussée, et un petit *mezzanino* ou entresol. L'étage principal est orné d'une ordonnance de pilastres ioniques, et au-dessous de l'entablement se trouve encore un petit étage de service. Deux grandes portes en arcades, flanquées de colonnes doriques, donnent entrée dans le palais. *Scamozzi* nous apprend que nonobstant le desir qu'avoit ce seigneur, de voir élever ce palais, pour la construction duquel il avoit déjà préparé les terrains et amassé les matériaux, il n'avoit pas encore mis la main à l'œuvre.

A Bergame il eut de même l'occasion de montrer ce que son talent auroit pu faire dans une entreprise plus importante, la reconstruction de la cathédrale, ouvrage déjà fort suranné d'Antoine Filarète, auquel Vasari, dans la vie de cet architecte, a trouvé de nombreux défauts, et qui étoit loin de satisfaire à la pieuse ambition de la ville. Palladio lui avoit déjà présenté un projet. *Scamozzi* fut invité à en faire un nouveau. Ni l'un ni l'autre ne fut mis en œuvre. L'honneur de l'entreprise devoit appartenir au chevalier Fontana.

Mais l'érection d'un temple beaucoup plus considérable étoit réservée à son génie. Dans le dernier voyage qu'il avoit fait en Allemagne avec l'ambassadeur de Venise, il avoit eu l'avantage d'être connu de l'archevêque de Salzbourg, dont l'intention étoit, dès que les troubles seroient appaisés dans son pays, de reconstruire sa cathédrale. Il se souvint de *Scamozzi*, et l'invita à se rendre auprès de lui, pour former le plan et arrêter l'idée du monument projeté. *Scamozzi* accepta l'invitation, prit la route de Trente, et le voilà de nouveau à Salzbourg, où l'archevêque lui fit la plus honorable réception. Après s'être bien concerté sur les lieux, après avoir reçu toutes les instructions nécessaires et fait agréer la pensée générale de ce grand édifice, il revint à Venise, où il passa trois années, à en mûrir le projet, à en combiner tous les détails, et à fixer son ensemble, dans un modèle définitif. Temanza, qui en possédoit les plans, coupes et élévations, ne tarit point d'éloges sur cette conception, qui fut enfin réalisée, et reçut son dernier achèvement après la mort de *Scamozzi*. Si l'auteur n'eut pas l'avantage de la conduire lui-même, si l'on put s'écarter, en quelques points, de ses intentions, des témoignages contemporains assurent que, pour l'ensemble, on en respecta fidèlement l'esprit et les données générales.

Temanza nous apprend que ce temple ayant en longueur 400 pieds vénitiens, sur 290 de large dans sa croisée, forme par son plan une croix latine, se terminant au chevet et dans les deux bras de la croix par une partie circulaire. Une grande coupole réunit les quatre nefs, et une seconde coupole s'élève dans le fond au-dessus de l'autel. Sept portes donnent entrée dans le temple; trois sont pratiquées sous l'atrium, les quatre autres le sont aux angles des bras de la croix. L'intérieur est à trois nefs. Celle du milieu a 57 pieds de large; sa longueur jusqu'au centre de l'apside du fond, est de 313 pieds. La hauteur jusqu'au sommet de la voûte est de 96 pieds. Il paroît que *Scamozzi* eut l'intention de faire dans son église un tout plus régulier et plus accompli que celui de Saint-Pierre de Rome. Ce que Temanza se contente d'affirmer, c'est qu'il s'y trouve un ensemble plus correct, une plus grande unité jointe à plus de variété dans la composition, un parfait accord de toutes les parties, et où la majesté ne dispute rien à la simplicité. Selon ce judicieux critique, cet ouvrage est le plus excellent qu'il ait vu entre tous ceux de *Scamozzi*, et suffiroit pour le faire placer au premier rang des architectes.

Il est peut-être malheureux pour la gloire de *Scamozzi*, qu'une ambition trop ardente, et une activité démesurée, l'aient porté à trop d'entreprises, à se charger de trop de travaux divers, et sur trop de points, à briguer trop de sortes d'emplois, et à vouloir parcourir, dans les divers domaines de son art, toutes les routes de la renommée. Aucun architecte ne mena une vie aussi agitée. Quand on se rend compte de tous les ouvrages ou qui lui furent offerts, ou qu'il entreprit sans les terminer, on se persuade qu'il eût obtenu une plus grande somme d'honneur, en se bornant à ce qu'il lui eût été permis d'achever, ou de surveiller personnellement, tant il importe à la perfection des édifices d'être exécutés par celui qui les a conçus.

Non content de réunir aux travaux pratiques de l'architecture, les études théoriques qui doivent compléter le talent de l'artiste, il ambitionna encore de briller dans cette partie scientifique, qui embrasse les recherches historiques des temps anciens et modernes, qui exige la connoissance des langues, la critique des monumens, et de nombreux parallèles entre les ouvrages de tous les peuples. Nous avons vu que de très-bonne heure, il avoit conçu le plan d'un vaste ouvrage, qui pour répondre au titre qu'il lui donna, et à l'idée que ce titre renferme, n'auroit exigé rien moins que la vie entière d'un homme, et des ressources bien supérieures à celles que les courses qu'il fit en divers pays, et l'état des nations qu'il visita, pouvoient lui fournir.

Son *Idea dell' architettura universale* l'occupa à toutes les époques de sa vie. Il avoit formé d'abord son plan sur une division de douze livres, qu'il restreignit depuis à dix. Encore faut-il dire, que lorsqu'il annonçoit dix livres dans le frontispice qu'il mit à la tête de l'ouvrage en 1615, de fait chacune des deux grandes divisions n'en contenoit que trois. On croit qu'il avoit effectivement composé les quatre autres, mais il est vraisemblable que, d'une part, le desir de les améliorer, et de l'autre, l'impatience de la publicité, lui firent mettre au jour cette production mutilée, que la mort ne lui permit pas de compléter.

Si *Scamozzi*, comme il y a lieu de le croire, par l'importance qu'il mit à cette œuvre, fonda sur son exécution, un de ses premiers titres à la renommée, il lui est arrivé, comme à beaucoup d'autres, d'être aveuglé par la vanité, sur la nature propre de son mérite. La postérité n'a point du tout ratifié l'opinion qu'il s'étoit faite du succès d'une entreprise, qui étoit beaucoup au-dessus de ses forces. Il est extrêmement difficile de soutenir la lecture de cet ouvrage, mélange très-confus d'une multitude de notions, de faits, d'observations, de détails prolixes, qu'il eût été nécessaire de soumettre à un ordre tout autrement méthodique. D'Aviler nous semble en avoir très-bien jugé, et il a rendu à *Scamozzi* un vrai service, dans l'abréviation qu'il a faite de la partie de son ouvrage qu'on peut regarder comme classique; je veux parler de son sixième livre, qui traite des ordres, et dont il jugea encore nécessaire de supprimer beaucoup de choses superflues.

« On n'a pas jugé à propos (dit-il) de traduire » tout entier le sixième livre, qui contient les » ordres, ni aussi d'en extraire seulement le sens, » et faire d'autres discours, parce que, si d'un » côté on a voulu éviter la prolixité, de l'autre » on n'a voulu rien mettre que ce qu'a dit *Scamozzi*. On sait que tout ce qu'on a retranché » est fort beau, mais aussi qu'il est fort peu convenable au sujet, telles que sont quantité d'histoires et de fables, tout ce qui regarde la géographie ancienne, et les raisonnemens de physique et de morale, qui sont de pure spéculation, » et pour entretenir tout autres gens que ceux de » sa profession. Mais lorsqu'il a fallu expliquer » ce qui étoit purement d'architecture, on a suivi » l'auteur mot à mot, comme dans sa description » du chapiteau ionique, dans les manières de diminuer les colonnes, et dans plusieurs autres » choses.

» Ce qu'il y a de plus remarquable dans l'architecture de *Scamozzi*, c'est qu'elle est fondée » sur les raisons les plus vraisemblables de la » nature, sur la doctrine de Vitruve et sur les » exemples des plus excellens édifices de l'antiquité. Sa manière de profiler est géométrique; » mais elle est si contrainte par les figures dont il se » sert pour décrire les moulures, que la grâce du » dessin n'y a presque point de part, ce qui a » donné à cet auteur la réputation d'avoir une » manière sèche, qui provient de la quantité des » moulures qui entrent dans ses profils, dont il » y en a plus de rondes que de carrées, et de ce » qu'elles ne sont pas mêlées alternativement, » ainsi qu'il est nécessaire, pour les rendre plus » variées; joint que ces moulures ainsi tracées seulement par les règles de la géométrie, n'ont qu'un » même contour, quoiqu'elles le doivent changer, » selon le lieu d'où elles sont vues, et les différens » ordres où elles sont employées.

« La méthode dont il divise chaque membre, » paroit d'abord embarrassée; mais lorsqu'on y » fait réflexion, et qu'on y est accoutumé, elle est » assez facile et d'un grand usage, pour trouver » l'harmonie dans les proportions. Cette méthode » est que, pour le général, il se sert du diamètre » inférieur de la colonne, divisé en soixante parties, comme ont fait Palladio et plusieurs autres; » mais pour le détail de ses moulures, il se sert » d'un dénominateur, c'est-à-dire qu'il prend un » membre, dont la grandeur règle la hauteur » des autres, par cette même grandeur multipliée » pour les plus grandes, et subdivisée pour les plus » petites. »

On ne sauroit refuser à *Scamozzi* d'avoir été un des plus savans architectes des temps modernes, et on doit le placer parmi le petit nombre de ceux qui ont fait autorité dans leur art, autant par leurs exemples, que par les leçons qu'ont données leurs écrits. Le grand Blondel, ayant à choisir, ainsi qu'il le dit, parmi les modernes, les trois architectes qui nous ont laissé les préceptes les plus conformes à la beauté des anciens édifices, et qui ont l'approbation la plus universelle, a concentré son choix sur *Scamozzi*, Vignole et Palladio. On remarque même qu'outre cet honorable témoignage, il lui donne encore souvent le pas et la préférence sur tous.

D'Aviler a donc rendu un service à l'architecture, par l'extrait qu'il fit du traité des ordres de *Scamozzi*, et en séparant cette partie vraiment classique, de ce volumineux amas de notions, dont personne ne soutiendroit aujourd'hui la lecture. Un ingénieur hollandais, Samuel du Ry, suivant l'exemple de d'Aviler, se plut encore à recueillir, d'une manière fort abrégée, quelques notions de ses autres livres, qui sont d'une application pratique à la construction, mais surtout les dessins, accompagnés de descriptions, d'un fort grand nombre de palais et d'édifices ou construits ou projetés par *Scamozzi*, et que cet architecte avoit insérés dans son ouvrage, comme exemples propres à justifier sa théorie.

Scamozzi s'étoit familiarisé, par l'étude de Vitruve, aux recherches d'antiquité, qu'un architecte lettré peut faire chez les écrivains latins. Ainsi nous trouvons de lui des dissertations appuyées d'exemples, et de faits puisés dans l'histoire ancienne, sur les habitations des Grecs et des Romains, et accompagnées de plans et d'élévations propres à faire comprendre ce que les descriptions écrites ou verbales des monumens ne sauroient souvent faire deviner. Nous ne dirons pas que sa dissertation sur les *Scamilli impares* de Vitruve ait éclairci entièrement, ce que ces mots auront peut-être toujours d'obscur, faute d'autres passages, où l'emploi des mêmes termes en fournisse une application plus distincte. Mais ce genre de travail prouve à quel point *Scamozzi* avoit eu l'ambition d'embrasser toutes les parties de l'art auquel il s'étoit livré. Ainsi se plut-il encore à restituer par le dessin la maison de Pline a *Laurentum*, et en calquant le plan de cette restitution, sur les détails descriptifs de l'écrivain, il donna peut-être le premier exemple de cette manière de traduction, qui parvient à faire revivre des monumens perdus, on peut le dire, soit pour l'érudit, qui dans les mots ne sait souvent pas voir les choses étrangères à ses études, soit pour l'artiste, que des études d'un tout autre genre n'auront point initié à l'intelligence des textes anciens.

Il n'est pas facile en morale de tracer avec une grande évidence, la ligne de distinction entre ce légitime amour de gloire, ressort si actif des talens, et cette vanité orgueilleuse qui met avant l'envie du bien, celle de la louange. L'histoire a encore plus de peine à faire ce discernement entre les artistes dont de grands travaux ont illustré les noms, et dont la postérité est réduite à connoître les œuvres, sans pouvoir apprécier le principe moral qui les inspira. Il n'en est pas de même de *Scamozzi*, qui s'est révélé tout entier dans ses entreprises, dans ses écrits, et surtout par un monument particulier, où il a consigné de la manière la plus expresse, et ses sentimens habituels, et la haute opinion qu'il avoit de son mérite, et le desir que son nom se perpetuant, la gloire qui y seroit attachée devînt l'entretien des âges à venir. Je veux parler du testament où il déposa ses dernières volontés.

Sentant sa fin approcher, quoiqu'encore d'un âge peu avancé, et ne laissant point d'héritiers directs, il dicta à un de ses amis son acte testamentaire qui fut ensuite revêtu des formalités légales.

Dans le préambule de cet acte, *Scamozzi* relate, énumère et développe tous les titres qu'il s'est acquis à la célébrité par tous les genres de travaux auxquels il s'est livré, par tous les monumens dont il a embelli non-seulement sa patrie, mais tous les Etats de l'Europe. Il ne doute pas que ses écrits et ses édifices ne doivent procurer à son nom une gloire éternelle : *non siano per conservare la memoria del mio nome a pari dell' Eternità*. N'ayant point de postérité, et se voyant privé d'enfans propres à conserver et à propager le nom de *Scamozzi*, il a résolu de se donner un fils adoptif, auquel il léguera tous ses biens, sous la condition de porter son nom. Il entend le choisir à Vicence, dans une famille honnête, bien élevé, adonné aux études littéraires, et particulièrement à celles de l'architecture, et qui sera tenu de porter son nom de famille et de baptême. Il veut qu'il adopte les armes de sa famille. Il entend que sa fortune passe par fidéi-commis, et de la même manière et aux mêmes conditions, au fils adoptif que celui qu'il va nommer sera tenu de se choisir, d'accord avec les exécuteurs de ses volontés. Il institue ainsi pour son fils adoptif et légataire universel, François Gregori, fils aîné de *Messir Isoppo de Gregori* de Vicence. Il veut que son héritier, après lui avoir ordonné un honorable convoi, lui fasse élever un monument sépulcral en pierre, avec son portrait, épitaphe, etc., le tout digne de lui, *e degna d'un par mio*.

Scamozzi survécut peu à la rédaction de ses dispositions testamentaires. Il fut enterré selon qu'il l'avoit desiré, dans l'église de Saint-Jean et Paul, et avec toute la pompe funéraire qui lui étoit due. A l'égard du mausolée, il ne put être exécuté avec son buste, selon ses vœux. L'héritier qu'il s'étoit donné étant mort peu de temps après, des contestations s'élevèrent entre ses exécuteurs testamentaires et Messer Gregori, père du fils adoptif de *Scamozzi*. Mais dans le cours du siècle, Bonaventure Gregori, descendant du premier légataire, lui fit un autre monument avec son buste, dans l'église de Saint-Laurent, et deux inscriptions, dont Temanza nous apprend que la seconde n'étoit déjà plus lisible de son temps.

De tous ces monumens de la vanité de *Scamozzi*, le seul qui dure encore (on ne parle pas de ses ouvrages) est l'hérédité de son nom, qui, au moyen de la substitution dont on a parlé, s'est perpétuée sur divers sujets. Le dernier connu par son talent, et qui changea son nom contre celui de *Scamozzi*, fut Ottavio Bertotti, architecte habile, auquel on doit le recueil des Œuvres de Palladio, très-belle édition, dans laquelle l'auteur a fait preuve d'autant de goût que de jugement, et d'une saine critique, en excluant de cette collection, tout ce que l'on attribue faussement à ce grand architecte.

On doit savoir gré à Bertotti, devenu l'héritier de la fortune et du nom de *Scamozzi*, de n'avoir point hérité de l'espèce de passion jalouse de son père adoptif contre Palladio. Du reste, il se fit encore connoître dans sa patrie par des travaux où l'on aime à trouver la continuité du bon goût de l'école vénitienne dans l'architecture.

SCELLEMENT, s. m. Se dit de la manière d'engager et de retenir dans un mur, une pièce de bois ou de fer, avec des matières qu'on introduit dans le trou, que doivent occuper ces pièces, et qui, selon leur nature, font corps et adhésion avec l'objet à sceller.

SCELLER, v. act. C'est fixer et engager dans un mur, ou toute autre partie des bâtimens, les pièces de bois ou de fer, ou de tout autre métal qu'on veut y rendre fixes. On emploie ainsi diverses matières en scellement, selon la diversité des objets à *sceller*. Dans les parties de maçonnerie on emploie soit le mortier, soit le plâtre. S'il s'agit, par exemple, de *sceller* des gonds dans les constructions en pierre ou en maçonnerie, après qu'on a fait le trou qui doit recevoir le gond, on y introdrit des tuileaux ou des morceaux de briques qui, se mêlant avec le plâtre liquide, donnent à l'objet qu'il faut fixer la plus grande fermeté. On emploie le plus souvent à *sceller* les grilles et les barres de fer, le plomb fondu. Depuis quelques années on a mis en œuvre, et avec assez de succès, pour des scellemens de fers d'appui, le soufre liquéfié au feu.

SCÈNE, s. f., du latin *scena*. C'est le même mot; mais ce mot, en français, tout en exprimant, sous un certain rapport, une idée à peu de chose près semblable, ne laisse pas de nous présenter, selon les pratiques fort diverses de la construction des théâtres et de la représentation scénique, deux objets distincts entr'eux.

Dans l'usage de la langue, en français, et selon les erremens du théâtre moderne, on appelle *scène*, quant à l'idée matérielle de ce mot, le lieu du théâtre compris entre la toile du fond, les coulisses de l'un et de l'autre côté, et ce qu'on appelle la rampe qui le sépare du reste de la salle. C'est là que se représente l'action, que se tiennent les acteurs, et que se passe le spectacle. On voit que le mot *scène*, entendu dans le sens que l'usage actuel lui donne, et que l'objet même qu'il exprime, selon les pratiques de la représentation dramatique dans nos théâtres, ne sauroient donner lieu ni à beaucoup de descriptions, ni à de longs développemens, surtout en fait d'architecture. Ce que le sujet peut comporter d'observations, ou de préceptes, quant à l'étendue et quant aux rapports de proportion, que notre *scène* doit avoir avec les spectateurs, se trouvera fort naturellement au mot Théatre. *Voy.* ce mot.

La *scène*, telle qu'on la doit entendre, et telle qu'on la pratiquoit dans les théâtres grecs et romains, étoit au contraire un ouvrage d'architecture des plus remarquables. C'étoit une construction importante et susceptible de la plus riche décoration. Au lieu d'être le lieu, le terrain même sur lequel l'action est censée se passer et où les acteurs se tiennent, c'étoit une façade de bâtiment servant de fond, au lieu appelé *proscenium*, avant-scène, lieu beaucoup plus large, mais beaucoup moins profond, relativement parlant, que le lieu de la *scène* moderne; cet espace étoit resserré par le mur de la *scena* d'un côté, et par le *pluteus* de l'autre.

Pour bien comprendre les raisons qui établirent une telle dissemblance, dans la représentation dramatique, entre le lieu de l'action chez les Anciens, et le même lieu chez les Modernes, il faut se rendre compte de deux causes principales, dont la première tient à la différence des mœurs chez les uns et chez les autres, et la seconde à la différence du principe ou du système imitatif de l'art, dans l'antiquité et dans les temps modernes.

Avant même de parler de la différence des mœurs, qui étant, en quelque sorte, le modèle primitif de l'art dramatique, imposent à son imitation des conditions fort diverses, il convient de faire remarquer, que cet art prit très-certainement naissance en Grèce, et qu'aucun usage étranger n'ayant influé sur son développement, ce fut une nécessité aux poëtes qui se succédèrent, d'approprier leurs compositions aux types et aux données naturellement simples que prescrivoit un vaste local, établi en plein air, pour une immense assemblée, à laquelle on ne pouvoit présenter, au lieu des petits détails d'intrigue domestique, que des tableaux tracés grandement, d'après de grands événemens politiques, ou d'après des sujets de mœurs peu compliqués. Il n'en fut pas ainsi des temps modernes. L'art dramatique, en se reproduisant d'après les ouvrages de l'antiquité, partit du point où ces ouvrages l'avoient porté. Resserré, par les conditions nouvelles des usages scéniques, dans des espaces, ou des locaux bien plus étroits, ayant à s'adresser à un bien moindre nombre d'auditeurs, il lui fut naturel d'enchérir de détails, sur les compositions antiques, et d'imaginer des actions ou des sujets beaucoup plus variés, et exigeant dès-lors d'être placés, pour la vraisemblance de l'imitation, dans des lieux dont les conventions de l'ancien théâtre ne permettoient pas de disposer.

C'est ici qu'il convient de montrer, que les mœurs dans l'antiquité contribuèrent encore plus puissamment à mettre dans la représentation scénique, ce que nous appelons l'action, en un lieu extérieur, à la différence de l'usage moderne, qui la place le plus souvent dans l'intérieur des maisons ou des édifices.

Chez les Anciens, surtout aux premiers âges de la tragédie, le chœur étoit une partie constitutive, non pas seulement du spectacle, mais de l'action. Le chœur, ou du moins le coryphée, étoit souvent lui-même un personnage parlant. Or, il n'y avoit rien que de naturel à voir ainsi le chœur représentant une multitude dans un lieu public. La chose eût été le plus souvent invraisemblable, si l'action eût été censée avoir lieu dans un intérieur d'habitation.

Il paroît d'ailleurs qu'il eût été contraire aux bienséances, de faire sur le théâtre ce que ne pouvoit pas autoriser l'usage général, c'est-à-dire d'introduire, en quelque sorte, les spectateurs dans l'intérieur des maisons, qui particulièrement chez les Grecs, n'étoient pas à beaucoup près aussi accessibles à tout le monde, qu'elles le sont dans les mœurs modernes. Il n'eût pas, ainsi, été loisible au poëte, de montrer au public le gynécée, ou l'habitation des femmes, qui paroît n'avoir été accessible à aucun autre homme qu'au maître de la maison. Or, cette observance d'usages domestiques devoit avoir lieu, non-seulement dans la comédie, mais encore dans la représentation des sujets tragiques ou héroïques. Voilà pourquoi on ne voyoit pas au théâtre Alceste mourir dans sa chambre, mais bien en avant de l'atrium du palais. Il eût été disconvenant de faire entrer les acteurs (et surtout le chœur) dans l'appartement de la princesse. Cette sorte de sujétion nous explique beaucoup de choses dans la composition des drames antiques, et la conduite de ces drames, les conventions auxquelles ils paroissent avoir été subordonnés, nous font voir que la sujétion des usages reçus, influa pour beaucoup sur les inventions des poëtes.

De-là peut-être naquit encore chez les Grecs cette habitude de ne demander à leur imitation scénique, comme toutefois cela eut lieu dans les autres arts, qu'une vraisemblance de réalité imitative, je veux dire de cette illusion dont tant de personnes se font une fausse idée, en croyant que le point suprême de toute imitation doit être de tromper les sens, et de faire arriver l'objet imité à ce degré de ressemblance, qui opéreroit sa confusion avec l'objet imitable.

Lorsqu'on examine ce point de théorie, dans la composition même et dans la récitation des drames anciens, on se persuade bientôt, et on reste convaincu, que ni le poëte ne croyoit devoir au spectateur, ni le spectateur n'exigeoit du poëte, que la représentation scénique devînt un miroir, qui répétât la réalité, au point de faire croire à sa présence. Toutes sortes de détails nous prouvent, que selon l'esprit de l'art, on n'exigeoit point de l'imitation dramatique d'aller au-delà de celle d'un tableau (par exemple), dans lequel la peinture ne prétend, comme on le sait, qu'à une illusion conventionnelle. Ainsi de la seule récitation toujours mesurée, toujours accompagnée d'instrumens, on conclut, qu'il devoit être bien plus difficile, qu'avec la déclamation libre, de se prêter à cette déception, qui donne au discours de l'acteur l'apparence d'une improvisation spontanée, et il en étoit ainsi des accessoires qui, pour les yeux, concourent à l'illusion dramatique.

Metastasio a fait la même observation sur le matériel de la partie scénique du théâtre des Anciens. Il paroit avoir fort bien démontré que c'étoit au spectateur, à prendre, plus qu'on ne croit, la peine de se figurer les changemens de *scènes*, qui dans le cours de la pièce, étoient indiqués plus encore à l'esprit qu'aux yeux, et rendus moins sensibles qu'intelligibles. Ce qui signifie que c'étoit à l'imagination à compléter l'indication et à achever l'illusion.

Tout ceci nous explique fort bien, ce me semble, la différence qu'on remarque dans le théâtre ancien et le théâtre moderne, sur le lieu de l'action scénique, sur l'endroit précis où se tenoient les acteurs, et où la représentation avoit lieu.

Dès qu'il n'entroit point dans les usages des Anciens, ainsi qu'en fait foi le plus grand nombre de leurs drames, de placer leur action dans des intérieurs, rarement ce qu'on appelle la décoration scénique avoit à représenter autre chose que des vues de monumens, de places publiques, de façades de palais, d'extérieurs de maisons, ou de paysages et de sites agrestes.

Il nous paroît donc qu'avant qu'on eût construit dans les villes des théâtres en matières solides, je veux dire en pierre ou en marbre, l'usage ayant été de les faire en bois, ce qu'on appeloit la *scène*, c'est-à-dire cette grande devanture qui faisoit face à ce qu'on appeloit *théâtre* ou le lieu des spectateurs, ne fut aussi qu'une construction économique et temporaire. Il paroît bien vraisemblable qu'au temps d'Eschyle, par exemple, temps bien marqué par les commencemens de l'art dramatique, qui n'avoit consisté auparavant que dans le chœur, l'édifice d'Athènes, destiné à de semblables représentations, n'étoit qu'une édifice de charpente, et que ce qu'on appelle la *scène* ne put consister qu'en peinture figurant à peu de frais l'architecture. Je pense qu'on peut le conclure du passage même, dans lequel Vitruve nous dit que lorsqu'Eschyle donnoit (sans doute dans ses ouvrages) des leçons de tragédie *docente tragœdiam*, Agatarchus peignit pour lui une scène, *scenam pinxit*, et à cette occasion composa un traité de perspective, qui fut suivi d'écrits faits par d'autres sur la même matière. Or, le sujet de ce traité que Vitruve nous développe, n'est autre chose que l'art de mettre en perspective, sur une surface plane, des édifices, avec des lointains, etc. D'où je pense qu'on doit inférer, que la *scène* ainsi peinte par Agatarchus, sur le mur ou la cloison qui faisoit face aux spectateurs, étoit une simple toile représentant, avec les couleurs et les lignes, ce que depuis on fit, comme on va le voir, avec les plus somptueuses matières.

Lorsque, dans la suite, la richesse et le luxe eurent amené le besoin d'agrandir et d'embellir les monumens publics, chaque ville mit au nombre des constructions de première nécessité, si l'on peut dire, celle d'un théâtre solidement bâti, soit en pierre, soit en brique, soit en marbre, et cet édifice, destiné primitivement aux représentations scéniques, devint encore souvent un lieu public d'assemblée, pour les affaires politiques. Il fut donc naturel de réaliser en ordonnances d'architecture réelle, et avec la magnificence de l'art développé, les espèces de décorations, dont le seul pinceau avoit jusqu'alors fait les frais, et donné les modèles.

La *scène* (*scena*) devint alors une composition architecturale, qui n'ayant d'abord d'autre emploi que de servir de fond à la représentation, et au spectacle scénique, fut ensuite regardée comme devant contribuer hors des jeux dramatiques, à l'embellissement de l'intérieur du monument.

Il n'entre point dans notre sujet d'expliquer les parties de la *scène*, dans leur rapport avec la composition des pièces, avec le jeu des acteurs. Je me contente de dire, que cette devanture devoit être percée de trois portes, celle du milieu plus grande que les deux collatérales. Au travers de ces trois ouvertures, on devoit appercevoir des objets peints en perspective, se raccordant avec le caractère de la décoration principale, comme le faisoient aussi, ces prismes mobiles, placés de chaque côté, en retour de la *scène*, et qui paroissent avoir eu le même emploi que les fermes, ou les coulisses du théâtre moderne.

Si l'on vouloit entrer dans tous les détails d'une matière qui est fort loin d'être épuisée par les commentateurs, ce seroit encore ici le lieu de rassembler plus d'un passage, qui nous prouveroit que la *scène* solide et construite d'élémens qui ne pouvoient plus changer, devoit avoir besoin, pour être mise d'accord avec certains sujets, d'offrir aux yeux de nouvelles décorations, au moyen de toiles diversement peintes, à peu près comme, dans le théâtre moderne, on change de toiles de fond, quand l'action exige un changement de lieu.

Le passage d'Ovide (qu'on a rapporté au mot RIDEAU) nous démontre comme usuelle, la pratique de toiles mobiles et suspendues, qu'on élevoit et qu'on baissoit à volonté, sur le lieu même de la représentation dramatique, à la différence, que ces toiles s'abaissoient et se perdoient sous le sol de la *scène*, au lieu de s'élever, comme on fait aujourd'hui, dans les combles, ce qui devoit être, puisque les théâtres n'avoient aucune couverture, si ce n'est dans le *postscenium*. Or, d'une part ces toiles étoient peintes et représentoient des figures, puisqu'Ovide décrit dans ses vers, l'effet que produisoit l'ascension graduelle de personnages, dont on apercevoit d'abord les têtes, puis les corps, jusqu'à ce qu'on vît leurs pieds, se poser sur leur support.

Lorsque les rideaux se lèvent (dit-il), les figures s'élèvent, on voit d'abord leur visage, peu à peu les autres parties de leur corps, jusqu'à ce que leur ascension graduelle les fasse paroître en totalité, et que leurs pieds viennent à se poser sur leur support.

Sic ubi tolluntur festis aulæa theatris
Surgere signa solent, primumque ostendere vultum,
Cætera paulatim placidoque educta tenore,
Tota patent, imoque pedes in margine ponunt.

D'autre part, il semble qu'on pourroit inférer du mot *signa*, particulièrement affecté aux figures sculptées, que ces personnages étoient des statues, ce qui donneroit à entendre que, sur ces toiles peintes, on figuroit des compositions d'architecture feinte, dans lesquelles on faisoit entrer des statues, comme on sait qu'on se plut à les multiplier dans les *scènes* solidement construites.

On peut donc croire qu'il y avoit des *scènes* de rechange, adaptées aux sujets des représentations, et plus d'un passage, où il est question de décorateurs devenus célèbres par la peinture des *scènes*, semblent encore le confirmer. Ainsi Apaturius d'Alabande, comme Vitruve le raconte, avoit peint sur un théâtre des Abderitains, une *scène* à deux étages (le second ordre s'appeloit *episcenium*), remplie de toutes sortes de caprices. Des centaures y faisoient office de colonnes; il y avoit des frontons recourbés, et toutes sortes de bizarreries d'idées et de compositions, dont la nouveauté avoit flatté les yeux du peuple d'Abdère. Mais le philosophe Licinius s'étant élevé contre cette peinture, et en ayant montré l'invraisemblance et l'absurdité, nous voyons Apaturius enlever sa *scène* (*scenam sustulit*) et en refaire une autre, conforme aux principes de la vérité imitative. Cela paroît prouver que la *scène* d'Apaturius étoit peinte sur une toile mobile.

Au reste, on peut croire que la peinture des *scènes* fut une des causes qui purent amener dans l'ornement et les décorations peintes des Anciens, beaucoup d'inventions et d'idées capricieuses. Peut-être est-ce là qu'on peut trouver, sans trop d'invraisemblance, les modèles de ces décorations d'architecture arabesque, dont les peintures d'Herculanum et de Pompeia nous offrent un si grand nombre d'exemples. Il est assez probable que les peintres de *scènes* durent être aussi les peintres de ces décorations d'intérieur, où leur pinceau se jouoit en toute liberté, et pour lesquelles probablement ils trouvoient des yeux, déjà habitués aux caprices que le théâtre avoit propagés et accrédités.

Il faut dire encore, que de toutes les compositions architecturales des Anciens, celles de leurs *scènes*, d'après les vestiges qu'on en connoît, et les descriptions qui en restent, furent les ouvrages où l'architecture se donna le plus de liberté.

Dans le fait, ce qu'on appeloit, comme on l'a vu, *scène*, n'étoit point un véritable édifice. Ce n'étoit, à proprement parler, qu'une devanture, qu'un frontispice purement décoratif, ou, si l'on veut, un mur orné d'architecture, et par conséquent un ensemble libre de toute sujétion. C'est bien probablement à cette liberté, à cette absence d'emploi, qu'on peut attribuer le goût assez général de la disposition et de la décoration, tant de l'ensemble, que des détails de ces ouvrages. On y trouve les ordres appliqués, et les colonnes réparties avec beaucoup moins de correction qu'ailleurs. Il n'est pas rare d'y voir les colonnes accouplées, comme au théâtre d'Antium et au théâtre de Pola. Les niches y sont multipliées. Il y a pour toutes les sortes d'objets de décoration, des champs réservés, sans aucune raison qui semble les rendre nécessaires. Tout prouve que la *scène* étoit une construction véritablement, et on pourroit dire, uniquement destinée au plaisir des yeux, comme aussi à donner une idée de richesse, d'élégance et de variété analogue au spectacle.

Le plus souvent, la *scène* se composoit de deux étages de colonnes l'un au-dessus de l'autre. On voit encore au mur de la *scène* du théâtre d'Orange, les arrachemens des pierres qui indiquent cette double ordonnance.

Selon Vitruve (*L.* 5, *ch.* 7), la *scène* devoit se composer ainsi. Dans le bas, dit-il, règne un stylobate continu, ayant en hauteur la douzième partie du diamètre de l'orchestre. Les colonnes qu'on y place, y compris le chapiteau et la base, ont en hauteur le quart de ce même diamètre. La hauteur de l'entablement est égale à la cinquième partie de la colonne. Au-dessus de ce rang de colonnes est un autre piédestal continu, qui a, en élévation, la moitié de celui d'en bas. Il reçoit des colonnes plus petites du quart, que celles du rang inférieur. Son entablement a pour hauteur la cinquième partie des colonnes auxquelles il appartient. Quelquefois (continue Vitruve) on y ajoute encore un troisième rang de colonnes, dont le piédestal n'a que la moitié de la hauteur de celui du milieu, et les colonnes aussi, sont d'un quart plus petites, que celles de la rangée qui est au-dessous.

On comprend aisément que ces règles de Vitruve ne reposent que sur une théorie plus ou moins arbitraire; car, on le répète, aucun ouvrage d'architecture n'offrit plus de liberté à l'architecte, et par conséquent ne dut présenter plus de variétés dans sa composition.

Rien n'approcha jamais de la magnificence que les Romains portèrent à cette partie de leurs théâtres, ni de la profusion d'ornemens, en tableaux, en tapisseries, en bronzes, en statues, qu'ils se plurent à y entasser.

Nous lisons dans Pline, que Claudius Pulcher fut le premier qui y déploya toutes les richesses de la peinture. Caius Antonius, enchérissant sur ceux qui l'avoient précédé, fit argenter la *scène*. Son exemple fut suivi par Lucius Murena. Petreius vint ensuite qui la fit dorer. Quintus Catulus la fit revêtir en ivoire.

Mais nul n'égale Scaurus, qui, pendant son édilité, fit construire un théâtre, non pas, dit Pline, du genre de ceux qu'on élève pour peu de temps. Le *sien* fut bâti pour durer *éternellement*, et il pouvoit renfermer quatre-vingt mille spectateurs. Il y pratiqua une *scène* à trois rangs de colonnes l'un sur l'autre : elle étoit décorée, dans toute sa hauteur, de trois cent soixante colonnes. L'ordonnance inférieure étoit de marbre, et ses colonnes avoient trente-huit pieds de haut. L'ordonnance du milieu étoit de verre, genre de luxe dont on n'a plus revu d'exemple. Les colonnes de l'ordre supérieur étoient en bois doré. Le nombre des statues de bronze placées dans les entre-colonnemens, montoit à trois mille.

Rien, comme on le voit, ne ressemble moins à la *scène* du théâtre grec et romain, que ce qu'on appelle *scène* sur le théâtre moderne. Ce que nous désignons aujourd'hui par ce mot, est précisément ce que l'on appeloit autrefois *proscenium*, *avant-scène*. C'étoit sur cet espace, qui précédoit la *scène*, qu'avoit lieu l'action ou le spectacle. Notre *avant-scène* à nous n'est synonyme de celui des Anciens, qu'en tant que nous donnons ce nom à un espace, qui est l'espace antérieur de celui qui est pour nous la *scène*.

Le fond de l'espace où l'action se représente, au lieu d'être un corps de bâtisse, d'architecture, ou de décoration permanent et solide, consiste aujourd'hui en une grande toile, ou un châssis, sur lequel on peint tantôt le fond du local fermé, de la pièce intérieure que demande le sujet du drame, tantôt, et selon les divers besoins du spectacle, la vue en perspective, soit des parties éloignées ou renfoncées de ce lieu, soit des fonds de ville, de places publiques, de campagnes, de forêts, de paysage. La partie antérieure de ces différens lieux est figurée par le moyen de châssis en coulisses, sur lesquels on peint, soit les membres de construction ou d'architecture, qui composent l'intérieur du lieu représenté, soit les arbres, plantes et autres objets, de manière à ce qu'ils se raccordent avec ce qui est peint sur la toile du fond.

Les changemens de *scène* se font en substituant une autre toile à celle du fond, et d'autres coulisses de droite et de gauche, à celles qui figuroient les parties latérales de l'intérieur, ou de l'espace quelconque renfermé par la *scène*. Voy. Théatre.

SCÉNOGRAPHIE, s. f. C'est à proprement parler, et d'après la composition de ce mot, l'art de peindre des scènes, et ce mot seul nous apprendroit, à part des notions contenues dans l'article précédent, que la peinture fit très-souvent les frais de la décoration des scènes, soit sur les théâtres qui n'avoient pas de scène en architecture solide et réelle, soit dans les cas où des toiles mobiles, selon que l'exigeoit le sujet des pièces, venoient couvrir, plus ou moins, la scène construite et décorée à demeure.

Mais le mot *scénographie*, par suite des opérations qu'enseigne la science de l'optique, nécessaire à l'exécution de ces sortes de peintures, a donné son nom, ainsi que nous le voyons dans Vitruve, à l'art que nous appelons *perspective*. (*Voyez* ce mot.)

SCIAGE, s. m. On appelle ainsi l'effet qui provient de l'action de la scie, dans les matières ou dans les corps qui ont *été* soumis à cette action.

On appelle bois de *sciage*, celui qui a été refendu dans une grosse pièce par les scieurs de long. Telles sont les planches de différentes épaisseurs; tels sont les madriers, les chevrons, les solives, etc.

SCIE, s. f. Lame de fer ou d'acier, plus ou moins large et longue, dentelée ou non dentelée, dont on se sert pour scier les marbres, les bois, etc. La *scie* est montée différemment, et reçoit des noms divers, selon la diversité de ses usages, ou des matières auxquelles on applique son action. On dit :

Scie en passe-partout. C'est celle dont la lame est dentelée, ayant à chaque extrémité un anneau ou œil, dans lequel on met un morceau de bois rond servant de manche. On les emploie à couper certaines pierres tendres; alors les dents ne sont pas ce qu'on appelle *détournées.* On s'en sert pour couper les grosses pièces de bois. Dans ce cas, les dents de la lame sont *détournées* à droite et à gauche alternativement, avec un *tourne-à-gauche.*

Scie sans dents. Est celle dont la lame est droite et unie dans sa monture; elle sert à scier les marbres et les pierres dures. On favorise l'action de son frottement en versant dans ce qu'on appelle le *sciage*, ou du grès pulvérisé, ou du sablon mêlé avec de l'eau.

Scie à scier de long et à refendre. Scie dont la lame est dentelée, ajustée dans le milieu de sa monture, ayant un affûtage ou main à chaque extrémité. Elle sert à refendre les bois de charpente et de menuiserie.

Scie de charpentier. Est une grande lame dentelée, ajustée dans sa monture, dont les charpentiers se servent pour débiter les bois de longueur, et faire les entailles pour les pannes et tenons.

Les menuisiers ont encore différentes *scies*, qui chacune ont leur nom, selon le genre de leur emploi. Mais cette nomenclature deviendroit par trop étrangère à la construction en général, et à ce qui est le principal objet de ce Dictionnaire.

SCIER, v. act. Couper du bois ou toute autre matière avec une scie.

SCIEUR, s. m. Nom qu'on donne à l'ouvrier qui scie. On appelle *scieurs de long*, ceux qui scient des poutres, pour en faire des ais, de madriers, des solives.

SCIOGRAPHIE, s. f. Il paroit qu'on devroit écrire *scia*, le mot venant des deux mots grecs *scia*, ombre, et *graphein*, représenter. Il signifie représentation de l'ombre ou par le moyen de l'ombre. Galiani pense qu'il faut lire dans Vitruve *scenographia* au lieu de *sciographia*, qui dans tous les cas ne seroit qu'une partie de l'*orthographia*.

SCIURE, s. f. Poudre qui tombe de la matière qu'on scie.

SCOTIE, s. f. C'est le nom d'une moulure dont l'architecture fait fréquemment emploi. Son nom vient du grec *scotios*, obscur, ténébreux, parce que cette moulure étant profondément creuse, reçoit effectivement ou produit beaucoup d'ombre dans sa cavité.

La *scotie* est donc une moulure concave qu'on pratique le plus ordinairement entre les tores de la base d'une colonne; elle se termine par deux filets ou deux petits membres carrés.

On l'appelle quelquefois *nacelle, membre creux* et *trochile*, du mot grec *trochilos*, qui signifie une poulie.

La *scotie* se place surtout aux bases attiques et corinthiennes. L'usage est d'en placer deux dans la base corinthienne. On les nomme, l'une supérieure, l'autre inférieure. Cette dernière est plus grande que l'autre.

SCULPTURE, s. f. (*Art de sculpter.*) Cet art considéré dans les élémens d'imitation de la nature qui lui sont propres, et dans sa théorie spéciale, étant indépendant de l'architecture, sembleroit n'avoir aucun droit de trouver place dans ce Dictionnaire.

Si toutefois nous l'y faisons entrer, ce sera, comme nous avons déjà fait à l'égard de la peinture, uniquement sous les rapports que son travail et ses ouvrages ont avec l'art de bâtir. Or, j'en trouve trois principaux, dont le développement importe aux connoissances de l'architecte.

Le premier consiste dans les divers emplois que l'architecture en fait; le second dans la valeur qu'un emploi bien entendu de la *sculpture* peut donner aux édifices; le troisième rapport est celui de l'accord qui doit régner entre le style et le goût du sculpteur, et le style ou le goût du monument auquel ses ouvrages s'appliquent.

C'est à quelques notions fort générales sur ces trois points, que nous restreindrons cet article, en renvoyant aux mots BAS-RELIEF, BUSTE, ORNEMENT, STATUES, etc.

Des divers emplois de la sculpture dans les édifices.

Si l'on vouloit chercher dans la nature même des choses (ce qui paroit toutefois assez inutile) quel est le principe de la liaison de la *sculpture* avec l'architecture, il suffiroit de considérer l'espèce de ressemblance qui existe entre les deux arts, dans l'ordre seul de la matière dont leurs travaux dépendent. En effet, les œuvres de la *sculpture* ne se produisent aux yeux, que par l'entremise formelle des matériaux qu'elle emploie; et l'architecture aussi n'acquiert de consistance, qu'à l'aide des matières qu'elle met en œuvre; si bien que, réduit à la simple idée de l'exécution mécanique, l'art de bâtir ne parvient à réaliser ses conceptions qu'en usant de la plupart des procédés et des moyens pratiques, qui lui sont communs avec l'art de sculpter.

L'art du sculpteur étant entré nécessairement, dès l'origine de l'architecture, dans l'élaboration matérielle des édifices, il fut très-naturel qu'elle se l'associât plus intimement, dès que le goût se développant,

développant, il lui fallut faire servir les ornemens même à varier les inventions, à caractériser les différens modes, à multiplier les formes, les combinaisons et les effets de ses ouvrages.

L'art du sculpteur, par exemple, devint indispensable à l'architecte pour établir cette variété de caractère, qui fixe le genre propre de chacun des ordres. On comprit que les proportions affectées aux formes constitutives de chaque mode d'ordonnance, acquerroient encore une vertu nouvelle et une action plus certaine sur les sens et sur l'esprit, lorsqu'une mesure plus ou moins grande et un choix diversement gradué d'ornemens, se trouveroient mis en rapport avec les impressions dépendantes de leur type caractéristique. Ainsi l'ordre dorique, qui exprime la force et la solidité, n'eut point à réclamer de la *sculpture*, l'élégance et le luxe d'ornemens qui conviennent aux deux autres ordres. Les triglyphes, représentation commémorative de la construction primitive en bois, excluant dans la frise tout autre parti de décoration, les intervalles qui les séparent furent les seuls espaces que le sculpteur put remplir. Du reste tous les profils, soit du chapiteau, soit de l'entablement, durent rester lisses, et l'on citeroit à peine dans l'antiquité grecque une exception à cette règle. L'ionique dut au contraire à la *sculpture*, et l'élégance de son chapiteau, et les détails diversement variés de sa frise, de ses mutules, des tores de sa base, de toutes les moulures découpées de sa corniche. La *sculpture* fut encore appelée à prononcer avec toute l'énergie de ses moyens, le plus haut caractère de la richesse dans toutes les parties de l'ordre corinthien. Il suffit de citer le chapiteau de ce nom, pour faire sentir et comment la *sculpture*, dans cet ordre, se trouva identifiée à l'architecture, et combien les ressources de l'ornement ajoutent de valeur à celles des proportions.

Plus de développemens à cet égard seroient inutiles. L'on voit que l'art de sculpter est, dans la réalité, partie nécessaire de l'architecture, qui lui doit un des plus énergiques moyens de son langage, en tant qu'il sert puissamment à en fixer les idées, à les rendre intelligibles, et à renforcer ses impressions.

Mais outre cet emploi, qu'on peut appeler obligé, de la *sculpture*, dans les œuvres de l'architecte, qui pourroit nombrer tous les genres d'obligations que lui a l'architecture? Il suffit de penser que l'art des ornemens est la moindre des parties de l'art de sculpter, lequel comprend deux grandes divisions, celle des bas-reliefs et celle des statues.

L'emploi des bas-reliefs offre surtout aux édifices, non-seulement une décoration que rien ne sauroit remplacer, mais encore le moyen le plus facile de rendre leur destination sensible.

On ne sauroit dire sous combien de rapports et à combien de parties des édifices, les Anciens firent servir la *sculpture* en bas-reliefs. Peut-être seroit-il plus facile, et surtout plus court, de désigner les parties qui paroissent n'avoir jamais reçu de figures en bas-relief. On parle ici de l'architecture grecque, car on sait assez qu'en Egypte, l'usage presque général fut de couvrir la totalité des édifices, et de chacune de leurs parties, avec de la *sculpture* hiéroglyphique en bas-relief, exécutée selon les divers procédés de ce pays.

On avouera que les *sculptures* en bas-relief des Egyptiens, ne furent réellement autre chose dans leur emploi sur les édifices, que de véritables inscriptions, et il faut dire que c'est naturellement à cette fonction que doit s'arrêter l'art dont on parle, lorsque des causes puissantes empêchent le développement de l'imitation. Chez les Grecs, où la *sculpture* ne trouva point, même dès son origine, autant d'entraves qu'en Egypte, on voit cependant que les bas-reliefs appliqués à l'architecture ne furent aussi d'abord qu'une sorte d'écriture. (*Voyez* BAS-RELIEF.) Lors même que l'imitation eut fait des progrès en tout genre, il faut reconnoître que les figures, tout en recevant la plus grande perfection, ne s'écartèrent point du système, qui tendoit à les faire regarder comme des signes convenus, comme les caractères d'un mode d'écrire et de retracer les idées des choses et des personnes, sur des fonds dont on n'étoit libre de disposer, qu'au gré, et selon les convenances de l'architecture.

Il est en effet permis de croire que l'emploi de la *sculpture* en bas-relief, ne sortit jamais de la sphère des attributions architecturales. Je m'explique. Dans les temps modernes, comme on le sait, les sculpteurs se sont exercés à exécuter des bas-reliefs, en quelque sorte comme des tableaux, c'est-à-dire indépendans de toute destination fixe, et surtout de l'emploi ou de l'application qu'on en peut faire à l'extérieur des édifices. De-là naquit ce genre pittoresque, qu'on remarque même aux ouvrages du quinzième siècle, où des vues perspectives donnent aux compositions, des lointains qui détruisent pour l'effet, et pour les yeux, l'apparence du fond réel, ou de la superficie sur laquelle les figures se détachent. C'est là le genre de bas-relief que la *sculpture* antique ne nous présente point, et soit qu'on prétende que ce fut, chez les Anciens, système raisonné, ou seulement ignorance de la part du sculpteur, des procédés de la perspective linéaire, on peut affirmer qu'on n'en trouve aucune trace.

Je suis très-porté à croire que cela est dû, en grande partie, à cet emploi si général et si multiplié, que l'architecture fit de la *sculpture* en bas-relief. En effet, il faut encore regarder comme ouvrage de l'architecture, ce nombre infini d'objets, tels que vases, trépieds, candélabres, autels, cippes funéraires, urnes sépulcrales, etc. D'où provient cette multitude de bas-reliefs antiques, aujourd'hui séparés des monumens sur lesquels ils furent exécutés.

Ainsi tout nous dit, dans quel esprit l'architecture antique employoit la *sculpture* de bas-relief. Or, il nous semble que le simple bon sens doit toujours en prescrire le même emploi, soit dans les frises des entablemens, soit autour des murs d'enceinte, soit sur les vases, et sur toute superficie qui ne sauroit admettre l'idée d'un renfoncement.

A moins, en effet, de quelque cas particulier, où la *sculpture* en bas-relief se trouvera appelée à remplacer la peinture, dans un cadre donné et indépendant de la construction du monument, l'emploi que la nature des choses lui assigne, doit constamment se réduire à être une sorte d'écriture figurative, c'est-à-dire que les personnages, les faits et les choses qu'elle représente, doivent, autant pour son intérêt que pour celui de l'architecture, se développer sur un petit nombre de plans, et de manière à ce que la superficie des membres ou des parties de l'édifice n'en soient ni n'en paroissent altérées.

Quant à la *sculpture* en statues, tout le monde en connoît les emplois divers dans l'architecture, et on sait assez sous combien de rapports elles contribuent à l'embellissement des édifices, soit qu'on les place comme couronnemens de leurs sommets, soit qu'on les adosse aux murs, soit qu'elles occupent les intervalles des colonnes, soit qu'elles remplissent les niches qu'on leur destine.

La connoissance plus exacte que les voyageurs nous ont donnée de plus d'un temple en Grèce, nous a révélé un emploi des statues, qui pourroit avoir été plus fréquent qu'on ne pense, et sur lequel on n'avoit eu précédemment que des notions conjecturales. Je veux parler des statues placées dans les tympans des frontons. Il est avéré, par les figures mêmes qu'on a déplacées des frontons ruinés du temple de Minerve à Athènes, et qui ont été transportées à Londres, que l'espace intérieur de ces frontons étoit occupé de chaque côté du temple, par plus d'une vingtaine de figures qui étoient des statues susceptibles d'être isolées, et aussi bien terminées dans la partie adossée au tympan, que dans celle qui faisoit face au spectateur. Pareil emploi de statues avoit eu lieu dans les frontons du temple d'Egine, ainsi que l'ont prouvé les restes de statues trouvés au bas des frontispices de ce temple, parmi les débris où ils s'étoient conservés. Ces faits bien constans ont fait présumer que certaines suites de statues antiques, telles que celle de la famille de Niobé, avoient pu occuper de semblables espaces. Cet emploi jusqu'ici inconnu des statues dans les édifices, ne doit pas cependant exclure celui de la *sculpture* en bas-relief appliquée aux frontons; l'on peut croire même que la grande saillie des statues ne permit de les y placer, qu'à raison de la profondeur que le fronton recevoit; et cette profondeur étoit une des conséquences naturelles de la grande projecture des membres et des profils de l'ordre dorique.

De la valeur que la sculpture donne aux édifices.

Quand on se figure ce grand nombre d'emplois affectés à la *sculpture*, dans les ouvrages de l'architecture, il est facile d'imaginer tout ce que ce dernier art en reçoit de valeur, tant pour le plaisir des yeux que pour celui de l'esprit. Combien de superficies et d'espaces donnés par la construction, commandés par la solidité, et par une multitude de besoins ou de sujétions, resteroient insignifians, et vides d'effet, comme d'impression sur les sens, si la *sculpture* ne venoit, avec les variétés de ses ornemens, en rompre la monotonie, en corriger la froideur ! A ne considérer les travaux de la *sculpture* que sous ce rapport, on est obligé de reconnoître qu'ils deviennent pour l'architecture, un moyen dont la privation elle-même ne laisse pas de contribuer à caractériser les édifices. S'il en est qui doivent leur valeur au luxe et à l'abondance des *sculptures* d'ornement, il y en a d'autres dont l'effet, l'impression et la beauté tiennent précisément à l'absence totale de ces accessoires. Qu'on suppose un pays où l'architecture, sans aucune coopération de la *sculpture*, seroit réduite à l'uniformité de la matière, et aux seules variétés de formes ou de proportions, il n'est pas malaisé de pressentir ce que cette sorte d'unisson produiroit d'indifférence, sur le plus grand nombre des hommes.

La *sculpture*, par tout ce qu'elle répand de variétés dans les édifices, semble en quelque sorte leur donner un principe de vie; elle en multiplie les espaces en les diversifiant, elle y crée des besoins qui deviennent des plaisirs, elle y introduit des objets de comparaison, qui font mieux apprécier les distances et les dimensions, elle fournit à la vue des échelles de rapports et de mesures.

Est-il nécessaire de dire à quel point, les sujets que l'architecte demande au sculpteur, de traiter sur les emplacemens qu'il lui fournit, contribuent à satisfaire l'intelligence et l'esprit du spectateur, soit en l'instruisant de la destination du local, soit en lui retraçant les souvenirs qui s'y rattachent, soit en éveillant en lui des idées qui ajoutent le charme de l'impression morale, au plaisir de la sensation physique? N'est-ce pas au choix ou judicieux ou ingénieux des objets, soit historiques, soit poétiques ou allégoriques, que le ciseau du sculpteur retrace, tant en dedans qu'au dehors des édifices, que le spectateur doit de pouvoir apprécier avec la connoissance même de l'emploi d'un monument, cet heureux effet de l'harmonie morale, qui en met toutes les parties d'accord avec l'ensemble, et fait respectivement servir à un but commun l'utile et l'agréable?

Si tels sont les avantages que l'architecture retire de son union avec la *sculpture*, on conçoit combien il importe à la valeur même des édifices, que les différens genres d'ornemens produits par le ciseau, n'y soient pas (comme cela arrive trop souvent) des espèces de lieux communs, qui se rencontrant partout, ne disent rien nulle part. Sans doute, l'architecte a quelquefois besoin de remplir certains vides, d'occuper l'œil du spectateur, de sauver quelques irrégularités, ou d'établir quelques points de symétrie, et l'on connoît une multitude d'objets et d'inventions banales qui viennent sans peine se présenter à la routine du décorateur. C'est au choix de ces objets qu'on reconnoîtra le goût de l'architecte. Il n'y en a point dans ce grand répertoire d'ornemens qu'on répète trop souvent sans raison, qui ne puisse, par des accessoires significatifs, par des ajustemens nouveaux, retrouver une valeur de signification analogue au monument où on l'appliquera.

De l'accord du style de la sculpture avec celui de l'architecture.

Quelle que soit la valeur que les édifices doivent aux œuvres de la *sculpture*, il y a, comme on vient de le voir, à côté de ces avantages, des inconvéniens à éviter. L'abus naît toujours de l'usage, et il est dans la nature de tout usage, que l'on perde de vue le principe de son utilité. La routine familiarise les yeux avec des objets, auxquels l'esprit s'habitue à ne plus demander de signification. L'architecte lui-même finit souvent par employer les signes ou les images des objets, comme feroit celui qui associeroit les caractères de l'écriture, sans s'informer du sens qu'ils peuvent former. Cet abus arrivera surtout si l'architecte, cessant d'être l'ordonnateur de l'ensemble et des moindres détails, laisse au libre arbitre du sculpteur, et le choix des ornemens, et le choix du style, du goût, et de la manière des objets, soit en bas-relief, soit en statues qui s'associeront à son architecture. Cet accord de style entre les deux arts est bien plus important qu'on ne pense.

Ce qu'on appelle *style* ou *manière*, dans les arts du dessin, est une qualité qui peut s'entendre, se sentir, ou se définir diversement; mais entre les différentes idées qu'on en donne, la plus sensible est celle qui résulte avec évidence de son effet, parce qu'elle est facile à saisir par les yeux. Selon cette idée, le style est ce qui donne aux ouvrages de l'art, une physionomie particulière et tellement distincte, que personne ne s'y méprend. Ainsi il n'y a pas moyen de confondre la *sculpture* antique, par exemple, avec celle de Bernin, ni les statues composées, exécutées dans un principe simple, dans des attitudes le plus souvent rectilignes, avec celles où un desir désordonné de variété, s'étudia d'introduire les effets pittoresques, les poses contrastées, les mouvemens hors de tout aplomb.

Or, il s'agit de savoir, lequel de ces deux systèmes de *sculpture* convient le mieux à l'architecture. Mais évidemment cet art, en admettant les statues dans sa décoration, ne peut leur donner que des emplacemens, qui se composent de formes plus ou moins régulières, et surtout de lignes droites dans les élévations. Le seul sentiment de l'accord ou de l'harmonie des lignes, indiquera donc que les statues, soit nues, soit drapées, dans des poses et avec des ajustemens, que nous appellerons *à l'antique* (pour les définir d'un seul mot), si on les place ou entre des colonnes ou dans des niches, y feront un meilleur effet que celles dont les mouvemens, les membres, les draperies volantes, contrasteront avec les masses ou les formes environnantes. Il en est de même des statues décoratives, qui surmontent les faîtes ou les couronnemens des monumens. Quelques critiques ont blâmé l'emploi des statues situées dans ces sortes d'emplacemens, sous le prétexte, que là où l'on ne sauroit supposer la présence d'hommes vivans, on ne devroit pas s'en permettre la représentation. Idée fausse, et qui n'est qu'une des nombreuses méprises du goût moderne, dans les convenances de l'imitation, que l'on confond avec cette illusion, dont le propre est de faire prendre l'image pour la réalité.

Il est douteux que jamais les Anciens aient entendu sous ce rapport, l'imitation qui appartient surtout à la *sculpture*, où le seul manque de couleurs naturelles, est un invincible obstacle à cette déception, qu'on regarderoit comme le but ou le chef-d'œuvre de l'art. Mais de quelque manière que le statuaire l'entende, et à quelque point qu'il se propose de porter l'effet de son imitation, sur les sens du spectateur, toujours faut-il convenir que l'architecte est tenu d'en considérer tout autrement les productions. Jamais il ne peut avoir dans l'intention d'employer les figures, c'est-à-dire de les faire considérer comme êtres vivans. Les statues ne sont pour lui que des statues; et la *sculpture*, soit par les ouvrages en bas-relief, soit par les simulacres en ronde bosse, n'est dans ses vrais rapports avec l'architecture, qu'un moyen d'orner les édifices, d'expliquer leur destination, et d'y ajouter un nouvel intérêt.

Toutefois on voit que les deux arts travaillent en quelque sorte de concert, emploient des instrumens communs, et s'exercent en général sur la même matière. Or, voilà ce qui rend encore indispensable entr'eux, un même goût dans le travail, un même genre de procédé dans l'élaboration de la matière. Selon la dimension des édifices, selon l'ordre qui y sera employé, selon le degré de caractère plus ou moins sévère, plus ou moins riche ou gracieux, le ciseau du sculpteur est tenu de donner à ses ouvrages, plus ou moins de largeur ou de pureté, plus ou moins de hardiesse ou de précision, plus ou moins de saillie ou de douceur; et cette harmonie de caractère, dont il est si facile de reconnoître la nécessité à l'égard des ornemens, et des *sculptures* adhérentes aux fonds même ou aux masses de l'architecture, on comprend aussi qu'elle n'est guère moins importante dans l'exécution des statues, quoique moins étroitement liées à la construction.

Cette théorie de goût ne s'adresse toutefois qu'à l'emploi des statues, que l'architecte introduit dans ses compositions, comme destinées à en faire partie, soit par le rôle qu'elles doivent y jouer sous le rapport de décoration, soit par celui que leur impose la destination de l'édifice. Mille raisons, mille convenances peuvent donner accès à des statues, auxquelles ne sauroient s'appliquer ces considérations, susceptibles sans doute de plus d'une sorte de modifications et de tempéramens.

SEC, SÉCHERESSE, s. f. Le défaut qu'on appelle ainsi, dans les arts du dessin, paroît tenir particulièrement au procédé d'exécution, parce que son effet est de nature à affecter surtout les yeux qui en jugent facilement.

L'effet de ce qu'on appelle *sécheresse*, en peinture, résulte surtout d'un manque de fondu dans l'emploi des teintes, ou d'une application des couleurs, telle que les contours des figures restent tracés, avec un excès de pureté, qui les empêche de tourner et de se mêler avec le fond. Cet effet peut provenir encore d'un excès de petits détails dans la délinéation même des objets, d'une prétention à faire, par exemple, compter les cheveux, les poils, les plus légères modifications de l'épiderme. On n'a besoin, pour se figurer ce qu'est la *sécheresse*, que de se rappeler les premiers ouvrages de la peinture à la renaissance, au quatorzième siècle.

Les mêmes défauts sont remarquables dans les premières sculptures de ce temps. La maigreur des formes, le soin excessif des plus légers détails, une trop grande finesse d'outil même, produisent la *sécheresse* dans les œuvres de la sculpture.

Il nous paroît donc qu'à l'égard de l'architecture, l'effet de la *sécheresse* sera aussi plus particulièrement rendu sensible, dans cette partie de l'art, qui dépend du travail de la matière, et de l'emploi du ciseau : non que l'architecte ne puisse encore y concourir, en multipliant par trop les membres, en ne laissant point entr'eux les intervalles nécessaires au développement qu'exigent les yeux. Mais il est évident que la manière seule de traiter soit les profils, soit les ornemens, avec trop de maigreur, avec des angles trop aigus, avec un outil si l'on peut dire trop tranchant, donnera aux formes une sorte d'aspérité. Trop de petites parties fouillées entre des filets, des listels, ou des tores pressés en quelque sorte les uns contre les autres, produiront des ombres multipliées, de petits noirs, qui donnent à l'aspect général cette dureté qu'on appelle de la *sécheresse*.

SECTION, s. f. Se dit du point où des lignes se coupent, et encore de la ligne dans laquelle des plans se rencontrent.

Section se dit aussi de la superficie d'un corps, après qu'on en a retranché une partie. C'est la superficie apparente d'un corps coupé.

SEGESTE, ville antique de Sicile, dont on voit encore des restes, assez distans de l'endroit où existe aujourd'hui le temple dont on parlera tout à l'heure, lequel peut-être en étoit jadis aussi éloigné, si l'on suppose que la ville étoit plus voisine de la mer.

Du reste on trouve à quelque distance de ce temple, des fragmens d'anciennes voûtes fort ruinées, des vestiges assez informes d'un théâtre qu'on distingue à peine, des débris de citernes, construites en pierres d'une grande dimension. Tout indique qu'il y avoit là une ville considérable. Mais il faudroit faire sur ces terrains aujourd'hui fort déserts, des recherches particulières, pour reconnoître quelle fut la forme et quelle fut l'étendue de cette ville.

C'étoit, à ce qu'il semble, avant d'arriver à la ville même de *Segeste*, que s'élevoit le superbe temple consacré, dit-on, à Cérès, dont il subsiste aujourd'hui le corps le plus intègre qui se soit peut-être conservé dans toute l'antiquité. On entend parler de la colonnade qui environnoit la cella, et dont toutes les colonnes sont encore debout, avec les deux frontons du pronaos et du posticum.

Le plan du temple est un carré long de cent soixante-dix-sept pieds, sur soixante-quatorze dans les côtés, en comptant les colonnes d'angle. Les colonnes ont vingt-huit pieds six pouces de haut, et six pieds quatre pouces de diamètre. L'entre-colonnement général est de sept pieds un pouce, excepté entre les deux colonnes qui formoient l'entrée, ce qui fait une différence de neuf pouces en plus, mais qui devient insensible à l'œil. L'entablement a dix pieds dix pouces de hauteur.

Le fronton est fort surbaissé, ce qui fait que le temple n'a en tout que cinquante-huit pieds d'élévation, en y comprenant même les trois degrés qui règnent au pourtour. Les colonnes ont de dix à treize assises de pierres. Ce qui forme une singularité au temple de *Segeste*, c'est que les colonnes ont une enveloppe de matière, qui excède leur diamètre de deux ou trois pouces, et dont elles sont entourées dans toute leur hauteur. Les bossages conservés pour la commodité de la construction existent encore aux bases des colonnes, ainsi qu'à beaucoup de pierres du soubassement, ou des gradins du temple qui ne sont point enterrés. On trouve de ces bossages répandus dans beaucoup d'autres parties de cette construction, et même à quelques pierres des frontons, ce qui sembleroit indiquer que ce temple n'a point été absolument terminé, ni dès-lors consacré. Peut-être est-ce par cette raison qu'il aura échappé, étant surtout éloigné de la ville, aux incendies et aux pillages des barbares.

Nous avons emprunté ces détails au quatrième volume du *Voyage pittoresque de Naples et de Sicile*, par l'abbé de Saint-Non, qui est, jusqu'à présent, l'ouvrage où le temple de *Segeste* soit le mieux décrit. On en trouve dans le voyage de William Wilkins un dessin plus rendu, mais accompagné de peu d'observations. Nous devons donc relever quelques erreurs dans l'extrait qu'on vient de rapporter.

Et d'abord ce n'est pas une singularité particulière au temple de *Segeste*, que cette *espèce de tambour*, comme le nomme la description, qui excède le fût de la colonne et l'entoure dans toute sa hauteur. On peut voir à l'article Cannelure, ce qui est dit de cette sorte d'enveloppe qu'on trouve aux colonnes du temple de *Segeste*, ainsi qu'à celles du temple de Thoricion, et je crois encore à quelques autres temples d'ordre dorique grec. Cette prétendue enveloppe n'est autre chose que l'excédant de matière laissé au diamètre de la colonne, pour être abattu lors de l'exécution des cannelures, ainsi qu'on l'a fait voir, par un procédé extrêmement simple, à l'article cité.

Or, rien ne confirme mieux l'opinion que le temple de *Segeste* n'avoit point été terminé. Ce fait étant rendu constant, explique aussi les petits bossages laissés à un grand nombre de pierres, et doit démentir l'idée qui semble avoir été adoptée dans son dessin par William Wilkins, savoir, que c'eût été un ornement du soubassement.

Reste encore dans ce monument un objet de doute ou de discussion. Les pierres qui, sous chaque colonne, leur font, dans l'état actuel, un socle ou une base carrée, étoient-elles destinées à jouer ce rôle, ou bien les intervalles qui les séparent aujourd'hui, devoient-ils être remplis par des pierres d'une égale hauteur, ce qui auroit donné au temple un degré de plus? William Wilkins, dans son dessin, adopte cette dernière opinion. Or il nous paroît que ce temple supposé terminé, étant entièrement conforme à tous ceux d'ordre dorique grec qu'on connoît, et dont toutes les colonnes sont constamment privées de base dans ces colonnades périptères, on doit conclure que les prétendus socles carrés du temple de *Segeste*, ne sont qu'une nouvelle preuve d'un édifice non achevé.

Il ne manque à l'extérieur de ce temple, que quelques pierres du fronton, détachées et renversées sans doute par quelqu'accident particulier. La seconde colonne de la face orientale, ayant été endommagée par le tonnerre, elle a été réparée autant qu'elle pouvoit l'être. L'intérieur de cette colonnade est absolument vide. Il faudroit y faire des fouilles, pour s'assurer si l'on y avoit construit, ou seulement commencé le mur de la *cella*.

SELINUNTE, anciennement Selinus, ville antique de Sicile. Diodore de Sicile nous apprend que cette ville fut entièrement pillée par Annibal, que ses maisons furent brûlées et abattues; mais il n'est pas dit précisément qu'il en ait fait renverser les temples; on peut même conclure le contraire du texte de cet écrivain.

L'état de ruine dans lequel se présentent aujourd'hui les restes des temples de *Selinunte*, montre assez que leur destruction fut l'effet d'une toute autre cause. Il est aisé de voir par l'ordre qui règne dans la position des matériaux, par les parallèles qu'ils ont conservés dans leur chute, par les lignes droites où se trouvent encore des morceaux entiers d'entablement, que la démolition y a été l'ouvrage de violentes secousses de tremblemens de terre, qui auront renversé toutes les colonnes, et dans une direction uniforme, c'est-à-dire du couchant à l'orient.

Le plus petit de ces temples, celui du milieu, a conservé en place toutes les assises de ses colonnes. Cet édifice avoit six colonnes de face sur treize dans ses flancs, en comptant deux fois celles des angles. Elles ont cinq pieds cinq pouces de diamètre, et leur entre-colonnement est de huit pieds cinq pouces. Elles sont cannelées, sans base, et portent sur le degré supérieur du soubassement. Ce temple paroît avoir été le plus achevé et le plus soigné dans ses détails, mais il est plus ruiné que les autres dans sa partie intérieure.

Le second temple placé près du précédent, et dans une ligne parallèle à lui, est beaucoup plus ruiné et donne moins de prise au dessinateur, qui cherche à en rassembler les élémens. Il avoit également six colonnes dans ses fronts, et treize dans ses flancs, en comptant deux fois celles des angles. Ses dimensions sont plus considérables. Du reste, c'est le même style d'ordre dorique.

Les dessinateurs du Voyage pittoresque de l'abbé de Saint-Non, passèrent des ruines de ces deux temples à celles du plus grand de tous, qu'on croit avoir été le temple de Jupiter Olympien. Il étoit d'une dimension qu'on doit appeler colossale. Le diamètre des colonnes, à leur assise inférieure, étoit de dix pieds, et la mesure de l'entre-colonnement étoit égale à celle de ce diamètre. Ce temple étoit un pseudodiptère. Il avoit huit colonnes de front et seize aux ailes, ou flancs.

Tout l'emplacement de ce vaste édifice est couvert de blocs de pierres énormes, entassées les unes sur les autres. Quelques-unes plus distinctes par la position que leur a donnée leur chute, laissent mieux apercevoir la place qu'elles ont dû occuper. Certaines pierres de l'entablement ont vingt-quatre pieds dix pouces de longueur. Il paroît que l'intérieur de ce temple étoit décoré de deux ordres de colonnes l'un sur l'autre.

On remarque dans les colonnes des fronts et dans celles des flancs, que quelques-unes seulement furent cannelées, ce qui prouve que l'achèvement du monument fut interrompu par la guerre, et que depuis, les circonstances obligèrent de laisser l'ouvrage imparfait.

Nous n'avons fait mention ici que de trois temples, dont le Voyage de l'abbé de Saint-Non donne une description abrégée. Nous devons dire cependant qu'on y trouve encore la notion de l'existence de trois autres temples du même ordre dorique grec, également renversés, mais dont les matériaux peuvent fournir aux dessinateurs les moyens d'en restituer l'ensemble.

Il manque ainsi, comme on voit, aux antiquités de la Sicile, un ouvrage qui en embrasse toutes les parties. Nous terminerons cet article, avec le regret de n'avoir pu profiter des lumières, que doit répandre sur ce pays un nouveau voyageur (M. Hittorf), mais aussi avec l'espoir que la publication des dessins que nous avons vus, ne laissera plus rien à desirer aux architectes et aux amateurs de l'antiquité.

SELLERIE, s. f. Nom qu'on donne dans une basse-cour, ou dans un lieu voisin des écuries, à la pièce où l'on tient en ordre les selles et les harnois des chevaux.

SELLETTE, s. f. On appelle ainsi une pièce de bois moisée, arrondie par ses extrémités, posée de niveau, au haut de l'arbre d'un engin, et sur laquelle sont assemblés les deux liens qui portent le fauconneau.

SEMELLE, s. f. Espèce de tirant fait d'une plate-forme, où sont assemblés les pieds de la forme d'un comble, pour en empêcher l'écartement.

SEMELLE D'ÉTAIE. Pièce de bois couchée à plat sous le pied d'une étaie, d'un chevalement ou d'un pointal.

SÉMINAIRE, s. m. On donne ce nom à un établissement, à une maison de communauté dépendante ordinairement de l'évêché, où l'on reçoit et où l'on instruit les jeunes gens qui se destinent à l'état ecclésiastique, de tout ce qu'ils doivent apprendre pour en remplir un jour les fonctions.

Les enseignemens de ce genre étant assez nombreux, et les études auxquelles ont à se livrer ceux qui doivent recevoir les ordres sacrés, étant assez multipliées, le *séminaire* participe, sous plus d'un rapport, des établissemens d'éducation et d'instruction publique.

Il doit y avoir des salles consacrées aux différens cours, aux diverses sortes d'exercices, et aux réunions qu'ils exigent.

Cette espèce d'établissement devant recevoir un nombre plus ou moins considérable d'élèves qui y sont domiciliés, on y doit pratiquer autant de petites chambres ou de cellules, que la maison doit renfermer de séminaristes. Il y aura en outre des pièces de nécessité, telles que réfectoires, cuisines, offices, de grandes salles destinées à toutes les provisions.

Un *séminaire* doit avoir une chapelle avec toutes ses dépendances, quelques appartemens pour les supérieurs, une bibliothèque, des corridors pour pouvoir s'y promener à couvert, et une ou plusieurs grandes cours servant de lieux de récréation.

Le caractère extérieur de l'architecture d'un *séminaire* doit être simple, grave, et participer de celui des édifices religieux.

SENTIERS, s. m. pl. (*Terme de jardinage.*) C'est ainsi qu'on appelle dans les jardins soit du genre régulier, soit du genre irrégulier, de petites allées et de petits chemins qu'on pratique ou dans les parterres, ou dans les taillis, bocages, etc.

SEPTIZONE, s. m., en latin *septizonium.* Nom qu'on donna jadis à Rome, au mausolée que Septime-Sévère fit élever pour lui et sa famille. Suétone, dans la vie de Titus, nous apprend qu'un autre monument du même nom, se trouvoit dans le dixième quartier de la ville. Il semble qu'on peut inférer de-là, que ces monumens, au lieu d'avoir donné leur nom à la forme de construction que la composition du mot nous indique, le reçurent plutôt d'un type déjà consacré et usité longtemps auparavant.

Septizone signifie effectivement édifice composé de sept zônes, ou rangs de constructions. Y eut-il de ces édifices à sept étages, et destinés à d'autres usages, qu'à celui des sépultures? C'est ce qu'on ne sauroit affirmer. Mais l'histoire nous en montre un très-ancien modèle dans le bûcher d'Ephœstion, dont nous avons donné la description au mot MAUSOLÉE. (*Voy.* ce mot.) Lorsqu'ainsi que nous l'avons fait à cet article, on compare et la disposition de ce monument funéraire, et la forme des bûchers d'apothéose des empereurs romains, à la disposition et à la forme des grands mausolées qui en furent très-certainement les imitations, on voit que l'usage de ces constructions, pyramidales à plusieurs étages, fut aussi ancien que général chez les Grecs et les Romains.

Le bûcher d'Ephœstion, d'après la description de Diodore, devoit comprendre sept étages en retraite l'un sur l'autre. Les bûchers de consécration sur les médailles nous montrent aussi plusieurs étages, au nombre de trois, de quatre ou de cinq. Ces variétés, s'il faut s'en rapporter rigoureusement aux types des monnoies, donneroient à penser que le nombre de sept étages n'avoit rien d'obligatoire. Peut-être ce nombre tenant à quelqu'opinion particulière, ne fut-il point outre-passé dans ces sortes de constructions, et par cette raison, il aura donné son nom à tous les édifices funéraires exécutés selon cette forme.

Quoi qu'il en soit, les restes du *septizone* de Septime-Sévère, que plus d'un dessin nous a fait connoitre, s'étoient conservés jusqu'à Sixte-Quint, qui le fit détruire parce qu'il menaçoit ruine. Il paroit qu'il avoit été construit aux dépens d'autres édifices, car on y voyoit des colonnes de diverses matières et de différentes formes. Selon les notions qui nous en ont été transmises, il se composoit de rangs de colonnes adossées à un mur percé par intervalles de petites fenêtres, qui sans doute éclairoient les escaliers par où l'on montoit au faite de l'édifice. Il ne restoit au temps de Sixte-Quint que les trois rangs de colonnes inférieurs, et c'est en raison de la hauteur de sa masse dépouillée de colonnes, qu'on l'a restitué, avec les sept ordonnances que présentent les dessins qu'on en a faits.

Quelques-uns ont voulu ne faire qu'un seul monument, du *septizone* de Sévère et de celui qui, d'après la notion de Suétone, existoit près de l'endroit où étoit né Titus, c'est-à-dire long-temps avant Septime-Sévère. On a prétendu que le monument dont ce dernier avoit fait son mausolée, étoit un ouvrage commencé long-temps avant lui, et auquel il auroit donné son nom, pour l'avoir terminé et lui avoir affecté sa vraie destination.

On ne sauroit nier que ces monumens aient été multipliés beaucoup plus qu'on ne pense, car il se trouve dans plus d'une ville antique des restes de constructions qui doivent avoir été des *septizones*, à ne prendre ce mot que sous le rapport d'étages multipliés et en forme pyramidale. De ce nombre furent indubitablement les grands mausolées, qui, avant d'être des constructions en pierre ou en marbre, avoient commencé par être des montagnes de terre, à plusieurs rangs de terrasses, comme le tombeau d'Alyattes en Lydie et celui d'Auguste à Rome. (*V.* TOMBEAU, SÉPULCRE.) On doit (architecturalement parlant) regarder comme ayant été des *septizones*, les phares, ou les édifices servant de fanal, sur les ports de mer (*voyez* PHARE), et enfin il paroit probable que beaucoup de constructions ou d'habitations particulières, à Rome, auront été disposées et bâties en forme de *septizone*.

SÉPULCRAL, adj. m. On donne cette épithète à plus d'un ouvrage d'art, soit en sculpture, soit en architecture, destiné à l'usage des sépultures. Ainsi l'on dit : urne *sépulcrale* (*voyez* URNE), inscription *sépulcrale* (*voyez* EPITAPHE), colonne *sépulcrale* (*voyez* COLONNE), monument *sépulcral* (*voyez* MAUSOLÉE, SÉPULCRE, TOMBEAU).

Mais on dit aussi *caractère sépulcral*, et c'est sous ce dernier rapport que je me propose de traiter brièvement la notion qu'exprime le mot de cet article, quoiqu'on en ait déjà parlé au mot CARACTÈRE.

Les institutions modernes n'ont jusqu'à présent offert à l'architecture que peu d'occasions d'édifices consacrés aux sépultures. C'étoit jadis, comme on l'a dit plus d'une fois, à l'art de bâtir que l'on confioit plus ordinairement le soin de conserver les restes mortels de l'homme. Trop de faits et de monumens déposent de cet usage, pour qu'il soit nécessaire d'en rappeler ici le souvenir. Tout le monde sait aussi que le christianisme ayant introduit de nouvelles croyances, les églises et le lieux qui les environnent, devenus dépositaires des corps morts, les monumens funéraires entrèrent plus particulièrement dans le domaine de la sculpture. (*Voyez* MAUSOLÉE.) Cependant l'usage assez ancien des cimetières construits et indépendans des églises, s'est renouvelé de nos jours, et il est probable qu'en se propageant, il fournira de nouveau à l'architecture les occasions de monumens qui invoqueront les moyens, c'est-à-dire l'art de leur imprimer le caractère *sépulcral*. Nous pouvons mettre encore au nombre des ouvrages auxquels doivent appartenir et l'épithète et le caractère *sépulcral*, certaines chapelles ou constructions religieuses, destinées aux sépultures.

C'est à ces sortes de monumens qu'il importe d'assigner un *caractère* qui, à l'extérieur d'abord, en annonce bien la destination. Or, il nous paroit que ce n'est point à inventer du nouveau en ce genre, que l'architecte doit viser, mais bien à user de ces formes consacrées par un long usage, de ces types dont tout le monde comprend le sens, et qui, sans le secours d'aucune inscription, apprennent aux yeux leur signification. On trouvera dans les nombreux ouvrages de l'antiquité, un assez grand nombre de formes soit générales, soit de détail, qui perpétuellement et exclusivement appliquées jadis aux monumens funéraires, se sont depuis naturalisées plus ou moins chez les modernes, et se sont introduites dans la langue de leurs arts.

Telle est, sans aucun doute, la forme pyramidale. On n'entend point qu'il puisse être question, dans les usages de notre architecture et de nos institutions religieuses, de renouveler en grand les entreprises des Egyptiens. Il suffit que la forme dont il s'agit soit devenue l'expression la plus simple et la plus claire de sépulture, et qu'elle emporte encore, avec soi, l'idée de durée et en quelque sorte d'éternité, pour qu'il soit, on peut le dire, impossible de la remplacer par un signe plus caractéristique. Un grand nombre de monumens funéraires grecs et romains nous en montre l'emploi réuni, à celui des masses les plus variées, à des colonnades, etc., et servant seulement de couronnement aux tombeaux construits sur des plans et avec des dispositions que l'Egypte ne connut pas.

Ce mélange, qui trouve de si nombreuses autorités dans l'architecture grecque et romaine, peut encore s'assortir aux monumens funéraires de l'architecture moderne, et aucune autre forme ne pourra donner à leur extérieur le caractère qui leur est propre.

Ce n'est pas que l'architecte ne soit libre de puiser encore dans beaucoup de sarcophages, qui furent aussi taillés à l'instar des édifices, plus d'un détail capable d'imprimer le caractère *sépulcral* à ses compositions. On veut parler surtout de ces couvercles de tombeaux taillés en manière de frontons, accompagnés de ces formes qui se reploient aux angles, et qu'on appelle les *cornes*, à certains autels quadrilatères.

Quant à l'intérieur d'une chapelle consacrée à la sépulture, l'Italie moderne a plus d'un modèle à nous offrir, des ressources que l'on peut tirer de la couleur même de certains matériaux. Nul doute que la couleur qui affecte si vivement les sens, doive se compter au nombre des moyens qui contribueront au caractère *sépulcral*. N'employer que de ces sortes de moyens, ce seroit, on en convient, une puérilité peu digne de l'art. Les dédaigner par trop, ce seroit aussi par trop méconnoître la part qui, dans tous les ouvrages des arts, doit appartenir au sentiment, ou, si l'on veut, à cet instinct, qu'on ne sauroit empêcher d'être le juge en première instance de tous leurs effets. Disons donc que des colonnes de marbre noir, que des revêtissemens de granit foncé, ou d'autres matières sombres, produiront nécessairement une impression sérieuse et analogue au local, et que si l'on joint à cet effet, celui d'une certaine obscurité mystérieuse, le caractère *sépulcral* s'en trouvera sensiblement renforcé. On ne prétend pas remplacer par ces impressions, si l'on peut dire physiques, celles qui doivent naître, avant tout, du mode d'architecture, du genre de l'ordonnance, du choix des proportions, des profils, des détails, et même du goût de construction, toutes choses qui constituent le fond de l'art, et sur lesquelles l'artiste doit trouver dans son talent les inspirations nécessaires.

SÉPULCRE, s. m. Ce mot est un des synonymes assez nombreux dans la langue française, qui désignent soit les lieux, soit les monumens destinés à l'inhumation. Il nous paroît que ce mot, en latin (*sepulchrum*), étoit plus générique qu'il ne l'est en français, où le mot *tombeau* semble avoir aujourd'hui prévalu à l'égard des monumens funéraires.

Sépulcre, chez les Romains, semble avoir signifié plus particulièrement un local soit creusé ou excavé, soit construit avec plus ou moins de frais et d'étendue, et qui pouvoit être destiné à l'inhumation ou à la sépulture d'une famille. C'est le terme, du moins, qu'on trouve le plus ordinairement employé à cette désignation chez les écrivains. Il indique ordinairement une réunion de morts. C'est dans ce sens que l'entend Tertullien, lorsqu'il dit : *Qu'est-ce que les sépulcres, sinon des hôtelleries de cadavres?* Comme le mot *tombeau est*, en français, celui que l'usage applique le plus généralement aux sépultures, qui sont des ouvrages de l'art plus ou moins considérables, c'est à ce mot que nous renverrons l'abrégé des notions nombreuses, que fournissent les formes si diverses, que les Anciens donnèrent à leurs monumens funéraires. *Voyez* TOMBEAU.

SÉPULCRETUM. C'est le nom qu'on donna, dans l'antiquité, à des lieux d'inhumation qui semblent répondre à ce que nous appelons *cimetière*.

Cependant le *cimetière*, par le fait de ses usages, est un terrain consacré à la sépulture de la multitude, et l'on doit dire du plus grand nombre des cimetières, qu'ils ne comportent point de distinctions ni de séparations de lieu ou de construction, soit pour les personnes, soit pour les familles. Les édifices sacrés et les églises furent longtemps les seuls dépositaires des monumens funéraires. *Voyez* MAUSOLÉE.

Ce qui répond, dans l'antiquité, à ce que nous appelons *cimetière* ou lieu public d'inhumation, et qu'on appeloit *sepulcretum*, a reçu, depuis quelques années, de nouvelles lumières, par les découvertes nombreuses qu'on a faites dans la grande Grèce, la Sicile et la Campanie, de sépultures publiques situées tout près de beaucoup de villes, soit le long des routes, soit sur des terrains disposés pour cette destination.

La plupart de ces lieux de sépulture avoient très-anciennement été oubliés, et Suétone nous dit que, du temps de Jules-César, la colonie envoyée à Capoue rencontra dans les travaux qu'elle faisoit pour des constructions nouvelles, d'anciennes sépultures qui attirèrent l'attention, par les vases curieux qu'on y découvroit. Il en fut de même des temps modernes. Depuis long-temps on avoit trouvé dans beaucoup de fouilles faites de hasard aux environs de Naples et en Sicile, des tombeaux renfermant de ces vases peints auxquels on donna d'abord, par erreur, le nom de *vases étrusques*. L'esprit d'investigation et la recherche des monumens de l'antiquité prenant un accroissement progressif, on découvrit de plus en plus de ces tombeaux, et les vases aussi curieux par leur forme que précieux par leurs peintures, furent tellement recherchés, qu'on mit et plus de soin et plus de méthode dans leur découverte, et dans celle des lieux qui les recèlent.

Des explorations réitérées ont donc fait connoître qu'à une époque quelconque, presque toutes les villes avoient dans leur voisinage une espèce de cimetière, c'est-à-dire de local propre à recevoir, dans un ordre fort régulier, des sépultures particulières qui renfermoient un ou deux corps. On a observé plus d'une sorte de pratique pour former ces sortes d'hypogées. Quelquefois chaque sépulcre est creusé fort profondément sur le penchant d'une montagne, et l'on y pénétroit par un puits refermé à son orifice. D'autres fois il se faisoit une tranchée très-profonde, et chaque sépulcre,

sépulcre, ou, si l'on veut, cercueil, fait et fabriqué comme on le dira plus bas, venoit se ranger à côté d'un autre, et quand cette rangée étoit complète, on la recouvroit de terre, et par-dessus cette couche de terre, on établissoit une nouvelle rangée des mêmes cercueils. On a découvert ainsi jusqu'à trois de ces rangées, les unes au-dessus des autres, que la terre avoit recouvertes et dérobées, pendant une très-longue suite de siècles, à la violation.

Les cercueils qui renferment les corps dont on retrouve encore les restes, étoient faits de deux manières : les uns sont d'un seul bloc; c'est ainsi qu'on les voit particulièrement dans la Pouille, ils forment un rectangle parfait : d'autres ont leur couvercle fait en forme de toit. Quant à ceux qui sont construits ou faits par assemblage, ils se composent, dans leurs longs côtés, de six grosses pierres jointes ensemble, et de deux pierres semblables formant chacun de leurs petits côtés. Lorsque ces cercueils ont huit ou dix palmes de long, on compte à leurs grands côtés dix à douze pierres élevées en deux assises, et toujours deux aux petits côtés. C'est une règle constante. Les couvercles ont plus d'une variété. Les uns sont plats, et d'une seule pierre, laquelle s'emboîte très-exactement, et entre dans l'entaille qui la reçoit : tels sont ceux dont la matière a plus de consistance. Le plus souvent les couvercles horizontaux, qui sont de tuf, sont faits de trois morceaux, quelquefois de deux, et quelquefois, dans l'intérieur de la caisse, il y a de petites colonnes pour servir de support au couvercle et l'empêcher de se rompre. Les couvertures des autres tombes sont faites quelquefois en angle ou en manière de toiture, souvent d'une seule pièce, quelquefois de deux, et l'on en trouve où les pierres sont disposées pyramidalement en dehors et en forme de gradins.

L'intérieur de ces cercueils ne contient ordinairement qu'un seul corps; on en trouve où deux squelettes sont placés parallèlement sur une petite élévation. Il règne ordinairement en dedans, vers le haut, un rebord sur lequel on plaçoit les objets qu'on enterroit avec les morts, et c'est là, ainsi qu'autour des corps, qu'on trouve ces vases peints que les découvertes récentes ont extrêmement multipliés, et qui sont devenus un des objets les plus curieux, les plus instructifs, et les mieux conservés de toute l'antiquité.

Je ne porterai pas plus loin, sur cette matière, les notions, dont j'ai emprunté quelques détails à l'ouvrage du chanoine Jorio, célèbre investigateur d'antiquités à Naples, ouvrage dans lequel il a le premier fait connoître, une multitude de particularités relatives à cette partie des sépultures chez les Anciens.

SÉPULTURE, s. f. Ce mot, quoiqu'il paroisse embrasser, dans l'ordre d'idées qu'il rappelle, la notion la plus générale, paroît cependant restreint par l'usage actuel, à indiquer particulièrement un lieu d'inhumation, plutôt que les monumens funéraires mêmes, ou les formes que les pratiques diverses des peuples leur ont données.

Ainsi on vient de voir dans l'article précédent, que les villes de la grande Grèce et de la Sicile avoient leurs *sépultures* situées en dehors de leurs murs, et assez ordinairement le long des routes; et l'on a vu que l'usage assez général fut de les recéler profondément en terre.

L'usage des Romains fut tout différent sur ce dernier point. Les *sépultures* aussi se portèrent hors de l'enceinte de Rome, et tous ses environs se peuplèrent de tombeaux, mais visibles, et construits avec plus ou moins de grandeur et de luxe. *Voyez* TOMBEAU.

Nous ignorons, et rien n'a pu encore nous donner de notions précises sur le mode de *sépulture* qui dut avoir lieu pour la multitude; car il faut bien se garder de croire que soit la crémation, soit l'inhumation en des tombes particulières, aient été pratiquées à l'égard du grand nombre d'habitans des dernières classes, dans les villes populeuses. Beaucoup de villes antiques ont conservé encore dans leurs environs un grand nombre de ruines de tombeaux, et il en est peu qui n'aient eu ainsi leur *necropolis* ou ville des morts. Mais quelque étendue qu'aient eue ces lieux de *sépulture*, il est indubitable que les restes des monumens funéraires qu'on y trouve, n'ont pu appartenir qu'aux familles distinguées, aux gens plus ou moins fortunés. Il dut y avoir des *sépultures* communes pour le commun des hommes, et peut-être le temps, ainsi que d'autres moyens de consomption, en ont-ils depuis bien des siècles effacé les traces.

Ces lieux de *sépulture* publique et commune, on les nomme aujourd'hui *cimetières*. (*Voyez* ce mot.) Cependant on appelle encore *sépulture*, des lieux ou des monumens destinés à recevoir les tombeaux des plus grands personnages. Ainsi on dira que la *sépulture* des rois de France et de la famille royale, est dans l'église de Saint-Denis. Il y avoit jadis près de cette église une chapelle où étoit la *sépulture* des Valois. La *sépulture* des grands-ducs de Toscane est dans la magnifique rotonde, qui termine l'église de Saint-Laurent à Florence.

On dit encore (mais seulement de quelques familles distinguées), qu'elles ont leur *sépulture* en tel pays, dans telle chapelle. D'où il résulte que *sépulture* se dit ordinairement, non des tombeaux, monumens funéraires, mausolées, etc., mais du lieu où reposent les corps et où se placent leurs tombes.

SÉRAIL, s. m. Ce mot, dans sa signification originaire, veut dire *habitation*, *palais*. Il se dit par excellence du palais qu'occupe le Grand-Seigneur à Constantinople.

C'est un grand enclos qui aboutit à la pointe de terre où fut bâtie l'antique Byzance, sur le Bosphore de Thrace, et à la jonction de la mer Egée et du Pont-Euxin. Il est en forme de triangle, dont un côté s'appuie à la terre et touche à la ville; les deux autres sont bordés par la mer, et par une rivière qui s'y jette. Son circuit est d'environ trois milles. Du côté de la mer, il est fermé par de fortes murailles très-élevées. Ces murailles sont flanquées, de ce même côté, par des tours carrées, placées à une assez grande distance les unes des autres. Du côté de la ville, il y a des tours rondes, moins distantes entr'elles. C'est dans ces tours que se tiennent ceux qui veillent à la garde du *sérail*.

Les étrangers ne peuvent voir de ce palais que les deux premières cours, la salle où se tient le Divan, qui est à l'extrémité de la seconde, et la salle d'audience. Ces deux salles sont d'une médiocre beauté.

Quant au reste des appartemens, on sait qu'il y a quantité de marbres et de porphyres; que la distribution de ces intérieurs est assez confuse, et n'a rien de régulier; que, pour la plupart, les chambres reçoivent fort peu de jour, qu'elles ont pour unique ornement d'assez riches tapis, qui en couvrent le plancher, et des brocards d'or et d'argent, dont quelques-uns sont relevés par des broderies de perles.

A l'entour du *sérail*, du côté du port, sont deux kiosques ou pavillons. L'un situé sur le quai, est fort peu élevé, et il est soutenu par plusieurs belles colonnes de marbre. Le Grand-Seigneur y vient souvent, et c'est à cet endroit qu'il s'embarque, quand il veut se promener sur la mer. L'autre pavillon est bâti sur des arcades.

Il y a encore à Constantinople d'autres *sérails*. L'un, qu'on appelle le *vieux sérail*, appartient au Grand-Seigneur. Il n'est destiné qu'au logement des femmes du Grand-Seigneur dernier mort. Ce palais est bien bâti, est environné de hautes murailles, et n'a d'autre ouverture que celle de la porte. Les autres *sérails* appartiennent à différens particuliers. Les dehors n'offrent aucune beauté, pour mieux faire briller à l'extérieur celui du Grand-Seigneur; mais les intérieurs ont beaucoup de magnificence. L'or, et l'azur sont prodigués dans les plafonds, de très-beaux tapis couvrent les planchers, les murailles sont revêtues de carreaux de porcelaine.

Toutes les salles et toutes les chambres ont des espèces d'estrades élevées d'un demi-pied ou d'un pied, couvertes de tapis beaucoup plus riches que ceux du reste des planchers, avec quantité de coussins en broderie, appuyés contre les murailles. Les appartemens des femmes sont séparés de ceux du maître. Il n'y entre que des eunuques.

SERLIO, né à Bologne en 1518, mort à Fontainebleau en 1578.

Le nom de cet habile architecte n'est guère connu que des artistes, et encore l'est-il presque uniquement par ses écrits. On doute en effet qu'il subsiste de lui quelque monument encore entier. Ayant quitté l'Italie fort jeune, et n'y étant point retourné, les biographes italiens n'ont eu presque aucune occasion d'en parler; et le temps où il vint en France, sous François Ier., ayant été celui de la première période des arts dans ce pays, il dut participer au sort commun à tous les artistes qui y travaillèrent alors. Le goût des arts n'étoit pas assez répandu, pour que les contemporains se fissent un devoir, ou un plaisir, d'en décrire les ouvrages, ou de recueillir des notions sur leurs auteurs.

Vasari ne nous a rien appris de *Serlio*, sinon qu'il fut élève du célèbre Balthazar Peruzzi, et qu'il hérita de lui beaucoup de dessins des antiquités de Rome, qu'il sut mettre en œuvre dans les troisième et quatrième livres de son Traité d'architecture (*Libro d'Architettura*).

Nous lisons dans une vie de *Serlio*, par d'Argenville, qui n'indique pas les sources où il a puisé ses notions, *qu'il quitta trop jeune l'Italie pour y élever quantité de monumens remarquables..... Que François Ier. le fit venir en France en* 1541. Effectivement, cet architecte n'auroit eu alors que vingt-trois ans, et il y a lieu de présumer qu'à cet âge, il n'avoit pas encore eu l'occasion de se faire connoître assez, pour être appelé loin de Rome où il avoit étudié, à Venise, par exemple, où d'Argenville prétend qu'il construisit la célèbre école de Saint-Roch. Le même biographe, dans le peu de mots qu'il dit de cet édifice, remarque que le goût des croisées au rez-de-chaussée de cet édifice *est un peu gothique*. Cela seul auroit dû lui rendre difficile à croire, qu'un élève de Balthazar Peruzzi, à une époque où Venise employoit les talens des San Micheli, des Sansovino, des Palladio, eût fait rétrograder l'art vers le goût gothique. La vérité est que les détails de l'école de Saint-Roch, sans être vraiment entachés de gothique, sont encore en arrière du beau style des maîtres qu'on vient de citer. Aussi attribue-t-on cette architecture à l'école de Buono ou Lombardo, c'est-à-dire celle de la fin du quatorzième siècle, et *Serlio* ne put y avoir aucune part.

Je crois que c'est également sans aucune autorité, qu'on lui attribue, et le palais Grimani à Venise, et le palais Malvezzi à Bologne; à moins qu'on ne suppose ce qui a pu être, mais ce qui auroit besoin de preuves, que ces édifices auroient été élevés, soit d'après ses dessins, soit sur les modèles qu'il auroit envoyés dans ces villes. Probablement il ne doit y avoir de *Serlio* aucun édifice en Italie.

Une sorte de fatalité a voulu, qu'en France il subsiste à peine quelque reste bien conservé, des travaux nombreux qu'il dut y exécuter.

François Ier. avoit formé le projet de remplacer par un véritable palais, les vieilles et disparates constructions auxquelles on donnoit le nom de Louvre. *Serlio* fut donc appelé par lui, pour l'exécution de cette grande entreprise. Nous manquons aujourd'hui des notions nécessaires pour retrouver dans les parties différentes du palais actuel, les traditions de tous les travaux commencés, abandonnés et modifiés depuis, qui s'y sont succédés, jusqu'à l'époque de son achèvement. On ne doit pas douter qu'il n'y ait eu de l'ouvrage de *Serlio*. Mais se borna-t-il à quelques parties, à quelques corps séparés, ou y eut-il de lui un projet général? Dans ce dernier cas, on a peine à croire que cet architecte n'en eût pas inséré les dessins dans le livre de son Traité, où il traite de l'architecture des palais.

Si l'on ajoute foi à une opinion qui s'est perpétuée sur cet objet, *Serlio* auroit fait un projet du Louvre, mais Pierre Lescot en auroit, dans le même temps, présenté un autre, supérieur au sien, tant pour la beauté des proportions, que pour la régularité de l'édifice, et l'architecte italien auroit eu la générosité peu commune, de conseiller lui-même l'adoption du projet de son rival. Pareil trait de désintéressement a été raconté de Bernin, à l'égard de la colonnade du Louvre par Perrault. Nous avons fait voir aux articles BERNIN et PERRAULT, que la chose ne put point avoir lieu, et que si l'histoire en eut cours alors, ce ne fut qu'une répétition de ce qui avoit été raconté un siècle auparavant, de *Serlio* et de Lescot.

Quoi qu'il en soit, François Ier. ne tarda point à employer *Serlio* dans d'autres ouvrages, et il lui donna la conduite des bâtimens qu'il faisoit construire à Fontainebleau; c'est là qu'on devroit pouvoir retrouver de grands et précieux modèles de son talent, si toutes sortes de circonstances n'eussent contribué à suspendre l'exécution de ses projets, et si une succession de changemens et d'additions, sous les règnes suivans, n'eût achevé de dénaturer ce qui reste de lui.

Serlio fit une longue résidence à Fontainebleau, et outre quelques parties importantes du château royal par lui construites, on tient qu'il fit encore exécuter dans cette ville plusieurs édifices, à la vérité peu importans. Aussi attribue-t-on à son séjour en ce pays un goût particulier de bâtir, qui se fait remarquer surtout, par l'arrangement ou l'appareil artistement combiné du grès avec la brique, et encore à des profils et des corniches qui ne se composent que de briques.

Les parties du château encore existantes, qu'on reconnoît pour avoir été son ouvrage, sont, pour la plupart, celles qui se voient entre la cour en *fer à cheval* et les parterres, et particulièrement dans la grande et belle cour qui est située sur la pièce d'eau. Elle est décorée d'un ordre dorique, d'un caractère ferme et d'un bon profil. L'ordre est dans des proportions élégantes. Les détails et les ornemens y sont exécutés avec goût et avec recherche.

On attribue encore à *Serlio* l'invention d'une grotte décorée de caryatides, qu'on doit appeler moins sculptées, que construites; chaque membre, ou pour mieux dire, chaque muscle, est formé par un bloc de pierre, en sorte que cette sculpture semble être un *opus incertum*.

Serlio avoit sans doute fait exécuter dans les intérieurs du château, un grand nombre de partis d'ornement et de décoration, dont il reste à peine des souvenirs, tant il s'y est opéré de restaurations et de changemens, sous lesquels ont disparu le caractère et le dessin de l'ouvrage primitif.

Dans la ville et sur la place, près du château, on voit encore aujourd'hui une belle porte d'un style appelé *rustique* : elle est pratiquée dans un mur de clôture. Les colonnes sont aussi en bossages. Mais la pureté des profils annonce l'habile architecte. Ce genre de portes en bossages fut très en vogue au siècle de *Serlio*. Les architectes les plus célèbres en ont composé à l'envi. Ainsi en trouvons-nous dans la plupart des traités d'architecture. *Serlio* s'est exercé en ce genre avec prédilection, et la sixième section de son *Libro de Architettura* contient un recueil fort nombreux de ces compositions de portes. On en trouve une sous le n°. 7, qui a beaucoup de ressemblance avec celle de Fontainebleau.

Le seul ouvrage de *Serlio* qui a survécu à ses autres travaux, et sur lequel s'est fondée la juste réputation dont il jouit, et que lui accordent tous les maîtres de l'art, est son *Traité d'architecture*. Il fut composé particulièrement à Fontainebleau. Quoiqu'écrit à différentes époques, et publié partiellement, dans un ordre différent de celui qu'exige la classification des matières, ses six sections comprennent, avec beaucoup de méthode, toutes les parties de l'art, et forment un corps très complet.

Les écrits de *Serlio* ont été réunis, dans l'édition de 1569, en un seul ouvrage divisé en sept livres.

Le premier est un petit traité de géométrie relative à l'architecture.

Le second traite de la perspective.

Le troisième comprend les plans, les mesures, les profils et les représentations d'un grand nombre d'édifices antiques d'Italie, et hors d'Italie. C'est dans ce livre qu'il est probable, que *Serlio* aura mis en lumière les dessins de son maître Balthazar Peruzzi.

Le quatrième livre est, sous le titre de *règles générales de l'architecture*, un traité des cinq ordres, où la doctrine de Vitruve se trouve exposée fidèlement et savamment commentée.

Au cinquième livre, *Serlio* traite, comme le dit le titre qu'il lui a donné, *de diverses sortes de saints temples selon la forme des chrétiens*. L'auteur s'est borné à nous apprendre, comment les temples des payens ont été changés en églises chrétiennes, et comment les autels destinés aux sacrifices des animaux, ont pris la forme actuelle, pour célébrer le saint sacrifice de la messe.

Le titre du sixième livre annonce qu'il est le recueil, dont on a parlé plus haut, de ces projets de portes rustiques, auxquels *Serlio* se plut à laisser s'exercer le caprice de son crayon, pour occuper ses loisirs à Fontainebleau. On dit que les éloges qu'il entendoit prodiguer à la porte du palais bâti par le cardinal de Ferrare, et les copies qu'on lui en demandoit, lui firent naître l'idée d'en composer selon le même goût irrégulier et capricieux, une trentaine qu'il accompagna de vingt autres d'un style sage et pur, comme pour servir de correctif au genre des premières, ou pour témoigner qu'il n'avoit prétendu que faire voir dans celles-ci, la facilité qu'il y a d'être fécond, lorsqu'on n'a en vue que de faire du nouveau.

Le septième livre de l'édition de 1569 renferme des observations sur la construction de différens bâtimens civils.

Les guerres civiles qui troublèrent le royaume sous Charles IX, obligèrent *Serlio* de se retirer à Lyon. La goutte, peu de temps après, vint troubler la douceur du repos dont il avoit espéré jouir. Il se vit réduit à vendre, pour subsister, quelques-uns de ses dessins. Dans des momens plus calmes, il revint à Fontainebleau, où il finit ses jours en 1578, âgé de soixante ans.

Serlio compta, dit-on, parmi ses élèves le célèbre Pailander, qui avoit commencé l'étude de l'architecture à Rhodès, et il ne lui fut pas inutile dans l'édition de Vitruve, que celui-ci avoit entreprise. Le disciple fut de quelque secours à son maître, par ses connoissances littéraires, pour l'interprétation de la doctrine de Vitruve.

On a observé que *Serlio*, quoique fort attaché aux principes de l'architecte latin, dans sa théorie, ne paroît pas y avoir été aussi fidèle dans la pratique; du moins on entend, par ce dernier mot, les détails et les profils des cinq ordres dont il a donné les modèles dans ses traités. A cet égard, chaque architecte a pris les mêmes libertés. Vitruve lui-même n'est pas toujours d'accord avec les monumens antiques qui nous sont restés. Aussi doit-on regarder les règles que chacun propose en ce genre, comme une espèce de moyen terme, entre les nombreuses variétés qui doivent avoir résulté jadis, et qui résultent encore aujourd'hui, de toutes les causes accidentelles propres à modifier l'aspect, le caractère et les proportions des édifices.

SERPENTE. On appelle de ce nom une sorte de papier extrêmement fin et transparent, dont on se sert pour prendre le trait d'un dessin, d'une estampe. Pour le rendre plus transparent encore, on y passe une couche de vernis.

SERPENTIN, ine. Marbre ou pierre. Les Anciens appelèrent *ophites*, du mot grec *ophis*, serpent, le marbre ou la pierre que nous nommons *serpentin* ou *serpentine*, parce qu'il a la couleur de la peau du serpent. En effet, son fond est noirâtre, avec des taches, ou des [illegible] vertes et jaunâtres. Cette matière est rare, et on ne l'emploie guère qu'en incrustations. Les plus grands morceaux qu'on en cite, sont quelques tables dans les compartimens de l'attique intérieur du Panthéon à Rome, et dans la même ville, deux colonnes à l'église de Saint-Laurent *in Lucina*. On en a fait des tables qui servent à l'ornement de quelques intérieurs de palais.

Il y a aussi du *serpentin* tendre qui vient d'Allemagne, et dont on fait des vases; mais on n'en use point dans les ouvrages d'architecture.

SERRE, s. f. Considérée comme simple objet d'utilité dans la culture et le jardinage, la *serre* est un bâtiment dans lequel on retire, pour les mettre à couvert des rigueurs de l'hiver, les arbrisseaux ou les plantes qui ne sauroient résister au froid. On donne le nom de *serre chaude* à la serre où l'on construit des fourneaux, qu'on pratique dans le local souterrain, d'où l'on dirige les tuyaux de chaleur, qui tempèrent à volonté l'air du local occupé par les plantes. C'est par ce moyen qu'on parvient à avoir des fleurs, des fruits et des productions précoces.

Il est inutile de dire que la *serre* doit être exposée au midi, percée de façon à recevoir le plus qu'il se pourra des rayons du soleil, et garnie de grands vitraux à doubles châssis.

La *serre* devient naturellement un objet d'agrément, dans les grands jardins, et peut offrir à l'architecte le motif d'une composition heureuse quant à l'extérieur, et qui, dans son intérieur, fournisse une promenade, ou un refuge contre les intempéries des saisons.

Une *serre* habilement construite, et disposée avec goût, où l'on cultive avec soin de ces plantes exotiques, qui fleurissent en toutes sortes de saisons, paroît surtout convenir à ce qu'on appelle un jardin d'hiver. Placée au bout d'un parterre, elle formera un point de vue qui peut devenir pittoresque, en été, par les variétés de vases remplis d'arbustes ou de plantes qu'on dispose en amphithéâtre, et qui ornent toutes les ouvertures. En hiver, lorsqu'on l'ouvre à certaines heures, elle fait quelquefois illusion, et produit une sensation qui contraste agréablement avec celle de la saison. Son intérieur peut être aussi disposé de façon à offrir plusieurs allées pour la promenade, et des lieux de repos. On joint volontiers à la *serre*, des volières qui semblent donner à ce lieu une sorte de vie et de mouvement, propres à rappeler ou à faire pressentir les charmes du printemps.

SERRÉ. On emploie ce participe comme adjectif, pour exprimer, en architecture, l'espacement que l'on donne aux colonnes, soit dans l'ancien ordre dorique des Grecs, soit dans cette ordonnance que Vitruve appelle pycnostyle, et où il recommande ces entre-colonnemens étroits, dont l'aspérité donnoit à l'édifice un caractère plus mâle et plus solide. *L'aspérité* de Vitruve consistoit donc dans l'espacement des colonnes *serrées*.

SERRURE, s. f. Sorte de machine qu'on exécute en fer, en cuivre ou en bois, et qu'on applique à un ventail de porte ou d'armoire pour les fermer, et qui s'ouvre avec une clef.

Dans les temps reculés l'on employoit à la clôture des portes de beaucoup plus simples procédés. On se contentoit quelquefois d'attacher la porte avec des cordes, et le nœud de la corde faisoit l'office de nos *serrures*. D'autres fois, on plaçoit transversalement dans l'intérieur de la maison, et devant la porte, un verrou de bois, supporté, sans doute, des deux côtés par un lien en fer; dans ce verrou étoit fixé un morceau de fer ovale, qui servoit à lier le verrou avec la porte, et à l'y fixer. Ce fer étoit creusé, et dans l'intérieur il y avoit un écrou à cris, dans lequel s'adaptoit un fer, dont le bout étoit garni d'une vis, et qui tenoit lieu de clef. Lorsqu'on vouloit ouvrir cette espèce de *serrure*, on vissoit la clef dans le fer ovale creux, et on le retiroit; alors la porte détachée du verrou s'ouvroit, et on ôtoit celui-ci. On ouvroit ainsi les portes quand on étoit dans l'intérieur de la maison, et pour les fermer, on remettoit le verrou et on y enfonçoit le morceau de fer creux ovale. Afin de pouvoir fermer et ouvrir, lorsque l'on étoit en dehors de la maison, on tailloit dans la porte, au-dessus de l'endroit où étoit la noix, c'est-à-dire le fer ovale creux, une ouverture assez grande pour y pouvoir passer la main, enfoncer la noix dans le verrou ou la retirer.

Il y eut dans l'antiquité plusieurs autres manières de *serrure* dont le détail seroit ici hors de propos, ces procédés n'ayant plus aucune application, depuis que ces moyens plus ou moins grossiers ont été remplacés par l'art des Modernes, chez lesquels des mœurs fort différentes, et une multitude de besoins domestiques, ont donné lieu à imaginer bien d'autres expédiens et de bien plus commodes. Chez les Anciens, d'ailleurs, les portes des intérieurs des maisons, des armoires et des meubles, pouvoient se passer de *serrures*. On se contentoit d'y mettre le scellé avec un cachet, et cet usage est encore ce qui nous explique le nombre infini de sceaux et d'anneaux qui nous sont parvenus.

Aujourd'hui, l'usage des *serrures* en fer est devenu général, et il forme une sorte d'art mécanique susceptible des plus nombreuses variétés. Ce qu'on appelle une *serrure* de sureté, est un assemblage de pièces plus ou moins compliquées. Les plus importantes sont les pênes, les ressorts, les moraillons, le foncet, le palastre, la cloison, les gâchettes, les auberons, les rouets, les rateaux, le canon, la broche, les estoquiaux, la bouterolle, les crampenets, etc. Au dehors, la *serrure* est garnie d'une entrée ou écusson.

On donne aux *serrures* différens noms. On dit:

SERRURE A BOSSE. C'est celle dont la couverture est carrée et enfoncée, formant une cloison oblique; l'entrée est percée au milieu de cette couverture, sur laquelle, au-dessus de l'entrée, sont placés intérieurement deux crampons portant un petit pêne, derrière lequel est un ressort monté sur un estoquiau. Son foncet porte quelquefois une broche avec un fer à rouet, ou une bouterolle; au-dessus de l'entrée est une auberonière, par où passe l'auberon du moraillon, à travers lequel passe le pêne pour fermer.

SERRURE TREFILIÈRE. Est une *serrure* qui ne peut s'ouvrir que par un côté, qui n'a qu'une entrée. Telles sont les *serrures* à bosse, et celles qu'on pose aux ventaux d'armoire, etc.

SERRURE BENARDE. Est celle qui peut s'ouvrir des deux côtés, qui a une entrée dans la couverture ou le foncet, et une autre dans le palastre.

SERRURE A BOUCHETTE. *Serrure* dont le pêne est à demi-tour, se fermant de lui-même, en laissant tomber le couvercle d'un coffre.

SERRURE A UN PÊNE EN BORD. Est celle dont le pêne est plié en équerre par le bout, et recourbé en demi-rond, pour faire place au ressort.

SERRURE A DEUX FERMETURES. *Serrure* de coffre, dont le pêne est fendu ou coudé en équerre, pour passer dans deux cramponets. On en fait à trois, quatre fermetures, et au-delà, pour lesquelles on multiplie les ressorts. Ces *serrures* sont ordinairement composées de pênes à pignon, avec des crémaillères que la clef fait mouvoir.

SERRURE A RESSORT. On appelle ainsi celle dont le pêne se ferme de lui-même, par un ressort, et qu'on ouvre par un seul demi-tour de clef en dehors, et en poussant un bouton par-dedans.

SERRURE A PÊNE DORMANT. *Serrure* dont le pêne ne peut être ouvert ni fermé, que par le moyen de la clef, et qui a un ressort, lequel entre dans un cran à côté du pêne, et qui empêche qu'on puisse l'ouvrir avec le crochet.

SERRURE A CLENCHE, OU LOQUET, OU CADOLE. C'est une *serrure* à pêne dormant, qui porte un loquet sur le bord inférieur du palastre, lequel s'ouvre et se ferme par-dehors et par-dedans, avec un bouton, un gland, ou une olive.

SERRURE A PASSE-PARTOUT. *Serrure* qui a deux entrées, l'une à côté de l'autre, et par conséquent qui est à deux clefs. Telles sont les *serrures* des appartemens, des maisons royales et de divers établissemens. Ces *serrures* sont toutes différemment garnies; elles ont chacune leur entrée particulière.

Mais la seconde entrée est faite pour une clef, qui doit être entre les mains du concierge, du maître de la maison, ou du supérieur, et cette clef a la propriété de pouvoir ouvrir les *serrures* de toutes les portes.

SERRURERIE. L'art de faire des serrures a donné son nom à l'art de la *serrurerie*, quoique les serrures fassent aujourd'hui la moindre partie d'une profession, qui embrasse un très-grand nombre de travaux et d'emplois, lorsqu'on y comprend, comme cela se doit, les ouvrages si multipliés du fer, et les applications innombrables qu'on en fait dans le bâtiment, à tous les accessoires d'utilité ou de décoration des édifices.

Il n'est ni dans l'esprit ni du ressort de ce Dictionnaire, d'embrasser les procédés de travailler le fer. A ce dernier mot, nous avons cru devoir nous contenter de l'énumération des différens noms qu'on donne au fer, selon sa grosseur, ses façons, ses usages et ses défauts. Ces nombreuses dénominations expliquent suffisamment toutes les variétés que le travail donne à cette matière, considérée généralement dans ses rapports avec la bâtisse. *Voyez* FER.

La *serrurerie* en multiplie encore les emplois pour les besoins de la vie, par des travaux et des genres d'industrie, dont le détail seroit la matière d'un ouvrage spécial.

La *serrurerie*, vue sous un rapport plus particulier avec l'art proprement dit de l'architecture, ne sauroit donc nous occuper, qu'en considérant ses travaux comme pouvant, dans plus d'un emploi, contribuer à la décoration des édifices. Nous avons consacré déjà un article à l'emploi qu'on a fait des grands ouvrages de *serrurerie*, comme objets de clôture, sous le nom de *grille*. (*V.* ce mot.) Nous ne répéterons donc point ici, que cet art peut, dans tous ses dessins, s'approprier une multitude de formes, de détails, qui constituent la peinture et la sculpture d'ornement.

SERVANDONI, né en 1695, mort en 1766.

Cet artiste qui s'est acquis, dans le dernier siècle, une très-grande célébrité, la dut à deux genres, dont un seul auroit fait sa réputation. La peinture qu'il cultiva d'abord, le conduisit aux études de l'architecture, et l'architecture dont il posséda le génie, vint ensuite lui prêter les grands moyens qu'il mit en œuvre avec tant d'éclat, dans l'art des décorations de théâtre et de la composition des fêtes publiques.

Né à Florence, il y contracta d'abord un goût très-vif pour le dessin et la peinture. Le genre de peinture auquel il se livra dès ses premières années, et le maître dont il prit les premières leçons (le célèbre Pannini), influèrent bien certainement sur la direction que devoit naturellement suivre son génie. Pannini s'étoit fait alors remarquer par une espèce de compositions, qui réunissoit les vues de paysage, à celles des monumens ou des ruines de l'architecture antique. Cette réunion d'objets exige que le paysagiste soit architecte, ou que l'architecte soit paysagiste.

A cette école, *Servandoni* commença à devenir l'un et l'autre. Ses tableaux de ruines et de paysages qui décorent aujourd'hui les cabinets des amateurs, furent les préludes des grandes conceptions, auxquelles son talent devoit être un jour appelé.

Il lui falloit agrandir le cercle de ses études. Dans cette vue il alla à Rome, où il étudia sérieusement l'architecture sous Jean-Joseph de Rossi, mais plus utilement encore dans les monumens d'antiquité de la ville immortelle. Il ne s'étoit proposé d'abord, que de mettre plus de correction et une plus grande vérité, dans la représentation de ces magnifiques débris, que n'en mettent ordinairement les peintres du genre auquel il s'étoit adonné.

Servandoni paroissoit travailler pour la gloire plus que pour la fortune. Or, il arrive plus souvent à la gloire de donner la fortune, qu'à la fortune de conduire à la gloire. Sa renommée ne tarda point à s'étendre. Entraîné aussi par le goût des voyages, il passa en Portugal, où il peignit des décorations pour l'Opéra italien, et donna plus d'un projet de différentes fêtes. Les succès qu'il obtint passèrent ses espérances. Il fut décoré de l'ordre de Christ; c'est pour cela que depuis on l'appela généralement le chevalier *Servandoni*.

En 1724 il vint en France. Sa réputation qui l'y avoit devancé, lui procura bientôt la direction des décorations de l'Opéra. Ce fut en 1728 qu'il développa pour la première fois, dans l'opéra d'Orion, la magie de son art. Tout Paris se trouva transporté près des embouchures du Nil, au milieu des ruines et des débris des pyramides. Il paroît qu'on connut pour la première fois à ce théâtre, ce que peuvent produire d'illusion, la belle composition des lignes, la vérité des formes propres aux monumens, le prestige des deux perspectives linéaire et aérienne, joint au charme de la couleur et à l'effet de la lumière.

Aussi, dès ce moment, le spectacle de l'Opéra prit une forme nouvelle. Pendant l'espace d'environ dix-huit ans, que la partie de ses décorations fut confiée à *Servandoni*, il en exécuta plus de soixante, et l'on convint qu'il avoit laissé bien loin derrière lui tous ses prédécesseurs. On met au nombre de ses plus belles compositions, celle du palais de Ninus, du temple de Minerve, des Champs-Elysées, du palais du Soleil, et de la mosquée de Scanderberg, où la perspective, l'illumination et la richesse de l'exécution, produisirent chez les spectateurs un enthousiasme extraordinaire.

Toutefois on jugea que l'artiste s'étoit surpassé lui-même, dans la décoration du génie du feu pour l'opéra de l'empire de l'Amour. L'heureuse disposition des lumières et le brillant des couleurs, y produisoient un effet impossible à décrire. D'une urne transparente placée au milieu du théâtre, sembloient partir des rayons lumineux, qui jetoient sur toute la décoration un éclat que les yeux avoient de la peine à soutenir. *Servandoni* eut dans ses décorations un mérite qui manque en général à beaucoup de ces ouvrages, où les décorateurs se croyant libres de tout faire, s'affranchissent souvent des liens, non-seulement du vrai, mais même du vraisemblable. Pour lui il ne se permettoit aucune élévation d'édifices, dont le plan n'auroit pas pu justifier la possibilité en exécution.

En 1731, l'Académie royale de peinture et sculpture l'admit dans son sein, comme peintre paysagiste. Son morceau de réception fut une composition fort pittoresque, où se trouvoit représenté un temple avec des ruines.

L'année suivante, *Servandoni* exposa son modèle du portail de Saint-Sulpice, et bientôt la première pierre en fut posée. Nous en parlerons à la fin de cet article, avec ses autres travaux d'architecture, pour ne pas interrompre la suite des entreprises décoratives, qui ont acquis à son nom une si grande célébrité.

Les décorations scéniques ne sont ordinairement qu'un accessoire aux plaisirs du théâtre, et n'y contribuent qu'en complétant l'effet du spectacle. Mais tel fut le talent de *Servandoni* en ce genre, et telle l'admiration du public, qu'il parvint à attirer la foule, par une espèce de spectacle, qui consistoit uniquement en décorations. En 1738 il obtint la jouissance de la salle des machines aux Tuileries, et il y donna de nombreuses représentations, non pas seulement de certaines vues d'édifices célèbres, mais de véritables drames, si l'on peut dire, où les personnages n'étoient que les accessoires, et dont l'objet principal étoit une succession de scènes destinées particulièrement à parler aux yeux. Nous avons rendu compte de quelques-unes de ces compositions ailleurs. *Voyez* DÉCORATION.

Dans la même année, *Servandoni* eut deux occasions, d'exercer d'une autre manière son rare talent pour la décoration.

La première fut la fête donnée pour la paix. Il fut chargé d'exécuter le monument qui devoit servir au feu d'artifice. Il fit une grande construction de forme pyramidale, sur un plan carré. Un grand soubassement étoit orné de pilastres doriques, audevant desquels on voyoit des statues figurées en marbre, représentant la paix, l'abondance, et d'autres personnages allégoriques; la masse pyramidale étoit couronnée à son sommet par un globe plein d'artifice.

Dans la seconde fête donnée à l'occasion du mariage d'Elisabeth de France, avec don Philippe, infant d'Espagne, *Servandoni* surpassa tous ceux qui l'avoient précédé en ce genre, et l'opinion est encore qu'il n'y a été surpassé par personne. Il avoit choisi pour emplacement de ses décorations, l'espace que parcourt la Seine depuis le Pont-Neuf, jusqu'au Pont-Royal, heureuse situation pour faire participer au spectacle un nombre prodigieux de spectateurs. Ce fut sur les terrains qu'occupe la statue d'Henri IV, et en avant du Pont-Neuf, que fut construit le bâtiment devant servir à l'exécution du feu d'artifice. Ce bâtiment étoit un temple de forme parallélogramme, entouré de colonnes doriques de quatre pieds et demi de diamètre, et de trente-deux pieds de hauteur. Toutes les richesses de l'architecture en ornemens, en bas-reliefs, en statues, y avoient été prodiguées. Sur ce temple consacré à l'hymen, s'élevoit un attique avec une terrasse, soutenant un couronnement, qui portoit à quatre-vingts pieds l'élévation de toute cette masse. Entre le Pont-Neuf et le Pont-Royal on avoit construit, sur deux bateaux accouplés, un salon octogone. Les bateaux étoient cachés par des rochers qui sembloient sortir de l'eau. Huit escaliers conduisoient à une terrasse dont le salon occupoit presque toute la superficie. Il étoit formé par huit arcades, d'où pendoient des lustres en transparens colorés. Du milieu du salon s'élevoit une colonne isolée, avec de pareils transparens rangés par étage. L'intérieur de cette vaste pièce destinée pour la musique, étoit garni de gradins en amphithéâtre occupés par les musiciens. Louis XV et toute sa cour honorèrent cette fête de leur présence, et plus de quatre-vingt mille spectateurs purent y assister commodément.

Servandoni reprit avec encore plus d'éclat et de succès, les travaux de son spectacle de décorations. En 1740 il composa la descente d'Enée aux enfers, et il y fit exécuter sept changemens de scènes. Le sujet qu'il avoit choisi permettoit beaucoup plus de variétés et de contrastes que les précédens. Il favorisoit au plus haut point les passages rapides des ténèbres à la lumière, du terrible au gracieux. L'artiste parut avoir, dans ce spectacle, atteint la perfection, ce que l'admiration des spectateurs lui témoigna de la manière la plus incontestable.

L'énumération de toutes les inventions de *Servandoni*, en ce genre, alongeroit beaucoup trop cet article, sans ajouter à sa gloire. Qu'il nous suffise de citer encore les titres de plusieurs autres compositions, telles que le retour d'Ulysse à Ithaque en 1741, et l'année suivante, l'histoire de Léandre et Héro, en 1754 la forêt enchantée du Tasse, en 1755 et années suivantes, l'histoire d'Alceste, la conquête du Mogol par Tamas-Kouli-Kan, la chute des anges rebelles d'après Milton.

En 1755, *Servandoni* fut mandé à la cour du roi de Pologne, électeur de Saxe. Il y fit les décorations de l'opéra d'Aétius. Ses succès lui méritèrent, outre un présent considérable, vingt mille francs d'appointemens, avec le titre d'architecte décorateur de Sa Majesté Polonoise.

Mais des monumens d'une plus longue durée devoient procurer à *Servandoni* une gloire moins fugitive, et lui assigner un rang plus honorable dans les arts. Un vaste monument, l'église de Saint-Sulpice, à Paris, avoit été commencé en 1646, sur les dessins de Leveau. La première pierre en avoit été posée la même année par la reine Anne d'Autriche, alors régente du royaume. Les travaux interrompus en 1678 ne furent repris qu'en 1718, sous la conduite d'Oppenord, directeur général des bâtimens et jardins du duc d'Orléans, alors régent du royaume. Cet architecte jouissoit en son temps, d'une grande réputation comme dessinateur; mais si l'on consulte le recueil gravé de ses œuvres, on remarque en lui, un des héritiers du goût licencieux, qui avoit perverti l'architecture en Italie dans le siècle précédent, et un continuateur de l'école des Boromini et des Guarini.

C'étoit surtout dans les portails d'églises, que la bizarrerie de cette école s'étoit le plus hardiment développée. La grande hauteur des nefs dans les temples chrétiens, les diversités d'élévation et de plan, n'avoient guère permis d'appliquer à la décoration de leurs frontispices, l'unité et la simplicité des péristyles du temple antique, et nous avons montré ailleurs (*voyez* PORTAIL), les difficultés qu'éprouvèrent les plus grands architectes modernes, à coordonner la hauteur des devantures d'église, avec les dispositions régulières qu'exigent les ordres de colonnes.

L'église de Saint-Sulpice, une des plus grandes et des plus élevées qu'il y ait, alloit subir l'application banale de ces ordonnances plaquées, et à masses irrégulières, que le goût du temps et la routine avoient accréditées. Les fondemens du portail étoient déjà jetés, et cette grande composition alloit être continuée sur les dessins d'Oppenord. C'est dire assez, qu'elle auroit offert ce faux système de lignes contournées ou brisées, de formes ondulées, dans lequel on s'étoit habitué à chercher la richesse et la variété de l'art.

Servandoni parut. Il présenta un nouveau modèle, qui resta pendant un an exposé à la critique. L'ascendant de sa réputation, et peut-être aussi l'attrait de la nouveauté, lui conquirent tous les suffrages.

C'étoit, en effet, une nouveauté alors, qu'une façade d'église formée par des lignes droites, qu'une ordonnance régulière de colonnes, qu'une architecture où enfin les ordres reparoissoient avec leur véritable emploi, avec leur caractère propre, avec la pureté de leurs profils, avec la justesse de leurs proportions. Ajoutons que *Servandoni* avoit le goût du grand, et que dans son portail il sut réunir à des masses larges, imposantes et variées, une disposition qui, avec un couronnement, s'il eût été digne d'elle, seroit peut-être la plus heureuse qu'on ait jusqu'ici imaginée, pour s'adapter à la grande élévation de nos églises.

En montant l'architecture de son portail sur une aussi grande échelle, en adoptant le parti de ses deux ordonnances, sans ressaut, sans avant et sans arrière-corps, dans une longueur de 184 pieds, il trouva le moyen de donner à l'ensemble une grande majesté, et de procurer à l'église un porche d'une très-vaste étendue. La partie la plus remarquable de cette masse, est sans contredit celle de l'ordre inférieur, dont le caractère et les détails se rapprochent beaucoup plus qu'on ne l'avoit fait jusqu'alors, du caractère et de la forme de l'ancien dorique grec, dont, à cette époque, on connoissoit fort peu les monumens. *Servandoni*, obligé de donner une grande solidité au support de l'étage supérieur, a pris le parti de doubler les colonnes de son rez-de-chaussée, non comme l'avoit fait Perrault, à la colonnade du Louvre, dans le sens de la longueur, mais dans le sens de la profondeur de la galerie formée par les colonnes. De cette sorte, les colonnes, lorsqu'on les voit en avant, ont l'avantage de l'isolement, et surtout celui de donner des entre-colonnemens égaux, et des espaces parfaitement réguliers pour les triglypes et les métopes. On diroit, à la vue de son ordre dorique, que *Servandoni* auroit eu quelqu'avant-goût de ce dorique grec, dont il est à douter toutefois, qu'à cette époque, il ait pu avoir une connoissance positive. Il y a dans le genre des cannelures à vive arête, dans la manière large et ferme à la fois de son chapiteau, de ses triglyphes, de ses mutules, quelque chose de grandiose, qu'on ne trouve point dans presque tous les doriques de l'école de son temps.

Le second étage de ce portail offre une galerie en arcades, dont les piédroits sont revêtus d'un ordre adossé de colonnes ioniques. Il paroît certain que *Servandoni* avoit établi un fronton au-dessus de cette ordonnance. Ce fronton entre les deux tours qui flanquent ce frontispice, devoit-il faire un heureux effet? Peut-être n'y a-t-il pas lieu de le regretter. On prétend qu'ayant été frappé de la foudre en 1770, il en étoit venu à menacer ruine. On le détruisit tout-à-fait, et au-dessus de l'entablement de l'ordre ionique, on éleva des statues qui portoient sur des piédestaux qu'on voit encore. Il seroit à souhaiter qu'on les y replaçât. Si le fronton étoit de trop, entre les deux masses qui pouvoient démentir son emploi, une rangée de statues corrigeroit peut-être le grand vide qui règne entre les deux tours.

Ces tours qui accompagnent le portail, s'y trouvent fort habilement jointes, sans en rompre l'unité. Plus d'un changement a déjà eu lieu dans les masses qui en forment les deux étages supérieurs. Un architecte nommé Maclaurin, leur fit subir une première modification qui ne fut pas heureuse. Depuis, M. Chalgrin fit un projet beaucoup plus d'accord avec le tout. Ce projet n'a reçu encore son exécution que dans une des deux tours. Il reste à terminer la seconde selon le même dessin.

Une

Une grande place en avant de l'église étoit entrée dans le plan général de *Servandoni*. Une seule maison qu'on voit encore, et qui est d'une très-solide construction, indique le caractère d'habitations simples et nobles à la fois, dont il auroit entouré cette enceinte. Mais ce local resta long-temps sans pouvoir être déblayé; depuis quelques années, l'étendue qu'on lui a donnée ne permet plus de faire revivre les projets de cet architecte.

On trouve cités dans la vie de *Servandoni* par d'Argenville, un assez grand nombre de travaux d'un genre inférieur, comme portes de maisons, escaliers, chapelles, dont il seroit, je crois, assez difficile aujourd'hui, soit de démontrer l'authenticité, soit même de retrouver les vestiges.

Dans le très-grand nombre d'inventions qui exercèrent son génie, on s'est plu à faire remarquer un modèle et des dessins de temple pour les Grands-Augustins, à Paris, les projets d'un arc de triomphe à la porte de la Conférence, d'un grand théâtre avec toutes ses dépendances, mais surtout d'une place qui devoit être celle de Louis XV, entre les Tuileries et les Champs-Elysées. Cette place, destinée aussi aux fêtes publiques, auroit rassemblé dans ses galeries vingt-cinq mille personnes, sans compter la foule innombrable que l'enceinte même auroit pu contenir. Elle devoit être ornée de 360 colonnes et de 136 arcades, tant intérieures qu'extérieures.

Lorsqu'on pense à la quantité d'ouvrages de tout genre dont *Servandoni* fut chargé, tant en France qu'en d'autres pays, et qui ont assuré à son nom une gloire aussi étendue que durable, on est porté à croire qu'il auroit dû laisser une immense fortune. Il n'en fut rien. C'est qu'il ne comprit jamais ce que signifie le mot *économie*. Ami de la bonne chère et de la joie, c'étoit un besoin pour lui d'associer à ses plaisirs de nombreux amis, car les amis de cette sorte ne sont jamais rares. L'argent fuyoit de ses mains plus vite qu'il n'y venoit, et les poursuites de ses créanciers le forcèrent plus d'une fois de chercher une retraite en d'autres pays.

Après beaucoup de voyages, de travaux, de contre-temps, il vint de nouveau se fixer à Paris, où il cessa d'être occupé, et mourut en 1766.

SERVI (CONSTANTIN DE), né à Florence en 1554, mort en 1622.

Cet artiste d'une famille des plus distinguées de Florence, fut tout à la fois peintre, ingénieur et architecte.

Il voyagea par toute l'Europe, et son mérite personnel lui mérita l'accueil de toutes les cours.

Le grand Sophi de Perse le demanda au grand-duc Cosme de Médicis. *Constantin de Servi* se rendit en Perse, où il demeura environ un an; mais on ignore à quels travaux il fut employé.

De retour à Florence, il eut la surintendance de tous les ouvrages de la galerie, et des travaux de la magnifique chapelle de Saint-Laurent. On sait que les ouvrages dont il s'agit ici, sont ces mosaïques composées de pierres précieuses, que les Italiens appellent *Lavoro a commesso*. De ce genre sont ces belles tables qui ornent les plus riches cabinets, et qui forment des espèces de tableaux, ou compositions de toutes sortes d'objets, propres à être exécutés avec des pierres précieuses, dont les couleurs répondent à celles des objets naturels eux-mêmes. Ce sont particulièrement des plantes, des fleurs, des coquilles, des oiseaux, etc.

Constantin de Servi alla en Angleterre, où il s'attacha au prince de Galles, qui le nomma surintendant de ses palais, avec une pension de 800 écus romains.

D'Angleterre il passa en Hollande, où il fut employé par les États-Généraux de ce pays. Il s'y attira l'estime de tout le monde, et surtout celle du comte Maurice de Nassau. Il y fit le dessin du palais que ce prince vouloit faire construire pour sa résidence à la Haye. De retour en Toscane, il devoit envoyer au prince le modèle en relief de cet édifice. On ne sait ni si l'envoi eut lieu, ni si le projet reçut son exécution.

Après beaucoup d'autres excursions en divers pays de l'Europe, *Constantin de Servi* se fixa définitivement en Toscane, où le grand-duc, dans le dessein de se l'attacher, lui donna le commandement de Lucignano. (*Cet article est emprunté à Milizia.*)

SERVICE, s. m. Ce mot est employé dans la bâtisse, pour exprimer le transport des matériaux soit du chantier au pied du bâtiment, soit de cet endroit sur le tas.

Plus un édifice est *élevé*, plus le *service* est long et difficile, lorsqu'on arrive au terme de son achèvement.

On donne ce nom à plus d'un échafaudage que l'on construit dans les bâtimens, pour le service de leur bâtisse. On dit un *pont de service*, un *escalier de service*, etc.

SERVITUDE, s. f. Ce terme appartient à la jurisprudence des bâtimens. On le définit un droit sur la propriété d'autrui, pour un passage, pour un jour, pour un évier, ou toute autre sujétion à laquelle un voisin est légalement soumis.

La *servitude* s'appelle *active* ou *passive*. On l'appelle *active* à l'égard de celui qui en profite, et *passive* à l'égard de celui qui en souffre.

La *servitude* s'appelle *réciproque*, quand deux voisins ont l'un sur l'autre un droit pareil.

Il y a des *servitudes* pour un temps; il y en a d'autres à perpétuité. (On peut consulter sur cet objet les *Lois et Coutumes des bâtimens, par Desgodets.*)

Nous distinguerons *servitude* de *sujétion*. Le premier de ces mots, ainsi qu'on l'a dit, exprime, dans les bâtimens, certaines conventions stipulées entre voisins, et garanties par les lois. Le second, beaucoup plus général, exprime une multitude de rapports plus ou moins gênans, auxquels l'architecte est tenu d'avoir égard, dans la conception et l'exécution de ses projets; et ces rapports dépendent des besoins divers, souvent des caprices des particuliers, quelquefois aussi des convenances locales et impérieuses du terrain et de son site. *Voyez* SUJÉTION.

SÉVÈRE, SÉVÉRITÉ. On donne ce nom, dans tous les arts, à une sorte de goût, de style, de manière dont un ouvrage est conçu et exécuté, et par suite on le donne encore à l'ouvrage même.

Sévère est l'opposé d'*agréable*. Le style *sévère*, dans un édifice, est celui qui n'y admet que ce qui constitue le nécessaire, et néglige toutes les formes, tous les ornemens accessoires, d'où résulte l'impression de la variété, de la richesse et du luxe.

Le plus nécessaire, dans un édifice quel qu'il soit, est, sans contredit, la solidité. Mais l'architecture exige le mérite de la solidité, d'abord dans la réalité de la chose, ensuite dans son apparence. La solidité réelle et positive peut tenir uniquement, et à certains matériaux, et à un certain emploi de ces matériaux, dont l'effet n'aura aucun rapport sensible avec le goût, ni avec les impressions de nos sens. Mais la solidité apparente résulte de certaines dispositions de masses, d'un certain accord entre les pleins et les vides, d'une certaine rectitude de lignes, qui produisent l'impression de la qualité qu'on appelle *sévérité*.

Ainsi des masses uniformes, de grandes surfaces lisses, de grandes parties rectilignes sans ressaut, sans interruption, porteront le caractère d'une grande solidité, parce que l'instinct seul, sans parler du raisonnement, nous apprend que le temps et la destruction ont moins de prise sur ce qui est simple, que sur ce qui est composé. *Voyez* SOLIDITÉ.

Qui ne voit au contraire, que la diversité des masses, la multiplicité des percés, les plans contournés et mixtilignes, ne peuvent point ne pas produire pour l'esprit, le sentiment de foiblesse et d'inconsistance, comme ils doivent en opérer l'effet dans la réalité?

Ce qu'on appelle *sévérité*, en architecture, tiendra donc à une grande simplicité de plan, à une grande uniformité d'élévation, et aussi à une grande économie d'ornemens.

On entend peut-être mieux la *sévérité* sous ce dernier rapport.

Effectivement, c'est ainsi qu'on l'explique, et qu'on la définit dans les arts du discours. On y distingue le style *sévère* et le style orné. Le premier est celui des écrivains et des orateurs ordinairement les plus anciens, qui, dans chaque sujet, occupés principalement des choses plus que des mots, jaloux d'instruire plutôt que de plaire, de prouver, en s'emparant de la raison plutôt que de l'imagination, ont négligé les charmes de la diction, et préféré la solidité de la logique aux fleurs de la rhétorique. On reconnoît le style orné, à une certaine prétention dans la variété des tournures, dans le choix des formes, dans la recherche des images, dans le soin de flatter agréablement l'oreille par des mouvemens cadencés, et des chutes variées.

Il en est de même du style *sévère* en architecture. Les maîtres de ce style se font remarquer par l'attention qu'ils portent, avant tout, aux qualités fondamentales de l'art de bâtir, par le soin qu'ils ont de ne rien mettre de superflu dans leurs compositions, de s'en tenir à l'expression propre de chaque caractère, et à l'exécution scrupuleuse des proportions de chaque ordre, de ne rien innover dans les types reçus, de subordonner les ornemens, c'est-à-dire l'agréable à l'utile, c'est-à-dire aux formes constitutives des membres dont se compose le corps d'un édifice.

Si l'on veut retourner cette définition et prendre l'inverse de chacune des notions qu'elle renferme, on trouvera qu'il s'est donné dans l'architecture, un style remarquable par l'affectation de nier ou de dissimuler ce qui est le principal d'un édifice, et de faire prévaloir sur le nécessaire, précisément ce qui est le superflu, par la prétention à une variété de formes, de lignes, de contours, tendante à détruire toute idée d'ordre, de type constitutif et indicatif de chaque caractère, remarquable surtout par l'ambition des nouveautés, par le desir de flatter les yeux, au préjudice du plaisir de l'esprit et de la raison.

En appliquant la notion de ces deux styles aux monumens de l'architecture, il n'y a personne qui ne range sous l'indication du premier, c'est-à-dire du style *sévère*, le plus grand nombre des édifices du quinzième et du seizième siècle. Je dis le plus grand nombre, parce qu'il s'y en trouve, parmi ceux du quinzième, quelques-uns, surtout à Florence, où la *sévérité* peut paroître excessive, et d'autres, parmi ceux du seizième siècle, qui tiennent un milieu très-heureux entre la *sévérité* et le relâchement des principes : car la *sévérité* a aussi différens degrés. Mais personne n'hésitera d'appliquer la notion du second style, c'est-à-dire opposé, au style *sévère*, au goût qui régna dans le dix-septième siècle.

L'idée précise de *sévérité*, en architecture, peut être rendue sensible à l'esprit comme aux yeux, dans les ordres, par le dorique grec, où le principe de solidité, de nécessité, d'utilité, se trouve écrit en caractères qu'aucun œil ne peut méconnoître.

Cette idée se manifeste encore clairement dans certains édifices, du genre de ceux qui ne sauroient, sans une inconvenance révoltante, admettre ni les variétés de formes, ni le luxe des ornemens, ni les badinages des détails, auxquels le caprice aime à se livrer. Tels sont des portes de citadelles ou de fortification, des prisons, des arsenaux, des magasins, etc.

SEUIL, s. m. C'est la partie inferieure d'une porte, ou la pierre qui est entre ses tableaux. Elle ne diffère du pas, qu'en ce qu'elle est arrasée d'après le mur.

Le *seuil* a quelquefois une feuillure pour recevoir le battement de la porte mobile.

Seuil d'écluse. (*Terme d'architecture hydraulique.*) Pièce de bois qui, étant posée de travers entre deux poteaux, au fond de l'eau, sert à appuyer par le bas, la porte ou les aiguilles d'une écluse, ou d'un pertuis.

Seuil de pont-levis. Grosse pièce de bois avec feuillure, arrêtée au bord de la contrescarpe d'un fossé, pour recevoir le battement d'un pont-levis quand on l'abaisse. On l'appelle aussi *sommier*.

SGRAFFITO. Mot italien qui exprime un certain genre de peinture ou plutôt de dessin en grisaille sur mur, et qu'on a traduit jadis en français par le mot *égratigné, manière égratignée*. C'est ce que signifie en effet le mot italien, et ce mot exprime assez bien la nature du procédé, par lequel on exécute cette sorte de dessin, ou pour mieux dire, de gravure sur murailles.

Voici comment on y procède.

On forme sur le mur en maçonnerie qu'on veut ainsi décorer, un enduit fait de sable et de chaux, ou l'on mêle une cendre de paille brûlée, qui donne au mortier, en raison de la quantité qu'on y introduit, une teinte noirâtre ou grisâtre plus ou moins forte. Lorsque la couche de ce mortier est sèche, on y passe une teinture de chaux délayée dans de l'eau de-colle. Dessus cette teinture blanche on trace les dessins de la composition qu'on veut exécuter, avec des cartons ou papiers piqués, en faisant usage d'un petit sac rempli de charbon pilé, qu'on frappe sur le trait indiqué par les petits trous des piqûres, de façon que la poussière passant à travers ces trous, marque les traits du dessin en points noirs.

Le peintre se sert alors d'une pointe de fer pour fixer son trait, ou de plusieurs pointes en manière de fourchette, qui forment des hachures, lesquelles enlevant la teinte blanche et découvrant l'enduit du mortier noir qui est dessous, produisent d'une manière très-expéditive un dessin en grisaille, c'est-à-dire en blanc et noir. Il est encore facile de former des demi-teintes, en passant par endroit un gris léger, sur les parties qu'on veut éteindre.

On a jadis usé fréquemment, à Rome, de cette manière de décorer les murailles, à peu de frais, et encore aujourd'hui la pratique-t-on à Gênes, au dehors des maisons. Cette méthode de décoration plus simple que la fresque, a encore l'avantage de mieux résister aux injures du temps. Quelques restes de *sgraffito* de la main de Polydore, élève de Raphaël, ont subsisté jusqu'à nos jours, et il est à croire que le plus grand nombre a dû sa destruction moins au laps du temps, qu'aux changemens survenus dans beaucoup des habitations qui en étoient ornées.

SIÉGE, s. m. Dans son acception ordinaire, ce mot signifie un meuble fait pour s'asseoir. Il s'en fait de toutes sortes de matières, et de formes diverses. On donne en effet ce nom et à des meubles portatifs et mobiles, et à des bancs de pierre, tels que les degrés des théâtres anciens, où s'asseyoient les spectateurs.

Les *siéges*, par la dignité de quelques-uns de leurs usages, par la richesse de leur matière, par la beauté de leurs formes et la variété de leurs ornemens, ont été jadis, et sont encore quelquefois d'importantes compositions, où le génie de la décoration architecturale trouve à s'exercer.

L'antiquité nous a laissé quelques monumens durables du goût que ses artistes portèrent à de tels ouvrages. On a trouvé dans l'Attique deux *siéges* sculptés en marbre, et dont les ornemens désignent clairement l'usage. La partie antérieure présente deux chouettes d'un assez grand relief, et qui semblent supporter soit la banquette, soit les bras du *siége*. Sur la partie latérale d'un de ces deux *siéges*, est sculptée la table où l'on plaçoit les couronnes, les palmes et les différens prix donnés aux vainqueurs dans les jeux du stade. Il est bien probable que ce sont les *siéges* des Agonothètes ou juges des combats.

Plus d'un *siége* de marbre ou de porphyre s'est trouvé dans les ruines des Thermes à Rome, et orne aujourd'hui les musées de cette ville.

Mais de tous les objets auxquels le nom général de *siége* convient, il n'en est point qu'on puisse comparer pour la grandeur, la richesse et le goût de la composition, aux trônes des divinités, surtout de celles qui étoient d'or et d'ivoire. Nous en renvoyons la description au mot Trône des divinités. *Voyez* Trône.

SIGNINUM (Opus). C'est le nom que donne Vitruve (*lib.* 2. *cap.* 4. *lib.* 8. *cap.* 7.) à une sorte de mortier, dont on faisoit usage pour les puits et les citernes. On mêloit ensemble cinq parties de sable pur, et deux de chaux. On remuoit bien ce mélange, et on y mettoit de petits morceaux de pierre ou de tuf, du poids d'environ une livre; ensuite on le battoit avec des masses de bois garnies de fer. Selon Pline, on faisoit aussi le *signinum opus* avec des tuiles pilées et de la chaux.

SILVANI (Gherardo), né en 1579, mort en 1675.

Silvani fut un des derniers architectes du seizième siècle à Florence, c'est-à-dire de ceux qui persistèrent dans ce goût sage, pur et grandiose, auquel cette ville doit d'être encore aujourd'hui, dans ses monumens, une des belles écoles de l'architecture.

Il devint architecte, comme beaucoup l'étoient devenus avant lui, sans avoir fait de l'art de bâtir sa première ou principale étude. Né de parens très-honorables, mais déchus de leur fortune, par l'effet des causes politiques, *Silvani*, tout en se livrant aux occupations du négoce dans la maison de son père, nourrissoit déj. la passion qui devoit faire de lui un artiste célèbre. Il fut placé pour apprendre la sculpture chez Valerio Cioli, un des plus habiles maîtres de ce temps; mais il le perdit au bout d'un an. Il perdit encore au bout de trois mois de séjour dans son école, le célèbre Bandini. Une autre sorte de fatalité l'empêcha d'entrer chez Jean de Bologne. Un sort plus heureux le fixa chez Jean Caccini, où il trouva enfin à être employé selon son mérite.

Il faut lire dans Baldinucci, qui en fait mention avec le plus grand soin, les détails de tous les travaux auxquels *Silvani* dut enfin sa réputation comme sculpteur, et les occasions qui le firent architecte.

Ce fut en 1612 qu'il fut chargé de rebâtir la grande chapelle de Saint-Pierre-Majeur : il en fit le modele de relief, en donna les dessins, et exécuta en entier l'ouvrage tel qu'on le voit aujourd'hui.

Vers le même temps, le grand-duc Come II ayant dessein d'agrandir le palais Pitti, commanda un modèle à *Silvani*, en concurrence avec Jules Parigi. Il nous manque un dessin pour bien comprendre l'idée que Baldinucci nous a transmise du projet de *Silvani*. Sa description donne toutefois à croire que ce fut une très-grande conception. Peut-être que sa grandeur même en empêcha l'adoption. Il arriva, comme on l'a vu souvent ailleurs, qu'on se rabattit au projet le plus économique, celui de donner deux aîles au palais.

Silvani ne fut pas plus heureux dans le projet et le modèle de palais, que lui avoit commandé l'archiduchesse d'Autriche, Marie-Madeleine, pour sa campagne de Poggio Imperiale. *Silvani* étoit un homme doux, modeste, ennemi de toute brigue, qui ne paroissoit jamais que quand il étoit appelé; et il ne manque jamais d'hommes qui, sans être appelés, et même parce qu'on ne les appelle point, se présentent toujours les premiers. Or, notre architecte trouva long-temps sur son chemin de pareils hommes. Cependant il dut à la meilleure de toutes les protections, celle du talent, d'assez nombreuses occasions de l'exercer, d'agrandir le cercle de ses entreprises, et d'augmenter sa fortune. Jusqu'alors les travaux de la sculpture y avoient presqu'uniquement contribué. Mais ayant épousé la petite-fille du célèbre Bernard Buontalenti, dont il eut quatorze enfans, il dut s'adonner de préférence à l'architecture.

Il seroit difficile, dit Baldinucci, de nombrer tous les ouvrages qui remplirent le cours de sa longue vie. Nous trouvons qu'il refit à neuf le palais du comte Alberto dé Bardi; qu'il en éleva un autre très-grand et très-beau au podestat de Montale; qu'il restaura et embellit la chapelle des Salviati dans l'église de Santa Croce; qu'il exécuta, d'après son modèle, une très-belle maison de campagne pour le sénateur Alexandre Guadagni; qu'il termina le bâtiment de Pierre Guicardini, ainsi que le grand escalier et la chapelle commencés par Cigoli, et que la mort l'avoit empêché d'achever; qu'il restaura et refit dans un goût plus moderne l'église de Saint-Simon, avec la décoration du grand autel, du chœur et des chapelles; qu'à Volterra il termina un palais pour l'amiral Inghirami, qu'il lui commença une maison de campagne, ouvrage que la mort de l'amiral fit abandonner.

A Pistoia, *Silvani* acheva la plus grande partie du nouveau palais de la Sapienza, à Florence l'oratoire commencé jadis par Caccini son maître. On met au nombre de ses plus grands travaux la restauration, ou pour mieux dire le renouvellement du palais de Luca degli Albizzi, et où l'on admira l'habileté avec laquelle il sut, profitant des vieilles bâtisses, les transformer en une toute nouvelle architecture. Tous les travaux qu'on vient de citer, il les exécuta dans le court espace de six années.

L'église des Théatins avoit été commencée par Matteo Nigetti, qui en négligeoit l'exécution. On fut obligé de lui donner un successeur. *Silvani* fut chargé non de continuer, mais de recommencer l'entreprise. Il fit un nouveau modèle sur un plan beaucoup plus étendu, et il trouva un moyen ingénieux d'augmenter le local destiné à l'habitation des religieux, placée sur un espace étroit, et qui ne permettoit aucun agrandissement. Il rebâtit dans le même temps le couvent de Sainte-Marie des Anges, dont étoit supérieur son frère don Salvador *Silvani*.

Le savant Jean-Baptiste Strozzi commanda à *Silvani* de lui faire une façade pour son palais, près de la Trinité. Strozzi étoit aveugle. Mais telle étoit alors l'influence des mœurs, particulièment sur l'architecture, que tout homme riche devoit annoncer par l'extérieur de sa maison, son goût et son amour pour les arts. Ainsi, quoique privé, par son infirmité, de pouvoir jouir de la décoration de son palais, Strozzi n'en eut pas moins l'ambition de payer son tribut à l'usage de son temps, et l'on rapporte qu'à défaut de la vue, le tact lui servit à connoître et à juger le modèle que *Silvani* lui présenta. On peut, ce nous semble, affirmer que ce nouveau moyen de critique ne le trompa point, et l'on s'en convaincra en voyant la façade de ce palais, rapportée par Ruggieri, *tom.* 3, *pl.* 52 de son *Studio d'Architettura civile*. Milizia, dans la vie extrêmement abrégée d'un des architectes les plus féconds qu'ait produits la Toscane, n'a consacré que deux lignes au jugement de ce palais, qui, dit-il, a trois étages *mal proportionnés*. On ne voit pas sur quoi repose cette laconique censure. Les trois étages dont il s'agit, nous paroissent au contraire offrir, non pas si l'on veut, un modèle de façade bien original, mais très-certainement, une conformité fort heureuse, avec les meilleurs ouvrages du seizième siècle. *Silvani*, comme Baldinucci nous l'apprend, ne fit autre chose que la façade de ce palais (*la facciata di sua casa*). Dès-lors il dut l'adapter à des divisions en largeur et hauteur déjà données. C'est donc des détails qu'il faut porter un jugement, plutôt que de la conception d'un nouvel ensemble. Or, on peut affirmer que toutes les formes des fenêtres, que leurs chambranles, les ordres qui les décorent, que les intervalles des étages, que la porte d'entrée, les pilastres qui la flanquent, ainsi que ceux des angles du bâtiment, l'entablement dorique qui les surmonte, sont autant de parties et de détails, où se retrouvent le style, la manière et les principes des plus habiles prédécesseurs de *Silvani*. Peut-être y auroit-il à critiquer, dans cet ensemble, comme un peu étrangères à la composition, les petites fenêtres de nécessité, en œil-de-bœuf, de l'étage d'en haut. Peut-être encore y desireroit-on un entablement qui couronnât toute cette masse, d'une manière plus digne d'elle.

Il faut citer comme un des meilleurs ouvrages de *Silvani* et des beaux monumens de Florence, le palais Capponi (*in Via larga*). L'architecture, outre mille difficultés dépendantes des sites, des terrains, et de toutes sortes de sujétions qui entravent le génie de l'artiste, éprouve encore de plus grands obstacles de la part des ordonnateurs, qui souvent veulent plus qu'ils ne peuvent, et après avoir accepté des projets au-dessus de leurs moyens, se trouvent forcés de les rapetisser ou de les laisser imparfaits. C'est ce qui arriva au palais Capponi. Le propriétaire se lassa de l'entreprise qu'il avoit approuvée, ou plutôt de la dépense qu'elle exigeoit. Il obligea *Silvani* d'en réduire l'élévation déjà fort avancée. Or, on conçoit ce que peut perdre, aux yeux des gens de goût, un édifice dont tous les rapports avoient été calculés, lorsqu'on en vient, par la suppression d'une partie de son élévation, à lui donner une largeur qui semble alors disproportionnée. Malgré ce défaut, qu'on ne doit pas imputer à l'architecte, ce palais est encore un des plus remarquables monumens de l'architecture toscane.

Silvani éprouva un désagrément d'un autre genre, au palais qu'il fit pour les frères Castelli, riches négocians de cette époque, et qu'on appelle aujourd'hui le palais *Marucelli*. Les frères Castelli, avant de s'adresser à *Silvani*, s'étoient ingéré à en donner eux-mêmes les projets, et en avoient commencé l'exécution sous la direction de gens peu versés dans l'art. Ils eurent enfin recours à *Silvani*, qui fut obligé, pour réduire à un meilleur dessin, les constructions malhabilement commencées, sans perdre toute la dépense déjà faite, de se soumettre à des données fort gênantes, tant de la part des travaux qu'il falloit conserver, que pour satisfaire aux caprices des propriétaires. Toutefois ce palais, considéré surtout dans sa façade, fut jugé en son temps, et l'est encore aujourd'hui, comme un des excellens ouvrages entre tous ceux qu'on admire à Florence.

La réputation de *Silvani* s'élevant de jour en jour, le grand-duc Ferdinand II ne crut pas pouvoir confier à un talent plus éprouvé la place d'architecte de la cathédrale, qui venoit de vaquer par la mort de Jules Perigi. Ce grand édifice avoit besoin de plus d'une réparation. *Silvani* y en opéra de plus d'un genre, et des plus importantes, soit en déchargeant les reins des voûtes du poids de matériaux inutiles qu'on y avoit laissés, soit en renouvelant plusieurs parties de charpente, tous travaux qui améliorèrent singulièrement la construction. Mais il eut encore l'ambition de donner enfin un frontispice à cette grande basilique, qui, comme plusieurs autres à Florence, étoit restée imparfaite dans sa façade. Cependant son projet n'eut pas plus de succès que beaucoup d'autres, et Sainte-Marie-des-Fleurs, ce chef-d'œuvre du quinzième siècle, est arrivée jusqu'au dix-neuvième, sans avoir pu recevoir ce complément, sujet perpétuel de concours et de débats restés sans décision.

Le vieux pont de Pise étoit tombé dans une crue d'eau du fleuve, l'an 1635. Il fut question d'en rebâtir un nouveau. *Silvani* fut appelé pour en donner les dessins. Son avis étoit de diminuer, autant qu'il seroit possible, le nombre des arches, et par conséquent des piles. Il proposoit de faire le pont à une seule pile, c'est-à-dire de deux arches, ou de trois arches, avec deux seules piles; et il en présenta le modèle, avec l'engagement de terminer le tout au plus tard en trois années. Mais survint entre les concurrens un certain Bartolotti, qui se fit fort d'exécuter le pont sans pile et d'une seule arche. Il le fit en effet, mais le premier janvier 1644, le pont s'écroula. Plusieurs années s'écoulèrent, et après un assez long temps, on en vint à le rebâtir avec trois arches et deux piles, selon le projet de *Silvani*. Toutefois il n'eut pas l'honneur de l'exécution. Son grand âge l'eût empêché de se livrer à ce travail, et l'ouvrage fut confié à Francesco Nave, architecte romain.

Aucun architecte n'a peut-être à offrir une liste d'ouvrages aussi nombreuse que *Silvani*. Ce qu'on peut attribuer à trois causes, l'infatigable activité de l'artiste, la longueur d'une carrière poussée jusqu'à quatre-vingt-seize ans, mais surtout l'état de l'architecture, et le goût, ou pour mieux dire, l'usage du temps où il vécut. Chaque âge amène avec soi des causes différentes, dont les effets se réalisent dans les œuvres de bâtir. Lorsque de grandes choses ont été faites et produites en architecture, le goût s'en propage, et de proche en proche, un certain courant de mode tend à tout renouveler. C'est ce qui étoit arrivé au temps de *Silvani*. Les deux siècles qui le précédèrent, avoient mis l'architecture dans le plus grand honneur. De toutes parts s'étoient élevés de grands et magnifiques monumens; les princes, les grands, de simples particuliers opulens, avoient mis leur ambition dans la grandeur et la beauté de leurs habitations. Ces exemples produisirent de nombreuses imitations. Chacun voulut, selon ses moyens, suivre le mouvement imprimé au luxe. Il se crée alors, pour tous les degrés d'ambition, un certain art de remettre à neuf les anciens bâtimens, de les changer d'habit si l'on peut dire, et de leur redonner une physionomie plus moderne. C'est l'âge des refaçons, des restaurations, des remaniemens, et cet âge-là fut celui où vécut *Silvani*.

On l'a déjà vu occupé de semblables soins, et Baldinucci va encore se contenter d'énumérer les travaux infinis (dit-il) qui l'occupèrent en ce genre. *Le infinite restaurazioni e riduzioni al moderno di chiese di ville di nostri cittadini*, etc. De ce nombre furent la *villa* du sénateur Ugolini à San Martino a Strada; celle de Guichardini à Valdipesa; celle de Giulio Morelli et du sénateur de la même famille, ainsi que leur maison à Florence; le Casin du marquis Salviati, et son palais d'habitation; la villa du sénateur Luigi Altoviti a Romituzzo; la maison du prieur Sébastien Ximenès; la villa du sénateur Lorenzo Strozzi à Valdipesa; la maison du chevalier del Rosso, ainsi que sa façade; celle de Jean-André del Rosso; celle du marquis Vincenzio Capponi; le superbe salon du palais Galli, dans la rue dé Pandolphini; la grande salle du palais Pucci; la façade de la maison Gianfigliazzi, sur le bord de l'Arno. Quelques-uns de ces édifices et d'autres encore, soit couvens, soit églises, entièrement construits par lui, furent son ouvrage en propre. Mais le plus grand nombre ne fit pas moins d'honneur à son talent, par l'intelligence et l'habileté avec lesquelles il sut redonner, en quelque sorte, une nouvelle existence à d'anciennes bâtisses, conçues sans goût, et exécutées sans aucune considération d'art.

Silvani ne fut pas moins recommandable par ses qualités morales, que par ses talens. Ce fut un homme de bonnes mœurs, désintéressé, charitable, appliqué à tous ses devoirs, et les remplissant avec le zèle le plus scrupuleux. L'extrême vieillesse où il parvint, ne le ralentit jamais, surtout dans la surveillance de la cathédrale, confiée à ses soins. On raconte qu'il ne diminua rien de l'assiduité de ses inspections, continuant de monter, tout seul, les centaines de degrés qui conduisent au sommet de la coupole et de la tour. Tout ce qu'on put obtenir de lui, fut qu'il se fit accompagner de quelqu'un, et il choisit pour aide et pour compagnon, un ouvrier de la fabrique, centenaire lui-même.

SIMBLEAU, s. m. C'est le cordeau ou la ficelle avec quoi les charpentiers tracent une circonférence, lorsque sa grandeur surpasse la portée d'un compas.

SIMÈTRIE. *Voyez* Symétrie.

SIMPLE, SIMPLICITÉ. Nous réunissons d'autant plus volontiers, sous ces deux mots, les notions de la qualité qu'ils expriment, que le mot *simple*, qui est un adjectif, s'emploie souvent aussi substantivement, et l'on dit le *simple*, en l'opposant au *composé*. On dit le *simple*, comme on dit le *beau*, le *grand*, pour la *beauté*, la *grandeur*, etc.

Le *simple* donc, ou la *simplicité*, est, dans tous les arts, une qualité essentielle, en tant qu'elle est un des principes les plus actifs, et les plus sensibles du plaisir que leurs ouvrages nous procurent.

En effet, de quelque genre que soient ces ouvrages, qu'ils soient de nature à s'adresser plus particulièrement ou à l'intelligence, ou à l'imagination, ou au sentiment, ou à toute autre des facultés de notre ame que l'on voudra, et qu'ils s'y adressent soit par un de nos sens, soit par un autre, ce que demande avant tout chacune de ces facultés, et ce que veut chacun des sens qui leur sert de ministre, c'est de concevoir, de se figurer, et de jouir facilement.

Ainsi nous demandons aux idées et aux images de se présenter à notre ame dans l'ordre le plus clair, et sous des formes qui se laissent saisir sans confusion.

C'est cette manière d'être des idées, des formes, des lignes, des contours et de leurs figures, que nous appelons *simplicité*.

Il y a entre la *simplicité* et l'unité, des rapports qui font très-facilement confondre la nature et les effets de chacune. Cependant leurs notions sont distinctes. Lorsqu'Horace a dit..... *sit quodvis simplex duntaxat et unum*, il n'a probablement pas entendu réunir ces mots, comme de parfaits synonymes, comme l'expression redondante d'une seule et même notion. Quoiqu'il soit vrai de dire, que les effets de ces deux qualités doivent souvent se rencontrer ensemble, que le principe d'unité empreint dans un ouvrage, y est peut-être le résultat de l'esprit de *simplicité*, et que réciproquement, là doit régner le mérite de la *simplicité*, où se découvre le principe d'unité, toutefois l'analyse métaphysique sait appliquer à chacune, un caractère distinctif.

L'*unité* consiste particulièrement, dans les arts d'imitation, à produire la liaison de toutes les parties avec le tout, à ramener tous les détails à un point fixe, à faire enfin que chaque chose, en quelque genre que ce soit, offre une combinaison nécessaire, d'où l'on ne puisse rien détacher, sans que l'ensemble en soit détruit. *Voyez* UNITÉ.

On voit qu'une semblable qualité doit réellement coopérer aux effets qu'on attend de la *simplicité*.

Cependant nous dirons que de son côté la *simplicité*, à l'égard des arts d'imitation, consiste à établir dans les élémens dont se compose chaque ouvrage, l'ordre le plus naturel, à en disposer les idées et les images avec cette économie qui nous les présente, comme le fait la nature, c'est-à-dire de manière, que le principal n'y soit jamais offusqué par les accessoires, que tous les détails y soient distribués et gradués en leur rang, pour faire valoir et briller l'ensemble.

Il y a au reste dans le développement de la théorie de ces deux qualités, tant d'applications diverses, que de nombreux volumes n'en épuiseroient pas la matière. Il en est de la *simplicité* comme de l'unité. Il doit y avoir de l'unité dans la conception première d'un ouvrage; dans son plan, dans son but, dans ses moyens d'exécution.

Nous en dirons autant de la *simplicité*; et comme tous les arts se tiennent par un lien commun, il n'y a point de précepte applicable, sur le sujet dont il s'agit, à l'éloquence, à la poésie, à la musique, à la peinture, qui soit étranger à l'architecture.

Trois sortes de *simplicité* doivent donc se trouver dans l'œuvre de l'architecte. *Simplicité* de conception dans le plan général d'un édifice. *Simplicité* dans l'effet général qui doit en manifester le but. *Simplicité* dans les moyens d'où dépend son exécution.

C'est dans la conception première, ou le plan général d'un édifice, que la *simplicité* doit avant tout régner. J'entends par conception et plan de l'édifice, l'idée fondamentale qui repose sur la nature et la destination du monument.

Tout ouvrage d'architecture est un assemblage de parties, auxquelles l'architecte donne l'être. Considéré sous ce rapport très-abstrait, il y a sans doute un art d'assembler ces parties pour le plus grand plaisir des yeux, qui doit entrer aussi dans les combinaisons du génie de l'artiste. Mais l'architecture n'existant au fond, que par et pour les besoins de la société, l'architecte entendroit mal les obligations qui lui sont imposées, si, dans ses plans et ses conceptions, il bornoit son art et le mérite de la *simplicité*, à tracer des lignes dont la régularité, l'uniformité et la symétrie pourroient recommander l'ensemble, mais indépendamment de ce que la raison y doit desirer. L'antiquité, sans doute, nous a transmis en plus d'un genre d'édifices, des modèles de *simplicité* dans les plans, que l'architecte doit toujours avoir le desir d'imiter. Toutefois nous dirons que c'est plus encore l'esprit de cette *simplicité*, que sa réalité, qu'il doit s'approprier. Les mœurs des sociétés modernes, des besoins plus compliqués, des institutions d'un autre genre, ont établi d'assez grandes différences entre des monumens consacrés, si l'on veut, au même emploi chez les Anciens et chez les Modernes, mais qui ne peuvent plus admettre dans leur disposition une parfaite ressemblance.

Ainsi le type du temple grec n'est quelque chose d'aussi simple, sous tous les rapports, que parce que les formes du culte extérieur, c'est-à-dire les pratiques et les cérémonies religieuses, prescrivoient on ne peut pas moins de sujétions à l'architecte. La diversité des climats en met également une très-grande dans les intérieurs d'un grand nombre de monumens. Sans aucun doute, toutes ces causes exigent, pour la conception des plans, une plus grande multiplicité de choses et de détails chez les Modernes. Mais la *simplicité* entendue comme elle doit l'être, et non réduite mathématiquement a la moindre expression, brillera tout autant, et peut-être avec plus de mérite et d'éclat, dans la composition d'un monument, que des besoins nombreux et divers tendent à compliquer. Un très-grand nombre de pièces, ou de divisions, peut se trouver distribué sur une vaste étendue de terrain, de manière à se développer avec clarté, par une succession de dégagemens, qui les fasse parcourir facilement, sans présenter à l'esprit et aux yeux l'idée ou l'image d'un labyrinthe.

Il appartient surtout à la nature où à la destination de l'édifice, d'inspirer à l'architecte la pensée générale, qui doit servir de type à son invention; car il n'est pas de monument que son emploi ne doive assujettir à une première donnée simple, qui devient le premier régulateur de sa composition. Quelque diversité et quelque multiplicité que présente dans ses détails, le programme d'un édifice, il s'y trouvera toujours le mérite de la *simplicité*, si l'artiste a su subordonner toutes ses parties à un motif général, qui en contienne, si l'on peut dire, l'explication. Ce motif général est pour l'architecture ce qu'il est pour les compositions poétiques. Le poëme le plus étendu, le plus varié dans les divers chants dont il se compose, peut reposer également sur un sujet *simple* dans sa nature, et dès-lors susceptible de développemens qui, pour être nombreux, ne détournent jamais l'attention de l'objet principal. Or, tel est en tout genre l'avantage de la *simplicité*, dans ce qui est la conception première d'un ouvrage.

La seconde sorte de *simplicité*, dans un monument, avons-nous dit, est celle de son effet. J'entends par le mot *effet*, l'impression que tout ouvrage fait sur nous. Cette impression, dans les œuvres de l'architecture, résulte particulièrement de ce qu'on appelle l'élévation, qui, pour le plus grand nombre des hommes, constitue l'essentiel d'un monument, et qui pour tout le monde est réellement ce que la figure extérieure est à tous les corps. Il y a sans doute entre le plan et l'élévation une connexion naturelle, mais dont l'effet n'est saisi que par le petit nombre. En beaucoup de cas aussi, une élévation vicieuse, compliquée, tourmentée dans ses détails, peut avoir lieu sur un plan simple et judicieusement ordonné.

La *simplicité* d'effet exige donc, que l'ordonnance générale d'une élévation se développe par des lignes peu interrompues. L'usage des ressauts, des avant-corps, ne doit avoir lieu qu'autant qu'une nécessité sensible l'exige. Il y a toujours dans les partis d'architecture les plus *simples*, dans l'emploi le plus uniforme des ordres et de tous leurs accessoires, assez de détails pour empêcher l'effet d'un édifice de tomber dans la monotonie. Imaginer des élévations mixtilignes, pour y introduire sans besoin des diversités, c'est faire de l'architecture un jeu vraiment puéril, c'est dégrader l'art, en substituant à l'idée d'utile et de nécessaire, qui doit toujours s'y manifester, pour contenter la raison, celle de caprice et d'arbitraire, qui ne feroit d'un édifice qu'un ouvrage de mode, genre de goût qui ne peut appartenir qu'aux productions d'un luxe éphémère.

La *simplicité* d'effet résulte également de l'emploi judicieux et modéré des ornemens. C'est une erreur en architecture, comme dans tous les autres arts, de croire, qu'en fait d'ornemens, la richesse dépende de la prodigalité. Tout ce qui devient trop abondant, devient vil. La surcharge des ornemens en déprécie infailliblement la valeur. La confusion, qui est le résultat de cette exagération, détruit pour l'œil et pour l'esprit, l'impression et le sentiment qu'on a voulu produire. Oui, le *simple* est en tout, non le principe, mais le vrai moyen de l'art d'orner, c'est-à-dire de donner aux ornemens leur valeur. Si cette valeur leur manque, ils ont manqué leur but. Qu'est-ce qu'un moyen qui ne produit pas son effet? Tous les ouvrages de l'esprit, les inventions du poëte, les compositions de l'orateur ou de l'écrivain, nous démontrent que toujours, et en tout pays, l'abus des images, l'emploi continuel des figures ou des ornemens du style, en appauvrissant le discours, font naître le dégoût ou l'indifférence pour les richesses qu'on y prodigue. Il suffit de même de se représenter, en idée, l'effet d'un de ces péristyles, de ces frontispices de monumens, où une succession bien ordonnée de parties, de membres, de profils, d'ordres, de chapiteaux, de détails d'ornemens, a lieu sur des fonds lisses, sur des vides bien ménagés, où toutes ces choses sont réparties avec une économie qui permette à l'œil de les parcourir avec facilité, et à l'esprit d'en saisir aisément la raison, d'en embrasser l'ensemble et les détails, et d'y admirer le lien qui les unit. Que l'on compare à cette impression, celle que font éprouver soit les monumens de l'Inde, dans leurs compositions bigarrées d'une multitude de formes, ou de découpures multipliées, soit les frontispices de ces églises gothiques surchargés de sculptures sans nombre, où nul repos n'est offert aux yeux, et où la confusion des détails opère sur l'esprit, le même effet que celui d'une foule dans laquelle on ne peut distinguer personne. On aura, je pense, dans ce parallèle, l'idée la plus claire de la qualité qu'on appelle *simplicité* d'effet en architecture, et de la confusion qui en est le contraire.

Le troisième genre de *simplicité* qui nous a paru devoir caractériser essentiellement l'ouvrage de l'architecte, est celui des moyens d'exécution.

Ce qu'on doit entendre ici par moyens d'exécution, comprend une idée plus étendue qu'on ne pense, en la restreignant aux seuls procédés de la construction. Ce n'est pas que la *simplicité* dans ces procédés, ne soit un des élémens matériels de la qualité morale dont il s'agit ici surtout. Effectivement, partout où l'art de bâtir, moins développé par la pratique ou par la science, a formé les premières constructions, on observe que la plus grande *simplicité* régna dans les conceptions, les plans et les élévations. Ce fut peu à peu, et avec le secours d'instrumens plus variés, qu'on osa mettre aussi plus de variété dans l'emploi des matériaux, qu'on substitua des voûtes aux plates-bandes, qu'on s'enhardit à faire porter des masses les unes sur les autres, à élever de plus en plus les plafonds et les couvertures, à ployer enfin toute espèce de matière, au gré des contours qu'on voulut donner à la forme générale du bâtiment.

Il est dans la nature de l'homme et de toutes ses inventions de ne s'arrêter jamais. Si la nouveauté a des bornes, le desir du nouveau n'en a point, et l'on en veut même lorsqu'il n'y en a plus. Cependant on prend pour tel le bizarre et l'extravagant, et c'est en ce genre, il faut l'avouer, qu'il n'y a plus de terme. Le simple est un, comme la vérité. Le composé est comme le faux, ses diversités sont infinies. Qui pourroit nombrer celles du mauvais goût en architecture, lorsque l'abus de la science de construire, vient lui prêter ses difficultés, ses problèmes, ses solutions, ses porte-à-faux, ses badinages, ses tours de force?

J'en ai dit assez pour faire comprendre comment le trop simple, dans les moyens d'exécution, peut comprimer ou arrêter l'essor du génie de l'architecture, et combien l'abus de la diversité, dans les procédés de la construction, peut y introduire de caprices qui la dégradent. La *simplicité* d'exécution tient donc le milieu entre ces deux excès. Elle ne se refuse point à la grandeur, à la hardiesse, aux mouvemens heureux des plans et des élévations, mais elle veut que tout ce que produisent soit l'art, soit la science même, rende aux yeux un compte facile et clair de la manière dont tout est exécuté, que l'ouvrage non-seulement soit solide, mais le paroisse à l'œil le moins expérimenté.

La *simplicité* d'exécution, ou du système de construction, a une double influence sur les ouvrages. Je parle de l'influence morale ou de celle du du goût. Il a été plus d'une fois question, à plus d'un article de ce Dictionnaire, du système imitatif de la construction primitive en bois, qui devint le type de l'architecture grecque, et nous avons eu plus d'une occasion de montrer que de tous les modèles fournis par les besoins locaux et par l'instinct de chaque contrée, à l'imitation que l'art peut en faire, celui de la construction en bois (ou de la cabane) dut nécessairement procurer à l'architecture, ce juste milieu qui réunit la variété à la *simplicité*.

On aperçoit dès-lors, que le système de construction émané de l'imitation dont on parle, ayant produit un ensemble de formes, qui doivent leur raison au modèle qu'elles suivent, plus l'architecte restera fidèle aux données de ce type primitif, dans les procédés de sa construction, plus la forme générale de son édifice acquerra de *simplicité*. Nous avons fait voir ailleurs, que c'est pour avoir abandonné ce principe originaire, que l'architecture libre de toute règle, tomba dans ce chaos de bizarreries, où il ne fut plus possible de trouver un terme aux écarts de la raison, parce qu'il étoit impossible de leur trouver un principe.

La supériorité de l'architecture grecque sur toutes les autres, provient très-certainement de la nature de son principe, à la fois *simple* et varié. C'est dans ce principe, considéré comme moyen d'exécution, que la construction trouve la solidité, qui repose elle-même sur la *simplicité* : c'est dans ce principe que la composition trouve l'obligation de respecter cette alliance du besoin avec le plaisir, qui n'est elle-même que l'union de la raison et du goût, dans les formes que l'art donne aux édifices.

On doit reconnoître la même influence de ce principe sur ce qu'on appelle la décoration, ou l'art d'orner l'architecture. Quel terme assigner aux inventions du goût d'orner, quel frein aux caprices et à la confusion de tous les élémens décoratifs, si l'action du principe constitutif de l'art n'intervient comme régulateur en ce genre? La *simplicité*, qualité essentielle dans ce qui fait l'ornement de l'architecture, trouve dans la *simplicité* du système de construction, ou d'exécution, tout à la fois son principe, sa règle, et l'exemple de ce juste milieu, en deçà ou au-delà duquel, on n'aperçoit que luxe ou pauvreté.

SIMPULE, s. m. (en latin *simpulum*.) C'est le nom que les anciens romains donnoient à un vase servant aux sacrifices. Il servoit à faire des libations. Probablement on en usoit aussi, ce que semble indiquer la forme de son anse, pour puiser du liquide dans un autre vase plus grand. Les cabinets d'antiquités conservent de ces sortes de vases en bronze.

On les voit aussi fréquemment figurés comme ornemens en bas-relief, soit sur les superficies latérales des autels en marbre, soit dans les frises, ou autres emplacemens de l'architecture. Ils y sont ordinairement réunis à d'autres instrumens de sacrifices, tels que la patère, l'aspergille, etc.

La religion chrétienne a, dans les pratiques de son culte, admis plus d'un objet, auquel on trouve de la ressemblance avec ceux du paganisme. Ainsi quelques-uns des vases qui servent au saint sacrifice, ont dû inspirer aussi aux artistes d'en répéter l'image dans les ornemens des temples. C'est par une suite fort naturelle de cet esprit d'imitation, qu'on voit sculptés sur plusieurs espaces des membres de l'architecture des églises, certains vases qui rappellent la forme du *simpulum* antique.

SINGE, s. m. Machine composée d'un treuil tournant sur deux chevalets faits en croix de Saint-André, qui a des leviers, bras ou manivelles à chacune de ses extrémités, pour le faire tourner. Cette machine sert à élever des fardeaux au haut d'un bâtiment, à tirer les terres de la fouille d'un puits, et à monter ou descendre les moellons et le mortier.

On appelle encore *singe*, un instrument composé de règles mobiles, les unes au-dessus des autres, dont on se sert pour copier des dessins et les réduire. On donne aussi à cet instrument le nom de *pantographe*.

SINGLER, v. act. C'est tracer des lignes par un cordeau tendu, et qu'on a blanchi ou noirci auparavant, avec une poussière qui se détache sur le corps où l'on veut faire un tracé, par le mouvement de vibration qu'on donne à la corde.

Singler est aussi, dans le toisé, prendre avec un cordeau le pourtour d'une voûte, le développement des marches d'un escalier, et de sa coquille, ou avec une bande de parchemin contourner les moulures d'une corniche, et de tout autre ornement qui ne peut pas être mesuré avec le pied ou la toise.

SINGLIOTS, s. m. pl. On appelle ainsi les foyers ou centres de l'ovale du jardinier, autour desquels glisse le cordeau circulaire qui sert à le tracer.

SIPARIUM. *Voyez* RIDEAU.

SISTRE, s. m. Instrument de musique originaire d'Égypte, et qui vint à Rome avec les superstitions de ce pays. Nous n'en faisons ici mention que comme étant un symbole de l'art égyptien, et pouvant encore, dans certains cas, figurer en façon d'ornement dans quelques compositions d'architecture.

SISTYLE. *Voyez* SYSTYLE.

SITUATION, s. f. Se dit particulièrement, en architecture, de la manière dont un édifice, par le lieu qu'il occupe, se présente à la vue du spectateur.

Les villes, pour la plupart, sont des résultats de causes naturelles, qui ont déterminé leur première fondation et leur accroissement dans certains lieux, par préférence à d'autres. Parmi ces causes naturelles, on peut compter la qualité du territoire, la proximité d'une rivière, la salubrité du site, garantie par telle ou telle exposition. Les causes politiques ont encore influé sur le choix des positions, qu'exige ou que conseille, pour les cas de guerre, la position des lieux escarpés et montueux. De là, beaucoup de villes situées sur des hauteurs, et qui présentent au paysagiste des aspects pittoresques et variés, sorte d'avantage ou d'agrément qui n'entra jamais pour rien dans les raisons qui firent naître une ville en de tels endroits.

S'il n'est guère possible que des raisons d'agrément ou de beauté visuelle déterminent l'emplacement des villes, il n'est ni rare ni difficile que l'art et le goût président au choix d'une *situation* convenable aux monumens dont les cités s'embellissent, et l'on en citeroit plus d'un exemple si ces choses n'étoient pas trop connues. Qui peut ignorer combien un grand édifice placé sur une hauteur qui domine la ville, reçoit d'une telle *situation*, de grandeur et de majesté, et combien il en communique à tout ce qui l'entoure? Il est ainsi des *situations* que donne et peut seule donner la nature. Il en est d'autres qui sont à la disposition des hommes. L'ouverture d'une grande rue en face d'un édifice, une place proportionnée à ses dimensions, des percés multipliés, qui, en y aboutissant de différens côtés, contribuent à le faire voir de loin sous tous ses aspects, sont des moyens de faire valoir sa *situation*; et ces moyens peuvent dépendre de la prévoyance des ordonnateurs, ou quelquefois résulter, après coup, des améliorations que procure la saine police des villes. Mais il importe beaucoup que de tels soins accompagnent, dès leur origine, la création des monumens, tant il est quelquefois difficile d'obtenir, surtout dans les villes populeuses, les terrains nécessaires à une belle *situation*.

La connoissance de la *situation* qu'on destine aux édifices, est une des premières obligations que l'architecte doit s'imposer.

Quoiqu'il y ait, dans l'architecture, une beauté positive, qui se fonde sur plus d'un point indépendant des accompagnemens d'un édifice, il y a toutefois un mérite d'accord et d'effet, qui tient aux relations de l'espace et du lieu qu'il occupe. Un édifice n'est pas de nature, comme un tableau, à ne pouvoir être vu que d'un point déterminé, au-delà ou en deçà duquel on ne voit point, ou l'on voit trop et trop peu. Les masses de l'architecture doivent satisfaire le spectateur, à des points d'éloignement divers; c'est pourquoi certains détails auront besoin d'être prononcés avec plus ou moins de saillie et d'énergie, pour correspondre à l'effet qu'ils doivent produire de loin.

On a donné plus d'une raison de la grande saillie que la sculpture imprima aux figures des métopes du temple dorique de Minerve à Athènes. Outre le besoin de correspondre à la saillie des figures en ronde bosse du fronton, il m'a toujours semblé que ce temple, placé sur l'Acropolis, et devant être vu de toutes les parties de la ville, l'artiste avoit dû prendre en considération l'effet que ce couronnement de l'édifice pouvoit produire de loin, pour être d'accord avec celui de la densité des colonnes.

Quelle règle prescrire à l'architecte sur cette matière? Aucune, ce me semble. Il y a de ces convenances que le goût seul fait apprécier. Les effets produits par les *situations*, c'est-à-dire par les différentes manières dont l'œuvre de l'architecte, selon les distances, se présente à la vue, sont si nombreux, que l'artiste n'est tenu que de choisir entre les plus importans, et de régler en conséquence, sur quelques-uns de ces points de vue, la proportion et la saillie tant de la masse générale, que de la masse principale, quoique subordonnée de chacune des parties.

SOCLE, s. m. *Zoccolo* en italien, vient du latin *soccus*, chaussure.

Ainsi on a comparé le corps inférieur sur lequel s'élève, soit un piédestal, soit une colonne, à la semelle ou sandale qui se trouve placée sous le pied de l'homme.

Effectivement, le *socle*, à quelqu'espèce d'objet qu'il s'applique en architecture, est toujours le corps qui sert de support à tous les autres membres.

Dans les corps isolés, tels que colonnes, piédestaux, bases quelconques, le *socle* est un solide, carré le plus souvent, qui a moins de hauteur que de largeur, et qui se place sous les moulures et profils. On lui donne aussi le nom de *plinthe*.

On appelle *socle continu* le même objet placé de même au bas d'une ordonnance ou d'un bâtiment, mais qui, au lieu d'être isolé, règne de niveau dans une façade, comme tous les autres profils. *Voyez* SOUBASSEMENT.

SOFITE ou SOFFITE, s. m. De l'italien *soffitto*, qui veut dire plafond. On peut user de ce nom en français, comme étant synonyme du mot plafond, et il exprimera le dessous d'un plancher, surtout de celui qui, formé par des solives croisées, offre les compartimens ornés de rosaces qu'on appelle *caissons*. Effectivement, le mot *plafond*, par sa composition, ne rend point, ou rend mal l'image de ces dessous de plancher.

Au reste, on a plus ordinairement appliqué en français le mot italien *soffito* à ces surfaces vues en dessous des architraves, par exemple, ou des larmiers, et qui reçoivent, selon le caractère de chaque ordre, plus ou moins d'ornemens, et des ornemens de divers genres.

Ainsi, l'ordre dorique a ordinairement les *soffites* de sa corniche ornés de gouttes faites en forme de clochettes, disposées sur plusieurs rangs correspondans au droit des gouttes qui sont en bas des triglyphes.

L'ordre ionique nous montre quelquefois le *soffite* de sa corniche orné de petites rosaces séparées par de petits denticules.

Le *soffite* de la corniche dans l'ordre corinthien est, selon la progression de richesses affectée à cet ordre, divisé en compartimens de petits caissons, ornés de rosaces et séparés par des modillons en forme de consoles sculptées avec enroulemens.

SOIGNÉ, adject. Quelles que soient les beautés de tout ouvrage d'art, quelque mérite fondamental qu'offre un édifice, dans sa conception, son plan et son ordonnance, il laissera beaucoup à desirer, si une exécution *soignée* ne donne à chaque partie, ce fini qui en complète la forme, et qui, par un faire précieux, relève jusqu'à la valeur d'une matière commune ou vulgaire.

Sous ce rapport, l'architecture participe à quelques-unes des propriétés de la sculpture (*voyez* SCULPTURE), qui entre pour beaucoup dans son travail; aussi doit-elle encore lui emprunter le charme que cet art donne à ses ouvrages, en imprimant à leur matière, ce fini mécanique, distinct sans doute de celui que donne la science, mais qui le fait briller avec plus d'avantage, et qui a encore celui de plaire aux yeux du plus grand nombre.

Le *soigné*, le rendu précieux dans les œuvres de l'architecture, comme dans tout autre ouvrage, peut sans doute se rencontrer avec des formes vicieuses, des détails incorrects, et un ensemble défectueux. Or, il est certain que ce fini, dont on parle, ne peut ni corriger ni compenser le vice élémentaire du fond des choses; aussi ne le donne-t-on ici que comme un complément des autres mérites. J'ajouterai, qu'il forme toujours un préjugé favorable à l'opinion qu'on prend, et de l'artiste et de son travail.

SOL, s. m. Du latin *solum*. C'est la superficie de la terre, l'aire proprement dite, la place sur laquelle on élève un bâtiment.

Les Latins employoient aussi ce mot, pour exprimer une superficie quelconque distincte du terrain, et sur laquelle on élevoit différens objets. Ainsi Pline (ou pour mieux dire Varron), décrivant les cinq corps pyramidaux du tombeau de Porsenna, qui en formoient l'amortissement, et qui par conséquent portoient sur une superficie fort élevée au-dessus du terrain, dit: *supra quas uno solo quinque pyramides.* Il faut entendre et traduire *uno solo* par une *seule plate-forme.*

SOLES, s. f. pl. On appelle ainsi toutes les pièces de bois, posées de plat, qui servent à faire les empattemens des machines, telles que grues, engins, etc. On les nomme *racinaux*, quand, au lieu d'être plates, elles ont presqu'autant d'épaisseur que d'étendue.

En maçonnerie, on entend par *soles* les jetées de plâtre au panier, que les maçons font avec la truelle, pour former les enduits.

SOLIDE, s. m. Ce mot devient un substantif quand on l'emploie, par exemple, dans l'usage de la géométrie, pour exprimer ou signifier un corps qui a trois dimensions, longueur, largeur et profondeur.

On emploie encore ce mot substantivement en architecture et dans les constructions pour désigner, entr'autres choses, un massif ou un corps épais en maçonnerie. On le dit aussi du fond d'un terrain dans les fondemens d'un édifice.

SOLIDE, adj. *des deux genres.* Voyez SOLIDITÉ.

SOLIDITÉ, s. f. Qualité essentielle de l'art de bâtir, de laquelle dépend particulièrement la durée des édifices, et qui fait aussi une partie plus importante, qu'on ne pense, de leur beauté. Disons même que sans le mérite de la *solidité*, ceux de l'agrément, de la commodité, de la richesse, perdroient bientôt leur valeur.

Il est dans la nature de l'homme d'estimer et de chercher tout ce qui peut rendre ses œuvres durables. Comme il existe en lui un sentiment invincible, qui le porte à prolonger la durée de son existence, tant au physique, par les moyens conservateurs de la santé et par la reproduction de son être, qu'au moral, par le desir de perpétuer son souvenir et son nom, il ne se peut pas que ce sentiment n'agisse point également sur les ouvrages de ses mains. Or, l'architecture est, entre tous les arts, celui qui peut le plus satisfaire ce desir de perpétuité, qui est le propre des nations, comme des particuliers.

Les peuples anciens nous ont laissé à cet égard de mémorables exemples de cette passion, et des moyens que sait employer, pour la satisfaire, l'art de bâtir. Les restes d'une infinité de leurs édifices déposent, jusque dans leurs ruines, des soins qu'on avoit pris d'assurer leur durée, par la *solidité* attachée à leurs matériaux, et à la manière de les employer. L'état de destruction du plus grand nombre de ces monumens, n'a rien qui contredise l'opinion qu'on avance ici. Tous les efforts de l'homme, en effet, ne peuvent rien produire d'éternel. L'idée d'immortalité, à l'égard des productions de la créature, n'est qu'une hyperbole du langage. Le temps est leur ennemi naturel, et tout doit devenir sa proie. Si l'on ajoute à ce principe de ruine, les causes innombrables qui travaillent à accélérer toute destruction, les fléaux naturels, les guerres, les révolutions, les vicissitudes politiques qui changent la face des Empires, loin d'attribuer au manque de *solidité*, l'état de dégradation dans lequel se trouve le plus grand nombre des édifices antiques, on y verra au contraire la preuve la plus convaincante, qu'ils furent doués de ce mérite, à un très-haut degré, puisque la réunion de tous les élémens de destruction, n'a pu les faire disparoître.

Ce mérite se découvre plus clairement encore, dans ceux de ces monumens que le hasard seul a conservés, ou que quelques causes particulières à leur destination auront préservés. Il en existe, comme on sait, soit à Rome, soit en d'autres lieux, qui ont à peu près deux mille ans d'antiquité, et où l'on ne trouve d'autre marque de vétusté, que celle d'une teinte rembrunie; et toutefois sans qu'on en ait pris le moindre soin. Cependant, en dépit même de tous les accidens qui ont pu les atteindre, ils promettent de transmettre encore à bien des siècles futurs, les leçons de *solidité*, que des ouvrages beaucoup plus modernes n'ont pu même faire passer jusqu'à nous.

Ce goût pour la *solidité* semble avoir été toujours en diminuant, depuis les temps qu'il faut appeler *antiques*. Les édifices du moyen âge ne sauroient soutenir le parallèle avec ceux des siècles précédens; et si l'on excepte quelques ouvrages de l'art de bâtir, des deux premiers siècles du renouvellement des arts, siècles où les mœurs, les opinions et le goût des particuliers, ramenèrent dans l'érection des palais le luxe de la *solidité*, on ne sauroit présager une longue durée au plus grand nombre des constructions de cet âge.

Que seroit-ce, si l'on vouloit examiner sous ce rapport le goût du temps où nous vivons, c'est-à-dire sous le rapport des opinions et des mœurs, qui ont une influence si particulière sur les moyens d'où résulte la *solidité*. On ne sauroit nier que la *solidité* bien entendue ne soit ou ne puisse être, selon les différences du but qu'on se propose, tantôt économique, tantôt dispendieuse. Elle est une économie, dans les édifices qu'on destine à être d'une longue durée, puisqu'elle rend inutiles les réparations, les refaçons, les remaniemens qu'une construction débile amène nécessairement après un petit nombre d'années, puisqu'elle éloigne le plus qu'il est possible le besoin de les reconstruire. Elle économise donc pour l'avenir. Mais par cela même elle est dispendieuse pour le présent. Ainsi on bâtira avec *solidité* ou sans *solidité*, selon qu'au gré des mœurs et des opinions régnantes, un principe plus ou moins égoïste bornera à la jouissance du moment, ou étendra à celle des temps futurs, les entreprises de l'art de bâtir.

Le mépris de la *solidité*, ou la recherche des moyens économiques, tient encore, en raison des pays et des temps, à certaines causes, parmi lesquelles on peut distinguer quelquefois le manque des matériaux, que la nature ne dispense pas également partout; quelquefois cette grande division des fortunes entre les particuliers, qui prescrit au plus grand nombre l'épargne des matières et des procédés; quelquefois l'esprit de commerce et d'industrie, qui ne calcule dans la construction des habitations, que le revenu de leurs locations; quelquefois les systèmes de gouvernement, d'où résulte, entre tous, cette sorte d'égalité apparente, qui trouve plus de facilité à se manifester dans l'économie, que par la dépense des bâtimens.

Or, toutes ces causes, et beaucoup d'autres, réagissent également sur la construction des monumens publics, parce qu'il est très-naturel, que ce qu'on appelle l'esprit public d'un peuple, se compose des habitudes et des opinions particulières. Lorsque le sentiment qui dirige les habitudes, se concentre dans les jouissances personnelles, et dans celles du présent, les dépenses publiques, qui ne se font qu'aux dépens des contributions particulières, éprouvent bientôt cette action des calculs de l'intérêt, qui met, avant toute autre considération, celle de l'économie. Le premier point de vue qui se présente aux ordonnateurs, est le point de vue de la dépense. Alors la première condition qu'on impose à l'architecte, n'est point de faire ce qu'il y a de mieux, mais ce qui coûte le moins. Cependant comme la grandeur, cette qualité principale des monumens, ne sauroit avoir lieu, prise dans le sens positif de dimension, sans de dispendieuses fondations, sans un emploi de matériaux choisis, sans de longues et profondes combinaisons, qui exigent un laps de temps considérable, et un grand concours de moyens, l'esprit d'économie trouve plus expédient de se déterminer pour les projets d'une moindre dimension. De là le rapetissement de toutes les compositions; de là le rabais sur tout ce qui peut garantir aux édifices une longue durée, et perpétuer en ce genre la gloire d'un pays.

Nous n'avons voulu, par ces considérations, que faire comprendre, quelle est, sous le point de vue moral, et dans ses rapports politiques avec l'architecture, l'importance de la *solidité*.

Nous nous croyons dispensés d'en recommander le mérite, dans ses rapports techniques et positifs avec les travaux de cet art. Du reste on ne doit pas non plus s'attendre à trouver ici un traité, ni un ensemble des lois de la *solidité*. Tout ce qui composeroit cet ensemble se rencontre à tous les articles de construction qui font partie de ce Dictionnaire, et nous y renvoyons le lecteur.

On se bornera, dans cet article, à l'exposé succinct des principaux élémens pratiques de la *solidité*.

Il faut mettre en première ligne de ces élémens,

la bonté des fondations ou de l'assiette sur laquelle s'élevera l'édifice. C'est là que toute économie est préjudiciable. La fondation étant ce qui porte la construction, il faut qu'elle soit portée elle-même par un sol, qui ne puisse éprouver ni pression ni mouvement, et l'on doit creuser jusqu'à ce qu'on trouve cette qualité dans le terrain, ou il faut y suppléer, au besoin, par des plates-formes solides, par des pilotis, et par tous les procédés qu'on a rapportés au mot FONDATION. (*Voyez* cet article.) Généralement toute la dépense qu'on porte aux fondations, bien qu'elle soit perdue pour les yeux, et semble l'être pour le moment présent, est pour l'avenir de l'édifice une véritable économie, puisque là est la principale garantie d'une consistance, qui épargnera dans la suite des dépenses de restauration, qu'on a vu quelquefois égaler celles de leur construction.

Tout édifice étant un composé de parties, le principe de la *solidité* veut que l'on considère ces parties composantes, d'abord en elles-mêmes, ensuite dans leur composition ou leur liaison.

Considérées en elles-mêmes, les parties de l'édifice sont les matériaux qu'on y emploie. Or, du choix de ces matériaux dépendra le plus ou moins de *solidité* dans la construction.

Ce choix a deux objets; le premier est le genre des matières, le second la qualité de chacune. Lorsque la nature des causes physiques ou des considérations morales permet à l'architecte de choisir entre tous les matériaux, sans aucun doute les marbres et les pierres auront la préférence, et parmi les pierres, celles qui offriront le plus de dureté. C'est évidemment par ce choix de la qualité des pierres, que des édifices, qui datent de deux ou trois mille ans, sont parvenus jusqu'à nous, encore intègres dans les parties qui en subsistent; ce qui prouve que leur état de ruine est dû à un tout autre principe qu'à celui du défaut de la matière. (*Voyez* PIERRE.) La brique peut tenir, après les pierres, le second rang pour la *solidité* des constructions. La brique est en quelque sorte une pierre artificielle, susceptible d'une grande consistance, selon le degré de sa fabrication, et lorsqu'elle est employée avec un bon mortier, elle forme un tout peut-être plus compact qu'on ne peut l'obtenir des pierres; et elle a, dans la construction des voûtes, l'avantage de la légèreté, de la facilité d'exécution, et d'une plus grande durée. On voit en effet des arcades en briques, dont une moitié a été détruite, et dont l'autre moitié reste depuis un nombre considérable d'années, suspendue en l'air, sans annoncer le moindre commencement de dissolution. (*Voy.* BRIQUE.) Après l'emploi de la brique, on doit mettre la maçonnerie en moellons, ou petites pierres en revêtement, sur un massif en blocage. Les Romains ont fait en ce genre des constructions très-solides, dont Vitruve a décrit les procédés, et dont il a été question à divers articles de ce Dictionnaire. (*Voyez* INCERTUM OPUS, RETICULATUM.) Le bois doit se ranger au dernier rang des matières qui peuvent servir à faire des bâtimens solides : non que, dans les constructions des maisons ordinaires, on n'emploie cette matière en plus d'un pays, de façon à produire des ouvrages durables; mais comme nous n'entendons traiter ici de la *solidité*, que dans son rapport avec l'art de l'architecture, c'est-à-dire avec les édifices qui sont du ressort de cet art, le bois ne peut entrer dans les considérations du genre qui nous occupe, que comme servant, le plus ordinairement, dans les combles, aux toitures, et par conséquent exigeant aussi ce bon choix de matériaux, qui contribue à la longue durée des monumens. *Voyez* BOIS.

Si c'est du choix du genre des matériaux, et de la qualité de leur espèce, que doit dépendre, avant tout, la *solidité*, le second point que l'architecte doit avoir en vue, sera la manière d'opérer la meilleure composition, c'est-à-dire la liaison des parties.

Les principes de *solidité* qui se rapportent à cet objet peuvent se diviser en deux classes : l'une qui comprend les simples notions que donne le bon sens et l'expérience; l'autre qui embrasse les connoissances mathématiques, sur lesquelles se fonde la science de la construction.

Il faut reconnoître qu'il se donne effectivement, dans l'art de bâtir, deux classes d'édifices, les uns simples dans leurs plans, dans leurs élévations, et dans la combinaison de leur ensemble; les autres composés d'élémens très-variés, pour satisfaire, soit à des besoins plus compliqués, soit à des goûts plus recherchés.

Les édifices de la première classe trouvent leurs modèles, par exemple, dans les entreprises de l'Egypte, dans un assez grand nombre des temples grecs, soumis en général à un type assez uniforme, où l'on ne connoît que des lignes droites, des plans simples, des intérieurs qui ne demandèrent aucune combinaison de voûtes, de résistances et de poussées. La *solidité* de semblables monumens fut un résultat même de leur simplicité. Le seul bon sens apprit aux architectes, que l'effet de la durée dans leurs constructions, dépendoit de l'art d'unir si bien toutes les parties, et tous les matériaux, que cette union produisît un juste équilibre de forces, et tel, qu'une partie ne pût point céder, indépendamment d'une autre, ni se soutenir sans offrir un soutien à celle qui l'avoisinoit, qu'aucune pression ne pût s'opérer sans trouver une résistance capable de lui opposer un obstacle. Le même instinct de la *solidité* apprit encore, que moins il y a de parties dans une construction, moins il y a de chances pour la désunion, qui est le premier agent de la destruction. Aussi voyons-nous que, presque dans tous les pays, les plus anciens édifices se composent de blocs de pierre d'une dimension prodigieuse. Or, le simple bon sens et l'expérience suffisent, pour faire comprendre qu'il importe à la *solidité* des édifices, d'y diminuer, autant qu'il est possible, la quantité des matériaux, en augmentant le volume de leur masse, selon que la nature le permet.

Ce que l'on dit à cet égard s'applique uniquement aux constructions en pierre; celles qui sont en maçonnerie, soit de brique, soit de blocage, loin d'infirmer la valeur de cette règle, lui donneroient, s'il en étoit besoin, une force nouvelle, puisqu'il entre dans la perfection de ce procédé de construction, que les masses qu'elle produit ne fassent qu'un tout indivisible. Il en est de même de certaines maçonneries d'écumes de lave ou scories de volcan, qui ressemblent à des éponges, mais ayant la dureté du fer, et qui offrent une infinité de pores ou de petits trous, dans lesquels le mortier entre et s'incorpore avec la matière.

Un des grands moyens de *solidité* dans les édifices, de quelque nature qu'ils soient, est donc celui de la liaison que l'on procure aux matériaux qu'on emploie. Le plus ordinaire consiste dans la composition des mortiers (*voyez* CIMENT, MORTIER) dont on use, surtout pour les constructions en pierrailles, en moellons, briques, etc. Les pierres de taille, selon leur dureté, reçoivent aussi entre leurs joints plus ou moins de mortier. Mais les Anciens nous ont laissé de nombreux exemples de la liaison des pierres, par des crampons de métal (*voyez* CRAMPON); le bronze fut plus particulièrement employé à cet effet. Les ruines de l'Egypte nous font voir des tenons de bois qui servirent de liaison aux pierres, et le fer est le métal que les Modernes y appliquent de préférence.

Les moyens de *solidité* dont on vient de faire mention regardent surtout la construction, considérée dans un système simple, et sans ce qu'on appelle *science*. Il n'y a aucun doute que des usages et des besoins plus compliqués, que des bâtimens destinés à de nouveaux emplois, que la direction des esprits et des études vers les sciences mathématiques, ont dû amener dans l'architecture, des compositions dont l'exécution ne sauroit avoir lieu, que par les ressources pratiques, dépendantes du calcul des forces et des résistances, que par les connoissances de la mécanique, que par les opérations géométriques, qui démontrent la vertu des différentes sortes de courbes à employer dans les voûtes. C'est à l'aide de cette science que les Modernes ont osé élever des masses, dont la dimension surpasse en hardiesse tout ce que les Anciens ont fait. L'art des voûtes de toutes sortes de figures, a fourni à l'architecture des combinaisons nouvelles, qui ont amené à leur suite l'amour du merveilleux et le goût du difficile. Peut-être est-il permis de croire que l'architecture, en sacrifiant les idées et les formes simples, aux inventions composées et difficultueuses, a seulement échangé un genre de grandeur pour un autre, et le plaisir facile de l'admiration, contre le sentiment souvent pénible, et toujours moins durable, de l'étonnement.

Ce qu'il faut dire en effet du principe de *solidité*, dans son rapport avec les sensations que l'architecture doit produire, c'est qu'il importe, plus qu'on ne pense, qu'il soit mis à découvert. Tout artifice qui tend à le déguiser, va directement contre l'esprit de l'art, et contre cet instinct de raison qui nous porte à mettre l'utile avant tout, dans les ouvrages qui particulièrement reposent sur le besoin. Or, la *solidité* étant le premier besoin des édifices, et la durée qui en dépend étant le principal résultat que nous en exigeons, non-seulement nous voulons qu'ils soient solides, mais nous voulons encore le savoir, et pour le savoir, le plus grand nombre des hommes veut en être instruit par l'apparence elle-même, veut en pouvoir juger par ses propres sentimens, et non sur la seule garantie des savans.

Ce qui met tout le monde en état de porter un jugement certain sur cet article, c'est l'observation constante du principe, qui veut *que le fort porte le foible*. Ainsi a-t-on eu de tout temps une grande admiration pour les masses pyramidales, sortes de formes où l'on ne sauroit s'empêcher de voir la *solidité* portée, par la seule nature de ces constructions, au plus grand excès, puisqu'il est dans les conditions de cette structure, que la *solidité* du support augmente, à mesure que diminue le poids qui doit être supporté.

Lorsqu'il arrive que par un système de construction inverse, comme dans celle des trompes, malgré l'artifice qui en assure la *solidité*, nous voyons la force supportante diminuer pour la vue, à mesure que s'accroît la masse supportée, cette contradiction choque l'instinct; et il est vrai de dire qu'on ne doit employer cette méthode de bâtir, que dans les cas où elle est dictée par une nécessité impérieuse. Ce n'est pas qu'il n'entre aussi dans quelques habitudes de notre esprit d'estimer et d'admirer le difficile, uniquement parce qu'il est difficile; mais ce goût des tours de force appartient surtout à cette période de temps, où toutes les notions de l'antiquité étant oubliées, et toute saine théorie inconnue, on chercha le beau dans l'extraordinaire, la grandeur dans l'exagération, la richesse dans la prodigalité, et la *solidité* dans une multitude de moyens factices, d'armatures étrangères, de contre-forts et d'arcs-boutans, qui toutefois en dénonçant à la raison le vice de la hardiesse même, peuvent surprendre un moment le suffrage des yeux.

SOLIN, s. m. On donne ce nom à l'espace qui se trouve entre les bouts des solives posées sur une poutre, sur une sablière ou sur un mur. Cet espace est ordinairement rempli de maçonnerie.

On appelle aussi *solin* l'arête, soit de plâtre, soit de mortier, qu'on fait aux couvertures des toits, le long d'un mur de pignon, pour sceller et arrêter les premières tuiles ou ardoises.

SOLIVE, s. f. Pièce de bois, de brin ou de sciage, qui sert à former les planchers.

Il y a des *solives* de différentes grosseurs, selon la longueur de leur portée.

Les moindres *solives* sont de cinq à sept pouces de gros, pour les travées qui ont depuis neuf jusqu'à quinze pieds d'étendue. Les *solives* de quinze pieds ont six pouces sur huit d'épaisseur; celles de vingt-un pieds ont huit pouces sur dix; celles de vingt-quatre pieds ont neuf pouces sur onze; celles de vingt-sept pieds ont dix pouces sur douze. Ces proportions sont générales pour toutes les *solives*. Il y a cependant quelques différences sur cette règle de dimension, entre les *solives* ordinaires et les *solives* qu'on appelle d'*enchevêtrure*, comme on va le voir dans la table suivante :

TABLE des dimensions des solives, eu égard à leur longueur.

SOLIVES D'ENCHEVÊTRURE.			SOLIVES ORDINAIRES.	
Longueur.	*Largeur.*	*Hauteur.*	*Largeur.*	*Hauteur.*
6 pieds.	5 pouces.	7 pouces.	4 pouces.	5 pouces.
9	6	7	4	6
12	6	8	5	7
15	8	9	6	7
18	9	10	6	8
21	10	11	7	8
24	11	12	8	9

Les *solives* d'une grande portée doivent être liées ensemble avec des liernes entaillées, et posées en travers par-dessus, ou avec des étrésillons entre chacune. Selon la coutume de Paris (*article* 206), il n'y a que les *solives* d'enchevêtrure qu'on peut mettre dans un mur mitoyen, et dans un mur même non mitoyen, mais elles doivent porter sur des sablières. On les pose de champ, et la distance qui les sépare doit être égale à leur hauteur : ce qui donne à leur disposition une apparence agréable de symétrie.

La disposition des *solives*, telle qu'on la pratique, a servi de modèle, comme on l'a dit plus d'une fois, à l'imitation que l'architecture a faite de l'emploi primitif du bois, dans les constructions en pierre, et c'est cette disposition que l'ordre dorique nous représente, par les triglyphes et les métopes.

Le mot de *solive* vient du mot *solum*, plateforme, plancher.

Solive de brin. On nomme ainsi celle qui est de toute la longueur d'un arbre équarri.

Solive de sciage. *Solive* que l'on a débitée dans un gros arbre, selon la longueur de cet arbre.

Solive passante. *Solive* de bois de brin qui fait la largeur d'un plancher sous poutre. Cette *solive* se pose sur les murs de refend, plutôt que sur les murs de face, parce que ceux-ci en diminuent la solidité, et qu'elle s'y pourrit. Lorsque l'on est obligé d'y poser des *solives* de cette espèce, on la fait porter sur une sablière portée par des corbeaux.

Solive d'enchevêtrure. On appelle de ce nom les deux plus fortes solives d'un plancher, lesquelles servent à porter le Chevêtre (*voyez* ce mot), et qui sont ordinairement de brin. On donne le même nom aux plus courtes *solives* qui sont assemblées dans le chevêtre.

SOLIVEAU, s. m. Moyenne pièce de bois d'environ cinq à six pouces de gros, laquelle est plus courte qu'une solive ordinaire.

SOMMELLERIE, s. f. Est un lieu situé au rez-de-chaussée d'une grande maison, et près de la pièce qu'on appelle *office*. Cet endroit sert à garder le vin de la cave; et ordinairement il a une communication avec la cave par une descente particulière.

SOMMET, s. m. C'est le point culminant de tout corps. On donne ce nom à ce qui forme aussi le point le plus élevé des édifices et des différentes parties dont ils se composent.

Ainsi le *sommet* d'un temple antique est le fronton qui le couronne. Le *sommet* de ce fronton recevoit souvent une statue ou quelqu'autre ornement. Le *sommet* d'un obélisque consistoit dans un corps qu'on appeloit *pyramidium*. Ce *pyrami-*

dium portoit souvent à son *sommet* un globe ou un style chez les Romains. Plus d'une pyramide paroissant se terminer en pointe, avoit toutefois à son *sommet* une petite plate-forme sur laquelle, d'après les descriptions des écrivains, on plaçoit une statue. Nous lisons dans Pline, qui a emprunté cette notion à Varron, que les cinq pyramides de l'étage inférieur du tombeau de Porsenna portoient à leur *sommet* un globe de bronze surmonté d'un *pileus*, auquel étoient attachées des clochettes formant un carillon.

Le *sommet* d'un édifice peut se terminer, soit en terrasse ou plate-forme, soit en toiture ou comble plus ou moins aigu. Il entre généralement dans l'instinct ou le goût de la décoration, de frapper les yeux par quelqu'objet d'ornement, qui s'élevant au-dessus du *sommet* de toute construction, en fasse pyramider la forme et ajoute à sa hauteur. Nous avons indiqué ailleurs quelles furent jadis les pratiques de l'architecture à cet égard, et ce qu'elles peuvent être encore aujourd'hui. *Voyez* COURONNEMENT.

SOMMIER, s. m. C'est dans la construction, s'il s'agit d'une arcade, la première pierre qui pose de chaque côté sur les piédroits.

C'est, lorsqu'il s'agit d'une plate-bande, la pierre qui pose d'aplomb, d'un côté et de l'autre sur une colonne ou un pilastre. *Le sommier,* dans le langage de l'architecture, s'appelle *architrave,* qui signifie maîtresse poutre.

Dans la charpente ou la construction en bois, le *sommier* est une pièce de bois qui porte sur deux piédroits et sert de linteau, soit à une porte, soit à une croisée, et quelquefois à des ouvertures plus considérables. On voit effectivement construire beaucoup de maisons de commerce où l'on pratique, pour l'ouverture que demandent les boutiques, des *sommiers* qui consistent en une poutre d'une assez grande épaisseur, et sur laquelle tombe la charge des trumeaux en maçonnerie, qui s'élèvent dans une hauteur de quatre ou cinq étages. Rien de plus périlleux que cette méthode; aussi arrive-t-il qu'on est obligé de soulager le *sommier* par un montant de fer. Lorsqu'on emploie ainsi le *sommier* de charpente, la solidité veut, tout au moins, que les trumeaux ne portent que sur ses extrémités, et que les baies ou les ouvertures des fenêtres seules correspondent au point de centre du *sommier.*

On appelle *sommier* la pièce de bois qui portant une grosse cloche, sert de base à la lune, et au bout de laquelle sont attachés les tourillons de fer.

On donne encore le nom de *sommier* à des pièces de bois, comme des poutres, qui portent le plancher d'un pont de bois.

Il y a de même, dans plus d'une machine, des pièces de bois servant à divers usages, et auxquelles on donne le nom de *sommier.*

SOMMIER. *Voyez* SEUIL DE PONT-LEVIS.

SONDER, v. act. On se sert de ce verbe, pour exprimer l'opération par laquelle on reconnoît la qualité du fond d'un terrain où l'on veut bâtir.

A cet effet, on se sert d'un gros tarier, qu'on appelle *sonde,* dont les bras de fer, de trois pieds chacun, s'emboîtent l'un dans l'autre avec de bonnes clavettes.

Quelque bon que paroisse un terrain, on ne doit jamais fonder dessus sans l'avoir préalablement sondé.

SONNETTE, s. f. Machine composée de deux montans à-plomb, avec poulies, et soutenus de deux arbres avec un rancher; le tout porté sur un assemblage de soles. Cette machine, par le moyen du mouton enlevé à force de bras avec les cordages, sert à enfoncer des pieux et des pilots. A chaque corvée que les hommes font pour frapper, on leur crie, après un certain nombre de coups, *au renard,* pour les faire cesser en même temps, et *au lard* pour les faire recommencer tous ensemble.

SORIA (Jean-Baptiste), architecte romain, né en 1581, mort en 1651.

Nous ignorons sous quel maître il apprit son art. Mais comme, avant de recevoir les leçons d'un maître en particulier, on ne peut point ne pas être l'élève de son siècle, c'est-à-dire des exemples et des ouvrages qui influent sur la direction du goût de chaque époque, il est visible, par les monumens qu'a construits *Jean-Baptiste Soria,* qu'il fut un des suivans de Pierre de Cortone, de Carle Maderne, des Longhi, et de cette école nombreuse du dix-septième siècle, qui, sans tomber dans les écarts de Boromini, n'a su véritablement imprimer à ses ouvrages aucun autre caractère que celui de l'absence de tout caractère.

Le siècle où vécut *Soria* se fait distinguer à Rome, dans la construction d'un assez grand nombre d'églises, qui furent remarquables par leur richesse, plus que par leur beauté, et qui n'ajoutèrent rien aux inventions des siècles précédens. On les reconnoît à une physionomie assez uniforme dans leur plan, comme dans leur élévation, et surtout à la monotonie de ces devantures banales, de ces frontispices en placage, compositions froides et sans caractère, qui furent, comme on l'a vu à l'article PORTAIL, d'insipides répétitions les unes des autres.

Jean-Baptiste Soria ne s'est guère fait connoître que par ces sortes d'ouvrages, dans lesquels il est juste de dire qu'il eut le mérite, en se conformant à cette espèce de mode, de n'y point ambitionner de formes ni d'accessoires bizarres, étrangers à l'ajustement des ordonnances de colonnes. Voilà, ce nous semble, ce qu'on peut dire de mieux de son portail de *S. Carlo de Catenari.*

Deux

Deux ordres, l'un au-dessus de l'autre, de pilastres en bas corinthiens, en haut composites, y forment un léger avant-corps couronné d'un fronton. Cette façade n'a réellement rien qu'on y puisse ou louer ou blâmer dans sa composition générale. Si un meilleur choix d'ornemens, si des détails plus purs de chambranles aux portes et aux fenêtres, si plus de caractère dans les profils et dans les entablemens se fussent trouvés réunis à l'ensemble, d'ailleurs simple, de ce frontispice, on l'auroit peut-être cité comme un des meilleurs en son genre.

Nous croyons qu'on n'en sauroit dire autant du portail de Sainte-Marie de la Victoire, également à deux ordres l'un au-dessus de l'autre. Ici se fait mieux sentir l'inconvénient de la hauteur des nefs, lorsque la largeur de l'édifice n'y correspond point. *Soria* employa dans ce portail tous les moyens d'exhaussement qu'il put trouver, pour masquer l'extrémité du pignon de la grande nef. Il plaça chacune de ses ordonnances sur un piédestal fort élevé, et au-dessus de son fronton il pratiqua une sorte de rampe qui lui sert d'alongement : ressource malheureuse et addition contre nature. On peut encore se plaindre d'avoir à compter dans cette façade quatre frontons superposés, en y comprenant effectivement ceux de la porte d'entrée, et de la grande fenêtre du second étage.

Il est difficile de parler avec plus d'éloge de ses frontispices aux églises de Saint-Chrysogone, et de Sainte-Catherine de Sienne à *Monte Magno Napoli*.

Le meilleur ouvrage en ce genre de *Soria* paroît être le portique et la façade de *San Gregorio*, que lui fit exécuter son protecteur le cardinal Scipion Borghèse. On ne peut refuser à cette composition, qui toutefois est, selon l'usage d'alors, à deux ordres de colonnes l'un au-dessus de l'autre, un certain caractère d'élégance, plus de correction, de simplicité ou d'unité que de coutume. Elle a encore le mérite d'une apparence heureuse, ce qu'elle doit, sans doute, en partie à sa situation et à son soubassement, élevé sur une montée en gradins. Ajoutons que les deux étages, qui toutefois auroient aussi bien convenu à un palais qu'à une église, forment une masse assez bien proportionnée, et exempte des vices ordinaires aux portails de ce siècle.

Ce qu'on lui a reproché, c'est particulièrement d'être sans connexion avec le monument qu'elle précède, et qu'elle devroit mieux annoncer. On entre par le portique, dans une fort belle cour environnée d'une galerie, au fond de laquelle se présente l'église. On regrette donc que l'architecte, qui pouvoit disposer d'un semblable local, n'ait pas eu l'idée d'un plan et d'une composition à la fois simples et pittoresques, qui, en réunissant pour l'œil le portique d'entrée avec le temple auquel il auroit servi de vestibule, eût formé de ces deux masses, un tout harmonieux et majestueux tout ensemble.

SOSTRATE. Nom d'un des plus célèbres architectes de l'antiquité.

Il étoit de Gnide, et, selon Pline, ce fut lui qui éleva dans sa patrie les jardins suspendus qu'on y admiroit. On sait assez que par jardins suspendus, il faut entendre des plantations, que nous dirions en terrasses. Or, il paroît que le mot suspendu, *pensilis*, ne peut donner ici d'autre idée que celle de portiques ou d'arcades soutenant la masse de terre où les arbres avoient leur racine; et c'est ainsi qu'un pareil ouvrage devoit être celui d'un architecte.

Mais ce qui a le plus illustré le nom de *Sostrate*, c'est la grande et magnifique composition du fanal qu'il construisit pour Alexandrie, sous Ptolémée Philadelphe, dans la petite île de Pharos, qui depuis donna son nom à cette sorte d'édifice. *Voyez* PHARE.

A cet article, nous avons rapporté les détails qui ont été recueillis sur la composition et les dimensions de ce monument, sur sa durée et sur son entière destruction.

Nous n'ajouterons ici que quelques mots sur l'inscription que *Sostrate* y avoit fait graver. Elle portoit ces mots : *Sostrate de Gnide, fils de Dexiphanes, aux Dieux conservateurs pour ceux qui naviguent.* Les écrivains sont d'accord sur ce point. Mais selon Lucien (dans son *Traité sur la manière dont on doit écrire l'histoire*), l'architecte, après avoir gravé secrètement cette inscription qui devoit perpétuer son nom, crut devoir en dérober la vue aux spectateurs. A cet effet, il la cacha en la surchargeant d'un enduit à la chaux, sur lequel il écrivit le nom du roi régnant. Le temps fit tomber cet enduit, et le nom de *Sostrate* reparut. Pline avance le contraire, et il loue la magnanimité du roi Ptolémée, pour avoir permis à *Sostrate* de Gnide, architecte du monument, d'y inscrire son propre nom. (*Plin.* L. 36. ch. 12.)

On lit dans Cedrenus que Cléopâtre employa l'architecte mécanicien Dexiophanes à joindre, par de grands travaux, au moyen d'une jetée dans la mer, l'île de Pharos et son fanal à la ville d'Alexandrie. *Voyez* PHARE.

SOUBASSEMENT, s. m. La formation de ce mot indique assez sa signification. Il a été formé du mot italien *basamento*, qui exprime fort bien la différence du support isolé appelé *base*, lequel s'applique aussi à un corps isolé, d'avec le support continu qu'on voit régner sous toute l'étendue d'une construction.

Les Anciens avoient deux mots pour rendre l'idée de *soubassement*, selon que la masse qu'on y imposoit, étoit en colonnes ou sans colonnes. L'un de ces mots est *stylobates*, composé du mot *porter* et du mot *colonne ;* l'autre est *stéréobate*, qui est formé du mot *porter* et du mot *solide*.

Il paroît donc résulter de ces deux mots, que *stylobates* (stylobate en français) devoit s'appliquer à un corps qui porte des colonnes, et que *stéréobates* devoit signifier le corps de construction qui sert de support à une masse quelconque. Cependant nous voyons que Vitruve, dans son chapitre 3e. du IIIe. livre, se sert indifféremment de ces deux mots par rapport aux colonnes.

Gagliani, dans son Commentaire sur ces deux espèces de synonymes, prétend que communément le mot *stérobate* signifie le petit mur d'appui qu'on établit sous les colonnes, mais lisse et sans aucun ornement; tandis que *stylobate* exprime particulièrement ce support qui est orné d'une base profilée et d'une corniche.

Laissant de côté cette discussion, nous dirons qu'en français le mot *stylobate* est particulièrement employé à signifier ce qui supporte des colonnes, et que le mot *soubassement* a une acception plus générale, qui, par la composition du mot, peut dans le fait s'appliquer à tout, mais paroît mieux convenir aux masses de bâtimens sans colonnes, qu'aux colonnades mêmes.

Soubassement exprime donc, en architecture, l'idée générale d'une masse considérable et étendue, qui en supporte une semblable. On pourroit sans doute donner aussi ce nom à une levée de terre, à une terrasse, sur laquelle s'éleveroit une autre masse. On pourra le donner encore à un piédestal continu, mais peu élevé, sur lequel seroient rangés, comme cela se pratique dans certaines galeries d'objets d'art, des statues, des vases et autres monumens du même genre.

Mais dans la construction des édifices, on appellera *soubassement* cette partie de leur élévation, qui est, à leur égard, ce qu'est la base à une colonne, ou le piédestal à une statue. Or, ce premier effet du *soubassement* est de donner une plus grande valeur, et un agrément de plus à tout édifice. Indépendamment de l'importante considération relative à la salubrité de tout local, il est certain que l'aspect d'un monument, dont l'ordonnance poseroit sur le terrain, paroîtra plus lourd à l'œil, et semblera privé d'élégance.

Les Grecs ne manquèrent jamais d'élever leurs temples sur de très-hauts *soubassemens*, qui ajoutent singulièrement à leur dignité. On doit en effet donner le nom de *soubassement* à ces trois rangs de degrés très-hauts, qu'on voit régner uniformément sous les colonnades des temples doriques périptères. D'autres temples ont un *soubassement* qui règne seulement de trois côtés, et qui vient aboutir aux degrés placés en avant de la face antérieure. Tel est, par exemple, le temple de Nîmes, qui est un pseudo-périptère. Cette sorte de *soubassement* a son socle profilé et sa corniche. Plus d'exemples de cette pratique des Anciens dans les élévations de leurs temples, seroient inutiles, tant ils sont connus des architectes et des antiquaires.

L'usage des *soubassemens* est moins apparent dans les églises modernes, qui souvent ne forment point un ensemble aussi déterminé par leur plan et leurs élévations, que les temples antiques; toutefois, si l'architecture n'y traite point cette partie dans un caractère aussi prononcé, on peut dire qu'il en est peu, lorsqu'une ordonnance de colonnes ou de pilastres en décore l'extérieur, où cette ordonnance ne repose sur une base continue, comme cela se voit à la grande basilique de Saint-Pierre à Rome.

Mais où le *soubassement* nous semble jouer un rôle important, chez les Modernes, c'est dans l'architecture des palais, et surtout de ceux du seizième siècle en Italie. On en citeroit fort peu où cette partie ne soit traitée avec un soin très-particulier. Le plus souvent elle se compose de bossages ou de refends distribués avec beaucoup d'art, et de manière à faire un contraste heureux avec le reste de la construction. La saillie du *soubassement* tend encore à le détacher, et offre à l'ordonnance des étages supérieurs une sorte d'assiette, qui fait mieux valoir leur importance. Quelquefois le *soubassement* comprend dans les compartimens des bossages les petites ouvertures d'un étage, qui est celui des pièces de service. Le plus souvent il n'est percé que par les fenêtres du rez-de-chaussée. Dans ces cas il semble être le piédestal de l'édifice. Il arrive aussi qu'il se borne à n'en être que le socle.

C'est dans les palais de San Micheli, de Palladio, de Sansovino, de Scamozzi, qu'on peut étudier toutes les formes, toutes les variétés et tous les genres de proportion, que l'architecture sait donner aux *soubassemens* des palais. (*Voyez* ce qui en est dit aux articles de la vie de ces grands maîtres, où l'on a décrit leurs plus beaux ouvrages.)

SOUCHE DE CHEMINÉE, s. f. C'est un tuyau composé de plusieurs tuyaux de cheminée, qui paroît au-dessus d'un comble. Il ne doit être élevé que de trois pieds au-dessus du faîte.

Les tuyaux d'une *souche de cheminée* sont, ou adossés les uns au-devant des autres, comme cela se pratiquoit anciennement, ou rangés sur une même ligne, et se joignant par leur épaisseur, comme cela a lieu lorsqu'ils sont dévoyés.

Les *souches de cheminée* sont ordinairement en plâtre pur, pigeonné à la main, et on les enduit des deux côtés avec du plâtre au panier. Dans les bâtimens considérables, on les construit de pierre, ou de brique de quatre pouces, avec mortier fin et crampons de fer.

SOUCHE FEINTE. *Souche* qu'on élève sur un toit, pour répondre à la hauteur, à la figure, à la situation des autres, et leur faire symétrie.

SOUCHE RONDE. Tuyau de cheminée de figure cylindrique, en manière de colonne creuse, qui sort hors du comble, ainsi qu'il y en a dans d'anciens bâtimens. Ces sortes de *souches* ne se partagent point par des languettes pour plusieurs tuyaux; mais elles sont accouplées ou groupées.

SOUCHET, s. m. *Voyez* PIERRE DE SOUCHET, à l'article de la *Pierre selon ses défauts.*

SOUCHEVER, v. act. C'est, dans une carrière, ôter avec la masse et les coins de fer la pierre de souchet, pour faire tomber les bancs de pierre qui sont dessous.

SOUCHEVEUR, s. m. Ouvrier de carrière, ou carrier qui travaille particulièrement à ôter le souchet, pour séparer les bancs de pierre et les faire tomber.

SOUDER, v. act. Attacher, joindre ensemble les extrémités de deux pièces de métal, soit en les mettant au feu jusqu'à ce que le métal soit blanc et presqu'en fusion, et les incorporant ensuite l'un dans l'autre avec le marteau, ce qu'on pratique à l'égard du fer, soit en employant la soudure, ce qui a lieu à l'égard du plomb, de l'étain, de l'or et de l'argent.

SOUDURE, s. f. On emploie particulièrement dans le bâtiment la *soudure* pour le plomb. On fait un mélange de deux livres de plomb avec une livre d'étain, et il sert à joindre dans les couvertures, les tables de plomb ou de cuivre. On nomme cette *soudure, soudure au tiers.*

En maçonnerie, on entend par *soudure*, du plâtre serré, dont on se sert pour raccorder deux enduits qui n'ont pu être faits en même temps, sur un mur ou sur un lambris.

SOUDURE EN LOSANGE OU EN ÉPI. Grosse *soudure*, avec bavures en manière d'arête de poisson. On la nomme *soudure plate*, quand elle est plus étroite, et qu'elle n'a d'autre saillie que son arête.

SOUFAITE, s. m. Pièce de bois d'un comble, posée de niveau au-dessous du faîte, liée par des entre-toises, liernes, ou croix de Saint-André, avec les fermes.

SOUFRE, s. m. Substance minérale combustible et fusible, qui, lorsqu'elle est fondue, pénètre dans les moindres cavités. On s'en sert avec assez d'avantage pour sceller des grilles, des barreaux de fer dans les endroits bas, cette matière n'étant pas sujette à être altérée par l'humidité.

SOULAGER, v. act. On se sert au figuré de ce mot dans la construction, pour exprimer l'effet qui résulte des moyens qu'on emploie, soit pour partager sur plus d'un support le poids d'une masse, soit pour opposer une résistance à la poussée d'une voûte. Ainsi on *soulage* un poitrail ou un sommier qui porte le trumeau d'une façade de maison, en lui donnant pour support un montant ou de fer ou de bois debout, ou tout autre. On *soulage* le mur de la retombée d'une voûte, par un contrefort ou arc-boutant.

SOUPAPE, s. f. (*Terme d'architecture hydraulique.*) Platine de cuivre, ronde comme une assiette, avec un trou au milieu, en forme d'entonnoir, dans lequel s'emboîte quelquefois une boule, mais plus ordinairement une autre platine, en sorte qu'elle le bouche exactement, étant dirigée par sa tige, qui passe dans la gaine soudée au-dessous de la première platine.

La *soupape* sert dans le fond des réservoirs et des bassins, pour les vider, en l'ouvrant avec une bascule ou une vis, dans le commencement des conduites, pour pouvoir les mettre à sec sans vider les réservoirs, quand on veut y travailler. On met aussi des *soupapes* dans les ventouses des conduits, pour laisser passer l'air et empêcher l'eau de sortir.

Les *soupapes* diffèrent des *clapets*, en ce que ceux-ci n'ont qu'un simple trou couvert d'une plaque, qui s'élève et s'abaisse par le moyen d'une charnière. Les clapets, toutefois, peuvent servir partout où l'on met des *soupapes.*

SOUPENTE, s. f. Espèce d'entresol, dont le plancher est formé de chevrons couverts de planches jointes à rainures et languettes, et qu'on pratique dans la hauteur d'étages fort élevés, pour donner aux grands appartemens de petits logemens de commodité.

SOUPENTE DE CHEMINÉE. Espèce de potence ou lien de fer, qui retient la hotte ou le faux manteau d'une cheminée de cuisine.

SOUPENTE DE MACHINE. Pièce de bois qui, retenue à-plomb par le haut, est suspendue pour soutenir le treuil et la roue d'une machine. Telles sont les *soupentes* d'une grue, qui sont retenues par la grande moise, pour en porter le treuil et la grande roue qu'on appelle *à tambour.*

Dans les moulins à eau, ces sortes de *soupentes* se baissent avec des coins et des crans, selon la crue ou la décrue des eaux, pour en faire tourner les roues par le moyen de leurs alichons.

SOUPIRAIL, s. m. C'est le nom qu'on donne à une baie en glacis, pratiquée dans l'épaisseur d'un mur de fondement, dont les deux jouées sont rampantes, pour donner de l'air et un peu de jour aux lieux souterrains. L'ouverture des *soupiraux* se place ordinairement dans le soubassement des fenêtres du rez-de-chaussée.

Soupirail d'aqueduc. (*Terme d'architecture hydraulique.*) On appelle de ce nom une certaine ouverture en abat-jour, dans un aqueduc couvert, ou à-plomb dans un aqueduc souterrain, et qu'on pratique d'espace en espace, pour donner de l'échappée à l'air, qui, s'il y restoit renfermé, s'opposeroit au cours de l'eau.

SOURCES, s. f. pl. (*Jardinage.*) C'est un grand agrément pour un jardin, surtout du genre irrégulier, que d'avoir dans son terrain des *sources*, qui donnent à l'art les moyens naturels d'en conduire les eaux, de les distribuer au gré des différens sites, et selon les effets qu'on prétend en tirer, pour l'embellissement et pour l'utilité. On peut voir ce qui a été dit à cet égard à l'article Eau.

Dans les jardins, on appelle *sources* plusieurs rigoles de plomb, de rocaille ou de marbre, qui sont ordinairement bordées de mousse ou de gazon, et qui, par leurs détours et sinuosités, forment au milieu des bosquets plantés sans symétrie, et sur un terrain en pente, une espèce de labyrinthe d'eau, ayant quelques jets aux endroits où ces rigoles se croisent.

SOUS-CHEVRON, s. m. Pièce de bois d'un dôme, ou d'un comble en dôme, dans laquelle est assemblé un bois debout, appelé *clef*, qui retient deux chevrons courbes.

SOUS-FAITE. *Voyez* Soufaite.

SOUTERRAIN, adj. et subst. On appelle ainsi tout lieu qui se trouve sous terre, soit qu'il soit l'ouvrage de la nature, soit qu'il ait été ainsi pratiqué par l'art.

Les *souterrains* naturels sont ceux qu'on appelle *grottes*, *antres* ou *cavernes*. Au mot Grotte (*voyez ce terme*) nous avons fait mention de quelques-unes des plus célèbres productions de la nature en ce genre, et nous y renverrons le lecteur.

Ce que les *souterrains* naturels, considérés en général, nous offrent comme ayant eu, ou pu avoir quelques rapports avec l'art de bâtir, nous l'avons fait voir à l'article Architecture, en recherchant quelques-unes de ces causes locales, qui ont pu influer dès les premiers âges de certaines nations, sur le goût et les pratiques de leur architecture. On ne sauroit nier en effet que, dans quelques pays, les premières sociétés n'aient pu profiter des grottes ou des *souterrains* naturels, pour en faire leurs habitations, et selon la nature facile à exploiter de certains matériaux, n'aient pu se creuser des demeures qu'on appellera *souterraines*. Cependant on doit dire que l'esprit systématique a beaucoup exagéré les conséquences de ce fait, et qu'on s'est souvent mépris sur les causes qui en beaucoup de pays, et surtout dans le voisinage de beaucoup de villes, ont produit de grandes et nombreuses excavations. Si l'on accorde que l'Egypte a pu devoir l'extrême simplicité de son architecture et de ses procédés de construction aux habitudes des *souterrains* et des excavations, que plus d'une cause bien connue multiplia dans cette contrée, il faudra aussi reconnoître que beaucoup de ces *souterrains*, qui dans des temps postérieurs auront servi d'asyle ou de retraite à plus d'une sorte d'habitans, avoient été originairement creusés pour un tout autre emploi, c'est-à-dire pour extraire les pierres employées aux grandes constructions des temps précédens.

Or, telle fut certainement l'origine de ce grand nombre d'excavations *souterraines* que nous présentent les environs de beaucoup de villes anciennes et modernes. Qui ne sait pas, par exemple, que ces vastes *souterrains* qu'on appelle *catacombes* à Rome, à Naples, à Syracuse et ailleurs (*voyez* Catacombes), ne devinrent des lieux de sépulture, qu'après avoir cessé d'être les carrières d'où l'on avoit extrait pendant des siècles, les terres, les sables, les matériaux propres à la bâtisse? Ainsi Paris se trouve environné de *souterrains* dont l'étendue ira toujours en croissant; et quelqu'étonnant que pourra paroître un jour ce long travail des siècles, nous n'avons toutefois aucune admiration pour ces résultats d'opérations purement mécaniques.

Il faut la réserver, cette admiration, pour les *souterrains* qui furent réellement des ouvrages de l'art, c'est-à-dire qui nous présentent une image ou une répétition des monumens construits sur terre, et qui eurent une destination religieuse ou politique.

Si nous en croyons l'histoire ancienne, et les découvertes modernes, aucun peuple n'eut plus d'occasions de pratiquer ce genre d'architecture, que le peuple égyptien, et ce fut surtout à l'époque où le siége du gouvernement étoit établi à Thèbes; car on convient assez maintenant que ce fut de ce point que les institutions, les mœurs, et les pratiques des arts et de l'architecture, se répandirent, soit en remontant le Nil vers l'Ethiopie, soit en descendant vers le Delta. L'usage des sépultures favorisa, particulièrement dans la Thébaïde, le travail des *souterrains*. C'étoit dans de profondes excavations que les rois cherchoient à dérober aux recherches des âges futurs, les lieux qui devoient recevoir leurs corps. La description du tombeau découvert récemment par Belzoni, et qu'il a cru être celui de Psamméticus, peut donner la plus juste idée de cette sorte de monumens, où l'on retrouve le même goût de disposition d'ornemens, et de peintures hiéroglyphiques que dans les édifices construits, avec cette différence que tout s'y est trouvé intact et dans un état de conservation qui s'explique, quand on pense que l'air et la lumière n'y avoient pas pénétré depuis quelques milliers d'années. Ce qui étonne encore dans cette sorte de travail, c'est la difficulté qu'on dut éprouver de creuser à une aussi grande profondeur, non pas une seule chambre, mais une suite de chambres sépulcrales, et même à deux étages. La découverte de ce *souterrain*, due en partie au hasard, comme nous l'apprend Belzoni, doit faire penser que beaucoup d'autres ouvrages du même genre, attendent encore de semblables recherches.

Si quelque chose peut nous confirmer dans l'opinion que les Egyptiens, peut-être parce que les limites de leur territoire étoient bornées par la nature, furent portés à en augmenter l'étendue dans leurs entreprises *souterraines*, et s'y adonnèrent constamment, c'est la notion conservée par Pline, que la ville même de Thèbes étoit traversée sous terre, par des conduits qui auroient passé sous le fleuve. Pline, il est vrai, semble révoquer ce fait en doute, sous prétexte qu'Homère n'en a point parlé. C'est peut-être la moindre des raisons qu'on put opposer à cette tradition, que nous ne nous chargeons pas toutefois de défendre.

N'ayant point à faire ici l'histoire des entreprises *souterraines* des Egyptiens, mais nous bornant à constater leur goût pour cette pratique, nous ferons encore mention du célèbre édifice construit dans la basse Egypte, sous le nom de *Labyrinthe*. Les trois auteurs qui en ont parlé avec le plus d'étendue, Hérodote, Strabon et Pline, s'accordent à y faire mention de parties *souterraines*. *Quant aux appartemens souterrains*, dit le premier de ces écrivains, *je ne sais que ce qu'on m'en a dit; les gouverneurs du Labyrinthe ne permirent point qu'on me les montrât.* Strabon parle de cryptes longues et nombreuses, qui communiquoient entr'elles par des chemins tortueux. *De là* (dit Pline), *on entre dans des chambres souterraines par des conduits creusés aussi sous terre.*

Du reste, que les Egyptiens aient encore excavé des montagnes, pour en faire des monumens semblables à ceux qu'ils construisoient sur terre, c'est ce qu'a prouvé la découverte récemment faite du monument d'Ypsamboul, dont M. Gau a donné les détails et la fidèle représentation, dans son ouvrage sur les monumens de la Nubie. Cette excavation *souterraine* a cela de particulier, qu'elle fut faite dans la masse d'une montagne de pierre; que l'architecture, ses colonnes, ses détails, ses ornemens, les statues et les colosses qui décorent le monument, sont taillés à même le rocher. Les sables ayant recouvert cette construction *souterraine* et obstrué son entrée, tout l'ouvrage a été trouvé dans un état de conservation parfaite.

On ne sauroit dire combien d'autres *souterrains* du même genre on découvriroit dans ce pays, si les recherches et les travaux dispendieux que ces découvertes exigent, au lieu d'être le produit des efforts de quelques particuliers, pouvoient avoir lieu aux dépens d'un gouvernement intéressé à en faire les frais.

Des différences sensibles de terrains, d'usages et d'institutions publiques, suffisent à expliquer, pourquoi l'histoire et les recherches modernes ne présentent aux investigations des voyageurs en Grèce, ni le même goût dans ce pays pour les travaux *souterrains*, ni l'usage de ces sortes de constructions établies dans les profondeurs du sol. Cependant la Grèce eut aussi ses grottes mystérieuses, soit données par la nature, soit modifiées par l'art. La plus célèbre fut celle de Trophonius, mais on ne sauroit dire quelle fut dans cette cavité *souterraine* la part du travail de l'homme. La nature du sol de la Grèce, pays hérissé de montagnes, dont plusieurs offrent les traces de volcans et de feux *souterrains*, fait voir combien les seules causes physiques, dûrent préparer de retraites déjà accommodées aux besoins des habitans encore sauvages de ces contrées. A mesure que la civilisation augmenta et que les villes se multiplièrent, la superstition dut s'emparer de ces lieux, où l'on plaça le berceau des êtres mythologiques, et il n'y eut point de grotte ou de *souterrain*, qui ne devint un monument de quelque naissance mystérieuse, de quelqu'événement fabuleux.

Ainsi voyons-nous le promontoire du Ténare, dont la base avoit été excavée par l'action des feux *souterrains*, devenir un monument religieux. C'est à l'entrée de ces cavernes noircies par la fumée des volcans, que les mythologistes placèrent, non-seulement les portes de l'Enfer poétique, mais encore le trône des vents, la route des orages, et l'étable des chevaux de Neptune, dont le temple creusé dans le roc en forme de grottes, étoit environné d'une forêt de sapins, qui par son obscurité augmentoit l'horreur de ce local. La lecture de Pausanias nous donneroit lieu de recueillir beaucoup d'autres notions de ce genre sur les excavations nombreuses d'un pays, où la religion eut l'art de s'emparer, en quelque sorte, de la nature entière, de tous les accidens des terrains, des montagnes, des rochers, de toutes les sources, de toutes les rivières, de tous les aspects, de toutes les illusions de l'homme et de toutes les traditions de la crédulité, pour rendre l'idée de la Divinité présente en tous lieux.

Quelques écrivains ont tenté d'établir quelques systèmes sur certaines excavations qu'on trouve en Grèce, telles que les grottes de Nauplie dans l'Argolide, et qu'on a prétendu être l'ouvrage des Cyclopes. Nul doute que le travail des mines, en quelques contrées de ce pays, n'ait donné lieu, ainsi que celui des carrières, à de grands travaux *souterrains*. On a voulu déduire de certains faits de ce genre l'existence d'une sorte d'architecture troglodyte, qui auroit précédé la pélasgique. Ces recherches savantes sont étrangères aux seules notions dont j'ai voulu faire la matière de cet article. Des excavations qui ont pu avoir des objets d'utilité particulière, ne prouvent point qu'on ait eu l'intention de faire sous terre des ouvrages semblables aux monumens construits. Or, ce caractère bien distinctif dans la nature des travaux *souterrains*, je prétends qu'on ne l'a point trouvé en Grèce comme en Egypte, et la modique grotte de Pan à Athènes, celle d'Archidamas consacrée aux Nymphes, travaux où l'art entra pour quelque chose, sont de trop petits ouvrages pour constater, chez les Grecs, l'usage et le goût de ces substructions enfouies sous terre et à si grands frais, dont l'Egypte nous a conservé tant et de si étonnans modèles.

Après l'Egypte, le pays le plus connu pour le goût et la pratique de ces ouvrages, qu'on peut appeler d'*architecture souterraine*, ou par excavation, est sans contredit l'Inde. Nous avons eu déjà l'occasion d'observer (*voyez* INDIENNE-ARCHITECTURE), que le plus grand nombre des entreprises de ce pays, ne doit pas porter le nom de *construction proprement dite*, puisqu'ils sont, soit des rochers isolés, façonnés par le ciseau en forme de monumens, soit des excavations pratiquées dans des bancs de pierre, où l'on mit la masse même à contribution, pour y sculpter supports, plafonds, ornemens, etc.

Nous avons déjà parlé de l'Italie, en faisant mention des grandes excavations produites par les carrières aux environs de quelques grandes villes, et auxquelles on a depuis donné le nom de *catacombes*. En envisageant, comme nous l'avons prétendu faire en cet article, les *souterrains* dans leur rapport avec l'architecture, il nous semble que les anciens habitans de l'Italie n'ont réellement laissé que très-peu de vestiges de leur goût pour les ouvrages *souterrains*, du genre qu'on a déjà spécifié. Les sépultures seules ont pu donner lieu à des travaux de ce genre. (*Voyez* SÉPULTURE.) Il est certain qu'outre l'espèce de tombeaux dont nous avons parlé à cet article, et qui précédèrent le temps de la domination de Rome, les Romains, sans adopter l'usage des sépulcres entièrement *souterrains*, ne laissèrent pas de pratiquer souvent dans les constructions de leurs tombeaux et mausolées, des divisions propres à recevoir les sarcophages, et dont le plan étoit inférieur au sol. Le seul nom d'*hypogée* qu'on leur donnoit, témoigne encore de cet usage. Généralement cependant, autant qu'on peut le conclure des restes nombreux de leurs monumens funéraires, les excavations *souterraines* furent rarement appliquées à cet usage. La pratique de la crémation des corps favorisa surtout l'emploi des *columbarium*, destinés particulièrement à recevoir, dans de très-petites niches les urnes qu'on y rassembloit en très-grand nombre.

Ce n'est pas qu'on ne puisse citer des travaux assez considérables d'excavations, pratiquées par les Romains pour d'autres usages, comme, par exemple, cette montagne perforée qu'on appelle la *grotte de Pausilippe*, pour abréger le chemin de Naples à Pouzzol. Les environs de Baies nous montrent encore de semblables travaux commencés pour le même objet d'utilité, et l'on présume que ce que l'on appelle la *grotte de la Sybille*, fut également une route *souterraine* restée sans exécution.

De semblables travaux furent exécutés par les Romains pour la décharge de quelques lacs, tels que celui d'Albano, qui, avant qu'on leur eût ouvert d'issue, étoient sujets à des crues d'eau, et à des débordemens funestes aux campagnes voisines.

L'énumération et la description des grands travaux de ce genre, chez les peuples anciens et modernes, pourroient devenir sans doute le sujet et la matière d'un ouvrage aussi curieux qu'intéressant, mais dont le moindre abrégé seroit, comme on l'a dit, hors de toute mesure avec cet article, et encore étranger à l'objet principal de ce Dictionnaire.

Ce seroit dans le Dictionnaire des ponts et chaussées qu'il seroit convenable de réunir l'historique de ces sortes d'entreprises. On sait que déjà plus d'un canal a obligé de lui pratiquer, dans plus d'un endroit, un lit *souterrain*, comme on le voit au canal de Saint-Maur, exécuté depuis peu d'années. Les aqueducs ont souvent aussi nécessité de grandes et pénibles excavations, pour procurer aux eaux leur courant et leur niveau, à travers les montagnes.

Il se fait dans ce moment un prodigieux travail de ce genre à Londres. C'est un très-grand et large chemin pratiqué sous la Tamise pour suppléer, dans un endroit qui réunira les deux parties de la ville, à la construction d'un pont qui eût gêné la navigation.

SPÉCULAIRE (PIERRE). Au mot PHENGITE nous avons déjà placé une courte notion de ces espèces d'albâtres gypseux et transparens, auxquels on donnoit le nom de *pierre spéculaire*. Elle se débitoit en lames aussi minces qu'on le vouloit, et elle faisoit dans les fenêtres, chez les Anciens, l'office du verre. Il paroît que ce que nous appelons *fenêtre* ou *châssis de fenêtre*, chez les Romains s'appeloit *specularis* ou *specularia*, et le *lapis specularis* aura été ainsi nommé, comme étant la pierre employée en carreaux de fenêtres.

A l'article VERRE ou VITRE, nous discuterons la question relative à l'emploi du verre en carreaux de vitre. (*Voy.* VITRE et VERRE.) Nous bornerons l'article SPÉCULAIRE à faire connoître les variétés de la pierre à laquelle on donne ce nom, et les propriétés de sa nature transparente, dans l'emploi qu'on en fit chez les Anciens.

Il peut y avoir eu jadis plus d'une cause qui ait rendu l'emploi du verre, appliqué aux fenêtres, moins commun qu'il n'auroit pu l'être. On peut se permettre de croire que ce ne fut, si l'ignorance du verre, connu de tout temps, ni la cherté, ni la difficulté d'en faire des carreaux, sorte d'emploi le plus simple de tous. Si le verre paroit, d'après quelques passages des écrivains, avoir été tardivement mis en œuvre à Rome, dans les fenêtres, ne seroit-ce pas, parce que différentes sortes de *pierres spéculaires*, faisant l'office de *vitre*, outre l'ancienne habitude, réunissoient à une plus grande solidité, des avantages très-réels?

Il y avoit en effet de nombreuses variétés dans les *pierres spéculaires*; il s'en trouvoit dont la transparence égaloit celle du cristal et du verre le plus diaphane. Quand Pline veut parler de la limpidité du vernis qu'Apelle mettoit sur ses tableaux, il ne prend pour point de comparaison ni le verre ni le cristal, mais « à travers ce vernis » l'on voyoit (dit-il) sa peinture comme au travers » d'une *pierre spéculaire*. » *Veluti per lapidem specularem intuentibus.*

Le même écrivain nous apprend qu'on tiroit des *pierres spéculaires* de beaucoup de pays différens. L'Espagne jadis en avoit approvisionné Rome. Depuis on en avoit fait venir de Chypre, de Cappadoce, de Sicile, et plus récemment encore d'Afrique.

L'Espagne fournissoit les meilleures. La Cappadoce donnoit de plus grandes dalles, mais leur qualité étoit plus molle, et leur transparence étoit plus terne. On en exploitoit aussi dans le territoire de Bologne en Italie, d'une moindre étendue, sujettes à avoir des taches, et quelquefois des durillons d'une substance siliceuse.

Pline nous décrit une espèce de *pierre spéculaire*, que l'on trouvoit sous terre, renfermée entre des pierres plus dures, *saxo inclusus*; ce qui nous paroît ressembler beaucoup aux feuilles de talc, qui sont entre les pierres à plâtre. Mais, selon lui, on en comptoit encore une autre espèce fossile, dont les plus grandes lames ne passoient pas la longueur de cinq pieds. *Nunquam adhuc quinque pedum longitudine amplior.*

On voit par cette énumération des espèces de *pierre spéculaire*, et par la dimension que quelques-unes avoient, pourquoi on put souvent en préférer l'emploi, dans bien des circonstances, à celui des carreaux de verre. Mais un des avantages réels de cette substance sur celle du verre, c'est qu'elle étoit inaltérable. C'étoit, selon Pline, le privilége de l'espèce de *pierre spéculaire* blanche, *sed candido mira natura*. Quoique tendre, elle résistoit à toutes les injures des saisons, et elle ne vieillissoit point.

Or, rien ne fut mieux adapté aux besoins d'éclairer l'intérieur des grands monumens. Il paroît d'après divers passages des auteurs, que la manière d'employer ces sortes de vitraux, étoit de les sceller dans les murs mêmes. Les *clathra* des fenêtres de l'amphithéâtre de Pola forment des entrelacs, dont les traverses ou barreaux (comme l'on voudra dire) sont de pierre, et il est probable que leurs intervalles furent remplis de *pierre spéculaire*.

Juba, cité par Pline, écrivoit qu'on trouvoit en Arabie une pierre aussi transparente que le verre, dont on faisoit les carreaux des fenêtres. *In Arabiâ quoque esse lapidem vitri modo translucentem quo utuntur pro specularibus.*

Au temps de Néron, on avoit trouvé en Cappadoce une qualité de pierre, qu'on appela *Phengites*, à cause de son éclat et de sa transparence. (*Voyez* ce mot.) Pline, en parlant du temple de la Fortune, construit de cette pierre, qui transmettoit la lumière dans son intérieur, ajoute que cet intérieur se trouvoit éclairé par un autre moyen que celui des *spéculaires*. *Alio quam specularium modo.* Quelques commentateurs veulent qu'on lise *haud alio quam specularium.* Peu importe la version qu'on adopte, il est visible que dans l'une comme dans l'autre, Pline compare ce moyen d'éclairer un intérieur par la transparence de ses murs, au moyen usité de la *pierre spéculaire* commune.

Si, d'après le passage de Sénèque (*voy.* VERRE), l'emploi des vitraux proprement dits, ou des carreaux de verre, semble n'avoir daté à Rome que de son siècle, il y a moins lieu qu'on ne pense de s'étonner que l'usage en ait été aussi tardif. Entre les causes qui l'ont répandu si généralement chez les Modernes, il faut compter sans doute le bon marché de la fabrication du verre, mais particulièrement aussi le manque presqu'absolu de ces pierres transparentes, qui étoient autrefois aussi nombreuses que diverses, et qui donnoient un véritable équivalent du verre.

Si la nature nous eût fourni avec abondance ces matières transparentes d'un débit si facile, qui pourroit dire jusqu'à quel point leur exploitation économique, eût retardé ou diminué la pratique des carreaux de verre, surtout s'il est vrai, comme on est porté à le croire, que la *pierre spéculaire*, appliquée aux fenêtres, avoit plus d'un avantage sur les vitraux? Or, il paroît qu'elle pouvoit d'abord être moins fragile que le verre. Une de ses propriétés, ensuite, étoit de mieux préserver de la chaleur, en interceptant les rayons du soleil. C'est ce que remarquèrent, selon Philon (*de legatione ad Caium*), les ambassadeurs d'Alexandrie. *En comparant*, dit-il, *les propriétés des pierres transparentes avec celles du verre blanc, ils observèrent que ces pierres, en transmettant la lumière, préservent à la fois et de l'action de l'air et de l'ardeur du soleil.*

Les voyageurs ont trouvé encore en Grèce, plus d'un exemple de cette manière d'éclairer les intérieurs, par le moyen de pierres transparentes. Or, tout porte à croire que cette pratique moderne, en ce pays, est une tradition de l'ancien usage, si dans quelques endroits même, les *pierres spéculaires* qu'on y voit ne sont pas des restes d'antiquité.

Cornelio Magui et Chandler décrivent, avec les mêmes circonstances, les fenêtres de l'église du couvent de Saint-Luc en Béotie, la plus belle de la Grèce moderne. Ces fenêtres, au lieu de carreaux de verre, ont de carreaux de pierre transparente. *La chiesa*, dit Cornelio Magui, *e di bella architettura, incrustata di marmi fini; e in certe finestre spiccano pietre con vene trasparenti rosticie.* Selon Chandler, « les bas côtés » ou galeries de cette église sont éclairés par des » morceaux de marbre transparent, appelé jadis » *phengites*. Ils sont placés dans le mur par compartimens carrés, et répandent une lumière » jaune; vus en dehors, ils ressemblent à la pierre » commune et sont grossièrement taillés. »

Plusieurs de ces pierres, qui selon la nature de leur substance, ou peut-être par le laps des années, ont pu acquérir une transparence rougeâtre, sont devenues, en vertu d'une opinion superstitieuse des Grecs modernes, dépositaires de ce qu'ils appellent le *feu sacré*, qui, à un certain jour de l'année, est censé descendre du ciel. C'est à cette croyance qu'on dut probablement, dans le temple de Minerve à Athènes, converti en église chrétienne, la conservation de quelques dalles de *pierre spéculaire*, qui au temps de Spon, Wheler, Cornelio Magui, la Guilletiere, etc., étoient encore visibles, et étoient tenus pour des objets miraculeux à cause de leur rougeur diaphane.

« Les pierres transparentes du temple d'Athènes (dit la Guilletiere) sont taillées en rectangle ou carré long. Chacune est à peu près » longue de trois pieds, sur un et demi de largeur. » On plaçoit derrière elles des lampes, ce qui » leur donnoit une couleur rougeâtre. Les Turcs » les regardoient avec beaucoup de vénération. » Cornelio Magui rapporte la même chose, et Spon et Wheler, qui avoient vu, dans plus d'un endroit de la Grèce, des carreaux de *pierre spéculaire*, n'hésitent point, à l'aspect des dalles miraculeuses d'Athènes, d'y reconnoître le *phengites* de Pline.

Nous pourrions citer encore les fenêtres de l'église de San Miniato à Florence, toutes garnies de pierres transparentes, qui tiennent lieu de vitres, si cet exemple n'étoit fort connu, et si nous ne craignions d'alonger par trop cet article.

SPECUS. On appeloit ainsi le canal, où l'eau couloit dans les aqueducs élevés au-dessus de la superficie du sol. Il étoit construit, ou en pierres de taille ou en briques. On lui donnoit, sur cent pieds de longueur, au moins un demi-pied de pente, et on le couvrit d'une voûte, soit pour le préserver des ordures que le vent auroit pu y porter, soit pour empêcher l'action du soleil, et l'introduction des eaux pluviales, qui auroient pu se mêler à celles des sources, qu'on vouloit faire parvenir, dans toute leur pureté, aux lieux de leur destination.

Quelquefois, ces canaux étoient couverts de dalles de pierre posées horizontalement. L'*Aqua Claudia*, l'*Aqua Marcia* se trouvèrent supportées par un seul et même rang d'arcades. Les canaux des eaux qu'on appeloit l'*Anio vetus* et l'*Aqua Claudia* avoient aussi leur *specus* ou conduit particulier, placé sur la même construction.

SPHÆRISTERIUM. Lieu destiné chez les Anciens, soit dans les gymnases, soit dans les maisons des riches particuliers, à l'exercice où l'on employoit la balle. Cet exercice et ce lieu paroissent répondre au jeu de paume moderne, et au bâtiment qui reçoit son nom de ce jeu.

Pline le Jeune décrivant ses deux maisons de campagne de Laurentum et de Toscane, y place un *sphæristerium*. L'empereur Vespasien en avoit un dans son palais; et, selon Lampride, Alexandre Sévère s'exerçoit souvent au jeu de balle dans son sphéristère.

SPHÈRE, s. f. Corps parfaitement rond, qu'on nomme aussi *globe* ou *boule*, et qu'on emploie souvent dans les ouvrages de l'architecture. Pline appelle *orbis*, le globe ou corps sphérique de bronze, qui terminoit le sommet de chacune des cinq pyramides inférieures du tombeau de Porsenna à *Clusium*. Nous voyons que la maîtresse borne milliaire des Romains au Capitole, et de laquelle partoient toutes les autres bornes, étoit surmontée d'un globe de bronze. Les Modernes en placent volontiers à la pointe des clochers, et en beaucoup d'autres lieux, comme simples ornemens.

SPHÉROÏDE, s. m. Corps formé par la révolution d'une ellipse sur son axe. On donne volontiers au contour d'un dôme la moitié d'un *sphéroïde*, parce qu'il doit être plus haut qu'une demi-sphère, tant pour la solidité qui résulte du peu de poussée de cette courbe, que pour en rendre la proportion plus élégante.

SPHINX, s. m. Si nous parlons ici de cet animal fabuleux, ce n'est pas, comme on le pense bien, pour en rechercher l'explication allégorique en Egypte, ou en expliquer la tradition mythologique en Grèce; ces détails ne sont point dans les attributions d'un Dictionnaire, qui doit se restreindre, en chaque sujet, à ce qui touche plus ou moins directement l'architecture, ses monumens et leurs objets de décoration.

Contentons-nous donc de faire remarquer que le *Sphinx*, sous le rapport de l'art, c'est-à-dire des images qu'on en fit, nous offre plusieurs variétés, entre lesquelles on doit remarquer celle du *Sphinx* thébain, dont plus d'un ouvrage grec nous a conservé la ressemblance. Phidias, dans la composition du trône de son Jupiter Olympien, avoit placé comme soutiens des bras du siége, des *Sphinxs* enlevant les enfans des Thébains. »

D'après

D'après ces images, il paroîtroit qu'il n'y eut aucun rapport d'allégorie, entre le *Sphinx* de l'Egypte, et celui que la mythologie grecque nous représente comme une sorte de monstre à tête de femme, sur un corps de lion ailé, proposant des énigmes, et dévorant ceux qui ne les pouvoient pas deviner. Rien de commun, comme on voit, entre cette création du mythe grec, et celle du caractère hiéroglyphique des Egyptiens, excepté l'union fantastique de deux animaux, qui en Grece ne paroît avoir rien signifié, si ce n'est une tradition imitative du symbole le plus usité en Egypte; car il est douteux que l'idée de secret, de mystère ou d'énigme, appliquée par les Grecs au *Sphinx*, ait été généralement reçue en Egypte.

Si nous en croyons ce que donne à entendre, pour ce pays, l'idée d'une telle association de deux natures, savoir, d'un corps de lion et d'une tête de femme, et ce que presque tous ceux qui ont tenté de pénétrer l'esprit de quelques hiéroglyphes nous assurent, cette union de deux êtres n'exprima rien autre chose, que l'état où est le Nil quand il inonde l'Egypte. Comme ses inondations arrivent aux mois de juillet et d'août, lorsque le soleil parcourt les signes du Lion et de la Vierge, les Egyptiens auroient réuni sous ce double emblême, les signes de l'époque qui étoit pour eux celle de la prospérité de leur pays.

Aucun signe en effet ne fut plus multiplié en Egypte. L'ouvrage de ce genre le plus célèbre et le plus considérable fut le *Sphinx* colossal, dont on vit long-temps la tête sortir hors des sables qui avoient enseveli le reste de la figure, près d'une des plus grandes pyramides. On douta long-temps s'il étoit formé de plusieurs blocs rapportés ou non. Des fouilles faites il y a quelques années, par le consul d'Angleterre au Caire, M. Salt, l'ont mis tout-à-fait à découvert, et on a avéré qu'il avoit été taillé à même la masse de pierre, qui forme en ce lieu la base des pyramides. Le déblaiement intégral de ce colosse, a fait voir un petit escalier qui communiquoit à la porte d'un petit temple, placé entre les pattes du *Sphinx*. Ce petit temple se présentoit sous la forme des monolythes égyptiens.

Les ruines aujourd'hui bien connues des temples égyptiens, ont confirmé ce que les anciens historiens nous avoient appris, de l'emploi multiplié des *Sphinxs* pour former les avenues des édifices sacrés. On les y voit encore placés sur deux lignes parallèles, les uns en face des autres, et chacun sur une base. Ce sont là les espèces d'allées qui semblent conduire vers le temple. Ainsi les écrivains anciens avoient décrit ces avenues. Ainsi les retrouve-t-on encore avec plus ou moins de mutilation, dans les plaines de l'antique Thèbes.

Du reste, ces avenues, dans lesquelles les Egyptiens avoient singulièrement multiplié ces représentations de figures composées de deux espèces d'animaux, qu'on appelle aujourd'hui du nom de *Sphinx*, nous prouvent qu'il y eut des variétés dans ces mélanges de nature, d'où il faut conclure que ce que nous appelons *Sphinx*, n'est pas nécessairement un composé d'un corps de lion avec une tête de femme.

D'abord on met sous ce nom, devenu général, des figures qui ne sont autre chose que des lions, sans aucune association d'une autre espèce d'animal. Rien n'est plus commun que ces ouvrages, qui, outre le caractère sans art de la sculpture égyptienne, font voir encore sur leur base des signes hiéroglyphiques. On en voit d'autres d'un meilleur travail, et qu'on doit supposer avoir été des copies faites dans des temps postérieurs, et peut-être sous la domination des Romains. Tels sont ceux qui sont placés à Rome comme ornemens de la fontaine de Termini, et qui jettent de l'eau.

Les voyageurs modernes nous ont fait connoître, sous le nom de *Sphinx*, un mélange d'espèces autre que celui dont on se forme ordinairement l'idée. Ainsi à Thèbes, il y a des avenues telles qu'on les a décrites, qui se composent de figures représentant des lions à tête de bélier. On a cherché à donner de cette réunion de deux animaux divers, des explications qui ne peuvent être qu'arbitraires. Comment deviner les idées que les Egyptiens avoient prétendu exprimer par ces amalgames de signes, dont la clef est probablement perdue?

Le *Sphinx*, mélange d'un corps de lion et d'un buste de femme, paroît être celui dont les répétitions se sont le plus propagées et multipliées hors de l'Egypte, surtout dans les sculptures d'ornement des Grecs et des Romains, comme on en voit à un des plus élégans trépieds de bronze, trouvé dans les ruines de Pompéia et conservé au Muséum de Naples. Mais il est à croire que réduite à cet emploi purement décoratif, cette figure n'y conserva plus aucune valeur, même d'allégorie morale. C'est du moins ce qu'il est permis d'affirmer de l'emploi que les Modernes en font, soit dans ce qu'on appelle l'*arabesque*, soit dans l'application purement routinière qu'on en fait à toutes sortes de meubles, d'objets de luxe ou de caprice.

SPINA (*épine*). C'est le nom que les Romains donnoient à cette partie exhaussée ordinairement sur plusieurs degrés, en manière de plate-forme, qui s'étendoit au milieu et dans presque toute la longueur du cirque, qu'elle séparoit en deux allées où les courses avoient lieu.

On lui donna ce nom, parce que cette sorte de construction partageoit l'arène du cirque, comme l'*épine* du dos partage le corps de l'homme.

Les médailles nous ont conservé sur les types où sont représentés des cirques, d'assez fidèles imitations de la *spina*, et des objets dont ils étoient ornés. Aux deux extrémités, s'élevoient les bornes au nombre de trois, placées sur un piédestal commun, et faites en forme de cônes alongés. C'étoit entre ces bornes et la *spina* que devoient passer les chars, et comme cet espace étoit assez étroit, c'étoit à ce tournant qu'il étoit facile d'échouer.

Les principaux monumens que les médailles nous font voir, dans la longueur de la *spina*, sont des autels à diverses divinités, de petites édicules ou chapelles, des colonnes isolées surmontées des statues de la Victoire, des trépieds, des portiques de différens genres, des colonnes supportant des frontons, ou des plates-bandes couronnées par les symboles de Neptune, de Castor et Pollux, des statues et des groupes.

Ce fut pour l'ornement de la *spina* de leurs cirques, que les Romains enlevèrent à l'Egypte les obélisques, qu'ils placèrent quelquefois au milieu, quelquefois aux extrémités. Plusieurs de ces obélisques se retrouvent encore aujourd'hui dans Rome moderne, placés aux mêmes endroits qu'ils occupèrent jadis. Tel est celui de la place Navone, reste elle-même et souvenir de l'emplacement où étoit le *Circus Agonalis*, qui donna à la place moderne le nom de *Piazza Nagona*, et par corruption *Navona*.

Nous renvoyons du reste le lecteur au mot CIRQUE, où l'on s'est étendu sur la description, tant de l'ensemble, que des détails et des particularités de ces monumens de la magnificence romaine. *Voyez* CIRQUE.

SPIRAL, adj. m. On appelle ainsi un corps, une ligne qui environne un objet quelconque en tournant. La ligne *spirale* est celle qui en tournant s'éloigne toujours de son centre. Telle est la ligne dont est formée la volute du chapiteau ionique; telle est, en particulier, la ligne que décrivent les cercles d'une vis autour d'un cylindre.

La colonne qu'on appelle *torse* est formée par une ligne *spirale*. Il y a dans l'antique plus d'un exemple de cannelures en *spirale*. On peut citer à cet égard les colonnes du petit temple de Clitumne près Spoletto, qui sont ainsi cannelées dans le tiers inférieur de leur fût.

SPOLETTO (jadis SPOLETUM), ville antique de l'Ombrie, aujourd'hui dans les États de l'Eglise.

La ville moderne a conservé, du moins dans ses environs, plus d'un reste témoin de sa magnificence passée. Hors de ses murs est une petite église, dont le sanctuaire est pratiqué dans un temple dit *de la Concorde*, dont il subsiste encore six colonnes corinthiennes, trois de chaque côté, et dont la frise est dorique : ce qui semble indiquer que ce fut un ouvrage fait dans les bas siècles, des débris de quelqu'autre monument.

On voit les restes d'un temple de Jupiter dans le couvent de Saint-André, et d'un temple qu'on appelle *de Mars*, au-delà de la rivière, là où est l'église de Saint-Isaac ou de Saint-Julien. Il y a aussi des vestiges d'un palais de Théodoric.

Un aqueduc très-considérable, bâti par les Romains, amène l'eau de *Monte Luco*, à six milles de *Spoletto* et de la *Caprareccia*, qui en est à trois milles. Les conduites passent sur un pont de 600 pieds de longueur et de 300 pieds de haut, qui joint les deux montages, et qu'on appelle *Ponte delle Torri*. Ces eaux passent aussi sur le *Ponte Sanguinario*, qui joint le *Monte Sant'Angelo* avec *Monte Luco*.

A neuf milles de *Spoletto* on trouve à gauche sur le chemin, un petit temple antique bâti vers la source du *Clitumnus*, qui a donné à ce monument le nom sous lequel on le désigne ordinairement. On ne connoît pas l'époque de sa construction, mais son goût extrêmement orné, permet de croire qu'il ne doit pas appartenir à une très-haute antiquité.

Plus d'une particularité, sa conservation et sa situation pittoresque en font un des restes d'architecture romaine les plus intéressans. La disposition de son plan est surtout remarquable par sa singularité. Sa façade se trouvant sur une pente escarpée qui conduit au Clitumne, le péristyle antérieur n'a point d'entrée. L'architecte a reporté en arrière-corps deux petites entrées, qui, avec leur avant-corps, forment dans le plan une sorte de croix. Chacune de ces entrées, avec son avant-corps moins élevé que le corps principal du temple, repose sur un soubassement très-haut, qui donne une fort grande élégance à tout l'ensemble. Trois escaliers, ou rangs de degrés, conduisent à chacune des entrées latérales. Un de ces escaliers est en face, les deux autres sont de côté, et aboutissent à un petit vestibule formé de deux pilastres d'angle carrés et isolés, et de deux colonnes, d'où l'on passe dans une petite pièce quadrangulaire.

Cette pièce vous introduit dans une espèce d'atrium ou d'avant-temple, qui a son côté antérieur borné par le péristyle de face dont on a parlé, lequel se compose de quatre colonnes également espacées, et de deux pilastres d'angle carrés et isolés, qui figurent les *antes*, mais détachées du mur du pronaos.

De ce pronaos, ou avant-temple, on arrive au corps principal du temple, dont le plan est un carré long, se terminant dans le fond par une grande niche, surmontée d'un fronton que supportent, de chaque côté, deux colonnes adossées au mur et posant sur un stylobate commun.

Tout l'édifice n'a guère que vingt-cinq pieds de hauteur, dont huit pour le soubassement général.

Quoiqu'en général l'ordonnance et les profils de cette architecture soient d'un bon goût, quelques détails de sa décoration autorisent à penser, que ce monument ne doit pas remonter à une époque fort ancienne. Ainsi la niche du fond du temple nous offre un cintre inscrit dans un fronton dont la base est coupée, sorte de licence qu'on ne trouve guère qu'à Spalatro et aux monumens des bas siècles. Le luxe et la variété des ornemens sculptés sur le fût des colonnes, semblent également annoncer un goût, dont on citeroit difficilement des exemples, dans les ouvrages réputés pour être ceux du meilleur temps de l'architecture. On ne peut guère s'empêcher de regarder comme l'abus d'une recherche capricieuse, les diversités décoratives de l'ordonnance corinthienne du grand péristyle. Le pilastre d'angle a ses cannelures en hauteur; la colonne qui lui est voisine est cannelée dans toute sa longueur en spiral. Les deux colonnes du milieu ont la totalité de leur fût ornée de feuillages en écailles, comme on le voit à certaines tiges de candélabres, toutes inventions que le goût admet volontiers dans les objets, qui sont du ressort de ce qu'on appelle l'*ornement*, et que la gravité de l'architecture repousse ou dédaigne.

Palladio a essayé d'excuser cette recherche d'ornemens, par la petite proportion du temple. Selon lui, les Anciens ne se permirent d'aussi légers détails qu'à l'égard des petits édifices, et négligèrent ces soins minutieux dans les grands monumens. On pourroit accorder qu'il en ait été ainsi, et même par beaucoup de raisons indépendantes du goût, sans que cela prouvât que les Anciens aient eu là-dessus le moindre système, et sans qu'on doive s'en autoriser pour faire une règle, de ce qui peut-être ne fut qu'une exception.

STADE, s. m. C'est le nom d'une mesure itinéraire chez les Grecs, qui varia de longueur selon les différens pays, et dont les variétés, par les confusions résultantes du même mot, pour exprimer des mesures différentes, ont donné lieu à de nombreuses discussions étrangères à notre objet.

C'est du nom de cette mesure, qu'on appela chez les Grecs le lieu destiné aux divers exercices du corps, et aux différens genres de course, parce qu'on donna à ces sortes de lieux, de terrains, ou de monumens, la longueur déterminée par le *stade* itinéraire.

Nous n'avons à parler ici du *stade* que sous ce dernier rapport.

Il faut donc distinguer les *stades* du genre ainsi désigné, selon leur emploi public ou particulier.

Considéré selon ce dernier emploi, le *stade* étoit, à proprement parler, une partie nécessaire de l'édifice appelé *Gymnase*. (*Voyez* ce mot.) C'est là qu'on se livroit aux divers exercices athlétiques, qui entroient plus ou moins dans les habitudes ordinaires de la vie, et dans l'éducation de la jeunesse. Ce lieu, selon la description de Vitruve, étoit disposé de manière que ceux que la curiosité ou l'oisiveté y conduisoit, pouvoient y voir commodément les combats des athlètes. L'espace, beaucoup plus long que large, étoit arrondi par une de ses extrémités, et garni de plusieurs gradins sur lesquels on s'asseyoit.

Le *stade*, considéré sous le point de vue de monument, et de l'emploi beaucoup plus important, que lui donnèrent les établissemens gymnastiques de la Grèce et de Rome pour les jeux publics, étoit le lieu même où se célébroient ces jeux. C'est ainsi qu'on nommoit *stade olympique* l'endroit où se tenoit la célèbre réunion des villes de la Grèce pour les jeux olympiques. On appeloit à Delphes *stade pythique* le lieu où se faisoient les jeux pythiques, etc.

La lice, ou la carrière appelée le *stade*, étoit un espace de terrain d'une étendue déterminée, selon les mesures itinéraires de chaque pays, et entouré d'une levée de terre, ou espèce de terrasse, dont quelquefois la nature avoit fait d'abord les premiers frais, et que l'art façonna depuis. Tel étoit le *stade* d'Olympie. On y avoit pratiqué, sans doute à une de ses extrémités, une tribune pour ceux qui présidoient à la célébration des jeux.

La longueur du *stade* varioit donc selon les lieux. Celui d'Olympie avoit six cents pieds. La description que Pausanias nous en a laissée, donne à connoître que ce *stade* étoit précédé d'une autre enceinte, destinée aux courses de chevaux, longue de quatre cents pieds, et autour de laquelle on avoit pratiqué des loges, qu'on distribuoit par la voie du sort, à ceux qui amenoient des chevaux pour concourir aux prix. La construction de cette enceinte se terminoit à l'endroit même qui étoit le point de départ des concurrens, et ce point de départ, appelé *aphesis*, avoit donné son nom à tout le bâtiment, qui, soit par son plan, disposé de manière à aboutir en angle (dont la base touchoit le portique d'Aguaptus), soit parce que son élévation pouvoit en affecter la forme, ressembloit (dit l'écrivain) à une proue de vaisseau.

On distinguoit trois parties dans les *stades*, l'entrée, le milieu de la carrière et son extrémité. L'entrée avoit plusieurs noms; on l'appeloit *aphe- terria*, du verbe grec qui signifie *laisser aller*, parce que c'étoit de cet endroit que partoient les concurrens. Comme à cet endroit on marquoit l'entrée de la carrière par une simple ligne tracée sur le terrain, dans la largeur du *stade*, on lui donnoit le nom de *grammè* (ligne). A cette ligne superficielle, qui marquoit originairement l'entrée de la carrière, on substitua dans la suite une espèce de petit gradin, auquel on donna le nom de *balbis*, qui devint aussi la démarcation de l'espace formant véritablement l'entrée de la lice.

Il paroît que le bâtiment appelé *aphesis*, ou l'hippodrome d'Olympie, fut, soit par la disposition de ses loges, soit par les détails de sa construction, ainsi que de sa décoration, un ouvrage remarquable et digne d'admiration. Cleetas, son auteur, en étoit si glorieux, dit Pausanias, que sur une statue qu'il avoit faite à Athènes, et à laquelle il inscrivit son nom, il fit une mention spéciale de l'Aphesis d'Olympie en ces termes : *Je suis l'ouvrage de Cleœtas, fils d'Aristocles, inventeur de l'Ippaphesis d'Olympie.*

Il faut conclure, et des paroles de Pausanias sur la levée de terre, ou terrasse qui environnoit le *stade* d'Olympie, et des mentions qu'il fait ailleurs, d'autres *stades* dont le circuit étoit en gradins de marbre, que jamais les Eléens ne firent une semblable dépense. Il est vrai que les mots *Χῶμα γῆς*, *amas de terre*, ne signifient pas que cette terrasse se borna à n'être qu'une butte naturelle, ou même augmentée par art. Rien n'empêche d'y voir une terrasse, dans le sens où nous entendons encore aujourd'hui ce mot, et qui auroit été soutenue par des épaulemens ou constructions en pierre.

Mais nous savons que plus d'un *stade* en Grèce, fut entouré dans tout son pourtour par des constructions dispendieuses. Sur l'isthme de Corinthe il y avoit, selon Pausanias, un *stade* construit en marbre blanc. A Delphes, dans la partie supérieure de la ville, on voyoit un *stade* bâti d'abord uniquement en pierres du Parnasse, et que dans la suite Hérodes Atticus fit décorer en marbre penthélique. Un *stade* que Pausanias cite comme un des plus magnifiques et des plus remarquables, étoit celui qu'avoit construit à Athènes Herodes Atticus; il étoit de marbre penthélique et d'une grandeur extraordinaire.

Tous les *stades* dont nous entendons parler ici, sont ceux qui formoient des édifices indépendans des gymnases. On en feroit une longue énumération, seulement à ne citer que ceux dont les auteurs ont fait mention, ou dont les voyageurs ont retrouvé les restes. Ainsi Pausanias nous fait connoître celui d'Argos, dans lequel se célébroient les jeux sacrés de Jupiter Néméen et de Junon; celui d'Epidaure, ceux de Megalopolis, de Tégée et de beaucoup d'autres villes. Chandler et Pococke nous apprennent qu'à Smyrne et à Ephèse, il y avoit un *stade* distinct du gymnase de ces villes. A Alabanda, Chandler a vu les ruines d'un *stade* qui sert aujourd'hui de marché à la ville moderne bâtie en cet endroit. A Laodicée, on a aussi trouvé les ruines d'un *stade*, dont le dessin existe dans les *Ionian antiquities*.

Le cirque fut le monument qui chez les Romains remplaça le *stade* des Grecs, autant pour les usages que pour la forme; seulement il l'emporta en grandeur et en magnificence. *Voyez* CIRQUE, SPINA.

STALACTITES, s. m. pl. On appelle ainsi les dépôts formés dans les fentes des grottes et des cavernes, par des eaux qui y filtrent goutte à goutte, et laissent couche par couche la terre calcaire qu'elles abandonnent. Leur réunion ressemble à ces congélations qui se forment le long et au bord des toits dans les dégels.

On se sert quelquefois des *stalactites*, ouvrages de la nature, pour la décoration des fontaines ou des grottes artificielles dans les jardins. A défaut des *stalactites* naturelles, la sculpture en fait des imitations, où l'art peut facilement défier la nature.

STALLE, s. f. On donne ce nom à des siéges dont le fond se lève et se baisse à volonté, et qu'on pratique autour du chœur d'une église, pour l'usage des prêtres.

Les *stalles* se font en bois, et chacune est séparée de sa voisine par une cloison qui arrive jusqu'au coude, et sert d'appui quand le siége est relevé. Il y a de ces ouvrages remarquables par la perfection de leur menuiserie, et par les sculptures dont elle est quelquefois ornée.

STATUE, s. f. A l'article SCULPTURE (*voyez* ce terme), nous avons dit quelque chose des emplois divers, auxquels l'architecture applique les *statues* dans les édifices. N'ayant encore ici à considérer les *statues*, que sous les rapports qui sont communs à l'architecture, et comme partie de la décoration des monumens, nous serons d'autant plus obligés de resserrer les notions relatives au mot de cet article, que si nous sortions du cadre qu'il nous prescrit, nous devrions entrer dans un sujet immense.

Bornons-nous donc à dire, sous quels rapports les *statues* entrent dans le domaine de l'architecture.

Les trois points de vue principaux sous lesquels l'architecte a besoin de considérer les *statues* qu'il admet dans ses compositions, sont celui de la décoration, celui de la proportion, celui du style.

J'aurois pu dire qu'avant tout les *statues* ont, avec la destination de chaque édifice, un rapport de convenance et de signification, qui fait le principal mérite de leur emploi pour l'esprit. Mais quoique ce rapport soit des plus importans, il m'a semblé que ce point de vue purement moral, pouvoit paroître un peu en dehors des théories pratiques de l'art.

Supposant donc, comme un point incontestable, que les *statues* doivent, par leur sujet, correspondre à ce qui est l'objet même, ou la destination des monumens, l'architecte doit les considérer comme un de ses principaux moyens de décoration.

Il en sera à cet égard des *statues*, comme de tous les autres objets décoratifs qui entrent dans l'ensemble d'un édifice. A part ce que ces objets peuvent avoir d'instructif et de significatif pour l'intelligence, le goût les considère et doit les employer, d'après les principes de cette harmonie visuelle, qui a pour objet unique de plaire aux yeux. On sait que chaque mode d'ordonnance a sa mesure d'ornement, prescrite par la différence des sensations analogues à son caractère. Or, cette mesure dépend autant de la quantité que de la qualité, et nous ne répéterons pas ici ce qui a été dit à tant d'articles de ce Dictionnaire, savoir, que l'ornement, considéré en général, comme la monnoie, devient vil s'il est trop multiplié, que son effet et sa valeur dépendent des contrastes qu'on y oppose, et que ces oppositions sont les parties lisses qui reposent la vue, les espaces qui interrompent et détachent les objets; enfin, qu'en ce genre comme en tout autre, le plaisir demande aussi ses privations.

Les *statues*, envisagées comme ornement de l'architecture, recevront les mêmes lois de goût dans l'emploi qu'on en fera. En placer partout et sans motif, les multiplier indéfiniment, en faire une sorte de lieu commun, pour remplir des intervalles, pour meubler des espaces inutiles, c'est leur ôter toute valeur.

Je n'ignore pas ce qu'il est possible de dire en faveur de la profusion des *statues*, surtout si l'on entend se prévaloir de ce que les récits des historiens, et plus d'une description, nous apprennent sur la prodigalité qui eut lieu chez les Anciens à cet égard.

Mais d'abord il faut prendre en considération les mœurs des peuples qu'on prétend imiter, les usages civils et religieux, qui, sans tenir compte des règles du goût, dûrent faire la loi dans une multitude de cas. L'usage des *statues* fut infini chez les Grecs. S'il eût fallu ménager à chaque simulacre une place, un point de vue, une convenance d'optique ou de disposition, des villes qui comptoient plus de *statues* que de citoyens n'auroient pu suffire à loger leurs habitans. Il dut arriver (ce que nous apercevons dans les notions que l'histoire nous permet de consulter) qu'une multitude de réunions de *statues*, comme dans l'Altis d'Olympie, se trouvèrent placées sans aucun égard à aucune disposition symétrique, ni quant à leur mesure ni quant à leur rapport, avec celles qui les avoisinoient, ni enfin selon aucun plan préalablement établi. Aucune conséquence à tirer de là pour l'emploi de *statues*, lorsqu'elles n'ont rien d'obligé, quant au nombre, quant à la mesure, ni quant à la place, c'est-à-dire s'il s'agit d'un monument fait exprès, et où l'œuvre du statuaire entre, et doit entrer aux mêmes conditions que celui du sculpteur d'ornement.

Que voyons-nous également à Rome, dès que l'esprit d'imitation et de conquête eut importé par milliers les ouvrages du ciseau grec? Tout fut plein de *statues*; et comme elles devinrent des espèces de trophées de victoire, c'étoit dans le but de flatter la vanité, et non de plaire au goût qu'on les prodigua comme objets d'ostentation dans certains monumens publics. Croirons-nous, par exemple, que le bon goût ait présidé à la décoration de ces théâtres (*voyez* SCÈNE) où nous lisons qu'on entassa une fois jusqu'à trois mille *statues*?

Si nous avons à chercher quelques exemples instructifs chez les Anciens, d'un emploi décoratif de *statues* bien entendu dans l'architecture, il nous semble que nous les trouverons en consultant, et certains restes, et certaines descriptions de leurs temples.

Ainsi nous y voyons les *statues* employées à décorer, tantôt les sommités et les acrotères des frontons de leurs péristyles, tantôt les dessous des portiques et les espaces des entre-colonnemens. D'autres temples nous font encore voir leur intérieur orné de niches qui furent remplies de *statues*. La divinité principale du temple y occupoit la place principale, soit au fond, soit au milieu du naos.

C'est dans de pareils emplois qu'il faut considérer les *statues*, comme objets d'ornement pour l'architecture; et c'est là seulement qu'on peut appliquer à cet emploi les règles de goût, qui en peuvent limiter le nombre et prescrire la proportion.

Lorsque l'architecte peut disposer de l'emploi des *statues*, dans leur rapport avec le bon effet qui doit en revenir à l'édifice, après la considération de leur nombre et de leur disposition, il s'occupera d'en régler les dimensions relatives à celles de son monument. Nul doute que dans l'hypothèse où nous plaçons l'architecte, comme libre ordonnateur du tout et de ses parties, il ne soit tenu d'établir un rapport de proportion entre l'ornement et l'objet à orner.

Vainement objecteroit-on ici les nombreux et imposans exemples de l'antiquité grecque, et l'usage de placer des divinités colossales dans des intérieurs de temple d'une modique étendue. Nous avons déjà parlé de cette pratique (*voyez* COLOSSAL), et nous avons montré à l'égard du Jupiter d'Olympie (que son temple n'auroit pu contenir debout), qu'une grande et belle idée avoit pu suggérer cette ingénieuse disproportion. Mais il faut croire que ce fut habituellement par système, et non comme exception, qu'on faisoit dans une stature ainsi colossale les simulacres des divinités, et sans aucun rapport de proportion avec le local qu'elles occupoient. L'on vouloit frapper ainsi les sens de la multitude, et exprimer d'une façon matérielle, l'idée de la supériorité des Dieux sur les hommes. Le colossal n'étoit pas relatif, mais réellement positif dans ces *statues*.

On ne sauroit donc se prévaloir de ces exemples dans une théorie de goût, qui cherche à établir des règles générales, et applicables à l'emploi décoratif des *statues*, uniquement sous le rapport d'harmonie.

Il est sensible qu'il y aura un certain rapport naturel de mesure à observer, par exemple, entre les colonnes d'une colonnade, et les *statues* qu'on placera dans les entre-colonnemens. Des *statues* qui ne seroient que de grandeur naturelle, deviendroient ridicules à côté de colonnes de cinquante pieds de hauteur. Même ridicule, mais disproportion peut-être plus choquante encore, entre des *statues* colossales et de petites colonnes. Sans vouloir pousser trop loin ici une comparaison, dont l'idée exagérée cesseroit d'être de la raison, on pourroit dire que les *statues* qui accompagnent l'architecture, qui entrent dans les espaces, et qui occupent l'intérieur d'un édifice, peuvent se considérer comme étant ses habitans, et dès-lors établissent entr'eux et leur demeure une certaine corrélation nécessaire de dimension.

Mais quelles seront les règles fixes de ce genre de rapports? Nous dirons à cet égard, comme pour les proportions mêmes de l'architecture, qu'il n'y a rien que l'on puisse déterminer par la rigueur mathématique. Les arts de goût, de génie et d'invention ne sont tels, que parce qu'on ne sauroit y rien soumettre à la démonstration du calcul. Comme le génie et le goût ne sauroient se définir qu'au sentiment, et par le sentiment, il en est de même de ce qu'on appelle leurs règles. Le génie les trouve et les fait; le goût en jouit; le sentiment les explique. Et quoique ces sortes de vérités ne se puissent pas démontrer, et quoique la froide raison puisse les méconnoître et les nier, elles n'en sont pas moins de tous les temps, et n'en restent pas moins applicables à tous les ouvrages.

Nous avons dit que les *statues* avoient encore avec l'architecture, un rapport d'harmonie important à observer, c'est celui du style de leur sculpture.

Il a été déjà fait quelques observations sur cet objet au mot SCULPTURE. On peut dire que cet accord de style entre les deux arts, est un effet naturel du cours ordinaire des choses, dans la direction que suivent assez simultanément tous les arts du dessin. Il y a effectivement entr'eux une telle communauté de manière, que naturellement le même courant d'opinion et de goût, porte les artistes contemporains à donner, chacun dans leur art, la même physionomie à leurs productions. J'entends par-là une certaine expression sensible aux yeux comme à l'esprit, de quelques qualités générales, résultat assez nécessaire, soit de la direction des écoles, soit de la pente des esprits, et du penchant qui les porte à vouloir du nouveau.

Pour celui qui sait lire dans les ouvrages de chaque siècle les effets de ces causes, il est évident que le goût de la sculpture s'est toujours trouvé le même, que celui de l'architecture dont elle fut appelée à décorer les édifices. Chez les Anciens, timide et peu développée dans les monumens du premier âge, simple mais grandiose au siècle de l'entier développement de l'art de bâtir, lourde et négligée à l'époque de la décadence, elle suivit toutes les phases que le génie de l'architecture fut tenu de parcourir. Si nous examinons de même le cours de cet art depuis la renaissance, nous verrons que la sculpture, d'abord maigre et roide, ensuite riche et abondante, enfin licencieuse et désordonnée, a marqué aussi du même sceau, en Italie, le goût des trois époques les plus distinctes de l'architecture. Aussi faut-il dire qu'il y a eu accord parfait de style entre les deux arts à chacune de ces époques.

Concluroit-on de là que l'architecte doit toujours compter sur cette coïncidence naturelle de manière entr'eux, certain que le style de son édifice rencontrera toujours une correspondance obligée dans le style des autres arts? Ce seroit tirer, de données très-générales, une application beaucoup trop rigoureuse. Ce qu'on vient de dire ne sert qu'à montrer, quelle est l'intention de la nature, et par conséquent quelle doit être l'attention de l'artiste, dans le choix des moyens particuliers dont il peut user, pour faire de son œuvre un tout complet et parfait sous le rapport de l'harmonie du style.

Le style est dans les arts du dessin, comme dans ceux du discours, ce qu'est le caractère de physionomie de chaque homme, ce qui le différencie des autres par des traits légers, si l'on veut, mais qui n'en sont pas moins capables d'y établir de notables dissemblances. Ces grands traits, que nous venons de faire remarquer dans les grandes époques de l'art, sont en quelque sorte, comme ceux qui séparent les races, les genres, les espèces; ce qui n'empêche pas qu'il n'y ait entre les individus d'innombrables variétés. Il en est de même de chaque artiste, son talent participe, si l'on veut, du style ou de la physionomie de son époque. Mais il n'en a pas moins son style à lui, sa physionomie en propre, et la propriété de correspondre au style de tel architecte, à la physionomie de tel ou tel monument.

C'est donc sous ce point de vue, qu'il importe à l'architecte de comprendre ce que, dans l'emploi qu'il fera des *statues*, comme ornemens de ses édifices, il y aura d'accord ou de désaccord entre des figures simples ou composées, sages ou maniérées, finies ou peu achevées, et le genre de ses ordonnances, l'effet de ses masses, l'exécution de leurs détails. *Voyez*, du reste, sur cet objet l'article SCULPTURE.

On a donné aux *statues* qui entrent dans la décoration des édifices, des places, des jardins, un assez grand nombre de noms relatifs, soit à leurs positions, soit à leurs destinations, soit à leurs sujets. Nous n'en citerons ici que les plus usités.

Ainsi l'on dit :

STATUE ALLÉGORIQUE. C'est celle dont l'objet est d'exprimer la personnification de quelque qualité abstraite, comme la prudence, la force, la justice, ou des effets de la nature et de ses œuvres, comme les saisons, les parties du jour, les élémens; ou des nations, des royaumes, des villes, des provinces, qu'on représente avec les symboles de leurs productions ou de leurs propriétés, etc.

STATUE COLOSSALE. *Statue* qui excède la mesure ordinaire des corps. Toute figure au-dessus de six pieds passe pour colossale; mais il y a de nombreux degrés en ce genre. Les Anciens ont fait des *statues* qui ont eu plus de cent pieds d'élévation. Il faut distinguer les figures colossales du genre relatif d'avec celles d'un colossal absolu. On fait les premières pour satisfaire à la distance qui doit les séparer de la vue, mais dans l'intention qu'elles ne paroissent pas aussi grandes qu'elles sont. Les *statues* du genre colossal absolu, sont celles que l'on fait pour qu'elles paroissent réellement des colosses. *Voyez* l'article ci-dessus et les mot COLOSSE, COLOSSAL.

STATUE CURULE. *Statue* ordinairement assise chez les Romains, qui la nommèrent ainsi de la chaise ou du siége qu'on appeloit *sella curulis*. Quelques-uns veulent que l'étymologie de l'adjectif *curulis* soit le substantif *currus*, char, et ils pensent que *statua curulis* doit s'entendre des *statues* ou des figures représentées dans des biges ou des quadriges, sortes de monumens qui furent très-multipliés chez les Anciens, surtout chez les Romains. Les commentateurs sont divisés, et sur l'étymologie du mot, et sur l'idée précise de son emploi, relativement aux figures que ce mot désigne. Ne seroit-il pas possible d'accorder les deux opinions, en considérant que la *statue* appelée *curule*, qui doit désigner une *statue* assise, du nom de *sella curulis*, peut encore avoir désigné la même position, selon l'autre étymologie, puisqu'il y avoit des chars où l'on étoit assis, et où la sculpture représenta ainsi les personnages auxquels on élevoit de semblables monumens?

STATUE ÉQUESTRE. On appelle ainsi l'ouvrage de sculpture, dans lequel le personnage est représenté à cheval. Les *statues* de ce genre, ordinairement en bronze, furent très-nombreuses dans l'antiquité; mais elles ont presque toutes péri par l'effet des révolutions. Une seule, celle de Marc-Aurèle, qu'on voit aujourd'hui au Capitole, a échappé à la destruction. Deux *statues équestres* d'une beaucoup plus petite proportion, celles des Balbus, père et fils, et qui sont en marbre, ont été tirées des ruines d'Herculanum. On ne pourroit citer de tant d'autres que des fragmens.

Le goût des *statues équestres* en bronze s'est reproduit, chez les Modernes, avec le renouvellement des arts. Les plus anciennes sont celles qui furent élevées en Italie dans les villes de Venise, de Padoue, de Florence. Les plus considérables furent celles que la France érigea en l'honneur de ses rois, tant à Paris que dans plus d'une grande ville. Détruites toutes par le fanatisme révolutionnaire, elles se relèvent à l'envi. Paris en compte déjà deux de terminées, celle de Henri IV et celle de Louis XIV. Une autre de ce dernier roi vient d'être placée à Lyon. D'autres sont encore sous la main des artistes.

Il existe de grandes *statues équestres* en bronze à Copenhague, à Saint-Pétersbourg, à Vienne, et Londres en compte quelques-unes beaucoup moins importantes.

STATUE GRECQUE OU A LA GRECQUE. Il faut entendre par-là, non toute *statue* faite en Grèce, mais ce que les Romains désignoient ainsi, et ce qu'on peut désigner encore, pour distinguer ces ouvrages, de ce qu'en terme d'art on appellera *statue romaine*. Voyez plus bas.

Les Romains appeloient donc *figure à la grecque*, toute figure de personnages romains, qui, au lieu d'être habillés, étoient, selon l'usage des Grecs, représentés nus, usage que les jeux du stade avoient accrédité. Ils nommoient aussi ces figures *Achilléennes*, du nom d'Achille, qu'on faisoit nu la lance en main, car les Grecs représentoient aussi les guerriers sans vêtement. De là le mot de Pline : *Græca res est nihil velare*.

STATUE HYDRAULIQUE. Nom qu'on donne à toute figure qui sert d'ornement à une fontaine, à une grotte, à un bassin, et qui y fait l'office de jeu d'eau ou de robinet, par quelqu'une de ses parties, ou par quelqu'attribut qu'elle tient.

C'étoit une *statue hydraulique* que cette jolie figure antique d'un Amour avec une oie, dont le bec recevoit, comme on le voit encore aujourd'hui, un conduit de métal par lequel l'eau sembloit s'échapper de l'animal lui-même.

C'est une *statue hydraulique* que celle du Triton de la fontaine Barberine à Rome, qui souffle dans une conque, d'où l'eau sort en jeu d'eau.

On citeroit dans les ouvrages hydrauliques modernes, dans les cascades des jardins, et surtout à Versailles, une multitude de figures d'hommes ou d'animaux, qui recèlent les conduits de métal d'où sortent, sous toutes sortes de jets, de bouillons et de formes diverses, les eaux que l'art y a conduites.

STATUE PÉDESTRE. C'est une *statue* représentée en pied. Cependant cette définition seroit trop générale, et elle s'appliqueroit à trop de sujets, tant est commun l'usage de faire ainsi le plus grand nombre des *statues*.

Le nom de *statue pédestre* s'applique donc particulièrement à ces *statues* honorifiques et monumentales, qu'on élève à d'illustres personnages, et on leur donne volontiers cette dénomination, pour les distinguer, non des *statues curules* ou assises, mais des *statues* équestres. Ainsi, parmi les *statues* des rois de France que la révolution a détruites, il en existoit de *pédestres*, en bronze, dans plus d'une ville. Telle étoit, dans la ville de Reims, la *statue pédestre* de Louis XV, qui depuis peu vient d'être refaite en bronze, et replacée sur sa même base. Telle est, dans la cour de l'hôtel-de-ville de Paris, la *statue* en bronze de Louis XIV, faite par Coisevox.

STATUE PERSIQUE. On a donné quelquefois ce nom à des figures d'hommes, faisant dans l'architecture fonction de colonnes. Cette dénomination leur vint du récit de Vitruve, qui décrit un portique de Sparte, lequel avoit, en place de colonnes, des *statues* représentant des Perses, monument de la victoire remportée sur l'armée de Xerxès. Cette étymologie fait pendant, chez cet auteur, à celles des *statues* féminines appelées *caryatides*, du nom des femmes de Carie. Sans contester ici, que ces deux explications purent être autrefois accréditées, par l'opinion régnante au temps de Vitruve, on peut croire que l'emploi de *statues*, soit viriles, soit féminines, en place de colonnes, peut, ou avoir précédé l'époque historique que Vitruve leur assigne, ou avoir été tout-à-fait indépendant des faits auxquels il prétend en attribuer l'origine. Les figures colossales en forme d'Atlantes ou de Télamons, qui formoient comme l'ordre supérieur de la nef du temple de Jupiter Olympien à Agrigente, étoient alternativement viriles et féminines. *Voyez* TÉLAMON, CARYATIDE, PERSIQUE.

STATUE ROMAINE OU A LA ROMAINE. On appelle ainsi, pour les distinguer des *statues grecques* ou *à la grecque* (*voyez* plus haut), les *statues*, soit qu'elles soient réellement antiques, soit que l'art des Modernes les ait habillées dans le costume romain.

Les Romains distinguoient les *statues* de ceux de leurs compatriotes auxquels ils en élevoient, suivant la diversité des vêtemens qu'on leur donnoit.

On appeloit *paludatæ* les *statues* des empereurs, avec un long manteau par-dessus leur cuirasse. On donnoit le nom de *thoracatæ* aux *statues* militaires, seulement avec la cotte d'armes. Les *statues* des simples soldats s'appeloient *loricatæ*. Quant aux *statues* de personnages représentés sous le costume civil, on appeloit *trabeatæ* celles des sénateurs, des augures; *togatæ*, celles des personnes revêtues de la toge, et *tunicatæ* celles de ceux qui n'avoient que le vêtement de dessous, c'est-à-dire la tunique. La *stola* étoit l'habillement que les femmes portoient par-dessus la tunique; et les *statues* vêtues de la *stola* étoient nommées *stolatæ*.

STÈLE, s. f. Ce mot est grec et signifia (ce qu'on lui fait signifier encore aujourd'hui, dans la langue de l'archéologie) une colonne, un cippe, un terme, peut-être même un obélisque, c'est-à-dire toute espèce de monument en pierre, d'une forme plus ou moins alongée, circulaire ou quadrangulaire, se terminant peut-être souvent en pointe, et sur lesquels on gravoit des inscriptions, des symboles, etc.

Une inscription grecque, trouvée depuis peu d'années en Egypte, sur un socle qui avoit appartenu à un obélisque transporté à Londres, fait mention de la conservation d'une *stèle* élevée en mémoire d'un bienfait obtenu par les auteurs de ce monument. On a conclu de là que le mot *stèle* avoit pu convenir et être donné aux pierres obéliscales.

Il paroît que, dans les plus anciens temps, les *stèles* étoient comme des espèces de fastes historiques, où l'on gravoit les événemens mémorables.

Si l'on consulte l'étymologie du mot, qui est *στάω*, ancien verbe qui a fourni le futur *στήσω* au verbe *ἵστημι*, et qui signifie être debout, ériger, etc., *stèle* auroit simplement exprimé en grec l'idée de *pierre debout*. Or, comme dans toute l'antiquité on trouve l'usage de graver sur des *pierres debout*, n'importe de quelle forme et dans quelle dimension, les lois, les actes publics, et une multitude d'autres notions, il nous paroît que ce mot peut très-bien avoir renfermé, dans la manière de parler des Grecs, jusqu'aux obélisques égyptiens, qui n'étoient rien autre chose que d'énormes pierres debout, chargées d'inscriptions en caractères hiéroglyphiques.

STÉRÉOBATE. Ce mot est grec, et se compose de deux mots qui signifient, l'un *solide*, et l'autre, *porter*. Vitruve a latinisé ce mot, et s'en sert en le confondant même avec le mot *stylobate*.

Stéréobate se dit aussi dans le langage technique de l'architecture en français, mais on emploie beaucoup plus ordinairement le mot *soubassement*. Voyez ce terme.

Stéréobate exprime donc l'idée générale de *soubassement*. Quoique Vitruve s'en soit servi comme d'un synonyme de *stylobate*, Gagliani a fait observer que le mot *stéréobate* doit particulièrement signifier, dans les soubassemens de colonnades des temples, ce petit mur sur lequel s'élèvent les colonnes, avec cette distinction, qu'il doit être lisse et sans profils, tandis que le mot *stylobate* est réservé à signifier ces sortes de soubassemens, qui sont ornés de bases et de corniches. D'après cette théorie, le premier répondroit à ce qu'on appelle *socle*, et le second à ce qu'on appelle *piédestal*.

STÉRÉOTOMIE, s. f. Mot pris du grec, et qui signifie aujourd'hui, ce que la composition des deux mots *solide* et *coupe* exprimoit jadis, savoir, coupe des solides. *Voy.* COUPE DES PIERRES.

STRATONICÉE. Ville de l'Asie mineure, dans la

la Carie, où il s'est conservé un assez bon nombre de restes d'antiquités.

Quoique cette ville, comme son nom l'indique, remonte à un âge assez reculé, puisqu'elle reçut ce nom de Stratonice, femme d'Antiochus Soter, il paroît qu'elle fut rebâtie en grande partie par Adrien. On croit en effet, dit M. de Choiseul-Gouffier, retrouver dans ses ruines l'empreinte d'un goût postérieur à l'ère des Seleucides, et peu digne de cette époque glorieuse pour les arts.

Stratonicée avoit été célèbre par deux grands temples, celui d'Hécate et celui de Jupiter *Chrysaoreus*, où se réunissoient les habitans des villes de la Carie. On n'y en reconnoît plus aujourd'hui le moindre vestige, mais on y trouve ceux de plusieurs autres monumens.

Tel est le mur d'une enceinte carrée, un peu plus longue que large, formé par une muraille de marbre blanc. Les faces extérieures de ce monument sont décorées d'une base et d'une corniche de fort bon goût. Au-dessous de celle-ci sont des ornemens circulaires en forme de patères ou de boucliers. Les deux degrés qui s'élèvent au-dessus de la corniche, et qui indiquent des retraites de pierres en forme pyramidale, firent soupçonner que le monument avoit été du genre sépulchral. Cette conjecture se trouva confirmée par une longue inscription grecque, en tête de laquelle on lit : *Monument de Philecus.*

Parmi les ruines de *Stratonicée*, on remarque les restes d'une muraille qui paroît avoir formé l'enceinte d'une cour, dont l'intérieur étoit décoré par des colonnes corinthiennes. Elles sont trop espacées pour que les architraves pussent porter de l'une à l'autre. Leur fût est entièrement lisse; leur hauteur a neuf diamètres, et le diamètre est de quatre à cinq pieds. Le plan du chapiteau est elliptique. Il diffère du corinthien ordinaire par la grandeur des volutes, par l'ordonnance, la forme et la division des feuilles, qui sont celles de l'olivier.

Le voyageur à qui nous empruntons ces détails, fait mention, au milieu des débris de cette ville, des restes encore fort remarquables d'un théâtre en marbre, dont le plan, dit-il, ne diffère de celui de Telmissus que par quelques détails. Il y a remarqué que les accoudoirs qui terminent les gradins, au bord des escaliers, sont ornés de pattes d'aigles d'une belle exécution. La décoration de la scène étoit ornée de colonnes et de statues, dont on voit encore les débris à la place qu'elle occupoit. Il y a des tambours de colonnes ovales.

Au milieu d'une très-grande quantité de décombres, une porte encore entière attire l'attention. Les profils de son couronnement offrent plus d'une particularité. Premièrement, la corniche sculptée au-dessus du linteau du chambranle pose immédiatement dessus, sans frise ni architrave. Secondement, au lieu de profiler dans son retour de chaque côté, elle est coupée perpendiculairement.

On voit à *Stratonicée*, entre quelques fragmens de sculpture, un autel circulaire avec des tê es de taureau et des guirlandes. Sur cet autel on découvre une inscription fort endommagée. Un débris d'entablement a conservé sur sa frise un bas-relief représentant une course de chars. *Extrait du Voyage pittoresque de la Grèce, par M. de Choiseul-Gouffier.*

STRIURE, s. f. C'est, dans une colonne cannelée, chaque cannelure avec son listel. *Voyez* CANNELURE.

STRUCTURE, s. f. Ce mot, formé du latin *structura*, est, quoique pris ordinairement dans une acception plus noble, un synonyme du mot *bâtisse*. Il exprime la manière dont un édifice est construit. Il diffère de *construction*, en ce sens, que ce dernier mot s'applique généralement, soit à cette partie de l'architecture qui comprend tout ce qu'il y a dans cet art de matériel, de mécanique, de scientifique, soit à la qualité des matériaux ou de leur emploi dans un bâtiment; *structure*, au contraire, terme plus relevé, et si l'on peut dire du langage poétique en ce genre, embrasse les rapports extérieurs de l'art qui se manifestent aux yeux par la hardiesse des masses, la beauté des formes, les proportions des ordonnances, et l'habileté apparente de l'exécution.

STUC, s. m. De l'italien *stucco*, qui signifie matière propre à boucher, enduit, etc.

On appelle ainsi une composition, ou une espèce de mortier fait avec de la poudre de marbre et de la chaux, dont on se sert, dans l'architecture, pour faire des enduits ou revêtemens, des ornemens, et toutes sortes de figures en bas-relief.

Il nous est resté, dans un grand nombre de ruines d'édifices anciens, des ouvrages de *stuc*, dont la conservation prouve quelle peut en être la durée. La construction des Romains fut surtout favorable à l'emploi du *stuc*. Soit qu'ils massent de cette sorte de maçonnerie, ou de simples pierrailles et d'autres petits matériaux, étoient rendus adhérens entr'eux par le mortier liquide de chaux et de pouzzolane; soit qu'ils usassent de la brique, de l'*opus incertum* ou du *reticulatum*, dont les joints se remplissoient de même mortier, ils couvroient ces bâtisses d'enduits de *stuc* qui s'y attachoient avec une grande ténacité. Sur ces enduits communs, ils étendoient une nouvelle couche d'un *stuc* beaucoup plus fin, qui pouvoit recevoir un beau poli. Cet enduit de *stuc* recevoit, ou de la peinture ou des figures faites en bas-relief de la même composition, mais encore plus soignée. C'est de ce genre de *stuc* que doit parler Vitruve sous les mots *albarium opus* ou *opus coronarium.*

Cette matière servoit à faire les corniches, les profils, et tous les détails de l'architecture. C'est le même procédé qui fut retrouvé au temps de Raphaël, pour la décoration des loges du Vatican, et dont les modèles furent fournis particulièrement par les Thermes de Titus.

Le *stuc*, tel qu'on l'emploie encore aujourd'hui à Rome, se compose, ainsi qu'on l'a dit, d'un mélange de chaux et de poussière de marbre, dans des proportions variées, selon l'emploi qu'on en veut faire. Immédiatement après que ce mélange a été opéré, il forme une pâte plus ou moins molle et ductile, et qu'on applique très-facilement et à loisir aux endroits où l'on veut s'en servir. C'est là un de ses avantages sur le plâtre, qui ne garde que très-peu de temps sa ductilité. Lorsque le *stuc* a pris un peu de consistance, on lui donne, soit avec des moules, soit à l'aide de divers instrumens, la forme générale de l'objet qu'on veut représenter. Pendant cette opération, sa consistance augmente encore. On peut alors le tailler, le façonner, le gratter, et il se prête en cet état, comme une argile encore flexible, au travail du stucateur. Il durcit enfin peu à peu et il acquiert une solidité que le plâtre ne sauroit avoir, et qui l'emporte sur celle de beaucoup de pierres. Ajoutons qu'il n'est point sujet à se fendiller comme le plâtre, qu'il reçoit autant de fini qu'on peut en desirer, et qu'il conserve inaltérables les couleurs qu'on lui donne.

Le *stuc* en revêtemens lisses, lorsqu'il est préparé avec soin, et dans une saison qui lui permet de durcir avant d'être exposé aux intempéries de la pluie ou du froid, acquiert même à l'extérieur des édifices, une très-grande solidité.

Les ornemens en *stuc* ont l'avantage d'être beaucoup plus économiques, que ne le sont les mêmes objets sculptés en pierre ou en bois. Cette économie pour les ornemens qui se répètent, comme sont, par exemple, les rosaces dans les caissons des voûtes, tient à ce qu'ils peuvent être jetés en moule, et qu'ils n'ont plus besoin que d'un léger réparage. Bramante fut le premier à employer cette méthode dans la décoration des voûtes qu'il avoit commencées à Saint-Pierre. *Voyez* l'article LAZARI dit BRAMANTE.

On fait en France des *stucs* qui sont une composition de poussière de marbre et de gypse, où l'on introduit des couleurs, et à laquelle on donne un poli qui la fait ressembler entièrement aux marbres pour le brillant. Ces sortes de revêtemens se conservent assez long-temps dans les endroits secs, mais l'humidité leur fait perdre facilement l'éclat qu'ils avoient reçu.

L'usage a donné le nom de *stucs*, non pas seulement aux enduits et à leur matière, mais encore aux ouvrages de sculpture et d'ornement qu'on exécute avec cette composition. Ainsi s'appellent les figures qui font partie des ornemens arabesques des loges du Vatican, et qu'on connoît sous le nom de *stucs de Raphaël*. Cet art a acquis, dans l'école de ce grand peintre, toute la perfection que les Anciens lui avoient donnée, tant pour la composition de la matière, que pour le goût et l'heureux emploi qu'on en fit. Ainsi Jules Romain le transporta à Mantoue (*voyez* l'article PIPPI), où il exécuta en stuc la célèbre frise dont nous avons parlé à son article, ainsi qu'une multitude d'autres objets de *décor* intérieur.

STYLE, s. m. L'étymologie de ce mot dont on use en français, dans un sens fort détourné de sa primitive acception, est le mot *stylus* latin, ou le mot grec στύλος. L'un et l'autre, dans chacune de ces deux langues, signifia tantôt un corps circulaire comme une colonne, tantôt un poinçon rond comme un crayon, aigu d'un côté, avec une tête aplatie de l'autre, dont on se servoit pour écrire sur des feuilles préparées avec un enduit quelconque de cire. Le côté aigu servoit à tracer les caractères sur cet enduit, et le côté plat servoit à effacer. Le *style*, comme on le voit, et comme nous le montre plus d'un monument figuré, dans les peintures d'Herculanum, tenoit, en certains cas, lieu de plume ou de crayon, mais il pouvoit être aussi quelquefois une arme assez meurtrière, et l'histoire ancienne rapporte plus d'un exemple de l'emploi ou de l'abus qu'on avoit fait du *stylus*, soit pour se défendre en cas d'attaque, soit pour se suicider. Or, ce dangereux emploi se trouve encore confirmé par le nom de *stylet*, donné à une sorte de poignard, qui fut plus ou moins connu dans les temps modernes.

Pour arriver de suite à l'origine certaine de l'idée qui fut jadis, et est encore plus particulièrement aujourd'hui attachée au mot *style*, soit dans la littérature, soit dans les arts du dessin, il est facile de voir, et ceci n'a certainement pas besoin de longues preuves, que la notion morale de ce mot fut, comme beaucoup d'autres, une dérivation nécessaire de sa notion matérielle. On appliqua par métonymie à l'opération de l'esprit, dans l'art d'exprimer ses pensées avec les signes de l'écriture, l'idée de l'opération mécanique de la main, ou de l'instrument qui trace ces signes. L'homme est en effet toujours obligé, pour rendre sensibles les notions de l'intelligence, d'en emprunter les expressions aux sens et aux images de la matière. Le même mot *style* signifia donc ce qu'il y a de moins matériel, c'est-à-dire, et la conception des idées, et l'art de les développer dans un ordre quelconque, comme il signifia ce qu'il y a de moins spirituel, c'est-à-dire, l'outil, qui, docile à la main, donnoit, par le moyen des signes graphiques, de la *couleur et du corps aux pensées*.

Pareille transposition a encore lieu dans notre langue (et je crois dans toute langue), à l'égard d'autres notions et d'autres instrumens. Ainsi disons-nous (sans sortir du sujet de cet article), non-seulement de l'écrivain calligraphe, mais de l'écrivain homme de génie, qu'ils ont une *belle plume*, une *plume hardie*, *brillante*, *habile*. Le mot même *écrivain* appliqué à ces deux hommes, nous fait voir comment, tout naturellement, l'instrument aigu employé à tracer des lettres, donna son nom au talent de rendre ses pensées, par le secours des mots et de leurs signes.

Le mot *style* fut donc, et a toujours continué d'être appliqué à ce talent, dans la littérature. C'est aux ouvrages et aux dictionnaires qui traitent de cette partie étendue du domaine de l'esprit, que nous devrions nous contenter maintenant de renvoyer le lecteur, qui desireroit se rendre compte de toutes les variétés de cette notion, et par conséquent de l'emprunt qui en a été fait dans la théorie des arts du dessin.

Cependant il importe, pour qu'on puisse bien juger du lien qui unit les arts graphiques à ceux du discours, de faire remarquer, que ce qu'on appelle *style*, en littérature, se considère sous deux rapports principaux.

Selon le premier, on entend particulièrement la forme que l'écrivain donne à l'ensemble de ses pensées, selon la nature du sujet qu'il traite, des effets qu'il veut produire, et de l'accord de ce moyen, avec le but auquel il doit tendre. Il n'y a pas de traité d'éloquence ou de rhétorique, qui n'ait énuméré, et fait connoître par les épithètes qui les désignent, toutes les sortes de *styles* en rapport avec tous les genres d'ouvrage prosaïques, poétiques, historiques, philosophiques, didactiques, etc., ou avec les différens dons de la raison, de l'imagination, de l'esprit, du sentiment, du goût, et de toutes les autres qualités de chaque écrivain.

Selon le second point de vue, le mot *style* désigne, dans une acception beaucoup plus généralisée, cette forme typique et caractéristique, que des causes très-générales impriment aux productions de l'esprit, selon les différences des climats, des impressions physiques, des habitudes, des mœurs, de l'action des gouvernemens et des institutions politiques ou morales.

Dans ce dernier sens, *style*, appliqué à l'idée qu'on prend de la forme que chacun donne à l'expression de ses pensées, selon la propriété de ses facultés particulières, selon la nature des sujets qu'il traite, selon la diversité des genres auxquels se rapportent ses productions, selon l'influence des causes physiques, politiques ou morales, dans les diverses contrées, *style*, disons-nous, devient synonyme de *caractère*, ou de la manière propre, de la physionomie distinctive qui appartiennent à chaque ouvrage, à chaque auteur, à chaque genre, à chaque école, à chaque pays, à chaque siècle, etc.

Mais on voit combien il fut naturel, que cette acception du mot *style*, affectée aux œuvres littéraires, ou à l'art d'exprimer, par le discours, les idées ou les images des choses, entrât aussi dans le vocabulaire des arts du dessin. Ces arts doivent, en effet, être considérés comme un langage, et comme une manière d'écrire, qui emploie à la vérité les corps et la matière, mais particulièrement, pour exprimer, sous les formes sensibles, des rapports intellectuels, des affections morales, et produire, par d'autres agens, des effets qui sont également du ressort de l'imagination, de l'esprit et du goût.

Sans aucun doute, c'est de la littérature, que l'emploi moral du mot *style* aura passé dans la langue théorique des beaux-arts. Il seroit très-facile, si un semblable parallèle ne devoit point trop alonger cet article, et en pure perte, de passer en revue toutes les nuances de goût qui ont fourni à la critique littéraire, cette foule d'épithètes, par lesquelles se distinguent tous les genres de *style*. Nous ferions voir que les désignations de *style sublime*, *pompeux*, *énergique*, *brillant*, *modéré*, *tempéré*, *agréable*, *léger*, *prosaïque*, *poétique*, *historique*, *clair*, *confus*, *régulier*, *désordonné*, *noble*, *vulgaire*, *naturel*, *factice*, etc. etc., s'appliquent avec la même précision aux arts du dessin, se fondent sur les mêmes principes, s'appuient des mêmes exemples, et rencontrent, chez tous les hommes instruits, le même accord de vues, d'opinions et de sentimens.

Ainsi, dans la critique de ces arts, le mot *style* s'emploie de la même manière, et dans la même mesure, pour apprécier les différentes façons de voir, de comprendre, et de sentir les objets de la nature, soumis à l'imitation de l'artiste, pour déterminer les divers genres de forme, de composition, de proportion et d'harmonie qui doivent se trouver en rapport avec les diverses sortes des sujets tributaires de chaque art, selon le degré que chaque sujet occupe, dans la classe des êtres matériels, ou dans la sphère des créations de la poésie ou de l'imagination.

Cette même critique de l'art distingue aussi, comme la critique littéraire, les différences notables de *style*, que les causes naturelles des climats, et les causes morales des habitudes ou des institutions politiques, impriment aux ouvrages, et dont chaque artiste reçoit plus ou moins l'influence, ainsi que celle du siècle où il a vécu.

Style, par conséquent, à l'égard des arts du dessin, de leurs ouvrages, des sujets de ces ouvrages, des facultés diverses et diversement modifiées de chaque artiste, exprime de même une manière d'être caractéristique, qui les fait reconnoître et distinguer avec plus ou moins d'évidence, et de la façon dont la nature imprime à chaque nation, à chaque pays, à chaque individu, une physionomie particulière.

C'est ainsi qu'un œil un peu éclairé distingue au premier abord les productions de l'art de chaque siècle, des différens maîtres qui y brillèrent, et les manières distinctes de chaque école.

Ainsi voyons-nous que, dans l'antiquité, le connoisseur discernoit, sans hésiter, le *style* (*τρόπος*) de l'ancienne école attique, le *style* de la nouvelle, le *style* de l'école helladique, le *style* de l'école de Sicyone, de l'école d'Egine, de l'école de Corinthe, etc. Ainsi, le *style* de chaque période de l'art se manifestoit clairement. Et encore aujourd'hui, le savoir de l'artiste et de l'archéologue parvient aisément à discerner, au moins les grandes variétés de *style*, qui séparent les productions d'âges distans les uns des autres.

Style est, dans le langage des arts du dessin, très-souvent synonyme de *manière*, et peut-être pourroit-on, pour trouver une distinction entre ces deux mots, dire, que *manière* comporteroit une idée plus spécialement applicable, soit à l'exécution de l'ouvrage, soit au talent pratique de l'artiste, lorsque le mot *style* désigneroit plutôt l'emploi des qualités morales qui déterminent la manière, ou encore le résultat de qualités générales qui influent sur le goût de chaque siècle, de chaque pays, de chaque école, de chaque genre.

Selon cette distinction, si l'on parle, par exemple, des ouvrages de Raphaël, on dira qu'il a eu trois *manières*, plutôt que trois *styles*. C'est que l'on compare le plus souvent ses productions, sous un certain rapport technique, qui se fait remarquer sensiblement aux yeux par l'exécution. Mais s'il s'agit de comparer le même maître dans l'ensemble des qualités qui embrassent la conception, la composition, la noblesse des formes, des caractères de tête, des ajustemens, avec Michel Ange, on dira, je pense, que ce dernier eut une *manière* de dessiner plus savante, une *manière* plus hardie, mais que Raphaël l'emporte sur lui par le *style*.

En suivant cette même distinction, si l'on compare l'école vénitienne à l'école romaine, la première sera autant supérieure à l'autre par la *manière* de peindre et de colorer, qu'elle lui cédera pour la noblesse et la grandeur du *style*.

Ceci me porte à faire remarquer, qu'on n'use guère du mot *style* à l'égard de la couleur et de l'harmonie des teintes. On dit le *style* du dessin, le *style* de composition, de draperies, etc., et l'on ne dit point *style* de couleur, *style* d'harmonie, mais plutôt *manière* de colorer, *manière* de clair-obscur, etc.

Ce qu'on vient de dire des arts d'imitation de la nature corporelle, nous paroît convenir également aux œuvres de l'architecture. Le mot *style*, en tant qu'il indique, dans cet art, des différences de système, de goût et de physionomie, soit entre les peuples, soit entre les siècles, soit entre les artistes de même époque, prend les mêmes acceptions, requit les mêmes distinctions.

Style, dans les monumens de l'art de bâtir, indique, ce qui forme le trait caractéristique du goût local de chaque pays, ce qui fait que presque personne ne sauroit s'y méprendre. Ainsi le *style* égyptien se fait reconnoître à l'uniformité de ses masses, à la monotonie de ses détails, à la simplicité de ses lignes et à une grande recherche de solidité. Ainsi le *style* arabe ou gothique, opposé en tout au *style* de l'Egypte, a une physionomie qui ne permet à personne de le méconnoître, au premier aspect.

Nous ne dirons rien ici du *style* de l'architecture grecque, parce que cet article n'a pas pour objet l'analyse de tous les *styles*, mais seulement l'analyse de la notion, de la signification, et des acceptions du mot *style*. Nous nous contenterons donc de faire simplement remarquer, que ce mot s'applique aux diverses variétés que l'art de bâtir des Grecs a subies dans le cours des âges. Ainsi les architectes distinguent-ils dans les monumens et dans les variations de leurs goûts, plus d'une diversité de *style*.

On reconnoît le *style* antique grec, dans les formes et les proportions de l'ordre dorique sans base.

On reconnoît le *style* des époques suivantes, à l'alongement même des formes et des proportions du dorique, à l'emploi plus commun de ceux des ordres, qui comportent plus d'ornemens, chez les Romains surtout, à la préférence donnée au corinthien, à l'emploi et, il faut le dire, à l'excès de la richesse, à la profusion des ressources décoratives, et à l'abandon des types élémentaires, ou des principes qui forment la constitution de cet art.

Enfin, on appelle *style* du bas âge de l'architecture grecque ou græco-romaine, celui qui se fait distinguer par une ignorance des raisons, qui avoient assigné à chaque forme sa place, à chaque emploi sa forme, à chaque destination sa physionomie. On le reconnoît à un mélange désordonné, produit par l'habitude même de faire servir des débris d'anciens édifices, à des édifices nouveaux, d'où naquit l'entière confusion des types et l'oubli de tout ordre.

Les architectes usent aussi du mot *style* pour désigner le goût de toutes les parties qui entrent dans l'ensemble de l'architecture. Ils reconnoissent un *style* de formes et de proportions, un *style* de profils et de détails, un *style* de décoration et d'ornemens.

Ainsi l'architecture, celui de tous les arts du dessin, qui semble le moins en rapport avec ce qu'on appelle *l'art d'écrire* ou la littérature, n'en a pas moins adopté l'espèce de *métonymie* qui transporta jadis à l'expression intellectuelle des idées, la notion de l'instrument, destiné, dans l'origine, à n'en tracer que les signes. Et pourquoi cette métaphore ne lui seroit-elle pas aussi justement applicable, s'il est vrai que, selon l'esprit qui constitue le genre de son imitation, cet art, par tel ou tel autre choix de formes et de proportions, sait rendre intelligibles aux yeux, telles ou telles conceptions abstraites, telles ou telles combinaisons de l'intelligence; s'il est vrai que, par un emploi diversement modifié de parties, de membres, de détails et d'ornemens, il sait, comme à l'aide des signes de l'écriture, faire naître en nous des idées déterminées, des jugemens positifs sur les objets sensibles qu'il crée; s'il est vrai que, par les diverses modulations des accords qu'il produit, il sait exciter en nous les impressions de toutes les qualités morales, qui sont du ressort de son domaine imitatif?

En terminant cet article, où après avoir montré l'origine de l'emploi du mot *style*, nous n'avons eu pour objet que de montrer la justesse et l'étendue de son application à tous les arts, il nous reste à dire, que dans les arts du dessin, on l'emploie encore d'une façon un peu plus vague, et qui n'est guère bien comprise que par les artistes qui professent, ou par les élèves qui étudient, comme lorsqu'on dit, qu'un ouvrage *a du style*, ou *n'a point de style*, qu'une composition, que des draperies, manquent de *style*.

Il nous paroît que, dans cette locution, où aucune épithète ne spécifie le genre, ou la nuance de *style* dont on parle, ce mot se doit entendre comme *style* par excellence, tel que celui de l'antique en sculpture, ou celui des plus grands peintres d'histoire en peinture. A moins qu'on ne puisse encore interpréter cette locution, par celle dont on use, en d'autres cas, comme lorsqu'on dit qu'un homme, un ouvrage, sont sans physionomie, ou sans caractère, c'est-à-dire manquent de ces traits qui particularisent les objets, les individus, et qui tendent à les faire facilement reconnoître et distinguer entre tous les autres.

STYLOBATE, s. m. Ce mot est grec, et il n'y a de francisé que sa terminaison. Στυλοβάτης est composé de deux mots, στῦλος, colonne, et βάτης, du verbe βαίνω, porter, c'est-à-dire *porte-colonne*.

Quelques-uns, et Daviler entr'autres, considèrent le mot *stylobate* comme tout-à-fait synonyme de *piédestal*. En effet, le mot italien *piedestallo*, si l'on en croit les lexiques, auroit succédé au mot *piedestylo*, et alors il auroit, dans le mélange du mot grec *stulos*, colonne, et du mot italien *piede*, pied, signifié la même chose que *stylobate*.

Cependant l'étymologie grammaticale n'est pas toujours la raison des synonymies, et l'usage nous paroît avoir établi dans la langue technique de l'architecture, surtout en français, une différence assez sensible entre *piédestal* et *stylobate*.

On appelle généralement *piédestal* (*voyez* ce mot), tout corps, de quelque figure qu'on le fasse, qui sert de support isolé, à un fort grand nombre d'objets, et particulièrement à des statues. Mais dans son rapport avec l'architecture, *piédestal* se dit d'un corps carré, qui a une base et une corniche, dont les profils diffèrent selon l'ordre de la colonne qu'on y impose. Dans ce sens, il est bien vrai que le piédestal sert de support à la colonne, mais non immédiatement, puisque la colonne ne laisse pas d'avoir encore son socle et les divers profils qui forment sa base. Ainsi il n'y a pas de raison d'affecter exclusivement au piédestal, l'idée de *porte-colonne*, plutôt qu'à la base qui en est le support immédiat.

Le mot *stylobate*, qui signifie la même chose que *piédestal*, si l'on interroge l'étymologie, nous paroît beaucoup plus propre à déterminer l'idée de support de colonnes, puisqu'en réalité il ne sauroit être affecté, comme le mot *piédestal*, à l'idée de supporter généralement beaucoup d'autres objets. Il est vrai aussi que dans les cas où on l'emploie à exprimer l'idée de support de colonnes, il pourra se trouver qu'il n'en soit pas le support immédiat, surtout s'il s'agit de colonnes ayant leur plinthe et leur base particulière.

Pour se rendre bien compte de l'emploi plus direct, et tout-à-fait spécial de *stylobate* comme support immédiat de colonnes, il faut se représenter chez les Grecs qui firent ce mot, ces temples périptères d'ordre dorique sans base, qui furent si généralement répandus dans toutes les contrées de la Grèce, et dont il existe encore aujourd'hui un si grand nombre de restes (*voyez* DORIQUE), que l'on seroit tenté de croire, qu'à une certaine époque, presque tous les temples furent construits selon ce type uniforme. Or, il est certain que les Grecs appelèrent *stylobate*, ce que nous appelons encore d'une manière plus générale, *soubassement continu*. Tel étoit autour du temple ce massif élevé de quatre, cinq ou six pieds, interrompu seulement en avant par les degrés très-élevés par où l'on montoit, ou tels étoient ces mêmes degrés disposés tout alentour de l'édifice. Il est sensible qu'un semblable soubassement, sur lequel s'élevoient les colonnes sans base de l'ordre dorique grec, étoient immédiatement et exclusivement le support des colonnes.

Le nom de *stylobate* lui convint donc, avec la plus grande exactitude de signification. Mais en admettant cette conjecture, on ne sauroit s'empêcher d'admettre aussi, que par analogie, le même nom fut donné à des soubassemens continus sur lesquels s'élevoient, dans les ordonnances périptères, des files de colonnes ioniques ou corinthiennes qui avoient une base.

C'est à cet emploi dans les édifices ornés de colonnes, que dut être affecté postérieurement le mot *stylobate*; quoiqu'on ne puisse pas nier qu'on ait pu, d'analogie en analogie, s'en servir encore comme synonyme de *stéréobate*, qui paroît mieux convenir à l'idée plus générale de *soubassement* en français. (*Voyez* au mot SOUBASSEMENT, *la distinction proposée par Galiani entre stylobate et stéréobate.*)

Aujourd'hui on use du mot *soubassement* pour signifier, dans chaque sorte d'édifice, toute espèce de partie de construction plus ou moins exhaussée, qui devient comme le piédestal du corps principal, et le mot *stylobate* est affecté plus particulièrement à tout corps de soubassement qui porte un ordre ou une rangée de colonnes.

SVELTE, adj. des deux genres. Ce mot emprunté à l'italien *svelto*, qui a aussi le substantif *sveltezza*, exprime, soit dans les corps vivans, soit dans les œuvres de l'imitation, une certaine qualité, qui tient à la grâce, à la délicatesse, mais surtout à la légèreté.

Ainsi *svelte* se dit, quant aux qualités corporelles, d'une taille légère, dégagée et généralement mince.

On admirera de même cet agrément dans le dessin, la proportion et l'ensemble d'une figure peinte ou sculptée, en tant que cette qualité n'ayant rien toutefois d'exagéré, contraste avec la lourdeur ou le manque d'élégance. Il paroit ainsi, d'après le dire de Pline, qu'on admira autrefois en Grèce, le style des statues de Lysippe, qui s'éloignant de la manière lourde et de la stature carrée, qu'un goût plus sévère donnoit à la conformation des corps, sut imprimer à ses figures ce caractère plus léger, qu'on pourroit exprimer par le mot *svelte*. Au reste, on sait que le goût dont ce mot est l'expression, convient à une certaine classe de sujets et de figures, et ne sauroit s'appliquer à toutes.

En définissant ce goût comme on vient de le faire, il est sensible qu'il y a peu d'ouvrages d'art, ou même d'industrie, auxquels la qualité de *svelte* ne puisse plus ou moins appartenir. Il y a dans tous les travaux de la main de l'homme, tant de manières de les rendre plus ou moins agréables, que les idées d'élégance et de délicatesse, comprises dans le mot *svelte*, en amèneront quelquefois l'emploi, surtout s'il s'agit d'ouvrages qui comportent des formes qu'on peut alonger ou raccourcir plus ou moins, comme sont, par exemple, des vases, des trépieds, des candélabres, etc.

C'est sous ce rapport que l'architecture peut aussi s'approprier soit l'idée, soit la qualité de *svelte*. Sans parler des variétés de proportion dans chaque ordre de colonnes, dont la gravité ou la légèreté forment plus ou moins le caractère spécial, on conçoit que la construction toute seule, selon le genre des matériaux qu'elle emploie, selon la nature des plans et des élévations, peut donner à ses supports une procérité, une ténuité de masse qui produira pour l'œil un effet assez semblable à celui d'une taille *svelte* dans un corps, ou d'une proportion légère dans les membres dont il se compose. Or, l'ensemble d'une construction semblable, soit à l'intérieur d'un édifice, soit à l'extérieur, pourra être aussi appelé *svelte*.

Cet effet frappera plus particulièrement les sens, dans les monumens de cette sorte de construction qu'on nomme *gothique*, où l'espèce de goût qui leur est propre, affranchi de toute règle, de tout système raisonné de rapports entre le tout et chacune de ses parties, se trouva libre de toute sujétion, et ne cherchant point la beauté dans la proportion, ne visa qu'à conquérir l'admiration de l'instinct, et la conquit en effet, précisément par la disproportion. Or, c'est le plus souvent à cela qu'est dû le caractère de ces supports élancés, qui n'ayant à éprouver ni charge, ni poussée, ont permis, dans les intérieurs, d'établir beaucoup plus de vide que de plein : et c'est de la procérité ou de l'exiguïté des supports et de la grandeur des vides entr'eux, que résulte ce *svelte* que l'on vante dans quelques-unes de ces constructions.

De tout ceci, il semble qu'on pourroit conclure, que si le *svelte*, pour être une qualité louable, doit être restreint, comme toute autre qualité, entre certains termes, qui seront ici le trop lourd ou le trop léger, il en devra être du *svelte* dans l'ensemble et les parties d'un édifice, comme dans l'ensemble et les parties du corps humain et de ses imitations par l'art ; c'est-à-dire que comme la disproportion entre la grosseur et la hauteur du corps humain y produit la maigreur, et le vice d'un élancement frêle et désagréable, de même une impression semblable résultera pour les yeux et pour l'esprit de toute légèreté, procérité ou hardiesse d'élévation qui sera due à un désaccord entre le diamètre du support et sa hauteur. Que si toutefois cela trouve des admirateurs, il en faut seulement conclure que dans les ouvrages de l'art, le sens ordinaire admire moins la chose en elle-même, que la difficulté réelle ou apparente de son exécution.

SUJÉTION, s. f. On appelle ainsi, en architecture, soit dans la construction des édifices, soit dans la bâtisse des maisons et habitations, une certaine nécessité que l'artiste éprouve de se conformer aux besoins et aux convenances de quelques usages, ou de s'assujettir à certaines incommodités de voisinage ou de localité qui sont inhérentes aux terrains sur lesquels il bâtit. Sous ce dernier rapport, *voyez* le mot SERVITUDE.

Le mot *sujétion*, comme plus général, s'applique plus volontiers aux difficultés de faire accorder dans les plans et les élévations des édifices, la régularité, la beauté de l'ordonnance, les principes abstraits de l'harmonie, de l'art et du goût, avec ce qu'exigent l'emploi du monument, le service intérieur de ses convenances, la facilité de ses dégagemens, ou de ses abords, et ses rapports avec la destination principale. Quel que soit, en spéculation, le besoin de symétrie, de beauté et d'harmonie pour le plaisir de l'esprit et des yeux, il faut convenir que dans la réalité, tout édifice devant être le résultat d'un besoin, c'est ce besoin qui doit faire la loi. L'architecture n'a pas, comme les autres arts, le privilége de travailler uniquement pour le plaisir. Toutefois, comme la chose a été développée ailleurs (*voyez* ARCHITECTURE), cet art a le secret, plus peut-être qu'aucun autre, de produire un plaisir qui lui est propre, c'est de faire sortir très-souvent la beauté que nous cherchons, du besoin que nous exigeons, et de nous plaire ainsi par le côté même qui sembloit devoir s'opposer au plaisir. Là est aussi le talent de l'architecte, et la difficulté d'une *sujétion* impérieuse deviendra quelquefois, sous la main de l'artiste ingénieux, le principe d'une beauté inattendue.

SUNIUM. Ancien bourg de l'Attique, situé sur le promontoire du même nom, où il s'est conservé des restes fort précieux d'antiquité, dont le recueil des *Unedited antiquities* nous a donné de fidèles détails, sur lesquels on n'avoit auparavant que de vagues notions, dans le voyage de Spon et Wheler.

Deux monumens principaux qui, par la pureté de leur style et de leur exécution, semblent devoir appartenir au meilleur temps de l'architecture, se recommandent à l'attention des artistes, comme des historiens de l'art.

Le premier est celui auquel on donne le nom de *propylées*. Il paroît que *Sunium*, comme Eleusis et Athènes, avoit son principal temple élevé sur une hauteur qui auroit été la citadelle de cette ville, et que cette citadelle auroit eu aussi, comme celles des deux villes qu'on vient de citer, une entrée décorée par l'architecture. Cependant les *propylées* de *Sunium* ont et moins de grandeur et un plan beaucoup plus simple.

Cet édifice en plan, tel que les dessins du recueil cité nous le présentent, se borne à un carré long qui n'a pas toutefois en longueur le double de sa largeur. Il se compose de deux murs dans sa longueur, qui offrent deux restes de mur en retour de chaque côté de l'entrée principale. Du reste, on ne sauroit mieux comparer le tout ensemble qu'à ce que Vitruve a appelé le temple *in antis*. En effet, chacun des deux murs formant le corps de l'édifice, se termine à l'extrémité par une *ante* ou pilastre, qui se reploie, pour se raccorder aux deux colonnes, à quoi se borne son péristyle, qui, tel qu'il est, formeroit dans les grands temples périptères, ce qu'on nomme *pronaos*. Même plan, même disposition pour la partie postérieure. Le dessinateur de ce reste d'antiquité a complété cette façade, en rachevant au-dessus de l'architrave, le couronnement par un fronton et par une frise dorique ornée de triglyphes, dont les gouttes se sont conservées sur l'architrave. Rien de plus probable que cette restitution.

Du reste, l'ordre dorique de cet édifice nous paroît être fort semblable à celui du temple de Minerve à Athènes. Même forme, même galbe, même proportion, en sorte que si l'on jugeoit de l'âge des monumens doriques, par l'alongement de la proportion de leurs colonnes, on devroit déclarer l'architecture dorique de *Sunium*, comme tout-à-fait contemporaine de celle du Parthenon. Ses colonnes ont également cinq diamètres de hauteur, avec une fraction en plus pour le chapiteau, et elles n'ont aussi qu'une assez modique diminution.

Il s'est conservé à *Sunium* des restes plus considérables d'un monument aussi plus important, d'un temple qui paroît avoir encore, comme à Athènes, couronné l'acropole de la ville. Ce temple avoit été vu et assez bien examiné par Wheler, qui, dans son voyage, fait mention des quatorze colonnes auxquelles il étoit alors réduit. C'est encore de quatorze colonnes que se compose la ruine de ce temple, dans les dessins de l'ouvrage que l'on a cité plus haut.

Il subsiste du *peripteron* de ce temple une file de neuf colonnes d'un côté, et seulement trois de l'autre, avec les deux colonnes du pronaos qui a conservé une de ses antes. Rien ne seroit plus facile, d'après ces données, que d'en rachever l'ensemble, tant étoit uniforme la disposition des temples grecs. Aussi peut-on assurer que celui-ci devoit avoir six colonnes dans ses fronts, et treize dans ses ailes, en y comptant les colonnes d'angle. Les frontons et les parties supérieures de l'entablement sont détruites, mais l'architrave subsiste encore, avec les gouttes qui indiquent les triglyphes. L'ordre dorique sans base de ce monument paroît être absolument le même que celui du Parthenon d'Athènes. Le temple s'élevoit sur trois degrés qui en formoient le stylobate. La superficie des colonnes, du côté surtout où elles sont exposées à l'air de la mer, est sensiblement rongée.

Il seroit fort à souhaiter qu'on pût faire des fouilles autour et dans l'enceinte des monumens de *Sunium*; très-probablement on découvriroit, outre l'ensemble de leurs plans, des particularités plus instructives que celles qui résultent de la seule vue de leurs ruines.

SUPERFICIE, s. f. Mot synonyme de *surface*, qui se dit cependant plus spécialement en architecture et dans la construction, lorsqu'on l'applique à la partie apparente des diverses matières, sur lesquelles s'exerce le travail des outils. Ainsi on dira enlever la *superficie* d'une pierre, d'un bloc, etc., polir la *superficie* d'une table de marbre; et pour toutes les opérations mécaniques ou pratiques de ce genre, on employera le mot *superficie* de préférence à celui de *surface*.

SUPERPOSITION, s. f. Ce mot exprime, dans l'architecture, la position immédiate et sans intermédiaire, d'un corps au-dessus d'un autre, comme, par exemple, la position d'une colonne sur une base, d'une statue sur une colonne, etc.

SUPPORT, s. m. Se dit en général de tout ce qui supporte un poids quelconque; et dans l'architecture ou la construction, de tout corps soit simple, comme une colonne, soit composé, comme un pilier de maçonnerie, soit plus composé encore, comme une voûte, tous objets sur lesquels d'autres s'élèvent, et dont ils sont les soutiens. Tout support doit être, soit par sa solidité intrinsèque, soit par la nature de sa construction, soit par l'étendue de sa masse, proportionné à l'objet qu'il doit soutenir, et cela autant en vertu du principe de la solidité, que pour l'impression que nos yeux en reçoivent. Rien ne les contrarie plus, que certaines colonnes de marbre, employées dans les édifices de la décadence des arts, à soutenir les retombées d'arcades plus épaisses même que les chapiteaux qui s'en trouvent débordés. La solidité réelle du support existe dans la dureté de la matière, mais l'apparence du fort supporté par le foible, donne à la réalité, un démenti dont l'effet est désagréable, et qui répugne à cet instinct du vrai et du convenable, qu'on appelle le *goût*.

SURBAISSÉ, participe adj. Se dit, en architecture, de tout arc, de toute arcade, de toute voûte qui a depuis sa base, jusqu'à son sommet, une hauteur moindre de la moitié de sa largeur. La forme *surbaissée* ne doit être employée que lorsqu'elle est nécessaire, parce qu'elle est généralement moins solide, moins simple, et par conséquent moins belle que la forme plein cintre. *Voyez* VOUTE.

SURBAISSEMENT, s. m. C'est le trait de tout arc, de toute arcade ou voûte surbaissée, et qui a la forme d'une portion d'ellipse.

SURBAISSER, v. act. Elever un arc ou une voûte à une hauteur moindre de celle que donne la hauteur de la demi-circonférence du cercle. On dit *surbaisser* et *surhausser*, pour dire, donner à un arc plus ou moins de la hauteur qui correspond à la mesure de la moitié de sa base.

SURCHARGE, s. f. Se dit de l'excès de charge en volume ou en épaisseur, qu'a un plancher par le trop de matériaux de son aire.

SURFACE, s. f. Se dit de ce qui n'a que deux dimensions, largeur et longueur, sans épaisseur, de quelque manière que l'objet soit placé. On dit la *surface* d'un mur, d'un plancher, d'une glace, etc.

SURPLOMB, s. f. On dit de toute construction qu'elle est en *surplomb*, lorsque sa surface sort de la ligne verticale que donne et indique la corde à laquelle on suspend un plomb. (*Voyez* APLOMB.) Cela s'entend particulièrement des constructions dont la nature est d'être perpendiculaires, et non de celles qui affectent la forme pyramidale.

SURPLOMBER, v. act. C'est pour une construction, une colonne, un mur, une façade d'édifice, être hors de la ligne d'aplomb.

SYÈNE. Ville de l'antique Egypte, dont le nom moderne est *Assouan*. Son emplacement au sud-ouest de la ville nouvelle, étoit borné par le Nil d'une part, et de l'autre par des rochers de granit. Son assiette occupoit le penchant de la montagne, contre l'ordinaire des villes égyptiennes.

Les Egyptiens ont couvert de sculptures et d'hiéroglyphes les surfaces lisses des rochers dans tous les environs de *Syène*, principalement les blocs qui sont à pic et baignés par les eaux. Ces figures sont de grandeurs différentes et plus ou moins profondément creusées.

Il n'existe plus de l'antique *Syène* qu'un temple, dont les restes occupent le penchant de la hauteur dont on a parlé. On y entre aujourd'hui, ou plutôt on y descend, par la plate-forme, dont une grande partie est enfoncée, et l'on se trouve sur un sol formé de sable et de poussière.

Un portique de quatre colonnes, et des arrachemens de murailles, sont tout ce qu'on en peut reconnoître, tant il est ruiné et encombré. Sa largeur étoit d'environ quarante pieds. Ce qui subsiste de sa longueur a trente-quatre pieds. Le couronnement et les chapiteaux des colonnes sont encore à découvert, et il n'est pas fort difficile, d'après l'exemple d'autres monumens, de se représenter la façade extérieure de celui-ci, à peu près telle qu'elle devoit être. L'entrée étoit tournée du côté du fleuve. Au milieu des rochers et des masses de granit sur lesquelles ce temple est fondé, on est surpris de le trouver bâti en grès; mais ce fait est bien plus commun et plus remarquable à Philæ. En général, les constructions en granit sont beaucoup plus rares en Egypte qu'on ne le croit communément, et l'architecture ne paroît guère avoir employé cette matière, que dans la formation des monumens ou temples monolythes.

Deux colonnes du temple de *Syène* sortent des décombres, les deux autres ne sont plus visibles. On y distingue encore deux sortes de chapiteaux semblables par le galbe, c'est-à-dire par cette forme qui imite le calice du Lotus, mais variés dans leurs ornemens. Le plus voisin de la porte est de l'espèce la plus commune en Egypte. Les murailles ne sont qu'en partie couvertes de sculptures, d'où l'on est porté à croire que le temple n'avoit pas été achevé. Ce qui reste des bas-reliefs est mal conservé, et l'on ne peut rien conclure de leurs sujets pour deviner à quelle divinité le le temple avoit été consacré. Toute recherche à cet égard seroit superflue.

Quand on songe à la haute antiquité et à la célébrité de cette ville, on ne sauroit croire qu'elle n'ait eu qu'un aussi modique temple. Les villes nouvelles, qui, dans le cours des siècles, se sont succédées sur le même sol, auront accéléré la destruction de l'antique *Syène*. (*Extrait de la description de l'Egypte*, tom. I.)

SYMÉTRIE, s. f., est, en français, le mot latin *symetria*, qui est lui-même le mot grec συμμετρια, dont la composition nous donne son explication. Or, ce mot grec se compose de l'adverbe συν, avec, et de μετρον, mesure. Ainsi la notion très-claire qu'il renferme, est celle, ou *de ce qui est fait avec mesure*, ou *d'une mesure en rapport avec une autre*. L'adverbe *avec* exprime nécessairement, ou un emploi, ou une corrélation de mesure.

Comme il y a très-certainement dans le mot grec que répète littéralement le mot *symetria*, une idée de rapport, les Latins l'ont aussi traduit dans la langue de l'architecture, par le mot *proportio*, proportion, mot devenu, en français, général pour exprimer, non un simple rapport de parité ou d'identité entre deux mesures, entre deux objets, mais cet ensemble de rapports qui établit un système de corrélation plus abstraite, au moyen duquel, par une portion d'un tout, on peut connoître la dimension de ce tout, et par le tout juger de la dimension de chacune de ses portions.

Le mot *proportion* ayant, pour exprimer ce système général de corrélation, prévalu en français, sur le mot *symétrie*, ce dernier mot s'est trouvé, selon le langage ordinaire, borné à ne signifier guère autre chose, que le rapport de conformité exacte entre deux mesures, deux corps de bâtimens, deux objets quelconques.

Nous réserverons toutefois pour la fin de cet article, le peu de notions que sa théorie comporte sous cette dernière signification.

A prendre le mot *symétrie*, dans le sens plus étendu que Vitruve lui donne, en tant qu'il signifie *proportion*, nous croyons d'autant plus utile de nous y arrêter ici, que nous trouverons l'occasion de donner au sens d'un autre mot, que Vitruve met en parallèle avec *symetria*, un développement que nous avons omis, à l'article qui lui a déjà été consacré. Ce mot est *eurythmia*, eurythmie, dont on use souvent, sans peut-être se faire une idée exacte de sa signification.

Au mot EURYTHMIE nous nous sommes contentés de rapporter le passage fort concis de Vitruve, sur cette qualité de l'architecture, et nous avons renvoyé au mot SYMÉTRIE, pour la distinction de ces deux notions et le développement de leur théorie. C'est ce développement que nous allons essayer de donner ici, en faisant servir la comparaison des deux idées d'*eurythmie* et de *symétrie*, et celle de chacune de leurs étymologies, à commenter le passage de Vitruve. Fixons donc, autant qu'il sera possible, un genre de notions, sur lequel l'équivoque du langage, et la disette d'autorités dans les textes anciens, a laissé une obscurité que nous ne nous flattons pas toutefois de dissiper entièrement; tant il est facile que certains mots de goût, que le sentiment s'explique, résistent à l'analyse rationnelle!

Des deux mots dont je me propose de discuter ici le sens et les emplois, l'un, *symetria*, symétrie, outre l'évidence étymologique de sa composition, se présente chez les écrivains, si fréquemment, et si clairement affecté à une notion déterminée, qu'on ne sauroit hésiter sur sa signification. Mais l'autre, *eurythmia*, eurythmie, ne se trouvant employé que deux seules fois, et par Vitruve tout seul (*lib.* 1. *c.* 2. *lib.* 6. *c.* 2.), pour exprimer une des qualités de l'architecture, et l'explication qu'il en donne, étant, faute d'exemples et d'applications sensibles, restée vague et abstraite, il devient nécessaire d'interroger ce que doit être son acception simple, et de chercher dans la composition du mot, d'abord ce qu'il ne peut pas exprimer, ensuite ce qu'il paroit devoir exprimer.

Ce mot, par lequel Vitruve prétend faire connoître une des qualités, ou, si l'on veut, une des beautés de l'architecture, se composant de l'adverbe ευ, *bon* ou *beau*, et du substantif ρυθμος, *rythme*, ne sauroit signifier autre chose, que *beau rythme* ou *beauté de rythme*. Nous avons donné plus haut l'étymologie du mot *symetria*. Pour se faire une idée un peu claire de la différence des deux qualités exprimées par *symétrie* et par *eurythmie*, ne conviendroit-il pas d'en chercher la distinction dans les mots *mètre* et *rythme*, qui en sont les élémens?

Rien de plus commun, on en convient, que la confusion qui a lieu de la part de ceux qui se servent de ces deux mots dans le discours ordinaire. Cette confusion, on doit le dire avant tout, résulte assez naturellement d'une certaine ressemblance ou proximité d'idée entr'eux, ainsi qu'on le verra. A l'égard de l'architecture, l'équivoque est encore plus facile, parce que le mot *rythme*, appartenant spécialement à la musique et à la prosodie, il n'a pu être appliqué aux qualités ou aux effets de l'architecture, qu'à raison d'une espèce d'analogie, en sorte que dans cet art, l'idée de *rythme*, transportée de la région des sons à celle des formes, n'a pu être qu'une métonymie, une espèce de métaphore.

Il s'agit donc de se rendre compte du sens propre et élémentaire du mot *mètre*, qui a formé *symétrie*, et du mot *rythme*, d'où vient *eurythmie*.

Or, on sait que *mètre*, *metron* en grec, signifie mesure, et que *rythme*, en grec *ruthmos*, signifie nombre.

On voit combien sont collatérales ces deux notions. Il est reconnu qu'en général le mot *mètre* s'applique à la mesure de l'étendue dans les corps, et que le mot *rythme*, qui signifie *nombre*, s'applique à la mesure dans le temps. Ainsi, rien de plus facile que de prendre réciproquement, et ces notions, et leurs expressions, les unes pour les autres.

Cependant, puisqu'il y a deux mots, procédant, sans aucun doute, de deux variétés d'idées, c'est dans ces variétés que nous trouvons l'explication propre des mots composés *eurythmie* et *symétrie*. Je dois même dire, avant tout, que si l'idée de *nombre*, dans *eurythmie*, semble contiguë à l'idée de mesure dans *symétrie* (entendue comme proportion), cette idée de *proportion* ne sauroit être identique avec celle de rythme, soit dans la musique, soit dans la poésie, d'où très-certainement elle a été transportée dans l'architecture, ce qui indique déjà, que tout ne sera point réciproque entr'elles.

Mais définissons avec plus de détail le rythme en musique et en poésie. Qu'est-ce que le *rythme* dans ces deux arts? C'est, avons-nous déjà dit, la mesure du temps. Et qu'est-ce à leur égard que le temps? C'est le plus ou le moins de lenteur ou de vitesse, qu'on met à prononcer les sons ou les syllabes des mots. C'est ce qui produit, en poésie, ce qu'on appelle la *quantité*, et détermine les longues et les brèves. C'est, en musique, ce qui produit la longueur ou la brièveté des sons, ce qui détermine leurs successions, et en règle les intervalles.

Ainsi déjà nous apercevons en poésie la différence du rythme et du mètre. Les vers peuvent être à la fois rythmiques et métriques, et ils peuvent être métriques, sans être rythmiques. Ils ont le rythme et le mètre lorsqu'un ordre, un principe, une convention quelconque, ont réglé la lenteur ou la vitesse de prononciation de chaque syllabe dans une langue, et ensuite déterminé le nombre de pieds qui constituent leur mesure.

Si telle est la nature du rythme, et si telle est la nature du mètre, il est certain que la notion du rythme, qui règle l'ordre et la succession des sons et de leurs intervalles, est très-distincte de celle du mètre, qui ne fait que déterminer la mesure du vers, selon qu'il a plus ou moins de pieds, soit que ces pieds ne soient que des syllabes sans rythme réglé, comme en français, soit que ces pieds soient composés de groupes de syllabes, nécessairement longues ou brèves comme en latin.

Quant au rythme dans la musique, on a reconnu qu'il consiste dans un certain ordre, en vertu duquel le musicien, selon ce qu'il doit exprimer, accélère ou ralentit la durée des sons, règle leurs intervalles, et produit une succession de mouvemens variés.

Maintenant, s'il est indubitable que l'idée de rythme a été transportée de la musique dans l'architecture, il nous faut chercher quelle sorte de ressemblance peut rapprocher l'effet des formes qui s'adressent aux yeux, de l'effet des sons propres aux plaisirs de l'oreille.

Il me paroît que dans cette assimilation, le rythme, à l'égard des yeux, sera un certain ordre, qui opérera sur les formes et les parties des corps, sur leur disposition, sur leur succession et leurs intervalles, un plaisir, du même genre, que celui du rythme musical à l'égard de l'oreille. La diversité d'emploi des formes de l'architecture, les combinaisons variées de leurs dimensions et des intervalles de leurs parties, l'entremêlement de leurs saillies, les effets de leurs oppositions, de leur répétition, de leur simplicité ou de leur richesse, beaucoup d'autres de ces rapports, tout-à-fait distincts de ceux de la *symétrie* (ou proportion), ne semblent-ils pas correspondre dans leurs impressions sur les yeux, aux rapports par lesquels le rythme musical et poétique produit ses impressions sur l'oreille?

Or, ne seroit-ce pas là ce que Vitruve a entendu spécifier, par le mot *eurythmia*, qui signifie *beauté de rythme* ou *rythme par excellence*, dans l'article du chapitre 2, liv. Ier., où il énumère et définit toutes les qualités qui constituent l'architecture? Voici ses paroles :

Eurythmia est venusta species, commodusque in compositionibus membrorum aspectus; hæc efficitur, cum membra operis convenientia sunt altitudinis ad latitudinem, latitudinis ad longitudinem et ad summam omnia respondeant suæ symetriæ.

Item symetria est ex ipsius membris conveniens consensus, ex partibusque separatis, ad universæ, figuræ speciem ratæ partis responsus, ut in hominis corpore, è cubito, pede, palmo, digito cæterisque partibus symetros est, sic est in operum perfectionibus : et primum in ædibus sacris, ut è columnarum crassitudinibus aut è triglypho, etc.

« L'eurythmie est cette beauté sensible, cet » agréable aspect que donne la disposition des » membres d'un ouvrage d'architecture : ce qui a » lieu, lorsque ces membres ont une heureuse » correspondance entre leur hauteur et leur largeur, entre leur largeur et leur longueur, de » manière à s'accorder avec l'effet de la proportion générale.

» Quant à la *symétrie*, c'est l'accord uniforme, » entr'eux, des membres d'un ouvrage, et la » corrélation de chaque partie avec le tout; » comme on le voit dans le corps humain, où il » existe un semblable rapport entre le bras, le » pied, le palme (la main), le doigt et les autres » parties. Ainsi en est-il dans les ouvrages parfaits. Par exemple, dans les temples, le module » se prend ou du diamètre de la colonne, ou du » triglyphe, etc. »

Remarquons d'abord, que ces deux articles se

suivent dans Vitruve, preuve qu'il n'a point regardé les deux mots comme contenant la même notion; leur définition ensuite nous présente des idées fort distinctes.

Et effectivement, la *symetria* ou la proportion, telle que Vitruve l'explique, telle que le mot la définit, trouve dans la nature un type positif, un régulateur uniforme, dont on ne sauroit méconnoître l'évidence; c'est celui qui assujettit chaque partie au tout par une correspondance réciproque et telle, que la partie fait connoître la mesure du tout, comme le tout, la mesure de chaque partie.

Mais l'eurythmie telle que Vitruve l'explique, telle que le mot même semble la définir, étant simplement un agréable rapport de mesures, d'espaces, ou d'intervalles, dans les membres de l'architecture, ou d'un édifice, n'a point, dans la nature, de type aussi positivement applicable à l'ordre qu'elle doit suivre.

En un mot, le compas peut juger de la justesse des rapports de la *symetria* (ou proportion); quant à la justesse du rapport rythmique, l'œil n'a pour en juger, que le goût et le sentiment du beau.

Remarquons en effet, que le mot *eurythmie* l'indique; il ne signifie que *beauté de nombre* ou *de rythme*. C'est qu'effectivement, tout rythme n'est pas nécessairement beau. Il y a en musique de bons et de mauvais rythmes; c'est-à-dire qu'il peut y avoir un bon et un mauvais emploi dans le chant, comme dans la versification, des longues et des brèves, des intervalles des sons, de la succession des mouvemens vifs et lents, d'où résulteront des effets agréables ou non. De même, dans l'architecture, certaines répartitions d'espaces, certaines divisions de parties, certaines successions de membres ou de profils, produiront des impressions plus ou moins agréables. Mais, comme on l'a vu, Vitruve ne propose, à cet égard, ni exemple, ni modèle, ni règle; et dans le fait, il n'y aura d'autre règle, que celle qui se fondera sur l'expérience des sensations, que les ouvrages de la nature et ceux de l'art nous font éprouver.

L'eurythmie reste donc dans le domaine de la théorie du goût.

Il n'en est pas ainsi de la *symétrie*, ou de la proportion, considérée dans sa notion élémentaire et théorique. L'assimilation des rapports réciproques du tout à chaque partie, dans le corps humain, nous présente une idée fixe et une règle évidente, de ce que peut être un édifice pour nous plaire, de la manière dont l'œuvre de la nature nous plait : non que cela signifie, que tout rapport indistinctement emprunté à tous les corps, doive produire un heureux effet. On sait que la nature elle-même produit des exceptions à sa règle, c'est-à-dire des défectuosités. Ainsi peut faire l'architecture. Mais, je le répète, il ne s'agit que de l'idée et de la notion de *symétrie* (ou proportion). Or, il n'y a pas d'idée plus claire, de notion plus distincte.

Je pense donc que Perrault s'est trompé, en prétendant qu'*eurythmie* et *symétrie* sont deux synonymes. « Tous les interprètes (dit-il) ont » cru que l'eurythmie et la proportion que Vitruve » appelle *symétrie*, sont ici deux choses fort » différentes, parce qu'il semble qu'il en donne » deux définitions; mais ces définitions, à le bien » prendre, ne disent que la même chose, l'une et » l'autre ne parlant, par un discours également » embrouillé, que de la convenance, de la correspondance, et de la proportion que les parties » ont au tout. »

Galiani, tout en reprochant à Perrault d'être tombé dans l'erreur, lorsqu'il regarde l'eurythmie et la *symétrie* comme deux synonymes, me paroît avoir établi leur distinction sur une signification abusive du mot *eurythmie*, faute d'être remonté à l'idée primaire de ce mot. Il ne pouvoit pas se tromper sur le sens de *symétrie* dans Vitruve; aussi dit-il fort bien, que la *symétrie* n'est pas un rapport de situation entre les parties, mais un rapport de quantité de chaque partie. Mais voici comment il explique l'eurythmie. *L'eurithmia è quella che insegna l'eguale distribuzione de membri di un edificio, acciochè facciano grato aspetto.* Ainsi, d'après cette explication, l'eurythmie ne seroit que ce qu'on appelle vulgairement, en français, *symétrie*, c'est-à-dire la parité ou la répétition identique des parties ou des membres, d'un côté comme de l'autre d'un édifice : notion fort différente de celle que présente Vitruve, et que présente le sens même du mot, à consulter son origine et sa formation.

D'où vient cette confusion d'idées? Je l'ai déjà dit. C'est que la notion de *rythme*, notion essentielle et positive dans la musique et la poésie, n'est, à proprement parler, qu'une métaphore en architecture, puisqu'on a ainsi transporté l'idée d'ordre, d'intervalle, de succession des sons, de lenteur ou de vitesse des mouvemens pour l'oreille, à l'idée d'ordre, d'espaces et de succession des formes, pour les yeux et pour le plaisir de la faculté visuelle.

Mais cet ordre rythmique, pour être nommé et désigné dans l'architecture par un mot d'emprunt, n'y en existe pas moins. Le goût et le sentiment du beau ne sauroient hésiter à l'y reconnoître, comme aussi l'analogie et la justesse de la comparaison, qui lui a transporté l'idée et le nom de *rythme*.

Y a-t-il en effet, dans l'emploi des matières, des formes, des lignes, des contours, des espaces, des saillies, ou des épaisseurs, des ornemens, des détails enfin de l'architecture, et y a-t-il dans leur continuité, dans leur répétition, dans leur succession, dans les variétés que cette succession y produit, dans leur retour plus ou moins périodique, dans les moyens fournis à l'artiste par ce mélange, d'éviter l'ennui de l'uniformité, et de procurer la variété que l'œil recherche, y a-t-il, dis-je, dans le résultat de toutes ces combinaisons, une espèce d'ordre ou d'arrangement, qui permette d'en considérer les effets comme analogues, pour l'œil et l'esprit, aux effets résultant pour l'esprit et l'oreille, de l'ordre des sons employés selon toutes les variétés que leur fait éprouver le rythme? Eh bien, si l'on est forcé d'en convenir, cet ordre ou cet arrangement de formes et de lignes, on l'aura, par une transposition d'idée fort naturelle, appelé *rythme;* et selon que cet ordre sera parvenu à être agréable, on l'aura appelé *beau, excellent.* L'architecture aura eu, par suite de la métaphore, son eurythmie, qualité, comme on voit, très-distincte de la *symetria* ou *proportion*, telle qu'on est forcé de l'entendre.

Dans le fait, la définition que Vitruve a donnée de l'eurythmie, sans pénétrer jusqu'au fond de l'idée, ne contient rien qui combatte notre analyse. Le développement que nous donnons à cette notion, ne renferme rien, non plus, qui soit étranger à sa définition, laquelle, comme on l'a vu, n'exprime et ne donne à entendre, qu'une idée de beauté et d'agrément, dans l'aspect produit par la dispostion des membres d'un édifice, *commodus in compositionibus membrorum aspectus.* Le tout repose sur un accord de hauteur, de largeur, de longueur dans les membres, *altitudinis ad latitudinem, latitudinis ad longitudinem*, lequel répond à l'ensemble de la proportion générale, *ad summam suæ symetriæ respondeant.*

Par ces mots, *accord* réciproque *dans les membres, de hauteur, de largeur* et *de longueur*, Vitruve me paroît avoir spécifié précisément l'objet du rythme architectural, qui ne peut s'exercer et se faire sentir, que sur les dimensions des membres et les mesures des formes. Ce sont les différences et les mélanges de mesure, qui donnent le mouvement aux compositions de l'architecture.

Prenons pour exemple la *modénature* d'un entablement. Supposons (en laissant de côté les raisons qui en établissent les grandes divisions) que les dix ou douze membres, ou profils qu'on y compte, au lieu d'être de mesures différentes, fussent uniformément rangés chacun dans une hauteur égale, et sans aucune variété de saillie (on peut s'en former l'idée dans plus d'un monument égyptien, qui se termine ainsi, par une rangée de tores, ou de plates-bandes tout-à-fait uniformes). Cette répétition de formes toutes égales, et leur continuité, ne produiront-elles pas pour les yeux, la même impression d'indifférence, que la répétition et la continuité du même son, à intervalles toujours égaux, produisent pour l'oreille? Mais que les membres ou les profils de cet entablement viennent, selon divers motifs, à se ranger dans un ordre de hauteurs et de mesures toutes différentes, et à se placer les uns au-dessus des autres, avec des saillies inégales, qui produiront des effets de lumière et d'ombre différens, on voit tout de suite, que notre œil éveillé par cette diversité d'espaces, trouvera du plaisir à en comparer les mesures, et que l'esprit éprouvera cette impression de mouvement, que les modulations du rythme font éprouver dans le chant.

Mais *c'est la juste correspondance de hauteur, de largeur, de longueur des membres entr'eux* (selon les paroles de Vitruve), qui forme l'excellence du rythme, ou l'eurythmie architecturale. Ici en effet, comme dans la musique et la poésie (et on l'a déjà dit), les rapports de mesure peuvent être plus ou moins bien gradués. Les tores, les profils qui constituent les divisions d'une base de colonne, d'un chapiteau, d'un chambranle, d'un fronton, ont des rapports de hauteur, de largeur, non-seulement entr'eux, mais encore avec la colonne, le chambranle et le frontispice, dont ces membres font partie, et peuvent leur communiquer plus ou moins de lourdeur et de légèreté, rendre leur aspect plus ou moins agréable.

Enfin, il est évident que l'eurythmie entendue comme modulation des profils et des membres d'un édifice, comme consistant dans cette juste correspondance des rapports de hauteur, de largeur, de longueur, dont parle Vitruve, s'appliquera de même aux grandes parties d'un édifice, aux rapports généraux de ses grandes divisions, à la correspondance plus ou moins heureuse de la hauteur de la masse extérieure, et à la corrélation de la largeur d'un intérieur, avec sa longueur. On peut parcourir toutes les formes qui entrent dans les compositions de l'architecture, les portiques, les arcades, les cintres, les niches, les portes, les pleins et les vides, partout on verra qu'il peut y avoir un ordre de rapports dans les espacemens de chaque objet. On verra que cet ordre, selon qu'il paroîtra ressembler, plus ou moins, à celui que produit la beauté du rythme musical, dans la succession des sons, la mesure des temps et la justesse des mouvemens, présentera aux yeux un aspect plus ou moins agréable.

Cependant, de quelque manière qu'on définisse ou qu'on développe la notion de l'eurythmie, et son application aux œuvres de l'architecture, on doit reconnoître que cette notion n'a ni en elle-même, ni dans son application, une base aussi simple, aussi claire, aussi positive, que celle de la *symétrie* (ou proportion), qui, comme on l'a dit, repose sur cette imitation puisée dans l'organisation du corps humain, où le tout et chaque partie peuvent se servir réciproquement de mesure.

Et voilà, encore un coup, la différence qui sépare l'eurythmie de la *symétrie*, et qui établit une dissemblance sensible dans la notion élémentaire de chacune.

Mais voici d'où procède la confusion qu'on en fait si facilement. C'est que l'une et l'autre qualité consiste en rapports, et en rapports dont le but est de nous plaire ; c'est qu'en fait de théorie d'art et de goût, il n'y a aucune notion qui ne soit contiguë à une autre, et n'en emprunte quelque chose. C'est que dans le fait, il n'y a, même en morale, aucune qualité qui ne participe de quelqu'autre, aucune vertu qui, bien qu'ayant un caractère propre, ne se trouve mêlée avec les attributs d'une autre vertu. Ainsi, force et modération, sagesse et courage, sont des vertus fort distinctes, et toutefois il n'y a pas de vraie force sans modération, point de modération sans force. Il en est de même de toutes les qualités dans les arts, et par conséquent de celles qui constituent le mérite de l'architecture. Le plaisir de l'eurythmie tient donc par quelques endroits, aux impressions que nous fait le système de la *symétrie*. Toutes deux captivent nos yeux et notre esprit, par un ensemble de rapports qui, bien qu'émanés d'une source différente, ne laissent pas de nous affecter d'une manière assez semblable. Il me semble, en effet, qu'on pourroit comparer la vertu de l'eurythmie et de la proportion en architecture, à celle de la mélodie et de l'harmonie en musique, qui, distinctes entr'elles par leur nature, se rapprochent souvent dans leurs effets, au point que le commun des hommes les confond, par la manière d'en jouir et de les apprécier.

Je me suis beaucoup plus étendu dans cette dissertation, sur la notion de l'eurythmie, que sur celle de la *symétrie* : d'abord, parce que l'idée de la première est beaucoup plus abstraite, et par conséquent moins claire que celle de la seconde ; ensuite, parce que *symétrie*, dans la langue de Vitruve, devant se traduire par *proportion*, c'est à ce dernier mot qu'il convient d'en renvoyer l'interprétation complète. *Voyez* PROPORTION.

Cependant *symétrie* a, en français, une acception exclusive que tout le monde connoît trop, pour que je m'y doive arrêter long-temps. J'en ai même assez dit déjà, pour qu'il me fût permis de finir, si je ne croyois devoir ajouter à la simple définition de cette idée, quelques considérations fort abrégées, sur ce qui nous fait trouver du plaisir dans l'emploi de la correspondance symétrique, qui est, en certains cas, une obligation plutôt qu'un mérite de l'architecture.

On appelle donc généralement *symétrie* dans cet art, et dans ses ouvrages, cette exacte parité de parties similaires, qui se répètent d'un côté comme de l'autre d'un ouvrage, d'un édifice, soit pour la dimension, soit dans la composition de la masse, soit par l'uniformité des détails.

Si l'on cherche la cause du plaisir que nous procure cette *symétrie*, qui divise ainsi un tout en deux parties égales et similaires, il me semble qu'on le trouvera dans ce sentiment qui nous fait admirer les œuvres de la nature, et nous invite à en transporter les lois dans les productions de nos arts. Or, il est à remarquer que la *symétrie* est affectée par la nature, à un très-grand nombre de choses créées, mais surtout, et je pense, sans aucune exception, à l'organisation extérieure des créatures vivantes et animées.

De là cette sorte d'instinct qui porte l'homme, dans tout ouvrage auquel il veut donner la valeur de l'unité, à lui affecter cette propriété, de laquelle dépend le caractère le plus apparent d'unité de plan, de moyens et de but. Si le corps humain, par exemple, au lieu de présenter de chaque côté la répétition identique des mêmes membres, se trouvoit inégalement pourvu de membres d'une façon à droite, et d'une autre forme à gauche, ne sembleroit-il pas qu'il y auroit plus d'un homme dans un seul homme ?

Or, il est tout aussi évident, que cet effet extérieur auroit lieu, à l'égard d'un édifice, dont les deux moitiés auroient des masses, des mesures et des détails insymétriques. Ce ne seroit plus un, ce seroit deux bâtimens.

La répétition identique des mêmes élémens et le principe de *symétrie*, sont tellement inhérens à la nature de l'architecture, que la plus nombreuse colonnade ne se compose, comme on sait, que d'une seule colonne répétée. Qu'on essaie, comme on en trouve des exemples chez quelques peuples, de diversifier les types et les mesures des colonnes, l'édifice va paroître un composé des morceaux de plusieurs. Le plaisir facile de l'unité aura disparu, pour être remplacé par le malaise pénible de la disparité.

Cependant on observe que la nature qui s'est assujettie à l'exacte *symétrie*, pour l'extérieur et l'apparence des corps, a suivi un tout autre système, à l'égard des parties qui entrent dans l'organisation de leur intérieur, et que les yeux n'aperçoivent pas. Il en est de même en architecture ; tout ensemble dont notre œil peut embrasser la totalité, doit être soumis à la *symétrie*. Mais ce que nous exigeons de la façade d'un palais, ou de tout autre édifice semblable, ce seroit une sujétion puérile et ridicule, de prétendre y assujettir sans nécessité sa distribution intérieure. Trop de convenances et de besoins y font une loi de la diversité, et s'opposent à une répétition symétrique, dont l'effet, d'ailleurs, ne sauroit plaire qu'en spéculation, puisque, dans la réalité, il ne sauroit être saisi ni par l'œil, ni par l'esprit de tous ceux qui n'en connoissent, ou n'en peuvent point connoître le plan.

SYRACUSE. Ville la plus grande de l'antique Sicile, et une des plus considérables de l'antiquité, si l'on s'en rapporte aux descriptions des auteurs anciens, et surtout à celle de Cicéron. Nous allons la rapporter, ne seroit-ce que pour dédommager le lecteur de la pénurie des restes qu'une fortune ennemie semble y avoir à regret conservés.

« On vous a souvent rapporté (dit l'orateur » romain) que *Syracuse* est la plus grande et la

» plus belle ville de toute la Grèce, et ce que l'on » en dit est constant. C'est une ville si étendue, » qu'on diroit qu'elle est composée de quatre au- » tres. L'une est une île qui, quoiqu'enveloppée » de deux ports, s'avance dans l'embouchure et » l'entrée de l'un et l'autre port. C'est là qu'est » bâtie la maison que le roi Hiéron avoit habitée, » et dont les préteurs continuent de se servir. » Elle renferme plusieurs édifices sacrés, mais » principalement deux de beaucoup supérieurs » aux autres. L'un est un temple de Diane; l'au- » tre qui, avant l'arrivée de Verrès, étoit très- » orné, est consacré à Minerve. A l'extrémité » de cette île est une fontaine d'eau douce, qui » porte le nom d'*Aréthuse*, d'une grandeur in- » croyable, prodigieusement poissonneuse, et » qui seroit toute couverte des flots de la mer, si, » par un môle et une jetée de pierres, elle n'en » étoit séparée.

» La seconde partie de *Syracuse* est appelée » *Acradine*. Il y a une place très-spacieuse, de » belles galeries, un prytanée en très-bon ordre, » une salle magnifique pour le Conseil, un superbe » temple de Jupiter Olympien, et les autres » quartiers de cette partie sont partagés par une » large rue continue, et par plusieurs rues de » traverse qui contiennent des édifices particu- » liers.

» La troisième ville annexée à *Syracuse* se » nomme *Tycha*, parce qu'il y avoit un très- » ancien temple consacré à la Fortune. Il y a de » plus un vaste gymnase et beaucoup d'édifices » sacrés, ce qui rend ce quartier recommanda- » ble, et très-peuplé.

» Enfin, on appelle *Neapolis* la quatrième ville, » comme étant la dernière bâtie. Il y a tout en haut » un très-grand théâtre, et en outre deux tem- » ples magnifiques, l'un de Cérès et l'autre de » Proserpine, plus un superbe colosse d'Apollon » qu'on appelle *Téménites*. »

On cherche vainement aujourd'hui dans l'enceinte des murailles de l'antique *Syracuse*, dont on évalue le circuit à vingt milles, la trace de presque tous ses monumens. Le seul, dont Cicéron a parlé, comme situé dans l'île, qu'on appelle encore aujourd'hui *Ortygia* (mot grec qui veut dire *île*), et qui présente encore des restes fort considérables, est le temple de Minerve, qu'on a très-anciennement transformé en église, devenue la cathédrale. Il paroit que dans des temps voisins du nôtre, on a démoli la partie occidentale de l'édifice antique, pour y bâtir le portail de goût moderne qu'on voit aujourd'hui. Le mur intérieur de la *cella* du temple a été ouvert en arcades, et l'on a muré les entre-colonnemens du *peripteron*, pour donner à l'église des bas côtés, et par conséquent plus de largeur.

On voit encore dans le mur latéral de l'église qui donne sur la rue, douze à treize colonnes engagées dans la construction nouvelle, de manière toutefois que plus de la moitié de leur diamètre est en saillie. Il est visible que le temple avoit autrefois treize colonnes dans ses flancs, en comptant les colonnes d'angle, et les frontispices en comptoient six. La place des colonnes du pronaos se voit encore dans l'intérieur de l'église. Ces colonnes sont d'ordre dorique sans base, et elles n'ont guère que cinq diamètres de hauteur.

On ne sait si l'on doit regretter que, pour faire de cet antique monument une église moderne, on l'ait ainsi mutilé, masqué et dénaturé. On peut dire que, si ce que l'on y a ajouté de murailles et de constructions étrangères le dénature, il est fort à croire que, sans ces changemens accessoires, il n'en existeroit plus rien.

C'est ce que nous ont persuadé les restes devenus aujourd'hui presqu'invisibles du temple de Diane. Ce temple célèbre, le premier qui fut élevé à *Syracuse*, est tellement détruit, et ce qui en reste est tellement recouvert et enseveli au milieu de toutes sortes de masures, qu'il faut en deviner l'emplacement, par quelques débris enclavés dans l'intérieur même de quelques habitations et de maisons élevées autour, et où ils sont comme enterrés. Deux colonnes doriques du genre de celles qu'on voit au temple de Minerve, existent encore dans un mur mitoyen de deux maisons, dont l'une, en 1779, étoit celle d'un notaire. On ne voyoit alors que la partie supérieure de leur fût, avec leurs chapiteaux entièrement dans le caractère de l'ancien dorique grec, et qui, sans doute aussi parce qu'on en est plus près, paroissent avoir une saillie et un caractère de force très-prononcé.

Ce qu'on appeloit autrefois à *Syracuse*, et qu'on nomme encore, la fontaine d'Aréthuse, a survécu à tous les monumens de l'art. C'est une propriété des ouvrages de la nature. Celui-ci est surtout merveilleux dans sa position, telle que Cicéron l'a décrite, par l'extraordinaire abondance et la pérennité des eaux. Il est probable qu'autrefois ce lieu avoit été décoré par l'art. Un vaste bassin devoit renfermer les eaux de la source, dans une enceinte où l'on nourrissoit des poissons. L'endroit précis d'où l'eau sort avec l'abondance d'une source qui donneroit naissance à un fleuve, étoit peut-être surmonté d'une *ædicula*. Aujourd'hui ce n'est plus qu'un très-grand lavoir. Le trop-plein s'échappe par divers petits canaux qui aboutissent à la mer.

De tant d'édifices sacrés qui ornoient les divers quartiers de *Syracuse*, il n'existe plus d'autres vestiges, à l'exception des restes ci-dessus mentionnés, que, dans le quartier appelé *Acradine*, deux fûts de colonnes tronqués, qu'on croit, avec beaucoup de vraisemblance, avoir appartenu au temple de Jupiter Olympien. Le genre de leurs cannelures indique qu'elles avoient été d'ordre dorique. Mirabella, qui écrivoit au commencement du dix-septième siècle, et qui est mort en

1624, dit qu'il y avoit encore six de ces colonnes parfaitement conservées ; qu'on voyoit clairement par ce qui restoit des débris de ce temple, qu'il avoit dû avoir douze colonnes de longueur ; qu'à juger de celles qui étoient encore sur pied, le fût de ces colonnes, toutes d'une seule pierre, avoit vingt-cinq palmes de hauteur, sans compter les chapiteaux, et que leur grosseur étoit telle, qu'il falloit trois hommes pour en embrasser la circonférence : *Crassitudo verò tanta est, quantùm tres homines circumambire brachiis possint.*

En laissant Acradine à droite et entrant dans Néapolis, on trouve les restes d'un amphithéâtre bâti sur un terrain inégal. Cet édifice, moitié taillé dans le roc, et moitié construit en grosses pierres, avec des corridors voûtés, étoit d'une forme ovale fort alongée dans le plus grand diamètre de l'amphithéâtre, et fort resserrée sur le petit diamètre. Il paroît qu'en tout c'étoit un monument médiocre, et qui fut élevé par les Romains, pour l'usage seul de la colonie qu'ils y établirent. Du reste, l'édifice va se détruisant de plus en plus, on en abat journellement les corridors, et l'on enlève les restes des gradins, pour pouvoir plus aisément labourer sur son emplacement.

Près des ruines de cet amphithéâtre, on voit celles d'un autre monument, qui, bien que très-délabré, offre encore dans sa ruine un aspect assez intéressant. C'est le théâtre. Les gradins, qui étoient entièrement taillés dans le roc, seroient beaucoup mieux conservés, si l'on eût pu empêcher les habitans d'y venir prendre des matériaux pour leurs bâtisses. Malgré ces dégradations, on distingue encore une grande partie des gradins ; les deux repos ou paliers appelés *præcinctiones*, qui servoient à la circulation des spectateurs, et les escaliers par où l'on entroit et par où l'on sortoit.

Quant à l'exécution des parties de l'édifice, le peu qui en existe encore, suffit pour faire voir qu'elles avoient été faites avec le plus grand soin. On remarque que chaque gradin étoit entaillé dans son épaisseur, de manière à donner aux pieds de celui qui étoit plus haut, un rebord pour l'empêcher de gêner celui qui étoit assis au-dessous de lui. Il paroît qu'autour du théâtre, il régnoit une galerie circulaire, dont on aperçoit encore la plate-forme en quelques endroits. Elle portoit certainement un ordre d'architecture avec une galerie, ou un rang de loges couvertes. Mais tout cela a disparu. On distingue seulement très-bien les deux angles de l'avant-scène, et par conséquent il est encore possible d'évaluer son étendue.

Une inscription gravée en creux sur le montant d'un des degrés au-dessus de la première *præcinction*, à partir d'en bas, porte ces deux mots en grec : Basilissas filistidos ; et vis-à-vis, à la même hauteur, on en a découvert une autre qui porte également en caractères grecs ces deux mots un peu effacés : Acleos froniti. On a cru que la première indiquoit que le théâtre avoit été construit sous la reine Philistide, et que l'autre désignoit l'entrepreneur ou l'architecte de ce monument.

On ne sauroit douter qu'il n'ait été un des plus magnifiques de l'antiquité, puisque Diodore, en parlant des différens édifices qui ornoient plusieurs villes de la Sicile, au beau siècle de ce pays, et entr'autres du théâtre d'*Argyrium*, comme d'un des plus remarquables, avance que celui de *Syracuse* l'emportoit sur tous ceux de cette île. *Syracusano excepto pulcherrimum.*

Peu de villes eurent à leur disposition et dans leur voisinage, d'aussi prodigieux moyens d'exploiter la pierre la plus favorable à la construction. Partout on découvre des bancs de rocher, dont la facile excavation procuroit à peu de frais des lieux de sépulture, ou des chambres sépulchrales de toute dimension. On entre dans beaucoup de ces hypogées, mais on en trouve très-peu qui offrent des vestiges d'art et de décoration. Une seule de ces petites excavations dans un plan circulaire avec des niches, a conservé à son entrée les restes de deux colonnes doriques engagées, et soutenant un entablement avec triglyphes, surmonté d'un fronton circulaire.

Rien ne fait mieux connoître à quel point, l'architecture avoit dû embellir de monumens nombreux et solides la ville de *Syracuse*, que la prodigieuse exploitation des carrières voisines de cette ville, et d'où ont été extraits les matériaux de toutes ses constructions. Ces carrières, qu'on appelle *Latomies*, forment par leur plan une véritable ville souterraine, creusée dans la masse des rochers découverts qui dominent *Syracuse* d'un côté. Cette sorte de ville a ses rues alignées, ses places, ses carrefours, et l'on ne s'étonne pas, en y entrant, qu'on ait pu destiner un tel emplacement à servir de prison. Il est probable encore qu'on employoit les prisonniers à l'extraction et à la taille des pierres.

Ces excavations, qui ne sont souterraines que par rapport à la montagne qu'elles pénètrent, n'avoient pas les inconvéniens et les difficultés de celles qui sont creusées, n'importe à quelle profondeur, sous le terrain de la plaine qui environne Paris. On s'y procuroit la pierre dans la hauteur de la roche ; cette pierre n'étoit pas par couche ou par lits, ce qui fit qu'on put y tailler des colonnes monolythes. On voit diverses tranchées faites dans l'élévation de la masse de ces rochers, et il en est qui furent commencées, et qui n'allèrent que jusqu'à une certaine distance. Telle est celle de la fabuleuse oreille de Denis-le-Tyran. Ce n'est qu'une ouverture faite à une partie de la montagne, d'où l'on a extrait, en ligne sinueuse, une quantité quelconque de pierres, et qu'on ne poussa point plus avant.

Naturellement à *Syracuse*, comme dans tant

d'autres villes antiques, on fit servir plus ou moins anciennement tout ou partie des excavations de ces carrières à l'usage des sépultures. On y voit encore aujourd'hui les traces de cette pratique. Les latomies devinrent aussi des *catacombes*, et nous renvoyons le lecteur, pour plus de détails, à ce mot. *Voyez* CATACOMBES.

SYSTÈME, s. m. Ce mot est formé de deux termes grecs, la préposition *sun* et le verbe *istèmi*, qui, rapprochés, signifient ce qu'on exprime par *ensemble*, *composition*.

Un *système*, en quelque genre que ce soit, est un assemblage de plusieurs choses formant un tout. Il n'est point du ressort de ce Dictionnaire, de parcourir les applications diverses de ce mot, ni d'entrer dans les divers sens qu'il comporte, ni de traiter du bon ou du mauvais emploi de ce qu'on appelle, sous plus d'un rapport, l'*esprit de système*.

Nous bornant ici à expliquer dans quel sens on emploie le mot *système* en architecture, nous dirons qu'on en use ordinairement pour désigner la théorie du principe originaire d'où cet art est né, des causes premières qui lui ont imprimé son caractère spécial, des conditions qui lui sont imposées pour satisfaire à l'unité de son principe.

Ce que nous appelons *système*, en architecture, est antérieur aux règles. Les règles n'ont fait que déterminer pour l'artiste, les meilleurs moyens d'être fidèle aux types originaires qui constituent le *système* de l'art. *Voyez* l'article ARCHITECTURE.

Pour mieux faire comprendre ce que nous entendons par *système*, en architecture, il nous faut revenir sur quelques notions. Bien que nous n'admettions comme véritablement art, que l'architecture grecque, nous n'avons pas laissé cependant de reconnoître d'autres modes de bâtir, chez d'autres peuples et dans d'autres temps, modes qui, provenus de causes différentes, et d'élémens originaires distincts, ont trouvé à se répandre et à se perpétuer en quelques contrées. Nous avons fait voir aussi, comment l'architecture n'ayant aucun modèle positif à imiter dans la nature, ne pouvoit tenir ce qui y supplée, que de certaines causes, de certains besoins donnés par la nature, à la vérité, mais qui, variables et divers selon les lieux, et les climats, devoient en recevoir aussi des moyens d'imitation différens : Que de ces causes locales avoient dû résulter effectivement des *systèmes* locaux de construction, d'ordre, d'embellissement : Qu'entre ces *systèmes* il y en avoit eu un plus fécond que tous les autres, plus susceptible de réunir les principes divers d'unité et de variété, de solidité et d'agrément, d'offrir l'heureuse combinaison du besoin et du plaisir, c'est-à-dire de ce qui peut à la fois satisfaire la raison, les sens et l'imagination : Et voilà ce qui nous a paru constituer la supériorité du *système* de l'architecture grecque, sur les *systèmes* des autres architectures.

Il résulte de là, que l'idée de *système* est applicable à plus d'une sorte d'architecture, et que chacune peut avoir le sien. Mais il ne s'ensuit pas, que tout *système*, bien qu'inspiré par les diverses causes qu'on peut appeler *physiques* et *matérielles*, soit également beau, et qu'il n'y en ait pas de préférable. Quand la nature elle-même auroit en divers pays, produit des édifices, ou des formes de bâtimens différens entr'eux, comme le sont, par exemple, les espèces soit d'animaux, soit de plantes, productions réelles et immédiates de sa volonté ou de sa puissance, il n'en faudroit pas conclure, que pour être l'ouvrage même de la nature, ces modes ou *systèmes* de bâtir auroient un égal mérite, qu'il ne devroit pas y avoir de supériorité entre eux, et qu'il seroit interdit à l'intelligence, à la raison, au goût, de reconnoître la prééminence de l'un sur l'autre. Ce que l'on fait à l'égard de toutes les productions de la nature, à l'égard de tous les êtres créés, à plus forte raison peut-on le faire, à l'égard d'ouvrages qui ne sont que des conséquences indirectes des causes naturelles.

C'est pourquoi ayant développé à leurs différens articles, quelles nous ont paru être les causes naturelles, qui ont exercé une action plus ou moins nécessaire sur ce qu'on appelle les *systèmes* divers d'architecture, chez tous les peuples connus, il nous a semblé que le *système* grec étoit de tous, celui qui étoit le plus *système*, en tant qu'il est l'assemblage le plus complet des élémens qui peuvent former un tout, où chaque partie trouve une raison nécessaire, subordonnée à la raison nécessaire de l'ensemble, où chaque chose explique sa manière d'être, où chaque détail est à la fois conséquence et principe d'un autre détail, où enfin on ne sauroit rien ajouter, sans faire du superflu, d'où l'on ne sauroit rien enlever sans tout détruire. Or, il me semble que ce pourroit être là une définition assez satisfaisante du mot *système*.

SYSTYLE. Vitruve distingue dans l'architecture grecque cinq espèces de temples, par la différence de leurs entre-colonnemens. Cette méthode ne paroît pas reposer sur des faits bien positifs, ni sur des principes bien clairs. Il se pourroit que le mot *species*, qu'il emploie, ne signifia point ce que, méthodiquement parlant, nous entendons par *espèce*. Peut-être ce mot ne veut-il dire que *manière*, *forme*, *apparence*. Quoi qu'il en soit, le nom de *systylos*, composé de *συν* et de *στυλος*, exprimant un rapprochement des colonnes, se donnoit dans les temples, à ceux où les colonnes moins serrées que dans le *pinocstylos*, l'étoient plus que dans le *diastylos*, et surtout que dans l'*aræostylos*.

TAB

TABERNA. Ce mot, dont on a fait *taverne* en français, étoit celui dont on se servoit à Rome, pour exprimer ce que nous appelons généralement *boutique*. On nommoit *tabernæ argentariæ*, les boutiques des banquiers, que Tarquin l'ancien fit construire autour du *Forum*. Les comédies appelées *Tabernariæ*, le furent ainsi, parce que les sujets étoient pris dans la classe des gens à boutiques, ou parce que la scène représentoit les demeures des gens du peuple. *Pauperum tabernas*, a dit Horace, par opposition à *Regumque turres*.

TABERNACLE, s. m., en latin *tabernaculum*, qui vient de *taberna*, pauvre et misérable maison, ainsi appelée de *tabula*, planche, parce que la *taberna* n'étoit qu'un très-chétif assemblage de bois. Le même mot signifie particulièrement *tente*, par cela que dans les camps, la tente se composoit nécessairement de matériaux légers et assemblés à la hâte.

Ainsi traduit-on généralement *tabernaculum* par *tente*, et c'est l'équivalent de ce mot en hébreu, que la Vulgate a rendu par le mot *tabernaculum*. Les Israélites, comme l'on sait, habitèrent long-temps sous la tente, ainsi que le font encore aujourd'hui les Arabes et tous les peuples nomades ou pasteurs, et ils en conservèrent l'usage, jusqu'à la construction du temple de Jérusalem. Ils appelèrent *tabernacle* par excellence, l'espèce de tente portative, faite de planches de bois de cèdre, qu'ils dressoient dans chaque endroit du désert où ils campoient. Cette tente qui leur servoit de temple mobile, renfermoit les tables de la loi, les vases sacrés, tout ce qui formoit les symboles révérés du culte du vrai Dieu. Dans la suite, ces objets furent renfermés dans ce qu'on appeloit l'*arche sainte*, placée dans le lieu le plus retiré du temple, et qui porta, par tradition, le nom de *tente* ou *tabernacle*.

La religion chrétienne a emprunté à la judaïque cette dénomination, qu'elle applique aussi au lieu qui renferme ce qu'il y a de plus révéré et de plus auguste, c'est-à-dire le saint sacrement, et les vases consacrés. Dans les premières églises, le *tabernacle* avoit eu encore une ressemblance avec celui dont le christianisme a pris le nom. Elle consistoit dans les draperies qui servirent de voiles au saint des saints : et de là la disposition de l'ancien *ciborium*, formé de quatre colonnes, et d'une petite coupole, avec des rideaux tout à l'entour, qui, selon les circonstances, le cachoient à la vue. Nous avons fait voir au mot BALDAQUIN, que là est l'origine de cette moderne construction, que l'on a souvent élevée au-dessus du *tabernacle* et de l'autel. *Voyez* BALDAQUIN.

Aujourd'hui, selon l'usage, et selon l'acception donnée à ce qu'on appelle *tabernacle*, sur l'autel chrétien, ce mot désigne un ouvrage soit de menuiserie, soit de marbrerie, soit de métal ou d'orfévrerie, auquel on applique différentes formes, mais le plus souvent celle d'un petit édifice, avec une porte qui donne entrée à l'espace où l'on renferme le ciboire, avec les hosties consacrées.

L'art a donné toutes sortes de formes aux *tabernacles*, et ces formes ont aussi suivi le cours des variétés de goût, que ne cessent d'éprouver les meubles et les édifices. Naturellement, en ne considérant que l'emploi matériel du *tabernacle*, sur l'autel chrétien, on ne l'a que trop souvent configuré sous l'apparence d'*armoire*, et alors on lui a donné le caractère vulgaire de meuble. La richesse des matières a, si l'on veut, ennobli souvent dans l'opinion, ce que cette forme offre de commun; mais le style noble ou trivial est, là comme ailleurs, tout-à-fait indépendant du prix matériel, et de la dépense du travail.

Il nous semble qu'il y a des formes qui, toutes seules, ont la propriété de produire dans l'esprit l'idée de noblesse, de sainteté, de vénération. Telle est la forme de temple. C'est donc celle qui doit le mieux convenir au *tabernacle*, et il est vrai, comme on l'a déjà dit, qu'on l'y a souvent affectée.

D'après ce type, le *tabernacle* représenteroit une *ædicula*. Si la position de l'autel étoit adossée, ce petit temple y seroit élevé et disposé de manière à ne présenter qu'une façade d'édifice. Pour les autels isolés ou vus de toutes parts, l'artiste trouveroit dans l'imitation de toutes les sortes de temples quadrangulaires, circulaires, ou à pans coupés, de quoi satisfaire à toutes les convenances d'aspect que le sujet exige.

On ne prétend pas, au reste, limiter à un seul genre de forme ou de décoration, la composition du *tabernacle*. Il y a beaucoup de motifs ingénieux qui dépendent de l'art du sculpteur, et qui peuvent très-heureusement s'appliquer à ce sujet, et l'on pourroit citer quelques-unes de ces compositions, où le *tabernacle* se trouve fort heureusement accompagné par des anges adorateurs.

On a souvent aussi donné à la masse générale du *tabernacle*, la forme d'une niche surmontée d'un fronton que supportent des colonnes, et de là est certainement venue la dénomination de *niche en tabernacle* qui entre dans le vocabulaire de l'architecture. *Voyez* NICHE.

TABLE, s. f. Ce mot vient du latin *tabula*, qui signifie généralement un corps plâne, tel qu'une planche, dont la surface de formes différentes, a plus ou moins d'étendue et peu d'épaisseur. On applique ce mot à un grand nombre d'objets, mais le plus fréquemment à exprimer le *meuble* le plus usuel peut-être, de tous ceux qui entrent dans les besoins de la vie et dans les usages de la société.

Il ne sauroit appartenir à ce Dictionnaire, ni de traiter en détail de tous les emplois de la TABLE, considérée comme *meuble*, ni d'énumérer toutes les dénominations que le langage ordinaire lui affecte, selon toutes les diversités de matière, de forme, et d'usage, qu'il comporte.

N'ayant à considérer ici la *table*, que dans son rapport avec l'art de l'ornement, qui fait partie de l'architecture, nous nous contenterons de faire connoître les principales manières d'orner les *tables*, que le goût des Anciens et des Modernes a imaginées, selon leur matière, leur forme, leur étendue, leurs emplois, etc., et nous dirons ensuite quelles sont les acceptions de ce mot, lorsqu'il s'applique, non plus à signifier un meuble, mais à exprimer, dans la construction et la décoration des édifices, certaines surfaces qui en font partie, et auxquelles on donne différentes destinations.

L'élément du meuble appelé *table*, est une planche le plus souvent de bois, qui porte sur un ou plusieurs pieds.

Bientôt il dut arriver à la *table*, d'éprouver ce que la richesse, et le luxe qui s'ensuit, produisent nécessairement dans tous les objets usuels, c'est-à-dire d'être transformée aussi en objet de plaisir et de vanité. D'abord ce fut à la matière même qu'un goût plus raffiné demanda le mérite ou de la variété ou de la rareté, et par conséquent de la cherté. De l'emploi des bois les plus communs, et grossièrement travaillés, on passa à la recherche des bois plus rares et susceptibles d'un beau poli. Nous voyons les Romains payer un prix excessif, des *tables* de bois étrangers, des morceaux taillés dans certaines racines, ou excressènces d'arbres, qui fournissoient des veines ou des configurations curieuses. On fit des *tables* de marbre, on en fit en incrustations de pièces rapportées. On mit les métaux précieux à contribution. Enfin, comme la rareté fait toujours, pour le luxe, une partie de la beauté, on imagina d'emprunter aux anciens enduits de murailles, des dalles de stuc pour les convertir en *tables*.

La forme des *tables* tient à la configuration de leur plateau, et à celle de leurs pieds ou de leurs supports. Il y a tant de besoins divers auxquels l'emploi de la *table* doit être subordonné, que nous nous bornerons, pour ne pas sortir des limites que nous nous sommes données, à ne parler que des trois formes les plus communes, savoir, la forme circulaire, la forme quadrangulaire, et la polygone.

La forme de *table* circulaire comporte souvent, en petit surtout, un seul pied ou support. C'est ce que les Romains appeloient *monopodium*. On nommoit *tripos* la *table* à trois pieds, et on affecte encore avec beaucoup de convenance cette disposition aux *tables* circulaires d'une très-grande étendue. La *table* carrée ou en carré long exige quatre pieds, si les supports en sont isolés.

Cependant il y a aussi une manière de ne donner que deux supports à une *table* quadrangulaire, et on en use ainsi nécessairement, si son plateau est d'une assez grande portée, surtout s'il est de marbre ou de toute autre matière fort épaisse. On lui donne alors pour pied à chacun de ses petits côtés, un support massif lui-même, et qui a pour largeur, celle de la *table*. L'on voit plusieurs de ces *tables* antiques à Rome, dont le *trapézophore* ou *porte-table* est ainsi établi, de manière à fournir un appui des plus solides, et susceptible en même temps d'une très-riche décoration.

Enfin, si une *table* est polygone, c'est-à-dire à plusieurs pans coupés, ou si elle est d'une très-grande longueur, on multipliera ses pieds au gré de la solidité, qui est une des premières conditions en ce genre, comme partout ailleurs.

C'est surtout par la diversité de leurs supports, ou de leurs pieds, que les *tables* ont reçu jadis, et reçoivent encore aujourd'hui, la plus grande richesse d'ornemens. L'antiquité a épuisé toutes les idées dans cette partie du luxe décoratif, et les Modernes n'ont pu mieux faire, que de les répéter. Aussi presque toutes les configurations que les Anciens empruntèrent, soit aux êtres naturels, soit aux animaux symboliques, ont-elles passé dans l'ajustement des meubles des Modernes. *Voy.* PIED, TRÉPIED.

Nous n'alongerons point cet article de la description de tous les accessoires que le goût peut diversifier à l'infini, dans les supports des *tables*. Nous préférerons de faire connoître ici la destination de certaines *tables* antiques, qui, liées à des usages religieux et politiques dans l'antiquité, s'étoient approprié un genre de luxe, propre à en faire des monumens d'art très-remarquables. Nous allons extraire quelques détails sur cet objet de notre ouvrage intitulé *le Jupiter Olympien*.

Au nombre des travaux qui dûrent exercer le plus l'art de la toreutique, il faut mettre les *trapèzes* ou *tables*, de quelque genre qu'elles fussent. On les distinguoit naturellement en deux grandes classes. Il y avoit les *tables* qui servoient aux usages civils et domestiques, et il y avoit celles que l'on consacroit aux dieux et aux cérémonies religieuses. Les *tables* et les trépieds offrirent au génie de l'ornement une multitude de sujets de composition. Mais rien ne fut plus multiplié que ces objets considérés comme votifs ou religieux. Le trépied placé devant les statues, ou en avant des temples, étoit effectivement un autel portatif, employé à la combustion des victimes et des offrandes. La *table* étoit destinée à recevoir les fruits et les oblations de tout genre. Dans l'intérieur des temples, et mise en rapport avec les statues, elle avoit encore pour objet, de servir aux repas sacrés que l'on préparoit pour les dieux.

La *table* fut donc bien souvent, soit pour son service usuel, soit comme signe commémoratif de cet usage, une sorte de meuble habituel des édifices sacrés. C'étoit ainsi qu'elle figuroit dans le temple des Juifs. Elle étoit d'or, et sa représentation est encore très-visible sur un des bas-reliefs de l'arc de Titus à Rome. Il y avoit à Syracuse une *table* d'or devant la statue d'Esculape. Denis-le-Tyran la fit enlever après avoir bu le vin qu'on y déposoit pour le bon génie. Il seroit aussi long qu'inutile, de faire ici mention de tous les objets d'art antiques, où l'on voit de ces *tables* consacrées aux cérémonies du culte. La belle coupe Dyonisiaque, jadis au trésor de Saint-Denis, aujourd'hui au cabinet des antiques de la bibliothèque du Roi, nous montre un *trapèze* fort saillant, destiné aux mystères de Bacchus.

C'est d'après cet usage si général, que nous avons entrepris de rendre à leur vraie destination, deux *tables* que nous présente le texte de Pausanias, et dont les commentateurs et traducteurs nous paroissent avoir méconnu l'ensemble, faute d'avoir su se rendre compte de la place que pouvoient y occuper les personnages, ou les figures qui, sans aucun doute, faisoient partie de leur décoration, exécutée en bas-relief sur l'épaisseur du plateau, à l'endroit qu'occupent nos tiroirs.

La première de ces *tables* étoit en avant du groupe formé par le trône des grandes déesses à Mégalopolis, ouvrage de Damophon de Messène. Sur l'épaisseur dont on vient de parler, étoient représentées en bas-reliefs, sans doute de pièces de rapport, des nymphes, dont l'une portoit le petit Jupiter, une autre tenoit un flambeau; d'autres nymphes avoient des fioles et des vases. La méprise des traducteurs a été de se figurer ces sujets, comme des statues isolées.

Nous avons relevé, avec une certitude plus grande encore, une pareille erreur à l'égard de la célèbre *table*, en or et ivoire, des jeux olympiques, ouvrage de Colotès, et qui servoit d'ornement à la célébration de ces jeux. On y déposoit les couronnes, et les autres sortes de prix, destinés aux vainqueurs. Nous trouvons cette *table* répétée sur un très-grand nombre de médailles antiques. Nous n'entendons pas dire, que ce fut identiquement la même, que celle de Colotès à Olympie, mais bien, que l'usage général fut dans tous les jeux ou combats du stade, d'avoir une *table*, où l'on étaloit les prix que les concurrens devoient se disputer. Il fut donc naturel, que le stade des jeux olympiques eût en ce genre un ouvrage digne de sa célébrité. Puisqu'un des plus habiles artistes toreuticiens de ce temps fut chargé de son exécution, on doit penser que ce meuble d'or et d'ivoire, devoit briller encore, par les figures dont l'art avoit dû l'embellir.

Cependant, faute par Pausanias d'avoir indiqué la place précise, que ces figures pouvoient occuper dans l'ensemble de la composition, les commentateurs et traducteurs ont entendu les mots qui désignent la partie postérieure, et les deux côtés, sans dire de la *table*, comme s'il s'agissoit d'un objet que l'écrivain grec auroit oublié de nommer. Rien toutefois de plus simple à supposer, qu'une frise formant l'épaisseur de la *table*, et qui offroit dans ses deux grands et ses deux petits côtés, un espace propre à recevoir des séries de figures en bas-relief. Telle étoit donc la *table* des jeux olympiques. Sur sa face antérieure, on voyoit les figures de Jupiter, de Junon, de la mère des dieux, de Mercure, d'Apollon et de Diane. Sur la face postérieure étoit la description des combats du stade. De chaque côté étoient représentés, ici Esculape, Hygiœa sa fille, Mars et le dieu Agon, là Pluton, Proserpine, deux nymphes, dont l'une tenoit une balle, et l'autre une clef.

Il nous reste à faire observer encore, à ce sujet, que deux sièges massifs de marbre, à Athènes, dont on trouve la représentation dans l'ouvrage de Stuart, et qui très-probablement servirent aux Agonothètes, présentent sur un de leurs côtés, la figure de la *table* stéphanophore, qui, comme on l'a dit, étoit d'usage dans la célébration des jeux.

Le mot *table*, avons-nous dit au commencement de cet article, s'emploie aussi par analogie de configuration, dans la construction ou la décoration de l'architecture, pour signifier certaines parties plus ou moins saillantes ou renfoncées, qu'on destine à plus d'un usage, et qui ont, le plus souvent, la forme d'un carré long.

On a appliqué le nom de *table* à la plupart de ces parties saillantes, très-probablement parce qu'originairement on se sera servi de grandes dalles de pierre, qui auroient été propres à faire effectivement des *tables* avec le secours de leurs supports.

Ainsi appelle-t-on *table à crossette*, des dalles cantonnées par des crossettes, ou oreillons, et qu'on destine à recevoir des inscriptions.

On donne le nom de *table couronnée*, à celle qui est surmontée d'une corniche. On y taille quelquefois un bas-relief, ou l'on y incruste une tranche de marbre de couleur.

On appelle *table d'attente*, une partie de pierre, qu'on laisse en bossage dans la construction d'un édifice, soit pour y sculpter un bas-relief, ou quelque armoirie, soit pour y graver quelque inscription.

Ce qu'on fait dans les travaux en pierre, on le pratique de même dans les ouvrages en maçonnerie, et l'on donne le nom de *table de crépi*, à un panneau crépi, entouré de naissances badigeonnées, aux murs de face les plus simples. Dans les constructions plus soignées, on les entoure de piédroits, de montans, de pilastres ou de bordures en pierre.

On dit *table en saillie*, de celle qui excède le nû du parement d'un mur, d'un piédestal ou de toute autre partie qu'elle décore, comme on appelle *table renfoncée*, celle qui entre dans le dé d'un piédestal, et qui est ordinairement entourée d'une moulure, en manière de ravalement.

On donne à une *table* qu'on pique, le nom de *rustique*, parce qu'on y fait cette façon, pour l'assortir au goût qu'on appelle aussi du même nom, et qu'on emploie dans les constructions en bossages, ou dans certains édifices, tels que fontaines, grottes, et autres fabriques, dont on orne les jardins.

TABLEAU vient, comme le mot précédent, de *tabula*, planche, parce que les peintures mobiles et portatives, chez les Anciens, furent originairement exécutées et continuèrent en général de l'être, sur des fonds de bois, *tabulæ*. L'on discernoit par ce mot, les espèces de *peintures*, auxquelles nous donnons aussi spécialement le nom de *tableau*. Le mot générique de *peinture* se donne bien, à la vérité, aussi aux ouvrages portatifs et mobiles, sur bois, sur toile, sur cuivre, ou toute autre matière qui les rend transportables, mais on ne donne pas réciproquement le nom de *tableau*, aux ouvrages adhérens aux enduits des murailles, et qui se font soit à détrempe, soit à fresque, soit à l'huile.

Le mot *tableau*, ainsi entendu, comme objet d'ornement, et qui peut être en rapport avec l'architecture, nous indique donc ce à quoi nous devons, dans ce Dictionnaire, restreindre les notions qu'il comporte, et nous ferons à son égard, ce que nous avons déjà observé de faire, à l'égard du mot *peinture* (*voyez* ce mot), dont nous avons réduit les notions théoriques, uniquement à l'emploi, ou à l'abus qu'on en peut faire dans les monumens de l'art de bâtir.

Ici, en ne considérant le *tableau*, selon le sens ordinaire de ce mot, que comme pouvant être un objet d'agrément et d'embellissement dans les intérieurs des édifices, à plus forte raison devrons-nous borner à un très-petit nombre de points, les observations que ce sujet comporte.

Il semble d'abord fort inutile de dire, qu'on admet des *tableaux* dans les appartemens, parce qu'à moins d'entendre le mot *appartement*, comme constituant l'intérieur des grands palais tributaires de l'architecture, il n'y a rien à prescrire pour les convenances des habitations ordinaires. Le *tableau*, dans celles-ci, n'est qu'un objet mobile à volonté, et auquel le goût du propriétaire ne sauroit imposer d'autre condition, que celles d'un jour favorable, et d'une proportion qui soit en rapport avec son local.

Les *tableaux* constituent généralement un genre de luxe et d'embellissement, qui ne semble convenable qu'aux palais, ou aux demeures spacieuses des gens riches.

Ils peuvent donc y trouver place de deux manières, soit comme collection d'ouvrages d'art, soit comme décoration subordonnée à une disposition régulière. Dans le premier cas, on donne à ces collections le nom de *cabinets de tableaux* (*voyez* ces mots), et là, comme il a été dit à cet article, plus d'une sorte de sujétion s'oppose à un arrangement, dans lequel il soit permis à l'architecture d'intervenir. Sous le second rapport, des *tableaux* peuvent faire, et dans la réalité, constituent un des principaux mérites d'une *galerie*. (*Voyez* ce mot.) On appellera donc *galerie de tableaux*, non pas celle qui sera décorée par la peinture décorative d'ornemens adhérens aux murs, mais celle, dont les superficies verticales recevront une suite de tableaux uniformes, et qui, au lieu d'être sans rapport de sujet et de mesure entr'eux, seront liés à un motif général de décoration, dont ils feront partie. Telle étoit autrefois la galerie en *tableaux* du palais du Luxembourg, dont la suite, due au pinceau de Rubens, représentoit l'histoire de Marie de Médicis. Or, rien ne peut faire mieux comprendre la différence qui existe entre un cabinet de *tableaux*, et une galerie en *tableaux*, que ce qui est arrivé à celle de Rubens. Les changemens survenus dans le palais du Luxembourg, ayant porté à pratiquer un vaste escalier, dans l'aile occupée par la galerie, les *tableaux* ont été enlevés du local où ils faisoient une décoration régulière, et ont été reportés dans l'autre aile, qui contient aujourd'hui un grand cabinet, ou, si l'on veut, une collection de *tableaux* mobiles et suspendus, dont ceux de l'ancienne galerie font partie.

On ne sauroit trop desirer, pour le succès de la peinture, que l'architecture ait de plus nombreuses occasions d'employer les *tableaux*, comme partie nécessaire et principale de la décoration des galeries. Rien ne s'allie mieux avec la distribution régulière des ordonnances de colonnes ou de pilastres, et de tous les accessoires de l'ornement, que les espaces égaux et symétriques d'une série de *tableaux*, qui, coordonnés par l'architecte, avec les formes, les pleins et les vides de sa composition, doivent se subordonner au dessin général, et concourir à l'harmonie de tout ensemble. Nous pouvons citer un exemple assez récent de cet heureux accord des deux arts, dans la nouvelle sacristie de Saint-Denis, où une suite de *tableaux* exécutés par divers artistes, représente les traits de l'histoire de Saint-Louis. On imagineroit difficilement un plus agréable motif de décoration, pour une galerie de *tableaux*, et une plus heureuse alliance des ressources des deux arts.

Les Anciens employèrent, non pas seulement ce qu'on appelle généralement des *peintures*, mais ce qu'ils nommoient *tabulas*, et ce que nous entendons aussi spécialement, par le mot *tableau*, dans des édifices publics, tels que portiques et temples.

Les portiques auxquels on donna, plus d'une fois, le nom de *pœcile*, à cause de la diversité des ornemens de peinture qu'on y avoit multipliés, dûrent être remplis de *tableaux* sur bois, s'il est vrai que celui d'Athènes, par exemple, avoit été peint par Polygnote, peintre à l'encaustique, genre de peindre qui ne pouvoit guère avoir lieu sur mur. Beaucoup de villes eurent de ces portiques. Il y en avoit un à Sparte. Dans le bois sacré de l'Altis, à Olympie, on en admiroit un, semblable à celui d'Athènes, et auquel on donnoit le même nom de *pœcile*. Les *leschè* furent des édifices du même genre, et celui de Delphes devint le plus célèbre de tous, par les peintures dont Pausanias, *lib.* 10, nous a laissé une ample description.

Nous ne rapporterons pas ici toutes les mentions de peintures dans les temples des Anciens; nous nous bornerons au contraire à citer l'exemple d'un seul, qui étoit orné de *tableaux* réellement portatifs et sur bois (*tabulæ*), et qui, d'après l'idée que Cicéron, qui l'avoit vu, nous en donne, auroit ressemblé à une galerie de *tableaux*. Il s'agit du temple de Minerve dans le quartier d'Ortygie à Syracuse, et dont il subsiste encore des restes fort remarquables. (*Voyez* SYRACUSE.) Ce temple, dit Cicéron, étoit une des plus grandes curiosités de la ville. *Nihil Syracusis quod magis visendum putant.* Sur les murs intérieurs de la *cella* étoit représenté en *tableaux* le combat équestre d'Agathocle. *Pugna erat equestris Agathoclis regis in tabulis picta. His autem tabulis interiores templi parietes vestiebantur.* Cicéron ajoute que Verrès enleva encore de ce temple vingt-sept *tableaux* représentant les rois et les tyrans de la Sicile. *In quibus erant imagines Siciliæ regum ac tyrannorum.*

La peinture en *tableaux* mobiles s'est trouvée appliquée de même, dans les temps modernes, à des édifices qui, sous d'autres noms, et avec des destinations fort diverses, peuvent être assimilés aux portiques ornés de *tableaux* chez les Anciens. On peut en effet considérer, sous le même aspect, ce grand nombre de cloîtres en portiques, qui firent la gloire des bâtimens religieux qu'on appelle *monastères*. L'Italie en compte encore beaucoup que le pinceau des plus habiles maîtres a illustrés, et tel étoit, pour ne pas prendre d'exemple hors de Paris, le cloître des Chartreux, dont les *tableaux* peints par Lesueur représentoient la vie du fondateur de cet Ordre. Ces *tableaux* pouvoient s'appeler, comme ceux des Anciens, *tabulæ*, puisqu'ils étoient sur bois. Remis depuis sur toile, et placés sans former, comme jadis, une suite, dans le cabinet de *tableaux* du Luxembourg, ils peuvent encore, outre leurs autres mérites, rappeler l'intérêt qu'une semblable disposition des ouvrages de l'art doit inspirer, quand elle est appropriée au caractère de l'édifice.

C'est pourquoi nous croyons qu'il importe au succès même de la peinture, et à l'effet des *tableaux* dans nos églises, de les y placer de manière qu'ils entrent dans les combinaisons même de l'architecture et de sa décoration. On a eu, et l'on a encore trop d'exemples de *tableaux* auxquels le hasard ou le caprice semblent avoir assigné des emplacemens, qui en font ou de véritables hors-d'œuvre, ou des disparates, aux lieux qu'ils occupent. Tantôt ils masquent ou obstruent les pleins ou les vides de l'édifice, sans raison plausible, tantôt dispersés sans ordre ni symétrie, presque toujours ils manquent entr'eux de cette liaison dans leurs sujets, qui motiveroit leur rapprochement.

On pourroit citer aussi quelques exemples de *tableaux* qu'une disposition primitive de l'architecte ou du décorateur, a appelés à figurer dans un bel emplacement, ou à se servir de pendant; et c'est là qu'on peut se convaincre de l'intérêt que le local en reçoit, et qu'ils reçoivent eux-mêmes du local : car nous convenons que la chose peut être ici réciproque. Hors les retables des chapelles, qui présentent à volonté des emplacemens que l'architecture suppose aisément être des vides, on ne sauroit, sans nuire à l'effet de l'architecture, regarder comme indifférente la place qu'occuperont les *tableaux*. C'est pourquoi nous pensons qu'ils ne sont bien placés dans nos temples qu'autant qu'ils le sont d'après une disposition décorative, qui les mette en rapport, comme toute autre espèce d'ornement, avec l'ensemble et les détails, avec le caractère propre de l'ordonnance générale, et le goût de l'édifice.

TABLEAU DE BAIE. On donne ce nom, dans la baie d'une porte ou d'une fenêtre, à la partie de l'épaisseur du mur qui paroît au dehors, depuis la feuillure, et qui est ordinairement d'équerre avec le parement.

On nomme aussi *tableau*, le côté d'un piédroit, ou d'un jambage d'arcade, sans fermeture.

TABLETTE, s. f. C'est un diminutif du mot *table*, ce dernier mot entendu, non dans l'acception usuelle de l'emploi qu'on fait du meuble ainsi appelé, mais comme signifiant, dans le sens premier du mot *tabula*, une planche de bois.

Ce mot exprima généralement, chez les Romains, tout ce qui, dans l'origine, servit à peindre et à écrire. De là les tables des lois, qui furent probablement en bois, avant d'avoir été faites en pierre ou en bronze. Mais le bois débité en feuilles extrêmement minces, enduites de cire, et dans de petites dimensions, fournit à l'écriture une sorte d'équivalent des peaux préparées, du papyrus et autres matières. Ces feuilles de bois légères et portatives se réunissoient en manière de livre, et là est l'origine du mot *tablettes*, qui est passé jusque dans le langage moderne. C'est ainsi qu'on dit encore, *mettre sur ses tablettes* telle notion, tel renseignement.

Mais *tablette*, au singulier, se dit usuellement de planches en bois, qu'on emploie à toutes sortes d'usages, pour y ranger une multitude d'objets qu'il est fort inutile d'énumérer ici. On place des *tablettes* à plusieurs étages dans les armoires, mais surtout elles servent à former les bibliothèques, et à recevoir des rangées de livres selon la diversité de leur dimension et de leur volume. La bibliothèque, entendue sous ce rapport purement matériel, est un assemblage de *tablettes* horizontales, rangées avec ordre et symétrie, et espacées entr'elles à de certaines distances pour porter les livres. Elles sont souvent décorées des membres de l'architecture, comme colonnes, pilastres, consoles, corniches, etc.

On a donné aussi, par analogie de forme et d'épaisseur, le nom de *tablettes* à des dalles de pierre débitée pour couvrir un mur de terrasse, ou le bord d'un réservoir, d'un bassin, etc. On doit observer de faire ces *tablettes* en pierre dure.

On donne encore le nom de *tablette* à une banquette. (*Voyez* BANQUETTE.) On dit :

TABLETTE D'APPUI. C'est une dalle de pierre plus ou moins épaisse, qui couvre l'appui d'une croisée, d'un balcon.

TABLETTE DE CHEMINÉE. C'est quelquefois une simple planche de bois, plus souvent une dalle de pierre ou une tranche de marbre, avec ou sans profils, posée sur le chambranle d'une cheminée.

TABLETTE DE JAMBE ÉTRIÈRE. C'est le nom qu'on donne à la dernière pierre qui couronne une jambe étrière, et qui porte quelque moulure en saillie, sous un ou deux poitrails. On la nomme *imposte* ou *coussinet*, quand elle reçoit une retombée d'arcade.

TABLINUM. Nom d'une pièce formant l'ensemble de la distribution de la maison romaine. Elle étoit située dans cette partie de l'*atrium* qui faisoit face à son entrée. Sa position n'est pas indiquée par Vitruve avec une grande précision. Il faut, dit-il, donner au *tablinum* les deux tiers de la largeur de l'*atrium*, s'il est de vingt pieds; s'il est de trente à quarante, on ne lui donnera que la moitié de cette étendue. Si l'*atrium* a quarante ou cinquante pieds, on divisera cette largeur en cinq parties, et on en donnera deux au *tablinum*. Comme Vitruve ne fait pas expressément mention de la longueur ou de la profondeur de cette pièce, mais seulement de sa largeur, par rapport à celle de l'*atrium*, on peut croire qu'elle étoit carrée.

On croit que le *tablinum* étoit la pièce aux archives, où le maître de la maison conservoit ses comptes et ses écrits d'affaires. C'est ce que donnent à entendre Festus et Pline. Cependant, comme il falloit passer par le *tablinum* pour entrer dans l'intérieur de la maison, et qu'un cabinet d'affaires doit sembler avoir été mal situé en ce lieu, on a cru que cette destination n'avoit existé que dans les plus anciens temps. Lorsque les Romains eurent par la suite agrandi leurs maisons, le cabinet des archives aura été placé ailleurs, et la pièce qui ne servoit plus à cet usage, aura continué de porter le nom de *tablinum*, nom qui lui avoit été donné de *tabula*, comme ayant été probablement garnie de planches ou remplie d'armoires.

TABULA, est le nom que les Romains donnoient à ce que nous appelons vulgairement une *planche en bois*, et ils appeloient du même nom la peinture exécutée sur cette planche. *Voyez* TABLEAU.

TABULATUM. Toujours, et par suite de la signification de *tabula*, les Romains désignoient par ce mot les planches, les plafonds, les lambris qui étoient de menuiserie; et ils affectèrent aussi le même nom aux balcons et aillies des maisons, comme étant des ouvrages en bois. Vitruve cependant, d'après une autre analogie, les appelle *projectiones*.

TAILLE, s. f. Se dit de la coupe, ou de la division d'un corps quelconque, lorsqu'on en retranche certaines parties avec art et mesure, pour lui donner la forme que l'on veut.

Ainsi la *taille* d'une pierre se dit de la forme qu'on lui donne, selon la place qu'on lui destine. Quant à la science, qui embrasse beaucoup plus généralement la méthode d'assortir la forme de chaque pierre, dans la construction des édifices, à toutes les configurations des superficies, des courbes, et des lignes géométriques qu'exige le dessin de l'architecte, on la nomme *coupe des pierres*. Voyez COUPE.

TAILLER, v. act. Terme fort général, dont on use dans toutes sortes d'arts ou procédés mécaniques, et dans les opérations de la construction, pour exprimer l'action de couper, d'équarrir, par exemple, une pierre, ou une pièce de bois, suivant les formes et les mesures analogues à la place qu'elle doit occuper.

TAILLEUR DE PIERRE, s. m. C'est celui qui taille, qui façonne les pierres, après qu'elles ont été tracées par l'appareilleur, suivant les formes et les mesures de la place à laquelle on les destine.

TAILLOIR, s. m. Au mot ABAQUE, synonyme de *tailloir*, dans la langue de l'architecture, on a déjà traité de cette partie essentielle du chapiteau, et l'on a fait connoître les différentes formes qu'elle reçoit, selon le caractère de chaque ordre de colonnes. Nous avons ainsi indiqué l'origine étymologique du mot *abaque*, dans son application à l'architecture.

Cette partie du chapiteau n'a pas laissé de recevoir quelques autres dénominations inspirées par la nature de sa forme et de son emploi.

On l'a quelquefois appelée *trapèze*, mot qui, abrégé de τετράπεζα, signifie *table à quatre pieds* ou *table carrée*; et de fait, le *tailloir* du dorique, par exemple, offre la même configuration que celles d'une table ou d'un plateau quadrangulaire.

Vitruve nomme encore l'*abaque* du chapiteau toscan, *plinthe*, mot qui signifie en grec, brique, ou carreau de terre cuite. C'est toujours le même genre d'analogie, la même sorte d'emprunt fait à des corps, semblables pour la forme au plateau qui couronne les chapiteaux.

On ne sauroit guère tirer d'une pareille source la formation du mot *tailloir*, qui nous paroît n'avoir d'autre étymologie que le mot *taille*, *tailler*, et par conséquent ne signifier rien autre chose que *morceau simplement taillé*. Voyez ABAQUE.

TALC, s. m. Sorte de pierre composée de feuilles minces, luisantes et transparentes. Sa substance est tendre, onctueuse, douce au toucher. On en compte plusieurs espèces.

Celle que l'on emploie à beaucoup d'objets d'ornement, surtout dans l'architecture, se trouve dans les carrières à plâtre. C'est une sorte de gypse qui produit un plâtre extrêmement fin, blanc et d'une qualité supérieure. On l'emploie à faire ce qu'on appelle des *ouvrages en stuc*, et aussi à couler des figures dans les moules. *Voyez* GYPSE.

TALON, s. m. Du latin *talus*, est, dans l'architecture, le nom d'une moulure concave par sa partie inférieure et convexe par la supérieure.

Le mot latin *talus* signifie la partie postérieure du pied, que nous appelons *talon*; il signifie aussi dé à jouer, parce qu'on usoit à cet effet d'osselets, petits os, soit naturels, soit imités, qui font partie du *calcaneum* ou métatarse.

On peut présumer que c'est de la ressemblance avec l'un ou l'autre de ces objets, que l'architecture aura emprunté le nom de *talon*, pour désigner la moulure dont il s'agit ici. Elle est dans le système des profils, le contraire de la doucine. On l'appelle *talon renversé*, par opposition au *talon droit*, tel qu'on l'a défini, lorsque la partie concave est en haut, et que la convexe est en bas. *Voyez* CIMAISE et CIMAISE LESBIENNE.

On appelle *talon*, une espèce d'ébauchoir dont les sculpteurs se servent pour les ouvrages en stuc. Il s'en fait de toutes les grandeurs.

Talon est encore un terme de serrurerie. C'est une petite éminence en saillie que l'on pratique à l'extrémité d'un pêne, au dedans d'une serrure, pour l'arrêter contre le crampouet, ou à l'extrémité d'un tirant, pour l'encastrer dans la pièce de bois où il est fixé.

TALUT, s. m. On exprime par ce mot l'inclinaison sensible, ou la pente qu'on donne à certains ouvrages de construction, comme aux pyramides, ou à des travaux de maçonnerie, ou de terrasse, comme dans les épaulemens de terrain, dans des fortifications ou des murailles de villes de guerre.

On ne doit pas confondre ce terme avec celui de *glacis*, dont la pente est plus douce.

TALUTER, v. act. C'est élever un talut, donner du talut à un mur, à l'élévation d'une terrasse, mettre une ligne ou une surface en talut.

TAMBOUR, s. m. Chacun connoît la forme la plus ordinaire de cet instrument de percussion qu'on appelle ainsi. Nous entendons parler, entre beaucoup d'autres formes données à cet instrument, de celle qui est usitée dans le militaire. C'est à cette sorte de *tambour*, que l'architecture a emprunté la dénomination qu'on donne à ces tronçons ou assises circulaires de pierre, dont on forme les fûts des colonnes, lorsqu'elles ne peuvent être faites d'un seul bloc, ou que l'on est obligé de se régler, pour les tailler, sur la hauteur du lit des carrières. A Paris surtout, où les lits des carrières ont peu d'épaisseur, les assises des colonnes moyennes surtout, lorsqu'on les travaille sur le chantier, ressemblent réellement en diamètre et en élévation, à la mesure ordinaire du *tambour* militaire.

On a de même et en vertu de la même analogie, donné le nom de *tambour* à chacune des pierres pleines ou percées, dont est composé le noyau d'un escalier à vis.

On donne encore le nom de *tambour* à cette partie du chapiteau corinthien orné de feuillage et de volutes, qu'on appelle aussi *vase*, *cloche* ou *campane*. Voyez CAMPANE.

Tambour se dit aussi d'une enceinte formée de lambris au-devant d'une porte. *Voyez* PORCHE A TAMBOUR.

TAMPON, s. m. Est une espèce de cheville de bois dont on remplit un trou percé dans la pierre ou le marbre, afin de pouvoir y placer une patte ou autre ferrure à pointe.

C'est aussi un morceau de bois, avec lequel les menuisiers et les charpentiers bouchent les trous des pièces de bois et des planches, principalement celles du bois de sapin. On en met aussi dans les côtés des poteaux de cloison, et des solives de planchers, pour retenir les entrevoux.

TAMPONNER, v. act. Mettre un tampon, boucher un trou avec un tampon.

TANNERIE, s. f. Grand bâtiment en manière d'usine, avec cours et hangars, où l'on façonne le cuir pour le tanner et le durcir.

TAPIS, s. m. Ce mot vient du mot grec et latin *tapes, tapetis*, qui signifia ce que nous lui faisons aussi signifier, un ouvrage fait au métier, ou à l'aiguille, en laine, en soie, ou en fil, qui sert à différens usages.

Le mot *tapis* a fait en français le mot *tapisserie*, qui exprime et l'art d'exécuter ces sortes d'ouvrages, et aussi l'espèce de ces mêmes ouvrages, qu'on distingue par l'idée de *tenture*. (*Voyez* TAPISSERIE.) Le *tapis* est dans nos usages l'équivalent de *peristroma* en grec, formé du verbe *peristronnumi*, qui veut dire *étendre par terre tout autour*. Nous verrons que l'équivalent du mot et de l'idée de tapisserie, en français, est le mot *parapetasma*, qui signifie en grec, d'après sa composition, *para* et *petao*, *ce qui couvre*, *ce qui s'étend*, *ce qui se déploie*.

Les *tapis* sont donc dans nos usages des objets d'utilité et de luxe.

Sous le rapport d'utilité, on les fait en toutes sortes de formes et de dimensions, pour mettre sous les pieds, sous les tables, sur les marches des escaliers. On en fait de mobiles, qu'on transporte à volonté d'un lieu dans un autre. On en fait d'un tissu ou d'un travail plus ou moins commun. Mais le luxe s'est aussi emparé de ce besoin, et l'art du dessinateur s'est plu à étendre sur les planchers, pour être foulées aux pieds, des compositions qui sembleroient ne devoir figurer que pour les tentures des murailles.

Le goût toutefois devroit conseiller aux artistes, qui inventent les sujets d'ornement, et les compositions décoratives des *tapis* de pied, de n'y adapter que des dessins, qui ne soient pas trop en opposition, avec la réalité de la destination des étoffes sur lesquelles on les exécute. A cet égard, on doit le dire, la manie de la variété a envahi aussi ce genre de décoration. On n'a mis quelquefois aucune différence entre les *tapis* et les tapisseries. Nous ne voulons point parler de l'espèce d'inconvenance que présenta quelquefois l'emploi d'anciennes tapisseries chargées de figures ou de sujets historiques, que leur vétusté, ou d'autres causes étrangères au goût, ont condamnées à l'état de *tapis* de pied. Tout au plus ne citerions-nous cette sorte d'emploi que comme un exemple propre à faire mieux sentir, ce qu'a de déplacé l'emploi de certains genres de décorations pittoresques aux *tapis*.

Il est, à cet égard, un point de vue, dans lequel le jugement du goût semble s'accorder fort naturellement, avec celui que fait naître l'impression de ces objets sur les yeux. Ce point de vue est celui de la position du *tapis*. Autres doivent être des compositions destinées à orner les planchers sur lesquels on marche. Autres celles qui, placées verticalement, forment comme des tableaux le revêtement des murs.

Cette seule considération devroit porter le décorateur en *tapis*, à puiser l'esprit des ornemens qu'il y applique, dans une espèce d'imitation, par exemple des parterres, des compartimens qui en font le charme, ou bien dans une ressemblance plus ou moins positive, des pavemens de marbre, ou en assemblages d'autres matières, que l'art de la marqueterie met en œuvre.

Sans prétendre presser ici cette théorie, avec plus de rigueur qu'elle n'en comporte, il nous semble qu'on pourroit donner pour modèle à l'art de décorer les *tapis*, celui que les Anciens ont affecté au goût de composition décorative de leurs mosaïques, qui, destinées à revêtir les planchers, et le sol de leurs intérieurs, y jouoient à peu près le même rôle que les *tapis* dans nos appartemens et autres lieux où ils peuvent trouver place. C'est là qu'on peut observer combien les légèretés de l'ornement, cette partie, d'où l'arabesque tira ses plus agréables ressources, sont convenablement applicables aux distributions de compartimens que réclament les *tapis* de pied. Ce n'est pas qu'il ne se trouve des mosaïques antiques ornées de figures, mais ces figures sont fort loin de prétendre à être, en grand surtout, des tableaux. Elles sont ordinairement renfermées dans les espaces symétriques de quelques compartimens, et elles y sont plutôt des ornemens symboliques, sans aucune liaison d'action entr'elles, que de véritables compositions.

L'artiste qui exécuta l'un des plus célèbres pavés en mosaïque de l'antiquité, celui de la salle de festin nommée *Asaroto*, ou non balayée, à Pergame, avoit pris le motif de sa composition, de l'idée même d'un plancher au naturel, ou effectif, en sorte qu'on n'y voyoit d'autre imitation, que celle des objets mêmes, débris du festin, ou restes de ce que les convives auroient ou jeté, ou laissé tomber à terre.

Si l'on n'est pas tenu de porter jusque-là, dans l'ornement du plancher d'un local, l'imitation des choses qu'on peut y rencontrer, ou que le hasard y pourroit amener, au moins convient-il de ne pas y faire figurer de ces compositions d'objets, et de formes tout-à-fait hors de mesure, soit avec la destination du lieu, soit avec l'emploi d'un *tapis*. La nature des choses, lorsqu'on l'interroge, assigne assez clairement, par cet emploi seul, ce qui convient ou disconvient en ce genre. Ainsi toute superficie, sur laquelle on doit marcher, indique assez au dessinateur un choix de formes, qui n'offre aucuns

aucuns détails capables, tout simulés qu'ils soient, de contrarier la vue, et l'action de marcher, soit par des angles multipliés, soit par des aspérités fictives. C'est l'effet qui résulte dans certains *tapis*, comme dans quelques pavemens en marbre, des contrastes trop sensibles de morceaux découpés, et qui tranchent entr'eux par des couleurs trop opposées.

Nous croyons qu'il doit suffire ici, d'avoir indiqué certains principes de goût qui fassent éviter les bizarreries, auxquelles la manie de la variété et de la nouveauté expose, lorsqu'on y applique, sans règle et sans choix, tout ce que l'imagination peut se permettre, dans le champ indéfini de l'ornement.

Il arrive assez souvent que les *tapis* sont considérés comme de simples objets de luxe, de richesse, ou de convenance, sans aucun égard aux sujets qui y sont représentés. Ainsi l'usage admet de ces riches étoffes dans les sanctuaires des églises, en avant des autels. Or, tout le monde sent le ridicule, pour ne rien dire de plus, qu'il y auroit à voir représentés sur ces *tapis* des symboles profanes, et des ornemens discordans avec le local qu'ils occupent. C'est dire assez que dans le cas où l'on exécute, pour une semblable destination, les *tapis* qui doivent orner le lieu saint, le dessinateur doit leur approprier, avec un goût sévère d'ornement, des figures et des détails d'objets analogues à ce qui les environne.

Terminons cet article en disant que les *tapis* servent encore, dans l'ameublement des appartemens, à couvrir les tables, les bureaux sur lesquels on écrit, et autour desquels on se rassemble pour la discussion des affaires. De là cette locution ordinaire, *mettre une affaire sur le tapis*.

TAPIS. (*Jardinage.*) L'art d'embellir les jardins a emprunté à celui d'orner les intérieurs, le mot *tapis*. Si en effet, comme on l'a dit, le *tapis* d'ameublement a souvent dérobé aux ornemens des parterres en verdure, plus d'un motif de dessin ou de composition, une ressemblance de goût et d'effet devoit suggérer l'application de l'idée de *tapis*, à ces grandes surfaces qu'on destine dans les jardins à être plantées en gazon.

Ainsi appelle-t-on *tapis de gazon*, *tapis de verdure*, tout grand espace formant pelouse, qui est plein et sans découpure, et qu'on garnit d'une herbe très-fine. On en pratique ainsi dans les cours ou avant-cours des maisons de campagne, dans les bosquets, dans les boulingrins, dans le milieu des avenues et des grandes allées.

TAPISSERIE, s. f. On a déjà indiqué, à l'article précédent, la différence que l'usage met, en français, entre l'emploi du mot *tapis*, et celui du mot *tapisserie*. Bien qu'on puisse dire qu'un tapis est de la *tapisserie*, et que la *tapisserie* puisse être un tapis, cependant ce dernier mot a reçu deux significations particulières. On l'emploie à signifier ces grands ouvrages, qui, de quelque manière qu'ils aient été fabriqués, servent spécialement à l'ornement et à la tenture des murs, et de quelques autres parties encore, mais qui doivent presque toujours être placés verticalement, et non horizontalement, comme les tapis. On emploie encore ce mot à signifier l'art en lui-même, ou les procédés dont on use pour la fabrication de ce genre d'ouvrage.

Ainsi on dit une *tapisserie*, en parlant de l'œuvre; on dit la *tapisserie* en parlant de l'art d'en faire, et de la même manière qu'on dit *une peinture*, pour un œuvre de l'art de peindre, et la *peinture* pour l'art qui crée de semblables œuvres.

La *tapisserie*, considérée comme l'art d'exécuter les tentures, auxquelles on donne le même nom, ne sauroit être du ressort d'un Dictionnaire, où nous ne devons nous occuper de semblables objets, que sous le point de vue de décoration, et des rapports qui en font entrer les ouvrages dans les bâtimens, et les embellissemens de l'architecture.

Nous nous contenterons donc de dire, quant à cet art, qu'il est très-antique, et qu'on en découvre les traces dans les plus anciennes notions historiques. Deux procédés divers ont toujours fait distinguer ses travaux. Celui qui, sans doute, précéda l'autre, puisqu'il est le plus simple, fut le travail à l'aiguille. Une multitude de passages des écrivains de l'antiquité nous font voir ce genre d'ouvrages, comme étant l'occupation des femmes. Il faut en effet regarder comme de véritables *tapisseries*, ces étoffes brodées, dont les poëtes nous ont laissé des descriptions, qui prouvent qu'on y exécutoit toutes sortes de figures, de scènes, de compositions formées de personnages, et jouant ainsi l'apparence de la peinture. Les poëtes, tout en ajoutant le charme de la fiction aux objets dont ils parent leurs récits, n'en constatent pas moins l'existence et la réalité des usages qu'ils embellissent. Ainsi on peut conclure des sujets brodés par le poëte sur la chlamyde de Jason, non que ces sujets y étoient, mais que l'usage étoit de broder les vêtemens. On ne croira certainement, ni à la réalité des sujets de composition brodés sur la draperie du lit nuptial de Thétis et Pélée, ni même à l'existence de ces deux époux, mais on sera fort en droit d'inférer de l'épisode poétique de Stace, que l'on faisoit, de son temps, des étoffes tissées et brodées en *tapisseries*, pour étendre sur les lits.

Il est historiquement certain que tous les ans, un certain nombre de jeunes filles athéniennes, travailloient et ornoient de broderies le *peplos*, qu'on promenoit dans la fête des Panathénées, avant de le consacrer à la Minerve Poliade. Or, ce *peplos*, tel qu'il nous est décrit, étoit une véritable *tapisserie*, où l'on représentoit, sans doute à l'aiguille, les exploits de la Déesse. Un distique de Martial nous donne à penser, que l'art de la *tapisserie* avoit long-temps été pratiqué dans l'Orient, avec le secours de l'aiguille, mais qu'enfin les Egyptiens firent tomber cette industrie, en y substituant le travail du métier.

Hæc tibi Memphitis tellus dat munera : victa est
Pectine niliaco jam Babylonis acus.

Il est donc constant que l'art de la *tapisserie* fut pratiqué aussi au métier dans l'antiquité, et il n'est point de notre sujet d'entreprendre de déterminer l'époque de ce changement de procédé. Ce qui nous est plus clairement démontré, c'est que les Grecs, au temps de Périclès, connoissoient les *tapisseries* de l'Orient, et qu'ils en ornoient leurs théâtres.

Il n'y a rien de plus décisif sur ce point, que les vers où Aristophane, dans sa comédie des Grenouilles, *vers* 938, fait dire à Euripide, qu'il n'avoit produit, à l'exemple d'Eschile, sur la scène, ni chevaux ailés, ni capricerfs, tels qu'en représentent les *tapisseries* de Perse, *παραπετάσμασι μηδικοῖς*. On sait assez que c'est de ce pays que passèrent en Grèce et à Rome ces caprices nombreux, qui furent du domaine de l'ornement et de l'arabesque. Or, le travail de la *tapisserie* dut se les approprier d'autant plus naturellement, qu'on la regarda comme destinée avant tout au plaisir des yeux.

Nous ne saurions douter que beaucoup de ces ouvrages n'aient eu, chez les Grecs et les Romains, les mêmes emplois que dans les temps modernes. Si nous n'avons pas la preuve qu'on les fit servir de tentures ou d'ornemens aux murs, dans les intérieurs, soit des palais, soit des monumens publics, nous tenons de plus d'un passage des écrivains, que de véritables *tapisseries*, selon la signification du mot *parapetasma* (*voyez* l'article TAPIS), ornoient les sanctuaires des temples, et en cachoient à volonté la vue, ainsi que celle des simulacres qui y étoient renfermés. Tel étoit dans le temple des Hébreux, ce que nous appelons le *voile*, qui, placé et tendu devant l'arche, déroboit la vue du saint des saints. Tel étoit l'objet de ce peplos dont on a déjà parlé, qu'on offroit aux divinités et qu'on renouveloit à certaines époques. Sans aucun doute on pouvoit en faire qui servissent d'habillement à certaines idoles antiques. Mais quand on sait ce qu'étoit ce qu'on appeloit *palladium*, et à quoi se réduisoit, dans le temple de Minerve Poliade, à Athènes, l'idole à laquelle on consacroit le peplos d'une très-grande dimension dont on a déjà parlé, il est difficile de lui supposer d'autre emploi, que celui d'être étendu comme un grand rideau, en avant du sanctuaire où résidoit la petite idole de ce temple.

Mais l'emploi dont nous parlons ne laisse plus aucun doute, quand on lit dans Pausanias, que le roi d'Antiochus avoit fait au temple de Jupiter à Olympie, l'offrande d'un riche *parapetasma* de pourpre brodé en or, lequel s'étendoit en avant du simulacre de la Divinité. On ne sauroit douter de la nature de son emploi, et nous avons réfuté ailleurs la conjecture de Stuart, qui imagina de le faire servir dans l'intérieur du temple, qu'il supposoit entièrement découvert, à préserver, par sa position horizontale, la statue des intempéries des saisons. Cela contrediroit sans aucune autorité toutes les notions en ce genre. Les Egyptiens suspendoient de ces voiles devant les avenues de leurs temples. La mosaïque de Palestrine, tableau abrégé de l'Egypte, nous en fait voir un qui ne laisse aucun doute sur son usage, sa forme et sa position. Il ressemble à une voile de vaisseau, et il est hissé perpendiculairement. Du reste, Pausanias a pris soin de lever tout doute à cet égard; car en parlant du *parapetasma* du temple d'Olympie, il nous apprend qu'il s'abaissoit jusqu'à terre, au contraire du temple d'Ephèse, où, pour découvrir le sanctuaire, il se relevoit jusqu'au plafond. On est encore autorisé à croire que dans beaucoup de cas, les Anciens usèrent des *tapisseries*, comme cela se pratique aujourd'hui dans l'Orient, en guise de portes, et de la manière dont nous les employons sous le nom de *portières*.

Nous ne prétendons donner dans cet article qu'une très-légère esquisse des notions historiques de l'art de la *tapisserie*, et encore sous le rapport qui l'unit à l'art de bâtir, ou à la décoration des édifices. C'est pourquoi nous ne rechercherons point les traces de l'existence et de l'état, soit des procédés, soit du goût des tapis et des *tapisseries*, pendant la période du moyen âge. Si l'on consulte la destinée de tous les arts, pendant cette longue nuit, et à l'époque où un nouveau jour vint les éclairer, on se persuade qu'ils parcoururent dans leur renaissance, à peu près les mêmes routes, qu'à leur origine, dans les siècles antiques dont nous connoissons l'histoire.

Ainsi l'art de la *tapisserie* nous paroît avoir recommencé pour les temps modernes, comme autrefois, par le travail plus ou moins grossier de l'aiguille. On en pourroit citer comme preuve et comme exemple, la célèbre *tapisserie* qu'on appelle de la reine Mathilde, ouvrage qui nous présente l'enfance de l'art de broder des figures sur toile. Si l'on en juge par un fort grand nombre de très-vieilles *tapisseries*, où sont exécutées au métier des scènes fort étendues de personnages, de vues champêtres, de perspectives et autres objets semblables, il sembleroit que de fort bonne heure, et dès les premiers temps de la renaissance, on auroit employé la *tapisserie* à reproduire les tableaux d'histoire, et tous les sujets qui sont du ressort de la peinture. Or, il ne nous est pas démontré que les peuples de l'antiquité aient ainsi converti en véritables tableaux leurs *tapisseries* proprement dites. Non qu'on veuille nier qu'ils y aient représenté des figures humaines. Ce que nous avons rapporté au mot Rideau (voyez ce mot), de ces toiles (*aulæa*), qui dans les théâtres se levoient insensiblement comme sortant de terre, nous prouve qu'elles étoient ornées de figures; mais rien ne nous dit si ces toiles étoient tissues comme nos *tapisseries*, si elles étoient brodées, ou seulement peintes. Au contraire, il nous paroît que fort anciennement, chez les peuples modernes, l'art des tissus dont on parle, se partagea en deux genres d'ouvrages, celui des tapis comprenant toutes sortes de compositions, mais bornées à ce qu'on appelle *ornement*, et celui des *tapisseries* de tenture, ambitionnant la plus parfaite ressemblance avec les tableaux historiques.

Il fut dès-lors très-naturel, que les progrès de cet art dépendissent de ceux de l'art de peindre, puisque nécessairement, la *tapisserie* du genre dont on parle, ne peut être autre chose, que la copie d'une composition, ouvrage du pinceau. Aussi voyons-nous que l'époque du commencement du seizième siècle, c'est-à-dire de Michel Ange, Raphael et Titien, fut celle où la fabrication de la *tapisserie* en Flandre, prit son développement. Il y avoit alors dans ce pays de très-célèbres manufactures, où les procédés de cette industrie étoient portés au point de pouvoir reproduire, avec une grande exactitude, tous les effets de la peinture. Léon X forma alors le projet d'orner les murs d'un certain nombre de salles du Vatican, avec des *tapisseries*, dont Raphael feroit les modèles en cartons coloriés. On dut à cette grande et dispendieuse entreprise, les plus belles compositions du prince de la peinture. Quoique sous certains rapports, surtout ceux du brillant et de l'harmonie des teintes, l'art de la *tapisserie* ait reçu depuis en France, et à la manufacture royale des Gobelins, un accroissement d'illusion qui la fait rivaliser avec celle du pinceau, toutefois on doit dire que les inventions de Raphael furent très-heureusement rendues, et que peut-être dans aucun autre temps, son style et le caractère de son dessin n'auroient trouvé un mode de traduction plus fidele.

Les *tapisseries* dont on vient de parler, avoient été, comme on l'a dit, destinées par le pape Léon X à l'ameublement de quelques chambres du Vatican. C'étoit encore l'usage alors de tapisser ainsi les appartemens. C'est que les palais et les châteaux de ce temps, se composoient de très-grandes salles, propres par conséquent à recevoir des tentures d'une étendue proportionnée. La *tapisserie*, dans le fait, par la nature et de sa matière et de son travail, indépendamment de la division qu'exigent les sujets historiques, a besoin d'être vue à quelque distance. Le succès des fabriques de Flandre porta Louis XIV à propager en France ce genre de goût et d'industrie, et il établit la célèbre manufacture des Gobelins, où cet art, à ne parler que de la perfection mécanique, s'est vu porté au plus haut point qu'il puisse atteindre. Le dix-septième siècle avoit conservé l'usage des grands intérieurs, et le luxe des *tapisseries* s'y trouva encore conforme. Bientôt tout se rapetissa, jusque dans les habitations des grands et des riches. L'ameublement et le goût de décoration des appartemens, furent obligés de se restreindre à la mesure que l'architecture leur prescrivoit. Les *tapisseries* en figures furent remplacées par des étoffes de soie, par des boiseries dorées, par des caprices d'ornemens arabesques plus ou moins insignifians, et enfin par l'usage même des papiers de tenture substitués, avec beaucoup d'économie, à tous les genres d'embellissemens des temps anciens.

Les anciennes *tapisseries* bannies des appartemens, ne trouvèrent de refuge que dans les décorations accessoires et temporaires des églises, des fêtes politiques ou religieuses, où, comme il a été déjà dit, on ne les considère que sous le rapport d'une étoffe, dont le prix continue de s'attacher à son apparence, mais sans égard aux sujets qui s'y trouvent représentés.

Cependant la manufacture royale des Gobelins, toujours entretenue par la munificence royale, ne laisse pas de produire encore des copies de tableaux, et de le disputer par la vivacité des couleurs aux effets de la peinture. Ces ouvrages, aujourd'hui plus curieux qu'utiles, n'entrent plus dans les besoins de la société, et leur grande dépense, trop au-dessus des fortunes ordinaires, en auroit annulé la fabrication, si le Gouvernement ne les eût destinées à servir de présens aux cours étrangères.

Un autre établissement du même genre, à Paris, connu sous le nom de *la Savonnerie*, et soutenu aussi par le Gouvernement, se borne à fabriquer des tapis, qui nonobstant le luxe d'ornemens qu'on y étale, et peut-être par ce luxe-là même, ne laissent pas que d'avoir beaucoup de débit dans les appartemens, à la décoration desquels ils contribuent fort agréablement.

TAQUETS, s. f. pl. On donne ce nom à de petits piquets qu'on enfonce en terre jusqu'à leur tête, pour les faire servir de repaires à un alignement, ou pour leur faire indiquer la hauteur des déblais et remblais, dans les ouvrages de terrasse.

On appelle encore *taquets*, de petits morceaux de bois taillés et échancrés en équerre, qu'on attache sur les montans d'encognure d'une armoire, pour soutenir les tasseaux des tablettes.

TARGE, s. m. (*Jardinage.*) C'est dans les parterres en compartimens de buis, le nom qu'on donne à un ornement qui a la forme d'un croissant arrondi par les extrémités.

TARGETTE, s. f. Platine de métal, portant un petit verrou plat, mobile dans deux petits crampons, dont on se sert pour fermer des guichets, des volets de fenêtres, d'armoires, etc., sur lesquels on les attache avec des clous ou des vis. Il y en a en panache, il y en a d'ovales, de carrées et d'autres formes.

TARIÈRE, s. f. Outil de fer, en forme cylindrique, de différentes grosseurs et espèces, dont une extrémité aplatie passe d'équerre à travers un morceau de bois qui sert à le mouvoir, et dont l'autre extrémité est tournée en vis tranchante, ou faite en forme de cuiller, dont les bords sont tranchans. Il sert aux charpentiers et aux charrons.

TAS, s. m. Dans son acception vulgaire, ce mot signifie un amas de plusieurs choses, ou une quantité quelconque des mêmes objets mis ensemble en un monceau. On dit ainsi *un tas de pierres*, *un tas de plâtras*.

Tas, dans le langage de la construction, se dit de la masse du bâtiment même qu'on élève. Ainsi dit-on retailler une pierre sur le *tas*, avant de l'assurer à demeure.

On appelle *tas de charge*, une saillie formée par plusieurs assises de pierre, posées les unes sur les autres, et qu'on nomme aussi *encorbellement*. Tels sont les coussinets à branches d'où sortent, dans l'architecture gothique, et prennent naissance les ogives, formerets, arcs doubleaux. Tels sont les parapets des anciennes tours, auxquelles on pratiquoit des créneaux.

On appelle *tas droit* une rangée de pavés, sur le haut d'une chaussée, d'après laquelle s'étendent les ailes en pente, à droite et à gauche, jusqu'aux ruisseaux d'une large rue, ou jusqu'aux bordures de pierre rustique d'un grand chemin pavé.

TASSEAU, s. m. Se dit, dans la maçonnerie, des petits fragmens de moellons, maçonnés en plâtre pour faire le scellement des sapines ou écoperches, afin de tendre sûrement des lignes pour planter un bâtiment.

Tasseau est, en charpenterie, un morceau de bois, ayant un tenon passé dans un arbalestrier, qui sert avec la chantignole à soutenir les pannes d'un comble.

Tasseau est dans la menuiserie, une petite tringle de bois attachée avec des clous, ou portée par des taquets, ou de toute autre manière, pour soutenir les tablettes d'une armoire, d'une bibliothèque, etc.

TASSER, v. act. Ce verbe exprime l'effet de la pression des matériaux dans un bâtiment, effet qui a lieu également partout, lorsqu'on y a employé, surtout en le fondant sur un terrain égal et de même nature, les mêmes matières et la même dose de mortier. Cet effet a lieu inégalement lorsque des diversités de matériaux présentent à la charge des parties sur-imposées, une inégalité de résistance, dans les inférieures, ou lorsque l'on élève sur une partie de construction, des masses beaucoup plus lourdes que dans une autre. Il importe qu'une bâtisse d'une grande étendue soit élevée de front et tout ensemble, pour que le tassement ait lieu simultanément partout. Il suffit quelquefois d'un tassement inégal, pour opérer la ruine d'un édifice, et y produire, surtout dans les voûtes, des désunions, auxquelles il est difficile de remédier après coup. C'est particulièrement au sol qui sert d'assiette, qu'on doit porter la plus grande attention, afin d'obtenir une égale puissance de résistance à la charge qu'on lui imposera. Ainsi une des tours que Bernin avoit élevée au portail de Saint-Pierre, se trouva fondée sur un sol jadis remué et sujet à des filtrations d'eau. Il se fit à l'édifice un tassement si inégal, qu'on fut obligé de détruire cette construction.

TATÉ ou TATONNÉ. Se dit dans beaucoup d'ouvrages, mais surtout dans ceux du dessin, d'un trait incertain, ou d'un travail dans lequel l'artiste a fait voir qu'il n'étoit sûr ni de ce qu'il vouloit faire, ni de la manière dont il vouloit opérer.

TATTI (Jacopo dit Sansovino), né en 1479, mort en 1570.

Tatti fut le nom patronimique de ce célèbre artiste qui n'est guère connu, et que nous ne ferons également connoître ici, que sous le surnom qu'on lui donna, pour avoir été l'élève d'un très-habile sculpteur, André Contucci, appelé *Sansovino*, parce qu'il étoit né sur la montagne de ce nom.

Jacques Tatti, dit *Sansovino*, vit le jour à Florence en 1479. Dès ses premières années il montra un goût décidé pour les arts du dessin, mais surtout une rare aptitude aux travaux de relief. Son père, empressé de seconder ces heureuses dispositions, le proposa pour élève à André Contucci (du mont Sansovino), qui l'accepta d'abord avec plaisir, et se fit ensuite un honneur de cultiver par des soins assidus, un talent dont il prévoyoit que les succès feroient rejaillir de la gloire sur lui-même. De là naquit entre l'élève et le maître, un attachement du genre de celui que la nature forme entre le père et le fils, et ce fut précisément ce sentiment, devenu alors public, que l'opinion se plut à consacrer, en substituant au nom de la famille de Jacques, le surnom de son maître.

Aux exemples et aux bonnes leçons de ce maître, le jeune *Sansovino* eut le bonheur de joindre un genre d'encouragement, qui ne se rencontre pas souvent dans les élèves, chez qui l'émulation produit quelquefois moins de rivaux que des envieux.

Une ardeur commune, un même zèle conduit par un même goût, quoique dans deux arts différens, avoient uni de bonne heure, par une étroite amitié, André del Sarto et *Sansovino*. Naturellement il se fit entr'eux un utile échange de talens. L'étude du dessin, à laquelle ils se livrèrent de concert, mit dans leurs productions une telle conformité de manière, que leurs ouvrages, à la différence près de la matière, sembloient être d'une seule main. Au nombre de ceux qui dessinèrent d'après le célèbre carton de Michel Ange, nous trouvons cités conjointement, André del Sarto et *Sansovino*.

On feroit de ce dernier une seconde histoire, aussi intéressante, aussi nombreuse en ouvrages remarquables, si l'on avoit à l'envisager, comme sculpteur du premier ordre qu'il fut, avant que l'architecture, qui d'abord le partagea, se fût tout-à-fait emparée de lui. La seule nomenclature de ses travaux de sculpture est si étendue, que nous serions aussi en peine d'en donner ici la totalité, qu'embarrassés de choisir ceux qui mériteroient une préférence. C'est pourquoi nous renvoyons à la vie de cet artiste par Vasari, et surtout par Temanza, ceux qui voudront le connoître sous les deux rapports de sculpture et d'architecture.

Nous avons eu plus d'une occasion de remarquer, que cette communauté pratique de travaux, qui régna si long-temps entre tous les arts, eut son principe dans l'exercice du dessin, école première, et véritablement indispensable de toutes les opérations, qui ont pour objet l'imitation. La grande pratique du dessin qui avoit tant contribué aux progrès de *Sansovino*, comme sculpteur, avoit dû lui communiquer aussi le goût, et l'initier aux secrets de l'architecture.

Ce goût ne put qu'augmenter, par la liaison que le hasard fit naître, entre lui, et Julien de San Gallo, architecte de Jules II, qui se trouvoit alors à Florence, et qui l'emmena avec lui à Rome, où Bramante, dont il devint l'ami, lui donna de nombreuses occasions de connoître et d'étudier l'antique, et de se livrer à des travaux de tout genre. L'excès du travail, joint à l'excès du plaisir, lui occasionna une maladie, qui le força de regagner Florence, où l'air natal lui rendit bientôt la santé.

L'entrée du pape Léon X dans cette ville, en 1515, devint pour les artistes, le sujet d'une multitude de travaux de décoration, auxquels tous les arts s'empressèrent de contribuer. *Sansovino* dut à cet événement, de débuter dans la carrière de l'architecture. Il fut chargé de faire des dessins d'arcs triomphaux, mais il se distingua surtout par une entreprise décorative plus importante, qu'il partagea avec André del Sarto, je veux dire la façade temporaire de Sainte-Marie-des-Fleurs, qu'on exécuta en bois. L'idée en fut grande, et bien conçue. Sur un vaste soubassement, il éleva plusieurs rangs de colonnes corinthiennes deux par deux. Les intervalles étoient [illegible]pés par des niches avec les statues des Apô[illegible] L'ensemble présentoit un grand nombre de bas-reliefs, avec tous les ornemens ou détails d'architecture, et disposés avec le goût et la richesse, qu'un habile architecte sait appliquer aux plus magnifiques édifices. Le Pape ne put s'empêcher de dire, que si le monument eût dû être fait en marbre, il n'y auroit eu rien à y changer. *Sansovino* exerça de nouveau son talent, dans un autre projet de façade, pour l'église de Saint-Laurent, que Léon X avoit à cœur de voir exécuté. Mais il eut ici Michel Ange pour concurrent, et Michel Ange avoit la faveur du Pape. Les deux rivaux se retrouvèrent à Rome. Le projet de façade, comme on sait, n'eut point lieu. Michel Ange perdoit son temps, en cherchant à exploiter des marbres, et *Sansovino* se fixa pendant quelques années à Rome, où il fit plusieurs statues et se fortifia dans l'architecture, par des travaux qui commencèrent sa réputation.

De ce nombre furent les dessins et modèles de l'église de Saint-Marcel, des frères Servites. L'ouvrage entrepris n'eut pas de suite.

Citons encore pour être des premiers essais de son talent, la belle *loggia*, qu'il fit hors de la *Porta del popolo*, sur la voie Flaminienne, pour Marc Cascia; les commencemens de construction de la *villa* du cardinal *dé Monté*, sur l'*acqua Vergine;* une maison d'une heureuse distribution, pour Messer Luigi Leoni, et à Rome, dans la rue *dé Banchi*, un palais pour la famille de Gaddi, aussi noble, que bien disposé dans son intérieur.

Les diverses nations catholiques avoient déjà construit à Rome, ou étoient en train d'y construire des églises nationales. La nation florentine avoit formé le projet, non-seulement de rivaliser avec les autres puissances, mais de les surpasser en magnificence.

On se doute bien que Léon X, Florentin lui-même, ne pouvoit que seconder cette pieuse entreprise. Les plus célèbres de cette époque, entr'autres Antoine San Gallo, Raphael, Balthasar Peruzzi, présentèrent des projets. Le Pape préféra celui de *Sansovino*, qui mit bientôt la main à l'œuvre.

Borné par l'alignement de la *strada Giulia*, sur laquelle le monument devoit s'élever, et par le Tibre qui coule fort près de l'espace affecté à l'église, *Sansovino*, pour lui donner plus d'étendue, imagina d'empiéter sur le fleuve, et de fonder une partie de sa construction dans l'eau, surcroît en même temps de travail et de dépense, et surtout de difficulté. Selon Vasari, les frais de ces fondations auroient payé la moitié de la construction des murs de l'église. Il paroît que *Sansovino* s'étoit engagé là, dans un projet dont il avoit mal prévu les obstacles. Une chute qu'il fit, en surveillant les travaux, vint, à ce que l'on croit, fort à propos le tirer d'embarras. Le soin de sa santé lui prescrivit encore une fois de retourner à Florence, et Antoine San Gallo, qui le suppléa dans la continuation de l'entreprise, eut l'honneur de triompher de toutes ses difficultés; mais de nouveaux contre-temps vinrent suspendre son exécution. Ce fut d'abord la mort de Léon X, ce fut ensuite le pontificat d'Adrien VI, et enfin le sac de Rome, sous Clément VII.

Sansovino échappa à tous les malheurs de cette époque, et sa bonne fortune lui fit trouver un asyle à Venise, où désormais nous le verrons déployer, comme architecte, les grands talens dont il n'avoit montré jusqu'alors, si l'on peut dire, que les préludes.

Deux circonstances concoururent à le retenir dans la ville, qui devint pour lui une nouvelle patrie. La première fut la haute protection du doge Gritti, qui, quatre ans auparavant, l'avoit accueilli avec toutes sortes de bienveillance. La seconde, et qui influa sur la destinée du reste de sa vie, fut sa liaison avec Pierre Aretin, liaison qui se changea en une étroite amitié, que vint resserrer de plus en plus leur union avec le célèbre Titien, d'où naquit cette espèce de triumvirat si profitable aux arts, et que la mort seule peut dissoudre.

Sur ces entrefaites, maître Buono, architecte des vieilles Procuraties, vint à mourir, et *Sansovino* fut appelé à lui succéder dans cet emploi, avec un traitement de quatre-vingts ducats, et une maison pour son habitation, sur la place Saint-Marc, près de l'horloge. Cet emploi comprenoit dans ses attributions, la surintendance d'inspection de l'église de Saint-Marc, du campanile, et des constructions adjacentes (excepté le palais ducal).

La première opération qu'il proposa, fut l'enlèvement et le déblaiement des boutiques, échoppes et bâtisses en bois, qui encombrant les deux grandes colonnes de granit, ornement de ce lieu, le déparoient, et masquoient la vue du grand canal.

Un travail plus important l'occupa bientôt, je parle de la réparation des coupoles de l'église de Saint-Marc, singulièrement détériorées par leur vétusté d'abord, et puis par l'accident d'un incendie, dont elles avoient beaucoup souffert, un siècle auparavant. Il entoura la grande coupole, celle qui est au centre de la croisée, par un cercle de fer composé de plusieurs bandes dentelées, qu'on serra le plus possible avec des écrous de bronze et des coins du même métal. Ce cercle fut placé en dehors, un peu au-dessus des cintres des petites fenêtres, pour arrêter les progrès de quelques lézardes de la coupole. Encore aujourd'hui, les ouvriers l'appellent *il cerchio del Sansovino*, pour le distinguer des deux cercles, qui furent placés, dans la suite, autour de la coupole dite de la Madone, et de celle qui est vis-à-vis la porte d'entrée. *Sansovino* restaura aussi tous les dômes qu'on admire dans l'intérieur du temple, et il eut un tel succès dans ces travaux délicats autant que pénibles, qu'outre la réputation qu'il en acquit, on porta son traitement annuel à la somme de cent quatre-vingts ducats.

Le bâtiment de l'école ou confrérie de la Miséricorde, entrepris dès l'année 1508, d'après le modèle d'Alexandre *Liompardo*, par Pierre et Jules *Lombardi*, étoit resté sans exécution. L'an 1532, *Sansovino* fut chargé d'en faire l'architecture : et de fait, ce qui existe de cet édifice est entièrement son ouvrage. Quoiqu'il n'ait pas reçu son complément, surtout à l'extérieur, toujours y trouve-t-on, soit dans les niches qui le décorent, soit dans des détails de profils, et le style de ce maître, et les preuves de la magnificence avec laquelle l'ensemble avoit été conçu. Mais c'est surtout par l'intérieur, qui offre des parties achevées, qu'on peut en mieux juger. Outre un bel escalier et la chambre qu'on appelle *L'Albergo*, on y voit deux magnifiques et vastes salles, l'une à rez-de-chaussée, l'autre au-dessus : celle d'en bas est partagée en trois nefs, par deux rangées de colonnes d'ordre composite, et les murs latéraux qui soutiennent le plafond. La salle supérieure n'a aucune décoration, mais on ne croit pas qu'originairement elle ait été projetée avec autant de simplicité.

Dans le même temps, *Sansovino* commençoit sous les auspices du doge Gritti, la construction de l'église de Saint-François de la Vigne, monument simple, mais de cette noble simplicité qui est souvent le véritable luxe des édifices religieux. Tout l'intérieur, moins la coupole, fut exécuté sur ses dessins. Probablement quelques circonstances qu'on ignore, suspendirent l'achèvement entier de cette église, car nous lisons que ce dôme et sa façade furent l'ouvrage de Palladio.

Une médaille représentant l'extérieur de cette église, tel que *Sansovino* l'avoit projeté, nous donne l'idée du frontispice qu'il comptoit y ajuter. On est obligé de convenir qu'elle n'a pu que gagner à celui que Palladio y a substitué.

L'antique bâtiment de la Monnoie, à Venise, menaçoit ruine, et il n'y avoit aucun moyen de le réparer. En 1535, il fut décidé d'en construire un nouveau. Trois architectes présentèrent des projets. Le conseil des dix choisit celui de *Sansovino*, qui fut exécuté. Son architecture offre un ensemble qui seroit digne par son plan et sa belle construction, d'appartenir au palais d'un prince. La construction est toute en pierre d'Istrie. *Sansovino* avoit dû contracter à Florence le goût du bossage, goût dont les Anciens ont laissé d'assez nombreux exemples, et on a eu occasion de faire voir, dans la vie de plus d'un architecte florentin, que certains genres de matériaux invitent, plus que d'autres, à cet emploi de la pierre. Or, aucune n'y convient mieux que celle de Florence, soit par sa couleur, soit par sa dureté, ou la grandeur des masses qu'elle fournit. La pierre d'Istrie, la plus belle que l'on connoisse, et qui approche le plus du marbre blanc, devoit inspirer à l'architecte plus de réserve dans l'application de l'emploi dont on parle, et il nous semble que *Sansovino*, et, après lui, les plus célèbres architectes vénitiens, ont usé de cette réserve. Au reste, rien ne convenoit mieux que la sévérité de ce goût de construction, au caractère du bâtiment à élever pour la Monnoie, genre de monument dont la destination principale semble exclure tout à la fois, et l'idée de la magnificence, et celle de l'élégance.

On ne sauroit disconvenir, que la façade qui donne sur la *Peschiera*, ne réponde très-bien, par son style, à l'usage d'un hôtel des monnoies. Sa masse est à trois étages, en y comprenant le rez-de-chaussée qui se compose de neuf arcades en bossages. Dans la suite, et par raison d'utilité pour le service intérieur, les ouvertures de ces portiques furent bouchées jusqu'aux impostes de leurs cintres, et ce changement n'a contribué qu'à mieux faire ressortir le caractère de l'édifice. L'étage au-dessus est une ordonnance dorique, dont les pilastres sont entrecoupés de bossages; la frise a des triglyphes et des métopes. Le troisième étage, ou l'étage supérieur, est orné d'un ordre ionique, qui porte un entablement avec des consoles. Il règne d'un étage à l'autre une progression d'ornemens rendue fort sensible. Ainsi on a vu que de simples arcades sont surmontées d'une ordonnance dorique, au-dessus de laquelle s'élève l'ionique. La même gradation se fait remarquer dans les ouvertures, qui sont, au bas, des cintres en bossages, plus haut, des fenêtres aux chambranles; et tout en haut, des croisées avec chambranles et frontons.

L'intérieur, ou la grande cour de cet hôtel des monnoies, est parfaitement d'accord, dans son élévation, avec l'extérieur qu'on vient de décrire. J'entends que c'est la même disposition générale, la même ordonnance et la même dimension en hauteur. Elle en diffère seulement par plus d'étendue en longueur, et par l'étage au-dessus des arcades du rez-de-chaussée, qui, au lieu de fenêtres, est lui-même en arcades, et forme aussi, au-dessus des galeries inférieures, un autre promenoir ouvert, circulant tout à l'entour de ce grand *cortile*. On doit mettre cette architecture sur la première ligne des beaux édifices, produits de la grande école que le seizième siècle vit briller et s'éteindre, et d'où sont sorties toutes les imitations plus ou moins heureuses des siècles suivans.

En 1536, le Sénat résolut de faire construire un édifice digne de recevoir la belle et précieuse collection de livres, qu'avoient donnée à la république François Petrarca, et le cardinal Bessarion. *Sansovino* fut chargé d'exécuter un modèle de ce monument, et le modèle approuvé, l'architecte se mit à l'œuvre.

Le plan de l'édifice, tout en longueur, nous offre une suite de vingt-un portiques ou arcades au rez-de-chaussée, sur la petite place Saint-Marc, avec un retour de trois des mêmes portiques, d'un côté vers la lagune, de l'autre vers le campanile. Ces portiques font suite aux galeries de la grande place Saint-Marc. L'ordonnance des portiques à rez-de-chaussée est dorique : celle de l'étage supérieur est ionique; les arcades y sont des fenêtres cintrées, rétrécies par de plus petites colonnes, ioniques elles-mêmes. *Sansovino* en concevant cette décoration, avoit eu l'intention de se raccorder avec la hauteur des deux étages de l'aile de la place Saint-Marc, déjà depuis long-temps construite, c'est-à-dire qu'en vue de l'achèvement de l'aile gauche devant faire suite aux portiques de sa bibliothèque, il s'étoit imposé la sujétion d'une hauteur déjà donnée, et d'une disposition qui, ainsi que sa dimension, auroient dû faire la loi. (On peut voir à la vie de Scamozzi, que cet architecte ne tint aucun compte de la prévision de son prédécesseur.)

Quoi qu'il en soit, il nous semble que ce fut la véritable raison qui engagea *Sansovino* à donner aux entablemens de ses deux ordres, la hauteur qu'on y remarque. En effet, l'entablement de son ordre dorique a, en hauteur, le tiers de la colonne, et celui de l'ionique au-dessus en a plus de la moitié. Tout annonce, et la balustrade qui termine l'élévation le donne encore à penser, que l'architecte eut besoin de porter celle-ci jusqu'à un certain point obligé. Toutefois le talent de l'artiste fut d'avoir fait disparoître le résultat de cette sujétion, par la beauté et la variété des ornemens dont il embellit sa façade. Les archivoltes de toutes ses arcades sont remplies de figures sculptées. Rien de plus riche que la frise dorique, si ce n'est celle qui règne au-dessus de l'architrave ionique. C'est ici surtout que se manifeste avec évidence le dessin, dont on a parlé, d'exhausser l'élévation de cette façade. La frise dont on parle a presqu'autant de hauteur que l'architrave et la corniche ensemble; son champ est occupé par une suite de petits génies, soutenant des festons, des cartels et des mascarons qui se trouvent mêlés avec beaucoup de goût à cette composition. Ailleurs, la même frise renferme des bas-reliefs continus. La corniche offre dans ses profils tous les ornemens que peut comporter l'ordre ionique. Une balustrade surmontée de statues, couronne le tout, et s'élève assez pour cacher d'en bas, la vue d'un comble fort exhaussé, que l'intérieur du local avoit nécessité.

L'arcade du milieu de la grande façade conduit à un bel escalier à deux branches, richement décoré dans ses voûtes, par Alexandre Vittoria. Il donne entrée dans une grande pièce, où est renfermée une riche collection de sculptures antiques, dont l'heureuse disposition appartient à Scamozzi, qui acheva cet intérieur (comme on peut le voir à la vie de cet architecte). De là on passe dans le local même de la bibliothèque, qui occupe sept arcades de ce bâtiment en longueur. On y admire la voûte merveilleusement décorée de caissons, et de peintures de plus d'un excellent peintre. L'autre partie du bâtiment, où l'on arrive par un escalier qui s'embranche avec le précédent, donne sur la *Pescheria*, et est destinée à des bureaux d'affaires. Il n'y eut réellement d'achevé par *Sansovino*, que la construction de l'emplacement qu'occupent la bibliothèque, le muséum et l'escalier. Nous aurons occasion de revenir sur ce grand édifice, à l'occasion d'accidens qui y survinrent dans la suite.

Nous ne devons pas oublier toutefois, avant de quitter ce monument, de faire mention d'une prétendue difficulté architectonique, dont *Sansovino* occupa alors tous les architectes, et dont il crut avoir trouvé la solution. Il s'agit de la frise dorique et de la division uniforme des triglyphes et des métopes, qui en constituent l'ornement. Les Grecs, dans les colonnades doriques de leurs temples, en terminoient les angles, par un triglyphe qui ne tomboit pas exactement à l'aplomb de l'axe de la colonne d'angle; et ils élargissoient graduellement l'espace des métopes, aux extrémités de la frise. Les Romains ayant beaucoup modifié les proportions et le caractère de l'ordre dorique, au lieu de terminer l'angle de sa frise par un triglyphe, trouvèrent plus analogue à leur nouvelle disposition, d'y établir une demi-métope; et c'est ainsi que Vitruve l'enseigne, en se servant du mot *semi-métope*. Maintenant les architectes modernes et les commentateurs, au lieu d'entendre cette *demi-métope* dans un sens qui exprimât une mesure approximative, et par le fait, une métope coupée en deux parties égales de chaque côté de l'angle, s'imaginèrent qu'il falloit qu'elle fût dans toute la rigueur mathématique, la moitié précise de la métope courante dans la frise, ce qui ne peut pas être, dès qu'on fait tomber l'angle de l'architrave à l'aplomb du nû de la colonne. *Sansovino* opérant ici non sur une ordonnance de colonnes isolées, mais sur des demi-colonnes adossées à des piédroits, imagina de donner, non à la colonne d'angle, mais à un pilastre d'angle, le supplément d'un corps en retraite, ce qui lui permit d'alonger l'entablement, et par conséquent d'élargir l'espace de sa métope d'angle. Voilà toute la solution de ce problème, dont on fit alors du bruit, mais qui, comme on le voit, ne méritoit ni d'être proposé, ni d'être résolu.

En 1532, le feu avoit détruit une grande partie du palais Cornaro, celui qui donne aussi sur le grand canal, près de Saint-Maurice, et qu'on distingue par ce surnom. Georges Cornaro, procurateur de Saint-Marc, conçut l'idée d'en rebâtir un beaucoup plus magnifique, et il en confia l'entreprise à *Sansovino*, qui sut répondre à ses intentions, par un des plus beaux projets que l'architecture ait exécutés. Aussi lisons-nous dans la description qu'en donna François son fils, ce peu de mots qui suffisent à l'éloge de ce palais. « *Par sa situation* (dit-il), par sa magnificence, sa grandeur, la beauté de ses matériaux, sa construction, la justesse de ses proportions, il occupe un des premiers rangs parmi les *plus mémorables édifices de Venise.* » Son plan offre les dégagemens les plus commodes, les distributions les plus variées. Son élévation en trois étages, porte sa masse à une hauteur, qui le fait dominer avec beaucoup de noblesse sur ce qui l'entoure. Les proportions de chaque ordonnance sont fort régulières. On auroit désiré moins de hauteur à l'entablement de l'étage supérieur. La critique a reproché à *Sansovino* d'avoir dans son *atrium*, du côté du grand canal, aminci les murs latéraux, en sorte que le mur de l'étage supérieur se trouve porter à faux dans une partie de son épaisseur. On voit que l'architecte se permit cette infraction aux lois de la solidité, pour faire voir une portion de pilastres d'angle se raccordant avec la retombée des cintres. Mais on pense qu'un architecte du mérite de *Sansovino*, ne devoit pas avoir besoin de cette ressource défectueuse.

Les beaux ouvrages que cet architecte avoit déjà construits à Venise, propagèrent sa réputation par toute l'Italie. Rome, qui avoit vu naître son talent dans l'architecture, auroit voulu jouir des fruits de son âge mûr, et l'appeloit à la cour du Pontife. De son côté, la ville de Florence, où il avoit débuté dans la sculpture, le sollicitoit pour y venir faire la statue de celui qui lui avoit rendu la liberté, par la mort d'Alexandre de Médicis. *Sansovino* résista aux instances de toutes ses invitations, et ne songea plus qu'à porter à fin les grandes entreprises commencées à Venise, et à répondre aux espérances que cette ville avoit conçues de son génie.

Bientôt, sur un des côtés du campanile de Saint-Marc, il construisit une loggia destinée à des réunions de nobles vénitiens pour converser ou conférer entr'eux. Ce petit édifice est un peu élevé au-dessus du niveau de la place : par quelques degrés, on arrive à une petite terrasse environnée d'une balustrade dans ses trois côtés. De là s'élève la façade ornée de huit colonnes d'ordre composite, engagées dans le mur, et qui soutiennent un entablement continu. Trois grandes arcades s'ouvrent dans les trois plus grands entre-colonnemens. C'est par elles qu'on passe, pour monter dans la grande salle. Les quatre autres entre-colonnemens sont plus étroits, et reçoivent des niches fort ornées. Au-dessus, et à l'aplomb des arcades, est un attique orné de bas-reliefs en compartimens, qui, par leurs mesures, correspondent exactement aux divisions de l'étage inférieur. Le tout est couronné par une balustrade, qui règne sur les trois côtés de l'édifice, construit des plus beaux marbres, et décoré de statues et de bas-reliefs de la plus belle exécution. Le projet avoit été

d'environner

d'environner d'un corps semblable chacune des trois autres faces du campanile.

Sansovino, dans le rétablissement qui eut lieu de l'église du Saint-Esprit, fut chargé d'en faire le chœur et la façade, qu'il exécuta avec beaucoup de succès, vers l'an 1542. Ce fut à la même époque, qu'il éleva un des plus superbes palais de Venise, sur le grand canal, près de San Salvatore, pour Jean Delphino. On doit y remarquer surtout, la cour et l'escalier, pour la beauté des ornemens, et tout l'intérieur pour son heureuse distribution.

L'église de Saint-Fantin avoit été commencée en 1501, d'après les dispositions testamentaires du cardinal Zenon, neveu du pape Pie II. Malgré les efforts de ceux qui en entreprirent la construction, l'édifice étoit loin encore d'être achevé en 1533. Il y manquoit ce qui devoit en être le sanctuaire. Le manque de fonds avoit été la cause de ce délai. On vendit enfin plusieurs maisons de la succession du cardinal fondateur, et de ces deniers *Sansovino* fut chargé de terminer le monument, en ajoutant à son extrémité, la très-belle chapelle qu'on y admire, et qui, malgré le soin qu'eut l'architecte d'assortir sa composition au reste de l'église, n'en fait pas moins remarquer l'extrême supériorité de son goût, sur celui qui avoit présidé à l'érection de tout le reste, où rien ne semble répondre aux intentions de richesse et de magnificence, que le fondateur avoit énoncées dans son testament.

Vers l'an 1545, *Sansovino* s'occupa de terminer les grands travaux du monument de la Bibliothèque, et il ne s'agissoit plus que de voûter de l'autre côté, la partie occupée par les bureaux des trois Procuraties; mais la voûte à peine terminée s'écroula. On attribua cet accident à diverses causes. Selon les uns, c'étoit incurie et malfaçon de la part des ouvriers. C'étoit, selon d'autres, l'effet d'une gelée extraordinaire, survenue cette année. On prétendoit ailleurs, que l'ébranlement avoit été causé par des décharges d'artillerie. Le plus probable est que l'architecte avoit trop compté sur ses armatures en fer. Ce malheur eut les suites les plus fâcheuses pour *Sansovino*. Il fut mis en prison, destitué de son emploi d'architecte en chef, et condamné à payer mille écus d'or, en dédommagement de la perte occasionnée par sa faute, ainsi qu'on le crut alors. Il paroît toutefois que *Sansovino* parvint à se justifier. Ses nombreux amis, et Aretin à la tête, écrivirent en sa faveur. Mendozza, ambassadeur de Charles-Quint auprès de la république de Venise, sollicita son élargissement. L'affaire enfin s'arrangea, *Sansovino* sortit de prison, et ce qui fait croire que ce ne fut pas à titre de grâce, c'est que l'amende à laquelle on l'avoit condamné, lui fut remboursée, qu'il fut réintégré dans son emploi, et payé de nouveau, pour le rétablissement de la voûte, qui ne fut plus faite en pierre, mais en charpente, avec un lattis de roseaux, sur lesquels fut appliqué l'enduit qui en forme la décoration.

Le nombre des monumens construits par *Sansovino*, est tel, qu'on doit se contenter d'en citer plusieurs, ne pouvant les décrire tous. Souvent, dans le choix qu'on fait de quelques-uns, on se décide plus par la célébrité qu'ils tirent de leur importance, que par le mérite intrinsèque de leur architecture. Ainsi, l'on ne trouve que de courtes mentions sur des édifices qui feroient la réputation de tout autre. Telles sont l'église de Saint-Martin près l'Arsenal, celle des Incurables, dans la forme d'une ellipse; l'école de San Giovanni degli Schiavoni, et divers ouvrages, parmi lesquels il en est qu'on attribue à d'autres architectes, ce qui, à vrai dire, n'a lieu, que parce que *Sansovino*, comme tous les grands artistes, eut plus de copistes encore que d'imitateurs.

Une grande construction qui lui appartient exclusivement, fut celle qu'on a appelée les *fabriche nuove di Rialto*, bâties sur le grand canal, pour l'utilité du commerce. L'édifice est à trois étages. Le rez-de-chaussée offre un portique de vingt-cinq arcades. Pareil nombre de fenêtres leur correspond dans les deux étages supérieurs. Des boutiques occupent le bas, et de chaque boutique un escalier conduit aux pièces d'en haut. Une disposition vicieuse dans les murs de l'intérieur, qui ne portent pas d'aplomb les uns sur les autres, y a occasionné de fréquentes réparations. On regrette que la solidité ne se soit pas trouvée, dans cette construction, unie à la beauté de son ordonnance.

Sansovino avoit aussi donné un projet, pour le célèbre pont de Rialto. La république, alors engagée dans une guerre contre les Turcs, ne put donner suite alors à cette entreprise, et le projet de *Sansovino* fut oublié, dans la suite, avec ceux de beaucoup d'autres célèbres compétiteurs.

Il faut citer comme un des ouvrages recommandables de cet architecte, son église de San Geminiano, au fond de la place de Saint-Marc, dont on ne peut plus parler aujourd'hui que par souvenir, ou d'après les plans et dessins qu'on en a conservés. Elle a été détruite récemment, pour opérer la communication entre les deux bâtimens des Procuraties anciennes et des nouvelles, qu'elle interceptoit; et l'on doute que cet avantage ait compensé, pour la ville de Venise, la perte d'un monument que beaucoup de titres auroient dû rendre précieux. Cette église avoit reçu en 1505 une sorte de commencement, et sa principale chapelle avoit été élevée sur le modèle de Cristophoro *dal Legname*, sculpteur et architecte. En 1556, *Sansovino* fut chargé d'en compléter l'ensemble. Son premier soin (et c'est un des principaux mérites qu'on y admira) fut de coordonner avec autant d'habileté que de goût, le cintre de la chapelle déjà existante, et son entablement, avec l'ordonnance générale du reste de cet intérieur. Son plan est un carré parfait, au milieu duquel s'élève une coupole de modique hauteur, reposant sur quatre colonnes adossées chacune à un pilier, ce qui forme dans chaque sens, trois nefs, dont la plus large est celle du milieu. Sa façade, ou son portail, n'offre rien de fort remarquable, et il est un des premiers exemples de ces frontispices à plusieurs ordres adossés, que l'on a répétés dans le siècle suivant, avec beaucoup de monotonie. Au reste, *Sansovino* eut évidemment, dans cette composition, l'intention de la faire concorder, pour la hauteur, avec celle du bâtiment des *Procuratie vechie;* intention qu'il avoit déjà eue dans son monument de la Bibliothèque, ainsi qu'on l'a vu, et que Scamozzi paroît depuis s'être étudié à contrarier, aspirant peut-être à faire adapter sa nouvelle élévation, au corps entier de la place Saint-Marc.

Sansovino est l'auteur de beaucoup d'ouvrages moins importans, mais qui constatent, et la multiplicité de ses connoissances, et la fécondité de son génie. Il y a de lui à Venise plus d'un mausolée où le talent de l'architecte le dispute à celui du sculpteur, et où les deux arts n'en sont que mieux unis. On cite, entr'autres, dans l'église de Saint-Sébastien, celui de l'archevêque de Chypre, ensemble aussi simple dans sa majesté, que riche et varié. C'est une belle arcade ornée de colonnes, élevées sur un soubassement, et qui portent un beau fronton. L'entre-colonnement est occupé par la tombe de l'archevêque, et sa statue est représentée couchée.

Ce fut à l'âge de quatre-vingts ans, qu'il exécuta pour le doge Reniero le beau monument sépulcral qu'on admire à l'église de Saint-Sauveur; les deux statues qui ornent les niches latérales du monument sont aussi de sa main, et rien n'y décèle l'époque d'un âge aussi avancé.

On doit encore faire ici mention des belles portes de bronze, dont il donna les dessins, et qu'il exécuta pour la sacristie de Saint-Marc. C'est là qu'il a consacré par les portraits de Titien et d'Aretin qu'il y a introduits, avec le sien propre, l'étroite amitié qui ne cessa de les unir tant qu'ils vécurent. Liés et par la conformité de leurs vues, et par la réputation dont ils jouirent, et par l'intérêt commun qu'ils prirent à leurs succès réciproques, on a attribué à cette liaison une partie de l'éclat que les arts répandirent alors sur Venise.

Venise aussi se montra digne d'avoir de tels talens, puisqu'elle sut les honorer par les plus flatteuses distinctions. Dans un moment de détresse, où l'on se trouva forcé d'avoir recours à une imposition extraordinaire, qui devoit peser indistinctement sur tous les citoyens, le Sénat n'en excepta que Titien et *Sansovino*.

Cet architecte mourut à l'âge de quatre-vingt-onze ans, le 27 novembre 1570.

Sansovino doit être compté dans le petit nombre, non-seulement de ceux qui ont formé et illustré la grande école vénitienne, mais des plus grands artistes du seizième siècle. Quelqu'éclat qu'ait jeté après lui Palladio, dont le nom, dans l'opinion publique, semble avoir effacé ceux de ses prédécesseurs, pour ne l'être plus par aucun de ceux qui l'ont suivi, il est manifeste que pour ce qui est du mérite fondamental de l'art, il n'a rien ajouté aux ouvrages de *Sansovino*, et lui a dû beaucoup sous le rapport de la composition, du goût, de l'ordonnance et de la manière d'employer les ordres. Aucun architecte n'eut plus que *Sansovino* de grâce dans le style, de correction dans les détails, de noblesse dans l'invention, de fécondité dans les idées. On lui a reproché de manquer souvent de solidité dans sa construction, défaut qui tint peut-être à ce que l'occupation de ses premières années, ne lui aura pas permis d'approfondir ce genre d'études.

Quant aux dons personnels, il paroît que la nature avoit été fort libérale envers lui. On vante les agrémens de sa figure, ceux de son caractère et la gaîté de son humeur, qualité précieuse, qui contribue autant au bien-être de l'esprit, qu'à la santé du corps, et à laquelle *Sansovino* fut peut-être redevable d'avoir parcouru, sans infirmités, une si longue carrière.

Bien que prévue depuis long-temps, et arrivée au dernier période de la vie humaine, la mort de *Sansovino* fut pour Venise qui l'avoit adopté, et pour Florence sa patrie, un sujet de deuil et de vifs regrets. Sa mémoire fut honorée par plus d'un témoignage public de louange, dans plus d'une inscription. Mais il n'en subsiste plus aucune. Nous rapporterons la plus simple et la plus courte, dont l'auteur fut Bernardo Baldovinetti.

Il Sansovin ch' Adria superba ir fece
Di bronzi e marmi di palagi e tempi
Che illustra l'Arno, e tolse a' primi tempi
Della scultura il pregio, or qui si giace.

TAUROMINIUM ou TAORMINE. Ville antique de la Sicile, qui a conservé entre quelques débris de ses anciennes constructions, les restes peut-être les plus intègres qu'il y ait, d'un théâtre aussi remarquable par les détails de son architecture, que par la singulière beauté de la position qu'il occupe au sommet de la montagne, où la ville étoit bâtie.

On diroit en effet que la nature elle-même auroit donné le plan et comme l'idée première de ce théâtre, et que l'art n'auroit fait que l'achever et le façonner à l'usage de l'ancien peuple qui s'étoit chargé de le décorer. En effet, l'anse et la forme même de la montagne avoient donné la portion du cercle, où l'on ne fit que tailler les gradins dans la roche, en surmontant le tout d'une construction en briques, avec une galerie extérieure servant de couronnement à l'édifice. Deux rochers escarpés formoient comme une avant-scène naturelle, et entre ces rochers on construisit le *proscenium* sur une sorte de terrasse donnée aussi par la nature. La peinture, et à plus forte raison le discours, ne sauroient rendre la grandeur et la magnificence des aspects, que l'œil embrasse de la galerie qui circule autour du théâtre. La vue s'étend de là sur une large baie, au bout de laquelle coule le fleuve *Alcantaro*. Plus loin on aperçoit les riches campagnes qui décorent la base immense de l'Etna, les grands bois qui forment la ceinture de sa moyenne région, les neiges perpétuelles qui couvrent la plus haute de toutes, enfin son sommet, qui, selon l'expression du poëte, semble être une colonne du ciel, et qui vomit des torrens de fumée. En se retournant d'un autre côté vers le midi de la Sicile, on découvre les plaines riantes de *Leontium*, qui s'avancent dans la mer par différens caps, que l'on voit produire autant de plans tous plus riches les uns que les autres, celui de *Catania*, d'*Augusta*, enfin jusqu'à celui où est bâtie Syracuse, que l'on voit à peine se perdant dans la vapeur. Voilà quelle est la vue dont on jouit, de la galerie du théâtre de *Taormine*, et ce qui servoit de perspective aux spectateurs placés sur les gradins supérieurs.

Il n'a point encore paru de dessin qu'on puisse dire fidèle de ce monument, et d'après lequel on puisse en donner des détails exacts. A ce défaut nous extrairons quelques notions de la description qu'en a faite Philippe Dorville, dans sa *Sicula illustrata*.

Le théâtre de *Taormine* (dit-il) est aujourd'hui presque dans son entier, ou au moins il conserve les vestiges de son antique forme, car l'amphithéâtre, c'est-à-dire le lieu où les spectateurs étoient assis, les gradins ou degrés, ainsi que les escaliers, étoient taillés dans le roc vif. Le reste de l'édifice étoit construit en briques de la plus grande forme. Nous ne pouvons déterminer quelle étoit la matière des colonnes, des portiques, et des autres parties de l'édifice; mais il est probable qu'elles étoient de marbre, car on trouve dans les carrières les plus proches, un marbre diversement nuancé de rouge. Or, telles sont plusieurs des colonnes qui ornent les églises de *Taormine*, et dans le pays, la tradition est qu'elles ont été enlevées au théâtre.

L'on montoit à la galerie d'en haut, qui circuloit tout à l'entour, par des escaliers et des degrés. On observe qu'il n'y avoit point de ces paliers dans le montée qu'on appeloit *præcinctiones*. Il n'y avoit pas non plus de *vomitoires*, et il ne pouvoit pas y en avoir, puisque les gradins étoient taillés dans la masse même du rocher. Il paroît, autant qu'on en peut juger par ce qui en subsiste encore, que chaque gradin avoit en largeur le double de sa hauteur, et il y a lieu de penser qu'ils étoient recouverts de planches.

Derrière le rang le plus élevé, ou le plus éloigné de l'avant-scène, et autour de l'amphithéâtre occupé par le peuple, il y avoit trente-six niches ornant l'intérieur de la galerie. Ces niches étoient alternativement ornées de frontons angulaires et circulaires. Il est naturel de penser qu'elles étoient remplies par des statues, qu'on sait avoir été très-multipliées dans tous les théâtres des Anciens.

De chaque côté de l'édifice, au lieu où se terminent les gradins de l'amphithéâtre, c'est-à-dire aux deux extrémités de l'avant-scène, on voit les restes assez entiers, de deux corps de bâtiment, dont la construction est antique. Ils étoient distribués en plusieurs pièces, et, autant qu'on en peut juger, il y en avoit deux étages. Ces deux corps étoient réunis par la construction même de ce qui formoit la scène proprement dite, laquelle étoit décorée d'ordonnances d'architecture, et percée de trois portes; celle du milieu étoit plus grande que les deux autres. Derrière cette devanture régnoit une sorte de corridor qui étoit le *postscenium*. On peut voir dans le Voyage de Saint-Non, tom. IV, une restititution en élévation et en plan de ce théâtre, d'après laquelle, bien qu'elle laisse à desirer, nous avons rectifié quelques inexactitudes de la description de Dorville, et avec d'autant plus d'assurance, que nous avons nous-même visité les restes de *Taormine*.

Il existe encore dans cette ville quelques autres débris d'antiquité, tels que des constructions d'anciens aqueducs masquées par des constructions nouvelles. Plus haut, d'autres aqueducs apportoient sans doute des eaux abondantes, dans cinq piscines très-vastes, dont la première, encore parfaitement conservée, indique le plan et la construction des quatre autres qui étoient adossées à la montagne. Ces piscines, quoique moins grandes que celle qu'on appelle à Baies la *piscina mirabile*, sont absolument dans le même goût; elles forment de grands carrés longs avec des arcs portés sur des piliers. On y voit encore l'ouverture par laquelle arrivoient les eaux, et une autre pour écouler le trop plein des réservoirs. Il y a un escalier pour y descendre, et enfin une écluse pour les vider entièrement et en ôter le limon.

L'eau de ces piscines se rendoit, dit-on, à une naumachie au milieu de la ville. C'est ainsi qu'on appelle un reste de construction antique décorée en niches ou arcades de onze pieds d'ouverture, séparées par des piliers carrés en forme de contreforts. Le tout est construit en briques. Quelques autres vestiges du même genre de construction, engagés dans des maisons voisines, donnent le côté parallèle de cet édifice, et permettent de conclure que sa largeur étoit d'environ vingt-quatre toises.

Ce qui faisoit le bassin de cette prétendue naumachie, est rempli de terres et de plantations formant aujourd'hui un jardin. Il est peu vraisemblable, malgré l'opinion vulgaire dans le pays, qu'il y ait jamais eu une naumachie dans cette partie de

Taormine. La position du lieu où l'on suppose qu'elle auroit été, et l'escarpement de ce côté de la montagne, suffisent pour persuader le contraire. On peut croire que ce mur antique, décoré d'arcades, faisoit plutôt partie d'une place publique, ou de quelqu'autre monument dont on ignore l'usage.

Près de la porte qui conduit à Messine, on rencontre une fabrique antique qui sert de maison à un particulier et n'a rien de curieux; mais en dehors de la porte on remarque un grand nombre de tombeaux et diverses constructions de même genre, ce qui fait croire que ce local étoit consacré aux sépultures. Le premier de ces tombeaux est tellement ruiné, qu'il seroit difficile d'en deviner la forme. On y voit encore cependant, deux parties circulaires avec incrustations en marbre blanc, de même qu'à une autre partie de construction en ligne droite, avec des panneaux d'une saillie peu sensible. On y distingue aussi deux tronçons de colonnes en briques : mais tout cela est si enterré et si dégradé, que difficilement distingue-t-on les constructions antiques, d'avec les bâtisses modernes élevées sur le même sol.

Il y avoit près de là un autre grand tombeau, ou peut-être une espèce de temple, construit en grosses pierres de taille, posées à sec et élevées sur trois gradins qui régnoient au pourtour. On en a fait une petite église, ce qui l'a fort dénaturé. L'édifice avoit sept toises de long, sur quatre toises deux pieds de large. Mais il est impossible aujourd'hui de dire ce qu'il pouvoit y avoir d'intéressant pour l'art.

Les environs de *Taormine* présentent encore d'autres monumens sépulcraux d'une moindre dimension. Ils sont tous d'une forme carrée, avec des pilastres aux angles et un revêtement en stuc. Ils s'élèvent sur trois gradins. Leur intérieur a environ douze pieds en carré, et offre les mêmes détails que les sépulcres romains. Il y a plusieurs petites niches pour recevoir les urnes cinéraires, et une principale pour le chef de la famille. Tout cela semble annoncer des ouvrages faits sous la domination des Romains, et postérieurs à Jules-César, qui, après avoir chassé de *Taormine* les habitans naturels du pays, y plaça une colonie romaine.

Aujourd'hui tous ces monumens servent d'habitations aux paysans, qui s'y logent et en font des écuries.

TAUDIS, s. m. Petit grenier pratiqué dans le fond d'un comble de mansarde. C'est aussi un petit lieu pratiqué sous la rampe d'un escalier, pour servir de bûcher, ou pour tout autre usage domestique.

TECTORIUM OPUS. Au mot Albarium opus, on a indiqué déjà la différence de signification qu'il faut mettre entre l'*albarium* et le *tectorium opus*. Le premier de ces mots embrasse l'idée d'un procédé moins important et plus restreint. Il ne faut pas toutefois le borner à n'être que ce que nous appellerions un simple blanchiment à la chaux et au moyen du pinceau. L'*albarium* pouvoit être un enduit léger dans lequel, selon le poli qu'on lui pouvoit donner, il étoit possible d'employer avec la chaux soit la poussière de marbre, soit simplement du plâtre. Ainsi le pense Galiani, et il est d'avis que le *tectorium opus* embrasse l'idée d'une opération beaucoup plus étendue.

Le *tectorium opus*, dans les constructions antiques, est un enduit plus ou moins épais, et qui faisoit le même effet, et remplissoit le même objet que l'enduit de plâtre, dans la bâtisse de Paris. Comme on établit ici sur les murs, et sur les cloisons, des enduits de plâtre de tout degré d'épaisseur, de qualité plus grossière ou plus fine, de plâtre gâché plus serré et plus clair, ainsi le pratiquoit-on dans le *tectorium opus*, mot général, comme sa composition le montre, et qui signifie qu'il recouvroit la construction en briques, en moellons, ou de toute autre matière.

On mettoit beaucoup de soin à la préparation du *tectorium*, et Vitruve nous a donné sur ce point beaucoup de détails. Nous en avons rapporté déjà plusieurs au mot Enduit. (*Voyez* ce mot.) Nous compléterons ici ce qui regarde la notion précise de ce qui fait l'objet de cet article.

Non-seulement on choisissoit, pour faire l'enduit appelé *tectorium*, la meilleure chaux, mais on l'éteignoit bien long-temps avant qu'on s'en servît, et on ne la croyoit propre à être employée, que lorsqu'elle avoit acquis assez de ténacité, pour s'attacher à la truelle, comme le fait la terre grasse. Pour mieux élaborer le mortier, on le faisoit pétrir par les ouvriers dans un bassin particulier. Le *tectorium* devoit être composé de trois couches de mortier avec chaux vive, et de trois autres couches d'un mortier mêlé de poudre de marbre, ce qui lui faisoit prendre le nom de *marmoratum*. Les enduits encore existans en très-grand nombre, dans les restes des édifices antiques, nous prouvent cependant, que l'épaisseur de ces six couches n'étoit pas de plus d'un pouce.

On commençoit par crépir les superficies des murs ou des voûtes avec de la chaux commune. Lorsque cet enduit commençoit à sécher, on le couvroit d'une première couche de mortier de chaux fine, qu'on aplanissoit avec le plus grand soin, afin d'égaliser toute la surface, et pour donner plus de finesse aux parties saillantes des angles. Cette couche étant séchée, on y appliquoit une seconde et ensuite une troisième couche. Le mur ainsi recouvert, recevoit un mortier composé de marbre grossièrement pilé, et ensuite d'un marbre beaucoup plus pulvérisé. Ce dernier enduit étoit battu, et complétement égalisé avec un instrument de bois, et enfin poli avec du marbre, pour lui donner un lustre mat.

Au moyen de ces procédés, les murs et les voûtes se trouvoient couverts d'un enduit très-uni, très-fin, parfaitement propre à servir de fond aux peintures dont on décoroit l'intérieur des bâtimens, et il acquéroit avec le temps une solidité à toute épreuve. C'est ce que nous prouvent les murs aujourd'hui intacts de beaucoup de maisons, dont on pouvoit jadis, comme on le fait encore à présent, détacher l'enduit orné de peintures, sans crainte de les endommager. De semblables peintures enlevées aux murs en Grèce, étoient transportées en Italie par de riches romains, qui les incrustoient dans les murs de leurs maisons de ville ou de campagne. Ainsi, dans une maison de Pompeia, a-t-on trouvé de ces sortes d'enduits peints, qu'on avoit détachés d'un autre local, et qu'on n'avoit pas encore eu le temps de replacer au nouveau lieu qu'on leur destinoit.

Lorsqu'on vouloit couvrir du *tectorium opus* des murs qui, au lieu d'être en maçonnerie, étoient de simple charpente, dans la crainte qu'au bout d'un certain temps l'enduit appliqué sur le bois ne vint à se fendre, voici comme on paroit à cet inconvénient. On couvroit d'abord le mur ou la cloison de terre grasse. On y clouoit ensuite des roseaux sur lesquels on appliquoit une seconde couche de terre argileuse, où l'on clouoit encore d'autres roseaux, mais dans une direction telle, qu'ils se croisoient avec ceux de la première rangée, et c'est sur ces roseaux qu'on appliquoit les couches de mortier avec chaux et poussière de marbre dont on a parlé.

On recouvroit le *tectorium opus* des couleurs les plus brillantes, telles que le *minium* ou le rouge, l'*armenium* ou le bleu, le *purpurissum* ou pourpre-foncé, ainsi que de beaucoup d'autres, dont on formoit des fonds colorés, tantôt unis, tantôt ornés de figures et de compartimens. La couleur étoit appliquée sur la dernière couche de stuc encore fraîche. Pour conserver l'éclat des peintures, on les frottoit avec de la cire punique mêlée d'un peu d'huile très-pure. Ce mélange avoit été fondu et appliqué très-chaud. On le laissoit refroidir sur le mur, et ensuite, avec un réchaud rempli de charbons ardens, on le réchauffoit et l'on faisoit pénétrer dans l'enduit tout ce qu'il pouvoit recevoir. Le tout étant séché, on lui faisoit subir, avec des linges secs, un frottement qui produisoit sur la peinture l'effet d'un vernis.

TÉLAMONS, s. m. pl. Les Grecs désignèrent par plus d'un nom, certaines figures sculptées, qu'ils employèrent dans leur architecture, à être des supports réels ou fictifs, tenant lieu de colonnes.

Au mot Caryatide (*voyez ce mot*), nous avons parcouru avec beaucoup de détails, toutes les notions historiques et théoriques, que comporta jadis l'emploi des figures sculptées, appliquées à servir de supports dans l'architecture. Si, à cet article, nous avons rassemblé le plus grand nombre de faits, d'autorités, d'exemples et de préceptes de goût, que cet objet de décoration peut comporter, c'est que le nom de *caryatide* est jusqu'à présent le seul, que l'on ait donné en français, aux *statues-colonnes*. Mais dans l'antiquité, deux autres mots grecs d'origine, et naturalisés en latin, pouvoient exprimer le même genre d'ouvrage. Ces deux mots, que la langue des arts admet aussi, sont *atlantes* et *télamons*. Tous les deux ont pour racine, en grec, le verbe *ταλάω*, *souffrir*, *supporter*. Vitruve nous dit, *l.* 6, *ch.* 10, que les figures viriles qui supportent les entablemens, sont appelées *télamons* à Rome, *atlantes* en Grèce. (*Quae virili figurâ signa mutulos aut coronas sustinent, nostri telamones appellant, Graeci verò eos atlantes vocitant.*) Il est donc bien permis de regarder ces deux mots, comme parfaitement synonymes.

Au mot Atlantes, nous nous sommes contentés de donner sa signification et son étymologie, en renvoyant au mot Télamons, et plus particulièrement aux mots Persique et Caryatide. Depuis l'époque où ces articles furent publiés, de nouvelles découvertes sont survenues, qui nous mettent à portée de produire d'autres autorités fort curieuses, sur l'emploi très-remarquable que l'on fit des atlantes ou *télamons* dans l'architecture.

Très-probablement, le plus grand exemple qu'il y eut de cet emploi, dans tous les monumens de l'antiquité, fut celui que viennent de nous fournir les découvertes faites parmi les ruines du temple de Jupiter Olympien, à Agrigente, temple d'une dimension prodigieuse, qui fut une des colossales entreprises de l'architecture grecque (*voy.* Agrigente), et dont les restes ont porté jusqu'à présent le nom de *temple des Géans*. Nous [illegible] le tort, à l'article cité, d'avancer que cette dénomination moderne étoit due, soit à l'énormité de quelques-uns de ses débris, soit au sujet jadis sculpté dans un de ses frontons, et qui représentoit la gigantomachie.

Fazello (*de Rebus Siculis*), écrivant au commencement du seizième siècle, fit remonter les renseignemens sur cette ruine, jusqu'à l'an 1401, en rapportant des vers rimés en latin, d'un poëte de ce temps, qu'il retrouva dans les archives de Girgenti. Deux circonstances importantes se trouvent énoncées dans ces vers. Il y est d'abord parlé de trois figures gigantesques, dont le col et les épaules servoient de support, et il y est dit ensuite que la chute de ces trois colosses eut lieu le 3 de décembre 1401. Le même Fazello rapporte que ces trois colosses ou géans, comme il les appelle, restés long-temps debout, sur trois colonnes ou piliers, au milieu des ruines de ce temple, devinrent le sujet de la composition des armoiries de la moderne Agrigente, et de l'épigraphe qui les accompagne, *signat Agrigentum mi-*

rabilis aula gigantum. Ainsi voit-on sur l'écusson de cette ville, trois figures nues, qui semblent supporter trois tours. *Gigantes in scuto ostentat arcem humeris sustinentem.* De là vint donc à cette ruine, dans le moyen âge, la dénomination populaire de palais de Géans, *palazzo dé Giganti.*

Quels étoient ces géans ou *télamons?* c'est ce que les fouilles exécutées, vers le commencement de ce siècle, au milieu des débris du temple olympien, nous ont manifesté.

Ce temple a été décrit avec beaucoup d'exactitude et de clarté par Diodore de Sicile. Il nous apprend qu'il avoit ses murs en dehors ornés de colonnes circulaires à moitié engagées, et en dedans de colonnes quadrangulaires. On avoit vu là naturellement un pseudopériptère et les colonnes carrées, on les avoit expliquées par une ordonnance de pilastres correspondans aux demi-colonnes extérieures, et la chose peut très-bien s'entendre ainsi. Mais l'état entièrement ruiné de l'intérieur du temple étoit resté inconnu, les décombres cachant entièrement l'aire de son naos. Or, il a été avéré qu'au lieu de colonnes formant les trois nefs comme dans les grands temples, il y avoit des piliers quadrangulaires, et au lieu du second ordre de colonnes surmontant, selon l'usage, l'ordre inférieur, il régnoit une rangée de *télamons*, ou atlantes en ronde bosse, faisant fonction de colonnes et supportant l'entablement.

Des fragmens de ces colosses se sont retrouvés dans les décombres du temple, et en assez grand nombre, pour qu'il ait été facile à M. Cockerell, il y a quinze années, d'en recomposer une figure toute entière. Depuis, de nouveaux fragmens retrouvés et assemblés, ont permis d'en remettre plusieurs autres dans leur premier ensemble, et ainsi s'est confirmée la vraie raison qui avoit fait appeler cet édifice *temple des Géans.*

D'après les renseignemens donnés par plus d'un voyageur, et récemment encore par M. Hittorf, ces *télamons* avoient à peu près vingt-cinq pieds de hauteur. Ils ont les deux bras ployés au-dessus de leurs têtes, dans l'attitude des porte-faix qui chargent des fardeaux sur leurs épaules; leurs cheveux symétriquement bouclés sont surmontés d'un bonnet. Cette sculpture est d'un style qui tient du genre des anciennes écoles. Les yeux y ont de l'obliquité, et les coins de la bouche sont relevés. Généralement, le goût et le travail en sont assez grossiers. Ce qu'on explique, non par l'époque qui fut très-certainement celle du développement de l'art, mais d'abord par la position très-élevée d'où cette sculpture devoit être vue, ensuite par la nature de la pierre du pays, qui ne comporte point de fini, enfin parce que ces figures devoient être toutes revêtues de stuc, et peut-être de couleurs comme l'architecture. Mais Diodore nous apprend que ce temple ne fut point terminé dans son comble, et très-probablement ces *télamons* restèrent dans une espèce d'état d'ébauche, auquel la dégradation n'aura pas laissé d'ajouter de nouvelles défectuosités.

A l'article SALONIQUE (*voyez ce mot*), on a fait mention d'un monument antique, où règne au-dessus des colonnes une ordonnance de piliers carrés auxquels s'adossent des figures d'un bas-relief assez saillant, et qui, si elles ne paroissent pas faire fonction de caryatides, en sont au moins le semblant. D'autres exemples qu'on a rapportés, et qu'on rapportera encore, prouvent que cet usage d'adosser des statues à des pilastres, et d'en faire le soutien réel ou fictif des plates-bandes ou des entablemens, fut beaucoup plus commun qu'on ne l'avoit pensé. Voici une nouvelle autorité de cette pratique dans une moindre dimension sans doute, et que les découvertes récentes de Pompeia en 1824 viennent de nous fournir.

Une salle qu'on croit avoir été une salle de bains, a son entablement supporté par des montans, entre lesquels sont des ouvertures ou fenêtres. Ces montans ou trumeaux, comme nous les appellerions, servent de fond à des figures de *télamons* ou *atlantes* en ronde bosse, tout-à-fait semblables à ceux du temple d'Agrigente. Elles posent chacune sur un socle. Elles ont, comme les *télamons* d'Agrigente, les deux bras ployés au-dessus de leurs têtes, et elles expriment dans leur attitude l'effort d'un homme portant un fardeau. La plus grande différence entr'elles, et celles du temple de Jupiter Olympien, consiste dans la dimension. Les *télamons* de Pompeia n'ont guère qu'un pied et demi de hauteur; ils sont en terre cuite, et les moulures de la corniche qu'ils supportent, sont de stuc. Quelques-unes annoncent par l'espèce de ceinture de poils qu'ils ont, qu'on eut l'intention d'en faire des êtres de la nature du Faune.

C'est ainsi que sont effectivement représentées ces trois grandes figures antiques qui supportent un bassin, qu'on voyoit jadis à Rome dans les jardins de la villa Albani, et qui ornent aujourd'hui le Muséum royal de Paris. L'emploi auquel on les a appliquées, quoique fort convenable à leur caractère, étant très-certainement d'invention moderne, rien n'empêche de croire que ces statues atlantiques furent originairement employées comme support, en place de colonnes, dans quelqu'édifice, sous un couronnement quelconque.

Pirro Ligorio, dans sa description manuscrite de la *villa Adriana Tibertina*, nous a conservé la mention d'un semblable emploi de *télamons*, placés dans une salle à manger ou *triclinium* (ainsi qu'il l'appelle), dont la forme étoit circulaire, mais décrivant un *décagone*, dont les angles étoient peu prononcés. Elle avoit, dit-il, à chaque angle, au lieu de colonnes, des figures en marbre noir, drapées de plis légers, avec les nus en marbre rouge. Je vais rapporter les propres paroles de Pirro Ligorio. *Aveva questo (Triclinio) alquanto della forma rotonda, ma decagono; e degli an-*

goli dolcemente angolata, incrostata tutta di marmi mischi e di compartimenti. Aveva figure, per colonne, del marmo negro i vestimenti di sottilissimi veli, vestite colle mani e piedi e braccia del marmo rosso, poste in ogni angulo una, che sostenevano mutuli, capitelli e corone, delle quali, solo una ne avemo veduta intera, e delli posamenti delle altre tutti fodenati di nuvemo mischio, cinque piedi alte da terra, ed esse figure sono di grandezza tre volte il naturale.

TELMISSUS. Ville antique de l'Asie mineure, dans la Carie, où M. de Choiseul-Gouffier a fait connoître des restes de monumens fort curieux, et dont on peut voir les dessins dans son voyage pittoresque de la Grèce.

La planche 65, tom. I, contient quelques sarcophages en pierre grise de différentes grandeurs. Il s'en trouve un fort grand nombre sur le penchant de la colline où étoit bâtie *Telmissus* jusqu'à la mer. Un de ces sarcophages a sur son petit côté une ouverture carrée, par laquelle il est vraisemblable qu'on introduisoit le corps mort. On fermoit sans doute après cette entrée, avec une pierre qu'on scelloit exactement.

La planche 66 nous montre un autre sarcophage beaucoup plus grand. « Il est (dit M. de Choiseul) » d'un dessin très-singulier, et je n'en connois » aucun du même genre. On diroit, ajoute-t-il, » qu'on ait voulu imiter un édifice construit en » bois; c'est au moins ce que paroissent indiquer » certains dés de pierre faisant au-dessous du cou- » vercle fonction de modillons ou de mutules » dans les deux côtés plus longs. »

Il n'y a aucun doute, comme l'observe le célèbre voyageur, que les Anciens aient souvent imité dans leurs sarcophages les formes générales de l'architecture et les détails des édifices. Ces sortes d'imitations plus ou moins exactes sont innombrables. Qui ne sait aussi que de tout temps l'on s'est plu à donner ces sortes de ressemblances à beaucoup d'autres objets, tels que meubles, coffres, armoires, etc.? Nous hasarderons sur la vue du dessin de ce grand sarcophage, de mettre en avant une autre espèce d'imitation analogique. Elle nous est suggérée par les bandes multipliées que présentent ses élévations. Pourquoi ne supposeroit-on pas qu'on auroit eu en vue d'imiter la construction de certains coffres, entourés de bandes de métal pour en assurer la solidité?

Dans une montagne voisine de *Telmissus*, et dans la roche dont elle se compose, on voit un très-grand nombre de tombeaux. Quelques-uns ne sont que de simples trous. Mais il en est deux, véritables monumens d'architecture, qui fixent bientôt les regards. Ils offrent des façades d'édifices réguliers. M. de Choiseul, tom. I, pl. 68 et suivantes, a fait connoître le plan, l'élévation et les détails des plus importans de ces sépulcres taillés dans la masse du rocher.

L'ordre employé dans ce monument ne permet pas de le croire fort ancien; on s'aperçoit qu'on a cherché à lui donner un caractère simple et sévère. Toutes les parties de la modénature sont lisses et carrées. On y a supprimé la frise; l'architrave est en deux bandeaux, et la corniche a des modillons cubiquement taillés. Les acrotères répondent au caractère lisse du fronton. Toute cette simplicité a dû être inspirée, par le travail même d'une architecture prise dans la masse de pierre, dont est formée la montagne. Le frontispice présente un vestibule composé de deux antes ou très-larges pilastres, et de deux colonnes isolées, dont le chapiteau est ionique. La base a un double plateau, l'un carré, l'autre circulaire, et un seul tore saillant.

Sous ce vestibule est une porte feinte parfaitement figurée, et qui n'a jamais eu d'autre ouverture qu'un des espaces d'un panneau inférieur, par lequel on s'est ménagé le moyen de creuser au-delà et de pénétrer dans la chambre qu'on a creusée. Cette chambre a onze pieds trois pouces de large, sur neuf pieds deux pouces de profondeur; sa hauteur est de cinq pieds dix pouces. Autour de cet intérieur règne une banquette de trois pieds deux pouces de large, sur deux pieds neuf pouces de haut.

Il est à croire que les corps déposés dans ce sépulcre ne furent point enfermés dans des sarcophages, de la nature surtout de ceux qu'on trouve à *Telmissus*, car aucun n'auroit pu être introduit par la petite ouverture dont on a parlé. Peut-être y déposoit-on les corps, de la manière dont on les voit dans les sépulcres de la grande Grèce, sur la banquette même autour de la chambre.

L'entrée de ce sépulcre se fermoit par une dalle de pierre qu'on faisoit glisser dans des rainures taillées pour la recevoir, et dont la surface extérieure répondoit à celle des autres panneaux figurés sur la porte. Sur le panneau correspondant à celui-ci, est une inscription grecque, mais tellement effacée, qu'il a été impossible de la déchiffrer.

La planche 69 renferme, avec d'autres détails de ce monument, le dessin exact de la totalité de la porte feinte, dont le chambranle est formé de deux faces tout unies, et surmonté d'une manière de corniche, qu'accompagnent deux consoles sans ornement ni enroulement. On remarque le soin avec lequel on a cherché à y copier les têtes de clous, dont on fortifie les portes faites en menuiserie.

Il s'est conservé à *Telmissus* les restes d'un théâtre pratiqué sur le penchant d'une colline, comme le sont presque tous ces édifices en Grèce. Il est construit d'une pierre grise fort dure. Toute la partie circulaire sur laquelle se plaçoient les spectateurs est assez bien conservée, mais les extrémités qui joignent le *proscenium*, et qui n'étoient pas soutenues par le terrain, sont entièrement détruites. Cette partie, ainsi que la scène, est remplie de décombres, qui ne permettent pas de rechercher les fondations.

On peut donc seulement se faire une idée générale du plan de ce théâtre, et de l'élévation extérieure de la scène. Elle étoit divisée par cinq portes accompagnées de piédestaux, sur lesquels étoient peut-être placées des colonnes ou des statues. Sous cette élévation on reconnoît parfaitement les trous ménagés pour recevoir les solives du plancher de la scène. Au-dessous sont trois conduits par lesquels on passoit sous la scène et dans l'orchestre.

TÉMOIN, s. m. Se dit dans l'arpentage, dans les fouilles de terre que l'on fait, soit pour abaisser des terrains, soit pour leur nivellement, d'une butte qu'on laisse d'espace en espace, afin de juger de l'état du travail fait ou à faire. On couvre volontiers ces buttes de gazon.

On appelle *faux témoins* les buttes dont on exhausse les sommets, pour rendre les cubes plus gros qu'ils ne devroient l'être, et à dessein de tromper sur la quantité du travail.

TÉMOINS DE BORNE, s. m. pl. Petits tuileaux d'une certaine forme que les arpenteurs mettent sous les bornes qu'ils plantent, où à certaine distance, pour séparer les héritages dont ils font mention dans leur procès-verbal, et qui servent, en cas qu'on transporte les bornes par fraude et usurpation, à reconnoître leur première situation.

TEMPLE, s. m. Nom général qu'on donne à un édifice consacré au culte et à l'adoration de la Divinité.

De tous les genres d'ouvrages qui appartiennent à l'art de bâtir, aucun n'a obtenu plus de solidité, de grandeur et de magnificence, et aucun n'a été plus multiplié, que celui dont un sentiment universel s'est plu de faire en tout temps, et en tout pays, hommage à la Divinité. L'idée d'un Etre suprême, créateur et conservateur de tous les êtres, s'est toujours trouvée partout, la première dans l'ordre des idées, qui ont fondé les sociétés. Il fut donc naturel qu'en bâtissant des villes, les hommes les missent sous la protection d'un pouvoir supérieur, principe premier de l'harmonie sociale, et de la dépendance sans laquelle aucun ordre de choses ne peut subsister. De là l'érection des édifices sacrés, lieux de réunion ou des croyances et des cérémonies communes, devenant le lien des esprits, produisent cet accord moral qui d'hommes incohérens et isolés, forme un corps politique, sous le nom de *cité*, de *peuple* ou de *nation*.

Toute idée a besoin de signes qui la fixent, qui la rendent sensible, et qui la perpétuent. L'idée de Dieu, bien qu'inhérente à la nature de l'homme, bien qu'elle soit instinctive, et le résultat partout nécessaire du développement de sa raison, n'en a pas moins besoin d'être sans cesse rappelée et renouvelée à l'intelligence, tant l'état d'ignorance où mille causes retiennent le plus grand nombre, tant l'action des passions et des appétits sensuels qui égarent ou corrompent le sentiment du juste et de l'injuste, tendent puissamment à faire triompher le principe matériel sur le principe moral. Le législateur a donc mis au premier rang des institutions sociales, celle qui place la Divinité en tête de toutes les lois, de toutes les pratiques, de toutes les actions, et maintient sans cesse l'idée de Dieu comme principe de toutes les autres.

Or, comme c'est par les sens qu'il est nécessaire de parler au plus grand nombre des hommes, l'art de bâtir est de tous les arts, celui qui s'est trouvé le plus propre à ce genre d'enseignement sensible et matériel. La supériorité de la demeure divine sur les habitations des mortels, semble leur rappeler, à tout instant, la distance qui sépare les créatures du Créateur, et en faisant dominer son temple si fort au-dessus de leurs têtes, rend l'idée de son existence et de sa puissance toujours présente à leurs yeux, comme à leurs esprits.

Ce qu'on vient de dire n'a rien de systématique. C'est la pure et simple exposition d'un fait, qui existe chez toutes les nations de la terre, que l'on remarque dès les premiers âges des premières sociétés, dont les nombreux vestiges n'ont pu encore être anéantis par le laps des temps, et dont les ruines les plus antiques nous ont conservé les plus éclatans témoignages.

Que trouve-t-on, en effet, lorsqu'on parcourt le Globe, dans tous les lieux où des restes de constructions attestent l'existence de peuples, dont les noms effacés de la mémoire des hommes, ne vivent plus que dans quelques récits de l'histoire? Que sont ces blocs énormes gisant à terre, depuis une multitude de siècles, comme des pierres tumulaires, témoins en quelque sorte éternels, chargés d'apprendre au voyageur qu'il y eut là un empire? Ce sont les débris de ses *temples*. Tout s'est anéanti, on ne découvre plus aucun vestige reconnoissable d'habitations. Pourquoi partout en remarque-t-on des demeures divines? C'est parce que l'art de bâtir avoit toujours mis en œuvre dans ces monumens, et les matériaux les moins destructibles, et les moyens les plus propres à assurer la solidité de leur emploi. Leur grandeur et la vaste étendue de leurs dimensions, en offrant peut-être plus de prise aux attaques du principe destructeur, n'ont pas laissé de protéger les témoignages de leur antique existance, et partout la terre a conservé les fondations, dépositaires de la grandeur et de la magnificence de leurs plans, comme de leurs élévations.

C'est dans l'érection des *temples*, et dans la diversité de leurs formes, que le génie de chaque peuple

peuple semble avoir épuisé tout ce qu'on peut imaginer de propre, en architecture, à élever le sentiment et l'esprit des hommes, au niveau de la grande idée que l'ouvrage de l'art doit représenter. Ici, des édifices pyramidaux qui aspirent, par leur procérité, à porter jusqu'aux ciel les yeux et les pensées du spectateur. Là, des masses de rocher taillées et travaillées comme pour être des emblèmes de l'éternité. Ailleurs, des bancs de pierre et de montagne perforés, comme pour assurer aux *temples* une durée égale à celle de la nature. Dans d'autres pays, de nombreuses enceintes élevées, en amphithéâtre, autour de la colline surmontée par l'autel. Chez quelques peuples, des terrains consacrés en plein air, et enclos d'épaisses et solides murailles, qui ont survécu à plusieurs générations d'états et de royaumes. Ainsi, partout l'idée de Dieu se trouve écrite par l'art de bâtir, en caractères jusqu'à présent ineffaçables, et qui nous prouvent que le *temple* fut, toujours et partout, l'édifice le plus considérable.

Si des travaux antiques, ou de pays éloignés, nous passons à ce qui s'est fait, dans les temps plus rapprochés du nôtre, et à ce qui existe dans les contrées que nous habitons, nous verrons de même les édifices sacrés, non-seulement occupant la première place dans les entreprises de l'art de bâtir, mais présentant au milieu de toutes les villes, une grandeur, une élévation et un luxe de travail, qui peuvent défier les travaux du même genre, dans les siècles antérieurs. Nous voulons parler de ces vastes constructions du moyen âge, qui, sous la fausse dénomination de *gothiques*, élèvent encore aujourd'hui leurs masses et leurs sommités audacieuses, au-dessus des édifices de toutes les villes de l'Europe. Lorsque le goût de la belle architecture reparut avec celui des autres arts de la Grèce et de Rome, une noble émulation s'empara de tous les peuples modernes, et ce fut à qui adapteroit avec plus de succès, les formes régulières des ordonnances, des plans et des élévations des *temples* de l'antiquité classique, aux convenances et aux besoins du christianisme. Des prodiges de dépense, de grandeur et de richesse en ce genre, ont distingué tous les siècles et tous les pays, depuis le renouvellement du bon goût. Toute l'architecture antique a été mise à contribution, pour fournir à la composition des nouveaux *temples*, de quoi réunir, avec des ensembles jusqu'alors inconnus, tous les genres de solidité dans la construction, de grandeur dans les intérieurs, de magnificence extérieure et de hardiesse dans l'élévation des masses. De somptueux péristyles ont annoncé leurs entrées, de riches ordonnances ont décoré leurs enceintes, de vastes et brillantes coupoles élancées dans les airs, ont étendu leur aspect à des distances prodigieuses. Enfin, pour résumer ceci en deux mots, le chef-lieu du christianisme a érigé sur les débris de l'antique Rome, le *temple* et la coupole de Saint-Pierre, monument qui n'eut point d'égal dans l'antiquité, et qui très-probablement n'aura jamais de rival dans la suite des âges.

Ce préambule a eu pour objet de faire entendre, quelle immense matière seroit celle d'un ouvrage qui comprendroit l'histoire générale des *temples*, les notions diverses qui se rapporteroient dans une telle étendue de temps et de pays, à leurs formes, à leur structure, à leurs emplois, à leurs mesures, à leur goût, à leurs ornemens, etc. Or, ce n'est pas sans raison que nous avons esquissé en raccourci le point de vue d'une semblable histoire. On a déjà compris que nous nous sommes proposé d'expliquer par-là, pourquoi l'article Temple, dans ce Dictionnaire, ne sauroit approcher de la proportion qu'exigeroit, même dans le plan le plus succinct, l'universalité de ces connoissances.

Nous avons encore une autre raison à rendre de la mesure étroite, dans laquelle nous avons dû circonscrire ici les notions du mot *temple*. Nous n'aurions pu, en effet, que répéter les nombreux détails qui ont été déjà donnés dans cette matière, à chacun des articles, soit de ceux que nous avons consacrés sous leurs titres, à chacune des architectures plus ou moins anciennes ou modernes, que l'on connoît sous un nom particulier, soit de ceux qui contiennent des descriptions de *temples* existans encore dans les ruines de toutes les villes antiques, dont les noms font partie de la nomenclature générale de ce Dictionnaire, soit enfin de ceux, où nous avons embrassé la biographie des célèbres architectes, et dès-lors les notions descriptives et critiques de leurs monumens.

L'architecture d'ailleurs, à laquelle ce Dictionnaire doit surtout rapporter les recherches de tout genre, qui en font l'objet principal, étant l'architecture devenue universelle, c'est-à-dire celle des Grecs, la seule qui ait des principes fondés en raison, et un système applicable aux besoins de tous les pays, nous nous bornerons à faire connoître dans cet article, l'origine des *temples* grecs, les variétés et les progrès de leur construction, leurs différentes espèces, selon leur étendue, leurs formes, leur composition, leurs emplois et leur destination, tant en Grèce qu'en Italie, où le même genre de culte propagea les mêmes usages, et, à quelques différences près, le même système de disposition et de décoration.

Notions historiques *sur l'origine du temple grec, et sur les causes de sa formation primitive.*

Si l'on s'en rapporte à un certain instinct primitif, dont on retrouve des traces dans l'histoire des plus anciens peuples connus, les hommes eurent d'abord un culte aussi simple, que l'étoient leur intelligence et l'état de leur société. Très-naturellement, dans les pays de montagnes, ce fut sur quelque sommet élevé, que le besoin d'adresser des hommages au grand Être, dut en rassembler les adorateurs. C'étoit, comme la Bible nous l'apprend, sur les lieux hauts, que la superstition chez tous les peuples voisins du peuple juif, avoit établi ses autels et ses sacrifices. Un grand nombre de documens, de vestiges plus ou moins authentiques, et d'usages postérieurs, traditions de pratiques plus anciennes, nous permettent de conjecturer qu'en Grèce, les sommets des montagnes furent aussi les premiers lieux sacrés; la plupart ayant reçu cette destination de quelques aventures mythologiques, auxquelles l'imagination avoit donné naissance, et que depuis une pieuse crédulité n'avoit pas manqué d'accréditer.

Le premier *temple* aura donc été un simple terrain consacré par un autel, où se faisoient les sacrifices, où se déposoient les offrandes. Ce terrain ne s'appela point autrement que *lieu sacré*, *hieron* en grec. Très-naturellement on l'entoura postérieurement d'une enceinte quelconque. On croit retrouver encore aujourd'hui quelques-unes de ces enceintes, dans des restes de murailles construites en grosses pierres polygones. Bien qu'il y ait un grand abus de critique, à prétendre que partout où l'on trouve de ces vestiges et de ces matériaux, il y eut un *hieron* ou enceinte sacrée, comme si mille autres raisons n'avoient pu faire employer le même genre de bâtisse à d'autres objets, on peut se prêter à croire que la religion, tout en changeant et de culte et de forme, aura pu faire durer long-temps les restes de ces lieux consacrés par d'antiques souvenirs.

L'*hieron*, entendu comme enceinte sacrée, a dû subsister dans les usages religieux, et constituer exclusivement le *temple*, tant qu'un simple autel fut l'unique signe du culte, le seul point de centre des cérémonies. On voit qu'il devoit suffire aux besoins des premières sociétés, et sa position à ciel découvert n'exigeoit rien de plus.

Je n'examinerai point ici (tant la recherche seroit longue et inutile au but que je me propose), si, dans la suite même des temps, ce culte en plein air, sur le terrain sacré enclos de murs, dut subsister, et jusqu'à quel point il s'en conserva des traces. Rien n'est durable comme les usages religieux, et sans doute plus d'une superstition l'aura perpétué dans plus d'un endroit. Je ne cherche ici qu'à rendre compte des causes probables, qui influèrent à la fois sur les pratiques du culte, et par suite sur la formation des *temples*.

Or, j'en crois voir une très-vraisemblable dans l'idolâtrie proprement dite, ou le culte des idoles. On ne sauroit affirmer que, surtout dans les premiers âges de la Grèce, l'enceinte sacrée n'admettoit aucune figure en présence de l'autel. Mais ce qu'il est fort permis de croire, c'est que dans un temps où la première pierre, le premier tronc d'arbre plus ou moins façonné, pouvoit tenir lieu de simulacre, on ne s'occupa guère de mettre à couvert d'aussi informes idoles. L'idée d'un *temple*, comme bâtiment construit, ne dut se présenter que lorsque le progrès dans l'art des figures taillées, eut commencé à donner à la Divinité, une personnification assez sensible, pour qu'on pût, et prendre l'image pour une réalité, et porter quelque soin à sa conservation, en lui procurant une demeure.

De cet usage aura dû dater, ce nous semble, le besoin, et dès-lors l'usage du *temple* construit, c'est-à-dire du terrain sacré, réduit, selon les lieux, à une moindre étendue. C'étoit toujours l'*hieron* dans son sens naturel et primitif, mais sa nouvelle destination lui fit donner le nom de *naos* en Grèce. Plus l'art de la sculpture, par le développement progressif de l'imitation, parvint à perfectionner la forme des idoles, plus l'imagination des peuples crut y voir le Dieu lui-même, et plus il devint nécessaire de lui donner une habitation conforme à son importance, à la grandeur et à la beauté de l'image. Le *temple* fut donc assimilé à une maison. De là la différence qu'on doit mettre dans l'interprétation des textes grecs, entre les deux termes principaux *hieron* et *naos*. L'*hieron*, entendu comme enceinte sacrée, avoit existé d'abord, et put continuer encore d'exister, sans *naos* ou habitation divine. Le *naos* exista souvent sans enceinte sacrée; mais comme, considéré en tant que bâtiment, il renferme encore lui-même un terrain sacré dont il devient l'enceinte; et comme le mot général *hieron* ne signifie que lieu sacré, il a pu être donné à des *temples* construits sans enceinte à l'entour, ainsi qu'à des enceintes sans bâtiment; et une multitude de passages prouvent ce double emploi. Or, c'est à une critique exercée et sans système, qu'il appartient de discerner, dans quel sens ce mot doit être souvent entendu.

Nous croyons donc voir dans les progrès de l'art des idoles en Grèce, et dans l'accroissement de leur culte, l'origine du besoin d'avoir des *temples* construits, pour devenir l'habitation du Dieu. La statue de la Divinité devint alors le point de centre du culte, ce qui n'empêcha point l'autel placé en plein air, d'être le lieu des sacrifices, et les cérémonies religieuses d'être pratiquées en dehors. Or, voilà ce qui expliquera, quelle fut, par la suite, la conformation des plus grands *temples*, et pourquoi le plus grand luxe de l'architecture dut se porter à leur extérieur.

Pour le présent, il nous suffit de voir, comment et pourquoi le Dieu devenu idole à figure humaine, fut encore assimilé aux hommes, par le besoin d'avoir une habitation. Or, dès qu'on fit d'un *temple* une habitation, il fut tout naturel qu'elle prît la forme des maisons. C'est ce que la suite nous montrera.

Mais je ne peux m'empêcher de m'arrêter à ce point, qui paroît d'autant plus certain, que les faits subséquens permettent de remonter à leurs précédens, pour faire observer une des différences caractéristiques de l'architecture grecque, avec l'architecture de l'Egypte, d'où une critique routinière prétend venir faire les modèles des arts de la Grèce, quoique dans le fait il n'y ait entre les ouvrages des deux nations en ce genre, d'autres ressemblances, que celles de certains élémens, qui ne peuvent point ne pas être communs à tous les hommes, même lorsqu'ils n'ont aucune communication entr'eux.

La différence dont je veux parler, me paroît être résultée, de la différence même du type primitif donné par les symboles du culte, ou par les premiers objets, sous la forme desquels l'idée de la Divinité fut rendue sensible. Il paroît constant que le polythéisme sera né des rapports divers, sous lesquels on se figura les attributs des puissances, et des propriétés de l'Etre suprême. On convient que les idées morales et métaphysiques furent fixées, en Egypte, dans son écriture hiéroglyphique, et exprimées par la forme matérielle des corps et surtout des animaux, qui devinrent, dans l'imitation qu'on en fit, les images sensibles des diverses combinaisons de l'intelligence. Dès-lors on s'explique aisément comment une figure d'animal, connue pour exprimer telle vertu, telle qualité, sera devenue dans son application aux choses divines, une figure consacrée, où sans doute on auroit dû voir, non la chose elle-même, mais celle qu'elle signifioit. De l'habitude d'honorer dans le signe imitatif d'un animal, un des attributs de la Divinité, le peuple ignorant aura dû bientôt passer jusqu'au respect pour le signe matériel (ce qui arrive presque partout). Mais qui pouvoit alors s'opposer à ce que l'on transportât au modèle, le respect qu'on avoit pour son image, et qu'on ne le prît lui-même, en toute réalité, pour être un symbole vivant de la chose signifiée? De là sera provenu ce qu'on appelle le culte des animaux.

Or, il paroît qu'on est d'accord, que dans chaque genre de *temple*, en Egypte, il y avoit un animal sacré, qu'on entretenoit en vie. Tels étoient entr'autres l'épervier, l'ibis, le vautour, le crocodile, le cynocéphale, le chien, le bœuf, etc. Les restes des *temples* de l'Egypte, encore en très-grand nombre, ont conservé ce qui dut être l'espèce de sanctuaire propre à de pareilles divinités. Les Grecs le nommèrent *secos*. C'étoit un très-petit local, privé le plus souvent de la lumière du jour, et qui ne ressembloit pas mal, à ce que nous nommerions, dans nos ménageries, une loge. Ce local étoit, par le fait, sans rapport avec l'ensemble de tous les bâtimens beaucoup plus considérables, qui, ajoutés les uns en avant des autres, et probablement dans des temps divers, servoient d'antécédens au petit secos occupé par l'animal. Rien, comme on le voit, ne put, en ce genre, ni servir de modèle aux Grecs, dans la disposition de leurs *temples*, ni leur inspirer la moindre imitation. Chaque *temple* naquit en chacun des deux pays, d'un principe divers, et se forma sur un type qui lui fut originairement particulier.

Le *temple* grec fut donc, dans l'origine, une maison préparée pour l'habitation d'un dieu, que l'art avoit déjà façonné sur le modèle de la figure humaine.

C'est peut-être là, quoique je ne sache pas qu'on l'ait jusqu'ici remarqué, la raison la plus simple et la plus naturelle, de la différence caractéristique qu'on est forcé de reconnoitre, entre la disposition du *temple* égyptien et celle du *temple* grec, et entre les principaux élémens de leur construction.

A l'article Architecture, nous avons essayé de ramener à quelques principes originaires, tels que ceux des premières habitudes, des besoins locaux et des ressources naturelles aux diverses contrées, les formes les plus caractéristiques, sous lesquelles se distinguent certains modes d'architecture. Nous avons attribué en partie à l'usage des excavations souterraines, en Egypte, la simplicité, la massivité et le manque presqu'absolu de projections dans les masses, que nous présentent les monumens construits de ce pays. De pareilles théories ne doivent jamais être prises trop à la lettre, ni entendues dans le sens absolu d'une démonstration. Nous avons d'ailleurs, pour expliquer le genre de couronnement des édifices égyptiens, mis en avant la rareté des bois, qui dut faire trouver dans la pierre seule, et dans son seul emploi, une manière d'être, et une conformation toute différente du système de bâtir en Grèce. On peut ajouter encore à ces causes originaires et déterminantes de l'art de bâtir, l'usage dicté par le climat, de terminer les maisons en terrasse, usage qui s'est perpétué, et qui se perpétuera, tant qu'il sera favorisé par un ciel habituellement sans nuage. Aussi a-t-on remarqué, que non-seulement tous les *temples* en Egypte, ou pour mieux dire tous les corps de bâtiment qui composèrent leur ensemble, sont uniformément couverts en terrasse, mais qu'on n'a pas encore découvert dans ce pays, la moindre indication de ce qu'on appelle un fronton.

Nous ne répéterons pas ici, que le fronton, image du toit, est tout à la fois la représentation de la charpente qui forme les couvertures en bois, et la preuve de l'emploi immémorial du bois dans les *temples* de la Grèce. Comme on ne sauroit se refuser à croire que les habitations particulières, dès les premiers âges, furent en bois, il est tout aussi nécessaire de croire, que les premières demeures préparées aux premiers simulacres des dieux, furent des constructions du même genre. Les premiers *temples* se composèrent donc de simples murs, dont le bois formoit l'élévation, et que surmontoit un toit composé de solives inclinées, venant s'appuyer sur les pièces de bois horizontalement posées, qui depuis donnèrent naissance à l'architrave, dont le nom qu'il porte apprend l'origine.

les deux extrémités du toit formèrent les deux frontons antérieur et postérieur, et voilà de toute nécessité le premier *temple* grec.

Comme, par une suite d'inductions et de preuves indubitables, ce premier *temple*, répétition évidente de la maison alors en usage, nous révèle dans son type originaire, le système que l'architecture s'appropria, en développant et perfectionnant son modèle, l'architecture va nous donner à son tour, l'histoire du *temple* en Grèce, celle de son accroissement, de son développement, de ses variétés et de ses diverses compositions.

Mais aurons-nous besoin d'aller interroger dans toutes les contrées, les restes de ce nombre prodigieux de *temples*, ouvrages d'un si grand nombre de siècles? On sent combien un tel rapprochement seroit difficultueux et long. Puis, qui nous assureroit, vu l'immense destruction qui a eu lieu en ce genre, que le hasard nous auroit conservé un exemple complet de chacune des diversités, auxquelles ces monumens furent soumis?

Eh bien! un seul traité d'architecture, celui de Vitruve, va nous mettre à même de parcourir toutes les diversités du *temple* grec, depuis le plus simple et le plus petit que nous venons d'imaginer, en quelque sorte *à priori*, d'après la seule autorité de quelques faits, jusqu'à celui que des restes encore existans nous feront connoître, comme étant ce que l'art a conçu et exécuté de plus grand et de plus riche. Or, cette énumération descriptive de tous les genres de *temples*, qu'a produits l'architecture grecque, bien qu'extraite d'un chapitre ou deux de Vitruve, nous croyons qu'elle doit suffire à l'histoire complète de cette partie de l'art, pour plus d'une raison. D'abord, c'est qu'instruit dans son temps, mieux qu'on ne peut l'être aujourd'hui, sur une matière pour laquelle il avoit fait des recherches, Vitruve a dû être à portée de connoître toutes les variétés qu'il avoit intérêt de rassembler. Disons ensuite que les rites religieux avoient, tant en Grèce qu'à Rome, prescrit un certain nombre d'espèces, de formes et de dispositions pour les édifices sacrés, sur lesquelles l'art s'exerçoit librement quant à ce qui est proportion, dimension, ornement et goût, mais toutefois d'après certains types donnés qui évidemment ne furent pas très-nombreux, et que tout architecte devoit connoître. Enfin, deux autres considérations viennent témoigner en faveur de l'exactitude de Vitruve. La première est que toutes les espèces de *temples*, dont il nous a donné l'idée et la description, ont retrouvé leurs homonymes et leurs pareils, dans les restes encore assez nombreux, que le temps n'a pu achever de détruire, sur le sol d'un grand nombre de villes antiques. La seconde, c'est qu'entre tous ces monumens parvenus jusqu'à nous, on peut douter qu'il s'y en soit trouvé d'une espèce étrangère à ceux que renferme l'analyse de l'architecte romain.

Notions historiques et théoriques *sur les développemens successifs du temple grec.*

Nous avons vu que la nature des choses, que les faits et l'histoire, s'accordent à nous donner une idée précise, de ce que dut être dans sa conformation et sa construction, le *temple* primitif en Grèce. Le système constant et universel de l'architecture grecque perfectionnée, ne nous a pas permis de supposer, qu'il ait pu être autre chose qu'un assemblage de bois de charpente, dans ses murs et dans sa couverture. Vitruve nous a conservé un nouveau témoignage de cette origine et de cette constitution première, dans les notions qu'il nous donne du *temple* toscan, dont la structure, selon toutes les apparences, s'étoit perpétuée en Etrurie, et s'étoit propagée à Rome. Or, l'on sait que les arts de l'Étrurie ne furent, en tout genre, comme sa langue, son écriture et sa mythologie, qu'une émanation très-ancienne des pratiques et des usages de la Grèce. Eh bien, ce *temple* toscan, décrit par Vitruve, étoit un composé de bois de charpente. Des poutres en bois formoient sa toiture, ses combles et son entablement.

Ainsi peut-on affirmer que la chose avoit eu lieu fréquemment en Grèce, avant une certaine époque. Polybe nous apprend que Dorimaque étant arrivé au *temple* de Dodone, brûla ses colonnes, ou ses portiques, selon qu'on voudra entendre le mot [illegible]; et comme il ajoute qu'il renversa ensuite la *cella* [illegible], il est à croire que la cella étoit environnée de colonnes en bois. Plus d'un passage de Pausanias fait mention de colonnes de bois conservées, comme témoins de l'ancien usage, dans les édifices en pierre qui succédèrent à leurs antiques modèles. On peut même croire que l'usage des colonnes aux frontispices du *temple* ne fut pas, dans les premiers temps, d'une nécessité absolue. Lorsqu'un sommier en bois, vu le peu de largeur de ces constructions, put, sans aucun inconvénient, s'étendre d'un mur à l'autre, il y eut, comme la simple nature l'indique, un vestibule couvert en avant de la porte, qui se trouva reculée sous cet abri.

Ce fut là que prit naissance le premier *temple* à ordonnance régulière, selon la classification de Vitruve, je veux parler du *temple* qu'il appelle *in antis*. Très-naturellement, lorsque la maison du dieu acquit de plus grandes dimensions tant en longueur qu'en largeur, le sommier, ou la plate-bande en bois dont on vient de parler, eut besoin d'être soulagée dans sa portée, par des supports verticaux, ou des bois debout, qui furent les colonnes primitives. Mais il est encore plus évident, que lorsque la pierre fut, dans la suite, substituée au bois, l'architrave en pierre n'aura pu remplacer la plate-bande en bois, que par une réunion de blocs, qui exigèrent plus impérieusement encore, l'emploi des colonnes d'une *ante* à l'autre, c'est-à-dire de la tête d'un des murs latéraux du *temple*, à la tête de l'autre mur. *Voyez* ANTE.

Tout, dans les ouvrages de l'homme, et surtout dans ceux de l'architecture, ayant dû aller progressivement du simple au composé, il nous a paru naturel, en suivant les résultats de cette loi générale, pour la formation des *temples* en Grèce, de placer le *temple in antis*, comme le premier dans les inventions de l'art, ainsi que Vitruve le place en tête, dans l'ordre de leur composition. Cependant la succession des inventions et des compositions de ce genre, ne fut pas telle, qu'un genre plus varié et plus composé, dut faire tomber dans l'oubli celui qui l'étoit moins. Au contraire, la diversité des besoins et des circonstances, qui toujours ont dû présider à la confection des *temples*, fit concourir entr'elles, toutes les sortes de dispositions, auxquelles les progrès des sociétés donnèrent lieu. Or, celle qui dans l'ordre naturel des choses fut la première, n'en continua pas moins d'être employée, lorsque les besoins et les convenances l'exigèrent. Il n'y eut de changé, que ce que le perfectionnement de l'art dut y ajouter d'ordre et de régularité.

Ainsi le *temple in antis* (ou comme les Grecs l'appeloient, *ν παραστασι*) reçut aux têtes de ses murs latéraux, la forme d'un pilastre correspondant par ses détails et ses profils, à ceux des colonnes intermédiaires, dont Vitruve porte le nombre à deux, quoique rien n'ait pu empêcher d'y en placer davantage. Mais on doit observer que Vitruve, dans sa classification méthodique, a eu aussi l'intention de soumettre ses exemples, à une progression de richesse comme de grandeur. Le *temple à antes* paroît donc avoir été en usage dans tous les temps. Tel étoit à Athènes celui dont il s'est conservé des restes fort considérables, et que Stuart, dans son premier volume des antiquités de cette ville, appelle *temple sur l'Ilissus*. Vitruve nous apprend qu'il y en avoit un de ce genre, entre les trois *temples* de la Fortune, que l'on voyoit près de la *Porta Collina*, aujourd'hui *Porta Salara*.

La construction des *temples* en Grèce, dut suivre les progrès de la population et de la richesse du pays. Tant que les hommes restèrent divisés en bourgades, le *temple in antis* construit en bois put suffire aux besoins du culte. Nous en dirons autant du second genre de *temple* qu'on appela *prostyle*, parce qu'on y substitua à chaque pilastre des antes formant la tête des murs latéraux, une colonne isolée, laquelle s'alignant avec les deux colonnes du milieu, donna au front du *temple*, un vestibule ouvert des deux côtés, et ce que nous appelons aujourd'hui un péristyle isolé. L'architecture a conservé, et dans de grandes proportions, trop d'exemples de ce genre de frontispices de *temple*, pour qu'on ait besoin d'en citer ici. La composition du *temple* grec acquit bientôt un accroissement, dans la répétition qu'on fit du *prostylon* à la face postérieure de l'édifice, en sorte qu'il eut deux entrées parfaitement semblables, deux vestibules à colonnes isolées, et surmontées d'un fronton. Ce genre de *temple* qu'on nomma *amphiprostyle*, est le troisième dans l'ordre que leur assigne la classification de Vitruve. Très-probablement, long-temps avant que l'architecture ait été réduite en art, par l'importance que dut exiger le travail de la pierre, les *temples* dont on vient de parler, avoient reçu dans le travail du bois, des formes déjà déterminées, et une sorte de régularité.

Nous avons déjà eu l'occasion d'expliquer (*voy.* ARCHITECTURE, CABANE), comment ce qu'on appelle la cabane en bois, devint le modèle de l'architecture, et comment les colonnes, les chapiteaux, les frontons, les entablemens et toutes les parties de la modénature, avoient dû être façonnées dans leur configuration, et même leurs proportions, de manière, que l'art n'eut plus qu'à terminer et à polir, si l'on peut dire, dans des matières plus précieuses, l'ébauche des édifices en bois. Fixer à cette sorte d'élaboration une époque précise, seroit, surtout aujourd'hui, une prétention d'autant plus vaine, que de pareils travaux, résultats d'une succession d'épreuves et de tentatives, ne sauroient avoir eu de date. On est assez porté à croire que ce fut après la guerre des Perses, qui avoient incendié beaucoup de *temples* en Grèce, que l'architecture en pierre prit tout son développement dans les *temples*.

Alors, effectivement, nous voyons s'agrandir outre mesure les images des dieux. C'est de cette époque (ainsi que nous l'avons montré dans notre ouvrage du *Jupiter Olympien*) que datent ces statues colossales d'or et d'ivoire, et ces trônes qui firent dans des compositions plus ou moins semblables, l'ornement de presque tous les sanctuaires. Il fallut que l'agrandissement des *temples* suivit celui des simulacres divins.

La dimension du local destiné à la demeure d'un dieu colossal, exigea l'accroissement de l'extérieur, soit pour que le dehors répondît à la magnificence du dedans, soit pour donner une plus haute idée du culte, soit pour la commodité des cérémonies, et de ceux que leur pompe devoit y appeler et y réunir. De là, probablement, la disposition du quatrième genre de *temple*, je veux dire, selon Vitruve, le *temple périptère*.

Il fut dans la nature de l'architecture, et on doit le dire aussi des autres arts, en Grèce, de rester fidèle au type originaire de sa formation. Sortie d'un germe fécond, celui de la construction en bois, où se trouvèrent réunis les deux principes d'unité et de variété, elle ne fit, dans le cours des siècles, que tirer les conséquences de l'un et de l'autre. Si l'on considère cet art, particulièrement dans l'un de ses plus grands résultats, celui de la disposition des édifices sacrés, on ne sauroit s'empêcher d'admirer, comment, à l'instar de la nature dont il sembla s'approprier les lois qu'elle suit dans la production des êtres, il réussit, par une suite de développemens successifs, à faire arriver ce qu'on peut imaginer de plus chétif, au point de ce qu'on peut inventer de plus magnifique : de telle sorte que l'élément primitif se retrouve toujours entier, toujours visible dans ses diverses transformations. Ainsi dans l'arbre, dont les rameaux multipliés s'étendent sur le champ qu'il ombrage, on reconnoît toujours le frêle arbrisseau, qui en renfermoit l'espérance.

Lorsque des colonnes isolées, placées aux deux fronts du bâtiment sacré, eurent procuré, tout à la fois, un abri utile et un aspect agréable, l'analogie toute seule dut suggérer d'ajouter aux deux flancs de l'édifice, et le même agrément et la même utilité. Deux files de colonnes ainsi placées auroient par trop rapetissé l'intérieur du *naos*, si ses deux fronts n'eussent eu que les quatre colonnes du *prostylon*; et voilà pourquoi Vitruve enseigne de donner six colonnes de front au *temple* périptère. Ces deux colonnes étoient nécessaires pour former la galerie circulaire à l'entour. Du reste, il faut encore observer, comme les monumens nous le prouvent, que cette règle de Vitruve, n'est qu'une condition de l'ordre méthodique qu'il a suivi, comme pour rendre compte de la formation progressive du *temple*.

Le sens du mot *périptère* et l'emploi du mode qu'il exprime, sont tout-à-fait indépendans du nombre de colonnes, que peuvent comporter les deux côtés antérieur ou postérieur du *temple*. Le mot, par sa composition, ne signifie autre chose qu'édifice avec des ailes. Ces colonnades latérales sont en quelque sorte au bâtiment, ce que les ailes sont à l'oiseau. Ainsi un *temple* est périptère, lorsqu'il est environné dans tout son pourtour, de colonnes isolées formant galerie continue, et les monumens de l'antiquité encore existans, nous montrent des *temples* périptères à huit colonnes de front. Tel étoit le *temple* de Minerve à Athènes. Si nous en jugeons cependant par les restes très-nombreux de *temples* grecs, il est vrai de dire, que le plus grand nombre des périptères sont à six colonnes de front. Sans entrer ici, à cet égard, dans un dénombrement qui seroit étranger et à la question, et à l'objet de cet article, nous pouvons citer comme périptères exastyles, les *temples* de Thésée à Athènes, de la Concorde et de Junon à Agrigente, de Cérès à Ségeste, de Corinthe, de Sunium, et deux *temples* de Pestum, etc.

Du reste il faut dire, que la disposition périptère devint, et pour la magnificence extérieure des *temples*, et pour l'effet de l'architecture, ce que l'art pouvoit imaginer de plus riche et de plus simple à la fois, de plus capable de donner une haute idée des demeures divines. Dans aucune autre disposition, l'emploi des colonnes ne sauroit se montrer avec plus de grandeur, de noblesse et d'harmonie. Le génie de l'art n'a pu rien inventer depuis, dans les temps anciens et modernes, qui égale cette création des Grecs.

Cependant tel fut l'esprit de leur architecture, et du modèle sur lequel elle s'étoit formée, que toujours libre sous les entraves des lois qu'il devoit suivre, l'artiste fut le maître d'en modifier les applications, au gré des besoins et des convenances, que les temps et les lieux pouvoient présenter. Lorsque, dans un même espace donné, le *temple* réclama une plus grande étendue pour l'intérieur de la *cella*, Vitruve nous apprend, que l'architecte eut la liberté d'augmenter la largeur de cet intérieur, aux dépens de l'espace qu'auroit occupé la galerie formée par la colonnade environnante. On supposa alors, que le mur de la *cella* se seroit interposé dans les entre-colonnemens du *périptéron*. De là l'usage des colonnes engagées, dont on a pu, par la suite, faire abus, mais qu'on ne sauroit blâmer dans plus d'une occasion. Cette pratique donna naissance au *pseudopériptère* ou faux périptère, ainsi nommé, parce que cette disposition de colonnes engagées dans le mur, tout à l'entour du *temple*, n'est véritablement qu'une image réduite, une représentation simulée du vrai périptère. Plus d'un exemple antique de cette disposition de *temple* est parvenu jusqu'à nous. Le vaste *temple* de Jupiter Olympien, dans la ville d'Agrigente, fut un pseudopériptère, comme nous l'avoit appris sa description par Diodore de Sicile, et comme nous l'ont confirmé quelques fragmens conservés dans ses ruines. Ici une cause, autre que celle dont Vitruve a fait mention, motiva cette disposition. L'énorme dimension de ce *temple* auroit exigé, dans l'emploi ordinaire de colonnes isolées, des entre-colonnemens proportionnés; mais leur largeur eût été hors de mesure pour des plates-bandes monolythes, avec la nature et l'étendue des pierres du pays. Les colonnes adossées n'offrant qu'un demi-diamètre, les blocs multipliés qui composent les plates-bandes de l'architrave, trouvèrent un point d'appui et une liaison dans le mur de la *cella*. Nous citerons encore comme exemple d'un pseudopériptère, le *temple* appelé la *maison carrée* à Nîmes, et à Rome celui qu'on appelle *de la fortune virile*.

Le plus haut degré de richesse d'architecture qu'ait atteint en Grèce le *temple* proprement dit, ou considéré comme corps isolé de construction, consista dans la disposition du *diptère*, ou ayant double rang d'ailes, c'est-à-dire une double file de colonnes latérales, et par conséquent deux rangs de galerie ou promenoirs circulant à l'entour. Cette disposition qui exigeoit également une multiplication de colonnes, aux deux façades antérieure et postérieure du *naos*, ne paroît avoir dû s'appliquer qu'au moindre nombre de *temples*, ou à ceux qui furent à la fois les plus célèbres et les plus dispendieux. Vitruve en cite deux exemples, l'un dans Rome, au *temple* dorique de Quirinus, le second et de beaucoup le plus fameux, fut celui de Diane à Ephèse, construit par Ctésiphon, selon l'ordre ionique.

Mais l'architecture adopta encore ici, et par plusieurs raisons, au nombre desquelles il est permis de compter celle de l'économie, une liberté à peu près du même genre que la précédente. Ermogène d'Alabande fut l'auteur de cette innovation, qui consista dans la suppression de la file de colonnes intérieures, ce qui donna à la galerie environnante, la largeur de deux entre-colonnemens. Aussi appela-t-on ce *temple* pseudodiptère, ou faux diptère. Ermogène avoit construit dans ce système le *temple* de Diane à Magnesie, et on en voyoit, du même genre, un autre d'Apollon, bâti par l'architecte Mnesthès.

A ces diverses espèces de *temples*, tous construits sur un plan quadrilatère, il faut joindre celle des *temples* circulaires.

Pour ne parler d'abord que de ceux dont le circuit consistoit en colonnes, il y en avoit de deux sortes, ceux qu'on appeloit *monoptères*, et ceux qu'on nommoit *périptères*.

Le *temple* circulaire *monoptère* étoit ainsi désigné, non par opposition au diptère, c'est-à-dire, non parce qu'il n'avoit qu'un rang de colonnes au lieu de deux, mais parce qu'il consistoit uniquement en ce seul rang, et qu'il n'avoit point de mur ou de *cella*. C'est de ce genre qu'étoit, sans doute, le *temple* appelé de Sérapis à Pouzzol, dont la colonnade circulaire subsiste encore, dans les restes qui s'en sont conservés, et où rien n'indique qu'il y ait eu un mur, et où tout prouve le contraire. Cette sorte de *temple* n'avoit point de couverture.

Le *temple* circulaire périptère avoit, comme le *temple* périptère de forme quadrangulaire, une cella construite et environnée d'un rang de colonnes. Tels sont à Rome, le *temple* dit de Vesta, et à Tivoli, celui qu'on a appelé de la Sibylle. L'intérieur se terminoit en coupole qu'on appeloit *tholus*, et selon Vitruve, ce *tholus* recevoit pour couronnement extérieur un fleuron.

Mais outre ces sortes d'édifices, soit formés, soit entourés de colonnes, il faut compter au nombre des *temples* circulaires, d'autres grands monumens qui, tels que le Panthéon de Rome, auroient été beaucoup plus multipliés qu'on ne pense, s'il falloit regarder comme ayant été jadis des *temples*, une très-grande quantité de constructions terminées en coupole, qui existent dans les ruines antiques de Rome, de Pouzzol, de Baies et autres villes. Il est probable qu'on a pu leur appliquer souvent à tort le nom de *temple*; cependant le Panthéon dont on vient de parler, autorise à croire que plusieurs de ces édifices circulaires, furent consacrés à la Divinité. Le magnifique frontispice en colonnes, qu'Agrippa avoit élevé en avant de ce *temple* dédié à tous les dieux, ne laisse aucun doute sur cette destination. On sait encore qu'il l'avoit mis particulièrement, sous la protection de Jupiter Vengeur et de Cybèle.

Pausanias fait mention en Grèce de plus d'un édifice circulaire terminé en coupole, et affecté à des usages autres que ceux de la religion. Il en est toutefois qui purent réunir une destination religieuse, à un emploi politique. Il seroit d'ailleurs peu conforme à une saine critique, de conclure rigoureusement que les Grecs n'eurent et ne connurent pas telle ou telle sorte d'édifice, de cela seul, qu'on n'en découvre plus aujourd'hui de vestiges. Trop de raisons serviroient à rendre de ce manque d'autorités, et le détail de ces raisons alongeroit inutilement cet article.

Il faut le terminer, par la mention de ce qui nous paroît avoir dû former dans l'antiquité, ce qu'elle a produit de plus grand, de plus magnifique, et de plus dispendieux en fait d'édifices sacrés. Nous voulons parler des *temples* à péribole.

Ainsi allons-nous voir que cette sorte de complément du luxe architectural des Grecs, fut comme la dernière conséquence du principe originaire du *temple*, comme le plus haut développement du germe qui lui donna naissance. L'idée de péribole nous ramène en effet à l'idée primitive, d'où nous avons vu, d'après les faits historiques, et l'autorité des traditions, sortir successivement toutes les productions de l'art. Une enceinte consacrée sous le nom d'*hieron* (lieu saint), fut le premier *temple*. Une simple haie en fixa la circonférence. Des bois et des plantations en firent les premiers abris. Lorsque l'habitation du dieu ou le *naos* eut succédé à la pierre servant d'autel, et lorsque l'espace du local sacré s'étendit au-delà des murs de la maison divine, il fut encore plus naturel de circonscrire ce terrain, par un enclos de murs. Dans cet enclos se trouvèrent enfermés les arbres du bois sacré; c'est ce qu'on appela *temenos*, *alsos*. Ainsi, dans des temps très-postérieurs, Lucien nous a décrit les bois sacrés qui environnoient le *temple* de Guide. Ainsi voyons-nous les *temples* d'Esculape entourés, comme nous le fait voir encore aujourd'hui ce qu'on prend, à Pouzzol, pour le *temple* du dieu Sérapis, de chambres et de locaux accessoires à l'usage des malades. Le *temple* de Jupiter Olympien à Athènes, avoit un péribole de quatre stades de circonférence.

On ne finiroit pas de citer toutes les mentions qu'on trouve chez les écrivains, de péribolesautour des *temples*. La ville de Pompeia nous en offre en petit, à la vérité, un notable exemple dans ce *temple* qu'on a nommé, on ne sait pourquoi, *temple* d'Isis. Tout, dans cette ville, ne semble être qu'un diminutif des monumens de l'architecture grecque. Tel est effectivement le petit *temple* dont on parle. Ce qui est, à proprement parler, son naos, est élevé sur un assez haut soubassement, non pas au milieu, mais à l'extrémité d'un péribole carré en colonnes, faisant galerie cou-

verte tout à l'entour. L'aire de ce péribole a conservé ses autels encore debout, et une très-petite *ædicula*. Mais cela suffit, pour nous faire concevoir comment le péribole pouvoit former souvent un ouvrage de beaucoup supérieur en travail, en dépense et en grandeur, à celui du *naos*. C'est ainsi en considérant cet entourage de portiques et de colonnades, formant sur une grande échelle, l'encadrement, si l'on peut dire, d'un de ces vastes *temples* périptères ou diptères, dont nous avons parcouru les variétés, que nous entendons qu'on doit placer cet ensemble au premier rang, non-seulement des *temples* grecs, mais encore des plus spacieux, qui aient été imaginés et construits chez les peuples anciens, même en y comprenant les Egyptiens.

On se rappelle, qu'au commencement de cet article, en montrant la différence élémentaire du *temple* grec, d'avec le *temple* égyptien, nous avons fait remarquer que ce dernier, loin de former un tout architectural, subordonné à l'unité de plan, d'ordonnance et d'élévation, susceptible d'offrir de spacieux intérieurs, et tous les rapports sous lesquels la science et l'art de bâtir peuvent se montrer, n'étoit au contraire qu'une *série* de corps appliqués les uns aux autres, et dans des mesures toutes différentes. Or, quelque grandeur de dimension qu'on puisse accorder a de tels assemblages, nous ne saurions y voir ni la grandeur linéaire du grand *temple* grec à péribole, ni surtout la grandeur morale de ce qu'on doit appeler un ensemble : car autre chose est un ensemble, autre chose un assemblage.

Mais rien n'a dû être plus exposé à la destruction, surtout dans les régions de l'antiquité grecque et græco-romaine, où les villes ont succédé aux villes, où de nouvelles religions, de nouvelles mœurs, de nouvelles dominations ont remplacé les anciennes, que ces grands corps de bâtimens, ces grandes enceintes formées de portiques en colonnes. En vain chercheroit-on à Athènes des restes de celle qui compléta jadis le *temple* olympien de cette ville. A peine est-on d'accord sur l'emplacement occupé autrefois par ce *temple*, enrichi de toutes les merveilles de la sculpture et de l'architecture. Son vaste péribole, selon Pausanias, étoit rempli tant des statues de l'empereur, qui avoit terminé le *temple*, que des anciens simulacres des divinités, et de quelques petits édifices sacrés.

Pour nous faire une juste idée de cette sorte de *temple*, il faut comparer aux récits des monumens qui ne sont plus, les plans et élévations du grand *temple* de Palmyre, qui, bien que dégradé et mutilé dans beaucoup de parties de sa vaste circonférence, doit cependant à l'abandon total où est réduit depuis long-temps le lieu qu'il occupe, d'avoir conservé les restes les plus remarquables de ce qui composa jadis, et son *temple* périptère, et le péribole qui lui servoit d'accompagnement.

Nous avons dit que le péribole du *temple* olympien d'Athènes avoit quatre stades de circuit, c'est-à-dire deux mille quatre cents pieds. Celui du *temple* de Palmyre avoit, d'après les plans des voyageurs anglais, de sept à huit cents pieds, dans chaque côté de son quadrangle. Les dessins de cette enceinte, dont il subsiste de très-grandes parties, nous montrent qu'elle étoit formée, dans trois de ses côtés, d'un mur percé par des portes. En dedans de ce mur s'élevoient deux rangs de colonnes, régnant tout à l'entour, ce qui produisoit deux galeries ou promenoirs. Si l'on en croit les plans que tout le monde peut consulter, ce grand péribole avoit une entrée magnifique, consistant en une colonnade extérieure, occupant le milieu du mur, qui, de ce côté, étoit plein. Cette colonnade conduisoit à trois portes, et dans l'intérieur, au-delà des portes, une colonnade semblable répétoit celle de l'extérieur, espèce de composition qui rappelle l'idée des propylées d'Athènes et d'Eleusis. Le rang intermédiaire des colonnes du côté de l'entrée manque dans le plan que nous avons sous les yeux. S'il manqua de même autrefois, le nombre des colonnes du péribole auroit été de 360.

Si un sort heureux ne nous eût pas conservé un semblable témoignage de la grandeur et du luxe architectural des grands *temples*, on l'auroit révoqué en doute, et l'on auroit eu quelque droit d'en contester l'application, aux péribolés des *temples* célèbres, dont nous trouvons de si nombreuses citations chez les écrivains. (*Voy*. PÉRIBOLE.) Maintenant, lorsque nous voyons que ce fut généralement aux principaux édifices sacrés, aux plus grands et aux plus renommés, que furent affectées ces sortes d'enceintes, qui devoient ajouter une si grande magnificence à leur aspect, ne nous sera-t-il pas permis, et de croire que ces enceintes qui n'existent plus que dans les paroles des historiens, dûrent ressembler à celles dont nous connoissons les restes, et qu'elles constituèrent dans l'échelle des *temples* antiques, le degré le plus élevé, auquel l'art ait atteint en ce genre ?

Pour restreindre dans les bornes d'un article de dictionnaire, la notion principale d'un des plus vastes sujets de l'histoire de l'architecture, nous avons annoncé dès l'abord, que nous ne traiterions ici que du *temple* grec ou romain, le seul qui soit véritablement en rapport avec la critique et la théorie de l'art proprement dit. Il resteroit sans doute beaucoup d'autres points de vue sous lesquels le *temple*, objet de cet article, pourroit être considéré par l'architecte, comme, par exemple, les différens ordres qu'on y employa, le nombre de colonnes que comportoient leurs frontispices, la manière d'en espacer les colonnes, au gré de plus d'une sorte de convenance. Mais tous les détails de ces différentes pratiques se trouvent à tous les mots grecs latinisés qui les expriment, et qui sont passés dans le vocabulaire de l'architecture, chez les Modernes : tels que ceux qui se composent du

mot

mot *stylos* (colonne en grec) et du nombre ou de l'épithète qui en désignent les variétés. *Voyez* Eustyle, Exastyle, Diastyle, etc.

Sans doute, si l'on vouloit encore parcourir tout ce qu'une telle matière comporte de détails accessoires, il faudroit non pas un article, mais un volume. Tout en restant dans le cercle de l'art des Grecs, l'histoire complète de ses *temples*, la discussion de toutes leurs variétés, et la description de tous les objets de décoration qui les embellirent, seroient le sujet d'un très-intéressant ouvrage. Il nous semble inutile de faire remarquer au lecteur, qu'un semblable dessein est tout-à-fait en opposition, avec celui qui doit constituer le système et l'esprit d'un dictionnaire, où chaque notion, chaque partie d'un tout doit s'en trouver divisée, par la sujétion qu'impose l'ordre alphabétique.

Si nous touchons ici quelques mots des principaux ornemens qui trouvèrent place au dehors, comme dans l'intérieur des *temples*, ce sera uniquement pour avoir occasion de rappeler au lecteur, les articles où il pourra rencontrer les notions que celui-ci ne pouvoit pas embrasser.

L'architecture grecque avoit dû, comme on l'a dit bien des fois, au principe même, ou si l'on veut, au besoin de sa construction primitive, une de ses principales beautés décoratives; on veut parler de la forme du fronton, qui, créé par la nécessité, devint un tel sujet de luxe et de magnificence, que rien de semblable dans toutes les autres architectures ne peut y être comparé. On entend parler surtout de ce qui en fait le complément, c'est-à-dire des sculptures en bas-relief ou en statues, qui remplirent les superficies de son tympan. *Voyez* Fronton.

Ce fut ainsi que la frise, cette partie de l'entablement qui, dans le dorique, représentoit ce qu'il y avoit de plus vulgaire originairement, devint, par les accessoires dont on l'orna depuis, une des richesses les plus remarquables du *temple* grec. *Voyez* Métope, Frise.

On ne sauroit dire à quel point y fut portée la richesse des matières, des peintures, des métaux précieux, et de tout ce qui ajoute au mérite de la forme, celui de l'éclat, de la rareté, de la grandeur des masses, et de la variété des couleurs. *Voyez* Bronze, Peinture, Colossal, Bas-relief, Statue.

Il faut dire, en terminant cet article, que si l'architecture parvint à donner au *temple* grec ce rare mérite d'unité, d'ensemble et d'harmonie, qu'on est encore aujourd'hui forcé d'admirer, jusque dans les ruines qui en subsistent, cela fut dû, indépendamment du principe primitif de la construction, à la nature même du culte, qui n'admettoit point la multitude dans l'intérieur des édifices sacrés, et dont les cérémonies, toutes extérieures, n'imposoient à l'architecte aucune sujétion susceptible de contrarier la régularité de l'ordonnance la plus simple.

Or, on l'a fait observer déjà dans plus d'un article de ce Dictionnaire, le culte du christianisme repose sur des nécessités directement contraires, et le nom d'église, *ecclesia*, assemblée, suffit pour faire comprendre comment, d'un principe si divers, devoit naître une aussi grande dissemblance dans les plans, les élévations, les mesures, les proportions et les décorations des deux genres d'édifices. A cette simple cause d'une assemblée nombreuse, réunie dans l'intérieur du *temple* chrétien, est dû le système moderne, qui a transporté au dedans toute la magnificence, l'étendue et la dépense de colonnes, d'ornemens, d'ordonnances, qui constituèrent le principal mérite de l'extérieur du *temple* grec. De l'obligation d'une grande étendue en plan, naquit celle d'une procérité extraordinaire dans les nefs, et par conséquent dans les frontispices des églises. Ces réflexions ont été déjà produites à l'article Eglise. (*Voyez* ce mot.) Nous n'en reproduisons ici la mention, que dans la vue de prémunir les architectes, contre une indiscrète imitation de l'antiquité, dans la formation des *temples* chrétiens. Imiter l'antique n'est pas transporter à d'autres emplois, des plans et des dispositions qui ne sauroient leur convenir. Cette sorte d'imitation mécanique mériteroit à peine le nom de *copie*. Ce que l'artiste doit chercher à imiter chez les Anciens, c'est, non le positif de leurs ouvrages, non les règles que la mesure et le compas y font trouver, mais les raisons de ces ouvrages, mais l'esprit de ces règles, mais le principe moral, dont, et les ouvrages et les règles, sont les conséquences. Ce n'est donc pas à faire dans une église, le *fac simile* d'un *temple* grec, que doit tendre l'imitateur intelligent de l'antique; mais en employant les formes, les types, les détails de l'architecture grecque, qui ne sont autre chose, que ce que les mots, si l'on peut dire, et les formules du discours, sont à l'art d'écrire, il doit s'efforcer, non de faire ce qui fut fait par les grands architectes de l'antiquité, mais de faire ce qu'ils auroient fait, si d'autres usages, d'autres convenances, d'autres besoins politiques civils et religieux, leur eussent prescrit d'autres obligations.

TÉNACITÉ, s. f. Ce mot exprime, dans la composition des corps, une qualité en vertu de laquelle, leurs élémens et les parties dont ils sont formés, acquièrent une forte adhérence, ce qui les rend plus propres à soutenir la pression, à résister à la percussion ou à toute autre action qui tendroit à les dissoudre. Ainsi l'on dit de certains matériaux, qu'ils ont, ou qu'ils n'ont pas de la *ténacité*. On le dit de certains enduits, de certaines couleurs.

On le dit aussi des terrains, et il est essentiel d'avoir égard à leur plus ou moins grande *ténacité*, dans le prix de la fouille des terres, dans le calcul des mines.

TÉNIE, s. f. Du latin *tenia*, bandelette. *Voyez* Listel.

TENON, s. m. Bout d'une pièce de bois ou de fer diminuée carrément, environ du tiers de son épaisseur, pour entrer dans une mortaise. On appelle *épaulemens* les côtés du *tenon* qui sont coupés obliquement, lorsque la pièce est inclinée, et *décolement* la diminution de sa largeur, pour cacher la gorge de sa mortaise.

Tenon en about. — C'est un *tenon* qui n'est pas d'équerre avec sa mortaise, mais coupé diagonalement, parce que la pièce est rampante pour servir de décharge, ou inclinée pour *contreventer* et *arbalétrer*. Tels sont les *tenons* des contre-fiches, guettes, croix de Saint-André, etc.

Tenon à queue d'aronde. — *Tenon* qui est taillé en queue d'aronde, c'est-à-dire qui est plus large à son about qu'à son décolement, pour être encastré dans une entaille.

Tenons de sculpture. Ce sont, dans les ouvrages sculptés, des bossages ou des parties de la matière, étrangères à l'objet représenté, que l'on conserve pour donner de la solidité à des détails détachés de la masse. Tels sont ceux qu'on laisse derrière les feuilles d'un chapiteau corinthien pour leur donner plus de consistance.

TENTYRIS ou TENTYRA, aujourd'hui Dendera. Ville d'Egypte et jadis la métropole d'un Nome appelé *Nomus Tentyrites*, du nom de cette ville selon Strabon, Pline, Ptolémée et Etienne le géographe. On y admire encore de fort beaux restes d'antiquité dans plusieurs débris de ses temples. Ces précieux monumens ont été dessinés et décrits dans le grand ouvrage de l'Egypte, avec un tel soin et une telle étendue, que nous y renverrons le lecteur, nous contentant, pour rester fidèles au plan de ce Dictionnaire, d'une très-courte énumération des principaux objets conservés par le temps à notre admiration, et de quelques réflexions plus abrégées encore, sur l'époque à laquelle on peut attribuer leur exécution.

Le premier monument que l'on rencontre en arrivant sur les ruines de *Tentyris*, du côté du nord, est un petit édifice de forme rectangulaire, d'environ cinquante pieds en longueur, sur un peu moins en largeur. Il est composé de quatorze colonnes, dont six subsistent dans leur entier. Les autres n'existent que jusqu'à la hauteur des murs d'entre-colonnement. Cette construction n'a point été achevée, et elle paroît être une des dernières qui aient été élevées dans l'intérieur de la ville. Le fût des colonnes est lisse et sans aucune espèce d'ornement. Les chapiteaux à campane, ne sont en quelque sorte que dégrossis et préparés, pour recevoir les sculptures dont ils devoient être ornés. Deux portes, l'une au nord, l'autre au sud, donnoient entrée dans cet édifice. Tout porte à croire que ce n'étoit là qu'un de ces petits bâtimens destinés à servir d'introduction à de plus grands.

A une distance d'à peu près trois cents pieds, espace tout parsemé de débris de granit qui paroissent avoir appartenu à des statues, on trouve une fort belle porte remarquable par sa proportion et les sculptures dont elle est ornée. La face nord a éprouvé de fortes dégradations, et est privée de la plus grande partie de son couronnement; mais la face sud est parfaitement conservée. Sa construction est en grès d'un grain très-fin, et assez compacte pour se prêter aux plus petits détails. On a remarqué que cette sculpture est d'un fini de travail, qu'on ne découvre nulle part ailleurs, que dans les autres édifices de *Dendera*. A travers l'ouverture de cette porte, on aperçoit en perspective le grand temple dont on parlera tout à l'heure.

A quelque distance de cette porte, se fait remarquer la sommité d'un édifice qui paroît presqu'entièrement enfoui sous les décombres. On lui donne le nom de *Typhonium*. Quoique sa partie antérieure n'existe plus, cependant il subsiste encore en avant une colonne, qui ne permet pas de douter que sa façade ne fût composée de deux colonnes, avec des antes surmontées d'un entablement. L'édifice est entouré d'une galerie ornée dans chacun des grands côtés de neuf colonnes. La face postérieure en a quatre, toutes réunies entr'elles et avec les antes, par de petits murs d'entre-colonnement. Les colonnes sont couronnées de chapiteaux ornés de tiges de lotus. Au-dessus des chapiteaux sont des pierres cubiques qui, sur chacune de leurs faces, offrent une figure de typhon enveloppée de fleurs de lotus. La corniche de l'entablement, a pour ornement, un scarabée avec des ailes emblématiques, qui s'élèvent au-dessus de quelques figures hiéroglyphiques. Toutes les superficies de ce monument sont couvertes d'hiéroglyphes sculptés et peints.

En sortant du *Typhonium* on trouve, à peu de distance, des restes de construction qui appartiennent à un autre monument. Ce qui en subsiste fait présumer qu'il dut avoir une assez grande étendue, et qu'il étoit formé de pilastres et de colonnes. Peut-être fut-il élevé au temps des Romains. On y remarque une portion de frise formée de grappes de raisin et de pampres de vigne.

Mais le grand temple de *Dendera* est un des plus beaux ouvrages d'architecture égyptienne qui se sont conservés, des mieux exécutés dans toutes les parties et des plus entiers. Son portique ou pronaos est ce qui fixe le plus l'attention. Il se compose de six colonnes placées de front sur une même ligne, et de deux espèces d'antes angulaires. Excepté l'entre-colonnement du milieu, les autres sont remplis, selon l'usage général des temples, par de petits murs d'appui qui s'élèvent jusqu'à plus du tiers de la colonne. Celui du milieu offre une plus grande largeur que les autres, ce qui s'explique, puisqu'il n'y avoit que cet accès de libre pour pénétrer dans l'intérieur. Les chapiteaux des colonnes sont formés de la réunion de quatre masques d'Isis, lesquels sont surmontés d'un dé dont chaque face représente une espèce de temple.

La masse générale du temple se compose de deux parties bien distinctes, qui sont enchâssées, si l'on peut dire, l'une dans l'autre, savoir, le portique ou pronaos, et le temple proprement dit. La longueur du tout ensemble est d'environ deux cent quarante pieds; la façade est large d'environ cent trente. De part et d'autre, le portique est en saillie de dix à douze pieds sur les faces latérales du temple. La hauteur totale du portique est d'environ cinquante-cinq pieds; celle du temple est à peine de quinze pieds. Les murs sont parfaitement dressés suivant un talus qui donne à toute la masse une grande apparence de solidité. Le tout est couvert de sculptures hiéroglyphiques, d'une exécution et d'un fini si précieux, qu'on peut avancer que l'art égyptien y a été porté à sa plus grande perfection.

Nous ne porterons pas plus loin les détails descriptifs des différentes parties dont se composa le temple de *Dendera*. C'est au dessin qu'il appartient d'expliquer aux yeux, ce que les plus nombreuses paroles feroient difficilement comprendre.

Derrière le grand temple et à une assez petite distance, se voit un édifice dont le mur latéral de l'ouest et une partie du mur de face sont en ruine. Sa forme est presque carrée; son intérieur est composé de quatre pièces. Le tout est couvert de sculptures hiéroglyphiques. La corniche et la frise ont des ornemens aussi riches et aussi variés que ceux du grand temple.

Une porte semblable à celle dont on a fait mention plus haut, est presqu'entièrement enfoncée sous les décombres provenant de la destruction des maisons particulières qui, à différentes époques, ont fait partie de la ville de *Tentyris*. Cette porte est remarquable par une inscription grecque portant que *sous l'empereur César, et l'an* 31 *de son règne...... les citoyens de la métropole et du Nome ont consacré ce propylée à Isis*, etc. Nous devons faire encore observer qu'à la façade du grand temple ci-dessus décrit, existe également une inscription grecque qui porte que *sous le règne de Tibère, César, fils d'Auguste......... les citoyens de la ville et du Nome ont consacré ce pronaos à Vénus, très-grande déesse*, etc.

Ces inscriptions et beaucoup d'autres semblables, recueillies par M. Letronne dans ses *Recherches pour servir à l'histoire de l'Egypte, pendant la domination des Grecs et des Romains*, prouvent que beaucoup des monumens encore subsistans, dans leurs débris plus ou moins bien conservés, ont dû être l'ouvrage de siècles très-postérieurs à ceux des Pharaons. Si l'on rapproche ces autorités, de celle même de la description dont on a fait un léger extrait, et où l'on voit que l'exécution des temples de *Tentyris* se recommande par une perfection, un soin et une conservation de détails qu'on ne trouve pas ailleurs au même degré, on sera très-porté à croire que pendant cinq ou six siècles d'une domination étrangère, beaucoup d'édifices et de temples ont dû être ou rétablis, ou faits à neuf, tout en conservant les erremens de l'architecture égyptienne. Le planisphère de *Dendera* a fourni encore une preuve nouvelle que ces constructions ont dû être d'une époque très-postérieure. Le seul goût de décoration symétrique et d'ajustement très-agréable de ses accessoires, goût dont on ne sauroit citer, jusqu'à présent, aucun autre exemple en Egypte, le genre de sa sculpture qui indique un autre style, que celui des figures hiéroglyphiques habituelles, tout donne à penser qu'il faut porter dans l'histoire de l'art et des monumens de ce pays, un esprit de critique qui ne pouvoit se développer, qu'avec le secours des voyageurs qui ont eu le loisir d'explorer, ce qu'avant eux on n'avoit fait qu'entrevoir.

TERME, s. m. Ce mot est dérivé du latin *terminus*, qui vient du grec τέρμα, lesquels signifient également, dans ces deux langues, *fin*, *but*, *borne*, *extrémité* d'un lieu, et qui ont reçu depuis plus d'une application détournée de leur signification matérielle.

Le mot *terme* est le nom qu'on donne en sculpture et dans la décoration des édifices, à certaines figures dont la forme a perpétué l'idée de l'objet qui leur donna naissance.

Le *terme* en effet fut d'abord une simple borne, une pierre carrée, ou une souche, qui marquoit l'extrémité des héritages, et les limites de chaque propriété. De là naquit à Rome, et dès les premiers temps de sa fondation, l'espèce de culte rendu à ce signe protecteur. Il devint sacré, et bientôt l'instinct de la reconnoissance en fit un dieu. Sans doute ce sentiment étoit déjà parvenu à lui donner une forme humaine, comme à toutes les autres créations de l'esprit, qui dans le paganisme revêtirent des corps. Une tête fut placée sur ces pierres gardiennes des champs; et Numa, pour inspirer de plus en plus le respect des propriétés, déifia cette sorte d'effigie, en lui élevant un petit temple sur la roche Tarpéienne. Le dieu *Terme* continua donc, pour être fidèle à l'idée primitive de sa fonction, d'être représenté sous la forme d'une borne, ou d'une pierre carrée, surmontée d'une tête, et sans bras ni pieds, comme pour exprimer qu'il ne pouvoit changer de place; car l'immobilité étoit son principal attribut, et l'art n'auroit pu se permettre d'en altérer le caractère.

Il est arrivé à ce symbole figuratif, comme à beaucoup d'autres, de se perpétuer dans les compositions des arts et de l'architecture, après que leur sens primitif, et la raison de leur forme ou de leur emploi avoient disparu. Ce qu'on appelle l'*ornement*, dans les conceptions de l'art, est devenu, comme on l'a montré à ce mot (*voyez* ORNEMENT, DÉCORATION), le refuge et le réceptacle d'une multitude de signes, déshérités par l'effet du temps, de la propriété qu'ils eurent autrefois d'exprimer des idées, qui ont cessé d'avoir cours dans l'esprit des hommes. Ces signes réduits ainsi à ne pouvoir plus parler qu'aux yeux, sont devenus une sorte d'écriture morte, quant à l'intelligence, mais qui peut encore s'adresser au goût, par l'emploi varié, ingénieux et heureusement combiné que l'architecte en sait faire. Et c'est ce qui est arrivé à la figure du *Terme*.

Une fois, en effet, qu'il fut rentré dans le domaine des signes arbitraires de la langue capricieuse de l'ornement, il fut facile de l'appliquer à de nouveaux emplois dans les édifices. Ainsi le voyons-nous, même dans l'antiquité, servir quelquefois en manière de supports, à remplacer les atlantes et les télamons (*voyez* ces mots), à suppléer les pilastres, à soutenir des festons et des draperies sous le nom d'*hermès*. Voyez ce mot.

Nous trouvons encore chez les Anciens le *terme* devenir une abréviation de statue dans ces figures, qu'on nomme aussi *hermétiques*, parce qu'elles furent d'abord consacrées, et particulièrement sur les routes, aux figures de Mercure. Mais bientôt il y en eut, avec les têtes simples ou accouplées de toutes les sortes de divinités. Le *terme* ainsi employé reçut quelquefois dans son extrémité inférieure l'addition de deux pieds. Il s'en fit aussi où le buste, c'est-à-dire la partie supérieure du corps, partageoit avec la pierre quadrangulaire, la moitié de la hauteur totale du simulacre. Il paroît qu'à une certaine époque, les figures en *terme* se multiplièrent, pour l'ornement des bibliothèques, des gymnases et des lieux d'étude, où ils offroient des portraits de philosophes et d'hommes célèbres. Le grand nombre de ces ouvrages parvenus jusqu'à nous, dépose du grand emploi qu'on fit de la forme du *terme* sous ce dernier rapport.

C'est donc aussi, comme ornement susceptible de s'appliquer diversement aux œuvres de l'architecture, que le *terme* est entré dans les usages de la décoration chez les Modernes. A cet égard nous devons dire qu'il n'a guère été mis en œuvre comme partie constituante de l'ordonnance architecturale, que là où il a pu se mêler, comme objet décoratif, aux compositions légères qui peuvent convenir, par exemple, à un intérieur de salle de spectacle, ou à des compartimens arabesques. On ne sauroit nier cependant qu'on ne l'ait appliqué quelquefois aussi, en forme de pilastre, à soutenir les corniches et frontons de quelques chambranles de fenêtres, ou peut-être même à faire fonction de colonne dans quelques petites parties de corps avancés, comme balcons ou galeries. Michel Ange l'avoit appliqué en manière de pilastre à la décoration du grand mausolée de Jules II, qui ne reçut pas d'exécution, selon le projet de l'auteur. On en retrouve le souvenir au monument extrêmement réduit qu'il en fit par la suite, et qu'il termina pour l'église de *San Pietro in vincoli*. Cependant on doit dire que hors quelques rares et légères exceptions, le *terme*, dans les attributions que l'architecture lui a données, a presque toujours été distinct des atlantes ou caryatides, dont le seul emploi, et la destination particulière, sont de tenir lieu de colonnes.

Le *terme*, chez les Modernes, a souvent servi, comme chez les Anciens, d'ornement aux intérieurs, employé comme support de têtes ou de bustes, et c'est à cette pratique que fut dû très-probablement l'usage de ce que l'on appelle *gaîne* (*voyez* ce mot), laquelle, dans le fait, ne diffère du *terme* ou de l'*hermès*, qu'en ce que la tête qu'on y impose, ne fait pas partie de son support.

La sculpture moderne, en s'emparant de la forme du *terme*, comme objet de décoration, soit appliqué à l'architecture des portes, soit destiné à figurer dans les embellissemens des jardins, n'a pas laissé que d'enchérir beaucoup sur la composition du *terme* antique, dans la dimension de la masse, par la diversité de l'ajustement, des sujets et des inventions. On ne fera qu'indiquer ici, tant ces ouvrages sont connus, et à la vue de tout le monde, dans les célèbres jardins dont ils font l'ornement, ces *termes* d'une dimension colossale, dont les figures à mi-corps se combinent plus ou moins pittoresquement, avec la forme de gaîne qui les termine par en bas. La sculpture s'est plue à en faire des sujets poétiques et allégoriques. On y voit représentées avec leurs attributs, soit les saisons, soit les heures du jour, soit les quatre parties du monde.

Des *termes* de ronde bosse peuvent encore quelquefois être employés, et l'ont été avec succès, à former des clôtures, en devenant, dans leur état d'isolement, les points d'appui des grilles ou des barreaux de métal qui s'entremêlent à eux. L'exemple le plus remarquable, qui soit à notre connoissance, d'un semblable emploi des *termes*, dans l'architecture, se voit en Angleterre, à Oxford. La face principale d'un fort beau bâtiment circulaire, qu'on y appelle, à cause de cette forme, théâtre, lieu de réunion des assemblées de l'Université, est précédée d'une cour demi-circulaire, dont l'enceinte se trouve circonscrite, selon le même plan, par quatorze grands *termes* que surmontent des bustes et des têtes de philosophes, d'une porportion colossale. Ces *termes* ou pierres quadrangulaires sont engagés dans leur partie inférieure, et divisés par un petit mur d'appui, sur lequel sont scellées les grilles qui s'étendent ainsi d'un *terme* à l'autre.

Quoiqu'on ait fait quelquefois les *termes* de forme arrondie, et tout en avouant, qu'à l'égard d'un objet qui, né du caprice et de l'imagination, ne sauroit avoir de modèle positif, on ne puisse lui prescrire d'autres règles, que celles de la convenance, de l'usage, et de la tradition de son origine, nous pensons que la forme quadrangulaire est celle qui surtout s'allie le mieux avec l'architecture. Nous ne nous arrêterons donc pas à combattre ici les abus qu'un goût insatiable de nouveautés a multipliés, tant dans l'emploi du *terme*, que dans les diversités de configuration qu'on a quelquefois fait subir à son type, soit en le convertissant en consoles, soit en le chargeant d'ornemens ou de détails qui en dénaturent le caractère. Si nous ajoutons aux notions de cet article, la nomenclature des diverses désignations qu'en ont données quelques lexiques, c'est moins pour autoriser plusieurs de ces abus, que pour les faire éviter. On applique donc aux *termes* quelques épithètes qui en indiquent la destination, et l'on dit :

Terme angélique. — C'est une figure d'ange représentée à mi-corps, et dont la partie inférieure se termine en gaine. On en voit de semblables à plus d'une église.

Terme double. — C'est un *terme* composé ou de deux demi-corps ou de deux bustes adossés, qui s'élèvent sur une seule et même gaine, en sorte qu'ils présentent deux faces, et que l'on a faits ainsi pour correspondre à deux points de vue.

Terme en buste. — *Terme* qui consiste dans sa partie supérieure en une tête seule, soit qu'elle se termine au col, soit qu'on y ait joint l'estomac ou les pectoraux. Il s'en trouva ainsi beaucoup dans l'antiquité et dans les imitations qu'en ont faites les artistes modernes.

Terme en console. — On donne ce nom, dans l'ornement, à un *terme* dont la gaine, par le bas, se termine en enroulement, et dont le corps ou la tête font fonction de support. On peut citer comme exemples en ce genre, l'emploi qu'on a fait plus d'une fois de cette manière de *terme* pour décorer les maîtres-autels de quelques églises, ou les montans des cheminées.

Terme marin. — Nom qu'on donne à un caprice d'ornement, qui a été quelquefois appliqué à des décorations de fontaines, de grottes ou d'édifices hydrauliques. Ce sont des figures à demi-corps de tritons, dont la partie inférieure, au lieu d'être en gaine, se termine par une double queue de poisson tortillée.

Terme rustique. — *Terme* dont la gaine est ou taillée en bossages, ou sculptée en manière de congélations lapidifiques, et le corps est la figure de quelque divinité champêtre.

TERMES MILIAIRES, s. m. pl. On trouve ce nom donné à ce que l'on appelle *hermes* (*voyez* ce mot), c'est-à-dire à certaines représentations de Mercure, consistant en une tête de ce dieu, placée sur une longue pierre, ou carrée ou diminuée par le bas en forme de gaine.

Ces sortes de *termes*, chez les Grecs, auroient servi à marquer les stades, ou les distances des chemins. Ainsi Plaute les désigne sous le nom de *Lares viales*. Les routes, comme l'on sait, et la sûreté des grands chemins étoient dans les attributions de Mercure. Il y avoit de ces *termes* hermétiques à plusieurs têtes, peut-être comme pour correspondre à plus d'un chemin. On voit à Rome, à l'extrémité du pont Fabricius, deux de ces *termes* qui ont chacun quatre têtes, et qui ont fait prendre à ce pont le nom moderne de *Ponte quattro capi*.

TERMINÉ. Synonyme d'*achevé*, *fini*.

TERMINER, v. act. Ce mot, dans la langue des beaux-arts, s'entend de deux manieres, et sous deux sens, dont l'un exprime une idée plus matérielle que l'autre.

L'idée la plus simple du mot *terminer*, est celle qui s'applique à l'achèvement matériel de tout ouvrage, quel que soit le degré de mérite auquel l'artiste soit parvenu. Dans le sens moral du mot, l'ouvrage est terminé lorsqu'il est arrivé au point qui doit lui servir de terme, et ce terme est cette sorte de complément de toutes les qualités, qui empêche de desirer quelque chose de plus, ou quelque chose de mieux.

Il y a entre les mots *terminer*, *achever*, *finir*, certaines variétés que le goût comprend mieux, que le discours ne peut les rendre. Quant à l'architecture, on se sert peut-être plus volontiers, et plus souvent, du mot *terminer*, dans son acception simple, pour signifier qu'un édifice a reçu, ou n'a pas reçu, le complément de toutes les parties dont il doit être composé, d'après le projet qui en a été donné, ou d'après les besoins qu'il comporte.

S'il s'agit, dans cet édifice, d'exprimer ce qui se rapporte à l'exécution matérielle de sa matière, et des détails de ses profils et de ses ornemens, on se servira par préférence du mot *fini* ou du mot *achevé*. Ainsi l'on dira que l'aile de tel palais n'a point été *terminée*, qu'il reste à *terminer* la nef de telle *église*, ou un de ses bas côtés. Mais on dira que les sculptures de sa frise ou de ses chapiteaux, ont été bien ou *mal finies*.

Il y a encore, en fait d'architecture, d'édifices, et d'objets de décoration, un emploi très-fréquent du mot *terminer* : c'est celui par lequel on exprime, de quelle manière la masse en hauteur, d'un ouvrage quelconque, reçoit ce qui en doit être la sommité. On dit alors de cet ouvrage, qu'il *se termine* par tel ou tel objet, par telle ou telle forme. Une colonnade, un péristyle, *se terminent* par un fronton. Un obélisque *se termine* par un *pyramidium*. Une coupole *se termine* par une lanterne, qui *se termine* elle-même par un globe et une croix, etc.

TERRAIN. *Voyez* TERRE.

TERRASSE, s. f. On fait signifier à ce mot deux choses, qui se rapprochent entr'elles par une idée commune, mais que séparent deux emplois fort distincts.

Ainsi *terrasse*, comme l'indique le mot et sa formation, est un ouvrage de terre, soit que la nature, selon les diversités des sites, en ait fourni elle-même à l'architecture ou au jardinage la formation primitive, soit que l'art soit parvenu, par des terres rapportées et accumulées, à en produire la masse et l'élévation (*voyez* TERRE-PLEIN), et *terrasse* est le nom qu'on donne à toute couverture d'un bâtiment qui est en plate-forme.

TERRASSE (*comme ouvrage ou élévation en terre*). L'ouvrage qu'on appelle ainsi, se pratique soit pour l'utilité, soit pour l'agrément. Comme objet utile, c'est particulièrement aux fortifications des places de guerre qu'on l'applique. C'est à de pareils travaux que sont dus ces remparts existans encore dans beaucoup de villes, et qui, devenus inutiles, depuis que le système d'attaque et de défense a changé, ont été convertis en promenades plantées d'arbres. On tiroit ordinairement les terres qui devoient produire ces élévations, des fossés que l'on creusoit en dehors des murailles, et qui étoient ensuite remplis d'eau. Mais ces sortes d'ouvrages ne sont point du ressort de ce Dictionnaire.

La *terrasse*, à quelqu'usage qu'on l'emploie, entre toutefois dans les attributions de l'art de bâtir, lorsqu'il est nécessaire de soutenir par des épaulemens de construction, les amas de terre qu'on élève à quelque hauteur que ce soit.

Nous trouvons que dans l'antiquité on employa ainsi les *terrasses* à former de très-vastes monumens. L'usage des tombeaux donna naissance à ces grands ouvrages. On sait assez que dans beaucoup de pays anciens, et surtout en Grèce, ce que nous appelons tombeau, *tumulus*, ne fut, pendant très-long-temps, qu'une butte naturelle ou une élévation artificielle de terre, qu'on surmontoit de colonnes ou de cippes, et dont on entouroit la base par une construction. Pausanias (*l. 2. ch.* 29) nous décrit comme formé de cette sorte, le tombeau de Phocus. Lorsque le *tumulus* avoit peu d'élévation, on conçoit qu'il n'eut guère besoin d'aucune autre bâtisse, ni d'ouvrage proprement dit en *terrasse*. Mais l'histoire ancienne, mais des descriptions, et des restes encore existans, nous apprennent qu'il y eut d'immenses *tumuli*, amas considérables de terre, qui ne peuvent être expliqués que par l'emploi de ce que nous appelons des *terrasses*. Tel étoit d'abord (nous dit Herodote) en Lydie, l'antique monument sépulcral du roi Alyates, père de Crésus. Son soubassement étoit en grosses pierres; le reste, ajoute l'historien, est un amas de terre. Son circuit par en bas étoit de cinq cent quatre-vingt-dix-huit toises : les deux petits côtés devoient avoir chacun quatre-vingt-quatorze toises. Aussi l'écrivain grec dit-il, qu'à l'exception des monumens de l'Égypte et de Babylone, c'étoit un ouvrage de beaucoup supérieur à tout ce qu'on admiroit ailleurs.

Cependant il reste à concevoir, comment Hérodote auroit pu vanter à ce point un ouvrage qui, hors son soubassement, partie toujours accessoire et insignifiante d'un monument, n'auroit été qu'une montagne artificielle, si cette élévation n'eût consisté qu'en levées de terre.

Un autre monument antique postérieur, décrit avec plus de détail par Strabon, et dont il subsiste des restes et des traditions, le mausolée d'Auguste à Rome, étoit aussi une énorme levée artificielle de terre, comme le site le démontre, et ayant des plantations d'arbres verts jusqu'à son sommet, qui se terminoit par la statue colossale en bronze de l'empereur. Or, il n'est pas permis de croire que la magnificence du mausolée d'Auguste, qu'on plaça au nombre des merveilles du Monde, se seroit bornée à n'être qu'un monticule de terre rapportée, sur les pentes duquel il y auroit eu des arbres. Aussi, d'après l'indication de Strabon, et celle des vestiges encore existans, n'a-t-on pas hésité de le restituer, il y a déjà long-temps, comme formé de *terrasses* circulaires solidement construites, en retraite les unes au-dessus des autres. Dans le sol de ces *terrasses* étoient plantées des rangées de cyprès, qui, d'étage en étage, arrivoient et conduisoient jusqu'au sommet.

Le tombeau d'Auguste peut donc servir de commentaire à la notion d'Hérodote sur le monument d'Alyates. Au lieu de n'être qu'une simple butte naturelle de terre, ou faite de rapport, elle aura présenté un composé de *terrasses* circulant par étages solidement construits, et s'élevant à une hauteur, que la dimension de son soubassement permet de porter à quatre ou cinq cents pieds.

Tous les critiques qui ont cherché à donner une explication plausible, de ce que l'on appelle les jardins suspendus de Babylone, sont tombés d'accord, que pour avoir été ainsi appelés, ces jardins avoient été, et n'avoient pu être autre chose que des *terrasses* ou amas de terre, maintenus par des épaulemens en constructions, mais élevés sur des portiques en arcades qui leur donnoient réellement l'apparence d'être en l'air. Or, on avoit à Babylone, pour faire de pareils travaux, l'avantage du mortier de bitume, que l'humidité ne pouvoit pas altérer.

La nature, sans doute, a plus ou moins inspiré l'usage des *terrasses* pour l'embellissement des habitations et des jardins, surtout dans les pays montagneux. Aussi doit-on distinguer en ce genre d'ouvrages, ceux dont les inégalités du sol font les frais, de ceux qui sont les produits de l'art.

Partout où l'on construit sur des terrains montueux, la *terrasse* devient comme une sorte de condition obligée de la disposition de l'architecte, et si les *terrasses* simples, ou à plusieurs rampes, ajoutent à l'aspect du bâtiment, on ne sauroit dire aussi de quel agrément elles sont pour les belles vues qu'elles procurent. La *terrasse* la plus célèbre qu'on puisse citer aux environs de Paris, est celle de Saint-Germain-en-Laye, aussi remarquable par sa longueur et sa situation, que par la grande étendue de pays qui de ce point s'offre à l'œil du spectateur.

La *terrasse* devient souvent un ornement pour les jardins du genre régulier, car pour les autres, dont le système et le goût repoussent l'emploi des lignes droites, il est sensible qu'une *terrasse* en construction ne sauroit y trouver place. Il n'est pas à supposer cependant que la construction ou la maçonnerie soit toujours nécessaire à la formation d'une *terrasse*. Quand la nature fournit elle-même des levées d'une terre forte et compacte, on peut se contenter d'y pratiquer des *terrasses* en talus et en glacis. Souvent encore on ne revêt de pierres, ou de maçonnerie, qu'un seul côté, et l'autre se taille en pente douce, qu'on peut gazonner pour mieux obvier à l'éboulement des terres.

Les *terrasses* ont lieu dans les jardins, soit sur des terrains plats, pour procurer des aspects plus variés, soit pour sauver des inégalités. Dans tous les cas on les orne de plants divers d'arbres ou d'arbustes, de vases, de caisses, de pots de fleurs posés sur des dés de pierre. On y élève des statues qui, alignées et symétriquement rangées, forment un coup d'œil riche et théâtral. Il y a peu de jardins qui offrent dans leurs *terrasses*, dans leur disposition et leur correspondance, un emploi des statues plus noble et mieux approprié au local, que le jardin des Tuileries à Paris.

TERRASSE (*comme couverture en plate-forme*). Ce mot (comme on l'a vu) signifie dans son acception naturelle et primordiale, une masse de terre exhaussée, dressée et plane, ordinairement épaulée par des murs, et d'où la vue domine sur les objets environnans. Seroit-ce de quelques-unes de ces propriétés qu'on auroit transporté ce mot en italien comme en français, à cette espèce de couverture des édifices, qui, au lieu de toiture, présente à leur sommet une superficie plane, dressée et supportée par les murs?

Telle est, au reste, la définition des couvertures en *terrasse*, ou plate-forme, qui surmontent universellement les édifices dans certains pays, et sont encore plus ou moins usitées dans quelques autres.

Nul doute que les diverses températures et les influences variées des climats n'aient décidé dans chaque pays, du mode de couverture à donner aux bâtimens, et à préférer, selon le plus ou le moins d'agrémens ou d'inconvéniens, selon aussi une multitude de besoins qui dépendent des causes naturelles, et enfin selon les matériaux et les moyens que rencontre et met en œuvre l'art de bâtir.

Ainsi voyons-nous que de nos jours encore, certains pays, comme ils le firent dès la plus haute antiquité, n'emploient d'autre forme de couverture que celle de la *terrasse*, au sommet de leurs habitations. La Bible est pleine de citations qui déposent de cet usage chez les Hébreux. Dans le Deutéronome, ch. 22, v. 8, un article recommande expressément d'établir sur la couverture de sa maison, et tout à l'entour, un parapet, de peur de se rendre coupable de la mort de celui qui viendroit à se précipiter en bas, faute de cette précaution. Selon les relations des voyageurs modernes, et d'après les dessins qu'ils nous ont fait voir des maisons actuelles de la Judée, tous les édifices se terminent aujourd'hui par des *terrasses*. Tel doit avoir été, si l'on en croit les pratiques encore usitées, l'usage universel de tout l'Orient.

Ce qu'on sait du climat de l'Égypte, où les pluies sont extrêmement rares, et les neiges inconnues ainsi que les glaces, suffiroit pour nous faire penser qu'on ne dut y connoître que les couvertures en *terrasse*, si le manque de bois qu'a toujours éprouvé ce pays n'en étoit une preuve nouvelle, et si les restes nombreux de ses édifices, ainsi que le caractère éminemment significatif à cet égard, de son architecture, n'étoit la démonstration irrécusable de l'usage des plates-formes, au lieu de toitures, dans tous les édifices. Au milieu du nombre infini de restes de l'architecture égyptienne, dans tous les pays où elle s'est propagée, on n'a pas encore découvert la forme d'un fronton, signe caractéristique de la toiture en charpente. Nous avons rendu compte à l'article de cette architecture (*voyez* ÉGYPTIENNE (architecture), de la manière uniforme dont étoient couverts tous les édifices, les temples, leurs portiques, les galeries, les intérieurs de tout genre, si toutefois on peut donner le nom d'intérieur, à ce qui ne pouvoit être couvert que par des dalles de pierre, posant d'un mur à un mur, ou d'une colonne à une colonne. N'ayant connu ni l'emploi des longues poutres dans leurs constructions, ni la pratique des voûtes, les Égyptiens furent obligés de multiplier singulièrement les mêmes masses à la suite les unes des autres, et surtout les colonnes, dans leurs grandes salles polystyles, parce qu'ils n'avoient, pour les couvrir en plafond, que des pierres d'une mesure donnée. Voilà pourquoi tout est en *terrasse* dans leurs monumens. Or, ce que nous remarquons, comme un effet nécessaire de leur système et de leurs moyens de bâtir, Hérodote l'avoit remarqué, et il nous l'a dépeint avec beaucoup de justesse, dans sa description du Labyrinthe, lorsque, se plaçant sur une hauteur, d'où l'on apercevoit à vol d'oiseau cet ensemble contigu de tant de masses d'édifices, il en compare l'aspect à celui d'une plaine de pierres. On peut bien croire dès-lors, que les habitations particulières de l'Égypte antique ne devoient avoir, comme celles d'aujourd'hui, d'autres couvertures que des *terrasses*.

L'usage des toitures en charpente fut sans doute très-répandu en Grèce et dans l'Italie, mais il ne dut pas exclure entièrement l'emploi des couvertures en plate-forme. S'il existe peu, ou s'il n'existe plus de restes de *terrasses* dans les ruines des édifices grecs ou romains, la cause en est sensible, c'est que les faîtes de toutes les bâtisses sont ce qui éprouve en premier les coups de la destruction. Mais une multitude de passages et de documens recueillis chez les écrivains, ne permet pas de mettre en doute que dès la plus haute antiquité il y eut des maisons et des palais couverts en *terrasse*. Par exemple, Homère nous en donne une preuve, dans le récit qu'il fait (*Odyssée, l.* 10, *v.* 552) de la mort d'Elpenor. Il raconte qu'ayant été dormir sur la *terrasse* du palais de Circé, qui manquoit de parapet d'un côté, et étant mal réveillé, au lieu d'aller du côté de l'escalier, il se précipita du haut de la maison en bas. On citeroit d'autres traits chez les écrivains latins, comme témoignage de l'emploi des *terrasses*, s'il ne suffisoit pas de renvoyer le lecteur à Vitruve, qui (*liv.* 7, *ch.* 1) nous apprend de quelle manière les *aires* devoient être exécutées, lorsqu'elles étoient pratiquées à découvert, *sub dio*. Ces détails, nous les avons déjà donnés à l'article Aire. *Voyez* ce mot.

L'Italie moderne a dû à la bonne qualité de ses enduits, surtout à Naples, l'usage général des *terrasses* sur les maisons. Toutes celles de la ville qu'on vient de citer sont ainsi terminées par des *terrasses*, qui ont un parapet donnant sur la rue. L'emploi universel de la pouzzolane, permet de couvrir ainsi les maisons d'un massif assez épais, et imperméable aux eaux pluviales. La douceur des hivers garantit encore cette sorte de mortier des atteintes de la glace. Rome moderne use aussi volontiers de *terrasses* au sommet de beaucoup de palais et de maisons; toutefois le plus grand nombre se trouve surmonté de *mæniana*, ou de ce qu'on appelle *loggia*, petites constructions qui mettent au moins perpendiculairement la *terrasse*, à couvert de la chute des eaux.

Plus on remonte vers le Nord, plus les *terrasses* deviennent rares. Le climat en fait beaucoup moins sentir l'agrément. On y éprouve moins long-temps et moins souvent le besoin d'y jouir de la fraîcheur, et des aspects que les lieux élevés procurent; et la longueur des hivers, la chute des neiges surtout, réclament des toitures solides et plus ou moins aiguës. Aussi remarque-t-on que l'on pourroit, en quelque sorte, calculer les climats d'abord par l'absence ou la multiplicité des toits, ensuite par la pente plus ou moins rapide qu'on leur donne.

En France on fait peu de *terrasses*, et indépendamment de beaucoup d'autres raisons, il ne paroît pas qu'on ait jusqu'à présent réussi à faire adopter un enduit ou un mastic durable et imperméable, quoique quelques épreuves récentes aient fait concevoir des espérances à cet égard.

On emploie le plus ordinairement, en France, à la formation des *terrasses*, deux sortes de procédés : celui des dalles en pierres, et celui des lames de plomb. Les inconvéniens en sont généralement sentis, lorsque les plates-formes qu'on pratique ainsi, ont lieu sur des planchers en solives. Nous n'entendons toutefois parler du danger des *terrasses*, qu'à l'égard de ces sortes de constructions, qui sont celles des habitations et des maisons ordinaires. S'il s'agit, en effet, d'édifices qui demandent ou admettent des *terrasses* sur des voûtes en pierre ou en maçonnerie solide, il est alors possible d'en couvrir les plates-formes, par des pierres d'une épaisseur et d'un volume qui assurent leur solidité, et les rendent moins perméables à l'humidité.

Mais le premier procédé de faire les *terrasses* dans les bâtisses ordinaires sur solives, n'emploie pas des pierres aussi étendues et d'une semblable épaisseur. C'est, au contraire, de simples dalles que l'on use, et ces sortes de dalles se réduisent ordinairement à l'épaisseur des carreaux. On évite aussi de leur donner trop de longueur, dans la crainte qu'elles ne se fendent; et de là, le besoin, en les multipliant, de multiplier aussi leurs joints. Or, ce sont ces joints multipliés qui, nécessitant l'emploi du mortier qui doit les unir, occasionnent, selon la nature de ce mortier, de fréquentes désunions, par où s'opèrent des filtrations d'eau. Les inégalités de tassement dans les bâtisses, le travail des bois de charpente, tendent aussi à déranger le niveau des dalles. Ajoutons que le peu d'épaisseur de ces dalles destinées à recevoir les eaux pluviales, à éprouver l'action des neiges qui y séjournent, des gelées et surtout des dégels, fait qu'elles sont facilement pénétrées par l'humidité, et en transmettent le principe dissolvant au massif qu'elles recouvrent.

On peut faire une partie de ces reproches aux couvertures de *terrasse* en plomb. Ce métal ductile et facile à travailler et à étendre, a l'inconvénient d'être poreux, et de transmettre l'humidité plus encore que la pierre. Il y faut aussi pratiquer des soudures, qui produisent le même inconvénient que celui des joints aux dalles de recouvrement. D'autres métaux encore remplaçant le plomb, mais rien ne peut empêcher que l'humidité qu'ils transmettent, ne pourrisse les bois des solives sur lesquelles s'établissent de semblables *terrasses*.

Terrasse (contre-). On appelle ainsi une *terrasse* élevée au-dessus d'une autre, pour quelque raccordement

raccordement de terrain, ou élévation de parterre.

Terrasse (en sculpture). On donne ce nom dans les ouvrages de sculpture, à cette partie de la plinthe d'une statue, où pose la figure. Il y a effectivement des cas assez nombreux où l'artiste ménage une certaine épaisseur de matière sur sa plinthe pour former comme une sorte de terrain factice qui devient quelquefois nécessaire, par exemple, pour motiver l'introduction de ces troncs d'arbre qui servent d'accompagnement et de tenon, surtout aux figures en marbre.

Terrasse (en marbre). Ainsi appelle-t-on, dans le langage de la marbrerie, un *tendre*, c'est-à-dire un défaut du marbre, qu'on nomme *bouzin* dans les pierres. On remédie autant qu'on le peut à ce défaut, avec de petits éclats et de la poudre du même marbre, qu'on mêle avec un mastic de la même couleur.

TERRASSIER, s. m. Ce nom désigne soit l'ouvrier entrepreneur des travaux d'une *terrasse*, soit les ouvriers que l'entrepreneur emploie aux mouvemens de terre, et qui travaillent sous lui, ou à la tâche, ou à la journée.

TERRE, s. f. La matière à laquelle on donne ce nom, si on la considère, ou si on l'emploie dans son état naturel ou primitif, ne sauroit donner lieu, ni à beaucoup de notions, ni à un grand nombre d'usages applicables à la construction. Ce n'est pas que la *terre* ne comporte d'innombrables diversités de qualités, dont l'analyse et la connoissance importent beaucoup aux arts du besoin, en tête desquels se place l'agriculture. Mais si l'architecte doit avoir quelques lumières sur ces variétés, ce ne sera guère que sous les rapports que les qualités des terrains, où il élevera ses bâtimens, pourront avoir, soit avec les fondations qu'il leur confiera, soit avec les matériaux qui en recevront l'influence.

Ce que la *terre* a de plus directement applicable à l'art de bâtir, se rapporte à l'emploi qu'on en fait, comme matière propre à former des murs. Le plus simple et le plus grossier de ces emplois, consiste à faire d'une *terre* grasse délayée, et mêlée quelquefois d'autres substances qui y forment liaison, tantôt des murs de séparation entre les champs et les jardins, tantôt même des cabanes ou des chaumières pour les villageois, qui n'ont pas d'autres moyens de se construire des habitations. Ce moyen inspiré par la simple nature, et dont on use encore en plus d'un pays, a cependant reçu, et, à ce qu'il paroît, fort anciennement, un certain perfectionnement, qui en fait un procédé régulier, dont nous avons rendu compte en son lieu, sous le nom de Pisé qu'on lui donne (*voyez ce mot*), et qui permet de donner à cette sorte de bâtisse une solidité, une propreté extérieure, et une régularité qui le rendent applicable à beaucoup de petits corps de bâtimens, dans les grands établissemens ruraux.

Mais la *terre* ou l'argile a été dès les plus anciens temps mise en œuvre, pour former des briques dont on a composé les plus grands et les plus durables ouvrages. A l'article Brique (*voyez ce mot*), nous avons donné de nombreux détails sur ce genre de matériaux, et sur ses variétés, particulièrement sur l'emploi que l'Egypte fit des briques crues, c'est-à-dire en *terre* simplement séchée au soleil. Les voyageurs qui ont poussé les recherches dans ces contrées et à plusieurs centaines de lieues au-delà des cataractes du Nil, ont rencontré partout des restes de constructions antiques en briques crues, et les habitans de ces pays n'usent guère aujourd'hui encore d'autres sortes de matériaux, dans les bâtimens qu'ils construisent. Il est vrai qu'ils ne peuvent convenir que sous des climats où il pleut rarement, et où l'on ignore ces vicissitudes de température, qui dans les hivers du Nord font succéder aux pluies et aux causes d'humidité, l'action de la gelée et du dégel, action à laquelle ne résisteroient point des matériaux en *terre* crue.

Il reste à faire connoître quelques-unes des désignations qu'on donne à la *terre*, sous le petit nombre de rapports qu'a cette matière, soit avec l'art de bâtir, soit avec celui du jardinage, qui est une des attributions de l'architecture. On dit :

Terre argileuse. — *Terre* dont on se sert pour faire des briques et autres ouvrages.

Terre franche. — Espèce de *terre* grasse, sans gravier, dont on fait du mortier et de la *bauge* en quelques endroits.

Terre glaise. — *Terre* argileuse dont on use pour former les fonds des bassins.

Terre maigre. — C'est une *terre* sablonneuse qu'on mêle quelquefois avec de la *terre* trop grasse.

Terre massive. — Nom général qu'on donne à toute *terre* que, dans le langage du bâtiment, l'on considère, comme étant entièrement solide, sans aucun vide, et toisée cubiquement, ou réduite à la toise cube, pour l'estimation de sa fouille.

Terre naturelle. — On appelle ainsi une *terre*, qui n'a encore été ni éventée, ni fouillée. On la nomme aussi quelquefois *terre* neuve.

Terre rapportée. — *Terre* qui a été transportée d'un lieu à un autre, soit pour combler des fossés ou des bas-fonds, soit pour élever des terrasses.

TERREAU, s. m. (*Jardinage.*) On appelle ainsi, dans le jardinage, une sorte de terre noire, résidu du fumier pourri et macéré, dont on forme ce qu'on appelle les couches dans les jardins potagers. On le modifie diversement par des mélanges, selon les plantes ou les arbustes qu'on veut faire venir et cultiver.

Le *terreau* est encore employé dans les parterres, et leurs plates-bandes, comme moyen propre à détacher l'effet de la verdure des plantes qui servent à faire des bordures. Plus volontiers cependant on use, pour procurer cet effet, de mâchefer, ou de petits cailloux de couleur concassés, parce que les herbes parasites n'y croissent pas aussi facilement.

TERRE CUITE. Nous avons parlé assez au long de l'emploi que l'architecture grecque a fait de la *terre* argileuse cuite, comme moyen de construction. (*Voyez* BRIQUE.) Ce qu'on a dit de la durée et de la solidité de cette matière appliquée à la bâtisse, on peut le dire aussi de ses applications à l'ornement et aux décorations diverses des édifices. Le très-grand nombre de fragmens et d'ouvrages de *terre* cuite parvenus jusqu'à nous, prouve, que si cette matière le cède à toutes les autres, par la valeur, l'éclat et la beauté, elle a sur elles, outre l'avantage de l'économie, celui de ne point tenter la cupidité, et nous ajouterons qu'elle est peut-être douée de plus de résistance, contre les causes ordinaires de destruction.

Nous sortirions par trop des limites de ce qui fait la matière de ce Dictionnaire, si nous voulions seulement énumérer tous les emplois de la *terre cuite* dans l'antiquité. La plastique, qui fut une des quatre parties de l'art de sculpter en Grèce, et qui eut de si nombreuses attributions, peut se considérer et se définir en grande partie comme ayant été l'art de travailler en *terre cuite*. Les seuls rapports sous lesquels il nous est donné d'en considérer ici les produits, sont ceux qui embrassent les ouvrages soit bas-reliefs, soit statues, dont l'architecture, dès les temps les plus anciens, décora les édifices, et surtout les temples.

Nous ne pouvons guère douter que la *terre cuite* en statues, n'ait été employée à décorer les frontispices des temples, alors que leur construction consistoit particulièrement dans le bois. Ainsi le temple Étrusque, tel que Vitruve nous l'a décrit, et tel qu'il se pratiquoit encore de son temps à Rome, ne devoit recevoir dans ses frontons et sur ses acrotères, que des statues de *terre cuite*, pour ne pas trop charger les solives qui formoient son entablement. Or, on sait que la légèreté est le propre des ouvrages de ce genre en *terre cuite*, parce que la condition de la *terre*, pour être cuite dans de grands volumes, est d'être creuse.

Si la pratique de la *terre cuite*, par plus d'une autre raison, dut être une des premières et des plus anciennes dans la formation des simulacres divins, elle ne cessa point d'avoir lieu pendant les temps postérieurs de l'art perfectionné. Autrefois, comme aujourd'hui, il y avoit toutes sortes de degrés dans la grandeur et le luxe des édifices sacrés. L'or et l'ivoire, les métaux et les marbres, pouvoient briller au milieu des principaux temples, dans le même temps et dans la même ville, où de plus petits temples, moins richement dotés, se contentoient d'une idole de bois ou d'un dieu d'argile.

Pausanias fait mention de statues en *terre cuite*, qu'on voyoit encore de son temps dans plus d'un temple de la Grèce, et il ne les donne pas pour être des ouvrages d'art antiques, ainsi qu'il le fait remarquer à l'égard de plus d'un simulacre en bois. D'une part, on peut croire que la dévotion aura perpétué d'anciennes effigies dans cette matière, et l'on peut supposer d'autre part, que beaucoup d'entr'elles auront fait place par la suite à de plus riches ouvrages. Voilà sans doute la raison pour laquelle les statues antiques en *terre cuite* sont aujourd'hui assez rares. À peine, je pense, pourroit-on en citer une qui ait été trouvée dans les ruines de Rome. Mais il s'en est conservé sous les cendres qui ont enseveli Pompeia. On les voit au Muséum de Naples, et leur style n'annonce point un art fort ancien.

Si le temps nous a transmis fort peu de statues antiques de *terre cuite*, il n'en est pas ainsi des bas-reliefs en cette matière. Le très-grand nombre qui en existe, et dont presque toutes les collections d'antiquité se sont plus ou moins enrichies, nous apprend que l'architecture les employa volontiers, comme ornemens des édifices. La beauté de la sculpture dans plusieurs de ces ouvrages, l'élégance de leurs formes, la perfection du dessin de leurs figures, tout concourt à certifier, que les monumens où ces *terres cuites* furent appliquées, appartinrent aux âges de l'art le plus développé.

Ce fut ordinairement dans les frises des temples qu'on les employa. L'art du moulage qui fut, chez les Anciens, une partie nécessaire de la plastique, fournit le moyen le plus économique de multiplier cette sorte d'ouvrages. Il y a en ce genre des choses tellement probables, qu'elles pourroient dispenser de les prouver. Mais les répétitions nombreuses et les plus identiques des mêmes figures, des mêmes compositions en *terre cuite*, qu'on voit dans les recueils de ce genre, démontrent que tous ces exemplaires sortirent d'un même moule, fait également en *terre cuite*, ainsi qu'on en trouve la preuve, *pl.* 33 du *Recueil d'ouvrages en terre cuite, par M. d'Agincourt.* Beaucoup de ces bas-reliefs ont leur fond percé d'un trou assez grand, pour qu'on puisse y passer une corde, ce qui a fait conjecturer, par un critique, assez mal-à-propos, selon nous, qu'on les suspendoit dans les ateliers pour servir de modèles. Il se présente une supposition beaucoup plus naturelle, et que confirment évidemment les deux bas-reliefs d'une même frise, gravés *pl.* 7 du Recueil qu'on vient de citer. Sur chacun on voit la marque de quatre trous, qui répartis inégalement sur le champ ou le fond des figures, n'ont certainement point dû servir à l'usage indiqué. Il paroît indubitable que ces trous ont dû être pratiqués, dans l'intention de recevoir des crampons, ou tigettes de métal, qui traversant l'épaisseur de la *terre cuite*, étoient scellées dans le massif de la construction, et dont l'ouverture disparoissoit ensuite par l'introduction de quelque stuc ou mortier.

Nous renvoyons au Recueil dont nous avons donné le titre plus haut, le lecteur qui voudroit connoître à combien de genres d'ornemens d'architecture, la *terre cuite* fut employée. Mais pour se faire une plus juste idée de la variété, de l'élégance et du bon goût d'un grand nombre des sujets que la plastique sut multiplier en ce genre, nous recommanderons surtout la belle collection de M. Towneley, qui, après la mort de ce célèbre amateur, a passé dans celle du *British Museum*, et qui a été publiée sous le titre de *A Description of the collection of antient terracottas*. On y remarque un bon nombre de compositions qui se trouvent aussi dans des bas-reliefs en marbre; en sorte qu'on ne sauroit dire si les marbres ont été copiés d'après les *terres cuites*, ou si ces dernières furent des répétitions de marbres renommés.

Les *terres cuites*, qui entrèrent, sous de très-nombreux rapports, dans les ornemens de tout genre des édifices antiques, reçurent très-fréquemment des couleurs : ce qui n'étonnera point ceux qui savent, combien fut usuelle et générale la pratique de peindre jusqu'à l'extérieur des monumens sacrés et profanes. La suite des bas-reliefs Volsques en *terre cuite* trouvés à Velletri, nous fait voir ces bas-reliefs revêtus de différentes teintes, qui leur donnoient jusqu'à un certain point l'apparence de tableaux. Mais les enduits de couleur pouvoient avoir encore pour objet, d'en rendre par une teinte égale, la matière plus uniforme à l'œil, et aussi de les garantir contre les intempéries des saisons.

L'usage des ornemens de *terre cuite* dans l'architecture, s'est conservé par tradition en Italie. Les villes de Milan, de Pise, de Sienne, de Florence, de Venise, de Rome, de Naples et de ses environs, fournissent mille exemples de cet emploi depuis la renaissance des arts.

Il faut mettre, en effet, au nombre des ouvrages en *terre cuite*, qui firent au seizième siècle un des principaux agrémens des palais et des habitations particulières, ces ouvrages en compartimens de tout genre, dont le fond, de matière argileuse durcie au feu, étoit recouvert d'un émail de faïence diversement coloriée. Ce procédé devenu si habituel dans les travaux de la poterie domestique, fut à cette époque employé avec autant de goût que de succès, dans la décoration soit extérieure, soit intérieure. Egalement propre à remplacer avec une extrême solidité, sans aucune épaisseur, les teintes variées de la peinture d'ornement, et les formes en relief plus ou moins saillantes de la sculpture, il eut encore l'avantage de multiplier à l'infini ses produits. Il n'y eut rien dans le domaine de la décoration qu'il ne s'appropria. Les rinceaux, les fruits, les fleurs, les guirlandes, les festons, tous ces caprices d'imitation de têtes d'animaux symboliques, de parties détachées ou tronquées du règne animal ou végétal, furent reproduits avec des couleurs variées et formèrent des compartimens qui rivalisèrent avec les inventions peintes de l'arabesque.

Cet art sortit aussi alors de l'Italie, et les artistes de ce pays en propagèrent le goût en France. D'anciens châteaux en ont conservé quelques traces. Il n'y a guère plus de trente ans que le génie de la destruction se fit un jeu de faire écrouler la masse entière, précédemment minée, du célèbre château qu'avoit bâti François Ier. dans le bois de Boulogne près de Paris, et qu'il avoit appelé Meudon, en mémoire de sa captivité dans la capitale de l'Espagne. Tous les ornemens intérieurs et extérieurs de ce château, brilloient encore de l'éclat des couleurs, et des bas-reliefs émaillés dont la *terre cuite* faisoit le fond.

Nous avons vu que l'économie est un des avantages du procédé qui, offrant un moule une fois fait pour les ornemens courans surtout, met à même d'en faire à l'infini la répétition exacte, par les empreintes que l'argile humectée permet d'en tirer. Or, on sait qu'il est dans la nature et dans l'esprit de la décoration architecturale et de l'arabesque, de reproduire soit comme continus, soit comme se faisant pendant, les mêmes objets et les mêmes détails de figures symétriques. Mais c'est encore plus particulièrement aux bâtimens construits en matériaux économiques, aux maisons ordinaires de ville et de campagne, où l'on cherche l'agrément sans grande dépense, que nous sembleroit devoir convenir le procédé des ornemens en *terre cuite*, produits par le moulage. Le plâtre, comme on le sait, est, à Paris surtout, la matière à peu près unique, dont on use, pour produire avec économie soit les ornemens, soit les bas-reliefs dont on veut décorer l'extérieur des habitations. Mais on sait aussi qu'il n'y a rien de moins durable. Pourquoi ne chercheroit-on pas à accréditer pour ces sortes d'emplois, la *terre cuite*, susceptible de la même économie, par le moyen du moulage, et susceptible encore de recevoir et de garder toutes les couleurs, qui peuvent la mettre d'accord avec celles des matériaux qui la recevroient ?

TERREIN, s. m. Ce mot n'est pas un pur synonyme du mot *terre*. Il exprime dans l'art de bâtir, ou l'espace du sol sur lequel on élève un bâtiment, ou la nature même de ce sol, considéré non-seulement à sa superficie, mais encore dans ses profondeurs.

Rien de plus important que de bien connoître le *terrein* sur lequel on se propose de bâtir, c'est-à-dire de le connoître à fond. Or, le fond d'un *terrein* est très-variable. La terre se compose de couches d'une nature si différente, qu'il est rarement donné de prévoir ce que sera définitivement le sol sur lequel il faudra fonder. Les *terreins* offrent des fonds de différente densité ou consistance, comme de roche, de tuf, de gravier, de sable, de glaise, de vase, etc. C'est à toutes ces variétés que le constructeur doit avoir égard.

Terrein ne signifie quelquefois rien autre chose qu'espace, ainsi qu'on l'a dit; c'est ce qu'on exprime en disant *terrein vague*, *terrein enclos*. Les Anciens ménageoient souvent dans le voisinage de leurs temples, des *terreins* consacrés, sur lesquels il étoit défendu de bâtir. — On dit :

Terrein de niveau. — C'est une étendue de terre dressée et sans aucune pente.

Terrein par chutes. — *Terrein* dont la continuité est interrompue, mais qui se raccorde avec un autre *terrein*, par des perrons, ou par des glacis.

TERRE-PLEIN, s. m. Nom général qu'on donne à tout amas de terre rapportée entre des murs, soit pour faire des terrasses, soit pour servir de chemins ou de communications d'un lieu à un autre, ou de boulevards dans les villes de guerre.

TÊTE, s. f. En traitant des notions que comporte, dans ses rapports avec la sculpture et avec l'architecture, le mot qui fait le sujet de cet article, nous ne répéterons rien de ce que nous avons développé, et peut-être un peu trop, hors des limites de la matière qui est celle de ce Dictionnaire, au mot Buste. *Voyez* ce mot.

Quoique la *tête* de l'homme, dans l'imitation séparée qu'en fait la sculpture, soit la partie, sans doute, la plus importante du buste, cependant sous ce nom, comme son véritable sens l'indique en français, ainsi que dans l'italien *busto*, il faut comprendre la *tête* humaine accompagnée d'une portion plus ou moins étendue du corps, comme les épaules, la poitrine, et quelquefois plus encore.

Ici nous considérerons uniquement les divers emplois que l'architecture, dans ses ornemens, fait de la *tête* seule, non-seulement de l'homme, mais des animaux.

Un des plus anciens emplois de la *tête* ainsi envisagée, nous paroît être celui qu'en fit l'architecture égyptienne dans un de ses chapiteaux, qui a ses quatre faces ornées d'une *tête* qu'on croit être celle d'Isis, avec des oreilles de vache et la coeffure ordinaire des statues féminines. Ces quatre *têtes* sont adossées entr'elles, de façon que chacune se borne à n'être que ce qu'on appelle le masque ou le visage, sculpté plutôt de bas-relief, qu'en bosse. Ce chapiteau à *têtes* d'Isis est fréquemment employé en Egypte, et on le trouve avec plus d'une variation.

Une *tête* seule et sans buste, fut très-souvent appliquée par l'architecture grecque, comme ornement symbolique, particulièrement aux clefs des arcades. Nous voyons ainsi à l'amphithéâtre de Capoue, chaque pierre formant la clef de chaque arcade des portiques extérieurs de ce monument, ornée d'une *tête* de divinité en relief très-exhaussé. Nous avons déjà fait remarquer à l'arc de triomphe d'Auguste, dans la ville de Rimini, des *têtes* d'un très-haut relief, sculptées sur des espèces de patères ou de boucliers circulaires, et qui sont, comme l'indiquent leurs attributs, celles de Jupiter, de Vénus, de Neptune et de Pallas.

L'espace qu'on appelle *métope*, ou l'intervalle qui sépare les triglyphes dans la frise dorique, fut souvent orné de ces parties circulaires qu'on prend pour des patères ou pour des boucliers, et sur lesquelles on sculpta volontiers des *têtes* de Méduse ou d'autres personnages mythologiques. Il existe encore dans les recueils d'antiques, de ces parties de plafond, qui doivent avoir été comme des caissons circulaires en marbre, dont le milieu, en place de fleuron ou de rosace, est occupé par une *tête* d'une sculpture fort saillante.

Rien de plus commun dans tous les monumens d'architecture ou de décoration, que l'emploi de ces *têtes* qu'on désigne par les noms de *masques* ou de *mascarons*. (*Voyez* ces mots.) Le culte de Bacchus et les mystères dionysiaques ayant été répandus chez tous les peuples antiques, l'art des Grecs s'empara de la plupart des symboles, que les fêtes et les cérémonies avoient propagés. Bientôt encore le théâtre multiplia, par l'emploi qu'on y faisoit du masque, les représentations de toutes les sortes d'expressions dont les rôles des acteurs avoient besoin. La fabrication des masques devint une sorte d'école de l'art d'exprimer par les traits du visage, toutes les passions, toutes les affections de l'ame; la sculpture ne pouvoit guère manquer de puiser pour l'ornement, dans cette source abondante de motifs et de sujets, qui d'abord eurent une relation spéciale avec les monumens, et qui finirent par n'être plus pour les yeux, que des signes tout-à-fait arbitraires d'idées sans déterminations. De là, sous le nom de *masque* ou de *mascaron*, ces représentations de *têtes* capricieuses soit isolées, soit rangées sur une ligne, et supportant des festons continus.

Les Modernes ont hérité dans leurs pratiques ou leurs routines décoratives, de l'usage antique d'orner avec des *têtes*, les clefs des arcades d[illegible]urs portiques. Aucune idée religieuse ou politique ne s'étant mêlée chez eux à cet usage, on chercheroit souvent en vain dans ces *têtes*, un motif en rapport avec l'édifice auquel on les applique. Lorsque ce ne sont point des objets banaux et sans aucune signification, ce qui est arrivé trop souvent, la sculpture se donne pour sujet arbitraire de représenter sous des traits divers, ou les saisons, ou les figures capricieuses des faunes, des satyres, des déités agrestes de la Fable, ou tout simplement des *têtes* d'âges différens et de caractères variés, où l'on se plaît à rendre sensibles, comme dans les masques antiques, l'expression capricieuse ou contrastée de toutes les sortes de physionomie.

La religion chrétienne admet sans doute et applique à l'ornement de ses temples, surtout en médaillons, les bustes des apôtres et des saints. Mais comme ornement de pratique et d'usage, on n'y emploie guère d'autres *têtes* sans buste, que celles des anges, ou de ce qu'on appelle des petits chérubins ailés. On les trouvera souvent employées ainsi au-dessus des cintres de quelques portes des sacristies, au-dessus des bénitiers, ou dans certaines décorations de gloires rayonnantes.

Un grand nombre de *têtes* d'animaux furent aussi, dans l'antiquité, la matière d'ornemens propres à beaucoup de parties de l'architecture. Qui ne sait ensuite combien fut général l'emploi qu'on en fit dans tous les objets de luxe, tels que meubles, vases, trépieds, candélabres, ustensiles de tout genre, qui naturellement s'approprient tous les détails de la décoration architecturale? Ainsi la pierre qui fait la clef de l'arcade du monument triomphal de Rimini, est décorée d'une *tête* de taureau. Un semblable symbole se voit dans la frise du tombeau qu'on appelle près de Rome la *tour de Métella*, et à laquelle on a donné plus vulgairement, à raison de cette sculpture, le nom de *Capo di bove*. On ne sauroit compter les diverses sortes d'ouvrages et de parties d'édifices, où la sculpture employa la *tête* de lion. Elle figure sur presque toutes les urnes à l'usage des bains et des fontaines. Tantôt elle semble servir d'attache aux anneaux simulés en marbre, à l'imitation des anneaux mobiles qui dans la réalité s'adaptoient aux baignoires de métal : tantôt elle est avec plus ou moins de réalité, l'orifice véritable ou fictif destiné à l'écoulement des eaux. La *tête* du bélier se trouve sculptée aux angles d'une infinité d'autels, de trépieds et de cippes de toute espèce, etc.

L'usage des sacrifices dans le paganisme, devint encore pour l'imitation des objets qui sont la matière de cet article, une source très-féconde d'ornemens. Nous ne pouvons nous refuser à croire que d'abord on conserva comme indication ou commémoration de l'immolation des victimes, les *têtes* des animaux sacrifiés, qu'on attacha probablement, ou aux murs des temples, ou aux montans des autels. Ces *têtes* finirent par se décharner, et leurs squelettes, doués de la faculté de se perpétuer, fournirent à la sculpture de si nombreux exemples de cet usage, que l'artiste ayant à caractériser par un symbole intelligible à tous, le lieu des sacrifices, l'autel où on les avoit consommés, fut induit très-naturellement à reproduire l'image de ces *têtes* décharnées qu'on appela *bucrania* (*voyez* BUCRANE), et on les représenta ornées encore des bandelettes sacrées, des festons et des guirlandes dont les victimes avoient été parées.

Si cette pratique de la sculpture d'ornement trouva dans les usages religieux de l'antiquité, une origine et une raison plausibles, il a été remarqué déjà, que rien, chez les Modernes, ne put autoriser l'architecture à employer indistinctement cette espèce d'ornement, qui n'étant plus en rapport avec aucune de nos pratiques, a de plus l'inconvénient d'offrir la vue d'un objet on ne peut pas moins agréable. On ne sauroit donc approuver l'emploi que l'architecte Debrosses en a fait dans quelques métopes de sa frise dorique, au palais du Luxembourg.

Si nous faisons ici mention de quelques pratiques de ce genre, dans un ordre d'idées assez analogues, quoique moins importantes, c'est uniquement pour faire voir, comment a dû naître dans l'antiquité, l'usage si multiplié des représentations dont nous avons fait la courte énumération.

Ainsi on connoît certains usages modernes qui consistent également à attacher comme trophées, des *têtes* d'animaux tués à la chasse, aux portes des habitations du chasseur. De là on a vu dans plusieurs châteaux l'architecture faire des *têtes* imitées de différens animaux, une sorte d'enseigne ou d'inscription figurée de la destination de certains lieux. Des *têtes* de chien ont été placées sur la façade du bâtiment qu'on appelle le *Chenil*. Sur les portes d'un parc on a figuré des *têtes* de cerf ou de sanglier ; des *têtes* de cheval ont décoré, comme à Chantilly, le bâtiment des écuries. On a vu des *têtes* de bœufs et de moutons désigner une boucherie.

On donne le nom de *tête* à différens ouvrages de construction. L'on dit :

TÊTE DE CANAL. On appelle ainsi, dans un jardin, l'entrée d'un canal, et la partie la plus proche du jardin, où les eaux viennent se rendre après le jeu des fontaines. On donne aussi ce nom à un bâtiment rustique, en manière de grotte, avec fontaines et cascades au bout d'une longue pièce d'eau.

TÊTE DE CHEVALEMENT. Pièce de bois qui porte sur deux étaies, pour soutenir quelque pan de mur, ou quelqu'encoignure, pendant qu'on fait une reprise sous œuvre.

TÊTE DE MUR. C'est ce qui paroît de l'épaisseur d'un mur, dans une ouverture, et qui est ordinairement revêtu d'une chaîne de pierre, ou d'une jambe étrière.

TÊTE DE VOUSSOIR. C'est la partie soit de devant, soit de derrière d'un voussoir d'arc.

TÊTE PERDUE. On appelle ainsi toutes les *têtes*

des boulons, vis et clous, qui n'excèdent point le parement de ce qu'ils attachent ou retiennent, et qui même y entrent jusqu'à s'y trouver renfoncés.

TÉTRASTYLE. On distinguoit sous plus d'un rapport, et l'on classoit diversement dans le système architectonique, les temples, selon les différences d'ordre, selon la conformation de leur ensemble et la distribution des colonnes extérieures, selon le plus ou le moins d'espace de leurs entre-colonnemens, selon le nombre des colonnes affectées à leurs frontispices. Sous ce dernier point de vue, le temple *tétrastyle* étoit, comme l'indique la formation du mot, celui qui n'avoit que quatre colonnes de front. Tel est, par exemple, celui qu'on appelle aujourd'hui, à Rome, de la fortune virile.

THALAMUS, du mot grec θάλαμος, lit, chambre à coucher. Selon Vitruve, le *thalamus* étoit placé dans la maison grecque, ainsi que l'*antithalamus*, chacun d'un côté de l'*œcus* ou salon, dans lequel se tenoit la maîtresse de la maison. Le *thalamus* étoit sa chambre à coucher; l'*antithalamus* étoit celle de ses esclaves.

THÉATRE, s. m. En latin *theatrum*, du grec θέατρον, formé du verbe θεάομαι, qui veut dire *regarder, contempler*. *Théâtre*, défini d'après son étymologie, signifie donc un lieu pour voir et regarder. Tel fut, en effet, le but ou l'objet principal des premiers locaux, où les hommes se réunirent pour jouir du plaisir naturel et, si l'on peut dire, instinctif de se voir et de se considérer dans les imitations de l'art. Les récits des voyageurs nous représentent ainsi les peuplades des sauvages, se groupant ou s'assemblant en cercle, autour d'histrions ou de saltimbanques, qui mêlent à des danses grossières, quelques espèces d'actions, dont les sujets sont tirés des habitudes de leurs mœurs, ou des traditions de leurs aventures guerrières. Là est l'élément primitif des compositions de l'art dramatique, et aussi de l'art qui devoit, en suivant les progrès de la civilisation, préparer et perfectionner pour le spectacle scénique, et pour ses spectateurs, l'édifice qu'on appelle *théâtre*.

DU THÉATRE CHEZ LES ANCIENS.

Plus d'un degré marqua en Grèce les progrès de cet art. Il paroît que les fêtes de Bacchus et de Cérès, qui de très-bonne heure consacrèrent l'époque de la moisson et des vendanges, devinrent dès-lors le sujet et l'occasion de réunions, où les chants et les danses se mêlèrent aux cérémonies religieuses, et firent chercher des emplacemens favorables, au besoin de voir et d'entendre. Le creux d'un vallon, quelque partie circulaire de montagne donnée par la nature, prêtèrent à ces premiers spectacles un local agreste et sans art. Lorsque quelque chose de semblable à la représentation d'une action entre des personnages s'y fut introduit, une sorte de cabane de branches d'arbres représenta la scène. Peu à peu on façonna le terrain montant sur lequel se tenoient les spectateurs, de manière à inspirer l'idée des gradins ou degrés des *théâtres* postérieurement construits.

Cet état de choses dut se perpétuer avec peu d'amélioration, tant que la population resta divisée dans les bourgs, avant la formation des villes. Lorsque, dans celles-ci, on eut à célébrer de pareilles fêtes, on fut obligé d'élever quelques échafaudages temporaires, que le retour périodique des cérémonies tendit à rendre de plus en plus fixes et solides. L'on comprend que plus l'art dramatique, s'étendant et se perfectionnant, attiroit de spectateurs, plus, de son côté, la construction fut obligée d'agrandir et d'améliorer le local destiné à la multitude.

La nature seule des choses nous apprendroit qu'en suivant le cours des âges, et l'extension donnée aux jeux scéniques, par le culte et par la politique, on dut faire en charpente des *théâtres* réguliers, si nous ne savions par l'histoire, comme on le verra bientôt, qu'il en arriva réellement ainsi. Disons d'avance que du temps du poëte dramatique Pratinas, qui vécut dans la soixante et dixième olympiade, il n'y avoit encore à Athènes qu'un *théâtre* en bois. Pendant la représentation des pièces de Pratinas, les siéges s'écroulèrent. Cet accident fut cause que du temps de Thémistocle, on construisit en pierre, le *théâtre* connu sous le nom de *Bacchus*.

Mais ce *théâtre* fut creusé dans le flanc de la montagne de l'Acropole, qui regarde le mont Hymette. Là, comme on le voit, se seront réunis les élémens de la formation des *théâtres* primitifs, c'est-à-dire (ce qu'une multitude d'autres *théâtres* nous démontre) l'emplacement ou l'adossement à une montagne ou à un rocher, et la disposition déjà élaborée dans la construction en bois.

On ne prétend point attribuer ici, par-là, au *théâtre* en pierre d'Athènes, une priorité sur tous ceux qui furent construits de même, soit dans l'Asie mineure, soit dans les autres parties de la Grèce. Une histoire positive et chronologique de ces monumens, ne pourroit reposer que sur des dates données soit par les écrivains, soit par les édifices. Les uns et les autres nous manquent. Nous n'entendons établir dans cet article, que des notions générales sur l'origine et les progrès de cette partie si intéressante de l'architecture grecque, en renvoyant d'ailleurs, pour toutes les notions particulières et les détails techniques du sujet, aux nombreux articles de ce Dictionnaire qui en traitent.

Quoiqu'on n'en ait aucune preuve, il nous paroît

toutefois probable, que les Athéniens, auxquels est due très-certainement l'invention du drame, ou de l'action scénique régulière, auront été aussi les premiers à réduire le lieu de sa représentation à des formes, des distributions et des proportions déterminées par le besoin et le plaisir. Un édifice tel que le *théâtre* en marbre de Bacchus, n'aura pu être conçu, projeté, exécuté que sur des données antérieures, déjà consacrées par l'usage et dictées par une longue expérience. Hesychius nous apprend que pendant long-temps on faisoit des gradins en planches pour les spectateurs. *Tabulata ligna in quibus spectabant Athenis, priusquàm Dyonisii theatrum extructum esset.* Ce fut donc dans ces constructions temporaires que l'art et la science de bâtir les *théâtres* s'essaya long-temps, et parvint à fixer l'ensemble et les rapports nécessaires des deux parties dont ils doivent se composer.

Lorsqu'on veut se rendre compte de la disposition élémentaire du *théâtre* grec, il ne faut pas perdre de vue ce qui donna naissance aux représentations scéniques. Le drame, originairement, ne fut qu'un chœur, qui chantoit des dithyrambes en l'honneur de Bacchus, sans aucun autre acteur déclamant. Dans la suite on y ajouta un acteur récitant quelques aventures mythologiques, puis on lui donna un interlocuteur; enfin le chœur, de principal qu'il avoit été, devint personnage accessoire, dans l'action dramatique, et ne joua plus que le rôle d'un acteur. La scène (ou le lieu d'une semblable action) fut donc originairement disposée, pour recevoir un très-grand nombre de personnages chantans; ce qui explique pourquoi et comment, même après que l'action dramatique fut devenue principale, et que le chœur n'en fut plus que l'auxiliaire, le lieu de cette action dut s'étendre en largeur, beaucoup plus qu'en profondeur. Ajoutons que la très-grande multitude des spectateurs ayant exigé un vaste emplacement en demi-cercle, meublé de gradins les uns au-dessus des autres, le diamètre de ce demi-cercle détermina nécessairement l'étendue en largeur, du local où l'action et le spectacle devoient se donner.

Ainsi la *scène*, ou ce qu'on appela ainsi (*voyez* SCÈNE), fut, non l'espace où l'action avoit lieu, où les acteurs se tenoient, où le chœur chantoit, mais ce qui servoit, comme dans un tableau, de fonds à tous ces personnages; et le local qu'aujourd'hui nous appelons *scène*, répondit à ce que nous nommons *avant-scène*, *proscenium*. (*Voyez* ce mot.) Il n'est pas douteux que dans les premiers *théâtres* en bois, on dut décorer par la peinture, selon la diversité des sujets qu'on représentoit, cette devanture qui faisoit face aux gradins du *théâtre*, c'est-à-dire aux spectateurs. Au temps d'Eschyle, un des premiers poëtes tragiques, Agatarchus, selon ce que nous apprend Vitruve, avoit peint, probablement pour une des pièces de ce poëte, une scène dans laquelle il fit montre d'un grand savoir dans l'art de la perspective. On a déjà parlé de cet ouvrage au mot SCÈNE. Je n'y reviens ici que pour rappeler ce qui est dit à cet article, savoir, qu'avant l'érection du *théâtre* en matière plus solide, la devanture, ornée par les perspectives d'Agatarchus, ne fut très-probablement qu'une cloison recevant le rideau peint qui la cachoit.

Nous trouvons chez les écrivains plus d'un passage, où il est fait mention de scènes peintes. Mais nous ne rappelons ici ces notions que pour indiquer ce qui dut donner naissance à la disposition définitive, et même au goût de cette partie du *théâtre* antique. Sans doute, lorsque le *théâtre* en marbre de Bacchus à Athènes fut construit, les yeux étoient, depuis long-temps, accoutumés à voir les personnages de l'action, se détacher sur des fonds, où l'art de la peinture décorative s'étoit plu à figurer, et en toute liberté, des compositions d'architecture, auxquelles l'artiste avoit pu prodiguer, sans grande dépense, toutes les richesses de l'art. Quand il fallut satisfaire également les yeux, par une architecture réelle et en matériaux solides, l'architecte ne se trouva-t-il pas induit à porter dans cette partie du *théâtre*, le luxe de détails et d'ornemens, que nous savons avoir été habituellement appliqué à la scène? Il nous suffit d'avoir indiqué, ce qui aura été le principe, et de sa forme définitive, et du goût qui, jusqu'aux derniers temps de l'art, fut celui de sa décoration.

Ce que l'on nommoit *proscenium*, avons-nous dit, ou *avant-scène*, étoit, dans l'ensemble du *théâtre* antique grec ou romain, le lieu même où se passoit l'action. Selon Vitruve, chez les Grecs, une portion des acteurs arrivoit jusque sur l'orchestre. C'étoient probablement les danseurs, car le mot *orchestra* désigne précisément le genre de spectacle qui dépend de la danse. Cet espace avoit une étendue comprise entre le gradin inférieur de ce que nous appelons *amphithéâtre*, et la ligne du *proscenium*. Derrière la scène étoient disposées différentes salles, formant le *postscenium*. Elles étoient affectées aux services divers, dont le détail seroit étranger aux notions purement architecturales.

Si l'on se fait une juste idée des deux parties principales du *théâtre* antique, on comprend avec la plus grande clarté, qu'il consistoit en un plan semi-circulaire d'un côté, et rectangulaire de l'autre, formant ce qu'on appelle vulgairement un *fer à cheval*. La moitié dont on vient de parcourir la distribution, étoit comprise dans la partie quadrangulaire, et de ce côté, pour un très-grand nombre de *théâtres* adossés, comme on va le voir, à une côte ou à une pente de montagne, devoit se trouver l'entrée principale. Aussi Vitruve nous apprend-il que cette partie de l'édifice se terminoit par un portique servant à mettre les spectateurs à couvert, lorsqu'il survenoit de la pluie, et qu'on employoit aussi aux répétitions des chœurs.

L'autre moitié du *théâtre*, celle qui, comme on l'a dit, étoit, selon le sens propre du mot, véritablement *théâtre*, ou lieu fait pour voir, se composoit nécessairement d'un demi-cercle, forme dictée par la nature, pour qu'un grand nombre d'hommes réunis pussent également, de tous les points de la demi-circonférence, et voir et entendre ce qui se faisoit et se disoit au point de centre de la ligne du *proscenium*, qui, chez les Romains, terminoit le demi-cercle.

On a déjà dit que, dès l'origine, ce besoin, et celui d'assembler une multitude d'individus, placés par degrés les uns au-dessus des autres, avoient suggéré le choix des premiers *théâtres*, dans des emplacemens donnés par la nature. Effectivement, le très-grand nombre de *théâtres* dont les restes nous sont parvenus, démontre que partout où les localités le permettoient, on plaçoit cet édifice, de manière à économiser la dépense de construction, que son élévation dans un terrain uni auroit occasionnée. La croupe d'une côte dans laquelle on pouvoit creuser la partie demi-circulaire des gradins, offroit de grands avantages, car d'abord on étoit souvent dispensé de faire des fondations, et ensuite les bancs circulaires ou les degrés se tailloient à même la masse. Cependant on ne pratiquoit ainsi que la partie qui constituoit spécialement le fonds du demi-cercle. Les deux extrémités qui terminoient de chaque côté les gradins, étoient construites, et formoient un massif propre à augmenter la solidité de l'ensemble, et à lier les gradins à la scène. C'est ce que font voir les ruines de plus d'un *théâtre* antique, et c'est ce que nous avons déjà décrit avec beaucoup plus de détails, aux articles des deux villes de Sagonte et de Taurominium, où existent les deux *théâtres* les mieux conservés de tous ceux que le temps a épargnés.

Au mot Amphithéatre (*voyez ce mot*), on trouve la description anticipée de ce que nous aurions à faire connoître ici, sur la disposition des gradins, et sur les escaliers qui établissoient une facile circulation, entre toutes les rangées de degrés. L'amphithéâtre ne fut, en effet, que la conjonction de deux *théâtres*, et les Romains n'eurent, à cet égard, qu'à se régler sur les pratiques des *théâtres* grecs.

Plus d'une variété toutefois eut lieu dans la distribution des degrés. Souvent on ne les divisoit pas en étages, c'est-à-dire en groupes. Il existe effectivement des *théâtres* d'une fort grande étendue, dont tous les gradins se suivent sans aucune interruption. Lorsqu'on vouloit établir des étages de degrés, par les séparations des paliers, on régloit le nombre de ces étages, d'après la hauteur totale, ou l'étendue de l'intérieur. On en établissoit trois dans les grands *théâtres*, et deux dans les petits. Ces séparations ou paliers, sont ce que Vitruve appelle *præcinctiones*. Voyez Baltées.

Pour monter aux degrés et circuler facilement entr'eux, l'on séparoit leurs rangées en plusieurs sections, entre lesquelles étoient pratiqués des escaliers. Lorsque la hauteur du *théâtre* étoit partagée par plusieurs *præcinctions*, chacun de ces étages avoit ses escaliers particuliers formés de marches, ayant en hauteur la moitié du gradin servant de siége. Ces escaliers avoient leur direction vers le centre de l'orchestre, et formoient pour ainsi dire les rayons du demi-cercle. Ils furent désignés par les Romains, sous le nom de *cunei*, parce que les gradins ou siéges compris entre-deux, présentoient la figure d'un coin.

Les ouvertures ou entrées qui conduisoient aux gradins, différoient, selon que ceux-ci avoient été taillés et pratiqués dans le penchant d'une montagne, ou bien construits comme partie d'un édifice élevé sur un sol plane. Aux *théâtres* tout en construction, les entrées des différens étages faisoient partie de la construction même, sur laquelle se trouvèrent établis les gradins, et ils aboutissoient à chaque étage. Dans les autres, on pratiquoit souvent, sur le côté de la montagne, des chemins qui conduisoient jusqu'aux gradins les plus élevés, d'où les escaliers conduisoient au reste des gradins inférieurs. Cela se remarque ainsi au *théâtre* de *Taurominium*.

Au-dessus de la montée totale des gradins qui, selon l'acception du mot grec, étoit véritablement le *théâtre*, que l'on désigne en italien par le mot *gradinata*, et qu'on appelle généralement en français *amphithéâtre*, s'élevoit, le plus souvent en colonnes, une galerie couverte, destinée à des places distinguées, et pouvant servir aussi de refuge en cas de mauvais temps : car on ne doit pas oublier que dans les villes grecques, l'édifice consacré spécialement aux représentations scéniques, avoit quelquefois une autre destination, celle de servir de lieu d'assemblée, lorsque le peuple entier d'une ville étoit appelé à délibérer en commun sur les intérêts publics. Tacite, dans le chap. 80 du second livre de son Histoire, le dit expressément des habitans d'Antioche, et Ausone en dit autant des Athéniens ; il ajoute même que cet usage étoit généralement adopté dans la Grèce.

On ne doit donc pas s'étonner que le *théâtre* ait participé, dans ses décorations, aux pratiques des institutions civiles. Ainsi voyons-nous qu'au *théâtre* d'Herculanum, d'un côté et de l'autre du *proscenium*, on avoit élevé à Nonius Balbus, ainsi qu'à son fils, une statue équestre en marbre. Ces deux morceaux se sont retrouvés sous les laves qui engloutirent ce *théâtre*. Au *théâtre* de Taurominium, la galerie dont on parle, au-dessus des gradins, avoit des niches qui sans doute reçurent des statues.

Ce double emploi du *théâtre* en Grèce pour les jeux de la scène, et pour les délibérations ou assemblées politiques, fut cause, sans doute, que cet édifice devint, dès l'origine, de première nécessité.

nécessité. Aussi est-il permis de croire qu'il y en eut dans toutes les villes. On ne trouve effectivement aucun emplacement de villes antiques encore reconnoissables par quelques débris, où ne se fassent remarquer des restes de *théâtre*. Cette sorte de monument étant d'une grandeur et d'une solidité remarquables, auroit certainement survécu partout à toutes les destructions, si ses masses n'eussent offert, par la suite des siècles, une sorte de carrière aux habitans des villes nouvelles, qui employant à leurs constructions des matériaux déjà tout taillés, achevèrent de ruiner des édifices devenus désormais inutiles. Nonobstant ces causes de dégradation, quelques vestiges leur ont toujours survécu, et l'on feroit une liste infinie de toutes les villes, où de semblables témoins déposent de leur ancienne existence.

Pour ne pas laisser cette assertion sans quelque preuve, nous allons citer, d'après les voyages de Pococke et de Chandler, les villes de l'Asie mineure qui ont des restes de *théâtre*, savoir : Ephèse, Alabanda, Teos, Smyrne, Hierapolis, Cyzique, Aliuda, Magnésie, Laodicée, Mylassa, Sardes, Milet, Stratonicée, Telmessus, Jasus, Patara.

On trouve en Sicile des restes de *théâtre* à Catane, à Tauromimium, à Syracuse, à Argyrium, à Segesta.

Les principaux *théâtres* de la Grèce proprement dite, et dont il existe des ruines, furent ceux d'Athènes, de Sparte, de l'île d'Egine, d'Epidaure et de Megalopolis. Selon Pausanias, celui d'Esculape à Epidaure, et qui avoit été bâti par Polyclète, surpassoit, pour la beauté de sa disposition et les proportions de ses parties, tous les autres *théâtres* de la Grèce.

Toutefois, en parlant de cet édifice, le même auteur observe, que les *théâtres* des Romains surpassoient ceux des Grecs, en grandeur et en magnificence. Il nous paroît qu'il dut en être ainsi, et la chose s'explique de soi-même. D'abord, en fait d'édifices destinés à contenir, comme devoit le faire le *théâtre*, les citoyens d'une ville, il est évident que leur étendue fut nécessairement proportionnée à chaque population. Or, quelle disproportion ne dut-il pas y avoir, entre les villes même principales de chacun des petits Etats de la Grèce, sous le rapport de la population, et la ville de Rome, avant même qu'elle fût devenue la reine du Monde? Mais si Pausanias a entendu comparer le plus grand nombre des *théâtres* des Grecs, avec ceux de la ville proprement dite de Rome, on a pu se convaincre déjà par la situation, et le choix habituel des emplacemens du plus grand nombre de ces édifices en Grèce, qu'ils exigèrent une bien moins grande dépense que ceux de Rome. Ceux-ci élevés sur des terrains planes, comme nous le voyons encore aujourd'hui, par les restes du *théâtre* de Marcellus, nécessitèrent d'immenses constructions de portiques les uns sur les autres, à l'extérieur, et dans l'intérieur des combinaisons très-multipliées pour les issues, les dégagemens et les corridors destinés à la circulation d'une immense multitude. On sait, en effet, que le *théâtre* de Marcellus devoit contenir trente mille spectateurs.

Vitruve a employé six chapitres de son cinquième livre, à parcourir les notions théoriques et pratiques de l'art de construire les *théâtres*. Dans le premier de ces chapitres, il traite des soins à prendre pour situer convenablement l'édifice sur un lieu sain, et qui ne soit pas exposé au midi, ainsi que de l'élévation qu'on doit lui donner, en raison de la portée de la voix et des effets acoustiques. Le chapitre suivant est rempli uniquement par une théorie sur la musique ancienne, et les différens genres de chant, théorie qui, assez étrangère déjà à l'art de bâtir, ne sauroit être aujourd'hui d'aucun intérêt pour l'architecte. La notion relative aux vases de bronze placés entre les siéges du *théâtre*, occupe le troisième chapitre, qui se termine par un passage important dans l'histoire du *théâtre* de Rome. Vitruve nous y apprend que l'emploi de ces vases n'avoit lieu, chez les Grecs, qu'à l'égard des *théâtres* en pierre ou en marbre, qui étoient peu favorables à la répercussion des sons; qu'à Rome, au contraire, où les *théâtres* étoient généralement en bois, cette pratique étoit inutile. Dans le chapitre qui a rapport à la disposition du plan des *théâtres*, l'auteur indique les procédés géométriques, d'après lesquels devoit être tracé le plan du cercle décrit par le degré inférieur. Il falloit y faire quatre triangles équilatéraux. C'étoit sur les différens angles résultant de la combinaison des quatre triangles inscrits les uns dans les autres, que devoient se régler la place des escaliers et les diverses parties de la scène. Dans les deux derniers chapitres, Vitruve traite des rapports que doit avoir la hauteur du portique qui s'élève au-dessus des degrés, avec la hauteur de la scène, de la disposition de la scène, des machines à décoration, des trois sortes de décorations analogues aux trois caractères des pièces tragiques, comiques, satyriques, enfin de la différence entre le *théâtre* romain et le *théâtre* grec, pour ce qui regarde les procédés géométriques, d'après lesquels devoit être tracé l'intérieur de leur plan.

J'ai donné l'idée succincte de ces détails, beaucoup moins, comme on voit, pour les faire connoître, que pour faire sentir combien seroit inutile à cet égard, un plus grand développement de notions, qui seroient aujourd'hui sans aucune application. J'ajoute qu'en général elles exigeroient, pour être comprises, et de nombreux commentaires, et le secours d'un grand nombre de dessins.

L'histoire chronologique des *théâtres* romains repose sur des renseignemens plus positifs, que ceux auxquels on auroit voulu soumettre les époques des entreprises de ce genre chez les Grecs. Si nous en croyons les documens de l'histoire, Rome auroit, dans les premiers siècles, emprunté une grande partie de ses usages et de ses pratiques aux Étrusques ; et comme il est indubitable que les plus anciennes communications eurent lieu en tout genre entre la Grèce et l'Etrurie, ce que Rome emprunta à celle-ci, avant de correspondre directement avec les Grecs, ne put point ne pas avoir des rapports au moins indirects avec leurs arts. Dans l'Etrurie il y avoit trois espèces de jeux scéniques, ou de pièces appelées *tragiques*, *comiques* et *satyriques* ou *champêtres*. Les jeux Atellans étoient de ce dernier genre. On les nommoit ainsi de la capitale des Osques, Atella, où ils avoient pris naissance. On trouve encore en Etrurie quelques restes de *théâtres* antiques, mais on ne peut pas savoir leur date, et il est à présumer qu'ils sont de construction romaine.

Quand on voit qu'à Rome, au siècle de Vitruve, les *théâtres* se construisoient en bois, il devient très-probable que les Romains imitèrent en cela leurs voisins les Etrusques, chez lesquels l'usage de bâtir en bois nous est attesté par la construction de leurs temples, construction que Vitruve nous apprend s'être perpétuée à Rome jusqu'à son temps, dans ce qu'il appelle le *temple toscan*. Les premiers *théâtres* qui y furent élevés, n'étoient guère que des constructions plus ou moins temporaires, en bois de charpente, qu'on assembloit pour le temps des jeux, et que l'on démontoit après qu'ils étoient terminés. Ce fut l'an 599 de Rome, que les censeurs Val. Messala et Cassius Longinius imaginèrent de construire un *théâtre* permanent ; mais le consul Scipion Nasica le fit détruire, par respect pour les bonnes mœurs.

Cependant le luxe et la magnificence ne se signalèrent qu'avec plus d'éclat, dans la construction des *théâtres* en bois, dont la durée éphémère étoit subordonnée à celle des fêtes. Scaurus, gendre de Scylla (*voyez* Scaur), prodigua des sommes immenses au *théâtre* temporaire qu'il fit bâtir. Carion ne pouvant enchérir sur la somptuosité de Scaurus, voulut se signaler par une nouveauté aussi hardie qu'ingénieuse. Il fit faire deux *théâtres* de charpente tournans chacun sur un pivot, et adossés l'un à l'autre, de manière qu'après avoir servi aux représentations scéniques, ils tournèrent sur ce pivot avec tous les spectateurs qu'ils renfermoient, et se réunirent pour former un véritable amphithéâtre, où l'on donna des combats de gladiateurs.

Enfin, le luxe et le goût des spectacles croissant de plus en plus, on en vint à construire en pierre des *théâtres* qu'on enrichit des marbres les plus précieux. A son retour de la guerre contre Mithridate, Pompée fut le premier à en élever un de cette sorte, et il le dédia sous son nom, l'an de Rome 699. Il imita, dit Plutarque, celui de Mitylène, mais il le fit plus grand, et capable de contenir 40,000 spectateurs. Il n'en reste plus à présent que quelques foibles vestiges dans les écuries d'un palais à Campo di Fiore.

L'an 741 de Rome, Cornelius Balbus consacra sous son nom le *théâtre* qu'il avoit fait construire en pierre, et de la même année data la dédicace de celui de Marcellus.

Il dut son commencement à Jules-César, qui en avoit jeté les fondemens l'an 706 de Rome. Mais la mort vint arrêter ses projets et suspendre pendant quelque temps l'exécution de ce monument. Auguste le continua sur le même emplacement, et le dédia sous le nom de Marcellus, fils d'Octavie, en l'honneur de laquelle il bâtit par la suite le portique voisin de ce *théâtre*. Il est le seul dont on voie encore aujourd'hui des restes assez considérables, pour donner l'idée du goût de son architecture, c'est-à-dire de celle de ses portiques extérieurs. Le rang inférieur étoit d'ordre dorique ; le supérieur est de l'ordre ionique. Les diverses parties que le temps en a respectées, ne sont ni également conservées, ni de la même élévation. Ce qui subsiste des portiques ou de la galerie dorique du rez-de-chaussée, se trouve enterré de plus de moitié, et la cymaise supérieure de son entablement est ruinée presqu'en entier. L'ordre ionique est mieux conservé. Son entablement est intègre, à la réserve de la cymaise et du larmier de la corniche, qui ne se trouve nulle part. Il ne reste absolument aucun vestige du troisième ordre de portiques, qui sans doute fut corinthien. Des palais et des maisons particulières ont été bâtis des ruines de ce grand édifice, et s'élèvent encore sur ses débris. Cependant les fragmens de son architecture sont au nombre des ouvrages classiques, qui ont servi de modèles aux architectes modernes, et ils sont toujours précieux comme ouvrages du siècle d'Auguste, et faisant connoître l'état de l'art à cette époque. Or, si l'on en juge par des édifices du même genre, c'est-à-dire formés aussi, comme le furent les amphithéâtres, de portiques en piédroits et arcades, ornées de colonnes, et tel est le Colisée bâti sous Titus, on est obligé de convenir qu'aucun de ces monumens n'égala le *théâtre* de Marcellus, pour la beauté des proportions, pour la pureté des profils et la précision de l'exécution.

L'Italie supérieure nous offre, hors de Rome, fort peu de restes de *théâtres* assez conservés, pour qu'on puisse se faire une idée de leur architecture. Il paroîtroit que les jeux ou les combats de l'amphithéâtre auroient eu une prédilection, qui auroit nui dans ce pays aux plaisirs de la scène. Il faut en sortir pour pouvoir citer quelques *théâtres* assez bien conservés. Les deux principaux dont nous avons fait une mention particulière, aux articles sous le nom des villes où ils existent, sont ceux de Sagunte en Espagne et d'Orange dans les Gaules. (*Voyez* Sagunte, Orange.) L'un et l'autre, comme on peut le voir à ces articles, fut construit à la manière que nous avons vu avoir *été* celle des *théâtres* grecs, c'est-à-dire qu'on en pratiqua la partie circulaire et les gradins dans la cavité de la montagne, où on les adossa. Il faudroit réunir ces deux restes d'antiquité pour en former un tout, la partie la mieux conservée du *théâtre* de Sagunte étant le *théâtre*, proprement dit, ou les gradins, et la scène de celui d'Orange présentant encore tous les témoignages propres à en faire retrouver l'entière disposition.

Ce seroit sans doute un fort beau sujet de recherches pour l'art, et pour l'antiquité, qu'un recueil qui embrasseroit la notice exacte de tout ce qui reste de vestiges des *théâtres* antiques en Grèce, ou dans les pays soumis à la domination romaine, et les dessins de tous ceux de ces monumens dont les ouvrages des voyageurs contiennent déjà les plans, les vues et les descriptions.

De pareilles recherches, objet d'un long temps et d'un travail très-étendu, auroient été sans aucune proportion avec la mesure d'un article de dictionnaire. Nous bornerons donc celui-ci à cet aperçu général et abrégé, autant qu'il a été possible, des nombreuses notions qu'embrasse le sujet, renvoyant d'ailleurs à tous les articles de détail, où les diverses parties du *théâtre* antique trouvent leur explication. Nous allons passer de suite, et dans le même système, à l'exposé succinct des notions relatives au *théâtre* moderne.

DU THÉATRE CHEZ LES MODERNES.

Le goût du *théâtre* et l'habitude des plaisirs et des jeux de la scène, s'étoient tellement enracinés chez tous les peuples de l'antiquité, que long-temps encore après l'établissement du christianisme, rien ne sembloit en avoir diminué le besoin et la passion. Le paganisme étoit tombé ou tomboit de toute part en ruine, un grand nombre de temples étoient ou déserts ou ruinés, et les *théâtres* étoient toujours debout en continuant de rassembler la multitude. Leur destruction fut la dernière des victoires obtenues par la religion chrétienne. Les Pères de l'Eglise dûrent lutter long-temps contre le penchant, qui entraînoit encore les premiers chrétiens mal affermis dans leurs croyances, à partager des plaisirs qui étoient des fêtes publiques, et dont ils ne sentoient point les dangereuses conséquences. Mais les chefs de l'Eglise naissante y voyoient d'abord le danger d'une fréquentation avec les payens, qui étoit un objet de scandale et de chute, et puis ils ne pouvoient se dissimuler que le plus grand nombre des pièces de *théâtre*, remplies des souvenirs et des images des fausses divinités, n'étoient propres qu'à en perpétuer l'existence dans l'esprit des peuples. Aussi continuèrent-ils leurs attaques contre la fréquentation du *théâtre*, jusqu'à ce que le christianisme les eût entièrement détruits.

Il seroit difficile de fixer avec précision l'époque de l'entier abandon des spectacles payens; mais on ne sauroit douter que cet abandon n'ait été la cause la plus active de l'état de ruine, dans lequel nous sont parvenus des monumens, qui, déchus de leur emploi, et ne pouvant plus être appliqués à aucune destination utile, dûrent devenir des espèces de carrières, dont on exploita à l'envi les matériaux.

Il ne sauroit appartenir au sujet, le seul que comporte cet article, de rechercher ce que purent être, dans le moyen âge, les inventions scéniques, quel aliment nouveau en réveilla le goût, quelle sphère nouvelle de sujets s'ouvrit aux affections publiques, ni quels lieux devinrent les *théâtres* des compositions, que l'esprit de ces temps offroit à une pieuse curiosité.

Nous nous hâtons d'arriver à cette époque du renouvellement de tous les beaux arts en Italie, où l'on vit renaître alors, sans aucun danger pour la religion chrétienne, et remettre en honneur tous les restes et toutes les traditions de l'antiquité profane. Le goût dramatique se réveilla, et comme dans les autres parties de la littérature, il se calqua d'abord, si l'on peut dire, plutôt qu'il ne se régla, sur les modèles de la scène grecque et latine. Dans un temps où les langues modernes n'avoient pas encore osé rivaliser avec les idiomes d'Athènes et de Rome, très-naturellement on ne dut aussi concevoir d'autres formes, pour les représentations dramatiques, que celles dont les restes des *théâtres* romains avoient conservé l'image. Aussi vit-on les premiers drames italiens, joués sur de vastes espaces. Tel avoit été, dans une des extrémités de la grande cour du Vatican, un grand amphithéâtre en pierres, construit par Bramante, pour la représentation des pièces italiennes, où le goût moderne préludoit au succès d'un genre de plaisir, qui devoit bientôt se répandre chez toutes les nations.

Tant que ce plaisir fut concentré dans le petit nombre des gens instruits, ou de quelques sociétés choisies, qui se plaisoient à en faire les frais, on vit renaître en Italie quelques répétitions fort exactes du *théâtre* antique considéré dans sa construction, sa forme et sa disposition intérieure. Le plus notable exemple de cette imitation, et qui s'est conservé en entier jusqu'à nos jours, est celui du *théâtre* olympique de Vicence, bâti par Palladio, dont nous avons rendu compte fort au long à la vie de cet architecte (*voyez* PALLADIO) : on peut y voir avec quel scrupule il se conforma, dans ce bel ouvrage, à toutes les pratiques de l'antiquité. Long-temps il servit aux exercices dramatiques de la société olympique qui en avoit fait la dépense. Mais il n'est plus guère aujourd'hui, pour cette ville, qu'un monument précieux du talent de son célèbre citoyen, et un souvenir du goût régnant dans un siècle, où tout ce qui rappeloit l'antique, étoit objet d'étude et d'émulation.

On peut dire à peu près la même chose du célèbre *théâtre* de Parme, construit environ l'an 1618, pour le duc Ranuccio Ier, par Jean-Baptiste Aleotti, savant architecte et ingénieur militaire. Sa construction en bois, comprise dans l'enceinte du palais ducal, offre encore par son plan, son élévation et sa vaste étendue, une image très-approximative du *théâtre* antique. Aleotti s'y conforma jusque pour la disposition de sa scène, qui rappelle dans sa façade, et dans chacun de ses retours, l'idée de la décoration architecturale des anciens, et jusqu'aux portes par lesquelles entroient ou sortoient les acteurs. Le *théâtre* se compose d'une suite de gradins en demi-cercle, à la manière antique, et au-dessus s'élèvent deux rangs de portiques, en arcades soutenues par des colonnes; leurs piédroits sont ornés d'un ordre dorique, dans l'étage inférieur. La même disposition règne pour l'étage supérieur, dont l'ordre est ionique. Ces deux étages offrent de grandes et spacieuses loges, et au-dessus s'élève une balustrade ornée de statues, qui forme l'appui d'une galerie circulant tout à l'entour. Ce beau *théâtre*, devenu inutile, n'est conservé, et entretenu aujourd'hui, que comme un monument précieux du goût d'alors. Ce n'est plus qu'une curiosité qu'on montre aux étrangers et aux amateurs de l'art.

En effet, dès que le goût des amusemens scéniques se fut répandu, les princes, qui seuls étoient en état d'en payer les dépenses, en firent pour eux un objet de luxe, qu'ils renfermèrent dans leurs palais; et le *théâtre*, au lieu d'être un monument public, ouvert à la multitude, devint une *salle de spectacle*, nom qu'il a encore gardé depuis en français. Il ne fut plus question alors de cette dispendieuse construction, tant au dehors qu'au dedans, ni de ces vastes dimensions proportionnées à la population, pour laquelle les jeux de la scène étoient devenus un passe-temps habituel.

Bientôt la composition des pièces de *théâtre* devint une partie importante de la littérature de toutes les nations de l'Europe. C'est à l'histoire littéraire de ces nations, qu'il faut demander les renseignemens propres à faire connoître les variations, et les progrès du goût en ce genre. Quant à nous, nous ne pouvons que constater les causes qui influèrent sur les changemens, que devoit éprouver la construction des *théâtres*, et lui imprimer, chez les Modernes, des caractères si différens de ceux des édifices antiques.

Le goût du spectacle et de l'art scénique une fois propagé partout, et ayant pris place parmi les divertissemens des classes élevées et instruites de la société, il se forma des entreprises particulières d'hommes, d'acteurs et même de poëtes, qui, spéculant sur le besoin de distraction et de plaisir, chez les habitans des grandes villes, firent des représentations dramatiques une sorte de commerce, qui devint bientôt assez lucratif pour éveiller la concurrence. Rien ni de grand, ni de dispendieux, ni de magnifique, ne devoit résulter en fait de constr[illegible]ion de *théâtre*, des spéculations intéressées, auxquelles les entrepreneurs de spectacle étoient forcés de soumettre leurs projets. Souvent ce n'étoit que des locaux vides, et sans emploi, qu'on mettoit à peu de frais en état de figurer pour un temps borné. Les troupes de comédiens, assez volontiers ambulantes, n'avoient besoin que d'emplacemens provisoires et de salles temporaires. Lorsque ces troupes en vinrent à se fixer, elles s'établirent alors dans des demeures plus solides. Elles construisirent des salles plus spacieuses, plus commodes, mieux décorées, et avec des divisions de places, où les différences de rang et de fortune firent établir des prix proportionnés.

Telle fut pendant long-temps, et dans toute l'Europe, la destinée de l'art dramatique, et tel fut le genre des lieux où il obtint ses plus grands succès : car il est à remarquer, que les chefs-d'œuvre de cet art, au fond très-indépendant du luxe extérieur des ornemens de l'architecture, furent représentés dans des salles et des bâtimens, dont rien au dehors n'annonçoit même l'existence, et que rien au dedans ne recommandoit sous le rapport du goût et de la disposition. On peut affirmer qu'il en alla ainsi partout, jusque vers le milieu du dix-huitième siècle, lorsque le retour au style et aux pratiques de l'antiquité eut ramené l'attention publique, sur le singulier contraste qui régnoit entre les ouvrages qui honoroient avec le plus d'éclat le génie de chaque nation, et l'indifférence qui sembloit traiter cette sorte d'institution, comme peu digne d'attirer au dehors les regards du public.

On vit bientôt former des projets de *théâtres* en rapport, par leur importance extérieure et leur capacité intérieure, avec les monumens publics.

Cependant il ne pouvoit pas être donné aux Modernes de rivaliser en ce genre avec les peuples de l'antiquité. Les mœurs d'une part, de l'autre les habitudes théâtrales, le genre d'imitation scénique, et la manière de la déclamation, ne permirent pas de revenir aux formes et aux dispositions qu'avoient commandées et perpétuées, chez les Anciens, un tout autre ordre de besoins, d'idées, d'opinions et d'usages.

On voit d'abord que la gratuité des places pour les spectateurs, ne pouvant exister, qu'autant que les gouvernemens font les frais de ces monumens, et de leurs jeux, le *théâtre* moderne ne fut plus ouvert à la multitude, mais bien à ceux qui seroient en état d'en payer le plaisir. Dès-lors il ne fut plus possible d'établir cette uniformité des places, donnée par l'uniformité des gradins d'un vaste amphithéâtre. Il fallut faire des rangs divers et séparés, pour toutes les différences d'états et de fortunes. Tout dut être calculé sur le produit des recettes. Une multitude d'autres raisons, tirées de l'état des *sociétés* modernes, produisit des combinaisons tout-à-fait étrangères à celles du *théâtre* antique. Aux gradins de celui-ci, on substitua des rangs de loges en hauteur verticale les unes au-dessus des autres, et qui, ordinairement construites en bois et attachées contre les murs, offrent à l'œil, lorsqu'il n'y a aucune séparation, le vice d'une porte-à-faux déplaisant, ou, si chaque loge est soutenue par un montant, l'espèce de ridicule d'un mur percé de nombreuses fenêtres.

Au nombre des causes qui se sont opposées au renouvellement du système des *théâtres* antiques, il faut encore mettre les convenances de l'art dramatique moderne, qui, ayant raffiné sur le genre d'imitation et le degré d'illusion dont les Anciens se contentoient, place l'action et les acteurs beaucoup plus sous les yeux du spectateur. On a fini par exiger de l'acteur récitant, une multitude de nuances dans l'expression et la déclamation, qui excluent les grandes distances établies autrefois entre le lieu de la scène, et le plus grand nombre des places occupées par les auditeurs. Ajoutons qu'une lumière artificielle éclaire le *théâtre* moderne, ce qu'exige avant toute autre raison, l'heure qui est ordinairement celle du soir et de la nuit, où se donnent les spectacles. N'oublions pas la différence du lieu de la scène, qui est tout en profondeur, et le système de décoration dont l'illusion tient à la facilité d'augmenter, de ménager ou de supprimer, à volonté, l'effet de la clarté ou de l'obscurité.

Les *théâtres* n'étant plus que des entreprises dépendantes d'intérêts particuliers, les grandes villes en virent le nombre augmenter selon leur population, et cette multiplication-là même fut cause, qu'il ne fut plus possible de leur donner les vastes dimensions qu'ils eurent, lorsqu'un seul pouvoit réunir jusqu'à quarante mille spectateurs.

Cependant ces derniers temps ont vu construire dans plus d'une ville, des *théâtres*, où l'architecture a pu encore faire pompe de quelques-unes de ses ressources. L'Italie en compte fort peu, qui s'annoncent au dehors par une apparence de forme et de richesse proportionnée au luxe de leur intérieur, et c'est presque toujours en bois, que cet intérieur est construit. On doit toutefois excepter le *théâtre* de Bologne, ouvrage d'Antoine Galli Bibiena, qui offre cinq rangs de loges construits en pierre, et qui fut terminé en 1763. Avant lui, François Galli Bibiena en avoit construit un à Véronne, sous la direction du célèbre Scipion Maffei. Il y fit un portique en avant, y pratiqua de fort belles salles dans les angles, et par plus d'une disposition intérieure, tendit à se rapprocher, le plus qu'il fut possible, de certains erremens du *théâtre* antique.

Généralement, en Italie, il s'est conservé, dans la plupart des grands *théâtres*, un certain goût de grandeur et d'unité de forme, à l'intérieur, pour ce qu'on appelle la salle et la distribution des loges, qui rappellent quelques souvenirs de l'antiquité. Ainsi l'on cite le grand *théâtre* royal de Naples, ceux de Milan et de Turin. Toutefois la dépense s'est portée à la décoration intérieure de leurs salles, ouvrages de menuiserie plus que d'architecture, où l'on a prodigué la dorure et les ornemens; mais rien n'annonce à l'extérieur ni la forme du local, ni même le caractère du monument. L'Angleterre n'offre, en fait de *théâtre*, rien qui mérite d'être cité comme ouvrage d'art, de goût ou de magnificence.

La France, pendant long-temps la plus mal partagée en ce genre, sous tous les rapports d'architecture, a surpassé, vers la fin du dernier siècle, toutes les entreprises précédentes, dans le *théâtre* de la ville de Bordeaux, grand édifice qu'on peut appeler véritablement du nom de monument public. Sa masse est un vaste corps de bâtiment, qui a près de trois cents pieds en longueur, sur la moitié de cette mesure pour sa largeur. L'édifice est environné d'un rang de portiques formés par des arcades, dont les piédroits sont ornés d'un ordre de pilastres corinthiens, qui règnent dans toute la hauteur, et du rez-de-chaussée, et de l'étage supérieur. Au-dessus de l'entablement s'élèvent un attique assez exhaussé, et quelques degrés en retraite, pour dérober en partie la vue du grand comble exigé par les besoins du *théâtre* et du jeu des décorations. Tout, dans ce monument, a été taillé en grand. Soit qu'on l'examine dans la belle entente et la régularité de son plan, soit que l'on considère la largeur et la facilité des dégagemens, et tous les accessoires que réunit un pareil ensemble, on peut le proposer pour modèle de ce qui convient aux usages modernes. On y trouve une très-belle salle de concert, un beau foyer, de grands escaliers, et la richesse de la décoration intérieure n'est pas restée au-dessous de ce que demande un lieu de fêtes et de plaisirs.

Le *théâtre* de Bordeaux, bâti par M. Louis vers la fin du dernier siècle, auroit pu exciter dans la capitale de la France l'ambition de l'égaler ou de le surpasser, à l'époque surtout, où sembla se réveiller dans cette ville, le besoin d'honorer par des édifices plus dignes de son importance, un art sur lequel se fonde, en grande partie, la gloire littéraire de la nation. Cependant les circonstances et des causes indépendantes du goût et du talent des artistes, ne permirent pas de porter sur un grand nombre de *théâtres*, que Paris possède, la dépense, que souvent une moindre ville peut appliquer à un monument unique. Le projet du *théâtre* français, demandé à MM. Peyre l'aîné et de Wailly, fut jugé trop dispendieux. Il fallut en rapetisser toutes les données dans le monument qu'on exécuta, monument qui, depuis, a subi des changemens de plus d'un genre. Après deux incendies qui ont consumé son intérieur, sa salle a été rétablie avec assez de luxe et de dépense, et on le désigne aujourd'hui sous le nom d'*Odéon*. La partie extérieure de ce *théâtre*, bâti en pierre, qui a survécu aux deux incendies dont on a parlé, n'a éprouvé aucun changement. C'est encore, sous le point de vue de l'architecture et des convenances modernes, le seul *théâtre* de Paris, que l'on puisse citer comme méritant le titre de monument. Ses abords, la régularité de la place où il est situé, et des rues qui y correspondent, son isolement surtout, ce qui est rare dans une ville aussi serrée que Paris, en recommandent l'aspect, et sous les rapports de commodité du service, ainsi que de facilité de la circulation, aucun autre n'en approche. Entouré de trois côtés par des galeries couvertes ou promenoirs publics, il offre des abris contre les intempéries des saisons, et les embarras que produit l'affluence du monde et des voitures. Son frontispice est décoré d'un portique de huit colonnes doriques, au-dessus desquelles règne une terrasse. De chaque côté a été pratiquée une arcade, qui lie le bâtiment aux maisons voisines, et dont l'objet est de donner une place couverte, à ceux qui descendent de voitures ou qui y remontent. On trouve encore à louer dans ce plan, le vestibule, les grands escaliers qui y aboutissent, et le foyer.

Il est assez surprenant que l'idée ne soit encore venue à aucun architecte, dans la construction dispendieuse de quelques-uns de ces édifices modernes, de chercher à concilier la forme extérieure du *théâtre* antique, avec les convenances du *théâtre* moderne. Je veux dire la forme circulaire, qui est le véritable type élémentaire du *théâtre*, en tant que lieu de rassemblement d'hommes pour assister à un spectacle. Cette considération touche particulièrement à une qualité très-précieuse en architecture, celle qu'on appelle le *caractère*. Rien de plus desirable en général, pour tous les genres d'édifices, que d'avoir un type constant, qui donnant à chacun d'eux une physionomie distincte, les fasse reconnoître au dehors pour ce qu'ils sont, apprenne au spectateur leur destination, et établisse ainsi entr'eux comme dans les œuvres de la nature, ce charme de variété dont l'œil et le goût éprouvent le besoin. Tel fut, comme on l'a dit ailleurs (*voyez* CARACTÈRE), l'esprit de l'architecture antique, et tel fut l'avantage de ses principaux monumens, qu'aucun ne peut être confondu avec un autre. L'emploi nécessaire de chacun, ayant dicté la forme qui lui étoit le plus convenable, l'art s'en empara, la rendit fixe, et lui imprima comme une sorte de signe caractéristique, qui de plus en plus consacré par l'usage, finit par devenir immuable. Dans l'état actuel de nos sociétés, de nos mœurs et de nos arts, il seroit fort difficile de rétablir cette espèce de langage architectural. Tant de causes ont produit le besoin de diversité, et tant d'autres s'opposeroient à cette simplicité d'idées et d'usages, d'où peut naître le système caractéristique dont on parle, qu'il seroit impossible d'y ramener l'architecture, dans le grand nombre des édifices publics. Aussi voit-on les architectes appliquer à presque tous, les mêmes frontispices, les mêmes ordonnances, les mêmes masses, les mêmes motifs d'ornement et de décoration extérieure; en sorte qu'il seroit facile de faire servir, sans grande inconvenance, la masse extérieure de beaucoup de monumens, à des destinations extrêmement diverses. C'est surtout à la forme générale qu'il appartient de rendre sensible le caractère dont on parle, et il nous paroît que cette indication extérieure de la destination du *théâtre* chez les Anciens, s'appliqueroit facilement au *théâtre* moderne. La partie du monument qui jadis se terminoit en ligne droite, et recevoit, comme on l'a vu, un promenoir en colonnes, seroit encore aujourd'hui la place d'un beau frontispice, et les galeries en portiques couverts de la partie environnante, non-seulement pourroient, mais devroient être l'accompagnement obligé de tous les lieux qui, comme les *théâtres*, rassemblent un grand nombre de personnes.

Ces observations critiques s'adressent, comme l'on voit, moins aux artistes, qu'à l'esprit actuel des arts, et à l'habitude d'employer l'architecture, ses formes et ses ordonnances, comme un luxe d'ornemens arbitraires, et qui peuvent également convenir à tout. Or, dès que l'architecture de chaque édifice ne repose plus sur les élémens nécessaires d'un besoin quelconque, il est fort naturel que l'architecte use souvent de ses ressources, plutôt à son gré, au profit de l'honneur qui peut lui en revenir, qu'en vue d'aucune autre raison. Or, on ne nie pas, qu'abstraction faite de cette théorie du caractère propre de chaque édifice, et de celui qui appartiendroit aux *théâtres*, on n'ait pu produire des ouvrages d'un fort grand mérite, d'une invention très-remarquable, d'une composition fort riche. En tête de ces ouvrages, il faut citer avec beaucoup d'éloges le grand *théâtre* de Berlin, exécuté dernièrement en pierre à l'extérieur, avec grandeur et magnificence, par M. Schinckel.

Cet édifice l'emporte incontestablement sous le rapport de l'architecture, de la conception de l'ensemble, et de la belle exécution, sur tout ce que l'on peut voir ailleurs. Un très-grand et très-beau péristyle, composé de huit colonnes d'ordre ionique, orne la façade antérieure du monument, et s'élève avec beaucoup de majesté au-dessus d'une montée de trente degrés. Les proportions de cette ordonnance, le style du chapiteau, la forme du fronton et les sculptures de son tympan, tout y rappelle ce que l'architecture grecque des meilleurs temps a produit de plus pur et de plus élégant. Ce péristyle se détache comme avant-corps sur la masse de l'édifice, dont l'élévation variée, ainsi que son plan, se compose d'un corps principal avec deux ailes en retraite. Au milieu de cette masse s'en s'élève une autre, qui offre une toiture séparée, et aussi sur le devant un fronton. On comprend que l'architecte a fait ainsi ce second étage de construction, pour donner au service intérieur des décorations, la hauteur que nécessite le jeu des machines, sans avoir recours, comme on le voit au *théâtre* de Paris (appelé aujourd'hui l'*Odéon*), à une procérité de comble et de toiture désagréable, et qui rapetisse l'effet de l'architecture, sans ajouter à sa dimension.

Sans doute le plan et l'ensemble de ce très-bel édifice que nous ne saurions faire apprécier, comme il le mériteroit, par une description aussi abrégée, ne présentent en aucune façon l'idée ni la forme du *théâtre* antique. Toutefois, malgré le vœu que nous avons exprimé, de voir les architectes se rapprocher, le plus qu'il sera possible, de la forme extérieure et du type que la nature avoit indiqués aux Grecs, nous devons reconnoître, qu'outre les changemens, que de nouveaux usages ont introduits, il peut encore être, dans plus d'un cas, impossible de réaliser cette imitation de l'antiquité. Un de ces cas est celui, où le *théâtre* unique et principal d'une grande ville, doit réunir dans son enceinte plusieurs destinations, qui chacune comporteroient un local spécial et particulier. Il arrive quelquefois que cet édifice est tenu de renfermer, outre la salle de spectacle, une salle de bal, une salle de concert, des locaux destinés à divers plaisirs ou divertissemens. Or, c'est vraiment là ce que le *théâtre* de Berlin a été obligé de comprendre dans son plan. La chose ainsi expliquée, peut-être doit-on savoir gré, au contraire, à l'architecte d'avoir formé de toutes ces parties obligées, un ensemble varié si l'on veut, mais ramené avec beaucoup d'habileté, à l'unité d'un plan fort régulier.

Or, on ne sauroit s'empêcher d'y louer beaucoup d'intelligence de distribution, et plus d'une sorte de ressource ingénieuse. Telle est, pour en citer une, celle de la manière dont l'architecte a imaginé de faire arriver les voitures à couvert, sans embarras, et sans aucune incommodité pour les gens de pied. On a parlé de cette montée composée de trente degrés, servant de stylobate au péristyle, et correspondant au très-beau soubassement qui règne tout à l'entour de l'édifice. C'est précisément sous ce stylobate antérieur, qu'ont été ménagées deux issues, l'une pour l'entrée, l'autre pour la sortie des voitures; les personnes qui y sont ainsi introduites sous un portique couvert, ont un accès particulier vers la salle, et toutes les parties intérieures du monument.

Ce qu'on doit dire encore à l'avantage de son architecture, c'est que tous les détails en sont traités grandement, et d'un style qui ne permet aucune confusion avec les habitations et les palais. Les fenêtres nombreuses dont l'édifice est percé, ont une forme monumentale, et leurs trumeaux consistent en petites colonnes quadrangulaires, avec un chapiteau dorique.

Ayant résolu de ne traiter l'article Théatre, que sous le rapport tout-à-fait spécial et exclusif de l'architecture, nous ne saurions nous engager dans aucun détail, sur tout ce que comporteroit l'analyse de la salle de spectacle, renfermée dans le monument de Berlin. Nous nous sommes aussi dispensés de toute description semblable, à l'égard des autres *théâtres*. D'abord, le lecteur comprendra, que rien n'engageroit à plus de notions minutieuses, souvent peu intelligibles, et presque toujours étrangères à l'art, vu le système de construction postiche des loges, vu l'extrême diversité des ornemens arbitraires qu'on y prodigue, vu le manque de solidité de la plupart des matériaux qu'on y emploie. Ajoutons encore, que presque tous les ouvrages de l'art moderne, en ce genre, ayant été de simples ouvrages de charpente et de menuiserie, revêtus d'ornemens temporaires, aucun n'a pu durer assez long-temps pour servir de modèle à d'autres. De là est résulté, que rien de fixe ni de déterminé n'a pu s'établir, sur la base toujours mobile et inconsistante des convenances locales; tellement qu'on n'indiqueroit pas deux salles de spectacle construites, et décorées selon un système uniforme. Il n'y a d'uniforme en ce genre, que la diversité.

Nous aurions desiré pouvoir réduire ici, à quelques points regardés comme convenus, les théories qu'ont données, sur la construction des salles de spectacle, différens auteurs. Mais il est visible, que chaque pays, chaque localité, chaque genre de spectacle, chaque mode dramatique, chaque habitude de société, chaque manière d'envisager les plaisirs de la scène, selon les mœurs, les opinions et les goûts de ceux qui y prennent part, que bien d'autres causes encore, ont dû influer très-diversement sur les méthodes des théoriciens. Il est sensible que ces causes, trop nombreuses pour être mises d'accord entr'elles, n'ont dû produire, de la part de ceux qui ont tenté d'en ramener l'effet à un système général, et à une loi commune, que des théories partielles et des règles locales.

Cependant, pour ne pas terminer cet article, sans toucher quelques-unes des notions qui peuvent être généralement appliquées à la meilleure construction de l'intérieur d'une salle de spectacle en bois, nous allons parcourir brièvement les points principaux de ce sujet, sous quelques-uns de ses rapports les plus importans d'utilité, de convenance et de goût.

Sous le rapport d'utilité, les deux points les plus essentiels (en dégageant ce sujet de toutes les vues d'entrepreneur et d'intérêt particulier) sont ceux qui s'appliquent à la forme la plus favorable pour entendre, et à la forme la plus commode pour voir. Or, il nous paroit que ces deux objets ont entr'eux une très-grande connexion. La réunion de leur effet étant pour chaque individu spectateur, et ordinairement auditeur tout ensemble, le but desirable, c'est aussi à trouver la forme qui accorde le mieux, entr'eux, cette double action, que l'art doit tendre.

En traitant de cette question, nous ne parlerons point d'abord de la partie qu'on appelle le parterre, situé ordinairement de la manière la plus avantageuse, et plus indépendant de la forme du plan et de celle de l'élévation. Nous entendons parler de l'autre partie, qui comprend les loges et qui forme la périphérie de la salle. Or, nous trouvons que trois formes ont été données aux intérieurs des salles: la forme carrée, la forme ovale, la forme demi-circulaire.

La forme donnée par le plan quadrangulaire, outre qu'elle est moins belle, moins naturellement applicable à la destination du local, a l'inconvénient de mettre le plus grand nombre des spectateurs, c'est-à-dire ceux qui occupent les deux parties latérales des loges, dans une position fausse, qui les oblige de regarder de côté. L'acteur étant en général le point auquel tendent les regards, ceux qui seront placés tout près de l'avant-scène verront à peu près en droite ligne, mais à mesure que dans chaque côté de cette forme, les loges s'éloigneront de ce point central de l'attention, on comprend, sans qu'il soit besoin d'une démonstration linéaire, que l'angle visuel deviendra de plus en plus aigu, et dès-lors occasionnera une position pénible pour la tête du spectateur. Ajoutons que cette forme n'a rien qui soit favorable à l'audition ou à la propagation des sons.

La forme d'un ovale tronqué offre à peu près les mêmes inconvéniens dans ses parties latérales, que la forme carrée. Elle a de même celui de placer beaucoup de spectateurs éloignés du point de centre de la scène. Elle a de plus le désavantage, qu'à mesure que les loges s'approchent du lieu de la scène, les siéges de ces loges se trouveront placés de manière, que l'on tournera plus ou moins le dos à l'acteur et au spectacle. La forme de fer à cheval tient, pour ces désavantages, le milieu entre le carré et l'ovale. Elle peut convenir là où le terrain sur lequel il faut construire, aura plus de longueur que de largeur, parce qu'elle donne le moyen de multiplier les loges.

Mais il paroit que lorsque le terrain et l'emplacement, permettent le choix de la forme à donner aux salles de spectacle, la mieux appropriée à leur destination, la plus simple, et dès-lors la plus belle, sera la forme du demi-cercle. C'est celle qui établit entre tous les points où les spectateurs sont placés, le plus d'égalité de distance, celle où les spectateurs des loges plus voisines de la scène, gênent le moins ceux des loges qui viennent après, celle d'où chacun peut voir librement, non-seulement ce qui se passe sur l'avant-scène, mais encore ce qui se passe au fond, celle où le son est reçu plus également, celle enfin dont l'uniformité prête à la décoration la plus régulière. On peut assimiler à cette forme celle du demi-cercle elliptique, qui sans doute auroit l'avantage, en évasant beaucoup la circonférence, de rapprocher encore plus le spectateur et l'auditeur, du lieu précis de la scène et de l'acteur. Cependant, en considérant le besoin de lier convenablement dans leur élévation respective, l'avant-scène à la salle, on ne sauroit disconvenir, que le demi-cercle elliptique produit une largeur considérable, qui rend d'un ajustement fort difficile le plafond destiné à réunir ces deux parties. Le *théâtre* antique étant découvert, n'avoit point cette difficulté, et Palladio copiant, mais en petit, dans un plan elliptique, le *théâtre* des Anciens, put encore facilement le couvrir. Aujourd'hui le besoin de couverture et de plafond offre à l'architecte le besoin de rétrécir, autant qu'il est possible, l'ouverture de la scène, ce qui peut engager, lorsque l'on emploie la forme demi-circulaire, pour la salle, à lui donner au-delà du demi-cercle, c'est-à-dire une partie quelconque de l'autre moitié du cercle. L'artiste peut encore trouver dans le génie de la décoration, plus d'un moyen de lier la disposition de la salle, avec celle de l'avant-scène, et de façon à sauver le mauvais effet d'une plate-bande par trop prolongée.

L'article des convenances, en fait de salles de spectacle, comprendroit, si on vouloit épuiser ce sujet, la matière d'un très-long ouvrage, mais seroit aussi l'objet des plus nombreuses critiques, tant il y a de nuances et de degrés, dans ce qu'on appelle *convenance* en ce genre, tant les goûts de chaque peuple, les usages souvent contraires et les modes presque toujours bizarres, ont introduit d'habitudes que rien ne peut ni corriger ni détruire.

S'il s'agit, par exemple, de cette région qu'on nomme le *parterre*, la convenance sembleroit prescrire de ranger ce qu'on appelle en *amphithéâtre*, c'est-à-dire par degrés de siéges en hauteur les uns sur les autres, cette portion des spectateurs que l'usage place à l'unisson, les uns derrière les autres, de manière à se cacher réciproquement la vue de la scène. Déjà, il est vrai, l'exemple en est donné à quelque *théâtre*; mais comme, selon certains calculs d'intérêt, cette disposition retrancheroit quelques loges dans la région inférieure de la salle, il est douteux que cette convenance devienne une règle générale.

On devroit, ce nous semble, regarder comme une convenance impérieuse, de ne point faire empiéter ce que nous appelons l'*avant-scène*, autrement dit le lieu où l'acteur récite, dans le local

local même de la salle, c'est-à-dire le lieu où se tiennent les spectateurs. Il est fort inconvenant surtout d'un assez grand nombre de places, de voir l'acteur en costume grec ou autre, confondu pour l'effet, avec les spectateurs, et si cela est autorisé par le besoin qu'ont d'entendre ceux qui occupent le fond du *théâtre*, il paroit qu'il ne s'agiroit, en construisant la salle, que de rapprocher ce fond, d'autant de pieds, qu'on en donne à l'empiétement de l'avant-scène.

Pour la même raison, il seroit on ne peut pas plus convenable, de supprimer toutes les loges qui, dans le plus grand nombre des *théâtres*, occupent les parties latérales de l'avant-scène. Notre avant-scène, dans le système de nos représentations dramatiques, doit être considérée uniquement, pour son effet, et dans l'intérêt de l'illusion scénique, comme le cadre d'un tableau. La scène, durant l'action, est une peinture, ou, si l'on veut, un tableau mouvant, que l'avant-scène doit circonscrire et isoler du spectateur, et par conséquent du reste de la salle.

Le goût entre aussi pour beaucoup dans ce qu'on appelle *convenance*, mais on peut en séparer les préceptes, pour tout ce qui tient à certains principes de vraisemblance dans la construction et aux détails de la décoration.

Le goût, par exemple, répugne à certaines inventions de l'avant-scène qui offriront dans sa traverse, toutes les parties d'un entablement que rien ne supporte. Mais où ce grave inconvénient devroit révolter les yeux, si l'habitude ne les y avoit familiarisés, c'est dans cette construction en porte-à-faux de tous les rangs de loges les uns au-dessus des autres. On n'ignore pas quelles sont les sujétions imposées à l'architecte chargé de la disposition d'un intérieur de salle de spectacle. On sait qu'il ne sauroit se permettre de donner aux loges, des colonnes pour supports. D'une part, la proportion en seroit par trop raccourcie; d'une autre part, les colonnes deviendroient, pour les spectateurs, une gêne et un désagrément. Cependant n'en est-ce pas un pour l'esprit et pour les yeux, que ces loges remplies d'individus suspendus en l'air? et s'il suffit, pour se rassurer sur le danger, de savoir que ces galeries reposent sur des poutres scellées dans le mur, le goût, qui n'est pas tenu d'entrer dans ces combinaisons, n'en doit-il pas éprouver une impression pénible? Il nous semble que l'architecte pourroit, en prenant quelque chose sur la hauteur totale de ses rangs de loges, faire paroître en dehors des espèces de mutules ornées si l'on veut, qui indiqueroient au moins une apparence de support, et qui figureroient, dans les plafonds, des espèces de caissons.

Il y auroit bien d'autres remarques de goût et de raisonnement à faire, sur le système général de nos salles de spectacle. Mais tant que ces sortes d'entreprises seront subordonnées aux vues de quelques intérêts particuliers, et aux calculs du produit des places, il ne faut point se flatter de voir jamais un ouvrage, qui réponde à la fois aux conditions de la forme et de la disposition nécessaires pour bien voir et bien entendre, aux convenances que l'intérêt de la représentation dramatique exigeroit, et aux règles que le goût devroit prescrire.

Aussi n'alongerons-nous pas davantage cet article, sans doute beaucoup trop court, si l'on considère l'innombrable quantité de détails minutieux, et de points de vue que les usages modernes ont multipliés, mais peut-être aussi beaucoup plus long, que ne le comporte un sujet, d'où l'art véritable de l'architecture se trouve en grande partie exclus.

On applique, par analogie, le mot *théâtre* à quelques autres emplois, mais auxquels il convient, puisque le verbe grec θεάομαι, dont il est formé, signifie *voir, contempler, regarder*. Or, tout ce qui est disposé pour être mis en vue, et fixer les regards de nombreux spectateurs, s'appelle fort naturellement *théâtre*. Ainsi l'on dit :

Théâtre anatomique. C'est, dans une école de médecine ou de chirurgie, une salle avec plusieurs rangs de siéges disposés en amphithéâtre circulaire, et une table de démonstration placée au bas, avec le siége du professeur, en sorte que de tous les points des bancs de cette sorte de *théâtre*, les élèves puissent distinguer les objets qui sont la matière des leçons. Ainsi est construite la salle de démonstration anatomique de l'Ecole de médecine à Paris : on la nomme aussi *amphithéâtre*.

Théâtre d'eau. On appelle ainsi, dans les grands jardins royaux surtout, une certaine disposition de plusieurs allées d'eau ornées de rocailles, de figures, etc., dont on obtient divers changemens, dans une décoration perspective pour des fêtes ou des spectacles. Il y a dans les jardins de Versailles un semblable *théâtre d'eau*.

Théâtre de jardin. Espèce de terrasse élevée, avec un talus de gazon et un mur de revêtement, sur laquelle sont des allées d'arbres ou des palissades de charmille en perspective. Du côté opposé est un amphithéâtre formé de plusieurs degrés en pierre, bois ou gazon. L'espace plus bas entre le *théâtre* et les gradins, sert de parterre.

On met encore au nombre des *théâtres de jardin*, les *théâtres* de fleurs. Ils consistent en gradins élevés les uns au-dessus des autres, faits ordinairement de menuiserie, sur lesquels on place, en les entremêlant, des vases ou des caisses de fleurs, que l'on remplace ou qu'on renouvelle selon les saisons.

THÉATRAL, adj. m. Signifie, dans le langage ordinaire, ce qui appartient au théâtre, ce qui est du ressort du théâtre. Mais dans le langage de l'art et des monumens, *théâtral* signifie ce qui rappelle l'idée de théâtre, c'est-à-dire l'aspect d'objets, qui figurent et se développent les uns au-dessus des autres, comme le font les rangées de degrés du théâtre antique.

L'emploi abusif, en français, quant à l'étymologie, du mot *amphithéâtre*, qui veut dire double théâtre, pour exprimer la montée de gradins d'un seul théâtre, est cause que l'on use volontiers du mot *amphithéâtre*, dans les comparaisons que l'on en fait avec certains sites, certaines dispositions de villes, certaines compositions d'édifices, dont les parties, les détails ou les masses se présentent au spectateur, comme les degrés d'une montée. Ainsi on dit qu'*une ville est bâtie en amphithéâtre*, qu'*un jardin a un aspect d'amphithéâtre*. Ces locutions ne signifient rien autre chose, que ce qu'exprime l'idée de *théâtral*.

Les Italiens, chez lesquels la connoissance plus particulière du théâtre et de l'amphithéâtre, c'est-à-dire la distinction des formes propres à l'un et à l'autre, dut résulter des restes nombreux d'antiquité que leur pays possède, donnent non-seulement le nom de *théâtral*, mais encore celui de *théâtre*, à tout ensemble de masses, d'édifices ou de plans sur-imposés en retraite les uns au-dessus des autres. Les pays de montagnes, si féconds en sites de ce genre, fournissent de fréquentes applications de ces mots, et de l'image qu'ils expriment. La nature *théâtrale* de ces sites, a pour ainsi dire, et sans le secours d'aucun art, imprimé le même caractère aux ouvrages que le seul besoin y multiplie, et aux édifices qui, souvent pour s'y élever, nécessitent des terrasses, des rampes, des pentes douces. Rien de plus *théâtral* que la ville de Gênes, dès son origine, ainsi que beaucoup d'autres, avant que l'architecture, profitant des ressources et des indications du terrain, s'étudiât à tirer d'heureux partis de ces situations.

Ce fut d'après de semblables inspirations, en Italie, que furent construits par la suite, et dans le genre le plus *théâtral*, certains palais ou châteaux de ville et de campagne, dont il suffit de citer les noms, pour faire connoître ce que l'art a produit de plus remarquable en ce genre. Tel est, par exemple, le château de *Caprarola*. Tel est ce qu'on appelle à Tivoli la *villa d'Est*. Tels sont un grand nombre de palais de la ville de Gênes, qui semblent être des décorations de théâtre.

Si l'on vouloit citer l'antiquité elle-même, il faudroit faire mention du célèbre temple de *Palestrina* (l'ancienne Præneste), dont les ruines encore existantes, et disposées par étages, devoient produire l'effet le plus *théâtral*.

Nous pouvons citer près de Paris, le château de Saint-Germain-en-Laie. On trouve encore à Versailles, quand on est au bas de l'Orangerie, quelque chose de vraiment *théâtral*, dans l'aspect que produit cette belle masse de bâtiment, couronnée par celle du château.

THÈBES. Ancienne capitale de l'antique Egypte, avant que le siége du gouvernement ait été transporté à Memphis, qui passe dès-lors pour être plus récente, et dont il ne reste toutefois aucuns vestiges, tandis que de nombreuses ruines et d'énormes restes de constructions subsistent encore au milieu de la vaste plaine qu'occupa *Thèbes*, sur les deux rives du Nil, où elle a été remplacée par de pauvres et nombreux villages. Là, sans doute, est la cause la plus probable de la destinée si différente de ces deux villes. Deux grandes capitales, l'ancienne et la moderne Alexandrie, dans le cours de deux mille ans, en s'enrichissant de tous les matériaux de Memphis, sont parvenues à en effacer la trace. Mais que purent faire pendant cette longue période, pour la destruction de *Thèbes*, de chétifs villages, dont toutes les forces n'auroient pas réussi à ébranler une seule de ses colonnes? Ces monumens dépouillés sans doute par les Romains, de tout ce qui put entrer dans les besoins de leur cupide magnificence, restèrent, au milieu des sauvages habitans de ces contrées, comme des espèces d'antres et de rochers, qui n'eurent à se défendre que contre l'action lente du temps, et d'un climat peu destructeur.

Le premier objet qui frappa dans ce vaste champ de ruines, les auteurs de la description de l'Egypte, fut un cirque ou hippodrome dont l'aire est devenue aujourd'hui un champ en culture. A l'extrémité de son enceinte, on aperçoit les restes d'un petit temple tombé en ruine, en avant duquel est une porte, dont les grandes dimensions paroîtroient convenir à un édifice plus considérable.

A l'extrémité nord de l'hippodrome on trouve les ruines de Médynet-Abou. Elles s'élèvent majestueusement sur une butte factice, et sont entourées d'une enceinte construite partie en pierre, et partie en briques crues. Un petit temple se montre d'abord au pied des décombres. Mais les yeux sont bientôt attirés par les ruines d'un édifice, qu'on juge avoir dû être un palais de souverain. En effet, ses deux étages, et ses fenêtres carrées, et ses murs couronnés d'espèces de créneaux, annoncent un édifice différent de ceux qui étoient consacrés au culte. Vers le nord s'élèvent des propylées au-devant d'un temple, qui porte l'empreinte d'une grande vétusté. On remarque surtout les monumens situés plus loin, vers l'ouest. Un pylône très-élevé conduit dans une grande cour presque carrée, dont les galeries septentrionale et méridionale, sont formées de colonnes et de gros piliers carrés, auxquels sont adossées des statues colossales. Un second pylône termine cette première cour, et conduit à un très-beau péristyle, dont les galeries latérales sont formées de colonnes, et dont le fond est terminé par un double rang de galeries, que supportent des colonnes et des piliers avec statues adossées. Ce péristyle offre tout à la fois, des restes indicatifs de toutes les religions qui se sont succédées en Egypte. Les Chrétiens y ont élevé une église, où se voient encore de belles colonnes monolythes de granit rouge. Les Mahométans, venus depuis, l'ont destinée à leur culte, et ils en ont fait une mosquée où tout rappelle encore l'islamisme.

Un vaste mur d'enceinte, caché en grande partie sous les décombres, renfermoit plusieurs édifices dont on aperçoit aujourd'hui quelques restes. Sans doute beaucoup d'autres monumens qu'on ne voit plus maintenant, furent contenus dans cet espace.

En sortant de Médynet-Abou, si l'on suit le chemin tracé par la limite du désert, on foule aux pieds une suite non interrompue de statues brisées, de troncs de colonnes et de fragmens de toute espèce. A gauche de ce chemin on trouve une enceinte rectangulaire en briques crues, remplie de débris de colosses et de membres d'architecture, chargés d'hiéroglyphes très-bien sculptés. Ce sont les restes d'un édifice renversé jusque dans ses fondemens.

A droite du chemin est un bois assez touffu, où l'on rencontre encore un nombre considérable de fragmens antiques, de bras, de jambes, et de troncs de statues d'une grande proportion. Tous ces colosses étoient monolythes. Les débris qui en subsistent sont de grès brèche, d'une espèce de marbre, et granit noir et rouge. Des troncs de colonnes très-peu élevés au-dessus du sol, annoncent les restes d'un temple ou d'un palais. A l'extrémité de ce bois, vers l'est, sont deux statues colossales. On les aperçoit à la distance de quelques lieues, comme des rochers isolés au milieu de la plaine. Elles ont près de soixante pieds.

Si l'on quitte ces énormes statues pour regagner le chemin qui borde le désert, on arrive bientôt, à travers des débris, aux ruines vulgairement connues sous la dénomination de *Memnonium*. Des pylônes à moitié détruits, et dont la hauteur dut être considérable; des colonnes élevées et d'un gros diamètre, des piliers carrés, auxquels sont adossées des statues colossales de divinités; des portes de granit noir; des plafonds parsemés d'étoiles d'un jaune d'or sur un fond d'azur; des statues de granit rose mutilées, et en partie recouvertes par les sables du désert; des scènes guerrières sculptées sur les murs, représentant des combats, des passages de fleuve, tout annonce un édifice de la plus haute importance. On a conjecturé que ce fut le tombeau d'Osymandias.

Au nord-est de ce monument, dans une gorge formée naturellement dans la montagne Lybique, on trouve un petit édifice, qui paroît avoir été consacré au culte d'Isis. Il est au milieu d'une enceinte en briques crues et très-bien conservé. On y voit des frises et des corniches élégantes, et qui brillent encore des plus éclatantes couleurs.

En reprenant le chemin tracé sur la limite du désert, on arrive bientôt à Qouarnah, où existe le reste de ce qu'on croit avoir été un palais, qui offre l'exemple d'un portique formé d'un seul rang de colonnes à la manière des Grecs. L'élévation et l'étendue des salles, la manière dont les jours sont disposés, tout y est différent de ce qu'on voit dans les temples.

Si l'on traverse le Nil, on trouve, en parcourant la rive droite du fleuve, des restes non moins surprenans d'édifices au village de Louqsor, qu'il faut traverser pour arriver à l'entrée principale du palais. On est frappé tout d'abord de deux superbes obélisques, d'un seul bloc de granit, de soixante-douze à soixante-quinze pieds de hauteur. Derrière ces obélisques sont deux statues colossales assises, de trente-quatre pieds de proportion, qui précèdent un pylône haut de cinquante pieds. Toutes ces masses sont inégales entr'elles et irrégulièrement disposées. L'intérieur du monument de Louqsor offre à la vue plus de deux cents colonnes de différentes proportions, dont la plus grande partie subsiste encore en entier. Les diamètres des plus grosses ont jusqu'à dix pieds. Tous ces édifices sont environnés de décombres, qui s'élèvent de beaucoup au-dessus du niveau général de la plaine.

De Louqsor on arrive à Karnak par un chemin bien frayé, où de part et d'autre, et à des intervalles assez rapprochés, existent des débris de piédestaux et des restes de sphinx; on en trouve même d'entiers à corps de lion et à tête de femme. De l'allée de sphinx dirigée sur Louqsor, on passe, en déviant un peu sur la gauche, dans une avenue plus large, formée toute entière de béliers accroupis, élevés sur des piédestaux, à l'extrémité de laquelle est une porte très-élégante. Vient un temple qui porte dans toutes ses parties l'empreinte de la plus grande vétusté, et qui cependant est bâti avec des débris d'autres monumens.

Du côté du nord-est on arrive au palais, par une longue avenue des plus gros sphinx, qui existent dans toutes les ruines de l'Egypte. Elle précède des propylées formées d'une suite de pylônes, au-devant desquels sont des statues colossales, dont les unes sont assises, les autres sont debout. Ces constructions ne se recommandent pas seulement par la grandeur de leurs dimensions; elles se font remarquer encore par la variété des matériaux qui y sont employés. Une espèce de pierre calcaire compacte comme le marbre, un grès siliceux mélangé de couleurs variées, les beaux granits noir et rose de Sienne, ont été mis en œuvre pour les statues. La porte du premier pylône est elle-même toute entière en granit, et couverte d'hiéroglyphes sculptés avec le plus grand soin.

Le palais de Karnak, vu d'un certain côté, ne présente que l'image d'un bouleversement général. La confusion de toutes ces masses est telle, que le spectateur désespère d'en pouvoir comprendre la disposition. C'est par l'entrée qui regarde l'ouest qu'il faut pénétrer dans cet ensemble de ruines, pour acquérir une idée de son plan et de sa distribution. Il faut se représenter une première cour décorée sur les côtés de longues galeries, et renfermant dans son enceinte des temples et des habitations. Au milieu est une avenue de colonnes qui ont jusqu'à soixante-dix pieds de haut. La plupart d'entr'elles sont écroulées, et étendent au loin les tambours de leurs assises encore rangés dans leur ordre primitif. Une seule reste debout comme témoin d'une magnificence qu'on ne peut plus que deviner. On passe de pylône en pylône et de salle en salle, de galeries en galeries. Une de ces galeries est formée de piliers à statues adossées, et elle renferme le plus grand des obélisques existant encore aujourd'hui en Egypte.

C'est surtout dans une notice abrégée, qu'il faut désespérer de donner une idée d'un tel amas de constructions, et tellement détruites, qu'il paroît impossible d'en reproduire une restitution quelconque. Comment d'ailleurs saisir l'image d'édifices qui probablement ne furent jamais ni imaginés ni réalisés sur un plan formé d'avance, qui ne furent qu'une accumulation successive de masses uniformes, toujours répétées, ouvrages de plusieurs siècles, et où des besoins, des usages, et des institutions que nous ne pouvons plus ni comprendre ni deviner, faisoient ajouter dans des directions différentes, avec des dimensions toutes diverses, des corps de construction à d'autres corps de construction, des galeries à des galeries, des portiques à des portiques?

Il resteroit à faire quelque mention des sculptures de *Thèbes*, des tombeaux des rois, des vastes hypogées creusées à toutes sortes de profondeurs. Mais la description de tous ces travaux souterrains échappe encore davantage à l'analyse qu'on voudroit en faire, et fastidieuse pour le lecteur, elle ne seroit d'aucun intérêt pour l'art, d'aucune utilité à l'artiste.

THÉORIE, s. f. L'idée de *théorie*, opposée à celle de *pratique* (*voyez* ce mot), en tant que l'action morale ou spirituelle qui raisonne et combine, est différente de l'action corporelle ou manuelle, qui façonne et exécute, comporte aussi plus d'un degré, selon le plus ou moins d'élévation des points de vue, auxquels on applique les notions dont l'enseignement se compose.

A l'article Pratique, nous avons reconnu, que surtout à l'égard de l'architecture, on devoit diviser en deux parties ce qui est du ressort de l'exécution, l'une que l'on a appelée *pratique savante*, et l'autre, que l'on a désignée sous le nom de *pratique ouvrière*.

Ici, nous croyons, qu'en donnant du mot *théorie*, l'idée sous laquelle on l'entend le plus ordinairement, c'est-à-dire celle qui comprend cet ensemble des connoissances d'un art, qu'on acquiert par l'étude ou que l'on reçoit de l'enseignement, on peut reconnoître trois degrés d'étude ou d'instruction théorique.

Nous croyons qu'on doit distinguer la *théorie* des faits et des exemples, qu'on appellera *théorie pratique*, la *théorie* des règles et des préceptes, qu'on appellera *théorie didactique*, et la *théorie* des principes ou des raisons, sur lesquelles reposent les règles, et qu'on appellera *théorie métaphysique*.

En appliquant cette division à l'architecture, on comprend, quant au premier genre de *théorie*, qu'il est possible d'arriver par une instruction bornée, à refaire ce qui a déjà été fait. On peut enseigner aux élèves à se régler sur les inventions et les ouvrages des prédécesseurs, à prendre pour modèle tels ou tels maîtres, tels ou tels monumens, à regarder comme objets constans d'imitation, les formes, les compositions, les décorations d'ensemble ou de détail, formant la manière, le style et le goût de ceux à la suite desquels on se place, sans songer à se demander, en vertu de quoi ils ont procédé ainsi. Cette sorte de *théorie* pratique ou routinière, n'a que trop souvent régné en plus d'un pays, et dans plus d'un siècle, et si on lui a dû, quelquefois, selon le mérite et le talent de certains grands hommes, chefs d'écoles célèbres, des imitateurs ou des continuateurs plus ou moins heureux de leur manière, il ne s'est d'ailleurs, et dans d'autres temps, rencontré que trop de copistes serviles, qui ont perpétué les travers et les vices de ceux qui les avoient mis en honneur. La *théorie* routinière dont on parle, celle qui n'enseigne que par les faits et les exemples, est d'autant plus facile, qu'elle n'exige aucune leçon orale, et que le seul ascendant de l'exemple du maître, a souvent plus de force et d'entraînement, que toutes les doctrines des livres et des traités.

Après cette sorte de *théorie*, vient celle des règles et des préceptes, ou la *théorie didactique*, qui, soit par l'étude particulière, soit par les leçons du maître ou de l'école, apprend à distinguer dans les ouvrages de l'art, certains points communs, où leurs auteurs se sont rencontrés, enseigne à faire des observations sur les effets de ces ouvrages, à les comparer entr'eux, à interroger sur la préférence qu'ils méritent, les suffrages des temps passés, et cet assentiment d'une opinion générale, la plus propre à servir de guide au jugement particulier. Ce genre de *théorie* est le propre d'un grand nombre de traités, faits par les plus habiles architectes. Après avoir décomposé toutes les parties qu'embrasse l'architecture, et après les avoir soumises, dans de nombreux parallèles, aux diverses autorités des exemples, ils ont cherché à établir les meilleurs rapports entre les formes, les proportions les mieux appropriées au caractère spécial de chaque sorte d'ordonnance, les divisions les plus amies entr'elles, les plus conformes à la faculté visuelle, les détails d'ornemens, sur lesquels se sont accordés les artistes les plus accrédités. De ce concert soit d'ouvrages, soit d'observations sur les ouvrages, soit d'approbations successives données aux uns et aux autres, seront nées les règles, qui, dans l'antiquité même, parvinrent à fixer l'art, à réduire en système tous ses procédés. Ces règles, et les préceptes qui en dérivent, ont été la matière de toutes les *théories* didactiques des Modernes, et de l'enseignement journalier des écoles.

Cependant il est facile de voir, qu'au-dessus de cette *théorie*, il doit y avoir un degré d'enseignement supérieur, une critique d'une nature beaucoup plus subtile. C'est, non celle qui donne les règles, mais celle qui remonte aux sources d'où les règles émanent. C'est, non celle qui rédige les lois, mais celle qui en scrute et en pénètre l'esprit. C'est, non celle qui puise ses principes dans les ouvrages, mais celle qui donne pour principes aux ouvrages, les lois même de notre nature, les causes des impressions que nous éprouvons, les ressorts par lesquels l'art nous touche, nous émeut et nous plaît. Cette *théorie* développe les raisons qui servent de base aux règles. Elle reconnoît certaines beautés comme applicables à toutes les architectures; mais loin d'établir l'égalité entr'elles, ainsi que quelques esprits voudroient se le persuader, elle nous conduit à reconnoître, qu'une seule mérite le nom d'*art*. C'est celle qui satisfaisant à tous les besoins, et remplissant toutes les conditions d'utilité, prête au génie les plus nombreuses ressources; parce qu'elle fut le produit d'un modèle primitif, qui réunit à la fois le simple et le composé, l'unité et la variété; parce que seule elle parvint à s'approprier un véritable système imitatif, lequel consiste, beaucoup moins qu'on ne pense, dans la transposition en pierre, des formes de la charpente, et du bois long-temps employé par la construction, mais dans l'assimilation, que d'heureuses combinaisons parvinrent à faire des lois de proportions données par les œuvres de la nature, aux ouvrages de la main des hommes.

Ces trois degrés de *théorie* ont fait le sujet d'un si grand nombre d'articles de ce Dictionnaire, que nous ne saurions placer ici les renvois aux mots où ils sont traités. Nous osons nous flatter à l'égard du dernier genre de théorie, qu'on n'en trouveroit, nulle part ailleurs, ni autant de développemens, ni d'aussi complets.

THERMES s. m. pl., en latin *thermæ*, du grec θερμαὶ, *étuves, bains chauds*.

Ici, comme en beaucoup d'autres cas, l'édifice prit et retint le nom de l'usage auquel il servoit, et ici encore il arriva, que beaucoup d'autres emplois se trouvant ajoutés au premier emploi, le nom une fois donné à l'édifice, n'exprima plus qu'une seule partie de sa destination. Ainsi comme on l'a déjà dit au mot Bain, le bâtiment qui sembloit, dans son acception simple, ne signifier que bains chauds, non-seulement étoit destiné aussi aux bains froids, mais renfermoit encore une multitude d'autres emplois, qui faisoient de ces lieux, une sorte de point de réunion d'un grand nombre d'établissemens d'utilité et de plaisir, lesquels avoient aussi ailleurs des locaux séparés, et des noms particuliers, tels que *Palestres, Gymnases, Sphæristères, Exèdres, Xystes, Ephébées*, etc. Chacun de ces édifices trouvant dans ce Dictionnaire des articles qui en font connoître l'ensemble et les détails, nous n'alongerons point de nouvelles notions sur leur compte, le présent article.

Au mot Bain (*voyez* ce mot), nous avons traité, avec une très-grande étendue, de tout ce qui, soit dans les bains ordinaires, soit dans les *thermes*, ou établissemens de bains publics, avoit rapport à leur principal usage, ainsi que des différentes pièces appropriées à toutes les pratiques que le régime sanitaire, ou les besoins du climat, avoient rendues nécessaires. Nous avons parcouru tous les moyens employés pour l'arrivée, la distribution des eaux, les procédés mis en œuvre, pour en tempérer l'influence, au gré de chacun. Nous aidant à cet égard des monumens de l'antiquité, comme des renseignemens des écrivains modernes, nous avons pris soin de renfermer dans cet article, tout ce qui nous a paru le plus détaillé, et le mieux constaté en ce genre, sur ce qui regarde les bains publics des Anciens, considérés sous le point de vue des usages qui avoient fait élever d'aussi grandes constructions. Si nous nous sommes permis quelques descriptions de certaines de leurs parties, c'est que beaucoup de ces usages dépendent tellement de leur localité, qu'on ne sauroit les faire connoître sans y joindre les indications des lieux mêmes. Du reste, nous terminâmes l'article des bains antiques, en renvoyant au mot Thermes, les notions plus particulièrement propres de l'architecture, et qui font prendre une idée de l'importance, et de la magnificence que les Romains donnèrent à ces monumens.

Si on en croit les relations des voyageurs, et les restes nombreux de constructions, qu'on désigne par le nom de *thermes*, et qui en offrent des caractères apparens, les Romains, partout où leur domination s'étendit, auroient singulièrement multiplié cette espèce de monument. Des recherches exactes à cet égard deviendroient la matière d'un très-grand ouvrage, et serviroient assez peu à remplir l'objet que nous nous proposons ici, savoir, de donner une idée abrégée de ces entreprises de l'art de bâtir, et de l'immense étendue à laquelle le luxe de Rome les porta.

Ce luxe paroit avoir daté du règne des empereurs. Victor et Rufus comptèrent jusqu'à 800 bains, dont les principaux étoient ceux de Paul-Emile, de Jules-César, de Mécène, de Livie, de Salluste, d'Agrippine, etc. Mais tous ces édifices, résultats de fortunes particulières, furent effacés par les établissemens des *thermes*, auxquels leurs fondateurs attachèrent leur noms. Les plus remarquables furent bâtis, selon l'ordre chronologique, par

Agrippa, vers l'an.....	10	de l'ère vulgaire.
Néron..............	64	
Vespasien..........	68	
Titus..............	75	
Domitien...........	90	
Trajan.............	110	
Adrien.............	120	
Commode............	188	
Antonin Caracalla.....	217	
Alexandre-Sévère......	230	
Philippe...........	245	
Dèce...............	250	
Aurélien...........	272	
Dioclétien..........	295	
Constantin..........	324	

Il existe encore à Rome des restes de quelques-uns de ces grands édifices, mais l'immense destruction qui s'est opérée dans cette ville, a dû naturellement les décomposer, et en isoler les parties, de manière à rendre impossible, pour le plus grand nombre, la remise ensemble des membres dont ils étoient formés. C'est aujourd'hui le fait de l'antiquaire d'en rechercher les emplacemens, l'histoire à la main, à l'effet d'en compléter la topographie de l'ancienne Rome. Pour l'architecte, il n'y a plus guère de visibles et d'instructifs que les restes des *thermes* de Titus, des *thermes* de Caracalla et de ceux de Dioclétien.

Il avoit manqué jusqu'à présent, une restitution complète du plus entier de ces monumens, qui pût servir d'indication pour faire connoître, par analogie, le lien commun de toutes les parties qui entroient dans la composition de quelques autres moins bien conservés. Mais cet ouvrage vient d'avoir lieu, par la restauration qu'a faite des *thermes* de Caracalla, M. Abel Blouet, pendant le cours de son séjour à Rome, comme pensionnaire du Roi. Ce beau travail, dont la publication a été encouragée par le Gouvernement, va rendre une sorte d'existence à un genre d'édifices dont il étoit difficile, vu leur grandeur et la diversité des parties qui les composoient, de se former une juste idée.

Au pied du mont Aventin, entre les murs de Rome, et la voie Triomphale, existent des restes très-considérables de ces *thermes*, qui furent les plus grands de ce genre, et formèrent un des plus vastes, et à la fois des plus magnifiques édifices de la capitale du Monde ancien.

Construits par l'empereur Antonin Caracalla, dont ils prirent le nom, ces *thermes* furent achevés dans la quatrième année de son règne, c'est-à-dire l'an 217 de l'ère chrétienne. Selon Lampridius, ils n'avoient point eu originairement de portique. Eliogabale et Alexandre-Sévère y en ajoutèrent dans la suite. S'il est difficile, en général, que de grandes entreprises, toujours susceptibles d'augmentations et de changemens, reçoivent leur exécution d'après des projets définitivement arrêtés d'avance, avec une correspondance parfaite de leurs parties, les fouilles faites avec beaucoup de dépense pendant deux années, aux *thermes* de Caracalla, en faisant retrouver le plan exact de toutes les masses, ont mis à jour la régularité des parties qui entrèrent dans leur composition. Il résulte de la certitude de ce plan, que chacune des faces des corps d'édifices intérieurs, étoit disposée avec une correspondance de symétrie parfaite. Pareille disposition devoit régner à l'extérieur, dont les murs, dans les restes de leurs élévations actuelles, n'annoncent pas qu'on ait porté à ces dehors une grande dépense de décoration. Naturellement ce soin et cette dépense furent appliqués à l'intérieur des galeries, des salles de tout genre, où la multitude étoit plus ou moins admise.

On peut juger de cette magnificence, non-seulement par les nombreux débris encore visibles, des ornemens répandus sur toutes les superficies de ces intérieurs, mais encore par les monumens de sculpture qui y ont été trouvés. Les plus remarquables sont l'Hercule de Glycon, le torse antique, le Taureau dit Farnèse, la Flore, deux gladiateurs, les deux vasques de granit de la place Farnèse, les deux belles urnes de basalte vert qui sont dans la cour du Musée du Vatican, diverses terres cuites, et une infinité d'autres sculptures et objets d'art. La dernière colonne de granit de la grande salle du milieu a été enlevée de ces *thermes* en 1564, et donnée par le pape Pie IV au grand-duc Come de Medicis, et elle est présentement sur la place de la Trinité à Florence, où elle supporte une statue en porphyre de la Justice.

La masse générale des *thermes* de Caracalla forme, en plan, un quadrangle de 1011 pieds, sur 1080. L'entrée principale du monument est sur le côté plus petit, et elle s'annonce par un portique extérieur composé de deux étages ou rangs d'arcades l'un sur l'autre, au nombre de cinquante-trois dans chaque rangée. Ces arcades ont leurs piédroits ornés de colonnes adossées, doriques dans le rang d'en bas, ioniques dans l'étage supérieur. Ces arcades introduisent dans une longue galerie, et les piédroits qui la forment, ornés de ces colonnes en dehors, le sont en dedans, de pilastres correspondant à une rangée pareille de piédroits.

Les trois autres côté du quadrangle n'offroient en dehors que des murs sans décoration, d'autant plus naturellement, que deux de ces façades extérieures étoient adossées au mont Aventin, aux dépens duquel même avoit été taillée une partie de l'espace, en sorte qu'il n'y auroit eu aucune reculée pour jouir de leur aspect.

Le luxe de l'architecture et de la décoration avoit été réservé pour les façades intérieures du monument, dont l'enceinte renfermoit le corps de bâtiment le plus important par sa distribution, comme pour la décoration et la richesse de son architecture. Il étoit placé au milieu de cette enceinte, entre deux espaces, l'un moins grand du côté du portique, l'autre double du premier, et qui, l'un et l'autre, avoient des promenades plantées de platanes et d'autres arbres. La façade intérieure de la grande enceinte, en face de celle du portique, offroit une sorte d'amphithéâtre ou rangée de gradins.

Mais le grand corps de bâtiment renfermé dans l'enceinte étoit, quant à l'élévation, la partie la plus remarquable de cet ensemble. Il se présentoit au spectateur, sur une ligne coupée dans son milieu, par une grande rotonde percée de deux rangs d'arcades d'un côté; de l'autre régnoient avec une parfaite symétrie, des ouvertures ornées de colonnes et séparées par des massifs; au-dessus de ces péristyles en colonnes, il y avoit des arcades surbaissées.

Rien, au reste, ne seroit plus difficile, et peut-être plus inutile, que d'essayer de faire comprendre par le discours, toutes les variétés de forme données à cet innombrable assemblage de pièces communiquant les unes aux autres, et différant entr'elles par leurs plans, leurs élévations et leurs détails, autant que par les emplois qui avoient motivé ces différences. On ne sauroit rendre compte à l'esprit de ce qui ne peut être compris que par les yeux.

La construction des *thermes* de Caracalla est, comme la plupart des grandes constructions romaines, du genre qu'on appeloit *emplecton*, c'est-à-dire maçonnerie en blocage, revêtue de briques triangulaires, le tout relié par des rangs d'autres grandes briques quadrangulaires, placées de distance en distance les unes au-dessus des autres, et traversant toute l'épaisseur des murs. Ces mêmes murs sont encore enduits d'une, et quelquefois de deux couches de ciment, dans lequel on remarque quelques plaques de marbre, sur lesquelles étoient appuyés les revêtemens.

Les voûtes sont construites en pierres ponces (ou *pumici*); elles sont à l'intérieur revêtues de briques carrées, placées à plat. On observe que, dans quelques salles, ces briques sont doublées d'un autre rang de briques plus grandes, posées de la même manière, et recouvertes d'une couche de ciment, destinée à recevoir les stucs peints ou les mosaïques. Sur ce blocage en pierre ponce qui forme la partie supérieure des voûtes, il y a un enduit de ciment, dans lequel étoient incrustées les mosaïques, dont étoit fait le pavement des terrasses qui couvroient une grande partie de l'édifice.

La maçonnerie des canaux et des réservoirs, qui fournissoient de l'eau pour tous les usages du monument, est faite à bain de mortier. L'intérieur en est couvert d'une forte épaisseur de ciment; tous les angles rentrans sont arrondis. Leur fond est une surface courbe, en tous sens, plus basse dans le milieu, et qui se raccorde avec les arrondissemens le long des murs. Les pavemens des salles d'enceinte sont en marbre blanc, celui de la salle circulaire du milieu des *thermes* est en marbre de diverses couleurs; leurs compartimens reposent sur un blocage en maçonnerie.

Les mosaïques qui forment le pavement des autres salles et des portiques, sont établies sur une construction, qui se compose d'abord d'une première couche de grandes briques posées sur un blocage. Ces briques sont surmontées de petits piliers carrés, lesquels portent un double rang de briques recouvertes d'une couche épaisse de ciment grossier, qui sert de base à un ciment plus fin, dans lequel les mosaïques sont incrustées. Cette pratique n'est pas générale à tous les locaux. Il est probable qu'on la réserva pour les pièces où l'on vouloit faire circuler la chaleur des hypocaustes.

Nous ne dirons que quelques mots du genre et du goût des ornemens, qui furent appliqués à la plus grande partie de ces constructions.

La façade du côté de l'entrée et les deux façades latérales du monument, étant plus ou moins cachées par des objets environnans, et par des plantations, leurs constructions étoient seulement revêtues d'un enduit de stuc lisse. La façade du côté du Xiste, a conservé de grandes parties de décoration, qui se composent d'un enduit de stuc, dans lequel étoient incrustées des mosaïques en vitrifications de différentes couleurs. Les colonnes qui décoroient cette façade étoient de granit rouge, ce qu'a fait connoître la quantité de fragmens de colonnes, qui ont été découverts par le propriétaire du terrain.

L'ensemble de la décoration intérieure du corps de monument compris dans l'enceinte générale, se composoit d'un revêtement de marbre jusqu'à la hauteur de la naissance des voûtes. Les parties supérieures, ainsi que les voûtes mêmes, étoient ornées de stucs et de mosaïques vitrifiées de diverses couleurs. Les colonnes dont les dernières fouilles ont fait découvrir de très-nombreux fragmens, étoient de granit rouge et gris, d'albâtre oriental, de porphyre et de jaune antique. Les revêtemens étoient de porphyre rouge et vert, de serpentin, de vert africain, de jaune antique, de Porta Santa, de blanc veiné de violet, appelé en Italie *paronazzetto*, d'albâtre et de marbre blanc.

Il ne peut appartenir qu'à l'ouvrage dont j'ai fait mention, et qui opérera la restauration totale en dessins des *thermes* de Caracalla, de faire bien connoître ce que furent ces immenses édifices, dont l'idée seule confond aujourd'hui notre

intelligence, et dont l'image ne peut qu'échapper à toute espèce d'art, ou de talent de description. Comment, en effet, seroit-il possible de faire parcourir au lecteur, avec l'aide seule du discours, plusieurs centaines de pièces, de salles, de chambres toutes diverses dans leurs formes, leurs proportions, leurs détails, leurs emplois? Que disent les mots qui expriment des détails d'ordonnance, de proportion, de décoration? Quelles images peuvent-ils produire qui approchent de la ressemblance? Et comment se flatter de faire juger des bons ou des mauvais effets d'un plan, ou d'une perspective, du bon ou du mauvais goût des ornemens? Ce que le discours transmet le plus exactement, et ce qu'il fait peut-être le mieux concevoir, c'est la dimension des espaces, des élévations. Mais qui pourroit soutenir l'interminable énumération des mesures d'un si grand nombre de locaux, et le fastidieux inventaire de toutes leurs particularités?

Nous ne nous appesantirons donc point ici, en vaines recherches, sur ce que purent être les autres monumens de ce genre, dont il subsiste des restes plus ou moins bien conservés. Il y auroit sans doute quelqu'intérêt dans ces parallèles, pour l'histoire du goût de l'architecture à Rome. Nous ne doutons pas qu'on ne pût encore arriver sur ce point à quelques notions précises. Si, par exemple, le Panthéon fit partie jadis des *thermes* d'Agrippa, comme le prouvent des fragmens de construction qui lui sont contigus, il est bien probable qu'on aura perdu là, comme dans quelques autres édifices semblables, tels que ceux de Néron, de Titus, etc., des modèles d'architecture plus recommandables. Mais il est douteux qu'aucun ait surpassé en grandeur celui de Caracalla.

Serlio, en effet, s'est trompé, en avançant que les *thermes* de Dioclétien étoient plus étendus. Quoique leur ensemble soit aujourd'hui rompu, et découpé en morceaux qui n'ont plus de cohérence entr'eux, il est facile, sinon de rétablir en dessin, ce qui a réellement disparu, au moins d'inférer de tous ces membres épars, quelle fut la superficie que le tout dut occuper. Or, ces calculs et ces rapprochemens ont été faits; et il en est résulté, que son enceinte avoit dû le céder en étendue à celle des *thermes* de Caracalla.

Toutefois rien ne donne une plus haute idée de ces entreprises, et en particulier des *thermes* de Dioclétien, que la vue des vastes terrains, qu'on parcourt aujourd'hui vides et déserts, sur leur emplacement, et que l'architecture avoit jadis couverts de toutes ses magnificences. Le nom de *thermes* (*termini*) est devenu à Rome le nom d'un quartier, que ce seul monument occupa jadis. Une de ses étuves placée à un de ses angles, sert aujourd'hui d'église, sous l'invocation de Saint-Bernard. On voit à l'angle opposé, et faisant pendant, une semblable étuve en état de ruine. Les vastes greniers à blé de la chambre apostolique se sont emparés d'une belle partie de ses dépendances. Des maisons, des palais modernes, avec leurs jardins, se sont élevés sur ses ruines. L'immense monastère des Chartreux, avec tout ce qui en dépend, occupe une foible partie de ses constructions, et l'église de Notre-Dame-des-Anges, attachée au couvent, est un démembrement d'une de ses salles. Cependant la portion qu'on en a affectée à cette destination, sous le pontificat de Pie IV, et au temps de Michel Ange, qui fut employé à cette transformation, n'est pas, à beaucoup près, la moitié en longueur de l'étendue qu'elle avoit, comme on peut s'en convaincre en consultant le plan qu'en a donné Desgodets, avec toutes ses mesures, page 131 des *édifices antiques de Rome*.

Si l'on consulte ce plan, la salle dont il s'agit, eut en tout 439 pieds de longueur sur 135 pieds de large. Elle se divisoit en trois parties. Celle du milieu est la seule qui forme aujourd'hui la belle et grande nef de l'église. Elle a 180 pieds 8 pouces de long sur 74 pieds 3 pouces de large. Ce vaste local est couvert par une voûte à arête, dont les retombées posent sur huit grandes colonnes de granit d'un seul morceau (sauf une d'angle, qu'on a remplacée par une imitation en stuc coloré). Le diamètre des colonnes du milieu est par en bas de 4 pieds 4 pouces. On a remarqué que les chapiteaux des colonnes des angles sont corinthiens, et que ceux des colonnes du milieu sont de ce qu'on a appelé *composite*. Desgodets a cherché à expliquer cette diversité par des raisons ou des exemples qui pourroient bien n'être que de vaines hypothèses. Il y en a une plus simple, c'est que ces *thermes* auront pu, comme beaucoup d'autres édifices de cette époque, être construits avec les matériaux d'anciens monumens, et que l'architecte aura employé ici les chapiteaux déjà exécutés qui furent mis à sa disposition.

Beaucoup de changemens successifs sont survenus dans l'ajustement moderne de cette salle, surtout par la décoration des grands tableaux qui ont pris la place des renfoncemens, que produisoient jadis de chaque côté, les arcs collatéraux de l'arcade du milieu. Malgré toutes les innovations qui ont pu enlever à ce reste d'antiquité, une partie de son intérêt et de sa grandeur, on est toujours obligé d'y admirer un des intérieurs les plus spacieux que l'on connoisse, des mieux éclairés par les six grandes ouvertures demi-circulaires des cintres supérieurs, une disposition simple et noble, enfin un modèle de construction, qui seroit facilement applicable aux églises modernes.

Nous ne saurions terminer cet article sans faire une mention particulière d'un beau reste de *thermes* antiques, long-temps oubliés au milieu de Paris, et qui cependant est le titre à la fois le plus précieux et le plus authentique de l'ancienneté de cette ville. Nous voulons parler des *thermes* de Julien, qu'une ancienne tradition appelle

le

le palais des *thermes*. Inutile de rechercher ici ce qui a pu donner lieu à cette dénomination vulgaire, et si, par la suite des temps, l'ensemble de ces constructions avoit pu devenir un lieu d'habitation. Ce que témoignent tous les restes de substruction dont tout cet emplacement est encore rempli, c'est que l'on y pratiqua des caveaux voûtés de bâtisse romaine, des conduits et des souterains tout-à-fait semblables à ce qui existe, partout où il reste des débris de bains publics et de *thermes*.

Mais au milieu de tous ces débris ou fragmens de constructions enfouies, il s'est conservé une très-belle portion des vastes salles qu'on retrouve dans les *thermes* de Rome. La grande salle dont on veut parler, est venue jusqu'à nous totalement intègre dans ses murs et dans sa voûte. Cette dernière servit jusqu'à ces dernières années de terrasse à une maison; on l'avoit chargée de huit à dix pieds de terre, et d'assez grands arbres y avoient pris racine.

Désencombrée aujourd'hui de cette surcharge, et débarrassée dans ses alentours, cette salle se présente maintenant à la curiosité publique, et à l'instruction des architectes, comme un exemple fort précieux du système de construction, que les Romains mirent en œuvre chez eux, et qu'ils transportèrent partout où ils étendirent leur domination. On veut parler de l'art de faire des édifices grands et solides, avec de petits et vulgaires matériaux. Il est vrai qu'un pareil système exige d'excellens cimens et de beaux enduits. Les murs de la salle des *thermes* de Julien étoient recouverts d'une couche de stuc, qui a, selon les endroits, trois, quatre et même cinq pouces d'épaisseur.

Cette salle a cinquante-huit pieds de longueur, cinquante-six de largeur, et quarante de hauteur, au-dessus du sol actuel de la rue de la Harpe. Une grande fenêtre en forme d'arcade y introduit une très-belle lumière. Elle est pratiquée en face de l'entrée, au-dessus de la grande niche, et précisément sous le cintre de la voûte. Celle-ci est, comme dans les grands intérieurs des *thermes* de Rome, construite en arêtes, genre de couverture peu dispendieux et très-solide, parce que toutes les poussées y sont divisées, et qu'il ne s'y opère aucun travail latéral. Si quelque chose pouvoit le démontrer, ce seroit sans doute la durée extraordinaire de cette voûte, malgré les causes de destruction auxquelles elle a été si long-temps exposée. Toutefois elle n'est composée que d'un blocage de moellons et de briques, liés par un ciment composé de chaux et de sable de Paris.

La construction des murs de la grande salle, est formée généralement de trois rangées de moellons, séparées par quatre rangs de briques, qui ont un pouce ou quinze lignes seulement d'épaisseur. Les joints qui les séparent, sont également d'un pouce, et cette mesure est uniforme dans toute la construction. Les quatre briques avec leurs joints, forment ainsi une épaisseur d'environ huit pouces. Les moellons, taillés de liais très-dur, ont de quatre à six pouces de face, et environ six pouces de queue.

On trouve sous cette salle, un double rang en hauteur de caves en berceaux, ou plutôt de larges conduits souterrains, de neuf pieds de large, et de neuf pieds de haut sous clef. Il y avoit trois de ces berceaux parallèles, séparés par des murs de quatre pieds d'épaisseur, et se communiquant par des portes de trois et quatre pieds de large. Le premier rang de ces voûtes se trouve à dix pieds au-dessous du sol; on y descend par quinze marches. Le second étage est à six pieds plus bas. La longueur de ces voûtes souterraines est inconnue. On n'y pénètre pas au-delà de quatre-vingt-dix pieds : des décombres en interceptent l'issue. Les voûtes sont composées de briques, de pierres plates, et de blocages à bain de mortier. La construction des murs est en petits moellons durs de six pouces de long, sur quatre pouces de haut. L'épaisseur du mortier dans les joints, va depuis six lignes jusqu'à un pouce.

Il n'y a aucun doute que l'aqueduc antique d'Arcueil, dont on voit encore les restes, amenoit des eaux à ces *thermes*.

Depuis quelques années on s'est occupé du soin de conserver, et de remettre en honneur ce précieux reste d'un édifice riche en souvenirs, et fécond en leçons de tout genre, pour l'art de bâtir. La voûte de la grande salle a été dégagée et mise à couvert des injures de l'air, sous une grande et solide toiture. On espère qu'il sera possible d'isoler sa construction, des maisons qui l'avoisinent, de désobstruer ses abords, et de parvenir à retrouver, dans tous les fragmens de construction, et de souterrains des habitations d'alentour, de quoi restituer une grande partie du plan de ces *thermes*.

Plus on acquerra de connoissances positives sur la véritable distribution des innombrables parties, qui formèrent l'ensemble de ces édifices, que les Romains multiplièrent partout, et principalement dans leur ville, avec une prodigalité vraiment extraordinaire, plus on sera mis à portée de former des conjectures plausibles sur la diversité de leurs emplois : car pour finir, par où nous avons commencé cet article, il est indubitable, que le mot *thermes* (bains chauds) est fort loin de rendre compte de tous les genres de besoins qui firent créer ces colosses de construction. L'usage du bain fut sans doute la cause primitive des réunions, pour lesquelles on fit des édifices, où ceux qui n'avoient pas de bains particuliers chez eux, trouvoient, soit gratuitement, soit pour une modique rétribution, l'avantage qu'ils n'auroient pu se procurer. Mais il est facile de voir que dès qu'il se forme, dans une grande ville, de grandes réunions d'hommes, mille autres sortes de besoins et d'établissemens viennent bientôt à leur suite; cela dut

être encore plus naturel dans les usages de la société chez les Anciens, où les mœurs domestiques se prêtoient beaucoup moins, que chez les Modernes, aux réunions particulières. Aussi avons-nous dit au mot BAINS, que les établissemens de ce genre à Rome, comprenoient ce qu'exprimoit le mot *gymnase* en Grèce. Il faut donc se figurer les *thermes*, comme les points de réunion de la population à Rome, et où chaque classe de citoyens trouvoit à passer le temps, soit aux exercices du corps, soit à ceux de l'esprit, soit dans des espèces de cirques, soit dans des bibliothèques, soit dans des promenades, soit dans des galeries d'ouvrages d'art. On doit croire encore que les grandes salles purent servir à des concerts, à des fêtes, à des spectacles de tout genre, à des banquets. Enfin, ce genre d'édifices auroit compris dans un ensemble de bâtiment, ce qui se trouve séparé selon les mœurs modernes, dans nos Académies, nos Wauxhalls, nos jeux de paume, nos cafés, nos jardins de réunion publics ou autres, et tous nos lieux de divertissement.

THESSALONIQUE. *Voyez* SALONIQUE.

THOLUS, en grec θόλος. C'est le nom que les Romains et les Grecs donnèrent à cette forme d'édifice, ou de construction, que nous appelons *coupole*.

La forme des édifices sphériques et circulaires, dans l'ordre des inventions et des opérations de l'art de bâtir, ne dut se produire qu'après la forme des bâtimens rectilignes et quadrangulaires. La nature des choses indique cette marche, quel qu'ait été le choix des matières. Là où dès les commencemens, on employa la pierre, il dut se passer beaucoup de temps, avant qu'on ait tenté de faire décrire à un assemblage de blocs taillés, les courbes nécessaires à la configuration d'une voûte, et surtout d'une voûte sphérique. On a présumé que jamais l'antique Egypte n'en éleva, du moins on n'en rencontre aucune indication, dans les restes très-nombreux de ses monumens.

Il nous a toujours semblé que l'emploi du bois dans les constructions primitives, avoit été le plus favorable aux inventions futures de l'art, le plus fécond en combinaisons variées, le plus propre à inspirer à l'architecture, non-seulement pour l'extérieur, la régularité des distributions, des membres, des parties et des ordonnances, mais aussi par la facilité des couvertures, la grandeur et l'étendue des intérieurs. Là où le bois devint la matière première des constructions, les arbres fournirent des poutres et des solives, propres à faire des plafonds de toute mesure. Mais le simple assemblage des chevrons qui donnèrent la forme des toits, enseigna bientôt l'art de faire prendre aux solives la courbure qu'exige la configuration des arcades. Dès qu'on eut ainsi fait un arc, il ne fut plus question, que d'en réunir de la même manière plusieurs, autour d'un axe, et l'on eut un *tholus* ou une coupole en charpente.

Que cet emploi du bois ait existé, en Grèce, pour de tels ouvrages, cela nous est attesté par la mention que Pausanias a faite du *Philippeum*, ou monument bâti par Philippe, roi de Macédoine, après la bataille de Chéronée. Il étoit, dit-il, construit en briques, sur un plan circulaire, et environné de colonnes. A son sommet étoit un fleuron en forme de pavot de bronze, qui faisoit le lien des poutres dont se composoit la couverture. On concluroit à tort de cet exemple, et du siècle où le monument fut exécuté, qu'on n'en avoit point fait de semblables auparavant, ou que les Grecs n'avoient pas connu plus anciennement la pratique des voûtes sphériques en pierres.

Dès la haute antiquité, l'édifice appelé le *Trésor de Mynias* avoit été bâti en marbre, et étoit un véritable *tholos*; ainsi l'appelle Pausanias. Il se terminoit par une voûte, dont le comble, dit-il, n'étoit pas trop aigu. Une seule pierre servoit de clef à la voûte. Cette observation sur la forme peu aiguë de son comble, semble indiquer que d'autres constructions du même genre affectoient davantage cette forme, c'est-à-dire la forme pyramidale.

C'est ce qui dut en effet résulter assez naturellement du modèle primitif, que les combles en bois de charpente avoient présenté à l'art de bâtir en pierre. Nous retrouvons cette forme de *tholus* à voûte aiguë, dans quelques monumens d'une assez médiocre importance, quant à l'étendue, et qui furent des tombeaux en pierre, dont il s'est conservé un assez grand nombre en Sardaigne. Ils se terminent par un comble, qui, sans être tout-à-fait aigu, l'est cependant assez, pour que leur construction ait pu être élevée, comme celle des arcs aigus du gothique, sans le secours d'un échafaudage.

On trouve peu de voûtes dans les ruines de la Grèce, ce qui ne doit pas faire conclure qu'elles y furent aussi rares qu'on le pourroit croire. Si la pratique du bois dans les couvertures et dans les voûtes y eut plus généralement cours, cela pourroit expliquer cette rareté, indépendamment de beaucoup d'autres raisons.

Au contraire, en Italie, le genre usuel de la brique, et de la maçonnerie de blocages, favorisa singulièrement la construction des *tholus* ou coupoles. Rome, d'ailleurs, put porter dans de tels ouvrages une grandeur et une dépense, qui eût été hors de proportion avec les ressources des petits Etats de la Grèce. Aussi presque toutes les villes de la domination romaine, dont les vestiges sont parvenus jusqu'à nous, offrent-elles d'assez nombreux exemples de voûtes sphériques, qui se sont d'autant mieux conservées, que leur construction en maçonnerie, ne put fournir aucune matériaux utiles aux entreprises à des âges suivans : car on ne doit point perdre de vue, que si les

grands édifices en pierre, semblent avoir été les moins durables, c'est parce que des pierres peuvent toujours être taillées de nouveau, pour servir à d'autres édifices, tandis qu'il n'y a aucun parti à tirer pour de nouvelles constructions, des bâtisses dont le corps est formé de pierrailles et de ciment.

THORICION ou THORICES, étoit un bourg de l'Attique, situé entre *Sunium* et *Potamus*, et qu'on appelle maintenant *Porto Rafry*, à dix lieues d'Athènes. M. Le Roy y a dessiné les restes d'un temple d'ordre dorique. Il en subsistoit encore de son temps dix colonnes, dont le fût, avec le chapiteau, avoit moins de quatre épaisseurs de diamètre mesuré en bas. Ces colonnes ont un commencement de cannelures au-dessous du chapiteau, et probablement elles étoient répétées au pied du fût. On en voit de semblables à Corinthe et au temple dit de *Cérès*, à Segeste en Sicile. Cela ne signifie autre chose, sinon que ce temple n'avoit pas reçu son ragrément, et n'avoit point été achevé. Nous avons expliqué cette particularité, ou plutôt ce procédé d'exécution, à d'autres articles. *Voyez* SEGESTE et CANNELURE.

THYRSE, s. m. Il n'entre point dans ce qui fait l'objet principal de ce Dictionnaire, de rechercher quelle fut l'origine de cet attribut mythologique de Bacchus. Il nous suffit de dire que l'espèce de lance donnée par les représentations de l'art à cette divinité, se composoit d'un long bâton, environné de lierre, et se terminant par une pomme de pin. C'est ainsi que le décrivent Euripide, Virgile, Ovide et Sénèque. Quelquefois aussi il est orné de bandelettes.

Sur un trapézophore en marbre, gravé *tom.* 4, *pl.* 10 du *Museo Pio Clementino*, on voit deux *thyrses* très-grands, et peut-être les mieux caractérisés de tous ceux qu'on rencontre sur les monumens antiques. Ils sont entourés d'amples bandelettes, qui pendent avec grâce, et dont l'extrémité est garnie de petits rubans, ce qui donne l'idée du *thyrse*, qui dans la pompe d'Alexandrie, décrite par Athénée, étoit dans les mains de la figure colossale de Nysa.

Le *thyrse*, quoiqu'il soit l'arme, et par conséquent l'accessoire obligé des figures de Bacchus, peut encore être convenablement appliqué à tout ce qui tient aux représentations scéniques, parce qu'autrefois elles étoient, ainsi que les théâtres, sous la protection immédiate de Bacchus.

Ainsi le *thyrse* peut se mettre au nombre des attributs symboliques que l'art de l'ornement appliquera, soit dans les frises, soit sur d'autres objets, à des salles de festin ou de réjouissances, ou à des salles de spectacle.

TIBUR, aujourd'hui TIVOLI. Ville antique d'Italie, dans la Campagne de Rome, située à vingt milles de cette ville, selon le calcul des anciens milles. Aujourd'hui, soit par la différence de la route nouvelle, soit par celle du nouveau mille, on en évalue la distance à un peu plus de dix-neuf.

La seule énumération des restes d'antiquité qu'on y voit, et auxquels les archéologues modernes ont donné des noms plus ou moins véritables, alongeroit cet article sans aucune utilité. La belle position de *Tibur*, la magnificence de ses sites, et la proximité de Rome, en avoient fait autrefois le lieu de délices des riches et des grands. Une multitude de ruines sont aujourd'hui éparses dans son territoire, et ne servent plus qu'à donner l'idée, de ce que dut être jadis cette collection de palais, de maisons de plaisance et de monumens, qui se disputèrent les beaux aspects dont la nature est si prodigue en ces lieux.

Pour concevoir l'ancien *Tibur* tel qu'il fut aux temps de sa splendeur, il faudroit réunir à l'emplacement qu'il occupe aujourd'hui, les vastes espaces occupés par cette *villa* de l'empereur Adrien, qui eut plus d'étendue qu'un grand nombre de grandes cités, et toute cette partie de territoire qui commençoit au *ponte Lugano*. Obligés de resserrer ces notions dans un petit espace, nous ne parlerons que des monumens, dont le nom et la forme n'offrent aucun doute, et ensuite nous renverrons à l'article ADRIENNE (*villa*), où nous avons parcouru les nombreux fragmens d'édifices, qui composèrent ce prodigieux ensemble.

A partir donc du pont *Lugano*, distant de Rome de seize milles, la plus remarquable antiquité est le tombeau de la famille Plautia, qui, avec ceux de Cecilia Metella et de Cestius, est un des mieux conservés et des plus intègres. Il est en entier de pierre travertine, à l'exception des inscriptions, qui sont de marbre. Sur un soubassement quadrangulaire décoré d'un ordre ionique entremêlé de niches peu profondes, s'élève le corps du tombeau en forme ronde, couronné par un entablement. Mais dans les temps modernes, on a converti ce monument funéraire en forteresse, et on y a ajouté des créneaux. On croit aussi qu'originairement la masse en fut ronde du haut en bas, et qu'on y ajouta postérieurement la partie de ce soubassement carré dont on a parlé, pour y placer les incriptions relatives à ceux qui depuis y furent inhumés.

Après ce tombeau, sur la même voie, on trouve à main droite, dans la *villa Gentili*, les restes encore bien conservés de deux fort beaux sépulcres, connus sous le nom de tombeaux de *Sereni*. Leur construction est semblable, et consiste en petites chambres carrées, larges chacune de huit pieds. Au dehors ils sont revêtus de gros blocs de pierre travertine, et leur masse est surmontée d'un piédestal qui probablement, jadis, portoit une statue. Sur une des faces d'un de ces piédestaux, est sculptée en fort beau marbre, une

figure en pied qui tient un cheval par la bride. Quoique mutilé, ce bas-relief se recommande par une fort belle sculpture. Le bas-relief de l'autre sépulcre manque, mais on en voit le dessin dans le recueil des *Sepolcri antichi* par Pietro Santi Bartoli, pl. 48. On y avoit représenté deux figures en pied, l'une d'un homme, l'autre d'un enfant, près d'une table sur laquelle est une espèce de cercle, avec un oiseau dans le milieu; sous la table est une figure ou de chien, ou de chèvre, ce qu'on ne sauroit distinguer. Ces deux restes d'antiquité sont aujourd'hui assez défigurés dans leur ensemble, par les masses de construction dont on les a surmontés. Toutefois faut-il s'en plaindre? Peut-être, en effet, ont-ils dû leur conservation précisément à ce qui a semblé les rendre utiles, en les faisant servir de support à la bâtisse nouvelle. L'inutilité matérielle de ces sortes d'objets d'art, fut pendant trop long-temps la cause de leur destruction.

Les seuls monumens de l'ancien *Tibur*, dont on retrouve des restes dans la ville actuelle de Tivoli, qui lui a succédé, sont :

1°. Un temple qu'on dit avoir été d'Hercule, et qui s'élevoit à l'endroit aujourd'hui occupé par l'église cathédrale de Saint-Laurent, comme l'ont fait reconnoître les découvertes auxquelles ont donné lieu les fouilles opérées sur ce terrain. Derrière le chœur de l'église, il existe un reste de la cella de l'ancien temple. C'est un grand cul de four bâti en *reticulatum*, semblable à celui de la *villa* de Mécène. La courbe de cette partie de l'édifice, prouve que la cella avoit à peu près quatre-vingt-quatre palmes de diamètre.

2°. Le temple dit jadis de la Sibylle, appelé aujourd'hui de Vesta, monument circulaire très-connu, et mesuré nombre de fois par les architectes. Il s'élève précisément au-dessus de la cataracte de l'Anio, et il est peu de positions aussi remarquables par la variété des aspects. Aussi y a-t-il peu de monumens qui aient plus exercé le talent des peintres et des architectes. Il consistoit en un seul rang de colonnes autour d'un mur intérieur. Cette colonnade portoit sur un soubassement ayant en hauteur les deux tiers de celle de la colonne. Elle se composoit de dix-huit colonnes corinthiennes, cannelées, avec une base attique sans plinthe. Il ne reste plus que dix de ces colonnes, dont sept sont isolées, les trois autres sont engagées dans un mur de construction moderne. On y observe un renflement, c'est-à-dire que le diamètre au-dessous du chapiteau est moindre que celui de la colonne, mesurée au tiers de sa hauteur, à partir d'en bas. Le chapiteau dans sa hauteur a un peu moins du diamètre de la colonne. Ses feuilles sont celles de l'acanthe, plutôt que de l'olivier. L'ordre est couronné d'un entablement qui a de hauteur les deux onzièmes de la colonne. Sa frise est ornée de bucrânes, de festons, de fruits et de patères, symboles de sacrifices. On lit sur l'architrave un reste d'inscription, qu'on a tenté de restituer. Les colonnes, ainsi que tous les ornemens, sont en pierre travertine; mais plus d'un vestige démontre que le tout fut jadis revêtu de stuc, comme cela se voit également à Rome au temple de la Fortune virile. On montoit au temple par un escalier dont on reconnoit encore les vestiges. Le portique circulaire, formé par les colonnes et le mur de la *cella*, a de largeur deux diamètres de colonne. Son plafond est fort simple et n'est orné que de deux rangs de petits caissons avec rosaces. La *cella* est construite en réticulaire incertain. L'intérieur, outre l'ouverture de la porte, étoit éclairé par deux fenêtres, dont les chambranles affectent la forme pyramidale. Le pavement ou le sol de l'intérieur est plus élevé que celui du portique. On y montoit par deux degrés dont les traces existent encore. Dans l'intérieur on voit une niche très-peu profonde, et qui ne se trouve point en face de la porte. On croit que c'est un ouvrage des bas siècles, lorsque le temple fut converti en église chrétienne. Cette nouvelle destination trouve un témoignage dans certains restes d'enduits, qui ont conservé des traces de peinture appartenant à des sujets chrétiens.

3°. Non loin du temple de Vesta, il en subsiste un autre quadrilatère, en tout semblable à celui qui, à Rome, avoisine le temple de Vesta, et qu'on appelle de la Fortune virile. Ce temple étoit prostyle, tétrastyle et pseudopériptère, c'est-à-dire n'ayant quatre colonnes qu'à un seul de ses fronts, et celles des flancs étant engagées dans le mur de la *cella* des deux tiers de leur diamètre. Ses colonnes sont de l'ordre ionique, avec la base attique sans plinthe. Elles posent sur un soubassement général de pierres travertines compactes, lorsque le mur de la *cella* est d'un travertin poreux qu'on appelle *cipolaccio*. Aujourd'hui ce temple a perdu toute sa partie supérieure, moins un chapiteau assez dégradé dans sa partie postérieure. Une seule colonne de front est restée, c'est celle de l'angle à gauche. Le côté droit de l'édifice est engagé dans des bâtisses modernes. On montoit au temple par un escalier composé de sept gradins, aujourd'hui la plupart enterrés.

Dans la vigne d'un particulier on voit un édifice circulaire, vulgairement appelé *tempio della Tosse*, dénomination dénuée de preuves et de toute autorité, et d'autant plus arbitraire, que très-probablement cet édifice ne fut pas un temple. Beaucoup de particularités et de considérations tendent à prouver que ce fut plutôt un sépulcre, et sa construction l'annonce pour être des bas temps. La maçonnerie se compose de petits tufs quadrangulaires, mêlés avec des briques et beaucoup de ciment. L'intérieur a encore des restes de peintures chrétiennes. Il est à croire qu'à une certaine époque on fit de ce monument une petite église ou une chapelle rurale.

Une des ruines les plus considérables de l'ancien

Tibur, après les vastes débris de la *villa Adriana*, est celle de la *villa de Mécène*. Il est diffic le de s'en faire maintenant une juste idée, tant ses masses ont subi de dégradations. Pirro Ligorio, qui vit ce grand reste de construction beaucoup plus intègre, en fit une description abrégée qui peut donner quelqu'idée de sa forme ancienne.

A l'extrémité de la colline qui regarde la Campagne de Rome, s'élevoit cette magnifique maison de campagne sur de très-hautes substructions, qui rétablissoient le niveau dans son plan, comme on le voit encore du côté qui regarde l'Anio. Son élévation se composoit de deux ordonnances ou deux étages, l'inférieur orné d'un ordre dorique. L'ordre de l'étage supérieur étoit ionique. Il reste encore des parties du premier; le second est entièrement détruit. C'est à ce dernier que doit avoir appartenu la colonne qui, bien que déplacée aujourd'hui, existe toujours sur les ruines près de la route. Cet ordre supérieur ne régnoit pas dans toute la circonférence du bâtiment, mais seulement dans le corps du milieu, où étoit l'habitation du maître. C'est cette partie qu'on voit encore dominer maintenant la masse des ruines, malgré tous les objets qui en masquent l'aspect.

La maison de campagne de Mécène, par la grande étendue de ses masses, interceptoit la voie Tiburtine, ce qui obligea de pratiquer un chemin couvert, qui subsiste encore sous le nom de *Porta oscura*. Une inscription transportée au *Museum Vaticanum*, nous apprend que ce chemin couvert avoit été pratiqué et construit par Lucius Octavius Vitulus et Caius Rustius Flavius, quatuorvirs, de l'avis du sénat.

Ce chemin couvert l'étoit par une voûte, percée à son sommet de fenêtres qui y introduisoient verticalement la lumière. Deux de ces couvertures existent encore, et l'on voit l'indication d'une troisième. Toute cette construction n'étoit autre chose qu'une partie formant le rez-de-chaussée. La position de l'édifice avoit obligé de bâtir un grand nombre de corridors les uns sur les autres. Il y avoit des pentes pratiquées en avant, et qui conduisoient à une réunion de degrés qui formoient une sorte de théâtre. Rien ne seroit plus difficile que de donner, par le discours, une idée précise d'un édifice dont les ruines incohérentes, sont devenues une matière de conjectures, que le laps des années rend de plus en plus incertaines.

Aujourd'hui les restes de la magnifique villa de Mécène, sont devenus des usines pour une fonderie de fer. C'est à cet effet qu'on a détourné une partie des eaux de l'Anio, qui, s'échappant sous les voûtes antiques, y forment des chutes et des cascades dont l'effet rend ce lieu extrêmement pittoresque. De là les eaux vont se précipiter dans la vallée où coule l'Anio, et forment, en tombant de la montagne, ce qu'on appelle les *petites cascatelles*.

En quittant la villa de Mécène, on trouve un reste de mur antique, construit de peperino en grandes pierres carrées, à l'instar des murs de Lanuvium et d'autres villes de l'ancien *Latium*.

TIERCER, v. act. C'est réduire au tiers. On dit que le pureau des tuiles ou des ardoises d'une couverture sera *tiercé* à l'ordinaire, c'est-à-dire que les deux tiers en seront recouverts; en sorte que si c'est de la tuile au grand moule, qui a douze à treize pouces de longueur, on lui donnera quatre de pureau ou d'échantillon.

TIERCERONS, s. m. pl. Ce sont, dans les voûtes gothiques, des arcs qui naissent des angles, et qui vont se joindre aux liernes.

TIERCINE. *Voyez* PIÈCE DE TUILE.

TIERS-POINT, s. m. C'est le point de section qui est au sommet d'un triangle équilatéral. Les ouvriers le nomment ainsi, parce qu'il est le troisième point, après les deux qui sont à la base.

TIERS-POTEAU, s. m. Pièce de bois de sciage, de trois sur cinq pouces et demi de grosseur, faite d'un poteau de cinq et sept pouces refendu. Cette pièce sert pour les cloisons légères, et celles qui portent à faux.

TIGE, s. f. On a quelquefois donné ce nom, à ce qu'on appelle généralement aujourd'hui le fût d'une colonne. Mais on le donne avec beaucoup plus de propriété, à la partie montante d'un candélabre. Ce nom emprunté aux arbustes et aux plantes, convient particulièrement à cette espèce de candélabres en bronze, trouvés en fort grand nombre, sous les cendres qui ont enseveli Pompeia, et qui sont une imitation formelle des tiges de beaucoup de plantes.

TIGE DE FONTAINE. C'est le nom qu'on donne à une espèce de balustre creux, ordinairement rond, qui sert à porter une, ou plusieurs coupes, l'une sur l'autre, dans les fontaines en cascades. Cette *tige* à chaque étage reçoit un profil différent.

TIGE DE RINCEAU. On appelle ainsi une espèce de branche ordinairement en enroulement, qui semble sortir d'un culot ou fleuron, et qui, dans ses circonvolutions, porte les feuillages d'un rinceau d'ornement.

TIGETTE, s. f. C'est, dans le chapiteau corinthien, une espèce de tige ou cornet ordinairement cannelé et orné de feuilles, d'où naissent les volutes et les hélices.

TIL, s. m. Ecorce d'arbre dont on fait les cordes à puits, et dont les appareilleurs nouent des morceaux déliés les uns au bout des autres, pour faire une longueur nécessaire au tracement de leurs épures. (*Voyez* Epure.) Cette sorte de cordeau a cet avantage, de ne point s'alonger comme la corde ordinaire.

TIMPAN ou TYMPAN, s. m. Mot dérivé du grec *tympanon* et du latin *tympanum*, tambour.

Nous avons déjà vu le mot *tambour* appliqué à désigner les tronçons de pierre, dont on forme les fûts des colonnes, qui se composent de plusieurs assises, ou encore le corps du chapiteau corinthien qu'on orne de feuillages. Cette désignation a été empruntée à la forme de l'instrument de percussion qu'on appelle ainsi, et qui est revêtu par ses deux extrémités d'une peau tendue. Mais il y avoit chez les Grecs un genre de tambour, et c'est celui qu'ils appeloient *tympanon*, qui consistoit en une peau tendue d'un seul côté. Les antiquaires ont même remarqué qu'on ne trouve sur aucun monument antique le tambour à deux peaux. Il paroît que c'est de là que le langage aura emprunté la dénomination de *tympanum*, donnée à cette partie du fronton, qui se trouve encadrée par les trois corniches, l'une horizontale, et les deux autres rampantes, d'un faîtage triangulaire, ou par deux seulement, si le fronton est circulaire.

Dans le modèle primitif de l'art, c'est-à-dire dans la construction en bois, l'intervalle qu'on vient de définir, entre les solives inclinées ou chevrons, et la poutre horizontale ou le sommier, devoit rester vide. C'est ce qu'on appelle vulgairement *grenier*. Mais il fut naturel de le fermer avec des planches, et ainsi, lorsque la pierre fut employée à refaire ce qu'avoit fait le bois, il fut encore plus nécessaire d'établir d'une manière solide, le fond compris entre les corniches, et qu'on nomme *tympan*.

Le *timpan* resta donc, ou du moins put rester lisse, et nous voyons qu'on le laisse encore souvent ainsi dans plus d'un édifice. Cependant il étoit difficile que le goût de la décoration, à mesure qu'il s'étendit et s'accrut, ne cherchât point à s'emparer d'un espace aussi favorable aux travaux de la sculpture; et les *timpans* des frontons furent ornés de figures soit de bas-relief, c'est-à-dire prises dans la masse même du fond, soit en statues de ronde bosse, c'est-à-dire adossées au *timpan*. *Voyez* le mot Fronton.

Timpan d'arcades. Par suite de l'analogie qui a fait donner le nom de *timpan* au fond compris entre les corniches d'un comble, on l'a donné à cet espace triangulaire qui occupe les encoignures d'une arcade. Les plus simples *timpans* de cette espèce consistent uniquement en une table renfoncée; mais ils reçoivent des ornemens de plus d'un genre.

Quelquefois on y placera, selon la nature ou la destination du monument, des branches de laurier, d'olivier ou de chêne, des palmes avec couronnes, des trophées et des festons. Tous ces objets, selon qu'ils comporteront plus ou moins de richesse, conviendront au dorique où à l'ionique.

Les *timpans* les plus riches appartiendront surtout aux arcades accompagnées de colonnes corinthiennes. Ainsi on les voit dans un grand nombre d'arcs de triomphe décorées des figures volantes, soit de renommées, soit de victoires. Les arcades corinthiennes de plus d'une église, ont dans leurs *timpans* des figures assises de femmes, ou autres personnages, représentant des vertus et autres sujets allégoriques.

Quelquefois l'on a exagéré, dans la sculpture des *timpans*, la saillie quil convient de donner aux figures. On trouve des exemples de cet excès, à plusieurs *timpans* des arcades de la nef de Saint-Pierre à Rome. Certaines de ces figures non-seulement débordent, par leur saillie, l'épaisseur du cadre qui les circonscrit, mais elles offrent des parties que leur isolement fait sortir des convenances du bas-relief.

Timpan de machine. On appelle ainsi une roue creuse, c'est-à-dire un cylindre qu'on nomme aussi *roue à tambour*, que l'on met en mouvement au moyen de plusieurs hommes qui marchent dans son intérieur pour la faire tourner. Cette sorte de machine est appliquée aux grues, aux calandres, et à certains moulins.

Timpan de menuiserie. Panneau dans l'assemblage du dormant d'une baie de porte ou de croisée, qui est quelquefois évidé et garni d'un treillis de fer, pour donner du jour. Cela se pratique aussi dans les *timpans* de pierre.

TIRANT, s. m. Longue pièce de bois, qui, arrêtée à ses extrémités par des ancres, sous une ferme de comble, sert à en empêcher l'écartement, et empêche aussi celui des murs qui la portent. Il y avoit jadis beaucoup de ces *tirans*, et il en reste encore dans quelques vieilles églises. Ils sont chanfreinés, et à huit pans, et on les a assemblés avec le maître entrait du comble, par une aiguille ou un poinçon.

Tirant de fer. Grosse et longue barre de fer, avec un œil ou trou à l'extrémité, dans lequel passe une ancre, pour empêcher l'écartement d'une voûte, pour retenir un mur, un pan de bois, ou une fourche de cheminée.

TOISE, s. f. Nom d'une mesure dont la grandeur varie selon les lieux. Celle qu'on appelle *toise de Paris*, et dont on fait le plus ordinairement usage, est de six pieds de Roi.

On donne le nom de *toise* aussi bien à la mesure qu'à l'instrument avec lequel on mesure. Cet instrument est communément une règle de bois. On croit que ce mot vient du participe *tensus, tensa*, qui a fait *tesa* en italien, et qui exprime l'idée d'un corps étendu.

TOISE A MUR. C'est une réduction de plusieurs sortes d'ouvrages de maçonnerie, par rapport à une *toise* de gros mur. Ainsi on dit *toiser à mur*, de gros ou de légers ouvrages.

TOISE COURANTE. *Toise* qui est mesurée suivant sa longueur seulement, comme une *toise* de corniche, sans avoir égard au détail de ses moulures; comme une *toise* de lambris, sans considérer s'il est d'appui ou de revêtement.

TOISE CUBE, SOLIDE OU MASSIVE. *Toise* qui est mesurée en longueur, largeur et profondeur. Elle contient deux cent seize pieds.

TOISE D'ÉCHANTILLON. On appelle ainsi la *toise* de chaque lieu où l'on mesure, quand elle est différente de celle de Paris.

TOISE DE ROI. C'est la *toise* de Paris, dont on se sert dans tous les ouvrages publics, sans avoir égard à la *toise* locale des différens pays où se font ces ouvrages.

TOISE CARRÉE OU SUPERFICIELLE. *Toise* qui est multipliée par ses deux côtés, et dont le produit est de trente-six pieds.

TOISÉ, s. m. On appelle de ce nom le mémoire ou dénombrement par écrit, des *toises* qui entrent dans la mesure de chaque sorte d'ouvrages, dont se compose la construction d'un bâtiment. On fait ce *toisé* pour juger de la dépense, ou pour estimer et régler les prix et les quantités de ces mêmes ouvrages. *Voyez* ci-après TOISER.

TOISER, v. act. C'est mesurer un ouvrage avec la toise, soit pour en prendre les dimensions, soit pour en faire l'estimation. On dit *retoiser*. C'est *toiser* de nouveau le même ouvrage, ce qui a lieu lorsque les experts ne sont pas d'accord entr'eux sur le toisé.

TOISER A TOISE BOUT AVANT. C'est *toiser* les ouvrages sans retour ni demi-face, et les murs tant plein que vide; le tout carrément, sans avoir égard aux saillies, qui doivent néanmoins être proportionnées au lieu qu'elles décorent.

TOISER AUX US-ET COUTUMES. C'est mesurer tant plein que vide, en y comprenant les saillies, en sorte que la moindre moulure porte demi-pied, et toute moulure couronnée un pied, lorsque la pierre est piquée, et qu'il y a un enduit, etc.

TOISER LA COUVERTURE. C'est mesurer la superficie d'une couverture, sans avoir égard aux couvertures, ni aux croupes, et en évaluant les lucarnes, yeux de bœuf, arestières, égouts, faites, etc., en toises ou pieds, suivant l'usage.

TOISER LA TAILLE DE PIERRE. C'est réduire la taille de toutes les façons d'une pierre, aux paremens seulement mesurés à un pied de hauteur, sur six pieds courans par toise.

Lorsque ce sont des moulures, chaque membre, couronné de son filet, est compté pour un pied de toise, dont les six font la toise, c'est-à-dire que six membres couronnés sur une toise de long, qui ne sont comptés que pour une toise à l'entrepreneur, sont comptés pour six toises au tailleur de pierre qui travaille à la tâche.

TOISER LE BOIS. C'est réduire et évaluer les pièces de bois, de plusieurs grosseurs, à la quantité de trois pieds cubes, ou de douze pieds de long, sur six pouces de gros, réglée pour une pièce.

TOISER LE PAVÉ. C'est mesurer à la toise carrée superficielle, sans aucun retour. Le prix est différent selon l'ouvrage. Les ouvrages de fortifications se toisent à la toise cube, dont 216 pieds font la toise.

TOISEUR, s. m. On donne ce nom à celui qui mesure avec la toise toutes les parties d'un bâtiment. Il doit connoître les principes de géométrie, sur lesquels sont fondées toutes les opérations du toisé, et être au fait des us et coutumes de chaque pays.

TOIT, s. m. Trois mots, que l'usage a rendus synonymes, expriment en français cette partie de construction, qui sert à couvrir les édifices. Ces mots sont *comble*, *couverture* et *toit*. Comme il n'y a point de parfaits synonymes, nous avons déjà cherché à établir une différence et d'emploi et de signification, entre les deux premiers. Nous avons pensé que le mot *comble*, dérivé soit de *culmen* (faîte), soit de *culmus* (chaume), signifioit plus spécialement cette sommité de l'édifice, et ce que nous appelons le *point culminant*, dans tout objet, et tout corps qui se fait remarquer par son sommet. Or, ce qui produit dans les bâtimens l'effet qu'exprime le mot *culmen* en latin, et le mot *comble* en français, c'est très-certainement la charpente, ou l'assemblage des bois qui forment leur tête; et c'est au mot *comble*, que nous avons réuni le plus grand nombre des notions historiques, théoriques et pratiques, dont la nature des choses, les besoins divers, selon les pays et les climats, et les lois de la construction, fournissent une ample matière. (*Voyez* COMBLE.) Nous avons pensé que le mot *couverture*, présentoit dans sa signification propre, une idée assez distincte, lorsqu'on sépare en deux parties, sous chacun des deux mots *comble* et *couverture*, ce que l'usage, à la vérité, confond assez souvent sous l'un ou sous l'autre. Car on observe que si le *comble* peut être pris pour *couverture*, celle-ci cependant a pour emploi particulier, de devenir la couverture même du comble, ou du bâtis de charpente dont il est formé. C'est donc au mot *couverture* que nous avons fait l'énumération et donné la description de toutes les manières de couvrir les combles des édifices, soit en tuiles de toute espèce, soit en ardoises ou dalles de pierre, soit en bardeaux, soit en plomb, soit en autres métaux.

Maintenant, si nous cherchons la signification propre du mot *toit* dans le mot *tectum*, substantif, fait du participe du verbe *tegere*, couvrir, nous voyons qu'il faut l'entendre, mais d'une manière plus générale, comme étant cette partie d'un bâtiment, qui couvre toutes les autres. Entendu ainsi, le *tectum* pourroit s'appliquer non seulement aux combles en assemblage de charpente, mais aussi aux terrasses. Cependant, en français, le mot *toit* désigne exclusivement ce que nous avons vu être signifié par le mot *comble*. Nous croyons seulement que *toit* se dit plus vulgairement, et s'applique plus communément à toute espèce de bâtisses, même de l'ordre le plus inférieur, tandis que *comble* semble convenir davantage, dans le langage de l'architecture, aux monumens, et aussi à quelques-unes de leurs sommités, où le bois n'entre point, et qui seront des voûtes construites en pierres ou en maçonnerie. Ainsi, lorsqu'un édifice, comme le Panthéon d'Agrippa à Rome, se termine en voûte sphérique, on ne donnera point à cette voûte le nom de *toit*, mais bien celui de *comble*, et on dira qu'il y a sur ce comble une couverture de métal.

Du reste, pour toutes les variétés de forme, de construction et de disposition qu'on peut donner au *toit*, nous renvoyons le lecteur aux mots COMBLE et COUVERTURE.

TOLE, s. f. Nom que l'on donne à du fer en lames, ou feuilles plus ou moins déliées et battues au marteau. La serrurerie l'emploie à divers ouvrages, tels que les cloisons de serrures, les platines des targettes et verroux. On en fait des tuyaux de poêles. La tôle sert encore dans l'ornement. On la découpe en plus d'une manière, et on lui fait produire des feuillages, des fleurons, des rosaces et autres objets, qui reçoivent des couleurs, et peuvent figurer en certains endroits, à l'instar des ornemens en pierre.

TOMBE, s. f. Mot formé du mot grec *tumbos*, qui exprimoit, comme il exprime encore généralement aujourd'hui, le local destiné à recevoir le corps mort.

On trouve dans le plus grand nombre des lexiques, que selon l'usage de la langue, *tombe* signifie cette dalle de pierre, ou cette tranche de marbre dont on couvre une sépulture, et qui sert de pavé dans une église ou dans un cimetière. Il nous semble que c'est beaucoup trop restreindre la signification et l'emploi de ce mot. Quel qu'ait été, ou quel que soit encore l'usage de placer des pierres horizontales que l'on couvre d'épitaphes, sur les corps morts, il paroît qu'on ne les a nommées *tombes* que par suite de l'usage qui fait donner si souvent le nom du tout à ce qui n'en est, ou n'est censé en être qu'une partie. Et effectivement, il est assez certain que jadis les morts, sur les corps desquels on plaçoit ces tables de pierre ou de marbre, étoient enterrés dans un cercueil soit de bois, soit de plomb, soit de pierre, qui devoit avoir aussi le nom de *tombe*. Ce nom fut toujours synonyme de *cercueil*. Quelques endroits même ont tiré leur surnom, de l'exploitation qu'on y faisoit de pierres taillées en *tombes*, et dont on trouve encore d'assez nombreux dépôts. *Voyez* QUARRÉES-LES-TOMBES.

Si l'on consulte certaines locutions métaphoriques, que l'usage a consacrées, comme *descendre dans la tombe*, être *à moitié dans la tombe*, *sortir de la tombe*, il sera prouvé que *tombe*, en français, exprime la même idée et le même usage, que *cercueil*, *sarcophage*, et même *tombeau*, quoique ce dernier mot, comme on a eu déjà l'occasion de le remarquer, au mot SÉPULCRE, soit devenu le mot le plus généralement appliqué aux idées, aux objets, aux usages, et aux monumens funéraires, tant de l'antiquité que des temps modernes. *Voyez* l'article suivant.

TOMBEAU, s. m. C'est par ce mot, ainsi qu'il vient d'être dit, qu'on désigne le plus ordinairement, en français, la demeure des morts. Quoiqu'une multitude d'usages particuliers, et de pratiques funéraires locales, aient singulièrement multiplié, tant chez les Anciens que chez les Modernes, les formes données à la sépulture, et par conséquent les mots que le langage ordinaire, ou la langue métaphorique, ont appliqués à la désignation de ces formes et de leurs variétés, cependant on doit dire qu'il en est peu que l'on ne puisse, en français, appeler du nom de *tombeau*. Cette expression étant la plus usuelle, ce seroit très-probablement sous ce titre, que placeroit l'histoire des diverses inventions de l'art en ce genre, l'écrivain qui voudroit, dans un ouvrage exprès, en réunir toutes les notions. Mais autre est la méthode d'un Traité, autre est celle d'un Dictionnaire. Dans cette dernière forme d'ouvrage, on est forcé de décomposer chaque matière, et d'en répartir les notions sous chacun des mots, qui en expriment ou les parties ou les variétés. Lorsque beaucoup de mots synonymes en apparence, se sont accrédités par l'usage, l'usage, le devoir du lexicographe est d'en faire discerner les nuances, et d'en placer les notions limitrophes, aux mots respectifs qui les expriment.

C'est ce que nous avons pris à tâche de faire à chacun des articles, qui, sous des noms divers, renferment les documens et les faits relatifs aux pratiques des sépultures, chez tous les peuples.

Ainsi on ne doit pas s'attendre de trouver au mot TOMBEAU, quoique devenu en quelque sorte générique dans notre langue, l'ensemble des détails historiques, théoriques ou descriptifs, que l'on pourroit aimer à trouver réunis. Nous ne pourrions satisfaire à ce desir, qu'en répétant ici ce que nous avons exposé, décrit et détaillé déjà dans un grand nombre d'articles. Nous nous bornerons donc, sur un sujet aussi étendu, à faire ce que nous avons pratiqué à l'égard de quelques autres du même genre, c'est-à-dire à concentrer dans le moins d'espace qu'il sera possible, les notions générales que cet objet comporte, en parcourant brièvement les différences caractéristiques des *tombeaux* anciens et modernes, et les principaux exemples de leurs variétés. Cet exposé sommaire, en nous forçant de renvoyer le lecteur à tous les articles, où se trouvent les détails et les particularités de la matière, le mettra à portée de réunir, ce que nous avons été obligés de désunir, et lui montrera, que nous n'avons rien omis de ce qui pourroit fournir les matériaux d'un corps complet, sur cette partie de l'art et de l'architecture.

Partout où il a existé des hommes réunis en société, on a trouvé, et l'on trouve partout où il en existe, la pratique de certains usages et de certains soins qui ont eu, et qui ont pour objet, d'une part, la sépulture des morts, d'autre part, la conservation, n'importe à quel degré, des dépouilles de l'homme. Il faut laisser à d'autres et à d'autres ouvrages, de rechercher dans les diversités des pays et des climats, dans les variétés des croyances et des opinions religieuses, toutes les causes locales et particulières qui ont influé sur ces usages.

Mais entre ces causes, il en est deux qui reposent, l'une sur un besoin matériel, et l'autre sur une sorte d'instinct ou de sentiment naturel, et qui peuvent rendre compte des pratiques les plus usuelles de la sculpture, et des motifs qui ont multiplié partout les *tombeaux* ou les monumens funéraires.

Il ne s'agit d'abord que de se représenter dans l'état, qu'on se plaît à nommer de nature, la plus grossière société d'hommes, réunis par les besoins les plus simples. Sans doute ils dûrent éprouver celui de se soustraire aux effets de la putréfaction des corps; et l'on comprend, comment partout il fut aussi naturel que nécessaire d'enfouir les cadavres, et de les rendre à la terre. De là les mots *inhumer, inhumation*. Disons d'avance qu'ici, comme à l'égard de presque tous les ouvrages des hommes, on trouve le type originaire de ce qu'ils ont fait de plus grand, précisément dans ce qui semble en être le plus éloigné. Or, nous avons déjà fait voir aux mots TUMULUS et PYRAMIDE, qu'entre la petite butte de terre, produite par la fosse creusée, et la grande pyramide de Memphis, il n'y a de différence, que celle de quelques centaines de pieds. Dès que les sociétés s'étendirent, et que des villes se formèrent et s'agrandirent, un devoir de la police de ces villes, fut, de pourvoir à leur salubrité, en éloignant des habitations des vivans, les lieux destinés à recevoir les nombreuses générations que la mort y entasse continuellement. On dut, selon les pays et les terrains, établir soit des cimetières entourés de murs, soit des hypogées ou catacombes. Plus d'un procédé fut employé à procurer l'anéantissement des corps, ou à obtenir qu'ils occupassent le moins d'espace qu'il fût possible. On peut croire que la combustion ou la crémation aura eu, dans certains temps, pour objet, de conserver, et de réduire à la fois au moindre volume les restes des individus. Quelques-uns ont cru encore, que la méthode de l'embaumement en Egypte, avoit dû sa naissance à quelques lois sanitaires, dictées par le climat et les particularités de ce pays. On voit qu'il ne nous appartiendroit pas, d'entrer plus avant dans les considérations de cette nature. Il suffit que nous trouvions là de quoi rendre compte d'un grand nombre de monumens funéraires.

Mais la seconde cause dont nous avons parlé, celle qui repose sur une sorte de sentiment moral commun à tous les peuples civilisés, est devenue partout une source beaucoup plus féconde en ouvrages d'art et d'architecture. Il s'agit de ce desir que la nature a mis chez tous les hommes, de prolonger leur existence physique, mais qui transformé par une nouvelle passion, celle de la gloire, leur fait ambitionner de se survivre, en prolongeant leur mémoire bien au-delà du terme de la vie humaine. On a rendu plus d'une raison du soin de la conservation des corps. On a présumé que l'opinion de leur résurrection, chez plus d'un ancien peuple, avoit suggéré tous les moyens les plus propres à les préserver de la violation, en les cachant, ou en les enfermant sous les masses de construction les plus volumineuses. Toutefois il est à croire que chez le plus grand nombre des peuples, le sentiment d'une immortalité vaniteuse, créa le plus grand nombre des *tombeaux*. Il faut lire les innombrables épitaphes que l'anquitité nous a transmises, dans les débris des villes et des empires, pour s'expliquer la puissance et tout à la fois le néant de cet orgueil, qui fit croire si souvent, qu'il importeroit à la postérité de connoître les noms d'hommes, qui étoient inconnus de leur vivant. On comprend toutefois que les *tombeaux* ont dû devenir aussi des espèces de monumens politiques, et servir, comme les statues honorifiques, de motifs, pour rendre durable le souvenir des hommes qui avoient bien mérité de leurs contemporains. Il fut en effet naturel de faire servir à perpétuer leurs noms, les lieux mêmes où reposoient leurs corps. C'étoit un moyen d'assurer aux uns et aux autres une garantie réciproque. De cet usage naquit celui d'élever aux hommes célèbres, dont plus d'un pays réclamoit l'honneur, des *tombeaux* vides ou simulés, qu'on appela *cénotaphes*. Les *tombeaux* furent aussi, et seront encore partout, les témoignages d'un assez grand nombre d'affections particulières, où les sentimens naturels de l'amour, de la reconnoissance, cherchent des consolations, allègent la douleur en la nourrissant.

Telles furent, à ce qu'il nous semble, les principales causes qui ont fait ériger chez tous les peuples anciens et modernes, cette multitude de monumens, qui dans des formes si variées, et sous tant de noms divers, sont une des plus grandes et des plus curieuses parties de l'histoire des arts. Du moins nous croyons, que la revue rapide que nous allons en faire, en partant des peuples les plus anciens, jusqu'aux temps actuels, pourra mettre le lecteur à même d'appliquer chacune des causes qu'on a indiquées, à chacune des pratiques et des inventions qui leur correspondent.

En commençant par l'Egypte, point de départ ordinaire de toutes les notions qui entrent dans l'histoire des arts, nous voyons que nulle part les moyens propres à empêcher les effets d'insalubrité, causés par la dissolution des corps, ne furent pratiqués avec autant de soin. L'embaumement paroît avoir été prescrit, avant tout, par le principe de police sanitaire. Si d'autres vues conseillèrent encore les pratiques de la conservation des corps, il faut convenir qu'aucun peuple n'y a réussi à l'égal des Egyptiens. On retrouve, après quelques milliers d'années, dans un parfait état d'intégrité, les corps qui avoient reçu les préparations usitées. On les enfermoit dans certaines caisses ou gaines (*voyez* Gaine) faites le plus souvent en bois et précieusement peintes. D'autres étoient taillées en pierres dures et en marbres de toute espèce. C'est en cet état que les corps, selon le rang ou la richesse des personnes, ou trouvoient un asyle particulier dans les sépulcres qu'on leur bâtissoit, ou alloient se ranger dans les hypogées (*voyez* ce terme), et ce que nous appellerions les *cimetières publics*, vastes souterrains creusés en divers lieux, d'où l'on ne cesse d'extraire, depuis des siècles, ce qu'on appelle des *momies*, c'est-à-dire les corps des anciens Egyptiens, conservés par les procédés de l'embaumement.

Le peuple égyptien, borné de tous côtés dans son territoire par la nature, dut être avare de son terrain; et c'est peut-être là, une explication à donner, entre plusieurs autres, des innombrables excavations que l'on trouve en Egypte. Il y eut, en quelque sorte, une Egypte souterraine, habitée par les morts. Ainsi les montagnes de la Thébaïde renfermèrent dans leur sein, des sépulcres creusés à plusieurs étages, et qu'on présume avoir été les secrets dépositaires des corps mêmes des rois. Ces *tombeaux* souterrains étoient ornés avec le même art, distribués avec le même goût, et brillans des mêmes peintures que les édifices construits, ainsi que nous l'a fait voir celui dont M. Belzoni a transporté en Europe l'image fidèle et complète.

Les monumens creusés en Nubie, et entr'autres celui d'Ibsamboul, qui fut, à ce qu'on croit, le *tombeau* d'un roi, quelques-uns disent de Sésostris, offrent de très-prodigieux exemples des sépultures souterraines; il est à remarquer que toute cette partie supérieure de l'Egypte ne présente aucune indication de pyramide.

C'est à la basse Egypte, et ce fut, à ce qu'il paroît, à la nécropole de Memphis, qu'appartinrent les masses plus ou moins énormes des sépulcres construits en pyramides, constructions qui paroissent avoir exercé l'ambition de plusieurs règnes successifs. (*Voyez* Pyramide.) Ce genre de monument peut avoir trouvé son origine et ses modèles, également dans les montagnes creusées dont on vient de parler, et dans les montagnes artificielles qu'on dut élever d'abord, sur les terrains en plaine, pour y déposer les tombes des morts, et pour leur servir de monument extérieur. On ne doute point que le plus grand nombre des pyramides de Memphis ne soient, dans ce qui en est le fond, ou si l'on veut le noyau, des monticules naturels ou artificiels, où l'on creusa des conduits en pierre, et qui furent revêtus d'une maçonnerie en blocage, qu'on façonna pour figurer les quatre faces, recouvertes enfin d'assises de pierres, ou d'autres matériaux plus précieux. *Voyez* l'article Pyramide.

Les voyageurs qui ont parcouru les côtes adjacentes de l'Egypte et de l'Afrique, et les bords de la Méditerranée, rapportent qu'elles sont couvertes de monticules, qu'ils soupçonnent être des *tumulus*. Or, tels paroissent avoir été les *tombeaux* primitifs de la Grèce, et de beaucoup d'autres pays, qui eurent d'anciennes communications avec elle. Ces *tombeaux* de la Troade qu'on appelle d'Achille et d'Ajax, étoient des *tumulus* dont les fouilles ont fait reparoître les objets qu'on y avoit enterrés. Rien de plus commun dans les descriptions des écrivains, que ces *tombeaux* qu'ils appellent *χωμα γης*, *amas de terre*. Le magnifique *tombeau* d'Alyates, roi de Lydie, consistoit principalement dans une énorme levée de terre. (*Voyez* Tumulus.) L'usage le plus ordinaire étoit d'environner le *tumulus* d'un mur par en bas, et de placer à sa cime, un cippe ou une colonne.

Généralement, en Grèce proprement dite, le luxe des *tombeaux* fut resserré dans des limites assez étroites, ce qu'on explique par la nature des gouvernemens populaires, par certaines lois somptuaires, et surtout par le peu de richesses des petits États dont ce pays se composoit. Aussi découvre-t-on dans les restes de ses villes, fort peu d'édifices funéraires. Le *tombeau* qu'on appelle d'Atrée, est ce qu'on peut citer de plus grand en ce genre, et c'est encore une fort modique construction. Pausanias, dans sa description de la Grèce, ne nous a effectivement donné la notion d'aucun grand monument sépulcral, exécuté en cette contrée. Lorsqu'il parle du *tombeau* d'Æpytus, dont Homère avoit fait mention, et qui n'étoit autre chose qu'un tertre de terre peu considérable, entouré d'un soubassement de pierre, il remarque avec raison que si le poëte l'avoit admiré, c'est qu'il n'avoit rien vu de plus beau. Et il ajoute que pour lui, il connoissoit plusieurs *tombeaux* dignes d'admiration; mais qu'il se contentera de citer ceux de Mausole à Halicarnasse, et d'Hélène à Jérusalem. Lorsqu'on voit Pausanias aller chercher hors de la Grèce, proprement dite, les exemples de *tombeaux* magnifiques, et quand on observe que sa description n'en a fait admirer aucun dans ce pays, on peut, en rapprochant cette double particularité, du si petit nombre de *tombeaux* ruinés, qu'on rencontre en Grèce, conclure que, très-probablement, les grands ouvrages de ce genre dûrent y être autrefois fort rares.

Quoique rien ne nous ait fait connoître, jusqu'à présent, de quelle nature étoient, dans ce pays, les lieux destinés aux sépultures publiques, on ne laisse pas d'y découvrir une assez grande quantité de petits monumens, en forme de cippes funéraires ornés de bas-reliefs, où sont représentés probablement les personnages morts. Mais où étoient-ils autrefois situés? Etoit-ce sur le lieu même des sépultures, en plein air, ou dans des intérieurs de *tombeaux*? C'est ce que nous ignorons. *Voyez* Cippe.

L'ouvrage le plus célèbre et le plus renommé de l'antiquité grecque, en fait de *tombeau*, fut effectivement le monument funéraire, à Halicarnasse, du roi Mausole, dont le nom désigna depuis les plus grands travaux de ce genre. A l'article Mausolée (*voyez* ce mot), nous croyons avoir indiqué, avec assez de vraisemblance, l'origine et les modèles des édifices semblables à celui de Mausole, dans ces immenses constructions de bûchers, dont l'histoire nous a conservé plus d'une mention, et que la description du bûcher d'Héphastion, par Diodore de Sicile, nous représente comme des prodiges de dépense et de luxe architectural. Nous verrons bientôt reparoître chez les Romains, et les traditions de ce genre de monumens funéraires, et les imitations qu'on en fit, dans les *tombeaux* des empereurs.

La partie méridionale de l'Italie, qui porta jadis le nom de *grande Grèce*, offre depuis un demi-siècle, aux recherches, du genre de celles qui nous occupent, la matière la plus abondante et la plus curieuse. Près d'un grand nombre de villes, dont il restoit à peine des vestiges, on a retrouvé des lieux de sépulture souterraine, qui répondent, en quelque sorte, à ce que nous entendons aujourd'hui par *cimetière*. Non qu'on prétende qu'ils fussent ce que nous disons des cimetières publics. Les *tombeaux* ou sarcophages qu'on y découvre, rangés quelquefois à plusieurs étages, les uns sur les autres, dans des espaces creusés exprès, au sein ou sur la pente des montagnes, furent encore des objets de dépense fort au-dessus des moyens de la multitude. Nous renverrons le lecteur, pour plus de détails sur cette matière, au mot Sépulcre. Mais nous devons ajouter que c'est dans ces sortes de *tombeaux*, qu'on découvre journellement de ces vases de terre cuite ornés de peintures, et de compositions dessinées au simple trait, ouvrages de l'art grec souvent le plus élégant et le plus parfait, que de fausses notions firent autrefois attribuer aux Etrusques.

Quelques vases de même nature trouvés en Etrurie, quoique d'un art fort inférieur, et le manque de critique sur le goût et les ouvrages de cette antique contrée, purent occasionner l'équivoque de cette dénomination, donnée au plus grand nombre de ces vases. Toutefois il résulte de là une conformité d'usage entre les Etrusques et les Grecs, si cependant cette pratique de placer des vases dans les *tombeaux* des morts, pratique dont on rend plus d'une sorte de raison, ne fut pas plus générale qu'on ne peut le dire. L'Etrurie, au reste, du moins si l'on entend parler de ce pays, avant la domination des Romains, paroît avoir porté très-loin le luxe des *tombeaux*, à en juger par la description que Pline a donnée, d'après Varron, du célèbre *tombeau* de Porsenna, composé de plusieurs rangs de corps pyramidaux, s'élevant en retraite les uns au-dessus des autres, et sous la masse desquels avoit été creusé un vaste labyrinthe. Toutes ces choses donnent à croire qu'il y eut fort anciennement des imitations de goût, ou simplement des rencontres naturelles d'idées, entre les Egyptiens et d'autres nations contemporaines. Au nombre des *tombeaux* et autres monumens funéraires que l'on trouve encore aujourd'hui en Etrurie, il faut compter d'assez grands hypogées, tels que ceux de Corneto, qui avoient été ornés de peintures, plus des urnes cinéraires ou des sarcophages, que leur style et leurs inscriptions en caractères étrusques, ne permet pas de confondre avec les ouvrages des Romains, mais auxquels on ne sauroit assigner une date certaine, la langue et l'écriture étrusques s'étant maintenues, long-temps après la conquête de ce pays par les Romains.

S'il est naturel que le luxe et la magnificence des *tombeaux*, soient une conséquence de la richesse de ceux qui les commandent, ou pour qui on les *élève*; si, en outre, la vanité ou l'orgueil, qui accompagnent ordinairement la fortune, furent les premiers ordonnateurs de ces monumens, il devoit arriver que le peuple romain surpassât, en ce genre, tout ce qui l'avoit précédé, soit en nombre, soit en grandeur, soit en diversité. Nous avons eu déjà lieu de mettre en parallèle pour la dépense, avec la plus grande pyramide d'Egypte, le *tombeau* de l'empereur Adrien, entre plusieurs autres du même genre à Rome (*voyez* Pyramide), et il nous a semblé, comme il semblera à tous ceux qui savent combien, en architecture, la main d'œuvre et ce qu'on appelle vulgairement *façon*, l'emporte sur le simple équarrissage des pierres, que chaque grand *tombeau* romain, avec ses innombrables ornemens, dut coûter beaucoup plus que chaque pyramide.

Quant à la diversité des *tombeaux*, on peut croire que Rome avoit épuisé tout ce que l'esprit humain peut imaginer. Le nombre des restes qui en existent, surpasse peut-être celui de tous les restes qu'on découvre dans toutes les autres ruines des villes antiques. En parlant du magnifique *tombeau* d'Auguste, Strabon nous apprend que lorsqu'on entroit dans Rome, du côté où est situé le reste de ce mausolée, il y avoit là comme une sorte de nécropolis où les monumens étoient si multipliés, qu'on prenoit de loin cette ville de morts pour la ville même de Rome. Eh bien, sur cet immense emplacement, il ne reste pas aujourd'hui le moindre vestige qui puisse attester l'existence de cette ancienne population de *tombeaux*.

Cependant Rome a conservé assez de ces monumens dans son enceinte, et dans ses environs, pour qu'on puisse y recueillir des exemples de toutes les espèces de *tombeaux* qu'on voit ailleurs. Nous ne pouvons que rappeler ici, ce qui a fait avec assez d'étendue, la matière de l'article Pyramide, où l'on a montré l'emploi de cette forme sépulcrale dans plus d'un *tombeau* romain, construit soit à l'instar des pyramides d'Egypte, comme le monument de C. Cestius, soit par un assemblage de petites masses pyramidales, comme celui qu'on appelle *des Horaces* à Albano.

Si l'on en croit certaines traditions, la colonne Trajane auroit été le *tombeau* de l'empereur dont elle porte le nom; l'urne qui renfermoit ses cendres auroit jadis couronné son sommet. C'est pourquoi Pietro Santi Bartoli a jugé à propos de la comprendre dans son recueil des *Sepolcri antichi*, aussi bien que celle de Marc-Aurèle, qui lui avoit été consacrée par Antonin, dont toutefois elle porte aujourd'hui le nom. A l'article Mausolée, nous avons cru trouver les modèles de ces grands *tombeaux*, dans les bûchers d'apparat que l'on construisoit avec d'énormes dépenses, pour devenir la proie des flammes. Cette pratique passa à Rome du temps des empereurs, et se joignit à la cérémonie des apothéoses. Ainsi voit-on ces monumens temporaires, fréquemment retracés sur les médailles de consécration. On ne sauroit guère se refuser à y voir les modèles de ces grands *tombeaux*, qui, tels que ceux d'Auguste, d'Adrien, de Septime-Sévère, rivalisèrent avec celui du roi d'Halicarnasse.

Dans des dimensions beaucoup moindres, et avec bien moins de luxe extérieur, se présentent encore comme des ouvrages d'une construction très-remarquable, pour la solidité, certains *tombeaux* bâtis en forme circulaire, qu'on appelle aujourd'hui des tours, et qui, dans le fait, devinrent sous ce nom, pendant le moyen âge, des lieux fortifiés, ce que montrent encore à présent les créneaux dont on défigura leur sommet. Tel fut le *tombeau* de la famille Plautia près de *Ponte Lugano*, dont nous avons parlé au mot Tibur (*voyez* ce mot); tel fut cet autre grand sépulcre voisin de Rome, qu'on appelle *Torre di Metella*. Rien n'approche de la solidité de cette construction dans les différens étages, dont son intérieur étoit composé. Une frise ornée de guirlandes et de bucrânes ou de têtes de taureau, a fait appeler ce lieu *Capo di bove*.

Toutes les voies romaines, aux approches de la ville, paroissent avoir été bordées de monumens sépulcraux, dont l'architecture varia les formes à l'infini. Tantôt un énorme sarcophage s'élevoit sur un très-haut soubassement, comme celui qu'on appelle sur la voie Flaminienne, *tombeau* d'un affranchi de Néron. Tantôt des corps carrés, ornés de bas-reliefs sur leurs faces, et posés sur des piédestaux, devoient se terminer par les statues des personnages renfermés dans la chambre sépulcrale du soubassement, ou dans un local souterrain.

Il paroît que les deux méthodes d'inhumation et de *crémation* furent pratiquées chez les Romains, conjointement, c'est-à-dire dans le même temps, et souvent dans le même sépulcre, puisqu'on trouve des *tombeaux* qui renferment et des sarcophages et des urnes, ou du moins les dispositions de petites niches destinées à les recevoir.

Ce qui s'est conservé jusqu'à nos jours, en plus grand nombre, parmi les différens genres de *tombeaux*, appartient au genre de ceux qu'on appeloit *columbaria*. (*Voyez* le mot Columbarium.) C'est de ces intérieurs privés de toute lumière, soigneusement fermés, inaccessibles à toute espèce de curiosité, et cependant ornés de toutes les délicatesses des ornemens, tant en peintures qu'en stucs, qu'est ressorti, au temps de Raphaël, le goût de l'arabesque, avec toutes les inventions décoratives, qui font aujourd'hui le charme de nos appartemens les plus recherchés. C'est encore dans les *columbaria*, qu'on a trouvé ces belles urnes de matières précieuses, ornemens des Musées. Celle d'Auguste, en albâtre oriental, fut extraite d'une des chambres de son *tombeau*. Le dessin du *tombeau* de Septime-Sévère, nous fait voir le lieu d'où l'on a extrait avec des peines infinies, l'énorme sarcophage en marbre environné de bas-reliefs, et surmonté des deux statues couchées de l'empereur et de Julia Mammea, qui a été déposé dans une salle basse du *Museo Capitolino*. La coupe du dessin de ce *tombeau*, au lieu appelé *Monte del grano*, fait croire, par la montagne de terre qui le recouvre, que jadis il fut dans le goût de celui d'Auguste, d'Alyates et de beaucoup d'autres, dont on a parlé plus haut, un *tumulus*, ou levée de terre, qui sans doute fut formé de terrasses, aujourd'hui détruites. L'issue ou le conduit pratiqué dans la hauteur de sa voûte, prouve qu'il y avoit au..s quelqu'autre intérieur, aujourd'hui détruit, avec tout ce qui forma la masse extérieure de ce mausolée.

Nous avons vu que quelquefois le *tombeau* ne se composoit que du sarcophage placé en plein air, sur un massif assez élevé. Cependant on le trouve beaucoup plus souvent dans les intérieurs des sépulcres construits, et occupant tantôt la place principale dans les *columbaria*, tantôt rangé avec d'autres, le long des murs de la chambre sépulcrale. Le nombre de ceux qui existent encore aujourd'hui est infini, et nous avons fait voir aux mots Arca sepulchralis et Sarcophage, qu'il s'en fit de toutes les matières, depuis le bois et la terre cuite, jusqu'au marbre et au porphyre. Le plus beau qu'on connoisse de cette dernière matière, est à Saint-Jean-de-Latran à Rome, et les plus grands se voient dans l'église de Mont-Real près Palerme.

Après les sarcophages, les cippes sont les monumens funéraires, d'un ordre inférieur, que l'on rencontre le plus fréquemment parmi les restes de l'antique Rome, et cet objet dont il a été parlé plus haut, ne mérite pas que nous nous y arrêtions plus long-temps.

Pour qui feroit une histoire complète et critique des sépultures et des *tombeaux* des Anciens, il y auroit certainement à ajouter plus d'une notion à l'énumération des ouvrages funéraires que nous sommes forcés de parcourir ici rapidement. Ainsi il nous semble que les colonnes furent employées fort souvent, soit à décorer les *tombeaux*, soit à être elles-mêmes des monumens funéraires, tantôt en portant les urnes, tantôt en recevant les inscriptions honorifiques. Il y a lieu de croire aussi que certains édifices, que l'on confond avec les arcs de triomphe, purent n'être autre chose que des monumens élevés à la mémoire de certains personnages, et remplacer à leur égard les *tombeaux* ou les cénotaphes. Mais ceci deviendroit l'objet d'une discussion archéologique, dont cet article ne comporteroit pas l'étendue.

Au mot Catacombes, nous avons indiqué déjà l'emploi qu'on paroît en avoir fait dans plus d'une ville antique pour les sépultures, et nous avons montré que ce ne fut, et ne put pas être, à Rome surtout, l'ouvrage des chrétiens; que ces souterrains furent pratiqués pour en extraire la pouzzolane, et qu'il fut naturel de les faire servir aux sépultures publiques; que le christianisme en usa de même, et que si on y trouve de nombreuses indications de sépultures chrétiennes, c'est que véritablement les chrétiens furent les derniers qui s'en servirent; que dès-lors beaucoup d'anciens *tombeaux* des payens, devinrent le patrimoine de la religion nouvelle, qui les marqua de son signe.

C'est dans les catacombes de Rome et de quelques autres villes, qu'on trouveroit à continuer l'histoire des *tombeaux* et des sépultures, vers la fin de l'Empire romain. Un assez grand nombre d'usages fut alors adopté par le christianisme, et une multitude de sarcophages remplis des symboles de cette religion, tels que le bon Pasteur, nous prouve que les mêmes pratiques d'inhumation, durèrent jusqu'à l'époque où, les églises se multipliant, devinrent des lieux de sépulture, qui, ainsi que les terrains des cimetières consacrés dans leur voisinage, firent cesser les usages du paganisme.

Quant aux *tombeaux* et sépulcres construits, il seroit assez difficile d'en suivre l'histoire dans les bas siècles de l'Empire. Rien de plus incertain que les traditions établies par l'ignorance de ces temps, sur un grand nombre de ruines dépouillées de tous les caractères, qui pourroient faire reconnoitre leur ancienne destination.

Le dernier monument authentique en ce genre, et qui rappelle quelque chose des entreprises et des usages de l'antiquité romaine, est à notre avis le *tombeau* de Théodoric à Ravenne, dont nous avons fait ailleurs une mention particulière. (*Voyez* Ravenne.) L'état dans lequel il se trouve aujourd'hui, laisse encore juger de ce qu'il fut jadis, et sa coupole, formée d'un seul bloc de pierre de plus de trente pieds de diamètre, annonce encore une certaine puissance de moyens dans l'art de bâtir. On a parlé aussi, à l'article de cette ville, des restes d'un sarcophage de porphyre d'un très-grand volume, ouvrage qui dut être à la vérité antérieur à ce siècle, mais qui fait connoitre que les traditions de l'antiquité n'étoient pas encore tombées dans l'oubli.

Après l'entière destruction de l'Empire romain, dans tous les pays sur lesquels s'étoit étendue sa domination, le christianisme devint le seul lien commun, sinon des corps, au moins des esprits. Une croyance générale substitua bientôt avec le nouveau culte, des pratiques nouvelles aux anciennes. Il entra même dans l'esprit du renouvellement des idées, d'inspirer le mépris pour tout ce qui se trouvoit être, ou pouvoit paroître en contact avec les superstitions payennes. Ce fut particulièrement le dogme de la vie future et de la résurrection des morts, qui contribua à établir la plus grande séparation, entre l'ancien Monde et le nouveau. Les chrétiens, après avoir fait un entier divorce dans les pratiques de la vie, avec les usages, les mœurs et les divertissemens payens, voulurent que leurs corps, après la mort, fussent placés sous la sauve-garde religieuse des églises et des lieux saints.

Ainsi les églises devinrent insensiblement, dans leurs souterrains et dans les emplacemens consacrés qui les environnèrent, des lieux de sépulture particulière et publique. *Voyez* au mot Mausolée, les développemens qu'on a donnés à cette théorie.

Il suffit à ce que nous venons de rapporter ici, d'avoir montré une des causes principales, qui firent supprimer ces nombreuses constructions de sépulcres, ces édifices si multipliés, consacrés à la sépulture des familles riches, des hommes puissans ou célèbres. A peine trouve-t-on dans l'antiquité quelque exemple de corps enterrés dans les temples, ou dans leurs enceintes, et ce qu'on connoît de leur étendue comme de leur disposition, prouveroit, indépendamment de toute autre considération, que l'usage dont on parle n'auroit pas pu s'y introduire. La basilique chrétienne destinée à être la réunion des fidèles, ce que signifie, au moral comme au physique, le mot *église*, fut construite partout dans les plus grandes dimensions. Les cérémonies funéraires y firent partie du culte. Les souterrains qu'on y pratiqua, formèrent des espèces de catacombes. L'autel, presque toujours construit sur le corps de quelque saint, reçut lui-même la forme de *tombeau* ou de sarcophage. On ambitionna l'honneur d'être enseveli près de l'autel, et les places des sépultures, ainsi que des cénotaphes et des épitaphes, furent réglées selon les rangs ou les fortunes, au dedans des églises ou dans les terrains contigus.

Les églises recevant ainsi les dépouilles mortelles des hommes de tout rang et de toute condition, furent donc sous un certain rapport d'immenses *tombeaux*.

Aussi ne voyons-nous presque plus bâtir de monumens sépulcraux de quelqu'importance, encore verrons-nous que ceux auxquels on pourroit donner ce nom, ne furent plus que des dépendances même des églises.

Ce que nous devons donc faire remarquer dans ce changement, dès les premiers temps, et ce que la suite nous montrera plus clairement encore, c'est que l'architecture perdit presqu'entièrement l'entreprise des *tombeaux*. Ce fut désormais la sculpture qui en fit les frais, et comme jadis elle n'avoit joué dans le plus grand nombre de ces monumens, que le rôle très-secondaire des accessoires et des ornemens, il dut résulter du nouvel ordre d'idées, que l'architecte fut réduit dans les plus notables mausolées, à n'en faire que les accompagnemens.

Mais rien, comme chacun le sait, ne fut d'abord plus simple que l'œuvre du statuaire, dans les anciens *tombeaux* du moyen âge. La religion sensuelle des payens n'avoit environné la pensée de la mort d'aucune image attristante. Le mot propre qui l'exprime, fut même banni du langage des hommes qui se piquoient de quelque délicatesse. La mort avoit été si peu personnifiée par l'art, ou l'avoit été d'une manière si peu sensible, qu'on peut encore disputer aujourd'hui sur l'emblème qui la représentoit. Tous les *tombeaux* offroient dans leurs intérieurs des ornemens, que nous avons transportés dans les pièces les plus agréables de nos maisons. Un sentiment tout contraire domina le christianisme. La mort, ses terreurs, ses suites redoutables, devinrent un des plus actifs ressorts de la morale chrétienne. Ce que son idée a de triste et d'humiliant, fut précisément ce que la nouvelle religion se plut à opposer à tous les penchans sensuels, à tous les mouvemens de l'amour-propre.

Ainsi voyons-nous que tous les *tombeaux* ne se composèrent que des figures des personnages représentés morts, couchés les mains jointes, et dans l'état même où on les avoit déposés dans le cercueil. A l'article Mausolée (*voyez* ce mot), nous avons fait voir à quel point, vers le quatorzième, et surtout au quinzième siècle, l'art plus développé avoit su embellir et perfectionner ce type primitif des *tombeaux* chrétiens, en y ajoutant des compositions d'accessoires ingénieux, et en profitant de l'usage de l'exposition du mort sur un lit de parade. Jusqu'à cette époque on peut dire que les églises, leurs abords, leurs cloîtres, ne ressembloient pas mal à de grands cimetières. Lorsque l'on ne plaçoit pas les figures des personnages morts en statues couchées de ronde bosse, on établissoit sur le lieu même où reposoient les corps, de grandes dalles de pierre ou de marbre, faisant partie du pavement général des églises, et tantôt on représentoit le défunt, toujours dans la même position, sculpté d'un relief extrêmement bas, tantôt on se contentoit d'en tracer le simple contour, par un trait en creux qu'on remplissoit de noir. Le plus grand nombre de ces dalles étoit rempli par des inscriptions ou épitaphes tracées de même en creux. Ainsi l'on ne marchoit que sur des tombes, et c'est de ce dernier mot (*voyez* Tombe) qu'on a long-temps appelé les dalles funéraires dont on parle. Aussi dut-il arriver au plus grand nombre, d'être altérées et usées par le frottement des pieds, au point que les traits des figures et des caractères ont disparu.

Tel fut donc le type général des *tombeaux*, jusqu'au moment où l'art sorti de la barbarie de ces siècles d'ignorance, on en vint à représenter les personnages vivans, mais toujours accompagnés de l'idée ou des emblèmes de la mort. Ce fut sur des sarcophages ou cercueils qu'on plaça leurs statues, le plus souvent agenouillées, et dans l'action de la prière, quelquefois assises ou à demi couchées. Peu à peu l'image ou l'idée de la mort cessa de se montrer dans ces ouvrages. Certains excès contribuèrent à décrier ces sortes de compositions. On en citeroit quelques-unes, où l'artiste alla jusqu'à faire voir les corps dans l'état révoltant de dissolution cadavéreuse. La personnification de la mort sous la forme d'un squelette, joua aussi un grand rôle dans beaucoup de ces conceptions tristement dramatiques, qu'une pensée de Bernin au *tombeau* d'Alexandre VI à Saint-Pierre, mit singulièrement en vogue.

Cependant la nouvelle église de Saint-Pierre contribua, plus qu'on ne pense, à donner une direction nouvelle aux compositions des *tombeaux*, ou des mausolées modernes. La grande et majestueuse ordonnance de ce temple, ne permit plus de s'emparer indistinctement de tous les espaces, qui auroient pu recevoir l'application des mausolées. Ceux des souverains Pontifes qui y furent exécutés, occupèrent des emplacemens particuliers, qui, sans déparer l'ensemble de l'architecture, semblèrent commander aussi à l'art du sculpteur des compositions plus monumentales. En effet, les *tombeaux* de Saint-Pierre sont généralement composés dans un style, qui, sans sortir des convenances prescrites par le lieu saint, pourroient être considérés comme des monumens simplement honorifiques. Si l'on excepte la forme du sarcophage, au-dessus duquel s'élève la statue du pontife, le plus souvent dans l'acte de bénir, tout le reste consiste en figures allégoriques des vertus, qui furent celles du personnage qu'elles accompagnent.

Décrire toutes les idées et toutes les formes de composition, que semble avoir épuisées le génie de la sculpture moderne, seroit l'objet d'un grand ouvrage, dont nous avons donné l'abrégé à l'article MAUSOLÉE, auquel nous ne croyons devoir rien ajouter ici, soit parce que le plan que nous suivons, nous interdiroit de nouvelles recherches à cet égard, soit parce que, dans la vérité, elles seroient plutôt du ressort de la sculpture, que de celui de l'architecture.

Ce n'est pas, comme nous l'avons déjà dit, que l'architecture se soit trouvée entièrement exclue de toutes les entreprises, de ce que nous avons appelé les mausolées modernes.

A l'époque, en effet, où l'exercice de tous les arts du dessin se trouvoit, par un enseignement commun à tous, facilement réuni chez un seul artiste, on vit effectivement les compositions de sculpture s'associer avec celles de l'architecture. Avant le célèbre projet du *tombeau* de Jules II par Michel Ange, plus d'un mausolée du quinzième siècle pouvoit faire douter, par la finesse des détails, des ornemens et des profils de ses masses, laquelle, de l'architecture ou de la sculpture, avoit eu l'initiative de la composition générale. Il y eut également dans l'ensemble projeté du monument de Jules II, une sorte de partage entre les deux arts. Sans doute il ne faut pas entendre ici par architecture, ce que les grands édifices de l'antiquité en ce genre nous ont fait voir. C'étoit bien toujours pour le sculpteur que l'architecte travailloit, et c'étoit par conséquent dans de petites dimensions. Cependant les *tombeaux* des rois à Saint-Denis doivent une partie de leur valeur, à l'ordonnance des plans et à l'élégance des élévations, des formes et des compositions d'ornemens qui entrent dans leur ensemble. Dans plus d'une ville d'Italie, à Venise surtout, plus d'un grand architecte, à la vérité sculpteur lui-même, tel que Sansovino, orna des plus pures ordonnances de colonnes, d'arcades et de frontispices, certains mausolées, dans lesquels les deux arts se disputent l'intérêt de la composition, et l'admiration du spectateur.

L'architecture cependant n'a pas été toujours entièrement déshéritée par la religion chrétienne, de son ancien patrimoine en fait de construction de *tombeaux*. Les églises, comme on l'a vu, étant devenues des lieux de sépulture, naturellement leur intérieur offrit au rang, ou à la fortune, des places distinguées pour y déposer les tombes. Entre ces places les plus favorables, et sans doute les plus dispendieuses, furent les chapelles, dont toutes les églises sont environnées. Les familles riches firent l'acquisition de ces locaux pour servir à leur sépulture. Là s'élevèrent les mausolées, les tombes, les tables chargées d'épitaphes. Ces monumens donnèrent souvent lieu à l'architecture, de décorer les chapelles sépulcrales, d'une manière appropriée à leur destination.

Mais ce fut encore quelquefois sous le titre de *chapelle*, et comme annexes des églises, que furent, dans les derniers siècles, construits d'assez remarquables édifices, auxquels on auroit pu donner le nom de *sépulcres* ou de *tombeaux*. Telle avoit été comme dépendance de l'église de Saint-Denis, la chapelle sépulcrale des Valois, bâtie par Philibert Delorme (*voyez* DELORME), et aujourd'hui détruite.

On peut encore regarder comme chapelle sépulcrale, l'ancienne sacristie de San Lorenzo, bâtie par Michel-Ange à Florence, pour recevoir les monumens qu'il y éleva à la mémoire de Julien et de Laurent de Medicis.

Très-certainement l'antiquité auroit donné, et avec admiration, le nom de *sépulcre* ou de *mausoleum*, à la vaste et magnifique coupole, édifice commencé pour être simplement une sacristie nouvelle, ajoutée à la même église de San Lorenzo, agrandi depuis et orné avec une extrême dépense, pour être le *tombeau* des grands-ducs de Toscane (*voyez* NIGETTI), dont on a rassemblé là les monumens funéraires.

Peut-être convient-il de faire ici à l'architecture des Modernes, honneur de quelques autres constructions destinées aux funérailles, en tête desquelles on ne sauroit s'empêcher de placer le célèbre cimetière de Pise, dont nous avons donné la description au mot CIMETIÈRE. On peut regretter, que depuis, de pareilles entreprises n'aient pas été répétées, et n'aient pas trouvé à se mettre d'accord, soit avec les pratiques de la religion, soit avec les mœurs publiques, et les institutions de la police des grandes villes.

Il devoit en effet arriver à la longue, que les églises devinssent trop étroites, pour recevoir tous les tributs que la mort ne devoit jamais cesser de leur envoyer. Leurs intérieurs aussi ne pouvoient admettre, sans se défigurer entièrement, toutes les espèces de monumens funéraires, que la suite des générations y auroit dû multiplier. La salubrité devoit enfin commander d'en éloigner, ou d'y diminuer considérablement les inconvéniens de ces dépôts toujours croissans des dépouilles des vivans. Il y a donc lieu de regretter que les grandes villes surtout, n'aient pas songé à établir, et pour la dignité des églises, et pour la salubrité publique, et dans le double intérêt des affections ou des vanités humaines, et des arts qui en sont les interprètes ou les ministres, de grands et spacieux édifices plus ou moins dépendans des églises, et dont les vastes enceintes auroient offert tous les degrés de sépultures proportionnés à tous les états, à tous les rangs, à toutes les fortunes.

Nous ne pouvions terminer cet article, sans être ramenés aux réflexions que nous suggéra, il y a près de quarante ans, le cimetière de Pise, dans un temps où il étoit fort difficile de prévoir les événemens, qui auroient pu faciliter à Paris de pareils établissemens, faute desquels, par un désordre contraire à celui des anciens usages, nous voyons sur d'immenses terrains, livrés au hasard ou aux caprices des vanités les plus vulgaires, s'accumuler, comme dans un bois touffu, des monumens éphémères qui s'entre-détruisent, qui s'offusquent, et que menace une prochaine destruction. Triste spectacle, pour la raison et le goût, si le ridicule des misères de l'esprit humain n'en corrigeoit l'effet.

TONDIN. *Voyez* TORE.

TONELLE, s. f. Vieux mot qui a été employé pour signifier un berceau, un cabinet de verdure. *Jean Martin* s'en est servi pour désigner un berceau en plein cintre. On croit que c'est de ce mot que fut formé jadis, à Paris, celui de *tonnellerie*, ou portique de halle.

Le mot *tonelle* est anglais, et c'est le nom qu'on donne aujourd'hui à un grand conduit, en berceau voûté, qu'on pratique sous la Tamise, pour réunir, en place de pont, deux quartiers de la ville de Londres.

TONNEAU DE PIERRE (*construction*), s. m. On appelle ainsi la quantité de pieds cubes qui sert de mesure à Paris, pour la pierre de Saint-Leu, et qui peut peser environ un millier ou dix quintaux; ce qui fait la moitié d'un *tonneau* pour la cargaison d'un vaisseau. Lorsqu'une rivière a sept ou huit pieds d'eau, la navée d'un grand bateau peut porter 400 à 450 *tonneaux de pierre*.

TORCHÈRE, s. f. Ce mot vient de *torche*, qui signifie un flambeau grossier fait de matière résineuse, dont on s'est servi long-temps, et dont on se sert encore en quelques occasions, pour éclairer hors des intérieurs des maisons, soit les rues, soit des cours ou des passages obscurs.

Torchère signifie donc *porte torche*. On a donné ce nom à de fort grands guéridons qu'on pourroit appeler *candélabres*, qui reposent sur un pied ordinairement triangulaire, dont la tige, ornée diversement de sculptures, soutient un plateau qui porte la lumière. On en décore les grandes galeries, et souvent on leur fait supporter des lustres de cristal que l'on garnit de bougies.

La sculpture et l'ornement se sont emparés de ce meuble, et l'on a substitué aux tiges des plateaux, des figures qui posent sur des socles, et portent des espèces de cornes d'abondance, dont l'orifice est le récipient des lumières qu'on en fait sortir.

TORCHIS, s. m. Espèce de mortier fait de terre grasse détrempée, et mêlée avec de la paille coupée, pour faire des murailles de bauge (*voyez* ce mot), et garnir les panneaux des cloisons et les entrevoux des planchers de granges et de métairies. On l'appelle *torchis*, parce qu'on le tortille pour l'employer, au bout de certains bâtons faits en forme de torches.

TORE, s. m., du latin *torus*, que quelques-uns dérivent de *tortus* (tordu, tortillé). *Torus* signifie proprement, en latin, ces cordes qui, doublées ou triplées par l'art du cordier, forment ce qu'on appelle un *câble*.

Ceux qui se plaisent à rendre raison de tous les membres, et de toutes les moulures qu'emploie l'architecture, et à trouver cette raison dans les pratiques originairement inspirées par le besoin des constructions primitives en bois, pensent qu'il fut possible que, pour empêcher les bois debout de se rompre par la pression, on les ait environnés dans le bas et dans le haut, de cercles formés par des cordes ou câbles plus ou moins forts. Dans la suite, des liens de fer auroient pu remplacer les câbles, et lorsqu'enfin l'art employa la pierre à reproduire le travail du bois, et l'ouvrage de la charpente, les termes qui exprimoient les premiers procédés du modèle, se perpétuèrent, et continuèrent de s'appliquer aux objets de son imitation.

On appela donc *torus*, *tore*, cette grosse moulure ronde, qui entre avec plus d'une variété dans la composition de la base des colonnes. Elle a a reçu encore d'autres noms tirés toujours de sa forme, tels que *tondin, boudin, gros bâton.* En italien, on l'appelle *bastone.*

La base qu'on nomme attique ou corinthienne, reçoit ordinairement deux *tores,* l'un qu'on appelle *supérieur,* et qui est plus mince ; l'autre placé plus bas, qu'on nomme *inférieur,* est plus épais.

Les ouvriers appellent *corrompu,* une sorte de *tore* dont le contour ressemble à celui d'un demi-cœur.

TORON, s. m., signifie gros *tore.* On a donné depuis quelque temps ce nom, à une très-grosse baguette courante, qui se rencontre dans les monumens de l'Egypte, constamment employée à emborder les frontispices des temples, et à suivre avec la plus grande uniformité les formes extérieures des murs, qui s'alignent avec leurs colonnades, ou ce qu'on peut appeler leurs péristyles. Le *toron* et la scotie, l'un en relief, l'autre en creux, sont les seules formes de moulures ou de profils qu'ait employées l'architecture égyptienne. Là se trouve une des preuves de la différence de modèle, et de système imitatif, entr'elle et l'architecture grecque, et rien n'explique mieux la monotonie de l'un et la variété de l'autre.

TORS, Torse, adj. Ce mot vient de *tordre,* qui vient de *torquere.* Il exprime dans les corps, une configuration en vis, ou spirale.

TORSE (Colonne). A l'article Cannelure (*voy.* ce mot), nous avons indiqué avec beaucoup de probabilité, ce nous semble, l'origine la plus vraisemblable de la forme bizarre donnée à la colonne *torse.* Nous avons toujours réfuté l'opinion de ceux qui, abusant du système imitatif de l'architecture grecque, ou de la transposition de la construction en bois dans la construction en pierre, vont chercher le modèle des colonnes dans les arbres, tels qu'ils existent au milieu des forêts. Aussi ne saurions-nous admettre l'hypothèse, en vertu de laquelle on prétend que la colonne *torse* auroit été une imitation de troncs d'arbres tortus. Quand même on voudroit se prêter à cette idée, encore faudroit-il dire, que l'antiquité véritable n'offrant aucun exemple de colonnes *torses,* et ce qu'on peut citer en ce genre ne datant que des derniers siècles de l'art, cette bizarrerie, loin d'avoir été le produit d'un temps où l'art se seroit modelé sur ce que la nature grossière des premiers essais lui auroit présenté, n'aura pu être au contraire qu'une conséquence tardive et capricieuse d'un système mal entendu.

A l'article ci-dessus cité, nous croyons avoir établi, que la cannelure des colonnes ne put guère être autre chose, qu'un ornement arbitraire, sans principe puisé dans aucune convention naturelle; qu'au contraire elle aura dû son origine à quelque procédé de pratique, dans la taille du bois, ou la coupe de la pierre. Nous pensons pareille chose de l'origine de la colonne *torse,* c'est-à-dire qu'elle sera née de l'abus des cannelures en spirale. Nous disons l'abus, parce que si la cannelure perpendiculaire est, par le fait, un ornement arbitraire, et dont on ne sauroit découvrir la raison nécessaire, cependant il faut avouer qu'elle est, en ligne droite, plus conforme à la nature de la colonne, que ne le sont les circonvolutions de la cannelure en spirale.

Aussi, autant qu'on peut en juger, et par les ouvrages antiques, où l'on en trouve des exemples, et par l'époque de ces ouvrages, il paroît que ce caprice n'eut lieu, que sur des monumens d'une légère importance, et qui datent des derniers siècles de l'art. Tel est entr'autres le petit temple de Clitumne. (*Voyez* Spoleto.) Du reste plus d'un ouvrage d'ornement, comme vase, candélabre ou autre ustensile, reçut des cannelures en spirale; et l'on avoue qu'il y auroit une sévérité excessive, à les condamner dans ces objets, pures créations de l'imagination, et auxquels on ne doit demander ni la réalité, ni l'apparence de la solidité.

On est donc porté à croire, que la cannelure spirale une fois appliquée à des fûts de colonnes, aura fait imaginer, dans quelques ouvrages non de construction, mais de décoration, qui datent du moyen âge, des réunions de tigettes tordues ensemble (on en voit de semblables d'une petite dimension dans le cloître de Saint-Paul hors des murs), qui auront produit et donné l'idée de la colonne *torse.* Anastasius, dans la Vie du pape Grégoire III, appelle ces colonnes *volubiles columnas.* Mais Saumaise veut qu'on lise *volutiles,* et cette leçon se trouve dans d'autres manuscrits.

Winckelmann (*Osservazioni sull' architettura degli Antichi,* cap. 2) cite comme exemples de ce genre de colonnes, les deux qu'il dit être employées à un autel de Saint-Pierre à Rome. Mais une note de l'éditeur Carlo Fea, nous apprend qu'il s'agit ici des deux colonnes qui sont dans la chapelle du Saint-Sacrement. Huit autres semblables ornent les quatre tribunes à balcon, qui sont prises dans l'épaisseur des quatre piliers de la grande coupole, et il y en a encore une dans la chapelle qu'on appelle *du crucifix,* et que Piranesi a gravée.

Autrefois ces colonnes *torses* ornoient l'autel, ou ce qu'on appelle la confession de l'ancien Saint-Pierre, et elles étoient au nombre de douze. Une se rompit dans l'enlèvement qu'on en fit. On répète, d'après quelques écrivains qui ont donné des descriptions de la vieille basilique, que Constantin les avoit fait venir de Grèce pour cette destination; mais il est à croire que ces colonnes *torses* furent les six qu'Anastasius, cité plus haut, dit avoir été placées au lieu indiqué par le pape Grégoire III, qui gouvernoit l'Eglise en 731, et qu'il eut de l'exarque Eutichius, jointes aux six autres qu'il possédoit déjà.

On peut donc juger, par celles qui existent encore, aux endroits que nous avons désignés, que cet usage des colonnes *torses* est assez ancien, que celles-ci ont servi de modèles aux grandes colonnes *torses* en bronze du baldaquin de Saint-Pierre, par Bernin, qui, s'il eut le tort d'employer (ce que nous ne croyons pas) des colonnes *torses* dans ce monument, n'a pas eu celui de les inventer, comme le répètent mal-à-propos beaucoup de critiques.

Du reste nous ignorons d'où auroient été tirées originairement ces colonnes, et quelle avoit été, dès le principe, leur destination. Quelque supposition qu'on veuille faire à cet égard, nous ne nous en permettrons qu'une seule négative. C'est qu'elles n'auront jamais été employées dans des monumens d'architecture réelle et sérieuse, à supporter les masses des architraves, des entablemens et des frontons, et que leur seule configuration, propre à se prêter aux caprices de la décoration, auroit blessé autant l'œil que la raison, si on en eût fait des supports destinés à soutenir les charges qu'on impose aux colonnes verticales.

Ce que nous disons (et nous le croyons d'une vérité trop sensible, pour avoir besoin de preuves) de l'invraisemblance d'un tel emploi, il nous paroit juste de n'en pas faire l'application rigoureuse à la destination affectée par Bernin, aux colonnes *torses* de son baldaquin. Nous avons déjà fait observer (*voyez* BALDAQUIN), que ce grand artiste mit autant de goût que de réserve, dans cette composition, à laquelle il ne donna ni la réalité ni l'apparence d'une construction régulière ou architecturale. Au fond, un impérial de lit, ses pentes et l'amortissement qui le couronne, ne sauroient passer pour de l'architecture. Peut-être ce qu'un tel ajustement comporte d'arbitraire et de légèreté dans ses détails, auroit été peu d'accord avec la sévérité d'une ordonnance grave et régulière.

Nous croyons enfin, qu'autant le goût peut se prêter à l'emploi des colonnes *torses* dans des compositions libres, purement décoratoires, qui n'ont rien de commun avec les réalités de la construction et les convenances rigoureuses de l'architecture, autant la simple raison en doit interdire l'application, dans toute ordonnance à laquelle la raison doit avant tout présider.

TORSER, v. act. On trouve ce mot dans quelques lexiques, comme formé de *tors, torse*, et qui doit être synonyme de *tordre*, pour dire contourner le fût d'une colonne en vis ou spirale, pour en faire une colonne torse.

TORTILLIS, s. m. Espèce de vermoulure faite à l'outil sur un bossage rustique, comme on en voit à quelques chaînes de pierre du Louvre, et à l'arc de la porte Saint Martin à Paris.

TOSCAN (ORDRE). Nous ne saurions dire jusqu'à quel point les Anciens avoient porté et développé, ce que nous appelons la théorie systématique de l'architecture. Le seul ouvrage qui nous soit parvenu de l'antiquité sur cet art, est celui de Vitruve, qui le composa au temps d'Auguste. Quant aux Grecs, nous n'avons d'autre connoissance de leurs écrits relatifs à l'architecture, que par les mentions qu'en a faites le même Vitruve, dans la préface de son septième livre. Il nous y apprend qu'il a puisé dans leurs écrits les principales notions de son ouvrage, notions dont il a tâché de faire un corps complet. La liste des écrivains qu'il cite est assez nombreuse, et il la divise en deux classes, celle des plus renommés, et celle des moins célèbres.

Le plus grand nombre des ouvrages de la première classe, avoit pour objet quelque monument célèbre. D'autres traitoient en général des proportions. Quelques-uns, en particulier, des proportions de tel ou tel ordre, à l'occasion du monument construit dans l'un ou l'autre de ces ordres. Silenus avait fait un traité des proportions doriques, *De symetriis doricorum*. Théodore avoit écrit sur le temple dorique de Samos; Ctésiphon et Métagènes sur le temple ionique de Diane, à Ephèse, et sur celui de Minerve ionique aussi, à Prienne; Phileus, Ictinus et Carpion, sur le temple dorique de la citadelle d'Athènes; Théodore sur la coupole de Delphes; Philon sur les proportions des temples, et sur l'arsenal du Pirée; Ermogène sur le temple ionique de Diane à Magnésie, et sur le temple monoptère de Bacchus à Teos; Argelius sur les proportions corinthiennes, et sur le temple ionique d'Esculape à Tralles.

Les écrivains de la seconde classe, en plus grand nombre, firent des traités sur les proportions, et traitèrent de la mécanique. J'omets la liste de leurs noms.

Je n'ai extrait de Vitruve cette énumération des écrivains de l'architecture en Grèce, que pour faire voir la différence de leurs traités, d'avec ceux des architectes célèbres de nos temps modernes, et pour tirer de là quelques conséquences probables, relativement à la théorie moderne des cinq ordres. Aucun de ces anciens ne nous semble avoir traité des ordres d'une manière systématique. L'un écrivit sur les proportions corinthiennes *De symetriis corinthiis*. Plusieurs ayant pris pour sujets des monumens de l'ordre ionique, il est à croire qu'ils y auront aussi joint les règles des proportions de cet ordre. On ne sauroit dire si les traités relatifs aux proportions en général (*praecepta symetriarum*), embrassèrent en grand ce sujet, ou s'ils se bornèrent simplement à fixer les proportions des ordres. Enfin, l'extrait des passages de Vitruve nous montre que, dans tous les cas, les Grecs ne reconnoissoient que trois ordres.

Vitruve, dans son *Traité d'architecture*, composé, ainsi qu'il nous l'apprend lui-même, des matériaux de ses prédécesseurs, en aura sans doute aussi emprunté l'esprit et la méthode. Nous ne voyons pas qu'il ait réellement entendu parler de plus de trois ordres. Quoique les proportions qu'il affecte à chacun, ne soient point le sujet d'une théorie suivie, puisqu'il en traite en des chapitres, et sous des titres distans et divers entr'eux, cependant il a réuni sous un même titre ce qui regarde l'invention et la diversité des genres de colonnes, qu'il borne au dorique, à l'ionique et au corinthien. C'est après avoir rapporté l'origine du chapiteau de ce dernier ordre (*l. 4. c. 1*), qu'il dit, que sur la colonne de cet ordre on place d'autres genres de chapiteaux, auxquels on donne différens noms, mais qu'on ne peut pas inférer de ces variétés, qu'elles forment une nouvelle espèce de colonnes.

On ne sauroit, ce semble, faire mieux entendre, qu'une différence de composition dans l'ajustement des ornemens du chapiteau corinthien, ne forme point un ordre distinct. C'est cependant d'après les restes de quelques chapiteaux corinthiens, composés autrement que celui de Callimaque, qu'on a imaginé, dans les temps modernes, de créer un cinquième ordre, sous le nom d'*ordre composé* ou *composite*. Nous avons assez réfuté cette erreur, à l'article de ces deux mots (*voyez* Composé); nous ne la rappelons ici, que pour tirer une semblable conséquence à l'égard du prétendu ordre *toscan*.

Cependant les Modernes se sont crus bien autorisés encore sur ce point, puisqu'ils ont pu alléguer l'autorité de Vitruve, et celle même des monumens. C'est cette double autorité que nous nous proposons de combattre.

A l'article Architecture étrusque (*voy.* Etrusque), nous avons traité d'une manière fort étendue de tout ce qu'on peut connoître de l'origine et du système de l'art de bâtir chez les Toscans, et nous croyons avoir porté à un assez haut degré d'évidence, d'après l'histoire, les faits et les monumens, que tous les arts des Etrusques, ainsi que leur mythologie, leurs institutions, leur langue et leur écriture, étoient dans une correspondance parfaite, chez les Grecs, avec les mêmes objets, considérés surtout dans les temps primitifs; qu'il étoit avéré que de très-anciennes communications avoient existé entre les deux régions; qu'on ne pouvoit se refuser à reconnoitre la plus grande similitude entre le système de construction en bois des Etrusques, et celui qui servit de modèle à l'art des Grecs; que dès-lors il n'y auroit sur ce point, d'autre question que celle-ci : les Grecs ont-ils emprunté aux Etrusques ou les Etrusques aux Grecs, le système de bâtir qui leur fut commun? Nous ne répéterons pas ici les raisons qui commandent de croire que la véritable origine de ce système fut en Grèce.

A l'article Ordre (*voyez* ce mot), nous avons développé assez au long pour ne pas être obligés d'y revenir ici, la vraie théorie de l'ordre, et nous avons prouvé par les élémens qui le constituent, que l'on ne fait point un ordre nouveau, par l'addition, le changement, ou la suppression d'une des trois principales parties qui en composent l'essence. Ne faisant ici que rappeler ces considérations, nous nous bornerons à faire observer, que, ce qu'on a voulu appeler *ordre toscan*, n'est autre chose que l'ordre dorique, dénué de triglyphes et augmenté d'une base d'après la description que Vitruve nous a laissée de la colonne de son temple *toscan*. Nous renvoyons sur cet objet le lecteur au mot Etrusque (architecture), où nous avons rapporté en entier le passage, dans lequel Vitruve décrit avec beaucoup de détails ce temple *toscan*, tel qu'il en existoit de son temps à Rome.

Il est bon, en effet, de remarquer, que cette pratique de l'emploi du bois dans la construction des temples, pratique qui, comme on l'a dit tant de fois, fut l'origine de l'architecture en pierre, et ne cessa peut-être jamais d'être plus ou moins admise en Grèce (*voyez* Temple), non-seulement se perpétua en Etrurie, mais même à Rome, jusqu'après le règne d'Auguste. Nous en avons un exemple dans le temple de Jupiter Capitolin, brûlé sous Vitellius. Tacite, en décrivant la cause de son incendie (*Histor. lib.* 3. *c.* 71), rapporte que le feu ayant été mis à des maisons, dont les toits s'élevoient presqu'au niveau du sol de ce temple, la chaleur gagna les vieux bois de ce qu'il appelle *aquilas*, soutenant le faîtage. Or, comme nous l'avons montré au mot Fastigium (*voyez* cet article), de quelque manière qu'on traduise le mot *aquilas*, soit par *fronton*, ce qui correspondroit au mot *aetoi* des Grecs, soit par *aigles* sculptées aux têtes des solives, servant de support au *fastigium*, il est certain que le bois étoit entré dans la composition, non pas seulement du toit, mais des parties soit du fronton, soit de l'entablement.

Mais la description du temple *toscan* par Vitruve, nous apprend que jusqu'à lui, on faisoit à Rome des temples à la manière des Etrusques, c'est-à-dire mélangés de bois et de maçonnerie. Or, c'est en décrivant ce temple, qu'il parle de sa colonne, de sa proportion et de ses détails. Pline, dans un très-court article de son liv. 36, ch. 23, a copié Vitruve, et a réuni les notions fort éparses de cet architecte, à deux lignes, dans lesquelles il nous dit qu'il y avoit quatre genres de colonnes, *genera earum quatuor*. Que les colonnes doriques avoient six diamètres de hauteur, les ioniques et les corinthiennes neuf, les toscanes sept. *Quæ sextam partem altitudinis in crassitudine imâ habent doricæ vocantur, quæ nonam ionicæ, quæ septimam tuscanicæ. Corinthiis eadem ratio quæ ionicis.*

Telles sont, en effet, les proportions que Vitruve a assignées à ces quatre sortes de colonnes.

C'est sur ces données que les architectes modernes ont imaginé de donner à la colonne toscane, rang parmi ce qu'on a appelé les ordres d'architecture. La nature des choses, à ce qu'il nous semble, beaucoup plus qu'aucun système combiné, comme on n'en fait guère qu'après coup, avoit donné en Grèce naissance à ce qu'on a, chez les Modernes, désigné par le nom d'*ordre*. Vitruve a imaginé, on ne sait d'après quelle théorie spéculative, de faire venir le dorique d'une imitation par analogie du corps de l'homme, et l'ionique de celle du corps de la femme. Ce sont là de simples jeux d'esprit, des allusions fondées sur certains rapprochemens vagues, entre des objets tout-à-fait étrangers entr'eux. Il paroît beaucoup plus simple de chercher les variétés de caractère, de forme et de proportion, non pas seulement de chaque sorte de colonne (car elle ne constitue pas l'ordre à elle seule), mais de chaque mode d'architecture, dont l'ordre est l'expression, dans le besoin naturel qu'eut l'art de rendre sensibles les qualités principales qui sont de son ressort, par l'accord des lignes, des formes de la matière, des rapports ou des proportions, et des ornemens qu'on y applique. Ainsi l'idée de solide, et par conséquent de simple, l'idée d'élégance et aussi de richesse, formèrent deux caractères opposés, au milieu desquels dut naturellement se placer le point moyen. Là, comme en tout, il y a le plus, le moins, et le milieu. Voilà l'origine toute simple des trois ordres grecs. On a déjà remarqué, que si l'on veut faire plus solide ou plus simple que le dorique, on fera lourd ou pauvre; que si l'on veut du plus élégant ou du plus riche, que le corinthien, on fera maigre ou chargé.

C'est pourtant ce que les Modernes ont fait, en ajoutant à la richesse du corinthien, par le prétendu composite, à la gravité du dorique, par le prétendu *toscan*.

On a vu que, faute d'avoir entendu le passage de Vitruve dans son vrai sens, c'est-à-dire comme se rapportant uniquement au temple *toscan*, et non à un système d'ordre, les premiers architectes modernes qui ont écrit sur l'architecture, se sont crus autorisés à produire, dans leurs traités, comme un ordre, ce qui ne fut qu'une modification du dorique des Grecs.

Mais il faut dire qu'ils y furent encore induits par un certain nombre de monumens romains conservés jusqu'à nos jours, où l'on trouve adossées à des piédroits d'arcades ou de portiques, des demi-colonnes d'une proportion beaucoup plus longue que celle du dorique, et qui n'offrent dans leur frise et leur entablement, aucun des détails et des caractères de cet ordre. On sait que le dorique subit à Rome d'assez grands changemens, surtout quant à sa proportion, qui fut sensiblement alongée, et portée jusqu'à plus de huit diamètres en hauteur. Il paroît donc très-probable, que placé ainsi qu'on vient de le dire, dans l'ajustement des piédroits, il dut être soumis à d'autres sujétions de convenance ou d'économie dans sa frise, et que ce qu'on prend pour du *toscan*, ne fut qu'un dorique dénaturé.

Nous ne dirons rien des règles, auxquelles les traités modernes d'architecture, ont essayé d'assujettir leur prétendu *toscan*. Tous sont partis d'un système de progression de hauteur, entre ce qu'ils ont appelé les cinq ordres. Or, tandis que, selon Vitruve, la colonne du temple *toscan* avoit sept diamètres, et que la colonne dorique en avoit six, pour être conséquens au système nouveau, les architectes modernes plaçant leur *toscan* au dernier degré de leur échelle proportionnelle, ne lui ont au contraire donné que six diamètres, allant ainsi en augmentant plus ou moins, depuis le degré inférieur d'où ils partent, jusqu'au composite. Or, il est visible que ce n'est là qu'un système, qui, pour bien entendu qu'on veuille le supposer, n'a pour soi aucune autorité, ni chez Vitruve, ni dans les monumens romains.

Quand, au reste, on argumenteroit de ceux-ci, restera toujours la question de savoir, si ce qu'on prend pour du *toscan* aujourd'hui, en étoit autrefois. Mais ce qui ne fait pas une question, c'est que les Grecs n'ont jamais connu que trois ordres, et qu'enfin le prétendu *toscan*, comme le prétendu composite, ne sont que des ordres parasites, inutiles, comme tels, vicieux, et que le bon goût de l'architecture repousseroit, quand la simple raison ne les désavoueroit point.

TOUR. Instrument à tourner. *Τορος* en grec, *tornus* en latin.

Ce mot, en grec surtout, a produit, par sa ressemblance avec le mot *toros*, de très-fréquentes confusions. Il en a été de même de ses composés *τορευω*, *τορευτικη*, avec *τορος*, *τορευτικη*. Le mot *toros* étant un instrument de gravure, comme nous dirions le ciselet, forma le mot *toreutique* (*sculpture sur métaux*), genre qui eut en Grèce une vogue prodigieuse, dont il y eut d'innombrables ouvrages, et qui devint une des parties les plus importantes et les plus célèbres de l'art des Grecs.

Dans notre ouvrage intitulé le *Jupiter Olympien*, nous avons consacré une section toute entière, à l'explication de cette partie de l'art, qui compta les plus renommés des artistes grecs, à commencer par Phidias et Polyclète, et nous croyons avoir démontré, que puisqu'ils furent appelés *toreuticiens* (*tornutas*), il n'étoit pas possible de rabaisser l'art qui fit leur gloire, et celle de la Grèce, au procédé mécanique du *tour*; que d'ailleurs leurs ouvrages les plus vantés, ceux qui furent exécutés en or et ivoire, n'avoient pas pu être le produit de cet instrument. Le *tour*, de quelque genre qu'il soit, ne peut pas s'appliquer aux grands travaux de la sculpture, et nous ne connoissons que celui qu'on appelle aujourd'hui *tour à portrait*, qui sert quelquefois à la gravure en médailles, c'est-à-dire en petit et en très-petit bas-relief, qu'on puisse citer comme procédé mécanique, susceptible d'entrer dans quelques opérations de l'art.

Nous ne faisons mention du *tour* dans ce Dictionnaire, que parce que l'on en a jadis employé en grand le procédé mécanique à faire des colonnes. Nous apprenons encore que depuis peu on a imaginé de le mettre en œuvre pour le même objet, c'est-à-dire pour tourner et arrondir des fûts de colonnes faites d'une sorte de matière artificielle, et qui doit se prêter facilement à cette opération.

Mais la chose dut être beaucoup plus remarquable, et d'une bien autre difficulté, à l'égard de colonnes en marbre. Or, nous ne pouvons guère nous empêcher de croire, que telles avoient été (quoique Pline ne le dise pas) les colonnes du labyrinthe de Lemnos, monument dont il existoit encore des vestiges au temps où il écrivoit. Voici le passage où il rend compte de cette particularité, *liv.* 36. *ch.* 13.

« Le labyrinthe de Lemnos ressemble aux deux » premiers (celui d'Egypte et celui de Crète), » seulement il l'emporte sur eux par les colonnes » qu'on y admire au nombre de cent cinquante. » Elles furent travaillées dans l'atelier par le procédé du *tour*. Les pivots par lesquels elles » étoient suspendues, furent si bien équilibrés, » qu'un enfant suffisoit à faire agir la roue qui » les faisoit tourner. »

Peu d'objets qu'on puisse dire être du ressort des arts du dessin, comportent une exécution dépendante du *tour* mécanique. Peut-être seroit-il permis de citer comme exception, la fabrication de certains vases d'argile, résultats de la roue du potier, qu'on peut effectivement, quant aux effets, assimiler au mécanisme du *tour*. C'est particulièrement dans l'exécution, la grande variété et la beauté des formes d'un certain nombre de vases grecs peints, mal-à-propos appelés étrusques, que l'on peut se faire une idée du goût qui présida jadis à ces ouvrages, et qui dirigea l'artiste dans la pureté du galbe donné à leurs contours.

On use encore aujourd'hui du *tour* pour faire d'une manière économique des vases soit de pierre, soit de marbre, que l'on place quelquefois volontiers sur les sommets des édifices, ou dont on orne les jardins.

Tour, s. f., du latin *turris*, qui vient du grec τύρσις.

Quelques étymologistes ont prétendu que du mot de *tours* (τύρσεις), dont les anciens Toscans avoient très-anciennement flanqué les murailles de leurs villes, pour les défendre, étoit dérivé le nom de *tyrrheniens* qu'on leur donna, et que c'est de ce peuple que les Romains empruntèrent l'usage des *tours*, dont ils fortifièrent aussi leurs murs. Ainsi croit-on que la construction de la *tour* proprement dite, fut le résultat du système des plus anciennes fortifications.

Quoique le nom de *tour*, en quelque langue que ce soit, ait été donné dans les travaux de construction et d'architecture, à un très-grand nombre d'édifices qui n'eurent rien de commun avec les fortifications des villes, il n'est pas improbable, toutefois, que l'architecture civile ait tiré soit la forme, soit la dénomination donnée à ces édifices, de ces constructions protectrices des villes. Rien de plus fréquent que cet emblème, dans les images sous lesquelles on personnifia non-seulement les villes, mais encore les provinces. La couronne crénelée se voit toujours sur la tête de Cybèle, déesse de cités, et qu'on appeloit, à cause de cela, *turrita*. Ces sortes de couronnes si multipliées dans les monumens antiques, ne sont autre chose qu'une imitation rapetissée des murailles de villes entremêlées de *tours*.

Les *tours* des murailles, soit carrées, soit rondes, destinées à leur défense, durent en faire imaginer de semblables pour l'attaque. Celles-ci étoient formées d'un assemblage de poutres et de forts madriers. Elles étoient mobiles, et on les faisoit mouvoir par le moyen de plusieurs roues, sur lesquelles elles étoient portées. Leur hauteur surpassoit souvent celle des murailles et des *tours* qu'on vouloit assiéger. C'en est assez sur ces notions, pour faire comprendre combien cette sorte de construction fut multipliée dès les plus anciens temps, et comment il fut naturel d'en appliquer le nom, à toute autre sorte de construction semblable pour la forme, quoique destinée à des usages fort divers.

Ainsi un des antiques monumens dont l'histoire ait gardé le souvenir, celui que la Bible nous dit avoir été commencé et n'avoir pu être fini, le monument de Babel, fut appelé *tour*, parce qu'il devoit être isolé et s'élever à une très-grande hauteur. Ainsi verrons-nous le nom de *tour* donné par la suite des temps, à toute construction en hauteur, et qui domine ordinairement tous les autres édifices.

C'est cette procérité extraordinaire, attribut particulier et caractère spécial de ce que généralement on nomme *tour*, qui a singulièrement multiplié cette sorte d'édifice. On ne sauroit dire effectivement à combien de besoins divers nous le voyons employé. On élevoit jadis des *tours* sur les sommets des montagnes, soit pour les signaux de correspondance, soit pour surveiller de très-loin les mouvemens de l'ennemi et les opérations des armées. On en élevoit de même sur les rivages de la mer, dans la même intention, et les phares (*voyez* ce mot) ne furent que des *tours* plus ou moins considérables, destinées à servir de guides aux vaisseaux.

La police des villes exigea aussi de tout temps, surtout lorsqu'elles sont bâties en plaine, et sans aucun terrain éminent, qu'on pût d'un lieu très-élevé au-dessus de toutes les maisons, surveiller les événemens ou les accidens du feu qui peuvent survenir de nuit. Nous voyons par l'histoire, que cette pratique existoit à Rome. De ce que Néron, du haut d'une *tour* dont on croit à tort, que les restes subsistent encore sur l'Esquilin, se donna, dit-on, le plaisir de voir l'incendie qui ravagea Rome, nous nous bornerons seulement à conclure qu'il y avoit de semblables *tours* dans cette ville, et certainement bâties pour un usage tout autre que celui dont on vient de parler. Celle de Néron devoit être sur le Quirinal. Celle du mont Esquilin est celle qu'on appelle *tour de Mécène*.

Mais les Romains construisirent, pour beaucoup d'autres usages, de ces édifices en forme de *tour*, qu'on appelle encore souvent aujourd'hui de ce nom. Au mot TOMBEAU, nous avons fait mention de plusieurs très-grands sépulcres, tels que ceux de la famille *Metella* et de la famille *Plautia*, qu'on appelle aujourd'hui du nom de *tour*. Ce n'est pas que nous prétendions qu'elles en aient eu jadis le nom, quoique dans les temps modernes, elles le soient devenues effectivement, militairement parlant, puisqu'elles furent crénelées, et servirent de fortification; mais dans la vérité, ces édifices furent réellement construits en forme de *tour*.

Nous ne rechercherons pas ici, avec plus de détails, entre toutes les sortes d'édifices antiques, soit qu'ils aient été détruits, soit qu'il en existe encore des restes, quels furent ceux qui furent construits dans le genre des *tours*, ou de ce que nous appelons aujourd'hui ainsi; comme, par exemple, ceux qu'on appela *septizones*, masses qui, ainsi que le mot l'indique, s'élevoient jusqu'à sept étages toujours diminuant de diamètre, à mesure de leur exhaussement, et finissant ainsi d'une manière pyramidale. On appelle à Nîmes la *tour magne* (ou grande *tour*), un reste assez considérable de construction antique, que les antiquaires jugent avoir été un septizone, dans le goût de celui de Septime-Sévère à Rome.

Au moyen âge, les *tours* devinrent l'objet principal, et presqu'exclusif de tous les travaux de l'art de bâtir. Tous les palais furent des châteaux-forts, et le génie de la fortification antique n'ayant encore subi aucune altération, on construisit les habitations des grands, selon les anciens erremens de l'attaque et de la défense des villes. Un château ne fut autre chose qu'un assemblage de *tours* carrées ou arrondies, liées entr'elles par des espèces de remparts crénelés. Cette disposition devenue générale, fut appliquée à tous les bâtimens. Les *tours* devinrent des lieux d'habitation. Ainsi le *Louvre*, tel qu'on le voit représenté dans de vieux dessins, se composoit d'un grand nombre de *tours*, et ce qu'on a depuis appelé *pavillon*, modifié par les changemens de tout genre qu'a subis cet antique château, n'est autre chose qu'une tradition des *tours* qui s'élevoient aux angles et dans le milieu de ses façades. On sait encore qu'au milieu de sa cour, on avoit construit une grande *tour* très-élevée, qui dominoit le reste des constructions et tous les bâtimens d'alentour. Ce qu'on appelle aujourd'hui le Palais de Justice, reste plus d'une fois métamorphosé du palais de Saint-Louis, a gardé quelques souvenirs de son ancienne disposition de *tours*, et ce qu'on désigne par le nom de *tour de l'Horloge*, au bout du quai de ce nom, est un témoin toujours existant de l'usage dont on parle.

Lorsque les villes étoient moins étendues, et avant que l'art de l'horlogerie fût devenu aussi usuel que nous le voyons de nos jours, on construisoit des *tours* où l'on plaçoit l'horloge publique, et son sommet se terminoit ordinairement en béfroi, d'où l'on annonçoit de nuit les heures, et d'où l'on surveilloit tout ce qui se rapporte à l'ordre général.

Presque tous les hôtels-de-ville avoient de ces hautes *tours*, ou des espèces de donjons très-élevés, où étoit suspendue une cloche pour sonner le tocsin en cas d'alarme, ou pour tout autre signal d'avertissement public.

Ceci nous conduit à un emploi, qui devint le motif le plus général de l'érection des *tours* aux façades des églises. Je veux parler de l'emploi habituel des cloches, dont le son doit convoquer de fort loin les chrétiens, et les appeler aux prières ou aux cérémonies du culte. Nous avons vu à l'article CLOCHER et à celui de CAMPANILE, quelles furent les formes et les dimensions des édifices où sont suspendues les cloches. Ces sortes de constructions ne furent pas d'abord établies, comme on le pratiqua postérieurement, au-dessus des combles des églises. Une simple *tour*, ainsi que cela se voit encore en beaucoup de pays, fut construite à l'entrée même et au-dessus du porche de l'église. A mesure qu'augmentèrent le volume, le diamètre et le nombre des cloches, les clochers en charpente ne suffirent plus. Il fallut des constructions beaucoup plus solides. Alors, comme on le voit à toutes les grandes églises gothiques, on fit entrer les masses énormes des *tours*, dans l'ensemble de leurs frontispices, et elles en devinrent le principal ornement.

Cependant l'Italie, dans beaucoup de ses plus grands monumens, n'adopta point cet usage, et l'on voit encore à Pise, à Florence, à Venise, à Bologne, la basilique ou l'église cathédrale séparée de son clocher, c'est-à-dire de la *tour* bâtie à quelque distance pour l'usage des cloches. Telles sont les *tours* célèbres dont nous avons donné la description aux articles Campanile, Giotto, Aplomb, etc. Celle de Pise est un ouvrage qui rappelle l'idée des septizones antiques. Mais la plus remarquable sous les rapports de la matière, de la hauteur et du travail, est la *tour* de Giotto à Florence. *Voyez* Giotto.

Les cathédrales gothiques, comme on l'a dit, adoptèrent l'usage de faire entrer les *tours* dans l'élévation de leurs portails. Plus d'une grande église moderne, construite dans le nouveau goût, c'est-à-dire celui de l'architecture antique, se fait remarquer par cette disposition, et entre toutes celles qu'on pourroit citer, nous croyons qu'aucune ne mérite de l'être, avant la grande église de Saint-Sulpice à Paris, dont on a parlé à l'article de Servandoni. Deux *tours* étoient entrées dans le projet de cet habile architecte. Le dessin et la forme en furent changés après lui, mais le goût n'en fut pas heureux, comme le témoigne celle qui subsiste encore, au côté gauche du portail. La composition et l'ajustement général de la *tour* droite, fait desirer qu'on fasse subir à son pendant la même transformation. Cette opération terminée, on croit pouvoir assurer, qu'aucune grande église ne pourra, en fait de *tours* de portail, rien présenter qui l'emporte sur celles de Saint-Sulpice.

La *tour*, considérée sous le simple rapport de sa forme et de sa dimension, peut se définir généralement comme étant un corps de bâtiment, qui, lorsqu'il est isolé, s'élève sur un plan circulaire ou quadrangulaire. C'est pourquoi on a, dans le langage ordinaire, donné volontiers le nom de *tour*, à plus d'une sorte de construction qui, sans être affectée aux emplois des *tours* proprement dites, leur ressemblent par la forme. Ainsi on dit :

Tour de dôme. On désigne par ce nom, cette partie de la construction des coupoles d'église modernes, qui en supporte la voûte, et qui consiste en un mur circulaire ou à pans, dont les paremens extérieur et intérieur sont diversement décorés de colonnes, de pilastres, de chambranles, de niches, etc.

Tour de moulin à vent. Mur circulaire qui porte de fond, et dont ce qu'on appelle le *chapiteau*, qui est en charpente, et couvert de *bardeau* (*voy.* ce mot), tourne verticalement, pour qu'on puisse exposer au vent les volans, ou les ailes du moulin.

Tour mobile. On appelle ainsi toute construction de charpente en forme de *tour*, et à plusieurs étages, qu'on établit sur des roues, comme on a vu plus haut que cela s'est pratiqué dans l'antiquité, pour l'attaque des murs fortifiés. On en construit de semblables encore aujourd'hui, soit pour servir à réparer ou à peindre les voûtes et les plafonds, soit sous le nom de *chariots*, dans le jardinage, pour dresser les palissades. On appelle, par opposition, *tour fixe*, une semblable bâtisse de charpente, pour élever les eaux dans certaines machines hydrauliques.

Tour ronde. Ainsi nomme-t-on, dans le bâtiment, le parement convexe de tout mur cylindrique ou conique, et appelle-t-on *tour creuse*, le parement concave de tout mur circulaire, cylindrique ou conique.

Tour, s. m. Ce mot est un synonyme de *circuit*, de *circonférence*. On dit de la surface occupée par un jardin, par un établissement ou un édifice, qu'elle a tant de pas ou de pieds de *tour*. On dit faire le *tour* des murailles d'une ville. Il faut tant d'heures pour faire le *tour* de Rome.

TOURELLE, s. f. Signifie proprement une petite tour. On a donné autrefois ce nom dans les fortifications et les châteaux, à de petites constructions circulaires, portées sur des encorbellemens, qu'on appela aussi *guérites*, où l'on plaçoit des sentinelles. L'usage habituel des tours, que nous avons vu plus haut, avoir été universel dans les châteaux et les palais, s'étendit, comme une mode, mais en plus petit, aux habitations et à presque toutes les maisons des villes. Le nombre en étoit considérable à Paris dans certains anciens quartiers, et l'on en trouve encore quelques exemples. Ces *tourelles*, dont l'*intérieur* formoit de petits cabinets, se voyoient surtout au coin des rues, et aux encoignures des maisons. Elles étoient portées par des encorbellemens, ou des culs-de-lampe.

Tourelle de dôme. On appelle à Paris de ce nom, une espèce de lanterne ronde ou à pans, qui porte sur le massif du plan d'un dôme et en accompagne l'ensemble extérieur, ou qui sert à recevoir dans son intérieur, quelqu'escalier à vis. Il y a de ces *tourelles*, par exemple, aux dômes du Val-de-Grace et à celui de la Sorbonne.

TOURILLON, s. m. Grosse cheville ou boulon de fer, qui sert d'essieu. On en place ainsi aux extrémités de l'axe d'un treuil, des bascules d'un pont-levis, du mouton d'une cloche, pour qu'ils puissent se mouvoir circulairement.

TOURMENTER, v. act. On se sert de ce mot par métaphore, et le plus souvent au participe, en parlant d'un ouvrage d'art, d'une composition, d'un dessin, d'un projet d'élévation ou de décoration d'un édifice. Lorsqu'au lieu d'être le résultat d'un principe simple, d'une pensée claire et distincte, d'un sentiment naturel et facile, d'un savoir bien ordonné, et d'une exécution libre, l'ouvrage se présente à notre esprit ou à nos yeux, comme le produit d'une conception embarrassée, d'une idée complexe, d'un goût qui trahit la peine et la recherche, et d'un travail où l'effort se fait sentir, on dit que c'est un ouvrage *tourmenté*.

Tourmenter quelqu'un au moral, c'est s'étudier à lui procurer de la peine, de la douleur, de l'embarras. On se *tourmente* aussi soi-même, lorsque, par une certaine maladie, ou par l'excès de quelque passion, comme l'envie, la haine, l'ambition, on perd le repos du corps et de l'esprit.

Tels sont, transportés dans un autre ordre de choses, les effets que nous font éprouver les ouvrages qu'on appelle *tourmentés*. Dans la vérité, ils produisent sur nous une impression semblable à celle qu'a dû subir l'auteur, qui, au lieu de procéder, pour exprimer ses pensées, par la voie la plus droite, s'est torturé l'esprit pour les faire arriver par quelque route pénible et détournée, pour leur faire prendre certaines formes inusitées et contraintes, dont l'étrangeté met aussi notre intelligence en peine et nous cause de l'embarras. Tout auteur qui *se tourmente* de la sorte, *tourmente* de la même façon son auditeur ou son spectateur : car il y a réciprocité nécessaire entr'eux. Comme on remarque dans le commerce ordinaire de la vie, qu'un homme qui se gêne, gêne les autres, qu'un homme qui, dans ses manières et ses discours, a de l'aisance, l'inspire et la communique à autrui, de même tout ouvrage portant l'empreinte nécessaire des habitudes, des qualités, des défauts, de l'artiste, en opérera, si l'on peut dire, la contre-preuve chez ceux auxquels il s'adressera.

Le propre de tout ouvrage *tourmenté*, est de faire connoître et sentir l'effort de quelque nature qu'il soit, car il en est de bien des genres. Nous n'appellerons pas seulement de ce nom, la peine et la contraction qui naissent d'un travail difficile. Il y a un genre d'effort qui paroît moins sensible, parce qu'il annonce la facilité de l'abondance, mais qui ne produit pas moins le même effet sur nous ; car la redondance nous fatigue, quoique d'une autre manière, autant que l'excès de concision. L'une et l'autre nous rendent difficile, surtout dans les compositions, la perception des objets. On devient obscur par le trop dire, comme par le trop peu.

Chaque genre d'ouvrage d'art, au reste, a une manière d'être *tourmenté*, dans les élémens mêmes de sa conception, comme dans les procédés de son exécution. On dit des poses des figures d'un tableau, qu'elles sont *tourmentées*, quand l'artiste ambitieux de nouveauté, leur donne des attitudes forcées et trop contournées. On dit que la couleur en est *tourmentée*, quand le peintre, incertain de son effet, ou ne parvenant point à se contenter, retouche sans cesse, et par un maniement excessif de pinceau, altère la fraîcheur des teintes.

Nous ne serions pas en peine de dire ce que c'est qu'une architecture, ou une composition architecturale *tourmentée*. Il n'y a point d'architecte qui ne convienne que ce défaut doit résulter d'un plan qui, au lieu de lignes droites, de rapports simples, de combinaisons claires, sera un jeu péniblement controuvé de parties mixtilignes, de contours rompus, de formes incohérentes. Tout le monde sera d'accord qu'une élévation *tourmentée* sera celle qui se composera, soit de masses découpées et contradictoires, soit de détails bizarrement assemblés, sans aucune raison qui en motive ou en explique la réunion, soit d'une multiplicité confuse d'objets qui ne sont que des hors-d'œuvre. Mais ce sera surtout dans la complication des ornemens, dans la prétention à innover par des mélanges indiscrets, ou par la profusion des motifs décoratifs, que l'architecte qui aura *tourmenté* son cerveau, à cette laborieuse recherche, fatiguera nos yeux et tourmentera notre esprit. Le dix-septième siècle a produit dans les œuvres de Borromini, et de son école, les exemples les plus clairs et les plus propres à faire comprendre, ne fût-ce que par les yeux, ce que peut être une architecture *tourmentée*.

TOURNER, v. act. C'est faire un ouvrage quelconque, à l'aide de l'instrument qu'on appelle *tour*. Voyez ce mot.

TOURNER. Se dit, mais dans le langage plutôt familier, surtout s'il s'agit d'architecture et de bâtiment, comme synonyme d'*exposer*, de *disposer*, de *situer*.

Ainsi l'on dira d'une maison qu'elle est bien *tournée*, lorsque son exposition est agréable ; que son intérieur est bien *tourné*, lorsque toutes les pièces offrent des dégagemens commodes, et que toutes les parties ont entr'elles de justes proportions.

On dit aussi d'une église, que son portail doit être *tourné* vers l'occident, que son autel doit l'être vers l'orient.

TOURNIQUET, s. m. Espèce de moulinet à quatre bras, qui tourne verticalement, à hauteur d'appui, dans une ruelle, ou à côté d'une barrière, pour empêcher les chevaux d'y passer. On en fait en bois, en fer et en bronze. Il y en a de ces deux métaux dans plus d'un endroit des cours et des jardins de Versailles.

TRACER, v. act. C'est tirer les premières lignes d'un dessin, d'un plan, sur le papier, sur la toile, sur le terrain. Il y a plus d'une manière de *tracer*, dans les procédés du bâtiment, et on les exprime par les locutions suivantes :

TRACER AU SIMBLEAU. C'est *tracer*, d'après plusieurs centres, les ellipses, les arcs surbaissés, rampans, corrompus, etc., avec le simbleau, qui est un cordeau de chanvre, ou mieux encore de tille, parce qu'elle ne se relâche point. On se sert ordinairement du simbleau pour *tracer* les figures

figures, dont la grandeur excède la portée du compas.

TRACER EN CERCHE. C'est décrire, par plusieurs points déterminés, une section conique, c'est-à-dire une ellipse, une parabole ou une hyperbole, et d'après cette *cherche* levée sur l'épure, *tracer* sur la pierre, ce qui se fait aussi à la main, et au gré de l'œil, pour donner une certaine grâce aux arcs rampans de diverses espèces.

TRACER EN GRAND. C'est, en maçonnerie, *tracer* sur un mur, ou sur une aire, une épure, pour quelque pièce de trait, ou quelque distribution d'ornemens. En charpenterie, *tracer*, c'est marquer, sur un étalon, une enrayure, une ferme, etc., et le tout aussi grand que l'ouvrage.

TRACER PAR ÉQUARRISSEMENT OU DÉROBEMENT. C'est, dans la construction des pièces de trait, ou coupe de pierre, une manière de *tracer* les pierres par des figures prises sur l'épure, et cotées pour trouver les raccordemens des panneaux de tête, de douelle, de joint, etc.

TRACER SUR LE TERRAIN. C'est, dans l'art de bâtir, faire de petits sillons, suivant des lignes ou cordeaux, pour l'ouverture de la tranchée des fondations.

C'est, en jardinage, sur un terrain bien dressé et labouré, marquer avec le traçoir (qui est un long bâton pointu), les compartimens, enroulemens, rouleaux ou feuillages de parterres, pour y planter du buis, ou toute autre sorte de plante propre à faire des bordures.

On dit aussi *tracer à la main*. C'est faire à vue d'œil, sans le secours d'aucun instrument, ou procédé géométrique, le contour d'une courbe par plusieurs points donnés, ou bien corriger ce contour dans les endroits qui ne satisfont pas la vue.

TRAÇOIR, s. m. C'est, selon les différens ouvrages à tracer, l'instrument dont on use pour cette opération.

TRAINER, v. act. Se dit particulièrement du moyen qu'on emploie pour faire, dans les bâtimens, les corniches en plâtre.

Pour faire ainsi une corniche ou un cadre, on fait, au préalable, un calibre, sur le dessin tracé de la grandeur que doit avoir l'ouvrage. Ce calibre répète ainsi en creux ce que la corniche doit avoir en saillie, et donne en saillie ce qui doit devenir creux. On l'adapte à un bâtis quelconque qui sert à le manœuvrer. On place ensuite en avant du massif, ou noyau de la corniche, deux règles bien arrêtées, sur lesquelles le calibre sera promené. On garnit de plâtre clair le massif de la corniche, et on passe, en le traînant, le calibre sur ce plâtre encore ductile et mou. On répète l'opération jusqu'à ce que toutes les moulures et les plus petits profils aient acquis le complément de leurs formes.

TRAIT, s. m. Dans la langue des arts du dessin, d'où les autres arts semblent en avoir emprunté l'emploi, le mot *trait* s'applique à la ligne qui termine une figure quelconque.

Ce que nous nommons ainsi, le latin l'appelle *linea*, ligne, synonyme de *trait*. Aussi doit-on traduire avec ce mot, dans les descriptions d'ouvrages d'art, qu'on rencontre chez les écrivains latins, le mot *linea*, que l'on a eu souvent le tort de rendre en français par le mot *ligne*, lequel habituellement appliqué à l'écriture, a produit une confusion ridicule. C'est ainsi que lorsque Pline nous dit, qu'Apelles ne passoit pas un jour *quin lineam duceret*, on s'est imaginé que cet exercice du peintre grec se bornoit à faire une simple ligne. De même lorsqu'il raconte l'espèce de défi qui eut lieu entre Apelles et Protogènes, à qui feroit le *trait* le plus délié, on a cru encore, à cause du mot *linea* du texte, qu'il ne s'étoit agi entr'eux, que de se disputer l'honneur de tracer la ligne la plus menue. *Linea* répondant à ce que nous appelons un *trait* en dessin, il est visible, qu'entre deux peintres, il ne put être question que d'un dessin au *trait*, ou de ce que nous appelons aussi, par abréviation, un *trait*, en supprimant le mot de *dessin*.

L'architecture se composant plus sensiblement encore, qu'aucun autre art, de *lignes* ou de *traits* qui renferment les formes de l'édifice, la délinéation est un des principaux moyens qu'emploie l'architecte pour tracer ses projets. Il commence donc par les mettre, ce que l'on appelle au *trait*, soit à l'aide du crayon, soit avec la plume, et c'est lorsque ce *trait* est arrêté, qu'il donne aux formes leur rondeur et leur effet, par les ombres que procure le lavis.

Mais les matériaux que l'architecte met en œuvre, pour l'exécution d'un édifice, exigent, en pierre surtout, que leur emploi soit déterminé, et que leur configuration soit fixée, en grand et en détail, par des *traits* qui empêchent les appareilleurs de se tromper. C'est pour cet effet qu'on trace sur une aire, ou sur l'enduit d'un mur, les *traits* et les lignes, de tout ce qui est nécessaire au développement des parties de l'ouvrage. *Voyez* le mot ÉPURE.

La construction en pierre, comme on l'a dit, est particulièrement celle qui exige avec le plus de détails une semblable opération. Plus surtout le travail de cette construction s'est multiplié et compliqué, par le manque des grandes masses de pierres, par le besoin de faire produire à plusieurs la forme et l'étendue qu'une seule ne pourroit pas donner, mais davantage encore par la hardiesse des entreprises, ou par la diversité des plans, et disons-le même, par la bizarrerie des inventions, plus l'art de réduire en *traits*, toutes les coupes de pierre, qui doivent former des assemblages aussi compliqués, est devenu difficile. On a invoqué le secours de la géométrie pour tracer ces coupes savantes, qui toutefois ne produisent à grands frais que des difficultés inutilement vaincues. Enfin toutes ces pratiques dont on a rendu compte ailleurs, ont formé une science à part, ou un art particulier que l'on appelle l'*art du trait*. Voyez COUPE DES PIERRES.

Le mot *trait* a différentes applications aux travaux des arts, et surtout à ceux de l'architecture, et on leur donne différens noms. On dit :

TRAIT DE REPAIRE. C'est une ligne qui est fixée par un alignement.

TRAIT DE NIVEAU. On appelle ainsi la ligne qui est fixée pour former l'aire d'un plancher, pour la pose d'un lambris d'appui, pour une corniche.

TRAIT se prend quelquefois pour la coupe des pierres. On dit une *pièce de trait*, pour dire un ouvrage dont toutes les pierres sont taillées selon l'art de la *coupe*. Voyez ce mot.

TRAIT se dit aussi au lieu de *hachure*, *taille*.

TRAIT BIAIS. C'est une ligne inclinée sur une autre, et qui forme avec elle un angle quelconque.

TRAIT CORROMPU. C'est une ligne tracée à la main irrégulièrement, et qui forme des inégalités, des sinuosités.

TRAIT CARRÉ. C'est une ligne perpendiculaire sur une autre. Tous les ouvriers se servent d'un équerre, que la plupart appellent *triangle*, pour tracer une perpendiculaire ou *trait* carré.

TRAIT DE SCIE. On appelle ainsi le passage de la scie à travers soit une pierre, soit une pièce de bois.

Dans la charpenterie, les scieurs de long appellent *rencontre*, l'endroit où, à quelque distance près, deux *traits de scie* se rencontrent, c'est-à-dire à l'endroit où la pièce de bois se sépare. On enlève ces rencontres et *traits de scie*, aux bois qui doivent être apparens, comme dans les planchers, ou dans d'autres ouvrages.

TRAIT DE BUIS. (*Jardinage*.) Ainsi nomme-t-on un filet de buis nain, continu et étroit, qui forme la bordure ou les contours d'un parterre, qui renferme des plates-bandes et des carreaux. On le tond ordinairement deux fois l'année, pour le faire profiter, ou pour l'empêcher de monter plus qu'il ne faut.

TRAJANE (COLONNE). Monument sans aucun doute le plus beau, le plus entier et le plus remarquable à tous égards, qui nous soit parvenu de la magnificence romaine. A l'article de la colonne Antonine (*voyez* ANTONINE), nous avons déjà fait sentir la supériorité du monument de Trajan, sur tous ceux qui sont venus après. Comme il semble qu'il n'a guère été fait de ces sortes d'ouvrages, que dans l'Empire romain, aucune notion historique ne nous faisant soupçonner, qu'il en ait été élevé de semblables chez les Grecs, qui n'eurent ni les raisons ni les moyens d'entreprendre de telles dépenses, on est porté à présumer que la *colonne Trajane* fut le premier monument de ce genre. Si, avant Trajan, quelqu'autre empereur eût érigé une pareille masse, il n'est pas douteux qu'il en seroit resté quelque vestige ; elle auroit, effectivement, résisté plus qu'aucune autre aux moyens, et aux raisons de détruire qui avoient cours alors. Nous ne trouvons point d'ailleurs de colonnes triomphales isolées, sur les revers des monnaies des empereurs qui ont précédé Trajan. Tout porte à croire que ce monument, qu'on voit pour la première fois sur les médailles de cet empereur, fut véritablement original, et comme tel il lui est arrivé, ce qui n'est pas rare, d'avoir été imité depuis, mais de fort loin, dans les colonnes qui nous sont parvenues d'Antonin ou de Marc-Aurèle à Rome, et de Théodose à Constantinople.

La *colonne Trajane* fut élevée par le sénat et le peuple romain à l'empereur Trajan, dans le forum qui portoit son nom, et qui avoit été construit par l'architecte Apollodore, qu'on présume avoir également dirigé la construction de la colonne. En y comprenant la base et le chapiteau, elle a cent pieds romains antiques de hauteur; son diamètre au bas du fût est de douze pieds. Le piédestal en a dix-huit d'élévation, et son amortissement seize et demi. Au-dessus s'élève une statue en bronze de treize pieds de proportion. Le tout fait cent quarante-sept pieds romains, qui reviennent à cent trente-quatre pieds trois pouces neuf lignes de notre pied de Roi. On peut croire l'amortissement qui supporte la statue moderne, de quelque chose plus haut, que celui qui portoit jadis la statue de Trajan, si l'on en juge par la médaille antique où l'on voit cette statue poser simplement sur un globe tronqué. La statue paroit avoir tenu de la main droite un globe, dans lequel on prétend qu'avoient été renfermées jadis les cendres de l'empereur.

On monte au sommet de ce monument, c'est-à-dire sur le plateau servant de tailloir à la colonne, par un escalier en limaçon, taillé dans la masse de chacun des tambours de marbre dont est formé le fût. L'escalier se compose de 185 degrés, et il reçoit la lumière par quarante-trois petites ouvertures, pratiquées de distance en distance dans l'épaisseur du marbre, mais sans interrompre la série des bas-reliefs sculptés dans toute la circonférence, sur une ligne spirale du bas du fût jusqu'à son sommet, et qui y fait tout alentour vingt-trois révolutions.

La colonne a de sept à huit diamètres en hauteur, proportion qui est celle que les Romains donnèrent ordinairement à leur dorique. Quoiqu'une colonne isolée manque nécessairement de beaucoup des caractères qui, dans les édifices, font reconnoître la nature de chaque ordre, cependant, vu les oves dont son échine est décorée, il est assez évident qu'il n'y a pas lieu de se méprendre sur l'intention qu'eut l'architecte, d'en faire une colonne dorique. Du reste on ne sauroit qu'y admirer la beauté de la proportion et le bel accord de toutes les parties.

Le piédestal n'en est pas la moins remarquable, et par son rapport avec le tout, et par les belles sculptures qui embellissent ses quatre faces, où l'on voit des trophées d'armes de toute espèce, exécutées de bas-relief avec un art admirable. Dans une de ces faces est pratiquée la porte d'entrée, au-dessus de laquelle est l'inscription figurée sur une table que supportent deux victoires ailées. Toute cette composition, aussi remarquable par le bon goût que par son exécution, doit être citée comme modèle classique en ce genre.

On doit le dire aussi du genre de sculpture de toute la série de bas-reliefs historiques, où toutes les campagnes de Trajan, ses combats, ses entreprises, ses victoires, sont représentées par ordre depuis le bas jusqu'en haut, en suivant une ligne spirale, dont la courbe très-douce se développe, en raison du très-fort diamètre de la colonne, et de manière à s'écarter le moins possible du plan horizontal que la vue de l'ouvrage semble devoir exiger.

Nous avons déjà fait remarquer à l'article BAS-RELIEF, avec quelle intelligence toute cette sculpture avoit été conduite, et sous le rapport de la composition, et selon les vraies convenances de la nature des sujets, de la forme du corps où ils sont tracés, de l'espace qu'ils occupent, et des facultés visuelles de ceux auxquels ils s'adressent. Nous ne répéterons donc pas ici les raisons que nous avons données, pour justifier les prétendus défauts de perspective, que l'on avoit coutume de reprocher à cet ouvrage, espèces de défauts qui le sont, dans un sens absolu, mais qui, relativement considérés, non-seulement sont excusables, en tant qu'ils sont nécessaires, mais sont même un mérite, et contribuent à la perfection de l'ensemble. *Voyez* BAS-RELIEF.

Il faut, pour se rendre compte du mérite dont nous parlons, se figurer l'effet qu'auroient produit sur le nu de la colonne servant de fond à la sculpture, des bas-reliefs, qui, selon la variété des plans, que la perspective exigeroit, pour être tant soit peu exacte, auroient présenté les saillies les plus inégales, et les renfoncemens les plus divers. Qui ne voit que ce que le sculpteur peut se permettre sur le fond horizontal d'un mur, fond qu'on ne peut voir qu'en face, et où la multiplicité de plans est sans inconvénient, ne pouvoit avoir lieu sur le fond convexe d'une colonne, qui exige impérieusement, qu'on respecte la ligne perpendiculaire de son galbe? L'effet des plans reculés ne pourroit s'obtenir que de deux manières, ou en enfonçant inégalement le nu de la colonne, ou en faisant déborder et saillir inégalement les objets, et les figures des plans antérieurs. Mais alors, égal inconvénient, dans un sens comme dans l'autre, c'est-à-dire que la colonne n'offriroit, de quelque part qu'on la vit, que des lignes cahotées, sous l'effet desquelles disparoîtroit la forme de son fût, ce qui produiroit l'impression la plus désagréable.

Il y a un système, le seul raisonnable, dans l'emploi du bas-relief inhérent aux formes de l'architecture, et il consiste à traiter les sujets et les figures, par une convention particulière, selon l'esprit d'une écriture figurative. Disons donc, qu'ayant à écrire en figures, l'histoire des guerres de Trajan, autour d'une colonne, il convenoit, 1°. de n'y observer aucune perspective; 2°. de n'y pratiquer que le moins de plans, c'est-à-dire de diminutions d'épaisseur entre les figures, de peur d'effacer trop celles du fond; 3°. de donner au tout assez de saillie, pour faire lire ces sortes de caractères, et pas assez pour interrompre ou altérer le galbe de la colonne.

Cette légere théorie se trouve confirmée, par les imitations qui furent faites du monument de Trajan. Il est à croire que ceux qui firent la colonne Antonine, prétendirent, comme il n'arrive que trop souvent, améliorer et perfectionner en innovant. Les reliefs de cette colonne ont, comme on le voit, infiniment plus de saillie. Quoique l'on y ait évité le vice de la perspective et de la dégradation des plans, cependant la saillie générale donnée aux figures, a exigé partout, d'en fouiller beaucoup plus les contours. De là il résulte que ce grand effet procuré à la sculpture, va au détriment de la forme et du nu, c'est-à-dire du galbe de la colonne. Il en a été de même de la colonne de Théodose à Constantinople.

Au reste, ces deux derniers monumens ne sauroient soutenir le parallèle avec celui de Trajan, pour le mérite intrinsèque de l'art. Il y auroit à relever et à faire sentir dans ce reste le plus magnifique de la grandeur romaine, une multitude de beautés, de convenances, et de propriétés de goût, particulièrement pour le caractère propre, et pour l'habileté de l'exécution dans tous les détails, qui seroient la matière d'un ouvrage spécial, et qui, par plus d'une raison, excédant les bornes de cet article, paroîtroient d'autant plus étrangères à l'objet essentiel de ce Dictionnaire.

TRANCHE (DE MARBRE), s. f. Morceau de marbre mince, qu'on incruste dans un compartiment, ou qui sert de table pour recevoir une inscription.

TRANCHÉE, s. f. Ouverture en terre que l'on pratique, n'importe dans quel sens, mais le plus souvent en long, soit pour y asseoir les fondations d'un édifice, soit pour poser et réparer des conduites de plomb, de fer, ou de terre, soit aussi pour planter des allées d'arbres.

TRANCHÉE DE MUR. Ouverture en longueur, hachée dans un mur, pour y recevoir et sceller une solive, ou un poteau de cloison, ou une tringle qui sert à porter de la tapisserie.

On appelle encore *tranchée de mur*, une entaille dans une chaîne de pierre, au dehors d'un mur, pour y encastrer l'ancre du tirant d'une poutre, et la recouvrir de plâtre. On fait aussi de ces *tranchées* pour retenir les tuyaux de cheminées qu'on adosse contre un mur.

TRANCHER, v. act. Se dit métaphoriquement de couleurs opposées, qui se détachent avec dureté les unes sur les autres, et produisent une impression désagréable, comme celle, par exemple, de marbres noirs qu'on placeroit sur des fonds de marbre blanc.

TRANCHIS, s. m. Rang d'ardoises ou de tuiles échancrées, qui sont en recouvrement sur d'autres entières, dans l'angle rentrant d'une noue ou d'une fourchette.

TRANSVERSAL, adj. Se dit de toute ligne qui en coupe obliquement une autre.

TRAPE, s. f. On donne ce nom à une fermeture en bois, composée d'un fort châssis et d'un ou deux venteaux, qui, étant au niveau de l'aire d'un rez-de-chaussée, couvre une descente de cave.

TRAPÈZE, s. f. Mot grec qui signifie à quatre pieds, et dont on use dans la langue de l'archéologie, comme étant synonyme de table. *Voyez* TABLE.

TRAVAIL, s. m. Se dit de la peine, ou de la fatigue qu'exige un ouvrage. Il se dit de l'ouvrage lui-même, et se dit encore de la nature de son exécution. C'est un *beau travail*. C'est un *travail médiocre*. Cet ouvrage sent trop le *travail*. C'est-à-dire que le mérite de l'exécution s'y fait trop apercevoir, et l'emporte par trop sur celui du sentiment. Ou bien il lui manque le charme, et la facilité qui procède ordinairement d'une heureuse inspiration.

TRAVAILLER, v. act. C'est faire un travail quelconque, et plus d'explication sur la signification usuelle de ce mot, n'ajouteroit rien à l'idée si simple qu'il exprime.

Cependant on emploie ce mot dans un sens détourné de son usage naturel, comme lorsqu'on l'applique à exprimer certains effets, qui ont lieu de la part d'objets inanimés. Ainsi dit-on par métastase, qu'un bâtiment *travaille*, lorsque, soit par vétusté, soit par défaut des fondations, ou par vice de construction, les matériaux se disjoignent, ou sortent de leur aplomb, les voûtes s'écartent, les plafonds s'affaissent, etc.

On dit aussi du bois qu'il *travaille*, lorsqu'ayant été employé vert, ou ayant été mis en œuvre dans quelque lieu trop humide, il se retire ou se gauchit, en sorte que les panneaux s'ouvrent et se cambrent, les languettes quittent leurs rainures, et les tenons, leurs mortaises.

Dans le langage du bâtiment, il y a pour les ouvriers plus d'une manière de *travailler*, qu'on distingue par l'addition de différens mots, et l'on dit :

TRAVAILLER A LA JOURNÉE. *Voyez* JOURNÉE.

TRAVAILLER A LA PIÈCE. C'est faire de certains ouvrages d'une nature ou d'une mesure semblables entr'eux, et qui permettent de leur affecter d'avance un prix, déterminé. Tels seront des chapiteaux, des bases, des balustres, etc., que l'on doit exécuter pour un prix convenu.

TRAVAILLER A LA TACHE. C'est, pour un prix convenu, faire une partie d'ouvrage, comme la taille d'une pierre, selon le dessin donné d'architecture ou de sculpture.

TRAVAILLER A LA TOISE. C'est marchander avec l'entrepreneur ou le bourgeois, la toise courante ou superficielle de différens ouvrages, comme taille de pierres, gros ou légers ouvrages de maçonnerie, etc.

TRAVAILLER PAR ÉPAULÉES. C'est reprendre peu à peu, et non de suite, quelque ouvrage par sous-œuvre, ou fonder dans l'eau. C'est aussi employer beaucoup de temps, à construire quelque bâtiment, parce qu'on n'a ni les matières ni les moyens de l'exécuter promptement.

TRAVAISON, s. m. On trouve ce mot employé par Blondel dans son *Cours d'architecture*, pour traduire le mot prétendu latin *trabeatio*, que d'autres ont francisé en disant *trabéation*. Ce mot toutefois n'est ni latin ni français.

TRAVÉE, s. f. Se dit généralement d'un espace qui est entre deux poutres, et qu'on remplit d'un nombre quelconque de solives. Ce mot vient du latin *trabs*, poutre.

Dans les églises gothiques surtout, on donne le nom de *travée* à ces galeries supérieures, qui s'élèvent au-dessus des arcades des nefs. Il paroitroit que ce nom seroit venu des anciennes constructions en bois, où les intervalles des grosses poutres supportées par les piliers, étoient remplis par des planchers formés de solives.

Travée de balustres. Est un rang de balustres en bois, en fer ou en pierre, placés entre deux piédestaux.

Travée de comble. C'est sur deux ou plusieurs pannes, la distance d'une ferme à une autre, qui est remplie de chevrons des quatre à la latte. Cette distance est de neuf en neuf, ou de douze en douze pieds, et à chaque *travée* il y a des fermes posées sur un tirant.

Travée de grille de fer. Rang de barreaux de fer, entretenu par les traverses, entre deux pilastres ou montans à jour, ou entre deux piliers de pierre.

Travée d'impression. C'est ainsi qu'on appelle, dans le toisé, la quantité de deux cent seize pieds, ou six toises superficielles d'impression, de couleur à l'huile ou à détrempe, à laquelle on réduit les planchers plafonnés, les lambris, les placards, et autres ouvrages de différentes grandeurs imprimés, pour en faire le toisé dans les bâtimens. Les *travées* des planchers apparens, se comptent doubles, à cause d'une enfonçure de leurs entrevoux.

Travée de pont. (*Terme d'architecture hydraulique.*) Partie du plancher d'un pont de bois, contenue entre deux files de pieux, et faite de travons soulagés par des liens ou contre-fiches, dont les entrevoux sont recouverts de grosses dosses ou madriers, pour en porter le couchis.

TRAVERSE, s. f. Pièce de bois qui s'assemble avec les battans d'une porte, ou qui croise carrément, sur le meneau montant d'une croisée.

On appelle aussi *traverses*, des barres de bois, posées obliquement, et clouées sur une porte de menuiserie.

Traverse de fer. Grosse barre de fer, qui, avec une pareille, retient par le haut et par le bas, les montans de costiers et de battement, et les barreaux du ventail d'une porte de fer. Il y a de ces *traverses*, qu'on met à hauteur de serrure, pour entretenir les barreaux trop longs, et qui servent à renfermer les ornemens des frises et bordures de serrurerie. Les grilles de fer ont aussi des *traverses* qui en fortifient les barreaux.

TRAVERSINES, s. f. pl. (*Terme d'architecture hydraulique.*) Espèces de solives qu'on entaille dans les pilots, pour faire un radier d'écluse. *Voyez* Radier.

On appelle maîtresses *traversines*, celles qui portent sur les seuils.

TRAVERTIN. Sorte de pierre qu'on exploite dans les environs de Tivoli, et dont ont été construits les principaux édifices de Rome antique et moderne.

TRAVONS, s. m. pl. (*Terme d'architecture hydraulique.*) Ce sont, dans un pont de bois, les maîtresses pièces qui en traversent la largeur, autant pour porter les travées des poutrelles, que pour servir de chapeau aux files de pieux. On les appelle aussi *sommiers*.

TRÈFLES, s. m. pl. Ce mot est la traduction du latin *trifolium*, sorte de plante ainsi appelée parce qu'elle a trois feuilles.

La sculpture d'ornement a mis cette plante au nombre de celles, que sa forme rend d'une imitation facile, et susceptible d'un effet assez piquant, particulièrement dans les petites moulures. On multiplie ou l'on augmente l'effet de cet ornement en le découpant à palmettes ou en fleurons.

Trèfles de moderne. Ce sont, dans les compartimens des vitraux, pignons et frontons gothiques, de petites roses à jour, faites de pierre dure, avec nervure, et formées par trois portions de cercle, ou par trois petits arcs en tiers-point.

TREILLAGE, s. m. Saumaise fait venir, avec beaucoup de vraisemblance, ce mot du latin *trichila*, que Columelle emploie pour désigner une treille de vigne.

Un *treillage* est un ouvrage fait d'échalas dressés et aplanis, qu'on lie carrément entr'eux avec du fil de fer, et dont on forme des mailles de cinq à sept pouces. On les établit ordinairement le long des murs des jardins, pour y attacher les vignes ou les arbres à fruit qu'on dresse en palissades. Les *treillages* sont peints ou en blanc, ou le plus souvent en vert, et à l'huile, pour la conservation des bois.

TREILLE, s. f. On donne ordinairement ce nom à un berceau soit en forme de voûte, soit en forme de plafond, fait de treillage, comme on l'a dit à l'article précédent, et qui reçoit quelquefois des plantes grimpantes propres à faire de l'ombre, mais le plus souvent des ceps de vignes. On les construit avec des perches de bois blanc. Les *treilles* servent de cabinets de verdure dans les jardins, et de lieux de retraite contre les ardeurs du soleil.

Sur la mosaïque de Palestrine, on a représenté un très-grand berceau cintré, formé par du treillage que recouvrent des feuilles de vigne, sous lequel on voit, d'un côté, des convives à table sur des lits, et de l'autre, des joueurs d'instrumens. Dans plus d'une peinture d'arabesque antique, on a figuré de semblables *treilles*.

TREILLIS, s. m. Nom qu'on donne assez généralement à une clôture formée de mailles en fer ou en bronze. Telle est, par exemple, celle qui ferme l'ouverture qui est au-dessus de la porte du Panthéon à Rome. Telles sont, dans les prisons, les fermetures de la plupart des fenêtres.

On distingue le *treillis* de la grille, en ce que ses barres sont maillées en losange comme celles d'un filet, au lieu d'être carrées.

Les Grecs appeloient *filet*, *δίκτυον*, ce que nous nommons *treillis*. La chambre qui renfermoit le corps d'Alexandre, sur le char sépulcral qui le transporta de Babylone en Égypte, n'avoit pour clôture, qu'un *treillis* en forme de filet d'or, de l'épaisseur d'un doigt, que Diodore appelle *δίκτυον*.

TREILLIS DE FIL DE FER. On donne ce nom à un châssis de verges de fer maillé en petits losanges de gros fil de fer, qu'on met au-devant des vitraux. Tels sont les châssis ou *treillis* du bas d'un édifice, pour empêcher que les vitres ne soient cassées par des coups de pierre. Tels sont ceux qu'on met aux fenêtres élevées d'un dôme, pour résister à l'impétuosité des vents qui pourroient enfoncer les panneaux. On les place à quelque distance de la vitre.

TRÉMEAU. *Voyez* TRUMEAU.

TRÉMION, s. m. Barre de fer qui sert à soutenir la hotte ou la trémie d'une cheminée.

TRÉPAN, s. m. Outil dont on se sert dans le travail de la sculpture, pour faire des trous. On en use surtout pour donner des noirs aux détails des ornemens.

TRÉPIED, s. m., du mot grec τρίπους, ou du latin *tripus*, signifie à trois pieds. On donna d'abord ce nom à une table circulaire reposant sur trois supports, pour la distinguer du *trapèze*, mot abrégé de *tétrapèze*, à quatre pieds. *Voyez* TABLE.

Rien ne fut plus commun dans les usages domestiques, que ces tables à trois pieds. On en voit sur beaucoup de bas-reliefs antiques, et là, ils accompagnent des lits de festins, sur lesquels siègent les convives; leur plateau est chargé de vases de fruits, etc.

Des emplois domestiques, la table (comme on l'a vu à ce mot) passa aux usages religieux. On la plaça devant les simulacres des dieux, et elle servit à recevoir les offrandes de la piété. Les tables primitives de ce genre furent portatives. Les cérémonies religieuses admettant plus d'une espèce de sacrifice et de pratique expiatoire, on fit dans le goût et dans la forme d'une table à trois pieds, des espèces de réchauds pour y brûler des parfums, ou des espèces de vases pour les lustrations, et l'on donna généralement à tous ces objets le nom de *trépied*.

Il n'entre point dans l'objet de ce Dictionnaire, de donner avec plus de détail l'histoire archéologique du *trépied*, dans ses rapports avec les croyances mythologiques, avec les pratiques de la divination chez les anciens peuples, avec les attributs symboliques des diverses divinités.

Ici, nous n'avons à le considérer que sous deux aspects, ou en lui-même, sous le point de vue de l'ornement, ou dans l'emploi qu'en fit l'architecture, comme objet de décoration applicable aux édifices.

On ne sauroit dire de combien de manières, la sculpture antique a varié les détails et le goût des *trépieds*, selon le genre de matière qu'on y employa. Nous ne parlerons ici des *trépieds* en or, dont on trouve les plus fréquentes mentions chez les écrivains, et dont aucun, comme on le pense bien, ne nous est parvenu, que pour constater l'importance qu'on mit jadis à ces ouvrages. Mais rien ne fut plus multiplié que les *trépieds* en bronze. Il est peu de collections d'antiques qui n'en renferme quelqu'un. De tous ceux qu'on connoît, les plus beaux, d'une sculpture la plus rare, et du goût le plus ingénieux, sont sans contredit les deux que possède le Muséum de Naples, et qui furent découverts à Pompéia. Dans l'un, le brasier circulaire, orné de festons, est supporté, ou censé l'être, par les ailes de trois sphinx, à corps de femme, qui reposent chacun sur une sorte de patte alongée, laquelle se termine en bas par un pied de chèvre, et qui, dans sa hauteur, est décorée de colliers, et autres petits accessoires, exécutés d'un travail aussi précieux que spirituel. Le brasier de l'autre *trépied*, qui sert de pendant au précédent, est supporté par trois termes priapiques, dont les corps se terminent en une patte alongée.

On voit que dans l'ordre religieux, les *trépieds* furent très-réellement des autels. Aussi ne sauroit-on s'empêcher de reconnoître comme étant des *trépieds*, les bases triangulaires sur lesquelles la sculpture en marbre, élevoit souvent les fûts des candélabres. Tels sont les deux plus beaux qu'on admire au Muséum du Vatican, et dont la tige est ornée, par étages, de superbes rinceaux, jusqu'à la soucoupe, servant de récipient aux matières combustibles. *Voyez* ce qui a été dit sur ces beaux ouvrages, au mot CANDÉLABRE.

Mais le *trépied* de marbre, sans comparaison le plus remarquable pour sa composition, par la beauté, comme aussi par la difficulté du travail, est celui du même Muséum, et que Piranesi a gravé avec un art qui en reproduit parfaitement le mérite. Il fut découvert en 1775, dans le terrain qu'on croit avoir été occupé par la ville antique d'Ostia. Sa conque ou sa cuvette est soutenue par trois montans quadrangulaires, qui se terminent dans le bas en patte de lion. Le haut de la cuve est formé par un bourrelet découpé en feuilles de laurier. Au-dessous règne une petite frise où l'on a sculpté, dans un ordre alternatif, deux dauphins avec une coquille, et deux griffons ailés avec un pot à feu. Le culot de la cuvette est en cannelure saillante. Chacun des montans dont on a parlé, est orné, dans sa hauteur, d'une tigette en fleurs et en feuilles, et le compartiment supérieur est rempli par un bucrane. Entre les trois montans, règne un tronc qui aboutit au milieu de la cuvette et finit par le bas, en manière de culot renversé. Rien de plus ingénieusement compliqué, que l'ajustement de tous les objets qui remplissent le vide des trois montans, et qui nous apprennent que le *trépied* étoit consacré à Apollon. Vers le bas, ces montans sont réunis par une traverse, qui va de l'un à l'autre. C'est de cette traverse, que partent avec beaucoup de goût, des branches d'acanthe qui figurent une lyre, à laquelle on voit suspendue d'un côté le carquois du dieu. Un serpent mêlé à cette composition, et dont la queue sort du tronc dont on a parlé, lorsque sa tête s'élève vers le sommet, complète l'ensemble des symboles d'Apollon. On ne sauroit trop faire remarquer, après la belle exécution de tous ces objets, la difficulté que dut occasionner un pareil travail en marbre, travail qu'on croiroit avoir dû appartenir plutôt aux ouvrages métalliques.

Les Anciens employèrent souvent le *trépied* comme ornement symbolique en bas-relief, dans la décoration des temples, et ils les placèrent encore en toute réalité, et de métal, sur plusieurs parties des édifices. Ainsi lisons-nous dans Pausanias (*l.* 5. *ch.* 10), qu'aux deux acrotères latéraux du fronton du temple de Jupiter à Olympie, on avoit placé deux *trépieds* dorés. Le mot grec *lebes*, dont l'auteur se sert, signifie proprement *chaudière*, *bassin*. Mais cela même étant ce qui constitue particulièrement pour l'usage, ce qu'on appelle *trépied*, nous croyons que surtout, pour la place qu'ils occupoient, d'un côté et de l'autre du fronton, ces bassins devoient être élevés sur quelque support.

Rien ne fut aussi multiplié chez les Grecs, que l'usage des *trépieds*. Les citations qu'on pourroit faire à cet égard, sont innombrables. Un des emplois les plus ordinaires de cet objet à Athènes étoit d'être donné en prix à ceux qui avoient dirigé les concours choragiques. Aussi y avoit-il dans cette ville une rue qui s'appeloit la rue des *trépieds*. C'étoit là que se trouvoient érigés les monumens de ces petites victoires. Ils consistoient en un édifice surmonté du *trépied* donné en prix à la tribu qui, dans la composition et l'exécution des chœurs, avoit obtenu les suffrages. Le monument aujourd'hui subsistant, qu'on appelle vulgairement la *lanterne de Démosthène*, fut érigé par Lysistrate, en l'honneur de sa victoire; et l'on voit encore au sommet de l'ornement dont il est couronné, les trous qui avoient servi à sceller le *trépied* de bronze qui fut le prix du vainqueur.

Le goût de plus en plus répandu de l'antiquité, depuis quelques années, a fait de nos jours transporter dans un grand nombre de meubles usuels, la forme des *trépieds*. On l'applique non-seulement à des tables appelées *guéridons*, mais encore à certains ustensiles domestiques qui, pour l'usage que tout le monde sait, se composent d'une cuvette portée sur trois montans, et d'un plateau intermédiaire, sur lequel on pose les vases et autres objets de toilette.

Il se fait de ces *trépieds* en bois précieux, quelquefois revêtus d'ornemens de bronze doré. Il s'en fait aussi en bronze. Ce genre de meuble entre volontiers dans les travaux de l'ébénisterie.

TRÉSOR, s. m. Sous le rapport de l'architecture, le mot *trésor* désigne un local, un bâtiment destiné à la garde des deniers publics, et à mettre en réserve un assez grand nombre d'objets précieux, soit comme métaux, soit comme ouvrages rares, et qu'on desire mettre en sûreté.

Nous trouvons les plus anciennes mentions de bâtimens construits en Grèce pour servir de *trésors*, ou de dépôts, aux richesses des princes. Agamède et Trophonius avoient bâti pour Hyrieus, à Orchomène, un *trésor*, dans la construction duquel ils avoient pratiqué un secret dont eux seuls avoient connoissance. (Voy. *Paus. l.* 9. *ch.* 37.) Hyrieus s'apercevant que son argent disparoissoit, y dressa un piége où Trophonius fut pris. Un autre édifice du même genre, mais beaucoup plus célèbre, fut dans la même ville d'Orchomène, le *trésor* de Mynias, que Pausanias vante comme une des merveilles de la Grèce, ouvrage, dit-il (voy. *ibid.*), aussi magnifique qu'il y en ait dans tout le reste du Monde. Ailleurs, le même écrivain (*l.* 9. *ch.* 36) s'étonne de ce que les Grecs avoient toujours plus admiré les merveilles étrangères, que celles de leur propre pays, puisque (ajoute-t-il) leurs plus célèbres historiens ont décrit les pyramides d'Egypte, avec la dernière exactitude, et qu'ils n'ont rien dit du *trésor* royal de Mynias, ni des murs de Tirinthe, qui n'étoient pas moins admirables que ces pyramides. Ce *trésor* étoit bâti tout en marbre. C'étoit une rotonde dont la voûte se terminoit en pointe, et avoit à son sommet une pierre formant la clef de toute la construction. C'est par erreur que quelques voyageurs ont donné le nom de *trésor*, à un édifice circulaire ainsi construit en forme de *tholus*, qui subsiste encore aujourd'hui dans cette ville. Ce monument, dont quelques dessinateurs nous ont transmis la forme et les mesures, est trop inférieur à l'idée que Pausanias nous a donnée du *trésor* de Mynias, pour qu'on puisse s'y méprendre. Aussi, en lui supposant une aussi grande antiquité, est-il plus vraisemblable d'en faire le tombeau de ce roi, ou de tout autre personnage.

Au mot OPISTHODOME (*voyez* cet article), nous avons montré que ce qu'on appeloit ainsi dans plusieurs grands temples, tels que celui de Minerve à Athènes, étoit réellement un *trésor*, et avoit dû être non-seulement le dépôt des riches offrandes faites à la Divinité, mais le lieu où l'on gardoit et les sommes d'argent des amendes, et les fonds même de l'Etat. Chandler a encore trouvé dans les fragmens de marbres et d'inscriptions du temple, des détails d'objets précieux et de valeurs que l'on avoit mises ainsi sous la sauve-garde du respect inspiré pour l'enceinte sacrée qui les renfermoit. Dire qu'il y eut un autre local affecté à la garde des deniers de l'Etat, placé derrière le temple, c'est ce qu'on ne peut ni nier ni affirmer.

Mais le mot *opisthodome* étant le nom de la pièce postérieure du temple, et tous les écrivains étant d'accord sur la destination qu'on vient d'énoncer, l'autre opinion, qui n'est qu'une supposition, devient tout-à-fait improbable.

Il ne faut pas croire d'ailleurs que les finances des petits Etats de la Grèce aient eu besoin d'un aussi grand local que ceux qu'exigeroit aujourd'hui, dans de vastes Etats, la grande multiplication des espèces monnoyées.

Pausanias donne le nom de *θησαυροὶ*, *trésors*, à de petits édifices, compris dans l'enceinte sacrée de l'Altis à Olympie, et où chaque ville tenoit en dépôt les offrandes, statues et objets votifs de tout genre qu'elle consacroit au dieu. Ces sortes de *trésors* devoient ressembler par leur destination, à ce que l'on appelle du même nom, dans plus d'un édifice religieux de notre temps, c'est-à-dire à ces locaux où l'on conserve dans des armoires, qu'on ouvre certains jours à la curiosité publique, les richesses des autels.

Autrefois, à Rome, le *trésor* s'appela *ærarium*, parce que la première monnaie avoit été de cuivre. Il y eut différentes sortes de *trésors*, selon la diversité ou des monnaies, ou des services auxquels les revenus publics étoient affectés. Pendant long-temps ce fut le temple de Saturne, situé sur la pente du Capitole, qui fut le dépôt général des fonds publics. Sous les empereurs, il y eut plusieurs *trésors* séparés, sous différens noms. L'empereur avoit le sien. Il y avoit un *trésor* militaire. Les pontifes avoit aussi le leur.

Nous appelons aujourd'hui *trésors*, comme on l'a déjà dit, des dépôts curieux de vaisselle antique d'église, de reliquaires, d'objets rares consacrés par de pieux souvenirs, que l'on conserve dans des pièces garnies d'armoires, et mises sous la garde de quelqu'un des religieux, dans les couvens qui possèdent de ces curiosités. C'est ainsi que le *trésor* autrefois à Saint-Denis, et celui de la Sainte-Chapelle à Paris, montroient comme objets d'un prix inestimable en fait d'antiquité, la superbe coupe à deux anses d'agate sardoine autour de laquelle on avoit gravé en relief les mystères orgiques, et la très-grande agate sur laquelle est représentée l'apothéose d'Auguste et de Livie. Ces deux antiquités sont aujourd'hui au cabinet des antiques de la Bibliothèque du Roi, à Paris.

De nos jours l'on ne donne plus le nom de *trésor*, qu'avec l'épithète soit de *royal*, soit de *public*. Ce n'est autre chose, qu'un bâtiment comme tout autre, où se font les opérations de recette, de dépense et de comptabilité, et où l'on acquitte toutes les dépenses du Gouvernement. Rien ne distingue cet édifice de tous les autres bâtimens consacrés à l'administration publique.

TRIANGULAIRE (COLONNE). Nous avons vu au mot TRÉPIED, qu'il entroit dans la nature de l'objet décrit déjà sous ce nom, d'être d'une forme *triangulaire*. Cette forme ne dut pas être très-ordinaire dans les ouvrages de l'architecture. On ne trouve guère dans tous les corps qui supportent, d'autre configuration que la quadrangulaire et la circulaire. C'est aux frontons qu'est affectée surtout celle du triangle. Quant aux colonnes, il paroîtroit difficile d'en citer en forme *triangulaire*. Winckelmann parle seulement de deux pilastres ainsi taillés, qu'on voyoit de son temps dans les jardins du marquis Belloni à Rome (*Osservazioni sopra l'architettura*, cap. 2). Quant à celui qu'il cite (*Letter. sull' architettura*), sur l'autorité de Pausanias, comme ayant existé dans le temple de Jupiter Ammon en Lybie, il est bon de faire remarquer que l'écrivain grec (*l.* 9. *ch.* 16) ne dit ni pilastre ni colonne. Il se sert du mot *stèle*. Or, ce qu'on doit entendre par ce mot, s'applique de préférence à des pierres taillées en forme d'obélisques, et sur lesquelles on gravoit des inscriptions. Et sur la *stèle* du temple d'Ammon, étoit gravée une ode de Pindare. Au reste, on ne doute pas qu'il y ait eu des obélisques ou des stèles *triangulaires*; cette forme ne pouvant guère convenir qu'à des monumens isolés.

TRIBUNAL, s. m. Dans l'antiquité on donnoit ce nom à un lieu élevé, ayant, dans les basiliques, la forme d'un hémicycle, et où étoient placés les siéges des magistrats qui rendoient la justice.

Il est à croire que le nom de *tribunal* vient de *tribun*. Les magistrats de ce nom tenoient leurs audiences dans la place publique, sur un siége élevé, et séparé de la multitude par une clôture.

On a donc donné aussi le nom de *tribunal* au siége du juge.

Dans les usages modernes, on appelle *tribunal*, non-seulement les bancs où les juges sont assis, la salle fermant le parquet où ils se tiennent,

ment, et l'auditoire où le public est admis, mais encore le bâtiment qui renferme les différentes pièces nécessaires à l'administration de la justice.

TRIBUNE, s. f. On emploie ce mot sous des acceptions différentes, et on l'applique, en français, à des objets assez divers.

Il est probable que ce mot a la même origine que le mot *tribunal*. On a vu que c'étoit un lieu élevé, d'où le tribun prononçoit ses jugemens. Tout lieu élevé d'où l'on parle, ayant une ressemblance avec le lieu d'où le juge dictoit ses arrêts, il fut assez naturel d'en transporter la dénomination à un autre ordre d'usage. Les Romains appeloient *suggestum*, le lieu élevé d'où les généraux et les empereurs haranguoient le peuple. Ils avoient donné le nom de *rostrum*, à celui qui servoit aux orateurs dans le *forum*, parce qu'il avoit la forme d'un *rostrum* ou d'une proue de vaisseau, la place publique ayant été décorée de semblables proues, monumens de la première victoire navale des Romains sur les Carthaginois. Les Modernes ont appelé ce *rostrum*, *tribune aux harangues*.

Le mot *tribune* fut donc affecté très-anciennement, dans la langue française, à tout lieu élevé et dressé pour prononcer des discours. De là ces locutions, l'*éloquence de la tribune*, *discours fait pour la tribune*, *homme de tribune*. Quelques usages nouveaux ont consacré de plus en plus l'emploi du mot *tribune* dans le même sens.

Ce mot a été transporté à la désignation des lieux où, dans la religion chrétienne, les ministres de la parole évangélique enseignent le peuple, et débitent leurs sermons. L'on dit la *tribune sacrée*, pour désigner ce qu'on appelle plus ordinairement la *chaire*, *cathedra*, siége élevé, d'où l'on enseigne. On peut conclure de là que les mots *tribune* et *chaire*, expriment au fond la même chose, en généralisant l'idée de leur emploi, comme étant le lieu ou le siége, d'où l'on parle, et d'où l'on enseigne.

C'est pourquoi les premières chaires, dans le christianisme, furent faites à l'instar d'une *tribune* à deux rampes (*voyez* CHAIRE), et c'est encore à cette forme, que le bon sens et le bon goût forcent de revenir en architecture, quand on cherche la composition, qui offre à la fois, le plus de vraisemblance, de noblesse, de solidité, et l'autorité des plus anciens exemples.

On donne aussi le nom de *tribune*, peut-être par une certaine analogie de forme ou d'apparence, à certains locaux généralement élevés, soit dans de grandes salles, soit dans les églises, soit en d'autres lieux d'assemblée publique, pour des fêtes, pour des cérémonies quelconques, et qui sont destinés à des places de réserve pour un nombre donné de personnes, ou à contenir des orchestres de musiciens, ou pour tout autre objet.

TRICLINIUM. Ce mot latin, formé du grec, signifie *trois lits*. On donnoit aussi ce nom, chez les Romains, aux lits mêmes sur lesquels on mangeoit, parce qu'ordinairement il n'y avoit place sur chaque lit que pour trois personnes. Mais généralement on appeloit *triclinium*, ce que nous appelons *salle à manger*. Vitruve toutefois nous apprend qu'on donnoit encore à ces salles le nom d'*æci* et d'*exedræ*. Nous avons rendu compte ailleurs de ces trois sortes de salles et des variétés de leur architecture, selon les épithètes qu'on ajoutoit à leurs noms, épithètes empruntées des noms de différentes villes. *Voy*. SALLE *à manger*.

TRIGLYPHE, s. m. Ce mot est le même en français que *triglyphus* en latin, et *triglyphos* en grec. Il signifie, en architecture, un ornement qui se compose de trois *glyphes*, c'est-à-dire trois gravures ou rainures. On sait, et il a été dit à plus d'un endroit de ce Dictionnaire, que cet ornement étoit exclusivement appliqué à la frise de l'ordre dorique, celui des trois ordres qui a le plus fidèlement conservé les titres originaires de l'art de bâtir en Grèce. *Voyez* ARCHITECTURE, DORIQUE, FRISE, etc.

Nous ne répéterons donc point ici les preuves données à beaucoup d'autres articles, de l'imitation que firent les Grecs de la bâtisse primitive en bois, dans leur architecture en pierre, et de la transposition évidente des détails de la charpente, dans le travail de matières plus solides. Rien, en effet, n'est plus évident, et le *triglyphe* seul, par la place qu'il occupe sur l'architrave, par ses formes et ses détails, s'annonce clairement, comme représentant les bouts des solives du plancher.

Il y a sur l'origine de sa forme et ses détails, deux opinions qu'on peut admettre indifféremment, chacune ayant le degré de vraisemblance que de semblables analogies peuvent comporter.

Les uns prétendent que les trois *glyphes*, ou rainures du *triglyphe*, sont la tradition des entailles que l'on faisoit jadis sur le bout des poutres, pour l'écoulement des eaux, dont les gouttes se voient encore au-dessous de la bande qui sépare les *triglyphes* de l'architrave. Les autres veulent que le *triglyphe* ait été originairement un ornement de rapport, pour cacher les extrémités de la solive, et ils en donnent pour preuve qu'à certains temples doriques bâtis en pierre, comme on le voit à Pæstum, il y a de semblables *triglyphes* incrustés après coup dans la pierre, au lieu d'y avoir été originairement sculptés dans la masse.

Qu'importe, dirons-nous, l'une ou l'autre opinion. Le fait en question est tout-à-fait étranger à l'objet qu'il faut constater, savoir, que le *triglyphe*, dans l'ordre dorique, est la représentation ornée du bout de solives de la construction primitive en bois.

Le *triglyphe* se compose donc de deux canaux

taillés le plus souvent en biseau, séparés chacun par un listel montant. De chaque côté de ces deux montans, sont encore deux demi-canaux. Les listels montans et les canaux aboutissent à une bande qui règne dans toute la longueur de l'entablement. Sous cette bande sont sculptées les gouttes faites ordinairement en forme de petits cônes, au nombre de six, quelquefois seulement de cinq. Le *triglyphe* a encore ce qu'on appelle son chapiteau; c'est une petite bande qui le surmonte.

La distribution des *triglyphes* dans la frise dorique, a été l'objet de beaucoup de diversités d'opinions, et, à ce qu'il paroît, de difficultés dans l'antiquité même, puisque Vitruve nous apprend que plus d'un architecte avoit préféré l'emploi de l'ionique, dans les colonnades des temples, pour éviter l'embarras de l'ajustement régulier des *triglyphes*, avec les diamètres des colonnes, et les entre-colonnemens. Rien de plus facile que cet ajustement, lorsqu'on lui subordonne, comme cela se doit, l'ordonnance, la disposition et le nombre des colonnes, en sorte que chaque *triglyphe* corresponde exactement à l'axe de chaque colonne, et au milieu de chaque entre-colonnement, de manière à avoir, entre deux *triglyphes*, une seule métope exactement carrée. Mais si l'on est tenu, n'importe par quelle raison, d'avoir des entre-colonnemens plus larges qu'il ne le faut, pour l'espace d'un *triglyphe* et de deux métopes, on conçoit que la régularité ne peut plus se rencontrer avec de tels espacemens. Une autre difficulté de la distribution des *triglyphes* dans la frise dorique, a été la nécessité de faire porter le *triglyphe* de chaque extrémité d'une frise, sur l'axe ou le milieu du diamètre de la colonne d'angle. Deux systèmes, l'un chez les Grecs, l'autre chez les Romains et les Modernes, ont eu lieu à cet égard.

Il nous est prouvé par l'universalité des temples d'ordre dorique en Grèce, que les architectes flanquèrent l'angle de la frise par un *triglyphe*, qui dès-lors ne répondoit plus au milieu du diamètre de la colonne d'angle. Pour rendre l'irrégularité de cette disposition moins sensible, il convenoit de la faire partager aussi à la métope, qui précédoit ce *triglyphe*; ainsi voyons-nous que cette métope se trouve elle-même portée, beaucoup plus que les autres, et presqu'en entier, à l'aplomb de la colonne d'angle. Sans cela il eût fallu la faire infiniment plus large que le reste des métopes, ce qui auroit, dans cette distribution, produit un mécompte frappant. Au lieu de cela on gagna cet intervalle en donnant de proche en proche un peu plus de largeur aux *triglyphes* et aux métopes qui vont terminant de chaque côté la frise. Il nous paroît que les architectes, par cette méthode, firent, comme en bien d'autres cas, c'est-à-dire qu'ils considérèrent la disposition de la frise dorique de leurs temples, uniquement en elle-même, et selon ce qui leur parut le plus conforme à son meilleur effet, sans s'inquiéter du manque de correspondance absolue avec les axes des colonnes, ou les entre-colonnemens.

Vitruve enseigne une autre méthode qui paroît plus naturelle, c'est de placer le dernier *triglyphe* avant l'angle, à l'aplomb du milieu de la colonne d'angle, et de laisser ainsi en face, ainsi qu'en retour, une moitié de métope faisant l'angle. Cette méthode a été suivie par tous les architectes modernes, et véritablement, lorsque l'on ne remplit point les métopes de figures ou d'ornemens, et qu'on les tient lisses, on est porté à préférer ce système.

Il seroit possible, que l'usage de sculpter des figures sur les fonds des métopes, ait fait desirer de n'avoir point à couper un sujet, ou à ployer un ornement, partie sur un côté, partie sur l'autre de la métope d'angle. Il se pourroit encore que ces *triglyphes*, placés aux angles de la frise, aient paru en terminer mieux la ligne, et donner une apparence plus grande de solidité à cette portion de l'entablement.

Piranesi partant du principe originaire des *triglyphes*, comme représentant les bouts des solives, a consacré plus d'une planche à la démonstration de ce système (dans sa *Magnificenza de Romani*). Il fait voir comment on peut supposer, que des solives auroient pû être placées, de manière à ce que les quatre côtés d'un temple à colonnes, par exemple, auroient reçu et montré des bouts de solives, tombant juste à l'aplomb de chaque colonne. Il suppose, qu'à cet effet, un rang de solives auroit été placé en travers d'un autre, par le moyen d'entailles pratiquées dans la moitié de l'épaisseur de chacune, à l'endroit où elles se rencontrent, ce qui auroit formé comme un plancher en gril. Cette hypothèse est faite pour répondre à ceux qui, d'après l'usage sans doute plus ordinaire, de n'employer dans les plafonds qu'un seul rang de solives, condamneroient l'emploi des *triglyphes*, représentant des bouts de solives aux deux côtés qui, dans la réalité, n'en auroient pas pu avoir. Cet arrangement de solives qui se croisent, sert encore d'argument contre le système des *triglyphes* sur l'angle, puisqu'il ne seroit pas possible à deux bouts de solives effectives, de se rencontrer à l'angle.

Il y a dans toutes ces matières certaines vérités qu'on fausse, à force de les presser par une réalité trop matérielle. Ce que l'architecture a trouvé d'objets ou d'idées à transporter, des bâtimens de bois dans les édifices de pierre, ne sauroit se comparer au modèle impérieux des formes et des proportions, que la nature offre aux autres arts dans l'imitation des corps. L'imitation d'ouvrages, qui sont déjà le produit plus ou moins arbitraire des besoins d'un genre de bâtir, n'a jamais pu enchaîner le goût de l'artiste à une répétition formelle. La transposition dont nous avons tant de fois parlé en ce genre, n'est qu'une métaphore qui, comme telle, doit se borner à l'esprit de la chose, à une approximation libre, comportant plus d'une restriction, et plus d'une modification. Ainsi les Grecs eux-mêmes, auteurs de cette transformation, l'ont-ils comprise et pratiquée, et la liberté seule qu'ils ont prise, dans la distribution de la frise dorique, nous en est une preuve.

Tel est toutefois le double écueil, où il est facile de tomber dans le genre d'imitation mixte qui appartient au système de l'architecture. Le bon sens conduit par le goût, et le goût réglé par la raison, peuvent seuls préserver de l'abus qui, d'un côté comme de l'autre, environne cette imitation. La servilité mettra des bornes inutiles et importunes aux dispositions de l'architecte, et l'entière indépendance le poussera dans les champs sans bornes du caprice.

Déjà dans l'antiquité (romaine du moins), nous voyons l'ancienne distribution des *triglyphes* et leur accord avec les diamètres et les entre-colonnemens, devenus tout-à-fait arbitraire. Ainsi le temple dorique de Cora nous fait voir trois *triglyphes* dans un seul entre-colonnement, et le côté droit du temple a un entre-colonnement qui en renferme quatre. On voit bien que cela dut procéder d'un espacement entre les colonnes, plus grand que le caractère de l'ordre dorique ne le comporte. (*Voyez* l'article Cora.) Mais on doit croire qu'il dut arriver à cet ornement de la frise dorique, comme à beaucoup d'autres, de perdre avec le temps sa signification primitive. Il est à peu près indispensable que la chose arrive ainsi, par l'habitude qu'on prend d'introduire indistinctement, et sans égard au sens et à l'esprit de chacun, presque tous les ornemens des édifices, sur beaucoup d'objets étrangers aux convenances de l'architecture.

De cet emploi purement arbitraire, quelques-uns ont conclu que l'origine des *triglyphes*, en la supposant véritable, n'imposoit pas l'obligation d'en respecter bien fidèlement la disposition. Mais que peuvent des *triglyphes* taillés sous des corniches de piédestaux, comme on en voit dans l'antiquité romaine, ou sur des sarcophages, à l'instar du célèbre tombeau de Scipion, découvert il y a une cinquantaine d'années aux environs de Rome? Que de choses les sculpteurs d'ornement et les décorateurs n'admettent-ils pas dans leurs ouvrages pour le seul agrément, et sans plus d'importance, que n'en demandent des objets auxquels on est habitué à n'imposer d'autre obligation, que celle de plaire aux yeux!

Les hommes ne font guère en général dans leurs inventions, que des emprunts d'un ordre de choses à un autre. L'architecture elle-même repose sur des assimilations d'emplois, de formes, de rapports. On ne sauroit donc ni empêcher, ni peut-être trouver mauvais, qu'en grand nombre d'objets et d'ouvrages de besoin, de luxe ou de goût, aient été chercher dans les besoins, le luxe et le goût de l'architecture dont ils dérivent, des motifs d'ornement, des analogies de formes, qui par le fait même de la transposition qu'ils subissent, perdant la vérité primitive de leur emploi dans l'original, doivent être jugés dans la copie, d'une manière tout-à-fait relative. Si un sarcophage, par exemple, à son couvercle taillé en fronton, ira-t-on exiger de cette couverture, des rapports de proportion avec les colonnes qui semblent le supporter, comme on le fera pour un édifice? Conclura-t-on de l'exiguité des colonnes rapetissées, qu'il sera permis à un péristyle réel, d'avoir les désaccords et les irrégularités de la copie capricieuse que le hasard en a faite? Nul, sans doute, ne tirera de là ces conséquences absurdes. Il en sera de même des membres d'entablement, dont on couronne une multitude de petits monumens, comme autels, cippes, piédestaux, meubles, etc. Qu'on y place arbitrairement des mutules, des modillons, des denticules, des *triglyphes*, des métopes, que conclure de là en faveur d'un emploi également arbitraire de toutes ces choses dans l'architecture?

Mais ici, le comble de la déraison seroit de prétendre, comme quelques-uns l'ont fait, que puisque ces membres et ces détails d'ornement sont au fond insignificatifs, et tout-à-fait arbitraires, dans les emprunts qu'on en a faits à l'architecture, ils doivent être considérés de la même manière dans les édifices.

En fait de goût, il faut bien se garder de tirer avec rigueur, les conséquences des conséquences. Ce qui ne seroit pas toujours exact, à l'égard des vérités qui reposent sur des faits positifs, deviendroit tout-à-fait absurde, appliqué à des choses de sentiment, dont la vérité morale n'est soumise à aucune évidence matérielle. L'espèce d'imitation qui fait le charme et le mérite de l'architecture grecque, n'a point, comme nous l'avons répété bien des fois, de principe absolu et reposant sur une nécessité physique. Elle n'est autre chose qu'un accord du goût et de la raison. On la fera disparoître dès qu'on voudra la juger par le goût sans la raison, ou par le raisonnement sans le goût. Voilà pourquoi cette sorte d'imitation analogique n'ayant rien de mathématiquement certain, comporte un assez grand nombre de conventions, sans lesquelles elle cesseroit d'être possible, ou ne le seroit qu'en devenant absurde et ridicule. Dès qu'il faut y admettre des conventions, voilà le goût appelé à lui donner des règles. Mais les règles du goût ne sont obligatoires que pour le sentiment. Rien, en ce genre, ne se démontre à la raison, qui n'est pas l'organe propre à discerner ces choses. Or, l'imitation dont il s'agit, ne pouvant et ne devant être ni copie, ni répétition positive de son modèle, comporte un assez grand nombre d'exceptions, ou pour mieux dire de libertés, dans les ressemblances qu'elle produit. Et il suffit d'examiner l'emploi seul du *triglyphe*, et son application à l'architecture la plus régulière, pour voir que cette représentation des solives, en tant que commémoration du système de la construction primitive en bois, n'a lieu qu'à la faveur de plus d'une licence.

Nous convenons que dans cet autre degré secondaire de l'imitation d'une imitation, je veux dire l'emprunt fait pour un meuble, des parties du système propre à l'architecture, l'esprit de l'ornement a pu enchérir de licences et d'exceptions, sur celles de son modèle, et à cet égard c'est encore au goût qu'il appartient, d'évaluer ou de régler le nombre et la mesure des libertés que l'artiste en ce genre se permettra. Mais qui ne voit, d'après cet état de choses, combien il seroit ridicule de faire ici intervenir la raison toute seule, qui, par un étrange abus de raisonnement, au lieu de conclure (peut-être trop sévèrement) des règles de l'architecture réelle, le devoir de les adopter dans de simples copies fictives de cet art, se feroit des licences accordées si l'on veut par l'usage à des fictions sans conséquence, un argument pour les autoriser dans des monumens sérieux, et par conséquent pour y détruire le système imitatif, qui en fait le charme et un des principaux mérites.

TRINGLE, s. f. On appelle le plus souvent ainsi une verge de fer menue, ronde et longue, qui, encastrée et scellée en divers endroits, mais communément au-dessous des corniches et en avant des fenêtres, sert de conducteur aux anneaux qui font mouvoir les rideaux, les tapisseries et draperies, qui entrent dans les besoins tant intérieurs qu'extérieurs des maisons et autres bâtimens.

En menuiserie on a donné, par analogie, le nom de *tringle*, à une baguette équarrie, longue, plate et étroite, qui sert quelquefois à remplir un petit vide, d'autres fois à former, comme pièce de rapport, une portion de moulures et de profils dans un panneau ou ailleurs.

Plus d'une sorte de marchands appellent aussi *tringle*, une pièce de bois longue et étroite, garnie de clous, de crochets ou de chevilles, auxquelles on suspend des marchandises.

TRINGLER, v. act. Tracer sur une pièce de bois, une ligne droite avec un cordeau frotté de pierre blanche ou rouge pour façonner cette pièce.

TRIOMPHAL. *Voyez* ARC.

TROCHILE. *Voyez* SCOTIE.

TROMPE, s. f. On a donné à ce mot, dans la construction, plus d'une étymologie, dont aucune ne paroît fort satisfaisante. La moins probable est peut-être celle qu'on trouve dans certains lexiques. La *trompe* est ainsi nommée, dit-on, parce qu'elle trompe ceux qui la regardent, et qui ne connoissent point l'artifice de son appareil. On suppose avec plus de vraisemblance que ce nom lui auroit été donné par une sorte d'analogie de configuration, avec la forme d'une espèce de *conque* marine qu'on appelle *trompe*.

Quoi qu'il en soit, la *trompe*, en architecture, est une portion de voûte tronquée, en saillie, dont les pierres posées en encorbellement, ou ce qu'on appelle en *porte-à-faux*, servent d'appui à un corps de constru tion quelconque, qui semble reposer sur le vide.

L'usage des *trompes* fut extrêmement commun, en France, dans toutes les bâtisses du moyen âge, et s'est perpétué jusqu'au dix-septième siècle, où le goût de l'architecture antique devenu général, a relégué cette sorte de construction dans la classe des caprices, à moins que quelque nécessité n'en provoquât l'emploi, selon le besoin de certaines localités.

On croit voir que cette forme de support dut être d'un emploi naturel et fréquent dans les anciens châteaux forts, pour l'établissement des guérites, ou védètes qui, s'appliquant aux angles des murs, ou aux tours des bastions, se trouvoient comme suspendues en l'air. Les habitations particulières participèrent naturellement des usages des châteaux. La *trompe* avoit l'avantage de donner aux intérieurs, des pièces circulaires en saillie, ce qui étoit un agrément pour la vue. Elle offroit une économie de travail et de matériaux, puisqu'elle dispensoit de donner aux pièces ainsi sur-ajoutées en dehors des bâtimens, et aux étages supérieurs, toute la hauteur des constructions que leur position auroit exigées, et surtout les frais de fondations. Dans les maisons situées aux angles des rues, la *trompe* permettoit d'y établir un corps avancé, qui, porté en l'air, ne prenoit aucun espace à la voie publique. Ajoutons que l'usage de bâtir les étages en surplomb, les uns sur les autres, dans les maisons construites en bois, telles qu'on en voit encore dans beaucoup de villes, avoit accoutumé à chercher ainsi dans le vide, une extension de local dont on avait besoin. Or la *trompe* est précisément en pierre, et, dans la construction par appareil, une imitation de cette pratique de surplomb ou d'encorbellement dans la bâtisse en bois.

Il est beaucoup plus facile de dire ce que les Grecs et les Romains ont fait en architecture et en construction, d'après les ouvrages qui subsistent encore d'eux, que de dire ce qu'ils n'ont pas fait, vu le peu qui nous reste en tout genre, de leurs ouvrages; cependant je crois, d'une part qu'il est permis d'avancer, qu'il ne subsiste dans les restes de leurs édifices, aucun exemple de *trompe*, et de l'autre qu'on peut présumer, d'après l'esprit et le système de leur art de bâtir, qu'ils n'usèrent point de ce procédé de support. Effectivement c'est pendant le moyen âge et dans les contrées du Nord, et sous le règne du goût gothique, que nous voyons l'usage des *trompes* extrêmement multiplié. La bâtisse gothique emprunta beaucoup plus qu'on ne pense, et de ses pratiques et de ses procédés, aux bâtisses en bois telles qu'elles se faisoient et se font encore aujourd'hui dans le Nord. Rien de plus naturel et de plus commun, dans l'emploi du bois, que de faire soutenir les corps avancés dont on a besoin, comme balcons, auvents, etc., par des perches, qui au lieu de poser perpendiculairement sous l'objet qu'elles supportent, se placent au contraire dans un plan incliné, du bord de l'objet en saillie au pied du mur. Cette pratique n'a pas cessé encore d'être usuelle dans les bâtimens rustiques. Ce système de support en porte-à-faux est en petit celui des consoles, des modillons, des culs-de-lampes. Eh bien! la *trompe* a trouvé là son modèle. L'art du trait dans la construction, s'est emparé de cette imitation, et a cherché le moyen de lui donner la plus grande solidité.

Nous voyons encore en France, dans le seizième siècle, les architectes tirer gloire de leur habileté à construire des *trompes*. Philibert de Lorme se fit de la réputation en ce genre: on cite encore aujourd'hui, et l'on admire à Lyon rue de la Juiverie, la construction en pierre de deux *trompes*, dont la coupe est d'un trait savant, et fut pour le temps d'une exécution hardie. Leur saillie est considérable eu égard à la place qu'elles occupent. L'une est biaise, rampante, sur-baissée et ronde par devant (ou convexe), et elle a en saillie les trois quarts de sa circonférence. L'autre à l'angle opposé du même bâtiment est également convexe, et son porte-à-faux n'est pas moins saillant. Chacune de ces deux trompes supporte un cabinet en corps avancé sur une galerie suspendue, formée d'arcades et de piédroits ornés d'un ordre ionique qui sert de communication aux deux cabinets. Nous lisons qu'il y avoit au château d'Anet une *trompe*, qui fut démontée de l'endroit où Philibert de Lorme l'avoit bâtie, pour servir de cabinet au roi Henri II, et remontée en une autre place, avec beaucoup de soin par Gérard Vyet, architecte du duc de Vendôme. On trouve citée par d'Aviler, une *trompe* d'encoignure, construite au bout du pont de pierre sur la Saône à Lyon, ouvrage d'un architecte nommé Desargues, qui fit preuve dans cette construction d'une grande capacité.

L'usage des *trompes* a diminué sensiblement et progressivement depuis deux siècles. Presque toutes celles qui existoient ont disparu, soit par l'effet de l'agrandissement des villes, des rues et des habitations, soit par la démolition des anciennes constructions. On auroit quelque peine à en citer de modernes, qui fussent le résultat du goût ou même du caprice. Si l'on en trouve quelqu'une due à quelqu'entreprise récente, il faut que quelque raison locale en ait nécessité l'emploi. Telle est en effet celle qui fut construite vers le milieu du dernier siècle, au chevet de la grande église de Saint-Sulpice, à laquelle on voulut ajouter la chapelle circulaire de la Sainte-Vierge, en prolongement du corps déjà terminé de l'édifice. Il est visible que pour ne pas empiéter sur la voie publique, l'architecte imagina de faire porter la saillie extérieure de sa rotonde, sur une grande *trompe* concave en manière de coquille.

On donne divers noms aux *trompes* selon les variétés de forme ou de détail de construction et d'emplacement qui les distinguent. Ainsi on nomme:

Trompe dans l'angle, celle qui occupe un angle rentrant. Philibert de Lorme en avoit fait une à Paris dont il a donné la figure dans son traité d'Architecture, liv. IV, ch. 2

Trompe de Montpellier, est celle qui, dans un angle rentrant, est construite en tour ronde, et diffère des autres, par cela qu'elle a de hauteur deux fois la largeur de son ceintre. Il paroît que ce nom lui est venu de deux *trompes* ainsi construites dans la ville de Montpellier.

Trompe en niche. *Trompe* concave en manière de coquille, et qui n'est pas réglée par son profil. On la nomme aussi *trompe sphérique*.

Trompe en tour ronde. C'est celle dont le plan sur une ligne droite est un demi-cercle, et qui est faite en manière d'éventail.

Trompe plate, est celle qui, dans un angle rentrant, forme par son plan un carré ou un trapèze.

Trompe à pans. Celle qui est dans un angle rentrant, et dont le plan est une partie de polygone.

Trompe rempante. Celle dont la naissance est une ligne inclinée.

Trompe réglée. *Trompe* qui est droite par son profil.

Trompe sur le coin. C'est une *trompe* qui porte l'encoignure d'un bâtiment, pour faire un pan coupé au rez-de-chaussée.

TROMPILLON, s. m. Petite trompe. *Voyez* Trompe.

Trompillon de voute. Pierre ronde qui sert de coussinet aux voussoirs du cul-de-lampe d'une niche, et à porter les premières retombées d'une voûte. Il y a de ces *trompillons* sous les quartiers tournans, et les paliers des escaliers voûtés en arc de cloître.

TRONC, s. m. C'est, comme chacun sait, le nom qu'on donne à cette partie de l'arbre ordinairement verticale, qui naît des racines, porte les branches, et est cylindrique.

On a, par une parfaite analogie de la ressemblance de sa forme, donné le même nom aux fûts des colonnes, et cela indépendamment de l'opinion, que les *troncs* d'arbre auroient pu être les colonnes primitives dans la naissance de l'art. On dit au reste plus volontiers un *tronc* de colonne, pour exprimer un reste ou un fragment de colonne, et ce qu'on appelle colonne tronquée. *Voyez* TRONÇON.

On appelle aussi *tronc* en architecture le dé d'un piédestal.

TRONCHE, s. f. C'est en charpenterie, une grosse pièce de bois de peu de longueur, dont on peut tirer une courbe rampante d'escalier, ou un noyau recreusé.

TRONÇON, s. m. Se dit en architecture, de tout morceau de marbre, de bronze, ou de pierre servant à former le fût d'une colonne. Le *tronçon* diffère de ce qu'on appelle ici tambour, en ce que la colonne par *tronçons* n'est composée que d'un petit nombre de morceaux d'inégale hauteur, si l'on veut, tandis que les morceaux appelés tambours, par le fait seul de leur dénomination, n'ont guère d'autre hauteur, que celle qu'on donne à l'instrument de percussion connu sous le nom de tambour.

TRONE, s. m. Dans son acception actuelle, et selon l'usage aujourd'hui universel, on donne ce nom à un siége riche, élevé, ordinairement sous un dais, qui est la prérogative des rois, des princes, et des plus hautes dignités. Malgré la richesse d'ornemens, de broderies ou d'étoffes dont ce meuble royal est accompagné, il est assez rare que sa construction et sa composition se classent au nombre de celles que l'architecture compte dans ses attributions. C'est uniquement par le goût de quelques ornemens, par l'emploi de motifs ou sujets de décorations dépendans de son art, que l'architecte peut réclamer aujourd'hui soit l'invention, soit la direction de ces sortes de travaux. Ce fut jadis à bien plus juste titre et sous bien plus de rapports, que cette brillante partie de l'art des Anciens dut se trouver partagée entre des arts dont les limites n'étoient pas aussi restreintes à l'égard de chacun d'eux, qu'elles le sont devenues chez les Modernes. On va voir d'ailleurs, vu la multiplicité de ces monumens dans les temples, vu leur grandeur et la diversité de leur composition, que l'art de l'architecture dut présider en premier à leur composition, à leurs détails comme à leur exemple.

Des Trônes de divinités et autres monumens semblables dans les grands temples de l'antiquité.

Avant d'avoir été donné par métaphore aux dieux de l'antiquité, et appliqué à la décoration de leurs simulacres, le *trône* dans les pratiques de la vie civile avoit été simplement un siége d'honneur, dont usoient les hommes de condition libre. Ce qui le distinguoit des autres siéges, dit Athénée, c'étoit le marchepied. Insensiblement il devint la prérogative des personnes constituées en dignité, des chefs des peuples, et des rois. Très-naturellement dès qu'on voulut rendre sensible aux yeux, par les formes corporelles, les images des dieux, il n'y eut pas de meilleur moyen, que de donner à leurs effigies les signes et les emblèmes que le grand nombre révère le plus. L'idée de la puissance céleste et du gouvernement du monde, ne pouvoit être mieux exprimée que par l'image d'un monarque.

Ainsi l'opinion établie d'un roi des dieux, souverain du ciel et de la terre, avoit dû habituer les Grecs à se le représenter sous les traits, la forme, et avec les attributs extérieurs d'un roi assis sur un *trône*, le sceptre en main. Selon la hiérarchie polythéique, les autres dieux, quoiqu'inférieurs, n'en étoient pas moins regardés comme souverains aussi, chacun dans son empire. Naturellement encore on leur déféra les accompagnemens et les marques sensibles de la royauté : Homère leur donne à tous dans l'Olympe des *trônes* d'or. Les artistes grecs n'eurent donc besoin d'aucune autre autorité, que de celle de leurs poëtes, ni d'exemples étrangers pour asseoir leurs dieux dans des *trônes*.

Il y a dans le langage des arts, comme dans beaucoup d'habitudes sociales, une manière abréviative de signifier les choses, c'est de donner à la partie la propriété d'être prise pour le tout. Ainsi voyons-nous que, dans les usages anciens comme modernes, le *trône* tout seul veut dire la royauté : seul aussi, après que l'idée de roi eut été transportée aux dieux, il désigna la Divinité. De là ces *trônes* vides et sans simulacre, que l'on plaçoit dans les temples, pour indiquer (comme Lucien nous dit que cela fut à Hiérapolis) le dieu dont on ne vouloit, ou dont on ne devoit point faire voir l'image.

On rencontre fréquemment de ces trônes isolés sur les monumens et dans les décorations antiques. Les peintures d'Herculanum nous montrent les *trônes* vides de Mars et de Vénus. On voit sur les médailles le *trône* de Junon caractérisé par l'oiseau de cette déesse. Un monstre marin fait reconnoître également pour être le trône de Neptune, celui qui fut découvert, il y a déjà long-temps, dans les ruines d'un temple antique à Ravenne, et qui est sculpté en bas-relief. Il fit partie d'une très-belle frise représentant, à ce qu'il paroît, une suite de tous les *trônes* des divinités sculptés avec beaucoup d'art. Les dieux sont absens, mais la sculpture les désigne par les emblêmes qui leur appartiennent. Paris possède un des fragmens de cette frise dont fut détaché le *trône* de Saturne qu'on admire au Muséum Royal. Il en existe plusieurs autres qui proviennent du même temple à Venise, à Rome et à Florence. De petits génies sont sculptés à côté de chaque *trône*, et portent les symboles de la divinité qu'on n'y voit pas.

Nous ne parlerons point ici de cette multitude de *trônes* votifs de toute grandeur et de toute matière, dont on trouve les mentions à toutes les pages de l'histoire ancienne. Ces notions sont uniquement du ressort de l'archéologie. Pour rester dans les limites du sujet de ce Dictionnaire, nous allons parcourir en abrégé une certaine série d'ouvrages, auxquels les Anciens donnèrent le nom de *trônes*, qui firent l'ornement de presque tous les grands temples, et qui, par leur masse, leur composition et leur décoration, appartiennent plus spécialement à l'architecture.

Rien en effet de plus fréquent dans le voyage de Pausanias, que les mentions qu'il fait de monumens composés d'une divinité principale assise dans un *trône*, autour duquel se groupent deux autres divinités, l'une à droite, l'autre à gauche, et toutes ensemble réunies sur un soubassement commun. Les médailles, les bas-reliefs, les pierres gravées, nous en offrent beaucoup d'exemples, d'après lesquels il est facile de se figurer, et de restituer en dessin les notions suivantes.

Ainsi dans le temple de Junon à Mantinée Praxitèle avoit fait les figures de Junon, de Minerve et d'Hébé, fille de Junon. Celle-ci étoit assise dans un *trône*, les deux autres lui servoient d'accompagnement.

Il y avoit à Tégée un magnifique temple bâti par Scopas dont une semblable composition faisoit le principal ornement. Le même Scopas en fut le sculpteur, et il y représenta Minerve surnommée Alea, avec l'accompagnement de deux statues, celle d'Esculape et celle d'Hygiea.

A Mégalopolis, dit Pausanias, on voyoit dans le temple périptère de Jupiter Sauveur, le dieu assis dans un *trône*. A l'un de ses côtés étoit la figure de la ville de Mégalopolis. Celle de Diane Conservatrice étoit à sa gauche. C'étoit l'ouvrage de deux statuaires athéniens, Céphissodote et Xénophon.

Au temple de Jupiter Olympien à Patra, le dieu étoit de même dans un *trône*, au milieu des deux figures de Minerve et de Junon.

A Sycione existoit, dans le temple de Bacchus, un monument du même genre. Le dieu étoit sculpté en or et ivoire, accompagné de Bacchantes faites en marbre. Deux des peintures des Thermes de Tite nous représentent ainsi Bacchus sur un *trône* entouré de Bacchantes d'une manière qui répond avec beaucoup de ressemblance au monument de Sicyone.

Mantinée avoit un temple où Praxitèle avoit sculpté un groupe de Latone entre ses deux enfans, Apollon et Diane. Pausanias nous apprend par un seul mot à l'égard de ce groupe, ce qu'on doit en conclure, à l'égard de tous ceux du même genre, bien qu'il l'ait passé sous silence, c'est que ce *trône* s'élevoit sur un soubassement, *bathrum*, dont une face, la seule dont il parle, étoit ornée d'un bas-relief où l'on voyoit une Muse et Marsyas jouant de la lyre. Or nous verrons par la suite, que les plus grands *trônes* reposoient ainsi sur des soubassemens ornés de toutes sortes de sujets en bas-relief.

On doit ranger dans la même catégorie d'ouvrages le *trône* d'Esculape et d'Hygiée, un des plus remarquables qu'il y eût à Argos. A leurs côtés étoient assises aussi deux figures qu'on prenoit pour Xénophile et Straton, auteurs de ce grand monument, mais qui bien plus probablement furent les deux fils d'Esculape, Podalyre et Machaon.

Quand on connoît la brièveté et l'irrégularité des notions de Pausanias, qui s'étend quelquefois sur de très-petits détails, et d'autres fois donne à peine deux mots aux plus grands monumens, tels que le Parthénon d'Athènes, il est permis de suppléer à beaucoup de ses mentions évidemment incomplètes, par ses descriptions plus étendues. C'est ce qu'on pourroit faire ici en rapportant un beaucoup grand nombre de passages sur les monumens dont nous parlons, si cette énumération ne devoit pas alonger trop cet article. Mais avant de passer aux célèbres ouvrages qui paroîtront sans doute liés encore plus étroitement avec les formes et les combinaisons propres de l'architecture, je veux faire une dernière mention d'un *trône* de Jupiter à Rome, qui dut être une imitation de ceux de la Grèce, et dut, comme on va le voir, être porté sur un soubassement. Je tire cette notion de Tacite. Poppée, dit-il, étant accouchée d'une fille, le sénat ordonna qu'on plaçât des figures de la Fortune en or, sur le trône de Jupiter Capitolin. *Et Fortunarum effigies aureæ, in solio Capitolini Jovis collocarentur.* Si par le mot *solio* il ne falloit entendre que le siége servant de *trône* à la statue de Jupiter, il seroit difficile d'imaginer comment ces statues de la Fortune auroient pu y trouver place. Si au contraire une estrade ou un soubassement, peut-être à plusieurs degrés, supportoit la masse du colosse dans son *trône*, on trouve alors à s'expliquer la chose au moyen d'un emplacement commode, pour recevoir les différentes sortes d'offrandes et de présens, dont toutes les causes politiques ou religieuses pouvoient environner le dieu.

Nous allons voir en effet que les *trônes* les plus célèbres sont décrits comme élevés sur des soubassemens.

Pausanias toutefois n'en fait pas mention dans la description du *trône* colossal de l'Apollon Amycléen ; mais on va voir la raison qui dut rendre cette partie étrangère à la construction, ou si l'on veut à l'architecture de ce prodigieux monument.

Ce qui en fait la principale singularité, c'est que ce *trône* avoit été fait pour une idole qui ne pouvoit pas y être assise. Loin de cela, l'Apollon Amycléen, simulacre des plus antiques et des premiers temps de l'art, consistoit en une sorte de colonne de bronze haute de 30 coudées ou 45 pieds, à laquelle on avoit ajouté une tête, des mains et les extrémités des pieds. La tête étoit casquée ; l'une des mains tenoit un arc, l'autre portoit une lance. Chaque année on revêtissoit cette idole d'une tunique nouvelle. Ce fut plusieurs siècles après, qu'on imagina de construire à cette idole gigantesque, un siége qui dut être proportionné à sa mesure, et ce fut Batyclès de Magnésie qui exécuta ce grand ouvrage de décoration vers la soixantième olympiade, c'est-à-dire soixante ou quatre-vingts ans avant Phidias, qui trouva dans ce monument, le type de son *trône* du Jupiter Olympien.

Faute de s'être rendu compte de toutes les particularités décrites par Pausanias, et de tous les détails des parties de cet ouvrage, faute encore de les avoir comparés avec toutes les notions de monumens semblables, qui ne laissent aucun doute sur la matière dont ils étoient formés, et sur le genre de leur composition, un célèbre archéologue (M. Heyne) avoit supposé que le *trône* d'Amyclée étoit de pierre, qu'il étoit construit en manière de niche, ou d'une grande chapelle, ainsi qu'il le dit. Je crois avoir prouvé (dans le *Jupiter Olymp.*, *pag.* 202), que ce dut être une simple construction en *bois*, dont la hauteur ne put pas être moindre, et dut être plus grande que celle de l'idole, c'est-à-dire avoir au moins 50 pieds d'élévation.

Il doit avoir été formé de grandes pièces de bois de charpente, dans les montans de ses pieds, dans ceux du dossier, dans le plateau qui faisoit le siége, dans les traverses du bas et du couronnement. Le *trône*, c'est-à-dire le plateau du siége, étoit supporté en devant et en arrière par deux figures, sans doute groupées, des Heures et des Grâces, qui devoient être la continuation des pieds. Sur la traverse supérieure du dossier existoit une file de figures dansantes. Voilà ce qu'il pouvoit y avoir de figures en ronde bosse. Du reste, il faut, d'après la longue énumération de tous les sujets mythologiques, que l'artiste avoit multipliés dans cet ouvrage, regarder toutes les surfaces des montans et des traverses, comme des fonds à compartimens, remplis de bas-reliefs de rapport, ajustés et appliqués sur l'espèce de marqueterie dont les bois de charpente étoient recouverts. Qui voudroit en deviner davantage sur ce curieux monument, pourra consulter la restitution très-étendue qu'on a essayé d'en faire dans l'ouvrage déjà cité du *Jupiter Olympien*.

Nous avons dit que le *trône* d'Amyclée aura pu servir de modèle à Phidias, dans la composition du *trône* d'Olympie. Il règne en effet, comme on peut le voir (en consultant l'ouvrage précité), la plus grande conformité entr'eux, pour la composition de l'ensemble, l'esprit de la décoration et l'emploi des sujets d'ornemens.

Phidias avoit assis la statue de son Jupiter d'or et d'ivoire dans un *trône*, auquel, d'après les mesures probables du temple, et les autorités des écrivains, il est difficile de donner moins de quarante pieds de hauteur. Ce *trône* reposoit sur quatre pieds, mais entre les pieds existoit une colonne qui ne paroit pas avoir fait partie de la composition principale, et qui servit probablement à soulager le poids de la masse, et renforcer le plateau servant de siége au dieu. Il est possible même de conjecturer que ces petites colonnes hors d'œuvre, ne s'élevoient entre les pieds que dans l'espace intérieur, et n'étoient que des accessoires tout-à-fait indépendans. La construction du monument étoit indubitablement composée de montans et de traverses en fort bois de charpente. Des traverses, très-probablement de même largeur que les montans, s'étendoient d'un pied à l'autre du *trône*, et quelques traverses aussi, dont toutefois la description de Pausanias ne parle point, parce que sans doute elles ne reçurent point d'ornemens, devoient réunir, surtout par le haut, les longs montans du dossier.

Cette masse reposoit sur un soubassement, autour duquel régnoit, à hauteur d'appui, un petit mur qui empêchait d'approcher de trop près du monument.

Toutes les parties de cette construction, dont on vient de faire l'énumération la plus sommaire, étoient recouvertes de matières les plus précieuses de peintures, de bas-reliefs, d'ornemens de tout genre, qui, comme les compartimens de ce qu'on appelle *arabesques*, se détachoient sur des fonds de diverses couleurs.

Au sommet de chacun des montans du dossier, d'un côté et de l'autre de la tête de Jupiter, étoient sculptés les groupes en ronde bosse des Heures et des Grâces. Les bras du *trône* avoient pour support antérieur, des figures représentant le Sphinx thébain, et chacun de ces Sphinx tenoit un jeune Thébain, qu'il étoit censé avoir enlevé.

Un fort grand nombre de Victoires étoit entré dans la composition de ce monument. La description nous dit qu'à chaque pied il y en avoit quatre, et encore deux au bas de chacun. Il est permis de présumer que ces quatre groupes de Victoires occupoient chacun au-dessus de la traverse du milieu

milieu, l'espace entre cette traverse et le plateau du siége. Cette situation, très-analogue à la composition, répond en même temps à l'emploi que la description du *trône* d'Amyclée donne à de semblables groupes, savoir, de soutenir le *trône*. Dans cette hypothèse, ces quatre groupes ainsi placés, forment effectivement les véritables soutiens du *trône*. Quant aux deux autres Victoires, elles posoient sur la plinthe des pieds et elles devoient s'y adosser.

Nous ne ferons point ici mention des divers sujets de bas-reliefs répandus sur toutes les surfaces des montans, des traverses et des plates-bandes du *trône*. Nous renvoyons pour tous ces détails, ainsi que pour ceux du *trône* d'Amyclée, à notre ouvrage du *Jupiter Olympien*, où toutes ces choses sont expliquées par le discours et par le dessin.

Le soubassement du *trône* de Jupiter n'en étoit pas la partie la moins ornée : mais la plus riche peut-être, fut encore le marche-pied de la statue, supporté par quatre lions d'or et orné de bas-reliefs. Le petit mur d'enceinte avoit sur trois de ses côtés des peintures de Panænus.

L'intérieur autour du soubassement étoit pavé en marbre, et offroit un bassin avec rebord en marbre blanc, qu'on remplissoit d'huile pour préserver l'ivoire dont se composoit en partie le simulacre, de l'humidité du terrain où le temple avoit été construit.

Nous bornerons à ces deux descriptions, ce que nous avons cru devoir rapporter de ces grands ouvrages de décoration, qui, par plus d'un côté, rentrent dans le domaine de l'architecture.

TRONQUÉ, ÉE, participe du verbe *tronquer*, lequel signifie retrancher, couper une partie d'un tout quelconque.

Le mot *tronqué* ne s'emploie guère dans l'architecture, que pour signifier un fût de colonne coupé, et diminué n'importe à quelle hauteur, qui ne reçoit ni chapiteau ni tailloir, et sur lequel il est assez d'usage de placer des têtes ou des bustes, comme on en place sur les gaînes et les hermès.

En sculpture, on donnera le nom de *tronqué* à un torse de figure, non pas seulement celui qui seroit un reste de statue mutilée, mais encore à celui qu'on ajuste quelquefois en manière de gaîne et dont on décore les jardins.

TROPHÉE, s. m. L'origine du *trophée* nous est manifestée par la composition même des plus beaux ouvrages de la sculpture antique en ce genre, et les plus nombreuses notions de l'histoire nous le confirment.

Dès les premiers temps de la Grèce, après une victoire, nous voyons élever, sur le champ de bataille, le trophée composé des armes des vaincus. Un arbre ou un tronc d'arbre, auquel on laissoit quelques branches, servoit de support au casque, à la cuirasse, au bouclier, à la lance et aux autres dépouilles de l'ennemi. Tel paroît sur les médailles, le *trophée* que porte sur son épaule Mars Gradivus. Du reste, on en voit où il se trouve plus ou moins d'armures.

Cette coutume des Grecs passa chez les Romains, et l'on prétend qu'elle fut introduite par Romulus. Dans la suite, on imagina de faire porter les *trophées* devant le char du triomphateur. Il suffit à cet article d'avoir indiqué ce qui servit de modèle à l'art dans la décoration d'un très-grand nombre de monumens. On ne sauroit dire de combien de manières, et sous combien de formes, les anciens artistes multiplièrent les *trophées*, soit en ronde bosse, soit en bas-relief. Il est aussi peu de matières qui n'aient été employées à ces signes de victoire.

Florus nous apprend que C. Flaminius en consacra un en or dans le Capitole, l'an de Rome 550. Les quatre Victoires qui ornoient les acrotères de la chambre sépulcrale du char qui transféra le corps d'Alexandre de Babylone en Egypte, portoient des *trophées* d'or. Mais ce fut en marbre que l'antiquité se plut à rendre durables les *trophées*, soit dans les arcs de triomphe, soit sur les piédestaux de ces monumens, soit dans leurs archivoltes. Il en est peu où l'arcade principale ne soit surmontée de deux Victoires en bas-relief qui tiennent des *trophées*.

On ne sauroit citer en ce genre de plus belle sculpture, que celle des *trophées* en bas-relief dont sont décorées les quatre faces du piédestal de la colonne Trajane. C'est là qu'on voit représentées avec la plus grande exactitude toutes les armures, tous les habillemens, tous les objets d'équipement militaire des peuples vaincus par l'empereur.

Spanheim, dans son bel ouvrage des Césars, a donné la représentation, gravée par Picard, d'un *trophée* qui existe encore aujourd'hui à Rome, et qu'on attribue à Trajan. Ce *trophée* indique bien l'origine dont on a parlé. On y voit à découvert le tronc d'arbre couvert d'un casque ouvragé, et revêtu d'une chlamyde. Le reste de la composition offre des carquois, des flèches, des boucliers ornés de figures ailées, de sphinx, de tritons, de centaures.

L'arc d'Orange (*voyez* ORANGE) a toutes ses superficies couvertes de bas-reliefs, dont la composition représente, sous toutes sortes d'aspects, des amas d'armes sur lesquelles on lit certains noms, d'où l'on n'a pu tirer que de très-vagues conjectures, sur les peuples vaincus auxquels ces armes avoient appartenu. Cet arc offre encore une particularité plus rare en ce genre. On veut parler des *trophées* de victoires navales qui y furent sculptés, et où l'on voit des proues de navires, des ancres, des rames, des acrostoles, des aplustres, etc.

Le plus beau, le plus complet et le mieux conservé de tous les ouvrages antiques de ce genre, est le monument double que l'on appelle, on ne sait trop pourquoi, *les trophées de Marius*, sculptés de plein relief en marbre, et qui ornent aujourd'hui la balustrade de la cour du nouveau Capitole. Ces *trophées* furent trouvés dans deux niches ou arcades faisant partie du château d'un qu'on appelle *Aqua Marzia*. Rien de plus inutile, surtout dans cet article, que de rechercher pour quelle victoire ils furent élevés, à quelle époque et sous quel règne on les consacra. Le luxe et la beauté de leur composition et de leur sculpture, ne permettent guère de leur assigner une date trop ancienne. Pirro Ligorio les croit du temps de Domitien. Pietro Bellori, dans l'œuvre de la colonne Trajane par Pietro Santi Bartoli, estime, à la beauté de leur sculpture, qu'ils durent appartenir aux victoires de Trajan. Il se fonde sur une sorte de ressemblance qu'il leur trouve avec deux *trophées* sculptés en bas-relief, de l'un et de l'autre côté d'une Victoire, qui, dans la série des sujets représentés autour du fût de la colonne, occupe le milieu de la hauteur. Ces *trophées* ont bien sans doute quelques points de rapprochement avec les *trophées* du Capitole. On y voit de même le tronc d'arbre coiffé d'un casque, avec deux sortes de bras chargés d'armures, et le corps du tronc porte les habillemens des vaincus; au bas sont des amas d'armes. Mais ce sont là de ces rapprochemens qu'on peut rencontrer presque partout. Quant à la nature des armes qui pourroient indiquer le peuple vaincu, ce seroit encore une désignation assez arbitraire. La plupart des nations qui occupèrent les empereurs romains depuis Trajan, paroissant avoir eu une commune origine, des usages et des costumes à peu près semblables.

On doit ajouter que, dans les *trophées* appelés *de Marius*, il se trouve un assemblage de presque toutes les formes connues d'armes offensives ou défensives, de casques, de carquois, de cuirasses, de boucliers. Si quelque chose même paroît probable, quand on examine ces deux compositions, c'est que l'artiste qui les imagina, dut, en consultant l'intérêt de son art, introduire le plus de variété qu'il fut possible.

Rien en effet de plus ingénieusement combiné, pour plaire à la vue et produire un bel ensemble, que la composition du premier *trophée*.

Malgré quelques mutilations, effet du temps et de la barbarie, il a été facile de le réintégrer d'après les restes incontestables que le marbre a conservés. Ainsi l'on en a restauré le haut sur les données des deux *trophées* du bas-relief dont on vient de parler, et qui appartiennent à tous les *trophées*. Il consistoit donc de même en un tronc d'arbre entièrement caché sous l'ensemble des objets décrits, et qui portoit à son sommet un casque; un bouclier hexagone garnissoit chacun des deux bras : il n'y a de restauré que leur partie supérieure. Une riche cuirasse forme le corps du *trophée*; elle porte un baudrier auquel s'attache un large sabre. Telle est la moitié supérieure de cette composition. L'inférieure, beaucoup plus riche, a plus de largeur, et donne au tout une forme pyramidale. Le milieu est occupé par une figure de femme drapée, dont les bras paroissent devoir être attachés, par derrière, au tronc d'arbre. C'est sans aucun doute une figure de ville ou de nation captive. Autour d'elle sont rangés debout des carquois avec leurs flèches. Deux figures de génies ailés sont placés l'un à droite, l'autre à gauche de cette figure, et supportent chacun un bouclier d'une figure quadrangulaire, qui se compose avec les autres de formes circulaires, ovales ou carrées, que le sculpteur a réparties avec beaucoup d'art dans tout cet ensemble. Les deux génies dont on vient de parler, sont des restaurations; mais le marbre avoit conservé des indications de pieds et d'autres parties, qui ont permis de suppléer ce que la destruction avoit enlevé.

La composition du second *trophée* a encore quelque chose de plus varié, de plus pittoresque et d'un effet plus riche; les armures y sont réparties d'une manière plus nouvelle, et entremêlées avec moins de symétrie. Deux génies ailés y soutiennent de même des boucliers, et le sculpteur a placé au milieu d'eux un plus petit qui a la même fonction. On ne sauroit rien imaginer de plus magnifique que l'assemblage de toutes ces armes, où l'on retrouve le luxe des ornemens que l'on gravoit sur le métal, dont leurs originaux étoient formés, et qui servirent de modèle au sculpteur en marbre. On sait, en effet, qu'outre la décoration que reçoivent les casques, les cuirasses et les boucliers d'usage à la guerre, il se faisoit encore de ces armures en bronze, pour servir de *trophées*. Des casques d'un métal solide et d'un poids énorme, furent trouvés dans les fouilles d'Herculanum et de Pompeia, et telles sont leur proportion et leur pesanteur, qu'il est impossible de leur présumer d'autre destination, que celle d'objets décoratifs pour servir à la composition de *trophées* ou autres monumens militaires. On ne voit pas dans le fait, pourquoi, les *trophées* primitifs s'étant trouvés naturellement formés des armures métalliques et portatives des guerriers, on n'auroit pas, dans la suite, imaginé de contrefaire ces monumens précaires, locaux et instantanés, par des imitations plus solides, plus durables, et par conséquent faites aussi de métal, auquel l'art pouvoit donner toutes les richesses de l'ornement. Cela ne me paroît avoir eu très-probablement lieu à l'égard des *trophées* que j'appellerai de ronde-bosse, et isolés. Certainement la sculpture en marbre s'empara de tous ces usages, et de toutes leurs modifications, comme nous le voyons dans les bas-reliefs dont elle orna les arcs et les monumens triomphaux. Mais lorsqu'on examine les deux *trophées* de ronde bosse en marbre dont nous parlons, quand on considère la combinaison ingénieuse de tous les objets positifs et allégoriques qui entrent dans leur ensemble, on est porté à regarder leur composition comme une répétition libre et idéale, de *trophées* déjà précédemment disposés par l'art et le goût pour le plaisir des yeux, et composée plutôt dans une intention générale, qu'affectée à telle victoire, à telle conquête, à telle guerre contre telle ou telle nation.

En effet, on a cherché vainement dans les symboles, emblèmes ou détails figuratifs des nombreuses armures de ces *trophées*, quelques caractères qui pussent désigner le peuple dont la défaite ou la conquête auroit fait élever de semblables monumens. La sculpture ne paroît y avoir gravé sur toutes les armes que des emblèmes trop généraux, pour qu'on puisse en déduire aucun signe particulièrement caractéristique, de quelques-unes des nations soumises par les armes romaines. On y voit sur des boucliers de toutes sortes de formes, des ornemens en rinceaux, en ceps et feuilles de vigne, en compartimens que nous dirions arabesques, en foudres, en rosaces; sur les casques, on remarque des centaures, des tritons; tout enfin annonce des conceptions dans lesquelles l'artiste semble avoir été libre de se livrer à ce qui pouvoit offrir le plus de richesse, et lui fournir les moyens de faire le mieux briller son art.

Aussi ces deux monumens sont-ils rangés par les artistes dans le nombre des modèles les plus excellens de l'antiquité romaine, en fait de composition décorative, d'ajustemens ingénieux et d'ornemens applicables à l'architecture. C'est surtout sous ce dernier rapport, que nous avons cru devoir donner quelqu'étendue à leur description.

Les Modernes ont transporté, non dans leurs usages militaires, mais dans les pratiques de leurs arts et de leur architecture, non l'emploi du *trophée*, mais l'emploi de son imitation. Chez eux, c'est uniquement un signe de victoire, un caractère anciennement consacré à désigner des succès guerriers, qui a pris place dans le langage et dans l'écriture allégorique, soit de la poésie et de l'éloquence, soit des arts du dessin, pour célébrer les faits militaires et la gloire des vainqueurs.

Ce genre d'ornement ne tenant plus d'une manière aussi immédiate, aussi nécessaire à la réalité d'un usage positif, il lui est arrivé, ainsi qu'à beaucoup d'autres, de devenir souvent banal, et, à vrai dire, insignifiant. Ainsi voyons-nous qu'on a plus d'une fois sculpté des groupes d'armes, de drapeaux et autres objets semblables, comme amortissement pyramidal, au-dessus des corniches d'un bâtiment, sans rapport avec la guerre et ses résultats. Tels sont ceux qu'on a élevés sur la balustrade du couronnement du château de Versailles; tels ceux qui terminent de la même manière, le sommet des colonnades de la place de Louis XV. Pierre Lescot a accompagné de *trophées* sculptés en bas-relief, les petites fenêtres de son attique, dans une des façades de la cour du Louvre. On citeroit une multitude d'exemples de cet emploi des *trophées*, comme ornemens indépendans d'une destination spéciale.

Mais on doit citer, d'autre part, une fort belle application de *trophées*, selon le goût de l'antique, faite par François Blondel, à la porte triomphale de Paris, connue sous le nom de *Porte Saint-Denis*. On y trouve aux massifs des deux corps avancés, qui accompagnent l'ouverture de l'arc, une très-heureuse et très-exacte imitation des *trophées* sculptés sur les quatre faces du piédestal de la colonne Trajane. Même ajustement, même goût de composition, même genre de bas-relief très-peu saillant, même précieux d'exécution. En faisant un examen critique des détails de ce grand monument, nous avons eu l'occasion de remarquer (*voyez* ARC DE TRIOMPHE) que Blondel avoit entassé dans sa décoration, une cumulation trop sensible d'objets étrangers les uns aux autres, comme, par exemple, de grands *trophées*, adossés à des espèces de pyramide. Quoi qu'il en soit, nous dirons que le sculpteur y fit une fort bonne imitation des *trophées* appelés *de Marius*, dont on a rendu compte plus haut, et qui, eux-mêmes, furent aussi adossés, comme le montre la partie postérieure du groupe qui ne fut point travaillée.

Une imitation plus sensible encore de l'antiquité, en ce genre, l'on pourroit presque dire une copie du genre d'ornemens du piédestal de la colonne de Trajan, se voit à Paris, sur le piédestal revêtu de bronze de la colonne de la place Vendôme, qui, à la matière près, et à part la nature des sujets, est un *fac simile* du monument de Trajan. Les *trophées* du monument moderne offrent en bas-relief, sur les faces de sa base, le même goût de composition; seulement la sculpture y a groupé fort heureusement toutes les armes de guerre qui entrent dans le système militaire moderne, et les coiffures, habillemens ou costumes des nations belligérantes de cette époque.

Mais les Modernes ont appliqué l'idée et le genre de composition des *trophées* de guerre antiques, à des objets d'une nature toute différente, et dont il ne nous semble pas qu'on voie d'exemples chez les Anciens. Un *trophée* étant un assemblage d'armes et d'instrumens de guerre, le génie décoratif moderne s'est plu à réunir, à peu près de la même manière, toutes sortes d'autres objets relatifs aux arts, aux sciences, et à beaucoup de sujets qui peuvent être rendus sensibles par les instrumens, les ustensiles, ou les symboles qui les désignent. On suppose ordinairement que ces sortes de *trophées*, qui se font en bas-relief ou en couleur, sur des panneaux, ou dans des compartimens peints ou sculptés, sont attachés et comme suspendus à un fond. Nous voyons dans un des montans arabesques des Loges de Raphaël au Vatican, un *trophée* d'instrumens de musique ainsi groupés et qu'on suppose adossés. Les *trophées* de musique sont devenus très-communs dans l'ornement d'un local destiné, par exemple, à des concerts. On a fait de même des *trophées* de sciences, formés de livres, de rouleaux de papier, de sphères, de globes, d'instrumens de géométrie, d'astronomie, de mécanique, d'optique, de physique, etc. On voit dans des maisons de campagne des *trophées* de chasse, où figurent des armes à feu, des arcs, des corps-de-chasse, des dépouilles d'animaux, etc. Dans le fait, il y a peu de sujets qui ne puisse fournir à cette sorte d'ornement la matière d'une composition plus ou moins heureuse ; ainsi a-t-on plus d'une fois fait entrer dans la décoration des églises, tous les objets ou symboles des cérémonies religieuses, comme croix, chandeliers, encensoirs, ciboires, ostensoirs, mitres, goupillons, etc.

On doit faire observer de nouveau, que c'est toujours en bas-reliefs, et comme montans d'arabesques, sur les espaces qui en comportent l'emploi, que ces sortes de *trophées* ont lieu. A cet égard, on convient, qu'en supposant tous ces objets suspendus par un lien qui s'attache à un clou, à un support quelconque, rien en cela ne blesse la vraisemblance. Il n'en est pas de même de quelques tentatives récemment faites pour composer, en ronde bosse, les masses isolées de tous les assemblages mentionnés des objets dont on a fait l'énumération. Le *trophée* antique, tel qu'on l'a fait connoître, tel qu'on le voit répété si souvent, avoit pour support naturel le tronc d'arbre et ses branches, qui servoient de support ou d'appui à tout ce qu'on y vouloit rassembler. Dans les compositions modernes, au contraire, où rien n'autorise l'emploi de ce tronc d'arbre, des *trophées* en ronde bosse ne présentent autre chose aux yeux et à l'esprit, qu'une compilation d'objets surimposés les uns aux autres, amalgame indigeste, de tout ce qu'on y accumule sans ordre ni raison.

TROTTOIR, s. m. On donne ce nom à une partie plus ou moins élevée d'un côté ou des deux côtés du terrain, soit d'une rue, d'un quai, d'un pont, soit d'une route ou d'un grand chemin. Cette partie de terrain ainsi relevée, est destinée particulièrement aux gens qui vont à pied.

Le *trottoir* est surtout d'une très-grande commodité dans les villes populeuses, où les voitures sont très-multipliées. Il offre aux piétons une voie toujours propre, sûre et libre d'embarras, et l'on ne sauroit trop en recommander l'emploi dans les villes où la largeur des rues le comporte ; car, bien que dans les cités anciennement bâties, et où les rues sont étroites, on puisse toujours diminuer la largeur à donner au *trottoir*, il résultera de là le double inconvénient, de rétrécir par trop la voie publique pour les voitures, et aussi celle des gens de pied.

Nous voyons que le *trottoir* fut usité dans l'antiquité. La ville de Pompeia nous montre des *trottoirs* fort étroits, dans des rues peu larges. Mais ces petits espaces pouvoient suffire à une petite ville, et dans des temps où le nombre des voitures et des charrois ne devoit pas être fort considérable. Cet exemple ne sauroit servir de règle aux grandes villes modernes, dont les rues n'ont pas les dimensions nécessaires.

La ville de Londres est celle qui a porté au plus haut point de commodité l'usage des *trottoirs*. Elle a dû cet avantage à la reconstruction presqu'entière qu'occasionna le grand incendie qui consuma une très-grande partie de la vieille ville en l'année 1666. Toutes les rues furent alors tracées sur un vaste plan, toutes alignées et coupées à angle droit. Toutes les maisons y furent reconstruites sur des plans uniformes et dans des données communes à toutes, et conformes à des usages domestiques complétement semblables. Des *trottoirs* larges et spacieux furent alors établis dans toutes les rues, et depuis, les nouveaux quartiers dont cette ville s'est agrandie, ont encore enchéri sur les dimensions primitivement prescrites.

Les villes qui, créées et accrues par l'effet d'additions graduelles, sans aucun plan préalable, veulent introduire des *trottoirs* dans leurs rues, ne doivent le faire d'abord que dans les rues qui ont une largeur suffisante, ensuite dans les rues nouvelles, enfin dans celles où peu à peu de nouvelles constructions de maisons donnent le moyen d'un alignement successif et d'un élargissement convenable. Autant les *trottoirs* sont commodes, avec les conditions qui leur sont propres, autant leur établissement intempestif et prématuré procureroit d'inconvéniens et d'embarras, dans des quartiers étroits et dans des rues irrégulières, souvent traversées par d'autres, et avec des usages domestiques qui, au lieu d'être assortis à cet usage, en contrarieroient l'emploi, et en feroient un nouveau sujet de désordres et d'embarras.

On doit faire encore observer à l'égard de l'établissement des *trottoirs*, là où ils sont admissibles, qu'on les doit tenir le plus bas qu'il sera possible pour éviter les dangers des faux pas multipliés que leur descente occasionneroit. Ils doivent toutefois avoir assez de hauteur pour empêcher les voitures d'y pouvoir monter.

TROU, s. m. Nom général qu'on donne à toute cavité que l'on pratique pour y introduire un objet quelconque. Ainsi on pratique des *trous* en terre, pour y planter des arbres. On creuse des *trous* dans une infinité d'ouvrages, soit pour faire des assemblages, soit pour une multitude d'usages qu'il seroit fort inutile d'énumérer.

Dans l'art de bâtir, on pratique un grand nombre

de *trous* qui se font plus ou moins profondément selon les matières, bois, plâtre, pierre, et dont l'objet principal et le plus ordinaire est de servir, à sceller des pattes, des gonds, des barreaux de fer, etc. (*Voyez* SCELLER, SCELLEMENT.) On fait aussi des *trous* dans les murs pour recevoir les solives des planchers. On fait, dans un bâtiment en construction, des *trous* pour recevoir les boulins ou écoperches qui servent à monter les échafauds, selon le besoin ou la hauteur qu'on donne à la bâtisse : c'est ce qu'on appelle *trous de boulin*. Voyez BOULIN.

TRUELLE, s. f. Outil de fer ou de cuivre poli, emmanché dans une poignée de bois, dont les maçons se servent pour gâcher le plâtre, pour le prendre quand il est en mortier plus ou moins épais, pour le jeter et l'étendre sur le mur, et pour l'unir quand il est encore frais. La *truelle* se fait de plus d'une façon et dans des formes diverses, selon les pays et selon la nature des enduits. Il y a des *truelles* triangulaires qui ont deux côtés tranchans, pour gratter et nettoyer les enduits de plâtre au sas, et dont l'autre côté est bretté ou brettelé, c'est-à-dire à petites hoches faites en manière de scie, pour faire des brettures ou gravures, pour tracer des traits en creux sur le plâtre, dont l'effet est d'imiter les joints que produit souvent la construction en pierre de taille.

TRULLIZATION, s. f. On trouve ce mot dans quelques anciens lexiques. C'est le mot latin *trullizatio*, formé de *trulla*, truelle, et employé par Vitruve pour exprimer les diverses sortes d'enduits ou de crépis qu'on formoit à la truelle, et qu'on travailloit au-dedans des voûtes, ou bien encore les hachures pratiquées sur la couche de mortier, pour retenir l'enduit de stuc.

TRUMEAU, s. m. On donne ce nom, dans la construction des habitations, des maisons, des palais, à cette partie d'un mur de face qui sépare deux fenêtres, et qui porte ordinairement le fond des sommiers des plates-bandes.

Le *trumeau* est bâti, selon le genre de la construction adoptée, soit en pans de bois garnis de moellons, de mortier, etc., soit en briques, soit en pierres de taille. La solidité des devantures de maisons, dépend beaucoup de la largeur et de l'épaisseur qu'on donne aux *trumeaux*. Les fenêtres d'une devanture de maison formant les vides, comme les trumeaux forment les pleins, une loi générale de la solidité, en ce genre, veut que les vides ne l'emportent point sur les pleins; elle veut, au contraire, que le plein l'emporte sur le vide. Entre ces deux points contraires il y a le milieu : c'est que les *trumeaux* aient au moins la largeur de la fenêtre.

Si l'on consulte le goût, on trouve qu'il est tout-à-fait d'accord avec le principe de la solidité. Le juste rapport des pleins avec les vides, est un des premiers mérites de toute composition architecturale, et fait une des principales beautés des édifices. En cela consiste plus qu'on ne pense l'harmonie des masses et l'agréable effet des formes employées par l'art : c'est que de là résulte évidemment la sensation agréable ou pénible que doivent produire la légèreté ou la lourdeur, la force ou la foiblesse. Ces qualités, dans les œuvres de l'art de bâtir, ne peuvent être soumises ni à un calcul invariable, ni à une théorie absolue; mille circonstances diverses en changent les résultats et en modifient l'effet. Ce qui seroit légèreté ou foiblesse dans tel édifice, pourra dans tel autre être réputé force ou lourdeur. Ainsi le rapport des pleins avec les vides, ou autrement des *trumeaux* et des fenêtres dans les devantures des habitations, dépendra de la nature de ces habitations, de la destination de ces édifices, de leur caractère, soit qu'on les considère comme palais, ou comme monumens d'établissemens publics.

Quant aux maisons de particuliers et aux habitations ordinaires, mille besoins, mille sujétions de nécessité, de calcul ou d'habitude, s'opposent à ce qu'on puisse appeler l'art, ou faire intervenir le goût, dans la détermination qui régleroit la grandeur ou le nombre des ouvertures, et, par conséquent, la dimension des *trumeaux* qui les séparent. Aussi voit-on, en ce genre, les diversités les plus arbitraires disposer les intérieurs des logemens, et les percées nécessaires à leur distribution, de manière que les vides des fenêtres l'emportent de beaucoup sur les pleins des *trumeaux*. Il est même, dans le nord de l'Europe, des villes, dont les maisons construites en bois, genre de bâtisse qui se prête à la plus grande légèreté, semblent en dehors consister uniquement en vitreaux, tant on a cherché à se procurer, à raison du climat, le plus de lumière possible. J'ajoute que les moyens et les procédés de chauffage habituels, sont propres à remédier aux inconvéniens de l'hiver, dans des locaux ainsi percés de toute part. Dans le midi de l'Europe, au contraire, en Italie particulièrement, on sait que le climat, indépendamment de toute autre considération, invite à faire les ouvertures des fenêtres plus étroites que les *trumeaux*, et cet usage se fait remarquer dans les devantures des maisons ordinaires, à la construction desquelles l'architecture ne prend aucune part. Aussi cet art s'est-il trouvé très-naturellement porté à rechercher dans les palais des grands et ceux des établissemens publics, les meilleurs rapports entre les vides des fenêtres et les pleins des *trumeaux*. C'est donc là qu'il convient à l'artiste de chercher des modèles en ce genre.

Il n'y a personne qui n'ait été à portée d'y observer, et d'y admirer combien de larges *tru-*

meaux, et de petites, ou du moins, de modiques ouvertures de fenêtres, sont favorables à l'effet des grandes masses de palais, et quelle grandeur de caractère résulte de ces rapports. La cause en est facile à trouver et à donner : 1°. la solidité, ainsi que son apparence, s'y trouvent prononcées avec une énergie dont les sens sont d'abord frappés ; 2°. toutes les ressources que l'architecture puise dans l'emploi des ordres, en colonnes ou en pilastres, peuvent facilement s'adapter aux parties lisses des grands *trumeaux* ; 3°. la richesse des chambranles, qui fait le plus bel ornement des fenêtres, se détache avec bien plus d'agrément et d'effet, sur les corps pleins et larges qui les font briller ; 4°. si une semblable masse d'édifice reçoit à son sommet toutes les parties d'un entablement, on aime à voir ces grands couronnemens supportés par une devanture où le plein l'emporte de beaucoup sur le vide.

Qui pourroit, en effet, supporter la saillie et la hauteur d'un grand entablement, au-dessus d'une devanture qui n'offriroit d'autre aspect, que celui d'un mur percé d'une infinité de trous ? Telle est cependant l'impression désagréable qu'on reçoit des édifices, dans lesquels les fenêtres sont trop multipliées ou trop spacieuses en raison de leurs *trumeaux*.

Ce qu'on vient de dire n'a rien d'arbitraire ni de systématique, c'est le résultat sensible d'une théorie, dont le simple bon sens peut être juge, et d'une pratique confirmée par des exemples dont le goût et la raison recommandent l'imitation.

L'application de l'une et de l'autre ne sauroit cependant être déterminée par des règles de proportion invariables ; il est visible que l'architecte est obligé de se subordonner à un tel nombre de convenances, dans ce qui forme la disposition de ses édifices, que les rapports réciproques des pleins et des vides dans les devantures de palais, devront varier selon la largeur et la hauteur de l'ensemble, selon les emplacemens prescrits, selon les aspects, selon les divers genres d'ordonnance qu'il emploiera dans sa décoration. Disons, en effet, que d'assez notables variétés existent sur ce point, jusque dans les ouvrages et des meilleurs temps et du même architecte. Généralement on peut dire que jamais la dimension du vide ne doit excéder la mesure du plein en ce genre, que tout au moins les *trumeaux* doivent avoir en largeur celle des fenêtres ; que ce qui excédera cette mesure en plus pour le *trumeau*, d'un quart, d'un tiers ou de moitié, ne sera jamais un excès.

Paris offre sans doute (et l'on en sait les raisons) peu de modèles à suivre ou à citer sur cet objet, excepté toutefois au Louvre. Que l'on veuille bien comparer, par exemple, dans la façade septentrionale extérieure de ce monument du côté de la rue Saint-Honoré, les différentes parties de corps avancés ou de corps en retraite dont elle se compose. On sait que cette façade existoit avant la construction de la colonnade par Perrault, qui, obligé d'en raccorder le retour avec l'architecture de ce côté du Louvre, y laissa subsister les deux parties en retraite, et éleva le corps avancé du milieu, ainsi que celui de l'angle du côté de la rue Fromenteau. Il résulta dans le raccordement de cette façade trois dimensions différentes de *trumeaux* entre les fenêtres : celle des *trumeaux* en retour de la colonnade à laquelle répondent les *trumeaux* du corps à l'angle opposé, et qui offre des pleins égaux aux vides des fenêtres ; celle des *trumeaux* des deux parties contiguës au corps avancé du milieu dont les pleins n'ont guère plus en largeur que la moitié des vides des fenêtres ; et enfin celle des *trumeaux* des deux anciennes parties en retraite de cette façade, dont les pleins ont en largeur le double de l'espace vide des fenêtres, et quelques-uns davantage.

Qui est-ce qui, en comparant les diversités de rapport entre les vides et les pleins de ces différentes ordonnances, ne trouvera point un caractère plus grand, plus simple, plus mâle à la dernière de ces dispositions ? Qui ne sent pas combien ces grands lisses, en donnant l'idée d'une plus grande solidité, font d'autant mieux briller, par des repos convenables, les chambranles des fenêtres, et triompher la richesse de l'entablement qui couronne cette masse ?

En faisant et en proposant ce rapprochement, comme exemple propre à faire sentir la théorie de goût, dont on a essayé de développer quelques maximes, je répète que je n'ai point entendu qu'il pût y avoir ici, plus que dans toutes les parties de l'architecture, de mesure fixe, propre à devenir une règle positive et invariable. On sait à combien d'exceptions et de modifications sont soumises, surtout à l'égard des palais d'habitations, les dispositions intérieures, qui font la loi au nombre et à la mesure des ouvertures extérieures. Il en sera donc de la règle de goût relative à cet objet, comme de beaucoup d'autres ; elle s'appliquera à tous les édifices où l'architecte sera libre de disposer de son ordonnance extérieure ; dans tous les autres cas, il devra s'en écarter le moins qu'il sera possible.

TRUMEAU. On appelle aussi de ce nom les parquets de glace dont on revêt, dans les appartemens, ces parties de mur de face qui existent entre les baies ou les ouvertures des fenêtres. Il est vraisemblable qu'ils ont reçu ce nom de la partie même de la construction sur laquelle on les applique.

TUERIE, s. f. C'est le nom d'un bâtiment dans lequel les bouchers amènent les bœufs et autres animaux pour les abattre, les écorcher et les dépecer.

Depuis quelque temps on a donné à ces sortes

de bâtimens le nom d'*abattoirs*. Les inconvéniens et les dangers résultant de la conduite des bœufs dans Paris, de la saleté et de l'infection produites par les opérations de la boucherie, ont fait adopter la construction, dans les lieux les plus éloignés du centre de la ville, d'immenses bâtimens appelés *abattoirs*, où sont conduits tous les bœufs et autres animaux pour être abattus et dépecés, et d'où chaque boucher est tenu de ramener dans des voitures les viandes découpées, qui sont en cet état étalées dans les boutiques de boucherie.

TUF, s. m. Ce mot vient du latin *tophus*.

On distingue plusieurs natures de *tuf*. C'est un terrain tantôt spongieux, fistuleux et poreux, comme la pierre ponce, tantôt compacte comme certaines pierres à bâtir, quelquefois épais, quelquefois mince, tantôt mêlé plus ou moins de cailloux, de gravier, de sable, tantôt coloré, tantôt calcaire, tantôt argileux. Ces variétés proviennent du genre différent des parties étrangères qui entrent dans la formation du *tuf*. Aussi y en a-t-il du fort léger dont on se sert pour faire des voûtes, et qui prend bien le mortier; il y en a d'une foible consistance dont on use pour de légers ouvrages; il s'en trouve qui a la fermeté de la pierre, et qu'on peut employer même dans les fondations.

Le *tuf* est désigné par Pausanias sous le nom de *porinos lithos*. C'étoit, à ce qu'il paroît, en Grèce un *tuf* blanchâtre. Plutarque parle d'un Silène qui étoit fait de cette espèce de *tuf*. Le célèbre temple d'Apollon à Delphes en étoit bâti, ainsi que le temple de Jupiter à Olympie.

A Rome et à Naples, on fait un très-grand usage de l'espèce de *tuf* que l'on appelle *peperino* à Rome, *piperno* et *pipierno* à Naples, nom qui lui vient très-probablement de *Piperno* (l'ancienne *Privernum*) où cette pierre s'exploite en grande abondance. C'est de *peperino* que furent bâtis (comme on le voit encore) les soubassemens du Capitole, dont il reste cinq assises composées de très-gros blocs, qui ont jusqu'à cinq palmes et demi romains de longueur. La *Cloaca maxima* en fut aussi construite, et généralement l'emploi de cette sorte de *tuf* se retrouve dans les plus anciennes constructions de Rome. On n'employa que plus tard la pierre appelée *travertino*.

On continue d'employer aujourd'hui le *tuf* appelé *peperino*. Il y en a de plus d'un genre. L'un est d'une qualité terreuse; on en trouve dans le voisinage de Naples qu'on travaille à la pointe. Il en est un autre plus tendre, auquel on donne le nom de *rapillo*, ou plutôt de *lapillo*. On le diroit formé d'un sablon noir pierreux, et on le travaille en dalles, qui servent de pavemens dans beaucoup de maisons, et aussi à faire des terrasses. On en trouve de la même espèce à Frascati, près l'antique *Tusculum*. On croit généralement que c'est une production volcanique.

TUILE, s. f. En latin *tegula*, du verbe *tego*, qui signifie couvrir. La *tuile* effectivement est ce qui sert le plus souvent de couverture aux édifices, surtout à ceux qui se terminent par des toitures ou assemblages de solives faits en pente.

Au mot Couverture (*voyez* ce mot), on a donné des notions fort détaillées sur les diverses manières de couvrir les édifices, et d'y employer les *tuiles* de terre cuite, selon leurs formes. Nous ne reviendrons point ici sur ces notions générales; nous bornerons cet article à ce qui regarde la *tuile* en elle-même, sans rapport avec les diversités de ses emplois, c'est-à-dire spécialement quant aux matières dont on trouve qu'elle fut, et peut être faite, quant aux particularités dont les témoignages de l'antiquité nous ont conservé le souvenir.

Quoique dans nos usages, le nom de *tuile* fasse toujours naître l'idée qu'en donnent les définitions techniques, je veux dire d'un carreau de terre grasse, d'une épaisseur quelconque, pétrie, séchée, et cuite au four à la manière des briques, il est certain que le mot *tegula*, dont le mot *tuile* paroît provenir, ou dont il est la traduction et l'équivalent, présente une idée plus étendue, et une notion beaucoup moins restreinte. Comme moyen de couvrir les sommets des édifices, il s'en faut de beaucoup que la *tuile* doive être considérée comme étant nécessairement de terre cuite. On sait qu'en plus d'un pays on se sert, pour couvrir les bâtimens considérables, de ce qu'on appelle *bardeaux*. Ce sont de petits ais d'un certain bois de dix à douze pouces de long, sur six à sept de large, dont on fait des *tuiles* légères et économiques. Tout le monde connoît la pierre particulière appelée *ardoise*, qui se délite très-facilement, qui se laisse tailler de la grandeur et de l'épaisseur qu'on désire, et qui forme des *tuiles*, bien qu'en France surtout on leur donne le nom de leur matière pour les distinguer des *tuiles*, qui emportent, comme on l'a déjà dit, dans le langage usuel, l'idée de terre cuite.

Toutefois la *tuile* en terre cuite, outre la facilité de se procurer l'argile avec laquelle on la fait, et aussi l'économie, a quelques avantages sur les autres matières. D'abord, on en varie les formes à volonté, et l'on a vu, à l'article Couverture, qu'il s'en fait de plates, de creuses, et d'autres contournées en S; ensuite on peut leur donner le volume et l'extension qu'on veut, selon le genre des couvertures auxquelles on les applique.

On a trouvé, et l'on trouve journellement dans les fouilles des ruines de monumens antiques en Italie, surtout à Rome et dans les environs, des *tuiles* de dimensions fort différentes. Les plus grandes sont ordinairement marquées d'empreintes portant des noms qui sont, ou ceux du fabricant et propriétaire de la tuilerie, ou des magistrats, peut-être, inspecteurs de cette fabrication, ou des empereurs sous le règne desquels avoient été construits les édifices pour lesquels ces *tuiles* avoient été fabriquées. Les cabinets d'antiquité recueillent avec intérêt jusqu'aux fragmens de ces *tuiles*, parce qu'elles portent des dates utiles à l'histoire. Ainsi trouve-t-on dans le Recueil des terres cuites antiques de d'Agincourt, deux *tuiles* sur lesquelles est indiquée l'époque des Antonins, par les mots OP. DOL. EX. PR. M. AURELI. ANTO. Ces *tuiles*, et beaucoup d'autres empreintes de la même inscription, ont été découvertes parmi divers fragmens retirés des décombres d'un bâtiment, dans une fouille faite sur le mont Aventin.

Les Grecs, généralement, ne voûtant point leurs temples (on parle de ceux qu'on appeloit *périptères*, ou d'autres du même genre), il devint important de donner à leurs toitures, et aux *tuiles* qui en formoient la couverture, une solidité qu'on ne sauroit obtenir des *tuiles* fragiles, comme celles qu'on fait en terre cuite. Lorsque surtout le marbre étoit la matière de leurs murs et de leurs colonnes, il dut sembler que l'argile ne répondoit pas à l'accord qu'exigeoient, pour les yeux, des combles dont les pentes étoient visibles à tout le monde. Pausanias nous apprend qu'un certain Bizès de Naxos avoit obtenu l'honneur d'une statue, pour avoir imaginé d'employer le marbre penthélique en *tuiles* propres à servir de couvertures aux édifices. Nous lisons dans un ouvrage moderne, que sans doute Bizès avoit trouvé un expédient propre à débiter le marbre du mont Penthèle, en petites feuilles semblables à celles de nos ardoises. Ce n'est point ici le lieu de rechercher quelle fut, à cet égard, l'invention de Bizès; il est à croire qu'il aura trouvé un procédé abréviateur et, par conséquent, économique, de multiplier des dalles de marbre pour l'emploi dont il s'agit. Toutefois on peut affirmer que les *tuiles* de marbre employées par les Anciens furent d'une bien autre épaisseur, et d'un bien plus grand volume, que ne le sont nos ardoises. On peut s'en convaincre par celles qui couvrent encore aujourd'hui la tour des Vents à Athènes. Plus d'un édifice antique, représenté sur des bas-reliefs, nous fait voir que ces *tuiles* étoient, à proprement parler, ce que nous appelons aujourd'hui des *dalles*, et qu'au moyen des entailles qui les unissoient les unes aux autres, elles devoient produire des couvertures capables d'opposer à la violence des vents la plus forte résistance. En cela devoit également consister l'avantage des *tuiles* de marbre.

On peut consulter, sur la forme, l'arrangement et le bel effet des *tuiles de marbre*, l'ouvrage des *Jonian antiquities*, où plusieurs édifices, entr'autres celui des Propylées de Mégare, se voient restaurés dans leurs combles, d'après les vestiges et les autorités locales, avec des *tuiles* de marbre. Cette pratique paroît avoir été fort répandue en Grèce, et quelques interprètes du passage de Pausanias, sur le comble du temple de Phigalie, dans lequel cet écrivain parle d'un comble en pierre, ont pensé qu'au lieu de traduire par *voûte en pierre*, il falloit se contenter d'expliquer les mots grecs par ceux de *toit couvert en dalles de pierre*.

Au reste, plus d'un témoignage dépose du fréquent emploi qu'on fit de ce procédé. Ainsi nous lisons dans l'*Histoire romaine*, que le vainqueur de Tarente fit enlever de la toiture du temple de Junon, dans cette ville, les *tuiles* de marbre dont il étoit couvert, et les fit transporter à Rome pour en couvrir le toit du temple de Jupiter Capitolin.

On trouve, chez les écrivains anciens, quelques notions de l'emploi de l'or en *tuiles* de comble. Il est bien probable que l'on a pris pour de l'or ce qui n'étoit que la dorure; ce qui toutefois indiqueroit, et cela est beaucoup plus facile à croire, qu'on fit des *tuiles* en bronze, soit qu'elles aient été des dalles de métal séparées, soit qu'on ait fondu de grandes pièces, auxquelles on donnoit l'apparence de *tuiles* en recouvrement les unes sur les autres.

Il ne faut pas, au reste, regarder ce luxe des Anciens, relativement aux toitures de leurs édifices, et surtout de leurs temples, de la manière dont on pourroit le considérer dans son rapport avec les usages modernes, et les formes ou les dimensions de nos églises. Jamais les temples les plus vastes de l'antiquité n'arrivèrent à la hauteur que des sujétions particulières ont fait donner aux temples du christianisme. Il résulte de cette seule différence que les toitures du plus grand nombre de ces derniers sont portées et arrivent à une telle élévation, que l'aspect de leurs couvertures est ordinairement hors de la portée de la vue. Au contraire, les pentes des combles répondant toujours à celles des frontons, dans les temples anciens, leurs superficies ne pouvant excéder la hauteur de l'ordre avec son entablement, étoient toujours sous les yeux des spectateurs, et comme, ainsi qu'on l'a fait observer plus d'une fois, les usages religieux avoient dû engager l'architecture à mettre en dehors le plus grand luxe des temples, il fut naturel, on diroit presque nécessaire, de faire participer à ce luxe les combles et les toitures extérieures.

Au reste, la richesse des matières placées ainsi au-dehors des grands édifices, et dans les sommités de leurs combles, n'est pas même une chose tout-à-fait étrangère aux usages modernes. Sans parler des couvertures métalliques de certaines églises gothiques, et en particulier de celle de Saint-Denis, qu'on prétend avoir été autrefois d'argent, nous voyons encore certaines couvertures circulaires de coupoles recevoir des ornemens dorés et les agrémens des couleurs. Cela tient sans doute à la raison que, devenues visibles de de toutes parts et frappant tous les yeux par leur position surhaussée, ces sommités de combles sphériques, appellent les recherches de la décoration, et excluent l'effet pauvre et monotone d'une couverture produite par une matière vulgaire.

Dans le Midi, surtout en Italie et à Naples, nous voyons beaucoup de coupoles, et encore d'autres toitures, recouvertes de *tuiles* vernissées et enduites de différentes couleurs, usage familier à certains peuples de l'Asie, et dont il paroît que l'exemple fut imité par les Grecs à Babylone, dans la formation et la décoration de l'*Armamaxa* ou de la chambre voûtée qui, placée sur un chariot, servit à transporter le corps d'Alexandre-le-Grand en Egypte. Diodore de Sicile, dans la description de ce rare ouvrage de l'art, nous apprend que la voûte circulaire de cette chambre sépulcrale avoit son extrados, ou comble extérieur, couvert, en place de tuiles, par des pierres précieuses, probablement de chalcédoines, ou de *lapis lazuli*, dont on fait l'outremer, et autres qui peuvent être encore taillées en morceaux assez étendus pour cet emploi. Mais on doit regarder le petit monument dont nous parlons, comme un ouvrage d'orfévrerie autant que d'architecture, et auquel on put appliquer un précieux d'objets et d'ornemens, qui ne sauroit convenir aux édifices de quelqu'étendue.

Pour revenir aux *tuiles* ordinaires, en terre cuite, telles qu'on les emploie dans la plupart des pays, et à la couverture du plus grand nombre des bâtisses, nous dirons, en renvoyant pour le reste des notions techniques au mot Brique, que, pour être de bonne qualité et durable, la *tuile* doit être faite d'une argile grasse et où il n'entre pas trop de sable. Cuite, elle ne doit être, en France, ni trop rouge ni trop blanche. Du reste, cette couleur dépend particulièrement en chaque pays, de la nature même de l'argile et de sa couleur. On juge que la *tuile* est bien cuite, lorsqu'en la frappant elle rend un son clair.

On dit [illegible]

Tuile a crochet ou plate. C'est celle qui est de forme rectangle, ayant ordinairement dix pouces et demi de long, sur six pouces et un quart de large, et qui a un crochet au milieu de la largeur d'une de ses extrémités. Il y en a de deux mesures; celle qu'on vient de décrire s'appelle *petit moule*. On donne le nom de *grand moule* à celle qui a treize pouces de long sur huit pouces et demi de large.

Tuile faitière. On donne ce nom à la *tuile* creuse d'un côté et bombée de l'autre, dont on se sert pour couvrir le faîte d'un comble; elle doit avoir treize pouces de long. On use encore de semblables *tuiles* à Rome surtout, et depuis quelque temps à Paris, en les plaçant sur les rangées de *tuiles* plates, de manière à ne recouvrir que leur rebord saillant, et à laisser à découvert toute l'étendue de leur superficie. Quelquefois aussi on use de ces *tuiles* creuses dans deux sens contraires, celle de dessous placée sur son côté convexe, et celle de dessus s'emboîtant sur deux de ces *tuiles* par son côté concave.

Tuile flamande. *Tuile* creuse qui, vue de profil, ou posée de champ, offre dans son rebord la figure d'un S.

Tuile gironnée. *Tuile* plus large en bas du pureau qu'en haut vers son crochet. On s'en sert pour couvrir les chapiteaux en pointe de certaines tours rondes ou des colombiers. On la nomme aussi *giron*.

Tuile de Guienne. *Tuile* creuse dont le profil est en demi-canal. On en fait usage dans quelques parties de la France.

Tuile hachée. *Tuile* qu'on échancre avec la hachette, pour les arêtiers, les noues et les fourchettes.

Tuile vernissée. On appelle ainsi une *tuile* plombée qui sert à faire des compartimens sur les couvertures.

TUILEAU, eaux, s. m. On donne ce nom à des morceaux de tuiles cassées que l'on mélange et qu'on broie avec de la chaux. Ce mortier sert à plus d'un usage dans la bâtisse, pour sceller des cordeaux, des gonds, et autres pièces de fer. On l'emploie en liaison dans les pavages des cours. Les *tuileaux* qui servent à ces emplois doivent être concassés et pilés en fort petits morceaux. En plus gros fragmens, les *tuileaux* servent à faire les voûtes de four, les contre-cœurs des âtres de cheminées.

TUILERIE, s. f. C'est le nom qu'on donne à un grand bâtiment qui est accompagné de fours et de hangars où l'on fait la tuile.

Les hangars, qu'on appelle aussi *hâles*, sont des endroits couverts, et percés de tous côtés par plusieurs embrasures, au travers desquelles l'air et le vent passent, pour donner ce qu'on appelle du *hâle*. On use de ce procédé pour faire sécher à l'ombre la tuile, la brique, le carreau, avant de les mettre au four. Il faut, en effet, se garder d'exposer ces objets encore frais aux rayons du soleil, qui les gerceroit et les feroit gauchir.

On donne aussi à la *tuilerie* le nom de *briqueterie*.

Le nom de *tuilerie* est devenu célèbre par le

château que Catherine de Médicis fit commencer à Ducerceau, et qui ne fut fini que long-temps après, château qui, augmenté depuis, modifié et embelli, sous différens règnes, dans son ensemble, ses accessoires, et surtout ses jardins, est devenu, par l'habitation des rois de France, un des plus grands palais et des plus renommés de l'Europe.

Son nom de *Tuileries*, au pluriel, lui est venu de ce que le terrain, alors situé en dehors de Paris, où Catherine de Médicis voulut établir son palais, renfermoit plusieurs fabriques de *tuiles*. C'est ce même terrain qui est devenu depuis le jardin qu'on appelle aussi du nom de *Tuileries*.

Ce fut très-probablement d'un précédent semblable, qu'un des plus beaux quartiers d'Athènes, *le Céramique*, avoit emprunté son nom. Pausanias dit qu'il l'avoit tiré de *Céramus*, fils de Bacchus et d'Ariadne. Pline prétend que ce lieu fut nommé *Céramique*, parce que Chalcosthène, artiste, et Plasticien, célèbre par ses statues et ses ouvrages en terre, avoit eu son atelier en cet endroit. Ceci paroît plus voisin de la vraisemblance. Le mot *Ceramos*, en grec, signifiant *terre cuite* et *tuile*, pourquoi Athènes, en s'étendant, n'auroit-elle pas agrandi son enceinte, aux dépens d'un terrain qui auroit contenu des fabriques de tuiles et d'autres objets, jadis si communs dans tous les édifices, et qui étoient du ressort de la plastique? On sait, en effet, combien d'ornemens, de frises et de bas-reliefs en terre cuite furent appliqués à l'architecture, lorsque le bois et la brique formoient la principale construction des temples.

TUILIER, s. m. On appelle de ce nom celui qui fabrique de la tuile.

TUMULUS. Ce mot est formé du verbe *tumeo*, qui signifie être *enflé*, *gonflé*. Il signifie de même une *enflure*, un *gonflement* de la terre. C'est dans ce sens que l'on a nommé *tumulus* une éminence naturelle de terre, comme un *tertre*, un lieu élevé. Ainsi a-t-on, par analogie, nommé, dans le même sens, l'éminence factice, produite par l'inhumation d'un corps. Cette sorte de protubérance momentanée, qui devenoit le signe d'une sépulture, a dû naturellement être augmentée ou amplifiée, par le simple desir de rendre plus durable le souvenir de l'homme, dont les restes avoient été confiés à la terre. L'usage ayant perpétué et consacré ce signe commémoratif, non-seulement on s'étudia à rendre de plus en plus considérables, ces éminences factices, mais on profita des buttes naturelles, qu'on creusa, qu'on perfora, pour y déposer les corps des hommes, dont on vouloit honorer la mémoire. Ce fut ainsi, et par suite de ces accroissemens, que le mot *tumulus* en vint à signifier, un lieu de sépulture, un *tombeau*.

Aux mots PYRAMIDE et TOMBEAU, nous avons déjà fait voir comment les plus vastes constructions sépulcrales avoient été des imitations successives, et, si l'on peut dire, des dérivés du *tumulus* primitif. Nous croyons même avoir rendu très-vraisemblable, pour ne pas dire certain, que les pyramides d'Egypte (*voyez* PYRAMIDE) n'étoient autre chose que des buttes, ou, si l'on veut, des *tumulus*, à la fois naturels et artificiels, c'est-à-dire, amplifiés par de nouveaux amas de terre, et devenus le noyau de la maçonnerie et des constructions en pierre qui en formèrent le revêtissement solide.

Il est reconnu maintenant, que ce genre de tombeaux ou de sépultures fut infiniment plus multiplié et plus répandu, qu'on ne pourroit le dire, non-seulement dans la Grèce et dans les pays qui formoient le Monde antique, mais dans toutes les régions habitées de la Terre. Il est même prouvé qu'on a souvent interprété, dans un sens tout-à-fait opposé à la vérité, un grand nombre de buttes et d'élévations qu'on découvre partout. Ainsi, Spon et Wheler avoient pris pour des forteresses destinées à défendre les approches de Pergame, deux masses coniques d'un énorme volume, évidemment élevées à main d'hommes. Cette idée n'étoit nullement vraisemblable; mais leur erreur est démontrée, depuis qu'on a bien reconnu le genre de sépultures désignées par le nom de *tumulus*, dont il se trouve un si grand nombre en Grèce et en Italie.

Rien, au reste, n'est plus uniforme dans tous les pays que ce genre de monumens. Effectivement, il ne sauroit en exister qui offrent les caractères d'une plus parfaite ressemblance, tant l'art ici se confond avec la nature. Aussi rien de plus inutile que de rechercher la trace des imitations que tel peuple auroit empruntées à tel autre. On trouve les *tumulus* très-multipliés dans le nord de l'Europe, ainsi que dans toutes les contrées occupées, ou successivement envahies par les nations scythes. Il en existe en Amérique, et des voyageurs disent en avoir trouvé jusqu'à l'extrémité de l'Afrique.

M. Pallas, qui a parcouru les pays immenses d'où sortirent, à diverses époques, des nations entières, pour se répandre sur l'Europe et sur l'Asie, a vu partout des *tumulus* pareils à ceux qu'on rencontre dans la Grèce. Sur les bords des grands fleuves qui traversent ou séparent les provinces tartares, ce savant voyageur trouve des monticules toujours coniques et plus ou moins élevés, souvent réunis en grand nombre sur un même terrain, et dans quelques endroits, recevant encore les hommages de ces peuples, restés fidèles aux opinions et aux usages de leurs ancêtres.

Vers le Midi, les plaines voisines du Pont-Euxin et de la mer Caspienne, ainsi que toute la Chersonèse taurique, offrent un grand nombre de *tumulus*. On en trouve sur les bords du Daiester, et sur ceux du Danube près de Constantinople. Il est fort probable que les voyageurs, dont l'attention sera éveillée par tous ces faits, découvriront de ces sortes de sépultures sur les côtes de la Thrace, dans le Péloponèse, et surtout dans l'Asie-Mineure, où elles doivent être encore plus multipliées.

Déjà, depuis plusieurs années, quelques personnes instruites ont profité de leur séjour à Smyrne, et dans les environs de Sardes, pour rechercher les monumens de cette espèce, désignés par Hérodote et Pausanias, et que leur volume avoit dû défendre contre la destruction. Plusieurs, en effet, se retrouvent encore aux lieux où ces auteurs les placent. Il paroît assez vraisemblable que c'est le monument de Tantale qu'on voit aux environs de Smyrne, vers le mont Sipylus.

Ce grand *tumulus* étoit, comme on le dira plus bas, assis sur un soubassement formé de grosses pierres. Il a, dit M. Cousinery, de qui on tient ces détails, deux cents pas de diamètre, et il est couvert de très-vieux oliviers et d'arbres fruitiers. Le propriétaire du terrain le fit ouvrir pour enlever les pierres du soubassement, et s'en servit à construire une métairie; mais quoiqu'elle fût assez considérable, on n'employa pas la trentième partie des pierres qui forment cette base immense, coupée par plusieurs galeries, et contenant un grand nombre de chambres. Au centre, on trouva les débris d'un bûcher placé sur le sol naturel.

On a découvert un autre *tumulus* à trois lieues de Smyrne, sur le chemin de Colophon; mais c'est surtout dans les environs de Sardes qu'on rencontre un nombre prodigieux de ces monumens. On en remarque sur toutes les avenues qui y conduisent. A une lieue et demie au nord-est de la ville, au-delà de l'Hermus, s'élève une montagne dont la surface est couverte de ces monticules factices, et qu'on appelle les *mille tombeaux*. Cet emplacement, selon Chandler, étoit consacré aux sépultures des rois de Lydie, et des habitans les plus distingués. L'on reconnoît encore facilement le tombeau d'Alyates, père de Crésus; il est beaucoup plus grand que tous les autres, et offre les mêmes dimensions qui lui sont données par Hérodote. Nous parlerons plus bas de ce célèbre *tumulus*, désigné par les mots grecs qui signifient *monceau de terre*.

Il y a très-peu de villes de l'Asie-Mineure qui ne conservent ainsi quelques sépultures de leurs fondateurs et de leurs anciens souverains. Il étoit de la nature de ces monumens, sans art et la plupart sans luxe, de résister à tous les agens destructeurs, beaucoup plus que n'ont pu le faire les plus somptueux ouvrages de l'architecture, dont la richesse a provoqué leur ruine, et qui ont presque tous disparu des lieux qu'ils occupèrent avec tant d'éclat.

Les plus anciennes de ces sépultures sont aussi les plus simples. Ce sont des cônes de terre élevés avec assez d'art, sur la place même qu'avoit occupée le bûcher où le mort fut consumé, et qui contiennent ses restes. Tels sont les *tumulus* qu'on retrouve sur le rivage de l'Hellespont, et auxquels, comme on le dira, sont attachés des noms célèbres. Tels sont encore la plupart de ceux qui ont été déjà reconnus dans la Thrace et dans le Péloponèse. Mais il paroît que les grands et les riches, tout en conservant dans leurs sépultures la coutume ancienne et la forme primitive, y avoient ajouté des constructions dispendieuses. Elles consistèrent dans de grands soubassemens solidement construits en pierre, et aussi dans une voûte pratiquée sous l'amas de terre, avec des conduits souterrains. On citera aussi quelques exemples de plantations qui ornèrent les pentes de la montagne.

Aux environs de Pergame, on voit des tombeaux ainsi creusés et voûtés dans leur masse inférieure. Il y en a un entouré d'un profond et large fossé, destiné sans doute à en interdire l'approche. Sa masse se divise en deux sommets bien distincts : particularité dont on ne connoît pas d'autre exemple, mais qui paroît devoir indiquer que le double *tumulus* appartient à deux morts, et que leurs cendres furent placées dans deux caveaux séparés.

Un autre, tout voisin de ce dernier, n'a qu'un sommet. La masse de terre pyramidale qui en fait le corps, s'élève sur un mur circulaire d'environ quinze pieds de haut, et qui paroît avoir été revêtu de marbre. Ce soubassement a une porte donnant entrée dans une galerie qu'une autre galerie coupe à angle droit. Au centre étoit une voûte dont la clef s'est affaissée. A chaque extrémité des galeries sont de petites salles carrées, où probablement avoient été placés les restes des personnages pour lesquels le monument fut élevé. Pausanias nous apprend, l. 8, ch. 4, qu'on montroit encore de son temps à Pergame, sur le Caïcus, la sépulture d'Augé. C'est, dit-il, un tombeau de terre avec une base circulaire en pierre. Il y a sur ce monument une figure de femme nue faite en bronze.

Depuis long-temps, plus d'un voyageur avoit reconnu, au pied du cap Sigée, deux monticules ou masses coniques, évidemment formées de terres amoncelées, et en tout semblables à ceux dont on vient de parler. Le plus rapproché du cap est le plus considérable et le plus élevé. On le prit d'abord pour le tombeau d'Achille, et on lui en donna le nom; mais M. de Choiseul l'ayant fait ouvrir, et ayant percé jusqu'à son centre, il fallut se désabuser, par l'inspection des objets qu'on y trouva renfermés, et dont aucun ne pouvoit se supposer avoir dû accompagner les funérailles et les restes d'un guerrier tel qu'Achille. On a conjecturé que ç'auroit pu être le tombeau de Festus, le favori de Caracalla, qu'Hérodien nous apprend avoir été inhumé en cet endroit.

Un peu plus loin, à 110 toises de distance, est un autre *tumulus*, ou monticule de la même forme, mais moins haut, et dont le sommet semble s'être abaissé par l'action des pluies, et le laps du temps. On regarde comme probable que c'est là le monument, le *σῆμα*, élevé sur l'emplacement du bûcher de Patrocle, et qui ne devoit pas être loin de la sépulture d'Achille, dont on a cru retrouver quelque indice, ainsi que du temple qui l'accompagnoit.

Du reste, il ne manque, pour vérifier beaucoup de notions antiques de ce genre, que le temps et les moyens qu'ont rarement les voyageurs, de faire des fouilles sur tout ce terrain, rempli de buttes qui auront pu être des sépultures. « Le temple et le tombeau d'Achille (dit » Strabon) sont près du promontoire Sigée; on » y voit aussi les monumens de Patrocle et d'Antiloque. Les habitans d'Ilium honorent d'un culte » religieux tous ces héros, ainsi qu'Ajax. »

Beaucoup d'indications et de renseignemens, puisés dans le texte même d'Homère, ont porté M. de Choiseul-Gouffier à reconnoître, malgré sa haute antiquité, le grand *Séma*, comme l'appelle le poëte, ou le *tumulus*, sépulture d'Ilus, fils de Dardanus. C'est une chose remarquable qu'encore aujourd'hui les habitans, ou Grecs modernes, lui donnent le même nom. Beaucoup d'autres monumens, du même genre, et de différentes grandeurs, n'attendent que de nouvelles recherches pour multiplier les découvertes qui resteront encore long-temps à faire en ce genre.

Ce qui sans doute s'est opposé, et s'opposera long-temps, dans tous les pays de l'antiquité, à ces découvertes, c'est l'entière similitude de ces monumens funéraires avec les buttes naturelles, les collines, et les nombreuses élévations qu'on rencontre presque partout. Autrefois, il n'en étoit pas ainsi. Nous avons déjà vu que des constructions plus ou moins considérables étoient établies au pied des *tumulus*, et en faisoient le soubassement. Or, cet usage nous est également révélé par Pausanias, à l'égard des *tumulus*, dans la Grèce proprement dite, qui, sur ce point, usa du même genre de sépultures. Nous n'en citerons, pour exemple, que le tombeau de *Phocus*, décrit par l'écrivain que l'on vient de nommer, liv. II, chap. 29. C'est, dit-il, un amas de terre, *χῶμα*, et il est environné d'un soubassement circulaire appelé *crepis* en grec. On ne pouvoit donc point se méprendre à ces buttes artificielles, lorsqu'on les trouvoit ainsi comparées.

Mais il est tout aussi indubitable que le sommet de ces monticules factices, étoit surmonté d'un monument quelconque, soit sculpture, soit architecture, portant, ou des inscriptions, ou des symboles allégoriques, ou les signes mêmes de la profession du mort, comme trophées, statues, armures, bas-reliefs, etc. Ainsi, sur le *tumulus* de Misène Enée suspend et attache des rames indicatives de la profession de son pilote.

Il paroît que l'objet le plus ordinaire, auroit été une colonne à laquelle on auroit facilement groupé les objets dont nous parlons. Homère nous dit que Pâris, lorsqu'il décocha la flèche dont il perça le pied de Diomède, étoit monté au haut du monument d'Ilus, et s'appuyoit contre la colonne placée à son sommet.

Pline, liv. VIII, chap. 64, nous apprend qu'à Agrigente, on voyoit plus d'un *tumulus* élevé à des chevaux, qui probablement reçurent cet honneur, pour les victoires qu'ils avoient fait remporter à leurs maîtres, dans les jeux du Stade. *Agrigenti complurium equorum tumuli pyramides habent*. Or, ces *tumuli*, buttes ou amas de terre, ne pouvoient avoir de ces pyramides qu'à leur sommet. Mais que faut-il entendre ici par le mot *pyramides*? On est habitué à se figurer, dans l'usage du langage, la pyramide sous la forme des grandes masses de construction, qui se sont conservées en Egypte. On sent, toutefois, combien peu cette idée est admissible ici. Cependant, comme la forme pyramidale, et le mot qui la désigne, s'appliquent à d'autres corps qui se terminent en pointe, tels que les obélisques, les stèles, nous croirons que, sur ces *tumulus* élevés à des chevaux, on avoit simplement placé certaines *metæ* ou bornes, telles qu'on les voit dans les cirques, et qui aussi, se terminant en pointe, affectent la forme pyramidale.

Il est moins question ici de déterminer les variétés d'objets, qu'on imposoit sur les sommités des *tumulus*, et les diversités de sens des mots qui les expriment, que de constater l'usage de terminer ces monticules par quelqu'objet apparent, soit stèle, colonne, cippe, soit statue, obélisque, pyramide, pierre debout, etc. Aux témoignages déjà cités, nous allons ajouter les notions de deux des plus grands *tumulus*, qui, probablement, aient été élevés dans l'antiquité, savoir, le tombeau d'Alyates, père de Crésus, en Lydie, et le Mausolée d'Auguste, à Rome.

« On voit en Lydie (voyez *Hérodote*, liv. I, » chap. 93) un ouvrage bien supérieur à tous » ceux qu'on admire ailleurs, j'en excepte les monu- » mens des Egyptiens et des Babyloniens. C'est » le tombeau d'Alyates, père de Crésus...... Son » soubassement est de grandes pierres, le reste » du monument consiste en levée de terre..... » De mon temps subsistoient encore, au som- » met, cinq *termes*, où on lisoit des inscriptions » portant que, etc...... Le soubassement du mo- » nument a six stades deux plèthres de circuit;

» sa largeur est de treize plèthres. » C'est-à-dire, selon le traducteur, M. Larcher, cinq cent quatre-vingt-dix-huit toises deux pieds dix pouces de tour. Ainsi, dit-il, les deux petits côtés devoient être chacun de quatre-vingt-quatorze toises trois pieds huit pouces.

Le plan de ce soubassement, d'après ces mesures, est facile à connoître : c'étoit un carré ayant deux côtés, doubles en longueur des deux autres, et c'étoit sur ce quadrangle parallélogramme, bâti en grandes pierres, qui servoit de soubassement (*crépis*) au véritable monument, que s'élevoit ce dernier. Rien de plus simple à imaginer.

On ne sauroit nier qu'un tel soubassement, construit en pierres, n'ait été un ouvrage d'une assez notable dépense. Mais enfin, ici, comme dans toutes les autres constructions, le soubassement n'a jamais pu être regardé comme une merveille, et l'on ne sauroit s'expliquer ce qui auroit pu motiver l'admiration d'Hérodote, si tout le reste n'avoit consisté qu'en une simple levée de terre. Hérodote, cependant, ne parle que d'une montagne ou d'un monceau de terre, χῶμα γῆς. J'ai dit montagne ou monceau; ce put être, en effet, une élévation naturelle, comme cela eut certainement lieu dans beaucoup de *tumulus*. Ce put être aussi une butte artificielle, et, si l'on veut, tout à la fois l'un et l'autre, c'est-à-dire, une hauteur naturelle, surchargée de terre et ainsi exhaussée par l'art. Mais quelque hypothèse qu'on adopte, reste encore à chercher ce qu'il y avoit là, qui eût mérité d'être vanté comme un immense ouvrage, ἔργον πολλὸν μέγιστον, à moins de supposer, ce que le commencement de la description rend inadmissible, que l'écrivain n'auroit entendu parler que de la grandeur linéaire, chose assurément bien peu remarquable dans une butte de terre.

Disons donc que le monument d'Alyates dut être quelque chose de plus, que ce qu'indiquent au sens simple, les mots χῶμα γῆς. Aussi, M. de Caylus a-t-il avancé que par le mot γῆς, *terre*, il falloit entendre non pas simplement de la terre, mais de la terre cuite, autrement dit, une construction en briques. Nous ne croyons pas qu'on puisse se permettre une telle interprétation; d'abord, parce que l'usage de ces tombeaux, formés d'une simple terre, fut, comme on l'a vu, extrêmement commun. Tel étoit en Grèce le tombeau de Phocus, τάφος χῶμα ἐστι, entouré d'un soubassement, περιεχόμενον κρηπῖδι λίθων. Disons ensuite que lorsqu'il s'agit d'édifices bâtis en briques ou en terre cuite, nous voyons que les écrivains grecs ne manquent point de dire ὀπτῆς γῆς.

Il y a, selon nous, une manière de concilier l'idée trop simple qui résulte des mots d'Hérodote χῶμα γῆς, *agger terræ*, avec l'opinion que sa notion, très-abrégée sans doute, force toutefois de concevoir, c'est-à-dire celle d'une vaste entreprise, qui ne le cédoit qu'aux immenses travaux de l'Egypte et de Babylone.

Nous trouvons ce moyen de conciliation dans un vaste *tumulus*, qui fut, à Rome, le mausolée d'Auguste. Nous l'appelons *tumulus*, et, d'après l'idée élémentaire des monumens de ce nom, on va voir que cette dénomination lui convient parfaitement. D'abord, Strabon, dans la courte notice qu'il en a donnée, l'appelle χῶμα, *agger*. Ensuite, des plantations d'arbres toujours verts (probablement des cyprès) s'élevoient, dit-il, jusqu'à son sommet; ce qui prouve que sa masse étoit formée de terre.

Nous ne croirons pas, en effet, que la magnificence du mausolée d'Auguste, se seroit bornée à être un monticule de terre rapportée sur le bord du Tibre, et dont les pentes auroient eu des arbres plantés, ce qui eût ôté au *tumulus* jusqu'à la forme de monument, et se seroit trouvé bien peu en accord avec la statue colossale, en bronze, de l'empereur au sommet.

Ce qui reste encore aujourd'hui de ce vaste tombeau, et qui se réduit à la partie circulaire de sa périphérie inférieure, nous montre, qu'outre le soubassement de marbre dont parle Strabon, il y avoit d'autres parties de construction. Aussi, d'après l'indication de ces vestiges, et la notion de Strabon, on n'a point hésité à restituer, il y a déjà long-temps, la masse de ce monument d'une manière qui répondît à son importance; ce qu'on a fait en établissant, dans toute cette élévation, des terre-pleins et des murs de terrasses en amphithéâtre ou en retraite les uns sur les autres. Et c'est alors que l'on conçoit comment des cyprès, plantés par étages sur ces terrasses, ont pu faire un effet théâtral, et conduire l'œil du spectateur, avec beaucoup d'agrément, vers la partie du sommet que couronnoit la statue d'Auguste.

Ainsi, l'idée de terrasses ou de terre-pleins par étages et plantés d'arbres, loin de contredire celle du *tumulus* primitif, s'y applique tout naturellement. Sans doute, un tel monument pouvoit être appelé χῶμα, *agger*. Cependant, qui ne voit que l'addition des constructions de l'art, faites à cette butte de terre, dut, selon la hauteur et le nombre des périphéries, faire de cette masse un ensemble des plus dispendieux ?

Ne seroit-il pas permis maintenant de supposer, à l'égard du *tumulus* d'Alyates, et pour justifier la grande admiration d'Hérodote, que ce monument, qui, selon l'écrivain grec, ne le cédoit qu'aux entreprises de l'Egypte et de Babylone, au lieu de n'être qu'une simple butte de terre naturelle ou rapportée, auroit pu aussi, sans cesser d'être et de pouvoir être appelée *agger terræ*, présenter un composé de terrasses circulant par étages, soit horizontaux, soit en spirale, solidement construits, et s'élevant à une hauteur, que les mesures données de son soubassement, permettroient de porter à quatre ou cinq cents pieds?

Nous avons été conduits à parler de ces deux immenses *tumulus*, particulièrement à l'occasion des objets que l'usage imposoit à leur sommet pour en faire le couronnement. Ainsi, comme nous le montre le *tumulus* d'Auguste, on pouvoit placer des statues à leur cime. Celui d'Alyates nous présente, comme faisant le couronnement de sa masse, cinq corps que le mot grec ὄροι ou οὖροι semble nous désigner comme des corps pyramidaux, de la nature des bornes ou des termes, selon la signification propre du mot. Aussi M. Larcher a-t-il dit, dans sa traduction, *cinq termes* sont placés au haut du monument. Cependant, le mot *terme* a, dans notre manière d'entendre ce mot, plus d'une signification qui ne conviendroit guère à la position dont il s'agit. Je préférerois le mot *borne*, pris dans le sens des *metæ*, qui terminoient et ornoient la *spina* des cirques. Ces *metæ*, dont le temps a conservé quelques modèles, se rapprochoient davantage, par leur procérité, de la forme des *stèles* ou des obélisques, témoin celle qui orne les jardins de la ville Albani à Rome, et qui est circulaire, comme toutes celles qu'on voit groupées au nombre de trois ou de cinq, et élevées sur une base commune, dans les représentations des cirques antiques que les monumens nous ont conservées.

C'est d'après cette analogie, et cette ressemblance, soit de position, soit de nombre, et précisément parce que ces *oroi* du *tumulus* d'Alyates durent avoir une grande hauteur, que la forme obéliscale m'a paru la plus propre à former les cinq corps, qui lui servirent d'amortissement.

TURCIE, s. f. (terme d'architecture hydraulique). On donne ce nom, dans la langue des ponts-et-chaussées, à une espèce de digue ou de levée qu'on pratique en forme de quai, pour empêcher les inondations d'une rivière : telles sont celles qu'on a construites sur les bords de la Loire.

TUSCULUM, ville d'Italie, dans le Latium, au nord de la ville d'Albe, sur une colline, selon Strabon; ce qui a fait qu'Horace lui a donné le surnom de *supernum* :

.... *Superni villa candens Tusculi.*

On croit ordinairement que Frascati occupe l'emplacement de l'ancien *Tusculum*. On a voulu reconnoître aussi dans *Grotta Ferrata* le lieu où auroit été situé le *Tusculanum*, ou la maison de campagne de Cicéron à *Tusculum*. Quelques antiquités découvertes à *Grotta Ferrata*, parmi lesquelles s'étoient trouvés un trapèze et un hermaphrodite, avec quelques bustes, où, disoit-on, se lisoit le nom de la famille Tullia, accréditèrent d'abord cette opinion. La table sembla devoir être le trapézophore dont parle Cicéron. On confondit l'idée d'hermaphrodite avec celle des Herm-Athènes qu'Atticus lui avoit envoyés de Grèce pour l'ornement de sa bibliothèque. Tout cela fut bientôt convaincu de faux.

La vérité est que l'ancien *Tusculum* étoit situé sur une hauteur qui domine l'emplacement actuel de Frascati, ce qui, à la vérité, n'empêcheroit pas que quelques-unes des anciennes maisons de campagne des Romains, n'aient occupé quelques-uns des emplacemens de Frascati. Au reste, ce dernier site, où se trouvent réunies aujourd'hui les plus belles maisons des Romains modernes, n'a presque, dans aucune ruine, un seul reste d'antiquité digne d'être cité.

On croit que quelques débris, qui existent au Quarto di Borghetto, ont pu appartenir au Tusculanum de Scaurus, beau-fils de Sylla.

On assigne, comme caractères du Tusculanum de Gabinius, premièrement d'avoir été voisin de celui de Cicéron; secondement d'avoir été bâti au haut d'une montagne élevée sur une autre, ce qui convient justement à un certain emplacement entre la *Ruffinella* et le *Tusculo*, emplacement qui a de nombreux terre-pleins. C'est bien là que dut être placée une grande construction.

Il est permis de mettre au nombre des situations qui se laissent encore reconnoître, comme ayant pu être celles d'une grande maison de campagne, celle de la *villa* de Mécène aux *Grottoni d'Amadei*, d'après l'application naturelle qu'on peut leur faire, de la grandeur et du point de vue que la phrase d'Horace fait supposer.

Les ruines imposantes qui sont à la droite de Frascati, sous *Mont Dragone*, et à sa gauche près la villa Conti, reçoivent, sans aucune autorité, les noms de *maisons de campagne de Pollion & de Varron*.

Tout ce qu'on peut dire, c'est que Frascati doit avoir succédé à l'emplacement occupé par un grand nombre de riches maisons de campagne dépendantes de *Tusculum*, et que des fouilles habilement dirigées sur plus d'un endroit de la ville moderne, feroient très-probablement découvrir de nouvelles richesses d'antiquité, ou de précieux renseignemens, aux antiquaires qui cherchent à retrouver des traces de la magnificence de l'antique Rome.

TUYAU, s. m. Nom général qu'on donne, dans une infinité de travaux, d'ouvrages et d'emplois divers, à toute espèce de conduit, le plus souvent en forme de tube, qui sert, soit à l'écoulement, soit à l'évaporation, soit à la transmission des liquides, et, dans beaucoup d'autrumens, à la conduite et à la propagation des sons. En un mot, il y a tant d'emplois de l'objet appelé *tuyau*, qu'on ne sauroit se flatter de les énumérer tous. Au reste, nous en restreindrons les notions, et en les abrégeant beaucoup, à ce qui regarde l'architecture, et particulièrement la construction.

Dans cet ordre de choses, ce qu'on appelle *tuyau* est un conduit qu'on fait le plus souvent rond, mais souvent aussi quadrangulaire, quand il est engagé dans la construction, et qui sert à la descente des eaux s'il est placé en hauteur, et s'il est horizontal à leur transmission, par tous les moyens qui dépendent de l'hydraulique. Il se fait aussi des tuyaux pour l'évaporation de l'air et de la fumée, pour la circulation de la chaleur, et, si l'on veut, de l'air froid, etc., etc

Les *tuyaux* se font en beaucoup de matières, selon la diversité de leurs emplois. On en voit dans les thermes antiques, pour l'écoulement des eaux pluviales, qui furent bâtis avec le monument, et formés, tantôt de grandes briques quadrangulaires, maçonnées avec les murs, tantôt composés de *tuyaux* de terre arrondis.

On appelle aujourd'hui ces conduits *tuyaux de descente*, et on les fait, soit en plomb, soit en ferblanc, soit en fonte, pour servir dans toutes les maisons de Paris à la décharge des eaux du toit. On a ainsi depuis peu d'années remplacé par de semblables *tuyaux* les gouttières, qui, saillant hors des toits et de leurs égouts, versoient en temps de pluie des torrens d'eau, et occasionnoient beaucoup d'inconvéniens.

On pratique aussi quelquefois les *tuyaux* de descente en terre cuite, mais ils sont sujets à être cassés s'ils sont à découvert, et à se fendre dans l'hiver par la congélation des eaux.

On fait des *tuyaux* en bois d'aune ou de chêne, que l'on perce avec des tarières de différentes grosseurs; on les emboîte les uns avec les autres, et l'on en use particulièrement à Paris pour les conduites d'eau souterraines.

Les *tuyaux* de cuivre servent surtout pour les corps de pompe, à élever les eaux. On les courbe aux endroits où il y a des robinets ou des regards.

Chaque genre de *tuyaux* consistant, selon ses emplois, en une réunion plus ou moins nombreuse de morceaux plus ou moins longs, l'art d'opérer cette réunion dépend de la nature différente de chacune des matières employées à leur confection.

Les *tuyaux* de fer ont à chaque extrémité trois ou quatre oreilles percées, par lesquelles on les joint, au moyen d'autant de vis, avec leurs écrous, en mettant entre les deux *tuyaux* qu'on veut réunir un morceau de cuir ou de feutre.

Les *tuyaux* de terre s'emboîtent par leurs extrémités les uns aux autres; le bout le plus étroit de l'un entrant dans celui de l'autre qui est tenu plus large. On garnit la jonction de mastic et de poix, avec de la filasse et de l'étoupe.

Les *tuyaux* de bois s'emboîtent également les uns aux autres, moyennant la précaution d'amenuiser en pointe, le bout de celui qui doit entrer dans l'orifice de l'autre.

Les *tuyaux* de plomb se réunissent à volonté les uns aux autres, au moyen de la soudure.

Les *tuyaux* de cuivre peuvent s'assembler par soudure comme ceux de plomb, ou de la manière décrite pour les *tuyaux* de fer.

C'est pour la conduite de la fumée que l'on fait peut-être le plus d'emplois des *tuyaux*, surtout à l'égard des poëles, auxquels on ajuste à volonté des *tuyaux* qui s'emboîtent diversement, selon qu'ils sont de terre recouverte en faïence, de cuivre, ou de tôle.

Les *tuyaux* de cheminée sont, dans la construction des maisons d'habitation et de location, un objet de haute importance. Nous renvoyons, sur cet objet, le lecteur à l'article CHEMINÉE.

On appelle *tuyau de cheminée apparent* celui qui saille hors du mur; *tuyau de cheminée dans œuvre*, celui qui est pratiqué dans l'épaisseur d'un mur; *tuyau de cheminée adossé*, celui qui est doublé au-devant d'un autre *tuyau*; *tuyau de cheminée dévoyé*, celui qui ne monte pas aplomb, et que l'on fait passer à côté d'un autre.

TYMPAN. *Voyez* TIMPAN.

TYPE, s. m. Vient du mot grec τύπος, mot qui exprime, par une acception fort générale, et dès-lors applicable à beaucoup de nuances ou de variétés de la même idée, ce qu'on entend par *modèle*, *matrice*, *empreinte*, *moule*, *figure en relief* ou *en bas-relief*.

Il n'est pas douteux que les écrivains grecs n'aient exprimé souvent par les mots ἐκ τύπου, ce que nous entendons par *bas-reliefs* plus ou moins saillans.

C'est dans ses composés que le mot τύπος exprime certaines diversités des travaux de la sculpture. Ainsi, le mot *entupos* doit avoir exprimé l'idée d'un travail en creux, appliqué, à des figures, soit comme dans les ouvrages moulés ou coulés, soit poussées en terre dans un creux, soit formées par un moule, en bronze ou en plâtre. Il a pu se réduire aussi à exprimer les figures gravées en creux sur pierres fines pour cachets, etc. Le mot *ectypos* semble désigner l'ouvrage comme produit par un moule en creux d'où l'on extrait l'exemplaire qui s'y est imprimé. Le mot *prostypos* signifie d'une manière sensible l'ouvrage qui se détache en relief sur un fond plan, et ce qu'on appelle relevé en bosse. Mais beaucoup de diversités ayant dû s'introduire dans l'emploi de ces mots, par le fait de l'ignorance où le plus grand nombre des hommes dut être jadis, comme il l'est aujourd'hui, des caractères particuliers à chaque sorte d'ouvrages, nous ne dirions pas que nonobstant la composition des mots, plus d'un écrivain n'ait pu employer l'un pour l'autre, surtout dans des descriptions souvent faites d'après d'autres descriptions.

Du reste, on peut affirmer que partout où Pausanias a employé le mot *typos*, dans les ouvrages de la sculpture, soit qu'il en indique la matière, comme lorsqu'il dit que l'ouvrage est en marbre blanc, soit lorsqu'il l'emploie à des ouvrages de sculpture sur métaux, toujours il exprime par cette dénomination des ouvrages que nous appelons *bas-reliefs*.

L'emploi du mot *type* en français est moins souvent technique et plus souvent métaphorique. Ce n'est pas qu'on ne l'applique à quelques arts mécaniques, témoin le mot typographie. On en use aussi comme d'un mot synonyme de modèle, quoiqu'il y ait entr'eux une différence assez facile à comprendre. Le mot *type* présente moins l'image d'une chose à copier ou à imiter complètement, que l'idée d'un élément qui doit lui-même servir de règle au modèle. Ainsi on ne dira point (ou du moins auroit-on tort de le dire) qu'une statue, qu'une composition d'un tableau terminé et rendu, a servi de *type* à la copie qu'on en a faite. Mais qu'un fragment, qu'une esquisse, que la pensée d'un maître, qu'une description plus ou moins vague, aient donné naissance, dans l'imagination d'un artiste, à un ouvrage, on dira que le *type* en a été fourni dans telle ou telle idée, par tel ou tel motif, telle ou telle intention. Le modèle, entendu dans l'exécution pratique de l'art, est un objet qu'on doit répéter tel qu'il est. Le *type* est, au contraire, un objet d'après lequel chacun peut concevoir des ouvrages qui ne se ressembleroient pas entr'eux. Tout est précis et donné dans le modèle, tout est plus ou moins vague dans le *type*. Aussi voyons-nous que l'imitation des *types* n'a rien que le sentiment et l'esprit ne puisse reconnoître, et rien qui ne puisse être contesté par la prévention et l'ignorance.

C'est ce qui est arrivé, par exemple, à l'architecture.

En tout pays l'art de bâtir régulier est né d'un germe préexistant. Il faut un antécédent à tout. Rien, en aucun genre, ne vient de rien, et cela ne peut pas ne point s'appliquer à toutes les inventions des hommes. Aussi voyons-nous que toutes, en dépit des changemens postérieurs, ont conservé toujours visible, toujours sensible au sentiment et à la raison, leur principe élémentaire, qui est comme une sorte de noyau autour duquel se sont agrégés, et auquel se sont coordonnés par la suite, les développemens et les variations de formes dont l'objet étoit susceptible. Ainsi nous sont parvenues mille choses en tout genre, et une des principales occupations de la science et de la philosophie, pour en saisir les raisons, est d'en rechercher l'origine et la cause primitive. Voilà ce qu'il faut appeler *type* en architecture, comme dans toute autre partie des inventions et des institutions humaines.

Il y a pour remonter au principe originaire, et au *type* de la formation de l'architecture en divers pays, plus d'une route qui y conduit. Les principales seroient dans la nature de chaque région, dans les notions historiques, et dans les monumens mêmes de l'art développé. Ainsi lorsqu'on remonte à l'origine des sociétés qui ont un commencement de civilisation, on voit l'art de bâtir naître de causes, et avec des moyens assez uniformes partout. La pierre taillée ne dut point constituer les premières bâtisses, et nous voyons partout, sauf en Égypte et dans l'Inde, le bois se prêter avec bien plus de propriété, aux besoins peu dispendieux d'hommes, ou de familles réunies sous le même toit. La moindre connoissance des relations des voyageurs dans les contrées peuplées de sauvages, rend ce fait incontestable. Ainsi tel genre de combinaison dont l'emploi du bois est susceptible, une fois adopté dans chaque pays, y devint, selon le besoin des constructions, un *type* qui, perpétué par l'usage, perfectionné par le goût, accrédité par un emploi immémorial, dut passer dans les entreprises en pierre. C'est là cet antécédent que nous avons, en plusieurs articles de ce Dictionnaire, donné comme le *type* de plus d'un genre d'architecture, comme le principe sur lequel se modela, par la suite, un art perfectionné dans ses règles et dans ses pratiques.

Cependant cette théorie qui s'appuie sur la nature des choses, sur les notions historiques, sur les opinions les plus anciennes, sur les faits les plus constans, et sur les témoignages évidens de chaque architecture, a souvent contre soi deux genres d'adversaires.

Il y a ceux qui, parce que l'architecture ne sauroit être, ni donner l'image d'aucune des créations de la nature physique ou matérielle, ne conçoivent d'autre genre d'imitation, que celle qui se rapporte aux objets sensibles, et prétendent que, dans cet art, tout est, et doit être soumis au caprice et au hasard. N'imaginant point d'autre imitation que celle qui peut montrer aux yeux leurs modèles, ils méconnoissent tous les degrés d'imitation morale, par analogie, par rapports intellectuels, par application de principes, par appropriation de manières, de combinaisons, de raisons, de systèmes, etc. Dès-lors [illegible], dans l'architecture, tout ce qui repose sur une imitation métaphorique, [illegible], cette imitation n'est pas matériellement nécessaire, ils confondent l'idée du type (raison originaire de la chose) qui ne sauroit ni commander, ni [illegible] le motif ou le moyen d'une similitude exacte, avec l'idée du modèle (chose complète) qui astreint à une ressemblance liance formelle. De ce que le *type* n'est pas susceptible de cette précision que les mesures démontrent, ils le rejettent comme une spéculation chimérique. Abandonnant ainsi l'architecture, sans régulateur, au vague de toutes les fantaisies que ses formes et ses lignes peuvent subir, ils la réduisent à un jeu, dont chacun est le maître de régler les conditions. De là l'anarchie la plus complète dans l'ensemble et les détails de toutes les compositions.

Il est d'autres adversaires, dont la vue courte et l'esprit borné, ne peuvent comprendre dans la région de l'imitation, que ce qui est positif. Ils admettent si l'on veut l'idée de *type*, mais ne la comprennent que sous la forme et avec la condition obligatoire de modèle impératif. Ils reconnoissent qu'un système de construction en bois, par une tradition constante d'assimilations modifiées et améliorées, aura dû être transposé enfin dans la construction en pierre. Mais de ce que celle-ci en aura conservé seulement les motifs principaux, c'est-à-dire ce qui, en faisant remonter l'esprit à l'origine des choses, pour lui donner le plaisir d'un semblant d'imitation, aura épargné à l'art tous les travers du hasard et de la fantaisie, ils concluront de là qu'il n'est permis de s'écarter d'aucun des détails du modèle, auquel ils veulent donner après coup une réalité inflexible. Selon eux, les colonnes auroient dû continuer de paroître des arbres, les chapiteaux des branches d'arbre. Il eût fallu supprimer le tympan du fronton. Toutes les parties de la toiture auroient dû être servilement copiées dans les combles. Nulle convention n'auroit dû être admise entre la construction en bois, et sa traduction en pierre.

Ainsi les uns et les autres en confondant l'idée du *type*, modèle imaginatif, avec l'idée matérielle de modèle positif, qui lui ôteroit toute sa valeur, s'accorderoient, par deux routes opposées, à dénaturer toute l'architecture; les uns en ne lui laissant plus que le vide absolu de tout système imitatif et l'affranchissant de toute règle, de toute contrainte; les autres en enchaînant l'art, et le comprimant dans les liens d'une servilité imitative, qui y détruiroit le sentiment et l'esprit d'imitation.

Nous nous sommes livrés à cette discussion, pour faire bien comprendre la valeur du mot *type* pris métaphoriquement, dans une multitude d'ouvrages, et l'erreur de ceux qui, ou le méconnoissent parce qu'il n'est pas modèle, ou le travestissent en lui imposant la rigueur d'un modèle qui emporteroit la condition de copie identique.

On applique encore le mot *type* dans l'architecture à certaines formes générales et caractéristiques de l'édifice qui les reçoit. Cette application rentre parfaitement dans les intentions et l'esprit de la théorie qui précède. Du reste on peut encore, si l'on veut, s'autoriser de beaucoup d'usages propres à certains arts mécaniques, qui peuvent servir d'exemples. Personne n'ignore qu'une multitude de meubles, d'ustensiles, de siéges, de vêtemens, ont leur *type* nécessaire dans les emplois qu'on en fait, et les usages naturels auxquels on les destine. Chacune de ces choses a véritablement, non son modèle, mais son *type*, dans les besoins et la nature. Malgré ce que l'esprit bizarrement industriel cherche à innover dans ces objets, en contrariant jusqu'au plus simple instinct, qui est-ce qui ne préfère pas dans un vase, la forme circulaire à la polygone? Qui est-ce qui ne croit pas que la forme du dos de l'homme, doive être le *type* du dossier d'un siége? Que la forme arrondie ne soit le seul *type* raisonnable de la coiffure d'une tête?

Il en a été de même d'un grand nombre d'édifices dans l'architecture. On ne sauroit nier que plusieurs n'ayant dû leur forme constamment caractéristique, au *type* primitif qui leur donna naissance. Nous l'avons surabondamment prouvé des tombeaux et des sépultures, aux mots PYRAMIDE et TUMULUS (*voyez* ces mots). Nous renverrons aussi le lecteur à l'article CARACTÈRE, où nous avons fait voir avec beaucoup d'étendue, que chacun des principaux édifices doit trouver dans sa destination fondamentale, dans les usages auxquels il est affecté, un *type* qui lui est propre; que c'est à s'y conformer le plus possible que l'architecte doit tendre, s'il veut donner à chacun une physionomie particulière, et que c'est de la confusion de ces *types*, que naît le désordre trop commun, qui consiste à employer indistinctement les mêmes ordonnances, les mêmes dispositions, les mêmes formes extérieures, dans des monumens appliqués aux usages les plus contraires. (*Voyez* CARACTÈRE.)

TYRSE. *Voyez* THYRSE.

UNI

UNI, E, adjectif, participe du verbe.

UNIR, v. act. Ce mot, verbe ou adjectif, dans le langage des travaux de l'art, comme dans l'emploi qu'en fait le langage ordinaire, a deux significations, et exprime deux sortes d'effets, qui, lorsqu'on interroge jusqu'au fond, l'idée qui leur est propre, surtout par rapport aux opérations dépendantes des procédés des arts, nous semblent montrer avec plus d'évidence qu'ailleurs, que chacune de ces significations dérive d'une source commune.

Unir signifie donc d'abord, et principalement dans un grand nombre d'opérations des arts, joindre ensemble des objets divisés, donner un point de contact à des objets qui étoient dans un état d'isolement. Comme presque tous les ouvrages de la main de l'homme sont des assemblages de parties, on ne sauroit dire, sans sortir du domaine des travaux matériels et mécaniques, à combien d'ouvrages l'action d'*unir* donne l'existence.

Unir signifie dans une autre acception *aplanir, rendre lisse*, et l'on ne dira pas non plus à combien de travaux de la main on applique cette signification. On unit les bois, les pierres, les marbres, les métaux et beaucoup d'autres matières, par des procédés tendant à leur enlever les aspérités qui déroboient à l'œil l'effet du poli, dont elles sont susceptibles. On dit aussi d'un chemin, d'un terrain, qu'ils sont ou ne sont pas *unis*, lorsque des élévations, des scabrosités quelconques en interrompent l'unisson de superficie. Dès qu'on fait disparoître ces monticules qui décomposoient le terrain, il est certain qu'on remet ensemble des parties qui étoient divisées. Le mot *unir*, dans la première signification, a donc pu convenir à l'opération qui empêche des parties de terrain de paroître divisées.

Comme l'application du mot *unir*, dans le sens de polir, n'a guère pu résulter de l'idée de donner un lien à des parties divisées, et comme l'opération technique tend à faire disparoître d'une surface quelconque les petites élévations qu'y produit toute espèce de travail d'ébauche préparatoire, il me paroît beaucoup plus simple de penser que les ouvriers auront emprunté le mot *unir*, à l'opération mécanique aussi, qui fait disparoître les inégalités des terrains.

C'est en vue de cette dernière conséquence, que nous avons énoncé au commencement de cet article, l'opinion que l'une comme l'autre des acceptions du mot *unir*, pourroit remonter à une étymologie commune.

UNIFORME, ITÉ. s. f. La composition du mot *uniforme* ou *uniformité*, porte l'explication de sa signification élémentaire. Ce mot indique pour chaque objet, pour chaque ouvrage, une manière d'être, qui, ou dans son ensemble, présente une forme unique, ou dans ses parties, la répétition d'une seule et même manière.

Quoique le mot *monotonie*, par une composition tout-à-fait pareille en grec, semble indiquer, relativement aux sons, une idée entièrement parallèle, à l'idée d'uniformité par rapport aux formes, cependant il existe entre leurs acceptions, une assez grande différence. La plupart des mots se forment, se composent d'après une idée ordinairement simple. L'usage vient ensuite qui les emploie, faute d'autres mots, à exprimer des idées ou des modifications d'idées, qui n'ont plus un rapport exact avec leur sens primitif.

C'est ainsi que se sont diversement modifiés dans le langage, et dans l'esprit de ceux qui les emploient, les mots *uniformité* et *monotonie*. On doit dire que, *monotonie*, soit qu'on applique ce mot à l'art des sons, soit qu'on le transporte, par métaphore, aux autres arts, n'exprime jamais qu'un défaut, qu'un effet désagréable. Il n'en est pas de même du mot *uniformité*, de l'emploi qu'on en fait sur beaucoup de points, de l'idée que l'usage lui attache en beaucoup de rencontres.

Il n'y a personne qui ne sache que ce mot exprime même, dans un grand nombre d'occasions, une idée d'éloge. On s'en sert dans ce sens, lorsqu'à l'égard des personnes, on parle de l'*uniformité* de leur conduite et de leurs actions, avec leurs doctrines et leurs principes. De même au matériel et dans l'ordre des choses physiques, on louera l'*uniformité* d'un plan, d'une disposition de jardin, d'une place publique, d'une façade. C'est que l'idée d'*uniformité*, dans ces cas, participe de l'idée d'*unité*, qui se prend toujours en bonne part, et qui est une qualité principale de tous les ouvrages. (*Voyez* UNITÉ.) Mais comme l'unité n'exclut point la variété, qu'au contraire, elle n'est une qualité complète, et complétement louable, qu'avec le tempérament qui lui donne toute sa valeur, il en arrive de même à l'*uniformité*. Elle cesse d'être agréable, et elle perd sa valeur, dès que l'esprit ou l'œil s'aperçoivent, que ce qui devroit être un lien nécessaire entre le tout et ses parties, une condition indispensable de la conformation de l'ouvrage, un résultat du besoin que l'on a de voir sans confusion, dégénère en un unisson, qui ôte jusqu'à l'envie de voir. Alors l'esprit et l'œil ne sont plus affectés que du sentiment pénible d'une répétition, ou inutile, ou excessive. L'*uniformité* devient ainsi un défaut.

Lorsque l'*uniformité* est un rapport d'égalité, entre des parties qui ont besoin d'être ainsi, pour produire l'effet d'un tout, elle est louable; lorsqu'elle n'est qu'une redite sans objet des mêmes formes, des mêmes parties, où se répète sans fin le même motif, elle produit l'ennui, et dès-lors elle est un défaut.

Par exemple, dans le style, qu'un écrivain emploie la même tournure de phrase, la même forme de discours, les mêmes mots, si le besoin de fixer, par cette redite, l'attention se fait sentir, si ce retour au même moyen a pour objet de produire une impression plus profonde, cette *uniformité* dans ces cas non-seulement est admissible, elle est encore une beauté. Elle devient un vice lorsqu'elle est le résultat évident de la stérilité de l'auteur, du manque d'idées, et de la pauvreté des ressources.

De même en architecture, il y a une certaine *uniformité* particulière à cet art, qui est tenu de n'employer dans ses compositions qu'un assez petit nombre de caractères, tels que colonnes, chapiteaux, et autres membres, dont la répétition est élémentairement nécessaire. S'il en usoit autrement, dans tout édifice ou toute portion d'édifice, qui constitue à elle seule un tout, l'architecte ne produiroit plus l'idée d'unité et de variété, mais celle de multiplicité; il ne feroit point de variété, mais de la bigarrure. L'*uniformité* dans certains cas, non-seulement y est un agrément, elle y est un besoin.

Mais suivra-t-il de là que, dans d'autres emplois, appliqués à des édifices, dont la diversité intérieure est une obligation, tel qu'un vaste palais, considéré dans sa disposition extérieure, et dans sa distribution intérieure, l'art de l'architecture soit tenu de n'avoir pour chaque corps séparé, qu'un seul dessin, pour chaque partie détachée, qu'une seule ordonnance? Non sans doute. Il y aura dans cet édifice des membres, qui, mis en regard les uns avec les autres, comme les façades d'une grande cour intérieure, exigeront un rapport de symétrie générale, et l'*uniformité* des mêmes lignes qui composeront leur masse. Toutefois plus d'une variété pourra s'introduire dans les détails d'un ensemble du reste *uniforme*. A plus forte raison l'architecte sera-t-il libre de manquer à l'*uniformité* dans les cours séparées, d'un même palais, dans les parties d'un grand corps, que le même point de vue ne rapproche pas.

A cet égard, il est même permis de dire que l'observance inviolable de l'*uniformité* la plus complète, appliquée à ce dernier cas, bien qu'elle procède d'un bon principe, et qu'on ne puisse point, au fond, en faire un reproche à l'architecte, est cependant susceptible de produire une impression, propre à nous apprendre qu'il peut y avoir (pour le goût) quelque excès jusque dans le bien, et sur ce point le goût pourroit aussi se prévaloir de plus d'un jugement semblable en fait de morale.

Je veux donner de ceci un exemple, dans le grand et magnifique palais du roi de Naples bâti à Caserte par Van-Vitelli. De tous les palais connus (on parle des plus grands), il n'en est aucun qui approche de celui de Caserte, et qui puisse lui être comparé pour la grandeur de la masse, l'unité de plan, la symétrie de toutes ses façades, et l'*uniformité* d'ordonnance, d'aspect, d'ensemble, de parties et de détails. Cette *uniformité* produit la plus parfaite ressemblance entre chacune des quatre grandes cours intérieures, que divise, comme si elles étoient indépendantes l'une de l'autre, le plan ingénieux en forme de croix qu'a suivi l'architecte. Il n'y a personne qui n'éprouve en parcourant ce vaste plan, au rez-de-chaussée, l'espèce de désagrément que produit une complète identité, et ensuite celui d'une redite inutile et fatigante pour l'œil comme pour l'esprit. Cependant Van-Vitelli, quoique observateur aussi scrupuleux de l'*uniformité*, s'est permis d'orner de colonnes et de pilastres, la façade principale de son palais qui est du côté des jardins, quoique les autres soient privées de cette décoration; et certes personne ne trouvera là un défaut d'*uniformité*.

A plus forte raison l'architecte est-il libre de s'éloigner de l'*uniformité*, dans la distribution intérieure de toutes les pièces, dont se composera l'ensemble d'un grand palais. Il ne s'astreindra pas à les faire toutes sur un plan toujours semblable. Au contraire il se plaira à y produire et l'on aimera à y rencontrer, en les parcourant, une diversité de lignes et de contours. Un grand appartement offrira une succession de pièces, de salles, de cabinets, de galeries, où, sans affectation, se trouveront toutes les variétés de dimension, de conformation, où les formes circulaires, succéderont aux formes quadrangulaires et polygones.

Il en sera de même des élévations de toutes les divisions intérieures. Certes rien ne seroit plus fastidieux que la continuelle répétition dans chacune de ces parties, du même ordre, des mêmes profils, des mêmes motifs de décoration.

L'architecte, à l'extérieur d'un grand nombre d'édifices, a soin également de corriger ce que l'*uniformité* exige de similitude, de symétrie, et de régularité dans les rapports principaux, par des détails qui diversifient l'aspect, sans altérer le principe d'unité. Il seroit ridicule que les fenêtres d'un palais ne fussent pas ordonnées sur une ligne parallèle, n'offrissent point des intervalles égaux, ne fussent pas soumises à un genre d'ornemens semblables. Cependant on voit avec plaisir et dans les plus beaux édifices, des plus grands maîtres, les fenêtres d'un même étage alterner entr'elles par des chambranles égaux de forme et de proportion, mais couronnés les uns par des frontons triangulaires, les autres par des frontons circulaires.

L'extérieur d'un édifice comporte souvent l'application de plusieurs ordres de colonnes ou de pilastres, surimposés les uns aux autres. On voit de ces devantures, où l'on s'est plu à répéter dans la décoration des étages le même ordre. C'est là sans doute de l'*uniformité*. Mais comme aucune nécessité, aucun besoin apparent n'a prescrit cette répétition, le spectateur ne saura aucun gré à l'architecte, d'une redite qui le force de voir trois fois la même chose, dans une élévation, laquelle, par le rapprochement de trois ordres, auroit pu lui faire éprouver avec trois impressions différentes, le plaisir de la comparaison, que des variétés de proportions, de style et de détails l'auroient mis à porté de faire.

Généralement on ne se rend pas assez compte des causes du plaisir que nous procure l'architecture surtout. Cet art est un composé de rapports. Le génie, dans cet art, est de trouver et de fixer les rapports les plus agréables, et de faire sortir leur agrément du besoin même auquel il est avant tout subordonné. Méconnoître le besoin, comme principe premier du plaisir en architecture, c'est méconnoître l'essence de cet art. De là résulte le double abus qui se présente et à ceux qui l'exercent et à ceux qui en jugent. Si vous faites par trop prédominer dans le système de l'art de bâtir, le besoin sur le plaisir, vous pourrez aller jusqu'à détruire toute impression, tout sentiment de plaisir. D'une prétendue unité trop matériellement entendue, vous tombez dans l'*uniformité*, et nécessairement dans son excès, savoir : l'*unisson* et la *monotonie*. Pour vouloir que tout y soit raisonnement, on ira jusqu'à en bannir la raison ; car c'est une véritable déraison, de prétendre que l'architecture n'ait plus ni rapports variés, ni diversités de proportions, de formes, d'ornemens, et que l'œil comme l'esprit, n'y trouve plus rien à quoi se prendre, rien à comparer, rien à imaginer. Si d'autre part on donne au plaisir de la variété trop d'empire sur la raison du besoin, l'art, devenu indépendant de toute règle et de toute convention, se précipite dans les champs illimités du caprice et du désordre. Lorsque l'excès de l'*uniformité* prive notre œil et notre esprit du plaisir de comparer, parce que l'unisson y a détruit toute matière de comparaison, il arrive par l'excès contraire du désordre, que l'œil et l'esprit se trouvent également privés de toute action, sur l'appréciation de rapports qui, nés du hasard, ne présentent que l'image de la confusion ou d'un jeu sans règle.

De tout ceci, il doit résulter qu'en architecture, cet art, qui peut-être est de sa nature, soumis plus qu'aucun autre à l'*uniformité*, ce qu'on appelle ainsi y deviendra mérite ou défaut, selon l'application qu'on en fera aux parties qui en sont plus ou moins susceptibles, selon la mesure en plus ou moins, que la raison et le goût sauront ou ne sauront point y porter ; qu'enfin si l'*uniformité* participe, jusqu'à un certain point, de l'unité avec laquelle il ne faut pas la confondre, ce ne peut être qu'avec le tempérament de la variété, sans laquelle l'*unité* elle-même cesseroit d'être la première de toutes les qualités dans les beaux-arts.

UNITÉ. s. f. Cette qualité n'est en quelque sorte la première dans tous les ouvrages de l'art, c'est-à-dire le fondement de toutes les autres, que parce qu'elle est la plus nécessaire. Elle n'est la plus nécessaire, que parce que son principe et ses effets tiennent essentiellement à la nature de notre être, et dépendent de nos facultés, autrement dit, des moyens que nous avons de concevoir l'idée des objets, d'en recevoir ou d'en retenir les images, d'en juger et d'en goûter les impressions.

L'*unité* n'est la condition principale de tout ouvrage, que parce qu'elle a son principe dans l'*unité* même de notre ame.

Or, cette *unité* de notre ame est une de ces vérités de fait, tout autant que de théorie, dont nous trouvons en nous la plus facile démonstration. Elle se révèle et se manifeste à tout instant par cette *unité* d'action, dont les plus simples rapports que nous font à tout moment nos sens, nous donnent sans cesse la preuve.

Ainsi, par exemple, chacun de nos sens nous dit qu'il ne peut recevoir également les impressions simultanées de plusieurs objets à la fois. Dans le fait, chacun le sait pour en avoir fait l'expérience ; ni deux de nos sens ne peuvent être *activement* occupés ensemble et tout à la fois, ni un seul ne peut être *fortement* affecté, dans un même moment, par plus d'une sensation. On a dit *activement* et *fortement*, parce qu'à la vérité, chacun de nos sens est doué d'une faculté active, et d'une passive ; et c'est ainsi, c'est par l'effet de cette double vertu, que l'on voit conjointement deux objets séparés l'un de l'autre. Oui ; mais il y a une grande différence de vision pour chacun d'eux. Il n'y a d'intuition que pour l'un des deux. Je n'en peux regarder qu'un à la fois. Je puis entendre plusieurs chants, plusieurs discours simultanément ; mais je n'en peux écouter qu'un seul. Il y a pareille différence d'action et de signification, entre ce qu'on appelle *sentir*, et ce qu'on appelle *odorer*, entre ce qu'on appelle *toucher*, et ce qu'on appelle *palper*.

Là, comme on le voit, réside le principe de l'essence de l'*unité*, et de sa nécessité dans les ouvrages des arts et de l'imitation. Car il faut appeler *nécessité*, dans les arts, le besoin qu'ils ont de plaire, la condition sans laquelle, ou ils ne produiroient point d'impressions, ou n'en produisent, que de vagues, confuses et compliquées. Il est dès-lors évident, que le premier besoin de l'ame pour jouir des ouvrages de l'art, est d'en recevoir clairement les impressions, d'en discerner facilement l'ensemble et les rapports, et de juger sans embarras du but et des moyens employés pour lui plaire. Or, pour être ainsi affectée, l'ame ne veut être ni embarrassée, ni détournée par une complication difficile d'objets, ni distraite par une diversité d'impressions fugitives, qui ne pourroient s'adresser dans leur concours intempestif, qu'à la propriété passive de nos sens et non à leur faculté active.

Tout ce qui tend à nous prouver l'*unité* d'action de notre ame, dans le jugement ou la jouissance des ouvrages qu'on lui soumet; tout ce qui démontre l'impossibilité physique où elle est de se diviser, pour donner également audience à deux sensations concurrentes, tend également à prouver le besoin d'*unité* dans les ouvrages de l'art, c'est-à-dire que tout ouvrage doit être conçu, composé, exécuté selon le principe de l'*unité*.

Or, ce qu'il faut d'abord bien comprendre, c'est quel est le sens à donner à ce mot, et quel est l'esprit de l'*unité* dont il s'agit ici. Il est peu nécessaire, ce me semble, d'avertir que ce mot ne doit pas être pris dans un sens matériel ou arithmétique (ce qui seroit un *non sens*), ni qu'il faille se figurer par l'*unité*, l'absence de parties dans l'objet réputé *un*. Au contraire, c'est précisément des parties mêmes, que comporte l'ouvrage, que résultera le mérite de l'*unité*, en sorte que ce mérite y sera d'autant plus grand, qu'il y aura un plus grand nombre de parties.

Il en est de l'*unité*, entre les parties dont un ouvrage se composera, comme de ce qu'on appelle l'*unité* d'action, dans une multitude de faits et de circonstances. L'*unité* d'action n'est pas l'action individuelle, l'action d'un seul, au contraire, c'est une action collective, quel que soit le nombre de ceux qui y participent, mais qui, par un concours bien réglé, produit un tel effet, qu'elle paroît n'être que l'action d'un seul. De même, à l'égard des êtres ou des corps organisés, l'*unité* ne consistera point dans l'uniformité d'action de chaque partie, mais au contraire dans une diversité de leurs emplois, diversité soumise à un principe moteur, qui fait concourir à un même but les fonctions différentes de chaque membre ou de chaque organe.

Ainsi, dans les ouvrages de tous les arts, l'*unité* n'est ni cette uniformité de formes, de faits, de situations, ni cette identité de personnages, d'objets, d'actions, de langage, de figures, de physionomies, d'aspects, qui ne seroit autre chose que de l'unisson. Un nombreux assemblage de figures sur une seule ligne, sous un même niveau, les unes à côté des autres, présenteroit des personnages *rapprochés* sans être *unis*; et une telle composition seroit précisément la plus éloignée de l'*unité* entendue moralement, parce qu'elle se borneroit à l'*unité* en quelque sorte matérielle et arithmétique. Elle n'auroit point de véritable *unité*, parce qu'elle n'offriroit véritablement point de parties, puisqu'elle ne donneroit, dans l'esprit et dans le fait de la composition, qu'une multitude d'individualités, ou des redites d'un seul et même motif. Ajoutons que, relativement au but principal de l'art, qui est de plaire à l'ame par les impressions qu'il lui fait éprouver, par l'action qu'il lui procure, le but est manqué, puisqu'il ne résulte de là, pour l'ame, que le dégoût qui accompagne la monotonie, ou le néant d'effet et d'action.

La multiplicité ou la complication d'objets est, comme on l'a déjà fait entendre, un autre moyen, quoique par un sens inverse, de détruire l'*unité* dans l'ouvrage de l'art. Il n'y a personne qui ne soit forcé, par le seul instinct du vrai, d'avouer que l'*unité* seroit violée là où, dans un seul et même ouvrage, plusieurs arts se disputeroient et la conception, et la composition, et le procédé d'exécution, en empiétant sur le domaine l'un de l'autre; que l'*unité* seroit violée, si deux sujets de composition occupoient le même tableau, s'il y avoit plus d'un point de vue dans la perspective, si le même personnage, dans un drame, avoit plus d'un caractère, si un poëme reposoit sur plus d'un événement principal. Tout le monde comprend que l'ame alors se trouve dans la situation pénible d'avoir à entendre à plusieurs à la fois; que, partagée entre des situations et des sensations qui se disputent son intérêt, elle ne reçoit plus que des impressions rompues et incohérentes; qu'obligée de passer plus ou moins promptement d'un objet à l'autre, elle n'en peut éprouver ni des effets entiers, ni une sensation complète. C'est là un effet que chacun éprouve dans ces collections de tableaux qui, se pressant les uns contre les autres, ne nous permettent d'être affectés fortement d'aucun, parce que l'attention s'y divise, comme elle le fait, sur tous ceux qui composent une foule, où l'on ne regarde personne, parce qu'on voit tout le monde.

Qu'est-ce donc maintenant que l'*unité*, entendue comme principe moral de la perfection des ouvrages de l'art, et comme cause active de leurs effets, ainsi que du plaisir que l'ame y trouve? Nous croyons pouvoir dire que l'*unité* est le *lien* qui produit un *tout*, c'est-à-dire l'accord des parties entr'elles et avec l'ensemble; que son objet est de faire que tous les détails et tous les accessoires de l'ouvrage puissent être ramenés et coordonnés à un point, qui en devienne en quelque sorte le centre; que son action consiste particulièrement à opérer entre tous les objets, une combinaison qui soit et qui paroisse nécessaire, combinaison telle qu'on ne puisse rien en détacher, ni rien y ajouter.

Telle est effectivement la propriété de cette qualité, qu'elle nous force à opérer aussi en nous, la représentation des objets les plus nombreux, non comme isolés, mais comme dépendans les uns des autres, qu'elle nous empêche de regarder une partie, comme quelque chose d'entier et de complet.

L'objet principal de l'*unité*, quand l'artiste la produit dans un ouvrage, est de ne nous donner rien à y desirer, rien à en retrancher. L'*unité*, ou son effet, peut manquer à l'ouvrage de deux manières, ou par l'absence de ce qui lui est nécessaire, ou par la présence de ce qui est superflu. L'*unité* disparoîtra, ou lorsque l'ouvrage manquera de quelques-unes des parties qui peuvent faire juger de sa nature et de ce qui doit le constituer, ou lorsqu'il y aura dans l'ouvrage des parties étrangères à ce qui constitue sa nature propre.

En effet, la nature d'un objet est, à proprement parler, le fondement et la base de son *unité*, parce que c'est réellement dans sa nature, que se découvre la raison pour laquelle chaque partie s'y trouve, et occupe la place qu'elle doit avoir, et parce que la nature de cet objet seroit autre, si quelqu'une de ces parties, ou n'existoit pas, ou y existoit autrement.

Ainsi, lorsqu'on charge un architecte de construire un édifice, son premier soin doit être de se faire une idée claire et précise de sa nature et de sa destination. Ensuite il en inventera et disposera les différentes parties, de manière que de leur réunion résulte un bâtiment qui soit précisément ce qu'il doit être. Ainsi, l'*unité* fondamentale d'un tableau résultera, avant tout, de l'idée nette et précise du sujet à représenter, idée qui forme sa nature, et ensuite des rapports nécessaires de chaque partie, de chaque figure, de chaque accessoire avec cette idée.

Toutes les fois que nous ne pouvons pas nous faire, dans un objet, la moindre idée de son *unité*, lorsque nous ne sentons pas, comment les parties diverses que nous avons sous les yeux, ou que l'on présente à notre esprit, peuvent convenir entr'elles et former un ensemble, ces parties isolées, vues ou appréciées isolément, pourront bien nous faire du plaisir; mais l'objet vu ou apprécié dans son entier ne pourra nous en procurer. Il s'ensuit que chaque portion séparée, dans un ouvrage, lorsqu'elle ne convient pas à l'idée d'ensemble, et lorsqu'elle n'a aucune liaison avec les autres, est par conséquent opposée à l'*unité*, et dès-lors est une imperfection qui doit déplaire.

Or, nous avons dit que ce désaccord des parties, ou de quelqu'une des parties avec l'ensemble, peut contredire la nature d'un objet et en rompre l'*unité*, soit comme manquante, soit comme superflue, comme y étant de trop, ou de trop peu. Tout le monde comprend, en effet, que dans un discours sur un sujet donné, par exemple, toute narration, toute discussion étrangère à ce sujet, en détournant l'esprit de l'auditeur de ce qui doit être son but, détruira l'*unité*, tout autant que le pourroit faire, le manque d'un des points importans à la nature et au complément, de ce que l'orateur veut prouver ou démontrer. Des épisodes trop fréquens dans un poëme, ou trop étrangers au fond du sujet; des personnages parasites dans un drame, des figures qu'on appelle de remplissage dans la composition d'un tableau, des répétitions de membres inutiles dans l'ordonnance d'un édifice, violent, par leur rédondance, la nature, et dès-lors l'*unité* fondamentale de l'ouvrage, tout autant que pourroient le faire des omissions, des lacunes, ou l'absence des parties nécessaires qui devroient le constituer.

Lors donc que, dans ce que nous voyons représenté, il y a l'une ou l'autre de ces deux manières de contredire l'*unité*, nous sommes nécessairement affectés d'un sentiment pénible et désagréable. L'artiste qui veut exécuter un ouvrage parfait, doit avoir toujours présente à l'esprit, cette maxime recommandée de tous temps à l'orateur : *de dire tout ce qu'il faut, et de ne dire que ce qu'il faut.* Ce qui est recommandé en pratique à l'artiste, doit être, en théorie, également nécessaire dans l'application des jugemens qu'on porte de ses ouvrages. Si on ne connoît pas bien ce qui forme la nature de chaque ouvrage, on ignore élémentairement les lois de leur *unité*, et on ne pourra jamais en connoître ni en sentir la perfection. Voilà pourquoi il se trouve tant de divergence dans les jugemens qu'on en porte. On verra souvent des personnes admirer la beauté d'un discours, ou d'une pièce de théâtre, ou d'une peinture, parce qu'elles ont été frappées du mérite de quelques passages, de quelques situations, de quelques détails, tandis que ces mêmes ouvrages font sur d'autres une impression désagréable. C'est que les premiers ne savent voir que des parties dans le tout, et les seconds ne veulent voir que le tout, par et dans ses parties. Or, le plaisir des uns est, à proprement parler, d'instinct et à la portée du grand nombre, tandis que le plaisir des autres n'est à la portée que de ceux dont les sens ont été perfectionnés par l'étude et par la science.

Il est, comme on le voit, beaucoup plus facile d'analyser l'idée de l'*unité*, dans les beaux-arts, que d'en développer les notions principales, de montrer en quoi elle consiste, ce qui la produit et ce qui la détruit, que d'enseigner les moyens pratiques de la mettre en œuvre. Tel est le sort des idées et des notions abstraites, qu'elles ne peuvent guère s'adresser qu'au sentiment. Rien donc ne seroit plus difficile que d'enseigner didactiquement à l'artiste, les moyens de mettre en œuvre les préceptes de la théorie à cet égard. L'*unité* étant, si nous l'avons bien définie, et de la seule manière qui convienne à une définition (c'est-à-dire en renfermant le plus de notions dans le moindre nombre de mots), l'*unité* étant, disons-nous, le lien qui unit et ramène à un seul point toutes les parties d'un ouvrage, et les coordonne tellement qu'on ne puisse y rien ajouter, rien en détacher, il nous semble que l'artiste ne trouvera le secret de ce lien moral et intellectuel, qu'en ayant toujours bien présent à l'esprit, et en discernant bien, ce qui, en chaque genre, constitue la nature propre de l'objet ou du sujet sur lequel il s'exerce, et en se rendant bien compte, de ce qui d'une part est nécessaire, et de l'autre, de ce qui est inutile à son développement et à son effet, dans toutes les parties qui pourront y entrer.

On comprend que la théorie abstraite de l'*unité*, parviendroit à une beaucoup plus grande clarté, si l'on pouvoit en faire, par des exemples pratiques, les applications particulières à tous les cas, à toutes les circonstances particulières, à tous les faits secondaires qui, dans chacune des divisions techniques de chaque art, comporteroient des observations variées, quoique dépendantes d'un même principe. Il n'y auroit peut-être pas de sujet plus étendu, et plus hors de mesure avec l'espace d'un article de dictionnaire; ce seroit la matière d'un vaste ouvrage.

Dans le fait, le mérite complet de l'*unité* résultera dans chaque ouvrage d'un art, comme dans l'art même, de l'observation de plusieurs *unités*, qu'on pourroit, théoriquement parlant, regarder comme secondaires. Dans l'ouvrage du peintre, par exemple, on pourroit compter, outre l'*unité* première de la conception, l'*unité* de composition, l'*unité* d'action, l'*unité* de goût et de style, l'*unité* de formes ou de dessin, l'*unité* d'ajustement, l'*unité* de caractère, l'*unité* de couleur, l'*unité* d'exécution. C'est bien sans doute de l'ensemble plus ou moins complet de toutes ces *unités*, que procédera l'effet plus ou moins sensible de cette *unité* abstraite, qualité générale qui produit, entre les parties, cette heureuse liaison qui en fait un tout. Mais que d'observations de détail n'exigeroit pas l'analyse de tous les moyens et procédés, par lesquels chacune de ces *unités* se trouve produite, et de tous les défauts qui s'opposent à ce qu'elle se produise !

En ramenant ces notions à l'art de l'architecture, à peine nous permettrons-nous d'effleurer la théorie pratique des moyens propres à produire dans les ouvrages de cet art, les différentes sortes d'*unités* partielles, d'où résulte l'*unité* générale d'un édifice, et que nous appellerons :

Unité de système et de principe.
Unité de conception et de composition.
Unité de plan.
Unité d'élévation.
Unité de décoration et d'ornement.
Unité de style et de goût.

De l'unité de système et de principe. On appelle ainsi celle qui consiste, à ne point confondre dans le même édifice certaines diversités, qui sont le produit, chez différentes nations, d'un principe originaire particulier, et de types formés sur des modèles sans rapport entr'eux. On ne sauroit mieux faire comprendre cette *unité* de système ou de type, que par les exemples trop fréquens de parties restaurées ou rajoutées à des édifices gothiques, selon le système et les types de l'architecture grecque. Rien ne peut mieux donner l'idée contraire à l'*unité*, c'est-à-dire celle de la duplicité, ou de deux édifices en un. Mais sans aller jusqu'à un excès aussi frappant, on sait qu'il y a un grand nombre de pratiques introduites dans l'art de bâtir, qui offrent de ces contradictions de systèmes et de principes. Telle est celle qui doit sa naissance à la destruction même des monumens antiques dans le bas Empire, je veux parler des arcades élevées sur des colonnes isolées, genre de dissonance, dont le système de l'architecture grecque fait sentir tout l'abus. L'*unité* ne sauroit être, en fait de principe, plus sensiblement violée, que par un mélange présentant sur un même point, l'emploi de deux manières de bâtir, qui s'excluent. C'est pécher contre l'*unité* de système, que d'associer des arcs aigus aux ordonnances grecques; que de placer des chapiteaux d'un ordre sur des colonnes d'un autre ordre; que de multiplier les frontons, là où il ne peut y avoir qu'un seul comble; que d'établir plusieurs étages de colonnes, d'entablemens, et par conséquent de planchers, au-dehors d'un édifice qui n'a point d'étage dans son intérieur, etc.

De l'unité de conception et de composition. C'est de la conception d'un monument que dépend cette *unité* d'intention et de vues, qui doit devenir le lien commun de toutes les parties. Aussi faut-il qu'un monument émane d'une seule intelligence, qui en combine l'ensemble, de telle manière, qu'on ne puisse, sans en altérer l'accord, ni en rien retrancher, ni rien y ajouter, ni rien y changer. C'est de cette pensée première, que dépendra l'*unité* de sa composition. Un très-grand nombre d'édifices, et des plus célèbres, nous découvrent la vue originaire de leur création. Formés d'abord sur un autre plan, pour une autre destination, de nouvelles vues en ordonnent l'augmentation, soit par de nouveaux architectes, soit à des époques successives. Un édifice devient alors un amalgame d'additions, ou de modifications, au milieu desquelles disparoit jusqu'à la trace de l'intention première, et par conséquent l'idée d'une liaison propre à soumettre ses parties à la loi de l'*unité*. On ne sauroit peut-être citer aucun exemple plus frappant du manque d'*unité*, dans la conception et la composition, que le palais des Tuileries à Paris, ouvrage d'un fort grand nombre d'architectes, qui furent occupés pendant une longue suite d'années, à faire, défaire et refaire, en sorte qu'avec peine y découvre-t-on aujourd'hui la conception du premier auteur. Aussi nul monument au lieu d'*unité*, ne donne-t-il plus l'idée de pluralité de morceaux réunis. Un exemple tout-à-fait opposé, est celui que nous avons déjà cité à l'article UNIFORMITÉ (*voyez* ce mot) du grand palais de Caserte, conçu, composé, exécuté et terminé dans un court espace de temps par le même architecte.

De l'unité de plan. Le plan d'un édifice, étant la base et le principe essentiel de sa constitution, c'est de cette *unité*, que procédera, plus qu'on ne peut le dire, l'effet de la liaison, ou de l'accord du tout avec ses parties, de cette grande raison d'ordre et d'harmonie, par quoi on peut définir l'*unité*, et en rendre les préceptes sensibles. Le plan déterminant les masses extérieures, comme les distributions intérieures, le principe de son *unité* reposera d'abord, sur l'idée la plus claire qu'il sera possible, de la nature de l'édifice, c'est-à-dire de la raison pour laquelle chaque partie s'y devra trouver, et de la raison de ses rapports avec le tout. Voilà pour ce qui regarde l'*unité* de plan, considérée dans le sens d'une théorie abstraite. Sous le rapport, plus particulièrement pratique, des combinaisons d'un plan, dans la vue de plaire à l'esprit et aux yeux, l'*unité* résultera d'abord de l'emploi des lignes simples, des contours réguliers, et d'une correspondance de parties faciles à saisir. La symétrie est généralement un mérite et un agrément dans un plan, par la raison qu'elle offre plus que toute autre combinaison, l'idée d'un tout achevé et complet, et qu'elle simplifie singulièrement le travail de l'esprit, qui cherche à se rendre raison des conceptions de l'architecte. L'*unité* toutefois n'est pas blessée par certaines dispositions qui tendent à mettre en opposition des formes différentes, et des contours divers. L'*unité* qui a besoin de variété s'accommode de certains contrastes dans un plan, autant qu'elle repousse cette affectation de parties rompues, de contours mixtilignes, qui semblent n'avoir été sous le crayon du dessinateur, qu'un jeu fantastique, dont le bon sens et le bon goût doivent reléguer l'abus puéril, parmi les fantaisies sans conséquence, qu'imagine le luxe mercantile pour diversifier ses produits.

De l'unité d'élévation. Ce qui constitue particulièrement dans l'architecture l'*unité* d'élévation, c'est d'abord une telle correspondance de l'extérieur de sa masse avec l'intérieur, que l'œil et l'esprit y aperçoivent le principe d'ordre et la liaison nécessaire, qui en ont déterminé la manière d'être. Le but principal d'une façade ou élévation de bâtiment, n'est pas d'offrir des combinaisons ou des compartimens de formes qui amusent les yeux. Là, comme ailleurs, le plaisir de la vue, s'il ne procède pas d'un besoin, ou d'une raison d'utilité, loin d'être une source de mérite et de beauté, est tout au moins un brillant défaut. Mais là, comme ailleurs, le plus grand nombre se méprend en transposant les idées, c'est-à-dire en subordonnant le besoin au plaisir. De là cette multitude d'élévations d'édifices, dont les formes, les combinaisons, les dispositions, les ordonnances, les ornemens contre-disent le principe d'*unité* fondée sur la nature propre de chaque chose. Ce qui importe donc à l'*unité* dont nous parlons, ce n'est pas qu'une élévation ait plus ou moins de parties, plus ou moins d'ornemens, c'est qu'elle soit telle que la veulent le genre, la nature et la destination de l'édifice; c'est qu'elle corresponde aux raisons, sujétions et besoins, qui ont ordonné de sa disposition intérieure; c'est que l'extérieur de cet édifice soit uni par le lien visible de l'*unité*, à la manière d'être que les besoins du dedans auront commandée.

Que s'il s'agit ensuite d'examiner les effets de l'*unité* d'élévation, sous le rapport d'agrément ou du plaisir qu'on trouve à un ensemble décoratif, il semble qu'on peut avancer, que ces effets seront causés principalement par l'emploi d'un seul ordre de colonnes, s'il y a lieu, par un espacement égal de ces colonnes, par leur position sur une seule ligne, sans ressaut, ni arrière ou avant-corps. Si l'édifice est à plusieurs étages, comme un palais, on satisfera beaucoup mieux à l'*unité* d'élévation, en subordonnant chaque étage à une seule et même disposition d'ouvertures, à une répartition de pleins et de vides, telle que le plein l'emporte sur le vide, en ménageant de grands espaces entre les étages, en soumettant la masse totale à une ligne uniforme d'entablement, en y produisant le moins de divisions qu'il sera possible.

Généralement l'*unité* morale dans l'élévation des édifices, participe plus qu'aucune autre, peut-être, de celle qu'on peut appeler *unité* matérielle ou arithmétique. C'est qu'il n'y a peut-être point d'art, plus exposé que l'architecture, à des cumulations d'objets, à des redites de formes, à des multiplicités de besoins et d'emplois, qui tendent à introduire dans les compositions, l'idée, l'apparence, et, il faut le dire, souvent aussi, la réalité, de ce qu'on peut appeler ou duplicité ou pluralité d'objets dans un même objet, d'élévations dans une même élévation. Telle est évidemment la condition, en quelque sorte obligée, des élévations d'églises, sur les nefs desquelles on voit au-dessus des combles et des frontons qui devroient terminer l'édifice, un nouvel édifice sans rapport de formes et quelquefois de proportions, avec celui qu'il surmonte. On sent que je veux parler du plus grand nombre des églises à coupoles. Non qu'on veuille prétendre qu'il n'y a aucun moyen de soumettre au principe moral de l'*unité*, cette double élévation, ni qu'on croie ce problème insoluble; au contraire, la grande basilique

lique de Saint-Pierre à Rome, nous paroît celle qui a le plus approchée de cette solution. Elle est très-certainement celle ou règne le plus de cette *unité* de masse et d'ordonnance, qui produit pour l'œil comme pour l'esprit, le moins de disparate entre les deux élévations. Toutefois la plupart des autres églises du même genre, me paroissent ce qu'il y a de plus propre à démontrer en quoi consiste le manque d'*unité* dans un édifice, et surtout dans son élévation.

De l'unité de décoration et d'ornement. Ce qu'on appelle décoration ou ornement, dans l'architecture, en est la partie nécessairement la plus arbitraire, la moins soumise à des règles fixes, celle par conséquent qui semble devoir échapper le plus aux lois théoriques ou pratiques de l'*unité*. Cependant telle est la nature de l'*unité* moralement entendue, et définie de la manière qu'on l'a fait, qu'il n'existe rien dans le domaine de la nature, et dans celui des arts ses imitateurs, à quoi on ne puisse appliquer les conséquences d'un principe qui, en tant que principe d'ordre, doit régler toutes les combinaisons, toutes les inventions de l'esprit. Or c'est parce que la décoration, de sa nature, repose sur des élémens plus fugitifs, qu'il importe davantage de la préserver du désordre qui en détruit l'effet. C'est donc à l'*unité* qu'il faut ramener ses compositions, toutefois dans une mesure qui lui soit applicable.

La décoration, comme toute autre partie de l'architecture, doit éprouver pour premier besoin celui de plaire, puisque c'est là son premier objet et son but essentiel. Or soit que le génie décoratif emploie dans les édifices, les grandes ressources de la peinture et de la sculpture historique ou poétique, soit qu'il se contente d'en user en caractères graphiques, si l'on peut dire, qui, sous le nom d'*ornement*, peuvent être introduits sur toutes sortes de membres et de parties courantes de l'ordonnance générale, il n'est pas difficile de voir comment ces ouvrages se trouveront soumis eux-mêmes aux deux conditions de l'*unité*. La première est celle qui établira leur liaison avec leur sujet, et avec l'ensemble où ils doivent trouver place; la seconde, plus particulière à l'exécution, leur sera commune avec tous les autres ouvrages de l'art.

Sous le premier de ces rapports l'*unité* décorative consistera, avant tout, dans le choix des sujets analogues à la destination de l'édifice. L'histoire et l'allégorie ouvrent au génie de la décoration des sources inépuisables d'inventions et de compositions, propres à caractériser le monument et à compléter son harmonie. Cette harmonie consistera dans une juste combinaison, et un accord avec les superficies et les emplacemens, tel que le corps même de l'architecture ne disparoisse point sous les accessoires, que ses membres n'en soient ni altérés ni rompus, que ce qui doit simplement l'orner, ne la cache point. Cette *unité* d'harmonie consistera encore dans un emploi tellement modéré, tellement bien entendu des moyens de décoration, qu'une succession de parties ornées et de parties lisses, établira entre les uns et les autres, des transitions qui en feront valoir l'effet. L'excès de décoration en détruit l'impression, et l'*unité* morale s'en trouve également annulée, parce qu'étant, en ce genre comme en tout autre, une liaison entre des rapports, il n'y a plus lieu à cette liaison, dès que toute idée de rapport et par conséquent d'accord a disparu.

Quant à l'*unité* spéciale de toute *décoration*, considérée en elle-même, et à part de ses rapports avec l'architecture, il n'y a rien à en dire ici, puisqu'elle rentre dans la théorie générale de tous les arts.

Unité de style et de goût. On ne met ce genre d'*unité* au nombre de ceux qui importent à la perfection des œuvres de l'architecture, que parce qu'il est et plus facile et plus commun d'en rencontrer le défaut dans cet art, que dans tous les autres. En effet, le style et le goût de l'édifice dépendent bien sans doute de celui de l'artiste; c'est bien lui qui, par ses projets et par leur mise en œuvre, imprime à l'ouvrage tel ou tel caractère. Mais son art est le seul qui ait besoin d'employer des mains étrangères, le seul dont la conduite et l'achèvement dépendent de circonstances, auxquelles il ne peut pas commander. Lorsqu'on sait ensuite combien de causes de changement, combien de reprises, de variations tendent à modifier les grandes entreprises, il est trop vrai de dire que jusque dans les plus célèbres, on découvre des anomalies de goût et de style, qui leur ont ôté le caractère précieux d'*unité* qui en devroit faire un ouvrage accompli.

A ce manque d'*unité*, on pourroit joindre le manque d'*unité* d'exécution, et cet objet offriroit encore à la critique dont il s'agit ici, beaucoup de considérations, mais qui tenant peut-être de trop près au technique des procédés matériels, sembleroient sortir aussi de l'esprit d'une théorie, laquelle a eu pour objet de fixer quelques idées, sur une des qualités morales et intellectuelles de l'art, trop méconnue des artistes et de ceux qui jugent leurs ouvrages.

Sans doute cette analyse de la nature et des effets de l'*unité*, ne sauroit faire partie des études auxquelles l'artiste est, avant tout, obligé de se livrer. Sans doute encore le sentiment du vrai et du beau, le conduit souvent à son insu par les mêmes voies au même but. Mais il n'en est pas ainsi du plus grand nombre des hommes qui jugent leur ouvrages, ni du petit nombre même de ceux qui sont appelés à leur direction, et c'est particulièrement à eux que de semblables considérations pourroient être utiles.

URNE, s. f. C'est, dans l'usage ordinaire, le

nom d'un vase oblong circulaire et ayant un assez large orifice.

Dans le langage de la poésie, on donne des *urnes* aux fleuves, aux nymphes, aux naïades. L'*urne* devient alors le symbole de l'eau et de ces amas d'eau que l'on appelle de différens noms.

Dans le langage de l'archéologie l'*urne* est ou un symbole sépulcral, ou le dépôt des cendres d'un mort : cette dernière destination des *urnes* fut la plus générale et la plus multipliée. Il en est qui prétendent que ce mot, qui est *urna* en latin, dérive du verbe *urere*, brûler.

On a beaucoup trop généralement cru qu'un grand nombre de vases, qu'on découvre dans les sépultures de l'Etrurie, de la Grande-Grèce et de la Grèce, avoient été des *urnes sépulcrales*; nous voulons parler de ces vases peints, qu'on appelle abusivement *étrusques*. Il est bien démontré aujourd'hui qu'ils n'eurent jamais la destination de recevoir des cendres, puisqu'on les trouve toujours accompagnant les corps morts avec lesquels (n'importe pour quelle raison) ils avoient été ensevelis. Si quelques-uns de ces vases trouvés par les Romains, dans d'anciennes sépultures grecques, dont le hasard leur offrit la découverte, ont pu, comme plus d'une autorité le prouve, être appliqués par eux à renfermer des cendres, ces faits isolés, loin de prouver qu'ils auroient servi précédemment au même usage, porteroient, par plus d'un motif, à croire le contraire. Au reste, le nombre immense de ces vases aujourd'hui si bien connus, dépose absolument contre cette opinion. On sait qu'ils sont tous de terre cuite peinte, et ils offrent une si grande diversité de formes, de volume et de dimension, que de beaucoup le plus grand nombre n'auroit pu servir à l'usage présumé. Enfin, il est certain qu'ils furent usités dans les temps et dans les pays où la crémation des corps n'avoit pas lieu.

La combustion et l'inhumation ayant existé chez les Romains aux mêmes époques, on trouve comme ayant été pratiqués tout ensemble l'usage des sarcophages, et celui des urnes cinéraires en marbre, dans les mêmes hypogées et les mêmes *columbaria*.

On peut affirmer avec quelque certitude, que le marbre fut généralement la matière des *urnes* cinéraires ou sépulcrales. Le nombre en est très-grand dans toutes les collections d'antiquités que chacun est le maître de consulter. Rien ne seroit plus inutile ici que la description des variétés qui s'y rencontrent. On les voit pour la plupart fermées par un couvercle. Les hypogées dont Pietro Santi-Bartoli nous a représenté les intérieurs, ont plusieurs rangs l'un au-dessus de l'autre, de petites niches formant un demi-cercle et une petite voûte hémisphérique. Les *urnes* sépulcrales occupent deux par deux ce petit espace. Elles sont renfoncées dans le massif que terminent ces petites niches, et il ne sort de ce massif que le couvercle de chaque *urne*. Au-dessus de chacune de ces rangées sont des cartels à oreilles, qui portent les noms des personnages dont les cendres sont renfermées dans les *urnes*.

On voit ailleurs l'*urne* principale du chef de la famille occupant la niche du milieu, qui est ornée de pilastres portant un fronton. Cette *urne* étoit quelquefois d'un marbre précieux. Telle est la grande et belle *urne* d'albâtre trouvée dans le tombeau d'Auguste, qu'on croit avoir été celle de cet empereur, et qui orne aujourd'hui le Muséum du Vatican. Presque toutes ces *urnes cinéraires* sont de marbre, sont lisses, sans sculpture, et sans inscriptions, à la réserve de quelques-unes où on lit les deux lettres D. M. c'est-à-dire *Diis Manibus*, aux Dieux Manes.

Plus d'une matière servit toutefois à faire les *urnes cinéraires*. Dans le midi de la France, on trouve assez fréquemment des vases en verre d'une assez grande capacité, en forme d'*urnes* cinéraires, et qu'on présume avoir jadis renfermé des cendres.

Il paroît d'après les notions de l'histoire qu'on fit de ces *urnes* en or. Il en existe dans les recueils d'antiquité qui sont de bronze. Enfin, sur ce point comme sur tous les autres, il y avoit des degrés proportionnés à toutes les fortunes, et l'on rencontre un assez grand nombre d'*urnes* cinéraires en terre cuite où le nom du potier est écrit soit sur l'anse, soit sur le fond.

L'*urne* funéraire entre encore dans les usages de la décoration moderne. On citeroit un nombre infini de mausolées où l'on a représenté des *urnes* de ce genre, tantôt isolées sur des cippes ou des colonnes, tantôt accompagnées de figures qui les portent, qui les enveloppent, ou qui paroissent les arroser de leurs larmes. L'*urne*, dans toutes ces compositions, n'est qu'un signe de convention, que souvent les artistes entendent assez mal pour en joindre la forme et l'idée, à l'idée et à la forme de sarcophage : ce qui est un double emploi évident, dans lequel un des deux objets doit nécessairement exclure l'autre. Là où la combustion des corps ne sauroit être d'usage, l'emploi d'une *urne* dans les monumens funéraires, ne doit plus la faire considérer que comme un symbole auquel, vu le grand emploi qui fut fait autrefois de l'objet en réalité, on est convenu d'attacher toujours l'idée de funérailles et de mort.

USTRINUM. C'est le nom que les Romains donnoient à un lieu où l'on brûloit les corps morts.

Il paroît qu'il y en avoit de deux sortes, les uns destinés à l'usage de la combustion pour le public; les autres, particuliers, faisant partie de quelque grand tombeau, et servant uniquement, autant qu'il est permis de le présumer, à brûler les morts qui avoient fait partie de la famille du maître de ce tombeau. Or, ce qu'on appeloit à Rome *famille*, comprenoit, à l'égard d'un grand personnage, jusqu'à plusieurs milliers d'individus. Il n'est point étonnant alors, que le tombeau destiné à un très-grand nombre d'individus ait eu son *ustrinum* particulier.

Strabon nous apprend que le tombeau d'Auguste avoit son *ustrinum*, où fut brûlé le corps de l'empereur. Il étoit enclavé dans l'enceinte qui environnoit le *Mausoleum*, et il avoit une forme circulaire.

Telle étoit, selon Winckelmann, la forme d'un *ustrinum* découvert dans les ruines de Veicia. Le diamètre de cet espace est d'environ cent pieds, et son mur, bâti de grandes pierres de taille, a environ quatre pieds d'élévation.

C'est à peu près ainsi qu'est construit celui qui existe à Pompeia, et qui paroît avoir été l'*ustrinum* du tombeau qui lui est contigu. Son mur ne s'élève guère qu'à quatre ou cinq pieds, et, si l'on en croyoit l'état actuel, il auroit été couronné par de grands masques en terre cuite.

On trouve cependant, ou du moins on a cru trouver, des *ustrinum* dans des endroits tout-à-fait séparés des tombeaux. Tel est celui dont Fabretti a fait mention, qui étoit isolé, et situé près de la voie Appienne, à cinq milles de Rome.

Il paroît qu'il y avoit à Rome deux *ustrinum* distincts, l'un au Champ-de-Mars, l'autre aux Esquilies. Le premier auroit été pour les grands et les riches, le second pour les pauvres.

Au reste, il faut se garder de confondre, en ce genre, avec les *ustrinum*, qui ne devoient pas être très-multipliés, les *hypocaustes*, ou fourneaux souterrains, qui existoient dans toutes les grandes maisons et dans une multitude d'autres édifices.

On doit aussi distinguer l'*ustrinum* du bûcher ou de la *pyra*. Quoiqu'on employât sans doute le bois à la combustion des corps, qu'on plaçoit sans doute sur ce ce que nous appellerions *bûcher*, cependant ce dernier mot, dans les usages de l'antiquité, présente non-seulement une idée à part, mais même une idée de monumens plus ou moins considérables. Au mot Bucher, nous avions à peine effleuré les notions que ce sujet comporte; le lecteur trouvera cette omission réparée à divers autres articles, tels que Pyra, où l'on a réuni les particularités propres au bûcher proprement dit; mais c'est surtout à l'article Mausolée (*voyez ce mot*), que l'on a recueilli tout ce qui regarde le luxe et la magnificence des bûchers, considérés comme ayant été les types premiers et les modèles des plus grands mausolées.

VACHERIE, s. f. C'est dans la construction des fermes une des parties de la distribution des basses-cours, et des locaux qui constituent les étables. Il y a de ces locaux qui ont chacun leur nom, selon le genre de bétail qu'ils renferment. Le nom de *vacherie* indique a quelle espèce d'animaux elle est destinée.

VAGUES, s. f. pl. Il y a dans l'ornement de l'architecture plus d'un objet, dont l'imitation assez arbitraire permet de douter de leur origine, et dont les noms donnent lieu à des étymologies qui ne sont que conjecturales. Ainsi l'on a nommé *vagues*, un ornement toujours répété, qu'on emploie dans des parties courantes, et dont la répétition qui en représente les objets, comme courant, si l'on peut dire, l'un après l'autre, les a fait appeler des *postes*. Il est certain que l'ondulation des *vagues* ressemble à la forme, comme à la disposition de cet ornement. De là quelques-uns ont conclu qu'il ne devoit être placé que dans les parties inférieures de l'architecture, ou des ouvrages auxquels on l'applique. On voit l'ornement dont on parle employé souvent sur les vases grecs peints appelés vulgairement *étrusques*, et il y est le plus souvent comme formant le bandeau sur lequel portent les figures. Cependant on le voit encore placé sur d'autres parties de ces vases. On le voit très-souvent servir de broderie aux étoffes des personnages. De même l'architecture l'emploie comme les méandres, et plusieurs autres objets, à beaucoup d'endroits élevés et en plus d'une partie. Dès-lors on ne sauroit tirer aucune induction vraisemblable de sa prétendue origine en faveur de l'emploi local qu'on en devroit faire.

VAISSEAU, s. m. Ce mot vient de l'italien *vascello*, dont l'étymologie est *vase*. La signification première de *vaisseau* est donc celle de *vase*, ustensile de quelque manière qu'il soit destiné à contenir des liquides.

C'est certainement par analogie et par l'effet d'une certaine ressemblance, comme mesure de capacité, qu'ayant considéré le bâtiment de bois propre à recevoir une charge quelconque, et à la transporter par eau, comme une sorte de vase, on lui a donné le nom qu'il porte.

C'est par suite de la même assimilation que l'on donne, dans l'architecture, le nom de *vaisseau* à un grand intérieur, soit salle, soit galerie, soit église, comparant cet intérieur à un vase dont la capacité peut contenir une grande multitude.

VALLUM (Hadriani). On donna dans l'antiquité ce nom, à une muraille que l'empereur Hadrien avoit fait élever en Angleterre, pour préserver les sujets romains, des incursions des peuples, ou des sauvages du nord. Cette muraille occupoit toute la largeur de l'île, depuis une mer jusqu'à l'autre, c'est-à-dire depuis le bord de la Tyne, au voisinage de New-Castle, jusqu'au bord de l'Eden, près de Carlisle, dans le Cumberland, et de Carlisle jusqu'à la mer. Elle étoit haute de quinze pieds, et en quelques endroits large de neuf, comme on peut le voir par les débris qui restent. Elle contenoit environ cent milles de longueur, et étoit flanquée de tours, à la distance de mille pas les unes des autres. Il y eut encore en Angleterre d'autres murailles semblables, bâties par les Romains à diverse époques : celle qu'on appela *Vallum Agicola* étoit vers le nord. Celle qu'on nomme *Vallum Antonini Pii*, fut élevée contre l'invasion des Calédoniens. On connoit encore sous le nom de *Vallum Severi*, une muraille qui s'étendoit d'une mer à l'autre, entre les golfes aujourd'hui de Clyde et de Forth. Enfin, on cite le *Vallum Stiliconis*, que Stilicon fit bâtir, dans un espace d'environ quatre milles, pour comprimer l'invasion des Scots, qui descendoient de l'Écosse, depuis l'embouchure du Darwent, jusqu'à celle de l'Elan.

VANNE, ES, s. f. (*Terme d'architecture hydraulique.*) On appelle ainsi de gros venteaux de bois de chêne, qui se haussent et qui se baissent dans des coulisses, pour lâcher, ou pour retenir les eaux d'une écluse, d'un canal, d'un étang.

On nomme aussi *vannes* les deux cloisons d'un bâtardeau.

VANTAIL. *Voyez* VENTAIL.

VANVITELLI.

Vanvitelli, un des plus grands architectes du dix-huitième siècle, et auteur du plus grand monument de ce siècle, naquit à Rome, en 1700, d'un père né à Utrecht en 1647, qui s'appeloit Gaspar van Witel, et qui s'étoit établi en Italie. Devenu en quelque sorte Italien, il ne put empêcher son nom de subir (ce qui est un effet assez ordinaire) la terminaison de la langue du pays qui l'avoit adopté. Gaspar van Witel étoit venu à Rome dès l'âge de dix-neuf ans, et s'y étoit perfectionné dans la peinture de paysage et d'architecture. Il avoit exercé son talent dans les principales villes d'Italie. Mais enfin domicilié à Rome où il fut reçu citoyen, et membre de l'Académie de Saint-Luc, il mourut, laissant à son fils le meilleur de tous les héritages, une tradition de bonnes leçons, de bons exemples, et une belle réputation à soutenir.

Le jeune Vanvitelli, dès six ans, manioit déjà le crayon, et dessinoit d'après nature. Peintre habile, et maître, à l'âge où l'on n'est ordinairement qu'élève, il n'avoit que vingt ans, lorsque le cardinal Aquaviva lui fit peindre à fresque, dans l'église de Sainte-Cécile, la chapelle des reliques, et à l'huile, le tableau de la sainte. Plus d'un ouvrage de ce genre le classoit déjà parmi les meilleurs peintres de son temps. Mais dès-lors un autre art partageoit ses hommages, et devoit s'emparer de tout son génie. Etudiant sous Ivara l'architecture, il promettoit de surpasser bientôt son maître.

Aussi le cardinal de Saint-Clément n'hésita point de le conduire très-jeune encore à Urbin, pour restaurer le palais Albani. Là Vanvitelli fut chargé de construire les églises de Saint-François et de Saint-Dominique. On peut dire que son talent et sa réputation n'eurent point de jeunesse; car à vingt-six ans il fut fait architecte de Saint-Pierre. Cette grande basilique étoit à la vérité terminée dans ses plus importantes parties. Mais sa décoration intérieure demandoit encore de très-importans travaux. De ce nombre étoient ceux des grandes mosaïques qui ornent ses chapelles, et y remplacent les tableaux dans des dimensions appropriées au local, et que la plupart des originaux n'avoient point. Vanvitelli en copia lui-même plusieurs pour être traduits en mosaïque.

Il participoit dès-lors à tous les grands travaux de son époque, soit en réalité, soit en projet. Associé à Nicolas Salvi dans la conduite des eaux qui devoient arriver à la fontaine de Trévi, il partagea ses fatigues. Lui-même, dans des mémoires écrits de sa main, et que conserve l'Académie de Saint-Luc à Rome, il nous apprend qu'il concourut volontairement avec beaucoup d'autres d'architectes au projet du grand portail de Saint-Jean-de-Latran. Vingt-deux dessins furent exposés dans une salle du palais Quirinal au jugement des académiciens. Les projets de Vanvitelli et de Nicolas Salvi furent préférés. Mais le pape adjugea l'ouvrage à Galilei. Il confia à Salvi le grand ouvrage de la fontaine de Trévi, et à Vanvitelli les travaux d'Ancône. Ce dernier avoit présenté deux dessins de portail pour Saint-Jean-de-Latran, l'un avec un ordre unique de colonnes, l'autre composé de deux. Ce dernier avoit son ordre inférieur en colonnes corinthiennes isolées, celui de dessus étoit composite, avec frontispice, balustres, et de grandes statues.

Vanvitelli alla donc à Ancône, où il construisit un lazaret pentagone avec un bastion, un môle de trois cents palmes (romains) de longueur sur cinquante de profondeur, avec une belle entrée ou porte ornée de colonnes doriques. Il eut, sans sortir de cette ville, à faire exécuter un grand nombre de projets soit de sa composition, soit de restauration : par exemple, pour la chapelle des reliques de San Ciriaco, pour l'église du Jésus, pour celle de Saint-Augustin, pour la maison des exercices spirituels, à Macérata pour la chapelle de la Miséricorde, à Pérouse pour l'église et le monastère des Olivetains, à Pesaro pour celle de la Madelaine, à Foligno pour la cathédrale, à Sienne pour l'église de Saint-Augustin.

En 1745, il entreprit, dans un séjour qu'il fit à Milan, de donner un projet de frontispice, pour la cathédrale de cette ville. Ce projet avoit l'avantage d'offrir un parti d'architecture mitoyen entre le style antique et le style gothique. Rien ne pouvoit mieux s'assortir au caractère mixte du monument. Mais les circonstances politiques du temps ne permirent pas de donner suite à cet ouvrage, et le portail est encore en projet.

A Rome Vanvitelli, fit quelques augmentations à la bibliothèque du collége des Jésuites, et des restaurations à leur maison de Frascati appelée la *Rufinella*. Il composa une chapelle de la plus grande richesse, qui fut transportée et placée dans l'église des Jésuites à Lisbonne. Mais sa plus grande entreprise à Rome fut le couvent de Saint-Augustin, édifice des plus considérables, entre tous ceux de cette ville.

Ce fut lui qui exécuta la célèbre opération des cercles de fer, qui furent placés autour de la coupole de Saint-Pierre, dans l'intention d'arrêter le progrès des désunions ou lézardes qui s'y étoient manifestées, vers le commencement du dernier siècle. Lui-même il a laissé une description des moyens qui furent employés. L'expérience semble avoir prouvé depuis, que cette désunion, dont on s'alarma tant alors, avoit pu n'être qu'un effet assez naturel, ou de quelque négligence dans l'opération de la bâtisse, ou du retrait de la maçonnerie, et qu'elle ne provenoit d'aucun vice dépendant de la courbe de la voûte, attendu que les coupoles sphériques ne produisent aucune poussée, et l'on a conclu, que les cercles de fer étoient inutiles. Bottari a beaucoup combattu cette opération. Croyant que cette sorte de désunion devoit être le propre de toutes les coupoles, il en a inféré qu'il ne falloit point faire de coupoles. Question par trop étrangère à cet article.

Vanvitelli, dans les Mémoires déjà cités, se donne pour l'auteur du grand pont de charpente, dont on se servit à l'intérieur de la coupole de Saint-Pierre, pour remplir les intervalles opérés par les lézardes. Mais Bottari et Rome entière en attribuent l'invention à *Zabaglia*. Il y a encore entre ce dernier et Fontana un pareil conflit, sur une construction du même genre. Ce qu'on doit dire à ce sujet, c'est que fort naturellement il peut y avoir débat entre celui qui invente ce qu'il n'auroit peut-être pas pu exécuter, et celui qui exécute ce qu'il n'auroit peut-être pas imaginé.

D'autres ouvrages plus ou moins importans occupèrent encore Vanvitelli à Rome. De ce nombre furent les grandes décorations, qu'exigea, dans l'église de Saint-Pierre, la célébration de l'année sainte en 1750; l'illumination de la coupole pour laquelle il imagina un dessin nouveau; des projets pour une canonisation, le catafalque de la reine d'Angleterre; des dispositions ou exécutées ou projetées, pour la grande église de la Chartreuse, pratiquée dans les restes de construction des thermes de Dioclétien.

Sa réputation étoit parvenue à un tel point, que lorsque le roi de Naples Charles III (depuis roi d'Espagne) voulut élever à Caserte un palais, qui ne le cédât à aucun de ceux que les souverains de l'Europe ont construits, avec le plus de grandeur et de magnificence, il ne balança point à faire choix de Vanvitelli. Un tel choix méritoit de la part de l'architecte, des efforts proportionnés, et à l'honneur qu'il recevoit, et à l'importance de l'entreprise. On peut dire qu'il ne manqua ni à l'un, ni à l'autre du double engagement qu'il étoit censé contracter.

Rien de plus grand, comme ensemble un et complet, n'existe en Europe. Le seizième siècle a produit, quoique dans des masses moins considérables, des palais d'un caractère d'architecture plus sévère, plus grandiose, plus empreint du style de l'antiquité, plus riches en détails classiques, et d'une plus haute harmonie. Cependant il fut heureux pour le palais de Caserte, d'avoir été construit à cette époque du dix-huitième siècle, où, de toute part, le goût, désabusé des caprices et des innovations stériles du siècle précédent, étoit rentré dans les voies de l'ordre, de la raison et de la simplicité, cause première de toute beauté dans l'art de bâtir.

On doit déjà rendre justice à l'unité comme à la régularité du vaste plan de ce palais, dont la masse s'élève sur une superficie de 950 palmes (napolitains) en longueur et de 700 palmes en largeur. Il ne faut pas oublier encore de comprendre dans l'étendue de son ensemble la grande place elliptique, à laquelle il se rattache par deux petits corps avancés. Cette place, à laquelle aboutissent cinq avenues, est environnée de bâtimens destinés aux logemens tant de service que des gardes à pied et à cheval, avec toutes leurs dépendances.

Le plan général du palais, proprement dit, est, comme ses mesures l'ont déjà fait voir, un carré long, divisé, en quatre grandes cours toutes égales entr'elles, par quatre corps de bâtimens qui font la croix. Ainsi chaque cour est comme un palais tout entier. On aperçoit d'abord, quelle prodigieuse étendue auroit cet ensemble, si au lieu d'être ainsi ramassé et multiplié dans un quadruple carré, il se développoit, comme on l'a pratiqué ailleurs, sur une seule ligne. Mais il est tout aussi facile de comprendre l'avantage que le service intérieur de ce grand palais doit retirer d'une composition qui, rapprochant ainsi entr'elles, et subordonnant à un plan uniforme, les diverses parties du tout, réunit par une circulation facile et régulière les services multipliés d'une habitation royale.

Le palais de Caserte a sur tous les grands édifices du même genre, une supériorité incontestable, c'est la parfaite unité que son plan a inspirée. Cette qualité, il faut l'entendre sous ses deux principaux rapports, savoir l'unité de conception, et l'unité d'exécution.

Et pour parler d'abord de cette dernière, on sait assez combien il est rare qu'une vaste entreprise n'éprouve point de ces interruptions, qui amènent ou une succession d'architectes jaloux de mettre du leur dans l'ouvrage d'autrui, ou des changemens de maîtres accessibles à de nouvelles idées, ou des révolutions de goût, dont l'effet a toujours été de porter les hommes à plaindre le passé et à vanter le présent. L'ouvrage de Vanvitelli a échappé à ces divers contre-temps. L'architecte eut le bonheur d'exécuter lui seul toute sa construction, dans le cours d'un petit nombre d'années. Aussi le tout semble-t-il avoir été comme coulé d'un seul jet. Nulle addition, nulle correction, nulle modification n'en a altéré, ni dans l'ensemble, ni dans les détails, le projet originaire.

L'unité de conception n'y est pas moins remarquable soit dans le plan, soit dans l'élévation. Il faudroit pouvoir rendre compte ici de ce qui ne peut être saisi que par la vue, sur les plans des trois étages de ce palais, pour faire voir, comment tout ayant été conçu et coordonné, dans toutes les parties de ses nombreuses dépendances, il ne fut jamais nécessaire d'y opérer le moindre changement.

On ne sauroit imaginer plus d'accord entre la distribution du plan, et la disposition des élévations. Sur un soubassement qui comprend l'étage à rez-de-chaussée, et au-dessus un petit étage de service, que nous appelons *entresol*, s'élève une ordonnance ionique, en colonnes, dans les deux espèces d'avant-corps de chaque extrémité, et dans celui du milieu, mais en pilastres dans tout le reste (on parle de la façade sur le jardin), deux rangs de fenêtres avec leurs chambranles occupent la hauteur des entre-colonnemens. Le tout se termine par un entablement continu dans la frise duquel sont pratiquées de petites ouvertures de *Mezzanino*. Une balustrade ornée de statues règne dans tout le pourtour. Les deux espèces d'avant-corps dont on a parlé aux extrémités de chaque façade, supportent chacun un pavillon carré à deux étages, avec colonnes et pilastres d'ordre corinthien. L'espèce d'avant-corps du milieu est couronné de chaque côté par une coupole circulaire. Pareille ordonnance pour la façade d'entrée, moins les pilastres entre les fenêtres, et pareille répétition dans les deux façades latérales.

Trois portes dans les deux grandes façades forment les entrées du palais. Celle du milieu introduit dans un vestibule circulaire, suivi d'un autre portique en longueur qui aboutit au centre, où se trouve un vaste et magnifique escalier construit tout en marbre. Les deux autres portes, destinées particulièrement au passage des voitures, donnent entrée de chaque côté, dans l'intérieur d'une première cour, d'où une porte et un portique orné de niches, et passant sous le grand corps de bâtiment transversal, conduit de l'un et de l'autre côté à une cour toute semblable. Ces quatre cours ont leur rez-de-chaussée en arcades, et la communication entr'elles est établie par les percées de la traverse qui forme la croix dans le plan général.

On feroit un long ouvrage de la description des principaux détails du palais de Caserte; nous nous contenterons d'une simple mention des objets les plus remarquables de son intérieur. Ce qui frappe surtout les yeux, c'est le magnifique vestibule, orné de colonnes en marbre de Sicile, et formant le centre des quatre branches de la croix intérieure qui constitue les quatre cours; c'est l'escalier tout en incrustations et en colonnes de marbre qui, du centre dont on vient de parler, produit l'aspect le plus riche, et le plus pittoresque; c'est la chapelle avec ses colonnes corinthiennes de marbre sur leurs piédestaux, et où la richesse de l'art le dispute au luxe des matières; c'est la grandeur et la noble distribution des appartemens, des galeries et des salles de tout genre.

Quant au goût d'architecture, on a déjà fait entendre que, s'il ne s'y trouve rien que l'artiste puisse reconnoître comme modèle classique, on n'y rencontre rien non plus qui soit capable de déparer un aussi grand monument. Rien dans le fait à reprendre aux profils des entablemens: aucun ressaut n'interrompt la grandeur de leurs lignes. Nulle part de ces ornemens capricieux que le goût et la raison s'accordent à condamner. Les proportions des ordres y sont régulières. Les fenêtres ont généralement leurs chambranles d'une bonne forme. Tous les rapports y sont judicieusement combinés. Partout règne une véritable eurythmie qui satisfait l'esprit et les yeux. On aime encore à y priser un caractère de solidité dans la décoration, qui laisse bien triompher les masses, une pureté d'exécution remarquable, un choix et un emploi soigné des moyens de construction.

On ne sauroit quitter le palais de Caserte sans faire mention d'un autre grand ouvrage, qui en est, si l'on peut dire, une dépendance, l'aquéduc construit par Vanvitelli pour conduire des eaux abondantes à ce palais. Ici notre architecte eut encore le privilége d'élever la construction la plus importante de toutes les entreprises modernes en ce genre, et de la conduire à sa fin.

Les travaux souterrains de cet aquéduc sont aussi considérables que les constructions extérieures, mais les difficultés en furent beaucoup plus grandes. Les eaux parcourent, avant d'arriver à leur terme, un espace qu'on évalue à neuf lieues; les sources où l'on est allé les chercher sont à douze milles au levant de Caserte. Il a fallu percer cinq fois des montagnes, la première fois sur un espace de 1100 toises dans le tuf; la seconde sur un espace de 950 toises; la troisième dans de la terre grasse, et ensuite dans un roc vif sur une longueur de 350 toises; enfin dans la montagne de Caserte sur 250 toises. Trois fois il fallut faire traverser au conduit des vallées sur des ponts, le premier de trois arches au pied du Taburno; le second dans la vallée de Durazzano, formé par trois arcades fort exhaussées; enfin, vers le mont appelé *di Garzano*, l'aquéduc traverse une vallée où a été exécuté le plus grand travail, c'est-à-dire un pont à trois étages, de 1618 pieds de long et de 178 de hauteur. Ce dernier ouvrage peut le disputer à ceux des Romains.

Le premier rang (celui d'en bas) a dix-neuf arcades, le second vingt-sept, le plus haut quarante-trois. Les piles des arches inférieures ont 30 pieds d'épaisseur en bas et 18 en haut. Elles sont hautes de 44 pieds, celles de l'étage au-dessus ont de hauteur 53 pieds. La hauteur totale est de 178 pieds.

Toute cette construction est de tuf, ou de pierre tendre entremêlée de rangées de briques. Les piliers sont renforcés par des contreforts qui donnent une grande consistance à l'ouvrage, mais qui ne laissent pas d'en déparer l'aspect. On seroit tenté d'en blâmer l'emploi, si l'on ne pensoit, qu'en de tels travaux, la considération de la solidité doit passer avant toute autre.

L'aquéduc dans sa longueur totale a 21155 toises. La pente du conduit est d'un pied sur 4800 pieds. La quantité d'eau est de 3 pieds 8 pouces de large sur 2 pieds 5 pouces de hauteur. Le réservoir ou château d'eau auquel cet aquéduc aboutit sur la montagne au nord de Caserte est à 1600 toises du palais, et à 400 pieds au-dessus du niveau de sa cour. Cet aquéduc fut achevé au commencement de l'année 1759, et l'on n'employa que six ans à sa construction. L'introduction des eaux y eut lieu le 17 mai 1764. Au moment où on leur ouvrit le passage du côté de la source, des coups de canon en donnèrent l'avis à ceux qui se tenoient du côté opposé où les eaux devoient déboucher. Vanvitelli, d'après ses calculs, avoit annoncé au roi que l'eau mettroit quatre heures à faire le chemin. Aussitôt que ce temps fut écoulé, le roi, la montre à la main, en avertit Vanvitelli. Quelques minutes s'étant passées et l'eau n'arrivant point, le roi fit remarquer de nouveau ce retard.

Mais à peine cette seconde remarque commençoit-elle à inquiéter l'architecte, que des torrens d'eau débouchèrent avec un bruit épouvantable. Le bruit des applaudissemens s'y mêla, et le roi embrassa Vanvitelli.

La direction d'aussi grandes entreprises n'empêcha point Vanvitelli de donner encore de son temps et de ses soins, à d'autres ouvrages, qui auroient pu occuper tout le temps et exiger les soins d'un artiste tout entier. On cite un assez grand nombre de compositions dont il donna les dessins ou suivit l'exécution à Naples et en d'autres villes.

Il construisit à Naples, au pont de la Magdelaine, la caserne de cavalerie, édifice d'un goût sévère, et conforme à sa destination, soit par son caractère extérieur, soit par la commodité de ses distributions internes.

On lui attribue la salle de la sacristie, et la chapelle de la Conception à *San Luigi di Palazzo*.

De lui est la colonnade dorique de la place qu'on appelle *Largo di Spirito Santo*, pour la statue équestre de Charles III, roi d'Espagne.

De lui sont les églises de San Marcellino, de la Rotonde, de l'Annonciade.

De lui la façade du palais de Genzano à Fontana Medina; de lui la grande porte, l'escalier, et l'achèvement du palais Calabritto à Chiaia.

Il y a de lui des ouvrages à Resina, à Matalane, à Bénévent, et on met sous son nom à Brescia la grande salle publique, à Milan le nouveau palais archiducal.

Chargé à Naples de la décoration de toutes les fêtes publiques, il soutint dignement sa réputation par des compositions analogues à chaque objet.

Heureux dans toutes ses entreprises, il n'essuya qu'une seule disgrace, et ce fut à Rome où il étoit né, et où il devoit mourir. Nous lisons dans Milizia que pour restaurer l'aquéduc de l'*Aqua felice* près de Pantano, il avoit évalué à deux mille écus romains la dépense de l'ouvrage; mais elle passa vingt-deux mille écus. Il fut condamné à en payer cinq mille de ses deniers.

Vanvitelli fut un homme d'un caractère honnête et doux, d'une humeur facile dans les rapports qu'il avoit avec tous ceux qu'il devoit conduire. Dessinateur infatigable, il ne pouvoit vivre que dans l'étude et le travail. Savant en tout ce qui tient à la pratique et au mécanisme de l'art, il n'eut pas moins d'habileté en toutes les parties de la distribution, de l'ordonnance et de la décoration. Doué d'un bon jugement et d'un goût sûr, il eut le mérite de se préserver des écarts de l'école vicieuse qui l'avoit précédé. Porté aux grandes entreprises, on peut dire qu'il voyoit grandement, et qu'on doit le regarder comme ayant contribué en Italie à désabuser les yeux et les esprits des fausses manières qui régnoient encore de son temps. La postérité l'a placé sans aucune contestation au premier rang des architectes de son époque. Peut-être par son palais de Caserte, a-t-il marqué aussi dans son pays le dernier terme des grandes entreprises propres à éveiller le génie d'un art, qui ne peut être encouragé que par les causes politiques, par des mœurs propices, par la richesse et le luxe des états.

VARIÉTÉ, s. f. C'est dans les ouvrages des arts une qualité, que la théorie ne sauroit guere définir et bien faire comprendre, qu'en en rapprochant la notion, soit de celle qui est son contraire, c'est-à-dire l'*uniformité*, entendue comme abus de l'unité, soit de celle qui passe trop souvent pour être son synonyme, la *diversité*.

L'unité, qualité première de tous les ouvrages des arts, nous l'avons assez expliquée à son article (*voyez* UNITÉ), est ce qui fait un tout des parties dont l'ouvrage se compose. C'est elle qui, par la liaison qu'elle établit entre ces parties, comme la nature le fait à l'égard des êtres organisés, donne à l'esprit et aux yeux le plaisir de comprendre facilement, de voir clairement, et de saisir sans effort le but que l'artiste s'est proposé, les raisons qui l'ont déterminé dans l'emploi de ses moyens, enfin, de juger du mérite de toute invention.

Mais cette qualité, qu'on appelle *unité*, a, si l'on peut dire, de chaque côté un écueil qu'elle doit éviter, et contre lequel viennent trop souvent échouer les auteurs et les artistes.

Rien de plus facile que de tomber de l'unité dans l'uniformité. Or, voici l'effet de celle-ci. Dans la crainte que l'esprit et les yeux n'éprouvent trop de peine et d'embarras à voir et à juger, l'uniformité va établir partout l'identité, la similitude symétrique, la répétition complète de toutes les parties, de tous leurs détails, de toutes les formes, en sorte que le tout pouvant être vu dans une partie, il ne reste aucun travail pour l'esprit et pour les yeux. Mais notre esprit, s'il se refuse à jouir de ce qui lui offre difficulté, embarras, complication, s'il fuit la fatigue, il n'est pas moins ennemi de la langueur d'un repos trop continu. Il veut de l'action et du mouvement dans une certaine mesure, et le repos ne lui plait aussi qu'autant qu'il n'est pas forcé. C'est entre l'activité de la fatigue et l'inertie de l'ennui, que se trouve le point milieu, qui est le secret dans chaque art, des jouissances que chacun peut procurer à notre ame.

Si l'on abuse du raisonnement pour restreindre par trop la notion de l'unité, jusqu'à la faire approcher de celle de l'unisson, on réduira tout art, et tout ouvrage d'art, à cette nullité de moyens, à ce néant d'effet, qui ne laisseront plus à l'ame aucune prise pour y exercer son activité, et la rendront tout-à-fait inutile. Comme le plaisir de l'ame, dans les objets qu'on lui présente, est de les rapprocher et de les comparer, elle

Elle n'a plus rien à faire, là où il n'y a lieu ni à comparaison, ni à rapprochement.

L'uniformité donc, telle que nous l'entendons ici, loin de ressembler à l'unité en diffère totalement. L'ame aime et veut l'unité, parce qu'elle veut, avant tout, que ce qu'on lui présente à voir et à entendre, puisse être entendu et vu assez distinctement, pour qu'elle en saisisse, sans trop de peine, les rapports. C'est que le désordre et la confusion sont pour elle un objet de fatigue; c'est que la simplicité, compagne ordinaire de l'unité (*voyez* SIMPLICITÉ), lui rend facile, par l'ordre établi dans les objets, l'action de les discerner, de les comparer et de les juger.

Mais cela signifie-t-il que l'ame ne demande, par exemple, à la peinture, que des figures rangées sur une ligne droite; à l'architecture, qu'une façade sans division et sans détails; à l'art de l'orateur, qu'un discours sans mouvemens; à l'art du chant, que des accords à l'unisson; au poète, qu'un drame sans action, des récits sans fiction, des compositions sans épisodes? Non sans doute : l'ame appelle au contraire la *variété* à l'aide de l'unité. La *variété* est pour elle, comme au physique, l'assaisonnement est ce qui éveille et soutient l'appétit.

Si la *variété* se laisse définir par le sentiment, lorsqu'on en rapproche la notion de celle de l'uniformité, qui est son contraire, elle trouve aussi une explication non moins sensible dans la différence de signification et d'idée, qu'on doit attacher au mot diversité, employé trop souvent comme synonyme de *variété*. Il ne sauroit être ici question d'une exactitude grammaticale dans l'appréciation des deux termes. Je dirai cependant que diversité me paroît s'appliquer plus particulièrement à ce qui regarde le genre, et *variété* à ce qui regarde l'espèce. Diversité exprime l'idée d'une différence marquée entre deux objets, entre deux actions, entre deux idées; *variété* n'exprime que des nuances ou des dissemblances légères. On dit la diversité des couleurs, des climats, des caractères, des nations, des mœurs. Le mot *variété* indiquera les teintes de la même couleur, les irrégularités d'un même climat, les inégalités d'un caractère, les disparités qui se rencontrent dans les habitudes d'une même nation, dans les goûts d'un même homme; on dira la diversité des croyances, et la *variété* des opinions.

Si cela est, la diversité est beaucoup moins propre que la *variété*, à entrer dans les tempéramens qui sont compatibles avec l'unité.

Ces tempéramens doivent être tels, que sans altérer le principe de l'unité, ils l'empêchent seulement de tomber dans l'uniformité. Ainsi, la *variété* n'ira jamais jusqu'à s'attaquer au fond des choses, aux bases de l'invention, aux formes principales d'un ouvrage, aux lois qui en régissent ou en règlent la composition et l'ordonnance générale. Non; mais quand ces grands objets ont été déterminés selon les intérêts de l'unité, la *variété* intervient dans tous les détails, elle introduit dans le parti général de la composition, dans les masses de son ensemble, des modifications de formes, d'effet, de dessin, de caractère, qui font que, sans changer ni le plan, ni le motif, ni l'intention de l'ouvrage principal, elles lui donnent un attrait nouveau, elles excitent l'esprit et les yeux à s'arrêter sur des objets qui, tout à la fois, sont et ne sont pas les mêmes. La *variété* multiplie ainsi les créations de l'art, comme le fait la nature, qui, d'un type toujours semblable, fait sortir une infinité de dissemblances.

Telle est l'idée de la *variété* que nous donnent, en tout genre, les œuvres des grands maîtres. Par exemple, rien en peinture, ne concourt plus à produire l'*unité* de composition de certains sujets, qu'une certaine affectation de symétrie entre les masses correspondantes des deux côtés d'un tableau. Raphaël a souvent usé de ce procédé, et quelques critiques ont remarqué que cette espèce de symétrie est agréable au spectateur, parce qu'offrant, si l'on peut dire, comme un tout en deux parties égales, elle facilite à l'esprit et aux yeux le moyen d'en embrasser la conception, et de jouir de sa totalité. C'est le même effet que nous demandons à tout édifice, qui, sous peine de duplicité, est tenu d'observer une symétrie, laquelle répète, en général, d'un côté de son élévation, le dessin de l'autre côté. Cependant Raphaël, dans son unité, jusqu'à un certain point symétrique de composition, a su éviter l'abus de l'uniformité. S'il en existe l'apparence dans le parti général de la masse, il en a très-habilement prévenu le désagrément, par une savante et ingénieuse *variété* de lignes, de formes, d'attitudes, de groupes, d'ajustemens et de motifs, d'où résulte encore, pour l'esprit et les yeux, le plaisir particulier qu'on éprouve à voir sortir une beauté, de ce qui auroit pu produire un défaut.

Comme la *variété* fait le charme de l'unité, il faut reconnoître que, sans le principe de l'*unité*, la *variété* n'auroit pas lieu. Ce sont deux qualités corrélatives, dont l'une n'existe que sous la condition de l'autre; et c'est ce qui fait bien distinguer la *variété* de la diversité, dont le corrélatif est l'uniformité : ce qui signifie qu'elles sont deux défauts contraires. Aussi n'opposons-nous pas la *variété* en elle-même à l'uniformité, nous la considérons comme en étant moins le contraire que le correctif.

L'architecture est peut-être de tous les arts celui que la nature des choses porte le plus à l'uniformité, et à son article (*voyez* UNIFORMITÉ), nous avons même prétendu que ce mot comportant deux sens différens, l'un qui est l'expression d'un défaut (comme abus ou excès de l'unité);

l'autre qui ne signifie qu'une identité naturelle entre les formes de quelques ouvrages, l'architecture ne pouvoit point se passer de cette dernière sorte d'uniformité. Cependant, plus on reconnoît cette condition de l'existence de cet art, plus on est forcé d'avouer le besoin qu'il a, comme les autres, et à cause de cela même plus que d'autres, d'introduire la *variété* dans ses ouvrages.

Ainsi, l'architecte, jusque dans l'uniformité nécessaire des masses symétriques d'une façade de bâtiment, y saura encore faire entrer quelque *variété*, au moyen de certains mouvemens dans les lignes, dans les saillies, dans les combinaisons de leurs détails. Il saura corriger le trop d'uniformité d'un plan, par certaines oppositions de rapports entre les parties, oppositions qui sont un artifice de l'art, pour déguiser une symétrie trop sensible. Il saura ménager, contre l'uniformité obligée des principales parties de son élévation, des *variétés*, par le mélange ingénieux des pleins et des vides; des parties lisses ou travaillées, par une succession de richesses et de repos, par l'emploi des différens caractères des ordres. Mais l'application variable à l'infini de tous les objets de décorations et d'ornemens, de toutes les matières plus ou moins riches, de toutes les couleurs, de toutes les substances dont l'art dispose, lui donnera des ressources sans nombre, qui, sans rompre l'unité de l'ensemble, en feront au contraire valoir d'autant plus l'effet.

Car il faut le répéter, la *variété* n'est le contraire, ou l'ennemie, que de l'uniformité, qui est l'abus de l'unité; elle sert au contraire l'unité, qui sans elle tomberoit dans cette sorte d'uniformité, qui en théorie est synonyme de monotonie.

VASARI (Georges), né à Arezzo en 1512, mort en 1574.

Trois genres de talent et de mérite, dont un seul eût suffi pour faire la réputation de *Georges Vasari*, ont recommandé son nom et sa mémoire aux éloges de la postérité. Peintre, architecte et écrivain biographe, il pourroit, sous chacun de ces titres, fournir la matière d'une notice assez abondante. Nous resserrerons dans le plus court espace qu'il sera possible, les renseignemens étrangers à l'art de l'architecture, le seul sous lequel il appartienne à notre ouvrage de le considérer.

Dans sa vie écrite par lui-même, et qui termine la série de toutes les vies des célèbres peintres, sculpteurs et architectes, connus de son temps, Vasari s'est étendu avec le plus grand détail sur ses propres travaux en peinture. Le nombre en est incroyable, et certainement aucun peintre n'eut plus de facilité, ne fut doué d'un esprit plus fécond, et d'une plus grande rapidité d'exécution. A peine peut-on citer l'école où il puisa les leçons de la peinture. Après en avoir reçu les premiers élémens chez un maître obscur, on le voit étudier de lui-même les ouvrages de quelques maîtres célèbres, on le voit apprendre à mesure qu'il fait, et faire à mesure qu'il apprend. Il va de ville en ville, de pays en pays, accepte tous les ouvrages qu'on lui présente, s'enhardit peu à peu à de plus grandes entreprises, trouve dans les ducs de Toscane des protecteurs, n'en courtise aucun, et sait se rendre tour à tour indépendant sans orgueil, et dépendant sans bassesse. Il va plusieurs fois à Rome, il y connoît Michel-Ange, dont il ne fut réellement point élève, autrement que pour avoir dessiné d'après quelques-unes de ses productions. Dans la vérité, *Vasari* ne fut ni le disciple ni l'imitateur de personne, on ne sauroit même dire à quelle école il tient particulièrement. Peut-être n'a-t-il ni les défauts ni les beautés d'aucune. Il se fit une manière à lui, manière libre, expéditive, et dont le goût, tenant un peu de tout, ne fait aucune impression; en sorte qu'on ne le cite jamais, qu'on ne l'a jamais ni blâmé ni loué, et qu'il est tout-à-fait hors du cercle de ces maîtres, auxquels les générations suivantes ont, dans un genre ou dans un autre, demandé des leçons et des modèles. Il pratiqua tous les genres et tous les procédés de peinture, et dans tous il paroît avoir porté une facilité de composition et d'exécution, qui seule peut expliquer la multitude incroyable d'ouvrages qu'il a produits. Dans l'impossibilité de les dénombrer, on se contentera d'appeler les souvenirs du lecteur, sur les peintures de la chancellerie et de la *Sala regia* du Vatican à Rome, et sur les vastes compositions des voûtes de la grande salle du *Palazzo Vechio* à Florence.

Lorsque de tels et de si grands ouvrages n'ont pu faire surnager la réputation d'un peintre, au-dessus de celles de ses contemporains; lorsqu'ils n'ont pu placer son nom dans le petit nombre de noms célèbres, que tous les âges répètent, et transmettent aux éloges des âges suivans, il faut bien qu'il y ait une cause, que la critique du goût doit rechercher. Cette cause nous n'avons ici ni le moyen, ni le temps de la développer, et une telle discussion nous éloigneroit trop du but d'un article, où *Vasari* ne doit paroître que sous le titre d'architecte. En deux mots, on hasardera de dire que *Vasari*, comme peintre, ne se recommande, dans le fait, par aucune qualité spéciale, qu'il n'eut ni l'expression, le sentiment de vérité et de noblesse de l'école de Raphaël, ni le savoir et la hardiesse de dessin de l'école de Michel-Ange, ni la pureté et la grace de Léonard de Vinci, ni le charme de la couleur vénitienne, et qu'il fut avec les *Zuccheri*, un des peintres qui précipitèrent alors la peinture dans les écarts d'un mauvais goût, comprimé d'abord par l'école des Carrache, mais qu'on voit reparoître enfin avec plus de hardiesse, vers le milieu du dix-septième siècle.

Comme architecte, *Vasari* nous paroît mériter d'être cité, sinon parmi les premiers maîtres de cet art, et ceux dont un génie particulier a rendu les productions classiques, du moins entre les hommes ingénieux et habiles qui, sans s'écarter du bon goût, ont su connoître et mettre en œuvre des ressources que l'artiste doit souvent à son esprit, plutôt qu'à l'étude. Dans cet art, *Vasari* eut encore moins de maîtres qu'en peinture. Lui-même nous apprend que pour se rendre de plus en plus utile au duc Alexandre de Médicis, qui s'occupoit beaucoup de fortifications, il se mit à étudier la construction et à faire des études d'architecture. L'entrée à Florence de Charles-Quint en 1536 lui fournit bientôt l'occasion de travailler avec Tribolo aux dessins d'arcs de triomphe et de décorations, qui furent commandés pour la réception de l'empereur. Deux ans après, *Vasari* étoit à Rome pour la seconde fois. Là il passa tout son temps (nous dit-il) à dessiner tout ce qu'il avoit omis dans son premier voyage, et en particulier les objets que la terre recéloit sous les ruines de l'antique Rome. Il ne négligea aucun ouvrage d'architecture ou de sculpture, et le nombre des dessins qu'il fit alors monta à plus de trois cents. Voilà d'après son propre récit à quoi se bornèrent ses études en architecture.

L'élévation à la chaire de Saint-Pierre du cardinal di Monte sous le nom de Jules III, donna à *Vasari* l'occasion d'entreprendre un véritable ouvrage d'architecture. Le cardinal, passant par Florence pour se rendre au conclave, pronostiqua qu'il seroit pape, et engagea *Vasari*, si sa prédiction se réalisoit, à venir le trouver à Rome. *Vasari* n'eut pas plus tôt appris l'exaltation du nouveau pontife, qu'il se rappela l'invitation et se hâta d'y répondre. Le pape l'accueillit de nouveau, et lui ordonna la construction de cette maison de campagne, située hors de la porte *del Popolo*, dont on appelle aujourd'hui les restes, *Vigna di Papa Giulio*. *Vasari* en fut le premier architecte, et il paroît que la plus grande difficulté qu'il y éprouva, fut de satisfaire à tous les caprices du pape, qui ne savoit à quoi fixer ses idées. Plus d'un architecte y succéda à *Vasari*. Vignola fut celui qui poussa le plus loin cet édifice. Il paroît qu'il n'y reste plus du premier ordonnateur que la grotte ou fontaine souterraine, au-dessus de laquelle Ammanati construisit une fort belle *loggia*. De toutes les dépenses du pape, et des travaux de tant d'habiles architectes, il ne subsiste plus guère aujourd'hui qu'une espèce de ruine, où l'on va encore avec plaisir chercher des détails de goût, et de précieux vestiges de la belle manière du seizième siècle.

Vasari revint bientôt à Florence, où de plus importantes entreprises alloient lui offrir de plus heureuses occasions de montrer son talent en architecture.

De ce nombre fut, sans aucun doute, celle du grand édifice appelé encore aujourd'hui *gli Uffizi*, quoique, par un heureux changement de destination, il soit devenu spécialement le Muséum d'arts, ou ce qu'on appelle maintenant la *Galerie de Florence*. Nous ne parlerons pas ici de l'heureuse distribution de ce magnifique local, certainement le plus beau et le mieux accommodé qu'il y ait à son emploi. Nous bornant à l'extérieur de ce monument, nous dirons que *Vasari* s'y montra architecte, ingénieur et constructeur habile.

Cet édifice, composé de deux ailes parallèles de 210 pas de longueur, réunies à leur extrémité, sur le quai qui borde l'Arno, par un corps de bâtiment qui les rattache, dans une longueur de 70 pas, forme une sorte de cour environnée dans ses trois côtés de portiques, dans lesquels *Vasari* a, peut-être pour quelques raisons de solidité, adopté un parti d'ordonnance un peu compliqué. Au-dessus de ces portiques règne un attique que surmonte un étage de grandes fenêtres cintrées. Quoique toute cette composition ne soit point un modèle de pureté, on ne peut s'empêcher d'y admirer un assez bel accord, et généralement un parti aussi heureusement conçu que bien exécuté. Les détails que Ruggieri en a donnés dans sa *Scelta d'architetture di Fiorenza*, sont généralement purs et corrects, si l'on excepte quelques caprices d'ornemens de portes, en place de frontons, qui étoient devenus comme une mode au temps de Michel-Ange.

Un des plus grands travaux de *Vasari*, et qui l'occupa le plus long-temps, fut la refonte qu'il fit de tout l'intérieur du *Palazzo Vechio*. Cet énorme bâtiment avoit été, de siècle en siècle, modifié, rajusté sans plan, sans ordre, ni méthode, au gré de toutes sortes de besoins et de sujétions. Le grand-duc voulut enfin réordonner tous ces élémens, et il chargea *Vasari* de lui faire les plans d'une restauration entière de cet intérieur, et d'après ce plan un modèle en bois, qui mit à même de bien apprécier la nouvelle distribution. Le grand-duc approuva le projet et ordonna de mettre la main à l'œuvre.

Il faut lire dans les détails qu'en a donnés *Vasari*, quel prodigieux travail exigea cette grande restauration. L'intérieur fut entièrement changé pour la construction et la disposition. A la confusion et au désordre de toutes les parties que le hasard y avoit créées, on vit succéder un bel escalier, une série de grandes et belles salles, de cabinets, de chambres, de galeries, avec une chapelle, enfin avec toutes les commodités que les changemens survenus dans les mœurs y avoient rendues nécessaires ; toutes choses dont la description, très-difficile à rendre claire en récit, alongeroit fort inutilement cet article.

Ce qui nous paroît digne d'être observé dans ce grand travail de *Vasari*, c'est le soin qu'il prit, comme architecte à la fois et comme peintre, d'affecter à chacune des pièces de sa distribution, un motif de décoration historique ou allégorique en rapport avec leur destination. Ainsi les appartemens du grand-duc se composèrent, dans la série de chacune de leurs pièces, de la suite de chacune des histoires de ses illustres prédécesseurs. Chacune porta le nom de chacun d'eux, à partir de Come l'ancien, dont on voyoit retracées par la peinture les actions les plus mémorables. On y avoit ajouté les portraits de ses meilleurs amis, de ses dévoués serviteurs et de tous ses enfans. Chacun des Médicis y avoit ainsi une pièce consacrée à son honneur, jusqu'à Léon X, Clément VII, et Jean de Médicis, père du duc régnant. Pareil système fut suivi par *Vasari* dans les appartemens de la duchesse Eléonore; chacune des pièces reçut pour sujet de décoration, l'histoire de quelqu'une des femmes les plus célèbres des siècles anciens ou modernes.

Il faut, en s'étonnant de la fécondité de l'artiste, et du beau choix de semblables idées, regretter, qu'un talent plus consommé, un goût plus pur, et une manière de peindre plus élevée, n'aient pas donné à d'aussi grands ouvrages, ce mérite classique, qui en auroit propagé la renommée dans toute l'Europe. C'est le sentiment qu'on éprouve surtout à la vue de cette grande salle, où le pinceau de *Vasari* s'exerça avec une inconcevable liberté : monument prodigieux de composition décorative, qu'on peut voir avec étonnement, mais dont on ne reçoit pas d'autre impression, et dont on ne garde aucun souvenir.

Vasari fut récompensé de ces travaux par le prince, avec une générosité qui égala la grandeur de l'entreprise, et l'activité avec laquelle elle fut exécutée. Outre les sommes et les présens dont il fut payé, il reçut encore en dons plusieurs maisons de ville et de campagne. Il fut honoré à Arezzo sa patrie de la charge suprême de gonfalonier, et d'autres emplois encore, avec la liberté de s'y faire remplacer par quelqu'autre citoyen de la ville. Tous ses parens furent comblés de faveurs et de libéralités.

Nous voudrions pouvoir parler ici avec plus de détail de deux monumens d'architecture, dont il a parlé lui-même avec trop de brièveté. On s'accorde toutefois à faire l'éloge du palais et de l'église qu'il construisit à Pise, pour les chevaliers de Saint-Etienne. On vante aussi à Pistoia, une belle coupole bâtie sur ses dessins; c'est celle qu'on appelle de la *Madona dell' Umilta*.

Vasari s'étoit construit pour lui-même une maison à Arezzo, où il alloit se reposer quelquefois pendant l'été. Mais se reposer étoit, pour lui, changer de travaux. Il se plut donc d'orner à diverses reprises l'habitation qu'il s'étoit faite; il en peignit l'intérieur et l'extérieur. Toujours porté vers les sujets poétiques et allégoriques, il décora le plafond de la grande salle, des images des douze grands dieux. Entr'autres sujets il imagina de personnifier toutes les villes, et tous les pays, où il avoit exercé son art; et il les figura, comme apportant leurs tributs et leurs offrandes, entendant signifier par là, que les bénéfices qu'il y avoit faits, à l'aide de son pinceau, avoient contribué à la dépense de cette construction.

Quel que soit le degré de mérite et de talent que cet artiste ait possédé, et à quelque point que ses nombreux travaux aient pu porter la renommée de son nom, nous croyons que son titre le plus assuré à une gloire durable, reposera toujours sur la grande collection qu'il a transmise à la postérité, de ses *Vite dé piu eccellenti pittori, scuttori ed architetti.*

Vasari nous a donné lui-même des documens précieux sur l'origine de ce grand ouvrage, et sur les circonstances qui le portèrent à l'entreprendre. Nous apprenons d'abord de lui que, dès sa première jeunesse (*da giovanetto*), il s'étoit fait un passe-temps, du soin de recueillir par écrit, des notes et des renseignemens sur les artistes dont le souvenir lui étoit le plus cher. Une circonstance se présenta qui réveillant, chez lui, l'ancienne idée de ce recueil abandonné, le mit sur la voie de le compléter, d'en étendre et d'en perfectionner l'ensemble. Se trouvant un soir chez le cardinal Farnèse, où étoit rassemblée l'élite des personnages les plus distingués, dans la littérature et d'autres genres, la conversation tomba sur la belle collection de portraits d'hommes célèbres, qu'avoit réunis, dans la galerie de son magnifique palais à Côme, Paul Giove (l'ancien), homme fort savant, auteur de très-nombreux ouvrages. Paul Giove dans la conversation fit part du projet qu'il avoit, d'accompagner ces portraits de leurs éloges, ce qui lui donneroit lieu de composer un traité, qui comprendroit des notices sur les plus célèbres artistes à partir de Cimabué.

Vasari avoit écouté avec beaucoup d'intérêt cette conversation; mais il avoit remarqué dans l'exposé de Paul Giove, beaucoup de méprises sur les noms, les surnoms, la patrie des divers artistes, sur leurs ouvrages, et enfin sur une multitude de points, qui annonçoient bien des connoissances générales, mais vagues et superficielles. Le cardinal s'adressant à lui : Qu'en pensez-vous, lui dit-il, n'est-ce pas là le sujet d'un grand et bel ouvrage? Très-grand et très-beau, répondit *Vasari*, pourvu que Paul Giove soit aidé dans cette entreprise, par quelque artiste capable de mettre chaque chose à sa vraie place, et de décrire les objets comme ils sont véritablement; ce que je dis, parce que je me suis aperçu que son discours, malgré ce qu'il a d'admirable, renferme beaucoup de détails inexacts, et de faits hasardés.

Vasari fut alors engagé par le cardinal, et par Paul Giove lui-même, à mettre la main à un travail, dont l'objet seroit de recueillir dans le meilleur ordre possible, et en suivant celui des temps, toutes les notions relatives aux grands artistes, depuis la renaissance de l'art. Il accepta cette mission, et après en avoir fait comme une sorte d'essai, il le porta à Paul Giove. Celui-ci l'encouragea à y mettre la dernière main, reconnoissant lui-même son incapacité de traiter des matières, qui demandoient des connoissances tout-à-fait spéciales.

Il paroît que depuis cet instant, *Vasari*, au milieu de ses innombrables travaux, sut trouver, dans sa laborieuse activité, le temps qu'exigèrent les recherches multipliées auxquelles il dut se livrer. On a vu par les détails ci-dessus, que jamais artiste ne mena une vie plus agitée. Toutes sortes de commandes de travaux, l'avoient appelé dans le plus grand nombre des villes d'Italie. Il avoit eu ainsi l'occasion, non-seulement de récolter de nombreux renseignemens, sur toutes les écoles, sur tous les hommes distingués de chaque pays, mais en homme instruit et habile lui-même, il avoit su classer la plupart des talens, distinguer les manières de chacun. Il eut donc l'avantage de parler de ce qu'il avoit vu, et ses jugemens en général durent être ceux d'un connoisseur. Une fois livré à cette grande entreprise, il sut encore se procurer beaucoup de ressources par ses correspondances, et il nous apprend lui-même, qu'il mit à contribution les écrits, à la vérité alors en petit nombre, de ceux qui avoient publié quelques ouvrages sur les arts.

Quand on pense aux difficultés qu'il y eut alors de porter aussi loin que l'a fait *Vasari*, un pareil recueil, on ne sauroit assez admirer le courage qu'il eut d'achever ce travail. Depuis lui, et l'exemple une fois donné, on vit dans chaque ville d'Italie paroître des collections historiques sur les artistes et les ouvrages, dont une sorte de patriotisme se plut à propager la mémoire. Mais *Vasari* embrassa toute l'Italie, dans son plan, et y renferma l'histoire de trois siècles. Qui pourroit douter des imperfections, des méprises, des lacunes ou des omissions qui s'y trouvent? Elles lui furent reprochées de son vivant, et la critique ne l'épargna pas.

La critique eut sans doute raison sur bien des points. Ce genre d'histoire se trouvoit être d'une nature toute particulière. Les matériaux en étoient disséminés sur une multitude de lieux. Nuls renseignemens écrits, des traditions souvent suspectes, beaucoup d'inexactitudes sur les noms mêmes des artistes, sur leur âge, sur leurs ouvrages. Toutes ces difficultés, et une multitude d'autres, auroient exigé, pour être entièrement résolues, l'assiduité de toute la vie d'un seul homme, en chaque endroit. Le laps des années avait encore opéré une foule de dégradations, de déplacemens et de changemens: conçoit-on qu'un homme, pour qui ce travail n'étoit qu'un accessoire, et si l'on peut dire le délassement de ses autres travaux, ait pu porter à chacune des innombrables notices de son ouvrage, le scrupule et le soin minutieux que chaque détail eût exigé? Cependant il est certain, et qu'il se trouva de son temps, et qu'il s'est trouvé même depuis, le seul homme en état de remplir cette tâche, tant il est difficile que la critique du goût, se réunisse chez un seul artiste à la capacité, à l'esprit de recherches, et à la faculté de rendre ou d'exprimer par le discours, les idées des arts du dessin, les jugemens de la science, et les décisions encore plus délicates du sentiment. Si *Vasari* n'eût pas fait cet ouvrage, il est probable qu'il n'auroit jamais été fait; et peut-être tous ceux qui vinrent après, n'auroient jamais été entrepris.

Voilà pour la difficulté matérielle. Maintenant une difficulté plus grande encore étoit, non-seulement de porter des jugemens incontestables sur une multitude de variétés de sujets, de manières, de styles et d'ouvrages subordonnés à des causes si diverses, mais encore de satisfaire à toutes les préventions locales, à toutes les rivalités de pays, à tant de diversités d'amour-propre et de vanités particulières. *Vasari* ne put donc point échapper à un grand nombre de dissentimens. Tantôt il aura eu, selon les uns, le tort de vanter trop des ouvrages médiocres; selon les autres, de trop rabaisser des talens supérieurs; selon d'autres, de n'avoir pas eu dans l'emploi de ses formes laudatives, assez de mesures variées pour proportionner la louange à la mesure de chaque ouvrage. Cependant telle est la pauvreté de toutes les langues, en ce genre, qu'aucun écrivain n'a pu échapper à ce dernier reproche. Et quel langage pourroit jamais trouver autant de formes caractéristiques de ces variétés, qu'il en faudroit pour répondre aux nuances infinies, dont la nature est prodigue dans la répartition de ses dons?

C'est ici que la critique est aussi facile que l'art est difficile. Pour justifier *Vasari* de presque tous les reproches de partialité, il suffit de lire les vies des hommes les plus célèbres dont les ouvrages sont aujourd'hui si bien connus, pour rester convaincu que, sur le talent de ces hommes, presque tous ses jugemens ont été ratifiés par l'impartialité des siècles suivans. *Vasari* fut accusé à Rome d'avoir voulu élever Michel-Ange au-dessus de Raphaël. Il nous a paru au contraire, qu'il avoit su tenir entre ces deux rivaux, la balance avec la plus rare impartialité.

Quant à ce qu'on peut appeler la facture de son ouvrage, c'est-à-dire l'ordre et la méthode, la concordance de tous les articles entr'eux, l'art du style, et le talent de l'écrivain, *Vasari*, en présentant son travail aux académiciens de Florence, a réfuté avec autant de sens, que de simplicité, les critiques qu'il avoit bien prévu devoir encourir. Il fait sentir qu'il est fort loin d'avoir prétendu à une perfection que la nature même des nombreux sujets qu'embrasse la matière, avoit rendue presqu'impossible; que son ouvrage avoit été fait à des temps fort différens; que malgré les soins infinis qu'il s'est donnés, il a dû tomber dans des répétitions inhérentes au genre même de son travail; qu'il n'a pas eu la prétention de se donner pour habile écrivain; qu'il n'avoit prétendu écrire qu'en peintre, et pour l'intérêt de la peinture. *I ho scritto come pittore, e con quel'ordine e modo che ho saputo migliore.*

En définitive, l'ouvrage de *Vasari* est, et sera toujours réputé le plus beau monument historique, qu'aient élevé les Modernes en l'honneur des arts du dessin. Ce sera toujours une mine précieuse où, avec le flambeau d'une sage critique, on trouvera une multitude de notions qui n'existent point ailleurs; et comme nous l'avons déjà fait entendre, son ouvrage vivra autant que subsistera le goût des beaux-arts, et, lorsque toutes les peintures dont il parle auront péri, il propagera encore dans tous les siècles avec la renommée de son nom, celle de leurs ouvrages.

VASBRUG ou VAESBRUG, architecte anglais, qui vivoit et étoit en grande réputation en Angleterre au commencement du dix-huitième siècle.

Ce fut un de ces hommes qui perpétuèrent, dans ce pays, le bon goût et le style noble et pur de Palladio, dont Inigo Jones avoit transplanté à Londres les traditions et les exemples. Déjà Christophe Wren (*voyez* son article) avoit donné, quoiqu'avec un style moins correct, une impulsion à l'art de bâtir en grand, dans la célèbre église de Saint-Paul, et dans ce qu'on appelle le *Monument*, ou la colonne colossale érigée à l'occasion de l'incendie de la ville, et de sa reconstruction. *Vasbrug* paroîtroit s'être formé à son école, car nous ignorons sous quel maître il apprit son art.

Toutefois on peut croire qu'il succéda à Wren pour les grandes entreprises. On cite de lui un bon nombre d'édifices, dans lesquels on ne reconnoît pas toujours le goût sage de ses prédécesseurs. Mais le principal et le plus célèbre théâtre de son talent, est à Blenheim, dans le comté d'Oxford. Ce fut là qu'il construisit le vaste château, que la nation anglaise fit construire, pour en faire présent au duc de Marlborough, en reconnoissance de la célèbre victoire remportée par ce grand général à Hochstet, ou Blenheim, l'an 1704.

Le château de Blenheim est un des plus beaux de l'Angleterre. Le parti est généralement grandiose. Les détails y sont nobles, le tout est conçu de manière à produire un ensemble majestueux, et s'adapte bien au caractère guerrier du propriétaire. On trouve cependant que l'architecte y a introduit un peu trop de diversité, soit dans l'emploi des différens ordres de colonnes, soit dans les contrastes, qu'il semble avoir affecté de multiplier entre les membres de l'entablement, soit encore dans l'emploi de parties rustiquées. On y reproche, dans l'intérieur, une distribution de pièces, dont la dimension est loin de répondre à l'épaisseur des murs et de la construction générale. Toutefois on doit faire l'éloge de la décoration des appartemens, qui furent ornés avec goût, et remplis de peintures, par le célèbre Thornil, alors le plus habile peintre de l'Angleterre.

Les jardins de ce château, disposés dans le style du jardinage irrégulier, sont vantés et cités, à juste titre, comme occupant le premier rang parmi les plus beaux jardins anglais, et l'on en trouve, dans les théories de l'art du jardinage, de longues descriptions qui alongeroient inutilement cet article. Deux seuls objets y réclament une mention, qui ne sauroit manquer de trouver place dans un Dictionnaire d'architecture. On veut parler d'un très-beau pont d'une seule arche de 100 pieds de long, sous lequel passe un courant d'eau beaucoup trop petit pour une telle largeur. La satire s'empara dans le temps de ce contraste, en comparant la grandeur du pont à l'ambition de Marlborough, et l'exiguité de l'eau à son avarice.

Mais le second ouvrage d'architecture qu'on admire dans ces jardins, est la colonne colossale élevée sur l'esplanade qui fait face au palais, en l'honneur des victoires du grand capitaine. Elle paroît avoir été en tout une imitation de celle de Christophe Wren, et ne lui est inférieure que par la dimension.

Vasbrug construisit, en 1714, le château Howard, pour le comte Carlisle, dans le comté d'Yorck, avec jardins, parc, obélisques et autres objets d'embellissement. Le palais a 650 pieds de longueur. Sa façade est toute en bossages, avec des pilastres doriques inégalement espacés, dont l'élévation comprend deux étages. Les fenêtres sont cintrées et d'une proportion trop longue. On trouve dans cette ordonnance trop de ressauts. L'autre façade est d'une meilleure composition, et les pilastres corinthiens y sont mieux distribués, c'est-à-dire, espacés à entre-colonnemens égaux. On admire aussi dans ce palais une grande et belle coupole.

Cet architecte étoit homme de plaisir, et réunit à son art le goût et le talent de la poésie. On disoit, de son temps, que ses écrits étoient aussi légers et élégans, que son architecture étoit lourde et massive. Son épitaphe, dit-on, portoit le souhait, que la terre ne lui fût pas légère, attendu que de son vivant il l'avoit par trop chargée (dans ses constructions).

VASE, s. m. Il ne sauroit être du ressort de ce Dictionnaire, soit d'envisager les *vases*, ou l'art de les faire, selon les innombrables usages, auxquels les destinent les besoins de la société, soit d'entrer dans les procédés de leur fabrication, en raison de leur forme, et de la matière dont ils se composent.

Il ne nous appartient de toucher ces deux derniers points, que sous un rapport, celui qui fait entrer ces objets dans la classe des ornemens dont s'embellissent l'intérieur ou l'extérieur des édifices, et, si l'on veut encore, sous le point de vue de la beauté que l'art et le goût peuvent leur donner.

Cette dernière considération a déjà occupé la critique de quelques écrivains admirateurs de l'antiquité, qui se sont plu à faire remarquer, dans cette classe bien subalterne des ouvrages des Grecs, le même sentiment du beau, le même principe de vérité, de pureté et d'élégante simplicité, qui distinguent les plus grands monumens de leurs arts. Ils ont reconnu qu'en général, leurs artistes, en ce genre, avoient eu soin de donner à chaque espèce de *vases* ou d'ustensiles, la forme tout à la fois la mieux appropriée à leur destination, et la plus agréable à l'œil. Quelquefois on prenoit pour base le parallélipipède, parce que l'œil saisit avec facilité cette forme. Dans d'autres *vases*, on adoptoit la ligne circulaire bombée, ou légèrement évidée. Dans tous, le principe étoit d'éviter les formes rompues, les parties angulaires, et toute espèce de duplicité de contour.

Généralement on pourroit ramener à un fort petit nombre de formes élémentaires et primitives, la configuration des *vases* antiques. Cependant on ne sauroit compter toutes les variétés que les Anciens surent imprimer à ces objets, sans y employer de mélanges, ni de diversités compliquées. On ne sauroit dire en combien de manières ils en modifièrent les ornemens, sans altérer leur type, avec quel art ils savoient faire sortir, de la nécessité même, le motif de leurs embellissemens.

Quand nous parlons, sous le rapport de l'art et du goût, des *vases* antiques, nous ne prétendons pas exclure les *vases* qui servirent aux besoins domestiques. Les découvertes d'une multitude d'ustensiles usuels, qu'ont reproduits dans toute leur intégrité, les fouilles d'Herculanum et de Pompeia, ont prouvé qu'un même esprit répandu dans tous les ateliers, présidoit à la forme des objets les plus communs en ce genre, comme à la composition des plus grands et des plus riches.

Mais il faut dire, qu'en aucun temps, et chez aucun peuple, le luxe des *vases* ne fut porté à un aussi haut degré de profusion, de variété, de recherche et de magnificence. Plus d'une cause, liée aux usages de la vie civile, aux habitudes politiques, et aux pratiques religieuses, en multiplia l'emploi. Les *vases*, sous le nom de *vaisselle* que nous leur donnerions aujourd'hui, firent le plus riche ornement des tables et des festins. C'étoit par leur nombre, c'étoit par la rareté de leur matière, par l'élégance et la cherté de leur travail, que les grands et les riches cherchoient le plus à se distinguer. On en faisoit l'ornement de ces abaques, ou buffets, qu'on ouvroit et exposoit, comme objets d'ostentation, dans les fêtes, à la curiosité publique. Les *vases* étoient

matière à présens dans les rapports politiques des États. L'histoire est remplie des mentions de ce genre de libéralité, surtout envers les dieux. Nul genre d'offrandes ne fut plus commun, et les conquêtes et les rapines des Romains, en firent refluer à Rome, de toutes les parties du Monde alors connu, une immense quantité.

Il n'y a réellement aucune espèce de comparaison à faire, sur ce point, entre le luxe du paganisme et celui du christianisme. Les pratiques religieuses des Anciens étoient à la fois publiques et particulières. Chacun avoit dans sa maison un *lararium*, et y déposoit aussi beaucoup de ces *ex voto*, qu'une pieuse crédulité multiplioit à l'infini. On croit, ou du moins on soupçonne, que ces *vases* qui, selon l'usage le plus général, accompagnoient le mort dans son tombeau, avoient pu, pendant sa vie, orner son oratoire domestique. Mais jamais source ne fut plus féconde en emplois de *vases* de toute espèce, que l'usage des sacrifices, dont une grande partie consistoit en ablutions, en libations, en effusions de liquides. Ainsi les opisthodomes des temples, devenus, comme l'on sait, les trésors, où se conservoient les richesses religieuses, durent aussi devenir des collections de tous les chefs-d'œuvre de la plastique et de la toreutique, en fait de *vases*, et c'étoit à ces ouvrages qu'on appliquoit les matières les plus rares, les plus riches métaux. Tous ces brillans objets ont péri; il ne s'est pas retrouvé, comme on peut le croire, un seul *vase* d'or, à peine quelques-uns en argent. Le bronze a moins tenté la cupidité, et les cabinets en possèdent un assez grand nombre. C'est l'argile, la matière la plus fragile, qui nous a transmis une quantité innombrable de modèles de *vases*, et cette singularité est due à la découverte d'un nombre prodigieux de sépultures qui, dérobées depuis des siècles à toutes les investigations, ont conservé, et restituent tous les jours, les *vases* de terre cuite peinte, ensevelis avec les morts.

Outre ce que les peintures de ces *vases* offrent de précieux à l'art et à l'archéologie, on peut encore en tirer des renseignemens relatifs aux variétés de formes, sur lesquelles s'étoit autrefois exercé le goût de l'art grec. Tel est le nombre, aujourd'hui infini, de ces objets de toute sorte de dimensions, qu'il est à présumer, que celui qui voudroit s'exercer à reproduire toutes les variétés des formes de *vases* chez les Anciens, ne pourroit manquer de retrouver, dans une si vaste collection, l'universalité des types de tous ceux qu'on a perdus, comme encore de ceux que la sculpture en marbre nous a conservés. Mais je sortirois par trop de l'objet de cet article, si j'essayois même d'effleurer cette analyse.

Je ne dois, comme je l'ai dit en commençant, considérer l'emploi des *vases* que sous le rapport des ornemens qu'ils procurent aux monumens. Chez les Anciens, le *vase*, envisagé comme urne cinéraire, dut former (et cela fut en effet) le couronnement des tombeaux, de ceux surtout auxquels on donna la configuration de colonnes, de stèles ou de cippes. Cet usage, dans les pratiques modernes, n'est plus qu'un symbole consacré par les souvenirs de l'antiquité; mais il ne laisse pas de s'être accrédité dans beaucoup de monumens funéraires, et l'on y emploie encore quelquefois les plus beaux marbres.

Nous trouvons un exemple fort remarquable de *vases* placés comme ornement des acrotères, au temple de Jupiter à Olympie. Il paroit que ces *vases* étoient de grands bassins de bronze. Mais l'antiquité nous a transmis un assez bon nombre de grands *vases* en marbre, qui paroissent avoir dû figurer dans des monumens, et des ouvrages de décoration architecturale, tant il semble difficile de leur supposer aucune autre destination usuelle. Nous voulons parler des deux *vases*, ornés de très-beaux bas-reliefs, représentant, l'un le sacrifice d'Iphigénie, l'autre une orgie. Tout le monde connoît l'excellence de leur sculpture, la beauté de leurs ornemens, et celle de leur forme. Il y a peu de collections d'antiques, où l'on n'admire quelques-uns de ces produits du ciseau. Le *Muséum* du Capitole, à Rome, nous montre aussi, dans la même forme de calice, un fort grand *vase*, dont le corps est décoré, en totalité, de rinceaux et d'enroulemens exécutés avec le meilleur goût. On peut citer encore deux autres grands ouvrages de ce genre; l'un, qui est de basalte, au *Muséum* du Vatican, et qui a pour ornemens une suite de masques scéniques; l'autre, à la *Villa Lanti*, avec des mascarons d'un fort relief. Tous deux sont dans la forme de coupe. C'en est assez pour rappeler au lecteur un grand nombre d'autres *vases* semblables, quoique dans de moindres dimensions, et que leur forme, leurs sculptures et beaucoup d'autres considérations empêchent de considérer, comme ayant pu avoir d'autre destination que celle d'orner les monumens de l'architecture, les galeries, les portiques et les jardins.

Nous ne dirons pas que ce soit à l'imitation de ces exemples anciens, que les Modernes auront aussi multiplié les *vases* dans toutes sortes de parties de leurs ornemens. Cette pratique n'avoit besoin ni de modèles, ni d'autorités. Ce sujet offriroit plutôt à la critique plus d'une réflexion sur les abus qu'on en a faits. Sans doute on n'entend pas la faire porter sur l'emploi fréquent des *vases* dans les jardins, où la nature des choses semble les appeler, surtout quand on les fait servir à recevoir des plantes, des touffes de fleurs, et quelquefois des arbustes. Même, à part cet emploi utile, un grand et beau *vase* en marbre, devient, dans tout endroit où il se trouve convenablement placé, un objet de décoration qu'on voit avec plaisir. On en élève assez volontiers sur les piédroits ou piliers d'une grille, ou de toute autre entrée de cour ou de jardin; partout enfin, où cet objet peut être supposé avoir un emploi d'utilité ou d'agrément, on ne sauroit en blâmer l'usage. On approuvera encore que l'architecte, considérant certains *vases* sous un rapport allégorique, comme rappelant l'idée de l'usage auquel ils sont consacrés, les fasse entrer en bas-relief dans la composition de quelques ornemens des *églises*.

Un grand *vase*, ou pot à feu, a été placé au haut de la grande colonne qu'on appelle, à Londres, *le Monument*. On sait que ce *vase* indique, par ses flammes, le lieu où commença l'incendie qui réduisit en cendres la plus grande partie de la ville; mais on auroit beaucoup de peine à rendre la moindre raison de cette multitude de *vases* que nous voyons servir d'amortissemens à toute sorte d'édifices. Ce sont de ces lieux communs qui, pour être partout, ne signifient rien nulle part. Personne, en effet, ne sauroit dire pourquoi ces représentations de cassolettes, de *vases* à parfums, se trouvent au-dessus des portes d'une maison, couronnent les combles d'un édifice. Il est visible que ces objets doivent se ranger parmi tant d'autres du même genre, dont l'insignifiance est devenue telle que personne ne pense même à s'en apercevoir.

Nous avons dit que les *vases* entroient aussi dans la décoration architecturale des intérieurs, ou dans les agrémens des objets de luxe, qui font partie plutôt de l'ameublement, que de l'architecture. Des *vases*, soit ornés de bas-reliefs, soit faits d'une matière précieuse, soit remarquables par leur forme, par leur travail, par leur antiquité, sont des objets dont la décoration des intérieurs fera bien volontiers usage, ou dans des bibliothèques, ou dans des galeries et des salles d'assemblée. Ordinairement ils figurent avec des bustes sur des demi-colonnes tronquées. On les placera quelquefois en haut des armoires où sont rangés les livres, au-dessus des buffets; et quelquefois aussi, un *vase*, orné de bas-reliefs, ou de peintures, occupera le milieu d'une pièce, pour qu'on puisse, en tournant autour, jouir des sujets représentés sur sa circonférence.

Les *vases* destinés à l'ornement de l'architecture, sont plus naturellement ceux que la sculpture aura décorés de figures, soit en marbre, soit en métal, et ceux-ci conviennent au-dehors comme au-dedans des édifices. Les *vases*, ornés de peintures, sont exclusivement réservés à l'ornement des intérieurs. Nous ne connoissons guère d'autres *vases* peints, dans l'antiquité, que ceux dont il a déjà été parlé, et qui sont formés d'argile cuite, recouverts d'une couleur ordinairement noire, et servant de fond à des figures, dessinées au trait, et rehaussées assez souvent de différentes couleurs. Mais, en général, ces ouvrages sont plutôt des dessins que des peintures. Du moins l'art du peintre ne s'y est jamais exercé, comme

dans

dans les tableaux, au point de produire par le mélange des teintes et l'intelligence du clair-obscur et des dégradations, les effets de la vérité naturelle.

L'art des Modernes a *été* beaucoup plus loin dans l'application des couleurs et des ressources de la peinture aux *vases*. L'extension et les progrès des sciences naturelles ayant porté au plus haut point la fabrication de la porcelaine, on a fait, comme objets de luxe et de décoration, des *vases* d'une très-grande dimension. Le besoin d'y orner de très-spacieuses superficies a appelé l'art de la peinture, avec tous ses moyens d'illusion, pour décorer la circonférence de ces *vases*. Si un certain goût, fondé sur la nature propre de chaque chose, eût toujours présidé à cet emploi de la peinture, au choix de ses sujets, et a la mesure d'illusion qu'ils pourroient comporter, on ne sauroit nier que l'art de peindre les fonds de la circonférence d'un *vase*, auroit pu trouver ses limites dans la nature même de l'objet à décorer. Les convenances de ce genre, le peintre les auroit observées, en se réglant sur celles que suit la décoration dans les compositions dites d'arabesques, exécutées sur des pilastres ou d'autres surfaces, dont on ne doit point altérer le fond, même pour l'apparence. Ces convenances sont également indiquées par le soin que toujours l'art de la sculpture antique a pris, de respecter dans ses bas-reliefs les fonds, soit des *vases*, soit du galbe des colonnes, soit des superficies que l'architecture livre au ciseau, à condition d'en respecter l'intégrité, et de ne pas produire l'apparence de vides, là où la raison fondamentale veut qu'on voie un plein ou un massif. La peinture auroit donc pu, de même, faire circuler et tourner au tour de la circonférence d'un *vase*, des figures mises en harmonie avec le fond, dont elle eût respecté l'apparente intégrité, c'est-à-dire le galbe même du *vase*.

On a vu, au contraire, le galbe d'un *vase* peint offrir, ainsi que le fond d'un tableau, des lointains, des vues perspectives, des sites et des paysages, des cieux et des marines, en sorte que le *vase* disparoît sous l'illusion pittoresque. Tels sont les abus que produit la confusion des idées et des élémens de chaque chose, lorsque, livrés aux spéculations de la mode et de la nouveauté, les ouvrages de l'art ne sont plus recherchés que comme des objets dispendieux; disons encore, lorsqu'ils ne correspondent plus à aucune destination propre à fixer leur caractère et leur goût.

On donne le nom de *vase* à différens objets, qu'on appelle ainsi, à cause de quelque ressemblance ou analogie de forme ou d'emploi. Ainsi, on dit :

VASE DE CHAPITEAU. C'est dans la configuration du chapiteau corinthien ce qui en forme le corps, ou la masse, qu'on revêt et qu'on orne de feuillages, de caulicoles et de volutes. Ce corps, effectivement, dénué de ses ornemens, a la forme d'un *vase* du genre de ce qu'on appelle *calice;* on l'appelle également *campane*, ou *cloche*, parce que la cloche, dans sa position ordinaire, n'est pas autre chose que ce même *vase* renversé.

VASE D'AMORTISSEMENT. On donne ce nom à un *vase* qui termine souvent, faute d'autre motif d'ornement, la décoration des façades de beaucoup d'édifices. Il est ordinairement isolé, souvent orné de guirlandes, et quelquefois couronné de flammes. On emploie encore cet ornement dans les intérieurs, soit en bas-relief, soit en ronde-bosse, au-dessus des portes, des cheminées, etc.

VASE D'ENFAÎTEMENT. Ainsi nomme-t-on les *vases* qu'on place sur les poinçons de combles, et que l'on fait ordinairement en plomb qui est quelquefois doré. On en voit des exemples au château de Versailles.

VASE DE TREILLAGE. Cette sorte de *vase* est un ouvrage d'ornement à jour, fait de verges de fer et de bois de boisseau, contourné selon le galbe du semblant de *vase* qu'on veut produire. On l'emploie à servir d'objet d'amortissement sur les portiques et les cabinets de treillage dont on orne les jardins. Les *vases* de cette espèce, imitation en treillage, de ceux qui se font en matière plus solide, reçoivent, par suite du même esprit d'imitation, soit des fleurs, soit des fruits, façonnés à l'instar de ceux qui sont l'ouvrage de la sculpture.

VASES DE SACRIFICE. On fait, dans les ornemens de l'architecture, une classe à part de ces sortes de *vases;* et l'on en distingue de deux genres, ceux qui servoient au culte du paganisme, et qu'on trouve représentés sur plus d'un reste de monumens religieux antiques. Ces vases étoient particulièrement le *thuribulum*, vase où l'on mettoit l'encens, le *præfericulum* et le *simpulum*, le premier en forme de burette ornée de sculpture, le second, plus petit, en manière de lampe, tous deux servant aux libations qui avoient lieu dans les sacrifices. C'est ainsi qu'on en voit encore conservés sur la frise corinthienne du temple de *Jupiter Stator* à Rome. Dans les édifices sacrés du christianisme, on a souvent admis, comme matière d'ornement en bas-relief, les *vases* consacrés à la religion, comme les calices, burettes, patènes, etc.

VASES DE THÉATRE. C'étoient, selon Vitruve, certains vaisseaux d'airain qu'on plaçait en la[illegible] de la scène, sous les degrés du théâtre, où se tenoient les spectateurs. L'objet de ces *vases*, ainsi situés, étoit de donner au local plus de sonorité, et de servir à la répercussion de la voix.

Nous n'entreprendrons pas de rendre ici raison de cette pratique des Grecs, dans la disposition et l'organisation de leurs théâtres. Cette matière exigeroit, pour être bien traitée, des connoissances musicales qui sont étrangères à l'objet principal de ce Dictionnaire. Toutefois, nous pensons que les notions de plus en plus étendues, que les voyages nous ont données sur la construction du très-grand nombre de théâtres chez les Grecs, pourroient mettre sur la voie de l'explication d'une semblable méthode. Le chapitre de Vitruve, que nous allons rapporter dans son entier, nous semble constater la raison que nous allons indiquer de cette pratique. Or, il est aujourd'hui reconnu, par les restes extrêmement multipliés de théâtres qui subsistent en Sicile, en Grèce, dans l'Asie-Mineure et autres contrées où fleurirent les arts de la Grèce, que l'usage général fut de choisir, pour l'élévation d'un théâtre, la pente d'une montagne, ou un site soit préparé par la nature, soit excavé par l'art, dans la masse souvent d'un rocher, où l'on tailloit les gradins, lorsqu'on n'y rapportoit point les montées par des pierres taillées sur le chantier. De l'une et l'autre manière, il est certain que le fond, qui formoit ce que nous appelons aujourd'hui l'amphithéâtre, devoit être sourd de sa nature, et ne pouvoit guère avoir la faculté de répercuter le son. La différence que Vitruve établit sur ce point d'acoustique entre les théâtres des Grecs, et les constructions des théâtres romains de son temps, donnera peut-être quelque probabilité de plus à l'hypothèse explicative que nous avons hasardée.

Voici le texte abrégé de Vitruve, sur les *vases* de théâtre (liv. V, ch. v.) :

» On fait des *vases* d'airain selon la grandeur du théâtre, et on leur donne une telle proportion que, quand on les frappe, ils sonnent à la quarte ou à la quinte l'un de l'autre, et font ainsi toutes les autres consonnances jusqu'à la double octave.

» Ces *vases* doivent être placés par une proportion musicale, entre les degrés du théâtre, en sorte qu'ils soient isolés et ne touchent point aux murs de l'endroit qu'ils occupent, et qu'ils soient environnés d'un espace vide par en haut et tout à l'entour. Ils doivent être inclinés, et élevés du côté qui regarde la scène par des cales à la hauteur d'un demi-pied. Les locaux qui les reçoivent doivent avoir, au droit des degrés d'en bas, une ouverture longue de deux pieds et large d'un demi-pied.

» Ces locaux, ou petites chambres, seront disposés en cette sorte : si le théâtre n'est pas fort grand, il faut tracer au milieu de toute sa hauteur une région pour treize de ces locaux, qui laisseront entr'eux douze intervalles égaux. . . . . . » C'est dans ces treize petites chambres que seront placés les *vases*, selon l'ordre qui leur sera assigné par la diversité des sons musicaux. . . .

» Cette disposition des *vases* d'airain fera que la voix, qui viendra de la scène comme d'un centre, s'étendant en cercle, frappera dans les cavités des *vases*, et en sera rendue plus forte, selon la consonnance et le rapport que son ton aura avec quelqu'un des vases. Mais si le théâtre est grand et ample, il faudra partager sa hauteur en quatre parties, afin d'y pouvoir faire trois rangs de petites chambres, dont l'un sera pour le genre enharmonique, l'autre pour le chromatique, et l'autre pour le diatonique. . . .

» Pour exécuter toutes ces choses avec justesse, il faut opérer d'après la figure qu'Aristoxène a faite selon les règles de la musique, et dans laquelle il a divisé toutes les modulations en général avec un travail et une industrie particulière. On pourra encore rendre la structure des théâtres plus parfaite, si on a égard à la nature de la voix et à tout ce qui peut la rendre agréable.

» Mais, dira-t-on, en tant de théâtres qu'on fait tous les ans à Rome, pourquoi n'observe-t-on pas toutes ces choses? Je réponds que tous nos théâtres publics sont de bois, avec des planches qui résonnent naturellement. . . . . Au lieu que la méthode dont nous venons de parler est nécessaire aux théâtres qui sont faits de matières solides, telles que la pierre et le marbre qui ne retentissent point. Que si l'on demande quels sont les théâtres où ces choses ont été pratiquées, il est certain que nous n'en avons point à Rome; mais on en voit en quelques autres villes d'Italie, et en plusieurs endroits de la Grèce. Ce que L. Mummius fit voir, lorsqu'il apporta à Rome les *vases* d'airain d'un théâtre qu'il avait fait abattre à Corinthe, et qu'il a dédiés, avec d'autres dépouilles, dans le temple de la Lune. Aussi plusieurs bons architectes qui ont bâti des théâtres dans de petites villes qui n'avoient pas le moyen de faire de grandes dépenses, se sont servis de *vases* de poterie, qu'ils ont choisis propres à résonner comme il le faut, et qui ont fort bien réussi. »

VEAU (LE). Il est arrivé à cet habile architecte, comme à plusieurs autres de son époque, féconde cependant en grands artistes, de ne laisser d'autres témoignages de son existence que dans ses travaux, dont il n'eut par seul la gloire, et où une pluralité de coopérateurs et de successeurs empêche qu'un seul nom en recueille la renommée. Disons encore que les biographes, les collecteurs de mémoires, n'arrivent ordinairement, qu'après ceux qui méritent de faire passer leurs noms à la postérité, et toutes sortes de causes ont souvent produit l'oubli des particularités de leur vie.

Ainsi on ne sait rien du tout de personnel à *Le Veau*, qui fut cependant un des meilleurs architectes de son temps, sinon qu'il naquit en 1612, qu'il fut premier architecte de Louis XIV, dès l'an 1653 jusqu'en 1670, et qu'il mourut cette même année âgé de cinquante-huit ans.

Une de ses premières entreprises, et de ses plus importantes, fut le château de Veaux, qu'il éleva en 1663, pour le surintendant Fouquet qui n'avoit rien épargné pour en faire une habitation magnifique.

Le château de Livry avoit été construit vers le même temps, par *Le Veau*, pour M. Bordier, intendant des finances. Il a été démoli vers la fin du dernier siècle.

Cet architecte fut appelé à réaliser une de ces grandes entreprises, qui malheureusement dépendent de trop de circonstances, pour que celui qui les commence en puisse voir la fin. Il fut chargé de donner le projet de la grande église de Saint-Sulpice à Paris. L'ancienne étoit devenue beaucoup trop petite, pour la population du faubourg Saint-Germain. Anne d'Autriche en posa la première pierre, et *Le Veau* en jeta les fondemens. Plus d'un architecte s'est succédé dans les dessins et les travaux de cette église, dont le chœur fut construit avant la nef. On lit, dans plus d'un biographe, que *Le Veau* n'éleva la chapelle de la Vierge, que jusqu'à la corniche seulement. Il faut entendre que la coupole qui précède aujourd'hui la chapelle de la Vierge, devoit être cette chapelle, dans le projet de *Le Veau*. Celle qui existe de nos jours est évidemment un appendice, et une construction plus moderne, ajoutée au plan primitif. Il est donc à croire que si *Le Veau* éleva jusqu'à la corniche, la coupole qui est au bout du chœur, il aura également porté au même point, la construction de ce chœur, qui, ainsi que celle des bas côtés, seroit son ouvrage.

Le Veau fut l'architecte d'un charmant petit palais situé à la pointe de l'île Saint-Louis, et qu'on appelle encore hôtel Lambert, bien qu'il ait changé plus d'une fois de propriétaire et de destination. Cette jolie maison rappeloit assez dans son temps, par l'agrément de son architecture extérieure, et ses distributions intérieures, le goût de bâtir et d'orner des bons temps de l'Italie. Il y avoit des plafonds peints par Lebrun, et une galerie décorée par Le Sueur, dont on a détaché la charmante suite des Muses, que l'on conserve dans le Musée Royal.

D'autres constructions d'hôtels occupèrent le talent de *Le Veau* d'une manière distinguée. On cite les hôtels de Pons, de Colbert et de Lionne; ce dernier devint l'hôtel Pontchartin. Mais où retrouver aujourd'hui, même le souvenir de bâtimens que des changemens continuels, ou ont fait abattre, ou ont dénaturés?

En 1660, le cardinal Mazarin lui confia l'exécution des changemens qu'il vouloit faire à l'ancien château de Vincennes, dont il ne reste plus que les huit tours, et le donjon. *Le Veau* éleva deux ailes nouvelles, et le portique qui regarde le parc, [illegible]

Quatre ans après, Louis XIV ordonna de nouveaux ouvrages pour l'embellissement du palais des Tuileries. Le pavillon du milieu n'avoit été jusqu'alors décoré que des ordres ionique et corinthien. *Le Veau* y ajouta un composite, avec un attique surmonté d'un dôme en plan quadrangulaire. Les colonnes de tous ces ordres sont de marbre, et sur l'entablement s'élève un fronton, avec accompagnement de figures. La manière dont cet artiste a achevé le pavillon du milieu et les ailes qui vont joindre les deux pavillons des extrémités de cette façade est assez ingénieuse; mais tous ces raccordemens n'ont pu redonner de l'unité à cette ligne de bâtiment, ni l'empêcher de paroître un assortiment plus ou moins incohérent, d'élévations disparates, et dont il a été simplement possible de coordonner les masses, à l'uniformité de quelques lignes horizontales.

Le manque non-seulement de notions historiques sur beaucoup d'artistes, mais même de renseignemens sur les ouvrages de l'époque où vécut *Le Veau*, nous empêche de pouvoir lui attribuer avec quelque certitude plusieurs monumens. On sait qu'il eut d'habiles élèves, entr'autres d'Orbay (*voyez* ce nom) qui put ou coopérer à ses ouvrages, ou lui succéder, dans leur exécution. Il y a quelqu'apparence, que l'opinion publique, comme cela arrive encore, aura pu se méprendre entre l'inventeur du plan et de la composition d'un édifice par le maître, et son exécution ou son achèvement par l'élève. D'après cela il seroit possible, comme on en trouve l'opinion fort accréditée, que *Le Veau* fût le principal auteur du bâtiment appelé *Collége des Quatre-Nations* à Paris, ouvrage dont le plan exigea une très-grande intelligence, et dont l'élévation présente, sur le quai en face du Louvre, un aspect monumental qu'il n'est pas très-ordinaire de rencontrer. Le quai même et le revêtement de ses murs, avant l'érection du pont de fer qui joint aujourd'hui les deux rives du fleuve, furent composés de manière à se raccorder heureusement avec la masse du monument principal. Ce dernier est formé sur le quai d'une assez grande partie demi-circulaire, dont chaque extrémité se termine, selon l'usage du temps, par un très-gros pavillon décoré de pilastres corinthiens. Au milieu du demi-cercle est le frontispice de l'église en avant-corps, orné d'un péristyle corinthien avec un fronton. Le tout est subordonné à la coupole de l'église ornée en dehors de pilastres composites. La forme de cette coupole, presque sphérique en dehors, est elliptique en dedans. Au moyen de cette ressource ingénieuse, l'architecte a su ménager dans l'épaisseur des murs, des escaliers à vis, qui conduisent aux tribunes et au comble de l'édifice.

Généralement on louant, tant au-dedans qu'au dehors, plus d'une disposition qui annonce un homme possédant beaucoup d'habileté, à tirer parti d'un local ingrat et d'un plan difficultueux, tout en y reconnoissant encore un parti heureux, quant à l'effet, et un goût assez sage d'architecture, on est obligé de convenir qu'il règne dans les profils, dans les ornemens et dans l'exécution, quelque chose de lourd, et que le tout manque de cette finesse de proportion, et de cette pureté de style qui constituent une architecture classique.

VEINE, s. f. C'est tantôt une beauté, tantôt un défaut dans les bois, dans les marbres, dans les pierres. On distingue ces sortes de variétés dans chaque matière, soit par rapport à l'influence qu'elles ont sur la qualité de chacune, soit par rapport au prix que le goût ou le caprice y mettent.

VEINE DE BOIS. Ce qu'on appelle ainsi fait souvent la beauté ou le charme des bois durs, que la marqueterie emploie dans l'assemblage des morceaux, dont elle compose un grand nombre de meubles. Mais dans les bois de menuiserie la *veine* est un défaut, parce qu'elle est une marque de tendre ou d'aubier.

VEINE DE MARBRE. Cette variété devient l'agrément des marbres dont on fait des colonnes, des revêtemens, etc. Cette beauté, par laquelle se recommandent certains marbres, a été si recherchée dans l'antiquité, que Pline nous apprend qu'au temps de Néron, on en étoit venu à falsifier les *veines*, ou taches (*maculas*) comme il les appelle, et à donner à de simples marbres unis les couleurs des marbres rares de l'Afrique ou de la Numidie. Cependant les *veines* grises ou noires qu'on recherche dans ce qu'on appelle le *marbre blanc veiné*, deviennent le plus grand de tous les désagrémens, dans le marbre blanc qu'on emploie à faire des statues. Ces *veines* effectivement forment des noirs, qui coupent et traversent les formes du corps, et en dénaturent l'harmonie.

VEINE DE PIERRE. Défaut de la pierre qui provient d'une inégalité de consistance entre le dur et le tendre.

VELLEIA ou VELEIA, est une ancienne ville dont on voit les restes à treize lieues de Parme, dans le Plaisantin, à six lieues de Plaisance, vers le midi, en tirant du côté de Gênes, au pied de deux montagnes très-hautes, nommées *Moria* et *Rovinasso*, qui font partie de l'Apennin, et dont les éboulemens causèrent la ruine de *Velleia*.

On voit encore que ces montagnes sont fendues, et l'on reconnoît aisément qu'il s'en est détaché des masses de rochers qu'on retrouve entassées sur les débris de la ville. En examinant ses ruines, on remarque que toutes les colonnes sont renversées du côté opposé aux montagnes. Les murs qui restent en place sont inclinés dans le même sens, c'est-à-dire du côté où ils ont été poussés par la chute des terres et des rochers. Il s'en est précipité aussi à la fois des deux côtés opposés, en se réunissant sur *Velleia*.

Il y a près de cette ville une terre bitumineuse, qui s'enflamme aisément à l'approche du feu, lors même qu'elle est mouillée. Cela, joint à quelques matières noires et brûlées, et à quelques médailles fondues qu'on y a trouvées, avoit fait croire à quelques personnes, que la destruction de *Velleia* avoit pu être causée par un incendie. Mais les traces du feu n'y sont pas assez considérables pour faire admettre une pareille cause. Il suffit, pour expliquer ces traces, de recourir aux feux qui pouvoient être allumés dans les maisons au moment de l'éboulement de la montagne.

A en juger par le grand nombre d'ossemens qu'on a trouvés dans les ruines, et par la quantité de monnoies qu'on en retire, les habitans n'eurent pas le temps de se sauver; ils furent surpris, écrasés et engloutis avec toutes leurs richesses. On ignore dans quel temps *Velleia* fut ensevelie sous ces rochers. Il est à croire que la date de l'événement se rapporte au quatrième siècle. On n'y a pas trouvé de monumens postérieurs au règne de Probus, qui mourut l'an 282. Mais l'on y trouve beaucoup de monnoies des empereurs qui ont succédé à Constantin, dans les années 337 et suivantes. Ainsi il paroît que la catastrophe de cette ville seroit arrivée plusieurs années après la mort de Constantin.

On commença, en 1760, à y faire des fouilles par ordre du duc de Parme. La difficulté étoit extrême. Les bâtimens y sont couverts de rochers à plus de vingt pieds de hauteur. Les statues et tout ce qui est dessous, s'est trouvé tellement mutilé et fracassé, que les produits des fouilles n'ont pu indemniser des dépenses du travail. Les obstacles augmentant à mesure qu'on approchoit de la montagne, on a presque renoncé à cette entreprise depuis 1764.

Les différentes couches de terre et de rochers qu'on trouve alternativement placées les unes au-dessus des autres, indiquent des éboulemens arrivés successivement et à divers temps. Le grand nombre de briques, de pierres et de marbres qu'on trouve dans la rivière voisine, sur un espace de plus de trois lieues, fait juger que la première chute n'avoit pas entièrement encombré la ville.

La plus grande partie de *Velleia* étoit bâtie sur le penchant de la colline. Les maisons étoient séparées en forme d'îles, et formoient un amphithéâtre, dont les différens étages communiquoient par des degrés. Les appartemens inférieurs des maisons étoient placés sur un faux plancher, soutenu par des piliers de terre cuite. Ces maisons paroissent avoir été simples. Il y en avoit dont les pavemens étoient en marbre, d'autres les avoient en mosaïque. On y a trouvé des peintures, des bustes en marbre, des bains revêtus de marbre, avec des vases en bronze incrustés en argent, des meubles et ustensiles domestiques ornés d'un bon goût, des ouvrages de terre cuite d'un travail fin et élégant, des panneaux en arabesque, et beaucoup d'objets du genre de ceux qu'on retrouve sous les cendres du Vésuve à Pompeia.

Il a été levé un plan de la partie découverte de *Velleia*, qu'on voyoit dans la galerie du château de Parme. Vers le milieu on remarque une place qui étoit très-ornée. Une inscription en lettres de bronze, qui étoit sur cette place, apprend qu'elle fut pavée de grosses pierres aux frais d'un Velleiate nommé *Lucius Lucilius*. Au milieu s'élevoit un autel consacré à l'empereur Auguste. La place étoit environnée de colonnes de marbre *cipolino*, dont quelques-unes subsistent encore. Il y avoit aussi de très-beaux siéges de marbre soutenus par des lions. Parmi les édifices considérables de *Velleia*, on voit qu'il y avoit, comme dans les grandes villes, un chalcidique, bâtiment faisant partie de la basilique. Une inscription apprend qu'il avoit été construit par Bebia, fille de Titus; et on lit sur un autre que C. Sabinus avoit bâti la basilique contiguë au chalcidique, lieu où se tenoient les juges et où ils rendoient la justice.

On a trouvé à *Velleia* beaucoup d'idoles, plusieurs statues, des inscriptions, des ustensiles de tout genre. Comme on n'y a reconnu ni temples ni théâtres, on a présumé qu'ils peuvent être restés ensevelis dans la partie la plus haute de la ville, qu'on n'a point pu déblayer. Mais on a découvert les aquéducs qui distribuoient l'eau dans la ville, un château d'eau qui servoit de point de partage, des bains qui en étoient voisins, et des chambres qui paroissent avoir été des étuves.

VENTAIL, s. m. C'est une pièce de bois mobile, composée d'une ou de deux feuilles d'assemblage, qui sert à fermer une porte ou une croisée. On le nomme aussi *battant*.

VENTEAU, s. m. (*Terme d'architecture hydraulique.*) C'est un assemblage de charpente, qui sert à fermer la porte d'une écluse.

Cette charpente est composée, 1°. d'un châssis formé d'un poteau tourillon, arrondi du côté de son chardonnet, d'un poteau busqué, ayant une de ses faces taillée en chanfrein, pour se joindre à la pointe du busc avec l'autre *venteau*, et de deux entre-toises principales, l'une en haut, l'autre en bas; 2°. de plusieurs autres entre-toises intermédiaires, servant à former la carcasse du *venteau*; 3°. d'un nombre de fils et de bracons, qui servent à lier et appuyer les entre-toises; 4°. de montans formant le guichet pratiqué dans chaque *venteau*, qu'on ferme d'une vanne ou d'un ventail à coulisse; 5°. du bordage dont toute cette carcasse est revêtue extérieurement.

VENTOUSE, s. f. Bout de tuyau debout qui sort de terre, et qui est soudé aux coudes des conduites d'eau pour donner passage aux vents qui s'engendrent dans les tuyaux. Les *ventouses* des grandes conduites, sont toujours aussi hautes que la superficie du réservoir, à moins qu'on n'y mette une soupape renversée.

On appelle aussi *ventouse* une espèce de soupirail pratiqué sous la tablette, ou aux deux angles de l'âtre d'une cheminée, pour chasser la fumée.

Ventouse barbacane. *Voyez* Barbacane.

Ventouse d'aisance. Bout de tuyau de plomb ou de poterie, qui communique à une fosse d'aisance, et qui sort au-dessus du comble, pour renouveler l'air dans un cabinet d'aisance, et en diminuer par là la mauvaise odeur.

VENTRE, s. m. On appelle ainsi le bombement d'un mur trop vieux, foible ou chargé, qui dès-lors boucle et est hors de son aplomb. Quand un mur est dans cet état, on dit qu'il fait *ventre* et qu'il menace ruine.

VENTRIÈRES, s. f. pl. (*Terme d'architecture hydraulique.*) Ce sont des pièces de bois qui portent sur les pilots des fondemens d'une écluse, et qui servent comme de coulisses aux palplanches.

VERBOQUET, s. m. Contre-lien, ou cordeau, qu'on attache à l'un des bouts d'une pièce de bois, ou d'une colonne, et au gros câble qui la porte, pour la tenir mieux en équilibre, et pour empêcher qu'elle ne touche à quelque saillie ou échafaud, et qu'elle ne tournoie quand on la monte.

On dit aussi *virebouquet*, parce que la corde fait tourner la pièce dans le sens que l'on veut.

VERD, adj. Est le nom d'une couleur que l'on emploie volontiers dans les bâtimens, à peindre surtout les volets et les jalousies des fenêtres, ainsi que les treillages des berceaux et des espaliers dans les jardins.

VERD-ANTIQUE. Ainsi appelle-t-on un marbre devenu fort rare, et qui, à ce qu'il paroit, n'étoit pas fort commun dans l'antiquité.

VERGER, s. m. (*Jardinage.*) C'est la partie d'un jardin qui n'est plantée que d'arbres fruitiers.

VÉRIN, s. m. Machine en manière de presse,

composée de deux fortes pièces de bois, posées horizontalement, et de deux grosses vis, qui font élever un pointal, enté sur le milieu de la pièce de dessus. Cette machine sert à reculer des jambes en surplomb, à reculer des pans de bois, et à charger de grosses pierres sur les charrettes.

VERMICULÉ (participe). On donne ce nom à un travail qui a lieu quelquefois dans les bâtimens en pierre, sur des bossages auxquels on prétend donner une apparence rustique.

Ce genre de travail a été ainsi appelé, parce qu'il se compose d'entailles ou de sillons qui semblent produire sur la pierre par leurs cavités sinueuses, l'effet que certains vers produisent dans les bois qu'ils corrodent. Ceci au reste ne rend compte que de l'étymologie ou de l'origine du mot; quant à celle de la pratique qu'on vient de décrire, on la trouve dans la nature même de certaines pierres qui sont sujettes à se déliter et à se dissoudre en poussière, selon les inégalités de dur et de tendre qui s'y rencontrent. C'est à ces inégalités qu'il faut attribuer ces petites cavités sinueuses qui semblent imiter le travail des vers. Mais il est bien apparent que c'est de semblables accidens des pierres, et non de l'opération des vers sur le bois, qu'on aura emprunté ce goût de rustiquer, qui fut au reste plus de mode jadis qu'il ne l'est aujourd'hui.

Les bossages de l'arc de la porte Saint-Martin à Paris, sont *vermiculés*. On voit encore cette pratique employée à beaucoup de parties de l'ordonnance de la galerie du Louvre qui donne sur le quai et qui date du règne de Henri II.

On fait aussi usage de ce travail rustiqué, dans les grottes, dans les monumens aquatiques, tels que fontaines, réservoirs, etc.

VERNIS, s. m. Liqueur composée de différentes substances du genre des gommes ou des résines, dont on se sert pour enduire la surface de certains corps. L'objet de cette préparation est quelquefois de leur donner simplement du lustre, et de les préserver des funestes influences de l'humidité; quelquefois aussi de relever et d'augmenter l'éclat des couleurs, ou des matières sur lesquelles on applique cet enduit.

On donne aussi le nom de *vernis* à un enduit composé de substances vitrifiables, dont on couvre les vases de terre et la porcelaine tant en dedans qu'en dehors.

Généralement, comme on le voit, la notion du *vernis*, ainsi que son emploi, appartiennent plus particulièrement aux ouvrages de la peinture ou de la poterie. Cependant on en use très-habituellement dans beaucoup de parties de décoration, qui sont des dépendances de l'architecture. Et d'abord, il est certain que le *vernis* appliqué à la faïence, a fait très-long-temps l'agrément des plus riches édifices, en Toscane surtout pendant le seizième siècle. De nos jours le *vernis*, en tant que liqueur ou enduit résineux, est d'un emploi habituel sur les bois dont on fait les revêtemens des intérieurs. Jadis on l'appliquoit sur les bois appelés d'Hollande, parce qu'il étoit importé par les Hollandais, et on laissoit au bois sa couleur naturelle. Depuis, l'usage a prévalu de peindre ces bois soit à l'huile, soit à la détrempe, et d'y passer une couche de vernis, pour conserver à la fois et les couleurs, et le bois qui en a été enduit.

VERONA, une des plus anciennes villes d'Italie. Selon Maffei, elle est, à l'exception de Rome, la ville qui a conservé le plus de monumens antiques, en divers genres, mais surtout en architecture.

On y observe encore des parties de ses anciennes murailles, qu'on croit avoir été construites par Gallien; de très-grosses pierres mêlées à des fragmens d'autres constructions, tels qu'un fût de colonne dorique, ce qui indiqueroit une bâtisse faite à la hâte et de tous les matériaux qu'on avoit sous la main. Au milieu du cours actuel existe encore une très-belle porte antique. Elle est entière, de la plus grande conservation, et Maffei doute qu'il y ait un reste d'antiquité qu'on puisse, pour son intégrité, comparer à ce monument. Cette porte, comme toutes les anciennes portes de ville, est double, c'est-à-dire à deux ouvertures, l'une pour les entrans, l'autre pour les sortans, et au-dessus s'élevoient deux rangs de petites fenêtres.

Ce qu'on appelle à *Vérone* la *Colline de Saint-Pierre* est jonchée de fragmens et de débris d'architecture, et d'édifices dont il seroit aujourd'hui très-difficile de se rendre compte. Peu d'un témoignage fondé sur des inscriptions, constate qu'il y eut en cet endroit un Capitole et des thermes, qu'on croit avoir été construits par Théodoric. On trouve encore sur cet emplacement des vestiges d'un théâtre antique, jadis reconnu par Palladio, et qui se voient aujourd'hui dans une maison sur la place du Rédempteur.

Une autre porte antique beaucoup plus recommandable que celle dont on a déjà fait mention, que l'on appelle *Porta del Foro giudiziale*, avoit aussi été prise par les premiers antiquaires pour un arc de triomphe. Aujourd'hui on ne pourroit plus s'y tromper. L'on reconnoît six caractères distincts entre les arcs de triomphe et les portes de ville, qui empêchent de pouvoir les confondre. Le premier est que les portes antiques n'ont qu'une façade; lorsque les arcs de triomphe en ont deux parfaitement semblables l'une à l'autre. La seconde différence est que la porte de ville a toujours deux arcs, ou deux ouvertures égales, tandis que l'arc de triomphe ou n'a qu'une ouverture, ou bien une grande accompagnée de deux petites. La troisième est que la porte se termine dans le haut par un fronton, et l'arc de triomphe par un attique. Les trois dernières différences consistent en ce que les portes ont un ou deux rangs de fenêtres, ce qui n'avoit pas lieu aux arcs de triomphe; en ce que les portes ont leurs inscriptions ou sur la frise, ou même sur l'architrave, et les arcs triomphaux sur de grandes tables prises dans l'attique; enfin en ce que les portes de ville faisoient partie des murailles auxquelles elles étoient liées des deux côtés, tandis que les arcs de triomphe sont toujours isolés.

Tous les caractères qu'on vient de reconnoître comme particuliers aux portes de ville, se réunissent sur la porte antique dont on a fait mention. Ce monument a été dessiné et mesuré par Serlio, vanté par Scamozzi, Addisson, Chambrai, qui se sont accordés à le mettre au nombre des plus précieux restes de l'antiquité.

Mais il faut appeler véritablement *arc* (triomphal, ou de tout autre genre) le monument qu'on apelle à *Vérone* (*Arco dé Gavi*); on y trouve de même rassemblées toutes les conditions qu'on vient de parcourir, hors une seule, selon les premiers dessinateurs qui lui ont donné un fronton. Toutefois Maffei regarde cette particularité comme une erreur de ces dessinateurs, qui ont trop souvent la manie de suppléer de leur imagination, aux lacunes que le temps a opérées dans les monumens, et il nie qu'il y ait jamais eu un fronton. C'est sur cet arc dont on parle à la vie de Vitruve (*voyez* VITRUVE), qu'on lit le nom de l'architecte *Vitruvius Cerdo*. Quelques-uns ont prétendu qu'il étoit le même que le Vitruve, auteur du *Traité d'architecture*. Maffei suppose tout aussi gratuitement, ce nous semble, que ce *Vitruvius Cerdo* auroit été le disciple et l'affranchi de *Vitruvius Pollio*, et il ne trouve point valable l'objection des denticules qu'on voit sous les modillons, à une partie restante de l'entablement de cet arc, pratique réprouvée par Vitruve dans son Traité, parce que, dit-il, peu de temps après lui l'usage contraire s'étoit établi.

Ce monument, indépendamment de toutes ces controverses, a reçu généralement l'approbation des plus habiles architectes, pour la justesse et l'accord de toutes ses parties. Mais on ne sauroit, dans l'état où il se trouve aujourd'hui, prendre une véritable idée de ses proportions. Il est enterré jusqu'à une certaine hauteur, c'est-à-dire celle du piédestal des colonnes, qui avoit de haut le tiers de leur élévation, ainsi que l'ont noté tous les architectes qui en ont levé les mesures, fondés sur l'autorité d'un de ces piédestaux mis à découvert du côté des fossés du château. Ainsi devoit gagner l'aspect de cet arc considéré dans son ensemble. Dès-lors les deux niches qu'on voit de chaque côté, et qui étoient ornées de statues, se trouvoient à une juste distance de la vue. Ce fut sur l'appareil de cet arc, que Palladio fit l'observation que les Anciens, pour rendre les joints de leurs pierres aussi déliés qu'il fût possible, avoient l'usage de ne pas en terminer les arêtes avant leur pose. Au contraire, ils leur laissoient dans leurs paremens, un excédent de matière qu'ils n'enlevoient sur place, par un dernier ragréement, qu'après toute la construction terminée.

Il faut remarquer qu'à une des parties de cet arc, il existe une porte de moyenne hauteur, et on voit encore la marque d'une semblable au côté correspondant. Les colonnes d'angle venoient aussi à faire face sur les côtés. On a supposé que cet arc avoit pu former un *quadrivium*, et avoit offert un passage dans tous les sens, à la manière des Janus.

Il y a à faire sur cet arc la même observation que nous avons abrégée en peu de mots, en parlant de l'arc des *Sergius* à Pola, en Istrie (*voyez* POLA); c'est-à-dire qu'il faut se garder de donner le nom d'arc de triomphe à tout arc qui rappelle, par sa forme, la disposition générale des monumens élevés pour les pompes triomphales, en l'honneur des vainqueurs. L'arc de Pola, et plusieurs autres qu'il seroit inutile de citer ici, nous prouvent que l'on consacroit des monumens dans la forme des arcs de triomphe, à des personnages qui ne remportèrent jamais de victoires. Plusieurs même de ces monumens sont élevés à une famille, et sur l'arc de Pola on lit le nom de la femme d'un des Sergius, laquelle avoit fait la dépense du monument. On croit donc, et tel est le sentiment des antiquaires à cet égard, que l'on éleva de semblables arcs, pour plus d'un motif indépendant des succès militaires; qu'on put en faire des monumens simplement honorifiques, pour récompense de services civils; mais que, plus probablement encore, ils purent être des tombeaux ou des cénotaphes élevés par ou pour des familles recommandables; et la famille des Gavius à *Vérone* pourroit offrir un témoignage de plus en faveur de cette opinion, à celui qui entreprendroit un travail critique sur le très-grand nombre de monumens encore existans, et qu'on a confondus sous la dénomination banale d'*arc de triomphe*.

Le monument d'antiquité le plus considérable qui existe à *Vérone*, et un des plus remarquables qu'on puisse voir partout ailleurs, est sans contredit cet amphithéâtre romain, le seul, entre tous ceux qu'on connoit, qui soit encore entièrement intègre dans sa partie intérieure, c'est-à-dire celle des nombreux degrés où se tenoient les spectateurs. Le temps a heureusement encore épargné quatre des arcades ou portiques qui formoient l'enceinte extérieure de ce vaste édifice, dont nous avons donné avec beaucoup d'étendue les détails ailleurs. (*Voyez* AMPHITHÉATRE.) Il nous reste à dire, que ce monument est aujourd'hui entretenu par la ville de *Vérone*, avec un soin qui doit lui présager une longue durée. Heureusement l'inutilité de la plupart des restes d'antiquité, inutilité qui a tant contribué à leur destruction, ne s'est pas fait sentir également à l'édifice dont on parle. Rien sans doute n'explique mieux les immenses dégradations qu'ont subies ces monumens dans toutes les villes romaines, que la désuétude des combats de gladiateurs, pour lesquels on les avoit jadis construits: ce qui dut arriver, dès que ces spectacles féroces eurent été bannis par le christianisme, des usages et des pratiques d'un monde nouveau. Partout ces monumens délaissés, et qui ne pouvoient guère être convertis en d'autres emplois, devinrent les carrières de pierres toutes taillées, où les siècles suivans trouvèrent les matériaux de leurs nouvelles constructions. Le hasard voulut, qu'après avoir dépouillé l'amphithéâtre de *Vérone* de la presque totalité de son enceinte extérieure, on épargnât les degrés en pierre de son intérieur. Le monument arriva dans cet état, jusqu'au temps où la renaissance des arts fit porter un œil attentif, sur tout ce que n'avoit pas dévoré le moyen âge. Le paganisme étoit oublié, et tous ceux de ses ouvrages qui lui avoient survécu, ne furent plus considérés que comme des modèles de goût, où les arts renaissans cherchèrent des leçons.

De là le soin qu'on prit bientôt, non-seulement de ne plus abattre, mais de conserver et même de restaurer, autant qu'il fut possible, tous les restes d'antiquité. L'amphithéâtre de *Vérone* contribua peut-être plus qu'on ne pense à répandre dans les états de Venise, ce goût pour l'architecture antique, qui distingua très-anciennement l'école vénitienne. Cela pourroit encore expliquer le respect qu'on eut depuis le quinzième siècle pour ce mémorable reste d'antiquité. Il est arrivé, en effet, que quelques spectacles publics, que des occasions de réjouissances, firent imaginer de rassembler la multitude dans ce vaste local, et il est devenu aujourd'hui pour *Vérone* l'espèce de rendez-vous de tous les plaisirs, de toutes les fêtes que les circonstances font naître. Ce monument devra, il faut l'espérer, à cette nouvelle destination, sa conservation, son entretien et sa durée.

VERRE, s. m. Rien de ce qui regarde la fabrication, la nature, les emplois innombrables du *verre*, et l'ancienneté de son usage, n'est du ressort de ce Dictionnaire; nous renvoyons sur tous ces points au *Dictionnaire d'Antiquités*.

Ce n'est pas que le *verre*, dans la variété de ses modifications, ne puisse entrer, soit comme ornement et objet de décoration dans les intérieurs des édifices, soit comme objet de nécessité dans leur clôture, appliqué surtout aux fenêtres. Mais sous le premier rapport, nous ne voyons guère qu'on puisse imaginer d'autre emploi du *verre*, que celui de ce qu'on appelle des *glaces*. Nous en avons traité à ce mot. (*Voyez* GLACE.) Sous le second rapport, c'est au mot *vitre* que cette notion appartient. *Voyez* VITRE.

Nous ne pouvons toutefois nous empêcher de faire connoître ici un des emplois les plus extraordinaires qu'on ait jamais fait du *verre* dans l'architecture. Pline, qui en a fait mention, avoue lui-même, que depuis, ce genre de luxe n'avoit plus eu d'exemple: *inaudito etiam postea genere luxuriæ*. On veut parler de ce théâtre construit par Scaurus pendant son édilité, théâtre temporaire dont la scène, composée de trois ordres de colonnes, avoit reçu dans sa décoration trois mille statues de bronze. Selon Pline, cette scène étoit à trois rangs de colonnes en hauteur, et il y en avoit trois cent soixante: *scena ei triplex in altitudinem CCCLX columnarum*. La partie inférieure, ajoute-t-il, étoit en marbre: *ima pars scenæ è marmore fuit*. Celle du milieu en *verre*: *media vitro*. Celle d'en haut, en bois doré: *summa tabulis inauratis*.

Il y a sur l'interprétation du texte de Pline une difficulté. La scène, comme il le dit, avoit trois parties en hauteur, et on y comptoit trois cent soixante colonnes, ce qui fait cent vingt à chaque étage. Maintenant qu'entend-il par *ima pars scenæ*, par *media*, et par *summa*? Dirons-nous qu'il s'agit là des colonnes de chaque étage, ou simplement de l'espace et de la superficie du fond sur lequel étoient appliquées les colonnes? C'est, à ce qu'il me semble, ce qu'on ne sauroit trop décider.

S'il s'agit de rapporter aux colonnes de chaque étage, la triple division de la scène, l'ordre inférieur auroit eu ses colonnes en marbre, celui du milieu en *verre*, celui d'en haut en bois doré; dans ce cas, les colonnes du milieu auroient été formées de tronçons de *verre* bombés. Si l'on doit restreindre l'emploi du marbre en bas, du *verre* dans le milieu, et du bois doré dans le haut, aux simples paremens et revêtemens des fonds sur lesquels se détachoient les colonnes, le *verre* auroit été alors employé en lames, ou morceaux de compartimens, peut-être coloriés. On ne sauroit trop dire alors quel bon effet auroit pu produire cet emploi du *verre*, puisque par lui-même, en tant que matière transparente, et en quelque sorte privée de couleur, il doit être d'un médiocre agrément pour la vue. Peut-être ne fut-ce qu'une bizarrerie du luxe, qui, de l'aveu même de Pline, n'eut point d'imitateurs.

On emploie quelquefois le mot *verre* comme synonyme de vitre. Ainsi l'on dit:

VERRE DORMANT. C'est un panneau de vitre, scellé en plâtre, dans une vue de servitude, derrière un treillis de cour. La coutume de Paris prescrit sur les *verres dormans* les règles suivantes.

L.

La grandeur des panneaux de vitre ne doit point excéder la largeur ordinaire des croisées des bâtimens; les treillis et barreaux de fer doivent être attachés et scellés au milieu de l'épaisseur du mur.

Il y a aussi des *verres dormans* scellés en plâtre, dans les croisillons des vitraux des églises gothiques.

Verre (peinture sur.) Nous croyons ne pouvoir mieux faire pour mettre nos lecteurs au courant des notions relatives à un sujet où règne tant d'ignorance et de prévention, que de mettre sous leurs yeux le travail qu'a communiqué à l'Académie des beaux-Arts M. Brongniart, de l'Académie des Sciences, et qu'il nous a permis de publier et d'insérer dans ce Dictionnaire.

Ce rapport fut lu par lui à l'Académie le 14 juin 1828.

Il règne un préjugé généralement répandu à l'égard de la *peinture sur verre*, savoir, que cet art est perdu, quoique depuis 1757 jusqu'à ce jour, on ait écrit et prouvé, que non-seulement ce prétendu secret n'en est point, et n'en sauroit être un, dans l'état actuel de nos sciences et de nos arts, mais que seulement le procédé de cette peinture a cessé d'être usuel, par le peu de besoin qu'on en a eu dans les monumens de l'architecture. (*Voyez*, au mot Vitraux peints, les raisons qui, ayant causé la désuétude de leur emploi, ont fait croire à la perte de l'art de les colorer.)

Les faits et les citations qui suivent vont prouver que cet ancien préjugé a été combattu à plusieurs époques.

On trouve le passage suivant, dans le *Journal économique* de mars 1757, pag. 135. « C'est une » opinion commune que l'on a perdu l'art de » peindre le *verre*, comme faisoient nos Anciens. » Cette idée est si fort répandue, que dans une » compagnie de gens de talent, quelqu'un ne » craignit pas de l'avancer. Je soutins que nous » possédons ce secret, qu'il ne paroissoit perdu, » que parce que nous n'étions plus dans le goût » de nous servir de *verres* colorés et peints, etc.

» Si cet art eût été réellement perdu vers le » dix-septième siècle, il auroit au moins été » retrouvé un grand nombre de fois depuis cette » époque; car outre Le Viel, qui l'a décrit en » 1774, et dont la famille pratiquoit cet art depuis deux siècles, un certain D. Manuel Morero » Aparicio disoit dans la *Gazette d'Autrecht* du » 14 décembre 1773, qu'il venoit de retrouver ce » secret perdu. Enfin en 1802, M. Brongniart, de » l'Académie des Sciences, lut un mémoire sur les » couleurs vitrifiables, où il prouva avec toute » l'évidence possible, que l'art de la *peinture sur* » *verre* n'étoit point perdu, qu'on avoit donné » tous les moyens de l'exercer, et qu'on avoit fait » en ce genre des pièces plus ou moins nombreuses et variées.

» Les circonstances ayant donné lieu d'examiner de nouveau cette question, et différens » morceaux de *peinture sur verre*, par plusieurs » artistes, ayant été adressés à l'Académie des » beaux-arts, pour en porter un jugement, le » même M. Brongniart, de l'Académie des Sciences, a bien voulu nous communiquer l'excellant mémoire dont nous allons extraire les principales notions. »

Des Différentes classes de peinture sur verre.

« Pour établir l'état actuel de cet art, il est » indispensable de faire remarquer que cette sorte » peinture doit être divisée en plusieurs classes, » qui se distinguent par des procédés et des résultats très-différens. C'est pour avoir confondu » ces classes et ces procédés, que beaucoup de » personnes croient, que le secret de la *peinture* » *sur verre* est perdu, et que d'autres élèvent la prétention de l'avoir retrouvé, parce qu'elles comparent presque toujours la peinture, qu'elles ont » faite par un procédé, à celle qui a été faite par » un autre. Elles n'ont pas de peine à prouver ainsi » que ce qu'on leur montre est bien différent de » ce qu'elles font.

» On peut diviser en trois classes, les différentes sortes de *peinture sur verre*.

» La première est celle de la *peinture en verre*, » au moyen de *verres* teints ou coloriés dans la » masse.

» La seconde classe est celle de la *peinture sur* » *verre* blanc, avec des couleurs vitrifiables appliquées au pinceau, et cuites à la moufle.

» La troisième classe est la peinture sur glace.

» Je ne puis avoir la prétention de décrire » avec détail dans cette notice, les procédés » qui appartiennent à chacune de ces classes; mais » je dois, pour faire apprécier plus nettement » leur différence, développer les procédés essentiels, qui les caractérisent et qui les distinguent. » Je dois donc aussi dire, que les procédés étant » souvent appelés au secours les uns des autres, » on pourroit établir une quatrième classe renfermant la *peinture sur verre* et *en verre*, qui résultent du mélange de ces procédés.

1re. *classe.* « Nous l'appelons plutôt *peinture* » *en verre* que *peinture sur verre*, parce que ses » plus grands effets résultent de l'assemblage des » pièces de *verres* de diverses couleurs, destinés à » à faire le fond des teintes principales.

» On emploie donc dans cette première classe, » principalement et presqu'uniquement, des *verres* » colorés dans leur masse, ou, ce qui revient » au même, des *verres* de couleur. Le nombre » en est assez borné. Ce sont des *bleus* de nuances différentes, mais en général d'autant plus » beaux, qu'ils sont plus intenses. C'est la couleur la plus facile à obtenir. Des *verts* rarement » d'une couleur très-éclatante, et obtenus par la

» cuivre et le fer; des *violets* de divers degrés d'intensité, dus au manganèse; quelquefois des *jaunes* dus à l'introduction de la fumée dans le *verre* au moyen de la sciure de bois; et enfin des *rouges*. Ces *verres* rouges, teints dans leur masse, sont les plus difficiles à obtenir. Les personnes qui ont des notions de chimie, le concevront facilement, quand elles sauront, qu'on n'a pu avoir jusqu'à présent, des *verres* teints d'un beau rouge purpurin, ni par le fer, ni par l'or, mais uniquement par le protoxyde de cuivre. Celles qui veulent absolument que les procédés de la *peinture sur verre* soient perdus, pourroient ici trouver un appui à leur opinion, si on leur disoit qu'en effet, pendant très-long-temps, on n'a plus fait de ces *verres rouges*. Mais cette prétendue perte de procédé rentre dans celle qu'on signaloit au commencement de cet article. Le tour de main pour faire prendre à une masse vitrée, fondue dans un creuset de verrerie, la teinte purpurine que lui donne le protoxyde de cuivre, et pour la lui faire conserver, lorsqu'elle a été soufflée et étendue en vitre, est difficile à atteindre. L'exécution en paroîtra encore plus difficile, quand on saura, que ces vitres rouges, comme beaucoup de *verres* teints employés dans la *peinture sur verre*, sont composées de deux couches, l'une de *verre* incolore et limpide, et l'autre, beaucoup plus mince que la première, du *verre* coloré en rouge. On verra tout à l'heure le but de cette disposition.

» Cependant ces procédés ne sont pas perdus. Ils ont été trop bien décrits par Audiquer de Blancourt. M. P. Robert de Sèvres les possède, et M. Bontemps, directeur des travaux de la verrerie de Choisy, en a fait à cette verrerie en 1823; il en a fait en 1826; il vient d'en refaire encore pour Sèvres en 1828, et il continuera d'en faire, s'il reçoit des commandes assez considérables pour le dédommager de ses tentatives et d'une fabrication réelle.

» Voilà donc à quoi se réduit la prétendue perte des procédés de la *peinture sur verre*.

» Je ne parle pas des jaunes, des gris, qui sont le blanc ou le *verre* d'apparence dépoli, du noir, parce que ces couleurs ne sont presque jamais données à la masse du *verre*, mais seulement à sa surface, au moyen des oxydes vitrifiables, qui y sont appliqués et cuits ensuite à un feu de moufle, couleurs que l'on fait facilement, et d'autant mieux, qu'on est plus instruit en chimie, plus industrieux et plus habile manipulateur.

» Mais les *verres* teints dans leur masse, ne sont pas du domaine de la *peinture sur verre* proprement dite, telle que peuvent l'exécuter des procédés analogues à l'art des peintures sur porcelaine. C'est une dépendance de l'art de la verrerie; c'est aux fabriques de verrerie qu'il faut les demander; et on répète qu'à l'exception des *verres* rouges purpurins, toutes les verreries de France, qui s'adonnent à ce genre de fabrication, font facilement et bien toutes les autres couleurs, et la plupart de leurs nuances. Cette classe de *peintures sur verre* est elle-même susceptible de se diviser en deux sections, selon qu'on a pour objet de faire de grands panneaux, en vitraux d'église, ou de petits vitraux de cloître ou d'appartement; mais la base du procédé est la même.

» Dans l'un et l'autre cas, le *peintre en verre* doit se procurer les *verres* teints les plus beaux et les plus convenables à son objet, sous le rapport du ton, de l'épaisseur, de la dureté. Ils sont destinés à faire les teintes plates de toutes les parties du tableau. Il les coupe en conséquence, et y fait avec des couleurs vitrifiables, qui se réduisent presqu'uniquement à des gris, des bruns, des noirs, ou des roussâtres, les ombres ou demi-teintes qui doivent faire tourner les figures, ou dessiner les plis des draperies. Il les découpe, les réunit avec des plombs, et en fait des panneaux plus ou moins grands. Comme les nus ou le carnation, ne sont pas susceptibles d'être faits avec des *verres* teints, et qu'on ne connoissoit autrefois dans cet art aucune couleur propre à donner les nuances nécessaires, on remarquera que les têtes et les figures sont toujours d'une couleur terne, roussâtre, ou camayeux, seules teintes que pouvoient former les couleurs que l'on possédoit alors. Il n'y a pas une carnation, pas un fruit, pas un groupe de fleurs, tous objets qui exigent une véritable peinture au pinceau, avec ses effets, ses nuances, ses passages. J'ai bien examiné tout ce qui a été fait dans les églises de Paris, et qui appartient à cette première classe. J'ai recueilli pour la manufacture beaucoup de fragmens de têtes et de figures, et aucune ne m'a fait voir une véritable peinture.

» Dans cette peinture en grand, les verres teints à deux couches, l'une *incolore* et l'autre *colorée*, n'étoient pas nécessaires. Aussi la plupart de ces verres sont-ils teints en plein, à l'exception des rouges qu'on ne pouvoit point faire autrement.

» Mon intention n'étant point de décrire les procédés de la peinture sur verre, mais seulement de caractériser ses différentes classes, pour voir dans le moment actuel, quel est l'état de chacune de ces classes, je dois borner à ce qui précède ce que j'ai à dire sur la première section de la première classe.

» Mais lorsqu'il s'agit de faire de ces petits tableaux qui doivent être vus de près, et se faire remarquer par l'éclat de leur couleur et la finesse de leur exécution, on a recours aux verres à deux couches, l'une *teinte*, et l'autre *incolore*. On enlève avec la meule la couche coloriée; on met à nu la couche limpide, en

» lui donnant exactement les contours de l'objet à représenter, on recouvre cette place creuse et incolore de la couleur qu'on veut donner à l'objet, et on obtient ainsi un ornement ou toute autre chose, d'une couleur différente de celle du fond sur lequel il est peint; par exemple, des fleurs de lys d'un jaune d'or, sur un fond bleu, ou une bordure d'hermine sur un fond rouge, etc.

» Dans l'une ou l'autre section de cette classe de peinture, les couleurs d'ombre, ou celles qui sont nécessaires, soit pour donner des teintes, que les verres de couleur ne fourniroient pas, soit pour peindre les objets qu'on veut figurer, sont mises avec plus ou moins d'épaisseur, sur l'une ou sur l'autre surface du *verre*, et fondues au feu que l'on nomme de *moufle*. Les couleurs y adhèrent avec une force au moins égale à celle qui fait tenir les couleurs sur la porcelaine. Elle sont néanmoins susceptibles d'une légère altération par les météores atmosphériques. C'est une imperfection que les Anciens n'ont pu éviter. Si on croit le contraire, c'est parce que l'on confond sans cesse dans leurs tableaux, les parties faites avec des morceaux de verre teints dans la masse, et celles qui résultent des couleurs appliquées à la surface du verre et cuites à la moufle. Mais comme ces dernières couleurs étoient chez les Anciens en très-petit nombre, et qu'elles ne sont pas toutes altérables, on les a pour ainsi dire oubliées, pour ne remarquer que les parties en verre teint, dues non pas à la peinture sur verre, mais à la verrerie qui les a fabriquées et fournies.

» 2e. *Classe*. Elle renferme la véritable peinture sur verre, art à peine connu des Anciens et porté déjà à un haut degré de perfection, depuis que les connoissances de la chimie moderne sont venues l'aider.

» Il consiste à peindre sur du verre blanc des sujets de toutes sortes de figures, ornemens, fleurs, avec des couleurs vitrifiables, c'est-à-dire composées d'oxydes métalliques, et semblables aux couleurs d'émail ou de porcelaines, et à fixer ces couleurs sur le verre, en les y incorporant au moyen d'une chaleur incandescente qui ramollit le verre et fond les couleurs.

» Le mérite de ces peintures résulte, comme celui des porcelaines, du concours de deux talens, de celui du chimiste fabricant, qui fournit au peintre sur verre des couleurs appropriées, belles et bonnes, et qui sait cuire à propos ces peintures, et de celui du peintre qui doit connoître l'effet des couleurs, effet qui paroîtra différent, quand elles seront vues par réfraction, de celui qu'elles présenteront quand on les verra par réflexion, et qui doit savoir, comme artiste, donner à ses peintures, les tons, les nuances, et les effets que demande l'objet qu'elles représentent, et l'usage auquel elles sont destinées.

» Les couleurs doivent donc avoir beaucoup de puissance, sans qu'on soit obligé de les mettre épaisses; car cette épaisseur leur enleveroit de la transparence, et les feroit paroître lourdes et sombres. Il faut savoir mettre sur chaque face de verre, les teintes qui doivent concourir par leur superposition à l'effet recherché.

» Ici il n'y a plus de verres teints, plus de plombs, plus de réunion; mais comme on ne peut pas peindre un sujet, ou une figure de grandeur naturelle, sur une seule pièce de verre, parce qu'on n'en fait pas de cette dimension, et parce qu'en supposant qu'on parvint à en faire, elles n'auroient aucune solidité, on est obligé de peindre ces grandes figures ou ces tableaux, sur des pièces de verre rectangulaires, qu'on réunit ensemble, au moyen d'une monture en fer, ce qui place le sujet derrière une espèce de grille.

» Ces peintures sont fixées par la cuisson à la moufle, à plusieurs feux. Le nombre des feux, va jusqu'à quatre, et peut aller au-delà. Les couleurs sont incorporées dans le verre. Elles sont aussi solides, pour ne pas dire plus, que les couleurs employées par les Anciens pour les ombres à donner aux parties faites sur les verres teints. Il n'y a donc aucune objection fondée à faire contre ce genre de peinture, sous le rapport de la solidité des couleurs, mais il peut y en avoir sous celui de l'effet.

» En général les *peintures sur verre* ne sont pas destinées à être vues de près. Leur principale destination, leur véritable place, est de remplir les immenses et hautes fenêtres des églises et des temples. Il faut donc que les *peintures*, vues de loin et sur le ciel, par l'œil déjà fatigué de la lumière directe qui lui arrive, soient montées à un ton élevé et brillant. Or il n'est pas probable qu'on y arrive au moyen des seuls *verres* peints. Il faudra avoir recours, comme l'ont fait les Anciens, aux *verres* teints dans la masse, et on obtiendra par la réunion de ce moyen, avec celui des *peintures* réelles, des carnations, des fleurs, moyens qui, ainsi que je l'ai dit plus haut, étoient inconnus des Anciens. On obtiendra alors des effets plus brillans, et quelquefois aussi harmonieux que ceux des tableaux à l'huile.

» Les plombs de réunion ne doivent pas être regardés comme un obstacle. Placés avec discernement, ils augmenteront l'effet loin de lui nuire, et ils sont, dans beaucoup de cas, préférables au grillage de fer qui s'interpose entre le spectateur et le tableau.

» C'est la réunion de ce moyen des *verres* teints dans la masse, avec les *verres* réellement peints, qui constitue cette classe mixte dont j'ai parlé plus haut. Ce moyen n'est pas absolument nouveau ; les Anciens l'ont employé, mais avec une grande imperfection, ainsi que je viens de le dire.

» Le tableau que la manufacture royale de porcelaine exécute en ce moment, et qui doit remplir une des fenêtres de la nouvelle église de Notre-Dame-de-Lorette, est fait par ce procédé mixte, et j'ai lieu d'espérer qu'il atteindra complétement le véritable but de la *peinture sur verre*, et un effet vif et senti au moyen de couleurs transparentes et inaltérables.

» *La* 3e. *classe* est tout-à-fait moderne, et je la crois entièrement due à M. Dihl. C'est la *peinture sur glace*.

» Les procédés de fabrication des couleurs et de cuisson, sont généralement les mêmes que ceux de la *peinture sur verre* de la seconde classe. Les différences, et il y en a, consistent dans la fusibilité des couleurs, et dans la différence de cuire des glaces ou pièces de *verre* de quinze à dix-huit décimètres de côté, d'un seul morceau.

» Les procédés d'application ne sont pas les mêmes. Comme en raison de l'épaisseur de la glace, on ne pourroit pas peindre des deux côtés de manière à ce que les couleurs se posassent toujours exactement l'une sur l'autre, dans toutes les positions où l'on regarderoit le tableau, et qu'il faut cependant, pour donner aux couleurs de la force sans lourdeur, les placer sur deux surfaces de *verres*, on donne une partie de l'effet du tableau sur une glace, et on complète cet effet, en appliquant les couleurs et les tons nécessaires sur la surface d'une autre glace. On applique ces deux surfaces l'une contre l'autre de manière que la *peinture* soit entre deux épaisseurs de glace. On obtient par ce moyen des tableaux d'un effet suffisant et agréable, parce que leur lumière est celle du soleil; mais il est probable que cet effet ne pourroit jamais être monté au ton nécessaire pour les vitraux d'église; d'ailleurs le prix en est, et en doit être toujours très-élevé. Il est inutile d'en exposer les motifs. M. Dihl a fait, comme je l'ai dit, les premiers tableaux de ce genre en 1800 et 1801. La manufacture de Sèvres en a fait un semblable, et uniquement comme imitatrice de M. Dihl, en 1801. Depuis lors on n'a plus rien fait dans ce genre, parce qu'il n'a pas beaucoup d'applications, et que ses produits sont très-chers. »

De l'état actuel de la peinture sur verre.

« Je comprends par l'état actuel la période qui s'étend de 1800 à 1828.

» L'usage et par conséquent la pratique de la véritable *peinture sur verre*, avec des couleurs vitrifiables, a cessé vers le milieu du dix-septième siècle. Depuis ce temps, et notamment vers la fin du dix-huitième, il s'est présenté de temps en temps, des chimistes ou des peintres, et principalement des Allemands, qui ont prétendu avoir retrouvé cet art, comme le prétendront tous ceux qui se donneront la peine d'essayer des couleurs de porcelaine sur un morceau de vitre. Mais l'art ne consiste pas uniquement à faire tenir quelques couleurs sur du *verre*; il s'étend à la pratique de tous les procédés, et personne, que je sache, n'a mis ces procédés en pratique en grand, parce qu'aucune demande n'étoit faite.

» M. Dihl, en faisant paroitre des glaces peintes vers 1798 ou 1800, a réveillé l'attention des Français, et peut-être aussi des autres nations, sur la *peinture sur verre*. J'étois depuis peu à la manufacture de Sèvres, j'avois peu de notions de cet art; néanmoins, en étudiant l'ouvrage de Le Viel, et ceux des anciens chimistes qui se sont occupés de cette matière, en m'aidant de la pratique du sieur Mérand, chargé alors de la préparation des couleurs de la manufacture, je parvins à présenter, à la première classe de l'Institut, une série assez complète de couleurs *sur verre*; c'étoient des vitres peintes par le procédé de la deuxième classe, c'est-à-dire, avec couleurs vitrifiables fondues par le feu de moufle sur le *verre* de vitre blanc, sans le secours d'aucun *verre* teint, et par conséquent sans l'emploi de plombe. C'étoit un essai qui n'eut pas de suite, parce que personne ne demanda de vitraux. Il étoit imparfait à beaucoup d'égards, mais il suffisoit pour faire voir qu'avec des recherches et de la pratique, on pourroit arriver à faire comme les Anciens. La question du rouge purpurin ne fut pas abordée. Cette tentative et les principes de fabrication employés pour le faire, ont été décrits dans le Mémoire que j'ai cité au commencement de cette notice : les pièces sont déposées dans la collection de la Manufacture royale de Sèvres.

» La continuation de l'église de Sainte-Geneviève fit penser de nouveau aux peintures sur *verre*; les architectes firent des projets et des demandes, mais les vitraux qu'ils vouloient y placer ne devoient présenter que des ornemens à teintes plates, par conséquent, de panneaux faits presqu'uniquement par le procédé de la première classe. Ils rentroient alors dans le domaine de la verrerie et de la vitrerie.

» M. Mortelègue, fabricant de couleurs, a exposé, de 1809 à 1811, et jusqu'en 1823, différens tableaux peints sur verre et cuits à la moufle, appartenant à la deuxième classe, c'est-à-dire, faits par le procédé connu des

» Anciens, sous le nom de *verre émaillé*, et sans le secours de *verres teints*. L'absence de ce moyen et celle du *verre purpurin*, firent que ces tableaux parurent inférieurs à ceux des Anciens, sous le rapport de la beauté des couleurs.

» M. Pâris a fait voir, en 1823 et 1824, quelques peintures du même genre, exécutées par le concours des deux procédés, des *verres* peints et des *verres* teints. L'un de ces vitraux est à la Sorbonne, où il produit assez d'effet. Les rouges teints ne sont pas dus au cuivre, mais à du cristal coloré par de l'oxyde d'or, seul exemple de ce genre de coloration que l'on puisse encore citer.

» M. Le Clair a produit, dès le commencement de 1826, quelques peintures sur *verre*, faites par le second procédé, ou des *verres* émaillés. Ces essais parurent assez satisfaisans.

» Ces peintures pourroient manquer de belles couleurs, du prestige des oppositions, et de celui du placement; mais on peut assurer que le talent dont M. Mortelègue a donné des preuves dans la fabrication des couleurs de porcelaine, lui eût fait porter cet art à la perfection, si cet artiste français eût été chargé de quelques commandes, qui eussent pu l'engager à s'y adonner.

» J'ai desiré que la Manufacture royale de Sèvres, qui la première avoit donné, en 1802, des preuves qu'on pouvoit peindre sur vitres, quand on le voudroit, ne restât pas en arrière. J'ai donc, en 1823, encouragé M. Pierre Robert, peintre, à s'en occuper. Je lui ai donné, pour cela, tous les secours et les moyens qui dépendoient de moi; néanmoins, n'ayant aucune commande à exécuter, nous n'avons pu former à Sèvres, à cette époque, aucun atelier, aucun établissement en grand, et nous avons dû nous borner à produire des échantillons, pour faire voir aux savans, aux artistes, aux amateurs, ce qu'on pouvoit déjà faire, et par conséquent ce qu'on pourroit encore faire.

» M. Robert a exécuté successivement, en 1823, en 1824 et en 1825, des vitraux peints par les deux procédés, c'est-à-dire, en employant des *verres* teints et peints concurremment, ou en se passant entièrement des premiers. Il n'a pu employer en *verres* teints que ceux que lui fournissoient les verreries, et par conséquent, il a dû chercher à remplacer par des mélanges et des superpositions ingénieuses de couleurs, le *verre* purpurin, qu'aucune verrerie ne fournissoit alors. On voit, par les pièces de 1823, de 1824 et de 1825, comment il a successivement amélioré ses couleurs et ses teintes, et comment il est parvenu, dans le grand panneau de la Sainte-Chapelle, à suppléer presqu'entièrement le *verre* purpurin au moyen des rouges tirés de l'or.

» Les progrès résultant d'une pratique aussi peu active, que l'exécution de cinq à six petites vitres, sont cependant fort remarquables. M. Robert présenta, en 1825, un bouquet peint sur vitre, avec ses couleurs et sous la direction de M. Schilt. Ce bouquet est d'autant plus remarquable, que je ne connois aucune peinture de ce genre dans les vitraux anciens, qu'il est bien sous tous les rapports, et que ce pourroit être un genre de décoration très-convenable pour des monumens religieux, ainsi que pour des maisons ou des châteaux.

» Enfin, comme on parloit toujours des procédés des Anciens, qui étoient perdus, qu'on disoit que les vitraux modernes en différoient beaucoup, j'ai voulu prouver l'erreur de cette opinion, en faisant copier exactement par M. Robert, une grande partie d'une fenêtre de la Sainte-Chapelle. Cette copie, faite presqu'à s'y tromper, est exposée, depuis 1826, dans la collection de Sèvres.

» Ces publications successives, ces essais, mis sous les yeux du public et des artistes à Sèvres, et dans les expositions publiques de la Manufacture, au jour de l'an, ne servirent à rien; ils ne détruisirent pas l'opinion enracinée que l'art de peindre sur *verre* étoit perdu, et n'empêchèrent pas de croire qu'il venoit d'être retrouvé en Angleterre. Ainsi, l'ignorance trop générale où l'on étoit de l'état de cet art en France, et le desir très-louable de nous en faire jouir, en l'y important, engagèrent à aller, en 1826, *chercher des artistes anglais pour transporter à Paris un art que l'on y possédoit depuis* [illegible], *et dont on avoit vu successivement des produits en* 1809, 1811, 1823, 1824 *et* 1825. Mais ces produits avoient été présentés sous de petites dimensions, parce qu'on ne fait pas sans commande des panneaux de croisées très-dispendieux, et qui n'ont de place que dans les édifices pour lesquels ils ont été commandés. On vit donc en septembre 1826 un grand tableau représentant le mariage de la Vierge, pour la chapelle de la Vierge de Saint-Étienne-du-Mont; et enfin, on fit venir, pour d'autres croisées, trois autres tableaux entièrement faits en Angleterre.

» Ces tableaux ont été faits sous la direction de M. le comte de Noé; ils sont exécutés par les procédés de la seconde classe, c'est-à-dire, par celui des *verres* blancs peints avec des couleurs vitrifiables cuites à la moufle. Ils offrent déjà, sous le rapport des couleurs et des carnations, des résultats de beaucoup supérieurs à ceux des Anciens; mais, à l'exception de leur dimension, ils ne présentent

» aucun résultat qu'on n'eût pu obtenir à Sèvres, si on eût eu une pareille commande.

» M. Robert a voulu prouver, en exécutant, pour M. Dusommerard, un petit tableau sur *verre*, et pour la Manufacture de porcelaine, une copie de la même grandeur que l'original du tableau de Vierge d'André Solario, qui fait partie de la galerie du Musée royal. Cette copie a été faite par M. Constantin, afin que le mérite des arts du dessin, en se réunissant à celui des arts industriels, ne fît pas attribuer à ceux-ci des défauts d'incorrection qui leur sont tout-à-fait étrangers, auxquels on ne devroit faire aucune attention, mais qui attirent presque toujours l'œil et la critique des spectateurs. Tout nouvellement, c'est-à-dire dans le premier semestre de 1828, nous avons vu trois nouvelles productions de l'art de peindre sur *verre*, qui établiront, je l'espère, pour les incrédules, que cet art n'est perdu dans aucune de ses parties, et que l'essor qu'on lui a donné, depuis deux ans, quoique encore foible en comparaison de l'activité qu'il avoit dans le seizième siècle, lui a fait trouver tout ce que la pratique enseigne, et l'a porté déjà au-dessus de ce que faisoient les Anciens.

» M. le préfet de la Seine a commandé à la Manufacture royale de Sèvres deux fenêtres avec ornemens et sujets de figures, pour l'église de Notre-Dame-de-Lorette, et M. le vicomte de la Rochefoucauld a établi, dans la Manufacture royale de porcelaine, et d'après la volonté du Roi, un atelier particulier de peinture sur *verre*. Une grande partie de ces fenêtres est déjà exécutée, avec un éclat de couleurs et un coloris de carnation, de beaucoup supérieur à ce que faisoient les Anciens dans ce genre. Les figures du milieu, qui seront faites par les procédés réunis de la première et de la seconde classe, produiront, par cette réunion, tout l'effet qu'on peut desirer.

» La fabrique anglaise, sous la direction de M. le comte de Noé, vient de terminer une tête de Christ, et deux figures d'une grande dimension, qui, faites entièrement par le procédé de la deuxième classe, sont supérieures, sous le rapport de la variété, de la force et de l'entente du coloris, non-seulement à ce que les Anciens ont produit dans le même genre, mais encore à ce que cette fabrique a déjà fait.

» Enfin, un jeune Suisse, M. Muller, de Berne, vient d'apporter à Paris des petits vitraux faits avec une grande perfection, par un procédé entièrement et trop complétement conforme à celui des Anciens, et qui appartient à la 2e. section de la première classe. Il consiste principalement, comme on sait, à employer des *verres* teints à deux couches, etc. Je dis trop complétement, car la couleur roussâtre de ces carnations y a été scrupuleusement conservée. Mais M. Muller a dû faire faire dans les verreries de France, tous les verres colorés qui lui étoient nécessaires, sans en excepter le beau *verre* purpurin qui, comme je l'ai déjà dit, mais il faut le répéter, avoit déjà été fait à Choisy, sur les renseignemens donnés par M. Pierre Robert.

» Je ne parle pas de MM. Le Gros d'Anisy, Muller de Strasbourg, Henri Ducrocq de Douai, Girard de Paris, etc., et d'une multitude d'autres artisans, artistes ou fabricans qui ont présenté des essais incomplets de *peinture sur verre*, trop inférieurs à ceux que j'ai cités, pour qu'on puisse s'y arrêter.

» Néanmoins, M. Le Gros fit, en 1800, avec le concours de MM. Perrenot et Candel, un portrait sur vitre du Ier. Consul en habit rouge purpurin, couleur qu'il obtint avec de l'argent. Ce portrait n'a été vu que de peu de personnes, et j'en ignorois l'existence en 1802.

» Tels sont les différens progrès qu'a faits la *peinture sur verre* depuis sa réapparition en 1800 et 1802, et sa véritable renaissance, premièrement en 1811, par N. Mortelègue, et secondement en 1823 et 1824, par MM. Pâris et Robert. Tel est son état actuel en juin 1828. On voit qu'elle est déjà supérieure, sous le rapport des couleurs de fruits, de fleurs et de carnation, à ce que faisoient les Anciens; qu'elle ne lui est pas inférieure sous le rapport des procédés, et sous celui des *verres* teints de toutes couleurs et de toutes les nuances, *sans excepter le rouge-purpurin du protoxyde de cuivre.*

» *On voit que pour mériter maintenant d'être distingué dans cet art, il faut présenter des vitraux plus grands, plus solides, plus éclatans et plus variés de couleurs, faits par des procédés plus économiques, plus ingénieux, et non moins solides que ceux que l'on emploie actuellement.* J'ajouterai enfin, qu'aucun des principaux procédés n'est un secret; que tout au plus quelques nuances de couleurs sont la propriété de ceux qui les ont déjà découvertes. Je compte décrire ces procédés avec quelque détail. »

L'empire de la mode et la manie du changement, qui font un des caractères très-distinctifs du goût des peuples modernes dans tous les arts du dessin, ont porté depuis quelque temps les esprits à rétrograder jusque dans les siècles d'ignorance, qui virent s'élever les monumens qu'on appelle *gothiques*. Par une inconséquence naturelle à cet esprit de changement qui, ne pouvant avoir aucun principe, n'adopte pas le bon parce qu'il est bon, mais parce qu'il sera nouveau, on voit les mêmes hommes qui flétrissent du nom de *gothique*, les idées, les opinions ou les habitudes anciennes, tendre à rappeler le goût d'architecture qu'on appelle ainsi, sans penser qu'il tient à des élémens incompatibles avec les besoins actuels, avec les ressources des arts, et avec l'accord qui ne sauroit plus exister entre les principes de ces arts, et le genre de bâtisse du moyen âge.

C'est à cet esprit insatiable de changement, qu'on doit les essais et les tentatives qu'on voit se reproduire, pour ramener dans l'architecture la pratique de la *peinture sur verre*, qu'on croit ressusciter, comme si ses procédés avoient été perdus, et qu'on voudroit appliquer de nouveau à décorer les vitraux des églises ou des palais, usage qui n'eut de crédit, dans ces temps anciens, que parce qu'il n'y avoit plus d'autre peinture, et parce que la construction des églises gothiques n'offroit presqu'aucune surface à l'art de peindre.

Après avoir montré, dans le savant rapport de M. Brongniart, que l'*art de peindre sur verre*, loin d'être perdu, sera pratiqué dès qu'on le voudra, avec une supériorité à laquelle n'auroient pas pu parvenir les artistes qui ont décoré les vitraux gothiques, il resteroit à traiter la question de convenance sur ce sujet. C'est-à-dire l'*art de peindre sur verre* dans les fenêtres est-il en accord avec les besoins actuels? L'état de nos arts et le luxe de nos édifices réclament-ils l'emploi de ce genre de peinture? Ce genre pourroit-il se reproduire et s'accréditer sans nuire à la véritable peinture? Cette discussion trouvera sa place au mot VERRE (Peinture sur).

VERRERIE, s. f. Ce mot exprime deux choses différentes; il signifie l'art de fabriquer ou d'employer le verre. Il signifie aussi le corps de bâtiment, la manufacture proprement dite où l'on fabrique le verre.

Sous ce dernier rapport, la *verrerie* est un bâtiment qui se compose de plusieurs logemens, de bûchers, de fourneaux, de salles, de galeries, et de magasins qui servent à la fabrication des ouvrages en verre, et aux dépôts où sont rangés ces ouvrages.

Il y a des *verreries*, c'est-à-dire des fabriques de verre, affectées spécialement aux différens ouvrages, qu'on fait produire à cette matière. Ainsi il y a telle *verrerie*, comme celle de Sèvres, près Paris, où l'on ne fabrique en général que des bouteilles. Il y en a où l'on travaille le verre en ouvrages de luxe. Il en est où on le souffle; il en est où on le coule. On fait ici des vases et objets bombés; on fait ailleurs des vitres ou grands carreaux, et des glaces de toutes dimensions.

VERRIER, s. m. Ouvrier qui fabrique le verre ou qui travaille aux ouvrages de verrerie. Le même nom se donne au marchand qui les débite.

VERRIÈRE, s. f. (*Jardinage*.) Petite serre faite de menuiserie, fermée par devant et par dessus de châssis à verres, qu'on place dans les jardins sur une planche de terre ou de terreau, où l'on élève des plants délicats pour les garantir des pluies froides et des intempéries des saisons.

VERRIN. *Voyez* VERIN.

VERROU ou VERROUIL, s. m. Pièce de menus ouvrages en serrurerie, qu'on fait mouvoir dans des crampons, sur une platine de tôle, soit unie, soit ciselée ou gravée, pour fermer une porte quand on est dans l'intérieur d'une chambre, à ceux qui sont au-dehors.

On distingue les *verroux* à grande queue, avec bouton ou poignée tournante, pour les grandes portes ou les fenêtrages, d'avec les *verroux* plus petits qu'on nomme *targettes*, et qu'on attache avec des crampomets sur des écussons, pour les guichets des croisées.

Les targettes sont les unes à bouton, et s'attachent en saillie; les autres à queue recourbée en dedans, avec bouton, et entaillées dans les battans des volets, afin que ces volets puissent se doubler facilement. Il y a encore des *verroux* à panache; il y en a qui sont à ressort montés sur platine.

Depuis quelque temps on a imaginé de faire disparoître des battans des portes les différentes sortes de *verroux* dont on a parlé, et qui, dans la vérité, en défigurent les compartimens, et l'on a trouvé le moyen de faire jouer les *verroux* dans l'épaisseur même du bois : on le fait mouvoir par son bouton, au moyen d'une petite rainure pratiquée sur le montant de la porte.

Des étymologistes prétendent que *verrou* vient du latin *veruculum*, diminutif de *veru*, qui signifie *dard*, *broche*.

VERTICAL, adj. m. On donne ce nom à tout corps, à toute ligne perpendiculaire à l'horizon.

VERTICALEMENT, adv. Se dit de tout ce qui se trouve placé aplomb, ou perpendiculairement à l'horizon, comme l'est, par exemple, la façade d'un bâtiment.

VESTIBULE, s. m., en latin *vestibulum*. Ce mot, qui est le même dans les deux langues, exprima, chez les anciens Romains, sauf la forme sans doute, à peu près la même chose qu'aujourd'hui.

Le *vestibule* étoit chez eux, comme il est encore dans les usages modernes, un local qui, à l'entrée des maisons, précédoit les différentes pièces dont l'ensemble se composoit. C'étoit ce que les Grecs appeloient *prodromos*, *prothyron*. Ce local existoit entre la porte d'entrée et la voie publique; il étoit destiné à recevoir ceux qui venoient saluer le maître de la maison, de manière à ce qu'ils ne restassent point dans la rue, et n'entrassent point dans l'intérieur.

Quelques étymologistes ont tiré la formation de ce mot du nom de *Vesta*, parce que le feu qui lui étoit consacré s'allumoit, dans les anciens temps, au milieu du *vestibule*. Selon eux, on devoit s'y arrêter avant d'entrer, et l'on y pouvoit faire des sacrifices. D'autres ont prétendu que le mot *vestibule* étoit venu du mot latin *vestis*, habillement, et d'*ambulare*, marcher, parce que c'étoit en cet endroit qu'on arrangeoit la toge avant d'entrer.

Si l'on en croit Vitruve, dans la description qu'il donne des parties diverses de la maison romaine, le *vestibule* auroit été un local de simple nécessité, et sans aucune décoration d'architecture; car la description ne donne rien à connoître de ses proportions, ni de ses ornemens. Selon lui, le *vestibule* étoit un de ces endroits, comme la cour (*cavædium*) et les galeries alentour, où tout le monde avoit la liberté d'entrer. C'étoit enfin une partie en quelque sorte extérieure; et tous ceux qui ont cherché à réaliser en dessin ou en plan la description de Vitruve, ont fait du *vestibulum* un espace ouvert par devant et sans aucune clôture.

Dans les usages modernes, on appelle *vestibule* un lieu couvert, qui sert de passage aux divers appartemens d'une maison, et qui est le premier endroit où l'on entre.

Il y a deux sortes de *vestibules*. Les uns sont formés du côté de l'entrée par des arcades garnies de châssis vitrés, qui en font la clôture; les autres sont ouverts, et se composent de colonnes ou de pilastres, qui servent de décoration aux murs de face de la maison. Les premiers *vestibules* sont un objet de luxe et de grandeur, et n'appartiennent qu'aux palais. Ils sont ornés volontiers d'ordres de colonnes, de niches avec des statues. On ne sauroit donner de définition particulière de ces sortes de *vestibules*. Les parties dont se composent les maisons et les palais modernes, ne sont point assujetties, comme il paroit que cela avoit lieu chez les Grecs et les Romains, à des données communes, à des plans uniformes. Chaque maison peut avoir les mêmes pièces et les mêmes élémens de distribution, mais il seroit impossible d'y trouver un ordre général et commun à toutes. Aussi, nul ne pourroit décrire une de ces maisons, comme établie sur un type prescrit, de la manière dont Vitruve nous a décrit la distribution grecque et celle de la maison romaine.

Ceci s'applique au mot *vestibule*. On peut affirmer qu'il y a sur la nature de cette pièce, sur sa situation, sur son ordonnance, autant de diversités que de maisons. Disons même que l'usage affecte le mot *vestibule* à beaucoup d'édifices qui ne sont ni des maisons ni des palais. On s'en sert en effet à l'égard des temples, pour exprimer, dans ceux qui ont cette addition de construction, la partie couverte à laquelle on donne aussi quelquefois le nom de *porche*; et l'on dit même, dans le style noble, le *vestibule* du temple. Les Grecs avoient le mot *pronaos* (avant-temple) pour signifier cette partie dans leurs édifices sacrés.

Ceci ne veut pas dire qu'il n'y a point de *vestibules* dans l'architecture moderne; mais, d'une part, que le mot et la chose ne sont pas exclusivement affectés aux habitations; et, d'autre part, qu'il n'y a ni forme, ni situation, ni disposition d'après lesquelles on puisse décrire et caractériser le *vestibule* dans la construction des maisons. On donne même ce nom (improprement si l'on veut) à une espèce de petite antichambre qui sert d'entrée à un médiocre appartement.

Cependant, on trouve dans quelques lexiques, des désignations particulières, servant à distinguer les différentes sortes de *vestibules*, qui font partie de la disposition des riches habitations et des palais; et l'on dit :

Vestibule à ailes. *Vestibule* qui, outre le grand passage du milieu couvert en berceau, est séparé par des colonnes, de ce que l'on nomme des ailes ou bas côtés plafonnés en soffites. Tel est au palais Farnèse, à Rome, le beau *vestibule* qu'on a décrit à la vie d'Antoine San-Gallo. Les ailes dont on parle sont, dans de semblables *vestibules*, quelquefois voûtées, ainsi qu'on les voit au pavillon de la cour du Louvre, qui donne sur la place du Musée royal.

Vestibule en péristyle. Ainsi appelle-t-on celui qui est divisé en trois parties, avec quatre rangs de colonnes isolées. Tel est le *vestibule* du milieu du château de Versailles.

Vestibule figuré. *Vestibule* dont le plan n'est pas contenu entre quatre lignes droites, ou une ligne circulaire, mais qui, par des retours, forme des avant-corps ou des arrière-corps de pilastres et de colonnes avec symétrie.

Vestibule octostyle rond. On nomme ainsi le *vestibule* qui a huit colonnes adossées, comme le *vestibule* du palais du Luxembourg du côté qui donne sur le jardin.

Vestibule simple. C'est celui qui a ses faces opposées décorées symétriquement d'arcades réelles ou feintes. Tels sont les *vestibules* du palais des Tuileries à Paris, et de l'Hôtel-de-Ville de Lyon.

Vestibule tétrastyle. *Vestibule* qui a quatre colonnes isolées et en rapport avec des pilastres, ou d'autres colonnes engagées. Tel est le *vestibule* de l'Hôtel royal des Invalides.

VESTIGE,

VESTIGE, s. m. Ce mot signifie particulièrement la trace ou l'indication que laisse un objet quelconque, sur une matière susceptible de la recevoir et de la conserver. C'est ainsi que la plante du pied laisse un *vestige* sur le sable ou sur un terrain mou.

Par analogie on dit d'un bâtiment ruiné, mais dont on découvre encore le plan, qu'il reste des *vestiges* de son ancienne existence. Dans bien des cas le mot *vestige* est synonyme des mots *restes*, *débris*, *ruines*.

VÉTUSTÉ, s. f. Est un synonyme d'*ancienneté*, d'*antiquité*; mais qui, comme toute espèce de synonyme, exprime une nuance d'idée particulière. *Vétusté* vient sans doute de *vetus*, *vieux*, et *vetustas* veut dire *vieillesse*, appliquée aux choses plutôt qu'aux personnes. Or on se sert beaucoup trop souvent du mot *vieux*, comme tout-à-fait synonyme d'*antique* ou d'*ancien*. Rien cependant de plus divers que l'idée qu'on attache à ces mots. *Antique* et *ancien* comportent l'idée de quelque chose de respectable. Quoique l'idée de *vieux* et de *vieillesse* puisse moralement prétendre à produire le même sentiment, cependant rien ne peut faire, qu'il ne se joigne à cette idée, celle des inconvéniens d'un grand âge, et entr'autres des difformités qui l'accompagnent. *Turpisque senectus*, a dit un poëte. Or il seroit souvent en fait de monumens, très-impropre d'appeler certain édifice antique un *vieux* édifice, et de parler de sa *vétusté*, parce qu'il y en a, qui, nonobstant le laps des années, ont conservé leur beauté, et en produisent l'idée, de manière à ne pouvoir pas faire naître l'idée de vieillesse.

Généralement, dans un édifice, le mot *vétusté* indique ce que le mot décrépitude désigne chez l'homme. On dit qu'un bâtiment tombé de *vétusté*.

VICTOIRE, s. f. Les représentations que la sculpture a faites autrefois, et fait encore aujourd'hui de la *victoire*, dans les ouvrages de l'architecture, ont rendu son image si usuelle, que l'idée qu'elle représente, a cessé, on peut le dire, d'être exclusivement la propriété des Anciens et de leurs langues, l'expression de leurs croyances et de leur mythologie. La *victoire* n'est plus pour les modernes, une déesse, un être tel que l'imagination l'avoit personnifié, avec tous ceux dont elle avoit peuplé l'Olympe. Elle est aujourd'hui devenue une simple allégorie, dont le signe s'est introduit dans les formes du langage, et qui, sous les traits qui lui furent autrefois donnés, a pris place parmi les images habituelles de nos arts.

On peut je crois avancer, sans crainte d'exagération, qu'entre tous les signes mythologiques des anciens Grecs et Romains, il ne s'en trouve aucun qui ait été autant multiplié que celui de la *victoire*. Rien ne contribua plus à cette multiplication chez les Grecs, que l'extension qu'ils donnèrent à l'idée de *victoire*, en la transportant à des succès étrangers aux succès de la guerre. Cette transposition devait s'accréditer dans ces petits états, où tout concouroit à la rendre familière. Elle est sans doute naturelle, et les effets s'en reproduisent par une cause inhérente à la nature de l'homme, savoir, le désir de la supériorité, principe de tous les genres d'émulation, mobile de toutes les ambitions.

Ce principe fut singulièrement exalté chez les Grecs, par la nature de leurs institutions, de leur éducation, de leurs gouvernemens. Les exercices de leurs gymnases, qui d'abord furent l'école de l'art militaire, et finirent par n'être que des spectacles, introduisirent partout l'idée et l'habitude de dispute, de combats, par conséquent de succès ; dès-lors de *victoires*, de prix et de couronnes. L'enthousiasme public pour ces combats pacifiques, et pour leurs résultats innocens, semble avoir égalé, celui des nations les plus guerrières, et leur zèle à célébrer les plus importantes conquêtes de leurs généraux et de leurs armées. Il n'y a point de louanges, à mettre au-dessus des louanges, dont la poésie lyrique des Grecs, accabla tel athlète aux jeux de la lutte ou de la course, pour avoir par la vigueur de ses poignets, ou la vitesse de ses jambes, et de celles de ses chevaux, terrassé ou devancé de quelques pas, son adversaire.

Ces succès, il est vrai, ne faisoient pas construire d'arcs de triomphe comme à Rome. Mais ils multiplioient les images de la *victoire*, qu'on déposoit dans les temples, qu'on élevoit sur les places publiques, dont on ornoit les trônes des dieux, et que leurs simulacres tenoient dans leurs mains.

Le Jupiter d'Olympie par Phidias, avoit son trône ou du moins les quatre pieds de son trône ornés ou environnés de vingt-quatre figures de *victoire*. (Voyez *la description de Pausanias et la restitution que nous avons donnée de ce monument dans notre ouvrage intitulé le Jupiter Olympien*.) Le Dieu lui-même en portoit une de près de six pieds de haut, en or et ivoire, dans sa main droite. Mais à quels exploits se rapportoient toutes ces *victoires*? Nullement aux exploits militaires. Il n'y a rien là pour la guerre. Jupiter étoit à Olympie le dieu qui présidoit à tous les combats du stade et du gymnase, et la *victoire* qu'il tient, est destinée à des combats qui n'étoient que des jeux, à des vainqueurs qui n'étoient que des athlètes.

Ce que nous venons de dire de l'emploi plus particulier des images de la *victoire* pour les combats gymnastiques, se rapporte surtout aux états républicains, où l'on redoutoit le pouvoir militaire, et où l'on évitoit de prodiguer des honneurs, qui auroient favorisé l'ambition des guerriers. Il ne dut pas en être ainsi des monarchies, et nous voyons que le char funéraire d'Alexandre, fait en forme d'un petit temple, avoit à ses quatre acrotères, et aux angles de sa voûte quatre *victoires* d'or portant chacune un trophée.

Mais la *victoire* dut être la déesse la plus en honneur chez les Romains, c'est-à-dire chez le peuple qui mit l'art de la guerre avant tous les autres, qui lui dut sa prééminence et son autorité sur toutes les autres nations de son temps. Aussi ne sauroit-on dire à quel point ils en multiplièrent les images. Comme les Grecs, les Romains en consacroient des figures dans les temples. Ils en plaçoient en forme d'hommage sur le soubassement du Jupiter Capitolin, ils les plaçoient dans des biges ou des quadriges de bronze. Ils les figuroient au-dessus des chars, tenant la couronne suspendue sur la tête du triomphateur.

Les images de la *victoire* sur les médailles romaines sont si multipliées, que leur description formeroit un très-gros volume. Mais ces figures gravées ne furent autre chose, que la représentation en petit de toutes celles dont la sculpture avait varié les types, les attitudes, les compositions dans de plus grands ouvrages, où on les voit tantôt ailées sur un globe, tantôt assises, tantôt debout précédant le char du vainqueur, tantôt planant au-dessus de lui, tantôt composant un trophée, tantôt placées aussi dans les mains des empereurs.

Les Romains furent les seuls qui aient consacré aux auteurs de leurs succès et de leurs exploits militaires, des monumens d'architecture tellement durables, qu'un très-grand nombre est parvenu, avec plus ou moins d'intégrité, jusqu'à nous. D'abord la cérémonie du triomphe, qui fut une institution exclusivement romaine, devint naturellement l'origine des arcs durables, qui remplacèrent les arcs ou les portes temporaires, sous lesquels devoit passer la pompe triomphale. (*Voy.* sur cet objet l'article ARC DE TRIOMPHE.) Il faut encore mettre au nombre des monumens érigés par les Romains à la *victoire*, ces grandes colonnes, dont le fût étoit orné dans une ligne spirale, depuis la base jusqu'au chapiteau, d'une série de bas-reliefs représentant tous les événemens d'une guerre. Quelquefois aussi d'autres monumens recevoient, ou de leur décoration, ou de leur dénomination, la propriété de rappeler le souvenir de quelque triomphe; et c'est ainsi qu'il y eut des ponts triomphaux, des portes triomphales qu'on ornoit de trophées.

L'architecture employoit de diverses manières les signes ou simulacres de la *victoire* dans les monumens dont on a fait mention. Par exemple vers le milieu de la colonne Trajane, on voit la série des exploits militaires de Trajan, interrompue par une figure de *victoire*, debout dans l'action d'écrire sur un bouclier. La porte d'entrée du monument pratiquée dans un des côtés du piédestal, est couronnée par une grande table, où est l'inscription, et cette table paroît être supportée de chaque côté par deux *victoires*.

Mais ces sortes de *victoires* sont, dans les arcs de triomphe, l'accompagnement ordinaire et, l'on pourroit dire, obligé des archivoltes de l'arcade, soit qu'elle soit seule, soit qu'elle se trouve entre deux plus petites.

Chez les Modernes la *victoire*, comme on l'a dit, n'est plus, soit dans l'esprit, soit dans les habitudes du langage, soit dans les images qu'on en fait, qu'une personnification allégorique, comme les images des vertus, des saisons, des sciences, des arts, etc. Ses représentations, que le temps avoit transmises aux artistes modernes, en si grand nombre, prirent naturellement place dans l'ensemble des signes consacrés, et dont il n'auroit guère été possible de s'écarter. Aussi les voit-on, sous les mêmes formes, appliquées à des monumens qui furent eux-mêmes une tradition de l'antiquité.

Je veux parler de ces arcs érigés par presque tous les peuples modernes, à l'exemple des monumens de triomphe des Romains, quoique l'usage et la cérémonie du triomphe ne se soient point perpétués, et n'aient passé chez aucune autre nation. Les langues nouvelles ont, à la vérité, adopté le mot de *triomphe*, mais il n'est aussi qu'une idée métaphorique, et une sorte de synonyme de *victoire*. De cette transmission d'idée, il est résulté qu'on a aussi élevé pour célébrer les succès militaires et en rappeler le souvenir, des portes triomphales dans lesquelles se sont reproduites les formes, les proportions, les dispositions, et toutes les parties de la décoration des arcs antiques.

Ainsi la porte triomphale qu'on appelle à Paris la *Porte Saint-Denis*, offre, dans ses belles et nombreuses sculptures, une sorte de recueil de tous les motifs d'ornemens imaginés à Rome, pour les arcs de triomphe. Paris a vu encore, depuis quelques années, exécuter sur la place du Carrousel, en face du palais des Tuileries, une répétition presqu'exacte pour les masses, de l'arc de Septime Sévère à Rome. On retrouve à ces monumens le même emploi des *victoires* antiques, dans les archivoltes, et l'on y voit une conformité parfaite avec leurs modèles, pour les attitudes, la composition, et le style d'ajustement.

Cependant il ne faut pas toujours confondre, dans beaucoup d'édifices, qui n'ont rien de commun avec les idées de *victoire* et de triomphe, certaines figures qui occupent ces mêmes tympans d'archivolte, et que leurs attributs divers doivent caractériser, comme le fait, par exemple la trompette à l'égard de la Renommée.

VIENNE, en latin *Vienna*. Ville très-ancienne située à cinq lieues au midi, et au-dessous de

Lyon. Elle fut, sous l'empire romain, une des plus puissantes de la Gaule transalpine. Elle a conservé beaucoup de débris d'antiquité, et quelques restes encore assez remarquables de plusieurs de ses anciens monumens.

Les environs de *Vienne* témoignent de son ancienne importance, par des vestiges de routes, surtout de la *via Aurelia*, dont une partie, reconnoissable aux blocs irréguliers dont toutes les voies romaines étoient formées, existe encore à peu de distance de la ville. Il paroît que plusieurs aquéducs y conduisoient d'abondantes eaux. On en trouve des parties dans toutes sortes de directions. Il y en avoit un formé de trois conduits parallèles. Le mieux conservé des trois a été restauré en 1721, et il suffit aujourd'hui, aux besoins de la ville moderne. Sa construction est en maçonnerie de moellons appelés par les Romains *opus incertum*.

Il subsiste encore un massif irrégulier dans sa base, à cause des différens angles du rocher de l'ancienne citadelle, qui est du même genre de construction.

La situation de *Vienne* sur les flancs de plusieurs montagnes escarpées, avoit exigé, pour les grands édifices, des substructions considérables. Les Romains avoient élargi et étayé les différens plateaux naturels, par des massifs répartis suivant l'inégalité du sol, depuis le bas jusqu'au sommet du roc de la citadelle. Il y avoit dans quelques-unes de ces substructions, de grands escaliers, par où l'on montoit à plus d'un édifice.

Le plus remarquable de ceux qui subsistent, à peu près en entier, est le temple qu'on appelle d'*Auguste* et de *Livie*. On avoit été long-temps divisé sur le nom et la destination de ce monument. Quelques-uns prétendoient que c'étoit un prétoire, d'autant plus que la tradition et les chroniques apprenoient qu'on y avoit rendu la justice. Cependant plusieurs exemples prouvant que plus d'un temple avoit servi aussi de salle d'audience, les deux opinions s'étoient accordées. Mais la lecture de l'inscription dont il ne restoit plus que les trous, dans lesquels avoient été scellées les lettres de bronze, a démontré que sa destination principale avoit été d'être un temple.

Sa longueur totale est de cinquante-cinq pieds, sa largeur de trente, et la hauteur de trente-cinq. L'édifice est en général d'une belle proportion, mais les détails et l'exécution ne répondent point à la beauté de l'ensemble. On diroit qu'il auroit été composé par un architecte, et bâti par de mauvais ouvriers. On y remarque des discordances bizarres, et qui ne peuvent s'expliquer, que par l'inexpérience ou la négligence des constructeurs. L'appareil a été fait comme au hasard, sans accord et sans régularité. L'édifice est élevé sur un stylobate, dont la face antérieure est occupée par un escalier formé de douze marches. Son plan est celui d'un périptère sur la face antérieure, et sur les deux parties latérales, jusqu'à la sixième colonne, à laquelle s'aligne le mur en retour du *posticum*, dans l'espace d'une colonne et d'un entre-colonnement, et se termine par un pilastre. Le *peripteron* se compose de six colonnes de face, et de six dans les flancs, en tout dix-huit; exemple peut être unique en son genre. Le *posticum* est formé d'un mur en refends sans aucune ouverture. La porte est du côté oriental.

Les entre-colonnemens témoignent par leurs irrégularités, de la négligence avec laquelle cet édifice fut conduit; il s'y trouve des différences de près d'un demi-module. Une autre singularité est que les colonnes du portique avec celles d'angle qui font retour, ainsi que les pilastres du mur en retour du *posticum* dont on a parlé, ont des plinthes à leur base, tandis que le reste des colonnes latérales n'en a point. Il résulte de là que, malgré le peu de hauteur de cette plinthe, le fût de celles des colonnes qui en sont privées a, relativement à la base et au chapiteau, quelques parties de plus en élévation.

Le profil du stylobate est d'une belle simplicité. On peut trouver que la cymaise manque de caractère, et que la plinthe est trop foible pour le talon. La base est plus forte que la corniche, ainsi que cela doit se pratiquer, par la raison qu'on peut la considérer, moins comme la base du stylobate, que comme celle de tout l'édifice.

On ne sauroit s'assurer si le haut des colonnes a du retrait en dedans, selon le précepte de Vitruve; le mur moderne les enveloppe presqu'entièrement. La colonne a de hauteur neuf diamètres et demi, le chapiteau un diamètre. Le fût est légèrement renflé; le plus fort diamètre est un peu au-dessous de sa partie moyenne. Les cannelures sont au nombre de vingt. Le chapiteau, qui n'a que deux modules de hauteur, est de la même proportion que celui de Vitruve. La rose atteint le niveau des angles du tailloir. Ce grand relief, celui des volutes et de l'abaque, font presque tout l'effet de ce chapiteau, car ses caulicoles et ses feuilles d'olivier, très-peu saillantes et timidement traitées, feroient, avec beaucoup d'autres défauts d'exécution, présumer que cette architecture est pour auteurs des hommes fort peu habiles, ou des ordonnateurs trop parcimonieux.

L'entablement a un peu plus de la cinquième partie de la colonne. Ses trois grandes divisions sont presqu'égales entr'elles, la corniche surpassant seulement de trois parties les deux autres qui sont d'égale proportion. Cette monotonie, du reste, est peu sensible par l'effet de la perspective et à cause de la variété des profils. Les rosaces du soffite, non plus que les modillons, n'ont point reçu leur exécution dernière.

Le fronton, sans acrotères, est d'une belle forme; il a de hauteur un peu plus du cinquième de sa largeur, au lieu du neuvième qu'indique Vitruve. Sur son tympan on voit plusieurs trous, qui semblent indiquer qu'il auroit servi de fond à quelques sculptures en bas-relief. A la cymaise inférieure de la corniche, au milieu de la frise, et sur le haut de l'architrave, on reconnoît la place qu'auroit occupée un aigle les ailes étendues, emblême soit de Rome, soit de l'apothéose de l'empereur.

Il ne reste plus rien de la couverture antique. Le toit moderne est posé sur une cymaise grossière, qui fut substituée, dans le moyen âge, à l'ancienne déjà dégradée.

Après la chute du paganisme, ce modeste édifice échappa à la destruction de presque tous les temples des faux dieux. Au neuvième siècle il fut transformé en église, consacrée à la Sainte-Vierge. Ce fut alors que pour agrandir le local intérieur, on abattit les murs de la *cella*, et on lia par une muraille les colonnes, en arrasant les cannelures qui dépassoient trop le parement de la construction nouvelle. L'ancienne entrée fut condamnée, et on perça le mur du *posticum*, afin que, selon les rites du christianisme, la porte d'entrée fût du côté de l'occident. Plus d'une innovation y fut encore introduite, surtout par l'érection d'un clocher sur la façade. Ayant cessé, par une succession de révolutions, d'être une église, l'édifice est devenu un Musée, où l'on conserve tous les restes d'antiquité que recèle encore le terrain de cette ville et de ses environs.

Il y auroit à citer et à décrire plusieurs autres débris d'antiques monumens, qui sur les lieux même offrent plus d'intérêt, par les moyens qu'ils donnent de retrouver leur ensemble. Tels sont des restes de rampes d'escaliers qui conduisoient, à ce qu'on croit, au temple de Jupiter. Telles sont des portions de salles qu'on croit avoir appartenu à des thermes. Tel est encore un fort beau fragment de portique, qui, dit-on, fit partie du *forum*, et qui, dans son intérieur, est décoré de colonnes corinthiennes.

Mais un des plus curieux monumens antiques de *Vienne*, et des mieux conservés, est celui qu'on voit à quelques pas de cette ville, hors de la porte d'Avignon, et qu'on nomme l'*Aiguille*. C'est une masse qu'on peut appeler pyramidale, considérée dans son ensemble, mais dont la partie supérieure tient beaucoup plus de la forme et de la proportion obéliscales. Le monument se compose, dans sa partie inférieure, d'un massif quadrangulaire, percé de quatre arcades, à la manière des *Janus*. Ses quatre angles sont flanqués d'une colonne élevée sur un piédestal; son chapiteau, extrêmement évasé et taillé en biseau, tient, par sa forme, du dorique et du corinthien. Au-dessus de l'entablement est établie une plate-forme, dont l'obélisque occupe le centre.

Cet obélisque doit avoir été composé d'une vingtaine d'assises de pierre, et dut avoir une trentaine de pieds en élévation. Le dessin qu'on en voit dans l'ouvrage des monumens de *Vienne*, présente une coupe de tout le monument, et cette coupe fait voir que le centre de la construction de l'obélisque étoit vide, soit pour en alléger le poids, soit par raison d'économie de matière. Dans son entier l'édifice peut avoir une cinquantaine de pieds de hauteur.

Quelle fut la destination de ce monument? Aucune inscription ne l'apprend, et toutes les traditions sur de semblables sujets sont de peu de poids. Aujourd'hui on lui donne le nom de *cénotaphe*. Selon cette opinion, ce n'auroit été qu'un tombeau vide. Anciennement on lui donnoit le nom de *sépulcre*. On auroit peine à adopter cette dernière dénomination. Pour croire à cet emploi, il faudroit supposer, ou que les quatre arcades auroient été jadis fermées, pour servir de chambre sépulcrale, ou qu'il y auroit eu sous ce monument des excavations et constructions, dont on n'a jamais eu connoissance. Mais dans l'ignorance où nous sommes d'un très-grand nombre d'usages de l'antiquité, il vaut mieux s'abstenir d'explications, qui ne peuvent être que de vaines hypothèses.

VIF, VIVE, adj. On emploie quelquefois ce terme comme indéclinable. C'est ainsi qu'on en use pour dire le tronc ou le fût d'une colonne, la partie dure d'un moellon, d'une pierre, que recouvre cette couche que l'on appelle le *bousin*. Ainsi, on dit d'un bloc de pierre, d'un moellon, qu'ils sont ébousinés jusqu'au *vif*, quand on en a atteint le dur avec la pointe du marteau.

On use encore de ce mot au féminin, en désignant dans la taille de la pierre, la vivacité des angles que l'outil y produit, et qui entre dans la perfection de l'appareil et du travail de quelques autres matières. Ainsi, on dit de la pierre, du bois, des métaux, dont les angles sont aigus et ne sont ni émoussés ni arrondis, qu'ils sont taillés à *vive arête*.

VIGNOLA. *Voyez* BAROCCIO.

VILLA. Ce mot signifie en latin, soit une maison de campagne, soit une métairie ou ferme. Cependant quelquefois on s'en est anciennement servi, pour désigner une bourgade, un village. Le mot *villa* a encore conservé cette double signification dans les bas temps de l'empire et dans le moyen âge. On le trouve employé dans les *Capitulaires* de Charlemagne.

Il est certain que beaucoup de ces *villa*, soit maison de campagne, soit métairie, ont été l'origine d'une infinité de villes, de bourgs et de hameaux, dont nous voyons encore aujourd'hui que les noms commencent ou se terminent par le mot *villa*. C'est de là que sont venus les mots français *ville*, *village*; ce qui indique que les villes se seront formées tout naturellement du nombre d'habitations bâties auprès d'une *villa*, ou propriété rustique ainsi appelée.

Aujourd'hui le mot *villa* n'appartient plus qu'à la langue italienne, et ne signifie rien autre chose que ce que nous appelons en français, selon leur importance ou leur étendue, *château*, *maison*, *bien de campagne*, *habitation de plaisance*, ou *possession rustique*.

Le mot *villa*, dans les différens genres d'acception que lui donnèrent les Romains, fournit à la science archéologique des notions très-nombreuses, mais qui seroient, pour la plupart, assez étrangères à l'architecture. C'est pourquoi, ayant déjà consacré un article fort étendu à ce sujet, sous le rapport de maison de campagne, envisagée comme habitation de luxe et de plaisance chez les Anciens (*voyez* CAMPAGNE (Maison de)), je me bornerai ici à un petit nombre de détails fort abrégés sur la *villa* des Romains, considérée selon ses trois principales acceptions, et je terminerai cet article par une courte mention des plus célèbres *villa* de l'Italie moderne.

Les Romains avoient trois sortes de *villa*, et chacune avoit sa destination particulière. On peut dire aussi que, le plus souvent, chaque *villa* comprenoit les trois genres, savoir, la *villa urbana*, *rustica* et *fructuaria*.

La *villa urbana* contenoit l'habitation du propriétaire. On y avoit toutes le commodités qu'on trouve dans les maisons de la ville. Vitruve lui donne le nom de *pseudourbana*.

La *villa rustica* contenoit, non-seulement tout ce qui appartient à l'économie rurale, les étables, les écuries, les chambres pour serrer les instrumens d'agriculture, mais aussi la cuisine, la demeure de l'économe, et des autres personnes employées à la culture des biens du propriétaire.

La *villa fructuaria* étoit destinée à garder et conserver les fruits récoltés. Elle contenoit les greniers pour le blé, les magasins pour l'huile, les caves pour le vin, etc.

La *villa urbana* étoit ordinairement construite sur un terrain plus élevé que ceux de la *villa rustica* et de la *villa fructuaria*. Elle avoit, en général, les mêmes distributions que les habitations de Rome. Nous renvoyons à tous les mots de ce Dictionnaire qui traitent de la disposition de l'intérieur des maisons, des palais de ville et de campagne.

Dans la *villa rustica* on trouvoit d'abord, en entrant, le corps de logis de l'économe, bâti à côté de l'entrée de la maison, afin qu'il pût observer les entrans et les sortans, ce qu'on y apportoit, ce qu'on en emportoit. On comptoit, d'après Varron et Columelle, dans l'ensemble de cette distribution, la demeure du caissier, au premier étage au-dessus de la porte; un lieu de dépôt pour les instrumens aratoires; les cellules des esclaves; la prison qui étoit souterraine; l'infirmerie, la cuisine, les étables et écuries; les logemens des bergers; le bain des domestiques. Ces différentes parties de la *villa rustica*, plus ou moins grandes, selon la fortune des propriétaires, étoient placées autour de la cour, qui servoit aux usages journaliers et aux services du ménage. Au milieu de cette cour étoit un réservoir rempli d'eau de source, ou de pluie provenant de l'écoulement des toits. Dans les *villa* d'une plus grande étendue il y avoit deux cours semblables, l'une intérieure, l'autre extérieure.

La *villa fructuaria* contenoit les bâtimens dans lesquels on conservoit l'huile, le vin, le moût. Là étoient le grenier à foin et à paille, les pressoirs pour le vin et l'huile, enfin tous les autres greniers et magasins. Les greniers où on conservoit le blé étoient exposés au nord, quelquefois on les voûtoit et on les pavoit de petits carreaux de brique; les magasins pour les différentes sortes de fruits étoient placés dans un endroit sec, avec des fenêtres vers le nord, garnies de volets pour qu'on pût les fermer de temps en temps, afin d'empêcher les fruits de sécher. Ils étoient construits, voûtés et pavés en pierre.

Autour de la *villa*, il y avoit plusieurs petites constructions, servant à différens usages, soit pour y jouir de la vue de la campagne, soit pour y prendre les repas, soit pour y étudier loin de tout objet de distraction. Tel étoit l'*Ornithon* de Varron, dans sa *villa* près de *Casinum*. Pline avoit plusieurs édifices semblables, dans sa maison de *Laurentum*, comme on l'a vu à l'article MAISON DE CAMPAGNE.

Le plus grand des édifices auxquels on donne le nom de *villa* est celui qui fut la maison de campagne de l'empereur Adrien, et dont on voit encore d'immenses débris près de Tivoli. Nous en avons donné ailleurs une description abrégée. *Voyez* ADRIENNE VILLE.

Il nous resteroit, pour compléter les notions que peut comporter le mot *villa*, dans son emploi assez habituel, de donner ici quelques descriptions des modernes édifices de l'Italie en ce genre, si déjà ce sujet n'avoit dû trouver sa place, au mot MAISON DE CAMPAGNE, et si l'on ne devoit être par trop embarrassé du choix de ceux de ces bâtimens, qui mériteroient de figurer au nombre des modèles de l'architecture.

En bornant le peu de notions qui entrent dans le plan de ce Dictionnaire, aux plus célèbres *villa* de Rome moderne, nous citerons comme une des plus modernes et des plus magnifiques la *villa Albani*, ornée des plus précieux restes de l'antiquité, où Winckelmann puisa une partie des rares connoissances sur lesquelles s'est fondée sa réputation. Le cardinal Alexandre Albani a fait de cette *villa*, un lieu tout à la fois de délices et de magnificence, qui peut le disputer au plus grand nombre des entreprises, que la puissance et la fortune de beaucoup de princes ont réalisées.

La *villa Borghèse* ou *villa Pinciana*, égale en richesses d'antiquité à la précédente, avant qu'elle en ait été dépouillée, est moins remarquable par la beauté et le goût du bâtiment, que par la grandeur, la variété de ses jardins, et des ornemens qu'on y a ajoutés, à la fin du dernier siècle.

La *villa Pamphili*, construite et ornée par Algardi, est regardée comme la plus considérable de toutes celles qu'on visite, surtout pour la richesse et l'étendue de ses jardins, dont on porte le circuit à près de deux lieues.

Si l'on vouloit augmenter cet article de la mention de toutes les célèbres *villa* qui existent dans les environs de Rome, il faudroit faire mention à Tivoli de la célèbre *villa* d'Est, aujourd'hui à peu près abandonnée, mais qui, malgré son état de délaissement, présente encore dans la situation théâtrale de son palais, dans les beaux restes de ses plantations, et dans le grand parti de son ordonnance, une de ces entreprises qui portent notre esprit à se figurer les magnificences de l'antique Rome.

Frascati, aujourd'hui le lieu de délices de Rome moderne, renferme un fort grand nombre de *villa* qui doivent leur agrément principal, et à la beauté des sites, et à l'abondance des eaux et des cascades qui ornent les jardins.

On ne sauroit terminer cet article sans citer un des chefs-d'œuvre de l'architecture du seizième siècle en ce genre. On veut parler de la *villa Madama*, construite par Raphaël et Jules Romain près de Rome entre *la porta Angelica* et *Ponte-Molo*. Abandonné, aujourd'hui ce charmant édifice est devenu pour les artistes, comme une supplément à l'étude des ouvrages antiques du même genre, dont le temps et la destruction ont anéanti tous les vestiges.

VILLE, s. f. Nom général qu'on donne à un grand assemblage de maisons, de rues, de places, de quartiers, soit que cet ensemble d'habitations se renferme dans une enceinte de murs ou de remparts, qui s'opposent à son agrandissement, soit qu'il occupe un terrain illimité.

Toute *ville* étant un assemblage de constructions, œuvres de l'art de bâtir, sous quelque point de vue que l'on considère cet art, et quelqu'étendue qu'on veuille lui donner, on ne sauroit nier que les *villes* ne doivent plus ou moins, non-seulement leur existence matérielle, mais encore leurs avantages, leurs commodités, leurs agrémens, leur beauté, leur renommée, à cette multitude de pratiques, de dispositions qui forment la réunion des travaux de l'architecture. C'est en raison double qu'il sera plus ou moins entré d'action ou de coopération de cet art, sous le rapport du goût et de beauté, dans l'ensemble ou les détails du plan, ou des bâtimens d'une *ville*, que celle-ci acquerra plus ou moins de célébrité. Il faut reconnoître aussi que la nature des pays, des lieux et des climats, peut être tantôt favorable, tantôt contraire au développement des causes d'où dépendra la beauté d'une *ville*. Il n'y a personne qui ne sache que, tantôt le manque de matériaux propres aux grandes constructions, tantôt la mauvaise qualité de ces matériaux, privent certaines *villes* riches et populeuses de la beauté et de la magnificence, que de moindres cités se sont acquises. Les conséquences de cette seule cause sont très-nombreuses, car elles ont une action plus puissante, qu'on ne sauroit le dire, sur la direction du goût, sur l'emploi de la richesse, sur les habitudes politiques et morales, et sur le genre d'ambition de chaque nation, pour l'embellissement des *villes*. Ce n'est pas non plus ici le lieu d'énumérer toutes les causes morales, qui tendent au développement de l'architecture, en rendant son luxe nécessaire au soutien d'un grand nombre d'institutions. Ce qu'on vient de dire suffit pour faire voir, de combien de principes divers dépend la beauté d'une *ville*.

Mais un des plus sensibles, est celui qui se confond avec la cause, souvent fortuite, qui a donné naissance à une *ville*. Car c'est souvent de ce principe originaire, qui, par la différence des situations, influe sur sa prospérité future, que résultera aussi la facilité ou la difficulté pour l'art, d'en rendre les effets et les résultats plus ou moins propices aux beautés de l'architecture.

A l'exception de quelques pays, où l'usage de fonder des *villes* nouvelles fit adopter (comme on le dira) des pratiques qui les établissoient sur un principe d'ordre et de régularité assez uniforme, nous voyons que, presque partout, les *villes*, et surtout les plus grandes, durent leur origine, à ce qu'on peut appeler les causes fortuites. (*Voyez* RUE.) Quelques maisons, d'abord isolées sur une route, finissent par se trouver rapprochées, si le commerce, ou quelques communications importantes, y conduisent les voyageurs. Ces maisons forment un bourg, et si les mêmes causes continuent d'avoir lieu, le bourg devient une *ville*, modique d'abord, mais susceptible d'une augmentation indéfinie, par la réunion progressive qui s'opérera, des bourgs établis à peu de distance d'elle, et qui, par le nom de *fauxbourg* qu'on leur donne, nous apprennent de quelle manière cette *ville* s'est augmentée.

Cette lente et progressive formation de beaucoup de *villes*, est souvent ce qui rend très-difficile d'y opérer par la suite, les dispositions régulières que l'on aimeroit à y trouver. Il est des lieux propices à ces agrégations de maisons, et aux réunions nombreuses d'habitans, qui forment les grandes *villes*. Telles sont certaines situations voisines d'une grande rivière, ou sur certains penchans de montagnes, qui mettent à l'abri de certaines intempéries, ou dans le voisinage de quelques anses pratiquées par la nature même, sur les côtes de la mer. De ces divers positions dépendront souvent, par la suite, la beauté des aspects d'une *ville*, la facilité d'y établir de beaux percés, d'y pratiquer de ces alignemens qui en rendent la circulation commode ou agréable. Il est certain que dans les divers états de l'Europe moderne, la plupart des *villes* ont été le résultat de ces causes spontanées. Ajoutons que le plus grand nombre a pris son accroissement, avec celui de la population, dans ces siècles que nous appelons du moyen âge, temps d'ignorance, où le goût des arts n'avoit aucune influence sur les mœurs, où les lois d'une bonne police étoient ignorées, et où l'exiguïté des fortunes ne permettant de chercher que le nécessaire dans les habitations, on étoit loin de mettre au nombre des jouissances de la vie, l'élégance, le luxe et les richesses de l'architecture.

L'accroissement progressif de la population des divers Etats, et les différences de leur régime intérieur, par rapport à la direction du principe et des effets de cette population toujours croissante, ont dû avoir partout, et produire une action très-variée, soit sur l'extension des *villes* déjà formées, soit sur la constitution des *villes* nouvelles. Lorsque, par les mœurs ou les institutions d'un pays, la population des *villes* ne peut trouver ni obstacle, ni limite dans les droits de cité, ou la classification des citoyens, rien ne peut empêcher que cette foule toujours progressive d'habitans, ne concoure, et pendant fort long-temps, sans ordre ni règle, à augmenter le nombre des habitations, à étendre de plus en plus le terrain sur lequel on les élevera.

Des principes fort différens dans l'antiquité contribuèrent, et à maintenir dans certaines bornes l'étendue des villes anciennes, et à en fonder de nouvelles. Là où le nombre des citoyens étoit limité par les lois, c'étoit une nécessité que le trop plein de la population, au bout d'un certain temps, fût transféré ailleurs. De là le système de colonisation chez les Grecs, et aussi chez les Romains. Ainsi tout ce qui, dans les usages modernes, augmenteroit indéfiniment une *ville*, servoit à la fondation d'autres cités.

On voit dès-lors que toutes ces *villes* nouvelles, n'étoit plus les résultats d'élémens fortuits, mais au contraire de dispositions prescrites et d'opérations calculées, elles purent présenter un système d'ordonnance et de régularité qui, dès l'origine, dut imprimer à leur conformation l'avantage de s'élever, de s'étendre et de s'augmenter sur des plans raisonnés.

Denys d'Halicarnasse observe, que les Anciens mettoient plus d'attention à choisir des situations avantageuses, que d'ambition à prendre de grands terrains pour fonder leurs *villes*. On ne commençoit pas, même dès le principe, à les environner de murailles; on élevoit des tours à une distance réglée, et l'intervalle qui se trouvoit de l'une à l'autre étoit simplement retranché et défendu par des chariots, par des troncs d'arbres, et par de petites guérites, où l'on établissoit des corps-de-gardes. Après les cérémonies pratiquées à la fondation des murailles, on tiroit, dans l'enceinte de la *ville*, toutes les rues au cordeau. Le milieu du terrain renfermé dans l'enceinte de la *ville* étoit destiné pour la place publique, et toutes les rues y aboutissoient. On marquoit les emplacemens que devoient occuper les édifices publics, comme les temples, les portiques, le théâtre, le stade, le forum, etc.

Avant de tracer définitivement l'enceinte de la *ville*, on creusoit un fossé circulaire, dans lequel on jetoit les prémices de toutes les choses nécessaires à la vie, et chaque citoyen ajoutoit une poignée de terre provenant du pays d'où il avoit été transplanté. Après cette première cérémonie, on traçoit l'enceinte véritable, avec un soc de cuivre, que l'on ajustoit à une charrue attelée d'un taureau blanc et d'une génisse du même poil. Aux endroits destinés à être occupés par les portes, on suspendoit la charrue, et on la portoit sans continuer le sillon. A mesure qu'on ouvroit le sillon, on y jetoit des fleurs, qu'on recouvroit ensuite de terre. La cérémonie étoit terminée par le sacrifice du taureau et de la génisse.

Tous ces détails nous sont donnés par Varron, Plutarque et Ovide. Nous les avons rapportés comme des témoignages authentiques de l'établissement des *villes* dans l'antiquité, et comme la preuve que le plus grand nombre de ces *villes*, étant destinées à décharger les *villes* anciennes de leur excédant de population, elles purent être disposées et construites d'après des principes fixes et des ordonnances régulières.

Ce que les notions des écrivains nous ont appris sur la manière d'établir les plans et les distributions des *villes*, nous est encore confirmé aujourd'hui par les récits des voyageurs qui ont visité les ruines d'un grand nombre de *villes* grecques. Il n'est pas rare de pouvoir encore se retracer leur ensemble, et de retrouver la direction des rues, en prenant pour guides, soit les débris de leurs portes, soit l'indication de leurs principaux monumens.

Il ne faudroit pas se flatter d'en pouvoir faire autant à l'égard de beaucoup d'autres *villes* antiques, qui, comme plusieurs de nos grandes *villes* modernes, subirent, par des causes particulières et la succession des temps, de tels et de si grands accroissemens, qu'aucune espèce d'ordre dans la construction de leurs innombrables bâtimens, ne put en subordonner la disposition à aucun plan. A la tête de ces villes on peut citer Rome, que Cicéron nous apprend avoir été composée de quartiers fort serrés, de rues étroites et irrégulières.

Le même orateur nous a donné une description de la *ville* de Syracuse, qui, selon lui, étoit la plus belle de toutes les *villes* grecques. « D'abord (dit-il), sa situation avantageuse, qui en fait une place très-forte, présente de tous côtés, qu'on y arrive, soit par terre, soit par mer, le coup d'œil le plus magnifique. Ensuite elle a ses ports enfermés entre ses maisons, et sur lesquels on a presqu'entièrement vue de tous les quartiers. Ces ports, qui ont leur entrée de différens côtés, viennent se réunir et se confondre à leurs extrémités opposées. Le canal étroit qui en forme la communication, sépare du reste de la ville la partie qu'on nomme l'*Ile*, qui s'y rejoint au moyen d'un pont.

» Cette *ville* est si vaste, qu'on la divise ordinairement en quatre *villes*. La première est l'île dont je viens de parler, qui, située entre deux ports, dont les eaux l'environnent de toutes parts, s'étend jusqu'à l'embouchure de l'un et de l'autre. C'est là qu'est l'ancien palais d'Hiéron, résidence ordinaire des préteurs. On y voit plusieurs édifices sacrés, deux, entr'autres d'une magnificence remarquable; savoir, le temple de Diane, et celui de Minerve, le plus richement orné de tous. A l'extrémité de l'île est une fontaine d'eau douce nommée *Aréthuse*. Elle y forme un bassin d'une grandeur incroyable, rempli de poissons, mais qui seroit entièrement couvert des eaux de la mer, s'il n'en étoit séparé par une digue qui l'en garantit.

» La seconde ville se nomme *Acradina*. Elle a un *forum* (ou place publique) immense, de superbes portiques, un prytanée très-décoré, une très-vaste salle d'assemblée du sénat, et un fort beau temple de Jupiter Olympien. Le reste, partagé en différentes portions par une rue très-large, qui règne dans toute sa longueur, et par plusieurs autres qui la traversent, est occupé par les maisons des particuliers. La troisième *ville* a pris le nom de *Tyché*, d'un ancien temple qu'on y avoit élevé à la Fortune. On y trouve un gymnase très-vaste, et un fort grand nombre d'édifices sacrés. C'est la partie la plus peuplée et la plus fréquentée, de toutes. Enfin, la quatrième s'appelle la *Ville-Neuve*, parce qu'elle a été bâtie la dernière. A l'extrémité est un très-grand amphithéâtre. Ailleurs, deux superbes temples, consacrés, l'un à Cérès, l'autre à Proserpine, et une très-belle statue colossale d'Apollon Téménite. »

Il paroît que la *ville* de Rhodes fut une des plus belles *villes* antiques. Ce fut pendant la guerre du Péloponèse que les Rhodiens se réunirent en une seule cité, et fondèrent aux dépens des trois *villes* qu'ils avoient occupées jusqu'alors, la *ville* à laquelle ils donnèrent le nom même de l'île. Ainsi, on peut regarder Rhodes comme une *ville* construite à neuf, sur un plan exprès, et dont la beauté fut un effet de l'art.

Strabon nous apprend qu'elle fut l'ouvrage de l'architecte Hippodamus de Milet, celui qui avoit construit pour Athènes les murs du Pirée. Elle avoit, selon cet écrivain, quatre-vingts stades de circuit (plus de trois lieues), et pouvoit contenir un peuple immense. Placée à la pointe d'un promontoire qui s'avance vers l'orient, son terrain étoit en pente, l'architecte y conforma son plan, et perça les rues avec tant d'intelligence, que ce qui auroit pu être un défaut devint une beauté. Rhodes, selon Diodore de Sicile, s'élevant en amphithéâtre, tous les yeux étoient frappés de la vue des vaisseaux, et l'on concevoit une haute idée de sa puissance.

Strabon, qui avoit beaucoup voyagé, et qui connoissoit Rome, Alexandrie, Memphis, et les cités les plus fameuses de l'Asie, ne peut s'empêcher de leur préférer Rhodes. La beauté de ses ports, dit-il, de ses rues, de ses murs, la magnificence de ses monumens, l'élèvent si fort au-dessus des autres *villes*, qu'il n'en est aucune qu'on puisse lui comparer.

Aristide (*in Rhodiaca*) l'a décrite avec plus de détail, et le tableau qu'il nous en a laissé, ne peut qu'en donner la plus grande idée. « Dans l'intérieur de Rhodes, selon lui, on ne voyoit point une petite maison à côté d'une grande; toutes les habitations étoient d'égale hauteur et offroient la même ordonnance d'architecture, de manière que la *ville* entière ne sembloit former qu'un seul édifice. Des rues fort larges la traversoient dans toute son étendue. Elles étoient percées avec tant d'art, que de quelque côté que l'on portât ses regards, l'intérieur offroit toujours une belle décoration. Les murs, dans la vaste enceinte de la *ville* étant entrecoupés de tours d'une hauteur et d'une beauté surprenantes, excitoient surtout l'admiration. Leurs sommets élevés servoient de phare aux navigateurs.

» Telle étoit la magnificence de Rhodes, qu'à moins de l'avoir vue, l'imagination ne pouvoit pas en concevoir l'idée. Toutes les parties de cette immense cité, liées entr'elles par les plus belles proportions, composoient un ensemble parfait, dont les murs sembloient être la couronne. C'étoit la seule *ville* dont on pût dire, qu'elle étoit fortifiée comme une place de guerre, et ornée comme un palais. »

Vitruve nous a donné l'idée d'un fort bel aspect de *ville*, et d'une disposition aussi heureuse que pittoresque dans ce qu'il rapporte de Mausole, roi de Carie, qui, bien que né à Mylasso, résolut de porter ailleurs la capitale de son royaume. « Il choisit, dit-il, la position d'Halicarnasse, comme présentant une place d'une assiette fort avantageuse, et très-commode pour le commerce, ayant un fort bon port. Ce lieu étoit circulaire, et s'élevoit en forme de théâtre. Mausole destina le le terrain inférieur, et plan, à recevoir le *forum* (ou la place publique). Au milieu de la pente sur laquelle le reste de la *ville* étoit construite, il fit pratiquer une grande et large rue. C'est là que fut bâti ce magnifique monument qui fut le tombeau de Mausole, et qui porta son nom, ouvrage placé au nombre des sept merveilles du monde. Au milieu de la citadelle placée tout en haut, il construisit le temple de Mars, célèbre par la statue colossale acrolythe du Dieu, sculptée par Télocharès. Les deux cornes de cette espèce de théâtre formé par la nature, Mausole les destina à recevoir, d'un côté le temple de Vénus, et de l'autre son propre palais. Telle étoit la disposition de ce palais, qu'il avoit vue, du côté droit, sur la place publique, sur le port, et généralement sur tous les remparts de la *ville*. A la gauche il regardoit sur un autre port caché par les montagnes, en sorte que nul ne pouvoit voir ce qui s'y faisoit. Le roi seul de son palais pouvoit donner les ordres aux soldats et aux matelots, sans que personne le sût. »

Voilà, ce nous semble, les seules notions descriptives de *villes* antiques considérées sous le rapport de leur disposition et de leur aspect, que les écrivains nous aient transmises. En vain en chercheroit-on de semblables dans le voyage de la Grèce par Pausanias. Ce voyageur embrassa, dans son ouvrage, trop de parties importantes, et d'un plus grand intérêt, que ne le sont des détails pittoresques ou descriptifs, pour qu'on puisse se plaindre qu'il ait négligé de satisfaire, sur le point qui nous occupe, la curiosité de son lecteur. Cet esprit de description si fort répandu depuis peu, dans la littérature moderne, ne paroît guère avoir été du goût des Anciens. Dans le fait, rien de plus inutile au fond, parce que rien n'est plus difficile, pour ne pas dire impossible, que de faire passer dans l'imagination, par le seul secours des paroles, une idée claire d'objets, d'effets, de rapports qui doivent s'adresser aux yeux, ou parler à l'esprit au moyen d'un plan dessiné.

C'est effectivement au plan de l'ensemble des bâtimens, des places, et des rues d'une *ville*, qu'il appartient de faire juger de ses dispositions, et de nous apprendre si les constructions ont été soumises, dès le principe, à un ordre régulier et symétrique, ou si au résultat primitif de causes fortuites, et de rapports accidentels, l'ordonnance et les distributions de cette *ville* se sont combinées au gré d'une multitude de convenances isolées et particulières. Or, comme on l'a déjà fait voir, des raisons qui tinrent aux régimes divers et aux constitutions de beaucoup de pays, ayant produit le besoin de *villes* nouvelles, pour les colonies que l'excédant de population obligeoit de fonder, il étoit naturel que ces *villes* reçussent, dès leur fondation, l'avantage de se conformer à un plan déterminé.

Mais on se tromperoit si l'on étendoit l'effet de cette circonstance aux autres *villes*. Une *ville* antique, ensevelie il y a près de dix-huit siècles, sous les éruptions du Vésuve, a été dans le siècle dernier rendue à la lumière. Je parle de la *ville* de Pompeia dont les principaux édifices et les habitations particulières, en grande partie ruinés dans ce qui formoit leur élévation, est aujourd'hui intacte et visible, pour tout ce qui constituoit son plan, en sorte qu'il est plus facile de retracer aujourd'hui cette *ville*, ou du moins ce qui en est découvert jusqu'à ce jour, dans son iconographie, qu'il ne l'eût été, lorsqu'elle étoit entière et habitée.

Un architecte français (M. Bibent) s'est livré pendant plusieurs années, sur les parties découvertes de Pompeia, et malgré toutes sortes de difficultés et d'obstacles, à relever, avec une entière et précieuse exactitude, les plans fidèles des édifices, des maisons, des places et des rues de la *ville*. Ce qu'il en a publié peut faire au moins le tiers de son enceinte. D'après ce plan, il est aisé de se faire une juste idée de sa disposition élémentaire. Or il est sensible que Pompeia ne fut pas du nombre de ces *villes* qui furent établies sur un plan uniforme. On n'y voit pas cette distribution de rues, aboutissant régulièrement de chacune des portes, au point central de la place publique, ou de *forum*. On n'y voit pas que les rues transversales aient coupé les autres à angles droit. On n'y voit pas que les grandes rues aient été toutes alignées et tirées au cordeau. Les monumens publics même ne paroissent point avoir servi de point de vue, à quelque place importante, à quelqu'avenue correspondante. Ces monumens, au contraire, semblent s'être arrangés, comme l'un après l'autre, dans des espaces souvent biais, et s'être adaptés à toutes les sujétions du local. On ne sauroit dire que les rues offrent de ces contours sinueux qui, dans beaucoup de *villes* modernes, attestent le manque de direction donnée par l'autorité aux bâtisses successives, que produit le luxe ou l'augmentation de population. Quelques-unes des rues de Pompeia éprouvent des déviations, qui toutefois ont lieu par des lignes droites. Les grandes rues sont alignées. Mais l'ensemble de la *ville* ne porte aucunement le caractère de régularité, que peut seul offrir un plan fait d'avance.

On peut dire à l'égard des *villes* modernes, qu'on en compte très-peu qui aient eu, dès leur origine, l'avantage d'un semblable plan, et qui ne soient un produit très-incohérent de principes ou divers, ou contraires. On conçoit que cela dut arriver à des *villes* très-anciennes, qui se sont perpétuées, en s'étendant et se modifiant sans cesse, de siècle en siècle, au gré des changemens que le temps amène dans les usages et dans les formes d'une société. Ainsi peut-on, dans quelques *villes*, et Paris est de ce nombre, suivre depuis plusieurs siècles, l'histoire de leurs progrès, de leurs changemens, de l'accroissement de leur population et de leur richesse, par les agrandissemens des quartiers, par les extensions de terrain, par les changemens de goût survenus dans les constructions publiques et particulières. Plus l'esprit de commerce, si différent de l'esprit de famille, aura fait de progrès dans ces *villes*, plus les habitations particulières, soumises aux spéculations des entrepreneurs de locations, se feront avec économie pour s'accommoder plus facilement aux changemens, que de nouveaux besoins introduiront dans les établissemens mercantiles. Cependant l'accroissement de population qu'amène le commerce, exige de la police administrative, que les nouvelles rues acquièrent plus de largeur, que de nouveaux percés multiplient les dégagemens, que les anciennes rues se redressent, et s'élargissent graduellement. Ainsi voit-on la même *ville* devenir, par de nouvelles additions de quartiers, comme un composé de plusieurs *villes*, en apparence étrangères les unes aux autres.

Peu de *villes* modernes offrent dans leur disposition élémentaire, les conditions que l'art de l'architecture imposeroit à celles, qu'il auroit l'avantage de créer. La capitale de la Sicile, Palerme, est peut-être la *ville* qu'on seroit le plus porté à croire établie dès l'origine sur un plan déterminé Difficilement imagineroit-on une plus grande et plus simple disposition, que celle qui fixa la construction de cette grande *ville*, sur deux rues immenses, lesquelles se coupant dans leur milieu, forment le point de centre de quatre rues, où viennent aboutir toutes les rues secondaires, qui les traversent en ligne droite. Lorsque de beaux bâtimens, de grandes constructions, sans aucun mélange de bâtisses communes, bordent de semblables rues, ont est tenté de croire, que le hasard n'a point été l'auteur d'un pareil plan, et que succédant à l'antique *Panorma*, la capitale de la Sicile a pu hériter de quelque disposition antécédente, ou de quelques-unes de ces traditions, qui survivent aux *villes* elles-mêmes, dans des restes de matériaux ou de ruines, témoins toujours subsistans d'un ordre anciennement établi, et que la force de la routine perpétue à l'insu même de ceux qui le suivent.

Il y a, comme on l'a dit, dans les *villes* une beauté d'aspect qui tient à leur emplacement, à leur situation, à la nature du terrain sur lequel des causes quelconques ont favorisé leur érection. Rien, en général, ne sauroit plus contribuer à ce genre de beautés que la position en forme d'amphithéâtre. Le plus frappant exemple parmi les créations modernes de ce genre que nous puissions citer, est, sans contredit, la *ville* de Gênes, où se réunirent toutes les causes qui peuvent faire de l'assemblage des édifices et des habitations d'une population nombreuse, une sorte de spectacle dont la richesse et la variété sembleroient être le résultat d'une composition pittoresque idéale, plutôt que le produit du besoin et de la nature des choses. Il n'est pas douteux que dès l'origine, cette *ville*, construite au fond de son golfe, sur le penchant de la montagne qui le domine, n'ait dû se prêter à toutes les variétés qui produisent d'heureux points de vue. Mais cette simple cause fût restée, comme en beaucoup d'autres positions semblables, stérile pour l'art, si le commerce et le gouvernement de cette *ville* ne l'eussent peuplée d'une multitude de citoyens opulens, jaloux d'étaler leur fortune dans de nobles et grandes constructions de palais, destinés à honorer leur patrie. Ajoutons qu'à une certaine époque, celle du seizième siècle, qui fut celui de la belle architecture, la *ville* de Gênes, par un zèle général, appela les plus célèbres architectes, qu'elle chargea des embellissemens qui ont achevé d'ajouter les mérites de l'art aux avantages de la nature. Gênes est la seule *ville* qui semble nous rappeler la description mentionnée plus haut de l'antique Rhodes. On peut effectivement en dire aussi, qu'on n'y *voit pas une petite maison à côté d'une grande, que ses habitations d'une égale hauteur offrent la même ordonnance*, etc.

Aristide, comme on l'a vu, dit encore de la *ville* de Rhodes, qu'elle semble, par l'uniformité décorative de *ses constructions, ne former qu'un seul édifice*.

On pourroit, je pense, faire de cette particularité une application à la *ville* de Turin. Cette capitale ayant été dévastée par les divers siéges qu'elle avoit soufferts au commencement du dernier siècle, fut rebâtie depuis ce temps, et on peut dire qu'elle est presqu'entièrement neuve. Elle est certainement, entre toutes les *villes* d'Italie, ce pays le plus riche de l'Europe en belles *villes*, la *ville* sinon la plus belle par l'architecture, du moins la plus remarquable par la grandeur de ses dispositions, la symétrie et la régularité de ses bâtimens. On adopta dans sa reconstruction la pratique déjà mise en usage à Bologne, à Padoue et ailleurs, des portiques ouverts aux rez-de-chaussée des maisons, ce qui offre aux gens de pied une circulation commode et abritée, le long de toutes les rues. Cette méthode se trouva fort heureusement soumise, dans un plan entièrement neuf, à une parfaite uniformité. Dans les grandes rues surtout, les portiques ont contribué à donner, à l'extérieur des maisons, une apparence monumentale, qui semble ne faire de toute une façade de rue qu'un seul grand édifice. Toutes les rues sont alignées et se croisent en angles droits; elles partagent la *ville* en cent quarante-sept carrés plus ou moins grands, appelés *contrade*. Nulle *ville*, à vrai dire, n'a un aspect plus grandiose, par la juste proportion qui règne entre la hauteur des édifices et la grande largeur des rues. Aucune autre, très-certainement, n'auroit eu sur elle aucun avantage, si la beauté de l'architecture eût répondu à la magnificence de sa disposition. Mais quoiqu'on ne puisse pas reprocher au style de ses bâtimens les vices de mauvais goût, et ces bizarreries qui avoient précédemment, à cette époque, corrompu les principes de l'art de bâtir, on est toujours forcé de regretter qu'une aussi belle occasion n'ait pas coïncidé, comme à Gênes, avec l'époque du beau siècle des arts.

Quelque mérite, en effet, qu'il faille reconnoître, soit à Turin, soit ailleurs, dans la commodité, la régularité, la disposition symétrique, et autres qualités dont une *ville* peut vanter les avantages, sous le seul rapport d'une beauté matérielle qu'on ne contestera pas, nous croyons cependant que l'uniformité, lorsqu'elle est portée jusqu'à un certain point dans l'ensemble des constructions d'une *ville*, perd très-promptement de sa valeur, quant au plaisir des yeux et même de l'esprit. Une *ville*, comme nous l'avons déjà dit, peut à la rigueur être considérée comme le plus grand de tous les ouvrages de l'art de bâtir, et à cet égard on peut théoriquement en juger les résultats sur une grande échelle, de la même manière qu'on en apprécie les œuvres dans de moindres dimensions. Or, si dans un bâtiment isolé, le goût exige de l'architecte le mélange de l'unité avec la variété, c'est-à-dire que les parties, quoique liées au tout, ne se trouvent point soumises à des rapports de mesure ou de forme tellement identiques que l'œil n'ait à y voir qu'une seule mesure et une seule forme, comment n'en seroit-il pas de même de la bâtisse entière d'une *ville?* Il n'y a personne qui n'ait éprouvé dans quelques *villes* dont on vante cette uniformité qui dégénère en unisson, combien ce premier sentiment d'admiration fait promptement place à l'indifférence et à l'ennui; or cet effet est celui que produisent toutes les *villes* qui ont été construites tout à la fois d'après un modèle convenu, et il est impossible de ne pas l'éprouver à Turin.

On peut donc avancer que la beauté d'une *ville*, envisagée sous le rapport des impressions qu'on reçoit de l'ensemble de sa structure, tient beaucoup moins qu'on ne seroit tenté de le croire, à la symétrie et à l'entière régularité. Disons encore que, comme produit de l'architecture, la plus belle *ville*, pour l'homme de goût, sera celle qui renfermera les plus belles productions du génie de cet art. Or, les beautés que l'art peut produire comportent les plus nombreuses différences. Le même artiste imaginera de cent façons diverses les façades des palais, des monumens et des maisons ordinaires. Palladio en a fait sans nombre, et ne s'est jamais répété; et l'on ne sauroit choisir entre ses variétés. Qu'une *ville* nous présente, dans ses nombreuses constructions autant de conceptions variées des grands maîtres de l'art, jamais on n'épuisera les sensations diverses que fera naître la comparaison de ces ouvrages. D'un seul coup d'œil, on a tout vu dans une *ville* comme Turin, puisqu'une maison, une rue, une place, ne sont que la redite exacte d'une autre place, d'une autre rue, d'une autre maison.

Nous croyons que ces considérations doivent trouver une preuve et un témoignage encore plus frappant dans la *ville* la plus grande de l'Europe, et qui jouit à un degré beaucoup plus étendu, de l'avantage matériel d'une régularité et d'une symétrie parfaite, dans toutes les parties de ses nouvelles dispositions. On veut parler de la *ville* de Londres, dont le mémorable incendie de 1666 consuma la plus grande partie. Cet accident donna lieu au projet de la rebâtir sur un plan tout-à-fait neuf, et dans lequel tout fut soumis à la plus exacte régularité. L'architecte Wren (*voyez* ce nom) s'occupa de ce projet, et il le conçut avec toutes les conditions que peuvent exiger, d'une part, les idées de salubrité, de dégagement et de commodité qu'on pouvoit desirer; de l'autre, l'esprit de symétrie et d'uniformité auquel il est, on doit l'avouer, fort difficile de ne pas se soumettre, quand il s'agit d'opérer en plan, et en l'absence de toute sujétion. Londres devint donc, par l'effet d'une reconstruction simultanée, sur des lignes ordonnées par avance, le plus grand assemblage qu'on puisse imaginer, de rues également larges, tirées au cordeau; et d'autres rues qui, dans la même proportion, les coupent à angles droits, de places également alignées, et toutes semblables. Il ne pouvoit pas être question, pour une aussi grande population toute composée de marchands, de construire des maisons et des palais, dont l'architecture auroit orné les façades et varié les ordonnances. Londres ne pouvoit être qu'une *ville* de boutiques, et les quartiers même destinés aux classes plus élevées, devoient, par une sorte d'hypocrisie politique, n'offrir aucune apparence de supériorité. Il faut dire encore que le pays est privé de pierres propres à la construction. La nouvelle police de la *ville*, lors de sa reconstruction, ordonna seulement que les devantures des maisons seroient en briques.

On ne peut sans doute qu'admirer, dans cette immense cité, l'ordre, la propreté, la régularité, la commodité des trottoirs et de tous les établissemens qui contribuent aux agrémens comme aux besoins de la vie. On y est frappé de l'immensité, du nombre des quartiers, des grandes places, qui sont à la fois des objets de salubrité et de magnificence. Il y a enfin dans l'ordre, porté au plus haut point, une sorte de beauté qui ne peut que satisfaire la raison, et l'on est loin de prétendre que cette beauté de

FFff 2

la raison, ne doive pas se mettre au nombre de celles que les arts, et surtout celui de l'architecture, doivent réunir. Mais il arrive aussi dans ce genre comme dans tous les autres: toute qualité, lorsqu'elle est seule et devient exclusive, cesse bientôt de produire son effet. Or voilà ce que fait éprouver cette immense uniformité de la *ville* de Londres, où la même rue, la même façade de maisons, le même genre de construction semblent vous placer toujours dans le même lieu, en face de la même bâtisse; où, à un très-petit nombre de monumens près, l'impression d'aucun art ne se fait sentir; où enfin, un triste et monotone niveau semble s'appesantir sur vous, de tout le poids de cet ennui qui (dit le poëte) *naquit un jour de l'uniformité*.

Il y a, comme on le voit, fort peu de conseils à donner en cette matière. Les *villes*, en effet, du moins presque toutes, se font d'elles-mêmes, et malgré quelques exemples de *villes* modernes construites d'après des plans donnés, il faut encore se garder de croire qu'une bonne distribution de rues et de quartiers, suffise à la beauté de celles qui auront eu l'avantage d'une semblable origine. Une multitude d'autres causes physiques, politiques, morales et accidentelles influent, d'une manière très-diverse, sur leur destinée. En parcourant donc ce que les exemples anciens ou modernes nous apprennent ou nous montrent à ce sujet, nous n'avons eu d'autre intention que de mettre certains faits bien connus, dont chacun peut tirer des conséquences, à la place de règles impossibles à établir, puisqu'elles seroient sans application probable au plus grand nombre des *villes*. Encore une fois, on peut dire par où et par quoi, et sous quel rapport une *ville* est belle. Mais une *ville* n'étant point, dans la réalité, un ouvrage qui suppose, soit un auteur, soit un modèle, soit un principe ou un régulateur constant, il ne sauroit se donner à cet égard une véritable théorie.

Cependant plus d'un architecte a exercé son imagination à créer une sorte de *specimen* ou de programme de ce qu'on pourroit appeler l'idéal d'une *ville*, où il s'est plu à rassembler tous les élémens d'où dépendroient les beautés de l'art, le choix des monumens, les commodités locales, et les convenances spéciales d'une bonne police.

Le plus célèbre essai de ce genre, est celui de l'architecte florentin Ammanati. Il composa un ouvrage considérable intitulé *la Citta* ou *la Ville*, qui renferme les plans et les dessins de tous les grands édifices propres à embellir une cité, en commençant par des projets de portes. Viennent ensuite ceux des palais du prince, de l'hôtel-de-ville, etc.; ceux des temples, des fontaines, de la bourse, des théâtres, des ponts, des places publiques. Cet ouvrage fut dispersé après lui et entièrement égaré pendant quelque temps. Une partie fut retrouvée, et alloit être débitée dans une vente, sans être appréciée pour ce qu'elle valoit, et reconnue pour ce qu'elle étoit, lorsque le célèbre Viviani recueillit ces précieux fragmens, en leur restituant le nom de leur auteur. Ils passèrent de ses mains dans celles du sénateur Luigi de Riccio, amateur éclairé, qui les fit relier en deux volumes.

Quelques idées empruntées à certains projets de ce genre, compléteront ce qui nous paroît devoir suffire, dans un ouvrage de théorie, aux notions générales qu'il comporte.

Mettant à part des avantages qui peuvent constituer la beauté d'une *ville*, celui que la nature des lieux peut seule lui donner, et qui consiste dans le site, l'exposition ou la forme des terrains sur lesquels elle sera bâtie, on peut réduire à trois les conditions que le goût exigera, et qui devront remplir tout ce qu'on doit desirer à cet égard. Ces trois points, d'où résulteront la beauté et la magnificence d'une *ville*, se rapportent donc à ce qui regarde 1°. ses entrées, 2°. ses rues, 3°. ses édifices.

Rien d'abord ne donne une plus haute idée d'une *ville* que ce qui constitue ses abords et ses entrées. Si une ville est environnée de murailles, il conviendra que chacune de ses portes aboutisse, soit à une grande place, soit à quelque rue principale. Il seroit difficile de citer sur cet objet une plus belle entrée de *ville* que celle de Rome moderne par la voie Flaminienne. La porte qu'on appelle *del Popolo* s'ouvre sur une vaste place, dont le centre est orné d'un obélisque égyptien et d'une fontaine. Trois grandes rues, formant la patte d'oie, s'ouvrent à la vue du spectateur. Deux coupoles, avec un péristyle en colonnes, s'adossent à chacune des deux pointes formées par la réunion des trois rues qui débouchent sur la place. Cette entrée a été, depuis quelques années, rendue, et plus régulière dans son ensemble, et singulièrement améliorée par les travaux de terrasse qu'on y a pratiqués. Voilà une de ces beautés d'entrée de *ville*, qu'il n'est permis que de faire remarquer, sans qu'on puisse en prescrire l'imitation.

Si toutes les *villes* n'ont point reçu des causes antécédentes, la possibilité d'un semblable développement, toujours peut-il être facile d'y pratiquer, soit des portes plus ou moins décorées d'architecture, soit des dispositions régulières dans les constructions qui environnent leurs entrées, soit même des espèces de portes en arc de triomphe, comme on en voit à beaucoup de *villes* antiques murées, et qui offroient deux ouvertures, l'une pour ceux qui entroient, l'autre pour ceux qui sortoient.

Les entrées d'une *ville*, surtout si elle n'est pas murée, peuvent toujours devenir la place la plus convenable à certains monumens honorifiques. Il seroit convenable encore, que des avenues plantées d'arbres annonçassent la porte d'entrée, mé-

surtout qu'une rue bien alignée aboutisse à chaque porte, et donne accès dans l'intérieur de la *ville*.

Toute *ville* est un ensemble de rues, que bordent les maisons et les édifices publics. Le percement et la distribution des rues, leur étendue, leur largeur et leur multiplication, sont les objets qui importent le plus à la beauté, à la commodité et à la salubrité d'une *ville*. Sans aucun doute, il est à desirer que les rues soient percées en ligne droite; mais cette disposition, lorsqu'on a la facilité de la faire, doit être subordonnée à certaines considérations. Vitruve nous apprend qu'on se doit garder de percer les rues d'une *ville*, de manière qu'elles soient exposées dans toute leur étendue à l'action de certains vents ou malsains ou dangereux, et il recommande que dans le plan qu'on tracera d'une *ville*, on ait soin de soustraire leur ouverture et leur direction aux influences de certains vents. Il veut qu'on les distribue, autant les grandes que les petites qui les traverseront, en les coupant de façon à éviter l'influence des vents pernicieux, selon chaque climat.

Quoique l'alignement fasse la beauté d'une rue en plan, il faut se garder de croire que la même propriété doive s'appliquer à l'élévation des bâtimens. On préfère de beaucoup, dans une rue, les variétés de hauteur entre les maisons. Mais on ne dissimulera point qu'il est singulièrement avantageux que chaque édifice et chaque maison se terminent par la ligne droite d'un couronnement quelconque. C'est à cela que le plus grand nombre des *villes* d'Italie doivent la grandeur et la noblesse de leur effet. Les *villes* qui manquent de cette pratique offrent nécessairement dans la disparité, surtout de leurs élévations, une image de désordre et de confusion qui blesse la vue. La *ville* de Naples doit à l'usage universel des terrasses qui terminent toutes les bâtisses, un autre désagrément. Le petit mur d'appui qui borde chaque terrasse sur la rue, ne présentant qu'une simple ligne droite, sans aucune avance, sans profil, et sans saillie, donne à chaque maison l'apparence d'un édifice qui n'a point été terminé.

L'étendue et la largeur des rues contribue, plus qu'on ne peut le dire, à la beauté d'une *ville*. Leur étendue donne à celui qui les parcourt, le plaisir d'une succession de monumens, de points de vue, et d'objets variés; leur largeur met les bâtimens dans le cas de produire tout leur effet, par la reculée qui s'offre au spectateur. Dans plus d'une *ville* d'Italie, à Rome même et à Florence, on est souvent dans le cas de regretter que des monumens de la plus belle architecture, ne puissent être admirés d'un point de distance convenable.

On met la multiplicité des rues au nombre des avantages qu'il convient de procurer à une *ville*, soit pour l'économie du terrain qui se trouve souvent perdu, dans ce qu'on appelle les *îles de maisons*, soit pour la facilité des communications et des dégagemens.

Généralement on doit desirer que le plan d'une *ville* soit disposé, de manière que sa magnificence se subdivise en une infinité de beautés particulières et toujours diverses. Il faudroit, qu'en parcourant tous les quartiers l'un après l'autre, chacun pût offrir dans un même système d'unité, des spectacles diversifiés par les monumens de tout genre qui orneroient ses places, qui offriroient des aspects, soit d'élégance, soit de richesse, en colonnades, en portiques, en péristyles, en masses tantôt simples, graves et solides, tantôt agréables et pittoresques. Londres, dans le grand nombre de ses vastes places (*squarre*), jouit d'une partie de l'avantage dont on parle. Il est fâcheux que le mérite des élévations ne réponde point à la grandeur des espaces, et que les richesses de l'art n'aient pas pu trouver dans tant et de si beaux emplacemens, l'occasion de leur donner et d'en recevoir la valeur qui leur convient. Mais toutes sortes de causes ont empêché cette grande *ville* de briller par l'architecture.

L'architecture cependant, dès qu'il s'agit de beauté dans une *ville*, doit être mise au premier rang des causes et des moyens qui la produisent. Quand on se forme une juste idée de cet art, et qu'on envisage toute l'étendue des propriétés qu'il embrasse, on voit d'abord qu'étant, avant tout, principe d'ordre, de régularité, de symétrie, d'eurythmie, c'est de lui que, sans le savoir quelquefois, la bonne police et l'administration des villes empruntent leurs dispositions et leurs plus sages réglemens.

Par exemple, c'est l'architecture qui apprend à donner des bornes au trop grand exhaussement des maisons, et le bon goût, si on en écoutoit les conseils, viendroit à l'appui du bon ordre, pour fixer les proportions que la beauté des rues sollicite, aussi-bien que la salubrité. L'architecture, si on consultoit plus souvent ses intérêts, s'opposeroit à ce que l'on élevât des bâtimens publics dans des emplacemens trop serrés, et qui, incommodes par leur situation, privent la *ville* de l'aspect heureux dont sa décoration tireroit parti.

C'est l'architecture qui donne de loin aux *villes* l'apparence de grandeur et de magnificence qui annonce leur puissance. La beauté des édifices n'existe pas seulement pour leur intérieur; ces grands monumens que l'art élève au-dessus des autres bâtimens, forment les beaux points de vue qui enchantent les yeux, et sont, tant au-dedans qu'au-dehors, l'objet d'un spectacle toujours nouveau.

On ne sauroit sans doute prétendre que toute construction particulière soit un ouvrage proprement dit d'architecture, quoiqu'il n'y ait rien de simple et d'économique qui ne puisse participer à quelqu'une des beautés de cet art. Mais le moyen d'obtenir plus ou moins cet effet consisteroit, de la part des grands, des riches et des gouvernemens, à n'élever ni palais, ni monumens publics, ni constructions importantes, que selon les grands principes de l'art, et d'après les exemples des grands maîtres. Naturellement, les moyennes et les petites constructions recevroient de ces beaux ouvrages une influence qui épargneroit ces contrastes et ces disparates qu'on voit régner, dans plus d'une *ville*, entre le goût général des habitations et celui de quelques édifices que le manque d'une correspondance de style et de caractère semble réduire au tort qu'ils ont d'être des exceptions.

Quelques *villes* d'Italie peuvent venir à l'appui de cette observation. Généralement, dans les *villes* que chacun désigne sans qu'on les nomme, l'architecture est un empire *très-puissant*; elle le dut à l'ambition de toutes les familles riches et puissantes, et au desir qu'eurent les plus grands personnages, de perpétuer leur souvenir et leur nom par de belles et solides habitations. De là ce nombre infini de beaux palais, de masses imposantes, de constructions grandioses et ornées de toutes les richesses de l'architecture; de là ces belles devantures, où tous les ordres de l'architecture offrent encore aujourd'hui les modèles qu'imitent les artistes, et sur lesquels ils forment leur goût. Mais on a déjà observé que ces palais qui font la beauté de ces *villes* sont construits de manière à devenir le principal ornement des rues et des places. Au contraire, selon le critique à qui j'emprunte cette remarque, on a vu d'immenses quartiers de Paris se composer presqu'entièrement de riches hôtels, qui n'ont pu contribuer à la beauté des aspects dont on parle, et cela fut dû à l'usage de construire les hôtels au fond des cours; en sorte que tout leur effet est nul sur les rues que bordent uniquement les portes qui donnent entrée dans les cours. Le critique dont je parle auroit voulu que l'autorité s'opposât à ce genre de disposition. Ce vœu est, sans doute celui d'un grand amateur d'architecture; mais comme il y a sûrement beaucoup d'autres choses préférables dans une *ville* à la beauté matérielle de ses bâtimens, et qu'une de ces choses doit être la liberté de se loger comme on veut, pourvu qu'on ne nuise point à la liberté d'autrui, je pense qu'il faut se contenter en ce genre, d'énoncer ces sortes de considérations, et de n'invoquer à leur appui d'autre autorité que celle du goût.

VINDAS, s. m. Machine composée de deux tables de bois, et d'un treuil à plomb nommé *fusée*, qu'on tourne avec les bras, et qui sert à traîner les fardeaux d'un lieu à un autre.

VINTAINES. *Voyez* CABLE.

VIS, s. f. Ce mot appartient proprement à l'art de la serrurerie ou de la menuiserie, quant à la fabrication de l'objet qu'on appelle de ce nom. L'objet appartient à un très-grand nombre de métiers, de machines qui en font emploi.

La *vis* est donc une pièce ronde, soit en métal, soit en bois, cannelée en ligne spirale, et qui entre dans un écrou qui est cannelé de la même manière. On observe que le filet des *vis* en bois est ordinairement angulaire, tandis que celui des *vis* en métal est le plus souvent carré.

La fabrication et l'emploi des *vis*, dans les machines et les instrumens mécaniques, comportent beaucoup de variétés, et aussi leur a-t-on donné beaucoup de noms divers, que nous ne rapporterons point en détail; nous nous bornerons aux dénominations des deux sortes de vis les plus importantes.

Ainsi on appelle *vis sans fin* une *vis* dont les pas engrènent dans une roue, et qui est tellement fixée entre deux points, qu'elle tourne sur son axe, sans pouvoir avancer ni reculer comme les *vis* ordinaires. On l'emploie dans plusieurs sortes de machines. On appelle *vis d'Archimède* une *vis* composée d'un canon appliqué autour d'un cylindre ou noyau incliné à l'horizon. Quand elle agit, l'extrémité inférieure du noyau tourne dans une crapaudine, et l'autre dans un collier. On a imaginé d'employer la *vis d'Archimède*, mue par le vent, au desséchement des marais, à l'arrosement des prairies, à l'épuisement des fondations.

On a donné dans l'architecture le nom de *vis* à certains objets, à certaines parties de construction, dont la forme et l'exécution semblent être une imitation d'une *vis* et en reproduire l'idée. C'est par suite de cette analogie de ressemblance, qu'on dit :

VIS DE COLONNE. C'est ainsi qu'on appelle le contour en ligne spirale du fût d'une colonne torse. (*Voyez* TORSE.) Ce contour a lieu, soit que le fût même de la colonne se trouve tordu, soit que le fût restant rectiligne on l'orne avec des cannelures, qui, au lieu d'être tracées perpendiculairement, décrivent à l'entour les circonvolutions d'une ligne spirale.

VIS D'ESCALIER. On donne ce nom à la configuration d'un escalier construit en rampe spirale. Il y en a ainsi de simples et de doubles. On en fait dans plus d'un système, soit que les marches, soutenues par leur queue dans les murs de cage, portent chacune leur collet, qui forme un cercle vide, soit que les marches tournent autour d'un noyau aplomb et qui porte de fond. *Voyez*, sur les diverses sortes d'escalier à *vis*, le mot ESCALIER.

VISITE, s. f. Se dit de l'examen que des

experts font d'un lieu où l'on veut bâtir, ou de quelqu'ouvrage contentieux, pour en faire leur rapport à l'autorité, ou pour procéder à l'estimation d'une bâtisse, s'il y a lieu.

VITRAGE, s. m. Terme général, par lequel on exprime l'ensemble de toutes les parties vitrées d'un local ou d'un bâtiment.

Le *vitrage* est devenu dans l'architecture moderne un objet important, et dont il n'étoit guère possible que l'architecture antique s'occupât, parce qu'il n'est guère probable qu'elle en ait eu besoin. Ce n'est pas que les Anciens n'aient pratiqué d'abord, par l'emploi des pierres spéculaires, et ensuite par celui du verre, plus d'un moyen de clôture pour les intérieurs, et plus d'une méthode propre à y introduire la lumière. *Voyez* FENÊTRES, SPÉCULAIRES.

Cependant beaucoup d'usages nouveaux ont nécessité, chez les Modernes, des pratiques de clôture et d'éclairage qui ne durent point être connues des Anciens. La différence des religions, des climats et des mœurs, devoit influer de plus d'une manière sur certaines institutions, telles, par exemple, que celles des édifices sacrés. On voit tout d'un coup comment le plus grand nombre des temples païens n'avoit besoin que de la lumière de la porte, et comment une seule ouverture dans le comble des plus grands pouvoit suffire à des naos dont la dimension intérieure approchoit à peine de celle de nos plus petites églises. On sait en outre que l'intérieur des temples antiques n'étoit ni capable de recevoir, ni destiné à contenir la multitude; que toutes les cérémonies du culte étant extérieures, le contraire de ces usages dut amener, dans le christianisme, les plus grandes diversités. Or, une des plus importantes et des plus sensibles consiste dans l'immensité des intérieurs d'églises, comparés aux plus grands des plus vastes temples païens. Le mot *église* signifie assemblée. Il fut donc indispensable de procurer à d'aussi considérables réunions, avec une étendue de local proportionné dans toutes ses dimensions, de grandes et nombreuses ouvertures pour la lumière.

Les églises gothiques offrirent, par la nature seule de leur construction, et dans la procérité de leurs élévations, des fenêtres immenses et multipliées. L'usage des vitraux coloriés par assemblages, donna encore plus de vogue à ce grand système de *vitrage*, qui devint, dans le fait, une des principales décorations des intérieurs. Ce système de *vitrage* tient, en quelque sorte, à la construction des meneaux en pierre qui divisent les vides des arcades supérieures, lesquelles se trouvèrent converties en fenêtres. Il tient, au genre d'assemblage des montans et traverses de fer qui reçoivent les compartimens des vitres, et leur donnent une très-grande solidité. C'est à ce système de *vitrage* qu'on doit ces belles roses qui ornent ordinairement, dans les églises gothiques, les deux parties supérieures des bras, ou de ce qu'on appelle la croisée de l'édifice, assemblage très-agréable de croisillons et de nervures de pierre, dont les intervalles sont remplis de toutes sortes de vitraux diversement coloriés.

Vitrage se dit aussi, par une locution générale, pour exprimer, dans un intérieur quelconque, une division de deux pièces, formée par une clôture en verres.

VITRAIL, s. m. On pourroit regarder ce mot comme tout-à-fait synonyme du précédent; si ce n'est que le premier semble embrasser quelque chose de plus général, soit comme regardant l'art d'employer le verre et les vitres à fermer les ouvertures des edifices, soit comme comprenant dans son ensemble les parties dont il se compose. Or, ces parties sont précisément les compartimens de verre qui, scellés et ajustés dans des cadres quelconques, forment ce qu'on peut appeler des *vitraux*. Le *vitrail* effectivement diffère de la *vitre*, comme un tout diffère de ses parties.

On use plus fréquemment du mot *vitrail* au pluriel qu'au singulier; celui-ci paroît être, plutôt technique. Mais on dira d'une église qu'elle a de beaux *vitraux*, que les *vitraux* de tel monument sont un ouvrage de tel ou tel siècle.

VITRE, s. f., de *vitrum*, qui veut dire verre. On donne ce nom à des carreaux ou plaques de verre, de toutes formes et de dimensions différentes, dont on remplit les espaces plus ou moins grands, que forment les montans ou les traverses des châssis, le plus souvent en bois, qui servent à fermer les ouvertures des fenêtres. La *vitre* sert ainsi de clôture, et en même temps qu'elle intercepte l'action de l'air extérieur, elle laisse passage à la lumière dans l'intérieur des chambres et des appartemens.

Nous avons eu déjà occasion de faire voir, que l'usage du verre remonte à la plus haute antiquité. Les textes des plus anciens écrivains, et les restes les plus nombreux d'ouvrages les plus antiques en verre, ne sauroient permettre d'en douter. (*Voyez* VERRE.) Il ne paroît pas qu'il en ait été de même des carreaux de verre appliqués aux châssis des fenêtres. Au mot PIERRE SPÉCULAIRE nous avons rendu compte de quelques-unes de causes qui rendirent moins nécessaires, qu'on ne pourroit le croire, chez les Anciens, l'usage des carreaux de *vitre*. Beaucoup de matières équivalentes en tenoient lieu quant à la transparence; et à l'égard de la clôture que produit aussi la *vitre*, chacun sait par combien de sortes d'objets on peut y suppléer, et combien la différence des mœurs et du climat rendoit les intérieurs des maisons, moins susceptibles de certains agrémens et des commodités qu'exigent aujourd'hui, et dans nos pays, la manière de vivre et les usages de la société.

Cependant, il paroît qu'au temps de Sénèque, l'usage des carreaux de *vitre* devint usuel dans les maisons. C'est à peu-près vers son époque, et même plus tard, que les villes d'Herculanum et de Pompeia furent ensevelies sous les différentes éruptions du Vésuve. Or, on a trouvé dans les ruines de cette dernière ville, non-seulement des carreaux de *vitre*, mais même des châssis de métal avec leurs *vitres*.

Nous voyons, par une multitude de passages et d'autorités historiques, les carreaux de *vitre* employés dans le moyen âge, et devenir, par le secours de la peinture sur verre, les matériaux usuels de ces grands vitrages, dont les plus anciennes de nos églises virent orner les grandes ouvertures de leurs fenêtres.

VITRAUX (PEINTURE SUR). A l'article PEINTURE SUR VERRE (*voyez* VERRE), nous avons fait connoître, dans le travail que nous a communiqué sur cet art M. Brongniart, membre de l'Académie des sciences, et le plus expérimenté de tous nos savans en cette matière, quels sont les divers procédés de ce genre de peinture, ce qu'on devoit penser des préjugés qui règnent à cet égard sur la supériorité des Anciens, et à quel degré de perfection les tentatives modernes ont porté les moyens de renouveler, si on l'encourageoit, cette sorte de peinture décorative.

L'article présent n'aura pour objet que de rechercher les causes qui donnèrent autrefois la vogue à l'emploi de la *peinture sur les vitres* des fenêtres, les causes qui en ont amené la désuétude, et ce qu'on peut encore se promettre du renouvellement de cet usage.

En d'abord, nous croyons pouvoir avancer que l'antiquité grecque ou romaine ne connut ou n'employa point ce genre d'ornement dans les édifices. Non qu'on veuille nier que les Anciens dont nous parlons, plus habiles qu'on ne le croit d'ordinaire dans le travail du verre, aient méconnu le secret de le colorer. (*Pour ne pas alonger inutilement cet article de citations archéologiques, nous renverrons le lecteur à l'article* VERRE *du Dictionnaire d'Antiquités de l'Encyclopédie, où de nombreuses autorités déposent du savoir des Anciens en cette partie.*) Il n'y a d'ailleurs personne qui ne sache à quel point le travail des mosaïques employa les émaux, c'est-à-dire des cubes de verre coloré dans la pâte.

Nous avons fait voir par quels moyens habituels les Anciens suppléèrent, dans leurs *specularia*, aux carreaux de vitre (*voyez* FENÊTRE, SPECULARIA), qui, à ce qu'il paroît, si l'on en croit un passage de Sénèque (lettre 90), ne furent guère en usage à Rome que de son temps. Faut-il restreindre à Rome la notion de cet écrivain? On seroit tenté de le croire, ou de penser au moins qu'il entend parler, non de l'invention des carreaux de vitre, mais de leur application aux fenêtres devenue plus générale, au lieu de la pierre spéculaire, à laquelle les mots *pellucentia testa* ne semblent pas convenir. Des carreaux de vitre montés sur un châssis métallique, et retrouvés dans la petite ville de Pompeia, ensevelie sous les cendres du Vésuve, l'an 79 de notre ère, semblent devoir prouver que l'usage dont parle Sénèque étoit répandu ailleurs qu'à Rome.

Quelqu'opinion qu'on se forme de l'usage des *vitres* dans l'antiquité, et tout en reconnoissant que, vu la grande pratique des Anciens dans le travail du verre, aucune raison fondée sur la difficulté d'obtenir de cette matière, des tables ou des carreaux, n'a pu en rendre l'emploi si rare ni dispendieux, il sera toutefois permis de douter qu'ils aient essayé d'appliquer à leurs vitraux des verres coloriés, encore moins des verres peints ou ornés de peinture, selon le vrai sens de ce mot.

En distinguant soigneusement, en ce genre, les verres qu'il faut appeler *teints*, plutôt que *peints*, c'est-à-dire les verres coloriés à la verrerie, dans la pâte, d'avec les verres peints, c'est-à-dire qui reçoivent des couleurs superposées et que l'action de la chaleur y incorpore, il est assez naturel de penser que vers les derniers siècles, ou sous le bas-empire, à Constantinople surtout, la grande pratique de la mosaïque en émaux, auroit pu propager le goût de certaines marqueteries en petits morceaux de verre coloriés dans la pâte.

Ce goût s'est encore conservé dans ce pays jusqu'à notre temps, et contribue aujourd'hui à former les enjolivemens des vitraux dans les intérieurs des maisons. Mais quel qu'ait pu être l'emploi de ce goût d'ornement, dans le bas-empire, il est tout-à-fait invraisemblable que l'art de peindre en grand sur des vitraux, art difficultueux et dispendieux, ait trouvé alors les occasions de se propager, en supposant qu'on l'eût connu.

Il paroît probable que ce sera la construction des églises chrétiennes qui aura fait accueillir ce genre d'ornement. La grandeur des fenêtres et des vitraux que ces églises demandèrent, dut d'autant plus naturellement favoriser, que dans cette [illegible] de dessin et des arts d'imitation, beaucoup de procédés techniques et métallurgiques, ne laissoient pas de se conserver par les traditions des ateliers. Les autorités positives sont [illegible] pour constater quel peut être, jusqu'aux siècles qui virent élever dans le moyen âge la grande [illegible] d'architecture gothique, l'état des procédés propres à faire des vitraux en verre de couleur. Vers le douzième siècle, furent commencées d'être construites en pierre, dans toute l'Europe chrétienne, ces nombreuses et vastes églises, qui, selon toutes les apparences, remplacèrent d'anciennes constructions en bois. A cette époque, toute idée d'art et de peinture avoit

avoit disparu, excepté dans ces sortes de travaux de manufacture, que les corporations ouvrières de ce temps, pratiquoient et perpétuoient. La *peinture sur vitres* fut de ce nombre. Elle continua d'être appliquée, soit en ornemens, dans les compartimens des grandes rosaces, et dans les encadremens; soit en compositions de figures, dans les panneaux des grandes fenêtres, qui furent ainsi converties, si l'on peut dire, en tableaux.

Ces tableaux, dont quelques belles substances colorantes faisoient le charme, et dont le soleil ou la clarté du jour faisoient l'effet, étoient composés d'une multitude de petites pièces de verre, les unes coloriées dans la verrerie; les autres revêtues de couleurs superposées, et réunies comme un travail de marqueterie, par de petites bandes de plomb, ou affermies par de petites tringles de fer. Mais la hauteur où étoient ces vitraux, et la distance d'où on les voyoit, rendoient peu sensibles ces sortes de ligamens, qui, en interrompant la continuité des parties, seroient un grave inconvénient vus, de près, et surtout dans des ouvrages soumis aux convenances d'une véritable imitation. Il n'étoit d'ailleurs question, pour le goût de ces temps, et, en raison des connoissances d'art répandues alors, que de plaire aux yeux, par un mélange brillant et varié de toutes sortes de configurations coloriées.

Or, on ne sauroit nier que ce spectacle de vitraux coloriés, n'ait été, dans les églises gothiques, un de leurs principaux mérites; et n'ait contribué, par un effet mystérieux, à produire des impressions conformes aux sentimens religieux. Ce genre de décoration, né avec le système de la bâtisse gothique, devoit, dans chaque pays, subsister autant que le goût auquel il avoit été approprié.

La renaissance des arts de l'antiquité, c'est-à-dire du goût de la véritable imitation, devoit, en ramenant l'architecture et la peinture, aux principes de l'ordre, et de la vérité naturelle, discréditer l'emploi d'un genre et d'un procédé de peinture, plus soumis à la pratique routinière des manufactures, qu'au talent et au génie de l'artiste. La peinture renaissante en Italie, s'empara de nouveau de la décoration des églises. Aussi voyons-nous dès le quinzième siècle, disparoître la *peinture sur vitres*, malgré les améliorations qu'elle avoit elle-même éprouvées.

La France suivit, mais plus tard, et plus lentement, le mouvement imprimé en Italie, à tous les arts d'imitation. Le goût gothique beaucoup plus répandu par l'architecture, et surtout par celle des églises, n'y fut réellement déraciné que dans le dix-septième siècle. Déjà la peinture étoit arrivée à un très-haut point, mais plus d'une circonstance l'avoit empêchée de prendre son essor, dans la décoration des églises. Aussi voyons-nous encore dans ce siècle, des vitraux d'église et de cloître, perpétuer l'ancienne pratique, toutefois avec un meilleur goût de composition, de dessin et de couleur. Il devoit cependant arriver, et il arriva, qu'en France au dix-septième siècle, comme en Italie au quinze et seizième, la véritable peinture employée selon le génie qui lui convient, et appliquée à ses plus nobles emplois, dut faire tomber dans l'oubli la *peinture sur vitres*; et l'on voit que cette sorte d'art, liée au goût de la construction, gothique disparut avec elle.

Dans la vérité, le succès qu'elle avoit eu en l'absence de la véritable peinture, dut discontinuer, lorsque celle-ci lui opposa, et la science du dessin, et la grandeur des compositions, et la vérité du coloris, et la facilité du transport, et les variétés des tons, ses procédés et l'économie de son exécution. Il est en effet dans la destinée de la *peinture sur vitres*, de ne pouvoir être employée qu'en fenêtres, et de ne pouvoir recevoir son effet que de la transparence de la matière; ce qui fait qu'elle ne peut s'accommoder que d'une seule position, lorsque toute espèce de local est propre à recevoir les autres sortes de peinture. Son très-grave inconvénient est encore, de ne pouvoir exister que sur la matière la plus fragile, de ne pouvoir se pratiquer que sur des assemblages de carreaux de verre, plus ou moins multipliés, ce qui offre à la composition et à l'ensemble des figures, plus d'un genre de difficultés et de désagrémens.

D'ailleurs ce genre de magnificence, noble mais triste, dont on décoroit les églises, offroit de plus grands inconvéniens dans les palais des princes. Il produisoit à leur intérieur une sorte d'obscurité, surtout quand le sujet qu'on peignoit étoit riche et composé. La difficulté d'ouvrir les châssis des fenêtres, et la crainte de casser les vitraux, empêchoient de renouveler l'air, et l'interception des rayons de la lumière ajoutoit à l'insalubrité. Cette réunion d'inconvéniens fit déchoir la *peinture sur vitres* avec tant de rapidité, que le célèbre Palissy fut obligé d'y renoncer. Il tourna son talent du côté de la poterie, et se réduisit, pour vivre, à peindre sur la faïence.

Voilà les vraies considérations qui tendent à expliquer la désuétude de ce genre d'art, désuétude qu'on ne sauroit attribuer, comme on a pu le voir (*voyez* VERRE (Peinture sur)), à l'ignorance des procédés, qui n'ont jamais manqué de se reproduire de temps à autre, dans des essais que le goût régnant et celui de l'architecture ont nécessairement manqué d'encourager.

Ce besoin de nouveauté qui tourmente les sociétés modernes, et qu'on ne trouve guère le moyen de satisfaire qu'en ressuscitant de l'ancien, a tenté depuis un certain nombre d'années, en Angleterre surtout, de faire rétrograder le goût de bâtir jusqu'au gothique, et on a vu des églises nouvelles bâties à neuf dans ce système. Faudroit-il attribuer à cette bizarrerie en construction, l'idée de renouveler aussi le genre de peinture qui accompagna jadis les monumens des siècles d'ignorance? Il y a déjà près de quarante années que l'art des vitraux peints s'est reproduit chez les Anglais, dans des ouvrages qui font l'illusion des tableaux en figures. On en donnoit pour raison, que les images de tout genre ne pouvant point trouver place dans les églises protestantes, on avoit regardé les vitraux peints comme un moyen d'éluder en faveur des arts du dessin la défense religieuse. Depuis cette époque, l'art de peindre sur *vitres*, et de transformer de nouveau les fenêtres en tableaux, paroit avoir occupé plus d'un artiste.

On a vu à l'article Verre (Peinture sur), que des artistes anglais avoient été appelés à Paris pour y exécuter de ces sortes de tableaux, et il a été prouvé dans ce même article, que le prétendu secret des Anciens en ce genre n'en étoit pas un; qu'il n'avoit pas cessé d'être connu, et qu'avant les travaux des artistes anglais, d'assez nombreux ouvrages faits à Paris témoignoient que ce n'étoit point l'art qui avoit manqué à cet emploi, mais bien l'emploi des ouvrages qui avoit manqué à l'art.

Maintenant, les seules questions à résoudre seroient de savoir: 1°. si un procédé aussi dispendieux peut être renouvelé avec avantage, tant que le besoin n'en favorisera point l'exploitation; 2°. si ce besoin peut se reproduire naturellement dans nos édifices et dans leur décoration; 3°. s'il importe réellement de faire renaître ou d'encourager l'exigence d'un semblable besoin.

Quant à la première question, on ne peut se dissimuler que vainement toute invention, toute industrie, toute fabrication se trouveront importées, excitées, cultivées dans des temps et des pays où manqueroient les principes qui peuvent les faire prospérer. Chaque plante, chaque production de la nature veut un sol et un ciel propice, dont les soins de la culture la plus assidue, ne remplaceront ou ne compenseront jamais l'absence. Réciproquement, le défaut de culture ne se trouvera pas toujours corrigé par les causes naturelles. Il en est de même des productions des arts. Leur succès dépend d'abord, entre beaucoup de causes naturelles, de celle qu'on doit appeler le besoin. Dès qu'un art n'a point ses racines dans le fond de quelque emploi nécessaire et commandé par quelque usage public; dès qu'il ne se lie ni à certains besoins, ni à un certain nombre de pratiques agréables qui font partie des mœurs et des plaisirs de la société, cet art pourra bien devenir un objet de luxe ou de curiosité; mais si ce luxe est dispendieux, s'il ne trouve d'aliment que dans la munificence d'une protection particulière, sa destinée sera de passer promptement et de disparoître. Or, lorsqu'on applique ces considérations à des ouvrages qui sont déjà par eux-mêmes, dans chaque pays, les objets de la plus grande dépense, je veux dire les ouvrages de l'architecture, en grand surtout, tels que temples, palais, monumens publics, on ne sauroit présumer qu'un genre de peinture aussi dispendieux, et toutefois nécessairement inférieur à tous ceux qui entrent aujourd'hui dans la décoration, puisse devenir une sorte de besoin, comme autrefois, lorsqu'il étoit le seul luxe de décoration intérieure des églises.

Ceci nous conduit à la seconde question. Est-il probable que le goût du public en vienne naturellement à regretter la pratique de ce procédé de peinture et de ses applications, au point de lui rendre, dans l'opinion, l'importance qu'elle accorde à ces arts, dont on s'est fait un besoin? Nous répondrons que rien n'est moins probable. La fausse idée qu'on s'étoit faite du prétendu secret de cette peinture, et de l'ignorance de notre temps à cet égard, a pu éveiller cette espèce d'amour-propre, qui souffriroit d'une infériorité trop réelle, dans un art si intimement lié à la science de la chimie et aux procédés métallurgiques. Mais dès qu'il est reconnu que l'on n'ignore rien, et même qu'on peut défier la science du passé sur tous les points d'exécution en ce genre, il n'est plus permis de croire que la *peinture sur vitres* puisse devenir même un besoin d'amour-propre. Ne seroit-il pas permis encore de présumer, que très-naturellement l'esprit du temps actuel, que les circonstances qui ont si singulièrement diminué les ressources des établissemens religieux, et détourné des intérêts matériels du culte les affections protectrices de ce genre de peinture, s'opposeroient à son rétablissement, loin d'en seconder les entreprises?

Mais importe-t-il réellement de prendre les moyens, quels qu'ils puissent être, de faire revivre l'art de faire des tableaux sur verre, en encourageant, par des exemples, tout ce qui pourroit en reproduire le besoin? La réponse à cette troisième question ne sauroit être difficile.

On a déjà vu que la *peinture sur vitres* en figures avoit dû la vogue qu'elle obtint, dans le moyen âge, à la tradition des procédés techniques de la mosaïque et des opérations métallurgiques conservées par les corporations, lorsque tous les arts du dessin se trouvèrent enveloppés dans une ignorance générale, et qu'à défaut de toute autre peinture, l'architecture gothique avoit protégé singulièrement l'art de transformer en tableaux les vitraux de ses grandes et nombreuses fenêtres dans les églises. Si l'on examine ensuite les entreprises de cet art, à ses diverses époques, on voit qu'à celle où il jeta le plus d'éclat, dans les compositions et les figures de ces sortes de tableaux, ce qu'on y admira, et ce qu'on y admire encore le plus, se réduit uniquement à la beauté des substances colorantes. Pour ce qui fait le fond de l'art de peindre, il y est entièrement livré à la routine la plus ignorante, et effectivement cette manière de composer de grandes scènes, par une réunion de petits morceaux de verre coloriés, assemblés avec des plombs, ne pouvoit que présenter les plus grands obstacles au succès de compositions, vues d'ailleurs de trop loin, pour qu'on pût y chercher autre chose que le plaisir des yeux. Que si on examine les travaux de cet art, à sa dernière époque, c'est-à-dire depuis la renaissance des beaux-arts, et de la peinture en particulier, on avouera qu'il s'est fait des ouvrages fort recommandables par le bon goût de la composition, du dessin et de la vérité. Mais ce furent surtout de petits vitraux placés sous l'œil, dans les cloîtres, et d'autres locaux d'une petite dimension.

Cependant ce genre de peinture en petit, difficultueux et dispendieux de sa nature, devoit bientôt disparoître, ainsi qu'on l'a vu, dès que la vraie peinture, avec ses nombreuses et immenses ressources, avec ses procédés plus ou moins expéditifs, selon les genres, fut rentrée dans son domaine et eut reconquis son légitime empire. Pouvoit-il en arriver autrement, et la *peinture sur vitres*, par la seule raison qu'elle n'a d'emploi que sur le verre, ne devoit-elle pas être bientôt abandonnée ?

Quelle raison y auroit-il donc aujourd'hui de faire renaître l'emploi d'une peinture qui ne reposeroit que sur un besoin factice, qu'aucune utilité ne motiveroit, et qui hors des vitraux, que leur position éloigneroit de la vue et des accidens d'une destination usuelle, resteroit toujours au-dessous des autres productions du pinceau ?

Quelque perfection que ce genre puisse atteindre en grand, par l'exécution d'un peintre habile, on peut affirmer que jamais il ne lui sera donné d'arriver à tous les degrés de hardiesse, de liberté, de correction, de charme et d'harmonie des autres genres. Que faire ensuite des produits d'un art dont la fragilité permet à peine le déplacement, qui ne sauroit trouver place dans les collections de tableaux, qui n'est propre qu'à faire des châssis, que le moindre accident peut détruire et que rien ne peut réparer ?

Seroit-ce d'ailleurs à une époque où le nombre des peintres surpasse à un degré aussi prodigieux le nombre des emplois à faire de leurs talens, qu'on iroit porter de grandes dépenses à un genre de peinture nécessairement inférieur et naturellement stérile ?

La *peinture sur verre* ou *sur vitres*, ne peut plus être qu'un objet de curiosité, propre uniquement à prouver que si l'on n'en fait que peu ou point, c'est qu'on n'en veut pas davantage ou qu'on n'en veut pas du tout.

Faudroit-il cependant exclure ce procédé curieux et intéressant des entreprises de l'architecture ? Nous croyons que le bon esprit, dans la culture et dans l'emploi des arts, ne doit rien rejeter; qu'il peut, au contraire, et doit accueillir et admettre tout ; mais que ce bon esprit consiste à placer chaque chose en son lieu, dans la mesure qui lui convient, et avec le discernement des convenances qui lui appartiennent.

Ainsi, la grandeur des vitraux de nos églises en forme une partie assez considérable, pour que le goût doive admettre volontiers un genre d'ornemens qui arrête agréablement les yeux, sans prétendre à être une décoration trop importante, qui, sans intercepter le jour et la lumière que réclament les intérieurs, en tempère jusqu'à un certain point l'excès ; qui pouvant se composer de petits compartimens, rende leur exécution peu dispendieuse, leurs ligamens moins sensibles, et leur réparation facile et de peu de dépense.

Or, le système de peinture qui seroit propre à remplir ces conditions, nous paroît devoir être celui qu'on appelle du nom général d'ornemens dans l'architecture. Il consiste en rinceaux, en enroulemens, en compositions de feuillages, de fleurs, de festons, de symboles variés, de tous les objets enfin que l'architecture dispose dans ses profils ou dans toutes les parties courantes, et qui se répètent, comme entrelas, postes, oves, perles, patères, etc.

Rien donc n'empêcheroit de faire servir la *peinture sur verre* à reproduire, dans de telles séries d'ornemens, les vives couleurs des objets naturels, qui deviendroient naturellement les encadremens des grands vitraux. Rien n'empêcheroit que, selon l'espace donné, les angles et le centre d'un vitrail, répétant certaines distributions des voûtes et des plafonds de l'architecture, reproduisissent les compositions ingénieuses, les compartimens variés, et les diversités d'effet de l'arabesque.

La *peinture sur vitres*, comme cette dénomination l'indique d'une manière plus spéciale, ne pouvant réellement produire son effet pour les yeux, et par conséquent acquérir l'existence qui lui est propre, qu'au moyen de la transparence, exigeant dès-lors une situation qui mette son fond dans le cas de servir de vitre, on ne dissimulera point qu'il peut y avoir quelques emplois intéressans à faire, quoiqu'en petit, de cette sorte de procédé. Quand on dit en petit, c'est par comparaison aux vitraux des grandes églises. Comme cette peinture peut être pratiquée, soit sur de fort grands carreaux ou sur ce qu'on appelle des glaces, plus d'un ouvrage exécuté depuis peu de temps, sur de semblables tables de verre, nous montre que l'on peut y admettre des images de grandeur naturelle.

Pour en donner quelques exemples, un oratoire, une petite chapelle mystérieuse, recevroient avec beaucoup de convenance quelque belle tête de Vierge, quelque figure de sainteté, sur un vitrage dont la peinture même intercepteroit la lucidité : ce qui conviendroit au caractère du local.

Nous ne croirions pas non plus qu'il fût déplacé d'admettre ce genre de luxe dans quelques cabinets ou appartemens de palais, et d'en décorer les petits vitraux par quelques scènes agréables de certains portraits historiques ou d'objets allégoriques, partout enfin où les fenêtres ne seroient pas exposées aux accidens que produisent un service habituel et la fréquentation d'un public nombreux.

Il seroit vrai de dire que, restreinte à ce petit nombre d'emplois, la *peinture sur vitres* deviendroit un travail de luxe et de curiosité, qui ne pourroit que gagner une valeur nouvelle des secours et de l'influence de la véritable peinture, sans pouvoir lui porter préjudice, soit en usurpant les sommes que lui doivent procurer les grandes entreprises, soit en prétendant se substituer à elle, comme la chose arriva aux siècles qui virent élever les églises gothiques.

VITRUVE (Pollion). Les auteurs qui ont écrit la vie de cet architecte célèbre, n'ont pu le faire qu'en rassemblant diverses notions qu'il nous a fournies lui-même dans son *Traité d'Architecture*. On ne trouve en effet aucunes mentions de lui chez les anciens écrivains, si ce n'est dans Pline qui le cite parmi les auteurs, où il a puisé, et dans Fronton, qui le nomme, comme étant réputé l'inventeur du *module quinaire* pour les aquéducs.

On ne sauroit rien affirmer sur le lieu de sa naissance. Quoiqu'il ait été employé dans les bâtimens de l'empire, et bien qu'il paroisse constant qu'il a écrit son *Traité d'Architecture* à Rome, on ne trouve dans tout le contenu de l'ouvrage rien, qui prouve que son auteur ait été romain. Le marquis Maffei, plein de zèle pour la ville de Vérone sa patrie, qu'il a illustrée de plus d'une manière, s'est efforcé de la faire passer, pour avoir été aussi celle de *Vitruve*. Mais l'arc antique de cette ville, sur lequel on voit écrit le nom de *Vitruvius Cerdo*, prouve bien, si l'on veut, qu'un architecte de ce nom fut chargé à Vérone de construire ce monument, mais ne prouve pas du tout que cet architecte y fût né. Quant à l'analogie forcée qu'on a prétendu trouver entre le surnom de *Cerdo* et celui de *Pollio*, qu'on a substitué tout exprès à celui de *Pollio*, le tout a été suffisamment réfuté par Philander et Barbaro.

De ce que *Vitruve*, dans un endroit de son ouvrage, a cité la ville de Plaisance, avec les villes d'Athènes, d'Alexandrie et de Rome, quelques critiques ont cru pouvoir inférer de là, que la première de ces villes lui avoit donné le jour. Mais la supposition est tout-à-fait gratuite. Ce qu'on pourroit admettre comme probable à cet égard, c'est qu'il auroit pu y être employé à construire des horloges, à l'occasion desquels, il fait mention de Plaisance, ville de guerre alors, où il auroit pu encore concourir au travail de ses fortifications.

L'opinion la plus probable sur le lieu de la naissance de *Vitruve*, est en faveur de Formies, ville de la Campanie (aujourd'hui *Mola di Gaeta*.) C'est ce qu'a fait présumer, avec le plus de vraisemblance, le marquis Poleni, et c'est ce qui semble le plus naturel à conjecturer, d'après les nombreuses inscriptions antiques découvertes à diverses époques dans les ruines de Formies, où il est question de la famille *Vitruvia*. Or toutes ces inscriptions sépulcrales, font mention de divers personnages de cette famille, morts dans le pays, et ne s'appliquent à aucun édifice construit par quelqu'un de ce nom.

Quant à l'âge où vécut l'architecte *Vitruve*, il n'y a aucun doute, que ce fut sous le règne d'Auguste, et même au commencement de ce règne. On ne sauroit adopter l'opinion de ceux qui ont prétendu fixer son époque, au règne de Titus. Il suffit de remarquer que dans son ouvrage, il n'a fait aucune mention des grands et magnifiques monumens dont Rome ne fut embellie que depuis Auguste. Ainsi il ne parle que d'un seul théâtre en pierre, d'où l'on est en droit de conclure, qu'il vécut précisément alors que Rome n'en comptoit qu'un seul de cette sorte, savoir celui de Pompée. Or il le désigne d'une manière très-expresse, en parlant des portiques appelés *Pompeiani*, qui étoient vraisemblement placés derrière ce théâtre. Ajoutons que dans la dédicace de son ouvrage, il fait clairement entendre qu'Auguste est l'empereur auquel il adresse ses dix livres.

Il a encore été observé de quelle manière différente, il cite soit Accius et Ennius, soit Lucrèce, Cicéron et Varron, c'est-à-dire les deux premiers, comme déjà morts depuis quelque temps, les trois autres comme ayant été connus de lui. Or nous savons qu'Ennius naquit 239 ans avant l'ère chrétienne, Accius 171 ans, Varron 116 ans, Cicéron 107 ans, et Lucrèce 54 ans avant cette ère. Aussi voyons-nous que les éditeurs de *Vitruve*, à compter des premiers qui ont mis au jour son *Traité d'Architecture*, se sont tous unanimement accordés à l'intituler *M. Vitruvii Pollionis de architectura lib. X. ad Cæsarem Augustum*.

Cela posé, *Vitruve* écrivit son ouvrage dans un âge avancé, et il le présenta à l'empereur, quelque temps après que celui-ci eut pris le surnom d'Auguste, ce qui eut lieu l'an 27 avant notre ère. Nous voyons, en effet, dans la description que fait *Vitruve* de sa basilique de Fano, qu'il est déjà question d'un temple élevé à Auguste.

Vitruve ne fut certainement pas, ce qu'on appelle vulgairement, *un homme de fortune*. Il dut être né de parens aisés, car il est évident, qu'il reçut d'eux une excellente éducation, et qu'il avoit fait de très-bonnes études. C'est ce qu'il nous apprend lui-même, dans la préface de son sixième livre. Nous lisons dans celle du troisième, d'autres renseignemens sur sa personne, d'où l'on est en droit de conclure, qu'il étoit d'une petite taille, et qu'il mourut dans un âge fort avancé. *Mihi staturam non tribuit natura, faciem deformavit ætas, valetudo detraxit vires.*

Qu'il ait réuni, comme cela se pratiquoit dans l'antiquité, comme cela eut lieu aussi dans les temps modernes, les connoissances appliquables à tous les genres d'architecture, surtout aux constructions militaires, comme aux édifices civils, c'est ce qui ressort des documens mêmes de son Traité, c'est ce que confirment tous les faits qu'il renferme. Ainsi nous voyons par la description qu'il en fait, que le monument de la basilique de Fano fut son ouvrage; et dans la préface de son livre premier, il nous apprend que, de concert avec M. Aurelius, Publius Numidius, et Coeius Cornelius, il fut employé à la construction des machines de guerre.

Vitruve s'est plaint en plus d'un endroit de son ouvrage, de ce qu'on avoit peu rendu justice à son mérite. Mais s'est-il trouvé beaucoup de personnes, en quelque carrière que ce soit, qui n'aient cru devoir s'élever contre les arrêts, soit de la fortune, soit de la justice des contemporains? Si par les brigues de ses rivaux, il ne fut donné à *Vitruve* d'élever aucun autre monument que celui de la basilique de Fano, nous voyons toutefois, qu'il étoit arrivé à un degré d'estime et de considération, qui lui valut de l'empereur Auguste, une pension viagère, pour le récompenser soit de ses services, soit de la dédicace de son ouvrage.

On doit reconnoître qu'il fut un homme fort instruit, et il faut encore lui faire un mérite de la modestie avec laquelle il avoue (liv. I. ch. 1) qu'on ne doit le juger, ni comme philosophe, ni comme rhétoricien, ni comme grammairien, mais qu'on doit simplement se contenter de voir en lui, un architecte versé, pour l'usage de son art, dans ces diverses sciences. *Sed ut architectus his litteris imbutus...*

Comme écrivain, *Vitruve* peut être soumis à deux critiques différentes, celle des mots, et celle de la manière de les employer, ce qu'on peut appeler le *style*.

Quant au premier article, il est juste de reconnoître qu'une multitude d'obscurités, qu'on lui reproche, a dû provenir du genre même de la matière, qui comporte un grand nombre de termes techniques, qu'on ne retrouve chez aucun autre auteur, et dont l'explication reste ainsi environnée d'obscurités. Il faut ajouter que *Vitruve* se trouva encore dans la nécessité d'emprunter au grec beaucoup de termes, qui, vu le manque d'écrivains latins sur l'architecture, ne s'étoient pas naturalisés à Rome, et très-probablement ne parvinrent jamais à l'être.

Pour ce qui regarde la manière d'écrire ou le style, bien qu'on mette *Vitruve* dans le petit nombre des écrivains latins de ce siècle, qu'on a nommé le *siècle d'or*, il se peut qu'il doive faire autorité sur tout ce qui tend à constater l'état de la langue sous Auguste; mais on y chercheroit vainement ce qui constitue le génie d'une langue élaborée par l'art et par le goût. Si nous en jugeons d'après la comparaison des écrivains modernes, qui nous ont laissé des traités d'architecture, nous serons fondés à croire qu'il n'a été surpassé par aucun, dans ce qui fait l'objet principal de ces sortes d'ouvrages, c'est-à-dire l'ensemble et les détails du plan, la justesse des observations et des préceptes. Mais nous conviendrons encore, qu'on ne sauroit exiger de l'architecte antique, plus que des modernes, aucune de ces qualités qui forment l'élégance de la diction, et mêlent au discours de ces ornemens que repousse le genre didactique. C'est la clarté qui fait le mérite de ce genre, et peut-être est-ce là celui qu'on pourroit quelquefois contester à *Vitruve*, si, après dix-huit siècles, il étoit permis de porter des jugemens absolus sur les auteurs qui ont écrit dans une langue aujourd'hui morte, et dont l'esprit nous est devenu en grande partie étranger.

Comme c'est dans certaines particularités, et par quelques détails relatifs à la personne, que *Vitruve* nous a fourni les seuls renseignemens dont son histoire peut se composer, c'est aussi de tout ce qu'il n'a pas dit, et de son silence sur plus d'un point important, qu'on peut tirer quelques conjectures propres à faire apprécier et mesurer, soit la nature, soit l'étendue de ses connoissances historiques en architecture. Ainsi il est bien prouvé par presque toutes les pages de son Traité, qu'il s'étoit procuré des notions sur les grands monumens de l'architecture des Grecs. Toutefois, ces notions, il lui fut facile de se les approprier, par les dessins des ouvrages qui étoient répandus partout, et au moyen des écrits des grands architectes antérieurs à lui. Effectivement, nous tenons de lui-même la notice de tous ceux, ou qui avoient publié des descriptions de monumens, ou qui avoient composé des traités sur leur art. Mais il n'y a dans tous ses dix livres aucun passage d'où l'on puisse inférer qu'il ait vu lui-même ces monumens, ou qu'il soit sorti de l'Italie, et peut-être de l'Italie supérieure.

Ce qui confirmeroit cette présomption, c'est qu'en aucun endroit de son ouvrage, ni même à l'article où il traite de l'ordre dorique, il ne donne à connoître qu'il ait eu en vue le mode dorique de tous les temples grecs, mode essentiellement différent de celui dont il prescrit les règles, soit pour la proportion, soit pour les formes, soit pour les détails du chapiteau, de la frise, etc. Or, on sait aujourd'hui que si *Vitruve* eût voyagé dans l'Italie méridionale, il y auroit vu sans doute beaucoup de monumens du style dorique grec, monumens aujourd'hui connus de tous les architectes, dans les nombreuses ruines qui en existent encore. Il paroît certain que s'il en eût eu connoissance, autrement peut-être que par des descriptions, il n'auroit pas manqué de faire remarquer ce mode dorique, comme un antécédent de celui qui étoit en usage de son temps, lui qui n'a pas omis de faire mention de l'ancien mode toscan dans la construction des temples. Il est vrai qu'il avoit pu en connoître les traditions dans l'Italie septentrionale, où il nous apprend lui-même qu'il avoit séjourné, et qu'il avoit été employé. D'ailleurs, Rome avoit encore, de son temps, conservé dans plus d'un édifice sacré, la méthode et les pratiques de la construction toscane.

Il paroît donc que *Vitruve* se sera borné sur cet article, comme sur tous les autres, à établir ses règles d'architecture d'après l'état de cet art, tel qu'il se comportoit à Rome de son temps, d'après les modifications que ses proportions et son style y avoit subies, d'après les modèles et les exemples qu'il avoit sous les yeux; qu'il travailla enfin pour ses contemporains, et en se conformant aux doctrines ou aux pratiques en crédit et en usage alors.

Le seul ouvrage sur lequel on pourroit se former une idée approximative du mérite de *Vitruve*, non plus comme théoricien, mais comme architecte de pratique, seroit l'édifice de la basilique de Fano, qu'il construisit en entier d'après ses propres dessins, et dont il s'est plu à nous donner une description assez détaillée, si le dessin qui l'accompagnoit dans son ouvrage eût pu nous parvenir. Malheureusement en ce genre, comme en beaucoup d'autres, les paroles d'une description la plus détaillée, ne sauroient équivaloir au trait le plus abrégé, tant il est difficile de faire comprendre par l'esprit, ce qui de sa nature est destiné à s'adresser avant tout aux yeux.

La description que *Vitruve* nous a laissée de ce monument, donne toutefois à connoître qu'il avoit tenté d'introduire dans sa composition une nouveauté, dont il n'est pas impossible de se figurer l'effet et d'apprécier la valeur ou l'abus. Ainsi l'on sait, et l'on apprend de *Vitruve* lui-même, et d'ailleurs des restes d'antiquité le confirment, que toute basilique, dans son intérieur, devoit se composer de trois nefs, celle du milieu plus large que les deux autres, qu'ainsi deux rangs de colonnes en occupoient la longueur. On sait qu'au-dessus de chacun de ces deux rangs de colonnes, s'élevoit un étage de colonnes plus petites, formant une galerie tout à l'entour. *Vitruve* jugea à propos de n'établir dans sa basilique qu'un seul ordre de colonnes au lieu de deux. Ces colonnes, selon les mesures qu'il en donne, avoient cinquante pieds de hauteur; mais pour satisfaire à la donnée indispensable de l'étage en travées formant galeries, il dut accoler à ses colonnes, dans la partie regardant les bas-côtés, des pilastres de vingt pieds de haut, larges de deux pieds et demi et d'un demi-pied d'épaisseur. Sans doute de semblables pilastres correspondans étoient adossés aux murs latéraux des bas-côtés, et supportoient les planchers des galeries dont on a parlé. *Vitruve* fait encore observer qu'il a couvert son intérieur en voûte: ce qui donne à entendre que l'usage auroit été de plafonner les basiliques; chose d'autant plus probable, que la coutume étoit d'y établir en bois de charpente toutes les architraves. Nous laissons chacun juge du bon effet de l'innovation de notre architecte, qui toutefois s'en applaudit, soit pour la beauté de l'aspect, qui effectivement dut gagner en grandeur dans la nef du milieu, soit en considération de l'économie qui paroîtroit lui avoir inspiré cette disposition.

Quoique le Traité de Vitruve soit fort loin de pouvoir nous dédommager de la perte des nombreux traités et autres ouvrages composés par les architectes grecs sur leur art, on ne sauroit contester qu'il soit d'une très-grande utilité à l'artiste moderne, surtout à celui qui par des études généralisées s'est appris à voir, au-delà des exemples et des documens postérieurs, les autorités qui leur servirent de régulateur, et à remonter de certains points traditionnels, de certains modèles plus ou moins modifiés, aux monumens originaux et aux doctrines classiques des temps antérieurs, où les arts avoient atteint leur perfection.

En général, il existe deux excès également à éviter par ceux qui pratiquent les arts, et surtout l'architecture. Les uns, frappés du vide immense que le temps et la destruction ont opéré dans les modèles, les traditions ou les préceptes de l'antiquité, se persuadent trop facilement que le peu d'ouvrages qui nous est parvenu des Anciens, ne doit point faire règle, que dès-lors leur autorité est plus ou moins arbitraire. Les autres, par une rigueur tout-à-fait opposée, tirent des conséquences trop absolues d'ouvrages que le hasard seul a épargnés, et ne se permettent pas de supposer que les Anciens aient jamais fait autre chose, ni d'une autre manière, que ce que leur démontrent les foibles restes qui ont échappé à la ruine presque universelle de leurs monumens. Ainsi, pour donner de ceci un exemple, si *Vitruve* ne nous eût pas dit qu'il avoit élevé sur les colonnes de sa basilique une couverture en berceau, ou en voûte, beaucoup nieroient que la chose se fût pratiquée, et ils regarderoient la couverture en plafond sur colonnes comme la seule qu'on pût se permettre. Cependant, pourquoi ne concluroit-on pas d'une voûte sur colonnes dans une basilique, à une pareille pratique sur les colonnes d'une nef de temple, comme les propres paroles de Strabon nous le donnent à entendre de la nef du temple de Jupiter Olympien?

Ce qui est fort à regretter, c'est que les dessins dont *Vitruve* avoit accompagné les dix livres de son Traité, soient perdus. On ne sauroit dire combien de difficultés et d'obscurités auroient été levées et éclaircies à l'aide de ce langage, qui dit par un seul trait, et avec la plus grande clarté, ce que toutes les explications et toutes les tournures de phrases ne sauroient faire comprendre.

Nous avons déjà vu qu'on avoit tenté d'attribuer à *Vitruve* l'arc de Vérone, où on lit son nom, et que cette opinion avoit été complétement réfutée. Cet architecte ayant vécu sous le règne d'Auguste, quelques critiques ont imaginé de lui attribuer l'érection de l'arc de triomphe de Rimini, élevé l'an 727 de Rome, sous le septième consulat d'Auguste. (*Voyez* RIMINI.) Fabretti, et ensuite Temanza, n'ont pas eu d'autre raison en faveur de leur conjecture, que le synchronisme de l'existence d'Auguste et de *Vitruve*, comme si à cette époque il n'y eût pas eu dans l'empire romain d'autre architecte que *Vitruve*. On a d'ailleurs trouvé, dans l'ouvrage même de cet architecte, une assez forte preuve qu'il n'avoit point été l'auteur de ce monument. En effet, il désapprouve, comme une sorte de pléonasme architectural, l'emploi des denticules placés sous les modillons, le denticule paroissant, dans le système d'imitation emprunté à la construction des couvertures en bois, avoir la même origine que le modillon. Or, ce double emploi se rencontre à l'arc de Rimini, et l'on doit croire qu'il appartient à un architecte théoricien, plus qu'à tout autre, d'être dans la pratique fidèle aux règles de sa théorie.

S'il est vrai qu'un auteur se peint ordinairement dans ses écrits, Vitruve nous donne partout de lui l'idée d'un homme fort modeste, éloigné de toute brigue, d'une probité sévère, et ce qui paroît devoir encore le confirmer, c'est qu'il ne parvint que dans un âge fort avancé, à recueillir quelques fruits de ses nombreux travaux.

VIVE-ARÊTE. *Voyez* VIF.

VIVIER, sub. m. Pièce d'eau vive, selon ce qu'indiqueroit la formation du mot, où l'on entretient et où l'on nourrit des poissons.

L'établissement des *viviers*, dans les maisons de campagne, fut un des principaux luxes des riches Romains. Ils ne se contentoient pas d'avoir des étangs pour y conserver plusieurs sortes de poissons d'eau douce, ils en creusoient encore sur le bord de la mer, dont ils dérivoient l'eau pour y nourrir des poissons de mer. Plusieurs des maisons de campagne des environs de Rome ou de Baies, devinrent célèbres par le revenu des *viviers* où le propriétaire nourrissoit des poissons rares. Quelques-uns de ces poissons, tels que la murène, donnèrent leur nom à ceux qui en commerçoient, et firent aussi leur fortune. Hortensius avoit des *viviers* dont l'établissement lui avoit coûté des sommes immenses, et dont l'entretien n'étoit pas moins dispendieux. Lucius Lucullus ne fut pas moins célèbre par ses dépenses en ce genre. Dans sa campagne près de Naples, il fit percer des montagnes pour dériver l'eau de la mer et la conduire à ses *viviers*. Dans une autre de ses *villa*, près de Baies, il somma son architecte de ne point épargner sa fortune, pour creuser des canaux souterrains entre la mer et ses étangs.

Ces étangs avoient aussi pour objet de procurer aux maîtres de ces campagnes le plaisir de la pêche. Parmi les peintures d'Herculanum, il y en a plusieurs qui représentent de ces sortes de scènes. Pline le jeune a fait la description de ses campagnes situées sur le bord d'un lac. Dans l'une de ces maisons il avoit l'agrément de pouvoir pêcher lui-même de sa chambre.

Nos grands, dit Cicéron, se croient les plus heureux des hommes lorsque, dans leurs *viviers*, ils possèdent un mulet ou une barbue de mer, qui vient prendre la nourriture de leurs mains; et Pline nous assure que, dans les *viviers* de César, il y avoit plusieurs poissons qui approchoient lorsqu'on les appeloit. Les étangs ou *viviers* creusés dans le roc passoient pour être les meilleurs. Au défaut de roc on battoit bien la terre sur les bords. Dans le fond, ou le sol, on creusoit différentes cavités; quelques-unes étoient taillées carrément, c'est là que se reposoient les poissons à écailles; d'autres contournées en spirale étoient destinées aux murènes. On donnoit communément à l'eau neuf pieds de profondeur au-dessous de la surface de la mer. Divers canaux étoient pratiqués, les uns pour amener les eaux, les autres pour leur décharge; ces derniers avoient des grillages pour empêcher les poissons de sortir avec l'eau. Pour que les poissons ne trouvassent aucune différence entre ces eaux renfermées, et celles des fleuves ou de la mer, on ménageoit pour leur retraite, des blocs de rochers que l'on couvroit d'algues et de plantes aquatiques.

VOIE, subst. fém. du mot latin *via*, chemin, route, etc.

Au mot CHEMIN (*voyez* cet article), nous avons rendu compte, avec assez de détails, de la partie qui entre naturellement dans les travaux de l'art de bâtir, et qui regarde la construction, l'établissement et l'exécution des grands chemins, soit chez les Anciens, soit chez les nations modernes, et nous avons renvoyé à l'article VOIE, ce qui regarde les connoissances historiques et archéologiques que ce mot comporte. Nous réduirons toutefois aux notions les plus essentielles, ce que le lecteur peut exiger de nous sur cet objet.

L'histoire nous a transmis trop peu de détails exacts sur les chemins et les *voies* publiques des plus anciens peuples, pour qu'il soit possible de savoir quelle nation aura, la première, apporté un soin particulier à l'établissement des communications entre les diverses contrées. Dès que plusieurs États eurent établis, entr'eux, des rapports plus particuliers, dès qu'ils se furent occupés des intérêts du commerce, ils durent songer à donner aux routes les dispositions les plus propres à faciliter les voyages et les relations commerciales. On prétend que, de très-bonne heure, les Perses eurent d'excellentes chaussées. Selon Diodore de Sicile, Sémiramis en établit dans toutes les régions de son empire; pour y parvenir, elle fit abaisser des collines et des montagnes, remplir les lieux bas et les vallons, construire des digues et des levées. Justin assure que Xerxès employa aussi de grandes sommes à la construction des *voies* publiques. Isidore, à la fin de son XVe. livre, dit que les Chartaginois ont les premiers pavé leurs chemins.

Les auteurs anciens ne nous donnent point de détails qui puissent nous faire penser que les Grecs se soient fort occupés de la construction et de la bonne disposition de leurs *voies* publiques. Quoiqu'Hérodote dise que le soin de ces *voies* étoit, à Lacédémone, confié aux rois, il est permis de croire, que le plus grand nombre des petits états dont la Grèce se composoit, mirent à l'établissement de leurs chemins, moins d'importance qu'à beaucoup d'autres objets. La chose s'expliqueroit, jusqu'à un certain point, par la position maritime de tout le pays qui, dans le fait, est une presqu'île. On sait que c'est surtout l'avantage du commerce et de la circulation des marchandises qui porte à construire, à multiplier et à perfectionner les *voies* publiques. Or tout naturellement en Grèce le grand nombre des communications dut avoir lieu par mer. Un passage de Strabon semble confirmer ce qu'on avance sur l'infériorité des Grecs dans le travail des chemins. Les Grecs, dit-il, ont négligé trois choses, pour lesquelles les Romains n'ont épargné ni frais, ni travail : savoir, la construction des cloaques, celle des aquéducs et celle des *voies* publiques.

On voit assez quelles raisons particulières portèrent les Romains aux grands travaux qu'exigèrent leurs chemins. Ce ne fut point l'esprit du commerce, mais le génie de la guerre et des conquêtes, qui multiplia et perfectionna, chez eux, ces moyens de transporter facilement leurs légions dans toutes les parties de leur empire. C'est véritablement à eux qu'est due la gloire d'avoir porté au plus haut point de perfection la construction des *voies* publiques. Les restes de leurs grands chemins attirent encore aujourd'hui l'attention, et excitent l'admiration des peuples modernes. *Voyez* CHEMIN.

Nous ne trouvons aucun indice qui puisse donner à penser que, sous les rois, les rues de la ville de Rome, ou les routes en dehors de ses murs, aient été pavées. On ne peut, à cet égard, ni nier, ni affirmer rien. Ce qu'on sait, c'est que ce fut cent quatre-vingt-huit ans après l'expulsion des rois, que fut entreprise une des plus belles *voies* pavées que les Romains aient établies. On veut parler de la *voie* Appienne, commencée l'an 442 de Rome, par le censeur Appius Claudius, qui la conduisit depuis Rome jusqu'à Capoue. Dans la suite, lorsque Rome eut étendu sa domination dans l'Italie méridionale, la *voie* Appienne fut prolongée jusqu'à Brindes, ville qui, selon Strabon, étoit à 580 milles de Rome. Plus d'une *voie* semblable s'embranchoit à la *voie* Appienne.

L'an 512 de Rome, Aurelius Cotta établit une *voie* publique, qui, d'après son nom, fut appelée *via Aurelia*. Une seconde *voie* du même nom fut ensuite appelée *voie* Émilienne, parce qu'elle fut terminée par *Æmilius Scaurus*.

L'an de Rome 533, fut établie la *voie* Flaminienne. Les opinions sont partagées sur le nom de celui à qui l'on doit son établissement. Les uns l'attribuent à Flaminius, général romain, qui fut battu par Annibal auprès du lac de Trasimène; d'autres au consul Flaminius, fils du général. Elle se prolongeoit jusqu'à Rimini, l'ancien *Ariminium*. Lepidus, le collègue de Flaminius dans le consulat, prolongea cette *voie* jusqu'à Bologne, et de là à Aquilia. Cette partie reçut le nom de *via Æmilia Lepidi*. Plusieurs autres s'embranchoient à celle-ci; mais ces détails alongeroient inutilement le plan auquel nous devons réduire cet article.

Les quatre *voies Appia*, *Aurelia*, *Flaminia* et *Æmilia*, dont on vient de faire mention, ont été les plus anciennes *voies* romaines. Établies du temps de la république, elles furent prolongées dans les âges suivans, soit directement, soit au moyen de *voies* latérales, qui venoient y aboutir. A mesure que l'empire de Rome s'agrandit, les routes durent se multiplier. Beaucoup de censeurs, et d'autres magistrats cherchèrent à se concilier, par de pareils travaux, la faveur de leurs concitoyens.

L'an de Rome 580, les censeurs Flaccus et Albinus firent, selon Tite-Live, paver les rues de Rome, et couvrir de sable les chemins en dehors de la ville. Ils firent en même temps revêtir les deux côtés de grandes pierres. Caius Gracchus obtint surtout les bonnes graces du peuple, par le soin qu'il prit d'entretenir les *voies* publiques aux environs de Rome; il les rendit non-seulement plus commodes et plus solides, mais aussi plus belles.

Voici en peu de mots, quelques détails sur les autres *voies* publiques les plus connues.

La *via Ostiensis*, une des plus anciennes communications de Rome, avec les villes ou les contrées de l'Italie, alloit de la *porta Ostiensis* à la ville d'Ostie. Elle étoit des deux côtés, bordée en grande partie de maisons de campagne. La *via Valeria*, alloit jusqu'à Hadria. *Laresia*

Latina

Latina, appelée aussi *Ausonia*, se prolongeoit de la porte Latine de Rome jusqu'à *Casinum*, où elle aboutissoit à la *voie* Appienne. La *via Salaria* étoit appelée ainsi, parce que c'étoit sur cette route, que les Sabins transportoient à Rome leur sel marin. Elle commençoit à la *porta Collina*, et se réunissoit à la *via Nomentana*, qui s'étendoit de la *porta Viminalis*, à *Nomentium*. La *via Prænestina* n'alloit que jusqu'à Præneste, la *via Labicana* alloit à Labicum, la *via Albana* jusqu'à Alba Longa, la *Tusculana* à Tusculum; la *via Laurentina*, située entre la *via Ostiensis* et la *via Ardeatina*, se prolongeoit jusqu'à Laurentum, et la *via Collatina* jusqu'à Collatium.

Les *voies* qui se dirigeoient vers les provinces, passoient par l'Italie supérieure, que les Romains appeloient *Gallia cisalpina*. C'est par les Alpes que passoient les routes qui conduisoient dans les différentes parties de la Gaule transalpine, dans la Gaule proprement dite, et de là plus loin en Espagne et en Germanie. Les routes au contraire qui conduisoient en Illyrie, passoient au pied des Alpes, et le long des bords de la mer Adriatique. De l'Illyrie elles se prolongeoient ensuite dans la Pannonie, la Mœsie, la Scythie, la Thrace, jusqu'à Bysance et dans les autres contrées de l'Europe.

Auguste fut le premier qui mit le zèle et l'importance nécessaire, à ce qu'il y eût, au moyen de grandes routes, des communications plus suivies et plus rapides entre les provinces de l'empire, et la ville de Rome. Selon Suétone, il ordonna en même temps, que, sur ces routes, il y eût, à des distances peu considérables l'une de l'autre, des messagers, et par la suite des couriers, pour transmettre rapidement les nouvelles, afin qu'on fût promptement instruit à Rome, de ce qui se passoit dans les provinces. Ce fut surtout dans l'Espagne et dans les Gaules que furent formés ces établissemens.

Dans la construction de leurs *voies*, les Romains eurent particulièrement soin de les dresser autant qu'il étoit possible, et d'éviter toute espèce de sinuosités. Lorsque cela étoit nécessaire, ils combloient les endroits bas, ils construisoient des ponts, ils perçoient des rochers et des montagnes. Quand la direction d'un chemin étoit déterminée, on en fixoit la largeur en traçant un sillon de chacun de ses côtés. On enlevoit ensuite le terrain meuble entre les deux sillons, jusqu'à ce qu'on fût parvenu au terrain ferme. Cette excavation étoit aussitôt remplie par des matériaux solides, jusqu'à la hauteur qu'on vouloit donner à la chaussée. *Voyez* CHEMIN.

Tel étoit le procédé employé pour la construction des chemins dans les plaines; mais dans une vallée, lorsqu'un chemin devoit réunir deux collines, on l'élevoit jusqu'à leur hauteur. Si la contrée étoit marécageuse, on donnoit à la *voie* une très-grande élévation, pour la garantir des inondations. C'est ainsi que Trajan fit continuer la *voie* Appienne à travers les marais Pontins, dans une étendue de plusieurs milles.

Lorsque la *voie* publique étoit sur la pente d'une montagne, auprès d'une vallée profonde, on détachoit de la montagne, autant qu'il en falloit, pour donner au chemin la largeur nécessaire, et lorsque la pente étoit très-rapide, on élevoit, depuis le pied de la montagne jusqu'au niveau du chemin, un mur solide, pour soutenir la *voie* militaire, et pour empêcher l'écroulement.

Quelquefois on perçoit des montagnes. C'est ce que Vespasien pratiqua dans les Apennins, où il fit continuer une route à travers la montagne, dans une étendue de plus de mille pieds.

Selon Bergier (d'où sont extraits la plupart de ces détails), les *voies* romaines avoient ordinairement soixante pieds de largeur. La surface de chaque *voie* étoit partagée, dans sa largeur, en trois parties. Celle du milieu étoit un peu plus élevée, elle étoit pavée et bombée, afin de faciliter l'écoulement des eaux. Elle avoit vingt pieds de largeur. Chacune des deux autres parties collatérales étoit couverte de gravier, et avoit aussi vingt pieds de largeur. Toutes les *voies* étoient cependant loin d'avoir cette dimension. Rien effectivement n'étoit plus variable, jusque dans une même *voie*. Ainsi la *voie* Appienne offroit d'assez notables différences. Quelques *voies* n'avoient dans leur partie du milieu, ou leur portie pavée, qu'une largeur de quatorze pieds, espace suffisant à deux voitures de front.

Pour indiquer au voyageur les distances qu'il avoit déjà parcourues, et celles qui lui restoient encore à fournir, on plaçoit sur les routes des colonnes milliaires, dont les chiffres marquoient le nombre de milles à partir de Rome. *Voyez* MILLIAIRE, COLONNE.

C'est à la guerre, à ses besoins, aux transports des armées, aux convois militaires, et à la promptitude des communications, que les Romains destinèrent les grandes entreprises des routes. Et l'on ne sauroit douter que dans un temps, où les communications de ce genre n'existoient point, au même degré, chez les autres nations, Rome n'ait dû, soit par la continuité, soit par la promptitude de ses mouvemens, les succès qui lui procurèrent l'empire du monde ancien. Ce qu'on a vu depuis, et ce qu'on voit encore chez d'autres peuples pour le commerce, Rome le fit pour la guerre, et voilà pourquoi ce fut aux *voies* militaires qu'elle porta la plus grande dépense.

Ces *voies*, outre qu'elles furent les plus considérables et les plus solides, devinrent aussi, tout naturellement, en Italie surtout, un des principaux embellissemens du pays. On comprend que les commodités que ces grandes routes devoient procurer aux endroits qu'elles traversoient, durent amener sur leurs bords, et dans les environs, beaucoup de riches citoyens de Rome, qui y établirent leurs habitations. Aussi se représente-t-on, d'après les notions des écrivains, les voisinages des grands chemins, comme bordés des plus beaux édifices, de maisons de plaisance. La *via Ostiensis* étoit bordée des deux côtés, d'une suite presque non interrompue de semblables constructions.

De tous ces ornemens des grands chemins, que le temps n'a pas entièrement anéantis, aux environs de Rome, les plus nombreux devoient être les monumens funéraires. On pourroit le présumer par la comparaison qu'on fait aujourd'hui, des ruines de ces édifices, avec les autres ruines, si l'on ne devoit mettre le respect des tombeaux, au nombre des causes qui ont dû protéger leur durée. Toujours est-il certain que les tombeaux, dans les usages de l'antiquité, tout en rappelant des idées nécessairement sérieuses, étoient fort loin de produire dans l'ame des sentimens pénibles, et de mettre sous les yeux des images propres à attrister les sens. L'architecture d'ailleurs étoit presque seule chargée de l'érection des tombeaux, et cet art, à l'exception de certaines formes consacrées, considérant ces monumens, comme étant les habitations des morts, ne put guère faire autrement, que d'employer à leur décoration, les mêmes détails élémentaires, et les pratiques usuelles des autres édifices. On voit encore aujourd'hui par les restes assez nombreux de tombeaux, qui existent sur les bords des anciennes *voies*, que, sous le rapport de l'art, et des points de vue qu'ils offroient au voyageur, ils durent en être un ornement très-particulier.

VOIE. Ce mot a une autre signification, dans les usages de la vie, et les pratiques du bâtiment. On l'applique à une certaine mesure d'objets usuels et de consommation, qu'on débite par *voies*, locution formée sans doute ou abrégée, si elle n'est une transposition d'idée du mot *voyage* ou *voiture*.

C'est ainsi que dans la bâtisse on appelle *voie* de pierre, une charretée d'un ou de plusieurs quartiers de pierre, qui doit être d'un certain nombre donné de pieds cubes. On appelle de même *voie* de plâtre, une quantité quelconque de sacs de plâtre, contenant chacun deux boisseaux et demi.

VOIER, s. m. C'est un nom donné fort anciennement à un officier chargé de veiller, dans les villes, à la bonne confection des rues, et à ce que la voie publique soit, conformément aux réglemens de police, sûre, commode, et d'un accès facile.

Il y avoit autrefois un *grand-voier*. C'étoit le titre d'une grande charge possédée par une personne de haute considération. Elle étoit réunie à celle de grand trésorier de France. M. le duc de Sully sous Louis XIII a été le dernier *grand-voier*. Depuis ce temps et d'après les changemens que la grande extension de Paris a apportés dans cette partie de la police municipale, le titre de *voier* se donne à diverses personnes particulièrement livrées aux travaux de la construction et de l'architecture, et qui exercent les fonctions de la voierie, sous la surveillance des autorités municipales supérieures. On les appelle *commissaires voiers*.

VOIERIE, s. f. On appelle ainsi une branche de l'administration municipale qui a pour objet, l'établissement, l'entretien et l'amélioration des chemins, rues, quais, places et autres voies publiques dans les villes, ainsi que la surveillance de tout ce qui peut intéresser, en ce genre, la sûreté et la salubrité.

A Paris cette branche d'administration est divisée en *grande voierie* et en *petite voierie*.

La première, qui est dans les attributions du préfet du département, comprend tout ce qui regarde le percement, l'alignement, l'élargissement ou le redressement des rues, des impasses, des quais, des places, les hauteurs des maisons, la surveillance administrative des constructions particulières qui s'exécutent dans la ville et ses fauxbourgs, et l'observance de tous les réglemens qui se rapportent à l'art de bâtir.

La seconde est dans les attributions du préfet de police. Elle a pour objets principaux, de surveiller les constructions qui peuvent menacer ruine, de tenir la main à la police des saillies et étalages, de tous les accessoires, comme auvens, enseignes appliqués ou attachés à l'extérieur des maisons dans les rues, places, impasses, quais, etc. Elle a une inspection spéciale sur les fosses d'aisance et leurs réparations, enfin surtout ce qui dans ces constructions intéresse la sûreté et la salubrité publique.

Le mot *voierie* a encore dans le langage ordinaire une autre acception, mais due à la même étymologie. Nous trouvons que le mot *se* disoit autrefois pour grand chemin. Dans quelques pays on appelle encore *voierie* une route plantée d'arbres. C'étoit donc sur les grandes routes que l'on portoit et que l'on porte encore, en plus d'un pays, les corps morts des animaux. De là cette locution *jeter à la voierie*.

On appelle encore de même, aujourd'hui, certains emplacemens voisins des grandes routes, hors des villes, où l'on transporte les immondices qui proviennent du nettoiement des rues et des places, ou des vidanges des fosses.

VOILE, s. m. Ce mot est la traduction littérale du mot latin *velum*; mais dans l'usage du français, il ne comporte ni toutes les acceptions, ni précisément les mêmes qu'en latin.

Ainsi on appeloit *vela* ou *velaria* ces grandes tentures que nous appellerions *bannes*, et que l'on élevoit au-dessus des théâtres ou des amphithéâtres, pour mettre les spectateurs à l'abri des ardeurs du soleil.

On appeloit encore *vela* ce que nous appelons, soit des rideaux devant les fenêtres, soit des tentures de porte, ou des portières, dans les chambres et les appartemens.

On a conservé la dénomination de *voiles*, à ces étoffes que l'on tenoit suspendues devant la statue des dieux, ou qui interceptoient la vue des sanctuaires.

Quant aux *vela* ou *velaria*, qui séparoient jadis, comme la chose a encore lieu aujourd'hui, la scène du reste du théâtre, on n'a point traduit ces mots par *voile*, mais bien par les noms, soit de *toile*, soit de *rideau*. Voyez RIDEAU.

VOLCANIQUE (PIERRE). On donne cette épithète à plusieurs espèces de matériaux, qui, dans plus d'un pays, servent à la construction des édifices, et sont des produits de volcans.

Ce n'est point à ce Dictionnaire qu'il appartient, ni d'énumérer les différentes espèces de ces produits, ni d'entrer dans les causes de leur formation. Contentons-nous de dire que parmi les matériaux propres à la construction, que fournissent les éruptions des volcans, on en distingue de trois sortes, que les Anciens et les Modernes ont mises en œuvre.

La *pierre volcanique*, dure, cassante et compacte, dont on a fait jadis un fréquent emploi, est celle que donnent les laves, mises en fusion par les volcans, et qui forment comme des nappes coulantes d'une largeur plus ou moins grande, et dont l'étendue en longueur, comme à l'Etna, couvre souvent plusieurs lieues de terrain. Cette lave refroidie se débite en blocs de pierre très-considérables. Les Romains s'en servirent avec beaucoup d'avantage pour le pavage de leurs grandes routes, et l'employèrent à la manière de l'*opus incertum*, c'est-à-dire assemblés par joints irréguliers. On l'emploie encore aujourd'hui au même usage. Les environs de Rome, comme chacun le sait, sont remplis de volcans éteints, dont les laves sont devenues des espèces de carrières de *pierres volcaniques*, et l'on en use diversement selon les genres de constructions.

Au nombre de ces *pierres volcaniques*, on compte celle que l'on appelle *peperino* à Rome, et *piperno* à Naples. (Voyez TUF.) Cette sorte de pierre a plus ou moins de dureté. A Rome on l'employa dans les premiers siècles presqu'exclusivement à toutes les constructions. Celle de Naples semble être généralement moins dure, cependant on en fait les dalles de pierre dont toute la ville est pavée.

Une troisième espèce de matière *volcanique*, propre à la construction, est celle des pierres ponces (*pumici*) ou scories, que les volcans lancent dans leurs éruptions. Il s'en trouve aux environs de Rome dans les volcans éteints, et le Vésuve ainsi que l'Etna en produisent une immense quantité. Il y a de ces scories qui, comme des sortes d'éponges, sont remplies de trous, et qui en ont, si l'on peut dire, la légèreté, en même temps qu'elles ont la dureté du fer. Ces matériaux sont extrêmement utiles pour faire des voûtes. Le mortier entrant dans tous les trous dont ils sont percés, forme une liaison qui donne à la voûte la propriété de n'avoir pas de joints, et d'être comme d'un seul morceau.

On trouve en France, dans les volcans éteints du Vivarais, de l'Auvergne, etc., des matériaux semblables à ceux dont on vient de parler. On en exploite depuis quelques années pour faire différens ouvrages, entr'autres des dalles, qui servent de pavement, et qui ont par leur dureté une grande supériorité sur toutes les autres pierres des environs de Paris.

VOLÉE, s. f. C'est le nom qu'on donne à l'action de plusieurs hommes rangés de front, qui battent un terrain, par exemple, une allée de jardin sur sa longueur, et tous à la fois. Ainsi on dit qu'une allée a été battue à deux, à trois, quatre, etc., *volées*, c'est-à-dire autant de fois dans toute son étendue.

VOLET, s. m. On appelle de ce nom un assemblage de menuiserie monté sur châssis, qui sert de fermeture à la baie d'une fenêtre.

Avant que l'usage des vitraux fût devenu commun et aussi répandu qu'il l'est aujourd'hui, chez le plus grand nombre des nations de l'Europe, dans les temps surtout, et dans les pays où les habitudes de la vie étoient beaucoup moins casanières, les clôtures de fenêtres dans les maisons durent consister, comme les portes, en châssis de bois, ou ce qu'on appelle aujourd'hui des *volets*. La sûreté des intérieurs dut en commander la pratique, et il fut nécessaire aussi d'y ajouter, comme cela se fait encore dans plus d'un cas, des serrures, des verroux et autres moyens de sécurité.

Effectivement, les fenêtres au rez-de-chaussée des maisons, et même aux étages inférieurs, offrent des moyens trop faciles de pénétrer dans les intérieurs des habitations; et les vitraux dont on fait aujourd'hui leurs défenses, mais uniquement contre les intempéries des saisons, exigent également d'être défendus contre les dangers de ces intempéries mêmes, et contre les agressions du dehors.

De là l'usage général des *volets* placés, soit au-dehors, soit dans l'intérieur des habitations. A l'extérieur, on en pratique les deux battans de manière à ce qu'ils puissent s'adosser aux murs des trumeaux, où on les fixe par plus d'un procédé fort simple. Dans les intérieurs, on les fait de la même hauteur et de la même largeur que les châssis en vitrage.

Les *volets* pour l'intérieur des appartemens se font de deux manières, et on leur donne aussi deux noms divers, les uns s'appellent *volets brisés*, les autres *volets de parement*. Les premiers se plient sur l'écoinçon ou se doublent sur l'embrasure. Les seconds, qui sont d'assemblage, ont des moulures devant et derrière.

VOLET D'ORGUE. Est l'assemblage de plusieurs châssis, partie droits et partie cintrés, garnis de légers panneaux de volice, ou de forte toile imprimée des deux côtés, qui servent à couvrir les tuyaux d'un buffet d'orgue.

VOLET. On donne encore ce nom à un lieu qui n'a qu'un petit jour fermé d'un petit ais ou d'une jalousie, et dont on fait un pigeonnier.

VOLICE, s. f. Est la latte dont on se sert pour les couvertures en ardoise. Elle a la même longueur et la même épaisseur que la latte qu'on emploie dans les couvertures en tuiles, mais elle est deux fois plus large. *Voyez* VOLIGE.

VOLIÈRE, s. f. Grande cage ou local quelconque, clos et grillé, où l'on entretient des oiseaux, le plus souvent pour l'agrément, et quelquefois aussi, comme le firent particulièrement les anciens Romains, pour les besoins ou le luxe de la table.

Nous allons rapporter ce que Varron nous apprend à ce sujet dans le 3e. livre de son ouvrage intitulé *de Re rustica*.

« Nos ancêtres, dit-il, ne connoissoient d'autre volaille que des poulets et des pigeons, et ils n'avoient point de *volières*. Les poules et les poulets se promenoient dans la basse-cour, où on les engraissoit. Quant aux pigeons, on les enfermoit dans les greniers ou les étages les plus élevés de la *villa*. Aujourd'hui on se sert des *volières*, auxquelles on donne le nom grec *ornithon*, et qui souvent sont plus grandes et plus spacieuses que des maisons de campagne. C'est là qu'on élève et qu'on nourrit des grives et d'autres oiseaux. »

Dans le chapitre suivant, le même Varron nous apprend qu'il y avoit deux sortes de *volières*; l'une contenoit les oiseaux destinés à la table, et il l'appelle la *volière utile*; l'autre étoit la *volière d'agrément*; celle-ci ne contenoit que des oiseaux chanteurs. La première sorte de ces *volières* étoit distribuée de la manière suivante: on lui donnoit la forme d'un carré long, et assez d'étendue pour qu'elle pût renfermer plusieurs milliers de grives, de cailles, de merles, d'ortolans, etc., qu'on y engraissoit. On donnoit peu d'élévation à la porte, qu'on pratiquoit de manière à être facilement ouverte et fermée, [illegible]. On n'y disposoit qu'un petit nombre de petites fenêtres, pour ôter aux oiseaux captifs la vue de la plaine ou des oiseaux libres du dehors; ce qui, en leur inspirant le desir de jouir de leur liberté, auroit pu les empêcher de s'engraisser. On se contentoit de donner à cet endroit assez de clarté pour laisser apercevoir aux oiseaux leur nourriture. Les murs étoient revêtus d'un enduit très-lisse, pour fermer tout accès, dans l'intérieur, aux souris et autres animaux nuisibles. Tout à l'entour des murs on fixoit des pieux ou bâtons en saillie où devoient percher les oiseaux. D'autres perches s'appliquoient aux murs en manière d'arcs-boutans, qui en recevoient d'autres transversales de distance en distance, ce qui produisoit une sorte d'amphithéâtre. A côté de cette *volière*, il y en avoit une autre plus petite, dont les fenêtres et la porte étoient plus grandes, et qui communiquoit avec la première, on l'appeloit *seclusorium*. En face, il s'en trouvoit une autre encore plus petite, dans laquelle le gardien renfermoit les oiseaux morts, afin de pouvoir rendre compte au maître du nombre complet des oiseaux soumis à sa garde.

Les *volières d'agrément* étoient de jolis pavillons, au milieu desquels il y avoit ordinairement une enceinte en filets, qui renfermoit les différentes espèces d'oiseaux chanteurs. Lucius Strabo passoit pour avoir été l'inventeur de ces *volières*, et surtout du pavillon dont on vient de parler, qu'il construisit dans une de ses campagnes près de *Brundusium*. Lucullus suivit son exemple, et fit établir dans son *tusculanum* une pareille *volière*, mais avec plus de grandeur et d'étendue. Enfin, Varron avoit encore enchéri sur l'un et sur l'autre. Près de la ville de Casinum, il avoit fait construire, dans sa campagne, la belle et grande *volière* dont il nous a laissé la description.

Plus d'un critique, et plusieurs dessinateurs se sont exercés à reproduire l'*ornithon* de Varron. M. Stieglitz est un des derniers commentateurs qui se sont occupés de cet objet. On en trouve les détails dans le 3e. volume de son *Archéologie de l'architecture* des Grecs et des Romains, et il y a joint une gravure. Quant aux restitutions par le dessin, nous croyons que la plus ancienne doit être celle qu'on trouve dans le recueil de Giacomo *Lauro*, publié en 1612, et augmenté depuis dans une nouvelle édition. Le premier parut sous le titre de *antiquae Urbis splendor*, etc. A la planche 126 est gravé l'ornithon de Varron, d'après un dessin de Pirro Ligorio, comme l'annonce l'explication qu'on lit en bas.

On sait que cet habile architecte s'occupa beaucoup de ce qu'on peut appeler l'*archéologie de l'architecture*, et on lui doit la justice qu'il s'étoit réellement approprié le goût des anciens dans les masses des édifices et dans les détails de leurs ordonnances. C'est à ce goût qu'il doit cet air de famille, si l'on peut dire, qui règne entre ses compositions et les restes d'antiquités qu'il se plut à faire revivre. Cependant on doit dire qu'à cette époque l'esprit de critique n'avoit point encore pénétré dans les études des archéologues, de quelque genre qu'ils fussent. Le cercle même de l'antiquité étoit restreint à Rome. Les architectes, dans les copies qu'ils faisoient des monumens, étoient loin de s'astreindre à l'exactitude de mesures qu'on y a portée depuis. A plus forte raison, mettoit-on beaucoup de liberté dans les restitutions d'édifices qu'on hasardoit quelquefois, d'après les descriptions des écrivains.

C'est ce qu'on peut remarquer dans celle que Pirro Ligorio a faite du célèbre *ornithon* que Varron avoit construit, et qu'il s'est attaché à décrire avec le plus grand détail. C'étoit véritablement un ouvrage d'architecture. La description offre des mesures de longueur, de largeur, qui peuvent servir à en établir le plan avec des dimensions certaines. Le plan, restitué sur la description bien entendue, présenteroit un ensemble fort varié, de bâtimens ornés de colonnes, entremêlés de quelques plantations et de diverses sortes d'ordonnances. Le dessin de Pirro Ligorio fait bien reconnoître quelques-uns des élémens de cet ensemble; mais il est rédigé d'idée, et arbitrairement composé sans échelle et sans plan.

Nous avons cru toutefois devoir profiter de cet article, bien que l'objet désigné par son titre n'entre plus aujourd'hui dans l'ordre des grands ouvrages auxquels l'architecte est nécessaire, pour faire connoître une des plus curieuses entreprises, à la fois de luxe et d'économie rurale des Romains, et exciter quelque artiste ou écrivain, versé dans l'archéologie de l'architecture, à traduire plus fidèlement en dessin la description de Varron.

VOLIGE, s. f. Nous avons trouvé le mot *volice* dans quelques lexiques, c'est pourquoi nous l'avons inséré dans notre nomenclature. (*Voyez* plus haut.) Aujourd'hui on n'emploie ce mot qu'avec l'orthographe que le présent article lui donne, et le plus souvent au pluriel.

On donne ce nom à de petites planches ordinairement de bois blanc ou de sapin, servant particulièrement pour des encaissemens et pour tous les travaux qui concernent le métier de layetier.

On a vu à la vie de Philibert Delorme (*voyez* DELORME), qu'il employa de véritables *voliges* dans le système de charpente dont il fut l'inventeur. On ne sauroit donner un autre nom aux planches minces et légères qu'il imagina d'assembler, et que, d'après l'exemple et la théorie qu'il en a donnée, on continue encore d'employer pour former des assemblages de couvertures, qui réunissent dans ce procédé l'économie à la légèreté. (*Voyez* en la description à l'article cité.)

VOLTERRA. Ville antique de l'Etrurie, qu'on appela jadis *Volaterra*.

Volterra, une des villes étrusques où il s'est conservé le plus de monumens, et où l'on a découvert le plus d'ouvrages de l'art des anciens Toscans, fut bâtie sur le sommet sinueux d'une haute montagne escarpée, entre le fleuve Cecina et l'Eva, et qui commande tout le pays des environs jusqu'à la mer de Toscane. Elle avoit à peu près quatre milles de circonférence, comme le démontrent les restes de ses antiques murailles, et le plan qu'en a donné M. Micali, dans son ouvrage intitulé *l'Italia avanti il dominio dé Romani*.

C'est sur cette carte que nous allons donner l'énumération abrégée de tous les monumens, dont il reste encore des vestiges plus ou moins considérables.

On peut suivre sur ce plan l'entière circonvallation des murs antiques, en grande partie ruinés, mais dont les débris permettent de suivre leur trace. Ils se composoient de blocs en pierre de taille, régulièrement appareillés à joints rectangles. Deux portes de la ville antique subsistent encore. Celle qu'on appelle aujourd'hui *porta dell' Arco* est réellement formée d'une grande et belle arcade, ayant en profondeur toute l'épaisseur des murs. Sa construction, toute en fort gros blocs de pierre taillés et appareillés en ligne droite, offre deux cintres voûtés en claveaux, qui donnent, l'un du côté de la ville, l'autre du côté de la campagne, et qui retombent sur des piédroits ayant un couronnement profilé, à la manière des antes dans les temples d'ordre dorique grec. L'ouverture cintrée de l'arc du côté de la campagne, est accompagnée de trois têtes sculptées en saillie, approchant de la ronde bosse. Deux de ces têtes surmontent les deux piédroits; la troisième sert d'agraffe au voussoir qui fait la clef de la voûte. Ces têtes sont tout-à-fait frustes; mais, par un hasard tout particulier, on les retrouve beaucoup mieux conservées sur un bas-relief découvert à *Volterra*, où le sculpteur avoit représenté une action du siége de la ville, et sans aucun doute un assaut donné à l'une de ses portes. On y voit un guerrier précipité, avec l'échelle qui devoit servir à l'escalade. Or, la porte d'où il tombe, est précisément celle des trois têtes dont on a parlé. Ces têtes, quoique bien conservées, n'ont aucun symbole qui puisse les expliquer. Elles étoient sans doute celles de quelques divinités adorées à *Volterra*. De quel temps date cette architecture? c'est ce que rien ne nous apprend. Aussi est-il difficile d'établir là-dessus quelques conjectures probables, relativement à l'art de l'antique Etrurie.

M. Micali, dans le plan qu'il a tracé de l'ancienne et de la moderne *Volterra*, nous fait connoître, entre un fort grand nombre de vestiges d'antiquités, des restes de thermes, ainsi que l'aquéduc qui y conduisoit les eaux, une fontaine d'eau minérale et d'anciens conduits qui y abondoient; des constructions d'un amphithéâtre avec ses dépendances, différentes sortes d'hypogées et de sépultures publiques appelées aujourd'hui *sepolcreti*, une superbe piscine, l'embouchure d'un égout, et beaucoup d'autres fragmens d'édifices ruinés, témoins de l'antique magnificence de cette ville.

VOLTERRA (Francesco di), fut un des architectes de la fin du seizième siècle, qui marchèrent à la suite, mais en restant assez loin, de tous ceux qui firent la gloire de ce grand siècle. Son style n'a point de caractère, il tient le milieu entre la grandeur, la pureté, la correction, la simplicité, la noblesse de ses prédécesseurs, et les défauts contraires, qui envahirent, par degrés, le domaine de l'architecture, jusqu'à l'excès où Borominі devoit trouver leur terme.

On ne sait pas à l'école de quel maître s'étoit formé *François de Volterre*. L'architecture toutefois ne fut pas son premier art; il s'étoit d'abord exercé dans la sculpture en bois, genre qui ne pouvoit le conduire, ni à la fortune, ni à la célébrité. Il en quitta bientôt l'exercice, pour celui de l'architecture. Peut-être s'y livra-t-il assez tard, ou mourut-il trop tôt, pour avoir pu, ou élever beaucoup d'édifices, ou porter à fin ceux qu'il avoit commencés. Le peu qu'on en cite, sous son nom, ne furent point, pour la plupart, achevés par lui. Du moins cela paroît certain des deux plus connus.

Le premier fut l'église de Saint-Jacques-des-Incurables à Rome. Quelques sujétions d'alignement de terrain, paroissent avoir gêné l'architecte, dans sa disposition et dans l'accord en plan de son intérieur d'église et de son portail, qui, comme le plan le démontre, se trouve établi sur une ligne biaise. Cet inconvénient, il est vrai, n'est pas sensible dans l'élévation.

Le plan de l'église est un ovale, dont le grand diamètre passe par la porte d'entrée et par l'autel. Il résulte de là, que l'entrée dans cet intérieur elliptique, a lieu par le petit côté du cercle ovale, ce qui paroît moins naturel. Chacune des extrémités de ce petit côté, c'est-à-dire celle de la porte, et celle de l'autel, offre une grande arcade, et l'autel principal est dans un petit prolongement en demi-cercle. Le point milieu du petit diamètre de l'ovale, est occupé par deux arcades semblables, mais un peu moins larges, et entre chacune des quatre dont on vient de parler, est pratiquée une arcade inférieure, et en hauteur, et en largeur; de sorte qu'en exceptant la grande arcade d'entrée de la porte, tout cet intérieur se compose de sept chapelles en renfoncement, sous les sept autres arcades. On ne sauroit nier que ce plan n'ait été adroitement combiné pour l'espace dont l'architecte pouvoit disposer.

La décoration de cet intérieur est assez sage, et si elle n'offre que peu de licences, elle n'offre aussi aucune de ces beautés qui tiennent à la simplicité des masses, à la pureté du caractère, à la sévérité du style. Les pilastres sont d'ordre corinthien composé, et par un contraste dont on ne sauroit entendre la raison, l'entablement est des moins ornés. Cette rotonde est couverte par une coupole, dont la voûte se trouve peu agréablement découpée, par des lunettes qui se terminent en arcs aigus, dans lesquels sont inscrites en forme circulaire par le haut, d'assez longues fenêtres. Rien de moins heureux que tout cet ajustement, qu'on ne sauroit à ce qu'il paroît imputer à *François de Volterre*, puisque l'édifice fut terminé par Charles Moderne qui passe pour avoir aussi achevé la façade ou le portail. On ne peut guère en dire autre chose, sinon que dans ce genre insignifiant de frontispices en placage, et à plusieurs ordres, on en citeroit peu qui eussent moins de défauts.

Nous trouvons qu'un autre grand édifice de *François de Volterre*, eut la même destinée, c'est-à-dire, de n'avoir pu être terminé par lui et de l'avoir été par Charles Moderne. On veut parler du palais Lancellotti à Rome, un des plus grands de cette ville. Sa masse extrêmement régulière, si on en excepte la porte d'entrée de sa principale façade, qui n'en occupe pas le point milieu, se compose d'un étage à rez-de-chaussée, sous lequel on a pratiqué les ouvertures d'un étage souterrain, ensuite d'un premier étage, au-dessus duquel s'élève un petit étage attique, ou en *mezzanino*. Ces étages sont séparés par de simples bandeaux sans ornemens. Les chambranles des fenêtres sont d'un style fort simple, et l'entablement ne l'est pas moins. La porte d'entrée offre quelques caprices de décoration, qui se ressentent du goût du dix-septième siècle. Elle a aussi l'inconvénient de ne pas occuper le milieu de la façade.

On attribue à *François de Volterre* la construction de la nef de l'église *della Scala*, où l'on trouve à louer un parti grandiose; le dessin de la façade de l'église de *Monte-Serrato*, dont il n'exécuta que le premier ordre, qui est corinthien, avec des ressauts inutiles et de petites niches sans proportion, au jugement de Milizia; et l'église de *Santa-Chiara*, qui, selon ce critique, est dans le même goût.

VOLUTE, s. f., en latin *voluta*.

Le mot latin formé du verbe *volvere*, désigne et définit la *volute*, comme étant un enroulement, une spirale, ou toute configuration, qui décrit plusieurs circuits. La nature a sans doute fourni aux divers travaux des arts, d'assez nombreux modèles de cette configuration, dans une très-grande quantité de plantes dont les tiges produisent de ces petites ramifications qui se développent en forme de spirales. L'esprit de l'ornement, a toujours été de chercher dans les productions naturelles, des applications aux détails des différentes parties d'ouvrages, qu'aucune règle ne sauroit assujettir à des types nécessaires. Les objets naturels dont nous parlons, semblent être eux-mêmes des caprices de la nature, et ce qu'on appelle en architecture, de l'ornement est aussi, ce qui en est la partie qu'on peut appeler capricieuse.

Le système d'enroulement et de *volute*, a trouvé le moyen de se naturaliser, dans un assez grand nombre d'objets, devenus comme parties constituantes de l'architecture. Telles sont les modillons et les consoles, qui, comme on le sait, se composent de deux *volutes*, ou enroulemens inégaux, qu'on met diversement en œuvre, selon que l'enroulement le plus fort est en haut, ou en bas. Il est une multitude d'autres emplois des *volutes*, soit comme supports, soit comme anses des vases des trépieds des autels, etc.

Mais l'emploi de la *volute* le plus important, est celui qu'on lui a donné dans les chapiteaux des ordres corinthien et ionique. C'est surtout à l'égard de ce dernier, que la *volute* joue le principal rôle, puisque son chapiteau consiste essentiellement dans ses *volutes*, dans leur ajustement, leur circonvolution, leurs détails accessoires. Certainement on n'ira point croire avec Vitruve que les *volutes* du chapiteau ionique, représentent la coiffure des femmes, et les boucles de leurs cheveux. Ce n'est pas là le seul cas où nous ayons eu à combattre cet architecte, dans l'abus qu'il a fait de quelques idées métaphoriques, et de quelques allusions que le génie grec a pu faire des procédés de la nature aux pratiques de l'architecture. Ainsi a-t-on cru trouver dans les proportions différentes des corps de l'homme et de la femme, une sorte d'analogie avec les ordres des colonnes, selon que l'un aura le caractère de la force, et l'autre celui de l'élégance. Mais ce n'est là qu'un rapprochement d'idée, et non de réalité. Il en est de même de l'application des mots *capita*, chapiteaux, aux couronnemens des colonnes, couronnemens qui forment dans le fait leurs têtes. Mais nul rapprochement d'imitation à tirer de là; encore moins d'une tête de femme, avec la décoration du chapiteau ionique. Non qu'on veuille nier, qu'à prendre cette transposition d'idée, dans sa plus grande généralité, le goût ait pu inspirer aux Grecs, de donner à l'ordre qui tient le milieu entre la force et la richesse, le caractère d'élégance dont la tête de la femme parée de sa chevelure fait naître le motif.

Du reste rien de commun entre cette coiffure, et les détails décoratifs du chapiteau ionique. D'où les Grecs auront-ils donc tiré les élémens de sa composition et de son ajustement? Rien je pense ne seroit plus vain que cette recherche. Dès qu'on n'y voit aucun emprunt fait aux productions naturelles, ni aucune analogie entre des balustres ou des *volutes*, et les parties constitutives de la charpente, il ne reste à chercher son origine que dans le goût de l'ornement, et cette sorte d'instinct, qui n'a d'autre principe et d'autre but, que le plaisir des yeux.

Dans la vérité et lorsqu'on pénètre jusqu'au fond des choses, on en doit dire autant du chapiteau corinthien. Quoique ce chapiteau soit composé tantôt de feuilles d'acanthe, tantôt de feuilles de laurier, imitées sans doute d'après des productions naturelles, qui pourroit dire que ce ne soit pas une invention purement décorative et appartenant au génie de l'ornement? Car nous ne supposerons pas avec quelques rêveurs en ces matières que cela soit imité des branches d'arbres. Il n'y a personne qui ne sache aujourd'hui que le type des chapiteaux à feuillages est d'invention égyptienne; et les Égyptiens, qui ne crurent jamais que leurs colonnes aient eu des arbres pour modèles, crurent encore moins que les feuilles de *lotos* dont ils ornèrent leurs chapiteaux auroient été la conséquence d'une imitation à laquelle rien n'auroit pu les porter. Les Egyptiens et les Grecs après eux ne crurent faire rien autre chose que de l'ornement.

Le chapiteau corinthien n'est donc comme le chapiteau ionique, qu'une pure et simple composition décorative pour le plaisir des yeux. Et ce qui le prouveroit encore si cela avoit besoin de preuves, c'est qu'aux caulicoles de leurs acanthes et à la disposition de leurs feuilles, ils ajoutèrent d'assez nombreuses *volutes*.

Effectivement les *volutes* du chapiteau corinthien, qui sont au-dessus des caulicoles, sont au nombre de seize, huit angulaires, et huit autres plus petites, appelées *hélices*. Quelle qu'ait pu être l'origine du chapiteau en forme de vase, selon les uns, ou de pannier selon d'autres, entouré de feuillages d'acanthe, d'olivier ou de laurier, il est évident, que les *volutes* qui font partie de tout cet ajustement, n'y ont pu être introduites par aucun autre principe, que par celui du goût et n'ont été l'imitation d'aucune chose naturelle.

Il en fut de même du chapiteau ionique dont les *volutes* forment et le caractère et le principal ornement. Aussi les architectes se sont-ils souvent exercés sur la meilleure forme à lui donner, et sur la méthode d'en tracer les contours. Nous allons rapporter ici celle que Perrault adopte dans son *Traité de l'ordonnance des cinq espèces de colonnes.*

» Pour tracer le contour de la *volute*, il faut » commencer par l'astragale du haut de la co- » lonne, qui doit avoir deux douzièmes d'épais- » seur, et s'étendre à droite et à gauche, autant » que le diamètre du bas de la colonne. Cet astra- » gale étant marqué sur la face où l'on veut tracer » la *volute*, il faut tirer une ligne à niveau, par » le milieu de l'astragale, et la faire passer

» par delà le bout de cet astragale, puis faire descendre à plomb du haut du tailloir sur cette ligne, une autre ligne qui passe par le centre du cercle, dont la moitié décrit l'extrémité de l'astragale. Ce cercle, qui a deux douzièmes de diamètre, est appelé l'*œil de la volute* par Vitruve. C'est dans ce cercle que doivent être placés les douze points, qui servent de centre aux quatre quartiers de chacune des trois révolutions, dont la volute est composée. Pour avoir ces douze points, on trace dans l'œil un carré dont les diagonales sont l'une dans la ligne horizontale, et l'autre dans la ligne à plomb, et s'entrecoupent au centre de l'œil. Du milieu des côtés de ce carré, on tire deux lignes, qui séparent le carré en quatre, et chaque ligne étant partagée en six parties égales, elles donnent les douze points dont il s'agit. Pour tracer la *volute*, on met le pied immobile du compas, sur le premier point, qui est dans le milieu du côté intérieur et supérieur du carré, et l'autre pied du compas à l'endroit où la ligne à plomb, coupe la ligne du bas du tailloir, et l'on trace un quart de cercle en dehors, et en bas, jusqu'à la ligne du niveau. De cet endroit ayant placé le pied immobile au second point, qui est dans le milieu du côté supérieur et extérieur du carré de l'œil, on trace le second quart du cercle tournant en dessous jusqu'à la ligne à plomb, et de là ayant placé le pied immobile au troisième point qui est dans le milieu du côté inférieur et extérieur du carré de l'œil, on trace le troisième quart de cercle, tournant en haut et en dedans, jusqu'à la ligne du niveau. De là ayant placé le pied immobile au quatrième point, qui est dans le milieu du côté inférieur et extérieur du carré de l'œil, on trace le quatrième quart de cercle tournant en en haut et en dehors jusqu'à la ligne à plomb. De là ayant placé le pied immobile au cinquième point, qui est au-dessous du premier en allant vers le centre, on trace le cinquième quart de cercle, et tout de même le sixième du sixième point qui est au-dessous du second et le septième du septième point qui est au-dessous du troisième; et ainsi allant de point en point par le même ordre on trace les douze quartiers, qui font la circonvolution spirale de la *volute*. »

L'emploi des *volutes* dans le chapiteau ionique est devenu, pour l'ordre de ce nom, d'un usage tellement ancien et tellement habituel, leur forme et leur ajustement ingénieux et varié se sont trouvés si bien d'accord avec le caractère moyen entre la simplicité du dorique, et la richesse du corinthien, qu'on n'a jamais cherché à donner à cet ordre d'autre couronnement. Cependant il ne faudroit pas croire, qu'il y eût pour tracer les contours de ses *volutes*, aucune règle invariable. Non-seulement les procédés suivis point peuvent [illegible] être divers, mais nous voyons plus d'une variété importante chez les Anciens, soit dans la position des *volutes*, soit dans leurs contours et les révolutions auxquelles on les soumet : les modernes n'ont pas laissé de même d'y introduire de nouvelles diversités. De là les différens noms qu'on donne aux *volutes*.

Ainsi on dit :

Volute a l'envers. C'est une *volute* qui, au sortir de la tigette, se contourne en dedans. Il y a des exemples de cette disposition peu agréable, dans quelques édifices du dix-septième siècle à Rome, tels que la Sapience et Saint-Jean-de-Latran.

Volute angulaire. *Volute* qui est pareille dans les quatre faces du chapiteau. Telle est celle qu'on voit à la colonne ionique du temple de la Concorde à Rome.

Volute arrasée. On appelle ainsi une *volute* dont le listel, dans ses trois contours, est sur une même ligne, comme sont les *volutes* de l'ionique antique, ou comme est celle de Vignole.

Volute a tige droite. *Volute* dont la tige parallèle au tailloir, sort de derrière la fleur de l'abaque, comme à certains chapiteaux composites de la grande salle des thermes de Dioclétien.

Volute de console. On donne ce nom aux deux enroulemens dont se composent généralement les consoles de décoration. De ces deux *volutes*, l'une est plus forte que l'autre, et selon les emplois qu'on fait de la console, tantôt c'est la supérieure qui est la plus forte, tantôt c'est l'inférieure.

Volute de modillon. Cette *volute*, destinée à soutenir la corniche, ou du moins à paroître lui servir de support, est du même genre que la précédente, et son gros enroulement est toujours à la partie supérieure.

Volute de parterre. Toute *volute* (comme son nom l'indique) étant un enroulement, on appelle dans la langue du jardinage, une *volute*, toute figure en enroulement, dans la forme d'un S, qu'on trace, soit avec du buis, soit avec du gazon.

Volute évidée. On appelle ainsi la *volute* qui a le canal d'une circonvolution, détaché du listel d'une autre circonvolution, par un espace vide à jour. De toutes les manières de pratiquer les *volutes*, celle-ci est celle qui a le plus de légèreté.

Volute fleuronnée. *Volute* dont le canal est enrichi d'un rinceau d'ornement. On en trouve de de semblables aux chapiteaux composites des arcs antiques à Rome.

VOLUTE NAISSANTE. *Volute* qui semble, dans le chapiteau corinthien, sortir du vase par derrière l'ove et qui monte dans l'abaque. On la voit ainsi pratiquée aux plus beaux chapiteaux du genre de ceux qu'on nomme composites.

VOLUTE OVALE. Ainsi appelle-t-on une *volute* qui a ses circonvolutions plus hautes que larges. On les voit pratiquées de cette sorte, dans certains édifices modernes, à des chapiteaux d'angle ioniques ou composites. Elles sont ainsi aux chapiteaux du temple de la Fortune virile à Rome, et au théâtre de Marcellus.

VOLUTE RENTRANTE. On nomme ainsi celle dont les circonvolutions rentrent en dedans. De ce genre sont les *volutes* des colonnes ioniques exécutées sur les dessins de Michel-Ange, au Capitole, à Rome.

VOLUTE SAILLANTE. On exprime par cette dénomination la forme d'une *volute* dont les enroulemens se jettent en dehors. De semblables *volutes* sont exécutées au portail de Saint-Gervais, à Paris.

VOMITORIA. On appeloit ainsi, dans les amphithéâtres, des portes ou plutôt des ouvertures pratiquées en plus ou moins grand nombre, selon celui des *præcinctiones* ou palliers, qui circuloient tout à l'entour et aboutissoient aux *canei*, c'est-à-dire aux sections formant des escaliers pour monter ou descendre d'une rangée de gradins à une autre.

Les *vomitoires* aboutissoient à des escaliers construits sous l'amphithéâtre, et c'est par là que les spectateurs arrivoient aux palliers et aux sections, d'où ils se distribuoient à volonté sur tous les gradins. Ainsi, personne n'arrivoit à l'amphithéâtre par dedans, c'étoit par toutes ces issues ainsi pratiquées en étages sous les gradins mêmes, que la multitude pénétroit, et c'étoit par elles que la foule s'évacuoit.

Les *vomitoires* étoient des espèces de bouches qui sembloient engloutir ou vomir la foule, et de là le nom qu'on leur donna. Macrobe le dit textuellement, sat. 6. 4. *Undè et nunc vomitaria in spectaculis dicimus, indè homines glomeratim ingredientes, in sedilia se fundunt.*

VOTIF, adj. m. Se dit de tout objet donné ou fait en vertu d'un vœu, c'est-à-dire d'une promesse à la Divinité, de lui témoigner une reconnoissance publique pour un bienfait obtenu.

On ne sauroit nombrer tous les objets d'art, auxquels on donna le nom de *votif*, et qu'on appela, par suite du principe qui les produisit, des *ex voto*. Ce sentiment religieux s'étendit aux plus petits comme aux plus grands ouvrages. Nous ne citerons pas dans l'antiquité les monumens de tout genre qui lui durent leur exécution, et parmi lesquels il faudroit comprendre un grand nombre de temples. La puissance de ce principe religieux n'a guère été moindre dans le christianisme et jusqu'à nos temps modernes. Ainsi un des principaux édifices de Paris, le grand édifice et la belle coupole du Val-de-Grace, furent le résultat d'un vœu fait par Anne d'Autriche, si elle obtenoit du ciel la naissance d'un fils; et ce fils fut Louis XIV.

Il est donc vrai que nous possédons encore un grand nombre d'édifices et de temples *votifs*, et qu'ainsi l'épithète de *votif* peut se donner à beaucoup d'autres objets, que ceux auxquels on affecte la dénomination synonyme d'*ex voto*.

Nous dirons cependant, pour borner aux usages de l'antiquité grecque ou romaine, les notions que comporte le plus souvent le mot *votif*, qu'on le donna par excellence à un certain nombre d'objets ou de sujets usuels.

Rien, par exemple, ne fut plus commun chez les peuples anciens, que ce qu'on appela des tableaux *votifs*, que l'on plaçoit dans les temples du dieu auquel on s'étoit adressé dans le péril, et au secours duquel on croyoit avoir dû son salut. Les temples offroient aussi comme ornemens des boucliers *votifs*. C'étoient quelquefois les boucliers mêmes enlevés aux vaincus. De semblables boucliers ornoient l'entablement du temple de Jupiter à Olympie. Il se faisoit aussi de ces boucliers à l'instar des boucliers usuels, mais d'une matière plus riche et décorés de tout le luxe de la sculpture sur métaux. C'est ainsi qu'on explique certains de ces ouvrages qui ont échappé à la destruction, et qui n'ayant jamais pu être d'aucun usage pour la guerre, ne peuvent être interprétés que de cette manière.

VOUSSOIR, s. m. On appelle ainsi les pierres qui forment la courbure d'une voûte ou le ceintre d'une arcade. Chaque *voussoir* a six côtés quand il est taillé. Le coté qui est creux et qui doit servir à former le cintre de la voûte se nomme *douelle intérieure du voussoir*, et quelquefois *intrados*. Le côté qui lui est opposé et qui fait le dessus de la voûte est appelé *douelle extérieure* ou *extrados*. Les côtés qui sont cachés dans le corps du mur, se nomment *lits de la pierre*, et on donne le nom de *tête de la pierre* aux autres faces qui sont les bouts des *voussoirs*.

Il y a des *voussoirs* qui sont à tête égale, c'est-à-dire de même hauteur, et d'autres à tête inégale, comme les carreaux et les boutisses pour faire liaison. On trace les uns et les autres par panneaux et équarrissement.

On construit de *voussoirs* les dessus des portes et des fenêtres qui ont du creux, et qui sont courbés, et ont les fait de claveaux quand ils sont droits et en plafond.

Les *voussoirs* tous semblables servent à former les voûtes extradossées.

VOUSSOIR A BRANCHES. *Voussoir* qui étant fourchu, fait liaison avec le pendentif d'une voûte d'arête.

VOUSSOIR A CROSSETTES. *Voussoir* qui retourne par en haut pour faire liaison avec une assise de niveau.

VOUSSURE, s. f. C'est le nom qu'on donne à toute portion de voûte moindre que le demi-cercle. Tels sont par exemple les arcs qui soutiennent les rampes de certains escaliers.

Lorsqu'une *voussure* est entre deux arcs de différentes formes, on l'appelle *arrière-voussure*. Voyez les noms qu'on lui donne selon ses formes, au mot ARRIÈRE-VOUSSURE.

VOUTE, s. f. Ce mot vient de l'italien *volta*, formé lui-même du verbe *voltare*, qui en italien est le même que le latin *volutare*, et exprime de même l'idée de *tourner*, *contourner*. Ainsi *volta* signifie dans sa notion élémentaire, un objet circulaire, fait au tour, fait en rond. Et telle est, sous le rapport purement matériel de la forme extérieure, et apparente, la définition de la *voûte*.

Sous le rapport de son emploi dans les édifices, la *voûte* peut se définir, une couverture tenant lieu de plancher ou de plafond, et composée le plus souvent de parties, qui, dans leur position suspendue, se soutiennent les unes les autres.

Nous avons simplifié et généralisé le plus possible cette définition. Presque toutes celles qui jusqu'à présent en ont été données, tendent à faire considérer exclusivement la *voûte*, comme un ouvrage de maçonnerie composé de voussoirs ou de claveaux, soit en arc, soit en plates-bandes. Cependant des *voûtes* peuvent être faites avec d'autres matériaux. On peut en faire par assemblages de bois, par armatures métalliques. Il y a aussi des exemples de ce qu'on pourroit appeler des *voûtes* monolithes, c'est-à-dire consistant en une seule grande pierre creusée, et façonnée en forme de calotte.

Cependant l'art proprement dit de la construction, ne reconnoît habituellement comme voûte, c'est-à-dire comme ouvrage soumis à la science du trait, de la stéréotomie, et aux principes de la géométrie, que celle qui est formée par un assemblage, soit de pierres taillées, ou autres matériaux du même genre, lesquels n'ont d'autre lien, que leur coupe, et la courbe qui en maintient la position, ou qui, réunis dans une même courbure, et au moyen d'une liaison de mortier, parviennent à devenir un tout compact, et ne faisant en quelque sorte, qu'un seul corps.

Quant aux ouvrages en cintre, formés soit par d'autres matériaux, soit avec d'autres procédés d'assemblage, nous verrons qu'ils ont pu et peuvent exister, avant et indépendamment de l'art tel qu'on vient de le définir. Ils ont pu servir même de prototypes aux *voûtes* en pierre, et ils peuvent, bien que bornés à un petit nombre d'élémens, imiter encore aujourd'hui leurs données principales, et les remplacer dans un petit nombre de circonstances.

L'objet de cet article pouvant être la matière d'un très-grand ouvrage, tant il offre de notions diverses, nous avons essayé d'en resserrer l'étendue en deux parties, l'une de théorie historique, l'autre de théorie pratique.

PREMIÈRE PARTIE.

NOTIONS HISTORIQUES SUR L'EMPLOI DE L'ART DES VOUTES.

On a beaucoup disserté sur l'origine de l'art des *voûtes*, sur les pays et les temps auxquels on en doit l'invention, sur les peuples qui l'ont mis en œuvre, et sur ceux qui l'ont ignoré.

Il manque, et il manquera toujours à la certitude des recherches sur cet objet, une base certaine, soit dans les notions de l'histoire, soit dans les faits positifs, c'est-à-dire les monumens mêmes des peuples de l'antiquité. Les notions historiques sont peut-être, surtout pour un semblable point de critique, à peu près aussi incomplètes, que celles des monumens. Le défaut ordinaire des hommes qui s'adonnent à ces recherches, est de conclure, de l'absence de citations, ou de la privation d'exemples, l'ignorance de la chose en question. Il faut donc être fort réservé sur les jugemens qu'on porte en ces matières.

Sans doute plus d'un critique se sera beaucoup trop avancé, dans l'interprétation des grands ouvrages et des fameux jardins de Sémiramis, en se servant des mots *arcades* et *voûtes*, pour exprimer les constructions qui réunissoient les murs servant de supports aux terrasses. Il est très-constant, d'après les textes des écrivains anciens, que ces murs qui n'avoient d'autre distance entr'eux, que celle de dix pieds, étoient facilement et très-solidement réunis par de grandes pierres qui, avec leur portée sur les murs, avoient seize pieds de long et quatre de large. Or telle est la notion qu'en donne Diodore de Sicile; et le mot *Syringes*, dont il se sert, ne peut indiquer autre chose, que des conduits étroits, des galeries souterraines creusées dans la masse. Quinte-Curce à la vérité, en parlant de ces jardins, les donne comme élevés sur des piliers (*pilæ*); mais sur ces piliers, il décrit uniquement des plates-formes, faites avec de grandes pierres carrées, qui servoient de support à la terre. Ainsi et les murs selon Diodore, et les piliers selon Strabon et Quinte-Curce, au lieu de porter des *voûtes* ne supportoient que des plates-bandes en pierres.

De là on a conclu que chez les Chaldéens, au temps de Sémiramis, on ne connoissoit pas l'art de faire des *voûtes*. Conclusion, comme l'on voit, beaucoup trop absolue, puisqu'elle ne repose que sur un exemple négatif.

Nous en dirons autant de la Perse, d'après les restes des monumens de Tchelminar ou Persépolis. Quel qu'ait été l'emploi de ces grandes galeries, dont un assez bon nombre de piliers ou de colonnes sont encore debout, on ne sauroit supposer que des couvertures en *voûte* y aient pu être imposées. Ces singulières colonnes ne paroissent point avoir eu d'autre objet que de soutenir des poutres, qui, en se croisant, formoient les compartimens des plafonds, servant de couverture à des espèces de péristyles élevés, pour qu'on eût l'avantage de communiquer à couvert d'un édifice à un autre. La manière dont quelques-unes de ces colonnes sont terminées par des enroulemens et des têtes d'animaux, qui laissent entr'eux des supports et des espaces, pour placer des poutres, pourroit servir d'appui à cette conjecture. Cette disposition est indiquée par les tombeaux de Naxi Rustan, selon Chardin et Corneille Le Brun. On y voit la représentation des poutres placées entre les têtes de boeuf et de cheval cornu, qui tiennent lieu de chapiteaux aux colonnes. On trouve encore aujourd'hui à Ispahan, et en plusieurs endroits de la Perse, des bâtimens de ce genre destinés à prendre le frais. Ils ont des plafonds à compartimens, faits avec beaucoup d'art, et soutenus par des colonnes fort déliées en bois peints, ainsi que les plafonds.

D'un aussi petit nombre de notions, il semble qu'on ne peut inférer rien autre chose, sinon qu'on ne trouve point de vestige de *voûte* dans l'unique fragment d'édifice de Persépolis, ce qui est fort loin d'entraîner la conséquence que les Perses n'ont pas fait de *voûtes*.

Il n'existe certainement aucune région de l'antiquité qui ait conservé autant de monumens des âges passés que l'Egypte, et où l'on rencontre autant d'édifices, soit entiers, soit avec des portions si bien conservées, qu'elles ne laissent aucun doute sur la manière de suppléer ce qui manque. Or, voici ce que nous écrivions vingt ans avant que l'expédition d'Egypte eût, en quelque sorte, transporté chez nous toute l'architecture égyptienne. (Voyez *de l'Etat de l'architecture égyptienne*, etc.)

« Ce qu'on peut dire, c'est qu'il résulte de toutes les relations des voyageurs, deux points, dont l'un, qui est de fait, paroît certain; l'autre, qui n'est que de conjecture, est aujourd'hui fort probable.

» A l'égard du fait, on peut affirmer, non que les Egyptiens n'ont pas fait de *voûtes*, mais qu'on n'en rencontre point dans ce qui reste de leurs constructions, et qu'on n'y découvre aucunes formes, aucunes parties de bâtiment, dont les pierres soient taillées en claveaux ou voussoirs, de manière à se soutenir en l'air l'une par l'autre. Il est bien vraisemblable que s'il existoit des *voûtes* dans les ruines de l'Egypte, les voyageurs n'auroient pas manqué d'en faire mention. Or, les uns n'en parlent point, les autres citent des ouvrages en ce genre, qui appartiennent aux Romains, et enfin le plus instruit d'entr'eux (Pococke) affirme qu'il n'y en a point vu.

» A l'égard du second point, celui de conjecture, nous pensons qu'on peut présumer, avec beaucoup de raison, que les Egyptiens n'en firent pas, ou que du moins, d'après le système de leur architecture, et plus encore d'après leurs procédés de construction, ils ne durent point faire de véritables *voûtes*.

» Ce seroit en effet une grande méprise, que d'alléguer en faveur de l'art des *voûtes* en Egypte, ce qui, au contraire, en prouveroit l'ignorance, comme, par exemple, les galeries de la grande pyramide. Les unes sont couvertes, ce qu'on appelle *en dos d'âne*, par la réunion de deux dalles de pierre inclinées, et formant dans leur rencontre un angle aigu. Les autres n'offrent une apparence de *voûte* que parce que les pierres sont placées en encorbellement les unes sur les autres.

» Tout au plus donc, pourroit-on dire, d'après ces exemples, que les constructeurs de la grande pyramide auroient eu la velléité de faire des *voûtes*. Effectivement, ces couvertures à pierres en saillie les unes sur les autres, annoncent qu'ils auroient eu besoin d'en faire. Pococke pense que cela auroit dû les conduire à cette invention, parce qu'il n'eût été question que de donner à ces pierres la figure d'un segment de cercle, et de tailler conséquemment la pierre supérieure en l'emboîtant, au lieu de la poser à plat par dessus les autres. Mais Pococke ne fait là que définir l'opération géométrique de la coupe des pierres dans l'art des *voûtes*; et cette opération, en apparence si voisine de la pratique routinière de l'Egypte, laquelle sans doute devoit y conduire, en est cependant séparée de toute la distance, qui sépare en tout genre les essais ou les premiers pas, du but auquel ils tendent. »

Ce n'est pas toutefois, qu'il faille nécessairement à l'esprit ou à l'industrie de l'homme, autant de siècles qu'on le pense pour atteindre certains points de perfection. Quand on accorderoit que l'Egypte (nous parlons de l'antique Égypte et non de celle des Grecs et des Romains) auroit continué pendant des siècles à construire ces monumens en pierre, sans y faire des *voûtes*, il faudroit encore se garder d'attribuer l'absence de cette pratique, soit à l'impuissance de ses artistes, soit à la difficulté de l'invention. Le père de toutes les inventions, en tout genre, a été, et sera toujours le besoin. Naturellement l'esprit de l'homme attend ses ordres ou ses inspirations; car ce seroit presqu'aller contre la nature, que d'inventer de l'inutile. Si donc, nous trouvons dans quelques constructions vraiment égyptiennes, que l'art de bâtir qui y présida soit resté en fait de *voûtes*, à ce qu'on peut en appeler l'ébauche et l'essai, il est bien démontré que cet essai suffisoit, et au-delà, à l'effet qu'on en vouloit tirer. On est même tenté de croire, que les pierres en dos d'âne ou en encorbellement, étant ce qu'il y avoit de plus simple, et de plus économique, étoient ce qu'il y avoit aussi de mieux approprié à l'emploi qu'on leur donnoit.

Or ce que l'intérieur de la construction de la grande pyramide et de ses conduits nous donne à entendre, c'est que dans ce genre de masses, comme dans tous les autres édifices égyptiens qui nous sont connus, tout s'étoit trouvé soumis à des formes si simples, et à des pratiques tellement ordonnées, et tellement en rapport en entr'elles, que la forme et la pratique des *voûtes*, y auroient été complétement inutiles. *Voyez* ÉGYPTIENNE (ARCHITECTURE).

Si donc on regarde l'invention des *voûtes*, et la taille des pierres qui doit les produire, comme quelque chose de difficile, nous dirons que les hommes ne faisant point de choses difficiles, sans y être poussés par le besoin, et les Égyptiens, dans le système universel de leur art de bâtir, et d'après la nature et l'étendue de leurs matériaux, n'ayant pas dû éprouver le besoin des *voûtes*, ils peuvent être très-raisonnablement considérés, du moins jusqu'à une certaine époque, comme ayant ignoré l'art de *voûter*. Nous donnerons encore plus bas, en traitant du principe originaire de la *voûte*, quelques raisons propres à expliquer l'absence de *voûtes*, dans l'*ancienne* Égypte. Nous ajoutons toujours le mot *ancienne*; car il paroît que dans les siècles postérieurs, les arts de la Grèce et de Rome, ayant pénétré dans ce pays, non-seulement il s'y fit des *voûtes* grecques et romaines, c'est-à-dire dans le système et le style de l'architecture gréco-romaine, mais que selon ce que nous ont appris quelques recherches récentes, il y existe des constructions cintrées, et que les hiéroglyphes qui les recouvrent, font reconnoître comme ouvrage égyptien. Toutefois il convient de faire observer, que les caractères hiéroglyphiques ayant continué d'avoir cours, sous la domination romaine, on ne sauroit conclure de cette indication, que ces parties de construction aient appartenu à l'art antique égyptien proprement dit.

A supposer, si l'on veut, l'absence de *voûtes* en Égypte, il faudroit encore convenir, qu'elle auroit eu pour cause la puissance de l'habitude d'une part, et de l'autre des institutions religieuses, qui ne permettoient à l'art, ni changement, ni aucune innovation dans tout ce qui tenoit aux choses du culte. Or il paroît assez vraisemblable, que tous les monumens respectés par le temps, en Égypte, furent des temples. Si toutes les autres constructions ont péri, peut-on se permettre de décider qu'il n'y pas eu de *voûtes*?

Tel est pourtant l'abus dans lequel le plus grand nombre des critiques est tombé, sur bien des points par rapport à la Grèce même. Si deux ou trois monumens *voûtés* n'avoient échappé, dans ce pays, à la destruction, on mettoit encore en doute que les Grecs aient connu l'art de faire des *voûtes*.

Cependant ce qui prouveroit que ce procédé de construction, n'est pas une de ces inventions dues, soit aux efforts toujours rares du génie de l'homme, soit à une longue succession d'essais et de tentatives, résultat toujours lent de l'expérience des siècles, c'est que, ce qu'on connoît de plus considérable en fait de *voûtes* parmi les ruines de la Grèce, semble et est réputé appartenir aux premiers âges de l'art en ce pays.

Ainsi avons-nous fait voir au mot THOLOS (*voyez* cet article), qui en grec signifie ce que nous appelons du mot général coupole, que l'art de faire, non-seulement des arcs ou des cintres, au lieu de plates-bandes, mais des couvertures d'intérieurs en *voûte*, fut pratiqué dans la plus haute antiquité. Nous avons cité pour exemple, l'édifice décrit par Pausanias, comme construit en marbre, à Orchomène, et que cet écrivain donne pour un monument, aussi beau qu'il y en ait dans le reste du monde. Cet édifice, dit-il, étoit le trésor de Minyas. Les voyageurs modernes ont cru le reconnoître dans une rotonde en coupole, dont on voit encore aujourd'hui les restes au lieu dont parle Pausanias. Les dessins qu'on en connoît, donnent bien l'idée d'une grande rotonde *voûtée*, mais dont l'étendue toutefois ne répondroit pas à ce que l'éloge du voyageur grec semble devoir faire concevoir. Mais comme immédiatement après il parle du tombeau de ce même Minyas, quelques critiques pensent, qu'il seroit plus naturel de voir ce tombeau dans le monument qui subsiste. Quoi qu'il en soit, il est certain qu'on y trouve un témoignage irrécusable de l'antiquité des *voûtes* sphériques et circulaire, construites en pierres, chez les Grecs. Du même genre, est ce qu'on appelle le tombeau d'Atrée à Mycènes. Il a quarante-cinq pieds de diamètre, et autant de hauteur. Il est construit tout en pierres, et il se termine en pointe. *On peut consulter sur ce monument l'ouvrage de M. Gell.*

Sans parler de plusieurs petits édifices, tels que la Tour-des-Vents, ou le monument de Lysistrats existans encore aujourd'hui à Athènes, et dont le sommet se terminoit en *voûte*, il y avoit dans cette ville, auprès du sénat des cinq-cents (dit Pausanias), un édifice que l'on appeloit le *Tholos*, où les prytanes avoient coutume de sacrifier. Or ce mot *tholos*, étoit synonyme du mot *tholia*, qui signifioit *chapeau*, *bonnet*, et ce que nous exprimons aussi aujourd'hui, en architecture, par le mot *calotte*.

Nous ignorons d'après le passage de Pausanias, de quelle matière étoit construit ce *tholos*. Etoit-il en pierres, en briques, sa *voûte* étoit-elle en construction ou en bois de charpente ? Il est certain que les Grecs employèrent le bois à faire de semblables *voûtes*. On en trouve la preuve, dans la notion que nous donne le même Pausanias, du monument de Philippe, autrement dit le *Philippeum*. C'étoit en effet un bâtiment circulaire, dont le corps construit en briques, étoit entouré de colonnes. Un assemblage de charpente formoit sa *voûte*, composée de solives qui, à leur extrémité se trouvoient liées entr'elles, par un pivot de bronze.

Rien de plus précieux que cette notice, dans laquelle nous aurons occasion de puiser une des conjectures les plus vraisemblables, sur la théorie-pratique de l'origine des *voûtes*.

Nous en aurons assez dit sur la partie historique de cet art en Grèce, où l'on doit avouer toutefois, que le nombre des autorités et des monumens est infiniment moindre qu'à Rome. Outre mille raisons inutiles à détailler, on doit dire que l'immense pluralité des édifices ruinés de la Grèce, est de temples, dont le système de construction ne pouvoit guère admettre que des couvertures en charpente, qui cependant ont pu, comme on l'a montré ailleurs, être conformées en cintre, et offrir la configuration d'une *voûte*.

Quant aux arcades, le même abus de raisonnement, qui a fait nier l'emploi des *voûtes* dans beaucoup de pays, parce que leurs ruines n'en montroient point de vestiges, avoit aussi porté les critiques à croire que les Grecs n'avoient point fait de portiques cintrés, puisqu'on n'en citoit aucun reste, dans les débris de leurs villes. Comment pouvoit-on cependant imaginer, que les Grecs, qui construisirent un si grand nombre de théâtres, modèles de ceux des Romains, y auroient négligé cet alentour de portiques cintrés, et d'arcades, qui en étoient l'accompagnement nécessaire ? Depuis qu'on a reconnu les restes du théâtre de Bacchus à Athènes, il n'est plus possible d'avoir un doute à cet égard.

On sait assez quelle liaison régna, dès les plus anciens temps, entre la Grèce et l'Etrurie, et quelle communauté d'arts, d'usages, d'institutions, de langage même, avoit uni ces deux contrées dans les mêmes pratiques, dans le même goût, à une époque qui précéda la fondation de Rome. Tout prouve que, dès cette époque, les Toscans ou Etrusques, étoient habiles dans la construction. Par ce mot on n'entend pas seulement l'art de tailler les pierres, de les façonner en blocs irréguliers, ou de les équarrir en masses parallèles, ce dont on trouve encore aujourd'hui des preuves dans des restes de murs de villes, qu'on croit être l'ouvrage de ces temps reculés ; mais l'art de *voûter*, de tailler les pierres en claveaux, en voussoirs, doit remonter à ces mêmes siècles, si l'on s'en rapporte à toutes les vraisemblances. Nous avons fait voir au milieu des restes d'une des plus antiques villes étrusques (*voyez* VOLTERRA) une porte de ville parfaitement conservée, dans l'alignement de ses antiques murailles, et de la même épaisseur. Elle présente du côté de la ville, comme du côté de la campagne, une ouverture cintrée formant deux grandes arcades, construites de pierres taillées en claveaux, et d'un appareil aussi régulier qu'il soit possible. L'antiquité de cette porte, attestée par celle des murs ruinés de la ville, s'est trouvée constatée encore, par un bas-relief de travail étrusque, où la même porte, reconnoissable aux trois têtes existantes encore sur le monument, ne permet pas de douter de son antériorité sur l'art très-antique de la sculpture qui le copia.

Mais l'habileté des constructeurs étrusques, à partir des temps les plus anciens, et leur savoir dans la pratique des *voûtes*, sinon sphériques, au moins cylindriques, trouve un témoignage, si l'on peut dire, éternel, dans une de ces entreprises qui semblèrent avoir prédit la grandeur de Rome. On veut parler de ces *voûtes* bâties par les Etrusques, pour former le grand égout, qui, depuis tant de siècles, sert encore aujourd'hui au même usage. La *Cloaca maxima*, par son immobile construction, ne cesse pas de faire l'admiration de tous les architectes. Elle est bâtie de grandes pierres de taille, et couverte d'une triple *voûte* ; sa largeur intérieure est de quatorze pieds. En plusieurs endroits, elle offre trois divisions, dont deux sont pour les banquettes, qui règnent le long des murs, et la troisième, ou celle du milieu, est pour l'égout.

Si Rome eut de si bonne heure pour maîtres, dans la pratique des *voûtes*, d'aussi habiles constructeurs, il ne faut plus s'étonner qu'un si grand nombre de ses monumens ou encore intègres, ou en partie ruinés, nous présentent des *voûtes* de tout genre et de toute dimension.

Nous dirons donc en peu de mots, tant ces faits sont connus, qu'on voit encore à Rome et conservées dans leur premier état, des portes cintrées, des *voûtes* en plein cintre, et à claveaux, formant des arcs de triomphe bâtis en marbre. Les aquéducs construits, les uns en pierres de taille, les autres en briques ou en maçonnerie de blocage soit à Rome, soit dans tous les pays soumis à la domination romaine, se composèrent tous d'une suite innombrable d'arcades, quelquesfois les unes au-dessus des autres, où toute la perfection de la coupe des pierres, dans l'art de *voûter*, atteste une habileté et une puissance de moyens de construction, qui n'ont point *été* surpassées.

D'après les observations faites plus haut, sur la réserve qu'on doit mettre à décider, qu'une pratique fut inconnue des Anciens, par cela qu'il ne s'en trouve point d'exemple, dans les restes de leurs monumens, nous nous garderons bien de dire que les Romains ne firent pas de *voûtes* sphériques en pierre, parce qu'on auroit quelque peine à en citer quelqu'exemple important. S'il en étoit ainsi, ce qu'on ne sauroit affirmer, nous en trouverions peut-être la raison, dans la préférence qu'ils auroient très-justement donnée à la construction en blocage. C'est de cette sorte, que sont construites les grandes *voûtes* sphériques, ou coupoles, qui, pour le plus grand nombre, auront dû à ce procédé de bâtir, leur plus ou moins grande intégrité. Les constructeurs y réunissoient la légèreté des matériaux, et la plus grande ténacité d'un mortier qui par la force d'adhésion, parvenoit à faire un corps indissoluble, d'un assemblage de parties nombreuses. C'est ce que démontre aujourd'hui un assez grand nombre de *voûtes*, ou arcades en blocage et briques, dont une moitié a *été* détruite, lorsque l'autre moitié, réduite en porte à faux depuis très-long-temps, ne cesse pas d'être inébranlable.

Du grand emploi que les Romains firent, et durent faire de la construction de blocage en *voûtes*, on doit tirer la conséquence, qu'avec un moyen de *voûter*, si commode, si sûr, si facile à accommoder aux formes et aux espaces de tout genre, leurs constructeurs eurent fort peu besoin de la science géométrique, dont les modernes ont appliqué les théories à la coupe des pierres, pour former une multitude de *voûtes savantes*, dont nous donnerons les noms à la fin de cet article. C'est la nécessité de *voûter* en pierres, de suspendre des masses solides et pesantes, et de trouver dans le trait de leur coupe, selon les diversités de courbure, et leur soutien et leur liaison, qui a fait de cet art une science.

Si l'on ne peut se permettre de nier que quelques grands temples quadrilatères aient eu leur intérieur couronné par une *voûte*, on doit regarder comme certain, que de beaucoup, le plus grand nombre, ainsi que leur construction extérieure le prouve, ne put supporter que des plafonds de charpente ou des couvertures cintrées en bois. [illegible] paroît pas que dans le genre de temples dont on parle, Rome en ait eu d'aussi considérables que ceux de certaines villes de la Grèce ou de l'Asie-Mineure. [illegible] pas que des grandes *voûtes*, qu'on a long-temps désignées comme ayant été celles du temple de la Paix, aient réellement appartenu à un édifice sacré. Ce qui nous reste de plus grand, en fait de *voûtes* romaines, bâties en blocages, comme celle du Panthéon, ou couvrit des monumens circulaires, ou fit partie des thermes; ce fut, ainsi qu'on peut s'en convaincre, dans les immenses édifices de ce nom, que l'art des *voûtes* eut l'occasion et le besoin de se développer en grand. Il n'y a point eu, et il n'y a pas de plus vastes intérieurs que ceux des salles des thermes. Or, nous apprenons, par la grande salle des thermes de Dioclétien, convertie en église, que les Romains employoient aux couvertures de ces grands espaces, les *voûtes* d'arête, dont la propriété, comme celle des *voûtes* gothiques, est de diminuer la pesanteur et de diviser la poussée.

Ce fut selon ce dernier système, qui se perpétua dans les pratiques de la construction, après l'entier oubli de l'architecture gréco-romaine, que le moyen âge vit élever, avec beaucoup de légèreté et d'économie, ces *voûtes* dont les églises gothiques sont couvertes, et qui surprennent beaucoup plus qu'elles ne méritent l'admiration dont elles jouissent.

En effet, la *voûte* d'arête n'est point, comme on l'a dit, une pratique, ou si l'on veut une invention, qui appartient aux constructeurs de ces siècles. Ce qu'il y a même de particulier dans l'opinion généralement répandue à cet égard, c'est qu'on s'imagine que les bâtisseurs de ces églises ne connoissoient pas les *voûtes* en plein cintre. Cependant cette opinion n'est due qu'à l'illusion que font aux yeux les angles résultant du croisement des deux nervures en pierre, qui forment, dans la réalité, deux arcs en cercle plus ou moins surhaussé ou surbaissé. Point de doute que les prétendus gothiques ont employé les arcs aigus au-dessus de leurs piliers, et nous verrons que cette forme tient à l'enfance de l'art des *voûtes*. Mais que l'on considère les couvertures en *voûte* de l'intérieur de leurs nefs, et des bas-côtés de ces nefs, il n'y a plus rien d'aigu que les compartimens formés par les grands arcs en plein cintre, dont on a déjà parlé, et qui composent comme la charpente de ces couvertures.

La *voûte* d'arête gothique (comme l'a fait voir M. Rondelet dans son *Traité de l'Art de bâtir*, tome II, pages 165 et 250) ne se compose que d'une combinaison d'arcs droits à cintre, ou circulaires, moindres de 90 degrés, qui se réunissent pour former différens compartimens. Les intervalles de ces arcs sont remplis par de très-petites pierres enduites en mortier ou en plâtre. La mesure de ces petites pierres est telle, qu'elles peuvent se prêter, sans avoir aucun besoin d'une taille expresse, à la courbure légère de ces compartimens. On a même remarqué dans quelques églises, comme à celle de Notre-Dame de Paris, que ces remplissages en petites pierres sans coupes, appelées *pendentifs*, n'étoient quelquefois qu'en plâtre [illegible] des *voûtes* des prétendus gothiques, on fait de

voûtes, ne comporte donc rien de nouveau. Il n'y a que la hauteur et la procérité de ces couvertures qui frappe, comme tout ce qui est élevé et grand. Je ne dis pas hardi, car la hardiesse n'est un mérite, en architecture, que quand elle s'unit à la solidité. Or, les *voûtes* des églises gothiques pèchent contre la solidité d'une manière trop évidente, pour qu'on puisse la mettre en doute, puisqu'il est clair à tous les yeux, que sans les arcs-boutans qui leurs servent d'étaies, elles ne pourroient point subsister.

Quoi qu'il en puisse être de cette critique, on voit que l'art des arcs et des *voûtes* en plein cintre, continua d'être pratiqué dans tous les siècles du moyen âge.

A la renaissance des arts, vers le quinzième siècle, le christianisme donna une impulsion nouvelle à l'architecture. Déjà la nature toute différente du culte, avoit porté toutes les églises à une grandeur de dimension, que le paganisme n'avoit pu connoître, parce qu'il n'en avoit jamais eu besoin. Le style gothique, peu répandu en Italie, ou singulièrement modifié par l'effet des traditions toujours vivantes du style gréco-romain, ne put opposer que de légers obstacles au renouvellement du bon goût. L'érection de nouvelles églises, dans un grand nombre de villes, donna lieu de revenir au système des *voûtes*, qui s'étoit conservé dans les ruines de Rome, et surtout dans les restes de ses thermes.

Mais une forme caractéristique, celle de croix donnée aux plans des églises chrétiennes, forme inspirée dès l'origine (comme on a pu le voir à l'article Basilique) par la nature même des grands édifices qui furent mis à la disposition des chrétiens, devint bientôt l'occasion de propager et de porter au plus haut point la hardiesse de la *voûte* sphérique. Le dernier exemple antique avoit été la coupole de Sainte-Sophie, à Constantinople. Le point de réunion des quatre nefs de la basilique chrétienne, devenoit d'un ajustement difficile, sans l'accord d'une partie de construction circulaire. Sainte-Marie-des-Fleurs donna à Florence, sous la direction du génie de Brunelleschi, le premier exemple en grand d'une *voûte* sphérique, dont le diamètre est de 130 pieds, au centre de quatre nefs. La construction de ce monument est une des époques mémorables dans l'histoire de l'art des *voûtes*. Jusque là, même chez les Anciens, aucune *voûte* n'avoit été ainsi élevée en l'air, avec des matériaux solides, et à une aussi prodigieuse hauteur (255 pieds.)

Cependant l'architecte de cette *voûte* sphérique elliptique, l'avoit élevée sur les massifs construits avant lui, par Arnolpho di Lapo, de manière qu'elle portoit véritablement ce qu'on appelle de *fond*. Il paroît toutefois, par l'histoire de ce monument (*voyez* Brunelleschi), qu'il régnoit alors une assez grande ignorance, non sur la pratique générale de voûter (les cintres, quelqu'un peu aigus, des arcades de l'église le prouvent), mais sur les moyens de porter à une grande hauteur une *voûte* sphérique, sans des ressources de support extraordinaires. La solution de ce problème occupa alors tous les esprits, et fit la gloire de Brunelleschi.

Le siècle suivant devoit réaliser, dans la coupole de Saint-Pierre, une plus grande entreprise encore, et avec plus de hardiesse et de difficulté. Il fut question de faire porter une masse plus considérable, non pas de fond, et reposant sur des soutiens verticaux, mais, si l'on peut dire, en l'air, c'est-à-dire ayant ses points d'appui sur les *voûtes* en berceau des quatre nefs de l'église. Bramante en avoit eu l'idée, Michel-Ange la réalisa. Voilà le point le plus élevé où soit arrivé l'art des *voûtes*, et il n'est guère probable qu'il soit donné, non-seulement de le surpasser, mais même d'y atteindre.

Ce n'est certainement pas le manque de science qui l'a empêché; mais de semblables entreprises dépendent de circonstances et de causes, qui sont de nature à ne pouvoir, peut-être jamais, se renouveler.

Cependant la coupole de Saint-Pierre est devenue, pendant l'espace de deux siècles, le point d'imitation de toutes les églises construites en Europe, et il n'y a aucune grande ville qui ne puisse en montrer, dans quelque dimension que ce soit, une redite plus ou moins frappante. N'ayant point ici pour objet de faire l'histoire des coupoles, mais seulement de faire parcourir rapidement au lecteur celle de l'art des *voûtes*, dans la succession de ses vicissitudes, de ses variations et de ses progrès, nous nous bornerons à dire que cet art, sous le rapport de théorie et de pratique, a dû obtenir, dans ces derniers temps, son plus grand développement, par le perfectionnement que la coupe des pierres a reçu des études mathématiques, et des applications de la géométrie. De là cette facilité de diversifier toutes les formes de *voûtes*, de les faire en quelque sorte se ployer à toutes les situations voulues par des emplacemens irréguliers. Nous donnerons à la fin de cet article la nomenclature de toutes ces espèces de *voûtes*.

NOTIONS CONJECTURALES SUR L'ORIGINE DE L'ART DES VOUTES.

Lorsqu'on cherche à déterminer quel a pu être le principe originaire de l'art des *voûtes*, chez le plus grand nombre des nations, une première question que le critique doit se faire, est celle de savoir si, en cherchant son origine, dans les premiers procédés d'une industrie naissante, et dans les exemples connus des premiers temps, l'art de voûter résulta nécessairement d'un seul procédé, ou si la diversité de matériaux employés à former les premières habitations, ne dut pas donner plus d'un modèle à cet art.

Il doit être entendu d'abord, que l'art de voûter dut naître d'un besoin uniforme, celui de couvrir par une réunion de matériaux, des espaces dont l'étendue excédoit la portée, en largeur, d'un seule pierre, ou qui exigeoient une solidité supérieure à celle des bois de charpente.

Or ceci nous conduit tout d'abord à reconnoître que les premières batisses ayant dû employer, ou le bois ou la pierre, la *voûte* a pu trouver, dans l'un et l'autre de ces emplois, une double origine.

Lorsque nous parlons des premières bâtisses, nous devons nous hâter de sortir de l'état plus ou moins brute ou sauvage de la naissance des sociétés. Si l'on vouloit s'y arrêter un moment, ce seroit pour faire remarquer, qu'à cette époque de toute société encore dans l'enfance, l'homme ne dut pas connoître l'emploi de la taille des pierres, pour former ses grossiers abris. Il n'y a sans doute sur cela que des vraisemblances pour les temps passés; mais elles se trouvent changées en faits certains, et en vérités constantes, pour les temps modernes, par les observations nombreuses de tous les voyageurs, de tous les missionnaires; surtout, qui ont été dans le cas de voir par eux-mêmes, en tant de contrées diverses, une multitude de peuplades encore dans la première enfance de la civilisation. Or tous s'accordent à nous montrer leurs premières demeures, comme consistant en terre, en branchages d'arbres, et autres matériaux aussi frêles.

C'est presque toujours dans les forêts, et aux dépens de ces forêts, qu'on voit ces peuplades établir leurs demeures. A mesure que les premiers procédés, et les premiers instrumens des arts s'introduisent et se répandent parmi elles, ces demeures s'agrandissent et se perfectionnent. Les arbres sont abattus, et deviennent les premiers supports des habitations. Les procédés de la charpente, encouragés par cet usage, encouragent bientôt eux-mêmes les entreprises de l'art de bâtir.

Ces notions n'auroient presque pas besoin de l'autorité des voyageurs et des historiens, tant elles reposent, avec clarté, sur la nécessité et sur la nature des choses.

On peut donc affirmer que le travail du bois, ou l'art de la charpente, aura constitué presque par tout le monde, à une certaine époque des sociétés naissantes, les premiers ouvrages de l'art de bâtir, sauf à modifier cet art différemment, par la suite, selon divers concours de conditions et de circonstances. En effet, le travail du bois peut se prêter à beaucoup de combinaisons élémentaires, qui postérieurement auront produit des variétés de système dans quelques architectures.

Il n'en est effectivement aucune qui, parvenue à son entier développement, ne porte pas lisiblement écrite, dans son ensemble, la preuve de la première conformation de ses constructions, et de l'usage comme du genre d'emploi, que les premiers bâtisseurs firent du bois et de ses assemblages. En généralisant cette théorie, nous avons cru devoir excepter quelques architectures connues, de cette règle de critique, et particulièrement l'architecture égyptienne. (*Voy.* son article.) Il nous a paru d'abord qu'on devoit y remarquer un accord très-particulier, entre le système de son art de bâtir, tout en plates-bandes de pierres, n'offrant aucune des variétés de légèreté ou de saillie, qu'inspire naturellement l'emploi du bois, et la nature d'un pays qui manque partout de forêts et de bois de construction. Or nous verrons que si l'Egypte paroît n'avoir pas connu les *voûtes*, c'est que son art de bâtir s'étoit modelé de toute antiquité sur la taille des pierres. Nous verrons ensuite par quelques ouvrages de cette nation, ouvrages qui, comme on l'a déjà dit, dans l'article précédent, semblent offrir une ébauche de *voûte*, que l'art de *voûter* auroit pu résulter aussi, soit dans ce pays, soit peut-être ailleurs, d'un certain arrangement de pierres qui devoit conduire à des constructions cintrées.

Par une raison toute contraire, dans l'architecture grecque, produit évident du système de la charpente, ou de la construction en bois, nous voyons l'art des *voûtes* pratiqué dès la plus haute antiquité.

C'est donc là, que nous croyons devoir reconnoître l'origine ou le principe le plus naturel, le plus incontestable de l'art des *voûtes*, celui du moins qui doit avoir eu l'antériorité sur l'autre.

Lorsque l'art de la charpente fut devenu le créateur de toutes les constructions, à une époque supposée déjà fort avancée chez les Grecs dans la civilisation, il ne faut pas douter que le procédé du travail des bois de charpente, n'ait été (comme nous le voyons encore) propre à réaliser un fort grand nombre de bâtimens réguliers, commodes et solides, et à se prêter à toutes sortes de configurations diverses.

De même que la construction quadrilatère ou parallélogramme en bois, avec des toitures à deux pentes, avec porche en avant, et supports isolés, précéda, comme l'histoire en fait foi, les mêmes genres de construction où la pierre remplaça son modèle, de même aussi l'art de la charpente dut avoir la priorité dans les constructions circulaires et sphériques. Ce qu'un art fait, dans les premiers temps, faute de moyens plus grands, plus solides, que le laps des années, et le perfectionnement d'une société, ne peuvent point ne pas amener, cet art continue encore de le faire, comme moyen économique, en rapport avec certains besoins et pour certaines classes de la société. C'est ainsi, pour en donner un exemple, qu'aux temps de la plus grande richesse d'un pays, on voit, et on a vu en plus d'un cas, et dans plus d'un lieu, employer la charpente à couvrir de pauvres maisons,

après

après qu'il a cessé d'être la couverture du palais de Romulus.

Lorsqu'on parcourt en plus d'un pays (et qui ne l'a pas remarqué en quelques régions de l'Italie?) les bâtimens rustiques de certains habitans des campagnes, on ne sauroit voir sans beaucoup d'intérêt, de grandes constructions circulaires s'élevant en pointe, à une fort grande hauteur, sur un diamètre de 50 à 60 pieds, formées de poutres inclinées, jusqu'au sommet ouvert par un grand œil qui éclaire cet intérieur. Eh bien! voilà que s'est perpétué jusqu'à nos jours le modèle primitif de la *voûte* sphérique et conique du tombeau d'Atrée, à Mycènes, et de celui de Mynias, à Orchomène, dont nous avons précédemment parlé.

Or quel homme de bons sens oseroit dire, que ces huttes rustiques sont des imitations de nos coupoles, au lieu de croire que les usages des premiers temps de la Grèce avoient donné dans les constructions circulaires de la charpente l'idée et le modèle du *tholos*? Certes il seroit contre toute loi de l'instinct en fait de construction, d'imaginer que les *tholos* avoient été construits par assises de pierres de taille, en forme de *voûte* conique, avant que l'usage d'une semblable forme, accréditée par la charpente, eût inspiré à l'architecture, l'idée et le besoin de la réaliser, dans une matière plus durable. Ainsi veut la nature que l'on aille du facile au difficile, du simple au composé, de l'économique au dispendieux.

Tout nous dit donc que la *voûte* en pierre eut, chez les Grecs, son origine, et trouva son principe dans la construction en bois, ou la charpente, comme toute autre espèce de construction, et y fut redevable de son système élémentaire, de ses formes principales, et des détails d'ornement ou de ses profils, au type originaire qu'on appelle la *cabane*, c'est-à-dire, l'assemblage du bois dans les premiers édifices. Disons encore que cet emploi du bois ne cessa jamais d'être usuel en Grèce. C'est ainsi que chez les Modernes, malgré le perfectionnement et de l'art et de la science de voûter en pierre, on ne cesse pas pour cela d'employer, dans plus d'un cas, le bois à former les plus grandes couvertures cintrées ou sphériques des dômes. Je dois en effet citer encore ici le *Philippeum* d'Olympie. (*Voyez* ce mot.) Construit par Philippe, roi de Macédoine, par conséquent dans la plus belle période des arts, il formoit une rotonde entourée de colonnes, dont la périphérie étoit en briques, et dont le corps du bâtiment s'élevoit une coupole composée de poutres taillées pour faire le cintre, et aboutissant toutes à une clef de bronze, qui lioit leur assemblage.

Nous n'aurions que trop d'exemples à citer de l'emploi du bois ou de la charpente, pour les couvertures des temples, qui, vu le système de leur plan, ne paroissent avoir été que rarement voûtés en pierres ou en maçonnerie solide. Mais on ne peut se refuser à croire, que plus d'une de ces couvertures fut cintrée, et construite, par l'art de la charpente, en *voûte*. Il n'y a lieu au reste d'insister sur ce point, que pour montrer, dans la réciprocité de ces exemples, l'accord constant qui dut régner entre le modèle et son imitation.

Comment se refuser encore à croire que dans un pays, où toute construction dut commencer par le bois, on ne débuta point par faire les portiques ou les arcades, de la manière que l'on voit aujourd'hui les charpentiers s'y prendre pour faire des cintres, c'est-à-dire par deux morceaux de bois inclinés en partant des piliers faisant piédroits, et allant en angle se joindre au sommier, de telle sorte, qu'il ne reste plus qu'un segment de cercle à y ajouter dans le haut, pour en faire une arcade plein cintre.

Est-il nécessaire de prouver, par exemple, que nulle part on n'a dû commencer par faire des ponts en pierre, et que partout ils ont remplacé les ponts en bois? Si chez les Grecs et chez les Romains, on fit d'abord en charpente les théâtres, il est bien probable que ces édifices économiques, mais aussi moins durables, furent composés, peut-être avec moins d'étendue, mais cependant sur le même plan, et dans les formes, que l'on transporta à des constructions plus durables. La chose est encore plus certaine, et mieux prouvée des temples construits dans les premiers siècles de la Grèce, et cet usage avoit été commun aux anciens Etrusques, dont les Romains transportèrent chez eux la pratique conservée jusqu'au temps de Vitruve, qui, dans sa description du temple toscan, nous le fait voir comme un assemblage de pièces de bois.

La nature des choses et les faits démontrent, que partout où il y eut des bois de construction, on dut bâtir en charpente, avant de le faire en maçonnerie et en pierres de taille. Ainsi le bois dut devenir le premier générateur d'un grand nombre de dispositions, le principe élémentaire de beaucoup de formes, qui passèrent ensuite dans la construction en pierres, où elles reçurent, par de nouvelles modifications, la perfection qu'elles pouvaient atteindre; et l'art de *voûter* fut nécessairement un de ces complémens de l'art de bâtir.

Ce que tous les documens historiques ou théoriques, et les faits même nous apprennent, à cet égard, de l'architecture antique, nous le savons, et nous le voyons arriver de même dans le moyen âge, pour la construction des églises gothiques. Toutes celles qui existent nous apprennent qu'elles ne datent guère que du onzième et du douzième siècle. On parle de leurs commencemens, car pour la plupart elles furent l'ouvrage de plusieurs siècles. Or il est peu de constructions, en pierres, où le système et les pratiques de la charpente soient plus clairement prononcés, que dans les *voûtes* des nefs de ces églises. Rien n'explique mieux ce système, en apparence hardi et compliqué, que le principe de transposition des combles de charpente, en combles à *voûte* d'arête.

La seule construction en pierre, n'auroit jamais pu inspirer, ni ces hardiesses, ni ces croisemens de nervures, ni ces élancemens de supports, ni ces porte à faux de cul-de-lampe suspendus, qui ne peuvent être autre chose, que la représentation des poinçons dans les assemblages de la charpente. Quand l'histoire et les faits ne nous l'attesteroient pas, les monumens eux-mêmes nous disent, par toute l'économie de leur disposition intérieure, par celle des arcs-boutans extérieurs, qu'ils ont remplacé des églises précédemment formées de charpente, surtout dans les sommités de leurs élévations, et qui avoient besoin d'être étayées en dehors, par des bâtis en contre-forts. Qui ne sait en effet, que telles étoient les églises gothiques, avant leur reconstruction en pierre? Qui ne sait que, par exemple, l'église de Saint-Germain-des-Prés à Paris fut brûlée une fois par les Normands, et qu'ayant été rebâtie en bois, les Normands la détruisirent une seconde fois, et en emportèrent les bois. Il existe encore à Honfleur une église gothique entièrement construite en bois. Or, de tout cela on peut conclure que les *voûtes* gothiques et tout l'appareil de leurs constructions, ne furent qu'une imitation des assemblages de charpente.

De tous ces faits il est donc permis de conclure, que le vrai principe originaire de la construction des *voûtes* en pierre, se trouve toujours, et partout, dans les constructions en bois, qui seules étoient douées de la propriété de couvrir de grands espaces vides, de porter avec économie, à une hauteur indéfinie, les couvertures des bâtimens, et de s'adapter à toutes leurs formes, à toutes leurs dimensions.

La chose acquiert une probabilité plus grande encore, par l'exemple de l'Égypte, où, comme on l'a dit, on ne sauroit citer ni une partie de bâtiment circulaire, ni un intérieur couvert dont l'espace excède la dimension des dalles de pierre, qui y forment le seul moyen de couverture.

Si en effet l'Égypte eût pu arriver à la pratique des *voûtes*, elle l'auroit dû à ce double procédé de la bâtisse en pierre, où nous ne nions pas qu'on puisse trouver un essai, et une sorte d'ébauche de l'art des *voûtes*. Nous voulons parler des pierres posées en dos d'âne, ou taillées de manière à former encorbellement. Or, comme nous l'avons déjà dit, il n'est d'aucune importance pour cette théorie, jusqu'à un certain point mêlée de faits et de conjectures, qu'on ait, ou qu'on n'ait point d'autorités certaines, sur l'existence de véritables *voûtes* en Égypte. Il nous suffit que le système, et tous les procédés de son architecture, nous démontrent d'une part, qu'on n'y reconnoît aucune trace d'un emploi primitif du bois; de l'autre, que tout son ensemble et toutes ses parties, reposent sur le seul procédé de la taille et de l'emploi de la pierre.

Nous n'avons pas prétendu exclure entièrement le travail des pierres en architecture, de la propriété qu'il auroit pu avoir, d'enseigner par ses essais, et de propager l'art des *voûtes*. Il n'y a rien d'exclusif en ce genre de notions, soit qu'on interroge la nature des choses, soit qu'on consulte un certain ordre de faits ou d'autorités. Ainsi quoiqu'il nous ait paru, qu'en Grèce, la construction en bois ait dû immanquablement conduire à faire des *voûtes* en pierre, comme ayant été la construction primitive et la plus ordinaire, il est impossible d'affirmer, et il seroit déraisonnable de prétendre, que dans ces siècles reculés, on n'ait jamais employé la pierre dans les édifices.

Or il se rencontre aux plus anciens monumens construits en pierre, dans la Grèce comme dans l'Égypte, certaines dispositions de matériaux, qui, ayant eu pour objet de suppléer à l'art des *voûtes*, purent aussi contribuer à y conduire les les constructeurs. On veut parler de quelques constructions en pierres polygones, d'un assez grand volume, disposées de manière à pouvoir remplacer la longueur d'un seul bloc, pour servir de linteau à une ouverture de porte. Nous avons parlé aussi, des pierres inclinées dans les conduits de la grande pyramide, en Égypte. Qui pourroit dire, que ce qui devoit faire sentir le besoin de tailler les pierres en claveaux, n'en auroit pas suggéré l'idée, et amené la pratique, bien que nul témoignage n'en dépose, dans les ruines effectivement assez rares, de ces anciens temps?

Il nous paroît inutile d'insister davantage sur des opinions plus ou moins conjecturales à cet égard. Nous avons déjà vu, que ceux qui réunirent des pierres dans un cercle horizontal pour faire, par exemple, un puits, auroient bien pu aussi, sans un grand effort de génie, faire de ce cercle horizontal, un cercle placé verticalement, c'est-à-dire une arcade, ou une porte cintrée.

Ce n'est donc point dans ce procédé fort simple et si peu étendu, qu'il faut placer l'art et la science de *voûter*. Quoique ce cintre en soit l'élément, et si l'on veut le premier pas, et que cet essai soit dû au travail de la pierre, on doit considérer, qu'il y a deux points de vue assez distans l'un de l'autre, dans la théorie que ce sujet comporte; l'un qui peut se borner au fait matériel d'un procédé mécanique, l'autre qui embrasse et comprend ce qu'on peut appeler le génie de la construction, dans l'art de *voûter*. Il est sensible, que c'est dans les grandes entreprises des *voûtes* sphériques, dans les couvertures de salles immenses, et d'intérieurs prodigieusement exhaussés, qu'il faut faire consister ce qu'il y a de vraiment remarquable dans l'art de *voûter*. Or, c'est un génie, ce goût, ce genre hardi de structure qui nous semblent n'avoir pu être inspirés, que par des travaux antécédens et multipliés ; et il est indubitable que le travail du bois, ou ce qu'on appelle la charpente, ayant nécessairement précédé, en grandes constructions, le travail de la pierre et de la maçonnerie, c'est aux rudimens de cette pratique usuelle et facile de bâtir, que l'art de *voûter* en pierre de grands intérieurs, a dû ses premières inspirations, ses exemples, ses documens, et ses encouragemens.

Encore voyons-nous, aujourd'hui que la science et l'art des *voûtes* en pierre sont arrivés à leur plus haut degré, le travail du bois suppléer par ses procédés économiques et faciles, au travail de la pierre dans une multitude de couvertures cintrées. Ainsi sont voûtées un grand nombre de salles et de galeries dans les palais. Ainsi de nos jours, comme par le passé, plus d'une nef d'église s'est trouvée couverte en cintres de bois, et nous offre avec légèreté, goût, et économie, le même effet qu'une *voûte* en pierre, ou en maçonnerie, laquelle exige de grands et dispendieux points d'appui. Ajoutons que les réparations des *voûtes* en bois, sont d'une exécution beaucoup plus commode et plus expéditive. *Voyez* VOUTER.

SECONDE PARTIE.

Les notions de cette seconde partie sont extraites du Traité de l'Art de bâtir *par M. Rondelet.*

DE LA CONSTRUCTION DES VOUTES.

Par le mot *voûte*, on entend, selon ce qui a été dit plus haut, une construction composée de plusieurs pierres de taille, moellons, briques, ou autres matières façonnées, disposées ou réunies de manière à se supporter, et se maintenir en l'air pour couvrir un espace vide.

Ainsi les couvertures formées de grandes pierres, qui portent sur des murs, ou points d'appui opposés, telles que celles des édifices égyptiens, ne sont pas, et ne peuvent pas s'appeler des *voûtes*, par cela qu'elles consistent en plates-bandes d'une seule pièce. Par conséquent elles n'exigent aucun art, pour se soutenir sur le vide qu'elles surmontent. Il suffit à ce genre de construction, d'employer des pierres d'une assez grande dimension, et qui aient assez de consistance, pour n'être pas susceptibles de se rompre dans leur étendue.

On peut couvrir avec des pierres d'une grandeur moindre que l'espace compris entre des murs ou des piédroits, en leur donnant une disposition particulière. Ainsi deux pierres qu'on inclinera en sens contraire, de manière à se toucher dans le sommet de l'angle qu'elles formeront, se soutiendront mutuellement sans appui dans le milieu de l'espace qu'elles couvrent, si la résistance des piédroits ou des murs sur lesquels elles s'appuient est assez forte pour les empêcher de s'écarter par en bas.

L'expérience prouve dans ce cas, comme dans tous les autres, que moins l'angle est *élevé* par rapport à sa base, plus l'effort sera grand, à pesanteur égale ; en sorte qu'il seroit le plus grand possible, pour deux pierres horizontales qui ne feroient que se toucher au milieu du vide qu'elles couvrent.

Il faut cependant observer que cet effort peut être diminué par la grandeur de la partie de ces pierres qui porteroit sur les murs ou les piédroits, ou par la charge qu'on peut faire peser sur cette partie. Il est en effet évident, que si la partie portée de ces pierres étoit égale à la partie en saillie, chacune se soutiendroit en équilibre sur son piédroit, sans le secours d'aucun autre effort. Le même effet peut arriver quoique la partie portée, soit beaucoup moindre que la partie en saillie, mais pourvu que cette partie portée, soit surchargée d'un poids ajouté, qui la rende égale à l'effort de la partie en saillie.

Si au lieu de deux pierres posées horizontalement sur les piédroits, et rapprochées jusqu'à ce qu'elles se touchent, par une de leurs extrémités, pour couvrir un espace vide plus considérable, on en suppose plusieurs, on pourra le faire, en les plaçant en saillie les unes sur les autres, ou ce qu'on appelle *en encorbellement*, de manière que la partie portée soit plus étendue, que la partie en saillie. Que ce procédé ait pu conduire à celui de la *voûte*, on ne sauroit le nier, en supprimant ce qu'on appelle le redans, ou les ressauts de chaque pierre l'une sur l'autre, pour faire des surfaces plates ou courbes. Mais cette suppression réduira chaque assise de pierre à des angles aigus fort contraires à la solidité. Ce genre de construction, qu'on a vu tenir aux premières opérations de l'art, ne pourroit convenir qu'à des intérieurs d'une modique étendue.

En suivant tous les procédés qui, soit en pratique, soit dans une théorie purement spéculative, peuvent être regardés comme les essais de l'art de construire les *voûtes*, on doit considérer une autre manière de poser des pierres au-dessus d'un vide, non plus horizontalement et à plat, mais en trois morceaux dont deux inclinés, et réunis dans leur extrémité supérieure, par une traverse de la même longueur, de façon à former des angles égaux. On aperçoit en effet, qu'en combinant le poids de cette traverse, au point qu'elle puisse contre-balancer l'action des pierres qui s'y appuient, et qui ont besoin d'être soutenues par un effort contraire, il doit résulter de là, que les trois pierres se soutiendront mutuellement.

Cette forme, qui a été employée dans des constructions antiques, ne présentant ni cette uniformité, ni cette régularité, qui contribuent, plus qu'on ne le pense, à la solidité, l'esprit de la construction dut aller plus loin. On chercha bientôt à effacer les angles des faces de ces polygones par une ligne courbe. Sans doute celle dont on dut faire d'abord usage, fut la ligne circulaire, comme étant la plus simple et par conséquent la plus facile à tracer. Très-certainement on savoit déjà non-seulement en faire le tracé, mais encore l'application pratique, à beaucoup de parties courbes, et d'ouvrages nécessairement circulaires, comme des puits, des tours, etc., dont l'usage aura très-probablement précédé la construction des *voûtes*.

Il ne s'agissoit pour former ce qu'on appelle une *voûte*, que de placer verticalement, dans une construction cintrée, destinée à s'élever en l'air, les pierres que l'on posoit horizontalement, dans les assises également horizontales des tours ou des puits. Mais ce transport de façon et d'emploi, qui paroit aujourd'hui si facile en imagination, ne le fut peut-être pas autant alors. On voit effectivement que, dans le dernier cas, les pierres sont soutenues sur leurs lits, dans toute leur étendue, tandis que dans une *voûte*, dont le cintre est un demi-cercle, il n'y a que les deux premières pierres, celles d'en bas, qui paroissent réellement poser, lorsque toutes les autres ne se peuvent soutenir que par leurs joints, c'est-à-dire par la forme de coin qu'on leur donne. Ces joints, qui sont plus ou moins obliques, doivent former avec la surface courbe de la *voûte*, des angles égaux et droits, afin de procurer à chaque pierre une résistance égale, et de plus une espèce de renvoi régulier des efforts d'une pierre à l'autre, depuis celle qui forme la clef, jusqu'à celle qui pose sur les piédroits.

On a vu dans la première partie de cet article, que les plus anciennes *voûtes*, non qui aient été faites jadis, mais qui existent aujourd'hui, sont les portes étrusques de *Volterra*, et les couvertures cintrées de la *Cloaca maxima*, à Rome; construits sous le règne du premier Tarquin, 580 ans avant l'ère vulgaire. Son embouchure, du côté du Tibre, est d'environ quatorze pieds en largeur. Elle est couverte par une triple *voûte*, composée de trois rangs de voussoirs concentriques, dont les joints sont en liaison les uns sur les autres. C'est à cette disposition qu'on doit attribuer la durée et la grande solidité de ces constructions, qui ont excité l'admiration de tous les siècles.

Après avoir donné une idée de la formation des *voûtes*, nous allons indiquer celles qui sont le plus en usage.

On distingue ordinairement les *voûtes* par leurs faces apparentes, et d'après cette distinction, elles peuvent se réduire à deux espèces, celles qui consistent en surfaces planes, et celles qui sont en surfaces courbes. On peut comprendre toutes les *voûtes* possibles sous les deux dénomination de *voûtes plates*, et *voûtes cintrées*, ou dont *la surface intérieure est courbe.*

DES VOUTES PLATES.

Le principe général de l'art de l'appareil, et de la coupe des pierres, exige que dans les murs, comme dans les *voûtes*, les joints des pierres qui se touchent, fassent des angles égaux, ou des angles droits, avec les surfaces apparentes qu'elles forment. Comme dans les *voûtes* plates, il n'y a que des joints perpendiculaires à leur surface, qui puissent former avec elle des angles égaux; il en résulte, que toutes les *voûtes* plates horizontales, devroient avoir leurs joints d'à-plomb. Mais cette disposition ne pouvant pas servir à soutenir des pierres, qui ne doivent avoir d'autre appui que leurs joints, on a été obligé de les incliner, en les tirant d'un même point, afin de donner aux pierres la forme de coin, pour qu'elles puissent se soutenir.

Comme cet appareil a le désavantage de former des angles inégaux avec la surface inférieure, il en résulte que ces pierres, auxquelles on donne le nom de *claveaux*, n'ont pas une résistance égale; que leurs efforts ne se correspondent pas, et qu'elles poussent toutes à faux les unes des autres, comme on peut s'en convaincre, si on tire des perpendiculaires de l'extrémité de leurs joints. On verra qu'une pareille *voûte* ne pourroit pas se soutenir, quelle que fût l'épaisseur des piédroits, si le frottement causé par la rudesse et l'inégalité des surfaces, ne les empêchoit pas d'agir librement, et si le mortier et les fers qu'on emploie à leur construction cessoient de les entretenir ensemble, avec une force supérieure à ces efforts. On pourroit s'assurer de cet effet, si l'on vouloit faire un modèle d'une semblable platebande en marbre poli.

Pour bien sentir le défaut de l'appareil dont on vient de parler, il faut tracer du centre, où tendent les joints des claveaux, un arc tangent à la ligne du dessous de la *voûte* plate, et prolonger les joints jusqu'à la rencontre de l'arc. Il sera facile de voir, par cette opération, qu'une *voûte* plate peut être considérée comme un arc, dont on a supprimé les parties inférieures; mais cette suppression de parties aussi essentielles, ne peut produire qu'une construction foible et défectueuse.

Lorsqu'on veut construire des *voûtes* plates pour des architraves, des plates-bandes ou des linteaux de grandes portes, il est nécessaire, pour éviter ce défaut, de ne prolonger la coupe des claveaux, que jusqu'à une certaine distance, et de faire le surplus par des lignes d'à-plomb.

Plusieurs architectes ont employé un moyen qui produit le même effet, et qui est devenu même un objet de décoration, comme on peut le voir dans une certaine porte de Vignole, appareillée d'une manière qui réunit la beauté à la solidité. Ce moyen n'est autre que celui des claveaux à crossettes, dont les compartimens augmentant jusqu'à celui qui fait la clef, forment en bossages, un desin qui n'est pas sans agrément; mais ce genre d'appareil ne peut guère être employé que pour des portes, ou des vides pratiqués dans l'épaisseur des murs.

Il est un moyen, qu'on doit appeler artificiel, d'employer l'appareil en claveaux pour les plates-bandes et les architraves, c'est celui des tirans de fer.

Ainsi les plates-bandes de la colonnade du Louvre, sont composées sur la face, d'un double rang de claveaux, placés les uns au-dessus des autres en liaison, et sont entretenues par deux chaines ou tirans de fer, arrêtés à des ancres qui forment le prolongement de l'axe des colonnes. Les claveaux sont accrochés les uns aux autres par des goujons en forme de Z qui les empêchent de glisser. Tous ces fers forment une espèce d'armature qui contient les plates-bandes, de manière à ce qu'elles ne peuvent agir d'aucune façon, à cause du tirant intermédiaire qui empêche la plate-bande supérieure de s'écarter. On ne peut guère employer ce procédé avec succès, que pour des architraves et des plates-bandes auxquelles on peut donner une épaisseur égale au quart, ou au moins au cinquième de leur portée. Il est possible encore d'en user, pour former des plafonds de peu d'étendue, renfermés entre des architraves.

Un moyen à peu près semblable a été mis en œuvre, dans les architraves du second ordre du portail de Saint-Sulpice. A cette construction, pour empêcher les claveaux de la plate-bande inférieure de glisser, on a percé dans ceux de droite et de gauche, jusqu'à la clef, des trous dans lesquels on a fait entrer des barres de fer, grosses de deux pouces, soutenues dans leur longueur, de deux claveaux en deux claveaux, par des étriers de fer accrochés au tirant horizontal qui va de l'axe d'une colonne à l'axe d'une autre. La clef se trouve soutenue par un bout de barre à talon, qui se raccorde avec les deux autres. Au-dessus de cette première plate-bande, il s'en trouve une seconde un peu plus haute, et comprenant la hauteur de la frise. Elle est renfermée entre deux chaines de fer, dont une placée au-dessus de l'extrados, est arrêtée aux axes des colonnes. Pour donner à cette chaine une consistance capable de contenir les efforts des deux plates-bandes, on a formé un arc au-dessus, avec une forte barre de fer courbée, dont les bouts sont arrêtés par deux talons pratiqués aux deux extrémités du tirant horizontal, et pour lui donner encore plus de fermeté, on a maçonné le vide du segment avec de bonnes briques posées en mortier. A cette espèce d'armature sont accrochés quatre étriers, pour soutenir la chaine qui porte les étriers de la première plate-bande. Cette armature soutient de plus une partie du poids des constructions supérieures, dont les pierres ne sont pas en coupe.

On a suivi, pour la construction des plates-bandes des deux colonnades de la place Louis XV, à peu de chose près, les moyens pratiqués pour celles du portail de Saint-Sulpice, excepté qu'on a supprimé l'armature qui est au-dessus de la plate-bande supérieure. On a percé, de même, dans les claveaux de la plate-bande inférieure, des trous, pour y faire entrer des barres de fer horizontales, qui traversent les claveaux de droite et de gauche jusqu'à la clef. Ces barres sont aussi soutenues par des étriers qui s'agrafent à la chaine générale placée sur l'extrados. Cette chaine se trouve soulagée de ce poids, par d'autres étriers, qui s'accrochent à des barres placées sur l'extrados de la plate-bande supérieure. Celle-ci, par cette disposition, est chargée de l'effort des deux plates-bandes, et des parties supérieures qui ne sont pas en coupe, mais cramponnées au-dessus. Il est bon d'observer, à ce sujet, que ce moyen ne peut pas empêcher les joints de ces assises de s'écarter par le bas, et de peser sur la plate-bande. Lorsqu'on veut empêcher cet effet, il faut au contraire cramponner ces pierres en dessous, parce qu'alors leurs joints ne pouvant pas s'ouvrir, elles se soutiennent dans un parfait niveau. On doit encore remarquer que ces deux plates-bandes réunies, forment un énorme coin chargé d'une masse considérable, susceptible d'agir avec bien plus de force que dans les plates-bandes précédentes. Disons aussi que l'appareil des plates-bandes de la colonnade du Louvre, dont les joints ne sont pas dans la même direction, est préférable à celui de ces plates-bandes qui forment des claveaux ou coins continus, et agissent dès-lors avec beaucoup plus de force.

Voici maintenant les moyens employés pour les plates-bandes de l'église de Sainte-Geneviève.

Ces plates-bandes ont de portée 16 pieds 3 pouces, 21 pieds 1 pouce d'un axe de colonne à l'autre; leur largeur est de 4 pieds 10 pouces, leur hauteur de 3 pieds 4 pouces 6 lignes. Elles sont divisées en 15 claveaux, formant trois évidemens. Les sommiers de ces plates-bandes ont leurs joints inclinés de 60 degrés. Les claveaux sont maintenus par deux rangées de T en fer, portant d'un bout un talon, et de l'autre un œil. Les talons sont scellés dans les joints pour servir de goujons, et les œils, qui passent au-dessus de l'extrados, sont enfilés par des barres, qui se réunissent pour former chaine. Outre ces barres et ces T, il y a dans le milieu de la largeur, une autre chaine composée de forts tirans arrêtés aux axes des colonnes.

Au lieu d'une double plate-bande, comme dans les monumens dont on vient de parler, on a construit au-dessus de chacune de ces plates-bandes, un arc, qui leur sert en même temps de soutien et de décharge; il est érigé sur les mêmes sommiers que les plates-bandes. On a placé de chaque côté de cet arc, des ancres, auxquels sont attachés des étriers qui supportent les sept claveaux du milieu, réunis par un fort boulon qui les traverse. Il résulte de cet arrangement, qu'en faisant abstraction des chaînes, et autres moyens employés pour résister à la poussée des arcs et des plates-bandes, que ces efforts se détruisent mutuellement. Car il est évident, que la plate-bande ne peut agir, qu'en tendant à rapprocher les premiers voussoirs de l'arc auquel elle est suspendue; tandis que d'un autre côté cet arc, chargé d'une partie du poids de la plate-bande, ne peut céder à cet effort sans soulever la plate-bande à laquelle sont accrochés les étriers, qui empêchent les premiers voussoirs de s'écarter.

Tels sont les procédés imaginés par les constructeurs modernes, pour parvenir à former au lieu d'architraves, en une seule pierre d'un colonne à l'autre, des plates-bandes, dans les colonnades ou péristyles qui exigent des colonnes isolées.

Les Anciens ou trouvèrent dans la nature de leurs matériaux, de quoi tailler des pierres de la longueur des entre-colonnemens, ou ils réduisirent les dimensions de leurs colonnades et de leurs péristyles isolés, au gré des mesures qu'exigent les entre-colonnemens, pour qu'une seule pierre de l'architrave, pût s'étendre de l'axe d'une colonne à l'axe d'une autre.

Cependant nous voyons qu'ils usèrent quelquefois de *voûtes* plates, ou de plates-bandes composées de claveaux en petit nombre et dans des espaces vides d'une modique étendue. Pour empêcher l'effet des pierres ainsi disposées, ils ont imaginé de pratiquer dans les joints des voussoirs et des claveaux, des espèces de tenons et d'entailles. On trouve de ce procédé, plus d'un exemple, comme au théâtre de Marcellus, à Rome, dans les joints des plates-bandes qui soutiennent les retombées des *voûtes* des corridors, au second rang des portiques qui régnoient autour du théâtre. Il existe de semblables joints de voussoirs, dans plusieurs arcades antiques, surtout au Colisée. Au lieu de bossages réservés en taillant la pierre, on y a quelque fois incrusté des cubes en pierre, de trois ou quatre pouces.

Philibert Delorme indiqua ce moyen pour la construction des architraves, mais il pose les cubes en losange. Un tel moyen peut se pratiquer dans la coupe même du voussoir en manière de crossettes quand la pierre est ferme, et que la plate-bande doit se composer tout au plus de quatre ou cinq pièces.

Quelques constructeurs modernes ont fait usage de balles de plomb d'environ deux pouces de gros, pour placer en manière de lien ou de tenons, dans les joints de leurs plates-bandes. D'autres y ont employé des cailloux ronds, qui, lorsqu'ils sont entaillés et scellés avec soin, sont par leur dureté même, préférables aux balles de plomb.

Dans les pays où la pierre a une grande consistance, on fait, ainsi qu'on l'a déjà dit, les joints des plates-bandes à crossettes. Ce moyen équivalant à une coupe, a de plus l'avantage de faire éviter la forme de coin. C'est celui qui convient le mieux pour les *voûtes* intérieures, qui ne peuvent pas avoir beaucoup d'épaisseur. On doit éviter toutefois, de donner trop de longueur aux crossettes; il leur suffit d'avoir deux ou trois pouces.

DE LA MANIÈRE DE DISPOSER LES RANGS DE CLAVEAUX OU DE VOUSSOIRS.

La régularité de l'appareil, et la solidité exigent, que les *voûtes* plates, ainsi que celles dont la surface est courbe, soient composées de rangs de claveaux, ou de rangs de voussoirs disposés selon la direction des faces des piédroits ou des murs qui les soutiennent. Ainsi une *voûte* plate, que nous supposons soutenue par deux murs parallèles, doit être composée de rangs de claveaux qui suivent la même direction. Il en seroit de même, si c'étoit deux piliers.

S'il s'agit d'une semblable *voûte* sur un plan carré, et soutenue par quatre murs qui la renferment, les rangs de claveaux formeront des carrés concentriques, ceux des angles seront communs à deux côtés, la clef sera carrée, portant coupe des quatre côtés.

Dans une *voûte* plate sur un plan circulaire, les rangs circulaires des claveaux, seront disposés de manière à ce que les claveaux soient posés en liaison les uns en avant des autres, et le tout sera fermé par une clef ou bouchon, circulaire et conique.

A l'égard d'une *voûte* plate, soutenue par quatre piliers isolés, les rangs des claveaux seront parallèles aux faces intérieures, et se rencontreront à angle droit sur les diagonales, où se trouveront des claveaux communs à deux côtés, avec une clef évidée aux quatre angles, pour recevoir les derniers claveaux des diagonales. Toutefois une telle disposition ne peut avoir lieu que pour de très-petites largeurs; autant doit-on en dire de de la même *voûte* entre deux murs parallèles, à cause de la grande poussée qu'elles occasionneroient. Celle de ces *voûtes*, qui pousse le moins, est la *voûte* en plan circulaire.

Relativement aux *voûtes* sur plan polygone quelconque, il est évident que plus ce plan aura de côtés, plus la *voûte* approchera de la propriété du plan circulaire. Ainsi une *voûte* carrée, bandée sur les quatre murs qui la renferment, a plus de solidité qu'une *voûte* entre deux murs parallèles. Une *voûte* hexagone en a plus qu'une carrée, et ainsi de suite.

Quoique les *voûtes* plates présentent toujours une même surface, elles peuvent beaucoup varier par la forme de leur plan. Elles peuvent être régulières, irrégulières, biaises et rampantes; mais quelle que soit leur forme, la manière de les appareiller, et de tracer les pierres qui les composent, n'a guère plus de difficulté que celle qui a lieu pour les murs et pour les constructions ordinaires, parce qu'on peut en représenter toutes les parties sur le plan ou l'épure, selon leur forme et grandeur, sans aucun raccourci.

Pour les pierres, il faudra d'abord tailler les deux faces parallèles qui doivent former l'extrados et l'intrados de la *voûte*, avec un des côtés d'équerre. Ensuite on tracera, d'après l'épure, leur plus grande largeur et les lignes qui indiquent ce qu'il faut en retrancher, pour former les coupes.

DE LA POSE DES PIERRES DE TAILLE QUI FORMENT LES VOUTES.

Les anciens constructeurs grecs et romains, posoient les pierres dans tous leurs ouvrages, sans mortier ni cales, et cela à l'égard des *voûtes*, comme à l'égard de toutes les autres parties.

Parmi les Modernes, la plupart des constructeurs posent les pierres des *voûtes*, comme celles des murs ou piédroits, c'est-à-dire qu'après avoir ajusté et mis en place, avec des cales plus ou moins grosses, les pierres selon les défauts qu'elles ont, ils en remplissent les joints avec du mortier ou du plâtre clair.

Nous remarquerons que, s'il s'agit des joints des claveaux ou des voussoirs, qui sont pour le plus grand nombre inclinés, ce procédé a moins d'inconvéniens que pour les assises des murs ou des constructions horizontales, où le lit des pierres est de niveau. C'est qu'il est plus facile dans le premier cas, de bien remplir les joints des pierres que dans le second. Il faut en effet prendre toutes les précautions possibles, pour empêcher les effets de la diminution qu'éprouve le mortier, par l'évaporation de l'humide surabondant qu'il contient, d'où il doit résulter que la couche de mortier ayant perdu de son épaisseur, l'effort de la pression se porte sur les cales.

Pour obvier à ces inconvéniens, il faut, après avoir bien abreuvé les joints des *voûtes*, pour que le mortier coule mieux et puisse aller partout, filasser les joints en-dessous, et commencer à remplir avec du coulis clair, que l'on rend plus épais à mesure que le vide des joints s'emplit; on finit par du mortier ferme, qui absorbe en partie l'eau de celui qui est trop clair. On peut même faire écouler la surabondance du liquide, en faisant quelques trous ou saignées dans les joints garnis de filasse, à mesure qu'on fait entrer du nouveau mortier par le haut, qui de proche en proche remplace le coulis.

Il y a des poseurs qui mêlent un peu de plâtre au mortier clair, afin de compenser en partie la diminution du mortier par le renflement du plâtre; mais ce moyen est illusoire, parce que le plâtre noyé ne renfle pas, & ne fait que diminuer la qualité du mortier.

DES VOUTES DONT LA SURFACE INTÉRIEURE EST COURBE.

Les surfaces des *voûtes* plates sont toutes semblables, mais celles des *voûtes* courbes peuvent varier à l'infini, en raison de leur cintre, et de la manière dont il est censé se mouvoir pour former leur surface : car ce cintre peut se mouvoir selon la différence des lignes, ou tourner sur son axe. Ainsi une demi-circonférence de cercle, qui se meut entre deux lignes parallèles, produit une surface courbe dans le sens de la largeur, et droite dans celui de la longueur. Cette surface, qui représente celle d'une *voûte* entre deux murs parallèles, est appelée *voûte cylindrique* ou *en berceau*. Si cette demi-circonférence, au lieu de se mouvoir entre deux lignes droites, se mouvoit entre deux courbes équidistantes, ou autour de son axe, il en résulteroit dans les deux cas une surface courbe sur tous les sens.

Il est évident qu'à la place d'une demi-circonférence de cercle, on peut prendre une courbe quelconque qui puisse se raccorder avec des piédroits à plomb, telle que celle d'une ellipse ou d'une imitation d'ellipse.

Cette courbe peut former une *voûte* surhaussée ou surbaissée, c'est-à-dire dont la hauteur de cintre soit plus grande, ou plus petite que la moitié de sa largeur. La *voûte* formée par une demi-circonférence de cercle, comparée à ces deux, est appelée *plein cintre*.

Lorsque les piédroits qui doivent soutenir les *voûtes* ne sont pas d'à-plomb, ou quand il n'y a pas d'inconvénient à ce que le cintre de la *voûte* fasse un angle avec les piédroids, on peut y employer, outre le cercle et l'ellipse, une infinité d'autres courbes, telles que la *parabole*, *l'hyperbole*, *la chaînette*, etc. Mais quelle que soit la courbe que l'on adopte, il faut toujours que les joints des pierres soient perpendiculaires à la courbure du cintre. C'est dans les *voûtes* à surface courbe que les pierres se nomment *voussoirs*.

La direction de ces *voûtes* peut être perpendiculaire ou oblique à l'égard des murs ou piédroits; elles peuvent avoir leur naissance de niveau ou inclinées, ce qui dans les *voûtes* simples produit beaucoup de variétés. De plus, elles peuvent être irrégulières, incomplètes, ou composées de différentes parties, combinées d'une infinité de manières, susceptibles de plus ou moins de difficultés. Il seroit impossible de rapporter toutes ces variétés; aussi n'entrerons-nous pas ici dans tous ces détails, qui dépendent véritablement des démonstrations géométriques, et nous renvoyons à l'ouvrage du *Traité de l'Art de bâtir* (par M. Rondelet), où l'on trouvera les figures qui expliquent aux yeux ce que le discours seul ne peut faire que d'une manière incomplète et toujours obscure.

DE L'ÉPAISSEUR A DONNER AUX VOUTES, ET DE LA DISPOSITION DES RANGS DE VOUSSOIRS.

Il y a six choses essentielles à considérer dans les *voûtes*, relativement à leur construction; 1°. leur surface intérieure; 2°. leur cintre; 3°. leurs coupes; 4°. leur épaisseur; 5°. la forme de leurs extrados; 6°. la disposition des rangs de voussoirs.

On a parlé des trois premiers objets, il reste à parler des trois derniers.

De l'épaisseur des voûtes.

Les *voûtes* en pierre de taille, considérées indépendamment du mortier, ou d'autres moyens qu'on peut employer pour lier les voussoirs dont elles sont formées, ont besoin pour se soutenir d'une certaine épaisseur, qui doit être proportionnée à leur diamètre, à la forme de leur cintre, et aux efforts qu'elles peuvent avoir à soutenir. Ainsi, une arche de pont doit avoir, à diamètre égal, plus d'épaisseur qu'une *voûte* destinée à soutenir le sol des différens étages d'un édifice. Cette dernière doit être plus forte qu'une *voûte* qui n'a rien à supporter, et telles sont les *voûtes* des églises. Ainsi, parmi ces dernières, celles qui sont à couvert sous des toits de charpente n'ont pas besoin d'autant d'épaisseur que celles qui doivent tenir lieu de toiture.

Si l'on consulte les constructions antiques et modernes, on trouve que, pour des arches de ponts de dix à douze toises de largeur, la moindre épaisseur est plus de la quinzième partie du diamètre en pierre moyennement dure.

Dans quelques ponts modernes, dont le diamètre est de vingt toises, l'épaisseur au milieu de la clef n'est que d'une toise. Si d'autre part on considère qu'une arche de pont de quatre toises de diamètre ne sauroit avoir moins de deux pieds d'épaisseur à la clef, c'est-à-dire moins de la douzième partie du diamètre, on peut, en prenant ces deux termes, former une progression qui indique les diversités d'épaisseur à la clef de ces *voûtes*, de demi-toise en demi-toise de diamètre. C'est ce qu'a fait M. Rondelet (voyez *Traité de l'Art de bâtir*, tom. II, pag. 154) dans une table indiquant la moindre épaisseur des *voûtes* circulaires, ou elliptiques prise au milieu de la clef, et que nous rapportons ici.

TABLEAU

TABLEAU de la moindre épaisseur des voûtes circulaires ou elliptiques, prises au milieu de la clef

ARCHES de pont.		VOUTES moyennes.	VOUTES légères.	ARCHES de pont.				VOUTES moyennes.			VOUTES légères.		
mètres.		mètres.	mètres.	pieds.	pie.	pou.	lig.	pie.	pou.	lig.	pie.	pouc.	lig.
1	0,44	0,22	0,11	3	1	1	6	0	6	9	0	3	4 1/2
2	0,48	0,24	0,12	6	1	3	0	0	7	6	0	3	8
3	0,52	0,26	0,13	9	1	4	6	0	8	3	0	4	1 1/2
4	0,56	0,28	0,14	12	1	6	0	0	9	0	0	4	6
5	0,60	0,30	0,15	15	1	7	6	0	9	9	0	4	10 1/2
6	0,64	0,32	0,16	18	1	9	0	0	10	6	0	5	3
7	0,68	0,34	0,17	21	1	10	6	0	11	3	0	5	7 1/2
8	0,72	0,36	0,18	24	2	0	0	1	0	0	0	6	0
9	0,76	0,38	0,19	27	2	1	6	1	0	9	0	6	4 1/2
10	0,80	0,40	0,20	30	2	3	0	1	1	6	0	6	9
11	0,84	0,42	0,21	33	2	4	6	1	2	3	0	7	1 1/2
12	0,88	0,44	0,22	36	2	6	0	1	3	0	0	7	6
13	0,92	0,46	0,23	39	2	7	6	1	3	9	0	7	10 1/2
14	0,96	0,48	0,24	42	2	9	0	1	4	6	0	8	3
15	1,00	0,50	0,25	45	2	10	6	1	5	3	0	8	7 1/2
16	1,04	0,52	0,26	48	3	0	0	1	6	0	0	9	0
17	1,08	0,54	0,27	51	3	1	6	1	6	9	0	9	4 1/2
18	1,12	0,56	0,28	54	3	3	0	1	7	6	0	9	9
19	1,16	0,58	0,29	57	3	4	6	1	8	3	0	10	1 1/2
20	1,20	0,60	0,30	60	3	6	0	1	9	6	0	10	6
21	1,24	0,62	0,31	63	3	7	6	1	9	9	0	10	10 1/2
22	1,28	0,64	0,32	66	3	9	0	1	10	6	0	11	3
23	1,32	0,66	0,33	69	3	10	6	1	11	3	0	11	7 1/2
24	1,36	0,68	0,34	72	4	0	0	2	0	0	1	0	0
25	1,40	0,70	0,35	75	4	1	6	2	0	9	1	0	4 1/2
26	1,44	0,72	0,36	78	4	3	0	2	1	6	1	0	9
27	1,48	0,74	0,37	81	4	4	6	2	2	3	1	1	1 1/2
28	1,52	0,76	0,38	84	4	6	0	2	3	0	1	1	6
29	1,56	0,78	0,39	87	4	7	6	2	3	9	1	1	10 1/2
30	1,60	0,80	0,40	90	4	9	0	2	4	6	1	2	3
31	1,64	0,82	0,41	93	4	10	6	2	5	3	1	2	7 1/2
32	1,68	0,84	0,42	96	5	0	0	2	6	0	1	3	0
33	1,72	0,86	0,43	99	5	1	6	2	6	9	1	3	4 1/2
34	1,76	0,88	0,44	102	5	3	0	2	7	6	1	3	9
35	1,80	0,90	0,45	105	5	4	6	2	8	3	1	4	1 1/2
36	1,84	0,92	0,46	108	5	6	0	2	9	0	1	4	6
37	1,88	0,94	0,47	111	5	7	6	2	9	9	1	4	10 1/2
38	1,92	0,96	0,48	114	5	9	0	2	10	6	1	5	3
39	1,96	0,98	0,49	117	5	10	6	2	11	3	1	5	7 1/2
40	2,00	1,00	0,50	120	6	0	0	3	0	0	1	6	0

On suppose dans cette table que les pierres sont d'une dureté moyenne, et que les épaisseurs vont en augmentant depuis la clef, jusqu'à l'endroit où la *voûte* se détache des piédroits, de manière que son épaisseur est double en cet endroit.

L'expérience et les principes mathématiques, prouvent qu'une *voûte* en plein cintre, d'égale épaisseur dans toute son étendue, composée de quatre voussoirs désunis, ne peut pas se soutenir, quelle que soit la résistance des piédroits, si son épaisseur est moindre de la dix-septième partie de son diamètre; cependant elle se soutient avec une moindre épaisseur, lorsque la *voûte* n'est extradossée également que dans les deux tiers de son étendue, le surplus étant compris dans les piédroits.

Lorsque l'épaisseur d'une *voûte* va en augmentant, l'épaisseur au droit de la clef peut être cinq fois moindre, c'est-à-dire qu'elle peut n'avoir que la quatre-vingtième partie du diamètre.

La grande *voûte* de l'intérieur du portail de l'église de Sainte-Geneviève, qui a 58 pieds de diamètre, n'a que 8 pouces d'épaisseur au milieu de la clef, c'est-à-dire la quatre-vingt-dixième partie du diamètre; mais elle a le double à l'endroit où elle se détache du nu intérieur des piédroits.

DE LA FORME D'EXTRADOS DES VOUTES.

Les Anciens, qui n'ont exécuté en pierre de taille que des *voûtes* en plein cintre, les faisoient presque toujours d'égale épaisseur, c'est-à-dire comprise entre deux circonférences de cercle. Les constructeurs français ont donné le nom d'*extrados* à la surface supérieure indiquée par la demi-circonférence du cercle, et ils ont appelé *intrados* la surface inférieure.

Ainsi, ils disent qu'une *voûte* est extradossée lorsque le dessus présente une surface uniforme. Si cette surface est parallèle à celle de l'intrados, en sorte que la *voûte* ait partout une même épaisseur, on dit qu'elle est extradossée également, et qu'elle l'est inégalement, si ces surfaces ne sont pas parallèles.

Plusieurs géomètres qui se sont occupés de la manière dont les voussoirs agissent pour se soutenir mutuellement, ont démontré qu'en supposant que rien ne s'oppose à leur action, il faudroit pour qu'une *voûte* se soutienne, que les poids des voussoirs fussent entr'eux, comme la différence des tangentes des angles formés par leurs joints. Cette condition fournit un moyen facile de procurer aux *voûtes* la plus grande solidité.

Il faut remarquer, qu'en continuant les piédroits jusqu'à la hauteur, où l'épaisseur de la *voûte* se dégage de l'aplomb du nu intérieur, les parties inférieures peuvent être considérées, comme faisant partie des piédroits, et les pierres qui les composent, n'ont besoin de porter de coupe, que depuis l'aplomb du nu intérieur. Ainsi il ne reste à déterminer que l'épaisseur, ou plutôt la forme de l'extrados de la partie de la *voûte* comprise entre les deux précédentes.

L'auteur à qui nous empruntons un abrégé de cette théorie, tom. II, pag. 157 et suivantes, fait voir :

1°. Que les *voûtes* surbaissées et celles qui sont en plein cintre, sont les plus propres à être extradossées de niveau, pour former le sol des différens étages des édifices.

2°. Que dans les *voûtes* extradossées de cette manière, les voussoirs inférieurs étant plus renforcés que par la courbe d'extrados donnée par la différence des tangentes, elles sont capables de soutenir une certaine charge, et de former des arches de pont.

3°. Que les *voûtes* gothiques sont les plus convenables pour former les toits à double pente.

4°. Qu'on pourroit, en certaines circonstances, employer avec avantage les *voûtes* paraboliques, lorsqu'il s'agit de soutenir de grands fardeaux.

DE LA DIRECTION DES RANGS DE VOUSSOIRS.

On a déjà parlé de la disposition des rangs de claveaux qui forment les *voûtes* plates. Tout ce qu'on a dit à ce sujet, convient aux rangs de voussoirs des *voûtes* dont la surface est courbe. On peut même ajouter, que ces dispositions sont indispensables dans ces dernières, parce qu'elles sont déterminées par la direction du cintre.

Les différentes espèces de *voûtes* à surfaces courbes, peuvent se réduire à trois principales, qui sont les *voûtes* cylindriques ou en berceau, les *voûtes* coniques, et les *voûtes* sphériques, sphéroïdes ou conoïdes.

La surface des deux premières espèces de *voûtes*, peut être supposée formée par des lignes droites allant d'une courbe à une autre, ou d'un point à une courbe.

Mais la troisième ne peut être formée que par des courbes de même genre posées les unes sur les autres, et diminuant dans un rapport déterminé par d'autres courbes qui se croisent à l'axe, ou bien par une courbe quelconque qui, en se mouvant autour de son axe, formeroit une surface composée d'autant de cercles que la courbe auroit de points.

Dans les *voûtes* en berceau supportées par deux murs opposés, les rangs de voussoirs doivent toujours être parallèles à l'axe, quelles que soient la courbure du cintre et la situation de la *voûte*. Ainsi les berceaux obliques ou inclinés doivent avoir leurs rangs de voussoirs situés de même.

Dans les *voûtes* coniques, les rangs doivent se diriger à la pointe du cône, soit qu'elles fassent partie d'un cône entier, ou d'un cône tronqué. On observe, dans le premier cas, pour éviter la trop grande maigreur des voussoirs, de former la pointe ou trompillon par une seule pierre.

Lorsqu'une *voûte* conique a une grandeur propre à rendre les voussoirs trop minces, il est, à propos de partager sa longueur en plusieurs parties; de sorte que si la grande circonférence est divisée en huit voussoirs, et que la longueur de la *voûte* soit partagée en quatre parties depuis le devant, jusqu'à l'angle de la naissance, la seconde partie pourra être divisée en cinq voussoirs, la troisième en trois, et la quatrième formant le trompillon, d'une seule pierre.

Nous observerons à l'occasion des *voûtes* coniques dont l'effet n'est jamais agréable, qu'il ne faut en faire usage, que lorsqu'on y est contraint par des dispositions qui ne sauroient être changées. On doit surtout éviter autant qu'il est possible, d'augmenter cet effet par des irrégularités, qui nuisent autant à la beauté de la forme qu'à la solidité.

Il y a une remarque importante à faire dans l'architecture, et dans la construction, c'est que tout ce qui choque l'œil par la forme ou la disposition, est presque toujours contraire à la solidité.

DES VOUTES SPHÉRIQUES, SPHÉROÏDES ET CONOÏDES.

On a déjà donné dans le paragraphe précédent la définition de la troisième espèce de *voûtes*, qui seront le sujet de celui-ci. Or il en résulte que ces *voûtes* doivent être composées de rangs horizontaux formant des couronnes concentriques, posées les unes au-dessus des autres. Les rangs de voussoirs formant en plan, des carrés inscrits, et ceux qui composés de triangles équilatéraux, de pentagones ou d'hexagones, se trouvent dans quelques-uns des écrivains sur la coupe des pierres, présentent plus de difficulté que de solidité, surtout pour les voussoirs dont on fait les angles de ces polygones, à cause de leur position sur les arêtes et les angles extrêmement aigus qui en résultent. D'ailleurs cette disposition ne produit pas une liaison aussi solide que les voussoirs disposés par rangs horizontaux.

Ce qu'on a dit des *voûtes* sphériques ou sphéroïdes entières, doit s'appliquer aux parties des mêmes *voûtes* inscrites dans des carrés, ou dans des polygones quelconques.

Quant aux *voûtes* composées, formées de la réunion de plusieurs parties de *voûtes* simples, il faut que les rangs de voussoirs soient disposés dans chacune, comme ils le seroient dans les *voûtes* dont ils proviennent. Ainsi dans les *voûtes* d'arête et celles d'arc de cloître, composées de parties de *voûtes* cylindriques, dont les arcs se croisent au centre, les rangs de voussoirs doivent être parallèles à ces axes.

Il faut remarquer que les *voûtes* d'arête, et d'arc de cloître, sont composées de parties triangulaires, que ces parties dans les *voûtes* d'arête, n'ont pour appuis que les angles, tandis que dans les *voûtes* en arc de cloître, ces parties sont soutenues sur leur côté, qui porte sur un mur dans toute sa longueur; d'où il suit que ces dernières sont plus solides, et ont beaucoup moins de poussée que les *voûtes* d'arête.

Lorsque le plan d'une *voûte* d'arête est un polygone de plus de quatre côtés, les angles que les rangs de voussoirs forment à leur rencontre, deviennent plus aigus, en raison du nombre de côtés de ce polygone. Ainsi dans une *voûte* dont le plan est un hexagone régulier, les angles des rangs de voussoirs, ne sont que de 60 degrés, tandis que dans une *voûte* du même genre, mais tétragone, les angles sont droits ou de 90 degrés.

Les coupes qui se rencontrent au droit de ces angles, rendent les arêtes des joints encore plus aiguës. D'où il résulte, que les *voûtes* d'arête en polygone, ont d'autant moins de solidité que le nombre des côtés est plus grand.

Les architectes gothiques qui n'employoient que des *voûtes* d'arête, évitoient la difficulté, dans les parties à pans ou circulaires, appelées *ronds points*, et même dans les travées ordinaires, en plaçant des arcs ogives saillans et profilés, qui s'appareilloient comme des arcs simples; le surplus formant lunette ou pendentif, n'étoit qu'un remplissage en petites pierres, sans coupes, appelées *pendans*.

Dans les *voûtes* en arc de cloître, les angles rentrans formés par la rencontre des faces, au lieu de diminuer, deviennent d'autant plus grands, que le polygone a plus de côtés. Ainsi l'angle pour l'hexagone qui est de 60 degrés dans les *voûtes* d'arête, est de 120 degrés dans les *voûtes* en arc de cloître, ce qui rend ces dernières d'autant plus solides, qu'elles ont plus de côtés. D'où l'on peut affirmer, qu'à cintres et à diamètres égaux, les *voûtes* sphériques, qui peuvent être considérées comme des *voûtes* d'arc de cloître d'un nombre infini de côtés, sont les plus solides, et celles qui poussent le moins.

Par rapport aux *voûtes* coniques, il est bon d'observer, que les plus solides, sont celles qui sont pratiquées dans un angle rentrant. Celles qui doivent soutenir en l'air un angle saillant, peuvent être considérées comme des *voûtes* tronquées, qui ne se soutiennent en partie que par la consistance de la pierre, à cause de la suppression des parties destinées à contre-butter les parties supérieures, et des angles aigus qui résultent de ces suppressions.

Voici les principaux noms qu'on donne aux différentes espèces de *voûtes*, suivant la place qu'elles occupent et suivant leur forme.

VOUTE MAÎTRESSE. Se dit généralement des principales *voûtes* d'un édifice.

VOUTE PETITE. Se dit de celles qui ne couvrent qu'une petite partie, comme une porte, un passage, une rampe.

VOUTE DOUBLE. Est celle qui est construite au-dessus d'une autre, pour raccorder la décoration intérieure d'une coupole (par exemple) avec sa décoration extérieure, ou pour toute autre raison. Telles sont les *voûtes* du dôme de Saint-Pierre à Rome, des Invalides ou de Saint-Geneviève à Paris.

VOUTE CYLINDRIQUE OU ANNULAIRE. Est celle

dont la douelle a le contour de la surface d'un cylindre ou d'un anneau, ou est en demi-cercle, et que les ouvriers appellent *voûte en berceau* ou *berceau droit*, ou *voûte en plein cintre*.

VOUTE CONIQUE. Est celle dont la douelle a la forme de la surface d'un cône, et que les ouvriers appellent *voûte en canonnière* et *trompe*.

VOUTE HÉLICLOÏDE ou EN VIS. *Voûte* qui est cylindrique ou annulaire, mais dont l'axe s'élève en tournant autour d'un noyau.

VOUTES MIXTES ou IRRÉGULIÈRES. Sont celles qui tiennent des espèces précédentes, auxquelles il faut toujours les rapporter, et que les ouvriers appellent *voûte biaise*, *voûte en limaçon*, *voûte rampante*, *de cloître*, *d'arête*, etc.

VOUTE SPHÉRIQUE. Est une *voûte* qui est circulaire par son plan et son profil, que les ouvriers appellent *cul-de-four*, *calotte*, *dôme*.

VOUTE BIAISE. Celle dont les murs ne sont pas d'équerre avec la face.

VOUTE EN LIMAÇON. Se dit de toute *voûte* sphérique ou elliptique, surbaissée ou surmontée, dont les assises ne sont pas posées de niveau, mais en spirale.

VOUTE RAMPANTE. Est celle qui est inclinée à l'horizon. Telles sont les *voûtes* qui suivent la pente d'un escalier.

VOUTE EN ARC DE CERCLE. Est une *voûte* formée par quatre portions de cercle, dont les angles sont rentrans. On l'appelle aussi *voûte d'angle*.

VOUTE D'ARÊTE. Est celle qui est formée par la rencontre de deux berceaux qui se croisent.

VOUTE EN CUL-DE-FOUR, ou CALOTTE. Est celle dont le plan et le profil sont circulaires.

VOUTE EN BONNET DE PRÊTRE. Est celle qui est circulaire par son plan, mais dont le profil est tronqué au sommet.

VOUTE EN PLEIN CINTRE. Est celle dont la courbure est toujours en demi-cercle, ou une portion de cercle.

VOUTE SURBAISSÉE ou ELLIPTIQUE, ou EN ANSE DE PANIER. Est celle dont la courbure est une portion d'ellipse.

VOUTE SURMONTÉE. Est celle qui a plus de hauteur que le demi-cercle.

VOUTE D'OGIVE. Est celle qui est formée d'arcs de cercle, qui se coupent. Elle se compose de différentes nervures, qu'on nomme *formeret*, *arc-doubleau*, *croisée d'ogive*, *lierne*, *tierceron*, *pendantif*. On l'appelle aussi *gothique*, *en tiers-point à la moderne*.

VOUTE A COMPARTIMENS. Est celle dont la douelle est enrichie de panneaux de sculpture, séparés par des plates-bandes, ou de peintures et dorures.

VOUTE EN TAS DE CHARGE. Est une *voûte* sphérique, dont on met les joints de lit partie en coupe, du côté de la douelle, et partie de niveau du côté de l'extrados.

VOUTER, v. act. Nous avons vu que l'étymologie de *voûte*, étoit le verbe italien *voltare* ou le verbe latin *volutare*, qui l'un et l'autre expriment l'idée de *contourné*, *de cintré*; que par conséquent le mot *voûte* signifioit élémentairement, une couverture circulaire ou cintrée. *Voûter* doit donc signifier l'art de faire des couvertures dans cette forme.

De toutes les manières d'exécuter de semblables couvertures, il nous a paru que d'après la seule nature des choses, celle de les faire en bois, a dû être la première, et a dû servir de type aux voûtes en pierres, briques, et autres matériaux propres à la construction.

Mais l'art de *voûter* par assemblage de pierres ou de maçonnerie en forme de cintre, une fois usité, n'a pas dû empêcher qu'on ne fît en toutes sortes d'occasions, des couvertures cintrées en bois, ou en d'autres matières.

Les mots *voûte* et *voûter*, n'emportent donc pas la signification exclusive, d'une couverture cintrée en pierre.

Comme la *voûte* en pierres a succédé à la *voûte* en bois, de même, la couverture plate ou en plafond de bois, a été imitée par des assemblages en pierres, formant plafond; et l'on dit contrairement, il est vrai, à l'étymologie grammaticale, une *voûte plate*.

Ainsi l'art de *voûter*, consiste à faire avec des pierres taillées en voussoirs, ou avec des matières diverses réunies par plus d'un procédé, des couvertures plus ou moins circulaires, selon les différences des courbes, dont on a donné les détails au mot VOUTE. (*Voyez* ce mot.) Et il consiste à faire des couvertures plus ou moins planes, imitant plus ou moins les plafonds de bois de charpente, et par conséquent, à faire aussi en bois des couvertures courbes.

Puisque le mot de *voûte* peut s'appliquer dans la langue ordinaire, même des artistes, à des couvertures cintrées et planes, l'art de *voûter*, ou les productions de cet art, comprendront tous les moyens que divers genres de constructions emploient, selon la diversité des matériaux, pour couvrir les espaces vides des bâtimens. Or les moyens de *voûter* consisteront dans l'emploi des pierres de taille, de la maçonnerie, de la charpente avec tous les procédés d'assemblage de bois, soit en grandes parties, soit en petits morceaux ou voliges; ils consisteront dans l'emploi des matériaux et des barres de fer naturel ou fondu, ou de tout autre métal.

On ne sauroit dire de combien de manières, l'architecte peut disposer, pour *voûter* les intérieurs de ses édifices. Outre celles dont on a parlé à l'article VOUTE, et qui, dispendieuses de leur nature, n'appartiennent guère qu'aux grandes constructions, on a vu au mot POTERIE, que depuis quelques années on avoit imaginé, pour faire des *voûtes* plates, sans pesanteur et sans poussée, d'employer des pots de terre assemblés par le mortier, lesquels, offrant beaucoup plus de vide que de plein, remplacent avec quelques avantages la brique, et comme elle, mettent cette construction à l'abri des incendies. Beaucoup de *voûtes* plates des galeries du Palais-Royal, à Paris, sont faites de cette manière, et quelques-unes n'ont, depuis près de quarante ans, donné aucun symptôme de désunion. Ces *voûtes* en plafonds reçoivent, avec autant de facilité que d'économie, l'ornement des caissons, en stuc ou en plâtre, dont on veut les décorer.

L'architecte emploie de plus d'une façon le bois pour *voûter*. Nos édifices sont remplis de grandes constructions cintrées ou sphériques, en bois de charpente. Telles sont les courbes des voûtes externes du plus grand nombre de nos coupoles, qui ont pour objet, soit de porter leur masse au-dehors à une plus grande élévation, que ne le comporte la courbe de la voûte sphérique intérieure, soit de mieux proportionner leur forme, et de la mettre dans un plus juste accord avec l'ensemble qu'elle doit couronner, soit, en servant de support à la lanterne qui en est l'amortissement ordinaire, de soulager de cette surcharge les *voûtes* intérieures.

Il est peu de grandes salles, dans les palais du Louvre, des Tuileries, ou autres, et particulièrement aux appartemens des étages supérieurs, dont les couvertures, et ce qu'on appelle les plafonds, en dépit de l'impropriété du mot, ne soient des constructions cintrées en bois, qui ont l'avantage de ne produire ni poussée, ni écartement, et d'être plus légères à la fois, et moins dispendieuses; ajoutons que leur réparation est plus facile. Cependant elles n'offrent ni contre les efforts du temps, ni contre les accidens du feu, la même sûreté ni d'égales garanties.

On ne peut pas se dispenser, de faire ici mention d'une autre manière de *voûter* plus économique encore et plus légère, et qui consiste à faire des couvertures cintrées, ou des *voûtes* de toute espèce en bois, le bois employé non plus en grandes pièces de charpente, mais simplement en voliges. On veut parler du procédé de charpente inventé par Philibert Delorme, et dont nous avons décrit ailleurs (*voyez* DELORME) la méthode et les procédés. Entre les différens exemples qu'on peut citer, de l'application de ce procédé à l'art de *voûter*, nous croyons devoir faire mention de la grande *voûte* sphérique qui fut exécutée en voliges, sur la Halle aux Blés de Paris, en l'année 1782.

Cette coupole, d'un diamètre presqu'égal à celui du Panthéon de Rome, produisoit le plus grand effet, et paroissoit d'une légèreté prodigieuse. L'œil parcouroit une *voûte* immense, qui, dans un développement de 188 pieds, s'élevoit à plus de 100 pieds au-dessus du sol. Il paroissoit difficile de concevoir, comment elle pouvoit se soutenir ainsi découpée, et ayant tout au plus un pied d'épaisseur. Vingt-cinq rayons lumineux ou côtes, y introduisoient une belle lumière. Cette *voûte* sphérique vingt ans après sa construction, fut consumée en quelques heures, par la négligence d'un plombier occupé à l'entretien des tôles de métal qui la couvroient.

Ceci nous conduit à faire considérer un autre procédé ou système de faire les *voûtes*, de quelqu'étendue qu'elles soient, par des assemblages de métaux.

On sait que les Anciens pratiquèrent cette méthode dans de grandes constructions; et la vaste salle des Thermes de Caracalla, appelée *cella Solearis*, avoit été *voûtée* ou plafonnée par des assemblages métalliques.

Après l'incendie qui consuma la couverture en voliges de la Halle aux Blés, on en revint au projet présenté plusieurs années auparavant, et l'on adopta le système d'une *voûte* métallique.

La Halle aux Blés de Paris est le premier, et jusqu'à présent le seul monument, qui ait été *voûté* et couvert uniquement en fer et en cuivre. Pour ce nouveau genre de construction, qu'on pourroit employer ailleurs avec avantage, on a préféré le fer coulé, qui est moins sujet que le fer forgé, à se dilater ou à se condenser suivant les variations de l'atmosphère. Ces différences ont été calculées par l'architecte M. Belanger, et l'assemblage de toutes les parties qui composent sa coupole, doit fixer l'attention des constructeurs, parce que tout y est tellement étudié et prévu, que les différens métaux qui composent cet ensemble, peuvent suivre les impulsions atmosphériques, sans éprouver de résistance, et sans compromettre ainsi la solidité de l'édifice.

Comme cette *voûte* est, sous bien des rapports, un ouvrage fort curieux, nous pensons qu'on ne lira pas sans intérêt quelques détails sur sa construction. Elle est composée de cinquante et une courbes, s'élevant dans un plan vertical, depuis la corniche jusqu'à la grande fenêtre circulaire, ouverte au sommet de la couverture. Ces courbes sont entretenues dans toute la circonférence, par quinze autres courbes, dont le plan est dirigé vers le centre de la *voûte*. Il résulte de ce système, dont le type est bien certainement celui de Philibert Delorme, il résulte, disons-nous, un ensemble de sept cent soixante et cinq caissons diminuant progressivement, et produisant un effet assez agréable. Toutes les pièces de cet assemblage, au nombre de 1071, sont en fonte de fer. Elles ont été réunies avec des clavettes et des boulons, à écrous en fer forgé. Cette sorte de charpente en fer est couverte en cuivre laminé et étamé. On y a employé 3549 feuilles. La dépense totale de cette coupole s'est élevée à 70,000 francs.

Long-temps avant cet ouvrage, le fer avoit *été* employé en Angleterre, à défaut de pierres, pour faire des arches de pont voûtées, et cet art a reçu dans ce pays, toute l'extension dont il paroit susceptible. *Voyez* l'article PONT.

Nous avons rendu compte de toutes les pratiques et de toutes les matières, dont l'architecture peut user, pour donner, selon les temps, les lieux et les sommes dont elle peut disposer, aux intérieurs des édifices, une élévation qui contribue singulièrement à leur effet, et aux impressions de grandeur attachées à l'aspect produit par l'art de *voûter*. Il est sensible que la *voûte* a partout, sur le plafond, l'avantage d'agrandir l'espace d'un local donné. Le plafond d'ailleurs n'a guère lieu, que par l'emploi du bois taillé en solives; or la portée de ce genre de matière est assez bornée, et l'on ne sauroit lui donner une certaine étendue, que par des assemblages de charpente, qui prometteroient difficilement une grande solidité.

On croit assez généralement, que les temples des Anciens étoient plafonnés en bois, et la chose devient probable quand on voit les incendies assez nombreux qui causèrent leur destruction. Mais, comme on a eu plus d'une occasion de le dire, les temples du christianisme sont subordonnés à des convenances tout-à-fait opposées aux convenances du culte païen, c'est-à-dire, que leurs intérieurs recevant la multitude des fidèles, doivent avoir de tout autres dimensions que celles du *naos* antique. L'étendue de celui-ci, dans les plus vastes temples païens, formeroit à peine celle de nos petites églises. Quatre-vingt-dix pieds sont la mesure en longueur de l'intérieur du temple de Minerve à Athènes, dont la masse extérieure comprenoit toutefois deux cent vingt pieds de long. La largeur intérieure du naos étoit de cinquante-sept pieds. Deux rangs de colonnes divisoient cette largeur en trois nefs. Celle du milieu n'ayant de large que trente-trois pieds, rien ne fut plus facile que d'établir un plafond composé de solives d'une assez modique portée. Ce qu'on dit ici du temple de Minerve à Athènes, on doit le dire du temple de Jupiter à Olympie qui eut des dimensions absolument semblables. Il y en eut sans doute d'une plus grande étendue, surtout dans l'Asie mineure; mais la partie intérieure, ou le *naos* proprement dit, subordonné presque toujours au même plan, ne dut jamais offrir de sérieuses difficultés, aux couvertures en plafonds de charpente.

Nous avons eu encore l'occasion de faire pressentir ailleurs, que rien n'empêche d'imaginer la nef du milieu des temples périptères, dont il est ici question, couverte en *voûte* de charpente, et nous avons montré, que le passage même de la description, par Strabon, du temple d'Olympie, donne à penser que sa couverture fut cintrée.

Du reste, que l'art de *voûter* en bois de grands intérieurs ait *été* usuel dans l'antiquité, c'est ce que nous apprenons de Vitruve, par la description qu'il nous donne, *lib.* 6, *cap.* 5, des grandes salles appelées les *unes égyptiennes*, les autres corinthiennes. La salle égyptienne, selon son récit, avoit deux ordres de colonnes l'un sur l'autre, et ces colonnes supportoient un plafond orné de caissons. Au contraire la salle corinthienne n'avoit qu'un rang de colonnes en hauteur, au-dessus duquel s'élevoit une couverture cintrée, ou une *voûte*, *curva lacunaria ad circinum delumbata*. Le même Vitruve nous apprend qu'il avoit couvert sa basilique de Fano, par une *voûte* (*altae testitudinis*) formant un aspect agréable. Or toute cette construction, moins les colonnes et les murs, étoit en bois de charpente. (Vit. *lib.* 5, *c.* 1.)

Vitruve, comme l'on voit, a fait remarquer le parti qu'il avoit pris d'une couverture cintrée (ce qui paroit n'avoir pas eu lieu généralement dans les basiliques), comme produisant un agréable effet, *praestat speciem venustam*.

Oui, il faut en convenir, la *voûte* est une beauté incontestable en architecture. Ce n'est pas seulement à l'idée de dépense, ou de difficulté vaincue, que l'intérieur d'un grand local *voûté* doit le plaisir que sa vue nous procure; ce plaisir tient au sentiment, et tout ensemble à l'instinct. L'imagination seule suffit pour établir le parallèle des sensations, que nous font éprouver une couverture en plafond, et une couverture en *voûte*. La première semble peser sur le spectateur, la seconde élève son esprit et sa pensée. C'est presqu'une impression physique. Qui ne l'a pas éprouvé à la vue de la coupole du Panthéon de Rome? Qui n'a point été saisi d'une sensation inconnue ailleurs, sous les *voûtes* immenses de la basilique de Saint-Pierre, et d'autres églises où l'ouvrage de l'homme, en quelque sorte rival de celui du créateur, semble porter toutes nos idées vers le ciel? Qu'on suppose, et à la même hauteur, une couverture plane, la moitié de cet effet se trouveroit détruit. Il y a dans la ligne courbe quelque chose qui participe de cet indéfini qui plaît à notre ame.

Ce n'est pas qu'on veuille contester ici les

convenances que la nature même des choses a établies, dans l'architecture, entre certains élémens de sa construction, et le systême des deux sortes de couvertures. Sans doute on conviendra que l'emploi des colonnes isolées s'accommode moins, même au gré de la vue, d'une couverture cintrée. La *voûte* effectivement donne toujours l'idée d'une masse pesante qui dès-lors nous choque, lorsqu'elle repose sur de frêles supports. Il est certain de plus, que le principe de la solidité s'y oppose, surtout en grand, et surtout en pierres de taille.

Il ne sauroit être question ici de fixer des données précises, sur les préférences que l'architecte selon les édifices, selon leur étendue, selon les variétés de construction et celles des matériaux, doit accorder à la pratique de *voûter*, sur la méthode de plafonner. Les considérations de goût qu'on vient de mettre en avant doivent nécessairement être subordonnées à une multitude de circonstances, qui ne sauroient entrer dans les élémens d'aucune théorie.

L'architecte, en tant que décorateur, doit quelquefois donner la préférence à l'art de *voûter* sur le procédé du plafond. Ce n'est pas que celui-ci ne présente dans les caissons qui en sont une conséquence, en quelque sorte nécessaire, un parti d'ornement qui tire de la nature même de son origine un effet riche, et cette sorte de beauté qui naît de la raison satisfaite. Cependant, s'il s'agit de décoration, l'on ne sauroit nier que la peinture, qui se plaît à devenir l'auxiliaire de l'architecture, et qui lui communique tant de charmes, ne trouve dans les espaces plus ou moins étendus de la *voûte*, des champs beaucoup plus propices à ses ressources, et plus heureux pour l'œil, que ne peuvent l'être ceux du plafond.

Sans prétendre parler ici de ces immenses compositions de coupoles, où la peinture, en forçant peut-être ses moyens, a souvent empiété sur le domaine de l'architecture, on ne sauroit nier que l'emploi des *voûtes* dans les palais, et jusque dans les petites distributions des maisons en Italie, n'ait produit les plus agréables partis de décoration. C'est là que, soit dans les restes de l'antiquité, soit dans une multitude de constructions du seizième siècle, on voit que le genre de l'arabesque, les stucs et les compartimens les plus ingénieux, exercèrent le goût et le talent des plus habiles artistes, à des sujets décoratifs, qu'on ne sauroit attendre ni exiger de la méthode des plafonds. Il est vrai que ce charmant art de décorer les intérieurs dépend d'une manière de *voûter* et d'un genre de construction en blocage ou maçonnerie facile, économique et propre à recevoir des enduits propices à la peinture : ce que l'on ne peut guère obtenir de l'art de *voûter* en pierres de taille. Ainsi, chaque chose en ce genre, se trouve soumise à des conditions locales et trop variables, pour qu'on puisse y asseoir aucun précepte formel ou exclusif.

VUE, s. f. Sous son acception ordinaire dans l'art de bâtir les maisons, ce mot signifie une ouverture par laquelle on reçoit le jour.

Ainsi l'on dit d'une maison qu'elle n'a pas *vue* sur une rue, sur la campagne. Un logement n'a de *vue* que sur une cour, c'est-à-dire que cette maison ou ce logement ont ou n'ont pas des ouvertures ou des fenêtres par où l'on voit la rue ou la campagne, etc.

Le mot *vue* est donc synonyme de *baie*, terme usité pour exprimer l'ouverture d'une porte ou d'une fenêtre.

On dit :

VUE OU JOUR DE COUTUME. C'est dans un mur non mitoyen, une fenêtre dont l'appui doit être à neuf pieds d'enseuillement du rez-de-chaussée, pris au-dedans de l'héritage de celui qui en a besoin, et à sept pieds pour les autres étages, ou même à cinq, selon l'exhaussement des planchers. Ces sortes de *vues* sont encore appelées *vues hautes*, et dans le droit *vues mortes*.

Les *vues d'appui* sont les plus ordinaires ; elles ont trois pieds d'enseuillement et au-dessus.

Les *vues* reçoivent, selon la coutume, beaucoup de noms divers. Voici les principaux :

VUE À TEMPS. *Vue* dont on jouit par titre et pour un temps limité.

VUE DE CÔTÉ. *Vue* qui est prise dans un mur de face, et qui est distante de deux pieds du milieu d'un mur mitoyen en retour, jusqu'au tableau de la croisée. On la nomme plutôt *baie* que *vue*.

VUE DE PROSPECT. *Vue* libre dont on jouit par titre, ou par autorité seigneuriale, jusqu'à une certaine distance et largeur, devant laquelle personne ne peut bâtir ni même planter aucun arbre.

VUE DÉROBÉE. Petite fenêtre pratiquée au-dessus d'une plinthe ou d'une corniche, ou au milieu de quelque ornement, pour éclairer en abat-jour des entresols ou de petites pièces, et que l'on pratique ainsi pour ne point rompre la décoration d'une façade. De là l'épithète de *dérobée* qu'on donne à ces sortes de *vues*. C'est que ces petites ouvertures, tout-à-fait étrangères à l'ordonnance, occupent un espace qu'on peut dire *dérobé*, ou pris aux dépens de quelques parties du bâtiment qui ne leur avoient pas été destinées.

VUE DE TERRE. Espèce de soupirail au rez-de-chaussée d'une cour, ou même d'un lieu couvert, qui sert à éclairer quelque pièce d'un étage souterrain, par le moyen d'une pierre percée, d'une grille ou d'un treillis de fer. Il y a des villes, surtout en Flandre, où toutes les maisons ont de ces sortes d'étages souterrains, qui n'ont pas d'autres *vues* que des *vues de terre*.

VUE DROITE. *Vue* qui est directement opposée à l'héritage, maison ou place d'un voisin, et qui ne peut être à hauteur d'appui, s'il n'y a six pieds de distance depuis le milieu du mur mitoyen, jusqu'à la même *vue*; mais si elle est sur une ruelle qui n'ait que trois ou quatre pieds de large, il n'y a aucune sujétion, parce que c'est un passage public.

VUE ENFILÉE. On donne ce nom à une fenêtre directement opposée à celle d'un voisin, qui est à même hauteur d'appui.

VUE FAITIÈRE. Nom général qu'on donne à un très-petit jour, comme une lucarne, un œil de bœuf, pris vers le faîte d'un comble, ou la pointe d'un pignon.

VUE DE SERVITUDE. *Vue* qu'on est obligé de souffrir, en vertu d'un titre de sujétion qui en donne la jouissance au voisin.

VUE DE SOUFFRANCE. *Vue* dont on a la jouissance par tolérance ou consentement d'un voisin, sans titre.

VUE. Ce mot s'emploie différemment et s'applique à plus d'un objet dans le langage des arts du dessin.

Comme dans le bâtiment on a donné (*voyez* l'article précédent) à l'ouverture des maisons appelée fenêtre, par laquelle on reçoit le jour, et l'on voit les objets du dehors, le nom de *vue*, on le donne réciproquement aux objets que l'œil embrassera par cette ouverture. Ainsi l'on dira que de telle fenêtre d'un bâtiment on a une belle *vue*, ou une *vue* désagréable.

Le mot *vue* devient, en ce sens, synonyme d'*aspect*. La peinture de paysage est particulièrement celle qui s'est emparée de cette dénomination. On appelle donc *vue* le portrait d'un site qu'on a fait d'après nature, et on distingue par ce mot l'image fidèle d'un site exactement copié, d'avec celle dans laquelle l'artiste n'ayant en *vue* aucun lieu particulier, est lui-même l'auteur des combinaisons de lignes, de lointains, d'objets empruntés sans doute à la nature, mais qui, rassemblés par son imagination et modifiés par son goût, n'existent ainsi réellement nulle part.

Vue signifie donc souvent, en terme d'art, la représentation, par le dessin ou la couleur, non-seulement des scènes de la nature, mais d'une multitude d'ouvrages qui sont du domaine de l'architecture. L'architecte emploie ce terme, soit qu'il représente en dessin l'ensemble ou les parties de monumens qui existent, soit qu'il veuille donner une idée claire et précise de son invention, et soumettre à l'esprit, par l'organe des yeux, ses projets ou ses compositions.

Trois sortes de *vues* sont nécessaires pour en compléter l'image.

Il y a la *vue* de l'édifice en plan. On suppose que toute l'élévation des masses est supprimée, et qu'il ne reste sur le terrain que la trace de ces masses, c'est-à-dire des murs, des piliers, des colonnes.

Il y a la *vue* qu'on appelle géométrale, dans laquelle on figure toutes les proportions des masses et des parties, sans avoir aucun égard aux diminutions que les objets représentés devroient subir, pour se conformer à la manière dont l'œil les voit d'un point donné.

Il y a la *vue* qu'on appelle perspective. C'est celle dans laquelle le dessin, accompagné si l'on veut d'ombres et de clairs, dégradés ou renforcés selon la proximité ou l'éloignement des objets entr'eux, fait voir les masses d'un bâtiment, de manière que les parties paroissent fuyantes par proportion, depuis la ligne de terre jusqu'à la ligne horizontale.

Vue est le nom qu'on donne à un dessin, à une estampe, à un tableau qui représente un bâtiment, un lieu, un site, une ville, etc., tous objets qu'il faut, dans la nature, considérer de loin pour en embrasser l'ensemble. Ainsi dit-on les *vues* de Rome, pour signifier les divers aspects ou points de *vue* que la peinture ou le dessin en ont représentés.

On appelle *point de vue* l'étendue d'un lieu qui borne la *vue* et où la *vue* peut se porter. On dit d'une maison qu'elle a de beaux points de *vue*.

On donne le même nom à l'endroit précis où l'on doit se placer, non-seulement pour voir les objets, mais pour les bien voir, c'est-à-dire sous leur aspect le plus complet, le plus intéressant et le plus favorable à leur effet. Tout objet, tout ouvrage est particulièrement destiné à produire un effet principal, d'un certain endroit, d'une certaine distance en rapport avec ses dimensions. Ce qui est vrai de tous les ouvrages, l'est encore plus des œuvres de l'architecture, qui ont d'innombrables points de *vue*. Mais il en est un qu'indique sa proportion et auquel le spectateur doit se placer pour en bien juger. *Voyez* POINT DE VUE.

Vue s'entend aussi de la manière dont chaque spectateur peut considérer un objet. Dans ce sens on dit une *vue de côté*, une *vue de haut en bas*, une *vue de bas en haut*, une *vue d'angle*. On dit d'un objet, d'un bâtiment, qu'il est *représenté à vue d'oiseau*. Toutes ces locutions expriment les différences de position du spectateur, par rapport à l'objet, que son œil embrasse.

VUIDANGE, s. f. On exprime par ce mot le transport des décombres, et des ordures qu'on enlève d'un lieu, d'un récipient quelconque que l'on l'on vuide des objets qui le remplissoient ou l'encombroient. On applique ainsi le mot qui exprime cette action au transport de plusieurs sortes de matières, et l'on dit :

Vuidange d'eau. C'est l'étanche que l'on fait des eaux d'un batardeau, par le moyen de moulins, de chapelets, de vis d'Archimède et autres machines dont on use pour le mettre à sec afin de pouvoir y établir les fondations.

Vuidange de forêt. C'est l'enlèvement des bois abattus dans une forêt, enlèvement qui doit être incessamment fait par les marchands à qui la coupe a été adjugée.

Vuidange de terre. C'est le transport des terres fouillées, qui se marchande par toises cubes, et dont le prix se règle selon la qualité des terres et la distance qu'il y a de la fouille au lieu où elles doivent être portées.

Vuidange de fosse d'aisance. C'est l'enlèvement des matières fécales d'une fosse d'aisance.

VUIDE, s. m. Ce mot s'emploie substantivement pour désigner une ouverture ou une baie dans un mur.

Ainsi on dit les *vuides* d'un mur de face ne sont pas égaux aux pleins, pour dire que les baies sont ou moindres en nombre, ou plus larges que ne le sont les trumeaux ou les massifs.

On dit *espacer tant plein que vuide*, ce qui signifie, par exemple, peupler un plancher de solives, en sorte que les entrevous soient de même largeur que les solives.

On dit aussi que les trumeaux sont *espacés tant plein que vuide*, lorsque dans une façade de bâtiment, ils ont la même largeur que les fenêtres.

On dit *pousser* ou *tirer au vuide*. Cette locution signifie qu'un parement de mur, une façade de maison déversent et sortent de la ligne d'aplomb.

VUIDES, s. m. pl. C'est l'expression la plus simple et la plus littérale, pour exprimer certaines cavités que l'architecte laisse à dessein dans des massifs de construction et de maçonnerie.

Ces *vuides* on les pratique pour deux raisons, l'une de légèreté, l'autre d'économie.

Par exemple, il y a telle masse de bâtisse, comme seroit l'attique d'un grand arc de triomphe, ou d'une porte colossale, qui doit présenter une grande superficie de construction à l'extérieur. Mais non-seulement il n'importe pas à la solidité de l'édifice que tout cet espace soit plein, il lui importe au contraire qu'on allégisse la charge de la voûte et des piédroits. On pratique alors une ou plusieurs chambres ou cavités, dans cet attique, et c'est là une économie tout à la fois de surcharge de matière et de travail.

Les Anciens dans leurs grandes constructions de maçonnerie ont ordinairement mis en œuvre ces pratiques d'économie de plus d'une manière. C'est ainsi que le mur circulaire du Panthéon s'est trouvé allégé dans sa circonférence par plusieurs *vuides*, qui n'ont en rien diminué la force des points d'appui de la voûte.

On sait qu'ils employèrent avec plus de détail dans la maçonnerie de leurs grandes constructions un autre moyen d'y ménager des *vuides*. Je veux parler de ces grands pots de terre *vuides* qu'ils mêloient et lioient par le mortier avec les moellons et les pierrailles, ainsi qu'on le voit au cirque de Caracala. Par cet expédient ils allégissoient singulièrement les massifs, sans rien ôter à leur superficie. Chacun de ces pots avoit la propriété de produire une espèce de petite voûte dans le noyau même de la construction.

Dans les constructions en pierre de taille, les Modernes pratiquent aussi des *vuides* pour l'allégement des masses; mais ils ont ordinairement recours à l'art des voûtes selon toutes les sortes de courbes par raison de solidité.

Vuides et pleins. A l'article Plein (*voyez* ce mot), on a déjà fait connoître sous quelques points de vue de la critique du goût en architecture, ce qu'on appelle accord entre les *vuides* et les *pleins*. Ces deux mots expriment effectivement ce qui, par le fait, constitue, dans un sens à la vérité matériel, tous les édifices. Excepté les constructions des murailles, des clôtures, des fortifications, qui n'admettent points de *vuides*, tous les autres travaux de l'art de bâtir, sont des assemblages de parties *pleines* et de parties *vuides*.

Or il est certain, et les sens tout seuls nous le démontrent, que plus il y aura de parties de constructions massives, c'est-à-dire de pleins, dans un édifice, plus il y aura de moyens de solidité, et le contraire sera dès-lors réciproquement vrai. Il faut cependant entendre cette assertion, et le fait qu'on vient de poser, avec les conditions et les restrictions que ce fait comporte.

Il doit d'abord être bien entendu, que la chose n'est vraie, que sous la condition, que les règles ordinaires de la solidité seront observées dans la bâtisse de l'édifice. Sinon des parties de construction massives, ou de grands *pleins*, sans fondation, ou qui pècheroient par des matériaux ou des fondemens vicieux, auroient certainement moins de durée, que des *pleins* trop légers, et disproportionnés à leurs *vuides*, mais qui reposeroient sur d'inébranlables substructions.

On doit ensuite restreindre les applications du principe de solidité dont on a parlé, aux constructions continues, aux devantures de maisons, de palais, aux murs des monumens qui ont à supporter des charges ou à vaincre des résistances. Le même principe ne paroîtra point applicable, dans le détail surtout, à plus d'une sorte de voûte, à des portiques, à des arcades, et même à plus d'un entre-colonnement.

Par exemple, s'il s'agit des arches d'un pont, le simple bon sens prescrira en beaucoup de cas, de donner aux *vuides* de sa construction la plus grande extension possible, aux dépens de la masse de ses *pleins*. Le pont étant destiné à donner le plus d'espace qu'il est possible, au passage des eaux, exige dès-lors, qu'en augmentant l'ouverture des *vuides*, on restreigne en proportion la masse des *pleins*. Le *vuide*, en ce cas, et dans plusieurs autres semblables, doit l'emporter sur le *plein*.

L'architecture antique, jusque dans l'emploi des colonnes, semble témoigner en faveur de la théorie qui est le sujet de cet article. Je veux parler de l'espacement qu'ils donnèrent à leurs entre-colonnemens, en proportion du caractère plus ou moins grave de chacun de leurs ordres. Ainsi l'on sait, que le plus ancien dorique dans quelques monumens de cet ordre, a ses entre-colonnemens tellement serrés, qu'ils n'ont, mesurés en bas, que la largeur du diamètre des colonnes, ce qui, par le fait, rend le *vuide* à peu près égal au *plein*. Il est vrai de dire que la mesure des entre-colonnemens chez les Grecs, fut plus qu'on ne pense subordonnée à la mesure des plates-bandes d'une seule pierre, qu'ils employoient dans les architraves.

Cette raison cependant ne fut pas la seule qui, chez les Anciens, influa sur les rapports des *vuides* et des *pleins*, dans les ordonnances des colonnes. Vitruve, en détaillant les variétés d'entre-colonnemens, selon la diversité des ordres et de leurs proportions, fait assez sentir, que de ces rapports divers entre les *pleins* et les *vuides*, résulte pour l'œil et pour l'esprit, une différence de caractère, et par conséquent d'effet et d'impression, très-sensible. On peut donner en exemple le pycnostyle, dans lequel l'*aspérité* des colonnes donne une plus grande *autorité* aux colonnades, et l'aræostyle, où d'autres dispositions d'entre-colonnemens trop larges, donnent à tout l'ensemble un aspect diffus et lourd.

En considérant l'emploi des *vuides* et des *pleins*, en architecture, sous le rapport de sentiment et de goût, et abstraction faite des raisons de solidité, qui cependant ne laissent pas d'y confondre aussi leur impression, on peut, ce nous semble, considérer l'effet de l'emploi dont nous parlons, comme correspondant en quelque sorte, à l'emploi que fait du *forte*, *adagio*, *presto*, et du *piano*, *andante*, *allegro*, le compositeur dans l'art des sons. Evidemment des mélanges de formes, soit en contrastes plus ou moins sensibles, soit par successions plus ou moins rapides, produisent par l'entremise des yeux, sur notre esprit, un effet assez semblable à la succession des accens graves ou aigus, des sons lents ou vifs, des modulations sévères ou légères, qui, en frappant diversement l'organe de l'oreille, font passer notre ame, par un mouvement instinctif, dans des positions plus ou moins pénibles ou agréables.

Rien ne peut empêcher qu'un péristyle de colonnes massives, séparées entr'elles par des entre-colonnemens serrés, ne comporte et ne produise l'idée de *sévérité*, de *gravité*, et une sorte d'impression sérieuse. Rien ne peut empêcher au contraire que l'aspect d'un péristyle dont les colonnes sont élégamment fuselées et d'une proportion élancée avec des entre-colonnemens spacieux, ne tende à porter machinalement notre esprit vers l'idée correspondante aux sensations que nous recevrions d'une musique molle et diffuse.

Tous les arts sont appelés à produire les mêmes genres d'impressions sur nos sens, et par eux sur notre ame. Ces impressions sont réellement de même nature, leur genre est le même, c'est leur espèce qui est différente, ainsi que le mode de leur action. Or cette différence provient uniquement, soit des instrumens qu'ils emploient, soit des organes divers auxquels ils s'adressent, soit des parties de notre ame avec lesquelles ces organes sont plus particulièrement en rapport. Mais toutes ces impressions aboutissent à un centre commun, et c'est là qu'il faut aller chercher la raison de la communauté qui unit tous les arts, tant ceux dont les moyens dépendent spécialement de l'organe moral, que ceux qui ont pour intermédiaire l'organe physique.

Il y a ainsi des rapports sensibles, entre les effets des arts les plus indépendans de la matière, et entre les effets de ceux qui en emploient la réalité. Comment en seroit-il autrement, puisque les choses même les plus matérielles produisent sur notre ame des effets semblables à ceux qui résultent des pures conceptions de l'esprit ? Que l'on vous fasse entrer dans un vaste local tout tendu de noir, et peu éclairé, vous éprouverez une impression involontaire de tristesse, de mélancolie, et tout-à-fait semblable à celle que vous recevriez d'une musique, dont les accens plaintifs, les sons prolongés, les mêmes mesures toujours répétées sans changement de ton, vous accableroient de leur monotonie.

Mais n'en est-il pas de même des effets que nous font éprouver, dans l'art d'écrire, un style clair, vif, serré, ou une manière de s'exprimer lente, diffuse, obscure ? Le débit même ou la déclamation, selon l'accent ou la prononciation de l'orateur, ne nous affectent-ils pas au point d'exciter et de soutenir notre attention, ou d'appeler l'indifférence et l'ennui ? Le ton seul de la voix de celui qui parle, a la propriété, ou de tenir notre esprit éveillé, ou de nous endormir.

Tout art pouvant ainsi agir sur nos sens et sur notre esprit par des moyens divers, comme on le voit, en les considérant dans leurs agens mécaniques ou extérieurs, l'architecture doit donc, par le concours de ses formes, par l'emploi diversement modifié de la matière qu'elle met en œuvre, exciter en nous des impressions flatteuses ou non, des sensations pénibles ou agréables.

Or l'emploi des *vuides* et des *pleins* est, entre tous les moyens que nous avons appelés *mécaniques* ou *extérieurs*, un de ceux dont l'action est tout à la fois la plus certaine et la plus facile à démontrer. Ainsi un grand mur, formé de bossages fort saillans et sans presqu'aucune ouverture, fait à lui seul et compose la façade de la prison de Newgate à Londres, et toutes les idées pénibles que le mot de prison réveille en nous, paroissent écrites sur cette façade, tout le monde en est frappé; s'il y avoit dans son élévation des fenêtres et des ouvertures nombreuses, l'effet dont on a parlé n'existeroit plus.

L'effet qui résulte si diversement de l'emploi des *vuides* et des *pleins* dans les édifices, s'explique si l'on veut par celui de monotonie ou de diversité. L'un et l'autre effet doit s'attacher au caractère différent de chaque édifice, et la monotonie y est un mérite quand l'édifice la commande. Tel est l'effet de pyramide pour un monument sépulcral. Mais nous ne considérons ici cet effet que sous le rapport matériel et sur son action sur le sens extérieur. Pourquoi, indépendamment de toute autre considération morale, la pyramide vous affecte-t-elle du sentiment de la monotonie? On conviendra que cela est dû en partie à sa forme entièrement symétrique et privée de toute espèce de détails. Mais, n'en doutons pas, le manque absolu de tout *vuide* complète l'impression. Supposez-y des ouvertures, cette impression disparoîtra.

C'est ce même sentiment de diversité spécialement lié à la multiplicité des *vuides* dans toute espèce d'édifice, qui nous fait trouver du plaisir à l'emploi que l'architecture en fait, tant à l'extérieur que dans l'intérieur des monumens dont le caractère est d'accord avec cet emploi. De là le plaisir que nous procure la disposition de colonnes nombreuses. L'instinct de l'organe de la vue se trouve satisfait dans une semblable disposition qui excite notre curiosité. Les applications de cette théorie seroient nombreuses; mais nous croyons en avoir assez dit à l'esprit, qui ne veut pas non plus qu'on lui dise tout, et qui aime à comprendre au-delà de ce qu'on lui présente, comme l'œil se se plaît à vouloir voir au-delà de ce qu'on lui montre.

On pousseroit au reste les conséquences de cette théorie beaucoup trop loin, si l'on prétendoit que l'architecte doive toujours subordonner ses conceptions aux résultats que nous avons indiqués. Beaucoup d'autres besoins réclament son attention, et il y auroit quelque puérilité, soit à régler les compositions, soit à mesurer l'estime qu'on doit en faire, sur ce seul point de vue. Nous n'avons prétendu qu'expliquer entre beaucoup d'autres causes des impressions produites par l'architecture, celle qui, dans bien des cas, résulte d'un emploi intelligent des *vuides* et des *pleins*

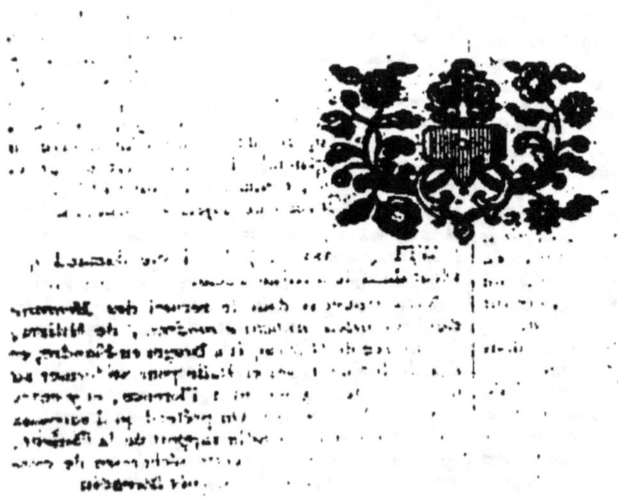

WICKAM (GUILLAUME.) Architecte anglais, né en 1324 et mort en 1404.

Il est sinon le plus ancien architecte de l'Angleterre, du moins le plus ancien de ceux dont l'histoire des arts fasse une mention tant peu détaillée. Ce n'est pas qu'il faille le regarder, comme ayant fait une profession ni expresse ni exclusive de l'architecture ; tant s'en faut, qu'au contraire le peu qu'on sait sur son compte, nous le fait connoître comme ayant fourni une carrière assez traversée d'accidens divers, et remplie de travaux fort différens. A cette époque d'ailleurs le goût et le savoir de la bâtisse se lioit à beaucoup d'autres occupations.

Wickam avoit montré de bonne heure de si heureuses dispositions pour les belles-lettres et pour les sciences mathématiques, étant simple étudiant dans l'Université d'Oxford, qu'Edouard III ayant entendu parler de lui, prévenu encore en sa faveur par sa belle figure, le prit à son service. Ce prince l'employa avec succès dans plusieurs affaires politiques. *Wickam* avoit réuni aux diverses connoissances qu'il avoit embrassées, l'étude de l'architecture. Le roi le nomma surintendant de ses bâtimens et forêts. Ce fut en cette qualité qu'il fut chargé de donner les plans, et d'exécuter la construction du royal château de Windsor, masse assez grandiose qu'il acheva dans l'espace de trois années. Quelques courtisans jaloux de son crédit et de sa fortune essayèrent de le desservir auprès d'Edouard. Ils saisirent le prétexte d'une inscription susceptible d'un sens un peu équivoque, et que *Wickam* avoit fait placer sur le palais. Mais leurs efforts furent inutiles.

Comme il avoit embrassé l'état ecclésiastique, il parvint à se faire adjuger d'excellens bénéfices. Il devint secrétaire d'état, garde du sceau privé, évêque de Winchester, grand-chancelier, et finalement président du conseil privé.

Mais le vent de la fortune changea pour lui, elle lui retira tout ce qu'elle lui avoit donné. Dépouillé de toutes ses charges et en butte à la persécution, il se retira dans son évêché, où il établit un collége dont il fut le fondateur et en même temps l'architecte. Il en fonda bientôt un autre à Oxford et le fit également construire sur ses dessins. Un nouveau tour de la fortune lui rendit la faveur de la cour, et il fut rétabli dans toutes les charges qu'on lui avoit enlevées.

Il paroît toutefois que *Wickam*, désabusé de l'ambition, avoit formé la résolution de ne plus s'exposer aux hasards d'une mer toujours orageuse. L'état ecclésiastique lui offroit un port assuré contre tous les dangers. Il s'y réfugia ; ayant fait vœu de vivre désormais selon l'esprit de son état, il se retira de la cour, et ne s'occupa plus que de travaux utiles, et d'actes de bienfaisance.

Le savoir de l'architecture lui procuroit un double moyen de satisfaire ce noble penchant et le besoin de soulager les malheureux ; car en élevant d'utiles édifices, il donnoit aussi du travail et fournissoit des ressources à l'indigence. Ce fut sur ses plans et ses dessins que fut construite la magnifique cathédrale de Winchester, qui le cédoit de peu à l'ancienne église de Saint-Paul à Londres, avant l'incendie de 1622 qui la consuma.

On doit présumer, en pensant à l'époque où vécut *Wickam*, que le goût et le style des édifices qu'il éleva tint plutôt du gothique, alors surtout en crédit chez les Anglais, que de celui qui commençoit à refleurir en Italie. Mais chaque pays ayant appliqué à ce genre de bâtir son propre caractère, on ne peut méconnoître que le style de *Wickam*, comme celui du plus grand nombre des édifices gothiques anglais, diffère principalement, par beaucoup de pureté, par une grande économie de détails, par plus de simplicité, et n'offre ni cette surcharge de sculptures informes, ni cette maussade profusion de mauvais ornemens, qui, presque partout ailleurs, désignent les compositions et l'exécution des extérieurs d'églises.

Malgré les grands biens et les œuvres de charité qu'il ne cessoit de faire, *Wickam* ne put encore imposer silence à ses ennemis. De nouvelles accusations lui furent intentées. Nous en ignorons l'objet ; mais le parlement prononça son innocence. On s'accorde à dire qu'il étoit juste, mais sévère. Nous savons en outre qu'il se prononça avec rigueur contre l'hérésiarque Wiclef, qui finit par opérer dans toute l'Angleterre un soulèvement général. De telles circonstances nous expliquent, comment la justice et la sévérité peuvent devenir des sujets d'accusation.

WIT (PIERRE DE.) Architecte flamand qui vécut dans le seizième siècle.

Nous trouvons dans le recueil des *Memorie degli Architetti antichi e moderni*, de Milizia, que Pierre de *Wit* naquit à Bruges en Flandre, et alla de bonne heure en Italie pour se former au dessin. Il se fixa surtout à Florence, et y entra dans l'école de Vasari. On prétend qu'il surpassa bientôt son maître sous le rapport de la couleur, sans perdre un peu de cette sécheresse de contour qui est particulière au goût florentin

A cette école, il devint, selon l'usage assez général du siècle, peintre, sculpteur et architecte, et habile dans les trois arts. Sa réputation s'étendit bientôt en Allemagne. Il fut appelé à Munich par le duc de Bavière Albert V. Son neveu le duc Maximilien, grand amateur d'architecture qu'il avoit même la prétention de professer, s'empressa d'employer *de Wit* à la construction de l'immense palais qu'il éleva dans cette ville, vers la fin du seizième siècle. Le prince voulut en être le principal architecte. On ne doute pas cependant que *de Wit*, à qui l'on est forcé d'attribuer la décoration de l'intérieur de l'édifice, n'ait eu aussi une grande part dans la composition de son plan. On donne toujours comme étant exclusivement son ouvrage, l'escalier qui passe pour être dans son genre un chef-d'œuvre. Aujourd'hui il a perdu de son importance, parce que les changemens survenus dans ce grand ensemble en ont placé l'entrée dans un autre endroit.

On vante comme un des principaux ouvrages de cet artiste, et comme un monument capital en son genre, le mausolée qu'il éleva à l'empereur Louis de Bavière, dans l'église de Notre-Dame à Munich, morceau, dit-on, qui seroit digne de figurer dans les temples les plus magnifiques. Un fort grand nombre de statues de bronze forme la principale décoration du mausolée. On est tenté de regretter qu'il n'ait pas pour accompagnement une architecture d'un goût qui lui soit mieux assorti. Mais Notre-Dame de Munich est une de ces cathédrales gothiques dont la beauté principale est dans la grandeur que l'on donnoit alors assez ordinairement à de semblables vaisseaux.

Mais la grandeur de dimension toute seule ne suffit pas à la beauté ni à la majesté d'un temple. Entre toutes les autres grandeurs qui manquent aux églises gothiques, sans parler de celle des proportions, de celle du style et du goût, il faut compter celle de la décoration. Or il est certain que le gothique en manque totalement, et c'est là un de ses plus graves, défauts. Ajoutons qu'il ne pouvoit pas l'éviter; car en ces temps il n'y avoit aucune possibilité d'y appeler ces arts qui qui seuls possèdent le secret et les moyens de la décoration; et c'est peut-être ce qu'il y a de plus heureux pour l'effet de l'intérieur des églises gothiques. Mieux vaut cette pauvreté, si l'on en juge par ce qu'offre de hideux et de révoltant le luxe de leur prétendue sculpture à l'extérieur.

Cette dernière réflexion nous est suggérée par l'auteur même auquel nous avons emprunté le peu de notions que nous avons reproduites sur *Pierre de Wit*.

WREN (Christophe.) Né en 1632, mort en 1723.

Les renseignemens historiques que nous connoissons, sur la vie et les ouvrages de Christophe *Wren*, et sur ses premières années, ne nous apprennent point quel avoit été son maître dans l'art de l'architecture, ni même s'il en eut un. On peut présumer d'après les diversités nombreuses d'études et de sciences auxquelles sa jeunesse avoit été livrée, qu'il dut uniquement aux mathématiques, d'être initié aux connoissances de cette partie de l'art de bâtir, qui est soumise aux lois du calcul, connoissances auxquelles le génie ne supplée pas toujours, mais qui réciproquement ne sauroient remplacer le génie pour les grandes entreprises de l'architecture. Lorsqu'en ce genre, l'étude et la nature auront réuni dans le même homme, et avec une juste combinaison, les dons du savoir, et ceux de l'imagination, il devra naître de là, si les circonstances lui sont favorables, un grand architecte.

Christophe *Wren* fut un de ces rares exemples, et les besoins de son siècle, concoururent à développer chez lui les heureuses dispositions, qui n'attendoient que l'occasion propre à les faire briller.

Il naquit à East Knoyle, dans le comté de Wilts. Son père, doyen de Windsor, étoit d'une ancienne famille originaire de Danemarck, qui s'étoit établie en Angleterre dans le diocèse de Durham. Dès l'âge le plus tendre il annonça la plus grande aptitude aux sciences, surtout aux mathématiques, et on l'admit comme gentilhomme pensionnaire au collége de Wadham à Oxford. Il n'avoit que treize ans lorsqu'il construisit une machine pour représenter le cours des astres, et divers instrumens d'astronomie, mieux divisés ou plus commodément suspendus que ceux qui existoient alors. A seize ans, il avoit déjà fait des découvertes dans l'astronomie, la gnomonique, la statique, la mécanique, et à peine âgé de vingt-cinq ans, il professoit ces sciences à Oxford au collége de Gresham. Bientôt il obtint la chaire de droit civil dans l'Université de cette ville, et une place à la Société royale de Londres qui venoit d'être établie.

Jusqu'ici nous ne voyons rien qui eût pu prédire qu'il deviendroit un des premiers architectes et de son pays et de son siècle.

Vers 1665 il fit un voyage à Paris, dans la vue, dit-on, d'y examiner l'état des arts, qui commençoient à y fleurir sous les auspices d'un nouveau règne. Un grand événement le rappela promptement dans sa patrie. Effectivement l'année suivante, 1666, fut celle du terrible incendie qui consuma la plus grande partie de la ville de Londres. Ce malheur et le besoin non-seulement de le réparer, mais de le faire servir à l'amélioration, comme à l'embellissement de cette capitale, éveillèrent le génie de *Wren*, et lui révélèrent des talens dont le principe avoit jusqu'alors sommeillé en lui. Il imagina un plan général de reconstruction de la ville.

On peut dire de presque toutes les grandes villes, excepté d'un fort petit nombre, qu'elles ne furent et ne sont autre chose qu'un agrégat fortuit et successif de constructions ajoutées les unes aux autres, sans aucun dessin, sans aucune prévision de l'avenir. C'est souvent lorsqu'il n'y a plus de remède à leurs irrégularités, qu'on cherche les moyens toujours lents d'en redresser les rues et d'en symétriser les aspects. *Wren* crut qu'il falloit saisir l'occasion du malheur arrivé pour soumettre la réédification de Londres à un système d'ensemble, qu'en vain on attendroit des volontés particulières.

Son plan présenta de longues et larges rues, coupées à angles droit, des projets d'églises, de places, de monumens publics dans de belles positions. Des portiques variés selon les quartiers servoient de point de vue, en divers lieux, aux rues principales. Jamais programme plus vraiment idéal ne fut conçu et pour un but moins imaginaire. Il fut gravé en 1724, et l'on peut juger encore aujourd'hui, de l'impression qu'il dut faire à l'époque où il fut présenté au parlement. Il y devint le sujet d'une longue discussion. Deux opinions opposées s'y combattirent, les uns appuyèrent le projet de *Wren*, les autres soutinrent qu'il falloit rebâtir sur l'ancien plan. Un troisième parti, comme cela arrive souvent, se plaça au milieu des deux et fit prévaloir son opinion. On prit une portion du nouveau plan, on en conserva une de l'ancien, et Londres manqua pour toujours l'occasion d'être le chef-d'œuvre de toutes les villes. Cependant ce qu'on adopta du projet de *Wren*, quant à la largeur des rues, à la grandeur des places, et à une construction en matériaux plus solides (l'ancienne étoit toute de bois), n'a pas laissé de rendre encore cette ville, une des plus remarquables de l'Europe, sinon pour l'architecture, du moins pour la régularité, l'alignement, la disposition des rues et des places.

Si Londres manqua l'avantage que lui eût procuré l'adoption du grand projet de *Wren*, elle y gagna toujours d'apprendre qu'elle avoit en lui un homme né pour les grandes choses. Lorsque la nature produit de pareils hommes, il semble que la société ne manque pas non plus de faire naître le besoin d'ouvrages qui soient à leur niveau. On remarque que les grandes entreprises et les grands artistes se sont toujours rencontrés, et dans cette coïncidence, on ne sauroit dire de quel côté est le premier moteur.

Jean Denham, architecte du roi, étant mort en 1668, *Wren* lui succéda, fût fait chevalier, et eut dès-lors la direction d'un grand nombre d'édifices publics.

Cependant Londres étoit à peine sortie de ses cendres, et déjà on projetoit d'y élever un monument qui devoit présager la grandeur future de cette ville. Il ne s'agissoit de rien moins que de rivaliser avec la vaste basilique de Saint-Pierre de Rome : Christophe *Wren* fut chargé de cette noble entreprise, et dès 1675, il jeta les fondemens de Saint-Paul. On croit que dans un premier modèle qu'il composa, il avoit voulu se rapprocher des plans et du style des temples de l'antiquité. Mais l'Angleterre avoit subi pendant plusieurs siècles, comme tout le nord de l'Europe, les habitudes du genre de bâtir gothique. Les constructeurs des églises de ce genre, libres des sujétions d'une ordonnance régulière, et par conséquent de tout rapport de proportion entre les plans et les élévations, s'étoient plu à chercher la beauté et à la placer uniquement dans la grandeur linéaire, c'est-à-dire dans la longueur et la procérité des intérieurs. *Wren* adopta donc en plan, la disposition du plus grand nombre des églises, qui ordinairement se composent de deux parties d'une longueur égale, le chœur et la nef, que divisent (ainsi qu'on les appelle) les deux bras de la croisée.

La longueur de Saint-Paul, qui est de 450 pieds français, offre dans le milieu de cet espace une coupole de 98 pieds français de diamètre et de 208 pieds français de hauteur. Un rang de bas-côtés règne dans toute la longueur de l'église, qui se termine au bout du chœur par une apside (ou rond-point), et qui commence en avant de la nef, par un grand et spacieux vestibule. L'ordonnance intérieure est en arcades, dont les piédroits reçoivent des pilastres corinthiens, avec un entablement fort régulier. Au-dessus de cet entablement règne un attique continu, sur lequel s'élève la voûte avec les fenêtres qui éclairent l'intérieur. La coupole a été fort ingénieusement construite dans une forme pyramidale que les yeux ne sauroient découvrir, et qui a singulièrement épargné l'effort de la poussée latérale.

La critique d'un semblable monument comporteroit de nombreuses et importantes considérations, que l'on ne sauroit même effleurer ici. Nous nous bornerons en peu de mots à une seule, celle qui est à la portée du plus grand nombre, je veux dire l'impression générale ou l'effet de cette architecture tant au-dedans qu'au-dehors.

S'il s'agit de l'impression que le spectateur reçoit de l'aspect intérieur, nous nous permettrons de dire qu'il est généralement médiocre. On n'y est véritablement frappé d'aucune sorte de grandeur, d'aucun caractère bien prononcé, soit de force ou de sévérité, soit d'élégance et de richesse. Les sens et l'esprit y voudroient ou plus de simplicité, ou plus de variété. Quelque chose de nu, de pauvre et de froid s'y fait sentir. En un mot, on entre dans Saint-Paul sans étonnement, on en sort sans admiration.

Quant au mérite et à l'effet de l'architecture, l'extérieur nous paroît l'emporter sur l'intérieur. Nous le disons d'abord de la coupole, dont la forme, la courbe et la décoration sont fort belles ;

dont l'ensemble, bien qu'on puisse le trouver découpé par la saillie de la colonnade qui l'environne, ne laisse pas de produire un tout très-harmonieux. Pour ce qui est de la masse extérieure de l'église proprement dite, il est possible de blâmer dans son ajustement l'application des deux ordres de pilastres l'un au-dessus de l'autre. Le goût scrupuleux de ceux qui mettent avant tout autre mérite, celui de l'unité, regrettent que deux ordres qui, dans cette position signifient deux étages, se trouvent au-dehors d'un édifice qui intérieurement n'a point d'étages. Cependant le parti général de toute cette masse, considérée abstraction faite du rapport qu'on vient d'indiquer, est d'un style sage, d'une bonne composition et d'une exécution aussi pure que précieuse. On aime à y remarquer à l'extrémité de chaque croisée, les petits avant-corps circulaires en colonnes qui leur servent de portiques.

Malheureusement pour cette église, comme à l'égard de beaucoup d'autres, ce qu'on peut le moins y louer, c'est son frontispice avec les deux clochers, composition banale, sans effet et sans grandeur, mais résultat en quelque sorte nécessaire de la sujétion imposée par la hauteur de l'édifice. Le manque d'espace a frustré ce monument d'une place suffisante pour qu'on puisse en embrasser convenablement l'ensemble. Le lieu qu'il occupe étant dans la cité, le quartier de Londres le plus resserré, *Wren* ne put pas remédier à cet inconvénient.

L'église de Saint-Paul, construite toute en pierre de Portland, a eu toutefois l'avantage d'avoir été par lui commencée, conduite et terminée en trent-cinq années, c'est-à-dire par un seul et même architecte, et ce qu'on a observé encore, par un seul et même entrepreneur, avantage très-rare dans les grands édifices, et auquel celui-ci doit certainement, de n'offrir aucune de ces disparates de manière et de goût, produits naturels des modifications que ne manquent presque jamais d'introduire dans la conduite de l'ouvrage les architectes qui s'y succèdent. Comme église, à part les critiques qu'on en peut faire (et quel édifice en est exempt?) Saint-Paul se place sous plus d'un motif, mais surtout pour l'importance et la grandeur, au second rang, c'est-à-dire immédiatement après Saint-Pierre de Rome.

Wren au même temps élevoit un autre monument qui dans son genre, du moins pour la hauteur, ne devoit point avoir de rival. Je veux parler de cette colonne qu'on appelle à Londres du nom seul de *Monument*, et que l'on construisit en pierre, à l'endroit même où avoit commencé l'incendie dont a parlé, pour perpétuer le souvenir de ce mémorable fléau. Sa hauteur est de 188 pieds français en y comprenant le piédestal et le couronnement. On prétend dans plus d'un ouvrage (et il nous semble sans aucune raison), que cette colonne est de l'ordre toscan. Outre que nous ignorons ce qui peut caractériser, dans une colonne, ce prétendu ordre, d'invention tout-à-fait arbitraire, nous pensons qu'une colonne monumentale, et par conséquent isolée, et par conséquent indépendante de toutes les autres parties constitutives d'un ordre, ne sauroit être assujettie aux proportions et au caractère qui le distinguent. Ce n'est guère alors que par son chapiteau et par sa base que la colonne de Londres peut se faire reconnoître, et il semble que ces deux objets, ainsi que ses cannelures, doivent la désigner comme appartenant à l'ordre dorique des Modernes.

Elle pose sur un piédestal de 37 à 38 pieds de haut et de 19 pieds 6 pouces en carré. La face principale est ornée d'un bas-relief en marbre, où la sculpture a représenté d'un côté la destruction des maisons par le feu, et de l'autre leur réédification. Diverses figures allégoriques enrichissent cette composition, au milieu de laquelle on voit le roi Charles II, auquel on présente le plan de la reconstruction de la ville. Aux quatre angles du socle en forme de congé qui termine par en haut le piédestal, sont sculptés quatre animaux qui sont des salamandres, emblèmes du feu. Le fût de la colonne a 14 pieds de diamètre.

Le tailloir qui termine le chapiteau supporte un corps circulaire, que surmonte un grand vase de bronze d'où sortent des flammes. L'intérieur de la colonne renferme un escalier en bois, composé de 345 marches de 9 à 10 pouces de large sur 5 à 6 pouces de haut.

Généralement l'exécution de l'ouvrage est large, correcte et de bon goût. Il ne manque encore à l'effet qu'on devroit recevoir de son ensemble, qu'une place en rapport avec la dimension d'un monument aussi colossal.

Un des plus remarquables édifices d'Oxford est dû au génie de *Wren*. C'est celui qu'on appelle le Théâtre, nom qu'on lui a donné, parce que d'un côté sa forme extérieure est circulaire, et aussi à cause de l'usage qu'on en fait pour les exercices littéraires de l'Université, et les réunions d'assemblées destinées au soutien des actes publics, quelquefois à l'exécution des concerts. Il fut commencé en 1669, aux dépens de Gilbert Sheldon, archevêque de l'Université d'Oxford.

Ce bâtiment, qui peut contenir, tant sur ses degrés que dans ses tribunes, quatre mille personnes, formeroit un ovale régulier, si le côté qui regarde la bibliothèque Boldeienne n'avoit été fait en ligne droite sur cette dernière face. Il présente à rez-de-chaussée un beau frontispice avec colonnes et pilastres d'ordre corinthien. De semblables pilastres, au nombre de quatre, supportent un fronton dans l'étage supérieur. La partie circulaire dont on a parlé, est en arcades au rez-de-chaussée, avec fenêtres carrées au-dessus. Une enceinte, circulaire aussi, sert de clôture à côté de l'édifice, et y produit une fort heureuse décoration. Sur un petit mur à hauteur d'appui, et bâti dans le même plan, c'est-à-dire circulairement, s'élèvent quatorze grands termes, que surmontent des bustes de philosophes d'une proportion colossale. Ces termes quadrangulaires sont engagés par leur partie inférieure dans le petit mur d'appui, sur lequel sont scellés des grilles qui s'étendent d'un terme à l'autre, et qui s'y appuient.

Parmi les monumens de *Wren* qui ont acquis de la célébrité, et qu'on se plaît encore aujourd'hui à vanter, comme une de ses productions les plus recommandables du côté de l'art et du goût, quoique l'œuvre soit d'une médiocre importance, on doit placer l'église de Saint-Etienne de Wallbrook. Elle mérite effectivement d'être citée, à Londres surtout, où, excepté l'église gothique de Westminster et celle de Saint-Paul, presque toutes les autres, quant à leur étendue, ne seroient ailleurs que de simples chapelles. Celle de Saint-Etienne se fait remarquer par l'élégance de sa nef à deux étages de colonnes et de pilastres d'ordre corinthien qui portent une voûte. La nef est accompagnée de bas-côtés. Il y a une croisée au centre de laquelle s'élève une petite coupole, dont la hauteur, en y comprenant celle de la lanterne, est de de 58 pieds. L'élévation de la tour, y compris sa balustrade, est de 70 pieds. Si l'on donne à cette église la part d'éloges qui lui est due, il faut toutefois faire remarquer l'admiration exagérée avec laquelle d'Argenville, sur la foi sans doute du petit-fils de Christophe *Wren*, avance qu'il n'y a pas en Italie un édifice moderne, qu'on puisse lui comparer pour le goût et les belles proportions.

Une autre église de *Wren* est citée parmi les plus remarquables de Londres, mais particulièrement pour sa tour, qui est la plus haute de la ville. Elle a plus de 200 pieds français d'élévation, et se compose de plusieurs étages diversement ornés d'architecture, qui se terminent par une flèche très-alongée, avec une grosse boule de bronze portant un dragon de même métal doré, d'environ 10 pieds de long.

On peut s'étonner qu'il n'ait point été fait de recueil gravé des édifices que cet architecte, dans le cours d'une longue vie, paroît avoir construits en divers lieux de l'Angleterre. On en est réduit à de simples mentions de son biographe, mentions insuffisantes pour faire juger de la valeur d'ouvrages qui, s'ils se sont conservés, auront dû éprouver plus d'un changement.

Pour ne rien omettre cependant de ce qui peut donner quelque idée de la féconde activité de *Wren*, nous citerons, parmi les nombreux travaux qui remplirent sa carrière :

La *douane du port de Londres*, ornée de deux ordres d'architecture. L'inférieur est en colonnes toscanes, l'étage supérieur a des pilastres ioniques qui supportent des frontons. Du côté du couchant la façade, de 57 pieds français de long, offre des galeries en arcades, soutenues par des colonnes. La longueur totale de l'édifice est de 180 pieds français.

Le *palais royal de Winchester*. Il est bâti sur la croupe d'une montagne extrêmement escarpée, et n'a point de jardin. Le roi Charles II avoit choisi cet emplacement pour la beauté de sa situation, et il vouloit qu'il fût terminé dans l'espace d'une année : s'il eût été achevé, il auroit égalé les plus beaux palais de l'Europe. Du côté de la ville, il présente deux ailes de bâtiment séparées par une vaste cour. Un grand escalier conduit à une salle des gardes, qu'accompagnent seize pièces, tant à droite qu'à gauche. On rejette sur l'incommodité de l'emplacement et sur la précipitation de l'exécution le plus grand nombre des défauts qu'on reproche à cet ensemble.

Le *palais épiscopal de Winchester*. On le regarde comme une des meilleures productions de *Wren*.

La *façade de l'appartement du roi à Hamptoncourt*. C'est celle qui donne sur le parterre et sur la Tamise. Elle a 300 pieds. L'entrée du grand escalier qui conduit à l'appartement du roi, est sous un portique d'environ 90 pieds de long, formé par une colonnade ionique.

Le *mausolée de la reine Marie à Westminster*. Il a été exécuté sur les desins de *Wren*.

L'*hôpital de Chelsea*, fondé pour les invalides de terre par Charles II, est un des édifices de Londres dont on admire également et la masse extérieure et la distribution interne.

L'*hôpital de Greenwich*, pour les invalides de mer, fut commencé en 1699. *Wren* passe pour avoir coopéré à son exécution, et sans aucun émolument. Ce ne fut pas le seul ouvrage où, mu par le seul amour du bien public, il ait consacré gratuitement ses veilles, et donné des preuves de son désintéressement.

Nul architecte peut-être ne porta jamais cette qualité plus loin, et cependant il lui arriva une fois d'encourir le soupçon du défaut opposé. Tandis qu'il poussoit avec la plus grande activité les travaux de Saint-Paul, on répandit le bruit, qu'ayant de trop forts appointemens, il traînoit exprès l'ouvrage en longueur. Un acte du parlement, daté de la neuvième année du roi Guillaume, ordonna la suspension par moitié de ses honoraires, jusqu'à ce que l'église fût achevée. Ces honoraires toutefois ne se montoient qu'à deux cents livres sterling par an. *Wren* supporta patiemment cette injustice, et ne répondit à la calomnie que par le silence.

Chargé d'innombrables travaux, occupé du soin de la construction des cinquante-une paroisses de Londres, car il étoit non-seulement le premier, mais peut-être, dans toute l'acception du mot, le seul architecte de son pays, *Wren* réunissoit au talent et à la science de son art, le caractère le plus propre au rôle qu'il étoit appelé à jour. La nature l'avoit doué d'une humeur égale, et d'une tranquillité d'ame qu'aucune sorte d'événement ne pouvoit altérer. Aussi étoit-il de ces hommes que rien ne peut détourner de leur but, dont rien ne peut ni déranger, ni retarder, ni accélérer la marche. On croit voir que sa valeur ne fut pas justement appréciée de son vivant; et cela fut peut-être dû aussi, de sa part, à une modestie excessive, qui alloit jusqu'à la timidité. C'est une espèce de tort aux talens supérieurs, vis-à-vis surtout du grand nombre, c'est-à-dire des ignorans, que cette méfiance qu'ils ont d'eux-mêmes, et ce dédain de la louange, qu'ils cherchent plus à mériter qu'à obtenir. La médiocrité qui se vante, l'emportera toujours en renommée, éphémère à la vérité, sur le vrai talent, qui ne veut de la gloire qu'après le succès.

Soit indifférence pour les hommages contemporains, soit amour de la retraite, soit caprice de la fortune, qui aime à changer de favoris, *Wren* se survécut en quelque sorte à lui-même. Après avoir employé plus de cinquante années dans les travaux les plus pénibles et les plus honorables, il passa les derniers temps de sa longue vie, oublié de son pays, et comme travaillant à s'oublier lui-même. On ignore les raisons qui lui firent ôter en 1718, à l'âge de quatre-vingt-cinq ans, la charge de directeur-général des bâtimens du roi. Il prit le parti de se retirer à la campagne, où il ne s'occupa plus que de la lecture.

Wren avoit épousé Foy, fille du chevalier Thomas Coghill de Blackington, dans le comté d'Oxford, dont il eut un fils, nommé Christophe, comme lui. Devenu veuf peu de temps après, il épousa en secondes noces Jeanne, fille de mylord Fitz Williams. Il fut trois fois député au parlement.

Malgré les pronostics d'un tempérament délicat, et qui sembloit dans sa jeunesse disposé à la consomption, un régime de vie sage et réglé l'a conduit jusqu'à l'âge de quatre-vingt-onze ans. Il fut enterré sous le dôme de Saint-Paul, privilége exclusif qui lui fut accordé, ainsi qu'à sa famille, pour honorer sa mémoire. Voici l'épitaphe qu'on lit sur sa pierre sépulcrale, et qui, comme on va le voir, remplace bien honorablement pour lui le luxe d'un mausolée.

Subtus conditur hujus ecclesiæ et urbis conditor
Christophorus Wren. Qui vixit annos ultra nonaginta
Non sibi, sed bono publico.
Lector si monumentum requiris
Circumspice.
Obiit 25 *Feb. Anno* 1723. *Ætatis* 91.

Wren ne fit rien imprimer lui-même de ses ouvrages. Quelques-uns de ceux qu'il avoit composés ont été publiés par d'autres. On cite de lui :

1°. *Une relation de l'origine et des progrès de la manière de faire passer les liqueurs dans les vaisseaux du corps animal.* Cette fusion ne diffère point de l'injection qui se fait dans les abcès, les ulcères, etc.

2°. *Lex naturæ de collisione corporum.*

3°. *Descriptio machinæ ad terendas lentes hyperbolicas.*

4°. *Description de l'église cathédrale de Salisbury.*

Tous ces ouvrages ont été insérés dans les *Transactions philosophiques.*

James Elme, architecte anglais, a publié, en 1823, des mémoires sur la vie et les ouvrages de *sir Christophe Wren*, 1 vol. in-4°.

Une vaste collection de ses plans et dessins a été achetée par le collége d'All-Souls, d'Oxford, et déposée dans la bibliothèque, où l'on voit aussi son buste.

Son fils Christophe *Wren*, membre du parlement, mort en 1747, a recueilli sur sa famille des détails bibliographiques, qui ont été publiés en 1750, in-fol. avec des portraits.

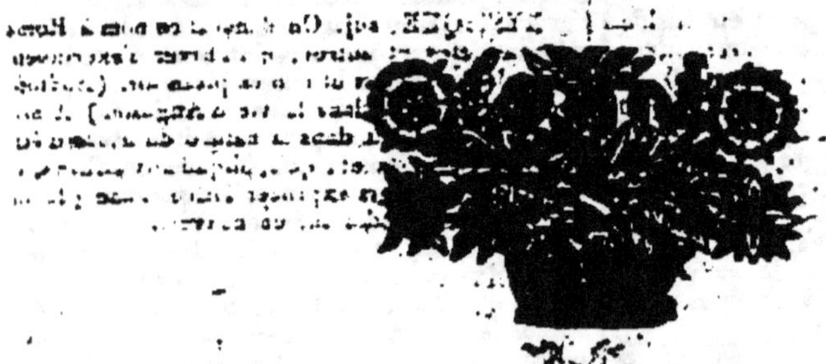

XYSTE, s. m. Ce mot est le même que *xystus* en latin, et *xistos* en grec.

Si l'on en croit Vitruve, et la distinction qu'il établit entre la signification de ce mot en grec, et celle que lui donnèrent les Romains, le *xiste*, chez les Grecs, auroit été une partie de l'ensemble appelé *palæstra* (*voyez* ce mot), c'est-à-dire un portique couvert destiné aux exercices de la gymnastique, et chez les Romains, il auroit été un lieu découvert servant de promenade.

Au mot PALÆSTRE, nous avons donné les détails des différentes parties dont ce bâtiment se composoit en Grèce, & nous avons arrêté cette énumération, à la mention particulière du *xyste* que nous avons réservée pour cet article.

Il y avoit, selon Vitruve (en dehors de la palæstre), trois autres portiques, dans l'un desquels on entroit en sortant du péristyle; les deux autres, situés à droite et à gauche, s'appeloient *stadiatæ*, c'est-à-dire, qu'ils avoient la longueur d'une stade. Or, cette longueur étoit de 125 pas. Ce mot dénote encore un lieu propre aux exercices athlétiques.

De ces deux portiques, celui qui est tourné du côté du nord, devoit être double et fort spatieux; l'autre étoit simple, mais fait de telle sorte que, soit le long du mur, soit du côté des colonnes, il y avoit un petit chemin en élévation qui n'avoit pas moins de dix pieds, lequel devoit laisser dans le milieu un autre sentier inférieur, dans lequel on descendoit par deux degrés, occupant la largeur d'un pied et demi, depuis le conduit supérieur jusqu'au chemin creux, dont le fond devoit avoir douze pieds de largeur. De cette manière, ceux qui se promenoient et circuloient tout alentour sur la levée de ce petit trottoir, n'étoient point incommodés du contact des corps huilés de ceux qui s'exerçoient. Ce que les Grecs appeloient *xyste*, étoit donc un local où, pendant l'hiver, les athlètes s'exerçoient à couvert. (*Voyez* Vitruve, liv. V, chap. 2.)

Au contraire, selon Vitruve (liv. VI, chap. 10), le nom de *xyste*, chez les Romains, se donnoit à des promenades découvertes.

Il nous semble que la suite de la description, par Vitruve, du *xyste* grec pourroit nous indiquer ce qui donna lieu, malgré cette dissemblance dans les deux pays, à une commune dénomination.

En effet, Vitruve ajoute à la description du *xyste* en Grèce, la mention d'un usage qui put produire cette communauté de nom.

Selon lui, entre les deux portiques dont il a parlé, on devoit pratiquer un bois de platanes avec des allées pour la promenade, et dans ces allées des siéges composés de cette sorte de maçonnerie qu'on appeloit *signinum opus*. Plus, le long du *xyste* et du portique double, on devoit tracer des allées découvertes que les Grecs appeloient *péridromidas*, où l'*hiver*, mais par un beau temps, les athlètes pouvoient s'exercer.

Derrière ce *xyste*, il devoit y avoir un stade d'une dimension assez grande, pour que la multitude pût assister à son aise au spectacle des combats athlétiques.

Tout ceci étant extrait fidèlement de Vitruve, il est facile de s'expliquer comment les *xystes* ayant réuni dans l'ensemble de leurs divers bâtimens, et des plantations d'arbres touffus, et des allées découvertes pour la promenade, on aura pu à Rome donner par analogie, dans la composition des jardins, le nom de *xystes* à de simples promenades, et à des dispositions d'arbres, qui rappeloient le genre et l'usage de celles qui furent originairement, en Grèce, l'accompagnement obligé des palæstres.

Il est très-probable que les grands édifices auxquels les Romains donnèrent le nom de *thermes*, empruntèrent beaucoup de parties et d'usages aux palæstres de la Grèce. L'on ne doute pas qu'il n'y eût également des plantations couvertes et découvertes pour les exercices, les jeux divers et les agrémens de la promenade.

XYSTIQUE, adj. On donnoit ce nom à Rome aux athlètes et autres, qui l'hiver s'exerçoient sous des portiques et non en plein air. (Suétone en fait mention dans la vie d'Auguste.) Ainsi, il paroît qu'il fut dans la nature du *xyste* d'être un lieu couvert, et, qu'appliqué aux jardins, ce mot doit toujours exprimer l'idée d'une plantation d'arbres produisant un couvert.

Z A B

ZABAGLIA. Né à Rome en 1674, mort en 1750.

L'architecture se compose de tant de parties différentes, quoique liées ensemble, et elle touche par la diversité soit de ses emplois, soit de ses moyens, à tant de pratiques usuelles et de connoissances théoriques ou mécaniques, que cet art reçut des Grecs, et avec beaucoup de raison, le nom qui, par sa composition, le désigne ou comme étant l'art par excellence, ou comme étant celui qui commande aux autres, [illegible].

Entre toutes les divisions qui forment son empire, il en est une, celle de la mécanique, dont le savoir pratique est plus ou moins nécessaire à l'architecte; mais cette science, comme toute autre, se divise en deux. Il y a la pratique, dont l'expérience peut s'acquérir par l'étude de certaines règles, par la connoissance des ouvrages antérieurs, ou des procédés qui se transmettent d'âge en âge, et par la seule inspection des effets. Il y a ce qu'il faut appeler en ce genre le génie de la mécanique, que l'on a vu, chez quelques hommes privilégiés, être une sorte d'instinct qui pénètre sans le savoir jusqu'aux raisons premières, et leur fait deviner plutôt qu'apprendre les principes des forces motrices qu'ils mettent en œuvre, dans les plus grandes entreprises de l'art de bâtir.

Ces hommes qui, à plus d'un égard, ont bien mérité de l'architecture, méritent donc aussi qu'elle inscrive leur nom dans ses annales. Peu importe qu'ils soient nés dans la classe obscure des ouvriers, au-dessus de laquelle ils ne s'élevèrent jamais; l'opinion de leur temps, et celle de la postérité surtout, qui ne juge les hommes que par leurs œuvres, comblent à leur égard la distance que l'ordre des rangs de la société avoit mise entre eux et leurs contemporains.

L'Italie a particulièrement exercé cette justice, dans l'histoire de l'art de bâtir, envers deux hommes qui, simples ouvriers et sans aucune culture de l'esprit, ont rendu leur nom célèbre par leurs inventions en mécanique.

Tel fut *Ferracino*, né à Solagna, près de Bassano. Dès sa première jeunesse, le besoin l'avoit condamné à scier tout le jour des planches pour fournir à la subsistance de sa famille. Ce pénible métier ne tarda point à lui déplaire; mais n'ayant aucun autre moyen d'en remplacer le profit, il se mit à chercher quelqu'expédient propre à soulager sa peine, et à multiplier à la fois son travail. Il imagina donc une machine qui, placée dans un lieu convenable, et mise en mouvement par le vent, fit le travail pour lui. Ce premier essai de son industrie fut bientôt suivi de plusieurs autres, qui lui acquirent une grande réputation; on le rechercha de toutes parts. S'étant établi à Padoue, il se transportoit de cette ville dans les endroits où la confiance appeloit son talent.

C'est lui qui a fait l'horloge de la place Saint-Marc à Venise. En 1749, il construisit une machine hydraulique qui, par le moyen de plusieurs vis d'Archimède, portoit l'eau à trente-cinq pieds de hauteur. Cette machine, dont le succès avoit été contesté, excita l'admiration des gens de l'art, et fut reconnue digne d'une inscription en l'honneur de son auteur.

Mais le monument qui donna le plus de célébrité à Ferracino, et qui honora le plus son talent, c'est le pont qu'il fit construire à Bassano. On en trouve l'histoire et la description dans un ouvrage publié par François *Memmo*, et intitulé : *Vita e Machine di Bartolomeo Ferracino* (Venise, 1754), avec le portrait du célèbre mécanicien. J. B. Verci a aussi donné un *Elogio storico del famoso ingegnere Bartolo Ferracino* (Venise, 1777).

Ferracino ne s'appliqua jamais à rendre aux autres raison de ce qu'il inventoit. Son premier mouvement étoit dirigé par le besoin d'obtenir tel ou tel résultat. Il marchoit ensuite, et il arrivoit au but qu'il s'étoit proposé, sans s'en douter, par la voie la plus simple et la plus ingénieuse. On chercha plus d'une fois à lui inspirer du goût pour l'étude des sciences, en lui faisant sentir combien il pourroit illustrer son siècle, s'il vouloit cultiver son esprit par la lecture des bons ouvrages, ou par des conférences avec des savans; mais il ne put jamais s'y résoudre. Quand on lui demandoit comment il s'y prenoit pour inventer quelque chose, il se mettoit à rire, et il répondoit que c'étoit dans le livre de la nature qu'il apprenoit tout ce qu'il savoit.

Il est mort à Solagna en 1777. La ville de Bassano lui a élevé un monument.

Le nom de *Zabaglia* est beaucoup plus célèbre que celui de Ferracino. Sans vouloir établir ici aucun parallèle entre ces deux élèves de la nature, en mécanique, nous croyons que la différence de leur célébrité, peut provenir aussi de la différence des théâtres, où s'exercèrent et brillèrent les inventions de ces deux talens, quoiqu'à peu près vers la même époque.

Certes quant au lieu et quant aux circonstances, l'avantage fut tout entier du côté de *Zabaglia*. Lorsqu'il vint au monde, de très-grands travaux avoient été terminés dans Rome. Bernin avoit achevé l'ensemble de la plus vaste construction des temps modernes, et peut-être de l'antiquité.

Dominique Fontana, par l'érection de l'obélisque du Vatican, en face de Saint-Pierre, par le succès des moyens qu'il y employa, par les projets nombreux, et les discussions auxquelles cette grande opération donna naissance, avoit éveillé dans les esprits le goût de la mécanique, des études théoriques, et des recherches pratiques de cette science. L'immense intérieur de la basilique de Saint-Pierre étoit fini quant à la construction, mais la décoration architecturale, et ce qu'on appelle le *décor* mobile et temporaire, qu'exigent les fêtes et les cérémonies, tant au-dedans qu'au-dehors, étoient devenus un vaste champ pour les inventions des procédés usuels, nécessaires à ces travaux. Le besoin, père de toutes les inventions, ne pouvoit manquer de susciter chez quelqu'homme versé dans ces travaux, le génie qu'attendoient les circonstances.

Cet homme se rencontra, et comme si la nature eût voulu faire voir, qu'en bien des genres, le génie et le sentiment des arts en précèdent l'étude et la science, le hasard fit que cet homme se trouva dans la classe la plus humble des ouvriers charpentiers, employés à la fabrique de Saint-Pierre.

Tel fut *Zabaglia*, simple journalier, qui ne savoit ni lire ni écrire, et n'avoit appris qu'à employer la hache et la scie.

Toutefois, on doit l'avouer, entre tous les métiers que l'architecture fait servir à ses entreprises, il n'en est pas qui soit plus habile à exercer l'esprit, que le travail du bois, dans ses innombrables applications aux besoins de l'art de bâtir. Il n'en est pas qui présente plus de rapports à combiner, plus d'observations à faire, sur les forces propres à vaincre les résistances, à soulever les fardeaux, à élever les masses, et à les transporter. Il y a par conséquent, entre le métier du charpentier et la science de la mécanique, des rapprochemens et des affinités, qui expliquent, comment un sentiment juste et un instinct d'observation, sans le secours d'aucune étude théorique, peuvent conduire à l'invention des moyens ingénieux, que les calculs de la science consacrent et accréditent, en prouvant leur justesse, par le développement des principes qu'ignoroient leurs inventeurs.

Ainsi vit-on *Zabaglia*, compagnon charpentier, se faire remarquer de très-bonne heure, par l'attention particulière qu'il portoit au mécanisme de tout ce qui existoit de machines avant lui, et de tout ce qui s'exécutoit de son temps. Fort différent du reste des ouvriers qui, bornés à l'exécution partielle de ce qu'on leur commande, ne s'avisent jamais de rechercher les rapports de la partie qu'ils fabriquent, avec l'ensemble qu'ils ne peuvent ni deviner ni comprendre, lui, pénétrant l'intention de chaque détail, s'occupoit d'obtenir l'effet à produire par des moyens toujours plus simples.

Ce fut ainsi, que tous les objets les plus petits, comme les plus importans, qui entrent dans les nombreux assemblages de machines diverses, qu'exigent les grandes opérations de la bâtisse, se trouvèrent insensiblement, et grace à ses soins, ramenés à une beaucoup plus grande économie, et par plus de simplicité, gagnèrent plus de solidité.

Il seroit trop long d'énumérer ici en détail, tout ce qui reçut de son esprit inventif d'heureuses modifications. On comprend qu'il n'y a pas d'objet indifférent en ce genre. Depuis le clou, la vis, l'écrou, la pince, l'agrafe, la tenaille, etc., le moufle, le cordage, jusqu'à la combinaison des grands assemblages de constructions, applicables aux travaux les plus difficiles et les plus périlleux; depuis le plus modique agent de transport, que meut un seul homme, jusqu'aux machines compliquées, où une heureuse répartition de forces motrices, épargne un grand nombre de bras; depuis l'échelle simple jusqu'à la multiplication la plus ingénieuse et tout à la fois la plus sûre, des moyens d'ascension, depuis l'échafaud élémentaire à l'usage d'un seul ouvrier, jusqu'à ces ponts suspendus qui établissent, dans la confection ou la décoration des voûtes, de sûrs appuis et des communications faciles à des légions de travailleurs, on peut affirmer qu'il n'y a rien qui n'ait reçu des inventions de *Zabaglia* quelque procédé nouveau, quelque changement, quelqu'abréviation, quelque moyen jusqu'alors inconnu, devenu usuel depuis lui, et dont on jouit habituellement, sans s'inquiéter, non-seulement d'en connoître l'auteur, mais même de savoir s'ils en eurent un.

Dans la vérité, le mérite de beaucoup de ces inventions étant dans leur simplicité même, et l'habitude nous ayant familiarisés avec leur usage, chacun est porté à croire qu'il en eût fait autant. Mais c'est le sort de tout ce qui est simple, et cette opinion est en même temps le plus grand éloge qu'on puisse en faire.

Zabaglia, par sa position dans une classe des plus obscures de la société, n'ayant de fait aucun genre d'ambition, aucun moyen extérieur de se faire valoir, ou adonné même, et par l'esprit de son état, et par l'absence de toute culture, à rester dans sa sphère, toujours occupé, pour suivre son instinct, de produire de nouveaux procédés et de nouveaux expédiens, n'avoit jamais imaginé qu'il dût devenir célèbre. Encore moins dut-il avoir la pensée de recueillir dans un corps d'ouvrage des inventions qui, une fois sorties de ses mains, devenoient la propriété de tout le monde, et sur lesquelles il n'eût jamais conçu l'idée de réclamer le moindre privilège d'auteur.

Cependant par l'ordre du pape Benoît XIV, et dans les dernières années de *Zabaglia* (en 1743), on s'étoit occupé à Rome, de publier la collection de toutes les machines dont il avoit enrichi la mécanique et l'art de bâtir. L'éditeur fut, à ce qu'on croit, le savant Bottari, et l'ouvrage vit le jour sous la forme d'un grand *in-folio*, orné de cinquante-quatre planches, auxquelles correspondent autant d'articles de descriptions et d'explications.

C'est là qu'entre une multitude infinie d'instrumens, ou nouveaux ou perfectionnés, mais qui entrés depuis dans la circulation des procédés industriels de l'Europe, ne peuvent plus exciter l'attention, on distingue ces échelles à *entures*, au moyen desquelles l'ouvrier peut s'élever à une hauteur indéfinie; ces échafauds volans ou roulans à bascule, et à plusieurs étages, que l'on emploie pour les ragrémens et les réparations des façades, et des surfaces de tout genre; ces ponts suspendus avec autant de solidité que de légèreté; ces planchers sur lesquels avec une simple poulie, un ouvrier se transporte lui-même au sommet des voûtes les plus hautes, et avec tous les instrumens de son travail.

Rien de plus simple et de plus ingénieux dans sa simplicité, que l'échafaud commode et solide, quoiqu'il paroisse d'en bas ne tenir à rien, dont *Zabaglia* donna le dessin, pour orner dans les grandes cérémonies, et tapisser la frise de l'entablement de Saint-Pierre.

Il s'agissoit d'opérer une restauration dans la longue voûte du vestibule de cette basilique. Par la méthode employée jusqu'alors, il auroit fallu établir dans toute la largeur, un plancher capable de supporter la pesanteur de deux étages de pont, pour qu'on pût travailler à la fois, et au sommet, et aux côtés de la voûte. On auroit encore été obligé de défaire et de refaire le même échafaudage, plusieurs fois dans la longueur du portique, parce qu'un plancher général établi dans toute l'étendue du local, eût privé de jour les travailleurs. Il faut voir dans le recueil cité, avec quel esprit et qu'elle intelligence *Zabaglia* sut économiser et le temps, et la dépense, et la matière, par la composition d'un échafaud qui, sans cacher la lumière du jour, non-seulement offroit plus d'un étage aux travailleurs, mais pouvoit sans se défaire, être transporté avec facilité, dans toute la longueur de l'espace à réparer.

Tout le monde sait avec quelle industrie et quelle économie de moyens furent pratiqués, dans les immenses courbes de la coupole de Saint-Pierre, les échafauds volans, qui servirent à la décoration interne de ce monument. Il entroit dans les inventions de ce genre, par *Zabaglia*, un point de vue qui n'est pas à négliger, surtout quand il s'agit d'opérations de long cours; ses compositions avoient aussi pour objet, de ne pas obstruer l'aspect de l'édifice, comme il arrive trop souvent, dans ces échafaudages qui s'emparent inutilement de toute l'étendue d'un local, lorsque le travail ne peut être que partiel, et doit être successif.

Un des mérites de *Zabaglia*, fut encore de savoir faire de très-grandes machines, avec de petits matériaux. C'est ce dont on peut se convaincre en voyant l'échafaudage qu'il imagina autour de l'obélisque du Vatican, pour opérer à son sommet le travail de la pose ou restauration de la croix de bronze, qui en fait l'amortissement. Il fit habilement servir le fût même de l'obélisque, à être le noyau des huit étages, par lesquels on pût, sur de simples échelles, parvenir à la plate-forme supérieure, avec autant de facilité que de sûreté.

Zabaglia eut aussi l'honneur d'opérer, par le secours de ses procédés mécaniques, d'importantes restaurations des monumens de l'antiquité, parmi lesquelles on doit citer de préférence, celle de la colonne à restituer au péristyle du Panthéon, et celle de la colonne d'Antonin. Ce fut par ses soins, que fut tiré de terre le célèbre obélisque horaire d'Auguste au Champ-de-Mars, qui long-temps avoit été couché à Monte Citorio, et qui a enfin été dressé et restauré, sur la place du même nom, par les soins du pape Pie VI.

Nous ne porterons pas plus loin l'énumération des travaux de *Zabaglia*. Les descriptions verbales étant insuffisantes pour en faire connoître les détails, et évaluer tout le prix, nous renvoyons le lecteur au grand ouvrage, d'où nous avons extrait ces courtes notices. Les planches nombreuses et très-bien exécutées qu'il renferme, sont tout à la fois le meilleur traité de mécanique pratique, et le plus bel éloge qu'on puisse faire du célèbre et bien modeste auteur, dont on a retracé la fidèle image, dans la planche du frontispice, qui le représente avec son simple costume de compagnon charpentier.

Zabaglia, comme nous l'avons dit, simple élève de son instinct et de la seule nature, ne manqua ni de considération ni de réputation dans le cours de sa longue carrière. Son mérite fut parfaitement connu de ses contemporains, et si le genre de son esprit et de ses habitudes, ne l'eût pas invinciblement retenu dans la sphère d'ouvrier, où il persévéra, il est à croire qu'employé, comme il le fut, sous presque tous les règnes des souverains pontifes de son temps, auxquels il survécut, plus d'un titre d'emploi supérieur auroit relevé son existence sociale. Aussi quelques-uns ont-ils avancé, mais à tort, qu'il parvint à la place d'architecte de Saint-Pierre, ce qui ne put pas être; mais il dut être mis à la tête des travaux et machines de construction de cette basilique. C'étoit là sa place, et il n'en eût pas voulu occuper d'autre. Les biens de la fortune (je parle de celle qui étoit de niveau avec son état), ne lui manquèrent pas, mais il dépensoit tout à mesure, et il employoit ce qu'il gagnoit à faire bonne chère. Il n'y auroit pas eu moyen de lui inspirer d'autre desir. Le pape Benoît XIV, qui se plaisoit à causer familièrement avec lui, lui demandoit un jour, ce qu'il pourroit lui donner qui lui fût le plus agréable : *quelques bouteilles de bon vin, Saint-Père,* répondit-il. Le pape sourit, et lui fit porter, avec une caisse de vin de Monte Pulciano, un brevet de pension de dix écus par mois.

Le site généralement humide sur lequel a été élevée la basilique de Saint-Pierre, endommageant les peintures à fresque de ses chapelles, on prit le parti de prévenir leur ruine, et de les remplacer au même lieu, par des copies faites en mosaïque. On desiroit toutefois conserver les originaux. *Zabaglia* proposa, et il lui fut ordonné d'enlever ces peintures avec la masse même du mur, sur lequel on les avoit exécutées. Il commença par la peinture du Martyr de Saint-Sébastien, ouvrage du Dominiquin. Plusieurs regardoient l'entreprise impossible; mais le succès la justifia. Il faut lire dans la description de cette opération embarrassée et délicate, surtout par rapport à la surface peinte, et au fond sur lequel l'ouvrage étoit exécuté, avec quelle intelligence *Zabaglia* parvint à isoler peu à peu la masse du mur, comment ayant commencé cet isolement par le bas, il fit passer dessous la masse une forte table en bois posée sur des rouleaux, comment il dégagea cette masse latéralement et par en haut, et comment étant parvenu à l'isoler du reste du mur, il la fit, au moyen des rouleaux, avancer sur le chemin dressé d'avance, puis comment il la fit remparer et encaisser, de façon à pouvoir la coucher, et la faire conduire à l'atelier des mosaïquistes.

On sait qu'après avoir été traduite en mosaïque, cette fresque fut transportée dans l'église de Sainte-Marie des Anges, où on la voit encore aujourd'hui, dans le meilleur état de conservation.

Zabaglia mourut à 86 ans, et fut inhumé dans l'église de *Santa-Maria Traspontina,* avec l'épitaphe honorable que nous allons rapporter.

Nicolaus Zabaglia romanus, litterarum plane rudis, sed ingenii acumine adeo præstans, ut omnes artis architectonicæ peritos, machinationum inventione ac facilitate, magnâ urbis cum admiratione, superavit. Vir fuit cum antiqui moris, tum a pecuniæ aviditate alienus.

Vixit annos 86. *Obiit die* 27 *mensis januarii anni jubilæi* 1750.

Ne igitur ipsius memoria interiret a fratribus hujus cœnobii S. Mariæ Transpontinæ ordinis S. Mariæ de monte Carmeli, hominis exuviis hæc adnotatio apposita est.

ZAMPIERI (Domenico), connu particulièrement en Italie sous le nom de *Domenichino,* et en France, sous celui de *Dominiquin.*

C'est comme peintre qu'il est surtout renommé. Sous ce rapport, son article biographique demanderoit une grande étendue dans un ouvrage dont la peinture seroit le principal objet. Ici, quel qu'ait été le talent, et quelle que soit la réputation de cet artiste, nous serons forcés de resserrer dans un fort petit espace les notions qui regardent le peintre, pour faire considérer plus particulièrement le peu d'ouvrages qui lui ont assuré un rang encore assez distingué parmi les architectes célèbres de son époque.

Zampieri, appelé en Italie *Domenichino,* en français *Dominiquin,* étoit né à Bologne, où il vint au monde en 1581. Bien que son père ne fût pas très-accommodé des biens de la fortune, il ne laissa pas de lui donner de l'instruction et de prendre soin de cultiver son esprit. Ayant déjà un fils qui s'appliquoit à la peinture, il destinoit l'autre à quelqu'un de ces emplois qui exigent des connoissances littéraires. Mais il est difficile à un père de prévoir dès leur bas âge quelles seront les dispositions de ses enfans, et la nature souvent en ordonne tout au contraire de ses intentions. C'est ce qui arriva au père de *Dominiquin.* Il n'avoit pas prévu que celui de ses enfans qu'il destinoit aux lettres, embrasseroit l'étude des arts, et que l'autre quitteroit la peinture pour s'attacher à l'étude des sciences. Il en fut cependant ainsi.

Dominiquin, qui étoit le plus jeune, lassé des premiers élémens de la grammaire, en abandonna les écoles pour s'appliquer au dessin, et son frère, qui y faisoit fort peu de progrès, quitta le crayon pour s'adonner aux lettres. Le père ne mit aucun obstacle à cette échange d'étude et de vocation entre ses deux fils, et *Dominiquin* prit la place de son frère chez un peintre flamand, nommé Denis Calvart, qui, sorti fort jeune d'Anvers, lieu de sa naissance, s'étoit établi à Bologne, où il avoit et beaucoup d'ouvrages et de nombreux élèves.

Comme le Guide et l'Albane avoient déjà quitté son école, pour entrer dans celle des Carraches, Denis Calvart voyoit avec peine l'accroissement qu'elle prenoit aux dépens de la sienne. Ayant surpris un jour *Dominiquin* occupé à copier quelques dessins des Carraches, il s'en irrita tellement, que, sous un autre prétexte (à la vérité), il le frappa outrageusement et le chassa de chez lui. Cela fut cause que son père s'adressa à Augustin Carrache, qui le reçut avec plaisir, et l'introduisit dans l'école de Louis Carrache.

Il travailla avec la plus grande assiduité, et ne tarda pas à s'y faire distinguer autant par le talent que par la modestie. Cette vertu souvent, dans le cours de la vie, nuit à la réputation; et lorsqu'il s'y joint une certaine timidité, elle s'oppose aux faveurs de la fortune, qui veut trop souvent qu'on lui arrache ses dons. Or il nous semble que c'est là ce qui explique en partie la destinée de *Dominiquin* dans la carrière qu'il eut à parcourir.

On sait que dès ses premiers pas, comme dans

tout le reste de sa vie, il chercha beaucoup plutôt à mériter qu'à obtenir les bienfaits de la capricieuse déesse. Il avoit contracté de très-bonne heure une manière d'apprendre et de faire, qui souvent a fait juger désavantageusement des hommes les plus habiles. Lorsqu'il avoit à commencer un ouvrage, il ne se mettoit d'abord ni à dessiner, ni à peindre. Il demeuroit long-temps à méditer sur ce qu'il devoit exécuter. De là on auroit pu croire qu'il y avoit chez lui ou difficulté de compréhension, ou stérilité d'idées, ou irrésolution entre le bien et le mal. Mais on prenoit ensuite une tout autre idée de l'auteur, en voyant ses productions. Dès qu'il avoit commencé un tableau, il demeuroit tellement attaché au travail, que de lui-même il ne l'auroit jamais quitté, ni pour prendre ses repas, ni pour toute autre affaire, si on ne l'en avoit tiré comme par force. Cette conduite fut habituelle chez lui, et il l'a tenue toute sa vie.

Nous tenons la plupart de ces observations du judicieux de Piles, qui fut son contemporain, et s'étoit procuré les plus exacts renseignemens sur les artistes dont il a parlé dans ses *Entretiens sur les vies et les ouvrages des Peintres*.

Comme *Dominiquin* apportoit autant de considération dans l'exécution de ses ouvrages, qu'il avoit mis de préméditation dans leur composition, ses adversaires appeloient cela lenteur d'esprit. Ils disoient que ses ouvrages étoient faits avec peine, et comme labourés à la charrue, le comparant à un bœuf. C'étoit le nom qu'on lui donnoit. Mais Annibal Carrache disoit que ce bœuf laboureroit le champ qu'il rendroit fertile, et qu'un jour il nourriroit la peinture.

Il n'appartient pas à l'objet qui est le principal de ce Dictionnaire, que nous entrions dans le détail, la description ou la critique des grands et remarquables ouvrages qui ont placé *Dominiquin* à la tête des plus célèbres peintres du dix-septième siècle; nous ferions un article trop étendu, et hors de mesure avec les bornes qui nous sont prescrites. Mais *Dominiquin*, comme tous les maîtres de son époque, avoit réuni les connoissances et la pratique des autres arts du dessin. Nous lisons même dans la notice de ses différens ouvrages par Félibien, que, chargé de la construction d'un tombeau pour le cardinal Agucchi, à *S. Pietro in Vincoli*, il donna la composition de ce mausolée, où il fit le portrait du cardinal, qu'on voit peint dans une ovale entre deux sphinx de marbre, et où il sculpta lui-même en marbre plusieurs parties d'ornemens qui embellissent cette sépulture.

Félibien nous dit encore que pour s'instruire à fond de l'architecture, *Dominiquin* s'appliqua à la lecture de Vitruve, que cette étude lui avoit même inspiré le desir de pénétrer dans la connoissance de la musique des Anciens, et qu'il consacra à cette recherche un temps qu'il auroit mieux employé à la peinture. Il s'appliqua encore avec beaucoup de persévérance à l'étude des mathématiques, particulièrement à ce qui regarde l'optique et à la perspective, dont il reçut d'excellentes instructions du père Matheo Zaccolino, religieux théatin.

Il n'y a donc pas lieu, comme on va le voir, de s'étonner que le nom de cet excellent peintre figure parmi les noms de ceux, qui concoururent à soutenir encore l'art de l'architecture dans le cours du dix-septième siècle. Ce fut comme architecte qu'il mérita la confiance du pape Grégoire XV, qui le nomma surintendant de ses palais. Il composa deux fort beaux projets pour la grande église de Saint-Ignace à Rome. De ces deux projets, dit-on, le père Grassi jésuite en fit un seul en les combinant, et de cette combinaison naquit le monument qu'on voit aujourd'hui. Si l'on en considère le plan, où l'on trouve un ensemble aussi correct, que régulier et bien entendu, on est tenté de croire que c'est là qu'il faut chercher particulièrement l'idée originale de *Dominiquin*. Ce sera probablement l'élévation qui aura subi le plus de modifications. Tant est que *Dominiquin*, voyant qu'on dénaturoit ses idées, se retira de l'entreprise, qui fut terminée par Algardi.

On attribue à *Dominiquin* la composition du riche plafond de l'église de Sainte-Marie *in Transtevere* dont on admire les ingénieux compartimens; et on lui donne aussi dans la même église l'architecture d'une très-belle chapelle, qu'on appelle de la *Madona di Strada Cupa*.

Parmi les morceaux de détail d'architecture, qui sont en possession de fixer les regards des artistes, à Rome, moins par leur importance, que par un accord toujours assez rare d'une composition harmonieuse, et d'une pure exécution, on se plaît à faire remarquer la grande porte du palais Lancellotti, exécutée d'après les dessins de *Dominiquin*. Elle est flanquée de deux colonnes d'ordre ionique, qu'on aimeroit toutefois à ne pas voir engagées sans aucune raison, et qui soutiennent un balcon, dont les balustres ont une forme élégante. Les colonnes posent sur des bases circulaires, ce qui fut fait dans la vue d'élargir la voie pour l'entrée des voitures. On approuve moins dans cette composition la forme carrée donnée à l'ouverture de la porte, forme qui ne s'accorde plus avec l'intérieur de la cour, tout en arcades. On aimeroit aussi à voir supprimés au-dessus de la porte, quelques ornemens d'un goût assez lourd, et qui ont encore l'inconvénient de couper la ligne de l'architrave.

Dominiquin donna les dessins de la villa Ludovisi, qui est dans l'intérieur de Rome. Elle fut embellie par lui de belles allées, de bosquets agréables, de statues, et principalement d'un charmant *casino* construit dans un style pittoresque.

Comme à cette époque tout étoit commun entre les trois arts du dessin, et entre ceux qui les pratiquoient, les notions qui nous sont transmises des principaux ouvrages de ce temps, nous présentent fort souvent sous les noms de deux artistes, dont chacun est particulièrement connu par l'art qu'il cultiva le plus, un fort grand nombre d'édifices, dans lesquels on seroit embarrassé de discerner la part de l'un ou de l'autre.

Telle fut, par exemple, à Frascati, la superbe villa Aldobrandini, dite aussi le Belvédère, où nous trouvons le nom de Jacques de la Porte, associé à celui de Dominiquin, qui toutefois paroît en avoir terminé l'exécution. C'est aussi l'opinion de M. Percier et Fontaine dans leur bel ouvrage *des plus célèbres maisons de plaisance de Rome et de ses environs*, et dont nous emprunterons la description suivante.

« La villa Aldobrandini a son entrée principale sur la grande place et près des portes de Frascati. Ses jardins s'élèvent en amphithéâtre jusqu'au sommet de la montagne. Ils sont ornés de fontaines, de jets d'eau et de cascades perpétuelles formées par l'*Acqua algida*, qui se répand en différens canaux dans toutes les parties de ce domaine, après avoir parcouru depuis sa source un espace d'environ six milles. Trois avenues ombragées de grands arbres entourent les parterres et conduisent à la première terrasse. On arrive ensuite par de grands escaliers à double rampe sur un vaste plateau en forme de cirque, au bas des murs de la terrasse du palais. Ces escaliers sont décorés de vases, de statues, de grottes et de fontaines. La terrasse, au niveau du rez-de-chaussée, domine sur les parterres et sur les bosquets qui l'environnent.

» Un grand vestibule orné de colonnes sert d'entrée aux appartemens, et communique aux dépendances qui sont construites en ailes à droite et à gauche sous les terrasses; l'habitation, composée de trois étages et d'une loge au-dessus des combles, renferme un grand nombre de pièces décorées par le Josepin et Dominiquin. Rien n'est comparable à la belle distribution et à l'élégante disposition de cette maison. L'imagination est surtout frappée de la variété enchanteresse des jardins, qui s'élevant jusqu'au sommet de la montagne, forment en face du palais une espèce de théâtre. Les eaux d'une magnifique cascade serpentent autour de plusieurs grandes colonnes hydrauliques, retombent sur des vases de différentes formes, et offrent en se précipitant le tableau agréable de plusieurs chutes réunies. Les statues, les bas-reliefs, les fontaines jaillissantes, tout donne à cette scène un intérêt et un mouvement extraordinaire, et présente un effet dont il est difficile de se faire une idée.

» Des salles fraîches, pratiquées sous la terrasse, sont ornées de mosaïques et de peintures charmantes. Sur les murs d'une de ces salles, on distingue la réunion des Muses, la fable d'Apollon, et dans le fond, un rocher représentant le Parnasse, toutes peintures de Dominiquin. »

Il est à croire que les ouvrages qu'on voit de lui à Grotta-Ferrata auront été exécutés pendant le temps qu'il dut séjourner à Frascati, sur le territoire de l'ancien Tusculum.

Quoiqu'employé aux plus grands ouvrages qui furent faits de son temps, et en fort grand nombre, Dominiquin n'eut le bonheur de jouir tranquillement, ni des fruits de son talent, ni de sa réputation. Il est possible que son caractère, son humeur sévère, et sa manière d'être réservée, aient contribué à augmenter la malignité des passions envieuses qui troublèrent son repos. Mal récompensé de ses grands pendentifs à Saint-André de la Valle et à Saint-Charles de Catenari, il résolut de quitter de Rome pour aller à Naples peindre la chapelle du Trésor. L'exemple des désagrémens qu'avoient éprouvés Guido Rheni et Giusepino de la part des peintres napolitains, ne put le détourner de cette résolution. Le desir qu'il avoit d'entreprendre de grands travaux, la mort du pape Grégoire XV, qui le privoit de son emploi d'architecte du palais apostolique, & lui enlevoit l'espoir de devenir architecte de Saint-Pierre, espoir qui lui avoit fait faire de sérieuses études en architecture, beaucoup d'autres considérations l'engagèrent à traiter avec les envoyés de Naples, et il alla s'établir dans cette ville, avec sa famille, en 1629.

Il avoit traité à des conditions assez avantageuses, mais à peine eut-il commencé à travailler, que de furieuses cabales s'élevèrent contre lui. L'Espagnolet, quoiqu'il fût un de ses ennemis les plus modérés, se permettoit de dire que Dominiquin ne savoit pas même manier le pinceau, et ne méritoit pas le nom de peintre. Ce concert d'injures et de calomnies, qui alloit toujours en croissant, parvint aux oreilles de ceux qui l'avoient mis en oeuvre et du vice-roi, et leur donnèrent les plus fâcheuses impressions. Troublé par toutes ces clameurs, et ne pouvant plus endurer sa position, Dominiquin, pour en sortir, n'imagina rien de mieux que de quitter Naples. Il en partit secrètement, monté à cheval, suivi de son valet, et s'en vint à Rome avec une précipitation, qui annonçoit plutôt une fuite qu'un retour prémédité, car il n'avoit eu égard ni aux chaleurs de la saison, ni aux fatigues du chemin, ni à sa famille qu'il abandonnoit.

À Naples, lorsqu'on sut qu'il s'étoit retiré de la sorte, on arrêta sa femme et sa fille, et on ne les laissa sortir de la ville qu'après que Dominiquin eut

eut donné des assurances qu'il achèveroit ce qu'il y avoit commencé. Mais, lorsqu'environ un an après il y fut de retour, il y éprouva tant de déplaisirs, qu'il ne fit plus que languir. Ne se croyant pas même en sûreté dans sa propre maison, et au milieu de sa famille, il changeoit tous les jours de nourriture, et il n'osoit presque point manger dans la crainte du poison. Il ne put résister longtemps à cette manière d'être; son esprit et son corps s'en trouvèrent bientôt abattus, et il mourut le 15 avril 1641, âgé seulement de soixante ans.

ZIGZAG, s. m. On appelle ainsi une suite de lignes qui forment, par leur rapprochement, des angles plus ou moins aigus.

Ainsi donne-t-on ce nom à une sorte de machine qui peut s'appliquer à divers emplois, et qui se compose de plusieurs pièces de bois ou de fer, attachées entr'elles de manière qu'elles se replient les unes sur les autres, et qu'on alonge ou qu'on raccourcit à volonté.

On donne le nom de *zigzag* au dessin d'une broderie, formée de la répétition de simples lignes tracées, de façon à être une succession uniforme d'angles égaux entr'eux.

Le mot *zigzag* s'applique, dans la fortification, à des ouvrages en boyaux de tranchée, par lesquels on communique d'une parallèle à l'autre, à couvert des feux de la place.

L'on dit d'un chemin qui présente à peu près la même figure, qu'il va en *zigzag*. On le dit aussi des allées d'un jardin. *Voyez* le mot ALLÉE.

ZOCLE. *Voyez* SOCLE.

ZODIACALE, se dit d'une composition peinte ou sculptée, dans laquelle on a figuré ou sculpté un zodiaque. *Voyez* ce mot.

ZODIAQUE, s. m. C'est, *sur les monumens*, la représentation d'un des grands cercles de la sphère, où les planètes se meuvent, et qui est divisé en douze signes que le soleil parcourt tous les ans.

Nous disons, *sur les monumens*, quoique cette représentation ait été et soit encore multipliée de beaucoup de façons, et figure fort souvent ailleurs que sur les édifices et les ouvrages de l'art de bâtir. C'est expliquer assez, en effet, que notre intention ne sauroit être de considérer ici le *zodiaque*, et d'en parler sous le rapport qu'il peut avoir avec l'astronomie.

Il y auroit toutefois une question, en cette matière, qui pourroit intéresser, d'un certain côté, l'emploi que les architectes et les décorateurs ont fait des représentations zodiacales dans les monumens; ce seroit de savoir si cette représentation y a jamais été placée, comme devant indiquer, par l'ordre des signes, et marquer l'état du ciel à l'époque où le monument a été construit. Dans ce cas, les *zodiaques* seroient des inscriptions chronologiques, qui nous donneroient la date de la construction des édifices. Mais cette conjecture, sur laquelle on avoit tenté d'élever un nouveau système de chronologie, s'est trouvée démentie par tous les savans qui l'ont examinée, et elle se trouve contredite par l'évidence des faits eux-mêmes, c'est-à-dire de l'ordre des signes, et par la certitude de l'état, beaucoup plus moderne qu'on ne l'avoit cru, des temples égyptiens où il existe des *zodiaques*. L'on a été amené (dit M. Letronne), par plus d'un rapprochement, à l'idée que ces *zodiaques ont tous été exécutés lors de l'époque romaine*.

Il est remarquable, selon le même savant, que ce soit là précisément la conséquence à laquelle on ait été conduit dans ces derniers temps, par la triple considération des inscriptions grecques, des cartouches hiéroglyphiques, et de la différence des styles. On observe d'abord qu'on ne trouve de ces *zodiaques* dans aucun des temples égyptiens, dont l'époque antérieure à celle des Romains ne sauroit être la matière d'un doute. Les temples de la Nubie, d'ancien style, et ceux de Thèbes, dont quelques-uns remontent à une époque très-reculée, n'en offrent aucune trace. Il en est de même de ceux de Pselcis, de Parembolé, d'Ombus et d'Apollinopolis magna, qui appartiennent au temps des Ptolémées. Quels sont donc les édifices où l'on a trouvé des *zodiaques*? C'est le temple de Denderah, dont le *zodiaque* rectangulaire appartient (d'après l'inscription du pronaos) au temps de Tibère, sous le règne duquel ce pronaos a été bâti, et dont le *zodiaque* circulaire est du temps d'un autre empereur (probablement Néron). C'est le propylon d'Ackmin, qui est de la douzième année de Trajan (109 de notre ère). C'est le grand temple d'Esné, dont les sculptures sont du règne de Claude Germanicus, ce qui résulte des cartouches hiéroglyphiques. Enfin, c'est un petit temple d'Esné, dont les sculptures, au lieu de dater, comme on l'avoit cru, de trois mille ans avant Jésus-Christ, ont été exécutées au temps d'Adrien et d'Antonin, ainsi que le prouvent des indices certains, principalement une inscription grecque, tracée en gros caractères sur une face de ce temple. On peut donc regarder comme un point de fait, que les *zodiaques* qu'on voit en Égypte, ne furent point des monumens chronologiques, destinés à déterminer l'époque de la construction de leurs temples, par une représentation de l'état du ciel, en sorte qu'on eût été chercher dans les rapports du soleil avec telle ou telle constellation, la date qui devoit apprendre quand on auroit exécuté ces temples.

On a encore cherché à expliquer les représentations zodiacales, par la signification plus ou moins probable de leurs signes, et leur rapport avec les travaux d'agriculture, selon chacun des mois de l'année. Quoiqu'il soit presqu'impossible d'assigner précisément l'origine des figures données aux constellations, on peut conjecturer, d'après les documens de l'histoire, des traditions et des fables, que ces figures auront été créées dans le but d'indiquer le retour des travaux agricoles, ou des circonstances atmosphériques importantes, comme la saison des pluies ou de la chaleur. C'est ainsi qu'on peut soupçonner, que la Vierge et son épi purent annoncer l'approche des moissons; que la Balance signifia l'égalité des jours et des nuits; que le Verseau et les Poissons désignèrent l'époque des inondations, etc. Le *zodiaque*, figuré dans ce système, auroit été une espèce de calendrier, dont les signes auroient eu pour objet, de fixer dans l'esprit et dans la mémoire, le retour et la succession des mêmes époques, dans leurs rapports avec les travaux annuels de la campagne.

Mais on ne doit pas oublier que le *zodiaque* fut aussi un monument mythologique. Le premier instinct de l'homme ayant été de chercher ses dieux dans le ciel, très-naturellement les idées mystiques se mêlèrent à celles de l'astronomie. Manilius nous apprend que chacun des douze principaux dieux de la fable, présidoit à un signe du *zodiaque*. Presque tout ce qu'on sait de la mythologie, paroît rouler sur des allégories poétiques du ciel et des astres qui le peuplent, ainsi que sur l'influence que la superstition attribuoit au retour de certains phénomènes naturels.

Quand donc on cherche la raison la plus probable de la multiplication des représentations zodiacales, dans les ouvrages de l'antiquité et sur un grand nombre de monumens, on est porté à croire que jamais l'idée ne put venir d'en faire, par la position des signes à l'égard du soleil, des caractères chronologiques, susceptibles de faire connoître la date des monumens, par la connoissance du siècle où ils auroient été construits.

Il n'est guère probable non plus, qu'on ait été figurer les signes du *zodiaque* dans de grands monumens d'architecture, soit à un plafond d'une petite chambre du temple de Tentyris en Égypte, soit au plafond du pronaos du temple du Soleil à Palmyre, pour servir, ou d'indicateur des saisons, ou de régulateur des travaux de l'agriculture. D'autres idées, d'autres croyances religieuses, superstitieuses et mythologiques, ont dû suggérer l'emploi de ces compositions.

Nous avons peut-être indiqué déjà la véritable cause de ces rôles si multipliés qu'on voit jouer au *zodiaque*, surtout à Rome et sous la domination romaine. Sitôt, en effet, que l'opinion fut établie et accréditée que des divinités diverses, c'est-à-dire des pouvoirs surnaturels, présidoient aux constellations, il fut naturel à l'esprit du plus grand nombre des hommes, de confondre ensemble les deux notions, ou pour mieux dire de donner à ces corps roulans sur leur tête, une ame, une intelligence et une vertu particulière. Le paganisme ne fut véritablement que cela. Ce fut là son secret. Il consistoit à donner un esprit à chaque corps, et un corps à chaque idée morale ou métaphysique. Rien de plus difficile à l'intelligence du plus grand nombre, que de concevoir la divinité dans son essence purement incorporelle.

Lorsque tous les signes de la sphère, toutes les constellations zodiacales ou extrazodiacales eurent reçu, de la main des astronomes, des figures pour les rendre sensibles, et des noms pour les distinguer, il ne fut guère possible que ces figures et ces noms ne donnassent point le change à l'esprit des ignorans, c'est-à-dire du plus grand nombre, dans l'imagination desquels ces configurations et ces dénominations firent naître l'idée d'êtres actifs, puissans et capables d'influer sur les choses humaines.

Et comment ces croyances n'auroient-elles pas pris cours? Dès que, ainsi qu'on en convient, il s'étoit établi des rapports certains entre l'ordre des signes du *zodiaque*, par exemple, et l'ordre des saisons et des travaux de la campagne, rien ne put empêcher qu'on attribuât à une vertu de ces phénomènes, les variations et les effets divers que l'on voyoit arriver dans ce cours des opérations de la nature, dont les causes nous sont inconnues. Car il est naturel de vouloir toujours assigner une cause aux effets, et tout aussi naturel, lorsque cette cause est hors de notre portée, de lui en imaginer une, plutôt que d'avouer son ignorance. C'est ainsi que nous voyons encore aujourd'hui chercher dans les phases de la lune, le principe des variations du temps et de l'atmosphère.

En un mot, l'idée de l'astre et celle du dieu s'étant confondues dans la notion des constellations, il fut on ne peut plus naturel d'attribuer à l'astre les propriétés d'intelligence, de prescience, et d'influence morale ou physique sur les choses humaines, qui entrent de droit dans les attributions de la divinité. De là l'astrologie *judiciaire*.

Son but fut, comme on le sait, de satisfaire cet instinct qui porte l'homme à vouloir pénétrer dans l'avenir, et, il faut l'avouer, jamais matière à divination ne dut exercer un moins absurde empire sur les esprits, car jamais folie ne sembla reposer sur un principe et des moyens plus imposans. Au reste, ce qu'on en peut dire s'éloigne trop de notre objet. Pour comprendre ce qui donna à cette prétendue science une telle autorité, et ce qui multiplia sur tant de monumens et de tant de manières ses représentations, il faut lire ce qu'un savant académicien (M. Letronne) a publié à ce sujet dans ses *Observations critiques et archéologiques sur l'objet des représentations* zodiacales qui nous restent de l'antiquité. Qu'il nous suffise d'avoir fait pressentir la principale raison qui, ayant donné une haute importance religieuse et politique à ces représentations, liées tout ensemble à la mythologie, à la science astronomique et à l'art divinatoire, en a perpétué à un tel point l'usage, qu'il en existe encore aujourd'hui quelques pratiques usuelles, et quelques opinions populaires.

Il faut dire effectivement, ainsi que l'a prouvé l'écrivain déjà cité, que le *zodiaque*, en tant que monument astrologique, ne paroît pas, même en Egypte, remonter à une très-haute antiquité, puisque les édifices et les momies, où on en voit la représentation, ne datent que de l'époque de la domination romaine. L'auteur cité fait voir que chez les Grecs les opinions sur l'influence des astres, paroissent s'être bornées aux rapports météorologiques, c'est-à-dire aux simples pronostics relatifs aux variations de l'atmosphère et aux pratiques de l'agriculture. Ce fut lorsque de cette divination, si l'on peut dire matérielle, l'astrologie, qu'on appela *judiciaire*, passa à la science divinatoire des événemens de la société, des destinées des empires et des hommes, enfin à la prophétie de tout ce que cachoit l'avenir, dans le cours des choses humaines, que l'astrologie devint une véritable religion. Ce fut aussi alors qu'elle dut s'approprier tous les moyens par lesquels les croyances superstitieuses prennent la plus grande consistance; et parmi ces moyens, un des plus actifs est celui que les arts d'imitation leur fournissent.

En suivant l'ordre des temps, nous allons parcourir très-brièvement les représentations zodiacales, dans leur simple rapport avec l'emploi qu'en ont fait les arts du dessin, et surtout celui de l'architecture.

C'est dans l'Egypte moderne, on veut dire l'Egypte sous la domination romaine, comme cela paroît démontré, que l'on voit des *zodiaques* sculptés sur les murs ou autres parties des édifices sacrés. Ils y sont exécutés, tantôt en bandes longitudinales, comme au pronaos de Denderah, au propylon d'Ackmin, au grand temple et au petit temple d'Esné; d'autres fois dans des plafonds et en forme circulaire, comme le célèbre *zodiaque* de Denderah, qui occupoit une petite salle en retour du pronaos dont on a parlé. Au temple d'Hermontis, on trouve de même une petite pièce, au plafond de laquelle on a sculpté une scène composée de plusieurs des symboles du *zodiaque*. Ce temple n'ayant point été achevé, on seroit fondé à conclure qu'il doit être d'une époque assez récente.

Le plus ancien de ces *zodiaques* sera celui de forme rectangulaire, appartenant au pronaos de Denderah, qui porte une inscription grecque du règne de Tibère. D'après les probabilités qu'ont justifiées les recherches et découvertes récentes, sur les époques de l'exécution de ces monumens, le *zodiaque* circulaire de Denderah dateroit, comme on l'a dit, du règne de Néron.

De tous les *zodiaques* que nous connoissons, il est celui qui présente à l'art du dessin, dans l'ajustement de ses formes et la composition des détails accessoirs, l'ensemble décoratif le plus propre à être encore imité pour faire l'ornement d'un plafond. Voici la description que permet d'en faire le seul point de vue qui doit nous occuper ici.

Le cercle entier, inscrit dans un carré, est censé supporté par douze figures distribuées aux huit principaux points de la circonférence, les bras étendus comme pour soutenir le planisphère. Aux quatre angles du carré est une femme debout, et à chaque point milieu du cercle, entre ces femmes, on voit un groupe de deux hommes à tête d'épervier et agenouillés, qui sont dans l'attitude de soutenir le cadre du cercle. On doit le dire, il seroit difficile à un décorateur de trouver un motif à la fois plus simple et plus varié, un ensemble plus ingénieux et mieux approprié aux convenances de la surface d'un plafond, c'est-à-dire d'une couverture horizontale. Long-temps avant que des caractères beaucoup plus positifs, eussent rapproché de nous l'époque qui vit élever le monument de Denderah, il nous avoit paru que ce parti de décoration régulière, le seul je crois qu'on puisse citer au milieu des innombrables travaux hiéroglyphiques de l'Egypte, sembloit trop contraster avec les pratiques routinières de ce genre d'écriture, pour qu'on n'y soupçonnât point un goût nouveau et une invention étrangère à l'Egypte.

Le *zodiaque* de Denderah, mesuré dans sa forme carrée, a sept pieds neuf pouces de développement, en tous les sens. Le diamètre du cercle intérieur est de quatre pieds neuf pouces. Le plafond sur lequel il est sculpté est formé, comme tous ceux de l'Egypte, de dalles de pierre dont l'épaisseur est de plus d'un pied. Cette pierre est du grès d'un grain fort compacte. La surface totale se divise en deux parties, c'est-à-dire en deux dalles, dont l'une comprend les trois quarts de sa largeur.

Le *zodiaque*, après celui de Denderah, le plus remarquable de ceux qui figurent dans les œuvres de l'architecture, nous paroît devoir être celui de Palmyre, et qui est gravé pl. 19 des antiquités de cette ville.

Ce *zodiaque* circulaire fait partie des compartimens qui décorent le pronaos du temple du Soleil. Son cercle est aussi inscrit dans un carré formé par les lignes diverses des petits caissons remplis de rosaces, qui s'y trouvent fort multipliés. Les angles du carré dans lequel est renfermé le cercle du *zodiaque*, sont remplis par des aigles, dont les ailes étendues semblent former le support du cadre. Le milieu du cercle zodiacal est occupé par sept compartimens, en manière de petits caissons hexagones, qui sont remplis par les bustes de sept figures, que les dessins, trop légèrement exécutés, de M. Wood ne permettent pas de bien caractériser chacun en particulier. Toutefois, si l'on prend en considération le nombre sept, et les traits de quelques-unes de ces têtes, au nombre desquelles on en distingue une avec des rayons, on n'hésitera point à penser, avec M. Letronne, que ce sont les représentations des sept planètes. D'après cette conjecture, assez certaine, on voit que Vénus répond aux Gémeaux, le Soleil au Lion, la Lune à la Balance, Mercure au Sagittaire. Les trois autres compartimens sont occupés par trois figures à tête barbue, qui ne peuvent être que Mars, Jupiter et Saturne.

Cette correspondance des divinités astronomiques, avec les douze signes du *zodiaque*, se découvre et se démontre avec encore plus d'évidence, sur un monument singulier rapporté et commenté par Visconti, dans ses *Monumenti Gabini*. On a trouvé dans les ruines de Gabies un grand et bel autel, d'une nature toute particulière. Il consiste en un disque de marbre pentélique, lequel reposoit et étoit isolé, non pas verticalement, mais horizontalement, sur un seul pied, en manière (comme nous le dirions) de guéridon. Ce disque a trois palmes deux tiers de diamètre; son épaisseur a un peu moins d'un palme. Le milieu de la partie superficielle du disque est creusé circulairement, et autour sont disposées, en suivant la ligne du cercle extérieur, douze têtes, vues comme couchées, et qu'on diroit des bustes d'un fort grand relief et d'une excellente exécution.

Ces douze bustes horizontaux représentent les douze grands dieux, reconnoissables, la plus grande partie, aux symboles qui les accompagnent, et ceux qui manquent d'attributs s'expliquent d'eux-mêmes par leur physionomie ou par leur réunion avec les autres.

C'est sur l'épaisseur, ou, si l'on veut, la tranche perpendiculaire de ce disque horizontal que sont sculptés les douze signes du *zodiaque*, et chacun est accompagné des figures ou symboles allégoriques, dont la mythologie avoit fait leurs attributs. Or, rien ne prouve mieux ce qu'on a avancé plus haut, savoir, que presque tous les *zodiaques* finirent par appartenir exclusivement, ou à l'astrologie, ou, simplement à la mythologie, quand ils ne furent pas de vagues représentations dont les artistes se servoient, pour indiquer simplement la demeure des dieux.

Les vers de Manilius s'appliquent avec tant de précision au *zodiaque* mythologique de Gabies, que nous croyons devoir les rapporter :

Lanigerum Pallas, Taurum Cytherea tuetur,
Formosos Phœbus Geminos, Cyllenie Cancrum,
Tuque pater, cum matre Deum, regis ipse Leonem,
Spicifera est Virgo Cereris, fabricataque Libra
Vulcani; pugnax Mavorti Scorpios hæret,
Venantem Diana virum, sed partis equinæ
Atque angusta fovet Capricorni sidera Vesta,
Et Jovis adverso Junonis Aquarius astrum est,
Agnoscitque suos Neptunus in æthere Pisces.

(*Astronom.* l. 2. v. 439 seqq.)

Le *zodiaque* fut souvent employé dans les ouvrages de l'art, chez les Romains, comme simple ornement de convention, ainsi qu'on le voit à plusieurs monumens, qui furent des cadrans solaires ou des calendriers, et quelquefois tout ensemble l'un et l'autre. Tel est le monument fort curieux appelé *calendrier rustique* ou *calendrier Farnèse*. C'est un marbre carré, dont chaque face contient trois signes du *zodiaque*, et trois colonnes où sont marqués les noms des mois et ceux des divinités tutélaires, enfin, la longueur des heures équinoxiales et naturelles du jour et de la nuit. On sait que les heures civiles des Romains étoient différentes. Ce marbre servoit de base à un cadran solaire.

Nous trouvons sur plus d'un monument de sculpture, le *zodiaque* servant de cadre à une figure de Jupiter. Il y en a un de ronde bosse à la villa Albani, où le Jupiter, en fort relief, occupe le milieu d'un *zodiaque* vertical, supporté par une sorte d'atlas sculpté de ronde bosse.

Il nous paroit, et nous l'avons déjà fait pressentir, que les arts du dessin durent s'emparer de la représentation et de la configuration du *zodiaque*, comme d'un symbole devenu vulgaire, et qui étoit entendu de tout le monde, pour figurer l'idée du ciel, sans aucune prétention à la science astronomique, ni même astrologique. Ainsi nous voyons sur une très-belle agate antique (*Causei Musæum Romanum*, tom. I, pl. 37) le soleil représenté dans un quadrige, au milieu d'un cadre ovale, où sont gravés les douze signes du *zodiaque*, qui, à la vérité, peuvent sembler n'indiquer ici que la route parcourue par le soleil. Mais, pour n'en pas citer de plus nombreux exemples, nous renverrons le lecteur à deux pierres gravées, où Jupiter occupe le centre d'un *zodiaque* circulaire. Dans l'un il est accompagné de Mars et de Mercure, et son trône est supporté par Neptune. Dans l'autre, on le voit avec une portion du globe sous les pieds; d'un côté paroit Vénus avec l'Amour, dans l'acte de supplians; de l'autre côté Mercure est représenté partant, pour obéir aux ordres du dieu.

Le *zodiaque*, sous la main des peintres et des sculpteurs, dut effectivement devenir une figure abréviative de l'Olympe, ou de la demeure céleste des dieux. Il signifia ensuite uniquement le ciel, et ce signe emblématique fut tellement répandu, qu'il lui arriva, comme à beaucoup d'autres dont nous ignorons l'origine, de tomber dans le domaine de ce que l'on appelle la décoration ou l'ornement.

Non qu'on veuille contester que quelques souvenirs d'astrologie judiciaire n'aient pu même, au moyen âge et sous l'empire des croyances chrétiennes, trouver encore quelques racines dans certains esprits. Toutefois, il nous paroît que l'emploi du *zodiaque* figuré, pour marquer le cours du soleil dans l'année, et les douze mois qui la composent, aura dû et devra toujours en perpétuer l'image. Selon cette pratique, la figure des signes du *zodiaque* n'est plus qu'un caractère indicatif des douze mois, et réduit à cette insignifiante destination, nous croyons qu'on peut très-réellement le considérer comme un pur ornement décoratif.

C'est ainsi qu'il faut s'expliquer sa présence parmi les sculptures des églises gothiques; car, bien qu'il soit vrai que certains préjugés astrologiques, quoique tout-à-fait étrangers au christianisme, aient subsisté chez beaucoup de personnes, et aient pu être encore assez vivaces dans les siècles qui virent élever les églises, dont les portails présentent des figures du *zodiaque*, nous croyons qu'il seroit difficile de leur trouver un autre emploi que celui dont nous avons parlé. Lorsqu'on sait quel étrange mélange, l'ignorance de ces temps a fait de toutes les parties d'ornement, d'allégories fabuleuses, de détails tronqués et incohérens, enfin de toutes sortes de débris échappés à la destruction des monumens antiques; lorsqu'on voit qu'on les copioit sans se douter de leur signification ancienne, ni même qu'ils en eussent eu jadis une, on est fort porté à croire que les images du *zodiaque* n'eurent pas un sort différent. Aucune représentation figurée ne fut, en effet, aussi multipliée que celle-là, et n'eut, dans les siècles derniers de l'empire romain, autant de cours, n'exerça autant, sous toutes les formes, sur toutes les matières, les procédés de tous les arts.

Pourquoi donc ces signes, connus alors de tout le monde, et qui ne pouvoient plus avoir d'autre signification générale, que celle qu'on leur donne encore aujourd'hui sur nos calendriers, ne seroient-ils pas, comme simples objets d'ornement, entrés dans les combinaisons de ces ouvriers chargés de découper, n'importe avec quoi, tous les espaces des frontispices d'églises? Et ne voyons-nous pas les portes de bronze faites, en 1445, à Rome, pour l'ancien Saint-Pierre, par Antoine Philarète, et Simon, frère de Donatello, reproduire dans les rinceaux qui accompagnent les battans, de petits sujets mythologiques fort improprement placés là, si l'on a égard au monument, mais qui ne furent regardés que comme des détails arabesques sans aucune conséquence.

On trouve donc, entre beaucoup d'autres exemples qu'on pourroit citer, un *zodiaque* fort anciennement sculpté à l'une des portes latérales de l'église cathédrale d'Autun. Dupuis a décrit celui de l'église Notre-Dame à Paris, et Lalande a donné, dans les *Mémoires de l'Institut*, les détails du *zodiaque* de l'église de Strasbourg.

Si nous avions à donner ici l'histoire du *zodiaque*, dans son rapport avec nos temps modernes, c'est-à-dire avec l'état actuel de la science, et avec l'emploi que nos arts peuvent en faire, il faudroit faire voir qu'il est devenu tout-à-fait étranger à l'étude et aux connoissances de l'astronomie; que l'astrologie, de quelque manière et à quelque degré qu'on l'envisage, est entièrement bannie des croyances et des opinions même les plus populaires; qu'il ne peut avoir conservé, dans les images de nos arts, d'autre autorité que celle, dont les allégories du paganisme ont légué les traditions, aux fictions de notre poésie et à nos locutions métaphoriques.

C'est ainsi que Jean-Baptiste et Georges Mantouan, d'après Raphaël, dans son Jugement de Pâris, et traitant le même sujet, ont fait voir l'entrée du palais de Jupiter environnée d'un grand demi-cercle du *zodiaque*. On ne sauroit dire combien est devenu usuel l'emploi de cette représentation, appliquée aux cadrans en grand, et en plus petit aux *cartels* de toute espèce, qui servent d'enveloppe aux mouvemens d'une horloge. Rien, en effet, de plus analogue à la forme naturelle des cadrans horaires; et l'on citeroit, s'il en étoit besoin, quelques-unes de ces compositions, adaptées depuis peu, par l'architecture, pour la décoration d'une horloge faisant partie d'une façade de monument public.

ZOPHORUS, *zophoros* en grec. Se compose de deux mots, *zoon*, animal, et *fero*, je porte. Du mot *zoon* en grec, qu'on traduit littéralement par *animal*, on ne doit point ici conclure que le *zophorus* ne comportoit aucune autre représentation que celle d'animaux proprement dits en français. Ce mot générique signifie *qui a vie*, *être vivant*. Dès lors, en grec, il signifioit généralement ce que nous comprenons, d'une manière spéciale, dans les ouvrages de l'art, sous le nom de *figure*.

Le *zophorus* étoit donc, entre les diverses parties de l'architecture, considérée dans la composition des ordres, la partie sur laquelle on sculptoit des figures. Cette partie étoit, et est encore ce que nous appelons la *frise*. Voyez ce mot.

On doit entendre en français par *figures*, comme on l'entendoit sans doute en grec par *zoon*, non-seulement des représentations d'êtres vivans, mais beaucoup d'autres qui entrent dans le domaine de l'ornement. C'est ainsi qu'on appeloit *zographos* le peintre, et *zographia* la peinture, non parce que l'un et l'autre ne représentoient que des animaux et des êtres vivans, mais parce que ces objets d'imitation étoient en tête de tous ceux que l'art savoit reproduire, ou parce que ces mots, comme beaucoup d'autres, durent leur origine et leur formation aux premières impressions que firent sur les hommes, les premiers ou les principaux ouvrages de la naissance de l'imitation.

Du reste, que le *zophorus* ait très-fréquemment reçu des représentations de figures d'hommes ou d'animaux, c'est ce que les restes très-nombreux des monumens antiques nous témoignent encore aujourd'hui.

On ne sauroit dire combien il s'est conservé de figures en bas-relief, de terre cuite, qui, comme le prouvent clairement les trous de scellement qui les attachoient à la surface de la frise, en tirent avec beaucoup de goût, et en même temps d'économie, l'ornement et la décoration courante. Que cet usage ait été des plus anciens, c'est ce que nous démontre le style extrêmement barbare des figures en terre cuite du *zophorus* d'un ancien temple, dont on fit, en 1784, la découverte à Velletri, l'ancienne *Veliternum*, capitale du pays des Volsques. Ces figures sont coloriées, ainsi que l'étoient presque toutes celles, qu'on multiplioit, par des moules, en terre cuite, pour l'ornement des frises.

Les collections d'antiques et les muséum sont remplis de charmans bas-reliefs en terre cuite, dont la répétition assez fréquente prouve qu'ils étoient le produit du moule. Toutes ces figures furent détachées des frises d'anciens monumens. Leur entière conservation, l'agrément de leur composition, et leur belle exécution, font regretter qu'on ne renouvelle point aujourd'hui ce procédé expéditif à la fois et économique, d'orner les édifices.

Le *zophorus* (ou la frise) étoit, dans la vérité, avec le fronton, la seule partie qui pût comporter l'emploi de la sculpture en figures. L'ordre dorique dut le premier contribuer à accréditer cet emploi. Les intervalles des triglyphes, qu'on appela *métopes*, semblèrent devoir appeler l'art de l'ornement à l'embellissement de ces espaces, surtout si, comme on le croit, le triglyphe lui-même fut un objet rapporté après coup, pour masquer les bouts des solives. Il semble, en effet, que le plus grand nombre des bas-reliefs de terre cuite dont on vient de parler, à en juger seulement par la figure quadrangulaire de leurs dimensions, furent de simples métopes.

Le *zophorus* (ou porte-figures) ne fut pas nécessairement, malgré le nom qu'on lui donna, orné de figures sculptées. Il étoit souvent lisse : ce qu'un fort grand nombre de monumens atteste. Vitruve nous l'apprend aussi (lib. III, cap. 3) : « Le *zophorus* (dit-il), au-dessus de l'*epistylium* » (l'architrave), doit être d'un quart moins haut » que l'*epistylium*. Mais si l'on doit y introduire » des figures, il devra alors avoir un quart en » hauteur de plus que l'*epistylium*, pour que les » sculptures y aient plus d'importance. » *Item zophorus supra epistylium, quarta parte minus quam epistylium. Sin autem sigilla designari oportuerit, quarta parte altior quam epistylium, uti auctoritatem habeant sculpturæ.*

Cette observation de Vitruve, qui paroît d'ailleurs fondée sur une très-bonne raison, peut trouver des exemples qui la justifient, dans un des principaux monumens de l'antiquité. On peut en effet se convaincre, sur les dessins que Stuart a donnés du temple de Minerve à Athènes, que le *zophorus*, ou la frise dorique de ce temple, dont les métopes sont ornées de sculptures représentant les combats des Centaures et des Lapithes, a très-réellement un quart de plus en hauteur que l'architrave.

ZOTHECA. Ce mot latin est évidemment grec et composé dans cette langue, du mot θήκη, *repositorium*, et ζάω, *vivo*, ou ζῶον, terme générique qui signifie *être vivant*.

Nous trouvons dans l'interprétation du mot latin, qu'il put comporter deux significations.

Selon Forcellini (au mot *zotheca*), il signifia *petite chambre*, *alcove*, *cabinet*, c'est-à-dire, dans une chambre à coucher, un petit réduit contigu, où l'on se retire pour étudier ou pour se reposer ; et l'interprète cite à l'appui de cette explication le passage suivant de Pline le jeune, liv. II, lettre 17 : *Contra parietem medium zotheca perquam eleganter recedit, quæ specularibus et velis, obductis reductisve, modo adjicitur cubiculo, modo aufertur.* « Vers le milieu du » mur est pratiqué, avec beaucoup d'élégance, » un enfoncement, qui par le moyen d'une cloi» son vitrée, et de rideaux qu'on ouvre ou qu'on » ferme, tantôt s'ajoute à la chambre et tantôt » s'en sépare. »

D'après ce passage, qui est extrêmement clair, *zotheca* est un petit cabinet, un petit lieu de repos pour une personne seule, car Pline ajoute qu'il n'y tenoit qu'un lit et deux chaises.

La composition du mot, comme on l'a dit, prête encore à une signification qui pourroit paroître plus précise. En effet, en faisant signifier ici au mot ζῶον ce qu'il exprime dans les mots *zodiaque* et *zophorus*, figure d'êtres vivans ou d'animaux, il a semblé qu'il devoit y avoir eu un mot qui désignât jadis ces renfoncemens, qui furent si fréquens dans les édifices, et où l'on place des statues ; renfoncemens que les Modernes désignent par le mot NICHE. *Voyez* ce mot.

Cependant, comme nous l'avons déjà fait remarquer, on ne trouve dans tout Vitruve aucune mention de ce que nous appelons *niche*, et dès lors les antiquaires n'avoient eu jusqu'ici aucune manière de traduire ce mot en latin, qui fût autorisée par quelque passage péremptoire. Les mots *loculus, loculi*, susceptibles de beaucoup de significations, qui expriment généralement l'idée d'un endroit à placer séparément divers objets, l'idée de caisse, d'étui, etc., avoient paru les plus propres à rendre l'idée de niche.

Au mot NICHE nous avons annoncé, sans en rapporter les preuves, que Visconti avoit commenté, dans ses *Monumenti Gabini*, une inscription très-authentique trouvée dans les ruines de Gabies (*voyez* ce mot), où le mot *zotheca* signifioit indubitablement ce que nous appelons *niche*, en tant que réceptacle d'une statue, dans les ouvrages d'architecture. Nous allons ici faire connoître cette inscription, et rapporter sur ce mot le commentaire du célèbre antiquaire.

A. PLAVTIVS. &c..... TEMPLVM CVM SIGNO AEREO EFFIGIE VENERIS ITEM SIGNIS AEREIS N. IIII. DEPOSITIS IN ZOTHECIS ET BALBIS AEREIS ET ARAM AEREAM.

Le mot *zotheca*, qu'on lit dans cette inscription au datif pluriel, n'a été expliqué et traduit jusqu'à présent, que comme une sorte de synonyme des mots français *petit réduit, cabinet, alcove*, c'est-à-dire comme le réceptacle qui peut renfermer un être vivant, d'après l'interprétation ci-dessus donnée du mot grec *ζωον, zoon*, ou encore en donnant au mot *ζωον* la simple signification d'*animal*, comme une cage à contenir des animaux, et même un garde-manger.

Toutefois, comme nous l'avons déjà dit plus haut, et comme Visconti le confirme surabondamment dans le commentaire de notre inscription, par plusieurs passages des écrivains grecs, le mot *ζωον*, dans un assez grand nombre de ses composés, exprima l'idée, non-seulement d'un être vivant, mais de l'image, soit peinte, soit sculptée, soit gravée, de l'homme.

Dès lors, le mot *zotheca*, pris dans le sens propre et spécial du mot *theca*, composé avec *ζωον*, a dû exprimer l'idée d'un réceptacle à figures, d'un local propre à recevoir, non pas un homme vivant, mais son image ou sa statue. On peut croire que l'idée que donne le mot *armoire*, par lequel on a souvent traduit *theca*, a pu et dû même conduire à donner le même nom, à ce que nous désignons aujourd'hui par le mot *niche*. Effectivement, un très-grand nombre d'*armoires*, destinées à la conservation d'une multitude d'objets, s'offrent encore maintenant à nous, dans tous les bâtimens, comme des renfoncemens pratiqués dans les murs, et c'est à l'instar de cette pratique très-usuelle, qu'on dut en faire de mobiles et de portatives. Toute armoire, de quelque genre qu'elle soit, emporte avec elle l'idée de clôture au moyen des battans qu'on ferme.

Mais pourquoi n'en auroit-il pas été de même dans les plus anciens temples, aux époques surtout où les simulacres divins étoient ordinairement faits en bois, et habillés d'étoffes naturelles ou réelles? Pourquoi ces figures, et quelques autres de matières précieuses, n'auroient-elles pas été renfermées dans de véritables niches, ou adhérentes aux murs, ou mobiles, et soustraites à la vue journalière par des portes ou des battans d'armoires, ainsi qu'on le voit encore pratiqué en quelques pays, à l'égard de certaines images de dévotion?

Si très-probablement cette pratique, qui tient à l'instinct religieux, qui, chez les Modernes, avoit lieu surtout dans ce qu'on appeloit ici jadis, et qu'on appelle encore ailleurs, *les trésors*; si, dis-je, cette pratique fut usuelle, il est constant que le mot *theca*, lieu de *conservation*, fut très-naturellement donné à ces réceptacles d'images révérées et de statues précieuses. Dès-lors, le même mot dut s'appliquer, ou en même temps, ou postérieurement, à tout local en renfoncement des murs, où on plaça les statues de tout genre, non plus closes, mais à découvert, comme nous le voyons et le pratiquons dans ce que nous appelons des *niches*.

On voit dès-lors comment la première acception du mot *zotheca*, dans le sens où Pline le jeune l'a employé, pour désigner le petit réduit en façon d'alcove vitrée, qui étoit un annexe du *cubiculum* dont il parle, correspond, par une analogie fort naturelle, à la seconde signification.

Par première acception, nous entendons simplement parler de l'ordre des deux notions dans cet article. Maintenant, lequel des deux emplois du mot, soit dans les pratiques usuelles ou domestiques de la vie, soit dans les usages religieux ou relatifs aux statues, aura précédé l'autre? C'est ce qui nous semble aussi difficile qu'inutile à constater. Suffit qu'il y ait entre les deux acceptions des rapports communs, pour qu'on puisse en justifier l'emploi dans un sens comme dans l'autre. Si l'architecture antique n'avoit pas employé des niches dans ses bâtimens de tout genre, si même cette pratique n'étoit pas constatée par une si grande quantité d'exemples, qu'il est inutile d'en faire mention, on pourroit, ou nier ou révoquer en doute l'existence d'un mot, pour exprimer un objet qui ne nous seroit pas connu.

Mais nous avons fait voir au mot NICHE que les Anciens mirent en œuvre toutes les formes de niches connues. Ils durent donc avoir, pour désigner un objet si commun, un mot usuel.

Comment maintenant se refuseroit-on à voir, dans l'inscription que nous avons rapportée, la véritable dénomination de cet objet par le mot *zotheca*? Ce mot n'y est pas employé isolément; au contraire, il est en rapport avec l'emploi de recevoir des statues de bronze. Les quatre statues de bronze étoient posées *in zothecis. Signis aereis quatuor depositis in zothecis.*

Ainsi la composition du mot, le sens propre des deux mots dont il est formé, l'analogie évidente entre l'acception usuelle de ces deux mots appliqués à l'un et à l'autre usage, la nécessité que l'idée et l'usage de niche, dans l'architecture antique, aient eu un mot propre et consacré, enfin l'autorité de l'inscription de Gabies, et l'opinion du savant antiquaire Visconti, tout cela nous paroît devoir mettre hors de doute que les Grecs probablement, mais particulièrement les Romains, donnèrent à la niche le nom de *zotheca*.

Fin du troisième et dernier volume.

www.ingramcontent.com/pod-product-compliance
Lightning Source LLC
Chambersburg PA
CBHW050314240426
43673CB00042B/1399

* 9 7 8 2 0 1 2 5 4 2 0 8 2 *